Martinek/Stoffels/Wimmer-Leonhardt
Leasinghandbuch

Leasinghandbuch

Herausgegeben
von

Prof. Dr. Dr. Dr. h.c. mult. Michael Martinek
Master Compr. Jurispr. (New York)
Hon.-Prof. (Johannesburg)
Universität des Saarlands

Prof. Dr. Markus Stoffels
Universität Osnabrück

Priv. Doz. Dr. Susanne Wimmer-Leonhardt
Bürgermeisterin in Kaiserslautern
Universität des Saarlands

2. Auflage

Bearbeitet von *Prof. Dr. Thomas Ackermann*, Erlangen-Nürnberg; *Heiner Beckmann*, Hamm; *Prof. Dr. Roland Michael Beckmann*, Saarbrücken; *Dr. Jochen Berninghaus*, Dortmund; *Christopher Bisping*, LL.M. (Edinburgh), Coventry; *Klaus-Dieter Findeisen*, Frankfurt am Main; *Prof. Dr. Pedro-José Bueso Guillén*, Zaragoza; *Prof. Dr. Wolfgang Hau*, Passau; *Prof. Dr. Axel Jäger*, Frankfurt am Main; *Prof. Dr. Heike Jochum*, Osnabrück; *Dr. Fabian Klinck*, Passau; *Dr. Michael Kroll*, Lichtenfels; *Dr. François-Xavier Licari*, Strasbourg; *Prof. Dr. Dr. Dr. h. c. mult. Michael Martinek*, M.C.J. (New York), Saarbrücken; *Prof. Dr. Anemarie Matusche-Beckmann*, Saarbrücken; *Prof. Dr. Jerzy Poczobut*, Warschau; *Ionut Raduletu*, Craiova; *Dr. Harald Schaub*, Budenheim; *Prof. Dr. Markus Stoffels*, Osnabrück; *Dr. Klaus J. Wagner*, Düsseldorf und *Priv.-Doz. Dr. Susanne Wimmer-Leonhardt*, Kaiserslautern

Verlag C. H. Beck München 2008

Zitiervorschlag:
Bearbeiter, in: Martinek/Stoffels/Wimmer-Leonhardt, Leasinghandbuch, 2. A. § 7 Rdn. 11

C. H. Beck im Internet:
beck.de

ISBN 978 3 406 56398 0

© 2008 Verlag C. H. Beck oHG
Wilhelmstraße 9, 80801 München

Druck: Freiburger Graphische Betriebe
Bebelstraße 11, 79108 Freiburg i. Br.

Satz: ottomedien
Marburger Straße 11, 64289 Darmstadt

Gedruckt auf säurefreiem, alterungsbeständigem Papier
(hergestellt aus chlorfrei gebleichtem Zellstoff)

Vorwort der Herausgeber zur 2. Auflage

Das Leasing-Investitionsvolumen beläuft sich in Deutschland inzwischen auf über 50 Mrd. Euro. Die so genannte Leasingquote, d. h. der Anteil des Leasings an den gesamtwirtschaftlichen Ausrüstungs-Investitionen beträgt beim Mobilien-Leasing ca. 25 % und insgesamt (unter Einschluss des Immobilien-Leasing) knapp unter 20 %. Dies bedeutet, dass etwa jedes fünfte Wirtschaftsgut und jedes vierte mobile Investitionsgut, das in Deutschland einer betrieblichen Verwendung zugeführt wird, im Leasingverfahren investiert und genutzt wird (die jeweils aktuellen Zahlen sind der Website des Bundesverbandes Deutscher Leasing-Unternehmen e.V. – BDL – zu entnehmen: http:www.bdl-leasingverband.de). Damit liegt die deutsche Leasingquote nur noch etwa 5 Prozentpunkte unter dem Niveau des Weltmarktführers USA. Das Mobilien-Leasing weist in den letzten Jahren ein Wachstum von jährlich rund 6 % auf, während das Immobilien-Leasing mit einer Zuwachsrate von über 30 % besonders stark expandiert. Auch in unseren Nachbarländern ist der „Leasing-Boom" ungebrochen.

Das moderne Leasinggeschäft ist heute – ungeachtet kleinerer Aufregungen wie zuletzt durch die Unternehmensteuerreform – längst ein zentraler und stabiler Wirtschaftsfaktor. Inzwischen kann man vom Leasing der dritten Generation sprechen, das durch drei Gesichtspunkte gekennzeichnet ist. Zum einen hat sich nach der Klärung der steuerrechtlichen Behandlung verschiedener Vertragsmodelle des Finanzierungsleasings das so genannte erlasskonforme Leasing durchgesetzt. Dieses erlasskonforme Leasing entspricht in seiner Vertragsgestaltung einem der Leasingerlasse des Bundesfinanzministeriums und kann als das praktisch weitaus häufigste, die empirischen Erscheinungsformen deutlich beherrschende, typische Leasing bezeichnet werden. Zum Zweiten ist in den letzten Jahren die so genannte „Dienstleistungsfunktion" des Leasinggebers gewachsen: Die Leasinggeber erbringen über ihren Finanzierungsauftrag und über die Gebrauchs- und Nutzungsüberlassung des Objekts hinaus in vielen Bereichen umfassende Dienstleistungen für den Leasingnehmer, die von der Beratung bei der Auswahl und dem Einsatz des Leasingguts bis zur Übernahme von buchhalterischen Diensten wie Rentabilitätsberechnungen reichen können. Zum Dritten schließlich sieht sich die Leasingbranche inzwischen starken Impulsen der Europäisierung und Globalisierung und damit einer wachsenden Bedeutung des Cross-Border-Leasing ausgesetzt. Das grenzüberschreitende Geschäft deutscher Leasinggesellschaften legt seit Jahren mit zweistelligen Wachstumsraten zu, ebenso wie das so genannte Domestic-Leasing durch Tochtergesellschaften deutscher Leasinggesellschaften im Ausland, insbesondere in den osteuropäischen Beitrittsländern der Europäischen Union.

In dieser Lage tut ein Leasinghandbuch für die Praxis Not, das nicht nur sämtliche Rechtsfragen behandelt und beantwortet, sondern auch die betriebs- und absatzwirtschaftlichen, die bilanziellen und die steuerlichen Problemkomplexe des modernen deutschen und internationalen Leasinggeschäfts einbezieht. Unser Leasinghandbuch versteht sich als 2. Auflage des im Jahr 1998 von *Hans E. Büschgen* herausgegebenen „Praxishandbuch Leasing", an das es sich in Aufbau und Zuschnitt anlehnt und aus dessen Autorenbestand wir eine Reihe von Mitarbeitern nach zehn Jahren für unsere ambitionierte Neuauflage wiedergewinnen konnten. Die besonderen Akzente der Neuauflage liegen in der stärkeren Betonung der juristischen Fragen des Leasings, so dass man nunmehr in erster Linie von einem Handbuch des Leasing*rechts* sprechen kann. An den 1. Teil „Einführung und Grundlagen" schließt sich ein umfangreicher 2. Teil zum allgemeinen deutschen Leasingrecht an, der für die Rechtsprobleme vom Abschluss des Leasingvertrags bis zu seiner Beendigung einen enzyklopädischen Anspruch erheben darf. Im 3. Teil zu den besonderen Rechtsproblemen einzelner Leasingverträge werden etwa das Kfz-Leasinggeschäft, die Immobilien-Leasingverträge und das Computer- und Softwareleasing, aber auch die verbraucherschutzrechtlichen Besonderheiten des Leasings dargestellt. Der 4. Teil widmet

Vorwort der Herausgeber zur 2. Auflage

sich den betriebswirtschaftlichen, steuerrechtlichen und bilanzrechtlichen Aspekten des Leasings, bezieht aber auch das deutsche und europäische Recht der Finanzdienstleistungsaufsicht sowie Fragen der staatlichen Investitionsförderung mit ein. Im 5. Teil geht es um das Leasing als internationale Finanzdienstleistung, d. h. um grenzüberschreitende Leasingverträge und um das Leasingrecht in den für unsere Leasingwirtschaft vielleicht wichtigsten Nachbarländern. Der 6. Teil hält die besonders bedeutenden Materialien wie die Leasingerlasse der Finanzverwaltung, einige Vertragsbeispiele, ein Register der BGH-Entscheidungen und dergleichen fest.

Wir möchten Herrn *Gerald Fischer* vom C. H. Beck-Verlag für die hervorragende verlegerische Betreuung unseres Leasinghandbuchs danken. Wir danken unseren mehr als zwanzig Autorinnen und Autoren, die sich in unser koordinatorisch nicht immer einfaches Projekt haben geduldig einbinden lassen. Wir freuen uns auf Kritik und Anregungen aus dem Kreis der Benutzer.

Oktober 2007

Michael Martinek
Markus Stoffels
Susanne Wimmer-Leonhardt

Inhaltsübersicht

1. Teil: Einführung und Grundlagen

1. Kapitel: Entwicklung und wirtschaftliche Hintergründe des Leasings 1
§ 1 Die Entwicklung des Leasings *(Martinek)* 1
§ 2 Betriebs- und absatzwirtschaftliche Hintergründe des Leasings *(Martinek)* 9

2. Kapitel: Arten und Rechtsnatur des Leasingvertrags 21
§ 3 Erscheinungsformen des Leasings *(Martinek)* 21
§ 4 Die Rechtsnatur von Leasingverträgen *(Martinek)* 33

2. Teil: Allgemeines Leasingrecht

3. Kapitel: Der Abschluss des Finanzierungsleasingvertrags 59
§ 5 Zustandekommen und Form von Finanzierungsleasinggeschäften
 (Heiner Beckmann) 59
§ 6 Die inhaltliche Vertraggestaltung beim Finanzierungsleasinggeschäft
 (Heiner Beckmann) 71
§ 7 Kaufoption des Leasingnehmers und Andienungsrecht *(Heiner Beckmann)* 90

4. Kapitel: Leasingvertrag und AGB-Recht 100
§ 8 AGB-Kontrolle der Leasingvertragsbedingungen *(Stoffels)* 100
§ 9 AGB-Kontrolle der Liefervertragsbedingungen *(Stoffels)* 117

**5. Kapitel: Das Rechtsverhältnis zwischen Leasinggeber und Lieferant sowie
die Eigenhaftung des Lieferanten** 126
§ 10 Einzelvereinbarungen *(Wimmer-Leonhardt)* 126
§ 11 Rahmenverträge *(Wimmer-Leonhardt)* 156

6. Kapitel: Der Vollzug des Leasinggeschäfts 160
§ 12 Lieferung und Nutzungsüberlassung *(Wimmer-Leonhardt)* 160
§ 13 Die Übernahmebestätigung *(Wimmer-Leonhardt)* 164
§ 14 Inhalt und Überwälzung der Untersuchungs- und Rügeobliegenheiten
 (Wimmer-Leonhardt) 172
§ 15 Lieferkosten und sonstige *(Wimmer-Leonhardt)* 181

7. Kapitel: Das geschuldete Entgelt 182
§ 16 Festlegung und Zahlung der Leasingraten, Sonderzahlungen *(Stoffels)* 182
§ 17 Sittenwidrig überhöhte Leasingentgelte *(Stoffels)* 187
§ 18 Anpassungsklauseln *(Stoffels)* 191
§ 19 Absicherung der Leasingverbindlichkeiten *(Stoffels)* 194
§ 20 Aufrechnungsverbote, Zurückbehaltungsrechte *(Stoffels)* 200

8. Kapitel: Allgemeine mietrechtliche Haftung des Leasinggebers 204
§ 21 Einleitung *(Roland M. Beckmann)* 204
§ 22 Unmöglichkeit der Lieferung der Leasingsache *(Roland M. Beckmann)* 209
§ 23 Verzug/Verzögerung der Leistung des Leasinggebers *(Roland M. Beckmann)* 232
§ 24 Sach- und Rechtsmängelhaftung sowie sonstige Pflichtverletzungen
 (Roland M. Beckmann) 248

9. Kapitel: Die Haftung im typischen Leasingdreieck 257
§ 25 Sachmängelhaftung im Leasingdreieck *(Heiner Beckmann)* 257
§ 26 Erweiterung der Abtretungskonstruktion auf sämtliche Pflichtverletzungen aus dem
 Liefervertrag *(Heiner Beckmann)* 267
§ 27 Weitere Folgen der leasingtypischen Abtretungskonstruktion *(Heiner Beckmann)* .. 288
§ 28 Leasingtypische Besonderheiten im Lieferprozess *(Heiner Beckmann)* 318
§ 29 Rechtsfolgen des Lieferstreits für den Leasingvertrag *(Heiner Beckmann)* 336
§ 30 Besonderheiten des Leasingprozesses *(Heiner Beckmann)* 348

		Seite
10. Kapitel: Risikotragung und Unterhaltungspflichten		357
§ 31	Die Überwälzung der Sach- und Preisgefahr *(Ackermann)*	357
§ 32	Die Zerstörung bzw. Beschädigung des Leasingguts durch Verschulden des Leasingnehmers *(Ackermann)*	373
§ 33	Die Zerstörung bzw. Beschädigung des Leasinggutes durch Verschulden eines Dritten *(Ackermann)*	376
11. Kapitel: Die ordentliche Beendigung des Leasingvertrages		381
§ 34	Gründe für die Beendigung *(Berninghaus)*	381
§ 35	Die Verpflichtung zur Rückgabe *(Berninghaus)*	384
§ 36	Rechte an Einbauten und Zusatzeinrichtungen *(Berninghaus)*	391
§ 37	Der Vollamortisationsanspruch des Leasinggebers bei ordentlicher Kündigung (Abschlusszahlung) *(Berninghaus)*	391
12. Kapitel: Die außerordentliche Beendigung des Leasingvertrages		402
§ 38	Fristlose Kündigung durch des Leasinggeber *(Berninghaus)*	402
§ 39	Rechtsfolgen der fristlosen Kündigung *(Berninghaus)*	405
§ 40	Verjährung der Ansprüche nach fristloser Kündigung *(Berninghaus)*	414
§ 41	Prozessuale Durchsetzung *(Berninghaus)*	415
§ 42	Besonderheiten beim Verbraucherkredit *(Berninghaus)*	416
§ 43	Fristlose Kündigung durch den Leasingnehmer *(Berninghaus)*	417
§ 44	Rechtsfolgen bei fristloser Kündigung durch den Leasingnehmer *(Berninghaus)*	419
§ 45	Außerordentliche Kündigung wegen Untergangs des Leasinggutes *(Berninghaus)*	420
§ 46	Verwertung *(Berninghaus)*	421
13. Kapitel: Zwangsvollstreckung		425
§ 47	Zwangsvollstreckung durch eine Vertragspartei *(Hau)*	425
§ 48	Zwangsvollstreckung durch Gläubiger einer Vertragspartei *(Hau)*	432
14. Kapitel: Das Leasinggut in der Insolvenz		447
§ 49	Die Insolvenz des Leasingnehmers *(Klinck)*	447
§ 50	Die Insolvenz des Leasinggebers *(Klinck)*	475
§ 51	Die Insolvenz des Lieferanten *(Klinck)*	486

3. Teil: Besondere Rechtsprobleme einzelner Leasingverträge

15. Kapitel: Leasingverträge und Verbraucherschutz		487
§ 52	Leasingverträge mit Verbrauchern *(Matusche-Beckmann)*	487
§ 53	Leasingverträge als Haustürgeschäfte *(Matusche-Beckmann)*	516
§ 54	Leasingverträge im Fernabsatz *(Matusche-Beckmann)*	518
16. Kapitel: Kfz-Leasingverträge		529
§ 55	Bedeutung und Erscheinungsformen des Kfz-Leasing *(Wimmer-Leonhardt)*	529
§ 56	Rechtsprobleme des Kfz-Leasing *(Wimmer-Leonhardt)*	533
§ 57	Besonderheiten bei Beendigung eines Kfz-Leasingvertrags und die Verwertung des Leasingfahrzeugs *(Wimmer-Leonhardt)*	545
17. Kapitel: Immobilien-Leasingverträge		553
§ 58	Bedeutung und Grundlagen des Immobilien-Leasings *(Martinek)*	553
§ 59	Vertragsformen beim Immobilien-Leasing *(Martinek)*	559
§ 60	Objektgesellschaften beim Immobilien-Leasing *(Martinek)*	570
§ 61	Grundstücks- und Gebäudebeschaffung beim Immobilien-Leasing *(Martinek)*	572
18. Kapitel: Computer- und Softwareleasing		575
§ 62	Computerwaren als Leasinggüter *(Heiner Beckmann)*	575
§ 63	Rechtsprobleme bei der Überlassung von Computerwaren im Rahmen von Finanzierungsleasinggeschäften *(Heiner Beckmann)*	588
19. Kapitel: Einzelfragen zum Sale-and-Lease-Back-Verfahren		628
§ 64	Grundlagen und zivilrechtliche Sonderprobleme *(Berninghaus)*	628
§ 65	Steuerliche und handelsrechtliche Besonderheiten *(Berninghaus)*	634

Inhaltsübersicht

Seite

4. Teil: Wirtschaftliche Problemkomplexe des Leasings

20. Kapitel: Betriebswirtschaftliche Aspekte des Leasings 637
§ 66 Kalkulation von Leasingverträgen beim Leasinggeber *(Kroll/Schaub)* 637
§ 67 Die Leasingentscheidung des Leasingnehmers *(Kroll/Schaub)* 657

21. Kapitel: Steuerrechtliche Aspekte des Leasings 679
§ 68 Persönliche Zurechnung der Leasinggegenstände im Steuerrecht *(Wagner)* 679
§ 69 Leasing im Einkommen- und Körperschaftsteuerrecht *(Wagner)* 696
§ 70 Leasing im sonstigen Steuerrecht *(Wagner)* 743

22. Kapitel: Bilanzrechtliche Aspekte des Leasings 764
§ 71 Bilanzrechtliche Klassifizierung von Leasingverhältnissen *(Findeisen)* 764
§ 72 Bilanzierung der Leasingverhältnisse bei Zurechnung zum Leasinggeber *(Findeisen)* .. 796
§ 73 Bilanzierung der Leasingverhältnisse bei Zurechnung zum Leasingnehmer *(Findeisen)* . 834

23. Kapitel: Refinanzierung von Leasinggesellschaften 845
§ 74 Gestaltungsprobleme bei der Refinanzierung von Leasinggesellschaften *(Berninghaus)* . 845
§ 75 Neuere Formen der Refinanzierung von Leasinggesellschaften *(Berninghaus)* 857

24. Kapitel: Leasing im deutschen und europäischen Recht der Finanzdienstleistungsaufsicht 865
§ 76 Überblick über das deutsche Recht der Finanzdienstleistungsaufsicht *(Jochum)* 865
§ 77 Behandlung des Leasings nach geltendem deutschen Finanzdienstleistungsaufsichtsrecht *(Jochum)* 876
§ 78 Die Behandlung des Leasings im Rahmen internationalisierter Finanzdienstleistungsaufsicht *(Jochum)* 887

25. Kapitel: Leasing und staatliche Investitionsförderung 901
§ 79 Investitionszulage *(Jäger)* 901
§ 80 Investitionszuschuss *(Jäger)* 952

5. Teil: Leasing als internationale Finanzdienstleistung

26. Kapitel: Grenzüberschreitende Leasingverträge 973
§ 81 Anknüpfung des Leasingvertrags *(Ackermann)* 973
§ 82 Besonderheiten beim Verbraucherleasing *(Ackermann)* 978
§ 83 Die Anknüpfung des Liefervertrags *(Ackermann)* 981
§ 84 Die Anknüpfung der Ansprüche des Leasingnehmers gegen den Lieferanten *(Ackermann)* 986
§ 85 Die Anknüpfung der Produkthaftung des Leasinggebers *(Ackermann)* 988
§ 86 Die Anknüpfung der dinglichen Berechtigung am Leasinggut *(Ackermann)* 990
§ 87 Die UNIDROIT Convention on International Financial Leasing (Konvention von Ottawa) *(Ackermann)* 991

27. Kapitel: Internationale Zuständigkeit 997
§ 88 Das System der internationalen Zuständigkeiten *(Ackermann)* 997
§ 89 Gerichtsstands- und Schiedsvereinbarungen *(Ackermann)* 1003

28. Kapitel: Leasingrecht im Ausland 1008
§ 90 Rahmenbedingungen des Leasinggeschäfts in den EU-Mitgliedstaaten *(Hau)* 1008
§ 91 Das Leasingrecht in England *(Bisping)* 1016
§ 92 Das Leasingrecht in Frankreich *(Licari)* 1030
§ 93 Das Leasingrecht in Italien *(Martinek)* 1043
§ 94 Das Leasingrecht in Österreich *(Wimmer-Leonhardt)* 1071
§ 95 Das Leasingrechts in Polen *(Poczobut)* 1088
§ 96 Das Leasingrecht in Rumänien *(Raduletu)* 1097
§ 97 Das Leasingrecht in Russland *(Poczobut)* 1108
§ 98 Das Leasingrecht in der Schweiz *(Martinek)* 1116
§ 99 Das Leasingrecht in Spanien *(Bueso Guillén)* 1132
§ 100 Das Leasingrecht in den USA *(Martinek)* 1148

Inhaltsübersicht

Seite

6. Teil: Materialien

§ 101 Musterverträge 1175
§ 102 Die Leasingerlasse der Finanzverwaltung 1205
§ 103 UNIDROIT Convention on International Financial Leasing (Ottawa, 28 May 1988) . 1216
§ 104 Die VDA-Empfehlung für Kfz-Leasing 1223
§ 105 Register der BGH-Entscheidungen zum Leasingrecht (Konkordanzliste) 1231
§ 106 Verzeichnis des Schrifttums zum Leasingrecht 1239

Inhaltsverzeichnis

	Seite
Vorwort der Herausgeber	V
Inhaltsübersicht	VII
Inhaltsverzeichnis	XI
Abkürzungsverzeichnis	XLIX
Bearbeiterverzeichnis	LVII

1. Teil: Einführung und Grundlagen

1. Kapitel: Entwicklung und wirtschaftliche Hintergründe des Leasings ... 1
§ 1 Die Entwicklung des Leasings *(Martinek)* ... 1
    I. Das wirtschaftliche Grundkonzept des Leasings ... 2
    II. Entwicklung und Bedeutung des Leasings ... 4
        1. Anfänger und erste Leasing-Generation ... 4
        2. Das Leasing der zweiten Generation ... 5
        3. Das Leasing der dritten Generation ... 6
    III. Zukunftsperspektiven des Leasings ... 9
§ 2 Betriebs- und absatzwirtschaftliche Hintergründe des Leasings *(Martinek)* ... 9
    I. Leasing als Investitions- und Finanzierungsmethode ... 10
    II. Leasing als Alternative zum Kauf ... 10
    III. Überblick über steuerrechtliche Aspekte des Leasings ... 13
        1. Das „wirtschaftliche Eigentum" im Steuerrecht ... 13
        2. Der Vollamortisationserlass ... 15
        3. Der Teilamortisationserlass ... 16
        4. Die Immobilien-Leasingerlasse ... 17
        5. Das erlasskonforme und das nicht erlasskonforme Leasing ... 18
    IV. Absatzwirtschaftliche Aspekte des Leasinggeschäfts ... 19

2. Kapitel: Arten und Rechtsnatur des Leasingvertrags ... 21
§ 3 Erscheinungsformen des Leasings *(Martinek)* ... 21
    I. Finanzierungsleasing als Leasing im engeren Sinn ... 21
    II. Das Operating-Leasing ... 22
    III. Vielfalt, Ausgestaltungen und Abwandlungen des Leasings ... 23
    IV. Hersteller- und Händler-Leasing ... 24
    V. Direktes und indirektes Leasing ... 25
    VI. Absatzförderndes und „reines" Leasing ... 26
    VII. Mobilien- und Immobilien-Leasing ... 27
    VIII. Das Sale and lease back-Verfahren ... 28
    IX. Investitionsgüter- und Konsumgüter-Leasing ... 28
    X. Das Kfz-Leasing ... 29
        1. Die Bedeutung des Kfz-Leasings ... 29
        2. Das Null-Leasing ... 30
        3. Der Kilometer-Abrechnungsvertrag ... 31
    XI. Weitere Leasing-Formen und Systematisierungsversuche ... 32
§ 4 Die Rechtsnatur von den Leasingverträgen *(Martinek)* ... 33
    I. Die Bedeutung der Leasingtheorien ... 33
    II. Der Operating-Leasingvertrag als Mietvertrag ... 35
    III. Rechte und Pflichten der Parteien beim (Finanzierungs-) Leasing ... 36
    IV. Die mietvertragliche Qualifizierung des Leasingvertrages ... 37
        1. Das Schrifttum ... 37
        2. Die BGH-Rechtsprechung ... 38
        3. Kritik ... 40
    V. Kaufvertragliche Einordnungsversuche ... 42
        1. Die Literaturstimmen ... 42

	Seite
2. Kritik	43
VI. Leasing und Mietkauf	45
VII. Der darlehensvertragliche Ansatz	46
VIII. Der geschäftsbesorgungsvertragliche Ansatz	47
IX. Der Leasingvertrag als Vertrag *sui generis*	49
1. Hauptaussagen und Streitpunkte der *sui generis*-Theorie	49
2. Die Vorzugswürdigkeit der bifunktionalen *sui generis*-Theorie	50
3. Die rechtstypologische Beschreibung des Leasingvertrages	51
X. Die Kodifikationsreife des Leasingvertrags	52
XI. Leasingverträge in der neueren rechtswissenschaftlichen Diskussion	53
1. Das Leasinggeschäft als komplexe Vertragsverbindung	53
2. Tendenzen zur objektiv-normativen Auslegung	55
3. Das Leasinggeschäft als ringförmiger Leistungsaustausch	56
4. Das Leasinggeschäft als kleines Netzwerk	57

2. Teil: Allgemeines Leasingrecht

3. Kapitel: Der Abschluss des Finanzierungsleasingvertrags	59
§ 5 Zustandekommen und Form von Finanzierungsleasinggeschäften *(Heiner Beckmann)*	59
Vorbemerkungen	60
I. Das typische Leasingdreieck	60
II. Vertragsanbahnung im Leasingdreieck	61
1. Vorverhandlungsmodell	61
a) Verhandlungen über den Liefervertragsentwurf	61
b) Angebot des Lieferanten an den Leasinggeber auf Abschluss des Liefervertrags	62
c) Angebot des Leasingnehmers an den Leasinggeber auf Abschluss des Leasingvertrages	62
d) Annahme der Vertragsangebote durch den Leasinggeber	62
e) Bindungs- und Annahmefrist	63
f) Änderungen und Erweiterungen durch den Leasinggeber	63
g) Verzicht auf Zugang der Annahmeerklärung	63
h) Annahme des Leasinggebers kein kaufmännisches Bestätigungsschreiben	64
2. Eintrittsmodell	64
a) Finanzierung eines Liefervertrages über eine zu erwerbende Sache	64
b) Liefervertrag mit nachträglicher Leasingfinanzierung	65
c) Wirkungen des Eintritts des Leasinggebers	66
3. Eigenständige Beschaffung der Finanzierung durch den Leasingnehmer	66
4. Sale-and-lease-back	67
5. Hersteller- oder Händlerleasing	67
III. Eigentumsübertragung beim Finanzierungsleasinggeschäft	67
IV. Scheitern der Leasingfinanzierung	67
1. Zahlungspflicht des Leasingkunden	67
2. Scheitern des Vorverhandlungsmodells	68
3. Scheitern des Eintrittsmodells	68
V. Form von Finanzierungsleasinggeschäften	69
1. Finanzierungsleasingverträge über Mobilien	69
2. Finanzierungsleasingverträge mit Verbrauchern	69
3. Finanzierungsleasingverträge über Immobilien	69
4. Lieferverträge	70
5. Vertragsübernahme und Eintrittsvereinbarungen	70
6. Gewillkürte Schriftform	71
7. Schriftform- und Vollständigkeitsklauseln	71
§ 6 Die inhaltliche Vertraggestaltung beim Finanzierungsleasinggeschäft *(Heiner Beckmann)*	71
I. Festlegung der Vertragsinhalte beim Finanzierungsleasinggeschäft durch Lieferant und Leasingnehmer	72
1. Lieferant und Leasingnehmer als Verhandlungsgehilfen des Leasinggebers	73
a) Stellung des Lieferanten	73
b) Stellung des Leasingnehmers	74

	Seite
2. Bestimmung der Vertragsparteien	74
a) Vertragspartner des Liefervertrages	74
b) Vertragspartner des Leasingvertrages	74
3. Bestimmung des Vertragstyps des Liefervertrages	75
a) Bestimmung durch die Vertragspartner	75
b) Bedeutung der Bestimmung des Vertragstyps	75
c) Einordnungskriterien	75
d) Einordnung des Liefervertrages als Kaufvertrag	75
e) Einordnung des Liefervertrages als Werkvertrag	76
f) Einordnung des Liefervertrages als Werklieferungsvertrag	76
g) Bestimmung des Vertragstyps durch Lieferant und Leasingnehmer	77
4. Festlegung des Leistungsgegenstandes des Liefervertrages	77
5. Vereinbarungen über die Vertragsabwicklung	78
6. Voraus-, Abschlags- oder Anzahlung	78
7. Inzahlungnahme eines Gebrauchtfahrzeugs	78
8. Selbständige Vereinbarungen zwischen dem Leasingkunden und dem Lieferanten	78
II. Einwirkungsmöglichkeit des Leasinggebers auf den Inhalt des Liefervertrages	79
1. Hinweis auf Unzulässigkeit mündlicher Nebenabreden	79
2. Nachträgliche Änderungen der ausgehandelten Inhalte des Liefervertrages durch den Leasinggeber	80
a) Nachträgliche Änderungen beim Vorverhandlungsmodell	80
b) Zusätzliche Regelungen beim Eintrittsmodell	80
c) Vorschläge für zusätzliche Regelungen	80
d) Vereinbarung zusätzlicher „Sicherheiten"	81
3. Hinweis auf zusätzliche Bedingungen im Leasingantragsformular	81
III. Wertungsmaßstab für sog. „subjektive Elemente" aus dem Liefervertragsverhältnis	81
1. Leasinggeber als Vertragspartner des Liefervertrags	82
2. Leasingnehmer als „käuferähnliche" Person	82
3. Rechtslage beim Eintrittsmodell	83
4. Vereinbarungen der Beteiligten	83
5. Einzelfälle mit „subjektiven Elementen"	84
a) Individualvereinbarungen	84
b) Interessengerechte Auslegung	84
c) Auslegung von AGB und Maßstab der Inhaltskontrolle	84
d) Willensmängel und Wissensvertretung	85
e) Subjektive Tatbestandsmerkmale und Wertungen im Rahmen des Liefervertrages	85
f) Kaufmannseigenschaft	86
g) Unternehmer- oder Verbrauchergeschäft und Verbrauchsgüterkauf	86
IV. Anfechtung und Kollusion im Leasingdreieck	87
1. Anfechtung im Leasingdreieck	87
a) Irrtumsanfechtung	87
b) Anfechtung wegen Täuschung oder Drohung durch den Lieferanten	87
c) Verpflichtung des Leasingnehmers zur vorrangigen Geltendmachung der Anfechtung des Liefervertrages	88
2. Kollusionsfälle	88
a) Anfechtung sämtlicher Vereinbarungen durch den Leasinggeber	89
b) Anfechtung des Leasingvertrages durch den Leasingnehmer	89
c) Scheingeschäft	89
§ 7 Kaufoption des Leasingnehmers und Andienungsrecht *(Heiner Beckmann)*	90
I. Kaufoption	90
1. Einräumung durch den Leasinggeber im Leasingvertrag	90
2. Drittkäuferbenennungsrecht	91
3. Option bei Abschluss eines Folgeleasingvertrages	91
4. Steuerrechtliche Zulässigkeit	91
5. Einräumung durch den Lieferanten	91
a) Optionsrecht gegenüber dem Leasinggeber	92
b) Optionsrecht gegenüber dem Lieferanten	92

	Seite
II. Andienungsrecht des Leasinggebers	92
1. Inhalt des Andienungsrechts	93
2. Andienung durch den Leasinggeber	93
III. Mängelhaftung bei Kaufoption und Andienungsrecht	95
1. Haftungsgrundlagen	95
2. Regelung für Vereinbarung nach altem und Ausübung nach neuem Recht	95
3. Zulässigkeit von Haftungsbeschränkungen nach der Schuldrechtsreform	96
4. Ausschluss der Haftung wegen Mangelkenntnis	97
5. Zulässige Gestaltungsmöglichkeiten	98
6. Keine Untersuchungspflicht des Leasinggebers vor der Veräußerung der Leasingsache	98
7. Vorschläge für eine gesetzliche Regelung	98
IV. Abtretung des Kaufpreisanspruchs aus einer Option oder Andienung	99

4. Kapitel: Leasingvertrag und AGB-Recht   100

§ 8   AGB-Kontrolle der Leasingvertragsbedingungen *(Stoffels)*   100

I. Persönlicher Anwendungsbereich: Unternehmer und Verbraucher als Leasingnehmer	101
II. Sachlicher Anwendungsbereich: AGB-Charakter Allgemeiner Leasingvertragsbedingungen	101
1. Vertragsbedingungen	102
2. Vorformulierung	102
3. Für eine Vielzahl von Verträgen	103
4. Stellen	103
a) Regelfall: Der Leasinggeber als Verwender	103
b) Der Leasingnehmer als Verwender	104
5. Unerhebliche Umstände	105
6. Individualvereinbarung	105
7. Beweislast	105
III. Einbeziehung der Leasingvertragsbedingungen	106
1. Besondere Einbeziehungsvoraussetzungen	106
a) Einbeziehungsvereinbarung	106
b) Rahmenvereinbarung	107
2. Ausschluss überraschender Klauseln	107
3. Vorrang von Individualvereinbarungen	108
4. Problematik der Schriftformklauseln	109
IV. Inhaltskontrolle Allgemeiner Leasingvertragsbedingungen	109
1. Schranken der Inhaltskontrolle	109
2. Maßstab der Inhaltskontrolle	110
a) Leitbildabweichung (§ 305 Abs. 2 Nr. 1 BGB)	110
b) Aushöhlungsverbot (§ 305 Abs. 2 Nr. 2 BGB)	111
3. Transparenzgebot	113
V. Rechtsfolgen der Nichteinbeziehung oder Unwirksamkeit	114
1. Fortbestand des Leasingvertrages im Übrigen	114
2. Grundsatz des Verbots der geltungserhaltenden Reduktion und Teilbarkeit	114
3. Dispositives Recht als Regelersatzordnung	115
4. Ergänzende Vertragsauslegung	116
VI. Verbandsklageverfahren	116

§ 9   AGB-Kontrolle der Liefervertragsbedingungen *(Stoffels)*   117

I. Allgemeines	117
II. Einbeziehung in den Liefervertrag	117
1. Personeller Bezugspunkt der Einbeziehungskontrolle	117
2. Kollidierende Bedingungswerke	118
3. Rechtsfolgen der unterbliebenen Einbeziehung der Liefer-AGB in den Liefervertrag	119
III. Wirksamkeitskontrolle von Liefer-AGB	119
1. Ausrichtung der Inhaltskontrolle an der Person des Leasingnehmers	119
2. Rechtsfolgen der Unwirksamkeit einzelner Klauseln der Liefer-AGB	121
3. Einzelne Klauseln	122

Inhaltsverzeichnis

Seite

  a) Anknüpfung der Zahlungspflicht an die Vorlage einer Übernahmebestätigung in den Bestellbedingungen des Leasinggebers 122
  b) Gewährleistungsbeschränkungen in den Lieferanten-AGB 122
  c) Abbedingung der Rügeobliegenheit in den Bestellbedingungen des Leasinggebers 123
  d) Haftungsklauseln in den Bestellbedingungen des Leasinggebers 123
  e) Rückkaufvereinbarungen 125

5. Kapitel: Das Rechtsverhältnis zwischen Leasinggeber und Lieferant sowie die Eigenhaftung des Lieferanten 126

§ 10 Einzelvereinbarungen *(Wimmer-Leonhardt)* 126
 I. Allgemeines 127
 II. Die Vertragsanbahnung 128
 III. Das Rechtsverhältnis zwischen Leasinggeber und Lieferant bei Vertragsverhandlung mit dem Leasingnehmer 132
  1. Die Erfüllungsgehilfenstellung des Lieferanten 132
   a) Die Entstehung der Erfüllungsgehilfenstellung 132
   b) Hilfspersonen des Lieferanten 134
   c) Vorvertragliche Aufklärungs- und Beratungspflichten im Leasinggeschäft . . . 134
   d) Atypische Sondervereinbarungen 136
   e) Die Beendigung der Erfüllungsgehilfenstellung und ihr Wiederaufleben 136
   f) Die Haftung des Leasinggebers für das Fehlverhalten seines Erfüllungsgehilfen . 137
   g) Haftungsausschlussregelungen 139
  2. Der Lieferant als Wissensvertreter des Leasinggebers 140
  3. Der Lieferant als Verrichtungsgehilfe des Leasinggebers 142
  4. Die Haftung im Verhältnis Leasinggeber – Lieferant 142
 IV. Die Eigenhaftung des Lieferanten gegenüber dem Leasingnehmer 144
  1. Schutz-, Aufklärungs- und Beratungspflichten des Lieferanten 144
  2. Delikts- und Produkthaftung 146
   a) Produkthaftung im Leasinggeschäft 146
   b) Ansprüche des Leasingnehmers 147
 V. Der Liefervertrag 148
  1. Die Rechtsnatur des Liefervertrages 148
  2. Willensmängel und Nichtigkeitsgründe 148
  3. Rechte und Pflichten aufgrund des Liefervertrages 149
   a) Die Pflichten des Lieferanten 149
   b) Die Pflichten des Leasinggebers 152
 VI. Häufige Regelungen zur Verlagerung des Risikos des Leasinggebers auf den Lieferanten 153
  1. Vermarktungspflicht des Lieferanten 153
  2. Nachmieterbenennung 154
  3. Rückkaufvereinbarungen 154

§ 11 Rahmenverträge *(Wimmer-Leonhardt)* 156
 I. Allgemeines 156
 II. Hintergrund und allgemeine Regelungen 157
 III. Überwälzung des Bonitätsrisikos 158
 IV. Mitteilungs- und Aufklärungspflichten bei Leasing-Rahmenverträgen 159

6. Kapitel: Der Vollzug des Leasinggeschäfts 160

§ 12 Lieferung und Nutzungsüberlassung *(Wimmer-Leonhardt)* 160
 I. Lieferung 160
  1. Der Liefervorgang 160
  2. Lieferstörungen 161
   a) Nichtlieferung und unvollständige Lieferung 161
   b) Verspätete Lieferung 162
 II. Abnahmepflicht 162
 III. Ablieferung bzw. Abnahme als Beginn der Verjährungsfrist 163

§ 13 Die Übernahmebestätigung *(Wimmer-Leonhardt)* 164
 I. Begriff 164

	Seite
II. Wirksamkeit	165
III. Die Wirkung der Übernahmebestätigung im Verhältnis Leasinggeber – Leasingnehmer	166
IV. Die Wirkung der Übernahmebestätigung im Verhältnis Leasinggeber – Lieferant	170
§ 14 Inhalt und Überwälzung der Untersuchungs- und Rügeobliegenheiten *(Wimmer-Leonhardt)*	172
I. Einleitung	173
II. Die handelsrechtliche Untersuchungs- und Rügeobliegenheit	173
1. Allgemeines	173
2. Untersuchungs- und Rügeobliegenheit im Leasinggeschäft	174
a) Die Ansicht der Rechtsprechung	174
b) Die Ansicht der Literatur	175
III. Folgen der Verletzung der Untersuchungs- und Rügeobliegenheit durch den Leasinggeber	176
IV. Überwälzung der Untersuchungs- und Rügeobliegenheiten	177
V. Freizeichnung von der gesetzlichen Untersuchungs- und Rügeobliegenheit	179
VI. Weitere AGB-rechtliche Besonderheiten	179
1. Fristenregelungen	179
2. Form und Zugang der Rüge	180
3. Der Inhalt der Rüge	180
VII. Rügeobliegenheiten im UN-Kaufrecht	181
§ 15 Lieferkosten und sonstige Nebenkosten *(Wimmer-Leonhardt)*	181

7. Kapitel: Das geschuldete Entgelt ... 182

§ 16 Festlegung und Zahlung der Leasingraten, Sonderzahlungen *(Stoffels)*	182
I. Festlegung der Ratenzahlungspflicht im Leasingvertrag	182
1. Hauptpflicht des Leasingnehmers	182
2. Betagte Forderungen	182
3. Anzahl und Höhe der Leasingraten	183
II. Zahlung der Leasingraten	183
1. Fälligkeit, Vorauszahlungspflicht	183
2. Einziehungsermächtigung	184
III. Sanktionsabreden für den Verzugsfall	184
1. Pauschalierte Verzugszinsen	184
a) Nicht-unternehmerischer Verkehr	184
b) Unternehmerischer Verkehr	185
2. Mahngebühren	185
IV. Einmalzahlungen nach dem sog. Flens-Modell	185
V. Verjährung	186
VI. Sonderzahlungen	186
§ 17 Sittenwidrig überhöhte Leasingentgelte *(Stoffels)*	187
I. Allgemeines	187
II. Auffälliges Missverhältnis zwischen Leistung und Gegenleistung	187
1. Objektiv auffälliges Missverhältnis	187
a) Mietrechtliches Prüfungsmodell	187
b) Ratenkreditmodell	188
2. Verwerfliche Gesinnung des Leasinggebers	190
3. Beweislast	190
III. Verletzung von Gemeinwohlinteressen, insbesondere bei Beteiligung der öffentlichen Hand	191
§ 18 Anpassungsklauseln *(Stoffels)*	191
I. Allgemeines	191
II. Kontrollmaßstab	192
III. Einzelne Anpassungsklauseln	192
IV. Rechtsfolgen der Unwirksamkeit	194
§ 19 Absicherung der Leasingverbindlichkeiten *(Stoffels)*	194
I. Allgemeines	194
II. Mithaftung weiterer Personen	195

Inhaltsverzeichnis

Seite

    1. Mithaftung der Geschäftsführer oder Gesellschafter einer juristischen Person auf Leasingnehmerseite 195
       a) AGB-rechtliche Zulässigkeit 195
       b) Anwendbarkeit verbraucherschützender Vorschriften 196
    2. Mithaftung des Lieferanten 197
    3. Mithaftung sonstiger Dritter, insbesondere naher Familienangehöriger 198
  III. Haftung des ausscheidenden Leasingnehmers bei Vertragsübernahme 199
  IV. Zusätzliche Sicherheiten 199
§ 20 Aufrechnungsverbote, Zurückbehaltungsrechte *(Stoffels)* 200
  I. Aufrechnungsverbote 200
    1. Allgemeines 200
    2. Grenzen des AGB-Rechts 200
    3. Rechtsfolgen zu weit reichender Aufrechnungsverbote 201
  II. Zurückbehaltungsrechte 202
    1. Gegenüber nichtunternehmerischen Leasingkunden 202
    2. Gegenüber unternehmerischen Leasingkunden 203

8. Kapitel: Allgemeine mietrechtliche Haftung des Leasinggebers 204
§ 21 Einleitung *(Roland M. Beckmann)* 204
  I. Haftung des Leasinggebers und leasingtypische Abtretungskonstruktion 204
  II. Grundsätzliche Anwendung der mietrechtlichen Haftung 208
  III. Grundsätzliche Verpflichtung des Leasinggebers gegenüber dem Leasingnehmer .. 208
§ 22 Unmöglichkeit der Lieferung der Leasingsache *(Roland M. Beckmann)* 209
  I. Einleitung 210
    1. Grundsätzliche Einordnung einer Leistungsstörung als Unmöglichkeit 210
    2. Überblick über die Gesetzessystematik 212
  II. Anfängliche Unmöglichkeit 213
    1. Überblick 213
    2. Verhältnis des § 311a BGB zur mietrechtlichen Sonderregelung des § 536a Abs. 1, 1. Alt. BGB 214
    3. Anspruchsumfang nach § 311a Abs. 2 BGB, insbesondere Verhältnis zwischen Schadensersatz- und Aufwendungsersatzanspruch 215
    4. Einrede des nicht erfüllten Vertrages 216
    5. Rücktrittsmöglichkeit 216
    6. Anspruch auf das sog. stellvertretende commodum 216
    7. Unmöglichkeit und Geschäftsgrundlagenlösung des BGH 216
    8. Fristlose Kündigung 218
    9. Ausschluss der Haftungsfolgen bei anfänglicher Unmöglichkeit durch Allgemeine Geschäftsbedingungen 218
  III. Nachträgliche Unmöglichkeit 218
    1. Vertretenmüssen des Leasinggebers 219
      a) Erfüllungseigenschaft des Lieferanten 219
      b) Freizeichnung des Leasinggebers vom Verschulden des Lieferanten 219
    2. Einrede aus § 320 BGB 221
    3. Weitere Rechtsbehelfe 221
      a) Unverschuldete Unmöglichkeit 221
      b) Vertretenmüssen des Leasingnehmers/Annahmeverzug des Leasingnehmers .. 222
      c) Vom Leasinggeber zu vertretende Unmöglichkeit 223
    4. Teilleistung/teilweise Nichterfüllung 224
  IV. Freizeichnung von den Rechtsfolgen bei Unmöglichkeit 225
    1. Grundsätzliche und weitgehende Ausschlüsse der Folgen bei Unmöglichkeit .. 225
    2. Beschränkung der Rücktrittsmöglichkeit bzw. des Anspruchs auf Schadensersatz 227
    3. Nichtlieferungsklauseln im Leasingvertrag in Verbindung mit Drittverweisungsklauseln 228
    4. Kündigungsklauseln/Rücktrittsklauseln 229
      a) Generelles Kündigungs-/Rücktrittsrecht des Leasinggebers bei Nichtlieferung oder verspäteter Lieferung der Leasingsache 229

	Seite
b) Kündigungs-/Rücktrittsrecht bei vom Leasinggeber nicht zu vertretender Nichtlieferung oder verspäteter Lieferung der Leasingsache	231
§ 23 Verzug/Verzögerung der Leistung des Leasinggebers *(Roland M. Beckmann)*	232
I. Grundsätzliches	233
II. Rechtliche Möglichkeiten des Leasingnehmers gegen den Leasinggeber im Falle verzögerter Leistungserbringung	234
1. Verweigerung der Zahlung von Leasingraten	234
a) Vertragliche Fälligkeitsregelung	234
b) Einrede des nichterfüllten Vertrages § 320 Abs. 1 Satz 1 BGB	234
2. Ersatz des Verzögerungsschadens	235
a) Nichtleistung trotz Fälligkeit und Durchsetzbarkeit des Anspruchs	235
b) Mahnung	237
c) Kein Entlastungsbeweis des Schuldners	237
d) Rechtsfolgen	237
3. Rücktritt	237
4. Schadensersatz statt der Leistung	239
5. Verhältnis der §§ 280 ff., 323 ff. BGB zu den mietrechtlichen Vorschriften	240
6. Fristlose Kündigung, § 543 Abs. 1 S. 1 BGB	240
7. Wegfall der Geschäftsgrundlage	241
III. Haftungsausschließende und Haftungsbeschränkende AGB-Klauseln	242
1. Liefererminklauseln	242
a) Individuell vereinbarter Liefertermin	242
b) Unverbindlicher Liefertermin/Freizeichnung von der Verpflichtung zur rechtzeitigen Lieferung	243
c) Vertragsbeginnklausel	244
d) Klausel mit unangemessen langer Lieferfrist	245
2. Ausschluss bzw. Beschränkung der Verzugsfolgen	245
a) Grundsätzliche und weitgehende Ausschlüsse der Verzugsfolgen	246
b) Einschränkung des Rücktrittsrechts bzw. des Anspruchs auf Schadensersatz	247
§ 24 Sach- und Rechtsmängelhaftung sowie sonstige Pflichtverletzungen *(Roland M. Beckmann)*	248
I. Sach- und Rechtsmängelhaftung	249
1. Allgemeines und Anwendbarkeit	249
2. Mangelhaftigkeit der Leasingsache	249
3. Die einzelnen Rechtsbehelfe	250
a) Anspruch auf Mängelbeseitigung	251
b) Minderung der Leasingraten (§ 536 BGB)	251
c) Einrede des nicht erfüllten Vertrages (§ 320 BGB)	252
d) Schadensersatzansprüche (§ 536 a BGB)	254
e) Kündigungsrecht (§ 543 BGB)	254
f) Ausschlüsse	254
4. Generelle Haftungsfreizeichnung durch den Leasinggeber	255
II. Sonstige Pflichtverletzungen durch den Leasinggeber	255
9. Kapitel: Die Haftung im typischen Leasingdreieck	257
§ 25 Sachmängelhaftung im Leasingdreieck *(Heiner Beckmann)*	257
Vorbemerkungen	257
I. Eigene Sachmängelhaftung des Leasinggebers	257
II. Ermächtigungskonstruktion	258
III. Abtretungskonstruktion	259
1. Haftungsbeschränkung des Leasinggebers mit Drittverweisung	259
2. Typische Haftungsklauseln	260
3. Erstreckung der Abtretung auf Gestaltungs- und Nebenrechte	261
4. Wirksamkeit trotz des Klauselverbots in § 309 Nr. 8 b aa) BGB	261
5. Inhalt der Abtretung	262
a) Abtretung ohne Einschränkungen	262
b) Leerlaufen der Abtretungskonstruktion bei vollständigem Ausschluss der Sachmängelhaftung aus dem Liefervertrag	262

		Seite
	c) Vollständige Abtretung sämtlicher Ansprüche und Rechte	263
	d) Weisungen des Leasinggebers	264
	e) Abtretung unter auflösender Bedingung des Bestehens des Leasingvertrages	265
	6. Folgen unzulässiger Einschränkungen der Abtretungskonstruktion	265
	a) Mietrechtliche Eigenhaftung des Leasinggebers	265
	b) Wirksamkeit der Abtretung im Außenverhältnis	265
	c) „Kaufrechtliche" Sachmängelhaftung des Leasinggebers	265
	7. Ansprüche und Rechte aus der Sachmängelhaftung	266
§ 26	Erweiterung der Abtretungskonstruktion auf sämtliche Pflichtverletzungen aus dem Liefervertrag *(Heiner Beckmann)*	267
	I. Rechtsmängelhaftung und leasingtypische Abtretungskonstruktion	268
	1. Haftung für Rechtsmängel ohne Regelung im Leasingvertrag	268
	2. Freizeichnung des Leasinggebers von seiner Rechtsmängelhaftung	269
	II. Haftung für sonstige Pflichtverletzungen und Abtretungskonstruktion	269
	1. Haftung für sonstige Pflichtverletzungen ohne Regelung im Leasingvertrag	269
	2. Freizeichnung des Leasinggebers von der Haftung für sonstige Pflichtverletzungen des Lieferanten	269
	III. Haftung wegen Nichterfüllung und Abtretungskonstruktion	270
	1. Haftung für Nichterfüllung ohne Regelung im Leasingvertrag	270
	2. Haftungsbeschränkung des Leasinggebers wegen Nichterfüllung	270
	IV. Umfassende Freizeichnung des Leasinggebers wegen jeder Pflichtverletzung aus dem Liefervertrag	272
	1. Gründe für eine umfassende Haftungsregelung im Rahmen der Abtretungskonstruktion	272
	2. Subsidiäre und nachrangige Haftung des Leasinggebers bei Insolvenz des Lieferanten	273
	3. Bedenken aus steuerlichen Gründen	273
	4. Vorschlag für ALB-Klausel	274
	V. Leasingtypische Besonderheiten bei den abgetretenen Ansprüchen und Rechten	274
	1. Abtretungskonstruktion und Rücktritt	274
	a) Rücktrittsrecht als Gestaltungsrecht	275
	b) Wirksamkeit des Rücktritts	275
	c) Auswirkungen des Rücktritts vom Liefervertrag auf den Leasingvertrag	276
	2. Abtretungskonstruktion und Schadensersatzverlangen	276
	a) Betroffene Rechtsgüter im Leasingdreieck	277
	b) Auslegung der leasingtypischen Regelungen	277
	c) Ersatz von Schäden des Leasingnehmers	277
	d) Ersatz von Schäden des Leasinggebers	279
	e) Berechtigung zur Geltendmachung der Schäden im Leasingdreieck	279
	f) Rechtsfolge eines Schadensersatzverlangens des Leasingnehmers	280
	g) Vorschlag für ALB-Klausel	281
	3. Abtretungskonstruktion und Minderung	281
	4. Abtretungskonstruktion und Nacherfüllung	281
	a) Wahlrecht des Kunden zwischen Nachlieferung und Nachbesserung	282
	b) Anspruchsgegner bei Nachlieferung	282
	c) Ausschluss des Nachlieferungsanspruchs	282
	d) Durchführung der Nachlieferung beim Finanzierungsleasinggeschäft	283
	e) Nutzungsentschädigung bei Nachlieferung	283
	f) Regelungen im Leasingvertrag	285
	g) Schadensersatzpflichten im Nacherfüllungsstadium	285
	5. Abtretungskonstruktion und Aufwendungs- und Verwendungsersatz	286
	a) Abtretung von Aufwendungsersatzansprüchen	286
	b) Anspruchsgrundlagen	287
	c) Ersatzpflicht des Leasinggebers für Aufwendungen	287
	6. Abtretungskonstruktion und Garantien	287
	7. Abtretungskonstruktion und Kündigung	288
§ 27	Weitere Folgen der leasingtypischen Abtretungskonstruktion *(Heiner Beckmann)*	288
	I. Subsidiäre Eigenhaftung des Leasinggebers	290

	Seite
1. Eingeschränkte Freizeichnung des Leasinggebers für den Fall der Rückabwicklung	290
2. Fälle der subsidiären Haftung des Leasinggebers	291
3. Transparenz der subsidiären Haftung	292
4. Inhalt der subsidiären Eigenhaftung des Leasinggebers	292
II. Nachrangige Haftung des Leasinggebers für Schäden und Aufwendungen des Leasingnehmers	292
III. Stellung des Leasingnehmers aufgrund der Abtretungskonstruktion	293
1. Auslegung der leasingtypischen Abtretungskonstruktion	293
a) Typischer Inhalt einer Abtretungsvereinbarung	293
b) Leasingtypische Abtretungsvereinbarung	293
c) Auftragsverhältnis zwischen Leasinggeber und Leasingnehmer	296
d) Geschäftsführung ohne Auftrag	296
2. Recht und Pflicht des Leasingnehmers zur Durchsetzung der abgetretenen Rechte	296
3. Lieferant als Anspruchsgegner	297
4. Regelungsvorschlag	298
IV. Wechselseitige Pflichten der Leasingvertragspartner bei einer Leistungsstörung	298
1. Informationspflichten	298
a) Unterrichtung des Leasinggebers	298
b) Unterrichtung des Leasingnehmers	299
2. Weisungen	300
3. Untersuchung und Rüge	299
4. Mitwirken beim Vergleich	300
5. Kündigung des Leasingvertrages durch den Leasingnehmer	300
V. Maßnahmen des Leasingnehmers gegen den Lieferanten bei Auftreten einer Leistungsstörung	300
1. Ausübung der Wahlrechte aus dem Liefervertrag durch den Leasingnehmer	301
2. Schuldnerverzug des Lieferanten	301
a) Verzug des Lieferanten mit der Lieferung der Sache	302
b) Verzug mit der Nacherfüllung	302
c) Verzug des Lieferanten mit der Rückzahlung des gezahlten Entgelts	302
d) Verzug mit Schadens- und Aufwendungsersatzansprüchen	302
3. Annahmeverzug des Lieferanten	302
4. Fristsetzung zur Leistung oder Nacherfüllung	303
5. Nacherfüllungsverlangen	303
6. Handelsrechtliche Untersuchung und Rüge	304
a) Untersuchung und Rüge durch den Leasinggeber	304
b) Übertragung der Untersuchungs- und Rügeobliegenheiten auf den Leasingnehmer	304
c) Untersuchung und Rüge durch den Leasingnehmer	305
d) Verzicht des Lieferanten auf den Einwand nicht rechtzeitiger Rüge	305
7. Verjährungsfragen im Rahmen der Abtretungskonstruktion	305
a) Risikotragung im Leasingdreieck bezüglich der Verjährung	305
b) Unterschiedliche Verjährungsfristen bei Pflichtverletzungen	306
8. Beweissicherung	307
9. Schieds-, Schiedsgutachten-, Mediations- und Schlichtungsvereinbarung sowie obligatorische Streitschlichtung	308
VI. Rückabwicklung des Liefervertrages bei Störung einer Teilleistung	308
1. Sacheinheit und einheitliches Rechtsgeschäft	308
2. Sachmehrheit	309
3. Teilleistungen	309
4. Einheitliche Rückabwicklung auch bei einer Leistungsstörung außerhalb des Finanzierungsleasinggeschäfts	309
a) Selbständige Leistung des Lieferanten	310
b) Lieferung von Drittlieferanten	310
5. Folgen für den Leasingvertrag	310
VII. Leistungsverweigerungsrechte bei einer Leistungsstörung des Liefervertrages	310
1. Leistungsverweigerungsrecht des Leasinggebers gegenüber dem Lieferanten	311

	Seite
2. Leistungsverweigerungsrecht des Leasingnehmers bezüglich der Leasingraten	311
a) Abtretung der Ansprüche aus dem Leasingvertrag an den Lieferanten	311
b) Untergang der Leasingsache oder vom Leasingnehmer zu verantwortender Verlust der Nutzungsmöglichkeit	311
c) Keine oder unwirksame Freizeichnung des Leasinggebers	312
d) Leistungsverweigerungsrecht bei subsidiärer Haftung des Leasinggebers	312
e) Rechtslage bei Freizeichnung des Leasinggebers von der Sachmängelhaftung	312
f) Rechtslage bei Freizeichnung wegen sonstiger Pflichtverletzungen	314
g) Leistungsverweigerungsrecht aus verbundenen Verträgen	315
3. Ausschluss des Leistungsverweigerungsrechts des Leasingnehmers	316
a) Vorbehaltlose Unterzeichnung der Übernahmebestätigung trotz unvollständiger Leistung	316
b) Kenntnis oder grob fahrlässige Unkenntnis von einem Mangel	316
c) Treu und Glauben	316
4. Sicherungsmöglichkeiten des Leasinggebers bei Leistungsverweigerung durch den Leasingnehmer	317
5. Regelung durch Klauseln in den ALB	317
IX. Nachträgliche Erweiterung der Abtretung	317
X. Rechtslage bei Nichtgeltendmachung der abgetretenen Ansprüche	318
§ 28 Leasingtypische Besonderheiten im Lieferprozess *(Heiner Beckmann)*	318
I. Verständigung zwischen Lieferant und Leasingnehmer über die Rückabwicklung	320
II. Prozessführungsbefugnis des Leasingnehmers	320
III. Gerichtsstände	321
1. Gerichtsstand für Nacherfüllung	321
2. Gerichtsstand für Rückabwicklung	321
3. Gerichtsstand für Aufwendungsersatz- und Schadensersatzansprüche	322
4. Gerichtsstand für Minderung	323
IV. Erfüllungsort- und Gerichtsstandsvereinbarungen	323
1. Bestimmung durch den Lieferanten in Lieferbedingungen	323
2. Bestimmung durch den Leasinggeber in der Eintrittsvereinbarung	323
V. Vorlage der vollständigen Vertragsunterlagen	324
1. Vorlage des vollständigen Leasingvertrages	324
2. Vorlage der vollständigen Lieferunterlagen	325
VI. Mitwirkung des Leasinggebers am Lieferprozess	325
1. Wechselseitige Informationspflichten	325
2. Streitverkündungen an den Leasinggeber	326
3. Streithilfe des Leasinggebers	326
4. Beitritt zu einem Prozessvergleich	327
VII. Klageanträge im Lieferprozess	327
1. Klage auf Zustimmung zur Rückabwicklung oder Minderung	327
2. Klage auf Rückzahlung des gezahlten Kaufpreises/Werklohns	328
3. Verzinsung des Rückzahlungsanspruchs	329
a) Pflicht des Leasingnehmers	329
b) Verzugszinsen	329
c) Fälligkeitszinsen	329
d) Nutzungszinsen, Nutzungs- und Wertersatz	329
4. Anrechnung von Nutzungsvorteilen	330
a) Schadens- oder bereicherungsrechtliche Rückabwicklung	330
b) Rückabwicklung nach den §§ 346 ff. BGB	330
5. Rückgewähr der Waren „Zug um Zug"	331
a) Einrede des Lieferanten	331
b) Antragstellung durch den Leasingnehmer	331
c) Rückgabe oder Rückholung	331
d) Bestimmtheit des Zug-um-Zug-Antrags	331
e) Kosten der Rückgewähr	332
f) Wert- und Schadensersatz bei Untergang oder Verschlechterung der Waren	332
g) Tatsächliche Durchführung der Rückgabe nach dem Lieferprozess	332
6. Feststellung des Annahmeverzugs des Lieferanten	332

	Seite
7. Eigene Aufwendungs-, Schadens- und Verwendungsersatzansprüche des Leasingnehmers	333
8. Zwischenfeststellungsklage	333
9. Klage gegen „Vierte"	334
10. Rechtslage bei Inzahlungnahme eines Gebrauchtfahrzeugs	334
11. Minderung	335

§ 29 Rechtsfolgen des Lieferstreits für den Leasingvertrag *(Heiner Beckmann)* ... 336
    I. Bindung der Leasingvertragspartner an das Ergebnis des Lieferstreits 336
        1. Vertragliche Bindung beider Leasingvertragspartner an das Ergebnis des Rückabwicklungsstreit 337
        2. Bindung bezüglich des Streitgegenstandes 337
        3. Bindung auch bezüglich eigener Ansprüche des Leasingnehmers 337
        4. Bindung unabhängig von der Art des Zustandekommens der Entscheidung ... 337
        5. Bindung auch bei unwirksamer Abtretung und Kündigung des Leasingvertrages 338
        6. Bindung auch bezüglich der Reichweite der Abtretungskonstruktion 338
        7. Ausnahmen von der Bindungswirkung 338
        8. Unwirksamkeit von Ausschlussklauseln 339
    II. Rückgabe der Waren 340
    III. Realisierung der abgetretenen Ansprüche aus dem Liefervertrag 340
        1. Realisierung des Rückzahlungsanspruchs 340
        2. Realisierung von eigenen Ersatzansprüchen des Leasingnehmers 340
    IV. Rückabwicklung des Leasingvertrages 341
        1. Liefervertrag als Geschäftsgrundlage des Leasingvertrages 341
        2. Anpassung des Leasingvertrages 341
        3. Bereicherungsrechtliche Rückabwicklung des Leasingvertrages 342
        4. Saldierung der wechselseitigen Ansprüche 343
            a) Aktivposten des Leasinggebers 343
            b) Aktivposten des Leasingnehmers 346
    V. Minderung der Leasingraten 347

§ 30 Besonderheiten des Leasingprozesses *(Heiner Beckmann)* 348
    I. Leistungsklage des Leasinggebers bei Vorliegen einer Leistungsstörung 348
        1. Klage auf rückständige Leasingraten 349
        2. Klage auf künftige Leasingraten 349
        3. Feststellungs- und Zwischenfeststellungsklage 349
        4. Streit über das Bestehen eines Leistungsverweigerungsrechts des Leasingnehmers 349
        5. Verneinung eines Leistungsverweigerungsrechts des Leasingnehmers 350
        6. Fortsetzung des Leasingprozesses ohne Lieferprozess 350
        7. Fortsetzung des Leasingprozesses nach Unterliegen des Leasingnehmers im Lieferprozess 350
        8. Fortsetzung des Leasingprozesses nach Obsiegen des Leasingnehmers im Lieferprozess 351
    II. Leistungsklage des Leasingnehmers gegen den Leasinggeber bei Vorliegen einer Leistungsstörung 351
    III. Bereicherungsrechtliche Leistungsklage 352
    IV. Minderungsverlangen 352
    V. Subsidiäre und nachrangige Haftung des Leasinggebers 353
    VI. Klage des Leasinggebers nach vertragsgemäßer Beendigung des Leasingvertrages auf Abschlusszahlung und Kündigungsschaden 353
    VII. Klage des Leasinggebers gegen den Leasingnehmer auf Rückgabe der Leasingsache 353
        1. Rückgabe am Sitz des Leasinggebers als Bringschuld 353
        2. Rückgabe am Sitz des Lieferanten aufgrund Bestimmung in den ALB 354
        3. Rückgabe am Sitz des Leasingnehmers als Erfüllungsort 354
        4. Bestimmung des Sitzes des Leasinggebers als Erfüllungsort 355
        5. Mehrere Leasingnehmer 355

	Seite
10. Kapitel: Risikotragung und Unterhaltungspflichten	357
§ 31 Die Überwälzung der Sach- und Preisgefahr *(Ackermann)*	357
I. Grundsätzliche Zulässigkeit der Gefahrabwälzung eim Finanzierungsleasing	358
1. Abgrenzung zur Gefahrtragung beim Operatingleasing	358
2. Abwälzung der Sachgefahr	359
3. Abwälzung der Preisgefahr	360
II. Grenzen und Modalitäten der Gefahrabwälzung durch AGB	361
1. Grenzen des vom Leasingnehmer zu tragenden Risikos	361
a) Untergang oder Beschädigung außerhalb des Einflussbereichs des Leasingnehmers, insbesondere beim Lieferanten	361
b) Untergang oder Beschädigung vor Übergabe	362
c) Untergang oder Beschädigung bei Lieferung oder Montage	363
d) Untergang oder Beschädigung beim Rücktransport	363
2. Die Rechtsposition des Leasingnehmers	364
a) Abtretung von Ansprüchen des Leasinggebers gegen Dritte	364
b) Kündigungs- oder sonstiges Lösungsrecht des Leasingnehmers	365
3. Kündigungsrecht des Leasinggebers	367
4. Rechtsfolgen bei Unwirksamkeit der Gefahrtragungsklausel	367
III. Versicherungsklauseln	368
1. Versicherungspflicht	368
2. Versicherungsleistungen	369
IV. Instandhaltungs-, Instandsetzungs- und Ersatzbeschaffungsklauseln	370
1. Instandhaltung und Instandsetzung	370
2. Ersatzbeschaffung	371
3. Verpflichtung zum Abschluss eines Wartungsvertrags	371
V. Verfallklauseln	372
VI. Die Rechtslage nach Verwirklichung der Sach- und Preisgefahr	372
1. Die Rechtslage bei Fortsetzung des Leasingvertrags	373
2. Die Rechtslage nach Kündigung	373
§ 32 Die Zerstörung bzw. Beschädigung des Leasingguts durch Verschulden des Leasingnehmers *(Ackermann)*	373
I. Die vom Leasingnehmer zu vertretende Zerstörung oder Beschädigung	374
II. Rechtsfolgen	375
1. Kündigungsrecht	375
2. Raten- und Abschlusszahlungspflicht des Leasingnehmers	375
3. Schadensersatzpflicht des Leasingnehmers	376
4. Verjährung	376
§ 33 Die Zerstörung bzw. Beschädigung des Leasingutes durch Verschulden eines Dritten *(Ackermann)*	376
I. Die von einem Dritten zu verantwortende Zerstörung oder Beschädigung	376
II. Rechtsfolgen bei Kündigung des Leasingvertrags	377
1. Ansprüche des Leasinggebers gegen den Dritten	377
a) Grundlagen	377
b) Der Schaden des Leasinggebers	377
c) Verjährung	378
d) Mitverschulden des Leasingnehmers	378
2. Ansprüche des Leasingnehmers gegen den Dritten	379
a) Grundlagen	379
b) Der Schaden des Leasingnehmers	379
III. Rechtsfolgen bei Fortführung des Leasingvertrags	380
11. Kapitel: Die ordentliche Beendigung des Leasingvertrages	381
§ 34 Gründe für die Beendigung *(Berninghaus)*	381
I. Feste Laufzeit	381
II. Kündigung	381
III. Aufhebungsvertrag	382
IV. Zusatzvereinbarungen	382
1. Interessenlage	382

	Seite
a) Vollamortisationsverträge	382
b) Teilamortisationsverträge	382
2. Leasingtypische Vertragsklauseln für die Weiternutzung bzw. Verwertung des Leasinggutes	383
a) Kaufoptionen	383
b) Andienungsrechte	383
c) Verlängerung des Mietvertrages	384
§ 35 Die Verpflichtung zur Rückgabe *(Berninghaus)*	384
I. Inhalte und Umfang der Rückgabepflicht	384
1. Erfüllungsort	384
a) Erfüllungsort am Sitz des Leasinggebers	385
b) Erfüllungsort am Sitz des Lieferanten	385
c) Erfüllung am Sitz des Leasingnehmers	385
2. Rückgabe in ordnungsgemäßem Zustand	386
3. Gefahrtragung	386
II. Unmöglichkeit der Rückgabe	387
III. Verspätete oder unterlassene Rückgabe	387
1. Nutzungsentschädigung in Höhe der vereinbarten Leasingraten	387
2. Voraussetzungen des Anspruchs auf Nutzungsentschädigung	389
3. Höhe des Anspruchs	389
4. Einwendungen des Leasingnehmers	389
5. Verjährung	389
6. Konkurrenzen	390
IV. Stillschweigende Verlängerung des Leasingvertrages	390
V. Verjährung des Rückgabeanspruches	390
§ 36 Rechte an Einbauten und Zusatzeinrichtungen *(Berninghaus)*	391
§ 37 Der Vollamortisationsanspruch des Leasinggebers bei ordentlicher Kündigung (Abschlusszahlung) *(Berninghaus)*	391
I. Anspruchsgrund	392
1. Vertragliche Regelung und Inhaltskontrolle	392
a) Allgemeines	392
b) Inhaltskontrolle	393
2. Vertragsimmanenter Anspruch	394
II. Anspruchshöhe	394
1. Gesamtbetrag der offenen Leasingraten	394
2. Ersparte Aufwendungen	395
a) Objektbezogene Steuern und Versicherungsprämien	395
b) Anteile Gemeinkosten	395
3. Etwaige Mehraufwendungen	396
4. Gewinnanspruch für die Zeit nach der vorzeitigen Kündigung	396
5. Abzinsung	397
6. Anrechnung eines Verwertungserlöses	397
a) Erneute Vermietung	397
b) Verkauf des Leasinggegenstandes	398
7. Anfall von Mehrwertsteuer	399
III. Fälligkeit des Anspruches auf die Abschlusszahlung	399
IV. Verjährung des Anspruchs auf die Abschlusszahlung	400
V. Sonderformen der Abschlusszahlung	400
1. Restwertausgleich	400
2. Restwertgarantie	401
VI. Verzinsung	401
12. Kapitel: Die außerordentliche Beendigung des Leasingvertrages	402
§ 38 Fristlose Kündigung durch des Leasinggeber *(Berninghaus)*	402
I. Kündigungsgründe	402
1. Vertragswidriger Gebrauch (§ 543 Abs. 2 Satz 1 Ziff. 2. BGB)	402
2. Zahlungsverzug (§ 543 Abs. 2 Nr. 1 Nr. 3 BGB)	403
3. Schwerwiegende Vertragsverletzung	403

		Seite
	4. Wesentliche Vermögensverschlechterung	404
	5. Tod des Leasingnehmers	404
	II. Form der Kündigung	404
	1. Kündigung durch den Berechtigten	404
	2. Inhalt der Kündigungserklärung	405
	3. Frist	405
	4. Kündigung gegenüber einer Personenmehrheit	405
§ 39	Rechtsfolgen der fristlosen Kündigung *(Berninghaus)*	405
	I. Herausgabe des Leasinggutes	406
	II. Anspruch auf rückständige Leasingraten	406
	III. Anspruch des Leasinggebers auf Schadensersatz	406
	1. Rechtsnatur	406
	a) Inhalt	406
	b) Abgrenzung zum Anspruch auf Abschlusszahlung beim kündbaren Teilamortisationsvertrag	408
	2. Konkrete Schadensberechnung	409
	a) Gesamtbetrag der noch offenen Leasingraten	409
	b) Restwert bei Vertragsende	409
	c) Abzug ersparter Aufwendungen	410
	d) Anspruch auf entgangenen Gewinn	410
	e) Abzinsung	410
	f) Erstattung einer Vorfälligkeitsentschädigung und von Rechtsverfolgungskosten	412
	g) Anrechnung des Verwertungserlöses bzw. Gutschrift des Restwertes	412
	h) Mehrwertsteuer auf die Schadensersatzforderung	413
	3. Pauschale Schadensberechnung	413
	4. Ansprüche gegen Dritte aus Rücknahmeverpflichtung oder Garantie	414
§ 40	Verjährung der Ansprüche nach fristloser Kündigung *(Berninghaus)*	414
	I. Herausgabeanspruch	414
	II. Anspruch auf rückständige Leasingraten	414
	III. Schadensersatzanspruch	414
§ 41	Prozessuale Durchsetzung *(Berninghaus)*	415
	I. Rückgabeanspruch	415
	1. Kein Sicherstellungsrecht	415
	2. Einstweilige Verfügung (§§ 935 ff. ZPO)	416
	II. Durchsetzung des Schadensersatzanspruches	416
§ 42	Besonderheiten beim Verbraucherkredit *(Berninghaus)*	416
	I. Kein Schadensersatz während der Widerrufsfrist des § 355 BGB	416
	II. Besondere Kündigungsvoraussetzungen	417
	III. Heilung durch Zahlung des vollständigen Rückstandes	417
§ 43	Fristlose Kündigung durch den Leasingnehmer *(Berninghaus)*	417
	I. Kündigungsgründe	418
	1. Kündigung wegen Nichtgewährung des Gebrauchs (§ 543 Abs. 2 Ziff. 1. BGB)	418
	a) Gesetzliche Ausgangssituation	418
	b) Abwälzung der Sachgefahr auf den Leasingnehmer	418
	c) Kündigung trotz Überwälzung der Sachgefahr	418
	2. Kündigung mangels Zumutbarkeit einer Fortsetzung des Vertrages (§ 543 Abs. 1 Satz 2 BGB)	419
	3. Tod des Leasingnehmers	419
	II. Abmahnung, Abhilfefrist	419
	III. Ausschluss bei Kenntnis	419
§ 44	Rechtsfolgen bei fristloser Kündigung durch den Leasingnehmer *(Berninghaus)*	419
§ 45	Außerordentliche Kündigung wegen Untergangs des Leasinggutes *(Berninghaus)*	420
	I. Kündigungsrecht für beide Parteien	420
	II. Rechtsfolgen	420
	1. Ansprüche des Leasinggebers	420
	a) Schadensersatz wegen Eigentumsverletzung	420
	b) Leasingtypischer Schadensersatz	420

			Seite

  2. Ansprüche des Leasingnehmers 421
 III. Alternative Fortführung des Leasingvertrages 421
§ 46 Verwertung *(Berninghaus)* 421
 I. Recht und Pflicht zur Verwertung 421
 II. Arten der Verwertung 422
  1. Veräußerung 422
  2. Abschluss eines Folgeleasingvertrages 422
  3. Verzicht auf den Leasinggegenstand und Geltendmachung von Versicherungsentschädigung 422
 III. Durchführung der Verwertung 423
  1. Verpflichtung zur bestmöglichen Verwertung 423
  2. Einholung eines Gutachtens zur Ermittlung des Verkaufswertes 423
  3. Verwertung zum Händlereinkaufs- oder -verkaufswert 424
  4. Abzug von Verwertungskosten 424

13. Kapitel: Zwangsvollstreckung 425
§ 47 Zwangsvollstreckung durch eine Vertragspartei *(Hau)* 425
 I. Vollstreckungstitel 425
  1. Grundlagen 426
  2. Leistungsurteile 426
   a) Überblick 426
   b) Zuständigkeitsfragen 426
  3. Sonstige Vollstreckungstitel 427
   a) Vollstreckungsbescheide 427
   b) Vollstreckbare Urkunde 428
   c) Vergleiche 428
   d) Schiedssprüche 428
 II. Zwangsvollstreckung durch den Leasinggeber 429
  1. Herausgabetitel 429
   a) Mobiliarleasing 429
   b) Immobiliarleasing 430
  2. Zahlungstitel 430
 III. Zwangsvollstreckung durch den Leasingnehmer 431
  1. Herausgabe-, Übereignungs- und Verlängerungsansprüche 431
  2. Zahlungsansprüche 432
§ 48 Zwangsvollstreckung durch Gläubiger einer Vertragspartei *(Hau)* 432
 I. Zwangsvollstreckung durch Gläubiger des Leasingnehmers 433
  1. Vollstreckung in die Leasingsache 433
   a) Überblick 433
   b) Mobiliarvollstreckung 433
   c) Immobiliarvollstreckung 436
  2. Vollstreckung in sonstige Positionen des Leasingnehmers 436
   a) Überblick 436
   b) Nutzungsrecht 436
   c) Erwerbsrecht 438
   d) Anwartschaftsrecht 439
   e) Gewährleistungsansprüche 439
   f) Mehrerlösansprüche 440
  3. Leasingvertragsklauseln für den Vollstreckungsfall 440
   a) Hinweisklauseln 440
   b) Lösungsklauseln 441
   c) Prozesskostenklauseln 441
 II. Zwangsvollstreckung durch Gläubiger des Leasinggebers 442
  1. Zwangsvollstreckung in das Leasinggut 442
   a) Mobiliarleasing 442
   b) Immobiliarleasing 443
  2. Zwangsvollstreckung in sonstige Positionen des Leasinggebers 443

	Seite
14. Kapitel: Das Leasinggut in der Insolvenz	447
§ 49 Die Insolvenz des Leasingnehmers *(Klinck)*	447
Vorbemerkung	447
I. Schicksal des Leasingvertrags	447
1. Insolvenzfestigkeit und Erfüllungswahl	447
2. Kündigung durch den Leasinggeber	450
3. Vertragliche Kündigungs- und Rücktrittsrechte; Lösungsklauseln	452
II. Zahlungsansprüche des Leasinggebers	454
1. Vor Antragstellung fällig gewordene Zahlungen; Anfechtung	454
2. Im Eröffnungsverfahren fällig werdende Zahlungen	455
3. Im Insolvenzverfahren fällig werdende Zahlungen	458
a) Negative oder fehlende Erfüllungswahl	458
b) Positive Erfüllungswahl	459
III. Aussonderungsrechte und Herausgabeansprüche	461
1. Eigenmächtige Wegnahme	461
2. Insolvenzrechtliche Sonderbehandlung des Leasingguts?	462
3. Vindikation	463
4. Vertragliche Herausgabeansprüche	463
5. Ersatzansprüche; Versicherung	464
IV. Erwerbs- und Veräußerungsrechte	464
1. Kaufoptionen	464
2. Erwerbspflichten und Andienungsrechte	465
V. Gewährleistung und Rückabwicklung	466
1. Schicksal der abgetretenen Gewährleistungsansprüche	466
2. Rückabwicklung	467
3. Ansprüche der Masse	468
VI. Eigenkapitalersetzendes Leasing	468
1. Finanzierungsleasing	469
2. Operate Leasing	470
3. Änderungen nach dem MoMiG-RefE	470
VII. Immobilienleasing	471
1. Schicksal des Leasingvertrags	471
a) Rücktrittsrecht	472
b) Kündigungsrecht	472
c) Sale-and-lease-back-Verträge	473
2. Ansprüche der Vertragsparteien; Aussonderungs-, Sicherungsrechte	474
VIII. Prozessuales	474
§ 50 Die Insolvenz des Leasinggebers *(Klinck)*	475
I. Schicksal des Leasingvertrags	475
II. Schutz von Gebrauchs- und Erwerbsrechten des Leasingnehmers	476
III. Insolvenzrechtliche Probleme der Refinanzierung	477
1. Bewegliches Leasinggut, § 108 Abs. 1 Satz 2 InsO	477
a) Zweck	477
b) Voraussetzungen	477
c) Folgen	482
d) Rechtslage außerhalb des § 108 Abs. 1 Satz 2 InsO	484
2. Immobilienleasing	486
§ 51 Die Insolvenz des Lieferanten *(Klinck)*	486

3. Teil: Besondere Rechtsprobleme einzelner Leasingverträge

15. Kapitel: Leasingverträge und Verbraucherschutz	487
§ 52 Leasingverträge mit Verbrauchern *(Matusche-Beckmann)*	488
A) Grundlagen	489
B) Finanzierungsleasing und verbraucherkreditrechtliche Vorschriften, §§ 499 Abs. 2, 500 BGB	489
I. Sachlicher Anwendungsbereich des § 500 BGB	489
1. Finanzierungsleasingvertrag	489

	Seite
a) Begriff	489
b) Mietverträge; indirektes Leasing	490
c) Sale-and-lease-back-Vertrag	490
d) Kilometerabrechnungsvertrag	491
2. Voll- und Teilamortisationsleasingverträge	491
3. Keine Beschränkung des sachlichen Anwendungsbereichs auf Leasingverträge mit Erwerbsoption infolge richtlinienkonformer Auslegung	491
4. Aufzehrung der Sachsubstanz während der Vertragslaufzeit	492
5. Sog. Null-Leasing	493
6. Keine Ausnahme nach § 499 Abs. 3	493
a) §§ 491 Abs. 2 Nr. 1, 499 Abs. 3 BGB	493
b) §§ 491 Abs. 2 Nr. 2, 499 Abs. 3 BGB	494
c) §§ 491 Abs. 2 Nr. 3, 499 Abs. 3 BGB	494
II. Persönlicher Anwendungsbereich	494
1. § 500 BGB	494
2. Existenzgründer, § 507 BGB	495
III. Rechtsfolgen	495
1. Anwendbare Vorschriften	495
2. Richtlinienkonforme Auslegung des § 500 BGB	495
C) Abschluss des Verbraucherfinanzierungsleasingvertrags	497
I. Besonderheiten nach Internationalem Privatrecht	497
II. Schriftform des Verbraucherleasingvertrages	497
1. Umfang des Schriftformerfordernisses	497
2. Rechtsfolgen der Nichteinhaltung der Schriftform	499
III. Angabeerfordernisse des Leasinggebers	499
1. Angabeerfordernisse analog § 492 Abs. 1 S. 5 BGB	499
a) Nettodarlehensbetrag (§ 492 Abs. 1 S. 5 Nr. 1 BGB)	499
b) Gesamtbetrag (§ 492 Abs. 1 S. 5 Nr. 2 BGB)	500
c) § 492 Abs. 1 S. 5 Nr. 3 bis 7 BGB	500
d) Versicherungskosten, Sicherheiten (§ 492 Abs. 1 S. 5 Nr. 6, 7 BGB)	500
2. Widerrufsrecht des Leasingnehmers	500
a) Grundlagen	500
b) Zeitpunkt und inhaltliche Anforderungen an die Belehrung	501
c) Ausübung des Widerrufs und Rechtsfolgen	501
3. Allgemeine Geschäftsbedingungen	503
a) Allgemeine Geschäftsbedingungen im Verhältnis des Leasinggebers zu seinem Lieferanten	504
b) Leasingtypische Abtretungskonstruktion in AGB	504
c) Leasingvertrag und Verbrauchsgüterkauf im Sinne der §§ 474 ff. BGB	507
d) Rügeobliegenheit des Leasinggebers	508
IV. Einwendungsverzicht, Wechsel- und Scheckverbot (§§ 500, 496 BGB)	509
D) Leistungsstörungen im Verbraucherfinanzierungsleasing	509
I. Einwendungsdurchgriff nach §§ 500 i.V.m. 358, 359 BGB	510
II. Verzugszinsen, Anrechnung von Teilleistungen (§§ 500, 497 BGB)	510
1. Anspruch des Leasinggebers auf Verzugszinsen	511
2. Behandlung der Verzugszinsen	511
3. Behandlung von Teilleistungen	511
III. Verjährung	512
IV. Geltung der §§ 474 ff. BGB bei Kaufverträgen infolge eines leasingvertraglichen Andienungs- oder Optionsrechts	512
E) Vertragsbeendigung beim Verbraucherleasing	512
I. Ordentliche Vertragsbeendigung	512
II. Vorzeitige Vertragsbeendigung durch den Leasingnehmer	513
III. Außerordentliche Vertragsbeendigung	513
1. Kündigung durch den Leasingnehmer	513
2. Kündigung durch Leasinggeber bei Zahlungsverzug (§ 498 BGB)	514
F) Operating-Leasingverträge mit Verbrauchern	515
§ 53 Leasingverträge als Haustürgeschäfte *(Matusche-Beckmann)*	516

Inhaltsverzeichnis

	Seite
A) Grundlagen	516
B) Anwendungsvoraussetzungen	517
I. Persönlicher Anwendungsbereich	517
II. Sachlicher Anwendungsbereich: Haustürsituationen	517
III. Rechtsfolgen	518
1. Widerrufsrecht	518
2. Rückgaberecht	518

§ 54 Leasingverträge im Fernabsatz *(Matusche-Beckmann)* 518

A) Grundlagen 520
B) Begriff des Fernabsatzvertrags (§ 312b Abs. 1 BGB) 520
  I. Sachlicher Anwendungsbereich 520
    1. Finanzierungsleasingverträge als Finanzdienstleistung i.S.v. § 312b Abs. 1 BGB . 520
    2. Operating-Leasingverträge als Dienstleistungen im Sinne von § 312b Abs. 1 BGB 520
    3. Fernabsatzsystem 520
    4. Zeitlicher Anwendungsbereich des § 312b BGB n.F. 521
  II. Persönlicher Anwendungsbereich 521
C) Besonderheiten bei Leasingverträgen im Fernabsatz 521
  I. Grundlagen 521
    1. Informationspflichten nach § 312c Abs. 1 BGB 522
    2. Mitteilungen in Textform nach § 312c Abs. 2 S. 1 BGB 523
    3. Anspruch auf Überlassung einer Vertragsurkunde (§ 312c Abs. 3 BGB) 523
    4. Auswirkungen auf die Belehrungspflichten nach § 492 Abs. 1 S. 5 BGB (Fernabsatzprivileg, § 502 Abs. 2 BGB) 524
  II. Sanktionen bei Verstoß gegen Informations- und Mitteilungspflichten 525
  III. Widerrufsrecht nach § 312d BGB 525
    1. Ausnahmen nach § 312d Abs. 4 BGB 525
    2. Widerrufsfrist 526
    3. Erlöschen des Widerrufsrechts nach § 312d Abs. 3 BGB 526
    4. Konkurrenz zum Widerrufsrecht nach § 495 BGB 527
  IV. Besonderheiten bei grenzüberschreitenden Leasingverträgen 528

16. Kapitel: Kfz-Leasingverträge 529

§ 55 Bedeutung und Erscheinungsformen des Kfz-Leasing *(Wimmer-Leonhardt)* 529
  I. Die Bedeutung des Kfz-Leasing 529
  II. Erscheinungsformen des KfZ-Leasing 529
    1. Null-Leasing 530
    2. KfZ-Leasing mit Restwertabrechnung 530
    3. Kilometer-Abrechnungsvertrag 530
    4. Kfz-Leasing mit Andienungsrecht 532
    5. Kündbarer Vertrag mit Schlusszahlung 532
    6. Flotten-Leasing (Fleet Leasing) 532
    7. Full-Service-Vertrag (All-Inclusive-Leasingvertrag) 532

§ 56 Rechtsprobleme des Kfz-Leasing *(Wimmer-Leonhardt)* 533
  I. Allgemeine Fragen des KfZ-Leasing 533
    1. Eigentümer und Haltereigenschaft 534
    2. Abwälzung der Sach- und Preisgefahr auf den Leasingnehmer 534
    3. Gewährleistungsausschluss im Gebrauchtfahrzeugsleasing 535
    4. Unfallschäden 536
      a) Fremdverschuldete Unfälle 536
      b) Vom Leasingnehmer verschuldete Unfälle 539
    5. Ansprüche aus der Vollkaskoversicherung 539
  II. Rechtsprobleme des Null-Leasing 542
    1. Rechtliche Qualifikation 542
    2. Rechtsprobleme des KfZ-Leasing mit Restwertabrechnung 542
  III. Rechtsprobleme des KfZ-Leasing mit Restwertabrechnung 542
  IV. Rechtsprobleme des Kilometer-Abrechnungsvertrages 543
    1. Rechtliche Qualifikation 543
    2. Anwendbarkeit der Regelungen über Verbraucherdarlehensverträge 544

	Seite
3. Umstellungsklauseln in Allgemeinen Geschäftsbedingungen	544
4. Verpflichtung des Leasingnehmers zum Erhalt des Fahrzeugs im ordnungsgemäßen Zustand	544
§ 57 Besonderheiten bei Beendigung eines Kfz-Leasingvertrags und die Verwertung des Leasingfahrzeugs *(Wimmer-Leonhardt)*	545
I. Allgemeines	545
II. Die Rückgabe des Fahrzeuges	545
III. Begutachtung	546
IV. Das Restwertrisiko bei regulärer Vertragsbeendigung	546
1. Der Kilometer-Abrechnungsvertrag	546
2. Der Vertrag mit Restwertabrechnung	547
3. Der Leasingvertrag mit Andienungsrecht	549
V. Vorzeitige Vertragsbeendigung	550

17. Kapitel: Immobilien-Leasingverträge ... 553

§ 58 Bedeutung und Grundlagen des Immobilien-Leasings *(Martinek)*	553
I. Allgemeines	553
II. Leasingfähige/Leasingübliche Immobilien	555
III. Leistungsumfang des Leasinggebers	557
IV. Rechtsnatur des Immobilien-Leasingvertrags	558
§ 59 Vertragsformen beim Immobilien-Leasing *(Martinek)*	559
I. Vielfalt des Immobilien-Leasings	559
II. Vollamortisationsverträge	560
1. Das alte „1 DM-Modell"	560
2. Vollamortisationsverträge und Zurechnungskriterien nach dem Immobilien-Leasingerlass von 1972	561
III. Teilamortisationsverträge mit Mieterdarlehen (Mieterdarlehensverträge)	563
IV. Teilamortisationsverträge ohne Mieterdarlehen	567
V. Zurechnungskriterien nach dem Teilamortisationserlass für Immobilien von 1991	567
VI. Das Fonds-Modell	570
§ 60: Objektgesellschaften beim Immobilien-Leasing *(Martinek)*	570
I. Gründung von Objektgesellschaften	570
II. Objektgesellschaft ohne Leasingnehmer-Beteiligung	571
III. Objektgesellschaft mit Leasingnehmer-Beteiligung	572
§ 61: Grundstücks- und Gebäudebeschaffung beim Immobilien-Leasing *(Martinek)*	572
I. Beschaffung des Grundstücks	572
II. Beschaffung des Gebäudes	573

18. Kapitel: Computer- und Softwareleasing ... 575

§ 62 Computerwaren als Leasinggüter *(Heiner Beckmann)*	575
Vorbemerkungen	576
I. Wirtschaftliche Bedeutung des Computerleasing	576
II. Klärung und Erläuterung der verwendeten Begriffe	576
1. Computerverträge und Computerrecht	576
2. Computerleasing	577
3. Hardware und Software	577
III. Reaktionen der Justiz auf die zunehmende Bedeutung von Computer- und Leasingrechtsstreitigkeiten	578
IV. Software als Leasinggut	579
1. Software als Sache im Sinne des Zivilrechts	579
2. Software als leasingfähiges Wirtschaftsgut im Sinne des Steuerrechts	580
a) Software als immaterielles Wirtschaftsgut	581
b) Erforderlichkeit der Überlassung des Quellcodes	581
c) Ergebnis	582
3. Nutzungsrechtseinräumung an Software beim Finanzierungsleasing	582
a) Eingeschränkte Nutzungsrechtseinräumung an den Leasinggeber	582
b) Uneingeschränkte Nutzungsrechteinräumung an den Leasinggeber	582
4. Das Weitervermietungsrecht des Leasinggebers	583
5. Das Weiterveräußerungs- und Verwertungsrecht des Leasinggebers	584

	Seite
a) Softwareüberlassung an den Leasinggeber auf Zeit	584
b) Softwareüberlassung an den Leasinggeber auf Dauer	584
c) Eingeschränkte Weiterveräußerungsverbote	585
d) Wirksamkeit von OEM-Klauseln	585
6. Gebrauchsüberlassungsverbote und Nutzungsbeschränkungen durch Systemvereinbarungen	585
a) Gebrauchsüberlassungsverbote	585
b) Typische Systemvereinbarungen	585
c) Wirksamkeit von Systemvereinbarungen beim Finanzierungsleasinggeschäft	586
7. Programmsperren und Dongles	586
a) Recht zum Einbau von Schutzmechanismen	586
b) Hinweispflicht des Lieferanten	587
8. Möglichkeit der Verwertung von Software	587
§ 63 Rechtsprobleme bei der Überlassung von Computerwaren im Rahmen von Finanzierungsleasinggeschäften *(Heiner Beckmann)*	588
I. Inhalt von Lieferverträgen über Computerwaren und ihre rechtliche Einordnung	589
1. Regelungsbedürftige Punkte bei Computerverträgen	590
2. Vertragstypologische Einordnung (Rechtsnatur) von Computerverträgen	590
a) Einordnungskriterien	591
b) Überlassung von Hardware	591
c) Überlassung von Standardsoftware	591
d) Überlassung von Individualsoftware	592
e) Überlassung eines kompletten Computersystems mit Zusatzleistungen	593
f) Softwareentwicklung als Dienstvertrag	595
3. Einfluss der Vertragspartner auf die rechtliche Gestaltung und Einordnung	595
a) Individualvereinbarungen	595
b) Besondere Vertragsbedingungen der öffentlichen Hand	595
4. Bedeutung des Pflichtenhefts	596
a) Inhalt des Pflichtenhefts	596
b) Auftrag zur Erstellung des Pflichtenhefts	596
c) Auftraggeber des Pflichtenhefts beim Finanzierungsleasinggeschäft	597
d) Vergütungspflicht	597
e) Fortschreibung des Pflichtenhefts	597
f) Beratungsverschulden des Lieferanten	598
5. Überlassung des Quellcodes	598
a) Definition Quellcode	598
b) Pflicht zur Überlassung des Quellcodes bei Vereinbarung	598
c) Pflicht zur Überlassung des Quellcodes bei Übergabe der Software ohne ausdrückliche Vereinbarung	599
d) Rechtsfolgen der Nichterfüllung der Überlassung	600
e) Hinterlegungsvereinbarungen	600
f) Quellcoderegelungen bei Finanzierungsleasinggeschäften	601
g) Pflicht des Lieferanten zum Abschluss einer „Pflegevereinbarung"	602
6. Verpflichtung zur Überlassung von Montage- und Bedienungsanleitungen und von Dokumentationen	602
a) Montageanleitung	602
b) Bedienungsanleitung	603
c) Erhöhte Anforderungen bei Computerwaren	603
d) Überlassung schriftlicher Unterlagen	604
e) Überlassung deutschsprachiger Unterlagen	604
f) Inhalt und Umfang der Unterlagen	605
g) Folgen der Nicht- oder Schlechtlieferung schriftlicher Unterlagen	605
7. Einweisung und Schulung	607
a) Einweisungs- und Schulungspflicht des Lieferanten	607
b) Vergütungspflicht	608
c) Rechtsfolgen bei Leistungsstörungen	608
8. Installation/Montage/Einrichten von Hard- und/oder Software	609
9. Wartungs- und Pflegeverträge	609

	Seite
II. Völlige oder teilweise Nichtleistung	611
III. Sach- und Rechtsmängelhaftung bei Computerwaren	611
1. Sachmängelhaftung	611
a) Fehlerbegriff	611
b) Typische Sachmängel	612
c) Nacherfüllung bei Standardsoftware	613
d) Vorhalten von Ersatzteilen und Updatepflicht	613
2. Rechtsmängelhaftung	613
3. Übernahmebestätigung, Ablieferung und Abnahme bei Software	614
a) Übernahmebestätigung	614
b) Ablieferung	615
c) Abnahme	615
4. Untersuchung und Rüge	616
5. Mitwirkungspflichten des Bestellers	617
IV. Aufklärung und Beratung	617
V. Ersatzpflicht des Lieferanten aus Schutzpflichtverletzung	618
VI. Produkt- und Produzentenhaftung für Computerwaren	620
1. Deliktische Produzentenhaftung des Lieferanten von Computerwaren	620
2. Produkthaftung des Lieferanten/Herstellers	620
3. Produkthaftung des Leasinggebers	620
VII. Kurzfristiges Lösungs- oder Kündigungsrecht	621
VIII. Besonderheiten des Rechtsstreits über Computerwaren	621
1. Prozessvorbereitung	621
2. Mitwirkung des Leasinggebers	621
3. Kostenproblematik im Computerprozess	622
4. Darlegung des Sachverhalts, Beweismittelsicherung und Beweiserhebung	622
a) Vorprozessuale Beweissicherung durch Dokumentation	622
b) Selbständiges Beweisverfahren	622
c) Darlegung des Sachverhalts	623
d) Beweiserhebung im Computerprozess	623
5. Formulierung des Zug-um-Zug-Antrags und eines vollstreckungsfähigen Titels	624
a) Bestimmtheitsanforderungen	624
b) Löschung aller Programmkopien	625
c) Unterlassungserklärung	626
e) Abgabe der Erklärungen durch den Leasingnehmer	626
6. Feststellung des Annahmeverzuges des Lieferanten	626

19. Kapitel: Einzelfragen zum Sale-and-Lease-Back-Verfahren 628

§ 64 Grundlagen und zivilrechtliche Sonderprobleme *(Berninghaus)*	628
I. Grundlagen	628
1. Wesen	628
2. Zweck	628
a) Motive des Leasinggebers	629
b) Motive des Leasingnehmers	629
II. Zivilrechtliche Sonderprobleme	629
1. Rechtliche Einordnung des sale-and-lease-back-Vertrages	629
2. Zustandekommen und Erfüllung der Verträge	630
a) Selbstständige Verträge	630
b) Probleme der Erfüllung des Kaufvertrages	630
3. Die wechselseitige Gewährleistungshaftung der Parteien	631
a) Allgemeines	631
b) Wechselseitige Aufhebung der Gewährleistungsansprüche	631
c) Wirksamkeit der Freizeichnung	632
4. Einfluss der Gewährleistungsansprüche des Leasingnehmers gegen seinen Vorlieferanten auf die Rechte gegenüber dem Leasinggeber	633
§ 65 Steuerliche und handelsrechtliche Besonderheiten *(Berninghaus)*	634
I. Steuerrecht	634
II. Handelsrecht	635

Inhaltsverzeichnis

	Seite
4. Teil: Wirtschaftliche Problemkomplexe des Leasings	
20. Kapitel: Betriebswirtschaftliche Aspekte des Leasings	637
§ 66 Kalkulation von Leasingverträgen beim Leasinggeber *(Kroll/Schaub)*	637
I. Die grundsätzliche Besonderheit der Preiskalkulation von Leasingverträgen	637
1. Notwendigkeit einer umfassenden und risikoorientierten Kalkulation	638
2. Anforderungen und Rechnungsebenen der Kalkulation	639
II. Kostenelemente einer Leasinggesellschaft	641
1. Wertminderung des Leasingobjektes	641
2. Kosten der Refinanzierung	642
3. Vertriebs- und Verwaltungskosten	643
III. Erlöskomponenten einer Leasinggesellschaft	647
IV. Kalkulation im Praxisbeispiel	648
V. Kalkulationsstrategien von Leasinggebern	648
VI. Kalkulation und Controlling	652
VII. Zusammenfassung	652
§ 67 Die Leasingentscheidung des Leasingnehmers *(Kroll/Schaub)*	657
I. Die richtige Entscheidung zwischen Theorie und Praxis	657
II. Quantitative Analyse	660
1. Auswirkung auf die Gewinn- und Verlustrechnung bzw. Einnahmenüberschussrechnung	661
2. Auswirkung auf die Unternehmenssteuern	663
a) Gewerbesteuereffekt	663
b) Körperschaftsteuereffekt	664
c) Einkommensteuereffekt	664
3. Auswirkung auf die unternehmerische Liquidität	664
4. Unterschiedliche Anschaffungs- und Herstellungskosten	665
5. Refinanzierungskosten	666
6. Verwertungserlöse	666
7. Folgekosten	666
III. Qualitative Aspekte	667
1. Bonität und Seriosität des Leasingpartners	667
2. Bilanzneutralität und Ratingvorteile	667
3. Liquiditätsstruktureffekte	668
4. Klare und gesicherte Kalkulationsgrundlage	668
IV. Vergleichsrechnung	669
1. Methodik	669
2. Praxisbeispiel	669
a) Ausgangsparameter	669
b) Bestimmung der nominellen Effekte auf die Gewinn- und Verlustrechnung, Gewerbe- und Körperschaftsteuer sowie die Liquidität	670
c) Totaler Liquiditätsvergleich von Kroll	674
d) Barwertvergleich	675
e) Bewertung qualitativer Aspekte	675
V. Zusammenfassung	678
21. Kapitel: Steuerrechtliche Aspekte des Leasings	679
§ 68 Persönliche Zurechnung der Leasinggegenstände im Steuerrecht *(Wagner)*	679
I. Vorbemerkung	679
II. Zurechnungsrelevante Grundbegriffe des Leasings	680
III. Steuergesetzliche Grundsätze für die persönliche Zurechnung	683
1. § 39 AO – Wirtschaftliches Eigentum –	683
2. § 5 Abs. 1 EStG – Maßgeblichkeit der Handelsbilanz für die Steuerbilanz	686
3. Konkurrenzverhältnis der beiden Zurechnungsmaßstäbe und Bedeutung der Konkurrenz für das Leasing	686
IV. Zurechnung des wirtschaftlichen Eigentums nach der Leasing-Rechtsprechung des BFH und den Leasing-Erlassen der Finanzverwaltung	687
1. Wichtige BFH-Entscheidungen zum wirtschaftlichen Eigentum beim Leasing und zur verwandten Problematik beim Mietkauf	687

Inhaltsverzeichnis

	Seite
a) BFH-Urteil vom 26. 1. 1970 zum Leasing	687
b) BFH-Urteil vom 18. 11. 1970 zum Mietkauf	688
c) BFH-Urteil vom 30. 5. 1984 zum Leasing	688
d) BFH-Urteil vom 12. 9. 1991 zum Mietkauf	689
e) BFH-Urteil vom 15. 2. 2001 zum Leasing	689

    2. Wirtschaftliches Eigentum nach den Leasing-Erlassen der Finanzverwaltung .. 690
        a) Bedeutung der Leasing-Erlasse für die Leasing-Praxis 690
        b) Regelungsgegenstände der Leasing-Erlasse 1991 691
  V. Zusammenfassung der Hauptkriterien des wirtschaftlichen Eigentums beim Leasing 695

§ 69 Leasing im Einkommen- und Körperschaftsteuerrecht *(Wagner)* 696
  I. Allgemeines 697
    1. Vorbemerkung 697
    2. Gewinnerzielungserzielungsabsicht 697
        a) Begriff der Gewinnerzielungsabsicht 697
        b) Gewinnerzielungsabsicht des Leasinggebers 698
        c) Gewinnerzielungsabsicht des Leasingnehmers 700
    3. Missbrauchstatbestände nach § 42 AO 700
  II. Die Besteuerung des Leasinggebers 701
    1. Einkünfte des Leasinggebers Gewerbebetrieb 701
        a) Voraussetzungen zur Erzielung von gewerblichen Einkünften 701
    2. Der Maßgeblichkeitsgrundsatz in der Steuerbilanz 704
    3. Besteuerung bei wirtschaftlichem Eigentum des Leasinggebers 705
        a) Steuerliche Bilanzierungsfragen 705
        b) Steuerbilanzielle Bewertungsfragen 708
        c) Bildung von Rückstellungen in der Steuerbilanz 712
        d) Aktivierung und Abgrenzung von Leasingraten in der Steuerbilanz 714
        e) Bilanzierung bei echtem Factoring/Forfaitierung 717
        f) Bilanzierung bei unechtem Factoring/Forfaitierung 722
        g) Sonderfragen bei Immobilienleasing 722
    4. Besteuerung bei wirtschaftlichem Eigentum des Leasingnehmers 726
        a) Aktivierung der Kaufpreisforderung 726
        b) Behandlung der Leasingraten 727
        c) Sonderfragen 727
    5. Besteuerung einer Objektgesellschaft oder eines Fonds 727
        a) Erzielung gewerblicher Einkünfte 727
        b) Einheitliche und gesonderte Gewinnfeststellung 729
    6. Einkünfte des Leasinggebers aus Vermietung und Verpachtung 729
        a) Voraussetzungen zur Erzielung von Einkünften aus Vermietung und
           Verpachtung 729
        b) Grundsätze zur Einkünfteermittlung 732
        c) Sonderfragen der Einkünfteermittlung bei Objektgesellschaften und Fonds . 733
    7. Einkünfte des Leasinggebers aus Kapitalvermögen 734
    8. Sonstige Einkünfte des Leasinggebers 735
  III. Besteuerung des Leasingnehmers 735
    1. Einkünfte des Leasingnehmers aus Gewerbebetrieb 735
        a) Besteuerung bei wirtschaftlichem Eigentum des Leasinggebers 735
        b) Besteuerung bei wirtschaftlichem Eigentumdes Leasingnehmers 740
    2. Andere Einkunftsarten 742
        a) Selbstständige Arbeit 742
        b) Nichtselbstständige Arbeit 742
        c) Vermietung und Verpachtung 742
        d) Übrige Einkunftsarten 743

§ 70 Leasing im sonstigen Steuerrecht *(Wagner)* 743
  I. Gewerbesteuer 744
    1. Allgemeines 744
    2. Entgelte für Schulden 744
        a) Schulden bei wirtschaftlichem Eigentum des Leasinggebers 745
        b) Schulden bei wirtschaftlichem Eigentum des Leasingnehmers 746

	Seite
3. Organschaftsverhältnisse	746
a) Einfache Organschaft	746
b) Mehrere Organträger	747
4. Personengesellschaftsmodell	747
5. Forfaitierung	747
a) Grundlagen der Forfaitierung	747
b) Problematik der Restwertforfaitierung	748
6. Hinzurechnung und Kürzung von Miet- und Pachtzinsen	749
7. Erweiterte Kürzung nach § 9 Nr. 1 Satz 2 GewStG beim Immobilienleasing	750
II. Vermögensteuer	751
III. Umsatzsteuer	751
1. Allgemeines	751
2. Wirtschaftliches Eigentum des Leasinggebers	751
a) Umsatzsteuer bei Forfaitierung	753
b) Vorzeitige Beendigung von Leasingverträgen	753
3. Wirtschaftliches Eigentum des Leasingnehmers	754
4. Grenzüberschreitendes Leasings aus deutscher Sicht	755
a) Allgemeines	755
b) Wirtschaftliches Eigentum des Leasinggebers	756
c) Wirtschaftliches Eigentum des Leasingnehmers	757
5. Besonderheiten beim Immobilien-Leasing	757
IV. Grunderwerbsteuer	758
1. Steuerpflichtige Tatbestände und Befreiungen	758
2. Zurechnung des Leasingobjektes zum Leasingnehmer	759
3. Erbbaurechtsbestellung	760
4. Einheitliches Vertragswerk	761
5. Höhe der Steuer	762
V. Grundsteuer	763

22. Kapitel: Bilanzrechtliche Aspekte des Leasings 764

§ 71 Bilanzrechtliche Klassifizierung von Leasingverhältnissen *(Findeisen)*	764
I. Vorbemerkung	766
II. Zielsetzungen der Bilanzen	767
1. Steuerbilanz	767
2. Handelsbilanz	767
3. IFRS-Bilanz	768
4. Ergebnis	768
III. Rechtliches und wirtschaftliches Eigentum	769
1. Eigentum im Steuer- und Handelsrecht	769
a) Rechtliches Eigentum	769
b) Wirtschaftliches Eigentum	770
2. Eigentum in den IFRS	771
a) Rechtliches Eigentum.	771
b) Wirtschaftliches Eigentum	771
IV. Zurechnung der Leasinggegenstände	771
1. Zurechnungsgrundsätze	771
a) Allgemeine Zurechnung	771
b) Zurechnung in der Steuerbilanz.	773
c) Zurechnung in der Handelsbilanz	775
d) Zurechnung nach IFRS	780
2. Anwendungsbeispiele	787
a) Spezial Leasing.	787
b) Optionslose Leasingverträge	787
c) Andienungs- und Optionsrechte.	788
d) Leasingverträge mit Mietverlängerungsoption.	790
e) Leasingverträge mit Doppeloption	790
f) Leasingverträge mit Erlösbeteiligung	791
g) Mietkaufverträge	792

	Seite
h) Sonstige Vertragstypen	792
i) Forfaitierung	793
j) Andienungs-/Übernahmeverpflichtung	793
k) Erbbaurecht	794
l) Sale-leaseback	794
§ 72 Bilanzierung der Leasingverhältnisse bei Zurechnung zum Leasinggeber *(Findeisen)*	796
I. Vorbemerkung	797
II. Bilanzierung beim Leasinggeber	797
1. Leasinggegenstand	797
a) Behandlung nach HGB	797
b) Behandlung nach IFRS	806
2. Leasingraten	809
a) Behandlung nach HGB	809
b) Behandlung nach IFRS	817
3. Risikovorsorge	819
a) Behandlung nach HGB	819
b) Behandlung nach IFRS	822
4. Rückstellungen	824
a) Behandlung nach HGB	824
b) Behandlung nach IFRS	824
5. Verbindlichkeiten	825
a) Behandlung nach HGB	825
b) Behandlung nach IFRS	826
6. Erträge und Aufwendungen	826
a) Behandlung nach HGB	826
b) Behandlung nach IFRS	827
7. Anhangsangaben	828
a) Behandlung nach HGB	828
b) Behandlung nach IFRS	828
III. Bilanzierung beim Leasingnehmer	829
1. Leasingraten	829
a) Behandlung nach HGB	829
b) Behandlung nach IFRS	831
2. Rechnungsabgrenzungsposten	833
a) Behandlung nach HGB	833
b) Behandlung nach IFRS	833
3. Rückstellungen	833
a) Behandlung nach HGB	833
b) Behandlung nach IFRS	833
§ 73 Bilanzierung der Leasingverhältnisse bei Zurechnung zum Leasingnehmer *(Findeisen)*	834
I. Vorbemerkung	835
II. Bilanzierung beim Leasinggeber	835
1. Leasingraten	835
a) Behandung nach HGB	835
b) Behandlung nach IFRS	837
2. Erträge und Aufwendungen	839
a) Behandlung nach HGB	839
b) Behandlung nach IFRS	839
3. Anhangsangaben	839
a) Behandlung nach HGB	839
b) Behandlung nach IFRS	840
III. Bilanzierung beim Leasingnehmer	840
1. Leasinggegenstand	840
a) Behandlung nach HGB	840
b) Behandlung nach IFRS	842
2. Verbindlichkeiten	842
a) Behandlung nach HGB	842
b) Behandlung nach IFRS	843

	Seite
3. Erträge und Aufwendungen	843
a) Behandlung nach HGB	843
b) Behandlung nach IFRS	843
4. Anhangsangaben	843
a) Behandlung nach HGB	843
b) Behandlung nach IFRS	843

23. Kapitel: Refinanzierung von Leasinggesellschaften ... 845

§ 74 Gestaltungsprobleme bei der Refinanzierung von Leasinggesellschaften *(Berninghaus)* . 845
  I. Kreditfinanzierung ... 846
    1. Vertragliche Gestaltung ... 846
    2. Sicherheiten ... 847
      a) Ausgangslage ... 847
      b) Problem bei Abtretung der Leasingforderungen einschließlich Mehrwertsteuer ... 847
  II. Forfaitierung ... 847
    1. Gründe für die Forfaitierung ... 847
      a) Verlagerung des Bonitätsrisikos ... 848
      b) Gewerbesteuereffekt ... 848
      c) Ausschaltung des Zinsänderungsrisikos ... 848
      d) Bilanzverkürzung ... 848
    2. Abgrenzung zum Factoring ... 848
    3. Forfaitierung als Kreditgeschäft im Sinne des KWG ... 849
    4. Vertragliche Gestaltung ... 849
      a) Rahmenvertrag ... 849
      b) Kaufpreis ... 850
      c) Gewährleistung des Leasinggebers ... 850
    5. Sicherheiten ... 854
      a) Abtretung von Forderungen aus dem Leasingvertrag ... 854
      b) Sicherungsübereignung ... 856
      c) Weiterübertragung von Sicherheiten ... 856
    6. Konkurrenz zwischen Verkauf (Forfaitierung) und erweitertem Eigentumsvorbehalt des Lieferanten ... 857

§ 75 Neuere Formen der Refinanzierung von Leasinggesellschaften *(Berninghaus)* ... 857
  I. Doppelstockmodell ... 858
    1. Wesen ... 858
    2. Prozessuale Probleme ... 858
  II. Objektgesellschaften ... 859
    1. Wesen ... 859
    2. Rechtsnatur des Fonds ... 860
      a) Haftungsrechtliche Konsequenzen ... 860
      b) Schuldrechtliche Konsequenzen ... 860
      c) Steuerrechtliche Konsequenzen ... 861
    3. Prospekthaftung ... 862
    4. Anwendung des Verbraucherkreditgesetzes ... 863
    5. Vertragsgestaltung ... 863
  III. Securitization ... 863
    1. Wesen ... 863
    2. Rechtliche Probleme ... 864
      a) Kauf- und Abtretungsvertrag zwischen Leasinggeber und Fonds ... 864
      b) Verbriefung der Forderungen durch den Fonds ... 864

24. Kapitel: Leasing im deutschen und europäischen Recht der Finanzdienstleistungsaufsicht ... 865

§ 76 Überblick über das deutsche Recht der Finanzdienstleistungsaufsicht *(Jochum)* ... 865
  I. Rechtsgrundlagen und Entstehungsgeschichte der deutschen Finanzdienstleistungsaufsicht ... 865
  II. Öffentliches Aufsichtsinteresse ... 867
  III. Schwerpunkte des Kreditwesengesetzes ... 868
    1. Erlaubnispflicht für Bankgeschäfte ... 868

		Seite
	2. Eigenmittel und Liquidität der Institute	869
	a) Angemessene Eigenmittel	870
	b) Ausreichende Liquidität	872
	c) Eigenmittel und Liquidität inländischer Zweigstellen ausländischer Unternehmen	872
	3. Aufsicht über Adressenausfallrisiken (sog. Kreditaufsicht)	873
	a) Aufsichtsinstrumente	873
	b) Die Kreditbegriffe der §§ 19 f. KWG und des § 21 KWG	874
	4. Anzeige- und Berichtspflichten der Institute	875
IV.	Aufsicht über Finanzdienstleistungskonglomerate	875
V.	Internationalisierung der Finanzdienstleistungsaufsicht	875

§ 77 Behandlung des Leasings nach geltendem deutschen Finanzdienstleistungsaufsichtsrecht *(Jochum)* 876
    I. Leasinggeschäfte als Gegenstand des Finanzdienstleistungsaufsichtsrechts ... 876
        1. Erscheinungsformen des Leasings 876
        2. Leasing kein erlaubnispflichtiges „Bankgeschäft" 877
        3. Leasinggegenstände als Bilanzaktiva bei der Ermittlung der angemessenen Eigenmittel und der Kreditaufsicht 878
            a) Bilanzausweis und wirtschaftliches Eigentum 878
            b) Korrektur von Wertberichtigungen 879
            c) Abzugspositionen wegen Erfüllung oder Veräußerung von Forderungen ... 880
        4. Leasinggegenstände und Liquiditätskontrolle 881
    II. Einbeziehung von Leasingunternehmen in den Konsolidierungskreis 881
    III. Kreditgeber- und Kreditnehmereinheiten 882
    IV. Finanzdienstleistungsaufsicht über die Refinanzierung von Leasingunternehmen .. 883
        1. Refinanzierung durch Darlehensgewährung 883
            a) Eigenmittel- und Liquiditätskontrolle (§§ 10 f. KWG) 884
            b) Kreditaufsicht (§§ 13 ff. KWG) 884
        2. Refinanzierung durch Forderungsverkauf (Forfaitierung) 884
            a) Eigenmittel- und Liquiditätskontrolle (§§ 10 f. KWG) 885
            b) Kreditaufsicht (§§ 13 bis 18 KWG) 885
    V. Erweiterung der Finanzdienstleistungsaufsicht über Leasinggeschäfte und Leasingunternehmen? 887

§ 78 Die Behandlung des Leasings im Rahmen internationalisierter Finanzdienstleistungsaufsicht *(Jochum)* 887
    I. Konzeptionelle Neuerungen der zweiten Baseler Eigenkapitalübereinkunft (Basel II) 888
        1. Individuelle Bonitätsgewichtung der Geschäftspartner 889
        2. Individuelle Bonitätsgewichtung der Forderungsarten insbesondere von Spezialfinanzierungen 889
    II. Neufassung der Richtlinien 2000/12/EG und 93/6/EWG über Aufnahme und Ausübung der Tätigkeit von Kreditinstituten und Wertpapierfirmen 890
        1. Konzeption der Richtlinien-Neufassung 891
        2. Eigenmittelbezogene Änderungen 891
    III. Bedeutung der neuen Eigenmittelvorschriften für die aufsichtsrechtliche Behandlung von Leasinggeschäften 892
        1. Behandlung von Leasinggeschäften im Rahmen des Standardansatzes 892
        2. Behandlung von Leasinggeschäften im Rahmen des IRB-Ansatzes 893
        3. Behandlung von Leasinggeschäften bei der Aufsicht über Großkredite 894
        4. Befristeter Dispens von der Obergrenze 50 %iger Risikogewichtung von Forderungen aus Immobilien-Leasinggeschäften 895
        5. Allgemeine Kreditrisikominderung bei Forderungen aus Leasinggeschäften ... 896
            a) Voraussetzungen einer erweiterten risikomindernden Anerkennung von Sicherheiten bei Leasinggeschäften 896
            b) Berechnung der risikomindernden Effekte von Sicherheiten bei Leasinggeschäften 897
        6. Eigenkapitalanforderungen für das operationelle Risiko beim Standardansatz für Geschäftsfelder des Leasings 898
        7. Zusammenfassung und Bewertung 899

	Seite
IV. Bedeutung der neuen Eigenmittelvorschriften für die Refinanzierung von Leasingunternehmen	899

25. Kapitel: Leasing und staatliche Investitionsförderung ... 901
§ 79 Investitionszulage *(Jäger)* ... 901
    I. Rechtsentwicklung ... 902
        1. Vorläuferregelungen ... 902
        2. InvZulG 2005 ... 903
        3. InvZulG 2007 ... 905
    II. Anspruchsberechtigte ... 906
        1. Rechtsanspruch ... 906
        2. Fördergebiet ... 908
        3. Leasingverhältnisse ... 908
    III. Betriebliche Investitionen ... 908
        1. Begünstigte Investitionen ... 908
            a) Bewegliche Wirtschaftsgüter ... 908
            b) Gebäude ... 922
            c) Erstinvestition ... 926
            d) Förderzeitraum ... 927
        2. Ausschluss der Förderfähigkeit ... 931
        3. Nicht begünstigte Investitionen ... 932
            a) Überblick ... 932
            b) Geringwertige Wirtschaftsgüter ... 933
            c) Personenkraftwagen ... 933
    IV. Höhe der Investitionszulage ... 933
        1. Bemessungsgrundlage ... 933
        2. Grundzulagen ... 935
        3. Erhöhte Zulagen ... 935
            a) KMU ... 935
            b) Differenzierung ... 937
            c) Fördersätze ... 938
    V. Verfahren ... 939
        1. Antragstellung ... 939
            a) Antragsberechtigung ... 939
            b) Antragsfrist ... 940
            c) Antragsform ... 941
            d) Antragsinhalt ... 942
        2. Investitionszulagenbescheid ... 943
            a) Abgabenordnung ... 943
            b) Gemeinschaftsrecht ... 944
            c) Rechtsverordnung ... 951
        3. Anzeige- und Mitteilungspflichten ... 951
    VI. Rechtsweg ... 952
§ 80 Investitionszuschuss *(Jäger)* ... 952
    I. Gemeinschaftsaufgabe „Verbesserung der regionalen Wirtschaftsstruktur" ... 953
        1. Gesetzliche Grundlage ... 953
        2. Erfüllung durch Rahmenpläne ... 954
            a) Zuständigkeit ... 954
            b) Entwicklung ... 955
            c) Aufbau ... 955
        3. Verhältnis zu anderen Fördermaßnahmen ... 956
            a) Investitionszulagengesetze ... 956
            b) Fördergebietsgesetz ... 957
            c) Förderprogramme ... 957
    II. Förderkonzept ... 958
        1. Präferenzsystem ... 958
        2. Fördermöglichkeiten ... 958
        3. Zusammenwirken von Bund und Ländern ... 960

Inhaltsverzeichnis

	Seite
III. Anspruchsberechtigte	961
1. Kein Rechtsanspruch	961
2. Fördergebiet	961
3. Leasingverhältnisse	961
IV. Fördervoraussetzungen	961
1. Überblick	961
2. Primäreffekt	962
3. Förderfähigkeit	963
a) Fallgruppen	963
b) Sonderregelungen	963
c) Kein Ausschluss der Förderfähigkeit	964
V. Höhe der Förderung	964
1. Grundlegende Differenzierung	964
a) 35. Rahmenplan	964
b) 36. Rahmenplan	965
2. Sachkapitalbezogene Zuschüsse	966
a) Förderfähige Kosten	966
b) Nicht förderfähige Kosten	968
3. Lohnkostenbezogene Zuschüsse	968
VI. Verfahren	969
1. Antragstellung	969
a) Antragsberechtigung	969
b) Antragsfrist	970
c) Antragsform	970
2. Bewilligungsbescheid	970
a) Antragsprüfung	970
b) Auszahlung	971
c) Rückforderung	971
3. Gemeinschaftsrecht	972

5. Teil: Leasing als internationale Finanzdienstleistung

26. Kapitel: Grenzüberschreitende Leasingverträge	973
§ 81 Anknüpfung des Leasingvertrags *(Ackermann)*	973
I. Leasingvertrag und UN-Kaufrecht	973
II. Subjektive Anknüpfung (Art. 27 EGBGB)	974
1. Rechtswahlfreiheit	974
2. Anforderungen an die Rechtswahl	975
III. Objektive Anknüpfung (Art. 28 EGBGB)	976
1. Leasingverträge über bewegliche Sachen	976
2. Leasingverträge über unbewegliche Sachen	976
IV. Anwendungsbereich des Leasingvertragsstatuts und Eingriffsnormen	977
1. Umfang und Grenzen des Leasingvertragsstatuts	977
2. Eingriffsnormen	977
§ 82 Besonderheiten beim Verbraucherleasing *(Ackermann)*	978
I. Die Sonderregelung für Verbraucherverträge in Art. 29 EGBGB	978
1. Voraussetzungen	978
a) Finanzierungsleasing als Verbrauchervertrag i. S. v. Art. 29 EGBGB	978
b) Umstände des Vertragsschlusses	979
2. Rechtsfolgen	979
a) Beschränkung des Rechtswahl (Art. 29 Abs. 1 EGBGB)	979
b) Objektive Anknüpfung (Art. 29 Abs. 2 EGBGB)	980
c) Form (Art. 29 Abs. 3 EGBGB)	980
II. EG-rechtlicher Verbraucherschutz (Art. 29 a EGBGB)	980
§ 83 Die Anknüpfung des Liefervertrags *(Ackermann)*	981
I. Liefervertrag und UN-Kaufrecht	981
1. Persönlich-räumlicher Anwendungsbereich	982
2. Sachlicher Anwendungsbereich	983

	Seite
3. Abdingbarkeit	983
4. Hinweise zur Mängelgewährleistung nach dem UN-Kaufrecht	984
II. Kollisionsrecht	985
1. Subjektive Anknüpfung (Art. 27 EGBGB)	985
2. Objektive Anknüpfung (Art. 28 EGBGB)	986

§ 84 Die Anknüpfung der Ansprüche des Leasingnehmers gegen den Lieferanten *(Ackermann)* 986
    I. Die kollisionsrechtliche Behandlung der Abtretungskonstruktion 986
    II. Die kollisionsrechtliche Behandlung von Direktansprüchen 987

§ 85 Die Anknüpfung der Produkthaftung des Leasinggebers *(Ackermann)* 988
    I. Der Leasinggeber als Haftungssubjekt 988
    II. Kollisionsrechtliche Behandlung 988

§ 86 Die Anknüpfung der dinglichen Berechtigung am Leasinggut *(Ackermann)* 990
    I. Maßgeblichkeit der lex rei sitae 990
    II. Publizitätserfordernisse 990

§ 87 Die UNIDROIT Convention on International Financial Leasing (Konvention von Ottawa) *(Ackermann)* 991
    I. Anwendungsbereich 991
        1. Sachlicher Anwendungsbereich 991
        2. Räumlicher und zeitlicher Anwendungsbereich 992
        3. Abdingbarkeit 993
    II. Inhalt 994
        1. Die rechtliche Beziehung zwischen Leasinggeber und Leasingnehmer 994
            a) Pflichten des Leasinggebers und korrespondierende Rechtsbehelfe des Leasingnehmers 994
            b) Pflichten des Leasingnehmers und korrespondierende Rechtsbehelfe des Leasinggebers 994
        2. Die rechtliche Beziehung zwischen Leasinggeber und Lieferant 995
        3. Die rechtliche Beziehung zwischen Leasingnehmer und Lieferant 995
        4. Die rechtliche Beziehung zwischen Leasinggeber und Dritten 995
            a) Dingliche Berechtigung des Leasinggebers 995
            b) Deliktische Haftung des Leasinggebers 996

27. Kapitel: Internationale Zuständigkeit 997

§ 88: Das System der internationalen Zuständigkeiten *(Ackermann)* 997
    I. Anwendbare Vorschriften 997
        1. Europäische Regelungen 997
            a) EuGVVO 997
            b) LugÜ und EuGVÜ 998
        2. Autonome Bestimmung der internationalen Zuständigkeit 999
    II. Einzelne Zuständigkeiten 999
        1. Allgemeiner Gerichtsstand 999
        2. Gerichtsstand des Erfüllungsortes 1000
            a) Art. 5 Nr. 1 EuGVVO 1000
            b) Art. 5 Nr. 1 LugÜ/EuGVÜ 1001
            c) § 29 ZPO 1002
        3. Verbrauchergerichtsstand 1002
        4. Gerichtsstand der Belegenheit von unbeweglichen Sachen 1002
        5. Gerichtsstand des Vermögens 1003

§ 89: Gerichtsstands- und Schiedsvereinbarungen *(Ackermann)* 1003
    I. Internationale Gerichtsstandsvereinbarungen 1003
        1. Europäisches Recht (EuGVVO, LugÜ, EuGVÜ) 1004
        2. Autonomes deutsches Recht 1004
        3. Liefervertragliche Gerichtsstandsvereinbarung und leasingvertragliche Abtretungskonstruktion 1005
    II. Schiedsvereinbarungen 1005
        1. Staatsvertragliches Recht 1006
        2. Autonomes deutsches Recht 1006

Inhaltsverzeichnis

	Seite
3. Liefervertragliche Schiedsvereinbarung und leasingvertragliche Abtretungskonstruktion	1006

28. Kapitel: Leasingrecht im Ausland 1008
§ 90 Rahmenbedingungen des Leasinggeschäfts in den EU-Mitgliedstaaten *(Hau)* 1008
    I. Gemeinschaftsprimärrecht 1009
        1. Überblick 1009
        2. Dienstleistungsfreiheit 1009
        3. Arbeitnehmerfreizügigkeit 1010
    II. Gemeinschaftssekundärrecht 1011
        1. Überblick 1011
        2. Verbraucherschutzrecht 1011
            a) Missbräuchliche Klauseln 1012
            b) Verbraucherkredit 1012
            c) Verbrauchsgüterkauf 1012
            d) Fernabsatz 1013
        3. Sonstiges Vertragsrecht 1013
        4. Produkthaftung 1014
        5. Internationales Privat- und Verfahrensrecht 1014
        6. Kartellrecht 1014
        7. Steuerrecht 1015
    III. Sonstiges 1015
    IV. Ausblick: Europäische Zivilrechtsvereinheitlichung 1016
§ 91 Das Leasingrecht in England *(Bisping)* 1016
    I. Die Praxis des Leasinggeschäfts im Vereinigten Königreich 1017
        1. Übersicht über die Vertragsformen 1017
        2. Historischer Aufriss 1019
        3. Leasingmärkte und Marktpartizipanten 1020
    II. Die rechtliche Einordnung des Leasingvertrags 1020
        1. Überblick 1020
        2. Operating Lease 1021
        3. Das Transaktionsgefüge im Finanzierungsleasing 1022
    III. Der Abschluss des Leasingvertrags 1022
        1. Vertragsschluss 1022
        2. Schuldrechtliche Aspekte 1023
        3. Dingliche Wirkungen 1023
        4. Verbraucherschutz 1024
    IV. Leistungsstörungen 1024
        1. Mängel des Leasinggutes 1024
        2. Leistungsstörungen auf Seiten des Leasingnehmers 1025
    V. Die Beendigung des Leasingvertrags 1026
        1. Zeitablauf 1026
        2. Beendigung durch Leasingnehmer 1026
        3. Verbraucherschutz 1026
        4. Beendigung durch Leasinggeber 1026
    VI. Zwangsvollstreckung und Insolvenz 1027
        1. Einzelzwangsvollstreckung 1027
        2. Verfahrensarten in der Insolvenz 1027
        3. Verfahrenswirkungen 1028
    VII. Bilanzrechtliche und steuerrechtliche Aspekte 1028
        1. Bilanzrecht 1028
        2. Steuerliche Behandlung 1029
§ 92 Das Leasingrecht in Frankreich *(Licari)* 1030
    I. Die Praxis des Leasinggeschäfts in Frankreich 1030
    II. Die Rechtliche Einordnung des Leasingvertrages 1031
    III. Der Abschluss des Leasingvertrages 1033
        1. Vertragsgegenstand 1033
        2. Vertragsparteien 1034

Inhaltsverzeichnis

	Seite
a) Leasinggeber	1034
b) Leasingnehmer	1034
3. Allgemeine Gültigkeitsvoraussetzungen	1034
4. Publizität des Vertrages	1035
a) Gesetzliche Publizitätsmodalitäten	1035
b) Rechtswirkungen der gestzlichen Publizität	1035
IV. Leistungsstörungen	1036
1. Das Rechtsverhältnis zwischen Lieferant und Bank	1036
a) Kaufvertragsverhältnis	1036
b) Aufhebung des Kaufvertrages	1036
2. Das Rechtsverhältnis zwischen Leasinggeber und Leasingnehmer	1037
a) Rechtspflichten des Leasinggebers	1037
b) Rechtspflichten des Leasingnehmers	1038
V. Die Beendigung des Leasingvertrages	1039
1. Ausübung des Erwerbsrechts	1039
2. Fortsetzung des Vertrages	1039
3. Rückgabe des Leasinggegenstandes	1040
VI. Zwangsvollstreckung und Insolvenz	1040
1. Einfache Nichterfüllung	1040
a) Anspruch des Leasinggebers auf Herausgabe	1040
b) Geltendmachung von pauschaliertem Schadensersatz	1040
2. Der Leasingvertrag nach Eröffnung eines Insolvenzverfahrens gegen den Leasingnehmer	1041
a) Weitere Durchführung des Leasingvertrages	1041
b) Der Leasingvertrag während der für das Erwerbsrecht bestimmten Frist	1041
c) Zwangsweise Abtretung (*cession forcée*) des Leasingvertrages	1041
d) Ausübung des Erwerbsrechts während der *période d'observation*	1042
e) Ausübung des Erwerbsrechts, wenn sich der Leasingnehmer im Stadium der *liquidation judiciaire* befindet	1042
VII. Steuerliche Aspekte des Leasinggeschäfts	1042
§ 93 Das Leasingrecht in Italien *(Martinek)*	1043
I. Die Praxis des Leasinggeschäfts in Italien	1044
1. Investitionsvolumen und Wachstumsrate	1044
2. Strukturelle Besonderheiten des italienischen Leasingmarktes	1046
3. Leasingobjekte und Marktpartizipanten	1046
4. Übersicht über die Vertragsformen des Leasing	1046
II. Die rechtliche Einordnung des Leasingvertrages	1048
1. Rechtliche Einordnung des italienischen *contratto di leasing* im Überblick	1048
2. Finanzierungsleasing (*locazione finanziaria*)	1049
a) Normative Zulässigkeit atypischer Verträge	1050
b) Finanzierungsleasing als atypischer Vertrag	1050
c) Finanzierungsleasing als gewöhnliche Miete	1051
d) Finanzierungsleasing als „Dauerschuldverhältnis Finanzierungsvertrag"	1051
e) Finanzierungsleasing als Abzahlungs- und Vorbehaltskauf	1052
f) Der Kurswechsel der Rechtsprechung	1052
2. „Operating leasing" oder „operational leasing" (*leasing operativo*)	1055
3. „Sale and lease back"-Verträge	1055
4. UNIDROIT *Convention on International Financial Leasing* (Ottawa) vom 28. März 1988 in Italien	1056
III. Der Abschluss des Leasingvertrages	1057
IV. Leistungsstörungen	1057
1. Die Sachgefahr	1058
2. Gewährleistungsrechte	1058
3. Die Preisgefahr (die Gegenleistungsgefahr)	1059
a) Die frühere Risikoverteilung nach Unmöglichkeitsregeln	1059
b) Die Preisgefahr bei rechtlicher Einordnung des Leasingvertrages als Finanzierungsvertrag	1060

XLIII

		Seite
c) Die Preisgefahr bei rechtlicher Einordnung des Leasingvertrages als Abzahlungs- und Vorbehaltskauf		1061
d) Differenzierung der *Corte die Cassazione* zwischen dem Gebrauchsleasing und dem Leasing mit dem Ziel der Eigentumsübertragung		1062
4. Die Übertragung des Lieferrisikos auf den Leasingnehmer		1063
V. Die Beendigung des Leasingvertrages		1063
VI. Zwangsvollstreckung und Insolvenz		1064
1. Fortführung des Leasingvertrages nach Insolvenzbeginn		1065
2. Keine Fortführung des Leasingvertrages		1066
a) Durchsetzung des dinglichen Rechts am Leasinggut		1066
b) Entschädigungsansprüche des Leasinggebers		1067
c) Liquidation von Veräußerungsverträgen		1067
d) Insolvenzrechtliche Anfechtung		1068
e) Verrechnung der Leasingzinsen mit der Entschädigung aufgrund vorzeitiger Vertragsbeendigung		1068
VII. Bilanzrechtliche und steuerrechtliche Aspekte		1069
1. Bilanzrechtliche Aspekte		1069
2. Steuerrechtliche Aspekte		1069
§ 94 Das Leasingrecht in Österreich *(Wimmer-Leonhardt)*		1071
I. Die Praxis des Leasinggeschäfts in Österreich		1072
1. Verbreitung		1072
2. Erscheinungsformen		1072
II. Die rechtliche Einordnung des Leasingvertrages		1073
III. Der Abschluss des Leasingvertrages		1075
IV. Leistungsstörungen		1078
1. Die Sach- und Preisgefahr		1078
2. Die Beschädigung des Leasinggutes		1079
3. Gewährleistungsrechte		1081
a) Finanzierungsleasing		1081
b) Operating-Leasing		1082
V. Die Beendigung des Leasingvertrages		1083
VI. Zwangsvollstreckung und Insolvenz		1085
VII. Steuerrechtliche und bilanzrechtliche Aspekte		1086
§ 95 Das Leasingrechts in Polen *(Poczobut)*		1088
I. Rechtsquellen		1090
1. Aktueller Rechtsstand		1090
2. Voriger Rechtsstand		1090
II. Begriff und systematische Einordnung des Leasingvertrages		1091
1. Definition des Leasingvertrages		1091
2. Verzicht auf bestimmte vorgeschlagene in Gesetzgebung und Lehre Elemente der Definition des Leasingvertrages		1092
a) Kaufoption des Leasingnehmers auf der Sache		1092
b) Zeitraum des Leasingvertrages und wirtschaftliche Nutzungsdauer der Sache		1092
3. Systematische Einordnung des Leasingvertrages		1092
III. Form des Leasingvertrages		1093
IV. Gesetzlich geregelte Pflichten der Parteien des Leasingvertrages		1093
1. Pflichten des Leasinggebers		1093
a) Überlassung der Sache dem Leasingnehmer		1093
b) Regeln zur Überlassung der Sache durch den Leasinggeber an den Leasingnehmer		1093
c) Grundsätzliche Risikoverantwortlichkeit des Leasingnehmers bei Untergang der Sache		1093
d) Grundsätzliche Haftungsbegrenzung für den Leasinggeber bei Mängel der Sache sowie Haftung des Veräußerers gegenüber dem Leasingnehmer bei Mängeln der Sache		1094
2. Pflichten des Leasingnehmers		1094
a) Zahlung der Leasingraten		1094
b) Erhaltung der Sache		1095

	Seite
c) Ordnungsmäßiger Gebrauch der Sache	1095
d) Voraussetzungen für Veränderungen an der Sache durch den Leasingnehmer	1095
e) Folgen der Verletzung bestimmter Pflichten durch den Leasingnehmer	1095
f) Voraussetzungen für die Überlassung der Sache zum Gebrauch an Dritte durch den Leasingnehmer	1095
g) Höhe der von dem Leasingnehmer zu tragenden Kosten der Versicherung der Sache während der Leasingaufzeit	1095
IV. Übrige Vorschriften über den Leasingvertrag und ähnliche Verträge	1096
1. Folgen der Veräußerung der Sache durch den Leasinggeber während der Dauer des Leasingverhältnisses	1096
2. Rechtsfolgen einer Kündigung des Leasingvertrages durch den Leasinggeber bei von dem Leasingnehmer zu vertretenden Gründen	1096
3. Frist zur Geltendmachung eines Anspruchs auf Übertragung des Eigentums an der Sache durch den Leasingnehmer	1096
4. Entsprechende Anwendung der Vorschriften über den Leasingvertrag auf ähnliche Verträge	1096
V. Anwendung der Miet- und Ratenkaufvorschriften des ZGB	1096
§ 96 Das Leasingrecht in Rumänien *(Raduletu)*	1097
I. Rechtsrahmen und Praxis des Leasinggeschäfts in Rumänien	1098
1. Die Gesetzgebung	1098
2. Die Praxis der Leasingvorgänge	1099
3. Der rumänische Leasingmarkt	1099
II. Die Rechtsnatur des Leasingvertrages	1100
1. Leasingvertrag und Leasingvorgang	1100
2. Finanzierungsleasing und Operating-Leasing	1100
III. Der Abschluss des Leasingvertrages	1101
1. Vertragsparteien	1101
a) Der Leasinggeber	1101
b) Der Leasingnehmer	1102
2. Vertragsgegenstand	1102
a) Das Leasinggut	1102
b) Der Preis	1102
3. Gültigkeitsvoraussetzungen	1103
a) Inhaltliche Voraussetzungen	1103
b) Formvoraussetzungen	1103
4. Vertragspublizität	1103
a) Immobiliarleasing	1103
b) Mobiliarleasing	1104
IV. Vertragspflichten und Leistungsstörungen	1104
1. Besonderheiten des Leasing	1104
2. Leasinggeberpflichten	1104
3. Leasingnehmerpflichten	1105
V. Die Beendigung des Leasingvertrages	1105
1. Wahlrechtsausübung durch den Leasingnehmer	1105
2. Auflösung des Vertrages	1106
VI. Zwangsvollstreckung und Insolvenz	1106
1. Besonderheiten bei der Zwangsvollstreckung	1106
2. Besonderheiten bei der Insolvenz	1107
VII. Bilanzrechtliche und steuerrechtliche Aspekte	1107
1. Bilanzrechtliche Vorschriften	1107
2. Steuerrechtliche Vorschriften	1107
§ 97 Das Leasingrecht in Russland *(Poczobut)*	1108
I. Rechtsquellen	1109
1. Inländische Gesetze	1109
a) Zivilgesetzbuch der Russischen Föderation 1994–2001	1109
b) Übrige Gesetze	1110
2. Internationale Übereinkommen	1111
a) UNIDROIT-Übereinkommen von 1988	1111

	Seite
b) Leasing-Übereinkommen von 1988	1111
II. Begriff und systematische Einordnung des Leasingvertrages	1112
1. Bennenung und Natur des Leasingvertrages	1112
2. Definition des Leasingvertrages	1112
3. Verzicht auf bestimmte Elemente der Definition des Leasingvertrages im Leasing-Übereinkommen von 1988	1113
a) Die Bestätigung durch den Leasingnehmer der ihn betreffenden Inhalte der Bestimmungen des Liefervertrages	1113
b) Anforderung betreffend die Höhe der Leasingzinssumme	1113
III. Form und staatliche Eintragung des Leasingvertrages	1113
1. Form des Leasingvertrages	1113
2. Staatliche Eintragung des Leasingvertrages	1113
IV. Abgesondert im ZGB RF geregelte Pflichten der Parteien des Leasingvertrages	1114
1. Verzicht auf abgesonderte ausführliche Regelung der Parteienpflichten	1114
2. Pflichten des Leasinggebers	1114
a) Unterrichtung des Verkäufers über die Verleassung des Leasingobjektes	1114
b) Übergabe des Leasingobjektes dem Mieter	1114
c) Beschränkung der Haftung des Leasinggebers gegenüber dem Leasingnehmer	1114
3. Gefahrtragung des Leasingnehmers beim zufälligen Untergang oder der zufälligen Beschädigung des Leasingobjektes	1115
V. Haftung des Verkäufers gegenüber dem Leasingnehmer	1115
VI. Abschließende Bemerkungen	1115
§ 98 Das Leasingrecht in der Schweiz *(Martinek)*	1116
I. Die Praxis des Leasinggeschäfts in der Schweiz	1117
1. Entwicklung des Leasinggeschäfts	1117
2. Erscheinungsformen	1118
II. Die rechtliche Einordnung des Leasingvertrages	1120
1. Qualifikation	1120
2. Abgrenzung	1121
III. Der Abschluss des Leasingvertrages	1121
1. Vertragsabschluss	1121
2. Inhalt	1122
IV. Leistungsstörungen	1122
1. Grundsätzliches	1122
2. Verzug/Nichtleistung	1123
3. Sachmängel	1124
V. Die Beendigung des Leasingvertrages	1126
VI. Zwangsvollstreckung und Insolvenz	1127
VII. Bilanzrechtliche und steuerrechtliche Aspekte	1128
1. Bilanzierung	1128
a) Obligationenrecht	1128
b) Nationaler Rechnungslegungsstandard	1129
c) Anwendung internationaler Rechnungslegungsstandard	1130
d) Ausblick	1130
2. Steuern	1131
a) Operatives Leasing	1131
b) Finanzierungsleasing	1131
c) Immobilienleasing	1132
§ 99 Das Leasingrecht in Spanien *(Bueso Guillén)*	1132
I. Die Praxis des Leasinggeschäfts in Spanien	1135
1. Angaben zur Geschäftspraxis in Spanien	1135
2. Leasinggeber und Leasingnehmer im spanischen Finanzmarkt	1135
a) Leasinggeber	1135
b) Leasingnehmer	1136
II. Die rechtliche Einordnung des Leasingvertrages	1136
1. Rechtsquellen des Leasingvertrages	1136
a) Atypischer Vertrag	1136
b) Gesetzliche Regelung	1136

	Seite
c) Vertragsautonomie	1137
d) Rechtsprechung	1137
2. Rechtsbegriff des Leasingvertrages	1137
a) Typisierungswirkung	1137
b) Begriff	1138
3. Merkmale des Leasingvertrages	1138
a) Erwerb des Vertragsgegenstandes	1138
b) Zweck des Vertragsgegenstandes	1138
c) Vertragsdauer	1138
d) Leasingraten	1138
e) Kaufoption	1138
4. Formen des Leasingvertrages	1139
a) Immobilien- und Ausstattungsleasing	1139
b) Investitions- und Verbraucherleasing	1139
c) Voll- und Teilamortisationsleasing	1139
d) Absatzförderungsleasing	1140
5. Verwandte Rechtsgeschäfte	1140
a) Rentingverträge	1140
b) Leasebackverträge	1140
c) Ratenkaufverträge	1141
6. Rechtsnatur des Leasingvertrages	1141
III. Der Abschluss des Leasingvertrages	1142
1. Vertragsform	1142
2. Vertragsinhalt	1142
IV. Vertragsleistungen und übliche Störungen	1142
1. Pflichten des Leasinggebers	1142
2. Pflichten des Leasingnehmers	1143
V. Die Beendigung des Leasingvertrages	1143
1. Kaufoption	1144
2. Vertragsübertragung	1144
VI. Zwangsvollstreckung und Insolvenz	1144
1. Zwangsvollstreckung bei der Vertragsverletzung durch den Leasingnehmer	1144
a) Ordentlicher Schutz	1144
b) Sonderschutz	1144
2. Beschlagnahme des geleasten Gutes im Besitz des Leasingnehmers und Schutz des Leasinggebers	1145
3. Insolvenz des Leasingnehmers und Stellung des Leasinggebers	1145
a) Regelung vor der Insolvenzordnung von 2003	1145
b) Regelung in der Insolvenzordnung von 2003	1146
c) Ergebnis nach der Insolvenzordnung von 2003	1146
VII. Bilanzrechtliche und steuerrechtliche Aspekte	1146
1. Bilanzrechtliche Aspekte	1146
a) Buchung mit Geltendmachung der Kaufoption	1146
b) Buchung ohne Geltendmachung der Kaufoption	1147
c) Kriterien zur Geltendmachung	1147
d) Änderung des Kontenplans	1147
2. Steuerrechtliche Aspekte	1147
a) Gesellschaftssteuer	1148
b) Mehrwertsteuer	1148
§ 100 Das Leasingrecht in den USA *(Martinek)*	1148
I. Die Praxis des Leasinggeschäfts in den USA	1149
1. Verbreitung	1149
2. Erscheinungsformen	1150
a) Differenzierung nach dem Vertragszweck	1150
b) Differenzierung nach der Person des Leasingnehmers	1151
c) Sonstige begriffliche Differenzierungen	1152
d) Besondere Leasingarten	1152
e) Exkurs: Cross-Border-Leasing	1153

	Seite
3. Historischer Aufriss des Leasings in den USA	1153
II. Die rechtliche Einordnung des Leasingvertrages	1153
1. Grundsatz der Vertragsfreiheit	1153
2. Uniform Commercial Code	1154
a) *True Lease* und *Secured Transaction*	1154
b) Finance Lease	1155
c) Consumer Lease	1156
III. Der Abschluss des Leasingvertrages	1156
IV. Leistungsstörungen	1157
1. Allgemeines	1157
2. Leistungsstörungsrecht und Vertragsgestaltung	1157
a) Vertragspflichtverletzungen des Leasingnehmers	1157
b) Vertragspflichtverletzungen des Leasinggebers	1158
c) Die Sachgefahr	1158
3. Das gesetzliche Leistungsstörungsrecht für das Waren-Leasing im *UCC*	1159
a) Rechte des Leasingnehmers	1159
b) Rechte des Leasinggebers	1160
V. Die Beendigung des Leasingvertrages	1160
VI. Zwangsvollstreckung und Insolvenz	1161
1. Insolvenzrecht in den USA	1161
2. Die Insolvenz des Leasingnehmers	1162
3. Die Insolvenz des Leasinggebers	1162
VII. Bilanzrechtliche und steuerrechtliche Aspekte	1163
1. Bilanzrechtliche Aspekte	1163
a) Mobilien-Leasing	1163
b) Immobilien-Leasing	1165
2. Steuerliche Aspekte	1165

6. Teil: Materialien

§ 101 Musterverträge	1175
1. Vollamortisationsvertrag über Mobilien-Leasing mit einem Kaufmann	1175
2. Teilamortisationsvertrag mit Andienungsrecht	1183
3. Kfz-Leasingvertrag für Privatwagen (Hersteller-Leasing)	1184
4. Immobilien-Leasing-Vertrag	1197

Anhang

§ 102 Die Leasingerlasse der Finanzverwaltung	1205
A. Mobilienleasing/Vollamortisation	1205
B. Immobilienleasing/Vollamortisation	1209
C. Mobilienleasing/Teilamortisation	1212
D. Immobilienleasing/Teilamortisation	1213
§ 103 UNIDROIT Convention on International Financial Leasing (Ottawa, 28 May 1988)	1216
§ 104 Die VDA-Empfehlung für Kfz-Leasing	1223
§ 105 Register der BGH-Entscheidungen zum Leasingrecht (Konkordanzliste)	1231
§ 106 Verzeichnis des Schrifttums zum Leasingrecht	1239
Sachverzeichnis	1263

Abkürzungsverzeichnis

aA	anderer Auffassung
aaO	an anderem Ort
ABGB	Allgemeines Bürgerliches Gesetzbuch (Österreich)
Abl.	Amtsblatt der Europäischen Gemeinschaft
Abs.	Absatz
Abschn.	Abschnitt
AbzG	Abzahlungsgesetz
abzgl.	abzüglich
ACE	Adjusted Current Earnings
AcP	Archiv für die civilistische Praxis (Band und Seite)
AcSEC	Accounting Standards Executive Committee
ACT	Advance Corporation Tax
ADR	Asset Depreciation Range
ADS	*Adler/Düring/Schmaltz*, Rechnungslegung und Prüfung der Unternehmen, 5. Auflage, 1987
a.F.	alte Fassung
AfA	Absetzung für Abnutzung
AG	Aktiengesellschaft; Amtsgericht
AGB	Allgemeine Geschäftsbedingungen
AGBG	Gesetz zur Regelung des Rechts der Allgemeinen Geschäftsbedingungen
AICPA	American Institute of Certified Public Accountants
AK	Anschaffungskosten
Al.	Aktiebolaslagen
ALB	Allgemeine Leasingbedingungen
allg.	allgemein
AMT	Alternative Minimum Tax
Anm.	Anmerkung
AO	Abgabenordnung
ASB	Accounting Standards Board
AT	Allgemeiner Teil
Aufl.	Auflage
AZ, Az	Aktenzeichen
BAnz.	Bundesanzeiger
BaSta-Richtlinien	Bankenstatistik-Richtlinien
BauR	Zeitschrift für das gesamte öffentlich und private Baurecht (Jahr und Seite)
BayOblG	Bayerisches Oberstes Landesgericht
BayOblGZ	Entscheidungen des Bayerischen Obersten Landesgerichts in Zivilsachen
BB	Betriebs-Berater (Jahr und Seite)
BCCI	Bank for Commerce and Credit International
Bd.	Band
BDL	Bundesverband Deutscher Leasing-Gesellschaften
Bek.	Bekanntmachung
BewG	Bewertungsgesetz
BFH	Bundesfinanzhof
BFH-NV	nicht amtlich veröffentlichte Entscheidungen des Bundesfinanzhofs
BFHE	Sammlung der Entscheidungen und Gutachten des Bundesfinanzhofs (Band und Seite)
BGBl.	Bundesgesetzblatt
BGH	Bundesgerichtshof

Abkürzungsverzeichnis

BGHZ	Entscheidungssammlung des Bundesgerichtshofes in Zivilsachen (Band und Jahr)
BHO	Bundeshaushaltsordnung
BL	Bokföringslagen
BMF	Bundesministerium der Finanzen
BMJ	Bundesministerium der Justiz
BMV	Bundesministerium für Verkehr
BMWi	Bundesministerium für Wirtschaft
BN	betriebsgewöhnliche Nutzungsdauer
BOA	Bundesabgabenordnung (Österreich)
BR	Bundesrepublik; Bundesrat
BR-Ds	Bundesrats-Drucksache
BSI	Bundeamt für Sicherheit in der Informationstechnik
bspw.	beispielsweise
BStBl.	Bundesteuerblatt
BT	Besonderer Teil
Bt-Ds	Bundestagsdrucksache
BTW	Omzetbelasting
BVB	Besondere Vertragsbedingungen
BVerfG	Bundesverfassungsgericht
BVerfGE	Entscheidungssammlung des Bundesverfassungsgerichts (Band, Seite)
Bzw.	beziehungsweise
CC	Code civil
CD	Compact Disc
CFE	Confederation Fiscale Europeenne
c.i.c.	culpa in contrahendo
CISG	Convention on Contracts for the International Sales of Goods
CNC	Commission des Normes Comptables; Conceil National de la Comptabilite; Commissäo de Normalicäo Contabilistic
CNDCR	Consiglio Nazionale dei Dottori Commercialisti e dei Ragionieri
ComHdb	*Heussen*, Computerrechts-Handbuch
CONSB	Commissione Nazionalie per le Societa e la Borsa
CR	Computer und Recht (Jahr und Seite)
DAR	Deutsches Autorecht (Jahr und Seite)
DB	Der Betrieb (Jahr und Seite)
DBA	Doppelbesteuerungs-Abkommen
DBG	Direktes Bundessteuer Gesetz (Schweiz)
DBW	Die Betriebswirtschaft (Jahr und Seite)
DDR	Deutsche Demokratische Republik
ders.	derselbe
d.h.	das heißt
dies.	dieselbe
DIN	Deutsches Institut für Normung
DnotZ	Deutsche Notar-Zeitschrift (Jahr und Seite)
DStR	Deutsches Steuerrecht (Jahr und Seite)
DtA	Deutsche Ausgleichsbank
DV	Datenverarbeitung
DZWiR	Deutsche Zeitschrift für Wirtschaftsrecht (Jahr und Seite)
ECU	European Currency Unit
EDV	Elektronische Datenverarbeitung
EFG	Entscheidungen der Finanzgerichte
EFTA	European Free Trade Association
EG	Europäische Gemeinschaft
EGBGB	Einführungsgesetz zum Bürgerlichen Gesetzbuch
EGV	Vertrag zur Gründung der Europäischen Gemeinschaft

Abkürzungsverzeichnis

Einl.	Einleitung
EITF	Emerging Issues Task Force
EstG	Einkommensteuergesetz
EstR	Einkommensteuer-Richtlinien
EU	Europäische Union
EuGH	Gerichtshof der europäischen Gemeinschaften
EuGVÜ	Übereinkommen der Europäischen Gemeinschaft über die gerichtliche Zuständigkeit und die Vollstreckung gerichtlicher Entscheidungen in Zivil- und Handelssachen
EUV	Europäischer Unionsvertrag (Maastricht-Vertrag)
EuZW	Zeitschrift für Europäisches Wirtschaftsrecht (Jahr und Seite)
e.V.	eingetragener Verein
EVB-IT	Ergänzende Vertragsbedingungen für Informationstechnik-Leistungen
EWG	Europäische Wirtschaftsgemeinschaft
EWGV	Vertrag zur Gründung der Europäischen Wirtschaftsgemeinschaft
EWiR	Entscheidungen zum Wirtschaftsrecht (Jahr und Seite)
EWR	Europäischer Wirtschaftsraum
FamRZ	Ehe und Familie im privaten und öffentlichen Recht. Zeitschrift für das gesamte Familienrecht (Jahr und Seite)
FAR	Föreingen Auktoriserade Revisorer
FASB	Financial Accounting Standards Board
FAZ	Frankfurter Allgemeine Zeitung
FEE	Fédération des Experts Comptable Européenne
ff, f	folgende, fortfolgende
FG	Finanzgericht
FLA	Finance & Leasing Association
FLF	Finanzierung, Leasing, Factoring (Jahr und Seite)
Fn.	Fußnote
FörderG	Fördergebietsgesetz
FR	Finanzrundschau (Jahr und Seite)
Fr.	Franken
FRS	Financial Reporting Standards
FS	Festschrift
GA	Gemeinschaftsaufgabe
GASB	Governmental Accounting Standards Board
GBO	Grundbuchordnung
GbR	Gesellschaft bürgerlichen Rechts
GEFIU	Gesellschaft für Finanzwirtschaft in der Unternehmensführung
GewO	Gewerbeordnung
GewStDV	Gewerbesteuer-Durchführungsverordnung
GewStG	Gewerbesteuergesetz
GewStR	Gewerbesteuer-Richtlinien
ggfs.	gegebenenfalls
GIK	Gesamtinvestitionskosten
GKG	Gerichtskostengesetz
gl. A.	gleicher Ansicht
GmbH	Gesellschaft mit beschränkter Haftung
GMZ	Grundmietzeit
GoB	Grundsätze ordnungsgemäßer Buchführung
GrEStG	Grunderwerbsteuergesetz
GRW	Gesetz über die Gemeinschaftsaufgabe „Verbesserung der regionalen Wirtschaftsstruktur"
GuV	Gewinn und Verlust
GVFG	Gemeindeverkehrsfinanzierungsgesetz
GWB	Gesetz gegen Wettbewerbsbeschränkungen
GWG	geringwertige Wirtschaftsgüter

Abkürzungsverzeichnis

HausTWG	Haustürwiderrufsgesetz
HBFG	Hochschulbauförderungsgesetz
HdR	Beck'sches Handbuch der Rechnungslegung, 1993
Hfl.	Niederländische Gulden
HGB	Handelsgesetzbuch
HK	Herstellungskosten
h.M.	herrschende Meinung
Hrsg.	Herausgeber
HS	Halbsatz
IAS	International Accounting Standards
IASC	International Accounting Standards Commitee
ICAC	Instituto de Contabilidad y Autoria de Cuentas
i.e.	it est
IL	Immobilienleasing
ILOR	Imposta locale sui redditi
IML	Institut Monetaire Luxembourgeois
Inc.	Incorporated
inkl	inklusive
Inv.	Investition
InvZulG	Investitionszulagengesetz
IPR	Internationales Privatrecht
IPREG	Imposta sul reddito delle persone guiridice
i.R.v.	im Rahmen von
i.S.	im Sinne
IT	Informationstechnik
i.V.m.	in Verbindung mit
ITC	Investment Tax Credit
IZ	Investitionszulage
JA	Juristische Arbeitsblätter (Jahr und Seite)
JR	Juristische Rundschau (Jahr und Seite)
Jura	Jura/Juristische Ausbildung (Jahr und Seite)
JuS	Juristische Schulung (Jahr und Seite)
JZ	Juristen-Zeitung (Jahr und Seite)
KfW	Kreditanstalt für Wiederaufbau
Kfz.	Kraftfahrzeug
KG	Kammergericht; Kommanditgesellschaft
KMU	kleinere und mittlere Unternehmen
KO	Konkursordnung
KredBestV	Kreditbestimmungsverordnung
KStG	Körperschaftssteuergesetz
KWG	Kreditwesengesetz
KWGE	Entwurf des Kreditwesengesetzes
L+F	Landwirtschaft und Forsten
LG	Landgericht; Leasinggeber
Lkw	Lastkraftwagen
LM	Nachschlagewerk des Bundesgerichtshofs in Zivilsachen, herausg. von Lindenmaier und Möhring
LN	Leasingnehmer
LOA	Location avec option d'achat
MACRS	Modified Accelerated Cost Recovery System
MDR	Monatsschrift für Deutsches Recht (Jahr und Seite)
m.E.	meines Erachtens
Mio.	Million

Abkürzungsverzeichnis

ML	Mobilienleasing
Mrd.	Milliarde
mwN	mit weiteren Nachweisen
mWv	mit Wirkung vom
N	Nutzungsdauer
Nachw.	Nachweis
Nds.	Niedersachsen, niedersächsisch
n.F.	neue Fassung
NJW	Neue Juristische Wochenschrift
NJW-CoR	Computerrecht, Beilage zur NJW
NJW-RR	NJW Rechtsprechungs-Report Zivilrecht (Jahr und Seite)
Nr.	Nummer
nv	nicht veröffentlicht
NWB	Neue Wirtschafts-Briefe
NZV	Neue Zeitschrift fur Verkehrsrecht
o.ä.	oder ähnlich
o.e.	oben erwähnt
OECD	Organisation for Economic Cooperation and Development
OEM	Original Equipment Manufacturers
OFD	Oberfinanzdirektion
o.g.	obengenannt
OHG	Offene Handelsgesellschaft
OLG	Oberlandesgericht
OLGR	OLG-Report (Jahr und Seite)
ÖPNV	Öffentlicher Nahverkehr
p.a.	per anno
ÜflG	Pflichtversicherungsgesetz
PGC	Plan General de Contabilidad
Pkw	Personenkraftwagen
POC	Plano Official de Contabilidade
ProdHaftG	Produkthaftungsgesetz
p.r.t.	pro rata temporis
PVV	positive Vertragsverletzung
r+s	Recht und Schaden (Jahr und Seite)
Rdnr.	Randnummer
RechKredV	Verordnung über die Rechnungslegung der Kreditinstitute
RegE	Regierungs-Entwurf
RG	Reichsgericht
RGRK	Reichsgerichtsrätekommentar
RGZ	Entscheidungen des Reichsgerichts in Zivilsachen
RIW	Recht der internationalen Wirtschaft (Jahr und Seite)
rkr.	rechtskräftig
RL	Rücklage
RLG	Rechnungslegungsgesetz (Österreich)
RR	Redovisningradet
Rspr.	Rechtsprechung
S.; s.	Seite; siehe
SA	Société anonyme
SAB	Staff Accounting Bulletins
SARL	Sociétés avec résponsabilité limité
SEC	Securities and Exchange Commission
SFAS	Statements of Financial Accounting Standards
SNC	Societe en nom collectif

Abkürzungsverzeichnis

sog.	sogenannt
s.o.	siehe oben
SOP	Statements of Position
SORP	Statement of Recommended Practice
SP	Statement of Practice
S.p.A.	Societa per Azioni
SSAP	Statements of Standard Accounting Pracice
st. Rspr.	ständige Rechtsprechung
StandOG	Standortgesetz
StBp.	Steuerliche Betriebsprüfung (Jahr und Seite)
StGB	Strafgesetzbuch
StVG	Straßenverkehrsgesetz
SuW	Steuer und Wirtschaft (Jahr und Seite)
TA	Teilamortisation
TDM	Tausend Deutsche Mark
Tz	Textziffer
u.a.	unter anderem
UCC	Uniform Commercial Code
UN	United Nations
UNCITRAL	United Nations Commission on International Trade Law
Unidroit	International Institute for the Unification of Private Law
UrHG	Urheberrechtsgesetz
UStDV	Umsatzsteuer-Durchführungsverordnung
UStG	Umsatzsteuergesetz
UStR	Umsatzsteuer- Richtlinien
u.U.	unter Umständen
UVR	Umsatz- und Verkehrsrundschau (Jahr und Seite)
v.a.	vor allem
VAT	Value Added Tax
VDA	Verband der Automobilindustrie
VersR	Versicherungsrecht (Jahr und Seite)
VG	Verwaltungsgericht
vgl.	vergleiche
v.H.	von Hundert
Vpb.	Vennotschapsbelasting
VStG	Vermögensteuergesetz
VVG	Gesetz über den Versicherungsvertrag
WG	Wirtschaftsgüter
WiB	Wirtschaftsrechtliche Beratung (Jahr und Seite)
Wj	Wirtschaftsjahr
WM	Zeitschrift für Wirtschafts- und Bankrecht, Wertpapiermitteilungen (Jahr und Seite)
WPg	Die Wirtschaftsprüfung (Jahr und Seite)
WR	Wahlrecht
WuB	Wirtschafts- und Bankrecht (Jahr und Seite)
WZ 93	Klassifikation der Wirtschaftszweige 1993
z.B.	zum Beipiel
ZBB	Zeitschrift für Bankrecht und Bankwirtschaft (Jahr und Seite)
ZfB	Zeitschrift für Betriebswirtschaft (Jahr und Seite)
ZfbF	Schmalenbachs Zeitschrift für betriebswirtschaftliche Forschung (Jahr und Seite)
Ziff.	Ziffer
ZIP	Zeitschrift für Wirtschaftsrecht (Jahr und Seite)

Abkürzungsverzeichnis

ZMR . . . . Zeitschrift für Miet- und Raumrecht (Jahr und Seite)
ZPO . . . . Zivilprozeßordnung
ZVG . . . . Zwangsvollstreckungsgesetz
zzgl. . . . . zuzüglich
ZZP . . . . Zeitschrift für Zivilprozeß (Band und Seite)

Bearbeiterverzeichnis

Prof. Dr. Thomas Ackermann, Universitäts-Professor an der Friedrich-Alexander-Universität Erlangen-Nürnberg:
§§ 31 bis 33 sowie §§ 81 bis 89

Heiner Beckmann, Vorsitzender Richter am Oberlandesgericht, Hamm:
§§ 5 bis 7, §§ 25 bis 30 sowie §§ 62 und 63

Prof. Dr. Roland Michael Beckmann, Universitäts-Professor an der Universität des Saarlandes, Saarbrücken:
§§ 21 bis 24

Dr. Jochen Berninghaus, Rechtsanwalt, Wirtschaftsprüfer und Steuerberater, Kanzlei Spieker & Jaeger, Dortmund:
§§ 34 bis 46, §§ 64 und 65 sowie §§ 74 und 75

Christopher Bisping, LL.M. (Edinburgh), Lecturer in Law/DAAD-Lektor, University of Warwick, School of Law, Coventry, England:
§ 96

Klaus-Dieter Findeisen, Wirtschaftsprüfer, Steuerberater, Partner, KPMG Deutsche Treuhand-Gesellschaft AG, Frankfurt am Main:
§§ 71 bis 73

Prof. Dr. Pedro-José Bueso Guillén, LL.M. Eur., Universität Zaragoza, Spanien:
§ 95

Prof. Dr. Wolfgang Hau, Universitäts-Professor an der Universität Passau:
§§ 47, 48 sowie § 90

Prof. Dr. Axel Jäger, Fachhochschule Frankfurt:
§§ 79 und 80

Prof. Dr. Heike Jochum, Mag. rer. publ., Universitäts-Professorin und Direktorin des Instituts für Finanz- und Steuerrecht an der Universität Osnabrück:
§§ 76 bis 78

Dr. Fabian Klinck, wissenschaftlicher Assistent, Universität Passau:
§§ 49 bis 51

Dr. Michael Kroll, Geschäftsführer, LeaSoft GmbH, Lichtenfels:
§§ 66 und 67 (gemeinsam mit Dr. Harald Schaub)

Dr. François-Xavier Licari, Dr. en droit, Maître de conférences à l'Université Robert-Schuman (Strasbourg III):
§ 91

Bearbeiterverzeichnis

Prof. Dr. Dr. Dr. h. c. mult. Michael Martinek, M. C. J. (New York), Universitäts-Professor und Direktor des Instituts für Europäisches Recht an der Universität des Saarlandes, Saarbrücken, Hon.-Prof. (Univ. of Johannesburg):
§§ 1 bis 4, §§ 58 bis 61 sowie §§ 92, 97 und 98

Prof. Dr. Anemarie Matusche-Beckmann, Universitäts-Professorin an der Universität des Saarlandes, Saarbrücken:
§§ 52 bis 54

Prof. Dr. Jerzy Poczobut, Fakultät für Recht und Verwaltung, Institut für Internationales Recht, Lehrstuhl für Internationales Privat- und Handelsrecht, Universität Warschau, Polen:
§§ 94 und 100

Ionut Raduletu, LL.M.(gen.) (Saarbrücken), Craiova/Rumänien, visiting fellow Max-Planck-Institut, Hamburg:
§ 99

Dr. Harald Schaub, Mitglied der Geschäftsleitung, Chemische Fabrik Budenheim KG, Budenheim:
§§ 66 und 67 (gemeinsam mit Dr. Michael Kroll)

Prof. Dr. Markus Stoffels, Universitäts-Professor an der Universität Osnabrück:
§§ 8 und 9 sowie §§ 16 bis 20

Dr. Klaus J. Wagner, Richter am Finanzgericht Düsseldorf:
§§ 68 bis 70

Priv.-Doz. Dr. Susanne Wimmer-Leonhardt, Privatdozentin und Oberassistentin an der Universität des Saarlandes, Institut für Europäisches Recht, Saarbrücken:
§§ 10 bis 16, §§ 54 bis 57 sowie § 93

Erster Teil. Einführung und Grundlagen

1. Kapitel. Entwicklung und wirtschaftliche Hintergründe des Leasings

§ 1. Die Entwicklung des Leasings

Schrifttum (Grundlagenliteratur zum Leasingrecht): *Bartsch* Alles über Leasing, 1997; *Beckmann* Finanzierungsleasing: Rechtsprobleme im typischen Leasingdreieck nach der Schuldrechtsreform, 2006; *Bordewin/Tonner* Leasing im Steuerrecht, 4. Aufl. 2003; *Büschgen* (Hrsg.) Praxishandbuch Leasing, 1998; *Canaris* Bankvertragsrecht, 1981, Rdn. 1710 ff.; *Eckstein/Feinen* (Hrsg.) Leasing-Handbuch für die betriebliche Praxis, 2000; *Feinen* Das Leasinggeschäft, 2002; *Gitter* Gebrauchsüberlassungsverträge, 1988; *Habersack* Leasing, in: MünchKomm/Habersack, Band 3, Schuldrecht Besonderer Teil 1, 4. Aufl. 2004, S. 1148 ff.; *Heermann* Drittfinanzierte Erwerbsgeschäfte, 1998; *Kratzer/Kreuzmair* Leasing in Theorie und Praxis, 2. Aufl. 2002; *Kummer* in: Soergel/Kummer, BGB-Kommentar Band 4/1, vor § 535 Rdn. 76; *Larenz/Canaris* Lehrbuch des Schuldrecht II/2, 13. Aufl. 1994, § 66; *Martinek* Moderne Vertragstypen Bd. I – Leasing und Factoring, 1991; *Martinek/Oechsler,* Das Leasinggeschäft, in: Schimansky/Bunte/Lwowski, Bankrechts-Handbuch, Band 1, 3. Aufl. 2007, 18. Kapitel, § 101; *Oechsler* Gerechtigkeit im modernen Austauschvertrag, 1997; *Papapostolou* Die Risikoverteilung beim Finanzierungsleasingvertrag über bewegliche Sachen, 1987; *Reinicke/Tiedtke* Kaufrecht, 7. Aufl. 2004, 11. Kapitel, S. 661 ff.; *Runge/Bremser/Zöller* Leasing – betriebswirtschaftliche, handels- und steuerrechtliche Grundlagen, 1978; *Spittler* Leasing für die Praxis, 1. Aufl. 1977, 6. Aufl. 2002; *Stoffels* in: Staudinger/ Stoffels, Leasingrecht, 2004 (nach § 487 BGB im Band §§ 433–487; Leasing); *Graf von Westphalen* Leasing (Stand: 17. Ergänzungslieferung 2006), in: Vertragsrecht und AGB-Klauselwerke; *Graf von Westphalen* Der Leasingvertrag, 5. Aufl. 1998, *Wolf/Eckert/Ball* Handbuch des gewerblichen Miet-, Pacht- und Leasingrechts, 9. Aufl. 2004.

Ein ausführliches Verzeichnis der Literatur zum Leasingrecht findet sich im Anhang dieses Handbuchs

Übersicht

	Rdn.
I. Das wirtschaftliche Grundkonzept des Leasings	1
1. Die drei Parteien	1
2. „Pay as you earn" – „leadership, not ownership"	4
3. Die Funktionen im leasingtypischen Dreiecksverhältnis	6
II. Entwicklung und Bedeutung des Leasings	7
1. Anfänge und erste Leasing-Generation	7
2. Das Leasing der zweiten Generation	8
a) Nachkriegsentwicklungen in den USA und Deutschland	8
b) Vom Negativimage zum Leasing-Boom	10
3. Das heutige Leasing der dritten Generation	13
a) Die drei Trends	13
b) Die Leasingunternehmen und ihre Verbände	14
c) Heutige Bedeutung und Geschäftsbereiche der Leasingbranche	16
III. Zukunftsperspektiven des Leasings	19

I. Das wirtschaftliche Grundkonzept des Leasings

1. Die drei Parteien

1 Der aus dem Englischen stammende Begriff Leasing bedeutet zwar zunächst nur einfach Vermietung, Verpachtung, Pacht, auch Pacht- oder Mietvertrag und Pacht- oder Mietzeit. Er bezeichnet mithin allgemein ein Dauernutzungsrecht.[1] In Deutschland wird jedoch in der wirtschaftlichen Praxis als Leasing ein bei allem Nuancenreichtum eigenständiger Komplex von Geschäften bezeichnet, dessen Besonderheiten sich von der herkömmlichen Miete und Pacht deutlich abheben. Das Leasinggeschäft lässt sich seiner wirtschaftlichen Grundkonzeption nach als eine **Investitions- und Finanzierungsmethode** kennzeichnen, die auf die **mittel- und langfristige Verschaffung der unternehmerischen Einsatzmöglichkeit von Wirtschaftsgütern** gegen Entgelt gerichtet ist.[2] Die Mittel- oder Langfristigkeit der Einsatzmöglichkeit bemisst sich dabei im Verhältnis zur betriebsgewöhnlichen Nutzungsdauer des Wirtschaftsguts.

2 An einem Leasinggeschäft sind **regelmäßig drei Parteien** beteiligt: erstens der Unternehmer, Investor und Leasingnehmer, der an dem betrieblichen Einsatz eines Wirtschaftsguts interessiert ist; zweitens der Hersteller oder Händler, der als Lieferant das Wirtschaftsgut verkaufen und veräußern, d. h. Eigentum daran gegen Kaufpreiszahlung übertragen will; drittens der Financier und Leasinggeber, meist ein gewerbliches Leasingunternehmen oder ein Kreditinstitut, das zur Finanzierung der Nutzungsmöglichkeit „zwischengeschaltet" wird. Nicht der investierende Leasinginteressent selbst kauft und erwirbt nämlich das von ihm ausgewählte Leasinggut, z. B. eine teure EDV-Anlage zur Rationalisierung seiner Buchhaltung, von dem Lieferanten, sondern der Leasinggeber schließt – meist auf Veranlassung des Leasingnehmers – den Kaufvertrag mit dem Lieferanten und erwirbt von ihm den Leasinggegenstand. Der Lieferant erhält mithin seinen Kaufpreis, ohne einen Kredit einräumen zu müssen; er ist an dem Leasingvertrag selbst nicht als Partei beteiligt. Aufgrund des Leasingvertrags überlässt vielmehr der Leasinggeber die jetzt ihm gehörende Sache dem Leasingnehmer für einen bestimmten, im Vorhinein festgelegten Zeitpunkt, währenddessen ihm der Leasingnehmer monatliche Leasingraten zu entrichten hat. Die Zahlungen innerhalb der **meist mehrjährigen „Grundlaufzeit"** oder Grundvertragszeit (früher sprach man auch oft von „Grundmietzeit"), während der der Leasingvertrag nicht ordentlich gekündigt werden kann, summieren sich dazu, dass der Leasinggeber das für die Kaufpreiszahlung eingesetzte Kapital zuzüglich Verzinsung und Gewinn erwirtschaftet. Wo eine solche **Vollamortisation** während der Grundvertragszeit nicht erreicht wird, sieht der Leasingvertrag regelmäßig vor, dass der Leasinggeber im Anschluss daran auf seine Kosten kommt, sei es durch Verkauf des Objektes an den Leasingnehmer oder an einen Dritten, sei es durch eine ergänzende Abschlusszahlung des Leasingnehmers.

3 Der Leasingnehmer *in spe* kann das Leasinggeschäft dadurch anbahnen, dass er zunächst das von ihm gewünschte Wirtschaftsgut **bei einem Lieferanten aussucht** und sodann – möglicherweise auf Vermittlung des Lieferanten – zur Finanzierung der Investition eine Leasinggesellschaft oder ein Kreditinstitut anspricht, die das Wirtschaftsgut im eigenen Namen und für eigene Rechnung kauft und schließlich an den Leasingnehmer „verleast". Der Leasingnehmer *in spe* kann sich aber auch **gleich an eine Leasinggesellschaft wenden**. Dieser Weg wird insbesondere beschritten, wenn von vornherein als Finanzierungsmethode überhaupt nur das Leasing in Betracht kommt und der Leasingneh-

---

[1] Vgl. schon *Runge/Bremser/Zöller* Leasing – betriebswirtschaftliche, handels- und steuerrechtliche Grundlagen, 1978, S. 28, mit dem Hinweis darauf, dass der „deutschen Miete... die amerikanische Rent (entspricht)".

[2] Vgl. dazu und zum Folgenden *Martinek* Moderne Vertragstypen Bd. I – Leasing und Factoring, 1991, S. 33 ff.; *Wöhe* Grundlagen der Betriebswirtschaftslehre, 21. Aufl. 2002, S. 698 ff.

mer das besondere Know-how der Leasinggesellschaft schon bei der Auswahl des Objekts in Anspruch nehmen will.

2. „Pay as you earn" – „leadership, not ownership"

Der Leasingnehmer, der zwar kein Eigentum am Leasinggut erhält, dafür aber auch keinen Kaufpreis in *einer* Summe aufzubringen braucht, kommt unter **Schonung von Eigenkapital und damit Liquidität** in den Genuss der unternehmerischen Einsatzmöglichkeit des Leasingguts und kann das dafür zu entrichtende Entgelt, die monatlichen Leasingraten, gerade durch den Einsatz des Investitionsguts erwirtschaften, getreu der „goldenen" Finanzierungsregel *„pay as you earn"*. So wie Löhne und Gehälter der Arbeitnehmer aus dem laufenden Ertrag des Unternehmers beglichen werden, können damit auch die Investitionen für Anlagegüter in Form der monatlichen Leasingverpflichtungen durch den gewinnbringenden **Einsatz als Produktionsmittel** aufgebracht werden, so dass sich die Investitionen gleichsam selbst finanzieren. Allerdings ersetzt der Leasingnehmer wirtschaftlich gesehen mit den aufgebrachten Leasingraten für die Gebrauchsüberlassung und notfalls mit ergänzenden Zahlungen im Ergebnis den vom Leasinggeber aufgewandten Kaufpreis und zahlt ihm für die „Vorleistung" zudem ein Entgelt. Dass der Leasingnehmer kein Eigentum an den eingesetzten Objekten (Maschinen, Fahrzeuge, Computer oder ganze Produktionsanlagen) erwirbt, ist für ihn von zweitrangiger Bedeutung, solange die Nutzungsmöglichkeit gewährleistet ist: Für ihn ist **der praktische Nutzen, nicht das formale Eigentum** wichtig, *„leadership, not ownership"*. Leasing versteht sich daher betriebswirtschaftlich als **funktionales Substitut zum Kauf**.[3] Dabei betont die betriebswirtschaftliche Literatur, dass das (Finanzierungs-)Leasing eine **Form der Fremdfinanzierung** darstellt, „denn der Leasing-Nehmer erhält vom Leasing-Geber praktisch einen Kredit in Höhe der Anschaffungs- oder Herstellungskosten des Leasing-Gebers (in der Regel vermindert um eine Abschlussgebühr)".[4]

Die vorstehende Darstellung, die allerdings nur das **vielfachen Abwandlungen** zugängliche Grundkonzept des Leasing betrifft, macht schon deutlich, dass zwischen dem Lieferanten und dem Leasingnehmer grundsätzlich keine vertraglichen Beziehungen bestehen. Allenfalls können sich die Vorverhandlungen über das zu liefernde Objekt zu einem vorvertraglichen Vertrauensschuldverhältnis verdichten.[5] Zwischen dem Lieferanten und dem Leasinggeber wird ein Kauf-, Werk- oder Werklieferungsvertrag, zwischen dem Leasinggeber und dem Leasingnehmer der Leasingvertrag abgeschlossen.[6]

3. Die Funktionen im leasingtypischen Dreiecksverhältnis

In dem „für derartige Leasingverträge typischen Dreiecksverhältnis"[7] behält der Verkäufer und Veräußerer mithin seine klassische **Lieferantenfunktion**, ohne zusätzlich eine

---

[3] Vgl. *Karsten Schmidt* Handelsrecht, 5. Aufl. 1999, S. 995: „Nicht mehr das Sacheigentum als absolutes Herrschaftsrecht steht im Vordergrund, sondern die geldwerte Nutzungsbefugnis; nicht mehr der einmalige, in der Praxis jedoch meist fremdfinanzierte Erwerbspreis steht im Mittelpunkt der Finanzierungsaufwendungen, sondern die Unternehmensleitung denkt in der zeitanteiligen Nutzungsfinanzierung..."

[4] So *Wöhe* Grundlagen der Betriebswirtschaftslehre, 21. Aufl. 2002, S. 700; vgl. insbes. *Büschgen* Das Leasing als betriebswirtschaftliche Finanzierungsalternative, DB 1967, 476; *Kolbeck* Leasing als finanzierungs- und investitionstheoretisches Problem, ZfbF 1968, 789.

[5] *Koch* Störungen beim Finanzierungs-Leasing, 1981, S. 108 ff.; *Gitter* Gebrauchsüberlassungsverträge, 1988, S. 290.

[6] *Sannwald* Der Finanzierungsleasingvertrag, 1981, S. 19; *Gitter* Gebrauchsüberlassungsverträge, 1988, S. 290.

[7] So etwa BGH NJW 1977, 193, 196; vgl. auch BGH NJW 1977, 1058; BGHZ 94, 226 = NJW 1985, 1544, 1545; *Hiddemann* WM 1978, 834; *Flume* DB 1972, 1 ff., 53 ff., 57; *Autenrieth* JA 1980, 407; *Coester-Waltjen* Jura 1980, 122, 123; *Dieter Mayer* Finanzierungsleasing und Abzahlungsgesetz, 1987, S. 14; *Gitter* Gebrauchsüberlassungsverträge, 1988, S. 287; *Berger* Typus und Rechtsnatur, 1988, S. 19 ff.

Kreditfunktion übernehmen zu müssen. Der Leasingnehmer kann ohne schwerwiegende Veränderungen seiner Vermögenssphäre die Funktion des wirtschaftenden Unternehmers hinsichtlich des genutzten Anlageguts ausüben. Der Leasinggeber, der die Investition finanziert, ohne das Leasinggut selbst unternehmerisch einzusetzen, übernimmt die Funktion des Financiers und „Kapitalisten" und verschafft dem Leasingnehmer die Nutzungsmöglichkeit. Zur Ausübung seiner **Finanzierungsfunktion** setzt der Leasinggeber nicht selten zu 100% Fremdmittel ein, die durch umfangreiche Besicherungsvereinbarungen mit seiner Bank bonitätsmäßig abgestützt werden. Hinzu kommen kann noch eine Dienstleistungsfunktion des Leasinggebers, wenn er für den Leasingnehmer beratend und betreuend tätig wird. Das Leasinggeschäft ermöglicht mithin eine Trennung von Vermögenssphäre und unternehmerischer Sphäre hinsichtlich des von einem Unternehmen genutzten Anlageguts.[8] Der Finanzierungsfunktion des Leasinggeschäfts entspricht es, dass der Leasinggeber das Risiko der Bonität des Leasingnehmers trägt, vergleichbar einem Kreditgeber gegenüber einem Kreditnehmer; die Gebrauchsüberlassungsfunktion des Leasings lässt die Verschaffung und Belassung zur Nutzung zwar als „Hauptpflicht"[9] des Leasinggebers erscheinen, jedoch soll der Leasingnehmer alle mit seiner Investitionsentscheidung (der Auswahl des Objekts, der Anschaffung und Erhaltung) verbundenen Risiken tragen, die aus der **Nutzungsfunktion** des Objekts entspringen, insbesondere die Sachgefahr.[10]

II. Entwicklung und Bedeutung des Leasings

1. Anfänge und erste Leasing-Generation

7 Die Entwicklung des Leasinggeschäfts nahm ihren Ausgangspunkt schon in den siebziger Jahren des 19. Jahrhunderts in den USA, als die bis dahin im Wesentlichen auf den Bereich der Konsumgüter zum einen und der Immobilien zum anderen beschränkten Miet- und Pachtgeschäfte auf industrielle Investitionsgüter ausgeweitet wurden.[11] Die *Bell Telephone Company* ging in dieser Zeit (ab 1877) vom bislang praktizierten Verkauf zur **Vermietung** ihrer Telefonanlagen an die Großkunden über. Die *United Shoe Machinery Corporation* bot den Schuhmacher- und Schuhreparatur-Handwerkern ihre neu entwickelten Maschinen, deren Finanzierung für einen Handwerksbetrieb mit Eigenmitteln kaum möglich war, statt zum Kauf zur Miete an. Bald folgten weitere Hersteller dieser Verfahrensweise, deren Reiz darin bestand, dass sich die Leasingraten schnell zu einer Höhe aufsummten, die dem Kaufpreis zuzüglich Zinsen entsprach.[12] Dieses **Leasing der ersten Generation** unterscheidet sich vom gesetzestypischen Inhalt unseres Miet- und Pachtvertrags bereits durch die den Leasingnehmer belastenden Gefahrtragungs- und die den Leasinggeber begünstigenden Gewährleistungsregeln. Es verstand sich aber noch als ein **primär absatzpolitisches, d. h. auf den Vertrieb der Produkte gerichtetes Instrument** von Herstellern; hier herrschte noch keine „leasingtypische" Dreiecksbeziehung, sondern ein schlichtes Zwei-Personen-Verhältnis. Genau genommen fehlt dem Leasing der ersten Generation eine ausgeprägte Finanzierungs- und Investitionsfunktion; es dominiert die **Absatzförderungsfunktion**. Heute würde man diese Form des Leasings als Operating-Leasing bezeichnen.

---

[8] So grundlegend *Flume* DB 1972, 1 ff., 8.
[9] So BGHZ 96, 103, 106 = NJW 1986, 179 f.
[10] Vgl. *Klamroth* BB 1982, 1949, 1952.
[11] Zu angeblichen „Vorläufern des Leasing" im alten Rom und im Mittelalter vgl. *Gitter* Gebrauchsüberlassungsverträge, 1988, S. 278; *Dieter Mayer* Finanzierungsleasing und Abzahlungsgesetz, 1987, S. 6; *Gaebel* Leasing und Factoring, 1972, S. 7 ff., 9; *Feinen* Das Leasinggeschäft, 4. Aufl. 2002, S. 13; *Lwowski* Erwerbsersatz durch Nutzungsverträge, 1967, S. 2.
[12] Vgl. *Sannwald* Der Finanzierungsleasingvertrag, 1981, S. 20.

2. Das Leasing der zweiten Generation

a) Nachkriegsentwicklungen in den USA und Deutschland. Erst nach dem 2. Weltkrieg brachten in den **USA** die **Leasinggeschäfte der zweiten Generation** den Durchbruch zu eigenständigen Leasingunternehmen und damit zu der bis heute charakteristischen Dreierbeziehung. Vom Instrument der Verkaufspolitik in der Hand von Herstellern wurde das Leasing für die zwischengeschalteten Leasinggesellschaften zu einem eigenständigen Unternehmensgegenstand und für die Leasingnehmer zu einer **Finanzierungsform**. Anlass dafür war der in der Nachkriegszeit stark gestiegene Finanzbedarf der Wirtschaft. Die Leasinggesellschaften nahmen den Herstellern die „Vermietung" der Anlagegüter ab. Mitte der fünfziger Jahre wurden die **ersten Leasinggesellschaften** als spezielle Institutionen der Investitionsgütermiete in den USA gegründet; den Anfang machte 1952 die *United States Leasing Corporation* in San Francisco. Mit der zweiten Generation brach sich das Financial Leasing oder Finanzierungsleasing Bahn. Als „Vater" des Financial Leasing wird gern der **Unternehmer Henry Schoenfeld** aus San Francisco genannt, der Gründer jener *United States Leasing Corporation,* die bis in die siebziger Jahre hinein die größte US-Leasinggesellschaft bleiben sollte.[13] Er vermietete seine Objekte nicht als Hersteller oder so genannter Operator, sondern bot den nachfragenden Interessenten von Anlagegütern an, dass er die von ihnen gewünschten Ausrüstungen *für sie anschaffen und ihnen verpachten* würde, so dass sie die Anschaffungskosten sparen und sich auf die Zahlung des Pachtzinses beschränken konnten. Dabei vereinbarte er Pachtzeiten, die den jeweiligen Erneuerungsbedürfnissen der Interessenten angesichts der schnellen technischen Überalterung der Wirtschaftsgüter angepasst wurden. Teilweise gewährte ihm die Höhe der Pachtraten während der festen Pachtzeiten bereits eine volle Amortisation seiner Investition *(Full pay out-leases),* teilweise ließ er sich – bei kürzeren Pachtperioden – den Erlös des Restwertes am Ende der Pachtzeit garantieren *(Non pay out-leases).* Es erscheint übrigens bemerkenswert, dass das Finanzierungsleasing keine „Erfindung der Banken" war, sondern sich – im Gegenteil – in Konkurrenz zur bankseitigen Teilzahlungsfinanzierung *(instalment credit)* an den US-amerikanischen Märkten ausformen konnte, und zwar ungeachtet der „diskreditierenden" Hinweise der etablierten Kreditinstitute auf eine Überteuerung des Leasings.

In der **Bundesrepublik Deutschland** etablierte sich gleichfalls schon seit der Mitte des 19. Jahrhunderts die gewerbliche Vermietung von Konsumgütern, später auch von Investitionsgütern wie Baugeräten und Rechenanlagen. Niemand dachte bei diesen Mietverträgen zwischen einem Hersteller oder Händler und einem Unternehmer oder Verbraucher an das Schlagwort Leasing. Die Vermietung mobiler Ausrüstungen konzentrierte sich noch während des beginnenden „Wirtschaftswunders" auf Kleinobjekte des zufälligen Bedarfs oder auf kapitalintensive Ausrüstungen wie Baumaschinen oder die ersten Computer. Erst **spät nach dem 2. Weltkrieg**, ab Anfang der sechziger Jahre des vorigen Jahrhunderts, breiteten sich auch in der Bundesrepublik Leasinggeschäfte der zweiten Generation aus, die durch die „mittelbare Vermietung" unter Einschaltung einer Leasinggesellschaft gekennzeichnet waren. Am 10. Januar 1962 wurde in Düsseldorf die Deutsche Leasing GmbH gegründet, aus der später die Deutsche Leasing AG mit Sitz in Bad Homburg hervorgegangen ist. Hierbei handelte es sich um ein Beteiligungsunternehmen der von *Henry Schoenfeld* zehn Jahre zuvor in San Francisco gegründeten *US Leasing Inc.* Das Leasing der zweiten Generation erkämpfte sich seit diesem „Geburtsdatum" in der Bundesrepublik Deutschland nur langsam Terrain und entwickelte sich in zwei Richtungen: Beim so genannten **Direktleasing** trat gegenüber dem Leasingnehmer die unabhängige Leasinggesellschaft als unmittelbarer Ansprechpartner auf; beim so genannten **Vertriebsleasing** fungierte eine herstellergeleitete Vertriebsorganisation als Mittler

---

[13] *Dietz* AcP Bd. 190 (1990), 235 ff., 236 f.

der Leasinggesellschaft und bot ihrem Kunden damit eine Lösung für sein Investitionsproblem.

10 **b) Vom Negativimage zum Leasing-Boom.** Wie schon vorher in den USA war es zunächst vor allem die **Büromaschinenbranche**, die auf das Leasing in Kooperation mit zunächst unabhängigen, später mit eigenen Leasinggesellschaften baute. So bot die *Fa. IBM* ihre elektrischen Schreibmaschinen über Leasinggesellschaften an und erreichte bald einen Leasinganteil von einem Viertel des Umsatzes. Eine elektrische Schreibmaschine kostete damals mit etwa 2.000 bis 3.000 DM etwa doppelt so viel wie eine mechanische so genannte Standardschreibmaschine, war aber wegen der Vorzüge der Bedienbarkeit und des Schriftbildes ein sehr begehrtes Objekt, das für eine monatliche Leasingrate von 49,– DM erschwinglich erschien.[14] Die Akzeptanz dieser Geschäftsart in der wirtschaftlichen Praxis wurde allerdings zunächst durch **Image-Probleme** sowie **Ungewissheiten über die steuerliche und juristische Behandlung** gedämpft; bis zum Ende der sechziger Jahre des vorigen Jahrhunderts blieb die gesamtwirtschaftliche Relevanz des Leasings eher marginal.[15] Bisweilen wurde dem Leasing gar wegen seiner angeblichen kostenmäßigen Unterlegenheit gegenüber dem klassischen Kredit ein frühes Ende vorausgesagt.[16] Das Negativimage einer unsoliden Finanzierungsart verbannte das Leasing zunächst in den Hintergrund gegenüber eingefahrenen Finanzierungsstrukturen wie dem klassischen Investitionskredit bzw. dem Ratenkreditgeschäft zur Investitionsfinanzierung.

11 Dies änderte sich **Anfang der siebziger Jahre** des vergangenen Jahrhunderts: Aufgrund einiger höchstrichterlicher Entscheidungen und finanzministerieller Erlasse gewann das Leasing für die beteiligten Wirtschaftskreise hinreichende Konturen und **zunehmende Attraktivität**, um verstärkt und zielgerichtet praktisch eingesetzt werden zu können. Die bekannte Eigenkapitalschwäche der deutschen Unternehmen hat das Leasing als Finanzierungsform wesentlich gefördert; das Leasinggeschäft konnte in den Angeboten mittel- bis längerfristiger Finanzierungen eine Lücke schließen. Die Investitionen der Finanzierungsleasing-Unternehmen, die zeitweise förmlich aus dem Boden schossen, nahmen in den zehn Jahren bis 1980 um etwa 800 % zu, während das nominale Bruttosozialprodukt in dieser Zeit um „nur" 100 % stieg. In den achtziger Jahren hat sich dieser **Wachstumstrend** bei anhaltender Expansionsphase nur leicht abgeschwächt. In den neunziger Jahren des vergangenen Jahrhunderts hat die deutsche Leasingbranche die Wachstumschancen zu nutzen verstanden, die sich durch die deutsche Wiedervereinigung und durch die Vollendung des Binnenmarkts der EU-Mitgliedstaaten ergeben haben. Das Leasing erfreute sich in den letzten Jahrzehnten des vergangenen Jahrhunderts eines sich verstärkenden **Leasing-Booms**.

12 **Terminologisch** ist zu beachten, dass bisweilen in Deutschland – in Abkopplung vom internationalen Sprachgebrauch – nicht das Financial Leasing im Gegensatz zum früheren Operating Leasing als Leasing der zweiten Generation bezeichnet wird, das sich in den Nachkriegsjahrzehnten und insbesondere seit den siebziger Jahren sprunghaft entwickelte, sondern man qualifiziert die ersten Vollamortisationsverträge der Nachkriegszeit als Leasing der ersten und die seit den siebziger Jahren aufkommenden Teilamortisationsmodelle (dazu § 2 Rdn. 20 ff.) als Leasing der zweiten Generation.[17]

3. Das heutige Leasing der dritten Generation

13 **a) Die drei Trends.** Inzwischen kann man vom Leasing der **dritten Generation** sprechen, das durch drei Gesichtspunkte gekennzeichnet ist. *Zum einen* hat sich nach der Klä-

---

[14] *Dietz* AcP Bd. 190 (1990), 235 ff., 242.
[15] Vgl. hierzu *Jürgens* Die Entwicklung des Finanzierungs-Leasing, 1988, S. 2 ff.; *Städler* AcP Bd. 190 (1990), 204 ff.; *Dietz* AcP Bd. 190 (1990), 235 ff.
[16] *Büschgen* ZfbF 1967, 625 ff., 644, 648.
[17] Vgl. etwa *Staudinger/Stoffels* (2004) Leasing Rdn. 55.

rung der steuerrechtlichen Behandlung verschiedener Vertragsmodelle des Finanzierungsleasings das so genannte **erlasskonforme Leasing durchgesetzt**. Dieses erlasskonforme Leasing entspricht in seiner Vertragsgestaltung einem der **Leasingerlasse des Bundesfinanzministeriums** und kann als das praktisch weitaus häufigste, die empirischen Erscheinungsformen deutlich beherrschende, typische Leasing bezeichnet werden. *Zum Zweiten* ist in den letzten Jahren die so genannte **„Dienstleistungsfunktion" des Leasinggebers** gewachsen: Die Leasinggeber erbringen über ihren Finanzierungsauftrag und über die Gebrauchs- und Nutzungsüberlassung des Objekts hinaus in vielen Bereichen umfassende Dienstleistungen für den Leasingnehmer, die von der Beratung bei der Auswahl und dem Einsatz des Leasingguts bis zur Übernahme von buchhalterischen Diensten wie Rentabilitätsrechnungen reichen können. *Zum Dritten* schließlich sieht sich die Leasingbranche inzwischen starken Impulsen der **Europäisierung und Globalisierung** und damit einer wachsenden Bedeutung des *Cross-Border-Leasing* ausgesetzt.[18] Nachdem sich das *Cross-Border-Leasing* für viele deutsche Exportunternehmen als lukrativ erwiesen hat, konnte sich auch in Deutschland – wie vorher in den USA – ein internationaler Leasingmarkt entwickeln.[19] Das grenzüberschreitende Geschäft deutscher Leasinggesellschaften legt seit Jahren mit zweistelligen Wachstumsraten zu, ebenso wie das so genannte *Domestic-Leasing* durch Tochtergesellschaften deutscher Leasinggesellschaften im Ausland, insbesondere in den osteuropäischen Beitrittsländern der Europäischen Union. Für internationale Leasingverträge wurde Ende der achtziger Jahre des vergangenen Jahrhunderts ein Leitbild-Entwurf des Internationalen Instituts für die Vereinheitlichung des Privatrechts (UNIDROIT) mit ausgefeilten Leistungsstörungsregelungen vorgestellt,[20] der im Jahre 1988 in Ottawa zur Verabschiedung einer Konvention über grenzüberschreitende Leasingverträge geführt hat (vgl. dazu Kap. 26, § 87).

b) Die Leasingunternehmen und ihre Verbände. Im Jahre 1972 gründeten die im **14** deutschen Leasinggeschäft tätigen Gesellschaften einen Interessenverband mit dem Namen „Deutscher Leasing-Verband", der im Jahre 1975 in den „Bundesverband Deutscher Leasing-Unternehmen e.V." umbenannt wurde und im Jahre 2001 mit dem „Interessenverband Deutscher Leasing-Unternehmen" (IDL) fusionierte. Der **Bundesverband Deutscher Leasing-Unternehmen e.V. (BDL)** mit Sitz in Berlin fungiert als Dachverband der „Leasingindustrie".[21] Die jährlichen Investitionszahlen der dort zusammengeschlossenen etwa 200 Leasinggesellschaften[22] zeugen von einer andauernden Erfolgslinie der inzwischen fest etablierten Leasingbranche, die freilich ständig um eine Absicherung der Rentabilität durch die Selektion von Objekten und Kunden ringen muss, aber mit einer offensiven bis aggressiven Marketingpolitik an die Märkte herantritt. Neben Leasinganbietern, die sich um die Abdeckung eines möglichst breiten Angebotsspektrums bemühen, haben sich **Spezialgesellschaften für begrenzte Produktpaletten** herausgebildet (sog. objektbezogene Leasinggesellschaften), die ein geballtes Spezialwissen zu bündeln und Kreativpotenzial zu entfalten vermögen. Dies betrifft nicht nur die schon früh vollzogene Spezialisierung nach Mobilien- und Immobilienleasing, sondern hat bereits zu **branchenspezifischen Leasinggesellschaften** etwa für Computer oder Flugzeuge, für

---

[18] Vgl. speziell zu den europäischen Aspekten des Leasinggeschäfts (Europäische Währungsunion, Einführung des Euro etc.) *Büschgen* DB Spezial 1998, 4; *Bender* BB Leasing- und Finanzberater 1998, 7; *Engel* Leasing in der Europäischen Union (insbes. Länderberichte), in: Salger (Hrsg.) Handbuch für die europäische Rechts- und Wirtschaftspraxis, 1997, 553;

[19] Vgl. dazu *Feinen* BB-Beilage 3/1986, 1; *Goergen* BB-Beilage 10/1987, 17; *Otto* BB-Beilage 10/1987, 23; *Dageförde* Internationales Finanzierungsleasing, 1992.

[20] Vgl. dazu *Basedow* RIW 1988, 1; *Poczobut* RabelsZ Bd. 51 (1987), 681 ff.

[21] Bundesverband Deutscher Leasing-Unternehmen e.V., Kommandantenstrasse 80, 10117 Berlin, http://www.bdl-leasing-verband.de.

[22] Die etwa 200 Mitglieder des BDL decken ca. 90 % des Marktanteils ab. Die restlichen etwa 10 % teilen sich zahlreiche (Hunderte) kleinerer Leasinggesellschaften.

Werkzeugmaschinen oder Büroausstattungen geführt; unter diesen objektbezogenen Leasinggesellschaften ragen die **„Autobanken"** der Kfz-Hersteller besonders hervor. Neben der Spezialisierung hat in den letzten Jahren eine Konzentration der Leasinggesellschaften durch **Verschmelzungen, Übernahmen, aber auch Insolvenzen** stattgefunden. Im Jahre 1989 wurde von einer Gruppe von Finanzierungs- und Leasingwirten der **Bundesverband Finanzierung und Leasing e.V. (BVFL)**[23] gegründet, der sich die Förderung der fachbezogenen Weiterbildung des Berufsstandes zum Ziel gesetzt hat.

15   Auch in unseren Nachbarländern ist der „Leasing-Boom" ungebrochen, zumal das Leasing vielerorts steuerlich gegenüber anderen Fremdfinanzierungsformen privilegiert wird. Allerdings differieren die Erscheinungsformen, Ausgestaltungen und juristischen Würdigungen der Leasingverträge in den einzelnen Ländern ganz erheblich.[24] Schon im Jahre 1968 wurde die „Europäische Vereinigung der Verbände von Leasing-Gesellschaften" gegründet, aus der 1972 die **„Leaseurope"** mit Sitz in Brüssel als europäischer Dachverband der nationalen Leasingverbände hervorging.[25]

16 **c) Heutige Bedeutung und Geschäftsbereiche der Leasingbranche.** Leasingunternehmen im wiedervereinigten Deutschland und im europäischen Binnenmarkt erfreuen sich derzeit (2007) weiterhin eines **hohen Marktanteils**. Heute beläuft sich das **Leasinginvestitionsvolumen** in Deutschland auf rund **50 Mrd. Euro** (2006: 51,1 Mrd. Euro) und beträgt die so genannte **Leasingquote**, d. h. der Anteil des Leasings an den gesamtwirtschaftlichen Ausrüstungs-Investitionen beim Mobilien-Leasing ca. 24 % (2006: 24,6 %) und insgesamt (unter Einschluss des Immobilien-Leasing) knapp unter 20 %, d. h. dass etwa jedes fünfte Wirtschaftsgut und etwa jedes vierte mobile Investitionsgut, das in Deutschland einer betrieblichen Verwendung zugeführt wird, im Leasingverfahren investiert und genutzt wird.[26] Damit liegt die deutsche Leasingquote nur noch etwa 5 Prozentpunkte unter dem Niveau des Weltmarktführers USA. Das **Mobilien-Leasing** weist in den letzten Jahren ein Wachstum von jährlich rund 6 % auf, während das Immobilien-Leasing mit einer Zuwachsrate von über 30 % besonders stark expandiert. Beachtenswert erscheint dabei, dass die **öffentliche Hand als Leasingkunde**, deren Anteil an den gesamten Investitionen der Leasinggesellschaften jahrzehntelang unter 3 % lag, neuerdings kräftig aufgeholt und inzwischen die 5 %-Marke überschritten hat.

17   Längst zählen die deutschen Leasingunternehmen nicht nur Investoren der Industrie und des Einzelhandels zu ihren Kunden, sondern vermochten auch die Energie- und Verkehrswirtschaft, das Baugewerbe, den Großhandel und vor allem den Dienstleistungssektor und die „Privatkundschaft" der Konsumenten zu erobern. Allerdings steht bei den Leasingnehmern nach wie vor das verarbeitende Gewerbe an erster Stelle, doch nehmen längst auch der Handel und der Dienstleistungssektor bedeutende Positionen ein. Starke Wachstumsimpulse erfährt seit Jahren das Leasing von Konsumgütern an Verbraucher.[27]

---

[23] Vgl. http://www.bvfl.de.

[24] Vgl. zum Leasingrecht in ausgewählten Ländern das 28. Kapitel dieses Handbuchs. Einen rechtsvergleichenden Überblick bietet *Girsberger* Grenzüberschreitendes Finanzierungsleasing: internationales Vertrags-, Sachen- und Insolvenzrecht. Eine rechtsvergleichende Untersuchung, 1997; vgl. ferner *Kronke* AcP Bd. 190 (1990), 383 ff.; *Jürgens* Die Entwicklung des Finanzierungs-Leasing, 1988, S. 13 ff.; *Mömken* Der Finanzierungsleasingvertrag über bewegliche Sachen im kaufmännischen Verkehr, 1989, insbes. S. 11 ff., 32 ff., 75 ff. und 202 ff.

[25] Leaseurope, Avenue Tervuren 267, B – 1150 Bruxelles, http://www.leaseurope.org.

[26] Die jeweils aktuellen Zahlen sind der Website des BDL zu entnehmen: http://www.bdl-leasing-verband.de.

[27] Über die Entwicklung der Leasingbranche informieren laufend die Nachrichten des Ifo-Instituts für Wirtschaftsforschung an der Universität München, über die auch im „Handelsblatt" regelmäßig berichtet wird. Das Ifo-Institut für Wirtschaftsforschung ermittelt gemeinsam mit dem Bundesverband Deutscher Leasing-Unternehmen regelmäßig den BDL-Investitionsindex auf der Grundlage der Zukunftseinschätzungen der Leasinggesellschaften.

Die **Investitionsportefeuilles** der deutschen Leasingunternehmen setzen sich heute aus Objekten sehr unterschiedlicher Art und Größe zusammen. Zu den **klassischen Leasingobjekten** zählen nach wie vor Büromaschinen aller Art, Industriemaschinen, Computer und Transportgeräte, aber inzwischen auch Lagereinrichtungen und sogar Flugzeuge. Quantitativ hält gewiss das **Kfz-Leasing** inzwischen die Spitzenposition. Der BDL sieht „die Straßenfahrzeuge" (PKW und Nutzfahrzeuge) als „die für die Leasingbranche wichtigste Gütergruppe" an.[28] Gemeinsam mit anderen Transportmitteln wie Luft-, Wasser- und Schienenfahrzeugen (aber ohne Container) nimmt das Kfz-Leasing mit rund 60 % heute den ersten Platz unter den leasingfinanzierten Investitionen ein. Beim Immobilienleasing stehen neben Bürogebäuden, Kaufhäusern und Supermärkten etwa Lagerhallen und Montagestätten im Vordergrund. Immer weitere Arten von Investitions- und Konsumgütern werden als Leasingobjekte in Betracht gezogen. Im Rahmen des Leasings durch die öffentliche Hand sind in Nordrhein-Westfalen selbst Polizeipferde für die Reiterstaffel geleast worden (sog. Kommunal-Leasing).

18

III. Zukunftsperspektiven des Leasings

Die Lektüre der Jahresberichte des Bundesverbands Deutscher Leasingunternehmen e.V. spiegelt eine mehr als vierzigjährige Erfolgsgeschichte der Finanzierungsart und der Finanzierungsbranche Leasing wider. Nach den regelmäßig verlautbarten Zukunftsaussichten des BDL und des Info-Instituts für Wirtschaftsforschung in München dürfte diese **Erfolgsgeschichte künftig fortgeschrieben** werden. Denn in der weiteren Ablösung von Investitions- und Ratenkrediten durch Leasingfinanzierung steckt wohl noch ein **erhebliches Wachstumspotential**. Die deutsche Leasingindustrie sitzt institutionell wie marktanteilsbezogen „fest im Sattel". Allerdings lassen sich auch Risiken für den weiteren Erfolgskurs ausmachen, die etwa in einem steuerlichen Zugriff des Fiskus in Form einer **Leasingsteuer** liegen, wie sie in der fiskalpolitischen Diskussion gelegentlich beschworen wird. Auch würden sich ungünstig veränderte steuerrechtliche Vorgaben für die Abschreibung für Anlagen (AfA) dämpfend auf das Leasinggeschäft auswirken.

19

§ 2. Betriebs- und absatzwirtschaftliche Hintergründe des Leasings

Schrifttum: siehe zu § 1

Übersicht

	Rdn.
I. Leasing als Investitions- und Finanzierungsmethode	1
II. Vorteile des Leasings gegenüber Miete und Kauf	3
1. Miete und Kauf als Alternativen	3
2. Vorteile des Leasinggeschäfts	4
3. Nominalkostenvergleich und Finanzierungslücke	5
III. Überblick über steuerrechtliche Aspekte des Leasings	8
1. Das „wirtschaftliche Eigentum" im Steuerrecht	8
2. Der Vollamortisationserlass	14
3. Der Teilamortisationserlass	20
4. Die Immobilien-Leasingerlasse	26
5. Das erlasskonforme und das nicht erlasskonforme Leasing	28
IV. Absatzwirtschaftliche Aspekte des Leasinggeschäfts	31

---

[28] Pressemitteilung des BDL vom 15. 5. 2006.

I. Leasing als Investitions- und Finanzierungsmethode

1 Wie in § 1 (Rdn. 7 ff.) dargestellt, verstand sich das **Leasing der ersten Generation**, das gleichsam die Frühgeschichte des Leasinggeschäfts in den USA bis zum Ende des ersten Weltkriegs beherrschte, als ein primär **absatzpolitisches, d. h. auf den Vertrieb der Produkte gerichtetes Instrument von Herstellern**; Leasing fand nur im Zwei-Personen-Verhältnis statt. Das moderne Leasing der zweiten und der dritten Generation mit seiner leasingtypischen Dreierbeziehung hat eine Schwerpunktverlagerung vom Instrument der Verkaufspolitik in der Hand von Herstellern zu einer **Investitions- und Finanzierungsmethode** in der Hand der Leasingnehmer gebracht (vgl. zum wirtschaftlichen Grundkonzept des Leasings § 1 Rdn. 1 ff.). Erst diese Fortentwicklung macht den außerordentlichen Erfolg des Leasinggeschäfts in den vergangenen Jahrzehnten erklärlich.

2 In der betriebswirtschaftlichen Literatur wird Leasing als „Sonderform der Außenfinanzierung"[1] und als „Überlassung von Realkapital" und insoweit als „eine besondere Kreditart" interpretiert, bei der „der Kapitaldienst durch Zahlung von regelmäßigen Leasingraten und durch die für einen späteren Zeitpunkt vertraglich vereinbarte Rückgabe des Leasingobjekts geleistet wird".[2] Teilweise sieht man das Leasing als „kapitalsubstitutive Finanzierungsform" an, die sich „in wirtschaftlicher Hinsicht zwischen Sachkredit und normaler Miete bewegt".[3]

II. Vorteile des Leasings gegenüber Miete und Kauf

1. Miete und Kauf als Alternativen

3 Als Alternative zum Finanzierungsleasing kommt aus der Sicht des Investitionsnutzers schwerlich eine **klassische Miete** in Betracht. Gegen die „reintypische BGB-Miete"[4] sprechen gleich mehrere Überlegungen: Die voraussichtliche Nutzungsdauer (Mietzeit) für das Objekt ist zu allermeist länger zu bemessen als die für die Abschreibung für Abnutzung (AfA) bilanziell vorgesehene Zeit. Nach dem Ende der Mietzeit dauert der Nutzungsbedarf regelmäßig an, so dass sich das **Mietinteresse ohnehin in ein Kaufinteresse** umwandelt; der Vermieter wird jedoch kaum zur Einräumung einer Kaufoption zum Buchwert bereit sein. Bei langfristigen BGB-Mietverträgen über Anlagegüter müsste der Mieter mit Indexklauseln rechnen, die ihm keine langfristig fixierte Kalkulationsgrundlage erlauben. Für den Leasingnehmer als Unternehmen, das die Finanzierung einer Investition konzipiert, steht das **Leasing vielmehr als Alternative zum Kauf in Konkurrenz**. Dabei hat er im Rahmen der möglichen Option Kauf statt Leasing auch andere Finanzierungsformen wie etwa den finanzierten Abzahlungskauf zu erwägen. Genau genommen ist für eine wirtschaftliche Vorteilhaftigkeitsanalyse des Finanzierungsleasings nur der Vergleich mit einer hundertprozentigen Kreditfinanzierung eines Investitionskaufs, d. h. mit einer fremdfinanzierten Eigeninvestition einschlägig. Keinesfalls stellt sich dabei das Leasing als von vornherein kostengünstigste Option dar. Vielmehr hängt es von dem in Rede stehenden Anlagegut und insbesondere der finanziellen Situation des Unternehmens ab, ob sich das Leasing gegenüber kaufvertraglichen Alternativen empfiehlt.

---

[1] *Bieg* Leasing als Sonderform der Außenfinanzierung, in: DStB 1997, 425, 427; *Bieg/Kußmaul* Investitions- und Finanzierungsmanagement, Bd. II: Finanzierung, 2000, S. 297 ff.
[2] *Jahrmann* Finanzierung, 4. Aufl. 1999, S. 220.
[3] *Eilenberger* Betriebliche Finanzwirtschaft, 6. Aufl. 1997, S. 267 ff.
[4] *Gzuk* AcP Bd. 190 (1990), 208 ff., 210.

2. Vorteile des Leasinggeschäfts

Im vorliegenden Handbuch werden die **betriebswirtschaftlichen Aspekte und Prob-** 4
lemkomplexe näher im 4. Teil, 20. bis 25. Kapitel dargestellt. Im Rahmen dieses Einleitungskapitels lassen sich jedoch bereits **einige auf der Hand liegende Vorteile des Leasinggeschäfts** erkennen:[5]
- Der Leasinggegenstand braucht nicht im Voraus bezahlt zu werden, so dass bei seiner Über- und Ingebrauchnahme eine **sofortige Liquiditätsbelastung** vermieden wird, wie sie bei einem (nicht finanzierten) Kauf einträte.
- Auch während der gesamten Investitions- und Nutzungsdauer entfaltet das Leasing eine **liquiditätsschonende Wirkung**, da das dem Leasingnehmer verfügbare Kapital nicht in seinem Anlagevermögen gebunden wird, sondern anderweitig eingesetzt werden kann.
- Letztlich ermöglicht das Leasing wirtschaftlich **eine 100 %ige Fremdfinanzierung** der Anlage durch ihre **100 %ige Beleihung**, ohne dass weitere Sicherheiten aufgebracht werden müssten. Bei einem fremdfinanzierten Kauf, bei dem sich das Kreditinstitut Sicherungseigentum einräumen ließe, wären meist zusätzliche, das Kreditvolumen möglicherweise einschränkende Sicherheiten beizubringen.
- Leasing erfüllt die „goldene" Finanzierungsregel des *„pay as you earn"* (vgl. dazu § 1 Rdn. 4), nach der sich Investitionen möglichst selbst über die gesamte Einsatzdauer finanzieren sollen; die monatlichen **Leasingraten können während des Einsatzes aus den Erträgen** geleistet werden, die der Einsatz des Investitionsguts erbringt, werden also aus dem Finanzzufluss des laufenden Umsatzprozesses ohne finanzielle Vorlagenotwendigkeit bezahlt. Dabei sind die Leasingraten ohne Gefahr einer unvorhergesehenen Erhöhung für die Grundlaufzeit fest vereinbart und erleichtern als **fixe Planungs- und Kostendaten** die innerbetriebliche Kalkulation. Anders als bei einem Kauf braucht nicht das gesamte reservierte Nutzungsvolumen des Wirtschaftsguts im Vorhinein, sondern nur der zeitliche Nutzungsanteil bzw. die entsprechende nutzungsbedingte Wertminderung bezahlt zu werden. „Zahlungsabfluss und Nutzungsverwertung verlaufen im Prinzip zeitlich synchron."[6]
- Soweit der Leasinggeber nicht nur rechtlich, sondern auch **wirtschaftlich Eigentümer des Leasingguts** bleibt (wie beim erlasskonformen Leasing), wirkt sich das Leasinggeschäft **für den Leasingnehmer bilanzneutral** aus. In der Handels- und der Steuerbilanz brauchen die Leasingverpflichtungen ebenso wenig passiviert zu werden wie normale Mietverpflichtungen. Im Regelfall verändert daher das Leasing die Kreditlinie des Leasingnehmers gegenüber Kreditinstituten und Dritten nicht.
- Da sich der Leasingnehmer an das Objekt nur für eine begrenzte Zeit bindet, ist auch das **Überalterungsrisiko für das Anlagegut** begrenzt. Der Leasingnehmer kann bei seinen Investitionsgütern von Modernisierungsschüben und **technologischen Innovationen** unmittelbar und kostengünstig profitieren.
- Da sich der Leasingnehmer einen nennenswerten Eigenkapitaleinsatz erspart, **vermeidet er inflationsbedingte Substanzwertverluste**.

3. Nominalkostenvergleich und Finanzierungslücke

Allgemeinverbindliche Maßstäbe für die Beurteilung der Vorzugswürdigkeit des Leasing- 5
geschäfts lassen sich auf der Grundlage der aufgezeigten Vorteile freilich nicht aufstellen.
Leasing wird sich bei Außerachtlassung der steuerrechtlichen Besonderheiten bei einem
reinen Nominalkostenvergleich oft sogar im Verhältnis zu anderen Finanzierungsfor-

---

[5] Vgl. dazu *Gzuk* AcP Bd. 190 (1990), 208 ff.; *Figge* AcP Bd. 190 (1990), 219 ff.; *Dietz* AcP Bd. 190 (1990), 235 ff.; *Kovac* Die Entscheidung über Leasing oder Kreditkauf maschineller Anlagegüter, 1982, S. 8 ff. und 18 ff.
[6] So *Gzuk* AcP Bd. 190 (1990), 208 ff., 217.

men, insbesondere der Kreditaufnahme am Kapitalmarkt zur Verwendung der Valuta als Kaufpreis für ein Investitionsobjekt, als „teurer" darstellen, denn in den Leasingraten ist ein unter Umständen beträchtlicher Gewinnanteil für den Leasinggeber enthalten. In der Tat: Genau genommen sind die Ausgaben beim Finanzierungsleasing größer als bei Fremd- oder Eigenfinanzierung eines gekauften Investitionsobjekts, denn zu den Tilgungsanteilen und den Kapitalkostenanteilen in den Leasingraten während der Grundlaufzeit addieren sich für den Leasingnehmer die nach Ablauf der Grundlaufzeit entstehenden Kosten für eine Verlängerungszeit bis zum Ende der betriebsgewöhnlichen Nutzungsdauer oder für den Kauf des Leasingobjekts; zudem müssen die für die Deckung der zu erwartenden **Finanzierungslücke** entstehenden Kapitalkosten hinzugerechnet werden.[7]

6   Das Problem der Finanzierungslücke wird in der Praxis gern übersehen. In der betriebswirtschaftlichen Literatur wird betont, dass das (Finanzierungs-)Leasing eine **Form der Fremdfinanzierung** darstellt, „denn der Leasing-Nehmer erhält vom Leasing-Geber praktisch einen **Kredit in Höhe der Anschaffungs- oder Herstellungskosten** des Leasinggebers (in der Regel vermindert um eine Abschlussgebühr)".[8] Dabei wirft das Leasing aber letztlich dasselbe Finanzierungsproblem auf wie eine Fremdfinanzierung, bei der die Fristigkeit des Kredits kürzer als die wirtschaftliche Nutzungsdauer des Investitionsobjekts ist.[9] Denn die während der Grundlaufzeit zu zahlenden Leasingraten sind höher als die durch den Umsatzprozess freigesetzten Abschreibungsgegenwerte, weil die Grundlaufzeit unter der wirtschaftlichen Nutzungsdauer bleibt. Die hierdurch im Laufe der Nutzungszeit des Leasingobjekts entstehende **Finanzierungslücke** ist umso größer, je kürzer die Grundlaufzeit im Verhältnis zur wirtschaftlichen Nutzungsdauer des Leasingobjekts ist.

7   Im Übrigen bleibt ein bloßer Kostenvergleich zwischen Leasing und Kreditfinanzierung jedenfalls unvollkommen, solange er nicht um den Gesichtspunkt ergänzt wird, dass die **Ertragschancen aus dem durch Leasing erweiterten Investitionsbudget** mögliche Kostennachteile des Leasings kompensieren können. Zudem ist die mit dem Leasing verbundene **Erhaltung oder Erweiterung des Kreditspielraums** zu bedenken. Beim kreditfinanzierten Kauf erhöht sich durch die Passivierung einer Verbindlichkeit gegenüber dem Kreditgeber die Fremdkapitalquote des kreditnehmenden Unternehmens, was einer Verringerung der Eigenkapitalquote mit negativen Folgen für die Kreditwürdigkeit gleichkommt. Dieser Effekt kann bei einer Zurechnung des Leasinggegenstandes an den Leasinggeber vermieden werden. Die durch Leasingverträge geschonte Liquidität kann in eigene Geschäftsinvestitionen fließen oder zur Stärkung der Eigenkapitalquote und damit des Risikopuffers dienen, was sich für klassische Bankkredite günstig auf die Ratingnote auswirken kann. Unverkennbar ist allerdings, dass die Leasing-Alternative von den Unternehmen nicht selten wegen eines momentanen oder strukturellen **Engpasses bei der Eigenkapitalausstattung** des potentiellen Investors in die Überlegungen einbezogen wird.[10] Vor allem aber verdankt das Leasing seinen Erfolg im heutigen Wirtschaftsleben weithin erst den steuerlichen Vorteilen, die sich für den Leasingnehmer ergeben.[11]

---

[7] *Wöhe* Grundlagen der Betriebswirtschaftslehre, 21. Aufl. 2002, S. 701; *Kolbeck* ZfbF 1968, 789; *Bieg/Kußmaul* Investitions- und Finanzierungsmanagement, Bd. II: Finanzierung, 2000, S. 319.

[8] So *Wöhe* Grundlagen der Betriebswirtschaftslehre, 21. Aufl. 2002, S. 700; vgl. insbes. *Büschgen* DB 1967, 476; *Kolbeck* ZfbF 1968, 789.

[9] Vgl. insbes. *Büschgen* DB 1967, 476.

[10] *Gzuk* AcP Bd. 190 (1990), 208 ff., 211.

[11] Vgl. hierzu und zum Folgenden *Bieg/Kußmaul* Investitions- und Finanzierungsmanagement, Bd. II: Finanzierung, 2000, S. 304 ff.; *Wöhe* Betriebswirtschaftliche Steuerlehre I/2, 7. Aufl. 1992, S. 307 ff.; *Paulus* BB-Beilage 8/1984, 7; *Koch* Störungen beim Finanzierungs-Leasing, 1981, S. 31; *Gitter* Gebrauchsüberlassungsverträge, 1988 S. 293 ff.; kritisch dazu *Bordewin* Leasing im Steuerrecht, 4. Aufl. 2003, S. 25.

III. Überblick über steuerrechtliche Aspekte des Leasings

1. Das „wirtschaftliche Eigentum" im Steuerrecht

Die Parteien des Leasinggeschäfts legen es darauf an, dass das unternehmerisch vom Lea- 8
singnehmer eingesetzte Anlagegut nicht diesem, sondern dem rechtlich als Eigentümer auftretenden Leasing*geber* auch in der ertragsteuerrechtlichen Behandlung zugerechnet wird. Hieraus ergeben sich für den Leasingnehmer zahlreiche einkommen- bzw. körperschaftsteuerrechtliche, gewerbesteuerliche, aber auch vermögensteuerliche Vorteile gegenüber einem Erwerbsgeschäft; beim Immobilienleasing schlagen zusätzlich umsatzsteuerliche Vorteile zu Buche. Vor allem sollen die in der Handels- und der Steuerbilanz auszuweisenden Aktiva des Leasingnehmers durch die Überlassung des Leasinggegenstandes nicht vermehrt werden, vielmehr will der Leasingnehmer die **Leasingraten in voller Höhe als Betriebsausgaben absetzen**, ohne auf die **Abschreibung für Abnutzung (AfA)** nach den amtlichen Tabellen beschränkt zu sein. Erst dieser Aspekt fällt oft für die **Vorzugswürdigkeit des Leasings** gegenüber anderen Investitions- und Finanzierungsformen entscheidend ins Gewicht. Allerdings hängt die dem Leasingnehmer günstige steuerrechtliche Behandlung davon ab, dass das Leasinggeschäft steuerrechtlich nicht als „verdeckter Kauf" angesehen wird.

Nicht alle Leasingformen entsprechen den steuerrechtlichen Einordnungskriterien 9
für eine privilegierte Behandlung. Dies hängt vielmehr von der Frage ab, ob und wann ein Leasinggeschäft im Kern als bloßer Gebrauchsüberlassungsvertrag zu behandeln ist, der wie die Miete oder Pacht zu keiner Bilanzverschiebung beim Gebrauchsnehmer führt und eine volle Absetzbarkeit des Gebrauchsentgelts als Betriebsausgabe erlaubt, bzw. ob und wann ein Leasinggeschäft als Erwerbs- und Veräußerungsgeschäft gewürdigt werden muss, bei dem wie beim Kauf- oder Werkvertrag in der Bilanz des Erwerbers eine Erhöhung der Aktiva eintritt und allein die Geltendmachung der amtlichen Sätze einer Abschreibung für Abnutzung als Betriebsunkosten gestattet ist. Es ist leicht zu erkennen, dass die Entscheidung hierüber von der **Ausgestaltung des Leasinggeschäfts im Einzelfall** und dabei oft von Nuancen abhängig ist. Lange Zeit war die steuerrechtliche Einordnung von Leasinggeschäften überaus umstritten, bis Anfang der siebziger Jahre die Rechtsprechung des Bundesfinanzhofs und vor allem die Erlass-Tätigkeit des Bundesfinanzministeriums Beurteilungsmaßstäbe für die steuerrechtliche Behandlung niedergelegt hat; an ihnen orientiert sich seither wiederum die Praxis.

Das Steuerrecht wendet bei der Beurteilung von zivilrechtlich nicht eindeutig zu- 10
zuordnenden Vertragsformen die so genannte **wirtschaftliche Betrachtungsweise** an. Danach wird ein Gegenstand ohne Rücksicht auf die von den Parteien herangezogenen zivilrechtlichen Vertragsformen einem Steuerpflichtigen zugerechnet, wenn dieser zwar nicht rechtlich, wohl aber **wirtschaftlich als Eigentümer** anzusehen ist. „Rechtliches Eigentum" i. S. der §§ 903 ff. BGB bezeichnet das umfassende Herrschaftsrecht einer Person über eine Sache aufgrund einer dinglich-abstrakten, mit absoluter Ausschließlichkeitswirkung gegenüber jedermann ausgestatteten Zuweisung. Wenn dem das „wirtschaftliche Eigentum" begrifflich gegenübergestellt wird, so ist damit auf den wirtschaftlich-praktischen Gehalt des Eigentums Bezug genommen, der aus der Sachsubstanz und dem Sachertrag besteht und einer Person unabhängig von der Zuweisung einer dinglich-abstrakten Ausschließlichkeitsposition zukommen kann. Wirtschaftlicher Eigentümer ist, wer vollständig und auf Dauer die Substanz und den Ertrag einer Sache tatsächlich „hat"; dabei jedenfalls die Chance einer Wertsteigerung genießt, nicht notwendig aber auch das Risiko einer Wertminderung trägt.

Der Begriff des wirtschaftlichen Eigentums ist nicht nur ein Kürzel für die steuerrecht- 11
liche Zuordnung eines Vermögensgegenstandes an eine Person und verweist nicht nur auf die für das Steuerrecht typische „wirtschaftliche Betrachtungsweise". Auch das Zivilrecht

§ 2 Erster Teil. Einführung und Grundlagen

kommt ohne ihn nicht aus.[12] Beispielsweise wird bei einer Treuhandschaft, etwa in Gestalt einer Sicherungsübereignung, der Treugeber und nicht der Treuhänder als „wirtschaftlicher" Eigentümer des zu treuen Händen rechtlich an einen anderen übereigneten Vermögensgegenstandes betrachtet. Das hat etwa Konsequenzen in der Insolvenz des Treugebers, in der der Treuhänder, wiewohl „bürgerlich-rechtlicher" Eigentümer, kein Aussonderungsrecht, sondern nur ein Recht auf abgesonderte Befriedigung hat.

12   Der **BFH** hat in seiner **richtungweisenden „Leasing-Entscheidung" vom 26.1. 1970**[13] insbesondere den „Versuch, aus der bürgerlich-rechtlichen Natur der Finanzierungs-Leasing-Verträge Erkenntnisse für die steuerliche Behandlung zu gewinnen", als „untauglich" bezeichnet. Es müssten vielmehr „die Vorgänge ihrem wirtschaftlichen Gehalt nach" erfasst werden. Die vom BFH hierfür festgelegten Leitlinien kommen in der nach jener Grundsatzentscheidung neu formulierten **„Zurechnungsvorschrift" des § 39 der Abgabenordnung** (AO) zum Ausdruck. Nach § 39 Abs. 1 AO sind Wirtschaftsgüter zwar grundsätzlich dem bürgerlich-rechtlichen Eigentümer zuzurechnen (Vorrang des Zivilrechts), doch schreibt § 39 Abs. 2 Nr. 1 AO abweichend hiervon die Berücksichtigung des „wirtschaftlichen Eigentums" vor. Mithin ist einem anderen als dem (bürgerlich-rechtlichen) Eigentümer das Wirtschaftsgut zuzurechnen, wenn er die tatsächliche Herrschaft darüber in einer Weise ausübt, „dass er den Eigentümer im Regelfall für die gewöhnliche Nutzungsdauer von der Einwirkung auf das Wirtschaftsgut wirtschaftlich ausschließen kann". Für wirtschaftliches Eigentum ist danach entscheidend, dass der Herausgabeanspruch des bürgerlich-rechtlichen Eigentümers nach § 985 BGB faktisch ausgeschlossen oder doch bedeutungslos ist. Und genau dies wird beim Leasinggeschäft nach den üblichen kautelarjuristischen Vertragsgestaltungen mit peinlichem Bedacht *vermieden*, **damit der** *Leasinggeber* **rechtlicher** *und* **wirtschaftlicher Eigentümer ist bzw. bleibt.**[14]

13   Herausragende Bedeutung kommt für die Einordnung und Abgrenzung von Leasinggeschäften zum Zwecke ihrer steuerrechtlichen Behandlung den **vier Leasingerlassen des Bundesfinanzministeriums** (BFM) zu, die auf der Grundlage der Leasing-Entscheidung des BFH vom 26. 1. 1970 das wirtschaftliche Eigentum i. S. des § 39 Abs. 2 Nr. 1 AO konkretisieren. Hierdurch hat das BFM eine **Klärung der Behandlungs- und Abgrenzungsprobleme** der verschiedenen Leasingformen angestrebt und auch erreicht. Diejenigen Vertragsgestaltungen, die zur Vermeidung einer steuerrechtlichen Zuordnung des wirtschaftlichen Eigentums am Leasinggegenstand an den Leasingnehmer den BMF-Erlassen entsprechen, bezeichnet man als **erlasskonformes Leasing**. Die steuerrechtlichen Aspekte des Leasinggeschäfts finden im 4. Teil dieses Handbuch in 21. Kapitel eine ausführliche Darstellung und Würdigung. Überblicksweise seien aber die Leasingerlasse wegen ihrer grundlegenden Bedeutung schon für das betriebswirtschaftliche Verständnis des Leasinggeschäfts und seiner verschiedenen Vertragsmodelle bereits vorab im Folgenden skizziert.[15]

---

[12] Anderer Ansicht aber *Döllerer* BB 1971, 535 ff., 536, der den Begriff des „wirtschaftlichen Eigentums" im Zivilrecht nicht für sinnvoll und für einen „Widerspruch in sich" hält; ähnlich auch *Lüttmann* DStR 1970, 261, 265 („unjuristischer Begriff").

[13] BFH BStBl. 1970 II, 264 ff., 268 = BFHE 97, 466 = NJW 1970, 1148; vgl. dazu vor allem *Döllerer* BB 1971, 535; *Meilicke* BB 1970, 977; *Grieger* WM 1970, 302; *Jürgens* Die Entwicklung des Finanzierungs-Leasing, 1988, S. 25 ff.

[14] Vgl. auch *Emmerich* JuS 1990, 1, 2 mit dem Hinweis in Fn. 10, dass die vom Leasingnehmer „ersparten" Steuern beim Leasinggeber anfallen „und von diesem selbstverständlich wieder auf den Leasingnehmer abgewälzt werden", so dass die steuerrechtliche Zuordnung nur eine Stundung der Steuern für den Leasingnehmer bedeute.

[15] Vgl. für einen Überblick auch *Gzuk* AcP Bd. 190 (1990), 208, 211 ff.; *Meincke* AcP Bd. 190 (1990), 358 ff., 361 ff.; *Jürgens* Die Entwicklung des Finanzierungs-Leasing, 1988, S. 17 ff.; *Gitter* Gebrauchsüberlassungsverträge, 1988, S. 293 ff.

2. Der Vollamortisationserlass

Vom **Vollamortisationserlass oder Mobilien-Leasingerlass vom 19. 4. 1971**[16] werden Leasingverträge nur unter zwei kumulativen Voraussetzungen erfasst: *Erstens* muss der Vertrag über eine bestimmte Laufzeit abgeschlossen werden, während welcher er bei vertragsgemäßer Erfüllung von beiden Vertragsparteien nicht gekündigt werden kann; es muss also eine **feste Grundlaufzeit** vereinbart werden. *Zweitens* muss der Leasingnehmer mit den in der Grundvertragszeit zu entrichtenden Raten mindestens die Beschaffungs- oder Herstellungskosten sowie alle Nebenkosten einschließlich der Finanzierungskosten des Leasinggebers übernehmen, so dass eine **vollständige Amortisation für den Leasinggeber** erreicht wird.

Auf dieser Grundlage werden sodann Leasingverträge *ohne* Kauf- oder Verlängerungsoption, Leasingverträge *mit Kaufoption* und solche *mit Mietverlängerungsoption* unterschieden. Für jede Vertragsart werden die Voraussetzungen aufgelistet, unter denen der Leasinggeber als rechtlicher und wirtschaftlicher Eigentümer (im steuerrechtlichen Sinn) angesehen wird. Bei allen Vollamortisationsverträgen wird unterstellt, dass die während der Grundlaufzeit zu leistenden Leasingraten zur Amortisation von Anschaffungswert und Kosten sowie zu einem Gewinn des Leasinggebers führen.

Bei einem **Vollamortisations-Leasingvertrag ohne Kauf- oder Verlängerungsoption** muss die Grundlaufzeit mindestens 40 % und höchstens 90 % der betriebsgewöhnlichen Nutzungsdauer (bemessen nach dem Buchwert aufgrund der amtlichen AfA-Tabellen) des Leasingguts betragen. In diesen Fällen wird der Leasinggeber als wirtschaftlicher Eigentümer betrachtet. Ist die Grundlaufzeit niedriger oder höher, erfolgt eine Zurechnung an den Leasingnehmer.[17]

Bei einem **Vollamortisations-Leasingvertrag mit Kaufoption** muss sich die feste Grundlaufzeit gleichfalls in den Grenzen zwischen 40 % und 90 % der betriebsgewöhnlichen Nutzungsdauer bewegen, und es darf der für den Fall der Ausübung des Optionsrechts vorgesehene Kaufpreis nicht niedriger sein als der unter Anwendung der linearen Abschreibung nach den amtlichen AfA-Tabellen ermittelte Buchwert oder der niedrigere gemeine Wert im Zeitpunkt der Veräußerung.

Bei einem **Vollamortisations-Leasingvertrag mit Mietverlängerungsoption** schließlich kommt zu dem Erfordernis des Grundlaufzeit-Rahmens hinzu, dass die Anschlussmiete so bemessen sein muss, dass sie den Wertverzehr für den Leasinggegenstand deckt, der sich auf der Basis des Buchwerts (ermittelt unter Berücksichtigung der linearen Abschreibung nach den amtlichen AfA-Tabellen) oder auf der Basis des niedrigeren gemeinen Werts und der Restnutzungsdauer (laut AfA-Tabelle) ergibt. Sind diese Voraussetzungen erfüllt, erfolgt eine Zurechnung des wirtschaftlichen Eigentums an den Leasinggeber.

Die hinter dem Grundlaufzeit-Rahmen des Erlasses stehende Überlegung ist, dass der Herausgabeanspruch des Leasinggebers bei einer Überschreitung der betriebsgewöhnlichen Nutzungsdauer von 90 % **keine wirtschaftliche Bedeutung** mehr hat; bei einer Unterschreitung der Mindestdauer von 40 % wird zu vermuten sein, dass der Leasingnehmer eine Kauf- bzw. Verlängerungsoption vernünftigerweise ausüben wird, so dass in Wirklichkeit ein Teilzahlungskaufvertrag vorliegt.

---

[16] Geschäfts-Z.: IV B/2 – S 2170–31/71 (BStBl. 1971 I, S. 264).
[17] Diese Grenzziehungen sind im Schrifttum auf Kritik gestoßen, vgl. dazu die Angaben bei *Bordewin* Leasing im Steuerrecht, 4. Aufl. 2003, S. 48 f. Sie werden jedoch von der Praxis weitgehend eingehalten und haben sich im Interesse der Rechtssicherheit bewährt, vgl. dazu *Figge* AcP Bd. 190 (1990), 219.

3. Der Teilamortisationserlass

20 Anfang der siebziger Jahre des vorigen Jahrhunderts kamen die so genannten **Teilamortisationsverträge** auf; sie wurden bisweilen auch als „Leasing der zweiten Generation" bezeichnet (dazu § 1 Rdn. 8 ff. und 12). Die Leasingnehmer wollten nämlich ihren Kapitaleinsatz während der zwischen 40 % und 90 % der betriebsgewöhnlichen Nutzungsdauer angesiedelten Grundlaufzeit **möglichst niedrig halten und mit möglichst geringen Raten belastet** werden. Dem versuchten die Leasinggeber entgegenzukommen, auch wenn die Leasingraten in ihrer Summe nicht mehr den Anschaffungspreis, die Finanzierungskosten und den Gewinn abzudecken und zur vollen Amortisation zu führen vermochten. Bei den **verschiedenen Teilamortisations-Vertragsmodellen** verständigen sich Leasinggeber und Leasingnehmer darauf, dass der Differenzbetrag bis zur Vollamortisation erst nach der Grundlaufzeit erwirtschaftet wird.[18]

21 Der **nur für Mobilien geltende Teilamortisationserlass vom 22.12.1975**[19] stellt für verschiedene Gestaltungsformen von Leasingverträgen, bei denen die vom Leasingnehmer zu zahlenden Leasingraten während der Grundlaufzeit lediglich zu einer teilweisen Amortisation aller Kosten des Leasinggebers führen (Teilamortisations-Leasing), besondere Voraussetzungen auf, von denen wiederum die Zurechung des wirtschaftlichen Eigentums an den Leasinggeber abhängt. Auch hier muss zunächst die Grundlaufzeit – das gilt für *alle* Gestaltungsformen von Mobilien-Leasingverträgen – im Rahmen zwischen 40 % und 90 % der betriebsgewöhnlichen Nutzungsdauer liegen, da sonst der Herausgabeanspruch des Leasinggebers als wirtschaftlich wertlos eingestuft werden müsste. Sodann ist **wiederum zwischen drei Vertragsmodellen** zu unterscheiden:

22 Beim **Teilamortisations-Leasing mit Andienungsrecht des Leasinggebers** ist der Leasingnehmer, sofern kein Verlängerungsvertrag abgeschlossen wird, auf Verlangen des Leasinggebers verpflichtet, das Leasingobjekt zu einem bereits beim Abschluss des Leasingvertrags fest vereinbarten Preis zu kaufen, während der Leasingnehmer kein Kaufoptionsrecht besitzt. Eine solche Gestaltung ist **durchaus verbreitet**. Sie ermöglicht es dem Leasinggeber, das Leasingobjekt an den Leasingnehmer „loszuwerden", wenn er ansonsten auf dem Markt keine bessere Verwendungsmöglichkeit findet. Hier hängt der Erwerb des Leasingnehmers **mithin nur vom Leasing*geber*** ab, denn der Leasingnehmer ist gebunden, wenn der Leasinggeber sein Andienungsrecht ausübt. Der Leasingnehmer, dem selbst kein Kaufoptionsrecht zusteht, kann aber einen Anspruch auf eine Mietverlängerung haben. Bei dieser Vertragsgestaltung wird das rechtliche wie das wirtschaftliche Eigentum dem Leasinggeber zugerechnet, weil er sein Andienungsrecht nicht ausüben *muss*, sondern das Leasingobjekt zu einem höheren Preis anderweitig veräußern *kann*. Der Leasinggeber hat die Chance der Wertsteigerung, der Leasingnehmer das Risiko der Wertminderung. Der Leasinggeber wird sein Andienungsrecht nur ausüben, wenn der Wiederbeschaffungspreis für ein gleichwertiges Wirtschaftsgut niedriger ist als der vom Leasingnehmer bei Ausübung des Andienungsrechts des Leasinggebers zu zahlende Kaufpreis. Als rechtlicher und wirtschaftlicher Eigentümer kann der Leasinggeber bei einer Veräußerung an einen Dritten zu einem den Andienungspreis übersteigenden Preis „den Mehrerlös einstreichen".

23 Das **Teilamortisations-Vertragsmodell mit Aufteilung des Mehrerlöses** zeichnet sich dadurch aus, dass der Leasinggeber zur Veräußerung des Leasingobjekts nach Ablauf der Grundlaufzeit verpflichtet ist und sein Mehrerlös zwischen den Vertragsparteien des Leasingvertrags aufgeteilt wird. Hier wird eine Eigentumszuordnung an den Leasinggeber nur vorgenommen, wenn **letztlich eine Vollamortisation** gewährleistet ist. Bleibt der Veräußerungserlös niedriger als die Differenz zwischen den Gesamtkosten des Leasinggebers und den in der Grundlaufzeit entrichteten Leasingraten (Restamortisation), so

---

[18] Vgl. dazu *Kunkel* DB 1975, 1379, 1380.
[19] Geschäfts-Z.: IV B/2-S 2170–161/75 (EStH 1994, Anhang 21 III).

muss der Leasingnehmer eine **Abschlusszahlung in Höhe der Differenz zwischen Restamortisation und Veräußerungserlös** zahlen. Ist hingegen der Veräußerungserlös höher als die Restamortisation (d. h. der Differenzbetrag zwischen Gesamtkosten und Summe der Leasingraten), so erhält der Leasinggeber mindestens 25 % und der Leasingnehmer höchstens 75 % des die Restamortisation übersteigenden Teils des Veräußerungserlöses. Auf diese Weise ist eine wirtschaftlich ins Gewicht fallende Partizipation des Leasinggebers an etwaigen Wertsteigerungen des Leasingobjekts gewährleistet, die die Zurechnung des wirtschaftlichen Eigentums an ihn rechtfertigt.

Komplizierter ist die Lage bei einem **kündbaren Teilamortisations-Leasingvertrag mit Anrechnung des Veräußerungserlöses auf die vom Leasingnehmer zu leistende Schlusszahlung**. Für dieses Vertragsmodell trifft der Teilamortisationserlass ebenfalls Vorkehrungen dafür, dass eine während der Mietzeit eingetretene Wertsteigerung des Leasingobjekts dem Leasinggeber vollen Umfangs zugute kommt, so dass dieser als rechtlicher und wirtschaftlicher Eigentümer angesehen werden kann.[20] Der Leasingnehmer kann danach erst nach Ablauf einer Mindest-Grundlaufzeit von 40 % der betriebsgewöhnlichen Nutzungsdauer ordentlich kündigen und muss eine Abschlusszahlung in Höhe der durch die Leasingraten nicht gedeckten Gesamtkosten des Leasinggebers entrichten. Dabei sind 90 % des vom Leasinggeber erzielten Veräußerungserlöses auf die Abschlusszahlung des Leasingnehmers anzurechnen. Bleibt der anzurechnende Teil des Veräußerungserlöses zuzüglich der vorher entrichteten Leasingraten **unter den Gesamtkosten des Leasinggebers**, muss der **Leasingnehmer die Differenz** ausgleichen. Bei einem die Differenz zwischen den Gesamtkosten des Leasinggebers und der Ratensumme übersteigenden Veräußerungserlös behält der Leasinggeber den Differenzbetrag.

Das Wichtigste bei den erlasskonformen Teilamortisationsverträgen ist unschwer zu erkennen: Sie **laufen gleichfalls auf eine Vollamortisation hinaus**. Der Hintergrund hierfür ist die ertragsteuerrechtliche Vorgabe, dass der Leasingnehmer dem Leasinggeber das **Risiko einer Wertminderung garantiemäßig absichern** muss, soll der Leasinggeber auch als wirtschaftlicher Eigentümer anerkannt werden. Deshalb ist – je nach Vertragsmodell – der Restwert, der Veräußerungserlös des Objekts oder eine „Abschlusszahlung" als **Differenzbetrag (Amortisationsdifferenz)** zu zahlen. Die Eigenart sämtlicher erlasskonformer Teilamortisationsverträge liegt darin, dass der Leasingnehmer dem Leasinggeber die Vollamortisation der gesamten Anschaffungs- oder Herstellungskosten einschließlich aller Neben- und Finanzierungskosten und zuzüglich eines Gewinns nicht in Form der zu zahlenden Leasingraten, sondern in anderer Weise verspricht. Aus diesem Grund werden Teilamortisationsverträge in der Literatur auch als „unechte", „modifizierte" oder „Quasi"-Vollamortisationsverträge bezeichnet.[21]

4. Die Immobilien-Leasingerlasse

Mit seinem **ersten Immobilen-Leasingerlass** vom 21. 3. 1972[22] nimmt das BFM auf den Vollamortisationserlass Bezug und stellt gleichfalls für verschiedene Vertragsgestaltungen unterschiedliche Voraussetzungen auf, von denen es abhängt, ob das unbewegliche Leasingobjekt dem Leasingnehmer oder dem Leasinggeber als wirtschaftliches Eigen-

---

[20] *Ebenroth* DB 1978, 2109, 2110, qualifiziert das Teilamortisations-Modell des kündbaren Leasingvertrags als Form des Operating-Leasing. Das ist fehlsam. Denn bei diesem Modell betont der Erlass gerade die Vollamortisationspflicht des Leasingnehmers gegenüber dem Leasinggeber, des rechtlichen und wirtschaftlichen Eigentümers, dem die Chance der Wertsteigerung in vollem Umfang zugute kommt. Beim Operating-Leasing liegen diese Voraussetzungen des Teilamortisationserlasses regelmäßig nicht vor.
[21] Vgl. etwa *Bernstein* Der Tatbestand des Mobilien-Finanzierungsleasingvertrages, 1982, S. 98; *Koch* Störungen beim Finanzierungs-Leasing, 1981, S. 41; *Papapostolou* Die Risikoverteilung beim Finanzierungsleasingvertrag, 1987, S. 25; *Figge* AcP Bd. 190 (1990), 219.
[22] Geschäfts-Z.: F IV B/2 – S 2170–11/72 (BStBl. 1972 I, S. 188).

tum zugerechnet wird. Dabei wird die **Zurechnung für Gebäude sowie von Grund und Boden getrennt** durchgeführt. Allerdings hat sich das dem Erlass zugrunde liegende Vertragsmodell im Bereich des Immobilienleasings nicht in der Praxis durchzusetzen vermocht, die ohnehin seit jeher komplizierte Vertragsgestaltungen vorher mit dem zuständigen Finanzamt abspricht. Die **mangelnde Akzeptanz des ersten Immobilienerlasses** findet ihren Grund wohl darin, dass die Leasingnehmer sich nicht recht mit dem Gedanken befreunden können, sie sollten während der Laufzeit des Leasingvertrags die Leasingraten entrichten, die Investition tilgen und zudem noch einen Kaufoptionspreis in Höhe des linearen Restbuchwerts an den Leasinggeber zahlen. Kurz: Auch im Immobilienbereich drängten die Leasingnehmer zu Teilamortisationsmodellen.

27   Dem trug das BFM mit seinem **zweiten Immobilien-Leasingerlass** vom 23.12.1991[23] Rechnung. Die ertragsteuerrechtliche Einordnung der **Teilamortisationsmodelle** im Immobilienbereich ließ sich dabei, ungeachtet der Parallelen in der Ausgestaltung von Kauf- oder Mietverlängerungsoptionen, nicht nach denselben Regeln durchführen, die dem **auf Mobilien beschränkten Teilamortisationserlass vom 22.12.1975** zugrunde liegen. Denn der Immobilien-Leasingnehmer beansprucht typischerweise die **Chance einer Wertsteigerung nach dem Ende der Vertragslaufzeit** für sich. Nach dem zweiten Immobilienerlass führt dies allein noch nicht zur Zurechnung des wirtschaftlichen Eigentums an den Leasingnehmer, solange er nicht zugleich mit dem **Risiko der Wertminderung** belastet ist. Der Erlass bemüht sich um eine detaillierte Erfassung von Risikokonstellationen, die typischerweise mit dem Eigentum verbunden sind. Sieht ein Leasingvertrag eine auch nur teilweise Überwälzung der im Katalog aufgelisteten typischen Eigentümerrisiken auf den Leasingnehmer vor (z. B. Gefahr des zufälligen Untergangs der Immobilie), hat dies die Zurechnung des wirtschaftlichen Eigentums an ihn zur Folge. Bemerkenswert erscheint, dass bei Verträgen über **Spezial-Leasing** unabhängig vom Verhältnis zwischen Grundmietzeit und Nutzungsdauer sowie auch unabhängig von Optionsrechten **der Leasinggegenstand dem Leasingnehmer zugerechnet** wird.

5. Das erlasskonforme und das nicht erlasskonforme Leasing

28   Die dargestellten Leasingerlasse haben die Leasinggeschäfte in der Praxis als **empirische Geschäftstypen geprägt** und auch die entsprechenden Leasingverträge als rechtliche Vertragstypen konturiert.[24] Das hat zur Folge, dass heute – soweit entgegenstehende Angaben fehlen – bei einem Leasingvertrag von seiner Erlasskonformität auszugehen ist: Das erlasskonforme Leasing, dessen vertragliche Ausgestaltung einem der Leasingerlasse entspricht, ist das regelmäßige, die Praxis beherrschende Leasing. Mit anderen Worten: **Leasing ist im Zweifel erlasskonformes Leasing**. Die „Vertragsmodelle" der Leasingerlasse liegen deshalb auch der rechtsdogmatischen Diskussion über „den Leasingvertrag" zugrunde.

29   Freilich ist zu berücksichtigen, dass es durchaus Leasingverträge gibt, die *nicht* unter die Erlasskriterien zu subsumieren sind. Der Teilamortisationserlass enthält den ausdrücklichen Hinweis, dass die dort vorgesehenen Reglungen „nur grundsätzlich" gelten, „d. h. nur insoweit, wie besondere Regelungen in Einzelverträgen nicht zu einer anderen Beurteilung zwingen". Weicht ein vom Rechtsanwender zu überprüfender Leasingvertrag von den steuerlichen Erlasskriterien ab, so kann die an den Typen der erlasskonformen Leasingverträge entwickelte Dogmatik nicht unbesehen übertragen werden. Gewiss kann – was bisweilen übersehen wird[25] – **trotz fehlender Erlasskonformität** der Leasinggeber **gleichwohl als wirtschaftlicher Eigentümer** i. S. des § 39 Abs. 2 Nr. 1 AO an-

---

[23] Geschäfts-Z.: IV B/2 – S 2170–115/91 (BStBl. 1992 I, S. 13).
[24] *Jürgens* Die Entwicklung des Finanzierungs-Leasing, 1988, S. 29 ff. und 39 ff.
[25] So etwa von BGH NJW 1987, 377.

1. Kapitel. Entwicklung und wirtschaftliche Hintergründe des Leasings § 2

gesehen werden. Dies gilt auch dann, wenn er im Einzelfall keinen Vollamortisationsanspruch hat.

Die Analyse kann aber auch zu dem Ergebnis führen, dass das Leasinggeschäft als „verdeckter Kauf", der Leasing*nehmer* als wirtschaftlicher Eigentümer und der Leasinggeber ähnlich einem Sicherungseigentümer bei einer Sicherungsübereignung nur als „formalrechtlicher" Eigentümer behandelt werden muss; damit wird oft, wenn auch nicht notwendig, zivilrechtlich eine **kaufvertragliche Qualifizierung des Leasingvertrags** einhergehen. Allerdings wird dies heute **nur noch in Einzelfällen** in Betracht kommen, etwa beim so genannten Spezialleasing, bei dem der Leasinggegenstand wirtschaftlich sinnvoll überhaupt nur vom Leasingnehmer und von keinem Dritten eingesetzt werden kann.[26] Auch bei einer praktischen Kongruenz von Grundlaufzeit und betriebsgewöhnlicher Nutzungsdauer liegt der Gedanke eines „verdeckten Kaufs" nicht fern. Entspricht bei einem Leasingvertrag mit Kaufoption die Grundlaufzeit etwa 99 % der betriebsgewöhnlichen Nutzungsdauer, so ist der Herausgabeanspruch des rechtlichen Eigentümers aus § 985 BGB *de facto* nur ein leerer Titel. Hier wird – schlagwortartig formuliert – die Leasingsache nicht „gebraucht", sondern „verbraucht".[27] Auch wenn der Leasingvertrag unabhängig von der betriebsgewöhnlichen Nutzungsdauer ein Kauf- oder Verlängerungsoptionsrecht für den Leasingnehmer vorsieht, der Kaufpreis bzw. die Verlängerungsraten indes bloße „Anerkennungsgebühren" ohne zusätzliche Gegenleistung darstellen, wird man ein wirtschaftliches Eigentum des Leasingnehmers bejahen müssen, der hier als *homo oeconomicus* zur Ausübung der Option genötigt ist. Die seriöse Praxis sucht derartige Vertragsgestaltungen eben wegen der steuerrechtlichen Implikationen zu vermeiden; sie kommen meist nur aufgrund **fehlender Rechtskunde der Vertragsparteien** (oder ihrer Berater) „versehentlich" vor.

IV. Absatzwirtschaftliche Aspekte des Leasinggeschäfts

Die Verlagerung des wirtschaftlich-funktionalen Schwerpunkts von einem Instrument der Verkaufspolitik des Herstellers/Händlers zu einer Investitions- und Finanzierungsmethode des Leasingnehmers, die mit dem Wechsel von der ersten zur zweiten und dritten Generation des Leasinggeschäfts verbunden war (§ 1 Rdn. 8 ff.), bedeutet keineswegs, dass sich absatzwirtschaftliche Funktionen im modernen Leasing völlig verflüchtigt hätten. In weiten Bereichen der Leasingwirtschaft spielen für die Hersteller/Händler **verkaufs- bzw. vertriebspolitische Überlegungen eine durchaus tragende Rolle**. Zum einen finden sich nach wie vor mietvertragliche Erscheinungsformen des Leasings, die auf Zwei-Personen-Verhältnisse zwischen Herstellern und Händlern als Leasinggebern einerseits und Unternehmen oder Konsumenten als Leasingnehmern andererseits zugeschnitten sind und die heute als **Operating Leasing** bezeichnet werden (dazu § 3 Rdn. 2 ff.). Zum anderen aber setzen Hersteller und Händler auch im Zusammenwirken mit einem – oft von ihnen eigens gegründeten Leasinginstitut – das **Leasing bewusst als Marketinginstrument** ein, so dass auch das moderne Finanzierungsleasing mit seinem leasingtypischen Dreiecksverhältnis eine **ausgeprägte absatzpolitische Zielrichtung** erhalten kann.

Die Rede ist vom genannten **Hersteller- und Händler-Leasing** (dazu noch § 3 Rdn. 10 ff. und 15 ff.), bei dem für die Finanzierung des Leasingobjekts kein vom Lieferanten unabhängiges Leasinginstitut zwischengeschaltet ist, das seine Leasingobjekte von einer Reihe verschiedener Lieferanten beschafft, sondern der Hersteller oder Händler selbst oder ein mit ihm zumindest wirtschaftlich, oft auch konzernrechtlich verbundenes Finanzierungsunternehmen, das sich auf die Leasing-Finanzierung des betreffenden Produkts in Zusammenarbeit mit dem Hersteller/Händler konzentriert, diese Aufgabe über-

---

[26] Vgl. dazu BFHE 97, 484.
[27] Vgl. *Ebenroth* JuS 1978, 588 ff., 591.

nimmt. Das praktisch wohl bedeutsamste und zugleich anschaulichste Beispiel hierfür bildet der **Kfz-Vertrieb über die „Leasingschiene".** Die meisten Automobilhersteller verfügen heute über rechtlich zwar selbständige, d. h. mit eigener Rechtsfähigkeit ausgestattete, wirtschaftlich (und oft konzernrechtlich) aber mit ihnen verbundene Leasingbanken, sog. **Autobanken**, die ihrerseits mit den Händlern des jeweiligen Kfz-Vertriebssystems zusammenarbeiten. Bei diesem so genannten indirekten Hersteller- oder Händler-Leasing gewinnt das Geschäft für den Lieferanten und den mit ihm wirtschaftlich verbundenen Leasinggeber eine mehr oder weniger **ausgeprägte Absatzförderungsfunktion**, die zu der Finanzierungsfunktion (und eventuell der Dienstleistungsfunktion) hinzutritt. Das Leasing wird zielgerichtet und werbewirksam als günstige Finanzierungsmöglichkeit für den an dem Leasingobjekt interessierten Kunden angepriesen. Der Lieferant hat dabei oft im Auge, das Leasingobjekt nach Ablauf der Leasingzeit durch die vom Leasingnehmer ausgeübte Kaufoption endgültig abzusetzen oder andernfalls am Markt gewinnbringend zu verwerten. Der Leasingnehmer sieht nicht selten die Möglichkeiten eines raschen Modellwechsels als attraktiv an. Fast immer geht die Initiative zum Abschluss eines Leasingvertrags zwischen dem Kunden und der Leasinggesellschaft (oder dem Verkäufer selbst) hierbei vom Verkäufer (Händler) aus, der auf diese Finanzierungsmöglichkeit durch den „hausinternen" Leasinggeber werbend hinweist (vgl. noch § 3 Rdn. 15 f.).

2. Kapitel. Arten und Rechtsnatur des Leasingvertrags

§ 3. Erscheinungsformen des Leasings

Schrifttum: siehe zu § 1

Übersicht

	Rdn.
I. Finanzierungsleasing als Leasing im engeren Sinn	1
II. Das Operating-Leasing	2
III. Vielfalt, Ausgestaltungen und Abwandlungen des Leasings	6
IV. Hersteller- und Händler-Leasing	10
V. Direktes und indirektes Leasing	11
VI. Absatzförderndes und „reines" Leasing	15
VII. Mobilien- und Immobilien-Leasing	17
VIII. Das Sale and lease back-Verfahren	20
IX. Investitionsgüter- und Konsumgüter-Leasing	22
X. Das Kfz-Leasing	24
1. Die Bedeutung des Kfz-Leasing	24
2. Das Null-Leasing	25
3. Der Kilometer-Abrechnungsvertrag	26
XI. Weitere Leasing-Formen und Systematisierungsversuche	28

I. Finanzierungsleasing als Leasing im engeren Sinn

Die überblicksweise Betrachtung der betriebswirtschaftlichen und steuerrechtlichen Besonderheiten des Leasinggeschäfts (§ 2) hat bereits die **herausragende Bedeutung des erlasskonformen Finanzierungsleasings** erkennen lassen, von dem die Vollamortisationsverträge und die Teilamortisationsverträge mit ihren verschiedenen Ausgestaltungen nur Unterformen darstellen. Dabei wird das Vollamortisations-Leasing auch gern als *Full-pay-out-Leasing*, das Teilamortisations-Leasing als *Non-full-pay-out-Leasing* oder Buchrestwert-Leasing bezeichnet.[1] Sodann kann man zwischen Vollamortisations-Verträgen „ohne Option" für den Leasingnehmer (d. h. ohne Kauf- oder Verlängerungsoption), solchen mit Kauf- und solchen mit Verlängerungsoption unterscheiden. Bei den erlasskonformen Teilamortisationsverträgen sind das Vertragsmodell mit Andienungsrecht des Leasinggebers, das mit Aufteilung des Mehrerlöses und schließlich das mit Anrechnung des Veräußerungserlöses auf die vom Leasingnehmer zu leistende Schlusszahlung zu beachten. Es kommen allerdings in der Praxis auch **Kombinationen verschiedener Fortsetzungs- und Beendigungsmodalitäten** vor, die vom Rechtsanwender unter Umständen sämtlich auf ihre Erlasskonformität geprüft werden müssen. Einige Finanzierungsleasingverträge enthalten beispielsweise ein **„dreifaches Wahlrecht" des Leasingnehmers** nach Ablauf der Vertragszeit, wonach der Vertrag verlängert, der Gegenstand käuflich erworben oder auch bei Entrichtung einer Abschlusszahlung zurückgegeben werden kann. Sämtliche Erscheinungsformen des erlasskonformen Finanzierungsleasing gehören zum Leasing im engeren Sinn. Immer muss im Auge behalten werden, dass auch Gestaltungsformen von Finanzierungsleasingverträgen bekannt sind, bei denen **trotz fehlender Erlasskonformität** im unmittelbaren Rückgriff auf § 39 Abs. 2 Nr. 1 AO dem Leasinggeber das wirtschaftliche Eigentum am Leasinggut zuzurechnen ist. Auch diese Leasingverträge gehören zum Leasing im engeren Sinn. „Wenn in Deutschland von Leasing die Rede ist, so meint man gemeinhin das so genannte Finanzierungsleasing."[2]

1

---

[1] *Runge/Bremser/Zöllner* Leasing – betriebswirtschaftliche, steuer- und handelsrechtliche Grundlagen, 1978, S. 52.
[2] So schon *Flume* DB 1972, 1

II. Das Operating-Leasing

2 Dem Finanzierungsleasing oder Financial Leasing bzw. Finance Leasing in seinen verschiedenen Erscheinungsformen wird oft das Operating-Leasing oder auch Operate-Leasing als **eigenständige Kategorie** gegenübergestellt.[3] Unter Operating-Leasing versteht man meist kurzfristige Gebrauchs- und Nutzungsüberlassungsverträge, bei denen dem Leasingnehmer (wie auch dem Leasinggeber) unter Einhaltung einer bestimmten Frist ein ordentliches Kündigungsrecht zu jeder Zeit oder zu bestimmten Zeitpunkten eingeräumt ist. Der Leasingnehmer ist anders als beim Finanzierungsleasing nicht an eine Grundlaufzeit gebunden, innerhalb derer die ordentliche Kündigung ausgeschlossen wird. Soweit ausnahmsweise doch Mindestmietzeiten vereinbart sein sollten, reichen sie jedenfalls **nicht zur Amortisation** des vom Leasinggeber angeschafften Objekts aus. Auch fehlen Vereinbarungen, die auf eine Vollamortisation nach Vertragsende abzielen. Das Operating-Leasing steht **außerhalb der Leasingerlasse**. Zwar kann auch hier in aller Regel eine Zurechnung des wirtschaftlichen Eigentums nach § 39 Abs. 2 Nr. 1 AO an den Leasinggeber vorgenommen werden, jedoch zählen die Operating-Leasingverträge **mangels ausgeprägter Finanzierungsfunktion** nicht zum Leasing im engeren Sinn.

3 Beim Operating-Leasing trägt regelmäßig **der Leasing*geber* die objektbezogenen Risiken** der oft langlebigen und von mehreren Unternehmen nacheinander verwendbaren Produkte. Das Leasingobjekt ist bei nur relativ kurzer Laufzeit der einzelnen Verträge auf die mehrfache Verwendbarkeit von verschiedenen Leasingnehmern angelegt. Nicht selten übernimmt der an einem guten Erhaltungszustand besonders interessierte Leasinggeber die Wartung des Objekts. Wenn beim Operating-Leasing eine „Austauschabrede" getroffen wird, wonach technisch überholte Gegenstände durch neue Modelle ersetzt werden sollen, spricht man gern von *Revolving-Leasing*; beim *Term-Leasing* bleibt das Leasingobjekt für die Vertragszeit dasselbe. Bei dem in der Regel jederzeit kündbaren Vertrag, bei dessen Beendigung der Leasingnehmer niemals eine Abschlusszahlung zu leisten braucht, trägt **der Leasinggeber das Investitions- und Absatzrisiko**.

4 Die wirtschaftlichen Vorteile des Operating-Leasing liegen für den Leasingnehmer darin, dass er einen Gegenstand nutzen kann, den er nur für relativ kurze Zeit und nicht für die Gesamtlebensdauer des Objekts benötigt, wobei er sich zugleich von den Risiken einer Fehlinvestition, einer technisch-wirtschaftlichen Entwertung oder eines zufälligen Untergangs des Objekts entlasten kann.

5 Nicht immer sind Operating-Leasing und Finanzierungsleasing leicht voneinander abzugrenzen, zumal ja auch die Möglichkeit eines nicht erlasskonformen Finanzierungsleasing in Betracht zu ziehen ist. Für die Abgrenzung des Operating-Leasing vom Finanzierungsleasung als wirtschaftlichen Geschäftsarten sind verschiedene Aspekte von starkem indiziellen Wert, namentlich die nur vorübergehende oder die dauernde Nutzung des Objekts, die Kurz- oder die Langfristigkeit der Verträge,[4] das jederzeitige Kündigungsrecht oder die feste Grundlaufzeit, die hohe Austauschbarkeit des Leasingobjekts, der mehrmalige Einsatz für nacheinander folgende Leasingnehmer oder die nur einmalige Verwendung des Objekts als Leasinggut.[5] Vor allem fehlt beim Operating-Leasing meist (nicht immer) die für das Finanzierungsleasing charakteristische Dreiecksbeziehung.[6] Entscheidend für die Abgrenzung ist letztlich die wirtschaftliche Frage, ob das Absatzinteresse des Leasinggebers im Hinblick auf die zum Gebrauch überlassenen Gegenstände im Vordergrund steht und sich das Interesse des Leasingnehmers in der zeitweiligen ent-

---

[3] Vgl. etwa *Flume* DB 1972, 1, 2; *Papapostolou* Die Risikoverteilung beim Finanzierungsleasingvertrag, 1987, S. 29; *van Hove* Die Rechtsnatur der Leasingverträge, 1976, S. 23.
[4] Darauf stellt insbesondere *Flume* DB 1972, 1 ff. ab.
[5] *Ebenroth* DB 1978, 2109.
[6] *Gitter* Gebrauchsüberlassungsverträge, 1988, S. 351 f.

geltlichen Nutzung erschöpft. Demgegenüber ermöglicht allein das Finanzierungsleasing dem Leasingnehmer eine „maßgeschneiderte Kreditierung" seiner Investitionen.[7] Man kann deshalb sagen, dass das **Finanzierungsleasing eine typische Finanzierungsform**, das **Operating-Leasing eine ausgesprochene Investitionsform** darstellt. Beim Letzteren geht es vorrangig um eine gegenständliche Nutzungsüberlassung auf Zeit, beim Ersteren aber um eine „zeitgebundene Kreditierung".[8]

III. Vielfalt, Ausgestaltungen und Abwandlungen des Leasings

Nach den vorstehenden Überlegungen lässt sich – um der begrifflich-kategorialen Klarheit willen – das Finanzierungsleasing als Leasing im engeren Sinne bezeichnen (Rdn. 1). Es ist dadurch gekennzeichnet, dass der Leasinggeber nicht nur bürgerlich-rechtlich der „rechtliche" oder „formale" Eigentümer, sondern auch steuerrechtlich nach § 39 Abs. 2 Nr. 1 AO der „wirtschaftliche Eigentümer der Leasingsache ist. Dies ist immer beim erlasskonformen Finanzierungsleasing der Fall, doch gibt es auch nicht erlasskonformes Finanzierungsleasing. Es hat sich ferner gezeigt, dass das Grundkonzept des Finanzierungsleasings durch verschiedene Geschäftsformen von Vollamortisations- und Teilamortisationsverträgen dehnbar und in sich variabel, d. h. unter Aufrechterhaltung der spezifischen Funktionen unterschiedlich ausgestaltbar ist. 6

Demgegenüber gehört das Operating-Leasing nicht zum Leasing im engeren Sinne. Wegen seiner schwächer ausgeprägten Finanzierungs- und vorrangigen Nutzungsüberlassungsfunktion lässt es sich nur dem Leasing im weiteren Sinne zurechnen. Das Operating-Leasing ist auch nicht (mehr) als besondere Ausgestaltung des Finanzierungsleasings anzusehen. Es muss vielmehr als eine Abwandlung oder Modifikation des Finanzierungsleasings im Sinne einer Veränderung der spezifischen Funktionen, aber bei verbleibender Ähnlichkeit betrachtet werden. Man muss mithin die verschiedenen Ausgestaltungen des Grundkonzepts des (Finanzierungs-)Leasings im engeren Sinne von den zum Leasing im weiteren Sinn gehörenden Abwandlungen unterscheiden, wobei das Operating-Leasing nur die wichtigste dieser Abwandlungen ist (eine andere Abwandlung ist das *Sale and lease back-Verfahren*, dazu unten Rdn. 20). 7

Eine einzige gleichsam idealtypische Form des Leasings gibt es nicht. Leasing (im weiteren Sinn) ist letztlich nur eine **Sammelbezeichnung** für unterschiedliche Vertragsformen, denen lediglich gemeinsam ist, dass der Leasinggeber die Nutzungsmöglichkeit einer Sache für den Leasingnehmer beschafft und finanziert und der Leasingnehmer für die Nutzung ein Entgelt entrichtet.[9] Man hat von dem **„Mantelbegriff"** des Leasings gesprochen, der eine Fülle von Vertragsgestaltungen abdeckt.[10] Ebenso prägnant wie zutreffend heißt es bei *Bieg/Kußmaul*:[11] „Für Leasing-Verträge bestehen derart vielfältige Gestaltungsmöglichkeiten, dass es sowohl in betriebswirtschaftlicher als auch in juristischer Hinsicht kaum möglich ist, eine tiefergehende und dennoch alle unterschiedlichen Leasing-Formen umschließende Definition dieses Finanzierungsinstrumentes zu formulieren." 8

---

[7] Vgl. BGH DB 1979, 2077; vgl. auch OLG Hamm DB 1980, 393.
[8] So *Gitter* Gebrauchsüberlassungsverträge, 1988, S. 282.
[9] *Medicus* Schuldrecht II, Besonderer Teil, 13. Aufl. 2006, Rdn. 598: „Mit dem Wort ‚Leasing' werden sehr verschiedenartige Verträge bezeichnet." Auch für *Karsten Schmidt* Handelsrecht, 5. Aufl. 1999, S. 995 steht der „Begriff Leasing... in rechtlicher Hinsicht für eine Fülle unterschiedlicher Vertragsgestaltungen im Typenfeld zwischen Kauf und Miete". Vgl. auch *Ernst/Gerald Koch* Störungen beim Finanzierungs-Leasing, 1981, S. 17; *Ebenroth* JuS 1978, 588, 589; *Coester-Waltjen* Jura 1980, 123; *Gitter* Gebrauchsüberlassungsverträge, 1988, S. 281.
[10] Der Ausdruck „Mantelbegriff" geht offenbar zurück auf *Reinking/Eggert* Der Autokauf, 2. Aufl., Rdn. 532; vgl. dazu *Michalski/Schmitt* Der Kfz-Leasingvertrag, 1995, S. 7 mit Fn. 20.
[11] *Bieg/Kußmaul* Investitions- und Finanzierungsmanagement, Bd. II: Finanzierung, 2000, S. 297.

9 Für viele Erscheinungsformen von Leasingverträgen haben sich in der Praxis griffige Kurzbezeichnungen eingebürgert, die sich teilweise als kaum näher erläuterungsbedürftig darstellen, wie etwa Privat-Leasing, Domestic-Leasing, Crossborder-Leasing oder Baugewerbe-Leasing. Teilweise sollen solche Schlagwörter mit ihrem Bedeutungsgehalt im Folgenden kurz vorgestellt werden, wiewohl sie juristisch meist nur von eingeschränkter Bedeutung sind. Diese Praktiker-Bezeichnungen überlagern die vorstehend getroffenen Unterscheidungen und knüpfen an personen- oder objektbezogene, bisweilen auch absatzwirtschaftliche Eigenarten von Leasinggeschäften an. Zu beachten ist bei all diesen Unterscheidungen, dass es sich nicht um Rechtsbegriffe zur Bezeichnung unterschiedlicher Rechtsstrukturtypen des Leasings, sondern um **Praktiker-Schlagworte** zur Benennung verschiedener empirischer Erscheinungsformen des Leasinggeschäfts handelt. Weil diese Schlagworte den Prozess juristisch exakter Begriffsbildung mit randscharfer Konturierung nur zum Teil und auch dann nur unvollkommen durchlaufen haben, sind die Überschneidungen der erfassten Wirklichkeitsausschnitte beträchtlich. In den beteiligten Wirtschaftskreisen wird das Wort **Leasing zur Bezeichnung selbst herkömmlicher Mietverträge** verwendet, weil es werbewirksamer oder einfach „schicker" ist. Wenn – darüber hinausgehend – bisweilen sogar im Wirtschaftsleben Dienstverschaffungsverträge und Arbeitnehmerüberlassungsverträge (unechte Leiharbeitsverhältnisse) als „*Personal Leasing*" bezeichnet werden, obwohl es sich um schlichte Dienstleistungsverträge handelt, so sollte man als Jurist einem derartigen Sprachgebrauch widerstreiten. Man bedenke die Sätze, die *Albrecht Dietz* im Jahre 1990 als Vorstandsvorsitzender der Deutschen Leasing AG geschrieben hat: „Unsere heutige Welt zeigt einen deutlich hervortretenden Drang, neue Gestaltungen oder neu sich bildende Beziehungen schnell mit Begriffen zu erfassen. Als Symbole einer sich rasch wandelnden Welt machen sie die Runde, wirken infizierend und tragen wesentlich zur Verbreitung der durch sie bezeichneten Verhältnisse innerhalb gewachsener oder gesetzter Sozialverhältnisse bei, was oft genug auch deren Veränderung bedeutet. Die Kraft, die von solchen Begriffen ausgeht, liegt in dem Visionären, das sie ausdrücken oder sich mit ihnen verbinden lässt. Mit der Hervorhebung des Anderen als dem Gewohnten zeigen sie Grenzüberschreitungen an. Ein typisches Beispiel für dieses Phänomen ist auch das Leasing."[12]

IV. Hersteller- und Händler-Leasing

10 Mit den Begriffen des Hersteller- oder Händler-Leasings ist meist gemeint, dass der Lieferant selbst oder ein mit ihm wirtschaftlich verbundenes Unternehmen die Rolle des Leasinggebers übernimmt. Hier wird für die Finanzierung des Leasingobjekts kein vom Lieferanten unabhängiges Leasinginstitut zwischengeschaltet, das seine Leasingobjekte von einer Reihe verschiedener Lieferanten beschafft, sondern der Hersteller oder Händler selbst oder ein mit ihm zumindest wirtschaftlich, oft auch konzernrechtliches Finanzierungsunternehmen, das sich auf die Leasing-Finanzierung des betreffenden Produkts in Zusammenarbeit mit dem Hersteller/Händler konzentriert, übernimmt diese Aufgabe. Anschaulichkeit gewinnt diese Leasingform sofort bei einem Blick auf die meisten **Automobilhersteller**, die über rechtlich zwar selbständige, d. h. mit eigener Rechtsfähigkeit ausgestattete, wirtschaftlich (und oft konzernrechtlich) aber **mit ihnen verbundene Leasinginstitute (Autobanken)** verfügen, die ihrerseits mit den Händlern des jeweiligen Kfz-Vertriebssystems zusammenarbeiten (siehe noch Rdn. 24). Auch eine Reihe von Computerherstellern ist zur Gründung eigener Leasinginstitute übergegangen. In zahlreichen Branchen hat sich eine ständige Zusammenarbeit und „wirtschaftliche Verbindung" zwischen Herstellern/Händlern und Leasingbanken durchgesetzt.

---

[12] *Dietz* AcP Bd. 190 (1990), 235 ff., 236.

V. Direktes und indirektes Leasing

Damit ist zugleich die Unterscheidung zwischen mittelbarem (indirektem) Leasing und unmittelbarem (direktem) Leasing angesprochen.[13] Mit dieser Differenzierung ist allerdings **Vorsicht** geboten. Früher wurde sie oft in dem Sinne verwendet, dass von indirektem Leasing nur bei Einschaltung einer auf Leasinggeschäfte spezialisierten, rechtlich *und wirtschaftlich* selbständigen und unabhängigen Leasinggesellschaft die Rede war, während beim direkten Leasing der Hersteller/Händler selbst oder ein mit ihm wirtschaftlich verbundenes Leasinginstitut als Leasinggeber auftrat. Inzwischen hat sich indes der Sprachgebrauch in Praxis und Literatur weithin verschoben. Denn vielfach ist an Stelle des früheren Begriffspaars „direktes" und „indirektes" Leasing inzwischen mit gleicher Bedeutung die Unterscheidung zwischen „reinem Finanzierungsleasing" und „Hersteller-/Händler-Leasing" getreten. Die Adjektive „direkt" (unmittelbar) und „indirekt" (mittelbar) werden heute ganz überwiegend **nur noch zur Qualifizierung verschiedener Arten des Hersteller-/Händler-Leasing** gebraucht. Beim direkten Hersteller-/Händler-Leasing ist danach der Lieferant selbst Leasinggeber, beim indirekten Hersteller-/Händler-Leasing tritt ein mit dem Lieferanten wirtschaftlich (und oft konzernrechtlich) verbundenes Unternehmen als Leasinggeber auf.[14]

Bei diesen Abgrenzungen muss man sich zunächst Folgendes vergegenwärtigen: Wenn der Lieferant selbst (als Rechtsperson) zugleich die Funktion des Leasinggebers übernimmt, dann schrumpft die leasingtypische Drei-Personen-Beziehung der Grundkonzeption auf eine **Zwei-Personen-Beziehung**. In diesen Fällen kann man schwerlich noch von Finanzierungsleasing und Leasing im engeren Sinn sprechen. Tritt ein Hersteller oder Händler selbst nach dem Vertrag als „Leasinggeber" auf, so liegt allenfalls Operating-Leasing, wenn nicht ein Mietkauf oder ein Abzahlungskauf, niemals aber ein dritt-finanziertes Geschäft vor. So wird auch verständlich, dass einige Literaturstimmen das Hersteller- bzw. Händler-Leasing schlicht mit dem Operating-Leasing „rechtlich derselben Kategorie zuzuordnen" versuchen;[15] sie meinen damit das direkte Hersteller-/Händler-Leasing.

Zu Recht wird jedoch ein Dreiecksverhältnis nicht nur als leasingtypisch, sondern als unerlässliches Wesensmerkmal des Finanzierungsleasings angesehen.[16] Nur beim *indirekten* Hersteller-/Händler-Leasing ist – auch bei einer wirtschaftlichen Verbundenheit mit dem Leasinggeber als rechtlich selbständigem Rechtssubjekt – jedenfalls formal die **leasingtypische Drei-Personen-Beziehung** gegeben. Wenn der Leasinggeber ein nur wirtschaftlich mit dem Lieferanten verbundenes, rechtlich aber eigenständiges Unternehmen ist (sei es auch eine konzernrechtliche „Organtochter"), unterscheidet sich das (indi-

---

[13] Vgl. *Flume* DB 1972, 1, 2; *Ebenroth* JuS 1978, 588, 589; *Lienhard* Finanzierungs-Leasing als Bankgeschäft, 1976, S. 21; *Spittler* Leasing für die Praxis, 2. Aufl. 1985, S. 13; *Gitter* Gebrauchsüberlassungsverträge, 1988, S. 283.

[14] Vgl. insbes. *Berger* Typus und Rechtsnatur des Herstellerleasing, 1988, S. 4ff., 26ff.

[15] So *Gitter* Gebrauchsüberlassungsverträge, 1988, S. 289 und 351ff., der denn auch „Hersteller- oder Händler- bzw. Operating-Leasing-Verträge... grundsätzlich als Mietverträge" qualifizieren möchte (S. 353). Zu Unrecht beruft er sich (S. 352 Fn. 348) hierzu auf die herrschende Meinung. Ähnlich wie *Gitter* auch *Emmerich* JuS 1990, 1, 3.

[16] Vgl. insbes. BGHZ 97, 135, 142 = NJW 1986, 1744, 1745, wo von der „durch das ‚Dreiecksverhältnis' zwischen Lieferant, Leasinggeber und Leasingnehmer gekennzeichnete(n) Rechts- und Sachlage" gesprochen wird; vgl. auch *Berger* Typus und Rechtsnatur des Herstellerleasing, 1988, S. 20, 21, wonach das Vorliegen eines Dreiparteienverhältnisses „eine notwendige Voraussetzung für den Tatbestand des Finanzierungsleasing" darstellt; vgl. in diesem Sinne auch *Bernstein* Der Tatbestand des Mobilien-Finanzierungsleasingvertrages, 1982, S. 103; *Canaris* Bankvertragsrecht, Rdn. 1711, 1713; *Sonnenberger* NJW 1983, 2217; *Ebenroth* JuS 1978, 588, 589; *Papapostolou* Die Risikoverteilung beim Finanzierungsleasingvertrag, 1987, S. 22; *Dieter Mayer* Finanzierungsleasing und Abzahlungsgesetz, 1987, S. 14.

rekte, unmittelbare) Hersteller- oder Händler-Leasing zunächst kaum von der Grundkonzeption des Finanzierungsleasings, doch kann sich die wirtschaftliche Verbindung zwischen Lieferant und Leasinggeber in einzelnen Problemkreisen rechtlich auswirken.

14 Den Formen des indirekten Hersteller- oder Händler-Leasing ist gemeinsam, dass das Geschäft für den mit dem Lieferanten wirtschaftlich verbundenen Leasinggeber eine mehr oder weniger **ausgeprägte Absatzförderungsfunktion** besitzt, die zu der Finanzierungsfunktion (und eventuell der Dienstleistungsfunktion) hinzutritt (vgl. § 2 Rdn. 31 f.). Das Leasing wird zielgerichtet und werbewirksam als Finanzierungsmöglichkeit für den an dem Leasingobjekt interessierten Kunden angepriesen. Der Lieferant hat dabei im Auge, das Leasingobjekt nach Ablauf der Leasingzeit durch die vom Leasingnehmer ausgeübte Kaufoption endgültig abzusetzen. Fast immer geht die Initiative zum Abschluss eines Leasingvertrags zwischen dem Kunden und der Leasinggesellschaft (oder dem Verkäufer selbst) hierbei vom Verkäufer (Händler) aus, der auf diese Finanzierungsmöglichkeit werbend hinweist.[17]

VI. Absatzförderndes und „reines" Leasing

15 In der Literatur gibt es Bemühungen, das (indirekte) Hersteller- bzw. Händler-Leasing dem Finanzierungsleasing gegenüberzustellen, Ersteres einem im Ansatz strengeren Regelungsprogramm zu unterwerfen, das an der sozialschutzrechtlich motivierten Dogmatik der Verbraucherkredite ausgerichtet sein soll, und Letzteres als „reines" Finanzierungsleasing davon grundsätzlich unberührt zu lassen.[18] Zum Teil werden in der Literatur recht weitgehende Folgerungen an diese Unterscheidung geknüpft. Das (indirekte) „absatzfördernde Leasing" von Herstellern und Händlern soll sich vor allem vom „reinen" Finanzierungsleasing durch seine Nähe zu oder gar Austauschbarkeit mit finanzierten Abzahlungskäufen unterscheiden und eine entsprechende Behandlung, namentlich bezüglich der Anwendbarkeit des Verbraucherkreditrechts erfahren.[19] Beim „reinen" Finanzierungsleasing stehe die Leasinggesellschaft „auf Seiten des Leasingnehmers" und ihre Finanzierung sei „kundenorientiert". Demgegenüber sei die beim Hersteller-/Händler-Leasing angebotene Finanzierung „produzentenorientiert", weil die Drittkreditierung „letztlich auf der Eigeninitiative des Herstellers beruht und in seinem Absatzinteresse erfolgt". Dem Leasing als „Investitionsinstrument" stehe das Leasing als „Absatz- und Verwertungsinstrument" gegenüber.[20]

16 Die Rechtsprechung des BGH ist solchen Unterscheidungen nicht gefolgt und hat aus der generalisierend-abstrakten Unterscheidung zwischen „absatzförderndem" Hersteller- und Händler-Leasing einerseits und „reinem" Finanzierungsleasing andererseits keine Konsequenzen gezogen.[21] In der Tat erscheint diese Typologisierung nur sehr ein-

---

[17] Vgl. *Papapostolou* Die Risikoverteilung beim Finanzierungsleasingvertrag, 1987, S. 3.
[18] Vgl. vor allem *Canaris* NJW 1982, 305, 309; *ders* AcP Bd. 190 (1990), 410, 415; *Roth* AcP Bd. 190 (1990), 292, 302; *Papapostolou* Die Risikoverteilung beim Finanzierungsleasingvertrag, 1987, S. 57 ff.; *Gitter* Gebrauchsüberlassungsverträge, 1988, S. 287; vgl. auch *Flume* DB 1972, 1, der das „echte" oder „selbständige" Leasing hervorhebt.
[19] So insbes. *Canaris* NJW 1982, 305; *ders* Bankvertragsrecht, Rdn. 1730, 1480 f.; *Roth* AcP Bd. 190 (1990), 292, 302 ff.; *Papapostolou* Die Risikoverteilung beim Finanzierungsleasingvertrag, 1987, S. 70 ff.
[20] So prägnant, *Berger* Typus und Rechtsnatur des Herstellerleasing, 1988, S. 28.
[21] Vgl. BGHZ 95, 170, 180 = NJW 1985, 2258; BGHZ 97, 65, 75 = NJW 1986, 1335, 1336; BGH NJW 1977, 1058. In BGHZ 97, 65, 75 = NJW 1986, 1335, 1336 heißt es: „Dabei wird übersehen, dass ein Absatzinteresse das Vorliegen auch eines Finanzierungsinteresses nicht ausschließt. Vor allem aus der insoweit maßgeblichen Sicht des Leasingnehmers ist es gleichgültig, ob er sich die von ihm erhofften Vorteile des Leasing (als Ersatz für eine Investition) bei einem markengebundenen oder einem ‚neutralen' Leasinggeber verschafft." Gegen eine Sonderbehandlung des Hersteller- und Händler-Leasing auch *Ulmer/Schmidt* DB 1983, 2558 ff., 2615 ff.; *Graf von Westphalen* ZIP 1985, 1033, 1034.

geschränkt hilfreich, weil sich eine klare Vorrangstellung des Absatzförderungs- gegenüber dem Finanzierungsinteresse kaum jemals eindeutig feststellen lässt. Selbst bei einem Konzernverbund von Hersteller und Leasinginstitut ist keineswegs ausgemacht, dass sich das Leasinginstitut schlicht dem Absatzförderungsinteresse des Herstellers unterwirft. Es kann (oder muss) je nach Marktlage mehr oder weniger auf das Finanzierungsinteresse des Kunden/Leasingnehmers eingehen und **bleibt funktional zuerst Financier** mit eigenem Gewinninteresse. Immerhin wird man dem empirischen Erscheinungsbild des Hersteller- und Händler-Leasing einen indiziellen Wert für eine wirtschaftliche Einheit zwischen Leasinggeber und Lieferant zuerkennen können, wo es juristisch auf eine solche ankommt. Das ist indes nur selten der Fall. Auch bei einer engen wirtschaftlichen Verbundenheit zwischen einem Hersteller/Händler und einem „hauseigenen" Leasingunternehmen wird mit der rechtlichen Personenaufteilung praktisch durchweg auch eine klare Funktionsaufteilung zwischen Absatz und Finanzierung bewirkt, auf die es für die rechtliche Würdigung meist allein ankommt.

VII. Mobilien- und Immobilien-Leasing

Die Unterscheidung von Mobilien- und Immobilien-Leasing innerhalb des Investitionsgüter-Leasing macht deutlich, dass auch Grundstücke, genauer: **bauliche Anlagen auf Grundstücken als Leasingobjekte** in Betracht kommen können, wobei steuerrechtlich die beiden Immobilien-Leasingerlasse des BFM zu berücksichtigen sind (§ 2 Rdn. 26 ff.). Das Immobilien-Leasing hat in den letzten Jahrzehnten erhebliche Bedeutung im Wirtschaftsleben Deutschlands – nach Klärung der Eigentumsverhältnisse auch im Gebiet der ehemaligen DDR – erlangt und wird vor allem bei größeren gewerblichen Investitionsvorhaben wie dem Bau von Warenhäusern, Lagerhallen, Fabrikgebäuden, Walzstraßen, Kühlhäusern, Einkaufszentren oder Parkhäusern mit langer Nutzungsdauer als Finanzierungsform gewählt.[22] Dagegen hat es sich im privaten Bereich kaum, auch nicht für größere Mietwohnungs-Anlagen durchsetzen können. Aufgrund ihrer Größenordnung verzehren Investitionen in Immobilien im Wege des Kaufs und Eigentumserwerbs nicht nur in besonderem Maß die Liquidität eines Unternehmens, sondern sie bewirken auch regelmäßig gravierende Veränderungen der Bilanzrelationen, was sich namentlich bei knapper Eigenkapitalausstattung des Investors negativ auswirken kann. Das Immobilien-Leasing mit seiner bilanzneutralen Abwicklung bietet sich hier vielfach als willkommene Finanzierungsalternative an. Zudem mag für den Investor, der nicht über ein eigenes Baumanagement verfügt, das Erfahrungspotenzial des Leasinggebers in der Projektierung und Realisierung eines größeren Bauvorhabens wertvoll sein. 17

Inzwischen haben sich die Immobilien-Leasinggesellschaften einen Markt auch für mobile Wirtschaftsgüter wie **Schiffe und Flugzeuge** eröffnet, die vom betriebswirtschaftlichen Investitionscharakter und teilweise auch von der zivilrechtlichen Stellung her (vgl. etwa §§ 303, 452, 580a, 648, 932a BGB) den **Immobilien analog zu behandeln** sind. Die Praxis neigt dazu, die Abgrenzung zwischen Mobilien- und Immobilien-Leasing allein **nach der Höhe des Investitionsvolumens** zu vollziehen und etwa das Flugzeug- oder Schiffsleasing dem Immobilien-Leasing zuzurechnen; man spricht gern vom *Big-Ticket-Leasing*. Demgegenüber ist von juristischer Seite auf der exakten Abgrenzung zwischen beweglichen und unbeweglichen Sachen zu beharren; darauf stellen auch die Immobilien-Leasingerlasse ab. 18

Im Übrigen kann das Immobilien-Leasing mit seinen in der Praxis bekannten, überaus zahlreichen Gestaltungsformen und Besonderheiten nicht immer als eine Unterform des Finanzierungsleasings angesehen werden. Denn die Vollamortisation zugunsten des Leasinggebers fehlt bei den häufigen „Restwert-Modellen", die nur auf Tilgung der Anschaffungskosten bis auf den Restbuchwert angelegt sind. Auch schuldet der Immobilien-Lea- 19

---

[22] Vgl. dazu ausführlich *Rainer Koch* Immobilien-Leasing, 1988, insbes. S. 25 ff. und 35 ff.

singgeber vielfach neben der Finanzierung und Nutzungsverschaffung eine Vielzahl weiterer Dienstleistungen, insbesondere im Zusammenhang mit der Errichtung des Bauwerks.[23]

VIII. Das Sale and lease back-Verfahren

20 Das so genannte *Sale and lease back*-Verfahren hat sich vor allem, aber nicht ausschließlich beim **Leasing von Grundstücken** entwickelt.[24] Hier ist der spätere Leasingnehmer zunächst Eigentümer des Objekts, das er an den Leasinggeber veräußert und sodann unverzüglich von diesem „zurückleast". Dabei mag der Investor das Anlageobjekt seinerseits unmittelbar vorher erworben haben, so dass eine Zwischenfinanzierung nötig ist, oder sich erst nach längerer Nutzung des Objekts zur Aufgabe der Eigentümerposition entschließen. Der Leasingnehmer war zumindest für eine logische Sekunde („Vorschaltphase") Eigentümer des Leasingobjekts.[25] Die Finanzierungsfunktion dieses Geschäfts ist offensichtlich: der Eigentümer und spätere Leasingnehmer will durch die Veräußerung, bei der oft erhebliche stille Reserven erzielt werden können, Liquidität gewinnen und seine finanzielle Belastung auf die laufende Leasingrate beschränken. Der besondere Vorteil des *Sale and lease back*-Verfahrens wird mithin darin gesehen, dass das **investierte Kapital ohne Aufgabe der weiteren Eigennutzung freigesetzt** und zudem eine **zusätzliche Liquiditätsschonung durch die Realisierung stiller Reserven** erzielt wird. Diese stillen Reserven ergeben sich aus der positiven Differenz zwischen Zeitwerterlös und bisherigem Buchwert auf der Basis der historischen Anschaffungskosten.[26] Der Leasingnehmer ist dabei bestrebt, die realisierten stillen Reserven – in den Grenzen der einkommensteuerrechtlichen Zulässigkeit – auf seine Neuinvestition zu übertragen, von der er sich möglichst eine höhere Rentabilität versprechen und die er mit der beim *Sale and lease back*-Verfahren frei gewordenen Liquidität finanzieren kann.

21 Bei diesem *Sale and lease back*-Verfahren vereinigen sich in Abwandlung des Grundkonzepts des Leasings die Positionen des Veräußerers und des Leasingnehmers in *einer* Person. Die sonst für das Leasinggeschäft charakteristische Dreier-Beziehung wird auch hier zu einem **Zwei-Personen-Verhältnis**. Freilich ist zu berücksichtigen, dass neben dem Leasingvertrag ein **vorheriger Kaufvertrag zwischen denselben Parteien** geschlossen wird; der Leasinggeber beschafft sich die Leasingsache vom Leasingnehmer *in spe*. Auch ist nicht zu übersehen, dass bei einem sofortigen Weiterverkauf des Objekts nach unmittelbar vorhergegangenem Eigenerwerb des späteren Leasingnehmers wirtschaftlich gleichwohl eine Dreier-Beziehung herrscht, die nur durch eine Verdrängung des Erstverkäufers an seiner Position durch den Investor, Weiterveräußerer und schließlich Leasingnehmer zu einer Zweier-Beziehung wird. Wegen dieser und anderer Besonderheiten dieser Leasingart kann man das *Sale and lease back*-Verfahren **nicht mehr dem Finanzierungsleasing** und dem Leasing im engeren Sinne zuordnen.[27]

IX. Investitionsgüter- und Konsumgüter-Leasing

22 Nach der Art des Leasingobjekts kann man zwischen Investitionsgüter- und Konsumgüter-Leasing bzw. zwischen gewerblichem und privatem Leasing unterscheiden. Allerdings können manche einzelne Objekte auch sowohl dem Investitions- wie dem Konsumgüter-Leasing zugänglich sein. So haben das **Kfz-Leasing** und das **Computer-**

---

[23] *Rainer Koch* Immobilien-Leasing, 1988, S. 119 ff., 197 ff.
[24] Vgl. dazu *Ebenroth* JuS 1978, 588, 589; *ders.* JuS 1985, 425; *Gitter* Gebrauchsüberlassungsverträge, 1988, S. 283; *Papapostolou* Die Risikoverteilung beim Finanzierungsleasingvertrag, 1987, S. 31; *Lwowski* Erwerbsersatz durch Nutzungsverträge, 1967, S. 99.
[25] *Gitter* Gebrauchsüberlassungsverträge, 1988, S. 283.
[26] *Gzuk* AcP Bd. 190 (1990), 208 ff., 217.
[27] So zu Recht *Papapostolou* Die Risikoverteilung beim Finanzierungsleasingvertrag, 1987, S. 31.

Leasing (Hardware- und Software-Leasing) eine herausragende Stellung im privaten und gewerblichen Bereich erlangt. Bei neuen Leasingobjekten spricht man gern vom *First-hand-*, bei schon gebrauchten vom *Second-hand-Leasing*. Das Leasing von dauerhaften und höherwertigen Konsumgütern wie Fernsehgeräten, Musikinstrumenten oder Tiefkühltruhen etc. hat inzwischen einen festen Platz neben dem Leasing von Investitionsgütern zur gewerblichen Nutzung erobert. Das private Kfz-Leasing bildet hierbei wohl die wichtigste Unterform (dazu noch Rdn. 24 ff. und Kap. 16 §§ 55 bis 57).

Die Unterscheidung zwischen Investitions- und Konsumgüter-Leasing ist vor allem 23 deshalb wichtig, weil sich **der Privatmann die betriebswirtschaftlichen und steuerlichen Vorteile des Leasings kaum nutzbar** machen kann. Für ihn stellt sich das Leasing nicht selten (keineswegs immer) als Finanzierungsalternative zum finanzierten Abzahlungskauf dar. Es ist lange Zeit mit Verwunderung zur Kenntnis genommen worden, dass das Leasing „auch an Stellen (boomt), wo sich kein steuerlicher Vorteil damit verbinden ließ".[28] Durchaus kann das Leasing aber gegenüber einem (auch finanzierten) Kauf von **eigenständiger Attraktivität** für den Privatmann sein. So kann es ihm darauf ankommen, dass er nur *einen* Leasingvertrag abzuschließen braucht und nicht einen Kaufvertrag *und* einen Kreditvertrag. Es mag ihm wichtig erscheinen, dass er nach dem Ende der Grundlaufzeit einen Austausch zu einem neueren Modell vollziehen kann, ohne mit dem Risiko eines ungünstigen Weiterverkaufs des bisherigen Objekts belastet zu sein. Oft will er sich auch durch das Leasingverfahren einen späteren Erwerb des Objekts offenhalten, die Option hierfür aber garantieren lassen. Auch erspart sich der private Leasingnehmer, beispielsweise beim Kfz-Leasing, den rapiden Wertverfall nach nur kurzer Nutzungsdauer. Er mag zudem auf einen *Full Service* Wert legen, der ihm vom Leasinggeber, wenn auch unter Umlage von Reparatur- bzw. Versicherungskosten auf die Leasingraten, angeboten wird. Der Privatmann findet es als Leasingnehmer möglicherweise auch psychologisch vorteilhaft, vom Image des modernen „Leasing" zu profitieren und nicht wie bei einem Ratenkreditkauf als „Abzahler" zu erscheinen. Im Übrigen ist das Konsumgüter-Leasing häufig mittelbares, indirektes, nämlich Hersteller- bzw. Händler-Leasing. Allerdings werben inzwischen auch schon die unabhängigen Leasing-Banken um Privatleute mit einem Finanzierungsbedarf für ihre Konsumgüterwünsche. Der Erfolg des Konsumenten- oder Privat-Leasing erklärt sich wohl dadurch, dass sich die Nutzenmaximierung eines Privathaushalts über einen steigenden Anteil an Rationalisierungsmaßnahmen und Fremdleistungen vollzieht; es vereinigt sich im Leasingvertrag „für eine private Investition der Beschaffungsvorgang mit dem Finanzierungsvorgang bei gleichzeitigem Wegfall des Eigentumserwerbs und seiner späteren Rückgängigmachung sowie der Transformation einer Investition in eine budgetverträgliche und preisinformative Gebrauchsüberlassung, verbunden mit einer Ersparnis an Transaktions- bzw. Opportunitätskosten".[29]

X. Das Kfz-Leasing

1. Die Bedeutung des Kfz-Leasings

Das Kfz-Leasing ist heute wohl die **Hauptdomäne des Hersteller- oder Händlerleasing**, wobei die herstellereigenen Leasinginstitute, die sog. *Captives* der Autohersteller, 24 ein rund dreimal so großes Leasingvertragsvolumen wie die herstellerunabhängigen Leasinggesellschaften verzeichnen.[30] Ein wichtiger Grund dafür ist, dass die führenden Hersteller aufgrund ihres guten Ratings (Stichwort: Basel II) und aufgrund ihres eigenen Einlagengeschäfts besonders vorteilhafte Refinanzierungen requirieren und deshalb mit ihren Autobanken gegenüber ihren Leasingkunden entsprechend günstige Zinsen offe-

---

[28] *Dietz* AcP Bd. 190 (1990), 235, 239.
[29] So *Dietz* AcP Bd. 190 (1990), 235, 241.
[30] *Demberg* DB-Leasing-Spezial 34/2006, VII.

rieren können. In Zeiten des schonungslosen Preis- und Rabattwettbewerbs und der schrumpfenden Gewinnmargen der Händler beim reinen Fahrzeugabsatz lässt sich über Leasing-Finanzierungsangebote nicht nur der Fahrzeugabsatz erhöhen, sondern auch den Händlern durch die Kundenbetreuung über die gesamte Laufzeit der Leasingverträge von in der Regel 24 bis 48 Monaten ein Profit zuweisen. Neben dem Privatkundengeschäft mit dem PKW-Leasing als Konsumentenleasing steht das Firmengeschäft mit dem PKW-Leasing als Investitionsgüterleasing, bei dem das **Flottengeschäft mit umfangreichen Servicekomponenten** bis hin zum kompletten **Fuhrparkmanagement** an Bedeutung gewonnen hat.

2. Das Null-Leasing

25 Vor allem im Kfz-Sektor (im gewerblichen wie im privaten Bereich) begann sich in den achtziger Jahren des vergangenen Jahrhunderts eine Leasing-Variante des so genannten *Null-Zins-Leasing* oder *Null-Leasing* durchzusetzen.[31] Sie hat inzwischen aber wieder an Terrain eingebüßt und droht sogar von der Bildfläche zu verschwinden, wohl weil sie lauterkeitsrechtlich auf Bedenken stieß und auf dem Markt auch nicht die erhoffte Resonanz fand. Allerdings kann man vielleicht auch ein *come-back* nicht ausschließen. Das Null-Leasing im Kfz-Sektor kann Konsumgüter-Leasing oder Investitionsgüter-Leasing sein. Auch Privatleute als Konsumenten „leasen" heute nicht selten ihr Kfz, obwohl ihnen die besonderen steuerlichen und bilanziellen Vorteile des gewerbsmäßigen Leasinggeschäfts verschlossen bleiben; ihnen erscheinen etwa die Vorzüge eines schnellen Modellwechsels oder der risikofreien Rückgabe des Kfz nach Vertragsende oder auch die anschließende Kaufoption attraktiv genug (vgl. schon Rdn. 23). Hier wird vom Leasinggeber, der regelmäßig mit einem Kfz-Hersteller wirtschaftlich verbunden und von ihm in die Vertriebsorganisation eingeschaltet ist (indirektes Hersteller-Leasing), dem Kunden ein Neufahrzeug gegen Entrichtung einer Sonderzahlung (Einmalzahlung) und sodann monatlich fälliger Leasingraten für einen bestimmten Zeitraum (meist zwei oder drei Jahre) zur Verfügung gestellt. Die einmalige anfängliche Sonderzahlung beträgt etwa 20% bis 40% des Verkaufspreises und kann vielfach durch Inzahlungnahme des Gebrauchtwagens und damit (teilweise) Anrechnung erleichtert, wenn nicht vollständig erbracht werden.[32] Nach Ablauf der vereinbarten Leasingdauer kann der Kunde das Fahrzeug gegen Bezahlung eines vorher festgelegten und „kundenfreundlich" kalkulierten Restwerts erwerben. Die Besonderheit des Null-Zins-Leasing liegt darin, dass dem Kunden bei Einhaltung der ihm gesetzten Zahlungsziele **kein besonderer Leasing-Zins in Rechnung gestellt** wird, d.h. die Summe der vom Kunden gezahlten Leasingraten überschreitet nicht den bei Vertragsabschluss fest vereinbarten Betrag. Es entfällt beim Null-Zins-Leasing (jetzt meist Null-Leasing genannt) der sonst übliche Finanzierungsgesamtbetrag.[33] Eine Vielzahl von Automobilunternehmen hat inzwischen eigene Finanzierungsinstitute gegründet, die von Vertragshändlern, Franchisenehmern, Handelsvertretern oder Niederlassungen in die Vertragsverhandlungen eingeschaltet werden, um den Kfz-Kauf fremd zu finanzieren. Die Grenzen des Null-Leasing zum **teilfinanzierten Abzahlungskauf** sind fließend. In der Literatur wurde das Null-Leasing teilweise als Kaufvertrag,[34] teilweise als Mietkauf,[35] teilweise als Finanzierungsleasing in Form eines Teilamortisationsmodells[36] qualifiziert; der BGH hat sich hierzu noch nicht erklärt. In Wirklichkeit muss der Rechtsanwender im Einzelfall einfach sehr genau hinschauen

---

[31] Dazu *Staudinger/Stoffels* (2004), Leasing Rdn. 34; *Paschke* BB 1987, 1193; *Dörner* VersR 1978, 884; *Gaschka* DB-Beilage 6/1988, 15.
[32] Vgl. dazu BGH NJW 2003, 505.
[33] *Paschke* BB 1987, 1183; *Gitter* Gebrauchsüberlassungsverträge, 1988, S. 284.
[34] So *Paschke* BB 1987, 1193 ff., 1195.
[35] So MünchKomm/*Habersack*, Leasing Rdn. 13.
[36] So *Staudinger/Stoffels* (2004), Leasing Rdn. 34.

und unter Rückgriff auf die Kriterien des § 39 Abs. 2 Nr. 1 AO für die Zurechnung des wirtschaftlichen Eigentums entscheiden, ob es sich um einen Finanzierungsleasingvertrag oder um einen finanzierten Abzahlungskauf bzw. vielleicht – eher seltener – um einen Mietkauf handelt.

3. Der Kilometer-Abrechnungsvertrag

Eine weitere Gestaltungsvariante im Kfz-Leasing bietet der *Kilometer-Abrechnungsvertrag*, der gleichfalls regelmäßig für eine zwei- oder dreijährige Vertragslaufzeit geschlossen wird, nach deren Ablauf der Leasingnehmer das Fahrzeug wieder an den Leasinggeber zurückgeben muss, jedoch **ohne eine Erwerbsoption** zu haben. Die Vertragsparteien verständigen sich vielmehr für die Vertragslaufzeit auf eine **(hypothetische oder ideelle) Gesamtfahrleistung**, der bei Vertragsende die tatsächlich gefahrenen Kilometer gegenübergestellt werden, wobei geringfügige Abweichungen bis zu einer „Toleranzgrenze" von etwa 2.500 km unberücksichtigt bleiben. Bei einer Überschreitung der Toleranzgrenze hat der Leasingnehmer die in Anspruch genommene Mehrleistung entsprechend der vertraglichen Vereinbarung auszugleichen; ist er unterhalb der kalkulierten Gesamtleistung geblieben, erhält er umgekehrt eine Erstattung. Der Vorteil dieser Verrechnungsmethode wird darin gesehen, dass die vorherige Spekulation oder die spätere tatsächliche Ermittlung eines Restwerts des Leasingobjekts erspart bleibt. Der Kilometer-Abrechnungsvertrag wird nicht selten um ein Service-Paket des Leasinggebers ergänzt.

26

Wie bei Leasingverträgen üblich wird dem Kfz-Benutzer beim Kilometer-Abrechnungsvertrag weitgehend die **Sach- und Preisgefahr** aufgebürdet, was der BGH allerdings nur bis zu der Grenze zugelassen hat, dass dem Leasingnehmer im Fall eines völligen Verlustes des Kfz (Diebstahl, Totalschaden) ein **außerordentliches bzw. kurzfristiges Kündigungsrecht** eingeräumt wird.[37] Sonstige Beschädigungen oder Gebrauchsbeeinträchtigungen gehen zu seinen Lasten. Bei Vertragsbeendigung muss der Leasingnehmer das Kfz in einem ordentlichen Erhaltungszustand, insbesondere in einem verkehrssicheren und einsatzbereiten Zustand abliefern, andernfalls muss er den Minderwert in Geld ausgleichen bzw. die notwendigen Reparaturkosten erstatten. Der Leasinggeber braucht nur die typischen äußeren Beeinträchtigungen des Kfz durch die Ausnutzung der Gesamtfahrleistung („Patina") hinzunehmen. Die anschließende Verwertung des ordnungsgemäß abgelieferten Kfz obliegt dem Leasinggeber, der damit das Restwertrisiko (im Gegensatz zu den Vertragsmodellen des erlasskonformen Finanzierungsleasing) allein zu tragen hat. Freilich wissen sich die Kfz-Händler vor dem Risiko, dass der Verkauf des zurückgegebenen Fahrzeugs den intern kalkulierten Preis nicht erzielen kann, zu schützen: Sie setzen den Restwert vorsichtig und zurückhaltend genug an, so dass „Raum" bis zum höchstwahrscheinlich erzielbaren Erlös bleibt. Im Übrigen können sich die Leasinggeber bei den mit ihnen eng kooperierenden Händlern durch die Vereinbarung einer Rücknahme zumindest zum kalkulierten Restwert absichern. Mit anderen Worten: der Kilometerabsicherungsvertrag ist für den Leasinggeber zwar nicht mit einer rechtlichen Amortisationsgarantie des Leasingnehmers, aber mit einer **faktisch-kalkulatorischen Amortisation** verbunden, was zugleich seine Zuordnung zum Finanzierungsleasing rechtfertigt.[38] Es versteht sich, dass bei Kilometerabrechnungsverträgen mit Konsumenten (Privatkundengeschäft) die Anwendbarkeit des Verbraucherdarlehensrechts zu berücksichtigen ist.

27

---

[37] BGH NJW 1987, 377.
[38] So zu Recht auch *Staudinger/Stoffels* (2004), Leasing Rdn. 37.

XI. Weitere Leasing-Formen und Systematisierungsversuche

28 *Equipment-Leasing* bezeichnet das Leasing einzelner oder mehrerer Maschinen oder Einrichtungsgegenstände zur Ausrüstung eines Unternehmens mit den für den Betrieb wichtigen Anlageobjekten. Werden komplette Betriebsanlagen oder -einrichtungen gleichsam „schlüsselfertig" überlassen, spricht man von *Plant-Leasing*, bei nur einzelnen Ausrüstungsgegenständen, z. B. einer Spezialmaschine von *Individual Leasing*. Verpflichtet sich der Leasinggeber in einem Rahmenvertrag, Ausrüstungsgegenstände bis zu einer Höchstgrenze zu überlassen, spricht man von *Blanket-Leasing*. Beim schon erwähnten *Revolving-Leasing* (Rdn. 3) verpflichtet sich der Leasinggeber zur Ersetzung des Leasingobjekts durch ein neues, weniger abgenutztes oder moderneres auf Wunsch des Leasingnehmers. Das *Spezial-Leasing* zeichnet sich dadurch aus, dass das Leasinggut nicht drittverwendungsfähig ist, d. h. nach Ende des Leasingvertrags nicht von einem anderen genutzt werden kann. Beim Spezial-Leasing als Sonderform des Finanzierungsleasings plant regelmäßig der Leasingnehmer die technische Ausgestaltung des Leasinggegenstandes, z. B. eine Werkhalle oder ein Bürogebäude. Sodann übernimmt der Leasinggeber die Herstellung des Objekts, um es anschließend dem Leasingnehmer zu „verleasen" und seine Investitionen mit dem Ablauf der Grundlaufzeit amortisiert zu erhalten. Hierauf ist er in der Tat angewiesen, kann doch das ganz auf die Bedürfnisse des Leasingnehmers zugeschnittene Leasingobjekt sinnvoller Weise nur von diesem verwendet werden. Meist vereinbaren die Parteien schon vorab für die Zeit nach Beendigung der Grundlaufzeit eine „Anschlussmiete", die meist nur einen geringen Bruchteil der früheren Leasingraten ausmacht.[39]

29 Das mehr oder weniger ausgeprägte, möglicherweise auch gänzlich fehlende Service-Paket des Leasinggebers in Flankierung der reinen Nutzungsüberlassung ist der Ausgangspunkt für weitere, aus der US-amerikanischen Leasingpraxis übernommene Unterscheidungen. Vom *Maintenance-, Full-Service* oder *Gross-Leasing* ist die Rede, wenn der Leasinggeber die Wartung des Leasingobjekts einschließlich der anfallenden Reparaturarbeiten und mit Versicherungspflichten übernimmt. Im deutschen Sprachbereich hat sich dafür der Begriff *„Brutto-Leasing"* eingebürgert. Die reine finanzierte Überlassung des Leasinggegenstandes ohne weitere Verpflichtungen des Leasinggebers wird als *Net-Leasing* (Netto-Leasing) bezeichnet.

30 Auch nach der Dauer des Leasingvertrags oder der Grundlaufzeit und nach den verschiedenen Beendigungsmodalitäten lassen sich Unterformen des Leasings bilden. Während schon nach dem Grundkonzept des Finanzierungsleasings die vereinbarte Grundlaufzeit von meist zwischen drei und sechs Jahren kürzer ist als die betriebsgewöhnliche Nutzungsdauer des Leasingobjekts, kann auch eine noch deutlich darunter liegende Leasingzeit vereinbart werden. Meist handelt es sich dabei um Operating-Leasing. Die Praktiker nennen Leasinggeschäfte mit einer Laufzeit von bis zu drei Jahren *Short-Leasing* oder *Short-term-Leasing*, die darüber hinausgehenden *Long-(term-)Leasing*.

31 Als wenig ergiebig haben sich Versuche einer Systematisierung der verschiedenen Leasingformen erwiesen. Hierum hat sich vor allem die betriebswirtschaftliche Literatur bemüht.[40] So werden die Leasingverträge „nach dem Verpflichtungscharakter" in Operate-Leasing und Finance-Leasing, in Vollamortisations- und Teilamortisations-Leasing und in Verträge mit und ohne Option des Leasingnehmers auf Mietverlängerung oder Erwerb des Objekts systematisiert; sie werden „nach der Art des Leasing-Gegenstandes" in Kon-

---

[39] *Bieg/Kußmaul* Investitions- und Finanzierungsmanagement, Bd. II: Finanzierung, 2000, S. 304.

[40] *Jahrmann* Finanzierung, 4. Aufl. 1999, S. 221 ff.; *Kußmaul* Betriebswirtschaftliche Steuerlehre, 2. Aufl. 2000, S. 36; *Wöhe/Bilstein* Grundzüge der Unternehmensfinanzierung, 8. Aufl. 1998, S. 216 ff.; *Bieg/Kußmaul* Investitions- und Finanzierungsmanagement, Bd. II: Finanzierung, 2000, S. 298 f.; *Bieg* Leasing als Sonderform der Außenfinanzierung, Der Steuerberater 1997, S. 425.

sumgüter- und Investitionsgüter-Leasing, in Mobilien- und Immobilien-Leasing oder in *Equipment-* und *Plant-Leasing* unterteilt; und es wird „nach der Stellung des Leasinggebers" zwischen direktem und indirektem Leasing unterschieden.[41] Für den Juristen und insbesondere für den Zivilrechtsdogmatiker sind solche Systematisierungen kaum von heuristischem Wert.

§ 4. Die Rechtsnatur von Leasingverträgen

Schrifttum: siehe § 1

Übersicht

		Rdn.
I.	Die Bedeutung der Leasingtheorien	1
II.	Der Operating-Leasingvertrag als Mietvertrag	4
III.	Rechte und Pflichten der Parteien beim (Finanzierungs-)Leasing	7
IV.	Die mietvertragliche Qualifizierung des Leasingvertrages	12
	1. Das Schrifttum	12
	2. Die BGH-Rechtsprechung	14
	3. Kritik	17
V.	Kaufvertragliche Einordnungsversuche	24
	1. Die Literaturstimmen	24
	2. Kritik	25
VI.	Leasing und Mietkauf	31
VII.	Der darlehensvertragliche Ansatz	34
VIII.	Der geschäftsbesorgungsvertragliche Ansatz	38
IX.	Der Leasingvertrag als Vertrag *sui generis*	41
	1. Hauptaussagen und Streitpunkte der *sui generis*-Theorie	41
	2. Die Vorzugswürdigkeit der bifunktionalen *sui generis*-Theorie	48
	3. Die rechtstypologische Beschreibung des Leasingvertrages	52
X.	Die Kodifikationsreife des Leasingvertrags	54
XI.	Leasingverträge in der neueren rechtswissenschaftlichen Diskussion	55
	1. Das Leasinggeschäft als komplexe Vertragsverbindung	55
	2. Tendenzen zur objektiv-normativen Auslegung	58
	3. Das Leasinggeschäft als ringförmiger Leistungsaustausch	60
	4. Das Leasinggeschäft als kleines Netzwerk	61

I. Die Bedeutung der Leasingtheorien

Es kann nach der Darstellung der praktischen und wirtschaftlichen Grundlagen des Leasinggeschäfts (1. Kapitel, §§ 1 und 2, 2. Kapitel, § 3) nicht verwundern, dass die rechtsdogmatische Einordnung der Leasingverträge in das System der gesetzlich geregelten Vertragstypen des BGB und die damit verbundene Bestimmung der Rechtsnatur seit Auftreten der ersten Leasingverträge in Deutschland auf Schwierigkeiten stößt und **nach wie vor rechtswissenschaftlich umstritten** ist, auch wenn sich das **Meinungsspektrum inzwischen konsolidiert** sowie eine **gefestigte Rechtsprechung herausgebildet** hat und sich die verbliebenen unterschiedlichen Leasingtheorien längst nicht mehr auf die Lösung jeder einzelnen Sachfrage auswirken. Jahrzehntelang haben die Leasingtheorien miteinander in dem Bewusstsein gerungen, dass die zivilrechtliche Einordnung des „so rätselhaften Gebildes Leasing"[1] keine Frage von akademischer Folgenlosigkeit ist, denn eine Rechtsnaturbestimmung präjudiziert in praktisch bedeutsamer Weise die **Festlegung des rechtlichen Regelungsprogramms** für das Zustandekommen, den Inhalt, die Durchführung und die Abwicklung eines Vertrags.[2] Deshalb darf das Leasing für den

1

---

[41] *Bieg/Kußmaul* Investitions- und Finanzierungsmanagement, Bd. II: Finanzierung, 2000, S. 299 mit Abbildung auf S. 301; ähnlich schon *Bieg* Der Steuerberater 1997, 425.
[1] So *Lieb* DB 1988, 946.
[2] *Koch* Störungen beim Finanzierungs-Leasing, S. 90; *Sonnenberger* NJW 1983, 2217, 2218; *Seifert* DB-Beilage 1/1983, 1, 2; *Coester-Waltjen* Jura 1980, 123, 125; *Bernstein* Der Tatbestand des Mobilien-

Juristen kein „Buch mit sieben Siegeln" bleiben.³ Insbesondere die Fragen, welche zwingenden Rechtsvorschriften zu beachten sind, nach welchen Vorschriften des AGB-Rechts eine Inhaltskontrolle formularmäßiger Leasingverträge vorzunehmen ist und an welchem gesetzlichen Leitbild sie sich möglicherweise zu orientieren hat, ob schließlich das Verbraucherdarlehensrecht Anwendung findet – all dies hängt maßgeblich von der Rechtsnatur des Leasingvertrages ab. Auch bei der erläuternden und der ergänzenden Vertragsauslegung muss unter Umständen das gesetzliche Regelungsprogramm einer einschlägigen Vertragsart zum Tragen kommen. Schließlich ist für die insolvenz-, bilanz- und steuerrechtliche Behandlung des Leasingvertrages seine zivilrechtliche Einordnung von Bedeutung. Dass die Parteien des Leasinggeschäfts ihren Vertrag bisweilen als *Miet*vertrag bezeichnen, von Grund*miet*zeit, *Miet*verlängerungsoption oder gar von *Miet*raten sprechen, ist natürlich für die rechtliche Einordnung ohne Bedeutung: *iura novit curia*. Wenig hilfreich bleibt auch ein Blick auf das anglo-amerikanische Recht, in dem das Leasing als ein stark verfestigtes, dem Leasingnehmer eine quasi-dingliche Position einräumendes Recht mit Zuweisungsgehalt verstanden wird, das dem Nießbrauch unserer §§ 1030 ff. BGB ähnlich ist. Demgegenüber steht im deutschen Recht jedenfalls so viel fest, dass beim Leasinggeschäft **kein dingliches Nutzungsrecht** *(ius in rem)*, sondern nur ein **obligatorisches Gebrauchs- und Nutzungsüberlassungsrecht** *(ius ad rem)* begründet wird.⁴

2   Gegen die jahrelangen Bemühungen um eine dogmatische Einordnung des Leasingvertrages in die schuldrechtliche Vertragstypologie ist allerdings auch **grundsätzliche Kritik** angemeldet worden, die in dem Vorwurf gipfelt, vielen dieser Bemühungen liege die dem BGB fremde Vorstellung einer Art von Rechtsformzwang zugrunde, bei der der zentrale Aspekt der Vertragsfreiheit außer Betracht bleibe.⁵ Ohnehin sei der Leasingvertrag ein so eigen- und neuartiger Vertragstyp, dass jeder Vergleich mit gesetzlichen Leitbildern „als Vergewaltigung des Parteiwillens angesehen werden" müsse.⁶

3   Gewiss ist uneingeschränkt richtig, dass sich jeder verantwortungsvolle Rechtsanwender zuerst um die Erforschung der privatautonom festgelegten Interessen und Ziele der Parteien zu bemühen und dabei höchsten Respekt vor der Vertragsfreiheit zu beobachten hat. Indes muss es auch aus der Sicht eines an formaler Freiheitsethik orientierten privatrechtstheoretischen Grundverständnisses⁷ als lobens- und ehrenwert angesehen werden, wenn sich Rechtsprechung, Kautelarjurisprudenz und Rechtslehre bei der Umsetzung der vorgefundenen Interessenstrukturen in vertragliche Rechtsstrukturtypen **zuvörderst an den Modellen des Gesetzes** orientieren.⁸ Dazu gibt es im Grunde methodologisch keine Alternative. Abgesehen von möglicherweise einschlägigen zwingenden Vorschriften und von der vielfach bedeutsamen, gleichfalls die Vertragsfreiheit etwa AGB-rechtlich begrenzenden Leitbildfunktion des dispositiven Rechts formulieren schließlich auch die Vertragsparteien ihre Rechte und Pflichten im Rückgriff auf die bekannten Vertragstypen. Wenn man sich auch sicherlich vor „künstlichen Konstruktionen" hüten muss, kann doch bei Beobachtung der juristischen *lex artis* aus einer „zu engen Anbindung an das Gesetz" keine Gefahr für die Vertragsfreiheit erwachsen.⁹ Gerade das für den Prozess

---

Finanzierungsleasingvertrages, S. 133; *Papapostolou* Die Risikoverteilung beim Finanzierungsleasingvertrag, S. 33.
   ³ Vgl. dazu *Hamer* Leasing – Buch mit sieben Siegeln, DB-Beil. 13/1986, 19.
   ⁴ Vgl. dazu *Lwowski* Erwerbsersatz durch Nutzungsverträge – Eine Studie zum Leasing, S. 4.
   ⁵ Vgl. *Lieb* DB 1988, 946 und DB 1988, 2495; ähnlich auch *Oechsler* in seiner Habilitationsschrift, Gerechtigkeit im modernen Austauschvertrag, 1997, insbes. S. 315 ff, 325 ff; dazu noch unten, sub XI 2, Rdn. 58.
   ⁶ So *Lieb* DB 1988, 946, 953.
   ⁷ Vgl. dazu *Reuter* in: AcP Bd. 189 (1989), S. 199 ff.
   ⁸ In diesem Sinne auch *Stoffels* Gesetzlich nicht geregelte Schuldverträge – Rechtsfindung und Inhaltskontrolle, 2001, dazu noch unten, sub XI 2, Rdn. 59.
   ⁹ Vgl. dazu aber *Lieb* DB 1988, 946, 950.

2. Kapitel. Arten und Rechtsnatur des Leasingvertrags § 4

der Rechtsnaturbestimmung charakteristische nachvollziehende Aufspüren und abwägende Würdigen der Parteiinteressen einerseits und der Zielvorstellungen der gesetzlichen Regelungsprogramme andererseits erweist sich für die normative Bewältigung eines modernen Vertragstyps als unerlässlich. In Literatur und Rechtsprechung finden sich zahlreiche Bemühungen um eine adäquate Erfassung der Rechtsnatur des Leasingvertrages. Das Spektrum der Einordnungsversuche ist dabei außerordentlich breit.

II. Der Operating-Leasingvertrag als Mietvertrag

Das Gesagte betrifft uneingeschränkt das Finanzierungsleasing in seinen typischen, erlasskonformen sowie in seinen davon abweichenden Ausformungen und die dieses Grundkonzept variierenden Leasingverträge (Leasing im engeren Sinne, vgl. § 2 Rdn. 1 ff.). **Kaum auf zivilrechtliche Einordnungsprobleme stößt** demgegenüber der zum Leasing nur im weiteren Sinne zu rechnende Operating-Leasingvertrag (vgl. dazu § 3 Rdn. 2 ff.). Im Schrifttum wie in der Rechtsprechung herrscht praktisch uneingeschränkt Einigkeit darüber, dass der **Operating-Leasingvertrag als Mietvertrag i. S. der §§ 535 ff. BGB** anzusehen ist,[10] denn Operating-Leasingverträge sind vor dem wirtschaftlichen Hintergrund zu verstehen, dass derselbe Gegenstand bei jeweils relativ zur betriebsgewöhnlichen Nutzungsdauer kurzen Vertragslaufzeiten wiederholt an verschiedene Leasingnehmer vermietet werden soll. 4

Wenn auch oft eine Finanzierungsfunktion bei diesem entgeltlichen Gebrauchsüberlassungsvertrag wenig ausgeprägt oder gar absent ist, so kann doch durchaus eine Dreiecksbeziehung zwischen Lieferant, Leasinggeber und -nehmer bestehen. Zu allermeist aber reduziert sich das Operating-Leasinggeschäft auf ein Zwei-Personen-Verhältnis. Einen „leasingtypischen" Vollamortisationsanspruch hat der auf seinen Leasingratenanspruch beschränkte Leasinggeber in keinem Fall. Der Vertrag ist auf die entgeltliche Nutzung der Sache zum Gebrauch während der vereinbarten Zeit gerichtet. Insbesondere soweit eine jederzeitige Kündigung unter Einhaltung vertraglich vorgesehener Fristen möglich ist (§ 542 Abs. 2 BGB) und die Sach- und Preisgefahr dem Leasinggeber verbleibt (§ 535 BGB), ist die Würdigung als Mietvertrag unproblematisch. Ist das nicht der Fall, wird man schwerlich noch von Operating-Leasing sprechen können. Das Operating-Leasing ist mithin eine **Sonderform der Miete**, die die Gebrauchsüberlassung von Investitionsgütern zum Gegenstand hat. Nur auf der Grundlage eines weiten Leasingbegriffs kann man deshalb den Operating-Leasingvertrag als eine Sonderform des Leasings, eben das mietvertragliche Leasing ansehen. Für den Juristen ist unschwer erkennbar, dass der Begriff des Operating-Leasing häufig „nur aus marktpsychologischen Gründen anstelle des zutreffenden Terminus ‚Mietvertrag' verwendet"[11] wird. 5

Dieser Befund hat weit reichende Folgen für die **Beurteilung der Wirksamkeit** derartiger meist formularmäßiger Verträge, für die § 307 Abs. 2 Nr. 1 BGB (früher: 9 Abs. 2 Nr. 1 AGB-Gesetz) i. V. m. den §§ 535 ff. BGB einschlägig ist. Von besonderer Wichtigkeit ist dabei, dass Versuche einer formularmäßigen (nicht: einer individualvertraglichen) Überwälzung der Sach- und Preisgefahr in einem Operating-Leasingvertrag gegen die „wesentlichen Grundgedanken" der §§ 535 ff., 323 ff. BGB verstoßen und als den Leasingnehmer unangemessen benachteiligende Klauseln nach § 307 Abs. 1, Abs. 2 Nr. 1 BGB nichtig sind, während eine **Versicherungspflicht** bezüglich sachbezogener Risiken dem Leasingnehmer ohne Verstoß gegen das AGB-Recht aufgebürdet werden kann. Gegen die Abtretung bzw. Ermächtigung zur Ausübung von Gewährleistungsansprüchen gegen 6

---

[10] Vgl. etwa *Ebenroth* DB 1978, 2109, 2110; *ders.* JuS 1978, 588, 590; *Gitter* Gebrauchsüberlassungsverträge, S. 352; *Flume* DB 1972, 1, 2; *Autenrieth* JA 1980, 407; *Emmerich* JuS 1990, 1, 3; *Gerhardt* JZ 1986, 742; *Dieter Mayer* Finanzierungsleasing und Abzahlungsgesetz, S. 71; BGH NJW 1998, 1637, 1639; fragwürdig allerdings BGHZ 111, 84, 95 f. = NJW 1990, 1785; dazu MünchKomm/*Habersack*, 4. Aufl. 2004, Finanzierungsleasing Rdn. 4.

[11] So *Klaus Müller* Schuldrecht BT, 1990, S. 139.

den Lieferanten bestehen an sich keine Bedenken, doch kann der Leasinggeber dadurch seine mietvertragliche Eigenhaftung nach den §§ 535 ff. BGB nicht vollständig abbedingen. Sie bleibt vielmehr als **subsidiäre Eigenhaftung** bestehen und wird etwa bei Undurchsetzbarkeit von Gewährleistungsansprüchen gegen den Lieferanten – die Mangelhaftigkeit der Mietsache bewirkt hier keinen Wegfall der Geschäftsgrundlage – oder bei Spätschäden der Leasingsache nach Ablauf der liefervertraglichen (kauf- bzw. werkvertraglichen) Verjährung gemäß §§ 438, 475, 634 a BGB bedeutsam.[12]

III. Rechte und Pflichten der Parteien beim (Finanzierungs-)Leasing

7 Ausgangspunkt einer Klärung der **Rechtsnatur des Leasingvertrages im engeren Sinne** muss ein Blick auf die dem wirtschaftlichen Grundkonzept des Finanzierungsleasings entsprechende Vertragsgestaltung und die Verteilung von Rechten und Pflichten in der Praxis ausweislich der üblichen Formularverträge bzw. Leasinggeber-AGB sein. Dabei kann an die Vollamortisations- und Teilamortisations-Vertragsmodelle angeknüpft werden (vgl. § 2 Rdn. 8 ff. sowie an die im 6. Teil dieses Handbuchs abgedruckten Vertragsbeispiele).[13]

8 Für den Leasinggeber steht als **Hauptpflicht** im Mittelpunkt, dass er dem Leasingnehmer die **Gebrauchs- und Nutzungsmöglichkeit** an einem von ihm zu beschaffenden Leasinggegenstand für die vereinbarte Zeit einzuräumen und **zu „finanzieren"** hat. Diese Finanzierung geschieht durch den **Abschluss eines Beschaffungsgeschäfts** zwischen Leasinggeber und Lieferanten und durch die Entrichtung des Kaufpreises oder Werklohns. Hierdurch „beschafft" der Leasinggeber das Objekt für sich und für den Leasingnehmer. Hat der Leasingnehmer selbst die Vertragsverhandlungen auch mit dem Lieferanten geführt, wird die Wirksamkeit des Leasingvertrages vom Zustandekommen des Kauf-, Werk- oder Werklieferungsvertrages zwischen dem Hersteller bzw. Händler und dem Leasinggeber oder von der Lieferung der Sache an den Leasingnehmer abhängig gemacht. Die **Nebenleistungspflichten** des Leasinggebers können sich von der Beratung über die Investitionsentscheidung des Leasingnehmers bis hin zum späteren Weiterverkauf nach Ablauf der Grundlaufzeit erstrecken. **Hauptleistungspflicht für den Leasingnehmer** ist die meist monatliche, selten auch jährliche Zahlung der **festen Leasingraten**.

9 Im Regelfall zeichnet sich der Leasinggeber von dem **Risiko des zufälligen Untergangs und der zufälligen Verschlechterung**, des Diebstahls und der Beschädigung der Leasingsache frei. Der Leasingnehmer hat also „leasingtypisch" die Sach- und Preisgefahr zu tragen und findet sich insofern **in einer Position wie ein Käufer** nach dem Eigentumsübergang. Meist wird er zur Eindeckung einer Versicherung des Leasinggutes verpflichtet. Der Leasinggeber trägt zwar das **Insolvenzrisiko** bezüglich des Leasingnehmers, ist jedoch durch sein Eigentum am Leasingobjekt gesichert. Ferner zeichnet sich der Leasinggeber von jeder Haftung für Sachmängel frei; Gewährleistungsansprüche stehen dem Leasingnehmer deshalb gegen den Leasinggeber nicht zu. Allerdings tritt ihm der Leasinggeber seine Gewährleistungsansprüche gegen den Lieferanten aus dem Kauf- oder Werklieferungsvertrag ab (sog. **Abtretungskonstruktion**) oder ermächtigt ihn zur Geltendmachung solcher Ansprüche gegenüber dem Lieferanten im eigenen Namen (sog. – ungleich seltenere – **Ermächtigungskonstruktion**), so dass er selbst Nachbesserung, Wandelung oder Minderung, gegebenenfalls auch eine Rücknahme des Leasingguts und Ersatzlieferung verlangen kann.

---

[12] Vgl. *Ebenroth* DB 1978, 2109, 2111; *Gitter* Gebrauchsüberlassungsverträge, S. 353 ff.

[13] Vgl. ferner die Auswertung der verschiedenen Leasing-Bedingungen bei *Koch* Störungen beim Finanzierungs-Leasing, S. 24 ff.; vgl. auch *Papapostolou* Die Risikoverteilung beim Finanzierungsleasingvertrag, S. 4 ff.

2. Kapitel. Arten und Rechtsnatur des Leasingvertrags § 4

Für fast alle Leasingverträge ist zudem charakteristisch, dass den Leasingnehmer eine **scharfe Haftung für die Zahlung der Leasingraten** trifft. Bei schon kurzfristigem Ratenrückstand steht dem Leasinggeber ein außerordentliches Kündigungsrecht zu. Bei fristloser Kündigung werden typischerweise **„Abschlusszahlungen"** in Höhe mindestens der noch ausstehenden Leasingraten abzüglich Zinsen fällig. Aufrechnungs- oder Zurückbehaltungsrechte aufgrund von geltend gemachten, angeblichen Ansprüchen wegen Sachmängeln, Untergangs des Leasingobjekts oder wegen sonstiger Leistungsstörungen sind ausdrücklich ausgeschlossen. Die **Modalitäten der Vertragsbeendigung** (Kündigungsrechte, Kündigungsfristen, Verlängerungsmöglichkeit zu anderen Bedingungen) und das Schicksal des Vertragsobjekts nach Vertragsbeendigung (Rückgabepflicht oder Kaufoptionsrecht) können je nach Vertragsmodell verschieden sein. Jedenfalls trifft bei den Teilamortisationsverträgen, bei denen während der Grundlaufzeit noch keine Vollamortisation für den Leasinggeber eingetreten ist, den Leasingnehmer eine vertragsmodellspezifisch ausgestaltete Pflicht zur **Herbeiführung der Vollamortisation**. Man wird von einer zusätzlichen, die Vollamortisation absichernden Garantieübernahme des Leasingnehmers reden müssen. 10

Damit ist ein erster Überblick über den wesentlichen Inhalt typischer Leasingverträge gewonnen. Zahlreiche Einzelheiten in den vielfach fünf bis zehn Seiten umfassenden Formularverträgen oder Leasing-AGB unterliegen variationsreichen Regelungsmöglichkeiten. 11

IV. Die mietvertragliche Qualifizierung des Leasingvertrages

1. Das Schrifttum

Es ist nicht übertrieben zu sagen, dass heute nach weit verbreiteter, wenn nicht gar herrschender Literaturansicht eine **mietvertragliche Qualifizierung** auch für den Leasingvertrag im engeren Sinne für sachgerecht gehalten wird – und mit Leasingvertrag im engeren Sinne ist hier wie sonst das im Regelfall, aber nicht notwendig erlasskonforme **Finanzierungsleasing** gemeint (vgl. § 2 Rdn. 28 ff. und § 3 Rdn. 1 ff.). Der Leasingvertrag ist danach – *cum grano salis* oder „letztlich" – ein Mietvertrag. Ein Teil der Literatur behandelt den Leasingvertrag gar als „reinen" Mietvertrag i. S. der §§ 535 ff. BGB,[14] während das wohl überwiegende Schrifttum ihn als atypischen, besonders ausgestalteten Mietvertrag[15] oder als Mietvertrag mit „gewissen Besonderheiten"[16] ansieht. Leasing ist danach ein Mietvertrag mit den „Amputationen"[17] der Sach- und Preisgefahrüberwälzung und des Gewährleistungsausschlusses. Vor allem das kautelarjuristische Schrifttum[18] folgt bisweilen beinahe sklavisch den Formulierungen der mietrechtlich orientierten Rechtsprechung (dazu Rdn. 14 ff.). 12

Begründet wird die mietrechtliche Qualifizierung schlicht damit, dass die Parteien im Wesentlichen eine **entgeltliche Gebrauchsüberlassung des Leasinggegenstandes** anstrebten. Das Entgelt solle den Gebrauch bzw. die Nutzung, nicht aber die Substanz 13

---

[14] Vgl. *Flume* DB 1972, S. 1 ff., 4 ff.; *Blomeyer* NJW 1978, S. 973 ff.; *Döllerer* BB 1971, S. 535 ff., 539; *Koch* Störungen beim Finanzierungs-Leasing, S. 99 ff.; *Sonnenberger* NJW 1983, 2217, 2218.
[15] Vgl. *Reinicke/Tiedtke* BB 1982, 1142 ff.; *Hiddemann* WM 1978, S. 838 ff., 836; *Sannwald* Der Finanzierungsleasingvertrag, S. 87 ff.; wohl auch *Mosel* NJW 1974, 1454; *Meilicke* BB 1964, 691.
[16] So *Coester-Waltjen* Jura 1980, 123 ff.; vgl. auch (besonders ominös) *Emmerich* JuS 1990, 1, 4: „Finanzierungsleasingverträge sind daher (atypische) Mietverträge, worüber freilich die starken kaufvertraglichen Elemente niemals übersehen werden dürfen, auf die daher in allen Zweifelsfragen die gebotene Rücksicht zu nehmen ist..."
[17] So *Jürgen Blomeyer* NJW 1978, 973.
[18] So namentlich *Graf von Westphalen* Leasingvertrag, 5. Aufl. 1998, passim; vgl. auch *ders.* BB 1988, 1829, der allerdings besonders das garantievertragliche Element der Teilamortisationsverträge hervorhebt; vgl. auch *Wolf/Eckert/Ball* Handbuch des gewerblichen Miet-, Pacht- und Leasingrechts, 9. Aufl. 2004, passim.

der Sache vergüten. Entsprechend der Grundstruktur des Mietvertrages nach §§ 535 ff. BGB sei die Leistung des Leasinggebers auf die Verschaffung des *„usus rei"* (der Sachnutzung) gerichtet, die des Leasingnehmers stelle sich als Entgelt *„pro usu rei"* (für die Sachnutzung), nicht *„pro re"* (für die Sache selbst) dar.[19] Die mietvertragliche Rechtsnatur soll dabei **in gleicher Weise die Vollamortisations- wie die Teilamortisationsverträge** betreffen und insbesondere unabhängig von einer Kaufoption des Leasingnehmers sein.[20] So betont *Jürgen Blomeyer*, dass auch bei einem herkömmlichen Mietvertrag ein Erwerbsrecht für den Mieter nach Ablauf der Mietzeit nichts an der Rechtsnatur des Mietvertrages ändere.[21] Selbst wo das Kaufoptionsrecht bei hinreichender Verfestigung zur Annahme eines bedingten Kaufvertrages führe, trete diese Vertragskomponente lediglich zum Mietvertrag hinzu, ohne diesen zu verdrängen oder auch nur zu beeinträchtigen.

2. Die BGH-Rechtsprechung

14 Der BGH[22] hat sich verhältnismäßig spät zum ersten Mal grundlegend mit der Rechtsnatur des Leasingvertrages auseinandergesetzt, nämlich **erst im Jahre 1975**, und sich dabei recht vorsichtig, um nicht zu sagen: unsicher, ausgedrückt.[23] Es ist kaum der BGH-Rechtsprechung anzulasten, dass sie sich erst mehr als zehn Jahre nach der Gründung der ersten deutschen Leasinggesellschaft zur Frage der zivilrechtlichen Einordnung des Leasingvertrages geäußert hat; die Leasingbranche selbst hatte nämlich zivilrechtliche Auseinandersetzungen jahrelang zu vermeiden gesucht, um zunächst die steuerliche Behandlung auf gesicherte Grundlagen zu stellen.[24] In jener Entscheidung aus dem Jahre 1975 hat der BGH einen **Leasingvertrag über Heißgetränke-Automaten**, bei dem die Sach- und Preisgefahr auf den Leasingnehmer übertragen war und dem Leasingnehmer kein Erwerbsrecht eingeräumt war, als eine **besondere Form des Mietvertrages** angesehen und für die „Rechtsbeziehungen der Parteien in erster Linie die §§ 535 ff. BGB" als „maßgebend" angesehen. Wenige Jahre später hat der BGH die mietvertragliche Einordnung auch auf Verträge mit einem Erwerbsrecht für den Leasingnehmer bei Vertragsende ausgedehnt, weil auch bei eingeräumter Kaufoption „das Schwergewicht des Vertrages... im mietvertraglichen Bereich" liege.[25] Inzwischen sind nach dem BGH **die mietrechtlichen Vorschriften „in erster Linie" maßgebend**, auch wenn ein Andienungsrecht für den Leasinggeber vereinbart wurde.[26]

15 Bei den Vollamortisations- wie den Teilamortisationsverträgen liegt der BGH-Rechtsprechung bis heute die Vorstellung von einem **Mietvertrag in der Sonderform des Leasingvertrages** zugrunde.[27] Zwar könne sich der Leasinggeber „nicht ersatzlos von der ihn treffenden Hauptpflicht, dem Leasingnehmer die Leasingsache in einem für den

---

[19] So insbes. *Flume* DB 1972, S. 1 ff., 5; vgl. auch *Coester-Waltjen* Jura 1980, 123 ff., 126.
[20] Vgl. aber *Graf von Westphalen* Leasingvertrag, 5. Aufl. 1998, Rdn. 52 ff., 61 ff., 90 ff., der zwischen beiden differenzieren will (Rdn. 93 ff.).
[21] *Blomeyer*, NJW 1978, S. 973 ff., 974.
[22] Vgl. zur Leasing-Rechtsprechung des BGH die Entscheidungsübersicht mit Fundstellen-Verzeichnis im Anhang dieses Handbuchs.
[23] BGH NJW 1977, 195, 196; vgl. auch die Bestätigung in BGHZ 68, 118, 123 = BGH NJW 1977, 848, 849; zur Entwicklung der BGH-Rechtsprechung im Einzelnen vgl. *Jürgens* Die Entwicklung des Finanzierungs-Leasing, S. 43 ff. und *Papapostolou* Die Risikoverteilung beim Finanzierungsleasingvertrag, S. 36 ff.; *Reinicke/Tiedtke* Kaufrecht, 7. Aufl. 2004, Rdn. 1684 ff.
[24] Vgl. *Papapostolou* Die Risikoverteilung beim Finanzierungsleasingvertrag, S. 36.
[25] BGHZ 71, 189, 194 = NJW 1978, 1383, 1384.
[26] BGH NJW 1977, 195, 196; BGHZ 68, 118, 123 = NJW 1977, 848; BGH NJW 1977, 1058; BGHZ 71, 196, 204 = NJW 1978, 1432, 1432; BGHZ 82, 121, 125 = NJW 1982, 870, 871; BGH 97, 135, 139 = NJW 1986, 179; BGHZ 97, 135, 139 = NJW 1986, 1744.
[27] Vgl. BGHZ 82, 121, 125 = NJW 1982, 870, 871; BGHZ 96, 103, 106 = NJW 1986, 179; BGHZ 97, 137, 139 = NJW 1986, 1744; BGHZ 111, 84, 95 = NJW 1990, 1785; BGH NJW 1989, 460, 461; BGHZ 128, 255, 261 = NJW 1995, 1019; BHG NJW 1996, 2860; BGH NJW 2002, 133, 135.

2. Kapitel. Arten und Rechtsnatur des Leasingvertrags §4

Vertragszweck geeigneten Zustand zur Verfügung zu stellen, formularmäßig freizeichnen". Individualvertraglich könnten die Gewährleistungsrechte aber auch in einem Mietvertrag abbedungen werden. Die besondere Regelung der Gewährleistungspflicht gebe dem Leasingvertrag „sein typisches, insoweit vom Leitbild des Mietvertrags abweichendes Gepräge".[28] Auf dieser Grundlage hat der BGH die Auffassung zurückgewiesen, dass es beim Leasingvertrag keinen gesetzlichen Vertragstyp gebe, dessen dispositive Vorschriften an die Stelle ungültiger Vertragsbestimmungen treten könnten.[29] Vielmehr sollen dort, wo die vertraglichen Modifikationen unwirksam sind, etwa nach § 138 BGB oder nach § 307 BGB, die mietrechtlichen Vorschriften einschlägig sein, d. h. insbesondere die **mietrechtlichen Gewährleistungsrechte** der §§ 536 ff. BGB oder das **außerordentliche Kündigungsrecht** nach § 543 BGB. Da der Leasinggeber nach § 535 Abs. 1 S. 2 BGB das Leasingobjekt dem Leasingnehmer in einem für den vertragsgemäßen Gebrauch geeigneten Zustand überlassen muss, hat der Leasingnehmer einen entsprechenden Erfüllungsanspruch und kann bei einer Inanspruchnahme auf Ratenzahlung die Einrede des nichterfüllten (§ 320 BGB) Vertrages erheben.[30]

Freilich übersieht der BGH keineswegs die **Finanzierungsfunktion des Leasings**.[31] **16** Er hat vielmehr ausgeführt, dass „nach den erlasskonformen Leasingvertragstypen" der Leasingnehmer „stets volle Amortisation der Gesamtkosten des Leasinggebers (schuldet)", denn „es gehört zum Wesen jeglicher Finanzierung, dass die eingesetzten Mittel an den Kapitalgeber zurückfließen";[32] auch wird der **Vollamortisationsanspruch** des Leasinggebers als **„leasingtypisch"** erkannt. Letztlich jedoch glaubt der BGH, die Finanzierungsfunktion als bloßen Annex zur „Hauptpflicht" der Gebrauchsüberlassung[33] behandeln zu können, der nichts an der Rechtsnatur des Leasingvertrages als eines „auf den Austausch wechselseitiger Leistungen gerichteten Gebrauchsüberlassungsvertrages"[34] ändere, auf den „in erster Linie Mietrecht"[35] anzuwenden sei. Allerdings darf nicht unerwähnt bleiben, dass einzelne Nuancen der Entscheidungsbegründungen des BGH in die Richtung eines Verständnisses des Leasingvertrages als Vertrag *sui generis* weisen. So hat der BGH gelegentlich darauf hingewiesen, „dass die strikte Anwendung mietrechtlicher Grundsätze der Interessenlage beim Finanzierungs-Leasing nicht gerecht" werde.[36] Auch hat er in einigen Entscheidungen nicht mehr vom „Leitbild des Mietvertrages", sondern **expressis verbis** vom „Leitbild des Leasing-Vertrages" gesprochen.[37] Man hat hierin bereits die Ankündigung oder Anbahnung einer Loslösung des BGH von der deutlich mietvertraglichen Orientierung vermutet.[38] Dazu ist es indes bis heute nicht gekommen; in der Rechtsprechung „steht" die Formel von dem „in erster Linie" maßgeblichen Mietrecht auch angesichts der inzwischen anerkannten Finanzierungsfunktion des Leasingvertrags. Abgesehen von den verwendeten Formeln, Ausdrucksweisen und Wendungen – wirklich praktisch bedeutsam erscheint der Abstand der Rechtsprechung von der in der Literatur dominierenden *sui generis*-Theorie (dazu Rdn. 42 ff.) nicht mehr.

---

[28] So BGHZ 81, 298, 302 = NJW 1982, 105 ff.; vgl. dazu *Canaris* NJW 1982, 305; *Klamroth* BB 1982, 1949, 1952.
[29] BGH NJW 1977, 1058, 1059.
[30] BGHZ 84, 42, 45 = NJW 1982, 2242; BGH NJW 1984, 2687.
[31] Vgl. insbes. BGHZ 81, 298, 303 = NJW 1982, 105, 106 und BGHZ 82, 121 ff. = NJW 1982, 870 ff.
[32] BGHZ 95, 39, 49 = NJW 1985, 2253, 2255.
[33] BGHZ 81, 298, 303 = BGH NJW 1982, 105, 106.
[34] BGHZ 82, 121 ff. = NJW 1982, 870 ff.
[35] BGHZ 82, 121, 125 = NJW 1982, 870 ff.; BGHZ 96, 103, 106 = NJW 1986, 179 ff.; BGHZ 97, 135, 139 = NJW 1986, 1744 ff.
[36] BGHZ 95, 39, 49 = NJW 1985, 2253, 2255.
[37] So BGH NJW 1982, 1747, 1748.
[38] So aber offenbar *Gitter* Gebrauchsüberlassungsverträge, S. 305 bis 307 (mit zweifelhaften Hinweisen in Fußn. 137), wonach der BGH den Leasingvertrag als „Vertrag mit Doppelstellung" behandeln und sich der *sui generis*-Theorie annähern soll; vgl. aber *Graf von Westphalen* BB 1988, 1829.

3. Kritik

17 Rechtsdogmatisch ist allerdings die **mietrechtliche Qualifizierung abzulehnen**, denn sie vermag weder in der „reinen" noch in der „modifizierten" Form dem Leasingvertrag mit seinen Besonderheiten gerecht zu werden. Schon bei wirtschaftlich-funktionaler Betrachtung fallen einige Unterschiede zwischen Miete und Leasing auf: Der Vermieter erwirbt eine Sache idealtypisch zunächst für sich selbst, um sodann Mietinteressenten zu suchen und für eine Amortisation der Investition durch zeitintensive entgeltliche Nutzung zu sorgen; hierbei trägt er das unternehmerische Risiko. Beim Leasing trifft der Leasingnehmer *in spe* die unternehmerische Investitionsentscheidung und sucht sodann einen Vertragspartner, der ihm die Sache verschafft und finanziert; der Leasinggeber soll selbst an der Sache das Eigentum erwerben und sie ihm zugleich zur Nutzung über- und belassen. Man hat von der **„Präexistenz" des Mietgegenstandes** gesprochen,[39] von der sich sozusagen eine *ad hoc*-Existenz des Leasinggegenstandes unterscheidet. Diese Unterschiede können kaum für die rechtliche Risikoverteilung unbedeutend sein, sind doch hier und dort die Investitionsinitiativen, Finanzierungsmodalitäten und Sachsubstanzinteressen für das Beschaffungs- und das anschließende Nutzungsüberlassungsgeschäft verschieden gelagert.

18 Vom Regelungsgehalt her hebt schon die Unkündbarkeit i. S. des **Ausschlusses einer ordentlichen Kündigung** für die Dauer der so genannten **festen „Grundmietzeit"** (Grundlaufzeit), während derer sich in den Vollamortisations-Vertragsmodellen die zu zahlenden Leasingraten zu einem die Anschaffungs- bzw. Herstellungskosten übersteigenden Betrag aufsummen, den Leasingvertrag von dem gesetzlich geregelten Vertragstyp der Miete deutlich ab. Der **dem Mietrecht unbekannte Gedanke der Vollamortisation** hat für alle Erscheinungsformen des Leasingvertrages im engeren Sinn eine schlechthin unübersehbare Bedeutung. Bei den Teilamortisationsverträgen weist die garantiemäßig vom Leasingnehmer übernommene Pflicht zur Absicherung der Restamortisation darauf hin, dass die Anwendung des Mietrechts „in erster Linie" der **Gleichrangigkeit der Finanzierungsfunktion** des Leasings nicht gerecht zu werden vermag. Hinzu kommt, dass die Dienstleistungsfunktion des Leasinggebers, die in Form von Beratungs- und Betreuungsdiensten für das Leasing der dritten Generation eine bedeutsame Rolle spielt, gleichfalls dem Vertrag ein vom Mietvertrag „abweichendes Gepräge" gibt. In besonders starkem Maße weicht auch die **Überwälzung der Sach- und Preisgefahr** auf den Leasingnehmer vom Mietvertragstypus ab. Man kann schon diese leasingspezifische Risikoverteilung schwerlich noch als eine Unregelmäßigkeit des Mietvertrages ansehen. Sie macht vielmehr deutlich, dass beim Leasingvertrag die **Finanzierungsfunktion gleichrangig neben der Gebrauchsüberlassungsfunktion** anzusiedeln ist.

19 Dieser Eindruck erfährt noch eine wesentliche Verstärkung, wenn man auf die **unterschiedlichen Gewährleistungsregelungen** blickt. Zu Recht haben *Larenz* und *Lieb* auf den für den Leasingvertrag unpassenden Wortlaut des § 535 BGB hingewiesen, hat doch der Leasinggeber dem Leasingnehmer ausweislich des regelmäßigen Ausschlusses der Gewährleistungspflicht eben nicht „den Gebrauch" des Objekts zu „gewähren" (vgl. § 535 Abs. 1 S. 1 BGB a. E.).[40] Der Leasingvertrag hat statt der „Gewährung" des Gebrauchs **nur die Ermöglichung des Gebrauchs** und der Nutzung der Sache durch den Leasingnehmer zum Inhalt. Dem entspricht es, dass in der Praxis der Leasinggeber deutlich Abstand davon nimmt, die für die Zwecke des Leasingnehmers erforderliche Gebrauchsgeeignetheit und Funktionstauglichkeit zu versprechen.[41] Zwar hegen beide Vertragspartner die zur gemeinsamen Geschäftsgrundlage verdichtete Vorstellung, dass das Leasinggut ein-

---

[39] Zuerst *Flume* DB 1972, 53, 54 f.; vgl. ferner *Papapostolou* Die Risikoverteilung beim Finanzierungsleasingvertrag, S. 46 ff.; *Lieb* DB 1988, 946, 947 mit Fußn. 6; *ders.* DB 1988, 2495, 2498.
[40] *Larenz* Schuldrecht BT, 12. Aufl. 1981, § 63 II, S. 455; zustimmend *Lieb* DB 1988, 946, 951.
[41] Vgl. *Lieb* DB 1988, 946, 948; zweifelnd freilich *Graf von Westphalen* BB 1988, 1829, 1831.

satztauglich zur Erwirtschaftung der Leasingraten (*pay as you earn*) ist, doch übernimmt der Leasinggeber hierfür **keine Einstandsverpflichtung**.

Dem ist in der mietrechtlich orientierten Literatur unter Hinweis darauf widersprochen worden, dass die Leasingraten gerade für die **tatsächliche Gebrauchs- und Nutzungsfähigkeit**, nicht für die bloße **Gebrauchsmöglichkeit** geleistet würden; Äquivalenz von Leistung und Gegenleistung seien eben doch nur gegeben, wenn der Leasinggeber dem Leasingnehmer den Gebrauch „gewährt".[42] Gegenüber der selbstherrlichen Festsetzung von Äquivalenzverhältnissen durch den Rechtsanwender muss betont werden, dass zuerst die Vertragsparteien bestimmen, was wofür geleistet und als äquivalent angesehen wird.[43] Es trifft durchaus den Kern, wenn *Larenz* darauf hinweist, dass die Gewährung des Gebrauchs i. S. der §§ 535 ff. BGB nicht nur bloße Überlassung, sondern Gewährleistung der Gebrauchsmöglichkeit meint. Der Vermieter schuldet nicht ein bloßes Dulden, sondern ein positives Tun mit Instandhaltungs- und Instandsetzungspflicht (§ 535 Abs. 1 S. 2 BGB). Genau daran fehlt es beim Leasing, denn der Leasinggeber will und braucht nur dafür einzustehen, dass mit dem Lieferanten ein Kauf- oder Werkvertrag über das Leasingobjekt geschlossen, dieses rechtzeitig geliefert, dafür der Preis rechtzeitig bezahlt wird und der Leasingnehmer **die Sache (so wie sie ist) in Gebrauch nehmen kann**.[44]

Wenn demgegenüber *Graf von Westphalen* meint, es sei „nicht zu erkennen", aus welchen Gründen der Leasinggeber keine Einstandspflicht für die Funktionstauglichkeit des Leasingobjekts übernehme,[45] wird die Neigung zur blanken Unterstellung einer grundsätzlichen, dann freilich wieder abbedungenen, aber „subsidiär" bleibenden Gewährleistungspflicht deutlich. In Wirklichkeit spricht der leasingtypische Ausschluss einer eigenen Gewährleistung des Leasinggebers eine klare Sprache. Und diese **Besonderheit des Leasingvertrages** begründet **nicht eine Abweichung vom Mietvertrag**, sondern verdeutlicht seine besondere Finanzierungsfunktion, die von den Vertretern der mietrechtlichen Einordnung ebenso wie von der Rechtsprechung vernachlässigt wird. Aufgrund seiner Finanzierungsfunktion steht der **Leasingvertrag** *zwischen* den gesetzlich geregelten Umsatz- und Nutzungsverträgen.

Wer wie der BGH in Abweichung von einer „rein" mietvertraglichen Qualifizierung den Leasingvertrag als „Sonderform des Mietvertrages" mit einem „vom Leitbild des Mietvertrages abweichenden Gepräge" qualifiziert, ist immerhin auf dem richtigen Weg – ohne ihn indes zu Ende zu gehen. Im Grunde ist das „abweichende Gepräge" zumindest bei den heutigen Leasingverträgen der dritten Generation derart stark ausgeformt, dass **das Leitbild des Mietvertrages gesprengt** wird.

Neuere monographische Abhandlungen zum Leasingvertrag, die freilich ihrerseits in der Kritik mancherorts zu weit gehen, nähren den Verdacht, dass die Ausprägung der heute in Rechtsprechung und wohl noch herrschender Meinung dominierenden mietrechtlichen Qualifikation aus den vorstehend zusammengefassten Gründen **eine Fehlentwicklung** ist, die in den Turbulenzen der „Gründerjahre" des Leasings ihren Anfang nahm.[46] Dabei klingt der Argwohn an, die BGH-Rechtsprechung halte heute im Grunde wider besseres Wissen an dem früher fälschlicherweise eingeschlagenen Weg fest, weil sie das Eingeständnis eines Fehlers scheue; der Sache nach folge der BGH längst der *sui generis*-Theorie. Die Leasingbranche ist jedenfalls an der Entwicklung nicht unschuldig, hält sie doch zum Teil noch heute an Begriffen wie „Mietsache", „Grundmietzeit", „Mietver-

---

[42] Vgl. *Reinicke/Tiedtke* BB 1982, 1142; *Flume* DB 1972, 53, 54; *Graf von Westphalen* BB 1988, 1829, 1831.
[43] Vgl. gegen *Reinicke/Tiedtke* BB 1982, 1142, auch *Lieb* DB 1988, 946, 950 f.
[44] Vgl. *Larenz* Schuldrecht BT, 12. Aufl., § 63 II, S. 455; *Lieb* DB 1988, 946 ff.
[45] *Graf von Westphalen* BB 1988, 1829, 1831.
[46] Vgl. hierzu *Papapostolou* Die Risikoverteilung beim Finanzierungsleasingvertrag, insbes. S. 36 ff., und *Jürgens* Die Entwicklung des Finanzierungs-Leasing, insbes. S. 39 ff.

längerungsoption" oder „Mietraten" fest. Erneut ist zu betonen (siehe schon Rdn. 16), dass sich die praktischen Auswirkungen dieser Fehlentwicklung durchaus in Grenzen halten und im Übrigen auch viele Kritiker der mietrechtlichen Qualifizierung nicht frei von Fehlvorstellungen sind (dazu Rdn. 24 ff.). Die Aussichten für eine **Reorientierung der BGH-Rechtsprechung** und eine Gewichtsverlagerung im Schrifttum sind offen. Nach der bisherigen Entwicklungsgeschichte vor allem der einschlägigen BGH-Rechtsprechung wäre jedenfalls nur mit einem quälend langsamen Abschied von der mietrechtlichen Orientierung zu rechnen.[47]

V. Kaufvertragliche Einordnungsversuche

1. Die Literaturstimmen

24 Vor allem in der Pionierzeit des Leasing, mit abnehmender Tendenz aber bis heute finden sich in der Literatur Befürworter einer kaufrechtlichen Würdigung des Leasingvertrages. Teils wird er dabei als **herkömmlicher Sachkauf** angesehen.[48] Teils wird von einem **Rechtskauf** gesprochen, wobei die zeitlich **begrenzte Gebrauchsberechtigung** das vom Leasingnehmer gekaufte Recht sein soll.[49]

Kaufrechtlich beurteilt auch *Fikentscher* den Leasingvertrag. Entgegen seiner früheren Ansicht soll es sich aber nicht um einen „Nutzkauf",[50] sondern um einen finanzierten Kauf handeln, bei dem es zu einer Umrechnung des Kaufpreises in Raten für die Zeit der wahrscheinlichen Nutzbarkeit der Sache gekommen sei.[51] Auch andere Stimmen rücken den Leasingvertrag in die Nähe eines **finanzierten Kaufs**, weil der Leasingnehmer bei Ausschluss einer Mängelhaftung des Leasinggebers die Sachgefahr trage und die Überlassung grundsätzlich **auf Dauer mit endgültiger Verwertung des Objekts** durch den Leasingnehmer angelegt sei.[52] *Ebenroth* behandelt den Leasingvertrag als **Vorbehalts- und Ratenkauf**.[53] *Papapostolou* bekennt sich zwar verbal zu einer *sui generis*-Qualifizierung, betont aber doch, dass die Stellung des Leasingnehmers „derjenigen eines Käufers weitgehend entspricht".[54] Der Leasinggeber habe einen Anspruch auf den „Kaufpreis, der kreditiert und als Vereinbarungsdarlehen ... geschuldet wird".[55] Die Leasingraten sollen danach nicht „*pro usu rei*", sondern „*pro rei*" gezahlt werden.[56]

---

[47] Kritisch zu den Aussichten für eine Abkehr des BGH vom mietvertraglichen Ansatz auch *Papapostolou* Die Risikoverteilung beim Finanzierungsleasingvertrag, S. 41 f.; *Jürgens* Die Entwicklung des Finanzierungs-Leasing, S. 99 f.; vgl. auch *Bernstein* DB 1985, 1877; *Sternberg* BB 1987, 12; allzu verbittert wohl *Lieb* DB 1988, 946 und DB 1988, 2495.

[48] So etwa *Littmann* DStR 1970, S. 261 ff., weil sich der Leasingnehmer „fremdes Sachkapital" verschaffe; vgl. insbes. *Staudinger/Emmerich* BGB-Komm., 12. Aufl. 1978, Rdn. 49 u. 50 vor §§ 535, 536 (in den neueren Staudinger-Bearbeitungen äußert sich *Emmerich* zur Rechtsnatur des Leasingvertrags nicht mehr); vgl. auch *Thiel* BB 1967, 325 für den Fall eines Kaufoptionsrechts; *Klaas* NJW 1968, 1502, 1507; *Ebenroth* JuS 1978, 588, 593; vorsichtiger aber *ders.* DB 1978, 2109, 2110.

[49] Vgl. *Plathe* BB 1970, S. 601 ff.

[50] So noch *Fikentscher* Schuldrecht, bis zur 6. Aufl. 1976, § 71 V 7 c, S. 426.

[51] So *Fikentscher*, seit Schuldrecht, 7. Aufl. 1985, § 71 V 7, S. 485, 488.

[52] Vgl. MünchKomm/*Voelskow* Rdn. 53 vor § 535; *Emmerich/Sonnenschein* Miete, 4. Aufl. 1988, Rdn. 23 vor §§ 535, 536; *Staudinger/Emmerich* BGB-Komm., 12. Aufl. 1981, Rdn. 50 vor §§ 535, 536.

[53] *Ebenroth* DB 1978, S. 2109 ff., 2110; *ders.* JuS 1978, S. 588 ff., 593 mit der Einschränkung, dass sich die Vertragsdauer der tatsächlichen Nutzungsdauer des Gegenstandes annähern muss. Er bezeichnet den Leasingvertrag auch als „Rechtsgeschäft zwischen Miete und Kauf", JuS 1978, 588.

[54] *Papapostolou* Die Risikoverteilung beim Finanzierungsleasingvertrag, S. 58.

[55] *Papapostolou* Die Risikoverteilung beim Finanzierungsleasingvertrag, S. 59 unter Hinweis auf § 607 Abs. 2 BGB a. F.

[56] So ausdrücklich *Papapostolou* Die Risikoverteilung beim Finanzierungsleasingvertrag, S. 48 (im Original heißt es irrtümlich „pro usu re").

2. Kritik

Die vorgetragenen Rechtsansichten sind von dem Grundgedanken geprägt, dass die lea- 25
singspezifische Interessenlage und Risikoverteilung durch eine kaufrechtliche Qualifizierung normativ am besten eingefangen werden könne. Ihnen ist zuzugeben, dass das Interesse des Leasinggebers nicht anders als das eines Verkäufers grundsätzlich auf den Umsatz gerichtet ist und ein Rückerhalt der Sache nicht zur weiteren Verwendung, sondern allenfalls zur „Restverwertung" angestrebt wird, nachdem das Leasingobjekt gleichsam „bis zur Neige" abgenutzt worden ist. Es ist auch nicht zu übersehen, dass der Leasingnehmer aufgrund der Freizeichnung des Leasinggebers von den für entgeltliche Gebrauchsüberlassungsverträge vorgesehenen Gefahrtragungs- und Gewährleistungsrisiken letztlich eine eigentümerähnliche Stellung einnimmt, während der Leasinggeber gleichsam nur für Steuerzwecke der „fingierte" Eigentümer sein soll. Nach einem berühmten Wort verbinden sich in der Geschäftsform des Leasings „für den Leasingnehmer alle Schattenseiten des Kaufs mit denen der Miete".[57] Lässt man die steuerlichen Vorteile außer Acht, treffen den Leasingnehmer in der Tat die kaufrechtlichen Nachteile der Gefahrtragung und der lediglich kaufrechtlichen (vom Leasinggeber abgetretenen) Mängelgewährleistungsansprüche (zudem gegen einen Dritten, nicht gegen den Leasinggeber) sowie die mietrechtlichen Nachteile der Zahlung von laufenden Mietraten ohne Erwerb des Eigentums.

Gewiss, zwischen einem Kaufvertrag und einem Leasingvertrag „lassen sich viele Ge- 26
meinsamkeiten feststellen",[58] wenn man auf die Gefahrtragungsregelung der §§ 446, 447 BGB und die gewährleistungsrechtliche Stellung des Leasingnehmers schaut. Gleichwohl ist **den kaufrechtlichen Einordnungsversuchen im Ergebnis zu widerstreiten**. Abzulehnen ist zunächst die Einordnung als schlichter **Sachkauf** nach §§ 433 ff. BGB. Zwar erinnern die Lieferformen des Leasingobjektes in der Praxis oft an die in § 447 BGB geregelte Verfahrensweise, auch entspricht der Übergang der Gefahr des zufälligen Untergangs und der zufälligen Verschlechterung der Sache auf den Leasingnehmer der Vorschrift des § 446 BGB. Man kann insofern mit Recht davon reden, dass sich beim Leasing die vertraglichen Nebenpflichten teilweise am Kaufrecht orientieren.[59] Der BGH hat zutreffend von einer Überwälzung der Sach- und Preisgefahr auf den Leasingnehmer „nach kaufrechtlichem Vorbild"[60] gesprochen. Solche äußerlichen Parallelen dürfen aber nicht schon zu einer Behandlung des Leasingvertrages als Veräußerungsvertrag verleiten. Denn der Sachkauf ist auf die **Übertragung des allumfassenden Eigentumsrechts** gerichtet. Kein Weg führt aber daran vorbei, dass der Leasingvertrag nicht wie ein Kaufvertrag darauf abzielt, den Leasingnehmer zum Eigentümer zu machen, sondern dies **im Gegenteil gerade verhindern will**. Sowohl bei rechtlicher als auch bei wirtschaftlicher Betrachtungsweise ist und bleibt beim (erlasskonformen Finanzierungs-)Leasing allein der Leasinggeber Eigentümer. Es besteht kein Anlass, im Zivilrecht eine von der steuerrechtlichen Beurteilung abweichende „wirtschaftliche Betrachtungsweise" zu üben und den Leasingnehmer wegen seiner Abnutzung des Leasingobjekts „praktisch" als Eigentümer anzusehen. Eine kaufrechtliche Qualifizierung des Leasingvertrages unter dem Gesichtspunkt, dass der Leasingnehmer die Sachsubstanz nach Ablauf der Grundlaufzeit im Wesentlichen verwertet habe, scheitert auch an dem unter Umständen **erheblichen Restwert des Leasinggutes** nach Ablauf der Grundlaufzeit.

Bei aller Ähnlichkeit des Leasingnehmers mit einem Eigentümer steht ihm doch letzt- 27
lich **allein ein schuldrechtlicher Anspruch auf Gebrauchsüberlassung** zu, für die er dem Leasinggeber ein zeitbezogenes Entgelt zu zahlen hat. Zwar mag das Eigentum am

---

[57] So *Blomeyer* NJW 1978, 973, der auch vom „Schlechtest-Behandlungsprinzip" spricht, weil „das Leasing zivilrechtlich dem Leasingnehmer eigentlich nur Nachteile" bringe.
[58] So *Papapostolou* Die Risikoverteilung beim Finanzierungsleasingvertrag, S. 52.
[59] *Ebenroth* JuS 1978, S. 588, 592 f.; *ders.* DB 1978, 2109, 2110.
[60] BGHZ 71, 189, 194 = NJW 1978, 1383, 1384.

Leasinggegenstand für den Leasinggeber letztlich allein wegen der steuerlichen Konsequenzen von Interesse sein. Es muss den Parteien aber überlassen bleiben, mit Blick auf das Steuerrecht ihre Vertragsbeziehungen zu regeln. Man wende nicht ein, dass die Rechtsordnung den Parteien nicht gestatten dürfe, materielle Interessen nur zu „fingieren", um die Rechtsanwendung zu manipulieren. Wer so argumentiert, begibt sich auf den gefährlichen Boden eines mehr staatlich gesteuerten als privatautonom gestalteten Privatrechts. Der Rechtsanwender hat zu respektieren, dass durch den Abschluss des Leasingvertrages und die Übergabe des Leasingguts an den Leasingnehmer **eine Veräußerung bewusst vermieden** werden soll.[61] Dementsprechend behandelt der Leasinggeber die Summe der Leasingraten nicht als „Erlös aus Lieferungen", sondern als Ertrag des jeweiligen Wirtschaftsjahres.[62]

28   Man sollte den Leasingvertrag auch nicht als **Vorbehalts- und Ratenkauf** behandeln, bei dem gleichfalls eine Eigentumsübertragung des Kaufgegenstandes angestrebt ist, wenngleich unter der aufschiebenden Bedingung vollständiger Kaufpreiszahlung, § 449 BGB. Während der Vorbehaltskäufer bereits ein Anwartschaftsrecht *an* der Sache erhält, das dann mit vollständiger Kaufpreiszahlung zum Vollrecht-Eigentum erstarkt, wird dem Leasingnehmer nur der obligatorische Anspruch *auf* die Sache und der Besitz der Sache, nicht aber eine dingliche Rechtsposition *an* der Sache verschafft.

29   Die Würdigung des Leasingvertrages als **Rechtskauf** nach § 453 BGB muss sich verbieten, weil der Leasinggeber dem Leasingnehmer kein Recht verschafft, sondern ihm die Sache selbst zur Nutzung überlässt. Zwar zeigt der Nießbrauch, dass es auch Nutzungsrechte gibt, die ver- und gekauft werden können; der Nießbrauch ist jedoch ein dinglich-absolutes Recht, §§ 1030, 1068, 1085 BGB. Der Leasingnehmer soll aber durch den Leasingvertrag **keinesfalls eine dingliche Position** eingeräumt erhalten.[63] Die Rechte des Leasingnehmers gehören fraglos zu den bloß obligatorisch-relativen Rechten. Zugegeben: nicht allein dingliche Rechte können Gegenstand eines Rechtskaufs sein – auch Forderungen kann man kaufen. Der Gedanke vom Leasing als Rechtskauf, wonach die vom Leasingnehmer erworbene Berechtigung eine „unübertragbare, zeitlich begrenzte Gebrauchsberechtigung" sein soll,[64] ist aber schon deshalb verquer, weil man bei dieser Sichtweise letztlich alle Miet- oder Pachtverträge als „Rechts-" oder „Nutzungskauf" einordnen könnte. Die miet- und pachtrechtlichen Vorschriften sind zumindest als Spezialregelungen anzusehen, wenn es um den „Kauf" eines Gebrauchsrechts geht. Der „Kauf" einer obligatorischen Nutzungsmöglichkeit ist für unser bürgerliches Recht eben Miete oder Pacht.[65] Zu Recht hält *Karsten Schmidt* der kaufrechtlichen Sicht *Fikentschers* vor, dass von einem Nutzungskauf nur gesprochen werden könnte, wenn „die Nutzungsmöglichkeit in das auf Sach- und Rechtskauf ausgerichtete Kaufrecht des BGB passte und damit ein geeigneter Kaufgegenstand wäre"; das BGB unterscheidet aber „streng zwischen sachverschaffenden Verträgen (Sachkauf, Sachschenkung) und nutzungsverschaffenden Verträgen (Miete, Pacht, Leihe)".[66]

30   Letztlich ist für die Ablehnung der kaufvertraglichen Einordnungsversuche die Erkenntnis maßgeblich, dass Leasingverträge bei Erlasskonformität nicht auf Eigentumserwerb gerichtet sind, sondern der Leasinggeber rechtlicher und wirtschaftlicher Eigentümer des Objekts bleibt, das auch nach Ablauf der Grundlaufzeit noch einen wirtschaft-

---

[61] Vgl. *Koch* Störungen beim Finanzierungs-Leasing, S. 95; *Sannwald* Der Finanzierungsleasingvertrag, S. 86; *Bernstein* Der Tatbestand des Mobilien-Finanzierungsleasingvertrages, S. 140.
[62] Vgl. *Graf von Westphalen* BB 1988, 1829.
[63] *Lwowski* Erwerbsersatz durch Nutzungsverträge, S. 95; *Papapostolou* Die Risikoverteilung beim Finanzierungsleasingvertrag, S. 54.
[64] So *Plathe* BB 1970, 601.
[65] *Flume* DB 1972, S. 1 ff., 6; *Coester-Waltjen* JURA 1980, S. 123, 126; *Gitter* Gebrauchsüberlassungsverträge, S. 302; *Döllerer* BB 1971, 535, 539.
[66] *Karsten Schmidt* Handelsrecht, 5. Aufl. 1999, S. 997 gegen *Fikentscher* Schuldrecht, 9. Aufl. 1997, § 76 II Rdn. 831.

lichen Wert hat.[67] Dies gilt bei Vollamortisations- ebenso wie bei Teilamortisationsverträgen. Zuzugeben ist freilich, dass im Einzelfall ein nicht erlasskonformer Leasingvertrag, bei dem das Leasinggut bei Vertragsende **nicht gebraucht, sondern verbraucht** ist, im Ergebnis als Kaufvertrag gewürdigt werden kann. In solchen Einzelfällen ist die Abweichung vom Grundkonzept des Leasings allerdings meist so stark, dass die Bezeichnung als Leasingvertrag eine *falsa demonstratio* der Parteien ist.

VI. Leasing und Mietkauf

An dieser Stelle ist ein Wort zu der in der Praxis häufigen Gleichsetzung des Leasings – insbesondere bei einem Kaufoptionsrecht nach Vertragsende – mit dem Mietkauf angebracht. Als **Mietkauf im Rechtssinne** wird indes nur diejenige Konstellation bezeichnet, bei der dem Mieter das Recht eingeräumt wird, die Mietsache innerhalb einer bestimmten Frist zu einem bestimmten Preis unter teilweiser oder gar vollständiger Anrechnung der bis dahin gezahlten Mietraten zu kaufen. Dabei wird der Mietvertrag durch die **einseitige Erklärung der Ausübung der Kaufoption** beendet und durch einen Kaufvertrag ersetzt. Beim Mietkauf trägt der Vermieter die Sachgefahr, bis es zum Kauf kommt. Auf diese Weise finden sich miet- und kaufrechtliche Elemente im Mietkauf kombiniert.[68]

Hieraus wird bereits deutlich, dass die Bezeichnung des Leasingvertrages, auch wenn eine Kaufoption vorgesehen ist, als Mietkauf **irreführend, ja falsch** ist. Während nämlich der Leasingvertrag als Gebrauchs- und Nutzungsüberlassungsvertrag (wenn auch nicht: Gebrauchs- und Nutzungs*gewährungs*vertrag) unter Vermeidung einer Eigentumszuordnung der Sache an den Leasingnehmer abgeschlossen wird, ist beim Mietkauf im engeren Sinn, auf den man diesen Begriff auch beschränken sollte, bereits **bei Vertragsabschluss ein späterer Eigentumserwerb** vorgesehen. Beim Mietkauf ist der Parteiwille mithin von Anfang an auf Sacherwerb gerichtet, denn beim Mietkauf prävaliert das Interesse des Vermieters/Verkäufers am Absatz seines Produkts, wohingegen ein Finanzierungsinteresse gänzlich fehlt oder doch deutlich zurücktritt. Während der Leasingnehmer die Leasingraten allein als Entgelt für die Nutzungsüberlassung und die Finanzierung zahlt, entrichtet der Mietkäufer die Raten als Kaufpreisraten schon für den späteren Eigentumserwerb. Dem entspricht es – und das ist der in der Praxis entscheidende Unterschied zwischen erlasskonformem Finanzierungsleasing und Mietkauf –, dass die Mietkaufsache anders als die Leasingsache handels- und steuerbilanzrechtlich allein dem Gebrauchsberechtigten zuzuordnen ist.[69]

Freilich kann es Abgrenzungsschwierigkeiten geben,[70] zumal viele Leasinggesellschaften zur Vervollständigung ihres Leistungsangebots auch Mietkaufverträge anbieten. Sind etwa bei einem angeblichen Leasingvertrag die Leasingraten so bemessen, dass der Leasingnehmer als wirtschaftlich vernünftig handelnder Partner nach einer gewissen Zeit sein Optionsrecht praktisch ausüben muss, dann wird schon bei Vertragsabschluss ein Eigentumserwerbswillen anzunehmen und das Geschäft als Mietkauf zu qualifizieren

---

[67] Vgl. auch *Bordewin* Leasing im Steuerrecht, S. 47 ff.; *Graf von Westphalen* Leasingvertrag, 5. Aufl. 1998, Rdn. 134 f. mit Fußn. 190 auf S. 55 f.; *Gitter* Gebrauchsüberlassungsverträge, 302; *Walter* Kaufrecht, 1987, S. 13.

[68] *Grunewald* Kaufrecht, 2006, § Rdn. 10: „Zwischen Kauf und Miete liegt das so genannte Leasing." Vgl. *Staudinger/Emmerich* BGB-Komm., 12. Aufl. 1978, Rdn. 37 ff. vor §§ 535, 536; *Gitter* Gebrauchsüberlassungsverträge, S. 289; *Koch* Störungen beim Finanzierungs-Leasing, S. 44; *Bernstein* Der Tatbestand des Mobilien-Finanzierungsleasingvertrages, S. 111 f.; *Borggräfe* Die Zwangsvollstreckung in bewegliches Leasinggut, S. 36; *Dieter Mayer* Finanzierungsleasing und Abzahlungsgesetz, S. 72 ff.; vgl. aus der Rechtsprechung BGHZ 62, 42 ff. = NJW 1974, 365; BGHZ 94, 195 = NJW 1985, 1544; LG Münster NJW 1975, 2070.

[69] Vgl. *Runge/Bremser/Zöller* Leasing, S. 34; *Gitter* Gebrauchsüberlassungsverträge, S. 289.

[70] Anderer Ansicht aber *Gitter* Gebrauchsüberlassungsverträge, S. 289: „Die Abgrenzung zum Finanzierungs-Leasing ist leicht zu vollziehen."

sein.[71] Mietkauf und Leasing sind also zwar verwandt, aber doch typologisch – bei grauer Grenze – letztlich unterscheidbar.

VII. Der darlehensvertragliche Ansatz

34 Vereinzelt geblieben sind die Stimmen, die auf der Grundlage des Finanzierungsinteresses des Leasingnehmers und der offen zutage liegenden Finanzierungsfunktion des Leasinggeschäfts eine dogmatische Einordnung des Leasingvertrages als Darlehns- bzw. Kreditvertrag für sachgerecht halten.[72] Entscheidend sei, so die Befürworter dieser Qualifizierung, für die Parteien nicht die Gebrauchsüberlassung der Sache, sondern die **Vorfinanzierung durch den Leasinggeber**, die dem Leasingnehmer sodann eine ratenweise Zahlung ermögliche. Teilweise wird gesagt, es liege zwar kein reines Geld- oder Sachdarlehn vor, doch werde die **Valuta in Form der Gebrauchsüberlassung** (Einräumung von Sachkapital) erbracht. Wie bei einer Darlehensgewährung treffe den Leasinggeber keine unmittelbare Verantwortlichkeit für das Misslingen der Investitionsentscheidung des Leasingnehmers. Der letztgenannte Gesichtspunkt wird bisweilen auch stark von Literaturstimmen betont, die sich ansonsten zur *sui generis*-Qualifizierung des Leasingvertrages bekennen.[73]

35 Rechtsdogmatisch erscheint eine darlehensvertragliche Qualifizierung des Leasingvertrages nach §§ 488 ff. BGB, 607 ff. BGB nicht nur „aufgesetzt", sondern sie **verbietet sich rundweg**: Ihr steht, soweit zunächst **Darlehensgegenstand die Leasingsache selbst** sein soll, vor allem entgegen, dass der Leasinggeber Eigentümer des Leasingobjekts bleibt. Der Leasingnehmer gibt nicht nach vorherigem Eigentumserwerb von vertretbaren Sachen solche gleicher Art und Beschaffenheit zurück, sondern schuldet Rückgabe genau des überlassenen Gegenstandes, den er niemals im Eigentum hatte. Im Übrigen könnte er nach einer Nutzung des Objekts von bis zu 90 % der betriebsgewöhnlichen Nutzungsdauer schwerlich das Empfangene in Sachen von gleicher Art, Güte und Menge zurückgewähren. Die Vorstellung eines auf **Einräumung von Sachkapital in der Form einer Gebrauchsüberlassung gerichteten** Kreditvertrages muss schon deshalb als wenig hilfreich angesehen werden, weil ein solcher Typus des Kreditvertrags im BGB keine Regelung erfahren hat. Ein **Gelddarlehen** i. S. des § 488 BGB (bzw. dem früheren (bis Ende 2001 geltenden) § 607 Abs. 1 BGB a. F. scheidet mit besonderer Deutlichkeit aus, denn der Leasinggeber kann nicht für den Leasingnehmer die Darlehensvaluta an den Lieferanten zahlen, weil dieser keinen Anspruch gegen den Leasingnehmer, nicht einmal vertragliche Beziehungen zu ihm hat. Der Leasinggeber selbst ist es, der dem Lieferanten das Entgelt schuldet. Während der Darlehensgeber sozusagen in das Vermögen des Kreditnehmers hinein finanziert, bleibt das Kapital des Leasinggebers in seiner eigenen Vermögenssphäre, auch wenn er an dem ihm gehörenden Leasingobjekt nicht sachbezogen, sondern nur vermögens-, nämlich sicherungshalber interessiert ist.[74]

36 Für eine darlehensrechtliche Qualifizierung kann man auch nicht den **Vollamortisationsanspruch** des Leasinggebers anführen.[75] Zunächst bezieht sich dieser nicht allein auf eine Tilgung des eingesetzten Kapitals zuzüglich des kalkulierten Gewinns, sondern ist in seinem Umfang von den Marktverhältnissen im Zeitpunkt der Beendigung des Leasingvertrages abhängig. Zudem widerspräche eine Einordnung der geschuldeten Vollamortisation als darlehensmäßige Rückgewährpflicht den steuerrechtlichen Vorgaben, weil sie

---

[71] Vgl. *Bordewin* Leasing im Steuerrecht, S. 45; *Graf von Westphalen* Leasingvertrag, 5. Aufl. 1998, Rdn. 178 ff.

[72] *Borggräfe* Die Zwangsvollstreckung in bewegliches Leasinggut, S. 50 ff., 72; *Schuster* DB 1964, 1490, 1491.

[73] Vgl. etwa *Lieb* DB 1988, 946, 949; *Papapostolou* Die Risikoverteilung beim Finanzierungsleasingvertrag, S. 59.

[74] Vgl. dazu *Klaas* NJW 1968, 1502, 1507 f.; *Coester-Waltjen* Jura 1980, 186, 187 mit Fußn. 4.

[75] Vgl. dazu *Graf von Westphalen* Leasingvertrag, 5. Aufl. 1998, Rdn. 143 ff.

mit der Vorstellung eines fremdnützigen Erwerbs der Leasingsache durch den Leasinggeber verbunden wäre.

Die **Rechtsprechung** hat eine darlehensvertragliche Qualifizierung des Leasingvertrages nicht einmal erwogen. Der BGH hat es ohne weitere Erörterung **abgelehnt**, einen Leasingvertrag als Darlehensvertrag im Sinne der Vorschrift des § 56 Abs. 1 Nr. 6 GewO anzusehen, wonach die Vermittlung von Darlehensgeschäften im Reisegewerbe grundsätzlich verboten ist.[76] **37**

VIII. Der geschäftsbesorgungsvertragliche Ansatz

Einen ganz anderen Weg zur dogmatischen Einordnung des Leasingvertrags beschreitet der namentlich durch *Canaris* repräsentierte geschäftsbesorgungsvertragliche Ansatz.[77] Danach schließt der Leasinggeber bei der Beschaffung des Leasingobjektes mit dem Lieferanten den Kauf- bzw. Werklieferungsvertrag **in Besorgung eines Geschäfts für den späteren Leasingnehmer** ab. Bei dem im eigenen Namen, aber für fremde Rechnung (des Leasingnehmers) abgeschlossenen **Beschaffungsvertrag** soll der Leasinggeber gleichsam als verdeckter (mittelbarer) Stellvertreter und wie ein **Einkaufskommissionär** auftreten. Der Leasinggeber, dem gegen den Leasingnehmer aus dem Geschäftsbesorgungsverhältnis ein Anspruch auf Ersatz seiner Aufwendungen (§§ 675 Abs. 1, 670 BGB) und auch ein provisionsartiges Entgelt zustehe, kreditiere diese Ansprüche dadurch, dass er mit dem Leasingnehmer ein Vereinbarungsdarlehn abschließt, wie es im früheren (bis Ende 2001 geltenden) § 607 Abs. 2 BGB geregelt war. Der Leasinggeber halte während der Grundlaufzeit des Vertrages das Eigentum an der Leasingsache für Rechnung des Leasingnehmers. Der Leasingvertrag erscheint aus dieser Sicht als ein gemischttypischer Vertrag mit Elementen des Darlehensvertrages und vorwiegend des Kommissionsvertrages, der sich als ein **Sonderfall des Geschäftsbesorgungsdienstvertrags** darstellt, §§ 675 Abs. 1, 611 BGB. Das Handeln des Leasinggebers für fremde Rechnung und damit das geschäftsbesorgungsvertragliche Element des Leasings „dominiert" derart, dass ein wirtschaftliches Eigeninteresse des Leasinggebers ganz in den Hintergrund tritt und demgegenüber die vermögensmäßige Zuordnung des Leasinggegenstandes zur unternehmerischen Sphäre des Leasingnehmers betont wird. **38**

Es ist wohl das Anliegen von *Canaris*, durch diese Sichtweise einerseits der Fremdnützigkeit des Beschaffungsvorgangs durch den Leasinggeber und andererseits dem Kreditelement des Leasinggeschäfts Rechnung zu tragen. *Canaris* zieht weitreichende Konsequenzen aus seinem Ansatz, und zwar für die Mängelhaftung ebenso wie für den Einwendungsdurchgriff und für das Insolvenzverfahren.[78] Dabei gelangt er fast durchweg zu Ergebnissen, die dogmatisch bestechend fundiert und sachgerecht erscheinen. Wer sich in diese Gedanken vertieft, könnte den Eindruck haben, dass das Versäumnis einer näheren Hinwendung der Rechtsprechung – der BGH hat die Auffassung von *Canaris* rundheraus abgelehnt[79] – und der Leasingpraxis zu diesem Rechtsverständnis des Leasingvertrages eine juristische Fehlsteuerung war. **39**

Und doch wird man *Canaris* bei näherer Überlegung im Ergebnis nicht zustimmen können. Dabei gründet die Versagung der Zustimmung nicht allein in dem Befund, dass **40**

---

[76] BGH NJW 1989, 460. Auch eine analoge Anwendung des § 56 Abs. 1 Nr. 6 GewO auf einen Leasingvertrag kommt danach wegen des Ausnahmecharakters jener Bestimmung nicht in Betracht.
[77] Vgl. *Canaris* NJW 1982, S. 305 f.; ders. AcP Bd. 190 (1990), S. 410, 452 ff.; ders. Bankvertragsrecht, 2. Bearb. 1981, Rdn. 1710 ff., 1718 ff.; *Larenz/Canaris* Schuldrecht Band II/2, 1994, § 66 II; vgl. auch *Koch/Haag*, BB 1968, 93 f.; *Ulmer/Schmidt* DB 1983, S. 2558 f.
[78] *Canaris* NJW 1982, 305 ff.; ders. Bankvertragsrecht, Rdn. 1744 ff., 1749 ff., 1782 ff.
[79] BGHZ 96, 103 ff. = NJW 1986, 179 f.; BGHZ 97, 135 ff. = NJW 1986, 1744 ff.; gegen Canaris auch *Reinicke/Tiedtke* Kaufrecht, 7. Aufl. 2004, Rdn. 1677 ff.; vgl. auch *Canaris'* Auseinandersetzung mit der gegen seinen Ansatz erhobenen Kritik in AcP Bd. 190 (1990), S. 410 ff., 453 ff. mit dem „treffenden" Hinweis in Fußn. 71 auf *Kant* Metaphysische Anfangsgründe der Rechtslehre, 1797, § 17 a. E.

die rechtsdogmatische Debatte inzwischen einen abweichenden Kurs eingeschlagen hat und der *„point of no return"* längst passiert worden ist, sondern in durchaus gewichtigen systematischen und konstruktiven Gegenargumenten: Gewiss schließt der Leasinggeber den Beschaffungsvertrag mit dem Lieferanten im Hinblick auf den späteren Leasingvertrag ab. Wirtschaftlich gesehen kauft er die Sache, um sie dem Leasingnehmer zum Gebrauch und zur Nutzung überlassen zu können. Indes wird durch diesen wirtschaftlichen Hintergrund der Beschaffung als Durchgangsgeschäft und durch das Motiv des Leasinggebers zur sofortigen Weiterverschaffung der Leasingsache der Kauf- oder Werklieferungsvertrag noch nicht zu einem Geschäft auf fremde Rechnung. Auch der Groß- oder Einzelhändler, der im Einzelfall auf Veranlassung seines Abnehmers von seinem Lieferanten eine Ware zur späteren Weiterveräußerung bezieht und „besorgt", wird dabei schließlich nicht als Geschäftsbesorger seines Abnehmers, sondern für eigene Rechnung tätig. Der Leasinggeber selbst versteht den Beschaffungsvorgang, den er als wirtschaftliche und rechtliche Voraussetzung seiner Geschäftstätigkeit mit dem Leasingnehmer ansieht, als ein Umsatzgeschäft auf eigene Rechnung, bei dem er ein Risiko trägt und eine Gewinnchance erhält. Zudem überbetont der geschäftsbesorgungsvertragliche Ansatz den Beschaffungsvorgang für die Parteien des Leasingvertrages, für die weniger die Beschaffung als vielmehr die Gebrauchsüberlassung und die Finanzierung des Objektes im Vordergrund steht. Bei der Sichtweise von *Canaris* erscheint die Gebrauchsüberlassung zur **bloßen Verlängerung des Beschaffungsvorganges** herabgestuft, der zwar zeitlich der primäre, sachlich aber sicherlich der sekundäre Vorgang ist. Denn mit der Überlassung des Gegenstandes an den Leasingnehmer, mit dem der Geschäftsbesorgungsvertrag, streng genommen, beendet sein müsste, beginnt für die Parteien erst die eigentliche Vertragsdurchführung. Es stört auch am geschäftsbesorgungsvertraglichen Ansatz, dass der Leasinggeber nicht das aus der Geschäftsführung Erlangte, nämlich das Eigentum, sondern nur den Besitz und die Gewährleistungsansprüche auf den Leasingnehmer überträgt.[80] Der Kommissionär muss das, was er aufgrund des für Rechnung des Kommittenten geschlossenen Geschäfts erlangt, nach § 384 Abs. 2 HGB dem Kommittenten herausgeben; das aber wären Besitz und Eigentum.[81]

41 Schließlich vernachlässigt der geschäftsbesorgungsvertragliche Ansatz, dass die Parteien des Leasingvertrages ihre Rechtsbeziehungen mit dem Blick auf die **steuerrechtliche Würdigung** ausgestalten, und zwar – wie erneut zu betonen ist – legitimerweise. Aus ihrer Sicht ist der Erwerb der Sache zunächst durch den Leasinggeber „für sich", mit dem davon zu trennenden Endzweck der späteren Nutzungsüberlassung durch ein separates Geschäft, die allein angemessene Erfassung des Beschaffungsvorgangs, auch wenn die zu finanzierende Investitionsentscheidung des Leasingnehmers erst und allein den Anlass für den Erwerb des Leasinggebers gibt. Die Anwendbarkeit der auftrags- oder geschäftsbesorgungsvertraglichen Vorschriften würde im Ergebnis entgegen den Zielsetzungen der Parteien das wirtschaftliche Eigentum des Leasinggebers in Zweifel ziehen.[82] Wenn *Canaris* annimmt, der Leasinggeber halte das Eigentum für den Leasingnehmer nach Art eines Sicherungseigentümers treuhänderisch, so müsste das Objekt nach § 39 Abs. 2 Nr. 1 AO doch wohl dem Leasing*nehmer* zugerechnet werden. Im Übrigen fehlt es an einer praktisch-realen Sicherungsabrede der Parteien, derzufolge das Eigentum zu einem späteren Zeitpunkt auf den Leasingnehmer übergehen soll; der Leasinggeber ist Volleigentümer.

---

[80] So zu Recht *Koch* Störungen beim Finanzierungs-Leasing, S. 92 f.

[81] Gegen *Canaris* auch *Gitter* Gebrauchsüberlassungsverträge, S. 304; *Reinicke/Tiedtke* Kaufrecht, 7. Aufl. 2004, Rdn. 1677 ff.; *dies.* BB 1982, 1142, 1145; *Ebenroth* JuS 1978, 588, 591; *Bernstein* Der Tatbestand des Mobilien-Finanzierungsleasingvertrages, S. 144; *Sannwald* Der Finanzierungsleasingvertrag, S. 83; kritisch insoweit auch *Papapostolou* Die Risikoverteilung beim Finanzierungsleasingvertrag, S. 56 f. und *Lieb* DB 1988, 946, 950; gegen *Canaris* auch BGHZ 96, 103 ff. = NJW 1986, 179 ff.

[82] Vgl. auch *Reinicke/Tiedtke* BB 1982, 1142, 1144; *Klamroth* BB 1982, 1949; *Ziganke* BB 1982, 706, 709; *Seifert* DB-Beilage 1/1983, 1, 4.

IX. Der Leasingvertrag als Vertrag *sui generis*

1. Hauptaussagen und Streitpunkte der *sui generis*-Theorie

Ein **beachtlicher Teil der Literatur** sieht den Leasingvertrag als einen atypischen, zwischen (oder besser: neben) Miete, Kauf und Darlehen angesiedelten Vertrag an, der jedoch nicht schlicht als Kombination miet-, kauf- und darlehensvertraglicher Elemente aufgefasst werden könne, sondern als ein Vertrag *sui generis* qualifiziert werden müsse.[83] Es erscheint gerechtfertigt, hierbei von der **im Vordringen befindlichen Meinung** zu sprechen. Es muss allerdings gleich hinzugefügt werden, dass der *sui generis*-Ansatz keinen einheitlichen Meinungsblock bildet, sondern seine Vertreter in manchen wichtigen Einzelfragen zu unterschiedlichen Ergebnissen gelangen. 42

Die gemeinsame Grundlage der Vertreter der *sui generis*-Theorie lässt sich zunächst wie folgt formulieren: **Leasing ist finanzierte Gebrauchsüberlassung eigener Art**. Der Leasingvertrag ist ein im BGB nicht geregelter Vertragstyp eigener Art, bei dem den Leasinggeber gegenüber dem Leasingnehmer die Pflicht zur Finanzierung eines Leasingobjekts durch Abschluss eines Liefervertrages mit einem Dritten (Lieferanten) sowie die Pflicht zur Gebrauchsüberlassung und -belassung (nicht aber zur Gebrauchs-„gewährleistung") für die vereinbarte Leasingzeit trifft, während der Leasingnehmer zur Zahlung der vereinbarten Leasingraten als Entgelt für die Gebrauchsfinanzierung, -überlassung, und -belassung sowie unter Umständen (bei Teilamortisationsverträgen) zur garantiemäßigen Absicherung der Vollamortisation verpflichtet ist. 43

Man darf hiergegen nicht den Einwand erheben, dass eine „Gebrauchsüberlassung und -belassung" ohne gewährleistungsrechtliche Haftung für die Gebrauchsfähigkeit der Sache widersprüchlich sei. Es ist vielmehr **leasingtypisch**, dass der Leasinggeber nur zur Verschaffung (Lieferung) sowie zur Gebrauchsüberlassung und -belassung der Sache „so wie sie ist" verpflichtet ist. Man muss sich, will man die Besonderheit des Leasingvertrages als „Gebrauchsüberlassung *sui generis*"[84] erfassen, von dem Gedanken befreien, dass mit einer Gebrauchsüberlassung notwendig die Gebrauchsgewährleistung verbunden sein muss; dieser Gedanke wird durch das Gesetz selbst in §§ 536 Abs. 4, 536d BGB widerlegt. Seine Pflicht zur Gebrauchsüberlassung und -belassung kann der Leasinggeber durchaus erfüllen, wenn die Leasingsache **gebrauchsuntauglich** ist. Dass ihn die Pflicht trifft, dem Leasingnehmer die Geltendmachung kauf- oder werkvertraglicher Gewährleistungsansprüche zu ermöglichen, steht auf einem anderen Blatt. Hierüber besteht unter den Vertretern der *sui generis*-Theorie wohl Einigkeit. 44

Streit besteht demgegenüber innerhalb der *sui generis*-Theorie darüber, in welchem Maß der Leasinggeber die leasingobjektbezogenen Risiken auf den Leasingnehmer abwälzen darf. Wenn auch die Einzelheiten der verschiedenen Meinungen den folgenden Darstellungen in diesem Handbuch im jeweiligen Zusammenhang überlassen bleiben müssen, darf doch schon an dieser Stelle nicht unerwähnt bleiben, dass sich einige Vertreter der *sui generis*-Theorie recht stark einer kauf- oder darlehnsrechtlichen Einordnung annähern, die Finanzierungsfunktion deutlich gegenüber der Gebrauchsüberlassungsfunktion hervorheben – und sich damit wieder der Kritik aussetzen. 45

---

[83] Vgl. *Larenz* Schuldrecht BT, 12. Aufl. 1981, § 63 II, S. 453 f.; *Bernstein* Der Tatbestand des Mobilien-Finanzierungsleasingvertrages, S. 133 ff., insbes. 151; *ders.* DB 1985, 1877, 1879; *Klamroth* BB 1982, 1949, 1951; *Gitter* Gebrauchsüberlassungsverträge, S. 305 ff.; *Runge/Bremser/Zöller* Leasing, S. 234; *Lwowski* Erwerbsersatz durch Nutzungsverträge, S. 98 f.; *Sannwald* Der Finanzierungsleasingvertrag, S. 87 ff.; *Papapostolou* Die Risikoverteilung beim Finanzierungsleasingvertrag, insbes. S. 57 f.; *Lieb* JZ 1982, 561; *ders.* DB 1988, 946 ff.; *ders.* DB 1988, 1829, 1831; *ders.* DB 1988, 2495; *Sternberg* BB 1987, 12; *Martinek* Moderne Vertragstypen Bd. I, S. 88 f.

[84] So *Lieb* DB 1988, 2495, 2498.

46 So ist für einen Teil der *sui generis*-Theoretiker die Ansicht kennzeichnend, dass das Risiko der Gebrauchsuntauglichkeit der Leasingsache allein dem Leasingnehmer aufgebürdet werde und bleibe, weil der Leasinggeber als „reiner Finanzierer" hiermit nichts zu tun habe. Während sämtliche Vertreter der *sui generis*-Theorie durchaus darin übereinstimmen, dass den Leasinggeber *keine eigene Gewährleistungspflicht* aus dem Leasingvertrag für eine mangelhafte Leasingsache trifft, soll sich nach jener Meinung ein wandelungsberechtigender Sachmangel auch nicht einmal als Wegfall der Geschäftsgrundlage des Leasingvertrages auswirken. Damit gerät der Leasingvertrag aber wiederum in eine solche Nähe zu einem Erwerbsgeschäft, dass die steuerliche Zielsetzung der Parteien gefährdet ist. Noch weitergehend wollen einige Stimmen den Leasinggeber als angeblich „reinen Finanzierer" auch nicht zur (rechtzeitigen) Lieferung der Leasingsache für verpflichtet halten oder doch für die Fälle des fehlschlagenden Liefergeschäfts eine jede Eigenhaftung für Unmöglichkeit und Verzug ausschließende formularmäßige Abtretung der Ansprüche des Leasinggebers gegen den Lieferanten an den Leasingnehmer als zulässig ansehen.

47 Die gemäßigten Stimmen der *sui generis*-Theorie wahren von einer Überbetonung der Finanzierungsfunktion bewusst Distanz, um den Leasingvertrag in einem genügenden Abstand von einem Erwerbsgeschäft in der Form eines „verdeckten Kaufs" zu halten, wird doch gerade dies vom Steuerrecht wie von den Parteien als wesentlich angesehen. Für die auch hier vertretene, sozusagen **„gemäßigte" *sui generis*-Theorie** ist die Kernaussage kennzeichnend, dass *Gebrauchsüberlassungsfunktion und Finanzierungsfunktion völlig gleichgewichtig* sind. Konsequenz hieraus ist etwa, dass sich der Leasinggeber von einer Haftung für Unmöglichkeit oder Verzug der Lieferung nicht formularvertraglich befreien kann. Auch wird danach die Funktionstauglichkeit des Leasingobjekts zwar nicht vom Leasinggeber versprochen, wohl aber ist sie Geschäftsgrundlage des Leasingvertrages, so dass der Leasingnehmer bei einem wandelungsberechtigenden Mangel der Leasingsache wegen Wegfalls der Geschäftsgrundlage des Leasingvertrages die Leasingraten nicht zu bezahlen braucht. Auf diese und weitere Einzelheiten wird von den Autoren dieses Handbuchs, die freilich ihrerseits keinen einheitlichen „Meinungsblock" repräsentieren, zurückzukommen sein.

2. Die Vorzugswürdigkeit der *sui generis*-Theorie

48 Die *sui generis*-Theorie – und damit ist im Folgenden die beschriebene gemäßigte *sui generis*-Theorie gemeint – kann sich zunächst darauf berufen, dass sie sowohl der Gebrauchs- und Nutzungsüberlassungsfunktion als auch der Finanzierungsfunktion des Leasinggeschäfts Rechnung trägt, ohne eine dieser Funktionen zu verabsolutieren. Tatsächlich stehen beide Funktionen, die oft noch um eine Dienstleistungsfunktion ergänzt werden, gleichgewichtig nebeneinander, so dass es fehlsam wäre, einer von ihnen eine Präponderanz zuzusprechen. Die namentlich von der mietvertraglichen Qualifizierung vernachlässigte Finanzierungsfunktion kommt vor allem im Vollamortisationscharakter der Leasingverträge zum Ausdruck. Wie bei jeder Finanzierung muss beim Leasing das vom Leasinggeber eingesetzte Kapital zurückerstattet werden. Dabei weisen die so genannten Teilamortisationsverträge lediglich die Besonderheit auf, dass die vom Leasingnehmer geschuldete Vollamortisation nicht allein durch die Zahlung der Leasingraten, sondern – je nach Vertragsmodell – in anderer Weise bewirkt wird. Das besondere garantievertragliche Element der Teilamortisationsverträge vermag der *sui generis*-Ansatz ohne weiteres zu bewältigen. Gerade an der vom Leasingnehmer zusätzlich geschuldeten Entgeltleistung in Form der garantiemäßigen Restwertabsicherung zeigt sich, dass die Finanzierungsfunktion des Leasinggebers – selbst nach Abschluss der Grundvertragszeit – „ihren Tribut fordert".[85]

---

[85] So *Graf von Westphalen* Leasingvertrag, Rdn. 67, dem das Verdienst zukommt, das Garantieelement besonders herausgearbeitet zu haben. Jedoch zieht er hieraus für die Qualifizierung des von ihm „in erster Linie" mietvertraglich betrachteten Leasingvertrages nicht die angemessenen Konsequenzen. Vgl. dazu insbes. *Lieb* JZ 1982, 561; *ders.* DB 1988, 946; *ders.* DB 1988, 2495; *Papapostolou* Die

2. Kapitel. Arten und Rechtsnatur des Leasingvertrags § 4

Zudem kann dieser Ansatz die Vielfalt von Nebenleistungen für sich ins Feld führen, 49
die das moderne Leasinggeschäft in der dritten Generation über die ursprüngliche Grundkonzeption des Leasings hinaus kennzeichnen. Auch wenn sich der Blick bei der Rechtsnaturbestimmung zuerst auf die *essentialia negotii* richten muss, spielen doch die Nebenleistungspflichten und Nebenpflichten für das anwendbare Regelungsprogramm eine nicht zu unterschätzende Rolle. Hierzu können beim Leasing die Beratung bei der Auswahl des Leasingobjekts und bei der Investitionsentscheidung ebenso wie die Unterstützung bei der Verwertung des Leasingguts nach Ablauf der Grundlaufzeit gehören. Beim Maintenance-Leasing übernimmt der Leasinggeber die Wartung des Gegenstandes, beim Revolving-Leasing tauscht er ihn durch ein neueres Modell aus usw. Die Nebenleistungspflichten, d. h. die selbständigen (und selbständig einklagbaren), neben der Hauptleistungspflicht bestehenden Pflichten können ebenso wie die sich aus Treu und Glauben ergebenden Nebenpflichten je nach Vertragsgestaltung, je nach Änderung oder Abwandlung des Grundkonzepts sehr verschieden und sehr zahlreich sein. Der *sui generis*-Ansatz ist flexibel genug, um hier dem Einzelfall umfassend Rechnung tragen zu können.

Schon bei der Kritik der herrschenden mietrechtlichen Qualifizierung wurde darauf 50
hingewiesen (Rdn. 17 ff.), dass die leasingtypischen Vertragsgestaltungen sich vom Leitbild des Mietvertrages nach den §§ 535 ff. BGB zu weit entfernt haben, als dass sie noch in dieses „Prokrustes-Bett" zu zwingen wären. Auch die anderen vorgestellten Einordnungsversuche weisen beachtliche Unzulänglichkeiten auf. Entwicklungsgeschichte und wirtschaftliche Bedeutung lassen kaum Zweifel daran zu, dass es sich beim **Leasingvertrag um eine veritable Neubildung des Rechtsverkehrs** handelt, die nicht in die überkommenen Vertragstypen der Pandektistik einzufügen ist. Die Rede vom „Rechtsgeschäft zwischen Kauf und Miete"[86] oder von der „Zwitterstellung" des Leasingvertrages[87] ist im Grunde als Kapitulation der an den gesetzlichen Vertragstypen des 2. Buches des BGB orientierten Einordnungsbemühungen zu lesen. „Das Gesetz kann schlechterdings nichts geregelt haben, was ihm nicht bekannt war."[88] Eine eindrucksvolle Bestätigung erhält die *sui generis*-Theorie im Übrigen dadurch, dass auch die UNIDROIT-Konvention über internationale (grenzüberschreitende) Leasingverträge auf der Konzeption eines eigenständigen Vertragstyps basiert (siehe § 1 Rdn. 13 und Kap. 26, § 87).

Es ist freilich nicht allein, nicht einmal im Wesentlichen der Befund einer *„faute d'alter-* 51
native", der die *sui generis*-Theorie nahelegt. Die leasingtypischen Rechte und Pflichten der Parteien des Leasingvertrages haben vielmehr im Wechselspiel von Kautelarjurisprudenz und (vor allem AGB-rechtlicher) Judikatur ein weithin eigenständiges Profil gewonnen, das – auch unter Berücksichtigung der Variationsbreite des Finanzierungsleasings – heute hinreichend konturiert erscheint, um vom Leasingvertrag als einem eigenständigen Vertragstyp *sui generis* zu sprechen. Das wird wohl in der Darstellung etwa der verbraucherkreditrechtlichen, der AGB-rechtlichen und der leistungsstörungsrechtlichen Probleme und Besonderheiten des Leasingvertrages deutlich werden. In der Tat gibt es jenes – ungeschriebene – „Leitbild des Leasingvertrages", von dem auch der BGH in einem *obiter dictum* gesprochen hat.[89]

3. Die rechtstypologische Beschreibung des Leasingvertrages

Mit Blick auf die synallagmatischen Hauptpflichten der Parteien kann nach der *sui gene-* 52
ris-Theorie **der Leasingvertrag (im engeren Sinne des Finanzierungsleasingvertrags) als Vertragstyp** wie folgt beschrieben werden:

Risikoverteilung beim Finanzierungsleasingvertrag, S. 57 ff.; hiergegen wieder (aus mietrechtlicher Perspektive) *Graf von Westphalen* BB 1988, 1829.
[86] So *Ebenroth* JuS 1978, 588.
[87] So *Autenrieth* JA 1980, 407, 409; ähnlich zuvor *Blomeyer* NJW 1978, 973.
[88] So *Lieb* DB 1988, 946, 951.
[89] Vgl. BGH NJW 1982, 1747, 1748.

§ 4　　　　　　　　　Erster Teil. Einführung und Grundlagen

53　Der Leasingvertrag ist ein im BGB nicht geregelter Vertragstyp eigener Art mit gleichgewichtiger Finanzierungsfunktion und Gebrauchsüberlassungsfunktion, zu denen bisweilen noch eine Dienstleistungsfunktion hinzutritt. Beim Leasingvertrag trifft den Leasinggeber gegenüber dem Leasingnehmer die Hauptpflicht zur Finanzierung eines Leasingobjekts durch Abschluss eines Liefervertrages mit einem Dritten (Lieferanten) sowie die Hauptpflicht zur Verschaffung (Lieferung), Gebrauchsüberlassung und -belassung dieses Leasingobjekts für die vereinbarte Leasingzeit, während der Leasingnehmer zur Zahlung der vereinbarten Leasingraten als Entgelt für die Finanzierung, Verschaffung, Gebrauchsüberlassung und -belassung sowie unter Umständen (bei Teilamortisationsverträgen) zur garantiemäßigen Absicherung der Vollamortisation verpflichtet ist. Der Leasinggeber kann zusätzlich zu Dienstleistungen für den Leasingnehmer verpflichtet sein. Ihn trifft keine Gewährleistungspflicht für eine mangelhafte Leasingsache, doch muss er dem Leasingnehmer die Geltendmachung von Gewährleistungsrechten gegen den Lieferanten ermöglichen. Die Gebrauchstauglichkeit der Leasingsache im Zeitpunkt der Lieferung ist Geschäftsgrundlage des Leasingvertrages.

Im Ergebnis ist der Leasingvertrag im engeren Sinne mithin als **ein gegenseitiger (zweiseitig verpflichtender) Vertrag** *sui generis* **nach §§ 241, 311, 320 BGB mit einer eigenständigen, leitbildmäßig ausgeformten Typizität der Rechte und Pflichten** der Parteien anzusehen.

X. Die Kodifikationsreife des Leasingvertrags

54　Man darf heute feststellen, dass es Rechtsprechung, Rechtswissenschaft und Rechtspraxis in den vergangenen Jahrzehnten gelungen ist, das früher „so rätselhafte Gebilde Leasing"[90] dogmatisch-konstruktiv zu bewältigen und den Leasingvertrag zu einem für die Praxis hinreichend konturierten, **dogmatisch durchgeformten Vertragstyp** auszugestalten. Schon hat man von der „Kodifikationsreife" des Leasingvertrags gesprochen und den Gesetzgeber aufgerufen, „von seiner Gestaltungsaufgabe Gebrauch (zu machen)".[91] In der Tat finden sich in einer Reihe von Ländern bereits **gesetzliche Regelungen zum Leasingvertragsrecht** (vgl. dazu die Länderberichte im 28. Kapitel, §§ 90 ff. dieses Handbuchs), die zum Teil an die vorrangig für grenzüberschreitende (internationale) Leasingverträge bestimmte UNIDROIT-Konvention von Ottawa aus dem Jahre 1988 (dazu Kapitel 26, § 87) angelehnt sind. Bei der Schuldrechtsmodernisierung in Deutschland zu Beginn des laufenden Jahrzehnts stand das Leasingrecht indes nicht für eine Kodifizierung und Eingliederung in das BGB, etwa in Ergänzung zu den kauf- oder den mietvertraglichen Regelungen an. Lediglich bei den Neuregelungen der §§ 488 ff. zum Darlehensvertrag wird in § 500 BGB in Anlehnung an den früheren § 3 Abs. 2 Nr. 1 VerbrKrG bestimmt, dass einzelne Vorschriften über den Verbraucherdarlehensvertrag auch auf Finanzierungsleasingverträge zwischen einem Unternehmer (§ 14 BGB) und einem Verbraucher (§ 13 BGB) entsprechende Anwendung finden. Eine offizielle Erklärung für diese **legislatorische Abstinenz** findet sich nicht. Wahrscheinlich sieht der deutsche Gesetzgeber schlicht keinen Regelungsbedarf, weil sich die beteiligten Verkehrskreise auf die gefestigte Rechtsprechung und die herrschende Rechtslehre inzwischen leidlich eingerichtet haben. In der Literatur sind für eine mögliche Kodifikation des Leasingrechts zwar keine detaillierten Formulierungsvorschläge nach Art eines Gesetzesentwurfs, wohl aber Leitlinien in Auswertung von Rechtsprechung und herrschender Lehre gemacht worden, die sich in folgenden „Eckdaten" zusammenfassen lassen:[92]

– Der Leasingvertrag i. e. S. des (erlasskonformen) Finanzierungsleasingvertrags ist ein **gegenseitig verpflichtender Schuldvertrag** gem. §§ 311 Abs. 1, 145 ff., 241 ff., 320 ff.

---

[90] So *Lieb* DB 1988, 946.
[91] Vgl. insbes. *Sefrin* Die Kodifikationsreife des Finanzierungsleasingvertrages, 1993, insbes. S. 2 ff., 194 ff. und *passim*.
[92] Vgl. dazu *Sefrin* Die Kodifikationsreife des Finanzierungsleasingvertrages, 1993, 254 ff.

BGB. Beim Leasingvertrag stehen der **Finanzierungs-, Gebrauchsüberlassungs- und Abtretungspflicht des Leasinggebers** die **Pflicht des Leasingnehmers zur Zahlung der Leasingraten und zur Vollamortisation** der Leasinggeberinvestition gegenüber.
– Den Leasinggeber trifft die Hauptleistungspflicht zur Finanzierung des vom Leasingnehmer gewünschten Leasinggegenstandes; er ist zunächst zum Abschluss und zur Erfüllung des Liefervertrags und zum Erwerb des Eigentums am Leasinggegenstand verpflichtet **(Finanzierungspflicht)**. Des Weiteren ist er verpflichtet, dem Leasingnehmer den Leasinggegenstand für die Dauer der Vertragslaufzeit zum Gebrauch und zur Nutzung zu überlassen **(Gebrauchsüberlassungspflicht)**. Die Gebrauchsüberlassungspflicht umfasst keine Gewährleistung für die Gebrauchstauglichkeit der Sache. Auch hat der Leasinggeber dem Leasingnehmer seine Gewährleistungsrechte gegen den Lieferanten abzutreten **(Abtretungspflicht)**.
– Der Leasingnehmer ist zur Zahlung der vereinbarten Leasingraten ab Lieferung der Sache verpflichtet **(Ratenzahlungspflicht)** und hat den Kapitalaufwand des Leasinggebers einschließlich seines Gewinns zu amortisieren **(Vollamortisationspflicht)**.
– Der Leasingnehmer ist zur Abnahme des Leasinggegenstandes verpflichtet und muss dem Leasinggeber die Abnahme schriftlich bestätigen. Er hat die Pflicht, den Leasinggegenstand in **funktionsfähigem Zustand** zu erhalten und ihn gegebenenfalls instand setzen zu lassen.
– Mit der Lieferung der Sache trägt der Leasingnehmer die **Sachgefahr sowie die Gegenleistungsgefahr (Preisgefahr)**. Bei einer nicht unerheblichen, zufälligen Beschädigung des Leasinggegenstandes haben beide Vertragsparteien – unabhängig vom jeweiligen Leasinggegenstand – ein **fristloses Kündigungsrecht**. Der Leasingnehmer bleibt zur Vollamortisation verpflichtet und muss eine Abschlusszahlung an den Leasinggeber leisten.
– Im Falle der Wandelung des Liefervertrages entfällt die **Geschäftsgrundlage des Leasingvertrages** von Anfang an. Der Leasingnehmer braucht keine weiteren Leasingraten mehr zu zahlen und kann die schon geleisteten Beträge gegen Zahlung einer Nutzungsentschädigung vom Leasinggeber zurückverlangen. Der Leasinggeber ist Inhaber des sich *aus* der Wandelung ergebenden Rückzahlungsanspruchs gegen den Lieferanten. Er hat dessen Insolvenzrisiko zu tragen.
– Bei **Zahlungsverzug des Leasingnehmers** sowie bei **vertragswidrigem Gebrauch** der Leasingsache steht dem Leasinggeber ein **fristloses Kündigungsrecht** zu. Der Leasingnehmer ist verpflichtet, dem Leasinggeber eine am Erfüllungsinteresse des Leasinggebers ausgerichtete **Abschlusszahlung** zu leisten.

XI. Leasingverträge in der neueren rechtswissenschaftlichen Diskussion

1. Das Leasinggeschäft als komplexe Vertragsverbindung

An einer „Kodifikationsreife" des Leasingvertragsrechts kann man allerdings auch zweifeln. Man kann auch daran zweifeln, dass die inzwischen verfestigte Rechtsprechung des BGH zum Leasingrecht „der Weisheit letzter Schluss" ist, zumal sie manchmal nur verbal auf der mietrechtlichen Orientierung zu beharren und sich dem *sui generis*-Ansatz immer stärker anzugleichen scheint. Gewiss, die wirtschaftliche und rechtliche Leasingpraxis macht sich gern die Parömie zu eigen: *Roma locuta, res finita*. So schreibt *Graf von Westphalen*: „Es ist ganz und gar unausweichlich: Die Praxis orientiert sich stets an der Rechtsprechung des BGH. Lehrmeinungen haben – dies ist das feststehende Fazit – inzwischen nur noch einen sehr geringen Einfluss auf die Vertragspraxis."[93] Es darf indes in diesem

55

---
[93] *Graf von Westphalen* BB 2004, 2025 mit Hinweis auf *Wolf/Eckert/Ball* Handbuch des gewerblichen Miet-, Pacht- und Leasingrechts, 9. Aufl. 2004, Rdn. 1627 ff.

Handbuch nicht unerwähnt bleiben, dass sich die **neuere rechtswissenschaftliche Grundlagenforschung** ausweislich einiger jüngerer Monographien, insbesondere Habilitationsschriften intensiv mit Leasinggeschäften befasst und hierbei teilweise **sehr beachtliche innovative Ansätze** oder **gar wegweisende neue Perspektiven** entwickelt hat. In der Tat unternimmt die Jurisprudenz gewaltige Anstrengungen, um neuere Formen arbeitsteiligen Wirtschaftens in mehrgliedrigen Verträgen wie beim Leasing **normativ besser zu erfassen.** Auch wenn sich bislang noch kaum in der Rechtsprechung greifbare Ergebnisse dieser Bemühungen niedergeschlagen haben, sollte die neuere rechtswissenschaftliche Diskussion über das Leasing auch von den Praktikern aufmerksam verfolgt werden. Man darf nicht annehmen, das Leasingrecht entwickele sich nicht mehr weiter.

56   Diese Diskussion ist in den übergreifenden Themenbereich **mehrgliedriger, komplexer Vertragsverbindungen** eingebettet und erfasst neben dem Paradigma des dreigliedrigen Leasinggeschäfts auch beispielsweise Factoringverträge, den bargeldlosen Zahlungsverkehr etwa mittels Überweisungen oder Lastschriften, das Kreditkartengeschäft, den mehrgliedrigen Gütertransport, die Just-in-time-Zulieferverträge und nicht zuletzt Absatzmittlungsverhältnisse wie Vertragshändler- und Franchisesysteme. So verschieden solche modernen Formen arbeitsteiliger vertraglicher Kooperation im Einzelnen auch sein mögen, immer fügen sich bei ihnen einzelne bilaterale Verträge zu „Netzen" zusammen – seien es kleine Netze wie beim Leasing und anderen finanzierten Geschäften, seien es große Netze wie bei vertraglichen Vertriebssystemen; seien es dezentral organisierte Netze wie beim Kreditkartensystem, oder seien es hierarchisch strukturierte Netze wie bei Just-in-time-Systemen. Die Mehrzahl oder gar Vielzahl von Beteiligten zur Durchführung wirtschaftlich einheitlicher Geschäfte lässt solche Vertragsverbindungen bisweilen morphologisch in eine gewisse **Nähe zu gesellschaftsrechtlichen Handlungsformen** geraten. Die klassische deutsche Privatrechtswissenschaft und vor allem die Rechtsprechung bevorzugt bei der dogmatisch-konstruktiven Bewältigung solcher Gebilde nach wie vor einen atomistischen Ansatz der Aufspaltung in vertraute zweigliedrige Austauschvertragsbeziehungen, die allenfalls um die Figuren der Drittschutzwirkung oder der Drittschadensliquidation erweitert werden. Das verwundert nicht, denn unser Vertragsrecht ist nun einmal auf lineare Beziehungen zwischen Gläubigern und Schuldnern zugeschnitten, die schließlich im Zivilprozess die antagonistischen Rollen von Klägern oder Beklagten einnehmen müssen. Dabei bleibt indes, etwa bei übergreifenden Leistungsstörungen, das ungute Gefühl, dass das Ganze (eines Vertagssystems oder auch nur eines finanzierten Geschäfts) doch mehr ist als die Summe seiner Teile (der bilateralen Austausch- oder Interessenwahrungsverträge). Dieses ungute Gefühl ergreift beim dreigliedrigen Leasinggeschäft selbst die Praktiker, die das Interaktionsverhältnis zwischen Lieferant, Leasinggeber und Leasingnehmer **rechtlich nicht hinreichend durch das Nebeneinander von Liefer- und Leasingvertrag bewältigt** sehen, sondern auf Figuren wie *joint venture*, symbiotische Vertragsverhältnisse, wechselseitige *principal-agent-relationships* oder gesellschaftsähnliches Verhältnis ausweichen.[94]

57   Eine ganze Reihe neuerer Habilitationsschriften will diesem Missbehagen juristisch auf den Grund gehen, stellt sich der Herausforderung der mehrgliedrigen Verträge, System- oder Netzverträge und nimmt damit an der **internationalen Grundlagendiskussion** der Privatrechtler, Wirtschaftsrechtler und Rechtsvergleicher aller Rechtskreise unter Einbeziehung der ökonomischen Analyse des Rechts teil, um **Vertragssysteme zwischen Verbund und Verband** juristisch zu bezwingen. Zu nennen sind hier vielleicht vor allem die Werke von *Jürgen Oechsler*, Gerechtigkeit im modernen Austauschvertrag – Die theoretischen Grundlagen der Vertragsgerechtigkeit und ihr praktischer Einfluss auf Auslegung, Ergänzung und Inhaltskontrolle des Vertrags" (1997),[95] und von

---

[94] Vgl. etwa *Dietz* AcP Bd. 190 (1990), 235 ff., insbes. 253 ff. mit anschließendem Diskussionsbericht, S. 257 ff.
[95] Vgl. dazu *Rohe* RabelsZ Bd. 64 (2000), 401.

Markus Stoffels, Gesetzlich nicht geregelte Schuldverträge – Rechtsfindung und Inhaltskontrolle (2001).[96] Besonders weitreichende Perspektiven für das Leasingrecht haben *Peter W. Heermann*, Drittfinanzierte Erwerbsgeschäfte – Entwicklung der Rechtsfigur des trilateralen Synallagmas auf der Grundlage deutscher und U. S.-amerikanischer Rechtsentwicklungen (1998)[97] und *Mathias Rohe*, Netzverträge – Rechtsprobleme komplexer Vertragsverbindungen (1998)[98] entworfen.[99]

2. Tendenzen zur objektiv-normativen Auslegung

Ein Teil dieser neueren Arbeiten weist die Gemeinsamkeit auf, dass sie eine objektiv-normative Auslegung der mehrgliedrigen Vertragsverhältnisse beim Leasinggeschäft befürworten. So geht *Jürgen Oechsler* in seinem Werk „Gerechtigkeit im modernen Austauschvertrag" von 1997 den Weg einer rechtsphilosophisch fundierten Rückbesinnung auf die „Natur" des Vertrages, um vor allem mithilfe der erläuternden und ergänzenden Vertragsauslegung weitreichende dogmatische Konsequenzen für mehrgliedrige Austauschverhältnisse wie Leasingverträge, Kreditkartenverträge etc. zu entwerfen. Anknüpfend an den schon im *Ius Commune* entwickelten Rechtsgedanken von den *naturalia negotii*, der auch im anglo-amerikanischen Rechtskreis seine Entsprechung findet, entfaltet *Oechsler* die Vorstellung, dass das **Vertrauen der Parteien neben dem Bindungswillen ein eigenständiger vertraglicher Verpflichtungsgrund** ist. Die „berechtigten Erwartungen der Parteien" sollen den einschlägigen Maßstab für eine Ergänzung und Korrektur der wechselseitig abgegebenen Leistungsversprechen bilden. Er wendet sich gegen die Rechtsprechung und herrschende Lehre mit ihrem Denken in Leitbildern und Normstrukturtypen, das zur Lösung rechtsanwenderischer Einzelfragen letztlich untauglich sei, denn es beruhe „auf einem Abstraktionsschritt, der die Aufmerksamkeit des Rechtsanwenders von den spezifischen Problemen des Einzelfalls weglenkt und sie einer davon abgehobenen Ebene des Vergleiches und Kategorisierens zuleitet" (S. 406). Sein „Alternativansatz" setzt bei der Frage nach dem Verpflichtungs*grund* und dem damit zusammenhängenden Verpflichtungs*zweck* an" (S. 408): „Ist nämlich erst geklärt, zur Behebung welcher Gefahren und Probleme eine Verpflichtung begründet werden soll, so folgt der genaue Pflichteninhalt regelmäßig aus diesen vorangegangenen Zwecküberlegungen." In der modernen, arbeitsteilig organisierten Wirtschaft komme der „Spezifikation der Erwartungsinhalte von Vertragsparteien eine überragende Bedeutung zu" (S. 374). In Loslösung von der gesetzlichen Regelung des § 278 BGB zur Einstandspflicht für das Verschulden von Erfüllungsgehilfen, der „keineswegs Leitbildcharakter für die rechtsanwenderische Behandlung komplexer arbeitsteiliger Pflichtenorganisation beanspruchen" dürfe (S. 433), müsse der Rechtsanwender in mehrgliedrigen Austauschzusammenhängen wie dem Finanzierungsleasing „Rechte und Pflichten so verteilen, wie es den spezifischen Gefahren des Leistungsaustausches im Einzelfall, dem Verpflichtungswillen der Parteien und ihren darauf gegründeten berechtigten Erwartungen entspricht". Damit wird deutlich erkenn-

---

[96] Vgl. dazu *Grunewald* JZ 2003, 788.
[97] Vgl. dazu *Martinek* NJW 2000, 938.
[98] Vgl. dazu *Michalski* AcP 198 (1998), 254; *Oechsler* RabelsZ Bd. 65 (2001), 341; *Martinek* NJW 2000, 1397.
[99] Vgl. daneben noch die Habilitationsschrift über „Austauschverträge mit Drittbeteiligung", 1999, von *Thomas Raab*, der auch den thematisch paradigmatischen Leasingvertrag behandelt, dabei aber letztlich eher systemimmanent und traditionsverbunden bleibt, wenn er ausgehend von der Anweisung und vom Vertrag zugunsten Dritter als positiv-rechtlichen Grundformen der Drittbeteiligung bei Austauschverträgen die Dogmatik der zu „Leistungsdreiecken" verknüpften Vertragsverhältnisse bis hin zu den Einzelheiten des Leistungsstörungsrechts und des Bereicherungsausgleichs analysiert. *Raab* versucht sich der dogmatisch-konstruktiven Erfassung von Austauschverträgen mit Drittbeteiligung überraschenderweise ohne jede rechtsvergleichende oder ökonomische Perspektive zu nähern und beschränkt sich auf die klassische Methodenlehre hermeneutisch-exegetischer Ausrichtung; eine heutzutage gewagte Option, mit der er aber bemerkenswerte Ergebnisse erzielt.

bar, dass in *Oechslers* Alternativansatz der „nachschaffenden Interpretation" mehrgliedriger Verträge wie des Finanzierungsleasingvertrags (dazu insbes. S. 348 ff., 359 ff. und 388 ff.) eine **Akzentverschiebung vom Schuldnerwillen zum Gläubigervertrauen** angelegt ist, die nicht ganz ungefährlich ist. So weist *Rohe* als Rezensent darauf hin: „Eine einseitige Betonung des Vertrauensgedankens bringt die Gefahr heteronomer Überfrachtung des Vertragsinhalts mit sich, eine Gefahr, vor der zu warnen *Oechsler* selbst nicht müde wird."[100]

59 Markus Stoffels sieht in seiner Habilitationsschrift von 2001 den spezifischen Problemgehalt gesetzlich nicht geregelter Schuldverträge von der Art des Finanzierungsleasingvertrags im **Fehlen von „normativ begründeten Deutungs-, Ergänzungs- und Kontrollmaßstäben"** und sucht nach einem „methodengerechten Rechtsfindungskonzept" in voller Respektierung des Grundsatzes der Privatautonomie, wobei die gesetzliche Vertragstypenordnung im Prozess der Vertragsrechtskonkretisierung „zumindest als Wertungshilfe" in Betracht kommen soll (S. 633). Dabei könne eine „grundsätzliche Abkehr von der zweipoligen Gläubiger-Schuldner-Struktur – wie sie beispielsweise in unterschiedlicher Ausprägung die Lehre von den Vertragsverbindungen, von den trilateralen Leistungsverknüpfungen oder von den Netzverträgen fordert –... „derzeit nicht befürwortet werden" (S. 635). *Stoffels* spricht sich für eine „behutsame Fortentwicklung der normativen Vertragstypenordnung" aus (S. 644), die er „nach Möglichkeit im Schuldrecht des Bürgerlichen Gesetzbuches verortet" wissen will und die mit den Privatrechtsordnungen der EU-Mitgliedstaaten und mit dem Gemeinschaftsrecht abgestimmt sein soll. Im Bewusstsein der Gefahren einer „freien richterlichen Vertragsgestaltung" unterbreitet er für **eine objektiv-normativ, auf beiderseitigem Interessenausgleich angelegte ergänzende Vertragsauslegung** zahlreiche detaillierte Vorschläge in mehreren „Wertungsstationen", die auch eine effektive AGB-rechtliche Inhaltskontrolle ermöglichen sollen.

3. Das Leasinggeschäft als ringförmiger Leistungsaustausch

60 Den vielleicht weitestreichenden Vorstoß hat *Peter W. Heermann* in seiner Habilitationsschrift von 1998 über „Drittfinanzierte Erwerbsgeschäfte" gewagt. Für ihn wirft die Auseinandersetzung mit Finanzierungsleasinggeschäften, aber auch mit dem Recht der finanzierten Abzahlungsgeschäfte, der Kreditkartengeschäfte und anderer drittfinanzierter Erwerbsgeschäfte die Grundsatzfrage auf, ob das **Dogma der Relativität der Schuldverhältnisse** wirklich unüberwindbar ist. Bisher hatte niemand diese Schallmauer der vertragsrechtlichen Dogmatik erfolgreich zu durchbrechen vermocht. Im ersten Teil (S. 10–90) seiner Berliner (Humboldt) Habilitationsschrift von 1998 bietet *Heermann* zunächst einen Überblick über die Vertragskonstellationen der Drittfinanzierung und deren bisher unbefriedigende rechtliche Bewältigung mittels etwa der Lehren vom dreiseitigen Austauschvertrag, vom rechtsgeschäftlichen Verbund, von den Vertragsnetzwerken, vom Relationalkontrakt oder mittels gesellschaftsrechtlicher Ansätze. Sodann wagt er im zweiten Teil (S. 92–197) die Entwicklung und Ausformulierung eines wirklich radikal neuen rechtskonstruktiven Modells, wenn er **das Leasing und andere drittfinanzierte Erwerbsgeschäfte als einen ringförmigen Leistungsaustausch** im Sinne eines *do ut des ut det* und eines trilateral-synallagmatischen Rechtsgeschäfts versteht und erklärt. „Dabei sucht jeder Beteiligte einen Gegenwert für seine Leistung dadurch zu erhalten, dass er (A) durch seine Leistung a deren Empfänger (B) zu einer Leistung b an denjenigen (C) veranlasst, der ihm (A) selbst deshalb die erhoffte Leistung c, d. h. den der eigenen Leistung a entsprechenden Gegenwert, erbringt." (zusammenfassend S. 311) Die Auswirkungen seines neuen Ansatzes verfolgt *Heermann* im dritten Teil (S. 200–303) bis in Verästelungen hinein wie die Verteilung der Sekundärrechte im Verhältnis von Zuwendendem

---

[100] So *Rohe* RabelsZ Bd. 64 (2000), 401, 406.

und Zuwendungsempfänger, wie die Probleme des Einwendungsdurchgriffs und der Rückabwicklung oder wie die Verteilung des Insolvenzrisikos. Wenn er dabei auch nicht ohne Korrekturen an etablierten Rechtsfiguren, vor allem am Leistungsbegriff, auskommt, gelingt ihm doch eine ausgefeilte Konzeption von eindrucksvoller konstruktiver Stringenz und wertungsmäßiger Plausibilität. Die Durchbrechung der dogmatischen Schallmauer eröffnet sozusagen völlig neue Horizonte, und zwar schon *de lege lata*. Endlich wird die „dritte Dimension" zwischen Vertrag und Verband rechtlich näher fassbar, so dass auch die intermediären Kooperationsformen bewältigt werden können, mit denen die moderne Arbeitsteilung das klassische Privatrecht überrannt hat und die bisher als „beunruhigende Anomalien" (*Wieacker*) erschienen. Es ist zu wünschen und wohl zu erwarten, dass die neue **Theorie vom trilateralen Synallagma** in der Lehre ausführlich diskutiert und in ihren weiteren Auswirkungen (und Grenzen) erprobt wird, um schließlich in die Rechtsprechung Eingang zu finden.

4. Das Leasinggeschäft als kleines Netzwerk

Besonders erwähnenswert erscheint auch das Werk von *Mathias Rohe*, Netzverträge – Rechtsprobleme komplexer Vertragsverbindungen, eine Tübinger Habilitationsschrift von (gleichfalls) 1998 aus dem Hause von *Wernhard Möschel* mit einem sehr bemerkenswerten Vorstoß: *Rohe* will das traditionelle rechtsgeschäftliche Grundformen-Schema von Interessengegensatz, Interessenwahrung und Interessenverbindung um die „fehlende vierte Kategorie" rechtsgeschäftlicher Kooperation, eben den „Netzvertrag" erweitern, der eine **besondere Form der Interessenvernetzung** bezeichnet. Mithilfe des Konstrukts „Netzvertrag" versucht *Rohe*, die Vertragspflichten innerhalb der bilateralen Einzelverträge unter Berücksichtigung **des einheitlichen Gesamtzwecks („Netzzweck")** personell zuzuordnen und inhaltlich auszugestalten. Der Terminus des *einheitlichen Netzzwecks* soll die nur partielle Interessenverbindung in Abgrenzung zum gemeinsamen Zweck des Gesellschaftsrechts verdeutlichen. Es ist der einheitliche Vertragszweck einer Effizienzsteigerung und Kostenersparnis, der die Einzelverträge zum Netzvertrag verbindet. Hieraus zieht *Rohe* weitreichende Konsequenzen für den Abschluss („Netzanschluss") sowie für die Ausgestaltung und Abwicklung der Einzelverträge. Die Rechte und Pflichten der Vertrags- und Netzbeteiligten werden stets vor dem Hintergrund des einheitlichen Vertragszwecks (Netzzwecks) der Effizienzsteigerung gesehen und nach diesem Maßstab bestimmt; methodisch geschieht dies im Wege einer **ergänzenden Vertragsauslegung**. Der einheitliche Netzzweck kann beispielsweise besondere Informationspflichten generieren oder Kriterien der AGB-Kontrolle konkretisieren. Für die nähere Ausdifferenzierung unterscheidet *Rohe* zwischen kleinen Netzen (Leasing) und großen Netzen (Franchising) sowie zwischen dezentralen Netzwerken („Gitternetzen") und zentralen (hierarchischen) Netzwerken („Sternennetzen").

Für die Diskussion über die rechtliche Bewältigung des Leasinggeschäfts und anderer mehrgliedriger Austauschverträge und Systemverträge hinterlässt das Studium der neueren rechtswissenschaftlichen Untersuchungen den Eindruck, dass **noch kein Durchbruch erreicht** ist. Insgesamt verläuft die Diskussion überaus turbulent und alles in allem noch **sehr unübersichtlich**. Ohne weiteres ist aber erkennbar und anerkennenswert, dass eine Reihe von viel versprechenden und fruchtbaren Diskussionsbeiträgen vorliegt, die sich durch einen überwältigenden Gedankenreichtum auszeichnen und deren wahrer und endgültiger Stellenwert erst in einigen Jahren abzuschätzen sein wird, wenn sich die dogmatisch-konstruktiven Konturen neu zu ordnen beginnen.

Zweiter Teil. Allgemeines Leasingrecht

3. Kapitel. Der Abschluss des Finanzierungsleasingvertrags

§ 5. Zustandekommen und Form von Finanzierungsleasinggeschäften

Schrifttum: siehe zu § 1; *Arnold* Gewährleistung beim Finanzierungsleasing nach der Schuldrechtsreform DStR 2002, 1049; *Assies* Schuldrechtsreform – Das Aus für Leasinggeschäfte? BKR 2002, 317; *H. Beckmann* Finanzierungsleasing: Rechtsprobleme im typischen Leasingdreieck nach der Schuldrechtsreform, 3. Aufl. 2006; *ders.* Computerleasing, 1993; *ders.* Aktuelle Rechtsfragen aus Finanzierungsleasingverträgen DStR 2007, 157; *ders.* Aktuelle Fragen bei Finanzierungsleasinggeschäften DStR 2006, 1329; *ders.* Offene Fragen bei Finanzierungsleasinggeschäften DStR 2000, 1185; *ders.* Auswirkungen des Schuldrechtsmodernisierungsgesetzes auf die Leasing-Branche FLF 2002, 46; *Büschgen* (Hrsg.) Praxishandbuch Leasing, 1998; *Engel* Handbuch Kraftfahrzeug-Leasing, 2. Aufl. 2004; *dies.* Verbraucherleasing Änderungen durch die Schuldrechtsreform NWB 2005, 963; *Gebler/Müller* Finanzierungsleasing: Die Auswirkungen der Schuldrechtsreform und neuere Entwicklungen in der Vertragspraxis ZBB 2002, 107; *Godefroid* Finanzierungsleasing und Schuldrechtsmodernisierungsgesetz. BB-Beilage 5/2002, 2; *Habersack* Leasing, in: MünchKomm, Band 3, 4. Aufl. 2004; *ders.* Verbraucherleasing nach der Schuldrechtsreform BB-Beilage 6/2003, 2; *Jaggy* Kaufvertragliche Ersatzlieferung und Leasingvertrag BB-Beilage 5/2002, 14; *Jendrek* in Erman BGB 11. Aufl. (Anhang zu § 535); *Koch* Computer-Vertragsrecht 6. Aufl. 2002; *Kreuzmair* Falsche Freunde – Missverständliche Leasing-Begriffe klarstellen FLF 2005, 34; *Löbbe* Der Finanzierungsleasingvertrag nach der Schuldrechtsreform BB-Beilage 6/2003, 7; *Mankowski/Knöfel* in: Derleder/Knops/Bamberger (Hrsg.) Handbuch zum deutschen und europäischen Bankrecht 2004; *Martinek* Moderne Vertragstypen Bd. I – Leasing und Factoring, 1991; *Matz* Regulierung typischer Leasingtransaktionen im „neuen" Schuldrecht 2002; *Michalski/Schmitt* Der Kfz-Leasingvertrag 1995; *Müller-Sarnowski* Privat-Autoleasing nach der Schuldrechtsreform – eine Bestandsaufnahme DAR 2002, 485; *Papapostolou* Die Risikoverteilung beim Finanzierungsleasingvertrag über bewegliche Sachen 1987; *Peters* Leasinggeschäfte und Verbraucherdarlehensrecht WM 2006, 1183; *Reiner/Kaune* Die Gestaltung von Finanzierungsleasingverträgen nach der Schuldrechtsreform WM 2002, 2314; *Reinking* Auswirkungen der geänderten Sachmängelhaftung auf den Leasingvertrag ZGS 2002, 229; *ders.* Die Auswirkungen der Schuldrechtsreform auf das private Kraftfahrzeugleasing DAR 2002, 145; *Reinking/Eggert* Der Autokauf – Rechtsfragen beim Kauf neuer und gebrauchter Kraftfahrzeuge sowie beim Leasing, 9. Aufl. 2005; *Reinking/Kessler/Sprenger* AutoLeasing und AutoFinanzierung 4. Aufl. 2007; *Spittler* Leasing für die Praxis, 6. Aufl. 2002; *Stoffels* Leasingrecht in: Staudinger/Stoffels 2004 (nach § 487 BGB im Band §§ 433–487); *Tiedtke/Möllmann* Entwicklung der aktuellen Rechtsprechung des BGH zum Leasingrecht DB 2004, 915 u. Auswirkungen der Schuldrechtsreform im Leasingrecht DB 2004, 583; *Weber* Die Entwicklung des Leasingrechts von 2001 bis Mitte 2003 NJW 2003, 2348; *ders.* Die Entwicklung des Leasingrechts von Mitte 2003 bis Mitte 2005 NJW 2005, 2195; *Weidenkaff* in Palandt BGB 65. Auf. 2006 (Einf v § 535, 37 ff.); *Graf von Westphalen* AGB-Klauselwerke Leasing Stand Juni 2003; *ders.* Auswirkungen der Schuldrechtsreform auf das Leasingrecht ZIP 2006, 1653; *ders.* Auswirkungen der Schuldrechtsreform auf die „Abtretungskonstruktion" beim Leasing ZIP 2001, 2258; *ders.* Das Schuldrechtsmodernisierungsgesetz und Leasing – Was ändert sich, was bleibt? DB 2001, 1291; *ders.* Rechtsprechungsübersicht zum Leasingrecht 2002–2004 BB 2004, 2025; *Wolf/Eckert/Ball* Handbuch des gewerblichen Miet-, Pacht- und Leasingrechts 9. Aufl. 2004; *Zahn* Der kaufrechtliche Nacherfüllungsanspruch – Ein Trojanisches Pferd im Leasingvertrag? DB 2002, 985.

Übersicht

	Rdn.
I. Das typische Leasingdreieck	1
II. Vertragsanbahnung im Leasingdreieck	6
1. Vorverhandlungsmodell	7
a) Verhandlungen über den Liefervertragsentwurf	8

	Rdn.
b) Angebot des Lieferanten an den Leasinggeber auf Abschluss des Liefervertrags	9
c) Angebot des Leasingnehmers an den Leasinggeber auf Abschluss des Leasingvertrages	10
d) Annahme der Vertragsangebote durch den Leasinggeber	11
e) Bindungs- und Annahmefrist	13
f) Änderungen und Erweiterungen durch den Leasinggeber	16
aa) Änderungen und Erweiterungen des Leasingvertrages	16
bb) Änderungen und Erweiterungen des Liefervertrages	18
g) Verzicht auf Zugang der Annahmeerklärung	20
h) Annahme des Leasinggebers kein kaufmännisches Bestätigungsschreiben	23
2. Eintrittsmodell	24
a) Finanzierung eines Liefervertrages über eine zu erwerbende Sache	25
aa) Wirksamer Abschluss des Liefervertrages	25
bb) Zustandekommen der Finanzierung als Bedingung des Liefervertrages	26
cc) Eintritt des Leasinggebers	28
b) Liefervertrag mit nachträglicher Leasingfinanzierung	29
c) Wirkungen des Eintritts des Leasinggebers	30
3. Eigenständige Beschaffung der Finanzierung durch den Leasingnehmer	32
4. Sale-and-lease-back	33
5. Hersteller- oder Händlerleasing	34
III. Eigentumsübertragung beim Finanzierungsleasinggeschäft	36
IV. Scheitern der Leasingfinanzierung	38
1. Zahlungspflicht des Leasingkunden	38
2. Scheitern des Vorverhandlungsmodells	39
3. Scheitern des Eintrittsmodells	41
V. Form von Finanzierungsleasinggeschäften	43
1. Finanzierungsleasingverträge über Mobilien	43
2. Finanzierungsleasingverträge mit Verbrauchern	44
3. Finanzierungsleasingverträge über Immobilien	47
4. Lieferverträge	50
5. Vertragsübernahme und Eintrittsvereinbarungen	51
6. Gewillkürte Schriftform	53
7. Schriftform- und Vollständigkeitsklauseln	54

I. Das typische Leasingdreieck

1 Die rechtliche und wirtschaftliche Praxis versteht unter „Leasing" einen Komplex von Geschäften, durch die der Leasinggeber dem Leasingnehmer den zeitweiligen Gebrauch einer vom Lieferanten zu beschaffenden Sache gegen Entgelt ermöglicht. Zusätzlich zum Leasingvertrag wird immer auch ein Liefervertrag geschlossen. Daher bietet sich für alle rechtlichen Vorgänge im Zusammenhang mit der Finanzierung eines Leasingobjekts einheitlich der Begriff „**Finanzierungsleasinggeschäft**" an.

2 Jedes Finanzierungsleasinggeschäft setzt sich somit aus (mindestens) **zwei rechtlich selbständigen Verträgen zusammen: dem Liefer- und dem Leasingvertrag**. Beide Verträge sind rechtlich selbständig und wirtschaftlich dadurch miteinander verknüpft, dass die Wirksamkeit und Durchführbarkeit des einen Geschäftsgrundlage im Sinne des § 313 BGB für den anderen Vertrag ist.[1] Daneben besteht häufig ein **Auftragsverhältnis** zwischen Leasinggeber und Lieferant, wenn der Lieferant für den Leasinggeber die Akquisition und die Vorbereitung des Vertragsschlusses durchführt.[2]

3 Beim typischen Finanzierungsleasinggeschäft sind immer mindestens **drei Parteien** beteiligt: **Leasinggeber, Leasingnehmer** und **Lieferant**. Lediglich beim sog. Hersteller- oder Händlerleasing[3] sind Lieferant und Leasinggeber personengleich. Das Herstellerleasing dient in erster Linie der Absatzförderung. Es ist kein Finanzierungsleasinggeschäft, sondern ein reines Mietverhältnis. Es fehlt das leasingtypische Dreiecksverhältnis.

---

[1] Vgl. Palandt/*Heinrichs* Vor § 311 Rdn. 16 ff. m. w. N.
[2] S. u. § 6 Rdn. 5.
[3] BGH NJW 2003, 505; 1998, 1637; s. § 3 Rdn. 13 u. § 5 Rdn. 34.

3. Kapitel. Der Abschluss des Finanzierungsleasingvertrags §5

Darüber hinaus werden häufig weitere Personen zur Finanzierung oder Mithaftung herangezogen. Ferner können sich Rechtsbeziehungen zum Hersteller des Leasingguts, zu Herstellern und Lieferanten von im Zusammenhang mit dem Leasinggeschäft vom Leasingnehmer erworbenen Waren, zu Beratern, die der Leasingnehmer bei der Auswahl der Leasingsache eingeschaltet hat, und zu Versicherungsunternehmen, bei denen das Leasinggut gegen Beschädigung und Zerstörung versichert ist, ergeben. 4

Ausgehend vom typischen Leitbild eines Finanzierungsleasingvertrags im Rahmen eines Finanzierungsleasinggeschäfts mit Beteiligung von drei Vertragsparteien in verschiedenen Vertragsverhältnissen ergibt sich **das typische Leasingdreieck:** 5

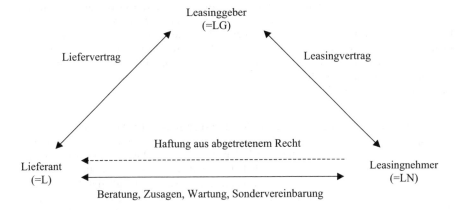

II. Vertragsanbahnung im Leasingdreieck

In der Praxis haben sich verschiedene Modelle der Anbahnung eines Finanzierungsleasinggeschäfts **über bewegliche Güter** im Drei-Personen-Verhältnis entwickelt, die nachfolgend im Einzelnen dargestellt werden. 6

1. Vorverhandlungsmodell

In dem am häufigsten vorkommenden Fall der Vertragsanbahnung ergreift der Investor als zukünftiger Leasingnehmer die Initiative, indem er sich einen Lieferanten seines Vertrauens „vor Ort" aussucht, die Auswahl der zu liefernden Waren vornimmt und mit dem Lieferanten sämtliche Einzelheiten des Liefergeschäfts in einem **„Vertragsentwurf" bis zur Unterschriftsreife** aushandelt, den Vertrag aber noch nicht verbindlich schließt, weil letztlich das zu zahlende Entgelt nicht vom Kunden selbst, sondern über eine Leasingfinanzierung gezahlt und der Leasinggeber nach Prüfung Vertragspartner des Liefervertrages und des Leasingvertrages werden soll. **Leasingvertrag und Liefervertrag werden nach Abschluss der Vertragsverhandlungen gleichzeitig geschlossen.**[4] *Engel*[5] bezeichnet diese Vertragsanbahnungssituation wegen der Einheitlichkeit des Erwerbsvorgangs auch als **„Einheitsmodell".** 7

a) Verhandlungen über den Liefervertragsentwurf. Der Vertragstypus des vom Lieferanten mit dem Leasingkunden ausgehandelten Vertrags richtet sich nach dem Inhalt der vereinbarten Leistungspflichten des Lieferanten.[6] Der ausgehandelte Liefervertragsentwurf ist meist als **Kaufvertrag** einzuordnen, weil der Kunde in der Regel die bloße Lieferung einer Standardware anstrebt. Häufig sind aber auch Fallkonstellationen, bei 8

---

[4] MünchKomm/*Habersack* Leasing Rdn. 46; Staudinger/*Stoffels* Leasing Rdn. 98.
[5] *Engel* § 4 Rdn. 4 ff.
[6] S. u. § 6 Rdn. 19 ff.

§ 5 Zweiter Teil. Allgemeines Leasingrecht

denen die Liefer- und Leasingsache erst noch herzustellen ist, also eine Einordnung als **Werklieferungsvertrag** oder sogar als **Werkvertrag** in Betracht kommt.[7] Gegenstand der Finanzierung können auch zusätzliche Werk- oder Dienstleistungen des Lieferanten sein, z. B. beim Full-Service-Leasing. Aus diesem Grund sollte der im Rahmen eines Finanzierungsleasinggeschäfts zu finanzierende Vertrag einheitlich als **„Liefervertrag"** bezeichnet werden.

9 b) **Angebot des Lieferanten an den Leasinggeber auf Abschluss des Liefervertrags.** Der vom Lieferanten und zukünftigen Leasingnehmer unterschriftsreif vorbereitete, im Einzelnen ausgehandelte Liefervertrag wird dem Leasinggeber zum Zwecke der „Finanzierungsübernahme" unterbreitet. Da beim Finanzierungsleasinggeschäft nicht der „Kunde" des Lieferanten Vertragspartner des Liefervertrages werden soll, sondern der Leasinggeber, handelt es sich bei der Übersendung des unterschriftsreif ausgehandelten Liefervertrages rechtlich um ein Angebot des Lieferanten an den Leasinggeber auf Abschluss eines Liefervertrages mit dem ausgehandelten Inhalt im Sinne des § 145 BGB. Der Leasingkunde wird im Rahmen der Vertragsverhandlungen über den Liefervertrag als **Verhandlungsgehilfe** des Leasinggebers tätig, wenn dieser das Angebot des Lieferanten annimmt.[8]

10 c) **Angebot des Leasingnehmers an den Leasinggeber auf Abschluss des Leasingvertrages.** Der Lieferant hält regelmäßig Leasingvertragsformulare des Leasinggebers vor oder beschafft diese, füllt diese nach den Vorgaben des Leasinggebers und den Vorstellungen des Leasingnehmers bezüglich Leasingdauer und Ratenhöhe aus und übersendet den ausgefüllten und unterschriebenen **„Leasingantrag"** des Leasingkunden, also des künftigen Leasingnehmers, zusammen mit dem vorbereiteten Liefervertrag an den Leasinggeber. Insoweit wird der Lieferant als Verhandlungsgehilfe des Leasinggebers tätig.[9] Gleichzeitig ist er auch vom Leasingkunden beauftragter **Vermittler**.[10]

11 d) **Annahme der Vertragsangebote durch den Leasinggeber.** Der Leasinggeber prüft die ihm vorgelegten Vertragsangebote des Lieferanten und des Leasingnehmers, insbesondere aber auch die **Bonität seiner beiden künftigen Vertragspartner**, da er nach der Rechtsprechung des BGH beim Finanzierungsleasinggeschäft **zwingend das Insolvenzrisiko des Lieferanten und des Leasingnehmers** zu tragen hat.[11] Liefervertrag und Leasingvertrag kommen durch die Annahmeerklärung des Leasinggebers und deren Zugang bei den Vertragspartnern zustande. Mit der Annahme „genehmigt" der Leasinggeber die vom Leasingkunden als vollmachtlosem Vertreter ausgehandelten Vertragsbedingungen.

12 Von dem Zeitpunkt des Zustandekommens des Leasingvertrages durch Angebot und Annahme zu unterscheiden ist der vertragliche **Laufzeitbeginn**. Die vertragliche Laufzeit beginnt in der Regel mit der Übergabe der Leasingsache und der Unterzeichnung der Übernahmebestätigung durch den Leasingnehmer, wobei aus praktischen Gründen oft der folgende Monatsanfang vertraglich als Laufzeitbeginn festgelegt wird.[12] Mit dem Beginn der Laufzeit wird der Leasingvertrag „in Vollzug gesetzt", d. h. der Leasingnehmer muss ab diesem Zeitpunkt die vereinbarten Leasingraten bis zum vereinbarten Laufzeitende bzw. bis zur vorzeitigen Vertragsbeendigung bezahlen; außerdem geht die Sach- und Preisgefahr über.[13]

---

[7] Vgl. z. B. die Sachverhalte in BGH NJW-RR 2003, 51 u. 2005, 357
[8] S. u. § 6 Rdn. 10.
[9] BGH NJW 1988, 2463; 1989, 287; s. u. § 6 Rdn. 5 u. § 10 Rdn. 9 ff.
[10] Vgl. OLG Hamm ZGS 2006, 7; FRF 2007, 131.
[11] BGH NJW 1985, 129; 1990, 314; 1991, 1746; *Wolf/Eckert/Ball* Rdn. 1843; *Reinking/Kessler/Sprenger* § 3 Rdn. 76.
[12] *Kreuzmair* FLF 2005, 36.
[13] S. o. § 31.

3. Kapitel. Der Abschluss des Finanzierungsleasingvertrags §5

e) Bindungs- und Annahmefrist. Die vom Leasinggeber vorformulierten Leasing- 13
antragsformulare sehen in der Regel eine Frist vor, innerhalb der der Leasingnehmer an
sein Angebot zum Abschluss des Leasingvertrages gebunden bleibt. Eine Bindungs- und
Annahmefrist von **bis zu einem Monat** ab Einreichung aller erforderlichen Unterlagen
ist gemäß den §§ 307, 308 Nr. 1 BGB nicht zu beanstanden,[14] weil der Leasinggeber eine
zeitaufwändige umfassende Bonitätsprüfung vornehmen muss.

Nach Ansicht *Graf von Westphalens*[15] soll eine „Höchstfrist" von bis zu vier Wochen be- 14
denklich sein, weil der Durchschnittskunde davon ausgehen müsse, dass er generell für
einen Zeitraum von vier Wochen an sein Angebot gebunden sei. Das sei im Zeitalter der
„*EDV-technischen Gegebenheiten*" nicht hinzunehmen.[16] Eine Annahmefrist von zwei Monaten ist zu Recht als unangemessen angesehen worden.[17]

Folgende **Klausel** wird vorgeschlagen: 15
*Der Leasingnehmer ist an sein Angebot für einen Zeitraum von bis zu einem Monat ab Zugang
beim Leasinggeber gebunden.*

f) Änderungen und Erweiterungen durch den Leasinggeber

aa) Änderungen und Erweiterungen des Leasingvertrages. Erfolgt die Annahme 16
des Leasingantrags durch den Leasinggeber mit Änderungen oder Erweiterungen, gilt
dies gemäß § 150 Abs. 2 BGB als **Ablehnung verbunden mit einem neuen Angebot**,
das wiederum vom Leasingnehmer angenommen werden muss. Dies kann auch stillschweigend durch Entgegennahme der Leasingsache, Unterzeichnung der Übernahmebestätigung und Zahlung der Leasingraten erfolgen.

Will der Leasinggeber zusätzlich zum Antragsformular weitere ergänzende Vertrags- 17
bedingungen, z. B. Allgemeine Leasingbedingungen (ALB), beifügen, müssen die besonderen **Einbeziehungsvoraussetzungen** nach den §§ 305, 310 BGB beachtet werden.[18]

bb) Änderungen und Erweiterungen des Liefervertrages. Ist der Leasinggeber mit 18
dem ausgehandelten Inhalt des Liefervertrages nicht einverstanden und nimmt er das Angebot nur mit Änderungen oder Erweiterungen an, gilt dies nach § 150 Abs. 2 BGB als
neues Angebot des Leasinggebers an den Lieferanten. Die Annahme des geänderten Liefervertrages durch den Lieferanten kann dann in der Auslieferung der Sache an den Leasingnehmer, spätestens in der Entgegennahme der Zahlung des vereinbarten Kaufpreises/
Werklohns durch den Leasinggeber liegen.

Vereinbart der Leasinggeber mit dem Lieferanten nachträglich die Einbeziehung von 19
Lieferbedingungen des Lieferanten oder eigenen **Bestellbedingungen**, die sich auf die
Abwicklung des Leasingvertrages, z. B. im Rahmen der Geltendmachung von Ansprüchen und Rechten im Rahmen der leasingtypischen Abtretungskonstruktion auswirken
können, muss er in diesem Fall darauf achten, dass die geänderten Bedingungen des Liefervertrages nach den §§ 305, 310 BGB auch wirksam in den Leasingvertrag einbezogen
werden.

g) Verzicht auf Zugang der Annahmeerklärung. Die Vertragspartner können gemäß 20
§ 151 Satz 1 BGB auf den Zugang der Annahmeerklärung verzichten.[19] In AGB kann im
Unternehmergeschäft wirksam der Verzicht auf den Zugang der Annahmeerklärung
vereinbart werden. Dies ergibt sich schon aus § 151 S. 1 BGB. § 130 Abs. 1 BGB ist disposi-

---

[14] Staudinger/*Stoffels* Leasing Rdn. 100; MünchKomm/*Habersack* Leasing Rdn. 40; *Kügel* in: Büschgen (Hrsg.) Praxishandbuch Leasing § 6 Rdn. 92 ff. m. w. N.

[15] *Graf von Westphalen* ZGS 2002, 214.

[16] LG Lüneburg NJW-RR 2002, 564; OLG Frankfurt/M. NJW-RR 1998, 566; *Mehnle* DAR 1990, 175.

[17] OLG Hamm NJW-RR 1986, 927.

[18] S. u. § 8 Rdn. 23 ff.

[19] BGH NJW 2004, 2962; OLG Celle OLGR 2000, 264; MünchKomm/*Habersack* Leasing Rdn. 40; a. A. Staudinger/*Stoffels* Leasing Rdn. 100 m. w. N.

tiv.[20] Die Klausel darf aber gemäß § 308 Nr. 6 BGB keine Fiktion des Zugangs beinhalten.[21]

21 Entgegen der Auffassung des OLG Düsseldorf[22] sind sog **Vertragsabschlussklauseln**, wonach ein fehlender Widerspruch auf ein (neues) Angebot zur Vertragsannahme führt, in **Verbrauchergeschäften** unzulässig, da der Grundsatz, dass Schweigen keine Willenserklärung ist, zu den wesentlichen Prinzipien des Privatrechts gehört und deshalb durch AGB zu Lasten des Kunden gemäß § 308 Nr. 5 BGB nicht abweichend geregelt werden kann.[23] Grundsätzlich erforderlich ist eine nach außen hervorstehende eindeutige Betätigung des Annahmewillens.[24] In ALB eines Verbrauchergeschäfts muss sich der Leasinggeber zusätzlich verpflichten, dem Leasingnehmer unverzüglich Mitteilung über die Annahme zu machen.[25]

22 Folgende **Klausel** wird vorgeschlagen:
Der unternehmerische Leasingnehmer verzichtet auf den Zugang der Annahmeerklärung des Leasinggebers.
Der Leasinggeber wird den Leasingnehmer unverzüglich über die fristgerechte Annahme informieren.

23 h) Annahme des Leasinggebers kein kaufmännisches Bestätigungsschreiben. Die eingeschränkte oder abändernde Annahme des Leasingvertragsangebotes durch den Leasinggeber ist **kein kaufmännisches Bestätigungsschreiben**.[26] Ein Widerspruch auch des kaufmännischen Leasingnehmers ist nicht erforderlich.[27] Schweigt der Lieferant auf die Bestellung des Leasinggebers, der er seine Einkaufsbedingungen beigefügt hat, kann dies als „beredtes Schweigen" im Sinne einer Vertragsannahme, nicht aber als ein Schweigen auf ein kaufmännisches Bestätigungsschreiben, gewertet werden.[28]

2. Eintrittsmodell

24 Führen Lieferant und (künftiger) Leasingnehmer nicht nur Vorverhandlungen über den abzuschließenden Liefervertrag, sondern wird der Liefervertrag bereits verbindlich geschlossen, ist zu unterscheiden zwischen **zwei Fallgestaltungen**: Finanzierung eines Liefervertrages über eine zu erwerbende Sache und über eine schon erworbene Sache.

a) Finanzierung eines Liefervertrages über eine zu erwerbende Sache

25 aa) Wirksamer Abschluss des Liefervertrages. Will der Kunde eine Investition tätigen und einigt er sich in allen wesentlichen Punkten mit dem Lieferanten über eine noch zu erbringende Lieferung oder eine herzustellende Sache, ist der **Liefervertrag** bereits in diesem Stadium wirksam geschlossen. Der Kunde schuldet damit grundsätzlich den Kaufpreis/Werklohn in bar,[29] wenn die Vertragspartner nicht ausdrücklich oder stillschweigend eine andere Abrede getroffen haben. Eine derartige abweichende Vereinbarung kann insbesondere in einer einvernehmlich vorgesehenen Leasingfinanzierung mit dem Eintritt des Leasinggebers in die getroffenen Vereinbarungen gesehen werden. Soll die Finanzierung des Kaufpreises oder des Werklohns nach den Vorstellungen des Lieferanten und des Kunden *„über einen Leasinggeber"*, *„auf Leasingbasis"* oder *„über Leasing"* erfolgen, ein Leasinggeber also den Liefervertrag „übernehmen" bzw. in

---

[20] Vgl. Palandt/*Heinrichs* § 130 Rdn. 19 m. w. N.
[21] Palandt/*Heinrichs* § 308 Rdn. 32 m. w. N.
[22] OLG Düsseldorf NJW 2005, 1515.
[23] Palandt/*Heinrichs* § 308 Rdn. 25 m. w. N.
[24] BGH NJW 2004, 287; Palandt/*Heinrichs* § 151 Rdn. 2.
[25] OLG Düsseldorf NJW-RR 2003, 126; MünchKomm/*Habersack* Leasing Rdn. 47; a. A. OLG Hamm NJW-RR 1986, 927.
[26] OLG Köln CR 1996, 22.
[27] OLG Köln NJW-RR 1996, 411.
[28] BGH NJW 1996, 919; Palandt/*Heinrichs* § 150 Rdn. 3 m. w. N.
[29] Vgl. BGH NJW-RR 1990, 1009; 1980, 698; Staudinger/*Stoffels* Leasing Rdn. 105.

diesen eintreten oder einsteigen, spricht man vom **Eintrittsmodell**[30] bzw. vom „**Einsteigemodell**".[31]

bb) Zustandekommen der Finanzierung als Bedingung des Liefervertrages. In diesen Fällen des Abschlusses eines Liefervertrages mit einer **Leasingfinanzierungsklausel** ergibt die nach den §§ 133, 157 BGB vorzunehmende interessengerechte Auslegung, dass der Liefervertrag zwischen dem Lieferanten und dem Leasingkunden nach § 158 BGB unter der **auflösenden Bedingung** steht, dass dem Kunden die Finanzierung „über Leasing" gelingt, dass also der Leasingvertrag mit dem Leasinggeber zustande kommt und der Leasinggeber in den Liefervertrag eintritt;[32] der Vereinbarung eines besonderen Rücktrittsrechts des Kunden bedarf es nicht.[33] Im Verhältnis zum Leasinggeber steht die Wirksamkeit des Liefervertrages unter der **aufschiebenden Bedingung**, dass der Leasinggeber seinen Eintritt in den ausgehandelten Vertrag erklärt. 26

Der bedingt geschlossene Liefervertrag zwischen Lieferant und Leasingkunde ist tatbestandlich vollendet und gültig zustande gekommen. Lediglich seine rechtlichen Wirkungen sind bis zum Eintritt oder Ausfall der Bedingung in der Schwebe.[34] 27

cc) Eintritt des Leasinggebers. Der mit dem Einverständnis des Lieferanten und des Leasingnehmers im Rahmen eines typischen Finanzierungsleasinggeschäfts erfolgende Eintritt des Leasinggebers in die getroffenen Vereinbarungen ist nicht als **Erfüllungsübernahme** im Sinne des § 329 BGB anzusehen.[35] Er wird vielmehr als **befreiende Schuldübernahme** im Sinne der §§ 414 ff. BGB,[36] in der Regel aber als im Gesetz nicht geregelte **dreiseitige einheitliche Vertragsübernahme** eingeordnet, an der alle drei Beteiligten mitwirken müssen.[37] Der Leasinggeber tritt anstelle der bisherigen Vertragspartei mit allen Rechten und Pflichten in den Liefervertrag ein; es handelt sich somit um eine **Übertragung eines Schuldverhältnisses im Ganzen**. Will der Leasinggeber **Änderungen oder Erweiterungen** bezüglich des Inhalts des Liefervertrages durchsetzen. bedarf es einer dreiseitigen Vereinbarung der am Leasingdreieck beteiligten Vertragspartner.[38] Die Beteiligten sollten die im Liefervertrag bereits angelegten **Ansprüche wegen Leistungsstörungen/Pflichtverletzungen** beim Leasingkunden belassen, um Schwierigkeiten von vornherein zu vermeiden, wenn der Kunde Verbraucher ist.[39] 28

b) Liefervertrag mit nachträglicher Leasingfinanzierung. Von dem Fall des bedingten Abschlusses des Liefervertrages zu unterscheiden ist der Fall, dass der Kunde den Liefervertrag bereits verbindlich geschlossen, ohne dass bei den Vertragsverhandlungen über eine Leasingfinanzierung gesprochen worden ist, weil der Kunde zunächst eine Eigenfinanzierung beabsichtigt oder schon durchgeführt oder eine Ratenvereinbarung mit dem Lieferanten getroffen und evtl. sogar schon eine Voraus- oder Anzahlung an den Lieferanten geleistet hat, und sich die Liefergegenstände schon im Besitz, evtl. sogar schon im Eigentum des Kunden befinden. In diesem Fall ist der Liefervertrag **nicht unter einer** 29

---

[30] *H. Beckmann* Finanzierungsleasing § 1 Rdn. 75 ff. m. w. N.
[31] *Graf von Westphalen* AGB-Klauselwerke Leasing Rdn. 32.
[32] Staudinger/*Stoffels* Leasing Rdn. 105; MünchKomm/*Habersack* Leasing Rdn. 44.
[33] Vgl. BGH NJW 1985, 1080; NJW-RR 1990, 1009; OLG Köln NJW-RR 1988, 504; OLG Braunschweig NJW-RR 1998, 567; *Engel* § 4 Rdn. 7.
[34] BGH NJW 1994, 3228; Palandt/*Heinrichs* Einf v § 158 Rdn. 8.
[35] So aber OLG Dresden, NJW-RR 1996, 625.
[36] BGH NJW-RR 1990, 1009; 1993, 307; *Reinking/Eggert* Rdn. 907; *Reinking/Kessler/Sprenger* § 6 Rdn. 25.
[37] BGH NJW 1990, 1290; 1986, 918; 1985, 2518; NJW-RR 1993, 307; MünchKomm/*Habersack* Leasing Rdn. 42; Staudinger/*Stoffels* Leasing Rdn. 106; *Reinking/Eggert* Rdn. 907; Erman/*Jendrek* Anhang zu § 535 Rdn. 2; *Graf von Westphalen* AGB-Klauselwerke Leasing Rdn. 33; Palandt/*Grüneberg* § 398 Rdn. 38 ff. m. w. N.
[38] S. u. § 6 Rdn. 47.
[39] S. u. § 25 Rdn. 31.

Bedingung, sondern bereits **voll wirksam** mit dem zukünftigen Leasingnehmer zustande gekommen und zumindest teilweise vollzogen worden. Entschließt sich der Kunde im Einvernehmen mit dem Lieferanten dann nachträglich zu einer Leasingfinanzierung, indem er entweder selbständig oder durch Vermittlung des Lieferanten einen Leasinggeber sucht und einen Leasingvertrag schließt und tritt der Leasinggeber in den bestehenden Liefervertrag ein, handelt es sich ebenfalls um eine **einheitliche Vertragsübernahme**.

30 c) **Wirkungen des Eintritts des Leasinggebers.** Der Leasinggeber als Übernehmer tritt unter Aufrechterhaltung der Identität des geschlossenen Vertrages und Wahrung der Identität der Schuld an die Stelle des frei werdenden Leasingnehmers[40] Lediglich die Vollziehung des Liefervertrages erfolgt erst nach dem Eintritt des Leasinggebers. Der Leasinggeber übernimmt also die getroffenen Vereinbarungen so, wie sie zwischen Leasingnehmer und Lieferant ausgehandelt worden sind. Dies gilt in jedem Fall beim nachträglichen Eintritt, aber auch beim Eintritt des Leasinggebers in den bedingt geschlossenen Liefervertrag. **Übernommen wird das Schuldverhältnis so, wie es im Zeitpunkt der Übernahme besteht.**[41] Durch den Eintritt des Leasinggebers wird der Liefervertrag mit dem Leasingkunden nicht einvernehmlich wieder aufgelöst.[42] Haben die Verhandelnden also z. B. wirksam die Sachmängelhaftung oder die Verjährung eingeschränkt oder erweitert, wirken diese Vereinbarungen uneingeschränkt auch gegenüber dem Leasinggeber. Der Leasinggeber kann nach den §§ 398 ff., 414 ff. BGB alle Einwendungen aus dem Schuldverhältnis, die zur Zeit der Übernahme begründet, zumindest dem Rechtsgrund nach angelegt waren,[43] gegen den Lieferanten geltend machen.

31 Die **Wirksamkeit der Übernahme des Liefervertrages** kann der Leasinggeber von einem wirksamen Abschluss des Leasingvertrages mit dem Leasingnehmer als Bedingung im Sinne des § 158 BGB und bei einem Verbrauchergeschäft auch von einem Ausbleiben eines Widerrufs des Leasingnehmers abhängig machen.[44]

3. Eigenständige Beschaffung der Finanzierung durch den Leasingnehmer

32 Beschafft sich der Leasingnehmer vor oder nach Abschluss des Liefervertrages die Finanzierung „auf eigene Faust" ohne Beteiligung des Lieferanten,[45] indem er vor der Kontaktaufnahme zu einem Lieferanten oder nach Abschluss des Liefervertrages ein oder mehrere Angebote verschiedener Leasinggeber einholt, zwischen denen er dann das günstigste auswählt,[46] kommt der Liefervertrag mit dem Leasinggeber, wie oben dargelegt, durch den Eintritt des Leasinggebers in den bedingten oder unbedingten Abschluss zwischen dem Leasingkunden und dem Lieferanten als dreiseitige Vertragsübernahme oder durch eine selbständige Bestellung des Leasinggebers beim Lieferanten zustande.[47]

In Ausnahmefällen, insbesondere beim Fahrzeug-Leasing, schließt der Leasingnehmer zunächst einen Leasingvertrag mit einem Leasinggeber und sucht sich erst dann ein Leasing-Kfz aus. In diesem Fall steht der Leasingvertrag unter der auflösenden Bedingung des wirksamen Zustandekommens des Liefervertrages. Umgekehrt kommt es auch vor, dass der Leasingnehmer lediglich den Fahrzeugtyp, die Farbe und die Ausstattung festlegt und das Aushandeln des Kaufpreises, von Rabatten, eines Rückkaufsrechts etc. dem Leasinggeber überlässt.

---

[40] BGH NJW 1985, 2528; Palandt/*Grüneberg* Überbl v § 414 Rdn. 1.
[41] Vgl. Palandt/*Grüneberg* Überbl v § 414 Rdn. 1 m. w. N.
[42] So aber *Weber* NJW 2003, 2351 m. w. N.
[43] Vgl. Palandt/*Grüneberg* § 398 Rdn. 39a u. § 417 Rdn. 2.
[44] BGH NJW-RR 1993, 307.
[45] Vgl. *Bernstein* DB-Spezial 1988, 20 ff.
[46] *Tacke* DB-Beil. 6/1988, 3.
[47] So im Fall BGH WM 2006, 495.

3. Kapitel. Der Abschluss des Finanzierungsleasingvertrags § 5

4. Sale-and-lease-back

Bei sog. Sale-and-lease-back-Verträgen[48] nutzt der Leasingnehmer das Objekt schon seit einiger Zeit als Eigentümer oder erwirbt es zunächst selbst vom Lieferanten und veräußert es sodann an den Leasinggeber, der es anschließend wiederum dem Leasingnehmer „verleast".[49] Nicht der Leasinggeber, sondern der Leasingnehmer wird Vertragspartner des Lieferanten. Diese Fallkonstellation kann dem (nachträglichen) Eintrittsmodell nahe kommen. Der Unterschied besteht darin, dass beim Sale-and-lease-back der Leasingnehmer Eigentümer der Waren ist oder durch den Liefervertrag mit Übereignung wird, wenn auch oft nur für einen meist kurzen Zeitraum, wohingegen er beim Eintrittsmodell zu keinem Zeitpunkt Eigentümer der Waren ist.[50]   33

5. Hersteller- oder Händlerleasing

Beim **(direkten) Hersteller- oder Händlerleasing**[51] wird kein unabhängiger Lieferant zugezogen. Der **Lieferant ist zugleich Leasinggeber**. Das Herstellerleasing dient in erster Linie der Absatzförderung. Es ist kein Finanzierungsleasinggeschäft im typischen Leasingdreieck, sondern ein **reines Mietverhältnis** zwischen Leasinggeber und Leasingnehmer.[52] Es handelt sich um eine Vertragsbeziehung im Zwei-Personen-Verhältnis.   34

Demgegenüber ist das sog. **indirekte Herstellerleasing**, auch herstellerabhängiges Leasing oder „lieferantennahes Finanzierungsleasing" genannt,[53] bei dem eine „herstellereigene", konzernmäßig verflochtene Leasinggesellschaft tätig wird, **echtes Finanzierungsleasing** mit allen Besonderheiten des Finanzierungsleasinggeschäfts, insbesondere auch der leasingtypischen Abtretungskonstruktion; **es gibt kein Sonderrecht für das absatzfördernde Leasing**.[54]   35

III. Eigentumsübertragung beim Finanzierungsleasinggeschäft

In Erfüllung seiner Pflichten aus § 433 Abs. 1 BGB übereignet der Lieferant die Waren nach § 929 BGB unmittelbar dem Leasinggeber; ein Durchgangserwerb des Leasingnehmers findet – mit Ausnahme beim Sale-and-lease-back[55] – nicht statt. Ist der Leasingnehmer schon Eigentümer der Leasingsache, muss er das Eigentum an den Leasinggeber übertragen.   36

Die Übergabe der Leasingsache erfolgt auf Geheiß des Leasinggebers unmittelbar an den Leasingnehmer als Besitzer. Der Leasingnehmer nimmt die Waren als Erfüllungsgehilfe des Leasinggebers im Rahmen des Liefervertrages und als Vertragspartner des Leasingvertrages entgegen.   37

IV. Scheitern der Leasingfinanzierung
1. Zahlungspflicht des Leasingkunden

Grundsätzlich ist es Sache des Kunden, die Finanzierung seiner Investition sicherzustellen und gegenüber dem Lieferanten klarzustellen, dass er nicht Käufer oder Besteller sein will, dass der Liefervertrag letztlich nicht mit ihm, sondern mit dem Leasinggeber zu-   38

---

[48] S. o. § 3 Rdn. 20 u. s. u. § 64 u. 65.
[49] BGH NJW 1988, 1774; NJW 1990, 829; *Graf von Westphalen* Leasingvertrag Rdn. 1414 ff.
[50] Vgl. *H. Beckmann* Finanzierungsleasing § 3 Rdn. 319 ff. m. w. N.
[51] S. o. § 3 Rdn. 10.
[52] BGH NJW 2003, 505; 1998, 1637; *Leyens* MDR 2003, 312 ff.; *Graf von Westphalen* AGB-Klauselwerke Leasing Rdn. 28.
[53] *Leyens* MDR 2003, 312 ff.
[54] BGH NJW 1986, 1335; *Graf von Westphalen* AGB-Klauselwerke Leasing Rdn. 29 m. w. N. auch zur Gegenmeinung.
[55] *(Fußnote nicht belegt).*

stande kommen bzw. das Zustandekommen des Leasingvertrages **aufschiebende bzw. auflösende Bedingung** des schon geschlossenen Liefervertrages im Sinne des § 158 BGB sein soll.[56] Enthält der Liefervertrag keine Leasingfinanzierungsklausel, muss der Leasingnehmer im Zweifel eine entsprechende Vereinbarung beweisen. Anderenfalls kann er bei Scheitern der Leasingfinanzierung vom Lieferanten selbst auf Erfüllung oder Schadensersatz in Anspruch genommen werden.

2. Scheitern des Vorverhandlungsmodells

39 Werden zwischen dem Kunden und dem Lieferanten lediglich (Vor-)Verhandlungen über den Abschluss eines Liefervertrages mit Leasingfinanzierung geführt, ist also ein verbindlicher Liefervertrag noch nicht zustande gekommen, ergeben sich im Falle der Nichtannahme des Leasingantrages durch den Leasinggeber in der Regel keine Verpflichtungen des Leasingkunden gegenüber dem Lieferanten.[57]

40 Allenfalls bei **grundlosem Abbruch von Vertragsverhandlungen ohne triftigen Grund** nach In-Aussicht-Stellen eines sicheren Vertragsschlusses kann ein Schadensersatzanspruch des Lieferanten gegen den Kunden wegen eines schweren Verstoßes gegen die Redlichkeit nach den §§ 311 Abs. 2, 241 Abs. 2, 280 Abs. 1 BGB bestehen. Das ist anzunehmen, wenn der Kunde von vornherein keinen Vertrag schließen wollte, Hinderungsgründe fahrlässig außer Acht gelassen oder den Lieferanten nicht unverzüglich über die Aufgabe seines Abschlusswillens informiert hat.[58] Eine Haftung ist auch gegeben, wenn der Kunde unter Verstoß gegen Treu und Glauben (§§ 242, 162 Abs. 2 BGB) die Annahme des Leasingantrags durch den Leasinggeber verhindert.

3. Scheitern des Eintrittsmodells

41 Ergibt die **Auslegung** des zwischen Lieferant und Leasingkunde ausgehandelten Liefervertrages, dass das Zustandekommen des Leasingvertrages und der Eintritt des Leasinggebers in den Liefervertrag aufschiebende bzw. **auflösende Bedingung** des Liefervertrages im Sinne des § 158 BGB sein soll, was insbesondere bei Aufnahme einer Leasingfinanzierungsklausel anzunehmen ist, entstehen auch beim Eintrittsmodell keine Verpflichtungen des Leasingnehmers.[59] Entgegen *Reinking/Eggert*[60] trägt in diesen Fällen nicht der Leasingkunde, sondern der Lieferant das Risiko, dass der Leasingvertrag nicht zustande kommt. Der Kunde kann allerdings selbst entscheiden, ob er trotz des Scheiterns der Finanzierung das Geschäft „*seines Vorbehaltscharakters entkleidet*"[61] und selbst einsteigt.

42 Hat der Leasingkunde das Scheitern der Leasingfinanzierung – z. B. wegen **„Kaufreue"** – gemäß § 162 Abs. 2 BGB wider Treu und Glauben herbeigeführt, gilt die Bedingung als ausgefallen mit der Folge, dass der Leasingnehmer aus dem abgeschlossenen Liefervertrag verpflichtet bleibt. Ein treuwidriges Handeln des Leasingnehmers ist jedoch nicht schon dann anzunehmen, wenn der Leasinggeber den Abschluss des Leasingvertrages wegen vom Leasingnehmer offengelegter fehlender Bonität ablehnt. Auch der Widerruf des Leasingvertrages durch einen Verbraucher nach den §§ 500, 495 Abs. 1, 355 BGB kann grundsätzlich nicht als treuwidrig angesehen werden.[62]

---

[56] Vgl. BGH NJW-RR 1990, 1009; NJW 1980, 698; MünchKomm/*Habersack* Leasing Rdn. 49.
[57] Staudinger/*Stoffels* Leasing Rdn. 101.
[58] BGH NJW 1998, 2990; 1996, 1884; *Wertenbruch* ZIP 2004 1525.
[59] BGH NJW-RR 1990, 1009; OLG Köln DAR 1988, 273; OLG Düsseldorf NZV 1994, 431; OLG Braunschweig NJW-RR 1998, 567; Staudinger/*Stoffels* Leasing Rdn. 105; MünchKomm/*Habersack* Leasing Rdn. 49; *Reinking/Eggert* Rdn. 908; *Graf von Westphalen* AGB-Klauselwerke Leasing Rdn. 34; *Engel* § 4 Rdn. 7; s. o. Rdn. 24 ff.
[60] *Reinking/Eggert* Rdn. 909.
[61] *Koch* Rdn. 749.
[62] MünchKomm/*Habersack* Leasing Rdn. 49; Lieb WM 1991, 1535 Fn. 25; *Zahn* DB 1991, 688.

V. Form von Finanzierungsleasinggeschäften

1. Finanzierungsleasingverträge über Mobilien

Finanzierungsleasingverträge über Mobilien sind formlos wirksam. In der Praxis werden von der Leasinggeberseite erstellte **Formularverträge** verwendet, die von beiden Vertragspartnern unterschrieben werden. Leasingrecht ist Formularrecht *par excellence*.[63]

43

2. Finanzierungsleasingverträge mit Verbrauchern

Lediglich bei Finanzierungsleasingverträgen mit **Verbrauchern** im Sinne des § 13 BGB sind gemäß den §§ 499 Abs. 2, 500 BGB die **besonderen Formvorschriften in § 492 Abs. 1 Satz 1 bis 4 BGB** zu beachten.[64] Danach gilt das Gebot der Schriftform (§ 125 BGB), allerdings mit der Erleichterung, dass gemäß § 492 Abs. 1 Satz 3 BGB Angebot und Annahme getrennt schriftlich erklärt werden können. Die schriftliche Annahme des Vertragsangebots des Leasingnehmers durch Unterzeichnung der Vertragserklärung durch den Leasinggeber ist unerlässlich.[65] Die Schriftform gilt auch für Nebenabreden. Alle Vertragsangaben müssen vollständig in einer Urkunde enthalten sein, es sei denn es handelt sich nur um unwesentliche Nebenpunkte.[66] Auch die Regelungen des Liefervertrages müssen als wichtige Bestandteile des Leasingvertrages grundsätzlich in der Vertragsurkunde enthalten sein.[67] Die Schriftform gilt auch für einen Schuldbeitritt eines Verbrauchers zu einem Finanzierungsleasingvertrag.[68]

44

Bei Nichteinhaltung der Schriftform ist der Leasingvertrag nach § 494 Abs. 1 BGB unwirksam. Eine Heilung durch Übergabe der Leasingsache erfolgt nicht.[69] Das Berufen auf die fehlende Schriftform kann ausnahmsweise nach § 242 BGB unzulässig sein, wenn der Leasingnehmer die Leasingsache über einen längeren Zeitraum wirtschaftlich vorteilhaft genutzt hat.[70]

45

Beim Verbraucherleasing muss auch die **Widerrufsbelehrung** den Anforderungen des § 355 Abs. 2 BGB in Verbindung mit § 14 Abs. 4 BGB-InfoV genügen und insbesondere die genaue Anschrift des Leasinggebers als des Widerrufsadressaten, nicht nur die Angabe eines Postfachs, enthalten.[71] Es wird empfohlen, die amtlichen Muster der Anlage 2 oder 3 zu § 14 BGB-InfoV zu benutzen.[72]

46

3. Finanzierungsleasingverträge über Immobilien

Leasingverträge, mit denen die Überlassung von Immobilien finanziert wird, bedürfen der **notariellen Form des § 311 b Abs. 1 BGB** (§ 313 BGB a. F.), da Grundstückserwerb, Bauvertrag und Leasingvertrag nach dem Willen aller Beteiligten eine rechtliche Einheit im Sinne des § 139 BGB bilden.[73] Notarielle Beurkundung ist schon dann erforderlich, wenn ein Vertragspartner eine Erwerbspflicht übernimmt.[74]

47

---

[63] *Roth* AcP 190, 292.
[64] Peters WM 2006, 1186 ff. m. w. N.; *Tiedtke/Möllmann* DB 2004, 919.
[65] OLG Rostock MDR 2006, 323.
[66] BGH NJW 1999, 2591.
[67] *Reinking/Eggert* Rdn. 892; *Michalski/Schmitt* Rdn. 108.
[68] BGH NJW 1997; 3169; *Tiedtke/Möllmann* DB 2004, 919; *Peters* WM 2006, 1185.
[69] A. A. *Slama* WM 1991, 571.
[70] BGH NJW 2000, 3133.
[71] OLG Koblenz NJW 2006, 919.
[72] *Moseschus* EWiR § 355 BGB 1/06, 452; zu Bedenken gegen die Wirksamkeit der Musterwiderrufsbelehrung vgl. *Hönn* WuB IV F. § 14 BGB-InfoV 1.97 unter Hinweis auf LG Halle WM 2007, 119 u. LG Münster WM 2007, 121; LG Koblenz MMR 2007, 190.
[73] *Graf von Westphalen* Leasingvertrag Rdn. 1620 ff. m. w. N.
[74] *Staudinger/Stoffels* Leasing Rdn. 26 m. w. N.

Ferner ist die Regelung der §§ 578, 550 BGB (§ 569 BGB a. F.) zu beachten.[75] Nach § 550 BGB bedürfen der **schriftlichen Form langfristige Mietverträge** über Wohnraum, über Grundstücke und über Geschäftsräume für eine „*längere Zeit als ein Jahr*".

48   Nach § 550 BGB, auf den § 578 BGB verweist, wird anders als in dem bis zum 31. 8. 2001 vor der Mietrechtsreform geltenden § 566 Satz 1 BGB a. F. der Formzwang nicht (mehr) ausdrücklich angeordnet. Nach h. M. sollte aber durch die Neufassung eine Änderung des bis zur Mietrechtsreform geltenden Rechtszustandes nicht erfolgen, sondern lediglich eine redaktionelle Veränderung zur sprachlichen Verbesserung,[76] so dass das **Schriftformerfordernis** weiterhin gilt.[77] Dies wird mit dem Zweck des Schriftformerfordernisses unter Berücksichtigung des § 571 BGB a. F. (jetzt § 566 BGB) begründet, einen Grundstückserwerber zuverlässig über das Bestehen und den Inhalt langfristiger Mietverträge zu unterrichten; außerdem wird auf die Warn- und Beweisfunktion abgestellt.[78]

49   Das Schriftformerfordernis des § 550 BGB ist nach h. M. unter Berücksichtigung des gesetzgeberischen Willens[79] für langfristige Verträge zwingend.[80] Die Vertragspartner können aber für Änderungen und Ergänzungen oder für Nebenabreden wie z. B. die Überlassung von Inventar die gewillkürte Schriftform im Sinne des § 127 BGB vereinbaren.[81]

4. Lieferverträge

50   Auch Lieferverträge sind formlos wirksam. In der Praxis werden meist vom Lieferanten gestellte **Formularverträge** verwendet. Großkunden haben oft eigene Bestellbedingungen. Die öffentliche Hand schließt Verträge in der Regel nur unter Einbeziehung der Verdingungsordnung für Bauleistungen Teil B (VOB/B) oder der Ergänzenden Vertragsbedingungen für Informationstechnikleistungen (EVB-IT).[82] Lediglich im Rahmen des Immobilienleasing kann auch der Bauvertrag über die Errichtung des zu leasenden Gebäudes der notariellen Form des § 311 b BGB unterfallen, wenn ein Verknüpfungs- bzw. Einheitlichkeitswille der Beteiligten im Sinne des § 139 BGB besteht.[83]

5. Vertragsübernahme und Eintrittsvereinbarungen

51   Die Eintrittsvereinbarung zwischen dem Leasinggeber und dem Lieferanten bedarf nicht der Schriftform, da beide in der Regel Unternehmer sind. Das gilt auch für eine **zweiseitige Vertragsübernahme** zwischen dem Leasinggeber und dem Lieferanten.[84] Die Zustimmung des nicht unmittelbar an der Vertragsübernahme beteiligten Leasingnehmers ist grundsätzlich formfrei.[85] Die **dreiseitige Vertragsübernahmevereinbarung** durch einen **Verbraucher** bedarf der Schriftform.[86] Die Übernahmeerklärung des neuen Leasingnehmers muss daher den Inhalt des zu übernehmenden Leasingvertrages wiedergeben.[87]

---

[75] Wolf/Eckert/*Ball* Rdn. 1680 m. w. N.
[76] BT-Drucks. 14/4553, S. 47.
[77] *Fritz* Rdn. 47; Gerber/*Eckert* Rdn. 27 f.; *Heile* NZM 2002, 505; *Sternel* ZMR 2001, 937; a. A. *Eckert* NZM 2001, 409; vgl. auch Wolf/Eckert/*Ball* Rdn. 84.
[78] BGH NJW 1998, 2664; Palandt/*Weidenkaff* § 550 Rdn. 1.
[79] BT-Drucks. 14/4553, S. 47.
[80] Palandt/*Weidenkaff* § 550 Rdn. 2/3.
[81] *Fritz* Rdn. 50 a.
[82] S. u. § 63 Rdn. 30.
[83] *Graf von Westphalen* Leasingvertrag Rdn. 1620 ff.
[84] *Peters* WM 2006, 1185; offengelassen von BGH NJW 1999, 2664.
[85] Palandt/*Grüneberg* § 398 Rdn. 39 m. w. N.
[86] BGH NJW 1999, 2664; Reinking/*Eggert* Rdn. 893; Tiedtke/*Möllmann* DB 2004, 919.
[87] Vgl. *Peters* WM 2006, 1185.

3. Kapitel. Der Abschluss des Finanzierungsleasingvertrags   § 6

Ist der Leasingkunde zum Zeitpunkt des Leasingvertragsschlusses Existenzgründer, 52
also privilegierter Unternehmer und damit Verbraucher, wird ihm für diese Phase Verbraucherschutz gewährt. Liegen die privilegierenden Umstände beim Abschluss eines als neuer Leasingvertrag aufzufassenden Verlängerungsvertrages nicht mehr vor, gelten die privilegierenden Regelungen nicht.[88]

6. Gewillkürte Schriftform

Die Vertragspartner können auch vereinbaren, dass Liefer- und Leasingvertrag der 53 Schriftform unterliegen sollen. Dann gelten im Zweifel gemäß § 127 Abs. 1 BGB die Vorschriften über die gesetzliche Schriftform mit den sich aus § 127 Abs. 2 BGB ergebenden Erleichterungen. Im Einzelfall ist durch Auslegung zu ermitteln, ob die gewillkürte Schriftform **Wirksamkeitsvoraussetzung** sein oder nur **Beweiszwecken** dienen soll. Zumindest zur Vermeidung von Beweisproblemen sollten die Beteiligten in jedem Fall **sämtliche Abreden schriftlich** festhalten.

7. Schriftform- und Vollständigkeitsklauseln

Schriftformklauseln in AGB verstoßen gegen die §§ 305 b, 307 BGB, wenn sie die Ein- 54 haltung der Schriftform als konstitutiv festlegen, da dadurch nicht die **höherrangige Individualvereinbarung** außer Kraft gesetzt werden kann.[89] Sog. **Vollständigkeitsklauseln** sind wirksam, wenn sie nur die Rechtslage bezüglich der Vermutung der Vollständigkeit und Richtigkeit der schriftlichen Vertragsurkunden wiederholen.[90]

§ 6. Die inhaltliche Vertragsgestaltung beim Finanzierungsleasinggeschäft

Schrifttum: s. auch zu § 5; *H. Beckmann* Rechtsstellung des Leasingnehmers mit Verbrauchereigenschaft – Finanzierungsleasing kein Umgehungsgeschäft im Sinne des § 475 BGB WuB I J 2. – 1.06, 373; *ders.* Zur Sittenwidrigkeit von Finanzierungsleasingverträgen bei Computerwaren CR 1996, 149; *ders.* Veritätshaftung des Leasinggebers gegenüber der refinanzierenden Bank aus Forfaitierungsverträgen bei Nichtigkeit des Liefergeschäfts nach § 117 BGB wegen kollusiven Zusammenwirkens von Lieferant und Leasingnehmer WuB I J 2. – 3.02, 431; *Breitfeld* Die Schuldrechtsmodernisierung – Auswirkungen auf das Mobilien-Leasing FLF 2003, 215; *Bräutigam/Rücker* Softwareerstellung und § 651 BGB – Diskussion ohne Ende oder Ende der Diskussion? CR 2006, 363; *Marly* Softwareüberlassungsverträge 4. Aufl. 2004

Übersicht

	Rdn.
I. Festlegung der Vertragsinhalte beim Finanzierungsleasinggeschäft durch Lieferant und Leasingnehmer	1
1. Lieferant und Leasingnehmer als Verhandlungsgehilfen des Leasinggebers	3
a) Stellung des Lieferanten	4
b) Stellung des Leasingnehmers	9
2. Bestimmung der Vertragsparteien	13
a) Vertragspartner des Liefervertrages	13
b) Vertragspartner des Leasingvertrages	15
3. Bestimmung des Vertragstyps des Liefervertrages	19
a) Bestimmung durch die Vertragspartner	20
b) Bedeutung der Bestimmung des Vertragstyps	21
c) Einordnungskriterien	22

---

[88] OLG Düsseldorf ZGS 2006, 119.
[89] BGH NJW 2001, 292; 1986, 3132; NJW-RR 1995, 179; OLG Hamm NJW-RR 1994, 631; a. A. BGH NJW 1980, 235; 1995, 1488.
[90] BGH NJW 2000, 207.

		Rdn.
	d) Einordnung des Liefervertrages als Kaufvertrag	23
	e) Einordnung des Liefervertrages als Werkvertrag	24
	f) Einordnung des Liefervertrages als Werklieferungsvertrag	25
	g) Bestimmung des Vertragstyps durch Lieferant und Leasingnehmer	29
4.	Festlegung des Leistungsgegenstandes des Liefervertrages	30
5.	Vereinbarungen über die Vertragsabwicklung	33
6.	Voraus-, Abschlags- oder Anzahlung	34
7.	Inzahlungnahme eines Gebrauchtfahrzeugs	35
8.	Selbständige Vereinbarungen zwischen dem Leasingkunden und dem Lieferanten	36
II.	Einwirkungsmöglichkeit des Leasinggebers auf den Inhalt des Liefervertrages	41
1.	Hinweis auf Unzulässigkeit mündlicher Nebenabreden	42
2.	Nachträgliche Änderungen der ausgehandelten Inhalte des Liefervertrages durch den Leasinggeber	44
	a) Änderungen beim Vorverhandlungsmodell	45
	b) Zusätzliche Regelungen beim Eintrittsmodell	47
	c) Vorschläge für zusätzliche Regelungen	48
	d) Vereinbarung zusätzlicher „Sicherheiten"	52
3.	Hinweis auf zusätzliche Bedingungen im Leasingantragsformular	53
III.	Wertungsmaßstab für sog. „subjektive Elemente" aus dem Liefervertragsverhältnis	55
1.	Leasinggeber als Vertragspartner des Liefervertrags	56
2.	Leasingnehmer als „käuferähnliche" Person	57
3.	Rechtslage beim Eintrittsmodell	60
4.	Vereinbarungen der Beteiligten	63
5.	Einzelfälle mit „subjektiven Elementen"	65
	a) Individualvereinbarungen	65
	b) Interessengerechte Auslegung	66
	c) Auslegung von AGB und Maßstab der Inhaltskontrolle	68
	d) Willensmängel und Wissensvertretung	70
	e) Subjektive Tatbestandsmerkmale und Wertungen im Rahmen des Liefervertrages	72
	f) Kaufmannseigenschaft	74
	aa) Beiderseitiges Handelsgeschäft	74
	bb) Zugelassene Gerichtsstandsvereinbarung	76
	g) Unternehmer- oder Verbrauchergeschäft und Verbrauchsgüterkauf	78
IV.	Anfechtung und Kollusion im Leasingdreieck	82
1.	Anfechtung im Leasingdreieck	82
	a) Irrtumsanfechtung	83
	b) Anfechtung wegen Täuschung oder Drohung durch den Lieferanten	84
	c) Verpflichtung des Leasingnehmers zur vorrangigen Geltendmachung der Anfechtung des Liefervertrages	87
	aa) Nachträgliche Ermächtigung	87
	bb) Regelung im Leasingvertrag	89
2.	Kollusionsfälle	91
	a) Anfechtung sämtlicher Vereinbarungen durch den Leasinggeber	92
	b) Anfechtung des Leasingvertrages durch den Leasingnehmer	96
	c) Scheingeschäft	97

I. Festlegung der Vertragsinhalte beim Finanzierungsleasinggeschäft durch Lieferant und Leasingnehmer

1 Der Inhalt eines Vertrages und seine daraus folgende rechtliche Einordnung werden grundsätzlich durch die Vertragspartner festgelegt. Wie in § 5 im Rahmen der Vertragsanbahnungsmodelle dargelegt, wird beim typischen Finanzierungsleasinggeschäft der Inhalt des Liefervertrages in der Regel allein vom Leasingkunden und vom Lieferanten ausgehandelt. Auch der wesentliche Inhalt des Leasingvertrages wird – unter Berücksichtigung der Vorgaben des Leasinggebers im Leasingantragsformular – von den Handelnden bestimmt. Lieferant und Leasingnehmer als die handelnden Personen sollten eine detaillierte Festlegung aller wechselseitigen Vertragspflichten schriftlich vornehmen, da der **Leasinggeber als Vertragspartner des Liefer- und des Leasingvertrages nicht an den Vertragsverhandlungen beteiligt** ist und nur so eigene Kenntnis von den Abspra-

3. Kapitel. Der Abschluss des Finanzierungsleasingvertrags   § 6

chen bekommt. Auch sämtliche **Nebenabreden** sollten schriftlich in den Liefervertrag **und** in das Leasingantragsformular aufgenommen werden, da die schriftlichen Vereinbarungen die Vermutung der Vollständigkeit und Richtigkeit in sich tragen.[1]

Die schriftliche Information des Leasinggebers als Vertragspartner ist nicht nur wichtig wegen der Beweisschwierigkeiten bei nur mündlichen Vereinbarungen, sondern auch zur Vermeidung der **Haftung** des Lieferanten gegenüber dem Leasinggeber aus einer Pflichtverletzung des Geschäftsbesorgungsvertrages oder des Leasingnehmers aus einer Nebenpflichtverletzung des Leasingvertrages nach § 241 Abs. 2 BGB, jeweils in Verbindung mit § 280 Abs. 1 BGB. Der Leasinggeber sollte den Lieferanten hierauf im Rahmenvertrag oder in der Eintrittsvereinbarung ausdrücklich hinweisen. 2

1. Lieferant und Leasingnehmer als Verhandlungsgehilfen des Leasinggebers

Führt der Vertragspartner nicht selbst die Vertragsverhandlungen, sondern überlässt er sie einem Dritten, kann der Dritte Vertreter, Bote oder Verhandlungsgehilfe des Vertragspartners sein. 3

a) Stellung des Lieferanten. Der Lieferant ist als Verkäufer im Sinne des § 433 BGB oder Werkunternehmer im Sinne des § 631 BGB Vertragspartner des **Liefervertrages**. 4

Beim Finanzierungsleasinggeschäft bereitet er gleichzeitig den Abschluss des **Leasingvertrages** vor, indem er mit dem Leasingkunden die Modalitäten der Leasingfinanzierung aushandelt. Dabei handelt der Lieferant aufgrund eines Rahmenvertrages mit dem Leasinggeber, als im Einzelfall beauftragter Vermittler oder als Geschäftsführer ohne Antrag.[2] Der Lieferant ist insoweit nicht Vertreter des Leasinggebers im Sinne der §§ 164 ff. BGB, sondern nur desssen Verhandlungsgehilfe im Sinne des § 278 BGB, weil er geschäftliche Tätigkeiten aus dem Pflichtenkreis des Leasinggebers mit dessen Willen und Wollen und auf dessen Veranlassung entwickelt.[3] Auch bei ständiger Zusammenarbeit zwischen Leasinggeber und Lieferant wird dem Lieferanten von Seiten des Leasinggebers in der Regel **keine Vollmacht zum Abschluss des Leasingvertrages** erteilt. Die ALB des Leasinggebers weisen vielmehr regelmäßig ausdrücklich auf die fehlende Vollmacht des Lieferanten hin. Die fehlende Vollmacht des Lieferanten ergibt sich ferner aus den Formulierungen der Leasingantragsformulare, in denen sich der Leasinggeber ausdrücklich die Annahme des Leasingantrages vorbehält. Deshalb scheidet auch eine Zurechnung von Erklärungen des Lieferanten nach Duldungs- oder Anscheinsvollmachtsgrundsätzen in der Regel aus.[4] 5

Der Lieferant hat auch **keine Empfangsvollmacht** im Sinne des § 164 Abs. 3 Satz 2 BGB, ist also insbesondere nicht bevollmächtigt, eine Rücktritts- oder Kündigungserklärung des Leasingnehmers mit Wirkung für den Leasinggeber in Empfang zu nehmen. Nach Ansicht des OLG Köln[5] soll der Lieferant zur Entgegennahme eines Widerspruchs des Leasingnehmers gegen ein kaufmännisches Bestätigungsschreiben berechtigt sein. 6

Ausnahmsweise ist der Lieferant als vom Leasinggeber auch für Fragen der Vertragsabwicklung als bevollmächtigt anzusehen, wenn er auf der Vorderseite des Leasingantrags unter der Überschrift *„Ihr Ansprechpartner"* bezeichnet ist.[6] 7

Das Leasingvertragsformular sollte auf der ersten Seite folgenden deutlichen **Hinweis** enthalten: 8

Der Lieferant ist nicht bevollmächtigt, als Vertreter des Leasinggebers Erklärungen abzugeben oder entgegenzunehmen oder Vereinbarungen zu treffen, die nicht im Leasingvertrag niedergelegt sind.

---

[1] Vgl. Zöller/*Geimer* § 416 Rdn. 10 m. w. N.
[2] Vgl. OLG Hamm ZGS 2006, 7; FRF 2007, 131; s. o. § 11.
[3] BGH NJW 1985, 2258; 1986, 1809; 1988, 204; 1989, 287; 1992, 1754; 1995, 1146; 2005, 365.
[4] BGHZ NJW 1985, 2258; Staudinger/*Stoffels* Leasing Rdn. 99; a. A. *Graf von Westphalen* AGB-Klauselwerke Leasing Rdn. 42.
[5] OLG Köln CR 1996, 22.
[6] OLG Dresden NJW-RR 2003, 269.

9 **b) Stellung des Leasingnehmers.** Der Leasingkunde wird bei Übernahme der ausgehandelten Vertragsergebnisse und der Annahme des Leasingantrags durch den Leasinggeber Vertragspartner des **Leasingvertrages.**

10 Die Vertragsverhandlungen über den Abschluss des **Liefervertrages** führt der Leasingkunde und zukünftige Leasingnehmer als **Verhandlungsgehilfe** bzw. als Vertreter ohne Vertretungsmacht des Leasinggebers. Durch die Übernahme der Verhandlungsergebnisse im Rahmen der oben geschilderten Vertragsanbahnungsmodelle (Annahme des Angebots des Lieferanten, Vertragsübernahme) billigt der Leasinggeber nachträglich das Handeln des Leasingnehmers im Sinne einer Genehmigung entsprechend § 177 Abs. 1 BGB.

11 Der Leasingnehmer ist als Verhandlungsgehilfe des Leasinggebers und Vertragspartner des Leasingvertrages verpflichtet, den Leasinggeber vollständig und richtig über sämtliche – auch mündlich – getroffenen Abreden zu informieren. Das folgt schon aus § 241 Abs. 2 BGB.

12 Hierauf sollte der Leasinggeber den Leasingnehmer deutlich im Leasingvertragsformular wie folgt **hinweisen**:
Der Leasingnehmer ist verpflichtet, den Leasinggeber über sämtliche schriftliche und mündliche Abreden mit dem Lieferanten umfassend zu informieren und sämtliche Unterlagen, insbesondere den Liefervertrag, vollständig vorzulegen.

2. Bestimmung der Vertragsparteien

13 **a) Vertragspartner des Liefervertrages.** Bei der Vertragsanbahnung im typischen Leasingdreieck sollten der Lieferant und der Kunde als Verhandlungspartner ausdrücklich klarstellen, dass Vertragspartner des Liefervertrages **(Käufer bzw. Besteller)** letztlich der **Leasinggeber** werden soll, also Leistungsansprüche des Lieferanten gegen den verhandelnden Kunden nicht entstehen. Dies wird im Leasingdreieck durch die gestrichelte Linie[7] verdeutlicht. Es muss aber auch klargestellt werden, ob der Verhandelnde selbst **Verkäufer/Werkunternehmer** sein soll oder nur als Vermittler für den Lieferanten auftritt.[8]

14 Der Leasingkunde sollte auf einem handschriftlichen Zusatz in den Formularverträgen bestehen, dass wegen sämtlicher sog. **„subjektiver Elemente"** wie z. B. der Eigenschaft als Verbraucher oder Unternehmer bzw. Kaufmann oder des anzuwendenden Maßstabes bei der Einbeziehung und der Inhaltskontrolle von AGB auf ihn als Leasingkunden und nicht auf den Leasinggeber als Vertragspartner abzustellen ist.[9]

15 **b) Vertragspartner des Leasingvertrages.** Besonders wichtig für den an den Verhandlungen unmittelbar nicht beteiligten Leasinggeber ist, dass eindeutig festzustellen ist, **wer Leasingnehmer sein soll.** Handelt der Leasingnehmer nicht höchstpersönlich, sondern durch einen Vertreter im Sinne des § 164 BGB, sollte der Leasinggeber entweder selbst oder über den Lieferanten die Vollmacht des Vertreters überprüfen, um nicht schon wegen fehlender Vertretungsmacht seinen Anspruch auf Zahlung der Leasingraten gegen den im Leasingvertrag benannten Leasingnehmer nicht durchsetzen zu können. Der Anspruch aus § 179 BGB gegen einen Vertreter ohne Vertretungsmacht ist z. B. bei dessen Zahlungsunfähigkeit kein ausreichender Ersatz.

16 Bei sog. **unternehmensbezogenen Geschäften**, bei denen der Handelnde den Vertrag für das von ihm vertretene Unternehmen abschließen will, geht der im Wege der Auslegung zu ermittelnde Wille der Beteiligten im Zweifel dahin, dass der Betriebsinhaber Vertragspartner werden soll.[10] Der Leasinggeber muss sich die Kenntnis des Lieferanten als seines Verhandlungsgehilfen bezüglich der Unternehmensbezogenheit des Geschäfts über § 166 Abs. 1 BGB zurechnen lassen.[11]

---

[7] S. o. § 5 Rdn. 5.
[8] Vgl. den Fall OLG Hamm, Urt. v. 11. 10. 2006, 12 U 115/05, FLF 2007, 131.
[9] S. u. § 6 Rdn. 55 ff.
[10] BGH MDR 2005, 1040; Palandt/*Heinrichs* § 164 Rdn. 2.
[11] OLG Hamm JP 1997, 469.

3. Kapitel. Der Abschluss des Finanzierungsleasingvertrags　　　　　　　　§ 6

Entgegen der Auffassung des BGH[12] ist eine persönliche **Rechtsscheinshaftung** eines 17
GmbH-Geschäftsführers wegen des fehlenden Vertretungszusatzes trotz Unternehmensbezogenheit des Geschäfts abzulehnen, weil sich aus den Umständen des Vertragsschlusses eindeutig ergibt, dass der Geschäftsführer die Waren nicht für sich persönlich, sondern für seine Firma bestellt.[13]

Die von einer Buchhalterin „vertretene" Firma haftet insbesondere nicht nach Duldungs- 18
oder Anscheinsvollmachtsgrundsätzen auf Zahlung der Leasingraten, weil eine Buchhalterin in der Regel keine Vollmacht, insbesondere auch nicht nach § 54 HGB, hat, für ihren Arbeitgeber einen langjährigen Leasingvertrag abzuschließen.[14]

3. Bestimmung des Vertragstyps des Liefervertrages

Finanzierungsleasinggeschäfte bestehen immer aus einem Liefervertrag und ei- 19
nem Leasingvertrag. Als Liefervertragstypen kommen in Betracht: Kauf-, Werk- und Werklieferungsvertrag. Die Rechtsnatur des Liefervertrages bestimmt sich nach seinem Inhalt.

a) Bestimmung durch die Vertragspartner. Bei jedem Vertragsschluss haben es die 20
Vertragspartner in der Hand, durch **inhaltliche Vereinbarungen** im Rahmen der **Privatautonomie** die rechtliche Einordnung ihres Vertrages zu bestimmen. Die bloße Bezeichnung eines Vertrages ist unerheblich.[15]

b) Bedeutung der Bestimmung des Vertragstyps. Die rechtliche Einordnung eines 21
Liefervertrages unter die bestehenden gesetzlich geregelten Vertragstypen ist grundsätzlich, also auch im Zusammenhang mit einem Finanzierungsleasinggeschäft, ausschlaggebend für zahlreiche Fragen im Rahmen der Vertragsabwicklung, z. B. hinsichtlich der Fälligkeit des Entgelts, der Verpflichtung zur Zahlung von Abschlagszahlungen, der Inhaltskontrolle von AGB, der Rechte und Pflichten bei Leistungsstörungen, des Bestehens von Untersuchungs- und Rügeobliegenheiten und der Verjährung.[16]

c) Einordnungskriterien. Die vereinbarte **zeitliche Dauer der Überlassung** entschei- 22
det darüber, ob der Vertrag als Miet- oder Pachtvertrag – bei – **Überlassung auf Zeit** – oder als Kauf- bzw. Werkvertrag – bei **Überlassung auf Dauer** einzuordnen ist.[17] Die Einordnung der Verträge mit dauerhafter Überlassung bestimmen die Vertragspartner durch die Festlegung und Ausgestaltung der **prägenden Hauptleistungspflichten**, nicht durch die Bezeichnung des Vertrages.[18] Es ist im Rahmen einer Gesamtbetrachtung entscheidend darauf abzustellen, welche der übernommenen Pflichten den **prägenden Schwerpunkt** des Vertrages bilden. Dabei ist vor allem auf die Art des Liefergegenstandes und der geschuldeten Leistungen, das Wertverhältnis von Lieferung und Zusatzleistung (z. B. Montage oder Anpassung) und das geschuldete Ergebnis abzustellen.[19]

d) Einordnung des Liefervertrages als Kaufvertrag. Bei Finanzierungsleasingge- 23
schäften ist der Liefervertrag in der Regel als Kaufvertrag gemäß § 433 BGB einzuordnen, weil der Lieferant meist **bloße Lieferung der Waren ohne Zusatzleistungen** schuldet oder die Zusatzleistungen nicht so erheblich sind, dass sie den prägenden Schwerpunkt des Vertrages bilden.[20]

---

[12] BGH NJW 1995, 43.
[13] So jetzt BGH MDR 2005, 1040.
[14] OLG Köln CR 1996, 22.
[15] BGH ZIP 2005, 607; 2004, 1039; NJW 1998, 2132 u. 3197; 1988, 406.
[16] Vgl. zu Einzelheiten *Marly* Rdn. 59.
[17] BGH NJW 2003, 2014; *Marly* Rdn. 44 m. w. N.
[18] BGH ZIP 2005, 607; 2004, 1039; NJW 1998, 2132 u. 3197; 1988, 406.
[19] BGH WM 2004, 2263.
[20] Vgl. BGH MDR 2004, 737; NJW 1998, 2132 u. 3197.

24 **e) Einordnung des Liefervertrages als Werkvertrag.** Leistungsgegenstand im Rahmen eines Finanzierungsleasinggeschäfts kann aber auch die **Herstellung und Lieferung eines Werkes** gemäß § 631 Abs. 1 BGB sein. Gegenstand eines Werkvertrags kann nach § 631 Abs. 2 BGB *"sowohl die Herstellung oder Veränderung einer Sache als auch ein anderer durch Arbeit oder Dienstleistung herbeizuführender Erfolg sein"*. Nach der Rechtsprechung des BGH[21] sind Überlassungsverträge als Werkvertrag einzuordnen, wenn bei der vorzunehmenden Gesamtbetrachtung **prägender Schwerpunkt** die Herstellung des geschuldeten Werkes ist und der Unternehmer die Herbeiführung eines Erfolgs schuldet.[22] Das ist anzunehmen, *"wenn der Vertragsgegenstand eine Anpassung typisierter Einzelteile an die individuellen Wünsche des Bestellers erfordert"* und deshalb *"nur noch schwer anderweitig absetzbar"* ist.[23]

25 **f) Einordnung des Liefervertrages als Werklieferungsvertrag.** Vor der Schuldrechtsreform richtete sich die Einordnung eines Vertrages als Werk- oder Werklieferungsvertrag nach § 651 Abs. 1 S. 2 2.HS BGB a. F. danach, ob die Herstellung und die anschließende Überlassung einer nicht vertretbaren Sache geschuldet war. Dabei konnte die Einordnung in vielen Fällen offenbleiben, da in der Regel Werkvertragsrecht anzuwenden war, wenn die Wertschöpfung gerade für den Besteller im Vordergrund stand.[24] Im Rahmen der **Schuldrechtsreform** ist der Begriff des Werklieferungsvertrages in der nunmehr amtlichen Überschrift des § 651 BGB gestrichen worden. Die neue Überschrift lautet *"Anwendung des Kaufrechts"*. Der gesonderte Typus des Werklieferungsvertrags existiert nicht mehr.[25] Die Neuregelung des § 651 BGB ist vom deutschen Gesetzgeber in Umsetzung der **Verbrauchsgüterkaufrichtlinie**[26] erfolgt. Nach dem Wortlaut der Neufassung des § 651 Satz 1 BGB finden die Vorschriften über den Kauf Anwendung, wenn *"die Lieferung herzustellender beweglicher Sachen"* geschuldet ist, ohne dass es auf die Herkunft des Materials und die Art der herzustellenden Sache als vertretbar oder unvertretbar ankommt. Die Neuregelung besagt also nichts über die rechtliche Einordnung eines Vertrages, sondern nur über die Anwendung des Kaufrechts unter bestimmten Voraussetzungen.

26 Unter Berücksichtigung der Vorgaben der Verbrauchsgüter-**Kauf**-Richtlinie, die für **Lieferverträge über Verbrauchsgüter** aufgestellt worden ist, muss die Regelung m. E. in § 651 BGB entsprechend der Rechtsprechung des BGH zur Bestimmung der Rechtsnatur von Verträgen, insbesondere zur Einordnung von Lieferverträgen mit Zusatzleistungen,[27] dahin verstanden werden, dass ein sog. **"Werklieferungsvertrag"** mit der Anwendung des Kaufrechts nur dann vorliegt, wenn der **prägende Schwerpunkt** in der **Lieferung** und **nicht in der Herstellung** liegt. Das Kaufrecht ist auf einen einmaligen Leistungsaustausch fertiger Produkte ausgerichtet. Der Verkäufer schuldet die **Beschaffung und Lieferung einer fertigen Sache**. Dies gilt auch für den „Werklieferungsvertrag-Verkäufer". Wegen der überschießenden Umsetzung in deutsches Recht ist eine teleologische Reduktion der Vorschrift geboten.[28]

27 Verträge über die **individuelle Anfertigung/Herstellung** oder die Reparatur einer Sache oder Leistungen an einer bestehenden Sache sind auch nach der Schuldrechtsreform als **Werkvertrag** einzuordnen. Der Unternehmer schuldet in erster Linie die erfolgsbezogene Herstellung des Werkes und erst dann die Überlassung an den Besteller.

---

[21] BGH MDR 2004, 737; NJW 1998, 2132 u. 3197.
[22] Vgl. den Sachverhalt in BGH NJW-RR 2003, 51.
[23] BGH WM 1990, 1278 „Einbauküche"; WM 2006, 1264 „Ausbauhaus".
[24] Vgl. die Nachweise bei *Marly* Rdn. 52 ff.
[25] *Marly* Rdn. 55; *Mankowski* MDR 2003, 857.
[26] Richtlinie 1999/44/EG vom 25. 5. 1999 zu bestimmten Aspekten des Verbrauchsgüterkaufs und der Garantien für Verbrauchsgüter, ABl. EG Nr. L 171 v. 7. 7. 1999, 12; vgl. BT-Drucks. 14/6040 S. 267, 14/6857 S. 38 u. 68; 14/7052 S. 205.
[27] BGH MDR 2004, 737; NJW 1998, 2132 u. 3197.
[28] Vgl. *Bräutigam/Rücker* CR 2006, 363 m. w. N.

3. Kapitel. Der Abschluss des Finanzierungsleasingvertrags §6

Nicht die Lieferung, sondern die Herstellung bildet den Schwerpunkt.[29] Die kaufrechtlichen Vorschriften werden der beiderseitigen Interessenlage bei der individuellen Herstellung einer Sache nicht gerecht.[30] Dies gilt insbesondere für die Herstellung von **Individualsoftware** und Lieferung und Montage eines Computersystems mit erheblichen Anpassungs- und Integrationsleistungen.[31]

Unter § 651 BGB können deshalb ausgehend von der Zielsetzung des Gesetzgebers und der Regelung in Art. 3 Abs. 1 CISG nur Warenumsatzgeschäfte fallen, bei denen die Verschaffung von Eigentum und Besitz im Vordergrund steht.[32] Dies ist insbesondere anzunehmen bei **Lieferung herzustellender standardisierter beweglicher Sachen, z. B. von Produkten aus einer Serienproduktion**. Steht nicht die mit dem Warenumsatz verbundene Eigentums- und Besitzübertragung, also die Lieferung, sondern ein über die Lieferung der Sache hinausgehender Erfolg im Vordergrund, sind die §§ 631 ff. BGB anzuwenden.[33] Dies wird bestätigt durch die Regelungen in den §§ 631 Abs. 2, 634 a Abs. 1 Nr. 1 BGB, die als Gegenstand des Werkvertrages die erfolgsbezogene „*Herstellung oder Veränderung einer Sache*" festlegen. Dies entscheidet über die rechtliche Einordnung und damit über das anzuwendende Recht. 28

g) Bestimmung des Vertragstyps durch Lieferant und Leasingnehmer. Beim Finanzierungsleasinggeschäft werden die Leistungspflichten des Lieferanten von den **Handelnden,** also vom Lieferanten und vom Leasingnehmer, bestimmt. Der Leasinggeber selbst nimmt an den Vertragsverhandlungen nicht teil, sondern übernimmt in der Regel die zwischen Lieferant und Leasingnehmer ausgehandelten Verhandlungsergebnisse. 29

4. Festlegung des Leistungsgegenstandes des Liefervertrages

Bei Kauf-, Werk- und Werklieferungsverträgen ist es **Sache des Kunden** (Käufers/Bestellers), den Leistungsgegenstand zu bestimmen.[34] „Kunde" des Liefervertrages ist im Rahmen eines Finanzierungsleasinggeschäfts eigentlich der Leasinggeber, der aber leasingtypisch sämtliche Vereinbarungen bezüglich des Liefervertrages dem Leasingnehmer überlässt. Der **Leasingnehmer bestimmt somit den Liefergegenstand**, dessen Eigenschaften im Rahmen einer spezifizierten **Beschaffenheitsvereinbarung** oder des nach dem Vertrag vorausgesetzten Verwendungszweckes im Sinne der §§ 434 Abs. 1, 633 Abs. 2 BGB und die sonstigen Leistungspflichten des Lieferanten. 30

Den Lieferanten trifft gegenüber dem Kunden lediglich eine **unselbständige Beratungspflicht**.[35] Beim Finanzierungsleasinggeschäft erbringt der Lieferant die dem Vertragspartner geschuldete Aufklärung und Beratung **gegenüber dem Leasingnehmer** als Verhandlungsgehilfen des Leasinggebers. 31

Besteht die zu liefernde Ware aus mehreren an sich selbständigen Sachen, z. B. die Lieferung von Hard- und Software, oder schuldet der Lieferant neben der Lieferung weitere zusätzliche Leistungen, z. B. die Montage, bestimmt der Leasingnehmer durch das Kundtun seines Willens zur Vertragseinheit entsprechend § 139 BGB auch, ob ein **einheitlicher Leistungsgegenstand** vorliegen soll, der dann auch **einheitliches Leasingobjekt** ist.[36] 32

---

[29] Vgl. *Marly* Rdn. 57 m. w. N.; *Junker* NJW 2003, 2797.
[30] *Schmidl* MMR 2004, 590 ff.; *H. Beckmann* DStR 2006, 1329.
[31] S. u. § 63 Rdn. 18 ff.
[32] *Marly* Rdn. 60 ff. m. w. N.
[33] Vgl. Palandt/*Sprau* § 651 Rn. 2 ff. m. w. N.; a. A. *Schneider* CR 2003, 6 u. 317.
[34] BGH NJW 1996, 1745; NJW-RR 1996, 497.
[35] OLG Köln NJW 1994, 1355; CR 1996, 538; 1993, 278 u. 563; OLG Hamm CR 1989, 498; OLG Stuttgart CR 1989, 598.
[36] BGH NJW 1990, 3011; 1985, 129; OLG Frankfurt/M. NJW-RR 1990, 1207.

5. Vereinbarungen über die Vertragsabwicklung

33 Lieferant und Leasingnehmer können zur Vermeidung späterer Unstimmigkeiten schon Vereinbarungen bezüglich der späteren Durchführung des Vertrages, z. B. im Rahmen der Sachmängelhaftung, treffen. Bei komplexen Liefergeschäften empfehlen sich individuelle **Vereinbarungen über Abnahmemodalitäten und anzuwendende Gewährleistungsvorschriften**.[37] Auch diese Regelungen werden Inhalt des letztlich vom Leasinggeber übernommenen Liefervertrages.

6. Voraus-, Abschlags- oder Anzahlungen

34 Soll der Leasingkunde selbst an den Lieferanten eine **Voraus-, Abschlags- oder Anzahlung** leisten oder hat er sie sogar schon geleistet, sollten die Vertragspartner eine ausdrückliche Regelung darüber treffen, ob und wie diese bei der Berechnung des vom Leasinggeber zu zahlenden Kaufpreises/Werklohns und des vom Leasingnehmer zu zahlenden Leasingentgelts berücksichtigt wird, wem diese Zahlung bei einer Rückabwicklung des Liefergeschäfts zustehen soll und wer insoweit das Insolvenzrisiko des Lieferanten trägt.[38]

7. Inzahlungnahme eines Gebrauchtfahrzeugs

35 Vereinbaren Lieferant und Leasingnehmer die **Inzahlungnahme eines Gebrauchtfahrzeugs**,[39] ist klarzustellen, ob der hierfür angesetzte Geldbetrag vorab auf den Kaufpreis angerechnet und nur der Restbetrag über Leasing finanziert oder aber auf die vom Leasingnehmer im Rahmen des Leasingvertrages zu erbringende Sonderzahlung angerechnet werden soll.

8. Selbständige Vereinbarungen zwischen dem Leasingkunden und dem Lieferanten

36 Bei den Verhandlungen über den Abschluss des Leasingvertrages wird der Lieferant in der Regel als Verhandlungs- und Erfüllungsgehilfe des Leasinggebers tätig.[40] Insoweit muss sich der Leasinggeber über die §§ 280 Abs. 1, 278 BGB Zusagen des Lieferanten, die dieser in seiner Eigenschaft als Verhandlungsgehilfe des Leasinggebers gibt, derart zurechnen lassen, dass er den Leasingnehmer so stellen muss, wie er stünde, wenn die Zusage wirksam wäre.[41] Dies folgt auch aus dem Prinzip der deckungsgleichen Vertragsverhandlungsergebnisse.[42]

37 Lieferant und Leasingkunde können im Rahmen der Verhandlungen über den Inhalt eines Finanzierungsleasinggeschäfts auch **selbständige Vereinbarungen** treffen, die nicht Inhalt der Vereinbarungen mit dem Leasinggeber werden sollen. Solche selbständigen Vereinbarungen können z. B. sein: ein selbständiger Beratungsvertrag, die Erstellung eines Pflichtenhefts, selbständige Garantien, die Wartung und Pflege der zu liefernden Waren, die Lieferung weiterer Sachen oder die Erbringung weiterer zusätzlicher Leistungen außerhalb des Finanzierungsleasinggeschäfts. Dies wird in der Darstellung des Leasingdreiecks durch die nicht gestrichelte, durchgezogene Linie zwischen Lieferant und Leasingnehmer verdeutlicht.[43] Derartige Vereinbarungen können sich allerdings auf das Finanzierungsleasinggeschäft unmittelbar auswirken, wenn insoweit ein **Einheitlichkeitswille** im Sinne des § 139 BGB festzustellen ist.

---

[37] BGH LM § 611 Nr. 3; OLG Hamm NJW-RR 1999, 364.
[38] MünchKomm/*Habersack* Leasing Rdn. 50.
[39] Vgl. BGH NJW 2003, 505.
[40] S. o. § 6 Rdn. 3 f. m. w. N.
[41] BGH NJW 1989, 287; *H. Beckmann* Finanzierungsleasing § 3 Rdn. 112 ff. m. w. N.
[42] *Reinking/Eggert* Rdn. 903; *Wolf/Eckert/Ball* Rdn. 1687.
[43] S. o. § 5 Rdn. 5.

3. Kapitel. Der Abschluss des Finanzierungsleasingvertrags   § 6

Ferner kann die interessengerechte Auslegung der Vereinbarungen ergeben, dass zwischen dem Leasingnehmer und dem Lieferanten getroffene **eigenständige, „atypische" Sondervereinbarungen** dem Leasinggeber nicht zugerechnet werden können. Derartige Zusagen werden nur **gelegentlich** der Vereinbarungen über den Abschluss des Leasingvertrages vom Lieferanten als insoweit erkennbar seine Kompetenzen überschreitenden Verhandlungsgehilfen abgegeben.[44] Der Lieferant handelt für den Leasingnehmer erkennbar **außerhalb des ihm übertragenen Pflichtenkreises und nicht im Interesse des Leasinggebers**. 38

Die Beteiligten können ausdrücklich bestimmen, dass der Leasinggeber aus der Sondervereinbarung nicht verpflichtet sein soll.[45] Dies kann sich auch im Wege der interessengerechten **Auslegung** der Vereinbarung ergeben. So haftet allein der Lieferant aus seiner atypischen Zusage, den Leasingnehmer bei zukünftigen Aufträgen zu bedenken oder ihm ein Honorar für Beratungstätigkeit in Höhe der Leasingraten zu zahlen.[46] Dies gilt auch für eine sog. **Referenzzusage** des Leasingnehmers und der als Gegenleistung versprochenen (teilweisen) Befreiung von der Zahlung der Leasingraten.[47] 39

Räumt der Leasingnehmer dem Leasingkunden im Widerspruch zu den ALB das Recht ein, die Leasingsache nach Vertragsende von ihm, dem Lieferanten, zu erwerben, kann diese Zusage dem Leasinggeber nicht zugerechnet werden (**„nicht autorisierte Kaufoption"**); aus ihr wird nur der Lieferant selbst verpflichtet.[48] 40

II. Einwirkungsmöglichkeit des Leasinggebers auf den Inhalt des Liefervertrages

Nur in Ausnahmefällen, z. B. beim sog. Flotten- oder Fuhrparkleasing oder bei Bestehen eines Rahmenvertrages, handelt der Leasinggeber selbst die Modalitäten des Liefervertrages mit dem Lieferanten aus. Aber auch bei den oben geschilderten Vertragsanbahnungsmodellen kann der Leasinggeber auf die Verhandlungsergebnisse in seinem Sinne Einfluss nehmen. 41

1. Hinweis auf Unzulässigkeit mündlicher Nebenabreden

Schon die vom Leasinggeber vorformulierten Leasingantragsformulare sollten am besten **auf der Vorderseite den deutlichen Hinweis** auf die Problematik von mündlichen Nebenabreden zwischen Leasingnehmer und Lieferant enthalten. Auch eine Schriftformklausel oder eine Vollständigkeitsklausel in den ALB[49] kann dem Leasingnehmer deutlich machen, dass mündliche Nebenabreden nur unter Schwierigkeiten durchgesetzt werden können. 42

Wegen der Bedenken gegen die Zulässigkeit derartiger Klauseln[50] wird folgende **Regelung im Leasingantrag** empfohlen: 43
1. *Der Leasingnehmer versichert, mit dem Lieferanten keine mündlichen Nebenabreden getroffen zu haben.*
2. *Sind dennoch mündliche Nebenabreden mit dem Lieferanten erfolgt, binden diese den Leasinggeber nur bei entsprechender Mitteilung durch den Leasingnehmer und Billigung durch den Leasinggeber.*

---

[44] BGH CR 1995, 527.
[45] OLG Düsseldorf MDR 1990, 628.
[46] BGH CR 1995, 527; OLG Düsseldorf OLGR 1992, 154; OLG Hamm CR 1994, 146.
[47] OLG München DB 2002, 2374.
[48] OLG Koblenz BB 2004, 2099, bestätigt von BGH NJW-RR 2005, 1421; vgl. *Weber* NJW 2005, 2197.
[49] S. o. § 5.
[50] Vgl. Palandt/*Heinrichs* § 307 Rdn. 146.

2. Nachträgliche Änderungen der ausgehandelten Inhalte des Liefervertrages durch den Leasinggeber

44 Der Leasinggeber kann, wenn er mit den zwischen dem Leasingnehmer und dem Lieferanten ausgehandelten Vertragsinhalten nicht einverstanden ist, nachträglich Änderungen und Ergänzungen veranlassen, indem er die Angebote des Lieferanten auf Abschluss des Liefervertrages und des Leasingnehmers auf Abschluss des Leasingvertrages nur mit den gewünschten Änderungen annimmt oder in der **Eintrittsvereinbarung** seine Änderungswünsche einbringt.

45 **a) Änderungen beim Vorverhandlungsmodell.** Will der Leasinggeber nachträglich Änderungen des vom Leasingnehmer mit dem Lieferanten ausgehandelten Inhalts des Liefer- oder des Leasingvertrages durchsetzen, muss er unter Beachtung der §§ 145 ff. BGB dafür Sorge tragen, dass seine Vertragspartner diesen Änderungen zustimmen. Nach den §§ 150 Abs. 2, 151 BGB ist in der Regel eine Annahmeerklärung des jeweiligen Vertragspartners erforderlich; lediglich der Zugang der Annahmeerklärung kann entbehrlich sein.[51]

Betreffen die Änderungen nur den **Leasingvertrag**, bedarf es auch nur einer Annahme des geänderten neuen Angebots durch den Leasingnehmer. Betreffen die Änderungen den **Liefervertrag**, muss beim Vorverhandlungsmodell an sich nur der Lieferant als Vertragspartner einverstanden sein. Da aber im typischen Leasingdreieck mit der Vereinbarung der Freizeichnung des Leasinggebers von seiner mietrechtlichen Haftung unter gleichzeitiger Abtretung der Ansprüche aus dem Liefervertrag in der Regel auch der Leasingnehmer betroffen ist, sollte der Leasinggeber auch insoweit das Einverständnis des Leasingnehmers einholen, z. B. für den Fall, dass er den Anspruch auf Nachlieferung nach den §§ 439, 635 BGB ausschließen will.

46 Soweit die nachträglichen Änderungen des Liefervertrages durch formularmäßige Erklärungen z. B. in „**Bestellbedingungen**" des Leasinggebers erfolgen, sind diese auch in den Leasingvertrag einzubeziehen. Die besonderen **Einbeziehungsvoraussetzungen** nach den §§ 305 Abs. 2, 310 Abs. 1. Satz 1 BGB im Verhältnis zum Leasingnehmer sind zu beachten.

47 **b) Zusätzliche Regelungen beim Eintrittsmodell.** Beim Eintrittsmodell bedarf es der Zustimmung des Leasingnehmers zu Änderungen oder Erweiterungen der Regelungen des Liefervertrages im Rahmen der **dreiseitigen Vertragsübernahme**.[52]

48 **c) Vorschläge für zusätzliche Regelungen.** Im Bestellschreiben oder in der Eintrittsvereinbarung sollte der Leasinggeber gegenüber dem Lieferanten festlegen, dass der Liefervertrag nur bestehen bleiben soll, wenn auch der Leasingvertrag zustande kommt und auch nicht vom Leasingnehmer nach den §§ 500, 495 Abs. 1, 355 BGB widerrufen wird.[53] Dies ist als auflösende **Bedingung** im Sinne des § 158 Abs. 2 BGB anzusehen.

49 Ferner sollte ausdrücklich klargestellt werden, dass der Kaufpreis bzw. der Werklohn erst **fällig** wird mit Unterzeichnung der Übernahmebestätigung durch den Leasingnehmer.

50 Zusätzlich sollte geregelt werden, dass der Lieferant im Falle einer von ihm zu vertretenden Leistungsstörung oder Rückabwicklung verpflichtet ist, Schäden und Aufwendungen des Leasinggebers und des Leasingnehmers zu erstatten.

Ausdrücklich sollte der am Absatz der Waren interessierte kaufmännische Lieferant dazu bewogen werden, auf die Einhaltung handelsrechtlicher **Untersuchungs- und Rügeobliegenheiten** für den Fall, dass der Leasingnehmer kein Kaufmann ist, zu verzichten.[54]

51 Ferner sollte der Leasinggeber ausdrücklich bestimmen, dass infolge der leasingtypischen Abtretungskonstruktion bei Leistungsstörungen des Liefervertrages hinsichtlich

---

[51] S. o. § 5 Rdn. 16 ff. m. w. N.
[52] S. o. § 5 Rdn. 28.
[53] Vgl. Lieb WM 1991, 1536.
[54] S. u. § 14.

aller „**subjektiven Elemente**" und **individuellen Voraussetzungen** die Person des Leasingnehmers Maßstab sein soll.[55] Eine diesbezügliche Regelung ist besonders wichtig, nachdem der BGH in seinem Urteil vom 21.12.2005[56] bei der Frage, ob ein Verbrauchsgüterkauf im Sinne des § 474 BGB bzw. ein Umgehungsgeschäft im Sinne des § 475 Abs.1 Satz 2 BGB vorliegt, ausschließlich auf die Person des Leasinggebers als Vertragspartner des Liefervertrages abgestellt hat, ohne auf die Besonderheiten des Finanzierungsleasinggeschäfts im typischen Leasingdreieck einzugehen. Gegen die Wirksamkeit einer derartigen Regelung durch AGB bestehen im Verhältnis zum **unternehmerischen Lieferanten** keine Bedenken. Sie entspricht vielmehr der Interessenlage der am Leasingdreieck beteiligten Vertragspartner und der Wertung der gemeinschaftsrechtlichen Vorgaben in den EG-Richtlinien über missbräuchliche Klauseln in Verbraucherverträgen und den Verbrauchsgüterkauf.

d) Vereinbarung zusätzlicher „Sicherheiten": Außerdem kann der Leasinggeber versuchen, seine **Geschäftsrisiken zumindest teilweise auf den Lieferanten abzuwälzen**, z. B. durch die Vereinbarung eines Schuldbeitritts des Lieferanten zu den Pflichten des Leasingnehmers aus dem Leasingvertrag oder des Inhabers des Lieferanten zur evtl. Rückzahlungspflicht des Lieferanten nach einer Rückabwicklung des Liefervertrages, einer Restwertgarantie oder einer Rückkaufverpflichtung des Lieferanten zu einem dynamischen Kaufpreis in Höhe der abgezinsten Gesamtsumme der jeweils ausstehenden Leasingraten.[57]

52

3. Hinweis auf zusätzliche Bedingungen im Leasingantragsformular

Schon im Leasingantragsformular sollte der Leasinggeber die zukünftigen Vertragspartner darauf hinweisen, dass er den Liefervertrag nur mit zusätzlichen Vereinbarungen abschließen bzw. übernehmen wird.

53

Dies kann wie folgt in den **ALB** geregelt werden:

54

1. Der Leasinggeber wird den Liefervertrag nur mit folgenden (zusätzlichen) Vertragsbedingungen schließen bzw. übernehmen ...

2. Der Leasinggeber wird den Leasingnehmer über den Abschluss des Liefervertrages und zusätzliche Vereinbarungen mit dem Lieferanten unterrichten und ihm sämtliche Vertragsunterlagen bezüglich des Liefer- und des Leasingvertrages übersenden.

III. Wertungsmaßstab für sog. „subjektive Elemente" aus dem Liefervertragsverhältnis

Bei Finanzierungsleasinggeschäften im typischen Leasingdreieck ist nach wie vor weitgehend ungeklärt, auf welche Person bei der Ausfüllung individueller, subjektiver Voraussetzungen und Begriffe des Liefervertragsverhältnisses, z. B. bei der Bestimmung des Kunden als Verbraucher, Unternehmer oder Kaufmann, bei der Einordnung des Liefervertrages als Verbrauchsgüterkauf, bei Ausfüllung von Vertragsmerkmalen oder Anspruchsvoraussetzungen, bei der Beschaffenheitsvereinbarung, bei Willensmängeln, bei der Wissenszurechnung, bei der Bestimmung des Willens zur Vertragseinheit und dem Interesse an einer Teilleistung, bei der Sittenwidrigkeit, bei der Einbeziehung und der Wirksamkeitskontrolle von AGB, abzustellen ist: auf den **Leasinggeber als Vertragspartner** oder den **Leasingnehmer als Verhandlungspartner** des Lieferanten und Verhandlungsgehilfen des Leasinggebers. Dieser Frage kommt erhebliche Bedeutung zu, weil von ihrer Beurteilung abhängt, welche Rechte und Pflichten im Einzelfall bestehen und welche Anforderungen im Rahmen der rechtlichen Prüfung zu stellen sind.

55

---

[55] S. u. § 6 Rdn. 55 ff.
[56] BGH NJW 2006, 1066; vgl. auch BGH NJW 1990, 1290 zur kaufmännischen Untersuchungs- und Rügeobliegenheit.
[57] BGH NJW 1990, 2546; zur Kritik vgl. *Leyens* MDR 2003, 315.

1. Leasinggeber als Vertragspartner des Liefervertrags

56 Grundsätzlich sind die Vertragspartner Maßstab für die Beurteilung aller „subjektiven" Voraussetzungen im Zusammenhang mit der Anbahnung, der Einordnung, der Auslegung und der Durchführung eines Geschäfts. Beim Liefervertrag im Leasingdreieck ist der Lieferant Verkäufer oder Werkunternehmer, der Leasinggeber Käufer oder Besteller. Der BGH[58] stellt auch beim Liefervertrag im Rahmen eines Finanzierungsleasinggeschäfts hinsichtlich der rechtlichen Einordnung des Geschäfts als Verbraucher- oder Unternehmergeschäft oder als beiderseitiges Handelsgeschäft grundsätzlich auf die **formale Stellung des Leasinggebers als Vertragspartner** ab.[59] Er beschränkt also die Wertung auf das „*bilaterale Rechtsverhältnis*" zwischen Lieferant und Leasinggeber,[60] und zwar ohne zwischen den verschiedenen Vertragsanbahnungsmodellen[61] zu unterscheiden.

2. Leasingnehmer als „käuferähnliche" Person

57 Die „eindimensionale" Wertung des BGH wird der besonderen Situation der Vertragspartner im typischen Leasingdreieck mit der Beteiligung von drei Vertragspartnern im Leasingdreieck schon beim Vorverhandlungsmodell nicht gerecht.[62] Zwar wird der Leasingnehmer leasingtypisch nicht Vertragspartner des Leasingvertrages. Er ist auch nicht rechtsgeschäftlicher Vertreter des Leasinggebers, sondern nur dessen Verhandlungsgehilfe; die Verhandlungsergebnisse werden aber vom Leasinggeber beim sog. Vorverhandlungsmodell mit der Annahme des Angebots des Lieferanten in der Regel vollständig übernommen und damit entsprechend dem Rechtsgedanken des § 177 BGB genehmigt. Wie bei einem Vertretergeschäft kommt es auch bei einem sog. Wissensvertreter, der ohne Vollmacht eigenverantwortlich für den Geschäftsherrn handelt, analog § 166 Abs. 1 BGB bei der Beurteilung des Inhalts der Willenserklärung und der Wirksamkeit des Vertrages sowie von Willensmängeln, Kenntnis und Kennenmüssen auf die Person des Handelnden an.[63] Dies muss auch im Zusammenhang mit der Bestimmung der Verbraucher-, Unternehmer- und Kaufmannseigenschaft Berücksichtigung finden.[64]

Wegen der besonderen Interessenlage beim Finanzierungsleasinggeschäft wird der Leasingnehmer folgerichtig als käuferähnliche Person eingestuft; man spricht insoweit von der **„Quasikäuferstellung" des Leasingnehmers**.[65]

58 Diese Sonderstellung des Leasingkunden beim Finanzierungsleasinggeschäft hat auch der BGH wiederholt anerkannt. So hat der BGH[66] ausgeführt, dass „*mit Rücksicht auf die besondere Interessenlage im Leasingverhältnis... eine Angleichung der Rechtsstellung des Leasingnehmers an die des Käufers in mehrfacher Hinsicht*", also vielfach eine Anlegung eines kaufrechtlichen Maßstabs, geboten ist und die sich aus dem **typischen Leasingdreieck**, dem „*Dreiecksgeschäft zwischen Hersteller, Vermieter und Mieter*" ergebenden Besonderheiten zu beachten sind.[67]

59 Ferner liegt es in der Natur der Sache, dass der Leasinggeber alle vom Leasingnehmer mit dem Lieferanten im Zusammenhang mit dem Erwerb der Leasingsache ausgehandelten technischen und wirtschaftlichen Modalitäten, so wie vereinbart, gegen sich gelten lassen muss.[68] Auch bei der Abnahme der Waren oder der Erfüllung von Mitwirkungs-

---

[58] BGH NJW 2006, 1066; 1984, 2938; 1990, 1290 u. 3011.
[59] Vgl. auch Wolf/Eckert/*Ball* Rdn. 1875.
[60] *Stoffels* Anm. zu BGH v. 21. 12. 2005 in: LMK 2006, 170499.
[61] S. o. § 5 Rdn. 6 ff.
[62] Staudinger/*Stoffels*, Leasing, Rdn. 181; *H. Beckmann* Finanzierungsleasing Rdn. 144 ff. u. WuB I J 2. – 1.06, 373 ff., jeweils m. w. N.
[63] BGH Z 117, 104; 83, 293; Palandt/*Heinrichs* § 166 Rdn. 6 m. w. N.
[64] S. u. § 6 Rdn. 74 ff.
[65] Wolf/Eckert/*Ball* Rdn. 1676; *Breitfeld* FLF 2003, 215 ff.
[66] BGH NJW 1989, 1279; 1988, 198.
[67] BGH NJW 1974, 155.
[68] BGH NJW 1985, 129; Wolf/Eckert/*Ball* Rdn. 1684.

pflichten stellt der BGH auf das Verhalten und die Sphäre des Leasingnehmers als Verhandlungs- oder Erfüllungsgehilfen des Leasinggebers ab.[69] Es ist daher grundsätzlich gerechtfertigt, bezüglich aller subjektiven Elemente des Liefervertrages auf den Leasingnehmer abzustellen.[70]

3. Rechtslage beim Eintrittsmodell

Beim Eintrittsmodell,[71] bei dem der Leasinggeber erst nachträglich aufgrund dreiseitiger Vereinbarung der Beteiligten Vertragspartner des Liefervertrages wird, sollte die Rechtslage an sich eindeutig sein. Der Liefervertrag kommt zunächst zwischen Lieferant und Leasingkunde als Vertragspartner zustande; er ist tatbestandlich vollendet und voll gültig. Lediglich seine rechtlichen Wirkungen sind bis zum Eintritt oder Ausfall der Bedingung in der Schwebe.[72] 60

Für alle sog. **Gültigkeitsvoraussetzungen** kommt es auf den Zeitpunkt der Vornahme des Rechtsgeschäfts an,[73] beim Finanzierungsleasinggeschäft also auf den Vertragsschluss zwischen Leasingnehmer und Lieferant. Deshalb ist wegen sämtlicher subjektiven Elemente und Voraussetzungen, insbesondere auch bezüglich der Verbrauchereigenschaft, auf den **Leasingnehmer** abzustellen.[74] 61

Das gilt erst recht, wenn der Leasinggeber nachträglich in den vom Leasingnehmer wirksam und ohne Bedingung geschlossenen und schon zumindest teilweise vollzogenen Vertrag einsteigt. Auch nach und trotz der Vertragsübernahme durch den Leasinggeber verbleibt es bei den wirksam begründeten Rechten zugunsten des Leasingkunden als Käufer bzw. Besteller.[75] 62

4. Vereinbarungen der Beteiligten

Die an einem Finanzierungsleasinggeschäft beteiligten Parteien haben es im Rahmen der **Vertragsfreiheit** in der Hand,[76] konkrete Vereinbarungen zu treffen, die dem Umstand Rechnung tragen, dass beim Zustandekommen eines Finanzierungsleasinggeschäfts nicht nur ein Leasingvertrag geschlossen wird, also ein zweiseitiges Vertragsverhältnis entsteht, sondern im Leasingdreieck durch mehrseitiges Zusammenwirken von Lieferant, Leasinggeber und Leasingnehmer **zwei nicht isoliert zu betrachtende Vertragsverhältnisse mit drei Beteiligten** zustande kommen.[77] Die Vertragspartner können u. a. ausdrücklich bestimmen, dass Maßstab für die Ausfüllung „subjektiver Elemente" im Leasingdreieck der Leasingnehmer als „Quasikäufer" sein soll. Ein solcher Wille der Beteiligten kann sich auch im Wege der **interessengerechten Auslegung** ergeben. 63

Letztlich folgt aus der wirtschaftlichen Einheit der beiden Vertragsverhältnisse im typischen Leasingdreieck, dass die beteiligten Vertragspartner darauf vertrauen können müssen, dass das Ergebnis der Verhandlungen zwischen Leasingnehmer und Lieferant Grundlage beider Vertragsverhältnisse sein soll (**„Prinzip der deckungsgleichen Verhandlungsergebnisse"**)[78] und die Interessen der am Leasingdreieck beteiligten Vertragspartner angemessen berücksichtigt werden. 64

---

[69] BGH NJW-RR 2005, 357.
[70] Zustimmend *Reinking/Kessler/Sprenger* § 6 Rdn. 8.
[71] S. o. § 5 Rdn. 29.
[72] BGH NJW 1994, 3228; Palandt/*Heinrichs* Einf v § 158 Rdn. 8.
[73] Palandt/*Heinrichs* Einf v § 158 Rdn. 8 m. w. N.
[74] A. A. BGH NJW 1990, 1290.
[75] Palandt/*Grüneberg* § 398 Rdn. 38 ff. u. 417 Rdn. 2; MünchKomm/*Habersack* Leasing Rdn. 41; *Koch* Rdn. 746; *H. Beckmann* Finanzierungsleasing § 1 Rdn. 145; *Müller-Sarnowski* DAR 2002, 487.
[76] Vgl. BGH ZIP 2005, 607.
[77] *Brunotte* DRiZ 1990, 396 f.
[78] Wolf/Eckert/*Ball* Rdn. 1686 f.

5. Einzelfälle mit „subjektiven Elementen"

65 **a) Individualvereinbarungen.** Lieferant und Leasingkunde bestimmen, wie oben dargelegt,[79] den Inhalt des Liefervertrages und dessen Rechtsnatur. Sie legen in der Beschaffenheitsvereinbarung ausdrücklich oder konkludent die Eigenschaften der Ware fest, wobei **Maßstab der Leasingkunde**, nicht der Leasinggeber ist. In diesem Zusammenhang können die Verhandlungspartner durch Individualvereinbarung ausdrücklich bestimmen, dass für individuelle Voraussetzungen auf die Person des Leasingnehmers als Verbraucher abzustellen ist. Die ausdrücklich geäußerten oder stillschweigend zum Ausdruck gekommenen und vom Lieferanten akzeptierten Vorstellungen des Leasingnehmers werden Vertragsinhalt. Mit der Annahme der Angebote billigt der Leasinggeber als Vertragspartner die getroffenen Vereinbarungen.

66 **b) Interessengerechte Auslegung.** Nach dem Grundsatz einer nach beiden Seiten hin interessengerechten Auslegung sind nach den §§ 133, 157 BGB die im Einzelfall getroffenen Vereinbarungen unter Berücksichtigung der **Zielvorstellungen der Parteien** (Parteiwille, Interessenlage, Vertragszweck) auszulegen oder zu ergänzen.[80] Ausgangspunkt müssen die niedergelegten Rechte und Pflichten und der wirtschaftliche Zweck des Geschäfts sein.[81] Im Leasingdreieck sind die Interessen **aller drei beteiligten Vertragspartner** angemessen zu berücksichtigen.

67 Nach der leasingtypischen Interessenlage, wonach der Leasingnehmer den Leistungsgegenstand bestimmt und die Ware nutzen soll, ist bezüglich aller Vereinbarungen im Rahmen des Liefervertrages, die der Leasingnehmer als (nicht weisungsgebundener) Verhandlungsgehilfe des Leasinggebers trifft, auf seine Person und damit entsprechend dem Rechtsgedanken aus § 166 Abs. 1 BGB auf seine Vorstellungen, seine Interessen und den von ihm mit der Ware verfolgten Zweck abzustellen.

68 **c) Auslegung von AGB und Maßstab der Inhaltskontrolle.** Klauseln in Allgemeinen Geschäftsbedingungen sind gemäß ihrem objektiven Inhalt und typischen Sinn einheitlich so auszulegen, wie sie von verständigen und redlichen Vertragspartnern unter Abwägung der Interessen der normalerweise beteiligten Kreise verstanden werden, wobei die Verständnismöglichkeiten eines **durchschnittlichen Vertragspartners** zu Grunde zu legen sind.[82] Zweifel bei der Auslegung gehen nach § 5 AGBG, jetzt § 305 c Abs. 2 BGB, zu Lasten des Verwenders.

69 Fügt der unternehmerische Lieferant dem Liefervertrag im Rahmen eines Finanzierungsleasinggeschäfts mit Beteiligung eines Verbrauchers als Leasingkunde seine Lieferbedingungen bei, kommt es letztlich zur Ausfüllung der subjektiven Merkmale auf die **typischen Leasingnehmerkreise**[83] an, da der Lieferant die AGB dem Leasingnehmer im Rahmen der Vertragsverhandlungen vorlegt, allein der Leasingnehmer mit der Sache in Berührung kommt und er sich infolge der leasingtypischen Abtretungskonstruktion z. B. bei Leistungsstörungen an diesen AGB orientieren muss. Der im Rahmen eines Finanzierungsleasinggeschäfts tätige Lieferant muss seine AGB daher am Leasingkunden als Letztverbraucher ausrichten.[84] Nur so kann die sog. **„AGB-rechtliche Deckungslücke"**[85] sach- und interessengerecht geschlossen werden.

---

[79] S. o. § 6 Rdn. 19 ff.
[80] BGH WM 1992, 2026; NJW 1990, 3016; 1994, 2228.
[81] Staudinger/*Stoffels* Leasing Rdn. 79; *Roth* AcP Bd. 190 (1990), 307; *Leenen* AcP Bd. 190 (1990), 269 f.
[82] BGH NJW 2004, 2586; NJW-RR 2004, 262; WM 2003, 1967; 1999, 535 u. 2279.
[83] *Martinek* I S. 165; *Hager* AcP Bd. 190 (1990), 344 f.
[84] Staudinger/*Stoffels* Leasing Rdn. 225; a.A. *Gebler/Müller* ZBB 2002, 111; *Zahn* DB 2002, 990; *Tiedtke/Möllmann* DB 2004, 586.
[85] MünchKomm/*Habersack* Leasing Rdn. 36.

3. Kapitel. Der Abschluss des Finanzierungsleasingvertrags §6

d) Willensmängel und Wissensvertretung. Das Gesetz bestimmt in § 166 Abs. 1 BGB 70
für Vertretergeschäfte, dass bei Willensmängeln und der Zurechnung von Wissen nicht
auf die Person des Vertretenen, sondern auf die Person des Vertreters abzustellen ist. Diese
Regelung ist nach zutreffender Ansicht nicht auf die rechtsgeschäftliche Vertretung beschränkt, sondern gilt entsprechend **für alle Personen, die vom Geschäftsherrn dazu berufen sind, im Rechtsverkehr als dessen Repräsentant bestimmte Aufgaben in eigener Verantwortung zu erledigen** und die dabei anfallenden Informationen zur Kenntnis zu nehmen und auch weiterzugeben.[86] § 166 Abs. 1 BGB findet auch entsprechende Anwendung für Verhandlungsgehilfen, denen der Verkäufer die Vorbereitung des Vertragsschlusses überlässt.[87]

Beim typischen Finanzierungsleasinggeschäft überlässt zwar nicht der Verkäufer, son- 71
dern der Leasinggeber als Käufer bzw. Besteller dem Leasingnehmer die Vorbereitung des
Liefervertragsschlusses. Der **Leasingnehmer** wird aber bei allen Vertragsanbahnungsmodellen **als Verhandlungsgehilfe für den Leasinggeber** tätig, da dieser ihn mit der
Erledigung aller Tätigkeiten im Rahmen des Liefervertragsschlusses in eigener Verantwortung betraut, so dass die entsprechende Anwendung auf Finanzierungsleasinggeschäfte gerechtfertigt ist.[88]

Auch im Rahmen der **Verjährung** der Ansprüche aus dem Liefervertrag ist hinsichtlich der subjektiven Voraussetzungen allein auf den Leasingnehmer abzustellen. Das gilt
für die Voraussetzungen der kurzen Sachmängelverjährung nach den §§ 438, 634 a BGB,
aber auch für die Kenntnis bzw. das Kennenmüssen der anspruchsbegründenden Voraussetzungen im Sinne des § 199 Abs. 1 Satz 2 BGB, ferner hinsichtlich der Hemmungstatbestände der §§ 203 ff. BGB und des Neubeginns der Verjährung nach § 213 BGB.

e) Subjektive Tatbestandsmerkmale und Wertungen im Rahmen des Liefervert- 72
rages. Über den gesetzlichen Wortlaut hinaus ist der Rechtsgedanke des § 166
Abs. 1 BGB auch anzuwenden auf alle subjektiven Tatbestandsmerkmale und sämtliche
subjektiven Voraussetzungen von gesetzlichen Tatbeständen, z. B. den **Mangel an Urteilsvermögen** im Rahmen der Sittenwidrigkeit nach § 138 BGB, den **Einheitlichkeitswillen** nach § 139 BGB, das **Interesse** des Vertragspartners an einer Teilleistung
nach den §§ 281 Abs. 1 Satz 2, 323 Abs. 2 Nr. 3 u. Abs. 5 Satz 1 BGB; insoweit ist auf die
Person des Leasingnehmers abzustellen. Das gilt auch bei der Beurteilung der **Mangelhaftigkeit** einer Sache im Rahmen des § 434 BGB, soweit es auf den vertraglich vorausgesetzten **Verwendungszweck** (Abs. 1 Satz 2 Nr. 1), den **Erwartungshorizont** (Abs. 1
Satz 2 Nr. 2 u. Abs. 3) oder die Beeinflussung des Käufers durch Werbeaussagen (Abs. 1
Satz 3 a. E.) ankommt. Auch bei der Frage, ob eine Klausel für den Kunden **überraschend** im Sinne des § 305 c Abs. 1 BGB ist oder ihn **unangemessen benachteiligt**,
kommt es zur Vermeidung von Maßstabsverschiebungen auf die Person des allein handelnden Leasingnehmers an.[89]

Zwar hat der BGH in seinem Urteil vom 7. 3. 1990[90] ausdrücklich im Rahmen des **In-** 73
teressewegfalls nach § 326 Abs. 2 BGB a. F. auf das Interesse des Leasinggebers als Gläubiger und Vertragspartner abgestellt, dann aber letztlich doch die Interessen des Leasingnehmers berücksichtigt mit der Begründung, *„der in der Benutzung durch den Leasingnehmer
bestehende Verwendungszweck"* müsse *„für den Interessewegfall der Leasinggeberin von Bedeutung
sein"*.

---

[86] BGH NJW 2005, 365; BGHZ 117, 106; Palandt/*Heinrichs* § 166 Rdn. 6 m. w. N.; *Schultz*
NJW 1990, 479.
[87] BGH NJW 1992, 899.
[88] BGH NJW 1982, 1585; Wolf/Eckert/*Ball* Rdn. 1685; s. u. § 6 Rdn. 9.
[89] *Martinek* I S. 165.
[90] BGH NJW 1990, 3011.

74 **f) Kaufmannseigenschaft. aa) Beiderseitiges Handelsgeschäft.** Ist nur der Leasinggeber, nicht der Leasingnehmer Kaufmann, stellt der BGH in seinem Urteil vom 24. 1. 1990[91] bei der Frage des Vorliegens eines beiderseitigen Handelsgeschäfts nach den §§ 343 ff. HGB und des Bestehens der **kaufmännischen Untersuchungs- und Rügeobliegenheiten** nach den §§ 377 ff. HGB ausschließlich auf die Person des Leasinggebers als Vertragspartner ab. Dieser Entscheidung ist schon deshalb nicht zuzustimmen, weil der Leasinggeber in dem entschiedenen Fall erst **nachträglich** in den vom Leasingnehmer geschlossenen Liefervertrag eingetreten ist, durch seine Vertragsübernahme sich die Rechtsnatur des Vertrages als „Nicht-Handelsgeschäft" nicht nachträglich geändert hat.[92]

75 Außerdem ist es bei einem Finanzierungsleasinggeschäft, bei dem der Lieferant mit einem nicht kaufmännischen Leasingnehmer verhandelt, grundsätzlich nicht gerechtfertigt, dem Lieferanten die Rechtsfolgen des § 377 Abs. 2 HGB zugute kommen zu lassen.[93] Die wirtschaftliche Zusammengehörigkeit von Liefer- und Leasingvertrag beim Finanzierungsleasinggeschäft muss auch im Verhältnis zum Lieferanten berücksichtigt werden.[94]

76 **bb) Zugelassene Gerichtsstandsvereinbarung.** Für die Wirksamkeit einer Vereinbarung über den **Erfüllungsort** oder den **Gerichtsstand/des Erfüllungsortes** kommt es nach den §§ 29 Abs. 2, 38 ff. ZPO auf die Eigenschaft der Vertragspartner als Vollkaufleute an. Stellt man auf den Leasinggeber als Vertragspartner des Liefervertrages ab, wäre eine Bestimmung dahin, dass die Rückabwicklung am Sitz des Lieferanten oder gar des Leasinggebers durchzusetzen ist, möglich. Da diese Regelung aber über die leasingtypische Abtretungskonstruktion auch im Leasingvertragsverhältnis zu beachten wäre, würde sie für den Leasingnehmer, der leasingtypisch gegen den Lieferanten vorgehen muss, eine überraschende Klausel darstellen und ihn unangemessen benachteiligen. Dies gilt auch für den kaufmännischen Leasingnehmer.[95]

77 Nur bezüglich der **Verzinsung des Rückzahlungsanspruchs** des Leasinggebers gegen den Lieferanten aus der Rückabwicklung des Liefervertrages ist auf den Leasinggeber als Kaufmann abzustellen. Der Lieferant schuldet die kaufmännischen **Fälligkeitszinsen** in Höhe von 5 % **nach den §§ 352, 353 HGB**, weil der Leasinggeber trotz der leasingtypischen Abtretungskonstruktion Verfügungsberechtigter hinsichtlich des Rückzahlungsanspruchs bleibt.[96]

78 **g) Unternehmer- oder Verbrauchergeschäft und Verbrauchsgüterkauf.** Ist der Leasingkunde Verbraucher im Sinne des § 13 BGB, muss jedenfalls beim **Eintrittsmodell** auf seine Stellung als ursprünglicher Vertragspartner abgestellt werden, selbst wenn der Leasinggeber zu einem späteren Zeitpunkt im Wege der Vertragsübernahme in den Liefervertrag eingetreten ist. Es sind die für Verbraucher geltenden Einbeziehungsvoraussetzungen für AGB nach § 305 Abs. 2 BGB einschlägig, die Wirksamkeitskontrolle von Klauseln ist nach den §§ 308, 309 BGB unter Berücksichtigung des für Verbraucher geltenden Maßstabes vorzunehmen und es sind die besonderen Regelungen über den Verbrauchsgüterkauf nach den §§ 474 ff. BGB anzuwenden.

79 Entgegen der Ansicht des BGH in seinem Urteil vom 21. 12. 2005[97] gilt das auch beim sog. **Vorverhandlungsmodell**, wenn von vornherein der Leasingkunde nicht Vertragspartner des Liefervertrages werden soll. Auch in diesem Fall ist unter Berücksichtigung der Interessenlage aller am Finanzierungsleasinggeschäft beteiligten Vertragspartner allein der Leasingnehmer als Verbraucher, nicht der Lieferant schutzwürdig.[98]

---

[91] BGH NJW 1990, 1290.
[92] Vgl. *H. Beckmann* WuB I J 2.–1.06, 373 ff.
[93] S. u. § 6 Rdn. 80.
[94] So schon *Flume* DB 1991, 269.
[95] S. u. § 28 Rdn. 17 ff. m. w. N.
[96] Vgl. BGH WM 1992, 1609 m. w. N.; s. u. § 28 Rdn. 49.
[97] BGH NJW 2006, 1066; vgl. *H. Beckmann* Finanzierungsleasing § 1 Rdn. 171 ff. m. w. N.
[98] *Stoffels* in: LMK 2006, 170499; *H. Beckmann* WuB I J 2. – 1.06, 373 ff.

Der **Lieferant** verhandelt ausschließlich mit dem Leasingnehmer über den Abschluss 80
des Liefervertrages. Er erkennt und akzeptiert die Stellung des Leasingnehmers als Verbrauchers und kann seine Verhandlungsposition hierauf abstimmen. Der Lieferant akzeptiert diese leasingtypischen Merkmale, so dass er im Ergebnis auch die Nachteile hinzunehmen hat, die sich aus dem Umstand ergeben, dass der verhandelnde Kunde kein Unternehmer, sondern Verbraucher ist. Es ist kein Grund ersichtlich, den Lieferanten besser zu stellen, als er stünde, wenn das Geschäft nicht „über Leasing" finanziert worden wäre.[99] Sein Berufen auf die formale Stellung des Leasinggebers als Vertragspartner ist gegenüber dem Leasingnehmer im Lieferprozess auf Rückabwicklung des Liefervertrages **rechtsmissbräuchlich**. Die abweichende Ansicht des BGH ist abzulehnen.

Soweit die Einordnung nicht dem Schutz des Leasingnehmers als Verbraucher dient, 81
sondern lediglich die sonstigen Rechtsbeziehungen zwischen dem Lieferanten und dem Leasinggeber aus dem Liefervertrag regelt, ist auf **die Person des Leasinggebers** als Unternehmer abzustellen, z. B. bei der **Bemessung des Zinssatzes** auf 8 Prozentpunkte über dem Basiszinssatz für Entgeltforderungen nach § 288 Abs. 2 BGB.

IV. Anfechtung und Kollusion im Leasingdreieck

1. Anfechtung im Leasingdreieck

Bei der Geltendmachung der Nichtigkeit von Vereinbarungen, z. B. wegen Anfechtung 82
oder Sittenwidrigkeit, aber auch wegen fehlender Geschäftsfähigkeit oder eines Scheingeschäfts sind bei einem Finanzierungsleasinggeschäft die besonderen Verknüpfungen im typischen Leasingdreieck zu berücksichtigen. Der jeweilige Nichtigkeitsgrund betrifft in der Regel sowohl den Leasingvertrag als auch den Liefervertrag. Wegen der Voraussetzungen der **Sittenwidrigkeit** im Zusammenhang mit einem Finanzierungsleasinggeschäft wird auf die Darstellung von *Stoffels*[100] verwiesen.

a) Irrtumsanfechtung. Hat sich der Leasingnehmer über den Inhalt seiner Erklärungen 83
geirrt, kann er nach § 119 BGB die Anfechtung des **Leasingvertrages** gegenüber dem Leasinggeber erklären und Rückabwicklung des Leasingvertrages nach den §§ 812 ff. BGB verlangen. Bei der vorzunehmenden Saldierung der Forderungen aus dem Leasingvertrag ist die **Schadensersatzpflicht** des Leasingnehmers aus § 122 BGB als Abrechnungsposten zugunsten des Leasinggebers zu berücksichtigen. Der Leasinggeber kann wegen des Irrtums des Leasingnehmers, auf den unter Berücksichtigung des Rechtsgedankens des § 166 Abs. 1 BGB abzustellen ist, den **Liefervertrag** gegenüber dem Lieferanten anfechten.

b) Anfechtung wegen Täuschung oder Drohung. Hat der Lieferant den Leasing- 84
kunden bei den Vertragsverhandlungen arglistig getäuscht oder widerrechtlich bedroht, wirkt sich dies in der Regel auf beide Vertragsverhältnisse aus. Der Leasingnehmer kann den **Leasingvertrag** anfechten und dessen Rückabwicklung durchsetzen, wenn sich der Leasinggeber das Handeln des Lieferanten als seines Verhandlungsgehilfen zurechnen lassen muss. In diesem Fall ist der **Lieferant nicht Dritter im Sinne des § 123 Abs. 2 BGB**.[101] Der Leasinggeber kann in seinen AGB das Recht auf Rückgängigmachung des Vertrages nicht wirksam im Voraus ausschließen, weil durch eine solche Klausel der Vertragspartner der Willkür des Verwenders ausgesetzt und seine freie Selbstbestimmung vollständig aufgeben würde.[102]

Muss sich der Leasinggeber das Handeln des Lieferanten nicht zurechnen lassen, weil 85
der Lieferant z. B. bei einem nachträglichen Eintritt des Leasinggebers nicht dessen Ver-

---

[99] Staudinger/*Stoffels* Leasing Rdn. 225 m. w. N.
[100] Vgl. auch *H. Beckmann* Finanzierungsleasing § 2 Rdn. 417 ff. m. w. N.
[101] BGH NJW 1989, 287.
[102] Vgl. BGH WM 2007, 562.

handlungsgehilfe wird, scheidet eine Anfechtung des Leasingvertrages durch den Leasingnehmer aus. Der Leasinggeber als Vertragspartner des **Liefervertrages** kann die Anfechtung gegenüber dem Lieferanten erklären.

86 Außerdem ergibt sich im Fall der arglistigen Täuschung ein **unmittelbarer Schadensersatzanspruch des Leasingnehmers gegen den Lieferanten** aus den §§ 280 Abs. 1, 311 Abs. 3, 241 Abs. 2 BGB und den §§ 826, 823 Abs. 2 BGB, 240, 263 StGB.[103]

87 c) **Verpflichtung des Leasingnehmers zur vorrangigen Geltendmachung der Anfechtung des Liefervertrages. aa) Nachträgliche Ermächtigung.** Der Leasinggeber kann den Leasingnehmer bei Kenntniserlangung vom Anfechtungsgrund ermächtigen, **vorrangig** die Anfechtung des Liefervertrages gegen den Lieferanten durchzusetzen. Eine Verpflichtung des Leasingnehmers hierzu ergibt sich aus der in § 241 Abs. 2 BGB normierten Pflicht der Vertragspartner zur „*Rücksicht auf die Rechte, Rechtsgüter und Interessen des anderen Teils*".[104]

88 Dies ist interessengerecht, da sich der Irrtum oder die Täuschung bzw. Drohung allein in der Sphäre des Leasingnehmers zugetragen, der Leasingnehmer den Lieferanten ausgesucht und mit ihm alle Einzelheiten des Liefervertrages ausgehandelt hat. Die Situation entspricht der einer jeden anderen Pflichtverletzung des Lieferanten, also insbesondere der Sach- und Rechtsmängelhaftung und einer schuldhaften Aufklärungspflichtverletzung.

89 bb) **Regelung im Leasingvertrag.** Eine Ermächtigung zur Anfechtung des Liefervertrages und der Verpflichtung zur vorrangigen Durchsetzung der Nichtigkeitsfolgen gegen den Lieferanten entsprechend den Regelungen im Rahmen der leasingtypischen Abtretungskonstruktion sollte schon in den **ALB** des Leasingvertrages erfolgen. Die Zulässigkeit einer derartigen Klausel ist bislang in der Rechtsprechung und Literatur nicht erörtert worden. Sie ist jedenfalls für die Fälle als angemessene und interessengerechte Regelung anzusehen, in denen die Anfechtungsgründe auf der Ebene des Liefervertrages entstanden sind und sowohl den Liefer- als auch den Leasingvertrag betreffen, die **Nichtigkeit des Leasingvertrages also auf der Nichtigkeit des Liefervertrages beruht**.[105]

90 Der Leasinggeber kann dem Leasingnehmer die Durchsetzung der sich aus der Nichtigkeit ergebenden Rechte übertragen und insbesondere auch **Bereicherungsansprüche auf Rückzahlung des Kaufpreises/Werklohns** zur Einziehung abtreten. Der Leasingnehmer muss dann, wie bei sonstigen Leistungsstörungen z. B. wegen Sach- und Rechtsmängeln, zunächst gegen den Lieferanten vorgehen. Der Leasinggeber haftet dem Leasingnehmer – wie auch sonst im Rahmen der leasingtypischen Abtretungskonstruktion – nur subsidiär, d. h. der Leasingnehmer kann die Nichtigkeit des Liefer- und des Leasingvertrages nachrangig gegen den Leasinggeber gelten machen, wenn die Durchsetzung gegen den Lieferanten unmöglich oder unzumutbar ist oder Ansprüche gegen den Lieferanten wegen dessen Zahlungsunfähigkeit nicht durchzusetzen sind. Das **Insolvenzrisiko** des Lieferanten verbleibt beim Leasinggeber.[106]

2. Kollusionsfälle

91 In letzter Zeit haben sich **Betrugsfälle**, meist zum Nachteil des Leasinggebers oder der refinanzierenden Bank, gehäuft. In die Schlagzeilen geraten ist insbesondere die „Flow-Tex-Affäre", bei der Lieferant und Leasingkunde Lieferverträge über nicht vorhandene Waren geschlossen haben, was die Leasinggeber und die Refinanzierungsbanken nicht

---

[103] Vgl. BGH NJW-RR 2002, 308; VersR 2000, 511; OLG Köln NJW-RR 1994, 1064.
[104] *Graf von Westphalen* AGB-Klauselwerke Leasing Rdn. 89.
[105] Vgl. *H. Beckmann* Finanzierungsleasing § 2 Rdn. 394 ff. u. CR 1996, 151; vgl. auch Wolf/Eckert/Ball Rdn. 1770 unter Hinweis auf BGH NJW 1995, 1891.
[106] S. u. § 29 Rdn. 21 m. w. N.

3. Kapitel. Der Abschluss des Finanzierungsleasingvertrags §6

bemerkt haben.[107] Insoweit spricht man von kollusivem[108] oder kollusorischem[109] Handeln von Leasingnehmer und Lieferant zum Nachteil des Leasinggebers.

a) Anfechtung sämtlicher Vereinbarungen durch den Leasinggeber. Haben **Lieferant und Leasingnehmer** den Leasinggeber gemeinsam arglistig, z. B. über den tatsächlichen Abschluss eines Liefervertrages, über die Existenz der Waren oder die Höhe des zu zahlenden Kaufpreises bzw. Werklohns, getäuscht, also kollusiv zum Nachteil des Leasinggebers gehandelt, kann der Leasinggeber beide Verträge nach § 123 BGB anfechten. Die einjährige Anfechtungsfrist des § 124 BGB ist zu beachten. **92**

Die Anfechtung des Leasingvertrages ist gemäß § 143 BGB gegenüber dem Leasingnehmer, die des Liefervertrages gegenüber dem Lieferanten zu erklären.[110] Bei einer Liefervertragsübernahme im Rahmen des Eintrittsmodells sind Anfechtungsgegner die kollusiv handelnden Vertragspartner, also Lieferant und Leasingnehmer.[111] **93**

Von dem Anfechtungsrecht kann nur der Leasinggeber, nicht die Refinanzierungsbank als Forderungskäufer Gebrauch machen.[112] Der kollusiv handelnde Leasingnehmer kann sich nicht darauf berufen, die Leasingsache nicht erhalten zu haben; ihm steht in diesen Fällen **kein Leistungsverweigerungsrecht** hinsichtlich der Leasingraten zu.[113] **94**

Zusätzlich und im Falle der Verfristung können **Schadensersatzansprüche** gegen den Leasingnehmer und den Lieferanten nach den §§ 280 Abs. 1, 241 Abs. 2 BGB und aus unerlaubter Handlung nach § 826 BGB und nach den §§ 823 Abs. 2 BGB i.V. m. §§ 240, 263 StGB in Betracht kommen.[114] Bei Zahlung an den Leasinggeber kann der Leasingnehmer **Abtretung** der Ansprüche des Leasinggebers gegen den Lieferanten verlangen.[115] **95**

b) Anfechtung des Leasingvertrages durch den Leasingnehmer. Haben **Lieferant und Leasinggeber** den Kaufpreis des Liefergegenstandes und damit auch den Anschaffungswert der Leasingsache zum Nachteil des Leasingnehmers unter eklatanter Abweichung vom Verkehrswert festgesetzt, um einen übersteigerten Gewinn zu erzielen, berechtigt dies den Leasingnehmer zur Anfechtung des Leasingvertrages nach § 123 BGB, auch wenn die Grenzen zum wucherähnlichen Rechtsgeschäft nicht erreicht sind.[116] **96**

c) Scheingeschäft. Schließen Lieferant und Leasingnehmer den **Liefervertrag** nur zum Schein zur Täuschung des Leasinggebers als sog. „**Luftgeschäft im Schneeballsystem**" – wie in dem Fall „FlowTex" – ab, ist zwar der Liefervertrag nach § 117 BGB nichtig; der **Leasingvertrag** ist aber zunächst rechtswirksam zustande gekommen, weil ein geheimer Vorbehalt nur einer Partei, hier des Leasingnehmers, gemäß § 116 Satz 1 BGB unbeachtlich ist.[117] Der Leasingnehmer kann sich nach Treu und Glauben nicht auf das Fehlen der Geschäftsgrundlage mit der Begründung berufen, die Leasingsache nicht erhalten zu haben, da er die zum Fehlen der Geschäftsgrundlage führenden Umstände selbst vorsätzlich herbeigeführt hat.[118] **97**

---

[107] Vgl. BGH NJW 2005, 359.
[108] MünchKomm/*Habersack* Leasing Rdn. 93; *H. Beckmann* Finanzierungsleasing § 2 Rdn. 443 ff.
[109] *Reinking/Eggert* Rdn. 901 u. 941.
[110] BGH NJW 1986, 918.
[111] BGH NJW 1986, 918; 1988, 531; Wolf/Eckert/*Ball* Rdn. 1745.
[112] BGH NJW 2005, 359.
[113] KG WM 2000, 1706 mit Anm. *Schmidt-Bürgk* WuB I J. 2–3.00, 1253.
[114] Vgl. BGH NJW-RR 2002, 308; VersR 2000, 511; OLG Köln NJW-RR 1994, 1064; OLG Düsseldorf NJW-RR 1990, 666; *Reinking/Eggert* Rdn. 917.
[115] *Reinking/Eggert* Rdn. 917.
[116] BGH NJW 1995, 1019.
[117] BGH NJW 2005, 359.
[118] BGH NJW 2005, 359; vgl. auch LG Frankfurt/M. WM 2002, 455 mit Anm. *H. Beckmann* in WuB I J 2.–3.02, 769.

§ 7. Kaufoption des Leasingnehmers und Andienungsrecht

Schrifttum: s. auch zu den §§ 5 u. 6; *Kilian/Heussen* (Hrsg.) Computerrechtshandbuch, Computertechnologie in der Rechts- und Wirtschaftspraxis (CHB), Stand: April 2006; *Hornberger* Die Schlüsselfunktion des Drittkäuferbenennungsrechts bei der Fahrzeugverwertung FLF 2006, 212; *Reinking* Auswirkungen der geänderten Sachmängelhaftung auf den Leasingvertrag ZGS 2002, 229

Übersicht

	Rdn.
I. Kaufoption	1
1. Einräumung durch den Leasinggeber im Leasingvertrag	2
2. Drittkäuferbenennungsrecht	4
3. Option bei Abschluss eines Folgeleasingvertrages	4a
4. Steuerrechtliche Zulässigkeit	5
5. Einräumung durch den Lieferanten	6
a) Optionsrecht gegenüber dem Leasinggeber	6
b) Optionsrecht gegenüber dem Lieferanten	7
II. Andienungsrecht des Leasinggebers	8
1. Inhalt des Andienungsrechts	9
2. Steuerrechtliche Zulässigkeit	14
3. Andienung durch den Leasinggeber	15
III. Mängelhaftung bei Kaufoption und Andienungsrecht	17
1. Haftungsgrundlagen	17
2. Vereinbarung nach altem und Ausübung nach neuem Recht	20
3. Zulässigkeit von Haftungsbeschränkungen nach der Schuldrechtsreform	25
4. Ausschluss der Haftung wegen Mangelkenntnis	33
5. Zulässige Gestaltungsmöglichkeiten	34
6. Keine Untersuchungspflicht des Leasinggebers vor der Veräußerung der Leasingsache	38
7. Vorschläge für eine gesetzliche Regelung	39
IV. Abtretung des Kaufpreisanspruchs aus einer Option oder Andienung	40

I. Kaufoption

1 Leasingkunden gehen ohne Problembewusstsein wie selbstverständlich davon aus, dass sie die Leasingsache nach Beendigung des Leasingvertrages käuflich erwerben können.[1] Dies ist aber, da der Leasinggeber grundsätzlich über die Leasingsache am Ende der Laufzeit frei verfügen kann, nur bei der **ausdrücklichen Einräumung einer Kaufoption** der Fall. Der Leasingvertrag mit Kaufoption wird heute – jedenfalls beim Kfz-Leasing – als marktbeherrschende Vertragsform angesehen,[2] was zweifelhaft erscheint. Er ist steuerrechtlich zulässig, wenn die Vorgaben der Leasingerlasse des BMF eingehalten werden.[3]

1. Einräumung durch den Leasinggeber im Leasingvertrag

2 Räumt der Leasinggeber im **Leasingvertrag** dem Leasingnehmer – oder einem „Vierten" – durch Individualvereinbarung oder eine ALB-Klausel das Recht ein, die Leasingsache nach Ablauf der Grundmietzeit entweder selbst oder durch einen Vierten (im Leasingdreieck) vom Leasinggeber zu erwerben, ist diese Vereinbarung als **aufschiebend bedingter Kaufvertrag** einzuordnen.[4] Schon im Leasingvertrag werden sämtliche Einzelheiten, insbesondere auch der vom Leasingnehmer zu zahlende Kaufpreis, verbindlich festgelegt. Der Kaufpreis entspricht dem zur Herstellung der **Vollamortisation** des Leasinggebers noch erforderlichen Betrag, in der Regel dem **garantierten kalkulatorischen Restwert**, der nicht dem geschätzten voraussichtlichen oder tatsächlichen Ver-

---

[1] *Weber* NJW 2005 2197; *H. Beckmann* DStR 2007, 158 ff. m. w. N.
[2] *Engel* § 3 Rdn. 11.
[3] BB 1971, 506; BB 1976, 72; s. o. § 2 Rdn. 13 ff.
[4] Vgl. BGHZ 47, 387; offengelassen von BGH NJW 1996, 923; vgl. *Reinking* ZGS 2002, 234.

kehrswert am Vertragsende entsprechen muss. Der Leasingnehmer trägt das Risiko, dass der festgelegte Optionspreis über dem Marktpreis liegt.[5]

Mit der Option erhält der Leasingnehmer ein **Gestaltungsrecht**. Der Leasinggeber ist auf Verlangen des Leasingnehmers, also mit der Ausübung der Option, verpflichtet, die Leasingsache nach Ablauf der Grundmietzeit dem Leasingnehmer zum vereinbarten Optionspreis zu überlassen, ohne dass der Leasinggeber noch die Möglichkeit einer rechtlichen Einflussnahme hat.[6] Mit der Ausübung der Option durch den Leasingnehmer wird der bis dahin bestehende Schwebezustand beendet.[7] Der Leasinggeber schuldet in jedem Fall die Überlassung der Leasingsache an den Optionskäufer; eine ALB-Klausel, wonach die Abtretung des Herausgabeanspruchs gegen einen Vierten z. B. bei einem Abhandenkommen der Sache ausreichen soll, ist unzulässig.[8] 3

2. Drittkäuferbenennungsrecht

Ist dem Leasingnehmer im Leasingvertrag ausdrücklich ein „**Drittkäuferbenennungsrecht**" eingeräumt, kann sich der Leasingnehmer auch selbst benennen.[9] In diesem Fall ist Kern des Drittkäuferbenennungsrechts die Einräumung einer Kaufoption.[10] Ein Erwerbsrecht des Leasingkunden ist grundsätzlich auch anzunehmen, wenn sich der Leasinggeber im Leasingvertrag den Verkauf zum sog. „**Händlereinkaufspreis**" vorbehalten hat.[11] Um Einwände des Leasingnehmers gegen die Verwertung der Leasingsache „zu einem angemessenen Preis" unter den Stichworten „bestmögliche Verwertung" bzw. „Verkauf zum Händlereinkaufspreis" von vornherein abzuschneiden, sollte dem Leasingnehmer bereits im Leasingvertrag das Recht eingeräumt werden, entweder die Leasingsache selbst zu erwerben oder einen Dritten zu benennen, der die Leasingsache vom Leasinggeber erwerben soll.[12] Nach der Schuldrechtsreform wird man bis zur Klärung durch den BGH wohl nur die Benennung eines gewerblichen Drittkäufers als für den Leasinggeber zumutbar ansehen können.[13] 4

3. Option bei Abschluss eines Folgeleasingvertrages

Werden in einem **Folgeleasingvertrag** sämtliche Bedingungen ohne Bezug auf den alten Leasingvertrag neu ausgehandelt, wird eine im Altvertrag vereinbarte Kaufoption nicht stillschweigend Bestandteil des neuen Leasingvertrages.[14] 4a

4. Steuerrechtliche Zulässigkeit

Da der Kaufvertrag im Leasingvertrag nur bedingt geschlossen wird und die Ausübung der Option durch den Leasingnehmer am Ende der Laufzeit bei Abschluss des Leasingvertrages ungewiss ist, bestehen **keine steuerrechtlichen Bedenken** gegen eine **Bilanzierung beim Leasinggeber**, wenn der Optionspreis niedriger als der Marktpreis ist.[15] Nach dem **Vollamortisations-Erlass** ist die Leasingsache dem Leasinggeber zuzurechnen, wenn der Kaufpreis mindestens dem Buchwert, der sich bei einer linearen AfA 5

---

[5] *Engel* § 3 Rdn. 11.
[6] *Findeisen* in: Büschgen (Hrsg.) Praxishandbuch Leasing § 18 Rdn. 48.
[7] Vgl. *Weber* JuS 1990, 249; Palandt/*Heinrichs* Einf. v. § 145 Rdn. 23 m. w. N.; *Graf von Westphalen* ZGS 2002, 91.
[8] BGH NJW 2003, 2607 u. OLG Rostock NJW 2006, 304 für Rückkaufvereinbarungen.
[9] BGH NJW 1986, 1581; 1987, 2082.
[10] *Hornberger* FLF 2006, 212 ff. m. w. N.
[11] Vgl. BGH NJW 1996, 455; Wolf/Eckert/*Ball* Rdn. 1918 u. 1988.
[12] BGH NJW 1997, 3166.
[13] *Hornberger* FLF 2006, 214.
[14] OLG Düsseldorf GuT 2003, 84.
[15] *Spittler* S. 324; *Findeisen* in: Büschgen (Hrsg.) Praxishandbuch Leasing § 18 Rdn. 48 m. w. N.; vgl. auch die Nachweise bei *Engel* Kfz-Leasing § 3 Rdn. 7.

nach der amtlichen Tabelle ergibt, oder dem niedrigeren gemeinen Wert im Zeitpunkt der Veräußerung entspricht. Der Buchwert ist unter Berücksichtigung der Anschaffungskosten zu bestimmen, wobei ein vom Leasinggeber vereinnahmter Investitionszuschuss[16] oder eine Gewinnübertragung[17] nicht mindernd zu berücksichtigen sind. Dabei ist darauf zu achten, dass im Steuerrecht nicht das „erlasskonform" formal Erklärte oder formal rechtlich Vereinbarte, sondern das wirtschaftlich Gewollte und das tatsächlich Bewirkte ausschlaggebend sind,[18] z. B. wenn der tatsächliche Zeitwert der Leasingsache zehnmal so hoch wie der vereinbarte Kaufpreis im Optionsvertrag oder Drittkäufervertrag ist.[19] Es ist im Einzelfall zu prüfen, ob ein vernünftig und wirtschaftlich handelnder Leasingnehmer das Optionsrecht ausüben würde. Nur dann kann die Zurechnung des wirtschaftlichen Eigentums beim Leasinggeber erfolgen.[20]

5. Einräumung durch den Lieferanten

6 **a) Optionsrecht gegenüber dem Leasinggeber.** Erfolgt die Zusage der Einräumung der Kaufoption durch den Lieferanten im Rahmen der Vertragsverhandlungen über den Abschluss des Leasingvertrages und bezieht sie sich **auf ein Erwerbsrecht vom Leasinggeber**, handelt **der Lieferant insoweit als Verhandlungsgehilfe des Leasinggebers** im Sinne des § 278 BGB, da er von diesem mit der Vorbereitung und dem Aushandeln der Modalitäten des Leasingvertrages betraut ist.[21] Zwar wird die Willenserklärung des Lieferanten dem Leasinggeber mangels Vollmacht nicht unmittelbar zugerechnet; der Leasinggeber muss aber den Leasingnehmer im Wege des Schadensersatzes nach den §§ 280, 278, 249 BGB so stellen, wie er stünde, wenn die Zusage wirksam wäre.[22] Allerdings kann der Leasinggeber einwenden, der Leasingkunde hätte ihn über die mündliche Zusatzabrede informieren müssen und sei daher nach den §§ 280 Abs. 1, 241 Abs. 2 BGB ebenfalls schadensersatzpflichtig. Nach Ansicht des OLG Düsseldorf[23] ist in dem Eintritt des Leasinggebers in die Bestellung des Kunden die **Genehmigung** der Zusage des Lieferanten zu sehen.

7 **b) Optionsrecht gegenüber dem Lieferanten.** Wird die Kaufoption dem Leasingkunden im Laufe der Vertragsverhandlungen **vom Lieferanten** angeboten, und zwar mit dem Inhalt eines **Erwerbs vom Lieferanten selbst**, wird hieraus nicht der Leasinggeber, sondern nur der Lieferant selbst verpflichtet. Insoweit handelt der Lieferant ersichtlich nicht als Vertreter oder Verhandlungsgehilfe des Leasinggebers.[24] Vielmehr stellt die eingeräumte Kaufoption ein eigenes Geschäft des Lieferanten dar **(atypische Sondervereinbarung)**,[25] an dem der Leasinggeber nicht beteiligt ist und dessen Abschluss nicht zu den Aufgaben zählt, die der Lieferant für den Leasinggeber als dessen Repräsentant zu erledigen hatte. Der Leasinggeber, der erst nach Ablauf des Leasingvertrages Kenntnis von der Kaufoption erlangt hat, muss sich nicht die Kenntnis des Lieferanten zurechnen lassen. Es handelt sich um eine **vom Leasinggeber nicht autorisierte Kaufoption des Lieferanten.**[26]

---

[16] OFD München/Nürnberg DStR 2003, 2225.
[17] Vgl. *Weber* NJW 2005, 2201.
[18] BFH DStRE 2001, 971.
[19] FG Niedersachsen DStRE 2003, 458; *Weber* NJW 2003, 2355; *H. Beckmann* DStR 2007, 159.
[20] *Graf von Westphalen* Leasingvertrag Rdn. 31; s. auch *Kilian/Heussen-Trapp* CHB Nr. 90 Rdn. 113.
[21] Vgl. *H. Beckmann* Finanzierungsleasing § 1 Rdn. 97 ff. m. w. N.; s. § 6 Rdn. 9 u. § 10 Rdn. 10 ff. m. w. N.
[22] BGH NJW-RR 1988, 241; OLG Hamm OLGR 1992, 193; OLG Dresden DAR 2001, 77.
[23] OLG Düsseldorf OLGR 2006, 589.
[24] OLG Koblenz BB 2004, 2099, bestätigt durch BGH NJW-RR 2005, 1421; *Müller-Sarnowski* DAR 2002, 492; a. A. OLG Hamm OLGR 1992, 193; OLG Dresden DAR 2001, 77.
[25] S. u. § 10 Rdn. 19.
[26] BGH NJW-RR 2005, 1421.

II. Andienungsrecht des Leasinggebers

Die Vereinbarung eines Andienungsrechts wird dem Leasinggeber empfohlen, wenn die **8** Leasingraten nur einen Teil der Kosten des Leasinggebers zuzüglich Gewinnspanne abdecken und schon bei Abschluss des Leasingvertrages der Marktwert zum Zeitpunkt des Ablaufs der Grundmietzeit kalkulierbar ist.[27] Der Begriff „Andienung" wird von Leasing unerfahrenen Kunden oft als Kaufoption missverstanden. Der Leasinggeber sollte dem Leasingnehmer deshalb unter Berücksichtigung des **Transparenzgebots** im Leasingvertragsformular den Begriff „Andienung" unmissverständlich **erläutern**.[28]

1. Inhalt des Andienungsrechts

Statt dem **Leasingnehmer** im Leasingvertrag eine Kaufoption einzuräumen, kann sich **9** der Leasinggeber auch ein Andienungsrecht vorbehalten. Ein solches Recht soll dem Leasinggeber die Deckung des noch nicht amortisierten Teils seiner Aufwendungen sichern, dient also wie die Kaufoption letztlich der **Vollamortisation**.[29]

Die Andienung kann auch in einer ALB-Klausel wirksam vorbehalten werden.[30] Durch **10** die Vereinbarung eines Andienungsrechts erhält der Leasinggeber die Möglichkeit, dem Leasingnehmer die Leasingsache nach Ablauf einer Grundmietzeit bzw. am Vertragsende durch einen Kaufvertrag „anzudienen". Der Kaufpreis wird bereits im Leasingvertrag fest vereinbart. Er wird in der Regel als sog. **garantierter kalkulatorischer Restwert** bezeichnet und entspricht nicht unbedingt dem am Vertragsende erwarteten Verkehrswert.

Zu beachten ist, dass **ein Recht, keine Pflicht des Leasinggebers zur Andienung 11 durch Veräußerung** besteht. Der Leasinggeber kann die Sache am Vertragsende auch anderweitig – günstiger – verwerten.[31] Es besteht also keine Pflicht des Leasinggebers zur und **kein Recht des Leasingnehmers auf Überlassung** der Leasingsache. Vereinbart der Leasinggeber nicht mit dem Leasingkunden, sondern mit dem **Lieferanten** ein „Andienungsrecht"[32] für den Fall der vorzeitigen Beendigung des Leasingvertrages oder zum Ende der Laufzeit, ist dies als **Rückkaufvereinbarung** anzusehen.[33]

Streitig ist, ob mit der Vereinbarung eines Andienungsrechts im Leasingvertrag bereits **12** ein **aufschiebend bedingter Kaufvertrag** zustande kommt oder ob darin lediglich ein vom Leasinggeber vorformuliertes **Kaufangebot des Leasingnehmers** zu sehen ist, das der Leasinggeber bei Vertragsende nach seinem Belieben annehmen kann.[34] *Graf von Westphalen*[35] ordnet die Vereinbarung eines Andienungsrechts als selbständige Garantie des Leasingnehmers, die den Vollamortisationsanspruch des Leasinggebers absichert, ein. Unabhängig von der rechtlichen Einordnung entstehen Rechte und Pflichten aus einem Kaufvertrag für beide Leasingvertragspartner in jedem Fall erst am Vertragsende und erst mit der tatsächlichen Andienung durch den Leasinggeber.

Enthalten die ALB auf der Rückseite eines Leasingvertragsformulars ein **Selbstver- 13 äußerungsrecht** des Leasinggebers, ist dieses als überraschende Klausel nach § 305 c Abs. 1 BGB unwirksam, wenn auf der Vorderseite ein drucktechnisch hervorgehobenes Andienungsrecht vereinbart ist.[36]

---

[27] *Spittler* S. 46 u. 316.
[28] *Kreuzmair* FLF 2005, 38.
[29] MünchKomm/*Habersack* Leasing Rdn. 110; *Spittler* S. 316; *Reinking* ZGS 2002, 234.
[30] MünchKomm/*Habersack* Leasing Rdn. 110; Staudinger/*Stoffels* Leasing Rdn 297; *Martinek* I S. 194 ff.; Peters WM 1993, 1665.
[31] *Spittler* S. 316; vgl. auch BGH NJW-RR 2005, 1421.
[32] Vgl. BGH NJW-RR 2005, 1421: „*Möglichkeit der nachträglichen Andienung*".
[33] S. u. § 10 Rdn. 71.
[34] Vgl. BGH NJW 1996, 923 u. 1997, 452; *Reinking* ZGS 2002, 234.
[35] *Graf von Westphalen* Leasingvertrag Rdn. 101 ff.
[36] OLG Nürnberg NJW-RR 2000, 278.

13a Eine beim sog. **Bundle-Lease über eine Systemlösung** verwendete Klausel, in der sich der Leasinggeber bei einem Computerleasinggeschäft das Recht vorbehält, für den Fall der nicht ordnungsgemäßen Fertigstellung des Systems vom Leasingvertrag zurückzutreten, dem Leasingnehmer alle bis dahin vom Lieferanten erbrachten *„zum Selbstkostenpreis unter Ausschluss jeder Haftung für Sach- und Rechtsmängel **anzudienen**"*, den Leasingnehmer zu verpflichten, wieder in den Beschaffungsvertrag mit dem Lieferanten einzutreten und dem Leasinggeber sämtliche an die Lieferanten geleisteten Zahlungen für Dienstleistungen zu erstatten, eine Vergütung für Vorfinanzierungsleistungen zu leisten und ihn von allen Aufwendungen im Zusammenhang mit der Beschaffung freizustellen, beinhaltet eine schwerwiegende Störung des Äquivalenzverhältnisses, stellt eine unangemessene Benachteiligung des Leasingnehmers im Sinne des § 307 dar und ist daher unwirksam.

2. Steuerrechtliche Zulässigkeit

14 Bedenken gegen die **steuerrechtliche Zulässigkeit** der Vereinbarung eines Andienungsrechts bestehen nach dem Teilamortisationserlass vom 22. 12. 1975[37] nicht.[38] Der Leasinggeber hat die Chance der Wertsteigerung der Leasingsache, da es in seinem Belieben steht, die Sache am Vertragsende an einen Vierten zu veräußern. Demgegenüber trägt der Leasingnehmer das Risiko der Wertminderung. Bei einem **Teilamortisationsvertrag mit Andienungsrecht** ist eine Klausel wegen unangemessener Benachteiligung des Leasingnehmers unwirksam, wonach dem Leasingnehmer bei vorzeitiger Beendigung nur 90 % des Verwertungserlöses auf dessen Schadensersatzpflicht angerechnet werden soll; insbesondere ist eine Begrenzung der Anrechnung nicht aus steuerrechtlichen Gründen geboten.[39] Ein sog. **„Doppeloptionsvertrag"**, der sowohl eine Kaufoption als auch ein Andienungsrecht beinhaltet, ist steuerrechtlich bedenklich, da die Leasingsache in diesem Fall dem Leasingnehmer als wirtschaftlicher Eigentümer im Sinne des § 39 AO zugeordnet werden kann.[40]

2. Andienung durch den Leasinggeber

15 Ein **wirksamer unbedingter Kaufvertrag** besteht erst mit der Ausübung des Andienungsrechts durch den Leasinggeber. Der Leasinggeber kann vom Leasingnehmer nicht Schadensersatz in Höhe eines erzielten Mindererlöses verlangen, wenn er von einem vertraglichen Andienungsrecht Gebrauch macht und gleichzeitig dem Leasingnehmer den Besitz an der Leasingsache entzieht; in diesem Fall reicht ein wörtliches Angebot des Leasinggebers nicht zur Herbeiführung des Annahmeverzuges des Leasingnehmers aus.[41]

16 Der Leasingnehmer haftet nach Ansicht des für Leasingstreitigkeiten zuständigen VIII. ZS des BGH[42] auch nicht für einen Schaden, den der Leasinggeber dadurch erleidet, dass ein Nachfolgeleasingnehmer, dem die Leasingsache angedient worden ist, den Kaufvertrag nicht erfüllt, weil insoweit keine Amortisationslücke besteht. Demgegenüber stellt der VII. ZS des BGH[43] nicht auf die Schließung der **Verwertungslücke** in rechtlicher, sondern in tatsächlicher Hinsicht ab.[44]

---

[37] BB 1976, 72 ff.; *Reinking* ZGS 2002, 234.
[38] Vgl. *Graf von Westphalen* Leasingvertrag Rdn. 18 ff. u. 96 ff. m. w. N.
[39] BGH NJW 2002, 2713 unter Aufgabe der bisherigen Rspr.; KG KGR 2002, 49; OLG Düsseldorf NJW 2003, 2238; vgl. *H. Beckmann* DStR 2007, 159.
[40] *Spittler* S. 319; *Findeisen* in Büschgen (Hrsg.) Praxishandbuch Leasing § 18 Rdn. 52 m. w. N.
[41] BGH NJW 1996, 923.
[42] BGH NJW 1997, 452.
[43] BGH NJW 2000, 1105.
[44] Vgl. *Eckert* EWiR § 552 BGB 1/2000, 325.

III. Mängelhaftung bei Kaufoption und Andienungsrecht

1. Haftungsgrundlagen

Der Leasinggeber als Verkäufer haftet für Sachmängel der Leasingsache, die zur Kaufsache wird, grundsätzlich nach den §§ 434 ff. BGB bzw. §§ 459 ff. BGB a. F. Soll eine Leasingsache am Ende der Laufzeit eines Leasingvertrages durch Andienung oder Ausübung einer Option Kaufsache werden, ist sie immer eine gebrauchte Sache. Bei **gebrauchten Kaufsachen** konnte nach altem Recht die Gewährleistung für Sachmängel ausgeschlossen werden.[45] Also war auch der Haftungsausschluss im Leasingvertrag bezüglich des nach Ausübung einer Kaufoption oder eines Andienungsrechts zustande gekommenen Kaufvertrages grundsätzlich zulässig. 17

Nach der **Schuldrechtsreform** kann der Leasinggeber im Unternehmergeschäft die Mängelhaftung nur noch in den Grenzen des § 444 BGB ausschließen. Beim **Verbrauchergeschäft** im **Privatleasing** sind nunmehr zwingend die besonderen Schutzvorschriften des **Verbrauchsgüterkaufs** nach den §§ 474 ff. BGB zu beachten.[46] Danach kann die Mängelhaftung für eine Kaufsache nicht mehr wirksam beschränkt werden. 18

Bei gebrauchten Sachen – die zur Kaufsache werdende Leasingsache ist immer gebraucht – ist nach § 475 Abs. 2 BGB **nur die Verkürzung der Verjährungsfrist auf ein statt zwei Jahre zulässig**. Offen ist, ob die Regeln des Verbrauchsgüterkaufs uneingeschränkt auch auf einen Kaufvertrag, der im Anschluss an einen Finanzierungsleasingvertrag geschlossen wird, anzuwenden sind. 19

2. Vereinbarung nach altem und Ausübung nach neuem Recht

Nach einem Urteil des AG Frankfurt/M.[47] besteht bei einer im Jahre 2000 vereinbarten und im Jahre 2003 ausgeübten Kaufoption – unabhängig von der Stellung des Leasingnehmers als Unternehmer oder Verbraucher – **grundsätzlich keine Sachmängelhaftung** des Leasinggebers. Dies ergebe sich im Wege der **ergänzenden Vertragsauslegung** der getroffenen Vereinbarungen und entspreche den Interessen beider Vertragspartner. 20

Das LG Frankfurt/M.[48] hat die Berufung des Leasingnehmers durch Beschluss nach § 522 ZPO mit der Begründung zurückgewiesen, § 475 BGB stehe dem Ausschluss der Sachmängelhaftung nicht entgegen, da die Übergabe des Kfz schon drei Jahre vor dem erneuten Verkauf erfolgt sei. In entsprechender Anwendung des § 476 BGB sei davon auszugehen, dass die geltend gemachten Mängel schon während der Leasingzeit vorhanden gewesen seien. 21

Nach a. A. kann bei vor der Schuldrechtsreform vereinbarten Options- und Andienungsrechten im Einzelfall eine Anpassung wegen **Störung der Geschäftsgrundlage** nach § 313 BGB wegen der nicht vorauszusehenden Gesetzesänderung erforderlich sein.[49] Der Leasinggeber kann danach eine Anpassung der bezüglich der Option oder Andienung getroffenen Vereinbarungen verlangen. 22

Demgegenüber hat der **BGH**[50] in seinem Urteil vom 1. 6. 2005 für Fälle, in denen das Finanzierungsleasinggeschäft mit Kaufoption lange vor der Schuldrechtsreform abge- 23

---

[45] BGH NJW 1990, 2546; vgl. *Reinking* ZGS 2002, 234; *Graf von Westphalen* BB 2002, 212 u. ZGS 2002, 89 ff.
[46] *Habersack* BB-Beilage 6/2003, 6; *Reinicke/Möllmann* DB 2004, 588; *Reinking* ZGS 2002, 234.
[47] AG Frankfurt/M. NJW-RR 2004, 486, abgelehnt von *Weber* NJW 2005, 2197; vgl. *H. Beckmann* DStR 2007, 160.
[48] LG Frankfurt/M., Beschluss vom 15. 7. 2004, Az. 2/1 S 7/04.
[49] *Weber* NJW 2003, 2350; a. A. *Müller-Sarnowski* DAR 2002, 493; vgl. auch *Graf von Westphalen* ZGS 2002, 89 ff.
[50] BGH NJW-RR 2005, 1421.

schlossen worden ist, die Option erst nach dem 1. 1. 2002 ausgeübt worden ist – allerdings hinsichtlich einer Kaufoption des Leasingnehmers gegenüber dem Lieferanten – eine Lösung aufgezeigt, die auf den Fall einer Kaufoption gegenüber dem Leasinggeber übertragbar ist. Danach kann der Optionsverkäufer vom Leasingkunden im Wege der **ergänzenden Vertragsauslegung** den Abschluss einer **Gebrauchtwagengarantieversicherung auf Kosten des Kunden** verlangen, da durch die Schuldrechtsreform eine nicht vorgesehene Äquivalenzverschiebung eingetreten sei, für die der Kaufvertrag keine Regelung enthalte.

24 Beim **Andienungsrecht** hat es der Leasinggeber selbst in der Hand, die Andienung nur unter Berücksichtigung der geänderten Voraussetzungen anzubieten. Auch insoweit bietet sich die Ausübung der Andienung unter der zusätzlichen Bedingung des Abschlusses einer Gebrauchtwagengarantieversicherung auf Kosten des Kunden an.

3. Zulässigkeit von Haftungsbeschränkungen nach der Schuldrechtsreform

25 Bei einem Finanzierungsleasinggeschäft mit der Vereinbarung einer Kaufoption oder eines Andienungsrechts, das insgesamt erst nach dem 31. 12. 2001 getätigt wird, ist die kaufrechtliche Mängelhaftung des Leasinggebers gegenüber dem ehemaligen Leasingnehmer nach neuem Recht auch beim **Privatleasing** als **unbefriedigend** anzusehen, weil durch sie die vom Leasingnehmer geschuldete Vollamortisation gestört wird. Es ist nicht einsichtig, dass der Leasinggeber nach Ablauf des Leasingvertrages, aus dem er trotz der leasingtypischen Abtretungskonstruktion letztlich für Sachmängel haften muss, nun noch ein zweites Mal dafür einstehen soll, dass die Leasingsache frei von Mängeln ist.[51] Ferner ist nicht einzusehen, dass der Leasingnehmer, der während der gesamten Laufzeit des Leasingvertrages die Sach- und Preisgefahr getragen hat und etwaige Mängel dem Leasinggeber nicht unmittelbar entgegensetzen konnte, dies nun nach Beendigung des Leasingvertrages infolge des aus einer Option oder Andienung entstehenden Kaufvertrages können soll.[52] Folgende Lösungsansätze werden diskutiert.

26 Der Leasinggeber soll der Mängelhaftung aus dem Kaufvertrag mit einem bereits im Leasingvertrag geregelten **ergänzenden Anspruch** gegen den Leasingnehmer auf **Vollamortisation** oder **nachträgliche Anpassung der Leasingraten** für den Fall seiner Inanspruchnahme wegen eines Mangels begegnen.[53] Eine derartige Vereinbarung kann als Verstoß gegen das Umgehungsverbot des § 475 Abs. 1 Satz 2 BGB anzusehen sein.[54]

27 Eine Mängelhaftung des Leasinggebers soll nach a. A. schon daran scheitern, dass bei einem Leasingvertrag mit Kaufoption oder Andienung gar kein **Gefahrübergang** im Sinne der §§ 433 Abs. 1, 446 BGB mehr stattfinde, da dieser bereits zu Beginn des Leasingvertrages vollzogen wurde.[55] Auch diese Auslegung kann gegen das Verbot des § 475 BGB verstoßen.[56]

28 Auch eine mit dem Leasingnehmer nicht schon bei Abschluss des Leasingvertrages, sondern erst bei Ausübung der Option oder der Andienung getroffene **Beschaffenheitsvereinbarung** im Sinne des § 434 Abs. 1 BGB, in der die Mängel beschrieben werden, kann als unzulässige Umgehung des § 475 BGB angesehen werden, wenn Sinn und Zweck der spezifizierten Beschreibung der Beschaffenheit und des Zustands der Sache die Beschränkung der Haftung ist.

29 Zu erwägen ist – in jedem Fall beim gewerblichen Leasing, aber auch beim Verbraucherleasing – eine **Beschränkung der Haftung** des Leasinggebers aus dem Options-

---

[51] *Reinking* ZGS 2002, 234; a. A. *Graf von Westphalen* ZGS 2002, 89 ff. u. BB 2002, 209 ff.
[52] *Müller-Sarnowski* DAR 2002, 493.
[53] Vgl. *Weber* NJW 2003, 2350.
[54] *Habersack* BB-Beilage 6/2003, 6.
[55] *Reinking* ZGS 2002, 235 u. *Reinking/Eggert* Rdn. 877.
[56] Vgl. *Habersack* BB-Beilage 6/2003, 6.

Kaufvertrag **im Wege der Drittverweisung**, vergleichbar der leasingtypischen Abtretungskonstruktion, durch Abtretung aller gegen den Lieferanten aus einer Leistungsstörung des ursprünglichen Liefervertrages noch bestehenden Rechte an den Leasingkunden. Der Leasinggeber kann seine Haftung zwar **nicht vollständig ausschließen**. Unter Berücksichtigung der leasingtypischen Besonderheiten kann es aber trotz der Regelungen über den Verbrauchsgüterkauf als zulässig anzusehen sein, dass der Leasinggeber den Leasingnehmer – wie im Rahmen der Abtretungskonstruktion – verpflichtet, **auch wegen einer Leistungsstörung nach dem Ende der Laufzeit des Leasingvertrages vorrangig gegen den ursprünglichen Lieferanten vorzugehen**, soweit noch Ansprüche oder Rechte aus dem Liefervertrag gegen den Lieferanten bestehen. Der Leasingkunde kann also z. B. den ursprünglichen Liefervertrag noch anfechten oder die Rückabwicklung und Schadensersatz aus allen noch nicht verjährten Ansprüchen aus einer Pflichtverletzung gegen den Lieferanten geltend machen. Ist das Rückabwicklungsverlangen gegen den Lieferanten erfolgreich, ist auch der durch Ausübung der Kaufoption oder des Andienungsrechts zustande gekommene Kaufvertrag nach den Regeln über die Störung der Geschäftsgrundlage rückabzuwickeln. Leistet der Lieferant Schadensersatz oder Aufwendungsersatz, kann der Leasingkunde nicht mehr gegen den Leasinggeber vorgehen. Der Leasinggeber haftet nur nachrangig bei Zahlungsunfähigkeit des Lieferanten, weil er auch in diesem Fall das Insolvenzrisiko des Lieferanten tragen muss.[57]

Ob auch **ohne ausdrückliche Regelung** im Leasingvertrag grundsätzlich im Wege der **ergänzenden Vertragsauslegung** unter Berücksichtigung der Interessen beider Vertragspartner keine Mängelhaftung des Leasinggebers aus dem Andienungs-/Optionskaufvertrag besteht, weil diese nach den leasingtypischen Vereinbarungen von vornherein abbedungen sei,[58] erscheint jedenfalls für Verbraucherleasinggeschäfte aus den dargelegten Bedenken zweifelhaft. 30

Die Begründung des Urteils des AG Frankfurt/M[59] liefert allerdings überzeugende Argumente für einen Haftungsausschluss. Der Leasingnehmer hat schon während der Laufzeit des Leasingvertrages das Risiko der Erhaltung des vertragsgemäßen Zustands der Leasingsache übernommen. Er allein hat daher die Möglichkeit, optimale Vorsorge für die Werterhaltung zu treffen. Durch die Übernahme der Leasingsache am Vertragsende wird der Leasingnehmer von einer eventuellen Verpflichtung zum Ersatz eines Minderwerts befreit. Der Leasinggeber begibt sich durch den Abschluss des Kaufvertrages mit dem Leasingnehmer zu dem im Voraus kalkulierten Kaufpreis freiwillig der Möglichkeit, am Vertragsende einen höheren Kaufpreis zu liquidieren, so dass es unter Berücksichtigung aller Umstände nicht gerechtfertigt ist, ihn auch noch für einen mangelbedingten Minderwert der Leasingsache einstehen zu lassen. 31

Auch der **BGH**[60] hat in seinem Urteil vom 1. 6. 2005 – allerdings einen Vertragsschluss vor der Schuldrechtsreform betreffend – die Lösung des Problems über eine ergänzende Vertragsauslegung angedeutet, *„um den Regelungsplan der Parteien zu verwirklichen"*. Es bleibt abzuwarten, ob der BGH beim Verbrauchsgüterkauf (§ 475 BGB) die leasingtypischen Besonderheiten anerkennt und auch ohne Regelung adäquate Haftungsbeschränkungen annehmen bzw. zulassen wird. 32

4. Ausschluss der Haftung wegen Mangelkenntnis

Beruft sich der Leasinggeber auf einen Ausschluss seiner Mängelhaftung gemäß **§ 442 Abs. 1 BGB** mit der Begründung, der Leasingnehmer habe aufgrund seiner lang andauernden Nutzung die Beschaffenheit der Leasingsache und damit auch Sachmängel 33

---

[57] S. u. § 29 Rdn. 21 m. w. N.
[58] AG Frankfurt/M. NJW-RR 2004, 486, bestätigt durch LG Frankfurt/M. Beschluss v. 15. 7. 2004, Az. 2/1 S 7/04.
[59] AG Frankfurt/M. NJW-RR 2004, 486.
[60] BGH NJW-RR 2005, 1421.

gekannt, muss er nachweisen, dass der Leasingnehmer die Mängel bei Vertragsschluss gekannt oder infolge grober Nachlässigkeit nicht erkannt hat.[61] Offen ist, ob bei einem Options-Kaufvertrag auf den Zeitpunkt des Abschlusses des Leasingvertrages mit der Begründung der Kaufoption oder auf den Zeitpunkt der Ausübung der Option, also dem Ende der Laufzeit des Leasingvertrages, abzustellen ist.[62]

5. Zulässige Gestaltungsmöglichkeiten

34 Beim **Andienungsrecht** hat es der Leasinggeber selbst in der Hand, die Andienung von vornherein im Leasingvertrag unter der zusätzlichen Bedingung des Abschlusses einer Gebrauchtwagengarantieversicherung auf Kosten des Kunden zu vereinbaren. Einer zusätzlichen Vereinbarung im Leasingvertrag, wonach der Leasinggeber die Andienung nur schuldet, wenn der Leasingnehmer eine Zahlung in Höhe des kalkulierten Restwerts erbracht hat,[63] bedarf es daher nicht.

35 Zur sicheren Vermeidung einer Mängelhaftung aus einer Kaufoption oder einer Andienung bleibt dem Leasinggeber nur die **Veräußerung an einen Unternehmer** mit der zulässigen Möglichkeit des vollständigen Ausschlusses der Sachmängelhaftung für die gebrauchte Sache.

36 Bei einer **Kaufoption** kann der Leasinggeber entsprechend der vom BGH[64] in seinem Urteil vom 1. 6. 2005 aufgezeigten Möglichkeit eine Verpflichtung des Leasingnehmers zum Abschluss einer **Gebrauchtwagengarantieversicherung** auf eigene Kosten des Kunden bereits in den Leasingvertrag aufnehmen oder seinerseits von vornherein den Optionspreis um die Versicherungskosten erhöhen und die Versicherung selbst abschließen.

37 Der Leasinggeber kann auch mit dem Leasingnehmer eine Beschränkung seiner Mängelhaftung aus dem Options-Kaufvertrag entsprechend der Regelungen im Rahmen der leasingtypischen Abtretungskonstruktion und der oben vorgeschlagenen **Drittverweisung** auf den Lieferanten vereinbaren, wonach der Leasingkunde verpflichtet ist, auch insoweit leasingtypisch vorrangig gegen den Lieferanten vorzugehen, der Leasinggeber also nur subsidiär haftet. Beim Privatleasing kann eine derartige Regelung allerdings an § 309 Nr. 8 a aa) BGB scheitern.

6. Keine Untersuchungspflicht des Leasinggebers vor der Veräußerung der Leasingsache

38 Ohne wirksame Beschränkung haftet der Leasinggeber dem Leasingnehmer als Options-Käufer grundsätzlich für Mängel der Kaufsache. Er ist aber nicht verpflichtet, das Leasing-Kfz vor der Veräußerung an den Leasingnehmer oder einen Vierten **auf Unfallfreiheit zu untersuchen** oder den Erwerber darauf hinzuweisen, dass eine solche Untersuchung nicht erfolgt ist,[65] so dass ein Verschulden als Voraussetzung eines Schadensersatzanspruches aus § 280 Abs. 1 BGB in der Regel zu verneinen ist.

7. Vorschläge für eine gesetzliche Regelung

39 a. § 474 Abs. 1 wird durch S. 3 ergänzt:
Dies gilt nicht für gebrauchte Sachen, die im Rahmen eines Optionsvertrages oder eines Andienungsrechts überlassen werden.

b. § 446 erhält einen 2. Absatz:
Ist dem Käufer die Sache vor Ausübung eines Options- oder Andienungsrechts übergeben worden, ist auf den Zeitpunkt der Überlassung abzustellen.

---

[61] Reinking DAR 2002, 150 u. ZGS 2002, 234.
[62] Vgl. Palandt/*Weidenkaff* § 442 Rdn. 8 m. w. N.
[63] So aber *Godefroid* BB-Beilage 5/2002, 9.
[64] BGH NJW-RR 2005, 1421.
[65] OLG Hamm OLGR 2000, 36; OLG Nürnberg NJW-RR 1999, 1208.

IV. Abtretung des Kaufpreisanspruchs aus einer Option oder Andienung

Hat der Leasinggeber dem Leasingnehmer beim Abschluss des Finanzierungsleasingvertrags mitgeteilt, er habe seine Ansprüche aus dem Vertrag zu Refinanzierungszwecken abgetreten, muss der Leasingnehmer nicht davon ausgehen, dass auch der Kaufpreisanspruch aus einer Andienung oder einer Option ebenfalls im Voraus abgetreten ist.[66] Bei einer eindeutigen Abtretungsanzeige kann der Leasingnehmer die geschuldete Kaufpreiszahlung mit befreiender Wirkung gemäß § 407 BGB nur an die Refinanzierungsbank leisten.[67] Bei einem beiderseitigen Handelsgeschäft kann der Leasingnehmer allerdings nach **§ 354 a HGB** mit befreiender Wirkung auch an den bisherigen Gläubiger, also den Leasinggeber, leisten.[68]

40

---

[66] BGH WM 1999, 2108.
[67] OLG Dresden BB 1999, 1237.
[68] Vgl. BGH WM 2005, 459.

4. Kapitel. Leasingvertrag und AGB-Recht
§ 8. AGB-Kontrolle der Leasingvertragsbedingungen

Schrifttum: *Ebenroth* Inhaltliche Schranken für Leasingformularverträge auf Grund des AGB-Gesetzes, DB 1978, 2109; *Klamroth* Inhaltskontrolle von Finanzierungs-Leasing-Verträgen über bewegliche Gegenstände nach dem „Leitbild des Leasing-Vertrages", BB 1982, 1949; *Knebel* Inhaltskontrolle von Leasingverträgen auf der Grundlage der UNIDROIT-Konvention, RIW 1993, 537; *Kurstedt* Finanzierungsleasing und AGB-Gesetz, DB 1981, 2525; *Lieb* Zur Inhaltskontrolle von Teilamortisations-Leasingverträgen, Betr 1986, 2167; *ders.* Das Leitbild des Finanzierungs-Leasing im Spannungsfeld von Vertragsfreiheit und Inhaltskontrolle, DB 1988, 946; *H. Roth* Zur gerichtlichen Inhaltskontrolle von Finanzierungs-Leasingverträgen, AcP 90 (1990), 292; *Ulmer/Brandner/Hensen* AGB-Recht, 10. Aufl. 2006, Anh. § 310 BGB Rdn. 525 ff. (bearbeitet von *H. Schmidt*); *Ulmer/H. Schmidt* Zur Inhaltskontrolle von Kfz-Leasingverträgen, DB 1983, 2258, 2615; *Graf von Westphalen* Leasing (Stand Juni 2003), in: Vertragsrecht und AGB-Klauselwerke; *Wolf/Horn/Lindacher* AGB-Gesetz, 4. Aufl. 1999, § 9 Rdn. L 21 ff. (bearbeitet von *Wolf*).

Übersicht

	Rdn.
I. Persönlicher Anwendungsbereich: Unternehmer und Verbraucher als Leasingnehmer	2
II. Sachlicher Anwendungsbereich: AGB-Charakter Allgemeiner Leasingvertragsbedingungen	6
1. Vertragsbedingungen	7
2. Vorformulierung	8
3. Für eine Vielzahl von Verträgen	10
4. Stellen	12
a) Regelfall: Der Leasinggeber als Verwender	13
b) Der Leasingnehmer als Verwender	16
5. Unerhebliche Umstände	18
6. Individualvereinbarung	19
7. Beweislast	21
III. Einbeziehung der Leasingvertragsbedingungen	23
1. Besondere Einbeziehungsvoraussetzungen	23
a) Einbeziehungsvereinbarung	23
b) Rahmenvereinbarung	26
2. Ausschluss überraschender Klauseln	29
3. Vorrang von Individualvereinbarungen	31
4. Problematik der Schriftformklauseln	33
IV. Inhaltskontrolle Allgemeiner Leasingvertragsbedingungen	35
1. Schranken der Inhaltskontrolle	35
2. Maßstab der Inhaltskontrolle	39
a) Leitbildabweichung (§ 305 Abs. 2 Nr. 1 BGB)	40
b) Aushöhlungsverbot (§ 305 Abs. 2 Nr. 2 BGB)	42
3. Transparenzgebot	46
V. Rechtsfolgen der Nichteinbeziehung oder Unwirksamkeit	49
1. Fortbestand des Leasingvertrages im Übrigen	49
2. Grundsatz des Verbots der geltungserhaltenden Reduktion und Teilbarkeit	50
3. Dispositives Recht als Regelersatzordnung	52
4. Ergänzende Vertragsauslegung	54
VI. Verbandsklageverfahren	55

1   **Leasingverträge** werden nahezu ausnahmslos auf der Grundlage von Formularverträgen geschlossen. Bekannt ist die Formulierung von *Reich*, Leasingrecht sei **„Formularrecht par excellence".**[1] Die von den Leasinggesellschaften ausgearbeiteten Bedingungen geben dem Leasingvertrag sein charakteristisches Gepräge und übernehmen insoweit die Typisierungsfunktion des dispositiven Gesetzesrechts. Probleme der AGB-Konformität

---

[1] *Reich* in: Vertragsschuldverhältnisse 1974, S. 51.

4. Kapitel. Leasingvertrag und AGB-Recht §8

der Leasingvertragsbedingungen werden im Rahmen dieses Handbuchs im jeweiligen thematischen Zusammenhang angesprochen. Im Folgenden sollen einige grundsätzliche Fragen herausgegriffen und exemplarisch verdeutlicht werden.

I. Persönlicher Anwendungsbereich: Unternehmer und Verbraucher als Leasingnehmer

Für die Reichweite und den Kontrollmaßstab der AGB-Kontrolle von Leasingverträgen kommt es darauf an, ob es sich bei dem Leasingnehmer um einen Unternehmer (§ 14 BGB) oder um einen Verbraucher (§ 13 BGB) handelt. 2

In der überwiegenden Zahl werden Leasingverträge von **Unternehmern** abgeschlossen, die sich von diesem Finanzierungsinstrument vor allem steuerliche Vorteile versprechen. Unter den Begriff des Unternehmers im Sinne des § 14 BGB fallen nicht nur Kaufleute, sondern auch Landwirte und freiberuflich Tätige wie beispielsweise Ärzte, Rechtsanwälte und Steuerberater, wenn sie bei Abschluss des Leasingvertrages in Ausübung ihrer gewerblichen oder selbstständigen Tätigkeit handeln. Nach **§ 310 Abs. 1 BGB** findet die Vorschrift des § 305 Abs. 2 und 3 BGB über die Einbeziehungsvoraussetzungen keine Anwendung. Das bedeutet im Ergebnis eine erleichterte Einbeziehung der Allgemeinen Leasingbedingungen. Vor allem genügt auch eine stillschweigend erklärte Willensübereinstimmung. Sodann finden die besonderen Klauselverbote der §§ 308 und 309 BGB keine Anwendung. Möglich bleibt jedoch die Überprüfung der Leasingbedingungen anhand der Generalklausel des § 307 BGB. § 310 Abs. 1 Satz 2 BGB stellt in diesem Zusammenhang klar, dass die in den besonderen Klauselverboten zum Ausdruck kommenden Wertungen über § 307 Abs. 1 und 2 BGB in die Inhaltskontrolle einfließen können, also keine absolute Anwendungssperre statuiert werden soll. Dies ermöglicht eine flexible Rechtsanwendung unter Beachtung der im Handelsverkehr geltenden Gewohnheiten und Gebräuche. 3

Anders stellt sich die Rechtslage im Privatleasinggeschäft dar (hierzu noch ausführlich unten § 52). Der Leasingkunde tätigt das Rechtsgeschäft hier als **Verbraucher**, so dass die der Umsetzung der Klauselrichtlinie 93/13/EWG dienende Sondervorschrift des **§ 310 Abs. 3 BGB** (vormals § 24a AGBG) zu beachten ist. Diese Norm erweitert in Nr. 1 und 2 den Gegenstand der AGB-Kontrolle, indem auch Dritt- und Einzelvertragsbedingungen erfasst werden. Darüber hinaus ergänzt § 310 Abs. 3 Nr. 3 BGB den überindividuellgeneralisierenden Beurteilungsmaßstab insoweit, als nun auch die den Vertragsschluss begleitenden Umstände zu berücksichtigen sind.[2] 4

Eine „**AGB-rechtliche Deckungslücke**"[3] kann sich beim Privatleasing dadurch ergeben, dass der Leasinggeber im Verhältnis zum Leasingnehmer auch an die besonderen Klauselverbote der §§ 308 und 309 BGB gebunden ist, während die vom Lieferanten verwendeten Bedingungen lediglich am Maßstab der Generalklausel (§ 307 BGB) gemessen werden können. Für diesbezügliche Lösungsvorschläge vgl. § 9 Rdn. 8 ff. 5

II. Sachlicher Anwendungsbereich: AGB-Charakter Allgemeiner Leasingvertragsbedingungen

Nach § 305 Abs. 1 BGB zeichnen sich Allgemeine Geschäftsbedingungen dadurch aus, dass es sich bei ihnen um für eine Vielzahl von Verträgen vorformulierte Vertragsbedingungen handelt, die eine Vertragspartei der anderen Vertragspartei bei Vertragsabschluss stellt. Im Einzelnen müssen somit alle nachfolgend näher aufgeschlüsselten Merkmale dieser Definition (kumulativ) vorliegen um im konkreten Fall den AGB-Charakter und damit die Anwendbarkeit der §§ 305 ff. BGB bejahen zu können. 6

---

[2] Vgl. hierzu *Stoffels* AGB-Recht Rdn. 475.
[3] MünchKomm/*Habersack* Leasing Rdn. 43.

§ 8

1. Vertragsbedingungen

7 Der Begriff der Allgemeinen Geschäftsbedingung setzt gem. § 305 Abs. 1 Satz 1 BGB eine Vertragsbedingung, d. h. eine **Erklärung des Verwenders voraus, die den Vertragsinhalt regeln soll.**[4] Nicht erforderlich ist, dass die Bestimmung wirklich Vertragsinhalt wird. § 305 Abs. 1 Satz 1 BGB erfasst auch Regelungen, die unwirksam sind oder deren Einbeziehung typischerweise an § 305 Abs. 2 BGB scheitert. Um den Schutzzweck der §§ 305 ff. BGB, nämlich der einseitigen Ausnutzung der Vertragsgestaltungsfreiheit durch den Verwender, Grenzen zu setzen und wirksam zur Geltung zu verhelfen, werden auch Vertragsabschlussklauseln sowie Bedingungen, die auf die Regelung eines vorvertraglichen Rechtsverhältnisses oder auf einseitige Rechtsgeschäfte des Vertragspartners zielen, unter den AGB-Begriff subsumiert.[5]

2. Vorformulierung

8 Bei der „Vorformulierung" handelt es sich um ein formales Element der Definition. „Vorformuliert" sind Vertragsbedingungen dann, wenn sie **zeitlich vor dem Vertragsabschluss fertig formuliert vorliegen,** um in künftige Verträge einbezogen zu werden.[6] In welcher Weise die Bedingungen fixiert werden – schriftlich, auf Datenträger oder im Kopf des Verwenders – spielt keine Rolle.[7] Auch kommt es nicht darauf an, dass die Vorformulierung durch den Verwender selbst oder in seinem Auftrag vorgenommen wird; sie kann auch von einem beliebigen **Dritten** ausgehen. So wird die AGB-Qualität nicht etwa dadurch in Frage gestellt, dass die Leasinggesellschaft einer Konditionen-Empfehlung folgt oder die von ihrem Rechtsanwalt formulierten Leasingbedingungen verwendet.

9 Zur Frage des Vorliegens Allgemeiner Geschäftsbedingungen, wenn das Formular des Verwenders **Ergänzungs- oder Wahlmöglichkeiten** vorsieht, hat sich in der neueren Rechtsprechung folgende Linie herausgeschält:[8] Wenn bereits der Formulartext die zu beanstandende Regelung enthält, wird durch unselbstständige Ergänzungen, die nur den Vertragsgegenstand im Einzelfall konkretisieren und den sachlichen Gehalt der Regelung nicht beeinflussen, der Charakter einer Klausel als Allgemeine Geschäftsbedingung nicht in Frage gestellt.[9] Beispiel: Einfügung des **Namens des Leasingnehmers** oder der **Bezeichnung des Leasinggegenstandes.** Um eine unselbstständige Ergänzung handelt es sich ferner, wenn die handschriftliche Eintragung lediglich die **rechnerische Folgerung** darstellt, die sich aus einer formularmäßig vorgegebenen Dauer des Vertragsverhältnisses im Falle der Ausübung einer Verlängerungsoption ergibt.[10] Eine AGB-Klausel liegt ferner immer dann vor, wenn der Kunde nur die **Wahl zwischen bestimmten, vom Verwender vorgegebenen Varianten** hat. Enthält das Formular hingegen lediglich eine offene Stelle, die vom Vertragspartner nach seiner freien Entscheidung als **selbstständige Ergänzung** auszufüllen ist, ohne dass vom Verwender vorformulierte Entscheidungsvor-

---

[4] BGH NJW 1987, 1634; BGH NJW 1996, 2575 mit Anm. von *Hensen* JR 1997, 239.
[5] Vgl. *Stoffels* AGB-Recht, Rdn. 110 m. w. N.
[6] BGH NJW 1998, 2600; OLG Dresden BB 1999, 228; MünchKomm/*Basedow,* § 305 BGB Rdn. 13; *Wolf*/Horn/Lindacher, § 1 AGBG Rdn. 12.
[7] BGH NJW 2001, 2635, 2636: „Der Begriff der AGB erfordert nicht die Schriftform"; BGH NJW 2002, 2388, 2389; ferner OLG Frankfurt a. M. NJW-RR 2001, 55.
[8] BGH NJW 1996, 1676, kritisch hierzu *Leverenz* NJW 1997, 421; BGH NJW-RR 1997, 1000; NJW 1998, 1066; 2000, 1110, 1111. Der behandelte Fragenkreis wird vielfach als Problem des Vorliegens einer Individualabrede begriffen. In Wahrheit handelt es sich jedoch um eine Frage der Vorformulierung (so zutreffend auch BGH NJW 2000, 1110, 1111).
[9] BGH NJW 1996, 1676, 1677; 1998, 1066, 1067; 1998, 2815, 2816; 1999, 1105, 1106; 1999, 3260.
[10] BGH NJW 2000, 1110, 1111.

schläge hinzugefügt wurden, so stellt dieser Formularteil in der Regel keine Allgemeine Geschäftsbedingung dar.[11]

3. Für eine Vielzahl von Verträgen

Das Merkmal der Vielzahl betont ebenso wie dasjenige der Vorformulierung den nicht an der individuellen Vertragsbeziehung, sondern am Massengeschäft ausgerichteten Charakter Allgemeiner Geschäftsbedingungen. Entscheidend ist die **Absicht** die vorformulierten Bedingungen für eine Vielzahl (h. M.: mindestens drei Fälle)[12] von Verträgen verwenden zu wollen.[13] Dass die Bedingungen dann auch tatsächlich in mehrere Verträge einbezogen worden sind, ist nicht notwendig. Theoretisch kann somit eine AGB-Kontrolle auch im Falle erstmaliger Verwendung erfolgen. Auf der anderen Seite ist es denkbar, dass trotz objektiver Mehrfachverwendung keine Allgemeinen Geschäftsbedingungen vorliegen. Allerdings wird in diesem Falle der entsprechende Wille des Verwenders und damit die AGB-Qualität der Klausel vermutet.[14] Vor diesem Hintergrund wird man für das Leasinggeschäft, das sich als ein typisches Massengeschäft darstellt, mit *Graf von Westphalen* die These aufstellen können, dass konkret für einen einzelnen Leasingvertrag vorformulierte Klauseln in der Praxis nahezu ausgeschlossen sind.[15]

10

Für das Privatleasinggeschäft mit Verbrauchern wird der Anwendungsbereich der AGB-Kontrolle zudem noch durch **§ 310 Abs. 3 Nr. 2 BGB** erweitert. Hiernach gelten wesentliche Schutzvorschriften, nämlich die §§ 305 c Abs. 2 und 306 sowie die §§ 307 bis 309 sowie Art. 29 a EGBGB für vorformulierte Vertragsbedingungen in Verbraucherverträgen auch dann, wenn diese nur zur einmaligen Verwendung bestimmt sind, vorausgesetzt der Verbraucher konnte auf Grund der Vorformulierung auf ihren Inhalt keinen Einfluss nehmen.

11

4. Stellen

Mit dem Tatbestandselement des „Stellens" bringt das Gesetz das Allgemeine Geschäftsbedingungen prägende Moment der einseitigen Auferlegung zum Ausdruck. Das Merkmal des „Stellens" ist erfüllt, wenn eine Vertragspartei die Einbeziehung ihrer vorformulierten Bedingungen in den abzuschließenden Vertrag verlangt, also insoweit einen konkreten (einseitigen) Einbeziehungsvorschlag unterbreitet.[16] Ausreichend ist der **Versuch einseitiger Auferlegung.**[17] Die Bedingungen müssen von einer **Vertragspartei** gestellt, nicht notwendig aber auch von ihr entworfen werden. Sind die Bedingungen von einem Dritten formuliert, ist entscheidend, ob eine der Vertragsparteien sie sich als von ihr gestellt zurechnen lassen muss.[18] Bedient sich der Leasinggeber beispielsweise eines Vertragsmusters aus einem Formularbuch, so ist der Vertragstext damit zwar von einem Dritten formuliert worden. Der Leasinggeber macht sich das Vertragsmuster jedoch zu eigen. Auf seine Veranlassung hin wird es zur Grundlage der Leasinggeschäfte gemacht.

12

a) Regelfall: Der Leasinggeber als Verwender. Als Verwender Allgemeiner Geschäftsbedingungen treten im Rechtsverkehr in aller Regel die das Leasinggeschäft be-

13

---

[11] BGH NJW 1998, 1066, 1067; OLG Frankfurt NJW-RR 1997, 1485.
[12] BGH NJW 1998, 2286, 2287; 2002, 138, 139; 2002, 2470, 2471; OLG Düsseldorf NJW-RR 1997, 659, 660: „3–5"; *Ulmer*/Brandner/Hensen § 305 BGB Rdn. 25 a; *Wolf*/Horn/Lindacher § 1 AGBG Rdn. 14; kritisch *Canaris*, in: Karlsruher Forum 1997, S. 77 f.
[13] BGH NJW 1997, 135; *Wolf*/Horn/Lindacher § 1 AGBG Rdn. 13; a. A. Löwe-Graf von Westphalen/*Trinkner* § 1 AGBG Rdn. 8 („rein faktische Feststellung" sei maßgeblich).
[14] BGH NJW 1997, 135.
[15] *Graf von Westphalen* Leasingvertrag Rdn. 190.
[16] Palandt/*Heinrichs* § 305 BGB Rdn. 10.
[17] *Locher* Recht der AGB, S. 21.
[18] BGH NJW 1994, 2825, 2826; *Ulmer*/Brandner/Hensen § 305 BGB Rdn. 27.

treibenden Leasinggesellschaften bzw. Leasingbanken auf. Der Abschluss eines Leasingvertrages wird davon abhängig gemacht, dass der Leasingkunde das Bedingungswerk ohne Einschränkungen akzeptiert.

14   Schließt ein marktmächtiger Teilnehmer des Geschäftsverkehrs (z. B. eine große Leasinggesellschaft) bekanntermaßen nur unter Einbeziehung der von ihm verfassten Allgemeinen Geschäftsbedingungen ein Leasinggeschäft ab, so kommt es nicht darauf an, wer die Einbeziehung dieser Bedingungen letztlich angeregt hat. Nimmt der Vertragspartner (Leasingnehmer) in Kenntnis dieser Praxis und der daran anschließenden Erwartung, dass anders ein Vertragsabschluss nicht zu erreichen sein wird, die gegnerischen Allgemeinen Geschäftsbedingungen von vornherein in das Angebot auf, so ist die Aufnahme der Bedingungen nicht das Ergebnis einer freien Entscheidung, sondern Folge der Übung des Aufstellers, Verträge nur unter Einbeziehung dieser Regeln abzuschließen. Ihre Aufnahme in den Vertrag ist daher auch in diesem Falle Ausdruck der von dem Verfasser der Bedingungen ausgehenden Marktmacht, so dass sie allein ihm zuzurechnen ist. Auch ohne ausdrückliches Verlangen hat er durch diese Übung auf die inhaltliche Gestaltung der Vereinbarung Einfluss genommen und so die Einbeziehung der von ihm aufgestellten Vertragsbedingungen veranlasst.[19]

15   Eine das Privatleasinggeschäft tangierende **Erweiterung des Anwendungsbereichs des zweiten Abschnitts** sieht **§ 310 Abs. 3 Nr. 1 BGB für Verbraucherverträge** vor. Hiernach gelten Allgemeine Geschäftsbedingungen als vom Unternehmer gestellt, es sei denn, dass sie durch den Verbraucher in den Vertrag eingeführt wurden. § 310 Abs. 3 Nr. 1 BGB fingiert mit anderen Worten das Merkmal des „Stellens", um die Inhaltskontrolle auch für solche Vertragsbedingungen zu eröffnen, die von einer neutralen dritten Person in den Vertrag eingeführt werden. Für das Leasinggeschäft dürfte dieser Modifikation eher geringe Bedeutung zukommen, da die Verwendereigenschaft der Leasinggesellschaften in aller Regel nicht zweifelhaft sein wird.

16   **b) Der Leasingnehmer als Verwender.** Als Leasingkunden treten allerdings nicht nur mittelständische Unternehmen, Freiberufler und Verbraucher auf. Auch große Firmen und – in zunehmendem Maße – die öffentliche Hand greifen auf dieses Finanzierungsinstrument zurück. Die starke Verhandlungsmacht dieser Klientel beeinflusst auch die Ausgestaltung der Leasingbedingungen. Häufig verhält es sich so, dass ergänzend zum Vertragswerk der Leasinggesellschaft zusätzliche Überlassungsbedingungen des Leasingnehmers Eingang in den Leasingvertrag finden. Insoweit schlüpft dann der Leasingnehmer in die Rolle des Verwenders und muss sich eine Kontrolle seiner Bedingungen anhand des AGB-Rechts gefallen lassen.

17   Besondere Bedeutung kommt den Überlassungsbedingungen der **öffentlichen Hand** für den Erwerb und die Überlassung von EDV-Anlagen zu. Die öffentliche Hand wickelte bisher auf der Grundlage der „Besonderen Vertragsbedingungen für die Beschaffung von DV-Leistungen (BVB)" die Beschaffung DV-technischer Anlagen, Geräte, Software und Dienstleistungen ab. In dem schnelllebigen IT-Markt mit immer leistungsfähigerer, aber auch anspruchsvollerer Technik erwiesen sich die BVB als nicht mehr zeitgemäß und rechtlich überholt. Deshalb wurden in den letzten Jahren die „ergänzenden Vertragsbedingungen für die Beschaffung von IT-Leistungen" (EVB-IT) in einem Ausschuss, bestehend aus Vertretern der öffentlichen Hand und der Industrie, erarbeitet. Die Neufassung der EVB-IT berücksichtigt die Auswirkungen des Gesetzes zur Modernisierung des Schuldrechts vom 11. 10. 2001. Die Ablösung der BVB durch die EVB-IT ist allerdings noch nicht abgeschlossen. Über den aktuellen Stand informieren die Internetseiten der Koordinierungs- und Beratungsstelle der Bundesregierung für Informationstechnik in der Bundesverwaltung.

---

[19] BGH NJW 1997, 2043.

4. Kapitel. Leasingvertrag und AGB-Recht § 8

5. Unerhebliche Umstände

§ 305 Abs. 1 Satz 2 BGB nennt ausdrücklich einige Merkmale, die für die Bestimmung 18
des AGB-Begriffs keine Bedeutung haben sollen. In Satz 2 dokumentiert sich die Tendenz, den Anwendungsbereich des Gesetzes nicht an formalen Kriterien, sondern an materiellen, durch den Schutzzweck geprägten Merkmalen auszurichten.[20] So spielt es beispielsweise keine Rolle, ob die Leasingbedingungen einen Teil der Vertragsurkunde bilden (Formularvertrag mit Abdruck der Bedingungen auf der Rückseite) oder ob sie getrennt hiervon niedergelegt sind.

6. Individualvereinbarung

Gemäß § 305 Abs. 1 Satz 3 BGB liegen Allgemeine Geschäftsbedingungen nicht vor, 19
soweit die Vertragsbedingungen „im Einzelnen ausgehandelt" sind. Nach der Rechtsprechung des BGH setzt „Aushandeln" mehr als bloßes „Verhandeln" voraus.[21] Der Verwender muss den in seinen Allgemeinen Geschäftsbedingungen enthaltenen **gesetzesfremden Kerngehalt inhaltlich ernsthaft zur Disposition stellen** und dem Verhandlungspartner Gestaltungsfreiheit zur Wahrung eigener Interessen einräumen.[22] Hierfür muss er die reale Möglichkeit erhalten, den ihm bekannten Inhalt der Vertragsbedingungen zu beeinflussen. Dies setzt die **ernsthafte Abänderungsbereitschaft** auf Seiten des Verwenders voraus. In aller Regel schlägt sich eine solche Bereitschaft auch in erkennbaren Änderungen des vorformulierten Textes nieder. Zwingend ist das indes nicht. Bleibt es – so der BGH – nach gründlicher Erörterung bei dem vorformulierten Text, weil der Betroffene von der sachlichen Notwendigkeit überzeugt ist, so kann der Vertrag als das Ergebnis eines Aushandelns gewertet werden. Voraussetzung dafür ist aber, dass der Verwender grundsätzlich zu einer Abänderung der Klausel bereit war und dass dies dem Geschäftspartner bei Abschluss des Vertrages bewusst war.[23]

Hingewiesen sei noch darauf, dass unter Umständen **jede Klausel gesondert zu un-** 20
tersuchen ist. Es ist ohne Weiteres denkbar, dass sich in einem ansonsten den §§ 305 ff. BGB unterstehenden Formularvertrag einzelne Klauseln befinden, die durch Aushandeln zu Individualvereinbarungen geworden sind.[24] Dies hat dann einen differenzierten Prüfungsmaßstab zur Folge: Während der Großteil der vorformulierten Bestimmungen des Vertrages AGB-Qualität aufweist und damit dem strengen Regime der §§ 305 ff. BGB unterfällt, gelten für die individuell vereinbarten Vertragsinhalte lediglich die Inhaltsschranken der §§ 134, 138 und 242 BGB.

7. Beweislast

Das **Vorliegen von Allgemeinen Geschäftsbedingungen** muss grundsätzlich der **Ver-** 21
tragspartner des Verwenders (also regelmäßig der Leasingnehmer) darlegen und beweisen, der sich im Individualprozess auf den Schutz des AGB-Rechts beruft.[25] Handelt es sich um einen Vertrag, der nach seiner inhaltlichen Gestaltung oder äußeren Form aller Lebenserfahrung nach für eine mehrfache Verwendung entworfen wurde und von einem professionellen Marktteilnehmer (etwa einer Leasinggesellschaft) gestellt worden ist, so

---

[20] *Ulmer*/Brandner/Hensen § 305 BGB Rdn. 33.
[21] Abw. *Berger* NJW 2001, 5152 ff. für den kaufmännischen Geschäftsverkehr.
[22] Vgl. zuletzt BGH NJW-RR 1996, 783, 787; NJW 1998, 2600, 2601; 1998, 3488, 3489; 2000, 1110, 1111 f.; 2002, 2388, 2389. Die Erklärung des Klauselinhalts genügt hierfür selbstverständlich nicht, OLG München NJW-RR 2001, 130, 131.
[23] BGH NJW 1998, 2600, 2601; 2000, 1110, 1111 f.
[24] BGH NJW-RR 1996, 783, 786; *Graf von Westphalen* Leasingvertrag Rdn. 199.
[25] BGH NJW 1992, 2160, 2162; 1999, 1261, 1262; *Ulmer*/Brandner/Hensen § 305 BGB Rdn. 60; MünchKomm/*Basedow* § 305 BGB Rdn. 43.

spricht der **erste Anschein** für einen Formularvertrag, welcher der Kontrolle nach den §§ 305 ff. BGB unterliegt.[26]

Ist das Vorliegen von Allgemeinen Geschäftsbedingungen und deren Stellen festgestellt, so ist der **Nachweis des Individualcharakters** Sache des Verwenders (regelmäßig also des Leasinggebers), der die Inhaltskontrolle vermeiden will.[27]

22 Eine **Aushandlungsklausel,** wonach die Allgemeinen Geschäftsbedingungen im Einzelnen ausgehandelt seien, ist unwirksam und für sich allein kein ausreichendes Indiz für ein tatsächlich erfolgtes Aushandeln. Dies ergibt sich bereits aus § 309 Nr. 12 lit.b BGB, ferner aus dem Umstand, dass anderenfalls der Schutz des Kunden ganz einfach unterlaufen werden könnte.[28]

III. Einbeziehung der Leasingvertragsbedingungen

1. Besondere Einbeziehungsvoraussetzungen

23 a) **Einbeziehungsvereinbarung.** Ist die AGB-Qualität der zu überprüfenden Leasingvertragsklausel festgestellt und im Hinblick auf den Leasingkunden der persönliche Anwendungsbereich der §§ 305 ff. BGB bestimmt, so sind in einem nächsten Schritt die Einbeziehungsvoraussetzungen zu prüfen. Nach **§ 305 Abs. 2 BGB** werden Allgemeine Geschäftsbedingungen nur Vertragsbestandteil, wenn der Verwender – i. d. R. der Leasinggeber – bei Vertragsschluss auf sie ausdrücklich hinweist, der anderen Vertragspartei – i. d. R. dem Leasingnehmer – die Möglichkeit verschafft, in zumutbarer Weise von ihrem Inhalt Kenntnis zu nehmen und wenn die andere Vertragspartei – also wiederum der Leasingnehmer – mit ihrer Geltung einverstanden ist. Diesen Anforderungen wird in der Praxis regelmäßig entsprochen, basiert doch der Vertragsschluss auf einem die Bedingungen enthaltenden Formular, das der Kunde unterzeichnet.

24 Die besonderen Einbeziehungsvoraussetzungen des § 305 Abs. 2 BGB gelten im Übrigen nicht, wenn der **Leasingnehmer** ein **Unternehmer** im Sinne des § 14 BGB ist. Das bedeutet aber lediglich, dass die durch § 305 Abs. 2 BGB gegenüber dem allgemeinen Vertragsrecht formalisierten Einbeziehungsvoraussetzungen gegenüber einem Unternehmer nicht erfüllt sein müssen. Es bleibt indessen dabei, dass auch im unternehmerischen Geschäftsverkehr grundsätzlich Allgemeine Geschäftsbedingungen nur kraft rechtsgeschäftlicher Vereinbarung Vertragsbestandteil werden können. Notwendig ist demgemäß eine ausdrückliche oder stillschweigende Willensübereinstimmung der Vertragspartner zur Geltung der Allgemeinen Geschäftsbedingungen. Dazu ist erforderlich, dass der eine Teil zum Ausdruck bringt, neben dem individualvertraglich Vereinbarten sollten auch bestimmte Allgemeine Geschäftsbedingungen Vertragsinhalt werden, und der andere Teil damit einverstanden ist.[29] Eine stillschweigende Einbeziehung Allgemeiner Geschäftsbedingungen kann im Allgemeinen angenommen werden, wenn ein Teil bei ständiger Geschäftsverbindung mit einer gewissen Häufigkeit von Abschlüssen jeweils vor Vertragsschluss auf seine Geschäftsbedingungen hingewiesen hat, ohne dass der Geschäftspartner dem widersprochen hat.[30]

25 In den Leasingvertragsformularen findet sich nicht selten eine Klausel, wonach der Kunde versichert, die Bedingungen gelesen und verstanden zu haben sowie mit ihrem Inhalt einverstanden zu sein. Solche **Bestätigungs- und Einbeziehungsklauseln** entfal-

---

[26] BGH NJW 1992, 2160, 2162; 1999, 2161, 1262.
[27] BGH NJW 1982, 1035; 998, 2600, 2601; *Wolf*/Horn/Lindacher § 1 AGBG Rdn. 63.
[28] *Wolf*/Horn/Lindacher § 1 AGBG Rdn. 63; MünchKomm/*Basedow* § 305 BGB Rdn. 44.
[29] BGH NJW 1992, 1232; OLG Dresden NJW-RR 1999, 846, 847.
[30] BGH NJW 1964, 1788, 1789; DB 1973, 1393; OLG Hamburg NJW 1980, 1232, 1233; zur Einbeziehung bei Branchenüblichkeit und durch Schweigen auf ein kaufmännisches Bestätigungsschreiben siehe im Übrigen *Stoffels* AGB-Recht Rdn. 305 f.

ten wegen Verstoßes gegen § 309 Nr. 12 BGB bzw. gegen §§ 307 Abs. 2 Nr. 1 i.V. m. 310 Abs. 1 Satz 2 BGB keine Wirkung.[31]

b) Rahmenvereinbarung. Nach § 305 Abs. 3 BGB kommt der einzelne Vertrag ohne 26 Weiteres unter Einbeziehung der Allgemeinen Geschäftsbedingungen des Verwenders zustande, wenn die Vertragspartner im Voraus generell ihre Geltung für künftige Verträge vereinbart haben, also eine sogenannte **Rahmenvereinbarung** getroffen haben. Dabei handelt es sich um einen Vertrag, durch den die Geltung der Allgemeinen Geschäftsbedingungen eines Partners für künftige Geschäfte vorgesehen wird. Die Allgemeinen Geschäftsbedingungen brauchen dann nicht in jedem Einzelfall neu vereinbart zu werden. Vielmehr werden sie durch die Rahmenvereinbarung für alle von ihr erfassten Verträge verbindlich, ohne dass die Einbeziehungsvoraussetzungen bei den Einzelverträgen erfüllt zu sein brauchen oder in den Einzelverträgen auf die Rahmenvereinbarung verwiesen werden müsste.[32] Auf solche Rahmenvereinbarungen trifft man gerade in der Leasingbranche recht häufig.[33] Durch sie soll eine langfristige Geschäftsbeziehung zwischen einer Leasinggesellschaft und einem Leasingnehmer, der regelmäßig von dieser Finanzierungsform Gebrauch macht, auf eine rechtliche Grundlage gestellt werden. Die Auslegung eines Leasingrahmenvertrags war bereits Gegenstand einer höchstrichterlichen Entscheidung.[34] Der BGH stellte in diesem Urteil heraus, dass es sich bei einer Rahmenvereinbarung um keinen einheitlichen Vertragstypus handele und es auf den konkreten von den Vertragspartnern geregelten Inhalt ankomme. In diesem Fall war im Rahmenvertrag die Ausstellung von „Mietscheinen" vorgesehen, die als „Bestandteil" des Rahmenvertrages bezeichnet wurden. Der BGH bestätigte hier die Auslegung der Vorinstanz, dass die gegenseitigen Rechte und Pflichten nicht schon durch den Rahmenvertrag, sondern durch die abzuschließenden Einzelverträge (verkörpert durch die Mietscheine) begründet werden.

Im Hinblick auf die Einbeziehung der Leasingbedingungen durch eine Rahmenver- 27 einbarung sind im nicht-unternehmerischen Verkehr die Voraussetzungen des § 305 Abs. 2 Nr. 1 und 2 BGB zu beachten, d. h. der Verwender muss dafür Sorge tragen, dass der andere Teil auf die Allgemeinen Geschäftsbedingungen hingewiesen und ihm die Möglichkeit der Kenntnisverschaffung eingeräumt wird.

In der Leasingpraxis dürften Rahmenvereinbarungen nahezu ausnahmslos mit unter- 28 nehmerisch agierenden Leasingkunden geschlossen werden. Für den unternehmerischen Geschäftsverkehr gilt § 305 Abs. 3 BGB nicht (vgl. § 310 Abs. 1 Satz 1 BGB). Wohl aber bedarf es auch hier zumindest einer auf den Abschluss einer Rahmenvereinbarung gerichteten Willensäußerung des Verwenders, also in der Regel der Leasinggesellschaft, durch die hinreichend zum Ausdruck gebracht wird, dass die Vereinbarung sich auf die Einbeziehung der Allgemeinen Geschäftsbedingungen in künftige Verträge erstrecken soll. Der Wille des Verwender, seinen Allgemeinen Geschäftsbedingungen Geltung zu verschaffen, musste also erkennbar über den Willen hinausgehen, die Bedingungen konkret in den jeweiligen Einzelvertrag einzubeziehen.[35]

2. Ausschluss überraschender Klauseln

Uneingeschränkte Geltung beansprucht hingegen das **Überraschungsverbot des** 29 **§ 305 c Abs. 1 BGB**. Dieses setzt nach herrschender Meinung[36] in tatbestandlicher Hin-

---

[31] Ulmer/Brandner/Hensen § 305 BGB Rdn. 166 und speziell für Leasingverträge H. Beckmann, in: Praxishandbuch Leasing § 6 Rdn. 80.
[32] BGH WM 1986, 1194, 1195.
[33] Vgl. Graf von Westphalen Leasingvertrag Rdn. 211.
[34] BGH NJW-RR 1987, 305.
[35] BGH NJW-RR 1987, 112.
[36] Ulmer/Brandner/Hensen § 305 c BGB Rdn. 11 ff.; Palandt/Heinrich, § 305 c BGB Rdn. 3 f.; Larenz/Wolf Allgemeiner Teil § 43 Rdn. 35 ff.; OLG Düsseldorf BB 1986, 1464; OLG Köln ZIP 1980,

sicht voraus, dass die zu beurteilende Klausel zum einen objektiv ungewöhnlich und zum anderen in subjektiver Hinsicht für den Vertragspartner des Verwenders überraschend ist. Das Ungewöhnliche einer Klausel bestimme sich nach dem Gesamtbild des konkreten Vertrages und nach den Erwartungen, die der redliche Verkehr typischerweise oder auf Grund des Verhaltens des Verwenders bei Vertragsschluss an den typischen Vertragsinhalt knüpfe, während es in subjektiver Hinsicht auf einen Überrumpelungs- oder Übertölpelungseffekt ankomme.

30 An diesen Anforderungen hat die Rechtsprechung in der Vergangenheit auch die ein oder andere Klausel in vorformulierten Leasingbedingungen scheitern lassen. Bei einem Kfz-Leasingvertrag auf Kilometerabrechnungsbasis kann beispielsweise der unvermittelten **Umstellung auf Restwertabrechnung** im Fall der ordentlichen Kündigung durch den Leasingnehmer ein überraschender Charakter im Sinne des § 305 c Abs. 1 BGB zukommen.[37] Ebenso verhält es sich mit Klauseln, die den Leasinggeber berechtigen, einen auf Teilamortisation angelegten Leasingvertrag im Falle vorzeitiger Vertragsbeendigung auf Vollamortisationsbasis abzurechnen.[38] Als Verstoß gegen das Überraschungsverbot wird man ferner die Abrede in einem **Übernahmevertrag** bewerten müssen, derzufolge der frühere Leasingnehmer neben dem Übernehmer weiterhin für die Leasingraten bzw. die Vollamortisation haften soll.[39]

3. Vorrang von Individualvereinbarungen

31 Schließlich ist noch zu beachten, dass **individuelle Abreden** der Leasingvertragsparteien **nach § 305 b BGB** den **Vorrang** vor den Allgemeinen Leasingbedingungen haben, letztere also insoweit nicht Vertragsbestandteil werden. Die Individualabrede kann schriftlich, mündlich oder stillschweigend[40] getroffen werden. Die Vorrangregel des § 305 b BGB setzt auch nicht voraus, dass die Individualabrede schon zum Zeitpunkt des Vertragsschlusses vorliegt. Auch nach Abschluss des Vertrages getroffene Individualabreden nehmen am Vorrang teil, ohne dass es hierfür eine Rolle spielt, ob die Parteien sich des Widerspruchs zu den Allgemeinen Geschäftsbedingungen bewusst sind und ob es sich um einen direkten oder indirekten Widerspruch handelt.[41]

32 Der Tatbestand der Vorrangregel setzt voraus, dass zwischen den Allgemeinen Geschäftsbedingungen und der Individualabrede nach gewissenhafter Auslegung beider Teile ein Regelungswiderspruch verbleibt. In den meisten Fällen wird es sich so verhalten, dass die Individualabrede vom Regelungsgehalt des vorformulierten Teils zugunsten des Leasingnehmers abweicht. Die Rechtsposition des Leasingnehmers wird verbessert, indem ihm weitergehende Ansprüche und Rechte zugebilligt werden oder der Leasinggeber seinerseits auf ihm nach dem Text seines Bedingungswerks zustehende Rechte verzichtet. Der Vorrang der Individualabrede ist jedoch nicht in erster Linie eine Kundenschutzbestimmung, sondern ein Kollisionsprinzip zur Auflösung von Widersprüchen. Die Vorrangregel gelangt daher auch dann zur Anwendung, wenn die mit dem Leasingnehmer getroffene Individualabrede zugunsten des Leasinggebers von den Leasingbedingungen abweicht.[42]

981, 982; teilweise abweichende Ansätze bei MünchKomm/*Basedow* § 305 c BGB Rdn. 5 ff.; Wolf/Horn/*Lindacher* § 3 AGBG Rdn. 18 ff. und *Stoffels* AGB-Recht, Rdn. 335 ff.

[37] BGH NJW 1987, 377, 379.

[38] LG Frankfurt BB 1985, 2072; OLG Oldenburg NJW-RR 1987, 1003; OLG Karlsruhe NJW-RR 1986, 1112, Ulmer/Brandner/Hensen § 3 AGBG Rdn. 52; *Graf von Westphalen* Leasingvertrag Rdn. 1246 f.

[39] Vgl. *Graf von Westphalen* NJW 1997, 2906 f; Wolf/Horn/*Lindacher* § 3 AGBG Rdn. 80; vgl. hierzu noch die Ausführungen unter § 19 Rdn. 16

[40] BGH NJW 1986, 1807.

[41] MünchKomm/*Basedow* § 305 b BGB Rdn. 5; Ulmer/Brandner/Hensen § 305 b BGB Rdn. 13.

[42] BGH NJW 1995, 1494, 1496; *Zoller* JZ 1991, 853; Ulmer/Brandner/Hensen § 305 b BGB Rdn. 25.

4. Problematik der Schriftformklauseln

Als Problem erweisen sich im Zusammenhang mit dem Vorrang der Individualabrede 33
die sog. **Schriftformklauseln**. In den gängigen Leasingvertragsformularen finden sie
sich in unterschiedlichen Ausgestaltungen. Regelmäßig zielen sie darauf ab, mündlichen
Abreden die Anerkennung zu versagen oder sie doch jedenfalls nur unter erschwerten Bedingungen
wirksam werden zu lassen.[43] Hierzu hat sich die Ansicht durchgesetzt, dass die
auf Geltung des mündlich Vereinbarten angelegte Individualabrede der auf Geltungsverneinung
zielenden AGB-Regelung vorgeht.[44] Abgesehen davon scheitern Schriftformklauseln
vielfach auch am Angemessenheitsmaßstab des § 307 BGB. Anders ist nur dann
zu entscheiden, wenn die Schriftformklausel zugleich die Vertretungsmacht des Personals
einschränkt, dessen sich der Verwender zur Herbeiführung des Vertragsschlusses bedient.[45]

Auch wenn Schriftformklauseln in Leasingverträgen oftmals die Geltung versagt 34
bleibt, empfiehlt es sich für den Leasingnehmer, Individualabreden immer schriftlich
festzuhalten.[46] Denn im Streitfall ist die vorrangige Individualvereinbarung nach allgemeinen
Beweislastregeln vom Kunden zu beweisen. Hinzu kommt, dass der schriftliche
Leasingvertrag samt der einbezogenen Bedingungen als Vertragsurkunde die Vermutung
der Vollständigkeit des Urkundeninhalts begründet.[47]

IV. Inhaltskontrolle Allgemeiner Leasingvertragsbedingungen

1. Schranken der Inhaltskontrolle

Die Inhaltskontrolle Allgemeiner Geschäftsbedingungen setzt nach **§ 307 Abs. 3 BGB** 35
voraus, dass mit ihnen **von Rechtsvorschriften abweichende oder diese ergänzende
Regelungen** vereinbart werden. Für gesetzlich nicht geregelte Verträge – wie den Leasingvertrag –
lässt sich das nicht ohne Weiteres feststellen, da es an rechtsnormativen Vorgaben weithin mangelt.[48]

Der **BGH** vertritt im Hinblick auf gesetzlich nicht strukturierte Verträge einen „kon- 36
trollfreundlichen" Standpunkt. Diesen hat er in einem Urteil vom 6. 2. 1985 verdeutlicht.[49]
In dieser Entscheidung führt das Gericht aus, es sei eine Interpretation des
§ 8 AGBG (jetzt § 307 Abs. 3 BGB) zu vermeiden, die dazu führe, dass alle diejenigen
Verträge von vornherein aus dem Schutzbereich der §§ 9 bis 11 AGBG (jetzt §§ 307 bis
308 BGB) herausfielen, die gesetzlich nicht besonders geregelt seien. Das sei mit dem
Zweck der Inhaltskontrolle nicht zu vereinbaren, der dahin gehe, den Vertragspartner des
Verwenders vor einer einseitig vorgeschriebenen, unangemessenen Verkürzung derjenigen
Rechte zu schützen, die er nach Gegenstand und Zweck des Vertrages zu erwarten
berechtigt sei. Dieser Schutzzweck ergebe sich namentlich aus § 9 Abs. 2 Nr. 2 AGBG
(jetzt § 307 Abs. 2 Nr. 2 BGB), wonach auch solche Rechte und Pflichten den Maßstab
für die Inhaltskontrolle geben könnten, die aus der Natur des jeweiligen Vertrags folgten.
§ 8 AGBG (jetzt § 307 Abs. 3 BGB) gestatte daher – insbesondere beim Fehlen dispositivgesetzlicher
Normen – eine Inhaltskontrolle auch solcher AGB-Klauseln, die vertragsnatürliche
wesentliche Rechte und Pflichten zum Nachteil des Vertragspartners einschränkten
oder sonst gegen allgemein anerkannte Rechtsgrundsätze verstießen. Eine bald darauf

---

[43] Vgl. etwa *Stolterfoht*, in: Münchener Vertragshandbuch Bd 3/II, S. 142 und S. 189 f.
[44] Vgl. statt vieler Wolf/Horn/*Lindacher* § 4 Rdn. 33.
[45] Näher hierzu *Stoffels* AGB-Recht Rdn. 352 f.
[46] So auch *Beckmann*, in: Praxishandbuch Leasing § 6 Rdn. 60
[47] Wolf/Horn/*Lindacher* § 4 AGBG Rdn. 49.
[48] *Joost* ZIP 1996, 1685 ff. nimmt dies zum Anlass die Reichweite des Schrankenvorbehalts eng abzustecken.
[49] BGH NJW 1985, 3013, 3014.

ergangene weitere Entscheidung fasste sodann dieses Ergebnis in dem Satz zusammen: Auch Vertragstypen, die im Gesetz ungeregelt geblieben seien, könnten am Maßstab der §§ 9 bis 11 AGBG (jetzt §§ 307 bis 309 BGB) gemessen werden.[50]

37 Auch für den Finanzierungsleasingvertrag versucht der BGH der durch den Ausfall des dispositiven Gesetzesrechts drohenden Kontrollfreiheit entgegenzuwirken. Dies geschieht insbesondere dadurch, dass der Leasingvertrag als atypisch ausgestalteter Mietvertrag eingeordnet wird. Dies lässt dann verschiedene Bestandteile des Leasingvertrages als der Inhaltskontrolle unterworfene Abweichungen vom gesetzlichen Leitbild der Miete erscheinen; die Sperre des § 307 Abs. 3 BGB wird hierdurch tendenziell zurückgedrängt.[51] Mitunter – jedoch eher selten – zeitigt die rechtstypologische Einordnung die gegenteilige Wirkung. Als Beispiel hierfür lässt sich ein Urteil des BGH anführen, das eine Inhaltskontrolle einer mit § 557 BGB – jetzt § 546a BGB – übereinstimmenden Klausel in einem Leasingvertrag im Hinblick auf § 8 AGBG (jetzt § 307 Abs. 3 BGB) ablehnt.[52]

38 Im Ergebnis sollte Einigkeit bestehen, dass eine **Privilegierung** moderner, gesetzlich nicht oder nur rudimentär geregelter Vertragswerke **nicht angezeigt** ist, hat sich doch in der Vergangenheit gezeigt, dass gerade hier die Gefahr einer unangemessenen Benachteiligung des Kunden besonders groß ist. Die Kontrollunterworfenheit lässt sich auch auf der Grundlage eines sui-generis-Ansatzes schlüssig begründen. Das zutreffende Normverständnis des § 307 Abs. 3 BGB knüpft die Kontrollfreiheit nämlich nicht an den – zudem häufig nur vordergründig angenommenen – Ausfall rechtsnormativer Vorgaben, sondern gründet in den Prinzipien der Gesetzesgebundenheit des Richters und im Vorrang der Marktregulierung.[53] **Kontrollfrei** bleiben daher – wie bei normierten Vertragstypen auch – neben den **deklaratorischen Klauseln** lediglich die **leistungsbeschreibenden** und **preisbestimmenden Klauseln**. Die Kontrollfähigkeit der Leasingvertragsbedingungen, für die es häufig an einem unmittelbar übertragbaren Vergleichsmaßstab im dispositiven Recht fehlt, ergibt sich nach hier vertretener Ansicht schlicht aus der Qualifizierung als Regelungen, die das fragmentarische Vertragstypenrecht des Bürgerlichen Gesetzbuches und die dort versammelten Rechtsvorschriften **ergänzen**.[54]

2. Maßstab der Inhaltskontrolle

39 Auch im Rahmen der Inhaltskontrolle wird vielfach die Frage in den Mittelpunkt gerückt, welchem normierten Vertragstyp der Leasingvertrag zugeordnet werden kann. Das Kriterium der Leitbildabweichung in § 307 Abs. 2 Nr. 1 BGB zwinge hier den Rechtsanwender zu einer Subsumtion unter einen gesetzestypischen Vertrag.[55] Dem ist zu widersprechen.[56] Schließlich suggeriert diese Verknüpfung, die einen Vertragstyp ausgestaltender gesetzlicher Regeln konstituiert ein einheitliches Leitbild eines Vertrages, ein *Vertrags*leitbild, das in seiner Ganzheit der Inhaltskontrolle nutzbar gemacht werden könnte. Das Ziel muss es hingegen sein, eine als Gerechtigkeitsmodell verwendbare **Teillösung** für eine begrenzte, durch den Vertrag aufgeworfene Thematik zu begründen. Dabei darf freilich der rechtliche und wirtschaftliche Gesamtzusammenhang des Vertrages nicht aus den Augen verloren werden.

40 **a) Leitbildabweichung (§ 305 Abs. 2 Nr. 1 BGB).** Im Rahmen des vorrangig zur Anwendung berufenen **§ 307 Abs. 2 Nr. 1 BGB** lassen sich leitbildfähige Problemlösungen dem allgemeinen Schuldrecht entnehmen. In Betracht kommen ferner Analogien zu ein-

---

[50] BGH NJW 1988, 1726, 1728; ebenso sodann BGH NJW 1991, 1886, 1887.
[51] Vgl. z. B. BGH NJW 1982, 105, 106; 1986, 179, 180; 1991, 102, 104.
[52] BGH NJW 1989, 1730, 1731 f; zu Recht ablehnend unter Verwahrung gegen das mietrechtliche Leitbild *H. Roth* AcP 190 1990, 317 f.
[53] Eingehend *Stoffels* JZ 2001, 843 ff.
[54] Näher hierzu *Stoffels* Gesetzlich nicht geregelte Schuldverträge, S. 380 ff.
[55] Statt vieler AGB-Klauselwerke/*Graf von Westphalen* Leasing Rdn. 28.
[56] Zutreffend *Fastrich* Inhaltskontrolle, S. 282.

zelnen Vorschriften aus dem Recht der gesetzlich geregelten Verträge (Einzel- oder Gesamtanalogien). Die Rechtsprechung stützt sich bei der Inhaltskontrolle vorformulierter Leasingvertragsbedingungen sogar in erster Linie auf das Kriterium der Leitbildabweichung. Dass dieser Ansatz mitunter eine verbale Abschwächung erfährt – etwa in der Weise der typische Gehalt des Leasingvertrages müsse in der betreffenden Frage mit demjenigen eines normalen Mietvertrages übereinstimmen – ändert nichts an der grundsätzlichen **Mietvertragsbezogenheit der leasingrechtlichen Kontrollrechtsprechung**. Diese verkennt, dass es sich bei den im besonderen Schuldrecht geregelten Austauschbeziehungen um modellhafte Vorschläge eines gerechten Pflichtenarrangements handelt. Es wäre vermessen und lag auch nicht in der Absicht des Gesetzgebers, diese Regelungsmodelle als im Lichte der Gerechtigkeitsidee einzig denkbare Interessenausgleiche zu konzipieren. Meist handelt es sich lediglich um eine von mehreren vertretbaren Ausgleichsmöglichkeiten.[57] Greifen die Parteien eines schuldrechtlichen Vertrages auf diesen Vorschlag nicht zurück und entscheiden sie sich ihre Austauschbeziehung in einer dem Gesetz nicht bekannten Weise zu koordinieren, so darf diese alternative Vertragsgestaltung nicht schon wegen der Abwahl des Gesetzesmodells unter den Generalverdacht einer unangemessenen Benachteiligung gestellt werden. Vielmehr sollte stets die Möglichkeit in Rechnung gestellt werden, dass die Vertragspartner eine gleichermaßen gerechte, nur eben anders strukturierte Leistungsordnung geschaffen haben. Diese verstünde sich denn auch weniger als eine Abweichung vom gesetzlichen Regelungsmodell, sondern eher als ein aliud zu diesem. Die vorschnelle und unkritische Aktivierung des gesetzlichen Dispositivrechts im Rahmen der inhaltlichen Kontrolle eigengearteter Verträge läuft somit Gefahr die Parteien unter einen mit dem Prinzip der Vertragsfreiheit nicht zu vereinbarenden Rechtfertigungsdruck zu setzen.[58] Jedes Abgehen vom gesetzlichen Vertragsmodell muss vor diesem Hintergrund als rechtfertigungsbedürftige Ausnahme erscheinen. Den Parteien wird es auf diese Weise erschwert, „willkürlich" ihr Pflichtenprogramm in bewusster Abkehr vom gesetzlichen Vertragstypenrecht zu formulieren. Auch wenn die Gerichte sich bemühen, die Besonderheiten des jeweiligen Vertrages zu erfassen und zu berücksichtigen, trägt dieser Ansatz doch die latente Gefahr in sich, die Maßstabsfunktion des dispositiven Rechts zu übersteigern und die Gestaltungsfreiheit der Parteien über Gebühr zu verkürzen.

Dass sich der Versuchung einer unkritischen Übertragung der Maßstäbe des dispositiven Rechts so auf Dauer nicht widerstehen lässt, zeigt wiederum sehr deutlich die Rechtsprechung zum Finanzierungsleasing.[59] Als Beispiel sei nur auf die missbilligende Stellungnahme der h. M. zu sog. Nichtlieferungs- und Verspätungsklauseln hingewiesen, in denen der Leasinggeber – meist gegen Abtretung seiner Ansprüche gegen den Lieferanten – die Folgen einer unterbliebenen oder nicht rechtzeitigen Lieferung des Leasinggutes durch den Lieferanten von sich zu weisen sucht. Überwiegend hält man nicht nur uneingeschränkte Haftungsklauseln für unwirksam; selbst eine Kompensation des Haftungsausschlusses durch Abtretung der Haftungsansprüche wird vielfach nicht anerkannt.[60] Dies zeigt, dass sich der Regelungsspielraum der Parteien eines Leasingvertrages auf der Grundlage einer am Leitbild der Miete orientierten Pflichtenbestimmung deutlich verengt. 41

b) Aushöhlungsverbot (§ 305 Abs. 2 Nr. 2 BGB). Als Auffangbecken für die mangels eines gesetzlichen Vorbildes nicht unter § 307 Abs. 2 Nr. 1 BGB fallenden Abreden fungiert das **Aushöhlungsverbot des § 307 Abs. 2 Nr. 2 BGB**. Mit diesem Kontrolltatbestand bezweckt der Gesetzgeber, den Schutz des Vertragspartners auch dort sicherzustel- 42

---

[57] Staudinger/*Coester* § 307 BGB Rdn. 230.
[58] So auch *Oechsler* Gerechtigkeit im modernen Austauschvertrag, S. 284.
[59] Wie hier H. *Roth* AcP 190 (1990), 299; *Lieb* DB 1988, 951 ff.
[60] *Martinek* Moderne Vertragstypen I, 137 f.; Ulmer/Brandner/Hensen/*H. Schmidt* Anh § 310 BGB Rdn. 539.

len, wo es an einem ausgeführten gesetzlichen Gerechtigkeitsmodell fehlt. Der Regelungsgehalt des Aushöhlungsverbots des § 307 Abs. 2 Nr. 2 BGB ist freilich nicht unumstritten.

43   *Lieb* vertritt beispielsweise die Meinung, § 307 Abs. 2 Nr. 2 BGB wolle nur die innere Stimmigkeit des für sich kontrollfrei vorgegebenen Vertrags gewährleisten.[61] Die Überprüfung des Vertragswerks selbst, einschließlich seiner Hauptpflichten, auf Übereinstimmung mit einem vorausgehenden, vom Richter aus der Natur des Vertrages zu gewinnenden Leitbild werde dagegen von Nummer 2 nicht abgedeckt. Unter „Stimmigkeit des Vertrages" will *Lieb* ein ausgewogenes und angemessenes Verhältnis von vertraglicher Leistungszusage im Bereich der Hauptpflicht und anschließenden einschränkenden Zusatzbestimmungen verstehen.[62]

44   Gegen diesen Ansatz ist neben der mangelnden Konkretheit[63] des Bewertungsmaßstabs der „inneren Stimmigkeit" vor allem und zu Recht die nicht gerechtfertigte Ausblendung außervertraglicher Gerechtigkeitsvorstellungen vorgebracht worden. Im Grunde genommen handelt es sich um eine überzogene Reaktion auf einen zutreffend konstatierten Missstand. Dieser besteht in der von *Lieb* prägnant am Beispiel des Finanzierungsleasing beschriebenen Tendenz die Inhaltskontrolle atypischer oder gesetzesfremder Verträge durch eine gewaltsame, das spezifisch Neue der Vereinbarung missachtende Rechtsnaturbestimmung auf einen Leitbildvergleich mit einem gesetzlich geregelten Vertragstyp festzulegen. Die in bewusster Abgrenzung von dieser Praxis aufgestellte These, § 307 Abs. 2 Nr. 2 BGB gewährleiste nur die innere Stimmigkeit des Vertrages, erscheint jedoch zu gewagt. Denn wenn die Angemessenheitsprüfung nach § 307 Abs. 2 Nr. 2 BGB Rechtskontrolle bleiben soll, so bedarf die Überprüfung vertraglicher Abreden eines objektiv-normativen, von außen an den Vertrag herangetragenen Maßstabs. *Lieb* ist insoweit zuzustimmen, dass diese Annäherung ein komplexer, mit statischen Leitbildern schwerlich zu bewältigender Vorgang ist und der normative Vergleichsmaßstab in enger Wechselbeziehung zu dem von den Parteien angestrebten Austauschzweck und den hierauf bezogenen vertraglichen Setzungen entwickelt werden muss. Mit der Reduzierung des Bewertungsmaßstabs auf die „innere Stimmigkeit" des Vertrages begibt man sich jedoch ohne Not normativer Entscheidungshilfen, insbesondere solcher, die sich aus grundlegenden Wertentscheidungen der Rechtsordnung gewinnen lassen.[64] Welche Handhabe bliebe im Übrigen um einer in sich stimmigen Benachteiligung des Kunden durch die ihm diktierten Vertragsbedingungen entgegenzuwirken? Insgesamt führt *Liebs* Vorschlag zu einer nicht akzeptablen Absenkung des Kontrollniveaus für gesetzlich nicht geregelte Verträge. Die innere Rechtfertigung dieser Privilegierung gegenüber den gesetzestypischen Verträgen ist nicht zu erkennen.

45   Eine nähere Analyse zeigt, dass der Kontrolltatbestand des § 307 Abs. 2 Nr. 2 BGB letztlich auf dem Verbot widersprüchlichen Verhaltens beruht, das seinerseits eine Ausprägung des Vertrauensgedankens ist.[65] Der Blick ist daher zunächst auf den Erwartungshorizont des Vertragspartners zu richten. Mit den Worten „wesentliche Rechte oder Pflichten aus der Natur des Vertrages" umschreibt das Gesetz den schützenswerten, vom Verwender zurechenbar veranlassten Vertrauenstatbestand. Die zentralen Leistungs- und Schutzerwartungen speisen sich aus mehreren heterogenen Quellen, nämlich der Parteivereinbarung, den typischen Erwartungen der beteiligten Verkehrskreise (z. B. beeinflusst durch Werbung, die verkehrsübliche Vertragspraxis und gerichtliche Entscheidun-

---

[61] *Lieb* DB 1988, 953 f.
[62] Kritisch bis ablehnend insbesondere *Fastrich* Inhaltskontrolle, S. 282; Staudinger/*Coester* § 307 BGB Rdn 268; Soergel/*Stein* § 9 AGBG Rdn 43; *Oechsler* Gerechtigkeit im modernen Austauschvertrag, S. 316; *Martinek* Moderne Vertragstypen I § 5 III, S. 115 f; *Sefrin* Kodifikationsreife des Finanzierungsleasingvertrages, S. 134; von Hoyningen-Huene § 9 AGBG Rdn. 283.
[63] *Oechsler* Gerechtigkeit im modernen Austauschvertrag, S. 316.
[64] *Martinek* Moderne Vertragstypen I § 5 III, S. 116.
[65] Eingehend *Stoffels* Gesetzlich nicht geregelte Schuldverträge, S. 471 ff.

gen) und den mit jeweils unterschiedlichem Geltungsanspruch auftretenden Grundsätzen und Wertungen der Rechtsordnung. Durch die Einbeziehung außervertraglicher, normativ begründeter Gerechtigkeitserwartungen wird sichergestellt, dass sich die inhaltliche Überprüfung einer Vereinbarung nach § 307 Abs. 2 Nr. 2 BGB nicht auf eine bloße vertragsimmanente Stimmigkeitskontrolle beschränkt. Konkretere normative Kriterien, die zu einer vertragsspezifischen Abgrenzung der Risikosphären der Parteien und zur Bestimmung des zentralen Vertragsinteresses des Vertragspartners beitragen können, sind z. B. die Risikobeherrschung, die Versicherbarkeit und das Rationalisierungsinteresse des Verwenders. Besonderes Augenmerk verdient die Art des zu beurteilenden Vertrages. Im Hinblick auf den Leasingvertrag ist besonders zu berücksichtigen, dass durch ihn ein Dauerschuldverhältnis begründet und – im Verein mit dem Beschaffungsvertrag – das leasingtypische Dreiecksverhältnis aufgespannt wird. In einem zweiten Arbeitsschritt ist sodann die Enttäuschung des geweckten Vertrauens festzustellen. Die Vorschrift des § 307 Abs. 2 Nr. 2 BGB nimmt diesen Gedanken auf, wenn sie die Unwirksamkeit einer AGB-Bestimmung an die „Einschränkung" wesentlicher Rechte und Pflichten, die sich aus der Natur des Vertrages ergeben, knüpft. Ist eine solche Einschränkung im Wege des Rechtslagenvergleichs dargetan, so ist die Vertragszweckgefährdung gleichsam indiziert. Im Rahmen dieser abschließenden Wertungsstation gilt es lediglich noch (negativ) festzustellen, ob es sich nicht um einen dem Bagatellbereich zuzuordnenden Eingriff handelt und ob der Vertragszweck nicht ausnahmsweise durch anderenorts gewährte Vergünstigungen erreicht werden kann (Einbeziehung kompensatorischer Effekte).

3. Transparenzgebot

Allgemeine Geschäftsbedingungen müssen gem. **§ 307 Abs. 1 Satz 2 BGB** die Rechte und Pflichten der Vertragsparteien durch eine entsprechende Ausgestaltung und geeignete Formulierung **klar und verständlich** darstellen. Diese zusammenfassend als „Transparenzgebot" bezeichnete Direktive ist erst im Zuge der Schuldrechtsmodernisierung in der Generalklausel verankert worden. Schon vor seiner Normierung war es auf der Grundlage einiger bemerkenswerter höchstrichterlicher Entscheidungen[66] zu einem tragenden Prinzip des AGB-Rechts avanciert. Aus dem Transparenzgebot folgt zunächst und in erster Linie, dass der Verwender von Allgemeinen Geschäftsbedingungen verpflichtet ist, die Rechte und Pflichten seines Vertragspartners möglichst klar und durchschaubar darzustellen. Insbesondere die wirtschaftlichen Nachteile und Belastungen muss die Klausel so weit erkennen lassen, wie dies nach den Umständen gefordert werden kann.[67] Abzustellen ist auf die Verständnismöglichkeiten des typischerweise bei Verträgen der geregelten Art zu erwartenden **Durchschnittskunden.**[68] Je weniger ein Kunde mit einer bestimmten Regelung rechnen muss, umso höhere Anforderungen sind an die Verständlichkeit der Regelung zu stellen. Im Privatleasinggeschäft sind die Transparenzanforderungen daher tendenziell höher. Intransparent in diesem Sinne sind nicht nur einzelne Klauseln, die aus sich heraus schwer verständlich, unklar und in ihren Folgen nicht überschaubar sind, sondern auch AGB-Gesamtregelungen, deren nachteilige Effekte deshalb nicht erkennbar werden, weil die einzelnen Teile an versteckten Stellen oder an schwer miteinander in Zusammenhang zu bringenden Stellen geregelt sind. In letzter Zeit betont der BGH allerdings auch die Grenzen des Transparenzgebots. Dieses dürfe den AGB-Verwender nicht überfordern. Insbesondere bestehe die Verpflichtung, den Klauselinhalt klar und verständlich zu formulieren, nur im Rahmen des Möglichen.[69]

46

---

[66] Grundlegend BGH NJW 1989, 222 – Zinsberechnung bei Hypothekendarlehen – und BGH NJW 1989, 582 – Wertstellungspraxis im Giroverhältnis; sodann ständige Rechtsprechung.
[67] Verbot der Verschleierung kundenbelastender Folgen BGH NJW 1989, 222, 224; 2001, 2635, 2636; *Wolf*/Horn/Lindacher § 9 AGBG Rdn. 148.
[68] BGH NJW 1989, 222, 224; 1999, 2279, 2280; *Wolf*/Horn/Lindacher § 9 AGBG Rdn. 148.
[69] BGH NJW 1990, 2383, 2384; 1993, 2052, 2054; 1998, 3114, 3116; ZIP 1999, 103, 104.

Auch besteht keine uneingeschränkte Offenlegungspflicht im Hinblick auf die interne Kalkulation des Leasinggeschäfts. So hat der BGH mit Blick auf eine vorformulierte Regelung der Restwertabrechnung in einem Finanzierungsleasingvertrag ausgeführt, das Transparenzgebot erfordere nicht die Offenlegung der Kalkulation, die dem im Vertrag vereinbarten und vom Leasinggeber garantierten Restwert zugrunde liege. Dem Transparenzgebot sei vielmehr genügt, wenn die Klausel in Verbindung mit dem übrigen Vertragsinhalt alle Angaben enthalte, deren es zur Berechnung des nach der Klausel geschuldeten Betrages bedürfe.

47 Der Hauptanwendungsbereich der Transparenzkontrolle bei Leasingvertragsbedingungen liegt in den Bestimmungen, in denen sich die vom Leasingnehmer zu übernehmende Vollamortisationspflicht spiegelt. Das sind die Regelungen zur **Restwertgarantie** beim Teilamortisationsvertrag mit Andienungsrecht und die **Berechnung einer Abschlusszahlung** bei Kündigung vor Ablauf der kalkulierten Amortisationszeit.

48 So muss eine Klausel, die die Verpflichtung des Leasingnehmers zur Entrichtung einer Abschlusszahlung statuiert, in Verbindung mit dem übrigen Vertragsinhalt alle Angaben enthalten, deren es zur Berechnung des nach der Klausel geschuldeten Betrages bedarf. Kann der durchschnittliche Leasingnehmer nicht erkennen, welche Ausfälle und Nachteile der Leasinggeber in seine Berechnungen einbezogen und ob er auch die ihm durch eine ordentliche Kündigung des Vertrages durch den Leasingnehmer entstehenden Vorteile berücksichtigt hat, so ist dem Transparenzgebot nicht entsprochen.[70] Intransparent ist ferner der Begriff der **„vorschüssigen Rentenbarwertformel"**.[71] Denn dabei handelt es sich nicht etwa um einen Begriff, der durch eine feststehende Rechtsprechung eine allseits anerkannte Ausprägung erfahren hat, sondern um eine abkürzende Bezeichnung für einen finanzmathematischen Berechnungsvorgang, dessen Kenntnis nicht als kaufmännisches Allgemeinwissen gelten kann.

V. Rechtsfolgen der Nichteinbeziehung und Unwirksamkeit

1. Fortbestand des Leasingvertrages im Übrigen

49 Sind allgemeine Leasingbedingungen nicht Vertragsinhalt geworden, etwa weil sie überraschenden Charakter hatten, oder sind sie wegen eines Verstoßes gegen die Inhaltskontrollvorschriften der §§ 307 ff. BGB unwirksam, so bleibt der Leasingvertrag als solcher hiervon gem. § 306 Abs. 1 BGB in seiner Wirksamkeit regelmäßig unberührt.

2. Grundsatz des Verbots der geltungserhaltenden Reduktion und Teilbarkeit

50 Überschreitet eine Klausel der Leasingbedingungen die AGB-rechtlichen Wirksamkeitsschranken, so ist sie grundsätzlich im Ganzen unwirksam. Auch soweit es um quantifizierbare Überschreitungen des Erlaubten geht (z. B. überhöhte Schadenspauschalen, uneingeschränkte Freizeichnungsklauseln etc.) kommt eine Rückführung der Klausel auf ein gerade noch vertretbares bzw. angemessenes Maß nicht in Betracht. Die zivilgerichtliche Rechtsprechung, gefolgt von der überwiegenden Ansicht im Schrifttum, lehnt eine solche **geltungserhaltende Reduktion** im Grundsatz zu Recht ab.[72] Dahinter steht vor allem der Präventionsgedanke: Die geltungserhaltende Reduktion würde dem Klauselverwender die Möglichkeit eröffnen, bei der Aufstellung seiner Konditionen unbedenklich über die Grenze des Zulässigen hinauszugehen, ohne mehr befürchten zu müssen, als

---

[70] BGH NJW 1985, 2253, 2255.
[71] BGH NJW 1996, 455, 456.
[72] Grundlegend BGH NJW 1982, 2309, 2310; speziell mit Blick auf einen unwirksamen Gewährleistungsausschluss in den AGB eines Leasinggebers zuletzt OLG Köln OLGR 2004, 297; umfangreiche Nachweise des Schrifttums bei *Stoffels* AGB-Recht Rdn. 593 f.

dass die Benachteiligung seines Geschäftspartners durch das Gericht auf ein gerade noch zulässiges Maß zurückgeführt werde. Ferner liefe eine geltungserhaltende Reduktion der durch § 307 Abs. 1 Satz 2 BGB nachdrücklich bestätigten Forderung zuwider die Allgemeinen Geschäftsbedingungen so abzufassen, dass der Vertragspartner seine Rechte und Pflichten klar erkennen kann.

Das Verbot geltungserhaltender Reduktion einer beanstandeten Klausel gilt dann **51** nicht, wenn die Regelung neben dem unwirksamen Teil auch inhaltlich unbedenkliche, sachlich und sprachlich abtrennbare Bestimmungen enthält.[73] Eine sprachlich abtrennbare Bestimmung liegt dann vor, wenn der unwirksame Teil ohne Weiteres gestrichen werden kann, ohne dass der Sinn des anderen Teils darunter leidet (sog. blue-pencil-Test).[74] Beispiel: In einem Leasingvertrag wird die Sach- und Gegenleistungsgefahr auf den Leasingnehmer abgewälzt. Ferner findet sich die Bestimmung: „Im Falle der nicht reparablen Beschädigung, des Untergangs oder einer Beschädigung zu mehr als 80 % des Zeitwerts kann der Leasingvertrag von jeder Vertragspartei zum Ende eines Vertragsmonats schriftlich gekündigt werden." Die Klausel ist zu beanstanden, weil das die Abwälzung der Sach- und Gegenleistungsgefahr erst rechtfertigende Kündigungsrecht im Falle der Beschädigung an eine zu hohe Wertgrenze anknüpft. Hier kann der unzulässige Regelungsteil wiederum durch einfaches Streichen des Wortes „Beschädigung" in Abs. 1 Satz 1 und der Wendung „oder einer Beschädigung zu mehr als 80 % des Zeitwerts" in Abs. 3 Satz 1 von dem im Übrigen unbedenklichen Teil der Klausel gesondert werden. Dieser bleibt danach nicht nur nach dem Wortlaut aus sich heraus verständlich, sondern seinem Regelungsgehalt nach auch sinnvoll. Die Sach- und Gegenleistungsgefahr ist dann nur in den Fällen des Untergangs, der Zerstörung und der nicht reparablen Beschädigung und des Abhandenkommens auf den Leasingnehmer abgewälzt, während sie im Fall der reparablen Beschädigung beim Leasinggeber verbleibt.[75]

3. Dispositives Recht als Regelersatzordnung

Rechtsfolge der Beanstandung einer Klausel ist somit regelmäßig ihre Streichung. Diese **52** kann in einigen Fällen „ersatzlos" erfolgen. Nicht selten reißt jedoch die Unwirksamkeit der betreffenden Vertragsbestimmung eine Lücke in das vertragliche Regelungsprogramm, deren positive Schließung Voraussetzung für die Fortführung des Vertragsverhältnisses ist. An die Stelle der nicht einbezogenen oder unwirksamen Bestimmung treten nach **§ 306 Abs. 2 BGB die einschlägigen Vorschriften der gesetzlichen Dispositivordnung**.

Im Hinblick auf den Leasingvertrag erhebt sich die Frage, was zum Gesetzesrecht im **53** Sinne von § 306 Abs. 2 BGB zählt. Die h. M. zieht den Kreis sehr weit und deutlich über das geschriebene Recht hinaus. Auch allgemeine Rechtsprinzipien oder -grundsätze fallen unter den Begriff der „gesetzlichen Vorschriften", wenn sie einen inhaltlich klar fassbaren und normativ gesicherten Aussagegehalt aufweisen.[76] Finde der auf den Prüfstand gestellte und in Teilen für unwirksam befundene Vertrag kein Pendant in der gesetzlichen Vertragstypenordnung, so biete sich auf Grund einer partiell übereinstimmenden Interessenstruktur auch der Rückgriff auf das Recht eines legislativ strukturierten Vertragstyps an. Im Schrifttum wird das „per analogiam heranziehbare Recht eines verwandten Vertragstyps" durchgängig zu den gesetzlichen Vorschriften gerechnet.[77] Dazu passt es, dass das gesetzliche Mietrecht vom BGH mehrfach zur Schließung von Lücken im Falle der Unwirksamkeit einzelner Bestimmungen des Leasingvertrages herangezogen worden

---

[73] BGH NJW 1988, 2106; 1989, 3215, 3216; 1997, 3437, 3439; 1998, 2284, 2286; 2001, 292, 294.
[74] BayObLG NJW-RR 1997, 1371, 1373; Palandt/*Heinrichs* Vorbem. v. § 307 BGB Rdn. 11.
[75] BGH NJW 1998, 2284, 2285 f.
[76] Wie hier im Übrigen *Schmidt* Vertragsfolgen, S. 164.
[77] *Wolf/Horn/Lindacher* § 6 AGBG Rdn. 14; *Ulmer/Brandner/Hensen-H. Schmidt* § 6 AGBG Rdn. 27 f.; Staudinger-*Schlosser* § 6 AGBG Rdn. 10; *Trinkner* BB 1983, 1875 f.

ist,[78] etwa mit der Folge, dass beim Scheitern der leasingtypischen Abtretungskonstruktion an die Stelle der kauf- bzw. werkvertraglichen Gewährleistungsansprüche die mietvertraglichen Ansprüche gemäß §§ 537, 538 BGB a. F. (jetzt §§ 535 und 536a BGB) treten sollen.[79]

4. Ergänzende Vertragsauslegung

54 Für Fallgestaltungen, in denen die Streichung der Klausel zu unannehmbaren Ergebnissen führen würde, steht das Institut der ergänzenden Vertragsauslegung zur Verfügung. Es tritt dann diejenige Gestaltungsmöglichkeit ein, die die Parteien bei sachgerechter Abwägung ihrer beiderseitigen Interessen nach Treu und Glauben redlicherweise vereinbart hätten, wenn ihnen die Unwirksamkeit der Klausel bekannt gewesen wäre.[80] Allerdings wird die ergänzende Vertragsauslegung nur in Ausnahmefällen zum Zuge kommen. Denn nicht jede Verschiebung der Gewichte zu Lasten des Verwenders rechtfertigt bereits die Annahme einer ergänzungsbedürftigen Lücke. Um den Präventionszweck der Inhaltskontrolle zu wahren, wird man eine krasse Störung des Gleichgewichts verlangen müssen. Die Inkorporation des Maßstabs der Angemessenheit, also des Gebots von Treu und Glauben, rechtfertigt es überdies, arglistig agierende Verwender, die bewusst unwirksame Geschäftsbedingungen in ihre Vertragswerke aufnehmen, von der ergänzenden Vertragsauslegung auszunehmen, sie also dem ersatzlosen Wegfall der Klausel auszusetzen.[81]

VI. Verbandsklageverfahren

55 Nicht wenige, darunter auch sehr bedeutsame Urteile zum Leasingrecht sind in Verbandsklageverfahren ergangen, die von Verbraucherschutzverbänden initiiert worden sind. Das Verbandsklageverfahren ist ein wesentliches Kernstück des AGB-Rechts. Mit ihm sollen die Effektivität und die Breitenwirkung der Inhaltskontrolle verstärkt werden. Schutzobjekt im Verbandsverfahren ist nicht der Einzelne von einer möglicherweise unzulässigen Klausel betroffene Kunde, sondern der Rechtsverkehr, der allgemein von der Verwendung unzulässiger Klauseln freigehalten werden soll.[82] Das Verbandsverfahren dient damit zugleich dazu, den Verwender zu einer eindeutigen und im gesamten Regelungsbereich wirksamen Klausel anzuhalten, und durch die Klauselfassung der Gefahr vorzubeugen, dass der Kunde von der Durchsetzung bestehender Rechte abgehalten wird.[83] Die AGB-Klausel wird im Verbandsprozess losgelöst vom Einzelfall auf ihre Vereinbarkeit mit den §§ 307 bis 309 BGB überprüft. Im Gegensatz zum Individualverfahren wird im Verbandsverfahren im Falle der Unvereinbarkeit nicht die Klausel für unwirksam erklärt, sondern der Verwender zur Unterlassung bzw. derjenige, der eine Klausel dem rechtsgeschäftlichen Verkehr empfiehlt, zum Widerruf der Empfehlung verpflichtet. Die Urteile im Verbandsklageverfahren wirken nicht nur zwischen den Parteien, sondern auch zu Gunsten der am Verfahren nicht beteiligten Vertragspartner des AGB-Verwenders (§ 11 UKlaG). Die näheren Modalitäten dieses Verfahrens sind in den §§ 1, 3 bis 11, 15 und 16 UKlaG geregelt.[84]

---

[78] BGH NJW 1977, 1058, 1059; 1978, 1432, 1434.
[79] BGH NJW 1984, 2687, 2688; 1987, 1072; 1990, 314, 315.
[80] BGH NJW 1984, 1177, 1178; 1990, 115, 116; 1993, 326, 330; BGHZ 137, 153, 157; Staudinger/*Schlosser* § 6 AGBG Rdn. 12; Palandt/*Heinrichs* § 306 BGB Rdn. 7.
[81] Die Aufgreifkriterien schwanken: *Wolf/Lindacher* § 6 AGBG Rdn. 20 („Böswilligkeit"); Ulmer/Brandner/Hensen-*H. Schmidt* § 306 BGB Rdn. 37 („offensichtlich", „bewusst" oder „vorwerfbar").
[82] St. Rspr., vgl. etwa BGH NJW 1983, 1853; 1994, 2693.
[83] BGH NJW 1988, 1726 (1728).
[84] Übersicht bei *Stoffels* AGB-Recht Rdn. 1074–1170.

§ 9. AGB-Kontrolle der Liefervertragsbedingungen

Schrifttum: *Leyens* Leasing – Grenzen der formularmäßigen Risikoabwälzung vom Leasinggeber auf den Hersteller/Lieferanten, MDR 2003, 312; *Graf von Westphalen* Schuldrechtsreform und die Verwendung „alter" Lieferanten-AGB bei Leasingverträgen, ZGS 2002, 64.

Übersicht

	Rdn.
I. Allgemeines	1
II. Einbeziehung in den Liefervertrag	2
1. Personeller Bezugspunkt der Einbeziehungskontrolle	2
2. Kollidierende Bedingungswerke	5
3. Rechtsfolgen der unterbliebenen Einbeziehung der Liefer-AGB in den Liefervertrag	7
III. Wirksamkeitskontrolle von Liefer-AGB	8
1. Ausrichtung der Inhaltskontrolle an der Person des Leasingnehmers	8
2. Rechtsfolgen der Unwirksamkeit einzelner Klauseln der Liefer-AGB	13
3. Einzelne Klauseln	15
IV. Wirksamkeitskontrolle der Bestellbedingungen des Leasinggebers	16
1. Allgemeines	16
2. Einzelne Klauseln	17
a) Anknüpfung der Zahlungspflicht an die Vorlage einer Übernahmebestätigung	17
b) Abbedingung der Rügeobliegenheit	18
c) Haftungsklauseln	20
d) Rückkaufvereinbarungen	22
e) Rücktrittsrecht für den Fall der Insolvenz des Leasingnehmers beim Eintrittsmodell	27

I. Allgemeines

Beim Finanzierungsleasing ist der Leasinggeber Käufer der zumeist vom Leasingnehmer 1 ausgesuchten und für diesen finanzierten Ware. Soweit in diesem Vertragsverhältnis Vertragsbedingungen zugrunde gelegt werden, die für eine Vielzahl von Verträgen vorformuliert worden sind, unterliegen diese den Vorgaben des AGB-Rechts (§§ 305 ff. BGB). Dabei kann es sich um die Verkaufsbedingungen des Lieferanten oder um die Einkaufsbedingungen des Leasinggebers handeln.

II. Einbeziehung in den Liefervertrag

1. Personeller Bezugspunkt der Einbeziehungskontrolle

Ebenso wie die Leasingbedingungen in den Leasingvertrag Eingang finden müssen, be- 2 darf es auch der rechtsgeschäftlichen Einbeziehung der Lieferbedingungen des Lieferanten bzw. der Bestellbedingungen des Leasinggebers in den Liefervertrag. Der leasingtypischen Abtretungskonstruktion gemäß bestimmt sich auch die Rechtsposition des Leasingnehmers nach den Vereinbarungen im Verhältnis zwischen dem Lieferanten und seinem Vertragspartner, dem Leasinggeber. In diesem Zusammenhang von einer „Einbeziehung von Lieferbedingungen in den Leasingvertrag"[1] zu sprechen, ist jedoch zumindest „schief", da die Geltung eines Teils der Lieferbedingungen schlicht auf der Abtretung (§ 398 BGB) der im Liefervertrag ausgestalteten Gewährleistungsrechte an den Leasingnehmer beruht. Der Großteil der Lieferbedingungen, man denke etwa an die Zahlungsbedingungen, betrifft ohnehin nur den Leasinggeber in seinem Rechtsverhältnis zum Lieferanten. Erst recht abzulehnen ist die von *Graf von Westphalen* geäußerte Ansicht, der Leasinggeber sei auch hinsichtlich der Lieferanten-AGB als „Verwender" anzusehen.[2]

---

[1] So *H. Beckmann* Finanzierungsleasing § 3 Rdn. 12 ff.
[2] *Graf von Westphalen* ZGS 2002, 64; zu Recht ablehnend *H. Beckmann* Finanzierungsleasing § 3 Rdn. 8 und *Arnold* DStR 2002, 1052.

3 Einer Einbeziehungskontrolle nach §§ 305 Abs. 2 und 3 BGB (besondere Einbeziehungsvoraussetzungen), 305c Abs. 1 BGB (Überraschungsverbot) und 305b BGB (Vorrang der Individualabrede) müssen sich demnach allein die im Verhältnis der Liefervertragsparteien zugrunde gelegten Liefer- bzw. Bestellbedingungen stellen. Da die Parteien des Liefergeschäfts nahezu ausnahmslos als Unternehmer im Sinne des § 14 BGB eingestuft werden müssen, wird § 305 Abs. 2 und 3 BGB in aller Regel nicht zur Anwendung gelangen (vgl. § 310 Abs. 1 Satz 1 BGB). Es verbleibt also insoweit bei den allgemeinen rechtsgeschäftlichen Einbeziehungsvoraussetzungen der §§ 145 ff. BGB.

4 Nach einer in der Literatur vereinzelt vertretenen Meinung soll allerdings hinsichtlich der Einbeziehungsvoraussetzungen grundsätzlich auf die Person des Leasingnehmers als „käufer- bzw. bestellerähnliche, erfüllungszuständige Person" abgestellt werden, um Maßstabsverschiebungen zu vermeiden.[3] Dies erfordere der Schutz des Leasingnehmers als Verbraucher im Sinne des § 13 BGB. Deshalb solle der Lieferant den verhandelnden Leasingnehmer nach § 305 Abs. 2 BGB bei Vertragsschluss ausdrücklich auf die Lieferbedingungen hinweisen und dem Leasingnehmer die Möglichkeit zur Kenntnisnahme verschaffen. Die vorgeschlagene Korrektur mag bei der Ausrichtung des Wertungsmaßstabs im Rahmen der Inhaltskontrolle durchaus ihre Berechtigung haben.[4] Denn insoweit bietet es sich in der Tat an, das Leasinggeschäft als wirtschaftliche Sinneinheit zu behandeln. Über den zweiaktigen Entstehungstatbestand und die rechtsgeschäftliche Einbeziehung der Lieferbedingungen im Verhältnis von Lieferant und Leasinggeber wird man sich hingegen nicht hinwegsetzen können. Daher geht es zu weit, die gesetzlichen Einbeziehungsvoraussetzungen auf eine dritte Person zu erstrecken, die nur von den Wirkungen des Rechtsgeschäfts betroffen ist.

2. Kollidierende Bedingungswerke

5 Mitunter verweist im Zuge des Abschlusses des Liefervertrags jede Partei auf ihre Allgemeinen Geschäftsbedingungen, der Lieferant mithin auf seine Lieferbedingungen, der Leasinggeber auf seine Einkaufs- oder Bestellbedingungen. Entsprechend der unterschiedlichen Interessenlagen der als Anbieter und Nachfrager auftretenden Vertragspartner fällt der Inhalt der jeweils in Bezug genommenen Allgemeinen Geschäftsbedingungen nicht selten auseinander. Gleichwohl kommt es in aller Regel zum Vollzug des Vertrags. Erst anlässlich später auftretender Störungen erhebt sich dann die Frage, wessen Bedingungswerk dem Liefervertrag zugrunde liegt.

6 Man ist sich heute weitgehend einig, dass die Wirksamkeit des Vertrages hiervon grundsätzlich nicht berührt wird (Umkehrung der Auslegungsregel des § 154 Abs. 1 BGB).[5] Ferner zeichnet sich zunehmend ein Konsens dahingehend ab, dass das Problem kollidierender Allgemeiner Geschäftsbedingungen nicht unter Rückgriff auf § 150 Abs. 2 BGB in der Weise gelöst werden kann, dass diejenigen Bedingungen in den Vertrag einbezogen werden, auf die zuletzt bei Vertragsschluss hingewiesen worden ist (Prinzip des letzten Wortes).[6] Vielmehr ist davon auszugehen, dass für den Inhalt des zustande gekommenen Vertrages in erster Linie der zwischen den Parteien erzielte Konsens maßgeblich ist (Prinzip der Kongruenzgeltung).[7] Allgemeine Geschäftsbedingungen werden

---

[3] H. Beckmann Finanzierungsleasing § 3 Rdn. 5 ff.

[4] Vgl. Rdn. 8 ff.

[5] BGHZ 61, 282, 288 f.; Palandt/Heinrichs § 305 BGB Rdn. 55; Ulmer/Brandner/Hensen § 305 Rdn. 188; Stoffels AGB-Recht Rdn. 320.

[6] So noch die ältere Rechtsprechung, vgl. etwa RG Warn 1919, Nr. 5; BGH NJW 1951, 271; 1955, 1794; 1963, 1248.

[7] Wolf/Horn/Lindacher § 2 AGBG Rdn. 79; Larenz/Wolf Allgemeiner Teil des Bürgerlichen Rechts § 43 Rdn. 24; Stoffels AGB-Recht Rdn. 321 f.; so jedenfalls bei Verwendung von Abwehrklauseln auch die Rechtsprechung, vgl. insoweit BGH NJW 1973, 2106; 1980, 449; 1985, 1838, 1839 f.; 1991, 1604, 1606; NJW-RR 2001, 484.

hiernach insoweit Vertragsbestandteil, als sie sich decken oder nebeneinander Bestand haben können. Nur wenn sich die Allgemeinen Geschäftsbedingungen beider Vertragspartner (punktuell) als miteinander unvereinbar erweisen, ist die Lösung entsprechend dem Rechtsgedanken des § 306 Abs. 2 BGB in der Anwendung der Vorschriften des dispositiven Gesetzesrechts zu suchen,[8] hier also in den Vorschriften des Kauf- bzw. Werkvertragsrechts und des allgemeinen Schuldrechts.

3. Rechtsfolgen der unterbliebenen Einbeziehung der Liefer-AGB in den Liefervertrag

Sind die Lieferbedingungen mangels rechtsgeschäftlicher Einigung über deren Geltung (§§ 145 ff. BGB) nicht Bestandteil des Vertrages zwischen dem Lieferanten und dem Leasinggeber geworden, so bleibt der Liefervertrag im Übrigen wirksam bestehen (§ 306 Abs. 1 BGB). Die Schließung eventuell auftretender Lücken erfolgt durch Rückgriff auf das einschlägige dispositive Recht, also insbesondere das gesetzliche Kauf- bzw. Werkvertragsrecht. In dieser Ausgestaltung – also unbelastet durch die zu beanstandenden Allgemeinen Geschäftsbedingungen – erwirbt der Leasingnehmer im Rahmen der leasingtypischen Abtretungskonstruktion die Ansprüche aus dem Liefervertrag. Geht er etwa bei Mangelhaftigkeit der Leasingsache gegen den Lieferanten aus abgetretenem Recht vor, kann er die gesetzlichen Mängelrechte in unverkürzter Gestalt geltend machen.[9] 7

III. Wirksamkeitskontrolle von Liefer-AGB

1. Ausrichtung der Inhaltskontrolle an der Person des Leasingnehmers

Die Lieferbedingungen des Lieferanten müssen sich zum einen eine Inhaltskontrolle nach dem AGB-Recht gefallen lassen; darüber hinaus stellt sich die Frage, ob auch die zwingenden Vorschriften des Verbrauchsgüterkaufs zu beachten sind. Das wäre vor allem für die Ausgestaltung der Gewährleistung von entscheidender Bedeutung. Für beide Prüfungsansätze stellt sich die Frage nach dem personellen Bezugspunkt der Kontrollvorschriften. Denn die Lieferbedingungen werden im Liefervertrag zwar gegenüber einem Unternehmer (Leasinggeber) verwendet. Ob das zur Folge hat, dass allein § 307 BGB als Kontrollmaßstab zum Tragen kommt (vgl. § 310 Abs. 1 BGB), ist jedoch durchaus zweifelhaft. Denn nach der Abtretung der Gewährleistungsrechte ist es der Leasingnehmer – also unter Umständen ein Verbraucher –, der mit den in den Bedingungen enthaltenen Restriktionen konfrontiert wird. Ist der Leasingnehmer nicht selbst als Unternehmer zu qualifizieren, so ist weitergehend zu erwägen, ob die Lieferbedingungen sich nicht sogar am zwingenden Recht des Verbrauchsgüterkaufs (§§ 475 ff. BGB) messen lassen müssen. 8

Die Frage stellte sich bislang ähnlich für das besondere Klauselverbot des § 11 Nr. 10 AGBG (jetzt § 309 Nr. 8 lit. b), das nun jedoch gegenüber den §§ 475 ff. BGB in den Hintergrund getreten ist. Nach allgemeiner Meinung war für die AGB-rechtliche Würdigung der Lieferantenbedingungen die Person des Leasingnehmers maßgeblich.[10] Hieran hat die Schuldrechtsmodernisierung nichts geändert. Zu Recht führt *Habersack* hierzu aus, vor dem Hintergrund des leasingtypischen Beschaffungsvorgangs und der daraus resultierenden Kenntnis des Lieferanten von der Person des Leasingnehmers biete es sich an, die Schranken der §§ 308, 309 BGB im Rahmen der Inhaltskontrolle der Verkaufsbedingungen des Lieferanten nach §§ 307, 310 Abs. 1 Satz 2 BGB zu beachten. In der Begründung einer AGB-rechtlichen Deckungslücke läge dann eine unangemessene Be- 9

---

[8] *Wolf*/Horn/Lindacher § 2 AGBG Rdn. 79; *Ulmer*/Brandner/Hensen § 305 BGB Rdn. 193 ff.
[9] *H. Beckmann* Finanzierungsleasing Rdn. 17.
[10] *Martinek*/Oechsler Bankrechts-Handbuch § 101 Rdn. 80; *Hager,* AcP 190, 1990, 344 f.; *Heermann* Drittfinanzierte Erwerbsgeschäfte S. 288 f.; *H. Beckmann* Praxishandbuch Leasing § 6 Rdn. 78.

nachteiligung des Leasinggebers i. S. d. § 307 Abs. 1 BGB.[11] In der Tat wäre es nicht gerechtfertigt, den Lieferanten besser zu stellen, als wenn er direkt mit dem Leasingnehmer den Vertrag geschlossen hätte.

10 Dieser für die AGB-rechtliche Beurteilung entwickelte Ansatz ist verallgemeinerungsfähig. Im Interesse eines effektiven Verbraucherschutzes und im Hinblick auf das in § 475 Abs. 1 Satz 2 BGB verankerte Umgehungsverbot wird man daher von einem Lieferanten, der mit einer Leasinggesellschaft im Privatleasinggeschäft kooperiert, verlangen müssen, dass er seine Gewährleistungsbedingungen am Letztverbraucher, also am Leasingnehmer, ausrichtet. Hier anders zu entscheiden als für das AGB-Recht, also eine gespaltene Lösung zu verfechten, kann nicht befriedigen. Daraus folgt, dass die Bedingungen in diesem Punkt nicht den durch die §§ 475 ff. BGB definierten, unantastbaren Mindeststandard unterschreiten dürfen.

11 In einem seltsamen und vom BGH auch nicht thematisierten Widerspruch zu der bisherigen Sichtweise im Hinblick auf § 11 Nr. 10 AGBG steht eine neue höchstrichterliche Entscheidung vom 21. 12. 2005.[12] Der BGH gelangt in ihr zu dem Ergebnis, dass es dem Lieferanten einer Leasingsache (hier eines gebrauchten Kraftfahrzeuges) nicht verwehrt ist, sich dem Leasingnehmer mit Verbrauchereigenschaft gegenüber auf einen mit dem Leasinggeber als Käufer vereinbarten Gewährleistungsausschluss zu berufen.[13] Ein Umgehungsgeschäft im Sinne des § 475 Abs. 1 Satz 2 BGB sei in dieser Konstruktion nicht zu erblicken.[14] Die Entscheidungsgründe begnügen sich insoweit mit dem Hinweis auf den Zweck des Leasingvertrages, der nicht darin liege dem Lieferanten in dessen Kaufvertrag mit dem Leasinggeber zu Lasten des Leasingnehmers den Ausschluss der Gewährleistung für das in Rede stehende Fahrzeug zu ermöglichen. Vielmehr handele es sich beim Finanzierungsleasing um eine Finanzierungshilfe, die dem Leasingnehmer wie einem Mieter die zeitlich begrenzte Nutzung der Leasingsache ermögliche.

12 Ob aus dieser im Mietrecht verwurzelten Qualifikation des Finanzierungsleasingvertrages[15] zwingende Rückschlüsse auf die Anwendbarkeit des § 475 Abs. 1 Satz 2 BGB gezogen werden können, erscheint indes zweifelhaft. Der BGH judiziert auf der Grundlage eines formalen, bipolar strukturierten Vertragsverständnisses, das dem Wesen des Leasinggeschäfts nicht gerecht wird. Bereits *Flume* hat darauf hingewiesen, dass der Kauf und der Leasingvertrag zusammen die Rechtsfigur des Finanzierungsleasing bildeten und diese Zusammengehörigkeit auch den Lieferanten anginge.[16] Im Übrigen zeigt der jetzt von der wohl herrschenden Meinung[17] bejahte Einwendungsdurchgriff des Leasingnehmers sehr deutlich, dass der Leasingnehmer gleich einem Abzahlungskäufer, gestützt auf seine Verbrauchereigenschaft, Rechte geltend machen kann, die über die bilateralen Rechtsverhältnisse hinausgreifen. Auch wertungsmäßig vermag die Entscheidung nicht zu überzeugen, insofern sie es Gebrauchtwagenhändlern, die eine dauerhafte und enge Verbindung zu einer im Privatleasinggeschäft tätigen Leasinggesellschaft eingehen, erlaubt, ihre Gewährleistungsbedingungen nicht an dem ersichtlich als Endkunden vorgesehenen Leasingnehmer, sondern an der als Käufer auftretenden Leasinggesellschaft auszurichten. Schließlich vermisst man Überlegungen zur Vereinbarkeit des gefundenen Ergebnisses mit gemeinschaftsrechtlichen Vorgaben, nämlich der Richtlinie über missbräuchliche Klauseln in Verbraucherverträgen (RL 93/13/EWG) und der Verbrauchsgüterkaufrichtlinie (RL 1999/44/EG). Ungeklärt ist einstweilen auch wie sich die Rechtslage beim sog. Eintrittsmodell

---

[11] MünchKomm/*Habersack* Leasing Rdn. 43.
[12] BGH NJW 2006, 1066.
[13] Zu den Rechtsfolgen im Verhältnis zwischen Leasinggeber und Leasingnehmer vgl. Rdn. 13 f.
[14] Im Ergebnis ebenso *Arnold*, in: Das neue Schuldrecht in der Praxis, S. 602 f.; *Gebler/Müller*, ZBB 2002, 111 f. und *Tiedtke/Möllmann* DB 2004, 586; a. A. *Stoffels* Anm. LMK 2006; *Höpfner* ZBB 2006, 200 und wohl auch *Graf von Westphalen* ZGS 2002, 212 f.
[15] Hiergegen zuletzt Staudinger/*Stoffels* Leasing Rdn. 75 ff.
[16] *Flume* DB 1991, 269.
[17] Meinungsstand bei Staudinger/*Stoffels* Leasing Rdn. 262 ff.

4. Kapitel. Leasingvertrag und AGB-Recht §9

darstellt. Hierbei vollzieht sich die Anbahnung eines Leasinggeschäfts in der Weise, dass der interessierte Kunde mit dem von ihm aufgesuchten Lieferanten den Kaufvertrag nicht nur abschlussreif aushandelt, sondern ihn sogleich rechtsverbindlich abschließt. Handelt es sich bei dem Interessenten um einen Verbraucher, so kann ein Gewährleistungsausschluss nicht wirksam vereinbart werden. Allein die in Aussicht genommene Leasingfinanzierung vermag den Verstoß gegen §§ 475 Satz 1, 437 BGB nicht auszuräumen; ebenso wenig kommt eine Konvaleszenz bei Zustandekommen des Leasinggeschäfts in Betracht. Der Praxis dürfte dieser Unterschied kaum begreiflich zu machen sein. Auch das spricht gegen die in dieser Entscheidung gefundene Lösung.

2. Rechtsfolgen der Unwirksamkeit einzelner Klauseln der Liefer-AGB

Fraglich ist, welche Folgen sich aus der AGB-rechtlichen Unzulässigkeit der Lieferbedingungen bzw. aus einem Verstoß gegen die §§ 475 ff. BGB ergeben. Von einem mietvertraglichen Vorverständnis ausgehend, ließe sich erwägen, die Unwirksamkeitssanktion im Verhältnis der Parteien des Leasingvertrages eintreten zu lassen. Es aktualisiert sich dann sozusagen die subsidiäre mietrechtliche Eigenhaftung des Leasinggebers.[18] Richtiger Ansicht nach ist dies bereits mit der Rechtsnatur des Finanzierungsleasingvertrages[19] nicht zu vereinbaren, geben die Leasingvertragsparteien durch die Ausgestaltung des Vertrages doch eindeutig zu erkennen, dass eine Gewährleistungshaftung des Leasinggebers nicht – auch nicht subsidiär – begründet werden soll.[20] Im Übrigen ist auch ein Bedürfnis für diese Sprengung der Vertragsbeziehungen nicht erkennbar. An die Stelle der unwirksamen Abreden in den Lieferanten-AGB tritt nach § 306 Abs. 2 BGB das dispositive Gesetzesrecht. Hierauf kann sich auch der Leasingnehmer berufen und seine wohlbegründeten Ansprüche gegenüber dem Lieferanten durchsetzen.[21] 13

Einen anderen Weg geht der BGH in den Fällen, in denen der Lieferant sich Allgemeiner Geschäftsbedingungen bedient, die zwar im Verhältnis zu seinem Vertragspartner, dem Leasinggeber nicht zu beanstanden sind, wohl aber in einem direkten Vertrag mit dem Leasingnehmer keinen Bestand hätten, da diesem gegenüber die strengeren Vorschriften des Verbrauchsgüterkaufs und des AGB-Rechts für den nichtunternehmerischen Verkehr beachtet werden müssten.[22] Der BGH lehnt es – wie bereits dargelegt[23] – ab, die Inhaltskontrolle der Lieferanten-AGB an der Person des Leasingnehmers auszurichten. So soll es dem Lieferanten der Leasingsache nicht verwehrt sein, sich dem Leasingnehmer mit Verbrauchereigenschaft gegenüber auf den mit dem Leasinggeber als Käufer der Leasingsache vereinbarten Gewährleistungsausschluss zu berufen. Der BGH kommt dem Leasingnehmer in dieser Konstellation in der Weise zur Hilfe, dass er ihm die mietrechtlichen Gewährleistungsansprüche gegen den Leasinggeber zubilligt. Denn die Freizeichnung des Leasinggebers von seiner mietrechtlichen Gewährleistung bei gleichzeitiger Abtretung seiner kaufrechtlichen Gewährleistungsansprüche gegen den Lieferanten der Leasingsache an den Leasingnehmer sei nach 307 Abs. 1 BGB unwirksam, wenn die Abtretung nicht endgültig, vorbehaltlos und unbedingt erfolge.[24] 14

Gewährleistungsbeschränkungen in den Lieferanten-AGB. Für zulässig wird man die in den Lieferbedingungen mitunter vorgesehene Beschränkung der Gewähr- 15

---

[18] So in der Tat *Graf von Westphalen* Leasingvertrag Rdn. 856 ff mit dem Argument, materiellrechtlich betrachtet sei der Leasinggeber Verwender; ebenso *ders.* ZGS 2002, 66 f.
[19] Zur vorzugswürdigen Qualifikation als Vertrag sui generis vgl. Staudinger/*Stoffels* Leasing Rdn. 76 ff.
[20] Wie hier *Martinek* Moderne Vertragstypen I, S. 165 f.
[21] *Arnold* in: Das neue Schuldrecht in der Praxis, S. 603; *J. Weber* NJW 2003, 2349; *H. Beckmann* Finanzierungsleasing § 3 Rdn. 25 f.
[22] BGH NJW 2006, 1066, 1067 f.
[23] Vgl. Rdn. 11.
[24] BGH NJW 2006, 1066, 1067 f.

leistungsrechte auf Nachbesserung (unter Vorbehalt der nachgelagerten Rechte im Falle des Fehlschlagens der Nachbesserung) erachten müssen.[25] Die Ausnahme ist gerechtfertigt, da auch der Leasinggeber im Verhältnis zum Leasingnehmer die Abtretung entsprechend beschränken könnte.

IV. Wirksamkeitskontrolle der Bestellbedingungen des Leasinggebers

1. Allgemeines

16 Nicht geht die Initiative zur Regelung des Beschaffungsgeschäfts durch Allgemeine Geschäftsbedingungen von der Leasinggesellschaft aus. Deren Allgemeine Bestellbedingungen unterliegen ebenfalls der AGB-Kontrolle nach den §§ 305 ff. BGB, wobei allerdings im Hinblick auf die Unternehmereigenschaft des Lieferanten der eingeschränkte Prüfungsmaßstab zu beachten ist (§ 310 Abs. 1 BGB). Nicht anwendbar sind die daher die besonderen Einbeziehungsvoraussetzungen des §305 Abs. 2 und 3 BGB sowie die besonderen Klauselverbote der §§ 308 und 309 BGB. Wohl aber bleibt es bei der Anwendbarkeit der Generalklausel des §307 BGB einschließlich des dort verankerten Transparenzgebots.

2. Einzelne Klauseln

17 **a) Anknüpfung der Zahlungspflicht an die Vorlage einer Übernahmebestätigung.** Der Leasinggeber hat ein berechtigtes Interesse Zahlungen an den Verkäufer nicht erbringen zu müssen, bevor dieser ordnungsgemäß geliefert hat. Eine Klausel in den Bestellbedingungen des Leasinggebers, wonach der Eingang der Übernahme- oder Abnahmebestätigung des Leasingnehmers beim Leasinggeber Voraussetzung für Verpflichtungen des Leasinggebers als Käufer gegenüber dem Lieferanten ist, ist deshalb grundsätzlich nicht zu beanstanden. Beim internationalen Kauf entspricht die Regelung dem Grundgedanken von Art. 58 III UN-Kaufrecht und ist deshalb anstandslos hinzunehmen.[26] Die Freistellung des Leasinggebers als Käufer von allen Pflichten bis zur Vorlage der Übernahmebestätigung des Leasingnehmers ist im Regelfall nicht im Sinne einer aufschiebenden Bedingung für das Zustandekommen des Kaufvertrags, sondern als Vereinbarung einer Vorleistungspflicht des Lieferanten und als Bestimmung für die Fälligkeit des Kaufpreises auszulegen.[27] Der Leasinggeber kann nicht darauf bestehen, dass allein die von ihm vorformulierte Übernahmebestätigung seine Zahlungspflicht auslöst. Vielmehr müssen auch schriftliche Übernahmebestätigungen in anderer Form anerkannt werden.[28]

18 **b) Abbedingung der Rügeobliegenheit.** Nach der nicht unumstrittenen Rechtsprechung des BGH[29] trifft bei einem Handelsgeschäft wie es das Liefergeschäft zwischen Leasinggeber und Verkäufer oftmals darstellen wird, den Käufer (Leasinggeber) die Rügeobliegenheit des § 377 HGB grundsätzlich auch dann, wenn der Verkäufer die Kaufsache auf Anweisung des Leasinggebers an einen nichtkaufmännischen Dritten (hier Leasingnehmer) abliefert.

19 Vor diesem Hintergrund könnte der Leasinggeber versucht sein, seinen Lieferanten zur **Abbedingung des § 377 HGB** zu bewegen. Abgesehen davon, dass dies nicht ohne Weiteres durchsetzbar sein wird, ist die AGB-rechtliche Zulässigkeit wiederum unklar. Der BGH hat sie ausdrücklich offengelassen.[30] Damit wird dem Leasinggeber – so die

---

[25] Wie hier *Arnold*, in: Das neue Schuldrecht in der Praxis, S. 605; *Zahn* DB 2002 988 ff.; zweifelnd *Jaggy* BB 2002, Beilage 5 zu Heft 27, 15; a. A. wohl *Godefroid* BB 2002, Beilage 5 zu Heft 27, 6.
[26] BGH NJW 1984, 2034 zu dem entsprechenden Art. 71 S. 2 EKG.
[27] BGH NJW 1993, 1381 = LM H.7/1993 § 157 (Ga) BGB Nr. 37 m. Anm. *Junker*.
[28] BGH NJW 1993, 1381; 1995, 187, 188.
[29] BGH NJW 1990, 1290; kritisch Staudinger/*Stoffels* Leasing, Rdn. 181.
[30] BGH NJW 1990, 1290, 1293.

Schlussfolgerung des BGH – zur Vermeidung des aus § 377 Abs. 2 HGB folgenden Rechtsnachteils häufig nichts anderes übrig bleiben als „die Kaufsache selbst zu untersuchen oder notfalls unter Inanspruchnahme sachverständiger Hilfe untersuchen zu lassen".[31]

c) Haftungsklauseln. Der Leasinggeber übernimmt im Wesentlichen die Finanzierungsfunktion, während der Leasingnehmer faktisch den Gegenstand aussucht, in Besitz nimmt und nutzt. Soweit der **Leasingnehmer** hierbei in Erfüllung der den Leasinggeber als Käufer treffenden Pflichten auftritt, ist er **Erfüllungsgehilfe des Leasinggebers**, wie z. B. hinsichtlich der Abnahmeverpflichtung.[32] Der Leasinggeber kann die Haftung für ein Verschulden des Leasingnehmers als Erfüllungsgehilfen deshalb nur in Übereinstimmung mit den allgemeinen Grundsätzen ausschließen. 20

Der Leasinggeber als Käufer kann dem Verkäufer für den Fall der Zahlungsunfähigkeit oder des sonstigen Ausfalls des Leasingnehmers die **Verpflichtung zur Benennung eines Nachmieters** auferlegen. Dabei muss die Leasingsache so übernommen werden, wie sie sich beim Leasingnehmer befindet. Ist diesem zulässigerweise die Sach- und Preisgefahr überbürdet, so trägt auch der Verkäufer bei der Suche eines Nachmieters das Risiko der Beschädigung und des Verlusts der Sache.[33] 21

d) Rückkaufvereinbarungen. aa) Auslegungsfragen. Mit dem Lieferanten oder einem Vermittler[34] des Leasingvertrags kann eine Rückkaufverpflichtung vereinbart werden. Mit einer solchen Rückkaufvereinbarung sucht sich der Leasinggeber insbesondere gegen das Risiko der Zahlungsunfähigkeit des Leasingnehmers abzusichern. Derartige Rückkaufvereinbarungen begründen in der Regel keine Ausfallgarantie oder -bürgschaft, sondern einen aufschiebend bedingten Kaufvertrag, aus dem sich ein Wiederverkaufsrecht und eine korrespondierende Ankaufsverpflichtung des Lieferanten ergeben. Inhalt und Rechtsfolgen dieser Abrede richten sich nach Kaufrecht.[35] Ist eine solche Rückkaufvereinbarung ohne nähere Bestimmung für den Fall getroffen, dass der Leasingvertrag „notleidend" wird, so ist dies dahin auszulegen, dass der Leasingvertrag wirksam gekündigt sein muss.[36] Eine Rücknahmegarantie, die dem Verkäufer vom Leasinggeber für den Fall des Zahlungsverzugs des Leasingnehmers auferlegt wird, kann nicht ohne Weiteres dahin ausgelegt werden, dass sie auch das Risiko der Beschädigung und des Verlusts des Leasingguts mit umfasst. Ein solcher über die Bonitätssicherung hinausgehender Vereinbarungszweck müsste erkennbar zum Ausdruck gebracht werden.[37] 22

Ob der vereinbarten Pflicht des Händlers, den Leasinggegenstand vom Leasinggeber wieder zurückzukaufen, auch eine entsprechende Verpflichtung des Leasinggebers entspricht, muss im Wege der Auslegung geklärt werden. Der BGH hat eine solche korrespondierende Verpflichtung einer Leasinggesellschaft zuletzt für einen Einzelfall verneint.[38] Die Gewinnchance, die für den Händler mit dem Rückkauf und der Weiterveräußerung der von den Leasingnehmern zurückgegebenen Fahrzeuge verbunden sei, könnten nicht als Teil seiner Provision für die Vermittlung der betreffenden Leasingverträge angesehen werden. 23

---

[31] BGH NJW 1990, 1290, 1293. Die Zulässigkeit der formularmäßigen Abbedingung der Rügeobliegenheit des § 377 HGB wird man jedenfalls dann bejahen müssen, wenn offensichtliche Mängel ausgenommen werden; wie hier MünchKomm/*Habersack* Leasing, Rdn. 45; Ulmer/Brandner/Hensen/*H. Schmidt* Anh. § 310 BGB Rdn. 533.
[32] BGH NJW 1984, 2034.
[33] BGH NJW 1990, 2546.
[34] Hierzu BGH NJW 1990, 1902 und NJW 1990, 3014.
[35] BGH NJW 1990, 2546.
[36] BGH NJW 1990, 1902.
[37] BGH NJW 1990, 3014, 3015.
[38] BGH NJW-RR 2006, 824 mit Anm. *Stoffels/Born* LMK 2006, 182247 und *v. Westphalen* BB 2006, 741.

24 **bb) Zulässiger Umfang der Rückkaufsverpflichtung.** Zu den Pflichten des Wiederverkäufers gehört es nach § 457 Abs. 1 BGB dem Wiederkäufer den gekauften Gegenstand herauszugeben. Problematisch sind AGB-Abreden, die hiervon abweichen, etwa indem sie dem Leasinggeber das Recht einräumen die Übergabe des Leasingobjekts durch Abtretung der Herausgabeansprüche gegenüber dem Besitzer an den Lieferanten zu ersetzen[39] oder dem Leasinggeber den Kaufpreisanspruch gegen den Lieferanten unabhängig davon zugestehen, ob der Leasinggegenstand noch vorhanden ist und damit herausgegeben werden kann.[40] In der Praxis geht es vor allem um den nicht unter Versicherungsschutz stehenden Fall der Veruntreuung des Leasinggegenstandes durch den Leasingnehmer. Zwar mag an der Absicherung dieses Risikos mitunter ein schützenswertes Interesse des Leasinggebers bestehen. Ein Kaufvertrag bzw. Wiederverkaufsvertrag hinsichtlich des Leasinggegenstands ist aber hierfür nicht der geeignete Vertragstyp. Eine Bestimmung, die den Käufer einer Sache zur Kaufpreiszahlung verpflichtet, selbst wenn der Verkäufer ihm nicht den Besitz an dem Kaufgegenstand verschaffen kann, sondern nur das Eigentumsrecht überträgt, kann in AGB eines Kaufvertrags nicht getroffen werden. Eine solche Vertragsgestaltung ist jedenfalls bei einem Wiederverkaufsrecht mit wesentlichen Verkäuferpflichten unvereinbar und benachteiligt den Lieferanten als Käufer entgegen den Geboten von Treu und Glauben unangemessen (§ 307 Abs. 2 Nr. 2 BGB).[41] Die vertragstypspezifischen Bedenken des BGH lassen sich evtl. dadurch ausräumen, dass sich der Leasinggeber in einer separaten Vereinbarung eine zusätzliche Absicherung in Form einer Bürgschaft des Lieferanten verschafft.[42]

25 Für Schäden der Leasingsache, die über die gewöhnliche Abnutzung hinausgehen, haftet der Leasinggeber als Wiederverkäufer nach den **kaufrechtlichen Gewährleistungsvorschriften** (§§ 434, 437 ff. BGB).[43] § 457 Abs. 2 Satz 2 BGB, der in Abkehr vom kaufvertraglichen Gewährleistungsrecht das Minderungsrecht bei unverschuldeter Verschlechterung oder nur unwesentlicher Veränderung ausschließt, kann auf Fälle des Wiederverkaufsrechts nicht analog angewendet werden.[44]

26 Fraglich ist, ob und in welchem Umfang die **Gewährleistungshaftung** des Leasinggebers im Verhältnis zum Lieferanten in AGB **ausgeschlossen** werden kann. Da es sich bei dem Lieferanten um einen Unternehmer handelt, stehen weder die Vorschriften über den Verbrauchsgüterkauf (§§ 474 ff. BGB) noch § 309 Nr. 8 lit. b BGB (vgl. § 310 Abs. 1 BGB) einem Gewährleistungsausschluss im Wege. Da es sich im Zeitpunkt der Aktualisierung des Rückkaufrechts auch nicht mehr um neu hergestellte Sachen handelt, kommt auch eine Ausstrahlungswirkung des § 309 Nr. 8 lit. b BGB auf den unternehmerischen Verkehr nicht in Betracht. Für die Zulässigkeit des Ausschlusses der Gewährleistung spricht im Übrigen, dass er sich wirtschaftlich betrachtet nur dann auswirkt, wenn der Schaden am Leasingobjekt nicht durch eine Versicherung abgedeckt ist. Kommt eine Versicherung für die Beschädigung auf, so muss dies auch dem Lieferanten zugute kommen. Es bleiben daher vor allem die Fälle, in denen es der Leasingnehmer pflichtwidrig versäumt hat, eine Versicherung abzuschließen oder die Beiträge zu entrichten. Derartige Vorkommnisse dürften vor allem bei insolventen Leasingnehmern zu erwarten sein. Damit fügt sich der Gewährleistungsausschluss stimmig in die Zielrichtung der gesamten Rückkaufvereinbarung ein. Treten nicht besondere Umstände hinzu, kann im Ausschluss

---

[39] BGH NJW 2003, 2607.
[40] OLG Rostock NJW 2006, 304.
[41] Grundl. BGH NJW 2003, 2607; auf dieser Linie auch OLG Rostock NJW 2006, 304.
[42] Hierzu *Graf von Westphalen* BB 2004, 2026.
[43] MünchKomm/*H. P. Westermann* § 456 BGB Rdn. 6; *H. Beckmann* Finanzierungsleasing § 3 Rdn. 198; für analoge Anwendung der Rücktrittsvorschriften Bamberger/Roth/*Faust* § 457 BGB Rdn. 14.
[44] BGH NJW 1990, 2546 und 3014; OLG Düsseldorf NJW-RR 1991, 53; Staudinger/*Mader* Vorbem. zu §§ 456 ff. BGB Rdn. 14.

der Gewährleistung keine unangemessene Benachteiligung des Lieferanten erblickt werden.[45]

e) Rücktrittsrecht für den Fall der Insolvenz des Leasingnehmers beim Eintrittsmodell. In der Praxis begegnet man schließlich Klauseln, mit denen sich die in den Lieferungsvertrag einsteigende Leasinggesellschaft vor der Insolvenz des Leasingnehmers in der Zeitphase vor der vollständigen Abnahme des Leasinggegenstandes abzusichern versucht. Um dies zu erreichen, bedingt sich die Leasinggesellschaft in ihren Bestellbedingungen ein Rücktrittsrecht aus, bei dessen Ausübung rückwirkend die Vertragsübernahme entfallen und der Lieferungsvertrag wieder mit dem Leasingnehmer bestehen soll sowie von der Leasinggesellschaft bereits vertragsgemäß erbrachte Teilleistungen vom Lieferanten zu erstatten sind. Eine solche Vertragsgestaltung kann je nach den Umständen des Einzelfalles überraschenden Charakter im Sinne des § 305c Abs. 1 BGB aufweisen. Auch im kaufmännischen Verkehr muss ein Lieferant bei einer nach den sonstigen Umständen definitiven Vereinbarung einer Vertragsübernahme nicht ohne weiteres damit rechnen, dass die Leasinggesellschaft es in der Hand haben soll, einen rückwirkenden Wefall der Wirkungen der Vertragsübernahme herbeizuführen.[46]

27

---

[45] So im Ergebnis auch *H. Beckmann* Finanzierungsleasing § 3 Rdn. 199; restriktiver hingegen *Leyens* MDR 2003, 312.
[46] OLG Oldenburg Urt. v. 4. 5. 2007 – 1 U 45/46 – BeckRS 2007 08840.

5. Kapitel. Das Rechtsverhältnis zwischen Leasinggeber und Lieferant sowie die Eigenhaftung des Lieferanten

§ 10. Einzelvereinbarungen

Schrifttum: *Beckmann* Haftung des Leasinggebers und des Lieferanten wegen Falschberatung, CR 1994, 600; *ders.* Zur Sittenwidrigkeit von Finanzierungsleasingverträgen bei Computerwaren, CR 1996, 149, *ders.* Finanzierungsleasing, 3. Aufl. 2006; *Beuthien* Zur Wissenszurechnung nach § 166 BGB – § 166 II BGB ausweiten – § 166 I BGB klarer ordnen – NJW 1999, 3585; *Beyer* Entwicklungstendenzen im Leasingrecht – dargestellt anhand der Rechtsprechung des Bundesgerichtshofs, DRiZ 1999, 234; *Canaris* Bankvertragsrecht, 4. Aufl. 1988; *Emmerich* Grundprobleme des Leasings, JuS 1990, 1; *Gitter* Gebrauchsüberlassungsverträge, 1988; *Gröschler* Die Pflicht des Verkäufers zur Aufklärung über Mängel nach neuem Kaufrecht, NJW 2005, 1601; *Hagenmüller/Stoppok* Leasing-Handbuch, 5. Aufl. 1988; *Huber/Faust* Schuldrechtsmodernisierung. Einführung in das neue Recht, 2002; *Koch* Computervertragsrecht, 6. Aufl. 2002; *Koller* Wissenszurechnung, Kosten und Risiken, JZ 1998, 75; *Leyens* Leasing – Grenzen der formularmäßigen Risikoabwälzung vom Leasinggeber auf den Hersteller/Lieferanten, MDR 2003, 312; *Lieb* Gewährleistung beim reinen Finanzierungsleasing, DB 1988, 2495; *ders.* § 9 Verbraucherkreditgesetz und Finanzierungsleasing, WM 1991, 1533; *Martinek* Moderne Vertragstypen Band I: Leasing und Factoring, 1991; *Müller-Sarnowski* Privat-Pkw-Leasingverträge und das neue Verbraucherkreditgesetz, DAR 1992, 81; *dies.* Privat-Autoleasing nach der Schuldrechtsreform, eine Bestandsaufnahme, DAR 2002, 485; *Reinking,* Zur Gefahrtragung beim Leasingvertrag, EWiR § 9 AGBG 2/03, 793; *Reinicke/Tiedtke* Kaufrecht, 7. Aufl. 2004; *Reinking/Eggert* Der Autokauf, 9. Aufl. 2005; *Reinking/Nießen* Problemschwerpunkte im Verbraucherkreditgesetz, ZIP 1991, 634, 637; *Schimansky/Bunte/Lwowski* Bankrechts-Handbuch, § 101 (bearbeitet von *Martinek/Oechsler*); 3. Aufl. 2006; *Schulz* Zur Vertretung im Wissen, NJW 1990, 477; *Seifert* Die Rechtsposition des Lieferanten im Verhältnis zum Leasinggeber, FLF 1989, 105; *Tacke* Leasing, 3. Aufl. 1999; *Tiedtke* Die Aufhebung des belasteten Anwartschaftsrechts ohne Zustimmung des Pfandgläubigers, NJW 1985, 1305; *Stoll* Zum Vertrauensschaden bei arglistiger Täuschung im Rahmen von Vertragsverhandlungen, JZ 1999, 95; *ders.* in FS für Riesenfeld, 1983, S. 275; *Weber,* Die Entwicklung des Leasingrechts von Mitte 2003 bis Mitte 2005, NJW 2005, 2195; *Graf v. Westphalen* Leasing-AGB markengebundener Kfz-Unternehmen, DAR 1984, 337; *ders.* Der Leasingvertrag, 5. Aufl. 1998; *ders.* Rechtsprechungsübersicht zum Leasingrecht 2002–2004, BB 2004, 2025; *Wolf/Eckert/Ball* Handbuch des gewerblichen Miet-, Pacht- und Leasingrechts, 9. Aufl., 2004; *Wolf/Horn/Lindacher* AGB-Gesetz, 4. Aufl. 1999.

Übersicht

	Rdn.
I. Allgemeines	1
II. Die Vertragsanbahnung	3
III. Das Rechtsverhältnis zwischen Leasinggeber und Lieferant bei Vertragsverhandlung mit dem Leasingnehmer	9
1. Die Erfüllungsgehilfenstellung des Lieferanten	9
a) Die Entstehung der Erfüllungsgehilfenstellung	10
b) Hilfspersonen des Lieferanten	15
c) Vorvertragliche Aufklärungs- und Beratungspflichten im Leasinggeschäft	16
d) Atypische Sondervereinbarungen	19
e) Die Beendigung der Erfüllungsgehilfenstellung und ihr Wiederaufleben	21
f) Die Haftung des Leasinggebers für das Fehlverhalten seines Erfüllungsgehilfen	22
g) Haftungsausschlussregelungen	28
2. Der Lieferant als Wissensvertreter des Leasinggebers	32
3. Der Lieferant als Verrichtungsgehilfe des Leasinggebers	37
4. Die Haftung im Verhältnis Leasinggeber – Lieferant	38
IV. Die Eigenhaftung des Lieferanten gegenüber dem Leasingnehmer	41
1. Schutz-, Aufklärungs- und Beratungspflichten des Lieferanten	41
2. Delikts- und Produkthaftung	48
a) Produkthaftung im Leasinggeschäft	49
b) Ansprüche	50

5. Kapitel. Das Rechtsverhältnis zwischen Leasinggeber und Lieferant § 10

	Rdn.
V. Der Liefervertrag	55
1. Die Rechtsnatur des Liefervertrages	55
2. Willensmängel und Nichtigkeitsgründe	56
3. Rechte und Pflichten aufgrund des Liefervertrages	59
a) Die Pflichten des Lieferanten	59
b) Die Pflichten des Leasinggebers	66
VI. Häufige Regelungen zur Verlagerung des Risikos des Leasinggebers auf den Lieferanten	69
1. Vermarktungspflicht des Lieferanten	69
2. Nachmieterbenennung	70
3. Rückkaufvereinbarungen	71

I. Allgemeines

Hersteller oder Händler eines Produktes bieten den Abschluss eines Leasingvertrages eher 1 selten selbst an (Hersteller- oder Händlerleasing).[1] Das Leasinggeschäft ist typischerweise von einem Dreieckverhältnis zwischen Leasinggesellschaft, Leasingnehmer und Lieferant geprägt, bei dem vertragliche Beziehungen nur zwischen Leasinggeber und Lieferant sowie zwischen Leasinggeber und Leasingnehmer bestehen. Dies ist auch dann der Fall, wenn die Finanzierung des Absatzes durch eine mit dem Hersteller wirtschaftlich oder gesellschaftsrechtlich verbundene aber rechtlich selbständige Leasinggesellschaft erfolgt.[2] Gleichwohl dürfen im leasingtypischen Dreiecksverhältnis die vielfältigen Verknüpfungen zwischen Leasing- und Liefervertrag nie vergessen werden. Sie verbieten es, das Vertragverhältnis zwischen Leasinggeber und Lieferant isoliert zu erörtern. Immer muss auch der Leasingbezug in die Betrachtung eingeschlossen werden.[3]

In der Praxis werden Leasinggeschäfte sowohl zur Finanzierung einzelner Anschaffun- 2 gen wie auch auf der Grundlage dauerhafter Kooperationsabkommen (vgl. hierzu § 11) abgeschlossen. Die Verhandlungen über die Einzelheiten des zwischen Leasinggeber und Lieferanten (Hersteller oder Händler) zu schließenden Liefervertrages werden in der Regel nicht von der Leasinggesellschaft, sondern vom Lieferanten des Leasinggutes mit dem Leasingnehmer geführt.[4] Ausnahmen finden sich etwa im Bereich des Fuhrpark- oder Flottenleasing.[5] Hier ist es häufiger die Leasinggesellschaft selbst, die die Vertragsmodalitäten mit dem Händler aushandelt,[6] nachdem zuvor der Leasingnehmer mit der Leasinggesellschaft einen Leasingvertrag abgeschlossen hat.[7] Ansonsten ist der Fall, dass der spätere Leasingnehmer sich selbst um eine Finanzierung kümmert, indem er vor Kontaktaufnahme mit dem Lieferanten oder auch nach Abschluss eines Kaufvertrages eine passende Leasinggesellschaft sucht, eher selten.[8] Kommt ein Leasingvertrag zustande, bevor der Liefervertrag abgeschlossen wurde, stellen die Vertragsparteien den Lea-

---

[1] Vgl. Staudinger/*Stoffels* (2004) Leasing Rdn. 27.
[2] Auch in diesem Fall kommen die Regeln über das Finanzierungsleasing zur Anwendung (BGHZ 97, 65 = NJW 1986, 1335; a. A. früher u. a. *Graf v. Westphalen,* DAR 1984, 337 m. w. N. sowie OLG Frankfurt WM 1982, 723; LG Berlin DB 1982, 2452; dagegen zu Recht Staudinger/*Stoffels* Leasing Rdn. 28).
[3] Ausgenommen aus der Betrachtung bleiben an dieser Stelle Sale-and-lease-back Verträge (vgl. hierzu unten Kapitel 19), bei denen der Leasinggeber die Leasingsache vom Leasingnehmer erhält, der dem Leasinggeber eine ihm selbst gehörende Sache veräußert, um sie sofort wieder vom Leasinggeber zurückzuleasen (vgl. hierzu auch Staudinger/*Stoffels* Leasing Rdn. 30 ff.).
[4] *Tacke* Leasing S. 50 ff.
[5] Zu Rahmenverträgen vgl. noch unten § 11.
[6] *Reinking/Eggert* Der Autokauf Rdn. 907.
[7] Verhandelt im Falle eines nachgeschalteten Kaufvertrages der Leasingnehmer mit dem Händler, wird ihm regelmäßig aufgegeben zu vereinbaren, dass die Kaufpreiszahlung erst nach Lieferung und Übernahmebestätigung erfolgt und das Eigentum an dem Leasinggegenstand unmittelbar auf den Leasinggeber übergeht.
[8] *Graf v. Westphalen* Der Leasingvertrag Rdn. 91.

singvertrag am besten unter die Bedingung, dass der Vertrag zwischen Leasinggeber und Lieferant rechtswirksam geschlossen wird.[9] Letztere – selten anzutreffende – Vertragskonstellation bleibt im Rahmen der nachstehenden Erörterungen außer Betracht. Ausgegangen wird von den Regelmodellen, bei denen der Liefervertrag gleichzeitig mit oder vor dem zu seiner Finanzierung vereinbarten Leasingvertrag abgeschlossen wird.[10] In welcher Weise der Liefervertrag dabei mit dem Leasingvertrag verknüpft ist, ist durch Auslegung im Einzelfall zu ermitteln.[11]

II. Die Vertragsanbahnung

1.

3   Dem Abschluss eines Leasinggeschäftes gehen regelmäßig Vorgespräche voraus, die neben der Auswahl des Leasinggegenstandes, seiner Beschaffenheit und den Erwerbsbedingungen auch Einzelheiten des Leasingvertrages wie dessen Laufzeit, Kündbarkeit, die Berechnung und Zahlung der Leasingraten etc. zum Gegenstand haben.[12] Die Verhandlungen werden in der Regel auf Initiative des späteren Leasingnehmers mit dem Lieferanten geführt (**Vorverhandlungsmodell**).[13] Händler bzw. Hersteller höherwertiger Güter arbeiten dabei häufig mit einer bestimmten, teilweise aber auch mit mehreren Leasinggesellschaften zusammen, um die Finanzierungswünsche der Kunden erfüllen zu können.[14] Oft halten sie die Antragsformulare zum Abschluss eines Leasingvertrages bereits vor, um einem Kunden und potentiellen Leasingnehmer, sollte er den Wunsch nach Finanzierung äußern, diese unmittelbar vorlegen zu können. Der Lieferant bereitet in diesem Fall die Antragsunterlagen abschlussreif vor und gibt sie anschließend der Leasinggesellschaft, die – nach deren Prüfung – über Annahme oder Ablehnung des Antrags entscheidet.[15] Der Leasingvertrag kommt in einem solchen Fall unmittelbar zwischen Leasingnehmer und Leasinggeber zustande, ohne dass der Leasingnehmer zunächst mit dem Lieferanten einen Vertrag abschließt.

2.

4   a) Teilweise vollzieht sich der Abschluss des Leasinggeschäfts allerdings auch derart, dass der künftige Leasingnehmer den Liefervertrag zunächst mit dem Lieferanten selbst abschließt und die Vertragsparteien erst später eine Leasinggesellschaft einschalten (**Eintrittsmodell**).[16] Handelt es sich bei dem künftigen Leasingnehmer um einen **Verbrau-**

---

[9] Zur rechtlichen Verknüpfung zwischen Kauf- und Leasingvertrag vgl. noch unten Rdn. 8.
[10] Staudinger/*Stoffels* (2004) Leasing Rdn. 97.
[11] *Reinking/Eggert* Der Autokauf Rdn. 908.
[12] Zur Vertragsanbahnung im Leasinggeschäft vgl. bereits ausführlich oben § 5 II.
[13] *Martinek/Oechsler* Bankrechts-Handbuch § 101 Rdn. 34 m. w. N.
[14] Staudinger/*Stoffels* (2004) Leasing Rdn. 98.
[15] Eine in dem Vertragsformular vorgesehene **Annahmefrist** von nicht mehr als 4 Wochen hält auch im Geschäftsverkehr mit Verbrauchern der Inhaltskontrolle nach §§ 308 Nr. 1, 307 Abs. 2 Nr. 2 BGB stand, da der Leasinggeber sowohl die Bonität des Leasingnehmers als auch des Lieferanten zu überprüfen hat (MünchKomm/*Habersack* Leasing Rdn. 48 m. w. N.; zur Unwirksamkeit einer zweimonatigen Annahmefrist gem. § 10 Nr. 1 AGBG (= § 308 Nr. 1 BGB n. F.) vgl. OLG Hamm NJW-RR 1986, 927, 928). Ist in den Leasingbedingungen ein Verzicht des Leasingnehmers auf den Zugang der Annahmeerklärung gem. § 151 S. 1 BGB enthalten, hat der Leasinggeber allerdings die Pflicht, den Leasingnehmer unverzüglich über die Ablehnung der Annahme in Kenntnis zu setzen (so zu Recht MünchKomm/*Habersack* Leasing Rdn. 48 m. w. N.; a. A. OLG Hamm NJW-RR 1986, 927).
[16] Staudinger/*Stoffels* (2004) Leasing Rdn. 104; *Martinek/Oechsler* in: Bankrechts-Handbuch § 101 Rdn. 34; wurde der Liefervertrag zwischen Lieferant und Leasingnehmer mit Betrugsabsicht nur zum Schein abgeschlossen, kann sich der Leasingnehmer nach Treu und Glauben gegenüber der gutgläubig eingetretenen Leasinggesellschaft allerdings nicht auf das Fehlen oder den Wegfall der

5. Kapitel. Das Rechtsverhältnis zwischen Leasinggeber und Lieferant § 10

cher, unterliegt der zunächst zwischen ihm und dem Lieferanten abgeschlossene Kaufvertrag den Regelungen der §§ 474 ff. BGB.[17] Der spätere Eintritt des Leasinggebers ändert daran grundsätzlich nichts.[18] „Steigt" die Leasinggesellschaft in den Liefervertrag ein, kommt es regelmäßig[19] zu einer **Vertragsübernahme**, aufgrund derer die Leasinggesellschaft an die Stelle des Leasingnehmers als Vertragspartner des Lieferanten tritt.[20] Ab dem Zeitpunkt der Vertragsübernahme bestehen zwischen Lieferant und Leasingnehmer keine vertraglichen Beziehungen mehr.[21] Zur **Wirksamkeit** der Vertragsübernahme ist die Mitwirkung aller Beteiligten notwendig.[22] Möglich ist eine dreiseitige Vereinbarung. Ausreichend ist aber auch die Regelung der Vertragsübernahme im Leasingvertrag selbst, wenn der Lieferant dem zustimmt.[23] Vereinbaren sich Lieferant und Leasinggeber über die Abwicklung eines zunächst mit dem Leasingnehmer geschlossenen Kaufvertrages, so enthält dies regelmäßig eine befreiende **Schuldübernahme** im Sinne des § 414 BGB.[24] Vor einer Vertragsübernahme an den Lieferanten bereits geleistete **Anzahlungen** kommen nach der Vertragsübernahme dem Vertragsübernehmer zugute.[25] Anzahlungen, die nach dem Kaufvertrag noch zu leisten sind, hat nach der Vertragsübernahme der Leasinggeber zu erbringen. Regelmäßig werden die Parteien der Vertragsübernahme allerdings vereinbaren, dass, wie beim Finanzierungsleasing üblich, der Kaufpreis erst nach Lieferung und Übernahmebestätigung vom Leasinggeber erbracht wird.[26]

b) Besteht ein Grund, die Vertragsübernahme **anzufechten**, muss die Anfechtung 5 gegenüber allen an der Vertragübernahme beteiligten und durch die Vertragsübernahme betroffenen Personen erfolgen.[27] Findet in diesem Zusammenhang eine Täuschung des Leasinggebers durch den Lieferanten statt, so kann die Anfechtung demgemäß nur durch eine sowohl dem Leasingnehmer wie dem Lieferanten gegenüber abzugebende Anfechtungserklärung erfolgen.[28] Zu beachten gilt es darüber hinaus, dass die im Falle einer Vertragsübernahme den neuen Vertragspartnern grundsätzlich offenstehende Möglich-

---

Geschäftsgrundlage des Leasingvertrages wegen Nichtigkeit des Liefervertrages berufen (BGHZ 161, 90 = BGH NJW 2005, 359).

[17] MünchKomm/*Habersack* Leasing Rdn. 41; zum Verbraucherschutz im Leasinggeschäft vgl. im Einzelnen noch unten Kapitel 14.
[18] MünchKomm/*Habersack* Leasing Rdn. 41.
[19] Bisweilen wird auch ein **Beitritt** des Leasinggebers zum Vertrag vereinbart, vgl. *Lieb* WM 1991, 1533, 1535; MünchKomm/*Habersack* Leasing Rdn. 49; möglich ist auch die Vereinbarung, dass der Leasinggeber sich an Stelle einer befreienden Schuldübernahme durch **Erfüllungsübernahme** (§ 329 BGB) zur Tilgung der Kaufpreisschuld verpflichtet (OLG Dresden NJW-RR 1996, 625). Der Leasinggeber, der die Kaufpreisschuld an den Händler zahlt, ist in diesem Fall nicht Erfüllungsgehilfe des Leasingnehmers, sondern Dritter i. S. v. § 267 Abs. 1 Satz 1 BGB, wobei der Leasinggeber die Einlösung eines hierzu hingegebenen Schecks unabhängig von der Verpflichtung des Leasingnehmers (Käufers) zur unbedingten Zahlung einseitig von Bedingungen – insbesondere der Auslieferung des Leasinggutes an den Leasingnehmer und der Eigentumsverschaffung – abhängig machen kann. Bei Einlösung des Schecks ohne Erfüllung dieser Bedingung steht dem Leasinggeber ein Rückforderungsanspruch aus § 812 Abs. 1 Satz 2 Alt. 2 BGB zu; zum Fall einer als „Erfüllungsübernahme" bezeichneten Schuldübernahme vgl. BGH NJW-RR 1993, 307, 308 f.
[20] BGH WM 1985, 1172 ff; BGHZ 96, 302, 307 ff. = BGH NJW 1986, 918; BGHZ 110, 130, 139 f. = NJW 1990, 1290, 1292; MünchKomm/*Habersack* Leasing Rdn. 49; *Martinek/Oechsler* in Bankrechts-Handbuch § 101 Rdn. 34.
[21] OLG Düsseldorf NZV 1994, 431, für den Fall, dass im Kaufvertrag als Zahlungsweise „Leasing über 36 Monate" angegeben war und der Kunde gleichzeitig einen entsprechenden Leasingantrag unterschrieben hat, der später von der Leasinggesellschaft angenommen wurde.
[22] MünchKomm/*Möschel* vor § 414 Rdn. 8 m. w. N.
[23] *Graf v. Westphalen* Leasingvertrag Rdn. 216; *Reinking/Eggert* Der Autokauf Rdn. 907 m. w. N.
[24] *Reinking/Eggert* Der Autokauf Rdn. 907 m. w. N.
[25] MünchKomm/*Habersack* Leasing Rdn. 50.
[26] MünchKomm/*Habersack* Leasing Rdn. 50.
[27] Zur Anfechtung im Leasingdreieck vgl. ausführlich § 6 IV.
[28] BGH NJW 1986, 918 m. w. N.; Staudinger/*Stoffels* (2004) Leasing Rdn. 106.

keit, den **Vertrag** ohne Mitwirkung des früheren Vertragspartners zu **ändern**, im Leasinggeschäft aufgrund der Bezugnahme des Leasingvertrages auf den übernommenen Kaufvertrag nur eingeschränkt besteht. Dementsprechend ist aber auch etwa ein Ausschluss des Nachlieferungsanspruchs des Leasinggebers von der Zustimmung des Leasingnehmers abhängig zu machen.[29] Die schuldrechtliche Vertragsübernahme reicht im Übrigen auch nicht aus, ein **Anwartschaftsrecht**, das der Leasingnehmer an dem Leasinggegenstand erworben hat, auf den Leasinggeber übergehen zu lassen. Hierfür bedarf es einer Übertragung gemäß § 930 BGB. Eine solche kann natürlich aber auch konkludent vereinbart werden.[30] Ist das Anwartschaftsrecht belastet (z. B. mit einem Vermieter- oder Grundpfandrecht), bleiben diese Belastungen trotz Übertragung allerdings bestehen. Eine solche Belastung setzt sich nach Zahlung des Restkaufpreises auch am Volleigentum fort.[31] Nach Ansicht des BGH kann dies jedoch durch die Vereinbarung einer Aufhebung des Anwartschaftsrechts zwischen Leasingnehmer und Lieferant auch ohne Zustimmung des Pfandgläubigers verhindert werden, da im Anschluss hieran der Lieferant dem Leasinggeber unbelastetes Volleigentum übertragen könnte.[32] Diese Rechtsprechung wird in der Literatur zu Recht kritisiert.[33]

3.

6 a) **Unterbleibt** der Abschluss des **Leasingvertrages** und damit die Vertragsübernahme, bleibt der Käufer an einen von ihm wirksam[34] abgeschlossenen **Liefervertrag gebunden**.[35] Haben die Vertragsparteien bereits bei Abschluss des Liefervertrages die Finanzierung des Kaufpreises bzw. Werklohns über eine Leasinggesellschaft erwogen, können sie dem Risiko, dass der Leasingvertrag nicht zustande kommt und damit der Käufer/Besteller den Kaufpreis/Werklohn in bar schuldet,[36] allerdings durch Einräumung eines **Rücktrittsrechts** Rechnung tragen.[37] Häufiger anzutreffen sind in Lieferverträgen auch **Leasingfinanzierungsklauseln**,[38] die nicht nur die Absicht der Vertragsparteien aufzeigen, die Investition des Käufers und zukünftigen Leasingnehmers durch Einschaltung einer Leasinggesellschaft zu finanzieren, sondern eine rechtliche Verbindung zwischen Liefer- und Leasingvertrag dergestalt herstellen, dass sie die Wirksamkeit des Liefervertrages unter die **auflösende Bedingung** des **Nichtzustandekommens** des Leasingvertrages stellen.[39] Nach teilweiser Ansicht[40] stellt gar bereits der Hinweis auf die Leasingkonditionen in der Bestellurkunde für den Fall, dass sich die Vertragsbeteiligten über die Unfähigkeit des Käufers zur Barzahlung sowie die Finanzierung des Vertragsgegenstandes mittels Leasing einig sind, die Begründung einer auflösenden Bedingung für den Fall des Nichtzustandekommens des Leasingvertrages dar. Wird der Leasingvertrag im Endeffekt jedoch nur deswegen nicht abgeschlossen, weil es sich der Käufer/Besteller nachträglich anders

---

[29] MünchKomm/*Habersack* Leasing Rdn. 41 für den Fall, das der Leasingnehmer Verbraucher ist.
[30] MünchKomm/*Habersack* Leasing Rdn. 50.
[31] BGHZ 35, 85, 87 ff = NJW 1961, 1349; BGH NJW 1965, 1475 f.
[32] BGHZ 92, 280, 288 ff. = NJW 1985, 376.
[33] *Tiedtke* NJW 1985, 1305; Soergel/*Habersack* § 1276 Rdn. 2; MünchKomm/*Habersack* Leasing Rdn. 50.
[34] Zur Möglichkeit eines offenen Einigungsmangels i. S. d. § 154 BGB vgl. BGH NJW 1980, 698.
[35] BGH NJW-RR 1990, 1009, 1011; BGH NJW 1980, 698.
[36] BGH NJW-RR 1990, 1009, 1011; BGH NJW 1980, 698; *Wolf/Eckert/Ball* Handbuch Rdn. 1811.
[37] Staudinger/*Stoffels* Leasing Rdn. 105.
[38] z. B. „Finanzierung über Leasing"; „Zahlung auf Leasingbasis" oder „Finanzierungsbasis per Liefervertrag" (vgl. Staudinger/*Stoffels* Leasing Rdn. 105 m. w. N.).
[39] BGH NJW-RR 1990, 1009; vgl. auch OLG Köln DAR 1988, 273; Staudinger/*Stoffels* (2004) Leasing Rdn. 105; MünchKomm/*Habersack* Leasing Rdn. 49; *Graf v. Westphalen* Leasingvertrag Rdn. 217 ff.
[40] LG Zweibrücken NJW-RR 1995, 816.

überlegt, kann er sich gemäß § 162 Abs. 2 BGB auf das von ihm zu vertretende Nichtzustandekommen des Leasingvertrages nicht berufen.[41] Eine wider Treu und Glauben verstoßende Herbeiführung des Bedingungseintritts im Sinne des § 162 Abs. 2 BGB liegt allerdings nicht bereits darin, dass der Leasingnehmer nach Abschluss des Leasingvertrages aber noch vor Eintritt des Leasinggebers in den Liefervertrag von seinem ihm als Verbraucher zustehenden Widerrufsrecht (§§ 500, 495 Abs. 1, 355 BGB) Gebrauch macht.[42] In diesem Fall endet der Liefervertrag durch den Eintritt der vereinbarten auflösenden Bedingung.[43]

b) Bei **Verbraucherleasinggeschäften** hat der Gesetzgeber der vom Leasingnehmer regelmäßig angestrebten Befreiung von der kaufvertraglichen Bindung für den Fall der Nichtannahme des Leasingantrags bereits durch § 358 Abs. 2 Satz 1 BGB Rechnung getragen.[44] Allerdings kommt die Vorschrift des § 358 BGB nur bei **verbundenen Verträgen** zur Anwendung, was nicht zwingend der Fall sein muss, wenn ein Unternehmer mit einem Verbraucher ein Leasinggeschäft abschließt.[45] Bestehen Zweifel, ob ein Vertrag den Regelungen des Verbraucherschutzes zu verbundenen Verträgen unterfällt, ist die Aufnahme einer Vertragsklausel anzuraten, die klarstellt, dass der Kaufvertrag für den Fall des Nichtzustandekommens des Leasingvertrages keine Geltung behalten soll.[46]

c) Die **Vertragsgestaltungen** zur **Verknüpfung des Liefervertrages mit dem Leasingvertrag sind vielfältig.** Möglich ist auch, dass ein Kaufvertrag durch den Leasingvertrag **ersetzt** werden soll und der Kaufvertrag dementsprechend unter der auflösenden Bedingung des Zustandekommens des Leasingvertrages steht.[47] In diesem Fall trägt der Käufer das Risiko des Bedingungseintritts. Allerdings kann er sich vom Kaufvertrag lösen, wenn der Lieferant den Bedingungseintritt wider Treu und Glauben verhindert.[48] Den Vermerk „Zahlung auf Leasingbasis" hat das AG München gar dahingehend ausgelegt, dass der Lieferant einen Leasingvertrag zu vermitteln hat und der Kunde von vornherein lediglich als Leasingnehmer auftreten soll.[49] Der Hinweis auf eine „Finanzierung durch Leasing" im Kaufvertrag kann indes auch dahingehend zu interpretieren sein, dass sich der Lieferant nur im Voraus mit der Vertragsübernahme durch einen vom Käufer noch zu findenden Leasinggeber einverstanden erklärt.[50] Inwieweit ansonsten eine Verpflichtung besteht, einer Vertragübernahme durch einen Leasinggeber zuzustimmen, hängt jeweils vom konkreten Einzelfall ab.[51]

---

[41] BGH NJW-RR 1990, 1009, 1011; Staudinger/*Stoffels* (2004) Leasing Rdn. 105; MünchKomm/*Habersack* Leasing Rdn. 49.
[42] *Lieb* WM 1991, 1533, 1535 Fn. 25; Staudinger/*Stoffels* Leasing Rdn. 105; MünchKomm/*Habersack* Leasing Rdn. 49.
[43] MünchKomm/*Habersack* Leasing Rdn. 49.
[44] Bereits vor der Schuldrechtsreform wurde dies durch eine entsprechende Anwendung von § 9 Abs. 3 VerbrKrG vertreten (*Reinking/Eggert* Der Autokauf Rdn. 910 m. w. N.).
[45] *Reinking/Eggert* Der Autokauf Rdn. 910.
[46] *Reinking/Eggert* Der Autokauf Rdn. 910; der Leasinggesellschaft ist wiederum zu raten, eine Vereinbarung zu treffen, nach der die Verpflichtung zum Eintritt in den Kaufvertrag aufgehoben wird, wenn der Leasingnehmer den Leasingvertrag widerruft (*Lieb* WM 1991, 1533, 1536; *Reinking/Eggert* Der Autokauf Rdn. 910).
[47] So für den Fall eines handschriftlichen Eintrags „Leasing über Bank" in Verbindung mit einer vorformulierten Klausel im Kaufantrag, wonach der Kaufvertrag auflösend bedingt ist für den Fall, dass ein Leasingvertrag über ein entsprechendes Leasingobjekt abgeschlossen wird – OLG Düsseldorf OLGR 1996, 78.
[48] *Reinking/Eggert* Der Autokauf Rdn. 909.
[49] *Reinking/Eggert* Der Autokauf Rdn. 908 unter Hinweis auf die nicht veröffentlichte Entscheidung des AG München v. 8. 11. 1983–10 C 16337/83.
[50] BGH NJW-RR 1990, 1009 ff.
[51] *Reinking/Eggert* Der Autokauf Rdn. 909

III. Das Rechtsverhältnis zwischen Leasinggeber und Lieferant bei Vertragsverhandlungen mit dem Leasingnehmer

1. Die Erfüllungsgehilfenstellung des Lieferanten

9 Ein Leasingvertrag wird in der Regel nicht vom Lieferanten als Vertreter des Leasinggebers mit dem Leasingnehmer abgeschlossen.[52] Auch die Überlassung der Antragsformulare durch den Leasinggeber rechtfertigt ohne Hinzutreten besonderer Umstände nicht die Annahme des Bestehens einer Duldungs- oder Anscheinsvollmacht des Lieferanten.[53] In den typischen Antragsformularen zum Abschluss eines Leasingvertrages findet sich vielmehr die ausdrückliche Formulierung, dass sich der Leasinggeber die Annahme des Angebots vorbehält.[54] Damit bringt der Leasinggeber deutlich zum Ausdruck, dass der Lieferant keine Vollmacht hat, in seinem Namen Willenserklärung abzugeben.[55] Tut er dies doch, werden solchermaßen abgegebene Erklärungen nicht zum Inhalt des Leasingvertrages.[56] Allerdings können unzutreffende Erklärungen oder unterlassene Hinweise des Lieferanten über §§ 280 Abs. 1, 278 BGB zu einer Schadensersatzverpflichtung des Leasinggebers gegenüber dem Leasingnehmer führen.[57]

10 **a) Die Entstehung der Erfüllungsgehilfenstellung. aa)** Übernimmt ein Dritter, gleichgültig ob selbständig oder nicht, mit Wissen und Wollen einer (späteren) Vertragspartei Aufgaben, die typischerweise dieser obliegen, so wird er in ihrem Pflichtenkreis tätig und ist damit als ihr Erfüllungsgehilfe zu qualifizieren.[58] Dementsprechend ist auch ein Lieferant, der von einer Leasinggesellschaft mit der Anbahnung von Leasingverträgen und der Führung der Vorverhandlungen beauftragt wird, deren **Erfüllungsgehilfe**.[59]

11 **bb)** Die Erfüllungsgehilfeneigenschaft des Lieferanten **entsteht** nicht nur bei ausdrücklicher Beauftragung mit der Verhandlungsführung durch den Leasinggeber.[60] Auch seine rein tatsächliche Betrauung[61] bzw. die Zusammenarbeit[62] mit ihm reichen aus, um seine Erfüllungsgehilfeneigenschaft zu begründen. So ist von einer Erfüllungsgehilfenstellung des Lieferanten etwa auszugehen, wenn der Leasinggeber dem Lieferanten Vordrucke des Leasingvertrages überlässt, die er später ausgefüllt zugeschickt bekommt.[63] Die pauschale Behauptung, der Leasinggeber sei „ständiger Finanzierungspartner" des

---

[52] BGHZ 95, 170 = BGH NJW 1985, 2258; BGH NJW 1986, 1809; BGH NJW 1988, 204; *Bamberger/Roth/Ehlert* vor § 535 Rdn. 67; *Reinking/Eggert* Der Autokauf Rdn. 901.

[53] BGHZ 95, 170, 174, insoweit nicht abgedruckt in BGH NJW 1985, 2258; BGH NJW 1988, 204, 206; Erman/*Jendrek* Anh. § 536 Rdn. 19; MünchKomm/*Habersack* Leasing Rdn. 46; *Emmerich* JuS 1990, 1, 4; Bamberger/Roth/*Ehlert* vor § 535 Rdn. 67.

[54] *H. Beckmann* Finanzierungsleasing § 3 Rdn. 98; *Reinking/Eggert* Der Autokauf Rdn. 901 m. w. N.; zu den in den Antragsformularen regelmäßig vorformulierten Annahmefristen des Leasinggebers vgl. Staudinger/*Stoffels* Leasing Rdn. 100.

[55] Eine Bevollmächtigung bei Durchführung des Leasingvertrages ist allerdings anzunehmen, wenn der Lieferant auf der Vorderseite des Leasingvertrages deutlich sichtbar als „Ansprechpartner" des Leasinggebers bezeichnet wird. Damit werden auch Fragen der Vertragsabwicklung erfasst, womit auch ein von dem Lieferanten erklärter Verzicht auf weitergehende Forderungen gegenüber dem Leasingnehmer anlässlich der vorzeitigen Rückgabe des Leasingfahrzeuges dem Leasinggeber gegenüber wirksam ist (OLG Dresden NJW-RR 2003, 269).

[56] Vgl. auch BGH NJW 1989, 287.

[57] Vgl. unten § 10 Rdn. 22.

[58] BGH NJW 2001, 358.

[59] BGHZ 95, 170, 177; BGH NJW-RR 1988, 1622; BGH NJW 1988, 2463; BGH NJW 1989, 287; OLG Frankfurt NJW-RR 1990, 1207.

[60] BGHZ 95, 170 = BGH NJW 1985, 2258.

[61] BGH NJW 1995, 1146.

[62] BGH NJW 1985, 915.

[63] *Staudinger/Stoffels* (2004) Leasing Rdn. 167.

Lieferanten, genügt insoweit allerdings nicht.[64] Auf der anderen Seite müssen zwischen dem Lieferanten und dem Leasinggeber nicht bereits Geschäftsbeziehungen bestehen, um die Erfüllungsgehilfenstellung des Lieferanten bejahen zu können. Auch ein neuer Kontakt anlässlich eines konkreten Vertragsabschlusses genügt, um die Erfüllungsgehilfeneigenschaft des Lieferanten zu begründen.[65] Maßgeblich ist allein, dass sich der Leasinggeber zum Abschluss des Vertrages der Hilfe des Lieferanten bedient.[66]

cc) Zwar wird der weitgehenden **Qualifizierung** des Lieferanten als Erfüllungsgehilfen des Leasinggebers teilweise auch **kritisch** entgegengetreten[67] und hervorgehoben, der Leasinggeber könne das Verhalten des Lieferanten nicht kontrollieren und trete regelmäßig in einen fertig ausgehandelten Vertrag ein. Demzufolge müsse der Leasingnehmer selbst kontrollieren, dass alles, was er mit dem Lieferanten ausgehandelt hat, sich in dem niedergelegten Leasingvertrag auch wiederfindet. Diese Ansicht steht indes im Widerspruch zur ständigen Rechtsprechung des BGH,[68] nach der Erfüllungsgehilfe ist, wer mit Wissen und Wollen des Schuldners in dessen Pflichtenkreis tätig wird und ihm bei Erfüllung seiner Pflichten hilft.[69] Wenn es aber Aufgabe eines späteren Vertragspartners ist, die andere Vertragsseite auf bestimmte mit dem Vertragsabschluss einhergehende Risiken und Besonderheiten hinzuweisen bzw. aufzuklären,[70] wird auch ein Lieferant als Erfüllungsgehilfe eines Leasinggebers tätig, falls er bei Anbahnung und Abschluss eines Leasingvertrages[71] mit Wissen und Wollen des Leasinggebers die Gespräche mit dem künftigen Leasingnehmer führt, aufgrund der ihm zur Verfügung gestellten Unterlagen die Höhe der Leasingraten ausrechnet und weitere Einzelheiten des Vertrages verhandelt.[72] 12

dd) Dass der Leasinggeber in seinen **Allgemeinen Geschäftsbedingungen** niedergelegt hat, der Lieferant handele nicht als sein Erfüllungsgehilfe, ändert an der Erfüllungsgehilfenstellung des Lieferanten nichts. Setzt der Leasinggeber den Lieferanten bei den Vertragsverhandlungen als seine Hilfsperson ein, kann er die daraus folgende Zurechnung dessen Verhaltens nicht durch entgegenstehende Allgemeine Geschäftsbedingungen ausschließen.[73] 13

ee) **Ausgeschlossen** ist die Zurechnung einer im Rahmen der Kaufvertragsverhandlungen mit dem Lieferanten von diesem begangenen Sorgfaltspflichtverletzung allerdings, wenn die Finanzierungsfrage erst nach dem Abschluss des Kaufertrages aufkommt.[74] Entschließt sich ein Käufer nach Abschluss eines Kaufvertrages zur Einschaltung eines Leasinggebers, um den von ihm ganz oder noch teilweise geschuldeten Kaufpreis zu finanzieren, so tritt der Leasinggeber an die Stelle des Leasingnehmers **(Eintrittsmodell)**.[75] In 14

---

[64] BGH NJW 1995, 1146, 1147.
[65] BGH NJW-RR 1988, 241.
[66] BGHZ 95, 170, 180 = NJW 1985, 2258; BGH NJW 1989, 287.
[67] *Seifert* FLF 1989, 105; kritisch auch *Martinek/Oechsler* in Bankrechts-Handbuch § 101 Rn 35.
[68] Vgl. bereits BGHZ 13, 113.
[69] BGH NJW 2005, 365.
[70] Vgl. unten Rdn. 16 ff., 39 f.
[71] BGHZ 95, 170 = BGH NJW 1985, 2258; BGH NJW 1989, 287; BGH NJW 1992, 1754; BGH NJW 1995, 1146; *Martinek* Moderne Vertragstypen I S. 120; *H. Beckmann* Finanzierungsleasing § 3 Rdn. 102.
[72] Anderes gilt natürlich, wenn sich der Leasingnehmer in Eigeninitiative um die Leasingfinanzierung kümmert oder der Leasinggeber erst nach Abschluss des Kaufvertrages zwischen Lieferant und späterem Leasingnehmer eingeschaltet wird (*Reinking/Eggert* Der Autokauf Rdn. 900; OLG Düsseldorf ZIP 1989 A 59 Nr. 225); zum **Eintrittsmodell** vgl. auch die Ausführungen oben Rdn. 4.
[73] OLG Köln CR 1996, 22.
[74] OLG Dresden NJW-RR 1996, 625; OLG Düsseldorf NJW-RR 1997, 1142; *Staudinger/Stoffels* (2004) Leasing Rdn. 166; *Reinking/Eggert* Der Autokauf, 1099, 1103; *Graf v. Westphalen*, Leasingvertrag Rdn. 320 f.; *H. Beckmann* Finanzierungsleasing, § 3 Rdn. 104; *Martinek* Moderne Vertragstypen I S. 120 f.; *Palandt/Weidenkaff* vor § 535 Rdn. 54.
[75] Vgl. oben Rdn. 4.

diesem Fall wird der Lieferant nur dann und insoweit als Erfüllungsgehilfe des Leasinggebers tätig, als er mit dem künftigen Leasingnehmer die Verhandlungen über den Eintritt des Leasinggebers in den bereits geschlossenen Kaufvertrag und den Abschluss des Leasingvertrages mit Wissen und Wollen der Leasinggesellschaft führt.[76] Sorgt der Leasingnehmer für die Finanzierung des geschuldeten Kaufpreises ohne Einschaltung des Lieferanten selbst, kommt eine Erfüllungsgehilfenstellung des Letzteren von vornherein nicht in Betracht.[77] Beauftragt der Leasingnehmer den Lieferanten, einen Leasinggeber für ihn zu suchen, wird der Lieferant gar als Erfüllungsgehilfe des Leasingnehmers tätig.[78]

15 **b) Hilfspersonen des Lieferanten.** Schaltet der Lieferant eigene Hilfspersonen ein, so sind auch diese Erfüllungsgehilfen des Leasinggebers, wenn und soweit der Lieferant zur Hinzuziehung weiterer Personen befugt ist.[79] Dies kann sich auch aus den Umständen heraus ergeben.[80] Zuzurechnen ist damit etwa das Verhalten der Angestellten des Lieferanten, die von diesem mit der Wahrung der fraglichen Aufgaben betraut wurden,[81] aber auch das Verhalten eines vom Lieferanten eingeschalteten selbständigen Vertreters, mit dessen Einschaltung der Leasinggeber rechnen musste.[82] Ein eigenmächtiges oder gar strafbares Verhalten der Hilfsperson schließt die Zurechnung nicht aus, wenn bei wertender Betrachtung der tatsächlichen Umstände aus Sicht eines Außenstehenden der unmittelbare innere Zusammenhang mit dem übertragenen Aufgabenkreis (noch) gewahrt ist.[83]

16 **c) Vorvertragliche Aufklärungs- und Beratungspflichten im Leasinggeschäft.**
aa) Grundsätzlich gilt auch im Leasinggeschäft, dass derjenige, der ein Geschäft abschließen will, sich über dessen Folgen und Risiken informieren muss. Eine allgemeine Pflicht des Leasinggebers,[84] seinen Vertragspartner ungefragt über den **rechtlichen Inhalt und die wirtschaftlichen Folgen und Gefahren eines Leasingvertrages aufzuklären**, besteht nicht.[85] Anderes ist nur anzunehmen, wenn im Einzelfall besondere Umstände hinzutreten, die für das Bestehen einer besonderen Aufklärungs- und Beratungspflicht sprechen. Letzteres ist etwa der Fall, wenn der Leasinggeber davon ausgehen muss, dass sich der Leasingnehmer **falsche Vorstellungen** über Art, Inhalt oder Bedeutung des Leasingvertrages macht und diese Vorstellungen für seinen Entschluss, den Vertrag abzuschließen, mitentscheidend sind.[86] Dementsprechend hat der Leasinggeber den Leasingnehmer etwa darauf hinzuweisen, wenn er dem Leasingvertrag einen Inhalt geben will, der von den zwischen Lieferant und Leasingnehmer getroffenen Abreden abweicht.[87] Für den Leasingnehmer stellt sich der Erwerb der Leasingsache durch den Leasinggeber und die Gebrauchsüberlassung und Finanzierung aufgrund des Leasingvertrages regelmäßig als **wirtschaftliche Einheit** dar. Somit darf er aber auch darauf vertrauen, dass das Ergebnis seiner Verhandlungen mit dem Lieferanten sowohl dem Kaufvertrag als auch dem Leasingvertrag zugrunde gelegt wird. Diesem inneren Zusammenhang muss der Leasinggeber Rechnung tragen und auf kongruente Vertragsinhalte achten **(Kongruenzgebot)**.[88]

---

[76] MünchKomm/*Habersack* Leasing Rdn. 52 m. w. N.; zum Eintrittsmodell vgl. auch BGH NJW-RR 1989, 1140, 1142.
[77] *Martinek* Moderne Vertragstypen I S. 121.
[78] *Martinek* Moderne Vertragstypen I S. 121.
[79] BGH NJW 1983, 448; BGH WM 1995, 1455 m. w. N.
[80] *H. Beckmann* Finanzierungsleasing § 3 Rdn. 109.
[81] BGH NJW 1992, 1754.
[82] BGH NJW-RR 1988, 241; BGH NJW 2001, 358.
[83] BGH ZIP 1997, 548 m. w. N.
[84] Zu den besonderen Schutzvorschriften im Verbraucherrecht vgl. unten § 52.
[85] BGH NJW 1987, 2082, 2084; *Staudinger/Stoffels* (2004), Leasing Rdn. 165.
[86] BGH NJW 1987, 2082, 2084; BGH NJW-RR 1988, 241.
[87] Im Fall des BGH v. 3. 7. 1985 = BGHZ 95, 170 = NJW 1985, 2258 ging es um ein Rücktrittsrecht des Leasingnehmers.
[88] BGHZ 95, 170 = BGH NJW 1985, 2258, 2259.

5. Kapitel. Das Rechtsverhältnis zwischen Leasinggeber und Lieferant § 10

Bei Abweichungen hat er den Leasingnehmer hierauf eindeutig und ausdrücklich aufmerksam zu machen. Tut er dies nicht, liegt eine Aufklärungspflichtverletzung vor, da wirtschaftlich zusammengehörende Sachverhalte willkürlich getrennt werden.

bb) Die Pflicht, eine geschuldete Aufklärung persönlich zu erbringen, besteht freilich 17 nicht. Bedient sich der Leasinggeber zur Erfüllung seiner Aufklärungspflichten allerdings des Lieferanten und versäumt es dieser, den Leasingnehmer darauf hinzuweisen, dass Abreden, die zwischen ihnen getroffen wurden, nicht für den Leasingvertrag gelten sollen,[89] hat der Leasinggeber hierfür nach **§ 278 BGB** einzustehen.[90] Insbesondere gilt dies, wenn der Lieferant die dem Leasingnehmer gegenüber bestehende Pflicht zur korrekten Information dadurch verletzt, dass er diesem Zusagen macht, die sich in dem später schriftlich abgeschlossenen Leasingvertrag nicht wiederfinden.[91] So hat der BGH dem Leasingnehmer etwa einen Schadensersatzanspruch zuerkannt, wenn der mit der Vorbereitung des Leasingvertrages betraute Lieferant dem Leasingnehmer entgegen dem sodann schriftlich abgeschlossenen Vertrag erklärt hat, er könne nach Ablauf der Vertragszeit die Leasingsache kaufen.[92] Ebenso muss sich der Leasinggeber, vorbehaltlich ausdrücklich abweichender Vereinbarungen, die Zusage eines Rücktrittsrechts entgegenhalten lassen, wenn eine bestimmte Leistung nicht erbracht werden kann.[93] Entsprechendes gilt für die Zusage eines fristlosen und ausgleichsfreien Kündigungsrechts für den Fall, dass dem Lieferanten die Erstellung einer Individualsoftware nicht gelingt.[94] Aufklärungspflichten des Leasinggebers können sich im Übrigen aber auch aus der fehlenden Vertreterstellung des Lieferanten herleiten.[95]

cc) Fraglich ist, inwieweit der Lieferant **als Erfüllungsgehilfe des Leasinggebers** 18 Belehrungs- und Beratungspflichten in Bezug auf das Leasingobjekt selbst und dessen Verwendbarkeit hat[96] und damit in dieser Eigenschaft dem Leasingnehmer auch etwa hinsichtlich **der Auswahl, der Beschaffenheit des Leasingobjekts und dessen Eignung für die Zwecke des Leasingnehmers** Aufklärung schuldet.[97] Teilweise wird die Ansicht vertreten, dass, soweit sich der Leasinggeber des Lieferanten bei Abschluss des Leasingvertrages als Erfüllungsgehilfen bedient, sich seine Aufklärungs-, Hinweis- und Beratungspflichten erweitern, da die Aufklärung des Leasingnehmers über die Eignung der Leasingsache für dessen besondere Verwendungszwecke und deren Eigenschaften unmittelbar den Bestand des Leasingvertrages berühren.[98] Eine Verletzung dieser Pflicht könnte zu einem Anspruch auf Freistellung von den Verpflichtungen aus dem Leasingvertrag führen.[99] **Entgegen** steht dem, dass der Leasinggeber regelmäßig weder willens noch – im Hinblick auf seine fehlende Sachkunde – in der Lage ist, den Leasingnehmer bei der Auswahl des Leasingobjekts zu beraten und dies der Leasingnehmer auch nicht von ihm erwartet.[100] Soweit derartige Aufklärungs- und Beratungspflichten im Stadium der Vertragsanbahnung bestehen, schuldet diese grundsätzlich nur der Lieferant, auf des-

---

[89] BGHZ 95, 170 = BGH NJW 1985, 2258, 2259; BGH NJW 1989, 287; BGH NJW-RR 2004, 628; OLG Frankfurt NJW-RR 1990, 1207; OLG Düsseldorf OLGR 2001, 2.
[90] OLG Düsseldorf OLGR 2001, 2.
[91] *Graf v. Westphalen* Leasingvertrag Rdn. 300; *Staudinger/Stoffels* (2004) Leasing Rdn. 165.
[92] BGH NJW-RR 1988, 241 im Anschluss an BGHZ 95, 170 = NJW 1985, 2258.
[93] BGHZ 95, 170 = NJW 1985, 2258: offengeblieben ist allerdings, ob in diesem Fall das Rücktrittsrecht konkludent Teil des Leasingvertrages wird (vgl. *Wolf/Eckert/Ball* 9. Aufl. Rdn. 1688).
[94] OLG Frankfurt/M. CR 1990, 508.
[95] MünchKomm/*Habersack* Leasing Rdn. 54.
[96] OLG Hamburg NJW-RR 1988, 438; OLG Koblenz NJW RR-1989, 436.
[97] BGHZ 95, 170 = NJW 1985, 2258; BGH NJW 1987, 2082; BGH NJW 1989, 287; BGH NJW-RR 1988, 241.
[98] *Graf v. Westphalen* Leasingvertrag Rdn. 290; vgl. zum Ganzen auch *Wolf/Eckert/Ball*, Rdn. 1734 ff.; *Soergel/Kummer* vor § 535 Rdn. 125; a. A. *H. Beckmann* Finanzierungsleasing, § 3 Rdn. 127.
[99] BGHZ 95, 170 = NJW 1985, 2258; abgelehnt in BGH NJW 1987, 2082.
[100] *Staudinger/Stoffels* (2004) Leasing Rdn. 166.

sen Sachkunde der Leasingnehmer insoweit allein vertraut.[101] Verletzt der Lieferant diese Aufklärungspflichten, hat nur er hierfür einzustehen. Der Leasinggeber muss sich eine solche Aufklärungspflichtverletzung des Lieferanten nicht zurechnen lassen.[102]

19 **d) Atypische Sondervereinbarungen.** Grundsätzlich ist der Lieferant nur dann und insoweit Erfüllungsgehilfe des Leasinggebers, als er in dem Aufgabenbereich tätig ist, zu dessen Wahrnehmung er als Gehilfe eingesetzt wurde, mit anderen Worten: soweit er als Hilfsperson im Pflichtenkreis des Leasinggebers tätig wird.[103] Um als Erfüllungsgehilfe qualifiziert zu werden, muss ein Lieferant also in einem inneren sachlichen Zusammenhang mit den Aufgaben gehandelt haben, die der Leasinggeber ihm zugewiesen hat.[104] Nur in diesem Fall sind Sorgfalts- und Aufklärungspflichtverletzungen des Lieferanten dem Leasinggeber zuzurechnen.[105] Hingegen scheidet eine Zurechnung aus, wenn eine Sondervereinbarung in Rede steht, die den Leasingvertrag nicht berührt und bei der sich der Lieferant offensichtlich außerhalb des ihm eingeräumten Verhandlungsspielraums bewegt.[106] Derartige Zusagen, die außerhalb des vom Leasinggeber übertragenen Pflichtenkreises gemacht werden, werden nur **bei Gelegenheit** des Abschlusses des Leasingvertrages getätigt.[107] In einem solchen Fall liegt eine **atypische Sondervereinbarung** vor, die nur den Lieferanten selbst verpflichtet.[108]

20 So handelt der Hersteller oder Lieferant der Leasingsache beispielsweise nur bei Gelegenheit seiner Erfüllungsgehilfenstellung, wenn er im Rahmen der Vorverhandlungen dem Leasingnehmer in Aussicht stellt, ihn regelmäßig bei der Vergabe von Aufträgen zu berücksichtigen. Da der Lieferant insoweit nicht mehr im Rahmen des ihm vom Leasinggeber erteilten Auftrages handelt, kommt eine Zurechnung seines Verhaltens über § 278 BGB nicht in Betracht.[109] Ebensowenig hat der Leasinggeber für einen Beratervertrag einzustehen, den der Lieferant einer EDV-Anlage im eigenen Namen mit dem Leasingnehmer schließt und aufgrund dessen der Leasingnehmer Programmverbesserungen erarbeiten sowie ein Computersystem anderen Interessenten vorführen soll.[110] Auch eine dem Leasingnehmer vom Lieferanten **im Widerspruch zu den Leasingbedingungen** eingeräumte **Kaufoption** kann dem Leasinggeber nicht zugerechnet werden.[111] Gleiches gilt für eine zwischen Lieferant und Leasingnehmer getroffene Vereinbarung, aufgrund derer dem Leasingnehmer der **Austausch** der Leasingsache gegen eine modernere versprochen wird.[112]

21 **e) Die Beendigung der Erfüllungsgehilfenstellung und ihr Wiederaufleben.** Die Erfüllungsgehilfenstellung des Lieferanten **endet** – soweit im Rahmen der Vertragsverhandlungen geschuldete Aufklärungs- und Hinweispflichten des Leasinggebers in Rede

---

[101] *Staudinger/Stoffels* (2004) Leasing Rdn. 166 m. w. N.
[102] Zur Eigenhaftung des Lieferanten vgl. unten § 10 Rdn. 41 ff.
[103] BGH NJW 2005, 365.
[104] BGHZ 114, 270; BGH NJW 2001, 3190; OLG München DB 2002, 2373.
[105] BGHZ 95, 170 = NJW 1985, 2258, 2260; BGH NJW 1989, 287, 288; MünchKomm/*Habersack* Leasing Rdn. 45; *Soergel/Kummer* vor 535 Rdn. 125; *Graf v. Westphalen* Leasingvertrag Rdn. 296 ff.; *Bamberger/Roth/Ehlert* vor § 535 Rdn. 60, 67; *Staudinger/Stoffels* (2004) Leasing Rdn. 168; vgl. weitgehend abweichend aber auch *Lieb* DB 1988, 2495 ff.
[106] OLG Düsseldorf OLGR Düsseldorf 1992, 154; OLG Hamm CR 1994, 146; OLG München DB 2002, 2373.
[107] BGH CR 1995, 527; *Staudinger/Stoffels* (2004) Leasing Rdn. 168.
[108] OLG Koblenz BB 2004, 2099, bestätigt durch BGH NJW-RR 2005, 1421; *Weber*, NJW 2005, 2195, 2197.
[109] OLG Düsseldorf OLGR 1992, 154 – eine Sondervereinbarung zwischen Händler und Leasingnehmer über die Vergabe von Unfallbegutachtungen betreffend; vgl. auch OLG Düsseldorf DB 1989, 974; OLG Düsseldorf MDR 1990, 628; OLG Düsseldorf OLGR 2001, 2 ff.
[110] OLG Hamm CR 1994, 146.
[111] OLG Koblenz BB 2004, 2099, bestätigt durch BGH NJW-RR 2005, 1421.
[112] Vgl. auch OLG München DB 2002, 2374.

5. Kapitel. Das Rechtsverhältnis zwischen Leasinggeber und Lieferant § 10

stehen – mit Abschluss des Leasingvertrages.[113] Sie lebt auch dann nicht wieder auf, wenn der Lieferant, ohne hierzu vom Leasinggeber beauftragt worden zu sein, einem eintrittswilligen Dritten Auskünfte über den Inhalt des abgeschlossenen Leasingvertrages erteilt.[114] Insoweit fehlt es bereits an dem für die Begründung einer Erfüllungsgehilfenstellung notwendigen Wissenselement auf Seiten des Leasinggebers.[115] Entsprechendes gilt, wenn der Lieferant an späteren Vertragsübernahmeverhandlungen zwischen Leasingnehmer und einem Dritten mitwirkt. Anders wäre freilich zu entscheiden, wenn er hierzu einen Auftrag des Leasinggebers erhalten hat[116] oder aufgrund der besonderen Umstände im Einzelfall von einem Fortbestand oder Wiederaufleben der Erfüllungsgehilfeneigenschaft auszugehen ist. Letzteres ist etwa anzunehmen, wenn der Lieferant im Einverständnis des Leasinggebers mit dem Leasingnehmer über die **Ablösung** des Leasingvertrages und den Abschluss eines **Folgeleasingvertrages** verhandelt.[117] Nach dem Willen der Beteiligten stellen sich eine Ablösungsvereinbarung und der Folgeleasingvertrag als einheitliches Rechtsgeschäft dar, so dass ein Lieferant, der für den Leasinggeber den Neuabschluss eines Leasingvertrages vorbereitet, insoweit insgesamt als Erfüllungsgehilfe des Leasinggebers tätig wird.[118] Dementsprechend muss es sich der Leasinggeber dann aber auch zurechnen lassen, wenn der Lieferant die Auflösung des Altvertrages bei Abschluss eines Neuvertrages verspricht. Dies gilt auch, wenn ein Folgeleasingvertrag aufgrund des schuldhaften Verhaltens des Lieferanten im Ergebnis nicht geschlossen wird. Die Rechtslage entspricht der erstmaligen Anbahnung eines Finanzierungsleasingvertrages.[119] Eine Einstandspflicht des Leasinggebers für das **strafbare Verhalten** eines Lieferanten, der den Kaufpreis aus einer selbständigen Ablösungsvereinbarung unterschlägt, besteht allerdings nicht.[120]

f) Die Haftung des Leasinggebers für das Fehlverhalten seines Erfüllungsgehilfen. aa) Treffen den Leasinggeber im vorvertraglichen Bereich Auskunfts-, Beratungs-, Hinweis- und Sorgfaltspflichten und bedient er sich zur Erfüllung dieser Pflichten des Lieferanten, muss er sich dessen Fehlverhalten zurechnen lassen. Dementsprechend haftet der Leasinggeber, wenn der Lieferant den Leasingnehmer schuldhaft überhaupt nicht, unzureichend oder fehlerhaft aufklärt bzw. berät oder eine sonstige Sorgfaltspflichtverletzung begeht, nach **§§ 280 Abs. 1, 311 Abs. 2 i. V. m. § 278 BGB**.[121] Ein Anspruch scheidet – mangels verletztem Vertrauensverhältnis – freilich aus, wenn Lieferant und Leasingnehmer **kollusiv** zusammengewirkt haben.[122] Auf der anderen Seite ist ein **Mitverschulden** des Leasingnehmers nicht bereits deshalb anzunehmen, weil er sich auf mündliche mit dem Erfüllungsgehilfen des Leasinggebers verabredete Vereinbarungen verlässt, ohne den Leasinggeber hierauf gesondert aufmerksam zu machen.[123]

22

---

[113] BGH NJW-RR 1989, 1140; a. A. MünchKomm/*Habersack* Leasing Rdn. 55; zur Erfüllungsgehilfenstellung des Lieferanten bei **Übergabe** des Leasinggutes vgl. unten § 12 Rdn. 3 sowie BGH NJW-RR 1140, 1142; Bamberger/Roth/*Ehlert* vor § 535 Rdn. 67; Soergel/*Kummer* vor § 535 Rdn. 125.
[114] BGH NJW 1988, 198, 199; BGH NJW-RR 1989, 1140, 1142.
[115] MünchKomm/*Habersack* Leasing Rdn. 47.
[116] BGH ZIP 1989, 1337 ff.
[117] I. E. auch OLG Köln DB 1991, 1770, das allerdings für den Fall der Stornierung eines Leasingvertrages ohne Neuabschluss eine Duldungs- bzw. Anscheinsvollmacht annimmt, wenn der Leasinggeber bis dahin seine Vertretung durch den Lieferanten bei der Stornierung von Leasingverträgen für den Fall geduldet hat, dass gleichzeitig ein (erweiterter) neuer Leasingvertrag abgeschlossen wurde, kritisch hierzu *Reinking/Eggert* Der Autokauf Rdn. 902 Fn. 398.
[118] *H. Beckmann* Finanzierungsleasing § 3 Rdn. 151.
[119] *H. Beckmann* Finanzierungsleasing § 3 Rdn. 151.
[120] OLG Düsseldorf NJW-RR 2005, 700.
[121] BGH NJW-RR 1988, 241; BGHZ 95, 170, 174 ff. = NJW 1985, 2258; *H. Beckmann* Finanzierungsleasing, § 3 Rdn. 123.
[122] OLG Frankfurt NJW 1987, 2447.
[123] A. A. *Beckmann* in der Vorauflage § 7 Rdn. 32.

23   **bb)** Damit eine Haftung überhaupt in Betracht kommt, muss der Erfüllungsgehilfe allerdings **schuldhaft** gehandelt haben. Der **Maßstab** des **Verschuldens** ist § 276 Abs. 1 und 2 BGB zu entnehmen. Im Rahmen des § 276 BGB richtet sich der anzuwendende Sorgfaltsmaßstab im Allgemeinen nach der Stellung des Leasinggebers als Schuldner, nicht aber nach der Stellung des Erfüllungsgehilfen.[124] Für den Fall des Finanzierungsleasings im typischen Dreiecksverhältnis plädiert man im Schrifttum allerdings dafür, die hier bestehenden besonderen Verhältnisse zu beachten, da die persönliche Beratung grundsätzlich vom Lieferanten erfolge. Demgemäß müsse auch bei der Feststellung des Verschuldens auf dessen subjektive Merkmale abgestellt werden.[125] Dies darf freilich nicht zu einer faktischen Erweiterung des Pflichtenkreises des Leasinggebers führen.[126]

24   **cc)** Hat der Leasinggeber für ein Verschulden seines Erfüllungsgehilfen einzustehen, hat er dem Leasingnehmer den durch die Verletzungshandlung entstandenen **Schaden** zu **ersetzen**. Liegt eine Pflichtverletzung bei Vertragsverhandlungen vor, kann grundsätzlich nur der **Vertrauensschaden** ersetzt verlangt werden.[127] Der Geschädigte ist somit so zu stellen, wie er bei Aufklärung über die für seinen Vertragsentschluss maßgeblichen Umstände stehen würde.[128] Die Haftung des wegen eines Verschuldens des Lieferanten bei der Vertragsanbahnung in Anspruch genommenen Leasinggebers kann auch dazu führen, dass der Leasingnehmer von den Verpflichtungen aus dem Leasingvertrag **freizustellen** ist, wenn der Vertrag ohne das schuldhafte Verhalten des Lieferanten nicht abgeschlossen worden wäre.[129] Insbesondere ist dies etwa der Fall, wenn aufgrund der Verletzung vorvertraglicher Aufklärungspflichten der Leasinggeber seiner Hauptpflicht zur Überlassung eines gebrauchstauglichen und funktionstüchtigen Leasinggutes nicht nachkommen kann.[130]

25   **dd)** Demgegenüber verneint der BGH[131] – entgegen einigen Stimmen in der Literatur[132] – grundsätzlich einen Anspruch auf **Anpassung des Vertrages**. Zugestanden wird dem Geschädigten nur das Recht, an dem für ihn ungünstigen Vertrag festzuhalten, womit sich der zu ersetzende Vertrauensschaden auf die berechtigten Erwartungen reduziert, die durch den abgeschlossenen Vertrag nicht befriedigt werden.[133] Dies stellt indes keine Vertragsanpassung dar, sondern versteht sich als Berechnung des reduzierten Vertrauensschadens.[134] Nur wenn der Geschädigte beweisen kann, dass bei erfolgter Aufklärung ein für ihn günstigerer Vertrag zustande gekommen wäre, kann er verlangen, so gestellt zu werden, wie wenn er diesen günstigeren Vertrag abgeschlossen hätte.[135]

26   **ee)** Besteht ein **Schadensersatzanspruch**, kann der Leasingnehmer diesen einem **Zahlungsverlangen** des Leasinggebers nach § 242 BGB **entgegenhalten**. Dies gilt auch dann, wenn der Leasinggeber die Aufrechnungsbefugnis mit Gegenansprüchen in den Leasingbedingungen ausgeschlossen hat.[136]

---

[124] Palandt/*Heinrichs* § 276 Rdn. 27.
[125] *H. Beckmann* Finanzierungsleasing, § 3 Rdn. 111.
[126] Vgl. bereits oben § 10 Rdn. 18.
[127] BGHZ 114, 87, BGHZ 94; 142, 51, 62; BGH ZfIR 2001, 286, 288; BGH NJW 2001, 2875, 2876.
[128] BGH NJW-RR 1994, 76, 77; BGH NJW 2001, 2875, 2876; OLG Frankfurt NJW-RR 1990, 1207 – zur Berücksichtigung einer Nebenabrede.
[129] BGHZ 95, 170 = BGH NJW 1985, 2258, 2261; Staudinger/*Stoffels* Leasing § 171; Erman/*Jendrek* Anh. § 536 Rdn. 20.
[130] Ein Wandlungsrecht einräumend: OLG Koblenz NJW-RR 1989, 436.
[131] BGH WM 2006, 1536.
[132] Erman/*Kindl* § 311 Rdn. 43; MünchKomm/*Emmerich* § 311 Rdn. 242 f.; Palandt/*Heinrichs* § 311 Rdn. 59.
[133] BGH WM 2006, 1536; *Stoll* JZ 1999, 95; Anm. zu BGH JZ 1999, 93 = NJW 1998, 2900; *Stoll* in FS Riesenfeld S. 275, 284 f.
[134] BGH WM 2006, 1536 unter Hinweis auf die insoweit missverständliche Formulierung in BGH NJW 1998, 2900.
[135] BGH WM 2006, 1536 m. w. N.
[136] BGH MDR 1986, 131.

ff) Die **Verjährungsvorschriften** der Mängelhaftung gelten entsprechend für Ansprüche aus der Verletzung vertraglicher Nebenpflichten, wenn hierdurch ein Schaden an dem Kaufgegenstand selbst verursacht wurde oder die Pflichtverletzung in der Erteilung bzw. unterbliebenen Erteilung von Angaben über Eigenschaften der Sache besteht, von denen ihre Verwendungsfähigkeit für den nach dem Vertrag vorausgesetzten Zweck abhängt.[137]

g) Haftungsausschlussregelungen. aa) Nach § 276 Abs. 3 BGB kann der Leasinggeber seine Haftung wegen Vorsatzes nicht im Voraus ausschließen. Allerdings gilt diese Regelung nach § 278 Satz 2 BGB nicht für die Haftung des Leasinggebers für ein Verhalten des Lieferanten als seines Erfüllungsgehilfen.

bb) Für den Fall, dass eine Haftungsausschlussklausel in den **Allgemeinen Leasingbedingungen** des Leasinggebers niedergelegt ist, unterliegt diese freilich der Kontrolle der §§ 307 ff. BGB. Eine umfassende Freizeichnung auch für grob fahrlässige oder gar vorsätzliche Pflichtverletzungen seiner Erfüllungsgehilfen ist dem Leasinggeber formularmäßig daher verwehrt.[138] Dies folgt für den nichtunternehmerischen Bereich aus § 309 Nr. 7 lit. b BGB und im unternehmerischen Geschäftsverkehr aus § 307 Abs. 2 Nr. 2 BGB.[139] Unzulässig ist – auch im kaufmännischen Bereich – im Übrigen die formularmäßige Begrenzung der Haftung für die Verletzung wesentlicher Vertragspflichten auf einen **Höchstbetrag**, wenn der Höchstbetrag die vertragstypischen, vorhersehbaren Schäden nicht abdeckt.[140]

Fraglich ist allerdings, ob sich der Leasinggeber von der Haftung für **leicht fahrlässige** Pflichtverletzungen des Lieferanten freizeichnen kann.[141] Jedenfalls soweit es sich um die Verletzung sogenannter **Kardinalpflichten** handelt, ist ein vollständiger Ausschluss der Haftung nicht wirksam möglich.[142] Das Aushöhlungsverbot des § 307 Abs. 2 Nr. 2 BGB lässt es nicht zu, dass wesentliche vertragsprägende Rechte und Pflichten in einer eine Vertragszweckerreichung gefährdenden Art und Weise eingeschränkt werden.[143] Eine solche Kardinalpflicht stellt etwa die **Gebrauchsüberlassungspflicht** des Leasinggebers dar. Dementsprechend unwirksam ist etwa eine Klausel, nach der Anlieferung, Montage und Abnahme des Leasinggutes allein auf Gefahr des Leasingnehmers erfolgen soll. Darüber hinaus hat die Rechtsprechung die Anwendung des § 307 Abs. 2 Nr. 2 BGB teilweise aber auch auf Nebenpflichten erstreckt.[144] Zulässig ist nach der Literatur allerdings eine Freizeichnung des Leasinggebers für ein Verschulden des Lieferanten bei der Vertragsanbahnung und der Vertragsabwicklung in der Form, dass der Leasinggeber dem Leasingnehmer die Ansprüche gegen den Lieferanten aus dem Liefervertrag abtritt, womit der Leasingnehmer vorrangig gegen diesen vorgehen muss.[145] Der Leasinggeber haftet subsidiär, wenn die Durchsetzung der Ansprüche gegen den Lieferanten nicht zumutbar oder dieser insolvent ist.[146]

---

[137] BGH WM 2005, 948 m. w. N.
[138] BGHZ 95, 170 = NJW 1985, 2258, 2261.
[139] BGH NJW-RR 2006, 267 – auch für einfache Erfüllungsgehilfen; für den Verkehr zwischen Unternehmen vgl. OLG Hamm, NJW-RR 1996, 969.
[140] BGH NJW 1993, 335.
[141] Dagegen grundsätzlich *Martinek* Moderne Vertragstypen I S. 121, offengelassen in BGHZ 170, 182; unter dem Gesichtspunkt der Risikoverteilung bei Betreibung einer Autowaschanlage verneinend BGH NJW 2005, 422.
[142] Palandt/*Heinrichs* § 307 Rdn. 35 m. w. N.
[143] Palandt/*Heinrichs* § 307 Rdn. 35.
[144] BGH NJW 1985, 914; Palandt/*Heinrichs* § 307 Rdn. 35 bezeichnet eine Grenzziehung im Rahmen des § 307 Abs. 2 Nr. 2 BGB vor dem Hintergrund der Rechtsprechung des BGH für „fast unkalkulierbar".
[145] *H. Beckmann* Finanzierungsleasing § 3 Rdn. 157.
[146] *H. Beckmann* Finanzierungsleasing § 3 Rdn. 130.

31 cc) Ein Ausschluss der Haftung des Leasinggebers für ein Verschulden des Lieferanten ist auch nicht über eine Klausel in den Allgemeinen Geschäftsbedingungen des Leasinggebers möglich, nach der der Lieferant nicht als Erfüllungsgehilfe des Leasinggebers tätig wird.[147] Eine derartige Klausel ist überraschend und verstößt somit gegen § 305c Abs. 1 BGB. Unzulässig ist auch eine Regelung, nach der der Leasingnehmer darüber unterrichtet sein soll, dass der Lieferant nicht als Vertreter des Leasinggebers oder „ähnliches" auftritt.[148]

2. Der Lieferant als Wissensvertreter des Leasinggebers

32 a) Ein Lieferant, der die Vertragsverhandlungen mit dem Leasingnehmer bis zur Unterschriftsreife führt, ist nicht nur Erfüllungsgehilfe des Leasinggebers im Sinne des § 278 BGB, sondern auch dessen **Wissensvertreter** (§ 166 BGB).[149] Der Anwendungsbereich des § 166 BGB ist nicht auf die rechtsgeschäftliche Vertretung beschränkt, sondern nach herrschender Meinung[150] immer bereits dann eröffnet, wenn ein Vertragspartner nach seiner Organisation im Rechtsverkehr einen Dritten als seinen Repräsentanten bestimmte Aufgaben in eigener Verantwortung erledigen lässt. Ein Geschäftsführer muss sich das Wissen seiner Verhandlungsgehilfen zuschreiben lassen, wenn ein Geschäft durch arbeitsteiliges Handeln mehrerer zustande kommt.[151] Ein solch arbeitsteiliges Handeln liegt aber auch bei einem typischen Finanzierungsleasinggeschäft vor,[152] womit sich grundsätzlich auch ein Leasinggeber das Wissen des verhandlungsführenden Lieferanten entsprechend § 166 BGB zurechnen lassen muss, auch wenn er sich den Vertragsabschluss als solchen vorbehalten hat. Ebenso hat nach Ansicht des OLG Köln ein Leasinggeber es gegen sich gelten zu lassen, wenn ein Lieferant mit einem Leasingnehmer bereits zum wiederholten Mal die **Stornierung** eines laufenden Leasingvertrages vereinbart, auch wenn im konkreten Fall der angestrebte neue (erweiterte) Leasingvertrag über einen anderen Leasinggegenstand nicht zustande kommt.[153] Weist die Art der bestellten Ware für den Lieferanten erkennbar darauf hin, dass sie für die vom Handelnden vertretene Gesellschaft vorgesehen ist, muss sich der Leasinggeber auch die Kenntnis des Lieferanten von der Unternehmensbezogenheit des Geschäfts zurechnen lassen, womit eine persönliche Inanspruchnahme des Handelnden nach Rechtsscheinsgrundsätzen ausgeschlossen ist.[154] Hat sich der Lieferant mit dem Leasingnehmer über eine bestimmte Beschaffenheit des Leasinggegenstandes vereinbart, so berechtigt dies auf der Grundlage der Abtretungskonstruktion[155] den Leasingnehmer weiterhin zur Geltendmachung der Rechte aus §§ 434 Abs. 1, 437 BGB.[156] Nach der Rechtsprechung einzelner Instanzengerichte führt die Wissenszurechnung prinzipiell gar dazu, dass der Leasinggeber ohne Rücksicht auf den schriftlich festgehaltenen Vertragsinhalt zwischen dem Leasingnehmer und dem Liefe-

---

[147] OLG Köln CR 1996, 22; *H. Beckmann* CR 1994, 600.
[148] BGH NJW-RR 1988, 241, 242; MünchKomm/*Habersack* Leasing Rdn. 52 m. w. N.; zur Wirksamkeit einer Bestätigungsklausel, nach der Vereinbarungen zwischen dem Leasingnehmer und dem Lieferanten den Leasinggeber nur bei dessen schriftlicher Bestätigung binden, vgl. *Wolf/Horn/Lindacher* § 9 AGBG Rdn. L 33, S. 31 ff.
[149] OLG Köln CR 1996, 22.
[150] BGHZ 117, 106; BGHZ 83, 296; *Schultz* NJW 1990, 477, 479; a. A. *Koller* JZ 1998, 75.
[151] BGH NJW-RR 2005, 634; BGH NJW 1996, 464; *Beuthien* NJW 1999, 3585, 3587.
[152] OLG Köln CR 1996, 22; *H. Beckmann* CR 1994, 600.
[153] OLG Köln DB 1991, 1770; zur Zurechnung der Vereinbarung einer Einmalzahlung an einen Dritten mit Erfüllungswirkung vgl. BGH DAR 2003, 414 = EWiR § 133 BGB 19/03, 955 (*Reinking*); vgl. auch OLG Düsseldorf NJW 1988, 1332; OLG Köln WM 1990, 1682f; *Graf v. Westphalen* Leasingvertrag Rdn. 300; zum Kongruenzgebot vgl. bereits oben § 10 Rn. 16.
[154] OLG Hamm JP 1997, 469.
[155] Vgl. unten § 25 III.
[156] BGHZ 81, 298, 304f. = NJW 1982, 105.

5. Kapitel. Das Rechtsverhältnis zwischen Leasinggeber und Lieferant § 10

ranten ausgehandelte Vertragsmodalitäten gegen sich gelten lassen muss.[157] Dies wird in der Literatur im Hinblick auf die damit einhergehende Rechtsunsicherheit allerdings zu Recht als zu weitgehend abgelehnt.[158] Daher ist es dem Leasinggeber aber auch etwa nicht zuzurechnen, wenn ein Vertreter des Lieferanten zur Förderung des eigenen Absatzes unrichtige Vorstellungen über den Inhalt des Leasingvertrages beim späteren Leasingnehmer hervorruft, von denen der Leasinggeber keine Kenntnis hat.[159] Hier wird der Leasingnehmer ausreichend dadurch geschützt, dass er den Vertrag nach § 123 BGB anfechten kann[160] und der Leasinggeber sich das Verschulden seiner Erfüllungsgehilfen nach § 278 BGB zurechnen lassen muss,[161] womit er von der Leasinggesellschaft einen ihm entstandenen Vertrauensschaden ersetzt verlangen kann.[162]

b) Im Einzelfall kann das Berufen auf eine dem Leasinggeber zuzurechnende Kenntnis 33 seines Wissensvertreters freilich auch **treuwidrig** sein.[163] So findet eine Zurechnung insbesondere dann nicht statt, wenn Leasingnehmer und Lieferant deliktisch oder kollusorisch zum Nachteil des Leasinggebers zusammengewirkt haben.[164]

c) Eine Zurechnung scheidet weiterhin aus, wenn nach dem Willen der Verhandlungs- 34 partner die getroffene Vereinbarung **unabhängig vom Leasingvertrag** gelten soll,[165] bzw. der Lieferant – für den Leasingnehmer erkennbar – nicht mehr innerhalb des ihm vom Leasinggeber übertragenen Aufgabenkreises handelt.[166] Vereinbaren Leasingnehmer und Lieferant etwa den Austausch der Leasingsache innerhalb der Vertragslaufzeit, so wird hierdurch weder der Leasinggeber verpflichtet noch entsteht ein Recht zur fristlosen Kündigung, wenn der Lieferant den Austausch verweigert oder der Anspruch gegen ihn nicht durchsetzbar ist.[167]

d) Täuscht der Lieferant, der mit Wissen und Wollen des Leasinggebers den Abschluss 35 des Finanzierungsleasingvertrages vorbereitet, den Leasingnehmer über den Vertragsinhalt, kann dieser den Vertrag gegenüber dem Leasinggeber **anfechten**.[168] Der Leasinggeber muss sich die arglistige Täuschung des Lieferanten zurechnen lassen.[169] Der Lieferant ist nicht als Dritter im Sinne des § 123 Abs. 2 BGB zu qualifizieren, da Dritter nicht ist, wer bei Abgabe der täuschenden Erklärung mit Wissen und Wollen des Anfechtungsgegners als dessen Vertrauensperson oder Repräsentant auftritt. Dies entspricht der Einordnung des § 123 BGB als gesetzliche Sonderregelung der Haftung für ein Verschulden bei Vertragsschluss.[170] Demgemäß muss sich der Leasinggeber aber auch solche Täuschungshandlungen des Lieferanten bei den Vorverhandlungen mit dem Leasingnehmer zurechnen lassen, die die Eigenschaften des Leasinggegenstandes und seine Verwendbarkeit für die Zwecke des Leasingnehmers betreffen.[171] Anderes gilt natürlich, wenn der

---

[157] OLG Köln OLGR 2002, 419.
[158] *Wolf/Eckert/Ball* 9. Aufl. Rdn. 1691.
[159] So zu Recht *Wolf/Eckert/Ball* 9. Aufl. Rdn. 1690 f. gegen eine unveröffentlichte Entscheidung des OLG Köln v. 8.11. 2002–20 U 74/02; *Reinking/Eggert* Der Autokauf Rdn. 901.
[160] Vgl. hierzu noch unten Rdn. 35.
[161] *Wolf/Eckert/Ball* 9. Aufl. Rdn. 1691.
[162] *Reinking/Eggert* Der Autokauf Rdn. 901.
[163] BGH NJW 2000, 1405.
[164] OLG Frankfurt NJW 1987, 2447 ff; *Reinking/Eggert* Der Autokauf Rdn. 901.
[165] *Reinking/Eggert* Der Autokauf Rdn. 901 m. w. N.
[166] OLG Düsseldorf OLGR 1992, 154; OLG Düsseldorf DB 1989, 974; OLG Düsseldorf MDR 1990, 628; OLG Düsseldorf OLGR 2001, 2 ff.; OLG München DB 2002, 2373, 2374.
[167] OLG Frankfurt NJW 1986, 2509; zu atypischen Sondervereinbarungen vgl. auch bereits oben § 10 Rdn. 19.
[168] BGH NJW 1989, 287, 288; OLG München BB 1992, 2388; MünchKomm/*Habersack* Leasing Rdn. 53 m. w. N.
[169] Staudinger/*Stoffels* (2004) Leasing Rdn. 174.
[170] MünchKomm/*Kramer* § 123 Rdn. 22; Staudinger/*Stoffels* (2004) Leasing Rdn. 174.
[171] Staudinger/*Stoffels* (2004) Leasing Rdn. 174; zu anderen Anfechtungskonstellationen vgl. *Graf von Westphalen* Leasingvertrag, 5. Aufl. Rdn. 322 ff.

Leasinggeber erst später in einen bereits abgeschlossenen Kaufvertrag eintritt (Eintrittsmodell).[172]

36 e) Eine andere Frage ist es wiederum, ob der Lieferant befugt ist, für den Leasinggeber Willenserklärungen entgegenzunehmen (§ 164 Abs. 3 Satz 2 BGB). Soweit der Lieferant als Verhandlungs- und Erfüllungsgehilfe des Leasinggebers tätig wird, ist von seiner **Empfangsbevollmächtigung** auszugehen.[173] Dementsprechend ist der Lieferant etwa als befugt anzusehen, einen Widerspruch des Leasingnehmers gegen ein kaufmännisches Bestätigungsschreiben des Leasinggebers entgegenzunehmen.[174] Dies gilt allerdings nicht für die Entgegennahme von Erklärungen zur Beendigung des Leasingvertrages. Diese kann der Leasingnehmer – soweit nichts Gegenteiliges vereinbart ist – nur seinem Vertragspartner, dem Leasinggeber, gegenüber mit unmittelbarer Wirkung abgeben.[175] Gibt er eine solche Erklärung gleichwohl dem Lieferanten gegenüber ab, wird dieser nicht als Empfangsbote des Leasinggebers tätig, sondern ist – im Falle der Weiterleitung der Erklärung – als Bote des Leasingnehmers zu qualifizieren.[176]

3. Der Lieferant als Verrichtungsgehilfe des Leasinggebers

37 Als selbständiger Unternehmer ist der Lieferant regelmäßig nicht Verrichtungsgehilfe (§ 831 BGB) des Leasinggebers. Etwas anderes gilt nur, wenn der Lieferant bei Ausübung seiner Tätigkeit ausnahmsweise den Weisungen des Leasinggebers unterworfen und von ihm abhängig ist.[177]

4. Die Haftung im Verhältnis Leasinggeber – Lieferant

38 a) Verletzt der Lieferant schuldhaft seine Pflichten als Leasingvermittler, kann dies natürlich auch zu einem Schadensersatzanspruch des Leasinggebers führen.[178] Eine vorvertragliche Pflichtverletzung des Lieferanten gegenüber dem Leasinggeber ist allerdings nicht gegeben, wenn dieser – bei unklaren Geschäftsbedingungen des Leasinggebers – dem Leasingnehmer eine Erwerbszusage macht und der Abschluss des Vertrages hieran scheitert.[179] Führt der Leasinggeber die Kaufverhandlungen, hat der Lieferant auch keine Verpflichtung, den Leasinggeber ohne Rückfrage auf eine relevante Abweichung des Kaufpreises vom Listenpreis aufmerksam zu machen.[180] Allerdings liegt eine arglistige Täuschung vor, wenn der Leasinggeber nach dem Listenpreis fragt und ihm daraufhin eine unrichtige Auskunft erteilt wird.[181]

39 b) Schadensersatzansprüche des Leasinggebers können sich grundsätzlich auch aus **Aufklärungspflichtverletzungen** des Lieferanten gegenüber dem künftigen Vertragspartner herleiten. Die Beantwortung der Frage, welche Aufklärungspflichten im Leasinggeschäft bestehen, bereitet im Hinblick auf das leasingtypische Dreiecksverhältnis

---

[172] Staudinger/*Stoffels* (2004) Leasing Rdn. 174.
[173] Zweifelnd H. *Beckmann,* Finanzierungsleasing § 3 Rdn. 99.
[174] OLG Köln CR 1996, 22; hat der Leasinggeber dem Lieferanten nur die Verhandlungsführung überlassen, sich selbst aber den Vertragsabschluss mit dem Verhandlungspartner vorbehalten, ist ein Schreiben, in dem der Leasinggeber dem Verhandlungspartner den Abschluss eines Leasingvertrages „bestätigt", allerdings nicht als „kaufmännisches Bestätigungsschreiben" zu qualifizieren, sondern lediglich als Annahme des Angebots des Verhandlungspartners (OLG Köln CR 1996, 22).
[175] Vgl. auch *H. Beckmann* Finanzierungsleasing, 3. Aufl. § 3 Rdn. 99.
[176] *H. Beckmann* Finanzierungsleasing, 3. Aufl. § 3 Rdn. 115; etwas anderes gilt allerdings, wenn dem Leasingnehmer auch die Ansprüche abgetreten wurden, die sich aus der Nichterfüllung des Vertrages ableiten (vgl. *Graf v. Westphalen* Leasingvertrag, 5. Aufl. Rdn. 451.
[177] *H. Beckmann* Finanzierungsleasing § 3 Rdn. 108.
[178] *Reinking/Eggert* Der Autokauf Rdn. 904.
[179] OLG Hamm ZIP 1989, A 119 Nr. 433.
[180] OLG Düsseldorf ZIP 1988, 1405.
[181] *Reinking/Eggert* Der Autokauf Rdn. 904.

5. Kapitel. Das Rechtsverhältnis zwischen Leasinggeber und Lieferant § 10

zwischen Hersteller/Lieferant, Leasinggeber und Leasingnehmer allerdings Schwierigkeiten.[182] Wie bereits mehrfach hervorgehoben, wählt typischerweise der Leasingnehmer das Leasingobjekt aus und führt die Verhandlungen mit dem Hersteller/Lieferanten, der ihn über die zum vorgesehenen vertragsgemäßen Gebrauch relevanten Eigenschaften der Sache berät. Der Kaufvertrag über das vom Leasingnehmer ausgesuchte Leasingobjekt wird aber typischerweise zwischen Lieferant und Leasinggeber abgeschlossen. Diese besondere Konstellation wirft die Frage auf, inwieweit dem Leasinggeber, neben den Ansprüchen aus dem Kaufvertrag, auch Ansprüche zustehen sollen, die durch Aufklärungspflichtverletzungen des Lieferanten im Verhandlungsstadium entstehen.[183]

Aufklärungspflichten bestehen nur demjenigen gegenüber, der ein erkennbares und berechtigtes Interesse an Aufklärung und Beratung hat und diese dementsprechend von seinem Verhandlungspartner erwartet und erwarten darf.[184] Geht es um besondere Eigenschaften des Leasingobjekts, ist dies grundsätzlich aber nur derjenige, der die Sache in Gebrauch nehmen will.[185] Der Leasinggeber ist an Eigenschaften des Kaufgegenstandes nur insoweit interessiert, als dies für die Mangelfreiheit und den Wert des Leasinggegenstandes Bedeutung hat.[186] Zwar wird teilweise die Ansicht vertreten, Maßstab für Art und Umfang der dem Leasinggeber geschuldeten Aufklärung und Beratung sei der Aufklärungsbedarf des Leasingnehmers vor dem Hintergrund des von ihm mit dem Leasinggegenstand verfolgten Verwendungszwecks,[187] da der Lieferant im leasingtypischen Dreiecksverhältnis die dem Leasinggeber gegenüber geschuldete Aufklärung durch die Beratung des Leasingnehmers erfülle, der insoweit für den Leasinggeber die Vertragsverhandlungen führe.[188] Inwieweit der Lieferant durch Beratung des Leasingnehmers eine dem Leasinggeber geschuldete Aufklärung erfüllt, richtet sich indes danach, welche Aufklärung im Einzelfall dem Leasinggeber gegenüber geschuldet wird. Die Art, wie eine Pflicht erfüllt wird, darf jedoch nicht dazu führen, dass sich der Pflichtenumfang des Verpflichteten erweitert. Dementsprechend ist der Leasinggeber aber auch weder Schuldner[189] noch Gläubiger von Aufklärungspflichten, Fragenkomplexe betreffend, die nur für den Leasingnehmer von Interesse sind und über die nur dieser vom Lieferanten Aufklärung erwartet. Unzweifelhaft ist dies im Falle des Eintrittsmodells. Aber auch, wenn von vornherein sicher ist, dass der Leasingnehmer nicht Vertragspartner des Lieferanten wird, ist die Rechtslage keine andere.[190]

40

---

[182] Vgl. auch bereits oben § 10 Rdn. 18.
[183] Vgl. auch BGH NJW 1984, 2938.
[184] *H. Beckmann* Finanzierungsleasing § 3 Rdn. 128.
[185] Anders wäre nur zu entscheiden, wenn der Leasinggeber dem Leasingnehmer selbst zur Aufklärung über besondere Eigenschaften der Leasingsache verpflichtet wäre. In diesem Fall hätte er ein eigenes Interesse daran, dass der Lieferant – als sein Erfüllungsgehilfe – den Leasingnehmer auch insoweit ordnungsgemäß berät, um seiner eigenen Verpflichtung nachzukommen, dagegen vgl. aber bereits oben Rdn. § 10 Rdn. 18.
[186] Zum Vorrang des Gewährleistungsrechts gegenüber vorvertraglichen Aufklärungspflichtverletzung Beschaffenheiten der Sache betreffend vgl. unten Rdn. 46.
[187] BGH NJW 1984, 2938 (für die Anschaffung einer EDV-Anlage).
[188] *H. Beckmann* Finanzierungsleasing § 3 Rdn. 128.
[189] Vgl. oben § 10 Rdn. 18.
[190] Zu dem Anspruch des Leasingnehmers gegenüber dem Lieferanten aufgrund dessen vorvertraglicher Aufklärungspflichtverletzung, vgl. BGH NJW 1984, 2938 sowie sogleich unten § 10 Rdn. 41 ff.

IV. Die Eigenhaftung des Lieferanten gegenüber dem Leasingnehmer

1. Schutz-, Aufklärungs- und Beratungspflichten des Lieferanten

41 **a)** Im leasingtypischen Dreiecksverhältnis bestehen zwischen Leasingnehmer und Lieferant keine vertraglichen Beziehungen. Zwar ist es möglich, dass im Einzelfall auch ein Vertrag zwischen Lieferant und Leasingnehmer – etwa in Form eines besonderen Beratungsvertrages – geschlossen wird. Um den Abschluss eines selbständigen Beratungsvertrages annehmen zu können, bedarf es allerdings besonderer Anhaltspunkte wie etwa die Vereinbarung einer gesonderten Beratungsvergütung.[191]

42 **b)** Treten der spätere Leasingnehmer und der Lieferant in Verhandlungen ein, so entsteht – auch wenn ein Vertragsabschluss zwischen ihnen von vornherein nicht in Rede steht – regelmäßig doch ein **vorvertragliches Vertrauensverhältnis**. Umso mehr gilt dies, wenn erst der Lieferant den späteren Leasingnehmer auf die Möglichkeit einer Finanzierung durch Abschluss eines Leasingvertrages aufmerksam macht.

43 **aa)** Die Eigenhaftung eines außerhalb des Vertrages stehenden Dritten ist seit der Schuldrechtsreform in § 311 Abs. 3 BGB geregelt. Die bereits bislang von der Rechtsprechung hierfür entwickelten Grundsätze sollten durch die Normierung nicht geändert werden.[192] Eine Eigenhaftung war und ist anerkannt, wenn ein Dritter an dem abzuschließenden Geschäft ein unmittelbares eigenes wirtschaftliches Interesse hat oder ein besonderes persönliches Vertrauen in Anspruch nimmt und dies die Vertragsverhandlungen beeinflusst. An das Vorliegen dieser Voraussetzungen werden im Allgemeinen strenge Anforderungen gestellt.[193] Im Leasinggeschäft sind diese in der Regel allerdings erfüllt.[194] Der Lieferant wird gewöhnlich vom Leasingnehmer ausgesucht und ist die einzige Person, mit der dieser bei den Verhandlungen persönlich in Kontakt kommt.[195] Überdies tritt der Lieferant dem Leasingnehmer regelmäßig als Fachmann gegenüber, auf dessen Angaben sich dieser verlässt und verlassen können muss.[196] Hinzu kommt das starke wirtschaftliche Eigeninteresse des Lieferanten an dem Abschluss des Finanzierungsleasinggeschäfts.

44 **bb)** Aus der so begründeten Sonderverbindung leiten sich besondere **Schutzpflichten** des Lieferanten ab, die zu einer originären Haftung gegenüber dem Leasingnehmer aus Verschulden bei Vertragsschluss führen können.[197] So trifft den Lieferanten etwa ein Auswahlverschulden, wenn ihm der Leasingnehmer die Auswahl des Leasinggebers überlassen hat und künftige Zahlungen an den Leasinggeber erkennbar gefährdet sind, weil der Lieferant eine unseriöse Leasinggesellschaft ausgesucht hat.[198] In diesem Fall haftet der Lieferant auf Erstattung einer an die Leasinggesellschaft geleisteten und bei dieser – wegen deren Zahlungsunfähigkeit – nicht mehr realisierbaren Leasingsonderzahlung.[199]

---

[191] *Graf v. Westphalen* Leasingvertrag Rdn. 289; *Wolf/Eckert/Ball* Handbuch Rdn. 1838 f.; allg. zur Abgrenzung zwischen kaufvertraglicher Nebenpflicht und selbständigem Beratungsvertrag vgl. BGH NJW 1997, 3227.

[192] *Palandt/Heinrichs* § 311 Rdn. 60; *Staudinger/Stoffels* Leasing Rdn. 173 m. w. N.

[193] BGH NJW-RR 1992, 605.

[194] BGH NJW 1984, 2938; *Martinek* Moderne Vertragstypen I S. 121 f.; *H. Beckmann* Finanzierungsleasing § 3 Rdn. 175.

[195] BGH NJW 1997, 1233.

[196] Für den Abschluss eines Vertrages über eine EDV-Anlage vgl. BGH NJW 1984, 2938; *Staudinger/Stoffels* Leasing Rdn. 173.

[197] BGH Urt. 6. 6. 1984 = NJW 1984, 2938; *Gitter* Gebrauchsüberlassungsverträge S. 290; *Canaris* Bankvertragsrecht Rdn. 1798; *Martinek* Moderne Vertragstypen I S. 121 f.; MünchKomm/*Habersack* Leasing Rdn. 44; *Soergel/Kummer* vor § 535 Rdn. 127; *Staudinger/Stoffels* Leasing Rdn. 173.

[198] *Reinking/Eggert* Der Autokauf Rdn. 904.

[199] *Reinking/Eggert* Der Autokauf Rdn. 905 m. w. N.

5. Kapitel. Das Rechtsverhältnis zwischen Leasinggeber und Lieferant   § 10

Ebenso haftet er, wenn er den ihm vom Leasinggeber eingeräumten Handlungsspielraum überschreitet[200] und dem Leasingnehmer ein einmaliges Kündigungsrecht verspricht, ohne den Leasinggeber hiervon zu unterrichten.[201] Entsprechendes gilt, wenn vertraglich ausdrücklich vereinbart ist, dass der Leasinggeber aus einer Sondervereinbarung nicht verpflichtet werden soll.[202]

cc) Aus der Sonderverbindung zum Leasingnehmer leiten sich aber auch besondere **Aufklärungspflichten** des Lieferanten ab, bei deren Verletzung er diesem nach §§ 280 Abs. 1, 241 Abs. 2, 311 Abs. 3 BGB haftet.[203] Über die Reichweite der Haftung entscheidet u. a. die Frage, in welchem Umfang der Lieferant persönliches Vertrauen in Anspruch nimmt. Nicht entscheidend ist demgegenüber, ob die fehlerhafte Aufklärung oder Täuschung den Leasinggegenstand oder Finanzierungsfragen betreffen.[204] Für Aufklärungspflichten hinsichtlich der Eigenschaften des Leasingobjekts ist der mit der Sache verfolgte Verwendungszweck – soweit dieser dem Lieferanten bekannt oder klar erkennbar ist – maßgeblich. Aufklärung über entfernt liegende Risiken, die allenfalls dem Hersteller des Leasinggegenstandes im Hinblick auf dessen besondere Sachkunde bekannt sind, wird auch im Fachhandel nicht geschuldet.[205] Eine Erkundungspflicht über Eigenschaften des Gegenstandes beim Hersteller besteht nur, wenn der Lieferant aufgrund konkreter Anhaltspunkte Zweifel an der Eignung der Ware für den Verwendungszweck des Kunden hat oder habe muss.[206] 45

Beziehen sich Aufklärungs- und Beratungspflichten auf die **Beschaffenheit** des Leasinggegenstandes,[207] stellt sich allerdings die Frage, wie sich ein darauf gestützter Anspruch zu den abgetretenen **Mängelgewährleistungsrechten** des Leasingnehmers verhält.[208] Nach der vom BGH fortgeführten Rechtsprechung des Reichsgerichts schließen die Regelungen zur Gewährleistung eine Haftung aus dem Gesichtspunkt des Verschuldens bei Vertragsschluss für fahrlässig unzutreffende Erklärungen über die Eigenschaften des Liefergegenstandes prinzipiell aus.[209] Die Schuldrechtsmodernisierung hat an der Richtigkeit dieser Rechtsprechung vor dem Hintergrund der nach wie vor unterschiedlichen Verjährungsregelung beider Ansprüche nichts geändert.[210] Ein Anspruch aus Verschulden bei Vertragsschluss (§§ 280 Abs. 1, 241 Abs. 2, 311 Abs. 2 BGB) kann bei fehlerhaften Angaben über Eigenschaften der Kaufsache allerdings dann neben die Haftung aus Gewährleistungsrecht treten, wenn der Verkäufer in Bezug auf deren Eigenschaften und Verwendungsmöglichkeiten vorsätzlich oder arglistig falsche Angaben macht.[211] Darüber hinaus hat die Rechtsprechung einen neben die Gewährleistungsansprüche tre- 46

---

[200] OLG Düsseldorf OLGR 1992, 154.
[201] *Reinking/Eggert* Der Autokauf Rdn. 905.
[202] OLG Düsseldorf MDR 1990, 628; *Reinking/Eggert* Der Autokauf Rdn. 905.
[203] BGH NJW 1984, 2938 = LM § 477 Nr. 41; *Canaris* Bankvertragsrecht Rdn. 1798; Erman/*Jendrek* Anh. § 536 Rdn. 21.
[204] MünchKomm/*Habersack* Leasing Rdn. 51
[205] BGH NJW 2004, 2301 m. Anm. *Theis* EWiR 2005, 13, 14; *Gröschler* NJW 2005, 1601 ff.
[206] BGH NJW 2004, 2301.
[207] Vgl. hierzu bereits oben § 10 Rdn. 18.
[208] Staudinger/*Stoffels* Leasing Rdn. 173.
[209] BGH NJW 1984, 2938 m. w. N.; zur Fortführung dieser Rechtsprechung nach der Schuldrechtsmodernisierung vgl. *Huber/Faust* Schuldrechtsmodernisierung S. 388 ff.
[210] *Reinicke/Tiedtke* Kaufrecht Rdn. 860 f., dort auch zu gegenteiligen Stimmen; **kritisch** zur Fortgeltung dieser Rspr. nach der Schuldrechtsmodernisierung auch MünchKomm/*Emmerich* § 311 Rdn. 254 aE.
[211] BGH NJW-RR 1988, 10, 11; BGH NJW-RR 1990, 970, 971; auch hieran ist nach der Schuldrechtsmodernisierung festzuhalten *Reinicke/Tiedtke* Kaufrecht Rdn 861 m. w. N.; nach Staudinger/*Stoffels* Leasing Rdn. 173 richtet sich die Verjährung der Ansprüche in diesem Fall allerdings einheitlich nach den Sondervorschriften im Mängelgewährleistungsrecht (§ 438 BGB bzw. 634a BGB); zu dem Fall, dass ein selbständiger Beratungsvertrag geschlossen wurde, vgl. BGH NJW 1999, 3192, 3193 f.

tenden Schadensersatzanspruch für den Fall anerkannt, dass sich eine fahrlässig falsche Raterteilung auf Eigenschaften der Sache bezog, wenn der Rat im Rahmen eingehender Vertragsverhandlungen auf eine ausdrückliche Befragung hin erteilt wurde.[212]

47   dd) Über die Eigenhaftung des Lieferanten erhält der Leasingnehmer eine zusätzliche Haftungsgrundlage (§§ 280 Abs. 1, 311 Abs. 3 BGB).[213] Kam der Leasingvertrag erst aufgrund der Pflichtverletzung des Lieferanten zustande, kann der Leasingnehmer von dem Lieferanten als **Schadensersatzanspruch** Befreiung von den aus dem Leasingvertrag sich ergebenden Verpflichtungen verlangen.[214] Die Darlegungs- und **Beweislast** hinsichtlich der Pflichtverletzung trägt der den Schadensersatz verlangende Kunde.[215] Steht die Aufklärungspflichtverletzung fest, hat der Aufklärungspflichtige gemäß § 280 Abs. 1 Satz 2 BGB sein fehlendes Verschulden darzulegen und zu beweisen.

2. Delikts- und Produkthaftung

48   Der Lieferant haftet im Übrigen deliktisch, wenn er Rechtsgüter des Leasingnehmers schuldhaft verletzt.[216] Eigene Ansprüche des Leasingnehmers können sich insbesondere aber auch aus dem Produkthaftungsgesetz gegenüber dem Lieferanten/Hersteller ergeben.[217] Die Haftung nach den allgemeinen deliktsrechtlichen Regeln der §§ 823 ff. BGB wird durch das Produkthaftungsgesetz nicht tangiert.[218] Grundlage der deliktischen Produzentenhaftung ist die schuldhafte Verletzung von Verkehrssicherungspflichten durch das Inverkehrbringen fehlerhafter Produkte. Für Einzelheiten muss insoweit auf die Kommentierungen zu § 823 BGB verwiesen werden.[219] Im Nachfolgenden können neben den Grundlagen der Produkthaftung nur einige Besonderheiten im Zusammenhang mit Leasinggeschäften behandelt werden.

49   a) **Produkthaftung im Leasinggeschäft.** Das am 1. 1. 1990 in Kraft getretene Produkthaftungsgesetz begründet eine verschuldensunabhängige zwingende Gefährdungshaftung. Nach § 1 Abs. 1 ProdHaftG muss der Hersteller einem Geschädigten denjenigen Personen- und Sachschaden ersetzen, der durch die Fehlerhaftigkeit eines Produktes (§ 3 ProdHaftG) entstanden ist.[220] Im Falle einer Sachbeschädigung besteht ein Ersatzanspruch allerdings nur, „wenn eine andere Sache als das fehlerhafte Produkt beschädigt wird und diese andere Sache ihrer Art nach gewöhnlich für den privaten Ge- oder Verbrauch bestimmt und hierzu von dem Geschädigten hauptsächlich verwendet worden ist" (§ 1 Abs. 1 Satz 2 ProdHaftG). Wer als Hersteller im Sinne des Produkthaftungsgesetzes zu verstehen ist, ist in dessen § 4 geregelt. Hersteller ist danach, wer das Endprodukt, einen Grundstoff oder ein Teilprodukt hergestellt hat (§ 4 Abs. 1 ProdHaftG). Darüber hinaus haftet nach § 4 Abs. 2 ProdHaftG aber auch ein Importeur, der „ein Produkt zum Zweck des Verkaufs, der Vermietung, des Mietkaufs oder einer anderen Form des Vertriebs mit wirtschaftlichem Zweck im Rahmen seiner geschäftlichen Tätigkeit in den Geltungsbereich des Abkommens über den Europäischen Wirtschaftsraum einführt oder verbringt". Ersatzweise haftet jeder Lieferant, wenn der Hersteller der Sache nicht fest-

---

[212] BGH NJW 1958, 866; BGH NJW 1962, 1196; BGH WM 1977, 1027, 1028; BGHZ 88, 130 = WM 1983, 987, 988; BGH NJW 1989, 2118.
[213] *H. Beckmann* Finanzierungsleasing § 3 Rdn. 178.
[214] *Martinek* Moderne Vertragstypen I S. 122; *Soergel/Kummer* vor § 535 Rdn. 127; *Staudinger/Stoffels* Leasing Rdn. 173 m. w. N.; a. A. *H. Beckmann* Finanzierungsleasing § 3 Rdn. 180.
[215] BGH NJW 1985, 265; BGH NJW 1987, 1323; OLG Hamm WM 1996, 1812.
[216] *H. Beckmann* Finanzierungsleasing § 3 Rdn. 181 ff.
[217] *H. Beckmann* Finanzierungsleasing § 3 Rdn. 187.
[218] *Palandt/Sprau* § 823 Rdn. 166.
[219] Zu einzelnen Verkehrssicherungspflichten vgl. etwa *Palandt/Sprau* § 823 Rdn. 185 ff.
[220] Was als Produkt zu verstehen ist, ist in § 2 ProdHaftG geregelt; erfasst wird hiervon nach herrschender Meinung auch Software, jedenfalls in Form von Standardsoftware (*Palandt/Sprau* § 2 Rdn. 1 m. w. N.; zu den besonderen Problemen des Computerleasing vgl. unten § 63).

gestellt werden kann (§ 4 Abs. 3 ProdHaftG). Mehrere für einen Schaden Verantwortliche können nach § 5 ProdHaftG als Gesamtschuldner vom Geschädigten auf Ersatz des gesamten Schadens in Anspruch genommen werden.

b) Ansprüche. aa) Die Leasingsache gelangt leasingtypisch vom Lieferanten zum Leasingnehmer, ohne dass der **Leasinggeber** unmittelbar mit ihr in Berührung kommt. Sachschäden an dem fehlerhaften Produkt selbst, sind nach dem ProdHaftG aber grds. nicht zu ersetzen (§ 1 Abs. 1 S. 2 ProdHaftG). Unter deliktsrechtlichen Gesichtspunkten kann der Leasinggeber gegen den Lieferanten des Leasinggutes damit nur in dem Ausnahmefall eines weiterfressenden Schadens vorgehen.[221] Demgemäß ist es regelmäßig aber auch nicht der Leasinggeber, sondern der **Leasingnehmer**, der als Anspruchsteller hier in Frage kommt. Wurden nicht andere Sachen des Leasingnehmers durch den Lieferanten beschädigt, sondern steht die Beschädigung des Leasinggutes selbst in Rede, liegt der Schaden des Leasingnehmers in erster Linie im Entzug der Nutzungsmöglichkeit der Leasingsache. Diesen Schaden kann er auf der Grundlage eines Anspruchs aus Besitzverletzung nach § 823 Abs. 1 BGB bzw. für den Fall, dass man einen Anspruch aus § 1 Abs. 1 ProdHaftG bei Vorliegen eines weiterfressenden Schadens anerkennt,[222] auch hieraus ersetzt verlangen, da dieser Anspruch nicht an das Eigentum, sondern an die Sache geknüpft ist.[223] Die Bestimmung der Höhe des Nutzungsschadens kann im Einzelfall freilich Schwierigkeiten bereiten.[224] Ersatzfähig ist als adäquate Folge der Verletzung des Besitzes als eines sonstigen Rechts im Sinne von § 823 Abs. 1 BGB grds. auch ein vermögensrechtlicher Folgeschaden, der dem Leasingnehmer aus einer Beschädigung des in seinem unmittelbaren Besitz befindlichen Leasinggutes entsteht.[225] Steht etwa ein Totalschaden in Rede und ist der Leasingnehmer nach den Leasingbedingungen in diesem Fall zur sofortigen Zahlung aller noch offenen Leasingraten verpflichtet, ist neben dem Nutzungsschaden dementsprechend auch ein Haftungsschaden denkbar, der anhand entgangener Kapitalnutzung oder erwachsener Kreditkosten zu berechnen ist.[226]

bb) Aber auch als **Anspruchsgegner** kommt der **Leasinggeber** nicht in Frage, wenn er nicht ausnahmsweise Hersteller oder Händler der Leasingsache ist. Regelmäßig ist ein Leasinggeber indes nicht wie ein Händler in den Produktabsatz integriert und folglich auch nicht Adressat von Produkthaftungsansprüchen. Dies gilt auch im Falle des **indirekten Herstellerleasing** (z. B. dem markengebundenen Fahrzeugleasing), soweit ein Drei-Personen-Verhältnis im typischen Leasingdreieck vorliegt. Gesellschaftsrechtliche Verknüpfungen allein begründen grundsätzlich keine weitergehenden Verkehrssicherungspflichten. Eine Inanspruchnahme des Leasinggebers kommt ausnahmsweise allerdings dann in Betracht, wenn er EG-Importeur gemäß § 4 Abs. 2 ProdHaftG ist oder als Lieferant im Sinne von § 4 Abs. 3 ProdHaftG zu qualifizieren ist. Da nach § 4 Abs. 3 ProdHaftG ein Lieferant im Allgemeinen[227] jedoch nur dann haftet, wenn der Hersteller des Produkts nicht feststellbar ist und die Haftung entfällt, wenn innerhalb eines Monats der Hersteller oder diejenige Person benannt werden kann, die das Produkt geliefert hat, ist das Haftungsrisiko des Leasinggebers insoweit gering. Häufiger steht als Anspruchs-

---

[221] Vgl. dazu Palandt/*Sprau* § 823 Rdn. 177; ein Anspruch nach § 1 ProdHaftG scheidet für den Leasinggeber im Übrigen auch bereits deshalb aus, da die Leasingsache von ihm nicht für den Privatgebrauch angeschafft wird.
[222] Zu der Frage, ob im Falle eines weiterfressenden Schadens auch ein Anspruch nach § 1 ProdHaftG möglich ist vgl. Palandt/*Sprau* § 1 ProdHaftG Rdn. 6.
[223] Palandt/*Sprau* § 1 ProdHaftG Rdn. 6, 10.
[224] BGH BB 1990, 2441.
[225] BGH WM 1976, 1133.
[226] BGH WM 1976, 1133; bestätigt in BGH NJW 1992, 553.
[227] Für eingeführte Produkte vgl. § 4 Abs. 3 Satz 2 ProdHaftG.

gegner eines Produkthaftungsanspruchs des Leasingnehmers als Hersteller im Sinne des § 4 ProdHaftG der **Lieferant** des Leasinggutes in Rede.[228]

52 cc) Bestehen deliktische **Ansprüche des Leasinggebers**, können diese im Rahmen der leasingtypischen Abtretungskonstruktion an den Leasingnehmer natürlich auch abgetreten worden sein.[229] Zu bedenken ist dabei jedoch, dass bei üblicher Abwälzung der Sach- und Gegenleistungsgefahr der Leasinggeber einen Vollamortisationsanspruch gegenüber dem Leasingnehmer hat und durch die Beschädigung des Leasinggutes keinen Schaden erleidet.[230] Der Schadensersatzanspruch des Leasingnehmers wiederum gründet im Entzug der Sachnutzung, nicht aber in der Belastung mit den Leasingraten, da diese nicht aus der Rechtsverletzung, die zu einem Anspruch aus § 823 Abs. 1 BGB führt, folgt.[231] Allerdings wird man ab dem Zeitpunkt, ab dem als Folge eines Produktfehlers das Leasinggut für den Leasingnehmer nicht mehr nutzbar ist, die Geschäftsgrundlage des Leasingvertrages als gestört ansehen müssen.[232]

53 dd) Fraglich ist, ob der Leasinggeber den Leasingnehmer im Rahmen der leasingtypischen Abtretungskonstruktion verpflichtet kann, auch deliktische Ansprüche bzw. Ansprüche nach dem Produkthaftungsgesetz vorrangig gegen den Lieferanten/Hersteller oder sonstige Vierte geltend zu machen.[233] Man wird dies als zulässig erachten können, soweit der Leasingnehmer hierdurch nicht unangemessen benachteiligt wird, was voraussetzt, dass das Risiko einer Insolvenz des Lieferanten beim Leasinggeber liegt.[234]

54 ee) Machen im Einzelfall sowohl Leasinggeber als auch Leasingnehmer Ansprüche aus unerlaubter Handlung bzw. Produkthaftungsansprüche geltend, liegt regelmäßig keine Gesamt- oder Mitgläubigerschaft vor. In einem solchen Fall macht jeder vielmehr nur einen eigenen, vom Schadensersatzanspruch des anderen getrennten Anspruch geltend.[235]

V. Der Liefervertrag

1. Die Rechtsnatur des Liefervertrages

55 Im leasingtypischen Dreieckverhältnis sind Vertragsparteien des Liefervertrages der Lieferant sowie der Leasinggeber. Entweder, weil der Vertrag unmittelbar zwischen diesen beiden geschlossen wurde oder der Leasinggeber in den Vertrag zwischen Lieferant und späterem Leasingnehmer eingetreten ist. Gewöhnlich handelt es sich insoweit um einen Kaufvertrag (§§ 433 ff. BGB).[236] Je nach Art der versprochenen Leistung kann aber auch ein Werkvertrag (§§ 631 ff. BGB) oder ein Werklieferungsvertrag (§ 651 BGB) vorliegen.[237]

2. Willensmängel und Nichtigkeitsgründe

56 a) Der Abschluss des Liefervertrages unterliegt den allgemeinen Regeln. Zu beachten gilt es allerdings, dass die Einzelheiten des Liefervertrages regelmäßig zwischen Leasingnehmer und Lieferant ausgehandelt werden, auch wenn der Vertrag unmittelbar zwischen Leasinggeber und Lieferant abgeschlossen wird. Da die Anwendbarkeit des § 166 BGB –

---

[228] Hat der Lieferant das Leasinggut nicht selbst hergestellt, haftet auch er natürlich nur unter den Voraussetzungen des § 4 Abs. 2, 3 ProdHaftG.
[229] Ausführlich zur leasingtypischen Abtretungskonstruktion vgl. § 26.
[230] BGH BB 1990, 2441.
[231] BGH BB 1990, 2441.
[232] So zu Recht bereits *Apel* in der Vorauflage § 8 Rdn. 56.
[233] Dafür *H. Beckmann* Finanzierungsleasing § 3 Rdn. 189.
[234] *H. Beckmann* Finanzierungsleasing § 3 Rdn. 189.
[235] *Martinek* Moderne Vertragstypen I, S. 214.
[236] *Leyens* MDR 2003, 312 m. w. N.
[237] *Staudinger/Stoffels* (2004) Leasing Rdn. 102; MünchKomm/*Habersack* Leasing Rdn. 39.

5. Kapitel. Das Rechtsverhältnis zwischen Leasinggeber und Lieferant   § 10

wie bereits festgestellt wurde[238] – indes nicht auf rechtsgeschäftliche Vertreter beschränkt ist, sondern auch Wissensvertreter erfasst, ist für die Frage, ob der Liefervertrag unter einem **Willensmangel** leidet, grds. auf die Person des Leasingnehmers abzustellen.

b) Hat der Lieferant den Leasinggeber oder den für diesen handelnden Leasingnehmer 57
arglistig getäuscht, kann der Leasinggeber – bzw. bei Übertragung der diesbezüglichen Rechte und Ansprüche der Leasingnehmer – den Liefervertrag anfechten und für den Fall, dass der Kaufpreis oder Werklohn bereits geleistet wurde, dessen Rückzahlung verlangen.[239] Eine Aufklärungspflicht des Lieferanten, die dahin geht, den Leasinggeber ungefragt auf eine Abweichung des geforderten Kaufpreises vom Listenpreis hinzuweisen, hat die Rechtsprechung allerdings abgelehnt, da die Grenze der zulässigen Preisgestaltung mittels § 138 BGB gezogen wird.[240] Liegt ein **grobes Missverhältnis** von Warenwert und Kaufpreis vor und hat der Lieferant eine verwerfliche Gesinnung, kann der Liefervertrag allerdings nach § 138 Abs. 1 BGB sittenwidrig sein, auch wenn der Inhalt des Vertrages nicht vom Leasinggeber selbst, sondern vom Leasingnehmer mit dem Lieferanten ausgehandelt wurde.[241]

c) Der Leasinggeber kann dem Leasingnehmer die Durchsetzung der sich aus der 58
Unwirksamkeit des Liefervertrages ergebenden Rechte übertragen.[242] Kommt der Vertrag zwischen Leasinggeber und Lieferant – aus welchen Gründen auch immer – nicht zustande,[243] gilt es weiterhin zu hinterfragen, welche Auswirkungen dies auf den geschlossenen Leasingvertrag hat. Häufig findet sich in den Leasingbedingungen die Regelung, dass in einem solchen Fall sowohl dem Leasingnehmer als auch dem Leasinggeber ein Rücktrittsrecht zusteht.[244] Die Unwirksamkeit des Liefervertrages wird aber auch unabhängig von einer vertraglichen Regelung die Geschäftsgrundlage des Finanzierungsleasingvertrages stören.[245] Zu den Auswirkungen der Schuldrechtsmodernisierung auf die Geschäftsgrundlagenlösung vgl. *Roland M. Beckmann* § 22 Rdn. 20 m. w. N.[246]

3. Rechte und Pflichten aufgrund des Liefervertrages

a) **Die Pflichten des Lieferanten. aa)** Wie bereits hervorgehoben wurde,[247] handelt 59
es sich bei den zwischen Leasinggebern und Lieferanten abgeschlossenen Lieferverträgen regelmäßig um **Kaufverträge** (§ 433 BGB), womit die allgemeinen Vorschriften zum Kaufrecht zur Anwendung gelangen. Dementsprechend ist der **Lieferant** verpflichtet, die Sache zu übergeben und dem Leasinggeber das Eigentum an ihr zu verschaffen. Liegt

---

[238] Vgl. oben § 10 Rdn. 32.
[239] Vgl. bereits *H. Beckmann* § Rdn. 90.
[240] OLG Düsseldorf ZIP 1988, 1405.
[241] OLG Nürnberg WM 1996, 497 = WuB I J 2, Leasing 1.96 (*Jendrek*).
[242] Allgemein zur Abtretungskonstruktion vgl. unten § 26.
[243] Zur Sittenwidrigkeit des Liefervertrages und deren Auswirkungen auf den Leasingvertrag vgl. allg. *H. Beckmann* CR 1996, 149, 151; *Graf von Westphalen* Leasingvertrag Rdn. 627; OLG Nürnberg WM 1996, 497; zur Sittenwidrigkeit eines Immobilien-Leasingvertrages wegen besonders grober Verletzung des Grundsatzes der Sparsamkeit und Wirtschaftlichkeit kommunaler Haushaltsführung, BGH WM 2006, 1110; zur Rechtslage, wenn der Liefervertrag nur zum Schein geschlossen wurde, OLG Frankfurt aM WM 2003, 2607.
[244] Vgl. beispielsweise § 3 Abs. 4 des Musterleasingvertrages bei *Stolterfoht* in Münchener Vertragshandbuch Bd. 3/1153; der Inhalt des Leasingvertrages ist aufgrund der leasingtypischen Drittverweisungsklausel allgemein auch für die Rechtstellung des Lieferanten von erheblicher Bedeutung (zu den Regelungsinhalten des Leasinggeschäfts vgl. auch *Graf von Westphalen,* Leasingvertrag Rdn. 341 ff.).
[245] OLG Nürnberg WM 1996, 497 = WuB I J 2, Leasing 1.96 (*Jendrek*); Palandt/*Grüneberg* § 313 Rdn. 59; vgl. aber auch OLG Frankfurt/M. WM 2003, 1850.
[246] Ausführlich hierzu auch *Reinking/Eggert* Der Autokauf Rdn. 867.
[247] Vgl. oben § 10 Rdn. 55.

ein **Werkvertrag** vor, schuldet der Lieferant die rechtzeitige mangelfreie Herstellung des Werkes (§§ 631, 633 BGB).[248] Hinzu kommen – je nach Vertrag und vertraglicher Abrede – etwa die Verpflichtung zur Überlassung von Bedienungsanleitungen, zur Montage sowie Aufklärungs- und Beratungspflichten. Soweit Aufklärung und Beratung das Leasinggut betreffend nicht nur dem Leasingnehmer, sondern auch dem Leasinggeber als (künftigem) Vertragspartner geschuldet wird,[249] ist diese gegenüber dem Leasingnehmer als Erfüllungsgehilfen des Leasinggebers zu erbringen. Etwaige Ansprüche des Leasinggebers aufgrund fehlerhafter Beratungsleistungen können dem Leasingnehmer abgetreten werden, was der Praxis bei Gewährleistungsansprüchen entspricht.[250]

60   bb) Zur Erfüllung seiner **Hauptpflicht** aus dem Liefervertrag mit dem Leasinggeber liefert der Lieferant das Leasinggut – entsprechend der typischen Abreden – unmittelbar an den Leasingnehmer. Damit erfüllt der Lieferant als **Erfüllungsgehilfe des Leasinggebers**[251] gleichzeitig dessen Verpflichtung gegenüber dem Leasingnehmer aus dem Leasingvertrag.[252] Die Erfüllungsgehilfeneigenschaft des Lieferanten endet mit der vollständigen Übergabe des Leasinggegenstandes an den Leasingnehmer[253] bzw. – aufgrund besonderer Abreden[254] – mit der Erbringung weiterer geschuldeter Zusatzleistungen, wie Montage, Installation, Integration von Hard- und Software bzw. der Einweisung in die Bedienung des Leasinggegenstandes. Verpflichtet sich der Lieferant **gegenüber dem Leasingnehmer** außerhalb des Leasingvertrages zu **selbständigen Leistungen** – z. B. zusätzliche Lieferung von Individualsoftware, Abschluss eines selbständigen Garantievertrages im Sinne der §§ 443, 639 BGB, Abschluss eines selbständigen Beratungs- oder Wartungsvertrages[255] –, kommt ein Vertragsverhältnis unmittelbar zwischen ihnen beiden zustande.[256]

61   cc) Ist bzw. wird dem Lieferanten die Erfüllung seiner Pflichten **unmöglich** (§ 275 BGB), haftet er dem Leasinggeber nach § 311a Abs. 2 BGB bzw. §§ 283, 280 Abs. 1 BGB auf Schadensersatz.[257] Schadensersatzansprüche, die der Leasingnehmer aus diesem Grund gegen den Leasinggeber hat, sind Teil des Regressanspruches, der dem Leasinggeber gegenüber dem Lieferanten zusteht.[258] Der Leasinggeber kann im Falle der Unmöglichkeit gemäß § 326 Abs. 5 BGB natürlich auch vom Vertrag zurücktreten. Wird die Leasingsache nur **teilweise** geliefert, obwohl keine Teilleistung (§ 266 BGB) vereinbart ist, und wird die Teilleistung nicht als Erfüllung angenommen, liegt ein Fall der (teilweisen) Nichterfüllung vor.[259] Sekundäransprüche kann der Gläubiger auch im Fall der Teilleistung regelmäßig allerdings erst geltend machen, wenn er dem Lieferanten eine

---

[248] Zu weiteren Pflichten, insbesondere Aufklärungs- und Beratungspflichten, vgl. Palandt/*Putzo* § 433 Rdn. 22 ff.; § 631 Rdn. 13 ff.
[249] Vgl. hierzu allerdings bereits oben § 10 Rdn. 18.
[250] Soweit die fehlerhafte Beratung Beschaffenheiten der Sache betrifft, sind die Gewährleistungsregeln des Kaufrechts ohnehin vorrangig (BGH WM 1976, 740; BGH WM 1983, 987; *Martinek* Moderne Vertragstypen I, S. 119, 122).
[251] BGH NJW 1988, 204; OLG Düsseldorf MDR 2005, 24.
[252] *H. Beckmann* Finanzierungsleasing 3. Aufl. § 3 Rdn. 97; der Leistungsumfang des Liefervertrages und des Leasingvertrages entsprechen sich regelmäßig, vgl. bereits oben § 10 Rdn. 16.
[253] BGH NJW 1988, 198; OLG Düsseldorf MDR 2005, 24.
[254] Fehlen besondere Abreden, so beschränken sich nach der Auslieferung des Leasinggutes die Rechtsbeziehungen zwischen Leasingnehmer und Lieferant auf die Abwicklung des Kaufvertrages.
[255] Vgl. hierzu BGH NJW 1999, 1540 und 3192; NJW 1997, 3227; teilweise wird der Abschluss eines Wartungsvertrages dem Leasingnehmer – insbesondere beim Computerleasing – zur Auflage gemacht, um den Wert des Leasingobjekts zu erhalten. Hinsichtlich der Software werden häufig auch noch besondere Pflegeverträge geschlossen (*Junker* NJW 1994, 901 m. w. N.).
[256] *H. Beckmann* Finanzierungsleasing § 3 Rdn. 161 f.; zu atypischen Sondervereinbarungen vgl. bereits oben § 10 Rdn. 19.
[257] Zur Unmöglichkeit vgl. ausführlich *Roland M. Beckmann* § 22.
[258] *Graf von Westphalen*, Leasingvertrag Rdn. 398.
[259] Palandt/*Grüneberg* § 323 Rdn. 24.

5. Kapitel. Das Rechtsverhältnis zwischen Leasinggeber und Lieferant § 10

angemessene Frist zur (vollständigen) Leistung gesetzt hat.[260] Wird die noch geschuldete Leistung durch den Lieferanten sodann erbracht, wird er im Verhältnis Leasingnehmer–Leasinggeber wiederum als Erfüllungsgehilfe des Leasinggebers tätig.[261]

dd) Geschuldet wird die Übereignung der Leasingsache frei von **Sach- und Rechts-** 62 **mängeln**.[262] Geht es um objektiv bestimmbare Mängel, ist die konkrete Vertragsbeziehung nicht ausschlaggebend, um einen Mangel feststellen zu können. Über die Frage, ob der Leasinggegenstand in subjektiver Hinsicht vertragsgemäß beschaffen und damit mangelfrei ist, ist indes anhand der Vereinbarungen zwischen Leasingnehmer und Lieferanten zu entscheiden, wenn – wie in der Regel – der Leasingnehmer den Kaufentschluss gefasst und der Leasinggeber sich auf dessen Angaben verlassen hat.[263] Leidet das Leasinggut an einem Mangel, kommt das allgemeine Gewährleistungsrecht (§§ 434 ff. bzw. 633 ff. BGB) zur Anwendung.[264] Denkbar ist daneben natürlich auch, dass der Lieferant unmittelbar gegenüber dem Leasingnehmer eine selbständige Garantie abgegeben hat.[265]

Im Rahmen der **Nacherfüllung** kommt der Lieferant einer eigenen Verbindlichkeit 63 aus dem Kaufvertrag gegenüber dem Leasinggeber nach oder – falls dessen Ansprüche an den Leasingnehmer abgetreten wurden – diesem gegenüber.[266] Pflichten des Leasinggebers nimmt er im Falle der Abtretung nicht wahr, da solche – infolge der Haftungsfreizeichnung – nicht bestehen. Unter Zugrundelegung der leasingtypischen Abtretungskonstruktion ist die eigene Mängelhaftung des Leasinggebers ausgeschlossen.[267] Die Gebrauchsüberlassungspflicht des Leasinggebers beschränkt sich nach Übergabe der Sache an den Leasingnehmer bei Überwälzung der Sach- und Gegenleistungsgefahr darauf, den Leasingnehmer nicht im Gebrauch zu stören und ihn bei Störungen durch Dritte zu unterstützen.[268] Dementsprechend wird der Lieferant im Falle einer Nacherfüllung auch **nicht** als **Erfüllungsgehilfe** des Leasinggebers tätig,[269] sondern erfüllt nur seine eigene Verpflichtung aus dem Liefervertrag.[270] Dies ergibt sich auch aus einem Umkehrschluss aus der Verbraucherschutzvorschrift des § 359 Satz 3 BGB. § 359 Satz 3 BGB erkennt dem Leasingnehmer ein Zurückbehaltungsrecht hinsichtlich der Leasingraten erst zu, wenn die Nacherfüllung fehlgeschlagen ist.[271] Dies wäre nicht möglich, wenn der Lieferant im Rahmen der Nacherfüllung als Erfüllungsgehilfe des Leasinggebers tätig wäre.[272] Auch wenn eine mangelhafte Sache durch eine mangelfreie ausgetauscht wird, wird der Lieferant nicht wie im Falle der Erstauslieferung als Erfüllungsgehilfe des Leasinggebers tätig, da der Austausch im Rahmen des fortbestehenden Leasingvertrages stattfindet, dessen haftungsrechtliche Konzeption, wie zu Recht betont wird, von § 359 Abs. 3 BGB be-

---

[260] *H. Beckmann* Finanzierungsleasing § 3 Rdn. 139.
[261] *H. Beckmann* Finanzierungsleasing § 3 Rdn. 139.
[262] Aber auch der Leasinggeber schuldet dem Leasingnehmer aufgrund des Leasingvertrages die Überlassung einer mangelfreien Sache.
[263] Bamberger/Roth/*Möller/Wendehorst* § 500 Rdn. 34; *Reinking/Eggert* Der Autokauf Rdn. 911.
[264] Vgl. näher hierzu unten § 24.
[265] Insbesondere ist eine von Gewährleistungsansprüchen des Liefervertrages unabhängige Hersteller- oder Produzentengarantie nicht nur zugunsten des Leasinggebers, sondern auch zugunsten des Leasingnehmers möglich; zur Haftung des Lieferanten für eine Garantie des Herstellers aus Rechtsscheinsgrundsätzen vgl. KG NJW-RR 1996, 1079.
[266] Vgl. unten § 25.
[267] Vgl. unten § 25 III 1.
[268] BGH Urt. v. 30. 9. 1987 = NJW 1988, 198.
[269] Entsprechendes gilt, wenn der Lieferant im Rahmen der Nacherfüllung dem Leasingnehmer Auskünfte über den Liefervertrag erteilt oder Erklärungen abgibt. Die mit der Warenübergabe beendete Erfüllungsgehilfenstellung des Lieferanten lebt ohne besonderen Auftrag des Leasinggebers nicht wieder auf.
[270] BGH NJW 1988, 198 ff.
[271] *Reinking/Eggert* Der Autokauf Rdn. 912.
[272] *Reinking/Eggert* Der Autokauf Rdn. 912.

stimmt wird.²⁷³ Was für verbundene Verträge im Sinne des § 359 BGB gilt, die dem besonderen Verbraucherschutz des Gesetzes unterliegen, muss aber erst recht für nicht verbundene Verträge und Verträge zwischen Unternehmern gelten.²⁷⁴

64 Allerdings steht dem Leasinggeber bei Mangelhaftigkeit des Leasingobjekts gegenüber dem Kaufpreisanspruch des Lieferanten, auch wenn er den Nacherfüllungsanspruch an den Leasingnehmer abgetreten hat, ein **Leistungsverweigerungsrecht** gemäß § 320 BGB zu.²⁷⁵

65 ee) Gibt der Leasingnehmer bei **Vertragsende** die Sache entsprechend einer Regelung in den ALB an den Lieferanten zurück, fungiert der Lieferant wiederum als **Erfüllungsgehilfe** des Leasinggebers. Entsprechendes gilt, wenn der Lieferant nach Beendigung des Leasingvertrages die Ware beim Leasingnehmer abholt.²⁷⁶ Fügt er dabei dem Leasingnehmer einen Schaden zu, kann dieser vom Leasinggeber Schadensersatz verlangen (§§ 280 Abs. 1, 278, 276 BGB), falls der Leasinggeber sich nicht im Rahmen der leasingtypischen Abtretungskonstruktion von seiner Haftung frei gezeichnet hat.²⁷⁷ Anderes gilt allerdings, wenn der Lieferant die Ware, ohne hierzu vom Leasinggeber beauftragt worden zu sein, im Zusammenhang mit der Rückabwicklung des Liefervertrages beim Leasingnehmer abholt. In diesem Fall wird er ausschließlich in seinem eigenen Interesse tätig.²⁷⁸

66 **b) Die Pflichten des Leasinggebers. aa)** Wurde ein **Kaufvertrag** abgeschlossen, hat der Leasinggeber nach allgemeinen Regeln dem Lieferanten den vereinbarten **Kaufpreis zu zahlen** und die gekaufte Sache abzunehmen.²⁷⁹ Der Kaufpreis ist ohne abweichende Vereinbarung sofort fällig (§ 271 Abs. 1 BGB).²⁸⁰ In der Praxis findet sich in den Einkaufsbedingungen des Leasinggebers regelmäßig allerdings die Abrede, dass der Leasinggeber erst mit Eingang der vom Leasingnehmer abzugebenden Übernahmebestätigung²⁸¹ die Zahlung zu leisten hat.²⁸² Gemäß § 305 c Abs. 2 BGB ist hierin im Zweifel eine Fälligkeitsregelung, nicht aber die Vereinbarung einer Wirksamkeitsbedingung hinsichtlich des Kaufvertrages selbst zu sehen.²⁸³ Es wird auf diese Weise eine **Vorleistungspflicht** des Lieferanten begründet. Eine solche formularmäßige Regelung ist nach § 307 Abs. 2 Nr. 1 BGB zulässig.²⁸⁴ Macht der Leasingnehmer die **Fertigstellung** einer zu leasenden Anlage durch den Lieferanten allerdings dadurch **unmöglich**, dass er diese durch einen Dritten fertig stellen lässt, so behält der Lieferant seinen Anspruch auf die Gegenleistung (§ 326 Abs. 2 BGB), da der Leasinggeber sich das Handeln des Leasingnehmers insoweit

---

²⁷³ *Reinking/Eggert* Der Autokauf Rdn. 912.
²⁷⁴ *Reinking/Eggert* Der Autokauf Rdn. 912.
²⁷⁵ BGH NJW 1995, 187; a. A. *H. Beckmann* in der Vorauflage § 7 Rdn. 25; aufgegeben in *H. Beckmann* Finanzierungsleasing, § 3 Rdn. 142.
²⁷⁶ LG Dortmund NJW-RR 1998, 707.
²⁷⁷ *H. Beckmann* Finanzierungsleasing, § 3 Rdn. 149.
²⁷⁸ *H. Beckmann* Finanzierungsleasing, § 3 Rdn. 149.
²⁷⁹ Oft treten Lieferant bzw. Hersteller, dessen gesetzliche Vertreter und/oder Gesellschafter auf Verlangen des Leasinggebers der Schuld des Leasingnehmers aus dem Leasingvertrag allerdings gesamtschuldnerisch bei (Schuldbeitritt) oder geben eine Bürgschafts- bzw. Garantieerklärung für die Verbindlichkeiten des Leasingnehmers aus dem Leasingvertrag ab (BGH NJW 1988, 1908; BGH NJW 1995, 43 und 1886). Dies geschieht vor dem Hintergrund, dass der Lieferant die Bonität des Leasingnehmers besser einschätzen kann als der an Vertragsverhandlungen regelmäßig nicht beteiligte Leasinggeber und er sein Interesse am Warenabsatz nur mittels der Finanzierung über Leasing realisieren kann (*H. Beckmann* Finanzierungsleasing § 3 Rdn. 243).
²⁸⁰ Zum Fall, dass die Gegenleistung von ungerechtfertigten und unzumutbaren Bedingungen abhängig gemacht wird, vgl. BGH NJW 1990, 3008.
²⁸¹ Zur Übernahmebestätigung und ihren Wirkungen vgl. noch unten § 13.
²⁸² MünchKomm/*Habersack* Leasing Rdn. 46
²⁸³ BGH NJW 1993, 1381, 1382 f; BGHZ 90, 302, 307 = NJW 1984, 2034; MünchKomm/*Habersack* Leasing Rdn. 46.
²⁸⁴ Staudinger/*Stoffels* Leasing Rdn. 102; MünchKomm/*Habersack* Leasing Rdn. 46.

nach § 278 BGB zurechnen lassen muss.[285] Der Lieferant muss sich in diesem Fall nur die durch den Wegfall der eigenen Leistungspflicht entstehenden Vorteile anrechnen lassen.[286] Zum Fall, dass der Leasingnehmer die Abnahme des Leasinggutes und Abgabe der Übernahmebestätigung verweigert, obwohl ein ordnungsgemäßes Erfüllungsangebot des Lieferanten vorliegt, vgl. noch unten § 13 Rdn. 18.

bb) Liegt ein **Werkvertrag** vor, kann der **Werklohn** nach §§ 631, 632, 641 BGB ohnehin erst mit **Abnahme** des Werkes geltend gemacht werden.[287] Aufgrund entsprechender Vereinbarungen im Liefervertrag kann die **Übernahmebestätigung** eine zusätzliche Fälligkeitsvoraussetzung zur werkvertraglichen Abnahme begründen.[288] Nach Ansicht der Rechtsprechung kann die Fälligkeit des Werklohns ausnahmsweise allerdings auch bereits vor Fertigstellung und Abnahme eintreten, wenn der Besteller eine für die Fertigstellung des Werkes notwendige Mitwirkung unterlässt.[289] Entsprechendes muss dann freilich auch im Falle einer unterlassenen Mitwirkung des Leasingnehmers gelten, dessen Verschulden sich der Leasinggeber nach § 278 BGB zurechnen lassen muss. Allein der Annahmeverzug des Bestellers genügt indes nicht, um die Fälligkeit des Werklohns zu begründen.[290] Allerdings kann der vorleistungspflichtige Lieferant in diesem Fall nach § 322 Abs. 2 BGB auf Leistung nach Empfang der Gegenleistung klagen.[291] 67

cc) Zur **Abnahme** des Leasinggegenstandes ist der Leasinggeber gemäß §§ 433 Abs. 2, 640 Abs. 1 BGB verpflichtet. Die Abnahmepflicht stellt sich im Falle eines Werkvertrages – anders als im Kaufrecht – als Hauptpflicht dar.[292] Zur Erfüllung der Abnahmepflicht bedient sich der Leasinggeber typischerweise des Leasingnehmers, der damit als sein Erfüllungsgehilfe tätig wird[293] und dessen schuldhafte Pflichtverletzung sich der Leasinggeber folglich nach § 278 BGB zurechnen lassen muss. Weigert sich der Leasingnehmer ohne Grund die Ware abzunehmen, kommt der Leasinggeber in Annahmeverzug.[294] Liegen die Voraussetzungen der § 286 bzw. §§ 280, 281 BGB vor, kann der Lieferant einen infolgedessen entstandenen Verzugs- und/oder Nichterfüllungsschaden ersetzt verlangen. 68

VI. Häufige Regelungen zur Verlagerung des Risikos des Leasinggebers auf den Lieferanten

1. Vermarktungspflicht des Lieferanten

Häufig verabreden Leasinggeber und Lieferant die Pflicht des Lieferanten, die Leasingsache bei Vertragsende zu vermarkten. Im Hinblick auf die insoweit bestehenden besseren Möglichkeiten des unmittelbar am Markt tätigen Lieferanten, bestehen – bei wirksamer Einbeziehung der AGB[295] – keine Bedenken gegen die formularmäßige Wirksamkeit einer derartigen Klausel.[296] 69

---

[285] BGH NJW-RR 2005, 357 (zu § 324 a. F. BGB).
[286] BGH NJW-RR 2005, 357.
[287] Zur Abnahme vgl. ausführlich auch noch unten § 12 Rdn. 9.
[288] *H. Beckmann* Finanzierungsleasing § 3 Rdn. 38.
[289] OLG Köln NJW-RR 1996, 624.
[290] BGH NJW 2002, 1262.
[291] Zum Annahmeverzug vgl. noch unten § 13 Rdn. 18.
[292] Palandt/*Thomas* § 640 Rdn. 1.
[293] Staudinger/*Stoffels* Leasing Rdn. 175 m. w. N.; zur Erfüllungsgehilfenstellung des Leasingnehmers bei der Untersuchungs- und Rügeobliegenheit des Leasinggebers vgl. unten § 14 Rdn. 5.
[294] Zum Annahmeverzug des Leasinggebers vgl. noch unten § 13 Rdn. 18.
[295] Zu dem Fall, dass die Einkaufs-AGB des Leasinggebers den Verkaufs-AGB des Herstellers/Lieferanten widersprechen vgl. *Graf v. Westphalen,* Leasingvertrag, 5. Aufl. Rdn. 373.
[296] *Leyens* MDR 2003, 312, 313.

§ 10 Zweiter Teil. Allgemeines Leasingrecht

2. Nachmieterbenennung

70 Teilweise vereinbaren die Liefervertragsparteien auch das Recht bzw. die Pflicht des Lieferanten, für den Fall des Notleidens des Leasingvertrages einen „Nachmieter" zu benennen, der in vollem Umfang in den Leasingvertrag eintritt.[297] Auf Beschädigungen der Leasingsache oder deren Gebrauchsuntauglichkeit kann sich der Lieferant nicht berufen, wenn der Leasinggeber die Sach- und Preisgefahr wirksam auf den Leasingnehmer abgewälzt hat.[298] In diesem Fall ist der Leasinggeber nicht zur Wiederherstellung der Gebrauchstauglichkeit verpflichtet.[299] Für den Fall, dass sich kein zur Übernahme bereiter Nachmieter findet, übernimmt der Lieferant regelmäßig eine Ankaufverpflichtung zu dem Preis des Ablösebetrages.[300] Von der Ankaufspflicht wird der Lieferant nur im Fall vollständiger Zerstörung oder Untergangs der Leasingsache, nicht aber bei deren Beschädigung frei.[301] Wird der notleidende Leasingvertrag durch einen Verbraucher übernommen, sind die Regeln zum Verbraucherschutz zu beachten.[302]

3. Rückkaufvereinbarung

71 a) Insbesondere beim Kfz-Leasing verabreden die Parteien des Liefervertrages[303] häufig Restwertgarantien bzw. Rückkaufvereinbarungen, aufgrund derer sich der Lieferant verpflichtet, das Leasinggut nach Ablauf der Grundmietzeit bzw. nach Kündigung zurückzunehmen.[304] Auch wenn sich der Lieferant zum Ankauf der Leasingsache für den Fall verpflichtet, dass der Leasingnehmer in Verzug mit den Leasingraten gerät und ein Folgeleasingvertrag nicht zustande kommt, ist dies nach der Rechtsprechung des BGH als **Wiederverkaufsrecht** des Leasinggebers und nicht als Ausfallgarantie oder Ausfallbürgschaft zu qualifizieren.[305] Der Leasinggeber sichert sich auf diesem Wege gegen die Zahlungsunfähigkeit des Leasingnehmers ab.[306] Rechtlich handelt es sich insoweit regel-

---

[297] Gegen die Wirksamkeit einer formularmäßigen Weitervermietungspflicht des Lieferanten aber *Graf v. Westphalen,* Der Leasingvertrag Rdn. 370; zum Fall einer dreiseitigen Vereinbarung einer Nachmietklausel mit Andienungsrecht vgl. BGH NJW 1997, 452, wobei der BGH festgestellt hat, dass der Leasingnehmer ohne entsprechende Haftungsübernahme bei Vermögensverfall des beigetretenen Nachmieters nach Ausübung des Andienungsrechts durch den Leasinggeber auch unter Berücksichtigung des Vollamortisationsprinzips und einer Restwertgarantie nicht haftet (vgl. BGH a.a.O.; MünchKomm/*Habersack* Leasing Rdn. 95 m. w. N.).

[298] Zur Haftung im typischen Leasingdreieck vgl. unten Kapitel 9.

[299] BGH NJW 1990, 2546; *H. Beckmann* Finanzierungsleasing § 3 Rdn. 204; *Koch,* Computervertragsrecht Rdn. 723.

[300] BGH WM 1990, 882.

[301] BGH WM 1990, 882.

[302] Zum Verbraucherschutz im Leasinggeschäft vgl. unten 15. Kapitel.

[303] Hiervon zu unterscheiden ist, dass der Lieferant dem **Leasingnehmer** eine Erwerbsmöglichkeit eingeräumt hat; in diesem Fall muss er die Sache vom Leasinggeber zunächst zurückerwerben, um seiner vertraglichen Verpflichtung gegenüber dem Leasingnehmer nachkommen zu können (*Müller-Sarnowski* DAR 2002, 485, 492); dem Leasinggeber kann die dem Leasingnehmer durch den Lieferanten eingeräumte Kaufoption nicht zugerechnet werden (OLG Koblenz BB 2004, 2099, bestätigt durch BGH NJW-RR 2005, 142; *Müller-Sarnowski* DAR 2002, 485, 492; a. A. OLG Hamm OLGR 1992, 193; OLG Dresden DAR 2001, 77; vgl. zum Ganzen auch *H. Beckmann* Finanzierungsleasing § 3 Rdn. 203, 215); zur Möglichkeit einer Vertragsanpassung nach § 313 BGB im Hinblick auf die Neuregelung in §§ 474 ff. BGB vgl. *H. Beckmann* Finanzierungsleasing § 3 Rdn. 201; zur Verpflichtung eines **„Vierten"** (z. B. dem Vermittler des Finanzierungsleasinggeschäfts) zur Übernahme der Leasingsache vgl. *H. Beckmann* Finanzierungsleasing, § 3 Rdn. 205 ff. m. w. N.).

[304] Vgl. zuletzt hierzu BGH WM 2006, 875; vgl. auch *Graf v. Westphalen* Leasingvertrag 5. Aufl. Rdn. 364.

[305] BGH NJW 1990, 2546; vgl. aber auch *Graf v. Westphalen* Leasingvertrag 5. Aufl. Rdn. 364, der sich gegen die AGB-rechtliche Zulässigkeit solcher Regelungen ausspricht.

[306] *H. Beckmann* Finanzierungsleasing § 3 Rdn. 192.

5. Kapitel. Das Rechtsverhältnis zwischen Leasinggeber und Lieferant § 10

mäßig um einen **aufschiebend bedingten** Kauf,[307] auf den grundsätzlich die gesetzlichen Regelungen zum **Wiederkauf** entsprechende Anwendung finden.[308] Soll die Rückkaufvereinbarung für den Fall gelten, dass der Leasingvertrag „notleidend" wird, muss der Leasinggeber den Leasingvertrag zur Herbeiführung der Bedingung allerdings zunächst kündigen.[309]

b) Auch wenn natürlich immer die Auslegung im Einzelfall entscheidet,[310] wird in der Regel mittels einer Rückkaufvereinbarung allein die **Pflicht** des Lieferanten begründet, die Sache zurückzukaufen, **ohne** dass damit auch ein **Recht** des Lieferanten auf Rückkauf bzw. eine Pflicht des Leasinggebers auf Rückverkauf verbunden wäre.[311] Über die Rückkaufvereinbarung erhält der Leasinggeber ein Wiederverkaufsrecht zu einem vereinbarten Preis, wohingegen der Lieferant sich verpflichtet, die Leasingsache zu einem garantierten Preis an- bzw. zurückzukaufen.[312] Der vereinbarte Preis bestimmt sich regelmäßig dynamisch nach der Höhe der abgezinsten Gesamtsumme der jeweils noch offenen Leasingraten.[313] 72

c) Kommt der Rückkauf wirksam zustande, haftet der Leasinggeber dem Lieferanten allerdings für **Mängel** der Leasingsache nach §§ 434 ff. BGB. Eine Berufung auf die leasingvertragliche Drittverweisungsklausel bzw. die Abwälzung der Sach- und Preisgefahr ist insoweit nicht möglich.[314] Auch eine entsprechende Anwendung der Regelung in § 457 Abs. 2 Satz 2 BGB kommt nach der Rechtsprechung des BGH nicht in Betracht.[315] Die Haftung kann jedoch vertraglich abbedungen werden,[316] was für gewöhnliche Abnutzungen regelmäßig stillschweigend geschieht.[317] Ein Haftungsausschluss kann vom Leasinggeber oder einem Versicherer allerdings nicht geltend gemacht werden, wenn eine Versicherung für Schäden an der Leasingsache aufzukommen hat.[318] 73

Wird die Leasingsache vollständig **zerstört** oder geht sie anderweitig unter, kommt § 326 BGB zur Anwendung. Hat der Lieferant den Untergang nicht verschuldet (vgl. § 326 Abs. 2 BGB), steht dem Leasinggeber dementsprechend kein Anspruch gegen den Lieferanten zu und er ist auf die Verpflichtung des Leasingnehmers zur Leistung der Abschlusszahlung verwiesen.[319] 74

---

[307] MünchKomm/*Habersack* Leasing Rdn. 57.
[308] *Graf v. Westphalen* Der Leasingvertrag Rdn. 363.
[309] BGH NJW 1990, 1902, 1903; zur außerordentlichen Beendigung des Leasingvertrages vgl. unten Kapitel 12.
[310] Allgemeine Geschäftsbedingungen sind dabei anhand ihres Wortlautes und des Regelungszusammenhangs nach ihrem objektiven Inhalt und typischen Sinn einheitlich so auszulegen, „wie sie von verständigen und redlichen Vertragspartnern unter Abwägung der Interessen der normalerweise beteiligten Verkehrskreise verstanden werden, wobei die Verständigungsmöglichkeit des durchschnittlichen Vertragspartners des Verwenders zugrunde zu legen ist" (ständige Rspr., vgl. zuletzt BGH WM 2006, 875 m. w. N.).
[311] BGH WM 2006, 875.
[312] BGH NJW 1990, 2546 u. 3016; *Beyer* DRiZ 1999, 234, 238 ff.; *Müller-Sarnowski* DAR 1992, 81 ff; *Reinking/Eggert* Rdn. 878; *Reinking/Nießen* ZIP 1991, 634, 637.
[313] *H. Beckmann* Finanzierungsleasing § 3 Rdn. 192.
[314] MünchKomm/*Habersack* Leasing Rdn. 57.
[315] § 457 Abs. 2 BGB entspricht § 498 Abs. 2 BGB, vgl. dazu BGHZ 110, 183, 189 ff = NJW 1990, 2546; MünchKomm/*Habersack* Leasing Rdn. 57 m. w. N.; für eine entsprechende Anwendung des § 457 Abs. 2 Satz 2 – OLG Frankfurt NJW 1988, 1329, 1331.
[316] *H. Beckmann* Finanzierungsleasing § 3 Rdn. 199; *Graf v. Westphalen* BB 2004, 2025, 2026 m. w. N.; gegen die Wirksamkeit einer formularmäßigen Abbedingung der Gewährleistungshaftung allerdings *Graf v. Westphalen* Der Leasingvertrag Rdn. 367 ff., da der Leasinggeber das Vorhandensein eines ausreichenden Versicherungsschutzes bzw. den Abschluss eines Wartungsvertrages überwachen könne und müsse.
[317] BGH NJW 1990, 2546.
[318] *Leyens* MDR 2003, 312, 314.
[319] MünchKomm/*Habersack* Leasing Rdn. 57.

75 **d)** Die Rückkaufvereinbarung in einem **Formularvertrag** begründet im Falle eines reinen Finanzierungsleasings, bei dem es keine planmäßige und oft auch langfristige Zusammenarbeit zwischen Leasinggeber und Lieferanten gibt, allerdings dann einen Verstoß gegen § 307 BGB, wenn der Leasinggeber seine Geschäftsrisiken einseitig und ohne besondere Gegenleistung auf den Lieferanten abwälzt. Dies ist insbesondere der Fall, wenn der Leasinggeber den Lieferanten für einen bestimmten im Voraus festgelegten Restwert einstehen lässt, ohne dass die Orientierung an einer verlässlichen Restwertprognose möglich ist, er dem Lieferanten das Insolvenzrisiko aufbürdet bzw. die Rückkaufverpflichtung unter Ausschluss seiner Haftung für Verschlechterung oder Untergang des Leasingobjekts festlegt.[320]

76 **e)** Zur **Erfüllung** der Pflichten aus dem Rückverkauf muss der Leasinggeber dem Lieferanten die Sache übereignen und übergeben.[321] Die formularmäßige Ersetzung der Übergabepflicht durch Abtretung des Herausgabeanspruchs nach § 931 BGB stellt einen Verstoß gegen § 307 Abs. 2 Nr. 1 BGB dar, da es nach § 457 Abs. 1 BGB zu den Pflichten des Leasinggebers als Wiederverkäufer gehört, dem Wiederkäufer den gekauften Gegenstand herauszugeben.[322] Das Risiko, dass der Leasingnehmer die Leasingsache veruntreut, kann somit auf diesem Weg nicht auf den Lieferanten übertragen werden.[323]

77 **f)** Veräußert der Leasinggeber trotz bestehender Rückkaufvereinbarung die Sache nicht an den Lieferanten, sondern verkauft er sie zum Schätzpreis, verstößt er u. U. gegen seine Pflicht zur bestmöglichen Verwertung.[324] Der Unterschiedsbetrag zwischen vereinbartem Rückkaufpreis und dem tatsächlichen Erlös ist in die Abrechnung mit dem Leasingnehmer einzustellen.[325]

§ 11. Rahmenverträge

Schrifttum: vgl. Vor § 10

Übersicht

	Rdn.
I. Allgemeines	1
II. Hintergrund und allgemeine Regelungen	2
III. Überwälzung des Bonitätsrisikos	5
IV. Mitteilungs- und Aufklärungspflichten bei Leasing-Rahmenverträgen	8

I. Allgemeines

1 Rahmenverträge werden sowohl zwischen Leasinggesellschaften und Leasingnehmern[1] wie auch zwischen Lieferanten und Leasinggebern[2] geschlossen, wenn innerhalb eines

---

[320] Vgl. *Leyens* MDR 2003, 312, 313 f.

[321] Ein gutgläubiger Erwerb eines an die Refinanzierungsbank sicherungsübereigneten Fahrzeugs durch den Lieferanten im Rahmen einer Rückkaufvereinbarung kann ohne Vorlage des Kfz-Briefs allerdings nicht stattfinden (so zu Recht *H. Beckmann* Finanzierungsleasing § 3 Rdn. 197; a. A. OLG Hamburg OLGR 1999, 241).

[322] BGH NJW 2003, 2607 = EWiR 2003, 793 (*Reinking*).

[323] Vgl. hierzu auch *Wolf/Eckert/Ball* Rdn. 1710; empfohlen wird allerdings für den Fall des Abhandenkommens oder der Veruntreuung der Leasingsache eine zusätzliche Absicherung des Leasinggebers durch eine Bürgschaft des Lieferanten (*Reinking* EWiR § 9 AGBG 2/03, 793; *Graf v. Westphalen* BB 2004, 2024, 2026 m. w. N.).

[324] *Beyer* DRiZ 1999, 234, 240; a. A. OLG Frankfurt/M. WiB 1997, 1106 f.

[325] *H. Beckmann* Finanzierungsleasing § 3 Rdn. 200.

[1] BGH Urt. v. 5. 11. 1986 = DB 1987, 731 (hier sah der Rahmenvertrag zur Begründung der jeweiligen Einzelverpflichtungen die Einreichung sog. Mietscheine vor); im Bereich des Kfz-Flotten Leasing wird das Leistungsangebot häufig um ein Full-Service-Segment ergänzt (z. B. Wartung, Verschleißreparaturen, Reifen einschließlich Reifen-Service, KfZ-Steuer, GEZ, Versicherungen und Kraftstoffkarten).

[2] BGH WM 2006, 875.

längeren Zeitraums zwischen den Vertragsparteien mehrere Leasinggeschäfte geplant sind.[3] Rahmenverträge bieten den Vertragsparteien die Möglichkeit, flexibel und schnell Einzelverträge auf der Grundlage der geschlossenen Vereinbarungen abzuschließen. Insbesondere im Bereich des Kfz-Leasing[4] sowie im Hard- und Software-Bereich sind Rahmenverträge häufig anzutreffen. Aber auch in anderen Fällen, insbesondere beim **„lieferantennahen"** bzw. absatzfördernden Finanzierungsleasing, arbeiten Leasinggesellschaften und Hersteller/Lieferanten auf der Grundlage einer kapital- bzw. konzernmäßigen Verflechtung planmäßig und oft auch langfristig zusammen. Im Unterschied zum reinen Finanzierungsleasing ist der Lieferant hier in die Finanzierungsfunktion eingebunden, was insbesondere bei der Frage nach der Angemessenheit einer formularmäßigen Risikoabwälzung durch den Leasinggeber zu berücksichtigen ist.[5] Welchen Inhalt und welche Wirkungen eine Rahmenvereinbarung hat, lässt sich gleichwohl nicht allgemein bestimmen, sondern kann nur im Einzelfall durch Vertragsauslegung festgestellt werden.[6]

II. Hintergrund und allgemeine Regelungen

1. Im Verhältnis **Leasinggeber** und **Hersteller/Lieferant** dienen Rahmenvereinbarungen insbesondere dem Zweck, dauerhafte Vertriebsbindungen zwischen den Vertragspartnern zu begründen.[7] Dabei geht ein Lieferant regelmäßig jedoch keine Andienungsverpflichtung hinsichtlich aller potentiellen Leasingnehmer gegenüber einer bestimmten Leasinggesellschaft ein.[8] Ebensowenig wie sich eine Leasinggesellschaft in der Regel verpflichtet, nur mit einem Lieferanten zu kooperieren. Ein Rahmenvertrag ist daher grundsätzlich nur als „Absichtserklärung zur Zusammenarbeit" zu verstehen.[9] Damit das Finanzierungskonzept Leasing sachkundig angeboten wird, weisen Leasinggesellschaften ihre Lieferanten häufig in die Akquisition und die Führung der Vertragsverhandlungen ein.[10] In der Regel enthalten Kooperationsverträge zwischen Leasinggeber und Hersteller/Lieferant auch Aussagen über die generelle **Annahmepolitik** des Leasinggebers.[11] Weiterhin finden sich allgemeine Regelungen im Zusammenhang mit der Lieferung, Abnahme,[12] Gewährleistung, Wartung und Versicherung[13] der Leasinggüter sowie der Fälligkeit des Kaufpreises.[14] Häufig anzutreffen sind auch Abreden zur Absicherung des Leasinggebers.[15] Ein Standardkaufvertrag ist als Anlage ebenfalls Teil des Kooperationsabkommens.[16] Der Lieferant erhält regelmäßig auch bereits im Vorfeld die Leasingvertragsformulare seines Kooperationspartners überlassen, damit der Leasingvertrag mit dem Leasingnehmer unmittelbar beim Lieferanten vorbereitet werden kann.[17] Über den

---

[3] Vgl. auch *Graf v. Westphalen* Der Leasingvertrag Rdn. 211.
[4] Vgl. etwa BGH WM 2006, 875 und dort insb. zu der Frage, ob Gewinnchancen, die für den Händler mit dem Rückkauf und der Weiterveräußerung der von den Leasingnehmern zurückgegebenen Fahrzeuge verbunden sind, als Teil seiner **Provision** für die Vermittlung der betreffenden Leasingverträge anzusehen sind.
[5] *Leyens* MDR 2003, 312, 315.
[6] BGH DB 1987, 731; Staudinger/*Stoffels* Leasing Rdn. 108 m. w. N.
[7] *Graf v. Westphalen* Der Leasingvertrag Rdn. 211; Hagenmüller/Stoppok/*Dinnendahl* Leasing-Handbuch S. 81 ff.; Staudinger/*Stoffels* Leasing Rdn. 108 m. w. N.
[8] Hagenmüller/Stoppok/*Dinnendahl* Leasing-Handbuch S. 81, 84.
[9] Hagenmüller/Stoppok/*Dinnendahl* Leasing-Handbuch S. 81, 84.
[10] Hagenmüller/Stoppok/*Dinnendahl* Leasing-Handbuch S. 81, 84.
[11] *Graf v. Westphalen* Der Leasingvertrag Rdn. 341.
[12] Zur Möglichkeit einer formularmäßigen Freizeichnung von der Rügeobliegenheit des § 377 HGB vgl. noch unten § 14 Rdn. 15.
[13] Hagenmüller/Stoppok/*Dinnendahl* S. 81, 85 f.
[14] Zur Bedeutung einer Übernahmebestätigung vgl. unten § 13.
[15] Vgl. hierzu im Einzelnen unten § 19.
[16] Hagenmüller/Stoppok/*Dinnendahl* S. 81, 85.
[17] *Graf v. Westphalen* Der Leasingvertrag Rdn. 342; Hagenmüller/Stoppok/*Dinnendahl* S. 81, 83 f.

Abschluss eines konkreten Einzelvertrages entscheiden die Parteien jedoch jeweils autonom.[18] Insbesondere die Einschätzung der Bonität des Leasingnehmers ist eine Frage, die die Leasinggesellschaft grundsätzlich nach eigenem Ermessen beurteilt.[19] Auch die Konditionen vereinbaren die Vertragsparteien i. d. R. erst im jeweiligen Einzelfall, weshalb ein Rahmenvertrag im Hinblick auf die fehlende Bestimmtheit der noch abzuschließenden Einzelverträge auch nicht als Vorvertrag qualifiziert werden kann.[20]

3   2. Untersagt der Leasinggeber dem Lieferanten generell die Abgabe von Erklärungen und Versprechungen, die sich im Leasingvertrag und dessen AGB nicht wiederfinden (z. B. die Einräumung einer Kaufoption), und gibt dieser dennoch entsprechende Zusagen ab, macht er sich dem Leasinggeber gegenüber schadensersatzpflichtig (§ 280 Abs. 1 BGB),[21] wenn dieser aufgrund des Verhaltens des für ihn tätigen Lieferanten selbst dem Leasingnehmer gegenüber zum Schadensersatz verpflichtet wird.[22]

4   3. Soweit diese Frage überhaupt bereits in einem Rahmenvertrag angesprochen wird, finden sich – je nach Branche – sehr unterschiedliche Regelungen im Zusammenhang mit der **Verwertung** des Leasingobjekts am Ende der Mietzeit.[23] Vereinbaren Leasinggeber und Lieferant ein **Vorkaufsrecht** des Lieferanten für alle Leasinggüter, die nach Beendigung der jeweiligen Grundmietzeit zu verwerten sind,[24] so wird der zu zahlende Kaufpreis entweder nach dem jeweiligen Verkehrswert zur Zeit der Veräußerung bestimmt oder bereits vorher vertraglich festgelegt.[25] Häufig anzutreffen ist auch die generelle Verpflichtung des Lieferanten, im Falle einer außerordentlichen Kündigung ein Leasingobjekt zu Selbstkosten sicherzustellen, es treuhänderisch zu verwahren sowie die Leasinggesellschaft bei der Verwertung zu unterstützen.[26]

III. Überwälzung des Bonitätsrisikos

5   1. In Rahmenvereinbarungen zwischen Leasinggeber und Hersteller/Lieferant finden sich auch häufig Regelungen, die die weitgehende Überwälzung des Bonitätsrisikos des Leasingnehmers auf den Lieferanten zum Gegenstand haben.[27] Oft handelt es sich dabei um Verpflichtungen zum Schuldbeitritt,[28] möglich sind aber auch Bürgschafts- bzw. Garantieerklärungen des Lieferanten für die Verbindlichkeiten der Leasingnehmer.[29]

6   2. Soll über die Mithaftung des Lieferanten zwischen den Vertragsparteien von Fall zu Fall entschieden wird, ist dies unbedenklich.[30] Bedenken hinsichtlich der **Wirksamkeit** einer entsprechenden Vertragsklausel bestehen allerdings, wenn die Mithaftung des Lieferanten im Vertragsformular des Leasinggebers generell vorgeschrieben wird. Nach der typischen bei einem Finanzierungsleasingvertrag bestehenden Risikoverteilung trägt der Leasinggeber das Bonitätsrisiko des Leasingnehmers. Zwar ist es in der Praxis der Lieferant, der die Vertragsverhandlungen mit dem Leasingnehmer führt, während der Leasinggeber regelmäßig nur noch über die Annahme oder Ablehnung des Antrags ent-

---

[18] Staudinger/*Stoffels* Leasing Rdn. 108 m. w. N.
[19] Hagenmüller/Stoppok/*Dinnendahl* S. 81, 84.
[20] *Graf v. Westphalen* Der Leasingvertrag Rdn. 342; Staudinger/*Stoffels* Leasing Rdn. 108.
[21] *Graf v. Westphalen* Der Leasingvertrag Rdn. 360.
[22] Vgl. hierzu bereits oben § 10 Rdn. 38.
[23] Hagenmüller/Stoppok/*Dinnendahl* S. 81, 86; möglich sind Kauf- und Mietverlängerungsoptionen, die Rückgabe an die Leasinggesellschaft, der Verkauf an Dritte, Andienungsrechte etc. (zu Rückkaufvereinbarungen vgl. auch bereits oben § 10 Rdn. 71).
[24] *Graf v. Westphalen* Der Leasingvertrag Rdn. 359; Hagenmüller/Stoppok/*Dinnendahl* S. 81, 87.
[25] *Graf v. Westphalen* Der Leasingvertrag Rdn. 359.
[26] Hagenmüller/Stoppok/*Dinnendahl* S. 81, 85.
[27] Hagenmüller/Stoppok/*Dinnendahl* S. 81, 84 f.
[28] Zu Mithaftungsverpflichtungen vgl. auch *Graf v. Westphalen* Der Leasingvertrag 5. Aufl. Rdn. 257 ff.
[29] Vgl. hierzu ausführlich unten § 13 II 2.
[30] Vgl. hierzu auch Hagenmüller/Stoppok/*Dinnendahl* S. 81, 85.

5. Kapitel. Das Rechtsverhältnis zwischen Leasinggeber und Lieferant § 11

scheidet, dessen Inhalt der Leasingnehmer mit dem Lieferant des Leasinggutes bereits bis ins Detail ausgehandelt hat.[31] Gleichwohl übernimmt im leasingtypischen Dreiecksverhältnis der Leasinggeber mit Abschluss des Leasingvertrages das Insolvenzrisiko des Leasingnehmers. Auch wenn der Liefervertrag zunächst zwischen Lieferant und späterem Leasingnehmer abgeschlossen wurde (Eintrittsmodell), wird über die mit dem Abschluss des Leasingvertrages verbundene allseitige Vertragsübernahme die klassische Risikoverteilung im Leasinggeschäft wieder hergestellt, aufgrund derer der Leasinggeber das Insolvenzrisiko seines Vertragspartners, des Leasingnehmers, zu tragen hat.[32] Diese leasingtypische Risikoverteilung formularmäßig abzubedingen, widerspricht – von den Fällen des lieferantennahen Finanzierungsleasings[33] einmal abgesehen – grundsätzlich dem Äquivalenzprinzip und verstößt damit gegen § 307 BGB.[34]

3. Etwas anderes gilt allerdings dann, wenn der Lieferant sich dem Leasinggeber gegenüber zur *Bonitätsprüfung* des künftigen Leasingnehmers verpflichtet hat, was regelmäßig der Fall ist, wenn der Lieferant den Vertragsabschluss mit dem Leasingnehmer für den Leasinggeber selbständig vorbereiten soll.[35] Entsprechendes ist anzunehmen, wenn der Lieferant nach den getroffenen Vereinbarungen das Risiko des in der fehlenden Bonität des Leasingnehmers oder einem Wertverfall des Leasinggutes begründeten Scheiterns des Geschäftes trägt, was insbesondere der Fall ist, wenn, wie im markengebundenen Kfz-Leasing üblich, der Lieferant sich bereit erklärt, den Wagen dann zum jeweils vereinbarten Restwert zu übernehmen.[36] 7

IV. Mitteilungs- und Aufklärungspflichten bei Leasing-Rahmenverträgen

Welche Offenbarungs- oder Informationspflichten in einem Rahmenrechtsverhältnis ein Vertragsteil seinem Vertragspartner gegenüber schuldet, lässt sich nicht allgemein, sondern nur nach den Umständen des Einzelfalles auf der Grundlage von Treu und Glauben beurteilen.[37] Welchen Inhalt und welchen Umfang Mitteilungspflichten haben und welche Sorgfalt der zur Mitteilung Verpflichtete aufzuwenden hat, richtet sich insbesondere danach, inwieweit dieser das Informationsbedürfnis des anderen Vertragspartners erkennen kann. 8

---

[31] *Graf v. Westphalen* Der Leasingvertrag Rdn. 214 ff.
[32] *Graf v. Westphalen* Der Leasingvertrag Rdn. 345.
[33] Vgl. hierzu bereits § 11 Rdn. 1.
[34] So zu Recht *Graf v. Westphalen* Der Leasingvertrag 5. Aufl. Rdn. 345.
[35] *Graf v. Westphalen* Der Leasingvertrag Rdn. 346.
[36] *Graf v. Westphalen* Der Leasingvertrag Rdn. 346, 354 ff. m. w. N.
[37] BGH DB 1987, 731.

6. Kapitel. Der Vollzug des Leasinggeschäfts
§ 12. Lieferung und Nutzungsüberlassung

Schrifttum: vgl. Vor § 10 sowie *Kratzer/Kreuzmair* Leasing in Theorie und Praxis 2. Aufl. 2002

Übersicht

	Rdn.
I. Lieferung	1
1. Der Liefervorgang	2
2. Lieferstörungen	4
a) Nichtlieferung und unvollständige Lieferung	4
b) Verspätete Lieferung	8
II. Abnahmepflicht	9
III. Ablieferung bzw. Abnahme als Beginn der Verjährungsfrist	13

1 Aufgrund des Leasingvertrages hat der Leasinggeber dem Leasingnehmer das Leasinggut zur vertragsgemäßen Nutzung zu überlassen. Im Einzelnen ist der Umfang der sich aus dem Leasingvertrag ergebenden Hauptleistungspflicht des Leasinggebers allerdings umstritten.[1] Nach dem mietrechtlich orientierten Ansatz des BGH und der herrschenden Meinung ist der Leasinggeber verpflichtet, das Leasingobjekt zu erwerben, dem Leasingnehmer den Besitz an dem Leasinggegenstand in einem zum Vertragszweck geeigneten, also mangelfreien Zustand zu überlassen sowie ihm den Besitz während der Vertragslaufzeit zu belassen.[2] Die Nutzungsüberlassung eines mobilen Leasinggutes beginnt mit dessen Lieferung und seiner Übernahme durch den Leasinggeber.[3]

I. Lieferung

1. Der Liefervorgang

2 **a)** Regelmäßig findet im leasingtypischen Dreieckverhältnis die **Auslieferung** des Leasinggegenstandes auf Geheiß des Leasinggebers unmittelbar durch den Lieferanten an einen vom Leasingnehmer angegebenen Ort statt. Der Lieferant erfüllt damit seine **Hauptleistungspflicht** aus dem **Liefervertrag** mit dem Leasinggeber und überträgt diesem das Eigentum an dem Leasinggegenstand.[4] Der Leasingnehmer, der die tatsächliche Gewalt über die Sache erlangt, fungiert dabei als Erfüllungsgehilfe und Besitzdiener des Leasinggebers (§§ 929 S. 1 i. V. m. 868 BGB).[5]

3 **b)** Mit der Auslieferung erfüllt gleichzeitig aber auch der Leasinggeber seine aus dem **Leasingvertrag** fließende Pflicht zur **Gebrauchsüberlassung** des Leasinggutes an den Leasingnehmer.[6] Hierbei wird der Lieferant als **Erfüllungsgehilfe** des Leasinggebers tätig.[7] Allerdings ist – worauf noch zurückzukommen sein wird – der ausliefernde Liefe-

---

[1] Staudinger/*Stoffels* Rdn. 80 ff.
[2] *Reinking/Eggert* Der Autokauf Rdn. 911, der dabei auch hervorhebt, dass die Frage, ob die (Vor-)Finanzierung der Leasingsache auch zu den Hauptleistungspflichten gehört, ohne praktische Bedeutung ist.
[3] *Kratzer/Kreuzmair* Leasing in Theorie und Praxis S. 47; zur Ablieferung und Abnahme vgl. sogleich § 12 Rdn. 9.
[4] *Martinek* Moderne Vertragstypen § 6 II.
[5] Staudinger/*Stoffels* Leasing Rdn. 175 m. w. N.
[6] BGH 1988, 204 (st. Rspr.); zum Inhalt des Finanzierungsleasingvertrages im Einzelnen vgl. oben § 6.
[7] OLG Bremen ZIP 1989, 579; **a. A.** und insoweit gegen die herrschende Meinung Staudinger/*Stoffels* Leasing Rdn. 198.

rant nicht Erfüllungsgehilfe des Leasinggebers, wenn es sich um die vom Leasingnehmer abzugebende Übernahmebestätigung handelt.[8] Die **Erfüllungsgehilfenstellung** des Lieferanten **endet** mit der Auslieferung der Ware. Damit muss sich der Leasinggeber das Verhalten des Lieferanten aber auch nicht zurechnen lassen, wenn dieser die Leasingsache ohne Wissen und Wollen des Leasinggebers dem Leasingnehmer wieder wegnimmt[9] bzw. dem Leasingnehmer oder einem Dritten Auskünfte über den Inhalt des Leasingvertrages erteilt.[10] Willenserklärungen des Leasingnehmers, die das Leasingverhältnis betreffen, sind, ohne anders lautende Absprache, nach Übergabe der Sache unmittelbar dem Leasinggeber gegenüber abzugeben. Der Lieferant fungiert in diesem Falle nicht mehr als Empfangsbote des Leasinggebers.[11] Die Erfüllungsgehilfeneigenschaft des Lieferanten kann allerdings wieder aufleben, wenn ihn der Leasinggeber zur Sicherstellung oder bei Vertragsende mit der Abholung der Leasingsache beim Leasingnehmer beauftragt.[12] Anders verhält es sich freilich, wenn der Lieferant die Ware im Rahmen der Rückabwicklung des Liefervertrages abholt.

2. Lieferstörungen

a) Nichtlieferung und unvollständige Lieferung. aa) Die Verpflichtung, dem Leasingnehmer das Leasingobjekt in ordnungsgemäßem Zustand zu überlassen, stellt sich nach herrschender Meinung als Hauptpflicht des Leasinggebers dar.[13] Bleibt die Lieferung ganz oder teilweise aus, kann der Leasingnehmer dem Leasinggeber bei Fehlen einer anderweitigen Vereinbarung[14] und bei Beachtung der Geringfügigkeitsschwelle des § 320 Abs. 2 BGB die **Einrede des nicht erfüllten Vertrages (§ 320 Abs. 1 BGB)** entgegenhalten.[15] Eine Beschränkung des Leistungsverweigerungsrechts auf einen dem Wert der noch ausstehenden Teilleistung entsprechenden Betrag sieht das Gesetz nicht vor.[16]

bb) Nach herrschender Meinung trägt der Leasinggeber grundsätzlich das Risiko des Scheiterns des Liefergeschäfts. Auch der BGH ist der Ansicht, dass der Leasingnehmer, wenn die Lieferung des Leasinggegenstandes aus von ihm nicht zu vertretenden Gründen ausbleibt, sich auf eine **Störung der Geschäftsgrundlage** des Leasingvertrages berufen kann,[17] womit er nach dem Wortlaut der Neuregelung des § 313 Abs. 3 s. 2 BGB ein Recht zur Kündigung erhält.[18] Nach anderer Ansicht hat der Leasingnehmer bei Vorenthaltung des vertragsgemäßen Gebrauchs[19] ein Recht zur außerordentlichen Kündigung gemäß

---

[8] BGH NJW 2005, 365 – Abgrenzung zu BGH WM 1987, 1131; vgl. hierzu sogleich § 13 Rdn. 12.
[9] BGH CR 1987, 846; NJW 1988, 198.
[10] BGH NJW-RR 1989, 1140.
[11] A. A. wohl Palandt/*Heinrichs* § 130 Rdn. 9.
[12] Erman/*Jendrek* Anhang zu § 536 Rdn. 20.
[13] *Graf von Westphalen* Leasingvertrag Rdn. 448; Staudinger/*Stoffels* Leasing Rdn. 190 m. w. N.
[14] Zur Haftungsbeschränkung des Leasinggebers wegen Nichterfüllung, vgl. unten § 26 III 2.
[15] BGH ZMR 1997, 630, 632; *Graf von Westphalen* Leasingvertrag Rdn. 448; Staudinger/*Stoffels* Leasing Rdn. 190, 194 m. w. N.
[16] BGHZ 54, 244, 249; Palandt/*Grüneberg* § 320 Rdn. 8.
[17] BGH NJW 1986, 179; BGH ZMR 1997, 630, 632.
[18] Vgl. auch Staudinger/*Stoffels* Leasing Rdn. 190 m. w. N.; nach dessen eigener Ansicht hat der Leasingnehmer bei Fehlschlagen des Liefergeschäfts allerdings nur ein Recht zur außerordentlichen Kündigung nach § 314 BGB bzw. beim lieferantennahen Finanzierungsleasing die Möglichkeit eines Einwendungsdurchgriffs gegenüber dem Leasinggeber (vgl. *Stoffels* a.a.O. Rdn. 199); zu den Auswirkungen der Schuldrechtsmodernisierung auf die Geschäftsgrundlagenlösung ausführlich *Roland M. Beckmann* § 22 Rdn. 20.
[19] § 543 Abs. 2 Nr. 1 BGB gewährt einen außerordentlichen Kündigungsgrund sowohl für den Fall, dass dem Mieter der vertragsgemäße Gebrauch der Mietsache ganz oder auch nur zum Teil nicht rechtzeitig gewährt oder wieder entzogen wird; vgl. aber auch Staudinger/*Stoffels* Leasing Rdn. 194 unter Hinweis darauf, dass das Gesetz im Falle einer Teilleistung zur Lösung vom Vertrag den allgemeinen Weg über § 323 Abs. 5 BGB vorsieht.

§ 543 Abs. 2 Nr. 1 BGB[20] bzw. wird nach § 326 Abs. 1 BGB von seiner Gegenleistungspflicht frei.[21] Zu der Abrede, dass der Leasingnehmer im Falle der ganzen oder teilweisen Nichterfüllung aus abgetretenem Recht gegen den Lieferanten vorgehen muss, vgl. unten H. Beckmann § 26 III 2.[22] Zu den Folgen einer **mangelhaften** Leistung vgl. unten § 25.

6   cc) Hat der Leasinggeber die nicht oder unvollständige Lieferung des Leasinggegenstandes zu vertreten, kann die Verletzung der Gebrauchsverschaffungs- und Gebrauchsüberlassungspflicht des Leasinggebers auch einen Schadensersatzanspruch des Leasingnehmers nach sich ziehen (§§ 280 Abs. 1, 3, 281 bzw. 283 BGB). Da der Lieferant bei der vom Leasinggeber geschuldeten Überlassung eines gebrauchstauglichen Leasingobjekts als dessen Erfüllungsgehilfe tätig wird,[23] hat der Leasinggeber für dessen Verschulden am Ausbleiben der Lieferung einzustehen.[24]

7   dd) Eine Regelung in den AGB des Leasinggebers, nach der der Leasingnehmer im Falle der Nichtbeschaffung der Leasingsache und damit Nichterfüllung der Hauptleistungspflicht des Leasinggebers die Bereitstellungsprovision und Nichtabnahmeentschädigung, die der Leasinggeber an seine Refinanzierungsbank zu zahlen hat, übernehmen muss, ist als Verstoß gegen § 307 BGB unwirksam, da eine solche Regelung das Äquivalenzverhältnis zwischen den Vertragsparteien wesentlich beeinträchtigt.[25]

8   b) **Verspätete Lieferung.** Auch für den Fall, dass dem Leasingnehmer der Leasinggegenstand nicht zur vereinbarten Zeit überlassen wird, die Lieferung aber noch möglich ist, hat der Leasingnehmer das Recht, die Einrede des nicht erfüllten Vertrages zu erheben (§ 320 BGB). Weiterhin kann der Leasingnehmer unter den Voraussetzungen der §§ 280 Abs. 1, 2, 286 BGB vom Leasinggeber den Ersatz seines Verzugsschadens verlangen.[26] Ein Verschulden des Lieferanten ist dem Leasinggeber auch insoweit nach § 278 BGB zuzurechnen. Bleibt die Lieferung auch nach Fristsetzung aus bzw. ist eine Fristsetzung entbehrlich, kann der Leasingnehmer nach § 281 BGB Schadensersatz statt der Leistung verlangen.[27] Zur Wirksamkeit von Nichtlieferungs-, Verspätungs- und Drittverweisungsklauseln in den Leasingbedingungen des Leasinggebers vgl. § 8 Rdn. 41.

II. Abnahmepflicht

9   1. Aufgrund des Liefervertrages ist der **Leasinggeber** zur **Abnahme** der Sache gegenüber dem Lieferanten verpflichtet.[28] Da der Leasinggeber selbst in der Regel über keine eigenen Lagermöglichkeiten verfügt, hat er ein besonderes Interesse daran, dass der Leasingnehmer die Leasingsache auch tatsächlich abnimmt. Dementsprechend enthalten die üblichen Leasingvertragsformulare bzw. Allgemeinen Geschäftsbedingungen des Leasinggebers[29] auch eine ausdrückliche **Abnahmeverpflichtung** des Leasingnehmers. Mit der Übernahme des Leasinggegenstandes erfüllt der **Leasingnehmer** damit zwei Pflichten. Zum einen seine sich aus dem Leasingvertrag ergebende eigene Abnahmepflicht[30] und die sich aus dem Liefervertrag herleitende Abnahmepflicht (§§ 433 Abs. 2, 640 BGB)

---

[20] So etwa BGH NJW 1988, 204; BGH NJW 1993, 122; vgl. auch Palandt/*Weidenkaff* Einf. v. § 535 Rdn. 55.
[21] So *Wolf/Eckert/Ball*, Handbuch des gewerblichen Miet-, Pacht- und Leasingrechts Rdn. 1902 b; vgl. zum Ganzen Staudinger/*Stoffels* Leasing Rdn. 190 m. w. N.
[22] Für den Fall, dass der Erfüllungsanspruch des Leasinggebers gegen den Lieferanten nicht wirksam an den Leasingnehmer abgetreten wurde, vgl. BGH NJW 1993, 122, 124.
[23] Vgl. oben § 10 Rdn. 60.
[24] Vgl. auch Staudinger/*Stoffels* Leasing Rdn. 193 m. w. N
[25] Staudinger/*Stoffels* Leasing Rdn. 190 m. w. N.
[26] Staudinger/*Stoffels* Leasing Rdn. 195.
[27] Staudinger/*Stoffels* Leasing Rdn. 195 m. w. N.
[28] Vgl. bereits oben § 10 Rdn. 68.
[29] Staudinger/*Stoffels* Leasing Rdn. 182
[30] *Reinking/Eggert* Der Autokauf Rdn. 912 m. w. N.

6. Kapitel. Der Vollzug des Leasinggeschäfts **§ 12**

des Leasinggebers.[31] In Bezug auf Letztere wird der Leasingnehmer als **Erfüllungsgehilfe** des Leasinggebers tätig.[32]

2. Eine Pflicht zur Abnahme besteht freilich nicht, wenn das Leasinggut vom Lieferanten **mangelhaft** angeboten wird.[33] Wurde der Leasinggegenstand jedoch mangelfrei geliefert und ist die **Verweigerung** des Leasingnehmers dementsprechend unberechtigt, kommt der Leasinggeber damit in **Annahmeverzug**.[34] Entsteht dem Leasinggeber hierdurch ein Schaden, haftet ihm der Leasingnehmer unter den Voraussetzungen der §§ 280, 281 BGB[35] auch auf Schadensersatz.[36] 10

3. Der Abnahmepflicht kommt insbesondere im **Werkvertragsrecht**, wo sie als Hauptpflicht ausgestaltet ist (§ 640 BGB), zentrale Bedeutung zu. Die Abnahme des Werkes versteht sich hier als körperliche Hinnahme im Rahmen der Besitzübertragung verbunden mit der **Billigung** des Werkes als im Wesentlichen vertragsgemäß.[37] Die Feststellung, wann von einer (konkludenten) Abnahme auszugehen ist, kann im Einzelfall allerdings Schwierigkeiten bereiten.[38] Gleichgestellt hat der Gesetzgeber bei abnahmefähigen Werken der rechtsgeschäftlichen Abnahme zwei Fallkonstellationen, bei deren Voraussetzungen die Wirkungen der Abnahme kraft Gesetzes eintreten. Dies ist zum einen die unterlassene Abnahme trotz Fristsetzung (§ 640 Abs. 1 S. 3 BGB) und zum anderen die Fertigstellungsbescheinigung gemäß § 641 a BGB. 11

4. Mit der Abnahme erlischt der allgemeine Erfüllungsanspruch und konkretisiert sich auf die Mängelbeseitigung (§§ 633 ff. BGB). Allerdings können die in § 634 Abs. 1 Nr. 1 bis 3 BGB genannten Rechte nicht geltend gemacht werden, wenn – vor dem Hintergrund der leasingtypischen Abtretungssituation – der Leasingnehmer das Werk abnimmt, obwohl er den Mangel kennt und sich trotzdem seine Rechte wegen des Mangels bei der Abnahme nicht vorbehält (§ 640 Abs. 2 BGB). Vor allem wird mit der Abnahme aber auch der **Werklohn fällig** (§ 641 BGB), soweit keine weiteren Fälligkeitsvoraussetzungen zwischen den Vertragsparteien vereinbart wurden.[39] Außerdem geht die Gefahr über (§§ 644, 645 BGB) und es ändert sich die Beweislast zu Lasten des Leasingnehmers.[40] 12

III. Ablieferung bzw. Abnahme als Beginn der Verjährungsfrist

1. Stellt sich der Liefervertrag als Kaufvertrag dar, so beginnt mit der Ablieferung regelmäßig die Verjährung der Mängelansprüche zu laufen (§ 438 Abs. 2 BGB). Die Ablieferung ist ein Realakt und deckt sich häufig mit der Übergabe der Sache, muss dies aber 13

---

[31] BGH NJW 1984, 2034, 2036; BGH NJW 1990, 1290, 1292; *Wolf/Eckert/Ball* Handbuch Rdn. 1881; *Bamberger/Roth/*Ehlert Vor § 535 Rdn. 63.
[32] Staudinger/*Stoffels* Leasing Rdn. 175 m. w. N.
[33] *Reinking/Eggert* Der Autokauf Rdn. 914 m. w. N.
[34] Zum Annahmeverzug des Leasinggebers vgl. noch unten § 13 Rdn. 18.
[35] Zur Abnahmepflicht des Leasingnehmers vgl. oben Rdn. 9.
[36] OLG Hamm ZfS 1999, 240; Schadenspauschalierungen in den AGB des Leasingvertrages sind allerdings unwirksam, wenn sie nach dem gewöhnlichen Verlauf der Dinge den zu erwartenden Schaden übersteigen (§ 309 Nr. 5 a BGB); zu dem Fall einer gebilligten Schadenspauschalierung vgl. AG Duisburg Urt. v. 22. 11. 1995–50 C 368/95 n. v. (vgl. *Reinking/Eggert* Der Autokauf Rdn. 914 Fn 444).
[37] Palandt/*Sprau* § 640 Rdn. 3
[38] So liegt nach OLG Hamm (OLGR Hamm 2000, 264) im Falle einer Lieferung und Installation von Hard- und Software eine Abnahme etwa erst dann vor, wenn das Benutzerhandbuch sowie ggf. Konstruktionszeichnungen und etwaige Unterlagen ausgehändigt wurden und die Anlage nach Einweisung des Personals eine gewisse Zeit mangelfrei gearbeitet hat. Dabei geht das Gericht davon aus, dass bei EDV-Anlagen ein Zeitraum von einem Monat genüge, um festzustellen, ob die erbrachte Leistung im Wesentlichen vertragsgerecht ist.
[39] Zur Übernahmebestätigung vgl. sogleich unten § 13.
[40] Palandt/*Sprau* § 640 Rdn. 11; zum Verjährungsbeginn vgl. sogleich unten Rdn. 14.

nicht.⁴¹ Mit der Übergabe ist die Sache dann als abgeliefert im Sinne des § 438 BGB zu verstehen, wenn sie auf ihre Mängelfreiheit hin untersucht werden kann.⁴² Muss die Sache aufgestellt und montiert werden, liegt eine Ablieferung erst vor, wenn der Verkäufer dieser Verpflichtung nachgekommen ist.⁴³ Haben die Vertragsparteien eine Einweisung in die Bedienung der Sache vereinbart, beginnt die Verjährungsfrist nicht zu laufen, bevor die Einweisung erfolgt ist.⁴⁴ Kauft der Leasinggeber eine Mehrheit von Sachen, ist die Ablieferung der letzten entscheidend.⁴⁵ Liegt eine Holschuld vor, ist die Sache abgeliefert, wenn sie beim Verkäufer tatsächlich übergeben wird.⁴⁶ Im Falle eines Werkvertrages setzt die Verjährung mit der **Abnahme** des Werkes ein (§ 634 a BGB).⁴⁷

14   2. Die **Beweislast** für die Ablieferung trägt grundsätzlich der Lieferant. Hat der Leasingnehmer die Ablieferung bestätigt, kehrt sich die Beweislast allerdings um (§ 363 BGB). Zur Übernahmebestätigung vgl. im Einzelnen nachfolgende Ausführungen.

§ 13. Die Übernahmebestätigung

Schrifttum: vgl. vor § 10 sowie *Canaris* Interessenlage, Grundprinzipien und Rechtsnatur des Finanzierungsleasing, AcP 190 (1990), 410; *Marly* Softwareüberlassungsverträge, 4. Aufl., 2004; *Moseschus* Zur Stellung des Lieferanten bei Auslieferung der Leasingsache, EWiR 2005, 109; *Graf v. Westphalen* Der Leasingnehmer als Nichtkaufmann – Einbeziehung der Lieferanten-AGB und Rügepflichten. BB 1990, 1.

Übersicht

		Rdn.
I.	Begriff	1
II.	Wirksamkeit	2
III.	Die Wirkung der Übernahmebestätigung im Verhältnis Leasinggeber – Leasingnehmer	6
IV.	Die Wirkung der Übernahmebestätigung im Verhältnis Leasinggeber – Lieferant	15

I. Begriff

1   Aufgrund des Leasingvertrages ist der Leasingnehmer regelmäßig verpflichtet, den Leasinggeber über den Empfang des Leasinggegenstandes in Form einer Übernahmebestätigung bzw. Abnahmebestätigung¹ zu informieren.² Fragen tauchen in diesem Zusammenhang allerdings bereits bei der Begriffsbestimmung auf. So wird teilweise zwischen den Begriffen der Übernahme- und der Abnahmebestätigung differenziert und von einer Übernahmebestätigung nur dann gesprochen, wenn lediglich der Empfang der Ware bestätigt wird, wohingegen mit einer Abnahmebestätigung die empfangene Leistung auch als vertragsgemäß anerkannt werde.³ Überwiegend werden die Begriffe indes synonym verwandt.⁴ Insbesondere spricht auch die Rechtsprechung von einer Übernahmebestätigung, wenn der Leasingnehmer mit ihr auch den ordnungsgemäßen und mängelfreien Erhalt des Leasinggutes bestätigt.⁵

---

⁴¹ Palandt/*Putzo* § 438 Rdn. 15.
⁴² BGHZ 93, 338, 345; BGH WM 1993, 1639.
⁴³ Palandt/*Putzo* § 438 Rdn. 15.
⁴⁴ BGH NJW 1995, 1457.
⁴⁵ Palandt/*Putzo* § 438 Rdn. 15.
⁴⁶ BGH NJW 1995, 3381.
⁴⁷ Zur Abnahme vgl. oben Rdn. 11 ff.
¹ *Graf v. Westphalen* BB 1990, 1, 6.
² Staudinger/*Stoffels* Leasing Rdn. 182.
³ *Marly* Softwareüberlassungsverträge Rdn. 1400.
⁴ Vgl. nur *Martinek* Moderne Vertragstypen I S. 122 ff.; *Beckmann* Finanzierungsleasing § 3 Rdn. 27.
⁵ So hat der BGH in seiner Entscheidung von 20. 10. 2004 (NJW 2005, 365) etwa folgende „Übernahmebestätigung" unbeanstandet gelassen: *„Nach Prüfung bestätigen wir hiermit, die nachstehend*

6. Kapitel. Der Vollzug des Leasinggeschäfts   § 13

II. Wirksamkeit

1. Durch die Bestätigung der Auslieferung und Prüfung des Leasingobjekts soll die Vertragserfüllung durch den Lieferanten kontrolliert werden.[6] Dementsprechend ist die Übernahmebestätigung auch erst auszustellen, wenn der Leasingnehmer Gelegenheit hatte, sich von der Gebrauchstauglichkeit der Sache zu überzeugen.[7] Vor dem Hintergrund der leasingtypischen Verhältnisse ist in der Begründung einer entsprechenden Verpflichtung des Leasingnehmers prinzipiell kein Verstoß gegen das Verbot einer unangemessenen Benachteiligung im Sinne des AGB-Rechts zu sehen.[8] Zu beachten gilt es in diesem Zusammenhang allerdings die Regelung des **§ 309 Nr. 12 lit. b BGB**, die eine Klausel für unwirksam erklärt, durch die der Verwender die Beweislast zum Nachteil des anderen Vertragsteils ändert, indem er ihn bestimmte Tatsachen bestätigen lässt. Zwar muss ein Gläubiger nach Annahme der Ware aufgrund der damit eintretenden Beweislastumkehr (§ 363 BGB) ohnehin deren Mangelhaftigkeit beweisen.[9] Dennoch sieht die herrschende Meinung in einer formularmäßigen Erklärung, in der nicht nur der Empfang, sondern auch die Vertragsgemäßheit der Ware bestätigt wird, im Allgemeinen einen Verstoß gegen § 309 Nr. 12 lit. b BGB, da dem Kunden hierdurch die Beweisführung erschwert und damit seine Beweissituation verschlechtert werde.[10] Zwar gilt nach § 309 Nr. 12 lit. b BGB letzter Halbsatz das Verbot nicht für **Empfangsbekenntnisse**, die **gesondert unterschrieben** oder mit einer elektronischen Signatur versehen werden. Nach überwiegender Meinung werden hiermit jedoch nur „reine Empfangsbekenntnisse" erfasst und nicht Erklärungen, in denen auch die Ordnungsmäßigkeit der Leistung bestätigt wird.[11] Dies gilt über §§ 307 Abs. 2 Nr. 1, 310 Abs. 1 BGB grundsätzlich auch für den **kaufmännischen Geschäftsverkehr**.[12] Gleichwohl werden im **Leasinggeschäft** die hier üblichen Übernahmebestätigungen auch von denjenigen Vertretern der Literatur, die diese Problematik erkennen und die daher Klauseln, mittels derer der ordnungsgemäße und mängelfreie Erhalt bestätigt wird, als „bedenklich" qualifizieren,[13] im Ergebnis für **wirksam** gehalten. Zu berücksichtigen gelte es nämlich die „besonderen Umstände" sowie „die leasingtypische Interessenlage im Rahmen der Abtretungskonstruktion", bei der der Leasinggeber als Käufer tatsächlich nie mit der Ware in Berührung komme.[14] Nicht

2

---

näher bezeichnete Ausrüstung (Leasingobjekt) heute in ordnungsgemäßem, mängelfreiem, funktionsfähigem und fabrikneuem Zustand übernommen zu haben. Das übernommene Leasingobjekt entspricht der Bezeichnung im Leasingvertrag und allen mit dem Lieferanten getroffenen Vereinbarungen und Zusagen. Uns ist bekannt, dass L. (= Klägerin) den Kaufpreis für das Leasingobjekt abzüglich einer eventuell vereinbarten Leasingsonderzahlung erst nach Vorliegen dieser rechtsverbindlich unterzeichneten Abnahmebestätigung und im Vertrauen auf ihre Richtigkeit an den Lieferanten/Hersteller bezahlen wird."

[6] Für den Bereich der Verbraucherverträge empfehlen *Reinking/Eggert* Der Autokauf Rdn. 914 (mit Klauselbeispiel) die Aufnahme einer ausdrücklichen Regelung in den Leasingvertrag, die den Leasingnehmer verpflichtet, den Leasinggeber über vorhandene Mängel und Maßnahmen der Nacherfüllung zu informieren.

[7] Dies gilt sowohl im kaufmännischen wie im nichtkaufmännischen Bereich, vgl. *Graf v. Westphalen* Leasingvertrag Rdn. 538.

[8] *Staudinger/Stoffels* Leasing Rdn. 182 ff. m. w. N.

[9] Bei einem Werkvertrag ist der Lieferant nach allgemeinen Regeln gar bis zur Abnahme für die Mangelfreiheit des Leasinggutes beweispflichtig (*H. Beckmann* Finanzierungsleasing § 3 Rdn. 56 b).

[10] LG Frankfurt NJW-RR 1986, 1055 m. w. N.; vgl. auch *Marly* Softwareüberlassungsverträge Rdn. 1398 m. w. N.

[11] OLG Köln VersR 2000, 169; OLGR Karlsruhe 2000, 215; OLG Koblenz NJW 1995, 3392: Staudinger/*Coester-Waltjen* § 309 Nr. 12 Rdn. 13.

[12] *H. Beckmann* Finanzierungsleasing § 3 Rdn. 52; Palandt/*Heinrichs* § 309 Rdn. 103 m. w. N.

[13] Vgl. *H. Beckmann* Finanzierungsleasing § 3 Rdn. 53 – sowohl für Leasingverträge mit Verbrauchern wie auch mit Unternehmern.

[14] *H. Beckmann* Finanzierungsleasing § 3 Rdn. 55; vgl. im Ergebnis auch *Marly* Softwareüberlassungsverträge Rdn. 1401.

außer Acht gelassen werden darf dabei allerdings, dass die Klauselverbote des § 309 BGB keine Wertungsmöglichkeiten enthalten. Will man formularmäßige Übernahmebestätigungen auch dann für wirksam erklären, wenn mit ihnen die Ordnungsmäßigkeit der Leistung bestätigt werden soll, so ist dies gegenüber Nichtkaufleuten dementsprechend nur möglich, wenn man sie – entgegen der herrschenden Meinung – als Empfangsbestätigungen im Sinne des § 309 Nr. 12 b 2. HS qualifiziert. Ist der Leasingnehmer ein Unternehmen, sind überdies die Wertungsmöglichkeiten der §§ 307, 310 BGB eröffnet, womit sich die Problematik nicht in gleicher Schärfe stellt.[15]

3   2. Unwirksam ist aufgrund § 307 Abs. 2 Nr. 1 BGB jedenfalls aber eine **Klausel** in der Übernahmebestätigung, mit der ein **bindendes Anerkenntnis** der Gebrauchstauglichkeit und Funktionsfähigkeit des Leasingobjekts verbunden ist.[16] Unwirksam sind grundsätzlich alle formularmäßigen Regelungen, die dem Leasingnehmer Rechte oder Ansprüche aufgrund der fehlenden oder eingeschränkten Gebrauchstauglichkeit bzw. Funktionstüchtigkeit des Leasinggutes abschneiden sollen.[17]

4   3. Auch eine **Klausel** in den Leasingbedingungen, die für den Fall der Erteilung einer unrichtigen Übernahmebestätigung eine **unbedingte Verpflichtung** des Leasingnehmers **zur Zahlung der** vereinbarten **Leasingraten** begründet, ist nach Ansicht des **BGH** als Verstoß gegen den Grundgedanken der vertraglichen Äquivalenz (§ 307 Abs. 1 und Abs. 2 Nr. 1 BGB = § 9 Abs. 1 und Abs. 2 Nr. 1 AGBG a. F.) zu werten und damit unwirksam.[18] Der Umstand, dass eine Ausnahmeregelung für den Fall der erfolgreichen Inanspruchnahme des Lieferanten durch den Leasingnehmer besteht, ändert an dem Unwirksamkeitsverdikt der Rechtsprechung nichts.

5   Diese Rechtsprechung ist im **Schrifttum** teilweise allerdings auf Kritik gestoßen. Man hält ihr **entgegen**, dass sie dem nicht übers Eck laufenden leasingtypischen Beschaffungsvorgang nicht gerecht werde.[19] Da der Leasinggeber keinen Zwischenbesitz erlangt, könne ihn gegenüber dem Leasingnehmer auch keine Untersuchungs- und Hinweispflicht treffen. Auch wertungsmäßig sei es gerechtfertigt, den Leasingnehmer, der die Sache vor Ort in Augenschein nehmen kann, in seinem Verhältnis zum Leasinggeber die Folgen einer unrichtigen Übernahmebestätigung tragen zu lassen, vorausgesetzt, der Leasinggeber hat deutlich auf diese Rechtsfolge hingewiesen.[20]

III. Die Wirkung der Übernahmebestätigung im Verhältnis Leasinggeber–Leasingnehmer

6   1. Mit der Übernahmebestätigung bestätigt der Leasingnehmer grds. die Entgegennahme der Leasingsache und ihre Übereinstimmung mit den getroffenen Vereinbarungen. Damit verbindet sich indes keine Anerkennung ihrer Vertragsgemäßheit oder ein Verzicht auf etwaige Einwendungen wegen mangelhafter oder unvollständiger Leistung.[21] Es handelt sich hier nach ständiger Rechtsprechung nicht um ein Schuldanerkenntnis (§ 781 BGB), sondern um eine **Quittung** für die empfangene Leistung, die gemäß § 368 Satz 1 BGB

---

[15] Im Fall des BGH NJW 2005, 365 war die Leasingnehmerin ein Unternehmen.
[16] *Graf v. Westphalen* Leasingvertrag Rdn. 516 m. w. N.; für ein bindendes Anerkenntnis der Gebrauchstauglichkeit vgl. BGH WM 1987, 1131.
[17] *Graf v. Westphalen* Leasingvertrag Rdn. 516.
[18] BGH NJW 1988, 204, 206; zustimmend MünchKomm/*Habersack* Leasing Rdn. 52; *Martinek/Oechsler* in Bankrechts-Handbuch § 101 Rdn. 119.
[19] Staudinger/*Stoffels* Leasing Rdn. 186; dagegen auch *Canaris* AcP 190 (1990), 433; *Larenz/Canaris* Schuldrecht II/2121 f.; *Lieb*, DB 1988, 2495, 2501 ff.
[20] Nach Staudinger/*Stoffels* Leasing Rdn. 186 ist im Hinblick auf § 434 Abs. 3 BGB insoweit auch nicht zwischen Quantitäts- und Qualitätsmängeln zu unterscheiden (anders andeutungsweise BGH NJW 1988, 204, 206).
[21] BGH NJW 1988, 204, 206; BGH NJW-RR 1990, 462; Staudinger/*Stoffels* Leasing Rdn. 186.

6. Kapitel. Der Vollzug des Leasinggeschäfts § 13

schriftlich zu erteilen ist.[22] Durch sie wird der Leasinggeber über den an die tatsächliche Übernahme des Leasinggutes geknüpften Beginn der Vertragslaufzeit und die von dieser Zeit an zu leistenden Zahlungen informiert.

2. Macht der Leasingnehmer später geltend, die Leasingsache sei nicht, unvollständig oder mangelhaft geliefert worden, bestreitet er die sachliche Richtigkeit der von ihm vormals abgegebenen Erklärung, womit er hierfür die **Beweislast** trägt.[23] Die Übernahmebestätigung hat auch dann Beweiswert als Quittung, wenn sie vor Abschluss des Leasingvertrages erteilt wurde.[24] Zwar folgt die Umkehr der Darlegungs- und Beweislast, wenn die angebotene Leistung als Erfüllung angenommen wird, unabhängig von der Erteilung der Übernahmebestätigung bereits aus **§ 363 BGB**.[25] Die Übernahmebestätigung ist aber Beweismittel für die Erfüllung im Sinne der §§ 362 f. BGB.[26] 7

3. Übernahmebestätigungen enthalten regelmäßig die Bestimmung des **Zeitpunktes**, zu dem der Leasingvertrag in **Vollzug** gesetzt wird, soweit dieser – wovon im Zweifel auszugehen ist – unbedingt abgeschlossen wurde.[27] Bedeutung hat die Festlegung des Zeitpunktes für die **Fälligkeit** der Leasingraten. Unter AGB-rechtlichen Gesichtspunkten ist dies nicht zu beanstanden.[28] Wurde die geschuldete Leistung vom Lieferanten **nicht (voll) erfüllt** und **bestätigt** der Leasingnehmer dennoch den vollständigen Empfang der Leistung, kann er sich dementsprechend nicht auf fehlenden Beginn seiner Zahlungspflicht berufen, sondern nur die Einrede aus **§ 320 BGB** erheben.[29] § 536 b BGB[30] findet auf den mit der Einrede aus § 320 BGB zu erzwingenden Erfüllungsanspruch keine Anwendung.[31] Über § 536 b Satz 3 BGB werden dem Leasingnehmer nur die Mängelgewährleistungsrechte abgeschnitten, wenn er es versäumt, einen ihm bekannten Mangel[32] in der Übernahmebestätigung anzuzeigen und sich damit seine Rechte vorzubehalten.[33] Allerdings kann der Rechtsgedanke dieser Vorschrift im Rahmen der nach § 320 Abs. 2 BGB unter Berücksichtigung von Treu und Glauben vorzunehmenden Abwägung herangezogen werden.[34] 8

---

[22] BGH NJW 1988, 204, 206; BGH NJW 1993, 1381, 1383; BGH NJW 1995, 187, 188; OLG Köln OLGR 2002, 421; OLG Hamm BB 1993, 681; *Wolf/Eckert/Ball* Handbuch Rdn. 1884.

[23] BGH NJW 1988, 204, 206; BGH NJW 1989, 3222, 3223.

[24] OLG München NJW-RR 1993, 123.

[25] Die Beweislastregel des § 543 Abs. 4 S. 2 BGB gilt insoweit nicht (BGH NJW 1989, 3222; NJW 1988, 204; NJW 1985, 2328).

[26] *H. Beckmann* Finanzierungsleasing § 3 Rdn 58.

[27] Vgl. MünchKomm/*Habersack* Leasing Rdn. 59.

[28] Staudinger/*Stoffels* Leasing Rdn. 184 m. w. N.

[29] BGH NJW 1989, 3222 in Abgrenzung zu BGH WM 1987, 1131 – sowohl für den Fall der Überlassung eines mangelhaften Leasinggutes wie auch den Fall der Teilnichterfüllung; zur Wirksamkeit einer Regelung in den Leasingbedingungen, die für den Fall einer unrichtigen Übernahmebestätigung eine unbedingte Verpflichtung zur Zahlung der Leasingraten vorsieht, vgl. oben Rdn. 4 f.

[30] Zur Anwendbarkeit dieser Norm auch auf das Verhältnis Leasingnehmer – Leasinggeber, vgl. *Graf v. Westphalen* Leasingvertrag Rdn. 534; zur Verdrängung der Regelung bei Überwälzung der Untersuchungs- und Rügeobliegenheiten auf einen kaufmännischen Leasingnehmer vgl. § 14 Rdn. 12.

[31] BGH NJW 1989, 3222; vgl. auch *Rolnad M. Beckmann* § 23 Rdn. 5 f.

[32] Zum Fall, dass dem Leasingnehmer ein Mangel bereits bei Vertragsschluss oder Abnahme bekannt oder infolge grober Fahrlässigkeit unbekannt war, vgl. auch *Graf v. Westphalen* Leasingvertrag Rdn. 536.

[33] *Graf v. Westphalen* Leasingvertrag Rdn. 534.

[34] BGH NJW 1989, 3222; so darf der Leasingnehmer die Leasingraten dann nicht einbehalten, wenn die Hauptleistungspflicht nur teilweise erfüllt wurde, der Leasinggegenstand aber benutzbar ist (BGH a.a.O.). Ebenso bleibt die Zahlungspflicht bestehen, wenn sich die Leasingvertragsparteien auf den Beginn der Vertragslaufzeit insoweit geeinigt haben, als die Lieferung zwar unvollständig ist, aber eine Nachlieferung erfolgen soll. Dem Leasingnehmer wird die Einrede des § 320 BGB in diesem Fall ab dem Zeitpunkt zugebilligt, in dem die Nachlieferung ausbleibt (BGH NJW 1991, 2135).

9 4. Problematisch ist, ob der Leasingvertrag unter die **aufschiebende Bedingung** einer Übernahmebestätigung gestellt werden kann.[35] Im Rahmen der allgemeinen Wirksamkeitsvoraussetzungen bestehen dagegen nach der hier vertretenen Ansicht indes keine Bedenken. Allerdings kann sich der Leasinggeber auf ein von ihm zu vertretendes Ausbleiben des Bedingungseintritts gem. § 162 Abs. 1 BGB nicht berufen.[36]

10 5. Gibt der Leasingnehmer eine **unrichtige Übernahmebestätigung** ab, kann er sich dem Leasinggeber gegenüber schadensersatzpflichtig machen.[37] Der Leasingnehmer hat gegenüber dem Leasinggeber **Rücksichts-** und **Loyalitätspflichten**.[38] Aufgrund des zwischen ihnen bestehenden (vor-)vertraglichen Schuldverhältnisses ist der Leasingnehmer verpflichtet, die Interessen des Leasinggebers angemessen zu berücksichtigen.[39] Der Lieferant erfüllt mit der Übergabe des Leasingobjekts an den Leasingnehmer seine Lieferpflicht aus dem Vertrag mit dem Leasinggeber. Insoweit wird er nicht als Erfüllungsgehilfe, sondern als Vertragspartner des Leasinggebers tätig und es obliegt dem Leasingnehmer, die Käuferinteressen des Leasinggebers für diesen wahrzunehmen. Mit der Abgabe der Übernahmebestätigung kommt der Leasingnehmer folglich einer eigenen Verpflichtung gegenüber dem Leasinggeber nach.[40] Dementsprechend hat der Leasingnehmer, wenn – wie leasingtypisch – die Nutzungsüberlassung unmittelbar durch den Lieferanten erfolgt, aber auch die Vollständigkeit und, soweit möglich, Mangelfreiheit des Leasingobjekts zu überprüfen und das Ergebnis dieser Überprüfung dem Leasinggeber mitzuteilen.[41] Tut er dies nicht und/oder übermittelt er dem Leasinggeber eine **unrichtige Übernahmebestätigung**, begeht er eine Nebenpflichtverletzung.[42] Auf eine solche Nebenpflichtverletzung kann sich ein **Schadensersatzanspruch** des Leasinggebers gründen (§ 280 Abs. 1 BGB),[43] wenn der Leasinggeber infolge der daraufhin geleisteten Zahlung einen Schaden erleidet.[44] So hat der BGH einen Schadensersatzanspruch etwa bejaht, wenn der Leasinggeber im Vertrauen auf die Richtigkeit der Übernahmebestätigung den Kaufpreis an den Lieferanten zahlt und nachfolgend einen Rückzahlungsanspruch wegen der Zahlungsunfähigkeit des Lieferanten nicht verwirklichen kann.[45] Möglich ist auch, dass der Leasinggeber aufgrund der unrichtigen Übernahmebestätigung seiner handelsrechtlichen Rügeobliegenheit nicht nachkommt und daher keine Ansprüche gegen den Lieferanten geltend machen kann.[46] Soweit Ersatzansprüche des Leasinggebers gegen den Lieferanten bestehen, ist der Leasingnehmer zur Schadensersatzleistung allerdings nur Zug um Zug gegen Abtretung derselben verpflichtet (§ 255 BGB).[47]

11 **Verweigert** der Leasingnehmer gar unberechtigterweise die **Abnahme** der Ware und Abgabe der Übernahmebestätigung und haftet der Leasinggeber[48] daher dem Lieferanten

---

[35] Dafür *Martinek* Moderne Vertragstypen 122; *Martinek/Oechsler* Bankrechts-Handbuch § 101 Rdn. 49, offenlassend Staudinger/*Stoffels* Leasing Rdn. 184.
[36] MünchKomm/*Habersack* Leasing Rdn. 59; Staudinger/*Stoffels* Leasing Rdn. 184.
[37] *H. Beckmann* Finanzierungsleasing § 3 Rdn. 70.
[38] *Graf v. Westphalen* Leasingvertrag Rdn. 528.
[39] OLG Düsseldorf OLGR 2004, 329 m. w. N.
[40] BGH NJW 2005, 365.
[41] BGH NJW 2005, 365; vgl. auch *H. Beckmann* Finanzierungsleasing § 3 Rdn. 116.
[42] BGH NJW 2005, 365.
[43] BGH NJW 1988, 204 ff; *Reinking/Eggert* Der Autokauf Rdn. 916.
[44] Vgl. auch OLG Düsseldorf OLGR 2004, 329.
[45] BGH NJW 1988, 204, 207; vgl. auch OLG Düsseldorf BB 1997, 544 m. Anm. *Eckert* EWiR § 535 BGB 1/97, 211; nach *Marly* Softwareüberlassungsverträge Rdn. 229 besteht der Schadensersatzanspruch u. U. sogar dann, wenn der Lieferant nicht zahlungsunfähig ist.
[46] Neben vertraglichen Ansprüchen kommen im Falle der Erteilung einer unrichtigen Übernahmebestätigung oder der Verweigerung von deren Abgabe u. U. auch Ansprüche des Leasinggebers aus §§ 823 Abs. 2 und 826 BGB in Betracht (Staudinger/*Stoffels* Leasing Rdn. 187).
[47] *Marly* Softwareüberlassungsverträge Rdn. 229; OLG Düsseldorf NJW-RR 1990, 666.
[48] Zur Haftung des Leasinggebers vgl. unten Rdn. 19.

6. Kapitel. Der Vollzug des Leasinggeschäfts § 13

für einen Verzögerungsschaden oder sogar auf Schadensersatz statt der Leistung,[49] ist der Leasingnehmer dem Leasinggeber auch für diesen Schaden ersatzpflichtig. Wird die Ware abgenommen und genutzt und **lediglich die Ausstellung der Übernahmebestätigung verweigert**, kann der Leasinggeber allerdings die Zahlung der Leasingraten vom Leasingnehmer verlangen.[50] Zahlt der Leasingnehmer nicht, kommt er unter den Voraussetzungen des § 286 BGB in Zahlungsverzug.

6. Zu berücksichtigen gilt es in diesem Zusammenhang allerdings auch, dass der Schadensersatzanspruch des Leasinggebers wegen eines **Mitverschuldens** (§ 254 BGB) an dem eingetretenen Schaden gemindert sein kann. So ist ein Mitverschulden des Leasinggebers an der Fehlerhaftigkeit der Übernahmebestätigung etwa dann anzunehmen, wenn diese von ihm unklar oder unvollständig vorformuliert wurde.[51] In einer Entscheidung vom 1. 7. 1987[52] meinte der BGH darüber hinaus, dass der Schadensersatzanspruch des Leasinggebers auch dann gemindert sein könne, wenn der Leasinggeber oder der als sein **Erfüllungsgehilfe** tätige **Lieferant** es unterlassen haben, den Leasingnehmer auf die Unvollständigkeit des gelieferten Leasingobjekts und damit auf die Notwendigkeit einer entsprechenden Einschränkung der Übernahmebestätigung hinzuweisen. Etwas anderes gelte nur, wenn der Leasingnehmer in Kenntnis der Unrichtigkeit die Übernahmebestätigung abgegeben habe.[53] Diese Entscheidung wurde mittlerweile vom BGH jedoch „präzisiert".[54] Erfüllungsgehilfe ist nur, wer mit dem Willen des Schuldners bei der Erfüllung diesem obliegender Verbindlichkeiten als seine Hilfsperson tätig wird.[55] Dementsprechend ist aber auch der Lieferant nur insoweit Erfüllungsgehilfe des Leasinggebers, als er bei der Auslieferung des Leasinggegenstandes an den Leasingnehmer im Auftrag des Leasinggebers zur Erfüllung der diesem obliegenden Gebrauchsüberlassungspflicht tätig wird. Die Kontrollfunktion der Übernahmebestätigung hinsichtlich der Erfüllung der Verkäuferpflichten des Lieferanten gegenüber dem Leasinggeber verbietet es indes, sie der Gebrauchsüberlassungspflicht zuzuordnen.[56] Die Abgabe einer Übernahmebestätigung ist im Verhältnis zum Leasinggeber eine eigene Verpflichtung des Leasingnehmers gegenüber seinem Vertragspartner. Damit obliegt es im Verhältnis zum Leasingnehmer dem Leasinggeber aber auch nicht, sich über die Vertragsgemäßheit und Mangelfreiheit der Lieferung zu vergewissern.[57] Diese (vor-)vertragliche Nebenpflicht trifft im Verhältnis zum Leasinggeber allein den Leasingnehmer. Geht es um eine Verbindlichkeit des Leasingnehmers, kann aber auch ein wie auch immer geartetes Verschulden Dritter bei der Erfüllung dieser Pflicht dem Leasinggeber nicht zugerechnet werden. Dementsprechend ist aber auch die Mitwirkung des Lieferanten bei der Abgabe einer unrichtigen Übernahmebestätigung dem Leasinggeber **nicht über § 278 BGB** zuzurechnen.[58] Nimmt der Lieferant eine vom Leasingnehmer unterschriebene Übernahmebestätigung entgegen, wird er nur als Bote des Leasingnehmers tätig.[59]

12

---

[49] Der Leasingnehmer wird bei der Abnahme des Leasinggutes als Erfüllungsgehilfe des Leasinggebers tätig, vgl. oben § 12 Rdn. 9, womit sein Verschulden dem Leasinggeber zuzurechnen ist.
[50] *Graf v. Westphalen* Leasingvertrag Rdn. 539.
[51] *H. Beckmann* Finanzierungsleasing § 3 Rdn. 74.
[52] BGH NJW 1988, 204
[53] In dem dem BGH zur Entscheidung vorliegenden Fall war die Sache noch gar nicht geliefert worden; offen ließ es der BGH allerdings, ob sich der Leasinggeber die wahrheitswidrige Äußerung des Lieferanten, das Leasinggut sei bereits unterwegs, nach § 278 BGB zurechnen lassen muss.
[54] BGH NJW 2005, 365.
[55] BGHZ 13, 111, 113 (st. Rspr.).
[56] BGH NJW 2005, 365.
[57] BGH NJW 2005, 365 unter Aufgabe seiner Ansicht in Urteil vom 1. 7. 1987 = NJW 1988, 204; vgl. dazu EWiR 2005, 109 f. (*Moseschus*).
[58] Im Übrigen kann, wie der BGH hervorhebt, der Leasingnehmer auch keine Zweifel darüber haben, den Leasinggegenstand nicht (vollständig) erhalten zu haben, wenn er die Übernahmebestätigung erteilt, ohne überhaupt etwas erhalten zu haben.
[59] *H. Beckmann* Finanzierungsleasing § 3 Rdn. 116.

13 7. Die **Kenntnis** des **Lieferanten** von der Unrichtigkeit der Übernahmebestätigung des Leasingnehmers ist dem Leasinggeber auch **nicht entsprechend § 166 BGB** wie eigenes Wissen **zuzurechnen**, da der Lieferant im Hinblick auf die Information über die Vollständigkeit und Mangelfreiheit der Lieferung kein Wissensvertreter des Leasinggebers ist.[60] Zwar ist die Regelung des § 166 BGB nicht nur auf rechtsgeschäftliche Vertreter, sondern auch auf sonstige „Wissensvertreter" anwendbar, die nach der Arbeitsorganisation des Geschäftsherrn „im Rechtsverkehr als dessen Repräsentanten bestimmte Aufgaben in eigener Verantwortung zu erledigen, die dabei anfallenden Informationen zur Kenntnis zu nehmen und gegebenenfalls weiterzugeben" haben.[61] Der Leasinggeber bedient sich zur Einholung der Information über die vollständige und mangelfreie Auslieferung des Leasingguts an den Leasingnehmer indes **nicht des zu kontrollierenden Lieferanten**, sondern des Leasingnehmers.[62] Dementsprechend kann aber auch der Schadensersatzanspruch des Leasinggebers nicht deshalb verneint werden, weil dieser sich die Unrichtigkeit der Übernahmebestätigung über § 166 BGB als bekannt zurechnen lassen müsste.[63] Insbesondere kommt aber auch eine Schmälerung des Schadensersatzanspruchs des Leasinggebers wegen unterlassenen Hinweises auf die mangelnde Übereinstimmung der vom Leasinggeber vorformulierten Übernahmebestätigung mit dem tatsächlichen Lieferumfang von vornherein nicht in Betracht, wenn dem Leasingnehmer das Leasingobjekt vom Lieferanten überhaupt nicht übergeben wurde.[64]

14 8. Haben der Leasingnehmer und der Lieferant gar in betrügerischer Weise **zusammengewirkt**, haften beide dem Leasinggeber als **Gesamtschuldner**.[65] Nach Ansicht des OLG Düsseldorf[66] bedarf es für die Begründung einer gesamtschuldnerischen Haftung nicht einmal eines Zusammenwirkens zum Nachteil des Leasinggebers. Es genüge, dass der Leasingnehmer gleichzeitig mit der Unterzeichnung des Leasingvertrages wahrheitswidrig erklärt, den Leasinggegenstand erhalten zu haben.[67] Ein Leasingnehmer, der mit dem Lieferanten gesamtschuldnerisch haftet, muss allerdings nur Zug um Zug gegen Abtretung der dem Leasinggeber gegen den Lieferanten zustehenden Erstattungsansprüche in Höhe des zu Unrecht gezahlten Kaufpreises Schadensersatz leisten. Auf diese Weise wird verhindert, dass der Leasinggeber den ihm entstandenen Schaden doppelt ersetzt erhält.[68]

IV. Die Wirkung der Übernahmebestätigung im Verhältnis zwischen Leasinggeber und Lieferant

15 1. Da der Leasingnehmer bei Abgabe der Übernahmebestätigung nicht als Vertreter des Leasinggebers tätig wird, hat diese nach herrschender Meinung im Vertragsverhältnis Leasinggeber – Lieferant grundsätzlich keinen Erklärungswert.[69] Insbesondere werde hier-

---

[60] BGH NJW 2005, 365 und dazu *Moseschus* EWiR 2005, S. 109, 110.
[61] BGH NJW 2005, 365 unter Hinweis auf BGHZ 117, 104, 106 f.
[62] BGH NJW 2005, 365, 367.
[63] BGH NJW 2005, 365, 367.
[64] BGH NJW 2005, 365.
[65] Der Lieferant haftet dem Leasinggeber nach § 280 Abs. 1 BGB, wenn er sich die Übernahmebestätigung in Kenntnis um ihre Unrichtigkeit unterschreiben lässt, um vorzeitig das vereinbarte Entgelt zu erlangen (*H. Beckmann* Finanzierungsleasing § 3 Rdn. 72). Bei einem betrügerischen Verhalten kommen überdies Ansprüche aus unerlaubter Handlung in Betracht.
[66] NJW-RR 1990, 666.
[67] Vor allem, wenn der Leasingnehmer den Lieferanten selbst ausgewählt hat oder schon vorher mit ihm geschäftlich in Verbindung stand, ist anzunehmen, dass der Lieferant seinen Aufgaben- und Pflichtenkreis verlässt, wenn er sich vom Leasingnehmer wahrheitswidrig den vollständigen und einwandfreien Erhalt der Leasingsache bestätigen lässt (OLG Düsseldorf OLGR 2004, 267; OLGR 2004, 329).
[68] *Reinking/Eggert* Der Autokauf Rdn. 917.
[69] *Reinking/Eggert* Der Autokauf Rdn. 915.

6. Kapitel. Der Vollzug des Leasinggeschäfts   § 13

mit die Leistung nicht als mangelfrei anerkannt.[70] Die Übernahmebestätigung kann im Falle eines **Werkvertrages** auch **nicht** als **Abnahme** im Sinne des § 640 BGB qualifiziert werden, da mit ihr nicht die Erklärung der Vertragsgerechtheit des Werkes verbunden ist.[71] Zu berücksichtigen gilt es allerdings, dass mittels der Übernahmebestätigung der **Empfang der Ware** von dem dabei als **Erfüllungsgehilfe** des Leasinggebers tätigen Leasingnehmer bestätigt wird. Es entspricht daher der leasingtypischen Interessenlage, in der Übernahmebestätigung auch eine Bescheinigung über den Erhalt der Ware und die Erfüllung der dem Lieferanten gegenüber dem Leasinggeber obliegenden Lieferpflichten zu sehen.[72] Wendet der Leasingnehmer im Streit mit dem Lieferanten um den (vollständigen) Erhalt der Ware ein, die Übernahmebestätigung hätte nur im Verhältnis Leasinggeber – Leasingnehmer Bedeutung, ist dies grundsätzlich rechtsmissbräuchlich und damit nach § 242 BGB unbeachtlich.[73] Da diese Frage bislang höchstrichterlich noch nicht geklärt ist, ist einem Lieferanten allerdings anzuraten, sicherzugehen und sich entweder den Empfang der Ware gesondert bestätigen zu lassen oder bereits im Vertrag mit dem Leasinggeber ausdrücklich zu vereinbaren, dass die Übernahmebestätigung auch für das Lieferverhältnis Geltung erlangen soll.[74]

2. Aufgrund entsprechender **Vereinbarungen** im Liefervertrag löst die Übernahmebestätigung auch die **Fälligkeit** der dem Lieferanten gegenüber bestehenden Zahlungspflicht aus.[75] Auch die Regelung in einem vom Leasinggeber vorformulierten Kaufvertrag, nach der der Leasinggeber von allen Verpflichtungen frei bleibt, solange die Übernahmebestätigung für die vom Lieferanten zu erbringende Leistung nicht vorliegt, ist nicht als Wirksamkeitsbedingung des Kaufvertrages zu verstehen. Vielmehr wird damit nur die Vorleistungspflicht des Lieferanten und die Fälligkeit des Kaufpreises geregelt.[76] Der Kaufpreis wird allerdings auch dann fällig, wenn der Leasingnehmer die Empfangsbestätigung auf einem Formular des Lieferanten abgibt, statt auf dem vorgefertigten Formular des Leasinggebers.[77] Einen Anspruch auf Bestätigung mit dem von ihm **vorformulierten** Text hat der Leasinggeber nicht, wenn die tatsächlich abgegebene Übernahmebestätigung inhaltlich demjenigen entspricht, was der Leasinggeber in seinem Formular vorgegeben hat.[78] Beruft sich der Leasinggeber in einem solchen Fall auf den von ihm vertraglich vorgegebenen Text, handelt er **rechtsmissbräuchlich**.[79]

3. In Eintrittsfällen hat aufgrund einer fortwirkenden Nebenpflicht im Übrigen auch der Lieferant gegenüber dem Leasingnehmer einen Anspruch auf Abgabe der Übernahmebestätigung, wenn die Leasinggesellschaft die Kaufpreiszahlung hiervon abhängig macht.[80] Der Leasinggeber kann die Zahlung des Kaufpreises allerdings verweigern, wenn der Händler nur teilweise geliefert hat oder ein mangelhaftes Leasingobjekt übergibt.[81]

---

[70] BGH NJW-RR 1990, 1462; vgl. auch MünchKomm/*Habersack* Leasing Rdn. 61.
[71] OLG Hamm BB-Beilage 23/91 S. 3 ff.; anders allerdings für den Fall, dass der Leasinggeber dem Leasingnehmer aufgegeben hat, das Leasinggut für ihn anzunehmen, es sorgfältig zu untersuchen und je nach dem Ergebnis der Untersuchung gegenüber dem Lieferanten entweder Mängel zu rügen oder die vertragsgemäße Übernahme zu bestätigen, OLG Köln NJW-CoR 2000, 48.
[72] *Martinek* Moderne Vertragstypen I, S. 123.
[73] Vgl. *H. Beckmann* Finanzierungsleasing § 3 Rdn. 62 f.
[74] So zu Recht *H. Beckmann* Finanzierungsleasing § 3 Rdn. 64 ff.
[75] Staudinger/*Stoffels* Leasing Rdn. 185.
[76] BGH DAR 1993, 177 = BGH NJW 1993, 1381, 1382.
[77] BGH NJW 1995, 187.
[78] BGH NJW 1993, 1381, 1383 f; BGH NJW 1995, 187, 188; *Wolf/Eckert/Ball* Handbuch Rdn. 1883; kritisch MünchKomm/*Habersack* Leasing Rdn. 62; Staudinger/*Stoffels* Leasing Rdn. 182.
[79] BGH NJW 1993, 1381, 1383; BGH NJW 1995, 187; *Reinking/Eggert* Der Autokauf Rdn. 915.
[80] *Reinking/Eggert* Der Autokauf Rdn. 912 m. w. N.
[81] Beim Kauf- oder Werkvertrag begründet der Anspruch auf Nacherfüllung (§§ 439, 635 BGB) die Einrede aus § 320 BGB (Palandt/*Grüneberg* § 320 Rdn. 9).

Dass die Gewährleistungsansprüche abgetreten wurden, steht dem nicht entgegen, da diese die Einwendung des § 320 BGB nicht beinhalten.[82]

18   4. **Verweigert** der Leasingnehmer ohne Grund die **Annahme** des Leasingobjekts und die Unterzeichnung der Übernahmebestätigung, kommt der Leasinggeber in **Annahmeverzug** mit der Folge, dass der Lieferant von ihm seine Mehraufwendungen ersetzt verlangen kann. Ist der Lieferant wie regelmäßig Kaufmann und behält er das Leasinggut während des Annahmeverzugs des Leasinggebers in eigener Obhut, kann er auch die üblichen **Lagerkosten** geltend machen (§§ 304 BGB, 354 HGB).[83] Kommt der Leasinggeber durch die Verweigerung der Annahme überdies in Schuldnerverzug, hat er dem Lieferanten auch dessen Verzugsschaden zu ersetzen (§§ 280 Abs. 2, 286 BGB). Das Verschulden des **Leasingnehmers** ist ihm zuzurechnen, da dieser insoweit als sein Erfüllungsgehilfe tätig wird.[84] Die Tatsache, dass der Leasinggeber mit der **Annahme** des Leasinggutes in **Verzug** ist, genügt allein grundsätzlich jedoch **nicht, die Fälligkeit seiner Zahlungspflicht zu begründen**.[85] Der vorleistungspflichtige Lieferant kann in einem solchen Fall allerdings nach § 322 Abs. 2 BGB vorgehen.

19   Nimmt der Leasingnehmer das Leasinggut an und verweigert er lediglich grundlos die Abgabe der Übernahmebestätigung, hat der Leasinggeber, der sich das Verhalten des Leasingnehmers nach § 278 BGB zurechnen lassen muss, dem Lieferanten unter den Voraussetzungen des § 286 BGB[86] auch einen hierdurch entstehenden Verzugsschaden zu ersetzen.[87] Besteht die Pflicht zur Abgabe der Übernahmebestätigung auch im Verhältnis Leasingnehmer – Lieferant (§ 311 Abs. 2, 3),[88] kann ein Schadensersatzanspruch überdies auch unmittelbar gegenüber dem Leasingnehmer begründet sein.[89]

§ 14. Inhalt und Überwälzung von Untersuchungs- und Rügeobliegenheiten

Schrifttum: vgl. vor § 10 sowie *Baumbach/Hopt* Handelsgesetzbuch, 32. Aufl. 2006; *Flume* Die Rechtsfigur des Finanzierungsleasings, DB 1991, 265; *Hager* Rechtsfragen des Finanzierungsleasing von Hard- und Software, AcP 190 (1990), 324; *Knops* Rügepflicht beim Handelskauf und Leasingvertrag – BGHZ 110, 130, JuS 1994, 106; *Lieb* Zur Rügepflicht des nichtkaufmännischen Leasingnehmers bei Direktbelieferung durch den Verkäufer, wenn der Leasinggeber Kaufmannseigenschaft besitzt, JZ 1990, 976; *Mankowski* Das Zusammenspiel der Nacherfüllung mit den kaufmännischen Untersuchungs- und Rügeobliegenheiten, NJW 2006, 865; *Marly* Die Aufnahme einer Ausschlussfrist für Mängelanzeigen in Allgemeinen Geschäftsbedingungen, NJW 1988, 1184; *Oechsler* Gerechtigkeit im modernen Austauschvertrag, 1997; *Ulmer/Brandner/Hensen* AGB-Recht, 10. Aufl. 2006; *Tiedtke* Zur Sachmängelhaftung des Leasinggebers, JZ 1991, 907; *Wank* Zur Gewährleistung beim Erwerb einer mangelhaften Computeranlage – eine Urteilsanmerkung, JR 1990, 426; *Graf v. Westphalen* Auswirkungen der Schuldrechtsreform auf das Leasingrecht, ZIP 2006, 1653.

Übersicht

	Rdn.
I. Einleitung	1
II. Die handelsrechtliche Untersuchungs- und Rügeobliegenheit	2
1. Allgemeines	2

---

[82] BGH NJW 1995, 187.
[83] BGH NJW 1996, 1464.
[84] *Graf v. Westphalen* Leasingvertrag Rdn. 526.
[85] BGH NJW 2002, 1262 m. w. N.
[86] Welche Anforderungen zu erfüllen sind, damit der Zahlungsanspruch des Lieferanten fällig wird, entscheidet sich anhand der im Einzelfall zwischen dem Leasinggeber und dem Lieferanten getroffenen Vereinbarungen (vgl. nur *Graf v. Westphalen* Leasingvertrag Rdn. 540).
[87] *H. Beckmann* Finanzierungsleasing § 3 Rdn. 41 ff.
[88] Vgl. oben Rdn. 17.
[89] *H. Beckmann* Finanzierungsleasing § 3 Rdn. 45.

6. Kapitel. Der Vollzug des Leasinggeschäfts **§ 14**

Rdn.
2. Untersuchungs- und Rügeobliegenheit im Leasinggeschäft 3
   a) Die Ansicht der Rechtsprechung 4
   b) Die Ansicht der Literatur 7
III. Folgen der Verletzung der Untersuchungs- und Rügeobliegenheit durch den Leasinggeber . . . 8
IV. Überwälzung der Untersuchungs- und Rügeobliegenheiten 11
V. Freizeichnung von der gesetzlichen Untersuchungs- und Rügeobliegenheit 14
VI. Weitere AGB-rechtliche Besonderheiten 15
   1. Fristenregelungen 16
   2. Form und Zugang der Rüge 17
   3. Der Inhalt der Rüge 18
VII. Rügeobliegenheiten im UN-Kaufrecht 19

I. Einleitung

Eine allgemeine Obliegenheit, die Leistung der anderen Vertragsseite zu untersuchen, **1** gibt es im Privatrecht nicht.[1] Zwar kann ein Leasingnehmer, wenn er um die Mangelhaftigkeit des Leasinggutes weiß, seine gesetzlichen Gewährleistungsrechte nur geltend machen, wenn er sich seine Rechte bei Abnahme vorbehält (§ 536b Satz 3 BGB).[2] Auch trifft ihn die Pflicht, Mängel, die während der Vertragslaufzeit auftreten, anzuzeigen (§ 536c BGB). Eine Obliegenheit, den Leasinggegenstand zu untersuchen und einen sich dabei zeigenden Mangel unverzüglich zu rügen, hat er indes nur, wenn die handelsrechtliche Untersuchungs- und Rügeobliegenheit des Leasinggebers (§ 377 HGB) wirksam auf ihn abgewälzt wurde.[3]

II. Die handelsrechtliche Untersuchungs- und Rügeobliegenheit

1. Allgemeines

Liegt ein Kaufvertrag oder ein Werklieferungsvertrag über bewegliche Sachen (§ 381 **2** Abs. 2 HGB) vor, der für **beide Seiten ein Handelsgeschäft** (§§ 343, 344 HGB) ist, so hat der Käufer die Ware unverzüglich nach der **Ablieferung** zu untersuchen und, wenn sich ein Mangel zeigt, dem Verkäufer hierüber unverzüglich Anzeige zu machen (§ 377 Abs. 1 HGB). Unter Ablieferung ist der faktische Vorgang zu verstehen, aufgrund dessen der Vertragspartner in die Lage versetzt wird, das Leasinggut auf seine Beschaffenheit hin zu überprüfen.[4] Liegt ein Kaufvertrag vor, ist die Ablieferung grds. erst dann vollzogen, wenn die Lieferung vollständig erfolgt ist.[5] Im Falle eines Werklieferungsvertrages muss das vollendete Werk übergeben worden sein.[6] Die Frage, welche Anforderungen zu stellen sind, um von einer unverzüglichen ordnungsgemäßen **Untersuchung** der Sache sprechen zu können, ist für den jeweiligen Einzelfall zu beantworten. Die Untersuchung muss „nach ordnungsgemäßen Geschäftsgang tunlich" sein. Das heißt, sie muss nach den Umständen des konkreten Falles zumutbar sein, was wiederum objektiv zu bestimmen ist.[7] Aber nicht nur die Untersuchung, auch die **Rüge** muss unverzüglich erfolgen, wenn sich ein Mangel gezeigt hat,[8] wobei es auf die rechtzeitige Absendung der Mängelrüge (§ 377 Abs. 4 HGB) ankommt. Bereits eine geringe, wenngleich im objektiven-ordnungsgemäßen Geschäftsgang vermeidbare Nachlässigkeit schadet.[9] Die Mängelanzeige

---

[1] RGZ 131, 343, 353; OLG Celle BB 1957, 910f; OLG Köln JMBl NRW 1970, 154f.
[2] Zur Sach- und Rechtsmängelhaftung vgl. unten *Roland M. Beckmann* § 24 und dort Rdn. 26.
[3] Vgl. hierzu unten § 14 Rdn. 11.
[4] BGH LM Nr. 10 zu § 377 HGB.
[5] Baumbach/Hopt § 377 Rdn. 6 m.w.N.
[6] BGH NJW 1993, 2436.
[7] Baumbach/Hopt § 377 Rdn. 25.
[8] Besteht nur ein Verdacht, verpflichtet dies nur zur eingehenden Untersuchung.
[9] RGZ 106, 359, 360.

muss inhaltlich hinreichend substantiiert sein, so dass der Lieferant in die Lage versetzt wird, der Rüge zu entnehmen, worauf sich die Beanstandung konkret bezieht.[10] Da der Leasinggeber im leasingtypischen Liefervorgang nicht an der Auslieferung der Sache beteiligt ist, ergeben sich allerdings auch hier einige leasingspezifische Besonderheiten, die es im Nachfolgenden zu erörtern gilt.

2. Untersuchungs- und Rügeobliegenheit im Leasinggeschäft

3   Der Vertrag zwischen Leasinggeber und Lieferant des Leasinggutes stellt regelmäßig einen Handelskauf dar. Da das Leasinggeschäft vor allem von als Handelsgesellschaften organisierten Kredit- oder Finanzierungsinstituten betrieben wird, sind Leasinggeber in der Regel bereits gemäß § 6 HGB **Kaufleute**.[11] Nach dem Wortlaut des Gesetzes trifft dementsprechend den **Leasinggeber** die handelsrechtliche Untersuchungs- und Rügeobliegenheit des § 377 HGB.[12] Typischerweise findet im Finanzierungsleasinggeschäft die Auslieferung des Leasinggutes jedoch unmittelbar vom Lieferanten an den Leasingnehmer statt, weshalb sich die Frage stellt, ob es unter teleologischen Gesichtspunkten angemessen ist, dem Leasinggeber die kaufmännische Untersuchungs- und Rügeobliegenheit des § 377 HGB auch dann aufzuerlegen, wenn der Leasingnehmer kein Kaufmann ist.

4   **a) Die Ansicht der Rechtsprechung.** Der BGH argumentiert auf der Basis einer strikten Trennung zwischen Leasingvertrag und dem zwischen Lieferanten und Leasinggeber abgeschlossenen Liefervertrag. Konsequenterweise stellt er für die Frage nach dem Bestehen einer Rügeobliegenheit allein auf Letzteren ab, nicht aber darauf, ob auch der Leasingvertrag unter § 377 HGB fällt, da sich die Pflichten und Obliegenheiten einer Vertragspartei grundsätzlich nach deren Person und ihrer vertraglichen Beziehung zum Gläubiger beurteilten.[13] Damit hat nach Ansicht des BGH aber auch im Leasinggeschäft der Leasinggeber als Vertragspartner eines Handelskaufs die Obliegenheit, das Leasinggut zu untersuchen und etwaige Mängel zu rügen. Dies soll auch dann gelten, wenn der Kaufvertrag zunächst zwischen dem Lieferanten und dem künftigen Leasingnehmer abgeschlossen wurde und der Leasinggeber diesen Vertrag später übernommen hat (Eintrittsmodell).[14]

5   Bedient sich der Leasinggeber für die Untersuchung der Hilfe des Leasingnehmers, so wird dieser als sein **Erfüllungsgehilfe** bzw. Obliegenheitsgehilfe[15] tätig. Die leasingtypische Abtretung beschränkt sich auf die Zession der Gewährleistungsrechte und erfasst nicht die Untersuchungs- und Rügeobliegenheit nach § 377 HGB.[16] Versäumt der Leasingnehmer die unverzügliche Untersuchung bzw. Rüge eines Mangels,[17] muss sich der Leasinggeber dies zurechnen lassen, was den Verlust der Mängelgewährleistungsansprüche gegenüber dem Lieferanten zur Folge hat (§ 377 Abs. 2 HGB). Damit kann auch der Leasingnehmer nicht mehr aus den ihm vom Leasinggeber typischerweise abgetretenen Gewährleistungsrechten gegen den Lieferanten vorgehen.[18] Eine *teleologische Reduktion* des § 377 HGB für den Fall, dass es sich beim Leasingnehmer um einen Verbraucher han-

---

[10] Zu den Anforderungen an eine Mängelrüge im Einzelnen vgl. Baumbach/*Hopt* § 377 Rdn. 30.
[11] Staudinger/*Stoffels* Leasing Rdn. 177.
[12] BGH NJW 1990, 1290, 1291 f.
[13] BGH NJW 1990, 1290; dagegen Staudinger/*Stoffels* Leasing Rdn. 181.
[14] MünchKomm/*Habersack* Leasing Rdn. 44 m. w. N.
[15] Staudinger/*Stoffels* Leasing Rdn. 177.
[16] *Graf v. Westphalen* Leasingvertrag Rdn. 470.
[17] Nach *Graf v. Westphalen* Leasingvertrag Rdn. 484 ist in diesem Fall allerdings eine geringfügige Verlängerung der Frist zu akzeptieren, da der Lieferant um die Abwicklung im Leasinggeschäft weiß und nach Treu und Glauben deshalb nicht damit rechnen kann, dass ihn eine Mängelrüge hier ebenso „unverzüglich" trifft wie bei einem „einfachen Handelskauf".
[18] BGH NJW 1990, 1290, 1292 f.

6. Kapitel. Der Vollzug des Leasinggeschäfts §14

delt, lehnt der BGH ab, indem er eine Parallele zum kaufmännischen Streckengeschäft zieht.[19] Der Umstand, dass der Leasinggeber mit dem Vertragsgegenstand einen Vertrag mit einem Nichtkaufmann erfüllen wolle, rechtfertige keine Abweichung von der gesetzlichen Regelung.[20] Damit muss zur Vermeidung der aus § 377 HGB folgenden Rechtsnachteile, außerhalb einer anders lautenden vertraglichen Abrede, der Leasinggeber den Leasinggegenstand selbst „untersuchen oder notfalls unter Inanspruchnahme sachverständiger Hilfe untersuchen" lassen.[21]

Unterbleibt eine rechtzeitige Untersuchung bzw. Rüge der Mangelhaftigkeit des Leasinggutes und greift dementsprechend die Genehmigungsfiktion des § 377 Abs. 2 HGB ein, bleibt der Leasingnehmer dem Leasinggeber gegenüber allerdings grds. geschützt.[22] Der Leasingnehmer kann in einem solchen Fall seine Gewährleistungsrechte unmittelbar gegenüber dem Leasinggeber wahrnehmen, wobei es der BGH jedoch offenlässt, ob dieses Ergebnis mit einem Wiederaufleben der mietvertraglichen Eigenhaftung des Leasinggebers[23] oder mit einem Anspruch des Leasingnehmers aus positiver Vertragsverletzung zu begründen ist.[24]

b) Die Ansicht der Literatur. Kritische Stimmen der Literatur halten dieser Ansicht des BGH entgegen, dass es einen Wertungswiderspruch bedeute, wenn dem Lieferanten die Zwischenschaltung eines Leasinggebers zum Vorteil gereiche, obgleich er den Vertrag mit dem Leasingnehmer abschlussfrei ausgehandelt oder sogar – wie beim Eintrittsmodell – abgeschlossen hat und damit einen Nichtkaufmann als Abnehmer der Ware akzeptiert hat.[25] Die Einschaltung des Leasinggebers erfolgt im Allgemeinen auf Wunsch und im Interesse des Leasingnehmers, weshalb es nicht gerechtfertigt sei, dass der Lieferant hiervon über die Anwendung der kaufmännischen Rügeobliegenheit profitiere.[26] Nach der leasingtypischen Ausgestaltung der Geschäftsabwicklung gelangt das Leasinggut auch nicht zum Leasinggeber,[27] weshalb dieser auch gar nicht in der Lage ist, die gelieferte Ware selbst zu untersuchen.[28] Hinzu kommt die regelmäßig fehlende Sachkompetenz

---

[19] Eine andere Frage ist es, inwieweit die leasingtypische Abtretungskonstruktion mit den Bestimmungen der §§ 474 ff. BGB kollidiert; während der BGH und die herrschende Meinung die leasingtypische Abtretungskonstruktion nicht daran scheitern lassen will, dass der Leasingnehmer Verbraucher ist, vertritt *Graf v. Westphalen* eine entgegengesetzte Auffassung und ist der Meinung, die leasingtypische Abtretungskonstruktion sei nur dann wirksam, wenn der Lieferant positive Kenntnis davon habe, dass der Leasingnehmer Verbraucher ist (ausführlich *Graf v. Westphalen* ZIP 2006, 1653, 1654 ff. m. w. N.).

[20] BGH NJW 1990, 1290, 1292 f.

[21] NJW 1990, 1290, 1293.

[22] Etwas anderes gilt nur dann, wenn der Leasingnehmer im Leasingvertrag wirksam die Pflicht übernommen hat, das Leasingobjekt unverzüglich zu untersuchen und etwaige Mängel dem Leasinggeber anzuzeigen (BGH NJW 1990, 1290; vgl. hierzu auch noch unten § 14 Rdn. 11).

[23] Dafür wohl Staudinger/*Stoffels* Leasing Rdn. 178.

[24] BGH NJW 1990, 1290.

[25] *Canaris*, AcP 190 (1990), 410, 428 ff.

[26] *Canaris*, AcP 190 (1990), 429 bezeichnet die Anwendbarkeit des § 377 HGB sogar als bloßes „Zufallsgeschenk" für den Lieferanten; *Tiedtke*, JZ 1991, 907, 910 spricht von einem „Geschenk des Himmels"; nach *Hager* AcP 190 (1990) 324, 350 ist die Norm „für eine derartige Problemlage nicht geschaffen"; vgl. auch Staudinger/*Stoffels* Leasing Rdn. 181; kritisch auch *Reinicke/Tiedtke* Kaufrecht Rdn. 1612; *Lieb* Anm JZ 1990, 976, 977; *im Sinne des BGH* haben sich dagegen geäußert *Wank* JR 1990, 426 f.; *Wolf/Eckert* Handbuch des gewerblichen Miet-, Pacht- und Leasingrechts Rdn. 1963 ff.; *Graf v. Westphalen* Leasingvertrag Rdn. 501 ff.; *ders.* BB 1990, 4 f.; *Martinek* Moderne Vertragstypen I 124.

[27] Nach *Hager* AcP 190 (1990) 324, 349 f., ist die handelsrechtliche Rügeobliegenheit stillschweigend abbedungen, da der Lieferant um die leasingtypische Abtretung weiß und dem nicht-kaufmännischen Leasingnehmer wegen der Regelung des § 309 Nr. 8 b) ee) keine an § 377 HGB ausgerichteten Rügeobliegenheiten auferlegt werden dürfen.

[28] Kritisch gegenüber dem BGH insbesondere *Canaris*, AcP 190 (1990), 428 ff.; *Larenz/Canaris* Schuldrecht II/2 § 64 IV 120; *Lieb* Anm. JZ 1990, 976, 977; *Oechsler* Gerechtigkeit in modernen Aus-

des Leasinggebers, zumal bei einer solchen Prüfung der vertragliche Erwartungshorizont des Leasingnehmers zugrunde gelegt und damit die Eignung der Sache für die speziellen Bedürfnisse des Leasingnehmers (z. B. Softwareeigenschaften beim Computerleasing) berücksichtigt werden muss.[29] Auch *Flume* hat sich gegen die Ansicht des BGH ausgesprochen und auf die Zusammengehörigkeit beider Verträge im Finanzierungsleasinggeschäft verwiesen, was es verbiete, hier einen gewöhnlichen Handelskauf zu bejahen.[30] Zwar ist weithin anerkannt, dass das Leasinggeschäft nicht auf der Grundlage eines einheitlichen dreigliedrigen Vertragsgebildes basiert.[31] Dennoch hebt man im Schrifttum zunehmend hervor, dass es einer Korrektur der an den „bipolaren Grundstrukturen des Bürgerlichen Gesetzbuchs" ausgerichteten Erwägungen der BGH „durch eine größere Beachtung des Sinnzusammenhangs des gesamten Vertragesgefüges" bedürfe.[32] Diese Ansicht überzeugt und dementsprechend auch die daraus gezogene Folgerung, dass § 377 HGB im Leasinggeschäft aufgrund einer teleologischen Reduktion nicht zur Anwendung kommt, wenn der Leasingnehmer kein Kaufmann ist.[33] Entgegen der herrschenden Meinung ist konsequenterweise § 377 HGB im Verhältnis Leasinggeber – Leasingnehmer dann aber auch dann anzuwenden, wenn Letzterer Kaufmann ist.[34]

III. Folgen der Verletzung der Untersuchungs- und Rügeobliegenheiten durch den Leasinggeber

8   1. Erweist sich eine Ware als mangelhaft und wird sie im Anwendungsbereich des § 377 HGB nicht unverzüglich gerügt, gilt sie als **genehmigt**. Etwas anderes gilt nur, wenn es sich um einen Mangel handelt, der bei ordnungsgemäßer Untersuchung nicht erkennbar war (§ 377 Abs. 2 HGB) oder dem Käufer vom Verkäufer arglistig verschwiegen wurde (§ 377 Abs. 5 HGB). Zeigt sich ein versteckter Mangel später, muss auch er freilich unverzüglich angezeigt werden (§ 377 Abs. 3 HGB). Dass bereits eine Übernahme- oder Abnahmebestätigung abgegeben wurde, schadet insoweit nicht.[35] Hat keine ordnungsgemäße Untersuchung stattgefunden, kann sich der Leasingnehmer[36] allerdings nicht darauf berufen, diese hätte den Mangel ohnehin nicht zutage gefördert. Tritt die **Genehmigungsfiktion** ein, verliert der Käufer die Möglichkeit, sich auf einen Mangel der Sache zu berufen. Der Rechtsverlust erfasst alle Rechte, die auf dem nicht oder nicht rechtzeitig gerügten Mangel beruhen.[37]

9   2. Zu berücksichtigen gilt es in diesem Zusammenhang allerdings, dass sich der Verkäufer auf eine Verletzung der Rügeobliegenheit grds. erst nach **vollständiger Lieferung** berufen kann.[38] Wurde **nacherfüllt** und besteht eine Untersuchungs- und Rügeobliegenheit,[39] muss die Kaufsache zur Erhaltung der Gewährleistungsrechte erneut un-

---

tauschverträgen S. 329 ff.; *Reinicke/Tiedtke* Kaufrecht Rdn. 1612; *Knops*, JuS 1994, 106, 109; Münch-Komm/*Habersack* Leasing Rdn. 37.

[29] Staudinger/*Stoffels* Leasing Rdn. 181.
[30] *Flume* DB 1991, 265, 269.
[31] So zu Recht Staudinger/*Stoffels* Leasing Rdn. 181 unter Hinweis auf dahingehende Interpretationstendenzen in der Literatur.
[32] Staudinger/*Stoffels* Leasing Rdn. 181.
[33] Staudinger/*Stoffels* Leasing Rdn. 181; *Canaris* AcP 190 (1990) 428 ff.; ihm folgend *Hager* AcP 190 (1990), 324, 350; *Tiedtke* JZ 1991, 907, 909 f.
[34] Staudinger/*Stoffels* Leasing Rdn. 181; *Canaris* AcP 1990 (1990), 431 f.
[35] *Graf v. Westphalen* Leasingvertrag Rdn. 487.
[36] Ausgegangen wird von der leasingtypischen Abtretungskonstruktion, vgl. hierzu unten § 25 III.
[37] Vgl. im Einzelnen Baumbach/*Hopt* § 377 Rdn. 48 ff.
[38] LG Stuttgart CR 2001, 585, 586; vgl. aber auch § 434 III Alt. 2 BGB; zur Abgrenzung zwischen Minderlieferung und Teilleistung siehe Baumbach/*Hopt* § 377 Rdn. 18.
[39] Zum Streit um das Bestehen der Untersuchungs- und Rügeobliegenheit bei einem nichtkaufmännischen Leasingnehmer vgl. oben § 14 Rdn. 4.

6. Kapitel. Der Vollzug des Leasinggeschäfts § 14

verzüglich untersucht und etwaige Mängel gerügt werden,[40] wobei im Einzelnen danach zu differenzieren ist, ob man es mit einem Fall der Nachlieferung oder Nachbesserung zu tun hat.[41]

3. Dem **Leasingnehmer** wiederum, der prinzipiell[42] keiner gesetzlichen Untersuchungs- und Rügeobliegenheit unterliegt,[43] darf aus der Verletzung der Untersuchungs- und Rügeobliegenheit des Leasinggebers **kein Nachteil** entstehen.[44] Die aus § 242 BGB fließende Nebenpflicht des Leasingnehmers zur Meldung eines Mangels[45] kann dem Leasingnehmer nicht die Verantwortung für die Wahrung der aus § 377 HGB folgenden kaufmännischen Obliegenheit des Leasinggebers übertragen.[46] Kann sich der Lieferant vor dem Hintergrund der leasingtypischen Abtretungskonstruktion dem Leasingnehmer gegenüber auf die Genehmigungsfiktion des § 377 HGB berufen,[47] ist dem Leasingnehmer gegenüber dem Leasinggeber ein Schadensersatzanspruch zuzuerkennen, der dahin geht, ihn so zu stellen, wie er im Falle der Erhaltung der Gewährleistungsrechte bei Beachtung der Rügeobliegenheit des Leasinggebers gestanden hätte.[48] Wäre der Liefervertrag danach rückabzuwickeln gewesen, so ist dies nach den Regeln über die Störung der Geschäftsgrundlage auch der Leasingvertrag.[49]

10

IV. Überwälzung der Untersuchungs- und Rügeobliegenheiten

1. Problematisch ist, ob der Leasinggeber in seinen Leasingbedingungen eine **Rügeobliegenheit des Leasingnehmers** dergestalt begründen kann, dass dieser bei Verletzung derselben seine Ansprüche gegenüber dem Leasinggeber verliert. Wie bereits hervorgehoben wurde, trifft – ohne besondere Abrede – nach ganz herrschender Meinung auch einen kaufmännischen Leasingnehmer nicht die Rügeobliegenheit des § 377 HGB.[50] Die Rügeobliegenheit des § 377 HGB verbleibt auch dann beim Leasinggeber, wenn der Leasingnehmer zur Geltendmachung der vertraglichen Ansprüche gegenüber dem Lieferanten berechtigt ist.[51]

11

Umstritten ist allerdings, ob der Leasinggeber seine Untersuchungs- und Rügeobliegenheiten nicht auf den Leasingnehmer übertragen kann. Individualvertraglich bestehen hiergegen keine Bedenken.[52] Aber auch formularmäßig wird bei einem **kaufmännischen** Leasingnehmer die Überbürdung der Rügeobliegenheit ohne weiteres für zulässig erachtet,[53]

12

---

[40] BGH NJW 2000, 1415.
[41] Im Falle einer Nachlieferung liegt eine neue Lieferung vor, womit die Obliegenheiten in vollem Umfang ausgelöst werden. Demgegenüber ist im Falle einer Nachbesserung die Rüge eines Mangels, der der Ware bereits anfänglich anhaftete aber nicht gerügt wurde, nicht mehr möglich. Hier beschränkt sich die Untersuchungs- und Rügeobliegenheit auf den angezeigten Mangel (vgl. im Einzelnen *Mankowski* NJW 2006, 865 ff.).
[42] Zum Fall, dass der Leasingnehmer selbst Kaufmann ist, vgl. allerdings oben § 14 Rdn. 7.
[43] Zum Fall, dass aufgrund einer vertraglichen Abrede eine Rügepflicht begründet wird, vgl. sogleich unten Rdn. 11.
[44] *Wolf/Eckert/Ball* Rdn. 1882.
[45] Vgl. hierzu oben § 13 Rdn. 10.
[46] *Martinek* Moderne Vertragtypen I S. 126.
[47] Zu dem Streit, ob die Untersuchungs- und Rügeobliegenheit auch dann gilt, wenn der Leasingnehmer Nichtkaufmann ist, vgl. oben § 14 Rdn. 4 ff.
[48] *Martinek* Moderne Vertragstypen I S. 126; *Wolf/Eckert/Ball* Rdn. 1882; *Graf v. Westphalen* Leasingvertrag Rdn. 513 f. m. w. N.
[49] Zur Geschäftsgrundlagenlösung vor und nach der Schuldrechtsreform ausführlich Staudinger/ *Stoffels* Leasing Rdn. 239 ff.
[50] *Reinking/Eggert* Der Autokauf Rdn. 918 m. w. N.; vgl. aber auch oben § 14 Rdn. 7.
[51] BGH NJW 1990, 1290.
[52] Zu dem Fall, dass die gesetzlichen Rügeobliegenheiten des Leasinggebers vertraglich verschärft werden, vgl. noch unten § 14 Rdn. 16 ff.
[53] *Reinicke/Tiedtke* Kaufrecht Rdn. 1609.

womit § 536 b BGB[54] insoweit verdrängt wird.[55] Zweifelhaft ist indes, ob dies auch bei einem **nichtkaufmännischen** Leasingnehmer möglich ist. Nach Ansicht der Rechtsprechung besteht die Untersuchungs- und Rügeobliegenheit des Leasinggebers nach § 377 HGB auch, wenn die Sache von einem nichtkaufmännischen Leasingnehmer abgenommen wird.[56] Will der Leasinggeber diese oder eine vertraglich vereinbarte Rügeobliegenheit auf den Leasingnehmer auf der Grundlage eines Formularvertrages abwälzen, so ist dies nach herrschender Ansicht[57] AGB-rechtlich nur zulässig, wenn sich die Untersuchungs- und Rügelast entsprechend § 309 Nr. 8 lit. b) ee) BGB auf **offensichtliche** und damit regelmäßig[58] bereits unter **§ 536 b BGB**[59] fallende Mängel beschränkt.[60] Zwar greift § 309 Nr. 8 lit. b) ee) BGB unmittelbar nur bei Verträgen über Lieferungen neu hergestellter Sachen und über Werkleistungen, nicht aber bei Leasingverträgen ein.[61] Über § 307 BGB kommt man grundsätzlich aber zu gleichen Ergebnissen. Da auch das Mietrecht einen Ausschluss der Gewährleistungsrechte bei Annahme mangelhafter Sachen trotz Kenntnis um den Mangel sowie eine Mängelanzeigepflicht für während der Vertragslaufzeit auftretende Mängel kennt, ist mit der herrschenden Meinung daher davon auszugehen, dass eine solche Regelung, die sich auf offensichtliche Mängel beschränkt, nicht wesentlichen Grundgedanken des Gesetzes widerspricht.[62] Liegt eine unwirksame Überwälzungsregelung vor, ändert diese natürlich nichts an den Untersuchungs- und Rügeobliegenheiten, die ein Leasinggeber kraft Gesetzes und/oder kraft vertraglicher Vereinbarung dem Lieferanten gegenüber hat.[63] Diese kann er nur über eine Vereinbarung mit dem Lieferanten reduzieren.[64]

13 2. Hat eine **wirksame Übertragung** der Untersuchungs- und Rügeobliegenheit auf den Leasingnehmer stattgefunden, hat der Leasinggeber, wenn der Leasingnehmer dieser nicht nachkommt, einen Anspruch auf **Ersatz** eines ihm hierdurch entstandenen **Schadens**.[65] Auf der anderen Seite kann der Leasingnehmer – aufgrund der gesetzlichen Genehmigungsfiktion in § 377 Abs. 2 HGB – die ihm abgetretenen Gewährleistungsansprüche nicht mehr geltend machen. Auch ein Vorgehen gegen den Leasinggeber ist im Falle einer wirksamen Übertragung der Rügeobliegenheit vor dem Hintergrund der Vertragsverletzung des Leasingnehmers nicht mehr möglich, womit er seiner Ansprüche endgültig verlustig geht.

---

[54] Zur Anwendbarkeit der Regelung des § 536 b BGB im Allgemeinen vgl. § 24 Rdn. 26.
[55] *Graf v. Westphalen* Leasingvertrag Rdn. 532.
[56] Zur Diskussion vgl. oben § 14 Rdn. 4 ff.
[57] Offengelassen in BGH NJW 1990, 1290, 1293.
[58] Zur Gleichstellung von erkannten mit offensichtlichen Mängeln i. S. d. § 309 Nr. 8 lit. b ee) vgl. *Marly* NJW 1988, 1184; *ders.* Softwareüberlassungsverträge Rdn. 1385, der insoweit allerdings eine Mindermeinung vertritt; nach herrschender Meinung sind erkannte Mängel offensichtlichen Mängel nicht gleichzustellen (Palandt/*Heinrichs* § 309 Rdn. 71 m. w.N). Dies ist indes weder durch die Gesetzesmaterialien, noch die Interessenlage gerechtfertigt (so zu Recht *Marly* Softwareüberlassungsverträge Rdn. 1385 m. w. N.). Allzu groß dürfte die praktische Bedeutung dieser Frage allerdings nicht sein, da ein offensichtlicher Mangel regelmäßig auch erkannt worden sein wird. Als offensichtlich gilt ein Mangel in diesem Sinne nämlich nur, wenn er auch einem fachunkundigen Durchschnittskunden ohne weiteres auffällt (Palandt/*Heinrichs* § 309 Rdn. 71 m. w. N.).
[59] Zur Anwendbarkeit des § 536 b Satz 3 BGB auf Finanzierungsleasingverträge vgl. auch *Reinking/Eggert* Der Autokauf Rdn. 913.
[60] MünchKomm/*Habersack* Leasing Rdn. 45; *Graf v. Westphalen* BB 1990, 1, 5; für differierende Maßstäbe auch *Wolf/Eckert/Ball* Rdn. 1880; für generelle Unwirksamkeit *Reinicke/Tiedtke* Kaufrecht Rdn. 1610; für generelle Wirksamkeit *Lieb* DB 1988, 2501; *Martinek* Moderne Vertragstypen I S. 125; für grundsätzliche Wirksamkeit auch *H. Beckmann* Finanzierungsleasing Rdn. 77 ff.
[61] *Wolf/Horn/Lindacher* § 11 Nr. 10 Rdn. 11.
[62] *Marly* Softwareüberlassungsverträge Rdn. 1394 m. w. N.
[63] *Marly* Softwareüberlassungsverträge Rdn. 1395 m. w. N.
[64] Vgl. hierzu sogleich unten Rdn. 15.
[65] Vgl. auch bereits *Apel* in der Vorauflage § 9 Rdn. 187.

V. Freizeichnung von der gesetzlichen Untersuchungs- und Rügeobliegenheit

Möglich ist natürlich auch, dass Leasinggeber und Lieferant eine Abbedingung des 14 § 377 HGB vereinbaren. Geschieht dies in einem Formularvertrag, stellt sich freilich auch hier die Frage nach der AGB-rechtlichen Zulässigkeit einer solchen Abrede. Ein Ausschluss der gesetzlichen Untersuchungs- und Rügeobliegenheiten in den **Einkaufsbedingungen** des Leasinggebers, der alle Mängel – insbesondere also auch offensichtliche Mängel – erfasst, ist grundsätzlich nach § 307 Abs. 2 Nr. 1 BGB unwirksam, da dies mit dem wesentlichen Grundgedanken der Regelung des § 377 HGB nicht vereinbar ist.[66] Geht man – entgegen der hier vertretenen Ansicht[67] – davon aus, dass § 377 HGB auch dann zur Anwendung gelangt, wenn der Leasingnehmer kein Kaufmann ist, muss allerdings eine Klausel zulässig sein, aufgrund derer sich der Lieferant bereit erklärt, sich in einem solchen Fall nicht auf die Verletzung der Untersuchungs- und Rügeobliegenheit zu berufen.[68] Zulässig ist es prinzipiell auch, für die – nach dem Gesetz unverzüglich vorzunehmende – Untersuchung des Leasinggutes sowie die (ebenso unverzüglich abzugebende) Mängelrüge formularmäßig einen Zeitraum von zwei Wochen einzuräumen.[69]

VI. Weitere AGB-rechtliche Besonderheiten

In den AGB der Lieferanten trifft man teilweise auch auf **Verschärfungen** der gesetz- 15 lichen Regelung zur kaufmännischen Rügeobliegenheit etwa hinsichtlich der Form, des Zugangs oder des Inhalts der zu erklärenden Rüge. Teilweise werden auch Fristen für die Geltendmachung festgeschrieben. Dies wirft die Frage nach der AGB-rechtlichen Zulässigkeit derartiger Regelungen auf.[70]

1. Fristenregelungen

Die AGB-rechtliche Prüfung einer formularmäßigen Verschärfung der gesetzlichen Un- 16 tersuchungs- und Rügeobliegenheiten des Leasinggebers bestimmt sich nach § 307 Abs. 2 Nr. 1 BGB i.V.m. § 377 HGB. Geringfügige Abweichungen von der durch die Rechtsprechung vorgenommenen Konkretisierung des Merkmals der Unverzüglichkeit werden hierbei überwiegend als zulässig erachtet.[71] Unwirksam ist grundsätzlich allerdings die Setzung einer Ausschlussfrist, die erkennbare und verdeckte Mängel gleichermaßen erfasst.[72] Dies gilt jedenfalls dann, wenn die Ausschlussfrist so kurz bemessen ist, dass versteckte Mängel in dieser Zeit regelmäßig nicht erkannt werden können.[73] So hat der BGH eine Klausel für unwirksam erklärt, die auch bei verborgenen Mängeln eine Rüge bei Ablieferung oder innerhalb von 3 Tagen vorschreibt.[74] Richtigerweise wird man zur Bestimmung der Angemessenheit der Ausschlussfrist darauf abzustellen haben,

---

[66] BGH NJW 1991, 2633, 2634 = LM § 377 HGB Nr. 35; OLG München NJW-RR 1994, 356; *Wolf/Horn/Lindacher* § 11 Nr. 10 e Rdn. 21; *Ulmer/Brandner/Hensen/Christensen* Anh. § 310 Rdn. 317.
[67] Vgl. oben Rdn. 7.
[68] *Graf v. Westphalen* Der Leasingvertrag 5. Aufl. Rdn. 362.
[69] *Marly* Softwareüberlassungsverträge Rdn. 1377 f., dort auch zu der Möglichkeit, die gesetzlichen Verjährungsfristen des Mängelrechts zu Gunsten des Verwenders zu verlängern.
[70] Im Hinblick auf oben vertretene Ansicht, nach der es für die Frage nach der Anwendbarkeit der gesetzlichen Rügeobliegenheit auf die Frage ankommt, ob der Leasingnehmer Kaufmann ist, wird im Folgenden zwischen formularmäßigen Regelungen gegenüber Kaufleuten und Nichtkaufleuten unterschieden.
[71] *Marly* Softwareüberlassungsverträge Rdn. 1376 m. w. N.
[72] *Wolf/Horn/Lindacher* § 11 Nr. 10 e Rdn. 19 m. w. N.
[73] *Marly* Softwareüberlassungsverträge Rdn. 1376 m. w. N.
[74] BGH NJW-RR 1986, 52; BGH NJW 1992, 575 f.

§ 14   Zweiter Teil. Allgemeines Leasingrecht

wann sich ein verborgener Mangel bei einem Produkt dieser Art in der Regel zeigt.[75] Demgemäß wird bei Softwareüberlassungsverträgen etwa eine Ausschlussfrist von 3 Monaten ab Übergabe bzw. Abnahme als unzulässig angesehen, da auch Kaufleute verdeckte Mängel des Programms oder Programmpakets gewöhnlich nicht in dieser Zeit aufdecken können.[76]

2. Form und der Zugang der Rüge

17 Während im nichtkaufmännischen Geschäftsverkehr gemäß § 309 Nr. 13 BGB eine Bestimmung unwirksam ist, „durch die Anzeigen oder Erklärungen, die dem Verwender oder einem Dritten gegenüber abzugeben sind, an eine strengere Form als die Schriftform oder an besondere Zugangserfordernisse gebunden werden",[77] wird im **kaufmännischen Rechtsverkehr** eine Verschärfung des Schriftformerfordernisses (z. B. Einschreiben, Benutzung eines bestimmten Formulars) grundsätzlich für **zulässig** erachtet.[78] Unzulässig wird eine entsprechende Vorgabe erst, wenn in ihr eine unangemessene Benachteiligung im Sinne des § 307 Abs. 1 BGB zu sehen ist, was insbesondere der Fall ist, wenn die verlangte Form im Handelsverkehr weder gebräuchlich ist noch einem anerkennenswerten Interesse des Verwenders entspricht und der Gegenseite nur zusätzliche Kosten und Aufwand verursacht.[79] Aber auch die Berufung auf eine wirksam vereinbarte Form kann sich als unzulässige Rechtsausübung darstellen, wenn unstreitig ist, dass der Mangel angezeigt wurde.[80]

3. Der Inhalt der Rüge

18 Werden Anforderungen an den Inhalt einer Mängelrüge formularmäßig formuliert, so ist dies auch im **kaufmännischen Geschäftsverkehr** nach § 307 Abs. 1 BGB unwirksam, wenn sich diese Anforderungen nicht auf das sachlich Notwendige beschränken, sondern nur eine unnötige Erschwerung für den Käufer beinhalten[81] oder so hoch sind, dass sie auch ein Kaufmann in der Regel nicht erfüllen kann. Dementsprechend kann auch für eine Rüge i. S. d. § 377 HGB eine nicht nur detaillierte, sondern auch **fachlich** korrekte Bezeichnung des Mangels nicht verlangt werden. Unzulässig ist es auch, die Nennung der Ursache des Mangels zu verlangen.[82] Gleiches gilt für die Forderung der Mitteilung, welche Rechte der Kunde geltend machen will.[83] Unproblematisch ist es demgegenüber, wenn eine ausführliche Beschreibung der aufgetretenen Symptome verlangt wird, da der Lieferant der Anzeige entnehmen können muss, in welcher Hinsicht der Vertragspartner die Ware im Einzelnen rügt.[84]

---

[75] Ulmer/Brandner/Hensen/*Christensen* § 309 Nr. 8 BGB Rdn. 103 m. w. N.

[76] *Marly* Softwareüberlassungsverträge Rdn. 1376, der insoweit allerdings eine Ausnahme für den Fall eines „leicht zu überschauenden Kleinprogramms" macht.

[77] BGH NJW 1985, 2585 (Einschreiben); unzulässig ist gegenüber einem Nichtkaufmann auch das Verlangen, dass ein bestimmtes Formular zur Anzeige des Mangels benutzt wird (OLG München NJW-RR 1987, 664; OLG Schleswig NJW-RR 2001, 818) oder die Anzeige bei einer bestimmten innerbetrieblichen Stelle, z. B. einer Reklamationsabteilung, zugehen muss (*Wolf/Horn/Lindacher* § 11 Nr. 16 Rdn. 10).

[78] Ulmer/Brandner/*Hensen* § 309 Nr. 13 Rdn. 12; *Marly* Softwareüberlassungsverträge Rdn. 1374 m. w. N.

[79] *Wolf/Horn/Lindacher* § 11 Nr. 16 Rdn. 16 m. w. N.

[80] Ulmer/Brandner/*Hensen* § 309 Nr. 13 Rdn. 6.

[81] *Marly* Softwareüberlassungsverträge Rdn. 1375.

[82] *Marly* Softwareüberlassungsverträge Rdn. 1375; allg. auch BGH NJW 1988, 406; BGH NJW 1986, 3136.

[83] BGH NJW 1996, 2228 m. Anm. *Medicus* EWiR § 377 HGB 2/96, 807.

[84] *Marly* Softwareüberlassungsverträge Rdn. 1375.

VII. Rügeobliegenheiten im UN-Kaufrecht

Unterfällt der Liefervertrag dem UN-Kaufrecht (CISG), hat der Käufer nach Art. 38 CISG die Ware innerhalb einer den Umständen entsprechenden Frist zu untersuchen und verliert nach Art. 39 Abs. 1 CISG das Recht, sich auf die Vertragswidrigkeit der Ware zu berufen, wenn er diese nicht „innerhalb angemessener Frist nach dem Zeitpunkt", in dem die Vertragswidrigkeit hätte festgestellt werden müssen, anzeigt. Ist nach dem Vertrag eine Beförderung bzw. Umleitung oder Weiterversendung der Ware erforderlich, die dem Verkäufer bei Vertragsschluss bekannt war oder bekannt sein musste, wird der Untersuchungszeitpunkt bis nach dem Eintreffen der Ware am Bestimmungsort allerdings aufgeschoben. Kann sich ein Mangel erst nach Ingebrauchnahme der Ware zeigen, die Ware aber nur abgesetzt werden, wenn sie ungebraucht ist, reicht es nach Art. 39 CISG aus, wenn der Käufer die ihm von seinem Abnehmer beanstandeten Mängel in angemessener Frist gegenüber dem Lieferanten anzeigt. Schlägt bei einem dem CISG unterfallenden Vertrag die Nachbesserung der fehlerhaften Ware fehl, liegt darin eine erneute Nichterfüllung der Pflichten des Verkäufers. Dementsprechend verliert der Käufer nach Art. 39 Abs. 1 Satz 1 CISG das Recht, sich auf die Vertragswidrigkeit der Ware zu berufen, wenn er dem Verkäufer nicht binnen angemessener Frist das Fehlschlagen der Nachbesserung anzeigt.[85]

19

§ 15. Lieferkosten und sonstige Nebenkosten

Regelmäßig werden Transport-, Montagekosten und sonstige Kosten der Inbetriebnahme des Leasinggutes im Kaufvertrag berücksichtigt (entweder als Teil des Kaufpreises oder als daneben auftauchender selbständiger Kostenpunkt) und liegen dann auch der Berechnung der Leasingraten zu Grunde.[1] Will der Leasinggeber dem Leasingnehmer darüber hinaus Nebenkosten aufbürden, so bedarf es einer entsprechenden Vereinbarung. Ohne eine solche Vereinbarung hat der Leasinggeber die Kosten zu tragen, die erforderlich sind, um seiner Verpflichtung zur Überlassung eines gebrauchstauglichen Leasinggutes nachzukommen. Formuliert der Leasinggeber eine Überwälzung von Kosten, die nicht im Liefervertrag berücksichtigt sind, in seinem Leasingvertragsformular vor, so verstößt dies regelmäßig gegen das Überraschungsverbot des § 305c BGB wie auch gegen die Generalklausel des § 307 BGB, da der Leasingnehmer sich darauf verlassen können muss, dass das für den Kaufvertrag gefundene Verhandlungsergebnis sich auch im Leasingvertrag wiederfindet.[2]

1

---

[85] LG Oldenburg NJW-RR 1995, 438.
[1] *Graf v. Westphalen* Der Leasingvertrag, 5. Aufl. Rdn. 541 f.
[2] *Graf v. Westphalen* Der Leasingvertrag, 5. Aufl. Rdn. 541.

7. Kapitel. Das geschuldete Entgelt
§ 16. Festlegung und Zahlung der Leasingraten, Sonderzahlungen

Schrifttum: *Bauer* Zur Kalkulation von Leasingraten DB 1990, 14.

Übersicht

	Rdn.
I. Festlegung der Ratenzahlungspflicht im Leasingvertrag	1
1. Hauptpflicht des Leasingnehmers	1
2. Betagte Forderungen	2
3. Anzahl und Höhe der Leasingraten	3
II. Zahlung der Leasingraten	4
1. Fälligkeit, Vorauszahlungspflicht	4
2. Einziehungsermächtigung	5
III. Sanktionsabreden für den Verzugsfall	6
1. Pauschalierte Verzugszinsen	7
a) Nicht-unternehmerischer Verkehr	7
b) Unternehmerischer Verkehr	10
2. Mahngebühren	11
IV. Einmalzahlungen nach dem sog. Flens-Modell	12
V. Verjährung	13
VI. Sonderzahlungen	14

I. Festlegung der Ratenzahlungspflicht im Leasingvertrag

1. Hauptpflicht des Leasingnehmers

1 Den Leasingnehmer trifft zuvörderst die Pflicht, die im Leasingvertrag vereinbarten Leasingraten an den Leasinggeber zu zahlen. Hierbei handelt es sich um die Hauptpflicht des Leasingnehmers. Die Leasingraten sind nicht nur das Entgelt für die zeitlich begrenzte Gebrauchsüberlassung, sondern zugleich für die vom Leasinggeber erbrachte Finanzierungsleistung.[1] Sie sind so kalkuliert, dass sie in ihrer Gesamtheit – beim Teilamortisationsvertrag häufig in Kombination mit einer Abschlusszahlung – folgende Kostenanteile umfassen: die Kosten des Leasinggebers für die Anschaffung des Leasinggutes beim Lieferanten, die Zinsen für die Finanzierungsleistung des Leasinggebers und die Provision des Leasinggebers (Gewinnzuschlag). Im Leasingvertrag werden diese Posten zumeist nicht weiter aufgeschlüsselt. Sofern es zu keinerlei Störungen während der Leasingzeit kommt, ist diese Differenzierung auch nicht weiter von Interesse. Bedeutung gewinnen die einzelnen Entgeltbestandteile jedoch z. B. dann, wenn der Leasingvertrag vorzeitig durch Kündigung sein Ende findet und die dann bestehenden Zahlungspflichten näher bestimmt werden müssen.[2]

2. Betagte Forderungen

2 Der Umstand, dass alle Leasingraten nicht nur das Entgelt für einen bestimmten Zeitabschnitt der Gebrauchsüberlassung darstellen, sondern zugleich für die bereits geleistete Vorfinanzierung, rechtfertigt es nach Ansicht des BGH, den Anspruch auf zumindest in einer festen Grundmietzeit zu erbringende künftige Raten nicht als befristete, sondern als betagte, also bereits mit Vertragsschluss entstehende, aber erst später fällig werdende, Forderungen zu behandeln.[3] Dafür wird angeführt, dass die Leasingraten durch den vor

---

[1] BGH NJW 1990, 1785, 1788.
[2] *Larenz/Canaris* Schuldrecht II/2, 109 und *Canaris*, in: Bankvertragsrecht Rdn. 1737.
[3] BGH NJW 1990, 1113; 1115; 1990, 1785, 1788; MünchKomm/*Habersack* Leasing Rdn. 32.

Ablauf der Grundmietzeit in der Regel nicht kündbaren Leasingvertrag von vornherein rechtlich festgelegt sind, ihr Erwerbstatbestand demnach abgeschlossen ist.[4] Dies gilt auch beim Operating-Leasing.[5] Damit sind sie Änderungsverfügungen des Leasinggebers nach Abtretung der Forderung entzogen. Das hat beispielsweise zur Folge, dass eine Refinanzierungsbank, an die der Leasinggeber seinen Anspruch auf die betagten Leasingraten im Wege der Fortfaitierung abgetreten hat, eine nach der Abtretung im Verhältnis der Leasingvertragsparteien vereinbarte Abkürzung der Vertragslaufzeit oder eine Aufhebung des Leasingvertrages gem. §§ 398, 407 BGB nicht gegen sich gelten lassen muss, wenn der Leasingnehmer bei Abschluss der Vereinbarung die Abtretung kannte.[6] Noch nicht höchstrichterlich geklärt ist die Frage, ob bei Fortdauer des Leasingverhältnisses über die feste Grundmietzeit hinaus der Anspruch auf die im Anschluss an diese Zeit zu entrichtenden Leasingraten gleichfalls als betagte oder als aufschiebend befristete, abschnittsweise zum jeweiligen Zahlungstermin entstehende Forderungen zu qualifizieren sind.[7]

3. Anzahl und Höhe der Leasingraten

Anzahl und Höhe der Leasingraten und damit auch der Gewinnanteil des Leasinggebers unterliegen der freien Disposition der Leasingvertragsparteien. Die Festlegung der Gegenleistung ist ebenso wie das Preis-Leistungsverhältnis als solches der Angemessenheitskontrolle nach dem AGB-Recht entzogen (§ 307 Abs. 3 BGB). Für krasse Übervorteilungen des Leasingnehmers steht als Korrektiv der Maßstab der guten Sitten (§ 138 Abs. 1 BGB) bereit.[8]

II. Zahlung der Leasingraten

1. Fälligkeit, Vorauszahlungspflicht

Die **Fälligkeit** der ersten Leasingrate wird in den Leasingbedingungen im Allgemeinen mit dem Zeitpunkt der Auslieferung verknüpft, z. B. Fälligkeit der ersten Rate bis zum Dritten des auf den Tag der Übergabe folgenden Monats,[9] oder Fälligkeit bei Übernahme, spätestens 14 Tage nach der Anzeige der Bereitstellung.[10] Hinsichtlich der folgenden Leasingraten entspricht es üblicher Vertragspraxis, als Fälligkeitstermin den Anfang des Kalendermonats festzulegen, z. B. bis zum Dritten eines jeden Monats.[11] Setzt man in Anlehnung an das mietvertragliche Pflichtenprogramm die Ratenzahlungspflicht in Bezug zur Gebrauchsüberlassung, so liegt es nahe, im Hinblick auf die übliche Fälligkeitsbestimmung von einer Vorauszahlungspflicht des Leasingnehmers auszugehen. Eine unangemessene Benachteiligung des Leasingnehmers wäre hierin freilich – ebenfalls in Anlehnung an die Rechtsprechung zum Mietvertrag – nicht zu erblicken.[12] Die Bindung der Zahlungsverpflichtung an kalendermäßig fixierte Fälligkeitsdaten führt im Übrigen dazu, dass der Leasingnehmer automatisch, also ohne vorherige Mahnung, in Verzug kommt, wenn er mit der Ratenzahlung in Rückstand gerät, § 286 Abs. 2 Nr. 1 BGB.[13]

---

[4] BGH NJW 1992, 2150, 2151.
[5] BGH NJW 1990, 1785, 1788.
[6] BGH NJW 1990, 1785.
[7] Offengelassen von BGH NJW 1992, 2150, 2151.
[8] Näher zur Feststellung des auffälligen Missverhältnisses zwischen Leistung und Gegenleistung beim Finanzierungsleasing vgl. § 17 Rdn. 2 ff.
[9] *Stolterfoht* Münchener Vertragshandbuch Bd 3/II, S. 136.
[10] *Michalski/Schmitt* Kfz-Leasingvertrag S. 194.
[11] *Stolterfoht* Münchener Vertragshandbuch Bd 3/II, S. 136.
[12] Vgl. BGH NJW 1995, 1541, 1543 für den Leasingvertrag und BGH NJW 1995, 254 f. für den Mietvertrag; beachte jetzt im Übrigen § 556 b Abs. 1 BGB; *Stolterfoht*, in: Münchener Vertragshandbuch Bd 3/II, 166.
[13] *Graf von Westphalen* Leasingvertrag Rdn. 545; zu den Konsequenzen des Verzuges vgl. noch § 23.

Ungewöhnlich und überraschend ist hingegen eine Regelung, welche die Zahlungspflicht bezüglich der Leasingraten vor dem Vertragsbeginn festsetzt und so den angegebenen Vertragszeitraum überschreitet.[14]

2. Einziehungsermächtigung

5   Die formularmäßige Anordnung des **Einzugsermächtigungsverfahrens** (z. B. „Der Leasingnehmer verpflichtet sich zu Gunsten des Leasinggebers einen Bankeinzug für die Leasing-Entgelte zu unterfertigen und für eine ausreichende Deckung zu sorgen.") trägt in den über längere Zeit angelegten Rechtsbeziehungen der Leasingvertragsparteien erheblich zur Rationalisierung der Buchhaltung und des Mahnwesens bei. Der Leasingnehmer seinerseits muss nicht befürchten, dass unberechtigte Abbuchungen, die aufgrund der erteilten Einzugsermächtigung vorgenommen werden, gegen seinen Willen Bestand haben und sein Konto endgültig belasten können. Aus diesem Grunde wird man in derartigen Regelungen grundsätzlich keine unangemessene Benachteiligung des Leasingnehmers i. S. d. § 307 BGB erblicken können.[15] Die formularmäßige Verpflichtung ist nur dann unwirksam, wenn sie das Recht des Leasingnehmers einschränkt, der Belastung zu widersprechen.[16]

III. Sanktionsabreden für den Verzugsfall

6   In den Leasingbedingungen werden die Rechtsfolgen des Ausbleibens der Leasingraten zum vereinbarten Fälligkeitszeitpunkt nicht selten zum Gegenstand einer gesonderten Sanktionsregelung gemacht. In der Praxis trifft man auf pauschalierte Verzugszinsen und auf vorab fixierte Mahnkosten.

1. Pauschalierte Verzugszinsen

7   a) **Nicht-unternehmerischer Verkehr.** Handelt es sich bei dem Leasingnehmer um einen Verbraucher, so muss eine formularmäßige Pauschalierung des Schadens, der dem Leasinggeber infolge des Zahlungsverzuges des Leasingnehmers entsteht, den Anforderungen des besonderen Katalogtatbestandes des § 309 Nr. 5 BGB entsprechen. Hiernach darf die Pauschale den nach dem gewöhnlichen Lauf der Dinge zu erwartenden Schaden nicht übersteigen (lit. a). Im Hinblick auf den vor Kurzem auf fünf Prozentpunkte bei Beteiligung von Verbrauchern und acht Prozentpunkte bei Geschäften im unternehmerischen Verkehr heraufgesetzten gesetzlichen Zinssatz dürfte nunmehr kaum noch ein Spielraum für die Vereinbarung höherer Verzugszinsen bestehen.[17]

8   Eine gegenüber Verbrauchern zum Einsatz gelangende Pauschalierungsabrede ist überdies dann unwirksam, wenn sie dem Leasingnehmer nicht ausdrücklich den Nachweis gestattet, ein Schaden sei überhaupt nicht entstanden oder wesentlich niedriger als die Pauschale (lit. b). Diese Wirksamkeitsanforderung ist im Zuge der Schuldrechtsmodernisierung insoweit verschärft worden, als nunmehr nicht nur der Nachweis eines geringeren Schadens nicht abgeschnitten werden darf, sondern vielmehr dieser Nachweis ausdrücklich zugelassen werden muss. Unwirksam ist aus diesem Grund die Klausel, derzufolge der Leasingnehmer Verzugszinsen in Höhe von 1 % zuzüglich Mehrwertsteuer pro Monat zu bezahlen hat, wenn er mit seiner Zahlungsverpflichtung in Rückstand gerät.[18]

---

[14] OLG Hamm OLGReport 2004, 387.
[15] *Stolterfoht* in: Münchener Vertragshandbuch Bd. 3/II, 167; grundlegend BGH NJW 1996, 988 zu Einzugsermächtigungserteilung in Breitbandkabel-Verteileranlagen.
[16] OLG Brandenburg ZMR 2004, 745 (siehe Kopie des Urteils).
[17] MünchKomm/*Ernst* § 288 BGB Rdn. 29; *Graf von Westphalen* Leasing Rdn. 76.
[18] So bereits zum alten Recht (§ 11 Nr. 5 AGBG) OLG Hamm NJW-RR 1986, 927, 929 und OLG Oldenburg NJW-RR 1987, 1004.

Im Falle des Verstoßes einer Pauschalierungsklausel gegen § 309 Nr. 5 BGB ist die **9** Klausel insgesamt unwirksam. Eine Aufrechterhaltung in gerade noch vertretbarer Höhe kommt nicht in Betracht. Andererseits verliert der Leasinggeber nicht seinen materiellen Anspruch. Diesen kann er weiterhin geltend machen, freilich ohne hierbei den typischerweise auftretenden Berechnungs- und Beweisschwierigkeiten enthoben zu sein. Lediglich § 252 BGB steht ihm – wie jedem anderen Schadensersatzgläubiger auch – zur Seite.[19]

b) Unternehmerischer Verkehr. Eine Pauschalierung, die zu einer Bereicherung des **10** Verwenders Allgemeiner Geschäftsbedingungen führt, weil sie sich nicht am gewöhnlichen Lauf der Dinge orientiert, widerspricht wesentlichen Grundgedanken des Schadensersatzrechts (§ 252 BGB) und benachteiligt den Vertragspartner entgegen den Geboten von Treu und Glauben unangemessen (§ 307 Abs. 2 Nr. 1 BGB). Sie ist deshalb in sachlicher Übereinstimmung mit § 309 Nr. 5 lit. a BGB auch im Geschäftsverkehr unter Unternehmern unwirksam.[20] Aus denselben Gründen soll auch der in § 309 Nr. 5 lit. b BGB zum Ausdruck gekommene Gedanke im Rahmen des § 307 BGB bei Verwendung der betreffenden Klausel gegenüber Unternehmern zu berücksichtigen sein. Auch hier gilt es einer unangemessenen Bereicherung des Klauselverwenders entgegenzuwirken.[21]

2. Mahngebühren

Die Kosten einer Erinnerungsmahnung (nach Eintritt des Verzuges) gehören zu dem **11** vom Schuldner, hier Leasingnehmer, zu ersetzenden Verzugsschaden.[22] Allerdings können die Mahnkosten nicht zusätzlich zu einem pauschalierten Verzugszinsschaden geltend gemacht werden.[23] In der Vergangenheit wurde eine Mahnpauschale von 30,– DM als überhöht beanstandet,[24] eine von 5,– DM hingegen überwiegend als angemessen angesehen.[25] Unwirksam sind nach der Höhe der Zahlungsrückstände gestaffelte und entsprechend zunehmende Mahnkosten.[26]

IV. Einmalzahlungen nach dem sog. Flens-Modell

Bei dem in Norddeutschland aufgekommenen sog. Flens-Modell, das Züge eines **12** Schneeballsystems trägt, vereinbaren die Leasingvertragsparteien, dass der Leasingnehmer durch eine Einmalzahlung in Höhe eines Teils der Leasingraten sämtliche Verpflichtungen aus dem Leasingvertrag erfüllen kann. Diese Zahlung erfolgt absprachegemäß an einen Dritten, der dafür verspricht, durch geschickte Anlage des Einmalbetrags so viel Geld zu erwirtschaften, dass er daraus alle noch offenen Leasingraten dem Leasinggeber gegenüber begleichen könne. Der BGH hat erkennen lassen, dass er der Einmalzahlung schuldbefreiende Wirkung auch gegenüber dem Leasinggeber zukommen lässt, da dieser der Schuldübernahme habe zustimmen wollen.[27]

---

[19] MünchKomm/*Kieninger* § 309 Nr. 5 BGB Rdn. 25.
[20] BGH NJW 1998, 592, 593; NJW-RR 1999, 842.
[21] BGH NJW 1994, 1060, 1068. Für Übertragung des Klauselverbots auf den unternehmerischen Verkehr – auch in Ansehung der durch das Schuldrechtsmodernisierungsgesetz erfolgten Verschärfung – *Graf von Westphalen* NJW 2002, 20 und AnwKomm/*Hennrichs* § 309 BGB Rdn. 8; a. A. Palandt/*Heinrichs* § 309 BGB Rdn. 32.
[22] BGH WM 1987, 247, 248; MünchKomm/*Ernst* § 286 BGB Rdn. 156.
[23] BGH NJW 1988, 1971, 1972; MünchKomm/*Kieninger* § 309 Nr. 5 BGB Rdn. 19.
[24] BGH NJW-RR 2000, 719.
[25] Umstr. wie hier WM 1985, 17, 18; OLG Köln WM 1987, 1547, 1550; MünchKomm/*Kieninger* § 309 Nr. 5 BGB Rdn. 19; dagegen OLG Karlsruhe ZIP 1985, 603, 607; OLG Frankfurt a.M. WM 1985, 938; OLG Hamm NJW-RR 1992, 242, 243.
[26] *Kügel*, in: Praxishandbuch Leasing § 6 Rdn. 126; vgl. auch OLG Hamm NJW-RR 1986, 927, 929.
[27] BGH NJW 2003, 2382.

V. Verjährung

13 Der Anspruch auf Zahlung der Leasingraten verjährt gem. § 195 BGB jetzt einheitlich für das Mobilien- und Immobilienleasing in drei Jahren.[28] Diese regelmäßige Verjährungsfrist beginnt mit dem Schluss des Jahres, in dem der Anspruch entstanden und der Gläubiger von den den Anspruch begründenden Umständen und der Person des Schuldners Kenntnis erlangt oder ohne grobe Fahrlässigkeit erlangen müsste (§ 199 Abs. 1 BGB, sog. Ultimoverjährung). Unabhängig von dem subjektiven Element der Kenntnis des Gläubigers gelten im Interesse der Rechtssicherheit noch absolute Höchstfristen: Schadensersatzansprüche verjähren nach § 199 Abs. 3 BGB spätestens nach 30 Jahren, sonstige Ansprüche gem. § 199 Abs. 4 BGB spätestens nach 10 Jahren, jeweils ab Entstehung des Anspruchs.

VI. Sonderzahlungen

14 Bei Abschluss des Leasingvertrages, insbesondere über ein Kfz, wird in der Praxis nicht selten eine zum Vertragsbeginn zu leistende **Einmalzahlung** vereinbart. Weitere gebräuchliche Bezeichnungen sind „Mietsonderzahlung" oder „erhöhte erste Rate". Solche Sonderzahlungen werden insbesondere dann vereinbart, wenn das Objekt einen unsicheren Wertverlauf erwarten lässt oder wenn andere Risiken abgefedert (z. B. zweifelhafte Bonität des Leasingnehmers) werden sollen. Leasing-Sonderzahlungen werden beim Leasingnehmer als aktiver Rechnungsabgrenzungsposten (Anzahlung) bilanziert.[29] Die Auflösung erfolgt linear über die Laufzeit des Leasingvertrages. In der Bilanz des Leasinggebers erfolgt die Bilanzierung spiegelbildlich auf der Passivseite der Bilanz.

15 Zivilrechtlich betrachtet stellt die Leasing-Sonderzahlung eine Vorauszahlung des Leasingnehmers dar. Sie führt zu einer entsprechenden Verringerung der folgenden Leasingraten. Bei einer vom Leasingnehmer veranlassten fristlosen Kündigung des Vertrages ist die Leasingsonderzahlung in voller Höhe als Teil des Amortisationsanspruches der Leasinggesellschaft zu berücksichtigen.[30]

16 Beim Kfz-Leasing kann die Leasingzahlung mitunter auch durch die **Inzahlunggabe eines Gebrauchtwagens** geleistet werden. Nach Ansicht des BGH liegt in diesem Fall kein gesonderter Kaufvertrag über den Gebrauchtwagen, sondern ein einheitlicher Leasingvertrag vor, bei dem der Leasingnehmer das Recht hat, die vertraglich vereinbarte Sonderzahlung durch Hingabe des Gebrauchtwagens zu tilgen (§ 364 Abs. 1 BGB).[31] Vereinbaren die Vertragsparteien in einem solchen Fall die Rückabwicklung des Leasingvertrags, so kann der Leasingnehmer nicht den für seinen Gebrauchtwagen auf die Leasingsonderzahlung angerechneten Geldbetrag, sondern nur den in Zahlung gegebenen Gebrauchtwagen selbst zurückverlangen.[32]

---

[28] Zum alten Verjährungsrecht vgl. BGHZ 97, 65, 78.
[29] *Graf von Westphalen* Leasingvertrag Rdn. 1274.
[30] BGH NJW 1995, 954.
[31] BGH NJW 2003, 505, 506; ebenso AGB-Klauselwerke/*Graf von Westphalen* Leasing Rdn. 81.
[32] BGH NJW 2003, 505, 506 f.

§ 17. Sittenwidrig überhöhte Leasingentgelte

Schrifttum: *Krebs* Sittenwidrigkeit beim Finanzierungsleasing von Mobilien wegen Wucherähnlichkeit, NJW 1996, 1177; *Reinking/Niessen* Sittenwidrigkeit von Kfz-Leasingverträgen, NZV 1993, 49; *Graf von Westphalen* Zur Sittenwidrigkeit von Leasingverträgen, BB 1992, 1.

Übersicht

	Rdn
I. Allgemeines	1
II. Auffälliges Missverhältnis zwischen Leistung und Gegenleistung	2
1. Objektiv auffälliges Missverhältnis	3
a) Mietrechtliches Prüfungsmodell	4
b) Ratenkreditmodell	6
2. Verwerfliche Gesinnung des Leasinggebers	11
3. Beweislast	12
III. Verletzung von Gemeinwohlinteressen, insbesondere bei Beteiligung der öffentlichen Hand	14

I. Allgemeines

Es entspricht gefestigter höchstrichterlicher Rechtsprechung, dass Leasingverträge – wie sonstige gegenseitige Verträge auch – dem **Sittenwidrigkeitsverdikt des § 138 BGB** unterfallen können.[1] Der Wuchertatbestand des § 138 Abs. 2 BGB dürfte in der Praxis nur äußerst selten erfüllt sein, so dass sich das Kontrollgeschehen insoweit auf den allgemeinen Sittenwidrigkeitsmaßstab des § 138 Abs. 1 BGB (Fallgruppe „wucherähnliches Geschäft") verlagert. Die Sittenwidrigkeit kann sich darüber hinaus auch aus anderen Gesichtspunkten ergeben, so z. B. aus der Beeinträchtigung der Interessen Dritter oder der Allgemeinheit. 1

II. Auffälliges Missverhältnis zwischen Leistung und Gegenleistung

Die Rechtsprechung bejaht den Tatbestand des § 138 Abs. 1 BGB für Fälle, die durch ein **auffälliges Missverhältnis zwischen Leistung und Gegenleistung** geprägt sind (sog. wucherähnliche Geschäfte). In subjektiver Hinsicht verlangt sie darüber hinaus eine **verwerfliche Gesinnung** des begünstigten Teils. 2

1. Objektiv auffälliges Missverhältnis

Schwierigkeiten bereitet die Bestimmung des Maßstabes für die im Streitfall von den Gerichten vorzunehmende Beurteilung, ob bei einem Finanzierungsleasingvertrag die beiderseitigen Leistungen in einem auffälligen Missverhältnis zueinander stehen. Der BGH hat in drei Urteilen aus dem Jahre 1995 zu dieser Problematik Stellung genommen.[2] Der BGH akzeptiert zwei auf unterschiedlichen Ansätzen basierende Prüfungsmodelle, nämlich ein mietrechtliches und ein an die Grundsätze zur Feststellung der Sittenwidrigkeit von Ratenkreditverträgen angelehntes Modell. 3

a) Mietrechtliches Prüfungsmodell. Einen grundsätzlich geeigneten Ausgangspunkt sieht der BGH zunächst in der Verhältnisbestimmung zwischen dem Wert der Nutzungs- 4

---

[1] Grundlegend BGH NJW 1995, 1019, 1146; zuvor bereits Urt. v. 2.6.1976 – VIII ZR 204/74, unveröffentl.; BGH WM 1978, 406, 407; NJW 1979, 758.

[2] Grundlegend BGH NJW 1995, 1019; im Anschluss hieran BGH NJW 1995, 1146; CR 1995, 527; ferner OLG Dresden NJW-RR 2000, 1305; die zuvor ergangene Rechtsprechung war sehr einzelfallbezogen und hatte keine verallgemeinerungsfähigen Prüfungskriterien hervorgebracht, vgl. insoweit BGH Urt. v. 2.6.1976 – VIII ZR 204/74 unveröffentl.; WM 1978, 406, 407; NJW 1979, 758; aus der Instanzrechtsprechung: OLG München NJW 1981, 1104; OLG Saarbrücken NJW-RR 1988, 243; OLG Hamm NJW-RR 1994, 1467.

möglichkeiten und dem vom Leasingnehmer aufzubringenden Leasingentgelt. Dies entspricht den Beurteilungsgrundsätzen bei Mietverhältnissen. Feststellungen zu diesem Äquivalenzverhältnis will der BGH aus einem **Vergleich der konkret vereinbarten Leasingrate mit den üblichen Leasingraten** treffen.[3] Voraussetzung hierfür sei jedoch, dass sich auf dem Leasingmarkt erkennbar „Vergleichsmieten" gebildet hätten oder ein übliches Entgelt für den konkreten Leasinggegenstand durch einen Sachverständigen ermittelt werden könne.[4] Ein auffälliges Missverhältnis sei in diesem Falle dann anzunehmen, wenn das vertragliche vereinbarte Entgelt, also die Gesamtleistung des Leasingnehmers, das ermittelte übliche Entgelt um das **Doppelte** überschreite.[5]

5   Ausdrücklich und zu Recht verworfen hat der BGH[6] ein im Schrifttum vertretenes Lösungskonzept, das auf einen **Vergleich des konkret erstrebten Gewinns mit dem üblichen Gewinn abstellt**.[7] Dieser Ansatz erweist sich zum einen als nicht praktikabel, weil sich der übliche Gewinn nicht zuverlässig oder jedenfalls nur unter größten Schwierigkeiten ermitteln lässt. Zum anderen würde er zu nicht vertretbaren Ergebnissen führen, da sich die Verhältnisse branchenspezifisch sehr verschieden darstellen können.[8]

6   **b) Ratenkreditmodell.** Ist der Weg über das „mietrechtliche Prüfungsmodell" nicht gangbar, weil sich ein übliches Entgelt mangels aussagekräftiger Vergleichsverträge oder -objekte nicht feststellen lässt, so **wendet der BGH die Prüfungskriterien zur Sittenwidrigkeit von Ratenkreditverträgen auf den Finanzierungsleasingvertrag**, jedenfalls soweit sie die Überlassung **von Mobilien** zum Gegenstand haben, **entsprechend an**.[9] Ob für das Immobilienleasing etwas anderes gilt, hat der BGH ausdrücklich offengelassen.[10] Für die Übertragung des für Ratenkredite entwickelten Schemas stützt sich das Gericht auf die funktionelle Vergleichbarkeit des Mobilienleasing und des drittfinanzierten Kaufs.[11] Dies zeige sich schon daran, dass das Finanzierungsleasing als alternative Finanzierungsform neben den bzw. anstatt der herkömmlichen Formen der Kauffinanzierung angeboten werde. Vor allem das leasingtypische Vollamortisationsprinzip und die damit einhergehende kreditähnliche Kalkulation und Art der Tilungsleistung erlaube es, sich trotz der primären Zuordnung des Leasing zur Miete in Bezug auf die Feststellung eines auffälligen Missverhältnisses an den zur Sittenwidrigkeit von Ratenkrediten entwickelten Grundsätzen zu orientieren.[12]

7   Für die Vergleichsrechnung muss der effektive Jahreszins errechnet und mit dem marktüblichen **effektiven Jahreszins eines entsprechenden Kredits** in Beziehung gesetzt werden.[13] Letzterer setzt sich zusammen aus dem in den Monatsberichten der Deutschen Bundesbank ausgewiesenen Schwerpunktzins und einer durchschnittlichen Bearbeitungsgebühr von derzeit 2,5 %.

---

[3] BGH NJW 1995, 1019, 1020 f.
[4] Zum Sachverständigengutachten auch OLG Hamm NJW-RR 1994, 1467.
[5] Kritisch in diesem Punkt *Martinek/Oechsler*, in: Bankrechts-Handbuch § 101 Rdn 39.
[6] NJW 1995, 1019, 1021.
[7] *Reinking/Nießen* NZV 1993, 49, 55; ablehnend auch *Martinek/Oechsler*, in: Bankrechts-Handbuch § 101 Rdn. 39 und *Krebs* NJW 1996, 1177.
[8] Näher zu diesem Kritikpunkt *Krebs* NJW 1996, 1177 f.
[9] BGH NJW 1995, 1019, 1021 f.; 1146, 1147.
[10] BGH NJW 1995, 1019, 1021; zur Sittenwidrigkeit eines Immobilienleasingvertrages unter dem Gesichtspunkt der Verletzung des Grundsatzes der Sparsamkeit und Wirtschaftlichkeit kommunaler Haushaltsführung siehe BGH Urt. v. 25.1. 2006, VIII ZR 398/03, BeckRS 2006, 02890 = WM 2006, 1110 sowie die Ausführungen hierzu unter Rdn. 14.
[11] BGH NJW 1995, 1019, 1021.
[12] Kritisch zur Vergleichbarkeit von Finanzierungsleasing und Ratenkredit *Krebs* NJW 1996, 1177 und *Assies* WiB 1995, 497; zustimmend hingegen *Graf von Westphalen* Leasingvertrag Rdn. 596; *Beckmann* Anm. CR 1996, 149 ff.; *Bülow* Anm. JZ 1995, 624; *Erman/Jendrek* Anh. § 536 BGB Rdn. 17.
[13] Zum Folgenden vgl. BGH NJW 1995, 1019, 1020.

7. Kapitel. Das geschuldete Entgelt §17

Zur Bestimmung des **effektiven Jahreszinses bei Vollamortisationsverträgen mit** 8
einer Laufzeit von nicht länger als 48 Monaten greift die Rechtsprechung auf die
sog. **Uniformmethode** zurück.[14] Hiernach gilt folgende Formel:

$$\text{Effektiver Jahreszins} = \frac{2400 \times \text{Gesamtkosten}}{\text{Nettokredit} \times (\text{Laufzeit} + 1)}$$

Bei **Vollamortisationsverträgen** mit einer **längeren Laufzeit** führt diese Berechnungsmethode zu ungenauen, nämlich zu hohen Zinssätzen. Der BGH geht daher in diesen Fällen auf das finanzmathematisch genauere **Tabellenwerk** von *Sievi/Gillardon/Sievi*[15] über.[16] Aus diesem lässt sich anhand der auf 1000 DM (= 511,29 Euro) umgerechneten monatlichen Durchschnittsrate

$$\frac{\text{Rate} \times 1000}{\text{Nettokreditbetrag}}$$

der effektive Jahreszins ablesen.

Für die Berechnung der relativen Differenz zwischen Vertragszins und Vergleichszins 9
gilt sodann folgende Formel:

$$\frac{(\text{effektiver Vertragszins} - \text{effektiver Marktzins}) \times 100}{\text{effektiver Marktzins}}$$

Ein auffälliges Missverhältnis zwischen Leistung und Gegenleistung ist regelmäßig zu bejahen, wenn der effektive Vertragszins den effektiven Vergleichszins **relativ** um rund **100 %** oder **absolut** um **12 %** übersteigt, wobei zwischen reinen Privatleasingverträgen und Leasingverträgen mit gewerblichen Kunden nicht unterschieden wird.[17] **Höhere Aufwendungen des Leasinggebers** gegenüber einem Geldkreditgeber werden im Rahmen der Vergleichsrechnung nur dann berücksichtigt, wenn der Leasinggeber solche erhöhten Aufwendungen geltend macht und im Streitfall auch beweist. Hier ist vor allem an höhere Refinanzierungskosten und eine Gewerbesteuerzahlungspflicht zu denken, denen mit einem Zuschlag zum einschlägigen Schwerpunktzins Rechnung getragen werden kann. Höhere Verwaltungskosten können zu einer Heraufsetzung des marktüblichen Bearbeitungssatzes von 2,5 % auf etwa 3 % oder 3,5 % Veranlassung geben. Ob diese Zuschläge der gegenüber Kreditinstituten höheren Gesamtbelastung der Leasinggesellschaften, die zudem nach der Rechtsprechung auch das Risiko der Insolvenz des Lieferanten zu tragen haben, gerecht werden, lässt sich bezweifeln.[18]

Für **Teilamortisationsverträge** muss der Berechnungsvorgang in verschiedener Hin- 10
sicht verändert werden, erfolgt doch hier die Tilgung nicht ausschließlich in gleichbleibenden Raten. Der BGH verweist insoweit auf die von *Schmidt/Schumm*[19] vorgeschlagene Berechnungsmethode.[20] Die **Uniformmethode** wird hiernach in der Weise **modifiziert**, dass anstelle der Vertragskosten der Betrag X eingesetzt wird, der wie folgt determiniert ist:

$$X = \frac{\text{Vertragskosten} \times 0{,}5 \times (\text{Ratenzahl} + 1) \times a}{0{,}5 \times (\text{Ratenzahl} + 1) \times a + \text{Ratenzahl} \times b}$$

---

[14] Aus der Rechtsprechung zu Ratenkrediten BGH NJW 1990, 1599; 1991, 834, 835.
[15] Effektivzinssätze für Ratenkredite mit monatlichen Raten, 4. Aufl. 1988.
[16] BGH NJW 1995, 1019, 1022.
[17] Anders *Graf von Westphalen* Leasingvertrag Rdn. 616, demzufolge bei nichtkaufmännischen Leasingnehmern ein auffälliges Missverhältnis schon bei einem Prozentwert von 84 gegeben ist.
[18] Vgl. *Martinek/Oechsler*, in: Bankrechts-Handbuch § 101 Rdn. 45; entgegengesetzt *Graf von Westphalen* Leasingvertrag Rdn. 601, der sogar von niedrigeren Refinanzierungskosten der Leasinggesellschaften ausgeht.
[19] DB 1989, 2109, 2112.
[20] BGH NJW 1995, 1019, 1022; 1995, 1146, 1147.

Dabei steht „a" für das zur Verfügung gestellte Kapital abzüglich des Restwertes sowie einer eventuellen Sonderzahlung und „b" für den Restwert zuzüglich einer eventuellen Sonderzahlung. Sind dem Leasinggeber hinsichtlich des Betrages der Sonderzahlung keine Kapitalkosten entstanden, so ist diese bei „b" unberücksichtigt zu lassen und lediglich der Restwert anzusetzen. Ein praktisches Beispiel findet sich in Gestalt des Urteils des BGH vom 30.1.1995,[21] das einen Teilamortisationsvertrag mit Sonderzahlung und kalkuliertem Restwert zum Gegenstand hatte. Die abgewandelte Uniformmethode ist auch bei einem **Vollamortisationsvertrag** heranzuziehen, wenn bei dessen Abschluss eine **sichere Restwerterwartung** besteht.[22]

2. Verwerfliche Gesinnung des Leasinggebers

11 Sind die objektiven Voraussetzungen des § 138 Abs. 1 BGB nach der Feststellung eines auffälligen Missverhältnisses zwischen Leistung und Gegenleistung erfüllt, so ist ein Leasingvertrag aus diesem Grunde allein aber noch nicht als nichtig anzusehen. Vielmehr muss als **subjektives Erfordernis** der Sittenwidrigkeit hinzukommen, dass bei Abschluss des Vertrages eine verwerfliche Gesinnung des Leasinggebers hervorgetreten ist. Dies ist insbesondere dann der Fall, wenn der Leasinggeber die wirtschaftlich schwächere Lage des anderen Teils, dessen Unterlegenheit bei der Festlegung der Vertragsbedingungen, bewusst zu seinem Vorteil ausgenutzt oder sich zumindest leichtfertig der Erkenntnis verschlossen hat, dass sich der andere Teil nur aufgrund seiner schwächeren Lage auf die ihn beschwerenden Bedingungen eingelassen hat.[23]

3. Beweislast

12 Für die Umstände, aus denen sich das **objektive Missverhältnis** zwischen Leistung und Gegenleistung ergibt, trägt nach der allgemeinen Beweislastregel[24] derjenige die Beweislast, der die Nichtigkeit als eine ihn begünstigende Rechtsfolge für sich reklamiert, also der Leasingnehmer.[25]

13 Auch die **subjektiven Voraussetzungen der Sittenwidrigkeit** sind nach der allgemeinen Beweislastregel grundsätzlich vom Leasingnehmer darzulegen und notfalls zu beweisen. Das gilt uneingeschränkt, wenn es sich beim Leasingnehmer um einen **Unternehmer** im Sinne des § 14 BGB handelt, also insbesondere um einen Kaufmann oder um eine Person, die einer selbständigen freiberuflichen Tätigkeit nachgeht, vorausgesetzt die Person oder Personengesellschaft schließt den Leasingvertrag in Ausübung ihrer gewerblichen oder selbständigen beruflichen Tätigkeit. Eine wirtschaftliche Schwäche und/oder Geschäftsunerfahrenheit auf Seiten des Leasingnehmers ist in diesen Fällen zwar nicht ausgeschlossen, jedoch nicht eben naheliegend.[26] Dasselbe wird für **juristische Personen des öffentlichen Rechts** zu gelten haben, die in letzter Zeit zunehmend Leasinggeschäfte abschließen (arg. e § 310 Abs. 1 BGB). Handelt es sich bei dem Leasingnehmer hingegen um einen **privaten Endverbraucher**, so ist in Übereinstimmung mit der Rechtsprechung zur Sittenwidrigkeit von Ratenkrediten[27] eine **verwerfliche Gesinnung zu vermuten**. Es ist dann Sache des Leasinggebers darzulegen und notfalls zu beweisen, dass der Leasingnehmer sich auf den ihn objektiv übermäßig belastenden Vertrag nicht nur wegen seiner wirtschaftlich schwächeren Lage, Rechtsunkundigkeit oder man-

---

[21] NJW 1995, 1146.
[22] OLG Dresden NJW-RR 2000, 1305.
[23] BGH NJW 1981, 1206, 1207; 1995, 1019, 1020; Palandt/*Heinrichs* § 138 Rdn. 25.
[24] Zöller/*Greger* Vor § 284 ZPO Rdn. 17a.
[25] Erman/*Jendrek* Anh § 536 BGB Rdn. 17.
[26] Vgl. BGH NJW 1995, 1019, 1022, wonach bei vollkaufmännischen Leasingnehmern sogar zu vermuten sei, dass die persönlichen Voraussetzungen der Sittenwidrigkeit beim Leasinggeber nicht erfüllt seien; vgl. ferner OLG Düsseldorf BB 1996, 1687, 1688.
[27] BGH NJW 1986, 2564, 2565; 1988, 1659, 1661.

7. Kapitel. Das geschuldete Entgelt § 18

gelnder Geschäftsgewandtheit eingelassen hat oder dass er, der Leasinggeber, dies jedenfalls nicht erkannt oder ohne Leichtfertigkeit verkannt hat.[28] Die **Kenntnis des Lieferanten** muss sich der Leasinggeber jedenfalls dann entsprechend § 166 Abs. 1 BGB zurechnen lassen, wenn der Lieferant als sein Erfüllungsgehilfe zu qualifizieren ist.[29]

III. Verletzung von Gemeinwohlinteressen, insbesondere bei Beteiligung der öffentlichen Hand

Sittenwidrig können nach der Rechtsprechung auch solche Geschäfte sein, durch die Dritte gefährdet oder geschädigt werden oder die im Falle einer Beteiligung der öffentlichen Hand in krassem Widerspruch zum Gemeinwohl stehen, sofern alle an dem Geschäft Beteiligten sittenwidrig handeln, was bedeutet die Tatsachen, welche die Sittenwidrigkeit begründen, zu kennen oder sich zumindest ihrer Kenntnis grob fahrlässig zu verschließen.[30] Soweit an einem Leasinggeschäft eine Gemeinde beteiligt ist, kann die Sittenwidrigkeit auch aus einer Missachtung des öffentlichen Haushaltsrechts resultieren, sofern der Verstoß beiden Seiten subjektiv zurechenbar ist.[31] So hat der BGH[32] jüngst einen Immobilien-Leasingvertrag, durch den eine Gemeinde ihr Gemeindevermögen unter evidenter **Verletzung des Grundsatzes der Sparsamkeit und Wirtschaftlichkeit der Haushaltsführung** geradezu „verschleudert" hatte, für gem. § 138 Abs. 1 BGB sittenwidrig und damit nichtig erklärt. Bei diesem Grundsatz handele es sich um eine der wichtigsten Anforderungen, denen das kommunale Immobilienleasing entsprechen müsse.

14

§ 18. Anpassungsklauseln

Schrifttum: *Kamanabrou* Vertragliche Anpassungsklauseln, 2004; *Krejci* Anpassungsklauseln in Leasingverträgen, in: FS für Schnorr, 1988, S. 661; *Säcker* Anpassungsklauseln in langfristigen Verträgen und Störung der Geschäftsgrundlage, GS für Sonnenschein, 2002, S. 597.

Übersicht

	Rdn.
I. Allgemeines	1
II. Kontrollmaßstab	2
III. Einzelne Anpassungsklauseln	5
IV. Rechtsfolgen der Unwirksamkeit	9

I. Allgemeines

Leasingverträge begründen eine langfristige Rechtsbeziehung zwischen den Vertragsparteien. Schon zwischen dem Abschluss des Leasingvertrages und der Auslieferung des Leasinggegenstandes können Wochen liegen. Die Dauer der Ratenzahlung bemisst sich nach Monaten und Jahren. Die zeitliche Streckung erschwert dem Leasinggeber die Kalkulation. In den gängigen Leasingvertragswerken finden sich daher Anpassungsklauseln, die **eine einseitige Änderung des vereinbarten Leasingentgelts** erlauben.

1

---

[28] BGH NJW 1995, 1019, 1022.
[29] *H. Beckmann* in: Praxishandbuch Leasing Rdn. 203; *Graf von Westphalen* Leasingvertrag Rdn. 622, der dies sogar unabhängig von der Stellung des Lieferanten als Verhandlungsgehilfe annehmen will.
[30] BGH NJW 2005, 1490, 1491; BGH Urt. v. 25.1.2006, VIII ZR 398/03, BeckRS 2006, 02890 = WM 2006, 1110.
[31] BGHZ 36, 395, 398; BGH Urt. v. 25.1.2006, VIII ZR 398/03, BeckRS 2006, 02890 = WM 2006, 1110.
[32] BGH Urt. v. 25.1.2006, VIII ZR 398/03, BeckRS 2006, 02890 = WM 2006, 1110.

II. Kontrollmaßstab

2 Anpassungsklauseln entfalten ihre Wirkung nur, wenn sie wirksamer Bestandteil des Leasingvertrages geworden sind. Angesichts ihrer weiten Verbreitung in der Leasingpraxis[1] wird man solchen Abreden grundsätzlich **keinen überraschenden Charakter** beimessen können, so dass ihre Einbeziehung nicht an § 305c Abs. 1 BGB scheitern wird.[2] Wohl aber ist zu beachten, dass **individuell getroffenen Abreden**, hier insbesondere Festpreisabreden ("unveränderlich", "fix"), nach § 305b BGB Vorrang zukommt.[3] Allerdings ist nicht jede individuelle Preisbestimmung ohne Individualvorbehalt als Festpreisabrede zu qualifizieren. Zu Recht ist darauf hingewiesen worden, dass der Sinn einer individuellen Preisvereinbarung in Zeiten permanenter Geldentwertung dort, wo die Vertragsleistungen erst nach Ablauf eines längeren Zeitraums erbracht werden können und sollen, nicht so dicht ist, dass die Abrede nicht der Konkretisierung i. S. einer Preisanpassung zugänglich wäre.[4] Die Darlegungs- und Beweislast dafür, dass die Zahlungsverpflichtung individuell ausgehandelt wurde, trägt im Übrigen der Leasingnehmer.[5]

3 Ob und inwieweit es in Allgemeinen Leasingbedingungen zulässig ist, das Risiko nachträglicher Änderungen der Kalkulationsgrundlagen auf den Kunden abzuwälzen, beurteilt sich nach den §§ 307 ff. BGB. Preisanpassungsklauseln in Allgemeinen Geschäftsbedingungen, die es dem Verwender – hier dem Leasinggeber – erlauben, den zunächst vereinbarten Preis – der sich vor allem in der Anzahl und der Höhe der Leasingraten manifestiert – einseitig zu ändern, ergänzen das dispositive Recht. Denn dieses geht grundsätzlich von einer bindenden Preisvereinbarung der Parteien aus. Preisänderungsklauseln sind damit als **Preisnebenabreden** zu qualifizieren, die nicht nach § 307 Abs. 3 BGB der Inhaltskontrolle entzogen sind.[6]

4 Der Kontrollmaßstab ergibt sich aus dem **Verbot der unangemessenen Benachteiligung** entgegen Treu und Glauben (§ 307 Abs. 1 Satz 1 und Abs. 2 BGB) sowie dem **Transparenzgebot** (§ 307 Abs. 1 Satz 2 BGB). Die hiernach maßgeblichen Wertungskriterien knüpfen nicht an den Status des Leasingnehmers an, beanspruchen also sowohl im Verkehr mit Verbrauchern als auch im unternehmerischen Bereich Geltung.[7] Das besondere Klauselverbot des § 309 Nr. 1 BGB gelangt hier nicht zur Anwendung, da der Leasingvertrag ein Dauerschuldverhältnis begründet.[8]

III. Einzelne Anpassungsklauseln

5 Keine unangemessene Benachteiligung geht zunächst von Klauseln aus, die eine **Preiserhöhung des Lieferanten nach Abschluss des Leasingvertrages und vor Zahlung des Anschaffungspreises durch den Leasinggeber** an den Leasingnehmer weitergeben. Für die grundsätzliche Zulässigkeit spricht schon die Sachnähe des Leasingnehmers, der den Lieferanten ausgesucht und die Verhandlungen mit ihm geführt hat.[9] Beispiel:

---

[1] AGB-Klauselwerke/*Graf von Westphalen* Leasing Rdn. 77: „entspricht üblicher Praxis in Leasing-AGB".
[2] Vgl. auch OLG Hamm DB 1997, 569.
[3] Hierzu näher *Graf von Westphalen* Leasingvertrag Rdn. 556 ff.
[4] Wolf/Horn/*Lindacher* § 4 AGBG Rdn. 21; ebenso Staudinger/*Schlosser*, § 305c BGB Rdn. 123; a. A. *Kügel*, in: Praxishandbuch Leasing § 6 Rdn. 130.
[5] OLG Hamm DB 1997, 569.
[6] BGH NJW 1990, 115.
[7] *Kügel* in: Praxishandbuch Leasing § 6 Rdn. 131; AGB-Klauselwerke/*Graf von Westphalen* Leasing Rdn. 79; für einen weniger strengen Maßstab bei Verwendung von Preisänderungsklauseln gegenüber Unternehmern *Stolterfoht*, in: Münchener Vertragshandbuch Bd. 3/II, 168 Anm. 29.
[8] OLG Hamm WM 1980, 478; *H. Beckmann* Finanzierungsleasing § 13 Rdn. 18.
[9] *Spittler* Leasing für die Praxis, S. 104; *Kügel*, in: Praxishandbuch Leasing § 6 Rdn. 133; *Sannwald* Finanzierungsleasingvertrag, S. 143 f.; *Stolterfoht*, in: Münchener Vertragshandbuch Bd 3/II, S. 168 Anm. 30; *Graf von Westphalen* Leasingverträge Rdn. 77.

„Das laufende Leasingentgelt kann vom Leasinggeber angepasst werden, wenn sich zwischen der Bestellung des Fahrzeuges durch den Leasinggeber und der behördlichen Anmeldung der Kaufpreis, welchen der Leasinggeber an den Lieferanten zu zahlen hat, ändert." Ist die Erhöhung des Anschaffungspreises für das Leasinggut vom Leasinggeber zu vertreten (etwa wegen einer von ihm zu vertretenden verzögerten Lieferung), so scheidet der Rückgriff auf das ausbedungene Änderungsrecht bereits im Wege der kundengünstigen Auslegung (§ 305c Abs. 2 BGB) der Klausel aus.[10] Bedenken werden allerdings in anderer Hinsicht geltend gemacht. In Anlehnung an die Rechtsprechung des BGH zur Tagespreisklausel müsse – so das OLG Düsseldorf – der Preisänderungsvorbehalt bereits im Leasingvertrag mit einem Vertragslösungsrecht zugunsten des Leasingnehmers kombiniert werden.[11] AGB-rechtlich ist dies allerdings nicht geboten. Denn die berechtigten Interessen des Leasingnehmers werden schon dadurch gewahrt, dass sich die Preisänderung an den konkreten Kostenerhöhungen zu orientieren hat, die beim Leasinggeber deswegen durchschlagen, weil sich die Herstellungs- und Anschaffungskosten erhöht haben.[12]

Grundsätzlich unbedenklich sind ferner Klauseln, die an eine **Veränderung von Umständen** anknüpfen, die **aus der Sphäre des Leasingnehmers** stammen und von ihm beherrschbar sind. Beispiel: „Das laufende Leasingentgelt kann vom Leasinggeber angepasst werden, wenn sich während der Laufzeit die Nutzung des Fahrzeugs gegenüber der (dem Leasingentgelt zugrunde liegenden) gewöhnlichen Nutzung ändert (z. B. Verwendung zu Fahrschul- oder Sportzwecken oder Einsatz unter besonders schweren Bedingungen)." 6

Problematischer sind hingegen Klauseln, die auf eine **Veränderung der Refinanzierungsbedingungen** Bezug nehmen.[13] Sie sind jedenfalls dann wegen unangemessener Benachteiligung des Leasingnehmers unwirksam, wenn sie lediglich dem Leasinggeber für den Fall der Verteuerung der Refinanzierung ein Erhöhungsrecht, nicht aber für den umgekehrten Fall dem Leasingnehmer ein Ermäßigungsrecht einräumen.[14] Ebenso ist für Änderungsvorbehalte in Bezug auf öffentliche Abgaben und Versicherungsprämien zu entscheiden.[15] Abgesehen vom Erfordernis der Beidseitigkeit muss der Klauseltext den Anforderungen des Transparenzgebots entsprechen, § 307 Abs. 1 Satz 2 BGB. Dem aus dem Transparenzgebot abzuleitenden Gebot möglichst weitgehender Konkretisierung entspricht es, die Preisänderungsklausel auf die Abwälzung konkreter Kostensteigerungen zu begrenzen. Klauseln, die es dem Leasinggeber erlauben, den Preis ohne jede Begrenzung anzuheben und so nicht nur eine Gewinnschmälerung zu vermeiden, sondern einen zusätzlichen Gewinn zu erzielen, sind zu beanstanden.[16] Nicht hinreichend transparent ist beispielsweise die Anknüpfung an eine „Veränderung der Verhältnisse am Geld- und Kapitalmarkt".[17] 7

Weniger bedenklich sind wiederum sog. **Automatikklauseln**, die eine automatische lineare Steigerung der Kostenbelastung bereits im Leasingvertrag verankern. Hier kann der Leasingnehmer von vornherein erkennen, wie sich die Kostenbelastung in den kommenden Jahren entwickeln wird. So hat das OLG Hamm eine Automatikklausel in einem Immobilienleasingvertrag gebilligt, die eine lineare Steigerung der Verwaltungskostenpauschale um sechs Prozent des Vorjahresbetrages vorsah.[18] 8

---

[10] *Stolterfoht* in: Münchener Vertragshandbuch Bd. 3/II, 168 Anm. 30.
[11] OLG Düsseldorf ZMR 2001, 104.
[12] So zutreffend *Graf von Westphalen* Leasingvertrag Rdn. 578.
[13] Für generelle Unwirksamkeit *Graf von Westphalen* Leasingvertrag Rdn. 570; *Kügel*, in: Praxishandbuch Leasing § 6 Rdn. 134; *Sannwald* Finanzierungsleasingvertrag, S. 144 f.
[14] OLG Frankfurt NJW 1986, 1355; *Wolf/Horn/Lindacher* § 9 AGBG Rdn. L 36.
[15] *Spittler* Leasing für die Praxis, S. 105; eingehend ferner *Graf von Westphalen* Leasingvertrag Rdn. 580 ff.; *Sannwald* Finanzierungsleasingvertrag, S. 145 ff.
[16] BGH NJW 1990, 115, 116.
[17] OLG Frankfurt NJW 1986, 1355.
[18] OLG Hamm DB 1997, 569.

IV. Rechtsfolgen der Unwirksamkeit

9 Die Unwirksamkeit einer Preisänderungsklausel hat ihren **ersatzlosen Wegfall** zur Folge.[19] Die Gestaltungsmacht des Leasinggebers, nachträglich eine Veränderung der Leasingraten vorzunehmen, entfällt damit. Es bleibt bei den Leasingraten in der im Leasingvertrag vereinbarten Höhe und Anzahl. Der Rückgriff auf das Institut der ergänzenden Vertragsauslegung – etwa in Anlehnung an die Urteile des BGH zur Tagespreisklausel beim Neuwagenkauf –[20] kommt, jedenfalls soweit es um die Refinanzierungsbedingungen geht, nicht in Betracht.[21] Denn anders als in den dort entschiedenen Fällen führt die Streichung der unwirksamen Vertragsklausel hier nicht zu einer die Ausgewogenheit störenden Vertragslage, die sich für die Leasinggesellschaft als unannehmbare Härte darstellt. Zwar trägt der Leasinggeber, wenn er sich nicht zugleich die Refinanzierung zu den von ihm kalkulierten Bedingungen sichert, das Risiko der Verschlechterung der Refinanzierungsbedingungen in der Zeit zwischen Abschluss des Leasingvertrages mit dem Leasingnehmer und Abschluss des Kaufvertrages mit dem Lieferanten. Jedoch kommen ihm ebenso die Vorteile einer Verbesserung der Konditionen zugute, ohne dass er diese bei schon fest abgeschlossenen Verträgen an den Leasingnehmer weitergeben muss.[22]

§ 19. Absicherung der Leasingverbindlichkeiten

Übersicht

	Rdn.
I. Allgemeines	1
II. Mithaftung weiterer Personen	2
1. Mithaftung der Geschäftsführer oder Gesellschafter einer juristischen Person auf Leasingnehmerseite	2
a) AGB-rechtliche Zulässigkeit	3
b) Anwendbarkeit verbraucherschützender Vorschriften	6
2. Mithaftung des Lieferanten	9
3. Mithaftung sonstiger Dritter, insbesondere naher Familienangehöriger	10
III. Haftung des ausscheidenden Leasingnehmers bei Vertragsübernahme	16
IV. Zusätzliche Sicherheiten	17

I. Allgemeines

1 In den Leasingvertragsbedingungen finden sich nicht selten Klauseln, die auf eine zusätzliche – über das Eigentum am Leasinggut hinausgehende – Absicherung des Leasinggebers für die Leasingverbindlichkeiten des Leasingnehmers zielen. Diese Bestrebungen sind vor dem Hintergrund zu sehen, dass der Leasinggeber gleichsam ein doppeltes Insolvenzrisiko zu tragen hat,[1] nämlich dasjenige des Leasingnehmers und nach der Rechtsprechung auch dasjenige des Lieferanten. Von daher wird man zusätzlichen Absicherungen auch in Allgemeinen Geschäftsbedingungen nicht von vornherein die Wirksamkeit absprechen können. Im Einzelnen sind verschiedene Konstellationen und Gestaltungsmöglichkeiten zu unterscheiden. Die meisten Klauseln zielen auf die Gewinnung eines weiteren Schuldners. Dies kann eine dem Leasingnehmer nahestehende Person oder auch der Lieferant sein. Handelt es sich bei dem Leasingnehmer um eine juristische Person, wird

---

[19] Differenzierend hingegen *Kügel*, in: Praxishandbuch Leasing § 6 Rdn. 138 ff.
[20] BGH NJW 1984, 1177 ff. sowie vom gleichen Tag BGH NJW 1984, 1180, 1181; seitdem ständige Rechtsprechung: BGH NJW 1985, 621, 622; 1990, 115, 116; 1993, 326, 330; 1996, 1213, 1215; 1998, 450, 451; NJW 2000, 1110, 1114; 2000, 2580, 2581 f.; 2002, 3098, 3099.
[21] *Wolf/Horn/Lindacher* § 9 AGBG Leasingverträge Rdn. L 36; a. A. *Stolterfoht*, in: Münchener Vertragshandbuch Bd. 3/II, S. 168 Anm. 29.
[22] OLG Frankfurt NJW 1986, 1355, 1356.
[1] *H. Beckmann* Finanzierungsleasing § 3 Rdn. 235.

7. Kapitel. Das geschuldete Entgelt   § 19

eine Mitverpflichtung des Geschäftsführers oder Gesellschafters in Betracht kommen. Auch der Fall des Ausscheidens des bisherigen Leasingnehmers wird mitunter bereits im Leasingvertrag unter haftungsrechtlichen Gesichtspunkten geregelt. Schließlich begegnet man Klauseln, die dem Leasingnehmer die Stellung einer zusätzlichen Sicherheit abverlangen, z. B. die Abtretung seiner Vergütungsansprüche. Alle diese Gestaltungen basieren in aller Regel auf vorformulierten Bedingungen, so dass sie einer AGB-Kontrolle anhand der §§ 305 ff. BGB zu unterziehen sind.

II. Mithaftung weiterer Personen

1. Mithaftung der Geschäftsführer oder Gesellschafter einer juristischen Person auf Leasingnehmerseite

Besonders ausgeprägt ist das Sicherungsbedürfnis des Leasinggebers dann, wenn sein 2
Vertragspartner eine juristische Person, in der Praxis häufig eine GmbH, ist. Hier geht das Bestreben dahin, die eigentlichen Unternehmensträger (z. B. den/die geschäftsführenden Gesellschafter) mit ins Boot zu nehmen. Für die rechtliche Bewertung ist es von Bedeutung, in welcher Form diese Einbeziehung erfolgt.

a) **AGB-rechtliche Zulässigkeit.** § 309 Nr. 11 lit. a BGB verlangt für die Wirksamkeit 3
einer Bestimmung, durch die der Verwender einem Vertreter, der den Vertrag für einen anderen Vertragsteil abschließt (z. B. Geschäftsführer für GmbH), eine **eigene Haftung oder Einstandspflicht** auferlegt, dass dies in einer hierauf gerichteten ausdrücklichen und gesonderten Erklärung erfolgt. Da der BGH in ständiger, mehrmals auch in Leasingkonstellationen bekräftigter Rechtsprechung,[2] den in die Haftung einbezogenen Geschäftsführer – auch wenn er zugleich Gesellschafter ist – als Verbraucher qualifiziert, ist der persönliche Anwendungsbereich dieses Katalogtatbestandes eröffnet. In sachlicher Hinsicht kommt es darauf an, ob dem Geschäftsführer/Gesellschafter als Abschlussvertreter eine eigene Haftung oder Einstandspflicht auferlegt werden soll. Das bedeutet, dass der Vertreter formularmäßig nur unter den besonderen Voraussetzungen des § 309 Nr. 11 lit. a BGB mitverpflichtet werden darf, sei es in Form einer gesamtschuldnerischen Haftung[3] neben dem Vertretenen (z. B. Schuldbeitritt) oder sei es in Form einer nachrangigen Haftung (z. B. Bürgschaft oder Garantie).[4] In diesen Fällen muss die Haftungserklärung deutlich vom übrigen Vertragstext abgesetzt sein und wohl auch gesondert unterschrieben werden. Der BGH hat es in einer neueren Entscheidung nicht ausreichen lassen, dass die Eigenhaftung des Vertreters räumlich in den Text eines Mietkaufvertrages integriert war und auch der handschriftlichen Eintragung des Namens der haftenden Person an dieser Stelle keine Bedeutung beigemessen.[5] Der Doppelcharakter der Urkunde muss äußerlich auf den ersten Blick erkennbar sein.[6]

Unabhängig hiervon müssen, wenn die Mithaftung im Wege einer **Bürgschaft** be- 4
gründet werden soll, die §§ 765 ff. BGB beachtet werden. Die strenge Rechtsprechung[7] zur formularmäßigen Ausdehnung der Haftung über die verbürgte „Anlassforderung" hinaus auf alle bestehenden und zukünftigen Verbindlichkeiten des Hauptschuldners aus der Geschäftsverbindung ist allerdings nicht anwendbar, wenn sich ein Allein- oder Mehrheitsgesellschafter oder ein Geschäftsführer für Schulden der GmbH verbürgt; denn der Bürge hat in diesen Fällen regelmäßig Einfluss auf Art und Höhe der Verbindlich-

---

[2] BGH NJW 1996, 2156 (Leasing); 2000, 3133, 3135 f. (Leasing); 2004, 3039, 3040.
[3] So z. B. der Sachverhalt in BGH NJW 1988, 2465 (Leasing).
[4] BGH NJW 2001, 3186 (für Bürgschaft); Staudinger/*Coester-Waltjen* § 309 Nr. 11 BGB Rdn. 8.
[5] BGH NJW 2001, 3186 (Mietkauf); die Anforderung des § 309 Nr. 11 lit. a BGB wurde hingegen als erfüllt angesehen in BGH NJW 1988, 2465 (Leasing).
[6] *H. Beckmann* Finanzierungsleasing § 3 Rdn. 237; Ulmer/Brandner/*Hensen* § 309 Nr. 11 BGB Rdn. 9.
[7] Beispielhaft BGH NJW 1998, 450; 2000, 658, 659 ff.

keit.[8] Bestehen zwischen Leasinggeber und Leasingnehmer mehrere Leasingverträge, so empfiehlt es sich gleichwohl klar abzugrenzen, auf welche Verbindlichkeiten sich die übernommene Bürgschaft bezieht.[9] Die von der Rechtsprechung für Bürgschaften naher Angehöriger entwickelten Grundsätze[10] werden in der hier in Rede stehenden Konstellation regelmäßig nicht eingreifen. Der BGH hat hierzu ausgeführt, dass für denjenigen, der sich für die Schulden „seiner" Gesellschaft verbürgt, das eigene wirtschaftliche Interesse im Vordergrund steht; er nähme deshalb in aller Regel kein unzumutbares Risiko auf sich. Die gängige Bankpraxis, bei der Gewährung von Geschäftskrediten für eine GmbH die Mithaftung der Gesellschafter zu verlangen, sei rechtlich nicht zu beanstanden.[11] Die Übernahme der Bürgschaft durch einen Gesellschafter verstoße nur in Ausnahmefällen und unter ganz besonderen Umständen gegen die guten Sitten. Diese Wertung wird man auf den GmbH-Geschäftsführer, auch wenn er nicht zugleich Gesellschafter ist, grundsätzlich übertragen können.[12]

5 Von der nur unter erschwerten Voraussetzungen zulässigen Eigenhaftung des Vertreters muss allerdings die grundsätzlich zulässige **Verpflichtung mehrerer Vertragspartner** abgegrenzt werden.[13] Auch dies geschieht in der Leasingvertragspraxis häufig.[14] § 309 Nr. 11 lit. a BGB ist nicht anzuwenden, wenn der Abschlussvertreter den Vertrag zugleich im eigenen Namen als namentlich aufgeführte weitere Vertragspartei abschließt.[15] Der Schutzbereich von § 309 Nr. 11 lit. a BGB ist auch dann nicht betroffen, wenn der Vertreter in seiner Eigenschaft als Gesellschafter der vertretenen GmbH zusätzlicher, selbständiger Vertragspartner des Verwenders wird und als solcher (nur) eine Haftung für deren durch den Vertrag begründeten Verbindlichkeiten übernimmt. Er ist in diesem Fall nicht – wie § 309 Nr. 11 lit. a BGB verlangt – lediglich als Vertreter neben dem eigentlichen Vertragspartner mitverpflichtet, sondern setzt einen eigenen Schuldgrund als Gesellschafter.[16] Hier bleibt es bei den allgemeinen Vorschriften, nämlich bei dem Überraschungsverbot des § 305c Abs. 1 BGB, dem Vorrang der Individualabrede nach § 305b BGB und dem Transparenzgebot (§ 307 Abs. 1 Satz 2 BGB).[17]

6 **b) Anwendbarkeit verbraucherschützender Vorschriften.** In allen Fällen der Mitverpflichtung des Geschäftsführers/Gesellschafters stellt sich die Frage, ob auch die spezifisch verbraucherschützenden Vorschriften beachtet werden müssen. § 500 BGB sieht zwar die entsprechende Anwendung einer Reihe von Vorschriften des Verbraucherdarlehensrechts vor. Diese regeln die Beteiligung Dritter auf Seiten des Leasingnehmers jedoch nicht. Klärungsbedürftig ist daher, ob vom sachlichen Anwendungsbereich der verbraucherschützenden Vorschriften des Darlehensrechts auch solche Verträge erfasst werden, mit denen ein Dritter sich verpflichtet, für die Verbindlichkeiten des Leasingnehmers aufzukommen. Als praxisrelevant hat sich auch hier insbesondere die Konstellation erwiesen, dass ein Finanzierungsleasingvertrag mit einer GmbH abgeschlossen wird und der Geschäftsführer/Gesellschafter dem Leasinggeber verspricht, für die leasingvertraglichen Verpflichtungen der Gesellschaft einzustehen.

---

[8] Vgl. BGH NJW 1995, 2553, 2555; 1999, 3195; 2002, 3167, 3168.
[9] AGB-Klauselwerke/*Graf von Westphalen* Leasing, Rdn. 51.
[10] Vgl. Rdn. 11 ff.
[11] BGH NJW 1998, 894; 2002, 956; 2003, 967.
[12] So auch BGH NJW-RR 1997, 1381; OLG Dresden NJW-RR 2000, 1305, 1307.
[13] Deutlich auf diesen Unterschied hinweisend *H. Beckmann* Finanzierungsleasing Rdn. 238; weniger klar AGB-Klauselwerke/*Graf von Westphalen* Leasing Rdn. 48.
[14] Vgl. etwa den Sachverhalt der Entscheidung BGH NJW 2000, 3133.
[15] BGH NJW 1988, 1908, 1909 f.; Ulmer/Brandner/*Hensen* § 309 Nr. 11 BGB Rdn. 5; *Wolf*/Horn/Lindacher § 11 Nr. 14 AGBG Rdn. 3.
[16] BGH NJW 2006, 996 f.
[17] Zu den Anforderungen an die Transparenz einer Garantie der Gesellschafter einer GmbH für deren Verpflichtungen aus einem Franchisevertrag vgl. zuletzt BGH NJW 2006, 996.

Das kann beispielsweise in Form eines **Schuldbeitritts** geschehen, bei dem der Geschäftsführer/Gesellschafter – wie bereits erwähnt – als Verbraucher im Sinne des § 13 BGB einzustufen ist. Der Schuldbeitritt zu einem Darlehensvertrag bzw. zu einem Finanzierungsleasingvertrag ist nach der zum Verbraucherkreditgesetz ergangenen Rechtsprechung, die insofern unveränderte Gültigkeit beansprucht, wie der unmittelbare Abschluss dieser Verträge durch den Beitretenden zu behandeln.[18] Denn das Schutzbedürfnis des Beitretenden ist in diesem Falle nicht geringer, sondern eher größer als das des Leasingnehmers, weil der Beitretende trotz voller Mitverpflichtung keine Rechte gegenüber dem Leasinggeber erlangt. Vor diesem Hintergrund ist es konsequent, für die entsprechende Anwendung der verbraucherschützenden Vorschriften nicht zu verlangen, dass neben dem Beitretenden auch der Leasingnehmer Verbraucher ist. Der den Leasingverpflichtungen einer GmbH beitretende Geschäftsführer/Gesellschafter kann also beispielsweise ein Widerrufsrecht für sich reklamieren. Dem hat der BGH trotz konstruktiver Unterschiede den Fall gleichgestellt, dass der Gesellschafter und Geschäftsführer von vornherein **als weiterer Leasingnehmer** an einem Finanzierungsleasingvertrag beteiligt ist.[19]

Anders hat der BGH wiederum für eine **Bürgschaft** entschieden, die ein Geschäftsführer und Gesellschafter einer GmbH & Co KG zugunsten der Gesellschaft gegenüber einer Leasinggesellschaft abgab.[20] Dies gelte jedenfalls dann, wenn die Bürgschaft für einen Kredit übernommen werde, der für eine bereits ausgeübte gewerbliche oder selbständige berufliche Tätigkeit bestimmt sei. Während die Belange des Mitschuldners nur über die analoge Heranziehung der Vorschriften des Verbraucherdarlehensrechts gesondert berücksichtigt werden könnten, sei der Bürge schon durch die Formvorschrift des § 766 Satz 1 BGB vor einer übereilten Haftungsvereinbarung gewarnt. Auf dieser Linie liegt auch eine Entscheidung des EuGH, derzufolge ein Bürgschaftsvertrag selbst dann nicht unter die Verbrauchsgüterkaufrichtlinie 87/102/EWG fällt, wenn weder der Bürge noch der Kreditnehmer im Rahmen ihrer Erwerbstätigkeit gehandelt haben.[21]

2. Mithaftung des Lieferanten

In ihrem Bestreben, sich hinsichtlich der aus dem Leasingvertrag resultierenden Verbindlichkeiten des Leasingnehmers abzusichern, drängen die Leasinggesellschaften nicht selten auf eine Mitverpflichtung des Lieferanten. Eine solche ist im Grundsatz auch nicht ungerechtfertigt, ist es doch zunächst der Lieferant, welcher den Kunden vor Ort kennen lernt, mit ihm die Verhandlungen führt und letztlich sein Absatzinteresse unter Einschaltung einer Leasinggesellschaft zu verwirklichen sucht.[22] Die Mitverpflichtung des Lieferanten wird zumeist im Leasingvertrag selbst verankert, entweder in Form der Übernahme der gesamtschuldnerischen Haftung (Schuldbeitritt) oder aber durch Begründung einer (selbstschuldnerischen) Bürgschaftsverpflichtung. Wie weit die Mithaftung reicht, hängt von der Auslegung der betreffenden Passage des Vertragstextes ab. Im Regelfall hat der Lieferant sowohl für ausbleibende Leasingraten als auch für gegen den Leasingnehmer gerichtete Schadensersatzansprüche nach Kündigung einzustehen. Soll eine vom Lieferanten übernommene Bürgschaft auch das Risiko abdecken, dass das Leasinggut bei Vertragsende nicht mehr vorhanden ist, etwa weil der Leasingnehmer es veruntreut hat, wird man eine ausdrückliche Erwähnung dieser Fallkonstellation im Bürgschaftstext verlangen müssen.[23] Handelt es sich bei dem Lieferanten um eine juristische Person, kommt anstelle oder auch neben einer Mitverpflichtung der Gesellschaft die Begründung einer

---

[18] BGH NJW 1996, 2156; abl. MünchKomm/*Ulmer* § 491 BGB Rdn. 41.
[19] BGH NJW 2000, 3133, 3135 f.
[20] BGH NJW 1998, 1939.
[21] EuGH NJW 2000, 1323.
[22] *H. Beckmann* Finanzierungsleasing § 3 Rdn. 244.
[23] Hierzu *Graf von Westphalen* BB 2004, 2026; *H. Beckmann* Finanzierungsleasing § 3 Rdn. 247.

Einstandspflicht des Geschäftsführers und/oder der Gesellschafter in Betracht.[24] In diesem Fall sollte besonders deutlich festgehalten werden, worauf sich die Einstandspflicht beziehen soll, auf die Verbindlichkeiten des Leasingnehmers aus dem Leasingvertrag oder/und auf Forderungen des Leasinggebers gegen den Lieferanten, etwa nach Rückabwicklung des Liefervertrages auf Kaufpreisrückzahlung.[25]

3. Mithaftung sonstiger Dritter, insbesondere naher Familienangehöriger

10 Über den Kreis der Lieferanten und der als Geschäftsführer/Gesellschafter einer als Leasingnehmerin auftretenden GmbH hinaus, kann das Bonitätsrisiko des Leasingnehmers auch durch die Mitverpflichtung sonstiger unbeteiligter Dritter abgesichert werden. Hier ist vor allem an eine **Bürgschaft der Hausbank** des Leasingnehmers zu denken. Dafür gelten, ebenso wie für die Mitverpflichtung **von Geschäftspartnern und nicht zur Familie gehörenden Bekannten**, die allgemeinen Regeln der §§ 765 ff. BGB.

11 Strengeren Anforderungen unterliegen **Bürgschaften naher Familienangehöriger**. Die Rechtsprechung zu diesem umstrittenen Problemkreis hat sich in den letzten Jahren konsolidiert.[26] An den nachfolgend zu skizzierenden Grundsätzen hat die Rechtsprechung auch Bürgschaften von dem Leasingnehmer nahestehenden Personen für Ansprüche aus dem Leasingvertrag gemessen.[27]

12 Bürgschaften – aber auch anderweitige Personalsicherheiten wie Schuldbeitritt oder Mithaftungsübernahme – von Personen, die in einem besonderen Näheverhältnis zum Schuldner stehen und den Bürgen finanziell krass überfordern, begründen die widerlegliche Vermutung, dass die ruinöse Bürgschaft oder Mithaftung allein aus emotionaler Verbundenheit mit dem Hauptschuldner übernommen wurde und der Kreditgeber dies in sittlich anstößiger Weise ausgenutzt hat. Das Sittenwidrigkeitsverdikt (§ 138 Abs. 1 BGB) setzt zunächst ein besonderes Näheverhältnis voraus, wie es namentlich zwischen Eltern und Kindern, Ehegatten, Verlobten und Partnern einer nichtehelichen Lebensgemeinschaft sowie mit Einschränkungen auch bei Geschwistern besteht.[28] Das Kriterium der krassen finanziellen Überforderung hängt vom Grad des Missverhältnisses zwischen Verpflichtungsumfang und finanzieller Leistungsfähigkeit des Bürgen ab. Es ist jedenfalls dann erfüllt, wenn der Bürge voraussichtlich nicht einmal in der Lage wäre, die laufenden Zinsen aus seinem pfändbaren Vermögen oder Einkommen auf Dauer zu bezahlen. Die Vermutung der Sittenwidrigkeit ist widerlegt, wenn der Bürge ein eigenes Interesse an der Kreditgewährung hat oder einen unmittelbaren wirtschaftlichen Vorteil aus der Verwendung des Darlehens erlangt. Hingegen rechtfertigt allein das Ziel, etwaigen Vermögensverschiebungen vorzubeugen, ein unbeschränktes Mithaftungsbegehren nicht; anders ist dies nur, wenn der beschränkte Haftungszweck unzweideutig vertraglich festgelegt ist.

13 Unabhängig von einer krassen Überforderung und dem besonderen Näheverhältnis kann sich die Sittenwidrigkeit auch aus einer verwerflichen Einwirkung auf die Entscheidungsfreiheit des Bürgen (Mithaftenden) ergeben, z. B. wenn die Bank das Risiko der Haftungsübernahme verharmlost.[29] Zur Aufklärung entsprechender Behauptungen der

---

[24] Vgl. z. B. den der Entscheidung BGH NJW 1995, 43 zugrunde liegenden Fall.
[25] Zur letztgenannten, das Insolvenzrisiko des Lieferanten absichernden Einstandsverpflichtung vgl. *H. Beckmann* Finanzierungsleasing § 3 Rdn. 245.
[26] Zum Folgenden vgl. BVerfGE 89, 214; aus der BGH-Rechtsprechung vgl. etwa BGHZ 134, 325 und BGH NJW 2001, 815; 2002, 2228; 2002, 2230; Überblick bei *Nobbe/Kirchhof* BKR 2001, 5 ff.
[27] Vgl. insbesondere BGH NJW 1996, 1886; OLG Dresden, NJW-RR 2000, 1305, 1307; OLG Hamm (Vorinstanz zu BGH NJW 1997, 3168, dort kurze Wiedergabe der Urteilsgründe); LG Lüneburg Urt. v. 15. 9. 1994–5 O 120/94, n. v.
[28] Nicht hierauf berufen können sich GmbH-Geschäftsführer vgl. BGH NJW 1997, 1381.
[29] BGH NJW 1999, 135.

beklagten Leasingnehmerin hatte der BGH in seiner Entscheidung vom 30. 3. 1995[30] die Sache an das Berufungsgericht zurückverwiesen. Der BGH betonte in dieser Entscheidung, die von der Beklagten behaupteten Äußerungen der Leasinggesellschaften könnten u. U. geeignet sein bei einem geschäftlich unerfahrenen Bürgen den Eindruck zu erwecken, er habe nichts Ernsthaftes zu befürchten und ihn so daran hindern, die mit einer Bürgschaftsübernahme verbundenen rechtlichen und wirtschaftlichen Folgen zu erkennen und das Für und Wider der mit ihnen verbundenen Belastungen abzuwägen. Insoweit könne auch eine Haftung aus Verschulden bei Vertragsschluss in Betracht kommen.

Ferner sei darauf hingewiesen, dass bei einer Bürgschaft mittelloser Ehegatten, die nur dem Schutz vor Vermögensverlagerungen dienen kann, der bürgende Ehegatte unter dem Gesichtspunkt des Wegfalls der Geschäftsgrundlage (§ 313 BGB) nicht mehr in Anspruch genommen werden kann, wenn das Risiko realistischerweise nicht mehr besteht, so insbesondere bei Scheidung der Ehe.[31] **14**

Schließlich müssen auch bei der Begründung einer Mithaftung sonstiger Dritter, so es sich bei ihnen um Verbraucher handelt, die Schutzvorschriften des Verbraucherdarlehensrechts beachtet werden (näher hierzu oben Rdn. 6 ff.). So muss beispielsweise für den Schuldbeitritt der Ehefrau des Gesellschafter-Geschäftsführers zu einem Finanzierungsleasingvertrag die Schriftform des § 492 Abs. 1 Satz 1 bis 4 i. V. m. § 500 BGB gewahrt werden.[32] **15**

III. Haftung des ausscheidenden Leasingnehmers bei Vertragsübernahme

Gerät der Leasingnehmer in Zahlungsrückstand, so kann der Leasinggeber – unter bestimmten näheren Voraussetzungen –[33] das Leasingverhältnis durch eine außerordentliche Kündigung beenden. Als wirtschaftlich lukrativere Möglichkeit bietet es sich für die Leasinggesellschaft an, den notleidend gewordenen Leasingvertrag – unter Vermeidung einer Kündigung – auf einen neuen Leasingnehmer zu übertragen. In diesem Zusammenhang wird nicht selten formularmäßig eine fortdauernde Verpflichtung des ersten Leasingnehmers statuiert. Beispiel: „Meine Verpflichtungen aus dem Leasingvertrag bleiben in vollem Umfang bestehen".[34] Rechtlich handelt es sich hierbei um einen Schuldbeitritt. Da die Rechtsprechung auf den Schuldbeitritt die Bestimmungen des Verbraucherdarlehensrechts analog anwendet,[35] muss der erste Leasingnehmer – so es sich bei ihm um einen Verbraucher handelt – nach § 500 i. V. m. § 358 BGB über sein Widerrufsrecht belehrt werden.[36] AGB-rechtlich betrachtet wird man eine solche Schuldbeitrittsklausel grundsätzlich als überraschend im Sinne des § 305c Abs. 1 BGB einstufen müssen, rechnet doch der ausscheidende Leasingnehmer im Allgemeinen nicht mit einer fortwährenden Haftung auch für die Schulden seines Nachfolgers.[37] **16**

IV. Zusätzliche Sicherheiten

Generell problematisch ist die formularmäßige Einräumung weiterer, über die Mithaftung anderer Personen hinausgehender Sicherheiten. Als Verstoß gegen § 9 AGBG (jetzt § 307 BGB) wurde beispielsweise eine Klausel gewertet, derzufolge sich der Leasingneh- **17**

---

[30] BGH NJW 1995, 1886, 1889.
[31] BGH NJW 1996, 2088.
[32] Vgl. die noch zum Verbraucherkreditgesetz ergangene Entscheidung BGH NJW 1997, 3169.
[33] Hierzu eingehend Staudinger/*Stoffels* Leasing Rdn. 316.
[34] Vgl. *Graf von Westphalen* NJW 1997, 2905.
[35] Vgl. nur BGHZ 133, 71; vgl. auch BGH NJW 2000, 3133, 3136.
[36] Zur entsprechenden Rechtslage unter der Geltung des Verbraucherkreditgesetzes eingehend Martinek/Oechsler, in: Bankrechts-Handbuch § 101 Rdn. 95 ff und 101.
[37] Eingehend zu den Folgen der Übernahme eines notleidenden Leasingvertrages *Graf von Westphalen* NJW 1997, 2905 ff.; ferner Bamberger/*Roth-Ehlert* Vor § 535 BGB Rdn. 90.

mer schon bei Vertragsschluss zur Sicherung für den Fall der Nichtzahlung die Abtretung des jeweils pfändbaren Teils seiner gegenwärtigen und zukünftigen Lohn-, Gehalts-, Pensions-, Renten- und damit im Zusammenhang stehenden Ansprüche gegenüber dem Leasinggeber erklärte.[38] Dafür spricht in der Tat, dass der Leasinggeber Eigentümer des dem Leasingnehmer auf Zeit überlassenen Leasingguts bleibt, was allein bereits wegen seines Anspruchs auf Rückgabe im Falle einer vorzeitigen Beendigung des Vertrags jedenfalls in einem gewissen Maße Sicherheit bietet. Hinzu kommt, dass die vom Leasingnehmer zu tragende Sach- und Preisgefahr regelmäßig durch umfassenden Versicherungsschutz abgedeckt ist und die Versicherungsleistungen dem Leasinggeber zugute kommen.[39] Die Abtretungsklausel hätte überdies zur Folge, dass dem Leasingnehmer die Möglichkeit genommen wäre, selbst über den pfändbaren Teil seines Einkommens zu disponieren. Wegen der Vorausabtretung wäre das sogar dann der Fall, wenn der Leasingnehmer gegenüber dem Leasinggeber seinen Zahlungspflichten nachkommt, denn die Klausel bedeutet bei der gebotenen „kundenfeindlichsten" Auslegung, dass die Abtretung mit Vertragsschluss wirksam werden soll. Schwerwiegende Nachteile würden den Leasingnehmer auch dann treffen, wenn sich die Parteien über das Bestehen und/oder die Höhe von Zahlungspflichten des Leasingnehmers streiten. Auch in diesem Fall wären wegen der Vorausabtretung die pfändbaren Einkünfte einseitig dem Zugriff des Leasinggebers ausgesetzt. Darin würde eine Benachteiligung des Leasingnehmers liegen, der dann eine Überzahlung gegen den Leasinggeber geltend machen müsste.[40]

§ 20. Aufrechnungsverbote, Zurückbehaltungsrechte

Übersicht

	Rdn.
I. Aufrechnungsverbote	
1. Allgemeines	1
2. Grenzen des AGB-Rechts	2
3. Rechtsfolgen zu weit reichender Aufrechnungsverbote	4
II. Zurückbehaltungsrechte	6
1. Gegenüber nichtunternehmerischen Leasingkunden	6
2. Gegenüber unternehmerischen Leasingkunden	8

I. Aufrechnungsverbote

1. Allgemeines

1 In den Leasingbedingungen der führenden Leasinggesellschaften finden sich nahezu ausnahmslos Klauseln, mit denen die Aufrechnungsbefugnis des Leasingnehmers beschränkt wird. Die Leasinggesellschaften fürchten offenbar, dass die Erklärung der Aufrechnung mit angeblichen Gegenansprüchen seitens einzelner Kunden dazu missbraucht werden könnte, die Begleichung der fälligen Leasingraten hinauszuzögern.

2. Grenzen des AGB-Rechts

2 Allerdings setzt das AGB-Recht solchen Aufrechnungsverboten Grenzen. Nach § 309 Nr. 3 BGB ist eine Bestimmung in Allgemeinen Geschäftsbedingungen unwirksam, durch die dem Vertragspartner des Verwenders die Befugnis genommen wird, mit einer unbestrittenen oder rechtskräftig festgestellten Forderung aufzurechnen. Unbestritten sind Forderungen, die nach Grund und Höhe außer Streit stehen.[1] Als unbestritten gelten

---

[38] OLG Celle NJW-RR 1994, 562.
[39] *Graf von Westphalen* Leasingvertrag Rdn. 588.
[40] So zutreffend OLG Celle NJW-RR 1994, 562.
[1] BGH NJW 1978, 2244; *Wolf*/Horn/Lindacher § 11 Nr. 3 AGBG Rdn. 5.

auch Forderungen, gegen die unhaltbare oder unsubstantiierte Einwendungen erhoben werden.[2] Nach überwiegender Ansicht sind auch entscheidungsreife Forderungen den unbestrittenen oder rechtskräftig festgestellten Forderungen gleichzustellen.[3] Dafür spricht in der Tat, dass der Aufrechnungsausschluss den Verwender lediglich vor unklaren Gegenansprüchen, die die Durchsetzung seiner Ansprüche verzögern könnten, schützen soll. Bei Entscheidungsreife besteht ein solches Bedürfnis nicht mehr. Der Ausschluss der Aufrechnungsmöglichkeit ist in diesen Fällen nicht mehr gerechtfertigt.

§ 309 Nr. 3 BGB stellt eine konkretisierte Ausgestaltung des Benachteiligungsverbots des § 307 BGB dar, da es sich bei dem Ausschluss der Aufrechnung in den genannten Fällen um eine besonders schwerwiegende Verkürzung der Rechte des Vertragspartners handelt, die somit in den Leasingbedingungen auch dann nicht hingenommen werden kann, wenn diese gegenüber einem unternehmerischen Leasingnehmer zum Einsatz gelangen.[4] So hat der BGH eine Klausel mit dem Wortlaut: „Eine Aufrechnung... des Leasingnehmers wegen eigener Ansprüche gegen Forderungen der Leasinggeberin ist ausgeschlossen" auch im kaufmännischen Verkehr wegen Verstoßes gegen § 9 AGBG (jetzt § 307 BGB) für unwirksam erklärt.[5]

3

3. Rechtsfolgen zu weit reichender Aufrechnungsverbote

Die Überschreitung der Grenzen des § 309 Nr. 3 BGB hat grundsätzlich die **Gesamtnichtigkeit des Aufrechnungsausschlusses** zur Folge. Der Kunde kann mithin ohne Beschränkung von seinem Aufrechnungsrecht nach §§ 387 ff. BGB Gebrauch machen. Eine geltungserhaltende Reduktion in der Weise, dass die Unwirksamkeit nur eintritt, soweit die Aufrechnung mit rechtskräftig festgestellten, entscheidungsreifen oder unbestrittenen Forderungen ausgeschlossen wird, ist unzulässig.[6]

4

Vor der Inhaltskontrolle nach § 309 Nr. 3 BGB bedarf es mitunter noch der Bestimmung der genauen Reichweite des Abtretungsausschlusses. Die Rechtsprechung hat zu weit reichende Klauseln in mehreren Fällen durch eine **restriktive Auslegung** vor der nicht immer angemessenen Rechtsfolge der Gesamtnichtigkeit bewahrt. So finden sich in den Leasingbedingungen nicht selten Klauseln, die nach ihrem Wortlaut nur die Aufrechnung mit unbestrittenen Forderungen zulassen. Diese erfassen sinngemäß auch die Zulässigkeit der Aufrechnung mit rechtskräftig festgestellten Forderungen. Denn rechtskräftig festgestellte Forderungen im Sinne des § 309 BGB stellen nur einen Unterfall der unbestrittenen Forderungen dar, weil sie mit präkludierten Einwendungen nicht mehr bestritten werden können.[7] Ferner stößt man in der Leasingpraxis auf vorformulierte Aufrechnungsverbote, die nicht ausdrücklich „entscheidungsreife Forderungen" erwähnen. Dem Verwender darf jedoch kein Nachteil entstehen, wenn er seine Klausel in Anlehnung an den Gesetzeswortlaut formuliert. Unwirksam ist der Aufrechnungsausschluss aus diesem Grunde daher nicht.[8] Der Kunde ist auf Grund des Aufrechnungsausschlusses allerdings nicht gehindert, mit entscheidungsreifen Forderungen aufzurechnen. Schließlich tritt der Aufrechnungsausschluss zurück, wenn der Verwender in Vermögensverfall gerät und die Gefahr besteht, dass der Kunde seine Forderungen nicht mehr durchsetzen

5

---

[2] BGH NJW 1985, 1556, 1558; *Wolf/Horn/Lindacher* § 11 Nr. 3 AGBG Rdn. 5.
[3] BGH WM 1978, 620, 621; OLG Düsseldorf NJW-RR 1997, 757; *Wolf/Horn/Lindacher* § 11 Nr. 3 AGBG Rdn. 7; *Graf von Westphalen* Leasingvertrag Rdn. 589; Palandt/*Heinrichs* § 309 BGB Rdn. 17; a. A. MünchKomm/*Kieninger* § 309 Nr. 3 BGB Rdn. 7.
[4] Vgl. BGH NJW 1985, 319 (320); *Wolf/Horn/Lindacher*, § 11 Nr. 3 AGBG Rdn. 24.
[5] BGH NJW-RR 1986, 1110, 1111.
[6] BGH NJW 1985, 319, 320; NJW-RR 1986, 1281; NJW-RR 1986, 1110, 1111; *Wolf/Horn/Lindacher* § 11 Nr. 3 AGBG Rdn. 18; Palandt/*Heinrichs* § 309 BGB Rdn. 18.
[7] BGH NJW 1989, 3215, 3216.
[8] BGH NJW 1986, 1757 f.; 2002, 2779.

kann. Auch insoweit liegt es nahe, entsprechende Aufrechnungsklauseln in diesem Sinne einschränkend zu interpretieren.[9]

II. Zurückbehaltungsrechte

1. Gegenüber nichtunternehmerischen Leasingkunden

6 Regelmäßig stellen die Leasingvertragsbedingungen dem Aufrechnungsverbot eine Klausel zur Seite, mit der die Geltendmachung von Zurückbehaltungsrechten durch den Leasingnehmer beschränkt werden soll. Handelt es sich bei dem Leasingnehmer nicht um einen Unternehmer, so muss die Klausel dem Katalogtatbestand des **§ 309 Nr. 2 lit. b BGB** Rechnung tragen. Hiernach ist das Zurückbehaltungsrecht des Vertragsgegners insoweit unantastbar, als es auf demselben Vertragsverhältnis beruht. Unzulässig ist innerhalb dieses Kernbereichs nicht nur der vollständige Ausschluss des Zurückbehaltungsrechts, sondern schlicht jede Einschränkung.[10] Unwirksam ist beispielsweise der in den Allgemeinen Geschäftsbedingungen einiger Leasinggesellschaften anzutreffende Passus „Ein Zurückbehaltungsrecht steht dem Leasingnehmer nur insoweit zu, als der Anspruch auf unmittelbare Haftung der Leasinggesellschaft aus grober Fahrlässigkeit oder Vorsatz gerichtet ist.", werden hierdurch doch auch Ansprüche erfasst, die auf demselben Vertragsverhältnis beruhen (z. B. wegen fahrlässiger Verletzung vertraglicher Pflichten durch den Leasinggeber). Nicht von § 309 Nr. 2 lit. b BGB erfasst werden Zurückbehaltungsrechte aus früheren Geschäften oder aus anderen Geschäften bei laufender Geschäftsverbindung. Keine Bedenken bestehen mithin gegen folgende, in Leasingvertragsformularen häufig enthaltene Formulierungen:

- „Ein Zurückbehaltungsrecht kann der Leasingnehmer nur geltend machen, soweit es auf Ansprüchen aus dem Einzel-Leasingvertrag beruht."
- „Der Leasingnehmer darf ein Zurückbehaltungsrecht nur mit Ansprüchen aus diesem Vertrag geltend machen."
- „Ein Zurückbehaltungsrecht kann der Leasingnehmer nur geltend machen, wenn es auf dem Leasingvertrag beruht."

7 In bestimmten Konstellationen, die auch im Leasinggeschäft nicht ausgeschlossen werden können, tritt das Klauselverbot des § 309 Nr. 2 lit. b BGB in ein Spannungsverhältnis zu Nr. 3 (betreffend Aufrechnungsverbote). Während nämlich das Leistungsverweigerungsrecht gem. § 273 BGB durch Allgemeine Geschäftsbedingungen nicht angetastet werden darf, kann das Aufrechnungsrecht des Kunden, sofern nicht die Ausnahme einer rechtskräftig festgestellten oder unbestrittenen Forderung vorliegt, abbedungen werden. Eine Unstimmigkeit kann sich hier dann ergeben, wenn der Kunde dem Zahlungsverlangen des Verwenders eine Geldforderung entgegensetzt, die aus einem primären Sachleistungsanspruch hervorgegangen ist. Die Aufrechnung mit der Geldforderung könnte unter Beachtung der eher weit gezogenen Grenzen des § 309 Nr. 3 BGB ausgeschlossen werden, während dem Vertragsgegner hinsichtlich seines ursprünglichen, nicht auf Geld gerichteten Anspruchs ein Zurückbehaltungsrecht zugestanden hatte. Um dieser Unstimmigkeit abzuhelfen, wird vielfach vorgeschlagen, § 309 Nr. 3 BGB in der Weise teleologisch zu reduzieren, dass ein Aufrechnungsverbot dann zurückzutreten hat, wenn es sich um einen Gegenanspruch handelt, der aus einer zur Leistungsverweigerung berechtigenden Sachleistungsforderung hervorgegangen ist.[11]

---

[9] Die Begründung ist umstritten. Für Korrektur unter dem Gesichtspunkt des § 242 BGB *Graf von Westphalen*, Aufrechnungsklauseln Rdn. 24; wie hier BGH NJW 1984, 357; *Wolf/Horn/Lindacher* § 11 Nr. 3 AGBG Rdn. 20; *Palandt-Heinrichs* § 309 BGB Rdn. 19.
[10] *Stoffels* AGB-Recht Rdn. 834.
[11] *Palandt/Heinrichs* § 309 BGB Rdn. 20; *Stolterfoht*, in: Münchener Vertragshandbuch Bd. 3/II, S. 174 Anm. 44; kritisch *Stoffels* AGB-Recht Rdn. 838.

7. Kapitel. Das geschuldete Entgelt § 20

2. Gegenüber unternehmerischen Leasingkunden

Im unternehmerischen Geschäftsverkehr ist ein formularmäßiger Ausschluss des Zurück- 8
behaltungsrechts grundsätzlich wirksam möglich.[12] § 309 Nr. 2 BGB entfaltet auch keine Indizwirkung. Ein pauschaler Ausschluss des Zurückbehaltungsrechts ist hingegen auch im unternehmerischen Geschäftsverkehr nach § 307 BGB unwirksam. Denn dieser würde dem Vertragspartner die Geltendmachung eines Zurückbehaltungsrechts auch dann verwehren, wenn es auf einer unbestrittenen oder rechtskräftig festgestellten Gegenforderung gründet.[13] Als unwirksam wird daher zu Recht der vollständige Ausschluss des Zurückbehaltungsrechts des unternehmerischen Leasingnehmers wegen seiner Forderungen gegen den Leasinggeber angesehen.[14] Im Übrigen gilt: Bei eigener grober Vertragsverletzung kann sich der Leasinggeber nicht auf den Ausschluss berufen.[15]

---

[12] BGH NJW 1992, 575, 577; Ulmer/Brandner/*Hensen* § 309 Nr. 2 BGB Rdn. 17; *Wolf*/Horn/Lindacher § 11 Nr. 2 AGBG Rdn. 28 f.; Palandt/*Heinrichs* § 309 AGBG Rdn. 16; MünchKomm/*Kieninger* § 309 Nr. 2 BGB Rdn. 21; a. A. Löwe/*Graf von Westphalen*/Trinkner § 11 Nr. 2 AGBG Rdn. 29.
[13] BGH NJW 1985, 319, 320; 1992, 575, 577.
[14] MünchKomm/*Kieninger* § 309 Nr. 2 BGB Rdn. 21.
[15] BGH DB 1972, 868.

8. Kapitel. Allgemeine mietrechtliche Haftung des Leasinggebers

§ 21. Einleitung

Schrifttum: *Apel* in: Büschgen (Hrsg.) Praxishandbuch Leasing, 1998 (Vorauflage), § 9, „Leistungsstörungen und Gewährleistung", S. 191 ff.; *H. Beckmann* Finanzierungsleasing, 3. Aufl. 2006, § 2 C. I., „Mietrechtliche Haftung des Leasinggebers gegenüber dem Leasingnehmer bei Leistungsstörungen", S. 39 ff.; § 2 D. VII., „Haftung wegen Nichterfüllung und Abtretungskonstruktion", S. 62 ff.; *Habersack* in: Münchener Kommentar zum BGB, Bd. III, 4. Aufl. 2004, Finanzierungsleasing, unter VI. 6. „Leistungsstörungen", Rdn. 65 ff.; *Jendrek* in: Erman, Bd. I, 11. Aufl. 2004, Anhang zu § 535 Leasing, Rdn. 25 ff., 34; *E.-G. Koch* Störungen beim Finanzierungs-Leasing, 1981; *Leenen* Die Pflichten des Leasing-Gebers, AcP 190 (1990), 260 ff.; *Martinek* Moderne Vertragstypen Band I: Leasing und Factoring, 1991, § 6 III., „Das fehlgeschlagene Liefergeschäft", S. 126 ff.; *Reinking* AutoLeasing, 3. Aufl. 1999, S. 105 ff., „Störfälle bei Vertragserfüllung"; *Reinking/Eggert* Der Autokauf, 9. Aufl. 2005, Leasing, „Nichtlieferung des Fahrzeugs und Verzug", Rdn. 919 ff.; *Stoffels* in: Staudinger, §§ 433 ff. und Leasing, 2004, „Leistungsstörungen", Rdn. 189 ff.; *Graf von Westphalen* Der Leasingvertrag, 5. Aufl. 1998, unter E. „Die Lieferstörungen: Unmöglichkeit – Verzug", Rdn. 375 ff. sowie unter H. „Die Gewährleistungsregelungen bei Sachmängeln des Leasingguts", Rdn. 631 ff. (soweit gesondert gekennzeichnet: 4. Aufl. 1992); *ders.*, Auswirkungen der Schuldrechtsreform auf das Leasingrecht, ZIP 2006, 1653 ff.; *Wolf/Eckert/Ball* Handbuch des gewerblichen Miet-, Pacht- und Leasingrechts, 9. Aufl. 2004, „Leistungsstörungen beim Leasingvertrag", Rdn. 1898 ff. (soweit gesondert gekennzeichnet 8. Aufl. 2000).

Übersicht

	Rdn.
I. Haftung des Leasinggebers und leasingtypische Abtretungskonstruktion	1
II. Grundsätzliche Anwendung der mietrechtlichen Haftung	6
III. Grundsätzliche Verpflichtung des Leasinggebers gegenüber dem Leasingnehmer	7

I. Haftung des Leasinggebers und leasingtypische Abtretungskonstruktion

1 Das Leasingverhältnis stellt insbesondere beim Finanzierungsleasing regelmäßig ein wirtschaftliches Dreieck zwischen Hersteller/Lieferanten, Leasinggeber und Leasingnehmer dar. Typischerweise verschafft der Lieferant auf der Grundlage der bestehenden Rechtsbeziehungen dem Leasingnehmer auf Weisung des Leasinggebers den Gebrauch an der Leasingsache. Das bedeutet, dass es i. d. R. der Lieferant ist, in dessen „Macht" die fristgerechte Gebrauchsüberlassung einer mangelfreien Sache an den Leasingnehmer fällt. Zwischen dem Lieferanten und dem Leasingnehmer bestehen aber grundsätzlich keine vertraglichen Beziehungen.[1] Ein Anspruch des Leasingnehmers auf Verschaffung der Leasingsache kann sich demzufolge im Grundsatz nur gegenüber dem Leasinggeber aufgrund des Leasingvertrages ergeben.[2] Dieser hat wiederum einen entsprechenden Anspruch gegen den Lieferanten in der Regel aus einem Kaufvertrag. Der Leasinggeber haftet jedenfalls nach wohl h. M. aus dem Leasingvertrag für die Lieferung der mangelfreien Leasingsache. Daher sucht der Leasinggeber regelmäßig, sich von dieser Pflicht durch vertragliche Regelungen freizuzeichnen, zumindest einer Haftung für Mängel der Leasingsache zu entgehen. Dies geschieht in der Praxis durch einen Haftungsausschluss ver-

---

[1] S. o. *H. Beckmann* § 5 Rdn. 5; MünchKomm/*Habersack* Leasing Rdn. 1; *Martinek* Moderne Vertragstypen I, S. 67 ff.

[2] Zum umstrittenen Inhalt der Hauptpflicht des Leasinggebers gegenüber dem Leasingnehmer vgl. o. *Martinek* § 4 Rdn. 8; sowie unten Rdn. 7; *H. Beckmann* Finanzierungsleasing § 3 Rdn. 8 ff.; Staudinger/*Stoffels* Leasingrecht Rdn. 80 ff.; *Graf v. Westphalen* Leasingvertrag Rdn. 375 ff.

8. Kapitel. Allgemeine mietrechtliche Haftung des Leasinggebers § 21

bunden mit einer Drittverweisungsklausel, regelmäßig in Form der sog. **leasingtypischen Abtretungskonstruktion**;[3] im Gegenzug zum Haftungsausschluss zugunsten des Leasinggebers gegenüber dem Leasingnehmer werden dem Leasingnehmer die aus dem Liefervertrag des Leasinggebers mit dem Lieferanten resultierenden Mängelrechte abgetreten, so dass hierdurch das wirtschaftliche auch zu einem rechtlichen Dreiecksverhältnis wird.[4] Bevor die typische Rechtslage bei Verträgen mit Drittverweisungsklausel analysiert wird (Kap. 9), wird in diesem Kapitel insbesondere die Haftung des Leasinggebers ohne eine solche Freizeichnungsklausel erörtert, mithin die **grundsätzliche Haftung des Leasinggebers bei Leistungsstörungen** ohne Existenz wirksamer vertraglicher Abweichungen. Dies soll zum einen das Verständnis der Systematik der Ansprüche erleichtern und hat zum anderen trotz der Relevanz der vertraglich vereinbarten Abtretungskonstruktion - wie sich aus dem Folgenden ergibt – bei verschiedenen Fallkonstellationen praktische Bedeutung:

– Zu nennen ist das **(direkte) Hersteller- bzw. Händlerleasing**[5], bei dem der Hersteller/Händler selbst als Leasinggeber auftritt. Hier fehlt das zuvor beschriebene leasingtypische Dreieck, da der Hersteller/Händler als Leasinggeber direkt mit dem Leasingnehmer in vertraglichen Beziehungen steht. Trotzdem handelt es sich nach Entscheidungen des BGH[6] und Stimmen im Schrifttum[7] auch hierbei um Finanzierungsleasing, jedenfalls dann, wenn der Leasinggeber die volle Amortisation seines Anschaffungsaufwandes bereits durch einmaliges Überlassen der Sache an einen Leasingnehmer erstrebt. Jedenfalls folgt aus dem Fehlen des leasingtypischen Dreiecks, dass der Händler/Leasinggeber seine Haftung nicht durch Drittverweisungsklausel ausschließen kann, so dass es bei seiner mietrechtlichen Einstandspflicht bleibt.[8]

– Insbesondere beim **Operatingleasing**[9] haftet der Leasinggeber nach den mietrechtlichen Regeln. Beim Operatingleasing versucht der Leasinggeber, eine Amortisation dadurch zu erreichen, dass er die Leasingsache nach Ablauf des ersten Vertrages an weitere Leasingnehmer überlässt.[10] Demnach handelt es sich nach ganz h. M.[11] um einen Gebrauchsüberlassungsvertrag, der als gewöhnlicher Mietvertrag qualifiziert wird. Eine Drittverweisungsklausel wäre hier – wie auch beim Herstellerleasing – nach § 307 Abs. 2 Nr. 1 BGB unwirksam[12] bzw. ginge ins Leere.

2

3

---

[3] Die typische Abtretungskonstruktion bezieht sich auf die Sachmängelhaftung; vgl. noch Rdn. 5. Zur „radikalen Abtretungskonstruktion", die auch die Haftung für Rechtsmängel, Nichterfüllung und sonstige Pflichtverletzungen einbeziehen soll, siehe *H. Beckmann* DB 2006, 320ff.; betr. der Freizeichnung einer unmöglichkeits- oder verzugsrechtlichen Haftung *Martinek* Moderne Vertragstypen I, § 6 III 6, S. 133ff.; im Folgenden unter Rdn. 5 sowie u. *H. Beckmann* § 26 Rdn. 13ff.

[4] Staudinger/*Stoffels* Leasingrecht Rdn. 13.

[5] Zum Begriff *Martinek* Moderne Vertragstypen I S. 56ff.; MünchKomm/*Habersack* Leasing Rdn. 8; beim indirekten Hersteller- bzw. Händlerleasing wiederum tritt nicht der Hersteller bzw. Händler selbst als Leasinggeber auf, sondern eine Tochtergesellschaft oder ein an die Marke gebundener Absatzmittler des Herstellers/Händlers (vgl. MünchKomm/*Habersack* Leasing Rdn. 7; *Martinek* Moderne Vertragstypen I, S. 56 f.).

[6] BGH NJW 1998, 1637, 1639 = ZIP 1998, 698; BGH NJW 2003, 505, 507.

[7] MünchKomm/*Habersack* Leasing Rdn. 8; Staudinger/*Stoffels* Leasingrecht Rdn. 27; Ulmer/ *H. Schmidt* DB 1993, 2558, 2565 f. (wohl betr. indirektem Herstellerleasing; letztlich aber offenlassend); a. A. die wohl h. L., die das Hersteller- bzw. Händlerleasing als Sonderform des Operatingleasing ansieht, etwa *Martinek* Moderne Vertragstypen I, § 3 S. 57 m. w. N.

[8] MünchKomm/*Habersack* Leasing Rdn. 8; *Graf v. Westphalen* Leasingvertrag Rdn. 173.

[9] Zum Begriff s. o. *Martinek* § 3 unter II. Rdn. 4; MünchKomm/*Habersack* Leasing Rdn. 4.

[10] BGH NJW 1986, 1335 = BGHZ 97, 65 ff.; BGH NJW 1990, 1785, 1788 = BGHZ 111, 84 ff.; BGH NJW 2003, 505, 507.

[11] BGH NJW 1998, 1637, 1639; *Emmerich* JuS 1990, 3; *Erman/Jendrek* Anh. § 536, Leasing Rdn. 8; *Martinek* Moderne Vertragstypen I § 4 II S. 66; MünchKomm/*Habersack* Leasing Rdn. 4; *Graf v. Westphalen* Leasingvertrag Rdn. 9 f., 184.

[12] *Graf v. Westphalen* Leasingvertrag Rdn. 185.

4 – Es verbleibt bei der mietrechtlichen Haftung des Leasinggebers im Falle des **Fehlschlagens der Haftungsfreizeichnung des Leasinggebers** durch Drittverweisungsklauseln,[13] die sich insbesondere auf Mängelansprüche des Leasingnehmers beziehen. In der Regel wird die leasingtypische Abtretungskonstruktion durch AGB-Klauseln in Bezug auf die Sachmängelhaftung[14] vereinbart.[15] Diese Klauseln werden an der Inhaltskontrolle des § 307 Abs. 1 Satz 1, Abs. 2 BGB gemessen. Die formularmäßige Freizeichnung des Leasinggebers von seiner mietrechtlichen Gewährleistung bei gleichzeitiger Abtretung seiner kaufrechtlichen Mängelrechte gegen den Lieferanten der Leasingsache an den Leasingnehmer ist etwa wegen unangemessener Benachteiligung des Leasingnehmers unwirksam, wenn die Abtretung nicht **endgültig, vorbehaltlos und unbedingt** erfolgt.[16] Der Leasingnehmer wäre sonst nämlich im Ergebnis rechtlos gestellt. Dies ist beispielsweise der Fall, wenn sich der Leasinggeber das Recht zur eigenen Rechtsverfolgung der Mängelansprüche gegen den Lieferanten vorbehält[17] oder die Abtretung nur Zug um Zug gegen Zahlung der noch ausstehenden Leasingraten vereinbart.[18] Die **Haftungsfreizeichnung** des Leasinggebers gegenüber einem Leasingnehmer mit Verbrauchereigenschaft ist auch dann unwirksam, wenn die Abtretung der kaufrechtlichen Gewährleistungsansprüche des Leasinggebers nicht nur eingeschränkt ist, sondern vollständig leer läuft, weil diese **Mängelansprüche im Kaufvertrag zwischen Leasinggeber und Lieferant ausgeschlossen** sind;[19] denn dann geht die Abtretung ins Leere und der Leasingnehmer würde rechtlos gestellt. Der Leasinggeber haftet gegenüber dem Leasingnehmer infolge der unwirksamen Haftungsfreizeichnung dann aufgrund der mietrechtlichen Gewährleistung. In der zitierten Entscheidung des BGH vom 21. 12. 2005 war der Leasingnehmer Verbraucher gem. § 13 BGB. Der Ausschluss der Gewährleistung durch den Lieferanten wurde vom BGH indes nicht als Umgehungsgeschäft im Sinne von § 475 Abs. 1 Satz 2 BGB angesehen, so dass der Haftungsausschluss im Verhältnis Leasinggeber zu Lieferant wirksam war und der Leasingnehmer nicht aus abgetretenem Recht gegen den Lieferanten vorgehen konnte.[20] Ausdrücklich offen ließ der BGH in dieser Entscheidung, ob der Leasinggeber dem Leasingnehmer mit Verbrauchereigenschaft sämtliche Gewährleistungsansprüche, die ihm bei einem Verbrauchsgüterkauf (§§ 474 ff. BGB) zustehen würden, verschaffen muss, um die Unwirksamkeit seines eigenen Haftungsausschlusses zu ver-

---

[13] Vgl. BGH NJW 1987, 1072 f.; BGH NJW 2006, 1066, 1068; Wolf/Eckert/*Ball* Rdn. 1891; *Apel* Praxishandbuch Leasing, 1998 (Vorauflage) § 9 Rdn. 104; Erman/*Jendrek* Anh. § 535: Leasing Rdn. 34; *Graf v. Westphalen* Leasingvertrag Rdn. 636, weitere Nachweise s. u. Fn. 24; a. A. MünchKomm/*Habersack* Leasing Rdn. 28, 106; für „kaufrechtliche" Sachmängelhaftung des Leasinggebers *H. Beckmann* § 25 Rdn. 45.
[14] *H. Beckmann* DB 2006, 320.
[15] Es reicht nicht aus, dass Leasinggeber und Leasingnehmer von der Abtretung ausgehen; vgl. *J.Weber* NJW 2005, 2195, 2196 unter Hinweis auf OLG Köln VRS 107 (2004), 242 ff.
[16] BGH NJW 2006, 1066, 1068 = ZIP 2006, 1001 ff. = BB 2006, 348 ff. unter Hinweis auf BGH NJW 1987, 1072, 1073; BGH NJW 1990, 314, 315 = BGHZ 109, 139 ff.; BGH WM 1992, 1609; zur Wirksamkeitskontrolle im Einzelnen s. u. *H. Beckmann* § 25 Rdn. 24 ff.
[17] BGH DB 2002, 2529.
[18] BGH NJW 1984, 2687, 2688.
[19] BGH NJW 2006, 1066, 1068 = ZIP 2006, 1001 ff. = BB 2006, 348 ff.
[20] BGH NJW 2006, 1066, 1067 f. = ZIP 2006, 1001 ff. = BB 2006, 348 ff.; insoweit sind zu Recht kritische Stellungnahmen ergangen: *H. Beckmann* (WuB I J 2–1.06, S. 373, 374 ff.) kritisiert, der BGH habe die wirtschaftliche Stellung des Lieferanten im Leasingdreieck zu wenig beachtet; der Lieferant tätige wirtschaftlich betrachtet „eigentlich" einen Verbrauchsgüterkauf und dürfe deshalb nicht unverdient in den Genuss der Beschränkung seiner Sachmängelhaftung kommen (unter Hinweis auf im Schrifttum vertretene Standpunkte bei Staudinger/*R. M. Beckmann* Vor §§ 433 ff. Rdn. 164; Wolf/Eckert/*Ball* Rdn. 1818; *H. Beckmann* Finanzierungsleasing, § 1 Rd. 171 ff.). Ähnlich beanstandet *Stoffels* (LMK 3/2006) u. a., der BGH judiziere auf der Grundlage eines formalen, bipolaren strukturierten Vertragsverhältnisses, das dem Wesen des Leasinggeschäfts nicht gerecht werde.

meiden.[21] Nach Ansicht von *Reinking/Eggert* ist die Abtretungskonstruktion wegen Äquivalenzstörung nach § 307 Abs. 2 Nr. 1 BGB immer schon dann unwirksam, wenn die vom Leasinggeber abgetretenen Sachmängelgewährleistungsansprüche hinter den §§ 474 ff. BGB zurückbleiben.[22] Dies ist beispielsweise auch der Fall bei einem Verbraucherleasingvertrag über ein Gebrauchtfahrzeug, das der Leasinggeber unter Vereinbarung eines Haftungsausschlusses mit dem Lieferanten eingekauft hat.[23] Ist die Abtretungskonstruktion, insbesondere die Haftungsfreizeichnung des Leasinggebers gegenüber dem Leasingnehmer unwirksam, so lebt gem. § 306 Abs. 2 BGB jedenfalls die mietrechtliche Gewährleistungshaftung des Leasinggebers wieder auf, so dass er über die gesamte Laufzeit des Leasingvertrages wie ein Vermieter haftet.[24]

– Bezieht sich die Abtretungskonstruktion lediglich auf Mängelrechte und nimmt man mit der h. M. eine Verpflichtung des Leasinggebers an, dem Leasingnehmer den Leasinggegenstand zu beschaffen und zum Gebrauch zu überlassen,[25] so verbleibt es trotz Abtretungskonstruktion bei dieser Pflicht des Leasinggebers. Ihn trifft dann eine **allgemeine Haftung für die Nicht- oder Zuspätleistung**.[26] Denkbar ist aber die Möglichkeit einer **„radikalen Abtretungskonstruktion"**,[27] die sich u. a. auch auf die Haftung für Verspätung oder Ausbleiben der Lieferung des Leasingobjekts erstreckt; allerdings ist umstritten, ob eine solche radikale Abtretungsvariante der Inhaltskontrolle nach § 307 BGB standhält. Wohl ganz überwiegend werden Nichtlieferungs- und Verspätungsklauseln, die den Leasinggeber von seiner Haftung für ausbleibende oder verspätet erfolgende Lieferung des Leasinggegenstandes durch den Lieferanten freistellen, für unvereinbar mit §§ 307 ff. BGB erachtet; jedenfalls dann, wenn der Leasinggeber nicht zugleich die ihm zustehenden Lieferansprüche gegen seinen Lieferanten abtritt.[28] Unterschiedlich beurteilt wird hingegen die Zulässigkeit solcher Nichtlieferungs- und Verspätungsklauseln, wenn der Leasinggeber dem Leasingnehmer im Gegenzug den liefervertraglichen Erfüllungsanspruch sowie entsprechende sekundärrechtliche Schadensersatzansprüche abtritt.[29] Jedenfalls dann, wenn es an einer Freizeichnung durch den Leasinggeber von seiner (fristgerechten) Lieferpflicht fehlt oder eine entsprechende Klausel unwirksam ist, verbleibt es bei seiner grundsätzlichen Haftung wegen Nichtlieferung oder verspäteter Lieferung.[30]

---

[21] BGH NJW 2006, 1066, 1068 = ZIP 2006, 1001 ff. = BB 2006, 348 ff.; dafür etwa *Reinking/Eggert* Der Autokauf Rdn. 864, 866, 873; dagegen MünchKomm/*Habersack* Leasing Rdn. 39 ff.; *Tiedtke/Möllmann* DB 2004 583, 586.

[22] *Reinking/Eggert* Der Autokauf Rdn. 864, 866, 873.

[23] *Reinking/Eggert* Der Autokauf Rdn. 875.

[24] BGH WM 1992, 1609; BGH NJW 1986, 1744, 1745; WM 1987, 349; BGH NJW 1987, 1072, 1074; 1993, 335; *Wolf/Eckert/Ball* Rdn. 1891 ff., weitere Belege s. o. Fn. 13; eine „fatale Folge" für den Leasinggeber, wie *Reinking/Eggert* Der Autokauf Rdn. 873 zu Recht anmerken.

[25] Zum umstrittenen Inhalt der Hauptpflicht des Leasinggebers gegenüber dem Leasingnehmer vgl. oben *Martinek* § 4 Rdn. 8; sowie unten Rdn. 7; *H. Beckmann* Finanzierungsleasing § 3 Rdn. 8 ff.; *Graf v. Westphalen* Leasingvertrag Rdn. 375 ff.

[26] Dazu unten § 22 (Unmöglichkeit) und § 23 (Verzug/Verzögerung).

[27] *H. Beckmann* (Finanzierungsleasing § 2 Rdn. 202) ordnet die radikale Abtretungskonstruktion als „die leasingtypische Abtretungskonstruktion" ein.

[28] In diese Richtung BGH NJW 1986, 179, 180 = BGHZ 96, 103 ff.; ausdrücklich OLG Koblenz WM 1984, 1259, 1261; Staudinger/*Stoffels* Leasingrecht Rdn. 196 m. w. N.; zu einzelnen Klauseln vgl. noch § 22 Rdn. 53 ff.

[29] Offengelassen durch BGH NJW 1993, 122, 124; für Wirksamkeit Staudinger/*Stoffels* Leasingrecht Rdn. 197; *H. Beckmann* DB 2006, 320, 321; *ders.* Finanzierungsleasing § 2 Rdn. 171 ff. 193; *ders.* unten § 26 Rdn. 13 ff.; *Ackermann* Jura 2006, 426, 431; a. A. MünchKomm/*Habersack* Leasing Rdn. 68; *Martinek* Moderne Vertragstypen I § 6 III 6 c S. 136 f.; OLG Hamm VersR 1980, 636 = DB 1980, 393 ff.; im Einzelnen vgl. in diesem Kapitel § 22 Rdn. 59; sowie unten *H. Beckmann* § 26 Rdn. 13 ff.

[30] Zum umstrittenen Inhalt der Hauptpflicht des Leasinggebers gegenüber dem Leasingnehmer vgl. oben *Martinek* § 4 Rdn. 8 sowie unten Rdn. 7; *H. Beckmann* Finanzierungsleasing § 3 Rdn. 8 ff.; *Graf v. Westphalen* Leasingvertrag Rdn. 375 ff.

II. Grundsätzliche Anwendung der mietrechtlichen Haftung

6 Steht eine Haftung des Leasinggebers gegenüber dem Leasingnehmer aufgrund der allgemeinen gesetzlichen Rechtslage im Raum, stellt sich zunächst die Frage nach der rechtlichen Einordnung des Leasingvertrages. Weniger problematisch stellt sich die Behandlung des **Operatingleasing** dar, welches nach ganz überwiegender Auffassung als Mietverhältnis einzuordnen ist.[31] Demgegenüber wird die Einordnung des **Finanzierungsleasing** jedenfalls im Schrifttum kontroverser diskutiert. Da diese Frage bereits in diesem Handbuch andernorts umfassend und vertieft erörtert worden ist,[32] gilt es hier, lediglich klarzustellen, auf welcher Grundlage die folgenden Ausführungen basieren. Wie schon die Überschrift dieses Kapitels zeigt, wird die allgemeine mietrechtliche Haftung des Leasinggebers hier unter Zugrundelegung primär der für die Rechtspraxis relevanten h. M. beleuchtet. Danach sind Finanzierungsleasingverträge nach gefestigter Rechtsprechung des BGH in erster Linie **nach Mietrecht** zu beurteilen.[33]

III. Grundsätzliche Verpflichtung des Leasinggebers gegenüber dem Leasingnehmer

7 Neben einer Finanzierung durch den Leasinggeber besteht die Hauptleistungspflicht des Leasinggebers gegenüber dem Leasingnehmer jedenfalls in der **Gebrauchsüberlassung** des vereinbarten Leasinggegenstandes für die vereinbarte Zeit.[34] Vor dem Hintergrund unterschiedlicher Auffassungen zur Rechtsnatur des Finanzierungsleasingvertrages[35] ist die Reichweite und der **weitere Inhalt der Hauptpflicht** des Leasinggebers gegenüber dem Leasingnehmer umstritten.[36] Nach der Rechtsprechung des BGH und wohl überwiegenden Stimmen im Schrifttum ist der Leasinggeber aufgrund der vorherrschenden mietrechtlichen Sichtweise verpflichtet, **die Leasingsache dem Leasingnehmer in einem für den Vertragszweck geeigneten, d. h. mangelfreien Zustand zur Verfügung zu stellen**;[37] umfasst von der Pflicht des Leasinggebers ist auch die Verpflichtung, dem Leasingnehmer den **Besitz am Leasinggut zu verschaffen**.[38] Hiernach stehen dem Leasingnehmer bei Nichtlieferung bzw. Lieferung einer mangelhaften Leasingsache die Rechtsbehelfe des allgemeinen Schuldrechts und des Mietrechts zur Seite. Nach im

---

[31] BGH NJW 1998, 1637, 1639; s. o. *Martinek* § 4 Rdn. 4 ff.; *ders.* Moderne Vertragstypen I § 4 II S. 66; *Emmerich* JuS 1990, 3; MünchKomm/*Habersack* Leasing Rdn. 4; Erman/*Jendrek* Anh. § 536, Leasing Rdn. 8; *Graf v. Westphalen* Leasingvertrag Rdn. 9 f., 184.

[32] Dazu umfassend bereits *Martinek* § 4; vgl. *ders.* Moderne Vertragstypen I § 4 S. 64 ff.

[33] Etwa BGH NJW 1996, 2860; BGH NJW 1986, 179 = BGHZ 96, 103 ff.; BGH NJW 1982, 870, 871 = BGHZ 81, 121 ff.; BGH NJW 1986, 1335 = BGHZ 97, 65 ff.; aus dem Schrifttum *H. Beckmann* Finanzierungsleasing § 1 Rdn. 42 f.; *Reinicke/Tiedtke* Kaufrecht Rdn. 1686 ff.; AnwK-BGB/*Reinking* (2005) Anh. §§ 535–580 a Leasing Rdn. 52 ff.; *Reinking/Eggert* Der Autokauf Rdn. 84; *Graf v. Westphalen* Leasingvertrag Rdn. 111 ff.; a. A. insbesondere *Lieb* DB 1988, 951 ff.; *Martinek* Moderne Vertragstypen I § 4 IX 2 S. 88 ff. (Vertrag sui generis).

[34] BGH NJW 2005, 365, 366; BGH NJW 1988, 204, 206; BGH NJW 1988, 198, 199; *H. Beckmann* Finanzierungsleasing § 2 Rdn. 8; *Kügel* Praxishandbuch Leasing 1998 § 6 Rdn. 102; *Reinking/Eggert* Der Autokauf Rdn. 911; Staudinger/*Stoffels* Leasingrecht Rdn. 80.

[35] Oben Rdn. 6 sowie ausführlich *Martinek* § 4 Rdn. 12 ff.; vgl. auch AnwK-BGB/*Reinking*, Anh. §§ 535–580 a: Leasing Rdn. 52 ff.; Staudinger/*Stoffels* Leasingrecht Rdn. 64 ff.

[36] Staudinger/*Stoffels* Leasingrecht Rdn. 80 ff. m. w. N.

[37] BGH NJW-RR 1998, 123, 124; BGH NJW 1982, 105 = BGHZ 81, 298 ff.; *H. Beckmann* Finanzierungsleasing § 2 Rdn. 9; *Reinicke/Tiedtke* Kaufrecht, Rdn. 1686; *Reinking/Eggert* Der Autokauf, Rdn. 911; *Graf v. Westphalen* Leasingvertrag Rdn. 375, 431; a. A. Staudinger/*Stoffels* Leasingrecht Rdn. 82.

[38] BGH NJW 2005, 365, 366; BGH NJW 1986, 179 = BGHZ 96, 103 ff.; BGH NJW 1982, 105 (106) = BGHZ 81, 298 ff.; LG Mannheim BB 1985, 144; *Kügel* Praxishandbuch Leasing 1998 § 6 Rdn. 102; *Martinek* Moderne Vertragstypen I § 6 III 2, S. 127 f.; Palandt/*Weidenkaff*[65] § 535 Rdn. 50; *Reinking/Eggert* Der Autokauf, Rdn. 911; a. A. Staudinger/*Stoffels* Leasingrecht Rdn. 83.

8. Kapitel. Allgemeine mietrechtliche Haftung des Leasinggebers § 22

Schrifttum vertretener Ansicht[39] widerspricht die Annahme einer Besitzverschaffungspflicht wie auch die Pflicht zur Verschaffung einer mangelfreien Sache[40] einer interessengerechten Auslegung des Leasingvertrages, da sich der Leasingnehmer die Person des Lieferanten regelmäßig selbst auswählt und der Leasinggeber nicht nach § 278 BGB für Lieferstörungen aus der Sphäre des Lieferanten haften sollte. Vertreter dieser Ansicht wenden für die Fälle der Nichtlieferung die Rechtsprechung[41] zum gewährleistungsrechtlichen Wegfall der Geschäftsgrundlage, mittlerweile kodifiziert in § 313 BGB, an. Demnach wäre der Leasingnehmer gem. § 313 Abs. 3 BGB berechtigt, vom Leasingvertrag zurückzutreten[42] oder den Vertrag fristlos zu kündigen.[43] Da sich diese Ansicht bislang in der Rechtsprechung jedoch nicht durchsetzen konnte und hier mit der h. M. die mietrechtliche Sichtweise zugrunde gelegt wird (vgl. oben Rdn. 6), wird im Folgenden die Rechtslage bei Annahme einer Besitzverschaffungspflicht und der Pflicht zur Überlassung einer mangelfreien Sache analysiert.

§ 22. Unmöglichkeit der Lieferung der Leasingsache

Schrifttum: s. Schrifttum zu § 21.

Übersicht

	Rdn.
I. Einleitung	
1. Grundsätzliche Einordnung einer Leistungsstörung als Unmöglichkeit	1
2. Überblick über die Gesetzessystematik	5
II. Anfängliche Unmöglichkeit	
1. Überblick	6
2. Verhältnis des § 311 a BGB zur mietrechtlichen Sonderregelung des § 536 a Abs. 1, 1. Alt. BGB	11
3. Anspruchsumfang nach § 311 a Abs. 2 BGB, insbesondere Verhältnis zwischen Schadensersatz- und Aufwendungsersatzanspruch	13
4. Einrede des nicht erfüllten Vertrages	15
5. Rücktrittsmöglichkeit	16
6. Anspruch auf das sog. stellvertretende *commodum*	17
7. Unmöglichkeit und Geschäftsgrundlagenlösung des BGH	18
8. Fristlose Kündigung	21
9. Ausschluss der Haftungsfolgen bei anfänglicher Unmöglichkeit durch Allgemeine Geschäftsbedingungen	22
III. Nachträgliche Unmöglichkeit	23
1. Vertretenmüssen des Leasinggebers	23
a) Erfüllungseigenschaft des Lieferanten	25
b) Freizeichnung des Leasinggebers vom Verschulden des Lieferanten	26
2. Einrede aus § 320 BGB	32
3. Weitere Rechtsbehelfe	33
a) Unverschuldete Unmöglichkeit	34
aa) Rücktritt	35
bb) Schadensersatz	36
cc) Anspruch auf das sog. stellvertretende *commodum*	37
dd) Wegfall der Geschäftsgrundlage	38
ee) Kündigung nach § 543 Abs. 1 Satz 1 Nr. 1 BGB	39

---

[39] *Larenz/Canaris* Lehrbuch des Schuldrechts II/2, S. 121; *Leenen* AcP 190 1990, 260, 280 ff.; Staudinger/*Stoffels* Leasingrecht Rdn. 83.

[40] *Larenz/Canaris* Lehrbuch des Schuldrechts II/2, S. 111; *Leenen* AcP 190 1990, 260, 275 ff.; Staudinger/*Stoffels* Leasingrecht Rdn. 81.

[41] BGH NJW 1986, 179 = BGHZ 96, 103 ff.; BGH ZIP 1997, 1703 = NJW-RR 1998, 123, 124; Wolf/Eckert/*Ball* Rdn. 1791.

[42] So *Graf v. Westphalen* DB 2001, 1291; *Reinicke/Möllemann* DB 2004, 583, 588; *Reinking* ZGS 2002, 229, 233.

[43] So etwa Staudinger/*Stoffels* Leasingrecht Rdn. 199.

§ 22 Zweiter Teil. Allgemeines Leasingrecht

	Rdn.
b) Vertretenmüssen des Leasingnehmers/Annahmeverzug des Leasingnehmers	40
c) Vom Leasinggeber zu vertretende Unmöglichkeit	43
aa) Rücktritt	44
bb) Schadensersatz	45
cc) Anspruch auf das sog. stellvertretende *commodum*	46
dd) Wegfall der Geschäftsgrundlage	47
ee) Kündigung nach § 543 Abs. 1 Satz 1 Nr. 1 BGB	48
4. Teilleistung/teilweise Nichterfüllung	49
IV. Freizeichnung von den Rechtsfolgen bei Unmöglichkeit	52
1. Grundsätzliche und weitgehende Ausschlüsse der Folgen bei Unmöglichkeit	53
2. Beschränkung der Rücktrittsmöglichkeit bzw. des Anspruchs auf Schadensersatz	56
3. Nichtlieferungsklauseln im Leasingvertrag in Verbindung mit Drittverweisungsklauseln	59
4. Kündigungsklauseln/Rücktrittsklauseln	60
a) Generelles Kündigungs-/Rücktrittsrecht des Leasinggebers bei Nichtlieferung oder verspäteter Lieferung der Leasingsache	60
b) Kündigungs-/Rücktrittsrecht bei vom Leasinggeber nicht zu vertretender Nichtlieferung oder verspäteter Lieferung der Leasingsache.	65

I. Einleitung

1. Grundsätzliche Einordnung einer Leistungsstörung als Unmöglichkeit

1   Wird das Leasingobjekt nicht geliefert, so liegt entweder Unmöglichkeit oder Verzug vor[1] (zur Abgrenzung sogleich Rdn. 2). Vielfach wird der Grund einer Nichtleistung vor allem darin liegen, dass der **Lieferant außerstande ist, den Leasinggegenstand zu liefern**, was wiederum zur Unmöglichkeit der Leistung durch den Leasinggeber führt.[2] Im Rechtsverhältnis zwischen Leasinggeber und Lieferanten (regelmäßig ein Kaufvertrag) kommen die allgemeinen Leistungsstörungen zur Anwendung.[3] Bejaht man – wie hier vertreten und mit der h. M. – im Verhältnis zwischen Leasingnehmer und Leasinggeber eine Besitzverschaffungspflicht des Leasinggebers, kommen in diesem Rechtsverhältnis gleichfalls die allgemeinen Regeln über Leistungsstörungen, insbesondere die Unmöglichkeitsregeln zur Anwendung. Unterbleibt die Lieferung des Leasinggutes aus einem Grunde, den der Leasingnehmer nicht zu vertreten hat, fehlt nach der Rechtsprechung des BGH dem Leasingvertrag zwar die Geschäftsgrundlage;[4] hierzu unten Rdn. 18 ff. Nichtsdestotrotz bleibt es nach wohl überwiegender und hier vertretener Ansicht bei dieser Konstellation auch bei der Anwendung der Unmöglichkeitsregeln im Verhältnis zwischen Leasingnehmer und Leasinggeber.[5] Auch wenn ein Liefervertrag zwischen Leasinggeber und Lieferanten nicht wirksam zustande kommt, kann dies zur Unmöglichkeit der Leistungsverpflichtung des Leasinggebers gegenüber dem Leasingnehmer führen; dies richtet sich letztlich nach dem Inhalt des Leasingvertrages, insbesondere nach der konkreten Pflicht des Leasinggebers. Ergibt sich etwa aus dem Leasingvertrag eine Gattungsschuld (siehe dazu sogleich), so tritt durch das Nichtzustandekommen eines Liefervertrages noch keine Unmöglichkeit ein.

2   **Abgrenzungskriterium zwischen Unmöglichkeit und Verzug** ist grundsätzlich die Differenzierung danach, ob der Leasinggegenstand noch geliefert werden kann (dann Verzug) oder nicht (dann Unmöglichkeit).[6] Ob Unmöglichkeit vorliegt, hängt damit zu-

---

[1] Zum Verhältnis zur Geschäftsgrundlagenlösung der Rechtsprechung vgl. Rdn. 18.
[2] Vgl. *Martinek* Moderne Vertragstypen I § 6 III S. 126 ff.
[3] *Graf v. Westphalen* Leasingvertrag Rdn. 385.
[4] So etwa auch Erman/*Jendrek* Anh. § 535 BGB Rdn. 25; ablehnend *Martinek* Moderne Vertragstypen I § 6 III 6 c S. 137.
[5] Vgl. etwa Wolf/Eckert/*Ball* Rdn. 1794; *Reinking/Eggert* Der Autokauf Rdn. 919; wohl auch BGH NJW-RR 1998, 123, 124 betr. § 326 BGB a. F.; *Graf v. Westphalen* Leasingvertrag Rdn. 379 ff.; vgl. im Übrigen die Ausführungen zur Geschäftsgrundlagenlösung Rdn. 18.
[6] *Apel* in: Praxishandbuch Leasing 1998 (Vorauflage) § 9 Rdn. 4.

8. Kapitel. Allgemeine mietrechtliche Haftung des Leasinggebers §22

nächst vom Inhalt des Leasingvertrages ab. Besteht die Pflicht zur Überlassung einer individuell bestimmten Sache **(Stückschuld)**, so liegt Unmöglichkeit beispielsweise vor, wenn das Leasinggut zerstört, nicht herstellbar oder dauernd nicht lieferbar ist.[7] Der Leasinggegenstand kann aber auch nur nach Art und Menge, also nur der Gattung nach bestimmt sein **(Gattungsschuld)**.[8] Bei einer Gattungsschuld liegt Unmöglichkeit erst mit dem Untergang des letzten Gegenstandes aus dieser Gattung vor. Der Untergang der gesamten Gattung beim Lieferanten führt also nicht zwangsläufig zur Unmöglichkeit, soweit der Leasinggeber einen Gegenstand dieser Gattung bei einem anderen Lieferanten noch besorgen kann. In diesen Fällen ist eine **Vertragsauslegung** vorzunehmen. Ergibt diese, dass der Leasinggegenstand nur aus der Produktion oder dem Vertrieb des Lieferanten stammen soll **(Vorratsschuld)** – etwa weil dieser eine bekannt sorgfältige Qualitätssicherung seiner Produkte vornimmt –, liegt auch in diesem Fall Unmöglichkeit vor.[9] Der Untergang der Gattung beim Lieferanten führt in diesem Fall auch dann zur Unmöglichkeit der Leistung des Leasinggebers, wenn ein anderer Lieferant einen Gegenstand der vereinbarten Gattung noch liefern kann.

Keine Unmöglichkeit liegt im Fall der Stückschuld wie auch bei der Gattungsschuld **3** vor, wenn die Lieferung zwar möglich ist, aber zeitweise oder auch dauernd nicht erfolgt. In diesen Fällen liegt grundsätzlich Verzug vor. Allerdings führt das Verstreichen des Liefertermins beim **absoluten Fixgeschäft** zur Unmöglichkeit, da hier das Leistungsziel nicht mehr erreicht werden kann, z. B. beim Saisongeschäft.[10] Die Leistung hier ist zwar noch ausführbar, aber für den Gläubiger nunmehr sinnlos. Ein solches absolutes Fixgeschäft liegt vor, wenn die Leistung mit der Einhaltung der Leistungszeit „steht und fällt"[11] und „die Leistungszeit so wesentlich ist, dass die Leistung nur zu einer bestimmten Zeit erbracht werden kann, die Verfehlung dieses Zeitpunktes die Leistung (genauer: den Leistungserfolg [eingefügt durch Verf.]) also dauernd unmöglich macht".[12] Haben die Parteien dies nicht ausdrücklich vereinbart, so muss durch Auslegung ermittelt werden, ob die Parteien der Lieferfrist diese Bedeutung beimessen wollten, wobei sich jeder Zweifel gegen die Annahme eines Fixgeschäfts auswirkt.[13] Bei Dauerschuldverhältnissen, wie Leasingverträge sie darstellen, wird der Fixcharakter häufig zu bejahen sein.[14] Denn bei Dauerschuldverhältnissen kann die verzögerte Leistung nicht mehr nachgeholt werden.[15] Eine verspätete Lieferung bedeutet daher oftmals für den abgelaufenen Zeitraum, dass die Leistung zum Teil unmöglich ist.[16] Fragwürdig ist allerdings, ob diese im Grundsatz zutreffende Aussage stets mit der Vertragsnatur des Leasinggeschäfts vereinbart werden kann. Auch wenn bei einem Dauerschuldverhältnis die verspätete Leistung grundsätzlich nicht nachgeholt werden kann, ist die Frage berechtigt, ob beispielsweise die verspätete Lieferung eines Kfz im Rahmen eines Finanzierungsleasingvertrages als Teilunmöglichkeit und nicht als Verzug aufzufassen ist. Denn bei funktioneller Betrachtungsweise aus Sicht des Leasingnehmers wird das Finanzierungsleasing oft an die Stelle eines Kaufs der Sache treten. Eine solche Sichtweise ließe sich durch die Prämisse erreichen, dass der Leasingvertrag, bevor er durch die Gebrauchsverschaffung an der Leasingsache in Vollzug gesetzt wurde, noch gar kein Dauerschuldverhältnis darstellt.[17]

---

[7] *Apel* in: Praxishandbuch Leasing 1998 (Vorauflage) § 9 Rdn. 14.
[8] Erman/*H. P. Westermann*[11] § 243 Rdn. 2.
[9] *Apel* in: Praxishandbuch Leasing 1998 (Vorauflage) § 9 Rdn. 15.
[10] Palandt/*Heinrichs*[65] § 271 Rdn. 16.
[11] MünchKomm/*Krüger*[4] § 271 Rdn. 14.
[12] BGH NJW 2001, 2878, 2879; BGH NJW 1973, 318, 320 = BGHZ 60, 14, 16.
[13] BGH NJW-RR 1989, 1373; BGH WM 1982, 1384 m. w. N.; BGH WM 1984, 639.
[14] *Apel* Praxishandbuch Leasing 1998 (Vorauflage) Rdn. 16; MünchKomm/*Habersack* Leasing Rdn. 65; allgemein etwa Staudinger/*Löwisch* (2004) Vor §§ 286–292 Rdn. 8.
[15] BGH NJW 2001, 2878, 2879 m. w. N. (zum Mietrecht).
[16] MünchKomm/*Habersack* Leasing Rdn. 65; *Hassold* NJW 1975, 1863.
[17] Siehe unten Rdn. 61.

§ 22 Zweiter Teil. Allgemeines Leasingrecht

Im Ergebnis besteht allerdings bei beiden Betrachtungen kein wesentlicher Unterschied in den Rechtsfolgen.[18]

4 Wie sich zeigt kann die **Abgrenzung zwischen Unmöglichkeit und Verzug** im Einzelfall Schwierigkeiten bereiten. Bei der Auslegung des Leasingvertrages kann danach unterschieden werden, ob primär das „ob" oder das „wann" der Gebrauchsüberlassung entscheidend sein sollen.[19] Nur wenn es dem Leasingnehmer entscheidend auf den Lieferzeitpunkt ankommt, kann von einem absoluten Fixgeschäft ausgegangen werden. Um den Fixcharakter des Leistungszeitpunktes deutlich werden zu lassen, empfiehlt es sich, im Vertrag eine eindeutige Formulierung wie z. B. „Lieferung der Leasingsache zum festen Termin am 1.7. dieses Jahres" zu wählen.[20] Bei Ungewissheit darüber, ob eine Lieferung noch möglich ist, empfiehlt es sich aus Sicht des Leasingnehmers im Übrigen, dem Leasinggeber[21] eine Frist zur Leistung zu setzen, um jedenfalls die Einhaltung der Voraussetzungen der Rechtsbehelfe gem. § 281 BGB bzw. § 323 BGB zu erreichen.

2. Überblick über die Gesetzessystematik

5 Durch das Schuldrechtsmodernisierungsgesetz[22] wurde das allgemeine Recht der Leistungsstörungen und damit auch das Unmöglichkeitsrecht grundlegend erneuert. Im BGB finden sich indes wie schon vor der Schuldrechtsreform an unterschiedlichen Stellen Regelungen zur Unmöglichkeit.[23] Begriff der Unmöglichkeit und Folge der Unmöglichkeit für die **primäre Leistungsverpflichtung** sind in § 275 BGB geregelt. Die Auswirkungen der Unmöglichkeit auf die **Gegenleistungsverpflichtung** werden in § 326 BGB behandelt, insbesondere auch die **Rücktrittsmöglichkeit** zugunsten des Gläubigers gem. § 326 Abs. 5 i. V. m. § 323 BGB. §§ 280 Abs. 1, 3, 283 und § 285 BGB regeln die **Sekundäransprüche** bei nachträglicher Unmöglichkeit und § 311a BGB die Sekundäransprüche bei anfänglicher Unmöglichkeit. In § 275 Abs. 1–3 BGB wurde der Begriff der Unmöglichkeit tatbestandlich präzisiert:[24] Im Falle „echter" Unmöglichkeit gem. § 275 Abs. 1 BGB wird der Schuldner (Leasinggeber) kraft Gesetzes – bei objektiver wie bei subjektiver Unmöglichkeit – von seiner Primärleistungspflicht befreit; in den Fällen von § 275 Abs. 2 und 3 BGB gewährt das Gesetz ihm eine Einredemöglichkeit. § 275 Abs. 2 BGB gewährt eine Einredemöglichkeit zugunsten des Schuldners, wenn die Leistung nur mit einem völlig unverhältnismäßigen Aufwand erbracht werden kann („praktische Unmöglichkeit"); Abs. 3 berechtigt zu dieser Einrede, wenn der Schuldner die Leistung persönlich zu erbringen hat und die Leistungserbringung ihm unzumutbar ist („persönliche Unmöglichkeit"). Die zuletzt genannte Einredemöglichkeit gem. § 275 Abs. 3 BGB spielt im Leasingrecht in aller Regel kaum eine wesentliche Rolle, weil es zumeist an einer persönlichen Leistungserbringung durch den Leasinggeber fehlen dürfte. Eine wesentliche Veränderung infolge der Schuldrechtsreform betrifft die gesonderte Behandlung der **anfänglichen Unmöglichkeit** (objektive und subjektive) durch § 311a BGB;[25] hierauf beziehen sich zunächst

---

[18] Auch bei einem absoluten Fixgeschäft kann der Leasingnehmer nach § 323 Abs. 5 Satz 1 BGB nicht ohne weiteres vom (gesamten) Vertrag zurücktreten. Ebenso kann der Leasingnehmer hier nach § 283 Satz 2, 281 Abs. 1 Satz 2 BGB auch keinen Schadensersatz statt der ganzen Leistung verlangen.

[19] *Apel* Praxishandbuch Leasing 1998 (Vorauflage) § 9 Rdn. 17.

[20] Beispiel nach *Apel* Praxishandbuch Leasing 1998 (Vorauflage) § 9 Rdn. 17.

[21] Zu der Frage, ob die Frist auch gegenüber dem Lieferanten gesetzt werden kann, vgl. § 23 Rdn. 21.

[22] Gesetz zur Modernisierung des Schuldrechts v. 26. 11. 2001 (BGBl. I 3138).

[23] *Lorenz/Riehm* Lehrbuch zum neuen Schuldrecht 2002 Rdn. 296; ders. auch zum Folgenden.

[24] *Canaris* JZ 2001, 499, 505; AnwK-BGB/*Dauner-Lieb* (2004) § 275 Rdn. 15.

[25] *Lorenz/Riehm* Lehrbuch zum neuen Schuldrecht 2002 Rdn. 294; auch wenn die Differenzierung zwischen anfänglicher und nachträglicher Unmöglichkeit keine so weitreichenden Folgen hat wie vor der Schuldrechtsreform, lässt sich – wie auch im Folgenden – weiterhin insoweit differenzieren, ähnlich *Emmerich* Recht der Leistungsstörungen[5] § 2 S. 16 ff.

8. Kapitel. Allgemeine mietrechtliche Haftung des Leasinggebers § 22

die folgenden Ausführungen. Die **nachträgliche Unmöglichkeit** (dazu unten Rdn. 23 ff.) wiederum ist in Bezug auf die Sekundäransprüche in das allgemeine System der Pflichtverletzungen eingepasst und stellt im Falle des Vertretenmüssens durch den Schuldner eine Verletzung der Leistungspflicht dar, die gem. § 283 i. V. m. § 280 Abs. 1, 3 BGB zum Schadensersatz statt der Leistung verpflichtet.

II. Anfängliche Unmöglichkeit

1. Überblick

Anfängliche Unmöglichkeit bzw. Unvermögen liegt vor, wenn der Leasinggeber schon zum Zeitpunkt des Vertragsschlusses nicht in der Lage ist, seine Gebrauchsverschaffungspflicht zu erfüllen. *Beispiele:* Das vereinbarte Leasingobjekt, ein fabrikneues Kfz, wurde schon zum Zeitpunkt des Vertragsschlusses nicht mehr produziert;[26] bei einem Software-Leasingvertrag unterbleibt die Lieferung der Software, weil dem Lieferanten das Knowhow für die Anfertigung derselben fehlt.[27] 6

Die Beispiele lassen sich als **anfängliche Unmöglichkeit bzw. anfängliches Unvermögen** einordnen. Sie zeigen, dass vielfach der Grund in der Unmöglichkeit darin liegt, dass der Lieferant außerstande ist, den Leasinggegenstand zu liefern. Wie schon oben erwähnt, sei darauf hingewiesen, dass nach der Rechtsprechung des BGH solche Konstellationen – d. h. die Durchführung des Leasingvertrages scheitert, weil der Lieferant endgültig zur Lieferung außerstande ist – sich als **Wegfall der Geschäftsgrundlage des Leasingvertrages** einordnen lassen;[28] hierzu unten Rdn. 18 ff. Nichtsdestotrotz bleibt es nach wohl überwiegender und hier vertretener Ansicht bei dieser Konstellation auch bei der Anwendung der Unmöglichkeitsregeln.[29] 7

In keinem anderen Gebiet der Leistungsstörungen wurden die Regelungen durch die Schuldrechtsreform **weitreichender geändert** als bei der anfänglichen Unmöglichkeit.[30] Nach § 306 a. F. BGB war der auf eine anfänglich objektiv unmögliche Leistung gerichtete Vertrag nichtig, der Vertragspartner hatte jedoch unter den Voraussetzungen des § 307 a. F. BGB einen Anspruch auf Schadensersatz in Höhe des negativen Interesses. Seit 1.1. 2002 bleibt gem. § 311 a Abs. 1 BGB ein auf eine unmögliche Leistung gerichteter Vertrag wirksam. Die Leistungspflicht des Leasinggebers entfällt aber nach § 275 Abs. 1 BGB. Es entsteht also ein Vertragsverhältnis ohne Primärleistungspflicht. Nach § 311 a Abs. 2 BGB kann der Leasingnehmer allerdings **Schadensersatz statt der Leistung** bzw. **Aufwendungsersatz** gem. § 284 BGB verlangen. Der Leasinggeber als Schuldner hat die Möglichkeit, sich zu exkulpieren, wenn er beweisen kann, dass er das Leistungshindernis nicht kannte und diese Unkenntnis auch nicht zu vertreten hat (§ 311 a Abs. 2 Satz 2 BGB). Kann sich der Leasinggeber exkulpieren, so ist umstritten, ob er dann einer Haftung analog § 122 BGB unterliegt.[31] Nach überwiegender Ansicht[32] wird eine Analogie wegen Fehlens einer Regelungslücke und aus Wertungsgesichtspunkten abgelehnt, u. a. weil der Leasinggeber mit der Rechtsfolge des § 122 BGB belastet würde ohne das Recht, sich durch Anfechtung vom Vertrag lösen zu können.[33] 8

---

[26] Beispiel nach MünchKomm/*Habersack* Leasing Rdn. 919 bzw. *Reinking/Eggert* Der Autokauf Rdn. 919.
[27] OLG Frankfurt BB 1984, 300.
[28] So etwa auch Erman/*Jendrek* Anh. § 535 BGB Rdn. 25.
[29] Vgl. etwa Wolf/Eckert/*Ball* Rdn. 1794; *Reinking/Eggert* Der Autokauf Rdn. 919; wohl auch BGH NJW-RR 1998, 123, 124 betr. § 326 BGB a. F.; *Graf v. Westphalen* Leasingvertrag Rdn. 379 ff.; vgl. im Übrigen die Ausführungen zur Geschäftsgrundlagenlösung Rdn. 18.
[30] *Medicus* Schuldrecht I AT[13] Rdn. 390 c.
[31] So insbesondere *Canaris* JZ 2001, 499, 507.
[32] MünchKomm/*Ernst*[4] § 311 a Rdn. 14; Palandt/*Grüneberg*[65] § 311 a Rdn. 15; Erman/*Kindl*[11] § 311 a Rdn. 5.
[33] Palandt/*Grüneberg*[65]; vgl. auch AnwK-BGB/*Dauner-Lieb* (2004) § 331 a Rdn. 30.

9   **Voraussetzung** für das Eingreifen von § 311a Abs. 1 und Abs. 2 BGB ist **zum einen** Unmöglichkeit gem. § 275 Abs. 1 bis 3 BGB. Wie sich aus § 275 Abs. 1 BGB ergibt, bezieht sich § 311a BGB damit auf die objektive und subjektive Unmöglichkeit sowie die Fälle von § 275 Abs. 2 und 3 BGB. **Zum Zweiten** muss das Leistungshindernis ein anfängliches sein, d. h. bereits bei Vertragsschluss vorliegen. Abzustellen ist dabei auf den Leasingvertrag.

10   Gem. § 311a Abs. 2 BGB kann der Gläubiger im Fall einer anfänglichen Unmöglichkeit Schadensersatz statt der Leistung oder Ersatz seiner Aufwendungen in dem in § 284 BGB bestimmten Umfang verlangen. Dies gilt nicht, wenn der Schuldner das **Leistungshindernis nicht kannte** oder **seine Unkenntnis auch nicht zu vertreten hat**. Zu berücksichtigen ist zum einen, dass der Schuldner (Leasinggeber) mangelnde Kenntnis bzw. Vertretenmüssen zu beweisen hat. Zum anderen ist zu bedenken, dass die §§ 276ff. BGB gelten, insbesondere auch § 278 BGB.[34] Grundsätzlich ist der Lieferant als Erfüllungsgehilfe des Leasinggebers anzusehen,[35] so dass ein etwaiges Vertretenmüssen des Lieferanten dem Leasinggeber zuzurechnen ist.

2. Verhältnis des § 311a BGB zur mietrechtlichen Sonderregelung des § 536a Abs. 1, 1. Alt. BGB

11   Insbesondere im Hinblick auf Schadensersatzansprüche des Leasingnehmers stellt sich das Verhältnis zwischen der Anspruchsgrundlage des § 311a Abs. 2 BGB zu § 536a BGB, insbesondere, wenn die **anfängliche Unmöglichkeit durch einen Mangel** im Sinne von § 536 BGB verursacht worden ist. Grundsätzlich wird differenziert zwischen Sachmängeln und Rechtsmängeln einerseits und bei Vorliegen eines Sachmangels wird weiter unterschieden, ob die Sache dem Mieter bereits überlassen worden ist.[36] Soweit **Rechtsmängel** zur Unmöglichkeit führen, haben nach überwiegender Ansicht unter Hinweis auf § 536 Abs. 3 BGB die mietrechtlichen Mängelrechte sowohl **vor als auch nach Überlassung** der Mietsache Vorrang.[37] Soweit die Unmöglichkeit auf **Sachmängeln** beruht wird nach wohl h. M. danach unterschieden, ob die Sache bereits übergeben worden ist; vor Überlassung bleibt es bei der Anwendung des allgemeinen Leistungsstörungsrechts.[38]

12   Der BGH[39] hat schon vor der Schuldrechtsreform den Standpunkt vertreten, dass § 538 Abs. 1 BGB a. F. (jetzt § 536a BGB n. F.) vor Übergabe des Leasingobjektes keine Anwendung findet.[40] Diese Regel wurde auch nicht für Fälle, in denen ein Mangel zugleich eine anfängliche Unmöglichkeit darstellt, durchbrochen.[41] Eine diesbezügliche Entscheidung[42] bezog sich nur auf die Wirksamkeit eines solchen Vertrages, jedoch nicht auf die Anwendbarkeit von § 538 BGB a. F. vor Übergabe, wie der BGH mittlerweile

---

[34] Palandt/*Grüneberg*[65] § 331a Rdn. 9; Erman/*Kindl*[11] § 331a Rdn. 7 m. w. N.
[35] Vgl. die Ausführungen zu Rdn. 25.
[36] Vgl. etwa Erman/*Jendrek*[11] Vor § 536 Rdn. 7ff.; AnwK-BGB/*Klein-Blenkers* (2005) § 536 Rdn. 28ff.; Palandt/*Weidenkaff*[65] § 536 Rdn. 7, § 536a Rdn. 3.
[37] Erman/*Jendrek*[11] Vor § 536 Rdn. 7; AnwK-BGB/*Klein-Blenkers* (2005) § 536 Rdn. 29; Palandt/*Weidenkaff*[65] § 536a Rdn. 3; betr. § 541 BGB a. F. BGH NJW 1996, 714; BGH NJW 1997, 2813, 2814 = BGHZ 136, 102 ff. m. w. N.; für Fortbestand dieser Rechtsprechung nach der Schuldrechtsreform *Emmerich* NJW 2002, 362; *Gruber* WuM 2002, 252; *Unberath* ZMR 2004, 309.
[38] Erman/*Jendrek*[11] Vor § 536 Rdn. 7f.; jurisPK-BGB/*Münch*[3] § 536a Rdn. 5; Palandt/*Weidenkaff*[65] § 536a Rdn. 3; zur Gegenansicht sogleich Rdn. 12.
[39] BGHZ 85, 267, 270; BGH NJW 1999, 635; BGH NJW 1997 2813, 2814 = BGHZ 136, 102 ff.
[40] Für Anwendung des allgemeinen Leistungsstörungsrechts vor Überlassung der Mietsache Erman/*Jendrek*[11] Vor § 536 Rdn. 7f.; jurisPK-BGB/*Münch*[3] § 536a Rdn. 5; Palandt/*Weidenkaff*[65] § 536a Rdn. 3.
[41] So noch *Apel* in: Praxishandbuch Leasing 1998 (Vorauflage) § 9 Rdn. 20.
[42] BGH NJW 1985, 1025, 1026 = BGHZ 93, 142 ff.

klargestellt hat.[43] Diese Argumentation hat sich durch die Schuldrechtsreform nicht geändert. Allerdings wird in der Literatur[44] auch vertreten, dass § 536 a BGB schon vor Übergabe anwendbar sei. Es sei nicht gerechtfertigt, den Vermieter bei einem anfänglichen Mangel nur mit der Entlastungsmöglichkeit des § 311 a Abs. 2 BGB haften zu lassen. Indes käme wegen des eindeutigen Wortlautes der §§ 536, 536 a BGB nur eine Analogie in Betracht, für die es aber an einer Regelungslücke fehlt.

3. Anspruchsumfang nach § 311 a Abs. 2 BGB, insbesondere Verhältnis zwischen Schadensersatz- und Aufwendungsersatzanspruch

Aufgrund des Wortlautes von § 311 a Abs. 2 Satz 1 BGB wird überwiegend vertreten, dass Schadensersatz statt der Leistung und Aufwendungsersatz in einem Alternativitätsverhältnis zueinander stehen.[45] Dies lasse sich auch aus der Formulierung von § 437 Nr. 3 BGB und § 634 Nr. 4 BGB schließen. Der Gläubiger könne nur verlangen, entweder so gestellt zu werden, wie wenn der Vertrag nicht geschlossen worden wäre, oder so, wie wenn er erfüllt worden wäre.[46] Allerdings ist in der Rechtsprechung anerkannt, dass vergebliche Aufwendungen und entgangener Gewinn nebeneinander geltend gemacht werden können.[47] Außerdem hat die Rechtsprechung[48] schon vor der Schuldrechtsreform für den Ersatz frustrierter Aufwendungen die sog. **Rentabilitätsvermutung** entwickelt. Demnach waren auch nutzlose Aufwendungen als Nichterfüllungsschaden (heute: Schadensersatz statt der Leistung) zu ersetzen, wenn sie im Vertrauen auf die Vertragsgemäßheit der Gegenleistung vorgenommen worden sind und „wenn ihnen ohne die Leistungsstörung ein Vermögenswert gegenübergestanden hätte".[49] Bei Aufwendungen für erwerbswirtschaftliche Ziele wurde die Rentabilität der Aufwendungen vermutet. Die Rentabilitätsvermutung gilt auch nach Einführung des § 284 BGB noch, da davon ausgegangen werden kann, dass der Gesetzgeber diese gefestigte Rechtsprechung unberührt lassen wollte. Trotzdem gilt § 284 BGB aber nicht nur ergänzend für nichtkommerzielle (ideelle oder konsumptive) Aufwendungen, sondern auch für kommerzielle Aufwendungen, da der Gesetzgeber diese Unterscheidung überflüssig machen wollte.[50]

13

Der BGH hebt in einer neueren Entscheidung[51] hervor, dass die Alternativstellung in § 284 BGB bezweckt, „dass der Geschädigte wegen ein und desselben Vermögensnachteils nicht sowohl Schadensersatz statt der Leistung als auch Aufwendungsersatz und damit **doppelte Kompensation** (Hervorhebung durch Verfasser) verlangen kann".[52] Er hat mit dieser Begründung in seiner Entscheidung die **gleichzeitige Geltendmachung von Schadensersatz neben der Leistung** nach § 280 BGB **und Aufwendungsersatz** nach § 284 BGB neben einem Rücktritt nach §§ 323, 325 BGB gelten lassen. Fragwürdig ist, ob diese Ausführungen des BGH so zu verstehen sind, dass der BGH künftig auch die **gleichzeitige Geltendmachung von Schadensersatz statt der Leistung und Aufwendungsersatz** nach § 284 BGB gelten lassen würde, soweit dadurch keine Schadensposten doppelt geltend gemacht werden.[53] Teilweise weitergehend plädiert *Gsell* insofern

14

---

[43] BGH NJW 1997, 2813, 2814 = BGHZ 136, 102; BGH LM BGB § 306 Nr. 13 (1/1998) = BGH NJW 1999, 635.
[44] *Reese* JA 2003, 162, 167; *Ahrens* ZGS 2003, 134, 136; *Timme* NZM 2003, 703, 704.
[45] MünchKomm/*Ernst*[4] § 284 Rdn. 30; Palandt/*Heinrichs*[65] § 284 Rdn. 5; Staudinger/*Otto* § 284 Rdn. 19.
[46] *Canaris* JZ 2001, 499, 517.
[47] BGH Urt. v. 17. 12. 2003 XII ZR 146/00 (juris) unter Festhaltung an BGHZ 143, 42, 49.
[48] BGHZ 57, 78 ff.; BGHZ 143, 42.
[49] BGH NJW 1991, 2277, 2278 = BGHZ 114, 193 ff.
[50] BT-Drucks. 14/6040 S. 142, 144; BGH NJW 2005, 2848, 2850 f.
[51] BGH NJW 2005, 2848, 2850.
[52] BGB a.a.O.
[53] In diesem Sinne jurisPK-BGB/*Alpmann*[3] § 284 Rdn. 20; ähnlich schon vor dem BGH-Urteil vertreten etwa durch *Stoppel* AcP 204 (2004), 81, 107; *Reim* NJW 2003, 3662, 3667.

für eine teleologische Reduktion des § 284 BGB, um die parallele Geltendmachung von Schadens- und Aufwendungsersatz zuzulassen, soweit keine doppelte Kompensation eintritt.[54] Ob der BGH in Zukunft noch einen Schritt weitergehen und auch Schadensersatz statt der Leistung neben Aufwendungsersatz nach § 284 BGB gewähren wird, bleibt indes abzuwarten; dies ist angesichts des klaren Wortlauts des § 284 BGB aber zweifelhaft.

4. Einrede des nicht erfüllten Vertrages

15 Anfängliche Unmöglichkeit führt zu einem Ausbleiben der Lieferung der Leasingsache. In diesem Fall steht dem Leasingnehmer die **Einrede des nicht erfüllten Vertrages** gem. § 320 BGB zu.[55]

5. Rücktrittsmöglichkeit

16 Der Leasingnehmer ist im Falle der (anfänglichen) Unmöglichkeit der Leistung des Leasinggebers i. S. d. § 275 Abs. 1–3 BGB des Weiteren nach §§ 326 Abs. 5, 323 BGB zum **Rücktritt** berechtigt; einer vorherigen Fristsetzung durch den Leasingnehmer bedarf es nicht. Bereits erbrachte Leistungen kann der Leasingnehmer nach § 326 Abs. 4 BGB i. V. m. §§ 346 ff. BGB zurückfordern. Wie § 325 BGB klarstellt, können seit der Schuldrechtsreform Rücktritt und Schadensersatz auch nebeneinander geltend gemacht werden. Im Einzelnen zu § 323 BGB vgl. die Ausführungen zur praxisrelevanteren Konstellation der Leistungsverzögerung (§ 23 Rdn. 19 ff.).

6. Anspruch auf das sog. *stellvertretende commodum*

17 Der Leasingnehmer kann nach § 285 BGB Herausgabe eines Ersatzes oder Ersatzanspruchs (etwa Versicherungsanspruch bzw. Versicherungsleistung) für den Untergang der Leasingsache verlangen. Dann bleibt er allerdings nach § 326 Abs. 3 BGB zur Gegenleistung verpflichtet, soweit das stellvertretende *commodum* den Wert des Leasinggegenstandes erreicht.

7. Unmöglichkeit und Geschäftsgrundlagenlösung des BGH

18 Nach bisheriger Rechtsprechung des BGH fehlt dem Leasingvertrag die **Geschäftsgrundlage**, wenn die Lieferung des Leasingobjekts aus einem Grunde unterbleibt, den der Leasingnehmer nicht zu vertreten hat.[56] Dies sei – so der BGH – Konsequenz daraus, dass der Erwerb der Leasingsache einerseits und die Gebrauchsüberlassung und Finanzierung im Leasingvertrag andererseits sich wirtschaftlich als Einheit darstellten. Der Wegfall der Geschäftsgrundlage sei allerdings nur gerechtfertigt, wenn das Ausbleiben der Lieferung endgültig feststehe. Der BGH knüpft damit auch in den Fällen, in denen die Lieferung von vornherein unterbleibt, ausdrücklich an seine Rechtsprechung zur Wandelung bzw. Rückabwicklung des Liefervertrags durch den Leasingnehmer an, wonach dem Leasingvertrag von vornherein die Geschäftsgrundlage fehlt. Nach dieser Geschäftsgrundlagenlösung wiederum hat der Leasingnehmer gegen den Leasinggeber einen Anspruch auf **Rückzahlung der geleisteten Leasingraten** nach den Regeln der ungerechtfertigten Bereicherung, §§ 812 ff. BGB.[57] Der Leasinggeber kann die Vertrags-

---

[54] *Gsell* NJW 2006, 125, 126 m. w. N.
[55] Vgl. BGH NJW 1998, 123, 124 = ZIP 1997, 1703 ff. m. w. N.
[56] BGH NJW-RR 1998, 123, 124 = ZIP 1997, 1703 ff.; so bereits BGH NJW 1986, 179, 180 = BGHZ 96, 103 ff.; ebenso Erman/*Jendrek* Anh. § 535 Leasing Rdn. 25; ablehnend *Martinek* Moderne Vertragstypen I § 6 III 6 c S. 137 („Es ist dogmatisch unerklärlich, wie das Ausbleiben der Pflichterfüllung einen Wegfall der Geschäftsgrundlage begründen kann. Wer die Lieferpflicht – wie auch der BGH bejaht –, kann bei deren Nichterfüllung nicht auf einen Wegfall der Geschäftsgrundlage ausweichen."
[57] BGH NJW 1990, 314, 315 (betr. die Geschäftsgrundlagenlösung infolge der rechtskräftigen Wandelung des Kaufvertrages über die Leasingsache).

8. Kapitel. Allgemeine mietrechtliche Haftung des Leasinggebers   § 22

kosten, insbesondere den an den Lieferanten gezahlten Kaufpreis, nicht bereicherungsmindernd vom Leasingnehmer geltend machen.[58]

Die oben genannte Formulierung des BGH in seinen Entscheidungen vom 9.10. 1985 **19** und 30. 7. 1997 (Unterbleiben der Lieferung der Leasingsache aus Gründen, die der Leasingnehmer nicht zu vertreten hat) lässt einen weiten Anwendungsbereich zu und kann auch Fälle der anfänglichen Unmöglichkeit erfassen (im Übrigen auch Fälle der nachträglichen Unmöglichkeit oder des Schuldnerverzugs). Damit steht die Frage der Konkurrenz zwischen den Grundsätzen zum Wegfall der Geschäftsgrundlage und den Regeln der Unmöglichkeit im Raum. *Apel*[59] hat – vor der Schuldrechtsreform – den Standpunkt vertreten, dass die Rechte aufgrund der Grundsätze des Wegfalls der Geschäftsgrundlage neben den Rechten des allgemeinen Schuldrechts (insbesondere § 325 Abs. 1 BGB a. F.) und des besonderen Schuldrechts **nebeneinander zur Anwendung** kämen. Hierfür spricht der Hinweis des BGH in seiner Entscheidung vom 30. 7. 1997 (nachdem er Wegfall der Geschäftsgrundlage wegen des Unterbleibens der Lieferung der Leasingsache bejaht hatte), dass dem Leasingnehmer das weitere Recht gem. § 326 BGB (a. F.) zustünde.[60] Diese Rechtsprechung des BGH lässt sich deshalb kaum als Vorrang der Geschäftsgrundlagenlösung vor den Regeln der Unmöglichkeit interpretieren. Aufgrund der aufgezeigten vielfältigen anderen Gestaltungsmöglichkeiten des Leasingnehmers im Falle anfänglicher Unmöglichkeit bestehen aber grundsätzlich **Zweifel an der Notwendigkeit auf die Regeln zur Geschäftsgrundlage** zurückzugreifen, jedenfalls für den hier in Rede stehenden Fall der Nichtlieferung der Leasingsache durch den Lieferanten.[61]

Selbst wenn man wie hier und in Übereinstimmung mit Stimmen im Schrifttum bei **20** der Konstellation (Nichtleistung der Leasingsache durch den Leasinggeber etwa wegen Unmöglichkeit) die Anwendung der Regeln zur Geschäftsgrundlage nicht für erforderlich hält, stellt sich die grundsätzliche Frage nach den **Auswirkungen der Schuldrechtsreform auf die Geschäftsgrundlagenlösung**.[62] Jedenfalls im Hinblick auf die von der Rechtsprechung angewandte Geschäftsgrundlagenlösung **bei Rückabwicklung des Liefervertrages wegen Sachmängeln** gehen Stellungnahmen im Schrifttum vielfach davon aus, dass die Schuldrechtsreform grundsätzlich keine Umkehr der Rechtsprechung hervorrufen wird.[63] Zu klären sind aber Konsequenzen der Kodifizierung der Grundsätze zur Störung der Geschäftsgrundlage. Der Leasingvertrag ist ein Dauerschuldverhältnis, und für solche sieht § 313 Abs. 3 Satz 2 BGB nun ein besonderes Kündigungsrecht vor, wenn die Geschäftsgrundlage eines Dauerschuldverhältnisses gestört ist und eine Vertragsanpassung nicht möglich ist. Wendet man § 313 Abs. 3 Satz 2 BGB strikt dem Wortlaut nach auf die Fälle des Leasinggeschäfts an, so ergibt sich für den Leasingnehmer an Stelle des früheren Rücktrittsrechts nunmehr ein Recht zur Kündigung (mit *ex nunc*-Wirkung). Somit wäre einer Rückforderung der bereits gezahlten Leasingraten des Leasingnehmers heute der Boden entzogen.[64] Es ist aber durchaus denkbar, dass der BGH wegen der Besonderheiten des Finanzierungsleasingvertrages – einem atypischen, gesetzlich nicht geregelten Vertrag – und aufgrund der Tatsache, dass der Gesetzgeber keine Änderung der Rechtslage bezweckt hat, dem Leasingnehmer weiterhin ein Rücktritts-

---

[58] Zur Geschäftsgrundlagenlösung nach Rückabwicklung des Liefervertrages vgl. *H. Beckmann* Kap. 9 § 29.
[59] Praxishandbuch Leasing 1998 (Vorauflage) § 9 Rdn. 9; wohl auch *Graf v. Westphalen* Leasingvertrag Rdn. 388.
[60] BGH NJW-RR 1998, 123, 125 = ZIP 1997, 1703 ff.
[61] Ebenso Wolf/Eckert/*Ball* Rdn. 1794; *Reinking/Eggert* Der Autokauf Rdn. 919.
[62] Vgl. dazu noch insbesondere *H. Beckmann* Kap. 9 § 29 Rdn. 29 ff.; deshalb finden sich hier nur kurze Hinweise.
[63] *Reinking* ZGS 2002, 233; *Schmalenbach/Sester* WM 2002, 2186; *Reiner/Kaune* WM 2002, 2321; *Gebler/Müller* ZBB 2002, 113; *Tiedtke/Möllmann* DB 2004, 588; Bamberger/Roth/*Ehlert*² § 535 Rdn. 71 ff.; Staudinger/*Stoffels* Leasingrecht Rdn. 242.
[64] Vgl. auch zum Folgenden Staudinger/*Stoffels* (2004) Leasing Rdn. 245.

§ 22   Zweiter Teil. Allgemeines Leasingrecht

recht gewähren wird. Tatsächlich ergibt sich aus der Regierungsbegründung, dass der Gesetzgeber lediglich die in der Rechtsprechung entwickelten Grundsätze kodifizieren wollte, ohne jedoch eine Änderung der materiellen Rechtslage herbeizuführen.[65] Dies spricht dafür, dass der BGH dem Leasinggeber auch in Zukunft – entgegen dem Wortlaut des § 313 Abs. 3 Satz 2 BGB – ein Rücktrittsrecht gewähren könnte. Ein Rücktritt nach § 313 Abs. 3 Satz 1 BGB würde zu einer Rückabwicklung nach §§ 346 ff. BGB und nicht – wie bisher vom BGH vertreten – nach Bereicherungsrecht führen. Die praktischen Unterschiede der beiden Rückabwicklungsmethoden werden allerdings als gering eingestuft,[66] so dass es möglich erscheint, dass die Rechtsprechung künftig über die §§ 313 Abs. 3 1, 346 ff. BGB rückabwickeln könnte.[67] Ein weiterer Unterschied besteht darin, dass es nun einer **Rücktrittserklärung** bedarf, während die Rechtsfolge bisher *ipso iure* eintrat. An eine entsprechende Erklärung wird man aber keine zu hohen Anforderungen stellen dürfen.[68] Es dürfte ausreichen, wenn der Leasingnehmer vom Leasinggeber mit Hinweis auf die nicht vertragsgemäße Lieferung der Sache Entlassung aus dem Leasingvertrag begehrt.

8. Fristlose Kündigung

21 Im Falle einer anfänglichen Unmöglichkeit kann der Leasingnehmer den Vertrag gem. § 543 Abs. 2 Satz 1 Nr. 1 BGB auch fristlos kündigen.[69] Diese Möglichkeit hat der BGH auch bei gleichzeitiger Anwendung der Geschäftsgrundlagenlösung wegen Ausbleiben der Lieferung für möglich erachtet (betr. § 542 BGB a. F.).[70]

9. Ausschluss der Haftungsfolgen bei anfänglicher Unmöglichkeit durch Allgemeine Geschäftsbedingungen

22 Ein Unterbleiben der Lieferung des Leasinggegenstands kann sowohl auf anfänglicher wie auf nachträglicher Unmöglichkeit beruhen. Denkbare Haftungsausschlüsse differenzieren indes nicht unbedingt zwischen anfänglicher und nachträglicher Unmöglichkeit, sondern beziehen sich generell auf den „Fall der Nichtlieferung"[71] oder auf ein „Unterbleiben der Lieferung".[72] Deshalb wird die Zulässigkeit von Haftungsausschlüssen und -beschränkungen im Hinblick auf die Unmöglichkeit der Leistung im Zusammenhang (§ 23 Rdn. 33 ff.) beleuchtet.

III. Nachträgliche Unmöglichkeit

23 Die nachträgliche Unmöglichkeit betrifft den Fall, dass die Nichtlieferbarkeit des Leasinggegenstands nach Abschluss des Leasingvertrages eintritt. Auch in diesem Fall wird der Leasinggeber nach § 275 Abs. 1 BGB von seiner primären Lieferpflicht befreit. Welche Rechtsbehelfe dem Leasingnehmer dann zustehen, richtet sich danach, wer die Unmöglichkeit zu vertreten hat. Die Rechtsfolgen unterscheiden sich nun kaum noch von denen bei anfänglicher Unmöglichkeit. Der Hauptunterschied liegt indes im Bezugspunkt des Vertretenmüssens des Leasinggebers. Während § 311 a Abs. 2 BGB auf die Kenntnis der

---

[65] BT-Drucks. 14/6040 S. 93 und 175 f.
[66] So jedenfalls *Schmalenbach/Sester* WM 2002, 2184, 2186: ebenso Staudinger/*Stoffels* (2004) Leasing Rdn. 245.
[67] Staudinger/*Stoffels* Leasingrecht Rdn. 245; Palandt/*Weidenkaff*[65] Vor § 535 Rdn. 38; *Tiedtke/Möllmann* DB 2004, 588; dagegen *Arnold* DStR 2002, 1049, 1053.
[68] Staudinger/*Stoffels* Leasingrecht Rdn. 245.
[69] Vgl. BGH NJW-RR 1998, 123, 124; BGH NJW 1988, 204; MünchKomm/*Habersack* Leasing Rdn. 920.
[70] BGH NJW-RR 1998, 123, 124 = ZIP 1997, 1703 ff.
[71] Vgl. etwa OLG Frankfurt BB 1984, 300.
[72] BGH NJW 1986, 179 = BGHZ 96, 103 ff.

8. Kapitel. Allgemeine mietrechtliche Haftung des Leasinggebers § 22

Unmöglichkeit abstellt, richten sich die §§ 280 Abs. 1, Abs. 3, 283 BGB nach dem Verschulden bezüglich der Nichterfüllung der Leistung[73] selbst.

Eine Haftung des Leasinggebers wegen Unmöglichkeit kommt nur in Betracht, soweit 24 er die Sach- und Preisgefahr zu tragen hat. Üblicherweise wird bei Leasingverträgen indes die Sach- und Preisgefahr auf den Leasingnehmer vertraglich (durch Allgemeine Geschäftsbedingungen) übertragen.[74] Die Übertragung dieser Risiken erfolgt mit Übergabe des Leasingguts an den Leasingnehmer,[75] so dass die **allgemeinen Unmöglichkeitsregeln vor dem Zeitpunkt der Übertragung von Sach- und Preisgefahr auf den Leasingnehmer** (also vor Übergabe) Geltung haben.

1. Vertretenmüssen des Leasinggebers

a) Erfüllungsgehilfeneigenschaft des Lieferanten. Regelmäßig wird das Leasing- 25 objekt dem Leasingnehmer vom Lieferanten übergeben. Der Leasinggeber tritt bei der Lieferung der Leasingsache an den Leasingnehmer nicht in Erscheinung, d. h. ein eigenes Verschulden des Leasinggebers für das Unmöglichwerden der Leistung steht vielfach nicht im Raum. Es liegt näher, dass der Lieferant bzw. dessen Mitarbeiter eine nachträgliche Unmöglichkeit schuldhaft herbeigeführt haben. Ein Vertretenmüssen des Leasinggebers für die Nichtlieferung des Leasinggutes kommt deshalb oft nur dann in Betracht, wenn der Lieferant für die Lieferung der Sache als **Erfüllungsgehilfe** (§ 278 BGB) des Leasinggebers angesehen werden kann. Dies richtet sich danach, ob der Leasinggeber die Lieferung einer (mangelfreien) Sache schuldet. Dies wird von der ganz h. M.[76] unter Hinweis auf das dem Leasingvertrag zugrunde liegende Pflichtprogramm des Mietrechts bejaht. Der Leasinggeber bedient sich danach des Lieferanten zur Erfüllung seiner Besitzverschaffungspflicht als Hauptpflicht gegenüber dem Leasingnehmer.[77]

b) Freizeichnung des Leasinggebers vom Verschulden des Lieferanten. Aufgrund 26 der Erfüllungsgehilfeneigenschaft des Lieferanten wird der Leasinggeber versuchen, sich von der Haftung für dessen Verschulden **formularvertraglich freizuzeichnen**. Solche Klauseln können etwa lauten: *„Die Sache wird vom Lieferanten direkt an den Leasingnehmer geliefert. Die Haftung des Leasinggebers für Verschulden des Lieferanten bei der Lieferung des Leasinggutes ist ausgeschlossen."*[78] Die Rechtsprechung musste sich beispielsweise mit folgender Klausel beschäftigen: *„Der Vermieter haftet nicht für Dritte, insbesondere nicht für den Lieferanten des Mietgegenstandes."*[79]

In entsprechenden **AGB, die gegenüber Verbrauchern** verwendet werden, ist eine 27 die Haftung für Dritte generell ausschließende Klausel nach § 309 Nr. 7 lit. a BGB un-

---

[73] MünchKomm/*Ernst*[4] § 283 Rdn. 4; Erman/*Westermann*[11] § 283 Rdn. 4; jurisPK-BGB/*Alpmann*[2] § 283 Rdn. 10; a. A. z. B. Reichenbach Jura 2003, 512, 514: Die Pflichtverletzung liege in dem Verursachen der Unmöglichkeit.

[74] Vgl. in diesem Handbuch *Ackermann* § 31 Rdn. 2; im Übrigen *H. Beckmann* Finanzierungsleasing § 2 Rdn. 475 ff.; MünchKomm/*Habersack* Leasing Rdn. 70; Staudinger/*Stoffels* Leasingrecht Rdn. 200 ff.

[75] MünchKomm/*Habersack* Leasing Rdn. 70.

[76] BGH NJW-RR 1998, 123, 124; BGH NJW 1982, 105 = BGHZ 81, 298 ff.; BGHZ 68, 118 ff.; BGH NJW 1986, 179 = BGHZ 96, 103 ff.; BGHZ 114, 57 ff.; BGH NJW 1988, 204, 205; BGH NJW 2005, 365; *Graf v. Westphalen* Leasingvertrag Rdn. 376; MünchKomm/*Habersack* Leasing Rdn. 56; *H. Beckmann* Finanzierungsleasing § 2 Rdn. 9; *Reinicke/Tiedtke* Kaufrecht, Rdn. 1686; *Graf v. Westphalen* Leasingvertrag Rdn. 376. Nach a. A. hat der Leasinggeber das Leasinggut nur dann herauszugeben, wenn er es vom Lieferanten erhält, vgl. *Larenz/Canaris.* 111 u. 121; *Martinek/Oechsler* in: Bankrechtshandbuch § 101 Rdn. 58; *Flume* DB 1991, 269.

[77] BGH NJW 2005, 365, 366; BGH NJW 1988, 198, 199; 1988, 2465, 2468; OLG Düsseldorf NJW-RR 2005, 700; *H. Beckmann* Finanzierungsleasing § 3 Rdn. 131; *Martinek* Moderne Vertragstypen I § 6 III 2 S. 128; Staudinger/*Stoffels* Leasingrecht Rdn. 193.

[78] Beispiele nach *Apel* in: Praxishandbuch Leasing 1998 (Vorauflage) § 9 Rdn. 56.

[79] Vgl. BGH NJW 1987, 1072; 1985, 2258, 2259.

§ 22 Zweiter Teil. Allgemeines Leasingrecht

wirksam, wenn sie tatbestandlich auch Schäden aus der Verletzung des Lebens, des Körpers oder der Gesundheit umfasst. Zusätzlich verstößt eine Klausel gegen § 309 Nr. 7 lit. b BGB, wenn sie so umfassend formuliert ist, dass sie auch die Haftung für sonstige Schäden, die auf einer vorsätzlichen oder grob fahrlässigen Pflichtverletzung des Erfüllungsgehilfen beruhen, ausschließen soll. Danach halten die genannten weit formulierten Klauselbeispiele einer Inhaltskontrolle nicht stand. Soweit ein Haftungsausschluss sich nur auf **leichte Fahrlässigkeit des Erfüllungsgehilfen** für Schäden, die nicht aus der Verletzung von Leben, Körper oder Gesundheit herrühren, bezieht, ist dessen Wirksamkeit an § 307 Abs. 2 Nr. 2 BGB zu messen. Die Freizeichnung bei leichter Fahrlässigkeit ist (wenn sie sich nicht auf Körper- und Gesundheitsschäden bezieht, vgl. § 309 Nr. 7 lit. a BGB) grundsätzlich zulässig, nicht jedoch wenn es sich um die vertragszweckgefährdende Verletzung von vertragswesentlichen Pflichten handelt,[80] handelt es sich nach zutreffender und auch hier vertretener Ansicht bei der Liefer- und Gebrauchsverschaffungspflicht um eine **Hauptpflicht bzw. Kardinalpflicht** des Leasinggebers.[81] Eine Freizeichnung von der Erfüllung seiner Kardinalpflicht ist dem Leasinggeber demnach auch bei nur leichtem Verschulden seines Erfüllungsgehilfen nicht möglich.[82]

28 Zur Zulässigkeit von Haftungsausschlüssen für das Verschulden des Erfüllungsgehilfen bei **Verwendung gegenüber Unternehmern** finden sich differenzierende Auffassungen. Teilweise wird die Regelung des § 309 Nr. 7 b BGB über seine Ausstrahlungswirkung auf § 307 BGB auch im unternehmerischen Geschäftsverkehr angewandt.[83] Andererseits wird danach differenziert, ob die Verletzung aller oder nur bestimmter Pflichten und ob Erfüllungsgehilfen in leitender oder in nicht leitender Position betroffen sind.[84] Nach ganz h. M.[85] ist aber zumindest die Freizeichnung für **grobes Verschulden** von Erfüllungsgehilfen in leitender Position unzulässig. Die zunächst offengebliebene Frage nach der Möglichkeit zur Freizeichnung für grobes Verschulden einfacher Erfüllungsgehilfen hat der BGH dahin beantwortet, dass § 11 Nr. 7 AGBG a. F. eine indizielle Bedeutung für die Annahme einer unangemessenen Benachteiligung – auch des kaufmännischen – Vertragspartners zukomme.[86] Nach zutreffender Ansicht ist aber eine solche Klausel auch bezüglich einfacher Erfüllungsgehilfen unzulässig: Der BGH ist zu Recht der Ansicht, dass selbst eine Freizeichnung für **leichte Fahrlässigkeit einfacher Erfüllungsgehilfen** nicht möglich ist, soweit es um eine Verletzung von **Kardinalpflichten** geht.[87] Um eine solche Pflicht handelt es sich bei der Verpflichtung des Leasinggebers, dem Leasingnehmer die Leasingsache ordnungsgemäß und rechtzeitig zur Verfügung zu stellen.[88] **Auch bei Verwendung gegenüber Unternehmern** liegt daher eine **unangemessene Benachteiligung** nach § 307 Abs. 2 Nr. 2 BGB vor, die die Erreichung des Vertragszweckes des Leasingvertrages gefährdet.[89] In die gleiche Richtung geht wohl auch der BGH, der jüngst

---

[80] BGH NJW 1993, 335; Staudinger/*Coester*, § 307 Rdn. 437 m. w. N.

[81] *Graf v. Westphalen* ZIP 1985, 1436; *Emmerich* JuS 1990, 5; *Martinek* Moderne Vertragstypen I § 6 V S. 132.

[82] So bereits *Martinek* Moderne Vertragstypen I § 6 V S. 132; *H. Beckmann* in: Praxishandbuch Leasing 1998 (Vorauflage) § 7 Rdn. 28 m. w. N.; *H. Schmidt*/Ulmer/Brandner/Hensen[10] Anh. § 310 BGB Rdn. 538.

[83] Palandt/*Heinrichs*[65] § 309 Rdn. 48 f.; Staudinger/*Stoffels* Leasingrecht Rdn. 169.

[84] BGH NJW 1985, 2258; Palandt/*Heinrichs*[65] § 309 Rdn. 48; *Christensen*/Ulmer/Brandner/Hensen[10] § 309 Nr. 7 Rdn. 45; Erman/*Roloff*[11] § 309 Rdn. 78.

[85] Vgl. BGH NJW 1956, 908, 909 = BGHZ 20, 164 ff.; BGH NJW 1978, 997, 998 = BGHZ 70, 356, 364; BGH NJW 1999, 1031, 1032; vgl. *Christensen*/Ulmer/Brandner/Hensen[10] § 309 Nr. 7 Rdn. 45; Erman/*Roloff*[11] § 309 Rdn. 78.

[86] BGH NJW 1988, 1785, 1788 = BGHZ 103, 316 ff.; vgl. *Christensen*/Ulmer/Brandner/Hensen[10] § 309 Nr. 7 Rdn. 45; offengelassen durch den BGH NJW 1984, 1350, 1351 = BGHZ 89, 363 ff.

[87] BGH NJW 1984, 1350, 1351 = BGHZ 89, 363 ff.; BGH NJW 1985, 914, 915.

[88] *Apel* in: Praxishandbuch Leasing 1998 (Vorauflage) § 9 Rdn. 61; vgl. bereits oben § 21 Rdn. 7.

[89] Vgl. *Martinek* Moderne Vertragstypen I § 6 III 5 S. 132 f.; *Graf v. Westphalen* Leasingvertrag Rdn. 311.

nochmals klargestellt hat, dass ein allgemeiner Haftungsausschluss für durch einfache Fahrlässigkeit herbeigeführte Schäden unangemessen und damit wegen Verstoßes gegen § 307 Abs. 1 BGB unwirksam ist.[90]

Gegen diesen Standpunkt lässt sich nicht der Umstand ins Feld führen, dass vielfach **29** der **Leasingnehmer den Lieferanten bestimmt**.[91] Wenn der Leasinggeber auf dieser Grundlage den Leasingvertrag abschließt, akzeptiert er letztlich eine entsprechende „Vorauswahl" durch den Leasingnehmer. Immerhin hat der Leasinggeber die Möglichkeit vor Vertragsschluss die Zuverlässigkeit und Eignung des Lieferanten zu prüfen; schließlich wird der Leasinggeber diese Beurteilung im Zweifel sogar besser vornehmen können als der Leasingnehmer.[92] Hat der Leasinggeber Bedenken, so könnte er vom Abschluss des Leasingvertrages absehen.

Danach kommt eine Freizeichnung für einfache Fahrlässigkeit von Erfüllungsgehilfen **30** jedenfalls nur dann in Betracht, wenn sie sich nicht auf Kardinalpflichten, sondern auf **Nebenpflichten** bezieht.[93] Aber auch diese Feststellung findet ihre Einschränkung: Wenn z.B. der Verwender als Fachmann in besonderer Weise Vertrauen für sich in Anspruch genommen hat, kommt gleichwohl Unwirksamkeit solcher Freizeichnungen in Betracht.[94]

Schließlich sei darauf hingewiesen, dass der Leasinggeber seine Haftung auch nicht **31** durch eine Klausel ausschließen kann, wonach der Lieferant nicht dessen Erfüllungsgehilfe sei.[95]

2. Einrede aus § 320 BGB

Bei vollständiger oder teilweiser Nichterfüllung[96] steht dem Leasingnehmer in jedem Fall **32** die Einrede des nicht erfüllten Vertrages nach § 320 BGB zu. Der Leasingnehmer ist also berechtigt, die Zahlung der Leasingraten zu verweigern und die Erfüllung des Leasingvertrages zu erzwingen, soweit nicht das Leistungsverweigerungsrecht wegen Geringfügigkeit ausgeschlossen ist (§ 320 Abs. 2 BGB). Dies gilt im Ergebnis auch bei Unmöglichkeit der Leistung. Freilich ist der Leasingnehmer in diesen Fällen in Wahrheit schon nach § 326 Abs. 1 BGB von der Zahlungspflicht befreit. Aus der Sicht des Leasingnehmers wird aber oft nicht klar sein, ob nun Unmöglichkeit vorliegt oder ob sich der Leasinggeber bzw. der Lieferant (§ 278 BGB) mit der Lieferung in Verzug befindet. Der Leasingnehmer kann daher die Zahlung der Leasingraten verweigern, solange nicht vollständig geliefert wurde.

3. Weitere Rechtsbehelfe

Im Einzelnen richten sich die weiteren Rechtsbehelfe des Leasingnehmers danach, wer **33** die Unmöglichkeit zu vertreten hat.

a) Unverschuldete Unmöglichkeit. Ist die Unmöglichkeit weder vom Leasinggeber **34** noch vom Leasingnehmer zu vertreten, so entfällt die Pflicht des Leasingnehmers zur

---

[90] BGH NJW 2005, 422, 424. Für unwirksam wurde u. a. folgende Klausel einer Autowaschanlage erkannt: „Eine Haftung für die Beschädigung der außen an der Karosserie angebrachten Teile, wie z. B. Zierleisten, Spiegel, Antennen, sowie dadurch verursachte Lack- und Schrammschäden, bleibt ausgeschlossen, es sei denn, dass den Waschanlagenunternehmer eine Haftung aus grobem Verschulden trifft."
[91] *Apel* in Praxishandbuch Leasing 1998 (Vorauflage) § 9 Rdn. 62.
[92] *Apel* in Praxishandbuch Leasing 1998 (Vorauflage) § 9 Rdn. 62; *Papapostolou*, S. 104.
[93] *Apel* in Praxishandbuch Leasing 1998 (Vorauflage) § 9 Rdn. 63; vgl. auch *Christensen*/Ulmer/Brandner/Hensen[10] § 309 Nr. 7 Rdn. 45.
[94] Vgl. BGH NJW 2005, 422, 424; BGH NJW 1985, 914, 915; BGH NJW-RR 1986, 271, 272; Staudinger/*Coester* (2006) § 307 Rdn. 440 mit weiteren Beispielen.
[95] OLG Köln NJW-RR 1996, 411, 412; *H. Beckmann* Finanzierungsleasing § 3 Rdn. 153.
[96] BGH NJW 1995, 187, 188.

§ 22　　　　　　　　　　　Zweiter Teil. Allgemeines Leasingrecht

Entrichtung der Leasingraten nach § 326 Abs. 1 Satz 1 BGB. Dem Leasingnehmer stehen zudem folgende Möglichkeiten zur Verfügung:

35　**aa) Rücktritt.** Nach §§ 323, 326 Abs. 5 BGB kann der Leasingnehmer ohne Fristsetzung vom Leasingvertrag zurücktreten. Da aus Sicht des Leasingnehmers bei Nichtleistung aber oft unklar sein wird, ob Unmöglichkeit oder bloßer Verzug vorliegt, ist dem Leasingnehmer anzuraten, die Rücktrittserklärung (§ 349 BGB) erst nach dem Verstreichen einer angemessenen Nachfrist nach § 323 Abs. 1 BGB auszusprechen. So kann sichergestellt werden, dass die Rücktrittserklärung auch wirksam ist, falls wider Erwarten „nur" Verzug der Lieferung vorliegen sollte.

36　**bb) Schadensersatz.** Ansprüche auf Schadensersatz nach §§ 280 Abs. 1, Abs. 3, 283 BGB kommen für den Leasingnehmer nicht in Betracht, wenn der Leasinggeber nach § 280 Abs. 1 Satz 2 BGB darlegen und beweisen kann, dass er die Unmöglichkeit nicht verschuldet hat.

37　**cc) Anspruch auf das sog. stellvertretende *commodum*.** Der Leasingnehmer kann nach § 285 BGB Herausgabe eines Ersatzes oder Ersatzanspruchs (etwa ein Versicherungsanspruch bzw. eine Versicherungsleistung) für den Untergang der Leasingsache verlangen. Dann bleibt er allerdings nach § 326 Abs. 3 BGB zur Gegenleistung verpflichtet, soweit das stellvertretende *commodum* den Wert des Leasinggegenstandes erreicht.

38　**dd) Wegfall der Geschäftsgrundlage.** Nach der oben (Rdn. 18 ff.) erörterten Rechtsprechung fällt auch der Fall der unverschuldeten nachträglichen Unmöglichkeit unter die Regel, dass bei vom Leasingnehmer unverschuldeter Nichtlieferung die Geschäftsgrundlage des Leasingvertrages entfällt; auf die dortigen Ausführungen wird verwiesen.

39　**ee) Kündigung nach § 543 Abs. 1 Satz 1 Nr. 1 BGB.** Nach der Rechtsprechung des BGH[97] steht dem Leasingnehmer in Fällen der Nichtleistung, also auch bei nachträglicher Unmöglichkeit, ein fristloses Kündigungsrecht nach § 543 Abs. 2 Satz 1 Nr. 1 BGB zu. Im Falle der Unmöglichkeit ist das Setzen einer Frist zur Abhilfe für den Leasingnehmer nach § 543 Abs. 3 Satz 2 Nr. 1 BGB entbehrlich, da eine solche Fristsetzung keinen Erfolg mehr versprechen würde. Nach überwiegender Auffassung erlischt der Leasingvertrag im Fall der nachträglichen unverschuldeten Unmöglichkeit sogar **ohne Kündigung** unter Hinweis darauf, dass die gegenseitigen Pflichten von Leasingnehmer und Leasinggeber ja nach §§ 275 Abs. 1, 326 Abs. 1 BGB erloschen sind.[98]

40　**b) Vertretenmüssen des Leasingnehmers/Annahmeverzug des Leasingnehmers.** Ist der Leasingnehmer für den Umstand, aufgrund dessen der Leasinggeber nach § 275 Abs. 1–3 BGB nicht zu leisten braucht, **allein oder überwiegend verantwortlich**, so bleibt er nach § 326 Abs. 2 Satz 1, 1. Alt. BGB weiterhin zur Zahlung der Leasingraten verpflichtet. Nach § 326 Abs. 2 Satz 2 BGB muss sich allerdings der Leasinggeber dasjenige anrechnen lassen, was er infolge der Befreiung von der Leistung (§ 275 Abs. 1 BGB) erspart. Dem Leasingnehmer stehen keine weiteren Rechtsbehelfe gegen den Leasingnehmer zu. Nach § 323 Abs. 6 BGB ist der Leasingnehmer nicht zum Rücktritt berechtigt. Schadensersatzansprüche nach §§ 280, 283 BGB scheiden mangels Verschuldens des Leasinggebers aus. Der Leasingnehmer ist auch nicht zur Kündigung nach § 543 Abs. 1 Satz 1 Nr. 1 BGB berechtigt.[99] Die Geschäftsgrundlagenlösung aufgrund der Rechtspre-

---

[97] BGH NJW 1993, 122, 123 (noch zu § 542 BGB a. F.).
[98] Palandt/*Weidenkaff*[65] § 543 Rdn. 9; LG Karlsruhe NZM 2005, 221 (zum Mietvertrag) m. w. N.; a. A. Wolf/Eckert/*Ball* Handbuch des gewerblichen Miet-, Pacht- und Leasingrechts, 8. Aufl. 2000, Rdn. 352.
[99] *Apel* in: Praxishandbuch Leasing 1998 (Vorauflage) § 9 Rdn. 27; Palandt/*Weidenkaff*[65] § 543 Rdn. 10 (Mietrecht betreffend).

8. Kapitel. Allgemeine mietrechtliche Haftung des Leasinggebers **§ 22**

chung des BGH wiederum kommt nur dann in Betracht, wenn die Lieferung der Leasingsache aus Gründen unterbleibt, die der Leasingnehmer nicht zu vertreten hat.[100]

Anders als das Vertretenmüssen des Schuldners gem. § 276 BGB ist das **Vertretenmüssen des Gläubigers** gesetzlich nicht definiert. Mit der Formulierung „allein oder weit überwiegend verantwortlich" im Rahmen von § 326 Abs. 2 Satz 1 BGB soll nur ein Grad an Mitverantwortung des Gläubigers umschrieben werden, bei dem nach § 254 BGB auch ein Schadensersatzanspruch des Gläubigers gegen den Schuldner ausgeschlossen wäre;[101] es geht um Fälle des überwiegenden Mitverschuldens von mehr als 90 %.[102] Eine Verantwortlichkeit des Gläubigers ist jedenfalls im Falle eines von ihm zu vertretenden Verstoßes gegen vertragliche Haupt- und Nebenpflichten, insbesondere gegen Schutzpflichten nach § 241 Abs. 2 BGB anzunehmen. Die überwiegende Meinung wendet §§ 276 bis 278 BGB entsprechend auf den Gläubiger an;[103] wesentlich zu berücksichtigen ist des Weiteren, ob der Gläubiger in dem Vertrag ausdrücklich oder konkludent das Risiko des betreffenden Leistungshindernisses übernommen hat.[104] 41

Grundsätzlich Entsprechendes, insbesondere im Hinblick auf die genannten Rechtsfolgen (oben Rdn. 40 f.) gilt gem. § 326 Abs. 2 Satz 1, 2. Alt. BGB, wenn der vom Schuldner nicht zu vertretende Umstand (aufgrund dessen er nach § 275 Abs. 1–3 BGB nicht zu leisten braucht) zu einer Zeit eingetreten ist, zu welcher sich der Gläubiger in **Annahmeverzug** befunden hat. 42

c) Vom Leasinggeber zu vertretende Unmöglichkeit. Haben der Leasinggeber oder der Lieferant als Erfüllungsgehilfe des Leasinggebers[105] die Unmöglichkeit zu vertreten, verschuldet beispielsweise der Lieferant bei Auslieferung eines geleasten Kfz einen Totalschaden,[106] so entfällt die **Pflicht des Leasingnehmers zur Zahlung** der Leasingraten nach § 326 Abs. 1 Satz 1 BGB. Dem Leasingnehmer stehen zudem folgende Rechtsbehelfe zur Verfügung: 43

aa) Rücktritt. Gem. §§ 326 Abs. 5, 323 BGB kann der Leasingnehmer ohne Fristsetzung vom Leasingvertrag **zurücktreten**. Da aus Sicht des Leasingnehmers bei Nichtleistung aber oft unklar sein wird, ob Unmöglichkeit oder bloßer Verzug vorliegt, ist dem Leasingnehmer anzuraten, die Rücktrittserklärung (§ 349 BGB) erst nach dem Verstreichen einer angemessenen Nachfrist nach § 323 Abs. 1 BGB auszusprechen. So kann sichergestellt werden, dass die Rücktrittserklärung auch wirksam ist, falls wider Erwarten doch „nur" Verzug der Lieferung vorliegen sollte. 44

bb) Schadensersatz. Hat der Leasinggeber die Unmöglichkeit zu vertreten, steht dem Leasingnehmer unter den weiteren Voraussetzungen gem. §§ 280 Abs. 1, Abs. 3, 283 BGB ein Anspruch auf **Schadensersatz statt der Leistung** zu; nach § 280 Abs. 1 Satz 2 BGB hat der Leasinggeber darzulegen und ggf. zu beweisen, dass er die Pflichtverletzung nicht zu vertreten hat. Näheres zu einem solchen Schadensanspruch im Rahmen der Ausführungen zur praktisch relevanteren Konstellation des Lieferverzugs (§ 23 Rdn. 24 ff.). Nach § 284 BGB kann auch[107] Aufwendungsersatz geltend gemacht werden. 45

---

[100] BGH NJW 1986, 179 = BGHZ 96, 103 ff.; zum Verhältnis zur Unmöglichkeit bereits oben Rdn. 18.
[101] AnwK-BGB/*Dauner-Lieb* (2004) § 326 Rdn. 13; vgl. BT-Drucks. 14/6040 S. 187 (betr. § 326 Abs. 5 BGB).
[102] AnwK-BGB/*Dauner-Lieb* (2004) § 326 Rdn. 13; Erman/*H. P. Westermann*[11] § 326 Rdn. 11.
[103] Vgl. MünchKomm/*Ernst*[4] 326 Rdn. 49 m. w. N.
[104] Vgl. MünchKomm/*Ernst*[4] 326 Rdn. 52 m. w. N.
[105] Zur Erfüllungsgehilfeneigenschaft des Lieferanten, vgl. oben Rdn. 25.
[106] Beispiel nach *Apel* in: Praxishandbuch Leasing 1998 (Vorauflage) § 9 Rdn. 28.
[107] Zum Verhältnis zwischen Schadensersatz- und Aufwendungsersatzanspruch, vgl. bereits Rdn. 11.

46 cc) Anspruch auf das sog. stellvertretende *commodum*. Der Leasingnehmer kann nach § 285 BGB Herausgabe eines Ersatzes oder Ersatzanspruchs (etwa ein Versicherungsanspruch bzw. eine Versicherungsleistung) für den Untergang der Leasingsache verlangen. Dann bleibt er allerdings nach § 326 Abs. 3 BGB zur Gegenleistung verpflichtet, soweit das stellvertretende *commodum* den Wert des Leasinggegenstandes erreicht.

47 dd) Wegfall der Geschäftsgrundlage. Nach der oben erörterten Rechtsprechung fällt sich auch der Fall der nachträglichen Unmöglichkeit unter die Regel, dass bei vom Leasingnehmer unverschuldeter Nichtlieferung die Geschäftsgrundlage des Leasingvertrages entfällt, so dass insoweit auf die bereits vorgenommenen Ausführungen (oben Rdn. 18 ff.) verwiesen werden kann.

48 ee) Kündigung nach § 543 Abs. 1 Satz 1 Nr. 1 BGB. Nach der Rechtsprechung des BGH[108] steht dem Leasingnehmer in Fällen der Nichtleistung, also auch bei nachträglicher Unmöglichkeit, ein fristloses Kündigungsrecht nach § 543 Abs. 1 Satz 1 Nr. 1 BGB zu.

4. Teilleistung/teilweise Nichterfüllung

49 Zwischen den Leasingvertragsparteien können unterschiedliche Auffassungen bestehen, ob die Leasingsache **vollständig geliefert** worden ist. Dies gilt beispielsweise für den in der Praxis häufig vorkommenden Fall der Abgabe einer (unzutreffenden) Übernahmebestätigung.[109] Typischerweise hat der Leasingnehmer aufgrund entsprechender AGB des Leasingvertrages dem Leasinggeber die Lieferung des Leasinggegenstands sowie dessen Gebrauchs- und Funktionsfähigkeit zu bestätigen.[110] Die Übernahmebestätigung hat (lediglich) die Funktion einer Quittung nach § 368 BGB.[111] Sie ist daher kein rechtlich bindendes Anerkenntnis, berührt aber nach § 363 BGB die Darlegungs- und Beweislast;[112] im Hinblick auf die Vollständigkeit der Leistung tritt durch eine Übernahmebestätigung eine Umkehr der Beweislast ein,[113] da der Schuldner grundsätzlich die – vollständige – Erfüllung darzulegen hat;[114] die Übernahmebestätigung schließt nicht etwa generell alle auf der unvollständigen Lieferung beruhenden Einwendungen aus.

50 Liegt eine **Teilleistung** vor – was eine teilbare Leistung voraussetzt[115] –, so stehen dem Leasingnehmer grundsätzlich die gleichen Rechte wie bei völliger Nichtlieferung zu,[116] soweit die ausgebliebene Leistung die aus Treu und Glauben entwickelte Schwelle der Geringfügigkeit überschreitet.[117] Zunächst ist der Leasingnehmer berechtigt, Teilleistungen nach § 266 BGB zurückzuweisen. Ein Rücktritt vom Leasingvertrag ist nach § 323 Abs. 5 BGB allerdings nur möglich, wenn der Leasingnehmer an der Teilleistung **kein Interesse** hat. Ein Interessenfortfall liegt etwa vor, wenn es für den Gläubiger günstiger wäre, insgesamt einen neuen Erfüllungsanspruch zu begründen.[118] Dies ist insbesondere der Fall, wenn die konkreten individuellen[119] Zwecke des Gläubigers mit der

---

[108] BGH NJW 1993, 122, 124 (noch zu § 542 BGB a. F.).
[109] Wolf/Eckert/*Ball* Rdn. 1795.
[110] Vgl. MünchKomm/*Habersack* Leasing Rdn. 59; vgl. des Weiteren oben *Wimmer-Leonhardt* § 13 Rdn. 1.
[111] BGH NJW 1988, 204, 206; BGH WM 87, 1131; MünchKomm/*Habersack* Leasing Rdn. 60; *Graf v. Westphalen* Leasingvertrag Rdn. 395.
[112] BGH NJW 1989, 3222, 3223; Wolf/Eckert/*Ball* Rdn. 1778; MünchKomm/*Habersack* Leasing Rdn. 60 m. w. N. weist indes ein Recht darauf hin, dass es ohnehin grundsätzlich Sache des Leasingnehmers ist, das Vorliegen eines *Mangels* im Zeitpunkt der Lieferung nachzuweisen.
[113] BGH NJW 1988, 204, 206.
[114] JurisPK-BGB/*Kerwer*³ § 362 Rdn. 34.
[115] *H. Beckmann* Finanzierungsleasing Rdn. 455 ff., 462.
[116] MünchKomm/*Habersack* Leasing Rdn. 67.
[117] Staudinger/*Stoffels* Leasingrecht Rdn. 194.
[118] JurisPK-BGB/*Alpmann*³ § 323 Rdn. 46 m. w. N.
[119] OLG Köln MDR 2003, 212.

8. Kapitel. Allgemeine mietrechtliche Haftung des Leasinggebers § 22

erbrachten Teilleistung auch nicht teilweise befriedigt werden können.[120] Den Interessenfortfall hat der Leasingnehmer darzulegen und zu beweisen. Der BGH[121] hat jedoch bislang in diesen Fällen auf § 543 Abs. 2 Nr. 1 BGB zurückgegriffen.[122] Hiernach liegt ein wichtiger, zur **außerordentlichen Kündigung berechtigender Grund** vor, wenn dem Leasingnehmer der vertragsgemäße Gebrauch der Leasingsache ganz oder zum Teil nicht rechtzeitig gewährt (oder wieder entzogen) wird.

Schwierigkeiten bereitet mitunter die **Abgrenzung der Teilleistung vom Sachmangel**. Eine Zuweniglieferung wird nunmehr in § 434 Abs. 3 BGB einem Sachmangel gleichgestellt. Dies gilt ausweislich der Gesetzesbegründung[123] aber nur für sog. verdeckte Teilleistungen.[124] Darunter werden solche Zuweniglieferungen verstanden, die mit Erfüllungsabsicht im Hinblick auf die gesamte Pflicht geleistet werden. Geht hingegen der Leasinggeber selbst davon aus, dass die Teilleistung nur eine Teilerfüllung zur Folge haben kann, so liegt eine offene Teilleistung vor, die nicht von § 434 Abs. 3 BGB erfasst ist. Abgrenzungsschwierigkeiten können sich also nur bei verdeckten Teilleistungen ergeben. Wird beispielsweise bei einem Leasingvertrag über Computer-Hard- und Software nur die Hardware geliefert, so kommen nach der Rechtsprechung des BGH[125] nicht die Mängelrechte, sondern die allgemeinen Regeln bei Teilleistungen (einschließlich der Kündigungsmöglichkeit nach § 543 Abs. 2 Nr. 1 BGB) zur Anwendung.[126] Dasselbe soll gelten, wenn dem Leasingnehmer ein Computer ohne Handbücher ausgehändigt wird.[127] 51

IV. Freizeichnung von den Rechtsfolgen bei Unmöglichkeit

Der gesetzlich nicht geregelte Leasingvertrag wird gerade durch Vertragsabreden geprägt, so dass es nahe liegt, dass insbesondere der Leasinggeber versucht, sich auch von den **Rechtsfolgen bei Unmöglichkeit freizuzeichnen**. Da dies in der Regel durch Allgemeine Geschäftsbedingungen geschieht, steht deren AGB-rechtliche Zulässigkeit im Vordergrund. Auf die Frage der Zulässigkeit der **Freizeichnung des Leasinggebers vom Verschulden des Lieferanten** wurde bereits an anderer Stelle eingegangen (vgl. Rdn. 26). 52

1. Grundsätzliche und weitgehende Ausschlüsse der Folgen bei Unmöglichkeit

Die Rechtsprechung musste sich in der Vergangenheit unter anderem mit **weitgehenden Haftungsausschlüssen in Form von Nichtlieferungsklauseln** auseinandersetzen. Genannt werden kann beispielsweise die Klausel in einem Leasingvertrag: „*Unterbleibt die Lieferung des Mietgegenstands oder fällt der Mietgegenstand vor Abnahme durch den Mieter dem Untergang, dem Verlust oder der Zerstörung anheim . . . wird dieser Vertrag gegenstandslos; der Mieter erstattet dem Vermieter die entstandenen Kosten.*"[128] 53

---

[120] JurisPK-BGB/*Alpmann*³ § 323 Rdn. 46 m. w. N.
[121] BGH NJW 1988, 204, 205; 1988, 2465, 2468; so auch MünchKomm/*Habersack* Leasing Rdn. 920; anders aber OLG Köln MDR 2003, 212, das einen Rücktritt des Leasingnehmers nach § 326 a. F. bejaht.
[122] Dazu Staudinger/*Stoffels* Leasingrecht Rdn. 194; Wolf/Eckert/*Ball* Rdn. 1795.
[123] BT-Drucks. 14/6040 S. 216.
[124] Bamberger/Roth/*Faust*² § 434 Rdn. 113; Erman/*Grunewald*¹¹ § 434 Rdn. 62; a. A. AnwK-BGB/*Büdenbender* (2005) § 434 Rdn. 78.
[125] BGH NJW 1988, 204, 205; BGH 1988, 2465, 2468; ebenso MünchKomm/*Habersack* Leasing Rdn. 67.
[126] Ebenso, wenn Teile der Hardware fehlen, vgl. BGH NJW 1993, 122, 123.
[127] BGH NJW 1993, 461, 462.
[128] Beispiel nach BGH NJW 1986, 179 = BGHZ 96, 103 ff.

54 Es liegt fast auf der Hand, dass solche weitgehenden und praktisch alle Folgen der Unmöglichkeit ausschließenden Klauseln unter AGB-rechtlichen Aspekten problematisch sind.[129] Insbesondere im Hinblick auf die Kostenregelung hat der BGH diese Klausel gem. § 9 Abs. 2 Nr. 1 AGBG a. F. zu Recht für unwirksam erklärt:[130] „Die Äquivalenz im Leasingvertrag wäre schwer gestört, wenn infolge Nichtbeschaffung der Leasingsache und damit zugleich Nichterfüllung der dem Leasinggeber obliegenden Hauptpflicht der Gebrauchsgewährung (§§ 535, 636 BGB) zwar der Leasinggeber von allen Verpflichtungen befreit wäre, der Leasingnehmer aber im praktischen Ergebnis einen Teil seiner Gegenleistung (Leasingraten) erbringen müsste. Zwar soll der Leasingvertrag nach der ausdrücklichen Formulierung der Klausel ‚gegenstandslos' sein, was die Befreiung beider Partner von ihren Vertragspflichten zur Folge haben müsste. Dem widerspricht aber die Kostenregelung. Wäre der Vertrag durchgeführt worden, so wären die auch dann entstehenden Aufwendungen, z. B. die Bereitstellungsprovision, von der Bekl. (der Leasingnehmerin, Anm. des Verf.) mit ihren Leasingraten abgedeckt und nicht etwa gesondert berechnet worden." Auch wenn sich diese Ausführungen primär auf die in der Klausel aufgenommene Kostenregelung beziehen, wird ein solcher weitergehender Ausschluss der Folgen einer Nichtlieferung zu Recht grundsätzlich für unwirksam erachtet.[131] Dies gilt insbesondere dann, wenn man den Leasinggeber nach hier vertretener und herrschender Auffassung für verpflichtet erachtet, dem Leasingnehmer den Leasinggegenstand zu verschaffen und darin eine Hauptpflicht des Leasinggebers sieht.

55 **Im nichtunternehmerischen Bereich** sind durch eine solche umfassende Freizeichnung insbesondere **§ 309 Nr. 7 lit. b BGB sowie § 309 Nr. 8 lit. a BGB** berührt. Denn ein genereller uneingeschränkter Haftungsausschluss würde die Haftung für sonstige Schäden i. S. d. § 309 Nr. 7 lit. b BGB erfassen, die auf einer grob fahrlässigen Pflichtverletzung des Verwenders oder auf einer vorsätzlichen oder grob fahrlässigen Pflichtverletzung eines Erfüllungsgehilfen des Verwenders beruhen; dies ist nach diesem Klauselverbot gerade unwirksam. Darüber hinaus lässt sich ein Verstoß gegen § 309 Nr. 8 lit. a BGB annehmen.[132] Auch bei Verwendung einer solchen umfassenden Freizeichnung von den Unmöglichkeitsfolgen **gegenüber Unternehmern** wird man einen Verstoß gegen die Generalklausel, insbesondere gegen § 307 Abs. 2 Nr. 2 BGB annehmen müssen, da eine solche Klausel, wesentliche Pflichten, die sich aus der Natur des Vertrages ergeben, so einschränkt, dass die Erreichung des Vertragszwecks gefährdet ist;[133] jedenfalls nach hier vertretener und herrschender Meinung stellt die Besitzverschaffungspflicht des Leasinggebers gerade eine Hauptpflicht und damit eine wesentliche Pflicht dar. Gegen die Wirksamkeit spricht zudem die Ausstrahlungswirkung des Klauselverbots gem. § 309 Nr. 8 lit. a BGB auf die Inhaltskontrolle gem. § 307 BGB.[134] Unterschiedlich beurteilt werden hingegen Freizeichnungsklauseln des Leasinggebers (betr. Nichtlieferung und verspäteter Lieferung), wenn dieser zugleich seine gegen den Lieferanten bestehenden Ansprüche abtritt (dazu unter Rdn. 59 ff.).

---

[129] Jedenfalls dann wenn man mit der h. M. eine Gebrauchsüberlassungspflicht des Leasinggebers annimmt; vgl. *Martinek* Moderne Vertragstypen I § 6 III 5 S. 131 mit Nachweisen zur Gegenansicht.

[130] BGH NJW 1986, 179, 180 = BGHZ 96, 103 ff.

[131] Ausdrücklich etwa Staudinger/*Stoffels* Leasingrecht Rdn. 196 m. w. N.

[132] Staudinger/*Stoffels* Leasingrecht Rdn. 196; MünchKomm/*Habersack* Leasing Rdn. 68; wegen Verstoßes noch gegen § 11 Nr. 8 AGBG a. F. hat das OLG Hamm (DB 1980, 393 ff.; juris Rdn. 49) eine grundsätzliche Freizeichnung des Leasinggebers von seiner Lieferverpflichtung für unwirksam erachtet.

[133] Ebenso MünchKomm/*Habersack* Leasing Rdn. 68; Staudinger/*Stoffels* Leasingrecht Rdn. 196; *Martinek* Moderne Vertragstypen I § 6 III 5 S. 131 ff.

[134] Erman/*Roloff*[41] § 309 Rdn. 80; *Graf v. Westphalen* Leasingvertrag Rdn. 419.

8. Kapitel. Allgemeine mietrechtliche Haftung des Leasinggebers § 22

2. Beschränkung der Rücktrittsmöglichkeit bzw. des Anspruchs auf Schadensersatz

Stößt eine generelle Haftungsfreizeichnung des Leasinggebers prinzipiell auf AGB-rechtliche Grenzen, so stellt sich die Frage, ob es zulässig ist, einzelne Rechte des Leasingnehmers einzuschränken. Mit der h. M. und Rechtsprechung des BGH ist bei dieser Frage wiederum von einer mietvertraglichen Typisierung des Leasingvertrages auszugehen mit der Folge, dass die **Pflicht zur Gebrauchsverschaffung** des Leasinggegenstands als **Kardinalpflicht** angesehen werden muss.[135] Unter Zugrundelegung dieses Ansatzes folgt aus § 307 Abs. 2 Nr. 2 BGB, dass dem **Leasingnehmer auch als Unternehmer** zumindest das Recht zum Rücktritt (§§ 323 Abs. 1, 326 Abs. 5 BGB) bzw. zur Kündigung (§ 543 BGB) erhalten bleiben muss.[136] Teilweise uneinheitlich wird aber die Frage beantwortet, ob dies auch für die Fälle gewöhnlicher oder **leichter Fahrlässigkeit** des Schuldners gilt. Nach ständiger Rechtsprechung[137] ist die Haftungsfreizeichnung von Kardinalpflichten auch bei einfacher Fahrlässigkeit unwirksam. Dies gilt sowohl bei Verwendung gegenüber Verbrauchern als auch gegenüber Unternehmern.[138] Die Haftung für die Erfüllung einer wesentlichen Vertragspflicht darf daher auch im kaufmännischen Geschäftsverkehr selbst für Fälle einfacher Fahrlässigkeit nicht formularmäßig ausgeschlossen werden.[139]

56

Diese Grundsätze gelten auch für den **Ausschluss des Schadensersatzanspruches** jedenfalls bei Vorsatz oder grober Fahrlässigkeit des Leasinggebers.[140] So wurde beispielsweise folgender Klausel die Anerkennung versagt: „*Schadensersatzansprüche jeglicher Art für den Fall der Nichtlieferung und der verspäteten Lieferung gegen uns (Leasinggeber) sind ausgeschlossen, insbesondere Ansprüche aus Unmöglichkeit, positiver Vertragsverletzung und wegen Nichterfüllung. Die gilt nicht, soweit in Fällen des Vorsatzes und des Fehlens zugesicherter Eigenschaften gesetzlich gehaftet wird.*"[141]

57

Problematisch ist indes auch die Freizeichnung für Fälle der leichten Fahrlässigkeit. Die Überlassung des Leasinggutes ist ein wesentliches typenbestimmendes Element des Vertrags überhaupt.[142] Es gehört somit zu den grundlegenden Vertragspflichten des Leasinggebers, dass er für die Lieferung des Leasinggegenstandes uneingeschränkt einzustehen hat (§ 535 BGB). Daher ist es mit § 307 Abs. 2 Nr. 2 BGB nicht zu vereinbaren, wenn auch nur die leicht fahrlässigen Unmöglichkeitsfolgen ausgeschlossen bzw. im Falle der einfachen Fahrlässigkeit die Haftung auf Schadensersatz beschränkt wird.[143]

58

---

[135] So auch *Martinek* Moderne Vertragstypen I § 6 III 5 S. 132; *Graf v. Westphalen* Leasingvertrag Rdn. 404 ff.

[136] Vgl. *Christensen*/Ulmer/Brandner/Hensen[10] § 309 Nr. 8 Rdn. 16; *Martinek* Moderne Vertragstypen I § 6 III 5 S. 132; *Graf v. Westphalen* Leasingvertrag Rdn. 406.

[137] Vgl. etwa BGH NJW 1993, 335; BGH NJW-RR 1993, 560, 561; BGH NJW 1994, 1060, 1063 (betr. Haftungsfreizeichnungen).

[138] Palandt/*Heinrichs*[65] § 307 Rdn. 46 u. 35.

[139] BGH NJW-RR 2003, 1056, 1059 f. (betr. den Ausschluss der Lösung vom Vertrag); Staudinger/*Coester-Waltjen* (2006) § 309 Nr. 8 Rdn. 13; *Graf v. Westphalen* Leasingvertrag Rdn. 404; ebenso *Apel* Praxishandbuch Leasing 1998 (Vorauflage) § 9 Rdn. 93; abweichend etwa MünchKomm/*Basedow*[4] § 309 Nr. 8 Rdn. 9, der dem Ausschluss des Rücktrittsrechts dagegen nur dann die Wirksamkeit versagen will, wenn gleichzeitig auch die Schadensersatzansprüche des Gläubigers abbedungen werden sollen.

[140] *Apel* in: Praxishandbuch Leasing 1998 (Vorauflage) Rdn. 94; *Graf v. Westphalen* Leasingvertrag Rdn. 404.

[141] Vgl. OLG Frankfurt BB 1984, 300.

[142] *Graf v. Westphalen* Leasingvertrag Rdn. 38 ff. u. 404; *Apel* in: Praxishandbuch Leasing 1998 (Vorauflage) Rdn. 96.

[143] So zu Recht *Apel* Praxishandbuch Leasing 1998 (Vorauflage) Rdn. 96 m. w. N.; *Martinek* Leasing § 6 III 5 S. 132 f.; *Graf v. Westphalen* Leasingvertrag Rdn. 404 ff.

3. Nichtlieferungsklauseln im Leasingvertrag in Verbindung mit Drittverweisungsklauseln

59 Im Rahmen der leasingtypischen Abtretungskonstruktion ist prinzipiell anerkannt, dass sich der Leasinggeber von seiner **mietrechtlichen Gewährleistung** freizeichnet bei gleichzeitiger Abtretung seiner gegen den Lieferanten bestehenden kaufrechtlichen Mängelrechte an den Leasingnehmer.[144] Hiervon zu unterscheiden ist die sog. „**radikale Abtretungskonstruktion**",[145] die sich u. a. auch auf die Haftung für Verspätung oder Ausbleiben der Lieferung des Leasingobjekts erstreckt. Unter AGB-rechtlichen Aspekten wird die Zulässigkeit von Nichtlieferungs- und Verspätungsklauseln unterschiedlich beurteilt, wenn der Leasinggeber dem Leasingnehmer im Gegenzug den liefervertraglichen Erfüllungsanspruch sowie entsprechende sekundärrechtliche Schadensersatzansprüche abtritt.[146] Der BGH hat diese Möglichkeit zwar erwogen, aber in einer Entscheidung aus dem Jahre 1992 ausdrücklich offengelassen, ob dies AGB-rechtlich zulässig ist: „Gleichermaßen ist dem Leasingnehmer ein Kündigungsrecht nach dieser Vorschrift (gemeint ist § 542 BGB a. F.) verschlossen, wenn die Nichtgewährung des vertragsgemäßen Gebrauches auf einer... unvollständigen Verschaffung der Leasingsache beruht, der Leasinggeber sich insoweit aber wirksam **von seiner Gebrauchsverschaffungspflicht mit der Abtretung des kaufvertraglichen Erfüllungsanspruches an den Leasingnehmer freigezeichnet** hat. Ein solcher Fall liegt hier indessen nicht vor, so dass **offenbleiben kann, ob und gegebenenfalls mit welchem Inhalt eine solche Abtretung bzw. Freizeichnung zulässigerweise durch AGB** erfolgen könnte."[147] Im Schrifttum wird auf einzelne obergerichtliche Instanzrechtsprechung hingewiesen, die die Erstreckung der leasingtypischen Abtretungskonstruktion auf die Haftung für Nichterfüllung für zulässig erklärt habe;[148] das OLG Hamm hat eine solche Konstruktion im Jahre 1979 indes für unwirksam erklärt.[149] Nichtsdestotrotz ist diese Frage – soweit ersichtlich – höchstrichterlich nicht geklärt. Im Schrifttum wird sie unterschiedlich beantwortet. Gegen die Zulässigkeit einer derartigen Drittverweisungsmöglichkeit wird auf die grundsätzliche Pflicht des Leasingnehmers zur Gebrauchsüberlassung und Verschaffung des Besitzes des Objekts hingewiesen: Vor diesem Hintergrund müsse man der „Möglichkeit eines Haftungsersatzes durch Drittverweisung rundweg *ablehnend* gegenüberstehen. Von der Gebrauchsüberlassungsfunktion des Leasingvertrages bliebe kaum etwas übrig, wenn der Leasinggeber seine Haftung für eine (rechtzeitige) Lieferung der Sache auf den Lieferanten abwälzen könnte."[150]

---

[144] Vgl. in diesem Handbuch *H. Beckmann* § 26 Rdn. 5; im Übrigen *ders.* § 2 Rdn. 89 ff.; Wolf/Eckert/*Ball* Rdn. 1810 ff.; MünchKomm/*Habersack* Leasing Rdn. 79 ff.; Staudinger/*Stoffels* Leasingrecht Rdn. 214 ff.

[145] *H. Beckmann* (Finanzierungsleasing § 2 Rdn. 202) ordnet die radikale Abtretungskonstruktion als „die leasingtypische Abtretungskonstruktion" ein.

[146] Offengelassen durch BGH NJW 1993, 122, 124; für Wirksamkeit Staudinger/*Stoffels* Leasingrecht Rdn. 197; *H. Beckmann*, DB 2006, 320, 321; *ders.* Finanzierungsleasing § 2 Rdn. 171 ff. 193; *Ackermann* Jura 2006, 426, 431; a. A. MünchKomm/*Habersack* Leasing Rdn. 68; *Martinek* Moderne Vertragstypen I § 6 III 6 c S. 136 f.; *H. Schmidt*/Ulmer/Brandner/Hensen[10] Anh. § 310 BGB Rdn. 539; OLG Hamm DB 1980, 393 ff.; im Einzelnen vgl. auch *H. Beckmann* § 26 Rdn. 13 ff.

[147] BGH NJW 1993, 122, 124 (Einschub in den Klammern und Hervorhebung durch den Verf. vorgenommen).

[148] Vgl. *H. Beckmann* Finanzierungsleasing § 2 Rdn. 183, 184 unter Hinweis auf OLG Köln MDR 2003, 212; OLG Köln CR 1996, 346 f.; OLG München NJW-RR 1993, 123.

[149] OLG Hamm BB 1980, 441 ff. = juris Rdn. 8, 48 f. (als Verstoß gegen § 11 Nr. 8 AGBG a. F.).

[150] *Martinek* Moderne Vertragstypen I § 6 III 6 c S. 136 f.; ebenso *Papapostolou* S. 108 f.; *H. Schmidt*/Ulmer/Brandner/Hensen[10] Anh. § 310 Rdn. 539; MünchKomm/*Habersack* Leasing Rdn. 68 (zulässig soll nach Ansicht von *Habersack* [a.a.O. Rdn. 69] sein, dass der Leasingnehmer „lediglich für die Einleitung der Schadensabwicklung ‚über's Dreieck' zuständig ist, mit der Abtretung der Erfüllungs- und Sekundäransprüche des Leasinggebers also keine Außerkraftsetzung der vertraglichen Risikoverteilung verbunden ist").

8. Kapitel. Allgemeine mietrechtliche Haftung des Leasinggebers   § 22

Die vollständige Freizeichnung würde, selbst wenn der Leasingnehmer infolge der Abtretung seinen *Eigenschaden* geltend machen könnte, jedenfalls zu einer Aushöhlung wesentlicher Pflichten des Leasinggebers führen.[151] Demgegenüber erachten insbesondere in jüngerer Zeit Literaturansichten diese Konstruktion grundsätzlich für zulässig.[152] Diesem Standpunkt ist insoweit zuzustimmen, dass es – wenn man mit der h. M. die Abtretungskonstruktion im Zusammenhang mit Sachmängeln anerkennt – keinen erheblichen Unterschied bedeutet, die Abtretungskonstruktion auf die Nichterfüllung zu erstrecken.[153] Ebenso hat durch die Schuldrechtsreform gerade eine Angleichung der Rechte bei Schlechterfüllung und Nichterfüllung stattgefunden, so dass auch dies dafür spricht, die Abtretungskonstruktion auch in Fällen der Nichterfüllung anzuerkennen.[154] Auf der anderen Seite darf die vertragliche Risikoverteilung nicht außer Kraft gesetzt werden, wie *Habersack* formuliert.[155] Zudem mutet es schon konstruiert an, wenn man – nicht zuletzt aus steuerlichen Gründen – einen Eigentumserwerb des Leasinggebers[156] (vom Lieferanten) anstrebt, gleichzeitig aber die Abtretung des Erfüllungsanspruchs des Leasinggebers gegen den Lieferanten an den Leasingnehmer vornimmt; genau genommen sollen dem Leasingnehmer ja auch nur Teile des Erfüllungsanspruchs, insbesondere der Anspruch auf Lieferung abgetreten werden. Diese Aspekte sprechen dafür, dass im Falle einer „radikalen Abtretungskonstruktion" im Grunde nur noch die Finanzierung durch den Leasinggeber im Raum stehen würde. Möchte man indes die angestrebte Eigentumsposition des Leasinggebers bewahren, so erscheint die differenzierende Lösung *Habersacks* vorzugswürdig. Danach ist es zulässig, dass dem Leasingnehmer „lediglich für die Einleitung der Schadenabwicklung ‚über das Dreieck'" die Zuständigkeit eingeräumt werden kann und „mit der Abtretung der Erfüllungs- und Sekundäransprüche des Leasinggebers also keine Außerkraftsetzung der vertraglichen Risikoverteilung verbunden ist".[157] Mit dieser Anforderung an eine Freizeichnung des Leasinggebers für seine Haftung wegen nicht erfolgter Lieferung sind indes schon hohe Hürden an eine entsprechende Klausel gestellt, da diese Voraussetzung in einer entsprechenden Klausel wegen des Verbots der geltungserhaltenden Reduktion zum Ausdruck kommen müsste. Hiervon zu trennen – und thematisch hier nicht zu vertiefen – ist die Frage, welche Rechte dem Leasingnehmer jedenfalls als Verbraucher insbesondere bei Mängeln der Leasingsache zwingend zustehen müssen; diese Frage wird nicht erst seit der Entscheidung des BGH vom 21. 12. 2005 erörtert.[158]

4. Kündigungsklauseln/Rücktrittsklauseln

a) Rücktrittsrecht des Leasinggebers bei Nichtlieferung oder verspäteter Lieferung der Leasingsache. Im Schrifttum werden Klauseln diskutiert, wonach der Leasinggeber sich von den Haftungsfolgen bei Unmöglichkeit durch den **Vorbehalt eines einseitigen Rücktritts- oder Kündigungsrechtes** freizuzeichnen versucht. Klauselbeispiele: 60

„Für den Fall der Nichtlieferung oder verspäteter Lieferung hat der Leasinggeber ein Rücktrittsrecht."

„Ein Recht zum Rücktritt für den Leasinggeber besteht auch dann, wenn der Vertrag zwischen Leasinggeber und dem Lieferanten des Leasinggutes nicht zustande kommt."[159]

---

[151] *H. Schmidt*/Ulmer/Brandner/Hensen[10] Anh. § 310 Rdn. 539.
[152] Staudinger/*Stoffels* Leasingrecht Rdn. 197; *H. Beckmann* DB 2006, 320, 321; *ders.* Finanzierungsleasing § 2 Rdn. 171 ff. 193; *Ackermann* Jura 2006, 426, 431.
[153] *H. Beckmann* Finanzierungsleasing § 2 Rdn. 185 ff.
[154] *H. Beckmann* Finanzierungsleasing § 2 Rdn. 189 ff.
[155] MünchKomm/*Habersack* Leasing Rdn. 69.
[156] Vgl. Staudinger/*Stoffels* Leasingrecht Rdn. 49, 50.
[157] MünchKomm/*Habersack* Leasing Rdn. 69.
[158] BGH NJW 2006, 1066; vgl. dazu oben § 21 Rn. 4 Fn. 20.
[159] Klauselbeispiele nach *Apel* Praxishandbuch Leasing 1998 (Vorauflage) § 9 Rdn. 78.

61 Solche als AGB verwendete Klauseln müssen bei **Verwendung gegenüber Verbrauchern** den Anforderungen von § 308 Nr. 3 BGB entsprechen. Danach ist eine Klausel unwirksam, die es dem Verwender ermöglicht, sich ohne sachliche Rechtfertigung oder ohne im Vertrag ausdrücklich angegebenen Grund von seiner Leistungspflicht zu lösen. Dieses Klauselverbot ist allerdings nicht auf Dauerschuldverhältnisse anzuwenden (§ 8 Nr. 3, 2. Halbsatz BGB). Es wird jedoch die Ansicht vertreten, dass ein Leasingvertrag, der mangels Lieferung der Leasingsache noch nicht in Vollzug gesetzt wurde, noch kein Dauerschuldverhältnis darstellt. Nach dieser Auffassung ist § 308 Nr. 3 BGB anwendbar.[160] Im Hinblick auf Mietverträge wird zur Begründung u. a. angeführt, ein solches Kündigungsrecht würde die Vertragsbasis aushöhlen, wenn der Vertrag noch vor Beginn der eigentlichen Mietzeit ohne sachlichen Grund gekündigt werden könnte.[161]

62 Ein Verstoß gegen § 308 Nr. 3 BGB liegt zum einen bereits dann vor, wenn die AGB **keinen Grund** nennt, aus dem sich der Klauselverwender vom Vertrag lossagen kann.[162] Vielmehr muss die Angabe eines Grundes für das Lösungsrecht hinreichend bestimmt sein.[163] Der anzugebende Grund muss das Lösungsrecht des Klauselverwenders „sachlich rechtfertigen".[164] Die danach zu beachtenden Voraussetzungen gem. § 308 Nr. 3 BGB sind grundsätzlich nicht erfüllt, wenn sich formularmäßige Rücktrittsvorbehalte auf Gründe aus der **Sphäre des Verwenders** stützen,[165] insbesondere wenn er das betreffende Leistungshindernis selbst zu vertreten hat.[166] Dabei sind die Grenzen des § 309 Nr. 7 und 8 BGB zu berücksichtigen; soweit sich der Klauselverwender der Haftung nicht entziehen kann, muss er sich am Vertrag festhalten lassen.[167] Diese allgemein zu § 308 Nr. 3 BGB geltenden Erwägungen lassen sich auf AGB eines Leasingvertrages übertragen, insbesondere vor dem Hintergrund, dass sich die **Verschaffung des Leasinggegenstands als Kardinalpflicht** des Leasinggebers einordnen lässt.[168] Es gelten grundsätzlich die gleichen Erwägungen, die zu einer generellen Freizeichnung von der Leistungspflicht zum Ausdruck gebracht worden sind (oben Rdn. 53 ff.). Auch die zu **Selbstbelieferungsvorbehalten** allgemein entwickelten Zulässigkeitskriterien[169] wird man auf entsprechende Bestimmungen in Leasingverträgen grundsätzlich übertragen können. Nach der Rechtsprechung des BGH wird der Verwender von seiner Leistungspflicht aber nur frei, wenn er ein kongruentes Deckungsgeschäft abgeschlossen hat und von seinem Lieferanten im Stich gelassen wird.[170] Ein allgemein formulierter uneingeschränkter Selbstbe-

---

[160] *Martinek* Moderne Vertragstypen I § 6 III 10 S. 142; *Papapostolou* 105; *Apel* Praxishandbuch Leasing 1998 (Vorauflage) § 9 Rdn. 78; BGH NJW 1987, 831, 833 (Mietvertrag betreffend); *H. Schmidt* in: Ulmer/Brandner/Hensen[10] § 308 Nr. 3 (betr. Lösungsrecht für die Zeit vor Beginn der Vertragsdurchführung.

[161] AnwK-BGB/*Kollmann* (2005) § 308 Rdn. 42.

[162] *H. Schmidt*/Ulmer/Brandner/Hensen[10] § 308 Nr. 10; ähnlich Staudinger/*Coester-Waltjen* (2006) § 308 Nr. 3 Rdn. 12 (Unwirksamkeit einer völlig ins Belieben des Verwenders gestellten Lösungsmöglichkeit).

[163] *H. Schmidt*/Ulmer/Brandner/Hensen[10] § 308 Nr. 10.

[164] *H. Schmidt*/Ulmer/Brandner/Hensen[10] § 308 Nr. 11.

[165] MünchKomm/*Basedow*[4] § 308 Nr. 3 Rdn. 7; *H. Schmidt*/Ulmer/Brandner/Hensen[4] § 308 Nr. 12.

[166] BGH NJW 1983, 1320, 1321; MünchKomm/*Basedow*[4] § 308 Nr. 3 Rdn. 7; Bamberger/Roth/*J. Becker*[2] § 308 Nr. 3 Rdn. 26.

[167] Staudinger/*Coester-Waltjen* (2006) § 308 Rdn. 13 S. 513; vgl auch *H. Schmidt*/Ulmer/Brandner/Hensen[10] § 308 Nr. 2, 4.

[168] *Martinek* Moderne Vertragstypen I § 6 V S. 132; *Emmerich* JuS 1990, 5; *Graf v. Westphalen* ZIP 1985, 1436.

[169] Dazu BGH NJW 1983, 1320, 1321; BGH NJW 1985, 855, 857; BGH NJW 1995, 1959, 1960; Staudinger/*Coester-Waltjen* (2006) § 308 Rdn. 20; MünchKomm/*Basedow*[4] § 308 Nr. 3 Rdn. 8; *H. Schmidt*/Ulmer/Brandner/Hensen[10] § 308 Nr. 12.

[170] BGH NJW 1983, 1320, 1321; BGH NJW 1985, 855, 857; BGH NJW 1995, 1959, 1960.

lieferungsvorbehalt wegen „nicht rechtzeitiger Belieferung durch Zulieferer" erfüllt dieses Erfordernis jedenfalls nicht.[171]

Bei Verwendung der **Klausel gegenüber Unternehmern** ist ihre Wirksamkeit wiederum an § 307 BGB zu messen. Zunächst ist davon auszugehen, dass jedenfalls ein formularmäßiger Rücktrittsvorbehalt ohne jede Konkretisierung der Rücktrittsgründe auch gegenüber Unternehmern unzulässig ist, weil er die vertragliche Bindung als solche negiert.[172] Die Anforderungen an einen sachlichen Grund sind jedoch unter Berücksichtigung der kaufmännischen Gepflogenheiten geringer anzusetzen.[173] Die AGB-rechtlichen Anforderungen sind indes nicht erfüllt, soweit die Leistungsstörung auf Vorsatz oder grobem Verschulden des Leasinggebers oder des Lieferanten beruht, vgl. § 309 Nr. 7 lit. b BGB. Die Indizwirkung des § 309 Nr. 7 lit. b BGB gilt grundsätzlich[174] auch gegenüber Unternehmern und hat auch für die Zulässigkeit eines Rücktrittsrechts Ausstrahlungswirkung (vgl. oben Rdn. 62). Dies gilt insbesondere vor dem Hintergrund, dass die rechtzeitige Besitzverschaffung nach hier vertretener Ansicht Hauptpflicht des Leasinggebers ist. Der Leasinggeber kann sich nicht ohne weiteres durch ein einseitiges Rücktrittsrecht von der Sachverschaffungspflicht als Kardinalpflicht befreien.[175] Denn hierdurch würde die Erreichung des Vertragszwecks gefährdet, so dass ein Verstoß gegen § 307 Abs. 2 Nr. 2 BGB zu gewärtigen ist.

Zu der Frage, ob sich der Klauselverwender für den Fall leicht fahrlässig verursachter Nichtlieferung den Rücktritt vom Vertrag vorbehalten kann, finden sich im Schrifttum – soweit ersichtlich – nur wenige Stellungnahmen.[176] Solche Klauseln sind nach hier vertretener Ansicht grundsätzlich gem. § 307 Abs. 2 BGB als unwirksam anzusehen. Geht man wie hier vertreten davon aus, dass die Pflicht des Leasinggebers zur Gebrauchsüberlassung als Hauptpflicht einzuordnen ist, so spricht dies dafür, dass er sich im Falle einer schuldhaften Nichtlieferung dieser Pflicht nicht durch ein Rücktrittsrecht entziehen kann.[177] Trotzdem ist zu beachten, dass nach der Rechtsprechung Rücktrittsklauseln im Einzelfall auch zulässig sein können. So sind zum Beispiel Selbstbelieferungsklauseln unter bestimmten Voraussetzungen grundsätzlich wirksam.[178] Zu erwähnen ist auch die Tendenz der Rechtsprechung, sich bei Verwendung solcher Klauseln gegenüber Unternehmern teilweise mit einer einschränkenden Auslegung[179] der Klausel zu begnügen.[180]

b) Kündigungs-/Rücktrittsrecht bei vom Leasinggeber nicht zu vertretender Nichtlieferung oder verspäteter Lieferung der Leasingsache. aa) *Vom Leasinggeber nicht zu vertretende Unmöglichkeit.* Als Klauselbeispiel, das dem Leasinggeber im Falle nicht zu vertretender Unmöglichkeit und nicht zu vertretender verzögernder Umstände ein Rücktrittsrecht vorbehält, lässt sich nennen: *„Für den Fall der Nichtlieferung oder verspäteten Lieferung, die auf Umständen beruhen, die der Leasinggeber nicht zu vertreten hat, hat dieser ein Rücktrittsrecht."*[181]

---

[171] BGH NJW 1985, 855, 857.
[172] MünchKomm/*Basedow*⁴ § 308 Nr. 3 Rdn. 15.
[173] MünchKomm/*Basedow*⁴ § 308 Nr. 3 Rdn. 15; Palandt/*Heinrichs*⁶⁵ § 308 Rdn. 21.
[174] Vgl. MünchKomm/*Basedow*⁴ § 309 Nr. 7 Rdn. 34.
[175] *Apel* in: Praxishandbuch Leasing 1998 (Vorauflage) § 9 Rdn. 80.
[176] *Apel* in: Praxishandbuch Leasing 1998 (Vorauflage) § 9 Rdn. 81; dortiges Klauselbeispiel: „Für den Fall der Nichtlieferung und verspäteten Lieferung aufgrund leichter Fahrlässigkeit des Leasinggebers oder seines Lieferanten hat der Leasinggeber ein Rücktrittsrecht."
[177] Ebenso schon *Apel* in: Praxishandbuch Leasing 1998 (Vorauflage) § 9 Rdn. 81.
[178] MünchKomm/*Basedow* § 308 Nr. 3 Rdn. 15 m. w. N. (zum Kaufrecht).
[179] Anstatt des wesentlich schärferen Swertes der Gesamtnichtigkeit der Klausel („Verbot der geltungserhaltenden Reduktion").
[180] MünchKomm/*Basedow* § 308 Nr. 3 Rdn. 15 m. w. N.
[181] Klauselbeispiel nach *Apel* in: Praxishandbuch 1998 (Vorauflage) § 9 Rdn. 82.

66 Hat der Leasinggeber Unmöglichkeit der Lieferung nicht zu vertreten greifen ohnehin die §§ 275 Abs. 1, 326 BGB ein. Hiernach wird der Leasinggeber von seiner Verpflichtung zur Leistung frei, verliert aber gleichzeitig seinen Anspruch auf die Gegenleistung. Des Weiteren steht dem Leasingnehmer mangels Vertretenmüssens des Leasinggebers kein Schadensersatzanspruch zu. Grundsätzlich widerspricht ein Lösungsrecht des Verwenders weder dem Grundsatz der Vertragsbindung noch dem Schutz des Vertragspartners durch Sekundärrechte.[182] Die Klausel ist daher nach § 308 Nr. 3 BGB (gegenüber Verbrauchern) als auch nach § 307 Abs. 2 Nr. 1 BGB (gegenüber Unternehmern) insoweit grundsätzlich zulässig (zum Lieferverzug, den die Klausel auch beinhaltet sogleich).

67 **bb)** *Vom Leasinggeber nicht zu vertretende Leistungsverzögerung.* Für den Fall einer vom Leasinggeber nicht zu vertretenden Leistungsverzögerung vertreten Stimmen im Schrifttum die AGB-rechtliche Möglichkeit eines Rücktrittsrechts zugunsten des Leasingnehmers.[183] Zur Begründung wird angeführt, dass der Leasinggeber regelmäßig nicht über die Leasingsache, sondern die Lieferung über den Lieferanten erfolge; solange die Leasingsache noch geliefert werden könne, müsste der Leasinggeber aber den Kaufpreis bereithalten. Mit einer Rücktrittsmöglichkeit aufgrund einer AGB für den Fall einer vom Leasinggeber nicht zu vertretenden Leistungsverzögerung könne dieser in überschaubaren Zeiträumen Klarheit über seine finanziellen Verpflichtungen erhalten.[184] Indes bleiben bei dieser Betrachtung die Interessen des Leasingnehmers außen vor. Auch im Falle einer Leistungsverzögerung kann der Leasingnehmer durchaus noch ein **berechtigtes Interesse an der Lieferung** haben. Durch ein vertragliches Rücktrittsrecht des Leasinggebers würde dem Leasingnehmer die Durchsetzbarkeit eines solchen Erfüllungsinteresses indes genommen,[185] so dass die Wirksamkeit einer entsprechenden Klausel jedenfalls bei Verwendung gegenüber Nichtkaufleuten abzulehnen ist. Auch wenn bei Verwendung gegenüber Unternehmern den Besonderheiten des kaufmännischen Geschäftsverkehrs Rechnung zu tragen ist,[186] erscheint das Erfüllungsinteresse des Leasingnehmers gegenüber einem Rücktrittsrecht zugunsten des Leasinggebers allein wegen nicht zu vertretender Leistungsverzögerung grundsätzlich vorrangig.

§ 23. Verzug/Verzögerung der Leistung des Leasinggebers

Schrifttum: s. Schrifttum zu § 21.

Übersicht

	Rdn.
I. Grundsätzliches	1
II. Rechtliche Möglichkeiten des Leasingnehmers gegen den Leasinggeber im Falle verzögerter Leistungserbringung	4
1. Recht zur Verweigerung der Zahlung von Leasingraten	4
a) Vertragliche Fälligkeitsbestimmung	5
b) Einrede des nichterfüllten Vertrages § 320 Abs. 1 Satz 1 BGB	6
2. Ersatz des Verzögerungsschadens	7
a) Nichtleistung trotz Fälligkeit und Durchsetzbarkeit des Anspruchs	8
b) Mahnung	13
c) Kein Entlastungsbeweis des Schuldners	16
d) Rechtsfolgen	17

---

[182] Staudinger/*Coester-Waltjen* (2006) § 308 Nr. 3 Rdn. 13 mit weiteren Differenzierungen; *Apel* in: Praxishandbuch 1998 (Vorauflage) § 9 Rdn. 82; *Papapostolou* S. 106.

[183] So hier in der Vorauflage *Apel* in: Praxishandbuch Leasing 1998 (Vorauflage) § 9 Rdn. 83 unter Hinweis auf Wolf/Horn/*Lindacher*[4] § 10 Nr. 3 Rdn. 31; *E. G. Koch*, S. 150.

[184] *Apel* in: Praxishandbuch Leasing 1998 (Vorauflage) § 9 Rdn. 83.

[185] Ähnlich offenbar H.*Schmidt*/Ulmer/Brandner/Hensen[10] § 308 Nr. 12, wonach auch in Fällen höherer Gewalt oder Rohstoffmangel ein Rücktritt sachlich nicht gerechtfertigt sei, wenn nur vorübergehende Leistungshindernisse vorliegen.

[186] H. *Schmidt*/Ulmer/Brandner/Hensen[10] § 308 Nr. 3 Rdn. 18.

8. Kapitel. Allgemeine mietrechtliche Haftung des Leasinggebers **§ 23**

	Rdn.
3. Rücktritt	19
4. Schadensersatz statt der Leistung	24
5. Verhältnis der §§ 280 ff., 323 ff. BGB zu den mietrechtlichen Vorschriften	28
6. Fristlose Kündigung, § 543 Abs. 1 S. 1 BGB	29
7. Wegfall der Geschäftsgrundlage	32
III. Haftungsausschließende und haftungsbeschränkende AGB-Klauseln	33
1. Lieferterminklauseln	34
a) Individuell vereinbarter Liefertermin	35
b) Unverbindlicher Liefertermin/Freizeichnung von der Verpflichtung zur rechtzeitigen Lieferung	39
aa) Verwendung gegenüber einem Leasingnehmer als Verbraucher	40
bb) Verwendung gegenüber einem Leasingnehmer als Unternehmer	42
c) Vertragsbeginnklausel	43
d) Lieferfristklausel	44
2. Ausschluss bzw. Beschränkung der Verzugsfolgen	47
a) Grundsätzliche und weitgehende Ausschlüsse der Verzugsfolgen	48
b) Einschränkung des Rücktrittsrechts bzw. des Anspruchs auf Schadensersatz	51
aa) Verwendung gegenüber Verbrauchern	51
bb) Verwendung gegenüber einem Leasingnehmer als Unternehmer	56

I. Grundsätzliches

Bei der Behandlung einer **verzögerten Leistung** durch den Leasinggeber ist nach hier 1 vertretener Auffassung und unter Zugrundelegung insbesondere der Rechtsprechung des BGH sowie der h. L. von einer **Verpflichtung des Leasinggebers, dem Leasingnehmer den Besitz am Leasinggut zu verschaffen,** auszugehen;[1] die Besitzverschaffung muss auch rechtzeitig erfolgen.[2] Des Weiteren ist zu berücksichtigen, dass beim Finanzierungsleasing in aller Regel der Hersteller/Lieferant dem Leasingnehmer den Leasinggegenstand liefert bzw. aushändigt; in Erfüllung seiner Lieferpflichten setzt der Leasinggeber damit den Hersteller/Lieferanten ein, so dass der **Lieferant als Erfüllungsgehilfe des Leasinggebers gem. § 278 BGB** anzusehen ist;[3] ein Verschulden des Herstellers/Lieferanten im Hinblick auf die fristgerechte Lieferung wird demnach dem Leasinggeber zugerechnet.

Zu berücksichtigen bleibt des Weiteren die naheliegende Intention des Leasinggebers, 2 sich im Rahmen der Abtretungskonstruktion auch von seiner Pflicht zur hier in Rede stehenden rechtzeitigen Überlassung der Leasingsache und den sich hieraus bei einer Leistungsstörung ergebenden Ansprüchen des Leasingnehmers insbesondere unter Abtretung der liefervertraglichen Ansprüche gegen den Lieferanten freizuzeichnen. Auf die Frage nach der Zulässigkeit dieser auch als „radikalen **Abtretungskonstruktion**" bezeichneten Variante, die sowohl die Nichtlieferung wie die „Zuspätlieferung" erfassen kann, ist bereits im Rahmen der Unmöglichkeit eingegangen worden; auf die dortigen Ausführungen wird verwiesen (§ 22 Rdn. 18 ff.). Nimmt man – wie im Schrifttum[4] befürwortet – die Zulässigkeit dieser Abtretungsvariante an, so steht bei Vorliegen einer

---

[1] Vgl. bereits § 21 Rdn. 7; BGH NJW 1986, 179 = BGHZ 96, 103 ff.; BGH NJW 1982, 105, 106 = BGHZ 81, 298 ff.; LG Mannheim BB 1985, 144; ebenso *H. Beckmann* Finanzierungsleasing § 2 Rdn. 8; *Kügel* Praxishandbuch Leasing 1998 (Vorauflage) § 6 Rdn. 102; Palandt/*Weidenkaff*[65] Vor § 535 Rdn. 50; *Reinking/Eggert* Der Autokauf Rdn. 911; *Graf v. Westphalen* Leasingvertrag Rdn. 411; a. A. Staudinger/*Stoffels* Leasingrecht Rdn. 83.

[2] *H. Beckmann* Finanzierungsleasing § 2 Rdn. 8; zur Fälligkeit sogleich.

[3] Vgl. hier bereits § 22 Rdn. 25; BGH NJW 1988, 198; BGH 1988, 2465; OLG Düsseldorf NJW-RR 2005, 700; *H. Beckmann* Finanzierungsleasing § 3 Rdn. 131; *Martinek* Moderne Vertragstypen I § 6 III 2 S. 128; Staudinger/*Stoffels* Leasingrecht Rdn. 193.

[4] Insbesondere *H. Beckmann* Finanzierungsleasing § 2 Rdn. 171 ff., 193 (mit konkretem Klauselvorschlag Rdn. 204); zum Meinungsstand vgl. in diesem Kapitel unter § 22 Rdn. 59; im Übrigen auch sowie *H. Beckmann* § 26 Rdn. 13 ff.

entsprechenden Klausel wegen der damit verbundenen Freizeichnung eine entsprechende in diesem Kapitel behandelte Haftung des Leasinggebers von vorneherein nicht im Raum; der Leasingnehmer soll dann aber entsprechende Ansprüche infolge von Leistungsstörungen, insbesondere etwa wegen verspäteter Lieferung aufgrund Abtretung direkt gegen den Lieferanten geltend machen können.[5] In diesem Abschnitt steht indes die Haftung des Leasinggebers im Raum, die insbesondere in den zu Beginn dieses Kapitels geschilderten Fallkonstellationen (§ 21 Rdn. 2 ff.) zum Tragen kommt.

3 **Voraussetzungen wie Rechtsfolgen des Schuldnerverzugs** richten sich nach den **allgemeinen schuldrechtlichen Regelungen** insbesondere aufgrund der §§ 280 Abs. 1, 2; 286 ff.; 320 ff. BGB, soweit nicht wirksame abweichende Vereinbarungen eingreifen. Im Einzelfall kann es erforderlich sein, die Leistungsstörung des Verzugs von der Unmöglichkeit abzugrenzen.[6]

II. Rechtliche Möglichkeiten des Leasingnehmers gegen den Leasinggeber im Falle verzögerter Leistungserbringung

4 Im Falle verzögerter Leistungserbringung durch den Leasinggeber kommen für den Leasingnehmer verschiedene rechtliche Möglichkeiten in Betracht, die im Folgenden beleuchtet werden.

1. Recht zur Verweigerung der Zahlung von Leasingraten

5 a) **Vertragliche Fälligkeitsbestimmung.** In Leasingverträgen können sich Bestimmungen über die Fälligkeit der Leasingraten finden, z. B. dass die Zahlung der ersten Leasingrate mit Übernahme des Leasinggegenstandes bzw. der Unterzeichnung der Übernahmebestätigung fällig ist.[7] Infolge einer entsprechenden vertraglichen Fälligkeitsbestimmung ist der Leasingnehmer in diesen Fällen somit bei verzögerter Lieferung der Leasingsache noch nicht zur Zahlung der Leasingraten verpflichtet.[8]

6 b) **Einrede des nichterfüllten Vertrages § 320 Abs. 1 Satz 1 BGB.** Unabhängig von einer solchen vertraglichen Bestimmung kann der Leasingnehmer gem. § 320 Abs. 1 Satz 1 BGB die **Einrede des nichterfüllten Vertrages** erheben und damit die Zahlung der Leasingraten zurückhalten, solange der Leasinggeber oder sein Lieferant nicht liefern und soweit die Leistung des Leasinggebers damit (noch) erzwungen werden kann und soll.[9] § 320 Abs. 1 Satz 1 BGB wird nicht durch mietrechtliche Gewährleistungsansprüche (§§ 536 ff. BGB) ausgeschlossen.[10] Daher ist § 320 Abs. 1 Satz 1 BGB auch im Falle einer nur **teilweisen Nichterfüllung** anwendbar, unabhängig davon, ob diese als Mangel im Sinne von §§ 536, 536a BGB angesehen wird.[11] § 536b BGB schließt die Geltendmachung von Gewährleistungsansprüchen aus, wenn der Leasingnehmer den Mangel der Leasingsache gekannt hat. Diese Vorschrift schließt aber nicht die Anwendbarkeit des § 320 Abs. 1 Satz 1 BGB aus. Der BGH möchte diese Regelung allerdings „im Rahmen der nach § 320 Abs. 2 BGB ohnehin unter der Heranziehung der Grundsätze von Treu

---

[5] *H. Beckmann* Finanzierungsleasing § 2 Rdn. 262, 264f., 282 sowie § 4 Rdn. 37 ff. Selbst bei fehlender oder unwirksamer Abtretung soll der Leasingnehmer als Geschäftsführer ohne Auftrag die Durchsetzung der Ansprüche wegen eigener Schäden übernehmen können; vgl. *H. Beckmann,* Finanzierungsleasing § 2 Rdn. 284 unter Hinweis auf BGH NJW 1994, 617; BGH NJW 1990, 314.
[6] Dazu bereits § 22 Rdn. 1 ff.
[7] BGH NJW 1993, 1381, 1383; NJW 1984, 2034, 2035 = BGHZ 90, 302 ff.; zu Fälligkeitsbestimmungen vgl. auch unten Rdn. 10.
[8] *Apel* in: Praxishandbuch Leasing 1998 (Vorauflage) § 9 Rdn. 30.
[9] *Apel* in: Praxishandbuch Leasing 1998 (Vorauflage) § 9 Rdn. 31; BGH NJW 1989, 3222, 3224; Staudinger/*Stoffels* Leasingrecht Rdn. 195; Wolf/Eckert/*Ball* Rdn. 1804.
[10] BGH NJW 1982, 2242 = BGHZ 84, 42 ff. m. w. N.
[11] BGH NJW 1989, 3222, 3223 f.

8. Kapitel. Allgemeine mietrechtliche Haftung des Leasinggebers § 23

und Glauben vorzunehmenden Abwägung" ihrem Rechtsgedanken nach angewendet wissen.[12] Ist die nicht erbrachte Leistung nur von geringfügiger Bedeutung, steht dem Leasingnehmer danach in der Regel nach § 320 Abs. 2 BGB kein den Wert der noch zu erbringenden Teilleistung übersteigendes Zurückbehaltungsrecht zu.[13]

2. Ersatz des Verzögerungsschadens

Unter den Voraussetzungen der §§ 280 Abs. 1, 2, 286 BGB kann der Leasingnehmer des 7
Weiteren Ersatz des Verzögerungsschadens verlangen. Voraussetzung hierfür ist das Vorliegen der Tatbestandsvoraussetzungen des Schuldnerverzugs gem. § 286 BGB, namentlich:
– Fälligkeit und Durchsetzbarkeit des Anspruchs, § 286 Abs. 1 Satz 1 BGB;
– Mahnung gem. § 286 Abs. 1 BGB oder besonderer Umstand, der die Mahnung entbehrlich macht gem. § 286 Abs. 2 BGB sowie
– kein Entlastungsbeweis des Leasinggebers, § 286 Abs. 4 BGB.

Im Einzelnen:

a) Nichtleistung trotz Fälligkeit und Durchsetzbarkeit des Anspruchs. § 286 8
Abs. 1 BGB setzt voraus, dass die geschuldete Leistung **nicht (rechtzeitig) erbracht** wird.[14] Voraussetzung ist, dass dem Gläubiger (Leasingnehmer) gegen den Schuldner (Leasinggeber) ein **wirksamer, fälliger und durchsetzbarer Anspruch** zusteht.

Im Falle der Unmöglichkeit der Leistung fehlt es damit am Schuldnerverzug. Auch 9
im Falle einer wirksamen Freizeichnung des Leasinggebers von seiner grundsätzlichen Besitzverschaffungspflicht aufgrund des Leasingvertrages[15] fehlt es an einem Anspruch des Leasingnehmers gegen den Leasinggeber; die Verzugsvoraussetzungen im Verhältnis zwischen Leasingnehmer und Leasinggeber liegen nicht vor.

Der Anspruch des Leasingnehmers muss **fällig** sein. Soweit keine Vereinbarung be- 10
steht, gilt § 271 BGB. Vielfach finden sich im Leasingvertrag zwar Fälligkeitsvereinbarungen; diese beziehen sich aber häufig auf die Fälligkeit der ersten Leasingrate, also auf eine Verpflichtung des Leasingnehmers.[16] Aus Sicht des Leasingnehmers empfiehlt sich jedenfalls die Aufnahme eines Liefertermins in den Leasingvertrag. Ist wiederum eine Mitwirkung des Gläubigers (Leasingnehmers) zur Vornahme der Leistung erforderlich, so kommt der Schuldner nur in Verzug, wenn der Gläubiger die erforderliche Handlung vornimmt oder anbietet;[17] dabei kommt es nicht darauf an, ob eine solche erforderliche Mitwirkung vereinbart worden ist.[18]

Zwar findet die **Durchsetzbarkeit des Anspruchs** in § 286 Abs. 1 BGB keine Erwäh- 11
nung; gleichwohl ist man sich grundsätzlich darüber einig, dass der in Rede stehende Anspruch des Gläubigers durchsetzbar sein muss. Das Bestehen einer dauernden oder aufschiebenden Einrede schließt den Verzug aus, und zwar auch dann, wenn der Schuldner die Einrede zunächst nicht erhebt.[19] Etwas anderes gilt aber insbesondere für das Zurückbehaltungsrecht des Schuldners gem. § 273 BGB; erst durch die Geltendmachung der Einrede wird die Verknüpfung von Anspruch und Gegenanspruch hergestellt, so dass

---

[12] BGH NJW 1989, 3222; 3224, Wolf/Eckert/*Ball* Rdn. 1804.
[13] MünchKomm/*Habersack* Rdn. 67 mit Beispiel für den Fall einer noch offenen „Personalschulung" von höchstens 4 Stunden Dauer, BGH NJW 1993, 1381, 1384.
[14] *Looschelders* Schuldrecht AT[4] Rdn. 580, 487 ff.; *ders.* auch zum Folgenden.
[15] Dazu § 22 Rdn. 59 sowie im Rahmen der Einleitung dieses Kapitels § 21 Rdn. 5.
[16] Vgl. etwa BGH NJW 2005, 365, 366; BGH NJW 1993, 1381, 1382; NJW 1984, 2034, 2035 = BGHZ 90, 302 ff.; *H. Beckmann* Finanzierungsleasing § 15 Typische Vertragsformulare, S. 377 ff.
[17] BGH NJW 1996, 1745, 1756; Palandt/*Heinrichs*[65] § 286 Rdn. 15.
[18] *H. Beckmann* Finanzierungsleasing § 4 Rdn. 41 m. w. N.
[19] Palandt/*Heinrichs*[65] § 286 Rdn. 12; *Looschelders* Schuldrecht AT[4] Rdn. 580, 488 ff.; jurisPK-BGB/*Alpmann*[3] § 286 Rdn. 11 ff.

§ 23　　　　　　　　　　　　　　　　　　Zweiter Teil. Allgemeines Leasingrecht

allein das Bestehen der Einrede gem. § 273 BGB den Schuldnerverzug nach überwiegender Ansicht nicht ausschließt.[20]

12　Des Weiteren setzt der Schuldnerverzug voraus, dass die geschuldete Leistung **nicht rechtzeitig erbracht** wird. Dabei kommt es auf die Vornahme der Leistungshandlung, nicht auf den Eintritt des Leistungserfolges an.[21]

13　b) **Mahnung** oder besonderer Umstand, der die Mahnung entbehrlich macht. Gem. § 286 Abs. 1 BGB setzt der Verzug grundsätzlich eine **Mahnung** durch den Gläubiger (Leasingnehmer) voraus. Unter Mahnung versteht man die an den Schuldner (Leasinggeber) gerichtete Aufforderung des Gläubigers, die geschuldete Leistung zu erbringen.[22] Sie stellt eine nicht formgebundene, einseitige empfangsbedürftige Erklärung dar. Es handelt sich um eine geschäftsähnliche Handlung, auf die die Vorschriften über Rechtsgeschäfte und Willenserklärungen entsprechende Anwendung finden. Aus dem Wortlaut des § 286 Abs. 1 BGB muss die Mahnung nach Fälligkeitseintritt erfolgen; die Mahnung kann aber mit der die Fälligkeit begründenden Handlung (z. B. Abruf des Leistungsgegenstands) verbunden werden.[23] Der Mahnung gleichgestellt sind gem. § 286 Abs. 1 Satz 2 BGB grundsätzlich Klageerhebung und Zustellung eines Mahnbescheids im Mahnverfahren; Letzteres kommt wegen § 688 Abs. 1 ZPO im Hinblick auf den Anspruch des Leasingnehmers auf Besitzverschaffung nicht in Betracht.

14　Unter den in § 286 Abs. 2 BGB geregelten Ausnahmen ist die **Mahnung indes entbehrlich**. Bedeutung für das Leasinggeschäft kann insbesondere der Ausnahmetatbestand des § 286 Abs. 2 Nr. 1 BGB sein; danach bedarf es keiner Mahnung, wenn die Leistungszeit nach dem Kalender bestimmt ist. Dabei kommt es auf eine vertragliche Vereinbarung zwischen den Parteien an; eine einseitige Bestimmung durch den Gläubiger genügt, wenn ihm gem. § 315 BGB ein Leistungsbestimmungsrecht zusteht.[24] Als Leistungszeitpunkt muss unmittelbar oder mittelbar ein bestimmter Kalendertag festgelegt sein; ausreichend sind beispielsweise folgende Bestimmungen: „im August", „Mitte des Monats" „8. Kalenderwoche" „bis Ende 2004" oder „14 Tage ab Bestelldatum".[25] Auch wenn das letzte Beispiel zeigt, dass die Rechtsprechung die kalendermäßige Berechenbarkeit der Leistungszeit ab einem Ereignis („14 Tage ab Bestelldatum") für ausreichend erachtet hat, so hat das Schuldrechtsmodernisierungsgesetz die kalendermäßige Anknüpfung an ein vorausgehendes Ereignis als Grund für die Entbehrlichkeit der Mahnung in § 286 Abs. 2 Nr. 2 BGB ausdrücklich in das Gesetz aufgenommen. Erforderlich ist insoweit, dass zwischen dem betreffenden Ereignis und dem Zeitpunkt der Leistung eine angemessene Frist liegt.

15　Des Weiteren ist die Mahnung gem. § 286 Abs. 2 Nr. 3 BGB entbehrlich, wenn der Schuldner die Leistung endgültig und ernsthaft verweigert. Im Hinblick auf den weiteren Ausnahmetatbestand gem. § 286 Abs. 2 Nr. 4 BGB (Entbehrlichkeit aus besonderen Gründen unter Abwägung der beiderseitigen Interessen) kommt für das Leasinggeschäft etwa die Selbstmahnung durch den Leasinggeber in Betracht; damit ist z. B. gemeint die Konstellation, dass der Schuldner die alsbaldige Leistung ankündigt, gleichwohl aber nicht leistet.[26]

---

[20] Vgl. wiederum Palandt/*Heinrichs*[65] § 286 Rdn. 12; *Looschelders* Schuldrecht AT[4] Rdn. 580, 489; jurisPK-BGB/*Alpmann*[3] § 286 Rdn. 13.
[21] *Looschelders* Schuldrecht AT[4] Rdn. 580, 491; jurisPK-BGB/*Alpmann*[3] § 286 Rdn. 43.
[22] Palandt/*Heinrichs*[65] § 286 Rdn. 16; *ders.* zum Folgenden.
[23] Palandt/*Heinrichs*[65] § 286 Rdn. 16; *Looschelders* Schuldrecht AT[4] Rdn. 581 jeweils m. w. N.
[24] BGH NJW 2005, 1772.
[25] BGH NJW-RR 1999, 593, 595 („im August"); BAG WM 1982, 246 („Mitte des Monats"); BGH WM 1996, 1598 f. („Ende Februar", „erste Dekade des Aprils", „8. Kalenderwoche"); BGH NJW 1992, 1628, 1629 („14 Tage ab Bestelldatum"); vgl. im Übrigen Palandt/*Heinrichs*[65] § 286 Rdn. 22 (etwa „bis Ende 2004").
[26] Vgl. Palandt/*Heinrichs*[65] § 286 Rdn. 25 m. w. N.; *ders.* mit weiteren Beispielen: etwa besondere Dringlichkeit der Leistung oder wenn der Schuldner durch sein Verhalten den Zugang einer Mahnung verhindert.

c) Kein Entlastungsbeweis des Schuldners.

Gem. § 286 Abs. 4 BGB kommt der Schuldner (Leasinggeber) nicht in Verzug, wenn die Leistung infolge eines Umstands unterbleibt, den er nicht zu vertreten hat. Aus der Formulierung folgt, dass das (wie im Rahmen von § 280 Abs. 1 Satz 2 BGB) ein Vertretenmüssen des Leasinggebers vermutet wird. Der Schuldner hat sich also zu entlasten und muss darlegen und beweisen, dass er das Ausbleiben der Leistung nicht zu vertreten hat. Für das Leasinggeschäft bedeutsam ist, dass der Leasinggeber – wie anderenorts bereits klargestellt – gem. § 278 BGB im Hinblick auf die ihm obliegende Gebrauchsüberlassungspflicht für das Verhalten des Herstellers/Lieferanten einzustehen hat.[27]

d) Rechtsfolgen.

Sind die genannten Voraussetzungen erfüllt, kann der Leasingnehmer nach §§ 280 Abs. 1, Abs. 2, 286 BGB **Schadensersatz wegen Verzögerung der Leistung** verlangen. Der Vertrag bleibt hiervon unberührt. Der Anspruch auf Ersatz des Verzögerungsschadens tritt neben den bestehen bleibenden Leistungsanspruch. Insoweit unterscheidet sich der Schadensersatz wegen Verzögerung der Leistung von dem Schadensersatz statt der Leistung (§§ 281 ff. BGB). Der Anspruch auf Schadensersatz wegen Verzögerung der Leistung bleibt auch bestehen, wenn zugunsten des Gläubigers nachträglich noch ein Anspruch auf Schadensersatz statt der Leistung nach §§ 281 ff. BGB entsteht; in diesem Fall soll der Anspruch aus §§ 280, 286 BGB nach im Schrifttum anzutreffender Auffassung nicht in den Anspruch nach § 281 BGB einbezogen werden.[28]

Inhalt und Umfang des Anspruchs richten sich nach §§ 249 ff. BGB. Der Leasingnehmer ist so zu stellen, wie er bei rechtzeitiger Leistung durch den Schuldner stehen würde. Als Verzögerungsschaden kommt beispielsweise in Betracht: Kosten der Rechtsverfolgung nach Eintritt des Verzugs, etwa Kosten für Mahnschreiben, wenn dieses nach Eintritt des Verzugs erfolgt ist (also nicht Kosten der verzugsbegründenden Mahnung); Kosten für die Zuziehung eines Rechtsanwalts.[29] Zur ersetzen als Verzögerungsschaden sind des Weiteren durch den Verzug verursachte Aufwendungen, etwa Kosten für die Anmietung eines Ersatzgerätes. Auch entgangener Gewinn kann als Verzögerungsschaden erstattungsfähig sein, soweit es sich nicht bereits um Schadensersatz statt der Leistung handelt; erstattungsfähig ist etwa der Gewinn, der dadurch entgeht, dass eine bestellte Sache zu spät geliefert bzw. überlassen wird.[30] Soweit die entzogene oder entgangene Nutzungsmöglichkeit einer Sache als ersatzfähiger Schaden anzusehen ist,[31] gilt das auch im Rahmen des Verzugsschadensersatzes.[32]

3. Rücktritt

§ 323 Abs. 1 BGB eröffnet dem Gläubiger eine Rücktrittsmöglichkeit, wenn der Schuldner bei einem gegenseitigen Vertrag eine fällige Leistung nicht oder nicht vertragsgemäß erbringt. Nichtleistung ist das Ausbleiben der Leistung bei Fälligkeit,[33/34] mithin insbesondere auch **die nicht fristgerechte Leistung bzw. verzögerte Leistung** durch den Schuldner. Grundsätzlich setzt das Rücktrittsrecht gem. § 323 Abs. 1 BGB die Fälligkeit und Durchsetzbarkeit der in Rede stehenden Leistung voraus. Insoweit gelten grundsätzlich Ausführungen im Rahmen der Voraussetzungen des Schuldnerverzugs (oben Rdn. 10 f.). Ausnahmsweise kann der Gläubiger gem. § 323 Abs. 4 BGB bereits vor

---

[27] Vgl. hier bereits § 22 Rdn. 25; BGH NJW 2005, 365, 366; BGH NJW 1988, 198; BGH 1988, 2465; OLG Düsseldorf NJW-RR 2005, 700; *H. Beckmann* Finanzierungsleasing § 3 Rdn. 131; *Martinek* Moderne Vertragstypen I § 6 III 2 S. 128; Staudinger/*Stoffels* Leasingrecht Rdn. 193.
[28] So etwa Palandt/*Heinrichs*[65] § 281 Rdn. 17; § 286 Rdn. 44; ders. zum Folgenden Rdn. 45 ff.
[29] Palandt/*Heinrichs*[65] § 281 Rdn. 47.
[30] Staudinger/*Löwisch* (2004) § 286 Rdn. 186.
[31] Grundsätzlich BGH NJW 1987, 50 ff. = BGHZ 98, 212 ff.
[32] Staudinger/*Löwisch* (2004) § 286 Rdn. 233.
[33] Erman/*H. P. Westermann*[11] § 323 Rdn. 6.
[34] Zur Teilleistung vgl. die Ausführungen zur Unmöglichkeit § 22 Rdn. 49.

§ 23 Zweiter Teil. Allgemeines Leasingrecht

Eintritt der Fälligkeit der Leistung zurücktreten, wenn offensichtlich ist, dass die Voraussetzungen des Rücktritts eintreten werden.

20 § 323 Abs. 1 BGB setzt des Weiteren voraus, dass der Gläubiger (Leasingnehmer) dem Schuldner (Leasinggeber) erfolglos eine **angemessene Frist zur Leistung** bestimmt hat. Wie bei der Mahnung gem. § 286 Abs. 1 BGB handelt es sich bei der Fristsetzung um eine geschäftsähnliche Handlung. Sie setzt die bestimmte Aufforderung des Gläubigers an den Schuldner voraus, die konkret geschuldete Leistung zu erbringen. Rechtsfolgen müssen nicht angedroht werden. Die instanzgerichtlich formulierte Konkretisierung, der Gläubiger müsse gegenüber dem Vertragsgegner aber unmissverständlich zum Ausdruck bringen, dass jener mit der Aufforderung eine letzte Gelegenheit zur Erbringung der vertraglichen Leistung erhalte,[35] ist im Schrifttum als zu weitgehend zurückgewiesen worden[36] und orientiert sich zu sehr an § 326 Abs. 1. BGB a. F. Die Aufforderung muss aber eine Frist und damit für die Erbringung der Leistung einen Endtermin angeben oder die Fristdauer nach Tagen, Wochen oder Monaten bemessen.[37] Die Angemessenheit der Frist orientiert sich an den Umständen des Einzelfalls. Wie schon im Rahmen von § 326 Abs. 1 BGB a. F. soll eine zu kurz angesetzte Frist nicht unwirksam und gegenstandslos sein, sondern die angemessene Frist in Lauf setzen.[38]

21 **Adressat der Fristsetzung** durch den Leasingnehmer ist grundsätzlich sein Vertragspartner, namentlich der Leasinggeber, der nach hier vertretener Auffassung Schuldner der Gebrauchsüberlassungspflicht ist.[39] Da indes die Auslieferung des Leasinggutes vielfach durch den Lieferanten erfolgt, kommt auch dieser als Adressat in Betracht. Das gilt jedenfalls dann, wenn der Leasinggeber unter Freizeichnung seiner Haftung entsprechende Ansprüche aus dem Liefervertrag mit dem Lieferanten an den Leasingnehmer abgetreten hat (radikale Abtretungskonstruktion) und diese für zulässig erachtet wird.[40] Nach im Schrifttum vertretener Ansicht soll es zulässig sein, dass AGB des Leasinggebers vorsehen, dass der Leasingnehmer die Auslieferung des Leasingobjekts durch den Lieferanten zu veranlassen hat; Konsequenz sei, dass der Leasingnehmer dann die **Frist gem. § 323 Abs. 1 BGB gegenüber dem Lieferanten zu erklären** habe. Den Leasinggeber müsse der Leasingnehmer zusätzlich unterrichten.[41] Gleichzeitig kann der Leasingnehmer – nach dieser Ansicht – dem Leasinggeber (parallel zur Fristsetzung gegenüber dem Lieferanten) ebenfalls eine Frist zur Bewirkung der Leistung setzen. Nach hier vertretener Ansicht gilt es zu differenzieren: Nur bei Vorliegen einer wirksamen Haftungsfreizeichnung durch den Leasinggeber von seiner grundsätzlichen Haftung wegen nicht erbrachter Leistung unter gleichzeitiger Abtretung seiner vertraglichen Ansprüche gegen den Lieferanten ist dieser richtiger Adressat der Fristsetzung durch den Leasingnehmer. Fehlt es an einer solchen Abtretungskonstruktion oder ist diese unwirksam, bleibt der Leasinggeber Adressat der Fristsetzung gem. § 323 Abs. 1 BGB. Eine hiervon zu trennende Frage ist, ob der Leasingnehmer (bei dieser Konstellation, also ohne Abtretungskonstruktion) durch AGB im Leasingvertrag wirksam verpflichtet werden kann, die Fristsetzung (zusätzlich) gegenüber dem Lieferanten vorzunehmen und den Leasinggeber hierüber zu unterrichten. Soweit der Leasingnehmer klar informiert worden ist, an wen er sich in diesem Falle zu wenden hat, bestehen gegenüber einer solchen Bestimmung keine offensichtlichen Bedenken.

22 Eine **Fristsetzung ist unter den Voraussetzungen des § 323 Abs. 2 BGB entbehrlich**, also insbesondere bei ernsthafter und endgültiger Erfüllungsverweigerung (Nr. 1)

---

[35] So etwa OLG Köln ZGS 2003, 392 ff. (juris Rdn. 11).
[36] AnwK-BGB/*Dauner-Lieb* (2005) § 323 Rdn. 17; *Mankowski* ZGS 2003, 452 ff.; jurisPK-BGB/*Alpmann*³ § 323 Rdn. 17.
[37] Palandt/*Heinrichs*[65] § 323 Rdn. 13.
[38] AnwK-BGB/*Dauner-Lieb* (2005) § 323 Rdn. 18 unter Hinweis auf BT-Drucks. 14/6040 S. 138 (zu § 281 BGB).
[39] Dazu in diesem Kapitel § 21 Rdn. 7.
[40] Dazu in diesem Kapitel § 22 Rdn. 59 sowie § 21.
[41] Wolf/Eckert/*Ball* Rdn. 1806 (insbesondere zum Vorstehenden).

oder bei Vorliegen eines relativen Fixgeschäftes (Nr. 2). Ein relatives Fixgeschäft liegt vor, wenn der Wille der Vertragsparteien ergibt, dass der Vertrag aufgrund der Terminvereinbarung „stehen und fallen" soll, jedoch die Erbringung des Leistungserfolges durch die Terminüberschreitung – in Abgrenzung zum absoluten Fixgeschäft – noch nicht unmöglich geworden ist. Bei Handelsgeschäften unter Kaufleuten ist § 376 HGB zu beachten, aus dem sich bereits aus dem Verfehlen einer bestimmten Leistungszeit ein Rücktrittsrecht ergeben kann. § 323 Abs. 2 Nr. 3 BGB wiederum ist ein Auffangtatbestand, der eng auszulegen ist,[42] um die Regelvoraussetzung der Fristsetzung nicht auszuhöhlen.

Nach § 323 Abs. 6 BGB ist ein Rücktritt ausgeschlossen, wenn der Leasingnehmer für **23** den Verzug allein oder weit überwiegend verantwortlich ist[43] oder der Leasingnehmer sich im Annahmeverzug (§§ 293 ff. BGB) befindet.

4. Schadensersatz statt der Leistung

Nach §§ 280 Abs. 1, Abs. 3, 281 Abs. 1 BGB kann der Leasingnehmer nach erfolglosem **24** Ablauf einer angemessenen Frist zur Leistung auch **Schadensersatz statt der Leistung** verlangen. Unter den Voraussetzungen des § 281 Abs. 2 BGB ist die Fristsetzung entbehrlich. Nach § 325 BGB kann der Gläubiger neben dem Rücktritt jede Art von Schadensersatz, also auch Schadensersatz statt der Leistung verlangen. Es gelten die allgemeinen schuldrechtlichen Rahmenbedingungen. Im Einzelnen:

Wie § 323 Abs. 1 BGB setzt auch § 281 Abs. 1 BGB zunächst voraus, dass der Schuldner **25** die fällige Leistung nicht oder nicht wie geschuldet erbringt. Nichtleistung ist das Ausbleiben der Leistung bei Fälligkeit,[44] mithin insbesondere auch die nicht fristgerechte Leistung bzw. verzögerte Leistung durch den Schuldner. Wie im Rahmen von § 323 Abs. 1 BGB setzt § 281 Abs. 1 BGB gleichfalls voraus, dass der Gläubiger (Leasingnehmer) dem Schuldner erfolglos eine angemessene Frist zur Leistung bestimmt hat (auf die Ausführungen unter Rdn. 20 ff. zu dieser Voraussetzung des Rücktritts gem. § 323 Abs. 1 BGB kann verwiesen werden).

Gem. § 281 Abs. 2 BGB ist die **Fristsetzung entbehrlich** bei endgültiger Erfüllungs- **26** verweigerung oder wenn besondere Umstände vorliegen, die die sofortige Geltendmachung des Schadensersatzes rechtfertigen. Damit stellt § 281 Abs. 2 BGB nur auf zwei der in § 323 Abs. 2 BGB geregelten drei Ausnahmetatbestände ab. Gem. § 323 Abs. 2 Nr. 2 BGB ist die Fristsetzung außerdem entbehrlich, wenn der Schuldner die Leistung zu einem im Vertrag bestimmten Termin oder innerhalb einer bestimmten Frist nicht bewirkt und der Gläubiger im Vertrag den Fortbestand seines Leistungsinteresses an die Rechtzeitigkeit der Leistung gebunden hat; dieser Ausnahmetatbestand erfasst relative (einfache) Fixgeschäfte und ersetzt § 361 BGB a. F.[45] Aus der Tatsache, dass sich ein entsprechender Ausschlusstatbestand in § 281 Abs. 2 BGB nicht findet, werden unterschiedliche Konsequenzen gezogen. Teilweise wird gefolgert, dass es beim relativen Fixgeschäft für den Schadensersatz statt der Leistung in Übereinstimmung mit der Rechtslage vor der Schuldrechtsreform bei der Notwendigkeit der Fristsetzung verbleibe;[46] nach anderer Auffassung sollen relative Fixgeschäfte vom Ausnahmetatbestand des § 281 Abs. 2, 2. Alt. BGB erfasst werden.[47] Gegen die letztgenannte Ansicht spricht indes die recht eindeutige gesetzliche Regelung; andererseits führt die Gesetzesbegründung als Anwendungsfall für

---

[42] BT-Drucks. 14/6040 S. 186, S. 140. Hiernach kann Nr. 3 etwa bei just-in-time-Verträgen Anwendung finden.
[43] Zum Vertretenmüssen des Gläubigers bereits § 22 Rdn. 41.
[44] Erman/*H. P. Westermann*[11] § 323 Rdn. 6.
[45] AnwK-BGB/*Dauner-Lieb* (2005) § 323 Rdn. 15; Palandt/*Heinrichs*[65] § 323 Rdn. 19.
[46] Etwa MünchKomm/*Ernst*[4] § 281 Rdn. 59; wohl auch Erman/*H. P. Westermann*[11] § 281 Rdn. 17.
[47] Etwa *Oechsler* Schuldrecht BT (2003) Rdn. 228; vgl. auch AnwK-BGB/*Dauner-Lieb* (2005) § 281 Rdn. 43 m. w. N.

§ 23 Zweiter Teil. Allgemeines Leasingrecht

den Ausnahmefall des § 281 Abs. 2, 2. Alt. BGB just-in-time-Verträge an, die gerade als Beispiele für relative Fixgeschäfte genannt werden.[48]

27 Der Anspruch auf Schadensersatz statt der Leistung tritt **an die Stelle des ursprünglichen Erfüllungsanspruchs** und ist deshalb grundsätzlich nicht auf Naturalrestitution, sondern auf Geldersatz gerichtet; eine Ausnahme wird dann für möglich erachtet, wenn der Gläubiger ein berechtigtes Interesse an Naturalrestitution hat, wie bei Gattungsschulden.[49] Der Anspruch ist auf das positive Interesse gerichtet, der Gläubiger ist also so zu stellen, wie er stehen würde, wenn der Schuldner den Vertrag ordnungsgemäß erfüllt hätte.[50] Für die **Berechnung des Schadens gelten die allgemeinen Grundsätze**, namentlich §§ 249 ff. BGB. Prinzipiell ist zugrunde zu legen eine **konkrete Schadensberechnung**, es sind die wirklich erlittenen Vermögenseinbußen auszugleichen. Denkbar ist unter den allgemeinen Voraussetzungen auch eine **abstrakte Schadensberechnung**;[51] der Leasingnehmer nutzt in aller Regel die Leasingsache selbst, so dass die abstrakte Schadensberechnung, deren Hauptanwendungsfall beim Kauf liegt, eher eine untergeordnete Rolle spielt. Für die Schadensberechnung kommen nach allgemeinen Regeln die **Surrogations- und die Differenzmethode** in Betracht.[52] Auch im Leasingrecht liegt indes die Berechnung über die Differenzmethode nahe, das heißt, dass die Verpflichtung des Gläubigers zur Gegenleistung entfällt. Der Schaden besteht zwischen dem Wert der Leistung des Schuldners und zuzüglich etwaiger Folgeschäden und der ersparten Gegenleistung des Gläubigers. Zu trennen von der Unterscheidung zwischen Differenz- und Surrogationsmethode ist die unterschiedliche Differenzierung zwischen dem sog. **kleinen und großen Schadensersatz**.[53] Diese Unterscheidung spielt eine Rolle im Fall der Schlechtleistung oder im Falle der Teilleistung (vgl. zum Letzteren bereits oben § 22 Rdn. 27 ff.).

5. Verhältnis der §§ 280 ff., 323 ff. BGB zu den mietrechtlichen Vorschriften

28 Die mietrechtlichen Mängelrechte sind anwendbar, wenn die **Leasingsache mangelhaft** ist. Speziell § 536a Abs. 1 Fall 3 BGB gewährt einen Schadensersatzanspruch, wenn der Leasinggeber mit der Beseitigung des Mangels in Verzug gerät. Vorliegend stehen aber die Rechtsfolgen der verzögerten Lieferung im Raum, nicht die Verzögerung bei Beseitigung eines Mangels. Vor Überlassung des Leasingobjekts steht § 536a Abs. 1 Fall 3 BB zu den §§ 280 ff, 323 ff. BGB nicht in Konkurrenz.[54]

6. Fristlose Kündigung, § 543 Abs. 1 Satz 1 BGB

29 Bleibt die Lieferung der Leasingsache entgegen den vertraglichen Absprachen aus, hat der Leasingnehmer unter den Voraussetzungen des § 543 BGB die weitere Möglichkeit, den Vertrag **fristlos zu kündigen**.[55] Notwendig hierfür ist insbesondere das Vorliegen eines wichtigen Grundes. Gem. § 543 Abs. 2 Nr. 1 BGB liegt ein wichtiger Grund insbesondere dann vor, wenn dem Mieter der vertragsgemäße Gebrauch der Mietsache ganz oder zum Teil nicht rechtzeitig gewährt wird, mithin im Fall des vertragswidrigen Ausbleibens

---

[48] BT-Drucks. 14/6040 S. 140; vgl. AnwK-BGB/*Dauner-Lieb* (2005) § 281 Rdn. 44.
[49] Vgl. AnwK-BGB/*Dauner-Lieb* (2005) § 281 Rdn. 57; Palandt/*Heinrichs*[65] § 281 Rdn. 17; Staudinger/*Otto* (2004) § 280 Rdn. E 81.
[50] Vgl. etwa Palandt/*Heinrichs*[65] § 281 Rdn. 17.
[51] Dazu etwa Palandt/*Heinrichs*[65] § 281 Rdn. 30.
[52] Vgl. etwa Palandt/*Heinrichs*[65] § 281 Rdn. 18. Nach der Schuldrechtsreform wird nach wohl h. A. ein Wahlrecht des Gläubigers angenommen (Palandt/*Heinrichs*[65] § 281 Rdn. 20; Lorenz/*Riehm* (2002) Rdn. 211 jeweils m. w. N.
[53] Lorenz/*Riehm* (2002) Rdn. 216.
[54] Vgl. *Apel* Praxishandbuch Leasing, 1998, § 9 Rn 35.
[55] BGH NJW 1988, 204; BGH NJW 1993, 122; *H. Beckmann* Finanzierungsleasing § 8 Rdn. 106: MünchKomm/*Habersack* Leasing Rdn. 121.

der Leasingsache. Dabei kommt es auf ein Verschulden des Schuldners (Leasinggebers) nicht an.[56] Umgekehrt besteht das Kündigungsrecht nicht, wenn der Leasingnehmer die Nichtlieferung selbst zu vertreten hat.[57] § 543 Abs. 1 Nr. 1 BGB kann auch dann erfüllt sein, wenn der Schuldner die **Leistung nur teilweise erbracht** hat. Bei einem Leasingvertrag über Hard- und Software hat der BGH dies beispielsweise für den Fall angenommen, dass der Leasinggeber lediglich die Hardware, nicht hingegen die Software geliefert hat.[58] Insbesondere bei Teilleistungen ist zu beachten, dass die Gebrauchsbeeinträchtigung **nicht unerheblich** sein darf.[59] Die Kündigung ist aber erst zulässig, nachdem der Leasingnehmer dem Leasinggeber nach § 543 Abs. 3 Satz 1 BGB eine angemessene Frist zur Abhilfe gesetzt und der Leasinggeber diese ungenutzt verstreichen lassen hat.[60] Nach § 543 Abs. 3 Satz 2 BGB ist die **Fristsetzung entbehrlich**, wenn diese offensichtlich keinen Erfolg verspricht (Nr. 1) oder die sofortige Kündigung aus besonderen Gründen unter Abwägung der beiderseitigen Interessen gerechtfertigt ist (Nr. 2). Zu § 542 BGB a. F. wurde entschieden, dass dies etwa der Fall ist, wenn die Lieferung innerhalb einer angemessenen Frist für den Leasingnehmer unzumutbar ist.[61] Schließlich ist eine Fristsetzung auch entbehrlich, wenn die Leasingbedingungen eine Kündigungsmöglichkeit ohne Fristsetzung vorsehen.[62] Ist eine Fristsetzung nicht entbehrlich, so richtet sich die Länge der Frist nach den Umständen des Einzelfalles. Wird eine zu kurze Frist gesetzt, so beginnt eine angemessene, vom Richter zu bestimmende Frist zu laufen.

Nach § 543 Abs. 4 Satz 2 BGB ist der Leasinggeber darlegungs- und beweispflichtig **30** für die Tatsache, dass er den vertragsgemäßen Gebrauch rechtzeitig gewährt bzw. Abhilfe rechtzeitig geschafft hat. Dies gilt allerdings nicht, wenn der Leasingnehmer eine unrichtige Übernahmebestätigung ausgestellt hat, welche eine ordnungsgemäße Übergabe bestätigt. Diese Bestätigung führt nach § 363 BGB zu einer Umkehrung der Beweislast. Geht der Streit nur um die rechtzeitige Lieferung vor Ablauf der Frist zur Abhilfe (§ 543 Abs. 4 Satz 2 Alt. 2 BGB), so bleibt es bei der gesetzlichen Beweislastverteilung.[63]

Die fristlose Kündigung lässt Schadensersatzansprüche unberührt.[64] **31**

7. Wegfall der Geschäftsgrundlage

Die oben erörterte Rechtsprechung zur Geschäftsgrundlagenlösung[65] lässt sich auch auf **32** Fälle des Verzugs anwenden (auf die Ausführungen in § 21 Rdn. 18 ff. wird verwiesen). Wenn man der Auffassung ist, dass auch ein Rücktrittsrecht wegen Störung der Geschäftsgrundlage neben dem Kündigungsrecht aus § 543 Abs. 1 Satz 1 BGB bestehen kann,[66] so gilt es, das Fristsetzungserfordernis gem. § 543 Abs. 1 Satz 1 BGB nicht leer laufen zu lassen; grundsätzlich ist dann eine entsprechende Fristsetzung mit angemessener Nachfrist auch beim Rücktrittsrecht wegen Störung der Geschäftsgrundlage nach §§ 313 Abs. 3 Satz 1, 346 ff. BGB erforderlich.[67]

---

[56] MünchKomm/*Schilling*[4] § 543 Rdn. 20.
[57] *Apel* in: Praxishandbuch Leasing, 1998, § 9 Rn 37; MünchKomm/*Schilling*[4] § 543 Rdn. 24; BGH NJW 1976, 1315 (Mietvertrag).
[58] BGH NJW 1988, 204, 205; Palandt/*Weidenkaff*[65] § 543 Rdn. 18.
[59] Palandt/*Weidenkaff*[65] § 543 Rdn. 18.
[60] Wolf/Eckert/*Ball* Rdn. 1778.
[61] OLG Düsseldorf ZMR 1991, 299. Im Fall wurde die Reparatur eines Kopiergerätes nicht unerheblich verzögert und ein Ersatzgerät nicht zur Verfügung gestellt.
[62] *Apel* in: Praxishandbuch Leasing 1998 (Vorauflage) § 9 Rdn. 37.
[63] Wolf/Eckert/*Ball* Rdn. 1779.
[64] *Graf v. Westphalen* Leasingvertrag Rdn. 413.
[65] Dazu § 22 Rdn. 18.
[66] So BGH NJW-RR 1998, 123, 125 = ZIP 1997, 1703 ff.
[67] *Apel* in: Praxishandbuch Leasing 1998 (Vorauflage) § 9 Rdn. 37.

III. Haftungsausschließende und haftungsbeschränkende AGB-Klauseln

33 Angesichts der geschilderten rechtlichen Möglichkeiten des Leasingnehmers und der Tatsache, dass der Leasinggeber unter Umständen keinen Einfluss darauf hat, wann der Lieferant das Leasinggut an den Leasingnehmer ausliefert, ist es naheliegend, dass der Leasinggeber versucht, seine verzugsrechtliche Haftung so weit wie möglich einzuschränken. Einzelne Klauseln werden im Folgenden beleuchtet; auf die denkbare „radikale Abtretungskonstruktion" wurde bereits eingegangen.[68]

1. Liefererminklauseln

34 Dieses Ziel kann der Leasinggeber dadurch zu erreichen suchen, dass er in die Vertragsbedingungen Klauseln aufnimmt, die das Risiko der verspäteten Lieferung der Leasingsache auf den Leasingnehmer abwälzt. Klauselbeispiele:
„*Liefertermin unverbindlich.*"
„*Wird später geliefert, verschiebt sich der Vertragsbeginn entsprechend.*"[69]

35 **a) Individuell vereinbarter Liefertermin.** Vielfach ist im Leasingvertrag indes **individuell ein fester Liefertermin** vereinbart. Eine solche Vereinbarung kann grundsätzlich nur zwischen Leasingnehmer und Leasinggeber getroffen werden; da der Lieferant grundsätzlich nicht gem. §§ 164 ff. BGB als Vertreter des Leasinggebers anzusehen ist,[70] fehlt dem Lieferanten grundsätzlich die Vertretungsmacht zu einer entsprechenden Vereinbarung. Etwas anderes gilt, wenn der Leasinggeber dem Lieferanten Vollmacht einräumt; das ist z. B. der Fall, wenn auf der Vorderseite eines Leasingvertragsformulars deutlich sichtbar unter der Überschrift „Ihr Ansprechpartner" der Lieferant mit Anschrift eingetragen ist.[71] Darüber hinaus ist zu berücksichtigen, dass der Leasinggeber vielfach dem Lieferanten alle Vorverhandlungen überlässt. Dann muss der Leasingnehmer nach der Rechtsprechung grundsätzlich auch darauf vertrauen dürfen, dass das Verhandlungsergebnis sowohl dem Kaufvertrag als auch dem Leasingvertrag zugrunde gelegt wird. Will der Leasinggeber davon abweichend dem Leasingvertrag einen anderen Inhalt geben, muss er den Leasingnehmer eindeutig und ausdrücklich darauf hinweisen.[72]

36 Entsprechende Individualvereinbarungen über den Liefertermin haben **nach § 305 b BGB Vorrang** vor Allgemeinen Geschäftsbedingungen. Dies gilt ohne Rücksicht darauf, ob es sich beim Leasingnehmer um einen Unternehmer handelt oder nicht, § 310 Abs. 1 BGB.

37 Soweit ohnehin nicht schon eine individuelle Fälligkeitsvereinbarung vorgeht, ist eine AGB, die eine fest **vereinbarte Lieferzeit als unverbindlich** bezeichnet, mit § 307

---

[68] Oben § 22 Rdn. 59.
[69] Klauselbeispiele nach *Apel* in Praxishandbuch Leasing 1998 (Vorauflage) Rdn. 64; weitere Klauselbeispiele bei *Reinking* AutoLeasing 3. Auflage 1999 S. 106.
[70] *H. Beckmann* Finanzierungsleasing § 3 Rdn. 98; Staudinger/*Stoffels* Leasingrecht Rdn. 99 jeweils m. w. N.; vgl. aber auch Wolf/Eckert/*Ball* Rdn. 1685, wonach der Leasinggeber alle zwischen Hersteller/Lieferanten „im Zusammenhang mit dem Erwerb des Leasingobjekts ausgehandelten technischen und wirtschaftlichen Modalitäten für und gegen sich gelten lassen muss" (unter Hinweis auf BGH ZIP 1984, 1101, 1104).
[71] OLG Dresden NJW-RR 2003, 269 (juris Rdn. 12 f.).
[72] BGH NJW 1985, 2258, 2259 = BGHZ 85, 170 ff.; *Graf v. Westphalen* Leasingvertrag, 4. Aufl. 1992, Rdn. 423; vgl. auch Staudinger/*Stoffels* Leasingrecht Rdn. 99 (m. w. N.) zur Neigung der Rspr., den Leasinggeber auch bei fehlender Vertretungsmacht des Lieferanten an dessen Zusagen zu binden; noch weitergehender Wolf/Eckert/*Ball* Rdn. 1686, wonach aus der wirtschaftlichen Einheit bzw. dem inneren Zusammenhang folge, dass die Beteiligten darauf vertrauen dürfen, das Verhandlungsergebnis werde sowohl dem Kaufvertrag als auch dem Leasingvertrag zugrunde gelegt.

Abs. 2 Nr. 2 BGB nicht vereinbar und daher unwirksam.[73] Dies gilt unabhängig davon, ob es sich bei dem Adressaten um einen Verbraucher oder einen Unternehmer handelt.

Aufgrund der besonderen **Bedeutung des Liefertermins** bietet es sich an, diesen Termin gesondert sowohl im Leasing- als auch im Liefervertrag schriftlich festzulegen. So sollte insbesondere auch dann verfahren werden, wenn der Liefertermin nur mit dem Lieferanten vereinbart worden ist. Durch eine solche Vorgehensweise werden spätere Beweisschwierigkeiten ausgeräumt und Vertragssicherheit geschaffen.[74] Dies ist besonders wichtig, wenn der Leasingnehmer mit dem Lieferanten (mündlich) zwar einen festen Liefertermin vereinbart hat, der Vertrag mit dem Leasinggeber jedoch lediglich eine unverbindliche Lieferfrist enthält. Wie oben hingewiesen (Rdn. 35) kann der Leasinggeber an Aussagen des Herstellers/Lieferanten gebunden sein. Sollte der Leasinggeber in seinen Geschäftsbedingungen eine Schriftformklausel, welche die Einhaltung der Schriftform als konstitutiv festlegt, verwenden, so wäre diese grundsätzlich zwar wirkungslos.[75] Im Falle eines schriftlich vereinbarten Liefertermins hat der Leasinggeber aber nicht die Möglichkeit, sich auf eine Schriftformklausel „zurückzuziehen" oder Vereinbarungen zwischen Lieferanten und Leasingnehmer in Abrede zu stellen.[76] 38

b) Unverbindlicher Liefertermin/Freizeichnung von der Verpflichtung zur rechtzeitigen Lieferung. Wird individualvertraglich **kein fester Liefertermin vereinbart**, so ist gem. § 271 Abs. 1 BGB die Leistung sofort fällig.[77] Enthält der Leasingvertrag dann eine Klausel, die eine Freizeichnung des Leasinggebers von einer rechtzeitigen Lieferung bezweckt, so lässt sich differenzieren: 39

aa) Verwendung gegenüber einem Leasingnehmer als Verbraucher. Gegenüber Verbrauchern ist eine solche oder vergleichbare Klausel an § 308 Nr. 1 BGB zu messen. Danach sind u. a. AGB-Klauseln unwirksam, die im Hinblick auf die Erbringung der Leistung nicht hinreichend bestimmt sind. Die Lieferfrist ist hinreichend bestimmt, wenn der durchschnittliche Leasingnehmer ohne Schwierigkeiten und ohne rechtliche Beratung feststellen oder errechnen kann, wann die Frist endet.[78] Ist die Lieferfrist von einem Ereignis abhängig, so hängt die Zulässigkeit einer in den ALB enthaltenen Lieferfrist davon ab, ob das Ereignis im Einfluss- und Herrschaftsbereich des Leasingnehmers liegt oder auf seinem Verhalten beruht.[79] Die oben zitierte Klausel („*Liefertermin unverbindlich.*") erfüllt diese Voraussetzungen aber gerade nicht und ist daher unwirksam.[80] AGB-rechtlich unzulässig ist eine Bestimmung, wonach Angaben über die Lieferfristen unverbindlich sind, soweit nicht ausnahmsweise der Liefertermin verbindlich und schriftlich zugesagt wurde.[81] Gleiches gilt für Klauseln, die bestimmen, die Lieferung erfolge „so schnell wie möglich"[82] oder „gewerbsübliche Fristen werden eingehalten".[83] Ebenso un- 40

---

[73] Vgl. *H. Schmidt*/Ulmer/Brandner/Hensen[10] § 308 Nr. 1 Rdn. 23.
[74] *Apel* in: Praxishandbuch Leasing 1998 (Vorauflage) § 9 Rdn. 66.
[75] Individualvereinbarungen haben gem. § 305b BGB Vorrang vor Schriftformklauseln in AGB, vgl. BGH NJW 2006, 138 f. m. w. N.; juris PK-BGB/*Junker*[3] § 125 Rdn. 79; *ders.* Zur Inhaltskontrolle Rdn. 81 ff.
[76] *Apel* Praxishandbuch Leasing 1998 (Vorauflage) § 9 Rdn. 66.
[77] *Apel* Praxishandbuch Leasing 1998 (Vorauflage) § 9 Rdn. 66.
[78] Vgl. BGH NJW 1985, 855, 856; BGH NJW 1989, 1602, 1603; OLG Köln BB 1982, 638.
[79] Vgl. *H. Schmidt*/Ulmer/Brandner/Hensen[10] § 308 Nr. 1 Rdn. 18; Wolf/Horn/*Lindacher*[4] § 10 Nr. 1 Rdn. 18.
[80] *Graf v. Westphalen* Leasingvertrag 4. Aufl. 1992, Rdn. 424; vgl. auch BGH DB 1982, 1000: „Reparaturzeiten sind nur verbindlich, wenn sie schriftlich bestätigt werden" ist unwirksam, ferner BGH NJW 1985, 855, 856.
[81] OLG Frankfurt MDR 2006, 919 f. (juris Rdn. 23 f.) betr. Online-Versandhandel.
[82] *Graf v. Westphalen* Leasingvertrag 4. Aufl. 1992, Rdn. 424; Vgl. *H. Schmidt*/Ulmer/Brandner/Hensen[10] § 308 Nr. 1 Rdn. 18.
[83] OLG Köln ZIP 1981, 1101.

wirksam ist eine ALB-Klausel, die den Liefertermin „freibleibend" offenhält, da der Leistungszeitpunkt hierdurch unbestimmbar würde.[84]

41   Nach der Rechtsprechung[85] soll eine Lieferterminklausel im Rahmen von Neuwagenkaufverträgen so ausgestaltet werden können, dass der Leasingnehmer sechs Wochen nach Überschreitung eines unverbindlichen Liefertermins oder einer unverbindlichen Lieferfrist den Verkäufer schriftlich auffordern kann, binnen angemessener Frist zu liefern mit der Folge, dass der Verkäufer erst dann mit dem Zugang der Aufforderung in Verzug kommt. Stimmen im Schrifttum haben diese Rechtsprechung auf Leasingverträge übertragen;[86] auch in einzelnen Entscheidungen ist das AGB-rechtlich für zulässig erachtet worden.[87] Für die Zulässigkeit lässt sich ins Feld führen, dass eine solche Klausel sich auf einen unverbindlichen Liefertermin oder eine unverbindliche Lieferfrist bezieht. Andererseits sind im Schrifttum AGB-rechtliche Bedenken erhoben worden.[88]

42   **bb) Verwender gegenüber einem Leasingnehmer als Unternehmer.** Im Rechtsverkehr zwischen Unternehmern ist das Klauselverbot des § 308 Nr. 1 BGB nicht anwendbar, § 310 Abs. 1 BGB. Allerdings findet eine Überprüfung der Klausel an § 307 BGB statt, wobei die §§ 308, 309 BGB für die Prüfung Indizwirkung entfalten können.[89] Daher darf die Lieferfrist grundsätzlich auch hier nicht unangemessen von der gesetzlichen Regelung (§ 271 BGB) abweichen. Nach § 310 Abs. 1 Satz 2 BGB ist allerdings auf die im Handelsverkehr geltenden Gepflogenheiten angemessen Rücksicht zu nehmen. Hieraus ist im Schrifttum teilweise geschlossen worden, dass Unverbindlichkeitsklauseln im unternehmerischen Rechtsverkehr im Grundsatz unbedenklich sind.[90] Dies erscheint indes eine sehr weitgehende Aussage. Vielfach kommt es umgekehrt gerade im unternehmerischen Handelsverkehr auf klare Fristen an.[91] Im Einzelfall muss unter Abwägung aller Umstände geprüft werden, ob eine Klausel noch den Anforderungen des § 307 BGB standhält. Zu Recht ist im Schrifttum darauf hingewiesen, dass etwa die Klausel „Lieferzeit unverbindlich" auch im unternehmerischen Bereich prinzipiell zu beanstanden ist und nur in besonderen Fällen vertretbar ist.[92] Was speziell Selbstbelieferungsklauseln angeht, sprechen grundsätzlich keine Anhaltspunkte dagegen, die allgemeinen zum Kaufrecht entwickelten Grundsätze anzuwenden.[93]

43   **c) Vertragsbeginnklausel.** Mit der Verwendung des eingangs beispielhaft zitierten Klauselbeispiels („*Wird später geliefert, verschiebt sich der Vertragsbeginn entsprechend.*")[94] will der Leasinggeber dem Eintritt der Verzugsfolgen entgehen, indem der Leasingvertrag nach §§ 158, 163 BGB erst nach Lieferung der Leasingsache in Kraft tritt. Die Klausel kann ei-

---

[84] *Apel* in: Praxishandbuch Leasing 1998 (Vorauflage) § 9 Rdn. 68.
[85] Betr. Kaufverträge BGH NJW 1982, 331, 333 = BGHZ 82, 21 ff.; ebenso OLG Köln NZV 1995, 485, 486; vgl. aber NJW 2001, 292, 294 f. = BGHZ 145, 203 ff., wo der BGH eine solche Klausel deshalb als unwirksam angesehen hat, weil sie zum Verzugseintritt keine einfache Fristsetzung, sondern zusätzlich eine Ablehnungsandrohung verlangte.
[86] *Apel* in: Praxishandbuch Leasing 1998 (Vorauflage) § 9 Rdn. 70; *Engel* § 5 Rdn. 17.
[87] Etwa LG Zweibrücken VuR 1997, 281.
[88] *Reinking/Eggert* Der Autokauf Rdn. 920; *Graf v. Westphalen* ZGS 2002, 214 ff.
[89] *Erman/Roloff*[11] § 310 Rdn. 7; *Staudinger/Coester-Waltjen* (2006) § 308 Nr. 1 Rdn. 21; vgl. etwa auch BGH NJW 1996, 389.
[90] *Graf v. Westphalen* Leasingvertrag 4. Aufl. 1992, Rdn. 422; *Apel* in: Praxishandbuch Leasing 1998 (Vorauflage) § 9 Rdn. 71.
[91] *Staudinger/Coester-Waltjen* (2006) § 308 Nr. 1 Rdn. 21.
[92] *Erman/Roloff*[11] § 308 Rdn. 13; vgl. auch *H. Schmidt/*Ulmer/Brandner/Hensen[10] § 308 Nr. 1 Rdn. 23.
[93] Dazu BGH NJW 1985, 738 f. = BGHZ 92, 396 ff. (für den kaufmännischen Verkehr); BGH NJW 1995, 1959, 1960; BGH NJW 1983, 1320, 1321 (Verwendung gegenüber nichtkaufmännischen Endabnehmern); BGH NJW 1985, 855, 857; *Staudinger/Coester-Waltjen* (2006) § 308 Nr. 3 Rdn. 20; *Palandt/Heinrichs*[65] § 308 Rdn. 18; *Erman/Roloff*[11] § 308 Rdn. 23; vgl. bereits § 22 Rdn. 62.
[94] Beispiel nach *Apel* in: Praxishandbuch Leasing 1998 (Vorauflage) § 9 Rdn. 64, 76.

ner Inhaltskontrolle grundsätzlich nicht stand halten. Denn auch diese Konstruktion würde den Leasingnehmer jeglicher Einwirkungsmöglichkeiten auf den Lieferzeitpunkt berauben und ihn dem „Gutdünken" des Leasinggebers und seines Erfüllungsgehilfen, des Lieferanten, ausliefern. Auch dies stellt bei **Verwendung gegenüber einem Verbraucher** einen Verstoß gegen § 308 Nr. 1 BGB dar.[95] Weiterhin lässt sich ein Verstoß gegen § 307 Abs. 2 BGB begründen. Bei Geltung und wortgetreuer Anwendung einer solchen Klausel könnte der Leasinggeber praktisch nie in Verzug geraten und auch das Rücktrittsrecht des Leasingnehmers wäre ausgeschlossen.[96] Auch wenn bei Verwendung von Lieferterminklauseln nach im Schrifttum vertretener Ansicht – wie ausgeführt – **im unternehmerischen Rechtsverkehr** geringere Anforderungen gelten sollen, erscheint das oben aufgeführte Klauselbeispiel doch bedenklich, da auch im unternehmerischen Verkehr jedenfalls ohne besondere Gründe kein schutzwürdiges Interesse an einer solch einseitigen Regelung besteht.

d) Lieferfristklausel. Denkbar sind des Weiteren Leistungs- bzw. Lieferfristen, die das Risiko einer verzögerten Leistung durch den Leasinggeber reduzieren sollen; Klauselbeispiel: *„Lieferung spätestens drei Monate nach Vertragsschluss".*[97] **44**

Solche Klauseln haben sich bei **Verwendung gegenüber Verbrauchern** gleichfalls insbesondere an § 308 Nr. 1 BGB zu orientieren. Ob eine entsprechende Frist angemessen ist, richtet sich nach der Art der geschuldeten Leistung und den im jeweiligen Geschäftszweig üblichen Beschaffungs- und Herstellungszeiten, also etwa danach, welchen Zeitaufwand die Erfüllung von Verträgen gleicher Art für gewöhnlich erfordert; Berücksichtigung kann der Umstand erlangen, dass der Verwender die zu liefernde Sache erst selbst beschaffen muss. Jedenfalls kann der Verwender den sich aus § 271 BGB ergebenden Leistungszeitpunkt nur bei Vorliegen schutzwürdiger Interessen verschieben.[98] Die Fristlänge muss daher durch einen sachlichen Grund gerechtfertigt sein.[99] *Apel* nennt als Beispiel, dass ein individuelles Werk, etwa Individualsoftware, erst noch für den Leasingnehmer erstellt werden muss.[100] **45**

Bei **Verwendung gegenüber Unternehmern** ist im Rahmen der Prüfung entsprechender Klauseln gem. § 307 Abs. 2 BGB zunächst zu berücksichtigen, ob sich für die Klausel nach § 346 HGB eine handelsgebräuchliche Bedeutung ermitteln lässt, § 310 Abs. 1 Satz 2 BGB. Wo dies nicht der Fall ist, findet der Rechtsgedanke des § 308 Nr. 1 BGB Anwendung.[101] Kriterium im Rahmen der Zulässigkeitsprüfung kann etwa der zeitliche Aufwand für die Herstellung oder Beschaffung des Leasingguts sein.[102] **46**

2. Ausschluss bzw. Beschränkung der Verzugsfolgen

Der gesetzlich nicht normierte Leasingvertrag ist durch Vertragsabreden geprägt, so dass es auch im Hinblick auf den Ausschluss bzw. die Beschränkung der Verzugsfolgen naheliegt, dass der Leasinggeber sich von den Rechtsfolgen des Verzugs insbesondere durch AGB freizuzeichnen sucht. Zur Frage der Zulässigkeit der **Freizeichnung des Leasing-** **47**

---

[95] *Graf v. Westphalen* Leasingvertrag 4. Aufl. 1992 Rdn. 425; *Reinking/Eggert* Der Autokauf Rdn. 866, die allerdings darauf hinweisen, dass eine ähnliche Klausel als individualvertragliche Vereinbarung wirksam sei.
[96] Vgl. *Apel* in: Praxishandbuch Leasing 1998 (Vorauflage) § 9 Rdn. 76; *E. G. Koch* S. 150 ff.; *Papapostolou* S. 109.
[97] Klauselbeispiel nach *Apel* in: Praxishandbuch Leasing 1998 (Vorauflage) § 9 Rdn. 73.
[98] *Erman/Roloff*[11] § 308 Rdn. 8; zur Übertragung von Lieferklauseln in Neuwagenkaufverträgen auf Leasingverträge, vgl. bereits oben Rdn. 41.
[99] Vgl. *Wolf/Horn/Lindacher*[4] § 10 Nr. 1 Rdn. 15.
[100] *Apel* in: Praxishandbuch Leasing 1998 (Vorauflage) Rdn. 74.
[101] *Erman/Roloff*[11] § 308 Rdn. 12.
[102] *Apel* in: Praxishandbuch Leasing 1998 (Vorauflage) § 9 Rdn. 75.

gebers vom Verschulden des Lieferanten wird auf die Ausführungen in § 22 verwiesen (dort Rdn. 25).

48 a) Grundsätzliche und weitgehende Ausschlüsse der Verzugsfolgen. Denkbar sind **grundsätzliche und weitgehende Ausschlüsse der Verzugsfolgen**. Im Schrifttum ist folgendes Klauselbeispiel genannt: *„Aus etwaigen verspäteten Lieferungen können Schadensersatzansprüche nicht geltend gemacht werden. Ebenso hat der Leasingnehmer kein Recht, bei verspäteter Lieferung vom Vertrag zurückzutreten."*[103]

49 Insoweit gelten prinzipiell die Ausführungen zu den entsprechenden weitgehenden Ausschlüssen der Folgen bei Unmöglichkeit (vgl. § 22 Rdn. 53 ff.). Insbesondere wenn Schadensersatzansprüche und das Rücktrittsrecht des Leasingnehmers im Falle des Verzugs des Leasinggebers pauschal ausgeschlossen sein sollen, erscheint dies **AGB-rechtlich nicht gangbar**. Soweit man mit der h. M. eine Gebrauchsüberlassungspflicht des Leasinggebers annimmt, entspricht dieser grundsätzliche AGB-rechtliche Ausgangspunkt der wohl ganz überwiegenden Ansicht im Schrifttum.[104] Dies gilt jedenfalls dann, wenn der Leasinggeber dem Leasingnehmer nicht im Gegenzug die aus dem Liefervertrag gegen den Lieferanten bestehenden Lieferansprüche bzw. bei Verletzung dieser Ansprüche resultierenden Sekundäransprüche abtritt (**zur Zulässigkeit einer solchen „radikalen" Abtretungskonstruktion** wird auf die Ausführungen in § 22 Rdn. 59 verwiesen). Auch die Rechtsprechung hat solche umfassende Freizeichnungen von den Verzugsfolgen (ohne entsprechende Kompensation) für unwirksam erklärt. Als Beispiel sei die indes äußerst weitgehende Klausel genannt, die einer Entscheidung des LG Mannheim zugrunde lag und wie folgt lautete: *„Eine Haftung des Leasinggebers für die nicht rechtzeitige oder fehlerhafte Lieferung oder ein sonstiges irgendwie geartetes Verschulden des Lieferanten und/oder Herstellers ist ausgeschlossen."*[105]

50 Bei **Verwendung gegenüber Verbrauchern** lässt sich die Unwirksamkeit bereits aus § 308 Nr. 8 a BGB herleiten. Aber auch bei **Verwendung gegenüber Unternehmern** resultiert die Unwirksamkeit einer solchen grundsätzlichen und weitgehenden Beschränkung der Verzugsfolgen aus der Generalklausel gem. § 307 Abs. 2 BGB, da durch einen solchen umfassenden Ausschluss der Verzugsfolgen, der pauschal Schadensersatzansprüche und Rücktrittsrechte des Leasingnehmers ausschließt, wesentliche Pflichten bzw. Kardinalpflichten des Leasinggebers so eingeschränkt werden, dass die Erreichung des Vertragszwecks gefährdet ist. Zu bedenken ist auch, dass das Klauselverbot des § 308 Nr. 8 a BGB im Übrigen Ausstrahlungswirkung für die Beurteilung nach der Generalklausel hat.[106]

51 b) Einschränkung des Rücktrittsrechts bzw. des Anspruchs auf Schadensersatz. aa) Verwendung gegenüber Verbrauchern. Der Leasinggeber hat bei der Einschränkung insbesondere der **Rücktrittsmöglichkeit** des Leasingnehmers bei **Verwendung gegenüber Verbrauchern** bereits das Klauselverbot gem. § 309 Nr. 8 lit. a BGB zu beachten.[107]

52 Das Klauselverbot des § 309 Nr. 8 lit. a BGB greift indes nicht ein, wenn eine Klausel das Lösungsrecht des Vertragspartners insbesondere bei nicht vom Verwender zu vertretender Pflichtverletzung ausschließt oder beschränkt. Solche Klauseln sind indes an der Generalklausel zu messen;[108] eine Einschränkung etwa des Rücktrittsrechts gem. § 323

---

[103] Klauselbeispiel nach *Apel* in: Praxishandbuch Leasing 1998 (Vorauflage) § 9 Rdn. 97.
[104] Vgl. etwa *Martinek* Moderne Vertragstypen I § 6 III 5 S. 131 f.; Staudinger/*Stoffels* Leasingrecht Rdn. 196 m. w. N.; *Reinking/Eggert* Der Autokauf Rdn. 920.
[105] LG Mannheim BB 1984, 144.
[106] Erman/*Roloff*[11] § 309 Rdn. 80; *Graf v. Westphalen* Leasingvertrag Rdn. 419.
[107] Staudinger/*Stoffels* Leasingrecht Rdn. 196; MünchKomm/*Habersack* Leasing Rdn. 68; wegen Verstoßes noch gegen § 11 Nr. 8 AGBG a. F. hat das OLG Hamm (DB 1980, 393 ff. = juris Rdn. 49) eine grundsätzliche Freizeichnung des Leasinggebers von seiner Lieferverpflichtung für unwirksam erachtet.
[108] Staudinger/*Coester-Waltjen* (2006) § 309 Nr. 8 Rdn. 11; Palandt/*Heinrichs*[65] § 309 Rdn. 52.

8. Kapitel. Allgemeine mietrechtliche Haftung des Leasinggebers   § 23

Abs. 1, 2 BGB erscheint indes auch dann bedenklich, wenn der Klauselverwender (Leasinggeber) die nicht erfolgte Lieferung nicht zu vertreten hat.[109]

Auch **Schadensersatzansprüche** aus der Verletzung des Lebens, des Körpers oder der 53 Gesundheit des Leasingnehmers, die auf einer vorsätzlichen (§ 276 Abs. 3 BGB) oder fahrlässigen Pflichtverletzung des Leasinggebers oder einer vorsätzlichen oder fahrlässigen Pflichtverletzung eines Erfüllungsgehilfen des Leasinggebers beruhen, sind gem. § 309 Nr. 7 lit. a BGB nicht abdingbar (solche Schäden sind jedenfalls bei Nichtleistung oder verspäteter Leistung indes fernliegend). Ebenso können aber auch Schadensersatzansprüche wegen sonstiger Schäden, die auf einer vorsätzlichen (§ 276 Abs. 3 BGB) oder grob fahrlässigen Pflichtverletzung des Leasinggebers oder seines Erfüllungsgehilfen beruhen, nicht ausgeschlossen oder begrenzt werden (§ 309 Nr. 7 lit. b BGB).[110] Demnach ist die Freizeichnung für sonstige Schäden, die nur durch leichte Fahrlässigkeit des Leasinggebers oder seiner Erfüllungsgehilfen beruhen, grundsätzlich zulässig. Hier muss dann aber am Maßstab des § 307 BGB geprüft werden, ob der Leasingnehmer im Einzelfall entgegen Treu und Glauben unangemessen benachteiligt wird.[111] Ein Verstoß gegen § 307 Abs. 2 Nr. 2 BGB liegt insbesondere vor, wenn die Haftung für Erfüllung von vertragswesentlichen Pflichten, den sog. Kardinalpflichten, ausgeschlossen werden soll.[112] Sieht man die Pflicht zur Gebrauchsüberlassung bzw. ungestörten Gebrauchsnutzung (mit der herrschenden mietrechtlichen Einstufung des Leasingvertrages) als das typenbestimmende Merkmal überhaupt und als Kardinalpflicht an, greift auch die nur verzögernd schädigende Überlassung so stark in den Schutzbereich des Leasingnehmers ein, dass auch in diesem Fall der Leasinggeber für die verspätete Erfüllung seiner Kardinalpflicht einstehen muss.[113]

Allerdings soll nach im Schrifttum vertretener Ansicht eine prozentuale Haftungs- 54 beschränkung im Falle der Haftung für leichte Fahrlässigkeit beim Kfz-Leasing zulässig sein.[114] Hier sehen die Leasingbedingungen vielfach vor, dass sich bei einem Anspruch des Leasingnehmers auf Ersatz eines Verzugsschadens dieser bei leichter Fahrlässigkeit des Leasinggebers auf höchstens 5 % des Fahrzeugpreises und bei einem Anspruch des Leasingnehmers auf Schadensersatz auf höchstens 25 % des Fahrzeugpreises für den Schadensersatz statt der Leistung beschränkt.[115]

Unter Geltung des AGB-Gesetzes vor der Schuldrechtreform war umstritten, ob auch 55 der Ausschluss des Verzögerungsschadens gem. § 286 Abs. 1 BGB a. F. von § 11 Nr. 8 AGBG a. F. erfasst wurde.[116] Nach dem Wortlaut des neuen § 309 Nr. 7 lit. a und 7 lit. b BGB, der nur noch von der „Pflichtverletzung" spricht, muss wohl davon ausgegangen werden, dass auch die Pflichtverletzung der Lieferverzögerung (§§ 280 Abs. 2 i. V. m. 286 Abs. 1 BGB) hiervon erfasst ist. Dies war im Wesentlichen auch schon nach früherer h. M.[117] der Fall. Hätte der Gesetzgeber hier eine Meinungsumkehr hervorrufen wollen, so hätte er den Wortlaut enger fassen können.

bb) Verwendung gegenüber einem Leasingnehmer als Unternehmer. Wie schon 56 verschiedentlich erwähnt, ist die Prüfung der Klauseln gegenüber Unternehmern an

---

[109] Abweichend indes AnwK-BGB/*Dauner-Lieb* (2005) § 323 Rdn. 45.
[110] So auch MünchKomm/*Habersack* Leasing Rdn. 68; *Ebenroth* JuS 1985, 428; *Emmerich* JuS 1990, 5.
[111] MünchKomm/*Basedow*[4] § 309 Nr. 7 Rdn. 25.
[112] MünchKomm/*Basedow*[4] § 309 Nr. 7 Rdn. 26; vgl. grundsätzlich *Christensen*/Ulmer/Brandner/Hensen[10] § 309 Nr. 7 Rdn. 32 ff.
[113] Vgl. BGH NJW 1994, 1060, 1062 = BGHZ 124, 351 ff. (zum Vertragshändlervertrag in der Kfz-Branche).
[114] *Engel* § 5 Rdn. 18, S. 94; *Reinking/Eggert* Der Autokauf Rdn. 816 und 920; *Graf v. Westphalen* Leasingvertrag Rdn. 414 ff.
[115] *Engel* § 5 Rdn. 18, S. 94; *H. Beckmann* Finanzierungsleasing § 2 Rdn. 48; kritisch *Graf v. Westphalen* ZGS 2002, 214 ff.
[116] Vgl. *Apel* in: Praxishandbuch Leasing 1998 (Vorauflage) § 9 Rdn. 100 m. w. N.
[117] Vgl. Ulmer/Brandner/*Hensen*, 9. Aufl. 2001, § 11 Nr. 8 Rdn. 12 Fn. 19.

§ 307 BGB durchzuführen, wobei jedoch die Wertungen der §§ 308, 309 BGB im Rahmen des § 307 BGB Indizwirkung entfalten können. Insbesondere die Wertungen des § 309 Nr. 8 lit. a BGB sind auch im Rahmen der Generalklausel des § 307 BGB zu beachten,[118] was dafür spricht, dass – soweit jedenfalls ein Vertretenmüssen des Klauselverwenders im Raum steht – der Ausschluss des Vertragslösungsrechts wegen Verzugs des Klauselverwenders **auch im unternehmerischen Bereich** unzulässig ist.[119] Demzufolge sind nach der hier vertretenen Ansicht weder der Ausschluss des Rücktritts- oder Kündigungsrechts noch der Schadensersatzansprüche aus verspäteter Lieferung zulässig.[120] Dies muss jedenfalls für Fälle des groben Verschuldens gelten,[121] da die verspätete Lieferung nach hier vertretener Ansicht die Verletzung einer Kardinalpflicht darstellt.[122] Unter dieser Prämisse der Verletzung einer Kardinalpflicht ist auch die Haftungsfreizeichnung bei leichter Fahrlässigkeit bereits unwirksam.[123] Auch die Beschränkung der Haftung durch Haftungshöchstsummen, die den Ersatz typischer Schäden unter eine Obergrenze stellen, ist jedenfalls für Fälle des groben Verschuldens,[124] aber wohl auch für Fälle der leichten Fahrlässigkeit[125] unwirksam. Allenfalls die Beschränkung auf vertragsuntypische und unvorhersehbare Schadensposten erscheint gangbar.[126]

§ 24. Sach- und Rechtsmängelhaftung sowie sonstige Pflichtverletzungen

Schrifttum: s. Schrifttum zu § 21.

Übersicht

	Rdn.
I. Sach- und Rechtsmängelhaftung	1
1. Allgemeines und Anwendbarkeit	1
2. Mangelhaftigkeit der Leasingsache	3
3. Die einzelnen Rechtsbehelfe	8
a) Anspruch auf Mängelbeseitigung	9
b) Minderung der Leasingraten (§ 536 BGB)	11
c) Einrede des nicht erfüllten Vertrages (§ 320 BGB)	13
d) Schadens- und Aufwendungsersatzansprüche des Mieters (§ 536 a BGB)	19
aa) Schadensersatz	19
bb) Aufwendungsersatz aufgrund eigener Mängelbeseitigung durch den Leasingnehmer	23
cc) Verjährung	24
e) Kündigungsrecht (§ 543 BGB)	25
f) Ausschlüsse	26
4. Generelle Haftungsfreizeichnung durch den Leasinggeber	30
II. Sonstige Pflichtverletzungen durch den Leasinggeber	31

---

[118] Erman/*Roloff*[11] § 309 Rdn. 80; *Graf v. Westphalen* Leasingvertrag Rdn. 414, 419.
[119] Erman/*Roloff*[11] § 309 Rdn. 85.
[120] *Apel* in: Praxishandbuch Leasing 1998 (Vorauflage) § 9 Rdn. 102; vgl. *Graf v. Westphalen* Leasingvertrag 4. Aufl. 1992 Rdn. 428; vgl. auch BGH ZIP 1983, 317, 320 = NJW 2001, 751, 752; OLG Köln ZIP 1982, 1094 = MMR 2000, 755, 756; zum Meinungsstand: *Christensen*/Ulmer/Brandner/Hensen[10] § 309 Nr. 8 Rdn. 16.
[121] MünchKomm/*Basedow*[4] § 309 Nr. 7 Rdn. 34 m. w. N.
[122] Vgl. LG Mannheim BB 1984, 144, welches die oben (Rdn. 49) zitierte Klausel wegen Verstoßes gegen § 307 Abs. 2 BGB für unwirksam erklärte. Die Klausel störe das Äquivalenzverhältnis der Parteien und der völlige Ausschluss der Rechte des Leasingnehmers aus §§ 326 BGB a. F. und § 542 BGB a. F. (jetzt § 543 BGB) verstoße gegen wesentliche Grundgedanken der gesetzlichen Regelung.
[123] MünchKomm/*Basedow*[4] § 309 Nr. 7 Rdn. 35 m. w. N.
[124] BGH NJW 1984, 1350, 1351 = BGHZ 89, 363 ff.
[125] MünchKomm/*Basedow*[4] § 309 Nr. 7 Rdn. 36.
[126] So MünchKomm/*Basedow*[4] § 309 Nr. 7 Rdn. 36; offengelassen in BGH NJW 1985, 3016, 3018.

8. Kapitel. Allgemeine mietrechtliche Haftung des Leasinggebers **§ 24**

I. Sach- und Rechtsmängelhaftung

1. Allgemeines und Anwendbarkeit

Ist die gelieferte Leasingsache mangelhaft, greifen die Gewährleistungsregeln ein. Eine **Haftung des Leasinggebers** kommt indes wegen der leasingtypischen Abtretungskonstruktion insbesondere in den zu Beginn dieses Kapitels beschriebenen Fallkonstellationen zur Anwendung, etwa wenn es an einer Abtretungskonstruktion fehlt oder diese unwirksam ist. In solchen Fallkonstellationen trifft den Leasinggeber gegenüber dem Leasingnehmer nach h. M. und hier vertretener Ansicht eine **Haftung für Mängel der Leasingsache nach Mietrecht**.[1] In diesem Abschnitt wird die mietrechtliche Haftung des Leasinggebers im Falle des Fehlens der Abtretungskonstruktion beleuchtet; Ansprüche des Leasingnehmers bei Bestehen einer Abtretungskonstruktion werden in Kap. 9 § 25 erörtert. 1

Das **Verhältnis der mietrechtlichen Gewährleistungsregeln zu den Normen des allgemeinen Schuldrechts** ist im Einzelnen nicht unumstritten und wird im Schrifttum zuweilen sehr differenziert behandelt. Zusammengefasst lässt sich jedenfalls im Kern festhalten: Durch die speziellen mietrechtlichen Vorschriften wird die **Einrede des nichterfüllten Vertrages gem. §§ 320, 322 BGB** nicht verdrängt.[2] Im Übrigen schließen nach allgemeiner Meinung die mietrechtlichen Gewährleistungsrechte **bei einem Sachmangel** die Normen des allgemeinen Schuldrechts **nach Übergabe der Sache** aus.[3] Ansprüche aus §§ 311 Abs. 2, 241 Abs. 2, 280 Abs. 1 BGB (frühere c. i. c.) sind jedoch z. B. nicht ausgeschlossen, wenn der Leasinggeber arglistig unrichtige Angaben über die Beschaffenheit der Leasingsache gemacht hat.[4] Vor Überlassung gilt grundsätzlich das allgemeine Leistungsstörungsrecht.[5] Soweit indes **Rechtsmängel** im Raum stehen und etwa zur Unmöglichkeit führen, haben nach überwiegender Ansicht unter Hinweis auf § 536 Abs. 3 BGB die mietrechtlichen Mängelrechte sowohl **vor als auch nach Überlassung** der Mietsache Vorrang.[6] 2

2. Mangelhaftigkeit der Leasingsache

Die mietrechtlichen Gewährleistungsregeln setzen das Vorliegen eines Mangels voraus. In Betracht kommen ein **Sachmangel gem. § 536 Abs. 1 BGB**, das **Fehlen bzw. der spätere Wegfall einer zugesicherten Eigenschaft gem. § 536 Abs. 2 BGB** oder ein **Rechtsmangel gem. § 536 Abs. 3 BGB**. 3

Ein **Sachmangel** gem. § 536 Abs. 1 BGB liegt in jeder für den Mieter nachteiligen Abweichung des tatsächlichen Ist-Zustands der Mietsache von dem vertraglichen Soll-Zu- 4

---

[1] Vgl. BGH NJW 1987, 1072 f.; Wolf/Eckert/Ball Rdn. 1891; *Apel* Praxishandbuch Leasing 1998 (Vorauflage) § 9 Rdn. 104; Erman/*Jendrek* Anh. § 535: Leasing Rdn. 34; *Graf v. Westphalen* Leasingvertrag Rdn. 636; vgl. schon in diesem Kapitel § 21 Rdn. 6; umfassend Kap. 8 § 21; a. A. Münch-Komm/*Habersack* Leasing Rdn. 28, 106 (Haftung des Leasinggebers nach §§ 437 ff. BGB wegen des Eigengepräges des Finanzierungsleasing); Staudinger/*Stoffels* Leasingrecht Rdn. 81 f. (keine Pflicht des Leasinggebers zur Verschaffung einer mangelfreien Sache).
[2] Jauernig/*Teichmann*[11] § 536 Rdn. 2.
[3] So zu Recht BGH NJW 1980, 777, 778; BGH NJW 1997, 2813, 2814 = BGHZ 136, 102 ff.; Staudinger/*Emmerich* § 536 Rdn. 9; Jauernig/*Teichmann*[11] § 536 Rdn. 2; Palandt/*Weidenkaff*[65] § 536 Rdn. 7.
[4] BGH NJW 1997, 2813, 2814 = BGHZ 136, 102 ff.
[5] Staudinger/*Emmerich* (2003) § 536 Rdn. 9; *Feldhahn* in: Prütting/Wegen/Weinreich § 535 Rdn. 3; a. A. etwa MünchKomm/*Schilling*[4] Vor § 536 Rdn. 10.
[6] Erman/*Jendrek*[11] Vor § 536 Rdn. 7; AnwK-BGB/*Klein-Blenkers* § 536 Rdn. 29; Palandt/*Weidenkaff*[65] § 536a Rdn. 3; betr. § 541 BGB a. F. BGH NJW 1996, 714; BGH NJW 1997, 2813, 2814 = BGHZ 136, 102 ff. m. w. N.; für Fortbestand dieser Rechtsprechung nach der Schuldrechtsreform *Emmerich* NJW 2002, 362; *Gruber* WuM 2002, 252; *Unberath* ZMR 2004, 309.

stand.[7] Der Soll-Zustand bemisst sich anhand des Mietzwecks und der für den konkreten Vertragsinhalt bedeutsamen Umstände (subjektiver Mängelbegriff). Gem. § 536 Abs. 1 Satz 3 BGB muss die Tauglichkeit zum vertragsgemäßem Gebrauch erheblich gemindert sein; unerheblich ist ein Fehler insbesondere, wenn er leicht erkennbar und schnell mit geringen Mitteln zu beseitigen ist, so dass die Geltendmachung z. B. einer Minderung gegen § 242 BGB verstieße.[8] **Beispiele für Sachmängel** aus der mietrechtlichen Rechtsprechung, die sich auf das Leasinggeschäft übertragen lassen: Zahlreiche Störungen eines Fotokopierers,[9] Gebrauchsuntauglichkeit des Druckers einer EDV-Anlage[10] oder eine nicht bloß kurzzeitige Programmsperre vor Ablauf der vereinbarten Mietzeit.[11]

5 § 536 Abs. 1 Satz 1 und 2 BGB gilt auch, wenn eine **zugesicherte Eigenschaft fehlt oder später wegfällt**, vgl. § 536 Abs. 2 BGB. Das Fehlen einer zugesicherten Eigenschaft i. d. S. steht auch bei unerheblicher Beeinträchtigung der Tauglichkeit dem Mangel gleich, weil diese Vorschrift lediglich auf Abs. 1 Satz 1 und 2, nicht hingegen auf Abs. 1 Satz 3 verweist. Eine Zusicherung liegt vor, wenn der Vermieter (Leasinggeber) durch eine ausdrückliche oder stillschweigende Erklärung, die Vertragsinhalt geworden ist, dem Mieter (Leasingnehmer) zu erkennen gibt, dass er für diesen Bestand der betreffenden Eigenschaft und alle Folgen ihres Fehlens einstehen wird.[12] Ob eine Zusicherung durch den Leasinggeber vorliegt, ist insbesondere dann problematisch, wenn der Lieferant solche Eigenschaftszusicherungen gegenüber dem Leasinggeber abgegeben hat. Wie anderenorts bereits erörtert,[13] nimmt der Lieferant regelmäßig nicht die Stellung eines Stellvertreters ein. Gleichwohl wächst in Literatur und Rechtsprechung die Tendenz, den Leasingnehmer auch bei fehlender Vertretungsmacht des Lieferanten unter unterschiedlichen Vorzeichen an dessen Zusage zu binden.[14]

6 § 536 Abs. 3 BGB regelt den **Rechtsmangel** an dem Mietgegenstand. Danach gilt: Wird dem Mieter der vertragsgemäße Gebrauch der Mietsache durch das Recht eines Dritten ganz oder zum Teil entzogen, so gelten die Absätze 1 und 2 entsprechend. Rechte i. S. v. § 536 Abs. 3 BGB sind nur Privatrechte, die bei Vertragsabschluss bestehen oder danach entstehen und auch gegen den Mieter wirken.[15] Das bloße Bestehen des Rechts eines Dritten ist noch unbeachtlich, erst wenn das Recht durch den Dritten erhoben wird und hierdurch dem Mieter der vertragsmäßige Gebrauch ganz oder teilweise entzogen wird, entsteht ein Rechtsmangel.[16]

7 Der Leasingnehmer trägt die **Darlegungs- und Beweislast** für das Vorliegen eines Mangels. Der Leasinggeber trägt die Beweislast für die Unerheblichkeit des Mangels oder den Erfolg der Mangelbeseitigung.[17]

3. Die einzelnen Rechtsbehelfe

8 Bei Vorliegen eines Mangels kommen insbesondere folgende Rechte des Leasingnehmers gegen den Leasinggeber in Betracht:

---

[7] BGH NJW 2000, 1714; *Feldhahn* in: Prütting/Wegen/Weinreich zu § 536 Rdn. 7.
[8] BGH NJW-RR 2004, 1450, 1452; Palandt/*Weidenkaff*[65] § 536 Rdn. 17.
[9] KG MDR 2005, 859.
[10] OLG Hamm NJW-RR 1993, 1527.
[11] *Wuermeling* CR 1994, 585, 588.
[12] Palandt/*Weidenkaff*[65] § 536 Rdn. 25.
[13] Vgl. § 23 Rdn. 35.
[14] Vgl. OLG Düsseldorf NJW 1988, 1332; OLG Düsseldorf MDR 1988, 1055 = BB 1988, 1915; OLG Köln WM 1990, 1682 f. = NJW-RR 1990, 697, 698; *Graf v. Westphalen* Leasingvertrag Rdn. 300; Wolf/Eckert/Ball Rdn. 1805 ff.; Staudinger/*Stoffels* Leasingrecht Rdn. 99.
[15] Palandt/*Weidenkaff*[65] § 536 Rdn. 27.
[16] BGH NJW-RR 1999, 845.
[17] OLG Hamm NJW-RR 1995, 525, 526.

8. Kapitel. Allgemeine mietrechtliche Haftung des Leasinggebers § 24

a) Anspruch auf Mängelbeseitigung. Wird dem Leasingnehmer die Leasingsache in 9 nicht vertragsgemäßem Zustand überlassen, so kommen nach allgemeinem Mietrecht mehrere Möglichkeiten für den Leasingnehmer in Betracht: Er kann die Annahme verweigern und gem. § 535 Abs. 1 Satz 2 BGB Erfüllung verlangen. Der Leasingnehmer kann also die Beseitigung der **Mängel des Leasingobjekts** verlangen. Es handelt sich hierbei um einen Erfüllungsanspruch, der nicht durch §§ 536 f. BGB beseitigt wird.[18] Der Anspruch besteht nicht, wenn eine Beseitigung des Mangels unmöglich oder unzumutbar ist,[19] § 275 Abs. 1–3 BGB. Die weiteren Rechtsfolgen richten sich auch danach, ob etwa Verzug oder Unmöglichkeit gegeben ist; Kündigung und Rücktrittsmöglichkeiten bestehen grundsätzlich auch.[20] Nimmt der Mieter (Leasingnehmer) die (mangelhafte) Sache an, gelten die Gewährleistungsregeln gem. §§ 536 ff. BGB sowie die Kündigungsvorschriften insbesondere der § 543 BGB; §§ 536 b, 536 c BGB sind dabei zu beachten (unten Rdn. 11 ff.).

Nach Mietrecht trifft den Vermieter gem. § 535 Abs. 2 Satz 2 BGB eine **Erhaltungs- 10 pflicht** und gem. § 535 Abs. 1 Satz 3 BGB eine **Lastentragungspflicht**. In den Leasingbedingungen werden diese Pflichten, insbesondere die Instandhaltungspflicht, regelmäßig auf den Leasingnehmer übertragen, z. B. durch folgendes Klauselbeispiel: *„Der Leasingnehmer ist verpflichtet, das Leasinggut auf eigene Kosten in einem ordnungsgemäßen und funktionsfähigen Zustand zu erhalten."*[21] Nicht zuletzt vor dem Hintergrund der dem Leasingnehmer zulässigerweise übertragenen Sach- und Gegenleistungsgefahr[22] werden solche Bestimmungen auch unter AGB-rechtlichen Aspekten für wirksam erachtet.[23]

b) Minderung der Leasingraten (§ 536 BGB). Soweit die Leasingsache mangelhaft 11 ist, mindern sich die Leasingraten kraft Gesetzes des Leasingnehmers. Voraussetzung für die Minderung ist, dass das Leasinggut mangelhaft ist und dadurch die Tauglichkeit zum vertragsgemäßen Gebrauch des Leasinggegenstandes aufgehoben oder gemindert ist (zum Mangelbegriff oben Rdn. 4 ff.). Der Leasingnehmer kann überzahlte Leasingraten aus ungerechtfertigter Bereicherung (§ 812 Abs. 1 Satz 1, 1. Alt. BGB) zurückfordern. Er kann auch im Wege der Feststellungsklage die Berechtigung zur Minderung dem Grunde und der Höhe nach feststellen lassen, wobei er die Höhe der Minderung nicht beziffern muss.[24]

Die Minderung erfolgt im Verhältnis des Wertes des mangelfreien zum Wert des 12 mangelhaften Leasingobjektes (vgl. § 441 Abs. 3 Satz 1 BGB). Sie kann bei völliger Untauglichkeit der Leasingsache auch zum völligen Ausschluss der Pflicht des Leasingnehmers zur Entrichtung der Leasingraten führen. Dies ist auch der Fall, wenn die Leasingsache zur Nachbesserung vom Lieferanten zurückgenommen wird.[25] Bei Immobilienleasingverträgen ist die Rechtsprechung des BGH zum Wohnraummietrecht zu beachten: Demnach ist nun die Bemessungsgrundlage wegen Mietmängeln, in Abkehr von der früher vorherrschenden Meinung, die Bruttomiete, d. h. die Miete einschließlich aller Nebenkosten.[26] Zum Ausschluss der Mängelrechte vgl. noch Rdn. 26 ff.

---

[18] BGH NJW 1982, 2242 = BGHZ 84, 42 ff.
[19] Vgl. BGH NJW 1992, 1036, 1037.
[20] AnwK-BGB/*Klein-Blenkers* (2005) § 535 Rdn. 26 (auch zum Folgenden).
[21] Klauselbeispiel nach Staudinger/*Stoffels* Leasingrecht Rdn. 86.
[22] Dazu *Ackermann* § 31 Rdn. 4 ff.
[23] BGH NJW 1988, 198, 199 f.; BGH NJW 1987, 377, 378 (Kfz-Hersteller-Leasing); BGH NJW 1985, 1537, 1538 = BGHZ 93, 391, 394 F.; *H. Schmidt*/Ulmer/Brandner/Hensen[10] Anh. § 310 Rdn. 540; Staudinger/*Stoffels* Leasingrecht Rdn. 210 ff.; *Martinek* Moderne Vertragstypen I S. 147 f.; *Graf v. Westphalen* Leasingvertrag Rdn. 906 ff.
[24] BGH NJW E-Mietrecht 1997, 202 = WuM 1997, 488.
[25] BGH NJW 1986, 1744, 1745; BGH NJW 1987, 432, 433.
[26] BGH NJW 2005, 1713, 1714.

§ 24

13 c) Einrede des nicht erfüllten Vertrages (§ 320 BGB). Wenn der Leasingnehmer bei Mangelhaftigkeit der Leasingsache geminderte Leasingraten zu zahlen hat, steht ihm über die Minderung nach § 536 BGB hinaus[27] die **Einrede des nicht erfüllten Vertrages nach § 320 Abs. 1 BGB** zu.[28] Das Zurückbehaltungsrecht besteht grundsätzlich gegenüber dem gesamten Zahlungsanspruch des Leasinggebers, ist aber nach § 242 BGB eingeschränkt.[29] Danach darf der einbehaltene Betrag nicht außer Verhältnis zur berechtigten Minderung und der Höhe der Mangelbeseitigungskosten stehen.[30]

14 Nach teilweise im Schrifttum vertretener Auffassung hat der Leasingnehmer das Recht, hinsichtlich der restlichen noch zu zahlenden Leasingraten das Drei- bis Fünffache des Minderungsbetrages oder des zur Reparatur erforderlichen Betrags zurückzuhalten.[31] Nach anderer Ansicht genügt die Zurückbehaltung des voraussichtlichen Reparaturaufwands,[32] da der Leasingnehmer dann nicht mehr befürchten müsse, auf dem ihm zustehenden Aufwendungsersatz „sitzen zu bleiben".[33] Eine Regelung wie in § 641 Abs. 3 BGB sei im Mietrecht ja gerade nicht getroffen worden. Der BGH betont demgegenüber, dass die Höhe in erster Linie eine Frage tatrichterlichen Ermessens sei und von den Umständen des Einzelfalles abhänge.[34] Solange der Leasingnehmer die Sache nutzt, ist wohl jedenfalls die völlige Zurückbehaltung unverhältnismäßig.[35]

15 Mit dem Zurückbehaltungsrecht soll der Leasingnehmer in der Lage sein, die Herstellung des gebrauchstauglichen Zustands vom Leasinggeber zu erzwingen. Umstritten ist, ob das Zurückbehaltungsrecht nur für den aktuellen Zahlungszeitraum (in der Regel ein Monat) oder auch für die zurückliegenden Monate geltend gemacht werden kann. Das OLG Frankfurt[36] ist der Ansicht, dass eine Zurückbehaltung der zurückliegenden Leasingraten nicht in Betracht komme, da die Mangelbeseitigung für die zurückliegende Zeit durch Zeitablauf unmöglich geworden sei und das Zurückbehaltungsrecht so nicht mehr als Druckmittel wirken könne. Da diese Ansicht aber letztlich die Wirkung des Zurückbehaltungsrechts marginalisiert, wird sie auch kritisch gesehen.[37]

16 Das Zurückbehaltungsrecht wirkt **nur aufschiebend**. Nach Herstellung des vertraglich geschuldeten Zustands des Leasingobjekts müssen die rückständigen Leasingraten nachgezahlt werden. Verzugszinsen muss der Leasingnehmer dabei nicht entrichten, denn wegen der Einrede des nicht erfüllten Vertrages fehlt es an den Verzugsvoraussetzungen.[38] Dies gilt nach dem Standpunkt des BGH auch dann, wenn die Einrede des nicht erfüllten Vertrages nicht erhoben wurde.[39] Nach im Schrifttum vertretener Ansicht[40] kann dies aber allenfalls nur nach Anzeige des Mangels gelten, da ansonsten die ratio legis des § 320 BGB, den Leasinggeber zur vertragsgerechten Leistung anzuhalten, nicht zum Tragen komme.

---

[27] Nach ganz h. M. schließen die §§ 536 f. BGB das Zurückbehaltungsrecht des § 320 BGB nicht aus, vgl. NJW 1982, 2242 = BGHZ 84, 42 ff. (zum Pachtvertrag).

[28] *Apel* Praxishandbuch Leasing 1998 (Vorauflage) Rdn. 47; Das soll nach im Schrifttum vertretener Ansicht auch der Fall sein, wenn eine mietrechtliche Haftung des Leasinggebers durch die Abtretungskonstruktion ausgeschlossen ist; vgl. *Graf v. Westphalen* DB 2001, 1291, 1292; *ders.* Leasingvertrag Rdn. 679 ff.; dagegen *Arnold* DStR 2002, 1049, 1052.

[29] BGH NJW-RR 2003, 873, 874 = NZM 2003, 437 (zum Mietvertrag).

[30] BGH NJW-RR 2003, 873, 874; *Eckert* in: Wolf/Eckert/Ball Rdn. 269.

[31] Staudinger/Emmerich § 537 Rdn. 81; *Joachim* DB 1986, 2649.

[32] *Eckert* in: Wolf/Eckert/Ball a.a.O.

[33] Staudinger/*Emmerich* § 536 Rdn. 61.

[34] BGH NJW-RR 2003, 873, 874.

[35] *Derleder* NZM 2002, 676, 680.

[36] OLG-Report 1999, 182.

[37] So wohl auch *Eckert* in: Wolf/Eckert/Ball Rdn. 269; a. A. etwa auch Palandt/*Weidenkaff*[65] § 536 Rdn. 6.

[38] BGH WM 1971, 1020.

[39] BGH NJW 1982, 2242 = BGHZ 84, 42 ff.; BGH NJWE-MietR 1997, 202.

[40] *Eckert* in: Wolf/Eckert/Ball Rdn. 271; a. A. *Derleder* NZM 2002, 676, 680.

8. Kapitel. Allgemeine mietrechtliche Haftung des Leasinggebers   § 24

Der Möglichkeit zur Geltendmachung der Einrede gem. § 320 BGB kann man nicht 17 entgegenhalten, in vielen Miet- und Pachtverträgen sei mit der Bestimmung des Zahlungszeitpunkts (so auch im vorliegenden Fall) für den Mietzins eine **Vorleistungspflicht des Leasingnehmers** gegeben.[41] Zur Begründung wird argumentiert, diese vertragliche Regelung lege abweichend vom § 551 BGB a. F. (jetzt § 579 BGB) den Zahlungszeitpunkt fest, besage aber nichts darüber, dass der Mieter im Verhältnis zu seinem Anspruch auf Herstellung einer mangelfreien Mietsache vorleistungspflichtig ist sei.

Kenntnis des Mieters vom Mangel gem. § 536 b BGB schließt die Geltendmachung 18 der Einrede des nichterfüllten Vertrags grundsätzlich nicht aus.[42] Denn § 536 b BGB gilt nicht für den Erfüllungsanspruch aus § 535 Abs. 1 Satz 2 BGB.[43] Es kommt in diesen Fällen aber in Betracht, dass der Leasingnehmer die Sache als vertragsgemäß akzeptiert hat.

d) Schadens- und Aufwendungsersatzansprüche des Mieters (§ 536 a BGB). aa) 19 **Schadensersatzansprüche.** *(1) Voraussetzungen.* Unter den Voraussetzungen des § 536 a BGB kommen des Weiteren Schadensersatzansprüche des Leasingnehmers gegen den Leasinggeber in Betracht. Gem. § 536 Abs. 1, 1. Fall BGB trifft den Leasinggeber eine verschuldensunabhängige Haftung, wenn **ein Mangel i. S. d. § 536 BGB bei Vertragsschluss vorhanden** gewesen ist. Entscheidend ist, dass der Mangel bei Vertragsabschluss vorhanden gewesen ist und auch noch bei Überlassung der Mietsache vorliegt. Auf die Kenntnis vom Mangel oder dessen Erkennbarkeit für den Leasinggeber kommt es nicht an.[44]

Für **Mängel, die nach Vertragsschluss entstehen**, haftet der Leasinggeber gem. 20 § 536 a Abs. 1, 2. Fall BGB nur dann, wenn ihn ein Verschulden trifft. Die Beweislast, auch für das Verschulden der anderen Vertragspartei, trifft grundsätzlich den Mieter, also den Leasingnehmer, es sei denn die Ursache des Mangels stammt aus dem Verantwortungsbereich des Vermieters.[45]

Schließlich gewährt § 536 a Abs. 1, 3. Fall BGB im Falle des **Verzugs** des Vermieters 21 bzw. Leasinggebers mit der Mängelbeseitigung einen Schadensersatzanspruch. Gemeint ist Schuldnerverzug gem. § 286 BGB mit der aus § 535 Abs. 1 Satz 2 BGB folgenden Pflicht. Notwendig ist deshalb grundsätzlich eine auf Mängelbeseitigung gerichtete Mahnung gem. § 286 Abs. 1 BGB; eine Anzeige i. S. d. § 536 c BGB ist nicht ausreichend. Verzug mit der Mängelbeseitigung setzt voraus, dass der Leasinggeber das Unterlassen der Herstellung des vertragsgemäßen Zustandes zu vertreten hat (§ 286 Abs. 4 BGB). Eine Beseitigungspflicht (und damit kein Verzug) besteht aber bei unzumutbar hohen Kosten und bei unbehebbaren Mängeln.[46] Zu beachten ist, dass die Instandhaltung nach Gebrauchsüberlassung typischerweise auf den Leasingnehmer abgewälzt wird (oben Rdn. 10), so dass sich die hier in Rede stehende Mängelbeseitigung nur darauf bezieht, dass dem Leasingnehmer im Zeitpunkt der Überlassung eine mangelfreie Sache zur Verfügung gestellt wird.

(2) Schadensumfang. Der Schadensersatzanspruch besteht neben dem Minderungsrecht 22 aus § 536 BGB. Er kann aus denselben Gründen entfallen wie das Minderungsrecht (Kenntnis des Mangels oder unterlassene Mängelanzeige, §§ 536 b, c BGB; dazu noch Rdn. 26). Der Minderwert des mangelhaften Leasingguts wird bei der Geltendmachung beider Rechte jedoch nur einmal ersetzt. Nach § 536 a BGB kann der Leasinggeber „Schadensersatz" verlangen; zwar ist durch das Schuldrechtsmodernisierungsgesetz die zuvor geltende Formulierung „wegen Nichterfüllung" gestrichen, aber nicht durch die

---

[41] BGHZ 84, 42, 46 = NJW 1982, 2242 f. (betr. Pachtvertrag); für Leasingvertrag *Apel* in: Praxishandbuch Leasing 1998 (Vorauflage) § 9 Rdn. 47.
[42] Palandt/*Weidenkaff*[65] § 536 b Rdn. 2.
[43] BGH NJW-RR 2003, 727, 728.
[44] Vgl. auch zum Vorstehenden Palandt/*Weidenkaff*[65] § 536 a Rdn. 9.
[45] BGH NJW 2000, 2342 m. w. N. (betr. Mietrecht).
[46] Vgl. auch zum Vorstehenden Palandt/*Weidenkaff*[65] § 536 a Rdn. 12 m. w. N.

Ergänzung „statt der Leistung" ersetzt worden. Gleichwohl ist der Begriff Schadensersatz umfassend zu verstehen und bezieht sich auf Schadensersatz statt der Leistung. Erfasst wird deshalb der Schaden, der dadurch entsteht, dass der Mieter bzw. Leasingnehmer die Leistung mangelhaft erhält, etwa Minderwert, Mängelbeseitigungskosten,[47] Vertragskosten oder entgangener Gewinn.[48] Angesichts der Vorschrift des § 284 BGB wird die Frage, ob auch in Fällen des § 563 a BGB Abs. 1 BGB ein Rückgriff auf § 284 BGB für Aufwendungen des Mieters möglich ist, unterschiedlich beurteilt. Nach wohl überwiegender Ansicht wird diese Möglichkeit indes bejaht.[49]

23 **bb) Aufwendungsersatz aufgrund eigener Mängelbeseitigung durch den Leasingnehmer.** Gem. § 536 a Abs. 2 BGB kommt auch ein Aufwendungsersatzanspruch des Leasingnehmers in Betracht. Dies setzt voraus, dass der Leasinggeber mit der Mängelbeseitigung nach § 286 BGB in Verzug ist (Nr. 1) oder die Mängelbeseitigung zum Schutz des Bestandes der Leasingsache notwendig ist (Nr. 2). Der Leasingnehmer kann dann anstelle des Schadensersatzes statt der Leistung auch seine eigenen Aufwendungen für die Mängelbeseitigung ersetzt verlangen.

24 **cc) Verjährung.** Die Schadensersatzansprüche verjähren nach § 199 Abs. 3 Satz 1 Nr. 1 BGB in 10 Jahren nach ihrer Entstehung und nach § 199 Abs. 3 Satz 1 Nr. 2 BGB spätestens 30 Jahre nach dem schädigenden Ereignis, je nachdem, welche Frist früher endet, § 199 Abs. 3 Satz 2 BGB. Der Aufwendungsersatzanspruch des Leasingnehmers aus § 536 a Abs. 2 BGB verjährt gem. § 548 Abs. 2 BGB bereits in sechs Monaten nach der Beendigung des Vertragsverhältnisses.[50]

25 **e) Kündigungsrecht (§ 543 BGB).** Gem. § 543 Abs. 2 Nr. 1 BGB steht dem Leasingnehmer das Recht zur fristlosen Kündigung des Vertrages zu, wenn ihm der vertragsgemäße Gebrauch nicht gewährt wird. Hierunter fallen neben Sach- und Rechtsmängeln auch Unmöglichkeit und Verzug der Übergabe der Leasingsache.[51] Die Kündigung ist aber gem. § 543 Abs. 3 Satz 1 BGB erst zulässig, nachdem der Leasinggeber eine ihm vom Leasingnehmer gesetzte angemessene Frist zur Abhilfe ungenutzt hat verstreichen lassen.[52]

26 **f) Ausschlüsse. aa)** Zum einen sind die **Gewährleistungsrechte nach § 536 b Satz 1 BGB ausgeschlossen**, wenn der Leasingnehmer den Mangel des Leasingobjekts kannte. Gleiches gilt, wenn ihm der Mangel aufgrund grober Fahrlässigkeit unbekannt geblieben ist und ihn der Leasinggeber nicht arglistig getäuscht hat, § 536 b Satz 2 BGB. Den Ausschluss der Gewährleistungsrechte kann der Leasingnehmer bei bekannten Mängeln vermeiden, indem er sich diese Rechte bei Entgegennahme des Leasinggutes gem. § 536 b Satz 3 BGB vorbehält. Ein solcher Vorbehalt stellt eine einseitige empfangsbedürftige Willenserklärung dar, in der der Leasingnehmer dem Leasinggeber bei der Annahme einen bestimmten Mangel bezeichnet und aus der dieser erkennen kann, dass der Leasingnehmer deswegen nicht auf seine Mängelrechte verzichten will.[53]

---

[47] Mängelbeseitigungskosten sind an sich unter den Voraussetzungen des § 536 a Abs. 2 BGB erstattungsfähig; liegen indes auch die Voraussetzungen des § 536 a Abs. 1 BGB vor, kommt auch ein Schadensersatzanspruch in Betracht; vgl. Staudinger/*Emmerich* § 536 a Rdn. 22, 41; a. A. Erman/*Jendrek*[11] § 536 a Rdn. 13, 20.
[48] Palandt/*Weidenkaff*[65] § 536 a Rdn. 14.
[49] Etwa Staudinger/*Emmerich* § 536 a Rdn. 24; Huber/*Faust*, Schuldrechtsmodernisierung § 4 Rdn. 9; vgl. grundsätzlich zum Nebeneinander zwischen Schadensersatz statt der Leistung und Aufwendungsersatz gem. § 284 BGB oben § 22 Rdn. 13.
[50] Palandt/*Weidenkaff*[65] § 536 a Rdn. 9.
[51] *Eckert* in: Wolf/Eckert/Ball Rdn. 894.
[52] Wolf/Eckert/*Ball* Rdn. 1778; vgl. dazu sowie zu Einzelheiten zur Kündigungsmöglichkeit gem. § 543 BGB bereits oben § 23 Rdn. 29.
[53] Palandt/*Weidenkaff*[65] § 536 b Rdn. 7.

8. Kapitel. Allgemeine mietrechtliche Haftung des Leasinggebers   § 24

bb) Ein Minderungsrecht steht dem Leasingnehmer auch dann nicht zu, wenn er der 27 ihm nach § 536 c Abs. 1 BGB obliegenden **Verpflichtung zur unverzüglichen Anzeige der Mängel**[54] der Leasingsache nicht nachkommt und die Voraussetzungen des § 535 Abs. 2 BGB vorliegen. Treten am Leasingobjekt während der Vertragsdauer Schäden auf und zeigt der Leasingnehmer dies dem Leasinggeber nicht unverzüglich an, so verliert er seine Rechte auf Minderung (§ 536 BGB), Schadensersatz (§ 536 a Abs. 1 BGB) und außerordentliche Kündigung (§ 543 Abs. 3 Satz 1 BGB) bezüglich solcher Mängel, hinsichtlich deren der Leasinggeber wegen des Unterlassens der unverzüglichen Anzeige keine Abhilfe schaffen konnte, § 536 c Abs. 2 BGB. Das setzt aber voraus, dass die Mängel, deren Anzeige unterblieben ist, behebbar waren. Waren sie von Anfang an unbehebbar, so war Abhilfe nicht möglich.[55]

Erwächst dem Leasinggeber aus dem Unterlassen der unverzüglichen Mängelanzeige 28 ein Schaden, etwa weil er deshalb seinerseits Gewährleistungsansprüche aus §§ 434 ff. BGB gegen den Lieferanten nicht rechtzeitig geltend machen kann, so ist ihm der Leasingnehmer hierfür nach § 536 c Abs. 2 Satz 1 BGB zum Schadensersatz verpflichtet.[56]

Die Darlegungs- und Beweislast dafür, dass Herstellung der vertragsgemäßen Ge- 29 brauchstauglichkeit (Abhilfe) ursprünglich möglich war und durch verspätete Mängelanzeige unausführbar geworden ist, trifft den Leasinggeber.[57] Dies ergibt sich daraus, dass es sich hierbei um einen Einwand des Leasinggebers gegen ein an sich bestehendes Minderungsrecht des Leasingnehmers handelt.

4. Generelle Haftungsfreizeichnung durch den Leasinggeber

Wie wiederholt zum Ausdruck gekommen, ist die gesetzliche mietrechtliche Haftung 30 des Leasinggebers nicht der Regelfall.[58] Diese Haftung wird typischerweise durch die **Abtretungskonstruktion** ausgeschlossen. Da die mit der Haftungsfreizeichnung verbundene Abtretungskonstruktion gesondert behandelt wird (Kap. 9 § 25 Rdn. 15 ff.), wird im Hinblick auf die Haftungsfreizeichnung hierauf verwiesen.

II. Sonstige Pflichtverletzungen durch den Leasinggeber

Grundsätzlich können den Leasinggeber auch die primäre Leistungspflicht ergänzende 31 Nebenpflichten treffen, insbesondere sonstige Pflichten i. S. d. § 241 Abs. 2 BGB. Der Leasinggeber hat auf die Interessen und Rechte des Leasingnehmers Rücksicht zu nehmen. Solche Pflichten können sich bereits im Zuge der Vertragsanbahnung aus culpa in contrahendo (§§ 241 Abs. 2, 311 Abs. 2, 280 Abs. 1 BGB) ergeben. Hier ist etwa an Aufklärungs- und Beratungspflichten des Leasinggebers hinsichtlich des Inhalts und der wirtschaftlichen Folgen, einschließlich der Risiken der geplanten Finanzierung für den Leasingnehmer, zu denken.[59]

Wird der **Lieferant** bei der Vorbereitung oder dem Abschluss des Leasingvertrages 32 mit Wissen und Wollen des Leasinggebers tätig, so kann dieser Erfüllungsgehilfe des Leasinggebers im Sinne von § 278 BGB sein mit der Folge, dass sich der Leasinggeber ein Verschulden des Lieferanten zurechnen lassen muss. Dies wird immer dann der Fall sein, wenn sich der Leasinggeber durch das Tätigwerden des Lieferanten eigenes Handeln er-

---

[54] Die Pflichten aus § 536 c Abs. 1 BGB sind streng zu unterscheiden von den Rügepflichten nach § 377 HGB; dazu siehe *Wimmer-Leonhardt* § 14 I.
[55] Wolf/Eckert/*Ball* Rdn. 1894.
[56] Zum Umfang des Schadensersatzanspruches des Leasinggebers gegen den Leasingnehmer, der hier nicht Gegenstand der Erörterung sein soll, siehe Wolf/Eckert/*Ball* Rdn. 1896 f.
[57] Wolf/Eckert/*Ball* Rdn. 1895; BGH NJW 1987, 1072, 1074 = ZIP 1987, 240 ff.
[58] Vgl. BGH NJW 1987, 1072 f.; Wolf/Eckert/*Ball* Rdn. 1891; *Apel* Praxishandbuch Leasing § 9 Rdn. 104; vgl. zu Beginn des Kap. § 21 Rdn. 1 ff.
[59] Staudinger/*Stoffels* Leasingrecht Rdn. 165; hierzu bereits *Martinek* § 4 Rdn. 8.

spart.⁶⁰ Paradigmatisch hierfür ist die Situation, dass der Leasinggeber dem Lieferanten Vertragsformulare überlässt und später ausgefüllt zurückerhält.⁶¹ Einer dauernden Geschäftsverbindung zwischen Leasinggeber und Lieferant bedarf es aber nicht notwendigerweise. Auch beim „reinen" Finanzierungsleasing kann der Lieferant Erfüllungsgehilfe des Leasinggebers im vorvertraglichen Stadium sein.⁶² Im Streitfall müssen konkrete Tatsachen zur Erfüllungsgehilfeneigenschaft des Lieferanten vorgetragen werden.⁶³ Die pauschale Behauptung, der Leasinggeber sei „ständiger Finanzierungspartner" des Lieferanten, genügt nicht.⁶⁴

33   Weitere Nebenpflichten sind die Pflicht des Leasinggebers, den Leasingnehmer nach Übergabe der Leasingsache nicht im Gebrauch zu stören, ihm insbesondere den Besitz zu belassen und ihn bei Störungen durch Dritte zu unterstützen.⁶⁵ Zum Vertragsende hat der Leasinggeber die Pflicht zur bestmöglichen Verwertung der Leasingsache.⁶⁶

34   Verletzt der Leasinggeber solche Pflichten (§§ 241 Abs. 2, 311 BGB) aus dem Leasingvertrag, kann der Leasingnehmer insbesondere **Schadensersatz neben der Leistung nach § 280 Abs. 1 BGB** verlangen. Bei Verletzung sonstiger nichtleistungsbezogener Pflichten durch den Leasinggeber bzw. den Erfüllungsgehilfen stehen neben einem im Vordergrund platzierten einfachen Schadensersatzanspruch neben der Leistung weitere Rechtsbehelfe zur Verfügung:

35   Gem. § 282 BGB kommt auch ein Anspruch auf Schadensersatz statt der Leistung in Betracht, wenn die Verletzung einer Pflicht nach § 241 Abs. 2 BGB im Raum steht und dem Leasingnehmer die Leistung durch den Schuldner nicht mehr zuzumuten ist.

36   Unter den gleichen Voraussetzungen gewährt § 324 BGB dem Leasingnehmer vor Vollzug des Vertrages des Weiteren ein Rücktrittsrecht. Indes wird bei einem vollzogenen Dauerschuldverhältnis das Rücktrittsrecht durch das Recht zur Kündigung aus wichtigem Grund verdrängt.⁶⁷

---

⁶⁰ Staudinger/*Stoffels* Leasingrecht Rdn. 167.
⁶¹ *Graf v. Westphalen* Leasingvertrag Rdn. 298 m. w. N.
⁶² BGH NJW 1985, 2258, 2260 f.
⁶³ Staudinger/*Stoffels* Leasingrecht Rdn. 167.
⁶⁴ BGH NJW 1995, 1146, 1147.
⁶⁵ *H. Beckmann* Finanzierungsleasing Rdn. 21; BGH NJW 1988, 198, 199.
⁶⁶ Staudinger/*Stoffels* Leasingrecht Rdn. 88; *H. Beckmann* Rdn. 21 u. 226 ff.; BGH NJW 1997, 3166, 3167.
⁶⁷ Palandt/*Grüneberg*⁶⁵ § 323 Rdn. 4.

9. Kapitel. Die Haftung im typischen Leasingdreieck
§ 25. Sachmängelhaftung im Leasingdreieck

Schrifttum: s. auch zu den §§ 5–7; *H. Beckmann* Rechtswirkungen eines unberechtigten Rücktritts von einem Liefervertrag und Auswirkungen auf den Leasingvertrag WM 2006, 952; *ders*. Umdeutung einer in Leasingbedingungen enthaltenen unwirksamen Abtretung vertraglicher Gewährleistungsansprüche in eine Ermächtigung WuB I J 2. – 2.03, 769; *ders*. Leasing – Bindung an Wandelungsvergleich CR 1993, 671; *Matz* Regulierung typischer Leasing-Transaktionen im neuen Schuldrecht – unter Berücksichtigung der Gewährleistungsproblematik 2002 (Download unter www.*ubka*-Karlsruhe.de/2002/wiwi); *Reinking/Kessler/Sprenger* AutoLeasing und AutoFinanzierung 4. Aufl. 2007

Übersicht

	Rdn.
Vorbemerkungen	1
I. Eigene Sachmängelhaftung des Leasinggebers	2
II. Ermächtigungskonstruktion	9
III. Abtretungskonstruktion	15
1. Haftungsbeschränkung des Leasinggebers mit Drittverweisung	16
2. Typische Haftungsklauseln	19
3. Erstreckung der Abtretung auf Gestaltungs- und Nebenrechte	20
4. Wirksamkeit trotz des Klauselverbots in § 309 Nr. 8 b aa) BGB	24
5. Inhalt der Abtretung	25
a) Abtretung ohne Einschränkungen	25
b) Leerlaufen der Abtretungskonstruktion bei vollständigem Ausschluss der Sachmängelhaftung aus dem Liefervertrag	31
c) Vollständige Abtretung sämtlicher Ansprüche und Rechte	34
d) Weisungen des Leasinggebers	36
e) Abtretung unter auflösender Bedingung des Bestehens des Leasingvertrages	41
6. Folgen unzulässiger Einschränkungen der Abtretungskonstruktion	42
a) Mietrechtliche Eigenhaftung des Leasinggebers	42
b) Wirksamkeit der Abtretung im Außenverhältnis	43
c) „Kaufrechtliche" Sachmängelhaftung des Leasinggebers	45
7. Ansprüche und Rechte aus der Sachmängelhaftung	47

Vorbemerkungen

Schon früh hat die Leasingwirtschaft die aus der Einordnung des Leasingvertrages als Mietvertrag folgende mietrechtliche Sachmängelhaftung des Leasinggebers als unbefriedigend angesehen und Allgemeine Leasingbedingungen (ALB) und Formular-Leasingverträge mit dem Ziel entwickelt, den Vereinbarungen im Leasingdreieck, den Interessen der Beteiligten und dem Vertragszweck angemessen Rechnung zu tragen. Die Beschränkung der mietrechtlichen Sachmängelhaftung ist von der Rechtsprechung von Anfang an als interessengerecht und leasingtypisch gebilligt worden, soweit der Leasingnehmer durch die Regelungen im Ergebnis nicht rechtlos gestellt wird.[1] **1**

I. Eigene Sachmängelhaftung des Leasinggebers

Ohne besondere Regelung im Leasingvertrag haftet der Leasinggeber, wie oben im Einzelnen dargelegt,[2] für Sachmängel wie ein Vermieter nach den mietrechtlichen Vorschriften gemäß den §§ 535 ff. BGB für den Zustand der Mietsache **während der Mietzeit**. Der Leasinggeber muss also insbesondere auch für solche Sachmängel einstehen, die erst nach der Überlassung der Leasingsache entstehen. Diese Haftung wird in der Praxis regelmäßig formularmäßig eingeschränkt. **2**

---

[1] Vgl. BGH NJW 1977, 848; 1982, 105.
[2] S. o. §§ 21 ff.

3   So übernimmt z. B. beim sog. markengebundenen Kfz-Leasing der Leasinggeber an Stelle der mietrechtlichen Sachmängelhaftung oft eine **„kaufrechtliche Sachmängel- und Garantiehaftung"** in dem Umfang, in dem Ansprüche des Leasinggebers gegen den Lieferanten bestehen.[3] Der Leasingnehmer muss die Ansprüche allerdings gegenüber dem Lieferanten oder einer autorisierten Vertragswerkstatt geltend machen.[4] Dies wird der Stellung des Leasingnehmers als **„Quasi-Käufer"**[5] gerecht und ist daher unter Berücksichtigung der Generalklausel (§ 307 BGB) als zulässig anzusehen.

4   Eine derartige Regelung ist auch bei einem Finanzierungsleasinggeschäft mit einem Verbraucher unter Berücksichtigung der Vorschriften über den **Verbrauchsgüterkauf** (§§ 474 ff. BGB) grundsätzlich unbedenklich, wenn dem Leasingnehmer gegenüber dem Leasinggeber **sämtliche Ansprüche und Rechte aus kaufrechtlicher Sachmängelhaftung** eingeräumt werden.

5   Als zulässige Regelung ist es auch angesehen worden, wenn dem Leasingnehmer im Leasingvertrag nur der Anspruch auf Nachbesserung gegenüber dem Lieferanten abgetreten wird mit dem Zusatz, dass er nach Fehlschlagen der Nachbesserung durch den Lieferanten zunächst dem Leasinggeber Gelegenheit zur Nachbesserung geben muss und erst bei deren Fehlschlagen Rückabwicklung des Leasingvertrages verlangen kann.[6]

6   Dagegen ist einzuwenden, dass darin nach der Schuldrechtsreform eine Schlechterstellung des Leasingnehmers im Vergleich zu § 440 Satz 2 BGB gesehen werden kann, weil er damit **immer mindestens zwei Nachbesserungsversuche** durchführen lassen muss, bevor er Sekundäransprüche geltend machen kann.[7]

7   Nicht beanstandet worden ist bei einem Unternehmergeschäft auch eine Klausel in ALB, die dem Leasingnehmer im Rahmen der Sachmängelhaftung nur das Nachbesserungsrecht überträgt und für den Fall des Fehlschlagens der Nachbesserung einen unmittelbaren Anspruch gegen den Leasinggeber auf Rückabwicklung des Leasingvertrages einräumt.[8]

8   Nach der Auffassung des BGH[9] hat der Leasinggeber grundsätzlich kein Recht zur **Ersatzlieferung**. Dem kann unter Berücksichtigung der käuferähnlichen Stellung des Leasingnehmers jedenfalls nach der Änderung der kaufrechtlichen Sachmängelhaftung durch die Schuldrechtsreform mit der Regelung der Nacherfüllung in § 439 BGB durch Nachlieferung oder Nachbesserung nicht zugestimmt werden. Unter Beachtung der Grenzen des § 309 Nr. 8 b BGB ist es als zulässig anzusehen, wenn der Leasinggeber sich das Recht vorbehält, dem Leasingnehmer zur Abwendung der Rückabwicklung des Leasingvertrages für die restliche Vertragszeit **eine gleichwertige Ersatzsache zur Verfügung zu stellen**, z. B. ein Kfz gleichen Typs und gleicher Ausstattung.[10] Voraussetzung ist aber, dass der Leasingnehmer nicht zuvor die Nacherfüllung gegen den Lieferanten durchsetzen muss.[11]

II. Ermächtigungskonstruktion

9   Ältere Formularleasingverträge regelten die Freizeichnung des Leasinggebers von der mietrechtlichen Sachmängelhaftung mit gleichzeitiger Ermächtigung des Leasingnehmers zur Geltendmachung der Ansprüche und Rechte des Leasinggebers gegen den Lieferanten aus dem Liefervertrag. Insoweit spricht man von der Ermächtigungskonstruktion.[12]

---

[3] *Engel* § 2 Rdn. 46; *Reinking* DAR 2002, 147; *Reinking/Kessler/Sprenger* § 3 Rdn. 78 ff.
[4] OLG Schleswig OLGR 1998, 410; *Reinking/Eggert* Rdn. 853.
[5] Wolf/Eckert/*Ball* Rdn. 1676.
[6] OLG Celle VersR 1996, 1115; OLG Schleswig OLGR 1998, 410; a. A. *Reinking/Kessler/Sprenger* § 3 Rdn. 82.
[7] *Reinking/Eggert* Rdn. 853.
[8] OLG Celle VersR 1996, 1115.
[9] BGH NJW 1982, 873.
[10] Vgl. OLG Celle VersR 1996, 1115.
[11] *Reinking/Eggert* Rdn. 941.
[12] BGH NJW 1986, 1744; 1987, 1072; 1988, 2465.

Diese Form der Haftungseinschränkung ist insbesondere deshalb **abzulehnen**, weil 10 sie dem Leasingnehmer bei Pflichtverletzungen des Lieferanten nicht die Geltendmachung eigener Schäden gegen den Lieferanten ermöglicht.[13] Dies stellt eine unzulässige Einschränkung des Leasingnehmers im Vergleich zur mietrechtlichen Haftung des Leasinggebers dar.

Der Leasingnehmer muss im Rahmen der von den Vertragspartnern angestrebten Haf- 11 tungsregelung nicht nur berechtigt sein, Ansprüche und Rechte des Leasinggebers gegen den Lieferanten geltend zu machen, sondern auch **eigene Ansprüche** auf Schadens- und Aufwendungsersatz, was nur im Rahmen der Abtretungskonstruktion möglich ist.[14] Es ist deshalb nicht nur ein Streit „*rein akademischer Natur*" ohne Praxisrelevanz.[15]

Entgegen *Graf von Westphalen*[16] ist es auch nach der Schuldrechtsreform mit der Änderung 12 der Sachmängelhaftung im Kauf- und Werkrecht nicht geboten, nunmehr (wieder) eine Ermächtigungskonstruktion anstelle der Abtretungskonstruktion zu fordern, weil an die Stelle des Wandlungs- und des Minderungsanspruchs nach altem Recht das Rücktritts- und das Minderungsrecht, ausgestaltet als **Gestaltungsrechte**, getreten sind. Auch Rechte, insbesondere auch unselbständige Gestaltungsrechte, können abgetreten werden.[17]

Auch die Entscheidung des nicht auf Leasingsachen spezialisierten X. ZS des BGH 13 vom 9. 7. 2002,[18] wonach eine unwirksame Abtretung nach § 140 BGB in eine wirksame Ermächtigung umgedeutet werden soll, kann nicht als Indiz für eine „Wiedergeburt" der Ermächtigungskonstruktion angesehen werden.

Soweit auch heute noch eine Unterteilung der Klauseln im Leasingvertrag in einen 14 **Abtretungs- und einen Ermächtigungsteil** empfohlen wird,[19] ist darauf zu achten, dass der Leasinggeber dem Leasingnehmer die Rechte aus dem Liefervertrag unwiderruflich überlassen muss.[20]

III. Abtretungskonstruktion

In den heute bei Finanzierungsleasinggeschäften üblichen Formularverträgen wird der 15 Leasingnehmer nicht nur ermächtigt, die Rechte des Leasinggebers aus dem Liefervertrag gegen den Lieferanten geltend zu machen. Vielmehr beschränken die Leasinggeber ihre mietrechtliche Haftung für Sachmängel, indem sie **ihre Ansprüche und Rechte gegen den Lieferanten aus dem Liefervertrag** wegen der Mangelhaftigkeit der Sache an den Leasingnehmer abtreten. Beim **Eintrittsmodell** mit Verragsübernahme durch den Leasinggeber sollten die schon im Liefervertrag ausgelegten Ansprüche des Leasingkunden gegen den Lieferanten von vornherein beim Kunden verbleiben. Dies kann ausdrücklich geregelt werden.[21]

1. Haftungsbeschränkung des Leasinggebers mit Drittverweisung

Der Leasinggeber überlässt leasingtypisch die Auseinandersetzung über das Bestehen 16 eines Sachmangels und die Folgen für den Liefervertrag dem Leasingnehmer, ohne seinerseits die Besteller- bzw. Käuferstellung aufzugeben, die ihm das Eigentum an der

---

[13] *Reinking/Eggert* Rdn. 855; *Apel* in: Büschgen (Hrsg.) Praxishandbuch Leasing § 9 Rdn. 133 m. w. N.; *Zahn* DB 2002, 986; *Godefroid* BB-Beilage 5/2002, 4; *Graf von Westphalen* AGB-Klauselwerke Leasing Rdn. 69.
[14] S.u. § 26 Rdn. 48 ff.
[15] So zu Unrecht *Tiedtke/Möllmann* DB 2004, 583.
[16] *Graf von Westphalen* ZIP 2001, 2263.
[17] Vgl. Erman/*Jendrek* Anh. § 535 Rdn. 28 ff.; *Reinking* ZGS 2002, 230; *Zahn* DB 2002, 985; *Breitfeld* FLF 2003, 215 f; s. u. § 25 Rdn. 20 ff.
[18] BGH NJW-RR 2003, 51.
[19] *Reinking/Eggert* Rdn. 855.
[20] BGH NJW 1987, 1072; NJW-RR 2003, 51.
[21] S. o. § 5 Rdn. 24 ff.

Sache und den Rückzahlungsanspruch gegen den Lieferanten im Falle der Rückabwicklung belässt.[22] **Die mietrechtliche Sachmängelhaftung des Leasinggebers wird durch die kauf- bzw. werkrechtliche Sachmängelhaftung des Lieferanten ersetzt.** Man bezeichnet diese Haftungsbeschränkung des Leasinggebers mit Drittverweisung als „**leasingtypische Abtretungskonstruktion**".[23] Dabei ist zu beachten, dass es sich **nicht um eine völlige Freizeichnung** des Leasinggebers, sondern nur um eine **Beschränkung seiner Haftung** handelt.[24]

17 Diese Haftungsregelung im Rahmen der leasingtypischen Abtretungskonstruktion in ALB wird grundsätzlich auch gegenüber einem nicht kaufmännischen und nicht unternehmerischen Leasingnehmer, und zwar auch nach der Schuldrechtsreform,[25] als **zulässig** angesehen.[26] Die Interessenlage beim Finanzierungsleasinggeschäft erfordert eine Angleichung der Rechtsstellung des Leasingnehmers an die des Käufers in mehrfacher Hinsicht.[27] Da der **Leasingnehmer** bei der Auswahl der Leasingsache und der Ausgestaltung des Liefervertrages eine **käufer- bzw. bestellerähnliche Position** einnimmt, ist es sach- und interessengerecht, dass er sich bei Sachmängeln der von ihm ausgesuchten Ware mit dem Lieferanten auseinandersetzt. Der Leasingnehmer kann das Vorliegen eines Sachmangels besser als der Leasinggeber beurteilen; der Lieferant besitzt größere Sachkunde und bessere Abhilfemöglichkeiten als der Leasinggeber. Die Verweisung an den Lieferanten trägt dem lediglich angemessen Rechnung.[28]

18 Zwar wird durch diese Ersetzung die Rechtsposition des Leasingnehmers im Vergleich zu der eines „normalen Mieters" geschwächt, insbesondere weil der Vermieter grundsätzlich für jeden Mangel während der Mietzeit eintreten muss, wohingegen der Lieferant nur für Sachmängel, die zur Zeit des Gefahrübergangs vorliegen, haftet. Dennoch sind die **Regelungen im Rahmen der Abtretungskonstruktion leasingtypisch** und deshalb auch nicht überraschend im Sinne des § 305 c Abs. 1 BGB.[29] Durch sie wird der Leasingnehmer nicht rechtlos gestellt, weil **der Leasinggeber letztlich das Insolvenzrisiko des Lieferanten trägt** und dem Leasingnehmer unmittelbar haftet, wenn die Durchsetzung der Ansprüche gegen den Lieferanten nicht möglich oder unzumutbar ist.[30] Nach der Schuldrechtsreform hat sich hieran nichts Entscheidendes geändert.[31] Es sind lediglich einige Fragen neu zu überdenken.[32]

2. Typische Haftungsklauseln

19 Gebräuchlich sind z. B. folgende **Klauseln**:[33]

1. *Für Sachmängel leistet der Leasinggeber in der Weise Gewähr, dass er seine Gewährleistungsansprüche aus dem Liefervertrag an den Leasingnehmer abtritt; der Leasingnehmer ist verpflichtet, die ihm abgetretenen Ansprüche fristgerecht geltend zu machen; weitergehende Ansprüche und Rechte des Leasingnehmers sind ausgeschlossen.*

2. *Für die Mängelfreiheit der Leasingobjekte leistet der Leasinggeber in der Weise Gewähr, dass er dem Leasingnehmer sämtliche gesetzlichen Mängelansprüche abtritt, die ihm gegenüber dem Lieferanten und sonstigen Dritten zustehen.*

---

[22] Vgl. *Reinking/Eggert* Rdn. 855.
[23] *Reinking/Eggert* Rdn. 854 ff.; *H. Beckmann* Finanzierungsleasing § 2 Rdn. 97 ff., jeweils m. w. N.
[24] S. u. § 27 Rdn. 1 ff.
[25] MünchKomm/*Habersack* Leasing Rdn. 80.
[26] Ständige Rspr seit BGH NJW 1984, 2687; 1985, 129 u. 1547; 1986, 1744; 1987, 1072; 1988, 2465; vgl. *Papapostolou* S. 77 ff. m. w. N.
[27] BGH NJW 1988, 198; NJW 1989, 1279.
[28] Staudinger/*Stoffels* Leasing Rdn. 216 m. w. N.
[29] BGH NJW 1977, 195; 1985, 1547.
[30] BGH NJW 1985, 129; 1990, 314; 1991, 1746.
[31] MünchKomm/*Habersack* Leasing Rdn. 80; *Löbbe* BB-Beilage 6/2003, 7.
[32] Vgl. Wolf/Eckert/*Ball* Rdn. 1782.
[33] Vgl. *H. Beckmann* Finanzierungsleasing § 2 Rdn. 100.

9. Kapitel. Die Haftung im typischen Leasingdreieck   § 25

3. Diese Abtretung gilt auch für eventuelle Schadensersatz-, Aufwendungsersatz- und Garantieansprüche.

3. Erstreckung der Abtretung auf Gestaltungs- und Nebenrechte

Tritt der Leasinggeber „seine Gewährleistungsansprüche" oder nach der Schuldrechts- 20
reform seine Ansprüche aus der Sachmängelhaftung an den Leasingnehmer ab, sind damit auch die gesetzlichen oder vertraglich vereinbarten **Nacherfüllungsansprüche** an den Leasingnehmer abgetreten. Dem steht nicht entgegen, dass der **Erfüllungsanspruch auf Übereignung** der Leasingsache in jedem Fall – ausdrücklich oder stillschweigend – von der Abtretung ausgenommen ist, um nicht die steuerlichen Vorteile des Finanzierungsleasing und das sog. wirtschaftliche Eigentum des Leasinggebers zu gefährden.[34] Die Zulässigkeit der Abtretung des **Nachbesserungsanspruchs** hat der BGH[35] ausdrücklich festgestellt.

Grundsätzlich können auch **selbständige und unselbständige Gestaltungsrechte** 21
jedenfalls zusammen mit dem auf Nacherfüllung gerichteten Primäranspruch abgetreten werden, ohne dass auf den Zessionar sämtliche Rechte und Pflichten aus dem Vertragsverhältnis übergehen müssen; sie dienen der Umgestaltung des gesamten Schuldverhältnisses.[36]

Im Rahmen der leasingtypischen Abtretungskonstruktion können nicht nur An- 22
sprüche, sondern auch Rechte übertragen werden. Dies folgt schon aus § 413 BGB. Der Leasinggeber kann dem Leasingnehmer also auch das sich aus einer Leistungsstörung ergebende **Rücktrittsrecht** abtreten.[37] Das gilt entsprechend für das **Minderungsrecht**.[38] Nach a. A.[39] wird der Leasingnehmer nur ermächtigt und verpflichtet, das Rücktritts- oder Minderungsrecht im eigenen Namen auszuüben, was aber im Ergebnis zu denselben Rechtsfolgen führt.

Neben- und Hilfsrechte – wie z. B. das Recht zur Anfechtung, Mahnung, Fristset- 23
zung – gehen mit der Abtretung gemäß § 401 BGB auf den Leasingnehmer über. Eine ausdrückliche Regelung in den ALB dient nur der Klarstellung.[40] Der Leasingnehmer kann **aus eigener Rechtsposition als Zessionar** die zur Durchsetzung der abgetretenen Ansprüche erforderlichen **Erklärungen abgeben**.[41]

4. Wirksamkeit trotz des Klauselverbots in § 309 Nr. 8 lit. b aa) BGB

Ein Haftungsausschluss mit Verweisung auf Dritte ist nach § 309 Nr. 8 b aa) BGB unzu- 24
lässig. Die Regelung betrifft jedoch gemäß ihrem Wortlaut nur *„Verträge über Lieferungen neu hergestellter Sachen und Werkleistungen"*, also Lieferverträge im Sinne des hier verwendeten Begriffs, nicht die mietrechtlich zu beurteilende Überlassung im Rahmen eines Leasingvertrages.[42]

---

[34] *Reiner/Kaune* WM 2002, 2317; *Löbbe* BB-Beilage 6/2003, 9.
[35] BGHZ 96, 147; BGH NJW 1977, 848; vgl. *Papapostolou* S. 81.
[36] BGH NJW 1973, 1793; 1985, 2640; Palandt/*Heinrichs* § 401 Rdn. 4 u. 6; § 413 Rdn. 5 ff.; *Reinking/Eggert* Rdn. 773; *Arnold* DStR 2002, 1050; *Jaggy* BB-Beilage 5/2002, 16; *Löbbe* BB-Beilage 6/2003, 7 f.; *Godefroid* BB-Beilage 5/2002, 4; Wolf/Eckert/Ball Rdn. 1824 f.; *Breitfeld* FLF 2003, 218; *Emmerich* JuS 1990, 6 ff.
[37] BGH NJW 1985, 2640; NJW 1973, 1793.
[38] Staudinger/*Stoffels* Leasing Rdn. 215; *Reinking* ZGS 2002, 230; *H. Beckmann* FLF 2002, 48.
[39] Vgl. MünchKomm/*Habersack* Leasing Rdn. 81 m. w. N. unter Hinweis auf BGH NJW 1998, 896 u. DB 2002, 2529.
[40] Vgl. *Mankowski/Knöfel* in: Derleder/Knops/Bamberger (Hrsg.) BankR § 14 Rdn. 70 ff.
[41] Vgl. BGHZ 114, 365; NJW 1991, 2553.
[42] BGH NJW 1985, 1547; 1986, 1744; 1987, 1072; 1988, 2465; *Reinking/Eggert* Rdn. 854; *Papapostolou* S. 81 f.

5. Inhalt der Abtretung

25 **a) Abtretung ohne Einschränkungen.** Der BGH verknüpft in ständiger Rechtsprechung die Wirksamkeit der Freizeichnung des Leasinggebers von seiner Sachmängelhaftung im Rahmen der leasingtypischen Abtretungskonstruktion untrennbar mit der uneingeschränkten Abtretung. Die Freizeichnung des Leasinggebers von seiner Sachmängelhaftung ist nur dann wirksam, wenn die **Abtretung** der Ansprüche gegen den Lieferanten an den Leasingnehmer **uneingeschränkt, unbedingt und vorbehaltlos** erfolgt, weil anderenfalls der Leasingnehmer rechtlos gestellt würde.[43]

26 **Unwirksam** sind daher Klauseln, in denen sich der Leasinggeber das Recht zur eigenen Rechtsverfolgung – auf Kosten des Leasingnehmers – vorbehält,[44] die dem Leasingnehmer das Risiko der tatsächlichen Durchsetzbarkeit von Gewährleistungsansprüchen gegen den Lieferanten auferlegen[45] oder den Leasingnehmer verpflichten, die Rückabwicklung in jedem Fall in einem Rechtsstreit mit dem Lieferanten durchzusetzen.[46] Unzulässig ist auch, wenn sich der Leasinggeber eine Widerrufsmöglichkeit[47] offenhält oder die Abtretung an den Leasingnehmer von der Zahlung ausstehender Leasingraten, des Restwertes sowie sonstiger Kosten abhängig macht.[48]

27 **Zulässig** ist demgegenüber eine Klausel, in der sich der Leasinggeber den Widerruf der Abtretung der Ansprüche und Rechte für den Fall vorbehält, dass der Leasingnehmer die Rechte gegen den Lieferanten nicht durchsetzt. Es liegt im berechtigten Interesse des Leasinggebers, für diesen allein in der Sphäre des vertragswidrig handelnden Leasingnehmers liegenden Fall eine Einwirkungsbefugnis zu erlangen, um z. B. den gegebenenfalls drohenden Eintritt der kaufrechtlichen Verjährung zu verhindern.[49]

28 Unbedenklich soll auch eine Klausel sein, die dem Leasingnehmer lediglich einen schuldrechtlichen Anspruch gegen den Leasinggeber auf Abtretung der Ansprüche gegen den Lieferanten gewährt.[50]

29 Zweifelhaft ist, ob vom Leasingnehmer grundsätzlich die **Durchsetzung der abgetretenen Ansprüche gegen den Lieferanten auf seine eigene Kosten** verlangt werden kann.[51] Das würde zur Folge haben, dass der Leasingnehmer auch im Falle seines Obsiegens im Lieferprozess im Falle der Insolvenz des Lieferanten die in der Regel erheblichen Kosten des Rechtsstreits tragen muss, obwohl leasingtypisch der Leasinggeber das Insolvenzrisiko des Lieferanten zu tragen hat. Der BGH[52] hat diese Frage bislang ausdrücklich offengelassen.

30 **Unzulässig** ist es auch, wenn der Leasinggeber lediglich Garantieansprüche des Herstellers oder Lieferanten unter Ausschluss der Sachmängelhaftung abtritt. Dies muss auch bei gebrauchten Waren im Unternehmergeschäft gelten. Die Gegenansicht[53] ist abzulehnen, da sie den Leasingnehmer unangemessen benachteiligt.[54]

31 **b) Leerlaufen der Abtretungskonstruktion bei vollständigem Ausschluss der Sachmängelhaftung aus dem Liefervertrag.** Ist in den AGB des Lieferanten die Haf-

---

[43] BGH NJW-RR 2003, 51; NJW 2006, 1066; 1987, 1072; 1993, 335 u. 1786; Staudinger/*Stoffels* Leasing Rdn. 219.
[44] BGH NJW 1988, 2465; NJW-RR 2003, 51.
[45] BGH NJW 1993, 122; WM 1992, 1609.
[46] *Tiedtke/Möllmann* DB 2004, 583; vgl. auch *Reinking* DAR 2002, 498.
[47] BGH NJW 1987, 1072.
[48] BGH NJW 1984, 2687.
[49] OLG Rostock NJW-RR 2002, 1712; s. u. § 27 Rdn. 165 ff.
[50] OLG Koblenz OLGR 2001, 124; *Graf von Westphalen* Leasingvertrag Rdn. 635.
[51] So *Graf von Westphalen* Leasingvertrag Rdn. 438.
[52] BGH NJW 1994, 576; s. u. § 29 Rdn. 50 ff.
[53] *Reinking/Eggert* Rdn. 858.
[54] Vgl. hierzu auch BGH NJW 2006, 1066.

9. Kapitel. Die Haftung im typischen Leasingdreieck §25

tung des Lieferanten für Mängel eines Gebrauchtfahrzeugs nach § 444 BGB ausgeschlossen, geht die leasingtypische Abtretungskonstruktion nach der Auffassung des **BGH im Urteil vom 21. 12. 2005**[55] *„ins Leere";* der Ausschluss in den Lieferbedingungen sei auch im Rahmen eines Finanzierungsleasinggeschäfts wirksam, da der Leasinggeber Unternehmer ist und daher ein **Verbrauchsgüterkauf** im Sinne des §§ 474 ff. BGB nicht vorliege. Ist im Liefervertrag zwischen Leasinggeber und Lieferant die Sachmängelhaftung wirksam ausgeschlossen und hat sich der Leasinggeber im Rahmen der leasingtypischen Abtretungskonstruktion von seiner Haftung für Sachmängel unter Abtretung seiner Rechte aus dem Liefervertrag an den Leasingnehmer freigezeichnet, könne der Lieferant sich auch gegenüber dem nicht unternehmerischen Leasingnehmer auf den wirksamen Ausschluss berufen; in dieser Vertragsgestaltung liege **keine** nach § 475 Abs. 1 Satz 2 BGB **unzulässige Umgehung der Regelungen des Verbrauchsgüterkaufs**.[56] Durch die Regelungen der Liefervertragspartner erleide der Leasingnehmer keine Nachteile, weil der Gewährleistungsausschluss im Liefervertragsverhältnis zur Unwirksamkeit der leasingtypischen Abtretungskonstruktion und damit zur Anwendung der für den Leasingnehmer günstigeren Regelungen des Mietrechts führe.[57]

Dem ist unter Berücksichtigung der Interessen aller am Leasingdreieck beteiligten Vertragspartner nicht zuzustimmen. Der Lieferant kann sich im Rückabwicklungsprozess gegenüber dem Leasingnehmer auf den Haftungsausschluss in seinen AGB unter Berücksichtigung des Grundsatzes von **Treu und Glauben** nicht berufen, weil er leasingtypisch mit dem Leasingnehmer als Verbraucher sämtliche Vertragsbedingungen des Liefervertrages ausgehandelt hat. Er kann nicht besser stehen, als er stünde, wenn er unmittelbar mit dem Leasingkunden das Geschäft geschlossen hätte.[58] 32

Die **Abtretung** der Ansprüche aus dem Liefervertrag ist daher entgegen der Ansicht des BGH **wirksam**; der Leasingnehmer kann und muss gegen den Lieferanten die Sachmängelansprüche durchsetzen. Er kann nicht darauf verwiesen werden, die „günstigeren" mietrechtlichen Ansprüche gegen den Leasinggeber geltend zu machen, zumal – wie im entschiedenen Fall – nach einem Prozess gegen den Lieferanten in drei Instanzen. 33

c) Vollständige Abtretung sämtlicher Ansprüche und Rechte. Die Freizeichnung des Leasinggebers im Rahmen der leasingtypischen Abtretungskonstruktion ist nur wirksam bei Abtretung **„sämtlicher ihm gegenüber dem Lieferanten zustehenden kaufrechtlichen Gewährleistungsansprüche"**, und zwar einschließlich des Nachbesserungsrechts und der nach Scheitern der Nachbesserung wieder auflebenden Gewährleistungsansprüche.[59] Nach der Schuldrechtsreform wird der **Ausschluss des Nachlieferungsanspruchs** bereits in den ALB des Leasinggebers vorgeschlagen, um Probleme im Rahmen der §§ 439 Abs. 4, 635 Abs. 5, 346 ff. BGB zu vermeiden.[60] Dies kann gegen die Leitbildfunktion der neuen Sachmängelhaftung des Kaufrechts verstoßen und deshalb unwirksam sein, im Ergebnis sogar zur Unwirksamkeit der leasingtypischen Abtretungskonstruktion insgesamt führen.[61] 34

Der BGH[62] hat die Frage in seinem Urteil vom 21. 12. 2005 ausdrücklich offengelassen. Um eine Unwirksamkeit seiner Freizeichnung zu vermeiden, sollte der Leasinggeber die Rechte und Ansprüche aus dem Liefervertrag gegen den Lieferanten insgesamt und ohne Einschränkungen an den Leasingnehmer abtreten. 35

---

[55] BGH NJW 2006, 1066 = Bestätigung von OLG Naumburg ZGS 2005, 238.
[56] Vgl. auch OLG Stuttgart OLGR 2004, 291.
[57] BGH NJW 2006, 1066.
[58] S. o. § 6 Rdn. 79; vgl *H. Beckmann* WuB I J 2.–1.06, 373 ff. m. w. N.
[59] BGH NJW 1977, 848; 1982, 105.
[60] Staudinger/*Stoffels* Leasing Rdn. 221; *Rainer/Kaune* WM 2002, 2320; *Zahn* DB 2002, 990; *Jaggy* BB-Beilage 2/2002, 15.
[61] *Reinking* ZGS 2002, 233; *Graf von Westphalen* ZIP 2001, 2259.
[62] BGH NJW 2006, 1066.

§ 25 Zweiter Teil. Allgemeines Leasingrecht

36 **d) Weisungen des Leasinggebers.** Aufgrund der wirksamen leasingtypischen Abtretungskonstruktion ist der Leasingnehmer im eigenen Interesse gehalten, aber auch im Interesse des Leasinggebers verpflichtet, die ihm abgetretenen Ansprüche und Rechte gegen den Lieferanten durchzusetzen. Da der Leasinggeber trotz der Abtretung verfügungsberechtigt bezüglich des Rückzahlungsanspruchs aus einer Rückabwicklung des Liefervertrages bleibt,[63] entsteht zugleich zwischen Leasinggeber und Leasingnehmer ein **Auftragsverhältnis** im Sinne der §§ 662 ff. BGB.[64] Im Rahmen eines Auftragsverhältnisses kann der Auftraggeber dem Auftragnehmer gemäß § 665 BGB grundsätzlich Weisungen erteilen. Beim Finanzierungsleasinggeschäft ist zu beachten, dass Weisungen des Leasinggebers die leasingtypische Abtretungskonstruktion nicht derart aushöhlen dürfen, dass sie den Leasingnehmer im Ergebnis rechtlos stellen.

37 Der Leasinggeber kann den Leasingnehmer leasingtypisch anweisen, im Rahmen der Rückabwicklung des Liefervertrages wegen eines Sachmangels **Rückzahlung** des an den Lieferanten gezahlten Kaufpreises/Werklohns **unmittelbar an den Leasinggeber zu verlangen**.[65] Der Leasingnehmer ist sogar auch ohne ausdrückliche Weisung verpflichtet, vom Lieferanten Rückzahlung an den Leasinggeber zu verlangen. Auch eine Weisung, bei einer Rückabwicklungsklage vom Lieferanten auf den zurückzuzahlenden Betrag **Zinsen** zu verlangen, ist unter Berücksichtigung der sich aus § 241 Abs. 2 BGB ergebenden Pflichten des Leasingnehmers zur Rücksichtnahme auf die berechtigten Interessen des Leasinggebers als zulässig anzusehen.[66] Offen ist, ob der Leasinggeber den Leasingnehmer schon in den ALB verbindlich anweisen kann, im Rahmen des Lieferprozesses (auch) **Aufwendungen und Schäden des Leasinggebers** ersetzt zu verlangen oder **mithaftende Vierte in Anspruch zu nehmen**.

38 **Unzulässig** ist eine Weisung des Leasinggebers, die abgetretenen Ansprüche in jedem Fall gerichtlich durchzusetzen (**„Klagepflicht"**), da es dem Leasingnehmer aufgrund der leasingtypischen Abtretungskonstruktion möglich sein muss, sich mit dem Lieferanten einvernehmlich auf eine Rückabwicklung im Wege der Wandlung oder des Rücktritts zu verständigen.[67] Ist der Lieferant mit der Rückabwicklung einverstanden, würde dem Leasingnehmer für eine Rückabwicklungsklage zudem in diesem Fall das erforderliche Rechtsschutzbedürfnis fehlen.

39 Eine Weisung in ALB, bei Vorliegen eines Mangels **ausschließlich oder vorrangig** Wandlung (nach altem Recht) oder Rücktritt bzw. Minderung geltend zu machen, würde das infolge der leasingtypischen Abtretungskonstruktion auf den Leasingnehmer zwingend übergegangene Wahlrecht unzulässig einschränken.

40 Eine **Regelung der Weisungsbefugnis** des Leasinggebers in ALB könnte etwa wie folgt lauten:[68]

1. Verlangt der Leasingnehmer vom Lieferanten wegen einer Leistungsstörung Rückabwicklung des Liefervertrages, ist der Leasingnehmer verpflichtet, Rückzahlung des Kaufpreises oder Werklohns, bei Minderung teilweise Rückzahlung, jeweils zuzüglich gesetzlicher Zinsen, an den Leasinggeber zu verlangen.

2. Kann der Leasinggeber vom Lieferanten Aufwendungs- oder Schadensersatz verlangen, ist der Leasingnehmer verpflichtet, diese Ansprüche im Zusammenhang mit der Rückabwicklungsklage geltend zu machen.

3. Bestehen Ansprüche gegen Dritte bzw. Vierte, insbesondere aus einer Garantie oder aufgrund der Übernahme einer Mithaftung, ist der Leasingnehmer verpflichtet, vorrangig fristgerecht auch diese Ansprüche durchzusetzen.

---

[63] BGH WM 1992, 1609.
[64] Vgl. *Reinking/Kessler/Sprenger* § 3 Rdn. 70; s. u. § 27 Rdn. 31 ff.
[65] Vgl. BGH WM 1992, 1609.
[66] Vgl. *Reinking/Eggert* Rdn. 836; *H. Beckmann* Finanzierungsleasing § 6 Rn. 84 ff.
[67] BGH NJW 1985, 1535; *Tiedtke/Möllmann* DB 2004, 583.
[68] Vgl. *H. Beckmann* Finanzierungsleasing § 2 Rdn. 128.

4. Entstehen dem Leasingnehmer durch die gerichtliche Geltendmachung von Aufwendungs- oder Schadensersatzansprüchen oder die Inanspruchnahme Vierter Mehrkosten, wird der Leasinggeber dem Leasingnehmer diese erstatten.

e) Abtretung unter auflösender Bedingung des Bestehens des Leasingvertrages. 41
Die Abtretung der Ansprüche und Rechte an den Leasingnehmer im Rahmen der leasingtypischen Abtretungskonstruktion ist auflösend bedingt **(§ 158 Abs. 2 BGB)** durch das Bestehen des Leasingvertrages.[69] Dies folgt schon aus einer interessengerechten Auslegung der Vereinbarungen, wonach der Leasingnehmer berechtigt und verpflichtet ist, sich wegen der während der Leasingzeit auftretenden Leistungsstörungen mit dem Lieferanten auseinanderzusetzen. Eine diesbezügliche Regelung in den ALB hat nur klarstellenden Charakter. Ob das auch für den Fall gilt, dass der Leasingnehmer vertragswidrig die ihm abgetretenen Ansprüche nicht gegen den Lieferanten geltend macht, ist offen.[70]

6. Folgen unzulässiger Einschränkungen der Abtretungskonstruktion

a) Mietrechtliche Eigenhaftung des Leasinggebers. Die unzulässige Einschränkung 42
der Abtretung der Ansprüche aus dem Liefervertrag führt nach h. M.[71] **zwingend zur Unwirksamkeit der Freizeichnung des Leasinggebers und der Abtretung** der Ansprüche an den Leasingnehmer. Gemäß § 306 Abs. 2 BGB lebt die mietvertragliche Eigenhaftung des Leasinggebers für Sachmängel nach den §§ 536 ff. BGB wieder auf, weil Freizeichnung und Abtretung untrennbar miteinander verbunden sind und eine geltungserhaltende Reduktion unzulässig ist. Der Leasinggeber muss wie ein Vermieter für Sachmängel über die gesamte Laufzeit des Leasingvertrages einstehen. Diese Folge erscheint unter Berücksichtigung aller Umstände des dreiseitigen Finanzierungsleasinggeschäfts **nicht interessengerecht**.

b) Wirksamkeit der Abtretung im Außenverhältnis. Erkennt der Leasingnehmer 43
die Unwirksamkeit der leasingtypischen Abtretungskonstruktion nicht und geht er in einem Lieferprozess gegen den Lieferanten vor, kann ihm die **Aktivlegitimation** nicht abgesprochen werden. Die h. M. berücksichtigt nicht, dass die unzulässige Einschränkung der leasingtypischen Abtretungskonstruktion lediglich im Leasingvertragsverhältnis zur Unwirksamkeit der Freizeichnung des Leasinggebers führt, der Leasingnehmer aber im Außenverhältnis zum Lieferanten als infolge der Zession berechtigter Anspruchsteller hinsichtlich des Rückzahlungsanspruchs und von Schadensersatzansprüchen bleibt. Einer **Umdeutung** in eine wirksame Ermächtigung bedarf es nicht.[72] Sie würde den Leasingnehmer nicht berechtigen, eigene Ersatzansprüche geltend zu machen.

In den meisten Leasingvertragsformularen sind zudem der Ausschluss der mietrecht- 44
lichen Sachmängelhaftung des Leasinggebers, die Abtretung der Ansprüche aus dem Liefervertrag und etwaige unzulässige Einschränkungen **inhaltlich und sprachlich teilbar**. Kann der zur Unwirksamkeit der Freizeichnung führende Vorbehalt einfach weggestrichen werden, ohne dass die Abtretung als solche tangiert wird, liegt ein Verstoß gegen das Verbot geltungserhaltender Reduktion nicht vor.

c) „Kaufrechtliche" Sachmängelhaftung des Leasinggebers. Die durch die unwirksa- 45
me Abtretung entstandene Regelungslücke muss nicht zwingend durch die mietrechtliche Sachmängelhaftung des Leasinggebers geschlossen werden. Interessengerechter erscheint eine „kaufrechtliche Sachmängelhaftung" des Leasinggebers nach den §§ 437 ff. BGB[73]

---

[69] Vgl. BGH NJW 1991, 1746; MünchKomm/*Habersack* Leasing Rdn. 86.
[70] S. u. § 28 Rdn. 165 ff.
[71] BGH WM 1992, 1609; NJW 1987, 1072; 1993, 335 u. 1786; *Wolf/Eckert/Ball* Rdn. 1891 ff.; *Reinking/Kessler/Sprenger* § 3 Rdn. 90.
[72] So BGH NJW-RR 2003, 51; vgl. *H. Beckmann* WuB I J 2. – 2.03, 770 f.
[73] MünchKomm/*Habersack* Leasing Rdn. 106; ablehnend *Reinking/Kessler/Sprenger* § 3 Rdn. 90.

bzw. bei Vorliegen eines Werkvertrages nach den §§ 633 ff. BGB. Im Wege der **ergänzenden Vertragsauslegung** (§§ 133, 157 BGB) ist der Leasingnehmer bei einer Störung des Liefergeschäfts **lediglich so zu stellen, wie er stünde, wenn die Abtretung der Ansprüche aus dem Liefervertrag wirksam erfolgt wäre**. Es ist dann im Verhältnis der Leasingvertragparteien zu klären, ob die Rückabwicklung des Liefervertrages gegen den Lieferanten erfolgreich gewesen wäre. Dies ist notfalls als Vorfrage im Leasingprozess zu klären. Der Leasingnehmer muss die Ansprüche innerhalb der Verjährungsfristen der §§ 438, 634 a BGB gelten machen. Nach Ansicht von *Habersack*[74] finden in diesem Fall auch die Regelungen des Verbrauchsgüterkaufs (§§ 474 ff. BGB) entsprechende Anwendung.

46 Wird eine Haftung des Lieferanten bejaht, muss eine Rückabwicklung des Leasingvertrags wegen fehlender Geschäftsgrundlage nach Bereicherungsrecht vorgenommen werden. Diese Rechtsfolge entspricht derjenigen bei der **subsidiären Eigenhaftung des Leasinggebers**, die eingreift, wenn dem Leasingnehmer trotz wirksamer leasingtypischer Abtretungskonstruktion eine Durchsetzung der abgetretenen Ansprüche und Rechte gegen den Lieferanten unmöglich oder nicht zumutbar ist.[75]

7. Ansprüche und Rechte aus der Sachmängelhaftung

47 Nach der Schuldrechtsreform spricht das Gesetz nun nicht mehr von Gewährleistungsrechten, sondern von Rechten des Käufers bzw. Bestellers bei Mängeln und von Mängelansprüchen (vgl. §§ 437, 438, 634, 634 a BGB), also von Sachmängelhaftung. Im Rahmen der leasingtypischen Abtretungskonstruktion werden dem Leasingnehmer in der Regel **sämtliche Ansprüche und Rechte wegen Mängeln abgetreten**.

48 Nach altem Recht sind Rückabwicklungsverlangen hauptsächlich auf **Wandlung** nach den §§ 459 ff., 634 BGB a. F. gestützt worden. Mit abgetreten waren aber auch **Minderungs- und Schadensersatzansprüche** nach den §§ 463, 480 Abs. 2, 635 BGB a. F., **Nachlieferungsansprüche** aus Vereinbarung und aus § 480 Abs. 1 BGB a. F.[76] sowie **Nachbesserungsansprüche** aus Vereinbarung in Lieferbedingungen des Lieferanten (§ 476 a BGB a. F.)[77] oder wegen tatsächlicher Durchführung der Nachbesserung, in der die nachträgliche konkludente Vereinbarung einer Nachbesserung zu sehen ist.[78] Nacherfüllungsansprüche in Form der Nachlieferung oder Nachbesserung ergaben sich vor der Schuldrechtsreform ferner aus den Art. 46 ff. CISG, bei werkrechtlicher Ausgestaltung des Liefervertrages aus § 633 BGB a. F. und bei entsprechender Einbeziehung aus § 13 Nr. 5 Abs. 1 der VOB/B 2000. Ein **Rücktrittsrecht** bestand bei verspäteter Herstellung eines Werkes aus § 636 BGB a. F., ein Recht auf Vertragsaufhebung nach Art. 47 - CISG. **Aufwendungsersatzansprüche** ergaben sich insbesondere aus den §§ 476 a, 633 Abs. 2 Satz 2 BGB a. F.

49 Durch die Neugestaltung der kauf- und werkrechtlichen Sachmängelhaftung im Rahmen der **Schuldrechtsreform** haben sich jedenfalls für die Beurteilung der Sachmängelhaftung bei Finanzierungsleasinggeschäften keine durchgreifenden Neuerungen ergeben.[79] An die Stelle des Wandlungs- und Minderungsanspruchs sind als Gestaltungsrechte das Rücktritts- und Minderungsrecht getreten (§§ 437, 634 BGB). **Schadensersatz** kann unter den Voraussetzungen der §§ 437 Nr. 3, 634 a Nr. 4 BGB verlangt werden. Vorrangig besteht nun nicht nur bei werkrechtlicher, sondern auch bei kaufrechtlicher Einordnung des Liefervertrages ein **Nacherfüllungsanspruch** in Form der Nachlieferung oder Nachbesserung nach § 439 BGB. **Aufwendungsersatz** kann nach den §§ 439 Abs. 2, 635 Abs. 2, 346, 284 BGB beansprucht werden. Nach den §§ 434 Abs. 2, 633 BGB

---

[74] MünchKomm/*Habersack* Leasing Rdn. 106.
[75] S. u. § 27 Rdn. 1 ff.
[76] *Gebler/Müller* ZBB 2002, 111.
[77] Vgl. BGH NJW 1986, 1744; *Gebler/Müller* ZBB 2002, 109.
[78] Vgl. BGH NJW 1984, 2938.
[79] *Gebler/Müller* ZBB 2002, 111.

sind nun ausdrücklich eine unsachgemäße Durchführung der Montage und eine mangelhafte Montageanleitung als Mängel der Sache selbst anzusehen.[80]

Durch die Neuregelungen der Sachmängelhaftung im Kauf- und Werkvertragsrecht ist eine abweichende Beurteilung der leasingtypischen Abtretungskonstruktion mit einer Rückkehr zur Ermächtigungskonstruktion nicht erforderlich.[81] Lediglich im Rahmen des nun erstmals im Kaufrecht geregelten gesetzlichen Nacherfüllungsanspruchs und wegen der besonderen Schutzvorschriften des Verbrauchsgüterkaufs besteht nach allgemeiner Auffassung **Regelungsbedarf** im Leasingvertrag oder in den ALB.[82] 50

Haben die Vertragspartner im Liefervertrag z. B. über die Erstellung einer *„maschinellen oder elektrotechnischen/elektronischen Anlage"* im Sinne des § 13 Nr. 4 Abs. 2 VOB/B 2002 die Geltung der Vergabe und Vertragsordnung für Bauleistungen **(VOB)** in der jeweils gültigen Fassung vereinbart, sind auch vom Leasingnehmer die besonderen Regelungen über die Abnahme und Mängelansprüche in den §§ 12 u. 13 VOB/B zu beachten. 51

§ 26. Erweiterung der Abtretungskonstruktion auf sämtliche Pflichtverletzungen aus dem Liefervertrag

Schrifttum: s. auch zu den §§ 5–7 u. § 25; *H. Beckmann* Haftungsbeschränkung des Leasinggebers im Rahmen der leasingtypischen Abtretungskonstruktion für sämtliche Leistungsstörungen aus dem Liefervertrag DB 2006, 320; *ders.* Subsidiäre und nachrangige Eigenhaftung des Leasinggebers bei Ausfall des Lieferanten MDR 2005, 1207; *E. G. Koch* Störungen beim Finanzierungsleasing 1981; *Papapostolou* Die Risikoverteilung beim Finanzierungsleasingvertrag über bewegliche Sachen 1987; *Rappenglitz* Mängel der Sache durch unsachgemäße Montage und mangelhafte Montageanleitung JA 2003, 36; *Schmalenbach/Sester* Fortschreibung der typischen Vertragsstruktur für Leasingtransaktionen nach der Schuldrechtsreform WM 2002, 2184; *Redeker* IT-Recht in der Praxis 3. Aufl. 2003

Übersicht

	Rdn.
Vorbemerkungen	1
I. Rechtsmängelhaftung und leasingtypische Abtretungskonstruktion	2
1. Haftung für Rechtsmängel ohne Regelung im Leasingvertrag	3
2. Freizeichnung des Leasinggebers von seiner Rechtsmängelhaftung	5
II. Haftung für sonstige Pflichtverletzungen und Abtretungskonstruktion	6
1. Haftung für sonstige Pflichtverletzungen ohne Regelung im Leasingvertrag	6
2. Freizeichnung des Leasinggebers von der Haftung für sonstige Pflichtverletzungen des Lieferanten	7
III. Haftung wegen Nichterfüllung und Abtretungskonstruktion	11
1. Haftung für Nichterfüllung ohne Regelung im Leasingvertrag	12
2. Haftungsbeschränkung des Leasinggebers wegen Nichterfüllung	13
IV. Umfassende Freizeichnung des Leasinggebers wegen jeder Pflichtverletzung aus dem Liefervertrag	20
1. Gründe für eine umfassende Haftungsregelung im Rahmen der Abtretungskonstruktion	21
2. Subsidiäre und nachrangige Haftung des Leasinggebers bei Insolvenz des Lieferanten	24
3. Bedenken aus steuerlichen Gründen	28
4. Vorschlag für ALB-Klausel	31
V. Leasingtypische Besonderheiten bei den abgetretenen Ansprüchen und Rechten	32
1. Abtretungskonstruktion und Rücktritt	32
a) Rücktrittsrecht als Gestaltungsrecht	33
b) Wirksamkeit des Rücktritts	34
c) Auswirkungen des Rücktritts vom Liefervertrag auf den Leasingvertrag	37
2. Abtretungskonstruktion und Schadensersatzverlangen	41
a) Betroffene Rechtsgüter im Leasingdreieck	42

---

[80] Vgl. *Rappenglitz* JA 2003, 36.
[81] *Erman/Jendrek* Anhang zu § 535 Rdn. 28 ff. m. w. N.; a. A. nur *Graf von Westphalen* ZIP 2001, 2258.
[82] Vgl. *Jaggy* BB-Beilage 5/2002,18; *Löbbe* BB-Beilage 6/2003. 9; *H. Beckmann* FLF 2002, 50; s. u. § 26 Rdn. 73 ff.

	Rdn.
b) Auslegung der leasingtypischen Regelungen	45
c) Ersatz von Schäden des Leasingnehmers	48
aa) Eigene Schadensersatzansprüche des Leasingnehmers	48
bb) Ersatzansprüche aus abgetretenem Recht	51
cc) Kein Schadensersatz in Höhe der gezahlten Leasingraten	55
d) Ersatz von Schäden des Leasinggebers	56
aa) Auffassungen der Literatur	56
bb) Eigene Auffassung	58
e) Berechtigung zur Geltendmachung der Schäden im Leasingdreieck	61
aa) Recht des Leasinggebers zur Geltendmachung seiner Schäden	61
bb) Recht des Leasingnehmers zur Geltendmachung von Schäden des Leasinggebers	63
cc) Pflicht des Leasingnehmers zur Geltendmachung von Schäden des Leasinggebers	65
dd) Rechte des Leasingnehmers wegen Eigenschäden	66
f) Rechtsfolge eines Schadensersatzverlangens des Leasingnehmers	67
g) Vorschlag für ALB-Klausel	69
3. Abtretungskonstruktion und Minderung	70
4. Abtretungskonstruktion und Nacherfüllung	73
a) Wahlrecht des Kunden zwischen Nachlieferung und Nachbesserung	74
b) Anspruchsgegner bei Nachlieferung	76
c) Ausschluss des Nachlieferungsanspruchs	77
d) Durchführung der Nachlieferung beim Finanzierungsleasinggeschäft	83
e) Nutzungsentschädigung bei Nachlieferung	89
f) Regelungen im Leasingvertrag	92
g) Schadensersatzpflichten im Nacherfüllungsstadium	94
5. Abtretungskonstruktion und Aufwendungs- und Verwendungsersatz	101
a) Abtretung von Aufwendungsersatzansprüchen	102
b) Anspruchsgrundlagen	104
c) Ersatzpflicht des Leasinggebers für Aufwendungen	109
6. Abtretungskonstruktion und Garantien	110
7. Abtretungskonstruktion und Kündigung	111

Vorbemerkungen

1 In der Praxis erweist sich die Beschränkung der leasingtypischen Abtretungskonstruktion auf die Sachmängelhaftung immer wieder als unglücklich. Sie führt bei den Beteiligten zur **Rechtsunsicherheit**, da oftmals bei einer Leistungsstörung Ansprüche aus unterschiedlichen Rechtsgrundlagen in Betracht kommen, z. B. Sachmängelhaftung neben der Haftung aus schuldhafter Vertragspflichtverletzung, Täuschung und unerlaubter Handlung. Sie ist **prozessunökonomisch**, da sie wegen verschiedener Leistungsstörungen mehrere Prozesse zwischen verschiedenen Prozessparteien erfordert, z. B. Lieferprozess des Leasingnehmers gegen den Lieferanten aus Sachmängelhaftung und Leasingprozess des Leasingnehmers gegen den Leasinggeber wegen sonstiger Pflichtverletzung.

I. Rechtsmängelhaftung und leasingtypische Abtretungskonstruktion

2 In den Leasingvertragsformularen wird in der Regel nur die Sachmängelhaftung, nicht die Rechtsmängelhaftung geregelt. Stellt die Klausel lediglich auf „Mängel" ab, sind sowohl Sach- als auch Rechtsmängel erfasst.[1] Ein Rechtsmangel liegt z. B. vor, wenn die Ware gestohlen worden ist oder es sich bei dem Computerprogramm um eine Raubkopie handelt.

1. Haftung für Rechtsmängel ohne Regelung im Leasingvertrag

3 Nach der **Mietrechtsreform** vom 1. 9. 2001 haftet der Leasinggeber dem Leasingnehmer für Rechtsmängel der Leasingsache nach den §§ 536 ff. BGB wie für Sachmängel. Voraussetzung der Rechtsmängelhaftung ist nach § 536 Abs. 3 BGB die Gebrauchsentzie-

---

[1] MünchKomm/*Habersack* Leasing Rdn. 104.

hung. Der Lieferant haftet nach der Schuldrechtsreform für Rechtsmängel gemäß den §§ 433 ff., 633 BGB wie für Sachmängel.

Trotz der **Gleichstellung von Sach- und Rechtsmängelhaftung** im Gesetz erstreckt sich die Haftungsbeschränkung des Leasinggebers bezüglich Sachmängeln im Rahmen der leasingtypischen Abtretungskonstruktion ohne ausdrückliche Regelung nicht auf die Rechtsmängelhaftung. Der Leasingnehmer kann unmittelbar gegen den Leasinggeber vorgehen. Der Leasinggeber muss ohne eigene Freizeichnung seinerseits den Lieferanten als seinen Vertragspartner aus dem Liefervertrag in Anspruch nehmen. Hierbei kann er auch Schäden des Leasingnehmers unter dem Gesichtspunkt des sog. **Abnehmerschadens** ersetzt verlangen.

2. Freizeichnung des Leasinggebers von seiner Rechtsmängelhaftung

Will der Leasinggeber nicht für Rechtsmängel der Leasingsache einstehen, ist eine ausdrückliche **Erweiterung seiner Freizeichnung** im Rahmen der leasingtypischen Abtretungskonstruktion auf die Rechtsmängelhaftung erforderlich. Durchgreifende Bedenken gegen die Wirksamkeit der Erweiterung der leasingtypischen Abtretungskonstruktion auf die Rechtsmängelhaftung bestehen nicht.[2] Es macht weder von den Voraussetzungen noch von den Rechtsfolgen einen Unterschied, ob der Leasingnehmer sein Rückabwicklungsverlangen auf einen Rechts- oder einen Sachmangel stützt. Das gilt erst recht nach der **gesetzlichen Gleichschaltung der Sach- und Rechtsmängelhaftung sowohl im Mietrecht als auch im Kauf- und Werkrecht.**

II. Haftung für sonstige Pflichtverletzungen und Abtretungskonstruktion

1. Haftung für sonstige Pflichtverletzungen ohne Regelung im Leasingvertrag

Der Leasinggeber haftet dem Leasingnehmer wegen eigener Pflichtverletzungen und solcher des Lieferanten als seines Erfüllungsgehilfen aus dem Leasingvertrag nach den §§ 280 Abs. 1, 278 BGB auf Schadensersatz. Der Lieferant ist dem Leasinggeber als seinem Vertragspartner aus dem Liefervertrag nach den §§ 280 ff. BGB zum Schadensersatz verpflichtet. Der Lieferant muss dem Leasinggeber insbesondere auch den sog. **Abnehmerschaden** ersetzen, z. B. den Schaden des Leasingnehmers aus einer Falschberatung über die Eignung und die Eigenschaften der Waren.

2. Freizeichnung des Leasinggebers von der Haftung für sonstige Pflichtverletzungen des Lieferanten

Die Rechtsprechung[3] hat in der Vergangenheit den Leasingnehmer als berechtigt angesehen, gegen den Lieferanten im Rahmen der leasingtypischen Abtretungskonstruktion auch Schadensersatzansprüche wegen einer Pflichtverletzung des Lieferanten aus sog. positiver Vertragsverletzung (pVV) oder Verschulden bei Vertragsschluss (c. i. c.) geltend zu machen, und zwar in der Regel ohne nähere Problematisierung der Frage, ob diese Ansprüche wirksam an den Leasingnehmer abgetreten worden waren.

Nach der **Schuldrechtsreform** baut das Leistungsstörungsrecht einheitlich auf dem **Grundtatbestand des § 280 Abs. 1 BGB** mit der amtlichen Überschrift „Schadensersatz wegen Pflichtverletzung" auf. Er ist Haftungsgrundlage für die Sach- und Rechtsmängelhaftung, aber auch für sonstige Pflichtverletzungen, insbesondere für die Verletzung von

---

[2] MünchKomm / *Habersack* Leasing Rdn. 104.
[3] Ausdrücklich offengelassen in BGH NJW 1993, 123; vgl. auch BGH NJW-RR 2003, 51; NJW 1996, 2025; OLG München NJW-RR 1993, 123; OLG Hamburg NJW-RR 1988, 438.

Nebenpflichten, **z. B. von Schutzpflichten**. Die Verletzung leistungsbezogener Nebenpflichten, z. B. zur Aufklärung, Beratung, Verpackung, ordnungsgemäßen Auslieferung, steht der Sachmängelhaftung nahe.

9 Die bei der Sachmängelhaftung als leasingtypisch und interessengerecht angesehene Freizeichnung des Leasinggebers von seiner mietvertraglichen Haftung unter gleichzeitiger Abtretung der Ansprüche gegen den Lieferanten aus dem Liefervertrag an den Leasingnehmer ist auch für sonstige Pflichtverletzungen des Lieferanten, die sich der Leasinggeber zurechnen lassen muss, angemessen. Es kann keinen Unterschied machen, ob die Leistungsstörung in der fehlenden Eignung der Sache (Sachmängelhaftung) oder in der **falschen Beratung über die Eignung oder die Eigenschaften der Sache** liegt. Für sämtliche Schadensersatzansprüche wegen Pflichtverletzungen gilt nunmehr die Haftungsnorm des § 280 Abs. 1 BGB unabhängig von der Art der Pflichtverletzung, so dass eine Gleichbehandlung auch im Rahmen der leasingtypischen Abtretungskonstruktion unbedenklich ist.

10 Zu beachten ist, dass der Leasingnehmer durch die Regelung im Leasingvertrag nicht rechtlos gestellt werden darf. Er muss durch die Abtretung der Ansprüche gegen den Lieferanten im Rahmen der leasingtypischen Abtretungskonstruktion einen **angemessenen Ausgleich** erlangen. Das ist nur der Fall, wenn der Leasinggeber für Eigenschäden des Leasingnehmers bei Ausfall des Lieferanten nachrangig haftet, der Leasingnehmer also durch die Regelung nur verpflichtet wird, **vorrangig** gegen den Lieferanten vorzugehen.[4] Dies sollten die Vertragsklauseln unter Berücksichtigung des Transparenzgebots ausdrücklich vorsehen.

III. Haftung wegen Nichterfüllung und Abtretungskonstruktion

11 Weiterer Leistungsstörungstatbestand ist der der Nichterfüllung einer Leistungspflicht, insbesondere der ganz oder teilweise ausgebliebenen Überlassung der Leasingsache an den Leasingnehmer, mit der Haftung des Leasinggebers für **Verzugsschäden**, der **Schadensersatzpflicht** *„statt der Leistung"* nach § 281 Abs. 1 BGB und der **Rückabwicklung** des Vertrages wegen Nichtbringung und nicht vertragsgemäßer Erbringung einer Leistung (§ 323 BGB). Praxisrelevant sind insbesondere die Fälle der **unvollständigen Leistung**.

1. Haftung für Nichterfüllung ohne Regelung im Leasingvertrag

12 Hat sich der Leasinggeber nur von seiner Einstandspflicht für Sachmängel der Leasingsache freigezeichnet, ist es dem Leasingnehmer nicht verwehrt, den Leasingvertrag wegen völliger oder teilweiser Nichtgewährung des vertragsgemäßen Gebrauchs, der auf der unvollständigen Beschaffung der Leasingsache beruht, nach § 543 BGB zu **kündigen** und **Schadensersatz wegen Nichtleistung** des Leasingvertrages nach allgemeinem Schuldrecht oder Mietrecht zu verlangen.[5] Es ist Sache des Leasinggebers, seinerseits gegen den Lieferanten vorzugehen und die Ansprüche aus der Nichterfüllung des Liefervertrages einschließlich der Schäden des Leasingnehmers (Abnehmerschäden) geltend zu machen.

2. Haftungsbeschränkung des Leasinggebers wegen Nichterfüllung

13 Streitig ist, ob der Leasinggeber die Haftungsfreizeichnung im Rahmen der leasingtypischen Abtretungskonstruktion auch auf die Fälle der Nichterfüllung, in denen **die Lieferung aus Gründen, die in der Sphäre des Lieferanten liegen**, verspätet erfolgt oder ganz unterbleibt, erstrecken kann. Dabei ist zu beachten, dass der Erfüllungsanspruch aus dem Liefervertrag grundsätzlich beim Leasinggeber verbleibt, dass lediglich die **Sekundäransprüche** aus einer Pflichtverletzung des Lieferanten an den Leasingnehmer abgetreten werden.

---

[4] S. u. § 27 Rdn. 12 ff.
[5] BGH NJW 1993, 122.

9. Kapitel. Die Haftung im typischen Leasingdreieck § 26

Bedenken gegen eine wirksame Freizeichnung des Leasinggebers von seiner Haftung 14
im Rahmen der leasingtypischen Abtretungskonstruktion werden besonders deshalb geltend gemacht, weil es sich bei der Überlassungspflicht des Leasinggebers aus dem Leasingvertrag um eine wesentliche Hauptleistungspflicht, sog. **Kardinalpflicht**, handelt, die gemäß § 307 BGB grundsätzlich nicht durch Formularvereinbarungen im Leasingvertrag eingeschränkt werden könne.[6]

Hiergegen ist einzuwenden, dass der Leasinggeber anders als ein typischer Vermieter 15
gerade nicht die uneingeschränkte Überlassung der Mietsache schuldet. Leasingtypisch schuldet der Leasinggeber den Abschluss des Liefervertrages mit dem vom Leasingnehmer ausgesuchten Lieferanten, nicht mit anderen Lieferanten, falls der ausgewählte Lieferant die Waren nicht beschaffen oder herstellen kann oder der Lieferant vor der Überlassung ausfällt.[7] Eine weitergehende **Beschaffungs- und Überlassungspflicht** des Leasinggebers besteht bei interessengerechter Auslegung der leasingtypischen Vereinbarungen im Leasingdreieck nicht, und zwar auch nicht bei mietrechtlicher Einordnung;[8] es handelt sich auch nach der Rechtsprechung des BGH nur um einen **atypischen Mietvertrag**.[9] Die Haftungsbeschränkung des Leasinggebers für die Fälle der Nichtleistung im Rahmen der leasingtypischen Abtretungskonstruktion verstößt daher nicht von vornherein grundsätzlich gegen die **Natur des Mietvertrages**[10] und stellt auch keine unangemessene Benachteiligung des Leasingnehmers nach § 307 Abs. 2, Nr. 2 BGB dar. Der **Vertragszweck des Finanzierungsleasingvertrages** ist trotz der grundsätzlich vorzunehmenden mietrechtlichen Einordnung nicht dem eines „normalen" Mietvertrages gleichzusetzen. Es sind die **leasingtypischen Besonderheiten** mit der typischen Interessenlage im Leasingdreieck, dem wirtschaftlichen Zweck und der Bedeutung der einzelnen Leistungen sowie ihrer Äquivalente im Verhältnis der Vertragspartner zueinander zu beachten.[11]

Zudem sind auch bei der **Sachmängelhaftung nach Werkvertragsrecht** gemäß den 16
§§ 633 ff. BGB a.F. und der **Rechtsmängelhaftung** nach den §§ 325, 326 BGB a.F. Hauptleistungspflichten betroffen, ohne dass eine Erstreckung der leasingtypischen Abtretungskonstruktion in Zweifel gezogen worden ist. Nach der Schuldrechtsreform ist auch die Verpflichtung zur sach- und rechtsmängelfreien Lieferung im Kaufrecht gemäß § 433 Abs. 1 S. 2 BGB als Hauptpflicht, die zur vertragsgemäßen Erfüllung gehört, ausgestaltet.[12]

Für die Zulässigkeit der Freizeichnung spricht ferner, dass nach der Schuldrechtsreform 17
gemäß § 434 Abs. 3 BGB die Fälle der Mengenabweichung (**quantitative Teilleistung**) einem Sachmangel gleichgestellt sind. Zu beachten ist aber, dass der Lieferant nach § 266 BGB grundsätzlich nicht zu Teilleistungen und der Kunde somit berechtigt ist, die Teilleistung zurückzuweisen, also insoweit eine Haftung wegen nicht bewirkter Teilleistung nach den §§ 281, 323 Abs. 5 BGB in Betracht kommt, für die die Leasingvertragspartner eine Regelung treffen sollten.

In der **Rechtsprechung**[13] ist die Erstreckung der leasingtypischen Abtretungskon- 18
struktion auf die Fälle der vollständigen oder teilweisen Nichtleistung bisher nur am Rande diskutiert und in der Regel ohne „Problembewusstsein" als zulässig angesehen worden. Insbesondere ist der Leasingnehmer als berechtigt angesehen worden, auch Ansprüche aus Nichtleistung gegen den Lieferanten geltend zu machen.[14] Im Urteil vom

---

[6] *Martinek* I S. 133 f; *Graf von Westphalen* Leasingvertrag Rdn. 375 ff. u. 400 ff.; *Reinking/Eggert* Rdn. 920.
[7] MünchKomm/*Habersack* Leasing Rdn. 66; *Erman/Jendrek* Anh § 535 Rdn. 25.
[8] Staudinger/*Stoffels* Leasing Rdn. 83 u. 198 m. w. N.
[9] BGH NJW 1995, 1019; 1977, 848.
[10] So aber *Graf von Westphalen* Leasingvertrag Rdn. 400 ff. m. w. N.
[11] So grundsätzlich BGH NJW 1982, 870; Wolf/Eckert/Ball Rdn. 1800; *Beyer* DRiZ 1999, 234 ff.
[12] Vgl. Palandt/*Weidenkaff* § 433 Rdn. 21.
[13] Vgl. die Nachweise bei *H. Beckmann* Finanzierungsleasing § 2 Rdn. 180 ff.
[14] BGH NJW 1990, 3011; NJW-RR 2003, 51; 2005, 357, 361; OLG Köln MDR 2003, 212.

§ 26 Zweiter Teil. Allgemeines Leasingrecht

7.10. 1992 hat der BGH[15] angedeutet, dass er auch bei einer Nichterfüllung des Liefer- und Leasingvertrages in der leasingtypischen Abtretungskonstruktion einen angemessenen Interessenausgleich sieht.

19 Von Teilen der Literatur wird die Zulässigkeit der Erstreckung auf die Rechte aus Nichterfüllung und Verzug ausdrücklich bejaht.[16] Für eine Gleichbehandlung der Haftung aus Nicht- und Schlechterfüllung im Rahmen der leasingtypischen Abtretungskonstruktion spricht aus meiner Sicht, dass die Voraussetzungen und Rechtsfolgen der Haftungsgrundlagen schon nach altem Recht, erst recht aber nach der Schuldrechtsreform, weitgehend angeglichen sind. Es ist daher interessengerecht, dass sich der Leasingnehmer auch wegen der **Sekundäransprüche aus Nichterfüllung und sonstigen Pflichtverletzungen** vorrangig mit dem Lieferanten auseinandersetzt.[17] Das ist auch prozessökonomisch.

IV. Umfassende Freizeichnung des Leasinggebers wegen jeder Pflichtverletzung aus dem Liefervertrag

20 Eine umfassende Haftungsregelung im Leasingvertrag wegen aller Leistungsstörungen, die ihre Ursache in dem Lieferverhältnis haben, auch als „**radikale Abtretungsvariante**" bezeichnet,[18] ist bei Finanzierungsleasinggeschäften trotz der geäußerten Bedenken[19] als angemessene Regelung anzusehen. Es geht **nicht um einen umfassenden Haftungsausschluss des Leasinggebers**, sondern um eine **leasingtypische Beschränkung** seiner Haftung für Leistungsstörungen, die ihre **Ursache in dem Liefervertrag** haben, also auf Pflichtverletzungen des Lieferanten beruhen.

1. Gründe für eine umfassende Haftungsregelung im Rahmen der Abtretungskonstruktion

21 Es kann im Ergebnis keinen Unterschied machen, wegen welcher Leistungsstörung oder Pflichtverletzung der Leasingnehmer Ansprüche geltend macht.[20] Die für die **Zulässigkeit der Haftungsfreizeichnung wegen eines Sachmangels angeführten Gründe gelten uneingeschränkt für jede Art der Leistungsstörung.**

22 Anlass und Rechtfertigung für die Haftungsbeschränkung des Leasinggebers wegen Sachmängeln ist die besondere Situation des Leasinggebers, der weder die für die Auswahl der Leasingsache maßgeblichen Bedürfnisse des Leasingnehmers noch die Voraussetzungen für eine vertragsgemäße Leistung des Lieferanten kennt und deshalb das Vorliegen einer Leistungsstörung schlechter beurteilen kann als Leasingnehmer und Lieferant.[21] Nur Leasingnehmer und Lieferant verfügen über die nötige Sachkunde, über die Berechtigung einer Mängelrüge zu verhandeln, das gilt entsprechend für andere Rügen.[22]

23 Nach dem **übereinstimmenden Willen aller am Leasingdreieck Beteiligten** soll der Leasinggeber mit der Klärung des Vorliegens einer Leistungsstörung, gleich welcher Art, nichts zu tun haben. Der Streit über Leistungsstörungen soll möglichst in einer Ebene zwischen dem Lieferanten und dem Leasingnehmer ausgetragen werden. Nur die

---

[15] BGH NJW 1993, 122; vgl. auch *Reinking/Eggert* Rdn. 920.
[16] *Marly* Rdn. 233; *Godefroid* BB-Beilage 27/2002, 2 ff.
[17] Vgl. *Wolf/Eckert/Ball* Rdn.1796; *Apel* in: Büschgen (Hrsg.) Praxishandbuch Leasing § 9 Rdn. 104 ff.; Bamberger/Roth/*Ehlert* Vor § 535 Rdn. 68; *E. G. Koch* S. 152; *Seifert* DB-Beilage 1/1983, 6; vgl. zu weiteren Einzelheiten *H. Beckmann* Finanzierungsleasing § 2 Rdn. 185 ff. u. DB 2006, 320 ff., jeweils m. w. N.
[18] *Martinek* I S. 158.
[19] Vgl. Staudinger/*Stoffels* Leasing Rdn. 193 ff. m. w. N.
[20] Zustimmend Staudinger/*Stoffels* Leasing Rdn. 197; so im Ergebnis auch Wolf/Eckert/*Ball* Rdn. 1796.
[21] BGH NJW 1977, 848; 1982, 105; 1985, 1547.
[22] BGH NJW 1985, 1547.

9. Kapitel. Die Haftung im typischen Leasingdreieck **§ 26**

Folgen der Störung, die Rückabwicklung des Liefervertrages und die daraus folgende Rückabwicklung des Leasingvertrages, muss er sich entgegenhalten lassen.

2. Subsidiäre und nachrangige Haftung des Leasinggebers bei Insolvenz des Lieferanten

Die umfassende Regelung der Haftung für sämtliche Leistungsstörungen aus dem Liefervertrag entspricht der von allen Beteiligten gewollten **leasingtypischen Zuweisung des Risikos für Leistungsstörungen**.[23] Zu beachten ist, dass durch eine Haftungsregelung die vertragliche Zuweisung des Risikos an den Leasinggeber, wie sie von der Rechtsprechung im Rahmen der Sachmängelhaftung vorgenommen worden ist, im Ergebnis nicht angetastet wird. Der Leasinggeber hat deshalb in jedem Fall das **Insolvenzrisiko des Lieferanten** zu tragen.[24] Er haftet bei einem Ausfall des Lieferanten subsidiär, d. h. der Leasingnehmer kann seine Ansprüche und Rechte aus einer Leistungsstörung bei Insolvenz des Lieferanten unmittelbar gegenüber dem Leasinggeber geltend machen.[25] 24

Es erfolgt **keine endgültige Ersetzung** der Haftung des Leasinggebers durch die des Lieferanten.[26] Durch die leasingtypische Abtretungskonstruktion wird der Leasingnehmer lediglich verpflichtet, wegen aller Schäden **vorrangig** gegen den Lieferanten vorzugehen. Wenn der Leasingnehmer vom Lieferanten bei Vorliegen der Haftungsvoraussetzungen wegen dessen Insolvenz keinen Ersatz erhält, muss der Leasinggeber wie bei der Sachmängelhaftung auch für die sonstigen Leistungsstörungen/Pflichtverletzungen **nachrangig** haften. Der Leasinggeber wird somit durch die umfassende leasingtypische Abtretungskonstruktion nicht vollständig freigestellt, sondern haftet subsidiär bzw. nachrangig, wenn die Ansprüche gegen den vertragswidrig handelnden Lieferanten nicht durchzusetzen sind. 25

Die umfassende Regelung der Haftung wegen jedweder Pflichtverletzung benachteiligt den Leasingnehmer **nicht unangemessen** im Sinne des § 307 BGB, stellt ihn insbesondere nicht rechtlos, da sie sich letztlich, wenn auch erst nach vorgeschalteter Inanspruchnahme des Lieferanten, realisiert.[27] 26

Eine derart geregelte umfassende Freizeichnung des Leasinggebers ist **nicht objektiv ungewöhnlich und subjektiv überraschend** im Sinne der §§ 305 c Abs. 1, 307 BGB.[28] Für den typischen Leasingnehmer es eher überraschend, wenn er sich wegen Sachmängeln mit dem Lieferanten und wegen Rechtsmängeln, nicht rechtzeitiger oder nicht vollständiger Lieferung und sonstigen Pflichtverletzungen des Lieferanten mit dem Leasinggeber im Streitfall in verschiedenen Prozessen auseinandersetzen muss. 27

3. Bedenken aus steuerlichen Gründen

Gegen eine umfassende Regelung der Haftung im Rahmen der leasingtypischen Abtretungskonstruktion wird eingewandt, durch die umfassende Freizeichnung von seiner mietrechtlichen Haftung werde der Leasinggeber so weitgehend von den Einwirkungen auf das Wirtschaftsgut ausgeschlossen, dass die Stellung des Leasinggebers als **wirtschaftlicher Eigentümer** und damit die steuerliche Anerkennung des Finanzierungsleasinggeschäfts gefährdet sei.[29] 28

Dem ist nicht zuzustimmen. Die Zuordnung des Eigentums an der Sache im Sinne des § 39 AO erfolgt bei ansonsten erlasskonformer Vertragsgestaltung beim Leasing- 29

---

[23] Vgl. Staudinger/*Stoffels* Leasing Rdn. 197.
[24] BGH NJW 1996, 1888; 1991, 1746; 1990, 314; 1986, 179; 1985, 129; 1982, 105.
[25] S. u. § 327 Rdn. 1 f.
[26] Vgl. *Martinek* I S. 186; *H. Beckmann* DB 2006, 322 u. MDR 2006, 1207 ff. m. w. N.
[27] Staudinger/*Stoffels* Leasing Rdn. 197.
[28] A. A. *Martinek* I S. 158.
[29] *Martinek* I S. 178; *Graf von Westphalen* DB 2001, 1292 u. ZIP 2002, 2263.

§ 26   Zweiter Teil. Allgemeines Leasingrecht

geber.³⁰ Der **Erfüllungsanspruch** aus dem Liefervertrag verbleibt in jedem Fall beim Leasinggeber. Lediglich die Sekundäransprüche wegen Nichtleistung werden an den Leasingnehmer abgetreten.

30 Durch die umfassende Haftungsregelung im Rahmen der leasingtypischen Abtretungskonstruktion wird dem Leasingnehmer nicht das alleinige Risiko der Funktionstüchtigkeit der Leasingsache aufgebürdet. Vielmehr trägt letztlich der Leasinggeber in jedem Fall das Risiko des Vorliegens einer Leistungsstörung dadurch, dass **zwingend der Leasingvertrag rückabgewickelt**. Außerdem muss der Leasinggeber das **Insolvenzrisiko des Lieferanten** tragen, so dass er die Uneinbringlichkeit des Rückzahlungsanspruchs nicht dem Leasingnehmer entgegenhalten kann. Schließlich hat der Leasinggeber im Falle der Zahlungsunfähigkeit des Lieferanten dem Leasingnehmer auch dessen eigene Aufwendungen und Schäden zu ersetzen.

4. Vorschlag für ALB-Klausel

31 Unter Berücksichtigung der aufgezeigten Bedenken und dem Vorbehalt der immer noch ausstehenden Entscheidung des BGH empfiehlt sich folgende **Regelung**:³¹

1. *Scheitert der Abschluss des Liefervertrages aus vom Leasinggeber nicht zu vertretenden Gründen, verliert der Leasingvertrag seine Wirkung.*

2. *Ist die Lieferung der Waren durch den vom Leasingnehmer ausgewählten Lieferanten unmöglich, können beide Vertragspartner vom Leasingvertrag durch schriftliche Erklärung zurücktreten.*

3. *Wird die Ware nicht, nicht fristgerecht oder nicht vertragsgerecht geliefert, muss der Leasingnehmer Ansprüche auf Rückabwicklung und Ersatz eigener Schäden und Aufwendungen vorrangig gegen den Lieferanten geltend machen.*

4. *Dies gilt auch hinsichtlich sonstiger Pflichtverletzungen des Lieferanten.*

5. *Die Haftung des Leasinggebers für Sach- oder Rechtsmängel ist ausgeschlossen.*

6. *Der Leasinggeber überträgt dem Leasingnehmer zum Ausgleich sämtliche aus einer Leistungsstörung des Liefervertrages herrührenden Ansprüche und Rechte gegen den Lieferanten sowie Garantieansprüche und Ansprüche aus Produkt- und Produzentenhaftung (auch gegen den Hersteller).*

7. *Ausgenommen sind die Ansprüche auf Übereignung der Leasingsache, auf Rückzahlung des vom Leasinggeber gezahlten Kaufpreises/Werklohns und auf Ersatz eines dem Leasinggeber entstandenen Schadens.*

8. *Hat der Leasinggeber für eine Pflichtverletzung des Lieferanten einzustehen, wird die Haftung auf Vorsatz und grobe Fahrlässigkeit beschränkt. Bei Verletzung von Leben, Körper oder Gesundheit sowie wesentlicher Vertragspflichten wird auch für einfache Fahrlässigkeit gehaftet. Unberührt bleibt die Haftung nach dem Produkthaftungsgesetz.*

V. Leasingtypische Besonderheiten bei den abgetretenen Ansprüchen und Rechten

1. Abtretungskonstruktion und Rücktritt

32 Nach der Schuldrechtsreform bestehen gesetzliche Rücktrittsrechte sowohl bei Schlechterfüllung als auch bei Nichterfüllung, haben also auch für Leistungsstörungen bei Finanzierungsleasinggeschäften erheblich an Bedeutung gewonnen. Bei einem Finanzierungsleasinggeschäft kann letztlich dahinstehen, ob dem Leasingnehmer im Rahmen der leasingtypischen Abtretungskonstruktion das Rücktrittsrecht abgetreten oder der Lea-

---

³⁰ Staudinger/*Stoffels* Leasing Rdn. 233; *Reiner/Kaune* WM 2002, 2324; *Godefroid* BB-Beilage 5/2002, 4; *Arnold* DStR 2002, 1050; *Tiedtke/Möllmann* DB 2004, 587; *H. Beckmann* DStR 2006, 1333.
³¹ *H. Beckmann* Finanzierungsleasing § 2 Rdn. 204.

singnehmer nur ermächtigt und verpflichtet wird, das Rücktrittsrecht im eigenen Namen auszuüben.[32] Unstreitig muss die **Rückzahlung des vom Leasinggeber gezahlten Entgelts an den Leasinggeber** erfolgen.[33] Ist der Liefervertrag als Werkvertrag anzusehen, kann ein Rückabwicklungsverlangen auch als **Kündigung aus wichtigem Grund** (§ 314 BGB) oder als Kündigung nach § 649 BGB anzusehen sein.[34]

a) Rücktrittsrecht als Gestaltungsrecht. Durch die Schuldrechtsreform ist der Wandlungsanspruch des Kunden bei Vorliegen eines Sachmangels durch das Rücktrittsrecht ersetzt worden. Das Rücktrittsrecht ist Gestaltungsrecht. Erklärt der Gläubiger den Rücktritt von einem gegenseitigen Vertrag, gestaltet sich dieser mit dem Zugang der Rücktrittserklärung beim Schuldner in ein Rückabwicklungsschuldverhältnis um.[35] Die beiderseitigen Erfüllungsansprüche erlöschen.[36] **Einer Einwilligung oder Zustimmung des Schuldners bedarf es also grundsätzlich nicht.** Damit soll das Nebeneinander von Erfüllungs- und Sekundäranspruch beseitigt werden. Der Schuldner soll Klarheit darüber bekommen, dass er sich nicht mehr um weitere Erfüllungshandlungen bemühen muss.

33

b) Wirksamkeit des Rücktritts. Streitig ist, ob die Rechtsfolgen einer Rücktrittserklärung, die „**Wirkungen des Rücktritts**", so die nach der Schuldrechtsreform amtliche Überschrift des § 346 BGB, also die rückwirkende Umwandlung des Schuldverhältnisses in ein Rückgewährschuldverhältnis mit der beiderseitigen Verpflichtung zur Rückgabe der empfangenen Leistungen, bereits mit dem Zugang der Rücktrittserklärung beim Schuldner eintreten.[37]

34

Ungeschriebenes Tatbestandsmerkmal ist die Wirksamkeit des Rücktritts. Wie bei jedem durch Vertrag oder Gesetz eingeräumten Recht, auch bei Gestaltungsrechten, ergeben sich die Rechtsfolgen noch nicht aus der abstrakten Möglichkeit seines Bestehens und auch nicht durch die bloße Ausübung des Rechts. Die Rechtsfolgen treten vielmehr erst ein, wenn die vertraglich oder gesetzlich an das Bestehen des Rechts geknüpften Voraussetzungen vorliegen.[38] Es müssen „*die tatbestandlichen Voraussetzungen erfüllt*" sein.[39] Die Rechtsfolgen des Rücktritts treten somit erst ein, wenn feststeht, dass die Rücktrittserklärung zu Recht erfolgt ist.

35

Steht die Unwirksamkeit des erklärten Rücktritts fest, z. B. weil kein Rücktrittsgrund vorliegt oder ein Ausschlussgrund eingreift, treten die Wirkungen der §§ 346 ff. BGB, nämlich die Rückgewähr bereits erbrachter Leistungen und die Herausgabe gezogener Nutzungen, gerade nicht ein. Das schwebende Abwicklungsverhältnis entfällt, weil seine Geschäftsgrundlage von Anfang an gefehlt hat. Das **alte Schuldverhältnis besteht mit allen Rechten und Pflichten wie vor der unberechtigten Rücktrittserklärung fort.** Bei einem Kaufvertrag muss deshalb der Käufer die Kaufsache behalten, der Verkäufer kann keinen Nutzungsersatz beanspruchen.[40] Der Lieferant kann vom Kunden Zahlung des Kaufpreises, der Kunde wegen eines anderen Mangels und bei Auftreten einer anderen Leistungsstörung aus einem anderen Rechtsgrund erneut Rückabwicklung verlangen und Schadensersatz- oder Aufwendungsersatzansprüche geltend machen.

36

---

[32] MünchKomm/*Habersack* Leasing Rdn. 81.
[33] S. u. § 28 Rdn. 42.
[34] S. u. § 26 Rdn. 111 f.
[35] BGH NJW 2001, 3355; 1990, 2068; 1998, 3268; 1984, 42; 1983, 1605; NJW-RR 2000, 778.
[36] Palandt/*Heinrichs* § 346 Rdn. 4 m. w. N.
[37] Vgl. *H. Beckmann* WM 2006, 952 ff. m. w. N.
[38] Vgl. zu weiteren Einzelheiten *H. Beckmann* Finanzierungsleasing § 2 Rdn. 206 ff. u. WM 2006, 952 ff., jeweils m. w. N.; a. A. *Reinking* ZGS 2002, 233; *Arnold* DStR 2002, 1052; *Graf von Westphalen* ZIP 2001, 2261; *Gebler/Müller* ZZB 2002, 113.
[39] Staudinger/*Stoffels* Leasing Rdn. 237; *H. Beckmann* WM 2006, 952 ff.
[40] Vgl. BGH NJW-RR 2005, 357.

37   c) **Auswirkungen des Rücktritts vom Liefervertrag auf den Leasingvertrag.** Nach bisherigem Recht führt das berechtigte Rückabwicklungsverlangen des Leasingnehmers zum Fehlen der Geschäftsgrundlage des Leasingvertrages, sobald die Wirksamkeit des Verlangens aufgrund des Einvernehmens mit dem Lieferanten oder durch rechtskräftiges Urteil feststeht. Das **Risiko der Wirksamkeit** der verlangten Rückabwicklung des Liefervertrages, in der Regel durch Wandlung, muss infolge der leasingtypischen Abtretungskonstruktion der Leasingnehmer tragen.

38   Hieran ist auch nach der Schuldrechtsreform festzuhalten. Beim Finanzierungsleasinggeschäft fällt nicht schon durch die bloße Rücktrittserklärung des Leasingnehmers und deren Zugang beim Lieferanten der Liefervertrag als Geschäftsgrundlage des Leasingvertrages weg. Anderenfalls könnte der Leasingnehmer sich seinen Verpflichtungen aus einem Vertrag durch die bloße Abgabe einer unberechtigten Rücktrittserklärung entziehen. Ein Interesse an einer gerichtlichen Durchsetzung der ihm vom Leasinggeber abgetretenen Ansprüche bestünde kaum mehr. Unter Berücksichtigung der zumindest für die Sachmängelhaftung als leasingtypisch und interessengerecht angesehenen leasingtypischen Abtretungskonstruktion ist der Leasingnehmer verpflichtet, die von ihm geltend gemachte Leistungsstörung im Verhältnis zum Lieferanten zu klären, und zwar bei einem Bestreiten des Lieferanten im Lieferprozess. Durch die im Leasingdreieck zulässige Regelung soll gerade zulässiger Druck auf den Leasingnehmer ausgeübt werden, die Leistung des Lieferanten zu erzwingen.[41]

39   Der **Liefervertrag als Geschäftsgrundlage des Leasingvertrages** entfällt also erst, wenn die Wirksamkeit des Rücktritts feststeht, wenn also Leasingnehmer und Lieferant sich wirksam und ohne kollusiv zum Nachteil des Leasinggebers zu handeln über die Rückabwicklung verständigen und den Leasinggeber hiervon unterrichten oder die Berechtigung des Rücktritts im Lieferprozess rechtskräftig festgestellt wird.

40   Wird die Klage des Leasingnehmers gegen den Lieferanten auf Rückabwicklung des Liefervertrages abgewiesen, bleibt der Liefervertrag als Geschäftsgrundlage des Leasingvertrages bestehen. Der Leasingvertrag wird bis zum vereinbarten Laufzeitende fortgesetzt. Der Leasingnehmer schuldet die **weitere Erfüllung des Leasingvertrages**, also Zahlung der Leasingraten, nicht Schadensersatz.[42]

2. Abtretungskonstruktion und Schadensersatzverlangen

41   Von der leasingtypischen Abtretungskonstruktion werden in der Regel auch Schadensersatzansprüche erfasst.[43] Eine Nichtabtretung von Schadensersatzansprüchen würde zur Unwirksamkeit der Haftungsfreizeichnung des Leasinggebers führen, da der Leasinggeber dem Leasingnehmer als Äquivalent sämtliche Ansprüche aus dem Liefervertrag übertragen muss. So kann der Leasingnehmer sein **Rückabwicklungsverlangen** wegen einer Leistungsstörung nicht nur auf Rücktritt, sondern auch auf einen Schadensersatzanspruch „statt der Leistung" stützen. Außerdem können durch eine Pflichtverletzung des Lieferanten, die sich der Leasinggeber über § 278 BGB zurechnen lassen muss, nach § 280 Abs. 1 BGB **eigene Ersatzansprüche** gegen den Leasinggeber und den Lieferanten „neben der Leistung" bestehen. Zusätzlich kommt auch eine persönliche Haftung des Lieferanten als Verhandlungsführer wegen der Inanspruchnahme persönlichen Vertrauens in Betracht.

---

[41] *Mankowski/Knöfel* in: Derleder/Knops/Bamberger (Hrsg.) BankR § 14 Rdn. 58; *Reinking* ZGS 2002, 233 Fn. 32; *Breitfeld* FLF 2003, 220; *Matz* S. 210 f.; a. A. *Graf von Westphalen* AGB-Klauselwerke Leasing Rdn. 135 ff. u. ZIP 2001, 2261; vgl. auch *Löbbe* BB-Beilage 6/2003, 11.

[42] Vgl. *Wolf/Eckert/Ball* Rdn. 1859; *Godefroid* BB-Beilage 5/2002, 7; *Fehl* FLF 2002, 48; *H. Beckmann* FLF 2002, 48; a.A. *Reinking/Eggert* Rdn. 937; *Graf von Westphalen* ZIP 2001, 2261 u. AGB-Klauselwerke Leasing Rdn. 138.

[43] Staudinger/*Stoffels* Leasing Rdn. 234; *Schmalenbach/Sester* WM 2002, 2187.

9. Kapitel. Die Haftung im typischen Leasingdreieck　　　　　　　　　　§ 26

a) **Betroffene Rechtsgüter im Leasingdreieck.** Beim Finanzierungsleasinggeschäft 42
werden durch Pflichtverletzungen oder unerlaubte Handlungen des Lieferanten bei einer
Leistungsstörung **typischerweise zwei Vermögensmassen** tangiert: die des Leasinggebers als Vertragspartner des Liefervertrages und als Eigentümer der Leasingsache und die
des Leasingnehmers als Vertragspartner des Leasingvertrages und als nutzungsberechtigtem Besitzer der Leasingsache. Es können sowohl **Rechtsgüter des Leasinggebers als
auch des Leasingnehmers verletzt sein**. Offen ist, ob der Lieferant bei einem Finanzierungsleasinggeschäft im Falle einer schuldhaften Pflichtverletzung für sämtliche Schäden aufkommen muss.

Der Mangelschaden selbst in Form des Wertunterschieds zwischen mangelhafter und 43
mangelfreier Sache, entgangener Gewinn aus dem Weiterverkauf wegen Minderwertig-
keit, aber auch der zurückzuzahlende Kaufpreis/Werklohn sind Schadenspositionen[44] aus
dem Bereich des Leasinggebers; sie betreffen das **Äquivalenzinteresse**.

Schäden an anderen Rechtsgütern des Benutzers, Mangelfolgeschäden, Nutzungs- 44
bzw. Produktionsausfall und entgangener Gewinn wegen verzögerter Erfüllung oder
Nacherfüllung betreffen das **Integritätsinteresse**, sind also Schadenspositionen des Leasingnehmers.[45]

b) **Auslegung der leasingtypischen Regelungen.** Der Umfang der Haftung des 45
Lieferanten auf Schadensersatz ist letztlich im Wege der Auslegung der leasingtypischen
Regelungen im Rahmen der Abtretungskonstruktion zu bestimmen.[46] Eines Rückgriffs
auf die Institute der **Drittschadensliquidation** oder des Vertrages mit Schutzwirkung zu
Gunsten Dritter bedarf es nicht.[47]

Das Finanzierungsleasinggeschäft mit der leasingtypischen Abtretungskonstruktion 46
ist **eine dreiseitige Vereinbarung im Leasingdreieck**. Im Rahmen der Auslegung der
Abtretungskonstruktion und ihrer Haftungsfolgen ist zu berücksichtigen, dass der **Lieferant** als Vertragspartner des Liefervertrages, als Verhandlungspartner des Leasingnehmers
bei den Vertragsverhandlungen und als Verhandlungsgehilfe des Leasinggebers bezüglich
des Leasingvertrages in mehrfacher Hinsicht **unmittelbar beteiligt** ist und mit den
leasingtypischen Vereinbarungen zwischen Leasinggeber und Leasingnehmer wegen seines Absatzinteresses einverstanden ist. Da der Vertragszweck des Finanzierungsleasinggeschäfts, zusammengesetzt aus Liefer- und Leasingvertrag, im Ergebnis wirtschaftlich
sinnvoll nur zu erreichen ist, wenn der Lieferant für sein Fehlverhalten einstehen muss,
ist es interessengerecht, ihn sowohl für Schäden des Leasinggebers als auch des Leasingnehmers einstehen zu lassen. Dieser Ausweitung seiner Haftung stimmt der Lieferant zumindest konkludent zu.[48]

Zur Klarstellung und zur Vermeidung von Rechtsnachteilen empfiehlt sich wegen 47
der noch unklaren Rechtslage eine **ausdrückliche Regelung** der Ersatzpflicht des Lieferanten im Liefervertrag durch Individualvereinbarung oder in den Bestell- bzw. Einkaufsbedingungen des Leasinggebers im Rahmen der Eintrittsvereinbarung.

c) **Ersatz von Schäden des Leasingnehmers. aa) Eigene Schadensersatzansprüche** 48
des Leasingnehmers. Der Leasingnehmer kann vom Lieferanten Schadensersatz wegen
Eigentumsverletzung nach **§ 823 Abs. 1 BGB** beanspruchen, wenn durch die mangelhafte
Lieferung des Lieferanten ein Schaden an seinen sonstigen Rechtsgütern entstanden und
der Schaden nicht stoffgleich mit dem der Sache von Anfang an anhaftenden Mangel-

---

[44] Vgl. zu typischen Schadenspositionen *Reinking/Eggert* Rdn. 132, 139, 250, 255 ff., 347 ff. und *Schmalenbach/Sester* WM 2002, 2191.
[45] Vgl. BGH NJW-RR 2003, 51 mit Anm. *H. Beckmann* WuB I J 2. – 2.03, 769; *Schmalenbach/Sester* WM 2002, 2191.
[46] So schon *H. Beckmann* in: Büschgen (Hrsg.) Praxishandbuch Leasing § 6 Rdn. 46 m. w. N.
[47] So aber *Staudinger/Stoffels* Leasing Rdn. 236 u. *Reiner/Kaune* WM 2002, 2316.
[48] Str., vgl. *H. Beckmann* in: Büschgen (Hrsg.) Praxishandbuch Leasing § 6 Rdn. 43 ff.

§ 26　Zweiter Teil. Allgemeines Leasingrecht

unwert ist.[49] Schadensersatzansprüche können sich auch aus einer **Produkthaftung** des Lieferanten ergeben.[50]

49 Wird durch eine unerlaubte Handlung des Lieferanten das **Nutzungsrecht** des Leasingnehmers an der Leasingsache beeinträchtigt, kann er ebenfalls Ersatz nach den §§ 823 ff. BGB verlangen.

50 Außerdem kann der Leasingnehmer vom Lieferanten aus eigenem Recht Schadensersatz wegen **schuldhafter Pflichtverletzung aus den §§ 311 Abs. 3, 241 Abs. 2, 280 BGB** (früher c. i. c.) verlangen, weil der Lieferant an dem Abschluss des Vertrages sowohl ein eigenes wirtschaftliches Interesse hat und er in der Regel das persönliche Vertrauen des Leasingnehmers in Anspruch genommen und hierdurch die Vertragsverhandlungen erheblich beeinflusst hat.[51] Die Ansprüche aus eigenem Recht sind deckungsgleich mit denen aus der leasingtypischen Abtretungskonstruktion.[52] Außerdem können dem Leasingnehmer Schadensersatzansprüche gegen den Vermittler des Liefer- und des Leasingvertrages zustehen.[53]

51 **bb) Ersatzansprüche aus abgetretenem Recht.** Der Leasingnehmer kann vom Lieferanten Eigenschäden auch aus abgetretenem Recht ersetzt verlangen, selbst wenn diese höher als die des Leasinggebers sind.[54] Dagegen kann nicht eingewandt werden, der Lieferant verletzte keine ihm gegenüber dem Leasingnehmer bestehende Vertragspflicht.[55] Der Leasingnehmer ist nicht erst im Falle der Nacherfüllung, sondern schon im Verhandlungs- und Erfüllungsstadium in die Vereinbarungen und die Erfüllungshandlungen eingebunden, so dass eine Pflichtverletzung des Lieferanten im Liefervertrag unmittelbar gegenüber dem Leasingnehmer als Verhandlungsgehilfen des Leasinggebers erfolgt. Gerade wegen dieser Pflichtverletzungen tritt der Leasinggeber im Rahmen der leasingtypischen Abtretungskonstruktion die aus der Verletzung resultierenden Schadensersatzansprüche an den Leasingnehmer ab.

52 Bei einer Vollabtretung stehen die Ansprüche auf Ersatz eigener Schäden (z. B. aus Verzug) wegen des Wechsels der Rechtszuständigkeit dem neuen Gläubiger zu. Dementsprechend ist die Höhe des Schadensersatzes aus der Person des Zessionars zu berechnen.[56]

53 Da beim Finanzierungsleasinggeschäft der Leasinggeber im Rahmen der leasingtypischen Abtretungskonstruktion in der Regel auch Schadensersatzansprüche wegen Pflichtverletzungen des Lieferanten an den Leasingnehmer abtritt, kann der Leasingnehmer als **Zessionar** eigene Schäden unmittelbar gegen den Lieferanten geltend machen. Dem steht nicht entgegen, dass der ursprüngliche Erfüllungsanspruch beim Leasinggeber verbleibt.[57] Dieser Direkterwerb der Ansprüche im Rahmen der leasingtypischen Abtretungskonstruktion entspricht dem Willen aller am Leasingdreieck beteiligten Vertragspartner, also insbesondere auch des Lieferanten, der sich wegen seines Absatzinteresses leasingtypisch mit den Regelungen einverstanden erklärt.[58]

54 Die vertragliche Einstandspflicht des Lieferanten bezieht sich somit auch auf Rechtsgüter des Leasingnehmers, insbesondere sein Nutzungsrecht. Verletzt der Lieferant durch

---

[49] BGH NJW 2005, 1423; 2001, 1346; NJW-RR 2004, 1163.
[50] Vgl. *H. Beckmann* Finanzierungsleasing § 2 Rdn. 286 ff.
[51] BGH NJW-RR 2005, 1137; 1990, 1907; 1984, 2938; Palandt/*Grüneberg* § 311 Rdn. 60 m. w. N.; Wolf/Eckert/*Ball* Rdn. 1729 ff.; zur Vertrauenshaftung des Verhandlungsführers vgl. BGH NJW-RR 2006, 993.
[52] BGH NJW 1984, 2938.
[53] OLG Hamm FLF 2007, 131; ZGS 2006, 7.
[54] Vgl. BGH NJW 1978, 2148; *Papapostolou* S. 97.
[55] Vgl. Staudinger/*Stoffels* Leasing Rdn. 236.
[56] BGH BauR 2006, 991.
[57] Vgl. BGH NJW 1995, 1282; *Reinking/Eggert* Rdn. 855; Palandt/*Grüneberg* § 398 Rdn. 18 a m. w. N.; *Armbrüster* NJW 1991, 607; a. A. Staudinger/*Stoffels* Leasing Rdn. 236 m. w. N.
[58] *Reinking/Eggert* Rdn. 855.

9. Kapitel. Die Haftung im typischen Leasingdreieck § 26

eine Pflichtverletzung oder unerlaubte Handlung auch Rechtsgüter des Leasingnehmers, muss er insoweit unmittelbar Ersatz an den Leasingnehmer leisten.

cc) Kein Schadensersatz in Höhe der gezahlten Leasingraten. Der Schaden des Leasingnehmers besteht nicht in den an den Leasinggeber gezahlten Leasingraten, sondern in dem **Entzug der Sachnutzung**.[59] Die Leasingraten müssen auf Grund der leasingtypischen Vereinbarungen vom Leasingnehmer ohne Rücksicht auf die Gebrauchsfähigkeit der Leasingsache bezahlt werden. Nach Rückabwicklung des Liefervertrags wird auch der Leasingvertrag rückabgewickelt, so dass der Leasingnehmer dann die gezahlten Leasingraten vom Leasinggeber zurückerhält, also insoweit keinen Schaden hat. Er kann deshalb auch vom Lieferanten nicht die Freistellung von den Pflichten aus dem Leasingvertrag verlangen.[60]

d) Ersatz von Schäden des Leasinggebers. aa) Auffassungen der Literatur. Nach einer in der Literatur vertretenen Ansicht[61] ist bei einem Finanzierungsleasinggeschäft wegen einer Pflichtverletzung des Lieferanten im Lieferverhältnis **nur der Eigenschaden des Leasinggebers**, nicht der des Leasingnehmers, erstattungsfähig. Dem ist aus den dargelegten Gründen nicht zuzustimmen.

Nach a. A.[62] soll der Eigenschaden des Leasinggebers als zwingende Folge der leasingtypischen Abtretungskonstruktion „sanktionslos" bleiben, weil der Leasinggeber grundsätzlich das Risiko des Scheiterns des Finanzierungsleasinggeschäfts tragen müsse.

bb) Eigene Auffassung. Der Lieferant haftet grundsätzlich dem Leasinggeber als seinem Vertragspartner für schuldhafte Pflichtverletzungen aus dem Liefervertrag, und zwar auch bei und trotz der leasingtypischen Abtretungskonstruktion. Der Leasinggeber bleibt Inhaber des Rückzahlungsanspruchs. Der **zurückzuzahlende Kaufpreis/Werklohn ist der Mindestschaden** des Leasinggebers.[63]

Der Leasinggeber ist seinem Vertragspartner, dem Leasingnehmer, für über § 278 BGB zurechenbare Pflichtverletzungen des Lieferanten zum Schadensersatz verpflichtet, muss also insoweit beim Lieferanten Regress nehmen können. Soweit sich der Leasinggeber nicht wirksam von seiner Haftung gegenüber dem Leasingnehmer freigezeichnet hat, er also dem Leasingnehmer wegen Leistungsstörungen, die der Lieferant zu vertreten hat, haftet, muss er berechtigt sein, Ersatzleistungen an den Leasingnehmer wie **„Abnehmerschäden"** im sonstigen Handelsverkehr vom Lieferanten als eigenen Schaden ersetzt zu verlangen.

Für Schäden, die vor der Abtretung an den Leasingnehmer entstanden sind, kann der Leasinggeber Ersatz des ihm entstandenen Schadens beanspruchen.[64] Auch nach der Abtretung entstandene Schäden des Leasinggebers, insbesondere sog. **Substanzschäden**, z. B. ein trotz einer Nachbesserung verbleibender **Minderwert der Sache**, und ein **entgangener Gewinn** sind zu erstatten.[65]

e) Berechtigung zur Geltendmachung der Schäden im Leasingdreieck. aa) Recht des Leasinggebers zur Geltendmachung seiner Schäden. Der Leasinggeber kann **eigene Schäden** selbst gegen den Lieferanten als seinem Vertragspartner nur geltend machen, soweit er durch die Abtretung von Ansprüchen seine **Aktivlegitimation** nicht verloren hat.

---

[59] BGH VersR 1977, 227; NJW-RR 1991, 280; NJW 1992, 553 m. w. N.
[60] A. A. OLG Köln CR 1988, 723; *Redeker* Rdn. 625 f.; *Martinek* I S. 122.
[61] *Arnold* DStR 2002, 1051.
[62] *Löbbe* BB-Beilage 6/2003, 14; *Graf von Westphalen* BB 1999, 429 ff., Leasingvertrag Rdn. 440 und AGB-Klauselwerke Leasing Rdn. 63.
[63] *Gebler/Müller* ZZB 2002, 112.
[64] Staudinger/*Stoffels* Leasing Rdn. 235.
[65] Vgl. BGH NJW-RR 2003, 51.

62 Hat der Leasinggeber sich nicht oder nicht wirksam von seiner Haftung für Pflichtverletzungen des Lieferanten aus dem Liefervertrag freigezeichnet und die Ansprüche zur vorrangigen Geltendmachung an den Leasingnehmer abgetreten, kann er vom Lieferanten **Schäden des Leasingnehmers** ersetzt verlangen. Dies ergibt sich schon unter Berücksichtigung der Pflicht des Schuldners zum Ersatz des sog. **Abnehmerschadens**. Der Leasinggeber ist wegen der Pflichtverletzung des Lieferanten dem Leasingnehmer als seinem „Abnehmer" aus dem Leasingvertrag zum Schadensersatz verpflichtet, muss sich also beim Lieferanten schadlos halten können.

63 **bb) Recht des Leasingnehmers zur Geltendmachung von Schäden des Leasinggebers.** Der Leasinggeber kann grundsätzlich auch einem Dritten, also auch dem Leasingnehmer, seine Ansprüche abtreten. Dies gilt insbesondere auch für Schadensersatzansprüche und ist entgegen *Graf von Westphalen* nicht *„dogmatisch ausgeschlossen"*.[66] Der Leasingnehmer kann infolge der leasingtypischen Abtretungskonstruktion in Ausübung seines Wahlrechts die **Rückabwicklung** wegen einer Pflichtverletzung des Lieferanten aus dem Liefervertrag **statt auf Rücktritt auch auf Schadensersatz statt der Leistung** stützen.[67]

64 Hat der Leasinggeber auch Ansprüche auf Ersatz seiner eigenen Schäden an den Leasingnehmer abgetreten, kann der Leasingnehmer vom Lieferanten Ersatzleistung an den Leasinggeber verlangen.[68] Bei **fehlender oder unwirksamer Abtretung** kann der Leasingnehmer als Geschäftsführer ohne Auftrag für den Leasinggeber die Durchsetzung der Ansprüche übernehmen.[69] Eine unwirksame Abtretung kann nach Auffassung des X. ZS des BGH gemäß § 140 BGB in eine rechtswirksame Ermächtigung umgedeutet werden.[70]

65 **cc) Pflicht des Leasingnehmers zur Geltendmachung von Schäden des Leasinggebers.** Eine Verpflichtung des Leasingnehmers zur Durchsetzung von Schadensersatzansprüchen des Leasinggebers in ALB könnte gegen das Äquivalenzprinzip verstoßen und damit die (teilweise) Unwirksamkeit der leasingtypischen Abtretungskonstruktion zur Folge haben. Eine solche Pflicht kann sich m. E. aber schon im Wege der interessengerechten Auslegung der leasingtypischen Abtretungskonstruktion unter Berücksichtigung des § 241 Abs. 2 BGB ergeben, wenn der Leasingnehmer die Rückabwicklung betreibt und der Leasinggeber die Mehrkosten übernimmt.[71]

66 **dd) Rechte des Leasingnehmers wegen Eigenschäden.** Bei wirksamer Abtretung im Rahmen der leasingtypischen Abtretungskonstruktion kann der Leasingnehmer wegen seiner Schäden vom Lieferanten **unmittelbar Leistung an sich** verlangen. Bei einer fehlenden oder unwirksamen Abtretung kann der Leasingnehmer als **Geschäftsführer ohne Auftrag** die Durchsetzung der Ansprüche auch wegen seiner eigenen Schäden übernehmen. Der Leasinggeber hat ein Interesse an der Geschäftsführung, weil er dem Leasingnehmer ansonsten aus dem Leasingvertrag haftet. Auch eine nachträgliche Abtretung oder eine Genehmigung des Leasinggebers kommen in Betracht. Außerdem kann der Leasingnehmer aus eigenem Recht nach den §§ 823 ff., 311 Abs. 3, 280 BGB gegen den Lieferanten vorgehen.[72]

67 **f) Rechtsfolge eines Schadensersatzverlangens des Leasingnehmers.** Begehrt der Leasingnehmer die **Rückabwicklung des Liefervertrages** im Wege des Schadensersatzanspruchs, nach neuem Recht also **Schadensersatz statt der Leistung**, hat das die gleichen Auswirkungen wie eine Rücktrittserklärung. Trotz der Regelung des § 281 Abs. 4

---

[66] *Graf von Westphalen* Leasingvertrag Rdn. 441.
[67] Staudinger/*Stoffels* Rdn. 235; *Gebler/Müller* ZBB 2002, 112.
[68] BGH NJW-RR 2003, 51; Staudinger/*Stoffels* Leasing Rdn. 235.
[69] BGH NJW 1994, 617; 1990, 314.
[70] BGH NJW-RR 2003, 51.
[71] Vgl. *H. Beckmann* Finanzierungsleasing § 2 Rdn. 280.
[72] S. o. § 26 Rdn. 48 ff.

9. Kapitel. Die Haftung im typischen Leasingdreieck   § 26

BGB führt nicht bereits der Zugang des Verlangens beim Lieferanten, sondern erst die Feststellung der Berechtigung des Schadensersatzverlangens zur Rückabwicklung des Liefervertrages und damit zum Fehlen der Geschäftsgrundlage des Leasingvertrages.[73]

Verlangt der Leasingnehmer nach § 280 Abs. 1 BGB lediglich **Schadensersatz neben** 68 **der Leistung**, wird der Bestand des Leasingvertrages nicht berührt. Erhält der Leasingnehmer vom Lieferanten seine Eigenschäden wegen dessen Zahlungsunfähigkeit nicht ersetzt, muss der Leasinggeber bei interessengerechter Auslegung der leasingtypischen Abtretungskonstruktion **nachrangig** Ersatz leisten, soweit er sich das Verhalten des Lieferanten als seines Erfüllungsgehilfen nach § 278 BGB zurechnen lassen muss. Dies ist im Rahmen der sachmängelbedingten Nacherfüllung nicht der Fall.[74]

g) Vorschlag für ALB-Klausel. Die Schadensersatzhaftung für Pflichtverletzungen 69 des Lieferanten könnte in einer gesonderten, von der Freizeichnung sprachlich abgesetzten Klausel wie folgt in ALB geregelt werden:[75]

1. Der Leasingnehmer ist berechtigt und verpflichtet, eigene Aufwendungen und Schäden auf seine Kosten vorrangig gegen den Lieferanten geltend zu machen.

2. Erhebt der Leasingnehmer gegen den Lieferanten wegen einer Leistungsstörung Klage auf Rückabwicklung des Liefervertrages, ist er nach Weisung des Leasinggebers verpflichtet, auch Schäden und Aufwendungen des Leasinggebers geltend zu machen und Zahlung an den Leasinggeber zu beantragen.

3. Hierdurch entstehende Mehrkosten trägt der Leasinggeber.

4. Scheitert die Durchsetzung des Ersatzanspruchs des Leasingnehmers gegen den Lieferanten lediglich an dessen Insolvenz, haftet der Leasinggeber an dessen Stelle nachrangig, soweit sich der Leasinggeber das Verhalten des Lieferanten als seines Erfüllungsgehilfen zurechnen lassen muss.[76]

3. Abtretungskonstruktion und Minderung

Aufgrund der leasingtypischen Abtretungskonstruktion kann der Leasingnehmer anstelle 70 der Rückabwicklung auch die Minderung des Liefervertrages nach den §§ 441, 638 BGB verlangen.

Die Herabsetzung des Kaufpreises oder Werklohns kann nicht aufgrund einer bloßen 71 Erklärung des angeblich zur Minderung Berechtigten erfolgen.[77] Es müssen – wie beim Rücktritt – sämtliche Voraussetzungen für eine wirksame Minderung vorliegen. Erst nach einer **wirksamen Minderung** sind die Leasingraten unter Berücksichtigung der Kosten des Leasinggebers entsprechend anzupassen. Die Berechnung des Minderwertes im Leasingverhältnis stimmt wegen der neben dem Kaufpreis zu berücksichtigenden weiteren Kostenfaktoren des Leasinggebers nicht mit der im Lieferverhältnis überein.[78] Der Leasingvertrag wird mit den herabgesetzten Leasingraten fortgesetzt.

Diese Rechtslage gilt entsprechend, wenn der Leasingnehmer statt der Minderung 72 im Wege des sog. **kleinen Schadensersatzes** – neben der Leistung – **Zahlung eines Minderwerts** an den Leasinggeber beansprucht.[79]

4. Abtretungskonstruktion und Nacherfüllung

Schon **nach altem Recht** bestanden vertragliche und gesetzliche Nacherfüllungsansprü- 73 che, die auch im Rahmen von Finanzierungsleasinggeschäften zu beachten waren.[80] So

---

[73] *Reinking/Eggert* Rdn. 951; a. A. *Graf von Westphalen* ZIP 2001, 2263.
[74] Vgl. *H. Beckmann* Finanzierungsleasing § 3 Rdn. 139 ff. m. w. N.
[75] Vgl. *H. Beckmann* Finanzierungsleasing § 2 Rdn. 300.
[76] *Matz* S. 217.
[77] A. A. *Palandt/Putzo* § 441 Rdn. 4.
[78] BGH NJW 1987, 1072.
[79] *Reinking/Eggert* Rdn. 951.
[80] Vgl. *H. Beckmann* Finanzierungsleasing § 2 Rdn. 305 ff. m. w. N.

enthielten die AGB der Lieferanten in der Regel ein Nachbesserungsrecht (vgl. auch § 476 a BGB a. F.). Gesetzliche Anspruchsgrundlagen waren die §§ 480, 633 BGB a. F.

74 **a) Wahlrecht des Kunden zwischen Nachlieferung und Nachbesserung.** Nach der **Schuldrechtsreform** kann der Käufer gegenüber dem Lieferanten nach § 439 BGB zwischen den beiden Arten der Nacherfüllung (Nachlieferung und Nachbesserung) wählen. Bei einem Werkvertrag hat der Lieferant gemäß § 635 Abs. 1 BGB das Wahlrecht.

75 Der Lieferant hat in jedem Fall ein Recht zur sog. **zweiten Andienung.** Bei Bestehen eines Nacherfüllungsrechts muss der Leasingnehmer dem Lieferanten vor der Durchsetzung der Rückabwicklung **Gelegenheit zur Nacherfüllung** geben, weil anderenfalls seine Klage im Lieferprozess als zurzeit nicht begründet abgewiesen wird.[81] Eine Nachlieferung ist auch bei einem Stückkauf möglich, wenn die Sache durch eine gleichartige oder gleichwertige ersetzt werden kann.[82] Eine Fristsetzung ist auch bei unverhältnismäßigen Kosten der Nacherfüllung erforderlich.[83]

76 **b) Anspruchsgegner bei Nachlieferung.** Verlangt der Leasingnehmer im Rahmen eines Finanzierungsleasinggeschäfts die Nachlieferung einer mangelfreien Leasingsache, richtet sich der Anspruch **gegen den Lieferanten**. Anspruchsgegner ist nicht der Leasinggeber,[84] da es sich um einen Anspruch aus dem Liefervertrag handelt, der aufgrund der leasingtypischen Abtretungskonstruktion vom Leasingnehmer gegen den Lieferanten durchzusetzen ist.

77 **c) Ausschluss des Nachlieferungsanspruchs.** Ist der Käufer **Unternehmer**, kann sein Wahlrecht hinsichtlich der beiden Arten der Nacherfüllung durch den Lieferanten abbedungen werden.[85] Da der Leasinggeber als Vertragspartner des Liefervertrages immer Unternehmer ist, soll der Ausschluss des Nachlieferungsanspruchs uneingeschränkt auch bei Finanzierungsleasinggeschäften zulässig sein.[86] Hierdurch werde der Leasingnehmer schon deshalb nicht unangemessen benachteiligt, da durch die leasingtypische Abtretungskonstruktion lediglich die mietrechtliche Gewährleistung, die keine Nacherfüllung kennt, ersetzt werde.[87] Der Leasingnehmer habe sich bewusst für ein Finanzierungsleasinggeschäft und gegen einen finanzierten Kauf entschieden; es bestehe daher kein Anlass, ihn vor den nachteiligen Auswirkungen dieser autonomen Entscheidung zu schützen.[88]

78 Wie oben dargestellt, ist zweifelhaft, ob die besondere Situation im Leasingdreieck beim Finanzierungsleasinggeschäft nicht eine andere Wertung gebietet, wenn der **Leasingnehmer Verbraucher** ist.[89] Beim Verbraucherleasing hat der Leasingnehmer gemäß den §§ 439, 474 ff. BGB einen nicht entziehbaren Anspruch auf Nachlieferung.[90] Außerdem ist zu berücksichtigen, dass der Leasinggeber dem Leasingnehmer als Ausgleich für die eigene Freizeichnung **die kaufrechtlichen Ansprüche vollständig und vorbehaltlos übertragen** muss.[91] Dem Leasingnehmer sind als Ausgleich für die Freizeichnung des Leasinggebers von seiner mietrechtlichen Haftung zumindest die Rechte ab-

---

[81] BGH WM 2006, 1355; NJW 1996, 1465; NJW-RR 1998, 680; OLG Hamm NJW-RR 1998, 199.
[82] BGH WM 2006, 1960.
[83] BGH WM 2006, 1355.
[84] So zu Unrecht *Graf von Westphalen* ZIP 2006, 1657.
[85] *Palandt/Grüneberg* § 309 Rdn. 61; *Reinking/Eggert* Rdn. 862; *Zahn* DB 2002, 983; *Godefroid* BB-Beilage 5/2002, 6.
[86] *Reinking/Eggert* Rdn. 863; *Löbbe* BB-Beilage 6/2003, 10; *Zahn* DB 2002, 992.
[87] *Habersack* BB-Beilage 6/2003, 2 ff; *Gebler/Müller* ZBB 2002, 111; *Tiedtke/Möllmann* DB 2004, 586; *Zahn* DB 2002, 990; *Engel* Kfz-Leasing § 6 Rdn. 9 u. NWB 2005, 1050.
[88] *Arnold* DStR 2002, 1052.
[89] *Reinking/Eggert* Rdn. 864; s. o.
[90] *Graf von Westphalen* ZIP 2006, 1658.
[91] Vgl. *Wolf/Eckert/Ball* Rdn. 1814 ff.; *Reinking/Eggert* Rdn. 864 ff.; *Graf von Westphalen* ZIP 2001, 2258; *Arnold* DStR 2002, 1050 m. w. N.

zutreten, die er bei direktem Abschluss mit dem Lieferanten gehabt hätte. Der Leasingkunde ist ebenso schutzwürdig wie ein privater Käufer.[92] Bei einem Eintritt des Leasinggebers in einen vom Leasingkunden mit dem Lieferanten – bedingt – geschlossenen Liefervertrag sollten die bereits angelegten Rechte des Kunden ausdrücklich bei diesem verbleiben.

Jedenfalls kann sich der Lieferant, der mit einem nicht unternehmerischen Leasingnehmer verhandelt und dies erkennt oder zumindest erkennen kann, unter Berücksichtigung des Grundsatzes von Treu und Glauben und der Interessenlage im typischen Leasingdreieck nicht auf eine Beschränkung seiner Haftung mit der Begründung **berufen**, es handele sich um ein Unternehmergeschäft. Der Lieferant erscheint in diesem Falle jedenfalls nicht schutzwürdig. Auch in diesem Zusammenhang ist es grundsätzlich nicht gerechtfertigt, den Lieferanten bei einem Finanzierungsleasinggeschäft mit einem Verbraucher besser zu stellen, als er stünde, wenn er unmittelbar mit dem Leasingkunden den Liefervertrag geschlossen hätte.[93] 79

Zumindest muss man den Lieferanten, der im Rahmen eines Finanzierungsleasinggeschäfts mit einem Verbraucher verhandelt, als verpflichtet ansehen, darauf **hinzuweisen**, dass die Verbraucherrechte des BGB für den abzuschließenden Liefervertrag nicht gelten sollen. Bei unterlassenem Hinweis kann der Leasingnehmer vom Lieferanten nach den §§ 280 Abs. 1, 241 Abs. 2, 311 Abs. 3 BGB verlangen, so gestellt zu werden, wie er stünde, wenn der Lieferant den Hinweis erteilt hätte. 80

Nach a. A.[94] muss der Leasinggeber das Risiko tragen, dass der Leasingnehmer Verbraucher ist. Er mache sich sogar schadensersatzpflichtig, wenn er nicht dem Standard der §§ 474 ff. BGB entsprechende Lieferantenbedingungen im Rahmen der leasingtypischen Abtretungskonstruktion in den Leasingvertrag einbeziehe. Diesen Schaden könne der Leasinggeber vom Lieferanten wegen Verletzung von Hinweispflichten ersetzt verlangen. 81

Jedenfalls beim Eintrittsmodell ist aus den oben dargelegten Gründen **auf den nicht unternehmerischen Leasingnehmer als Vertragspartner** des zunächst wirksam mit ihm geschlossenen Liefervertrages abzustellen.[95] Durch den Eintritt des Leasinggebers in den Kaufvertrag können er die einmal erworbenen Rechte nicht untergehen.[96] 82

d) Durchführung der Nachlieferung beim Finanzierungsleasinggeschäft. Die Nachlieferung einer mangelfreien Sache durch den Lieferanten hat den **Austausch der Leasingsache** zur Folge. Sowohl Liefervertrag als auch Leasingvertrag bleiben mit der nachgelieferten neuen Sache bestehen.[97] Entgegen der Auffassung *Graf von Westphalens*[98] bewirkt die Geltendmachung des Nachlieferungsanspruchs durch den Leasingnehmer nicht die Rückabwicklung des Liefervertrages mit nachfolgender Rückabwicklung des Leasingvertrages wegen Fehlens der Geschäftsgrundlage. Sinn und Zweck der gesetzlichen Regelung der Nacherfüllung in § 439 BGB ist gerade die Stärkung der Primärleistungspflicht des Lieferanten unter **Aufrechterhaltung des Kaufvertrages**[99] durch Zulassung der vorrangigen Nacherfüllung anstelle der sofortigen Auflösung des Vertrages 83

---

[92] *Reinking/Eggert* Rdn. 864; *Graf von Westphalen* ZIP 2006, 1655; vgl. auch *Wolf/Eckert/Ball* Rdn. 1817 f.
[93] *Staudinger/Stoffels* Leasing Rdn. 225 m. w. N.; *Habersack* BB-Beil. 6/2003, 5; *Tiedtke/Möllmann* DB 2004, 586; *Gebler/Müller* ZBB 2004, 117; s. o. § 6 Rdn. 78.
[94] *Graf von Westphalen* ZIP 2006, 1655 ff.; vgl. auch BGH NJW 2006, 1066.
[95] *Habersack* BB-Beilage 6/2003, 6; *Engel* NWB 2005, 968.
[96] *Müller-Sarnowski* DAR 2002, 487.
[97] So schon BGH NJW-RR 1998, 123 zum Umtausch der Sache; *Gsell* NJW 2003, 1970; *Jaggy* BB-Beilage 5/2002, 17; *Tiedtke/Möllmann* DB 2004, 586; *Gebler/Müller* ZZB 2002, 112; *H. Beckmann* FLF 2002, 50.
[98] *Graf von Westphalen* ZIP 2001, 2260 u. AGB-Klauselwerke Leasing Rdn. 101 ff.
[99] *Reinking/Eggert* Rdn. 934; *Zahn* DB 2002, 987; *Godefroid* DB-Beil. 27/2002, 6; *H. Beckmann* FLF 2002, 50.

durch Wandlung. Auch der Leasingvertrag bleibt mit der ausgetauschten Leasingsache bestehen. Dies gilt entsprechend für einen bezüglich der Sache geschlossenen Versicherungsvertrag.[100]

84 Die Nachlieferung kann auch bei Vorliegen eines **Stückkaufs** durch Lieferung einer mangelfreien Sache erfolgen, wenn die Sache durch eine gleichartige und gleichwertige ersetzt werden kann.[101]

85 Für den Fall der Ersatzlieferung sollte der Leasinggeber schon im Leasingvertrag und in den Bestellbedingungen zum Liefervertrag bzw. in der Eintrittsvereinbarung sicherstellen, dass er **Eigentümer** der nachgelieferten mangelfreien Sache wird.[102] Ohne Regelung müssen sich Lieferant und Leasingnehmer bei Übergabe der Ersatzsache nach § 929 BGB zumindest stillschweigend darüber einig sein, dass der Leasinggeber Eigentümer werden soll. Insoweit handelt der Leasingnehmer als Vertreter des Leasinggebers.

86 Der Leasingnehmer ist leasingtypisch verpflichtet, auch bezüglich der nachgelieferten Leasingsache eine **Übernahmebestätigung** zu unterzeichnen und die ihm wirksam übertragenen Untersuchungs- und Rügeobliegenheiten zu erfüllen. Dies sollte klarstellend ausdrücklich in ALB geregelt werden.[103]

87 Durch den Austausch der Leasingsache wird die Stellung des Leasinggebers als **wirtschaftlichen Eigentümer** im Sinne des § 39 Abs. 2 Nr. 1 AO trotz der nach den §§ 247 Abs. 2, 253 Abs. 1 Nr. 3 HGB vorzunehmenden **Wertberichtigung** nicht tangiert.[104]

88 Unzulässig wegen Verstoßes gegen die §§ 307, 308 Nr. 1 BGB ist eine Regelung in ALB, nach der der Leasingvertrag erst mit der Übergabe der nachzuliefernden mangelfreien Sache in Vollzug gesetzt wird, da hierdurch die Dauer des Leasingvertrages für den Leasingnehmer nicht kalkulierbar ist.[105]

89 **e) Nutzungsentschädigung bei Nachlieferung.** Nach bislang h. M. schuldet der Kunde im Falle einer Ersatzlieferung Zahlung einer Nutzungsentschädigung nach den §§ 439 Abs. 4, 635 Abs. 4, 346 Abs. 1 BGB.[106] Beim Finanzierungsleasinggeschäft ist im Außenverhältnis zum Lieferanten der Leasinggeber als Käufer oder Besteller Schuldner, so dass der Leasinggeber dem Lieferanten eine nach dem Liefervertrag geschuldete Nutzungsentschädigung zahlen muss.

90 Gegen diese Auffassung spricht, dass nach Art. 3 Abs. 2–4 der Verbrauchsgüterkauf-Richtlinie 1999/44/EG die Herstellung des vertragsgemäßen Zustands auch im Falle der Nachlieferung für den Kunden **unentgeltlich** sein muss.[107] Der Verkäufer würde bei mangelhafter Lieferung besser stehen, als er bei vertragsgemäßer Lieferung stünde.[108] Der **BGH** hat die Frage in seinem Beschluss vom 16. 8. 2006 dem EuGH zur **Vorabentscheidung** vorgelegt.[109]

91 Zu beachten ist, dass auch für den Fall, dass eine Nutzungsentschädigung nicht geschuldet ist, der Kunde nach § 346 Abs. 2 und Abs. 3 Satz 2 BGB statt der Rückgewähr zum **Wertersatz** verpflichtet ist.[110]

---

[100] A. A. *Reinking* DAR 2003, 497; *Graf von Westphalen* AGB-Klauselwerke Leasing Rdn. 107.
[101] BGH ZIP 2006, 1586.
[102] *Reiner/Kaune* WM 2002, 2317; *H. Beckmann* FLF 2002, 50.
[103] *Reinking/Eggert* Rdn. 934; *Assies* BKR 2002, 319.
[104] *Tiedtke/Möllmann* DB 2004, 587; a. A. *Graf von Westphalen* ZIP 2001, 2258.
[105] *Reinking/Eggert* Rdn. 866.
[106] *Palandt/Weidenkaff* § 439 Rdn. 25; *Erman/Grunewald* § 439 Rdn. 11; *Zahn* DB 2004, 1141; *Reinking* DAR 2002, 497.
[107] OLG Nürnberg ZIP 2005, 1831 (n.rkr.); vom BGH ZIP 2006, 1867 dem EuGH vorgelegt; *Hoffmann* ZRP 2001, 349; *Gsell* NJW 2003, 1973; *Rott* BB 2004, 2478 ff.; *Roth* JZ 2001, 489; *Schwab* JuS 2002, 636; *Matz* S. 135, jeweils m. w. N.
[108] Vgl. zu weiteren Einzelheiten *H. Beckmann* Finanzierungsleasing § 2 Rdn. 332 ff.
[109] BGH ZIP 2006, 1867; vgl. *Rott* BB 2004, 2479.
[110] Vgl. *Rott* BB 2004, 2479 m. w. N.

9. Kapitel. Die Haftung im typischen Leasingdreieck § 26

f) Regelungen im Leasingvertrag. Ausgehend von einer Verpflichtung des Kunden 92 zur Zahlung einer Nutzungsentschädigung im Falle einer Nachlieferung werden bei Finanzierungsleasinggeschäften Regelungen in ALB, die die vom Kunden zu tragende Nutzungsentschädigung auf den Leasingnehmer abwälzen, grundsätzlich als unzulässig angesehen. Der zur Fortzahlung der Leasingraten verpflichtete Leasingnehmer dürfe nicht zusätzlich mit einer Nutzungsentschädigung belastet werden.[111]

Zur Abwälzung auf den Leasingnehmer werden zahlreiche Lösungsvorschläge in 93 ALB[112] gemacht. Danach soll jedenfalls im Ergebnis letztlich der Leasingnehmer als Nutzer der Sache auch die Nutzungsentschädigung oder einen Wertersatz unter dem Gesichtspunkt „*neu für alt*" tragen.[113] Zur Regelung der Fragen im Zusammenhang mit einer Nachlieferung empfehlen sich folgende **Klauseln**:[114]

1. Der Leasinggeber ist damit einverstanden, dass der Leasingnehmer im Wege der Nacherfüllung die Leasingsache oder Teile der Leasingsache gegen eine gleichwertige mangelfreie Sache austauscht.

2. Der Leasingvertrag wird mit der nachgelieferten Leasingsache unverändert durchgeführt. Die obigen Haftungsregelungen gelten entsprechend.

3. Leasinggeber und Leasingnehmer sind darüber einig, dass das Eigentum an der nachgelieferten Sache unmittelbar vom Lieferanten auf den Leasinggeber übergeht. Dies wird der Leasingnehmer mit dem Lieferanten vereinbaren.

4. Muss der Leasinggeber an den Lieferanten für die alte Leasingsache eine Nutzungsentschädigung, Wertersatz oder einen Bereicherungsausgleich zahlen, muss der Leasingnehmer diese Kosten dem Leasinggeber erstatten.

5. Zum Ausgleich für eine Nutzungsentschädigung wird dem Leasingnehmer ein Mehrerlös bei der Verwertung der Leasingsache in voller Höhe, höchstens aber in Höhe der gezahlten Leistungen, gutgebracht.

6. Statt der Regelung in Nr. 5 kann der Leasingnehmer die Verlängerung der Laufzeit des Leasingvertrages um den Zeitraum verlangen, für den er bis zur Nachlieferung der Leasingsache die Leasingraten in voller Höhe bezahlt hat, ohne weitere Leasingraten bezahlen zu müssen. Das Verlängerungsverlangen muss spätestens ein Monat vor Ablauf der vorgesehenen Laufzeit beim Leasinggeber eingehen.

7. Eigene Aufwendungen im Rahmen der Nacherfüllung kann der Leasingnehmer nur vom Lieferanten ersetzt verlangen.

g) Schadensersatzpflichten im Nacherfüllungsstadium. Beschädigt der **Lieferant** 94 im Rahmen der Erfüllung oder der Nacherfüllung die Leasingsache selbst, können der Leasinggeber als Eigentümer und der Leasingnehmer als Besitzer gesetzliche Schadensersatzansprüche aus Delikt geltend machen.[115] Verletzt der Lieferant sonstige Rechtsgüter des Leasingnehmers, ist er dem Leasingnehmer unmittelbar schadensersatzpflichtig.[116]

Daneben bestehen vertragliche Ansprüche des Leasinggebers gegen den Lieferanten 95 aus dem Liefervertrag wegen der Verletzung von Vertragspflichten gemäß § 280 Abs. 1 BGB. Der Leasingnehmer kann im Erfüllungsstadium vom Leasinggeber aus dem Leasingvertrag wegen einer schuldhaften Pflichtverletzung des Lieferanten, die sich der Leasinggeber über § 278 BGB zurechnen lassen muss, Schadensersatz verlangen, da der Lieferant bis zur vollständigen Überlassung der Waren an den Leasingnehmer Erfüllungsgehilfe

---

[111] *Reinking/Eggert* Rdn. 935.
[112] Vgl. *H. Beckmann* Finanzierungsleasing § 2 Rdn. 335 ff. m. w. N.
[113] Vgl. *Wolf/Eckert/Ball* Rdn. 1819 ff.; *Tiedtke/Möllmann* DB 2004, 587; *Reinking* ZGS 2002, 233; *Godefroid* BB-Beilage 5/2002, 7; *H. Beckmann* FLF 2002, 51.
[114] Vgl. *H. Beckmann* Finanzierungsleasing § 2 Rdn. 350.
[115] Vgl. BGH NJW 1997, 727.
[116] Vgl. OLG Karlsruhe NJW 1996, 200; *Palandt/Putzo* § 439 Rdn. 22; *Schmalenbach/Sester* WM 2002, 2187; *Reiner/Kaune* WM 2002, 2314; *Gruber* ZGS 2003, 130.

des Leasinggebers ist.[117] Das gilt nicht, wenn sich der Leasinggeber im Rahmen der leasingtypischen Abtretungskonstruktion auch insoweit wirksam freigezeichnet hat.

96 Der Leasingnehmer kann vom Lieferanten aus abgetretenem Recht Ersatz seiner im **Erfüllungsstadium** bis zur vollständigen Überlassung der Leasingsache entstandenen eigenen Schäden verlangen, soweit sich die leasingtypische Abtretungskonstruktion auf derartige Ansprüche erstreckt und der Lieferant die Pflichtverletzung zu vertreten hat. Zu ersetzen sind **insbesondere Verzögerungsschäden**, z. B. die Kosten der Anmietung eines Ersatzfahrzeugs, oder entgangener Gewinn. Neben der Haftung aus abgetretenem Recht kann auch eine unmittelbare Haftung des Lieferanten gegenüber dem Leasingnehmer in Betracht kommen.[118]

97 **Nach vollständiger Überlassung der Waren** kann der Leasingnehmer wegen einer Pflichtverletzung des Lieferanten **nicht mehr vom Leasinggeber** Ersatz beanspruchen. Durch die Übergabe der Waren an den Leasingnehmer endet die Verantwortlichkeit des Leasinggebers für ein Verschulden des Lieferanten.[119] Der Lieferant ist im Rahmen der **Nacherfüllung wegen eines Sachmangels nicht mehr Erfüllungsgehilfe** des Leasinggebers, da er nur eine eigene Verpflichtung aus dem Liefervertrag, nicht zugleich eine Pflicht des Leasinggebers zur ordnungsgemäßen Lieferung aus dem Leasingvertrag erfüllt.[120]

98 An der in der Vorauflage vertretenen Ansicht[121] wird unter Berücksichtigung der neueren Rechtsprechung des BGH[122] zur Erfüllungsgehilfeneigenschaft des Lieferanten nicht festgehalten. Der Leasinggeber schuldet bei interessengerechter Auslegung der leasingtypischen Abtretungskonstruktion weder Nachlieferung noch Nachbesserung für während der Mietzeit entstehende Mängel. Insoweit haben die Leasingvertragspartner die Verpflichtung des Leasinggebers aus § 536 Abs. 1 BGB im Rahmen der leasingtypischen Abtretungskonstruktion wirksam abbedungen.[123] Die Pflicht des Leasinggebers zur Besitzverschaffung hat sich durch die Übergabe konkretisiert.

99 Dies gilt auch nach der Änderung des Kaufrechts im Rahmen der Schuldrechtsreform mit der Pflicht des Lieferanten zur Nachlieferung und Nachbesserung. Ein Schadensersatzanspruch gegen den Leasinggeber besteht weder nach mietrechtlichen Vorschriften noch bei Ausfall des Lieferanten unter dem Gesichtspunkt der nachrangigen Haftung.[124] Eine (nachrangige) Schadensersatzpflicht des Leasinggebers kann lediglich im Bereich der völligen oder teilweisen Nichterfüllung bestehen. Wegen eigener Schäden im Nacherfüllungsstadium kann der Leasingnehmer nur Ersatz vom Lieferanten verlangen.

100 Zu beachten ist, dass der Leasingnehmer dem Leasinggeber für eine Beschädigung der Sache durch den Lieferanten im Rahmen der Nacherfüllung nicht haftet; eine entgegenstehende Klausel in den Leasingbedingungen ist unwirksam.[125]

5. Abtretungskonstruktion und Aufwendungs- und Verwendungsersatz

101 Bei einer Leistungsstörung können nicht nur Schäden, sondern auch Aufwendungen und Verwendungen des Leasingnehmers entstehen. Die im Rahmen der Schadensersatzpflicht angestellten Erwägungen gelten entsprechend.

102 **a) Abtretung von Aufwendungsersatzansprüchen.** Soweit die leasingtypische Abtretungskonstruktion nur die Sachmängelhaftung regelt, sind dem Leasingnehmer die sich

---

[117] H. Beckmann Finanzierungsleasing § 3 Rdn. 131 ff. m. w. N.
[118] S. o. § 26 Rdn. 48 ff..
[119] BGH NJW 1988, 198; Reinking/Eggert Rdn. 912.
[120] BGH NJW 1988, 198.
[121] H. Beckmann in: Büschgen (Hrsg.) Praxishandbuch Leasing § 7 Rdn. 25.
[122] BGH NJW 2005, 365; 1998, 198.
[123] Reinking/Eggert Rdn. 811.
[124] Vgl. BGH NJW 2005, 365; 1998, 198; Reinking/Eggert Rdn. 811; H. Beckmann Finanzierungsleasing § 3 Rdn. 139 f.
[125] BGH WM 1985, 573; NJW 1996, 2025.

9. Kapitel. Die Haftung im typischen Leasingdreieck § 26

aus dem Liefervertrag gegen den Lieferanten ergebenden Aufwendungsersatzansprüche, soweit sie in Zusammenhang mit einem Sachmangel stehen, mit abgetreten. Weitergehende Ansprüche gegen den Lieferanten wegen sonstiger Leistungsstörungen sollten ausdrücklich im Rahmen der leasingtypischen Abtretungskonstruktion geregelt werden. Ohne entsprechende Regelung im Leasingvertrag muss der Leasinggeber dem Leasingnehmer die aus einer ihm zuzurechnenden Pflichtverletzung des Lieferanten verursachten Aufwendungen ersetzen.

Auch ohne ausdrückliche Abtretung ist der Leasingnehmer bei interessengerechter Auslegung der leasingtypischen Abtretungskonstruktion zur Geltendmachung dieser Ansprüche, jedenfalls soweit eigene Aufwendungen angefallen sind, anzusehen.[126] Der Leasingnehmer kann wegen eigener Aufwendungen vom Lieferanten Leistung unmittelbar an sich beanspruchen. 103

b) Anspruchsgrundlagen. Der Lieferant muss als vertragswidrig Handelnder ohne Verschulden sämtliche **Kosten der Nacherfüllung** und der Rückabwicklung tragen.[127] Nach der Schuldrechtsreform ergibt sich das wegen aller zum Zweck der Nacherfüllung erforderlichen Aufwendungen aus den **§§ 439 Abs. 2, 635 Abs. 2 BGB**. 104

Nach § 284 BGB kann der Gläubiger anstelle des Schadensersatzes statt der Leistung und zusätzlich zum Schadensersatz neben der Leistung Ersatz der **(fehlgeschlagenen) Aufwendungen** verlangen, die er im Vertrauen auf den Erhalt der Leistung getätigt hat, die sich aber z. B. wegen eines Mangels der Sache und der daraus folgenden Rückabwicklung des Vertrages als nutzlos erweisen. Hierunter können z. B. Kosten einer nutzlos gewordenen Finanzierung und sonstige Vertragskosten fallen, aber auch Aufwendungen für Zubehörteile.[128] 105

Der Leasingnehmer kann vom Lieferanten die Aufwendungen einer berechtigten **Selbstvornahme** nach § 637 Abs. 1 BGB ersetzt verlangen. Insoweit besteht nach § 637 Abs. 3 BGB auch ein Vorschussanspruch. Bei unberechtigter vorzeitiger Selbstbeseitigung eines Sachmangels besteht kein Aufwendungsersatzanspruch.[129] 106

Ein Anspruch des Leasingnehmers gegen den Lieferanten auf Ersatz von **Mehraufwendungen** ergibt sich im Falle des **Annahmeverzugs** des Lieferanten mit der Rücknahme der Waren aus § 304 BGB. Danach schuldet der Lieferant z. B. Erstattung von Lager- und Aufbewahrungskosten, Erhaltungskosten und Versicherungsprämien.[130] 107

Notwendige Verwendungen, die der Erhaltung, Wiederherstellung oder Verbesserung der Sache dienen,[131] sind dem Leasingnehmer nach den **§§ 347 Abs. 2 Satz 1, 994 Abs. 2 BGB** vom Lieferanten zu ersetzen. Nach § 347 Abs. 2 Satz 2 BGB muss der Lieferant auch andere Aufwendungen ersetzen, soweit er durch diese bereichert wird. 108

c) Ersatzpflicht des Leasinggebers für Aufwendungen. Im Rahmen der Nacherfüllung ist der Lieferant nach vollständiger Überlassung der Waren nicht Erfüllungsgehilfe des Leasinggebers. Der Leasingnehmer kann folglich vom Leasinggeber seine insoweit angefallenen Aufwendungen nicht, auch nicht im Wege der nachrangigen Haftung, ersetzt verlangen. Aufwendungen im Sinne des § 347 BGB kann der Leasingnehmer in die nach der Rückabwicklung des Liefervertrages vorzunehmende Abrechnung des Leasingvertrages einstellen. 109

6. Abtretungskonstruktion und Garantien

Der Lieferant und der Hersteller können Beschaffenheits- und Haltbarkeitsgarantien aufgrund selbständiger Vereinbarung unmittelbar gegenüber dem Leasingnehmer abgeben. 110

---

[126] Vgl. BGH NJW 2003, 51; *H. Beckmann* in WuB I J 2. – 2.03, 769; a. A. *Reinking/Eggert* Rdn. 836.
[127] BGH NJW-RR 1999, 813; NJW 1991, 1606; 1983, 1476.
[128] BGH ZIP 2005, 1512.
[129] BGH NJW 2005, 1348; WM 2006, 1355.
[130] Vgl. BGH NJW 1994, 1464; LG Essen MDR 1999, 1226.
[131] BGH NJW 1996, 921 m. w. N.

Wird die Garantie nach § 443 BGB gegenüber dem Leasinggeber als Vertragspartner des Liefervertrages erklärt, sollte der Leasinggeber diese Ansprüche im Leasingvertrag an den Leasingnehmer abtreten. Dass eine Verpflichtung des Leasingnehmers, auch diese Ansprüche **vorrangig** gegen den Lieferanten und/oder den Hersteller geltend zu machen, im Rahmen der leasingtypischen Abtretungskonstruktion zulässig ist, kann unter Berücksichtigung der obigen Erörterungen[132] nicht zweifelhaft sein.

7. Abtretungskonstruktion und Kündigung

111 Ist der Liefervertrag als **Werkvertrag** einzuordnen, kann der Besteller, beim Finanzierungsleasinggeschäft also der Leasinggeber, nach § 649 BGB **ohne Fristsetzung und ohne Angabe von Gründen** *„bis zur Vollendung des Werkes jederzeit den Vertrag kündigen"*. Der Lieferant kann nach einer Kündigung nicht mehr den vereinbarten Werklohn, sondern nach § 649 Satz 2 BGB nur den sog. **„Kündigungsschaden"** beanspruchen.[133] Beim Finanzierungsleasinggeschäft ist klarzustellen und im Streitfall zu prüfen, ob der Leasingnehmer im Rahmen einer umfassenden leasingtypischen Abtretungskonstruktion berechtigt ist, auch die Kündigung für den Leasinggeber als Vertragspartner zu erklären. Dabei ist zu beachten, dass die Kündigung nach § 649 BGB den Vertrag nur für die Zukunft aufhebt,[134] also nicht zu einer Rückabwicklung des Leasingvertrages wegen Fehlens der Geschäftsgrundlage von Anfang an führt.

112 Erfolgt die **Kündigung** eines auf längere Zeit angelegten Werkvertrags – z. B. über die Lieferung und Installation eines Computersystems mit individueller Anwendungssoftware – **aus wichtigem Grund** mit der Begründung, die Fortsetzung des Vertrages sei für den Besteller nicht zumutbar, ergeben sich die Voraussetzungen und Rechtsfolgen aus § 314 BGB. In der Regel sind gemäß § 314 Abs. 2 BGB eine angemessene **Abhilfefrist** oder eine **Abmahnung** erforderlich. Beim Finanzierungsleasinggeschäft wird man den Leasingnehmer jedenfalls im Rahmen einer umfassenden leasingtypischen Abtretungskonstruktion als berechtigt ansehen, anstelle des Rücktritts die Kündigung des Liefervertrages gegenüber dem Lieferanten zu erklären. Die zum Rücktritt angestellten Überlegungen gelten entsprechend.

113 Haben die Vertragspartner im Liefervertrag z. B. über eine *„maschinelle oder elektrotechnische/elektronische Anlage"* (§ 13 Nr. 4 Abs. 2 VOB/B 2002) die Geltung der Vergabe- und Vertragsordnung für Bauleistungen **(VOB)** in der jeweils gültigen Fassung vereinbart, sind die besonderen Kündigungsregelungen in den §§ 8 u. 9 VOB/B zu beachten.

§ 27. Weitere Folgen der leasingtypischen Abtretungskonstruktion

Schrifttum: s. auch zu den §§ 5–7 u. 25–26; *H. Beckmann* Subsidiäre und nachrangige Eigenhaftung des Leasinggebers bei Ausfall des Lieferanten MDR 2005, 1207; *ders.* Das Leistungsverweigerungsrecht des Leasing-Nehmers bezüglich der Leasing-Raten FLF 2005, 261 u. 2006, 34; *Hoeren* in: Graf von Westphalen (Hrsg.) AGB-Klauselwerke IT-Verträge Stand: November 2002; *Seifert* in: Hagenmüller/Eckstein (Hrsg.) Leasing-Handbuch für die betriebliche Praxis 6. Aufl. 1992

Übersicht

	Rdn.
I. Subsidiäre Eigenhaftung des Leasinggebers	1
1. Eingeschränkte Freizeichnung des Leasinggebers für den Fall der Rückabwicklung	2
2. Fälle der subsidiären Haftung des Leasinggebers	7
3. Transparenz der subsidiären Haftung	9
4. Inhalt der subsidiären Eigenhaftung des Leasinggebers	11

---

[132] S. o. § 26 Rdn. 20 ff.; vgl. *H. Beckmann* Finanzierungsleasing § 2 Rdn. 387.
[133] OLG Hamm CR 2006, 442; vgl. Palandt/*Sprau* § 649 Rdn. 4 m. w. N.
[134] BGH NJW 1982, 2553; Palandt/*Sprau* § 649 Rdn. 3.

9. Kapitel. Die Haftung im typischen Leasingdreieck § 27

Rdn.

II. Nachrangige Haftung des Leasinggebers für Schäden und Aufwendungen des Leasingnehmers ... 12
III. Stellung des Leasingnehmers aufgrund der Abtretungskonstruktion ... 16
 1. Auslegung der leasingtypischen Abtretungskonstruktion ... 17
  a) Typischer Inhalt einer Abtretungsvereinbarung ... 17
  b) Leasingtypische Abtretungsvereinbarung ... 19
   aa) Typischer Inhalt der leasingtypischen Abtretungskonstruktion ... 19
   bb) Beschränkung der Verfügungsbefugnis des Leasingnehmers im Außenverhältnis ... 21
   cc) Verfügungsbefugnis des Leasingnehmers bei Rücktritt und Schadensersatz ... 29
   dd) Beschränkungen des Leasingnehmers im Innenverhältnis ... 30
  c) Auftragsverhältnis zwischen Leasinggeber und Leasingnehmer ... 31
  d) Geschäftsführung ohne Auftrag ... 34
 2. Recht und Pflicht des Leasingnehmers zur Durchsetzung der abgetretenen Rechte ... 35
 3. Lieferant als Anspruchsgegner ... 42
 4. Regelungsvorschlag ... 43
IV. Wechselseitige Pflichten der Leasingvertragspartner bei einer Leistungsstörung ... 46
 1. Informationspflichten ... 47
  a) Unterrichtung des Leasinggebers ... 47
  b) Unterrichtung des Leasingnehmers ... 50
 2. Weisungen ... 52
 3. Untersuchung und Rüge ... 53
 4. Mitwirken beim Vergleich ... 55
 5. Kündigung des Leasingvertrages durch den Leasingnehmer ... 57
V. Maßnahmen des Leasingnehmers gegen den Lieferanten bei Auftreten einer Leistungsstörung ... 59
 1. Ausübung der Wahlrechte aus dem Liefervertrag durch den Leasingnehmer ... 60
 2. Schuldnerverzug des Lieferanten ... 68
  a) Verzug des Lieferanten mit der Lieferung der Sache ... 69
  b) Verzug mit der Nacherfüllung ... 71
  c) Verzug des Lieferanten mit der Rückzahlung des gezahlten Entgelts ... 72
  d) Verzug mit Schadens- und Aufwendungsersatzansprüchen ... 75
 3. Annahmeverzug des Lieferanten ... 76
 4. Fristsetzung zur Leistung oder Nacherfüllung ... 78
 5. Nacherfüllungsverlangen ... 79
 6. Handelsrechtliche Untersuchung und Rüge ... 85
  a) Untersuchung und Rüge durch den Leasinggeber ... 86
  b) Übertragung der Untersuchungs- und Rügeobliegenheiten auf den Leasingnehmer ... 88
  c) Untersuchung und Rüge durch den Leasingnehmer ... 91
  d) Verzicht des Lieferanten auf den Einwand nicht rechtzeitiger Rüge ... 94
 7. Verjährungsfragen im Rahmen der Abtretungskonstruktion ... 95
  a) Risikotragung im Leasingdreieck bezüglich der Verjährung ... 96
   aa) Verjährungsrisiko beim Leasingnehmer ... 96
   bb) Einrederisiko beim Leasinggeber ... 98
  b) Unterschiedliche Verjährungsfristen bei Pflichtverletzungen ... 99
   aa) Mängelhaftung ... 100
   bb) Regelmäßige Verjährung ... 102
   cc) Verjährungsvereinbarungen ... 103
   dd) Unterbrechungs- und Hemmungstatbestände ... 105
   ee) Maßnahmen gegenüber dem Leasinggeber bei subsidiärer Haftung ... 109
 8. Beweissicherung ... 110
 9. Schieds-, Schiedsgutachten-, Mediations- und Schlichtungsvereinbarung sowie obligatorische Streitschlichtung ... 111
VI. Rückabwicklung des Liefervertrages bei Störung einer Teilleistung ... 113
 1. Sacheinheit und einheitliches Rechtsgeschäft ... 114
 2. Sachmehrheit ... 115
 3. Teilleistungen ... 116
 4. Einheitliche Rückabwicklung auch bei einer Leistungsstörung außerhalb des Finanzierungsleasinggeschäfts ... 120
  a) Selbständige Leistung des Lieferanten ... 121
  b) Lieferung von Drittlieferanten ... 122
 5. Folgen für den Leasingvertrag ... 123

§ 27

	Rdn.
VII. Leistungsverweigerungsrechte bei einer Leistungsstörung des Liefervertrages	125
1. Leistungsverweigerungsrecht des Leasinggebers gegenüber dem Lieferanten	126
2. Leistungsverweigerungsrecht des Leasingnehmers bezüglich der Leasingraten	129
a) Abtretung der Ansprüche aus dem Leasingvertrag an den Lieferanten	129
b) Untergang der Leasingsache oder vom Leasingnehmer zu verantwortender Verlust der Nutzungsmöglichkeit	130
c) Keine oder unwirksame Freizeichnung des Leasinggebers	132
d) Leistungsverweigerungsrecht bei subsidiärer Haftung des Leasinggebers	133
e) Rechtslage bei Freizeichnung des Leasinggebers von der Sachmängelhaftung	134
aa) Leistungsverweigerungsrecht des Leasingnehmers nach der Schuldrechtsreform	135
bb) Einigkeit zwischen Leasingnehmer und Lieferant über die Rückabwicklung	138
cc) Einigkeit zwischen Leasingnehmer und Lieferant über die Minderung	141
dd) Rechtslage bei Streit über die Sachmängelhaftung	142
(1) Pflicht des Leasingnehmers zur Durchsetzung der Sachmängelrechte	142
(2) Mängelrüge, Nacherfüllungsverlangen und Nacherfüllung	144
(3) Rückabwicklungsverlangen	148
(4) Minderung	149
f) Rechtslage bei Freizeichnung wegen sonstiger Pflichtverletzungen	150
g) Leistungsverweigerungsrecht aus verbundenen Verträgen	151
3. Ausschluss des Leistungsverweigerungsrechts des Leasingnehmers	155
a) Vorbehaltlose Unterzeichnung der Übernahmebestätigung trotz unvollständiger Leistung	155
b) Kenntnis oder grob fahrlässige Unkenntnis von einem Mangel	156
c) Treu und Glauben	158
4. Sicherungsmöglichkeiten des Leasinggebers bei Leistungsverweigerung durch den Leasingnehmer	160
5. Regelung durch Klauseln in den ALB	161
IX. Nachträgliche Erweiterung der Abtretung	162
X. Rechtslage bei Nichtgeltendmachung der abgetretenen Ansprüche	165

I. Subsidiäre Eigenhaftung des Leasinggebers

1 Die Regelungen im Rahmen der leasingtypischen Abtretungskonstruktion sind zulässig, soweit der Leasingnehmer durch sie nicht rechtlos gestellt wird.[1] Das bedeutet, dass der Leasingnehmer durch die Haftungsbeschränkung des Leasinggebers nicht unangemessen benachteiligt wird, also insbesondere seine Ansprüche aus einer Leistungsstörung **letztlich auch erfolgreich gegen den Leasinggeber** als seinen Vertragspartner aus dem Leasingvertrag durchsetzen können muss.

1. Eingeschränkte Freizeichnung des Leasinggebers für den Fall der Rückabwicklung

2 Durch die leasingtypische Abtretungskonstruktion wird lediglich die Obliegenheit zur Durchsetzung der Ansprüche aus dem Liefervertrag auf den Leasingnehmer verlagert, ohne eine echte Ersetzung der eigenen Haftung des Leasinggebers zu bewirken.[2] Die Abtretung der Ansprüche aus dem Liefervertrag im Rahmen der leasingtypischen Abtretungskonstruktion an den Leasingnehmer erfolgt nicht an Erfüllungs statt, sondern **erfüllungshalber**.[3] Das Vorgehen aus der Abtretung ist für den Leasingnehmer nur eine vorrangig wahrzunehmende, zusätzliche Befriedigungsmöglichkeit.

3 Für den Fall der Rückabwicklung des Finanzierungsleasinggeschäfts wegen eines Sachmangels ist anerkannt, dass dem Leasingnehmer ein **Vorgehen gegen den Lieferanten möglich und zumutbar**, also erfolgversprechend sein muss.[4] Fällt der Lieferant als solventer Anspruchsgegner aus, würde der Leasingnehmer rechtlos gestellt, wenn er

---

[1] Vgl. BGH NJW 1984, 2687; 1985, 129 u. 1547; 1986, 1744; 1987, 1072; 1988, 2465; s. o. § 25 Rdn. 16 ff.
[2] MünchKomm/*Habersack* Leasing Rdn. 80.
[3] *Martinek* I S. 186.
[4] BGH NJW 1985, 129; *Reinicke/Tiedtke* DB 1985, 2087.

in diesem Fall nicht gegen den Leasinggeber als seinen Vertragspartner vorgehen könnte. Das muss entsprechend für alle Fälle der Rückabwicklung gelten.

Die leasingtypische Abtretungskonstruktion ist daher auch ohne entsprechende ausdrückliche Regelung dahin **auszulegen**, dass der Leasingnehmer leasingtypisch lediglich **vorrangig** die Rückabwicklung des Liefervertrages vom Lieferanten verlangen muss, solange ihm die Inanspruchnahme des Lieferanten **möglich und zumutbar** ist. Nur bei diesem Verständnis und in diesem Umfang stellt die Haftungsbeschränkung des Leasinggebers eine angemessene und leasingtypische Regelung dar. Fällt der Lieferant als Anspruchsgegner aus, muss der Leasingnehmer letztlich wegen der angestrebten Rückabwicklung gegen den Leasinggeber als seinen Vertragspartner vorgehen können, weil er anderenfalls rechtlos gestellt würde. Daher ist **ein Ausschluss der subsidiären Haftung** des Leasinggebers **unzulässig**. 4

Die leasingtypische Abtretungskonstruktion befreit den Leasinggeber somit nicht von dem Risiko, dass ein begründetes Rückabwicklungsverlangen wegen Vermögenslosigkeit des Lieferanten nicht durchsetzbar ist.[5] Der Leasinggeber trägt leasingtypisch das **Insolvenzrisiko des Lieferanten**, also die Gefahr, den sich aus einer Rückabwicklung des Liefervertrages ergebenden, rechtlich bestehenden Rückzahlungsanspruch gegen den Lieferanten wegen dessen Zahlungsunfähigkeit **tatsächlich nicht realisieren zu können**, da der Lieferant sein Vertragspartner ist. Dies wird als zwingende Folge der leasingtypischen Abtretungskonstruktion unter Berücksichtigung des Äquivalenzprinzips verstanden.[6] Die abweichenden Auffassungen in der Literatur[7] sind vom BGH in ständiger Rechtsprechung verworfen worden, weil anderenfalls das leasingtypische Äquivalenzprinzip gestört würde, und zwar sowohl im kaufmännischen als auch im nicht kaufmännischen Bereich.[8] 5

Nach der Schuldrechtsreform wird die unabdingbare Pflicht des Leasinggebers zur Tragung des Insolvenzrisikos des Lieferanten durch den Leasinggeber jedenfalls für das Eintrittsmodell erneut in Abrede gestellt.[9] Für den Fall, dass der vom Leasingnehmer ausgesuchte Leasinggeber erst zu einem späteren Zeitpunkt in einen vom Leasingnehmer mit einem von diesem ausgesuchten Lieferanten abgeschlossenen Liefervertrag einsteigt, bleibt abzuwarten, ob sich diese Auffassung gegen die gefestigte Rechtsprechung des BGH durchsetzen kann.[10] 6

2. Fälle der subsidiären Haftung des Leasinggebers

Als Gründe für die Unmöglichkeit bzw. Unzumutbarkeit des Vorgehens gegen den Lieferanten kommen in Betracht: **Zahlungsunfähigkeit, Vermögensverfall, Löschung im Handelsregister oder Unauffindbarkeit**. Schon bei Beantragung der **Eröffnung** des Insolvenzverfahrens über das Vermögen des Lieferanten kann es für den Leasingnehmer unzumutbar sein, die Berechtigung seines Rückabwicklungsverlangens in einem Rechtsstreit mit dem Lieferanten oder dem Insolvenzverwalter klären zu lassen. Allerdings ist zu beachten, dass der Leasinggeber auch durch die Feststellung des Rückzahlungsanspruchs zur Konkurstabelle (bzw. Insolvenztabelle) gebunden wird.[11] 7

Unzumutbarkeit sollte jedenfalls angenommen werden, wenn keine realistische Möglichkeit besteht, den Lieferprozess gegen den Lieferanten durchzuführen, insbesondere 8

---

[5] *Martinek* I S. 182; *Emmerich* JuS 1990, 7; *Moritz* in: Kilian/Heussen (Hrsg.) CHB Nr. 31 Rdn. 86.
[6] BGH NJW 1982, 105; 1985, 129; 1990, 314; 1991, 1746; *Apel* in: Büschgen (Hrsg.) Praxishandbuch Leasing § 9 Rdn. 129.
[7] *Flume* DB 1972, 56; *Bernstein* DB 1985, 1882; *Lieb* DB 1988, 2500; *F. Koch* Rdn. 730.
[8] BGH NJW 1991, 1746.
[9] *Weber* NJW 2005, 2198; *Löbbe* BB-Beilage 6/2003, 13 f; *Godefroid* BB-Beilage 5/2002, 10; Staudinger/*Stoffels* Leasing Rdn. 249 ff. m. w. N.
[10] Vgl. Wolf/Eckert/*Ball* Rdn. 1873.
[11] BGH NJW 1994, 576.

wenn der Lieferant nicht einmal die notwendigen Anwaltsvorschüsse für einen Prozess aufbringen kann. Dann muss der Leasingnehmer befürchten, selbst bei vollem Obsiegen im Lieferprozess mit seinem Kostenerstattungsanspruch gegen den Lieferanten auszufallen.

3. Transparenz der subsidiären Haftung

9   Bislang ist nicht problematisiert worden, dass die gebräuchlichen Klauseln zur leasingtypischen Abtretungskonstruktion den Leasingnehmer nicht auf die subsidiäre Eigenhaftung des Leasinggebers hinweisen.[12] Das kann zur Unwirksamkeit der leasingtypischen Abtretungskonstruktion insgesamt wegen Verstoßes gegen das nun in § 307 Abs. 1 Satz 2 BGB normierte Transparenzgebot führen, da dem durchschnittlichen Leasingnehmer diese Rechtslage ohne Rechtsrat nicht deutlich wird.[13]

10 Es wird daher folgende **Regelung** empfohlen:[14]
Ist dem Leasingnehmer die Durchsetzung der ihm abgetretenen Ansprüche und Rechte gegen den Lieferanten unmöglich oder unzumutbar, z. B. wegen Unauffindbarkeit, Zahlungsunfähigkeit oder Insolvenz des Lieferanten, kann er Leistungsstörungen aus dem Liefervertrag unmittelbar gegenüber dem Leasinggeber geltend machen.

4. Inhalt der subsidiären Eigenhaftung des Leasinggebers

11 Ist dem Leasingnehmer ein Vorgehen gegen den Lieferanten aus den dargelegten Gründen unmöglich oder unzumutbar, kann er seine Rechte unmittelbar gegen den Leasinggeber durchsetzen. Die subsidiäre Haftung des Leasinggebers ist **keine mietrechtliche Haftung** nach den §§ 537 ff. BGB, sondern eine Haftung nach werk- bzw. kaufrechtlichem Vorbild.[15] Der Leasingnehmer ist **so zu stellen, wie er stünde, wenn die Rückabwicklung des Liefervertrags durchgeführt worden wäre**.[16] Die Berechtigung des Rückabwicklungsverlangens hinsichtlich des Liefervertrages ist unmittelbar im Verhältnis der Leasingvertragsparteien zu klären. Können sich Leasinggeber und Leasingnehmer nicht über die Rückabwicklung des Finanzierungsleasinggeschäfts einigen, ist als Vorfrage im Leasingprozess zu klären, ob der Liefervertrag **nach den für den Liefervertrag geltenden Vorschriften** rückabzuwickeln gewesen wäre.

II. Nachrangige Haftung des Leasinggebers für Schäden und Aufwendungen des Leasingnehmers

12 Hat sich der Leasinggeber im Rahmen der leasingtypischen Abtretungskonstruktion umfassend auch wirksam von seiner Verpflichtung freigezeichnet, dem Leasingnehmer eigene Schäden und Aufwendungen wegen Pflichtverletzungen des Lieferanten, die dem Leasinggeber über § 278 BGB zuzurechnen sind, zu erstatten, muss unter Berücksichtigung der Generalklausel des **§ 307 BGB** eine nachrangige Haftung des Leasinggebers eingreifen. Die Ausführungen zur subsidiären Eigenhaftung des Leasinggebers gelten entsprechend. Die Gründe für die subsidiäre Haftung des Leasinggebers bei Rückabwicklungsverlangen sind für die Fälle des Aufwendungs- oder Schadensersatzes bezüglich eigener Ansprüche des Leasingnehmers **erst recht** zu bejahen. Sind Aufwendungs- oder Schadensersatzansprüche des Leasingnehmers gegen den Lieferanten wegen dessen Zahlungsunfähigkeit nicht realisierbar, muss der Leasinggeber auch insoweit das Insolvenzrisiko des Lieferanten tragen. Anderenfalls würde der Leasingnehmer unter Verstoß gegen § 307 BGB rechtlos gestellt.

---

[12] Vgl. *H. Beckmann* Finanzierungsleasing § 2 Rdn. 373 f.
[13] A. A. offenbar BGH NJW 2004, 1041 zur Zweckbindung von Ersatzleistungen; vgl. auch *Graf von Westphalen* BB 2004, 2028 u. NJW 2004, 1998.
[14] Vgl. *H. Beckmann* Finanzierungsleasing § 2 Rdn. 388.
[15] MünchKomm/*Habersack* Leasing Rdn. 80.
[16] BGH NJW 1985, 129.

9. Kapitel. Die Haftung im typischen Leasingdreieck § 27

Auch im Falle der nachrangigen Haftung des Leasinggebers wegen Pflichtverletzungen 13
des Lieferanten aus dem Liefervertrag sind die **Anspruchsgrundlagen** von Aufwendungsersatz- und Schadensersatzansprüchen **aus dem Liefervertrag** in Verbindung mit dem allgemeinen Schuldrecht und der Mängelhaftung heranzuziehen. Bloße **Haftungseinschränkungen** sind unter Berücksichtigung der §§ 307 ff. BGB zulässig.

Zu beachten ist, dass der Leasinggeber als Vermieter keine Nacherfüllung durch Nachlieferung oder Nachbesserung für während der Mietzeit entstehende Mängel schuldet, der Leasingnehmer also im Zusammenhang mit der mangelbedingten Nacherfüllung vom Leasinggeber weder Schadensersatz- noch Aufwendungsersatz beanspruchen kann.[17] 14

Der Leasingnehmer sollte **ausdrücklich** auf die subsidiäre Haftung des Leasinggebers 15
bezüglich eigener Ersatzansprüche hingewiesen werden, um eine mögliche Unwirksamkeit der Haftungsbeschränkung im Rahmen der leasingtypischen Abtretungskonstruktion zu vermeiden.

Dies kann durch folgende **Klausel** erfolgen:
Scheitert die Durchsetzung des Ersatzanspruchs des Leasingnehmers gegen den Lieferanten an dessen Insolvenz, haftet der Leasinggeber an dessen Stelle nachrangig.

III. Stellung des Leasingnehmers aufgrund der Abtretungskonstruktion

Der Leasingnehmer ist beim Finanzierungsleasinggeschäft aufgrund der Freizeichnung 16
des Leasinggebers im Rahmen der leasingtypischen Abtretungskonstruktion verpflichtet, bei Leistungsstörungen zunächst **die Ansprüche aus dem Liefervertrag gegen den Lieferanten durchzusetzen**, soweit sie ihm wirksam abgetreten worden sind oder er zur Geltendmachung ermächtigt worden ist. Aus der Dreiecksbeziehung folgen zahlreiche besondere vorprozessuale und prozessuale Probleme im Rahmen der Durchsetzung der abgetretenen Ansprüche, die hier ergänzend und vertiefend zu den obigen Ausführungen im Zusammenhang dargestellt werden.

1. Auslegung der leasingtypischen Abtretungskonstruktion

a) Typischer Inhalt einer Abtretungsvereinbarung. Zur Klärung der offenen Fragen 17
sind die im Leasingvertrag im Rahmen der leasingtypischen Abtretungskonstruktion getroffenen Vereinbarungen nach den §§ 133, 157 BGB auszulegen. Der Abtretungsvertrag ist Verfügungsgeschäft, das in der Regel nach dem Willen der Parteien mit dem schuldrechtlichen Grundgeschäft zu einer **rechtlichen Einheit** im Sinne des § 139 BGB zusammengefasst wird.[18]

Inhalt einer Abtretungsvereinbarung ist in der Regel die **Übertragung der Gläubi-** 18
gerstellung. Grundsätzlich geht die gesamte Forderung über. Der Zessionar ist zur Einziehung der Forderung berechtigt. Auch bei einer Sicherungsabtretung und einer Inkassozession erlangt der Sicherungsnehmer im Außenverhältnis zum Schuldner die volle Gläubigerstellung. Im Innenverhältnis ist der Zessionar nur unter Berücksichtigung der im Innenverhältnis getroffenen Vereinbarungen, also insbesondere des Sicherungszwecks, zur Verfügung über die Forderung, auch im Klageweg, berechtigt.[19]

b) Leasingtypische Abtretungsvereinbarung. aa) Typischer Inhalt der leasing- 19
typischen Abtretungskonstruktion. Nach den übereinstimmenden Vorstellungen der am Finanzierungsleasinggeschäft Beteiligten soll der Streit über Leistungsstörungen möglichst nicht in zwei Ebenen, nämlich zwischen Leasinggeber und Lieferant im Lieferverhältnis und Leasinggeber und Leasingnehmer im Leasingverhältnis, sondern mög-

---

[17] Vgl. *H. Beckmann* Finanzierungsleasing § 3 Rdn. 139 ff. m. w. N.
[18] Palandt/*Grüneberg* § 398 Rdn. 2.
[19] Palandt/*Grüneberg* § 398 Rdn. 18 ff. m. w. N.

lichst auf einer Ebene zwischen dem Lieferanten und dem sich in einer käufer- oder bestellerähnlichen Position befindenden Leasingnehmer ausgetragen werden. Der Leasingnehmer ist als Folge der leasingtypischen Abtretungskonstruktion berechtigt und verpflichtet, sämtliche ihm abgetretenen Ansprüche außergerichtlich oder gerichtlich gegen den Lieferanten geltend zu machen. Soweit der Leasingnehmer Rückabwicklung des Liefervertrages wegen einer Leistungsstörung begehrt, muss er **Rückzahlung** des vom Leasinggeber an den Lieferanten gezahlten Entgelts, und zwar leasingtypisch an den Leasinggeber, verlangen. Wegen **eigener Ansprüche gegen den Lieferanten**, z. B. auf Schadens- oder Aufwendungsersatz, kann der Leasingnehmer Leistung an sich verlangen.

20 Insoweit besteht über das Verständnis der Abtretungsvereinbarung im Rahmen der leasingtypischen Abtretungskonstruktion Einigkeit. Strittig ist lediglich, ob die Verfügungsbefugnis des Leasingnehmers im Außenverhältnis zum Lieferanten wirksam beschränkt ist.

21 bb) **Beschränkung der Verfügungsbefugnis des Leasingnehmers im Außenverhältnis.** Nach der Auffassung des BGH,[20] wonach dem Leasingnehmer bei der typischen Fallgestaltung des Finanzierungsleasing lediglich der Anspruch **auf Wandlung** abgetreten wird, der Anspruch **aus der Wandlung**, also der Anspruch auf Rückzahlung des Kaufpreises oder Werklohns nach vollzogener Wandlung, grundsätzlich beim Leasinggeber verbleibt, soll der Leasingnehmer ohne Genehmigung des Leasinggebers nicht berechtigt sein, über den Rückzahlungsanspruch zu verfügen; insbesondere also nicht auf einen Teil des Rückzahlungsanspruches zu verzichten (§ 397 BGB).

22 Dies entspräche bezüglich des Rückzahlungsanspruchs im Ergebnis einer **Einziehungsermächtigung**. Bei einer Einziehungsermächtigung verbleibt die Forderung beim Gläubiger, der Ermächtigte kann die Forderung zwar im eigenen Namen geltend machen und Leistung an sich oder den Gläubiger verlangen.[21] Die sog. Ermächtigungskonstruktion wird aber gerade bei Finanzierungsleasinggeschäften zugunsten der Abtretungskonstruktion abgelehnt, weil sie nicht eigene Schäden und Aufwendungen des Leasingnehmers umfasst. Die Abtretung im Rahmen der leasingtypischen Abtretungskonstruktion geht also über eine Einziehungsermächtigung hinaus.

23 Die Auffassung des BGH war schon nach altem Recht abzulehnen. Werden Gewährleistungsansprüche ohne ausdrückliche Einschränkung zum Gegenstand einer Abtretungsvereinbarung gemacht, sind in der Regel sämtliche Gewährleistungsrechte ohne Einschränkungen abgetreten, wie auch der BGH wiederholt betont hat.[22]

24 Bedenken gegen die vom BGH vorgenommene Auslegung der Abtretungsvereinbarung beim typischen Finanzierungsleasinggeschäft ergeben sich oft schon aus dem **Wortlaut** der im konkreten Fall beurteilten Leasingvertragsklausel, wenn dem Leasingnehmer „*Ansprüche jeder Art, insbesondere alle Gewährleistungs- und Schadensersatzansprüche*" abgetreten sind. Von einer derartigen Klausel ist auch die Abtretung der Ansprüche **aus** Wandlung oder Minderung erfasst mit der Folge, dass der Leasingnehmer im Außenverhältnis grundsätzlich zur Verfügung über den Rückzahlungsanspruch befugt ist, allerdings mit der schuldrechtlichen Einschränkung im Innenverhältnis, über den Rückzahlungsanspruch nur sachgerecht unter Berücksichtigung der Interessen des Leasinggebers zu verfügen, also grundsätzlich die interne Weisung des Leasinggebers zu befolgen, Rückzahlung des gezahlten Kaufpreises oder Werklohns an ihn zu verlangen.

25 Die Beschränkung des Leasingnehmers auf die Geltendmachung der Ansprüche auf Wandlung oder Minderung stellt m. E. zudem eine **unwirksame Einschränkung der Abtretung** dar.[23] Durch den Vorbehalt der Verfügungsbefugnis hinsichtlich des Rück-

---

[20] BGH WM 1992, 1609; so auch *Martinek* I S. 173.
[21] Palandt/*Grüneberg* § 398 Rdn. 29 ff. m. w. N.
[22] Vgl. BGH NJW 1982, 105; 1977, 848.
[23] So schon *H. Beckmann* Computerleasing Rdn. 347 ff u. CR 1993, 671 ff.

zahlungsanspruches wird dem Leasingnehmer kein gleichwertiges Äquivalent für den Ausschluss der Eigenhaftung des Leasinggebers gewährt. Im Rechtsstreit mit dem Lieferanten wird ihm die sachgerechte Durchsetzung der Gewährleistungsansprüche aus dem Liefervertrag unzumutbar erschwert, wenn er sich z. B. in einem Prozessvergleich mit dem Lieferanten nicht über die Höhe des an den Leasinggeber zurückzuzahlenden Betrages sachgerecht einigen kann.

Eine derartige Auslegung widerspricht auch nicht den berechtigten Interessen des Leasinggebers, sondern ist notwendige Folge seiner umfassenden Freizeichnung im Rahmen der leasingtypischen Abtretungskonstruktion. Sie bietet ihm letztlich sogar einen erheblichen Vorteil. Auch der Leasinggeber hat ein Interesse daran, dass der Streit zwischen Lieferant und Leasingnehmer möglichst zügig zu Ende geführt wird, um sodann die berechtigten Ansprüche auf Rückzahlung des gezahlten Kaufpreises bzw. Werklohns gegen den Lieferanten oder bei Klageabweisung auf Bezahlung der Leasingraten gegen den Leasingnehmer realisieren zu können. 26

Spricht man dem Leasingnehmer die Verfügungs- und damit die Vergleichsbefugnis gänzlich ab, müsste der Rückabwicklungsstreit im Lieferprozess mit großem Zeit- und Kostenaufwand ausgefochten werden. Nach Abschluss des Rechtsstreits kann dann der Wert des Leasinggutes nahe Null liegen und die Zahlungsfähigkeit sowohl des Lieferanten als auch des Leasingnehmers erheblich gelitten haben mit der Folge, dass der Leasinggeber wirtschaftlich sowohl mit seinem Rückzahlungsanspruch aus dem Liefervertrag gegen den Lieferanten als auch mit seinem Anspruch auf Zahlung der Leasingraten gegen den Leasingnehmer ausfällt. 27

Anstelle der Auslegung des BGH bietet sich vielmehr folgende Lösung an: Verzichtet der Leasingnehmer in Form eines Erlassvertrages im Sinne des § 397 BGB gegenüber dem Lieferanten ganz oder teilweise auf den Rückzahlungsanspruch, kann er gemäß § 667 BGB zur Herausgabe der Vorteile an den Leasinggeber verpflichtet sein, soweit der Verzicht wegen Beweisschwierigkeiten hinsichtlich des Sachmangels oder wegen möglicher Verjährung erfolgt ist. Diese Risiken muss infolge der leasingtypischen Abtretungskonstruktion der Leasingnehmer tragen. Daneben kann bei schuldhaft sachwidriger Prozessführung ein Anspruch des Leasinggebers gegen den Leasingnehmer wegen Pflichtverletzung aus den §§ 280 Abs. 1, 241 Abs. 2 BGB (früher pVV) bestehen. Die Ansprüche des Leasinggebers sind in die im Rahmen der Rückabwicklung des Leasingvertrages vorzunehmende Saldierung einzustellen.[24] Erfolgt der Verzicht ganz oder teilweise wegen Zahlungsschwierigkeiten des Lieferanten, besteht keine Ausgleichspflicht des Leasingnehmers. 28

cc) Verfügungsbefugnis des Leasingnehmers bei Rücktritt und Schadensersatz.
Die Auffassung des BGH zur Wandlung nach altem Recht lässt sich zudem auch nicht auf das nach der **Schuldrechtsreform** an die Stelle der Wandlung getretene Rücktrittsrecht übertragen. Mit der Freizeichnung von seiner Sachmängelhaftung im Rahmen der leasingtypischen Abtretungskonstruktion geht das Recht, wegen einer Leistungsstörung die Rückabwicklung des Liefervertrages zu verlangen, uneingeschränkt auf den Leasingnehmer über. Der Leasingnehmer kann sein Rückabwicklungsverlangen auf Rücktritt und/ oder Schadensersatz stützen.[25] Beide Rechtsinstitute sind – anders als der Wandlungsanspruch – nicht „aufspaltbar". Sie verpflichten den Lieferanten zur Rückgewähr der empfangenen Leistungen an den in Folge der Abtretung anspruchsberechtigten Leasingnehmer. Eine Einschränkung der Verfügungsbefugnis des Leasingnehmers zur Geltendmachung des Rückzahlungsanspruchs im Außenverhältnis zum Lieferanten besteht nicht. Der Leasingnehmer wird im Außenverhältnis zum Lieferanten Vollrechtsinhaber. Das gilt entsprechend für das Minderungsrecht. 29

---

[24] S. u. § 29 Rdn. 44; s. auch *Klinck* WM 2006, 417 ff.
[25] S. o. § 26 Rdn. 32 ff.

30 **dd) Beschränkungen des Leasingnehmers im Innenverhältnis.** Die Abtretung des Rücktrittsrechts und der Schadensersatzansprüche erfolgt ebenfalls mit der internen Weisung des Leasinggebers an den Leasingnehmer, nur **sachgerecht über den Anspruch auf Rückzahlung des Kaufpreises oder Werklohns zu verfügen**, insbesondere grundsätzlich Rückzahlung an den Leasinggeber zu verlangen, und sich nur sachgerecht unter Berücksichtigung der Interessen des Leasinggebers mit dem Lieferanten über die Höhe des zurückzuzahlenden Betrages zu einigen. In dieser als leasingtypisch anzusehenden **internen Beschränkung der Verfügungsbefugnis** des Leasingnehmers ist keine unzulässige Einschränkung des Leasingnehmers zur Einziehung der Forderung zu sehen. Der Leasingnehmer als Zessionar hat die volle Gläubigerstellung, allerdings mit der schuldrechtlichen Abrede im Verhältnis zum Leasinggeber, von der Zession nur unter Berücksichtigung der berechtigten Interessen des Leasinggebers Gebrauch zu machen. Derartige Einschränkungen sind – wie bei einer stillen Zession oder einer Inkassozession – auch beim Finanzierungsleasinggeschäft als zulässig anzusehen.

31 **c) Auftragsverhältnis zwischen Leasinggeber und Leasingnehmer.** Der Leasingnehmer handelt bei der Durchsetzung der abgetretenen Ansprüche und Rechte in erster Linie zwar im eigenen Interesse, das darin besteht, wegen einer Leistungsstörung die **Rückabwicklung des Leasingvertrages** zu erreichen. Gleichzeitig verfolgt der Leasingnehmer aber auch die Interessen des Leasinggebers, wegen der Leistungsstörung die Rückabwicklung des Liefervertrages durchzusetzen und zumindest den von ihm an den Lieferanten gezahlten Betrag bei Erfolg des Leasingnehmers zurückzuerhalten und nicht völlig leer auszugehen. Wird die Klage des Leasingnehmers gegen den Lieferanten abgewiesen, hat der Leasinggeber Klarheit über seine Beziehungen zum Leasingnehmer, da dann verbindlich feststeht, dass dieser die Leasingraten weiterzahlen muss, ohne Leistungsstörungen einwenden zu können. Der Leasingnehmer handelt somit bei der Durchsetzung der abgetretenen Ansprüche und Rechte auch **im Auftrag des Leasinggebers**.

32 Als Auftragnehmer hat er **Weisungen** des Leasinggebers zu beachten, so insbesondere die meist schon in den Leasingbedingungen enthaltene Weisung, Rückzahlung nicht an sich, sondern an den Leasinggeber zu verlangen. Dies folgt auch schon aus dem mit der leasingtypischen Abtretungskonstruktion verbundenen Zweck.

33 Dieses Auftragsverhältnis ist auflösend bedingt und endet, wenn der Leasingnehmer zur Geltendmachung der abgetretenen Ansprüche nicht mehr gewillt oder z. B. infolge eigener Insolvenz nicht mehr in der Lage ist.[26] In diesem Fall hat der Leasinggeber zudem einen Anspruch auf Rückabtretung aus § 242 BGB. Ferner steht ihm ein Recht zur Kündigung des Auftragsverhältnisses zu.

34 **d) Geschäftsführung ohne Auftrag.** Ist die leasingtypische Abtretungskonstruktion wegen unzulässiger Einschränkungen **unwirksam**, handelt der Leasingnehmer als Geschäftsführer ohne Auftrag, wenn er in Unkenntnis der Unwirksamkeit gegen den Lieferanten vorgeht. Dies gilt entsprechend nach einer **Kündigung** des Leasingvertrages, die der Leasingnehmer für unberechtigt ansieht.[27]

2. Recht und Pflicht des Leasingnehmers zur Durchsetzung der abgetretenen Rechte

35 Auf Grund der leasingtypischen Abtretungskonstruktion ist der Leasingnehmer bei Auftreten einer Leistungsstörung **berechtigt und verpflichtet**, die ihm abgetretenen Ansprüche und Rechte gegen den Lieferanten **unverzüglich** geltend machen und notfalls auch im Klageweg durchzusetzen.

36 Er ist gegenüber dem Leasinggeber **verpflichtet**, wegen jeder Leistungsstörung, auf die sich die leasingtypische Abtretungskonstruktion wirksam erstreckt, zunächst gegen

---

[26] *Seifert* in: Hagenmüller/Eckstein (Hrsg.) S. 59; vgl. auch *Martinek* I S. 174; s. o. § 27 Rdn. 1 ff.
[27] BGH NJW 1990, 314; 1991, 1746; 1994, 576; WM 1992, 1609.

den Lieferanten vorzugehen. Nach den §§ 398, 401, 413 BGB ist der Leasingnehmer berechtigt, sämtliche zur Durchsetzung und Erhaltung der abgetretenen Ansprüche erforderlichen Maßnahmen gegenüber dem Lieferanten zu ergreifen, insbesondere alle erforderlichen **Erklärungen** (z. B. Rücktritt, Minderung) mit Wirkung für den Leasinggeber abzugeben und **geschäftsähnliche Handlungen** (z. B. Mahnungen, Schadensersatzverlangen, Mängelrügen, Fristsetzungen) vorzunehmen. Bei entsprechender Vereinbarung im Leasingvertrag kann der Leasingnehmer auch die **Anfechtung** des Liefervertrags erklären und die sich aus einer Nichtigkeit des Liefervertrages aus sonstigen Gründen ergebenden Rückabwicklungsansprüche geltend machen.[28]

Zur Durchsetzung der Ansprüche und Rechte aus dem Liefervertrag und damit zur Vornahme sämtlicher vorbereitender Maßnahmen ist der Leasingnehmer als **Geschäftsführer ohne Auftrag** selbst dann befugt, wenn der Leasinggeber den Leasingvertrag gekündigt hat[29] oder die leasingtypische Abtretungskonstruktion unwirksam ist und er in Unkenntnis der Unwirksamkeit der Abtretung gegen den Lieferanten vorgeht.[30] 37

Der Leasingnehmer ist aber auch **in seinem eigenen Interesse** gehalten, unverzüglich seine Ansprüche gegen den Lieferanten durchzusetzen, weil er zur Einstellung der Zahlung der Leasingraten an den Leasinggeber erst nach der „Vollziehung" der Rückabwicklung durch Einigung mit dem Lieferanten oder mit Erhebung der Rückabwicklungsklage berechtigt ist. 38

Außerdem trägt der Leasingnehmer das **Risiko**, dass er die sich aus einer Leistungsstörung ergebenden Ansprüche gegen den Lieferanten **rechtlich nicht durchzusetzen** vermag, weil er z. B. keine ordnungsgemäße Frist zur Nacherfüllung gesetzt hat, einen Mangel nicht beweisen kann oder der Lieferant sich mit Erfolg auf einen Ausschluss seiner Haftung oder auf Verjährung beruft.[31] Der Leasingnehmer kann auch nicht wegen **latenter Mängel** oder sog. **Spätschäden**, die erst nach Ablauf der Verjährungsfristen auftreten oder entdeckt werden, gegen den Leasinggeber vorgehen.[32] 39

Verliert der Leasingnehmer den Lieferprozess, kann er wegen der entschiedenen Fragen als Folge der aus der leasingtypischen Abtretungskonstruktion folgenden **Bindungswirkung** für die Leasingvertragsparteien keine Einwendungen gegenüber dem Leasinggeber mehr erheben.[33] Dies gilt auch hinsichtlich eigener Ersatzansprüche, die der Leasingnehmer infolge der leasingtypischen Abtretungskonstruktion **vorrangig** gegen den Lieferanten geltend machen muss. 40

Wegen eigener Ersatzansprüche für Pflichtverletzungen des Lieferanten, für die der Leasinggeber nicht über § 278 BGB einzustehen hat, trägt der Leasingnehmer das **Insolvenzrisiko** des Lieferanten. 41

3. Lieferant als Anspruchsgegner

Der Leasingnehmer muss im Rahmen der Durchsetzung der abgetretenen Rechte aus dem Liefergeschäft darauf achten, dass der Lieferant und nicht der Leasinggeber Anspruchsgegner ist. Folglich muss er die erforderlichen Erklärungen zur Wahrung und Durchsetzung der abgetretenen Ansprüche und Rechte gegenüber dem Lieferanten und nicht gegenüber dem Leasinggeber abgeben. Dies gilt insbesondere hinsichtlich Mängelanzeigen und -rügen, Mahnungen, Fristsetzungen, Ablehnungsandrohungen sowie verjährungsunterbrechenden Maßnahmen.[34] 42

---

[28] S. o. § 6 Rdn. 82 ff.
[29] BGH NJW 1991, 1746.
[30] BGH WM 1992, 1609.
[31] *Reinking/Eggert* Rdn. 859.
[32] BGH NJW 1989, 1279.
[33] S. u. § 29 Rdn. 1 ff.
[34] Vgl. *Broß* WM-Sonderbeilage 2/1997, 7 f. unter Hinweis auf BGH, Urt. v. 17. 3. 1994 – X ZR 80/92.

43 Die Erklärungen sind gegenüber dem Lieferanten persönlich oder einem empfangszuständigen Mitarbeiter des Lieferanten (§ 164 Abs. 3 BGB) abzugeben, nicht gegenüber einem mit Nachbesserungsarbeiten betrauten Monteur oder dem anliefernden Spediteur,[35] auch nicht gegenüber einem im Auftrag des Lieferanten anliefernden Drittlieferanten.[36] Dieser ist zwar Erfüllungsgehilfe des Lieferanten, kann aber nicht als empfangszuständiger Vertreter im Sinne des § 164 Abs. 3 BGB für die Entgegennahme derartiger Willenserklärungen angesehen werden.

44 Will der Leasingnehmer bei späteren Rechtsstreitigkeiten Schwierigkeiten hinsichtlich des ihm obliegenden Beweises des **Zugangs** einer Erklärung beim Lieferanten vermeiden, sollte er Absendung, Zustellung und Zugang beweiskräftig dokumentieren. Rechtsgestaltende Erklärungen von erheblicher Bedeutung sollte er in Zweifelsfällen nicht durch einfachen Brief per Post, auch nicht durch Einschreiben mit oder ohne Rückschein oder Einwurfeinschreiben abgeben,[37] sondern durch einen Erklärungsboten, der das Schreiben persönlich beim Erklärungsempfänger abgibt und sich hierüber eine **Empfangsquittung** ausstellen lässt oder aber in den Geschäftsbriefkasten des Lieferanten einwirft und hierüber ein Zugangsprotokoll anfertigt.[38] Zu beachten ist, dass der Absender nicht nur den Zugang, sondern auch den behaupteten **Inhalt des Schriftstücks beweisen** muss.

4. Regelungsvorschlag

45 Es empfiehlt sich folgende klarstellende Regelung im Leasingvertrag:[39]

1. Der Leasingnehmer ist verpflichtet, die ihm abgetretenen Rechte und Ansprüche aus dem Liefervertrag unverzüglich gegen den Lieferanten geltend zu machen und im Streitfall gerichtlich durchzusetzen. Soweit Rechte und Ansprüche nicht oder nicht wirksam abgetreten sind, wird er zur Geltendmachung im eigenen Namen ermächtigt.

2. Verlangt der Leasingnehmer im Lieferprozess Rückabwicklung des Liefervertrages, Minderung oder Ersatz von Schäden oder Aufwendungen des Leasinggebers, muss er Zahlung an den Leasinggeber beantragen.

3. Bezüglich eigener Schäden und Aufwendungen kann der Leasingnehmer Leistung an sich verlangen.

IV. Wechselseitige Pflichten der Leasingvertragspartner bei einer Leistungsstörung

46 Der Leasingvertrag ist ein **Dauerschuldverhältnis**. Die Vertragspartner müssen daher während der Laufzeit in verstärktem Maße auf ihre Interessen wechselseitig Rücksicht nehmen und bei einer Leistungsstörung miteinander kooperieren (vgl. **§ 241 Abs. 2 BGB**). Diese Pflicht wird bei einem Finanzierungsleasinggeschäft als Folge der leasingtypischen Abtretungskonstruktion und des daraus folgenden Auftragsverhältnisses noch verstärkt.

1. Informationspflichten

47 a) Unterrichtung des Leasinggebers. Der Leasingnehmer ist aus dem Leasingvertrag und dem Auftragsverhältnis im Rahmen der Durchsetzung der Rechte aus dem Liefervertrag auch ohne besondere Vereinbarung verpflichtet, den Leasinggeber umfassend über Leistungsstörungen und die vom Lieferanten zur Behebung der Störungen oder Durchsetzung von Rechten getroffenen Maßnahmen zu informieren. Diese Mitteilungs-

---

[35] BGH WM 1992, 294.
[36] A. A. OLG Stuttgart CR 1994, 152.
[37] Vgl. zur Problematik Palandt/*Heinrichs* § 130 Rdn. 6; *Bauer/Diller* NJW 1998, 2795; *Reichert* NJW 2001, 2523; *Wiesner* MDR 1999, 459.
[38] *Schwarz* NJW 1994, 893.
[39] Vgl. *H. Beckmann* Finanzierungsleasing § 4 Rdn. 2.

pflichten sind in den meisten Leasingvertragsformularen ausdrücklich festgehalten, ergeben sich aber auch aus § 666 BGB und den §§ 242, 241 Abs. 2 BGB.[40] Es erscheint sinnvoll, dass der Leasingnehmer dem Leasinggeber von vornherein Kopien des Schriftverkehrs mit dem Lieferanten überlässt.

Verstößt der Leasingnehmer gegen seine Informations- und Unterrichtungspflichten, kann dies einen **Schadensersatzanspruch** des Leasinggebers auf Freistellung von den Folgen der Rückabwicklung des Liefervertrages begründen, wenn der Leasinggeber nachweisen kann, dass er bei rechtzeitiger Mitteilung die Rückabwicklung hätte vermeiden können.[41] Ein derartiger Schadensersatzanspruch scheint allerdings nur bei kollusivem Zusammenwirken zwischen Leasingnehmer und Lieferant erfolgversprechend. 48

Von dieser Unterrichtungspflicht zu unterscheiden ist die aus § 536c BGB folgende Pflicht zur Anzeige eines Mangels der Leasingsache. Die Beachtung dieser Pflicht ist insbesondere im Rahmen der mietvertraglichen Eigenhaftung des Leasinggebers von Bedeutung.[42] 49

b) Unterrichtung des Leasingnehmers. Der Leasinggeber ist verpflichtet, den Leasingnehmer bei der Durchsetzung der abgetretenen Ansprüche und Rechte zu unterstützen. Der Leasinggeber muss dem Leasingnehmer alle im Rahmen der Durchsetzung der Rechte aus dem Liefergeschäft **bedeutsamen Umstände mitteilen**.[43] Der Leasingnehmer benötigt insbesondere Angaben über die Höhe des tatsächlich gezahlten Kaufpreises/ Werklohns unter Berücksichtigung etwaiger Nachlässe sowie über etwaige Nebenabreden. Ferner kann der Leasinggeber verpflichtet sein, spätestens beim Auftauchen von Leistungsstörungen seine Beziehungen zum Lieferanten offenzulegen und bislang nicht übertragene Ansprüche, z. B. Garantieansprüche oder solche aus Produkt- oder Produzentenhaftung, nachträglich abzutreten.[44] 50

Damit der Leasingnehmer die ihm abgetretenen Ansprüche aus dem Liefervertrag auch vertragsgerecht unter Berücksichtigung der Liefer-AGB geltend machen kann, sollte der Leasinggeber dem Leasingnehmer am besten schon bei Vertragsschluss, spätestens aber bei Auftreten einer Leistungsstörung, eine **Kopie des („endgültigen") Liefervertrages** überlassen. Der Leasingnehmer muss im Lieferprozess dem Gericht zur Belegung seiner Aktivlegitimation eine Kopie des Liefervertrages nebst Lieferbedingungen vorlegen. 51

2. Weisungen

Wie oben dargelegt,[45] ist der Leasinggeber aufgrund des aus der leasingtypischen Abtretungskonstruktion folgenden Auftragsverhältnisses berechtigt, dem Leasingnehmer Weisungen zu erteilen, von denen der Leasingnehmer nur unter den Voraussetzungen des § 665 BGB abweichen darf. Die Weisungen dürfen den Leasingnehmer aber unter Berücksichtigung der leasingtypischen Abtretungskonstruktion nicht so sehr beeinträchtigen, dass er im Ergebnis rechtlos gestellt würde. 52

3. Untersuchung und Rüge

Geht man mit dem BGH[46] davon aus, dass grundsätzlich den **Leasinggeber** als Käufer oder Besteller die Untersuchungs- und Rügeobliegenheiten aus den §§ 377 ff. HGB treffen, muss der Leasinggeber für eine rechtzeitige Untersuchung und Rüge der gelieferten Waren sorgen, soweit er diese Obliegenheiten nicht oder nicht wirksam auf den Leasing- 53

---

[40] BGH NJW 1982, 105; *Martinek* I S. 125; *Graf von Westphalen* BB-Beilage 6/1994, 12.
[41] BGH NJW 1985, 1535; 1991, 1746.
[42] BGH NJW 1987, 1072; NJW 1990, 1290; *Martinek* I S. 125.
[43] OLG Koblenz NJW-RR 1996, 174.
[44] S. o. § 26 Rdn. 110.
[45] S. o. § 27 Rdn. 31.
[46] BGH NJW 1990, 1290; vgl. *Knops* JuS 1994, 106; s. § 14 u. § 27 Rdn. 85 ff.

nehmer übertragen hat. Bei Verletzung dieser Obliegenheiten können die Sachmängelansprüche aus dem Liefervertrag gemäß § 377 Abs. 2 HGB ausgeschlossen sein.

54 Scheitert die Haftung des Lieferanten wegen nicht rechtzeitiger Untersuchung und Rüge, kann der Leasingnehmer vom Leasinggeber Schadensersatz wegen Vertragspflichtverletzung gemäß § 280 Abs. 1 BGB verlangen. Der Leasingnehmer ist so zu stellen, wie er bei Beachtung der Rügeobliegenheiten stehen würde. Der Leasingvertrag ist rückabzuwickeln, wenn die Rückabwicklung des Liefervertrages nach den für den Liefervertrag geltenden Vorschriften ohne Verletzung der Obliegenheiten begründet gewesen wäre.[47]

4. Mitwirken beim Vergleich

55 Ferner ist der Leasinggeber gehalten, im Einvernehmen mit dem Leasingnehmer an einer **gütlichen Beilegung des Streits** mit dem Lieferanten mitzuwirken. Folgt man der Auffassung des BGH,[48] wonach der Leasingnehmer auch im Außenverhältnis zum Lieferanten nicht berechtigt ist, über den Rückzahlungsanspruch zu verfügen, ist der Leasinggeber verpflichtet, sachgerechte Verfügungen des Leasingnehmers zu ermöglichen und erforderlichenfalls gemäß § 185 Abs. 2 Satz 1 BGB zu **genehmigen**.

56 Dabei ist insbesondere auch eine dreiseitige Vereinbarung der am Finanzierungsleasinggeschäft beteiligten Parteien mit dem Ziel der werthaltigen Verwertung der Leasingsache – evtl. nach einer Beweissicherung – in Erwägung zu ziehen.

5. Kündigung des Leasingvertrages durch den Leasingnehmer

57 Bei Auftreten einer Leistungsstörung sollte der Leasingnehmer vorsorglich auch den Leasingvertrag zum frühest möglichen Termin ordentlich kündigen, um bei Unterliegen im Lieferprozess nicht auch noch die Leasingraten bezahlen zu müssen, die nach dem möglichen Kündigungstermin fällig werden.[49]

Nach § 546a BGB schuldet der Leasingnehmer auch nach Vertragsende eine Nutzungsentschädigung in Höhe der Leasingraten, wenn er die Sache dem Leasinggeber **vorenthält**.[50] Zur Vermeidung seiner Haftung sollte der Leasingnehmer dem Leasinggeber die **Rückgabe** der Leasingsache in Annahmeverzug begründender Weise nach den §§ 294 f. BGB anbieten.[51]

58 Zumindest sollte er das **Einverständnis des Leasinggebers** für den Fall herbeiführen, dass die Sache wegen des andauernden Streits mit dem Lieferanten am Vertragsende nicht zurückgegeben wird. Vorenthalten im Sinne des § 546a BGB ist nämlich nur dann anzunehmen, wenn die Nichtrückgabe dem Willen des Leasinggebers widerspricht.[52] Ein derartiges Einverständnis kann sich auch im Wege der interessengerechten Auslegung der leasingtypischen Abtretungskonstruktion ergeben.

V. Maßnahmen des Leasingnehmers gegen den Lieferanten bei Auftreten einer Leistungsstörung

59 Bei Auftreten einer Leistungsstörung muss der Leasingnehmer alle zur Durchsetzung der abgetretenen Ansprüche und Rechte und zur Erhaltung seiner Rechte gebotenen Maßnahmen gegen den Lieferanten ergreifen. Bei Finanzierungsleasinggeschäften sind nachfolgend im Einzelnen dargestellte Besonderheiten zu beachten.

---

[47] *H. Beckmann* Finanzierungsleasing § 4 Rdn. 68 ff. m. w. N.
[48] BGH WM 1992, 1609; s. o. § 27 Rdn. 29.
[49] Vgl. BGH NJW 1996, 2648; OLG Hamm OLGR 1999, 165; NJW-RR 1998, 706.
[50] BGH NJW-RR 2005, 1081; 2004, 558; vgl. *H. Beckmann* Finanzierungsleasing § 8 Rdn. 194 ff. m. w. N.
[51] Vgl. OLG Hamm NJW-RR 1998, 706.
[52] BGH NJW-RR 2005, 1081; 2004, 558.

9. Kapitel. Die Haftung im typischen Leasingdreieck § 27

1. Ausübung der Wahlrechte aus dem Liefervertrag durch den Leasingnehmer

Die sich bei einer Leistungsstörung aus dem Liefervertrag ergebenden Wahlrechte des Kunden gehen als Folge der leasingtypischen Abtretungskonstruktion vom Leasinggeber auf den Leasingnehmer über. Der Leasingnehmer ist bei der Ausübung der Wahl grundsätzlich **nicht an die Mitwirkung oder an Weisungen des Leasinggebers gebunden**. 60

Dennoch sollte der Leasingnehmer bei der Durchsetzung der ihm abgetretenen Ansprüche gemäß § 241 Abs. 2 BGB Rücksicht auf die berechtigten Interessen des Leasinggebers als seines Vertragspartners nehmen, um sich nicht seinerseits Schadensersatzansprüchen wegen Vertragspflichtverletzung und § 280 Abs. 1 BGB auszusetzen. 61

Der Leasingnehmer kann frei entscheiden, ob er z. B. bei Vorliegen eines Werkvertrags vor Abnahme die Rechte wegen **Nichterfüllung** nach dem allgemeinen Schuldrecht oder die wegen **Schlechterfüllung** (Sachmängelhaftung) geltend machen will. Das Wahlrecht erlischt erst mit der Abnahme oder durch einen Verzicht gemäß § 397 BGB auf die Ansprüche aus der Nichterfüllung.[53] 62

Der Leasingnehmer entscheidet allein darüber, ob er **Teilleistungen** des Lieferanten entgegen § 266 BGB annimmt oder zurückweist und gemäß den §§ 281 Abs. 1, 323 Abs. 5 Satz 1 BGB nur eine teilweise Rückabwicklung des Liefervertrages durchsetzt und auf die einheitliche Rückabwicklung bei Vorliegen eines einheitlichen Geschäfts verzichtet. 63

Er kann auch die Wahl zwischen **Rücktritt** und **Schadensersatz** treffen, wobei nach der Schuldrechtsreform gemäß § 325 BGB Rücktritt und Schadensersatz statt der Leistung miteinander kombiniert werden können. Dies gilt im Bereich der Mängelhaftung auch für die **Wahl zwischen den einzelnen nachrangigen Rechten** nach den §§ 437 Nr. 2 u. 3 bzw. 634 Nr. 3 u. 4 BGB. Auch die Wahl zwischen großem und kleinem **Schadensersatz**[54] sowie abstrakter oder konkreter Schadensberechnung[55] obliegt dem Leasingnehmer. 64

Die nunmehr nach § 439 Abs. 1 BGB dem Käufer zustehende Wahl der Art der **Nacherfüllung** ist infolge der leasingtypischen Abtretungskonstruktion auf den Leasingnehmer übergegangen. Das Wahlrecht zwischen den beiden Arten der Nacherfüllung kann im Unternehmergeschäft grundsätzlich auch durch AGB auf den Lieferanten übertragen werden. Dies entspricht der Rechtslage beim Werkrecht und benachteiligt den unternehmerischen Käufer nicht unangemessen.[56] Der Käufer, beim Finanzierungsleasinggeschäft also der Leasingnehmer, kann die Wahl auch dem Lieferanten überlassen.[57] 65

Nach § 637 BGB kann der Besteller, beim Finanzierungsleasinggeschäft der Leasingnehmer, wählen, statt vom Vertrag zurückzutreten, nach erfolglosem Ablauf einer zur Nacherfüllung gesetzten Frist einen Vorschussanspruch geltend zu machen oder einen Mangel **selbst zu beseitigen** und Aufwendungsersatz zu verlangen, ohne dass die Verzugsvoraussetzungen vorliegen müssen. 66

Auch das Wahlrecht aus § 35 ZPO unter mehreren Gerichtsständen ist im Rahmen der Durchsetzung der abgetretenen Ansprüche aus dem Liefervertrag auf den Leasingnehmer übergegangen. 67

2. Schuldnerverzug des Lieferanten

Der Leasingnehmer muss für alle in Betracht kommenden Ansprüche die Verzugsvoraussetzungen nach den §§ 280 Abs. 2, 286 BGB schaffen, soweit ihm im Rahmen der lea- 68

---

[53] BGH NJW 1999, 2046.
[54] Vgl. Palandt/*Heinrichs* § 281 Rdn. 46 m. w. N.
[55] Vgl. Palandt/*Heinrichs* § 281 Rdn. 25 ff. m. w. N.
[56] *Matz* S. 220 ff. m. w. N.
[57] Palandt/*Weidenkaff* § 439 Rdn. 5.

singtypischen Abtretungskonstruktion die Ansprüche und Rechte wegen der in Betracht kommenden Leistungsstörung abgetreten worden sind.

69 **a) Verzug des Lieferanten mit der Lieferung der Sache.** Wenn der Lieferant die Ware ganz oder teilweise nicht liefert, muss der Leasingnehmer ihn in Lieferverzug setzen. Dies ist gemäß den §§ 280 Abs. 2, 286 BGB Voraussetzung der Geltendmachung eines Verzögerungsschadens. Erforderlich ist in der Regel eine **Mahnung**, die infolge der leasingtypischen Abtretungskonstruktion vom Leasingnehmer auszusprechen ist. Einer Fristsetzung bedarf es nicht. Die Mahnung ist unter den Voraussetzungen des § 286 Abs. 2 u. 3 BGB entbehrlich.

70 Voraussetzung des Lieferverzuges des Lieferanten ist die Fälligkeit des Anspruchs. Die Fälligkeit ist zu verneinen, wenn der Kunde seinen **Mitwirkungspflichten** nach § 642 BGB nicht nachgekommen ist.[58] Auch ohne ausdrückliche Vereinbarung ist die Mitwirkung Vorleistungspflicht des Kunden, wenn die Leistung des Lieferanten nicht ohne die Mitwirkung erbracht werden kann.[59] Beim Finanzierungsleasinggeschäft ist der Leasingnehmer Erfüllungsgehilfe des Leasinggebers im Rahmen der Erfüllung der Mitwirkungsobliegenheiten.[60]

71 **b) Verzug mit der Nacherfüllung.** Ansprüche wegen verspäteter oder nicht ausgeführter Nacherfüllung setzen ebenfalls Verzug des Lieferanten voraus.[61] Als Verzögerungsschaden kommen z. B. ein wegen der verspäteten Lieferung entstandener **entgangener Gewinn** des Leasingnehmers oder Kosten der Anmietung einer Ersatzsache in Betracht.

72 **c) Verzug des Lieferanten mit der Rückzahlung des gezahlten Entgelts.** Der Leasingnehmer ist aufgrund der leasingtypischen Abtretungskonstruktion und seiner aus dem Dauerschuldverhältnis Leasingvertrag begründeten Pflicht zur Rücksichtnahme auf die Interessen des Leasinggebers als seines Vertragspartners (§ 241 Abs. 2 BGB) verpflichtet, bei einem Rückabwicklungsverlangen den Lieferanten auch bezüglich der Rückzahlung des vom Leasinggeber gezahlten Entgelts – Kaufpreis oder Werklohn – in Verzug zu setzen. Hierzu bedarf es in der Regel einer Mahnung nach Ablauf der zur Leistung oder Nacherfüllung gesetzten Frist.

73 Das Rückzahlungsverlangen ist mit der Geltendmachung des Anspruchs auf **Verzugszinsen** zu verbinden. Versäumt der Leasingnehmer die Geltendmachung von Zinsansprüchen, kann er dem Leasinggeber zum Schadensersatz wegen Pflichtverletzung nach den §§ 241 Abs. 2, 280 Abs. 1 BGB verpflichtet sein.[62]

74 Verständigen sich Lieferant und Leasingnehmer über die Rückabwicklung, führt das zum Erlöschen des Erfüllungsanspruchs. Der Leasingnehmer muss die Einigung dem Leasinggeber unverzüglich **mitteilen**, damit dieser dann selbst den Lieferanten wegen der Rückzahlung des Kaufpreises/Werklohns in Verzug setzen kann.

75 **d) Verzug mit Schadens- und Aufwendungsersatzansprüchen.** Soweit der Leasingnehmer eigene Schäden und Aufwendungen vom Lieferanten ersetzt verlangen will, sollte er den Lieferanten auch insoweit in Verzug setzen, um auch auf seine Forderungen Zinsen verlangen zu können.

3. Annahmeverzug des Lieferanten

76 Wegen der besseren **Vollstreckungsmöglichkeiten** aus einem unbedingten Titel nach den §§ 274 Abs. 2 BGB, 756 ZPO muss der Leasingnehmer den Lieferanten unter Berücksichtigung seiner Pflicht zur Rücksichtnahme auf die Interessen des Leasinggebers auch

---

[58] BGH NJW 1998, 2132; 1996, 1745.
[59] BGH NJW-RR 2005, 357; CR 1992, 543.
[60] Vgl. BGH NJW-RR 2005, 357.
[61] Vgl. BGH ZIP 1999, 1446; Palandt/*Weidenkaff* § 439 Rdn. 22.
[62] *Reinking/Eggert* Rdn. 836.

9. Kapitel. Die Haftung im typischen Leasingdreieck **§ 27**

hinsichtlich der Rücknahme der Waren gemäß den §§ 294 ff. BGB wirksam in Annahmeverzug setzen. Ein Verschulden des Lieferanten ist nicht erforderlich.[63] Bei einem Annahmeverzug des Lieferanten kann der Leasingnehmer sich zudem auf die **günstigeren Regelungen des Gläubigerverzuges** nach den §§ 300 ff. BGB z. B. bezüglich des Vertretenmüssens, einer Nutzungsentschädigung und eines Aufwendungsersatzes beziehen.

Zur Begründung des Annahmeverzugs genügt nach § 294 BGB ein tatsächliches Angebot des Leasingnehmers. In der Regel reicht nach § 295 BGB ein **vollständiges und richtiges wörtliches Angebot** zur Begründung des Annahmeverzugs aus, wenn der Gläubiger die Sachen abzuholen hat. Der Lieferant schuldet nach h. M. die Vornahme der Rückabwicklung und damit Rücknahme der Sachen am Austauschort, also dem Ort, an dem sich die Sachen vertragsgemäß befinden.[64] Bei einem Finanzierungsleasinggeschäft ist das in der Regel der Wohn- oder Geschäftssitz des Leasingnehmers.[65] 77

4. Fristsetzung zur Leistung oder Nacherfüllung

Zur Vorbereitung der Sekundäransprüche **Rücktritt** nach den §§ 323 ff. BGB und **Schadensersatz** statt der Leistung nach den §§ 280 ff. BGB bedarf es keiner Mahnung; es reicht der erfolglose Ablauf einer Frist zur Leistung oder Nacherfüllung. Das Erfordernis einer **Ablehnungsandrohung** ist nach der Schuldrechtsreform entfallen. Eine Fristsetzung ist unter den Voraussetzungen der §§ 281 Abs. 2, 323 Abs. 2 BGB entbehrlich. Dies gilt entsprechend im Rahmen der Sach- und Rechtsmängelhaftung. Eine Fristsetzung ist auch bei unverhältnismäßigen Kosten der Nacherfüllung erforderlich.[66] 78

5. Nacherfüllungsverlangen

Bei Finanzierungsleasinggeschäften mit leasingtypischer Abtretungskonstruktion ist der Nacherfüllungsanspruch vom Leasingnehmer geltend zu machen. Das Recht des Kunden beinhaltet zugleich die Pflicht, dem Lieferanten **Gelegenheit zur Nacherfüllung** zu geben. Anderenfalls ist die Rückabwicklungsklage verfrüht und daher als zurzeit unbegründet abzuweisen.[67] 79

Der Leasinggeber ist aufgrund der leasingtypischen Abtretungskonstruktion an eine zwischen Leasingnehmer und Lieferant nach altem Recht getroffene **Umtauschvereinbarung** gebunden.[68] Das gilt entsprechend nach der Schuldrechtsreform für eine **Verständigung** zwischen Leasingnehmer und Lieferant **über eine zu erbringende Nachlieferung oder Nachbesserung**. Der Leasinggeber muss eine derartige Vereinbarung, insbesondere auch eine Nachlieferung, hinnehmen, soweit diese nicht wirksam ausgeschlossen worden ist.[69] 80

Der Leasinggeber muss sich **schuldhafte Vertragspflichtverletzungen** des Lieferanten nur im Erfüllungsstadium bis zur vollständigen Überlassung der Leasingsache über § 278 BGB entgegenhalten lassen.[70] Die mit der Übergabe der Waren in der Regel beendete Erfüllungsgehilfeneigenschaft des Lieferanten lebt ohne besonderen Auftrag des Leasinggebers nicht wieder auf.[71] Das gilt entsprechend für Erklärungen des Lieferanten im Rahmen der Nacherfüllung, die sich der Leasinggeber nur bis zur vollständigen Übergabe der Waren zurechnen lassen muss. 81

---

[63] BGH NJW-RR 1994, 1470.
[64] BGH NJW 1997, 581; OLG Stuttgart MDR 1999, 469; OLG Hamm MDR 1989, 63.
[65] S. u. § 28 Rdn. 8 ff.
[66] BGH WM 2006, 1355.
[67] BGH WM 2006, 1355; NJW-RR 1998, 680; OLG Hamm NJW-RR 1998, 199.
[68] Vgl. BGH NJW-RR 1998, 123 zum alten Recht.
[69] S. o. § 26 Rdn. 73 ff.
[70] S. o. § 26 Rdn. 94 ff.
[71] BGH NJW-RR 1989, 1140.

82 Soll die Lieferung der Sache auf Geheiß des Leasinggebers leasingtypisch unmittelbar an den Leasingnehmer erfolgen, ist **Erfüllungsort** gemäß § 269 BGB der **Wohn- oder Geschäftssitz des Leasingnehmers** zur Zeit des Vertragsschlusses. Das ist insbesondere anzunehmen bei einer Montagepflicht des Lieferanten. Dieser Erfüllungsort gilt auch im Rahmen der Nacherfüllung. Diese muss da erbracht werden, wo sich die Sache vertragsgemäß befindet.[72] Der Lieferant muss daher die Ware „vor Ort" nachbessern oder zumindest zur Nachbesserung dort abholen. Der Kunde ist auch nicht zur Rücksendung verpflichtet. Entgegenstehende Klauseln sind unwirksam.[73]

83 Bringt der Leasingnehmer die Sache an einen anderen Ort, hat er sie zum Zwecke der Nachbesserung an den Erfüllungsort oder nach Absprache mit dem Lieferanten an dessen Geschäftssitz zu bringen, es sei denn, nach den vertraglichen Vereinbarungen oder dem Vertragszweck sollte die Sache von vornherein an diesen Ort verbracht werden.

84 Die **Kosten der Nacherfüllung** muss wegen der Vertragswidrigkeit seiner Leistung nach den §§ 439 Abs. 2, 635 Abs. 2 BGB der Lieferant tragen. Der Lieferant muss insbesondere auch die zum Zwecke der Nacherfüllung erforderlichen Aufwendungen des Leasingnehmers ersetzen. Dies gilt grundsätzlich auch für erhöhte Aufwendungen, z. B. durch das Verbringen der Sache an einen anderen Ort, sofern der Lieferant nicht zur Verweigerung der Nacherfüllung berechtigt ist. Kosten einer unberechtigten Selbstbeseitigung sind nicht zu erstatten.[74]

6. Handelsrechtliche Untersuchung und Rüge

85 Lieferverträge im Rahmen von Finanzierungsleasinggeschäften sind in der Regel beiderseitige Handelsgeschäfte im Sinne des § 343 Abs. 1 HGB, da sowohl der Leasinggeber als auch der Lieferant Vollkaufleute sind. Nach den §§ 377 ff. HGB muss der Kunde die Ware unverzüglich nach der Ablieferung untersuchen und Mängel unverzüglich rügen. Anderenfalls kann sich der Lieferant nach § 377 Abs. 2 HGB auf einen Haftungsausschluss berufen.[75]

86 **a) Untersuchung und Rüge durch den Leasinggeber.** Nach der Auffassung des BGH[76] verbleiben die Obliegenheiten zur handelsrechtlichen Untersuchung und Rüge der Waren nach den §§ 377 ff. HGB grundsätzlich beim **Leasinggeber als Vertragspartner** des Liefervertrages.[77] Der Leasinggeber, der leasingtypisch mit der Ware nicht in Berührung kommt, muss also dafür sorgen, dass der Leasingnehmer für ihn die Waren unverzüglich untersucht und Abweichungen dem Leasinggeber und/oder dem Lieferanten unverzüglich mitteilt.

87 In seiner Entscheidung vom 24. 1. 1990 hat der BGH[78] für die Leasingbranche die Möglichkeit aufgezeigt, die Obliegenheiten zur handelsrechtlichen Untersuchung und Rüge der Waren schon im Leasingvertrag auf den Leasingnehmer zu übertragen. Davon machen die heutigen Formularverträge in der Regel Gebrauch.

88 **b) Übertragung der Untersuchungs- und Rügeobliegenheiten auf den Leasingnehmer.** Die Übertragung der Untersuchungs- und Rügeobliegenheiten auf den Leasingnehmer in ALB ist beim typischen Finanzierungsleasinggeschäft als zulässige Regelung anzusehen. Ist der Leasingnehmer Kaufmann, besteht kein besonderes Schutzbedürfnis.[79]

---

[72] OLG München NJW 2006, 449; Staudinger/*Matusche-Beckmann* § 439 Rdn. 9; Erman/*Grunewald* § 439 Rdn. 3; s. u. § 28 Rdn. 8 ff.
[73] OLG München CR 1987, 506.
[74] BGH NJW 2005, 1348.
[75] Vgl. OLG Hamm NJOZ 2005, 2220.
[76] BGH NJW 1990, 1290; vgl. Wolf/Eckert/*Ball* Rdn. 1875; s. o. § 27 Rdn. 53 u. § 14.
[77] S. o. § 14; zur Kritik vgl. *H. Beckmann* Finanzierungsleasing § 4 Rdn. 70 ff. m. w. N.
[78] BGH NJW 1990, 1290.
[79] Wolf/Eckert/*Ball* Rdn. 1879 ff.

9. Kapitel. Die Haftung im typischen Leasingdreieck § 27

Auch bei einem nicht kaufmännischen Leasingnehmer und einem Verbrauchergeschäft ist die Übertragung der Obliegenheiten auf den Leasingnehmer in einer **deutlich hervorgehobenen Klausel** weder überraschend im Sinne des § 305 c Abs. 1 BGB noch verstößt sie gegen das Verbot der unangemessenen Benachteiligung nach § 307 BGB.[80] 89

Der Leasingnehmer muss aus eigenem Recht als Vertragspartner des Leasingvertrages die Ware annehmen, auf ihre Vollständigkeit sowie offensichtliche Mängel prüfen[81] und dem Leasinggeber die ordnungsgemäße Leistung in der **Übernahmebestätigung**[82] bescheinigen. Im Verhältnis zum Lieferanten handelt er insoweit als Erfüllungsgehilfe des Leasinggebers.[83] Für den Leasingnehmer ist offensichtlich, dass der Leasinggeber die Waren beim typischen Finanzierungsleasinggeschäft tatsächlich nicht untersuchen kann, die Untersuchung deshalb von einem Dritten, leasingtypisch also von ihm, dem Leasingnehmer, vorgenommen werden muss. 90

c) Untersuchung und Rüge durch den Leasingnehmer. Der Leasingnehmer muss daher in jedem Fall die Waren untersuchen und Abweichungen zumindest dem Leasinggeber als seinem Vertragspartner aus dem Leasingvertrag und auch dem Lieferanten aufgrund einer wirksamen Übertragung der Obliegenheiten anzeigen. 91

Bei der Prüfung der Voraussetzungen der ordnungsgemäßen Einhaltung der Obliegenheiten ist entsprechend § 166 Abs. 1 BGB auf die Person des Leasingnehmers abzustellen.[84] Im Rahmen der Ablieferung der Waren wird der Leasingnehmer für den Leasinggeber als dessen Erfüllungsgehilfe bei der Entgegennahme der Waren tätig.[85] Der Leasingnehmer ist außerdem leasingtypisch erfüllungszuständige Person im Lieferverhältnis und Verhandlungs- und Erfüllungsgehilfe des Leasinggebers. Seine Interessen und seine Sphäre sind daher der entscheidende Maßstab. 92

Zu beachten ist, dass auch nach einer **Nacherfüllung durch Nachlieferung oder Nachbesserung** eine Untersuchung und Rüge zum Erhalt der Rechte erforderlich ist.[86] 93

d) Verzicht des Lieferanten auf den Einwand nicht rechtzeitiger Rüge. Der Lieferant kann auf die Erhebung des Einwands aus § 377 Abs. 2 HGB verzichten. Dies tut er beim Finanzierungsleasinggeschäft m. E. konkludent schon dadurch, dass er mit einem nicht kaufmännischen Leasingkunden verhandelt und das Geschäft tätigt.[87] 94

7. Verjährungsfragen im Rahmen der Abtretungskonstruktion

Aufgrund der leasingtypischen Abtretungskonstruktion ist es Sache des Leasingnehmers, dafür Sorge zutragen, dass die ihm abgetretenen Ansprüche nicht verjähren. 95

a) Risikotragung im Leasingdreieck bezüglich der Verjährung. aa) Verjährungsrisiko beim Leasingnehmer. Der Leasingnehmer trägt das Risiko, dass er die ihm wirksam abgetretenen Ansprüche aus dem Liefervertrag gegenüber dem Lieferanten nicht rechtzeitig geltend macht.[88] Beruft sich der Lieferant auf Verjährung, kann der Leasingnehmer wegen der Haftungsfreizeichnung des Leasinggebers im Rahmen der leasingtypi- 96

---

[80] Offengelassen in BGH NJW 1990, 1290.
[81] Vgl. OLG Hamm OLGR 1999, 165; *Apel* in: Büschgen (Hrsg.) Praxishandbuch Leasing § 9 Rdn. 184; *Lieb* DB 1988, 2501; a. A. *Martinek* ZHR 163, 599; *Graf von Westphalen* Leasingvertrag Rdn. 494 ff.; *Knops* JuS 1994, 110 m. w. N.
[82] S. o. § 13.
[83] BGH NJW 2005, 365.
[84] S. o. § 6 Rdn. 55 ff.
[85] BGH NJW 2005, 365.
[86] BGH NJW 2000, 1415 mit Anm. von *H. Beckmann* JP 2000, 374 u. *Hager* JZ 2000, 1066; OLG Düsseldorf ZGS 2005, 117 u. NJW-RR 1996, 304; *Mankowski* NJW 2006, 865 ff.
[87] Vgl. *H. Beckmann* Finanzierungsleasing § 4 Rdn. 81.
[88] *Reinking/Eggert* Rdn. 859; *Martinek* I S. 186; *H. Beckmann* in: Büschgen (Hrsg.) Praxishandbuch Leasing § 10 Rdn. 131.

schen Abtretungskonstruktion insoweit auch keine Ansprüche mehr gegen den Leasinggeber durchsetzen. Allenfalls wegen anderer Pflichtverletzungen, die von der Freizeichnung nicht erfasst sind, kann sich der Leasingnehmer noch an den Leasinggeber halten.

97 Auch wegen Sachmängeln, die der Leasingnehmer erst nach Ablauf der Verjährungsfristen entdeckt (sog. **latente Mängel oder Spätschäden**), lebt die mietvertragliche Haftung des Leasinggebers nicht wieder auf.[89]

98 **bb) Einrederisiko beim Leasinggeber.** Der Leasinggeber trägt das Risiko, dass der Lieferant die Verjährungseinrede nicht erhebt.[90] Der Leasinggeber sollte deshalb zur Vermeidung der Rückabwicklung des Leasingvertrages den Lieferanten verpflichten, im Streit mit dem Leasingnehmer über das Vorliegen einer Pflichtverletzung die Verjährungseinrede zu erheben.

99 **b) Unterschiedliche Verjährungsfristen bei Pflichtverletzungen.** Der Leasingnehmer muss bei der Durchsetzung der ihm abgetretenen Ansprüche gegen den Lieferanten die unterschiedlichen Verjährungsvorschriften für die nach wie vor zu unterscheidenden Pflichtverletzungen und bei den verschiedenen Vertragstypen beachten.

100 **aa) Mängelhaftung.** Bei der Mängelhaftung gelten die Regelungen des besonderen Schuldrechts. Ist der Liefervertrag als Kaufvertrag einzuordnen, beginnt die Verjährung nach § 438 Abs. 2 BGB mit der **Ablieferung** der Sache. Die Verjährungsfrist beträgt in der Regel zwei Jahre (§ 438 Abs. 1 Nr. 3 BGB). Ist der Liefervertrag als Werkvertrag, gerichtet auf die Herstellung einer Sache, einzuordnen, beträgt die Verjährungsfrist für Mängelansprüche nach § 634a Abs. 1 Nr. 1 BGB zwei Jahre ab **Abnahme**. Wird die Leasingsache im Zusammenhang mit Arbeiten an einem Bauwerk hergestellt, gilt gemäß § 634 Abs. 1 Nr. 2 BGB eine 5-jährige Verjährungsfrist.

101 Es ist darauf zu achten, dass Hemmung und Neubeginn der Verjährung immer nur **die bestimmt geltend gemachten Mängel**, die auf dasselbe Erscheinungsbild zurückzuführen sind, betreffen.[91] Der Leasingnehmer muss deshalb zumindest die **Symptome** der Sachmängel im Einzelnen bezeichnen.

102 **bb) Regelmäßige Verjährung.** Für sonstige Ansprüche beträgt die regelmäßige Verjährung nach der Schuldrechtsreform gemäß den §§ 195, 199 Abs. 1 BGB drei Jahre ab dem Schluss des Jahres, in dem der Anspruch entstanden ist und der Gläubiger von den anspruchsbegründenden Umständen und der Person des Schuldners **Kenntnis** erlangt hat oder ohne grobe Fahrlässigkeit hätte erlangen müssen. Maßgeblich ist beim Finanzierungsleasinggeschäft entsprechend § 166 Abs. 1 BGB die Kenntnis des Leasingnehmers, die sich der Leasinggeber zurechnen lassen muss.

103 **cc) Verjährungsvereinbarungen.** Verjährungsvereinbarungen sind nur unter Berücksichtigung der §§ 202, 309 Nr. 8 b ff) BGB wirksam. Nach der Schuldrechtsreform können gemäß § 202 BGB Vereinbarungen sowohl über die Verlängerung als auch über die Verkürzung von Verjährungsfristen getroffen werden.

104 Der Lieferant kann mit dem Leasingnehmer auch **nachträglich Vereinbarungen** über eine Verlängerung von Verjährungsfristen treffen. Dies bindet als Folge der leasingtypischen Abtretungskonstruktion auch den Leasinggeber,[92] es sei denn Leasingnehmer und Lieferant handeln kollusiv zum Nachteil des Leasinggebers.

105 **dd) Unterbrechungs- und Hemmungstatbestände.** Nach der Schuldrechtsreform sind an die Stelle der Hemmung und der Unterbrechung die Ablaufhemmung und der Neubeginn der Verjährung getreten. Wichtigster Fall für den Neubeginn ist – wie schon

---

[89] Staudinger/*Stoffels* Leasing Rdn. 260.
[90] BGH NJW 1991, 1746.
[91] BGH NJW 1997, 727; WM 1998, 936 u. 1980; OLG Köln NJW-RR 1995, 1457.
[92] Vgl. BGH NJW 1991, 1746; 1995, 187.

vor der Reform – das **Anerkenntnis** des Schuldners gegenüber dem „Gläubiger" gemäß § 212 Abs. 1 Nr. 1 BGB (§ 208 BGB a. F.). Schuldner des Rückzahlungsanspruchs ist beim Finanzierungsleasinggeschäft der Lieferant, Gläubiger an sich der Leasinggeber als Vertragspartner des Liefervertrages. Wie schon bei § 208 BGB a. F. kann das Anerkenntnis aber auch gegenüber einem berechtigten Dritten abgegeben werden. Als Folge der leasingtypischen Abtretungskonstruktion ist im Leasingdreieck der Leasingnehmer, dem die Ansprüche wegen Leistungsstörungen abgetreten worden sind, als Berechtigter bzw. Erfüllungsgehilfe des Gläubigers anzusehen.[93]

Anerkenntnis ist jedes zur Kenntnis des Berechtigten bestimmte und geeignete Verhalten, das das Bewusstsein des Schuldners vom Bestehen der Schuld unmissverständlich ergibt.[94] Zu beachten ist, dass ein Anerkenntnis des Lieferanten „in sonstiger Weise" insbesondere in einer Nachlieferung, unter Berücksichtigung von Umfang, Dauer und Kosten auch in einer Nachbesserung liegen kann.[95] **106**

Wichtigster Hemmungstatbestand ist nach der Schuldrechtsreform das **Schweben von Verhandlungen zwischen den Vertragspartnern** gemäß § 203 BGB. Der Leasingnehmer ist aufgrund der leasingtypischen Abtretungskonstruktion berechtigt, mit dem Lieferanten Verhandlungen über die Regelung von Leistungsstörungen mit verjährungshemmender Wirkung zu führen. **107**

Nach § 204 Abs. 1 Nr. 7 BGB wird die Verjährung durch die Zustellung eines Antrags auf Durchführung des **selbständigen Beweisverfahrens** gehemmt. Aufgrund der leasingtypischen Abtretungskonstruktion ist der Leasingnehmer berechtigt, das selbständiges Beweisverfahren nach den §§ 485 ff. ZPO gegen den Lieferanten einzuleiten. Das gilt selbst dann, wenn zweifelhaft ist, ob die Abtretung der Ansprüche an den Leasingnehmer wirksam ist.[96] Trotz der leasingtypischen Abtretung hat der Leasingnehmer auch ein rechtliches Interesse daran, ein selbständiges Beweisverfahren gegen den Leasinggeber einzuleiten.[97] Solange der Lieferant nicht zahlungsunfähig ist, sollte der Leasingnehmer das Verfahren einheitlich gegen Lieferant und Leasinggeber richten. **108**

ee) **Maßnahmen gegenüber dem Leasinggeber bei subsidiärer Haftung.** Kann der Leasingnehmer Maßnahmen zur Hemmung oder zum Neubeginn der Verjährung gegen den Lieferanten als Schuldner wegen Zahlungsunfähigkeit oder aus anderen Gründen nicht Erfolg versprechend ergreifen, muss er zur Erhaltung der Rechte aus der subsidiären Eigenhaftung des Leasinggebers unmittelbar gegen den Leasinggeber vorgehen. In Betracht kommen insoweit insbesondere die Aufnahme von Verhandlungen mit dem Leasinggeber (§ 203 BGB), die Einleitung eines selbständigen Beweisverfahrens gegen den Lieferanten und den Leasinggeber oder nur gegen den Leasinggeber (§§ 204 Abs. 1 Nr. 7 BGB, 485 ff. ZPO) oder die Anmeldung des Anspruchs im Insolvenzverfahren des Lieferanten (§ 204 Abs. 1 Nr. 10 BGB), um einer Verjährungseinrede des Leasinggebers im Rahmen seiner subsidiären Eigenhaftung zuvorzukommen. Das Erheben der Einrede durch den Leasinggeber kann im Einzelfall gegen Treu und Glauben verstoßen. **109**

8. Beweissicherung

Zur Vorbereitung der Durchsetzung der Ansprüche gegen den Lieferanten muss der Leasingnehmer den Zustand der Sache, insbesondere das Bestehen eines Sachmangels und dessen Ursache, beweiskräftig feststellen. Der Leasingnehmer sollte das Erscheinungsbild der Mängel durch **Fotos** und **Fehlerprotokolle** von Mitarbeitern dokumentieren. Er **110**

---

[93] Vgl. BGH NJW 1999, 2961 u. 2975; 1988, 254; OLG Celle BauR 2003, 403; OLG Hamm MDR 1990, 243; Wolf/Eckert/*Ball* Rdn. 1886.
[94] BGH NJW 2002, 2872.
[95] BGH ZGS 2006, 26; NJW 1999, 2975; vgl. *Gramer/Thalhofer* ZGS 2006, 250 ff. m. w. N.
[96] Vgl. zur Problematik BGH NJW 1993, 1916; OLG Köln VersR 1995, 1455.
[97] KG OLGR 2000, 219.

§ 27　　　　　　　　　　　　　　　　　Zweiter Teil. Allgemeines Leasingrecht

kann auch ein Privatgutachten eines anerkannten Sachverständigen einholen oder ein **selbständiges Beweisverfahren** nach den §§ 485 ff. ZPO gegen den Lieferanten einleiten. Wegen der zwingenden Bindungswirkungen aus der leasingtypischen Abtretungskonstruktion ist die Einbeziehung des Leasinggebers in das Beweisverfahren nicht erforderlich,[98] aber zulässig.[99]

9. Schieds-, Schiedsgutachten-, Mediations- und Schlichtungsvereinbarung sowie obligatorische Streitschlichtung

111　Der Leasingnehmer muss eine im Liefervertrag wirksam getroffene Schiedsgerichts-, Schiedsgutachten- oder Mediationsvereinbarung oder eine wirksame Schlichtungsklausel beachten und vorprozessual die erforderlichen Maßnahmen durchführen. Anderenfalls kann seine Klage im Lieferprozess auf entsprechende Rüge des Lieferanten hin als **unzulässig** oder **zurzeit nicht begründet abgewiesen** werden.[100] Der Lieferant kann die Einrede bis zum Beginn der mündlichen Verhandlung zur Hauptsache erheben.[101] Dies gilt auch, wenn das Gericht nach den §§ 275 Abs. 1, 276 Abs. 1 ZPO eine Frist zur Klageerwiderung gesetzt hat; § 282 Abs. 3 ZPO ist nicht einschlägig.

112　Macht der Leasingnehmer gegen den Lieferanten lediglich Zahlungsansprüche unterhalb von 600 Euro bzw. 750 Euro geltend, z. B. eigene Ansprüche gegen den Lieferanten auf Aufwendungsersatz, ist vor Klageeinreichung eine **obligatorische Streitschlichtung** nach Landesrecht gemäß § 15 a EGZPO vor einer Gütestelle durchzuführen. Dies ist eine von Amts wegen zu prüfende Prozessvoraussetzung, die nicht nachholbar ist.[102] Bei nachträglicher Klageerweiterung oder -änderung muss nicht (erneut) ein Schlichtungsverfahren durchgeführt werden.[103]

VI. Rückabwicklung des Liefervertrages bei Störung einer Teilleistung

113　Sind Gegenstand des Liefervertrages **mehrere Sachen und mehrere Leistungen**, ist zu klären, wie sich eine Leistungsstörung bezüglich einer **Teilleistung** auf die nicht gestörten anderen Leistungen auswirkt.

1. Sacheinheit und einheitliches Rechtsgeschäft

114　Handelt es sich bei dem Liefergegenstand schon nach der – objektiven – Verkehrsanschauung um eine einheitliche Sache im Sinne der §§ 90 ff. BGB oder ergibt sich nach dem im Wege der Auslegung zu ermittelnden Willen der Vertragsbeteiligten, dass sämtliche Vereinbarungen als einheitliches Rechtsgeschäft anzusehen sind, findet bei einer erheblichen Leistungsstörung unter Berücksichtigung des Rechtsgedankens aus § 139 BGB immer auch eine **einheitliche Rückabwicklung** statt.[104] Der **Einheitlichkeitswille** ist zu bejahen, wenn nach den Vorstellungen der Vertragsschließenden die Vereinbarungen nicht für sich allein gelten, sondern *„miteinander stehen und fallen"* sollen.[105] Beim Finanzierungsleasinggeschäft ist nach dem Rechtsgedanken des § 166 Abs. 1 BGB der **Wille des Leasingnehmers** entscheidend.[106] Sog. **Trennungsklauseln** in AGB des Lieferanten, die ein Rechtsgeschäft ausdrücklich als getrenntes bezeichnen, sind überraschend im

---

[98] S. u. § 29 Rdn. 1 ff.; a. A. KG OLGR 2000, 219 u. *Reinking/Eggert* Rdn. 775.
[99] KG OLGR 2000, 219; vgl. *Redeker* Rdn. 762 ff.
[100] BGH NJW 1999, 647 m. w. N.; s. auch BGH WM 2005, 1143.
[101] BGH NJW 2001, 2176.
[102] BGH NJW 2005, 437; *Bitter* NJW 2005, 1235.
[103] BGH NJW-RR 2005, 501; *Bitter* NJW 2005, 1235.
[104] BGH NJW 1987, 2004; 1988, 406; 1990, 3011; OLG Hamm CR 1995, 341 m. w. N.; *Marly* Rdn. 293 ff. m. w. N.
[105] BGH NJW 1987, 2004; 1988, 406; 1990, 3011; 1993, 461; 1996, 1745.
[106] S. o. § 6 Rdn. 55 ff.; OLG Köln NJW-RR 1992, 1328.

9. Kapitel. Die Haftung im typischen Leasingdreieck　　　　　　　　　　§ 27

Sinne des § 305 c Abs. 1 BGB und widersprechen der vorrangigen – konkludenten – Individualabrede (§ 305 b BGB) hinsichtlich der Vertragseinheit.[107]

2. Sachmehrheit

Besteht der Liefergegenstand aus mehreren Sachen im Sinne der §§ 90 ff. BGB und liegt kein einheitliches Rechtsgeschäft vor, erfolgt in der Regel nur eine Rückabwicklung hinsichtlich der gestörten Teilleistung **(Grundsatz der getrennten Rückabwicklung)**. 　115

3. Teilleistungen

Wird die geschuldete Leistung ganz oder teilweise nicht erbracht, handelt es sich um einen Fall der **Nichterfüllung** im Sinne der Regelungen vor der Schuldrechtsreform.[108] Nach *Hoeren*[109] geht das BGB auch nach der Schuldrechtsreform bei einem Vertrag über Teilleistungen im Sinne der §§ 281 Abs. 1 S. 2, 323 Abs. 5 S. 1 BGB vom **Grundsatz des Gesamtrücktritts** bzw. der einheitlichen Rückabwicklung aus. Die Vorschriften über die Sachmängelhaftung sind nicht anzuwenden, da die Regelung in den §§ 434 Abs. 3, 633 Abs. 3 BGB nach zutreffender Ansicht nur eingreift, wenn der Lieferant „*eine zu geringe Menge liefert*" oder „*das Werk in zu geringer Menge herstellt*", also nur ein Fall der **Mengenabweichung**, die sich in Stück oder Gewicht angeben lässt, bzw. der quantitativen Teilleistung, also z. B. der Lieferung von nur acht statt der bestellten zehn Monitore, vorliegt.[110]　116

Zu beachten ist, dass der Lieferant ohne Vereinbarung nicht zu **Teilleistungen** berechtigt ist. Der Gläubiger, beim Finanzierungsleasinggeschäft der Leasingnehmer, kann Teilleistungen nach § 266 BGB zurückweisen und dem Lieferanten eine angemessene Frist zur Leistung bestimmen. Hat der Kunde die Teilleistung angenommen, ist diese also „bewirkt", bestehen ein Gesamtrücktrittsrecht aus § 323 Abs. 5 Satz 1 BGB und ein Anspruch auf Schadensersatz statt der ganzen Leistung aus § 281 Abs. 1 Satz 2 BGB, wenn er an der bewirkten Teilleistung **kein Interesse** hat. Maßgeblich ist beim Finanzierungsleasinggeschäft das Interesse des Leasingnehmers.[111]　117

Offen ist, ob ein **Interessewegfall** überhaupt zu prüfen ist, wenn die Leistung wegen Sacheinheit oder bei nach dem Parteiwillen einheitlichem Rechtsgeschäft nicht teilbar ist.[112]　118

Liegt eine Leistungsstörung einer Teilleistung vor, die den Leasingnehmer entsprechend § 139 BGB zur einheitlichen Rückabwicklung des Liefergeschäfts insgesamt berechtigt, ist zunächst die prägende Leistung, der Schwerpunkt und damit die Rechtsnatur des einheitlichen Rechtsgeschäfts festzustellen und dann **nach den Regeln des Gesamtvertrages** das Bestehen der Leistungsstörung zu prüfen.[113]　119

4. Einheitliche Rückabwicklung auch bei einer Leistungsstörung außerhalb des Finanzierungsleasinggeschäfts

Die Leistungsstörung, die den Leasingnehmer zu einem Rückabwicklungsverlangen veranlasst, kann auch in einem Liefergeschäft liegen, das zusätzlich zum Finanzierungsleasinggeschäft getätigt worden ist.　120

---

[107] BGH NJW 1983, 2088; 1986, 43 u. 1807; WM 1998, 23; *Marly* Rdn. 297.
[108] Vgl. BGH NJW 2000, 1415; 1988, 204; *Erman/Jendrek* Anh § 535 Rdn. 27.
[109] *Hoeren* in: Graf von Westphalen (Hrsg.) AGB-Klauselwerke IT-Verträge Rdn. 74 f.
[110] *Marly* Rdn. 255; Staudinger/*Stoffels* Leasing Rdn. 194; Palandt/*Grüneberg* § 323 Rdn. 24 m. w. N.; Palandt/*Heinrichs* § 281 Rdn. 36; s. o. § 22 Rdn. 49 ff.
[111] S. o. § 22 Rdn. 49 ff.
[112] Strittig, vgl. BGH NJW-RR 1999, 346.
[113] Strittig, vgl. BGH NJW-RR 1999, 346; NJW 1998, 2132 u. 3197; 1995, 326; Palandt/*Heinrichs* Vor § 311 Rdn. 24 ff. m. w. N.; *Martis* MDR 1999, 581.

§ 27 Zweiter Teil. Allgemeines Leasingrecht

121 **a) Selbständige Leistung des Lieferanten.** Vereinbaren Leasingkunde und Lieferant im Rahmen der Vertragsverhandlungen über den Abschluss des Finanzierungsleasinggeschäfts die Erbringung einer zusätzlichen Leistung, die nicht Gegenstand des Liefervertrages des Leasinggebers mit dem Lieferanten und damit nicht Leasinggegenstand sein soll, kann dies bei Vorliegen einer Leistungsstörung in dem nicht „über Leasing" finanzierten Geschäft unter Berücksichtigung des Rechtsgedankens aus § 139 BGB zu einer **einheitlichen Rückabwicklung des Liefergeschäfts** wegen des Vorliegens eines Einheitlichkeitswillens führen.[114]

122 **b) Lieferung von Drittlieferanten.** Eine einheitliche Rückabwicklung kann auch bei Lieferung durch mehrere Lieferanten erfolgen, wenn ein **Wille zur Vertragseinheit bei allen Beteiligten** festzustellen ist. Es kommt entscheidend darauf an, dass der Leasingnehmer seinen Willen zur Einheit hinreichend deutlich gemacht hat, der Lieferant und der Vierte dies widerspruchslos hingenommen haben und das gemeinsame Auftreten der Lieferanten den Willen zur Vertragseinheit hinreichend demonstriert hat.[115] Der Leasingnehmer kann dann vom Lieferanten der Leasingsachen Rückabwicklung auch des an sich nicht gestörten Liefergeschäfts verlangen, wenn weitere Zurechnungskriterien feststellbar sind.[116]

5. Folgen für den Leasingvertrag

123 Die Rückabwicklung des Liefervertrages bewirkt in der Regel die Rückabwicklung des Leasingvertrages nach den §§ 812 ff. BGB wegen Fehlens der Geschäftsgrundlage.[117] Fraglich ist, ob das auch in den Fällen der Leistungsstörung außerhalb der Leasingfinanzierung gilt, wenn der Leasinggeber von den weiteren Leistungen keine Kenntnis hat.

124 **Gegen eine Rückabwicklung des Leasingvertrages** in diesen Fällen spricht entgegen meiner bislang vertretenen Ansicht,[118] dass der Lieferant hinsichtlich des Liefervertrages nicht Erfüllungsgehilfe/Verhandlungsgehilfe des Leasinggebers ist, der Leasinggeber sich also die Kenntnis des Lieferanten von der gewollten Vertragseinheit über § 166 Abs. 1 BGB nicht zurechnen lassen muss. Ferner muss der Leasingnehmer den Leasinggeber im Rahmen seiner Pflichten aus den §§ 241 Abs. 2, 242 BGB auch über Teilleistungen, die nicht Gegenstand des Leasingvertrages sind, aber wegen des Einheitlichkeitswillens zur Rückabwicklung des Finanzierungsleasinggeschäfts führen können, informieren, damit der Leasinggeber das vertragliche Risiko zutreffend bewerten kann. Eine Verletzung dieser Pflicht kann zu einem Schadensersatzanspruch des Leasinggebers gegen den Leasingnehmer und damit unter Berücksichtigung aller Umstände zum Ausschluss der Rückabwicklung des Leasingvertrages führen. Der Leasingnehmer muss sich insoweit allein beim Lieferanten bzw. bei Drittlieferanten schadlos halten.[119]

VII. Leistungsverweigerungsrechte bei einer Leistungsstörung des Liefervertrages

125 Wird die Leistung vom Lieferanten nicht, nicht vollständig oder schlecht erbracht, können sich bei einem Finanzierungsleasinggeschäft Leistungsverweigerungsrechte zugunsten des Leasinggebers hinsichtlich des zu zahlenden Kaufpreises/Werklohns, unter Umständen aber auch zugunsten des Leasingnehmers hinsichtlich der Leasingraten ergeben, da Liefer- und Leasinggegenstand in der Regel gleich sind, die **Nichterfüllung im Liefervertrag zugleich eine Nichterfüllung des Leasingvertrages** beinhaltet.

---

[114] Vgl. BGH NJW 1985, 129; 1987, 2004; 1990, 3011.
[115] Vgl. OLG Hamm CR 1990, 200; OLG München BB 1988, 1693; s. auch BGH NJW 1990, 3011; 1976, 1932; LM § 139 Nr. 34; *Marly* Rdn. 318 m. w. N.; *Zahrnt* BB 1993, 1676.
[116] Vgl. *H. Beckmann* Finanzierungsleasing § 2 Rdn. 471.
[117] S. u. § 29 Rdn. 24 ff.
[118] Vgl. *H. Beckmann* Finanzierungsleasing § 2 Rdn. 468.
[119] Vgl. *H. Beckmann* Finanzierungsleasing § 2 Rdn. 473 a.

9. Kapitel. Die Haftung im typischen Leasingdreieck § 27

1. Leistungsverweigerungsrecht des Leasinggebers gegenüber dem Lieferanten

Der Leasinggeber als Vertragspartner des Liefervertrages kann bei nicht ordnungsgemä- 126
ßer Erfüllung durch den Lieferanten **gemäß § 320 BGB die Einrede des nicht erfüllten Vertrages** erheben und die Zahlung des Kaufpreises/Werklohns an den Lieferanten verweigern, da bei einem typischen Finanzierungsleasinggeschäft der Lieferant kraft Vereinbarung vorleistungspflichtig ist. Er muss die Waren an den Leasingnehmer ausliefern und den Leasingnehmer die Übernahmebestätigung unterzeichnen lassen, bevor der Leasinggeber leasingtypisch an den Lieferanten das geschuldete Entgelt zahlt. Das gilt nach der Schuldrechtsreform unter Berücksichtigung der §§ 433 Abs. 1, 439 BGB auch bei Lieferung einer mangelhaften Kaufsache.[120] Ist der Liefervertrag Werkvertrag, ist § 641 Abs. 3 BGB zu beachten.

Dem Leasinggeber steht das Leistungsverweigerungsrecht selbst dann zu, wenn er im 127
Rahmen der leasingtypischen Abtretungskonstruktion den Nacherfüllungsanspruch an den Leasingnehmer abgetreten hat.[121] Bestreitet der vorleistungspflichtige Lieferant das Leistungsverweigerungsrecht, muss er beweisen, dass er schon erfüllt hat, es sei denn, der Leasingnehmer hat als Erfüllungsgehilfe des Leasinggebers gemäß § 363 BGB die Leistung als Erfüllung angenommen[122] oder sogar dem Lieferanten eine Quittung im Sinne des § 368 BGB erteilt.

2. Leistungsverweigerungsrecht des Leasingnehmers bezüglich der Leasingraten

Unabhängig von dem Bestehen eines Leistungsverweigerungsrechts des Leasinggebers 128
aus dem Liefervertrag und sogar einer bereits erfolgten Zahlung des Kaufpreises/Werklohns durch den Leasinggeber ist die Frage zu beurteilen, ob der Leasingnehmer wegen einer nicht vertragsgerechten Erfüllung des Liefervertrages ein Leistungsverweigerungsrecht hinsichtlich der Ratenzahlungen aus dem Leasingvertrag hat.[123]

a) Abtretung der Ansprüche aus dem Leasingvertrag an den Lieferanten. Ein un- 129
mittelbares Leistungsverweigerungsrecht des Leasingnehmers bezüglich der Zahlung der Leasingraten besteht bei einer Leistungsstörung, wenn der Leasinggeber die Ansprüche aus dem Leasingvertrag an den Lieferanten abgetreten hat und dieser unmittelbar gegen den Leasingnehmer vorgeht.[124] Der Leasingnehmer kann dann die Zahlung der Leasingraten an den Lieferanten verweigern. In diesem **Sonderfall** werden die beiden an sich selbständigen Vertragsverhältnisse zusammengeführt.

b) Untergang der Leasingsache oder vom Leasingnehmer zu verantwortender 130
Verlust der Nutzungsmöglichkeit. Kein Leistungsverweigerungsrecht des Leasingnehmers besteht entsprechend § 326 Abs. 2 BGB, wenn der Leasingnehmer selbst für den Verlust der Gebrauchsmöglichkeit an der Leasingsache verantwortlich ist, z. B. bei versehentlicher Löschung der Daten des geleasten Computersystems.[125]

Das gilt erst recht bei einem **Untergang der Leasingsache**. Nach der leasingtypi- 131
schen Übertragung der Sach- und Preisgefahr muss der Leasingnehmer auch in diesem Fall die Leasingraten weiterzahlen. Das vorzeitige Kündigungs- oder Lösungsrecht betrifft den nicht vom Leasingnehmer verschuldeten Untergang der Leasingsache.[126]

---

[120] Vgl. Palandt/*Grüneberg* § 320 Rdn. 9.
[121] BGH NJW 1995, 187.
[122] Palandt/*Grüneberg* § 320 Rdn. 14 m. w. N.
[123] Vgl. *H. Beckmann* FLF 2005, 261 ff. u. 2006, 34 ff.
[124] BGH NJW 1985, 796.
[125] Vgl. *Marly* Rdn. 224 m. w. N.
[126] S. o. § 56 Rdn. 3.

§ 27   Zweiter Teil. Allgemeines Leasingrecht

132 **c) Keine oder unwirksame Freizeichnung des Leasinggebers.** Hat sich der Leasinggeber nicht oder nicht wirksam von seiner Haftung wegen der in Betracht kommenden Leistungsstörung im Rahmen der leasingtypischen Abtretungskonstruktion freigezeichnet, kann der Leasingnehmer unter den Voraussetzungen der §§ 320 ff., 536 ff. BGB die Zahlung der Leasingraten aus dem Leasingvertrag einstellen, ohne sich insoweit mit dem Lieferanten bezüglich der Leistungsstörung im Liefervertragsverhältnis auseinandersetzen zu müssen.[127]

133 **d) Leistungsverweigerungsrecht bei subsidiärer Haftung des Leasinggebers.** Ist dem Leasingnehmer die Durchsetzung der abgetretenen Rechte gegen den Lieferanten nicht möglich oder unzumutbar, haftet der Leasinggeber dem Leasingnehmer also subsidiär,[128] kann der Leasingnehmer bei Auftreten einer Leistungsstörung trotz wirksamer Freizeichnung des Leasinggebers die Zahlung der Leasingraten einstellen.

134 **e) Rechtslage bei Freizeichnung des Leasinggebers von der Sachmängelhaftung.** Hat sich der Leasinggeber wirksam im Rahmen der leasingtypischen Abtretungskonstruktion von seiner Sachmängelhaftung freigezeichnet, ist der Leasingnehmer – wie dargelegt[129] – verpflichtet, die ihm abgetretenen Rechte gegenüber dem Lieferanten geltend zu machen und bei einem Bestreiten des Lieferanten auch – notfalls gerichtlich – durchzusetzen.

135 **aa) Leistungsverweigerungsrecht des Leasingnehmers nach der Schuldrechtsreform.** Vor der Schuldrechtsreform war unstreitig, dass dem Leasingnehmer nach Übergabe der Waren im Stadium der Nacherfüllung **wegen eines Sachmangels kein Leistungsverweigerungsrecht** bezüglich der Leasingraten zusteht.[130]

136   Dagegen wird eingewandt, an dieser Auffassung könne nach der Schuldrechtsreform nicht mehr festgehalten werden, da nun auch der Verkäufer Lieferung einer mangelfreien Sache schulde. Nach der leasingtypischen Abtretungskonstruktion erhalte der Leasingnehmer die Stellung eines Käufers, so dass er auch gegenüber dem Leasinggeber von der Zahlung der Leasingraten befreit sei. Dies entspreche der Rechtslage des Mieters nach § 536 Abs. 1 BGB bei Aufhebung der Tauglichkeit der Mietsache.[131]

137   Dem ist nicht zuzustimmen. Durch die Änderung der kaufrechtlichen Sachmängelhaftung hat sich die Stellung des Leasingnehmers im Leasingvertragsverhältnis als atypischem Mietverhältnis nicht geändert.[132] *Graf von Westphalen* unterscheidet nicht zwischen den abgetretenen Rechten aus dem Liefervertrag und denen aus dem Leasingvertrag. Außerdem stellt er ausdrücklich fest, der Leasingnehmer sei berechtigt, *„die weitere Zahlung der Leasingraten gem. § 320 BGB für die **Dauer des Nutzungsentzugs** einzustellen".*[133] Ob dem Leasingnehmer durch den behaupteten Sachmangel die Nutzung der Sache tatsächlich entzogen wird, muss nach den leasingtypischen Vereinbarungen unter Berücksichtigung der beiderseitigen Interessenlage vom Leasingnehmer mit verbindlicher Wirkung gegenüber dem Leasinggeber erst noch festgestellt werden.

138 **bb) Einigkeit zwischen Leasingnehmer und Lieferant über die Rückabwicklung.** Der Leasingnehmer darf die Zahlung der Leasingraten an den Leasinggeber einstellen, wenn der Lieferant das Vorliegen der Leistungsstörung und die Berechtigung des Rückabwicklungsverlangens nicht bestreitet und der Leasingnehmer mit dem Lieferanten grundsätzlich über die Rückabwicklung des Liefervertrages einig ist. Das gilt unabhängig da-

---

[127] BGH NJW 1991, 2135; *Reinking/Eggert* Rdn. 916.
[128] S. o. § 27 Rdn. 1 ff.
[129] S. o. § 25 Rdn. 36 ff.
[130] BGH NJW 1991, 102; *Reinking/Eggert* Rdn. 933; *H. Beckmann* Finanzierungsleasing § 5 Rdn. 16.
[131] *Graf von Westphalen* ZIP 2006, 1659 u. 2001, 2258; DB 2001, 1291; ZGS 2002, 67.
[132] Vgl. *H. Beckmann* FLF 2005, 261 ff. u. 2006, 34 ff. m. w. N.
[133] *Graf von Westphalen* ZIP 2006, 1661.

9. Kapitel. Die Haftung im typischen Leasingdreieck   § 27

von, auf welches der Rechte die Rückabwicklung gestützt wird. Zwar sind bei einer Rücktrittserklärung oder einem Schadensersatzverlangen eine Zustimmung oder ein Einverständnis des Schuldners grundsätzlich nicht erforderlich. Wie bei einer Wandlung nach altem Recht müssen aber in jedem Fall der Rückabwicklung auch nach der Schuldrechtsreform die Voraussetzungen unstreitig vorliegen oder rechtskräftig festgestellt sein.[134]

Besteht also Einigkeit über die Berechtigung zur Rückabwicklung, braucht der Leasingnehmer keine Klage gegen den Lieferanten auf Rückzahlung an den Leasinggeber zu erheben. Eine Klage des Leasingnehmers gegen den Lieferanten wäre wegen fehlenden Rechtsschutzinteresses unzulässig. **139**

Die tatsächliche Rückzahlung durch den Lieferanten an den Leasinggeber ist nicht Voraussetzung für das Bestehen eines Leistungsverweigerungsrechts des Leasingnehmers. Die tatsächliche Realisierung des Rückzahlungsanspruchs ist Sache des Leasinggebers. Er trägt auch das Risiko der Uneinbringlichkeit der Forderung.[135] **140**

cc) Einigkeit zwischen Leasingnehmer und Lieferant über die Minderung. Verlangt der Leasingnehmer nicht Rückabwicklung des Liefervertrages, sondern Minderung, besteht ein Leistungsverweigerungsrecht des Leasingnehmers in Höhe eines geminderten Teilbetrages der monatlichen Leasingraten, wenn der Lieferant dem Minderungsverlangen des Leasingnehmers zustimmt. Der Leasinggeber kann nach Neuberechnung unter Berücksichtigung der Höhe des Minderungsbetrages nur noch die geminderten Leasingraten verlangen. Der Leasingnehmer darf die monatlichen Leasingraten in Höhe des Minderungsbetrages kürzen. Dies gilt uneingeschränkt auch nach der Schuldrechtsreform mit der Ausformung der Minderung als Gestaltungsrecht. **141**

dd) Rechtslage bei Streit über die Sachmängelhaftung. (1) Pflicht des Leasingnehmers zur Durchsetzung der Sachmängelrechte. Bestreitet der Lieferant die vom Leasingnehmer geltend gemachte Leistungsstörung, besteht bei interessengerechter Auslegung der Vereinbarungen kein Leistungsverweigerungsrecht des Leasingnehmers aus § 320 BGB bezüglich der Zahlung der Leasingraten, obwohl der an sich vorleistungspflichtige Leasinggeber seine Verpflichtung zur Überlassung der Leasingsachen noch nicht oder nicht vollständig erfüllt hat. Aufgrund der leasingtypischen Vereinbarungen ist der Leasingnehmer nach Überlassung der Leasingsache und vorbehaltsloser Unterzeichnung der Übernahmebestätigung bezüglich der Leasingraten vorleistungspflichtig im Sinne des § 320 Abs. 1 Satz 1 BGB letzter Halbsatz, bis er die ihm abgetretenen Ansprüche gegen den Lieferanten aktiv durchsetzt.[136] Der Leasingnehmer muss **unverzüglich** die ihm abgetretenen Rechte **durch Klageerhebung gegen den Lieferanten** verfolgen. Erst zu diesem Zeitpunkt wird seine Mängeleinrede im Verhältnis zum Leasinggeber „**erheblich**"; bis zur Klageerhebung des Leasingnehmers gegen den Lieferanten im Lieferprozess ist der Einwand des Leasingnehmers im Leasingprozess gegenüber dem Zahlungsanspruch des Leasinggebers nicht „**schlüssig**".[137] Einer ausdrücklichen Regelung im Leasingvertrag bedarf es insoweit nicht,[138] sie ist aber zur Vermeidung von Streitigkeiten dringend zu empfehlen.[139] **142**

Der Leasingnehmer muss beim Finanzierungsleasinggeschäft nach den Regelungen des Liefervertrages gegen den Lieferanten vorgehen, also z. B. unter Fristsetzung Nachlieferung oder Nachbesserung verlangen. Reagiert der Lieferant auf die Mängelrügen des Leasingnehmers nicht und bleibt untätig, muss der Leasingnehmer die sich dann er- **143**

---

[134] Vgl. *H. Beckmann* WM 2006, 952.
[135] S. u. § 29 Rdn. 19 ff.
[136] S. u. § 30 Rdn. 10.
[137] BGH NJW 1985, 796; 1986, 1744; WM 1992, 1609; *Breitfeld* FLF 2003, 218; a. A. *Graf von Westphalen* ZIP 2006, 1660.
[138] A. A. *Löbbe* BB-Beilage 6/2003, 12.
[139] Vgl. *H. Beckmann* Finanzierungsleasing § 5 Rdn. 35; vgl. auch Wolf/Eckert/Ball Rdn. 1860.

gebenden Sekundäransprüche geltend machen und schließlich auch durchsetzen, d. h. die Rückabwicklungsklage gegen den Lieferanten auf Rückzahlung an den Leasinggeber erheben. **Diese Pflichten sind leasingtypisch an die Stelle des Leistungsverweigerungsrechts getreten.**

144 **(2) Mängelrüge, Nacherfüllungsverlangen und Nacherfüllung.** Die bloße Mängelrüge oder ein Nachbesserungs- oder Nachlieferungsverlangen berechtigen den Leasingnehmer nicht zur Verweigerung der Zahlung der geschuldeten Leasingraten. Auch während der Dauer einer Nacherfüllung durch Nachbesserung oder Nachlieferung besteht kein Leistungsverweigerungsrecht des Leasingnehmers bezüglich der Leasingraten. Ist dem Leasingnehmer **die Ware überlassen** worden, hat der vorleistungspflichtige Leasinggeber „*seine Vorleistung voll erbracht*".[140]

145 Tritt ein Sachmangel auf, muss der Leasingnehmer als zwingende Folge der zulässigen Freizeichnung des Leasinggebers im Rahmen der leasingtypischen Abtretungskonstruktion die Leasingraten zunächst weiterzahlen. Das **Leistungsverweigerungsrecht** des Leasingnehmers ist wirksam **abbedungen**. Die wirksam ausgeschlossene mietrechtliche Haftung des Leasinggebers lebt nicht wieder auf, wenn der Lieferant eine mangelhafte Sache liefert.

146 Ein Leistungsverweigerungsrecht des Leasingnehmers bezüglich der Leasingraten besteht auch dann nicht, wenn der Lieferant die Nacherfüllung verzögert oder verweigert oder Art und Umfang oder der Erfolg der Nacherfüllung streitig sind. Diese Fragen müssen notfalls gerichtlich zwischen dem Lieferanten und dem Leasingnehmer ausgefochten werden.[141] Dieses Risiko hat leasingtypisch der Leasingnehmer im Rahmen der Abtretungskonstruktion übernommen.

147 Dem Leasingnehmer, der die Sache wegen eines Mangels an den Lieferanten zurückgegeben hat, steht unter Berücksichtigung der leasingtypischen Abtretungskonstruktion auch kein Leistungsverweigerungsrecht bezüglich der Leasingraten so lange zu, bis ihm der Lieferant eine neue mangelfreie Sache zur Verfügung stellt.[142]

148 **(3) Rückabwicklungsverlangen.** Bestreitet der Lieferant die Berechtigung des Rückabwicklungsverlangens des Leasingnehmers, muss der Leasingnehmer infolge der leasingtypischen Abtretungskonstruktion im Lieferprozess die abgetretenen Ansprüche aus dem Liefervertrag, gerichtet auf Rückzahlung an den Leasinggeber, gegen den Lieferanten geltend machen. Dies gilt auch bei einer Rücktrittserklärung oder einem Schadensersatzverlangen nach neuem Recht. Ein Leistungsverweigerungsrecht des Leasingnehmers bezüglich der Leasingraten besteht nicht schon mit dem Zugang der Rücktrittserklärung oder des Schadensersatzverlangens beim Lieferanten, wenn der Lieferant die Berechtigung zum Rücktritt bestreitet. Dies gilt nach altem und neuem Schuldrecht unabhängig davon, dass Rücktritt und Minderung nunmehr als Gestaltungsrechte ausgeformt sind.[143]

149 **(4) Minderung.** Die dargestellten Grundsätze gelten auch bei einem Minderungsverlangen des Leasingnehmers.[144] Bei einem Bestreiten der Haftung muss der Leasingnehmer unverzüglich Klage gegen den Lieferanten auf Rückzahlung des geminderten Kaufpreises/Werklohns an den Leasinggeber erheben, um sodann die **Leasingraten anteilig kürzen** zu dürfen.

150 **f) Rechtslage bei Freizeichnung wegen sonstiger Pflichtverletzungen.** Offen ist, ob der Leasingnehmer die Zahlung der Leasingraten verweigern darf, wenn ihm die

---

[140] BGH NJW 1991, 102.
[141] Wolf/Eckert/*Ball* Rdn. 1861 f.; Staudinger/*Stoffels* Leasing Rdn. 268; *Marly* Rdn 337.
[142] *Jaggy* BB-Beilage 5/2002, 17; a. A. Tiedtke/*Möllmann* DB 2004, 584.
[143] Wolf/Eckert/*Ball* Rdn. 1859; *H. Beckmann* FLF 2002, 48 u. WM 2006, 952 ff. m. w. N.; a. A. *Graf von Westphalen* ZIP 2001, 2261; *Marly* Rdn. 236; *Reinking* ZGS 2002, 234; *Löbbe* BB-Beilage 6/2003, 11.
[144] *Reinking/Eggert* Rdn. 950.

9. Kapitel. Die Haftung im typischen Leasingdreieck **§ 27**

Waren **nicht oder nicht vollständig geliefert** worden sind oder eine sonstige Pflichtverletzung des Lieferanten vorliegt. Sieht man es als zulässig an, dass sich der Leasinggeber nicht nur von seiner Sachmängelhaftung, sondern wegen sämtlicher in Betracht kommenden Leistungsstörungen von seiner mietrechtlichen Haftung freizeichnen kann, und hat der Leasinggeber von dieser Möglichkeit im Leasingvertrag wirksam Gebrauch gemacht, gilt die im Rahmen der Sachmängelhaftung geschilderte Rechtslage entsprechend. Dem Leasingnehmer steht ein Leistungsverweigerungsrecht nur zu, sobald er sich mit dem Lieferanten über die Rückabwicklung verständigt oder die Klage auf Rückzahlung an den Leasinggeber erhoben hat.

g) Leistungsverweigerungsrecht aus verbundenen Verträgen. Ist der Finanzierungsleasingvertrag ein **Verbrauchergeschäft** im Sinne des § 500 BGB, kann der Leasingnehmer die Zahlung der Leasingraten nicht nach § 359 BGB verweigern mit der Begründung, es handele sich bei dem Abschluss des Liefer- und des Leasingvertrages im Rahmen eines Finanzierungsleasinggeschäfts um „verbundene Verträge" im Sinne des § 358 BGB. Zwar verweisen die §§ 499 Abs. 2, 500 BGB auf die §§ 358, 359 BGB. Die Regelungen der §§ 358, 359 BGB (bisher § 9 VerbrKrG) setzen aber voraus, dass der Verbraucher zugleich Käufer und Kreditnehmer ist. Dies ist beim finanzierten Kauf und beim **Händlerleasing**, bei dem der Leasinggeber zugleich Lieferant ist, nicht aber bei einem typischen Finanzierungsleasinggeschäft im Leasingdreieck der Fall, bei dem der **Leasingnehmer nur Vertragspartner des Leasingvertrages ist**.[145] Für eine analoge Anwendung der §§ 358, 359 BGB besteht kein Bedürfnis, da der Leasingnehmer durch die von der Rechtsprechung gebilligte leasingtypische Abtretungskonstruktion und das Bestehen eines Leistungsverweigerungsrechts unter den oben geschilderten Voraussetzungen ausreichend geschützt wird.[146] 151

Das gilt auch beim **Eintrittsmodell**, bei dem der Kunde in der Regel mit dem Eintritt des Leasinggebers aus dem Liefervertrag ausscheidet. Ausnahmsweise besteht ein unmittelbares Leistungsverweigerungsrecht des Leasingnehmers gegenüber dem Leasinggeber aus den §§ 500, 359 BGB, wenn der Leasingnehmer trotz der Leasingfinanzierung Käufer bleibt, z. B. weil der Leasinggeber nicht als Käufer in den Liefervertrag einsteigt, sondern lediglich der Schuld des Leasingnehmers beitritt.[147] 152

Nach a. A.[148] hat der Gesetzgeber die bislang umstrittene Frage der Anwendbarkeit der Regelungen über verbundene Geschäfte auf Finanzierungsleasingverträge im Rahmen der Schuldrechtsreform eindeutig bejaht. Die Voraussetzungen eines Verbundgeschäfts lägen vor, wenn der Leasingkunde gleichzeitig Fahrzeugbestellung und Leasingantrag unterzeichne und von vornherein geplant sei, dass der Liefervertrag zwischen Lieferant und Leasinggeber zustande kommen solle.[149] Das soll uneingeschränkt auch beim Eintrittsmodell gelten.[150] 153

Dem ist aus den dargelegten Gründen nicht zu folgen. Schon aus der nach der Schuldrechtsreform amtlichen Überschrift der §§ 358, 359 BGB und dem Regelungsgehalt ergibt sich eindeutig, dass diese für „*verbundene Verträge*" des Verbrauchers mit zwei Vertragspartnern gelten sollen. Dann ist der Verbraucher bei der Störung des einen Vertrags auch nicht mehr aus dem zweiten Vertrag verpflichtet. Diese Rechtslage liegt beim Finanzierungsleasinggeschäft gerade nicht vor. 154

---

[145] Wolf/Eckert/Ball Rdn. 2057 ff.; Engel § 2 Rdn. 41 u. § 6 Rdn. 23 f.; Palandt/Grüneberg § 358 Rdn. 11; Canaris ZIP 1993, 411; H. Beckmann Finanzierungsleasing § 1 Rdn. 10 ff. m. w. N.
[146] Wolf/Eckert/Ball Rdn. 2060; Habersack BB-Beilage 6/2003, 5.
[147] BGH NJW-RR 1993, 307.
[148] Reinking/Eggert Rdn. 843; Staudinger/Stoffels Leasing Rdn. 262 ff.; Arnold DStR 2002, 1054; Weber NJW 2003, 2349.
[149] Reinking DAR 2002, 147.
[150] Reinking/Eggert Rdn. 843; Reinicke/Möllmann DB 2004, 586.

3. Ausschluss des Leistungsverweigerungsrechts des Leasingnehmers

155 **a) Vorbehaltlose Unterzeichnung der Übernahmebestätigung trotz unvollständiger Leistung.** Unabhängig von einer wirksamen Freizeichnung des Leasinggebers besteht kein Leistungsverweigerungsrecht des Leasingnehmers bezüglich der Leasingraten, wenn er die Übernahmebestätigung unterzeichnet hat, obwohl noch nicht sämtliche Teile des Leasingobjekts geliefert sind; in diesem Fall wird der Anspruch des Leasinggebers auf Zahlung der Leasingraten leasingtypisch zunächst in voller Höhe fällig.[151] Das folgt aus einer interessengerechten Auslegung der Vereinbarungen im Rahmen der leasingtypischen Abtretungskonstruktion wegen der Pflicht des Leasingnehmers zur Prüfung der Leistungen des Lieferanten und zur Unterzeichnung der Übernahmebestätigung. Nach vorbehaltsloser Unterzeichnung der Übernahmebestätigung ist der Leasingnehmer vorleistungspflichtig im Sinne des § 320 Abs. 1 Satz 1 BGB letzter Halbsatz, bis er die ihm abgetretenen Ansprüche gegen den Lieferanten aktiv durchsetzt. Dies entspricht der Rechtslage bei wirksamer Freizeichnung des Leasinggebers im Rahmen der leasingtypischen Abtretungskonstruktion.

156 **b) Kenntnis oder grob fahrlässige Unkenntnis von einem Mangel.** Ein Leistungsverweigerungsrecht des Leasingnehmers bezüglich der Leasingraten besteht gemäß § 536 b BGB auch nicht bei Kenntnis oder grob fahrlässiger Unkenntnis von einem Mangel der Sache bei Vertragsschluss oder bei der Annahme. Hat der Leasingnehmer **unstreitig** das Vorhandensein eines Mangels bei Vertragsschluss gekannt oder grob fahrlässig nicht gekannt oder die Sache trotz Mangelkenntnis vorbehaltlos angenommen, kann der Leasinggeber trotz wirksamer leasingtypischer Abtretungskonstruktion Zahlung der Leasingraten verlangen, da der mietrechtliche Ausschluss der Mängelhaftung bei interessengerechter Auslegung der Freizeichnung des Leasinggebers vorgeht.

157 Kennt der Käufer einen Sachmangel bei Vertragsschluss oder ist er ihm infolge grober Fahrlässigkeit unbekannt geblieben, ist die Sachmängelhaftung des Verkäufers nach § 442 BGB ausgeschlossen. Da bei einem Finanzierungsleasinggeschäft wegen der „subjektiven Elemente" auf den Leasingnehmer abzustellen ist, kann der Leasingnehmer in diesen Fällen nicht mit Erfolg vom Lieferanten Rückabwicklung des Liefervertrages verlangen, so dass auch aus diesem Grund eine Klage gegen den Lieferanten als „überflüssiger Umweg" anzusehen wäre. Der Leasingnehmer kann in diesen Fällen die Zahlung der Leasingraten nicht verweigern. Etwas anderes gilt nach § 442 Abs. 1 Satz 2 BGB nur bei arglistigem Verschweigen des Mangels oder einer Garantieübernahme durch den Lieferanten oder nach § 536 b Satz 2 BGB bei arglistigem Verschweigen des Leasinggebers selbst oder des Lieferanten als seines Verhandlungsgehilfen.

158 **c) Treu und Glauben.** Hinsichtlich anderer Leistungsstörungen als Mängel ist ein Leistungsverweigerungsrecht nach § 320 Abs. 2 BGB ausgeschlossen, wenn „*die Verweigerung nach den Umständen ... gegen Treu und Glauben verstoßen würde*". Dies kann mit unmittelbarer Wirkung im Leasingvertragsverhältnis der Fall sein, z. B. bei kollusivem Zusammenwirken von Lieferant und Leasingnehmer zum Nachteil des Leasinggebers.[152]

159 Die Verweigerung der Zahlung der Leasingraten kann aber auch mittelbar auf das Leasingvertragsverhältnis durchschlagen, wenn das Vorgehen des Leasingnehmers gegen den Lieferanten nach den §§ 242, 320 Abs. 2 BGB z. B. „wegen verhältnismäßiger Geringfügigkeit des rückständigen Teils" auch im Liefervertragsverhältnis als Verstoß gegen den Grundsatz von Treu und Glauben anzusehen wäre.

---

[151] BGH NJW 1991, 2135.
[152] S. o. § 6 Rdn. 91 ff.

9. Kapitel. Die Haftung im typischen Leasingdreieck § 27

4. Sicherungsmöglichkeiten des Leasinggebers bei Leistungsverweigerung durch den Leasingnehmer

Für die Fälle, dass der Leasingnehmer unberechtigt die Zahlung der Leasingraten einstellt oder ihm zu Recht ein Leistungsverweigerungsrecht bezüglich der Leasingraten zusteht, sollte der Leasinggeber in seinen ALB Sicherungsmöglichkeiten einbauen. Jedenfalls für den Fall der Weiternutzung der Leasingsache durch den Leasingnehmer sind die Vereinbarung einer Hinterlegung der Leasingraten, die Zahlung auf ein Treuhandkonto oder die Stellung einer Bankbürgschaft als zulässig anzusehen.[153] **160**

5. Regelung durch Klauseln in den ALB

Wegen der immer noch strittigen Rechtslage wird empfohlen, die Frage des Leistungsverweigerungsrechts in den ALB **klarstellend** zu regeln. Dies kann durch folgende Klauseln geschehen:[154] **161**

1. Hat der Leasingnehmer gegenüber dem Lieferanten wegen einer Leistungsstörung den Rücktritt vom Liefervertrag erklärt oder die Rückabwicklung des Liefervertrages im Wege des Schadensersatzes statt der Leistung verlangt und wird die Berechtigung vom Lieferanten bestritten, kann der Leasingnehmer die Zahlung der Leasingraten erst einstellen, wenn er Klage auf Rückabwicklung des Liefervertrages gegen den Lieferanten mit dem Antrag, den gezahlten Kaufpreis/Werklohn an den Leasinggeber zurückzuzahlen, erhoben hat.

2. Der Leasingnehmer kann vom Leasinggeber Rückabwicklung des Leasingvertrages nur verlangen, wenn er die streitige Rückabwicklung des Liefervertrages gegen den Lieferanten erfolgreich durchgesetzt hat.

3. Verlangt der Leasingnehmer vom Lieferanten Minderung und wird die Berechtigung vom Lieferanten bestritten, kann er die Leasingraten erst mindern, wenn er Klage auf Minderung des Kaufpreises gegen den Lieferanten erhebt.

4. Die (gerichtliche) Geltendmachung von Nacherfüllungsansprüchen berechtigt den Leasingnehmer nicht zur Einstellung der Zahlung der Leasingraten.

5. Stellt der Leasingnehmer die Zahlung der Leasingraten ein, obwohl er die Leasingsache weiter nutzt, kann der Leasinggeber nach seiner Wahl Hinterlegung der Leasingraten, Zahlung der Leasingraten auf ein Treuhandkonto oder Stellung einer unbefristeten und unbedingten selbstschuldnerischen Bankbürgschaft verlangen.

6. Ist der Leasingnehmer auf die Nutzung der Leasingsache nicht angewiesen oder ist die Nutzung wegen eines Mangels nicht möglich, kann der Leasinggeber Herausgabe der Sache zum Zwecke der bestmöglichen Verwertung verlangen, soweit dadurch die Rechte des Leasingnehmers nicht beeinträchtigt werden.

IX. Nachträgliche Erweiterung der Abtretung

Stellt sich nach Auftreten einer Leistungsstörung heraus, dass dem Leasingnehmer nicht sämtliche Ansprüche und Rechte bezüglich dieser Leistungsstörung abgetreten worden sind, sollten die Leasingvertragspartner nachträglich über eine Erweiterung der leasingtypischen Abtretungskonstruktion verhandeln. **162**

Ist eine ausdrückliche Regelung im Leasingvertrag nicht getroffen, kann der Leasingnehmer nachträglich bei Auftreten einer Leistungsstörung vom Leasinggeber die Abtretung weiterer **Ansprüche, z. B. aus einer Garantie, aus unerlaubter Handlung, aus Produkthaftung oder aus sämtlichen Vertragspflichtverletzungen**, verlangen. Es besteht ein **Recht** des Leasingnehmers auf eine nachträgliche Abtretung. Eine während **163**

---

[153] Vgl. MünchKomm/*Habersack* Leasing Rdn. 89; *Assies* BKR 2002, 317; *Matz* S. 208.
[154] *H. Beckmann* Finanzierungsleasing § 5 Rdn. 35.

§ 28　　　　　　　　　　　　　　　　Zweiter Teil. Allgemeines Leasingrecht

des Lieferprozesses erfolgende Abtretung kann dem Leasingnehmer die Abweisung seiner Klage wegen fehlender **Aktivlegitimation** ersparen.[155]

164　Ob eine **Pflicht** des Leasingnehmers besteht, ein nachträgliches Abtretungsangebot des Leasinggebers anzunehmen und sämtliche in Betracht kommenden Ansprüche gegen den Lieferanten **vorrangig** geltend zu machen, ist offen, kann aber unter Berücksichtigung der aus § 241 Abs. 2 BGB folgenden Verpflichtung zur Rücksichtnahme auf die Interessen des Vertragspartners bejaht werden **(Kooperationspflicht)**.[156]

X. Rechtslage bei Nichtgeltendmachung der abgetretenen Ansprüche

165　Der Leasinggeber hat ein erhebliches und schützenswertes Interesse daran, dass der Leasingnehmer die aus einer behaupteten Pflichtverletzung des Lieferanten herrührenden Ansprüche unverzüglich gegen den Lieferanten verfolgt, da er das **Insolvenzrisiko seiner beiden Vertragspartner** trägt.

166　Weigert sich der Leasingnehmer vertragswidrig, die ihm abgetretenen Ansprüche und Rechte gegen den Lieferanten durchzusetzen, kann der Leasinggeber vom Leasingnehmer **Rückabtretung** der abgetretenen Ansprüche verlangen, um selbst gegen den Lieferanten vorgehen zu können.[157] Der Leasinggeber kann auch nach erfolglosem Ablauf einer Abhilfefrist den Leasingvertrag wegen Pflichtverletzung nach § 543 Abs. 3 BGB **kündigen** oder zunächst nur den im Rahmen der leasingtypischen Abtretungskonstruktion erteilten Auftrag an den Leasingnehmer zur Geltendmachung der abgetretenen Ansprüche nach § 671 Abs. 1 BGB zu **widerrufen**.[158]

167　Der Leasinggeber kann sich schon im Leasingvertrag ein **Recht zum Widerruf** der Abtretung für den Fall **vorbehalten**, dass der Leasingnehmer seinen Verpflichtungen aus der leasingtypischen Abtretungskonstruktion nicht nachkommt oder er sein Besitzrecht verliert.[159] Zulässig und zu empfehlen ist eine **Klausel in den ALB** des Leasinggebers, die den Fortbestand der Abtretung an den Fortbestand des Leasingvertrages knüpft.[160] Ist der Leasingvertrag beendet, besteht kein berechtigtes Interesse des Leasingnehmers an der Ersetzung der mietrechtlichen Haftung durch die liefervertragliche Haftung des Lieferanten.[161] Die Abtretung der Ansprüche an den Leasingnehmer ist auflösend bedingt durch das Fortbestehen des Leasingvertrages.

§ 28. Leasingtypische Besonderheiten im Lieferprozess

Schrifttum: s. auch zu den §§ 5–7 u. 25–27; *H. Beckmann* Musterformulierungen für Klageanträge im Rechtsstreit über die Rückabwicklung des Liefervertrages beim Finanzierungsleasing WiB 1996, 962; *ders.* Beitritt des Leasinggebers als Streithelfer im Lieferprozess FLF 2007, 131; *Klinck* Die Vergleichsbefugnis des Prozessstandschafters WM 2006, 417; *Musielak* Zivilprozessordnung 4. Aufl. 2005; *Saenger* (Hrsg.) Zivilprozessordnung 1. Aufl. 2006; *Stöber* Der Gerichtsstand des Erfüllungsortes nach Rücktritt des Käufers vom Kaufvertrag NJW 2006, 2661; *Zöller* Zivilprozessordnung 25. Aufl. 2005; *Vorwerk* Das Prozessformularbuch 7. Aufl. 2002

---

[155] Vgl. BGH NJW-RR 2003, 51.
[156] Vgl. BGH NJW 2000, 807 beim VOB-Bauvertrag.
[157] Vgl. BGH NJW 1995, 187.
[158] OLG Rostock NJW-RR 2002, 1712.
[159] OLG Rostock NJW-RR 2002, 1712; *Reinking/Eggert* Rdn. 859; a. A. *Graf von Westphalen* BB 2004, 2029.
[160] Vgl. BGH NJW 1991, 1746; s. o. § 25 Rdn. 41.
[161] *Reinking/Eggert* Rdn. 859 vgl. *H. Beckmann* Finanzierungsleasing § 2 Rdn. 496.

9. Kapitel. Die Haftung im typischen Leasingdreieck § 28

Übersicht

	Rdn.
I. Verständigung zwischen Lieferant und Leasingnehmer über die Rückabwicklung	2
II. Prozessführungsbefugnis des Leasingnehmers	4
III. Gerichtsstände	7
1. Gerichtsstand für Nacherfüllung	8
2. Gerichtsstand für Rückabwicklung	9
3. Gerichtsstand für Aufwendungsersatz- und Schadensersatzansprüche	14
4. Gerichtsstand für Minderung	16
IV. Erfüllungsort- und Gerichtsstandsvereinbarungen	17
1. Bestimmung durch den Lieferanten in Lieferbedingungen	18
2. Bestimmung des Sitzes des Leasinggebers	19
3. Bestimmung des Sitzes des Lieferanten	22
V. Vorlage der vollständigen Vertragsunterlagen	23
1. Vorlage des vollständigen Leasingvertrages	24
2. Vorlage der vollständigen Lieferunterlagen	29
VI. Mitwirkung des Leasinggebers am Lieferprozess	31
1. Wechselseitige Informationspflichten	31
2. Streitverkündungen an den Leasinggeber	32
3. Streithilfe des Leasinggebers	35
4. Beitritt zu einem Prozessvergleich	37
VII. Klageanträge im Lieferprozess	40
1. Klage auf Zustimmung zur Rückabwicklung oder Minderung	40
2. Klage auf Rückzahlung des gezahlten Kaufpreises/Werklohns an den Leasinggeber	42
3. Verzinsung des Rückzahlungsanspruchs	46
a) Pflicht des Leasingnehmers	46
b) Verzugszinsen	47
c) Fälligkeitszinsen	49
d) Nutzungszinsen, Nutzungs- und Wertersatz	50
4. Anrechnung von Nutzungsvorteilen	51
a) Schadens- oder bereicherungsrechtliche Rückabwicklung	52
b) Rückabwicklung nach den §§ 346 ff. BGB	53
aa) Einrede des Lieferanten	53
bb) Darlegungs- und Beweislast	54
cc) Schätzung des Nutzungswerts	55
dd) Streitwerterhöhung	57
5. Rückgewähr der Waren „Zug um Zug"	58
a) Einrede des Lieferanten	58
b) Antragstellung durch den Leasingnehmer	59
c) Rückgabe oder Rückholung	62
d) Bestimmtheit des Zug-um-Zug-Antrags	63
e) Kosten der Rückgewähr	65
f) Wert- und Schadensersatz bei Untergang oder Verschlechterung der Waren	68
g) Tatsächliche Durchführung der Rückgabe nach dem Lieferprozess	69
6. Feststellung des Annahmeverzugs des Lieferanten	70
7. Eigene Aufwendungs-, Schadens- und Verwendungsersatzansprüche des Leasingnehmers	73
8. Zwischenfeststellungsklage	75
9. Klage gegen „Vierte"	76
10. Rückabwicklung bei Inzahlungnahme eines Gebrauchtfahrzeugs	78
a) Kauf mit Inzahlungnahme	78
b) Händlerleasing	79
c) Reines Finanzierungsleasing	80
d) Rückgabe an den Leasingnehmer	82
e) Rückgabe an den Leasinggeber	83
f) Wertersatz	84
11. Minderung	85

Als Folge der leasingtypischen Abtretungskonstruktion ist der Leasingnehmer bei einem **1** Finanzierungsleasinggeschäft verpflichtet, die ihm wirksam abgetretenen Rechte aus dem Liefervertrag gegen den Lieferanten im Wege der Klage geltend zu machen, wenn der Lieferant der verlangten Rückabwicklung des Liefervertrages nicht zustimmt. Für diese

§ 28

Rechtsstreitigkeiten bietet sich der Begriff **Lieferprozess**[1] an, für Klagen eines der Leasingvertragspartner aus dem Leasingvertrag demgegenüber der Begriff **Leasingprozess**.[2]

I. Verständigung zwischen Lieferant und Leasingnehmer über die Rückabwicklung

2   Einigen sich Lieferant und Leasingnehmer wirksam über die Berechtigung des vom Leasingnehmer geltend gemachten Rückabwicklungsverlangens **dem Grunde nach**, ist der Leasingnehmer nicht verpflichtet, die Berechtigung des Verlangens zusätzlich in einem Rechtsstreit zu klären. Der Leasinggeber ist **zwingend** an das Ergebnis der Auseinandersetzung zwischen Lieferant und Leasingnehmer infolge der leasingtypischen Abtretungskonstruktion **gebunden**, soweit Lieferant und Leasingnehmer nicht kollusiv zum Nachteil des Leasinggebers handeln.[3]

3   Der Leasinggeber darf in seinen Leasingbedingungen den Leasingnehmer nicht zur gerichtlichen Durchsetzung der Rechte verpflichten oder seine Bindung an das Ergebnis der Auseinandersetzung zwischen Lieferant und Leasingnehmer von seiner Zustimmung abhängig machen. Dies würde zur Unwirksamkeit seiner Freizeichnung im Rahmen der leasingtypischen Abtretungskonstruktion führen.[4] Der Leasinggeber hat gegen den Leasingnehmer keinen Anspruch auf Durchführung des Lieferprozesses. Im Verhältnis zum Lieferanten würde dem Leasingnehmer für einen Rückabwicklungsprozess das erforderliche Rechtsschutzbedürfnis fehlen.

II. Prozessführungsbefugnis des Leasingnehmers

4   Aufgrund der leasingtypischen Abtretungskonstruktion ist der Leasingnehmer im Verhältnis zum Leasinggeber **verpflichtet** und im Verhältnis zum Lieferanten **berechtigt**, den Anspruch des Leasinggebers gegen den Lieferanten auf völlige oder teilweise Rückzahlung des gezahlten Kaufpreises/Werklohns und auch eigene Ansprüche gegen den Lieferanten durchzusetzen, und zwar bei einem Bestreiten des Lieferanten auch im Klagewege. Inhalt der leasingtypischen Abtretungskonstruktion ist bei interessengerechter Auslegung eine Freizeichnung des Leasinggebers von der eigenen Haftung unter **Abtretung** aller Ansprüche aus Leistungsstörungen mit der **Ermächtigung** zur Durchsetzung der Rechte gegen den Lieferanten im **Auftrag** des Leasinggebers und zur Geltendmachung eigener Aufwendungs- und Schadensersatzansprüche.[5] In diesem Umfang ist der Leasingnehmer leasingtypisch **prozessführungsbefugt**.[6]

5   Bezüglich des **Rückzahlungsanspruchs** ist der Leasingnehmer **gewillkürter Prozessstandschafter des Leasinggebers**.[7] Der Prozessstandschafter ist zur gerichtlichen Geltendmachung fremder Rechte im eigenen Namen aufgrund einer Ermächtigung befugt. Dies rechtfertigt es aber nicht, die leasingtypischen Haftungsregelungen als „Ermächtigungskonstruktion" zu bezeichnen. Die Ermächtigung ist nur Teil der Abtretung aller Ansprüche und Rechte im Rahmen der leasingtypischen Abtretungskonstruktion.[8] Der Leasingnehmer ist zusätzlich berechtigt, eigene Ansprüche auf Schadens- oder Aufwendungsersatz gegen den Lieferanten geltend zu machen, was bei einer Ermächtigung nicht zulässig wäre.

---

[1] *Vorwerk* Kap. 79 Rdn. 93; *H. Beckmann* Finanzierungsleasing § 6.
[2] S. u. § 30.
[3] S. u. § 29 Rdn. 1 ff.
[4] BGH NJW 1985, 1535; s. o. § 25 Rdn. 25 ff.
[5] S. o. § 25.
[6] Zöller/*Vollkommer* Vor § 50 Rdn. 18 ff. m. w. N.
[7] *Reinicke/Tiedtke* BB 1982, 1142.
[8] S. o. § 27 Rdn. 31 u. § 26 Rdn. 66.

9. Kapitel. Die Haftung im typischen Leasingdreieck § 28

Bedenken gegen die Zulässigkeit der gewillkürten aktiven Prozessstandschaft bestehen 6
nicht.[9] Leasinggeber und Leasingnehmer haben ein schutzwürdiges berechtigtes Interesse
an der Durchsetzung der Rechte aus dem Liefervertrag gegen den Lieferanten durch den
Leasingnehmer im eigenen Namen; der Lieferant wird durch die Prozessführung durch
den Leasingnehmer als seinen Verhandlungspartner nicht unzumutbar beeinträchtigt.[10]
Die Ermächtigung des Leasingnehmers und die Zession sind leasingtypisch und dem in
die Vereinbarungen im Leasingdreieck eingebundenen Lieferanten bekannt. Es handelt
sich um eine **offene Prozessstandschaft** auf Leistung an den Leasinggeber als Rechtsträger. Der Leasingnehmer ist nach der Ansicht des BGH insoweit **wie ein gewillkürter Prozessstandschafter** anzusehen.[11]

III. Gerichtsstände

Eine Klage gegen den Lieferanten kann wegen sämtlicher Ansprüche aus dem Liefervertrag an dessen allgemeinem Gerichtsstand erhoben werden, also an dessen **Wohn- oder Geschäftssitz** (§§ 13, 17, 21 ZPO). Möglich ist aber auch eine Klageerhebung am besonderen Gerichtsstand des **Erfüllungsorts** (§ 29 ZPO). Das **Wahlrecht** nach § 35 ZPO ist infolge der leasingtypischen Abtretungskonstruktion auf den Leasingnehmer übergegangen. Auch die Wahl zwischen der Zivilkammer und der Kammer für Handelssachen des zuständigen Landgerichts ist vom klagenden Leasingnehmer bereits in der Klageschrift zu treffen (§ 96 GVG). 7

1. Gerichtsstand für Nacherfüllung

Leistungs- bzw. Erfüllungsort im Sinne der §§ 29 ZPO, 269 BGB ist für Klagen auf 8
Nacherfüllung nach den Umständen und der Natur des Schuldverhältnisses der Sitz des
Kunden. Dort schuldet der Lieferant die noch nicht vollständig erbrachte Erfüllung.[12] Dies
wird besonders deutlich durch die Verpflichtung des Lieferanten aus den §§ 439 Abs. 2,
635 Abs. 2 BGB, sämtliche Aufwendungen im Rahmen der Nacherfüllung zu tragen.

2. Gerichtsstand für Rückabwicklung

Nach h. M.[13] ist einheitlicher Erfüllungs- und Leistungsort nach § 29 ZPO für sämtliche 9
Rückgewähransprüche der **Ort, an dem sich die Sache zur Zeit der Rückabwicklung vertragsgemäß befindet** („Austauschort"). Dem ist trotz der Kritik von *Stöber*[14]
zuzustimmen. Die Rückgabe der Waren ist die das Rückabwicklungsverhältnis besonders
prägende Leistung. Entscheidend ist nicht, wo die Waren dem Kunden überlassen worden
sind, ob im Geschäftslokal des Lieferanten oder des Kunden.
Austauschort ist somit in der Regel der Wohn- oder Geschäftssitz des Kunden, an 10
den die Sache vertragsgemäß geliefert worden ist. Beim Finanzierungsleasinggeschäft ist
Kunde zwar der Leasinggeber. Leasingtypisch wird die Ware aber auf Geheiß des Leasinggebers mit Einverständnis des Lieferanten unmittelbar an den Leasingnehmer als den
Nutzer der Waren geliefert. Also ist der **Austauschort für eine Rückabwicklung der
Sitz des Leasingnehmers**. Das gilt selbst dann, wenn sich die Sache, z. B. wegen einer

---

[9] Zöller/*Vollkommer* Vor § 50 Rdn. 43.
[10] Vgl. Zöller/*Vollkommer* Vor § 50 Rdn. 44 ff. m. w. N.
[11] BGH NJW 1977, 848; vgl. zur Vergleichsbefugnis des Prozessstandschafters *Klinck* WM 2006, 417.
[12] OLG München NJW 2006, 449; Staudinger/*Matusche-Beckmann* § 439 Rdn. 9; Erman/*Grunewald* § 439 Rdn. 3.
[13] BGH NJW 1983, 1480; OLG Stuttgart MDR 1999, 469; BayObLG MDR 2004, 646; OLG Celle OLGR 2000, 81; OLG Stuttgart MDR 1999, 469; OLG Saarbrücken NJW 2005, 906; *Reinking/Eggert* Rdn. 329; Palandt/*Heinrichs* § 269 Rdn. 16 m. w. N.; Musielak/*Heinrich* § 29 ZPO Rdn. 28; *Redeker* Rdn. 707.
[14] *Stöber* NJW 2006, 2661 m. w. N.

Nachbesserung, beim Lieferanten befindet oder die Sache schon zurückgegeben ist. Der Kunde darf den ihm günstigen Gerichtsstand des Erfüllungsortes nicht durch die vorzeitige Rückgabe verlieren.[15]

11 Der Lieferant muss also nach einer Leistungsstörung des Liefervertrages die im Rückgewährschuldverhältnis erforderlichen **Erfüllungshandlungen am Sitz des Leasingnehmers** vornehmen. Er ist deshalb verpflichtet, die Waren beim Leasingnehmer abzuholen.[16] Dabei handelt es sich um eine **„Holschuld"** des Lieferanten. Die Rückgewährpflicht des Kunden aus § 346 Abs. 1 BGB wird überlagert durch die Pflicht des vertragswidrig handelnden Lieferanten zur kostenfreien Rückholung.

12 Der Sitz des Leasingkunden als Austauschort einer Rückabwicklung gilt nicht nur für Rückabwicklungsverlangen, die nach altem Recht auf Wandlung oder nach der Schuldrechtsreform auf Rücktritt gestützt werden, sondern **für alle auf eine Rückabwicklung des Leistungsaustausches („Zug-um-Zug") gerichteten Klagen**, die auf eine Pflichtverletzung des Lieferanten gestützt werden.[17] Nach der Schuldrechtsreform wird dies für die Geltendmachung der Rückabwicklung im Wege des großen Schadensersatzanspruchs durch die Regelung in § 281 Abs. 5 BGB, der ausdrücklich auf die §§ 346 bis 348 BGB verweist, bestätigt.

13 Dagegen sollen **bereicherungsrechtliche Ansprüche**, auch soweit sie auf eine Rückabwicklung der empfangenen Leistungen gerichtet sind, am Sitz des Rückgewährschuldners, hier also des Lieferanten, zu erfüllen sein.[18] Dies ist unter Berücksichtigung der Gegenseitigkeit der Leistungen für den Fall der Leistungskondiktion abzulehnen. Es kann bei der Rückabwicklung eines Vertragsverhältnisses wegen einer Störung des Leistungsverhältnisses durch den Schuldner keinen Unterschied machen, ob die Störung in einer Pflichtverletzung oder in einer vom Schuldner verursachten Nichtigkeit, z. B. wegen Täuschung oder Drohung oder Verstoßes gegen die guten Sitten, besteht.[19]

3. Gerichtsstand für Aufwendungsersatz- und Schadensersatzansprüche

14 Verbindet der Leasingnehmer seine Klage auf Rückzahlung des Kaufpreises/Werklohns an den Leasinggeber im Wege der objektiven Klagehäufung mit einem Anspruch auf Ersatz von Aufwendungen oder Schadensersatz, können diese Ansprüche, die **in Zusammenhang mit der Rückabwicklung** stehen, ebenfalls am Austauschort eingeklagt werden. Insoweit besteht eine „umfassende Entscheidungszuständigkeit" im besonderen Gerichtsstand.[20]

15 Verlangt der Leasingnehmer wegen einer vom Lieferanten zu vertretenden Leistungsstörung **ausschließlich Ersatz eigener Aufwendungen oder Schäden**, ist Gerichtsstand jedenfalls dann der Sitz des Leasingnehmers, wenn die Waren vom Lieferanten im Leasingdreieck an den Leasingnehmer ausgeliefert und evtl. sogar zusätzlich dort montiert/installiert worden sind. Hierin ist bei interessengerechter Auslegung eine Vereinbarung der drei am Leasingdreieck beteiligten Vertragspartner zu sehen, dass Erfüllungsort für sämtliche Pflichten des Lieferanten der Sitz des Leasingnehmers sein soll. Derartige echte und ernstlich gewollte Vereinbarungen bezüglich der Bestimmung des Leistungsorts sind auch prozessual bei der Bestimmung des Erfüllungsorts zu beachten.[21]

---

[15] *Reinking/Eggert* Rdn. 329; Baumbach/Lauterbach/*Hartmann* § 29 Rdn. 14; Zöller/*Vollkommer* § 29 ZPO Rdnr. 25 „Kaufvertrag" m. w. N.; a. A. RGZ 31, 383.
[16] *Mankowski/Knöfel* in: Derleder/Knops/Bamberger (Hrsg.) BankR § 14 Rdn. 113; *Reinking/ Eggert* Rdn. 329.
[17] BGH NJW 1996, 1412; WM 1974, 1073; OLG Hamm MDR 1989, 63; OLG Celle OLGR 2000, 81; Palandt/*Heinrichs* § 269 Rdn. 16; *Mues* ZIP 1996, 742.
[18] BGH MDR 1962, 399; BayObLG BB 1990, 2442.
[19] *Köhler* FS Heinrichs 1998 S. 367.
[20] Vgl. BGH NJW 2003, 828 zu § 32 ZPO.
[21] Vgl. Zöller/*Vollkommer* § 29 ZPO Rdn. 24 u. 26 m. w. N.

4. Gerichtsstand für Minderung

Macht der Leasingnehmer im Rahmen der Rechts- oder Sachmängelhaftung Minderung 16
geltend, ist der Sitz des Lieferanten Leistungs- und Erfüllungsort, da eine Rückabwicklung nicht stattfindet. Minderungsklagen des Leasingnehmers sind daher am **Sitz des Lieferanten** zu erheben.[22]

IV. Erfüllungsort- und Gerichtsstandsvereinbarungen

Die Vertragsparteien können nach den §§ 29 Abs. 2, 38 ff. ZPO eine Vereinbarung über 17
den Erfüllungsort oder einen an sich unzuständigen Gerichtsstand wirksam nur treffen, wenn beide Kaufleute sind. Da Leasinggeber und Lieferant als Vertragspartner des Liefervertrages in der Regel **Vollkaufleute** sind, wäre eine Vereinbarung im Liefervertrag grundsätzlich als zulässig anzusehen. Zu berücksichtigen ist aber, dass die Vereinbarungen über das im Falle einer Klage zuständige Gericht in erster Linie den Leasingnehmer betreffen, da dieser aufgrund der leasingtypischen Abtretungskonstruktion die Klage im Lieferprozess gegen den Lieferanten erheben muss. Über die Abtretungskonstruktion werden die Lieferbedingungen zudem Bedingungen des Leasingvertrages.

1. Bestimmung durch den Lieferanten in Lieferbedingungen

Bestimmt der **Lieferant seinen Sitz als Gerichtsstand** in seinen **Lieferbedingungen**, 18
ist zu berücksichtigen, dass wegen der besonderen Fallgestaltung bei der Anbahnung eines typischen Finanzierungsleasinggeschäfts im Leasingdreieck und der auch dem Lieferanten bekannten Regelungen im Rahmen der leasingtypischen Abtretungskonstruktion nicht auf die Person des Leasinggebers als Vertragspartner, sondern auf die des **Leasingnehmers** als Verhandlungspartner des Lieferanten abzustellen ist.[23] Ist der Leasingnehmer kein Kaufmann, ist eine diesbezügliche Gerichtsstandsklausel unzulässig. Ist auch der Leasingnehmer Vollkaufmann oder Unternehmer, kann die Klausel wegen ihres **Überraschungseffekts** gegen § 305 c Abs. 1 BGB oder wegen ihrer inhaltlichen Unangemessenheit gegen die §§ 307, 310 Abs. 1 Satz 2 BGB verstoßen.[24]

2. Bestimmung des Sitzes des Leasinggebers

Eine Klausel in den ALB, der Eintrittsvereinbarung oder den Bestellbedingungen des 19
Leasinggebers, wonach für alle Rechtsstreitigkeiten aus dem Liefervertrag der **Sitz des Leasinggebers** maßgebend sein soll, ist auch im Unternehmergeschäft sowohl im Verhältnis zum Lieferanten als auch gegenüber dem Leasingnehmer so ungewöhnlich, dass weder der Lieferant noch der Leasingnehmer als die nach der leasingtypischen Abtretungskonstruktion mit der Rückabwicklung befassten Partner mit ihr zu rechnen brauchen. Die Bestimmung wird als **überraschende Klausel** nach § 305 c Abs. 1 BGB nicht Vertragsbestandteil.

Außerdem beinhaltet die Vereinbarung des Sitzes des Leasinggebers als Gerichtsstand 20
für Rückabwicklungsansprüche im Rahmen der leasingtypischen Abtretungskonstruktion, an der der Leasinggeber tatsächlich nicht beteiligt ist, **unangemessene Benachteiligung** der Vertragspartner im Sinne des § 307 BGB. Der Sitz des Leasinggebers steht in keinem konkreten Zusammenhang mit den vom Leasingnehmer aufgrund der Abtretungskonstruktion gegen den Lieferanten geltend zu machenden Ansprüchen.[25] In die bei den §§ 305 c Abs. 1, 307 BGB vorzunehmenden Wertungen ist auch der Leasingneh-

---

[22] *Mankowski/Knöfel* in: Derleder/Knops/Bamberger (Hrsg.) BankR § 14 Rdn. 113; Palandt/*Heinrichs* § 269 Rdn. 16 m. w. N.; *Redeker* Rdn. 708.
[23] S. o. § 6 Rdn. 55 ff.
[24] Vgl. Zöller/*Vollkommer* § 29 ZPO Rdn. 28.
[25] OLG Köln ZIP 1989, 1068; OLG Düsseldorf NJW-RR 1989, 1332.

mer einzubeziehen, da er im Rahmen der Durchsetzung der Ansprüche gegen den Lieferanten die Gerichtsstandsklausel beachten müsste. Unter Berücksichtigung des Grundsatzes von Treu und Glauben wird man auch eine diesbezügliche Regelung im Wege einer **Individualvereinbarung** zwischen Leasinggeber und Lieferant ohne Einverständnis des Leasingnehmers als unzulässig ansehen müssen.

21   Im Verhältnis zum Leasingnehmer wird es in der Regel zudem gemäß den §§ 305, 310 BGB an einer wirksamen **Einbeziehung** dieser nachträglichen Bedingung aus dem Liefervertrag in den Leasingvertrag fehlen, so dass der Leasingnehmer sich im Verhältnis zum Leasinggeber nicht nach ihr zu richten hätte, sich also letztlich sogar mit Recht weigern könnte, die abgetretenen Ansprüche gegen den Lieferanten im Lieferprozess überhaupt durchzusetzen.

3. Bestimmung des Sitzes des Lieferanten

22   Bestimmen die ALB oder die Bestellbedingungen des Leasinggebers den **Sitz des Lieferanten** als Gerichtsstand, ist dies gegenüber einem nicht kaufmännischen Leasingnehmer schon nach § 29 ZPO unzulässig, da der Leasingnehmer in die Wertungen einzubeziehen ist. Die Klausel wäre zudem als überraschende und unangemessene Regelung nach den §§ 305 c Abs. 1, 307 BGB unwirksam.

V. Vorlage der vollständigen Vertragsunterlagen

23   Nach den §§ 253 Abs. 4, 131 ZPO sind der Klageschrift und den vorbereitenden Schriftsätzen die Urkunden, auf die Bezug genommen wird, beizufügen. Das Gericht kann nach § 142 ZPO die Vorlage von Urkunden und sonstigen Unterlagen, die sich im Besitz des Gegners oder Dritter befinden, anordnen, wenn sich eine Partei auf sie bezogen hat.[26]

1. Vorlage des vollständigen Leasingvertrages

24   Verlangt der Leasingnehmer im Lieferprozess die Rückzahlung des Kaufpreises/Werklohns an den Leasinggeber, ist für das Gericht offensichtlich, dass er nicht aus eigenem, sondern aus vom Leasinggeber abgeleitetem Recht klagt. Der Leasingnehmer muss daher seine **Prozessführungsbefugnis** und seine Sachlegitimation, die sog. **Aktivlegitimation**,[27] darlegen und belegen. Der Nachweis kann am besten durch Vorlage des Leasingvertrages erbracht werden. Dieser belegt den Umfang der leasingtypischen Abtretungskonstruktion.

25   Der Leasingnehmer sollte daher **schon mit der Klageschrift** im Lieferprozess eine Kopie des vollständigen Leasingvertrages einreichen, um den Umfang und die Wirksamkeit der Abtretung der geltend gemachten Ansprüche an ihn zu belegen. Die **Prüfung der Wirksamkeit und des Umfangs der leasingtypischen Abtretungskonstruktion ist vorrangig im Lieferprozess** vorzunehmen.

26   Wenn der Leasingnehmer nicht Rückzahlung an den Leasinggeber, sondern an sich verlangt, muss das Gericht insoweit seine Berechtigung prüfen. Das gilt auch, wenn der Leasingnehmer wegen eigener Ersatzansprüche Leistung an sich verlangt. Das Gericht muss den Leasingnehmer gemäß § 139 ZPO spezifiziert auf fehlenden Sachvortrag hinweisen und für eine richtige Antragstellung sorgen.

27   Stützt der Leasingnehmer sein Rückabwicklungsverlangen auch auf andere Anspruchsgrundlagen als die der Sachmängelhaftung oder macht er eigene Ansprüche wegen anderer Leistungsstörungen als Sachmängeln geltend, muss das Gericht prüfen, ob ihm im Rahmen der leasingtypischen Abtretungskonstruktion **sämtliche Ansprüche und Rechte aus dem Liefervertrag übertragen** worden sind und ob dies wirksam ge-

---

[26] Vgl. BGH BauR 2007, 749.
[27] Vgl. Zöller/*Vollkommer* Vor § 50 Rdn. 18 ff. m. w. N.

schehen ist. Ist die leasingtypische Abtretungskonstruktion auf die Sachmängelhaftung beschränkt, fehlt dem Leasingnehmer insoweit die Prozessführungsbefugnis und die Aktivlegitimation zu einer Rückabwicklung nach den allgemeinen Vorschriften (§§ 280 ff., 323 ff. BGB) und zur Geltendmachung von eigenen Aufwendungs- und Schadensersatzansprüchen gegen den Lieferanten aus abgetretenem Recht.

Stellt der Leasingnehmer – evtl. nach einer Rüge des Lieferanten oder einem Hinweis des Gerichts – fest, dass er zur Geltendmachung der Ansprüche ganz oder zum Teil nicht berechtigt ist, kann er mit dem Leasinggeber nachträglich die Abtretung auch noch während des Lieferprozesses nachholen und dies zu den Gerichtsakten belegen. Der Lieferant kann in diesem Fall den Anspruch **sofort anerkennen** mit der Folge, dass dem Leasingnehmer nach § 93 ZPO die Kosten des Rechtsstreits aufzuerlegen sind. Offen ist, ob er in diesem Fall Ersatz der Prozesskosten vom Leasinggeber verlangen kann.[28] 28

2. Vorlage der vollständigen Lieferunterlagen

Da Rechtsgrundlage der vom Leasingnehmer aufgrund der leasingtypischen Abtretungskonstruktion geltend gemachten Ansprüche der Liefervertrag ist, muss der Leasingnehmer zur Vorbereitung eines Rechtsstreits gegen den Lieferanten dafür Sorge tragen, dass er über alle schriftlichen Unterlagen den Liefervertrag betreffend verfügt. Befinden sich die Unterlagen ganz oder zum Teil beim Leasinggeber als Vertragspartner des Liefervertrages, muss der Leasingnehmer den Leasinggeber zur Überlassung zumindest einer Kopie des Liefervertrages auffordern. 29

Auch die Lieferunterlagen sind **vollständig schon mit der Klageschrift einzureichen**. Vorzulegen sind insbesondere Vertragsunterlagen wie Angebot, Auftrags- oder Bestellschreiben und Auftragsbestätigung, aber auch Allgemeine Geschäftsbedingungen des Lieferanten, die Eintrittsvereinbarung, Bestellbedingungen des Leasinggebers sowie sonstige Unterlagen wie Montage- und Bedienungsanleitungen, Werbeaussagen etc. Hat z. B. der Lieferant bei den Vertragsverhandlungen mit dem Leasingnehmer über den Kauf eines Gebrauchtfahrzeug mit vorgesehener Leasingfinanzierung die Sachmängelhaftung in AGB wirksam ausgeschlossen, ergibt sich die fehlende Berechtigung des Leasingnehmers zur Geltendmachung von Gewährleistungsansprüchen schon aus den Lieferbedingungen. Aus den Vertragsunterlagen ergibt sich auch, ob der in Anspruch genommene Beklagte tatsächlich Lieferant im Leasingdreieck oder nur Vermittler war. Die Beweislast obliegt dem Leasingnehmer.[29] 30

VI. Mitwirkung des Leasinggebers am Lieferprozess

1. Wechselseitige Informationspflichten

Die Vertragspartner des Leasingvertrages sind unter Berücksichtigung der §§ 666, 242, 259, 260 BGB zur wechselseitigen Information verpflichtet. Aufgrund der leasingtypischen Abtretungskonstruktion muss der **Leasingnehmer spätestens im Zeitpunkt der Klageerhebung** gegen den Lieferanten den Leasinggeber detailliert über den Sach- und Streitstand informieren.[30] Seiner Informationspflicht genügt der Leasingnehmer am besten durch zeitnahe **Überlassung des Schriftwechsels mit dem Lieferanten in Kopie**. Der **Leasinggeber** muss dem Leasingnehmer etwaige mit dem Lieferanten ausgehandelte Sonderkonditionen, z. B. einen Nachlass auf den vereinbarten Kaufpreis, oder zusätzlich einbezogene Allgemeine Geschäftsbedingungen mitteilen sowie zulässige Weisungen über die Prozessführung erteilen, z. B. hinsichtlich der Höhe des Zinssatzes und des Zinsbeginns. Unter Berücksichtigung des § 241 Abs. 2 BGB ist der Leasinggeber 31

---

[28] S. u. § 29 Rdn. 50 ff.
[29] OLG Hamm, Urteil vom 11. 10. 2006, FLF 2007, 131.
[30] BGH NJW 1982, 105.

als verpflichtet anzusehen, aufgrund seines Wissensvorsprungs dem Leasingnehmer Hinweise für die erfolgreiche Abwicklung von Streitigkeiten aus Finanzierungsleasinggeschäften zu erteilen.

2. Streitverkündungen an den Leasinggeber

32 Der gegen den Lieferanten klagende **Leasingnehmer** muss dem Leasinggeber nicht nach den §§ 72 ff. ZPO den Streit verkünden, weil sich die erwünschten **Bindungswirkungen** schon aus der leasingtypischen Abtretungskonstruktion als zwingende vertragliche Folge ergeben.[31] Auch der **Lieferant** braucht dem Leasinggeber nicht den Streit zu verkünden. Die Prozessführung des Leasingnehmers beruht auf dem Willen des Leasinggebers als Vertragspartner und Träger der Rechte. Der Leasingnehmer handelt als Prozessstandschafter für den Leasinggeber. Das Urteil im Lieferprozess entfaltet **Rechtskraftwirkung** auch für den Leasinggeber.[32]

33 Zudem verlangt § 72 ZPO als **Zulässigkeitsvoraussetzung** für eine Streitverkündung Regressansprüche des Streitverkünders gegen den Dritten „*für den Fall des ihr ungünstigen Ausgangs des Rechtsstreits*". Verliert der Lieferant den Lieferprozess, stehen ihm keinerlei Ansprüche gegen den Leasinggeber zu. Das gilt auch für den Fall, dass der Leasingnehmer den Lieferprozess verliert.

34 Tritt der Leasinggeber nach einer Streitverkündung dem Rechtsstreit nicht auf der Seite des Streitverkündeten bei, sondern der anderen Partei, ist dies als **selbständige Nebenintervention** im Sinne der §§ 66 ff. ZPO anzusehen.[33] Er muss dann sein Interesse gemäß § 71 Abs. 1 Satz 2 ZPO glaubhaft machen.[34] Das erforderliche Interesse ergibt sich beim Finanzierungsleasinggeschäft aber immer schon aus den leasingtypischen Dreiecksbeziehungen.[35]

3. Streithilfe des Leasinggebers

35 Der Leasinggeber kann trotz oder gerade wegen der vertraglichen und prozessualen Bindungswirkungen des Lieferprozesses dem Rechtsstreit – auch ohne Streitverkündung – als **Streithelfer (Nebenintervenient)** nach den §§ 66 ff. ZPO beitreten, um auf die Prozessführung Einfluss zu nehmen. Das erforderliche **rechtliche Interesse** des Leasinggebers am Ausgang des Lieferprozesses besteht trotz der vertraglichen Bindungswirkungen wegen der Dreiecksbeziehungen in jedem Fall. Der Leasinggeber muss abwägen, ob er den Leasingnehmer als seinen Vertragspartner aus dem Leasingvertrag und guten Leasingkunden oder den Lieferanten als seinen ständigen Vertriebspartner mit dem Ziel der Klageabweisung unterstützen will.[36] Der Leasinggeber darf sich nach § 67 ZPO nicht in Widerspruch zu Erklärungen der von ihm unterstützten Partei setzen.[37]

36 Der Leasinggeber kann gemäß § 67 ZPO zur Wahrnehmung seiner Interessen alle der Hauptpartei zustehenden Prozesshandlungen vornehmen, also bei einem Beitritt auf Seiten des Lieferanten z. B. den Erlass eines Versäumnisurteils gegen den Lieferanten verhindern,[38] Einspruch gegen ein Versäumnisurteil oder Rechtsmittel einlegen, Beweisanträge stellen oder die Verjährungseinrede erheben, soweit der Lieferant nicht ausdrücklich widerspricht.[39] Durch einen solchen Widerspruch kann die Hauptpartei ihre Pflichten aus

---

[31] BGH NJW 1985, 1535; 1982, 105; Erman/*Jendrek* Anh. § 535 Rdn. 29; s. u. § 29 Rdn. 1 ff.
[32] Vgl. BGH NJW 1993, 122; s. u. § 29 Rdn. 2 ff.
[33] Vgl. BGH NJW 1988, 1379; 1983, 821.
[34] Vgl. Zöller/*Vollkommer* § 71 Rdn. 2; s. u. Rdn. 34.
[35] OLG Hamm Urt. v. 11. 10. 2006, FLF 2007, 131.
[36] Vgl. BGH NJW 1982, 105.
[37] Vgl. BGH NJW 1976, 293; OLG Hamm NJW-RR 1997, 157; 1998, 679.
[38] Vgl. BGH ZIP 1994, 788.
[39] BGH VersR 1985, 80; OLG München NJW-RR 1998, 422; vgl. *Saenger/Kayser* § 67 Rdn. 7; Zöller/*Vollkommer* § 67 Rdn. 3 m. w. N.

dem jeweiligen Vertragsverhältnis mit dem Leasinggeber verletzen und dadurch nach den §§ 280 Abs. 1, 241 Abs. 2 BGB zum Schadensersatz verpflichtet sein.

4. Beitritt zu einem Prozessvergleich

Der Leasinggeber kann auch lediglich einem Prozessvergleich zwischen Lieferant und Leasingnehmer im Lieferprozess beitreten. Damit wird er Partei des Prozessvergleichs und ist im Vergleichsrubrum aufzunehmen, kann also aus dem Titel auch die Zwangsvollstreckung betreiben. Der Beitritt des Leasinggebers zu einem Prozessvergleich zwischen Leasingnehmer und Lieferant ist auch bei bestehendem Anwaltszwang **ohne die Zuziehung eines Rechtsanwalts** möglich.[40] Bei einem frühzeitigen Vergleich unter Beteiligung aller drei am Finanzierungsleasinggeschäft beteiligten Vertragspartner kann eine Verwertung der Leasingsache zu einem Zeitpunkt erfolgen, zu dem die Ware noch werthaltig ist. Außerdem können Folgeprozesse vermieden werden. 37

Nach der Auffassung des **BGH**[41] bedarf ein Vergleich zwischen Leasingnehmer und Lieferant mit **teilweisem Erlass** im Sinne des § 397 BGB, also einem Nachgeben des Leasingnehmers hinsichtlich der Höhe des Rückzahlungsanspruches, zu seiner Wirksamkeit der Genehmigung des Leasinggebers nach § 185 BGB, da dem Leasingnehmer die Verfügungsbefugnis über den Rückzahlungsanspruch fehle. Der Leasingnehmer kann sich demnach mit dem Lieferanten zwar über die Rückabwicklung dem Grunde nach verständigen, nicht aber ganz oder teilweise auf den sich aus der Rückabwicklung ergebenden Rückzahlungsanspruch des Leasinggebers verzichten. Ein Prozessvergleich wäre danach gemäß § 139 BGB insgesamt unwirksam, wenn der Leasinggeber ihn nicht gemäß § 185 BGB genehmigt, der Rückabwicklungsstreit zwischen Leasingnehmer und Lieferant im Lieferprozess daher fortzusetzen. 38

Dieses langwierige und kostenintensive Procedere ist allen Beteiligten nicht zumutbar. Wie oben dargelegt,[42] ist der Leasingnehmer bei interessengerechter Auslegung der leasingtypischen Abtretungskonstruktion im **Außenverhältnis** uneingeschränkt verfügungsbefugt, auch über den Rückzahlungsanspruch; lediglich im **Innenverhältnis** zum Leasinggeber besteht die Einschränkung, dass der zurückzuzahlende Betrag dem Leasinggeber zusteht, der Leasingnehmer also seine vertraglichen Pflichten gegenüber dem Leasinggeber verletzt, wenn er sachwidrig auf einen Teil des Rückzahlungsanspruchs verzichtet oder Leistung an sich verlangt. Der Leasinggeber kann seine sich aus der Prozessführung des Leasingnehmers ergebenden Ansprüche aus § 280 BGB oder aus § 667 BGB bei der nach der Rückabwicklung des Liefervertrages vorzunehmenden Rückabwicklung des Leasingvertrages berücksichtigen. 39

VII. Klageanträge im Lieferprozess

1. Klage auf Zustimmung zur Rückabwicklung oder Minderung

Zweifelhaft ist, ob der Leasingnehmer ohne besondere Regelung in den ALB den Lieferanten gemäß § 894 ZPO auf **Abgabe einer Willenserklärung**, nämlich nach altem Recht auf Einwilligung in die Wandlung oder Minderung gemäß § 465 BGB a. F. verklagen kann.[43] Das würde die Durchsetzung des Rückzahlungsanspruches des Leasinggebers erheblich verzögern, weil der Leasinggeber in einem **Folgeprozess** gegen den Lieferanten einen **vollstreckbaren Zahlungstitel** erwirken müsste, wenn dieser nicht freiwillig leistet, ist als nicht prozessökonomisch abzulehnen[44] und würde im Verhältnis zum Lea- 40

---

[40] Vgl. BGH NJW 1983, 1433.
[41] BGH NJW 1985, 129; WM 1992, 1609; zur Kritik vgl. *H. Beckmann* CR 1993, 671 u. Finanzierungsleasing § 5 Rdn. 52.
[42] S. o. § 27 Rdn. 21 ff.; vgl. *Klinck* WM 2006, 417 ff.
[43] Vgl. OLG Düsseldorf NJW-RR 1990, 1143; s. auch BGH WM 1992, 1609.
[44] *Vorwerk* Kap. 79 Rdn. 93.

singgeber nach zutreffender Ansicht eine Pflichtverletzung im Sinne der §§ 667, 241 Abs. 2 BGB darstellen.[45] Das gilt auch für eine Klage auf Feststellung der Wirksamkeit des Rücktritts[46] bzw. auf *„Einwilligung in"* oder *„Zustimmung des Lieferanten zum Rücktritt"* nach § 323 BGB.[47] Für eine **Feststellungsklage** ist das nach § 256 ZPO erforderliche Feststellungsinteresse des Leasingnehmers wegen des Vorrangs der Leistungsklage nicht gegeben. Auch eine **Schadensersatzklage** auf Rückzahlung der vom Leasingnehmer gezahlten Leasingraten an den Leasingnehmer müsste abgewiesen werden, da dem Leasingnehmer insoweit ein Schaden nicht entstanden ist.[48]

41 Die Verpflichtung des Leasingnehmers, bei einem Rückabwicklungsverlangen (Rück-)Zahlung an den Leasinggeber zu verlangen, ergibt sich **auch ohne ausdrückliche Vereinbarung** oder Weisung des Leasinggebers aus einer **interessengerechten Auslegung der leasingtypischen Abtretungskonstruktion** und unter Berücksichtigung der Schutzpflichten aus § 241 Abs. 2 BGB. Eine ausdrückliche Regelung in den ALB hat nur klarstellende Funktion. Der Leasinggeber sollte daher den Leasingnehmer, der eine Rückabwicklung des Geschäfts oder eine Minderung anstrebt, in jedem Fall auf die Rechtslage hinweisen und ihn **anweisen, unmittelbar Rückzahlung des Entgelts an den Leasinggeber** zu verlangen.[49]

2. Klage auf Rückzahlung des gezahlten Kaufpreises/Werklohns an den Leasinggeber

42 Verlangt der Leasingnehmer Rückabwicklung des Liefervertrages wegen einer Leistungsstörung, muss er im Lieferprozess gegen den Lieferanten grundsätzlich Rückzahlung des vom Leasinggeber gezahlten Kaufpreises/Werklohns **an den Leasinggeber** beantragen. Leasingtypisch steht der im Falle der Rückabwicklung des Liefervertrages zurückzugewährende Betrag dem Leasinggeber zu, weil dieser das Entgelt für die Waren an den Lieferanten bezahlt hat und der Erfüllungsanspruch sowie der aus einer Leistungsstörung folgende Rückgewähranspruch im Rahmen der leasingtypischen Abtretungskonstruktion beim Leasinggeber verbleibt.[50]

43 Das Gericht muss gemäß § 139 Abs. 1 ZPO auf eine sachgerechte Antragstellung mit Rückzahlung an den Leasinggeber hinwirken, da der Leasingnehmer seine Rechtsstellung als Prozessstandschafter – für alle Prozessbeteiligten ersichtlich – aus der Rechtsstellung des Leasinggebers als Vertragspartner des Liefervertrages ableitet. Das gilt auch, wenn der Leasingnehmer Rückzahlung der gezahlten Leasingraten an sich verlangt.[51]

44 Der Lieferant ist im Falle der Rückabwicklung des Liefervertrages verpflichtet, den Kaufpreis/Werklohn einschließlich der **Mehrwertsteuer** an den Leasinggeber zurückzuzahlen. Dies muss der Leasingnehmer im Rahmen seiner Antragstellung im Lieferprozess berücksichtigen.

45 Ist die Zahlung des Kaufpreises/Werklohns an den Lieferanten nur teilweise vom Leasinggeber erbracht, weil der Leasingnehmer schon eine **Voraus-, Abschlags- oder Anzahlung** an den Lieferanten geleistet hatte, als der Leasinggeber in den Liefervertrag eingetreten ist, ist der Leasingnehmer berechtigt, in Höhe der von ihm geleisteten Teilzahlung unmittelbar Rückzahlung an sich zu verlangen,[52] es sei denn, Leasinggeber und Leasingnehmer haben insoweit eine abweichende Regelung getroffen.

---

[45] Vgl. *Erman/Jendrek* Anh § 535 Rdn. 28.
[46] So aber *Zahn* DB 2002, 987, *Reinking/Eggert* Rdn. 836 u. *Vorwerk* Kap. 79 Rdn. 92.
[47] Vgl. OLG Düsseldorf Urt. v. 19.11.1998 Az. 5 U 51/98.
[48] OLG Köln NJW-RR 1996, 559.
[49] *Vorwerk* Kap. 79 Rdn. 93; s. o. § 27 Rdn. 22.
[50] BGH WM 1992, 1609 m. w. N.
[51] Vgl. den Fall OLG Köln NJW-RR 1996; 559.
[52] A. A. *Reinking/Eggert* Rdn. 947.

3. Verzinsung des Rückzahlungsanspruchs

a) Pflicht des Leasingnehmers. Der Leasingnehmer ist verpflichtet, im auf Rück- 46
abwicklung des Liefervertrages gerichteten Lieferprozess zugunsten des Leasinggebers
Zinsansprüche gelten zu machen.[53] Das ergibt sich schon aus der jedem Schuldverhältnis
innewohnenden Pflicht der Vertragspartner zur gegenseitigen Rücksichtnahme nach
§ 241 Abs. 2 BGB[54] oder aus einer Regelung in den ALB. Auch eine nachträgliche **Weisung** des Leasinggebers muss der Leasingnehmer befolgen.[55]

b) Verzugszinsen. Ohne ausdrückliche Anweisung ist der Leasingnehmer verpflichtet, 47
als „Mindestschaden" des Leasinggebers zumindest Verzugszinsen geltend zu machen.
Nach der Schuldrechtsreform beträgt der Verzugszinssatz einheitlich für Verbraucher- und
Unternehmergeschäfte nach den §§ 247, 288 Abs. 1 BGB, 352 HGB **5 Prozentpunkte
über dem Basiszinssatz**. Der nach § 288 Abs. 2 BGB für **Entgeltforderungen** geltende
höhere Verzugszinssatz von 8 Prozentpunkten über dem Basiszinssatz bei Unternehmergeschäften ist auf den Rückzahlungsanspruch (wohl) nicht anzuwenden, da es sich insoweit nicht um eine im Gegenseitigkeitsverhältnis stehende Forderung handelt.[56]

Zinsbeginn ist der Tag nach Zugang der Mahnung,[57] nach § 286 Abs. 1 Satz 2 BGB spä- 48
testens der Zeitpunkt der Klageerhebung. § 291 BGB mit der amtlichen Überschrift
„Prozesszinsen" ist wegen der vorgehenden Regelung der **Rechtshängigkeitszinsen** in
§ 286 Abs. 1 Satz 2 BGB weitgehend gegenstandslos.[58] Der Lieferant gerät mit der Rückzahlung schon mit dem Zugang des berechtigten Rückabwicklungsverlangens, verbunden mit der Aufforderung zur Rückzahlung des Kaufpreises/Werklohns, in Verzug.[59]

c) Fälligkeitszinsen. Ein früherer Zinsbeginn, nämlich ab **Zugang des berechtigten** 49
Rückabwicklungsverlangens, ergibt sich zugunsten des Leasinggebers in Höhe des gesetzlichen Zinssatzes von 5 % aus den §§ 352, 353 HGB. Der Liefervertrag ist in der Regel
ein beiderseitiges Handelsgeschäft, da insoweit auf den voll kaufmännischen Leasinggeber als den trotz der Abtretung verfügungsberechtigten Inhaber des Rückzahlungsanspruchs abzustellen ist.[60] Insoweit sollte der Leasinggeber den Leasingnehmer verbindlich zur Geltendmachung auch der Fälligkeitszinsen anweisen.

d) Nutzungszinsen, Nutzungs- und Wertersatz. Die nach altem Recht für Nut- 50
zungszinsen geltende Anspruchsgrundlage des 347 Satz 3 BGB a. F. ist im Rahmen der
Schuldrechtsreform gestrichen und durch die Regelungen der §§ 346, 347 Abs. 1
Satz 1 BGB ersetzt worden. Danach muss der Rückgewährschuldner, hier der Lieferant,
Nutzungs- bzw. Wertersatz leisten. Hat also der Lieferant vom Leasinggeber den Kaufpreis/Werklohn erhalten, muss er die durch die Nutzung des Geldes erlangten oder die
entgegen einer ordnungsgemäßen Wirtschaft nicht erlangten Zinsen zahlen. In der Regel
können zumindest ersparte Kreditzinsen in Höhe des gesetzlichen Zinssatzes von 4
bzw. 5 % angesetzt werden.[61] Auch diese Ansprüche muss der Leasingnehmer nur auf eine
entsprechende Weisung des Leasinggebers hin im Klagewege geltend machen.

---

[53] Redeker Rdn. 623; Kather CR 1988, 470.
[54] Reinking/Eggert Rdn. 947; Redeker Rdn. 623; Kather CR 1988, 470; a. A. OLG Köln NJW-RR 1996, 561.
[55] S. o. § 27 Rdn. 22.
[56] Vgl. BGH WM 2007, 990; OLG Karlsruhe ZGS 2005, 279; H. Beckmann WuB I J 2. – 1.02, 145 ff.
[57] BGH NJW-RR 1990, 518.
[58] Vgl. Palandt/Heinrichs § 291 Rdn. 1.
[59] Vgl. OLG Hamm NJW-RR 1997, 1418 u. BGH NJW 1994, 1004 zur Wandlung.
[60] BGH NJW 1982, 105; Breitfeld FLF 2003, 222.
[61] Breitfeld FLF 2003, 222.

4. Anrechnung von Nutzungsvorteilen

51 Wie der Lieferant, muss bei der Rückabwicklung eines Liefervertrages auch der zur Rückabwicklung berechtigte Kunde die gezogenen Nutzungen herausgeben. Bei einem Finanzierungsleasinggeschäft ist bei der Bewertung der Nutzungsvorteile im Leasingdreieck auf die **Person und die Verhältnisse des Leasingnehmers** als Nutzungsberechtigtem und tatsächlich die Sache Nutzendem abzustellen.[62]

52 **a) Schadens- oder bereicherungsrechtliche Rückabwicklung.** Stützt der Leasingnehmer sein Rückabwicklungsverlangen auf einen Schadensersatz- oder Bereicherungsanspruch, sind die tatsächlichen Vorteile aus der Nutzung der Sache bei der Schadensberechnung von Amts wegen im Rahmen der **Differenzhypothese** zu berücksichtigen. Bei einer auf Bereicherungsrecht gestützten Rückabwicklung sind die vom Leasingnehmer tatsächlich gezogenen Nutzungsvorteile in die vorzunehmende **Saldierung** einzustellen. Eine Streitwerterhöhung findet nicht statt.

53 **b) Rückabwicklung nach den §§ 346ff. BGB. aa) Einrede des Lieferanten.** Nach den §§ 348, 320, 322 BGB werden im Rahmen eines Rückgewährschuldverhältnisses Nutzungen des die Rückabwicklung verlangenden Kunden nur auf Einrede des Lieferanten berücksichtigt. Dennoch sollten Nutzungsvorteile schon vom klagenden Leasingnehmer im Rahmen der Antragstellung von dem Rückzahlungsbetrag abgesetzt werden, um **Kostennachteile** gemäß § 92 Abs. 1 ZPO zu vermeiden.

54 **bb) Darlegungs- und Beweislast.** Die tatsächliche Nutzung und die Nutzungsvorteile muss unter Berücksichtigung der Regelung in § 348 BGB der **Lieferant** darlegen und beweisen. Da es sich aber um Vorgänge aus der Sphäre des Leasingnehmers handelt, muss der Leasingnehmer die pauschale Nutzungsbehauptung des Lieferanten substantiiert bestreiten und im Einzelnen darlegen und belegen, dass und wie er die Waren genutzt hat bzw. er sie nicht wirtschaftlich nutzen konnte.[63]

55 **cc) Schätzung des Nutzungswerts.** Bei der Rückabwicklung eines Liefervertrages ist der Wert der Nutzung nach § 287 ZPO durch Schätzung der **zeitanteiligen linearen Wertminderung** im Vergleich zwischen tatsächlichem Gebrauch und voraussichtlicher Gesamtnutzungsdauer zu ermitteln.[64] Dabei wird der Kaufpreis bei neuen Sachen durch die voraussichtliche Gesamtnutzungsdauer oder bei gebrauchten Sachen durch die Restnutzungsdauer geteilt und der sich hieraus ergebende Satz mit der tatsächlichen Nutzungszeit multipliziert.[65] Ist die Nutzung wegen eines Sachmangels nur eingeschränkt möglich, ist das bei der Schätzung zu berücksichtigen.[66] Die nur zeitweilige Nutzung von **Computersoftware** stellt wegen der Mangelhaftigkeit der Sache in der Regel keinen nennenswerten wirtschaftlichen Wert dar.[67] Bei **Kraftfahrzeugen** wird auf die Kilometerleistung abgestellt.[68]

56 Der im Liefervertragsverhältnis als Nutzungsentschädigung abgezogene Betrag ist in gleicher Höhe auch bei der Rückabwicklung des Leasingverhältnisses in die Saldierung einzustellen.[69]

---

[62] S. o. § 6 Rdn. 55 ff.
[63] BGH NJW 1987, 1201; 1990, 314; 1987, 1201.
[64] BGH NJW 1996, 250; kritisch *Gursky* JR 1998, 7.
[65] BGH NJW 1996, 250; 1991, 2484; OLG Koblenz NJW 2004, 1670; *Reinking/Eggert* Rdn. 313 ff. m. w. N.
[66] BGH NJW 1996, 250; OLG Hamm DAR 1997, 111; OLG Düsseldorf NJW 1999, 278; OLG Köln VersR 1993, 109; OLG Koblenz NJW-RR 1992, 688.
[67] BGH NJW 1990, 314; OLG Köln VersR 1993, 109.
[68] Vgl. Palandt/*Grüneberg* § 346 Rdn. 10 u. *H. Beckmann* Finanzierungsleasing § 6 Rdn. 106, jeweils m. w. N.
[69] OLG Hamm CR 1992, 275; s. u. § 29 Rdn. 35.

9. Kapitel. Die Haftung im typischen Leasingdreieck § 28

dd) Streitwerterhöhung. Zu beachten ist, dass sich der Streitwert des Rückabwicklungsrechtsstreits nach **§ 45 GKG** erhöht, wenn der Lieferant die Berechtigung des Rückabwicklungsverlangens des Leasingnehmers bestreitet und die Nutzungsentschädigung als Einrede in den Rechtsstreit einführt. Nach der bestrittenen Ansicht des BGH[70] ist der Einwand des Lieferanten als **Hilfsaufrechnung** anzusehen. 57

5. Rückgewähr der Waren „Zug um Zug"

a) Einrede des Lieferanten. Die sich bei einer Rückabwicklung ergebenden Verpflichtungen der Parteien sind nach den §§ 346 Satz 1, 348 BGB *„Zug um Zug zu erfüllen".* Der Schuldner, bei der vom Leasingnehmer erhobenen Rückabwicklungsklage der Lieferant, muss entsprechend den §§ 348, 322 BGB das Leistungsverweigerungsrecht geltend machen und die Einrede erheben. Dies gilt nach § 281 Abs. 5 BGB auch bei einem auf einen Schadensersatzanspruch gestützten Rückabwicklungsverlangen. 58

b) Antragstellung durch den Leasingnehmer. Obwohl die Rückgabepflicht nur auf Einrede zu berücksichtigen ist, sollte der die Rückabwicklung verlangende Kunde schon bei der Formulierung des Klageantrages im Lieferprozess die Verpflichtung zur Rückgabe der Waren berücksichtigen, um bei Erhebung der Einrede durch den Lieferanten nicht mit einem Teil der **Prozesskosten** wegen Teilunterliegens nach § 92 Abs. 1 ZPO oder nach einem sofortigen Anerkenntnis gemäß § 93 ZPO belastet zu werden.[71] 59

Aufgrund der leasingtypischen Abtretungskonstruktion ist bei einem Finanzierungsleasinggeschäft der Leasingnehmer berechtigt, die Rückabwicklung nach den §§ 346 ff. BGB durchzuführen und dabei dem Lieferanten die Rückgabe der Waren schon vorprozessual in Annahmeverzug begründender Weise und im Rahmen des Klageantrags anzubieten. 60

Dies gilt auch, wenn der Leasinggeber das Eigentum an den Waren zur Sicherheit an eine **Refinanzierungsbank** übereignet hat, da diese von den leasingtypischen Vereinbarungen Kenntnis hat, also stillschweigend mit einem Rückabwicklungsverlangen des Leasingnehmers hinsichtlich des Liefervertrages bei Vorliegen einer Leistungsstörung einverstanden ist. 61

c) Rückgabe oder Rückholung. § 346 Abs. 1 BGB verlangt die Rückgewähr, also bei der Rückabwicklung eines Liefervertrages die Heraus- bzw. Rückgabe der Waren an den Lieferanten. Üblich ist daher ein Antrag auf Rückzahlung **„Zug um Zug gegen Rückgabe der Waren".** Dabei bleibt aber unberücksichtigt, dass **Erfüllungsort** für die Rückgewähr der Ort ist, an dem sich die Waren vertragsgemäß befinden.[72] Der Lieferant als der vertragswidrig Handelnde ist deshalb zur Rücknahme bzw. Rückholung der Waren verpflichtet. Das gilt erst recht, wenn sich der Lieferant mit der Rücknahme in Annahmeverzug befindet. Da diese Auffassung nicht unstreitig ist, sollte der Klageantrag des Leasingnehmers auf Zahlung **„Zug um Zug gegen Rückholung, hilfsweise Rückgabe"** lauten. Möglich ist auch ein (Hilfs-)Antrag mit dem Ziel, die Verpflichtung des Lieferanten zur Rückholung festzustellen. 62

d) Bestimmtheit des Zug-um-Zug-Antrags. Zur Vermeidung von **Schwierigkeiten im Rahmen der Zwangsvollstreckung** müssen die zurückzugebenden Waren im Klageantrag, in einem Prozessvergleich und im Urteilstenor hinreichend bestimmt bezeichnet werden.[73] Das **Gericht** muss gemäß **§ 139 ZPO** auf eine ausreichende Spezifizierung hinwirken. Eine Abweisung der Klage wegen eines nicht hinreichend bestimmten Zug- 63

---

[70] BGH NJW 1991, 2486; vgl. *H. Beckmann* Finanzierungsleasing § 6 Rdn. 100 f.
[71] *Vorwerk* Kap. 79 Rdn. 93.
[72] S. o. § 28 Rdn. 9; Palandt/*Heinrichs* § 269 Rdn. 16 m. w. N.
[73] Vgl. BGH NJW 1994, 587; OLG Düsseldorf NJW-RR 1998, 1549; KG NJW-RR 1994, 959; *Redeker* Rdn. 701.

um-Zug-Antrags wird zu Recht als unbillig empfunden.[74] Bei der Rückgabe von **Computersoftware** kann zusätzlich zur Rückgabe der Speichermedien (Disketten, Festplatte, CD) schon im Antrag die Löschung aller vorhandenen Kopien und die Unterlassung jeglicher weiteren Nutzung angeboten werden.[75]

64 Der **Lieferant** ist gemäß § 241 Abs. 2 BGB verpflichtet, seinerseits an der hinreichenden Bestimmung der von ihm gelieferten Waren **mitzuwirken**, zumal die Rückgewähr nach § 348 BGB an sich nur auf seine Einrede hin zu berücksichtigen ist. Insoweit könnte man ihm sogar die „Spezifizierungslast" auferlegen.

65 **e) Kosten der Rückgewähr.** Der **Lieferant** muss die Kosten der Rückgabe der Waren tragen. Er hat durch seine Pflichtverletzung die Rückabwicklung verursacht und befindet sich mit der Rücknahme in **Annahmeverzug**.[76] Bei der Inzahlungnahme eines Gebrauchtfahrzeugs trägt der Lieferant auch die Kosten des Rücktransports an den Leasingnehmer. Ist eine Maschine im Betrieb des Leasingnehmers montiert, muss der Lieferant auch die Demontagekosten tragen.[77]

66 Der Leasingnehmer kann im Lieferprozess zusätzlich die Verpflichtung des Lieferanten zur Tragung sämtlicher Kosten der noch vorzunehmenden Rückabwicklung ausdrücklich im Wege der **Feststellungsklage** titulieren lassen.

67 Die in der Leasingpraxis gebräuchliche sog **Transportklausel** in ALB des Leasinggebers, wonach der Leasingnehmer die Rückgabe an den Lieferanten auf seine Kosten und Gefahr vornehmen muss, ist für den Fall der wirksamen Rückabwicklung des Liefervertrages wegen einer Leistungsstörung nach § 307 BGB **unzulässig**, da sie den Leasingnehmer im Leasingdreieck unangemessen benachteiligt.[78] Sie ist im Verhältnis der Leasingvertragspartner auch überflüssig, da der Lieferant die Waren auf seine Kosten zurücknehmen muss.

68 **f) Wert- und Schadensersatz bei Untergang oder Verschlechterung der Waren.** Nach **§ 346 Abs. 2 u. 3 BGB** schuldet der zur Rückgabe der Waren Verpflichtete Wert- und Schadensersatz sowie Bereicherungsausgleich, wenn er die Waren ganz oder teilweise nicht oder nur in verschlechtertem Zustand zurückgeben kann. In diesen Fällen sollte der Leasingnehmer zur Vermeidung von Kostennachteilen Abzüge von der Klageforderung vornehmen.[79] Derartige Abzüge vom Rückzahlungsanspruch des Leasinggebers sind im Rahmen der Rückabwicklung des Leasingvertrages bei der vorzunehmenden Saldierung zu berücksichtigen.[80]

69 **g) Tatsächliche Durchführung der Rückgabe nach dem Lieferprozess.** Zu beachten ist, dass der Leasingnehmer aufgrund der leasingtypischen Abtretungskonstruktion zwar berechtigt ist, im Lieferprozess die Rückgabe der Waren anzubieten. Die tatsächliche Rückgabe der Waren an den Lieferanten darf der Leasingnehmer aber nur nach **Absprache** mit dem Leasinggeber als Eigentümer, in der Regel erst **nach Rückzahlung des Kaufpreises/Werklohns an den Leasinggeber**, vornehmen. In der Praxis ist eine unmittelbare Rückgabe der Waren durch den Leasingnehmer an den Lieferanten mit dem Einverständnis des Leasinggebers üblich.

6. Feststellung des Annahmeverzugs des Lieferanten

70 Hängt die Vollstreckung aus einem Titel von einer Zug um Zug zu bewirkenden Gegenleistung ab, darf der Gerichtsvollzieher nach § 756 ZPO die **Zwangsvollstreckung** in

---

[74] *Redeker* Rdn. 701.
[75] S. u. § 63 Rdn. 171 ff.
[76] *Reinking/Eggert* Rdn. 329 m. w. N.
[77] Vgl. OLG Köln BauR 2006, 687.
[78] Vgl. *H. Beckmann* Finanzierungsleasing § 6 Rdn. 115.
[79] Vgl. *Reinking/Eggert* Rdn. 834.
[80] S. u. § 29 Rdn. 35 ff.

der Regel erst beginnen, wenn er dem Schuldner die Gegenleistung in einer den Annahmeverzug begründenden Weise angeboten hat oder der Annahmeverzug durch öffentliche Urkunde bewiesen ist. Dieser Beweis kann insbesondere durch die tenorierte Feststellung im Rahmen der Leistungsklage geführt werden. Die Feststellung des Annahmeverzugs hebt die Wirkung der Zug-um-Zug-Verurteilung auf.[81]

Der Leasinggeber sollte deshalb den Leasingnehmer schon in seinen ALB verbindlich 71 anweisen, den Lieferanten **vorprozessual** zugleich mit dem Rückabwicklungsverlangen hinsichtlich der Rücknahme der gelieferten Waren nach den §§ 293 ff. BGB in **Annahmeverzug** zu setzen. Bedenken gegen die Zulässigkeit einer derartigen Regelung bestehen nicht, da der Leasingnehmer aufgrund der leasingtypischen Abtretungskonstruktion auch ohne ausdrückliche Regelung berechtigt und unter Berücksichtigung der beiderseitigen Pflichten nach § 241 Abs. 2 BGB sogar verpflichtet ist.[82]

Zwar kann sich der Annahmeverzug auch ohne ausdrückliche Tenorierung „*liquide* 72 *aus dem Urteilsinhalt*", also aus den Gründen, ergeben.[83] Dennoch ist der Feststellungsantrag zur Vermeidung von Schwierigkeiten bei der Zwangsvollstreckung **dringend zu empfehlen**,[84] zumal für den Feststellungsantrag in der Regel kein erheblicher zusätzlicher Streitwert angesetzt wird.[85]

7. Eigene Aufwendungs-, Schadens- und Verwendungsersatzansprüche des Leasingnehmers

Der Leasingnehmer kann im Lieferprozess zusätzlich zur Rückzahlung im Wege der 73 **objektiven Klagehäufung** nach § 260 ZPO auch Ersatz eigener Aufwendungen und Schäden und notwendiger Verwendungen verlangen.[86] Ist der Liefervertrag als Teil des Finanzierungsleasinggeschäfts rückabzuwickeln, kann dies bei Vorliegen eines Einheitlichkeitswillens auch zur Rückabwicklung eines unmittelbar mit dem Lieferanten geschlossenen Zusatzgeschäfts führen.[87] Insoweit kann der Leasingnehmer vom Lieferanten unmittelbar **Zahlung an sich** verlangen.[88]

Wegen seiner Aufwendungen kann er nach § 256 BGB **Zinsen** in Höhe des gesetz- 74 lichen Zinssatzes von 4 bzw 5 % „*von der Zeit der Aufwendung an*" beantragen. Zusätzlich können höhere Verzugszinsen ab Verzugseintritt gemäß § 288 BGB in Höhe von 5 Prozentpunkten über den Basiszinssatz beantragt werden.

8. Zwischenfeststellungsklage

Gerade im Rahmen des Lieferprozesses, gerichtet auf die Rückabwicklung des Liefer- 75 vertrages im Zusammenhang mit einem Finanzierungsleasinggeschäft, empfiehlt sich die Erhebung einer Zwischenfeststellungsklage nach **§ 256 Abs. 2 ZPO** zur Feststellung des Bestehens oder Nichtbestehens eines streitigen und vorgreiflichen Rechtsverhältnisses.[89] Ein besonderes Feststellungsinteresse ist nicht erforderlich,[90] ergibt sich aber trotz der vertraglichen Bindungswirkungen[91] bei einem Finanzierungsleasinggeschäft schon aus der Tatsache, dass der Leasingnehmer sich nach rechtskräftigem Abschluss des Lieferprozesses noch mit dem Leasinggeber über die Rückabwicklung des Leasingvertrages

---

[81] Vgl. Zöller/Stöber § 756 Rdn. 9 m. w. N.
[82] H. Beckmann Finanzierungsleasing § 6 Rdn. 125 ff.
[83] KG NJW 1972, 2052; OLG Köln NJW-RR 1991, 383; Palandt/Heinrichs § 274 Rdn. 4.
[84] Doms NJW 1984, 1340; Schibel NJW 1984, 1945.
[85] Vgl. H. Beckmann Finanzierungsleasing § 6 Rdn. 130 m. w. N.
[86] S. o. § 26 Rdn. 101 ff.
[87] BGH NJW 1993, 2436; OLG Düsseldorf CR 1992, 611.
[88] A. A. Reinking/Eggert Rdn. 948.
[89] Vgl. Zöller/Greger, § 256 Rdn. 22 ff. m. w. N.
[90] Musielak/Foerster § 256 Rdn. 39 m. w. N.
[91] S. o. § 27 Rdn. 114 ff.

auseinandersetzen muss und auch die Geltendmachung weitergehender Aufwendungs- und Schadensersatzansprüche in Betracht kommen kann.

9. Klage gegen „Vierte"

76 Im Lieferprozess kann der Leasingnehmer nicht nur den Lieferanten, sondern gemäß den §§ 59 ff. ZPO im Wege der **subjektiven Klagehäufung** auch weitere Personen, sog. „Vierte im Leasingdreieck", verklagen, und zwar neben dem Lieferanten als zusätzliche Beklagte, aber auch allein. In Betracht kommen Personen, die gegenüber dem Leasinggeber hinsichtlich der Ansprüche gegen den Lieferanten die Mithaftung oder eine Bürgschaft übernommen haben, also z. B. Geschäftsführer oder Gesellschafter des Lieferanten, selbständige Garantiegeber (§ 443 BGB), weitere Lieferanten oder Schädiger.

77 Es ist zu prüfen, ob der Leasingnehmer zur Durchsetzung der Ansprüche gegen Vierte aufgrund einer besonderen Regelung im Rahmen der leasingtypischen Abtretungskonstruktion **berechtigt** ist **(Aktivlegitimation)**. Strittig ist, ob der Leasinggeber den Leasingnehmer in seinen ALB wirksam **verpflichten** kann, mithaftende Vierte neben dem Lieferanten oder anstelle des vermögenslosen Lieferanten zu verklagen und hiervon auch seine Inanspruchnahme im Rahmen der subsidiären Haftung abhängig machen kann.[92] **Prozessmehrkosten**, die durch eine Klageerhebung gegen Vierte im Auftrag des Leasinggebers entstehen, muss in jedem Fall der Leasinggeber tragen.

10. Rückabwicklung bei Inzahlungnahme eines Gebrauchtfahrzeugs

78 **a) Kauf mit Inzahlungnahme.** Beim Autokauf wird ein Teil des Kaufpreises für das Neufahrzeug häufig durch die Inzahlungnahme eines Altfahrzeugs erfüllt. Dies stellt eine Leistung des Käufers an Erfüllungs Statt im Sinne des §§ 364 Abs. 1, 365 BGB dar.[93] Kauf und Inzahlungnahme sind nach dem Parteiwillen ein **einheitliches Rechtsgeschäft**. Bei der Rückabwicklung des Kaufvertrages wegen einer Leistungsstörung kann der Käufer in Höhe des für das Altfahrzeug angesetzten Wertes nur den in Zahlung gegebenen Gebrauchtwagen zurückverlangen, wenn dieser beim Händler noch vorhanden ist. Andenfalls ist Wertersatz nach § 346 Abs. 2 BGB zu leisten.

79 **b) Händlerleasing.** Vereinbaren die Parteien beim sog. Händlerleasing[94] die Inzahlungnahme eines Gebrauchtfahrzeugs des Leasingnehmers, entspricht die Rechtslage der bei der Rückabwicklung eines Liefervertrages ohne Leasingfinanzierung. In diesem Fall liegt wegen der Identität von Leasinggeber und Lieferant und des Absatzinteresses des Händlers „eine vergleichbare Interessenlage ... wie beim Fahrzeugkauf" vor.[95]

80 **c) Reines Finanzierungsleasing.** Diese Interessenlage besteht auch bei einem **reinen Finanzierungsleasinggeschäft im Leasingdreieck**. Zwar hat der Leasinggeber in diesem Fall kein Absatz-, sondern nur ein Finanzierungsinteresse; er wird Vertragspartner des Liefervertrages mit dem Lieferanten. Vereinbaren die Beteiligten bei einem typischen Finanzierungsleasinggeschäft die Inzahlungnahme eines Altfahrzeugs des Leasingnehmers, sind alle drei am Leasingdreieck Beteiligten darüber einig, dass der Leasingkunde sein Altfahrzeug als Teil des Kaufpreises in die Finanzierung einbringt und im Falle der Rückabwicklung letztlich sein **Altfahrzeug auch zurücknehmen muss, wenn es noch beim Lieferanten vorhanden** ist. Nach dem Willen aller drei am Finanzierungsleasinggeschäft beteiligten Vertragspartner stellen die getroffenen Vereinbarungen hinsichtlich der Inzahlungnahme des Altfahrzeugs des Leasingkunden jedenfalls für den Fall der Rückabwicklung eine rechtliche Einheit mit dem Kauf des Neufahrzeugs dar mit der

---

[92] Vgl. *H. Beckmann* Finanzierungsleasing § 3 Rdn. 235 ff. u. § 6 Rdn. 141.
[93] BGH MDR 1995, 258; vgl. auch BGH NJW 2003, 505; s. u. § 29 Rdn. 48
[94] S. o. § 5 Rdn. 34 u. § 3 Rdn. 10.
[95] BGH NJW 2003, 505.

9. Kapitel. Die Haftung im typischen Leasingdreieck   § 28

Folge, dass die getroffenen Vereinbarungen gemäß § 139 BGB **miteinander stehen und fallen** sollen.

Bei der aufgrund der leasingtypischen Abtretungskonstruktion vom Leasingnehmer 81 durchzuführenden Rückabwicklung des Liefervertrages handelt es sich um die Rückabwicklung des Fahrzeugkaufvertrages selbst, so dass **die zu der Inzahlungnahme beim Kaufvertrag entwickelten Grundsätze unmittelbar anzuwenden** sind.

d) **Rückgabe an den Leasingnehmer.** Haben Lieferant und Leasingnehmer eigenstän- 82 dig ohne Beteiligung des Leasinggebers die Inzahlungnahme des Altfahrzeugs des Leasingnehmers vereinbart und hat sich der Leasingnehmer die Finanzierung selbst beschafft[96] oder ist der Leasinggeber erst nachträglich in einen bestehenden Liefervertrag eingetreten, ist also die Inzahlungnahme nicht in den Leasingvertrag eingeflossen, muss der Leasingnehmer im Lieferprozess die **Rückgabe des Gebrauchtwagens an sich** verlangen, wenn der Gebrauchtwagen noch zurückgegeben werden kann. Nur bezüglich des vom Leasinggeber gezahlten Betrages ist Rückzahlung an den Leasinggeber zu beantragen.

e) **Rückgabe an den Leasinggeber.** Ist die Inzahlungnahme des Altfahrzeugs des Lea- 83 singnehmers auch in die Leasingfinanzierung derart eingeflossen, dass durch sie eine Mietsonderzahlung des Leasingnehmers ersetzt worden ist, und hat der Lieferant das Altfahrzeug als Teil des vom Leasinggeber zu zahlenden Kaufpreises übernommen, muss der Leasingnehmer im auf Rückabwicklung des Liefervertrages gerichteten Lieferprozess die Herausgabe des Altfahrzeugs und die Rückzahlung des (Rest-)Kaufpreises **an den Leasinggeber** beantragen. Dieser hat die Zahlung des Kaufpreises an den Lieferanten aus einem einheitlichen Kaufvertrag geschuldet und muss sich die vereinbarte Ersetzungsbefugnis entgegenhalten lassen. Erst im Rahmen der Rückabwicklung des Leasingvertrages[97] ist dann nicht die volle Sonderzahlung zugunsten des Leasingnehmers zu berücksichtigen, sondern ihm stattdessen das Altfahrzeug zurückzugeben.

f) **Wertersatz.** Hat sich der Zustand des Fahrzeugs **verschlechtert** der kann der Lieferant 84 das Altfahrzeug **gar nicht mehr zurückgeben**, muss er nach § 346 Abs. 2 Satz 1 Nr. 2 u. 3 BGB **Wertersatz** leisten.[98] Der Leasingnehmer muss auch in diesem Fall unter Berücksichtigung der getroffenen Vereinbarungen entweder Zahlung an sich oder an den Leasinggeber beantragen. Ist die Inzahlungnahme im Rahmen einer Verschrottungsaktion erfolgt, können nur der Verkehrswert des Fahrzeugs, nicht die höheren Verschrottungskosten gefordert werden.[99] Die Kosten des Rücktransports an den Kunden, beim Finanzierungsleasinggeschäft an den Leasingnehmer, muss der Lieferant tragen.[100]

11. Minderung

Verlangt der Leasingnehmer nicht die vollständige Rückabwicklung des Liefervertrages, 85 sondern die **Minderung** der gezahlten Vergütung, muss er Rückzahlung des Minderwertes an den Leasinggeber beantragen. Die oben dargestellten Grundsätze im Rahmen der Rückabwicklung gelten entsprechend.

---

[96] So zu Recht *Graf von Westphalen* BB 2004, 2025.
[97] S. u. § 29 Rdn. 24 ff.
[98] Vgl. BGHZ 89, 126.
[99] OLG Düsseldorf NJW-RR 1998, 1752.
[100] LG Köln VuR 1992, 89; *Reinking/Eggert* Rdn. 329.

§ 29. Rechtsfolgen des Lieferstreits für den Leasingvertrag

Schrifttum: s. auch zu den §§ 5–7 u. 25–28; *H. Beckmann* Leasing – Bindung an Wandelungsvergleich CR 1993, 671

Übersicht

	Rdn.
I. Bindung der Leasingvertragspartner an das Ergebnis des Lieferstreits	1
1. Vertragliche Bindung beider Leasingvertragspartner an das Ergebnis des Rückabwicklungsstreits	2
2. Bindung bezüglich des Streitgegenstandes	3
3. Bindung auch bezüglich eigener Ansprüche des Leasingnehmers	4
4. Bindung unabhängig von der Art des Zustandekommens der Entscheidung	6
5. Bindung auch bei unwirksamer Abtretung und Kündigung des Leasingvertrages	7
6. Bindung auch bezüglich der Reichweite der Abtretungskonstruktion	10
7. Ausnahmen von der Bindungswirkung	11
8. Unwirksamkeit von Ausschlussklauseln	15
II. Rückgabe der Waren	17
III. Realisierung der abgetretenen Ansprüche aus dem Liefervertrag	19
1. Realisierung des Rückzahlungsanspruchs	19
2. Realisierung von eigenen Ersatzansprüchen des Leasingnehmers	22
IV. Rückabwicklung des Leasingvertrages	24
1. Liefervertrag als Geschäftsgrundlage des Leasingvertrages	24
2. Anpassung des Leasingvertrages	25
3. Bereicherungsrechtliche Rückabwicklung des Leasingvertrages	30
4. Saldierung der wechselseitigen Ansprüche	32
a) Aktivposten des Leasinggebers	32
aa) Kein Anspruch auf offene Leasingraten	32
bb) Kein Aufwendungsersatz bei Zahlungsunfähigkeit des Lieferanten	33
cc) Kein Ersatz sonstiger Aufwendungen und eines Gewinnausfalls	34
dd) Nutzungsersatz	35
ee) Rückgabe der Leasingsache	39
ff) Ersatz wegen Untergangs oder Verschlechterung der Leasingsache	41
gg) Schäden wegen sonstiger Pflichtverletzungen des Leasingnehmers	42
hh) Herausgabe des aus der Geschäftsbesorgung Erlangten	44
b) Aktivposten des Leasingnehmers	45
aa) Leasingraten und Sonderzahlungen	45
bb) An-, Voraus- und Abschlagszahlungen	46
cc) Inzahlungnahme eines Gebrauchtfahrzeugs	48
dd) Aufwendungen und Schadensersatz	49
ee) Prozesskosten aus dem Lieferprozess	50
(1) Obsiegen des Leasingnehmers im Lieferprozess	50
(2) Unterliegen des Leasingnehmers im Lieferprozess	54
(3) Erstattungspflicht wegen Mehrkosten des Lieferprozesses	54
V. Minderung der Leasingraten	57

I. Bindung der Leasingvertragspartner an das Ergebnis des Lieferstreits

1 Die **Ergebnisse der Auseinandersetzung** zwischen dem Leasingnehmer und dem Lieferanten über die Berechtigung der vom Leasingnehmer aufgrund der leasingtypischen Abtretungskonstruktion geltend gemachten Rechte aus einer Leistungsstörung des Liefervertrages müssen **Auswirkungen auf das Leasingvertragsverhältnis** haben. Die Freizeichnung des Leasinggebers im Rahmen der leasingtypischen Abtretungskonstruktion wird unter anderem damit begründet, dass der Streit über das Vorliegen einer Leistungsstörung **nicht in zwei Ebenen**, sondern **nur** im Verhältnis zwischen dem Lieferanten und dem Leasingnehmer ausgetragen wird.

1. Vertragliche Bindung beider Leasingvertragspartner an das Ergebnis des Rückabwicklungsstreits

Beide Leasingvertragspartner sind grundsätzlich an das Ergebnis der Auseinandersetzung 2 zwischen Lieferant und Leasingnehmer über die Rückabwicklung des Liefervertrages gebunden. Die Bindung ergibt sich **zwingend** aus einer interessengerechten **Auslegung** der leasingtypischen Abtretungskonstruktion.[1] Es handelt sich um eine vertragliche Bindung, die grundsätzlich von beiden Leasingvertragspartnern zu beachten ist. Unterliegt der Leasingnehmer in der Auseinandersetzung mit dem Lieferanten, kann er sich gegenüber dem Leasinggeber nicht mehr auf Leistungsstörungen, die Gegenstand des Lieferprozesses waren, berufen; das gilt auch, wenn er den Lieferprozess nur wegen der vom Lieferanten erhobenen Verjährungseinrede verloren hat.[2]

2. Bindung bezüglich des Streitgegenstandes

Die Bindungswirkung erstreckt sich auf den Gegenstand der Auseinandersetzung über die 3 Rückabwicklung des Lieferverhältnisses.[3] Hat der Leasingnehmer die Rückabwicklung ausschließlich auf Sachmängelhaftung gestützt, werden Ansprüche wegen sonstiger Pflichtverletzungen von der Bindung nicht erfasst.[4] Waren im Lieferprozess auch andere Leistungsstörungen Streitgegenstand, erstreckt sich die vertragliche Bindung auch auf diese.[5]

3. Bindung auch bezüglich eigener Ansprüche des Leasingnehmers

Macht der Leasingnehmer **zusätzlich zur Rückabwicklung** des Liefervertrages mit 4 Rückzahlung an den Leasinggeber gegen den Lieferanten eigene Ansprüche auf Nutzungsentschädigung, Wert-, Aufwendungs-, Schadens- und Verwendungsersatz oder Bereicherungsausgleich geltend, erstreckt sich die vertragliche Bindung der Leasingvertragspartner unter Berücksichtigung des Sinns und Zwecks der leasingtypischen Abtretungskonstruktion auch auf das Ergebnis der Auseinandersetzung zwischen dem Lieferanten und dem Leasingnehmer wegen dieser über die reine Rückabwicklung hinausgehenden Ansprüche, soweit diese Gegenstand des Lieferstreits waren.

Das muss auch gelten, wenn der Leasingnehmer keine Rückabwicklung verlangt, son- 5 dern die Waren behalten will, und wegen einer Leistungsstörung gegen den Lieferanten **ausschließlich eigene Ersatzansprüche** geltend macht, z. B. Schadensersatz wegen verspäteter Lieferung oder Ersatz von Mangelfolgeschäden oder Aufwendungsersatz. In diesem Fall wird der Leasingvertrag ohne Einschränkungen fortgesetzt; eine Rückabwicklung des Leasingvertrages findet nicht statt. Die Bindungswirkung ist dann von den Leasingvertragspartnern im Rahmen der mietrechtlichen oder der subsidiären Haftung des Leasinggebers zu beachten.

4. Bindung unabhängig von der Art des Zustandekommens der Entscheidung

Beide Leasingvertragspartner sind an das Ergebnis der Auseinandersetzung im Lieferstreit 6 unabhängig davon gebunden, ob der Streit durch außergerichtliche Einigung,[6] Prozess-

---

[1] BGH NJW 1982, 105; 1986, 1744; 1991, 1746; 1993, 122; Wolf/Eckert/*Ball* Rdn. 1840; Staudinger/*Stoffels* Leasing Rdn. 240.
[2] BGH WM 1985, 263.
[3] BGH NJW 1993, 122; 1994, 576; MünchKomm/*Habersack* Leasing Rdn. 91; *Tiedtke* JZ 1991, 907; *Treier* WM-Sonderbeilage 4/1995, 27.
[4] Vgl. BGH NJW 1993, 122.
[5] BGH WM 1981, 1219; NJW 1993, 122; OLG Köln MDR 2003, 212; OLG München NJW-RR 1993, 2436.
[6] BGH NJW 1985, 1535.

vergleich,[7] Versäumnisurteil,[8] Anerkenntnisurteil[9] oder streitiges Urteil beendet worden ist. Auch die Feststellung zur Insolvenztabelle nach § 178 InsO in der Insolvenz des Lieferanten ist für die Leasingvertragspartner bindend.[10]

5. Bindung auch bei unwirksamer Abtretung und Kündigung des Leasingvertrages

7   Die vertragliche **Bindung des Leasinggebers** an das Ergebnis der Auseinandersetzung zwischen Leasingnehmer und Lieferant gilt auch für den Fall, dass die Freizeichnung des Leasinggebers und die Abtretung der Rechte aus dem Liefervertrag an den Leasingnehmer im Rahmen der leasingtypischen Abtretungskonstruktion unwirksam sind, der Leasingnehmer aber in Unkenntnis der Unwirksamkeit als Geschäftsführer ohne Auftrag gegen den Lieferanten vorgegangen ist. Der Leasinggeber hat durch die unzulässige Gestaltung seiner ALB den Leasingnehmer zum Vorgehen gegen den Lieferanten veranlasst und muss das Ergebnis der Auseinandersetzung deshalb hinnehmen.[11]

8   Bei interessengerechter Auslegung der leasingtypischen Abtretungskonstruktion ist **auch der Leasingnehmer** in diesem Fall an das Ergebnis seiner Auseinandersetzung mit dem Lieferanten im Verhältnis zum Leasinggeber gebunden. Es macht auch für den Leasingnehmer selbst keinen wesentlichen Unterschied, ob er im Falle einer Leistungsstörung als wirksam oder unwirksam Beauftragter die Rechte des Leasinggebers gegen den Lieferanten durchsetzt. Ein Berufen auf die fehlende Bindung würde einen Verstoß gegen den Grundsatz von Treu und Glauben darstellen und der Prozessökonomie widersprechen.

9   Diese Grundsätze gelten entsprechend, wenn der Leasingnehmer nach einer **Kündigung des Leasingvertrages** durch den Leasinggeber gegen den Lieferanten die Rückabwicklung durchsetzt, weil er die Kündigung für unwirksam hält.[12]

6. Bindung auch bezüglich der Reichweite der Abtretungskonstruktion

10   Wird die vom Leasingnehmer erhobene Rückabwicklungsklage auf Ansprüche aus einer Nichterfüllung des Liefervertrages durch den Lieferanten gestützt und weist das Gericht die Klage rechtskräftig mit der Begründung ab, der Leasingnehmer sei **nicht aktivlegitimiert**, da ihm Ansprüche wegen Nichterfüllung des Liefervertrages nicht oder nicht wirksam abgetreten worden seien, erstreckt sich die vertragliche Bindungswirkung für die Leasingvertragspartner auch auf die festgestellte Reichweite der leasingtypischen Abtretungskonstruktion.[13] Der Leasinggeber kann im Leasingprozess nicht erfolgreich geltend machen, entgegen den Feststellungen im Lieferprozess sei die Freizeichnung im Rahmen der leasingtypischen Abtretungskonstruktion umfassend und wirksam erfolgt.

7. Ausnahmen von der Bindungswirkung

11   Eine Bindung an das Ergebnis der Auseinandersetzung zwischen Leasingnehmer und Lieferant tritt nicht ein, wenn der Leasingnehmer in Verkennung der Rechtslage vom Lieferanten nicht Rückzahlung des Kaufpreises/Werklohns an den Leasinggeber, sondern **Erstattung der bislang gezahlten Leasingraten** verlangt und das Gericht nicht auf eine sachdienliche Antragstellung hingewirkt hat. Insoweit ist die Rechtsstellung des Leasinggebers aus der leasingtypischen Abtretungskonstruktion nicht berührt.[14]

---

[7] BGH NJW 1985, 2258.
[8] BGH NJW 1991, 1746.
[9] BGH NJW 1990, 31; 1994, 576.
[10] BGH NJW 1993, 122; 1994, 576; *Tiedtke* JZ 1991, 908.
[11] BGH NJW 1988, 2465; 1990, 314; WM 1992, 1609; 1994, 617.
[12] BGH NJW 1991, 1746.
[13] OLG Köln MDR 2003, 212 = JP 2003, 280 m. Anm. von *H. Beckmann*.
[14] S. o. § 26 Rdn. 55.

9. Kapitel. Die Haftung im typischen Leasingdreieck § 29

Nach der Auffassung des BGH[15] ist der Leasinggeber an eine Einigung zwischen Leasingnehmer und Lieferant über die Rückabwicklung mit dem gleichzeitigen **Erlass eines Teils des Rückzahlungsanspruchs** nicht gebunden, da dem Leasingnehmer insoweit die Verfügungsbefugnis fehle. Dem ist aus den oben dargestellten Gründen nicht zu folgen.[16] Ein unberechtigter Nachlass ist bei der Abrechnung des Leasingvertrages zugunsten des Leasinggebers zu berücksichtigen. **12**

Haben der Leasingnehmer und der Lieferant im Rahmen der Rückabwicklung des Liefervertrages **kollusiv** zum Nachteil des Leasinggebers zusammengewirkt, kann sich der Leasingnehmer nicht auf eine vertragliche Bindung des Leasinggebers berufen. Das ist z. B. anzunehmen bei einer Einigung zwischen Lieferant und Leasingnehmer über die Rückabwicklung, obwohl unstreitig ein Mangel nicht vorliegt.[17] **13**

Der Leasingnehmer kann sich auf eine Einigung mit dem Lieferanten über die Rückabwicklung des Liefervertrages nach **Treu und Glauben** nicht berufen, wenn er sich mit dem Lieferanten in dem Bewusstsein der bevorstehenden **Insolvenz des Lieferanten** ohne Vorliegen eines Rückabwicklungsgrundes geeinigt hat[18] oder die tatsächliche Rückabwicklung des Liefergeschäfts durch unzureichende oder fehlerhafte Mitwirkung bei der Rückgabe der Waren vereitelt hat. Strittig ist, ob die Einigung über die Rückabwicklung trotz Verjährung der Ansprüche die Bindungswirkungen für den Leasinggeber ausschließt.[19] **14**

8. Unwirksamkeit von Ausschlussklauseln

Die sich aus der leasingtypischen Abtretungskonstruktion ergebenden Bindungswirkungen sind insbesondere für den Leasinggeber als Verwender der formularmäßigen Regelung zwingend.[20] Klauseln in ALB des Leasinggebers, die diese Bindung ausschließen oder einschränken, sind nach **§ 307 BGB** unwirksam, und zwar auch im kaufmännischen Verkehr.[21] Auch Formularklauseln, die die Bindungswirkung davon abhängig machen wollen, dass die Rückabwicklung durch ein streitiges Urteil erfolgen oder der Leasinggeber der Rückabwicklung zustimmen muss, verstoßen gegen die Generalklausel.[22] Unzulässig sind auch Regelungen, die die Bindung des Leasinggebers für den Fall ausschließen, dass Mängel tatsächlich nicht vorlagen.[23] Der Leasinggeber darf die Bindung auch nicht davon abhängig machen, dass er vom Lieferanten den gezahlten Kaufpreis tatsächlich rückerstattet bekommt.[24] **15**

Nach der Auffassung des BGH[25] ist auch eine Klausel, durch die der Leasinggeber seine Bindung ausschließen will für den Fall, dass die Ansprüche aus dem Lieferverhältnis zum Zeitpunkt der Einigung zwischen Leasingnehmer und Lieferant bereits **verjährt** waren, unzulässig. Dagegen ist einzuwenden, dass unter Berücksichtigung der Interessen der Leasingvertragspartner im Leasingdreieck grundsätzlich der Leasingnehmer das Risiko der Durchsetzung der abgetretenen Ansprüche zu tragen hat. Er allein ist aufgrund der leasingtypischen Abtretungskonstruktion in der Lage, die Verjährung zu hemmen oder einen Neubeginn der Verjährungsfrist zu bewirken. Der Leasinggeber ist demgegenüber schutzbedürftig, weil er an der Auseinandersetzung mit dem Lieferanten in der Regel nicht beteiligt, aber von der Nichterhebung der Verjährungseinrede durch den Lieferanten unmittelbar betroffen ist. Demgegenüber wird der Leasingnehmer nicht rechtlos **16**

---

[15] BGH WM 1992, 1609.
[16] S. o. § 27 Rdn. 29.
[17] BGH NJW 1985, 1535; 1991, 1746; a. A. zu Unrecht *Reinking/Eggert* Rdn. 942.
[18] MünchKomm/*Habersack* Leasing Rdn. 93.
[19] S. u. Rdn. 16.
[20] BGH NJW 1982, 105; 1986, 1744; 1991, 1746; 1993, 122.
[21] BGH NJW 1982, 105; 1991, 1746; WM 1992, 1609.
[22] BGH NJW 1985, 1535.
[23] BGH NJW 1991, 1746.
[24] BGH NJW 1991, 1746.
[25] BGH NJW 1991, 1746.

gestellt. Ihm werden lediglich die Grenzen seiner Rechtsstellung aufgezeigt, wenn er pflichtwidrig die abgetretenen Ansprüche verjähren lässt.[26]

II. Rückgabe der Waren

17　Der Leasingnehmer ist verpflichtet, die im Eigentum des Leasinggebers stehenden Waren nicht ohne dessen **Einverständnis**, insbesondere nicht vor der Rückzahlung des Kaufpreises/Werklohns, an den Lieferanten zurückzugeben. Bei einer vorzeitigen Rückgabe an den Lieferanten haftet der Leasingnehmer wegen Pflichtverletzung nach § 280 Abs. 1 BGB auf Schadensersatz.[27]

18　Hat der Lieferant freiwillig oder im Wege der Zwangsvollstreckung den Rückzahlungsanspruch erfüllt, ohne die Waren zurückbekommen zu haben, kann er aus dem im Lieferprozess ergangenen Zug-um-Zug-Titel nicht die **Herausgabevollstreckung** bezüglich der Waren betreiben.[28] Erfolgt die Rückgabe der Waren nicht, verspätet oder in verschlechtertem Zustand, kann der Lieferant vom Leasinggeber als seinem Vertragspartner auch noch **nach Abschluss des Lieferprozesses** gemäß § 346 BGB **Wertersatz, Bereicherungsausgleich und Schadensersatz** verlangen. Der Leasinggeber kann diese Kosten unter Berücksichtigung der mietrechtlichen Regelungen in die Abrechnung des Leasingvertrages einstellen oder nachträglich gegen den Leasingnehmer geltend machen.

III. Realisierung der abgetretenen Ansprüche aus dem Liefervertrag

1. Realisierung des Rückzahlungsanspruchs

19　Hat der Leasingnehmer gegen den Lieferanten die Rückabwicklung durchgesetzt, ist es ohne besondere Vereinbarung **Sache des Leasinggebers**, den sich aus der Rückabwicklung ergebenden Rückzahlungsanspruch zu realisieren. Haben sich Lieferant und Leasingnehmer über die Rückabwicklung in einem außergerichtlichen oder gerichtlichen Vergleich wirksam über die Rückabwicklung verständigt und zahlt der Lieferant nicht freiwillig die geleistete Vergütung an den Leasinggeber zurück, **muss der Leasinggeber selbst einen Titel gegen den Lieferanten erwirken**.

20　Auch einen vom Leasingnehmer gegen den Lieferanten **titulierten Anspruch** auf Rückzahlung des Kaufpreises/Werklohns muss der Leasinggeber selbst gegen den Lieferanten realisieren, notfalls im Wege der Zwangsvollstreckung.[29] Noch nicht entschieden ist, ob der Leasinggeber in seinen ALB den Leasingnehmer zur Beitreibung des titulierten Rückzahlungsanspruchs gegen den Lieferanten verpflichten kann.

21　Wird der Lieferant **nach der Durchsetzung der Rückabwicklung** des Liefervertrages durch wirksame Einigung oder rechtskräftige Titulierung zahlungsunfähig, kann der Leasinggeber also seinen Rückzahlungsanspruch gegen den Lieferanten nicht realisieren, kann er dies dem Leasingnehmer nicht, insbesondere nicht im Rahmen der Rückabwicklung des Leasingvertrages, entgegenhalten. Der **Leasinggeber muss leasingtypisch das Insolvenzrisiko des Lieferanten** als seines Vertragspartners **tragen**.[30]

2. Realisierung von eigenen Ersatzansprüchen des Leasingnehmers

22　Eigene Ansprüche auf Ersatz von Schäden und Aufwendungen wegen Pflichtverletzungen des Lieferanten muss der Leasingnehmer gegen den Lieferanten – notfalls im Klageweg –

---

[26] MünchKomm/*Habersack* Leasing Rdn. 92; *H. Beckmann* Finanzierungsleasing § 7 Rdn. 14.
[27] BGH NJW 1985, 1535.
[28] BGH NJW 1992, 1172.
[29] BGH NJW 1985, 129 u. 1355; 1982, 105; 1977, 848; vgl. *H. Beckmann* Finanzierungsleasing § 6 Rdn. 145; vgl. zu Problemen im Rahmen der Zwangsvollstreckung § 47.
[30] BGH NJW 1982, 105; 1985, 129; 1990, 314; 1991, 1746.

verfolgen. Hat der Leasingnehmer eigene Ersatzansprüche gegen den Lieferanten erfolgreich durchgesetzt, muss er diese Ansprüche auch gegen den Lieferanten beitreiben.

Sind die Ansprüche des Leasingnehmers wegen Zahlungsunfähigkeit des Lieferanten nicht zu realisieren, muss der Leasinggeber **nachrangig** haften. Eine Freizeichnung des Leasinggebers von eigenen Ersatzansprüchen des Leasingnehmers wegen dem Leasinggeber zuzurechnenden Pflichtverletzungen des Lieferanten ist nach § 307 BGB nur dann als zulässig anzusehen, wenn der Leasingnehmer diese Ansprüche bei Zahlungsunfähigkeit des Lieferanten letztlich auch gegen den Leasinggeber als seinen Vertragspartner tatsächlich realisieren kann. Auch insoweit muss der Leasinggeber das **Insolvenzrisiko** des Lieferanten tragen. Dieses ist nicht vom Leasingnehmer im Rahmen der leasingtypischen Abtretungskonstruktion übernommen worden.

IV. Rückabwicklung des Leasingvertrages

1. Liefervertrag als Geschäftsgrundlage des Leasingvertrages

Ein Finanzierungsleasinggeschäft besteht immer aus dem Liefervertrag und dem Leasingvertrag. Der Liefervertrag ist nach den übereinstimmenden Vorstellungen der Leasingvertragspartner Geschäftsgrundlage des Leasingvertrages. Der Leasingvertrag setzt das Bestehen des Liefervertrages voraus. Ist der Liefervertrag wegen einer Leistungsstörung nach den §§ 346 ff. BGB rückabzuwickeln, müssen sich die Vertragspartner des **Leasingvertrages** so stellen, als sei der Vertrag **von vornherein nicht zustande gekommen**. Mit der Rückabwicklung des Liefervertrages **fehlt dem Leasingvertrag somit von Anfang an die Geschäftsgrundlage** („ex-tunc-Wirkung"); sie ist nicht erst nachträglich mit der tatsächlichen Rückabwicklung weggefallen.[31]

2. Anpassung des Leasingvertrages

Das Fehlen bzw. der Wegfall der Geschäftsgrundlage bewirkte nach altem Recht unter Berücksichtigung des Grundsatzes von Treu und Glauben eine Anpassung des Vertragsinhalts an die geänderten Verhältnisse. Diese Anpassung des Leasingvertrags nach Rückabwicklung des Liefervertrages erfolgte vor der Schuldrechtsreform nach allgemeiner Ansicht nach Bereicherungsrecht.[32]

Nach der Schuldrechtsreform sind die von der Rechtsprechung entwickelten Grundsätze zur Störung der Geschäftsgrundlage in **§ 313 BGB** kodifiziert worden. Nach einer in der Literatur vertretenen Auffassung tritt die Rückabwicklung des Leasingvertrages wegen Fehlens der Geschäftsgrundlage nach der Schuldrechtsreform nicht mehr „automatisch" ein. Der Leasingnehmer kann und muss wegen einer Leistungsstörung des Liefervertrages zusätzlich den **Rücktritt vom Leasingvertrag erklären**.[33] In dem Verlangen nach Rückabwicklung des Leasingvertrages wegen einer Leistungsstörung ist immer eine konkludente Rücktrittserklärung des Leasingnehmers zu sehen.[34]

Nach einer weiteren Ansicht soll nach der Schuldrechtsreform die Rückabwicklung des Leasingvertrages nicht mehr nach Bereicherungsrecht, sondern nach den **Rücktrittsregelungen in den §§ 346 ff. BGB** durchgeführt werden.[35] Anzumerken ist, dass dies im Ergebnis keine wesentlichen Unterschiede nach sich ziehen würde. Dennoch wird an

---

[31] BGH NJW 1982, 105; 1985, 1535; 1986, 179 u. 1744; 1990, 314; 1991, 1746; 1994, 576; NJW-RR 1998, 123; *Beyer* DRiZ 1999, 236.
[32] BGH NJW 982, 105; 1985, 796; 1986, 1681; 1990, 314; 1991, 1741; 1994, 576; Erman/*Jendrek* Anh. § 535 Rdn. 32; *H. Beckmann* Finanzierungsleasing § 7 Rdn. 23 ff. m. w. N.
[33] *Reinking* ZGS 2002, 233 f.; *Reinking/Eggert* Rdn. 868 u. 937; *Müller-Sarnowski* DAR 2002, 489; *Schmalenbach/Sester* WM 2002, 2186; *Tiedtke/Möllmann* DB 2004, 588; *Arnold* DStR 2002, 1053; *Löbbe* BB-Beilage 6/2003, 13.
[34] Vgl. Staudinger/*Stoffels* Leasing Rdn. 245.
[35] *Reinking/Eggert* Rdn. 942 f.

der ständigen und gefestigten Rechtsprechung des BGH[36] festzuhalten sein, wonach die Anpassung des Leasingvertrages wegen von Anfang an fehlender Geschäftsgrundlage mit ex-tunc-Wirkung nach Bereicherungsrecht im Wege der Saldierung gemäß den §§ 812 ff. BGB vorzunehmen ist.[37] Durch die Kodifizierung des Instituts der **Störung der Geschäftsgrundlage in § 313 BGB** hat sich an der Rechtslage bei Finanzierungsleasinggeschäften nichts Entscheidendes geändert, weil der Gesetzgeber mit der Schuldrechtreform nicht in die gefestigte Rechtsprechung zu den mietrechtlichen Beziehungen der Leasingvertragspartner eingreifen wollte.[38]

28 Nach einer noch weitergehenden Auffassung[39] soll dem Leasingnehmer nach der Schuldrechtsreform bei einer Rückabwicklung des Liefervertrages nur noch ein **außerordentliches Kündigungsrecht** bezüglich des Leasingvertrages zustehen, da es sich bei einem Leasingvertrag – unstreitig – um ein Dauerschuldverhältnis handelt.[40] Eine vollständige Rückabwicklung des Leasingvertrages wie vor der Schuldrechtsreform scheide wegen der ausdrücklichen Regelung eines Rücktritts- und Kündigungsrechts in § 313 BGB aus. Der Leasinggeber könne die bereits erhaltenen Leasingraten behalten und der Leasingnehmer sei nur von der Zahlung künftiger Leasingraten befreit.[41] Der Leasingnehmer müsse sich beim Lieferanten schadlos halten und auch dessen Insolvenzrisiko tragen.[42]

29 Diese Ansicht widerspricht den grundsätzlichen Erwägungen des BGH[43] zur Tragung des Insolvenzrisikos beim Finanzierungsleasinggeschäft. Es ist nicht zu erwarten, dass die Rechtsprechung von den gefestigten Grundsätzen abrücken wird.[44] Ein Rücktritts- oder Kündigungsrecht soll auch nach der Schuldrechtsreform nur für **nicht anpassungsfähige Schuldverhältnisse** bestehen. Der Leasingvertrag kann aber nach der Rückabwicklung des Liefervertrages unter Berücksichtigung einer interessengerechten Auslegung der leasingtypischen Abtretungskonstruktion durch Saldierung der beiderseitigen Ansprüche der Leasingvertragspartner angepasst werden. **Dies** ist die vorzunehmende **Anpassung** im Sinne des § 313 BGB, was von den Kritikern übersehen wird.[45] Eine Kündigungsklausel in ALB wäre wegen Verstoßes gegen § 307 BGB unwirksam.[46]

3. Bereicherungsrechtliche Rückabwicklung des Leasingvertrages

30 Bei der bereicherungsrechtlichen Rückabwicklung des Leasingvertrages sind gemäß **§ 818 BGB** die von beiden Vertragspartnern geltend gemachten Einzelpositionen in die Abrechnung einzustellen und miteinander zu verrechnen. Es findet eine **Saldierung** statt. Es handelt sich um einen einheitlichen Anspruch auf Ausgleich aller mit dem Vorgang zusammenhängender Umstände. Ergibt der Vergleich der Aktiv- und Passivposten zugunsten einer Partei einen **Überschuss (Saldo)**, ist dieser als Bereicherungsanspruch an den Berechtigten auszukehren.[47]

31 Bei der nach der Ansicht von *Reinking/Eggert*[48] durchzuführenden Rückabwicklung nach den Rücktrittsvorschriften müsste jeder Vertragspartner seine Ansprüche gemäß

---

[36] BGH NJW 1982, 105; 1985, 796; 1986, 1681; 1990, 314; 1991, 1746; 1994, 576.
[37] Zur Kritik vgl. Wolf/Eckert/*Ball* Rdn. 1844 Fn. 189 u. Rdn. 1850 Fn. 201; *Schröder* JZ 1989, 717.
[38] Wolf/Eckert/*Ball* Rdn. 1851; *Mankowski/Knöfel* in: Derleder/Knops/Bamberger (Hrsg.) BankR § 14 Rdn. 87; *H. Beckmann* Finanzierungsleasing § 7 Rdn. 23 ff. m. w. N.
[39] Staudinger/*Stoffels* Leasing Rdn. 251; *Arnold* DStR 2002, 1053, jeweils m. w. N.
[40] Vgl. die Darstellung bei Staudinger/*Stoffels* Leasing Rdn. 245 m. w. N.
[41] Vgl. Wolf/Eckert/*Ball* Rdn. 1851; *Reinking* ZGS 2002, 233.
[42] Staudinger/*Stoffels* Leasing Rdn. 254 ff.
[43] BGH NJW 1985, 129; 1990, 314; 1991, 1746.
[44] A. A. Staudinger/*Stoffels* Leasing Rdn. 245, der eine Änderung der Rechtsprechung erwartet.
[45] Vgl. *Reinking/Eggert* Rdn. 868.
[46] BGH NJW 1982, 105.
[47] Palandt/*Sprau* § 818 Rdn. 28 ff. m. w. N.
[48] *Reinking/Eggert* Rdn. 942 f.

9. Kapitel. Die Haftung im typischen Leasingdreieck § 29

§ 348 BGB geltend machen, was im Leasingprozess zu einer erheblichen Streitwerterhöhung führen kann, wenn nicht der jeweilige Kläger die Abzugsposten des Gegners schon bei der Klageerhebung berücksichtigt.[49] Im Übrigen ergeben sich keine wesentlichen Unterschiede.

4. Saldierung der wechselseitigen Ansprüche

a) Aktivposten des Leasinggebers. aa) Kein Anspruch auf offene Leasingraten. 32
Fehlt dem Leasingvertrag mit der Rückabwicklung des Liefervertrages die Geschäftsgrundlage von Anfang an, schuldet der Leasingnehmer dem Leasinggeber **keine Leasingraten**, also weder rückständige noch offene Leasingraten für die zukünftige Zeit nach dem Rückabwicklungsverlangen.

bb) Kein Aufwendungsersatz bei Zahlungsunfähigkeit des Lieferanten. Kann der 33
Leasinggeber seinen Rückzahlungsanspruch gegen den Lieferanten wegen dessen Zahlungsunfähigkeit nicht realisieren, kann er den an den Lieferanten gezahlten Kaufpreis/Werklohn nicht als Aufwendungsersatzanspruch in die Saldierung einstellen oder sich auf einen Wegfall der Bereicherung nach § 818 Abs. 3 BGB berufen.[50] Da der Leasinggeber zwingend das **Insolvenzrisiko** des Lieferanten tragen muss, sind entgegenstehende Klauseln in AGB unwirksam.

cc) Kein Ersatz sonstiger Aufwendungen und eines Gewinnausfalls. Auch sonstige 34
Aufwendungen, die mit dem Abschluss des Leasingvertrages verbunden waren (z. B. Refinanzierungskosten), kann der Leasinggeber nicht vom Leasingnehmer ersetzt verlangen.[51] Dies gilt auch hinsichtlich seines Gewinnausfalls. Eine entgegenstehende Regelung in ALB ist unwirksam.[52]

dd) Nutzungsersatz. Der Leasinggeber kann vom Leasingnehmer Ersatz der **tatsächlich gezogenen Nutzungen** nach den §§ 812 Abs. 1 Satz 2, 818 Abs. 1 BGB verlangen. 35
Nach Kenntnis des Mangels des rechtlichen Grundes und Rechtshängigkeit des Bereicherungsanspruchs kommt eine verschärfte Haftung des Leasingnehmers gemäß den §§ 819 Abs. 1, 818 Abs. 4, 292, 987 ff. BGB in Betracht. Nach a. A.[53] ergibt sich der Anspruch aus § 346 Abs. 1 BGB.

Grundsätzlich muss der Leasinggeber **beweisen**, dass der Leasingnehmer die Waren 36
trotz der Leistungsstörung tatsächlich nutzen konnte und auch genutzt hat.[54] Aufgabe des Leasingnehmers ist es, im Leasingprozess die pauschale Behauptung der Nutzung substantiiert zu bestreiten und eine Entreicherung zu beweisen.[55]

Bei der Rückabwicklung eines Finanzierungsleasinggeschäfts bestimmt sich die **Höhe** 37
des Nutzungsersatzes unter Berücksichtigung der aus der leasingtypischen Abtretungskonstruktion folgenden Bindungswirkungen für die Leasingvertragspartner nicht wie sonst bei Mietverträgen nach den fiktiven Mietkosten, sondern nach den Grundsätzen des Liefervertrages, also nach dem linearen Wertverzehr. Ist im **Lieferstreit** wegen der Nutzung durch den Leasingnehmer eine Nutzungsentschädigung vom zurückzuzahlenden Kaufpreis/Werklohn in Abzug gebracht worden, ist dieser Betrag **in gleicher Höhe** auch im Rahmen der Saldierung der Ansprüche aus dem Leasingvertrag zu berücksichtigen.[56]

---

[49] S. u. § 28 Rdn. 57.
[50] BGH NJW 1982, 105; 1990, 314; *Martinek* I S. 183; a. A. *Arnold* DStR 2002, 1054.
[51] BGH NJW 1977, 848; 1982, 105; 1986, 179; 1990, 314; Wolf/Eckert/*Ball* Rdn. 1841; *Reinking/Eggert* Rdn. 943.
[52] BGH NJW 1986, 179; 1990, 314; a. A. *Canaris* AcP Bd. 190 (1990), 439; *Lieb* WM-Sonderbeilage 6/1992, 1 ff.
[53] *Reinking/Eggert* Rdn. 944; s. o. Rdn. 31.
[54] BGH NJW 1996, 2924.
[55] BGH NJW 1990, 314.
[56] OLG Hamm CR 1991, 413; *Reinking/Eggert* Rdn. 944.

Eine unterschiedliche Berechnung nach dem mietvertraglichen Ansatz ist wegen der Besonderheiten des Finanzierungsleasinggeschäfts nicht gerechtfertigt.

38   Erlangt der Leasinggeber im Rahmen der Saldierung vom Leasingnehmer Nutzungsersatz, der im Rahmen der Rückabwicklung des Liefervertrages nicht berücksichtigt worden ist, muss er diesen Betrag gemäß § 346 BGB nachträglich an den Lieferanten auskehren.[57]

39   **ee) Rückgabe der Leasingsache.** Der Leasingnehmer schuldet als „Mieter" grundsätzlich die Rückgabe der Leasinggegenstände an den Leasinggeber als „Vermieter" am Vertragsende. Bei der Rückabwicklung des Leasingvertrages nach Rückabwicklung des Liefervertrages ist der Leasinggeber seinerseits zur Rückgabe der Waren an den Lieferanten verpflichtet, wobei die **tatsächliche Rückgewähr** in der Regel unmittelbar vom Leasingnehmer an den Lieferanten mit Einverständnis des Leasinggebers stattfindet. Da es sich bei der Rückabwicklung des Leasingvertrages um eine zwingende Folge der Rückabwicklung des Liefervertrages handelt, steht die Sache letztlich dem Lieferanten zu, der sie beim Leasingnehmer abzuholen hat.

40   Der Leasinggeber hat nur ausnahmsweise ein Interesse daran, die Leasingsache selbst zu bekommen, wenn der Lieferant den Kaufpreis/Werklohn nicht zurückzahlen kann oder will. Dann kann der Leasinggeber vom Leasingnehmer die unmittelbare Herausgabe der Waren an sich zum Zwecke der Verwertung beanspruchen.

41   **ff) Ersatz wegen Untergangs oder Verschlechterung der Leasingsache.** Soweit bei der Abrechnung der Ansprüche aus dem Liefervertrag nach den §§ 346 ff. BGB zulasten des Leasinggebers Abzüge vom zurückzuzahlenden Kaufpreis/Werklohn gemacht worden sind und diese Abzüge in den Verantwortungsbereich des Leasingnehmers fallen, kann der Leasinggeber die entsprechenden Beträge auch in die Abrechnung mit dem Leasingnehmer einstellen. Beide Leasingvertragspartner sind an die Feststellungen im Lieferstreit gebunden. Ersatzleistungen wegen erst nach Abschluss des Lieferstreits festgestellter Schäden sind im Rahmen der Rückzahlung des Kaufpreises/Werklohns auszugleichen bzw. an den Lieferanten herauszugeben. Nach a. A.[58] ergibt sich der Anspruch aus § 346 Abs. 3 Satz 3 Nr. 3 BGB.

42   **gg) Schäden wegen sonstiger Pflichtverletzungen des Leasingnehmers.** Hat der Leasingnehmer schuldhaft Pflichten aus dem Leasingvertrag verletzt, z. B. die Verletzung von Informationspflichten oder der Anzeigepflicht nach § 536 e Abs. 2 BGB[59] oder die sachwidrige Führung des Lieferprozesses,[60] kann der Leasinggeber hierdurch verursachte Schäden in die Abrechnung einbeziehen.

43   Das gilt auch für einen dem Leasinggeber entstandenen Schaden aus der Unterzeichnung einer unrichtigen **Übernahmebestätigung**. In diesem Fall kann das Verlangen des Leasingnehmers auf Rückabwicklung des Leasingvertrages sogar völlig ausgeschlossen sein, weil der Schadensersatzanspruch des Leasinggebers auf volle Amortisation gerichtet ist und somit der Rückabwicklung entgegensteht.[61]

44   **hh) Herausgabe des aus der Geschäftsbesorgung Erlangten.** Der Leasingnehmer ist nach § 667 BGB verpflichtet, dem Leasinggeber alle aus seiner Geschäftsführung oder einer Geschäftsführung ohne Auftrag erlangten Vorteile herauszugeben. Das ist insbesondere zu berücksichtigen, wenn der Leasingnehmer im Lieferstreit mit dem Lieferanten wirksam auf einen Teil des Rückzahlungsanspruchs des Leasinggebers verzichtet und der Leasinggeber den Verzicht genehmigt hat bzw. der Verzicht entsprechend den obigen

---

[57] OLG Hamm CR 1992, 275.
[58] *Reinking/Eggert* Rdn. 944.
[59] BGH NJW 1987, 1072.
[60] *Reinking/Eggert* Rdn. 836.
[61] OLG Düsseldorf BB 1997, 544; s. o. § 13 Rdn. 12.

9. Kapitel. Die Haftung im typischen Leasingdreieck   § 29

Darlegungen[62] im Verhältnis zum Lieferanten als wirksam anzusehen ist. Der Leasinggeber kann dann Erstattung des erlassenen Betrages jedenfalls insoweit verlangen, als sich der Erlass auf Risiken bezieht, die leasingtypisch der Leasingnehmer zu tragen hat, also z. B. Beweisschwierigkeiten hinsichtlich des Vorliegens eines Sachmangels, Verjährungsrisiko etc. Nur einen Nachlass wegen Zahlungsschwierigkeiten des Lieferanten muss der Leasinggeber übernehmen, da der Lieferant sein Vertragspartner im Liefervertragsverhältnis ist. Der Grund für den teilweisen Erlass ist vom Leasingnehmer darzulegen und im Streitfall zu beweisen.

b) Aktivposten des Leasingnehmers. aa) Leasingraten und Sonderzahlungen. 45
Nach der Rückabwicklung des Liefervertrages kann der Leasingnehmer vom Leasinggeber **Rückzahlung der gezahlten und Befreiung von zukünftigen Leasingraten** sowie die Erstattung von zu Vertragsbeginn an den Leasinggeber geleisteten Sonderzahlungen verlangen.[63] Ist die Sonderzahlung als Teil des vom Leasinggeber geschuldeten Kaufpreises vom Leasingnehmer gemäß § 267 BGB unmittelbar an den Lieferanten gezahlt worden, kann der Leasingnehmer auch insoweit Erstattung verlangen.[64] Auch der in den Raten oder der Sonderzahlung enthaltene Anteil der **Mehrwertsteuer** ist dem Leasingnehmer gutzubringen.[65]

bb) An-, Voraus- und Abschlagszahlungen. Eine vom Leasingnehmer an den Liefe- 46
ranten geleistete An-, Voraus- oder Abschlagszahlung, die auf den vom Leasinggeber zu zahlenden Kaufpreis/Werklohn angerechnet worden ist, ist vom Leasinggeber auszugleichen, wenn sie nicht schon unmittelbar im Rahmen der Rückabwicklung des Liefervertrages an den Leasingnehmer zurückgezahlt worden ist.[66]

Das gilt nicht, wenn der Leasingnehmer die Zahlung schon vor dem Eintritt des Lea- 47
singgebers in den Liefervertrag geleistet hat und im Rahmen des Finanzierungsleasinggeschäfts nur der Restbetrag finanziert worden ist, und zwar auch dann nicht, wenn der Leasingnehmer sein Geld vom Lieferanten wegen dessen Zahlungsunfähigkeit nicht zurückerhält. Insoweit muss der Leasingnehmer das Insolvenzrisiko des Lieferanten tragen, weil die Zahlung allein auf der Vertragsbeziehung zwischen dem Lieferanten und dem Leasingnehmer beruht und der Leasinggeber durch den Eintritt in der Regel nicht das Insolvenzrisiko des Lieferanten auch bezüglich derartiger Leistungen übernehmen will.[67]

cc) Inzahlungnahme eines Gebrauchtfahrzeugs. Ist ein in Zahlung gegebenes Ge- 48
brauchtfahrzeug noch vorhanden, ist der **Leasingnehmer verpflichtet, das Altfahrzeug zurückzunehmen**, da es sich beim Finanzierungsleasinggeschäft um ein einheitliches Rechtsgeschäft handelt, also sämtliche Leistungen auch einheitlich rückabzuwickeln sind. Ein Anspruch auf Auszahlung eines Betrages in Höhe der Sonderzahlung besteht nur, wenn das Kfz nicht mehr herausgegeben werden kann.[68] Ein beim Lieferanten entstandener Wertverlust durch Beschädigungen etc. ist vom Lieferanten auszugleichen.[69]

dd) Aufwendungen und Schadensersatz. Zugunsten des Leasingnehmers sind Scha- 49
densersatzansprüche aus schuldhaften Pflichtverletzungen des Leasinggebers selbst und des Lieferanten, soweit dieser Erfüllungsgehilfe des Leasinggebers ist, in die Saldierung einzustellen. Hat sich der Leasinggeber im Rahmen der leasingtypischen Abtretungskonstruktion wirksam von seiner vorrangigen Haftung freigezeichnet, kann der Leasingneh-

---

[62] S. o. § 27 Rdn. 21 ff.
[63] BGH NJW 1990, 314.
[64] AG Düsseldorf NJW-RR 1998, 1673.
[65] BGH NJW 1994, 576.
[66] *Graf von Westphalen* Leasingvertrag Rdn. 725; *Martinek* I S. 183; MünchKomm/*Habersack* Leasing Rdn. 101.
[67] A. A. MünchKomm/*Habersack* Leasing Rdn. 101.
[68] Vgl. BGH NJW 2003, 505; *Reinking/Eggert* Rdn. 943.
[69] S. o. § 28 Rdn. 78.

mer seine Ansprüche nur bei Zahlungsunfähigkeit des Lieferanten nachrangig gegen den Leasinggeber geltend machen.

50 **ee) Prozesskosten aus dem Lieferprozess. (1) Obsiegen des Leasingnehmers im Lieferprozess.** Hat der Leasingnehmer im Lieferprozess die Rückzahlung an den Leasinggeber erfolgreich durchgesetzt und einen Titel zugunsten des Leasinggebers erwirkt, muss der Lieferant nach § 91 ZPO als Unterlegener die Kosten des Rechtsstreits tragen. Erhält der Leasingnehmer seine Kosten wegen **Zahlungsunfähigkeit des Lieferanten** nicht ersetzt, kann er nach h. M. diese Kosten im Rahmen der Rückabwicklung des Leasingvertrages berücksichtigen, wenn er als **Geschäftsführer ohne Auftrag** für den Leasinggeber die Rückabwicklung durchgeführt hat.[70] Das ist der Fall, wenn der Leasingnehmer bei **Unwirksamkeit der leasingtypischen Abtretungskonstruktion** in Unkenntnis der Unwirksamkeit gegen den Lieferanten vorgegangen ist. Der Leasinggeber schuldet dann gemäß den §§ 683, 670 BGB Ersatz der Aufwendungen.

51 Demgegenüber wird ein Kostenerstattungsanspruch des Leasingnehmers gegen den Leasinggeber bei Zahlungsunfähigkeit des Lieferanten bei **wirksamer Abtretungskonstruktion** von der bislang überwiegenden Ansicht[71] mit der Begründung verneint, der Leasinggeber habe das Insolvenzrisiko des Lieferanten nur bezüglich vertraglicher Haupt- und Nebenpflichten übernommen, die Geltendmachung der Sachmängelansprüche falle in den vom Leasingnehmer wirksam übernommenen Aufgabenbereich, so dass er trotz seines Obsiegens im Lieferprozess das Kostenrisiko auch bei Insolvenz des Lieferanten tragen müsse. Das Prozesskostenrisiko hätte der Leasingnehmer auch zu tragen gehabt, wenn er die Ware unmittelbar vom Lieferanten erworben hätte.[72] Der BGH hat die Frage bislang offengelassen.[73]

52 Die vorgenannte Auffassung übersieht, dass der Leasingnehmer ohne die Freizeichnung des Leasinggebers beim Finanzierungsleasinggeschäft gar nicht gegen den Lieferanten hätte vorgehen müssen, so dass der Vergleich zum Kauf nicht statthaft ist. Nach *Habersack*[74] wird der Leasingnehmer im Rahmen der Ausübung des Rücktritts *„für Rechnung des Leasinggebers"* tätig. Wie oben dargestellt,[75] liegt auch bei einem Vorgehen des Leasingnehmers gegen den Lieferanten aufgrund einer wirksamen leasingtypischen Abtretungskonstruktion ein **Auftragsverhältnis** zwischen Leasinggeber und Leasingnehmer vor. Der Leasingnehmer handelt bei der Durchsetzung der Ansprüche aus dem Liefervertrag auch im Auftrag des Leasinggebers als dessen **Prozessstandschafter**. Als solcher unterliegt er bestimmten Weisungen des Leasinggebers im Rahmen der Antragstellung. Als Beauftragter hat der Leasingnehmer somit grundsätzlich einen Anspruch gegen den Leasinggeber auf Erstattung seiner Aufwendungen aus **§ 670 BGB**.[76]

53 Allein diese Lösung entspricht dem von der Rechtsprechung immer wieder geforderten Grundsatz, den Leasingnehmer durch die Freizeichnung des Leasinggebers von seiner mietrechtlichen Haftung nicht rechtlos zu stellen. Ohne die Abtretungskonstruktion hätte der Leasingnehmer die Leistungsstörung unmittelbar dem Leasinggeber entgegenhalten können und wäre bei berechtigtem Einwand im Rechtsstreit mit dem Leasinggeber nicht mit Kosten belastet worden. Der Leasingnehmer muss infolge der leasingtypischen Abtretungskonstruktion lediglich das **Prozessrisiko** und damit das **Prozesskostenrisiko** insoweit tragen, als er den Lieferprozess verliert, weil er z. B. die

---

[70] BGH NJW 1990, 314; 1994, 576; WM 1992, 1609.
[71] OLG Köln NJW-RR 2005, 210; *Weber* NJW 2005, 2198; *Reinking/Eggert* Rdn. 945; *Graf von Westphalen* BB-Beilage 6/1994, 14.
[72] *Weber* NJW 2005, 2198.
[73] BGH NJW 1994, 576.
[74] MünchKomm/*Habersack* Leasing Rdn. 81.
[75] S. o. § 27 Rdn. 31.
[76] Vgl. *H. Beckmann* Finanzierungsleasing § 7 Rdn. 63 ff.; zustimmend Bamberger/Roth/*Ehlert* Vor § 535 Rdn. 72; MünchKomm/*Habersack* Leasing Rdn. 101.

9. Kapitel. Die Haftung im typischen Leasingdreieck　　　　　§ 29

Anspruchsvoraussetzungen nicht beweisen kann oder die Verjährungseinrede des Lieferanten durchgreift. Das Insolvenzrisiko des Lieferanten muss in jedem Fall, und zwar auch wegen der Kosten eines für den Leasingnehmer erfolgreichen Lieferprozesses, beim Leasinggeber verbleiben.

(2) **Unterliegen des Leasingnehmers im Lieferprozess.** Bei einem Unterliegen 54 im Lieferprozess muss der Leasingnehmer die ihm nach den **§§ 91 ff. ZPO** auferlegten Prozesskosten unter Berücksichtigung der Verteilung der Risiken beim typischen Finanzierungsleasinggeschäft unabhängig von der Wirksamkeit der Abtretungskonstruktion grundsätzlich selbst tragen.[77] Auch ohne eine Freizeichnung in den ALB wäre der Leasingnehmer bei einem unmittelbaren Vorgehen gegen den Leasinggeber im Leasingprozess insoweit mit seinem Rückabwicklungsverlangen unterlegen und hätte die Kosten tragen müssen.

(3) **Erstattungspflicht wegen Mehrkosten des Lieferprozesses.** Der Leasinggeber 55 muss dem Leasingnehmer (Mehr-)Kosten ersetzen, die dem Leasingnehmer im Lieferprozess wegen (Teil-)Unterliegens nach **§ 92 Abs. 1 ZPO** auferlegt worden sind, weil seine auf **Anweisung des Leasinggebers** geltend gemachten Ansprüche gegen den Lieferanten auf Ersatz von Aufwendungen des Leasinggebers oder gegen Mithaftende teilweise abgewiesen worden ist. Insoweit ist der Leasingnehmer in jedem Fall im Auftrag des Leasinggebers tätig geworden.

Der Leasinggeber schuldet dem Leasingnehmer auch Kostenerstattung, soweit der 56 Leasingnehmer nach § 92 Abs. 1 ZPO mit Kosten belastet worden ist, weil er aufgrund eines **Informationsfehlers** seitens des Leasinggebers einen überhöhten Rückzahlungsanspruch eingeklagt hat, z. B. wegen eines Abzugs des Leasinggebers vom vereinbarten Preis (Skonto).

V. Minderung der Leasingraten

Bei erfolgreicher Minderung des Liefervertrages durch den Leasingnehmer **bleibt der** 57 **Leasingvertrag grundsätzlich bestehen**. Der Leasingvertrag ist auf Verlangen des Leasingnehmers **anzupassen**.[78] Die Leasingvertragspartner sind wie bei der Rückabwicklung des Liefervertrages an das Ergebnis der Auseinandersetzung zwischen dem Leasingnehmer und dem Lieferanten gebunden.

Der Leasingnehmer kann vom Leasinggeber nicht die Auskehrung des Minderungsbe- 58 trages in voller Höhe verlangen. Der Leasinggeber muss die **Leasingraten** unter Berücksichtigung der eingeschränkten Gebrauchsfähigkeit der Leasingsache **neu berechnen**. Dabei ist zu berücksichtigen, dass sich die Minderung im Liefervertrag anders berechnet als im Leasingvertragsverhältnis, da in den Leasingraten auch Kosten und Gewinn des Leasinggebers enthalten sind.[79] Der Leasingnehmer schuldet nach erfolgreicher Minderung des Liefervertrages nur noch die geminderten Leasingraten, und zwar ab dem Zeitpunkt, an dem er sich mit dem Lieferanten über die Berechtigung des Minderungsverlangens geeinigt oder die Minderungsklage im Lieferprozess erhoben hat. Auszahlung eines Überschusses kann der Leasingnehmer vom Leasinggeber wegen Minderung nur verlangen, wenn sich im Zeitpunkt der Neuberechnung ergibt, dass die von ihm erbrachten Zahlungen über dem tatsächlich geschuldeten Leasingentgelt liegen. Der Leasinggeber kann nicht einwenden, er könne wegen Zahlungsunfähigkeit des Lieferanten den Minderungsbetrag aus dem Liefervertrag nicht realisieren, da er auch insoweit das Insolvenzrisiko des Lieferanten tragen muss.

Diese Grundsätze gelten entsprechend, wenn der Leasingnehmer im Leasingprozess 59 den sog. **kleinen Schadensersatz** geltend gemacht hat, also die Leasingsache behalten und Ersatz des Minderwerts an den Leasinggeber beantragt hat.

---

[77] A. A. *Graf von Westphalen* AGB-Klauselwerke Leasing Rdn. 142.
[78] *Reinking/Eggert* Rdn. 950.
[79] BGH NJW 1987, 1072; *Reinking/Eggert* Rdn. 949.

§ 30. Besonderheiten des Leasingprozesses

Schrifttum: s. Schrifttum zu den §§ 5–7 und 25–29; *H. Beckmann* Berechnung der Rückstandsquote und Zinsansprüche des Leasinggebers bei vorzeitiger Beendigung des Leasingvertrages WuB I J 2. – 1.02, 145; *Musielak* Zivilprozessordnung 4. Aufl. 2005; *Saenger* (Hrsg.) Zivilprozessordnung 1. Aufl. 2006; *Stöber* Der Gerichtsstand des Erfüllungsortes nach Rücktritt des Käufers vom Kaufvertrag NJW 2006, 2661; *Zöller* Zivilprozessordnung 25. Aufl. 2005

Übersicht

	Rdn.
I. Leistungsklage des Leasinggebers bei Vorliegen einer Leistungsstörung	1
1. Klage auf rückständige Leasingraten nebst Zinsen	4
2. Klage auf künftige Leasingraten	5
3. Feststellungs- und Zwischenfeststellungsklage	7
4. Streit über das Bestehen eines Leistungsverweigerungsrechts	8
5. Verneinung eines Leistungsverweigerungsrechts des Leasingnehmers	10
6. Fortsetzung des Leasingprozesses ohne Lieferprozess	11
7. Fortsetzung des Leasingprozesses nach Unterliegen des Leasingnehmers im Lieferprozess	12
8. Fortsetzung des Leasingprozesses nach Obsiegen des Leasingnehmers im Lieferprozess	17
II. Leistungsklage des Leasingnehmers gegen den Leasinggeber bei Vorliegen einer Leistungsstörung	19
III. Bereicherungsrechtliche Leistungsklage	22
IV. Minderungsverlangen	24
V. Subsidiäre und nachrangige Haftung des Leasinggebers	25
VI. Klage des Leasinggebers nach vertragsgemäßer Beendigung des Leasingvertrages auf Abschlusszahlung und Kündigungsschaden	26
VII. Klage des Leasinggebers gegen den Leasingnehmer auf Rückgabe der Leasingsache	27
1. Rückgabe am Sitz des Leasinggebers als Bringschuld	29
2. Rückgabe am Sitz des Lieferanten aufgrund Bestimmung in den ALB	30
3. Rückgabe am Sitz des Leasingnehmers als Erfüllungsort	31
4. Bestimmung des Sitzes des Leasinggebers als Erfüllungsort	32
5. Mehrere Leasingnehmer	33

I. Leistungsklage des Leasinggebers bei Vorliegen einer Leistungsstörung

1 Zur Unterscheidung empfiehlt es sich, eine gerichtliche Streitigkeit zwischen Leasingnehmer und Lieferant als **„Lieferprozess"**[1] und eine zwischen **Leasingnehmer und Leasinggeber** als **„Leasingprozess"** zu bezeichnen. In der Klageschrift sollte ausdrücklich darauf hingewiesen werden, dass es sich um eine Leasingstreitigkeit handelt, damit die Sache unmittelbar an die bei vielen Gerichten eingerichteten **Spezialkammern oder -senate**[2] gelangt. Am BGH ist der VIII. ZS für Streitigkeiten „aus Leasing" zuständig.

2 Verweigert der Leasingnehmer die Zahlung der Leasingraten und/oder einer Sonderzahlung mit der Begründung, es liege eine Leistungsstörung vor, ist es **Sache des Leasinggebers, aktiv zu werden** und die Zahlungen einzufordern, insbesondere den Leasingnehmer in Zahlungsverzug zu setzen, soweit für die Leistung nicht schon eine Zeit nach dem Kalender bestimmt ist (§ 286 Abs. 2 Nr. 1 BGB).

3 Hat der Leasinggeber seine Haftung wegen der vom Leasingnehmer geltend gemachten Leistungsstörung im Rahmen der leasingtypischen Abtretungskonstruktion beschränkt, sollte er den Leasingnehmer darauf **hinweisen**, dass dieser nach den getroffenen Vereinbarungen verpflichtet ist, vorrangig gegen den Lieferanten vorzugehen und sich über das Vorliegen der Leistungsstörung und der sonstigen Anspruchsvoraussetzungen mit dem Lieferanten auseinanderzusetzen.

---

[1] S. o. § 28 Rdn. 4 ff.
[2] So z. B. bei den OLGs Stuttgart, Karlsruhe, Köln, Düsseldorf; s. u. § 62 Rdn. 9 ff.

9. Kapitel. Die Haftung im typischen Leasingdreieck §30

1. Klage auf rückständige Leasingraten nebst Zinsen

Kommt es nicht zu einer Verständigung zwischen Leasingnehmer und Lieferant oder wird der Leasingnehmer nicht tätig, muss der Leasinggeber die rückständigen Leasingraten nebst Zinsen gegen den Leasingnehmer durch Mahnbescheid oder Klage geltend machen. Der **Fälligkeitszinssatz** folgt bei einem beiderseitigen Handelsgeschäft aus den §§ 353, 352 HGB in Höhe von 5 % p. a., der **Verzugszinssatz** ergibt sich aus § 288 Abs. 2 BGB bei einem Unternehmergeschäft in Höhe von 8 Prozentpunkten, bei einem Verbrauchergeschäft aus § 288 Abs. 1 BGB in Höhe von 5 Prozentpunkten über dem Basiszinssatz. Zuständig ist – abhängig vom Streitwert – das Amts- oder Landgericht am **Sitz des Leasingnehmers**. Erfüllungsort im Sinne des § 269 BGB ist nicht der Sitz des Leasinggebers. 4

2. Klage auf künftige Leasingraten

Der Leasinggeber kann nach den **§ 259 ZPO** auch die Zahlung künftiger Leasingraten verlangen kann, wenn der Leasingnehmer den Anspruch ernsthaft bestreitet, obwohl ein Leistungsverweigerungsrecht und eine Leistungsstörung aus dem Liefervertrag offensichtlich nicht bestehen. Nicht ausreichend ist die Besorgnis der Vollstreckungsvereitelung oder der zukünftigen Zahlungsunfähigkeit des Leasingnehmers.[3] Zusätzlich sollte der Leasinggeber einen **Arrestantrag** nach den §§ 916 ff. ZPO gegen den Leasingnehmer in Erwägung ziehen. 5

Eine Klage nach **§ 257 ZPO** auf künftige Zahlungen – ohne die Besorgnis der nicht rechtzeitigen Leistung – ist nicht zulässig, da es sich bei der Verpflichtung des Leasingnehmers zur Zahlung der Leasingraten nicht um einen unbedingten einseitigen Anspruch auf Geldzahlung handelt.[4] Der Leasinggeber seinerseits ist verpflichtet, dem Leasingnehmer die Sache in den jeweiligen Zeiträumen zu belassen. 6

3. Feststellungs- und Zwischenfeststellungsklage

Der Leasinggeber sollte in jedem Fall überlegen, nach § 256 Abs. 1 ZPO eine Feststellungsklage oder – besser – eine Zwischenfeststellungsklage nach § 256 Abs. 2 ZPO zu erheben mit dem Ziel, die Wirksamkeit der leasingtypischen Abtretungskonstruktion und damit inzidenter die Verpflichtung des Leasingnehmers zum vorrangigen Vorgehen gegen den Lieferanten rechtskräftig feststellen zu lassen. 7

4. Streit über das Bestehen eines Leistungsverweigerungsrechts

Beruft sich der Leasingnehmer auf ein Leistungsverweigerungsrecht bezüglich der Zahlung der Leasingraten wegen einer Leistungsstörung aus dem Liefervertrag, ist dieser Streitpunkt **im Leasingprozess zu klären**. Können sich die Parteien nicht einigen, kann insoweit ein **Feststellungsurteil** – auch als zulässiges Teilurteil nach § 301 ZPO – ergehen. Dann steht zwischen den Leasingvertragspartnern verbindlich fest, dass der Leasingnehmer berechtigt und verpflichtet ist, die aus der Leistungsstörung folgenden Ansprüche gegen den Lieferanten durchzusetzen. **Bindungswirkung gegen den Lieferanten** kann durch eine Streitverkündung im Leasingprozess nach den §§ 72 ff. ZPO bewirkt werden, damit dieser im Lieferprozess nicht mehr die Aktivlegitimation des Leasingnehmers bestreiten kann. 8

Auf gar keinen Fall sollte der Streit in den Lieferprozess verlagert werden. Wird dort nämlich, evtl. erst in der Revisionsinstanz, die Unwirksamkeit der Haftungsregelung im Rahmen der leasingtypischen Abtretungskonstruktion festgestellt und die Rückabwicklungsklage des Leasingnehmers gegen den Lieferanten wegen fehlender Aktivlegitima- 9

---

[3] Vgl. Zöller/*Greger* § 259 Rdn. 3; s. u. § 57 Rdn. 3.
[4] Vgl. Zöller/*Greger* § 256 Rdn. 3.

§ 30 Zweiter Teil. Allgemeines Leasingrecht

tion abgewiesen, kann der Leasingnehmer seine Einwendungen erneut in vollem Umfang gegen den Leasinggeber im Leasingprozess geltend machen.[5] Bis dahin ist aber viel Zeit vergangen, sind erhebliche Kosten entstanden und hat die Leasingsache erheblich an Wert verloren.

5. Verneinung eines Leistungsverweigerungsrechts des Leasingnehmers

10   Besteht wegen wirksamer Abtretungskonstruktion kein Leistungsverweigerungsrecht des Leasingnehmers, muss das Gericht im Rahmen der materiellen Prozessleitung nach § 139 BGB dem Leasingnehmer eine **Frist zur Klageerhebung** gegen den Lieferanten **auf Rückabwicklung** des Liefervertrages im **Lieferprozess** setzen. Kommt der Leasingnehmer dem nach und erhebt er die Rückabwicklungsklage gegen den Lieferanten, ist der Leasingprozess bis zum rechtskräftigen Abschluss des Rückabwicklungsprozesses **nach § 148 ZPO auszusetzen**.[6] Während der Dauer der Aussetzung ist die **Verjährung** des Anspruchs des Leasinggebers auf Zahlung der Leasingraten gehemmt.[7]

6. Fortsetzung des Leasingprozesses ohne Lieferprozess

11   Erhebt der Leasingnehmer innerhalb der vom Gericht gesetzten Frist keine Rückabwicklungsklage gegen den Lieferanten im Lieferprozess, ist der Leasingprozess fortzusetzen. Der Leasingnehmer ist zur Zahlung der rückständigen Leasingraten (nebst Zinsen) zu verurteilen, ohne dass die behauptete Leistungsstörung vom Gericht geprüft wird. Lediglich die **Wirksamkeit der Haftungsbeschränkung des Leasinggebers** im Rahmen der leasingtypischen Abtretungskonstruktion ist festzustellen, auf Antrag des Leasinggebers durch (Zwischen-)Feststellungsurteil.

7. Fortsetzung des Leasingprozesses nach Unterliegen des Leasingnehmers im Lieferprozess

12   Nach einem Unterliegen des Leasingnehmers im Lieferprozess mit Abweisung der Rückabwicklungsklage wird der ausgesetzte Leasingprozess auf Antrag einer der Parteien gemäß § 150 ZPO fortgesetzt. Der Klage des Leasinggebers auf Zahlung der rückständigen Leasingraten ist wegen der Bindungswirkung für beide Leasingvertragspartner **ohne weitere Sachprüfung** stattzugeben. Das gilt nicht, wenn der Leasingnehmer andere, im Lieferprozess nicht behandelte Leistungsstörungen geltend macht, auf die sich die leasingtypische Abtretungskonstruktion nicht erstreckt. Diese müssen vom Gericht sachlich beschieden werden.

13   Der Leasinggeber kann die zwischenzeitlich fällig gewordenen Leasingraten im Wege der nach § 264 Abs. 2 ZPO zulässigen **Klageerweiterung** in den Rechtsstreit einführen. Zu beachten ist, dass bei Überschreiten des Zuständigkeitsstreitwerts von zurzeit 5.000 Euro das angerufene Amtsgericht nach § 506 ZPO auf Antrag die Sache an das zuständige Landgericht **verweisen muss**.

14   Nach wohl h. M.[8] muss der Leasingnehmer die rückständigen Leasingraten nach Abweisung der Rückabwicklungsklage wegen **Schuldnerverzuges** nach den §§ 286 ff. BGB **verzinsen**. Zinsbeginn ist der für die Leasingraten im Leasingvertrag vereinbarte Zeitpunkt (§ 286 Abs. 2 Nr. 1 BGB). Der Leasingnehmer hat im Verhältnis zum Leasinggeber den Verlust des Lieferprozesses auch zu vertreten (§ 286 Abs. 4 BGB).[9] Ein **Rechtsirrtum** – auch nach anwaltlicher Beratung – entlastet ihn in der Regel nicht.[10] Hätte der

---

[5] Vgl. BGH NJW 1993, 122.
[6] BGH NJW 1986, 1744; *H. Beckmann* Finanzierungsleasing § 5 Rdn. 46.
[7] OLG Koblenz OLGR 2001, 124; *Redeker* Rdn. 623; *Marly* Rdn. 326.
[8] OLG Köln CR 1994, 229; *Martinek* I S. 181 f.; *Graf von Westphalen* ZIP 2001, 2261.
[9] Vgl. *H. Beckmann* Finanzierungsleasing § 5 Rdn. 50 f. m. w. N.
[10] Vgl. OLG Hamm MDR 2006, 800.

9. Kapitel. Die Haftung im typischen Leasingdreieck § 30

Leasinggeber ohne die Vereinbarungen im Rahmen der leasingtypischen Abtretungskonstruktion und ohne Vorschaltung des Lieferprozesses vom Leasingnehmer sofortige Zahlung verlangt, hätte der Leasingnehmer die Rückstände ebenfalls verzinsen müssen.

Trotz des Verzuges des Leasingnehmers ist der Leasinggeber nicht berechtigt, schon 15 während der Dauer des Lieferprozesses den Leasingvertrag zu **kündigen und sämtliche Leasingraten bis zum Vertragsende fällig zu stellen**. Unter Berücksichtigung der im Rahmen der leasingtypischen Abtretungskonstruktion getroffenen Vereinbarungen und der Regelungen in den §§ 205, 543 Abs. 3 Satz 2, 241 Abs. 2, 242 BGB muss der Leasinggeber den Ausgang des Lieferprozesses abwarten.

Nach **Kündigung** und **Gesamtfälligstellung** kann der Leasinggeber den Leasing- 16 vertrag endgültig abrechnen und seine Ansprüche insgesamt im begonnenen Leasingprozess geltend machen. Dies stellt bezüglich der rückständigen Leasingraten eine teilweise Klageerweiterung im Sinne des § 264 ZPO, ansonsten aber auch eine **Klageänderung** im Sinne des § 263 ZPO dar. Der Kündigungsschaden ist nicht mit 8, sondern nur mit 5 Prozentpunkten über dem Basiszinssatz zu verzinsen.[11]

8. Fortsetzung des Leasingprozesses nach Obsiegen des Leasingnehmers im Lieferprozess

Hat der Leasingnehmer den Lieferprozess auf Rückabwicklung des Liefervertrages ge- 17 wonnen, steht zwischen den Leasingvertragspartnern verbindlich fest, dass auch der Leasingvertrag rückabgewickelt werden muss. Damit hat sich die Klage des Leasinggebers auf Zahlung der Leasingraten in der Hauptsache erledigt, da feststeht, dass der Leasinggeber rückständige Leasingraten nicht mehr beanspruchen kann. Der Leasinggeber muss den Rechtsstreit **in der Hauptsache für erledigt erklären**, weil seine Klage ansonsten abgewiesen werden würde. Stimmt der Leasingnehmer dem zu, ist über die Kosten nach § 91a ZPO durch Beschluss zu entscheiden. Widerspricht der Leasingnehmer der Erledigung, ist die Erledigung vom Gericht durch Endurteil festzustellen und über die Kosten nach § 91 ZPO zu entscheiden.

Die **Kosten des Leasingprozesses** sind in jedem Fall trotz seines Obsiegens im Lie- 18 ferprozess **dem Leasingnehmer aufzuerlegen**. Die Hauptsache des Leasingprozesses ist tatsächlich erledigt, und zwar aufgrund eines nachträglichen, erst nach der Erhebung der Klage des Leasinggebers eingetretenen Ereignisses. Bestand wegen der leasingtypischen Abtretungskonstruktion kein Leistungsverweigerungsrecht des Leasingnehmers, war die Klage des Leasinggebers zunächst zulässig und begründet. Das Leistungsverweigerungsrecht des Leasingnehmers ist erst mit der Erhebung der Rückabwicklungsklage gegen den Lieferanten und dem Erfolg im Lieferprozess **erheblich** geworden.[12]

II. Leistungsklage des Leasingnehmers gegen den Leasinggeber bei Vorliegen einer Leistungsstörung

Der Leasingnehmer kann wegen einer Leistungsstörung des Leasingvertrages **eigene** 19 **Schäden und Aufwendungen** unmittelbar vom Leasinggeber ersetzt verlangen, wenn eine Freizeichnung des Leasinggebers im Rahmen der leasingtypischen Abtretungskonstruktion nicht erfolgt ist. Dies gilt insbesondere auch für Pflichtverletzungen des Lieferanten, die sich der Leasinggeber über § 278 BGB zurechnen lassen muss.

Liegt eine vom Leasinggeber zu verantwortende Leistungsstörung vor, wegen der der 20 Leasingnehmer die Rückabwicklung des Liefervertrages aus abgetretenem Recht beanspruchen kann, kann der Leasingnehmer die **Zahlung der Leasingraten einstellen**, wenn sich die leasingtypische Abtretungskonstruktion nicht auf die behauptete Leitungsstörung bezieht. Der Leasingnehmer kann aber auch selbst aktiv werden und vom Lea-

---

[11] BGH WM 2007, 990.
[12] S. o. § 27 Rdn. 129 ff.

singgeber Rückzahlung der bislang geleisteten Leasingraten verlangen. Von der Erhebung einer derartigen Leistungsklage des Leasingnehmers ist allerdings aus den nachfolgenden Gründen abzuraten.

21 Erhebt der Leasingnehmer Klage gegen den Leasinggeber im Leasingprozess auf **Rückzahlung der Leasingraten**, gelten die oben dargestellten Grundsätze entsprechend. Unterliegt der Leasingnehmer im Lieferprozess, ist seine Klage kostenpflichtig als unbegründet abzuweisen. Dies gilt auch für eine im Leasingprozess erhobene **Widerklage** des Leasingnehmers gegen den Leasinggeber. Gewinnt der Leasingnehmer die auf Rückabwicklung des Liefervertrages gerichtete Klage gegen den Lieferanten, darf das Gericht seiner Zahlungsklage gegen den Leasinggeber auf Rückzahlung der bereits gezahlten Leasingraten im Leasingprozess nicht ohne weiteres stattgeben, da in diesem Fall eine Abrechnung des Leasingvertrages mit der Saldierung der gegenseitigen Ansprüche nach den §§ 812 ff. BGB erforderlich ist. Hierauf sollte der Leasinggeber im Rechtsstreit ausdrücklich hinweisen.

III. Bereicherungsrechtliche Leistungsklage

22 Nach einem erfolgreichen Rückabwicklungsverlangen des Leasingnehmers bezüglich des Liefervertrages ist auch der Leasingvertrag zwischen den Leasingvertragspartnern rückabzuwickeln. Kommt eine einvernehmliche Regelung zwischen Leasinggeber und Leasingnehmer mit einer Einigung über die in die Abrechnung einzustellenden Beträge nicht zustande, muss **derjenige**, der sich einen **Überschuss** errechnet, den Gegner auf Leistung verklagen. Vom jeweiligen Kläger sind nicht die einzelnen Positionen, sondern der Überschuss (Saldo) geltend zu machen, ohne dass es einer Aufrechnung oder einer Widerklage bedarf. Klagt der Leasinggeber gegen den Leasingnehmer auf Zahlung von Leasingraten aus einem anderen (ersten) Leasingvertrag, kann der Leasingnehmer nicht mit Einzelansprüchen, sondern nur mit dem Saldo aus dem gescheiterten (zweiten) Leasingvertrag **aufrechnen**.[13]

23 Der Anspruch ist zu verzinsen. Der Leasingnehmer kann vom Leasinggeber die tatsächlich erzielten **Zinsen** auf einen sich zu seinen Gunsten ergebenden **Überschuss** gemäß den §§ 818 Abs. 1, 819 Abs. 1 BGB bzw. §§ 292 Abs. 2, 987 Abs. 2 BGB seit der Entstehung des Bereicherungsanspruchs verlangen. Bei einem Leasinggeber wird vermutet, dass er aus dem Geld wirtschaftliche Vorteile gezogen hat.[14] Als pauschaler Zinssatz können Zinsen in Höhe des gesetzlichen Zinssatzes von 4 % bzw. 5 % (§§ 246 BGB, 352 HGB) beansprucht werden. Ab Verzugseintritt können Zinsen in Höhe von 5 Prozentpunkten über dem Basiszinssatz (§ 288 Abs. 1) BGB verlangt werden.

IV. Minderungsverlangen

24 Können sich Leasinggeber und Leasingnehmer nach einer erfolgreichen Minderung des Liefervertrages nicht über die Neuberechnung der Leasingraten einigen, kann der Leasingnehmer selbst die Berechnung vornehmen und nur noch die so ermittelten geminderten Leasingraten zahlen. Der Leasinggeber muss dann seinerseits Klage auf Leistung des von ihm berechneten Mehrbetrages erheben. Eine Leistungsklage des Leasingnehmers gegen den Leasinggebers, wie sie *Reinking/Eggert*[15] empfehlen, ist kaum durchführbar, zumindest aber nicht empfehlenswert. Der Leasingnehmer kann allenfalls eine **Feststellungsklage** gegen den Leasinggeber erheben mit dem Ziel, die von ihm berechneten neuen Leasingraten festzuschreiben.

---

[13] BGH NJW 1997, 52.
[14] Vgl. BGH NJW 1998, 2529.
[15] *Reinking/Eggert* Rdn. 950 m. w. N.

9. Kapitel. Die Haftung im typischen Leasingdreieck § 30

V. Subsidiäre und nachrangige Haftung des Leasinggebers

Kann der Leasinggeber bei Vorliegen einer Leistungsstörung die ihm abgetretenen Rechte nicht gegen den Lieferanten geltend machen, z. B. wegen der Zahlungsunfähigkeit des Lieferanten, kann er die Zahlung der Leasingraten einstellen und abwarten, bis der Leasinggeber im Leasingprozess Zahlung der rückständigen Leasingraten verlangt und evtl. Feststellungsklage erhebt. In diesem Rechtsstreit ist dann zu klären, wie der Lieferprozess gegen den Lieferanten auf Rückabwicklung des Liefervertrages ausgegangen wäre, wenn die Klageerhebung gegen den Lieferanten nicht unmöglich oder unzumutbar wäre.[16] 25

Das gilt entsprechend, wenn der Leasingnehmer trotz wirksamer Haftungsbeschränkung wegen eigener Schäden und Aufwendungen Ersatz unmittelbar vom Leasinggeber verlangt.

VI. Klage des Leasinggebers nach vertragsgemäßer Beendigung des Leasingvertrages auf Abschlusszahlung und Kündigungsschaden

Nach vertragsgemäßer Beendigung des Leasingvertrages kann der Leasinggeber eine Abrechnung vornehmen und den sich zu seinen Gunsten ergebenden Überschuss vom Leasingnehmer verlangen. Dies gilt entsprechend nach einer Kündigung des Leasingvertrages.[17] Der Leasinggeber kann vom Leasingnehmer **Vollamortisation** beanspruchen, also insbesondere rückständige Leasingraten, die Abschlusszahlung und den sog. Kündigungsschaden, geltend machen. Der Schadensersatzanspruch des Leasinggebers nach einer vom Leasingnehmer schuldhaft veranlassten fristlosen Kündigung und der sog. leasingtypische Ausgleichsanspruch sind keine „Entgeltforderungen", unterliegen also nicht der Umsatzsteuer[18] und sind daher nicht mit erhöhtem Verzugszinssatz von 8 Prozentpunkten über dem Basiszins zu verzinsen.[19] Die Klage ist am Sitz des Leasingnehmers zu erheben. Es bestehen keine leasingtypischen Besonderheiten. 26

VII. Klage des Leasinggebers gegen den Leasingnehmer auf Rückgabe der Leasingsache

Die Klage auf Herausgabe der Leasingsache an den Leasinggeber kann mit der Klage auf Leistung der Abschlusszahlung oder eines Kündigungsschadens verbunden werden. Sie kann am **Sitz des Leasingnehmers** erhoben werden. Die herauszugebende Sache muss im Antrag und im Tenor bestimmt bezeichnet werden.[20] 27

Fraglich ist, ob die Herausgabeklage in jedem Fall am Sitz des Leasingnehmers erhoben werden muss oder ob eine abweichende Vereinbarung im Leasingvertrag zulässig ist. Bedenken gegen die Zulässigkeit einer abweichenden Vereinbarung des Gerichtsstandes bestehen, wenn der Sitz des Lieferanten zugleich **Erfüllungsort** für die Rückgabe ist. Der Leistungsort ist nach § 269 Abs. 1 BGB aus einer vertraglichen Bestimmung oder aus den Umständen, insbesondere aus der Natur des Schuldverhältnisses, zu entnehmen. Im Zweifel ist die Leistung an dem Ort zu erbringen, **an dem der Schuldner zur Zeit der Entstehung des Schuldverhältnisses seinen (Wohn-)Sitz hatte**. 28

1. Rückgabe am Sitz des Leasinggebers als Bringschuld

Der Leasingnehmer als „Mieter" schuldet nach § 546 Abs. 1 BGB die Rückgabe der Mietsache bei Beendigung des Mietverhältnisses an den Leasinggeber als „Vermieter". Bei 29

---

[16] S. o. § 27 Rdn. 1 ff.
[17] Vgl. *H. Beckmann* Finanzierungsleasing § 8 Rdn. 1 ff. m. w. N.
[18] BGH WM 2007, 990.
[19] Vgl. *H. Beckmann* WuB I J. 2. – 1.02, 147.
[20] BGH NJW 2003, 668.

beweglichen Sachen ist die körperliche Übergabe an den Vermieter als Vertragspartner erforderlich, soweit nichts anderes bestimmt ist.[21] Die h. M. folgert aus der grundsätzlichen Pflicht des Mieters zur **Wiedereinräumung des unmittelbaren Besitzes** eine Pflicht des Leasingnehmers zur Verbringung der Sache an den Leasinggeber an dessen Sitz als **Bringschuld**.[22]

Zu beachten ist, dass eine Rückgabepflicht des Leasingnehmers als Bringschuld bei **einer vom Lieferanten zu vertretenden Rückabwicklung des Liefervertrages** nicht besteht und auch nicht wirksam vereinbart werden kann. Dies wäre unter Berücksichtigung der Vereinbarungen im Leasingdreieck auch im kaufmännischen Verkehr eine überraschende Klausel im Sinne des § 305 c Abs. 1 BGB.

2. Rückgabe am Sitz des Lieferanten aufgrund Bestimmung in den ALB

30 Ausgehend von der h. M. kann der Leasingvertrag die Rückgabe der Leasingsache an einen vom Leasinggeber benannten oder zu benennenden **Dritten bzw. Vierten**, insbesondere an den Lieferanten, bestimmen.[23] Der Ort der Rückgabe muss in den ALB **bestimmt bezeichnet** sein.[24] Hat der Leasingnehmer die Leasingsache leasingtypisch beim Lieferanten abgeholt, z. B. ein neues Kfz, kann sich im Wege einer interessengerechten **Auslegung** ergeben, dass die Sache leasingtypisch an den Lieferanten als Erfüllungsgehilfen des Leasinggebers zurückzugeben ist.

3. Rückgabe am Sitz des Leasingnehmers als Erfüllungsort

31 Im Zweifel sind bewegliche Sachen nach zutreffender Ansicht dort zurückzugeben, wo sie überlassen worden sind[25] **bzw. wo sich die Sache vertragsgemäß befindet oder befinden soll.** Daher ist entgegen der h. M. Erfüllungsort für die Rückgabe beweglicher Leasingsachen unter Berücksichtigung der leasingtypischen Vertragsgestaltung der Ort, an dem die vertragscharakteristischen Leistungen zu erbringen sind. Das ist in der Regel der Sitz des Leasingnehmers, nicht der des Leasinggebers, und zwar selbst dann, wenn die Waren am Sitz des Lieferanten übergeben worden sind. Hat der Lieferant die Leasingsache im Auftrag des Leasinggebers an den Leasingnehmer gebracht und sie evtl. sogar zusätzlich dort montiert, ist **Erfüllungsort für die Rückgabe der Sitz des Leasingnehmers zur Zeit der Überlassung der Waren**.[26] Dies entspricht dem § 269 Abs. 1 BGB und der Regelung für Streitigkeiten im internationalen Zivilprozessrecht in Art. 5 Nr. 1 EuGVVO und stellt eine vertragliche Bestimmung des Erfüllungsortes entsprechend der Natur des Schuldverhältnisses im Sinne des § 269 Abs. 1 BGB dar, die nicht gegen § 29 Abs. 2 ZPO verstößt.[27] Eine hiervon abweichende Regelung in ALB ist entgegen der h. M. als überraschend und damit als unzulässig anzusehen.

---

[21] Wolf/Eckert/*Ball* Rdn. 964 ff. m. w. N.
[22] BGH NJW 1982, 1747; 1987, 2367; 1988, 2665; OLG Düsseldorf EWiR § 557 BGB 1/01, 219 u. ZMR 2001, 270; OLG Rostock OLGR 2001, 255; *Engel* § 9 Rdn. 40; *Marly* Rdn. 253; Michalski/ Schmitt Rdn. 252; *Graf von Westphalen* Leasingvertrag Rdn. 968 ff.
[23] *Berninghaus* in: Büschgen (Hrsg.), Praxishandbuch Leasing § 12 Rdn. 5; a. A. *Graf von Westphalen* Leasingvertrag Rdn. 970.
[24] OLG Düsseldorf EWiR § 557 BGB 1/01, 219.
[25] Vgl. auch BGH NJW 1988, 1914.
[26] *Mankowski/Knöfel* in: Derleder/Knops/Bamberger (Hrsg.) BankR § 14 Rdn. 108; *H. Beckmann* Finanzierungsleasing § 8 Rdn. 178 ff. m. w. N.
[27] OLG Rostock OLGR 2001, 255; LG Lüneburg NJW-RR 2002, 1584; *Eckert* EWiR § 557 BGB 1/01, 220; vgl. Zöller/*Vollkommer*, § 29 ZPO Rdn. 25 „Mietvertrag"; *Mankowski/Knöfel* in: Derleder/Knops/Bamberger (Hrsg.) BankR § 14 Rdn. 108; Musielak/*Heinrich* § 29 ZPO Rdn. 28; Wolf/ Eckert/*Ball* Rdn. 976.

9. Kapitel. Die Haftung im typischen Leasingdreieck §30

4. Bestimmung des Sitzes des Leasinggebers als Erfüllungsort

Eine Klausel in den ALB, die den Sitz des Leasinggebers oder den Sitz des Lieferanten 32
als Erfüllungsort bestimmt und dem Leasingnehmer die Kosten und Gefahren des
Rücktransports zum Leasinggeber auferlegt,[28] ist schon deshalb als bedenklich anzusehen, da sie nicht zwischen einer Rückgabe bei vertragsgemäßer Beendigung des
Leasingvertrages und einer solchen bei nicht vom Leasingnehmer zu vertretender vorzeitiger Beendigung des Leasingvertrages wegen Rückabwicklung des Liefervertrages
unterscheidet. Sie ist **überraschend** im Sinne des § 305 c Abs. 1 BGB und unangemessen im Sinne des § 307 BGB und deshalb unwirksam.[29] Das gilt insbesondere, wenn
die Rückabwicklung des Leasingvertrages auf einer vom Leasinggeber oder Lieferanten
zu vertretenden Leistungsstörung beruht. Der in der Regel weit entfernte Sitz des
Leasinggebers steht **in keinem konkreten Zusammenhang** mit den tatsächlichen
Ausgestaltungen des Finanzierungsleasinggeschäfts, bei dem leasingtypisch die Vertragsverhandlungen, die Auslieferung und die Vertragsabwicklung einschließlich der
Nacherfüllung am Sitz des Leasingnehmers oder des Lieferanten erfolgen. Im nicht
kaufmännischen Verkehr ist die Bestimmung des Sitzes des Leasinggebers nach § 29
Abs. 2 ZPO außerdem als **unzulässige abweichende Vereinbarung über den Erfüllungsort anzusehen.**

5. Mehrere Leasingnehmer

Sind Vertragspartner des Leasingvertrages mehrere Leasingnehmer, ist die Klage auf 33
Rückgabe der Leasingsache gegen sämtliche Leasingnehmer zu richten, da für die
Zwangsvollstreckung ein **Titel gegen alle Besitzer** der Sache erforderlich ist,[30] und
zwar auch dann, wenn nur (noch) einer der Leasingnehmer unmittelbarer Besitzer der
Leasingsache ist. Die Herausgabeklage muss sich auch gegen nicht zur Herausgabe bereite
Mitbesitzer, **die nicht Leasingnehmer** sind, z. B. die Ehefrau des Leasingnehmers, richten, wenn sich die Sache in deren Gewahrsam befindet.[31] Ein materiell-rechtlicher Herausgabeanspruch ist nicht im formalisierten Zwangsvollstreckungsverfahren, sondern im
Erkenntnisverfahren zu klären.

Das gilt auch bezüglich **unberechtigter Besitzer**, und zwar selbst dann, wenn der 34
Leasingnehmer dem Vierten den Besitz vertragswidrig überlassen und dies dem Leasinggeber vertragswidrig verheimlicht hat. Im Zwangsvollstreckungsverfahren darf der Gerichtsvollzieher **keinen Zwang** gegen den nicht zur Herausgabe bereiten Vierten ausüben.

Kein Titel ist erforderlich gegen den lediglich aufgrund eines Schuldbeitritts mithaf- 35
tenden Vierten, der nicht Besitzer der Sache ist, und gegen bloße Besitzdiener bezüglich
der Leasingsache im Sinne des § 855 BGB, z. B. Angestellte des Leasingnehmers oder dessen minderjährige Kinder.[32]

Befinden sich die Sachen im Gewahrsam eines Vierten, kann der Herausgabeanspruch 36
des Leasinggebers durch Pfändung und Überweisung des Anspruchs des Leasingnehmers
gegen den Vierten auf Herausgabe entsprechend den §§ 929 ff. ZPO vollstreckt werden.[33]

---

[28] Vgl. *Berninghaus* in: Büschgen (Hrsg.) Praxishandbuch Leasing § 12 Rdnr. 4; Staudinger/*Stoffels*
Leasing Rdn. 282; *Graf von Westphalen* Leasingvertrag Rdn. 969.
[29] *Mankowski/Knöfel* in: Derleder/Knops/Bamberger (Hrsg.) BankR § 14 Rdn. 108; *Eckert* EWiR
§ 557 BGB 1/01, 220; a. A. *Graf von Westphalen* Leasingvertrag Rdn. 969 unter Hinweis auf BGH
WM 1982, 686 u. BGH NJW 1982, 1747.
[30] BGH NJW 2004, 3041 zur Erforderlichkeit eines Räumungstitels.
[31] BGH NJW 2004, 3041; NJW-RR 2003, 1450; Zöller/*Stöber* § 886 ZPO Rdn. 1; *Schilken*
DGVZ 1988, 50; a.A. *Braun* AcP Bd. 196 (1996), 584, 592.
[32] Vgl. LG Lüneburg NJW-RR 1998, 662.
[33] Zöller/*Stöber* § 886 Rdn. 1.

§ 30   Zweiter Teil. Allgemeines Leasingrecht

Erfolgt der Besitzübergang auf einen Vierten nach Rechtshängigkeit der Herausgabeklage gegen den Leasingnehmer, kann der Leasinggeber den gegen den Leasingnehmer erwirkten **Titel** nach den §§ 727, 325 Abs. 1 ZPO **umschreiben** lassen, um die Zwangsvollstreckung gegen den „Nachfolger" zu betreiben.

Refinanzierung

Schrifttum zu §§ 30, 31: *Assmann/Schütze* (Hrsg.), Handbuch des Kapitalanlagerechts, 2. Aufl. 1997; *Gondert/Schimmelschmitt,* Grundlagen der steuerrechtlichen Konzeption von Mobilien-Leasingfonds, BB 1996, 1743; *Milatz,* Forfaitierung von Andienungsrechten bei Teilamortisations-Mobilien-Leasingverträgen, DB 1996 841; Münchener Handbuch des Gesellschaftsrechts, Band 2: KG, Stille Gesellschaft, 2004; *Peters,* Regressloser Ankauf von Leasingforderungen, WM 1993, 1661 und 1701; *Reviol,* Refinanzierung von Leasingverträgen, 2003; *Schmidt/Burgk/Ditz,* Die Refinanzierung nach der Insolvenzrechtsform, ZIP 1996, 1123; *Schölermann/Schmid-Burgk,* Die Bestandshaftung des Verkäufers von Leasingforderungen, WM 1992, 933; *Tacke,* Risikopotential und Risikobewältigung im Leasing, FLS 1991, 23; *ders.,* DB 1995, Beilage 6, S. 4; *Uhlenbruck/Sinz,* Die Forfaitierung von Leasingforderungen im Konkurs des Leasinggebers, WM 1989, 1113; *Vortmann,* Die Leasingrate als Sicherheit für Kredite an den Leasinggeber, WM 1988, 1117; *Wagner,* Schwierigkeiten bei der Konzeption von Leasingfonds, DStR 1995, 1153; *Wagner/Sommer,* Kredit- und Sicherheitenverlustrisiko für Kreditinstitute bei Finanzierung mit geschlossenen Immobilien- und Leasingfonds als Schein-KGs?, WM 1995, 561; *Wehrheim,* Finanzcontrolling durch Forfaitierung von Forderungen aus Leasingverträgen, DB 1996, 841; *Graf von Westphalen,* Der Leasingvertrag, 5. Aufl. 1998.

10. Kapitel. Risikotragung und Unterhaltungspflichten
§ 31. Die Überwälzung der Sach- und Preisgefahr

Schrifttum: *Canaris* Bankvertragsrecht, 2. Bearb. 1981; *ders.* Interessenlage, Grundprinzipien und Rechtsnatur des Finanzierungsleasing, AcP 1990 (1990), 410; *Dörner* Schadensersatzprobleme beim Kraftfahrzeug-Leasing, VersR 1978, 884; *Ebenroth* Das Recht der Leistungsstörungen beim Leasing, JuS 1985, 425; *Emmerich* Grundprobleme des Leasings, JuS 1990, 1; *Engel* Handbuch Kraftfahrzeug-Leasing, 2. Aufl. 2004; *Flume* Das Rechtsverhältnis des Leasing in zivilrechtlicher und steuerrechtlicher Sicht, DB 1972, 1, 53, 105, 152; *Hartleb* Leasingvertragsklauseln und Inhaltskontrolle nach dem AGB-Gesetz, NZM 1998, 295; *Koch* Störungen beim Finanzierungs-Leasing, 1981; *Lieb* Zur Risikoverteilung bei Finanzierungsleasingverträgen, insbesondere mit Kaufleuten (Noch ein Versuch!), WM 1992, 3; *Mömken* Der Finanzierungsleasingvertrag über bewegliche Sachen im kaufmännischen Verkehr, 1989; *Papapostolou* Die Risikoverteilung beim Finanzierungsleasingvertrag über bewegliche Sachen, 1987; *Reinicke/Tiedtke* Kaufrecht, 7. Aufl. 2004; *Reinking/Eggert* Der Autokauf, 8. Aufl. 2003; *Rischar* Leasingfahrzeuge: Besonderheiten bei der Regulierung von Kaskoschäden, NZV 1998, 59; *Sannwald* Der Finanzierungsleasingvertrag über bewegliche Sachen mit Nichtkaufleuten, 1982; *Sefrin* Die Kodifikationsreife des Finanzierungsleasingvertrages, 1993; *Stoffels* AGB-Recht, 2003; *Tiedtke/Möllmann* Entwicklung der aktuellen Rechtsprechung des BGH zum Leasingrecht, DB 2004, 915; *Zahn/Bahmann* Kfz-Leasingvertrag, 1999

Übersicht

	Rdn.
I. Grundsätzliche Zulässigkeit der Gefahrabwälzung beim Finanzierungsleasing	1
1. Abgrenzung zur Gefahrtragung beim Operatingleasing	1
2. Abwälzung der Sachgefahr	4
3. Abwälzung der Preisgefahr	6
II. Grenzen und Modalitäten der Gefahrabwälzung durch AGB	7
1. Grenzen des vom Leasingnehmer zu tragenden Risikos	7
a) Untergang oder Beschädigung außerhalb des Einflussbereichs des Leasingnehmers, insbesondere beim Lieferanten	7
b) Untergang oder Beschädigung vor Übergabe	10
c) Untergang oder Beschädigung bei Lieferung oder Montage	13
d) Untergang oder Beschädigung beim Rücktransport	14
2. Die Rechtsposition des Leasingnehmers	16
a) Abtretung von Ansprüchen des Leasinggebers gegen Dritte	16
b) Kündigungs- oder sonstiges Lösungsrecht des Leasingnehmers	18
aa) Kfz-Leasing	18
bb) Sonstige Leasingverträge	22
3. Kündigungsrecht des Leasinggebers	23
4. Rechtsfolgen bei Unwirksamkeit der Gefahrtragungsklausel	24
III. Versicherungsklauseln	26
1. Versicherungspflicht	26
2. Versicherungsleistungen	28
IV. Instandhaltungs-, Instandsetzungs- und Ersatzbeschaffungsklauseln	31
1. Instandhaltung und Instandsetzung	31
2. Ersatzbeschaffung	32
3. Verpflichtung zum Abschluss eines Wartungsvertrags	33
V. Verfallklauseln	35
VI. Die Rechtslage nach Verwirklichung der Sach- und Preisgefahr	36
1. Die Rechtslage bei Fortsetzung des Leasingvertrags	37
2. Die Rechtslage nach Kündigung	38

I. Grundsätzliche Zulässigkeit der Gefahrabwälzung beim Finanzierungsleasing

1. Abgrenzung zur Gefahrtragung beim Operatingleasing

1 Die Zuweisung von Risiken, die mit dem Untergang, der Beschädigung oder dem Verlust der Leasingsache verbunden und von keiner der beiden Vertragsparteien zu vertreten sind (Gefahrtragung), ist üblicherweise Gegenstand besonderer leasingvertraglicher Regelungen. In diesem Zusammenhang erörtert wird zum einen die **Sachgefahr**, nämlich das Risiko, den Wertverlust bei zufälligem Untergang, zufälligem Verlust oder zufälliger Beschädigung der Leasingsache tragen oder ausgleichen zu müssen,[1] und zum anderen die **Gegenleistungs- oder Preisgefahr**, nämlich das Risiko, bei Verwirklichung der Sachgefahr die Gegenleistung in Gestalt der Leasingraten noch erbringen zu müssen (so das Risiko aus der Sicht des Leasingnehmers) oder umgekehrt nicht mehr beanspruchen zu können (so das Risiko aus der Sicht des Leasinggebers).[2] Auch wenn diese Verwendung der Gefahrtragungsterminologie womöglich schief ist,[3] wird sie hier als allgemein verbreitete Beschreibung der Thematik beibehalten.

2 Kennzeichnend für das **Finanzierungsleasing** ist die **Belastung des Leasingnehmers** mit der Sach- und der Preisgefahr. Die Sachgefahr wird dem Leasingnehmer im Ergebnis auch durch AGB-Klauseln auferlegt, die ihn während der Vertragsdauer zur Instandhaltung und Instandsetzung der Leasingsache sowie teils im Falle ihres Untergangs oder Verlustes sogar zur Beschaffung und Übereignung eines Ersatzgegenstands verpflichten.[4] Hiermit gehen regelmäßig Preisgefahrklauseln einher, denen zufolge der Leasingnehmer zur Entrichtung der Leasingraten verpflichtet bleibt, wenn sich die Sachgefahr verwirklicht. Typisch ist das folgende Beispiel:
„1. Der Leasingnehmer hat die Leasingsache auf seine Kosten in einem ordnungsgemäßen Zustand zu erhalten. Kommt er dieser Pflicht nicht nach, kann der Leasinggeber diese Verpflichtung auf Kosten des Leasingnehmers erfüllen.
2. Der Leasingnehmer trägt die Gefahr des zufälligen Untergangs, Verlustes und der Beschädigung der Leasingsache.
3. Der Leasingnehmer muss seinen Zahlungsverpflichtungen auch in diesen Fällen weiterhin nachkommen."[5]
Die nachfolgenden Ausführungen gelten der Vereinbarkeit dieser oder vergleichbarer Klauseln bei Finanzierungsleasinggeschäften mit dem AGB-Recht. Die Angemessenheit der Gefahrverlagerung ist dabei vor dem Hintergrund der bekanntermaßen umstrittenen[6] Einordnung der Pflichtenstruktur des Finanzierungsleasing zu beurteilen.

3 Hiervon abzugrenzen ist die **Gefahrtragung beim Operatingleasing**. Da es sich hierbei nach ganz h. M.[7] um einen gewöhnlichen Mietvertrag handelt, orientiert sich die Inhaltskontrolle von Gefahrtragungsklauseln nach § 307 BGB am Leitbild der §§ 535 ff. BGB. Danach trägt der Vermieter bei zufälliger Unmöglichkeit vollständiger und man-

---

[1] Vgl. zur Verwendung des Begriffs „Sachgefahr" *Gitter* Gebrauchsüberlassungsverträge S. 319; *Koch* Störungen S. 163; *Papapostolou* Risikoverteilung S. 111; *Sefrin* Kodifikationsreife S. 214.
[2] Vgl. zur Verwendung des Begriffs „Preis-" oder „Gegenleistungsgefahr" *Gitter* Gebrauchsüberlassungsverträge S. 320 f.; *Koch* Störungen S. 168; *Papapostolou* Risikoverteilung S. 111; *Sefrin* Kodifikationsreife S. 214.
[3] Näher dazu die in Rdn. 6 vorgetragene Kritik.
[4] Näher zur AGB-rechtlichen Zulässigkeit solcher Klauseln Rdn. 31 ff.
[5] *H. Beckmann* Finanzierungsleasing § 13 Rdn. 14.
[6] Näher dazu § 4 Rdn. 7 ff.
[7] Vgl. BGH NJW 1998, 1637, 1639; *H. Beckmann* Finanzierungsleasing § 1 Rdn. 11; *Emmerich* JuS 1990, 1, 3; Erman/*Jendrek* Anh. § 536 Rdn. 8; MünchKomm/*Habersack* Leasing Rdn. 4; *Graf von Westphalen* Leasingvertrag Rdn. 184.

10. Kapitel. Risikotragung und Unterhaltungspflichten   § 31

gelfreier Leistungserbringung die Preisgefahr, da der Mieter in diesem Fall von der Entrichtung des Mietzinses befreit ist (§§ 326 Abs. 1, 536 BGB). Ebenso ist der Vermieter während der Mietzeit zur Erhaltung der Mietsache verpflichtet (§ 535 Abs. 1 Satz 2 BGB); insoweit trifft ihn die „Sachgefahr". Die formularmäßige Abwälzung der dem entsprechenden Risikotragung eines die Vermieterposition einnehmenden Leasinggebers auf den Leasingnehmer unterliegt denselben AGB-rechtlichen Grenzen wie eine gleichartige Belastung des Mieters. Vor diesem Hintergrund ist im Rahmen des Operatingleasing – anders als beim Finanzierungsleasing – eine AGB-Klausel als unwirksam anzusehen, die dem Leasingnehmer die Sach- und die Preisgefahr aufbürdet.[8]

2. Abwälzung der Sachgefahr

Sachgefahrklauseln, denen zufolge der Leasingnehmer die Gefahr des zufälligen Untergangs, Verlustes oder der Beschädigung der Leasingsache zu tragen sowie für deren Instandhaltung und -setzung auf eigene Kosten zu sorgen hat, halten im Grundsatz der AGB-Kontrolle stand.[9] Der BGH entnimmt diese Wertung der **Typizität des Leasingvertrags** und der darin zum Ausdruck kommenden, vom normalen Mietverhältnis abweichenden Interessen des Leasinggebers und des Leasingnehmers. Der Leasinggeber sei in erster Linie an der Amortisation seiner Aufwendungen einschließlich seines Gewinnanteils interessiert. Demgegenüber liege das Interesse an der Sache und ihrer Benutzung weit überwiegend beim Leasingnehmer, in dessen Besitz- und Benutzungsbereich sich die Sachgefahr im Allgemeinen realisiere. Deshalb erscheine es gerechtfertigt, den Leasingnehmer in Bezug auf die Gefahrtragung wie einen Käufer zu behandeln und damit vom gesetzlichen Mietrecht abzuweichen, zumal sich der Leasingnehmer gegen die Kostenlast weitgehend versichern könne.[10] Damit wird der **Unterschied zur mietrechtlichen Interessenlage** jedoch nicht recht deutlich: Auch der Mieter hat im Vergleich zum Vermieter das überwiegende Interesse an der Nutzung der Mietsache, und ebenso wie beim Leasingnehmer verwirklicht sich bei Beeinträchtigungen nach Überlassung der Mietsache die – auch hier versicherbare – Sachgefahr in seinem Bereich.[11]

Besser gelingt die Abgrenzung auf der Grundlage der Einordnung des Finanzierungsleasing als **Vertrag besonderer Art**:[12] Weil danach die Sorge um die Erhaltung der Gebrauchstauglichkeit der dem Leasingnehmer überlassenen Sache nicht zum Pflichtenprogramm des Leasinggebers gehört,[13] lässt sich die Angemessenheit der leasingtypischen Sachgefahrklausel zwanglos erklären, denn anders als beim Mietvertrag wird hier die Gewichtung der wechselseitigen Pflichten beider Parteien durch eine solche Klausel nicht zu Lasten des Empfängers der vertragstypischen Leistung verschoben. Vielmehr weist die Klausel lediglich ein jenseits der Verantwortung der Parteien liegendes Risiko derjenigen Seite zu, die am ehesten in der Lage ist, es zu beherrschen. Diese Regelung der Risikotragung ist ebenso üblich wie effizient, da sie zur Maximierung des beiderseitigen Nutzens aus dem Leasingvertrag beiträgt. Allerdings ist es allein deshalb noch nicht gerechtfertigt, die Sachgefahrklausel als rein deklaratorisch und die Rede von der „Überwälzung" der

---

[8] Ebenso AnwKom/*Reinking* Anh. §§ 535–580a Rdn. 12; *Ebenroth* JuS 1985, 426, 429; MünchKomm/*Habersack* Finanzierungsleasing Rdn. 5 Fn. 18.
[9] BGH NJW 1987, 377, 378; BGH NJW 1988, 198, 200; AnwKom/*Reinking* Anh. §§ 535–580a Rdn. 68; *H. Beckmann* Finanzierungsleasing § 2 Rdn. 476; *Emmerich* JuS 1990, 1, 5; *Gitter* Gebrauchsüberlassungsverträge S. 319; *Koch* Störungen S. 105; *Martinek* Moderne Vertragstypen S. 143 ff.; Münchener Vertragshandbuch/*Stolterfoth* Band 3, Abschn. II.1 Anm. 15 (3); MünchKomm/*Habersack* Leasing Rdn. 76; *Papapostolou* Risikoverteilung S. 115; *Reinking/Eggert* Autokauf Rdn. 767; *Reinicke/Tiedtke* Kaufrecht Rdn. 1747; *Sannwald* Finanzierungsleasingvertrag S. 155.
[10] BGH NJW 1987, 377, 378; BGH NJW 1988, 198, 200.
[11] So bereits *Gitter* Gebrauchsüberlassungsverträge S. 319; *Martinek* Moderne Vertragstypen S. 144.
[12] Näher dazu § 4 Rdn. 42 ff.
[13] Dies hat – trotz anderen dogmatischen Ausgangspunkts – auch die Rechtsprechung anerkannt; vgl. BGH NJW 1988, 198, 199.

Sachgefahr auf den Leasingnehmer als fehlsam anzusehen.[14] Ohne Sachgefahrklausel bliebe der Leasinggeber als Eigentümer mit dem bei Beeinträchtigung oder Untergang der Leasingsache eintretenden Wertverlust und daher mit der Sachgefahr belastet („casum sentit dominus"). Ebenso wenig wäre ein Grund dafür ersichtlich, den Leasingnehmer ohne eine entsprechende Vereinbarung zur Instandsetzung der Sache oder gar zur Ersatzbeschaffung zu verpflichten. Hierfür hat die Sachgefahrklausel konstitutive Bedeutung.

3. Abwälzung der Preisgefahr

6 Die regelmäßig mit der Sachgefahrklausel verbundene Preisgefahrklausel, die den Leasingnehmer zur Zahlung der Leasingraten auch bei zufälligem Untergang, Verlust oder zufälliger Beschädigung der Leasingsache verpflichtet, ist nach ganz h. M. ebenso wie die Sachgefahrklausel im Grundsatz mit den §§ 307 ff. BGB vereinbar.[15] In der Rechtsprechung des BGH wird diese Wertung – wie auch die Beurteilung der Angemessenheit der Sachgefahrklausel – auf das weit überwiegende Interesse des Leasingnehmers an der Leasingsache und die diesem Umstand zu entnehmende Legitimation für eine auf die Gefahrtragung bezogene Gleichstellung des Leasingnehmers mit einem Käufer gestützt.[16] Wie bereits mit Blick auf die Sachgefahrtragung dargelegt wurde,[17] reichen diese Gesichtspunkte indes nicht aus, um die **Abweichung vom mietrechtlichen Regelungsmodell** zu erklären, das die Preisgefahr bekanntlich dem Vermieter zuweist (§§ 326 Abs. 1, 536 BGB). Eher schon führt die – allerdings nicht in diesem Begründungszusammenhang stehende – Erkenntnis des BGH weiter, dass sich die Gebrauchsüberlassungspflicht des Leasinggebers nach der Übergabe darauf beschränke, „den Leasingnehmer nicht in der Nutzung zu stören und ihn allenfalls gegenüber Störungen durch Dritte zu unterstützen".[18] Wenn es nämlich nicht zum Inhalt der vom Leasinggeber geschuldeten Leistung gehört, dem Leasingnehmer den Besitz der intakten Leasingsache während der Vertragslaufzeit zu erhalten, stellt die Zahlungspflicht des Leasingnehmers bei Verlust, Zerstörung oder Beschädigung der Sache mangels Nichterfüllung einer Leistungspflicht des Leasinggebers keine Ausnahme von dem in den §§ 326 Abs. 1, 536 BGB zum Ausdruck kommenden Grundsatz „ohne Leistung keine Gegenleistung" dar. Der Leasingnehmer hat die Gegenleistung schlicht deshalb zu erbringen, weil der Leasinggeber seinerseits bereits geleistet hat. Von einer „Abwälzung der Preisgefahr" auf den Leasingnehmer zu sprechen ist vor diesem Hintergrund nicht passend. Vom Standpunkt der in der Literatur vertretenen Einordnung des Finanzierungsleasing als **Vertrag sui generis**, die dem Leasinggeber von vornherein nicht die Pflichtenstellung eines Vermieters zuweist, ergibt sich dies mit Selbstverständlichkeit.[19]

---

[14] So aber *Martinek* Moderne Vertragstypen S. 145.
[15] BGH WM 1975, 1203, 1204; BGH NJW 1988, 198, 199 f.; BGH NJW 1996, 1888; *H. Beckmann* Finanzierungsleasing § 2 Rdn. 476; *Gitter* Gebrauchsüberlassungsverträge S. 322; *Martinek* Moderne Vertragstypen S. 145 ff.; Münchener Vertragshandbuch/*Stolterfoth* Band 3, Abschn. II.1 Anm. 15 (4); MünchKomm/*Habersack* Leasing Rdn. 70; Palandt/*Weidenkaff*[65] Vor 535 Rdn. 59; *Papapostolou* Risikoverteilung S. 115; *Reinking/Eggert* Autokauf Rdn. 768; *Sannwald* Finanzierungsleasingvertrag S. 158; Staudinger/*Stoffels* Leasing Rdn. 201. Kritisch dagegen *Emmerich* JuS 1990, 1, 5; *Flume* DB 1972, 53, 59 f. (Überwälzung der Preisgefahr nur zulässig bei Reduzierung der nach Gefahreintritt zu zahlenden Leasingraten um den Gewinnanteil); *Koch* Störungen S. 170 ff.
[16] BGH NJW 1987, 377, 378; BGH NJW 1988, 198, 200.
[17] S. o. Rdn. 4.
[18] BGH NJW 1988, 198, 199.
[19] Vgl. *Canaris* Bankvertragsrecht Rdn. 1755; *Martinek* Moderne Vertragstypen S. 145 f.; *Papapostolou* Risikoverteilung S. 115 f.

II. Grenzen und Modalitäten der Gefahrabwälzung durch AGB

1. Grenzen des vom Leasingnehmer zu tragenden Risikos

a) Untergang oder Beschädigung außerhalb des Einflussbereichs des Leasingnehmers, insbesondere beim Lieferanten. Die Angemessenheit der Abwälzung der Sach- und Preisgefahr auf den Leasingnehmer ist nach h. M. an die Voraussetzung geknüpft, dass das abgewälzte Risiko dem **Einflussbereich des Leasingnehmers** zuzuordnen ist.[20] Der BGH hat dies in einer Leitentscheidung für den Fall ausgesprochen, dass der Leasinggegenstand zur Nachbesserung vertragsgemäß dem Lieferanten übergeben worden ist und dort untergeht. Allerdings hat der BGH diese Wertung in dem entschiedenen Fall nicht herangezogen, um die Unwirksamkeit einer – dem Wortlaut nach – jegliches Risiko auf den Leasingnehmer abwälzenden Klausel zu begründen. Vielmehr könne die Gefahrtragungsklausel, wenn mit ihr eine angemessene Risikoverteilung herbeigeführt werden solle, nur dahin verstanden werden, dass sie sich auf den Zeitraum beziehe, in welchem sich das Leasinggut im Einflussbereich des Leasingnehmers befinde.[21] Die **restriktive Interpretation der Gefahrtragungsklausel**, zu der der BGH hier gelangt, ist jedoch mit Blick auf die korrekte Handhabung der Unklarheitenregel (§ 305c Abs. 2 BGB) angreifbar:[22] Lässt eine Klausel mehrere Auslegungsmöglichkeiten zu, ist, bevor man die kundenfreundlichste Auslegung zugrunde legt, zunächst zu untersuchen, ob sie in der kundenfeindlichsten Auslegung den Anforderungen der Inhaltskontrolle nach den §§ 307 ff. BGB genügt.[23] Wenn man die Prämisse akzeptiert, dass eine Abwälzung auch außerhalb der Einflusssphäre des Leasingnehmers liegender Risiken auf diesen unangemessen ist, hat man daher eine Gefahrtragungsklausel in den AGB des Leasinggebers als unwirksam zu behandeln, soweit sie eine Auslegungsmöglichkeit zulässt, die auch die Abwälzung solcher Risiken einschließt.[24]

Statt zu einer methodisch bedenklichen restriktiven Auslegung der Gefahrtragungsklausel Zuflucht zu suchen, sollte sich die Rechtsprechung in dieser Frage auf die vom BGH in anderem Zusammenhang formulierte Einsicht besinnen, dass sich die Gebrauchsüberlassungspflicht des Leasinggebers nach der Übergabe darauf beschränke, „den Leasingnehmer nicht in der Nutzung zu stören und ihn allenfalls gegenüber Störungen durch Dritte zu unterstützen".[25] Wie bereits ausgeführt wurde,[26] ergibt sich aus dieser Begrenzung der Leistungspflicht des Leasinggebers zwanglos, dass der Leasingnehmer auch nach Beschädigung, Zerstörung oder Verlust der ihm überlassenen Sache die Leasingraten als Entgelt für die bereits erbrachte Leistung des Leasinggebers weiter entrichten muss, ohne dass darin eine Ausnahme zu § 326 Abs. 1 BGB zu erblicken ist. Deshalb besteht **keine dogmatische Grundlage** dafür, dem Leasingnehmer das Risiko des Untergangs der zur Reparatur beim Lieferanten befindlichen Sache abzunehmen und es dem Leasinggeber aufzubürden.[27] Schon gar nicht ist es gerechtfertigt, dieses Ergebnis durch eine ein-

---

[20] BGHZ 94, 44, 54 f. = NJW 1985, 1535, 1537; AnwKom/*Reinking* Anh. §§ 535–580a Rdn. 69; Bamberger/Roth/*Ehlert* Vor § 535 Rdn. 79; Erman/*Jendrek* Anh. § 536 Rdn. 24; MünchKomm/*Habersack* Leasing Rdn. 71; Palandt/*Weidenkaff*[65] Vor § 535 Rdn. 59; Staudinger/*Stoffels* Leasing Rdn. 203; a. A. *Canaris* AcP 1990 (1990), 410, 437 f.

[21] BGHZ 94, 44, 55 = NJW 1985, 1535, 1537.

[22] Kritisch auch MünchKomm/*Habersack* Leasing Rdn. 71 Fn. 259 mit Fn. 231.

[23] Dass dies gerade auch bei der Anwendung der Unklarheitenregel im Individualprozess gilt, betont *Stoffels* AGB-Recht Rdn. 375; in dieser Richtung BGH NJW 1992, 1097, 1099; BGH NJW 1994, 1798, 1799.

[24] A. A. offenbar Staudinger/*Stoffels* Leasing Rdn. 203.

[25] BGH NJW 1988, 198, 199.

[26] S. o. Rdn. 6.

[27] So bereits *Canaris* AcP 190 (1990), 410, 437 f.

§ 31

schränkende Interpretation der leasingtypischen Gefahrtragungsklausel in den Leasingvertrag hineinzulesen.

9   Stellt man sich gleichwohl auf den vom BGH bezogenen Standpunkt, ist weiter fraglich, welche **Reichweite** die von der Rechtsprechung postulierte Einschränkung der Risikoabwälzung auf den Leasingnehmer hat. Die Formulierung, die Gefahrabwälzungsklausel könne, um als angemessen zu gelten, „nur dahin verstanden werden, dass sie sich auf den Zeitraum bezieht, in welchem sich das Leasinggut im Einflussbereich des Leasingnehmers befindet", lässt bei erstem Hinsehen daran denken, dass außer an den Fall der Zerstörung oder Beschädigung des Leasingguts anlässlich einer Nachbesserung durch den Lieferanten auch an jegliche andere Konstellation gedacht sein könnte, in der das Leasinggut – ggf. ohne die Befugnis oder sogar ohne den Willen des Leasingnehmers – in die Hände eines Dritten geraten und dort beschädigt oder zerstört worden ist. Für eine solche Aushöhlung der Gefahrtragungsklausel zu Lasten des Leasinggebers gäbe es indes keine Rechtfertigung: Der Umstand, dass das Leasinggut (zumindest temporär) der Kontrolle des Leasingnehmers entzogen ist, ergibt für sich genommen keine tragfähige Begründung dafür, dass nunmehr der Leasinggeber eine Gefahr zu tragen hat, die er ebenso wenig beherrscht wie der Leasingnehmer. Die Belastung des Leasinggebers mit der Sach- und Preisgefahr entspricht vielmehr nur insoweit einer angemessenen Risikoverteilung, als dieser durch die Gestaltung des Leasingvertrags Anlass dazu gegeben hat, dass das Leasinggut den Einflussbereich des Leasingnehmers verließ. Richtigerweise kann sich die Einschränkung der Gefahrtragung des Leasingnehmers daher allein auf den Zeitraum beziehen, in dem der Leasingnehmer das Leasinggut in **Übereinstimmung mit den Vorgaben des Leasingvertrags** aus seiner Obhut gegeben hat, wie es insbesondere bei der zur Wahrnehmung der an den Leasingnehmer abgetretenen Gewährleistungsrechte erforderlichen Übergabe des Leasingguts an den Lieferanten der Fall ist. Verwirklicht sich die Gefahr dagegen, während sich das Leasinggut bei einem Dritten befindet, dem es der Leasingnehmer unbefugterweise überlassen oder der es ohne dessen Willen an sich genommen hat, bleibt es dabei, dass der Leasingnehmer die Sach- und Preisgefahr trägt, wie es die leasingtypische Gefahrtragungsklausel vorsieht.[28] Zu Recht hat der BGH daher die Abwälzung der Sach- und Preisgefahr auf den Leasingnehmer auch für den Fall akzeptiert, dass der Lieferant dem Leasingnehmer das Leasinggut eigenmächtig weggenommen hat.[29]

10 **b) Untergang oder Beschädigung vor Übergabe.** Die Sach- und Preisgefahr darf dem Leasingnehmer nach h. M. **nicht für die Zeit vor der Übergabe des Leasingguts** aufgebürdet werden: Weil der Leasinggeber sich nicht von den mit der Erfüllung seiner Hauptpflicht verbundenen Risiken entlasten könne, verstoße eine AGB-Klausel, der zufolge der Leasingnehmer zur Zahlung der Leasingraten auch dann verpflichtet ist, wenn das Leasinggut vor der Übergabe untergeht, zerstört oder beschädigt wird, ohne weiteres gegen § 307 Abs. 2 Nr. 2 BGB.[30] Einige Stimmen in der Literatur weichen indes hiervon ab: Werde die Gefahr bereits für den Zeitraum vor Übergabe auf den Leasingnehmer abgewälzt, werde eine dem Versendungskauf i. S. v. § 447 BGB entsprechende Situation geschaffen; § 447 BGB sei, selbst wenn man das Finanzierungsleasing dem Mietrecht unterstelle, jedenfalls analog heranzuziehen.[31]

---

[28] So auch für den Fall der eigenmächtigen Wegnahme der Sache durch den Lieferanten AnwKom/*Reinking* Anh. §§ 535–580a Rdn. 69. A. A. insoweit *H. Beckmann* Finanzierungsleasing § 2 Rdn. 488 (dem dort zitierten Urteil BGH NJW 1988, 198, ist freilich die gegenteilige Aussage zu entnehmen).

[29] BGH NJW 1988, 198, 199 f.

[30] AnwKomm/*Reinking* Anh. §§ 535–580a Rdn. 69; *Martinek* Moderne Vertragstypen S. 146; *Mömken* Finanzierungsleasingvertrag S. 165; MünchKomm/*Habersack* Leasing Rdn. 71.

[31] *Koch* Störungen S. 175; *Papapostolou* Risikoverteilung S. 111 ff.; a. A. *Sannwald* Finanzierungsleasingvertrag S. 119 ff.

10. Kapitel. Risikotragung und Unterhaltungspflichten **§ 31**

Ist der Leasingnehmer **Verbraucher**, verbietet sich jedoch die entsprechende Anwen- 11
dung von § 447 BGB seit der Schuldrechtsreform schon deshalb, weil § 474 Abs. 2 BGB
bereits die direkte Anwendbarkeit dieser Vorschrift auf Verbrauchsgüterkäufe ausschließt.
Für das Verbraucherleasing kann schwerlich etwas anderes gelten.

Jenseits des Verbraucherleasings wird man zumindest von der Warte der BGH- 12
Rechtsprechung ebenfalls nicht zur Billigung einer Vorverlagerung der Gefahrabwälzung
auf die Zeit vor der Übergabe gelangen können, weil danach die Gebrauchsüberlassung
des Leasingguts zu den Hauptpflichten des Leasinggebers gehört.[32] Der BGH hat daher
eine AGB-Klausel, die den Leasingnehmer bei Nichtlieferung des Leasingguts zur Erstattung einer vom Leasinggeber an das refinanzierende Kreditinstitut zu entrichtenden Bereitstellungsprovision und Nichtabnahmeentschädigung verpflichtete, als unvereinbar
mit § 307 BGB verworfen.[33] Wenn selbst die in einer solchen Klausel liegende **partielle
Verlagerung der Preisgefahr** auf den Leasingnehmer (der praktisch zur Erbringung eines Teils seiner Gegenleistung verpflichtet bleibt) nicht von der Rechtsprechung akzeptiert wird, gilt dies erst recht für die volle Gefahrabwälzung auf den Leasingnehmer, was
die Zeit vor Übergabe des Leasingguts betrifft. Nur wenn man entgegen der Rechtsprechung die Überlassung des Leasingguts nicht zu den Leistungspflichten des Leasinggebers zählt, vermag man zu einem anderen Ergebnis zu gelangen.[34]

c) Untergang oder Beschädigung bei Lieferung oder Montage. Die in einer 13
AGB-Klausel vorgesehene Erstreckung der Gefahrtragung des Leasingnehmers auf die
Zerstörung oder Beschädigung des Leasingguts während des Liefervorgangs oder während der Montage beim Leasingnehmer (Beispiel: „Der Leasingnehmer trägt im Verhältnis zum Leasinggeber **Kosten und Gefahren der Anlieferung und Montage** der
Leasingsache."[35]) hält nach der h. M. einer AGB-Kontrolle ebenso wenig stand wie die in
den Rdn. 10–12 erörterte generelle Gefahrabwälzung für den Zeitraum vor Übergabe des
Leasingguts. Denn auch in diesem Fall bliebe der Leasingnehmer aufgrund der Klausel –
ungeachtet der Beschränkung auf einen vergleichsweise engen Zeitraum – zur Erbringung der Gegenleistung verpflichtet, auch wenn es zu der (von der h. M. als Hauptpflicht
des Leasinggebers bewerteten) Überlassung des Leasingguts infolge der Verwirklichung
der Sachgefahr nicht kommt. Dies gilt nicht nur, wenn das Leasinggut nicht oder nicht
unbeschädigt angeliefert wird, sondern auch dann, wenn der Lieferant eine im Liefervertrag übernommene Montagepflicht verletzt, da in letzterem Fall – jedenfalls auf der
Grundlage des herrschenden Verständnisses des Leasingvertrags – regelmäßig auch den
Leasinggeber eine solche (zusätzliche) Leistungspflicht trifft, deren Nichterfüllungsrisiko
nicht dem Leasingnehmer aufgebürdet werden darf.[36]

d) Untergang oder Beschädigung beim Rücktransport. Die leasingtypische Ge- 14
fahrabwälzung auf den Leasingnehmer reicht bis zur Rückgabe der Leasingsache nach
Beendigung des Leasingvertrags durch ordentliche oder außerordentliche **Kündigung**.
Die **Rückgabepflicht** entsteht **entsprechend § 546 BGB**, wenn nicht von einem vertraglichen Andienungsrecht oder einer Kaufoption Gebrauch gemacht wird.[37] Da es sich
hierbei um eine **Bringschuld** handelt,[38] der Leasinggeber also nicht für den Abtransport
beim Leasingnehmer zuständig ist, bestehen keine Bedenken dagegen, den Leasingnehmer für den zufälligen Untergang und die zufällige Beschädigung des Leasingguts wäh-

---

[32] Vgl. BGH NJW 1988, 198, 199.
[33] BGH NJW 1986, 179, 180.
[34] Konsequent *Lieb* WM 1992, 3, 18.
[35] Nach *H. Beckmann* Finanzierungsleasing § 13 Rdn. 15.
[36] Ebenso i. E. *H. Beckmann* Finanzierungsleasing § 13 Rdn. 17; *Graf von Westphalen* Leasingvertrag Rdn. 903.
[37] MünchKomm/*Habersack* Leasing Rdn. 108.
[38] OLG Düsseldorf EWiR 2001, 219; MünchKomm/*Habersack* Leasing Rdn. 108.

rend des Rücktransports einstehen zu lassen.³⁹ Hiermit unvereinbar ist auf den ersten Blick die Aussage des BGH, dass die leasingtypische Gefahrtragung den Leasingnehmer nur so lange treffe, wie der Leasingvertrag bestehe, was bei einer Auflösung des Vertrags durch die fristlose Kündigung des Leasinggebers nicht mehr der Fall sei.⁴⁰ Dies diente jedoch nur zur Begründung der unbestreitbar richtigen Feststellung, dass der Leasingnehmer nach Rückgabe der Sache nicht mehr das Verlustrisiko trägt, und sollte deshalb nicht auf den vor dem Zeitpunkt der Rückgabe liegenden Rücktransport bezogen werden, dessen Durchführung entsprechend § 546 BGB noch zum Pflichtenkreis des Leasingnehmers gehört.

15   Anders verhält es sich dagegen, wenn es zur Rückabwicklung des Liefervertrags und des Leasingvertrags im Zusammenhang mit einem in Ausübung der abgetretenen Mängelrechte erklärten **Rücktritt** des Leasingnehmers kommt. Der Erfüllungsort für die Rückgewähr des Leasingguts, die der Leasinggeber dem Lieferanten nach § 346 Abs. 1 BGB schuldet und bei der er den Leasingnehmer als Erfüllungsgehilfen einschaltet, ist der Wohn- oder Geschäftssitz des Leasingnehmers; es handelt sich also um eine **Holschuld**.⁴¹ Das Risiko der Zerstörung oder Beschädigung des Gegenstands auf dem Rücktransport hat der Leasingnehmer daher nach der gesetzlichen Ausgangslage nicht zu tragen. AGB-Klauseln, die ihm dieses Risiko auferlegen, würden sich mit dem Umstand, dass er die mangelhafte Sache nur zur Abholung zur Verfügung zu stellen hat, nicht vertragen. Ähnlich wie eine Vorverlagerung der Gefahrtragung auf die Zeit vor Übergabe dürfte eine solche in das Rückabwicklungsstadium nachwirkende Gefahrverlagerung zu Lasten des Leasingnehmers nicht die Billigung der Rechtsprechung finden.⁴²

2. Die Rechtsposition des Leasingnehmers

16   **a) Abtretung von Ansprüchen des Leasinggebers gegen Dritte.** Nach der BGH-Rechtsprechung ist der Leasinggeber ohne besondere Vereinbarung verpflichtet, Ansprüche, die er wegen Verletzung seines Eigentums an der Leasingsache (insbesondere aus § 823 Abs. 1 BGB, aber auch aus einer Versicherung) gegen einen Dritten erworben hat, an den Leasingnehmer abzutreten oder sie jedenfalls in Anrechnung zu bringen, wenn er den leasingtypischen Ausgleichsanspruch infolge der Gefahrabwälzung auf den Leasingnehmer geltend macht. Zur Begründung der **Abtretungsverpflichtung des Leasinggebers** beruft sich der BGH hinsichtlich der Versicherungsleistung auf die leasingvertragliche Zweckbindung der Versicherung und hinsichtlich der Ersatzansprüche gegen den Schädiger auf den Rechtsgedanken des § 255 BGB, der Ausdruck des schadensersatzrechtlichen Bereicherungsverbots sei.⁴³ Vereinzelt vertreten (und vom BGH in einem obiter dictum zustimmend zitiert⁴⁴) wird allerdings auch die Ansicht, dass die Ansprüche des Leasinggebers gegen den Schädiger im Wege der **Legalzession** nach § 426 Abs. 2 S. 1 BGB auf den Leasingnehmer übergehen.⁴⁵ Indes dürften die Schadensersatzpflicht des Dritten und die aufgrund der Gefahrtragungsklausel (fort-)bestehende Leistungspflicht des Leasingnehmers nicht die Voraussetzungen einer Gesamtschuld i. S. v. § 426 BGB erfüllen. Deshalb bleibt es wohl beim Erfordernis einer rechtsgeschäftlichen Abtretung der Ersatzansprüche des Leasinggebers an den Leasingnehmer, damit dieser Befriedigung

---

³⁹ *Koch* Störungen S. 177.
⁴⁰ BGH NJW 1995, 1541, 1543.
⁴¹ *H. Beckmann* Finanzierungsleasing § 6 Rdn. 6.
⁴² So auch *H. Beckmann* Finanzierungsleasing § 13 Rdn. 17a.
⁴³ BGH NJW 2004, 1041, 1042. In der Literatur werden teilweise andere Begründungen gegeben; vgl. *Reinicke/Tiedtke* Kaufrecht Rdn. 1751 (Grundsätze der Vorteilsanrechnung); Staudinger/*Stoffels* Leasing Rdn. 204 (Rechtsgedanke des § 285 BGB).
⁴⁴ BGH NJW-RR 1994, 280, 281.
⁴⁵ Hierfür *Dörner* VersR 1978, 884, 892.

10. Kapitel. Risikotragung und Unterhaltungspflichten   § 31

beim Schädiger bzw. beim Versicherer des beschädigten oder zerstörten Leasingguts suchen kann.

Kontrovers beurteilt wird die daran anschließende Frage, ob **Gefahrtragungsklauseln, die eine Abtretung der Ansprüche des Leasinggebers nicht ausdrücklich vorsehen**, gegen das Transparenzgebot in § 307 Abs. 1 S. 2 BGB oder gegen § 307 Abs. 2 Nr. 2 BGB verstoßen. Der BGH hat sich mit dieser Frage in einem neueren Urteil eingehend auseinandergesetzt und entgegen der bis dahin h. M.[46] entschieden, dass eine Gefahrtragungsklausel, in der eine Regelung über die Abtretung fehlt, weder unangemessen noch intransparent sei.[47] In der Literatur ist dies auf Ablehnung gestoßen.[48] Wenn man aber die Prämisse des BGH teilt, dass sich die Pflicht des Leasinggebers zur Abtretung seiner Ersatzansprüche unabhängig von einer vertraglichen Vereinbarung aus dem Rechtsgedanken des § 255 BGB bzw. aus der Zweckbindung der über die Leasingsache abgeschlossenen Versicherung ergibt, wird der Leasingnehmer durch das Fehlen einer Abtretungsregelung im Leasingvertrag nicht benachteiligt. Ebenso wenig erscheint es plausibel, dass dadurch Fehlvorstellungen beim Leasingnehmer mit Blick auf seine Möglichkeit geweckt werden, eine Anrechnung oder Abtretung von Versicherungs- oder Schadensersatzleistungen zu verlangen: Die einfache Einsicht, dass dem Leasinggeber nicht eine doppelte Befriedigung seines Interesses durch die Leistungen des gefahrbelasteten Leasingnehmers auf der einen und des Schädigers oder der Versicherung auf der anderen Seite zustehen kann, erschließt sich dem Leasingnehmer, auch ohne dass er darüber in den AGB des Leasingvertrags belehrt wird.

b) Kündigungs- oder sonstiges Lösungsrecht des Leasingnehmers. aa) Kfz-Leasing. Nach ständiger BGH-Rechtsprechung ist eine Gefahrabwälzungsklausel in einem **Kfz-Leasingvertrag** unangemessen i. S. d. § 307 Abs. 1 Satz 1 BGB und damit unwirksam, wenn dem Leasingnehmer nicht ein **kurzfristiges Kündigungs- oder gleichwertiges Lösungsrecht** für den Fall des völligen Verlusts oder einer nicht unerheblichen Beschädigung des Leasingfahrzeugs eingeräumt wird.[49] Grundlage hierfür ist die Erwägung, dass für den Leasingnehmer beim Abschluss eines Leasingvertrags über ein bei Vertragsbeginn in aller Regel fabrikneues Fahrzeug die Erwartung im Vordergrund steht, dieses während der zumeist dreijährigen Vertragslaufzeit nutzen zu können, ohne mit Reparaturkosten, Ausfallzeiten und einer möglicherweise geminderten Verkehrs- und Betriebssicherheit des Fahrzeugs belastet zu werden oder gar die Nutzungsmöglichkeit durch Diebstahl oder Totalschaden ganz zu verlieren.[50] Dieses besondere Interesse beschränkt sich nach Ansicht des BGH nicht auf Leasingverträge über Neufahrzeuge: Mindestens bis zum Ablauf des dritten Betriebsjahres eines Leasingfahrzeugs dürfe der Leasingnehmer einen im Wesentlichen ungestörten Gebrauch erwarten, und zwar auch dann, wenn das Fahrzeug bei Vertragsabschluss nicht mehr fabrikneu war. Deshalb hält der BGH eine Abwälzung der Sach- und Preisgefahr auf den Leasingnehmer in AGB nur dann für wirksam, wenn dem Leasingnehmer zumindest **bis zum Ablauf des dritten auf die Erstzulassung folgenden Jahres** für die Fälle des völligen Verlusts und einer nicht unerheblichen Beschädigung des Fahrzeugs ein kurzfristiges Kündigungsrecht eingeräumt wird.[51]

---

[46] Für die Unwirksamkeit einer nicht mit der Abtretung von Ersatzansprüchen verbundenen Gefahrabwälzungsklausel OLG Düsseldorf ZIP 1983, 1092, 1093; OLG Hamburg MDR 1999, 420; Münchener Vertragshandbuch/*Stolterfoth* Band 3, Abschn. II. 1 Anm. 15 (6); *Reinking/Eggert* Autokauf Rdn. 768.
[47] BGH NJW 2004, 1041, 1042 f.; zuvor bereits KG BB 1994, 818, 819.
[48] Gegen den BGH MünchKomm/*Habersack* Leasing Rdn. 71; Staudinger/*Stoffels* Leasing Rdn. 204; zustimmend aber *Tiedtke/Möllmann* DB 2004, 915, 917.
[49] BGH NJW 1987, 377, 378; NJW 1992, 683, 685; NJW 1996, 1688 f.; NJW 1998, 2284, 2285; NJW 1998, 3270, 3271; NJW 2004, 1041, 1042.
[50] BGH NJW 1987, 377, 378; 1998, 3270, 3271.
[51] BGH NJW 1998, 3270, 3271.

§ 31

19   Diese richterrechtliche Ausgangslage lässt Interpretationsspielräume, was das Vorliegen einer **nicht unerheblichen Beschädigung** des Leasingfahrzeugs betrifft, an die das Kündigungs- oder Lösungsrecht des Leasingnehmers zu knüpfen ist. Als Eckdatum kann zunächst die Feststellung des BGH herangezogen werden, dass die Erheblichkeitsschwelle nicht erst dann überschritten sei, wenn der Reparaturaufwand mehr als 80 % des Zeitwertes betrage.[52] Offengelassen hat der BGH allerdings die Wirksamkeit einer Begrenzung des Kündigungsrechts auf Fälle, in denen die Kosten zur Behebung des Schadens mehr als zwei Drittel des Zeitwerts des beschädigten Kfz betragen.[53] In der Literatur werden Reparaturkosten in Höhe von 60 %[54] (in Anlehnung an die vom Verband der Automobilindustrie empfohlenen AGB) oder 50 %[55] des Zeitwerts als Schwelle für die Gewährung des Kündigungsrechts vorgeschlagen. Das Restrisiko für den AGB-Verwender, das aufgrund dieser Unklarheit bleibt, ist allerdings begrenzt: Ist in den AGB die Wertgrenze für das Kündigungsrecht des Leasingnehmers im Falle einer Beschädigung zu hoch angesetzt, folgt daraus nicht notwendig, dass die Gefahrabwälzungsklausel als ganze unwirksam ist. Lässt sich die Klausel nach ihrem Wortlaut aus sich heraus verständlich und sinnvoll in einen inhaltlich zulässigen Teil und in einen inhaltlich unzulässigen Teil trennen, hält der BGH – ungeachtet des von ihm im AGB-Recht verfochtenen Verbots der geltungserhaltenden Reduktion – die **Aufrechterhaltung des zulässigen Teils der Klausel** für unbedenklich. Das sei dann der Fall, wenn der zulässige Klauselteil über die Gefahrabwälzung bei Untergang oder Verlust des Fahrzeugs von dem unzulässigen Teil über die Gefahrabwälzung bei Beschädigung durch einfaches Streichen der Formulierung betreffend die Beschädigung gesondert werden könne.[56]

20   Ein vertragliches Kündigungsrecht, das dem Leasingnehmer bei Zerstörung oder erheblicher Beschädigung zusteht, darf dem Leasinggeber nicht zum Nachteil gereichen. Dieser hat daher im Falle der Kündigung einen grundsätzlich **auf Vollamortisation** seines Aufwands **gerichteten Ausgleichsanspruch**.[57] Der Anspruch umfasst auch den durch die vorzeitige Vertragsbeendigung entgangenen Gewinn des Leasinggebers für den Zeitraum, in dem der Vertrag für den Leasingnehmer nicht durch ordentliche Kündigung beendet werden konnte. Der sich ergebende Betrag ist, da der Leasinggeber vorzeitig befriedigt wird, abzuzinsen.[58] Mit Blick auf das Erhaltungsinteresse des Leasinggebers als Eigentümer der Leasingsache hält es der BGH darüber hinaus für AGB-rechtlich unbedenklich, wenn dem Leasinggeber alternativ ein Anspruch auf Erstattung eines höheren Zeitwerts der Sache eingeräumt wird.[59]

21   Vor diesem Hintergrund sind auch die Anforderungen, die an die Gewährung eines an die Stelle des Kündigungsrechts tretenden, aber diesem **gleichwertigen Lösungsrechts** zu stellen sind, näher zu bestimmen: Es kommt nicht auf die Bezeichnung des Rechts an, sondern darauf, ob der Leasingnehmer nicht schlechter gestellt wird als im Fall einer Kündigung mit anschließender Ausgleichszahlung nach den soeben beschriebenen Grundregeln. Diesem Erfordernis genügt nach Auffassung des BGH eine Klausel, die es dem Leasingnehmer gestattet, im Fall der Vernichtung des Fahrzeugs nach seiner Wahl u. a. an den Leasinggeber als Entschädigung „sämtliche zu diesem Zeitpunkt noch ausstehenden Raten nebst Restwert, abgezinst zu 4 % über dem zur Zeit des Vertragsschlusses gültigen Diskontsatz der Deutschen Bundesbank," zu zahlen.[60] Einem Kündigungsrecht nicht gleich-

---

[52] BGH NJW 1998, 2284, 2285.
[53] BGH NJW 1987, 377, 378.
[54] Z. B. AnwKom/*Reinking* Anh. §§ 535–580a Rdn. 72; *Engel* Kfz-Leasing Rdn. 44.
[55] Z. B. *Zahn/Bahmann* Kfz-Leasingvertrag Rdn. 19 und 422.
[56] BGH NJW 1998, 2284, 2286.
[57] BGH NJW 1987, 377, 378; 1998, 3270, 3271; 2004, 1041, 1042; aus der Lit. etwa Staudinger/*Stoffels* Leasing Rdn. 205.
[58] Dazu allgemein MünchKomm/*Habersack* Leasing Rdn. 126.
[59] BGH NJW 2007, 290, 292.
[60] BGH NJW-RR 1991, 280, 281.

10. Kapitel. Risikotragung und Unterhaltungspflichten § 31

wertig ist dagegen eine leasingvertragliche Regelung, derzufolge der Leasingnehmer dem Leasinggeber sofort alle ausstehenden Raten zuzüglich Restwert zahlen muss, während der Leasinggeber erst anschließend eine Abzinsung vorzunehmen und dem Leasingnehmer den Abzinsungsbetrag zu erstatten hat, wobei dieser Betrag noch um eine Bearbeitungsgebühr in Höhe von 2 % der restlichen Forderung gekürzt wird.[61]

bb) Sonstige Leasingverträge. Die in den Rdn. 18–21 dargestellte Praxis im Bereich 22 der Kfz-Leasingverträge hat der BGH trotz zahlreicher Mahnungen im Schrifttum[62] bisher nicht auf Leasingverträge über andere Gegenstände ausgedehnt. Die besonderen, ein sofortiges Kündigungsrecht fordernden Verhältnisse beim Kfz-Leasing lägen, so der BGH, in den übrigen Leasingfällen nicht in der gleichen Weise vor. Insbesondere fehle es im Allgemeinen an dem für Kfz-Leasingnehmer typischen Interesse, während der zumeist kurzen Vertragszeit ein weitgehend risikofreies, weil anfangs fabrikneues Fahrzeug zu fahren und vor der Gefahr versteckter Schäden und Reparaturausfallzeiten geschützt zu sein.[63] Die Kritik an dieser Unterscheidung liegt auf der Hand: Das Interesse des Leasingnehmers an einer risikofreien Nutzung des Leasinggegenstands während der Vertragslaufzeit ist bei anderen (insbesondere technisch komplexen) Gütern schwerlich geringer ausgeprägt als bei Fahrzeugen. Dem steht auf der anderen Seite kein gewichtiges Interesse des Leasinggebers am Ausschluss der Kündigung gegenüber, da dieser im Falle der Kündigung einen vollen finanziellen Ausgleich erhält.[64] Es ist daher zu hoffen, dass der BGH die überfällige Aufgabe der Unterscheidung zwischen Kfz-Leasing und sonstigen Leasingverträgen mit Blick auf das Kündigungsrecht des Leasingnehmers bei Untergang oder erheblicher Beschädigung des Leasingguts vollziehen wird, wenn sich eine Gelegenheit dazu bietet.

3. Kündigungsrecht des Leasinggebers

Geht der Leasinggegenstand unter oder wird er erheblich beschädigt, mag nicht nur der 23 Leasingnehmer (dazu Rdn. 18 ff.), sondern auch der Leasinggeber ein Interesse daran haben, den Leasingvertrag zu beenden, und zwar auch im Hinblick darauf, dass kein intakter Leasinggegenstand mehr als Sicherheit zur Verfügung steht. Richtigerweise bedarf es dazu keiner vertraglichen Einräumung eines Kündigungsrechts; das Recht des Leasinggebers zur außerordentlichen Kündigung ist vielmehr eine Ausprägung des allgemeinen, in § 314 BGB kodifizierten Grundsatzes der Kündbarkeit von Dauerschuldverhältnissen aus wichtigem Grund,[65] dessen Anwendbarkeit auf das Finanzierungsleasing in Anbetracht seiner kreditvertraglichen Natur nicht etwa wie beim Mietvertrag durch die insoweit abschließenden Regeln der §§ 543, 568 BGB ausgeschlossen wird.

4. Rechtsfolgen bei Unwirksamkeit der Gefahrtragungsklausel

Wenn eine in den AGB des Leasinggebers enthaltene Gefahrabwälzungsklausel die in 24 den Rdn. 7 ff. dargestellten Grenzen nicht einhält und auch nicht durch eine – vom BGH teilweise praktizierte[66] – restriktive Auslegung vor einem Verstoß gegen die

---

[61] BGH NJW 1996, 1888, 1889.
[62] Für eine Aufgabe der Differenzierung zwischen Leasingverträgen über Kfz und über sonstige Gegenstände *H. Beckmann* Finanzierungsleasing § 4 Rdn. 487; *Hartleb* NZM 1998, 295, 296; Münch-Komm/*Habersack* Leasing Rdn. 72; Staudinger/*Stoffels* Leasing Rdn. 206; *Graf von Westphalen* Leasingvertrag Rdn. 877 f.; wie der BGH aber Erman/*Jendrek* Anh § 536 Rdn. 24; *Reinking/Eggert* Autokauf Rdn. 769.
[63] BGH NJW 1988, 198, 200.
[64] So schon MünchKomm/*Habersack* Leasing Rdn. 72; Staudinger/*Stoffels* Leasing Rdn. 206.
[65] So zutreffend *Canaris* Bankvertragsrecht Rdn. 1755; Münchener Vertragshandbuch/*Stolterfoth* Band 3, Abschn. II.1 Anm. 41 (1); MünchKomm/*Habersack* Leasing Rdn. 72 mit Rdn. 123; Staudinger/*Stoffels* Leasing Rdn. 206; a. A. *Graf von Westphalen* Leasingvertrag Rdn. 886.
[66] Dazu oben Rdn. 7.

§§ 307 ff. BGB bewahrt werden kann, ist zunächst stets zu prüfen, ob sie **insgesamt oder nur teilweise unwirksam** ist. Letzteres ist der Fall, wenn der inhaltlich unzulässige vom inhaltlich zulässigen Teil der Klausel nach deren Wortlaut so zu trennen ist, dass sich der zulässige Teil nach Streichung des unzulässigen sinnvoll aufrechterhalten lässt. In dem hier interessierenden Zusammenhang hat der BGH daher eine Gefahrabwälzungsklausel in einem Kfz-Leasingvertrag, die nur hinsichtlich der Erheblichkeitsschwelle für das Kündigungsrecht des Leasingnehmers bei Beschädigung des Kfz unangemessen war, im Hinblick auf die Gefahrabwälzung bei Untergang oder Zerstörung des Kfz für teilwirksam erklärt.[67] Entsprechendes gilt, wenn etwa zulässige und unzulässige Risikoverlagerungen auf den Leasingnehmer (z. B. für die Zeit nach und vor Übergabe der Leasingsache[68]) in sprachlich voneinander unterscheidbarer Gestalt in eine AGB-Klausel aufgenommen worden sind. Nicht in Betracht kommt dagegen nach der BGH-Rechtsprechung eine **geltungserhaltende Reduktion** einer gegen die §§ 307 ff. BGB verstoßenden AGB-Klausel.[69] Deshalb ist z. B. eine Gefahrabwälzungsklausel, die dem Leasingnehmer die Sach- und Preisgefahr für die Zeit vor wie nach Übergabe des Leasingguts sprachlich ununterscheidbar aufbürdet, im Ganzen unwirksam, da sich hier nicht die Möglichkeit einer Teilung der Klausel bietet.

25 Ist eine Gefahrabwälzungsklausel danach ganz oder teilweise unwirksam, tritt an ihre Stelle bzw. an die Stelle des unwirksamen Teils nach der von der Rechtsprechung vertretenen Orientierung am mietrechtlichen Regelungsmodell (§§ 326 Abs. 1, 536 BGB) die **Gefahrtragung des Leasinggebers**.[70] Dieser büßt also, wenn sich die Gefahr verwirklicht, den Anspruch auf die Leasingraten ein und kann sich auch wegen des verlorenen Sachwerts nicht an den Leasingnehmer halten. Es ist bereits erläutert worden, dass diese Risikozuweisung den Besonderheiten des Leasingvertrags nicht gerecht wird.[71] Überdies kann sie zu Unzuträglichkeiten in der **Abstimmung zwischen Gefahrtragung und Mängelgewährleistung** führen: Wenn einerseits die Gefahrabwälzungsklausel unwirksam ist, andererseits aber die leasingtypische Abtretungskonstruktion bei Mängeln wirksam vereinbart wurde, steht dem Leasinggeber bei Eintritt einer unbehebbaren Beschädigung oder Zerstörung der Leasingsache, die auf einem bei Übergabe vorhandenen Mangel beruht, weder ein Gewährleistungsrecht gegenüber dem Lieferanten noch ein Zahlungsanspruch gegen den Leasingnehmer zu. Aus dieser Lage wäre der Leasinggeber nur durch die Rückabtretung der Gewährleistungsrechte (einschließlich eines etwaigen Schadensersatzanspruchs) zu befreien. Hierzu wäre ihm der Leasingnehmer wohl in entsprechender Anwendung von § 285 BGB verpflichtet. Die Unwirksamkeit der Gefahrabwälzungsklausel würde damit im Ergebnis auch die an sich wirksame Abtretungskonstruktion in Mitleidenschaft ziehen. Daran zeigt sich, dass die Lückenfüllung anhand des Mietrechts (hier bei der Gefahrtragung) nicht in das leasingtypische Regelungsgeflecht passt.

III. Versicherungsklauseln

1. Versicherungspflicht

26 Die leasingtypische Gefahrabwälzung auf den Leasingnehmer geht regelmäßig mit der Vereinbarung von AGB-Klauseln einher, die den Leasingnehmer dazu verpflichten, auf eigene Kosten eine **Sachversicherung für die Leasingsache** abzuschließen. Durch den Abschluss der Sachversicherung wird das Risiko des Leasingnehmers gemindert, das ihn

---

[67] BGH NJW 1998, 2284, 2286.
[68] Dazu oben Rdn. 10 ff.
[69] Dazu eingehend *Stoffels* AGB-Recht Rdn. 593 ff.
[70] BGH NJW 1987, 377, 378; BGHZ 116, 278, 287 f.; AnwKom/*Reinking* Anh. §§ 535–580 a Rdn. 73; *Reinking/Eggert* Autokauf Rdn. 770.
[71] S. o. Rdn. 5 f. Gegen den Rückgriff auf das Mietrecht auch MünchKomm/*Habersack* Leasing Rdn. 73; Staudinger/*Stoffels* Leasing Rdn. 202.

aufgrund der Abwälzung der Sach- und Preisgefahr trifft. Zugleich entspricht die Versicherungspflicht dem Sicherungsbedürfnis des Leasinggebers, der vor dem Insolvenzrisiko des gefahrbelasteten Leasingnehmers geschützt wird.[72] Die Vereinbarkeit der Versicherungspflicht mit den §§ 307 ff. BGB wird vor diesem Hintergrund allgemein anerkannt.[73] Dies gilt auch und gerade für die Kostentragung durch den Leasingnehmer: Gestattete man es nicht, dass die Kosten der Versicherung durch AGB dem Leasingnehmer aufgebürdet werden, wäre die selbstverständliche wirtschaftliche Konsequenz, dass der Leasinggeber die von ihm aufzubringenden Kosten in die Bestimmung des vom Leasingnehmer zu zahlende Entgelts einfließen ließe.[74]

Die Versicherungspflicht ist oft auf den Abschluss einer **Versicherung für fremde Rechnung** gemäß § 74 VVG gerichtet, d. h. der Leasingnehmer schließt die Versicherung im eigenen Namen, jedoch zugunsten des Leasinggebers ab. Dem Leasinggeber stehen in diesem Fall nach § 75 VVG die Rechte aus dem Versicherungsvertrag zu; zugleich bleibt aber der Leasingnehmer nach § 76 Abs. 1 VVG zur Verfügung über die Rechte aus dem Versicherungsvertrag befugt. Statt einer Fremdversicherung kann – was freilich seltener der Fall ist – auch die (Voraus-)Abtretung von Ansprüchen des Leasingnehmers aus einer von ihm abzuschließenden **Eigenversicherung** an den Leasinggeber vereinbart werden. 27

2. Versicherungsleistungen

Die Berechnung der von der Versicherung zu ersetzenden Reparaturkosten bzw. des zu ersetzenden Werts des Leasinggegenstands hat sich an den **Verhältnissen des Leasinggebers** als Eigentümer des Gegenstands zu orientieren. So hat der BGH im Hinblick auf eine vom Leasingnehmer abgeschlossene Kfz-Vollkaskoversicherung festgestellt, dass diese als reine Sachversicherung nur das Interesse des Eigentümers an der Erhaltung des unter Versicherungsschutz stehenden Fahrzeugs decke, aber das Risiko des Leasingnehmers aus der von ihm üblicherweise übernommenen Gegenleistungsgefahr nicht (mit-)absichere, auch wenn sie dieses Risiko wirtschaftlich gesehen mindere.[75] Ist der Leasinggeber vorsteuerabzugsberechtigt, der Leasingnehmer aber nicht, so hat also beim Ersatz von Reparatur- oder Ersatzbeschaffungskosten die Mehrwertsteuer außer Betracht zu bleiben.[76] Wenn eine Neupreisentschädigung geschuldet ist, muss hierfür aus der gleichen Erwägung heraus ein etwaiger Großkundenrabatt des Leasinggebers veranschlagt werden.[77] 28

Die für das Leasinggut abgeschlossene Sachversicherung unterliegt einer leasingvertraglichen **Zweckbindung**.[78] Die Versicherungsleistung ist daher primär für die Reparatur des Leasingguts oder ggf. für dessen Ersatzbeschaffung einzusetzen. Hat der Leasingnehmer die Reparatur oder Ersatzbeschaffung im eigenen Namen in Auftrag gegeben, kann er daher vom Leasinggeber die Auszahlung der Versicherungsleistung an den Reparaturunternehmer bzw. an den Lieferanten der Ersatzsache verlangen; die Abtretung die- 29

---

[72] Zum Aussonderungsrecht des Leasinggebers bei Insolvenz des Leasingnehmers OLG Frankfurt NZV 2002, 44.
[73] *H. Beckmann* Finanzierungsleasing § 13 Rdn 22; *Gitter* Gebrauchsüberlassungsverträge S. 320; *Martinek* Moderne Vertragstypen, 148; MünchKomm/*Habersack* Leasing Rdn. 74; *Sannwald* Finanzierungsleasingvertrag S. 154 f.; Staudinger/*Stoffels* Leasing Rdn. 208. In der Rechtsprechung wird die Wirksamkeit ohne nähere Erörterung vorausgesetzt; vgl. etwa BGHZ 116, 278, 283 f.
[74] *Gitter* Gebrauchsüberlassungsverträge S. 320; *Martinek* Moderne Vertragstypen S. 149.
[75] BGHZ 116, 278, 283 f.; vgl. auch BGH NZV 1993, 391, 392.
[76] Dazu eingehend *Rischar* NZV 1998, 59, 61; ebenso MünchKomm/*Habersack* Leasing Rdn. 74; a. A. LG Hannover NJW 1997, 2760.
[77] MünchKomm/*Habersack* Leasing Rdn. 74.
[78] So zuletzt BGH NJW 2004, 1041, 1042 m. w. N. zur älteren Rspr.; ebenso AnwKom/*Reinking* Anh. §§ 535–580 a Rdn. 70; MünchKomm/*Habersack* Leasing Rdn. 75; Staudinger/*Stoffels* Leasing Rdn. 209.

ses Anspruchs an den Reparaturunternehmer bzw. an den Lieferanten kann nicht wirksam durch AGB ausgeschlossen werden.[79] Scheiden Reparatur und Ersatzbeschaffung aus, ist die Versicherungsleistung auf die noch offene Gegenleistung des Leasingnehmers, im Fall der außerordentlichen Kündigung wegen Untergangs oder erheblicher Beschädigung des Leasingguts auf den (auf Vollamortisation gerichteten) Ausgleichsanspruch des Leasinggebers anzurechnen. Nicht zulässig ist dagegen die Anrechnung auf andere Ansprüche, insbesondere auf rückständige Leasingraten.[80] Darüber hinaus gilt die Inanspruchnahme des Leasingnehmers durch den Leasinggeber so lange als gestundet, wie der Leasinggeber nicht ernsthaft versucht hat, die Versicherungsleistung zu erhalten.[81] Übersteigt die Versicherungsleistung bei Untergang der Leasingsache den Betrag, den der Leasinggeber aufgrund seines Ausgleichsanspruchs vom Leasingnehmer verlangen kann, steht der Mehrerlös dem Leasinggeber zu.[82]

30   Hat der Versicherer **rechtsgrundlos** an den Leasinggeber gezahlt, zu dessen Gunsten die Versicherung vom Leasingnehmer abgeschlossen wurde (§ 74 VVG) oder dem der Leasingnehmer etwaige Ansprüche gegen den Versicherer abgetreten hat, findet nach der – allerdings umstrittenen – Rechtsprechung eine **bereicherungsrechtliche Rückabwicklung** im Verhältnis zum Leasingnehmer statt: Dieser sei Leistungsempfänger und daher nach § 812 Abs. 1 Satz 1 1. Alt. BGB zur Rückgewähr verpflichtet.[83]

IV. Instandhaltungs-, Instandsetzungs- und Ersatzbeschaffungsklauseln

1. Instandhaltung und Instandsetzung

31   Mit der Verlagerung der Sachgefahr auf den Leasingnehmer wird diesem im Verhältnis zum Leasinggeber die Verantwortung für die Funktionsfähigkeit und den ordnungsgemäßen Zustand der Leasingsache aufgebürdet. Dem entspricht die Verpflichtung des Leasingnehmers, auf eigene Kosten für die Instandhaltung der Leasingsache und, sofern sie beschädigt worden ist, für ihre Instandsetzung zu sorgen. Die grundsätzliche AGB-rechtliche Zulässigkeit solcher Klauseln ist unumstritten.[84] Insoweit wird mit Recht auf das **Werterhaltungs- und Sicherungsinteresse** des Leasinggebers verwiesen, dem die Instandhaltungs- und Instandsetzungspflicht Rechnung trägt.[85] Das dem Leasingnehmer daraus entstehende Kostenrisiko wird durch die Sachversicherung begrenzt, zu deren Abschluss der Leasingnehmer meist vertraglich verpflichtet ist[86] und die jedenfalls die zur Behebung von Schäden erforderlichen Aufwendungen regelmäßig abdeckt. Ist die Leasingsache erheblich beschädigt worden, kann der Leasingnehmer zudem der Instandsetzungspflicht durch die Ausübung des außerordentlichen Kündigungsrechts entgehen, das die Rechtsprechung zwar bisher nur im Bereich des Kfz-Leasing anerkannt hat, aber auch bei Leasingverträgen über sonstige Gegenstände zu gewähren ist.[87]

---

[79] BGHZ 93, 391, 399 f. = NJW 1985, 1537, 1538.
[80] MünchKomm/*Habersack* Leasing Rdn. 75; Staudinger/*Stoffels* Leasing Rdn. 209.
[81] OLG Koblenz NJW-RR 1996, 174.
[82] AG Hamburg-Altona EWiR § 535 BGB 3/05, 203 mit Anm. *Moseschus*; offengelassen von BGH NJW 2007, 290, 291.
[83] BGH NJW 1989, 900 zur Abtretung; BGH NJW 1993, 1578 zur Fremdversicherung i. S. v. § 74 VVG; näher zu den insgesamt überaus streitigen Fragen der bereicherungsrechtlichen Rückabwicklung in diesen Dreieckskonstellationen etwa MünchKomm/*Lieb* § 812 Rdn. 141 ff.
[84] S. o. Rdn. 4.
[85] So etwa MünchKomm/*Habersack* Leasing Rdn. 76; Staudinger/*Stoffels* Leasing Rdn. 212.
[86] S. o. Rdn. 26 f.
[87] Zum Kündigungsrecht siehe oben Rdn. 18 ff. Auf diesen Zusammenhang weisen auch hin *Martinek* Moderne Vertragstypen S. 148; MünchKomm/*Habersack* Leasing Rdn. 76.

2. Ersatzbeschaffung

Nach h. M. ist es AGB-rechtlich unbedenklich, dem Leasingnehmer eine Pflicht zur **Be-** 32
schaffung und Übereignung einer Ersatzsache für den Fall aufzuerlegen, dass die
Leasingsache untergeht.[88] Gegen eine derartige Pflicht ist allerdings eingewandt worden,
dass sie sich weder aus einer der denkbaren vertragstypologischen Qualifikationen des Finanzierungsleasing ergebe noch sachgerecht sei, da sie die Entscheidung über die Erneuerung des Leasing de facto vorwegnehmen und dadurch den Entscheidungsspielraum des
Leasingnehmers ungebührlich einengen würde.[89] In der Tat ist zuzugeben, dass dem Leasingnehmer mit der Ersatzbeschaffungspflicht mehr aufgebürdet wird, als sich unter dem
Gesichtspunkt der Gefahr„abwälzung" rechtfertigen lässt: Selbst wenn man von einer
vermieterähnlichen Stellung des Leasinggebers ausgehen und ihn im Ausgangspunkt als
verantwortlich für die Erhaltung und Instandsetzung der Leasingsache ansehen wollte,
gehörte zu den daraus resultierenden Pflichten jedenfalls nicht die Wiederherstellung
oder Neubeschaffung nach Untergang oder Zerstörung des ursprünglichen Leasinggegenstands.[90] Durch eine entsprechende Verpflichtung des Leasingnehmers wird der
Leasinggeber daher nicht von einer Pflicht entlastet, die ihn sonst selbst treffen würde.
Ebenfalls zweifelhaft ist in Anbetracht der auch ohne Ersatzbeschaffung gewährleisteten
und jedenfalls bis zum Betrag des Sachinteresses durch die Versicherungspflicht abgesicherten Vollamortisation, ob das von der h. M. auch für die Ersatzbeschaffung ins Feld
geführte Werterhaltungs- und Sicherungsinteresse des Leasinggebers[91] eine hinreichende
Legitimationsbasis bietet. Indes erledigt sich das Problem, wenn man dem Leasingnehmer – auch jenseits des Kfz-Leasing – bei Untergang des Leasinggegenstands die außerordentliche Kündigung des Leasingvertrags gestattet:[92] Die unter dem Vorbehalt der
Kündigung stehende Ersatzbeschaffungspflicht des Leasingnehmers schränkt dessen Entscheidungsspielraum schwerlich über Gebühr ein; sie eröffnet ihm im Gegenteil die Option, statt der Vertragsbeendigung und Ausgleichszahlung an den Leasinggeber die Fortsetzung des Leasingverhältnisses mit einem von ihm zu beschaffenden Ersatzgegenstand
zu wählen, und ist vor diesem Hintergrund unbedenklich.

3. Verpflichtung zum Abschluss eines Wartungsvertrags

Insbesondere im Bereich des Computerleasing sind AGB-Klauseln verbreitet, die den 33
Leasingnehmer dazu verpflichten, **Hardwarewartungs- und Softwarepflegeverträge**
abzuschließen.[93] Nicht anders als bei der allgemeinen Instandhaltungspflicht des Leasingnehmers bestehen hier mit Blick auf das Werterhaltungs- und Sicherungsinteresse des
Leasinggebers keine Zweifel an der grundsätzlichen Vereinbarkeit solcher Regelungen
mit den §§ 307 ff. BGB.[94] Allerdings mag eine Wartungsklausel im Einzelfall gegen
AGB-Recht verstoßen: Schreibt der Leasinggeber dem Leasingnehmer etwa vor, mit
welchem Partner er den Wartungsvertrag abzuschließen hat, wird man darin eine unangemessene Beschränkung der Abschlussfreiheit des Leasingnehmers und damit einen Verstoß gegen § 307 BGB erblicken können.[95]

---

[88] *Martinek* Moderne Vertragstypen S. 148; MünchKomm/*Habersack* Leasing Rdn. 76; Staudinger/
Stoffels Leasing Rdn. 211 f.
[89] *Canaris* Bankvertragsrecht Rdn. 1755; vgl. auch die Einschränkungen bei *von Westphalen* Leasingvertrag Rdn 935.
[90] Vgl. zur entsprechenden Rechtslage bei der Vermietung Palandt/*Weidenkaff*[65] § 535 Rdn. 57.
[91] MünchKomm/*Habersack* Leasing Rdn. 76; Staudinger/*Stoffels* Leasing Rdn. 212.
[92] Siehe dazu oben, Rdn. 18 ff., sowie die Nachweise in Fn. 86.
[93] Vgl. *H. Beckmann* Finanzierungsleasing § 12 Rdn. 96.
[94] Ebenso MünchKomm/*Habersack* Leasing Rdn. 76; Staudinger/*Stoffels* Leasing Rdn. 210; *Graf von Westphalen* Leasingvertrag Rdn. 916.
[95] So auch MünchKomm/*Habersack* Leasing Rdn. 76; *Graf von Westphalen* Leasingvertrag Rdn. 915 (der die Klausel in diesem Fall außerdem für überraschend hält).

34 **Leistungsstörungen im Zusammenhang mit der Wartung** des Leasinggegenstands durch ein vom Leasingnehmer beauftragtes Unternehmen sind nicht mit Leistungsstörungen im Zusammenhang mit der Lieferung des Gegenstands gleichzusetzen, denn anders als die Lieferung ist die Wartung des Gegenstands aufgrund der leasingtypischen Gefahrtragungsregelung Sache des Leasingnehmers. Daher kann der Leasingnehmer, wenn er den Gegenstand aufgrund ausbleibender Wartung nicht nutzen kann, dem Ratenzahlungsanspruch des Leasinggebers nicht die Einrede des nicht erfüllten Vertrags nach § 320 BGB entgegenhalten. Ebenso wenig ist der Leasingnehmer dazu berechtigt, sich auf den Wegfall der Geschäftsgrundlage zu berufen oder den Leasingvertrag zu kündigen, wenn das von ihm beauftragte Wartungsunternehmen die geschuldete Leistung endgültig nicht erbringt.[96]

V. Verfallklauseln

35 Im Zusammenhang mit Gefahrtragungsklauseln sind in Leasingverträgen verbreitet Verfallklauseln verbunden, die – anders als Verfallklauseln nach fristloser Kündigung durch den Leasinggeber[97] – die noch ausstehenden Leasingraten fällig stellen, wenn der Leasinggegenstand zufällig untergeht und eine Ersatzbeschaffung unmöglich ist.[98] Derartige Klauseln sind wegen Verstoßes gegen § 307 II Nr. 2 BGB unwirksam, wenn der vom Leasingnehmer aufgrund der Klausel zu zahlende Betrag über das hinausgeht, was er dem Leasinggeber aufgrund des auf Vollamortisation gerichteten Ausgleichsanspruchs schuldet. Mithin bleibt nur Raum für eine **deklaratorische Verfallklausel**, die sich auf die Nachzeichnung der vom Leasingnehmer ohnehin geschuldeten Ausgleichszahlung beschränkt und ihn nicht schlechter stellt.[99] Dies gilt nicht nur für die Höhe, sondern auch für die Modalitäten des Ausgleichs. Daher hat der BGH zu Recht eine Klausel verworfen, der zufolge der Leasingnehmer dem Leasinggeber sofort alle ausstehenden Raten zuzüglich Restwert zahlen muss, während der Leasinggeber erst anschließend eine Abzinsung vorzunehmen und dem Leasingnehmer den Abzinsungsbetrag zu erstatten hat (wobei dieser Betrag noch um eine Bearbeitungsgebühr in Höhe von 2% der restlichen Forderung gekürzt wird).[100]

VI. Die Rechtslage nach Verwirklichung der Sach- und Preisgefahr

36 Geht die Leasingsache aufgrund eines von beiden Seiten nicht zu vertretenden Umstandes unter oder tritt eine von beiden Seiten nicht zu vertretende Verschlechterung der Sache ein, ist hinsichtlich der eintretenden Rechtsfolgen zwischen der Fortsetzung und der Kündigung des Leasingvertrags zu unterscheiden. Wenn man die leasingtypische Vertragsgestaltung mit einer wirksamen Gefahrabwälzung auf den Leasingnehmer und dessen zulässiger Belastung mit einer Instandhaltungs- und Instandsetzungs- sowie einer Versicherungspflicht zugrunde legt, wie sie in den vorstehenden Abschnitten erläutert wurde, ergibt sich für diese beiden Konstellationen bei zufälligem Untergang oder zufälliger Beschädigung der Leasingsache das in den folgenden Abschnitten zusammenfassend dargestellte Bild.[101]

---

[96] Ebenso, wenn auch zögernd *Beckmann* Finanzierungsleasing § 12 Rdn. 98.
[97] Dazu § 44.
[98] Vgl. *Martinek* Moderne Vertragstypen S. 151 f.
[99] So auch *Martinek* Moderne Vertragstypen S. 152.
[100] BGH NJW 1996, 1888, 1889; dazu auch oben Rdn. 21.
[101] Ausgeklammert wird hier der in § 33 gesondert behandelte Fall der von einem Dritten zu vertretenden Zerstörung oder Beschädigung der Leasingsache. Nicht in den Bereich der Gefahrtragung fallen im Übrigen die in § 32 erörterten Fälle der Zerstörung oder Beschädigung der Leasingsache aufgrund Verschuldens des Leasingnehmers.

1. Die Rechtslage bei Fortsetzung des Leasingvertrags

Eine Fortsetzung des Leasingvertrags kommt in Betracht, wenn die Leasingsache beschädigt, aber reparabel oder untergegangen, aber im Wege der Ersatzbeschaffung zu ersetzen ist. In diesem Fall obliegt es dem Leasingnehmer aufgrund der leasingtypischen Instandsetzungs- und Ersatzbeschaffungsklausel,[102] für die Reparatur bzw. die Neuanschaffung der Leasingsache zu sorgen. Zugleich bleibt er nach der Preisgefahrklausel zur Entrichtung der Leasingraten an den Leasinggeber verpflichtet.[103] Dem Leasinggeber steht, wenn der Leasingnehmer der ihm durch AGB auferlegten Versicherungspflicht[104] nachgekommen ist, im Fall der Fremdversicherung ein eigenes, sonst ein abgetretenes Recht auf die bei Beschädigung oder Untergang fällige Versicherungsleistung zu. Aufgrund der Zweckbindung der Versicherung[105] kann der Leasingnehmer von ihm verlangen, dass dieser Betrag für die Reparatur oder die Ersatzbeschaffung der Leasingsache eingesetzt wird. Im Ergebnis ist damit sichergestellt, dass der Leasinggeber einerseits vom Risiko des zufälligen Untergangs oder der zufälligen Beschädigung der (dem Leasingnehmer übergebenen) Leasingsache entlastet ist, andererseits aber keinen Vorteil aus dem Eintritt dieses Risikos bezieht.

37

2. Die Rechtslage nach Kündigung

Ist die Leasingsache erheblich beschädigt oder zerstört worden, hat der Leasingnehmer das Recht, den Leasingvertrag zu kündigen, oder jedenfalls ein gleichwertiges Lösungsrecht.[106] Ebenso steht dem Leasinggeber ein außerordentliches Kündigungsrecht zu.[107] Erklärt eine der beiden Seiten die Kündigung, ist eine Instandsetzung oder Ersatzbeschaffung der Leasingsache durch den Leasingnehmer obsolet. Den Leasingnehmer trifft stattdessen eine Ausgleichspflicht, die auf die Vollamortisation des Aufwands des Leasinggebers gerichtet ist.[108] Auf diesen Betrag ist allerdings die Versicherungsleistung anzurechnen, die der Leasinggeber von der Versicherung erhält, bei der der Leasingnehmer die untergegangene oder beschädigte Sache gemäß seiner vertraglichen Verpflichtung versichert hat.[109] Auch hier ergibt sich wie im Fall der Fortsetzung des Leasingvertrags: Der Leasinggeber trägt nicht das Risiko des zufälligen Untergangs oder der zufälligen Beschädigung der Leasingsache, soll aber aus der Gefahrverwirklichung keinen Vorteil ziehen.

38

§ 32. Die Zerstörung oder Beschädigung des Leasinggutes durch Verschulden des Leasingnehmers

Schrifttum: Vgl. zu § 31.

Übersicht

	Rdn.
I. Die vom Leasingnehmer zu vertretende Zerstörung oder Beschädigung	1
II. Rechtsfolgen	5
1. Kündigungsrecht	5
2. Raten- und Abschlusszahlungspflicht des Leasingnehmers	7
3. Schadensersatzpflicht des Leasingnehmers	8
4. Verjährung	10

---

[102] Dazu oben Rdn. 31 ff.
[103] Dazu oben Rdn. 6 und 7 ff.
[104] Dazu oben Rdn. 26 f.
[105] Dazu oben Rdn. 29.
[106] Dazu oben Rdn. 18 ff.
[107] Dazu oben Rdn. 23.
[108] Dazu oben Rdn. 20.
[109] Dazu oben Rdn. 29.

I. Die vom Leasingnehmer zu verantwortende Zerstörung oder Beschädigung

1 Die Beantwortung der Frage der Verantwortlichkeit des Leasingnehmers für die Zerstörung oder Beschädigung der Leasingsache wird in unterschiedlichen Zusammenhängen relevant, die eine differenzierte rechtliche Bewertung verlangen: Zum einen geht es um die Feststellung eines **Verschuldens** im technischen Sinne als Tatbestandsmerkmal eines vertraglichen oder deliktischen Schadensersatzanspruchs des Leasinggebers gegen den Leasingnehmer. Zum anderen geht es um die Zuweisung der **Gläubigerverantwortlichkeit** für den Untergang des Leistungsgegenstands als Voraussetzung für den gesetzlichen Übergang der Preisgefahr nach § 326 Abs. 2 Satz 1 1. Alt. BGB.

2 Ein **Verschulden im technischen Sinne**, wie es § 823 Abs. 1 BGB voraussetzt und grundsätzlich auch den Maßstab für das Vertretenmüssen im Sinne von § 280 Abs. 1 BGB bildet, liegt bei Vorsatz oder Fahrlässigkeit des Leasingnehmers vor. Aus der regelmäßig vereinbarten Versicherungspflicht des Leasingnehmers kann nicht etwa auf eine konkludente Beschränkung der Haftung auf Vorsatz und grobe Fahrlässigkeit geschlossen werden.[1] Über sein Eigenverschulden hinaus muss sich der Leasingnehmer bei Inanspruchnahme auf vertraglicher Grundlage nach § 278 BGB auch ein Verschulden seiner **Erfüllungsgehilfen** zurechnen lassen. Insbesondere wenn man die von der Rechtsprechung und der überwiegenden Literatur vertretene Orientierung nicht nur des Operating-, sondern auch des Finanzierungsleasing an den Regeln des Mietrechts teilt, ist insoweit zu beachten, dass eine Einschaltung von Personen als Erfüllungsgehilfen gerade auch mit Blick auf die Schutzpflicht des Leasingnehmers zum pfleglichen Umgang mit dem ihm überlassenen Leasinggegenstand (§ 241 Abs. 2 BGB) und die Leistungspflicht zur Rückgabe der Leasingsache nach Beendigung des Leasingverhältnisses (§ 546 BGB analog) in Betracht kommt. Die Darlegungs- und Beweislast für das Vertretenmüssen trifft gemäß § 280 Abs. 1 Satz 2 BGB den Leasingnehmer.

3 Die **Haftungsprivilegierung**, die **Arbeitnehmern des Leasingnehmers** im Rahmen ihres Arbeitsverhältnisses zugute kommt, lässt nach der Rechtsprechung des BGH die deliktische Haftung des Arbeitnehmers gegenüber dem Leasinggeber für Schäden an der Leasingsache grundsätzlich unberührt. Allerdings hält es der BGH im Einzelfall für möglich, dem Leasingvertrag eine Freizeichnung der Arbeitnehmer des Leasingnehmers zu entnehmen, wenn der Leasinggeber bei Vertragsschluss wusste, dass diese die Leasingsache künftig nutzen, und der Leasingnehmer sich zum Abschluss einer Versicherung für die Leasingsache verpflichtet hat.[2]

4 Vom Verschulden im technischen Sinne zu unterscheiden ist die **Gläubigerverantwortlichkeit nach § 326 Abs. 2 Satz 1 1. Alt. BGB**. Was deren Bestimmung betrifft, gehen bekanntlich die Meinungen auseinander: Teilweise will man die §§ 276–278 BGB entsprechend auf den Gläubiger anwenden, teilweise aber auch eigenständige Kriterien formulieren, die entweder an die vertragliche Übernahme der Verantwortlichkeit durch den Gläubiger oder an die Abgrenzung der ihm zugewiesenen Risikosphäre anhand objektiver Kriterien anknüpfen.[3] Mit Blick auf den Leasingvertrag dürften die Divergenzen zwischen diesen Ansätzen jedoch nicht groß sein: Der Leasingnehmer hat, wenn man den mietrechtlichen Ausgangspunkt der h. M. zugrunde legt,[4] für den sorgfältigen Umgang mit der Leasingsache die vertragliche Verantwortung übernommen, und ebendies entspricht der von ihm abstrakt beherrschbaren Risikosphäre. Dies gilt auch für die Ver-

---

[1] MünchKomm/*Habersack* Leasing Rdn. 78.
[2] BGHZ 108, 305, 307 ff.
[3] Dazu näher MünchKomm/*Ernst* § 326 Rdn. 49 ff.
[4] Wer diesen Ausgangspunkt nicht teilt, gelangt zur Belastung des Leasingnehmers mit der Preisgefahr, ohne dass es des Rückgriffs auf § 326 Abs. 2 Satz 1 1. Alt. BGB bedarf, dazu Rdn. 7.

10. Kapitel. Risikotragung und Unterhaltungspflichten   § 32

antwortung des Gläubigers für seine Hilfspersonen.[5] Eine Beweislastumkehr, wie sie § 280 Abs. 1 Satz 2 BGB für das Vertretenmüssen vorsieht, gilt für die Gläubigerverantwortlichkeit im Rahmen von § 326 Abs. 1 Satz 1 1. Alt. BGB freilich nicht.[6] Hiermit stimmt die – allerdings noch zu § 324 Abs. 1 BGB a. F. ergangene – BGH-Rechtsprechung zum Leasingrecht überein.[7]

II. Rechtsfolgen

1. Kündigungsrecht

Wie auch im Fall des nicht zu vertretenden Untergangs oder der nicht zu vertretenden 5 Beschädigung der Leasingsache[8] steht nach zutreffender Ansicht **beiden Parteien des Leasingvertrags** ein **Kündigungsrecht** zu, wenn die Sache durch Verschulden des Leasingnehmers zerstört oder erheblich beschädigt worden ist.[9] Das Kündigungsrecht des Leasingnehmers wird durch dessen Verschulden nicht ausgeschlossen; als Sanktion für Fehlverhalten wäre ein solcher Ausschluss ungeeignet. Allerdings hat der BGH dem Leasingnehmer – unabhängig vom Verschulden – ein Kündigungsrecht bisher nur im Bereich des Kfz-Leasing zuerkannt[10] und eine Ausdehnung dieser Rechtsprechung auf Leasingverträge über andere Güter abgelehnt.[11] Diese Beschränkung überzeugt jedoch nicht.[12]

Kommt es zur Kündigung, steht dem Leasinggeber nicht der Ratenzahlungsanspruch, 6 sondern ein auf Vollamortisation gerichteter **Ausgleichsanspruch** zu.[13] Gemäß § 326 Abs. 2 Satz 2 BGB sind dabei indes die Vorteile in Abzug zu bringen, die dem Leasinggeber aufgrund der vorzeitigen Vertragsbeendigung zufallen. Hierzu gehören insbesondere auch Versicherungsleistungen.[14]

2. Raten- und Abschlusszahlungspflicht des Leasingnehmers

Soweit man nicht die Raten- und Abschlusszahlungspflicht des Leasingnehmers ohnehin 7 schon für unabhängig vom Untergang der dem Leasingnehmer überlassenen Leasingsache hält,[15] besteht diese Pflicht nach § 326 Abs. 2 Satz 1 1. Alt. BGB jedenfalls dann fort, wenn die Zerstörung oder Beschädigung der Sache nach den in Rdn. 4 dargelegten Grundsätzen vom Leasingnehmer zu verantworten ist. Da der **Gefahrübergang kraft Gesetzes** eintritt, kommt es in diesem Fall nicht darauf an, ob der Leasingvertrag eine wirksame Gefahrtragungsklausel enthält. Der Leasingnehmer, der für die Zerstörung oder Beschädigung der Leasingsache verantwortlich ist, kann der Inanspruchnahme durch den Leasinggeber daher nicht mit der Begründung begegnen, die vereinbarte Gefahrtragungsklausel gehe über die von der Rechtsprechung gesetzten Grenzen der Angemessenheit[16] hinaus und sei daher unwirksam. Wird der Leasingvertrag allerdings aufgrund der Zerstörung oder erheblichen Beschädigung der Leasingsache gekündigt, endet

---

[5] Allgemein zur Verantwortung für Hilfspersonen im Rahmen von § 326 Abs. 2 Satz 1 1. Alt. BGB MünchKomm/*Ernst* § 326 Rdn. 59.
[6] Näher MünchKomm/*Ernst* § 326 Rdn. 118.
[7] BGHZ 116, 278, 288.
[8] Dazu § 31 Rdn. 18 ff. (Kündigungsrecht des Leasingnehmers); § 31 Rdn. 23 (Kündigungsrecht des Leasinggebers).
[9] So bereits *Canaris* Bankvertragsrecht Rdn. 1754; MünchKomm/*Habersack* Leasing Rdn. 77.
[10] BGH NJW 1987, 377, 378; NJW 1992, 683, 685; NJW 1996, 1688 f.; NJW 1998, 2284, 2285; NJW 1998, 3270, 3271; NJW 2004, 1041, 1042.
[11] BGH NJW 1988, 198, 200.
[12] Näher § 31 Rdn. 22.
[13] BGH NJW 1987, 377, 378; 1998, 3270, 3271; 2004, 1041, 1042; siehe auch oben § 31 Rdn. 20.
[14] MünchKomm/*Habersack* Leasing Rdn. 77.
[15] Dazu § 31 Rdn. 6.
[16] Dazu § 31 Rdn. 7 ff.

die Zahlungspflicht des Leasingnehmers; an ihre Stelle tritt die in Rdn. 6 erläuterte Ausgleichspflicht.

3. Schadensersatzpflicht des Leasingnehmers

8 Ist der Leasingnehmer dem Leasinggeber aus Vertrag (§ 280 Abs. 1 BGB) oder Delikt (§ 823 Abs. 1 BGB) schadensersatzpflichtig, so hat er nach Maßgabe der §§ 249 ff. BGB Naturalrestitution oder Kompensation zu leisten. Da der Leasinggeber grundsätzlich nicht besser zu stellen ist, als er ohne das schädigende Ereignis stünde, hat er sich eine ihm aufgrund des Schadensfalls zufließende **Versicherungsleistung** anrechnen zu lassen.[17]

9 Was den **Restwert** der Leasingsache betrifft, so gilt – unter der Voraussetzung eines erlasskonformen Vertrags, bei dem jedenfalls ein Teil des Restwertes dem Leasinggeber zusteht – Folgendes: Der Restbuchwert der Leasingsache kann vom Leasinggeber nach der (vorzeitigen) Kündigung im Wege der Leistungsklage geltend gemacht werden. Soweit ein diesen Betrag übersteigender tatsächlicher Restwert der (bei Vertragsbeendigung unversehrten) Sache in Rede steht, ist der Leasinggeber auf die Feststellungsklage verwiesen.[18]

4. Verjährung

10 Die Verjährung der bei Beschädigung oder Zerstörung der Leasingsache bestehenden Ausgleichs- oder Schadensersatzansprüche des Leasinggebers gegen den Leasingnehmer richtet sich nach den **allgemeinen Regeln** der §§ 195, 199 BGB. Die kurze **Verjährung nach § 548 BGB** findet nur bei ordentlicher Beendigung eines Vollamortisationsvertrags auf die wegen Beschädigung der Leasingsache bestehenden Ansprüche Anwendung; sie gilt dann sowohl für vertragliche als auch für deliktische Ansprüche.[19]

§ 33. Die Zerstörung oder Beschädigung des Leasinggutes durch Verschulden eines Dritten

Schrifttum: Vgl. zu § 31

Übersicht

	Rdn.
I. Die von einem Dritten zu verantwortende Zerstörung oder Beschädigung	1
II. Rechtsfolgen bei Kündigung des Leasingvertrags	2
1. Ansprüche des Leasinggebers gegen den Dritten	2
a) Grundlagen	2
b) Der Schaden des Leasinggebers	3
c) Verjährung	5
d) Mitverschulden des Leasingnehmers	6
2. Ansprüche des Leasingnehmers gegen den Dritten	7
a) Grundlagen	7
b) Der Schaden des Leasingnehmers	8
III. Rechtsfolgen bei Fortführung des Leasingvertrags	9

I. Die von einem Dritten zu verantwortende Zerstörung oder Beschädigung

1 Die Frage, ob ein Dritter die Zerstörung oder Beschädigung der Leasingsache zu verantworten hat, ist für das Verhältnis zum Leasinggeber und das Verhältnis zum Leasingnehmer jeweils gesondert zu beantworten. Steht der Dritte zu einem von beiden in einer

---

[17] So auch *Graf von Westphalen* Leasingvertrag Rdn. 943.
[18] Eingehend *Graf von Westphalen* Leasingvertrag Rdn. 944 ff.; ebenso MünchKomm/*Habersack* Leasing Rdn. 77.
[19] MünchKomm/*Habersack* Leasing Rdn. 109.

rechtlichen Beziehung, aufgrund derer ein besonderer **Haftungsmaßstab** gilt, findet dieser daher nur in dieser und nicht in der anderen Beziehung Anwendung. Insbesondere können sich Arbeitnehmer des Leasingnehmers grundsätzlich nicht gegenüber dem Leasinggeber auf die Haftungsprivilegierung berufen, die ihnen gegenüber dem Leasingnehmer zugute kommt.[1] Hinsichtlich des **Haftungsumfangs** ist als Grundregel zu beachten, dass der Dritte, auch wenn er Ansprüchen des Leasinggebers und des Leasingnehmers ausgesetzt sein mag, nie zum doppelten Ersatz ein und desselben Schadens verpflichtet ist. Anderseits besteht keine auf § 432 oder § 1281 BGB zu gründende gemeinschaftliche Zuständigkeit des Leasingnehmers und des Leasinggebers für den Schadensersatzanspruch, da beiden unterscheidbare Rechtspositionen mit Blick auf die Leasingsache (Eigentum und Besitz aufgrund Nutzungsrechts) zugeordnet sind.[2] Vor diesem Hintergrund und mit Rücksicht auf die leasingtypische Gefahrabwälzung auf den Leasingnehmer ist nachfolgend zu bestimmen, welche Schadensposten vom Leasinggeber und vom Leasingnehmer ersetzt verlangt werden können. Schwierigkeiten bei der Schadensabwicklung, die sich daraus ergeben, werden in der Praxis im Wege der Abtretung[3] oder der gewillkürten Prozessstandschaft[4] gelöst.

II. Rechtsfolgen bei Kündigung des Leasingvertrags

1. Ansprüche des Leasinggebers gegen den Dritten

a) Grundlagen. Als dem **Eigentümer** der Leasingsache steht dem Leasinggeber gegen einen Dritten, der die Sache schuldhaft beschädigt hat, ein Schadensersatzanspruch aus § 823 Abs. 1 BGB zu. Ebenso kommen die anderen deliktischen Anspruchsgrundlagen in Betracht. Zu denken ist ferner an die Verwirklichung von Tatbeständen der Gefährdungshaftung durch den Dritten, insbesondere § 7 StVG. Bei **Kfz-Unfällen**, an denen ein Leasingfahrzeug beteiligt ist, ist zu beachten, dass der Leasinggeber im Regelfall nicht (Mit-)Halter des Fahrzeugs ist, das dem Leasingnehmer überlassen wurde, da er auf dessen Einsatz keinen Einfluss hat.[5] Die §§ 9, 17 Abs. 1 Satz 2 StVG, 254 BGB finden daher im Verhältnis zwischen Leasinggeber und Unfallgegner keine Anwendung. Eine Zurechnung der Betriebsgefahr des Leasing-Kfz oder eines Mitverschuldens des Leasingnehmers (und Kfz-Halters) findet nicht statt.[6] Indes muss der Leasinggeber als Eigentümer den Haftungsausschluss bei Unabwendbarkeit nach § 17 Abs. 3 Satz 3 StVG gegen sich gelten lassen.[7]

2

b) Der Schaden des Leasinggebers. Der Umfang des dem Leasinggeber zu ersetzenden Schadens richtet sich nach den §§ 249 ff. BGB. Kein Bestandteil des ersatzfähigen Schadens ist nach h. M. der Betrag, den der Leasinggeber zur Amortisation seiner Aufwendungen vom Leasingnehmer beanspruchen kann, wenn es aufgrund der Zerstörung oder erheblichen Beschädigung der Leasingsache zur Kündigung des Leasingvertrags kommt.[8] Demnach ist der Drittschädiger dem Leasinggeber nicht zum Ersatz der **Leasingraten** verpflichtet, die diesem bei vertragsgemäßer Beendigung des Leasingvertrags zugestanden hätten. Da der Amortisationsanspruch des Leasinggebers gegen den Leasingnehmer auch den **entgangenen Gewinn** umfasst, den der Leasinggeber während der Vertragslaufzeit bis zum ersten möglichen Kündigungszeitpunkt erzielt hätte, schei-

3

---

[1] BGHZ 108, 305, 307 ff.; siehe auch § 32 Rdn. 3.
[2] *Canaris* Bankvertragsrecht Rdn. 1808.
[3] Vgl. *Canaris* Bankvertragsrecht Rdn. 1808.
[4] Vgl. *Engel* Kfz-Leasing § 7 Rdn. 19.
[5] *Engel* Kfz-Leasing § 7 Rdn. 12 (dort auch zu Ausnahmefällen).
[6] *Engel* Kfz-Leasing § 7 Rdn. 14.
[7] *Engel* Kfz-Leasing § 7 Rdn. 14; MünchKomm/*Habersack* Leasing Rdn. 142 Fn. 513.
[8] BGH NJW-RR 1991, 280, 281; *Canaris* Bankvertragsrecht Rdn. 1806; MünchKomm/*Habersack* Leasing Rdn. 142; a. A. *Dörner* VersR 1978, 884, 890 f.

det auch insoweit ein Schadensersatzanspruch gegen den Dritten aus.[9] Das gilt grundsätzlich auch dann, wenn der Leasinggeber den Zahlungsanspruch gegen den Leasingnehmer nicht realisieren kann, da die fehlende Realisierbarkeit des Anspruchs regelmäßig nicht auf die zum Schadensersatz verpflichtende Handlung des Dritten zurückzuführen ist.[10] Kann der Leasinggeber jedoch beweisen, dass der Leasingnehmer bei ordnungsgemäßer Vertragsdurchführung in der Lage gewesen wäre, die fälligen Zahlungen zu begleichen, besteht ein Kausalzusammenhang zwischen der unerlaubten Handlung des Dritten und dem durch den Ausfall des Leasingnehmers bedingten Schaden; dem Leasinggeber steht daher in dieser (seltenen) Konstellation ein Ersatzanspruch gegen den Dritten zu.[11]

4   Dem Leasinggeber steht gegen den Drittschädiger ein Anspruch auf Ersatz des **Wiederbeschaffungswertes** der zerstörten Leasingsache jedenfalls so lange zu, wie er vom Leasingnehmer nicht den Ausgleich erhalten hat, zu dem dieser aufgrund der leasingtypischen Gefahrtragungsregelung verpflichtet ist. Einem obiter dictum des BGH zufolge soll der Anspruch des Leasinggebers gegen den Dritten mit der Zahlung durch den Leasingnehmer auf diesen übergehen.[12] Für einen gesetzlichen Forderungsübergang fehlt es jedoch an einer Grundlage; insbesondere liegen die Voraussetzungen des § 426 Abs. 2 Satz 1 BGB nicht vor. Vielmehr ist der Leasinggeber dem ausgleichspflichtigen Leasingnehmer nach dem Rechtsgedanken des § 255 BGB im Gegenzug zur rechtsgeschäftlichen Abtretung des Anspruchs gegen den Dritten verpflichtet.[13] Ist die Abtretungspflicht des Leasinggebers im Leasingvertrag nicht ausdrücklich vorgesehen, beeinträchtigt dies nach der Rechtsprechung des BGH nicht die Wirksamkeit der leasingvertraglichen Gefahrabwälzung auf den Leasingnehmer.[14] Ist (ausnahmsweise) ein den kalkulierten Restwert übersteigender **Mehrerlös** nachweisbar, an dem der Leasinggeber Anteil gehabt hätte, kann auch dieser von dem für die Zerstörung der Leasingsache verantwortlichen Dritten gefordert werden.[15]

5   c) **Verjährung.** Ob die kurze mietrechtliche **Verjährung nach § 548 BGB** einem dem Leasinggeber schadensersatzpflichtigen Dritten zugute kommen kann, wenn er in den Schutzbereich des Leasingvertrags einbezogen ist, wurde vom BGH in einer Entscheidung erwogen, aber offengelassen.[16] In der Literatur wird die entsprechende Anwendung von § 548 BGB auch für den Fall einer Einbeziehung des Dritten in den Schutzbereich des Vertrags mit der Begründung abgelehnt, dass auch der auf Amortisation seiner Aufwendungen gerichtete Anspruch des Leasinggebers gegen den Leasingnehmer nicht der mietrechtlichen Verjährung unterliege.[17] Danach bleibt es unabhängig von den Grenzen des leasingvertraglichen Schutzbereichs bei der Verjährung des Schadensersatzanspruchs gegen den Dritten nach den **allgemeinen Regeln** der §§ 195, 199 BGB.

6   d) **Mitverschulden des Leasingnehmers.** Trifft neben dem Dritten den Leasingnehmer ein Verschulden an der Beschädigung oder Zerstörung der Leasingsache, ist auch dieser dem Leasinggeber (auf deliktischer und auf vertraglicher Grundlage) zum Schadensersatz verpflichtet. Leasingnehmer und Dritter sind dann **Gesamtschuldner** im Sinne der §§ 421 ff. BGB, soweit der Leasinggeber nach den Darlegungen in Rdn. 3 f. einen

---

[9] MünchKomm/*Habersack* Leasing Rdn. 142 (dort auch der zutreffende Hinweis, dass ein Gewinn, den der Leasinggeber sich für die Zeit nach Eintritt der Kündbarkeit erhofft hat, ohnehin mangels Kausalität zwischen Beschädigung und Vermögenseinbuße nicht zu ersetzen ist).
[10] BGH NJW-RR 1991, 280, 281.
[11] So schon MünchKomm/*Habersack* Leasing Rdn. 142.
[12] BGH NJW-RR 1991, 280, 281.
[13] Dazu § 31 Rdn. 16.
[14] BGH NJW 2004, 1041, 1042 f.; näher zu dieser umstrittenen Entscheidung § 31 Rdn. 17.
[15] MünchKomm/*Habersack* Leasing Rdn. 143.
[16] BGH NJW-RR 1991, 280, 281.
[17] MünchKomm/*Habersack* Leasing Rdn. 144.

10. Kapitel. Risikotragung und Unterhaltungspflichten § 33

von dem Dritten zu ersetzenden Schaden erlitten hat.[18] Maßgeblich für den in § 426 BGB geregelten **Ausgleich zwischen Drittem und Leasingnehmer** im Innenverhältnis ist das Maß des jeweiligen Mitverschuldens; § 254 BGB ist hier als eine Bestimmung heranzuziehen, die – wie es in § 426 Abs. 1 Satz 1 BGB heißt – „ein anderes bestimmt" als den Innenausgleich zu gleichen Anteilen.[19] Nicht in Betracht kommt es dagegen, eine Kürzung des Anspruchs des Leasinggebers gegen den Dritten auf eine Zurechnung des Mitverschuldens des Leasingnehmers zu stützen.[20]

2. Ansprüche des Leasingnehmers gegen den Dritten

a) **Grundlagen.** Neben den Ansprüchen gegen den Drittschädiger, die der Leasinggeber 7
dem ausgleichspflichtigen Leasingnehmer abzutreten hat,[21] können dem Leasingnehmer auch **eigene Ansprüche gegen den Dritten** zustehen. Insoweit kommt als Anspruchsgrundlage insbesondere auch § 823 Abs. 1 BGB in Betracht: Mit Blick auf das Besitzrecht, das der Leasingvertrag dem Leasingnehmer gewährt, ist die Rechtsposition des Leasingnehmers ein nach § 823 Abs. 1 BGB geschütztes sonstiges Recht.[22]

b) **Der Schaden des Leasingnehmers.** Nach ständiger Rechtsprechung des BGH be- 8
steht der Unfallschaden des Leasingnehmers grundsätzlich nicht in der **Belastung mit den Leasingraten**, sondern im Entzug der Sachnutzung.[23] Die fortbestehende Belastung mit den Leasingraten als solchen stellt, so die zutreffende Begründung des BGH, für den Leasingnehmer keinen mit der Beschädigung des Fahrzeugs zusammenhängenden Schaden dar, weil die Leasingraten Teil des mit dem Leasinggeber vereinbarten Entgelts sind und nach der Abrede über die Gefahrtragung der Leasingnehmer diese Zahlungen ohne Rücksicht auf den Untergang des Leasingobjekts ohnehin bis zum Ablauf des Vertrages hätte entrichten müssen.[24] Auch die Pflicht zur Ablösung des Restwerts stellt für sich genommen keinen ersatzfähigen Schadensfaktor dar, da der Restwert durch den Ersatz des Wiederbeschaffungswerts regelmäßig mit abgegolten wird.[25] Ein vom Dritten zu übernehmender „**Haftungsschaden**" des Leasingnehmers kommt vielmehr nur insoweit in Betracht, als durch die Kündigung des Leasingvertrages die Pflicht zur Zahlung der Leasingraten und des Restwertes sofort ausgelöst wird und damit gegenüber der ursprünglichen Verpflichtung Mehrkosten (etwa infolge der Notwendigkeit einer Kreditaufnahme zur sofortigen Ablösung) verbunden sind.[26]

Daneben bleibt die Geltendmachung eines Vermögensnachteils möglich, den der Lea- 9
singnehmer dadurch erlitten hat, dass das Schadensereignis ihm die Sachnutzung entzogen hat und dadurch das Äquivalent für seine Gegenleistung entfallen ist. Die Rechtsprechung knüpft für die Bewertung dieses **Nutzungsschadens** – gegen Bedenken in der Literatur[27] – nur an den Wiederbeschaffungswert an.[28] Hierin erblickt sie eine dem Herstellungsinteresse des Leasingnehmers voll genügende und zugleich dem Gebot der Wirtschaftlichkeit entsprechende Bemessung des Schadensersatzes. Schließt der Leasing-

---

[18] *Canaris* Bankvertragsrecht Rdn. 1809.
[19] Dazu allgemein Palandt/*Grüneberg* § 426 Rdn. 10.
[20] Ebenso MünchKomm/*Habersack* Leasing Rdn. 144.
[21] Siehe Rdn. 4.
[22] Vgl. MünchKomm/*Habersack* Leasing Rdn. 145; implizit auch die BGH-Rspr., die sich mit dem Schaden des Leasingnehmers befasst, etwa BGH NJW-RR 1991, 280, 281; BGH NJW 1992, 553 f.
[23] BGH VersR 1976, 943, 944; BGH VersR 1977, 227, 228; BGH NJW-RR 1991, 280, 281; BGH NJW 1992, 553.
[24] So schon *Canaris* Bankvertragsrecht Rdn. 1806.
[25] BGH NJW 1992, 553.
[26] BGH VersR 1976, 943, 944; BGH NJW 1992, 553, 554.
[27] *Canaris* Bankvertragsrecht Rdn. 1804; *Martinek* Moderne Vertragstypen, S. 213.
[28] BGH NJW 1992, 553, 554.

nehmer einen neuen Leasingvertrag über einen anderen Gegenstand ab, der den zerstörten Leasinggegenstand ersetzt, kann er demnach nicht die dafür entstehenden (höheren) Kosten ersetzt verlangen. Diese Begrenzung des Ersatzes des Nutzungsschadens hindert die Rechtsprechung freilich nicht daran, die Ersatzfähigkeit **weiterer (Folge-)Schäden** anzuerkennen, insbesondere solcher Schäden, die sich für den Leasingnehmer aus dem Verlust von mit dem Leasinggeschäft verbundenen steuerlichen Vorteilen ergeben.[29]

III. Rechtsfolgen bei Fortführung des Leasingvertrags

10 Wird der Leasingvertrag nach der Beschädigung oder Zerstörung der Leasingsache durch einen Dritten fortgesetzt, hat der Leasingnehmer aufgrund der leasingtypischen Gefahrtragungsregelung regelmäßig auf seine Kosten für die **Reparatur** der Leasingsache oder, wenn die Sache zerstört oder irreparabel beschädigt ist, für deren **Wiederbeschaffung** zu sorgen.[30] Im Gegenzug hat der Leasinggeber ihm die Ansprüche abzutreten, die er als Eigentümer des zerstörten oder beschädigten Gegenstands gegen den Dritten erworben hat. Die Rechtsprechung beruft sich hierfür auf den Rechtsgedanken des § 255 BGB, der Ausdruck des schadensersatzrechtlichen Bereicherungsverbots sei.[31]

---

[29] BGH NJW 1992, 553, 554; MünchKomm/*Habersack* Leasing Rdn. 146.
[30] Siehe § 31 Rdn. 31 f.
[31] BGH NJW 2004, 1041, 1042. Näher § 31 Rdn. 16.

11. Kapitel. Die ordentliche Beendigung des Leasingvertrages

§ 34. Gründe für die Beendigung

Schrifttum: *H. Beckmann* Finanzierungsleasing, 3. Auflage 2006; *Erman* Handkommentar zum BGB, 11. Aufl. 2004; *Graf von Westphalen* Der Leasingvertrag 5. Aufl. 1998; *Hermann/Heuer/Raupach* Einkommensteuer- und Körperschaftsteuergesetz mit Nebengesetzen (Loseblatt); *Martinek* Moderne Vertragstypen, Band I, Leasing und Factoring, 1991: *Palandt* BGB 66. Aufl. 2007; *Reinking/Eggert* Der Autokauf 8. Aufl. 2003; Münchener Vertragshandbuch, Band III, Wirtschaftsrecht II 5. Aufl. 2004; Münchener Kommentar zum BGB 4. Aufl.; *Staudinger* BGB 13. Aufl. 1995 ff.; *Ulmer/Brandner/Hensen* AGB-Gesetz 8. Aufl. 1997; *Wolf/Eckert/Ball* Handbuch des gewerblichen Miet-, Pacht und Leasingrechts 9. Aufl. 2004; *Wolf/Horn/Lindacher* AGB-Gesetz 4. Aufl. 1999.

Übersicht

	Rdn.
I. Feste Laufzeit	1
II. Kündigung	3
III. Aufhebungsvertrag	6
IV. Zusatzvereinbarungen	7
1. Interessenlage	8
a) Vollamortisationsverträge	8
b) Teilamortisationsverträge	9
2. Leasingtypische Vertragsklauseln für die Weiternutzung bzw. Verwertung des Leasinggutes	11
a) Kaufoptionen	11
b) Andienungsrechte	13
c) Verlängerung des Mietvertrages	15

I. Feste Laufzeit

Zeitpunkt und Voraussetzung der vertragsgemäßen Beendigung des Lesingvertrages hängen vom jeweiligen Vertragstyp ab. 1

Beim Vollamortisationsvertrag hatte der Vertrag in aller Regel eine feste Laufzeit: Der Vertrag läuft nach einer unkündbaren Grundmietzeit oder nach einer vertraglich auf diesen Zeitpunkt festgelegten Frist aus. Es bedarf zur Beendigung also keiner Kündigung (§ 542 Abs. 2 BGB). 2

II. Kündigung

Der Teilamortisationsvertrag wird in aller Regel auf unbestimmte Zeit abgeschlossen. Es gibt lediglich eine kalkulatorische Vertragslaufzeit. Beim Teilamortisationsvertrag wird daher für den Leasingnehmer ein Kündigungsrecht zu bestimmten Zeitpunkten (z. B. nach Ablauf von 24, 36 oder 48 Monaten) vorgesehen, so dass es zur Beendigung des Vertrages einer Kündigung durch den Leasingnehmer bedarf. Aus steuerlichen Gründen darf das Kündigungsrecht frühestens nach Ablauf von 40 % der betriebsgewöhnlichen Nutzungsdauer vereinbart werden. Die auch bei dieser Vertragsgestaltung vom Leasingnehmer geschuldete Vollamortisation wird durch Vereinbarung einer zum Kündigungszeitpunkt fälligen Abschlusszahlung erreicht (vgl. dazu unten § 37). 3

Ob bei den Teilamortisationsverträgen der Vertrag nach Ablauf der – lediglich kalkulatorisch zugrunde gelegten, aber nicht im Sinne einer Befristung vereinbarten – Laufzeit endet, muss ausdrücklich vereinbart werden. Jedenfalls ist der Leasingnehmer bei einem auf unbestimmte Zeit abgeschlossenen (Teilamortisations-)Leasingvertrag auch dann zur Kündigung oder ansonsten zur Weiterzahlung der Leasingraten verpflichtet, 4 wenn der Leasinggeber nach Ablauf der kalkulatorischen Laufzeit volle Amortisation erreicht hat.[1]

5   Die Kündigungsfrist beträgt nach dem Gesetz 3 Tage (§ 580 a, III Nr. 2 BGB), eine formularmäßige Ausdehnung auf 6 Monate ist wegen des Erfordernisses, beiden Parteien finanzielle Planungen zu ermöglichen, nicht zu beanstanden.

III. Aufhebungsvertrag

6   Ein weiterer Grund für die Beendigung des Leasingvertrages kann ein Aufhebungsvertrag sein. Ein solcher Aufhebungsvertrag enthebt den Leasinggeber einer Abrechnung, die anhand der Bestimmungen des AGB-Rechts (§§ 305 ff. BGB) zu kontrollieren ist.

IV. Zusatzvereinbarungen

7   Sowohl bei Abschluss des Leasingvertrages als auch im Zusammenhang mit seiner Beendigung werden häufig Zusatzvereinbarungen abgeschlossen. Die Motive sind unterschiedlicher Natur, sei es, dass der Leasingnehmer den Leasinggegenstand erwerben oder weiter nutzen will (z. B. wegen der Annahme, dass der kalkulatorische Restwert niedriger ist als der Verkehrswert), sei es, dass der Leasinggeber das Verwertungsrisiko für den Leasinggegenstand nicht tragen will.

1. Interessenlage

8   **a) Vollamortisationsverträge.** Bei den Vollamortisationsverträgen hat der Leasinggeber durch die Leasingraten sowohl seinen Anschaffungspreis als auch seine gesamten sonstigen Kosten (Refinanzierung, Verwaltungsaufwand) einschließlich seines Gewinns erhalten; sein wirtschaftliches Interesse am Leasinggut ist daher gering, abgesehen von den Fällen, in denen das Leasinggut zu einem über dem Restbuchwert liegenden Preis vermarktet werden kann. In Zeiten, in denen die Leasinggeber untereinander hartem Wettbewerb ausgesetzt sind, liegt in der Realisierung eines über dem Restbuchwert liegenden Veräußerungspreises häufig der (wesentliche) Gewinn des Leasinggebers. Ist dies nicht der Fall oder will der Leasinggeber dem Kunden einen Vorteil zuwenden, dann erklärt er sich bei Vollamortisationsverträgen häufig bereit, dem Leasingnehmer nach Vertragsende Optionen einzuräumen, sei es zum Kauf (Kaufpreis mindestens der kalkulatorische Restwert von 10 % und höchstens der Verkehrswert) oder zur Verlängerung des Mietvertrages (in der Regel zu deutlich günstigeren Konditionen als im Ursprungsvertrag). An einer gemeinsamen Verwertung hat der Leasinggeber in der Regel kein Interesse.

9   **b) Teilamortisationsverträge.** Anders ist die Interessenlage bei den Teilamortisationsverträgen: Hier hat der Leasinggeber während der Vertragslaufzeit seine Investition noch nicht amortisiert, er hat also ein substantielles Interesse an dem Leasinggut. Es besteht ein Restwert- und Verwertungsrisiko. Der Leasinggeber kann sich dieses Risikos dadurch entledigen, dass er es voll auf den Leasingnehmer überträgt, beispielsweise durch eine Verpflichtung zum Ankauf nach Ablauf des Vertrages (Andienungsrecht) oder durch Weitergabe des Risikos der Wertminderung nach erfolgter Veräußerung. Eine derartige volle Weitergabe des Restwert- bzw. Verwertungsrisikos ist steuerrechtlich zulässig, solange dem Leasinggeber die Chance der Wertsteigerung verbleibt.[2]

Für die leasingspezifische Zuordnung des Leasinggegenstandes beim Leasinggeber verlangt das Steuerrecht, dass der Leasinggeber bei Vertragsende zumindest die Chance einer Realisierung der Wertsteigerung hat.

---

[1] BGH WM 90, 23 = NJW-RR 90, 182; *Wolf/Eckert/Ball*, a.a.O., Rdn. 1945; a. A. *Erman/Jendrek* Anh. § 536 Rdn. 36.
[2] MünchKomm/*Habersack* Leasing Rdn. 18.

11. Kapitel. Die ordentliche Beendigung des Leasingvertrages § 34

Vor diesem wirtschaftlichen und steuerlichen Hintergrund haben sich in der Praxis 10
verschiedene Typen herausgebildet, von denen die wichtigsten kurz dargestellt werden
sollen:

2. Leasingtypische Vertragsklauseln für die Weiternutzung bzw. Verwertung des Leasinggutes

a) Kaufoptionen. Unter einer Kaufoption wird das einseitige Recht des Leasingnehmers 11
verstanden, den Leasinggegenstand nach Ablauf der Grundmietzeit zu erwerben.

Der Kaufpreis wird dabei in der Regel schon bei Abschluss des Leasingvertrages festgelegt. Als Kaufpreis wird häufig der Restbuchwert (Prozentsatz vom Anschaffungspreis unter Berücksichtigung der bis zum Vertragsende gezahlten Leasingraten, so beim Vollamortisationsvertrag) oder ein niedrigerer gemeiner Wert (Verkehrswert) im Zeitpunkt der Optionsausübung vereinbart.

Steuerlich darf der Leasinggeber das Leasinggut nicht lediglich zu einer **Anerkennungsgebühr**, d. h. einem erheblich unter dem Restbuchwert oder dem Verkehrswert liegenden Preis veräußern, da dann das Leasinggut von vornherein dem Leasingnehmer wirtschaftlich zugerechnet wird.[3]

Kaufoptionen können auch konkludent eingeräumt werden. So sollen beispielsweise Klauseln, in denen der Leasingnehmer nach Ablauf des Vertrages einen Käufer zu stellen hat, ein Erwerbsrecht enthalten, weil der Leasingnehmer sich auch selbst benennen kann.[4]

Auch mündlich eingeräumte Kaufoptionen sind nach der Rechtsprechung des BGH wirksam. Dies gilt selbst dann, wenn sie dem Wortlaut eines Formularvertrages entgegenstehen. Denn dann gilt nach dem Grundsatz des Vorranges der Individualabrede (§ 305b) BGB) die mündlich vereinbarte Kaufoption vor den AGB.[5]

Auch wenn der Leasingnehmer häufig eine Kaufoption wünscht, ist deren Zusage für 12
den Leasinggeber steuerlich problematisch. Denn die Finanzverwaltung argumentiert, dass der Leasinggeber in dem Fall, in dem er dem Leasingnehmer von Anfang an eine Kaufoption einräumt, nicht mehr die Chance hatte, nach Ablauf des Leasingvertrages eine dann im Verhältnis zum kalkulatorischen Restwert am Markt zu erzielende Wertsteigerung (Verkehrswert ist größer als der kalkulatorische Restbuchwert) zu realisieren. Dies kann die Folge haben, dass der Leasingvertrag von vornherein steuerlich nicht anerkannt wird, weil nach Auffassung der Finanzverwaltung das wirtschaftliche Eigentum im Sinne des § 139 AO von Anfang beim Leasingnehmer liegt. Daher sind Leasinggeber in aller Regel außerordentlich zurückhaltend mit der Einräumung von Kaufoptionen.

b) Andienungsrechte. Ein Andienungsrecht bedeutet, dass der Leasingnehmer auf Verlangen des Leasinggebers verpflichtet ist, den Leasinggegenstand zu einem bereits bei Abschluss des Vertrages fest vereinbarten Kaufpreis zu erwerben. 13

Dadurch trägt der Leasingnehmer allein das Risiko der Wertminderung, während dem Leasinggeber die Chance der Wertsteigerung verbleibt. Denn der Leasinggeber wird von seinem Andienungsrecht nur dann Gebrauch machen, wenn der Verkehrswert des Leasinggegenstandes am Ende der Vertragslaufzeit unter dem mit dem Leasingnehmer vereinbarten Kaufpreis liegt.

Das Andienungsrecht ist ein typischer Ausfluss der oben aufgezeigten steuerrechtlichen 14
Rechtsprechung, wonach das Leasinggut nur dann dem Leasinggeber zuzurechnen ist, wenn er nach Ablauf des Vertrages die Chance hat, eine etwaige Wertsteigerung selbst zu realisieren. Die Vereinbarung einer Verpflichtung auch des Leasinggebers, den Leasinggegenstand zu veräußern, oder auch nur die Einräumung eines Optionsrechts für den Leasingnehmer wäre hingegen steuerrechtlich in der Weise schädlich, dass der Leasing-

---

[3] Vgl. dazu *Hermann/Heuer/Raupach/Clausen* § 5 Rdn. 1150.
[4] Vgl. BGH WM 85, 628; 87, 627; 86, 480.
[5] Vgl. BGH WM 85, 628.

§ 35   Zweiter Teil. Allgemeines Leasingrecht

geber auch schon während der Laufzeit des Leasingvertrages nicht als wirtschaftlicher Eigentümer anzusehen ist.

Die Wirksamkeit derartiger Andienungsrechte ist streitig, wird aber von der herrschenden Meinung bejaht. Diskutiert wird die Frage, ob der Leasingnehmer unangemessen lange (§ 308 1 BGB; § 307 Abs. 2 Nr. 1 BGB) an das Angebot auf Abschluss eines Kaufvertrages gebunden ist, welches konstruktiv in dem Andienungsrecht liegt.[6]

15   c) **Verlängerung des Mietvertrages.** Hier sind zwei Arten denkbar: Zum einen die automatische Verlängerung des Mietvertrages im Falle, dass nicht eine Partei von ihrem Kündigungsrecht Gebrauch macht. Eine derartige Vertragsgestaltung verstößt auch dann nicht gegen § 307, I BGB, wenn der Leasinggeber nach voller Amortisation weiterhin die Leasingraten verlangen kann; denn der Leasingnehmer hat die Möglichkeit, ohne zusätzlichen Aufwand zu kündigen und/oder eine niedrigere Leasingrate zu vereinbaren.[7]

Üblich ist die Mietverlängerungsoption, da die automatische Verlängerung steuerrechtlich die unerwünschte Folge haben kann, dass das Leasinggut dem Leasingnehmer zugerechnet wird.

Steuerlich ebenfalls schädlich wäre es, wenn die Weitervermietung zu einer Anerkennungsgebühr erfolgen würde. Daher wird die *Verlängerungsmiete* in der Regel niedriger als die Leasingrate sein, aber mindestens dem eintretenden Wertverzehr entsprechen.[8]

§ 35. Die Verpflichtung zur Rückgabe

Schrifttum: Siehe oben zu § 34.

Übersicht

	Rdn.
I. Inhalte und Umfang der Rückgabepflicht	1
1. Erfüllungsort	1
a) Erfüllungsort am Sitz des Leasinggebers	4
b) Erfüllungsort am Sitz des Lieferanten	9
c) Erfüllung am Sitz des Leasingnehmers	11
2. Rückgabe in ordnungsgemäßem Zustand	15
3. Gefahrtragung	20
II. Unmöglichkeit der Rückgabe	22
III. Verspätete oder unterlassene Rückgabe	25
1. Nutzungsentschädigung in Höhe der vereinbarten Leasingraten	25
2. Voraussetzungen des Anspruchs auf Nutzungsentschädigung	35
3. Höhe des Anspruchs	41
4. Einwendungen des Leasingnehmers	44
5. Verjährung	45
6. Konkurrenzen	46
IV. Stillschweigende Verlängerung des Leasingvertrages	48
V. Verjährung des Rückgabeanspruches	51

I. Inhalte und Umfang der Rückgabepflicht

1. Erfüllungsort

1 Entsprechend dem gesetzlichen Leitbild des Mietvertrages wird die Rückgabepflicht des Leasingnehmers gem. § 546 BGB allgemein als eine Bringschuld anerkannt.[1]

2 Die Rechtsfolge hiervon ist, dass Leistungs- und Erfolgsorte für die Rückgabepflicht der Sitz des Leasinggebers ist.

3 Gleichwohl sind Vertragsklauseln mit diesem Inhalt durchaus umstritten.

---

[6] *Ulmer/Brandner/Hensen* § 10 Rdn. 5; *Martinek* Moderne Vertragstypen I S. 195.
[7] BGH NJW 90, 247; BGH BB 90, 234; kritisch *Tiedtke* WM 90, 337 und *Canaris* AcP 90 (1990), 410, 441 ff.
[8] *Hermann/Heuer/Raupach/Clausen* § 5 Rdn. 1155.
[1] *H. Beckmann* Finanzierungsleasing § 18 Rdn. 170 ff.

11. Kapitel. Die ordentliche Beendigung des Leasingvertrages § 35

a) Erfüllungsort am Sitz des Leasinggebers. Entsprechend dem oben aufgezeigten 4
Grundsatz enthalten Leasingverträge oder die dazu gehörenden AGB häufig eine Klausel, nach denen der Leasingnehmer verpflichtet ist, das Leasingobjekt auf seine Kosten und Gefahr am Sitze des Leasinggebers oder bei einem vom Leasinggeber benannten Dritten zurückzugeben.[2]

Die Wirksamkeit einer derartigen Klausel wird (nur) für diejenigen Fallgestaltungen 5
allgemein anerkannt, in denen es um die Rückgabe bei ordnungsgemäßer Beendigung des Leasingvertrages oder bei einer vom Leasingnehmer zu vertretenden Leistungsstörung (z. B. Zahlungsverzug) geht.

Demgegenüber wird bei solchen Fallgestaltungen, in denen die Beendigung des 6
Leasingvertrages auf eine Leistungsstörung des Leasinggebers und/oder des Lieferanten zurückgeht, eingewandt, dass eine solche Klausel überraschend (§ 305c) Abs. 1 BGB) und/oder unangemessen (§ 307 BGB) sei, woraus sich die Unwirksamkeit der Klausel ergebe.[3]

Meines Erachtens ist dieser Auffassung nicht zu folgen. Da die Rückgabepflicht eine 7
Bringschuld ist, entspricht die vertragliche Vereinbarung einer Rückgabe am Ort des Leasinggebers auch dann der gesetzlichen Regelung, wenn die Rückgabe durch Leistungsstörungen auf Seiten des Leasinggebers und/oder des Lieferanten beruht. Eine solche Vertragsklausel kann daher weder überraschend noch unangemessen sein.[4]

Der Leasingnehmer ist im Ergebnis auch nicht benachteiligt. Denn wenn der Leasing- 8
vertrag nicht – vorzeitig – aufgrund der Leistungsstörung, sondern am Ende der Laufzeit ordnungsgemäß geendet hätte, dann hätte der Leasingnehmer den Gegenstand ebenso auf seine Kosten und Gefahr am Ort des Leasinggebers zurückgeben müssen.

b) Erfüllungsort am Sitz des Lieferanten. Eine Vertragsklausel mit dem Inhalt, dass 9
die Rückgabe am Sitze des Lieferanten zu erfolgen hatte, entspricht häufig der Interessenlage beider Vertragsparteien. Der Leasinggeber hat häufig nicht die räumlichen, organisatorischen und personellen Möglichkeiten, um das Leasinggut selbst in Besitz zu nehmen, es dann weiter zu nutzen und/oder es zu vermarkten. Der Leasingnehmer hatte sich den Lieferanten häufig in der Nähe seines Wohn- oder Geschäftssitzes ausgesucht, weil er zu ihm einen unmittelbaren Kontakt hatte und ggf. auch Folgegeschäfte beabsichtigt. Daher kann es im Interesse beider Parteien liegen, den Sitz des Lieferanten als den vertraglichen Rückgabeort zu vereinbaren. Da § 546 Abs. 1 BGB dispositiv ist, d. h. also abweichende Vereinbarungen zulässig sind, liegt in einer solchen Regelung keine unangemessene Vereinbarung. Teilweise wird die Rückgabe am Sitz des Lieferanten jedenfalls dann als sogar leasingtypisch angesehen, wenn die Übergabe beim Lieferanten stattfand.[5]

Eine gesetzliche Grundlage dafür, dass der Leasingnehmer auch ohne vertragliche Ver- 10
einbarung das Leasinggut am Sitz des Lieferanten zurückgeben kann, gibt es indessen nicht.

c) Erfüllung am Sitz des Leasingnehmers. Vertragsklauseln, nach denen die Rück- 11
gabe am Sitze des Leasingnehmers zu erfolgen hat, dürften eher die Ausnahme sein. Denn da die Vertragsbedingungen in der Regel vom Leasinggeber vorformuliert werden, wird der Leasinggeber eine solche Vertragsgestaltung deshalb nicht wählen, weil die Transportkosten und die Transportgefahr dann beim Leasinggeber angesiedelt sind.

Gegen die Wirksamkeit solcher Vertragsklauseln bestehen indessen keine Bedenken. 12

Wenn es an einer vertraglichen Regelung fehlt, dann wird teilweise die Auffassung 13
vertreten, dass der Sitz des Leasingnehmers (auch) der gesetzliche Ort der Erfüllung ist.

---

[2] *Stolterfoth* Münchener Vertragshandbuch Band III/1, 157; Staudinger/*Stoffels*, a.a.O., Leasing Rdn. 282; *Graf von Westphalen* Leasingvertrag Rdn. 969.
[3] *H. Beckmann* Finanzierungsleasing § 8 Rdn. 183 m. w. N.
[4] Im Ergebnis ebenso *Graf von Westphalen* Leasingvertrag Rdn. 969.
[5] *H. Beckmann* Finanzierungsleasing § 8 Rdn. 177.

Dies soll sich aus § 269 Abs. 1 BGB ergeben, und zwar dies jedenfalls dann, wenn der Sitz des Leasingnehmers am Ort der Übergabe des Leasinggutes zu Beginn des Vertragsverhältnisses war.[6]

14 Meines Erachtens ist dieser Auffassung nicht zu folgen. Die Rückgabepflicht ist – wie oben ausgeführt – eine Bringschuld. Bei der Bringschuld ist der gesetzliche Erfüllungsort eben gerade nicht der Sitz des Schuldners, sondern der Sitz des Gläubigers.[7]

2. Rückgabe in ordnungsgemäßem Zustand

15 Nach herrschender Auffassung beinhaltet die Rückgabepflicht, dass die Mietsache in ordnungsgemäßem Zustand zurückgegeben wird.[8]

16 Dabei besteht Einigkeit darüber, dass eine Abnutzung und Verschlechterung im Rahmen des vertragsgemäßen Gebrauchs den ordnungsgemäßen Zustand nicht beeinträchtigt. Häufig enthalten Leasingverträge sog. Zustandsklauseln, in denen die vorgenannte gesetzliche Verpflichtung noch einmal exakt definiert wird. Wenn und soweit derartige Klauseln berücksichtigen, dass Verschlechterungen aufgrund des Alters und des vertragsgemäßen Gebrauchs den ordnungsgemäßen Zustand nicht beeinträchtigen, sind derartige Klauseln wirksam.[9]

17 Wenn die Klauseln hingegen für den Zeitpunkt der Rückgabe einen im Vergleich zum Zeitpunkt der Übergabe unveränderten und einwandfreien Zustand auch für den Zeitpunkt der Rückgabe verlangen, dann begegnen derartige Klauseln Wirksamkeitsbedenken, und zwar aus dem Gesichtspunkt der Überraschung (§ 305 c) Abs. 1 BGB) und/oder der unangemessenen Benachteiligung (§ 307 BGB).

18 Für die Praxis ist zu empfehlen, den Zustand im Zeitpunkt der Rückgabe festzuhalten und zu dokumentieren. Dies kann schon im Leasingvertrag vereinbart werden, indem dort festgelegt wird, dass bei Rückgabe ein (gemeinsames) Protokoll zu erstellen ist. Sollte eine solche Vertragsklausel fehlen, empfiehlt es sich, auch ohne vertragliche Regelung ein Protokoll zu erstellen, Fotos anzufertigen oder den Zustand in anderer Form zu dokumentieren. Dies liegt insbesondere im Interesse des Leasingnehmers. Denn er trägt die Beweislast nicht nur für die (vollständige) Rückgabe, sondern auch für den ordnungsgemäßen Zustand. Nach herrschender Meinung muss er des Weiteren beweisen, dass Verschlechterungen auf Alter und vertragsgemäßen Gebrauch zurückzuführen sind.[10]

19 Zwar muss grundsätzlich der Leasinggeber beweisen, dass Mängel und/oder Verschlechterungen während der Besitzzeit des Leasingnehmers entstanden sind. Diese Beweislastverteilung wird jedoch häufig dadurch unterlaufen, dass sich der Leasinggeber bei Vertragsabschluss im Übernahmeprotokoll bestätigen lässt, dass der Leasingnehmer den Leasinggegenstand in einwandfreiem Zustand und mangelfrei übernommen hat.

3. Gefahrtragung

20 Im Zusammenhang mit der Rückgabe beinhaltet die Gefahrtragung die Kosten des Rücktransportes und insbesondere die Gefahr des zufälligen Untergangs/Verschlechterung während des Transports.

21 Welche Vertragspartei dieses Risiko zu tragen hat, hängt davon ab, wo der Erfüllungsort liegt. Wenn der Erfüllungsort entweder am Sitz des Leasinggebers oder am Sitz des Lieferanten ist, dann liegt die Gefahr beim Leasingnehmer. Der Leasinggeber hat die Gefahr nur dann zu tragen, wenn die Rückgabe am Sitz des Leasingnehmers vereinbart ist oder – nach einer Mindermeinung – dort geschuldet ist.[11]

---

[6] *H. Beckmann* Finanzierungsleasing § 8 Rdn. 178 ff.; *Wolf/Eckert/Ball*, a.a.O., Rdn. 976.
[7] Palandt/*Heinrichs* § 269 Rdn. 1.
[8] Palandt/*Putzo* § 546 Rdn. 5.
[9] BGH NJW-RR 2000, 1303.
[10] BGH NJW 2002, 3234; BGH NJW 2000, 2344.
[11] Vgl. dazu oben Rdn. 9 ff.

II. Unmöglichkeit der Rückgabe

Kann der Leasingnehmer das Leasinggut nicht zurückgeben, weil es zerstört oder untergegangen ist, dann ist die Verpflichtung zur Rückgabe unmöglich geworden. Sofern der Leasingnehmer sich nicht für das vermutete Verschulden entlasten kann, hat der Leasinggeber einen Anspruch auf Schadensersatz in Höhe des Restwertes (Verkehrswert, nicht Buchwert) gem. §§ 280 ff., 275 BGB i.V. m. § 546 a Abs. 2 BGB.[12]

Eine Versicherungsentschädigung ist im Wege der Vorteilsausgleichung mindernd zu berücksichtigen. Ob eine Versicherungsentschädigung dem Leasinggeber oder dem Leasingnehmer zusteht, hängt von der vertraglichen Vereinbarung ab. Eine Vertragsklausel, wonach der Leasingnehmer zur Versicherung des Leasinggegenstandes verpflichtet ist, führt allein noch nicht dazu, dass der Leasinggeber unmittelbar einen Zahlungsanspruch gegen die Versicherung hat. Hierzu ist eine gesonderte Abtretung erforderlich.

Der Leasingnehmer haftet nur dann nicht auf Schadensersatz, wenn die Unmöglichkeit der Rückgabe für ihn unverschuldet ist. Insoweit trägt er für sein Nichtvertretenmüssen die Beweislast (§ 280 Abs. 1 Satz 2 BGB). Einschränkungen des Grundsatzes, dass der Leasingnehmer bei unverschuldeter Unmöglichkeit nicht haftet, sind im nicht-kaufmännischen Bereich nur in engen Grenzen möglich (§ 309 Nr. 7 und 8 BGB).

III. Verspätete oder unterlassene Rückgabe

1. Nutzungsentschädigung in Höhe der vereinbarten Leasingraten

Da die Rückgabe entsprechend dem gesetzlichen Leitbild des Mietvertrages eine Hauptpflicht ist, besteht bei verspäteter oder unterlassener Rückgabe der Leasingvertrag zwar nicht fort,[13] aber der Leasinggeber hat nach dem gesetzlichen Leitbild des Mietvertrages einen Anspruch auf eine Entschädigung in Höhe der Leasingraten gem. § 546 a Abs. 1 BGB.[14]

Dieser Anspruch besteht unabhängig davon, ob dem Leasinggeber aus der Vorenthaltung tatsächlich ein Schaden entstanden ist; weder muss der Leasinggeber einen Schaden nachweisen, noch kann der Leasingnehmer seiner Zahlungsverpflichtung durch den Nachweis entgehen, dem Leasinggeber sei ein Schaden nicht entstanden. Entsprechend dem gesetzlichen Leitbild des Mietvertrages, wonach das Verwendungsrisiko grundsätzlich beim Mieter liegt, kommt es auch nicht darauf an, ob der Leasingnehmer einen Nutzen aus dem fortgesetzten Besitz am Leasinggut hat ziehen können.

Streitig ist allein die Frage, ob und ggf. mit welcher Begründung der Anspruch auf Nutzungsentschädigung versagt oder eingeschränkt werden kann, wenn der Leasinggeber durch die während der Vertragslaufzeit erhaltenen Leasingraten bereits eine volle Amortisation (Anschaffungskosten, Finanzierungskosten, Verwaltungsaufwand und Gewinnanteil) erhalten hat. Dies wird in der Regel nur bei Vollamortisationsverträgen in Betracht kommen, wenn die unkündbare Grundmietzeit abgelaufen ist.

Die herrschende Meinung gibt dem Leasinggeber auch in Fällen Vollamortisation den Entschädigungsanspruch auf Fortzahlung der Leasingraten. Begründet wird dies damit, dass dieser gesetzliche Anspruch allein an die Vorenthaltung des Besitzes anknüpft und die Entstehung eines Schadens und damit die Frage der Amortisation keine Rolle spielt.[15]

---

[12] BGH NJW 1985, 1535 zum alten Recht gem. §§ 280, 282 BGB a. F.
[13] So allerdings *H. Beckmann* Finanzierungsleasing § 8 Rdn. 194.
[14] BGH WM 2005, 1332; BGH NJW-RR 2004, 558.
[15] BGH NJW 1989, 1730; OLG München ULG R 1995, 73; OLG Hamm NJW-RR 1999, 1729; *Erman/Jendrek* Anh. § 535 Rdn. 36.

29 Teile der Literatur wollen dem Leasinggeber in derartigen Fallkonstellationen den Entschädigungsanspruch versagen. Zur Begründung führen sie an, es sei nicht einsehbar, dass der Leasinggeber nur wegen der nicht (rechtzeitig) erfolgten Rückgabe einen Anspruch in einer Höhe habe, den er anderenfalls nicht durchzusetzen in der Lage sei. Nach vollständiger Amortisation könne der Leasinggeber in aller Regel einen Verlängerungsvertrag oder einen Kaufvertrag nur auf der Basis einer deutlich reduzierten Leasingrate durchsetzen.[16]

30 Die Vertreter dieser Gegenansicht wollen dem Leasinggeber daher bei nicht rechtzeitiger Rückgabe nur einen Bereicherungsanspruch (§§ 812 ff. BGB) in Höhe des marktüblichen Nutzungswertes zusprechen und ggf. einen eingetretenen Verzögerungsschaden (§ 280 ff. BGB).

31 Nach meiner Auffassung ist der herrschenden Meinung zu folgen. Für die Gegenansicht fehlt es an einer tragfähigen Rechtsgrundlage. Wenn man das Finanzierungsleasing dem gesetzlichen Leitbild des Mietrechts unterstellt, dann kann dem Leasinggeber der Anspruch auf Entschädigung gem. § 546a BGB nicht versagt werden. Auch beim klassischen Mietvertrag spielt es keine Rolle, ob der Vermieter seine Aufwendungen für die Immobilie durch die in der Vergangenheit erzielten Mietraten bereits in vollem Umfang amortisiert hat. Da der Gesetzgeber auch bei der Modernisierung des Mietrechts an dem Bestehen des Entschädigungsanspruches (früher § 557 Abs. 1 BGB, heute § 546a Abs. 1 BGB) festgehalten hat, besteht kein hinreichender Grund dafür, dem Leasinggeber den Anspruch zu versagen. Es gibt keine leasingtypischen Besonderheiten, die eine Nichtanwendung der Vorschrift rechtfertigen könnten.

32 Daher besteht nach hier vertretener Auffassung auch kein Raum für eine neuerdings teilweise vertretene Billigkeitskontrolle.[17]

33 Wenn der Gesetzgeber die Höhe des Anspruches auf Entschädigung bei vorenthaltenem Besitz unabhängig vom tatsächlichen Schaden und unabhängig von der Amortisation ausgestaltet, dann ist es systemimmanent, wenn der Entschädigungsanspruch in keinem angemessenen Verhältnis zu dem am Markt zu erzielenden Mietzins oder zu dem Verkehrswert des Leasinggutes steht. Eine Billigkeitskontrolle kann meines Erachtens aber nur dann eingreifen, wenn ein Ergebnis im Einzelfall nicht im Einklang steht mit der gesetzlichen Wertung.

34 Da die Verpflichtung zur Fortzahlung der Leasingraten bei verspäteter oder unterlassener Rückgabe der Leasingsache dem gesetzlichen Leitbild des Mietvertrages entspricht, sind entsprechende Vertragsklauseln, die den Gesetzeswortlaut gem. § 546a BGB sinngemäß wiederholen, auch nicht wegen Verstoßes gegen § 307 Abs. 2 Nr. 1 BGB unwirksam. Denn es fehlt an der Voraussetzung, dass derartige Klauseln mit wesentlichen Grundgedanken der gesetzlichen Regelung nicht übereinstimmen.

35 Daher ist eine jüngere Entscheidung des BGH[18] zweifelhaft, in der der BGH eine AGB-Klausel für unwirksam angesehen hat, aufgrund derer der Leasingnehmer für jeden angefangenen Monat der nicht erfolgten Rückgabe die im Leasingvertrag vereinbarte Leasingrate als Nutzungsentschädigung zu bezahlen hat. Begründung und Ergebnis der Entscheidung lassen sich nur so rechtfertigen, dass der gesetzliche Anspruch aus § 546a BGB mit dem Tag der Rückgabe endet, während die Klausel dem Leasinggeber den vollen Anspruch für den gesamten Monat gibt, wenn die Rückgabe nicht bis zum Beginn des Monats erfolgt ist.

---

[16] Vgl. dazu *Reinking/Eggert* Der Autokauf Rdn. 862; *Martinek* Moderne Vertragstypen I, S. 193; *Reineke/Tiedtke*, Kaufrecht Rdn. 1601; Staudinger/*Stoffels* Leasing Rdn. 286 m. w. N.
[17] BGH NJW-RR 2005, 1081; OLG Köln NJW-RR 1993, 121.
[18] BGH NJW-RR 2004, 558.

2. Voraussetzungen des Anspruchs auf Nutzungsentschädigung

Das Gesetz knüpft an an die nicht erfolgte oder nicht rechtzeitig erfolgte Rückgabe. 36

Die Rechtsprechung verlangt darüber hinaus, dass dem Leasinggeber der Besitz vorenthalten werden muss. Vorenthaltung heißt, dass die Weiternutzung des Leasinggegenstandes gegen den Willen des Leasinggebers erfolgt.[19] 37

Bei vertraglich vereinbarter Rückgabepflicht liegt regelmäßig eine Vorenthaltung vor. Diese ist zu vermuten. 38

Etwas anderes kann sich aus den Umständen des Einzelfalls ergeben. So kann es beispielsweise an einer Vorenthaltung fehlen, wenn das Leasinggut beim Leasingnehmer fest installiert ist und dort nur mit hohen Aufwendungen und der Gefahr einer Verschlechterung abgebaut und an anderer Stelle wieder aufgebaut werden kann (z. B. bei medizinischen Einrichtungen, wie Computer-Tomographen, Röntgengeräten oder Dental-Einrichtungen oder auch bei fest verankerten Maschinen). 39

Teilweise wird auch vertreten, dass es an einer Vorenthaltung fehlt, wenn der Leasinggeber (noch) nicht – wie im Vertrag vorgesehen – den Ort der Rückgabe bestimmt hat oder noch nicht entschieden hat, ob er von seinem Andienungsrecht Gebrauch macht.[20] 40

Da es für die Vorenthaltung auf die Feststellung des ausdrücklichen oder konkludenten Willens des Leasinggebers ankommt, lassen sich diese Fallgestaltungen nicht verallgemeinern, sondern es kommt auf den Einzelfall an. 41

3. Höhe des Anspruchs

Der Leasinggeber hat einen Anspruch auf Nutzungsentschädigung in der Höhe der vollen Leasingraten. Dies gilt – wie oben unter Ziff. 1. dargelegt – auch dann, wenn der Leasinggeber bereits durch die zuvor gezahlten Leasingraten volle Amortisation erlangt hat und die Leasingraten in dieser Höhe bei einem Verlängerungsvertrag nicht durchgesetzt werden können. Der Leasingnehmer ist hierdurch nicht unangemessen benachteiligt, weil er seine Zahlungsverpflichtung durch Rückgabe der Leasingsache jederzeit beenden kann. 42

Der Leasinggeber kann zusätzlich zur Leasingrate die Mehrwertsteuer verlangen.[21] 43

Bei Verzug des Leasingnehmers hat der Leasinggeber einen Zinsanspruch gem. § 288 Abs. 2 BGB, der sich bei einem Unternehmergeschäft auf einen Zinssatz in Höhe von 8 Prozentpunkten über dem Basiszins beläuft.[22] 44

4. Einwendungen des Leasingnehmers

Der Leasingnehmer kann die Bezahlung der Nutzungsentschädigung verweigern, wenn er das Leasinggut wegen eines Sachmangels nicht nutzen kann und deshalb einen Gewährleistungsprozess gegen den Lieferanten führt.[23] 45

5. Verjährung

Der Anspruch auf Nutzungsentschädigung unterliegt nicht der kurzen, d. h. 6-monatigen Verjährung des § 548 BGB. Vielmehr verjährt der Anspruch nach den allgemeinen Regeln in 3 Jahren (§§ 195, 199 BGB).[24] 46

---

[19] BGH NJW 1983, 112.
[20] OLG Koblenz BB 1989, 1997; OLG Hamm ZIP 1989, 45.
[21] BGH NJW 1988, 2665; BGH NJW 1989, 1730.
[22] *H. Beckmann* Finanzierungsleasing § 8 Rdn. 194 d.
[23] OLG Köln NJW-RR 1993, 121; a.A. OLG Hamm OLGR 1999, 165; vgl. auch OLG Hamm NJW-RR 1999, 1729.
[24] Palandt/*Weidenkaff*[65] § 546 a Rdn. 2.

6. Konkurrenzen

47 Neben oder anstelle eines Anspruches auf Nutzungsentschädigung (§ 546a BGB) treten Ansprüche auf Nutzungsersatz nach Bereicherungsrecht (§§ 812, 818 Abs. 1 BGB), die allerdings einen konkret gezogenen Nutzen auf Seiten des Leasingnehmers voraussetzen und deren Höhe auf den objektiven Mietwert des Leasinggegenstandes begrenzt ist.

48 Ferner kommen Ansprüche aus dem Eigentümer-Besitzer-Verhältnis (§§ 987 ff. BGB) in Betracht, die ebenfalls auf den objektiven Mietwert gerichtet sind.[25]

IV. Stillschweigende Verlängerung des Leasingvertrages

49 Das Mietrecht kennt die gesetzliche Fiktion (§ 545 BGB) einer Fortsetzung des Mietvertrages auf unbestimmte Dauer, wenn der Mieter nach Ablauf der Mietzeit den Mitgebrauch fortsetzt, sofern nicht Vermieter oder Mieter binnen einer Frist von 2 Wochen der Fortsetzung des Mietverhältnisses widersprechen. Es ist höchstrichterlich noch nicht entschieden, ob diese Fiktion auch auf Leasingverträge anzuwenden ist. Vielmehr hat der BGH dies ausdrücklich offengelassen.[26]

50 In der Literatur wird die Anwendbarkeit der gesetzlichen Fiktion auch beim Leasingvertrag überwiegend bejaht.[27]

51 Die praktische Relevanz ist gering. Der Leasinggeber hat auch ohne Fortsetzung des Vertrages einen Anspruch in Höhe der ursprünglich vereinbarten Leasingraten, der sich dann zwar nicht unmittelbar aus dem Vertrag, sondern aus dem gesetzlichen Anspruch auf Nutzungsentschädigung (§ 546a BGB) ergibt. Wollen die Parteien den Vertrag entgegen der Fiktion des § 568 BGB nicht fortsetzen, dann haben beide Parteien ein Kündigungsrecht, für welches bei monatlicher Zahlung der Leasingraten eine Frist von 3 Tagen gilt (§ 580a Abs. 3 Nr. 2 BGB). Lediglich bei Immobilien und eingetragenen Schiffen beträgt die Frist 3 Monate.

V. Verjährung des Rückgabeanspruches

52 Der aus dem Leasingvertrag bestehende Rückgabeanspruch (§ 546 Abs. 1 BGB) unterliegt der regelmäßigen Verjährung von 3 Jahren ab Kenntnis (§§ 195 ff. BGB).

53 Der – parallel bestehende – Herausgabeanspruch aus Eigentum unterfällt der 30-jährigen Verjährung (§ 197 Abs. 1 Nr. 1 BGB).

54 Schadensersatzansprüche des Leasinggebers wegen Veränderungen oder Verschlechterungen der Leasingsache verjähren demgemäß in der kurzen Verjährungsfrist von 6 Monaten ab Rückgabe (§ 548 BGB). Diese kurze Verjährungsfrist gilt auch für alle konkurrierenden Ansprüche aus demselben Sachverhalt, d. h. auch für deliktische Ansprüche.[28]

55 Die kurze Verjährungsfrist beginnt in dem Zeitpunkt, in dem der Leasinggeber das Leasinggut zurückerhält, d. h. also nicht zwingend mit Beendigung des Leasingvertrages. Dies wird damit begründet, dass der Leasinggeber die Sache erst dann auf Veränderungen und Verschlechterungen untersuchen kann, wenn er die Sachherrschaft zurückerhalten hat.[29]

---

[25] OLG Hamm ZIP 1989, 45; Palandt/*Weidenkaff*[65] § 546a Rdn. 19 ff.
[26] BGH NJW-RR 2004, 558; Palandt/*Weidenkaff*[65] § 545 Rdn. 2.
[27] *Graf von Westphalen* Leasingvertrag Rdn. 736.
[28] BGH NJW 2001, 2253; BGH NJW 1993, 2797.
[29] BGH NJW 2004, 774; BGH NJW 2000, 3203.

§ 36. Rechte an Einbauten und Zusatzeinrichtungen

Schrifttum: Siehe oben zu § 34.

In der Praxis kommt es häufig vor, dass der Leasingnehmer den Leasinggegenstand mit Einbauten oder Zusatzeinrichtungen versieht. Während beim Kfz-Leasing diese sog. „Extras" in der Regel von Anfang an mit in den Leasingvertrag einkalkuliert werden, ist dies bei anderen Leasinggegenständen häufig nicht der Fall. Erwähnt sei hier z. B. der Einbau einer neuen Steuerung (Software) bei einem langfristigen Maschinen-Leasing, der nachträgliche Einbau von Zusatzeinrichtungen in langfristig geleaste Röntgen-Einrichtungen oder Dental-Einrichtungen und u. a. 1

Zivilrechtlich können solche Zusatzeinrichtungen aufgrund sachenrechtlicher Bestimmungen durchaus in das Eigentum des Leasinggebers übergehen (§§ 93 ff. BGB, § 950 BGB). 2

Nach dem gesetzlichen Leitbild des Mietvertrages hat der Leasinggeber bei Beendigung des Leasingvertrages einen Anspruch darauf, dass der Leasingnehmer Einrichtungen und Zubehör entfernt.[1] 3

Dies gilt auch dann, wenn – wie dies in Leasingverträgen regelmäßig vorgesehen ist – die Einbauten und Zusatzeinrichtungen nur mit Zustimmung des Leasinggebers angebracht worden sind.[2] 4

Dabei ist es grundsätzlich unerheblich, welche Kosten für die Wegnahme und Entfernung beim Leasingnehmer anfallen. 5

Macht der Leasinggeber von seinem Recht auf Wegnahme und Entfernung von Einrichtungen und Zubehör keinen Gebrauch, dann hat umgekehrt der Leasingnehmer keinen Anspruch auf Wertersatz für die Einbauten und Zusatzeinrichtungen.[3] 6

§ 37. Der Vollamortisationsanspruch des Leasinggebers bei ordentlicher Kündigung (Abschlusszahlung)

Schrifttum: Siehe oben zu § 34.

Übersicht

	Rdn.
I. Anspruchsgrund	1
1. Vertragliche Regelung und Inhaltskontrolle	4
a) Allgemeines	4
b) Inhaltskontrolle	7
2. Vertragsimmanenter Anspruch	11
II. Anspruchshöhe	13
1. Gesamtbetrag der offenen Leasingraten	15
2. Ersparte Aufwendungen	16
a) Objektbezogene Steuern und Versicherungsprämien	17
b) Anteile Gemeinkosten	18
3. Etwaige Mehraufwendungen	25
4. Gewinnanspruch für die Zeit nach der vorzeitigen Kündigung	27
5. Abzinsung	30
6. Anrechnung eines Verwertungserlöses	34
a) Erneute Vermietung	35
b) Verkauf des Leasinggegenstandes	38
7. Anfall von Mehrwertsteuer	44
III. Fälligkeit des Anspruches auf die Abschlusszahlung	45

---

[1] BGH NJW 1981, 2564.
[2] BGH NJW-RR 1994, 847.
[3] *H. Beckmann* Finanzierungsleasing § 8 Rdn. 191.

§ 37 Zweiter Teil. Allgemeines Leasingrecht

Rdn.
IV. Verjährung des Anspruchs auf die Abschlusszahlung 50
V. Sonderformen der Abschlusszahlung 51
   1. Restwertausgleich 51
   2. Restwertgarantie 55
VI. Verzinsung 60

I. Anspruchsgrund

1   Sowohl der erlasskonforme Vollamortisationsvertrag als auch der erlasskonforme Teilamortisationsvertrag sind wirtschaftlich auf die volle Amortisation des vom Leasinggeber getätigten Aufwandes (Anschaffungskosten, Finanzierungskosten, Vertragskosten, Gewinn) ausgerichtet. Bei einem ohne Störung abgewickelten Vollamortisationsvertrag hat der Leasinggeber durch die gezahlten Leasingraten seine Vollamortisation erhalten. Das Leasinggut hat kalkulatorisch einen Restwert von 10 % und steht dem Leasinggeber zu.

2   Anders ist dies beim Teilamortisationsvertrag. Hier hatte der Leasinggeber bis zur vertragsgemäßen Beendigung durch die bis dahin angefallenen Leasingraten noch keine volle Amortisation seines Aufwandes erhalten. Daher ist eine Abschlusszahlung erforderlich, um die Amortisation herbeizuführen.

3   Dabei werden folgende Varianten des Teilamortisationsvertrages unterschieden: Zum einen kommt in Betracht, dass der Teilamortisationsvertrag eine bestimmte Laufzeit hat, an deren Ende der kalkulierte Restwert (abzüglich eines aus der Verwertung erzielten Erlöses) zu zahlen ist. Zum anderen – und dies ist die Regel – werden Teilamortisationsverträge mit einer unbestimmten Laufzeit abgeschlossen, wobei dem Leasingnehmer zu bestimmten Zeitpunkten (z. B. nach 24 Monaten, 36 Monaten, 48 Monaten oder bis zu 72 Monaten) ein ordentliches, d. h. vertragsgemäßes Kündigungsrecht eingeräumt wird. Der Leasingnehmer hat im Zeitpunkt der Kündigung eine Abschlusszahlung zu leisten, deren Höhe davon abhängt, nach welchem Zeitraum er von seinem ordentlichen Kündigungsrecht Gebrauch macht.

1. Vertragliche Regelung und Inhaltskontrolle

4   a) Grund und Höhe der Ausgleichszahlung werden regelmäßig im Leasingvertrag vereinbart. Hierzu bedarf es keiner individualvertraglichen Vereinbarung, sondern grundsätzlich kann der Ausgleichsanspruch auch in AGB vereinbart werden.[1]

5   Die Leasinggesellschaften haben ihre Teilamortisationsverträge häufig so ausgestaltet, dass die vom Leasingnehmer bei Ausübung des Kündigungsrechts zu leistende Abschlusszahlung in bestimmten Prozentsätzen vom Anschaffungswert berechnet wird: Z. B. wird dem Mieter das Recht eingeräumt, den Mietvertrag mit einer Kündigungsfrist von 6 Monaten, erstmals zum Ablauf des 24. Monats ab Vertragsbeginn zu kündigen. Die Kündigung löst dann folgende Abschlusszahlungen des Leasingnehmers aus, die zum Kündigungstermin fällig sind: Bei Kündigung zum Ablauf des 24. Monats 68 %, des 30. Monats 57 %, des 36. Monats 47 %, des 42. Monats 36 %, des 48. Monats 25 %, des 54. Monats 14 %, danach 0 % jeweils vom Anschaffungswert.

6   Seinem Inhalt nach handelt es sich bei diesem vertraglichen Anspruch nicht um einen Sekundäranspruch, beispielsweise in Form eines Schadensersatzanspruches; vielmehr ist der Anspruch auf die Abschlusszahlung ein Teil des Erfüllungsanspruches. Auch sog. Teilamortisationsverträge sind auf eine Vollamortisation gerichtet. Der Unterschied zum Vollamortisationsvertrag liegt lediglich darin, dass dann, wenn der Leasingnehmer von seinem Kündigungsrecht Gebrauch macht, der Gesamtaufwand des Leasinggebers mit den bis dahin fällig gewordenen Leasingraten noch nicht amortisiert ist. Die Abschlusszahlung ist mithin Teil des eigentlichen Entgelts, welches zu zahlen gewesen wäre, wenn der Vertrag von vornherein nicht unbefristet, sondern nur bis zu dem (kalkulatorischen)

---

[1] BGH WM 1985, 860 (864); MünchKomm/*Habersack* Leasing Rdn. 111.

11. Kapitel. Die ordentliche Beendigung des Leasingvertrages § 37

Kündigungszeitpunkt geschlossen worden wäre. Die Abschlusszahlung hat somit eine Ausgleichsfunktion für die bis dahin gezahlten Leasingraten, die bezogen auf die jetzt durch die Kündigung feststehende kürzere Vertragslaufzeit sich im Nachhinein als zu gering erwiesen haben.

b) Inhaltskontrolle. Ursprünglich hatte sich die Rechtsprechung auf den Standpunkt 7 gestellt, dass die Vereinbarung derartiger Abschlusszahlungen in AGB schon im Grundsatz eine unangemessene Benachteiligung des Leasingnehmers darstellt. Dies wurde damit begründet, dass die Geltendmachung einer Abschlusszahlung eine Erschwerung des Kündigungsrechts darstelle.[2]

Hiervon ist der BGH schon Mitte der 80er Jahre ausdrücklich abgerückt. In mehreren 8 Grundsatzentscheidungen hat der BGH anerkannt, dass dem Leasinggeber bei vorzeitiger vertragsgemäßer Kündigung ein Anspruch auf volle Amortisation zusteht, der in Form einer Abschlusszahlung auch in AGB wirksam vereinbart werden kann.[3]

Allerdings hat der BGH hohe Anforderungen an die inhaltliche Ausgestaltung der 9 Klauseln über die Berechnung der Ausgleichszahlung gestellt. Der BGH hat mehrfach entschieden, dass Klauseln, in denen die Ausgleichszahlung in Prozentsätzen vom Anschaffungswert dargestellt wird, wegen mangelnder Transparenz und der abstrakten Gefahr einer Überhöhung der Abschlusszahlung unwirksam sind.[4]

Es ist umstritten, ob Vertragsklauseln, in denen die Ausgleichszahlung in Prozentsätzen 10 von den Anschaffungskosten ausgedrückt wird oder bei anderweitiger Ausgestaltung die Berechnung der Ausgleichszahlung nicht in vollem Umfang transparent ist, gem. AGB-Recht als unwirksam qualifiziert werden können (§ 305 ff. BGB).[5] Meines Erachtens hatte die Ansicht den Vorzug verdient, die sich gegen eine Inhaltskontrolle wendet. Zum einen ist fraglich, ob die so festgelegte Höhe der Abschlusszahlung überhaupt der Inhaltskontrolle des § 307 BGB unterliegt. Abreden über den Preis, d. h. über die vom Vertragspartner zu erbringende Hauptleistung, unterliegen nicht der Inhaltskontrolle; dies ergibt sich aus § 307, III BGB. Das AGB-Recht dient nicht dem Zweck, im Bereich von AGB die Angemessenheit von Preisen zu kontrollieren.[6] Nach richtiger Auffassung ist die Abschlusszahlung nichts anderes als die originäre Gegenleistung für die Überlassung des Leasinggutes. Das OLG Hamm hat dies zutreffend einmal wie folgt formuliert: Die Abschlusszahlung ist so gesehen mithin Teil des eigentlichen Mietzinses, der zu zahlen gewesen wäre, wenn der Vertrag von vornherein nur über 24 Monate (Zeitpunkt der Kündigung) geschlossen worden wäre.[7] Demnach ist die Vereinbarung der Abschlusszahlung keine Preisnebenabrede, die wiederum der Inhaltskontrolle unterläge.[8] Denn die Abschlusszahlung betrifft keine Nebenkonditionen, die neben der Hauptleistung geschuldet oder gespart werden.[9] Zum anderen ist zweifelhaft, ob die mangelnde Durchschaubarkeit der Kalkulation für eine unangemessene Benachteiligung im Sinne des § 9 Abs. 1 AGBG ausreichend sein kann. Zwar soll nach herrschender Meinung auch die fehlende Transparenz einer Klausel im Einzelfall zur Unwirksamkeit führen können;[10] aber dieses Transparenzgebot bezieht sich auf die Festlegung der Rechte und Pflichten des Vertragspartners.

---

[2] BGH WM 81, 1378; BGH WM 1982, 666.
[3] BGH WM 1985, 860; BGH WM 1986, 458, 480 u. 673.
[4] BGH a.a.O.; MünchKomm/*Habersack* Leasing Rdn. 112.
[5] Für die Inhaltskontrolle anhand der AGB-Vorschriften: *Martinek* Moderne Vertragstypen I § 8 I 3 a); *Graf von Westphalen* Rdn. 1121 ff.; MünchKomm/*Habersack* Leasing Rdn. 113; gegen eine Inhaltskontrolle: *Lieb* DB 1986, 2168 ff.; *Eckstein* Betriebsberater 1986, 2148.
[6] BGH NJW 2002, 2386; BGH NJW 1999, 864; *Ulmer/Brandner/Hensen* § 8 Rdn. 8; a.A. MünchKomm/*Habersack* Leasing Rdn. 97 ff.
[7] OLG Hamm, Urt. v. 24.1.1995, 4 U 384/83; EWiR 85, 143 m. Anm. *Graf von Westphalen*.
[8] BGHZ 93, 358 = NJW 85, 3013 = WM 85, 576; Palandt/*Heinrichs* § 307 Rdn. 60.
[9] Vgl. zur Abgrenzung *Ulmer/Brandner/Hensen* § 8 Rdn. 128.
[10] Palandt/*Heinrichs* § 307, Rdn. 16; *Wolf/Horn/Lindacher* § 9 Rdn. 128.

Für den Vertragspartner muss der Umfang seiner Verpflichtung deutlich sein, der Verwender darf sich keinen Ermessensspielraum vorbehalten. Demgegenüber ist bei der dargelegten üblichen Vertragsgestaltung die Höhe der Abschlusszahlung für den Leasingnehmer ganz eindeutig bestimmt. Es besteht keine Möglichkeit für den Leasinggeber, diese der Höhe nach zum Nachteil des Leasingnehmers zu verändern. Auf die Durchschaubarkeit der Ermittlung dieses Betrages kann es für die Frage der Unwirksamkeit nach § 307 BGB nicht ankommen, denn der Leasingnehmer hat keinen Anspruch auf die Offenlegung der Kalkulation des Leasinggebers.[11] Auch im Bereich der AGB hat jeder Verwender das Recht, seinen Preis nach internen eigenen Grundsätzen festzulegen.

2. Vertragsimmanenter Anspruch

11 Die Streitfrage, ob eine vertragliche Klausel über Grund und Höhe der Ausgleichszahlung der Inhaltskontrolle unterliegt und ggf. unwirksam ist, hat heute eher akademischen Charakter. Denn der BGH hat ausdrücklich anerkannt, dass die Unwirksamkeit einer Vertragsklausel über die Ausgleichszahlung nicht zur Aberkennung des Anspruchs führt. Vielmehr hat der BGH für die Fälle, in denen keine oder keine wirksame (§ 307 BGB) vertragliche Vereinbarung über eine Abschlusszahlung zustande gekommen ist, gleichwohl einen Anspruch des Leasinggebers auf eine Abschlusszahlung anerkannt.[12] Zur Begründung dieses Anspruches wird teilweise die ergänzende Vertragsauslegung (§§ 133, 157 BGB) herangezogen, teilweise wird ein vertragsimmanenter, d. h. also ungeschriebener Erfüllungsanspruch bejaht.[13]

12 Der Unterschied zwischen dem vertraglich vereinbarten und dem vertragsimmanenten Anspruch besteht in der Praxis (lediglich) darin, dass die Ausgleichszahlung beim vertragsimmanenten Anspruch konkret zu berechnen ist, d. h. also nicht auf eine Vertragsformel oder vertragliche Berechnungsmethode zurückgegriffen werden kann.

II. Anspruchshöhe

13 Ausgangspunkt ist, dass der Leasinggeber bis zur Beendigung des Leasingvertrages eine etwaige Sonderzahlung und die vertragsmäßigen Leasingraten erhalten hat. Diese bleiben als Teile der vom Leasingnehmer geschuldeten Vollamortisation in vollem Umfang beim Leasinggeber.[14]

14 Die Abschlusszahlung ergänzt diese vorgenannten Teilleistungen. Zur Höhe der Abschlusszahlung stellt der BGH fixe Kriterien auf, die nach seiner Auffassung in den Vertrag aufgenommen werden müssen, um dem Transparenzgebot Genüge zu tun. Fehlt es an einer (wirksamen) vertraglichen Regelung, ist die Ausgleichszahlung (gleichwohl) anhand dieser Kriterien zu berechnen. Maßstab ist dabei der Grundsatz, dass der Leasinggeber durch die Ausgleichszahlung nicht besser und nicht schlechter gestellt werden darf, als er bei kündigungsfreiem Ablauf des Vertragsverhältnisses gestanden hätte.[15]

1. Gesamtbetrag der offenen Leasingraten

15 Ausgangspunkt ist der Gesamtbetrag der noch offenstehenden Leasingraten vom Wirksamwerden der vorzeitigen Kündigung bis zum Ende der kalkulierten Vertragslaufzeit. Dies basiert auf dem Gedanken, dass der Anspruch auf die Abschlusszahlung kein Schadensersatzanspruch, sondern Teil des originären Erfüllungsanspruches ist. Daher sind die

---

[11] BGH NJW 1997, 3166; MünchKomm/*Habersack* Leasing Rdn. 112.
[12] BGH NJW 1985, 2253; *Wolf/Eckert/Ball* Rdn. 1957; *H. Beckmann* Finanzierungsleasing Rdn. 35; MünchKomm/*Habersack* Leasing Rdn. 115.
[13] *Graf von Westphalen* Leasingvertrag Rdn. 817 ff.; OLG Hamm Urt. v. 23. 10. 1996–30 U 75/96; *H. Beckmann* Finanzierungsleasing Rdn. 35.
[14] BGH NJW 1995, 954.
[15] BGH WM 1985, 860; *H. Beckmann* Finanzierungsleasing Rdn. 38.

offenen Leasingraten auch brutto, d. h. einschließlich Mehrwertsteuer, in die Berechnung einzustellen.[16]

2. Ersparte Aufwendungen

Von dem Gesamtbetrag der offenstehenden Leasingraten müssen ersparte Aufwendungen in Abzug gebracht werden. Dabei handelt es sich um solche Aufwendungen, die der Leasinggeber deshalb erspart, weil der Leasingnehmer von seinem vorzeitigen Kündigungsrecht Gebrauch gemacht hat. **16**

a) Objektbezogene Steuern und Versicherungsprämien. Bei objektbezogenen Steuern und Versicherungskosten kann die durch die vorzeitige Vertragsauflösung entstehende Einsparung exakt angegeben werden. Das Gleiche gilt für andere direkt zuzuordnende Kosten. **17**

b) Anteile Gemeinkosten. Bei den anteiligen Gemeinkosten lässt sich eine konkrete Einsparung nicht bestimmen. Der BGH lässt es hier ausreichen, dass der Leasinggeber die in dem Gesamtaufwand enthaltenen Gemeinkosten anteilmäßig angibt und dann die durch Zeitablauf nicht verbrauchten Kosten herausgerechnet werden.[17] **18**

Beispiel: Der Verwaltungsaufwand am Gesamtaufwand beträgt kalkulatorisch 17 %. Hat der Leasingnehmer statt nach 60 Monaten (kalkulatorische Mietzeit) nach 24 Monaten gekündigt, dann sind 60 % des Verwaltungsaufwandes eingespart; also sind 60 % von 17 % aus dem Gesamtaufwand herauszurechnen. Dabei unterstellt der BGH, dass die Gemeinkosten während der Vertragslaufzeit periodisch gleich bleibend anfallen. Dies erscheint indessen zweifelhaft,[18] da z. B. Vertriebskosten und Kosten der Bonitätsprüfung nur zu Beginn der Laufzeit anfallen und dann auf die Vertragslaufzeit umgelegt werden, so dass sie bei vorzeitiger Kündigung nicht anteilig eingespart werden. Die Leasinggesellschaften tragen zu den Kosten der Vertragsverwaltung häufig vor, dass diese nur am Anfang bei der EDV-mäßigen Eingabe anfallen und anschließend nur noch äußerst geringfügig in anteiligen Kosten der EDV-Anlage messbar sind. Im Gegenteil seien die Kosten für die individuelle Bearbeitung der vorzeitigen vertragsgemäßen Kündigung höher als die durch die vorzeitige Kündigung eingesparten Verwaltungskosten. Ein für die Praxis brauchbarer Berechnungsmodus ist bis heute nicht gefunden. **19**

Im Zivilprozess ist die Rechtsprechung uneinheitlich: **20**

Teilweise wird die Auffassung vertreten, der Leasinggeber müsse im Prozess darlegen und ggf. beweisen, dass durch die vorzeitige Beendigung kein Verwaltungsaufwand erspart worden ist; dies wird damit begründet, dass ein „Wegfall gewisser Aufwendungen auf der Hand liegt".[19]

Auf der anderen Seite wird die Auffassung vertreten, dass eine substantiierte Darlegung der mangelnden Ersparnis von Verwaltungsaufwand ausreicht, weil der „kranke" Vertrag größeren Aufwand erfordert als der „gesunde".[20] **21**

Wenn das Gericht eine Ersparnis annehmen will, dann ist es gem. § 287 ZPO berechtigt, eine Schätzung vorzunehmen.[21] **22**

Teilweise wird hier ein Abzug von 20 % bis 30 % der sog. Nichtfinanzierungskosten im Wege der Schätzung vorgenommen.[22] **23**

---

[16] Dies ist anders bei der Berechnung des Schadensersatzanspruches nach fristloser Kündigung, weil dieser Schadensersatzanspruch keinen Erfüllungscharakter hat, vgl. dazu unten § 39 Rdn. 49.
[17] BGH NJW 95, 954; WM 86, 373; vgl. *Wolf/Eckert/Ball* Rdn. 2062.
[18] Kritisch hierzu: *Eckstein* BB 86, 2144.
[19] BGH NJW 1996, 455; *Wolf/Eckert/Ball*, a.a.O., Rdn. 1934.
[20] OLG Hamm NJW-RR 1994, 1467.
[21] OLG Frankfurt VersR 1995, 53; *Wolf/Eckert/Ball* Rdn. 1933.
[22] OLG Stuttgart NJW-RR 1988, 501; OLG Köln ZIP 1995, 46; *Reinking/Eggert*, a.a.O., Rdn. 1283.

§ 37

24 Anzumerken ist, dass das Gericht nicht berechtigt ist, den Anspruch des Leasinggebers auf die Ausgleichszahlung insgesamt mit der Begründung abzuweisen, die angeblich ersparten Aufwendungen seien nicht hinreichend dargelegt.[23]

3. Etwaige Mehraufwendungen

25 Wenn der Leasinggeber aus der vorzeitigen – vertragsgemäßen – Beendigung des Leasingvertrages Mehraufwendungen hat, dann kann er diese in die Berechnung der Ausgleichszahlung einbeziehen. Dies ergibt sich aus dem Grundsatz, dass der Leasinggeber weder besser noch schlechter gestellt werden darf.

26 Solche Mehraufwendungen können beispielsweise darin bestehen, dass der Leasinggeber an seinen Refinanzierer eine Vorfälligkeitsentschädigung zu zahlen hat.[24]

4. Gewinnanspruch für die Zeit nach der vorzeitigen Kündigung

27 Der BGH erkennt dem Leasinggeber nach vorzeitiger Beendigung des Vertrages keinen Gewinnanspruch mehr zu.[25] Der BGH begründet dies damit, dass die Leistung des Leasinggebers leasingtypisch in der Gebrauchsüberlassung auf Zeit und wirtschaftlich betrachtet in der Bereitstellung und Bindung des dafür erforderlichen Kapitals bestehe. Da der Zeitfaktor somit für den Leasingvertrag – anders als beispielsweise beim Kaufvertrag – große Bedeutung habe, könne der Leasinggeber bei vorzeitiger Auflösung des Vertrages durch vertragsgemäße Kündigung nicht den vollen Gewinn beanspruchen; denn er erhalte das eingesetzte Kapital früher als kalkuliert zurück und könne es noch während der kalkulierten Vertragslaufzeit erneut gewinnbringend einsetzen.

28 M. E. wird bei dieser Argumentation Folgendes übersehen: Die vor Ablauf der kalkulierten Mietzeit vom Leasingnehmer ausgesprochene Kündigung ist nicht nur zulässig, sondern stellt eine von mehreren von vornherein vorgesehenen Alternativen der Vertragsbeendigung dar. Der Anspruch auf die Abschlusszahlung ist demnach der ursprüngliche Erfüllungsanspruch und nicht etwa ein Schadensersatzanspruch, der einen Vermögensnachteil voraussetzt. Wäre der Vertrag von vornherein über die kürzere Laufzeit, wie sie jetzt durch die vorzeitige Kündigung entstanden ist, geschlossen worden, dann hätte die Abschlusszahlung – auf die einzelnen Laufzeitmonate bis zur Kündigung verteilt – über die Leasingraten gezahlt werden müssen. Daher ist es nicht recht einsehbar, warum der Leasinggeber einen Teil des bei Vertragsschluss vereinbarten Gewinns soll verlieren müssen, wenn der Leasingnehmer die vorzeitige Kündigung des Vertrages als eine von mehreren vorgesehenen Alternativen wählt.[26]

29 Wenn ein Kreditnehmer ein Darlehen zulässigerweise vorzeitig ablöst, dann muss die Bank sich ebenfalls nur den ersparten Refinanzierungsaufwand anrechnen lassen, nicht aber den entgangenen Gewinn.[27] Auch beim Darlehensvertrag liegt eine Gebrauchsüberlassung auf Zeit vor, die bei vorzeitiger Beendigung den Gewinnanspruch nicht tangiert. Die vom BGH ausgesprochene Möglichkeit, das Kapital schon während der kalkulierten Vertragslaufzeit erneut gewinnbringend einsetzen zu können, ist eine reine Chance, keine feste kalkulatorische Größe. Da der Leasinggeber als wirtschaftlicher Eigentümer das Verwendungsrisiko und damit den Verwertungsaufwand zu tragen hat, steht ihm auch die (ggf. zusätzliche) Gewinnchance zu.

---

[23] *H. Beckmann* Finanzierungsleasing Rdn. 49.
[24] Vgl. BGH NJW 1990, 1785; BGH NJW-RR 1990, 1335; OLG Celle NJW-RR 1994, 1334.
[25] BGH WM 86, 673; 90, 2043, 2046; BGH NJW 1991, 221.
[26] Im Ergebnis auch *Eckstein* BB 86, 2144; *Lieb* DB 86, 2167 ff.; a.A. *Graf von Westphalen* Leasingvertrag Rdn. 797 ff.
[27] OLG Düsseldorf WM 85, 18; *Canaris* NJW 78, 1879; *Emmerich* WM 84, 956; *Löwisch* BB 85, 959; BGH ZIP 85, 466.

5. Abzinsung

Der so errechnete Betrag (Gesamtbetrag der offenen Leasingraten abzüglich ersparter Aufwendungen) muss abgezinst werden. Die Abzinsung dient als Ausgleich dafür, dass der Leasinggeber das aufgewandte Kapital vor dem kalkulatorischen Ende der Vertragslaufzeit zurückerhält und erneut einsetzen kann. Dem liegt der Gedanke zugrunde, dass der Leasinggeber durch die vorzeitige Kündigung keinen Nachteil erleiden, aber auch keinen Vorteil erwirtschaften soll. Dabei muss die Abzinsung mit dem Refinanzierungszinssatz des jeweiligen Vertrages erfolgen, um nicht als unangemessen qualifiziert zu werden. Der BGH hat eine Klausel, nach der eine pauschale Abzinsung mit 6 % vorgesehen war, für unwirksam erklärt, weil der vom Leasinggeber eingesparte Refinanzierungsaufwand möglicherweise sehr viel höher war.[28]

Ob eine Abzinsung nicht erfolgt, wenn zum Zeitpunkt der Berechnung des Schadens die vereinbarte Laufzeit des Leasingvertrages bereits abgelaufen ist, z. B. im Zeitpunkt der letzten mündlichen Verhandlung eines Rechtsstreits, erscheint zweifelhaft. Jedenfalls ist sicherzustellen, dass der Leasinggeber nicht Verzugszinsen auf die nicht abgezinste Forderung enthält.[29]

Bei der Bestimmung des Abzinsungsfußes ist allerdings eine Mischkalkulation in der Weise zulässig, dass das eingesetzte Fremdkapital mit dem aufgewandten Refinanzierungszinssatz und das anteilig eingesetzte Eigenkapital mit einem anderen Zinssatz (Eigenkapital des Leasinggebers in Relation zum Bilanzgewinn) berücksichtigt werden.[30]

Die gewählte Abzinsungsmethode ist vom Leasinggeber entweder im Vertrag oder bei der Abrechnung im Einzelnen darzulegen.[31] Eine bestimmte Abzinsungsmethode ist nicht vorgeschrieben; die Abzinsung nach der Barwertformel für vor- oder nachschüssige Renten ist nicht zu beanstanden.[32]

Wenn der Leasinggeber mit dem Refinanzierungsinstitut für den Fall der vorzeitigen Rückzahlung eine Vorfälligkeitsentschädigung vereinbart hat und diese zahlen muss, dann kann er diese dem Leasingnehmer in Rechnung stellen. Der BGH bejaht den wirtschaftlichen und leasingtypischen Zusammenhang zwischen den ursprünglich kalkulierten Kreditkosten und einer solchen Vorfälligkeitsentschädigung.[33]

6. Anrechnung eines Verwertungserlöses

Als wirtschaftlicher Eigentümer hat der Leasinggeber ein Wahlrecht, wie er den Leasinggegenstand weiter verwertet.[34] Dies kann in der Weise geschehen, dass der Leasinggeber den Leasinggegenstand neu verleast/vermietet. Möglich ist aber auch ein Verkauf des Leasinggegenstandes.

a) Erneute Vermietung. Macht der Leasinggeber von seinem Recht Gebrauch, die Leasingsache erneut zu verleasen, dann ist der Barwert des neuen Leasingvertrages als Verwertungserlös abzuziehen.[35]

---

[28] BGH WM 90, 2043; 86, 673 u. 480; vgl. *H. Beckmann* Finanzierungsleasinggeschäfte Rdn. 290 m. w. N.

[29] Vgl. OLG Hamm NJW-RR 87, 1140; *H. Beckmann* Finanzierungsleasing § 8, Rdn. 290; *Groß* DAR 96, 442.

[30] BGH WM 86, 673.

[31] BGH NJW 1996, 455; OLG Celle NJW-RR 1994, 1334.

[32] BGH NJW 91, 221; BGH WM 84, 1217; zur Kritik vgl. *Gölz* WuB I J 2. – 3.96, 932 m. w. N.

[33] BGH NJW 90, 2377.

[34] Beim kündbaren Teilamortisationsvertrag wird die Auffassung vertreten, der Leasinggeber sei zur Vermarktung verpflichtet, BGH WM 1985, 860; WM 1986, 458.

[35] OLG Celle NJW-RR 1994, 1334; *Graf von Westphalen* AGB-Klauselwerke Leasing Rdn. 204.

36 Findet eine Vermietung nicht statt, dann kann der Leasingnehmer gegenüber dem Anspruch auf Ausgleichszahlung nicht einwenden, der Leasinggeber müsse sich fiktiv einen erzielbaren Erlös aus einer anderweitigen Vermietung anrechnen lassen.[36]

37 Die Grenze ist – wie üblich – auch hier ein Missbrauch gem. § 242 BGB.[37]

38 b) Verkauf des Leasinggegenstandes. Für den Fall, dass der Leasingnehmer vertragsgemäß vorzeitig (d. h. vor Ablauf der Kalkulationszeit) von seinem Kündigungsrecht Gebrauch macht, sieht der Vertrag häufig vor, dass das Leasinggut veräußert wird, sei es durch den Leasinggeber oder sei es durch den Leasingnehmer.

Kommt es zur Verwertung durch den Leasingnehmer, dann genügt er nach der Rechtsprechung des BGH seiner Verpflichtung zur **bestmöglichen Verwertung** nicht schon in jedem Fall dadurch, dass er das Leasinggut zu einem von einem Gutachter geschätzten Händlereinkaufswert verkauft. Vielmehr muss der Leasinggeber konkreten Möglichkeiten zur Erzielung eines höheren Erlöses nachgehen, insbesondere einen Hinweis des Leasingnehmers auf andere Interessenten. Demgegenüber stellt es keine Pflichtverletzung dar, wenn mangels anderer konkreter Alternativen nicht einmal der Händlereinkaufswert erzielt wird und ein längeres Zuwarten im Hinblick auf damit verbundene Kosten und Zeitverlust unzumutbar ist. Nach der Rechtsprechung des BGH ist es eine Einzelfallentscheidung, ob pflichtgemäß oder pflichtwidrig verwertet wurde. Generell sind Unterschreitungen des Schätzwertes von bis zu 10 % unbeachtlich.[38]

Die im Hinblick auf die Verwertung getätigten Reparaturaufwendungen dürfen nur dann zu Lasten des Leasingnehmers berücksichtigt werden, wenn sie erforderlich waren, um die Sache verwerten zu können, sie zu einem höheren Verwertungserlös geführt haben oder der Leasinggeber davon ausgehen durfte, durch die Reparatur werde ein höherer Erlös erzielt.[39]

39 Unzweifelhaft ist, dass ein erzielter Veräußerungserlös den Anspruch auf die Abschlusszahlung mindert (fraglich ist allein die Höhe der Anrechnung), denn die Amortisation des Gesamtaufwandes des Leasinggebers wird bereits dadurch erreicht, dass bei der Berechnung der Abschlusszahlung von der vollen Leasingrate für die kalkulierte Mietzeit ausgegangen wird und das Leasinggut bei Ablauf des Vertrages lediglich noch einen kalkulatorischen Restwert von 10 % haben sollte, während es bei vertragsgemäßer vorzeitiger Kündigung noch einen entsprechend höheren Restwert bzw. Verwertungserlös hat.

Der Verwertungserlös ist auf die Abschlusszahlung von 90 % anzurechnen, da der Teilamortisationserlass bei dem hier zur Diskussion stehenden Vertragstypus des kündbaren Mietvertrages mit Anrechnung des Verwertungserlöses auf die vom Leasingnehmer zu leistende Schlusszahlung lediglich eine Anrechnung des Verwertungserlöses zu 90 % vorsieht. In der Regel wird eine Anrechnung zu 90 % vertraglich vereinbart.

40 Eine derartige Vertragsgestaltung hält nach der Rechtsprechung einer Inhaltskontrolle gem. § 307 BGB stand.[40]

Der BGH begründet seine Auffassung damit, es sei leasingtypisch, dass der Leasinggeber einerseits die volle Amortisation während einer Zeit von 90 % der betriebsgewöhnlichen Nutzungsdauer erhalte und zusätzlich den Leasinggegenstand mit einem Restwert von 10 % der betriebsgewöhnlichen Nutzungsdauer. Daher könne es bei den Teilamortisationsverträgen nicht unangemessen sein, wenn der Leasinggeber 10 % des Verwertungserlöses nicht auf die Abschlusszahlung anrechnet, sondern für sich zusätzlich erhalte. *Graf von Westphalen*[41] hat überzeugend dargelegt, dass die volle Amortisation während 90 %

---

[36] BGH NJW 1981, 43; *Wolf/Eckert/Ball* Rdn. 1940.
[37] *H. Beckmann* Finanzierungsleasing § 8, Rdn. 50.
[38] BGH NJW 91, 221; s. o. Rdn. 45; vgl. *H. Beckmann* Finanzierungsleasing § 8 Rdn. 280.
[39] BGH WM 92, 231; *Groß* DAR 96, 443.
[40] BGH WM 85, 860; 86, 673; OLG Hamm 4 U 384/83, Urt. v. 24. 1. 1985; EWiR 85, 143 m. Anm. *Graf von Westphalen.*
[41] ZIP 85, 1033 ff.

11. Kapitel. Die ordentliche Beendigung des Leasingvertrages § 37

der betriebsgewöhnlichen Nutzungsdauer nichts mit der Gutbringung von lediglich 90 % des Verwertungserlöses zu tun hat.

Ob eine vertragliche Vereinbarung (Klauseln im Sinne der §§ 305 ff. BGB), wonach ein Verwertungserlös nicht zu 90 %, sondern zu einem geringeren Prozentsatz wirksam ist, ist offen.[42] **41**

In der Literatur wird dies verneint. Eine derartige geringere als im Teilamortisationserlass vorgesehene Anrechnung wird als überraschend eingestuft.[43] **42**

Übersteigt der anzurechnende Verwertungserlös die aufgrund der vorstehenden Kriterien berechnete Abschlusszahlung, dann steht der überschießende Betrag dem Leasinggeber zu. Der Grund dafür ist, dass der Leasinggeber rechtlich Eigentümer des Leasinggegenstandes ist und ihm nach geltendem Steuerrecht das Leasinggut wirtschaftlich nur dann zugerechnet werden kann, wenn er die Chance der Wertsteigerung behält.[44] **43**

7. Anfall von Mehrwertsteuer

Die Abschlusszahlung ist mehrwertsteuerpflichtig, wenn sie das Entgelt für einen Leistungsaustausch im Sinne des UStG darstellt. Die ausgetauschte Leistung ist die Gebrauchsüberlassung des Leasinggegenstandes. Nach richtiger Auffassung ist die Abschlusszahlung nichts anderes als das (zusätzlich zu den Leasingraten) zu zahlende Entgelt für die Gebrauchsüberlassung bis zum Zeitpunkt der Kündigung. Daher hat der Leasinggeber für die Abschlusszahlung Mehrwertsteuer an das Finanzamt abzuführen und kann diese daher auch vom Leasingnehmer verlangen.[45] Bei der Anrechnung des Verwertungserlöses ist somit in diesem Zusammenhang vom Brutto-Erlös auszugehen.[46] Dies ist anders bei der Schadensersatzforderung des Leasinggebers nach fristloser Kündigung aus wichtigem Grund, da in diesem Fall kein Leistungsaustausch stattfindet. **44**

III. Fälligkeit des Anspruchs auf die Abschlusszahlung

Grundsätzlich wird ein Anspruch mit seinem Entstehen fällig (§ 271 BGB). Da der Anspruch auf die Abschlusszahlung als Teil des Erfüllungsanspruchs mit der Kündigung durch den Leasingnehmer entsteht, ist er von diesem Zeitpunkt an fällig; die Fälligkeit des Anspruchs ist also grundsätzlich nicht von der vorherigen Verwertung des Leasinggutes abhängig. **45**

Diese Auffassung scheint auch der BGH zu vertreten, der es ausdrücklich gebilligt hat, dass der zunächst entstandene Anspruch auf die Abschlusszahlung später um den erst dann feststehenden Verwertungserlös gemindert wird.[47] **46**

Demgegenüber wird in der Literatur und vom OLG Hamm die Auffassung vertreten, der Anspruch auf die Abschlusszahlung werde grundsätzlich erst nach der Verwertung fällig, da ansonsten eine unangemessene Benachteiligung des Leasingnehmers gem. § 307 BGB vorläge.[48] **47**

Diese Gegenmeinung ist in dieser pauschalen Form nicht haltbar. Zunächst kommt es auf die vertragliche Vereinbarung darüber an, ob und in welcher Weise das Leasinggut zu verwerten ist. Hat der Leasingnehmer die Verwertung vorzunehmen oder hat er einen Käufer zu stellen, dann ist die Verwertung dogmatisch eine Nebenpflicht oder Obliegenheit des Leasingnehmers, deren Erfüllung auf die Fälligkeit des Erfüllungsanspruches des Leasinggebers keinen Einfluss haben kann. Hat demgegenüber der Leasinggeber die Ne- **48**

---
[42] BGH WM 87, 288; BGH WM 1990, 1244; BGH NJW 1990, 247; BGH NJW 1991, 221.
[43] *H. Beckmann* Finanzierungsleasing § 8 Rdn. 53.
[44] *Hermann/Heuer/Raupach/Clausen*, a.a.O., § 5 Rdn. 1127.
[45] BGH NJW 86, 1335; 90, 2377; BGH DB 2002, 475.
[46] Vgl. *Ermann/Jendrek* Anh. § 536 Rdn. 38; *Graf von Westphalen* Leasingvertrag Rdn. 783.
[47] BGH WM 81, 1378; 82, 666.
[48] *Graf von Westphalen* Leasingvertrag Rdn. 758 ff; OLG Hamm OLGR 1996, 1; *Beckmann* Finanzierungsleasing Rdn. 36 a.

benpflicht der Verwertung übernommen, kann dem Leasingnehmer dann, wenn der Leasinggeber die Nebenpflicht schuldhaft schlecht und verzögerlich erfüllt, ein Schadensersatzanspruch aus § 280 BGB (früher pW) zustehen. Wegen dieses Anspruchs kann er gegenüber dem Anspruch des Leasinggebers auf die Abschlusszahlung ein Zurückbehaltungsrecht (§ 273 BGB) geltend machen oder die Aufrechnung erklären. Festzuhalten ist, dass der Leasinggeber nur bei schuldhaftem Handeln haftet und seinen Anspruch auf die Abschlusszahlung nicht durchsetzen kann; denn das Verwertungs- und Wertminderungsrisiko, d. h. also das Risiko, dass das Leasinggut entweder gar nicht oder nicht zu dem bei Vertragsschluss kalkulierten Preis verwertet werden kann, trägt – wie an anderer Stelle dargelegt – zulässigerweise der Leasingnehmer; es gehört zum Wesen des Leasingvertrages als eines Finanzierungsvertrages, dass das beim Mietvertrag typischerweise beim Vermieter liegende Restwertrisiko auf den Leasingnehmer abgewälzt wird. Dies ist nicht unangemessen, weil der Leasingnehmer durch die Auswahl des Leasinggutes beim Lieferanten die Investitionsentscheidung des Leasinggebers maßgeblich mitbestimmt und damit auf das Risiko des Leasinggebers als bürgerlich-rechtlichem Eigentümer unmittelbar Einfluss nimmt.

49 Wäre demgegenüber die Gegenauffassung richtig, dann würde der Anspruch auf die Abschlusszahlung nicht fällig, wenn das Leasinggut nicht zu verwerten wäre. Ebenso würde der Leasinggeber die Zinslast für die Abschlusszahlung für die Zeit zwischen Kündigung und Verwertung tragen müssen, da der Anspruch auf die Abschlusszahlung auf den Zeitpunkt der Kündigung berechnet und abgezinst wird.

IV. Verjährung des Anspruchs auf die Abschlusszahlung

50 Der Anspruch auf die Ausgleichszahlung verjährt bei beweglichen Sachen in drei Jahren gem. §§ 195, 199 BGB, ansonsten in vier Jahren (§ 197 BGB). Die Vorschrift des § 548 BGB findet auf die Abschlusszahlung keine Anwendung.[49] Dies ergibt sich aus der Rechtsnatur des Anspruches auf die Abschlusszahlung, der ein Teil des ursprünglichen Erfüllungsanspruches des Leasinggebers auf die Mietzinszahlung ist; die Abschlusszahlung ist der nicht durch die Leasingraten amortisierte Teil des Gesamtaufwandes, den der Leasinggeber durch die Investition getätigt hat. Die Verjährung des Anspruchs auf Restwertausgleichung beginnt nicht schon mit der Rückgabe, sondern erst mit der Verwertung der Leasingsache.[50]

V. Sonderformen der Abschlusszahlung

1. Restwertausgleich

51 Es gibt Vertragstypen, in denen vereinbart wird, dass ein Teil der Vollamortisation durch den Verwertungserlös hergestellt werden soll, der durch Veräußerung der Leasingsache erzielt wird. Der Leasingnehmer schuldet dann beim vorzeitigen Ende (ordentliche Kündigung) des Teilamortisationsvertrages zum einen Zahlung der bei ordentlicher Laufzeit zu zahlenden (abgezinsten) Leasingraten und zum anderen zusätzlich den kalkulierten Wert der Leasingsache bei Rückgabe in vertragsgemäßem Zustand.

52 Derartige Vertragstypen finden im Wesentlichen beim Kfz-Leasing Anwendung. Eine Sonderform sind dabei die Kilometer-Abrechnungs-Verträge. Dort besteht ein Anspruch auf Ausgleich von Mehr-Kilometern und für einen Minderwert wegen nicht vertragsgemäßen Zustandes.[51]

---

[49] BGH NJW 96, 2860; WM 86, 458; OLG Hamm NJW-RR 96, 502; vgl. *Engel* DB 97, 761 m. w. N.

[50] OLG Hamm NJW-RR 96, 502 = WM 96, 502 mit Anm. *Martens* WuB I J 2. – 7.96, 1167 u. *Jersch* BB 96, 609 ff.

[51] BGH NJW 2004, 2823; vgl. unten § 57 Rdn. 5 ff.

Dabei wird der kalkulierte Wert häufig als Restwert bezeichnet. Diese Bezeichnung ist insoweit leicht irreführend, als der Restwert mit dem Zeitwert verwechselt wird. Der Restwert ist jedoch eine reine kalkulatorische Größe, die vom Zeitwert erheblich abweichen kann.

Ohne eine gesonderte vertragliche Regelung ist der Leasingnehmer nicht zum Restwertausgleich verpflichtet.[52]

2. Restwertgarantie

Bei diesem Vertragstyp garantiert der Leasingnehmer dem Leasinggeber einen bestimmten, vom Leasinggeber bei Vertragsabschluss kalkulierten Restwert.[53]

Die Angrenzung zu dem Restwertausgleich liegt darin, dass bei der Restwertgarantie das Leasinggut verwertet wird und eine Differenz zwischen dem erzielten Erlös und dem vom Leasingnehmer garantierten Restwert auszugleichen ist.

Klauseln mit einer Restwertgarantie müssen auf jeden Fall dem Transparenzgebot (§ 307 Abs. 1 Satz 2 BGB) entsprechen.[54]

Dabei sollte Transparenz auch dahin gehend geschaffen werden, dass es sich auch hier um einen kalkulatorischen Restwert handelt und nicht um den Zeitwert (Verkehrswert am Markt).

VI. Verzinsung

Der Anspruch auf Zahlung der Ausgleichszahlung ist – wie oben dargelegt – eine Entgelt-Forderung für die Überlassung des Gebrauchs. Sie steht also im Synallagma mit der Gebrauchsüberlassung. Daher kann bei einem Unternehmergeschäft eine Verzinsung in Höhe von 8 Prozentpunkten über dem Basiszins (§ 288 Abs. 2 BGB), im Verbrauchergeschäft eine solche von 5 Prozentpunkten über dem Basiszins (§ 288 Abs. 1 BGB) geltend gemacht werden.

Es handelt sich dabei um einen Mindestschaden.

---

[52] BGH NJW 2001, 2165.
[53] BGH NJW 1997, 3166; BGH NJW 2001, 2165.
[54] BGH NJW 2001, 2165.

12. Kapitel. Die außerordentliche Beendigung des Leasingvertrages

§ 38. Fristlose Kündigung durch den Leasinggeber

Schrifttum: Siehe oben zu § 34.

Übersicht

	Rdn.
I. Kündigungsgründe	1
1. Vertragswidriger Gebrauch (§ 543 Abs. 2 Satz 1 Nr. 2. BGB)	3
2. Zahlungsverzug (§ 543 Abs. 2 Satz 1 Nr. 3 BGB)	7
3. Schwerwiegende Vertragsverletzung	12
4. Wesentliche Vermögensverschlechterung	18
5. Tod des Leasingnehmers	20
II. Form der Kündigung	22
1. Kündigung durch den Berechtigten	22
2. Inhalt der Kündigungserklärung	25
3. Frist	26
4. Kündigung gegenüber einer Personenmehrheit	27

I. Kündigungsgründe

1 Da der Finanzierungsleasingvertrag als Dauerschuldverhältnis, welches den gesetzlichen Bestimmungen des Mietrechts unterliegt, zu qualifizieren ist, richtet sich die Zulässigkeit einer außerordentlichen Kündigung primär nach Mietrecht. Die mietrechtlichen Vorschriften sind jedoch nicht abschließend, sondern es gilt subsidiär der zunächst durch Richterrecht geschaffene und jetzt aufgrund der Schuldrechtsreform normierte (§ 134 I BGB) Grundsatz, dass Dauerschuldverhältnisse aus wichtigem Grund kündbar sind. Allerdings hat dies keine nennenswerte praktische Auswertung, weil das Mietrecht mit der Regelung in § 543 Abs. 1 Satz 2 BGB eine Generalklausel enthält, die keine anderen Voraussetzungen hat als diejenigen, die für die Anwendung des durch Richterrecht geschaffenen Auffangtatbestandes vorliegen müssen. Zu beachten ist allerdings, dass die Generalklausel des § 314 I BGB jetzt auch bei Vertragsverletzungen als wichtigem Grund eine außerordentliche Kündigung erst nach erfolglosem Ablauf einer Abhilfefrist möglich ist.

2 Nachfolgend sollen die in der Praxis wichtigsten Kündigungsgründe näher dargestellt werden.

1. Vertragswidriger Gebrauch (§ 543 Abs. 2 Satz 1 Nr. 2 BGB)

3 Nach neuem Recht enthält dieser Tatbestand nur noch zwei Fallgestaltungen, und zwar
– die erhebliche Gefährdung der Mietsache durch Vernachlässigung der dem Mieter obliegenden Sorgfalt und

– die unbefugte Überlassung der Mietsache an Dritte.

4 Alle übrigen Fälle des vertragswidrigen Verbrauchs sind unter die vorgenannte Generalklausel des § 543 Abs. 1 Satz 2 BGB zu subsumieren.[1]

5 In die erstgenannte Fallgruppe fallen alle Sachverhalte, in denen der Leasingnehmer seiner gesetzlichen oder im Leasingvertrag normierten Verpflichtung zur Instandhaltung und Pflege nicht nachkommt. In die zweite Fallgruppe fallen das leasingimmanente Verbot der Untervermietung[2] und der unbefugten unentgeltlichen Überlassung an Dritte.

---

[1] Palandt/*Weidenkaff*[65] § 543 Rdn. 20.
[2] MünchKomm/*Habersack* Leasing Rdn. 122 und 48.

Gem. § 543 Abs. 3 BGB ist die Kündigung wegen vertragswidrigen Gebrauchs erst 6
dann zulässig, wenn entweder erfolglos abgemahnt wurde oder der Leasingnehmer eine
ihm zur Abhilfe gesetzte angemessene Frist erfolglos hat verstreichen lassen. Die Abmahnung bzw. die Setzung der Abhilfefrist sind wiederum entbehrlich, wenn sie offensichtlich keinen Erfolg versprechen oder die sofortige Kündigung ausnahmsweise unter
Abwägung der beiderseitigen Interessen gerechtfertigt ist (§ 543 Abs. 3 Satz 2 BGB).

2. Zahlungsverzug (§ 543 Abs. 2 Satz 1 Nr. 3 BGB)

Das Gesetz definiert den zur fristlosen Kündigung berechtigenden Zahlungsverzug dahin 7
gehend, dass der Mieter
- für zwei aufeinander folgende Termine mit der Entrichtung der Miete oder eines nicht unerheblichen Teils der Miete in Verzug ist oder
- in einem Zeitraum, der sich über mehr als 2 Termine erstreckt, mit der Entrichtung der Miete in Höhe eines Betrages in Verzug ist, der die Miete für zwei Monate erreicht.

Damit hat der Gesetzgeber Missbrauchsfälle erfassen wollen, in denen Mieter/Leasing- 8
nehmer durch Teilzahlungen eine Kündigung aus wichtigem Grund verhindern wollen.

Einerseits sind weder eine Abmahnung noch der erfolglose Ablauf einer Abhilfefrist 9
Voraussetzung für die Kündigung wegen Zahlungsverzuges (§ 543 Abs. 3 Satz 2 Nr. 3
BGB). Andererseits reicht allein ein Rückstand nicht aus; das verschuldensabhängige
Merkmal des Verzuges kann auch im Leasingvertrag formularmäßig nicht durch das verschuldensunabhängige Merkmal des Zahlungsrückstandes ersetzt werden (§ 307 BGB).[3]

Eine Mahnung wird in aller Regel entbehrlich sein, da die Fälligkeit der Leasingraten 10
im Vertrag kalendermäßig bestimmt ist (§ 286 Abs. 2 Nr. 1. BGB). Das den Verzug begründende Verschulden ist zwar nicht bei Zahlungsunfähigkeit ausgeschlossen, es kann
aber ausnahmsweise entfallen, wenn der Leasingnehmer sich zulässigerweise zur Minderung oder Zurückbehaltung des Mietzinses als berechtigt ansehen durfte. Dies gilt
entsprechend, wenn der Leasingnehmer die Rückabwicklung des Liefervertrages aus abgetretenem Recht begehrt und den Prozess gegen den Lieferanten letztlich z. B. wegen
Verjährung oder Nicht-Beweisbarkeit einer Leistungsstörung verliert.

Vertragsklauseln, mit denen die Kündigungsmöglichkeiten für den Leasinggeber er- 11
leichtert werden sollen, verstoßen in der Regel gegen § 307 BGB. Dies gilt insbesondere
für Klauseln, nach denen die Kündigung bereits im Falle des Verzuges des Leasingnehmers mit lediglich einer Rate zulässig sein soll. Dies gilt auch dann, wenn der Zahlungsverzug nach dem Inhalt der Klausel länger als 30 Tage anhalten muss und damit bereits
die Fälligkeit der Folgerate eingetreten ist.[4]

3. Schwerwiegende Vertragsverletzung

Schon nach altem Recht rechtfertigten andere schwerwiegende Vertragsverletzungen eine 12
fristlose Kündigung. Dies ergab sich aus dem allgemeinen Rechtsgedanken, dass bei
Dauerschuldverhältnissen auch ohne gesetzliche Normierung ein außerordentliches Kündigungsrecht aus wichtigem Grund besteht, wenn einem Vertragspartner ein Verhalten
am Vertrag unzumutbar ist.[5]

Dieser Tatbestand ist jetzt mit der Schuldrechtsreform in § 314 Abs. 1 BGB normiert 13
worden.

---

[3] OLG Hamm NJW RR 1992, 502; BGH NJW 1987, 2506.
[4] Vgl. BGH NJW 1987, 2506, 2507.
[5] BGHZ 29, 172; BGHZ 41, 108; BGH NJW 1986, 978.

§ 38 Zweiter Teil. Allgemeines Leasingrecht

14 Im Gesetz ist jetzt klargestellt (§ 314 Abs. 2 BGB), dass die Kündigung erst nach erfolglosem Ablauf einer zur Abhilfe bestimmten Frist oder nach erfolgloser Abmahnung zulässig ist.

15 Ferner ist in das Gesetz aufgenommen worden, dass die Kündigung nur innerhalb angemessener Frist nach Kenntnis vom Kündigungsgrund ausgesprochen werden darf (§ 314 Abs. 3 BGB).

16 Eine solche schwerwiegende Vertragsverletzung liegt beispielsweise dann vor, wenn der Leasingnehmer das geleaste Kfz ohne gültige Fahrerlaubnis oder mehrfach unter massivem Alkoholeinfluss benutzt.[6]

17 Ein weiteres Beispiel für eine schwerwiegende Vertragsverletzung ist der Nichtabschluss eines nach dem Leasingvertrag geschuldeten Wartungsvertrages oder einer nach dem Leasingvertrag geschuldeten Versicherung; allerdings soll es nicht ausreichen, wenn der Wartungsvertrag oder die Versicherung zwar abgeschlossen sind, aber der Leasingnehmer gegen seine gegenüber dem Leasinggeber bestehende Pflicht verstößt, den Abschluss des Wartungsvertrages bzw. des Versicherungsvertrages anzuzeigen.[7]

4. Wesentliche Vermögensverschlechterung

18 Eine wesentliche Verschlechterung der Vermögensverhältnisse des Leasingnehmers rechtfertigt für sich allein die fristlose Kündigung nicht. Erforderlich ist zusätzlich, dass der Anspruch des Leasinggebers auf die Gegenleistung ernsthaft gefährdet ist. Dabei kommen in Betracht eine (drohende) Zwangsvollstreckung, drohende Insolvenzeröffnung oder andere schwerwiegende Gründe.[8]

19 Eine Formularklausel, nach der allein die wesentliche Vermögensverschlechterung zur fristlosen Kündigung berechtigt und nicht zusätzlich eine Gefährdung des Erfüllungsanspruches des Leasinggebers erforderlich ist, soll einen Verstoß gegen § 307 BGB darstellen.[9] Es erscheint zweifelhaft, ob es einen derartigen Fall in der Praxis überhaupt gibt, in dem einerseits eine wesentliche Verschlechterung der Vermögensverhältnisse eintritt, andererseits aber eine – dadurch bedingte – Gefährdung des Rückzahlungsanspruches nicht eintritt.

5. Tod des Leasingnehmers

20 Nach neuem Mietrecht (MietRRG seit 1. 9. 2001 in Kraft) ist beim Tode des Mieters auch der Vermieter berechtigt, das Mietverhältnis innerhalb eines Monats nach Kenntnis vom Tode des Mieters außerordentlich mit gesetzlicher Frist zu kündigen (§ 580 BGB). Es ist streitig, ob diese Regelung auch für den Leasingvertrag gilt.[10]

21 Nach hier vertretener Auffassung muss die Kündigung zulässig sein. Die Gegenmeinung basiert auf der alten, inzwischen überholten Gesetzeslage, die die Regelung des § 580 BGB noch nicht kannte. Es besteht keine Veranlassung, diese neue Mietrechts-Regelung nicht auch auf den Leasingvertrag anzuwenden, insbesondere dann nicht, wenn der Vollamortisationsanspruch des Leasinggebers dadurch nicht berührt wird.

II. Form der Kündigung

1. Kündigung durch den Berechtigten

22 Berechtigt zum Ausspruch der Kündigung aus wichtigem Grund ist grundsätzlich der Leasinggeber; dies liegt auf der Hand. Etwas anderes kann jedoch gelten, wenn der Lea-

---

[6] OLG Düsseldorf 1997, 702.
[7] OLG Koblenz MDR 2002, 694.
[8] BGH WM 1984, 1217.
[9] BGH NJW 1991, 102.
[10] Bejahend *Reinking/Eggert* Rdn. 883; verneinend *H. Beckmann* Finanzierungsleasing § 8 Rdn. 116.

singgeber – wie dies häufig geschieht – die Ansprüche aus dem Leasingvertrag an seinen Refinanzierer abgetreten hat.

Ob selbständige Gestaltungsrechte, wie das Kündigungsrecht, weiterhin dem Leasing- 23 geber als Zedenten oder dem Refinanzierer als Zessionar zustehen, ist eine Frage des Inhalts und der Auslegung des Abtretungsvertrages.[11]

Selbst wenn dem Zedenten das Kündigungsrecht weiterhin zusteht, so kann er es nur 24 mit Zustimmung des Refinanzierers als Zessionar ausüben; denn durch das Kündigungsrecht wird der abgetretene Zahlungsanspruch unmittelbar berührt.[12]

2. Inhalt der Kündigungserklärung

Die Kündigung ist formlos möglich. Das Wort Kündigung muss nicht verwendet wer- 25 den.[13]

3. Frist

Das Gesetz sieht eine bestimmte Frist nicht vor. Es empfiehlt sich allerdings, die Kündi- 26 gung zeitnah auszusprechen. Wenn die Kündigung aus § 314 Abs. 1 BGB begründet wird, so ist sie „in angemessener Frist" auszuüben. Wenn es sich um Finanzierungsleasingverträge zwischen einem Unternehmer und einem Verbraucher handelt (§ 500 BGB), dann soll dem Leasinggeber nur eine Bedenkzeit von wenigen Tagen zustehen.[14]

4. Kündigung gegenüber einer Personenmehrheit

Sind auf Leasingnehmerseite mehrere Personen (als Gesamtschuldner) beteiligt, so kann 27 der Leasinggeber nur mit Wirkung gegen alle kündigen. Es besteht ein einheitliches, auf eine unteilbare Leistung gerichtetes Schuldverhältnis (§ 425 Abs. 2 BGB). Sofern nicht einer der Gesamtschuldner eine gesonderte Empfangsvollmacht hat, muss der Leasinggeber die Kündigung gegenüber allen Leasingnehmern aussprechen.

Etwas anderes gilt nur dann, wenn ein Gesamtschuldverhältnis lediglich dadurch be- 28 gründet worden ist, dass der Dritte einen Schuldbeitritt erklärt hat. In diesem Fall reicht die Kündigung gegenüber dem Leasingnehmer.

§ 39. Rechtsfolgen der fristlosen Kündigung

Schrifttum: Siehe oben zu § 34.

Übersicht

	Rdn.
I. Herausgabe des Leasinggutes	1
II. Anspruch auf rückständige Leasingraten	3
III. Anspruch des Leasinggebers auf Schadensersatz	5
1. Rechtsnatur	5
a) Inhalt	5
b) Abgrenzung zum Anspruch auf Abschlusszahlung beim kündbaren Teilamortisationsvertrag	16
2. Konkrete Schadensberechnung	22
a) Gesamtbetrag der noch offenen Leasingraten	25
b) Restwert bei Vertragsende	27
c) Abzug ersparter Aufwendungen	29
d) Anspruch auf entgangenen Gewinn	30

---

[11] BGH NJW 1985, 2614; offengelassen in BGH NJW 1998, 896; OLG Naumburg NJW-RR 2001, 423; OLG Hamm NJW-RR 1993, 273.
[12] BGH NJW 1990, 1785; *Zeetzen* AcP 169, 366.
[13] MünchKomm/*Habersack* Leasing Rdn. 124.
[14] MünchKomm/*Habersack* Leasing Rdn. 124.

	Rdn.
e) Abzinsung	33
f) Erstattung einer Vorfälligkeitsentschädigung und von Rechtsverfolgungskosten	39
g) Anrechnung des Verwertungserlöses bzw. Gutschrift des Restwertes	40
h) Mehrwertsteuer auf die Schadensersatzforderung	49
3. Pauschale Schadensberechnung	51
4. Ansprüche gegen Dritte aus Rücknahmeverpflichtung oder Garantie	53

I. Herausgabe des Leasinggutes

1 Da sich durch die Kündigung der Leasingvertrag in ein Abwicklungsverhältnis umwandelt, hat der Leasingnehmer kein Recht mehr zum Besitz des Leasinggegenstandes im Sinne des § 986 BGB. Er ist vielmehr zur Rückgabe verpflichtet.[1]

2 Hinsichtlich Inhalt und Umfang des Rückgabeanspruches gelten die Ausführungen in § 35 entsprechend.

II. Anspruch auf rückständige Leasingraten

3 Wenn der Leasinggeber den Leasingvertrag aus wichtigem Grund fristlos kündigt, dann hat er einen Anspruch auf die rückständigen Leasingraten bis zum Wirksamwerden der Kündigung. Dies ist eine Selbstverständlichkeit, weil die Kündigung den Vertrag erst mit Wirkung ex nunc beendet. Eine sich aus der Anwendung des Mietrechts ergebende Besonderheit liegt darin, dass der Leasinggeber die vertraglich vereinbarten Leasingraten zunächst auch für die Zeit nach dem Wirksamwerden der Kündigung verlangen kann, und zwar bis zur tatsächlichen Rückgabe des Leasinggegenstandes durch den Leasingnehmer. Dies ergibt sich aus § 546a BGB. Hierbei handelt es sich um einen vertraglichen Erfüllungsanspruch, also insgesamt um eine Entgeltforderung im Sinne des § 288 Abs. 2 BGB.

4 Diese Qualifizierung als Erfüllungsanspruch hat zur Folge, dass der Leasingnehmer für diesen Zeitraum zwischen dem Wirksamwerden der Kündigung und der tatsächlichen Rückgabe auch Mehrwertsteuer schuldet und ggf. Verzugszinsen (8 Prozentpunkte über dem Basiszins beim Unternehmergeschäft und 5 Prozentpunkte über dem Basiszins in sonstigen Fällen).

III. Anspruch des Leasinggebers auf Schadensersatz

1. Rechtsnatur

5 a) **Inhalt.** Im Ergebnis besteht in Rechtsprechung und Literatur Einigkeit, dass der Leasinggeber mit Hilfe eines Sekundäranspruches so zu stellen ist, wie er bei ordnungsgemäßer Vertragsdurchführung stehen würde.[2]

6 Einerseits darf der Leasinggeber nicht schlechter gestellt werden, so dass er Ersatz seiner gesamten Anschaffungs- und Finanzierungskosten sowie seines Gewinns verlangen kann (volle Amortisation), sich aber dasjenige anrechnen lassen muss, was er durch die vorzeitige Beendigung des Vertrages erspart hat. Andererseits darf der Leasinggeber nicht besser als bei ordnungsgemäßer Vertragsdurchführung gestellt werden, so dass die Höhe seines Schadensersatzanspruches begrenzt ist durch seine Amortisations-Kalkulation.[3]

7 Demgegenüber ist die Rechtsnatur dieses Anspruches nach wie vor umstritten. Dies beruht darauf, dass die Kumulation von Kündigung und Schadensersatz auch nach der Schuldrechtsreform aus dem Gesetz nicht ohne weiteres abzuleiten ist. Denn da das Kündigungsrecht rechtlich nichts anderes als die Beendigung des Vertrages für die Zukunft bewirkt, bedarf es zur Anerkennung eines zusätzlichen Schadensersatzanspruches zu-

---

[1] *Erman/Jendrek* Anh. § 536 Rdn. 35.
[2] BGH NJW 2002, 2713; BGH NJW 1982, 870.
[3] BGH NJW 1985, 2253; BGH NJW 1984, 2687.

nächst des für Dauerschuldverhältnisse – und insbesondere für Mietverträge – geltenden Grundsatzes, dass neben der außerordentlichen Kündigung aus wichtigem Grund auch Schadensersatz verlangt werden kann, und zwar aus §§ 280, I und III, 281 BGB (Schadensersatz statt Leistung).

Die grundsätzliche Anerkennung eines Schadensersatzanspruches gibt noch keinen Anspruch auf volle Amortisation. Vielmehr wäre – wenn ein reiner Mietvertrag vorläge – ein solcher Schadensersatzanspruch durch die Leistungen begrenzt, die der Leasingnehmer bis zum nächstmöglichen ordentlichen Kündigungstermin aufzubringen gehabt hätte; denn eine vom Leasingnehmer ausgesprochene ordentliche Kündigung ließe die Kausalität für weiteren dem Leasinggeber durch die von ihm ausgesprochene außerordentliche Kündigung entstandenen Schaden entfallen.[4]

Beim Vollamortisationsvertrag, der erst nach Ablauf der Grundmietzeit kündbar ist, mag sich dies nicht auswirken. Demgegenüber hätte beim Teilamortisationsvertrag, bei dem die ordentliche Kündigung durch den Leasingnehmer schon lange vor Ablauf der Grundmietzeit zulässig ist und bei dem der Gesamtaufwand des Leasinggebers im Zeitpunkt der Kündigung noch nicht durch die Leasingraten amortisiert ist, eine Begrenzung des Schadensersatzanspruches auf die Summe derjenigen Leasingraten, die bis zum nächstmöglichen Kündigungszeitpunkt (Kündigung durch den Leasingnehmer) fällig wären, zur Folge, dass der Leasinggeber nur einen Teil seines Aufwandes amortisieren könnte.

Eine solche dem mietrechtlichen Schadensersatzanspruch innewohnende Begrenzung würde jedoch dem Charakter des Finanzierungsleasing nicht gerecht, welches nicht nur durch die Überlassung einer Sache auf Zeit, sondern insbesondere auch durch das Finanzierungselement, d. h. durch die vorübergehende Zurverfügungstellung der Geldmittel für eine Investition, geprägt ist. In Abgrenzung zur „reinen" Miete will der Finanzierer nicht das Verwendungsrisiko nach Ablauf der Mietzeit tragen, sondern seine Investition muss sich bei Ablauf der Mietzeit amortisiert haben.

Diese Besonderheit des Finanzierungsleasings führt dazu, dass dem Leasinggeber bei von ihm ausgesprochener, aber vom Leasingnehmer veranlasster außerordentlicher Kündigung aus wichtigem Grund ein Schadensersatzanspruch auf volle Amortisation zusteht.

Eine Kontrollüberlegung zeigt, dass allein dieses Ergebnis interessengerecht ist: Da der Leasinggeber bei einer vom Leasingnehmer ausgesprochenen vertragsgemäßen Kündigung einen Anspruch auf volle Amortisation hat und für den noch nicht durch die Leasingraten abgedeckten Teil seines Gesamtaufwandes eine Abschlusszahlung verlangen kann, muss dies erst recht gelten, wenn der Leasingnehmer sich vertragswidrig verhält; denn ansonsten wäre der vertragsbrüchige Leasingnehmer besser gestellt als der vertragstreue.

Im Ergebnis ist also festzustellen, dass der Leasinggeber im Fall der von ihm ausgesprochenen außerordentlichen Kündigung aus wichtigem Grund einen Schadensersatzanspruch geltend machen kann, der auf volle Amortisation seines noch nicht durch die Leasingraten abgedeckten Gesamtaufwandes gerichtet ist.

Aufgrund dieser Besonderheiten spricht der BGH von einem „Anspruch sui generis", der sich im Wege ergänzender Vertragsauslegung ergibt[5] bzw. von einem dem Leasingvertrag „vertragsimmanenten Anspruch".[6]

Diese Einstufung hat nach hier vertretener Auffassung auch nach der Schuldrechtsreform Gültigkeit, weil auch der neu geschaffene gesetzliche Anspruch auf Schadensersatz statt der Leistung (§§ 280 Abs. 1 und 3, 281 BGB) die oben aufgezeigte besondere Interessenlage der Leasingvertragsparteien nicht vollständig berücksichtigt.

---

[4] BGH WM 85, 860.
[5] BGH NJW 1984, 2687; BGH NJW 1985, 2253; BGH NJW 1987, 1690.
[6] BGH NJW 1990, 247.

16 b) Abgrenzung zum Anspruch auf Abschlusszahlung beim kündbaren Teilamortisationsvertrag. Der Anspruch des Leasinggebers nach außerordentlicher Kündigung aus wichtigem Grund ist seiner Rechtsnatur nach ein Schadensersatzanspruch, d. h., dem Leasinggeber ist der Betrag zu ersetzen, den er bei normalem Ablauf der Vertragserfüllung hätte verlangen können (§§ 249, 252 S. 2 BGB), gemindert um ersparte Aufwendungen oder andere infolge der Kündigung erwachsende Vorteile des Leasinggebers.[7]

17 Demgegenüber ist der Anspruch auf Abschlusszahlung beim kündbaren Teilamortisationsvertrag kein Schadensersatzanspruch, sondern ein Erfüllungsanspruch, wie oben im Einzelnen dargelegt worden ist.

18 Diese Unterscheidung scheint *Graf von Westphalen*[8] übersehen zu haben, wenn er ausführt, dieser Anspruch gelte *„gleichermaßen bei der ordentlichen Kündigung, wie sie beim Teilamortisations-Vertrag mit Abschlusszahlung des Leasingnehmers vorgesehen ist, als auch bei fristloser Kündigung des Leasinggebers infolge Zahlungsverzuges des Leasingnehmers gem. § 554 BGB".* Entgegen *Graf von Westphalen* ergibt sich eine derartige Gleichstellung des Schadensersatzanspruches und des Anspruches auf die Abschlusszahlung auch nicht aus der grundlegenden Entscheidung des BGH vom 12. 6. 1985.[9] Vielmehr nimmt der BGH eine saubere dogmatische Unterscheidung vor, indem er wörtlich wie folgt formuliert: *„Da der mit der Klage geltend gemachte konkret berechnete Anspruch auf Ersatz des Nichterfüllungsschadens, mit dem die Klägerin die volle Amortisation ihres Kapitaleinsatzes (einschließlich des kalkulierten Gewinns) für die Beschaffung der Leasingobjekte erstrebt, seine Obergrenze in der Summe der Leistungen findet, die der Beklagte (Leasingnehmer) bei ordnungsgemäßer Durchführung des Vertrages hätte erbringen müssen, kommt es für die Entscheidung des Rechtsstreits zunächst darauf an, was der Beklagte in diesem Fall insgesamt an die Klägerin zu zahlen gehabt hätte."*[10] Anders ausgedrückt untersucht der BGH den Umfang des Erfüllungsanspruches (Leasingrate und Abschlusszahlung) nur deshalb, weil er hierin die Obergrenze für den Schadensersatzanspruch sieht.

19 Diese eindeutige dogmatische Unterscheidung zwischen dem Erfüllungsanspruch auf die Abschlusszahlung beim kündbaren Teilamortisationsvertrag einerseits und dem Schadensersatzanspruch nach erfolgter außerordentlicher Kündigung aus wichtigem Grund andererseits ist kein akademisches Sandkastenspiel, sondern hat gravierende materiell-rechtliche und insbesondere prozessuale Auswirkungen: Materiell-rechtlich bedeutsam ist die dogmatische Unterscheidung insbesondere für die Inhaltskontrolle nach den AGB-Vorschriften: Nach der hier vertretenen Ansicht[11] ist der (Erfüllungs-)Anspruch auf die Abschlusszahlung einer Inhaltskontrolle entzogen, weil es sich insofern um eine Preisabrede handelt; das vom BGH aufgestellte Transparenzgebot gilt nicht, der Leasinggeber ist in seiner Kalkulation der Abschlusszahlung also rechtlich nur den allgemeinen Schranken der §§ 138, 242 BGB und wirtschaftlich dem Wettbewerb unterworfen. Demgegenüber ist der Schadensersatzanspruch einer Inhaltskontrolle unterworfen (§§ 307, 308 ff. BGB).

20 In prozessualer Hinsicht ist wie folgt zu unterscheiden: Macht der Leasinggeber die Abschlusszahlung geltend, muss er darlegen und beweisen, dass die von ihm geltend gemachte Zahlung vertraglich vereinbart worden ist. Einwendungen des Leasingnehmers gegen die Höhe sind nur im Rahmen der §§ 138, 242 BGB erheblich. Denn die Angemessenheit der Kalkulation der Abschlusszahlung durch den Leasinggeber ist durch das Gericht nur unter den vorgenannten Gesichtspunkten zu überprüfen. Macht der Leasinggeber einen pauschal berechneten Schadensersatzanspruch nach außerordentlicher Kündigung aus wichtigem Grund geltend, dann muss er darlegen (Transparenzgebot) und beweisen,[12] dass der Schaden nach dem gewöhnlichen Lauf der Dinge zu erwarten ist

---

[7] BGH NJW 2002, 2713; 1982, 870.
[8] *Graf von Westphalen* Leasingvertrag Rdn. 832.
[9] BGH WM 85, 860.
[10] BGH WM 85, 860.
[11] Vgl. oben § 37 Rdn. 10.
[12] BGHZ 67, 319; MünchKomm/*Kötz* § 11 Rdn. 41; a. A. *Ulmer/Brandner/Hensen* § 11 Rdn. 14.

12. Kapitel. Die außerordentliche Beendigung des Leasingvertrages § 39

(§§ 308 ff.). Macht der Leasingnehmer hiergegen Einwendungen geltend, so ist er hierfür darlegungs- und beweisbelastet; denn der Schädiger trägt die Beweislast sowohl für einen von ihm behaupteten Vorteilsausgleich, beispielsweise höhere ersparte Aufwendungen, höherer ersparter Refinanzierungsaufwand,[13] als auch für ein behauptetes Mitverschulden gem. § 254 BGB, z. B. durch Verschleuderung des Leasinggegenstandes.

Auf diese Weise lassen sich die Geltendmachung des Anspruches auf die Abschlusszahlung und der Schadensersatzanspruch nach außerordentlicher Kündigung aus wichtigem Grund ohne Besonderheiten in das allgemeine System der Darlegungs- und Beweislast einordnen. Bürdet man demgegenüber dem Leasinggeber ohne Unterschied sowohl für den Erfüllungsanspruch als auch für den Schadensersatzanspruch die volle Darlegungs- und Beweislast dafür auf, dass er gerade den geltend gemachten Betrag und nicht einen theoretisch, d. h. ohne konkrete Einwendungen des Leasingnehmers, niedrigeren Betrag materiell-rechtlich verlangen kann, dann ist dies nicht nur systemwidrig, sondern belastet den Leasinggeber unangemessen, da er in einem öffentlichen Verfahren seine gesamte interne Kalkulation offenlegen muss und er eine konkrete Zuordnung von Kosten häufig gar nicht so detailliert vornehmen kann. 21

2. Konkrete Schadensberechnung

Eine konkrete Schadensberechnung ist immer dann vorzunehmen, wenn – was nach der Rechtsprechung des BGH in der Regel der Fall ist – keine wirksame vertragliche Regelung zur Schadensberechnung vereinbart worden ist.[14] 22

Der Schaden ist zu berechnen entweder auf den Zeitpunkt des Wirksamwerdens der Kündigung oder – bei zeitlich späterer Rückgabe des Leasinggegenstandes – auf den Zeitpunkt der tatsächlichen Rückgabe des Leasinggegenstandes. Denn bis zum Zeitpunkt der Rückgabe hat der Leasinggeber gem. § 546 a Abs. 1 BGB einen Anspruch auf Zahlung der vertraglich vereinbarten Leasingraten zzgl. Mehrwertsteuer.[15] 23

Rechtsprechung und Literatur haben für die Berechnung Grundsätze und Schemata aufgestellt, die nachfolgend darzustellen sind.[16] 24

a) Gesamtbetrag der noch offenen Leasingraten. Da der Leasinggeber bei der Geltendmachung von Schadensersatz wegen Nichterfüllung so zu stellen ist, wie er bei ordnungsgemäßer Erfüllung des Vertrages durch den Leasingnehmer gestanden hätte, kann er als Ausgangsbasis die im Zeitpunkt der Kündigung künftig noch offenstehenden Leasingraten geltend machen. 25

Beim Vollamortisationsvertrag sind dies die Raten bis zum Ende der (unkündbaren) Grundmietzeit, beim kündbaren Teilamortisationsvertrag mit Abschlusszahlung sind dies die Leasingraten bis zum Ende der kalkulierten Laufzeit, nicht also bis zum nächst möglichen Kündigungstermin.[17] Auch eine am Vertragsende zu leistende Sonderzahlung ist zugunsten des Leasinggebers zu berücksichtigen,[18] ebenso der vom Leasingnehmer zu zahlende Kaufpreis, wenn es sich um einen Vertragstyp mit Andienungsrecht handelt. 26

b) Restwert bei Vertragsende. Da sowohl bei Vollamortisationsverträgen als auch bei erlasskonformen Teilamortisationsverträgen davon ausgegangen wird, dass am Ende der kalkulierten Laufzeit lediglich maximal 90 % der betriebsgewöhnlichen Nutzungsdauer verstrichen sind und dieser Umstand wirtschaftlich mit einem Restwert von 10 % bei Ablauf der (kalkulierten) Mietzeit gleichgesetzt werden kann, ist dem Gesamtbetrag der 27

---

[13] BGHZ 94, 217; Palandt/*Heinrichs* Vor § 249 Rdn. 141 ff.
[14] BGH NJW 1985, 796; BGH NJW 1985, 1539; BGH NJW 1985, 2253.
[15] Vgl. dazu oben § 35 Rdn. 21.
[16] OLG Celle NJW-RR 1994, 743; OLG Celle NJW-RR 1999, 704, dem zustimmend BGH NJW 1995, 954; OLG Oldenburg DAR 2003, 460; *Wolf/Eckert/Ball* Rdn. 1986; *Reinking/Eggert* Rdn. 893 ff.
[17] BGH WM 85, 860; 87, 288.
[18] BGH ZIP 95, 286.

offenstehenden Leasingraten der Restwert in Höhe von 10 % der Anschaffungskosten hinzuzurechnen. Denn diesen Vermögenswert hätte der Leasinggeber auch bei ordnungsgemäßer Erfüllung des Vertrages gehabt. Der Restwert ist auf das vorzeitige Vertragsende abzuzinsen.[19] Ausgangspunkt ist der Netto-Restwert.

28   Dies gilt nicht beim Vertragstypus mit Andienungsrecht des Leasinggebers; hier tritt an die Stelle des bei Vertragsende noch vorhandenen Restwertes der vom Leasingnehmer bei Ausübung des Andienungsrechts zu zahlende Kaufpreis.

29   **c) Abzug ersparter Aufwendungen.** Hier gelten keine Besonderheiten gegenüber dem Ausgleichsanspruch beim kündbaren Teilamortisationsvertrag. Fraglich ist insbesondere, ob man eine Kostenersparnis ablehnen kann mit der Begründung, die vorzeitige Beendigung erfordere Mehr- statt Minderkosten.[20]

30   **d) Anspruch auf entgangenen Gewinn.** Der Anspruch des Leasinggebers auf entgangenen Gewinn ergibt sich beim Schadensersatzanspruch wegen Nichterfüllung unmittelbar aus § 252 BGB. Es ist kein sachlicher Grund dafür ersichtlich, warum der Leasinggeber deshalb auf einen Teil seines bei Vertragsabschluss kalkulierten Gewinns soll verzichten müssen, weil der Leasingnehmer vertragsbrüchig geworden und Veranlassung zur Kündigung gegeben hat.

31   Dies gilt sowohl für den Vollamortisationsvertrag als auch – jedenfalls nach der hier vertretenen Ansicht – für den kündbaren Teilamortisationsvertrag mit Abschlusszahlung; der BGH[21] kommt demgegenüber zu dem Ergebnis, dass dem Leasinggeber beim kündbaren Teilamortisationsvertrag mit Abschlusszahlung auch im Rahmen des Schadensersatzanspruches kein Anspruch auf Gewinn für die Zeit nach der Kündigung zusteht, da er den Schadensersatzanspruch der Höhe nach durch den Erfüllungsanspruch für begrenzt hält und bei der Berechnung der Abschlusszahlung – nach hier vertretener Ansicht zu Unrecht – für die Zeit nach der – vertragsgemäßen – Kündigung dem Leasinggeber einen Gewinnanspruch nicht mehr zuerkennen will.[22]

32   Da dem Leasinggeber also beim Schadensersatzanspruch wegen Nichterfüllung ein Anspruch auf entgangenen Gewinn zusteht, darf der Gesamtbetrag der Leasingraten nach der hier vertretenen Ansicht nicht um darin enthaltene Gewinnanteile gekürzt werden. Nach der Ansicht des BGH gilt dies nur bei unkündbaren Vertragsvarianten.

33   **e) Abzinsung.** Der Schaden des Leasinggebers bei der vom Leasingnehmer veranlassten Kündigung aus wichtigem Grund liegt darin, dass er die Leasingraten nicht mehr pro rata erhält, andererseits aber erhält er den Ausgleich des Schadens sofort in einer Summe. Der darin liegende Vorteil ist durch eine Abzinsung auszugleichen. Dabei ist zu berücksichtigen, dass der Leasinggeber den Leasingvertrag regelmäßig refinanziert hat und gegenüber seinem Refinanzierungsinstitut zur Erbringung der Zins- und Tilgungsleistungen verpflichtet bleibt. Anders als bei der vertragsgemäßen Kündigung beim Teilamortisationsvertrag mit Abschlusszahlung muss der Leasinggeber hier nicht damit rechnen, dass der Vertrag vorzeitig endet; er darf – und sollte – seine Refinanzierung also auf die kalkulatorische Vertragslaufzeit abstimmen.

34   Daher hat der Leasinggeber bei der infolge fristloser Kündigung vorzeitigen Beendigung des Leasingvertrages theoretisch zwei Möglichkeiten: Entweder löst er bei Erhalt der Schadensersatzforderung auch das Refinanzierungsdarlehen ab; dann ist eine Abzinsung der Schadensersatzforderung mit dem Refinanzierungszinssatz, mit dem der Leasingvertrag refinanziert wurde,[23] vorzunehmen, wobei der dem Leasingnehmer gut-

---

[19] BGH WM 87, 288; 85, 860; OLG Celle CR 94, 777; *Erman/Jendrek* Anh. zu § 536 Rdn. 50; *Wolf/Eckert* Rdn. 2009.
[20] Vgl. OLG Hamm NJW-RR 94, 1467.
[21] Vgl. BGH WM 90, 2043 = NJW 91, 221.
[22] BGH WM 86, 673; NJW 91, 221; a.A. *Lieb* DB 86, 2171.
[23] BGH NJW 91, 221; 86, 1746.

12. Kapitel. Die außerordentliche Beendigung des Leasingvertrages § 39

zubringende Abzinsungsbetrag ggf. um eine vom Refinanzierungsinstitut verlangte Vorfälligkeitsentschädigung zu kürzen ist.[24] Oder der Leasinggeber legt den beanspruchten Schadensersatz zinsbringend an und bedient das Refinanzierungsdarlehen in der Weise weiter, wie er es ohne die Kündigung hätte vornehmen müssen. Dann hat die – dem Leasingnehmer gutzubringende – Abzinsung lediglich mit dem Anlagezins zu erfolgen; denn der durch die Kündigung eintretende Vorteil liegt für den Leasinggeber lediglich darin, dass er den Schadensersatz vorzeitig erhält und zinsbringend anlegen kann, während er Refinanzierungskosten erspart.

Die Frage, welche der beiden Möglichkeiten der Leasinggeber wählt, hängt von Folgendem ab: Grundsätzlich ist der Leasinggeber im Rahmen seiner Schadensminderungspflicht gehalten, die für den Leasingnehmer günstigste Alternative zu wählen. Diese wird im Regelfall darin liegen, das Refinanzierungsdarlehen vorzeitig abzulösen. Allerdings sind dabei die vertraglichen Verpflichtungen des Leasinggebers gegenüber seinem Refinanzierungsinstitut zu berücksichtigen. Ist danach eine vorzeitige Ablösung ausgeschlossen, dann kommt nur die zweite Alternative in Betracht. 35

Ob eine Abzinsung nicht vorzunehmen ist, wenn zum Zeitpunkt der Berechnung die vereinbarte Laufzeit bereits abgelaufen ist, erscheint zweifelhaft.[25] Nach zutreffender Auffassung ist dies nicht der Fall, allerdings dürfen dann auch keine Verzugszinsen berechnet werden.[26] Die Abzinsungsmethode kann schon im Leasingvertrag festgelegt werden, wobei derartige Regelungen in der Vergangenheit von der Rechtsprechung idR wegen fehlender Transparenz als unwirksam angesehen worden sind.[27] Für die Berechnung der Abzinsung gibt es nur Annäherungswerte.[28] Eine Abzinsung nach der sog. Barwertformel für nachschüssige Renten wird allgemein als zulässig angesehen.[29] 36

Der „heutige" Wert der erst in Zukunft vom Leasingnehmer zu erbringenden Leistungen, der sog. Barwert, ist durch Abzinsung nach der sog. Barwertformel für nachschüssige Renten zu ermitteln: 37

$$\text{Barwert} = \text{Nettorate} \times \frac{1}{q^n} \times \frac{q^n - 1}{q - 1}$$

Der Barwert des fest kalkulierten Restwertes wird vom Restwert abgezogen. Die Formel für den Barwert des fest kalkulierten Restwertes lautet: 38

$$\text{Barwert} = \frac{\text{Restwert}}{q^n}$$

Dabei gilt:

$$q = \text{Abzinsungsfaktor} = 1 + \frac{\text{monatlicher Zinsfuß}}{100}$$

Zinsfuß = Zinssatz x 100 (z. B. bei 9 % demnach 9)
n = Zahl der Laufzeitmonate

Der Ablösebetrag errechnet sich somit in folgenden fünf Rechenschritten:

1. Zahl der offenen Leasingraten mal Nettoleasingrate
2. plus fest kalkulierter Restwert (netto)
3. minus Zinsgutschrift auf Restwert
4. minus Zinsgutschrift auf Raten
5. minus tatsächlicher Erlös (netto).

---

[24] BGH NJW 85, 1539, 1544; 90, 2377.
[25] OLG Hamm NJW-RR 87, 1140.
[26] *H. Beckmann* § 8 Rdn. 140.
[27] Vgl. BGH NJW 96, 455; 83, 159; OLG Köln CR 95, 390; siehe auch *Reinking/Eggert* Rdn. 1270.
[28] BGH WM 90, 1244 u. 2043.
[29] BGH NJW 91, 221; OLG Celle CR 94, 744.

§ 39 Zweiter Teil. Allgemeines Leasingrecht

39 **f) Erstattung einer Vorfälligkeitsentschädigung und von Rechtsverfolgungskosten.** Wie oben schon angedeutet, muss eine vom Leasinggeber an seine Refinanzierungsbank gezahlte Vorfälligkeitsentschädigung vom Leasingnehmer erstattet werden.[30] Auch die notwendigen Rechtsverfolgungskosten sind zu ersetzen.[31] Keine Erstattungspflicht besteht bezüglich der Kosten der eigenen Rechtsabteilung des Leasinggebers, Reisekosten zu einem auswärtigen Prozessbevollmächtigten oder Kosten der Beratung durch einen ortsansässigen Rechtsanwalt. Bei der Kündigung eines Leasingvertrages handelt es sich nämlich um eine Routineangelegenheit des Leasinggebers.[32]

40 **g) Anrechnung des Verwertungserlöses bzw. Gutschrift des Restwertes.** Hinsichtlich der Verwertung des Leasinggegenstandes und der daraus folgenden Anrechnung des Verwertungserlöses ist zwischen den einzelnen Vertragstypen zu differenzieren, wobei im Folgenden nur die Typen des Vollamortisations- und des Teilamortisations-Erlasses behandelt werden.

41 – Bei **Vollamortisationsverträgen** besteht im Fall ordnungsgemäßer Erfüllung keine Verpflichtung des Leasinggebers zur Verwertung, vielmehr wäre der Leasinggeber am Ende der Vertragslaufzeit in der Verwendung des Leasinggegenstandes frei.

42 Daher hat der Leasinggeber nach erfolgter außerordentlicher Kündigung aus wichtigem Grund grundsätzlich ein Wahlrecht: Entweder verwertet er das Leasinggut und schreibt dem Leasingnehmer den vollen (nicht nur 90 %) Verwertungserlös gut; die Tatsache, dass das Leasinggut am Ende der Vertragslaufzeit noch einen Restwert von 10 % haben soll und dieser dem Leasinggeber zusteht, ist bereits durch Zurechnung des Restwertes unter lit. b berücksichtigt. Oder der Leasinggeber schreibt dem Leasingnehmer den mit 10 % kalkulierten Restwert gut, wenn er das Leasinggut behält.

43 – Bei den **kündbaren Teilamortisationsverträgen** besteht nach dem Vertragsmodell nicht zwingend aber häufig eine Verpflichtung zur Veräußerung für den Fall des Auslaufens des Vertrages.

44 Ist nach dem Vertrag eine Veräußerung vorzunehmen, so ist der Erlös für die Berechnung der Schadensersatzforderung lediglich zu 90 % anzurechnen. Denn bei vertragsgemäßer Erfüllung wäre nach diesem Vertragsmodell ebenfalls nur eine Anrechnung zu 90 % erfolgt. Da der Leasinggeber bei der Geltendmachung von Schadensersatz weder besser noch schlechter stehen soll als bei ordentlicher Erfüllung des Vertrages, ist eine derartige vertragliche Regelung über die Anrechnung von lediglich 90 % des Verwertungserlöses auch für die Berechnung der Schadensersatzforderung maßgebend.

45 Dies steht nicht im Widerspruch zur Rechtsprechung des BGH. Soweit die Rechtsprechung[33] dahin gehend ausgelegt wird, dass der BGH grundsätzlich eine Anrechnung von lediglich 90 % des Verwertungserlöses als unangemessene Benachteiligung und damit als unwirksam ansehe, so ist dies eine Fehlinterpretation. Der BGH hat in der Entscheidung ausdrücklich klargestellt, dass diese Aussage nur für solche Vertragstypen zutrifft, bei denen ein Andienungsrecht oder eine Aufteilung des Mehrerlöses vereinbart ist. Für diese Fallgestaltungen ist die volle Anrechnung des Verwertungserlöses sachgerecht, wie sogleich darzulegen sein wird.

46 – Beim **Vertragstyp mit Andienungsrecht** des Leasinggebers wäre der Leasinggeber bei ordnungsgemäßer Erfüllung des Vertrages berechtigt, dem Leasingnehmer den Leasinggegenstand zu verkaufen und den Kaufpreis zu vereinnahmen. Wenn ein solcher Vertrag aufgrund fristloser Kündigung vorzeitig endet und der Leasingnehmer den Leasinggegenstand nicht ankauft (was bei Kündigung aus wichtigem Grund häufig nicht der Fall ist), sondern es zu einer Verwertung des Leasinggegenstandes kommt, dann hat der

---

[30] BGH NJW 90, 2377; 85, 1539; OLG Köln NJW-RR 93, 1016; OLG Celle CR 94, 744.
[31] *Reinking/Eggert* Rdn. 1274.
[32] OLG Köln Urt. v. 10. 8. 1989–17 W 366/89.
[33] BGH NJW 2002, 2713.

Leasinggeber – wie oben ausgeführt – auch einen (abgezinsten) Anspruch auf den im Fall der Ausübung des Andienungsrechts zu zahlenden Kaufpreis. In diesem Fall ist es sachgerecht und angemessen, dass der Leasinggeber sich den Verwertungserlös in voller Höhe und nicht nur zu 90 % anrechnen lassen muss.[34]

– Beim **Vertrag mit Aufteilung des Mehrerlöses** muss der Vertrag aus steuerlichen Gründen so ausgestaltet sein, dass der Leasingnehmer lediglich 75 % eines über den Gesamtumfang des Leasinggebers hinausgehenden Mehrerlöses bei der Verwertung erhält. 47

Da der Gesamtaufwand des Leasinggebers durch die Zuerkennung der vollen Leasingraten während der kalkulierten Mietzeit [vgl. oben Ziff. (...)] berücksichtigt wird, darf ein Verwertungserlös auch bei der Schadensberechnung nur zu 75 % Anrechnung finden. Andererseits kann eine derartige Regelung nicht als unangemessen im Sinne des § 307 I BGB angesehen werden; denn auch bei vertragsgemäßer Erfüllung würde der Leasinggeber den Verwertungserlös lediglich zu maximal 75 % weitergeben. 48

h) Mehrwertsteuer auf die Schadensersatzforderung. Auf die so errechnete Schadensersatzforderung kann der Leasinggeber keine Mehrwertsteuer verlangen, umgekehrt braucht er auch keine Mehrwertsteuer an das Finanzamt abzuführen. Denn nach erfolgter Kündigung und Rückgabe des Leasinggegenstandes liegt kein Austauschgeschäft im Sinne der §§ 1 Abs. 1 Nr. 1. und 3 Abs. 1 UStG vor. Aus diesem Grund ist auch der Verwertungserlös anders als im Falle der ordnungsgemäßen Beendigung des Leasingvertrages und der einvernehmlichen Vertragsaufhebung nicht brutto, sondern netto, also ohne Mehrwertsteuer, gutzubringen.[35] 49

Demgegenüber wird teilweise neuerdings die Auffassung vertreten, dass ein auf Nichterfüllung gestützter Schadensersatzanspruch wie eine Entgeltforderung der Umsatzsteuer unterliege, so dass der Leasinggeber auch Mehrwertsteuer auf diesen Schadensersatzanspruch geltend machen könne und entsprechend Mehrwertsteuer an das Finanzamt abführen müsse.[36] 50

3. Pauschale Schadensberechnung.

Der BGH hat ausdrücklich erklärt, dass individualvertraglich eine Schadensersatzforderung auch pauschal nach bestimmten Prozentsätzen vom Anschaffungswert berechnet werden kann, solange die Grenzen des § 138 BGB eingehalten werden.[37] Darüber hinaus hält der BGH die pauschale Berechnung des Schadensersatzes auch in AGB-Klauseln grundsätzlich für zulässig.[38] Allerdings fordert der BGH eine vollständige **Transparenz** der Klausel, d. h. insbesondere die Angabe der Anschaffungskosten, der Vertragsnebenkosten (objektbezogene Kosten, anteilige Gemeinkosten), des kalkulierten Gewinns und des Refinanzierungszinssatzes sowie die Erklärung, dass 90 % des Verwertungserlöses auf die Abschlusszahlung angerechnet werden (im Beispielsfall handelt es sich um einen kündbaren Teilamortisationsvertrag mit Abschlusszahlung). Die Verwendung des Begriffs „vorschüssige Rentenbarwertformel" hält der BGH für intransparent.[39] 51

Bislang hat der BGH keine pauschal in Formularklauseln enthaltene Schadensberechnung für wirksam gehalten. Die Unwirksamkeit einer Formularklausel hatte nach der Rechtsprechung des BGH jedoch nicht zur Folge, dass der Leasinggeber einen Schadensersatzanspruch nicht geltend machen kann (z. B. wegen des Verbotes der geltungserhaltenden Reduktion). Vielmehr hat der BGH wiederholt klargestellt, dass der Leasinggeber bei Unwirksamkeit einer Klausel über die Berechnung des pauschalen Schadensersatzes 52

---

[34] BGH NJW 2002, 2713, 2714.
[35] BGH NJW 1991, 221; BGH NJW 1987, 1690; MünchKomm/*Habersack* Leasing Rdn. 127.
[36] *Müller-Sarnowski* DAR 2002, 494 unter Bezugnahme auf BGH NJW 2001, 3535.
[37] BGH WM 86, 673; 90, 2043; NJW 96, 455.
[38] BGH WM 85, 860, 864.
[39] BGH NJW 96, 455.

den vertragsimmanenten bzw. sich aus dem Gesetz ergebenden Schadensersatzanspruch (vgl. dazu oben Nr. 1.) geltend machen kann.[40]

4. Ansprüche gegen Dritte aus Rücknahmeverpflichtung oder Garantie

53 Wenn der Leasinggeber entweder die Bonität des Leasingnehmers als nicht ausreichend einschätzt oder der Leasinggegenstand nur schwer zu vermarkten ist (Spezialmaschinen, Spezialsoftware), dann macht er den Abschluss des Leasingvertrages häufig davon abhängig, dass ein Dritter – gewöhnlich der Lieferant – bei außerordentlicher Kündigung des Vertrages eine Rücknahmegarantie abgibt oder eine Zahlungsverpflichtung eingeht. Solche Rücknahmegarantien oder Zahlungsgarantien sind unproblematisch, solange der Leasinggegenstand nicht beschädigt oder unbrauchbar ist.

54 Fraglich ist, ob Dritte auch dann zur Rücknahme verpflichtet sind, wenn der Leasinggegenstand infolge Beschädigung oder Zerstörung unbrauchbar ist: Entscheidend ist dabei die Auslegung des Vertrages nach dem Willen der Parteien, ob nur das Bonitätsrisiko oder auch das Risiko der Verschlechterung über die gewöhnliche Abnutzung hinaus abgesichert werden soll.

55 Wenn eine echte Ausfallbürgschaft oder -garantie gewollt war, dann trägt der Garant das Risiko der Verschlechterung oder Zerstörung. Wenn dies nicht feststellbar ist, dann liegt ein Recht des Leasinggebers zum Wiederverkauf vor. Hier haftet der Leasinggeber gem. §§ 437 ff. BGB, wenn die Haftung nicht abbedungen ist. Eine Haftungseinschränkung analog § 457 Abs. 2 BGB (früher § 498 Abs. 2 BGB) kommt nach Auffassung des BGH nicht in Betracht.[41]

§ 40. Verjährung der Ansprüche nach fristloser Kündigung

Schrifttum: siehe oben zu § 34.

Übersicht

	Rdn.
I. Herausgabeanspruch	1
II. Anspruch auf rückständige Leasingraten	2
III. Schadensersatzanspruch	3

I. Herausgabeanspruch

1 Der aus dem Leasingvertrag abgeleitete Anspruch auf Rückgabe der Leasingsache verjährt nach der Schuldrechtsreform in 3 Jahren ab Kenntnis (Regelverjährung gem. §§ 195 ff. BGB). Der Herausgabeanspruch aus Eigentum unterfällt gem. § 197 Abs. 1 Nr. 1 BGB der 30-jährigen Verjährungsfrist.

II. Anspruch auf rückständige Leasingraten

2 Der aus § 546a BGB abgeleitete Anspruch auf Zahlung der rückständigen Leasingraten unterfällt ebenfalls der Regelverjährung von 3 Jahren (§§ 195, 199 BGB).

III. Schadensersatzanspruch

3 Auch dieser Anspruch unterliegt der 3-jährigen Verjährungsfrist gem. §§ 195, 199 BGB. Dies stellt eine Verlängerung im Vergleich zum alten Recht dar, weil der BGH nach altem Recht den Schadensersatzanspruch der kurzen Verjährung von 2 Jahren gem. § 196 Abs. 1 Nr. 6, § 201 BGB unterstellt hatte.

---

[40] BGH NJW 2002, 2713.
[41] BGH NJW 90, 3014; OLG Düsseldorf DB 90, 1766; BGH NJW-RR 91, 53.

12. Kapitel. Die außerordentliche Beendigung des Leasingvertrages   § 41

§ 41. Prozessuale Durchsetzung

Schrifttum: siehe oben zu § 34.

Übersicht

	Rdn.
I. Rückgabeanspruch	2
1. Kein Sicherstellungsrecht	4
2. Einstweilige Verfügung (§§ 935 ff. ZPO)	6
II. Durchsetzung des Schadensersatzanspruches	9

Nachfolgend sollen einige Besonderheiten dargestellt werden, die sich bei der prozessualen Durchsetzung von Ansprüchen des Leasinggebers nach fristloser Kündigung des Leasingvertrages ergeben. **1**

I. Rückgabeanspruch

Die Sachverhalte sind häufig dadurch gekennzeichnet, dass der Leasingnehmer beispielsweise einerseits die Leasingraten nicht mehr zahlt und andererseits die Leasingsache weiter nutzt. Gerade in solchen Situationen ist in der Praxis häufig sogar eine übermäßige Nutzung festzustellen. Dies führt dazu, dass die Ansprüche des Leasinggebers zwar „auf dem Papier bestehen" aber nur schwer realisierbar sind, gleichzeitig aber der Leasinggegenstand durch die unberechtigte Weiternutzung an Wert verliert. **2**

Daher liegt es im Interesse des Leasinggebers, seine Ansprüche möglichst schnell durchsetzen zu können. Die Rechtsordnung bietet hier nur begrenzte Möglichkeiten. **3**

1. Kein Sicherstellungsrecht

Nach dem Gesetz ist der Leasinggeber nicht berechtigt, „seinen" Leasinggegenstand gegen den Willen des Leasingnehmers an sich zu nehmen. Vielmehr handelt es sich insoweit um eine verbotene Eigenmacht gem. § 858 BGB. **4**

Wenn der Leasinggeber gleichwohl durch Wegnahme des Leasinggegenstandes seinen Herausgabeanspruch faktisch durchsetzt, dann hat der Leasingnehmer sogar einen Anspruch auf Wiedereinräumung des Besitzes (§ 861 BGB). Diesen sog. possessorischen Besitzschutzanspruch kann der Leasingnehmer sogar im Wege der einstweiligen Verfügung durchsetzen.[1] Das im Gesetz geregelte Selbsthilferecht (§ 229 BGB) greift in derartigen Fallgestaltungen grundsätzlich nicht ein. Es ist im Ausnahmefall anwendbar, wenn obrigkeitliche Hilfe nicht oder nicht rechtzeitig (Gefährdung der Verwirklichung des Herausgabeanspruches) erlangt werden kann. Diese Voraussetzungen nimmt die Rechtsprechung nur in eng begrenzten Ausnahmefällen an, z. B. wenn der Leasingnehmer sich oder den Leasinggegenstand ins Ausland verbringen will oder auf sonstige Weise den Leasinggegenstand beiseite schaffen will.[2] Die Leasinggeber versuchen sich häufig durch vertragliche Klauseln zu sichern, in denen sie ein sog. Sicherstellungsrecht vereinbaren. Danach ist der Leasinggeber vertraglich berechtigt, den Leasinggegenstand sicherzustellen, wenn die Voraussetzungen für eine fristlose Kündigung vorliegen oder die fristlose Kündigung ausgesprochen wird. Derartige Klauseln sind schuldrechtlich grundsätzlich wirksam. Sie versagen einen effektiven Schutz aber deshalb, weil auch bei Vereinbarung eines Sicherstellungsrechts der Leasinggeber gegen den Willen des Leasingnehmers nicht berechtigt ist, den Leasinggegenstand in Besitz zu nehmen; auch dann, wenn der Leasingnehmer gegen seine Verpflichtung zur Mitwirkung an der Sicherstellung verletzt, liegt **5**

---

[1] OLG Düsseldorf OLG-Report 2002, 175; OLG Hamm NJW-RR 1991, 1526.
[2] *H. Beckmann* § 5 Rdn. 66.

bei einer einseitigen Durchsetzung des Sicherstellungsrechts gegen den Willen des Leasingnehmers ihm gegenüber eine verbotene Eigenmacht (§ 858 BGB) vor.[3]

2. Einstweilige Verfügung (§§ 935 ff. ZPO)

6   Der Leasinggeber hat die Möglichkeit, eine einstweilige Verfügung auf Herausgabe des Leasinggegenstandes zu beantragen. Der Verfügungsanspruch lässt sich in derartigen Fällen problemlos darlegen. Problematisch sind demgegenüber der Verfügungsgrund und das Verbot einer Vorwegnahme der Hauptsache.

7   Das Vorliegen eines Verfügungsgrundes wird häufig mit der Begründung in Frage gestellt, der Leasinggeber habe ja für die Zeit der Vorenthaltung des Besitzes einen Anspruch auf die vollen Leasingraten (§ 546 a BGB). Zur Darlegung und Glaubhaftmachung des Verfügungsgrundes ist es daher erforderlich, zusätzlich die mangelnde oder zumindest erschwerte Einbringlichkeit dieses Anspruches darzulegen.

8   Wenn der Leasinggeber Herausgabe an sich selbst verlangt, kann hiergegen die Vorwegnahme der Hauptsache eingewendet werden. Dem kann der Leasinggeber dadurch Rechnung tragen, dass er (hilfsweise) die Herausgabe an einen Sequester beantragt.[4]

II. Durchsetzung des Schadensersatzanspruches

9   Trotz eines in der Praxis bestehenden Bedürfnisses bestehen kaum prozessuale Möglichkeiten, die Durchsetzung des Zahlungsanspruches zu beschleunigen oder zu sichern. Eine einstweilige Verfügung dürfte kaum durchsetzbar sein, da es sich um einen Leistungsanspruch handelt und die Hauptsache vorweggenommen würde. Der Leasinggeber kann allenfalls auf die Möglichkeit eines dinglichen Arrests (§§ 916 ff. ZPO) verwiesen werden, wobei dessen Voraussetzungen in der Regel nur unter sehr erschwerten Bedingungen dargelegt und glaubhaft gemacht werden können.

§ 42. Besonderheiten beim Verbraucherkredit

Schrifttum: siehe oben zu § 34.

Übersicht
	Rdn.
I. Kein Schadensersatz während der Widerrufsfrist des § 355 BGB	34
II. Besondere Kündigungsvoraussetzungen	5
III. Heilung durch Zahlung des vollständigen Rückstandes	9

1   Mit der Schuldrechtsreform ist § 500 in das BGB aufgenommen worden, wonach auf Finanzierungsleasingverträge zwischen einem Unternehmer und einem Verbraucher bestimmte, ennumerativ aufgezählte Vorschriften aus dem Verbraucherkreditbereich anwendbar sind. Dabei ist zu beachten, dass Existenzgründer gem. § 507 BGB einem Verbraucher gleichgestellt sind.

2   An dieser Stelle geht es nicht darum, sämtliche Auswirkungen darzustellen, die sich aus der Anwendung der im Einzelnen aufgeführten Verbraucherkredit-Bestimmungen ergeben. Vielmehr werden hier nur die Besonderheiten bei der außerordentlichen Beendigung des Leasingvertrages dargestellt.

I. Kein Schadensersatz während der Widerrufsfrist des § 355 BGB

3   Gem. § 500 BGB ist auf Finanzierungsleasingverträge die Vorschrift des § 495 Abs. 1 BGB anwendbar, wonach dem Darlehensnehmer bei einem Verbraucherdarlehensvertrag ein Widerrufsrecht gem. § 355 BGB zusteht.

---

[3] BGH NJW 1977, 1818; *Wolf/Eckert/Ball* Rdn. 994.
[4] OLG Celle NZM 2001, 194; OLG Düsseldorf WM 1995, 2049.

12. Kapitel. Die außerordentliche Beendigung des Leasingvertrages   § 43

Wenn der Leasinggeber während einer noch laufenden Widerrufsfrist (§ 355 BGB) 4
den Leasingvertrag kündigt, dann kann er keinen Schadensersatz verlangen.[1]

II. Besondere Kündigungsvoraussetzungen

§ 500 BGB verweist auch auf die Sonderregelungen zur Kündigung bzw. Fälligkeit bei 5
Zahlungsverzug, wie sie für das Verbraucherdarlehen in § 498 BGB kodifiziert sind (früher §§ 11, 12 Verbraucherkreditgesetz). Diese Vorschrift des § 498 BGB ist daher lex specialis zu § 543 BGB.

Beim Verbraucher-Leasingvertrag hängt daher die Wirksamkeit der Kündigung davon 6
ab, dass zuvor eine sog. qualifizierte Mahnung (Kündigungsandrohung) stattgefunden hat. Es muss eine 2-wöchige Zahlungsfrist verbunden mit der Erklärung gesetzt werden, dass bei Nichtzahlung innerhalb der Frist der gesamte Restbetrag (Schadensersatz) fällig ist.

Die Kündigung eines Verbraucher-Leasingvertrages wegen Zahlungsverzuges ist un- 7
wirksam, wenn der Leasinggeber einen höheren als den tatsächlich geschuldeten Rückstand einfordert.[2]

Die Berechnung der Rückstände muss präzise erfolgen. Lediglich Minimalbeträge 8
oder offenkundige Berechnungsfehler sind zu vernachlässigen.[3] Hingegen ist es nicht erforderlich, dass auch die künftig fällig werdenden Beträge (Schadensersatz) schon mit der Androhung der Kündigung berechnet und dargestellt werden.[4]

III. Heilung durch Zahlung des vollständigen Rückstandes

Wenn die Kündigungsvoraussetzungen im Zeitpunkt der Kündigungsandrohung vorliegen, dann stellt sich die Frage, ob die Kündigung dann unwirksam ist, wenn der Leasingnehmer zeitlich vor Ausspruch der Kündigung ganz oder teilweise Zahlung leistet. 9

Dies ist für den Verbraucher-Kreditvertrag – und damit für den Verbraucher-Leasing- 10
vertrag (§ 500 BGB) – im Gesetz nicht ausdrücklich geregelt.

Der BGH hat jüngst entschieden, dass eine Kündigung nur dann nicht mehr möglich 11
ist, wenn der Leasingnehmer die vollständigen Rückstände bis zum Ausspruch der Kündigung ausgleicht. Die Kündigung des Finanzierungsleasingvertrages wird demgegenüber nicht dadurch unmöglich, dass der Leasingnehmer lediglich Teilzahlungen leistet.[5]

§ 43. Fristlose Kündigung durch den Leasingnehmer

Schrifttum: siehe oben zu § 34.

Übersicht

	Rdn.
I. Kündigungsgründe	1
1. Kündigung wegen Nichtgewährung des Gebrauchs (§ 543 Abs. 2 Ziff. 1. BGB)	1
a) Gesetzliche Ausgangssituation	1
b) Abwälzung der Sachgefahr auf den Leasingnehmer	3
c) Kündigung trotz Überwälzung der Sachgefahr	7
2. Kündigung mangels Zumutbarkeit einer Fortsetzung des Vertrages (§ 543 Abs. 1 Satz 2 BGB)	9
3. Tod des Leasingnehmers	11
II. Abmahnung, Abhilfefrist	14
III. Ausschluss bei Kenntnis	15

---

[1] BGH NJW 1996, 456; BGH NJW 1996, 2367.
[2] *H. Beckmann* Finanzierungsleasing § 8 Rdn. 92.
[3] BGH ZIP 2005, 406.
[4] OLG Oldenburg DAR 2003, 460.
[5] BGH ZIP 2005, 406.

I. Kündigungsgründe

1. Kündigung wegen Nichtgewährung des Gebrauchs (§ 543 Abs. 2 Nr. 1 BGB)

1 **a) Gesetzliche Ausgangssituation.** Das Mietrecht, welches auf Leasingverträge primär anwendbar ist, legt dem Vermieter das Sacherhaltungs- und Unterhaltungsrisiko auf; dies ergibt sich aus §§ 535, 536 BGB. Danach steht dem Mieter ein Recht zur außerordentlichen Kündigung gem. § 543 Abs. 2 Nr. 1. BGB zu, wenn der Vermieter dieser Verpflichtung nicht nachkommt. Dieses Kündigungsrecht besteht unabhängig von einem Verschulden des Vermieters, d. h., auch bei einem von keiner Vertragspartei zu vertretenden Untergang oder Beschädigung der Mietsache kann der Mieter ohne Einhaltung einer Kündigungsfrist wegen Entziehung oder Nichtgewährung des vertragsgemäßen Gebrauchs kündigen.

2 Die Sachgefahr liegt also nach der gesetzlichen Regelung beim Vermieter. Dies gilt grundsätzlich auch für den Leasingvertrag. Vor vollständiger Ablieferung der Ware ist eine Kündigung idR nicht erforderlich, da die Leasingraten erst ab vollständiger Ablieferung zu zahlen sind.[1]

3 **b) Abwälzung der Sachgefahr auf den Leasingnehmer.** In Leasingverträgen ist es üblich, die Sachgefahr auf den Leasingnehmer abzuwälzen, d. h. also, das Kündigungsrecht gem. § 543 Abs. 2 Nr. 1 BGB aufzuheben oder einzuschränken.[2]

4 Individualvertraglich ist dies ohne weiteres zulässig.

5 Aber auch eine Überwälzung der Sachgefahr und die damit verbundene Einschränkung der Kündigungsmöglichkeiten in Allgemeinen Geschäftsbedingungen wird grundsätzlich nicht als eine unangemessene Benachteiligung im Sinne des § 307 BGB, sondern als wirksam angesehen.[3]

6 Die Zulässigkeit der Abwälzung der Sachgefahr wird daraus abgeleitet, dass sich die Sachgefahr regelmäßig im Nutzungsbereich des Leasingnehmers realisiert (was allerdings auch für die Miete gilt und daher nicht als leasingtypisch angesehen werden kann; abzustellen wäre hier m. E. auf den Finanzierungscharakter des Leasings).

7 **c) Kündigung trotz Überwälzung der Sachgefahr.** Wenn die Sachgefahr im Vertrag vom Leasinggeber als Vermieter übergewälzt worden ist, so muss der Leasingnehmer vorrangig gegen den Lieferanten vorgehen und von diesem nach Erfüllung des Kaufvertrages verlangen bzw. die ihm abgetretenen Sekundäransprüche auf Rückabwicklung des Kaufvertrages durchsetzen.

8 In der Literatur wird empfohlen, dass der Leasingnehmer gleichwohl vorsorglich eine Kündigung gegenüber dem Leasinggeber wegen Nichtgewährung des Gebrauchs (§ 543 Abs. 2 Nr. 1. BGB) aussprechen soll. Dies wird damit begründet, dass der Leasingnehmer hierdurch sowohl eine evtl. bestehende Verpflichtung zur Zahlung der Leasingraten bis zum Zeitpunkt der Rückgabe (§ 546a BGB) verhindern kann als auch ggf. ein Kündigungsgrund mit der Begründung vortragen kann, es sei nur die Sachmängelhaftung übergewälzt worden, nicht aber die Nichterfüllung des Leasingvertrages.[4]

---

[1] BGH NJW 93, 122; 88, 204 u. 2465.
[2] S. oben § 31 Rdn. 4 f.
[3] BGH WM 85, 602; BGH NJW 87, 377; Staudinger/*Emmerich* Vor §§ 535, 536 Rdn. 48; *Graf von Westphalen* Leasingvertrag Rdn. 623 ff.
[4] *H. Beckmann* Finanzierungsleasing § 8 Rdn. 121–123.

2. Kündigung mangels Zumutbarkeit einer Fortsetzung des Vertrages (§ 543 Abs. 1 Satz 2 BGB)

Auch der Leasingnehmer kann sich auf die Generalklausel berufen, dass er den Vertrag außerordentlich kündigen kann, wenn seine Fortsetzung nicht zumutbar ist. 9

Dies ist jedoch dann nicht der Fall, wenn die Gründe für die Unzumutbarkeit einseitig in der Sphäre des Leasingnehmers liegen. Dies ist beispielsweise dann der Fall, wenn der Leasingnehmer den Geschäftsbetrieb einstellt, in dem der Leasinggegenstand benutzt wird. Dies ist ein typischer Fall des Verwendungsrisikos, welches stets beim Leasingnehmer liegt.[5] 10

3. Tod des Leasingnehmers

Streitig ist, ob die Erben des Leasingnehmers den Leasingvertrag fristlos aus wichtigem Grund kündigen können, wenn der Leasingnehmer verstorben ist. Teilweise wird dies in entsprechender Anwendung von § 580 BGB bejaht. Danach kann ein Mietvertrag von den Erben innerhalb eines Monats nach Kenntnis vom Tode des Mieters gekündigt werden.[6] 11

Teilweise wird die Anwendung des § 580 BGB unter Hinweis auf die Besonderheiten des Leasingvertrages verneint.[7] 12

Jedenfalls ist die Regelung des § 580 BGB abdingbar.[8] 13

II. Abmahnung, Abhilfefrist

Wenn der Kündigungsgrund in einer Vertragsverletzung liegt, dann ist vor Ausspruch der Kündigung eine Abmahnung sowie die Setzung einer Abhilfefrist erforderlich (§ 543 Abs. 3 BGB). 14

III. Ausschluss bei Kenntnis

Das Kündigungsrecht des Leasingnehmers ist gem. § 543 Abs. 4 BGB ausgeschlossen, wenn er bei Vertragsschluss Kenntnis von einem Mangel hatte und sich seine Rechte bei Übernahme nicht vorbehalten hat (§ 536b Satz 1 und 3 BGB). Gem. § 536d BGB kann sich der Leasinggeber nicht auf eine Freizeichnung von der Mängelhaftung berufen, wenn der Mangel arglistig verschwiegen worden ist. Fraglich ist in diesem Zusammenhang, ob der Leasinggeber sich ein arglistiges Verschweigen des Lieferanten mit der Begründung zurechnen lassen muss, der Lieferant sei sein – des Leasinggebers – Erfüllungsgehilfe. 15

Dies wird mit zutreffender Begründung überwiegend verneint. Der Lieferant ist also insoweit nicht Erfüllungsgehilfe des Leasinggebers. Vielmehr ist sein arglistiges Verschweigen eines Mangels eine eigene Pflichtverletzung im Rahmen des Liefervertrages.[9] 16

§ 44. Rechtsfolgen bei fristloser Kündigung durch den Leasingnehmer

Schrifttum: siehe oben zu § 34.

Der Leasingvertrag wird mit Wirkung ex nunc beendet. Der Leasingnehmer ist zur Rückgabe des Leasinggegenstandes verpflichtet. Darüber hinaus hat der Leasingnehmer auch bei wirksamer Eigenkündigung dem Leasinggeber den Kündigungsschaden zu ersetzen.[1] Insoweit kann verwiesen werden auf die Ausführungen zu den Rechtsfolgen bei fristloser Kündigung durch den Leasinggeber. 17

---

[5] BGH ZIP 2005, 534.
[6] *Graf von Westphalen* Leasingvertrag Rdn. 1019; Palandt/*Weidenkaff*[65] Vor § 535 Rdn. 63.
[7] Staudinger/*Stoffels* Leasing Rdn. 349; *Gehrken* Der Betrieb 1997, 1703.
[8] BVerfG NJW 1997, 2746.
[9] *H. Beckmann* § 8 Rdn. 111.
[1] *Weber* NJW 2005, 2197.

§ 45. Außerordentliche Kündigung wegen Untergangs des Leasinggutes

Schrifttum: siehe oben zu § 34.

Übersicht

	Rdn.
I. Kündigungsrecht für beide Parteien	1
II. Rechtsfolgen	3
1. Ansprüche des Leasinggebers	3
a) Schadensersatz wegen Eigentumsverletzung	4
b) Leasingtypischer Schadensersatz	6
2. Ansprüche des Leasingnehmers	8
III. Alternative Fortführung des Leasingvertrages	11

I. Kündigungsrecht für beide Parteien

1 Wenn der Leasinggegenstand während der Vertragslaufzeit verlustig wird, zerstört oder erheblich beschädigt wird, dann stellt sich die Frage, ob der Leasinggeber oder Leasingnehmer oder beide Vertragsparteien ein außerordentliches Kündigungsrecht haben.

2 Der BGH bejaht ein solches außerordentliches Kündigungsrecht dann, wenn Gegenstand des Leasingvertrages neuwertige Kraftfahrzeuge sind. Bei anderen Leasinggegenständen soll ein solches außerordentliches Kündigungsrecht indessen nicht bestehen.[1] In der Literatur wird diese Begrenzung des außerordentlichen Kündigungsrechts auf neuwertige Kfz als systemwidrig angesehen. Vielmehr wird befürwortet, dass das außerordentliche Kündigungsrecht auch dann gelten muss, wenn andere Leasinggegenstände als Kraftfahrzeuge verlustig, zerstört oder erheblich beschädigt werden.[2]

II. Rechtsfolgen

1. Ansprüche des Leasinggebers

3 Der Anspruch des Leasinggebers auf volle Amortisation bleibt unberührt.[3]

4 **a) Schadensersatz wegen Eigentumsverletzung.** Der Leasinggeber kann vom Schädiger Schadensersatz wegen Eigentumsverletzung verlangen.

5 Der Schaden ist nicht auf Ersatz der infolge der vorzeitigen Vertragsbeendigung wegfallenden Leasingraten gerichtet; denn insoweit bleibt der Leasingnehmer verpflichtet. Der Schaden besteht in einem etwa verlorenen Restwert und einem entgangenen Gewinn für die Zeit nach der Kündigung, da dieser vom Schadensersatzanspruch gegen den Leasingnehmer nach der BGH-Rechtsprechung nicht mehr erfasst wird.

6 **b) Leasingtypischer Schadensersatz.** Der Leasinggeber kann vom Leasingnehmer grundsätzlich Schadensersatz nach den oben entwickelten Grundsätzen verlangen, soweit die Sachgefahr wirksam übergewälzt war. Allerdings sind sowohl ein vom Schädiger erhaltener kongruenter Schadensersatz als auch eine etwa erhaltene Versicherungsentschädigung anzurechnen.

7 Versicherungstechnisch liegt dann, wenn der Leasingnehmer eine Kaskoversicherung für das im Eigentum des Leasinggebers stehende Leasinggut abschließt und dem Leasinggeber der Versicherungsschein ausgestellt wird, eine Fremdversicherung vor. Der Leasinggeber ist damit Inhaber des Entschädigungsanspruches (§ 75 Abs. 1 S. 1 VVG).

---

[1] BGH NJW 1998, 3270.
[2] Martinek Moderne Vertragstypen I S. 212; H. Beckmann Finanzierungsleasing § 8 Rdn. 113.
[3] BGH WM 91, 74 = NJW-RR 91, 280 = BB 90, 2441.

12. Kapitel. Die außerordentliche Beendigung des Leasingvertrages § 46

2. Ansprüche des Leasingnehmers

Der Leasingnehmer hat Ansprüche gegen den Schädiger wegen Entziehung der Sachnutzung (Besitzstörung), weil das Äquivalent für die Leistung der Leasingraten weggefallen ist. Dieser Schaden ist begrenzt durch den Wiederbeschaffungswert.[4] 8

Der Schaden aus der Entziehung der Sachnutzung besteht also nicht in dem *Haftungs-* 9 *schaden,* den der Leasingnehmer dem Leasinggeber infolge der vorzeitigen Vertragsauflösung zu zahlen hat (Summe der abgezinsten Leasingraten abzüglich Verwertungserlös bzw. Entschädigung).

Der Leasingnehmer kann allerdings gegen den Schädiger nicht nur Schadensersatz wegen Sachentzug, sondern auch Schadensersatz wegen der Verpflichtungen gegenüber dem Leasinggeber geltend machen; dies allerdings nur insoweit, als durch die unfallbedingte Kündigung die Pflicht zur Zahlung der Leasingraten und des Restwertes sofort ausgelöst wird und dadurch Mehrkosten im Vergleich zur ursprünglichen Verpflichtung entstehen (z. B. Mehrkosten aus einer Kreditaufnahme zur sofortigen Ablösung).[5] 10

III. Alternative Fortführung des Leasingvertrages

Im Fall des Verlustes, der Zerstörung oder der wesentlichen Beschädigung des Leasing- 11 gegenstandes kann der Leasinggeber bei entsprechender Vereinbarung (auch formularmäßig) allerdings auch am Vertrag festhalten. Er kann den Vertrag fortsetzen und einen anderen Leasinggegenstand zum Inhalt des Vertrages machen.[6] Insoweit hat der Leasinggeber also ein Recht auf Austausch des Leasinggutes.

§ 46. Verwertung

Schrifttum: siehe oben zu § 34.

Übersicht

	Rdn.
I. Recht und Pflicht zur Verwertung	2
II. Arten der Verwertung	5
1. Veräußerung	5
2. Abschluss eines Folgeleasingvertrages	7
3. Verzicht auf den Leasinggegenstand und Geltendmachung von Versicherungsentschädigung	9
III. Durchführung der Verwertung	11
1. Verpflichtung zur bestmöglichen Verwertung	11
2. Einholung eines Gutachtens zur Ermittlung des Verkaufswertes	16
3. Verwertung zum Händlereinkaufs- oder -verkaufswert	21
4. Abzug von Verwertungskosten	23

Es geht an dieser Stelle ausschließlich um die Verwertung des Leasinggegenstandes 1 im Anschluss an eine außerordentliche Kündigung. Zur Verwertung im Fall der ordentlichen Beendigung des Leasingvertrages wird auf die obigen Ausführungen verwiesen.[1]

I. Recht und Pflicht zur Verwertung

Als Eigentümer ist der Leasinggeber grundsätzlich nicht verpflichtet, den Leasinggegen- 2 stand zu verwerten. Dies gilt sowohl für den Vollamortisationsvertrag als auch für den

---

[4] BGH NJW 92, 553.
[5] BGH VersR 76, 943; BGH NJW 92, 553; kritisch *Martinek* Moderne Vertragstypen I S. 213; *Canaris* Bankvertragsrecht Rdn. 1804 ff.
[6] Vgl. *Graf von Westphalen* Leasingvertrag Rdn. 651 ff., 674.
[1] Vgl. oben § 37, Rdn. 38 ff.

§ 46 Zweiter Teil. Allgemeines Leasingrecht

Teilamortisationsvertrag. Wenn der Leasingvertrag eine besondere Ausgestaltung dahin gehend hat, dass der Leasingnehmer bei Beendigung eine Kaufoption hat oder eine Verwertung mit Aufteilung des Mehrerlöses vorgesehen ist, dann hat der Leasinggeber bei ordentlicher Beendigung des Vertrages eine Verpflichtung zur Verwertung. Es ist dann eine Frage des Inhalts des Vertrages (Wortlaut und Auslegung), ob im Fall der außerordentlichen Beendigung des Vertrages eine gleichartige Verpflichtung besteht. Ohne ausdrückliche Vereinbarung dürfte jedenfalls dann, wenn der Leasinggeber den Leasingvertrag wegen einer Vertragsverletzung des Leasingnehmers fristlos kündigen kann, eine Verpflichtung zur Verwertung nicht bestehen.

3   Auch ohne rechtliche Verpflichtung hat der Leasinggeber – insbesondere beim kündbaren Teilamortisationsvertrag – allerdings häufig ein Interesse an der Verwertung. Denn er will auch im Falle einer außerordentlichen Beendigung des Leasingvertrages das Risiko auf den Leasingnehmer abwälzen, dass der Verkehrswert niedriger als der kalkulierte Restwert ist. Dies kann der Leasingnehmer nur dann, wenn das Leasinggut verwertet wird.

4   Wenn der Leasingnehmer von einem bestehenden Recht Gebrauch macht, den Leasinggegenstand nicht zu verwerten, dann ist bei der Schadensberechnung ein fiktiver Wert bzw. Verwertungserlös des Leasinggegenstandes in Ansatz zu bringen. Denn der Leasinggeber kann selbstverständlich nicht die vollen Leasingraten bis zum Ende der Grundmietzeit (Vollamortisationsvertrag) oder der kalkulierten Laufzeit (Teilamortisationsvertrag) verlangen, ohne gleichzeitig den Restwert gutzubringen. Dies wäre mit dem Grundsatz des Schadensersatzes nicht zu vereinbaren, dass der Leasinggeber durch die Geltendmachung des Nichterfüllungsschadens nicht besser gestellt werden darf als bei ordnungsgemäßer Beendigung.

II. Arten der Verwertung

1. Veräußerung

5   Die Verwertung erfolgt meistens durch eine Veräußerung des Leasinggegenstandes. Die Veräußerung kann an den Leasingnehmer erfolgen (Leasingvertrag mit vereinbartem Andienungsrecht), sie kann an den Lieferanten erfolgen (Rückkaufvereinbarung) oder sie kann an einen fremden Dritten erfolgen.

6   Maßgeblich für die Anrechnung ist hier der tatsächlich erzielte Netto-Kaufpreis, nicht beispielsweise ein (niedrigerer) Schätzwert.

2. Abschluss eines Folgeleasingvertrages

7   Statt der Veräußerung kann der Leasinggeber auch einen neuen Leasingvertrag mit einem neuen Leasingnehmer abschließen.

8   In diesem Fall ist der Nettobetrag der Anschaffungskosten (Barwert) aus dem neuen Leasingvertrag in die Abrechnung mit dem alten Leasingnehmer zu dessen Gunsten einzustellen.[2]

3. Verzicht auf den Leasinggegenstand und Geltendmachung von Versicherungsentschädigung

9   Wenn eine Verwertung des Leasinggegenstandes wegen Totalschadens oder Verlustes nicht erfolgen kann oder wegen einer Beschädigung nicht sinnvoll erscheint, dann kann der Leasinggeber seine Rechte und Ansprüche sowie etwaige Schadensersatzansprüche an die Versicherung abtreten und Zug-um-Zug die Versicherungsentschädigung geltend machen.

---

[2] OLG Celle NJW-RR 1994, 1334; *Graf von Westphalen* AGB-Klauselwerke Leasing Rdn. 204.

12. Kapitel. Die außerordentliche Beendigung des Leasingvertrages § 46

In diesem Fall sind die Ersatzleistungen der Versicherung dem Leasingnehmer gutzubringen (§ 255 BGB).[3] Eine Leistung des Kaskoversicherers (z. B. wegen Verlustes, Zerstörung oder Beschädigung) ist dem Leasingnehmer in voller Höhe gutzubringen.[4] Leistet der Schädiger oder dessen Versicherer Schadensersatz, dann gilt die Anrechnung entsprechend.

III. Durchführung der Verwertung

1. Verpflichtung zur bestmöglichen Verwertung

Der Leasinggeber ist verpflichtet, den Leasinggegenstand bestmöglich zu verwerten.[5] Diese Verpflichtung folgt aus der Schadensminderungspflicht des Geschädigten (§ 254 Abs. 2 BGB), es handelt sich aber auch um eine vertragliche Nebenpflicht des Leasinggebers aus dem Leasingvertrag (§ 241 Abs. 2 BGB). Verstößt der Leasinggeber schuldhaft gegen diese Pflicht, so kann der Leasingnehmer Schadensersatz wegen Vertragsverletzung (§ 280 Abs. 1 BGB) verlangen. Dieser Gegenanspruch des Leasingnehmers auf Schadensersatz wird im Rahmen der Abrechnung der Ansprüche des Leasinggebers als zu verrechnende Gegenforderung oder als schadensminderndes Mitverschulden berücksichtigt.

Die Verwertung muss in angemessener Zeit erfolgen.

Der Leasinggeber muss Möglichkeiten zur Erzielung eines höheren Erlöses nachgehen. Insbesondere muss er auch Hinweise und Ratschläge des Leasingnehmers beachten, soweit dies zumutbar ist.[6] Der Leasinggeber muss eine in seinem Firmenverbund bestehende Verkaufsorganisation nicht nur im Rahmen des Absatzes, sondern auch bei der Verwertung nutzen.[7]

Der Leasinggeber darf den Leasinggegenstand nicht in jedem Fall zum sog. Händlereinkaufspreis veräußern, wenn eine realistische Möglichkeit zur Erzielung eines höheren Veräußerungserlöses besteht. Demgegenüber ist der durch Gutachten ermittelte Händlereinkaufspreis jedenfalls dann eine vertretbare Berechnungsgrundlage, wenn der Leasingnehmer vor Erstellung des Gutachtens rechtliches Gehör erhält und das Recht hat, das Gutachten auf eigene Kosten zu überprüfen.[8]

Der BGH verneint ein Verschulden des Leasinggebers, wenn der Händlereinkaufspreis weniger als 10 % unter dem Händlerverkaufspreis liegt oder der Leasinggeber die Sache vor Verwertung dem Leasingnehmer oder einem von diesem zu benennenden Dritten zu denselben Bedingungen zum Erwerb anbietet.[9]

2. Einholung eines Gutachtens zur Ermittlung des Verkaufswertes

Wenn im Leasingvertrag diesbezüglich keine Regelung getroffen ist, dann ist die einseitige Einholung eines Gutachtens durch den Leasinggeber nicht geeignet, den Verkehrswert verbindlich festzusetzen. Vielmehr muss im Streitfall ein gerichtliches Gutachten eingeholt werden. Das vom Leasinggeber eingeholte Gutachten ist insoweit lediglich Parteivortrag.

Häufig enthält der Leasingvertrag aber eine Regelung, wonach zur Ermittlung des Verkehrswertes ein Gutachten eingeholt wird. Dies ist in der Regel als Schiedsgutachtenvertrag im Sinne des § 317 BGB zu bewerten.[10]

---

[3] BGH NJW 2004, 1041.
[4] BGH NJW 1995, 1541.
[5] BGH WM 1990, 2043; BGH WM 1996, 311; BGH NJW 1997, 3166.
[6] BGH NJW 1991, 221.
[7] Vgl. OLG Koblenz NJW 1995, 1227; OLG Köln ZR 1995, 340.
[8] OLG Köln EWiR § 249 BGB 3/96, 969; *Graf von Westphalen* Leasingvertrag Rdn. 1050.
[9] BGH ZIP 1997, 1457; BGH NJW 1991, 221.
[10] BGH NJW 2001, 3775.

18 Durch eine Schiedsgutachtenvereinbarung ist den Parteien die Möglichkeit zur gerichtlichen Überprüfung zwar nicht abgeschnitten, aber die Möglichkeit ist dahin gehend eingeschränkt, als das Schiedsgutachten nur dann nicht verbindlich ist, wenn die Bewertung offenbar unbillig ist (§ 319 BGB).

19 Nach diesseitiger Auffassung ist eine derartige Schiedsgutachtervereinbarung wirksam, sie stellt keine unangemessene Benachteiligung dar (§ 307 BGB).[11]

20 Die Kosten des Sachverständigen sind als notwendige Verwertungskosten vom Erlös abzuziehen.

3. Verwertung zum Händlereinkaufs- oder -verkaufswert

21 Grundsätzlich genügt der Leasinggeber seiner Verpflichtung zur bestmöglichen Verwertung, wenn er eine Veräußerung zum sog. Händlereinkaufswert vornimmt. Der Händler muss seinerseits in der Lage sein, eine Marge zu erzielen.[12]

22 Der Leasinggeber kann sich aber dann nicht auf den Händlereinkaufswert berufen, wenn er tatsächlich einen höheren Erlös erzielt oder erzielen könnte. Dann ist dieser maßgebend.[13] Eine Ausnahme wird in der Rechtsprechung bei markengebundenen Leasinggebern vorgenommen. Hier soll der Händlerverkaufswert zu 100 % in Ansatz gebracht werden; allenfalls sei eine Kostenpauschale von 10 % anzuerkennen.[14]

4. Abzug von Verwertungskosten

23 Notwendige Verwertungskosten gehen zu Lasten des Leasingnehmers, d. h. sie sind vorab vom Verwertungserlös abzuziehen.[15] Dazu gehören auch notwendige Reparaturkosten, Kosten des Transportes und Kosten der Aufbereitung.

---

[11] A.A. *Graf von Westphalen* Leasingvertrag Rdn. 1099 ff.
[12] BGH NJW 1991, 221.
[13] BGH NJW 1997, 3166; OLG Düsseldorf Der Betrieb 2004, 700; BGH NJW 1996, 455.
[14] OLG Brandenburg NJW-RR 1998, 1671; OLG Koblenz NJW 1995, 1227; OLG Düsseldorf NJW-RR 1999, 1661.
[15] BGH NJW 1997, 3166.

13. Kapitel. Zwangsvollstreckung
§ 47. Zwangsvollstreckung durch eine Vertragspartei

Schrifttum: *Bartmann* Kap. Leasing, in: Vorwerk, Das Prozessformularhandbuch, 8. Aufl. (2005); *Behr* Vollstreckung in Leasingansprüche JurBüro 1995, 457; *Borggräfe* Zwangsvollstreckung in bewegliches Leasinggut (1976); *van Hove* Die Rechtsnatur der Leasingverträge und ihre Abwicklung in der Zwangsvollstreckung (1976); *Mohrbutter* Zwangsvollstreckung auf seiten des Leasinggebers ZAP Fach 14, 23; *Teubner/Lelley* Die Pfändbarkeit und Verwertung von leasingvertraglichen Nutzungsrechten und Kaufoptionen ZMR 1999, 151; *Walz* Die Stellung des Leasingnehmers beim Finanzierungsleasing beweglicher Anlagegüter in sachen-, vollstreckungs- und konkursrechtlicher Hinsicht WM 1985 Sonderbeil. 10; *Ziebe* Guter Glaube bei Pfändung und Verwertung von Leasinggegenständen im Besitz des Leasingnehmers BB 1986, 1538.

Übersicht

	Rdn.
I. Vollstreckungstitel	1
1. Grundlagen	1
2. Leistungsurteile	3
a) Überblick	3
b) Zuständigkeitsfragen	4
3. Sonstige Vollstreckungstitel	5
a) Vollstreckungsbescheide	5
b) Vollstreckbare Urkunde	7
c) Vergleiche	8
d) Schiedssprüche	9
II. Zwangsvollstreckung durch den Leasinggeber	10
1. Herausgabetitel	10
a) Mobiliarleasing	10
b) Immobiliarleasing	12
2. Zahlungstitel	13
III. Zwangsvollstreckung durch den Leasingnehmer	16
1. Herausgabe-, Übereignungs- und Verlängerungsansprüche	16
2. Zahlungsansprüche	18

I. Vollstreckungstitel

1. Grundlagen

Wichtigste allgemeine Vollstreckungsvoraussetzung ist – neben dem verfahrenseinleitenden Antrag des Gläubigers, der Vollstreckungsklausel (§§ 724 ff. ZPO) und der Zustellung (vgl. § 750 ZPO) – ein gegen den Schuldner erwirkter **Vollstreckungstitel**. Die Zwangsvollstreckung findet aus Endurteilen statt, die entweder im Sinne von § 705 ZPO rechtskräftig oder für vorläufig vollstreckbar erklärt sind (§§ 704 Abs. 1, 708 ff. ZPO). Weitere taugliche Vollstreckungstitel listet § 794 Abs. 1 ZPO auf (dazu unten Rdn. 5 ff.). 1

Ausländische Vollstreckungstitel können im Inland grundsätzlich nur vollstreckt werden, wenn sie hier anerkennungsfähig und für vollstreckbar erklärt worden sind. Die Voraussetzungen und das Verfahren bestimmen sich für Titel aus EU-Staaten nach Art. 32 ff. der sog. **Brüssel I-VO** (bzw. EuGVO) Nr. 44/2001,[1] für Titel aus der Schweiz, 2

---

[1] EG-Verordnung Nr. 44/2001 vom 22.12. 2000 über die gerichtliche Zuständigkeit und die Anerkennung und Vollstreckung von Entscheidungen in Zivil- und Handelssachen, ABl. EU 2001 Nr. L 12, S. 1; berichtigt in ABl. EU 2001 Nr. L 307, S. 28, und ergänzt in ABl. EU 2002 Nr. L 225, S. 13. Zur Erstreckung auf Dänemark beachte ABl. EU 2005 Nr. L 299, S. 62, 2006 Nr. L 120, S. 22 und 2007 L 94, S. 70.

§ 47   Zweiter Teil. Allgemeines Leasingrecht

Norwegen und Island nach Art. 25 ff. des Luganer Übereinkommens[2] und für Titel aus sonstigen Staaten nach §§ 328, 722, 723 ZPO. Die Möglichkeit, unbestrittene Zahlungsansprüche aufgrund eines sog. **Europäischen Vollstreckungstitels** in allen EU-Staaten auch ohne Vollstreckbarerklärung durchzusetzen, eröffnet die VO Nr. 805/2004; erfasst werden namentlich Versäumnis- und Anerkenntnisurteile, Kostenfestsetzungsbeschlüsse, Vollstreckungsbescheide, gerichtliche und Anwaltsvergleiche sowie öffentliche Urkunden.[3] Hingewiesen sei zudem auf die VO Nr. 1896/2006 zur Einführung eines **Europäischen Mahnverfahrens** vom 12. 12. 2006 (sog. Zahlungsbefehl-VO),[4] die im Wesentlichen ab dem 12. 12. 2008 gelten wird. Das neue europäische Mahnverfahren dient der schnellen und kostengünstigen Durchsetzung von Geldforderungen im grenzüberschreitenden Rechtsverkehr.

2. Leistungsurteile

3 **a) Überblick.** In Leasingsachen wird ein zwischen den Vertragsparteien – im sog. Leasingprozess[5] – ergehendes Leistungsurteil meist auf **Zahlung** lauten, je nach Konstellation bisweilen aber auch auf **Herausgabe** der Leasingsache und beim Immobilarleasing auf **Räumung**; zu den Unterschieden bei der Zwangsvollstreckung siehe unten Rdn. 10 ff. Ansprüche, die im Zeitpunkt der letzten mündlichen Verhandlung noch nicht fällig sind, können nach Maßgabe von §§ 257 ff. ZPO klageweise geltend gemacht werden. Allerdings ist zu beachten, dass weder § 257 noch § 258 ZPO **künftige Leasingratenansprüche** betrifft, da diese von einer Gegenleistung des Leasinggebers abhängig sind.[6] Zu denken bleibt jedoch an § 259 ZPO. Dabei kommt dem Leasinggeber entgegen, dass die neuere Rechtsprechung die geforderte Besorgnis nicht rechtzeitiger Leistung gläubigerfreundlich weit interpretiert und es genügen lässt, wenn ein an sich leistungswilliger Schuldner voraussichtlich wegen Zahlungsunfähigkeit nicht wird zahlen können.[7] Zahlungsansprüche gegen den Leasingnehmer kann der Leasinggeber statt mit einer gewöhnlichen Klage auch im Urkundenprozess nach §§ 592 ff. ZPO verfolgen. Berücksichtigt man, dass der BGH keine Bedenken sieht, den **Urkundenprozess** für Mietzinsansprüche aus Wohnraummietverträgen zu öffnen,[8] wird man dessen Statthaftigkeit in Leasingsachen auch im Verbrauchergeschäft kaum leugnen können.

4 **b) Zuständigkeitsfragen.** Die **sachliche Zuständigkeit** der Zivilgerichte wird grundsätzlich streitwertabhängig bestimmt (§ 1 ZPO, §§ 23 Abs. 1 Nr. 1, 71 Abs. 1 GVG).[9] Steht der Bestand des Leasingverhältnisses in Streit, beträgt der Zuständigkeitsstreitwert analog § 8 ZPO die Summe der Leasingraten, die in die streitige Zeit fallen oder über 25 Jahre zu zahlen wären, je nachdem, welche Summe geringer ist. Ist die Klage auf Herausgabe

---

[2] Luganer Übereinkommen über die gerichtliche Zuständigkeit und die Vollstreckung gerichtlicher Entscheidungen in Zivil- und Handelssachen vom 16. 9. 1988, ABl. EG 1988 Nr. L 319, S. 9.
[3] EG-Verordnung Nr. 805/2004 vom 21. 4. 2004 zur Einführung eines europäischen Vollstreckungstitels für unbestrittene Forderungen, ABl. EU 2004 Nr. L 143, S. 15, berichtigt in ABl. EU 2005 Nr. L 97, S. 64. Einführend etwa *Wagner* NJW 2005, 1157 und IPRax 2005, 401.
[4] ABl. EU 2006 Nr. L 399, S. 1. Ausführlich zum grenzüberschreitenden Mahnverfahren nunmehr *Sujecki*, Mahnverfahren, 2007, Rz. 288 ff.
[5] Vgl. *H. Beckmann* Finanzierungsleasing § 5 Rdn. 44 ff., in Abgrenzung zum sog. *Lieferantenprozess*, den der Leasingnehmer aufgrund der leasingtypischen Abtretungskonstruktion gegen den Lieferanten führt; dazu ebenda § 6 (jeweils mit Darstellung der wichtigsten prozessualen Besonderheiten).
[6] Vgl. zu Miet- und Pachtzinsansprüchen BGH NJW 2003, 1395.
[7] BGH NJW 2003, 1395 f. Anders etwa noch *Beckmann* Finanzierungsleasing § 5 Rdn. 44.
[8] BGH NJW 2005, 2701 und NJW 2007, 1061.
[9] Da Leasingverhältnisse über Wohnraum kaum in Betracht kommen (näher zu den Gründen etwa *Kalkschmid* Immobilienleasing in der Insolvenz [2003], Rdn. 75) spielt die ausschließliche Zuständigkeit der Amtsgerichte analog § 23 Nr. 2 lit. a GVG keine Rolle; zur Unanwendbarkeit dieser Vorschrift auf sog. Kaufanwartschaftsverträge vgl. *Kissel/Mayer* GVG (4. Aufl. 2005) § 23 Rdn. 23.

des Leasingguts gerichtet, ist nach § 6 ZPO dessen Wert maßgeblich. Für den Gebührenstreitwert gilt § 41 GKG analog.[10] Die **örtliche Zuständigkeit** bestimmt sich nach den allgemeinen Regeln (§§ 12 ff. ZPO). Wenn um die Zahlungspflicht des Leasingnehmers gestritten wird, ist Erfüllungsort im Sinne des § 29 ZPO in Ermangelung einer besonderen Vereinbarung der Ort, an dem sich bei Vertragsschluss der (Wohn-)Sitz des Leasingnehmers befand.[11] Bei der Rückgabepflicht des Leasingnehmers handelt es sich entgegen verbreiteter Ansicht[12] nicht um eine Bringschuld;[13] sie ist vielmehr dort zu erfüllen, wo das Leasinggut abredegemäß verwendet werden sollte.[14] Erfüllungsort für die Gebrauchsüberlassungspflicht des Leasinggebers ist dessen Sitz,[15] also nicht ohne weiteres der Ort, an dem die Sache vertragsgemäß gebraucht werden darf.[16] Bei Immobilienleasingverträgen ist analog § 29a ZPO das Gericht ausschließlich zuständig, in dessen Bezirk sich das Leasinggut befindet.[17] Zur **internationalen Zuständigkeit** vgl. unten §§ 88, 89.

3. Sonstige Vollstreckungstitel

a) Vollstreckungsbescheide. Die Vollstreckung findet gem. §§ 794 Abs. 1 Nr. 4, 796 5 ZPO aus einem im Mahnverfahren (§§ 688 ff. ZPO) erwirkten Vollstreckungsbescheid statt. Mangels einer Schlüssigkeitsprüfung im Mahnverfahren besteht die Gefahr, dass selbst **sittenwidrig überhöhte Leasingraten** tituliert werden.[18] Da nach herrschender Meinung auch Vollstreckungsbescheide in Rechtskraft erwachsen,[19] kann ein unachtsamer Leasingnehmer, der sich weder gegen den Mahn- noch gegen den Vollstreckungsbescheid rechtzeitig zur Wehr setzt, in arge Nöte geraten. Der BGH hilft in Extremfällen ab, indem er dem Vollstreckungsschuldner unter bestimmten Voraussetzungen eine Schadensersatzklage aus **§ 826 BGB** gegen den Gläubiger zubilligt, der gezielt das Mahnverfahren zur Titulierung eines offenkundig sittenwidrigen Anspruchs missbraucht.[20]

Dem unlauteren Ausweichen von Kreditgebern auf das Mahnverfahren soll freilich 6 **§ 688 Abs. 2 Nr. 1 ZPO** von vornherein einen Riegel vorschieben: Danach ist das Mahnverfahren „für Ansprüche eines Unternehmers aus einem Vertrag gemäß den §§ 491 bis 504 BGB" ausgeschlossen. Vom Wortlaut erfasst wird also auch der in § 500 BGB geregelte Finanzierungsleasingvertrag. Für diesen passt § 688 Abs. 2 Nr. 1 ZPO aber nicht

---

[10] Für analoge Anwendung des § 41 GVG auf einen als Mietvertrag zu wertenden Leasingvertrag Zöller/*Herget* ZPO (26. Aufl. 2007) § 3 Rdn. 16 s. v. „Leasingvertrag".
[11] MünchKommZPO/*Patzina* (Bd. 1, 2. Aufl. 2000) § 29 Rdn. 67.
[12] *Graf von Westphalen* Rdn. 969; zur Miete beweglicher Sachen ebenso Staudinger/*Rolfs* (Neubearb. 2006) § 546 Rdn. 36; MünchKommBGB/*Schilling* (Bd. 3, 4. Aufl. 2004) § 546 Rdn. 18. Zweifelnd Palandt/*Weidenkaff* (66. Aufl. 2007) § 546 Rdn. 10.
[13] OLGR Rostock 2001, 255, 256. Musielak/*Heinrich* ZPO (5. Aufl. 2007) § 29 Rdn. 29; Zöller/*Vollkommer* (Fn. 10) § 29 Rdn. 25 s. v. „Mietvertrag".
[14] *Wolf/Eckert/Ball* Rdn. 976. Ohne Rücksicht auf den materiellrechtlichen Erfüllungsort für die Zwecke des § 29 ZPO wie hier LG Lüneburg NJW-RR 2002, 1584.
[15] Musielak/*Heinrich* (Fn. 13) § 29 Rdn. 29.
[16] So aber MünchKommZPO/*Patzina* (Fn. 11) § 29 Rdn. 67 mit 69.
[17] So bei Überwiegen des mietvertraglichen Elements OLG Karlsruhe MDR 1988, 414 f.; Musielak/*Heinrich* (Fn. 13) § 29a Rdn. 7; Wieczorek/Schütze/*Hausmann* ZPO (Bd. 1,1, 3. Aufl. 1994) § 29a Rdn. 17, 21; MünchKommZPO/*Patzina* (Fn. 11) § 29a Rdn. 12 allgemein für Mischverträge bei Überwiegen des Gebrauchsüberlassungselements.
[18] Näher zur Bestimmung der Sittenwidrigkeit etwa Staudinger/*Stoffels* (Neubearb. 2004) Leasing Rdn. 129 ff.
[19] BGH, NJW 2005, 2991, 2994; BGH NJW 1991, 30 m. krit. Anm. *Vollkommer*. Musielak/*Voit* (Fn. 13) § 700 Rdn. 3; Thomas/Putzo/*Hüßtege* ZPO (28. Aufl. 2007) § 700 Rdn. 2. Für „geminderte Rechtskraft" etwa *Braun* Rechtskraft und Rechtskraftdurchbrechung von Titeln über sittenwidrige Ratenkreditverträge (1986) S. 69 ff.; *ders.* JuS 1992, 177 ff.; diesem folgend Stein/Jonas/*Schlosser* (Bd. 6, 22. Aufl. 2004) § 700 Rdn. 10; *Vollkommer* FS Gaul 1997, 759 ff.
[20] Vgl. allgemein: BGH NJW 2005, 2991, 2994; BGH NJW 1987, 3256, 3257; speziell zu einem Leasingvertrag: OLGR Brandenburg 2001, 1, 2.

§ 47   Zweiter Teil. Allgemeines Leasingrecht

recht, denn § 500 BGB verweist nicht auf § 492 Abs. 1 Satz 5 BGB, sodass der (anfängliche) effektive Jahreszins – anders als in § 688 Abs. 2 Nr. 1 ZPO vorausgesetzt – gerade nicht anzugeben ist. § 688 Abs. 2 Nr. 1 ZPO wird daher nach verbreiteter Auffassung teleologisch reduziert und auf Finanzierungsleasingverträge nicht angewendet.[21] Zweifelhaft erscheint dies aber für **Finanzierungsleasingverträge mit Erwerbsoption im Verbrauchergeschäft**; denn die Verbraucherkreditrichtlinie 87/102/EWG erfasst ausweislich ihres Art. 2 I lit. b auch Mietverträge, soweit vorgesehen ist, dass „das Eigentum letzten Endes auf den Mieter übergeht", und schreibt für diese in Art. 4 Abs. 2 Satz 1 lit. a die Angabe des effektiven Jahreszinses vor.[22] Daraus dürfte für § 688 Abs. 2 Nr. 1 ZPO zu folgern sein, dass das Mahnverfahren für Ansprüche aus Finanzierungsleasingverträgen mit Erwerbsoption im Verbrauchergeschäft nicht statthaft ist, wenn der effektive Jahreszins entweder den in der Vorschrift genannten Grenzwert übersteigt oder im Leasingvertrag überhaupt nicht angegeben ist.

7 **b) Vollstreckbare Urkunde.** Die Vollstreckung findet gemäß §§ 794 Abs. 1 Nr. 5, 797 ZPO auch aus notariellen Urkunden statt, in denen sich der Vollstreckungsschuldner der sofortigen Zwangsvollstreckung unterworfen hat. Der Anspruch des Leasingnehmers gegen den Leasinggeber auf Abgabe einer **Willenserklärung**, um – je nach Konstruktion[23] – ein auf Vertragsverlängerung oder Erwerb der Leasingsache gerichtetes Recht zu verwirklichen, kann von vornherein nicht in einer vollstreckbaren Urkunde tituliert werden. Auch im Übrigen werden §§ 794 Abs. 1 Nr. 5, 797 ZPO für Ansprüche des Leasingnehmers praktisch kaum einmal relevant sein. Die Errichtung einer vollstreckbaren Urkunde kann sich aber für Ansprüche des Leasinggebers, namentlich für dessen **Zahlungs- und Herausgabeansprüche** anbieten, und zwar auch bei an sich nicht formbedürftigen Leasingverträgen, zumal die Beurkundungskosten deutlich niedriger als die Kosten einer anderenfalls im Streitfall erforderlichen Titulierung im Klage- oder Mahnverfahren sind.[24] Freilich ist die AGB-rechtliche Zulässigkeit vorformulierter Unterwerfungserklärungen zumindest im Verbrauchergeschäft nicht über jeden Zweifel erhaben.[25]

8 **c) Vergleiche.** Vollstreckungstitel ist gem. § 794 Abs. 1 Nr. 1 ZPO der **Prozessvergleich** sowie der **Gütestellenvergleich** (vgl. § 15a Abs. 6 Satz 2 EGZPO), ferner gem. § 794 Abs. 1 Nr. 4b ZPO der Beschluss, mit dem das hypothetische Prozessgericht (§§ 796a, 796b ZPO) oder der Notar (§§ 796a, 796c ZPO) einen **Anwaltsvergleich** für vollstreckbar erklärt. Gerade die letztgenannte Möglichkeit bietet sich auch in Leasingsachen an, um im Wege außergerichtlicher Streitbeilegung (Mediation oder Schlichtung) erzielte Ergebnisse notfalls zwangsweise durchsetzen zu können.

9 **d) Schiedssprüche.** Ansprüche aus Leasingverträgen sind schiedsfähig im Sinne von § 1030 ZPO. Haben die Parteien eine Schiedsvereinbarung getroffen, entscheidet das Schiedsgericht regelmäßig durch Schiedsspruch, der einem rechtskräftigen gerichtlichen Urteil gleichsteht (§ 1055 ZPO). Vollstreckungstitel ist zwar nicht der Schiedsspruch als

---

[21] Musielak/*Voit* (Fn. 13) § 688 Rdn. 7; Thomas/Putzo/*Hüßtege* (Fn. 19) § 688 Rdn. 3; Zöller/*Vollkommer* (Fn. 10) § 700 Rdn. 16 a. E.

[22] Vgl. etwa Staudinger/*Stoffels* (Fn. 18) Leasing Rdn. 153. Problematischer als der Befund der Richtlinienwidrigkeit ist das Bestimmen der daran anzuknüpfenden Rechtsfolgen; dazu m. w. N. etwa MünchKommBGB/*Habersack* (Fn. 12) § 500 Rdn. 12, der selbst für eine analoge Anwendung von § 502 Abs. 1 Satz 1 Nr. 4 BGB plädiert.

[23] Zu den verschiedenen Möglichkeiten allgemein etwa MünchKommBGB/*Kramer* (Bd. 1, 5. Aufl. 2006) Vor § 145 Rdn. 50 ff.; Staudinger/*Bork* (Neubearb. 2003) Vor §§ 145–156 Rdn. 70 f.; *Casper* Der Optionsvertrag (2005), S. 42 ff. (und speziell zum Ankaufsrecht im Leasingvertrag S. 463 f.).

[24] Vgl. zu den vergleichbaren Einsatzmöglichkeiten bei der Gewerberaummiete etwa *Steinmann* GE 1999, 428; *Moeser* NZM 2004, 769.

[25] Näher Wolf/Lindacher/Pfeiffer/*Hau* AGB-Recht (5. Aufl. 2007) Anh. § 310 BGB Zwangsvollstreckung Rdn. Z 31 ff. m. Nachw. zum Streitstand.

solcher, wohl aber gem. §§ 794 Abs. 1 Nr. 4a, 1060 ZPO der Beschluss, mit dem das OLG (§ 1062 Abs. 1 Nr. 4 ZPO) diesen für vollstreckbar erklärt. Die Bedeutung der Schiedsgerichtsbarkeit als Streitlösungsmechanismus könnte künftig auch in **Verbraucherleasingverträgen** erheblich zunehmen, nachdem der BGH unlängst klargestellt hat, dass auch eine Schiedsabrede, an der ein Verbraucher beteiligt ist, AGB-mäßig getroffen werden kann, sofern die Formerfordernisse des § 1031 Abs. 5 ZPO erfüllt sind; insbesondere ist laut BGH – entgegen der zuvor wohl überwiegenden Auffassung – nicht erforderlich, dass auf Seiten des Klauselverwenders (hier: regelmäßig des Leasinggebers) ein besonderes Bedürfnis an der Einsetzung des Schiedsgerichts und damit am Ausschalten der staatlichen Gerichtsbarkeit besteht.[26]

II. Zwangsvollstreckung durch den Leasinggeber

1. Herausgabetitel

a) **Mobiliarleasing.** Befindet sich bewegliches Leasinggut im Gewahrsam des Leasingnehmers, wird der titulierte Herausgabeanspruch des Leasinggebers nach § 883 Abs. 1 ZPO vollstreckt, indem der Gerichtsvollzieher die Sache dem Leasingnehmer wegnimmt und dem Leasinggeber übergibt. Gibt der Leasingnehmer die Sache nicht freiwillig heraus und verweigert er dem Gerichtsvollzieher zudem den Zutritt in seine Wohn-, Betriebs- oder Geschäftsräume, in denen die Sache vermutet wird, so setzt eine **Durchsuchung** grundsätzlich eine richterliche Anordnung gem. § 758a Abs. 1 ZPO voraus; die in Abs. 2 dieser Vorschrift vorgesehene Ausnahme gilt nach überwiegender Auffassung nicht im Falle des § 883 ZPO.[27] **Vollstreckungsschutz nach § 811 ZPO** wird dem Leasingnehmer – anders als im Falle der Vollstreckung wegen eines Zahlungsanspruchs – nicht gewährt.[28] Wird die Sache beim Leasingnehmer nicht vorgefunden, kann ihm eine eidesstattliche Versicherung gem. § 883 Abs. 2 und 3 ZPO abverlangt werden. Stellt sich heraus, dass sich die Sache im **Gewahrsam eines Dritten** befindet, kommt es entsprechend § 809 ZPO darauf an, ob dieser zur Herausgabe bereit ist. Ist dies nicht der Fall, kann die Herausgabevollstreckung selbst dann nicht ohne weiteres gegen den Dritten erfolgen, wenn der Leasingnehmer sie ihm unerlaubterweise übergeben hat; vielmehr muss der Leasinggeber nach § 886 ZPO vorgehen und den Herausgabeanspruch des Leasingnehmers gegen den Dritten gem. §§ 829, 835 ZPO pfänden und sich zur Einziehung überweisen lassen.

Besonderheiten gelten für **Finanzierungsleasingverträge mit Erwerbsoption im Verbrauchergeschäft**: Das Fehlen einer Verweisung in § 500 BGB auf § 503 Abs. 2 Satz 4 BGB im Hinblick auf Finanzierungsleasingverträge mit Erwerbsoption im Verbrauchergeschäft steht nicht in Einklang mit der Verbraucherkreditrichtlinie 87/102/EWG; denn diese Richtlinie erfasst ausweislich ihres Art. 2 I lit. b auch Mietverträge, soweit vorgesehen ist, dass „das Eigentum letzten Endes auf den Mieter übergeht", und gebietet auch insoweit einen besonderen Schutz des Verbrauchers (hier: des Leasingnehmers) für den Fall, dass der Kreditgeber (hier: der Leasinggeber) die Ware wieder an sich nimmt (Art. 7 Satz 2).[29] Geht man davon aus, dass die daraus resultierende Sekundärrechtswidrigkeit des § 500 BGB durch eine wortlautwidrige Anwendung von § 503 Abs. 2 Satz 4 BGB überwunden werden kann,[30] so löst nach teilweise vertretener Auffas-

---

[26] BGH, NJW 2005, 1125; näher Wolf/Lindacher/Pfeiffer/*Hau* (Fn. 25) Anh. § 310 BGB Schiedsgerichtsklausel Rdn. 5 m. Nachw. zum Streitstand.
[27] Statt vieler: Zöller/*Stöber* (Fn. 10) § 758a Rdn. 6.
[28] Statt vieler: Thomas/Putzo/*Hüßtege* (Fn. 19) § 811 Rdn. 2; vgl. auch BT-Drucks. 13/341, S. 24.
[29] Dazu *Bülow/Artz* Verbraucherkreditrecht (6. Aufl. 2006) § 500 BGB Rdn. 36 ff.; Bülow/Artz/ Koch Handbuch Verbraucherprivatrecht (2003) Kap. 8 Rdn. 3 ff.; MünchKommBGB/*Habersack* (Fn. 12) § 500 Rdn. 10 ff., § 503 Rdn. 53; Staudinger/*Stoffels* (Fn. 18) Leasing Rdn. 153.
[30] Vorschnell verneint dies *Peters* WM 2006, 1183, 1188.

sung bereits die vom Leasinggeber erhobene Herausgabeklage,[31] jedenfalls aber die von ihm betriebene Herausgabevollstreckung die **Rücktrittsfiktion** aus.[32]

12 **b) Immobiliarleasing.** Die Vollstreckung des **Räumungsanspruchs** richtet sich nach § 885 ZPO. Für Mietverträge hält der BGH es für unbedenklich, den Mieter unter Berufung auf offene Zahlungsansprüche und ein diesbezüglich umfassend geltend gemachtes Vermieterpfandrecht unter Zurückhaltung seiner beweglichen Habe aus dem Besitz zu setzen (sog. **Berliner Räumung**).[33] Dieses Verfahren dürfte auf Leasingverträge übertragbar sein, wenn man davon ausgeht, dass dem Leasinggeber ein Pfandrecht entsprechend § 562 BGB zusteht.[34]

2. Zahlungstitel

13 Einen titulierten Zahlungsanspruch kann der Leasinggeber nach allgemeinen Regeln in das gesamte pfändbare Mobiliar- und Immobiliarvermögen des Leasingnehmers vollstrecken. Ein grundsätzlich taugliches und für den Leasinggeber prima facie womöglich sogar besonders attraktives Vollstreckungsobjekt (vgl. aber unten Rdn. 14 f.) ist dabei die **Leasingsache selbst**, auf die der Leasinggeber nach Maßgabe von §§ 808 ff. ZPO zugreifen kann. In diesem Fall erwirbt er zwar kein Pfändungspfandrecht im Sinne von § 804 ZPO an dem ohnehin ihm (oder seinem Refinanzierer) gehörenden Leasinggut (vgl. § 1256 Abs. 1 S. 1 BGB), wohl aber ein Verwertungsrecht und die Möglichkeit, ohne Titulierung des Herausgabeanspruchs auf das Leasinggut zuzugreifen. Die Verwertung erfolgt grundsätzlich durch öffentliche Versteigerung nach Maßgabe von §§ 816 ff. ZPO. Auf Antrag des Leasinggebers als Vollstreckungsgläubigers kommt aber auch eine freihändige Veräußerung gem. § 825 Abs. 1 ZPO in Betracht. Steigert der Leasingnehmer mit und wird ihm der Zuschlag erteilt bzw. erwirbt er das Leasinggut im Wege freihändiger Veräußerung, ist er gem. § 817 Abs. 4 ZPO von der Barzahlungspflicht befreit.

14 Eine Pfändung des Leasingguts scheidet freilich aus, wenn dieses nach **§ 811 Abs. 1 ZPO** unpfändbar ist; relevant ist insbesondere Abs. 1 Nr. 5. Weil es dort allein um die Erhaltung der Gebrauchsmöglichkeit geht, darf sich der Leasingnehmer auf diesen Schutz selbst dann gegenüber dem Leasinggeber berufen, wenn dieser unstreitig Eigentümer der fraglichen Sache ist. Die Privilegierung des Vorbehaltsverkäufers nach § 811 Abs. 2 ZPO findet auf Leasingverträge keine entsprechende Anwendung.[35] Mithin kann der Leasinggeber einem Leasingnehmer, der im Sinne von § 811 Abs. 1 Nr. 5 ZPO auf das Leasinggut angewiesen ist, dieses nur nach § 883 ZPO entziehen, nachdem er einen auf Sachherausgabe lautenden Titel erwirkt hat (dazu oben Rdn. 10).

15 Weitere Bedenken gegen die Tauglichkeit der Leasingsache als Vollstreckungsobjekt ergeben sich beim **Finanzierungsleasing mit Erwerbsoption im Verbrauchergeschäft**. Wer diesbezüglich davon ausgeht, dass zum einen das Fehlen einer Verweisung in § 500 BGB auf § 503 Abs. 2 Satz 4 BGB mit der Verbraucherkreditrichtlinie 87/102/EWG unvereinbar ist und dass zum anderen diese Sekundärrechtswidrigkeit des BGB durch eine wortlautwidrige Anwendung von § 503 Abs. 2 Satz 4 BGB überwunden werden kann,[36]

---

[31] So MünchKommBGB/*Habersack* (Fn. 12) § 503 Rdn. 51, 53; Konsequenz: die Herausgabeklage kann erfolgversprechend nur Zug um Zug gegen Erfüllung des Rückzahlungsanspruchs des Leasinggebers erhoben werden, sofern sich ein Saldo zu dessen Gunsten ergibt.

[32] Beachte zur entsprechenden Problematik bei der Vollstreckung eines Zahlungsanspruchs des Leasinggebers in die Leasingsache noch unten Rdn. 15 und zur Rücktrittsfiktion im Falle der Vollstreckung durch Dritte unten § 48 Rdn. 8.

[33] BGH NJW 2006, 848 (dazu *Hau* LMK 2006, 170080; *Flatow* NJW 2006, 1396); bestätigend BGH NJW 2006, 3273 (m. Anm. *Flatow*).

[34] Letzteres bejahen etwa *Weber/Rauscher* NJW 1988, 1571; Palandt/*Weidenkaff* (Fn. 12) § 562 Rdn. 1.

[35] Ausdrücklich klargestellt in BT-Drucks. 13/341, S. 25. Vgl. im Übrigen etwa Musielak/*Becker* (Fn. 13) § 811 Rdn. 29.

[36] Dazu schon oben Rdn. 11.

muss sich die Frage stellen, in welchen Fällen die vom Leasinggeber selbst in das Leasinggut betriebene Zwangsvollstreckung die **Rücktrittsfiktion** auslöst.[37] Stellt man darauf ab, wann es zu einer endgültigen Besitzentziehung kommt, die vom Leasingnehmer auch nicht mehr durch Zahlung des titulierten Betrags abgewendet werden kann, ist entscheidend die Ablieferung der Sache an den Erwerber nach öffentlicher Versteigerung bzw. anderweitiger Verwertung.[38] Ausgehend von diesem Standpunkt, genügt für § 503 Abs. 2 Satz 4 BGB noch nicht die Pfändung der beim Schuldner zurückgelassenen Sache (vgl. § 808 Abs. 2 ZPO), ihre Wegnahme durch den Gerichtsvollzieher,[39] die Anberaumung des Versteigerungstermins oder das Stellen eines Antrags auf anderweitige Verwertung gem. § 825 ZPO. Unabhängig vom Diskussionsstand hinsichtlich des maßgeblichen Zeitpunkts gilt für die Folge des fingierten Rücktritts: Der Leasinggeber wird gem. §§ 346, 503 Abs. 2 Satz 2, 3 BGB verpflichtet, dem Leasingnehmer die bereits gezahlten Leasingraten (abzüglich Aufwendungsersatz und Nutzungsvergütung) zu erstatten. Die Verwertung der Leasingsache darf wegen §§ 348, 320 BGB nur Zug um Zug gegen Erfüllung dieses Rückzahlungsanspruchs erfolgen. Der von der Rücktrittsfiktion profitierende Schuldner (hier: der Leasingnehmer) kann diesen Gegenanspruch gem. **§§ 767, 769 ZPO** geltend machen, und zwar nach herrschender Meinung bereits vorbeugend, so dass die Verwertung nur Zug um Zug gegen Erstattung des ihm geschuldeten Betrags (vgl. § 756 ZPO) für zulässig erklärt wird.[40] Überdies bewirkt die Rücktrittsfiktion, dass der Leasinggeber seinem titulierten Anspruch auf Zahlung ausstehender Leasingraten selbst die Grundlage entzogen hat und zur Herausgabe des Vollstreckungstitels verpflichtet ist.[41] Will der Leasinggeber, der die Zwangsvollstreckung aus einem Zahlungstitel betreibt, am Leasingvertrag festhalten und die geschilderten Konsequenzen vermeiden, muss er entweder von vornherein den **Vollstreckungsauftrag beschränken**, so dass die Leasingsache von Vollstreckungsversuchen des Gerichtsvollziehers ausgespart bleibt,[42] oder sich mit dem Leasingnehmer auf eine **Vergütungsvereinbarung** im Sinne von § 503 Abs. 2 Satz 4 HS 2 BGB verständigen.

III. Zwangsvollstreckung durch den Leasingnehmer
1. Herausgabe-, Übereignungs- und Verlängerungsansprüche

Hat sich der Leasingnehmer seinen leasingvertraglichen **Anspruch auf Gebrauchs-** 16 **überlassung** titulieren lassen, kann er die Vollstreckung gem. § 883 ZPO betreiben: Der Gerichtsvollzieher nimmt dem Leasinggeber die in dessen Gewahrsam befindliche Sache weg und übergibt sie dem Leasingnehmer. Befindet sich das Leasinggut noch beim Lieferanten und ist dieser nicht entsprechend § 809 ZPO zur Herausgabe bereit, kann der Leasingnehmer gem. §§ 886, 847, 829 ff. ZPO den (kaufvertraglichen) Anspruch des Leasinggebers gegen den Lieferanten pfänden und sich überweisen lassen.

Steht dem Leasingnehmer ein **Anspruch auf Vertragsverlängerung** oder ein **Er-** 17 **werbsrecht** zu und bedarf es zur Verwirklichung dieser Rechte – je nach Konstruktion[43]

---

[37] Beachte zur entsprechenden Problematik bei der Herausgabeklage bzw. -vollstreckung des Leasinggebers bereits oben Rdn. 11 und zur Rücktrittsfiktion im Falle der Vollstreckung durch Dritte unten § 48 Rdn. 8.
[38] So *Brox/Walker* Zwangsvollstreckungsrecht (7. Aufl. 2003) Rdn. 440; wohl auch *Bülow/Artz* Verbraucherkreditrecht (Fn. 29) § 503 BGB Rdn. 86.
[39] So aber eine verbreitete Auffassung; vgl. etwa MünchKommBGB/*Habersack* (Fn. 12) § 503 Rdn. 56; Palandt/*Putzo* (Fn. 12) § 503 Rdn. 14; Jauernig/*Mansel* (12. Aufl. 2007) § 503 Rdn. 4.
[40] Näher *Brox/Walker* Zwangsvollstreckungsrecht (Fn. 38) Rdn. 439, 441 m. w. N.
[41] Zöller/*Stöber* (Fn. 10) § 825 Rdn. 14.
[42] Wohl umgekehrt *Bülow/Artz* Verbraucherkreditrecht (Fn. 29) § 503 BGB Rdn. 86: keine Rücktrittsfiktion, wenn der Gläubiger nicht gezielt in die Sache vollstrecken lässt, sondern diese „zufällig aufgrund eines allgemeinen Vollstreckungsauftrags" verwertet wird.
[43] Beachte zu den verschiedenen Möglichkeiten die Nachweise oben in Fn. 23.

§ 48

– noch einer Willenserklärung seitens des Leasinggebers, die dieser unberechtigt verweigert, so ersetzt das gegen diesen erwirkte rechtskräftige Leistungsurteil gem. § 894 Abs. 1 Satz 1 ZPO die Abgabe der geschuldeten Willenserklärung. Im Falle der Pflicht zur Übereignung ist zudem § 897 Abs. 1 ZPO einschlägig.

2. Zahlungsansprüche

18 Hat der Leasingnehmer einen titulierten (etwa verzugsbedingten) Zahlungsanspruch gegen den Leasinggeber, kann er nach allgemeinen Regeln in das gesamte pfändbare Mobiliar- und Immobiliarvermögen des Leasinggebers vollstrecken. Befriedigung kann er sich im Falle eines fortlaufenden Leasingvertrags aber auch durch Aufrechnung gegen den Anspruch des Leasinggebers auf Zahlung der Leasingraten verschaffen. In der Praxis wird sich eine **Vollstreckung in das Leasinggut** daher nur anbieten, wenn keine Leasingraten mehr offenstehen. Dann kann der Leasingnehmer das (bereits, noch oder wieder) in seinem Gewahrsam befindliche Leasinggut ohne weiteres durch den Gerichtsvollzieher pfänden (vgl. § 809 ZPO) und nach Maßgabe von §§ 816 ff. bzw. § 825 Abs. 1 ZPO verwerten lassen.

§ 48. Zwangsvollstreckung durch Gläubiger einer Vertragspartei

Schrifttum: vgl. zu § 47

Übersicht

	Rdn.
I. Zwangsvollstreckung durch Gläubiger des Leasingnehmers	2
1. Vollstreckung in die Leasingsache	3
a) Überblick	3
b) Mobiliarvollstreckung	4
c) Immobiliarvollstreckung	10
2. Vollstreckung in sonstige Positionen des Leasingnehmers	11
a) Überblick	11
b) Nutzungsrecht	12
c) Erwerbsrecht	14
d) Anwartschaftsrecht	17
e) Gewährleistungsansprüche	18
f) Mehrerlösansprüche	19
3. Leasingvertragsklauseln für den Vollstreckungsfall	20
a) Hinweisklauseln	20
b) Lösungsklauseln	22
c) Prozesskostenklauseln	24
II. Zwangsvollstreckung durch Gläubiger des Leasinggebers	25
1. Zwangsvollstreckung in das Leasinggut	26
a) Mobiliarleasing	26
b) Immobiliarleasing	29
2. Zwangsvollstreckung in sonstige Positionen des Leasinggebers	30

1 Die geringe Zahl der bislang veröffentlichten einschlägigen Entscheidungen legt den Schluss nahe, dass sich die **praktische Bedeutung** der Vollstreckung in leasingrechtliche Positionen durch Dritte in engen Grenzen hält. In der Tat wird im Schrifttum bisweilen eine gewisse „Unangreifbarkeit der leasingrechtlichen Positionen auf beiden Seiten" verzeichnet.[1] Andererseits wird aber auch darauf verwiesen, dass solchen Positionen ein erheblicher wirtschaftlicher Wert zukommen und es sich um durchaus lohnende Vollstreckungsobjekte handeln kann.[2]

---

[1] So etwa Staudinger/*Stoffels* (Neubearb. 2004) Leasing Rdn. 331; ähnlich schon *Döllerer* BB 1971, 535, 537.
[2] So *Reinicke/Tiedke* Kaufrecht (7. Aufl. 2004) Rdn. 1841.

13. Kapitel. Zwangsvollstreckung §48

I. Zwangsvollstreckung durch Gläubiger des Leasingnehmers

Ein Vollstreckungszugriff durch Gläubiger des Leasingnehmers kann entweder der Lea- 2
singsache selbst (dazu Rdn. 3 ff.) oder sonstigen Positionen des Leasingnehmers gelten
(dazu Rdn. 11 ff.). Zudem ist zu klären, inwieweit der Leasinggeber schon im Leasingvertrag Vorsorge für den Vollstreckungsfall treffen kann (dazu Rdn. 20 ff.).

1. Vollstreckung in die Leasingsache

a) **Überblick.** Hinsichtlich des Vollstreckungszugriffs durch einen Gläubiger des Lea- 3
singnehmers auf eine **bewegliche Leasingsache** ist wiederum danach zu unterscheiden,
ob der Gläubiger die Mobiliarvollstreckung (dazu Rdn. 4 ff.) oder die Immobiliarvollstreckung (dazu Rdn. 10) betreibt. Keine ernsthaften Probleme bereitet in diesem Zusammenhang hingegen das **Immobiliarleasing**:[3] Denn in diesem Fall können dem Leasinggeber nur Maßnahmen der Immobiliarvollstreckung (§ 866 Abs. 1 ZPO: Zwangsversteigerung, Zwangsverwaltung, Sicherungshypothek) gefährlich werden, und solche drohen
auf der Grundlage eines gegen den Leasingnehmer erwirkten Titels gerade nicht, wenn
der Leasinggeber als Grundstückseigentümer in das Grundbuch eingetragen ist (§ 39
Abs. 1 GBO, § 17 Abs. 1 ZVG).

b) **Mobiliarvollstreckung.** Bei der Mobiliarvollstreckung pfändet der Gerichtsvollzieher 4
ausweislich § 808 Abs. 1 ZPO die im Gewahrsam des Schuldners befindlichen Gegenstände,
und zwar ohne Prüfung der Eigentumsverhältnisse oder Rücksicht auf diese (vgl. auch
§§ 118 f. GVGA). Betreibt ein Gläubiger des Leasingnehmers die Vollstreckung in das bei
diesem vorhandene Leasinggut, so verspricht eine **Vollstreckungserinnerung** des Leasinggebers (oder des Dritteigentümers der Leasingsache) nach § 766 ZPO regelmäßig keinen Erfolg. Verfahrensfehlerhaft und folglich gem. § 766 ZPO angreifbar kann die Pfändung allenfalls bei offensichtlichem Dritteigentum sein. Allein dadurch, dass der Leasingnehmer den Leasingvertrag vorlegt, darf sich der Gerichtsvollzieher freilich nicht von der
Vollstreckung abhalten lassen.[4] Ebenso wenig machen Hinweisschilder am Leasinggut das
Fremdeigentum hinreichend offensichtlich, weil ansonsten Manipulationen durch den
Schuldner Tür und Tor geöffnet wäre.[5] Der Gerichtsvollzieher kann in solchen Fällen aber
gehalten sein, den Leasinggeber über die Pfändung zu informieren.[6] Eine im Leasingvertrag enthaltene Klausel, wonach der Leasingnehmer zum Anbringen solcher Hinweisschilder verpflichtet ist, wird gewöhnlich als mit § 307 BGB vereinbar erachtet (dazu unten
Rdn. 20),[7] zumal der Hinweis auf das Eigentum des Leasinggebers bedeutsam für eine etwaige Schadensersatzhaftung des Vollstreckungsgläubigers sein kann (dazu unten Rdn. 9).

Vollstreckt ein Gläubiger des Leasingnehmers in das Leasinggut, so kann der Leasing- 5
geber dagegen grundsätzlich im Wege der **Drittwiderspruchsklage** gem. § 771 ZPO
vorgehen. Dies ist für das Operatingleasing offenbar unstreitig, aber auch für das Finanzierungsleasing[8] (einschließlich des Herstellerleasings[9]) allgemein anerkannt, und zwar

---

[3] Ebenso bereits Büschgen/*Berninghaus* § 13 Rdn. 2.
[4] LG Dortmund NJW-RR 1986, 1497, 1498 m. Anm. *Ziebe* BB 1986, 1538; AG Kassel DGVZ 2006, 182, 183; *Graf von Westphalen* Rdn. 1453.
[5] *Graf von Westphalen* Rdn. 1452.
[6] So auch AG Kassel DGVZ 2006, 182, 183, unter Hinweis auf den Rechtsgedanken des § 119 Nr. 3 Satz 6 GVGA.
[7] Siehe etwa MünchKommBGB/*Habersack* (Bd. 3, 4. Aufl. 2004) Leasing Rdn. 130.
[8] Stein/Jonas/*Münzberg* (Bd. 7, 22. Aufl. 2002) § 771 Rdn. 41; Musielak/*Lackmann* (5. Aufl. 2007) § 771 Rdn. 27 f.; Zöller/*Herget* (26. Aufl. 2007) § 771 Rdn. 14 s. v. „Leasing"; *Rosenberg/Gaul/Schilken* Zwangsvollstreckungsrecht (11. Aufl. 1997) § 41 VI 9 a; *Graf von Westphalen* Rdn. 1451; Staudinger/*Stoffels* (Fn. 1) Leasing Rdn. 332; MünchKommBGB/*Habersack* (Fn. 7) Leasing Rdn. 112; *Walz* WM 1985 Sonderbeil. 10, S. 13.
[9] MünchKommZPO/*K. Schmidt* (Bd. 2, 2. Aufl. 2000) § 771 Rdn. 30; *Brox/Walker* Zwangsvollstreckungsrecht (7. Aufl. 2003) Rdn. 1424.

§ 48 Zweiter Teil. Allgemeines Leasingrecht

ohne Rücksicht auf eine vermeintliche „wirtschaftliche Eigentümerstellung" des Leasingnehmers[10] und unabhängig davon, ob der Leasingvertrag erlasskonform ausgestaltet ist oder nicht.[11] Die Drittwiderspruchsklage ist gegen den Vollstreckungsgläubiger zu erheben und kann mit einem Antrag gem. §§ 771 Abs. 3, 769 ZPO abgesichert werden. Das Interventionsrecht, das im Sinne von § 771 ZPO „die Veräußerung hindert", ist regelmäßig das Eigentum des Leasinggebers am Leasinggut. Gehört dieses einem Dritten (von dem es der Leasinggeber seinerseits geleast oder unter Eigentumsvorbehalt erworben hat oder dem er es sicherheitshalber übereignet hat), lässt sich die Drittwiderspruchsklage des Leasinggebers anerkanntermaßen auch auf dessen (künftigen) Herausgabeanspruch gegen den Leasingnehmer aus dem Leasingvertrag stützen.[12] In diesem Fall kann zudem der Dritteigentümer gem. § 771 ZPO vorgehen.[13]

6   Das **Rechtsschutzbedürfnis** für eine Klage gem. § 771 ZPO liegt nicht bereits mit dem Erwirken eines Titels gegen den Leasingnehmer, sondern erst ab der ersten gegen diesen gerichteten Vollstreckungshandlung vor.[14] Obsiegt der Leasinggeber mit seiner Drittwiderspruchsklage gegen den Vollstreckungsgläubiger, so wird die Zwangsvollstreckung in das Leasinggut für unzulässig erklärt; darauf gestützt kann der Leasinggeber gemäß §§ 775 Nr. 1, 776 ZPO die Einstellung der Zwangsvollstreckung sowie die Aufhebung von Vollstreckungsmaßnahmen erwirken. Obgleich der Vollstreckungsgläubiger im Grundsatz gem. § 91 ZPO die **Rechtsverfolgungskosten** des obsiegenden Leasinggebers zu tragen hat, muss § 93 ZPO beachtet werden: „Sofort" im Sinne dieser Vorschrift kann der Vollstreckungsgläubiger noch bis zu dem Zeitpunkt anerkennen, in dem der drittwiderklagende Leasinggeber sein Interventionsrecht hinreichend belegt, unter Umständen also auch noch nach der Beweisaufnahme.[15] Zu Klauseln im Leasingvertrag, die eine Kostentragungspflicht des Leasingnehmers vorsehen, vgl. unten Rdn. 24.[16]

7   Diskutiert wird, ob der Vollstreckungsgläubiger, wenn er die Vollstreckung in die Leasingsache betreibt und daraufhin vom Leasinggeber gem. § 771 ZPO verklagt wird, dessen Interventionsrecht beseitigen und die Drittwiderspruchsklage unbegründet machen kann, indem er die Zahlung der noch ausstehenden Leasingraten sowie den Restwert anbietet.[17] Daran ist aber allenfalls zu denken, wenn der Leasingnehmer eine Kaufoption hat, und stößt selbst dann auf erhebliche Schwierigkeiten (dazu unten Rdn. 16).

8   Wer beim **Finanzierungsleasing mit Erwerbsoption im Verbrauchergeschäft** davon ausgeht, dass zum einen das Fehlen einer Verweisung in § 500 BGB auf § 503 Abs. 2 Satz 4 BGB mit der Verbraucherkreditrichtlinie 87/102/EWG unvereinbar ist und dass zum anderen diese Sekundärrechtswidrigkeit des BGB durch eine wortlautwidrige Anwendung von § 503 Abs. 2 S. 4 BGB überwunden werden kann, muss sich die Frage stellen, in welchen Fällen die Zwangsvollstreckung durch einen Gläubiger des Leasingneh-

---

[10] Klarstellend *Rosenberg/Gaul/Schilken* (Fn. 8) § 41 V 2.
[11] Klarstellend Stein/Jonas/*Münzberg* (Fn. 8) § 771 Rdn. 41; *Graf von Westphalen* Rdn. 1451. Zu Inhalt und Bedeutung des Vollamortisationserlasses von 1971 und des Teilamortisationserlasses von 1975 vgl. § 2 Rdn. 14 ff. und 20 ff.; Staudinger/*Stoffels* (Fn. 9) Leasing Rdn. 52 ff.
[12] Ebenso etwa *Brox/Walker* Zwangsvollstreckungsrecht (Fn. 9) Rdn. 1423.
[13] So ausdrücklich etwa MünchKommBGB/*Habersack* (Fn. 7) Leasing Rdn. 130; Staudinger/*Stoffels* (Fn. 1) Leasing Rdn. 332.
[14] BGH NJW-RR 2004, 1220.
[15] Vgl. OLG Düsseldorf NJW-RR 1998, 790; Zöller/*Herget* (Fn. 8) § 93 Rdn. 6 s. v. „Widerspruchsklage".
[16] Beachte auch MünchKommBGB/*Habersack* (Fn. 7) § 503 Rdn. 26, dort zur Frage, inwieweit der Leasingnehmer (als Verbraucher) im Falle eines Rücktritts vom Leasingvertrag gemäß § 503 Abs. 2 Satz 2 BGB die Rechtsverfolgungskosten des obsiegenden oder unterlegenen Leasinggebers zu ersetzen hat.
[17] Dazu *Walz* WM 1985 Sonderbeil. 10, S. 13.

mers in das Leasinggut die **Rücktrittsfiktion** auslöst.[18] Sachgerecht erscheint es, als „Wiederansichnahme" im Sinne von § 503 Abs. 2 S. 4 BGB weder die von einem Dritten betriebene Vollstreckung noch die Verwertung des Leasingguts zu qualifizieren (anders wäre es freilich, wenn der Leasinggeber ausnahmsweise auf seine eigene Sache bieten, den Zuschlag und damit das Leasinggut erhalten würde). Das Erheben einer Drittwiderspruchsklage durch den Leasinggeber verhindert hingegen eine Verwertung des Leasingguts und erfüllt schon deshalb nicht den Tatbestand des § 503 Abs. 2 Satz 4 BGB, weil sie darauf abzielt, dem Leasingnehmer den Besitz zu erhalten bzw. wieder zu verschaffen; aber auch das Unterlassen einer Drittwiderspruchsklage löst anerkanntermaßen keine Rücktrittsfiktion aus.[19]

Das Rechtsschutzbedürfnis für eine Klage gemäß § 771 ZPO entfällt mit Beendigung 9 der Zwangsvollstreckung in den fraglichen Gegenstand, also mit Versteigerung der Sache und Auskehr des Erlöses.[20] Hat der Leasinggeber die Erhebung der Drittwiderspruchsklage versäumt, so bleibt zu klären, ob ihm **materiellrechtliche Ausgleichansprüche** zustehen.[21] Weil eine im Wege öffentlicher Versteigerung erfolgte Veräußerung nach vorherrschender, aber keineswegs unbestrittener Ansicht unabhängig vom guten Glauben des Erwerbers wirksam ist,[22] kann der Leasinggeber das Leasinggut weder vindizieren noch kondizieren. Eine **Schadensersatzhaftung des Vollstreckungsgläubigers** kommt nur ausnahmsweise in Betracht; denkbare Anspruchsgrundlagen sind § 280 Abs. 1 BGB, §§ 989, 990 Abs. 1 BGB, § 687 Abs. 2 BGB, § 823 Abs. 1 BGB und § 826 BGB. Daran ist zu denken, wenn sich das fehlende Eigentum des Leasingnehmers am Leasinggut etwa wegen Hinweisschildern (dazu oben Rdn. 4) oder der Vorlage des Leasingvertrags[23] aufdrängt, der Vollstreckungsgläubiger dieses aber gleichwohl verwerten lässt. Der Leasinggeber hat einen **Bereicherungsanspruch gegen den Vollstreckungsgläubiger** (§ 812 Abs. 1 Satz 1 Alt. 2 BGB), gerichtet auf Herausgabe des an diesen ausgekehrten Anteils am Nettoerlös (Versteigerungserlös abzüglich der Vollstreckungskosten).[24] Auf § 818 Abs. 3 BGB kann sich der Vollstreckungsgläubiger nicht berufen; insbesondere hat er mit der Auskehr des Erlöses seine titulierte Forderung gegen den Leasingnehmer nicht verloren, sondern kann, sofern er seine vollstreckbare Ausfertigung bereits herausgegeben hat, beim Vollstreckungsgericht eine Neuausfertigung verlangen. Im Übrigen gilt für die **Haftung des Leasingnehmers**: Er hat dem Leasinggeber Schadensersatz zu leisten, wenn er diesen nicht rechtzeitig auf die Zwangsvollstreckung in das Leasinggut hingewiesen hat (zu Klauseln im Leasingvertrag, die eine rechtzeitige Information des Leasinggebers sicherstellen sollen, siehe unten Rdn. 20 f.). Anspruchsgrundlagen sind §§ 280 Abs. 1, 241 Abs. 2 BGB (Nebenpflichtverletzung) bzw. §§ 283, 280 Abs. 1 und 3, 275 Abs. 1 Alt. 1, Abs. 4 BGB (Unvermögen zur vertragsgemäßen Rückgabe), womöglich auch Deliktsrecht. Herauszugeben hat der Leasingnehmer gem. § 812 Abs. 1 Satz 1 Alt. 2 BGB schließlich die vom Gerichtsvollzieher einbehaltenen Vollstreckungskosten sowie einen etwaig an ihn ausgekehrten, indes gem. § 1247 Satz 2 BGB dem Eigentümer des Leasingguts gebührenden Überschuss.

---

[18] Vgl. zum Folgenden MünchKommBGB/*Habersack* (Fn. 7) Leasing Rdn. 130, § 503 Rdn. 59. Beachte zur entsprechenden Problematik bei der Herausgabeklage bzw. -vollstreckung des Leasinggebers bereits oben § 47 Rdn. 11 und bei der Vollstreckung eines Zahlungsanspruchs des Leasinggebers in die Leasingsache § 47 Rdn. 15.

[19] Ebenso etwa *Bülow/Artz* Verbraucherkreditrecht (6. Aufl. 2006) § 503 BGB Rdn. 86.

[20] BGH NJW-RR 2004, 1220.

[21] Beachte dazu etwa *Stadler/Bensching* JURA 2002, 438; *Brox/Walker* Zwangsvollstreckungsrecht (Fn. 9) Rdn. 456 ff.

[22] Vgl. etwa Stein/Jonas/*Münzberg* (Fn. 8) § 817 Rdn. 21; MünchKommZPO/*Schilken* (Fn. 9) § 817 Rdn. 14; jeweils m. Nachw. zum Streitstand.

[23] Vgl. den Fall AG Kassel DGVZ 2006, 182, 183.

[24] BGH NJW 1987, 1880, 1881.

10 c) Immobiliarvollstreckung. Selbst wenn dem Leasingnehmer eine (noch nicht vollzogene) Kaufoption zusteht, gehört ihm das Leasinggut nicht. Dieses fällt daher gem. § 1120 BGB auch dann nicht in den hypothekarischen Haftungsverband, wenn es sich auf dem Grundstück des Leasingnehmers befindet und als Grundstückszubehör im Sinne von § 97 f. BGB zu werten ist. Daher hindert § 865 ZPO nicht die Mobiliarvollstreckung durch den Gerichtsvollzieher gem. §§ 808 ff. ZPO (dazu oben Rdn. 4 ff.). Wird gegen den Leasingnehmer die Immobiliarvollstreckung betrieben, so besteht trotz § 1120 BGB die Gefahr, dass das Leasinggut gem. § 55 Abs. 2 ZVG mitversteigert wird, wenn der Leasinggeber nach Einleitung des Zwangsversteigerungsverfahrens nicht rechtzeitig **gem. § 37 Nr. 5 ZVG widerspricht**. Der Ersteher des Grundstücks erwirbt dann auch Eigentum am Leasinggut (§§ 90 Abs. 2, 55 Abs. 2 ZVG), und an die Stelle des erlöschenden Eigentums tritt gem. § 92 Abs. 1 ZVG der (im Teilungsverfahren geltend zu machende, § 114 Abs. 1 ZVG) Anspruch des Leasingnehmers auf Wertersatz aus dem Versteigerungserlös.[25] Gibt der Vollstreckungsgläubiger das Leasinggut hingegen nicht frei, obwohl der Leasinggeber sein Interventionsrecht rechtzeitig geltend gemacht hat, so kann dieser um Rechtsschutz gem. §§ 771 Abs. 3, 769 ZPO nachsuchen.[26]

2. Vollstreckung in sonstige Positionen des Leasingnehmers

11 a) Überblick. Erweist sich, wie gesehen, die Vollstreckung in das Leasinggut aus Sicht eines Gläubigers des Leasingnehmers als wenig erfolgversprechend, so wird er erwägen, inwieweit der Zugriff auf **sonstige vermögenswerte Positionen des Leasingnehmers** in Betracht kommt. Zu denken ist an dessen Nutzungsrecht als solches, an ein etwaiges Erwerbs- bzw. Anwartschaftsrecht, ferner an Gewährleistungs- und Mehrerlösansprüche. Auch wenn keine übertrieben hohen Anforderungen an die Bestimmung des zu pfändenden Rechts im **Pfändungsantrag** gestellt werden, wird man es nicht genügen lassen können, wenn „die Pfändung aller Ansprüche aus dem Leasingvertrag" beantragt wird.[27]

12 b) Nutzungsrecht. Ist der Leasingnehmer als Vollstreckungsschuldner verpflichtet, ein **Vermögensverzeichnis** gem. § 807 ZPO vorzulegen, so muss er darin sein leasingvertragliches Nutzungsrecht allenfalls dann angeben, wenn ihm nicht nur eine Kaufoption, sondern auch ein Anwartschaftsrecht zusteht.[28] Hat ein Gläubiger des Leasingnehmers gleichwohl Kenntnis von dem Leasingvertrag, so stellt sich die Frage, inwieweit dem Vollstreckungszugriff das sog. Nutzungsrecht – im Gegensatz zur Leasingsache als solcher (dazu oben Rdn. 4 ff.) – ausgesetzt sein kann. Dabei ist zunächst klarzustellen, dass es sich bei dem sog. Nutzungsrecht zwar um ein **selbständiges Vermögensrecht** handelt,[29] der Sache nach aber schlichtweg um den vertraglichen Anspruch des Leasingnehmers auf Über- und Belassung des Leasingguts zum selbständigen Gebrauch;[30] Voll-

---

[25] Ausführlich zur Berechnung der Anspruchshöhe etwa *Stöber* Zwangsversteigerungsgesetz (17. Aufl. 2002) § 92 Rdn. 8; dort Rdn. 8.5 auch zur Möglichkeit eines Bereicherungsanspruchs gegen den letztrangig befriedigten Gläubiger, wenn der Dritte (hier: der Leasinggeber) die Beteiligung am Verteilungsverfahren versäumt.

[26] Vgl. *Stöber* Zwangsversteigerungsgesetz (Fn. 25) § 37 Rdn. 6.3; MünchKommZPO/*K. Schmidt* (Fn. 9) § 771 Rdn. 4.

[27] Klarstellend *Stöber* Forderungspfändung (14. Aufl. 2005) Rdn. 190a. Vgl. allgemein etwa die Darstellung bei Schuschke/Walker/*Walker* Zwangsvollstreckung (3. Aufl. 2002) § 829 Rdn. 37 mit zahlreichen Beispielen aus der Rspr.

[28] Musielak/*Becker* (Fn. 8) § 807 Rdn. 12; Thomas/Putzo/*Hüßtege*, ZPO (28. Aufl. 2007) § 807 Rdn. 12; LG Berlin MDR 1976, 409 (Anwartschaftsrecht verneint).

[29] Schon dies leugnen *Martinek/Oechsler* Bankrechtshandbuch (Bd. 2, 2. Aufl. 2001) Rdn. 136.

[30] So wohl auch Bamberger/Roth/*Möller/Wendehorst* (2. Aufl. 2007) § 500 Rdn. 53; MünchKommBGB/*Habersack* (Fn. 7) Leasing Rdn. 131. *Behr* JurBüro 1995, 457, 458, meint hingegen, Vollstreckungsgegenstand sei „wie beim Nießbrauch das Nutzungsrecht selbst".

streckungsgegenstand ist also ein gewöhnlicher schuldrechtlicher Anspruch. Dies ist schon deshalb von Bedeutung, weil sich folglich die Zwangsvollstreckung – entgegen verbreiteter Auffassung – nicht etwa nach § 857 ZPO,[31] sondern nach §§ 829 ff. ZPO bestimmt.[32] Nach der Gegenauffassung hängt die Pfändbarkeit des „Nutzungsrechts" gemäß § 857 Abs. 3 ZPO davon ab, ob im Leasingvertrag – wie üblich – die Übertragbarkeit ausgeschlossen wurde. Dem hat man entgegengehalten, dass es ebenso ungerecht wie lebensfremd sei, die Pfändbarkeit durch Gläubiger des Leasingnehmers ausgerechnet vom Einverständnis des Leasinggebers abhängig machen zu wollen.[33] Bisweilen wird auch darauf hingewiesen, dass jedenfalls eine vorformulierte Klausel betreffend die Unübertragbarkeit an der AGB-rechtlichen Generalklausel (nunmehr: § 307 BGB) scheitern müsse.[34] Ausgehend vom hier vertretenen Standpunkt, dass § 857 ZPO von vornherein nicht einschlägig ist, ergibt sich die Unbeachtlichkeit einer die Unübertragbarkeit anordnenden Bestimmung im Leasingvertrag bereits aus § 851 Abs. 2 ZPO, und zwar unabhängig davon, ob es sich um eine AGB-Klausel oder um eine Individualvereinbarung zwischen Leasingnehmer und -geber handelt. Einschlägig ist vielmehr § 851 Abs. 1 ZPO: Danach steht oder fällt die Pfändbarkeit damit, ob „der geschuldete Gegenstand", hier also der Anspruch auf Gebrauch des Leasingguts, nach allgemeinen Regeln (ohne Rücksicht auf die verabredete Unübertragbarkeit) der Pfändung unterliegt. Dies wiederum dürfte zu verneinen sein, weil die Interessenlage der in § 540 Abs. 1 Satz 1 BGB vorausgesetzten entspricht und diese Bestimmung entsprechend anzuwenden ist.[35] Dies gilt gleichermaßen beim Operating- wie beim Finanzierungsleasing, wird hinsichtlich des letzteren aber für Vollamortisationsverträge bisweilen bestritten.[36] Schließlich bleibt daran zu denken, die Unpfändbarkeit nicht nur unter Berufung auf das entsprechend § 540 Abs. 1 Satz 1 BGB geschützte Interesse des Leasinggebers herzuleiten, sondern mit Rücksicht auf den Leasingnehmer § 811 ZPO (insbesondere dessen Abs. 1 Nr. 5) heranzuziehen.[37]

Geht man entgegen der hier vertretenen Auffassung (bzw. der anders argumentierenden, aber im Ergebnis weitgehend übereinstimmenden herrschenden Meinung) von Pfändbarkeit aus,[38] mag der Zugriff auf das Nutzungsrecht vor allem gegen Ende der Grundlaufzeit oder nach Ausübung einer Verlängerungsoption attraktiv erscheinen. Zu klären bleibt dann jedoch die Frage der **Verwertung**. § 857 Abs. 4 Satz 2 ZPO ist nach hier vertretener Auffassung zwar nicht unmittelbar anwendbar, zeichnet aber den Inhalt einer zu beantragenden Verwertungsanordnung des Vollstreckungsgerichts nach § 844

13

---

[31] So aber etwa OLG Düsseldorf NJW 1988, 1676; AG Neuwied DGVZ 1996, 142; Schuschke/Walker/*Walker* (Fn. 27) § 857 Rdn. 43; *Beckmann* Finanzierungsleasing § 9 Rdn. 2 (obwohl dort vom Anspruch des Leasingnehmers auf Überlassung der Leasingsache zur Nutzung die Rede ist); *Behr* JurBüro 1995, 457, 458; Staudinger/*Stoffels* (Fn. 1) Leasing Rdn. 333; *Reinicke/Tiedtke* Kaufrecht (Fn. 2) Rdn. 1843; *Stöber* Forderungspfändung (Fn. 27) Rdn. 190b.

[32] Zum Gebrauchsüberlassungsanspruch des Mieters wie hier *Stöber* Forderungspfändung (Fn. 27) Rdn. 262, anders aber (§ 857 ZPO) für das Leasing, Rdn. 190b. Wiederum anders *Canaris* Bankvertragsrecht (Bd. 2, 2. Aufl. 1981) Rdn. 1776: analog §§ 808 ff. ZPO. Offenlassend *Graf von Westphalen* Rdn. 1461.

[33] So *Teubner/Lelley* ZMR 1999, 151 f.; im Ergebnis auch schon *van Hove* S. 126.

[34] *Canaris* Bankvertragsrecht (Fn. 32) Rdn. 1776 a. E.; ebenso bereits vor Inkrafttreten des AGBG *Borggräfe* S. 126 ff. Für Wirksamkeit aber etwa OLG Düsseldorf NJW 1988, 1676, 1677; *Graf von Westphalen* Rdn. 1466; *Reinicke/Tiedtke* Kaufrecht (Fn. 2) Rdn. 1844.

[35] So im Ergebnis, teilweise noch abstellend auf die Vorgängervorschrift in § 549 BGB, auch OLG Düsseldorf NJW 1988, 1676; *Behr* JurBüro 1995, 457, 458; Martinek/Oechsler Bankrechtshandbuch (Fn. 29) Rdn. 136; Steinert/Theede Zwangsvollstreckung in das bewegliche Vermögen (8. Aufl. 2006) Kap. 8 Rdn. 243. Gegen die Pfändbarkeit, aber die Argumentation mit § 540 BGB ablehnend etwa *Reinicke/Tiedtke* Kaufrecht (Fn. 2) Rdn. 1845.

[36] *Canaris* Bankvertragsrecht (Fn. 32) Rdn. 1776; dagegen *Graf von Westphalen* Rdn. 1463, 1466 f.

[37] Vgl. Stein/Jonas/*Brehm* (Bd. 8, 22. Aufl. 2004) § 857 Rdn. 31 Fn. 147; vgl. auch schon *Peters* ZZP 90 (1977) 424, 427.

[38] So namentlich *Teubner/Lelley* ZMR 1999, 151 f.

ZPO vor: Sachdienlich ist die Verwaltung des Leasingguts, das der Leasingnehmer kraft entsprechender Anordnung an den Verwalter herauszugeben hat. Zumindest unpraktikabel ist demgegenüber die entgeltliche Überlassung durch den Vollstreckungsgläubiger an einen Dritten. Dazu muss der Gläubiger diesem den Besitz am Leasinggut verschaffen, was nicht einfach ist, weil ihm – auch aus dem Pfandrecht am Gebrauchsüberlassungsanspruch gegen den Leasinggeber – kein Herausgabeanspruch gegen den Leasingnehmer zusteht und der bloße Besitz am Leasinggut keine pfändungstaugliche Rechtsposition ist.[39] Auch § 847 ZPO hilft dem Gläubiger nicht weiter,[40] denn diese Norm bezieht sich ausweislich § 846 ZPO nur auf Herausgabe- oder Übereignungs-, nicht hingegen auf Gebrauchsüberlassungsansprüche; selbst wenn sie anwendbar wäre, verschaffte sie dem Gläubiger keinen Herausgabeanspruch, geschweige denn einen entsprechenden Titel gegen den Leasingnehmer als Vollstreckungsschuldner.

14 c) **Erwerbsrecht.** Bei Vollamortisationsverträgen wird dem Leasingnehmer regelmäßig die Option eingeräumt, das Leasinggut nach Ablauf der „Grundmietzeit" zu erwerben (vgl. § 7 Rdn. 1 ff.). Die **Pfändung des Anspruchs auf Übereignung** des Leasinggegenstands unterliegt auch dann keinen Bedenken, wenn es sich – je nach Konstruktion der Option[41] – um einen künftigen Anspruch handelt. Selbst wenn im Leasingvertrag die Unübertragbarkeit angeordnet ist, führt dies ausweislich § 851 Abs. 2 ZPO nicht zur Unpfändbarkeit.

15 Die Pfändung eines künftigen Übereignungsanspruchs verschafft dem Gläubiger allerdings nur dann einen Vorteil, wenn er den Anspruch auch zur Entstehung bringen, also anstelle des Leasingnehmers dessen **Option ausüben** kann. Das wäre zu bejahen, handelte es sich bei der Option um ein unselbständiges Nebenrecht, das dem Anspruch anhaftet und mit dessen Pfändung auf den Gläubiger übergeht. Da die Option aber den Anspruch erst hervorbringt, kann sie kein solches Nebenrecht sein, und sie geht mit der Pfändung des Anspruchs ebenso wenig auf den Gläubiger über, wie etwa die Pfändung des Anspruchs auf Auszahlung eines Dispositionskredits es dem Gläubiger erlaubt, diesen durch Inanspruchnahme namens des Schuldners zum Entstehen zu bringen.[42] Die Option ist auch **nicht selbständig pfändbar**.[43] Die Rechtsmacht, einseitig einen Vertrag zustande zu bringen – sei es durch Annahme eines langfristig bindenden Angebots oder Ausübung einer Potestativbedingung – ist mit den Mitteln der ZPO weder pfändbar noch dem Gläubiger zur Ausübung überweisbar.[44] Selbst wenn man solche konstruktiven Schwierigkeiten überwände, bliebe die Pfändung der Option unstatthaft: Ob der Schuldner den Vertrag abschließen will, muss ihm überlassen bleiben; er kann nicht mit Mitteln der Zwangsvollstreckung gezwungen werden, eine Verbindlichkeit einzugehen.[45]

---

[39] Vgl. *Canaris* Bankvertragsrecht (Fn. 32) Rdn. 1776, der unter anderem deshalb eine Pfändung des durch Besitzeinräumung verdinglichten Nutzungsrechts analog § 808 ZPO vorschlägt.

[40] So aber *Teubner/Lelley* ZMR 1999, 151, 153.

[41] Zu den verschiedenen Möglichkeiten MünchKommBGB/*Kramer* (Bd. 1, 5. Aufl. 2006) Vor § 145 Rdn. 50 ff.; Staudinger/*Bork* (Neubearb. 2003) Vor §§ 145–156 Rdn. 70 f.

[42] BGH NJW 2004, 1444, 1445; offenlassend noch BGH NJW 2003, 1858, 1859; NJW 2001, 1937, 1938.

[43] So aber *Canaris* Bankvertragsrecht (Fn. 32) Rdn. 1778; *Walz* WM 1985 Sonderbeil. 10, S. 13; *Teubner/Lelley* ZMR 1999, 151, 153; *Gottgetreu* Gestaltungsrechte als Vollstreckungsgegenstände (2000) S. 273 ff. Wie hier im Ergebnis LG Berlin MDR 1976, 409, 410; MünchKommBGB/*Habersack* (Fn. 7) Leasing Rdn. 113; Staudinger/*Stoffels* (Fn. 1) Leasing Rdn. 333; Stein/Jonas/*Brehm* § 857 (Fn. 37) Rdn. 32; MünchKommZPO/*Smid* (Fn. 9) § 857 Rdn. 27; *Martinek/Oechsler* Bankrechtshandbuch (Fn. 29) Rdn. 136; *Graf von Westphalen* Rdn. 1477 ff.

[44] Für Übertragbarkeit nach § 398 BGB aber *Teubner/Lelley* ZMR 1999, 151, 152. Für Übertragbarkeit auch *Canaris* Bankvertragsrecht (Fn. 32) Rdn. 1778; dagegen *Graf von Westphalen* Rdn. 1477, 1480.

[45] So zur Abrufung eines Dispositionskredits bei gepfändetem Auszahlungsanspruch BGH NJW 2004, 1444, 1445; Stein/Jonas/*Brehm* (Fn. 37) § 851 Rdn. 37; *Stöber* Forderungspfändung (Fn. 27) Rdn. 116; *Gottgetreu* (Fn. 43) zus. S. 166 f.

Die Pfändung des Erwerbsanspruchs ist für den Gläubiger daher wertlos, solange die Option noch nicht ausgeübt wurde.[46]

Hat der Leasingnehmer die **Option bereits ausgeübt** und der Gläubiger den Erwerbsanspruch gepfändet, wird er im Zweifel selbst den Kaufpreis zahlen müssen, den der Leasinggeber Zug um Zug gegen Übereignung des Leasingguts verlangt. Erwerbsoptionen des Leasingnehmers sind nur bei Vollamortisationsleasingverträgen erlasskonform (§ 68 Rdn. 28), und auch in diesem Fall nur dann, wenn der Kaufpreis nicht niedriger ist als der nach der amtlichen AfA-Tabelle ermittelte Buchwert.[47] Nur wenn dieser niedriger als der am Markt zu erzielende Preis ist, lohnt sich für den Gläubiger eine Vollstreckung in den Erwerbsanspruch. Aber selbst dann ist die Zahlung des Kaufpreises aus Sicht eines Gläubigers des Leasingnehmers nur attraktiv, wenn man ihm gestattet, diesen Betrag als Vollstreckungskosten im Sinne des § 788 ZPO beim Leasingnehmer beitreiben zu lassen. Ob ein solcher erleichterter **Regress** in Betracht kommt oder ob der Gläubiger einen besonderen Zahlungstitel (gestützt auf § 812 Abs. 1 Satz 1 Alt. 2 bzw. § 684 Satz 1 BGB) erwirken muss, ist zweifelhaft. Kontrovers diskutiert wird die Frage für den vergleichbaren Fall, dass der Gläubiger bei Pfändung einer unter Eigentumsvorbehalt gekauften Sache den Restkaufpreis an den Vorbehaltsverkäufer gezahlt hat.[48]

16

d) Anwartschaftsrecht. Ist das Erwerbsrecht des Leasingnehmers zu einer Anwartschaft erstarkt, kann diese gepfändet werden.[49] Nach der vorherrschenden Theorie von der **Doppelpfändung** erfolgt dies im Wege der Pfändung des Übereignungsanspruchs gem. §§ 857 Abs. 1, 829 ZPO durch das Vollstreckungsgericht und zusätzlicher publizitätssichernder Sachpfändung durch den Gerichtsvollzieher.[50] Eine Anwartschaft kommt in Betracht, wenn sich der Leasingnehmer bereits mit dem Leasinggeber über den Eigentumsübergang – gegebenenfalls aufschiebend bedingt durch Ausübung der Option und Kaufpreiszahlung – geeinigt hat.[51] Auch dies bringt dem Gläubiger jedoch keinen Vorteil, da er eine der Entstehungsbedingungen für das Vollrecht, nämlich die Ausübung der Option durch den Leasingnehmer, nicht herbeiführen kann (oben Rdn. 15).

17

e) Gewährleistungsansprüche. Dem Leasinggeber gegen den Lieferanten zustehende Gewährleistungsansprüche sind typischerweise im Leasingvertrag an den Leasingnehmer abgetreten (§ 25 Rdn. 15). Den Gläubigern des Leasingnehmers steht der Vollstreckungszugriff auf Ansprüche offen, wenn sie auf Liquidierung eines **dem Leasingnehmer entstandenen (Nichterfüllungs- oder Verzugs-)Schadens** gerichtet sind. Ansprüche gegen den Lieferanten auf Liquidierung eines **dem Leasinggeber entstandenen Schadens** oder auf Rückzahlung des Kaufpreises dürften treuhänderisch gebunden und dem Leasinggeber demgemäß das Recht einzuräumen sein, der Vollstreckung in diese Ansprüche nach § 771 ZPO zu widersprechen.[52] Entfällt der Anspruch des Leasinggebers auf Zahlung der Leasingraten, weil die Leasingsache mangelhaft ist, so ist ein etwaiger Rückzahlungsanspruch des Leasingnehmers pfändbar. Inwieweit dem Bedeutung kommt,

18

---

[46] Anders *Canaris* Bankvertragsrecht (Fn. 32) Rdn. 1778.
[47] *Graf von Westphalen* Rdn. 1479; Staudinger/*Stoffels* (Fn. 1) Leasing Rdn. 54.
[48] Gegen die Anwendbarkeit von § 788 ZPO: Musielak/*Lackmann* (Fn. 8) § 788 Rdn. 5; MünchKommZPO/*K. Schmidt* (Fn. 9) § 788 Rdn. 24; Stein/Jonas/*Münzberg* (Fn. 8) § 788 Rdn. 19; Stein/Jonas/*Brehm* (Fn. 37) § 857 Rdn. 86. Anders etwa Zöller/*Stöber* (Fn. 8) § 788 Rdn. 13; Musielak/*Becker* (Fn. 8) § 857 Rdn. 7; MünchKommZPO/*Smid* (Fn. 9) § 857 Rdn. 23.
[49] Klarstellend etwa *Brox/Walker* Zwangsvollstreckungsrecht (Fn. 9) Rdn. 725.
[50] Vgl. nur Stein/Jonas/*Brehm* (Fn. 37) § 857 Rdn. 85 ff. m. w. N. Gute Übersicht zum Streitstand bei *Leible/Sosnitza* JuS 2001, 343 f.
[51] Dies gegen MünchKommBGB/*Habersack* (Fn. 7) Leasing Rdn. 131, der eine Anwartschaft wegen freier Widerruflichkeit der auf dingliche Einigung gerichteten Willenserklärung des Leasinggebers ablehnt.
[52] Vgl. zur Parallelfrage, ob solche Ansprüche bei Insolvenz des Leasingnehmers in die Masse fallen, § 49 Rdn. 45.

§ 48　　　　　　　　　　　　　　　Zweiter Teil. Allgemeines Leasingrecht

hängt freilich entscheidend davon ab, ab welchem Zeitpunkt ein Leistungsverweigerungsrecht des Leasingnehmers anzuerkennen ist (dazu § 27 Rdn. 134 ff.).

19　**f) Mehrerlösansprüche.** Im Falle eines Teilamortisationsvertrags kann dem Leasingnehmer nach Verwertung der Leasingsache ein sog. Mehrerlösanspruch gegen den Leasinggeber zustehen (dazu § 55 Rdn. 4 sowie § 57 Rdn. 8). Dieser ist gem. §§ 828 ff. ZPO pfändbar, und zwar auch schon als **künftiger Zahlungsanspruch** vor Ablauf der Vertragslaufzeit.[53] War allerdings von vornherein vereinbart, dass der dem Leasingnehmer gebührende Anteil am Erlös auf Ansprüche des Leasinggebers aus einem neuen Leasingvertrag anzurechnen ist, so soll dies dem Pfändungspfandrecht vorgehen.[54] Die Ausführungen zum Mehrerlösanspruch gelten entsprechend für die Pfändung eines sog. Minderkilometervergütungsanspruchs (dazu § 3 Rdn. 26 sowie § 55 Rdn. 5 und § 57 Rdn. 6).

3. Leasingvertragsklauseln für den Vollstreckungsfall

20　**a) Hinweisklauseln.** Als mit § 307 BGB vereinbar wird gemeinhin eine im Leasingvertrag enthaltene Klausel erachtet, die den Leasingnehmer zum Anbringen von **Hinweisschildern am Leasinggut** verpflichtet, um auf diese Weise zu dokumentieren, dass die Sache nicht Eigentum des Leasingnehmers ist;[55] ebenso wenig wird üblicherweise die klauselmäßig begründete Pflicht des Leasingnehmers beanstandet, den Gerichtsvollzieher etwa durch **Vorlage des Leasingvertrags** auf das Dritteigentum hinzuweisen. Freilich ist wegen § 808 Abs. 1 ZPO weder das eine noch das andere geeignet, den Gerichtsvollzieher von der Pfändung abzuhalten (dazu schon oben Rdn. 4).

21　Weitaus wichtiger erscheint es aus Sicht des Leasinggebers, dass er selbst frühzeitig von einer Vollstreckung in die Leasingsache erfährt. Befindet sich das Leasinggut beim Leasingnehmer, so entziehen sich Vollstreckungsversuche Dritter regelmäßig der Kenntnis des Leasinggebers. Freilich kann der Gerichtsvollzieher gehalten sein, den ihm bekannten Leasinggeber über eine erfolgte Pfändung zu informieren.[56] Zudem trifft den Leasingnehmer nach Treu und Glauben auch ohne ausdrückliche Bestimmung im Leasingvertrag die **Pflicht zur Information des Leasinggebers** über solche Vollstreckungsversuche, um diesem so die Möglichkeit zu geben, rechtzeitig Drittwiderspruchsklage zu erheben bzw. seinerseits den Dritteigentümer des Leasingguts in Kenntnis zu setzen.[57] Eine diese Schutzpflicht (§ 241 Abs. 2 BGB) konkretisierende Klausel ist folglich auch im Hinblick auf § 307 BGB unbedenklich.[58] Problematisch ist hingegen eine Klausel, die so weit gefasst ist, dass sie den Leasingnehmer verpflichtet, den Leasinggeber auch über solche Vollstreckungshandlungen gegen sein Vermögen zu unterrichten, die – wie beispielsweise eine Kontenpfändung wegen Unterhaltsschulden – das Leasinggut nicht betreffen. Aber selbst wenn man diese zu weitgehende Formulierung gem. § 307 BGB verwirft, weil man dem Geheimhaltungsinteresse des Leasingnehmers den Vorrang zubilligt, und eine geltungserhaltende Reduktion der Klausel ablehnt, bleibt es bei der erwähnten Schutzpflicht gem. § 241 Abs. 2 BGB.

---

[53] Staudinger/*Stoffels* (Fn. 1) Rdn. 333; *Graf von Westphalen* Rdn. 1470 f.; *Behr* JurBüro 1995, 457, 458.

[54] Auf eine entsprechende Anwendung von § 404 BGB verweist *Canaris* Bankvertragsrecht (Fn. 32) Rdn. 1777; zustimmend *Graf von Westphalen* Rdn. 1473, und Büschgen/*Berninghaus* § 13 Rdn. 12.

[55] Vgl. etwa *Graf von Westphalen* Rdn. 1452.

[56] So auch AG Kassel DGVZ 2006, 182, 183, unter Hinweis auf den Rechtsgedanken des § 119 Nr. 3 Satz 6 GVGA.

[57] Staudinger/*Stoffels* (Fn. 1) Rdn. 332; MünchKommBGB/*Habersack* (Fn. 7) Leasing Rdn. 130; jeweils auch zur Haftung des Leasingnehmers im Falle der Verletzung seiner Pflicht. Zur Kündigung in diesem Fall siehe unten Rdn. 22.

[58] *Graf von Westphalen* Rdn. 1454.

b) Lösungsklauseln. Eine wesentliche **Verschlechterung der Vermögensverhält-** 22
nisse des Leasingnehmers soll den vorleistungspflichtigen Leasinggeber nach wohl
herrschender Ansicht gem. § 314 oder § 543 Abs. 1 BGB[59] zur **außerordentlichen fristlosen Kündigung** des Leasingvertrags berechtigen, sofern die Durchsetzung des Anspruchs auf Zahlung der Leasingraten konkret und gravierend gefährdet ist.[60] Daran ist
namentlich im Falle von Zwangsvollstreckungsmaßnahmen in das Vermögen des Leasingnehmers zu denken. Im kaufmännischen Verkehr kann der Leasinggeber ein daran
anknüpfendes Kündigungsrecht auch in seine AGB aufnehmen,[61] sofern hinreichend
klargestellt wird, dass die wesentliche Vermögensverschlechterung oder -gefährdung nur
dann das Kündigungsrecht auslöst, wenn sie die Zahlungsfähigkeit des Leasingnehmers
beeinflusst.[62] Für Leasingverträge über Investitionsgüter von beträchtlichem Wert (wie
Nutzfahrzeuge, Baumaschinen u. Ä.), die bestimmungsgemäß starker Beanspruchung
und damit hohem Verschleiß ausgesetzt sind, hat der BGH die Wirksamkeit solcher
Kündigungsklauseln ausdrücklich bestätigt,[63] wobei man der Entscheidung keineswegs
entnehmen kann, dass der BGH die genannten Umstände als allgemeine Wirksamkeitsvoraussetzungen begreift. Ist der Leasingnehmer allerdings **Verbraucher** im Sinne des
§ 13 BGB, wird man die Vereinbarung eines Kündigungsrechts für den Fall der Vermögensverschlechterung als Umgehung des § 498 BGB werten und schon deshalb für
unwirksam halten müssen.[64]

Im Falle einer **Verletzung der Informationspflicht**, wenn also der Leasingnehmer 23
dem Leasinggeber eine Vollstreckung in das Leasinggut nicht unverzüglich anzeigt (vgl.
oben Rdn. 21), besteht angesichts der Schwere der Pflichtverletzung ein Kündigungsrecht
des Leasinggebers; mithin wäre auch eine dies bestätigende Kündigungsklausel nicht zu
beanstanden.

c) Prozesskostenklauseln. In dem vom Leasinggeber gestellten Vertragstext ist mitun- 24
ter vorgesehen, dass der Leasingnehmer im Falle einer Vollstreckung in die Leasingsache
durch seine Gläubiger die dem Leasinggeber entstehenden Rechtsverfolgungskosten
(namentlich die Kosten einer Drittwiderspruchsklage) zu tragen hat. Das kann **mit
§ 307 BGB vereinbar** sein: Da Anlass der Vollstreckung ein titulierter Anspruch gegen
den Leasingnehmer ist, der Zugriff auf die Leasingsache erst durch die pflichtgemäße Gebrauchsüberlassung an den Leasingnehmer ermöglicht wurde (vgl. § 808 Abs. 1 ZPO)
und dieser von der Drittwiderspruchsklage durch die Möglichkeit weiteren Sachge-
brauchs profitiert, stellt es grundsätzlich keine unangemessene Interessenwahrnehmung
nach § 307 BGB dar, wenn der Leasinggeber die Kosten der Drittwiderspruchsklage auf
den Leasingnehmer abwälzt.[65] Dies gilt jedoch nur für Kosten einer berechtigterweise
erhobenen Drittwiderspruchsklage und grundsätzlich nur für Kosten, die beim Dritt-
widerspruchsbeklagten (dem Gläubiger des Leasingnehmers!) nicht beigetrieben werden
können.[66] Kosten einer willkürlich oder vorschnell erhobenen Klage, die nach §§ 91 ff.

---

[59] Zur praktisch kaum relevanten Frage, welche Norm hier einschlägig ist, vgl. Staudinger/*Emmerich* (Neubearb. 2006) § 543 Rdn. 2, in Bezug auf den Leasingvertrag MünchKommBGB/*Habersack*
(Fn. 7) Leasing Rdn. 123.
[60] Staudinger/*Stoffels* (Fn. 1) Leasing Rdn 319 m. w. N.
[61] Staudinger/*Stoffels* (Fn. 1) Leasing Rdn 319; zum Parallelproblem von Lösungsklauseln in der
Insolvenz des Leasingnehmers vgl. § 49 Rdn. 11 ff.
[62] Dies betont BGH NJW 1991, 102, 104.
[63] BGH NJW 1984, 871, 872.
[64] Vgl. Staudinger/*Stoffels* (Fn. 1) Leasing Rdn 319; MünchKommBGB/*Habersack* (Fn. 7) Leasing
Rdn. 106; anders OLG Hamm NJW-RR 1998, 1672 (zu § 12 VerbrKrG).
[65] Vgl. BGH NJW 1993, 657 = LM § 9 (Bg) AGBG Nr. 14 m. Anm. *Grunewald*; Wolf/Lindacher/
Pfeiffer/*Hau* AGB-Recht (5. Aufl. 2007) Anh. § 310 BGB Prozess- und Rechtsverfolgungskosten
Rdn. P 35; Staudinger/*Stoffels* (Fn. 1) Leasing Rdn. 332.
[66] BGH NJW 1993, 657; *Graf von Westphalen* AGB, Rechtsverfolgungskosten Rdn. 9: Ausfallhaftung.

ZPO, insbesondere auch nach § 93 ZPO, dem Leasinggeber zur Last fallen, können nicht auf den Leasingnehmer abgewälzt werden. Dagegen ist es nicht zu beanstanden, wenn vom Leasingnehmer auch die Kosten der außergerichtlichen Bemühungen um Freigabe oder etwaige Rückschaffungskosten verlangt werden.

II. Zwangsvollstreckung durch Gläubiger des Leasinggebers

25 Die **praktische Bedeutung** einer Zwangsvollstreckung durch Gläubiger des Leasinggebers mag als gering veranschlagen, wer dabei in erster Linie an den Refinanzierer und den Lieferanten denkt: Der Kaufpreisanspruch des Letzteren wird in der Regel unmittelbar von der refinanzierenden Bank beglichen, und diese wiederum ist meist ohnehin hinreichend abgesichert.[67] Gleichwohl können durchaus auch sonstige Gläubiger des Leasinggebers vorhanden und an der Vollstreckung in dessen leasingrechtliche Positionen interessiert sein.

1. Zwangsvollstreckung in das Leasinggut

26 a) **Mobiliarleasing.** Solange sich das Leasinggut – noch oder wieder – im **Gewahrsam des Leasinggebers** befindet,[68] können es dessen Gläubiger gem. § 808 ZPO pfänden lassen. Dagegen kann sich der Leasingnehmer (anders als ein etwaiger Dritteigentümer des Leasingguts) grundsätzlich nicht mit der Drittwiderspruchsklage gem. § 771 ZPO zur Wehr setzen:[69] Der leasingvertragliche Verschaffungsanspruch begründet nach allgemeiner Ansicht kein Interventionsrecht im Sinne dieser Vorschrift;[70] erst recht kann von „wirtschaftlichem Teileigentum" des Leasingnehmers keine Rede sein.[71] Schließlich steht dem Leasingnehmer ein **Anwartschaftsrecht** auf das Leasinggut zumindest im Regelfall selbst dann nicht zu, wenn eine Kaufoption vorgesehen ist. Freilich sollte davon, dass der Leasingnehmer auf keinen Fall ein Anwartschaftsrecht hat,[72] ebenso wenig die Rede sein wie davon, dass ein solches beim Finanzierungsleasing stets anzunehmen und der Leasingnehmer vollstreckungsrechtlich wie ein Vorbehaltskäufer zu behandeln sei.[73]

27 Wenn sich das Leasinggut (bereits und noch) im unmittelbaren **Besitz des Leasingnehmers** befindet, kommt eine Pfändung durch Gläubiger des Leasinggebers gem. § 809 ZPO nur dann in Betracht, wenn der Leasingnehmer zur Herausgabe bereit ist; diese Bereitschaft muss vorbehaltlos erklärt sein und sich nicht nur auf die Pfändung, sondern auch auf die Verwertung der Sache beziehen. Ist der Leasingnehmer dazu, wie regelmäßig, nicht gewillt, so bleibt dem Gläubiger die Pfändung des Herausgabeanspruchs gegen den Leasingnehmer (dazu sogleich Rdn. 28). Eine gegen den Willen des Leasingnehmers, also unter Verstoß gegen § 809 ZPO, erfolgte Pfändung begründet keine Drittwiderspruchsklage des Leasingnehmers.[74] Sie wird aber auf dessen **Erinnerung**

---

[67] In diesem Sinne etwa Büschgen/*Berninghaus* § 13 Rdn. 19.

[68] Zur Vollstreckung, solange die Sache noch beim Hersteller bzw. Lieferanten ist, siehe unten Rdn. 30.

[69] Statt vieler: Musielak/*Lackmann* (Fn. 8) § 771 Rdn. 28; Zöller/*Herget* (Fn. 8) § 771 Rdn. 14 s. v. „Leasinggut". Zur Ansicht, dem Leasingnehmer sei in der Insolvenz des Leasinggebers ein Aussonderungsrechts zuzubilligen, vgl. unten § 50 Rdn. 7.

[70] Anders der leasingvertragliche Herausgabeanspruch des Leasinggebers; dazu oben Rdn. 5.

[71] So aber *Walz* WM 1985 Sonderbeil. 10, S. 13 f., für den Fall, dass ein Gläubiger des Leasinggebers auf die Sache zugreift, nachdem der Leasingnehmer diese zurückgegeben hat, damit der Leasinggeber sie veräußern kann.

[72] So lapidar – statt mancher – etwa *U. Gottwald* Zwangsvollstreckung (5. Aufl. 2005) § 771 Rdn. 37.

[73] So etwa *Baur/Stürner/Bruns* Zwangsvollstreckungsrecht (13. Aufl. 2006) Rdn. 46,12.

[74] Wie hier etwa *Graf von Westphalen* Rdn. 1488; MünchKommZPO/*K. Schmidt* (Fn. 9) § 771 Rdn. 31; *Rosenberg/Gaul/Schilken* (Fn. 8) § 41 VI 9 b; *Brox/Walker* Zwangsvollstreckungsrecht (Fn. 9) Rdn. 1424. Anders, auf das Recht des Leasingnehmers zum Besitz verweisend, jedoch *Canaris* Bank-

gem. § 766 ZPO aufgehoben; der Leasinggeber ist als Vollstreckungsschuldner in diesem Fall nicht erinnerungsbefugt.

Ein Gläubiger des Leasinggebers kann gem. §§ 846, 847, 829 ZPO auf dessen (künftigen) vertraglichen oder dinglichen **Herausgabeanspruch gegen den Leasingnehmer** zugreifen. Dies setzt allerdings voraus, dass die Leasingsache nach Maßgabe von § 811 ZPO der Pfändung unterliegt.[75] Gibt der Leasingnehmer nach Pfändung des Herausgabeanspruchs die Sache an den vom Gläubiger beauftragten Gerichtsvollzieher heraus, wird die Sache selbst verstrickt, und an dieser setzt sich im Wege dinglicher Surrogation das bislang am Herausgabeanspruch bestehende Pfändungspfandrecht fort;[76] der Gerichtsvollzieher verwertet sodann die Sache gem. §§ 814 ff. ZPO. Die gerichtliche Anordnung, die Sache an den Gerichtsvollzieher herauszugeben, verschafft dem Gläubiger allerdings keinen Titel, wenn der Leasingnehmer die Herausgabe verweigert: Ist dies der Fall, muss der Gläubiger gegen den Leasingnehmer klagen, und zwar gestützt auf sein Pfändungspfandrecht am Herausgabeanspruch. Dann kann der Leasingnehmer dem Gläubiger entsprechend §§ 404, 412 BGB alle Einwendung entgegenhalten, die ihm gegen den Leasinggeber zustünden; dies betrifft namentlich sein vertragliches Recht zum Besitz sowie die Ausübung einer Verlängerungs- oder Kaufoption.[77] Wird der Leasingnehmer zur Herausgabe verurteilt, kann der Gläubiger diesen Titel nach § 883 ZPO vollstrecken lassen; dem schließt sich wiederum die Verwertung nach Maßgabe von §§ 814 ff. ZPO an.

b) Immobiliarleasing. Auch nach Überlassung der Leasingsache ist der Leasingnehmer beim Immobiliarleasing weniger als beim Mobiliarleasing geschützt: Betreibt ein Gläubiger des Leasinggebers die Zwangsversteigerung der Immobilie, so tritt der Erwerber zwar entsprechend § 57 ZVG in den Leasingvertrag ein, doch steht ihm entsprechend § 57a ZVG ein **Sonderkündigungsrecht** zu.[78] Freilich wird es aus Sicht des Erwerbers im Interesse fortlaufender Einnahmen oft sinnvoller sein, an dem bestehenden Leasingvertrag festzuhalten.

2. Zwangsvollstreckung in sonstige Positionen des Leasinggebers

Solange sich das Leasinggut noch beim Hersteller bzw. Lieferanten befindet, kommt als Vollstreckungsobjekt für einen Gläubiger des Leasinggebers dessen **Eigentumsverschaffungsanspruch** aus § 433 Abs. 1 BGB in Betracht.[79] Zu kaufrechtlichen Gewährleistungsrechten des Leasinggebers vgl. oben Rdn. 18.

Die Ansprüche des Leasinggebers gegen den Leasingnehmer auf Zahlung der **Leasingraten** und/oder der **Schlussrate** kann sich ein Gläubiger gem. §§ 828 ff. ZPO pfänden und (regelmäßig zur Einziehung) überweisen lassen. Hinsichtlich der laufenden Leasingraten kommt dem Gläubiger dabei § 832 ZPO zugute.[80] Allerdings geht die Pfändung ins Leere, wenn der Leasinggeber seine Zahlungsansprüche bereits (sicherheitshalber) an einen Dritten abgetreten hat.[81] In diesem Fall soll dem Gläubiger selbst eine

---

vertragsrecht (Fn. 32) Rdn. 1780; Stein/Jonas/*Münzberg* (Fn. 8) § 771 Rdn. 42. Wohl eher nur missverständlich U. *Gottwald* (Fn. 72) § 771 Rdn. 36 („kann ... nach § 809 ZPO widersprechen").
[75] Allg. etwa Stein/Jonas/*Brehm* (Fn. 37) § 847 Rdn. 2.
[76] Vgl. BGH NJW 1979, 373 m. Nachw. der st. Rspr.; MünchKommZPO/*Smid* (Fn. 9) § 847 Rdn. 9; Thomas/Putzo/*Hüßtege* (Fn. 28) § 847 Rdn. 6.
[77] *Graf von Westphalen* Rdn. 1493; *Behr* JurBüro 1995, 457.
[78] Auf die entsprechende Anwendbarkeit der §§ 57 ff. ZVG verweisen etwa MünchKommZPO/*K. Schmidt* (Fn. 9) § 771 Rdn. 31; Stein/Jonas/*Münzberg* (Fn. 8) § 771 Rdn. 42; *Martinek/Oechsler* Bankrechtshandbuch (Fn. 29) § 101 Rdn. 139; MünchKommBGB/*Habersack* (Fn. 7) Leasing Rdn. 132.
[79] Dazu *Mohrbutter* ZAP Fach 14, 23, 24; *Graf von Westphalen* Rdn. 1488.
[80] Wie hier *Behr* JurBüro 1995, 457. Beachte allgemein zum Streitstand, ob § 832 ZPO für Miet- und Pachtzinsen passt, etwa Stein/Jonas/*Brehm* (Fn. 37) § 832 Rdn. 4.
[81] Vgl. etwa BGH NJW 2004, 2096.

spätere Rückabtretung der Forderung an den Leasinggeber nicht in entsprechender Anwendung von § 185 Abs. 2 BGB zum Vorteil gereichen.[82] Erweist sich die Zession weder als nichtig noch als nach Maßgabe des AnfG anfechtbar, so bleibt aus Sicht des Gläubigers allenfalls daran zu denken, sich auch einen etwaigen Freigabeanspruch bzw. den **künftigen Rückübertragungsanspruch** des Leasinggebers gegen den Dritten (typischerweise den Refinanzierer) pfänden zu lassen.[83]

32   Weitere Zahlungsansprüche können dem Leasinggeber in Gestalt des sog. **Restwertanspruchs** bei Ausübung einer dem Leasingnehmer zustehenden Kaufoption sowie als Ausgleichsanspruch im Falle vorzeitiger Auflösung des Leasingvertrags zustehen. Beide können auch als künftige Ansprüche, also bereits vor Ausübung der Kaufoption bzw. bereits vor Vertragsauflösung, gepfändet werden.[84]

33   Bei einem erlasskonformen Teilamortisationsvertrag[85] kommt ferner ein Andienungsrecht des Leasinggebers – also eine **Verkaufsoption** – in Betracht. Hier stellen sich die gleichen Fragen wie bezüglich der Pfändbarkeit von Ansprüchen des Leasingnehmers aus einer Kaufoption (dazu oben Rdn. 14 ff.). Pfändbar ist der bei Optionsausübung entstehende Anspruch gegen den Leasingnehmer auf Zahlung des Kaufpreises (den sog. Restwert). Allerdings kann der Gläubiger gestützt auf diese Pfändung weder die Option des Leasinggebers ausüben noch diese selbst pfänden.

---

[82] BGH NJW 2002, 755, 757.
[83] *Behr* JurBüro 1995, 457.
[84] Dazu *Stöber* Forderungspfändung (Fn. 27) Rdn. 190 a; *Behr* JurBüro 1995, 457.
[85] Zu Inhalt und Bedeutung des Vollamortisationserlasses von 1971 und des Teilamortisationserlasses von 1975 vgl. § 2 Rdn. 14 ff., 20 ff., sowie Staudinger/*Stoffels* (Fn. 1) Leasing Rdn. 52 ff.

14. Kapitel. Das Leasinggut in der Insolvenz

Schrifttum: *Berger* Lösungsklauseln für den Insolvenzfall, Kölner Schrift zur InsO (2. Aufl. 2000), S. 499; *Bien* Die Insolvenzfestigkeit von Leasingverträgen nach § 108 Abs. 1 Satz 2 InsO, ZIP 1998, 1017; *Bork* § 55 Abs. 2 InsO, § 108 Abs. 2 InsO und der allgemeine Zustimmungsvorbehalt, ZIP 1999, 781; *ders.* Gläubigersicherung im vorläufigen Insolvenzverfahren, ZIP 2003, 1421; *Braun* Die Pflicht des Insolvenzverwalters zur Rückgabe von Mietsachen, NZI 2005, 255; *Breitfeld* Aktuelle Entwicklungen der Rechtsprechung zum Insolvenzrecht, FLF 2004, 168; *Casper* Der Optionsvertrag (2005); *Duursma-Kepplinger* Eigentumsvorbehalt und Mobilienleasing in der Insolvenz (2002); *Eckert* Miete, Pacht und Leasing im neuen Insolvenzrecht, ZIP 1996, 897; *ders.* Leasingraten – Masseschulden oder Konkursforderungen?, ZIP 1997, 2077; *ders.* Räumung, Rückgabe und Aussonderung im Mieterinsolvenzverfahren, NZM 2006, 610; *Engel* Die rechtliche Behandlung von Leasinggeber und Leasing-Nehmer in der Insolvenz, FLF 2005, 272; *dies./Völckers* Leasing in der Insolvenz (1999); *Fehl* Leasingverträge in der Insolvenz nach geltendem und zukünftigem Insolvenzrecht, BB 1998, Beil. 5, 12; *ders.* Leasing in der Insolvenz, DZWiR 1999, 89; *Franken/Dahl* Mietverhältnisse in der Insolvenz (2. Aufl. 2006); *Gölzenleuchter* Kündigungsrecht in der Insolvenz des Leasing-Nehmers, FLF 2003, 225; *ders.* Die Herausgabepflicht des Leasing-Objekts – die Hauptsicherheit des Leasing-Gebers, FLF 2004, 83; *Gottwald/Adolphsen* Die Rechtsstellung dinglich gesicherter Gläubiger in der Insolvenzordnung, Kölner Schrift zur InsO (2. Aufl. 2000), S. 1043; *Griesbach* Der neue § 21 Abs. 2 Nr. 5 InsO: Praktische Auswirkungen für Leasing-Geber, FLF 2007, 124; *Häsemeyer* Vorbehaltskauf und Finanzierungsleasing im geltenden und künftigen Insolvenzrecht, FS Serick (1992), S. 153; *Huber* Die Abwicklung gegenseitiger Verträge nach der Insolvenzordnung, NZI 1998, 97; *ders.* Gegenseitige Verträge und Teilbarkeit von Leistungen in der Insolvenz, NZI 2002, 467; *Kalkschmid* Immobilienleasing in der Insolvenz (2003); *Kindler/Köchling* Leasingverträge in der Insolvenz, BuW 2004, 157; *Klinck* Refinanziertes Mobilienleasing in der Insolvenz des Leasinggebers – § 108 Abs. 1 Satz 2 InsO auf dem Prüfstand, KTS 2007, 37; *Krämer* Leasingverträge in der Insolvenz (2005); *Krull* Zur Behandlung von Finanzierungsleasingverträgen im künftigen Insolvenzverfahren, ZMR 1998, 746; *Marotzke* Gegenseitige Verträge im neuen Insolvenzrecht (3. Aufl. 2001); *Niemann* Leasing- und leasingähnliche Fonds in der Insolvenz (2005); *Obermüller/Livonius* Auswirkungen der Insolvenzrechtsreform auf das Leasinggeschäft, DB 1995, 27; *Obermüller* Auswirkungen des Wahlrechts des Insolvenzverwalters auf Zessionen und Avale, Kölner Schrift zur InsO (2. Aufl. 2000), S. 985; *ders.* Insolvenzrecht in der Bankpraxis (6. Aufl. 2002); *v. Olshausen* Die wundersame Entstehung eines Anspruchs auf Herausgabe von Nutzungen zu Gunsten eines nicht nutzungsberechtigten Sicherungseigentümers, ZIP 2007, 1145; *Pape* Ablehnung und Erfüllung schwebender Rechtsgeschäfte durch den Insolvenzverwalter, Kölner Schrift zur InsO (2. Aufl. 2000), S. 531; *Peters* Refinanzierung beim Mobilienleasing und Insolvenz des Leasinggebers, ZIP 2000, 1759; Prütting Vertragsbeendigung durch Insolvenz?, FS Gerhardt (2004) S. 761; *Reuleaux* Die Rechte gesicherter Gläubiger und Leasinggeber in der Insolvenz einer Fluglinie, ZLW 2005, 218; *Schmidt-Burgk* Leasingraten – Masseschulden oder Konkursforderungen?, ZIP 1998, 1022; *ders./Ditz* Die Refinanzierung beim Leasing nach der Insolvenzrechtsreform, ZIP 1996, 1123; *Schwemer* Leasing in der Insolvenz, ZMR 2000, 348; *Schwörer* Lösungsklauseln für den Insolvenzfall (2000); *Seifert* Refinanzierung von Leasingverträgen nach § 108 InsO, NZM 1998, 217; *Sinz* Leasing und Factoring im Insolvenzverfahren, Kölner Schrift zur InsO (2. Aufl. 2000), S. 593; *Uhlenbruck/Sinz* Die Forfaitierung von Leasingforderungen im Konkurs des Leasinggebers, WM 1989, 1113; *Welling* Miet- und Leasingverträge über bewegliche Sachen im neuen Insolvenzrecht (1999); *Wortberg* Lösungsklauseln und Insolvenz (2003); *ders.* Lösungsklauseln und Insolvenz, ZInsO 2003, 1032; *v. Wilmowsky* Der Mieter in der Insolvenz: Zur Kündigungssperre des § 112 InsO, ZInsO 2004, 882; *ders.* Lösungsklauseln für den Insolvenzfall – Wirksamkeit, Anfechtbarkeit, Reform, ZIP 2007, 553; *Zahn* Leasingnehmer und refinanzierende Bank in der Insolvenz des Leasinggebers nach der Insolvenzordnung, DB 1995, 1597 (Teil I), 1649 (Teil II); *ders.* Der Leasingvertrag über Mobilien in der Insolvenz des Leasinggebers nach der Novellierung der InsO, DB 1996, 1393; *ders.* Die Leistung des Leasinggebers nach Übergabe – wertlos?, DB 1998, 1701; *ders.* Die Rechte der Bank in der Insolvenz der Leasinggesellschaft bei Doppelstock-Refinanzierung, DB 2003, 2371; *ders.* Das Sicherungseigentum der Bank in der Insolvenz der Leasinggesellschaft, ZIP 2007, 366

Vorbemerkung

1   Das Insolvenzverfahren zerfällt in **zwei Abschnitte**: Dem Antrag auf Eröffnung des Insolvenzverfahrens folgt zunächst das Eröffnungsverfahren, in dem sich das Gericht Klarheit darüber verschafft, ob ein Insolvenzgrund vorliegt und das Vermögen des Schuldners die gegebenenfalls zu erwartenden Verfahrenskosten deckt. Ist dies der Fall, wird das eigentliche Insolvenzverfahren eröffnet. Um zu verhindern, dass im **Eröffnungsverfahren** weiteres haftendes Vermögen abfließt, trifft das Insolvenzgericht Sicherungsmaßnahmen, wenn die Entscheidung über die Verfahrenseröffnung nicht kurzfristig getroffen werden kann. Zu diesen gehört die Einsetzung eines vorläufigen Insolvenzverwalters, §§ 21 Abs. 2 Nr. 1, 22 InsO. Dabei ist der sogenannte „schwache" vom „starken" vorläufigen Verwalter zu unterscheiden: Auf diesen geht schon vor Eröffnung des Insolvenzverfahrens die Verfügungsbefugnis des Schuldners über, §§ 21 Abs. 2 Nr. 2 Alt. 1, 22 Abs. 1 InsO; neben jenem bleibt der Schuldner dagegen allein verfügungsbefugt, möglicherweise eingeschränkt durch den Vorbehalt, dass der vorläufige Verwalter Verfügungen (und der Eingehung neuer Verbindlichkeiten) zustimmen muss, § 21 Abs. 2 Nr. 2 InsO. Im Beschluss, mit dem das Gericht das **Insolvenzverfahren** eröffnet, wird der Insolvenzverwalter bestellt, § 27 Abs. 1 Satz 1 InsO; in der Regel ist dies der vorläufige Verwalter. Der Beschluss legt mit **Berichts- und Prüfungstermin** zugleich den Zeitplan für den weiteren Verfahrensablauf fest, § 29 InsO. Im Berichtstermin hat der Insolvenzverwalter über die Vermögenslage des Schuldners und deren Ursachen Auskunft zu geben, § 156 InsO; auf Grundlage dieses Berichts beschließen die Gläubiger über den Fortgang des Verfahrens: ob nämlich das Unternehmen des Schuldners liquidiert oder auf Grundlage eines Insolvenzplans fortgeführt werden soll, § 157 InsO. Wird ein **Insolvenzplan** angenommen, richtet sich das weitere Verfahren im Wesentlichen nach den darin getroffenen Regelungen, §§ 217 ff. InsO. Die Liquidation des Unternehmens dürfte allerdings noch immer den praktischen Regelfall darstellen. Werden die angemeldeten Forderungen im Prüfungstermin nicht bestritten, werden sie in die Tabelle eingetragen und im Verteilungstermin quotal befriedigt. Ist das Vermögen des Schuldners vollständig liquidiert und verteilt, legt der Insolvenzverwalter im Schlusstermin Rechenschaft ab, und das Verfahren ist beendet.

2   Einige Besonderheiten gelten im **Verbraucherinsolvenzverfahren**, §§ 304 ff. InsO. Der hier Treuhänder genannte Insolvenzverwalter verfügt über eine in wesentlichen Punkten gegenüber dem Regelverfahren eingeschränkte Rechtsstellung, § 313 InsO. Der Schuldner tritt ihm sein pfändbares Einkommen ab, aus dem der Treuhänder die Gläubiger quotal befriedigt. Nach sechsjährigem „Wohlverhalten" wird der Schuldner auf dessen mit dem Eröffnungsantrag gestellten Antrag von seinen Restschulden befreit, §§ 286 ff. InsO.

3   Über den Leasingvertrag enthält die Insolvenzordnung **keine besonderen Regelungen**. Ausweislich § 108 Abs. 1 Satz 2 InsO und der Materialien wurde er im Gesetzgebungsprozess als Sonderform der Miete begriffen,[1] allerdings nur im Hinblick auf den Einfluss der Verfahrenseröffnung auf die Vertragsabwicklung. Besondere Aus- oder Absonderungsrechte des Leasinggebers sind nicht normiert.

---

[1] Vgl. etwa BT-Drucks. 12/2443, S. 148; BT-Drucks. 13/4699, S. 6.

§ 49 Die Insolvenz des Leasingnehmers

Übersicht

	Rdn.
I. Schicksal des Leasingvertrags	1
1. Insolvenzfestigkeit und Erfüllungswahl	1
2. Kündigung durch den Leasinggeber	6
3. Vertragliche Kündigungs- und Rücktrittsrechte; Lösungsklauseln	11
II. Zahlungsansprüche des Leasinggebers	16
1. Vor Antragstellung fällig gewordene Zahlungen; Anfechtung	16
2. Im Eröffnungsverfahren fällig werdende Zahlungen	19
3. Im Insolvenzverfahren fällig werdende Zahlungen	22
a) Negative oder fehlende Erfüllungswahl	23
b) Positive Erfüllungswahl	25
III. Aussonderungsrechte und Herausgabeansprüche	30
1. Eigenmächtige Wegnahme	30
2. Insolvenzrechtliche Sonderbehandlung des Leasingguts?	31
3. Vindikation	35
4. Vertragliche Herausgabeansprüche	37
5. Ersatzansprüche; Versicherung	38
IV. Erwerbs- und Veräußerungsrechte	41
1. Kaufoption	41
2. Erwerbspflicht und Andienungsrecht	44
V. Gewährleistung und Rückabwicklung	45
1. Schicksal der abgetretenen Gewährleistungsansprüche	45
2. Rückabwicklung	47
3. Ansprüche der Masse	49
VI. Eigenkapitalersetzendes Leasing	50
1. Finanzierungsleasing	51
2. Operate Leasing	54
3. Änderungen nach dem MoMiG-RegE	55
VII. Immobilienleasing	56
1. Schicksal des Leasingvertrags	57
a) Rücktrittsrecht	58
b) Kündigungsrecht	60
c) Sale-and-lease-back-Verträge	62
2. Ansprüche der Vertragsparteien; Aussonderungs-, Sicherungsrechte	63
VIII. Prozessuales	66

I. Schicksal des Leasingvertrags

1. Insolvenzfestigkeit und Erfüllungswahl

Leasingverträge über bewegliche Sachen sind nach neuem Recht[2] in der Insolvenz des Leasingnehmers grundsätzlich **nicht „insolvenzfest"**. Dies bedeutete nach früherer Rechtsprechung des BGH, dass die beiderseitigen Erfüllungsansprüche mit der Verfahrenseröffnung erlöschen und gegebenenfalls bei Erfüllungswahl des Insolvenzverwalters neu begründet werden.[3] Nunmehr geht der BGH davon aus, dass die Ansprüche fortbestehen, aber bis zur positiven Erfüllungswahl des Insolvenzverwalters aufgrund der Einrede des nichterfüllten Vertrags nach § 320 BGB undurchsetzbar sind.[4] Es liegt auf der

---

[2] Zum alten Recht konzise MünchKommInsO/*Eckert* § 108 Rdn. 1.
[3] BGH NJW 1988, 1790, 1791; NJW 1995, 1966 ff. m. krit. Anm. *Bork* JZ 1996, 51 ff.; BGHZ 135, 25, 26 ff. Zur Entwicklung der Rechtsprechung vgl. etwa HK/*Marotzke* § 103 Rdn. 40; *Kreft* ZIP 1997, 865 ff. (dort die Erlöschenstheorie noch verteidigend); Braun/*Kroth* § 103 Rdn. 4 ff.; *Huber* NZI 2002, 467 ff. Für Erlöschen sogar des Leasingvertrages selbst etwa noch MünchKommInsO/*Hefermehl* § 55 Rdn. 132.
[4] BGH NJW 2002, 2783, 2785 m. krit. Anm. *Marotzke* ZZP 111 (2002), 507 ff.; BGH NJW 2003, 2744, 2745. Zustimmend *Huber* NZI 2002, 467 ff.; *ders.* NZI 2004, 57, 58; *Niemann* S. 39 ff.; *Krämer*

§ 49 Zweiter Teil. Allgemeines Leasingrecht

Hand, dass es im Hinblick auf zahlreiche Folgefragen einen großen Unterschied macht, ob Ansprüche bei Verfahrenseröffnung erlöschen oder nur undurchsetzbar werden oder bleiben; dennoch bezeichnete der BGH seine Rechtsprechungsänderung als bloße „Klarstellung".[5]

2   Der Insolvenzverwalter kann wählen, ob der Leasingvertrag erfüllt werden soll oder nicht, § 103 InsO. Das gilt auch dann, wenn der Leasingvertrag bei Verfahrenseröffnung **noch nicht in Vollzug gesetzt**, die Leasingsache also dem Leasingnehmer noch nicht übergeben wurde.[6] § 109 Abs. 2 InsO kann schon deshalb keine analoge Anwendung finden, weil aufgrund der gesetzgeberischen Entscheidung für eine Differenzierung zwischen beweglichen und unbeweglichen Sachen, so wenig sie vielleicht auch überzeugen mag,[7] keine Regelungslücke besteht.[8] Umgekehrt scheidet eine **Anwendung nach Überlassung des Leasingguts** nicht etwa deshalb aus, weil der Leasinggeber seine Leistung bereits vollständig erbracht hätte.[9] Der Leasinggeber ist, anders als ein Verkäufer, nicht nur zur Übergabe, sondern wie ein Vermieter zur Gebrauchsüberlassung verpflichtet;[10] diese Verpflichtung ist erst mit Ablauf der vereinbarten „Grundmietzeit" (§ 1 Rdn. 2) vollständig erfüllt.

3   Sein Wahlrecht kann der Insolvenzverwalter erst dann sinnvoll ausüben, wenn er weiß, ob das Unternehmen fortgeführt oder liquidiert werden soll. Darüber aber wird im Regelfall (vgl. jedoch § 158 Abs. 1 InsO) erst im Berichtstermin entschieden. Es wäre also wenig sachdienlich, könnte der Leasinggeber den Insolvenzverwalter durch Aufforderung zur Erklärung über die Erfüllungswahl nach § 103 Abs. 2 Satz 2, 3 InsO zu einer unverzüglichen Entscheidung über die Durchführung des Leasingvertrages zwingen. Die neu eingefügte[11] Nr. 5 des § 21 Abs. 2 InsO schützt allenfalls im Eröffnungsverfahren. Viele plädieren daher für eine **analoge Anwendung des § 107 Abs. 2 InsO auf das Finanzierungsleasing**.[12] Der BGH hat eine sinngemäße Anwendung des § 107 Abs. 2 InsO auf Dauerschuld-

---

S. 114 f. Gegen „Insolvenzfestigkeit" des § 320 BGB etwa noch ausführlich Kübler/Prütting/*Tintelnot* § 103 Rdn. 5 ff.; dafür bereits grundlegend *Marotzke* Gegenseitige Verträge Rdn. 2.6 ff.

[5] Entsprechend konservativ wird sie eingeordnet bei HK/*Marotzke* § 103 Rdn. 40; Uhlenbruck/*Berscheid* § 103 Rdn. 4 ff., der weiter von einem Erlöschen der Ansprüche und ihrer Neubegründung durch Erfüllungswahl ausgeht, ebenda Rdn. 71, 85; *Krämer* S. 114 („Modifikation der Erlöschentheorie"). – In BGH NJW 2003, 2744, 2745, ist von einer „Aufgabe" der früheren Rspr. die Rede.

[6] MünchKommInsO/*Eckert* § 108 Rdn. 12 ff.; ders. ZIP 1996, 897, 899; *Engel* FLF 2005, 272.

[7] Kritisch MünchKommInsO/*Eckert* § 108 Rdn. 133; ders. ZIP 1996, 897, 899.

[8] Gegen Analogie wegen des methodisch freilich nicht unangreifbaren Satzes *singularia non sunt extendenda* MünchKommInsO/*Eckert* § 108 Rdn. 133; ihr zuneigend aber HK/*Marotzke* § 109 Rdn. 39.

[9] Allerdings ist die Ansicht verbreitet, der Leasinggeber habe seine Pflichten mit Beschaffung und Übergabe des Leasinggutes im Wesentlichen oder sogar vollständig erfüllt: *Lieb* DB 1988, 946, 946; *Uhlenbruck/Sinz* WM 1989, 1113, 1120 (allerdings unter dem Aspekt der Masseverkürzung in der Insolvenz des Leasinggebers); *Eckert* ZIP 1990, 185, 186; ders. ZIP 1997, 2077. Doch soll der Insolvenzverwalter dennoch gemäß § 103 InsO über die Erfüllung entscheiden müssen, MünchKommInsO/*Eckert* § 108 Rdn. 135; vgl. auch *Graf von Westphalen* Rdn. 1546.

[10] BGH WM 1987, 1338, 1339 (aber stark einschränkend BGH ZIP 1990, 180, 185); Staudinger/*Stoffels* Leasing Rdn. 80; *Niemann* S. 37 mit Fn. 182. Vgl. auch oben § 4 Rdn. 12 ff.

[11] Durch das Gesetz zur Vereinfachung des Insolvenzverfahrens mit Wirkung zum 1.7.2007, BGBl. 2007 I, S. 509 ff.

[12] Für analoge Anwendung des § 107 Abs. 2 InsO MünchKommInsO/*Eckert* § 108 Rdn. 140; MünchKommInsO/*Hefermehl* § 55 Rdn. 132; Kübler/Prütting/*Tintelnot* § 103 Rdn. 72; Uhlenbruck/*Berscheid* § 103 Rdn. 69; HK/*Marotzke* § 107 Rdn. 37 f.; ders. JZ 1995, 803, 814; *Niemann* S. 59; *Krämer* S. 150 ff.; *Duursma-Kepplinger* S. 329 f. Im Ergebnis ebenso das OLG Köln NZI 2003, 149, 150, das zwar eine Analogie zu § 107 Abs. 2 InsO ablehnt, aber meint, eine Entscheidung des Insolvenzverwalters unmittelbar nach dem Berichtstermin sei noch iSd § 103 Abs. 2 Satz 2 InsO unverzüglich, wenn die Erfüllung des Vertrags nur bei Betriebsfortführung sinnvoll ist. Eine Analogie ablehnend Uhlenbruck/*Sinz* § 108 Rdn. 71; *Obermüller* Insolvenzrecht in der Bankpraxis Rdn. 7.19; ders./*Livonius* DB 1995, 27, 28; *Graf von Westphalen* Rdn. 1533; MünchKommInsO/*Eckert* § 108 Rdn. 18; *Breitfeld* FLF 2004, 168, 170; Nerlich/Römermann/*Balthasar* § 107 Rdn. 11; Braun/*Kroth* § 107 Rdn. 9.

verhältnisse pauschal abgelehnt,[13] weil die Entscheidungsfreiheit des Insolvenzverwalters hier nur bis zur Erfüllungswahl nach § 103 InsO oder bis zur Kündigung nach § 109 InsO geschützt sei. Allerdings hatte sich der BGH nur mit einem Pachtvertrag und nicht mit dem besonderen Fall des Finanzierungsleasingvertrags auseinanderzusetzen, der sich in den für § 107 Abs. 2 InsO relevanten Interessen der Beteiligten wesentlich von anderen Dauerschuldverhältnissen unterscheidet: Anders als bei sonstigen Gebrauchsüberlassungsverträgen hat allein der Leasingnehmer am Leasinggut ein Verwendungsinteresse; der Leasinggeber ist ausschließlich Financier, und sein Interesse am Leasinggut beschränkt sich auf die Absicherung des Anspruchs auf Zahlung der Leasingraten. Dass das Leasinggut bei erlasskonformen Leasingverträgen[14] am Ende der festen Grundmietzeit auch beim Vollamortisationsleasing noch einen Restwert von mindestens 10 % aufweist, der dem Vermögen des Leasinggebers zufließen soll, hat steuer- und bilanzrechtliche Gründe;[15] bestünden sie nicht, würden die Parteien wohl regelmäßig auf eine solche Vertragsgestaltung verzichten.[16] Das Eigentum am Leasinggut ist eine publizitätslose Sicherheit für die Kreditierung der Anschaffungskosten eines in das Unternehmen des Schuldners eingebundenen Investitionsguts. Damit liegt die Parallele zum Eigentumsvorbehalt auf der Hand: Dem ohnehin „nur" auf Absicherung seines Gegenanspruchs bedachten Leasinggeber kann ein Zuwarten bis zum Berichtstermin im gleichen Maße zugemutet werden wie dem Vorbehaltsverkäufer. Umgekehrt sind Leasing- wie Vorbehaltsgüter von vornherein auf Dauer in das Unternehmen des Schuldners eingeflochten; durch ihre Entnahme wird die wirtschaftlich Unternehmensgesamtheit ge- oder gar zerstört. Auch insoweit unterscheiden sich Miete und Finanzierungsleasing erheblich; zudem hat geleastes Investitionsgut für die unternehmerische Tätigkeit in der Praxis regelmäßig eine viel größere Bedeutung als gemietetes. Für die Entscheidung der Gläubigerversammlung über eine Fortführung, deren Freiheit § 107 Abs. 2 InsO schützen soll, ist der Verbleib von Finanzierungsleasinggut im Unternehmen mindestens so wichtig wie der von Vorbehaltsgut, regelmäßig wichtiger als der von beweglichen Mietgegenständen. Das rechtfertigt es, Leasinggut anders als diese und wie unter Eigentumsvorbehalt erworbenes Investitionsgut zu behandeln: Analog § 107 Abs. 2 InsO muss sich der Insolvenzverwalter erst unverzüglich nach dem Berichtstermin über eine Erfüllung des Leasingvertrages erklären, wenn diese Verzögerung keine erhebliche Verminderung des Werts der Sache erwarten lässt und der Leasinggeber dies dem Insolvenzverwalter mitteilt.

Der Insolvenzverwalter kann Erfüllung eines **Sale-and-lease-back-Vertrages** auch 4 dann wählen, wenn das Leasinggut bei Verfahrenseröffnung noch nicht an den Leasinggeber übereignet war.[17] Er kann jedoch nicht lediglich Erfüllung des Kaufvertrages wählen, um Liquidität zu generieren, Erfüllung des Leasingvertrages aber ablehnen, um die Masse nicht mit Masseverbindlichkeiten zu belasten, sondern über die Erfüllung des Sale-and-lease-back-Vertrages nur einheitlich entscheiden, so wie die Parteien den Vertrag nur einheitlich und einen Vertragsteil nicht ohne den anderen schließen wollten.[18] Nach hier vertretener Ansicht (Rdn. 33) erhält der Leasinggeber mit der Übereignung des Leasingguts die Stellung eines **Sicherungseigentümers**. Folglich bleibt der Insolvenzverwalter im

---

[13] BGH NJW 2002, 3326, 3331.
[14] Zu Inhalt und Bedeutung des Vollamortisationserlasses von 1971 und des Teilamortisationserlasses von 1975 vgl. § 2 Rdn. 14 ff.
[15] Zu diesen §§ 2, 68 ff. und MünchKommBGB/*Habersack* Leasing Rdn. 14 ff.; Staudinger/*Stoffels* Leasing Rdn. 47 ff.
[16] Vgl. auch *Larenz/Canaris* Schuldrecht II/2 § 66 I 2b und § 66 II 4, der meint, dass diese übliche Vertragsgestaltung zivilrechtlich nicht vertragsbildprägend, weil allein steuerrechtlich motiviert sei; vgl. auch Staudinger/*Stoffels* Leasing Rdn. 59 ff.
[17] MünchKommInsO/*Eckert* § 108 Rdn. 15.
[18] Ebenso unter Hinweis auf den Rechtsgedanken des § 139 BGB und den Grundsatz von Treu und Glauben MünchKommInsO/*Eckert* § 108 Rdn. 148; Wolf/Eckert/Ball Rdn. 2092; *H. Beckmann* Finanzierungsleasing § 9 Rdn. 38.

§ 49 Zweiter Teil. Allgemeines Leasingrecht

Besitz der Sachen; erst nachdem im Berichtstermin die Liquidation des Unternehmens beschlossen wurde, muss der Insolvenzverwalter das Leasinggut zugunsten des Leasinggebers verwerten. Nach herrschender Ansicht dagegen erhält der Leasinggeber mit dem Eigentum ein Aussonderungsrecht und kann – wenn der Insolvenzverwalter nicht Erfüllung wählt – Herausgabe des Leasinggutes verlangen (Rdn. 35 ff.). Folgt man dieser Ansicht, ist zum Schutz der Entscheidung über eine Unternehmensfortführung auch hier **§ 107 Abs. 2 InsO analog** anzuwenden (Rdn. 3). Ein Kündigungsrecht des Leasinggebers bleibt in den Grenzen des § 112 InsO (Rn. 6 ff.) jedoch unberührt.

5   Die Folgen der Erfüllungswahl erstrecken sich auf alle **Neben(leistungs)pflichten**,[19] beim **„Bruttoleasing"** etwa auch auf Verwaltungs- und Instandhaltungsleistungen[20] und allgemein auf im Zusammenhang mit dem Leasingvertrag vereinbarte Wartungs- und andere Dienstleistungen.

2. Kündigung durch den Leasinggeber

6   Für die Zeit nach Stellung des Antrags auf Eröffnung des Insolvenzverfahrens stellt **§ 112 InsO** eine Kündigungssperre auf, die auch für Leasingverträge gilt,[21] und zwar – was freilich verbreitet bestritten wird[22] – unabhängig davon, ob dem Leasinggeber das **Leasinggut bei Verfahrenseröffnung bereits überlassen** war (arg.: § 109 Abs. 2 InsO, dazu Rdn. 58).

7   Eine im Übrigen wirksame Kündigung **vor Antragstellung** lässt § 112 InsO unberührt, also eine solche, deren Erklärung dem Leasingnehmer iSd § 130 BGB zugeht, bevor der Insolvenzantrag bei Gericht eingeht.

8   **Nach Antragstellung** kommt eine **Kündigung analog § 543 Abs. 2 Satz 1 Nr. 3 BGB**[23] nur wegen solcher Leasingraten in Betracht, mit deren Zahlung der Leasingnehmer nach Antragstellung in Verzug kam.[24] Verzug kann im Eröffnungsverfahren eintreten,[25] gleichgültig, ob kein, ein „schwacher" oder ein „starker" Insolvenzverwalter bestellt wurde.[26] **Zahlungen, die gemäß § 543 Abs. 2 Satz 2 BGB das Kündigungs-**

---

[19] Uhlenbruck/*Berscheid* § 103 Rdn. 76; Uhlenbruck/*Sinz* § 108 Rdn. 69; ders. Kölner Schrift S. 593, 601 Rdn. 19.

[20] Entsprechend im Zusammenhang mit insolvenzfesten Immobiliarleasingverträgen (Rdn. 57) MünchKommInsO/*Eckert* § 108 Rdn. 61. Zur Parallelfrage iRd § 108 Abs. 1 Satz 2 InsO vgl. § 50 Rdn. 20.

[21] BT-Drucks. 12/2443, S. 148; *Huber* NZI 1999, 97, 101; MünchKommInsO/*Eckert* § 108 Rdn. 5; MünchKommBGB/*Habersack* Leasing Rdn. 133; Uhlenbruck/*Berscheid* § 112 Rdn. 3, 5; *Gölzenleuchter* FLF 2003, 225; *Franken/Dahl* Teil 1 Rdn. 21. Gegen eine Anwendung auf Finanzierungsleasingverträge aber *Wortberg* S. 128. Gegen Anwendung des § 112 InsO auf als Leasing getarnte Kaufverträge *Obermüller/Livonius* DB 1995, 27, 29.

[22] Uhlenbruck/*Berscheid* § 112 Rdn. 10; HK/*Marotzke* § 112 Rdn. 5 f.; Nerlich/Römermann/*Balthasar* § 112 Rdn. 10 f.; *Kalkschmid* Rdn. 453 ff.; FK/*Wegener* § 112 Rdn. 3. Wie hier MünchKommInsO/*Eckert* § 112 Rdn. 12; *Sinz* Kölner Schrift S. 593, 598 Rdn. 10; Braun/*Kroth* § 112 Rdn. 4; Kübler/Prütting/*Tintelnot* § 112 Rdn. 4; *Duursma-Kepplinger* S. 319 f.

[23] Vgl. § 40. Für analoge Geltung des mietvertraglichen Kündigungsrechts wegen Zahlungsverzugs BGH NJW 1995, 1541, 1543; NJW 1982, 870, 872; st. Rspr. Staudinger/*Stoffels* Leasing Rdn. 316; MünchKommBGB/*Habersack* Leasing Rdn. 122.

[24] Vor Antragstellung eingetretener Verzug bleibt außer Betracht, vgl. *Franken/Dahl* Teil 3 Rdn. 64 mwN.

[25] Dass dies möglich bleibt, stellt BGH NJW 2002, 3326, 3330 f. klar; vgl. auch BGH NJW 2007, 1591, 1592. Ebenso OLG Köln NZI 2003, 149, 150 mit insoweit krit. Anm. *Runkel* EWiR § 107 InsO 1/03; MünchKommBGB/*Habersack* Leasing Rdn. 134; Uhlenbruck/*Sinz* § 108 Rdn. 56; ders. Kölner Schrift S. 593, 597 Rdn. 8. Anders aber *Bork* Insolvenzrecht (4. Aufl. 2005) Rdn. 170: Keine Kündigung wegen vor Verfahrenseröffnung eingetretenen Zahlungsverzugs.

[26] Kübler/Prütting/*Tintelnot* § 112 Rdn. 11 will aus § 25 Abs. 2 Satz 2, 1 InsO und § 55 Abs. 2 Satz 2 InsO ableiten, dass Verzug nur eintreten kann, wenn die Voraussetzungen des § 55 Abs. 2 InsO nicht vorliegen; genau umgekehrt *Franken/Dahl* Teil 3 Rdn. 61. § 25 Abs. 2 InsO regelt jedoch nur die Verfahrenspflichten des Insolvenzverwalters und ordnet ebenso wenig eine Stundung an wie § 55 Abs. 2

14. Kapitel. Das Leasinggut in der Insolvenz § 49

recht beseitigen, kann der Leasinggeber ablehnen, ohne in Annahmeverzug zu geraten, wenn sie im eröffneten Verfahren nach §§ 129 ff. InsO anfechtbar wären (Rdn. 16 f.).[27] Nimmt er sie jedoch an, verliert er gemäß § 543 Abs. 2 Satz 2 BGB sein Kündigungsrecht,[28] das aber bei späterer Anfechtung mit dem anfechtbar erfüllten Anspruch (§ 144 Abs. 1 InsO) wiederauflebt. Auch noch **nach Verfahrenseröffnung** kann hinsichtlich der Leasingraten Verzug eintreten,[29] und zwar ohne Rücksicht auf die Einordnung der Leasingforderungen als Insolvenzforderungen oder Masseverbindlichkeiten.[30] Allerdings ist auf Grundlage der neuen Rechtsprechung des BGH (Rdn. 1) zu differenzieren: Die Leasingforderungen sind nach Verfahrenseröffnung grundsätzlich mit der Einrede des § 320 BGB behaftet, die unabhängig von ihrer Geltendmachung den Eintritt des Verzugs hindert;[31] auf sie kann sich die Masse freilich nicht berufen, solange ihr die Nutzung des Leasingguts möglich bleibt, denn in diesem Fall erbringt der Leasinggeber – wohl oder übel – seine Gegenleistung.

Die **außerordentliche Kündigung nach §§ 543 Abs. 1, 314 BGB**[32] kann nach Stel- 9 lung des Insolvenzantrags wegen § 112 Nr. 2 InsO nicht allein auf die Insolvenz des Leasingnehmers und auch nicht auf die Eröffnung des Insolvenzverfahrens gestützt werden; zu Vereinbarungen eines entsprechenden Kündigungsgrundes Rdn. 11 ff. Der Vermögensverfall des Leasingnehmers soll nach hM jedenfalls dann zur außerordentlichen Kündigung berechtigen, wenn die Durchsetzung des Anspruchs auf Zahlung der Leasingraten konkret gefährdet ist.[33] In jedem Fall wird man die **negative Erfüllungswahl als Kündigungsgrund** im Sinne der §§ 543 Abs. 1, 314 Abs. 1 BGB ansehen können:[34] Dem Leasinggeber ist es nicht zuzumuten, an einem Vertrag festgehalten zu werden, dessen Durchsetzung dauerhaft an § 320 BGB scheitert, und ein schützenswertes Interesse der Masse an der Fortdauer eines Vertrags, dessen Erfüllung der Insolvenzverwalter abgelehnt hat, ist nicht zu erkennen. Dagegen sperrt § 112 Nr. 1 InsO aufgrund seiner weiten Formulierung auch die Kündigung wegen **unterhalb der Schwelle des § 543 Abs. 2 Satz 1 Nr. 3 BGB bleibender Zahlungsverschleppung** des Leasingnehmers,[35] wenn erst ein

---

InsO, der nur Zahlungspflichten der Masse im eröffneten Verfahren begründet, die Zahlungspflicht des Schuldners im Eröffnungsverfahren aber nicht berührt.

[27] *Uhlenbruck/Sinz* § 108 Rdn. 57; *ders.* Kölner Schrift S. 593, 597 Rdn. 9; *Schwemer* ZMR 2000, 348, 351; *Obermüller* Insolvenzrecht in der Bankpraxis Rdn. 7.12; *ders./Livonius* DB 1995, 27; *Breitfeld* FLF 2004, 168, 169. Dem zuneigend *Franken/Dahl* Teil 3 Rdn. 77 f., 83 ff. Vgl. auch *Uhlenbruck/Berscheid* § 112 Rdn. 13; *Hess/Hess* § 108 Rdn. 41; *Duursma-Kepplinger* S. 322 f. A. A. MünchKommInsO/*Eckert* § 112 Rdn. 37; *Kübler/Prütting/Tintelnot* § 112 Rdn. 12.
[28] Anders ohne Begründung MünchKommInsO/*Eckert* § 112 Rdn. 18.
[29] HK/*Marotzke* § 112 Rdn. 9; *Kübler/Prütting/Tintelnot* § 112 Rdn. 12.
[30] HK/*Marotzke* § 112 Rdn. 9; anders *v. Wilmowsky* ZInsO 2004, 882, 883, und in der Konsequenz wohl auch OLG Schleswig ZIP 2003, 1360, 1361 (kein Verzug der Masse mit Altmasseschulden nach Anzeige von Masseunzulänglichkeit).
[31] BGH NJW 1999, 53 mit Nachweis der st. Rspr.; *Bamberger/Roth/Grothe* § 320 Rdn. 21 m. w. N. Zum Parallelproblem des Rücktritts eines Vorbehaltsverkäufers in der Insolvenz des Vorbehaltskäufers nach § 323 Abs. 1 BGB *Huber* NZI 2004, 57, 61 f.
[32] Zum nicht völlig durchsichtigen, für die vorliegenden Fragen in der Praxis letztlich irrelevanten Verhältnis zwischen § 314 und § 543 BGB etwa Staudinger/*Emmerich* § 543 Rdn. 2, in Bezug auf den Leasingvertrag MünchKommBGB/*Habersack* Leasing Rdn. 123.
[33] *Larenz/Canaris* Schuldrecht II/2 § 66 V 1a; Staudinger/*Stoffels* Leasing Rdn. 319 und MünchKommBGB/*Habersack* Leasing Rdn. 123; *Graf von Westphalen* Leasing Rdn. 1154. Ablehnend wohl *Kübler/Prütting/Tintelnot* § 112 Rdn. 13, weitergehend dagegen Schimansky/Bunte/Lwowski/*Martinek/Oechsler* Bankrechts-Handbuch § 101 Rdn. 126, die im Falle einer entsprechenden Kündigungsklausel auf den Nachweis einer konkreten Vermögensgefährdung verzichten wollen. Nach BGH NJW-RR 2002, 946 f., soll selbst eine Ablehnung der Eröffnung des Konkursverfahrens über das Vermögen des Vermieters mangels Masse den Mieter nicht zur außerordentlichen Kündigung berechtigen.
[34] Ebenso für § 314 BGB *Bärenz* NZI 2006, 75.
[35] Zu den Voraussetzungen eines entsprechenden Kündigungsrechts des Vermieters nach neuem Schuldrecht Staudinger/*Emmerich* § 543 Rdn. 69 m. w. N.

§ 49   Zweiter Teil. Allgemeines Leasingrecht

nach Antragstellung eingetretener Verzug dem Leasinggeber ein Festhalten am Leasingvertrag unzumutbar werden lässt.[36] Zur beschränkten Kündbarkeit **eigenkapitalersetzenden Leasings** unten Rdn. 53.

10 Als Rechtshandlung unterliegt auch die Kündigung grundsätzlich der **Insolvenzanfechtung**.[37] Die gemäß § 129 Abs. 1 InsO erforderliche Gläubigerbenachteiligung kann etwa im Entzug der Möglichkeit liegen, das Leasinggut gegen Fortzahlung der Leasingraten zu nutzen, wenn dies für die Masse vorteilhaft wäre.

3. Vertragliche Kündigungs- und Rücktrittsrechte; Lösungsklauseln

11 Ob nach § 119 InsO auch „**Lösungsklauseln**" unwirksam sind, die die automatische (§ 158 Abs. 2 BGB) Auflösung des Vertrages vorsehen oder der Gegenseite ein auf Abwicklung gerichtetes Gestaltungs-, vor allem Kündigungs- oder Rücktrittsrecht einräumen,[38] ist umstritten:[39] Solche Vereinbarungen setzen zwar einerseits das Wahlrecht des Insolvenzverwalters außer Funktion, andererseits aber wurden § 137 Abs. 2, 3 RegE-InsO, die explizit die Unwirksamkeit von Lösungsklauseln anordneten, im Gesetzgebungsverfahren absichtsvoll gestrichen.[40] Dies mag Zweifel daran begründen, ob eine Lösungsklausel das Verwalterwahlrecht aus § 103 InsO unzulässig beschränkt und nach § 119 InsO unwirksam ist; dass eine Lösungsklausel aber die Kündigungssperre des § 112 InsO umgehen und aus diesem Grund nach § 119 InsO unwirksam sein kann, unterliegt keinem Zweifel.[41] Was die Reichweite des Unwirksamkeitsverdikts angeht, so ist § 119 InsO nach hM wortlautgetreu eng auszulegen und soll nicht über den Zeitraum hinaus wirken, den §§ 103 ff. InsO erfassen; dabei will man entscheidend darauf abstellen, **an welchen Zeitpunkt die Vereinbarung für das Entstehen des Lösungsrechts oder die Auflösung anknüpft**.[42]

12 Die Kündigungssperre des § 112 InsO setzt mit Stellung des Insolvenzantrags ein. Daher sind Vereinbarungen unwirksam, die eine automatische Auflösung des Vertrags (zum Kündigungsrecht des Leasinggebers sogleich) von danach eintretenden Voraussetzungen abhängig machen, die § 112 Nr. 1, 2 InsO nicht genügen würden, etwa die Vertragsauflösung ohne Weiteres „**bei Eröffnung des Insolvenzverfahrens**" vorsehen.[43]

---

[36] MünchKommInsO/*Eckert* § 112 Rdn. 24; *ders.* ZIP 1996, 897, 898.

[37] Allgemein für Willenserklärungen etwa MünchKommInso/*Kirchhof* § 129 Rdn. 11; speziell für die Kündigung etwa Nerlich/Römermann/*Nerlich* § 129 Rdn. 38.

[38] Zum Begriff der Lösungsklausel vgl. MünchKommInsO/*Huber* § 119 Rdn. 18; *Schwörer* Rdn. 15 ff.

[39] Für Wirksamkeit in der Sache, allerdings nicht ausdrücklich und unter Geltung der KO BGH NJW 1986, 255, 256, und BGH NJW 1994, 449, 450 f. (ausf. Analyse bei *Wortberg* S. 87 ff.). Wegen Vorrangs des § 14 VVG vor § 119 InsO wurde die Frage für einen Versicherungsvertrag offengelassen von BGH NJW-RR 2004, 460, 461, und OLGR Hamburg 2004, 482, 483; offengelassen für § 9 GesO auch in BGH NJW 2003, 2744, 2746. Für Unwirksamkeit etwa HK/*Marotzke* § 119 Rdn. 3 f.; *Pape* Kölner Schrift S. 531, 571 Rdn. 63; *Berger* Kölner Schrift S. 499, 508 ff. Rdn. 20 ff.; *Gerhardt* AcP 200 (2000), 426, 437 ff.; Nerlich/Römermann/*Balthasar* § 119 Rdn. 15 f.; Uhlenbruck/*Berscheid* § 119 Rdn. 16; Kübler/Prütting/*Tintelnot* § 119 Rdn. 15 ff.; *Schwörer* Rdn. 199 f; *Prütting* FS Gerhardt (2004) S. 761, 774. Für Wirksamkeit dagegen ausführlich *Wortberg* zusammenfassend S. 189 f.; *ders.* ZInsO 2003, 1032 ff.; MünchKommInsO/*Huber* § 119 Rdn. 28 ff.; *ders.* NZI 1999, 97, 99; *v. Wilmowsky* ZIP 2007, 553 ff. (dort auch zur sich dann stellenden Frage der Anfechtbarkeit nach §§ 129 ff. InsO).

[40] Vgl. Begr. Rechtsausschuss BT-Drucks. 12/7302, S. 170.

[41] MünchKommInsO/*Huber* § 119 Rdn. 21, 72; HK/*Marotzke* § 112 Rdn. 17; Kübler/Prütting/*Tintelnot* § 112 Rdn. 13; *Pape* Kölner Schrift S. 531, 570 Rdn. 62 f.; Uhlenbruck/*Sinz* § 108 Rdn. 51; Uhlenbruck/*Berscheid* § 112 Rdn. 21, 119 Rdn. 17; *Prütting* FS Gerhardt (2004) S. 761 ff.; FK/*Wegener* § 112 Rdn. 12; *Wortberg* S. 121 ff.; *Schwörer* Rdn. 232, 470. Anders wohl *v. Wilmowsky* ZIP 2007, 553, 554 der aus § 112 InsO zu Recht für die grundsätzliche Wirksamkeit von Kündigungsklauseln argumentiert, womit aber über die Wirksamkeit einer automatisch wirkenden Auflösungsklausel (Bedingung) nichts gesagt ist.

[42] MünchKommInsO/*Huber* § 119 Rdn. 18.

[43] Vgl. (meist zu Kündigungsrechten): OLG Düsseldorf ZInsO 2007, 152, 154; *Eckert* ZIP 1996, 897, 903; *Cepl* NZI 2000, 357, 359 f.; *Graf von Westphalen* Rdn. 1538; *Haarmeyer/Wutzke/Förster*

14. Kapitel. Das Leasinggut in der Insolvenz § 49

Ist die Auflösung des Leasingvertrags für den Fall der **Verschlechterung der Vermö-** 13
gensverhältnisse des Schuldners vereinbart, so ist diese **Vereinbarung selbst**, entgegen der hM,[44] **nicht unwirksam und auch nicht im Hinblick auf § 307 Abs. 2 BGB bedenklich;**[45] denn die Vermögensverschlechterung geht der Antragstellung in aller Regel voraus,[46] so dass die Lösungsklausel außerhalb des zeitlichen Anwendungsbereichs der Kündigungssperre des § 112 InsO wirkt. Durch Lösung vor Antragstellung wird die Kündigungssperre zwar effektiv ausgeschaltet, § 112 InsO aber dennoch nicht – wie für Unwirksamkeit nach § 119 InsO erforderlich – umgangen; denn da § 112 InsO Kündigungen vor Antragstellung nicht entgegensteht, kann er auch Auflösungen vor Antragstellung nicht sperren. Die Gefahr einer Umgehung des § 112 InsO besteht nicht, weil die Norm sich selbst schützt: Treten die Voraussetzungen für eine Auflösung erst nach Antragstellung ein oder **wird ein entsprechendes Kündigungsrecht erst nach Antragstellung ausgeübt**, ist die Kündigung selbst nach § 112 InsO unwirksam,[47] ohne dass es einer Vernichtung der ihr zugrundeliegenden Abrede nach § 119 InsO bedürfte.[48]

Vereinbarungen, die eine automatische Auflösung für den Fall der **Stellung eines** 14 **Insolvenzantrags** vorsehen, stellen auf ein Ereignis ab, das exakt auf der Grenze der zeitlichen Anwendbarkeit des § 112 InsO liegt. Nach dem Wortlaut der Norm, der erst Kündigungen *nach*, nicht schon *bei* Antragstellung erfasst, wären solche Klauseln wirksam. Entscheidend muss aber der Zweck des § 112 InsO sein, dem (vorläufigen) Insolvenzverwalter die Möglichkeit zu geben, Dauerschuldverhältnisse trotz vor seiner Bestellung aufgelaufenen Zahlungsrückstands fortzuführen. Eine Auflösung für den Fall der Stellung des Insolvenzantrags kann daher nach §§ 119, 112 InsO nicht wirksam vereinbart werden.[49]

Die Vereinbarung einer Lösungsklausel die auf eine **Verwendung des Leasingguts** 15 **als Kreditsicherheit** oder die **Verheimlichung von Vollstreckungszugriffen Dritter** abstellt, ist nicht nach §§ 119, 112 InsO unwirksam;[50] die auf eine solche Vereinbarung gestützte Kündigung ist auch dann wirksam, wenn sie nach Antragstellung zugeht: Zwar mag es sich hier um typische Symptome eines Vermögensverfalles handeln,[51] doch knüpft die Kündigung nicht hieran an, sondern an davon unabhängige Pflichtverletzungen des Leasingnehmers.

Rdn. 218; Uhlenbruck/*Berscheid* § 119 Rdn. 16. Ferner *H. Beckmann* Finanzierungsleasing § 9 Rdn. 19, und Uhlenbruck/*Sinz* § 108 Rdn. 83, allerdings nach § 307 Abs. 2 Nr. 1 BGB. Für Unwirksamkeit nach § 9 AGBG „bei Verwendung in den neuen Bundesländern" OLGR Rostock 1999, 101. Für Unwirksamkeit nach § 119 InsO in einem Immobilienmietvertrag wegen Umgehung des § 108 Abs. 1 InsO OLG Hamm, NZI 2002, 162, 163; LG Stendahl ZInsO 2001, 524, 525.

[44] Uhlenbruck/*Berscheid* § 112 Rdn. 17; Kübler/Prütting/*Tintelnot* § 112 Rdn. 13; Nerlich/Römermann/*Balthasar* § 112 Rdn. 15.

[45] So aber wohl Uhlenbruck/*Berscheid* § 112 Rdn. 15. Zu den AGB-rechtlichen Anforderungen an solche Klauseln im Übrigen etwa Staudinger/*Stoffels* Leasing Rdn. 319.

[46] Der Fall, dass der Schuldner wegen drohender Zahlungsunfähigkeit die Eröffnung des Insolvenzverfahrens beantragt und erst danach in Vermögensverfall gerät, dürfte praktisch zu vernachlässigen sein.

[47] Vgl. nur MünchKommInsO/*Eckert* § 108 Rdn. 16, § 112 Rdn. 25.

[48] Vgl. auch *v. Wilmowsky* ZIP 2007, 553, 554.

[49] So auch MünchKommBGB/*Habersack* Leasing Rdn. 133; *Eckert* ZIP 1996, 897, 903; *Graf von Westphalen* Rdn. 1538; HK/*Marotzke* § 112 Rdn. 17; *Wortberg* S. 121 ff.; Kübler/Prütting/*Tintelnot* § 112 Rdn. 13; wohl auch *Huber* NZI 1999, 97, 101.

[50] Uhlenbruck/*Sinz* § 108 Rdn. 54; *ders.* Kölner Schrift S. 593, 596 Rdn. 6; Obermüller/*Livonius* DB 1995, 27 (Kündigung wegen sonstiger Vertragsverletzung bleibt unberührt); *Schwemer* ZMR 2000, 348, 351.

[51] Daher für Unwirksamkeit MünchKommInsO/*Eckert* § 112 Rdn. 29.

II. Zahlungsansprüche des Leasinggebers
1. Vor Antragstellung fällig gewordene Zahlungen; Anfechtung

16 Der Anspruch auf Zahlung vor Stellung des Insolvenzantrags fällig gewordener Raten ist eine bloße Insolvenzforderung, die im Verteilungsverfahren (§§ 187 ff. InsO) und nur quotal bedient wird. Zahlungen oder Besicherungen unterliegen nach Maßgabe der §§ 129 ff. InsO der Anfechtung, die eine Verpflichtung des Empfängers zur Rückgewähr des Erlangten hervorbringt, § 143 InsO. Dabei ist vor allem die **besondere Insolvenzanfechtung** nach §§ 130 f. InsO von Bedeutung. Danach sind Rechtshandlungen, die der in der Krise befindliche Schuldner drei Monate vor Stellung des Insolvenzantrags vornahm, grundsätzlich anfechtbar; die Differenzierungen der einzelnen Anfechtungstatbestände der §§ 130, 131 InsO dienen in erster Linie dem Schutz des gutgläubigen Gläubigers. Wegen vermeintlich minderer Schutzwürdigkeit sind „inkongruente" Deckungen nach § 131 InsO daher in weiterem Umfang anfechtbar. Inkongruent sind nach gefestigter höchstrichterlicher Rspr. etwa solche Leistungen oder Besicherungen, die durch Zwangsvollstreckung (Pfändungspfandrecht!)[52] oder unter Drohung mit der Zwangsvollstreckung[53] erlangt wurden. Zur Anfechtung beim **eigenkapitalersetzenden Leasing** vgl. unten Rdn. 51.

17 Der Anfechtung grundsätzlich entzogen sind gemäß § 142 InsO sogenannte **Bargeschäfte**, also solche Leistungen, für die unmittelbar eine gleichwertige Leistung in das Vermögen des Schuldners gelangt. Wann eine Leistung noch „unmittelbar" auf die Gegenleistung folgt, ist im Einzelnen umstritten: Meist wird für unbedenklich gehalten, wenn zwischen Leistung und Gegenleistung ein **Zeitraum von zwei Wochen** liegt.[54] Im Hinblick auf den Normzweck, dem Schuldner auch in der Krise noch ein normales Wirtschaften zu ermöglichen, dabei aber nicht weitere ungesicherte Kreditaufnahmen zu privilegieren,[55] liegt jedenfalls dann keine Unmittelbarkeit mehr vor, wenn der Zahlungsrückstand nach üblichen Gepflogenheiten den Charakter eines Kreditgeschäfts[56] oder einer Stundung annimmt. Danach wird man für die Unmittelbarkeit des Leistungsaustauschs **auf den Zeitpunkt der Fälligkeit der Leasingrate abstellen** müssen und nicht auf das Ende des Zeitabschnitts, für den sie geschuldet wird, denn bei Vereinbarung einer Vorleistung kann es bereits eine Stundung bedeuten, wenn der Leasinggeber die Zahlung am Ende des jeweiligen Zeitabschnitts toleriert. Davon also ist dem Leasinggeber in der Krise des Leasingnehmers abzuraten; allerdings ist Fingerspitzengefühl gefragt, da er den Zahlungsdruck auf den Leasinggeber nicht derart erhöhen sollte, dass dessen Leistung als iSd § 131 InsO inkongruent erscheint; denn ob auch **inkongruente Leistungen** unter das Bargeschäftsprivileg fallen können, ist zweifelhaft.[57] § 142 InsO ändert jedenfalls nichts an einer **Anfechtbarkeit wegen vorsätzlicher Benachteiligung**

---

[52] BGH ZIP 2002, 228, 229; NJW 2002, 2568 (st. Rspr.).
[53] BGH NJW 2002, 2568, 2569; OLG Hamburg ZInsO 2005, 657, 658; OLG Stuttgart ZInsO 2005, 942, 944. Gegen diese Rechtsprechung nun verfassungsrechtliche Bedenken beim AG Kerpen ZInsO 2006, 219 ff., dazu *Marotzke* ZInsO 2006, 190 ff.
[54] BGH NJW 2006, 2701, 2704; NJW 2003, 360, 362; NJW 2002, 1722, 1724 (st. Rspr.); Nerlich/Römermann/*Nerlich* § 142 Rdn. 12 (ein bis zwei Wochen).
[55] MünchKommInsO/*Kirchhof* § 142 Rdn. 1.
[56] Nerlich/Römermann/*Nerlich* § 142 Rdn. 11.
[57] Dezidiert dagegen, allerdings noch zur GesO, etwa BGH NJW 1999, 645, 646. Andererseits wurde in BGH NJW 2003, 360, 362, bei Anfechtbarkeit wegen Inkongruenz nach § 30 Nr. 2 KO die Sache zur Klärung zurückverwiesen, ob ein Bargeschäft vorliegt. Potentielle Bargeschäftsqualität inkongruenter Deckungen ablehnend MünchKommInsO/*Kirchhof* § 142 Rdn. 7; Nerlich/Römermann/*Nerlich* § 142 Rdn. 10; befürwortend aber *Bork* FS Kirchhof (2001), S. 57, 67; *Jacoby* in: Bork (Hrsg.) Handbuch des Insolvenzanfechtungsrechts (2006), Kap. 16 Rdn. 49; Kübler/Prütting/*Paulus* § 142 Rdn. 2. Vgl. zum Problem auch *Franken/Dahl* Teil 3 Rdn. 77 ff.

14. Kapitel. Das Leasinggut in der Insolvenz   § 49

durch den Schuldner nach § 133 InsO. Die tendenziell anfechtungsfreundliche Rechtsprechung hat dieser Norm inzwischen eine breite Bresche geschlagen.[58]

Schlechthin unwirksam sind Sicherungen an Massegegenständen, die frühestens einen **18** Monat vor Stellung des Insolvenzantrags im Wege der Zwangsvollstreckung erlangt wurden, § 88 InsO (**„Rückschlagsperre"**).

2. Im Eröffnungsverfahren fällig werdende Zahlungen

Im Eröffnungsverfahren fällig werdende Leasingraten gelten gemäß § 55 Abs. 2 Satz 2 **19** InsO als voll aus der Masse zu bedienende Masseverbindlichkeiten, wenn das Unternehmen des Schuldners von einem **„starken" vorläufigen Verwalter fortgeführt und das Leasinggut weiter benutzt** wird; der ohnehin nur bei Insolvenzfestigkeit des Vertrags (vgl. § 108 Abs. 1 InsO) geltende § 108 Abs. 2 InsO ist insoweit nicht *lex specialis*.[59] Eine Nutzung liegt nicht erst dann vor, wenn der vorläufige Verwalter die Leistung willentlich in Anspruch nimmt, sondern schon dann, wenn er nicht alles unternimmt, um eine weitere Nutzung durch die Masse zu verhindern, dem Leasinggeber also die weitere Nutzung des Leasingguts anbietet.[60] War der Leasingvertrag vor Antragstellung wirksam gekündigt worden und enthält der „starke" vorläufige Verwalter das Leasinggut vor, so wird man den an die Stelle des Mietzinsanspruchs tretenden **Anspruch auf Nutzungsentschädigung aus § 546a BGB** ebenso § 55 Abs. 2 Satz 2 InsO subsumieren müssen.[61] Führt ein **„schwacher" vorläufiger Verwalter** das Unternehmen unter Nutzung des Leasinggutes fort, entstehen daraus grundsätzlich nur Insolvenzforderungen, denn § 55 Abs. 2 Satz 2 InsO findet in diesem Fall weder direkte noch analoge Anwendung, auch nicht bei Anordnung eines Zustimmungsvorbehalts nach § 21 Abs. 2 Nr. 2 Alt. 2 InsO.[62] Ohne Belang ist ferner, ob der Insolvenzverwalter nach Verfahrenseröffnung Erfüllung wählt.[63] Hat das Insolvenzgericht eine **Anordnung nach § 21 Abs. 2 Nr. 5 InsO** getroffen (Rdn. 21), der das Leasinggut unterfällt, ist allerdings auch bei Bestellung eines „schwachen" vorläufigen Verwalters der durch Nutzung eintretende Wertverlust durch laufende Zahlungen auszugleichen. Die zum Schutz der Sanierungsbemühungen getroffene Anordnung behindert diese also insoweit, als sie eine zusätzliche Zahlungspflicht anordnet. Eine teleologische Reduktion der Wertersatzpflicht nach § 21 Abs. 2 Nr. 5 InsO wenigstens für den Fall, dass

---

[58] Unlauteres Handeln des Schuldners ist nicht nötig, die Inkaufnahme einer Gläubigerbenachteiligung genügt, NZI 2005, 692, 693; NJW 2003, 3560, 3561. Inkongruenz der Deckung ist ein starkes Beweisanzeichen für einen Benachteiligungsvorsatz des Schuldners, BGH NJW 2003, 3560, 3561; NJW 1997, 3175, insbesondere bei Zahlung zur Abwendung der Zwangsvollstreckung, BGH NZI 2005, 692, 693, allerdings nicht, wenn die Zahlung früher als drei Monate vor Antragstellung erfolgt, BGH NZI 2005, 692, 693; NJW 2003, 3347, 3349. Zwangsvollstreckungshandlungen sind außerhalb des Drei-Monats-Zeitraums nicht nach § 133 InsO anfechtbar, BGH NJW 2005, 1121 ff.; NZI 2005, 692 f., es sei denn, der Schuldner hätte an ihnen mitgewirkt, BGH NZI 2005, 692; NJW-RR 2004, 342 f.

[59] BGH NJW 2002, 3326, 3327; MünchKommInso/*Hefermehl* § 55 Rdn. 226; *Bork* ZIP 1999, 781, 782 f., gegen *Niesert* InVo 1998, 85, 88; *Berscheid* NZI 1999, 6, 8, und *Wiester* ZInsO 1998, 99, 103 ff.

[60] So zur Miete im Hinblick auf § 209 Abs. 3 Nr. 3 InsO BGH NJW-RR 2004, 772, 774; NJW 2003, 2454, 2455 f.; zustimmend HK/*Landfermann* § 209 Rdn. 17.

[61] Für insolvenzrechtliche Gleichbehandlung des Mietzins- und des Nutzungsentschädigungsanspruchs auch Staudinger/*Rolfs* § 546a Rdn. 39; BGH NJW 1984, 1527, 1528; Uhlenbruck/*Sinz* § 108 Rdn. 64. Anders *Eckert* ZIP 1996, 897, 904. Unklar *Engel* FLF 2005, 272, 274.

[62] BGH NJW 2002, 3326, 3327 ff.; OLG Köln NZI 2001, 554, 556 ff.; Uhlenbruck/Uhlenbruck/Berscheid § 55 Rdn. 81; Nerlich/Römermann/*Andres* § 55 Rdn. 130; Braun/*Bäuerle* § 55 Rdn. 50; *Sinz* Kölner Schrift S. 593, 598 Rdn. 11. Anders noch etwa OLG Hamm NZI 2002, 259, 261 (allerdings bei einem recht „starken" „schwachen" vorläufigen Verwalter), LG Essen NZI 2001, 217, 218, *Bork* ZIP 1999, 781, 785 f., *Spliedt* ZIP 2001, 1941, 1944, und *Marotzke* Gegenseitige Verträge Rdn. 14, 103 f. Differenzierend Kübler/Prütting/*Pape* § 55 Rdn. 78.

[63] Anders für diesen Fall offenbar *Breitfeld* FLF 2004, 168, 170.

der Gegenstand wegen eines Besitzrechts des Schuldners ohnehin nicht hätte herausverlangt werden können, wäre sachgerecht, scheidet jedoch aus: Die Gesetzesverfasser wollten die Wertersatzpflicht ausweislich der Begründung[64] ausdrücklich *neben* die fortbestehende (und nach Maßgabe des § 55 Abs. 2 Satz 2 InsO nach Verfahrenseröffnung als Masseverbindlichkeit zu erfüllende) Gegenleistungspflicht stellen.

20   Auch im Eröffnungsverfahren geleistete Zahlungen können gemäß §§ 129 ff. InsO anfechtbar sein. Die Zustimmung des „schwachen", mit Zustimmungsvorbehalt nach § 21 Abs. 2 Nr. 2 Alt. 2 InsO ausgestatteten Insolvenzverwalters allein hindert die Anfechtbarkeit nicht; erfolgt sie aber in Zusammenhang mit einer vertraglich ausbedungenen Gegenleistung des Empfängers, und behält sich der vorläufige Verwalter die Anfechtung nicht vor, so soll seine Zustimmung grundsätzlich einen Vertrauenstatbestand schaffen, der den Insolvenzverwalter nach Treu und Glauben (§ 242 BGB) an einer Anfechtung hindert.[65] Mangels schützwürdigen Vertrauens dürften aber jedenfalls solche Zahlungen auch bei Zustimmung des Insolvenzverwalters anfechtbar sein, die der Leasinggeber **mit der Drohung abpresst, das Leasinggut pflichtwidrig an sich zu nehmen**; hier ist regelmäßig der Tatbestand des § 133 Abs. 1 InsO erfüllt, so dass auch ein eventueller Bargeschäftscharakter (§ 142 InsO) irrelevant ist: Der Leasinggeber weiß, dass der Leasingnehmer die mit der Zahlung zwangsläufig einhergehende Benachteiligung der übrigen Gläubiger billigend in Kauf nimmt, um sich den Besitz des Leasinggutes zu erhalten.[66] Nach hM soll die Erfüllung solcher Forderungen generell von der Anfechtung ausgenommen sein, die ein **„starker" vorläufiger Verwalter** im Eröffnungsverfahren begründet hat und die daher gemäß § 55 Abs. 2 InsO im eröffneten Verfahren als Masseverbindlichkeiten gelten;[67] darunter fielen nach § 55 Abs. 2 Satz 2 InsO auch Leasingraten, wenn das Leasinggut weiter genutzt wird (Rdn. 19).

21   Oftmals ist der Leasinggeber schon im Eröffnungsverfahren berechtigt, das Leasinggut an sich zu nehmen,[68] was sich auf eine Fortführung des schuldnerischen Unternehmens nachteilig auswirken, sie unter Umständen sogar unmöglich machen würde.[69] Um diese Gefahr zu bannen, wurde § 21 Abs. 2 InsO eine Nr. 5 angefügt; danach kann das Insolvenzgericht anordnen, dass im Eröffnungsverfahren solche Gegenstände, an denen bei Verfahrenseröffnung ein Ab- oder Aussonderungsrecht besteht und die für eine Fortführung von „erheblicher" Bedeutung sind, vom Rechtsinhaber nicht herausverlangt, sondern weiter genutzt werden dürfen.[70] Darunter fällt auch das Leasinggut (Rdn. 31 ff.), das der Leasinggeber folglich bei entsprechender Anordnung und Bedeutung für die Fortführung nicht herausverlangen kann (zum Wertersatzanspruch Rdn. 19 a. E.). Hat das Insolvenzgericht dagegen keine Anordnung getroffen, steht der Durchsetzung eines Her-

---

[64] BT-Drucks. 16/3227, S. 16 (gerade in Bezug auf den Leasinggeber).

[65] BGH NJW 2005, 1118, 1119 f. m. zust. Anm. *Leithaus* NZI 2005, 221; bestätigt durch BGH NJW 2005, 1118 ff. = NZI 2006, 227 ff. m. Anm. *Leithaus*. OLG Celle DZWiR 2005, 158 f. Vgl. dazu auch *Undritz* NZI 2007, 65, 67 f.; *Binder* KTS 2006, 1 ff.; *Hörmann* MDR 2006, 601 ff. Gegen Anfechtbarkeit einer unter Zustimmung des vorläufigen Verwalters mit Zustimmungsvorbehalt erfolgten Leistung aber etwa noch MünchKommInsO/*Kirchhof* § 129 Rdn. 46.

[66] Vgl. die Ausführungen des BGH zu Druckzahlungen in NZI 2005, 692, 693.

[67] OLG Celle NZI 2005, 38, 39 („regelmäßig" der Anfechtung entzogen); MünchKommInsO/*Kirchhof* § 129 Rdn. 45; Kübler/Prütting/*Paulus* § 129 Rdn. 17; HK/*Kreft* § 129 Rdn. 31; *Schmidt*/*Roth* ZInsO 2006, 177, 180. Offengelassen für den einzelermächtigten „schwachen" vorläufigen Insolvenzverwalter in BGH NJW 2005, 1118, 1119. Anders bei insolvenzzweckwidrigen Handlungen des „starken" vorläufigen Verwalters OLG Dresden ZInsO 2005, 1221, doch ist Folge der Insolvenzzweckwidrigkeit nicht Anfechtbarkeit, sondern Unwirksamkeit, BGH NJW 2002, 2783, 2785.

[68] So raten *Gölzenleuchter* FLF 2003, 225, und *Breitfeld* FLF 2004, 168, bei werthaltigen Leasingobjekten dem Leasinggeber zur frühen Kündigung, um Verluste zu minimieren.

[69] Zu den „Praxiszwängen" anschaulich *Undritz* NZI 2003, 136, 137 f.; *Schmidt*/*Roth* ZInsO 2006, 177.

[70] BGBl. 2007 I, S. 509. Die Leasingbranche sieht diese Neuerung naturgemäß kritisch, vgl. *Griesbach* FLF 2007, 124 ff.

14. Kapitel. Das Leasinggut in der Insolvenz § 49

ausgabeanspruch des Leasinggebers nichts entgegen; auch die Kündigungssperre des § 112 InsO hilft nicht, wenn der Leasingvertrag schon vor Antragstellung wirksam gekündigt wurde oder im Laufe des Eröffnungsverfahren zur Kündigung berechtigender Verzug eintrat (Rdn. 7 ff.).[71] Ist dies der Fall, wird der Leasinggeber auf die sofortige Herausgabe des Leasingguts nur verzichten, wenn wenigstens die Zahlung einer der in der künftigen Gebrauchszeit fällig werdenden Leasingraten entsprechenden Summe sichergestellt wird. Ob der vorläufige Insolvenzverwalter eine solche Sicherheit stellen darf[72] und wie dies noch im Eröffnungsverfahren geschehen kann, ist heftig umstritten.[73] Höchstrichterlich gesichert ist nun die Zulässigkeit des sogenannten **Einzelermächtigungsmodells**:[74] Der „schwache" vorläufige Verwalter lässt sich vom Insolvenzgericht im Sinne des §§ 21 Abs. 1, 22 Abs. 2 Satz 1 InsO ermächtigen, selbst mit Wirkung für die Masse Erfüllung zu versprechen und so Forderungen zu begründen, die im eröffneten Verfahren gemäß § 55 Abs. 2 Satz 1 InsO als Masseverbindlichkeiten gelten. Dieses Vorgehen ist aufwändig und bringt dem Leasinggeber keine endgültige Sicherheit, denn seine Forderung ist im Fall der Masseunzulänglichkeit eine nachrangig zu befriedigende Altmasseschuld, § 209 Abs. 1 Nr. 3 InsO.[75] Nach dem sogenannten **Treuhand(konto)-modell** zahlt der vorläufige Insolvenzverwalter die zur Erfüllung der Verbindlichkeiten gedachten Beträge auf ein (von ihm oder einem Dritten gehaltenes)[76] Treuhandkonto ein; dadurch soll dem Gläubiger eine Rechtsstellung verschafft werden, die ihn nach Eröffnung zur Aussonderung des vollen Betrags berechtigt. Dieses Vorgehen hatte der BGH in seiner Rechtsprechung zur VerglO nicht beanstandet,[77] doch lässt diese sich schon wegen der besonderen Ausgestaltung des Eröffnungsverfahrens nicht ohne Weiteres auf die InsO übertragen. Das Treuhandmodell stieß auf Ablehnung vor allem des Hamburger Insolvenzgerichts;[78] wirksam dürfte die Begründung des Aussonderungsrechts zugunsten des Leasinggebers gleichwohl sein,[79] so dass ihm mit dieser Lösung besser gedient ist. Insolvenzverwalter riskieren freilich ihre persönliche Haftung nach § 60 InsO.

---

[71] Den Zwei-Monats-Zeitraum des § 543 Abs. 2 Satz 1 Nr. 3 lit. b BGB überschreitet das Eröffnungsverfahren in der Praxis nicht zuletzt deshalb oft, weil Insolvenzgeld für die letzten drei Monate vor Eröffnung gezahlt wird, §§ 183 ff. SGB III, der vorläufige Verwalter diesen Zeitraum also nutzen kann, um ohne Personalkosten (und ohne Opposition der Arbeitnehmer) durch Fortführung Masse zu generieren.
[72] Zu den Haftungsrisiken des vorläufigen Insolvenzverwalters bei der Zahlung von Altforderungen *Schmidt/Roth* ZInsO 2006, 177, 178 f.
[73] Vgl. dazu *Bork* ZIP 2003, 1421 ff.; *Förster* ZInsO 2003, 785 ff.; *Undritz* NZI 2003, 136 ff.; *Marotzke* ZInsO 2004, 113 ff., 721 ff.; *ders.* ZInsO 2005, 561 ff.
[74] Für Zulässigkeit von Einzelermächtigungen BGH NJW 2003, 3326, 3329 mit umfangreichen Nachweisen, ferner etwa *Braun/Bäuerle* § 55 Rdn. 52; *Schmidt/Roth* ZInsO 2006, 177, 180. Dagegen noch *Kübler/Prütting/Pape* § 55 Rdn. 72 ff. mwN.
[75] Vgl. AG Hamburg ZInsO 2006, 218, 219. AG Hamburg ZInsO 2004, 1270 ff. wollte den vorläufigen Insolvenzverwalter allerdings zur Begründung antizipierter Neumasseverbindlichkeiten ermächtigen, ablehnend *Marotzke* ZInsO 2005, 561 ff.
[76] Zum Erfordernis einer „Doppeltreuhand" *Bork* ZIP 2003, 1421, 1424.
[77] BGH NJW 1990, 45 ff.
[78] AG Hamburg NZI 2003, 153, 154 (hierzu kritisch *Undritz* NZI 2003, 136 ff.); AG Hamburg ZInsO 2003, 816 f. (hierzu kritisch *Förster* ZInsO 2003, 785 f.); zu beiden Entscheidungen ausf. *Marotzke* ZInsO 2004, 113 ff., 721 ff. Vgl. nun aber die „Hamburger Leitlinien zum Insolvenzeröffnungsverfahren", ZInsO 2004, 24, 25, und AG Hamburg ZInsO 2006, 218 f. (Zulässigkeit im Ausnahmefall). Zur Diskussion vgl. jüngst *Werres* ZInsO 2006, 918 ff.
[79] Es käme allenfalls eine Unwirksamkeit wegen Insolvenzzweckwidrigkeit in Betracht (zu deren Voraussetzungen BGH NJW 2002, 2783, 2278 ff.); nicht erwogen etwa von AG Hamburg, NZI 2003, 153, 154. Jedenfalls wegen des Bargeschäftsprivilegs (Rdn. 17) scheidet auch eine Anfechtung der Begründung des Aussonderungsrechts regelmäßig aus.

3. Im Insolvenzverfahren fällig werdende Zahlungen

22 Darüber, ob der Leasinggeber Zahlung der im Verfahren fällig werdenden Leasingraten von der Masse verlangen kann oder seine Forderungen zur Tabelle anmelden muss, entscheidet im eröffneten Verfahren der Insolvenzverwalter mit seiner **Erfüllungswahl** nach § 103 InsO (Rdn. 1 ff.). Die bloße Weiterbenutzung des Leasinggutes bedeutet dabei keine **konkludente Erfüllungswahl**:[80] In ihr drückt sich schon deshalb kein auf die Fortführung des Leasingvertrags gerichteter Wille des Insolvenzverwalters aus, weil dieser zur Fortführung des Unternehmens, also gegebenenfalls auch zur Nutzung des Leasinggutes, bis zum Berichtstermin verpflichtet ist und erst in diesem über das weitere Schicksal des Unternehmens entschieden wird, also auch darüber, ob Leasingverträge fortgeführt werden sollen.

23 **a) Negative oder fehlende Erfüllungswahl. Lehnt der Insolvenzverwalter die Erfüllung ab** oder erklärt er sich nicht unverzüglich nach Aufforderung (§ 103 Abs. 2 Satz 3 InsO), kann der Leasinggeber die Ansprüche aus dem Leasingvertrag oder wegen seiner Verletzung nur als Insolvenzforderungen zur Tabelle anmelden, § 103 Abs. 2 Satz 1 InsO. Das gilt grundsätzlich auch für **bis zur Entscheidung des Insolvenzverwalters über die Erfüllung** des Leasingvertrages fällig werdende Leasingraten.[81] Wird das Leasinggut in dieser Zeit vom Verwalter genutzt, so soll daraus nach herrschender Ansicht ein Anspruch des Leasinggebers auf Ersatz des objektiven Werts dieser Nutzung aus ungerechtfertigter Bereicherung folgen, und zwar als Masseverbindlichkeit, § 55 Abs. 1 Nr. 3 InsO.[82] Dogmatisch ist dieses Ergebnis jedoch durch die neuere Rechtsprechung des BGH verstellt,[83] wonach Ansprüche aus gegenseitigen Verträgen mit Verfahrenseröffnung nicht erlöschen, sondern nur gemäß § 320 BGB undurchsetzbar werden (Rdn. 1). Danach findet die zwischenzeitliche Nutzung des Leasinggutes ihren Rechtsgrund im Leasingvertrag,[84] und aufgrund des dilatorischen Charakters der Einrede aus § 320 BGB ist auch § 813 Abs. 1 Satz 1 BGB nicht anwendbar. Belässt man es dabei, kann der Insolvenzverwalter das Leasinggut zum Vorteil aller Gläubiger weiter nutzen, ohne dafür eine Gegenleistung aus der Masse erbringen zu müssen; ein sachlich fragwürdiges, vom „Gegenleistungsgrundsatz"[85] abweichendes Ergebnis,[86] das man freilich auch für den Fall der Unternehmensfortführung durch den „schwachen" vorläufigen Verwalter hinnimmt, und eine Analogie zu § 55 Abs. 2 Satz 2 InsO liegt hier mindestens ebenso fern wie dort.[87] Da

---

[80] Zur Vorsicht mahnt insoweit auch MünchKommInsO/*Eckert* § 108 Rdn. 139: „[D]ass zunächst alles weiterläuft wie vor Verfahrenseröffnung, bedeutet lediglich, dass der Verwalter sich noch nicht entschieden hat". Selbst eine Verwertungshandlung bedeutet nicht ohne Weiteres konkludente Erfüllungswahl: BGH NJW 1998, 992, 993; OLG Düsseldorf NZI 2003, 379, 380 f. Gegen diese freilich *Niemann* S. 57 f.

[81] Anders insoweit *v. Wilmowsky* ZInsO 2004, 882, 885 ff.

[82] *Pape* Kölner Schrift S. 531, 573 Rdn. 67; MünchKommInsO/*Eckert* § 108 Rdn. 183; MünchKommInsO/*Hefermehl* § 55 Rdn. 132; HK/*Marotzke* § 107 Rdn. 38; Uhlenbruck/*Sinz* § 108 Rdn. 71; Staudinger/*Stoffels* Leasing Rdn. 343; *Haarmeyer/Wutzke/Förster* Handbuch Rdn. 217; *Schwemer* ZMR 2000, 348, 349; Bamberger/Roth/*Möller/Wendehorst* § 500 Rdn. 55; *Duursma-Kepplinger* S. 340.

[83] Vgl. insoweit auch *Niemann* S. 76.

[84] Anders *Bärenz* NZI 2006, 72, 73; die von ihm vorgeschlagene Analogie zum nach § 177 Abs. 1 BGB schwebend unwirksamen Vertrag liegt indes fern.

[85] Dazu MünchKommInsO/*Hefermehl* § 55 Rdn. 14 f. Diesen Grundsatz betont im vorliegenden Zusammenhang *Eckert* ZIP 1997, 2077, dort (Fn. 9) auch Nachweise der entsprechenden Rechtsprechung des BGH zur KO.

[86] Vgl. auch *Bärenz* NZI 2006, 72, 73.

[87] Gegen eine solche Analogie auch *Obermüller* Insolvenzrecht in der Bankpraxis Rdn. 7.21; ders./ *Livonius* DB 1995, 27, 28; *Breitfeld* FLF 2004, 168, 170; Uhlenbruck/*Sinz* § 108 Rdn. 71. Hingegen spricht sich *Eckert* ZIP 1996, 897, 904, offenbar sogar für eine direkte Anwendung aus.

14. Kapitel. Das Leasinggut in der Insolvenz §49

mit der **negativen Erfüllungswahl** das Besitzrecht entfällt und eine Vindikationslage entsteht,[88] kann der Leasinggeber (erst) ab diesem Zeitpunkt **Ersatz tatsächlich gezogener Nutzungen** verlangen, also zumindest den objektiven Wert einer tatsächlichen weiteren Nutzung des Leasingguts, §§ 990, 987, 100 BGB. Dies ist eine Masseverbindlichkeit, § 55 Abs. 1 Nr. 1 InsO.[89] Enthält der Insolvenzverwalter dem Leasinggeber das Leasinggut **nach wirksamer Kündigung** vor, kann der Leasinggeber zwar analog § 546a BGB die vereinbarten oder die „ortsüblichen" Leasingraten verlangen, die auch im Hinblick auf das Amortisationsprinzip nicht zu kürzen sein sollen.[90] Da dieser Anspruch demjenigen auf Zahlung der Leasingraten gleichzustellen ist, wird man ihn allerdings grundsätzlich als bloße Insolvenzforderung ansehen müssen.[91] Nach ganz hM soll der Anspruch aus § 546a BGB jedoch dann eine Masseverbindlichkeit nach § 55 Abs. 1 InsO darstellen, wenn der Verwalter den Gegenstand „aktiv" in Besitz nimmt und den Leasinggeber dadurch vom Gebrauch ausschließt, ohne dass es darauf ankommen soll, ob der Verwalter seine objektive Nutzungsmöglichkeit tatsächlich wahrnimmt.[92]

Zur **Berechnung des gemäß § 103 Abs. 2 Satz 1 InsO zur Tabelle anzumeldenden Schadensersatzanspruchs** werden die wechselseitigen Ansprüche in ein Abrechnungsverhältnis eingestellt;[93] für die Forderung des Leasinggebers ist im Hinblick auf die Differenzhypothese auf die Verfehlung des Amortisationszieles abzustellen.[94] **Schadenspauschalierungen**, die den Nachweis eines geringeren Schadens abschneiden, sind nach § 119 InsO unwirksam;[95] nach weitergehender Ansicht sollen sie sogar generell unwirksam sein, weil sie die Beweislast zuungunsten der Masse umkehren.[96] Zu **Abholungskosten** Rdn. 37.

b) Positive Erfüllungswahl. Wählt der Insolvenzverwalter Erfüllung, so werden 25 nur nach Verfahrenseröffnung, dabei aber auch vor Erfüllungswahl fällig werdende For-

---

[88] Für Wegfall des Besitzrechts aus dem Vertrag, dessen Erfüllung abgelehnt wurde, BGH NJW 2007, 1594, 1595; MünchKommInsO/*Huber* § 103 Rdn. 177; *Niemann* S. 54; *Jaeger/Henckel* § 47 Rdn. 67. Anders aber *Bärenz* NZI 2006, 74.
[89] Vgl. *Niemann* S. 84f.
[90] BGH NJW-RR 2005, 1081 (dort auch zu den Grenzen, wenn das Leasinggut erheblich an Gebrauchswert verloren hat); BGH NJW 1989, 1730; kritisch etwa Staudinger/*Stoffels* Leasing Rdn. 286; Uhlenbruck/*Sinz* § 108 Rdn. 89; *ders.* Kölner Schrift S. 593, 609ff. Rdn. 35ff.
[91] Vgl. auch OLG Düsseldorf ZInsO 2005, 820, 821f.; OLG Stuttgart ZInsO 2005, 498, 499. Nach BGH NJW 2007, 1591, 1592; NJW 1994, 516, 517, kann der Nutzungsentschädigungsanspruch grundsätzlich nur dann Masseverbindlichkeit werden, wenn das Mietverhältnis die Verfahrenseröffnung überdauert hat (oder der Insolvenzverwalter die Sache weiter nutzt und den Vermieter dabei gezielt vom Besitz ausschließt, vgl. sogleich im Text); dem folgen Staudinger/*Rolfs* § 546a Rdn. 39; HK/*Marotzke* § 108 Rdn. 25; *Berninghaus* in der Voraufl., § 13 Rdn. 45; Uhlenbruck/*Sinz* § 108 Rdn. 90. Auf ein solches insolvenzfestes Mietverhältnis bezog sich die abweichende Entscheidung des BGH NJW 1984, 1527, 1528. Anders, nämlich für differenzierungslose Einordnung als Masseschuld, *Beckmann* Finanzierungsleasing § 9 Rdn. 32, und *Obermüller/Livonius* DB 1995, 27, 28.
[92] BGH NJW 2007, 1594, 1595f. (m. w. N.); NJW 1995, 2783, 2785. *Gruber* DZWiR 2007, 245, 246. Der Verwalter kann eine solche Aufwertung auf Grundlage dieser Ansicht nur durch Freigabe des Gegenstands aus der Masse und gegebenenfalls Übertragung des mittelbaren Besitzes auf den Leasinggeber verhindern. Die hM dürfte mit dem Wortlaut des § 55 Abs. 1 Nr. 1 InsO kaum, mit seinem Sinn überhaupt nicht vereinbar sein.
[93] Zur Berechnung im Einzelnen und mwN Uhlenbruck/*Berscheid* § 103 Rdn. 87ff.
[94] Uhlenbruck/*Sinz* § 108 Rdn. 70; MünchKommInsO/*Eckert* § 108 Rdn. 178; *Obermüller/Livonius* DB 1995, 27, 28; *Breitfeld* FLF 2004, 168, 170.
[95] *Pape* Kölner Schrift S. 531, 554 Rdn. 32; Kübler/Prütting/*Tintelnot* § 119 Rdn. 12. Für Wirksamkeit aber *Eckert* ZIP 1996, 897, 904; *Duursma-Kepplinger* S. 331. Zu den AGB-rechtlichen Anforderungen an Schadenspauschalierungen vgl. etwa *Stoffels* AGB-Recht Rdn 884ff.
[96] Uhlenbruck/*Berscheid* § 103 Rdn. 95; Nerlich/Römermann/*Balthasar* § 119 Rdn. 9; HK/*Marotzke* § 103 Rdn. 83. Läge in jeder Schadenspauschalierung eine Beweislastumkehr, wäre § 309 Nr. 5 BGB freilich neben § 309 Nr. 12 BGB überflüssig.

§ 49　　　　　　　　　　　　Zweiter Teil. Allgemeines Leasingrecht

derungen aus dem Leasingvertrag Masseverbindlichkeiten nach § 55 Abs. 1 Nr. 2 InsO;[97] den Nichterfüllungsschaden für die vor Verfahrenseröffnung liegende Zeit kann der Leasinggeber nur als Insolvenzforderung zur Tabelle anmelden. Dies ist Folge der **Teilbarkeit der Leistung des Leasinggebers nach Zeitabschnitten,** § 105 Satz 1 InsO.[98] Es fragt sich, ob die Leistung des Leasinggebers auch **in sachlicher Hinsicht teilbar** ist, mit der Folge, dass nur der Teil der Leasingforderung Masseverbindlichkeit wird, der als Gegenleistung gerade für die Gebrauchsüberlassung, nicht für Finanzierung und Übergabe geschuldet wird.[99] Das legt eine noch zur KO ergangene Entscheidung des BGH nahe, wonach sich die Leistung des Leasinggebers nach Verschaffung des Leasingguts darauf beschränkt, den Leasingnehmer nicht in der Nutzung zu stören und ihn bei Störungen Dritter zu unterstützen.[100] Es lässt sich jedoch schwerlich sagen, dass die Masse nur Entgelt für die Gebrauchsüberlassung, nicht jedoch Amortisation schulde;[101] im Gegenteil ist die Verpflichtung des Leasingnehmers, für eine Amortisation der Anschaffungskosten des Leasinggebers zu sorgen, integrale, typusprägende Hauptpflicht des Leasingnehmers, deren Inhalt von der Erfüllungswahl unberührt bleibt.[102]

26　Der Insolvenzverwalter kann seine Erfüllungswahl **nicht zeitlich beschränken,** sondern nur Erfüllung des gesamten Vertrages wählen oder sie ablehnen.[103] Auch eine Kündigung in gesetzlicher Frist analog § 109 Abs. 1 InsO[104] scheidet mangels planwidriger Regelungslücke aus.

27　**Ausgleichs- oder Abschlusszahlungen nach ordentlicher Kündigung** sind Masseverbindlichkeiten, jedoch nur in dem Verhältnis, in dem die nach Verfahrenseröffnung verstrichene Zeit zur Gesamtnutzungszeit steht; denn die Ausgleichszahlung ist Ausdruck des Amortisationsanspruchs und daher auch Gegenleistung für vor Verfahrens-

---

[97] Uhlenbruck/*Sinz* § 108 Rdn. 71; MünchKommInsO/*Eckert* § 108 Rdn. 160; Braun/*Kroth* § 103 Rdn. 59 f.; HK/*Marotzke* § 103 Rdn. 46; *Welling* S. 79. Gegen eine Rückwirkung der Erfüllungswahl auf den Zeitpunkt der Verfahrenseröffnung neuerdings *Niemann* S. 74.

[98] Zur Teilbarkeit iSd § 105 InsO nun ausführlich *Linder*, Vorleistungen in der Insolvenz (2005), S. 66 ff. – Für eine Anwendung des § 105 InsO auf Leasingverträge insoweit MünchKommInsO/*Eckert* § 108 Rdn. 164; *Sinz* Kölner Schrift S. 593, 603 Rdn. 23; HK/*Marotzke* § 105 Rdn. 12; *Schwemer* ZMR 2000, 348, 349; *Duursma-Kepplinger* S. 337 ff. Dagegen *Krull* ZMR 1998, 746, 749; *ders.* ZInsO 1998, 291, 296; *Zahn* DB 1995, 1597, 1599. *Obermüller* Insolvenzrecht in der Bankpraxis Rdn. 7.17 lehnt auch eine zeitliche Teilbarkeit ab und meint, dass auch vor Verfahrenseröffnung fällig gewordene Leasingraten zu Masseverbindlichkeiten erstarken.

[99] Für „Herausrechnung" der „Anfangsleistung samt Finanzierung" MünchKommInsO/*Eckert* § 108 Rdn. 34, 153, 164 (weitergehend noch *ders.* ZIP 1997, 2077, 2079); ebenso, „jedenfalls nach Verjährung der gegen [den Leasinggeber] gerichteten Gewährleistungsansprüche" Bamberger/Roth/*Möller/Wendehorst* § 500 Rdn. 55 (nur 10 % der Leasingraten seien Masseverbindlichkeiten); *Graf von Westphalen* Rdn. 1554 ff.; Haarmeyer/Wutzke/*Förster* Handbuch Rdn. 216. *Zahn* DB 1998, 17021, 1706, will den Wert der Gebrauchsüberlassung des Leasinggebers nach dem Marktwert des Nutzungsrechts bemessen.

[100] BGH ZIP 1990, 180, 185 m. Anm. *Eckert*, weniger ausschließlich noch die dort zitierte Entscheidung BGH WM 1987, 1338, 1339.

[101] So aber MünchKommInsO/*Eckert* § 108 Rdn. 164.

[102] Gegen eine sachliche Teilbarkeit der Leasingraten auch Kübler/Prütting/*Tintelnot* § 105 Rdn. 10 (bei Finanzierung sei auch die Kapitalbelassung zeitlich teilbar), 18; MünchKommInsO/*Hefermehl* § 55 Rdn. 132 Fn. 263; *Beckmann*, Finanzierungsleasing, § 9 Rdn. 33, 35; *Fehl* BB 1998, Beil. 5, 12, 15; *ders.* DZWiR 1999, 89, 93; *Pape* Kölner Schrift S. 531, 574 Rdn. 68; Uhlenbruck/*Sinz* § 108 Rdn. 72, 86; *ders.* Kölner Schrift S. 593, 608 Rdn. 34; HK/*Marotzke* § 105 Rdn. 12; *Schwemer* ZMR 2000, 348, 349; Kraemer/*Trompertz* Handbuch Kap. 13 Rdn. 157; *Krull* ZMR 1998, 746, 747; *Krämer* S. 228 ff.; *Welling* S. 94 f.; *Duursma-Kepplinger* S. 335 ff. Zum alten Recht BGH NJW 1994, 516; OLG Naumburg DZWiR 1997, 74.

[103] MünchKommInsO/*Eckert* § 108 Rdn. 114.

[104] Diese erwägt Kübler/Prütting/*Tintelnot* § 103 Rdn. 82. Wie hier ablehnend MünchKommInsO/*Eckert* § 108 Rdn. 144.

14. Kapitel. Das Leasinggut in der Insolvenz § 49

eröffnung erbrachte Leistungen des Leasinggebers.[105] **Ansprüche aus Verletzungen des Leasingvertrages,** die der Insolvenzverwalter zu vertreten hat, sind in voller Höhe Masseverbindlichkeiten, § 55 Abs. 1 Nr. 1, 2 InsO.[106] Gleiches gilt für einen Anspruch des Leasinggebers auf **Nutzungsentschädigung** bei Vorenthaltung des Leasinggutes nach § 546a BGB; der Anspruch soll auch bei bereits erfolgter Vollamortisation nicht zu kürzen sein.[107] Ansprüche auf **Ersatz von Abwicklungskosten** sind dagegen grundsätzlich keine Masseverbindlichkeiten, sondern bloße Insolvenzforderungen, weil und soweit sie keine Gegenleistung für die Erfüllung zur Masse darstellen;[108] Masseverbindlichkeiten sollen danach auch Schönheitsreparaturpflichten sein, jedoch nur anteilig für die Zeit nach Verfahrenseröffnung.[109] Abwicklungspflichten treffen die Masse nur insoweit, als sie zur Verwirklichung des Aussonderungsrechts erforderlich sind, wozu weder die Entfernung im Leasinggut zurückgelassener Sachen gehört[110] noch die Abholung des Leasingguts selbst (Rdn. 37).

Wählt der Insolvenzverwalter **nach Masseunzulänglichkeitsanzeige** Erfüllung des 28 Leasingvertrages, so sind die dadurch begründeten Masseverbindlichkeiten Neumasseschulden, § 209 Abs. 1 Nr. 1, Abs. 2 Nr. 1 InsO; sie sind also gegenüber anderen Altmasseverbindlichkeiten privilegiert, und zwar im vollen nach Rdn. 25 zu ermittelnden Umfang. Die weitere Nutzung des Leasinggutes (Rn. 19) begründet nach § 209 Abs. 2 Nr. 3 InsO ebenfalls eine Neumasseschuld, jedoch nur, soweit es sich um eine Masseverbindlichkeit handelt[111] und nur für die Zeit der Nutzung nach Masseunzulänglichkeitsanzeige im sachlich nach Rdn. 25 ermittelten Umfang.

Zu den Besonderheiten beim **eigenkapitalersetzenden Leasing** vgl. unten Rdn. 50ff. 29

III. Aussonderungsrechte und Herausgabeansprüche

1. Eigenmächtige Wegnahme

Die Wegnahme des Leasinggutes ohne den Willen des Leasingnehmers, des Insolvenzver- 30 walters oder des „starken" bzw. mit Zustimmungsvorbehalt ausgestatteten „schwachen" vorläufigen Insolvenzverwalters stellt eine **verbotene Eigenmacht** im Sinne des § 858 Abs. 1 BGB dar, die den Leasinggeber gemäß § 861 Abs. 1 BGB zur Wiedereinräumung des Besitzes verpflichtet. Dieser Anspruch kann auch ohne Darlegung eines besonderen Anordnungsgrundes im Wege des einstweiligen Rechtsschutzes durchgesetzt werden.[112] Die **Vereinbarung eines Wegnahmerechts** verliert insoweit jedenfalls ihre Wirkung, wenn der Leasingnehmer oder der Insolvenzverwalter die Zustimmung zur Wegnahme

---

[105] MünchKommInsO/*Eckert* § 108 Rdn. 166; Uhlenbruck/*Sinz* § 108 Rdn. 80; *ders.* Kölner Schrift S. 593, 603 Rdn. 22; *Niemann* S. 90, 172; *Welling* S. 97ff. Anders aber FK/*Wegener* § 108 Rdn. 29, der allein auf den Fälligkeitszeitpunkt abstellen und damit den Anspruch insgesamt als Insolvenzforderung oder Masseverbindlichkeit einordnen will.

[106] HK/*Marotzke* § 108 Rdn. 25.

[107] O. Fn. 86.

[108] BGH NJW 1979, 310; Kübler/Prütting/*Tintelnot* § 108 Rdn. 30; MünchKommInsO/*Eckert* § 108 Rdn. 116. Unentschieden HK/*Marotzke* § 108 Rdn. 25 mit Fn. 88 (Masseschuldcharakter „eher fernliegend", „aber immerhin denkbar").

[109] Uhlenbruck/*Sinz* § 108 Rdn. 63 (zu § 55 Abs. 2 InsO); *ders.* Kölner Schrift S. 593, 599 Rdn. 13.

[110] BGH NZM 2001, 856ff.; anders noch BGH NJW 1994, 3232, 3233f. und sich auf dieses Urteil stützend *Obermüller/Livonius* DB 1995, 27, 29; Uhlenbruck/*Sinz* § 108 Rdn. 99. Differenzierend schon Uhlenbruck/*Uhlenbruck/Berscheid* § 55 Rdn. 56f. – Anders liegt es in dem Fall, dass der Insolvenzverwalter als solcher rechtskräftig zur Räumung verurteilt wurde: Dann schuldet die Masse Räumung im üblichen Umfange des § 546 BGB, und der Insolvenzverwalter kann sich dem nicht durch Freigabe der in gemieteten Räumen befindlichen Sachen entziehen, BGH ZIP 2006, 583, 584, gegen OLG Stuttgart ZInsO 2005, 498, 499. Zum Ganzen *Eckert* NZM 2006, 610ff.

[111] MünchKommInsO/*Hefermehl* § 209 Rdn. 33.

[112] Vgl. nur Stein/Jonas/*Grunsky* Vor § 935 Rdn. 44.

widerruft.[113] Im Hinblick auf §§ 112, 119 InsO wirken sich Wegnahmerechtsvereinbarungen auf die Erfüllungswahlfreiheit des Insolvenzverwalters ähnlich aus wie Lösungsklauseln, sogar noch stärker als diese, so dass bezüglich der Unwirksamkeit ihrer Vereinbarung und Ausübung das in Rdn. 11 Gesagte entsprechend gilt.

2. Insolvenzrechtliche Sonderbehandlung des Leasingguts?

31   Ein Aussonderungsrecht des Leasinggebers als des Eigentümers ist nur dann selbstverständlich, wenn das Leasinggut nicht wie Sicherungsgut zu behandeln ist, was seinerseits ein kreditrechtliches Element des Leasingvertrages voraussetzt. Dieses fehlt dem **Operate Leasing** ebenso wie dem gewöhnlichen Mietvertrag, falls man jenen von diesem überhaupt unterscheiden will.[114]

32   Das **Finanzierungsleasing** dagegen enthält zwar ein Kreditelement, entspricht funktionell aber dem Eigentumsvorbehalt (Rdn. 3), und vorbehaltenes Eigentum berechtigt (nach Maßgabe des § 107 Abs. 2 InsO) zur Aussonderung.

33   Keinen besonderen Einschränkungen soll nach fast allgemeiner Ansicht auch das Aussonderungsrecht des Leasinggebers im **Sale-and-lease-back-Verfahren** unterliegen,[115] das mehrheitlich dem Finanzierungsleasing zugeschlagen wird.[116] Es ist jedoch fraglich, ob nicht der Sicherungscharakter der Vollrechtsübertragung zu einer Einschränkung des Aussonderungsrechts führen muss. Beim Sale-and-lease-back schuldet der Leasingnehmer dem Leasinggeber die Amortisation der Anschaffung, doch ist nicht deren Finanzierung das Ziel, das der Leasingnehmer verfolgt: Das Leasinggut gehörte ihm zuvor bereits. Vielmehr will sich der Leasingnehmer Liquidität verschaffen. Das unterscheidet die vorliegende Situation zwar grundlegend vom Vorbehaltskauf, doch liegt die Parallele zur Sicherungsübereignung auf der Hand: Der Leasingnehmer verschafft sich Fremdkapital gegen Vollrechtsübertragung. Der Unterschied, dass das Vollrecht am Leasinggut endgültig auf den Leasinggeber übergeht, das Sicherungseigentum dagegen nur so lange währt, wie der Sicherungszweck es gebietet, bleibt oft theoretisch, wenn nämlich – wie bei ständigen Kreditbeziehungen nicht selten – der Sicherungszweck das wirtschaftliche Leben des Sicherungsguts überdauert. Es überwiegen die eine Gleichbehandlung gebietenden Gemeinsamkeiten: Hier wie dort hat der Kapitalgeber am Gegenstand, dessen Eigentümer er wird, kein Verwendungs-, sondern nur ein Sicherungsinteresse; der Sicherungsgeber andererseits hat kaum Interesse am Vollrecht, über das er nicht verfügen will, wohl aber daran, das Sicherungsgut für seine Zwecke verwenden zu können. Sicherungseigentum berechtigt nicht zur Aussonderung, sondern nur zur abgesonderten Befriedigung aus einer grundsätzlich durch den Insolvenzverwalter durchgeführten Verwertung, §§ 51 Nr. 1, 166

---

[113] Vgl. Staudinger/*Bund* § 858 Rdn. 19; MünchKommBGB/*Joost* § 858 Rdn. 7.

[114] Dagegen MünchKommBGB/*Habersack* Leasing Rdn. 4 mwN.

[115] Für ein Aussonderungsrecht des Leasinggebers ohne weitere Differenzierungen etwa Staudinger/*Stoffels* Leasing Rdn. 342; MünchKommInsO/*Eckert* § 108 Rdn. 177; MünchKommBGB/*Habersack* Leasing Rdn. 136; Uhlenbruck/*Sinz* § 108 Rdn. 70, 91; *ders.* Kölner Schrift S. 593, 596 Rdn. 7 Fn. 10; *Niemann* S. 35; Kraemer/*Trompertz* Handbuch Kap. 13 Rdn. 165. Für Beschränkung des Finanzierungsleasinggebers auf ein Absonderungsrecht aber *Häsemeyer* FS Serick (1992) S. 168; *ders.* Insolvenzrecht Rdn. 11.11; einschränkend ferner Smid/*Smid* § 47 Rdn. 12. Vgl. auch *Drobnig* ZGR 1986, 252, 271. – In bemerkenswertem Widerspruch zur hier hM sieht das eigenkapitalersatzrechtliche Schrifttum beim Finanzierungsleasingvertrag das Leasinggut mehrheitlich als Sicherungsäquivalent an, vgl. Rdn. 52. Art. y:102 des Entwurfs der Study Group on a European Civil Code vom 12. 5. 2005 über Proprietary Security Rights in Moveable Assets fasst unter diese ausdrücklich auch das Finanzierungsleasing; im Internet abrufbar über www.sgecc.net.

[116] BGH NJW 1990, 829, 830; *Larenz/Canaris*, Schuldrecht II/2, § 66 II 2 c; Staudinger/*Stoffels* Leasing Rdn. 31; MünchKommBGB/*Habersack* Leasing Rdn. 12. Gegen eine Behandlung solcher Vertragsbeziehungen nach dem Recht des Finanzierungsleasings aber noch *Graf von Westphalen* BB 1991, 149 ff. (vgl. nun aber *dens.*, Leasingvertrag, Rdn. 177); einschränkend auch Schimansky/Bunte/Lwowski/*Martinek/Oechsler* Bankrechts-Handbuch § 101 Rdn. 19, und oben § 3 Rdn. 21.

14. Kapitel. Das Leasinggut in der Insolvenz   § 49

Abs. 1 InsO, nach Abzug einer Kostenpauschale von insgesamt 9 % für Feststellung und
Verwertung, § 171 InsO, sowie der Umsatzsteuer, sofern diese für die Masse anfällt. Der
Sicherungseigentümer soll das Sicherungsgut der Masse nicht entnehmen dürfen, damit
es der Unternehmensfortführung weiter dienen kann; er soll sich an den Kosten beteiligen, die sein Sicherungsrecht der Masse verursacht. Ebensolche Kosten verursacht derjenige, der sich eine Sache übereignen lässt, um sie zurückzuverleasen und sich vom Leasingnehmer so die Anschaffungskosten samt Gewinn bezahlen zu lassen. Das Leasinggut ist
beim Sale-and-lease-back folglich wie Sicherungseigentum zu behandeln.

Besonderen Beschränkungen unterliegt das Aussonderungsrecht des Leasinggebers 34
beim **eigenkapitalersetzenden Leasing**, unten Rdn. 50 ff.

3. Vindikation

Da der Leasingvertrag nicht schon mit der Verfahrenseröffnung erlischt, kann der Lea- 35
singgeber den Leasinggegenstand zunächst nicht **vindizieren**: Das Recht des Leasingnehmers zum Besitz (§ 986 BGB) bleibt bestehen[117] und erlischt erst, wenn der Insolvenzverwalter die Erfüllung ablehnt oder gemäß § 103 Abs. 2 Satz 3 InsO Erfüllung nicht
mehr verlangen kann.[118]

Hatte der Leasinggeber die Anschaffungskosten refinanziert und **dem dritten Kredit- 36
geber zur Sicherheit das Eigentum am Leasinggut übertragen**, so ist dieser anstelle
des Leasinggebers zur Aussonderung berechtigt und nicht etwa gemäß § 51 Nr. 1 InsO auf
abgesonderte Befriedigung beschränkt, weil ihm nicht der Insolvenzschuldner das Vollrecht sicherungshalber übertragen hat.[119] Auch wenn im Verhältnis zum Leasinggeber der
Sicherungsfall eingetreten ist, kann einer Vindikation des Sicherungseigentümers allerdings § 986 Abs. 2 BGB entgegenstehen, wenn der Insolvenzverwalter des Leasingnehmers Erfüllung des Leasingvertrags wählt.

4. Vertraglicher Herausgabeanspruch

Ein **vertraglicher Herausgabeanspruch** besteht erst nach Beendigung des Leasing- 37
vertrages. Er berechtigt nach hM zur Aussonderung, jedoch nur „in demselben Umfang
wie § 985".[120] Von der Masse kann daher zwar Auskehrung des Besitzes verlangt werden,[121] wofür die bloße Freigabe durch den Insolvenzverwalter nicht genügt.[122] Räumung
in dem Sinne, dass etwa alle in der geleasten Sache befindlichen Sachen des Schuldners
zu entfernen wären, schuldet die Masse dagegen grundsätzlich nicht;[123] ebenso wenig
treffen sie darüber hinausgehende Verpflichtungen, etwa die Verbringung des Leasingguts
an einen anderen Ort,[124] denn diese sind nicht Ausfluss des Aussonderungsrechts, sondern
des Vertragsverhältnisses; da sie keine Gegenleistung für die Gebrauchsüberlassung darstellen, handelt es sich nicht um Masseverbindlichkeiten, sondern um bloße Insolvenzfor-

---

[117] *Huber* NZI 2004, 57, 62. Ebenso so schon auf Grundlage der alten Rechtsprechung etwa
MünchKommInsO/*Eckert* § 108 Rdn. 138; im Ergebnis auch *Welling* S. 124 f. Anders *Niemann* S. 46 ff.,
der meint, der Gebrauchsüberlassungsanspruch des Leasingnehmers könne kein Recht zum Besitz
vermitteln, weil er nicht durchsetzbar sei.
[118] O. Fn. 84.
[119] Vgl. Nerlich/Römermann/*Andres* § 51 Rdn. 9; HK/*Eickmann* § 51 Rdn. 4.
[120] BGH NJW 2001, 2966 (Räumungskosten grundsätzlich bloße Insolvenzforderung). Uhlen-
bruck/Uhlenbruck/*Berscheid* § 55 Rdn. 55; *Welling* S. 88. Im Ergebnis ebenso BGH ZIP 2006, 583 (vertragliche Räumungspflicht kann nur unter den Voraussetzungen des § 55 InsO zur Masseverbindlichkeit werden); *Eckert* NZM 2006, 610. Vgl. auch OLG Saarbrücken ZInsO 2006, 779, 780 f.
[121] Zum Umfang und den sich daraus ergebenden Problemen näher *Braun* NZI 2005, 255, 256 ff.
[122] BGH ZIP 2006, 583, 584, allerdings zum vertraglichen Räumungsanspruch nach § 546 BGB;
anders noch OLG Stuttgart ZInsO 2005, 498, 499.
[123] O. Fn. 105.
[124] Uhlenbruck/*Sinz* § 108 Rdn. 70.

§ 49　　　　　　　　　　　　　Zweiter Teil. Allgemeines Leasingrecht

derungen (Rdn. 27). Auch eine (pflichtgemäße, § 148 InsO) Inbesitznahme des Leasinggegenstands durch den Insolvenzverwalter führt auch bei positiver Erfüllungswahl insoweit nicht etwa zur Haftung der Masse nach § 55 Abs. 1 Nr. 1 InsO.[125]

5. Ersatzansprüche, Versicherungsleistung

38　Veräußert der Schuldner vor Verfahrenseröffnung oder danach der Insolvenzverwalter das Leasinggut unberechtigterweise, kann der aussonderungsberechtigte Leasinggeber den Anspruch auf die Gegenleistung oder das zu dessen Erfüllung zur Masse Geflossene aussondern, § 48 InsO.

39　Vereitelt der Insolvenzverwalter das Aussonderungsrecht des Leasinggebers schuldhaft, so haftet er nach Maßgabe des § 60 InsO wie für jede schuldhafte Pflichtverletzung persönlich auf Ersatz des daraus entstandenen Schadens.

40　Hatte der Leasingnehmer für das Leasinggut zugunsten des Leasinggebers eine **Fremdversicherung** nach §§ 74 ff. VVG abgeschlossen, ist der Leasinggeber im Schadensfall zur Aussonderung der Ersatzleistung berechtigt.[126]

IV. Erwerbs- und Veräußerungsrechte
1. Kaufoption

41　Nach Verfahrenseröffnung steht dem Insolvenzverwalter die Entscheidung über die Ausübung einer im Leasingvertrag dem Leasingnehmer eingeräumten Kaufoption zu, und zwar ohne Verkürzung der dafür vorgesehenen **Frist**; § 103 Abs. 2 Satz 2, 3 InsO ist auf den noch nicht zustande gekommenen Kaufvertrag unanwendbar.[127]

42　Hatte der Schuldner **vor Verfahrenseröffnung** eine im Finanzierungsleasingvertrag enthaltene Kaufoption ausgeübt, ist diese Rechtshandlung unter Umständen nach §§ 129 ff. InsO anfechtbar.[128] Unabhängig hiervon soll der Insolvenzverwalter Erfüllung des Leasingvertrages wählen und die Erfüllung des Kaufvertrages ablehnen können;[129] ebenso soll er umgekehrt berechtigt sein, die **Erfüllung des Kaufvertrages zu wählen und die des Leasingvertrages abzulehnen**.[130] Dem ist grundsätzlich zu folgen. Liegt ein **Vollamortisationsvertrag** vor, wird der Amortisationsanspruch allein durch Zahlung der Leasingraten erfüllt, und die Kaufoption hat mit den leasingtypischen Pflichten des Leasingnehmers nichts zu tun; Leasingvertrag und Kaufvertrag lassen sich ohne Weiteres trennen, und der Insolvenzverwalter kann isoliert Erfüllung des Kaufvertrages wählen.[131] Da der Kaufvertrag nach der Konzeption des Leasingvertrages aber erst mit dessen

---

[125] BGH NZI 2002, 425, 426; *Eckert* NZM 2006, 610.

[126] OLG Frankfurt/M. NZV 2002, 44 m. Anm. *Nitsch*.

[127] Für analoge Anwendung des § 103 Abs. 2 InsO insoweit entsprechenden § 17 Abs. 2 KO aber *Graf von Westphalen* Rdn. 1508 und *Berninghaus* in der Voraufl., § 13 Rdn. 32 f. Dagegen MünchKommInsO/*Eckert* § 108 Rdn. 146; *Niemann* S. 110; Uhlenbruck/*Sinz* § 108 Rdn. 76; Kraemer/*Trompertz* Kap. 13 Rdn. 177; *Kalkschmid* Rdn. 546.

[128] Die erforderliche Gläubigerbenachteiligung kann darin liegen, dass sich die Quote dadurch mindert, dass mit der Kaufpreis- eine weitere Insolvenzforderung entsteht.

[129] *Niemann* S. 107; MünchKommInsO/*Eckert* § 108 Rdn. 146. – Hatte der „starke" vorläufige Insolvenzverwalter die Option ausgeübt, ist die Forderung des Leasinggebers aus dem Kaufvertrag nach § 55 Abs. 1 Satz 2 InsO als Masseverbindlichkeit zu behandeln; für eine Erfüllungswahl bleibt daneben kein Raum.

[130] *Niemann* S. 107; Uhlenbruck/*Sinz* § 108 Rdn. 75; Kraemer/*Trompertz* Kap. 13 Rdn. 177; *Kalkschmid* Rdn. 553 ff. Für eine entsprechende Spaltung der Verträge auch BGH NJW 1990, 1113, 1115 (zur KO). Gegen ein „gespaltenes Wahlrecht" aber *Pape* Kölner Schrift S. 531, 574 Rdn. 70.

[131] Entsprechend zur KO *Berninghaus* in der Voraufl., § 13 Rdn. 31. – Angesichts der Anforderungen der Steuererlasse muss der Kaufpreis mindestens dem nach der amtlichen AfA-Tabelle zu ermittelnden Buchwert entsprechen, *Graf von Westphalen* Rdn. 1479; Staudinger/*Stoffels* Leasing Rdn. 54. Daher wird sich eine Ausübung der Kaufoption in der Praxis regelmäßig nicht lohnen.

14. Kapitel. Das Leasinggut in der Insolvenz § 49

Ablauf, also am Ende der „Grundmietzeit" relevant werden sollte, kann der Leasinggeber das Leasinggut ggf. zunächst aussondern und muss es erst am Ende der „Grundmietzeit" gegen Kaufpreiszahlung zurückgewähren.[132] **Teilamortisationsverträge** mit Kaufoption lassen sich schwerlich erlasskonform konstruieren, weil dem Leasinggeber regelmäßig die Chance auf Wertsteigerung genommen wird,[133] und werden schon deshalb praktisch selten vorkommen. Rechtlich ist die Kaufpreiszahlung nicht geeignet, einen Vollamortisationsanspruch des Leasinggebers zu sichern, weil sie mit der Ausübung der Option im Belieben des Leasingnehmers steht. Damit ist die Unabhängigkeit der Kaufoption vom Leasingvertrag schon in diesem angelegt, und der Insolvenzverwalter kann folglich wie beim Vollamortisationsvertrag auch isoliert die Erfüllung des Leasing- oder des Erwerbsgeschäfts wählen.

Entsprechende und entsprechend zu lösende Probleme stellen sich, wenn der Insolvenzverwalter die Kaufoption **nach Verfahrenseröffnung** ausübt, nachdem er die Erfüllung des Leasingvertrages abgelehnt hat oder die Erklärungsfrist des § 103 Abs. 2 Satz 2 InsO verstrichen ist. Verfahrenseröffnung und negative Erfüllungswahl lassen den Leasingvertrag und damit das Optionsrecht in ihrem Bestand unberührt.[134] Sie führen nur dazu, dass die im Synallagma stehenden Forderungen (endgültig) undurchsetzbar werden; daher bestehen gegen eine Ausübung der Option keine konstruktive Einwände.[135] Aus den genannten Gründen aber kommt der Kaufvertrag bei Ausübung der Option erst mit Wirkung zum Ende der ursprünglich vereinbarten „Grundmietzeit" zustande; für die Zwischenzeit kann der Leasinggeber das Leasinggut aussondern. **43**

2. Erwerbspflicht und Andienungsrecht

Verpflichtet der Leasingvertrag den Leasingnehmer, das Leasinggut am Ende der Grundmietzeit gegen Zahlung einer bestimmten Summe zu erwerben, oder ist dem Leasinggeber ein Andienungsrecht eingeräumt, das dieser schon vor Verfahrenseröffnung ausgeübt hatte, so fragt sich, ob der Insolvenzverwalter auch **isoliert die Erfüllung des Leasingvertrages oder des Erwerbsgeschäfts wählen** kann. Dagegen wird eingewandt, dass eine solche Aufteilung in Wahrheit den Inhalt der geschuldeten Leistung ändere, der Insolvenzverwalter aber nur über eine Erfüllung der Vertragspflichten mit ihrem ursprünglichen Inhalt entscheiden dürfe.[136] Das erscheint unter folgender Präzisierung zutreffend: Entscheidend dürfte nach dem in Rdn. 42 Ausgeführten sein, ob ein Teilamortisationsvertrag vorliegt, also erst die Kaufpreiszahlung den Vollamortisationsanspruch befriedigt – was jedenfalls bei Vereinbarung eines Andienungsrechts erlasskonform ist.[137] In diesem Fall **44**

---

[132] Anders Uhlenbruck/*Sinz* § 108 Rdn. 92: Die Aussonderung erschöpfe sich einstweilen in der Anerkennung des Eigentums des Leasinggebers. Dafür beruft er sich auf RG JW 1906, 436 f., wo es allerdings um einen Mietkauf ging. Der nach § 19 KO konkursfeste mietrechtliche Teil der Abrede vermittelte der Masse seinerzeit ein fortdauerndes Besitzrecht, das hier zwischen Ablehnung der Erfüllung des Leasingvertrags und nach diesem terminierten Eintritt der Wirkungen des Kaufvertrags gerade in Frage steht.

[133] Staudinger/*Stoffels* Leasing Rdn. 56.

[134] Dennoch wird verbreitet angenommen, die Option erlösche jedenfalls mit negativer Erfüllungswahl: MünchKommInsO/*Eckert* § 108 Rdn. 146; Uhlenbruck/*Sinz* § 108 Rdn. 74; *ders.* Kölner Schrift S. 593, 604 Rdn. 24; *Engel* FLF 2005, 272, 274. *Niemann* S. 109 ordnet die Option als Erfüllungsanspruch aus dem Leasingvertrag ein und nimmt an, sie werde mit diesen undurchsetzbar, wenn der Insolvenzverwalter die Erfüllung des Leasingvertrages ablehnt; ähnlich Kraemer/*Trompertz* Kap. 13 Rdn. 177.

[135] *Kalkschmid* Rdn. 542. So bleiben nach der neuen Rechtsprechung des BGH grundsätzlich auch vertraglich eingeräumte Rücktrittsrechte erhalten, BGH NJW 2003, 2744, 2745 (zum Verfahren nach der GesO).

[136] MünchKommInsO/*Eckert* § 108 Rdn. 147. Für völlige Unabhängigkeit der Erfüllungswahl bezüglich Leasing- und Kaufvertrag *Niemann* S. 170; bei vor Verfahrenseröffnung ausgeübtem Andienungsrecht auch Uhlenbruck/*Sinz* § 108 Rdn. 79.

[137] Vgl. Staudinger/*Stoffels* Leasing Rdn. 56.

verklammert der Vollamortisationsanspruch Leasingvertrag und Erwerbsgeschäft zu einer Einheit, über deren Erfüllung der Insolvenzverwalter auch nur einheitlich entscheiden kann.[138] Wählt dieser Erfüllung, kann der Leasinggeber auch **nach Verfahrenseröffnung mit Wirkung für die Masse sein Andienungsrecht ausüben**, ohne dass der Insolvenzverwalter über die Erfüllung der daraus entstehenden Verpflichtungen nochmals entscheiden könnte. Lehnt der Insolvenzverwalter die Erfüllung des Leasingvertrages aber ab, kann der Leasinggeber sein Andienungsrecht nicht mehr ausüben.[139] Beim **Vollamortisationsvertrag** dagegen ist schon nach Ablauf der „Grundmietzeit" volle Amortisation eingetreten, und so kann der Insolvenzverwalter über die Erfüllung eines ihm für die Zeit danach angedienten Kaufvertrags nach Maßgabe des § 103 InsO frei entscheiden.

V. Gewährleistung und Rückabwicklung
1. Schicksal der abgetretenen Gewährleistungsansprüche

45 Heikle, bislang aber – soweit ersichtlich – übergangene Probleme ergeben sich in der Insolvenz aus der leasingtypischen gewährleistungsrechtlichen **„Abtretungskonstruktion"** (§ 25 Rdn. 15 ff.), und zwar ungeachtet der Frage, inwieweit hier eine wirkliche Abtretung oder nur eine Ermächtigung des Leasingnehmers vorliegt, Gewährleistungsrechte des Leasinggebers im eigenen Namen für dessen Rechnung auszuüben.[140] Dem Leasingnehmer wird eine Rechtsposition (zur Ausübung) übertragen, und diese Rechtsposition fällt weder durch Verfahrenseröffnung noch durch Erfüllungsablehnung seitens des Insolvenzverwalters noch durch Rückgabe des Leasingguts ohne Weiteres an den Leasinggeber zurück. Jedenfalls nach außerordentlicher Kündigung des Leasingvertrags wegen negativer Erfüllungswahl (Rdn. 9) kann der Leasinggeber die Gewährleistungsansprüche zwar kondizieren,[141] doch ist die Kondiktion bloße Insolvenzforderung, weil § 55 Abs. 1 Nr. 3 InsO nur Bereicherungen der Masse selbst, also rechtsgrundlose Vermögenszuflüsse nach Verfahrenseröffnung als Masseverbindlichkeiten qualifiziert.[142] Nimmt man demnach an, dass die abgetretenen Gewährleistungsansprüche in die Masse fallen, kann und muss der Insolvenzverwalter sie verwerten, etwa indem er für ihre Rückübertragen bei Rückgabe des Leasingguts eine Zahlung des Leasinggebers an die Masse verlangt. Sachnäher scheint es freilich, den Leasingnehmer angesichts der engen Zweckbindung der Abtretung an den Gebrauch des Leasingguts (vgl. auch § 25 Rdn. 41) wie einen Treunehmer zu behandeln und dem Leasinggeber ein **Aussonderungsrecht** zuzusprechen.[143]

46 Im Hinblick auf solche Unsicherheiten empfiehlt es sich, die **Abtretung der Gewährleistungsansprüche unter die auflösende Bedingung einer Rückgewähr des Leasingguts** zu stellen.[144] § 91 Abs. 1 InsO steht einem Rückerwerb aus der Masse auch bei Bedingungseintritt nach Verfahrenseröffnung nicht entgegen,[145] und in der lediglich auf

---

[138] Anders zur KO *Berninghaus* in der Voraufl., § 13 Rdn. 37.
[139] Ebenso im Ergebnis Uhlenbruck/*Sinz* § 108 Rdn. 78.
[140] Dazu MünchKommBGB/*Habersack* Leasing Rdn. 81 und Staudinger/*Stoffels* Leasing Rdn. 215.
[141] Die Abtretung der Gewährleistungsrechte steht nicht etwa immer unter der auflösenden Bedingung, dass der Leasingvertrag entfällt; so aber *H. Beckmann* oben § 25 Rdn. 41 unter Berufung auf BGH NJW 1991, 1746, 1748, wo eine solche Bedingung gerade verneint wurde.
[142] BGH NJW 2003, 3345, 3347; Uhlenbruck/*Uhlenbruck*/*Berscheid* § 55 Rdn. 74; FK/*Schumacher* § 55 Rdn. 30; Nerlich/Römermann/*Andres* § 55 Rdn. 124.
[143] In der Insolvenz des Treuhänders berechtigt die Treuhand nach hM zur Aussonderung: HK/*Eickmann* § 47 Rdn. 15; Kübler/Prütting/*Prütting* § 47 Rdn. 27; FK/*Joneleit*/*Imberger* § 47 Rdn. 44.
[144] Für AGB-rechtliche Zulässigkeit einer solchen Bedingung vor dem Hintergrund der §§ 309 Nr. 8 lit. b, 307 Abs. 2 Nr. 1 BGB MünchKommBGB/*Habersack* Leasing Rdn. 86. Vgl. auch OLG Rostock NJW-RR 2002, 1712 (Widerrufsmöglichkeit für den Fall der Pflichtverletzung wirksam).
[145] BGH ZInsO 2006, 35, 36; NJW 2003, 2744, 2746; Kübler/Prütting/*Lüke* § 91 Rdn. 22; MünchKommInsO/*Breuer* § 91 Rdn. 20.

14. Kapitel. Das Leasinggut in der Insolvenz   § 49

geordnete Rückabwicklung zielenden Vereinbarung liegt auch keine unwirksame Haftungsvereitelung.[146]

2. Rückabwicklung

Wie die Erfüllung gegenseitiger Verträge ist nach bislang ganz hM auch die Erfüllung **47** von auf ihre Rückabwicklung zielenden Ansprüchen aus ungerechtfertigter Bereicherung oder nach erklärtem Rücktritt[147] der **Wahl des Insolvenzverwalters** unterworfen.[148] In der Konsequenz dieser Ansicht liegt es, dass der Leasinggeber seinen Anspruch auf Ersatz für den Wert der Nutzung des Leasingguts gegenüber der Masse geltend machen kann, wenn der Insolvenzverwalter im Zuge der Rückabwicklung eines Leasingvertrags die gezahlten Leasingraten zurückverlangt, also Erfüllung des Rückgewährschuldverhältnisses wählt. Allerdings hat sich der BGH ohne Auseinandersetzung mit dieser Ansicht für eine **Einschränkung der „Saldotheorie"** ausgesprochen: Er hat es der Gegenseite verwehrt, ihre bereicherungsrechtlichen Gegenansprüche gegen den Schuldner einem Rückgewähranspruch der Masse mindernd entgegenzuhalten, wenn er mit diesen bei Wirksamkeit des Vertrages nach Maßgabe der §§ 93–96 InsO nicht hätte aufrechnen können.[149] Das führt zu komplizierten Unterscheidungen: Soweit seine eigenen Bereicherungsansprüche Insolvenzforderungen sind, kann der Leasinggeber sie in die Berechnung nach der Saldotheorie nur einstellen, wenn ihnen schon vor Verfahrenseröffnung Gegenansprüche des Leasingnehmers aufrechenbar gegenüberstanden, § 94 InsO, nicht aber, wenn der Anspruch des Leasingnehmers erst nach Verfahrenseröffnung entstanden ist, § 96 Nr. 1 InsO.[150] Für Masseverbindlichkeiten gelten die Aufrechnungsbeschränkung der §§ 94 ff. InsO nicht, auf sie kann sich der Leasinggeber unbeschränkt berufen.

Welche Folgen dies für die Rückabwicklung des Leasingvertrages hat, sei nachfolgend **48** an dem praktisch wohl wichtigsten Fall dargestellt, dass der **Leasingnehmer kraft des ihm zur Ausübung übertragenen Rechts des Leasinggebers vom Kaufvertrag mit dem Lieferanten zurücktritt.** Nach st. Rspr. zum vormodernisierten Schuldrecht soll dadurch die Geschäftsgrundlage des Leasingvertrages rückwirkend entfallen, woran nach wohl hM auch für das modernisierte Schuldrecht festzuhalten sein soll.[151] Umstritten ist dabei, ob die Geschäftsgrundlage schon mit Zugang der Rücktrittserklärung ohne Rücksicht auf deren Wirksamkeit,[152] mit Wirksamkeit des Rücktritts oder erst dann entfällt, wenn der Lieferant die Berechtigung des Rücktritts anerkennt bzw. der Leasingnehmer gegen den bestreitenden Lieferanten Klage erhebt[153] oder sogar erst dann, wenn die Wirksamkeit des Rücktritts rechtskräftig festgestellt wird.[154] Richtigerweise ist auf die Umwandlung des zwischen Lieferanten und Leasinggeber geschlossenen Kaufvertrags

---

[146] MünchKommInsO/*Breuer* § 91 Rdn. 21; *Häsemeyer* Insolvenzrecht Rdn. 10.23.
[147] Sind Austauschverhältnisse aus insolvenzrechtlichen Gründen rückabzuwickeln, etwa nach Insolvenzanfechtung, gelten diese Grundsätze freilich nicht, HK/*Marotzke* § 103 Rdn. 12.
[148] OLG Stuttgart ZInsO 2004, 1087, 1089; *Häsemeyer* KTS 2002, 603, 606 ff.; Uhlenbruck/*Berscheid* § 112 Rdn. 6, 8; *v. Olshausen* FS Gaul (1997) S. 514 ff.; *Scherer* NZI 2002, 356, 359 ff.; HK/*Marotzke* § 103 Rdn. 11; ausf. *ders.* Gegenseitige Verträge Rdn. 4.114 ff.
[149] BGH NJW 2005, 884, 887 f. Offengelassen in BGH NJW 2002, 1050, 1052; NZI 2002, 380, 382 (Bereicherungsansprüche gegen den Schuldner soll die Gegenseite dem Anspruch der Masse auf Grundbuchberichtigung so wenig entgegensetzen können wie einem Dritten!).
[150] Vgl. insoweit auch MünchKommInsO/*Eckert* § 108 Rdn. 75.
[151] Dazu näher § 29 Rdn. 24 ff. Dagegen etwa ausführlich Staudinger/*Stoffels* Leasing Rdn. 249 ff.
[152] So offenbar *Graf von Westphalen* ZIP 2001, 2258, 2261, der dem Leasinggeber im Fall des unberechtigten Rücktritts einen Schadensersatzanspruch gegen den Leasingnehmer einräumen will.
[153] So Staudinger/*Stoffels* Leasing Rdn. 244 mit der dort nachgewiesenen, wohl hM.
[154] So *Wolf/Eckert/Ball* Rdn. 1859; Uhlenbruck/*Sinz* § 108 Rdn. 141; wohl auch *Beckmann* WM 2006, 952, 957. Hier wird nicht immer zwischen der Frage nach der materiellen Rechtslage und der Frage danach getrennt, ob diese auch mit Wirkung für den Leasinggeber bindend festgestellt wurde. Eine wieder andere Frage ist es, ob der Leasingnehmer dem Leasinggeber gegenüber verpflichtet ist, den Lieferanten, der die Wirksamkeit des Rücktritts bestreitet, zu verklagen.

in ein Rückgewährschuldverhältnis und folglich auf die Wirksamkeit des Rücktritts abzustellen.[155] Auf dieser Grundlage gilt für die Rückabwicklung des Leasingvertrags in der Insolvenz des Leasingnehmers das Folgende: **Trat der Schuldner (oder der „starke" vorläufige Verwalter) bereits vor Verfahrenseröffnung wirksam zurück,** ist der Bereicherungsanspruch des Leasinggebers auf Nutzungsersatz (§ 29 Rdn. 35 ff.) eine Insolvenzforderung, der schon vor Verfahrenseröffnung die Rückzahlungsansprüche des Leasingnehmers aufrechenbar gegenüberstanden, so dass hier die Saldotheorie uneingeschränkt zum Zuge kommt, § 94 InsO. **Tritt dagegen der Insolvenzverwalter nach Verfahrenseröffnung zurück,** ist zu differenzieren, da die Bereicherungsansprüche aufgrund der Rückwirkung des Wegfalls der Geschäftsgrundlage bereits im Zeitpunkt der jeweiligen Leistung entstanden. Durch Nutzung des Leasingguts *nach* Verfahrenseröffnung entstandene Bereicherungsansprüche des Leasinggebers sind nach § 55 I Nr. 3 InsO Masseverbindlichkeiten und daher in der Saldierung voll zu berücksichtigen. Durch Nutzung des Leasingguts *vor* Verfahrenseröffnung entstandene Bereicherungsansprüche des Leasinggebers sind dagegen Insolvenzforderungen und im Hinblick auf §§ 94, 96 Nr. 1 InsO nur mit solchen Rückzahlungsansprüchen zu saldieren, die aus ebenfalls *vor* Verfahrenseröffnung geleisteten Zahlungen des Leasingnehmers folgen. Im **Ergebnis** ausgeschlossen ist folglich (nur) eine Saldierung von Ansprüchen des Leasinggebers wegen vor Verfahrenseröffnung erfolgter Nutzung des Leasingguts mit Ansprüchen der Masse wegen nach Verfahrenseröffnung gezahlter Leasingraten. Das wird in der Praxis komplizierte Rechnungen erforderlich machen.

3. Ansprüche der Masse

49 Sieht der Teilamortisationsvertrag eine **Mehrerlösbeteiligung** des Leasingnehmers vor, kann die Masse diese auch dann verlangen, wenn der Insolvenzverwalter nicht Erfüllung gewählt hat.[156] § 96 Abs. 1 Nr. 1 InsO sperrt eine Aufrechnung des Leasinggebers mit seinen Insolvenzforderungen. Gleiches gilt für eine **Vergütung von Minderkilometern** in einem Kfz-Leasingvertrag mit Kilometerabrechnung.[157]

VI. Eigenkapitalersetzendes Leasing

50 Ist der Leasinggeber Gesellschafter der Leasingnehmerin oder diesem gleichzustellen,[158] kann sich **Leasing als Eigenkapitalersatz** erweisen, wenn die Leistung in der Krise der Gesellschaft erfolgt, also zu einer Zeit, in der die Gesellschafter als ordentliche Kaufleute Eigenkapital zugeführt hätten, vgl. § 31a Abs. 1 GmbHG.[159] Eine Krise im eigenkapitalersatzrechtlichen Sinne liegt jedenfalls bei Überschuldung vor,[160] aber auch schon dann, wenn kein Dritter mehr zur Gewährung der Leistung bereit gewesen wäre.[161] Eigenkapitalersetzend ist der Fremdkapitalzufluss nicht nur dann, wenn er in der Krise erfolgt, sondern auch

---

[155] Auch der BGH stellte vor Modernisierung des Schuldrechts auf den Vollzug der Wandlung, also die Umwandlung des Kaufvertrags ab: BGH NJW-RR 1996, 123, 124 m. Nachw. der st. Rspr.
[156] Uhlenbruck/*Sinz* § 108 Rdn. 81.
[157] Uhlenbruck/*Sinz* § 108 Rdn. 82.
[158] Etwa eine von denselben Gesellschaftern wie denen der Schuldnerin getragene Besitzgesellschaft, BGH NJW 1994, 2349, 2350; NJW 1993, 392, 393; zu den eigenkapitalersatzrechtlichen Problemen der Betriebsaufspaltung *Ebenroth/Wilken* BB 1993, 305 ff.; *Wellkamp* DB 1993, 1759 ff.; *Keßler* GmbHR 1993, 541 ff.; *Wiedemann* ZIP 1986, 1293 ff. Allgemein zum vom Eigenkapitalersatzrecht betroffenen Personenkreis etwa MünchKommInsO/*Stodolkowitz* § 135 Rdn. 69 ff.; Roth/Altmeppen/*Altmeppen* §§ 32a Rdn. 143 ff.
[159] Beachte aber etwa das Sanierungsprivileg, § 32a Abs. 3 Satz 3 GmbHG, und die Privilegierung nicht geschäftsführender Gesellschafter mit „Zwerganteilen", § 32a Abs. 3 Satz 2 GmbHG.
[160] Vgl. BGH NJW 1993, 2179, 2180; 1990, 516, 517.
[161] BGH NJW 1993, 392, 394; NJW 1981, 2570, 2571 (st. Rspr.); MünchKommInsO/*Stodolkowitz* § 135 Rdn. 41. Sinngemäß zur Gebrauchsüberlassung Nerlich/Römermann/*Nerlich* § 135 Rdn. 49. Die beiden Krisentatbestände sind voneinander selbständig, BGH NZI 2006, 419 f.

14. Kapitel. Das Leasinggut in der Insolvenz § 49

dann, wenn das Kapital in der Krise trotz rechtlicher Möglichkeit nicht abgezogen, etwa ein außerordentliches Kündigungsrecht nicht ausgeübt wird (**"Stehenlassen"**).[162]

1. Finanzierungsleasing

Die **Finanzierung der Anschaffungskosten** durch den Leasinggeber rückt das Finanzie- 51
rungsleasing in die Nähe eines Kreditgeschäfts (Rdn. 3, 33). Die Leasingraten bedienen den Amortisationsanspruch des Leasinggebers, der sich wiederum auf die Finanzierung des Leasingguts und deren Kosten bezieht. Diese stellt sich als Zuführung von Fremdkapital dar, das der Gesellschaft wie ein Darlehen ein Weiterwirtschaften trotz substantieller Krise ermöglicht und daher zum Schutz der Gläubiger in das haftende Vermögen der Gesellschaft einzubinden ist. Entsprechend herrscht weitgehend Einigkeit darüber, dass Leasingforderungen des Gesellschafters in der Krise der Gesellschaft **nach § 39 Abs. 1 Nr. 5 InsO nachrangige Insolvenzforderungen und Zahlungen oder Besicherungen nach § 135 InsO anfechtbar** sind.[163] Zweifelhaft und umstritten ist aber die Begründung dieses Ergebnisses und die eigenkapitalersatzrechtliche Behandlung des Leasingguts.

Nach im **Schrifttum** wohl vorherrschender Ansicht ist der Amortisationsanspruch ei- 52
genkapitalersatzrechtlich wie ein Darlehensanspruch und das Vollrecht am Leasinggut als dessen Besicherung zu behandeln,[164] so dass der Insolvenzverwalter dieses durch Anfechtung nach § 135 Abs. 1 Nr. 1 InsO zur Masse ziehen kann. Der **BGH** spricht sich in st. Rspr. zur eigenkapitalersetzenden Gebrauchsüberlassung zwar gegen ein Verwertungsrecht, einen Substanz- oder einen Nutzungswertanspruch der Masse aus,[165] hat in dieser Frage jedoch bislang nur im Hinblick auf Miet- und Pacht-, nicht auf Finanzierungsleasingverträge Stellung genommen.

Der BGH stützt seine Rspr. auf das Argument, dass das Eigenkapitalersatzrecht 53
Fremdkapital nicht in weiterem Umfang binden könne, als der Gesellschafter es in die Gesellschaft eingebracht hat, das Vollrecht am nur zur Nutzung überlassenen Gegenstand also nicht verstrickt sei.[166] Dies trifft auf das Finanzierungsleasing nur eingeschränkt zu. Das **Sale-and-lease-back** ist dem durch Sicherungsübereignung besicherten Kredit funktionell stark angenähert: Beider Ziel ist die Gewinnung von Liquidität. Der Leasingnehmer zahlt den Kaufpreis an den Leasinggeber samt Zinsen und Kosten in Form der Leasingraten zurück; die Erfüllung dieser Schuld ist durch Übereignung des Leasingguts

---

[162] BGH NJW 1994, 2349, 2350; NJW 1993, 2179, 2180; OLG Dresden NZG 1999, 309, 310; *Wilhelm* Kapitalgesellschaftsrecht (2. Aufl. 2005) Rdn. 412; MünchKommInsO/*Stodolkowitz* § 135 Rdn. 56 f.
[163] Vgl. etwa Uhlenbruck/*Sinz* § 108 Rdn. 101; MünchKommInsO/*Stodolkowitz* § 135 Rdn. 68; Großkomm-GmbHG/*Habersack* §§ 32a/b Rdn. 116 f.; Scholz/*K. Schmidt* §§ 32a, 32b Rdn. 122; v. Gerkan/Hommelhoff/*Haas*/Dittrich, Kapitalersatzrecht, Rdn. 8.87; Kraemer/*Trompertz* Handbuch Kap. 13 Rdn. 167. Anders jedoch Roth/Altmeppen/*Altmeppen* § 32a Rdn. 213 f., der sowohl einen Sicherungscharakter des Leasingguts als auch Kreditcharakter der Nutzungsüberlassung ablehnt.
[164] Für eine eigenkapitalersatzrechtliche Behandlung des Leasingguts wie Sicherungseigentum Scholz/*K. Schmidt* §§ 32a, 32b Rdn. 122; MünchKommInsO/*Stodolkowitz* § 135 Rdn. 68; "regelmäßig, aber nicht ausnahmslos" im Ergebnis ebenso *Jaeger*/Henckel § 47 Rdn. 13. Für ein Verwertungsrecht des Insolvenzverwalters auch Nerlich/Römermann/*Nerlich* § 135 Rdn. 50. Dagegen Roth/Altmeppen/*Altmeppen* § 32a Rdn. 213. Allgemein für ein Verwertungsrecht der Masse bei eigenkapitalersetzender Nutzungsüberlassung *Wiedemann* ZIP 1986, 1293, 1300; *Wellkamp* DB 1993, 1759, 1761; *Keßler* GmbHR 1993, 541, 545 f. (differenzierend danach, ob das überlassene Gut ein „Standarderzeugnis" ist). Für einen Anspruch auf Ersatz des Substanzwertes der genutzten Sache, von dem sich der Gesellschafter durch deren Übereignung befreien kann, *v. Gerkan* GmbHR 1986, 218, 222 f.; *Bäcker* ZIP 1989, 681, 691; dem aufgrund einer Parallele zu Darlehensvaluta zuneigend *Ebenroth*/Wilken BB 1993, 305, 308 f. Widersprüchlich Großkomm-GmbHG/*Habersack* §§ 32a/b Rdn. 116: Das Sale-and-lease-back entspreche zwar wirtschaftlich der Hingabe eines eigenkapitalersetzenden Darlehens gegen Übertragung von Sicherheiten, doch solle das Eigentum des Gesellschafters am Leasinggegenstand in der Insolvenz der Gesellschaft unberührt bleiben.
[165] BGH NJW 1994, 2760, 2761 ff.; NJW 1994, 2349, 2351 m. insoweit zust. Anm. *Altmeppen*.
[166] BGH NJW 1994, 2760, 2762; NJW 1994, 2349, 2351.

abgesichert (vgl. Rdn. 33). In keinem eigenkapitalersatzrechtlich relevanten Aspekt unterscheidet sich das Sale-and-lease-back vom besicherten Kredit; es ist folglich wie dieser zu behandeln, und das Eigentum am Leasinggut kann durch Anfechtung nach § 135 Abs. 1 Nr. 1 InsO zur Masse gezogen werden. Bei **anderen Formen des Finanzierungsleasing** aber führt der Leasinggeber der Gesellschaft Fremdkapital nicht in Form einer Geldzahlung zu, deren Rückzahlung er sich besichern lässt. Folglich lässt sich das Leasinggut hier nicht als Besicherung eines verstrickten Kredits begreifen. Dennoch trifft den Leasinggeber eine eigenkapitalersatzrechtlich relevante Finanzierungsfolgenverantwortung, denn er bewahrt die Gesellschaft vor einem Liquiditätsverlust, indem er die Anschaffung des Leasingguts finanziert. Folglich muss man der im Finanzierungsleasing liegenden **Gebrauchsüberlassung eigenkapitalersetzenden Charakter**[167] auch dann zusprechen, wenn man dieser Figur im Übrigen skeptisch gegenübersteht.[168] Entsprechend muss der Gesellschafter der Gesellschaft den Gegenstand in deren Krise **für die Dauer der gesamten Vertragslaufzeit unentgeltlich belassen**,[169] sogar über diese hinaus, wenn die Laufzeit nur zum Schein begrenzt wurde.[170] Für die in diesem Fall zu ermittelnde wahre Dauer soll entscheidend sein, was mit einem außenstehenden Dritten vereinbart worden wäre. Dafür wiederum soll vor allem auf die Amortisation des überlassenen Gegenstandes abzustellen sein;[171] beim Teilamortisationsleasing sollte die Beschränkung der Grundmietzeit jedoch auch bei Eigenkapitalersatz Beachtung finden. In dieser Zeit kann der Insolvenzverwalter das Gut weiter nutzen oder das **Nutzungsrecht anderweitig verwerten**, auch durch Überlassung an Dritte.[172] Wird dem Insolvenzverwalter das **Gebrauchsrecht entzogen**, haftet der Gesellschafter entsprechend dem Leistungsstörungsrecht bei Sacheinlagen auf Schadensersatz.[173]

2. Operate Leasing

54 Das Operate Leasing, dem keine besondere Finanzierungsfunktion zukommt, ist nach hM den in der vorigen Rdn. dargestellten Grundsätzen der eigenkapitalersatzrechtlichen Gebrauchsüberlassung zu unterwerfen.[174]

3. Änderungen nach dem MoMiG-RegE

55 § 30 Abs. 1 Satz 3 GmbHG i. d. F. des **MoMiG-RegE**[175] bestimmt, dass das Auszahlungsverbot des § 30 Abs. 1 GmbHG auf Gesellschafterdarlehen und gleichzustellende Leis-

---

[167] Zur eigenkapitalersetzenden Gebrauchsüberlassung BGH NZI 2005, 347; NJW 1994, 2349, 2350; NJW 1993, 2179, 2180; OLG Dresden NZG 1999, 309, 310; Nerlich/Römermann/*Nerlich* § 135 Rdn. 49 ff.

[168] So Runkel/*Undritz* § 3 Rdn. 148 f., allerdings auch für Sale-and-lease-back; Uhlenbruck/*Sinz* § 108 Rdn. 104; wohl auch *Kalkschmid* Rdn. 384 ff. Auch das OLG Düsseldorf GmbHR 1997, 353, behandelt das Sale-and-lease-back-Verfahren nach den für die eigenkapitalersetzende Gebrauchsüberlassung geltenden Grundsätzen, wobei es sich allerdings ohne Erörterung der Besonderheiten des Leasing auf die BGH-Rechtsprechung zu Miet- und Pachtverträgen stützt. Die Figur der eigenkapitalersetzenden Gebrauchsüberlassung lehnt etwa *Wilhelm* Kapitalgesellschaftsrecht (2. Aufl. 2005) Rdn. 445 ff. ab, freilich ohne besondere Berücksichtigung des Finanzierungsleasing. Ausdrücklich auch bei diesem ablehnend Roth/Altmeppen/*Altmeppen* § 32a Rdn. 213.

[169] Zu Miete und Pacht BGH NZI 2005, 347; NJW 2000, 3565. – Dies soll nicht gelten, wenn auch der Gesellschafter insolvent ist, vgl. OLG Brandenburg ZIP 2006, 1582, 1582; gegen diese Rspr. *Henkel* ZInsO 2006, 1013 ff.

[170] BGH NJW 1994, 2349, 3251 f.

[171] BGH NJW 1994, 2349, 3251 f.; OLG Dresden NZG 1999, 309, 311.

[172] BGH NZI 2005, 347; BGH NJW 1994, 2760, 2763; NJW 1994, 2349, 2352.

[173] BGH NZI 2005, 347, 348 m. krit. Anm. *Fischer*; NJW 1994, 2349, 2352.

[174] Vgl. Runkel/*Undritz* § 3 Rdn. 148; v. Gerkan/Hommelhoff/*Haas*/Dittrich, Kapitalersatzrecht, Rdn. 8.87.

[175] Regierungsentwurf eines Gesetzes zur Modernisierung des GmbH-Rechts und zur Bekämpfung von Missbräuchen v. 23. 5. 2007; über die Internetseiten des Bundesministeriums der Justiz abrufbar.

14. Kapitel. Das Leasinggut in der Insolvenz   § 49

tungen auch dann nicht anzuwenden ist, wenn sie in der Krise gewährt wurden; §§ 32a, 32b GmbHG werden aufgehoben. Wird der Entwurf Gesetz, wären damit die Rechtsprechungsregeln zum Eigenkapitalersatz weitgehend abgeschafft.[176] Zugleich aber stuft § 39 Abs. 1 Nr. 5, Abs. 4, 5 InsO (MoMiG-RegE) Forderungen aus Gesellschafterdarlehen und diesen wirtschaftlich entsprechenden Rechtshandlungen zu nachrangigen Forderungen herab, unabhängig davon, ob die Leistungen im hergebrachten Sinne eigenkapitalersetzenden Charakter aufweisen. Nach § 135 InsO (MoMiG-RegE) ist die im letzten Jahr vor Antragstellung erfolgte Befriedigung und die in den letzten zehn Jahren vorgenommene Besicherung von gem. § 39 Abs. 1 Nr. 5 InsO (MoMiG-RegE) nachrangigen Forderungen anfechtbar. Zu solchen Forderungen würde man auch weiterhin jedenfalls diejenigen aus einem **Finanzierungsleasingvertrag** zählen müssen: Er ist einem Darlehen wirtschaftlich gleichzustellen.[177] Auch die hier vertretene Ansicht zum **Sale-and-lease-back** (Rdn. 53) ist auf die Rechtslage nach dem MoMiG-RegE übertragbar: Die innerhalb der letzten zehn Jahre vor Antragstellung erfolgte Übereignung des Leasingguts wäre nach § 135 Nr. 1 InsO anfechtbar. Was aber die dargestellten Grundsätze der eigenkapitalersetzenden Nutzungsüberlassung im Übrigen angeht, so meinen viele, dass bei Umsetzung des MoMiG-RegE kein Raum mehr für sie verbleibe; insbesondere bestehe nach der Reform kein **unentgeltliches Nutzungsrecht des Insolvenzverwalters** mehr, vielmehr finde § 103 InsO Anwendung.[178] Davon gehen auch die Entwurfsverfasser aus.[179] Da aber eine ausdrückliche Regelung fehlt, ist nicht sicher, ob die Rechtsprechung tatsächlich von diesen Grundsätzen abrücken würde.[180]

VII. Immobilienleasing

Unbewegliche Gegenstände sind für die vorliegenden Zwecke nicht nur Grundstücke, sondern etwa auch (eingetragene) Schiffe und Flugzeuge, § 49 InsO iVm § 864 Abs. 1, § 91 LuftfahrzeugRG.[181] Für Leasingverträge über unbewegliche Gegenstände gelten die folgenden Modifikationen. **56**

1. Schicksal des Leasingvertrags

Leasingverträge über unbewegliches Leasinggut sind **insolvenzfest**: Sie überdauern unabhängig von einer Erfüllungswahl des Insolvenzverwalters die Verfahrenseröffnung, § 108 Abs. 1 Satz 1 InsO. Das gilt auch für **Neben(leistungs)pflichten**, vgl. Rdn. 5. §§ 108 f. InsO finden auf **verdeckte Kaufverträge** keine Anwendung, doch ist zweifelhaft, ob ein solcher immer schon dann vorliegt, wenn der Vertrag von vornherein eine unbedingte Eigentumsverschaffungspflicht des Leasinggebers vorsieht.[182] Jedenfalls steht **57**

---

[176] Vgl. etwa *Mülbert* WM 2006, 1977, 1978; *Eckenga* WM 2006, 1986; aber auch *K. Schmidt* ZIP 2006, 1925 ff.
[177] *Noack* DB 2006, 1475, 1481; *Bayer/Graff* DStR 2006, 1654, 1659; *Huber/Habersack* BB 2006, 1, 5 wollen auch Miet- und Pachtzinsforderungen § 39 Abs. 1 Nr. 5 InsO (MoMiG-RegE) unterstellen; nach dieser Ansicht wären auch Forderungen aus Operating-Leasing-Verträgen von Abstufung und Anfechtbarkeit erfasst. – Eine völlig ungeklärte Frage von erheblicher Bedeutung ist, ob man das Bargeschäftsprivileg § 142 InsO auch auf Anfechtungen nach § 135 InsO anwenden kann.
[178] Vgl. schon *Huber/Habersack* BB 2006, 1, 5, auf deren Überlegungen der Entwurf sich weitgehend stützt; *Noack* DB 2006, 1475, 1481; *Mülbert* WM 2006, 1977, 1980 f. Anders aber *Bormann* DB 2006, 2616, 2617; *Hölzle* ZInsO 2007, 421 ff.; *Bork* ZGR 2007, 250, 266 f.
[179] Begr. RegE, S. 130.
[180] *K. Schmidt* ZIP 2006, 1925, 1933.
[181] Dazu *Niemann* S. 22 ff.
[182] So aber *Kübler/Prütting/Tintelnot* § 108 Rdn. 6; *HK/Marotzke* § 108 Rdn. 20; LG Hamburg ZIP 1996, 1559, 1560 (zur GesO). Der Vertrag ist womöglich kein erlasskonformer Teilamortisationsvertrag, weil dem Leasinggeber die Chance der Wertsteigerung, nämlich die Möglichkeit eines Verkaufs an einen Dritten über dem Andienungspreis genommen ist. Das bedeutet aber nicht, dass kein Finanzierungsleasingvertrag vorliegt; zur Abgrenzung *Staudinger/Stoffels* Leasing Rdn. 41.

§ 49 Zweiter Teil. Allgemeines Leasingrecht

einer Anwendung der §§ 108 f. InsO nicht entgegen, dass der Leasingvertrag eine **Kaufoption** des Leasingnehmers oder ein **Andienungsrecht** des Leasinggebers enthält.[183] Dieses ist nur im Falle eines Teilamortisationsvertrages insolvenzfest und kann noch nach Verfahrenseröffnung mit Wirkung für die Masse ausgeübt werden, vgl. Rdn. 44. **Verlängerungsoptionen des Leasinggebers** sind insolvenzfest: Der Leasinggeber kann sie auch nach Verfahrenseröffnung wirksam ausüben.[184] Im Hinblick auf § 109 Abs. 1 InsO wird die Masse hierdurch nicht übermäßig belastet.

58 a) **Rücktrittsrecht.** War das Leasinggut vor **Verfahrenseröffnung noch nicht überlassen**, können sowohl der Leasinggeber als auch der Insolvenzverwalter vom Vertrag zurücktreten, § 109 Abs. 2 Satz 1 InsO. Jeder Teil verliert sein Rücktrittsrecht, wenn er sich über dessen Ausübung nicht binnen zweier Wochen nach Aufforderung durch den anderen Teil erklärt, § 109 Abs. 2 Satz 3 InsO. Da das Leasinggut noch nicht in den Produktionsablauf des Leasingnehmers eingebunden ist, besteht hier kein Anlass, die Überlegensfrist des Insolvenzverwalters analog § 107 Abs. 2 InsO bis zum Berichtstermin zu verlängern,[185] zumal der Insolvenzverwalter den Gegenstand zunächst annehmen und den Leasingvertrag später dennoch in gesetzlicher Frist kündigen kann (str., vgl. Rdn. 61). Tritt der Insolvenzverwalter zurück, kann der Leasinggeber seine (Schadensersatz-)Ansprüche nur zur Tabelle anmelden, § 109 Abs. 2 Satz 2 InsO. Ein Rücktritt des Leasinggebers bringt auf keiner Seite Schadensersatzansprüche hervor;[186] abweichende Vereinbarungen sind gemäß § 119 InsO unwirksam.[187] Hatte der spätere Insolvenzschuldner schon Leasingraten angezahlt, sind diese entsprechend § 547 Abs. 1 Satz 2 BGB nach Bereicherungsrecht herauszugeben; die Norm ist *lex specialis* gegenüber § 346 BGB,[188] der aber für andere Vor-, etwa Sicherheitsleistungen des Leasingnehmers einschlägig ist.

59 Der Leasinggeber kann sein Rücktrittsrecht entgegen verbreiteter Ansicht auch dann ausüben, wenn er nur durch **vertragswidriges Verhalten erreicht hat, dass das Leasingverhältnis bei Verfahrenseröffnung noch nicht vollzogen ist**.[189] Dies kann die Masse so wenig verhindern, wie dass der Leasinggeber sich durch Überlassung des Leasinggegenstandes an einen Dritten zur Erfüllung außer Stande setzt. Sie ist gegen ein solches Verhalten durch die aus ihm entspringenden Schadensersatzansprüche gegen den Leasinggeber ausreichend geschützt, zumal der Leasinggeber diesen keine eigenen Schadensersatzansprüche entgegenhalten kann (Rdn. 58). Da das Rücktrittsrecht den Leasinggeber nur vor den speziellen Risiken schützen soll, den eine Vertragsdurchführung mit der Insolvenzmasse bietet, er namentlich nicht gezwungen werden soll, dass Risiko eines Ausfalls wegen Masseunzulänglichkeit einzugehen, ist die Ausübung des Kündigungsrechts wegen Rechtsmissbräuchlichkeit unwirksam, wenn der Insolvenzverwalter dem Leasinggeber eine **masseunzulänglichkeitsfeste Sicherheit** angeboten hat.[190]

60 b) **Kündigungsrecht.** Der Insolvenzverwalter kann den Leasingvertrag jederzeit[191] und ohne Rücksicht auf die vereinbarte Vertragsdauer unter Einhaltung einer Frist von

---

[183] MünchKommInsO/*Eckert* § 109 Rdn. 25; HK/*Marotzke* § 108 Rdn. 20.
[184] So zur Verlängerungsoption des Leasingnehmers in der Insolvenz des Leasinggebers BGH NJW 1990, 1113, 1115; MünchKommInsO/*Eckert* § 108 Rdn. 57; *Niemann* S. 171.
[185] Uhlenbruck/*Berscheid* § 109 Rdn. 26; HK/*Marotzke* § 109 Rdn. 46. Dafür aber *Pape* Kölner Schrift S. 531, 585 Rdn. 87; Kübler/Prütting/*Tintelnot* § 109 Rdn. 26; Nerlich/Römermann/*Balthasar* § 109 Rdn. 19.
[186] Uhlenbruck/*Sinz* § 108 Rdn. 67; Kübler/Prütting/*Tintelnot* § 109 Rdn. 29; *Franken/Dahl* Teil 6 Rdn. 137; MünchKommInsO/*Eckert* § 109 Rdn. 71.
[187] Uhlenbruck/*Sinz* § 108 Rdn. 67.
[188] HK/*Marotzke* § 109 Rdn. 43; Uhlenbruck/*Berscheid* § 109 Rdn. 24.
[189] Anders aber Uhlenbruck/*Berscheid* § 109 Rdn. 19; HK/*Marotzke* § 109 Rdn. 40.
[190] Vgl. Uhlenbruck/*Berscheid* § 109 Rdn. 19; Kübler/Prütting/*Tintelnot* § 109 Rdn. 5.
[191] Vor allem ohne Beschränkung auf den erstmöglichen Termin, *Niemann* S. 160; MünchKommInsO/*Eckert* § 109 Rdn. 25; Nerlich/Römermann/*Balthasar* § 109 Rdn. 4; HK/*Marotzke* § 109 Rdn. 4.

14. Kapitel. Das Leasinggut in der Insolvenz **§ 49**

höchstens drei Monaten (wenn keine kürzere Frist maßgeblich ist) **kündigen**, § 109 Abs. 1 Satz 1 InsO. Dieses Sonderkündigungsrecht lässt eventuelle vertragliche Kündigungsrechte des Leasingnehmers unberührt, auch wenn sie kurzfristiger sind.[192] Was die Maßgeblichkeit kürzerer Fristen im Übrigen betrifft, nimmt es, auch für Leasingverträge, § 580a BGB in Bezug.[193] **Schadensersatzansprüche** des Leasinggebers wegen der vorzeitigen Beendigung sind Insolvenzforderungen, § 109 Abs. 1 Satz 3 InsO.[194] Vertragsstrafenvereinbarungen für den Fall der vorzeitigen Beendigung des Leasingvertrages erfassen den Fall der Kündigung nach § 109 Abs. 1 InsO nicht; abweichende Vereinbarungen sind gemäß § 119 InsO unwirksam.[195] Gleiches soll für die Vereinbarung von Schadenspauschalierungen gelten,[196] nach vorzugswürdiger Ansicht aber nur, wenn der Nachweis eines geringeren Schadens abgeschnitten wird (vgl. Rdn. 24).[197]

Ob § 109 Abs. 1 InsO auch dann anwendbar ist, wenn der **Gegenstand erst nach Verfahrenseröffnung überlassen** wurde, ist streitig,[198] aber zu bejahen: Der Wortlaut des § 109 Abs. 1 InsO differenziert nicht nach einer Gebrauchsüberlassung bei Verfahrenseröffnung, und wegen der unterschiedlichen Rechtsfolgen zwischen § 109 Abs. 1 und Abs. 2 InsO dürfte insoweit kein Ausschlussverhältnis vorliegen. Vor allem greift der Zweck des § 109 Abs. 1 InsO, im Dienste der sachgerechten Verfahrensführung eine flexible Handhabung der betroffenen Dauerschuldverhältnisse zu ermöglichen, unabhängig davon ein, ob der Gegenstand bei Verfahrenseröffnung schon überlassen war. Daher setzt sich der Insolvenzverwalter auch nicht zu vorigem Verhalten in Widerspruch, wenn er den Gegenstand annimmt und den Vertrag später vorzeitig kündigt.[199] Der Leasinggeber, der sein Rücktrittsrecht nach § 109 Abs. 2 InsO nicht ausgeübt hat, hat sich auf solche Unsicherheiten ohne Zwang eingelassen.[200]

61

c) Sale-and-lease-back-Verträge. Sale-and-lease-back-Verträge über unbewegliche Gegenstände sind gemäß § 108 Abs. 1 Satz 1 InsO insolvenzfest, und zwar auch dann, wenn das Leasinggut vor Verfahrenseröffnung noch nicht übereignet worden war.[201] Allerdings wird man dem Leasinggeber in diesem Fall das Recht einräumen müssen, analog § 109 Abs. 2 Satz 1 InsO vom gesamten Vertrag zurückzutreten;[202] es veränderte den Vertragscharakter grundlegend, könnte der Insolvenzverwalter den Leasinggeber zur Zahlung des Kaufpreises zwingen und den Leasingvertrag sogleich nach § 109 Abs. 1 Satz 1 InsO kündigen (vgl. Rdn. 4).

62

---

[192] Uhlenbruck/*Berscheid* § 109 Rdn. 4; *Eckert* ZIP 1996, 897, 903; HK/*Marotzke* § 109 Rdn. 26; *Pape* Kölner Schrift S. 531, 583 Rdn. 82. Anders Smid/*Smid* § 109 Rdn. 4.

[193] *Franken/Dahl* Teil 6 Rdn. 61; Uhlenbruck/*Sinz* § 108 Rdn. 97; MünchKommInsO/*Eckert* § 109 Rdn. 21 (zur vor Neufassung des § 109 Abs. 1 Satz 1 InsO zum 1. 7. 2007 geltenden Rechtslage).

[194] Zu Schadensersatzansprüchen des Vermieters, dessen Kündigung nach § 543 Abs. 2 Nr. 3 lit. a BGB diejenige des Verwalters nach § 109 InsO „überholt", vgl. KG Urt. v. 15. 3. 2007 – 8 U 165/06 (Langtext bei juris).

[195] Uhlenbruck/*Berscheid* § 109 Rdn. 9; Nerlich/Römermann/*Balthasar* § 109 Rdn. 13.

[196] Uhlenbruck/*Berscheid* § 109 Rdn. 9.

[197] Kübler/Prütting/*Tintelnot* § 119 Rdn. 12.

[198] Dafür *Kalkschmid* Rdn. 467 ff.; Uhlenbruck/*Berscheid* § 109 Rdn. 28; Nerlich/Römermann/*Balthasar* § 109 Rdn. 4, 20; MünchKommInsO/*Eckert* § 109 Rdn. 63, 73 ff.; ders. ZIP 1996, 897, 901; Kübler/Prütting/*Tintelnot* § 109 Rdn. 31; *Niemann* S. 162. *Sinz* Kölner Schrift S. 593, 601 Rdn. 18; HK/*Marotzke* § 109 Rdn. 20 ff.; *Franken/Dahl* Teil 6 Rdn. 46 f. wollen die Norm im Fall der Überlassung nach Verfahrenseröffnung dagegen nur anwenden, wenn der Vermieter die Verfahrenseröffnung bei Überlassung kannte.

[199] So aber Uhlenbruck/*Sinz* § 108 Rdn. 68.

[200] Da § 109 Abs. 2 InsO dem Leasinggeber eine Entscheidungsmöglichkeit einräumt, macht auch eine weite Auslegung des Abs. 1 ihn nicht überflüssig, wie Uhlenbruck/*Sinz* § 108 Rdn. 68 meint.

[201] *Kalkschmid* Rdn. 306.

[202] So auch *Kalkschmid* Rdn. 306.

§ 49   Zweiter Teil. Allgemeines Leasingrecht

2. Ansprüche des Vertragsparteien, Aussonderung und Sicherheiten

63   **Im Insolvenzverfahren fällig werdende Leasingraten** sind Masseverbindlichkeiten, §§ 108 Abs. 1 Satz 1, 55 Abs. 1 Nr. 2 InsO;[203] sie sind bei angezeigter Masseunzulänglichkeit privilegierte Neumasseschulden, wenn der Insolvenzverwalter das Leasinggut weiter nutzt (§ 209 Abs. 2 Nr. 3 InsO) und für die Zeit nach dem Termin der ersten möglichen Kündigung (§ 209 Abs. 2 Nr. 2 InsO). Als „oktroyierte" Masseverbindlichkeiten unterliegen die Leasingraten für die ersten sechs Monate nach Verfahrenseröffnung dem **Vollstreckungsverbot** des § 90 Abs. 1 InsO; ausgenommen sind die Ansprüche, die nach Masseunzulänglichkeitsanzeige Neumasseschulden wären, § 90 Abs. 2 InsO. **Vor Verfahrenseröffnung fällig werdende Leasingraten** sind – außer im Fall des § 55 Abs. 2 InsO (Rdn. 19) – wie die Ansprüche aus ihrer Nichterfüllung Insolvenzforderungen, § 108 Abs. 2 InsO. Für die zeitliche und sachliche Teilung der Leasingraten gilt das in Rdn. 25 zur Teilbarkeit iSd § 105 InsO Gesagte entsprechend. Ebenfalls Insolvenzforderungen sind die Ansprüche auf Schadensersatz wegen vorzeitiger Vertragsbeendigung durch Kündigung, § 109 Abs. 1 Satz 3 InsO, oder Rücktritt des Insolvenzverwalters, § 109 Abs. 2 Satz 2 InsO.[204] Für den Kündigungsfall vereinbarte **Abschluss- oder Ausgleichszahlungen** sind zu dem Anteil Masseverbindlichkeit, der sich aus dem Verhältnis der Gesamtlaufzeit zum Zeitraum zwischen Verfahrenseröffnung und Wirksamkeit der Kündigung ergibt (vgl. Rdn. 27); im Übrigen sind sie Insolvenzforderungen.

64   Entsprechend § 562 Abs. 1 BGB hat der Leasinggeber an in den geleasten Räumen befindlichen, pfändbaren, vom Leasingnehmer eingebrachten Sachen, die in dessen Eigentum stehen, ein **Vermieterpfandrecht** zur Absicherung seiner Forderungen aus dem Leasingverhältnis.[205] **§ 50 Abs. 2 InsO** beschränkt dessen Reichweite allerdings auf die in den letzten zwölf Monaten vor Verfahrenseröffnung fällig gewordenen Leasingraten und nimmt die in § 109 InsO genannten Schadensersatzansprüche wegen vorzeitiger Vertragsbeendigung aus. Im Hinblick auf nach Verfahrenseröffnung fällig werdende Leasingraten kann wegen § 91 Abs. 1 InsO kein Pfandrecht entstehen.[206] Das Vermieterpfandrecht berechtigt nur zur abgesonderten Befriedigung nach Maßgabe der §§ 166 ff. InsO.

65   Das **Aussonderungsrecht des Leasinggebers** unterliegt auch nach hier vertretener Auffassung (Rdn. 3, 33) keinen Beschränkungen. §§ 108 Abs. 1 Satz 1, 109 InsO machen eine Analogie zu § 107 Abs. 2 InsO überflüssig; Analogien zum Sicherungseigentum verbieten sich aufgrund der gesetzgeberischen Entscheidung, Inhaber von Sicherungsrechten an unbeweglichen Gegenständen zu privilegieren, § 165 InsO.

VIII. Prozessuales

66   Mit der Verfahrenseröffnung geht nicht nur die Verfügungsbefugnis, sondern auch die aktive wie passive **Prozessführungsbefugnis auf den Insolvenzverwalter über**, §§ 85 f. InsO. Der Insolvenzverwalter hat in massebezogenen Prozessen als Partei kraft Amtes die Stellung eines Prozessstandschafters.[207] **Anhängige Prozesse** werden gemäß § 240 Satz 1 ZPO unterbrochen, bis sie der Insolvenzverwalter oder in den Fällen der §§ 85 Abs. 2, 86 Abs. 1 InsO die Gegenseite bzw. der Insolvenzschuldner aufnimmt.

---

   [203] Anders noch *Eckert* ZIP 1997, 2077, 2078; vgl. nun aber Fn. 94.
   [204] Dies, obwohl der Insolvenzverwalter durch Rücktritt streng genommen ein neues Schuldverhältnis, nämlich ein Rückabwicklungsschuldverhältnis begründet, dazu und zur Kritik an dieser Regelung *Franken/Dahl* Teil 6 Rdn. 132 f.
   [205] *Palandt/Weidenkaff* § 562 Rdn. 1; *Weber/Rauscher* NJW 1988, 1571.
   [206] Auf den Zeitraum zwischen Antragstellung und Eröffnung ist § 91 InsO dagegen weder unmittelbar noch analog anwendbar, BGH NJW 2007, 1588, 1589.
   [207] Zur Frage, inwieweit es dem Insolvenzverwalter möglich und gestattet ist, solche Prozesse durch Vergleich zu beenden, vgl. *Klinck* WM 2006, 417 ff.

14. Kapitel. Das Leasinggut in der Insolvenz   § 50

Ist bei Verfahrenseröffnung eine **Klage des Leasingnehmers gegen den Lieferanten** 67
anhängig, so ist zu unterscheiden: Hatte der Leasingnehmer auf Leistung an sich geklagt,
etwa um einen eigenen Schaden zu liquidieren, hat der Leasinggeber an einer Fortführung kein Interesse; der Insolvenzverwalter entscheidet über eine Aufnahme des Prozesses
für die Masse. Hatte der Leasingnehmer dagegen auf Leistung an den Leasinggeber geklagt – wozu er jedenfalls bei entsprechender, gegebenenfalls wirksamer Vertragsgestaltung gegenüber dem Leasinggeber verpflichtet ist,[208] muss die Masse diesen Prozesses
fortführen, wenn der Insolvenzverwalter Erfüllung des Leasingvertrages gewählt hat.
Hat er sie abgelehnt, ist der aus dem Leasingvertrag folgende Anspruch des Leasinggebers
auf Führung eines Prozesses gegen den Lieferanten bloße Insolvenzforderung; mangels
Interesses der Masse an einer Fortführung des Prozesses wird der Insolvenzverwalter die
Aufnahme ablehnen. In diesem Fall kann der insolvente Leasingnehmer selbst den Prozess aufnehmen, § 85 Abs. 2 InsO, wozu er aus dem Leasingvertrag verpflichtet bleibt. Erlangt der Leasinggeber die übertragenen Gewährleistungsrechte zurück (Rdn. 45 f.), sind
die Regelungen des § 265 ZPO zu beachten.

§ 50. Die Insolvenz des Leasinggebers

Schrifttum: vgl. vor § 49

Übersicht

	Rdn.
I. Schicksal des Leasingvertrags	1
II. Schutz von Gebrauchs- und Erwerbsrechten des Leasingnehmers	6
III. Insolvenzrechtliche Probleme der Refinanzierung	8
1. Bewegliches Leasinggut, § 108 Abs. 1 Satz 2 InsO	8
a) Zweck	8
b) Voraussetzungen	9
c) Folgen	18
d) Rechtslage außerhalb des § 108 Abs. 1 Satz 2 InsO	21
2. Immobilienleasing	22

I. Schicksal des Leasingvertrags

Auch nach Anschaffung und Überlassung des Leasingguts ist der Leasingvertrag von Seiten 1
des Leasinggebers nicht vollständig erfüllt (§ 49 Rdn. 2), so dass der Insolvenzverwalter nach
Verfahrenseröffnung **über die weitere Erfüllung des Mobilienleasingvertrags entscheiden** kann, § 103 InsO. Zur **Insolvenzfestigkeit aufgrund Refinanzierung nach
§ 108 Abs. 1 Satz 2** unten Rdn. 8 ff. **Immobiliarleasingverträge** sind gemäß § 108 Abs. 1
Satz 1 insolvenzfest, auch dann, wenn das Leasinggut bei Verfahrenseröffnung noch nicht
überlassen war (§ 49 Rdn. 57). Der Überlassungsanspruch des Leasingnehmers für die
Zeit nach Verfahrenseröffnung ist eine Masseverbindlichkeit, § 55 Nr. 2 InsO, so dass der
Insolvenzverwalter insoweit nicht auf § 108 Abs. 2 InsO verweisen kann.[1] Ein besonderes
Kündigungs- oder Rücktrittsrecht besteht in der Insolvenz des Leasinggebers nicht.

§ 112 InsO sperrt **Kündigungen des Leasingnehmers** nicht; ob aber ein Lösungs- 2
recht für den Insolvenzfall wirksam vereinbart werden kann, ist im Hinblick auf §§ 103,
119 InsO heftig umstritten und mit der hM wegen Umgehung des Verwalterwahlrechts
zu verneinen (§ 49 Rdn. 11 ff.). Lösungsklauseln, die an insolvenzunabhängige Umstände

---

[208] Vgl. die in BGH NJW 1982, 105, 106 unbeanstandet gebliebene Klausel. MünchKommBGB/
Habersack Leasing Rdn. 80 sieht eine entsprechende Verpflichtung des Leasingnehmers bereits in der
Übertragung der Gewährleistungsrechte des Leasinggebers; gegen eine solche Verpflichtung *Beckmann* Finanzierungsleasing § 6 Rdn. 2.

[1] § 108 Abs. 2 InsO ist gegenüber § 55 Abs. 2 InsO nicht *lex specialis*: BGH NJW 2002, 3326,
3327; MünchKommInso/*Hefermehl* § 55 Rdn. 226; *Bork* ZIP 1999, 781, 782 f., gegen *Niesert* InVo 1998,
85, 88; *Berscheid* NZI 1999, 6, 8, und *Wiester* ZInsO 1998, 99, 103 ff. Für die Miete hält *Eckert* ZIP 1996,
897, 906 f., noch eine restriktive Auslegung des § 108 Abs. 2 InsO für erforderlich.

§ 50   Zweiter Teil. Allgemeines Leasingrecht

wie Schuldnerverzug oder Vermögensverschlechterung anknüpfen, sind zwar nicht nach § 119 InsO unwirksam, können aber wegen § 307 BGB unter Umständen nicht in AGB vereinbart werden.²

3   Nimmt man die neue Rspr. zur Wirkung der Verfahrenseröffnung auf gegenseitige Verträge (§ 49 Rdn. 1) ernst, muss der Leasingnehmer **auch die nach Verfahrenseröffnung fällig werdenden Raten** bis zur Rückgewähr des Leasinggegenstandes zahlen; da er den Leasinggegenstand weiter nutzen kann, steht ihm die Einrede aus § 320 BGB nicht zu.

4   Fraglich ist, ob der Insolvenzverwalter ein **Andienungsrecht** auch dann wirksam ausüben kann, wenn er nicht Erfüllung des Leasingvertrags gewählt hat. Dagegen bestehen zwar keine konstruktiven Einwände; doch ist bei erlasskonformen Teilamortisationsverträgen das Andienungsrecht über den dadurch gesicherten Vollamortisationsanspruch mit dem Leasingvertrag im Übrigen verknüpft (vgl. § 49 Rdn. 44). Da diese Verknüpfung jedoch im Interesse des Leasinggebers besteht und eine isolierte Ausübung des Andienungsrechts dem Leasingnehmer (über das vom Erlass geforderte Risiko eines Wertverlusts hinaus, § 2 Rdn. 22) keine Nachteile bringen dürfte, bestehen gegen sie keine Bedenken.

5   § 111 InsO, der die Verwertung des im Dauerschuldverhältnis überlassenen Gegenstandes erleichtern soll, räumt bei dessen **Veräußerung dem Erwerber ein Sonderkündigungsrecht** zum gesetzlich erstmöglichen Termin ein. Übt der Erwerber dieses aus, sind die gegen den Leasinggeber gerichteten Schadensersatzansprüche des Leasingnehmers bloße Insolvenzforderungen, obwohl eine §§ 103 Abs. 2 Satz 2, 109 Abs. 1 Satz 2 InsO entsprechende Vorschrift fehlt.³

II. Schutz von Gebrauchs- und Erwerbsrechten des Leasingnehmers

6   Da Leasingvertrag und Kaufoption weder beim Voll- noch beim Teilamortisationsvertrag zu einer rechtlichen Einheit verklammert sind, kann der Insolvenzverwalter **über die Erfüllung des Leasingvertrags und** – nach Ausübung der Kaufoption durch den Leasingnehmer – **des Erwerbsgeschäfts unabhängig voneinander entscheiden** (vgl. § 49 Rdn. 42 f.). Er kann die Erfüllung des Erwerbsgeschäfts auch dann ablehnen, wenn der Leasingvertrag nach § 108 Abs. 1 Satz 1 oder 2 insolvenzfest ist (vgl. noch Rdn. 19).⁴ Eine analoge Anwendung des den Vorbehaltskäufer in der Insolvenz des Verkäufers schützenden **§ 107 Abs. 1 Satz 1 InsO** kommt grundsätzlich nicht in Betracht, sofern die Erwerbsaussicht des Leasingnehmers auch im Übrigen (anders als die des Vorbehaltskäufers, § 161 BGB) noch nicht zu einer Anwartschaft erstarkt war; § 107 Abs. 1 InsO ist aber analog anzuwenden, wenn dies ausnahmsweise doch der Fall ist, der Leasinggeber den Leasinggegenstand nämlich schon unter der **aufschiebenden Bedingung der Ausübung der Kaufoption und der Kaufpreiszahlung übereignet** hatte.⁵ Auf diese Weise lassen sich Kaufoptionen insolvenzfest ausgestalten.

---

² Vgl. dazu etwa Staudinger/*Stoffels* Leasing Rdn. 319.
³ Uhlenbruck/*Berscheid* § 111 Rdn. 9; HK/*Marotzke* § 111 Rdn. 8; Nerlich/Römermann/*Balthasar* § 111 Rdn. 14 f.; Kübler/Prütting/*Tintelnot* § 111 Rdn. 8.
⁴ Im Ergebnis ebenso MünchKommInsO/*Eckert* § 108 Rdn. 63; FK/*Wegener* § 108 Rdn. 11; Kübler/Prütting/*Tintelnot* § 108 Rdn. 6. Anders *Peters* ZIP 2000, 1759, 1766.
⁵ Mohrbutter/Ringstmeier/*Homann* Handbuch § 7 Rdn. 62; Uhlenbruck/*Berscheid* § 107 Rdn. 2; HK/*Marotzke* § 107 Rdn. 2; *ders.* JZ 1995, 803, 807; *Pape* Kölner Schrift S. 531, 561 Rdn. 46; FK/*Wegener* § 107 Rdn. 5; *Obermüller* Kölner Schrift S. 985, 996 Rdn. 42; Nerlich/Römermann/*Balthasar* § 107 Rdn. 11; MünchKommInso/*Ott* § 108 Rdn. 7; *Welling* S. 65. Ablehnend aber Kübler/Prütting/*Tintelnot* § 107 Rdn. 8, und ohne Erörterung des Falls einer bedingten Übereignung *Krämer* S. 147 ff. MünchKommBGB/*Habersack* Leasing Rdn. 131 lehnt eine Anwartschaft des Leasingnehmers auch in diesem Fall ab, weil die auf dingliche Einigung gerichtete Willenserklärung bis zu ihrer Annahme frei widerruflich sei. Selbst wenn man dem folgen wollte, ließe sich dem dadurch begegnen, dass der Leasingnehmer den dinglichen Antrag sofort annimmt, aber eben unter den genannten Bedingungen. Zur vormerkungsgesicherten Kaufoption beim Immobilienleasing ausf. *Kalkschmid* Rdn. 557 ff.

14. Kapitel. Das Leasinggut in der Insolvenz § 50

Vereinzelt wird vorgeschlagen, dem Leasingnehmer in der Insolvenz des Leasinggebers 7
ein **Aussonderungsrecht kraft Treuhand** zuzusprechen.[6] Dies ist jedoch abzulehnen,
obwohl das Volleigentum des Leasinggebers letztlich nichts anderes ist als eine Absicherung seines Vollamortisationsanspruchs (§ 49 Rdn. 3, 33): Bei Insolvenzfestigkeit des
Leasingvertrags ist ein Aussonderungsrecht überflüssig; ist der Leasingvertrag nicht insolvenzfest, wäre ein Aussonderungsrecht mit der gesetzgeberischen Entscheidung unvereinbar, dem Insolvenzverwalter die Wahl über die weitere Erfüllung des Vertrags zu
überlassen.

III. Insolvenzrechtliche Probleme der Refinanzierung

1. Bewegliches Leasinggut, § 108 Abs. 1 Satz 2 InsO

a) Zweck: Gemäß § 108 Abs. 1 Satz 2 InsO ist der Leasingvertrag insolvenzfest, wenn 8
Anschaffung oder Herstellung des Leasinggegenstands von einem Dritten finanziert
und ihm der Leasinggegenstand zur Sicherheit übertragen wurde. Die auf einen Vorschlag des Rechtsausschusses zurückgehende Norm hat den **Zweck, die Refinanzierung des Leasings zu schützen**: Der Rechtsausschuss war auf Grundlage der alten
Rspr. (§ 49 Rdn. 1) davon ausgegangen, dass die Ansprüche des Leasinggebers mit Verfahrenseröffnung erlöschen und mit Erfüllungswahl neu entstehen; sie wären folglich
im Sinne des § 91 Abs. 1 InsO nach Verfahrenseröffnung erlangt,[7] Abtretungen zur Sicherung einer Refinanzierung oder auf Grundlage eines Factoring- oder Forfaitierungsvertrags wären wirkungslos.[8] „Banken- und herstellerunabhängigen Leasinggebern" sei
mit der effektiven Sicherungs- die Refinanzierungsmöglichkeit genommen.[9] Dem wollte
man mit der Insolvenzfestigkeit der betroffenen Leasingverträge wehren, die der Masse
keine wesentlichen Nachteile bringen sollte, weil mit Anschaffung und Überlassung des
Leasingguts das Vermögensopfer des Leasinggebers abgeschlossen sei und das zur Sicherheit übertragene Leasinggut ohnehin nicht massenützig verwertet werden könnte.[10] Diese
Erwägungen haben sich auch durch die **neue Rspr. zur Wirkung der Verfahrenseröffnung** auf nicht vollständig erfüllte Verträge nicht erledigt, denn zwar sollen Erfüllungsansprüche nun nicht mehr mit Verfahrenseröffnung erlöschen; sie sollen aber bei positiver
Erfüllungswahl dennoch „originär" für und gegen die Masse entstehen, so dass Vorausverfügungen über sie auch auf Grundlage der neuen Rspr. ohne Wirkung sind.[11] Insoweit
hat sich für die Zwecke des § 108 Abs. 1 Satz 2 InsO nichts verändert. Allerdings ist die
Norm weitgehend überflüssig, soweit nämlich der Zessionar schon kraft des ihm zur Sicherheit übertragenen Leasingguts insolvenzfesten Zugriff auf die Leasingraten hat (vgl.
Rdn. 11; 21).

b) Voraussetzungen: § 108 Abs. 1 Satz 2 InsO setzt seinem Wortlaut nach nicht voraus, 9
dass dem dritten Kreditgeber die **Leasingraten abgetreten** wurden, was verblüfft, da die

---

[6] Smid/*Smid* § 47 Rdn. 12. Vgl. auch *Canaris* Bankvertragsrecht II Rdn. 1786. Ablehnend *Jaeger/
Henckel* § 47 Rdn. 67.
[7] Dagegen scheiterte die Vorausabtretung nicht deshalb an §§ 81 Abs. 1 Satz 1, 91 Abs. 1 InsO, weil
die Abtretung erst nach Verfahrenseröffnung wirksam würde, denn anders als Miet- und Pachtzinsforderungen entstehen die Ansprüche auf Zahlung der Leasingraten schon bei Vertragsschluss, sind
also keine künftigen, sondern betagte Forderungen, vgl. zur KO BGH ZIP 1990, 180, 182 ff.; MünchKommInsO/*Breuer* § 91 Rdn. 28 (entgegen diesem kommt es für die Entstehung der Ansprüche freilich nur auf den Vertragsschluss, nicht auf die Überlassung des Leasingguts an).
[8] Vgl. zu diesem Problem auf dem Boden der Erlöschenstheorie Uhlenbruck/*Berscheid* § 103
Rdn. 83 f.; Uhlenbruck/*Sinz* § 108 Rdn. 112; *Eckert* ZIP 1996, 897, 908; *Peters* ZIP 2000, 1759, 1761 f.
Zur KO ausführlich Uhlenbruck/*Sinz* WM 1989, 1113.
[9] Begr. Rechtsausschuss, BT-Drucks. 13/4699, S. 6.
[10] Begr. Rechtsausschuss, BT-Drucks. 13/4699, S. 6.
[11] BGH ZInsO 2006, 429, 430; BGH NJW 2002, 2783, 2785; Braun/*Kroth* § 103 Rdn. 11. Anders
offenbar *Niemann* S. 138, 145.

Norm ausschließlich zum Schutz von Vorausverfügungen über die Leasingraten geschaffen wurde. Man muss § 108 Abs. 1 Satz 2 InsO also – was bislang freilich kaum erwogen wird[12] – teleologisch zu reduzieren und als **ungeschriebene Voraussetzung die Abtretung der Leasingforderungen** an den Kreditgeber in den Tatbestand hineinlesen.

10 Erfolgte **keine Sicherungsübertragung des Leasinggegenstands**, ist die Norm nicht anzuwenden. Zwar ist der Zedent der Leasingraten nicht deshalb weniger schutzwürdig, weil nicht zugleich der Leasinggegenstand zur Sicherheit übertragen wurde. Dennoch hat die Beschränkung des § 108 Abs. 1 Satz 2 InsO auf Fälle, in denen der Leasinggegenstand übertragen wurde, ihren Sinn; denn allenfalls dann ist die Insolvenzfestigkeit des Leasingvertrages masseneutral und nimmt dem Insolvenzverwalter nicht die Möglichkeit, Nichterfüllung zu wählen und den herausverlangten Gegenstand zugunsten der Masse zu verwerten. Vor diesem Hintergrund ist der Leasingvertrag also nur bei wirksamer (und nicht nach §§ 129 ff. InsO anfechtbarer) Sicherungsübertragung des Leasinggegenstandes insolvenzfest.[13]

11 Umgekehrt ist fraglich, ob es getreu dem Wortlaut des § 108 Abs. 1 Satz 2 InsO eine Rolle spielt, ob der Leasinggegenstand an denjenigen, der seine Anschaffung finanziert hat, oder **an einen Dritten zur Sicherheit übertragen** wurde.[14] Aus der amtlichen Begründung folgt hierfür nichts, denn diese erklärt nur das Erfordernis, dass das Leasinggut überhaupt sicherungsübereignet wurde (vgl. die Erwägungen in Rdn. 10),[15] nicht aber, dass es gerade auf den Zessionar übertragen worden sein muss. Entscheidend für die Beantwortung der Frage ist, ob die Insolvenzfestigkeit des Leasingvertrags auch dann für die Masse neutral ist, wenn die Leasingraten auf den einen, das Leasinggut auf einen anderen Kreditgeber übertragen wurden. Dafür wiederum ist ausschlaggebend, welche Ansprüche dem Sicherungseigentümer bei Fortführung des Leasingvertrags gegen die Masse zustehen.[16] Ansprüche aus §§ 990 Abs. 1 Satz 2, 987 Abs. 1 BGB kommen jedenfalls deshalb nicht in Betracht, weil der Insolvenzverwalter gemäß § 166 Abs. 1 InsO zur Verwertung des Leasingguts und also auch zu dessen Besitz berechtigt ist (dazu Rdn. 21).[17] Sieht man in der entgeltlichen Überlassung des Leasingguts mit der hier vertretenen Ansicht grundsätzlich eine Art der Verwertung,[18] muss der Insolvenzverwalter deren Erlös nach Maßgabe der §§ 170, 171 InsO an den Sicherungseigentümer abführen. Da der **Sicherungszessionar** nach §§ 166 Abs. 2, 170 Abs. 1 InsO denselben Erlös verlangen, dieser aber nur einmal herausgegeben werden kann, muss der Insolvenzverwalter ihn zu glei-

---

[12] Wie hier aber bereits *Harder* Insolvenzrechtliche Surrogation (2002) Rdn. 680, und in der Tendenz auch HK/*Marotzke* § 108 Rdn. 10.

[13] Uhlenbruck/*Sinz* § 108 Rdn. 112, 115; *Schmidt-Burgk/Ditz* ZIP 1996, 1123, 1124; *Zahn* DB 1996, 1393, 1396; *Krämer* S. 183 f. Schwierigkeiten können sich insbesondere im internationalen Geschäftsverkehr ergeben, wenn die *lex rei sitae* publizitätslose Sicherheiten nicht oder umgekehrt besitzlose Pfandrechte anerkennt und ein solches bestellt wurde. Für Anwendbarkeit des § 108 Abs. 1 Satz 2 InsO im letzten Fall *Schmidt-Burgk/Ditz* ZIP 1996, 1123, 1125. Dabei ist auch Art. 5 EuInsVO zu beachten, wonach die Eröffnung des Insolvenzverfahrens in einem EU-Mitgliedsstaat dingliche Rechte an in einem anderen Mitgliedsstaat befindlichen Gegenständen unberührt lässt.

[14] Für Relevanz im Ergebnis LG Köln Urt. v. 12.12.2003, Az. 20 O 122/03; insoweit wiedergegeben bei *Weber* NJW 2005, 2195, 2198.

[15] Begr. Rechtsausschuss, BT-Drucks. 13/4699, S. 6.

[16] Vgl. zum Folgenden ausführlicher *Klinck* KTS 2007, 37, 51 ff.

[17] Anders unter der Prämisse, der Insolvenzverwalter sei mangels unmittelbaren Besitzes nicht verwertungsberechtigt, *Zahn* DB 1995, 1649, 1652; *ders.* DB 2003, 2371, 2376; vgl. auch *dens.* ZIP 2007, 369 f.; Uhlenbruck/*Sinz* § 108 Rdn. 125. Gegen diese MünchKommInsO/*Eckert* § 110 Rdn. 46. Zur Befugnis des Sicherungseigentümers, das Sicherungsgut durch Nutzung zu verwerten, BGH NJW 1980, 226, 227; vgl. auch BGH ZIP 2006, 2307, 2308 (Anspruch *in casu* wegen fehlender Feststellungen zu Besitz und Bösgläubigkeit verneint); ablehnend *v. Olshausen* ZIP 2007, 1145 ff.

[18] Ablehnend, allerdings für die kurzfristige Überlassung im Eröffnungsverfahren, in dem §§ 166 ff. InsO ohnehin nicht gelten, nun BGH BB 2006, 1931, 1932. Vgl. dazu *Klinck* KTS 2007, 37, 40 ff.

chen Teilen an beide Sicherungsnehmer auskehren. Wird der Betrieb des Leasinggebers fortgeführt, liegt in der Erfüllung des Leasingvertrags mit dem Leasingnehmer eine Nutzung des Leasingguts für die Masse nach § 172 Abs. 1 InsO (vgl. noch Rdn. 21).[19] Dann muss der Insolvenzverwalter dem Sicherungseigentümer nicht die Leasingraten herausgeben, sondern den durch die Nutzung verursachten Wertverlust ersetzen und nach hM auch gemäß § 169 InsO die vereinbarten Zinsen fortentrichten,[20] kann dies aber wiederum als mit der Verwertung notwendig verbundene Kosten im Sinne des § 171 Abs. 2 InsO von den an den Zessionar auszukehrenden Forderungen abziehen, so dass sich auch dieser Fall als masseneutral darstellt. Anders aber kann es liegen, wenn der Zessionar ein **Aussonderungsrecht am Anspruch auf Zahlung der Leasingraten** erlangt hat, weil dieser ihm nicht nur zur Sicherheit, sondern etwa aufgrund eines regresslosen Kaufs abgetreten worden ist. In diesem Fall geht der Sicherungseigentümer mangels Zugriffs des Insolvenzverwalters auf die Leasingraten völlig leer aus, wenn der Betrieb des Leasinggebers nicht fortgeführt wird, die weitere Erfüllung des Leasingvertrags also als Verwertung des Leasingguts zu qualifizieren ist. Also ist auch dieser Fall masseneutral. Handelt es sich aber – bei Betriebsfortführung – um eine Nutzung für die Masse nach § 172 Abs. 2 InsO, muss der Insolvenzverwalter dem Sicherungseigentümer den Wertverlust ersetzen, ohne auf die Leasingraten zugreifen zu können. Obwohl eine Personenverschiedenheit von Zessionar und Sicherungseigentümer also auch bei einem Aussonderungsrecht des Zessionars nur im Fall der Betriebsfortführung masseschädlich sein kann (sonst ist § 172 InsO nicht anwendbar),[21] muss § 108 Abs. 1 Satz 2 InsO immer unangewendet bleiben, wenn der vom Sicherungseigentümer verschiedene Zessionar ein Aussonderungsrecht an den Forderungen erlangt hat. Denn ob § 108 Abs. 1 Satz 2 InsO anwendbar ist oder nicht, muss aus Gründen der Rechtssicherheit schon bei Verfahrenseröffnung feststehen; vor dem Berichtstermin (§§ 156 f. InsO) aber ist regelmäßig nicht geklärt, ob das Unternehmen fortgeführt wird, der Masse also aus der gleichzeitigen Anwendung der § 108 Abs. 1 Satz 2 und 172 Abs. 1 InsO eine Schmälerung droht. Das Risiko einer solchen Schmälerung ist auf Grundlage der Erwägungen des Gesetzgebers zu vermeiden, was nur durch differenzierungslose Nichtanwendung des § 108 Abs. 1 Satz 2 InsO in solchen Fällen zu erreichen ist.[22] In allen anderen Fällen aber, wenn also der Zessionar nur absonderungsberechtigt ist, kann es nicht zu einer Belastung der Masse führen, wenn Zessionar und Sicherungseigentümer nicht identisch sind. In diesen Fällen ist § 108 Abs. 1 Satz 2 InsO also auch bei Personenverschiedenheit von Zessionar und Sicherungseigentümer anzuwenden.

Seinem Wortlaut nach erfasst § 108 Abs. 1 Satz 2 nicht den **durch Eigentumsvorbehalt und Vorausabtretung der Leasingraten gesicherten Warenkredit,** sondern nur den Fall eines entsprechend gesicherten Geldkredits („Anschaffung oder Herstellung finanziert", „zur Sicherheit übertragen").[23] Nur an diesen hat der Rechtsausschuss ausweislich der Materialien gedacht, in denen ausschließlich von refinanzierenden Kreditinstituten die Rede ist. Für eine Bevorzugung des Geld- gegenüber dem Warenkreditge-

---

[19] § 172 InsO setzt die Interessen der Absonderungsberechtigten ausschließlich zu dem Zweck hintan, eine Fortführung mit dem Ziel der Sanierung zu ermöglichen, vgl. neben BT-Drucks. 12/2443, S. 182, auch Uhlenbruck/*Uhlenbruck* § 172 Rdn. 1 und FK/*Wegener* § 172 Rdn. 3. Dennoch halten viele auch eine Nutzung zum Zwecke der Liquidierung für statthaft, so etwa Uhlenbruck/*Uhlenbruck* § 172 Rdn. 3 im Anschluss an *Mönning* FS Uhlenbruck (2000) S. 239, 259.
[20] *Bork*, FS Gaul (1997), S. 71; FK/*Wegener* § 172 Rdn. 5; Kübler/Prütting/*Kemper* § 172 Rdn. 10. Anders *Mönning*, FS Uhlenbruck (2000), S. 239, 266: Im Wertausgleich nach § 172 I InsO seien die Zinsen nach § 169 InsO bereits enthalten.
[21] O. Fn. 19.
[22] Vgl. eingehender *Klinck* KTS 2007, 37, 51 ff.
[23] HK/*Marotzke* § 108 Rdn. 10. Anders aber, nämlich für unmittelbare Anwendbarkeit des § 108 Abs. 1 Satz 2 auch bei durch Eigentumsvorbehalt am Leasinggut gesicherten Warenkredit Kübler/Prütting/*Tintelnot* § 108 Rdn. 22a.

ber besteht jedoch kein sachlicher Grund; es lässt sich schwerlich argumentieren, dass die dingliche Sicherheit am Leasinggut für den Geldkreditgeber anders als für den Warenkreditgeber deshalb nicht genügt, weil jener nicht wie dieser ein Aussonderungs-, sondern nur ein Absonderungsrecht erlangt und daher Kostenpauschalen nach § 171 InsO abführen muss (vgl. Rdn. 11, 21). § 108 Abs. 1 Satz 2 InsO ist im Fall des Warenkredits daher analog anzuwenden.[24] Erfolgt die Refinanzierung ihrerseits durch **Finanzierungsleasing,** dürfte dies den Tatbestand des § 108 Abs. 1 Satz 2 InsO nach hM schon deshalb nicht erfüllen, weil sie den Sicherheitscharakter des Vollrechts am Leasinggut nicht anerkennt (§ 49 Rdn. 3, 33, aber auch 52; zur Doppelstockfinanzierung Rdn. 17); akzeptiert man diesen jedoch, führt auch diese Art der Refinanzierung zur Insolvenzfestigkeit des Unterleasingvertrags, nach hier vertretener Ansicht freilich nur dann, wenn dem Oberleasinggeber die Ansprüche gegen den Unterleasingnehmer abgetreten wurden (Rdn. 9).

13   Der Sicherungsnehmer muss die **Anschaffung oder Herstellung des Leasinggegenstandes finanziert** haben. Erforderlich ist ein sachlicher und zeitlicher Zusammenhang zwischen Fremdkapitalzufluss und Anschaffung oder Herstellung des Leasingguts;[25] die Finanzierung muss den Zweck haben, gerade den durch Anschaffung des Leasingguts sich ergebenden Liquiditätsbedarf zu decken.[26] Ein **allgemeiner Betriebsmittelkredit** genügt den Anforderungen des § 108 Abs. 1 Satz 2 InsO daher nicht.[27] Im Übrigen aber ist der genaue Weg des Kapitalflusses angesichts der vielfältigen Gestaltungsmöglichkeiten[28] bei gleicher Interessenlage nicht entscheidend, so dass unter den dargelegten Voraussetzungen auch eine **nachträgliche Refinanzierung** unter § 108 Abs. 1 Satz 2 InsO fallen kann,[29] obwohl der Wortlaut („finanziert hat") entgegensteht.[30] Unschädlich soll es ferner sein, wenn später ein **Vierter** in die Position des finanzierenden Dritten eintritt.[31] Diese Ansicht ist abzulehnen.[32]

14   Nach verbreiteter Ansicht soll auch die **Sicherungsübertragung des Leasingguts in sachlichem und zeitlichem Zusammenhang** mit der Finanzierung des Leasingguts stehen müssen.[33] Diese Ansicht ist abzulehnen. Sie lässt sich weder mit dem Wortlaut der Norm begründen, der nur einen Zusammenhang zwischen Kredit und Anschaffung („finanziert hat"), nicht zwischen Sicherungsübertragung und Anschaffung verlangt, noch mit ihrem Zweck: Die Sicherungsübertragung ist Tatbestandsmerkmal, weil die Insolvenzfestigkeit des Leasingvertrags dem Insolvenzverwalter andernfalls die Möglichkeit

---

[24] Für eventuelle Analogiemöglichkeit HK/*Marotzke* § 108 Rdn. 10.
[25] *Zahn* DB 2003, 2371, 2372; Uhlenbruck/*Sinz* § 108 Rdn. 116; MünchKommInsO/*Eckert* § 108 Rdn. 46.
[26] *Zahn* DB 2003, 2371, 2372; Uhlenbruck/*Sinz* § 108 Rdn. 116.
[27] Uhlenbruck/*Sinz* § 108 Rdn. 117; *Schmidt-Burgk/Ditz* ZIP 1996, 1123, 1125; *Obermüller* Kölner Schrift S. 985, 999 Rdn. 52; *ders.* Insolvenzrecht in der Bankpraxis Rdn. 7.53; *Peters* ZIP 2000, 1759, 1764; *Schwemer* ZMR 2000, 348, 353; MünchKommInsO/*Eckert* § 108 Rdn. 45. Anders *Adam* DZWiR 1998, 227, 229.
[28] Vgl. dazu *Peters* ZIP 2000, 1759, 1763 f.
[29] Uhlenbruck/*Sinz* § 108 Rdn. 116; *Schwemer* ZMR 2000, 348, 353; *Zahn* DB 2003, 2371, 2372 Fn. 22; *Krämer* S. 184 f.; *Seifert* NZM 1998, 217, 219 („jedenfalls dann" gelte § 108 Abs. 1 Satz 2 InsO). Weitergehend *Obermüller* Insolvenzrecht in der Bankpraxis Rdn. 7.52.
[30] MünchKommInsO/*Eckert* § 108 Rdn. 46 will die Norm daher bei „größerem zeitlichen Abstand" nicht anwenden.
[31] BT-Drucks. 13/8534, S. 12 f. MünchKommInsO/*Eckert* § 108 Rdn. 46; *Schmidt-Burgk/Ditz* ZIP 1996, 1123, 1125; *Seifert* NZM 1998, 217, 219; *Schwemer* ZMR 2000, 348, 353; *Krämer* S. 187 ff.; *Peters* ZIP 2000, 1759, 1763 f., dort, 1764 f., auch zur Problematik der Poolfinanzierung.
[32] Ausführlich *Klinck* KTS 2007, 37, 54 f.
[33] So MünchKommInsO/*Eckert* § 108 Rdn. 48; *Schmidt-Burgk/Ditz* ZIP 1996, 1123, 1125; *Sinz* Kölner Schrift S. 593, 615 Rdn. 54; anders aber Uhlenbruck/*ders.* § 108 Rdn. 117 (Tatbestand bei nachträglicher Besicherung eines nicht der Anschaffung des Leasingguts dienenden Kredits nicht erfüllt). Es drängt sich teils der Eindruck auf, dass nicht immer hinreichend zwischen Kapitalfluss und Besicherung differenziert wird.

nähme, einen Verwertungserlös zur Masse zu ziehen (Rdn. 10). Dafür spielt es keine Rolle, wann die Sicherungsübereignung erfolgte und welchen Kredit sie sichert, solange sie nur wirksam und – unter Umständen (Rdn. 11) – der Finanzierer des Leasingguts mit dem Sicherungsnehmer identisch ist. Da § 108 Abs. 1 Satz 2 InsO nach hier vertretener Ansicht (Rdn. 9) die **Abtretung des Anspruchs auf Zahlung der Leasingraten** an den Kreditgeber voraussetzt, fragt sich, welcher Zusammenhang zwischen dieser und der Finanzierung bestehen muss. Die Abtretung der Ansprüche muss gerade den Anschaffungskredit absichern, denn nur diesen, nicht etwa die Besicherung eines allgemeinen Betriebsmittelkredits, wollte der Gesetzgeber schützen. Ein zeitlicher Zusammenhang ist dagegen nicht notwendig: Auch die Aussicht, nachträglich insolvenzfeste Sicherheiten stellen zu können, wird die Kreditwürdigkeit der mittelständischen Leasingbranche fördern, um die es dem Gesetzgeber ging (Rdn. 8).

§ 108 Abs. 1 Satz 2 greift nach seinem Zweck nicht ein, wenn die **gesicherte Forderung des Kreditgebers bei Verfahrenseröffnung bereits getilgt** war und der Leasinggeber einen Anspruch auf Rückübertragung der Sicherheit hatte, denn in diesem Fall ist das geschützte Sicherungsinteresse des Kreditgebers erloschen, und es besteht kein Grund mehr, dem Insolvenzverwalter die Wahl zu nehmen, ob er den Leasingvertrag weiter erfüllen oder das Leasinggut auf andere Weise verwerten will,[34] zumal der Erlös mangels gesicherter Forderung in die Masse fiele. Vor diesem Hintergrund kann es ratsam sein, dass der vorläufige Insolvenzverwalter **im Eröffnungsverfahren die gesicherte Forderung tilgt,** um eine eventuell massebelastende (Rdn. 20) Insolvenzfestigkeit des Leasingvertrags zu vermeiden. Ist dies für die Masse vorteilhaft, scheidet mit der Gläubigerbenachteiligung auch eine Anfechtung der Sonderzahlung nach §§ 129 ff. InsO aus. 15

Normtext und Entstehungsgeschichte lassen im Dunkeln, ob § 108 Abs. 1 Satz 2 InsO nur den Fall einer Vollfinanzierung erfasst oder auch bei **Teilfinanzierung** eingreift; dies ist folglich umstritten.[35] Der Rechtsausschuss wollte Refinanzierungsmöglichkeiten nur insoweit schützen, als dies der Masse keine Nachteile bringt, und ging dabei davon aus, dass der Erlös aus einer Verwertung des Leasingguts durch Veräußerung ohnehin nicht an die Masse, sondern an den Sicherungseigentümer flösse. Das ist nur richtig, soweit die abgesicherte Forderung den Verwertungserlös übersteigt, was zwar bei einer Vollfinanzierung die kaum durchbrochene Regel sein dürfte,[36] nicht aber bei einer Teilfinanzierung: Hier nähme die Insolvenzfestigkeit des Leasingvertrags dem Insolvenzverwalter die Möglichkeit, den die gesicherte Forderung übersteigenden Teil des Erlöses aus einer Veräußerung des Leasingguts zur Masse zu ziehen. Dies wäre für die Masse allerdings nur dann wirtschaftlich nachteilig, wenn der Erlös aus einer sofortigen Veräußerung des Leasingguts höher wäre als aus einer Fortführung des Leasingvertrags, was praktisch ausgeschlossen sein dürfte.[37] So bringt die Insolvenzfestigkeit des Leasingvertrags der Masse im Regelfall (vgl. aber Rdn. 20) nur dadurch Nachteile, dass er bei langer Laufzeit das Insolvenzverfahren entsprechend in die Länge zieht und dadurch weitere Kosten generiert – diesen Aspekt hat der Rechtsausschuss freilich auch für die Vollfinanzierung ausgeblendet. Nach den § 108 Abs. 1 Satz 2 InsO zugrunde liegenden Erwägungen ist diese Norm daher auch bei Teilfinanzierung des Leasingguts anzuwenden. 16

§ 108 Abs. 1 Satz 2 InsO soll auch im Fall der sogenannten **Doppelstockfinanzierung** eingreifen, bei der eine Besitzgesellschaft Leasinggegenstände erwirbt und refinanziert und an typischerweise konzernzugehörige Betriebsgesellschaften verleast, die sie ihrerseits wei- 17

---

[34] Ausf. HK/*Marotzke* § 108 Rdn. 12; wohl auch Kübler/Prütting/*Tintelnot* § 108 Rdn. 4. Anders aber FK/*Wegener* § 108 Rdn. 15 a; MünchKommInsO/*Eckert* § 108 Rdn. 47.
[35] Für Anwendung auch auf Teilfinanzierung ebenso *Niemann* S. 124; Kübler/Prütting/*Tintelnot* § 108 Rdn. 21 a; *Obermüller* Insolvenzrecht in der Bankpraxis Rdn. 7.51b. Gegen Anwendung des § 108 Abs. 1 Satz 2 InsO, wenn der Leasinggeber „einen nicht unwesentlichen Teil" selbst finanziert, MünchKommInsO/*Eckert* § 108 Rdn. 45; vgl. auch HK/*Marotzke* § 108 Rdn. 13.
[36] Vgl. *Zahn* DB 1995, 1649, 1650.
[37] *Zahn* DB 1995, 1649, 1651.

terverleasen. Nach hier vertretener Ansicht unterfällt auch der Leasingvertrag zwischen Betriebsgesellschaft und Unterleasingnehmer § 108 Abs. 1 Satz 2 InsO, weil Finanzierungsleasing eine den Tatbestand dieser Norm erfüllende Art der besicherten Refinanzierung ist (Rdn. 12); zwischen ihr und der Anschaffung oder Herstellung des Leasingguts muss allerdings der in Rdn. 13 dargestellte Zusammenhang bestehen, der bei nachträglicher Betriebsaufspaltung in aller Regel fehlen wird. Nach hM dürfte § 108 Abs. 1 Satz 2 InsO dagegen nur in der Insolvenz der Besitzgesellschaft und nur auf den Vertrag zwischen der Besitz- und Betriebsgesellschaft anwendbar sein; dieses Ergebnis vermeidet die hM aber dadurch, dass sie Betriebs- und Besitzgesellschaft als Einheit betrachtet und § 108 Abs. 1 Satz 2 InsO folglich sowohl in der Insolvenz der Besitzgesellschaft als auch in der Insolvenz der Betriebsgesellschaft anwendet, so dass Leasing- und Unterleasingvertrag insolvenzfest sind.[38] Zu beachten ist dabei freilich, dass sich das Verleasen der Besitz- an die Betriebsgesellschaft als **Eigenkapitalersatz** darstellen kann (vgl. § 49 Fn. 152).

18 c) **Folgen:** Die Ansprüche auf Zahlung der Leasingraten aus dem insolvenzfesten Leasingvertrag stehen grundsätzlich dem Zessionar zu. Waren sie ihm nur zur Sicherheit abgetreten, ist er nicht zur Aussonderung, sondern nur zur **abgesonderten Befriedigung** aus ihnen berechtigt, § 51 Nr. 1 InsO. Der Insolvenzverwalter darf die Forderungen gemäß § 166 Abs. 2 InsO ein- und die Kostenpauschalen gemäß § 170, 171 InsO zur Masse ziehen.[39] Die Übertragung der Forderung aufgrund eines regresslosen Forderungsverkaufs *á forfait* räumt dem Zessionar allerdings ein **Aussonderungsrecht** an den Forderungen ein; er darf die Leasingraten selbst einziehen, ohne die Masse am Erlös beteiligen zu müssen.[40]

19 Insolvenzfest ist die Abtretung der eigentlichen Leasingforderungen, also **aller Zahlungsansprüche, die auf Erfüllung des Vollamortisationsanspruchs gerichtet sind;**[41] darunter fällt auch der Anspruch auf Abschlusszahlung, die der Leasingnehmer aufgrund eines Vollamortisationsvertrags bei Vertragsbeendigung vor Vollamortisation schuldet.[42] Die Abtretung des Zahlungsanspruchs aus einer ausgeübten **Kaufoption** des Leasingnehmers dagegen ist grundsätzlich nicht insolvenzfest,[43] denn dieser entspringt einem vom Leasingvertrag unabhängigen Kaufvertrag, über dessen Erfüllung der Insolvenzverwalter nach § 103 InsO entscheiden kann (§ 49 Rdn. 42 f.; Rdn. 6).[44] Da bei positiver Erfüllungswahl die Ansprüche aus dem Vertrag „originär" für die Masse entstehen, ist nach § 91 Abs. 1 InsO eine vor Verfahrenseröffnung erfolgte Abtretung wirkungslos (Rdn. 8). Allerdings stellt eine solche Veräußerung des Leasingguts dessen Verwertung dar, bei der das Recht des Sicherungseigentümers auf abgesonderte Befriedigung zu beachten ist. Ist das **Erwerbsrecht des Leasingnehmers analog § 107 Abs. 1 InsO insolvenzfest ausgestaltet** (Rdn. 6), entstehen die Ansprüche bei Ausübung der Kaufoption mangels Erfüllungswahl des Insolvenzverwalters nicht „originär" für die Masse; ob ihre Abtretung nach § 91 Abs. 1 InsO unwirksam ist, hängt davon ab, wie die Option konstru-

---

[38] *Seifert* NZM 1998, 217, 219; *Breitfeld* FLF 2004, 168, 175; MünchKommInsO/*Eckert* § 108 Rdn. 52; Nerlich/Römermann/*Balthasar* § 108 Rdn. 13; HK/*Marotzke* § 108 Rdn. 11. Ablehnend *Zahn* DB 2003, 2371, 2373 ff.; Kübler/Prütting/*Tintelnot* § 108 Rdn. 22.

[39] Vgl. etwa *Schwemer* ZMR 2000, 348, 354. Dieses Recht bezieht sich nur auf abgetretene, nicht auch auf verpfändete Forderungen, und besteht erst ab Verfahrenseröffnung, nicht schon im Eröffnungsverfahren, BGH NJW-RR 2006, 334; NJW 2003, 1490.

[40] *Obermüller* Kölner Schrift S. 985, 999 Rdn. 56; *Sinz* Kölner Schrift S. 593, 623 Rdn. 78; *Schwemer* ZMR 2000, 348, 353.

[41] Vgl. BT-Drucks. 13/4499 S. 6; *Peters* ZIP 2000, 1759, 1766 ff.

[42] Hess/*Hess* § 108 Rdn. 89 ff.; *Obermüller* Insolvenzrecht in der Bankpraxis Rdn. 7.39.

[43] Vgl. zur KO BGH NJW 1990, 1113, 1115. Anders *Michalski/Ruess* NZI 2000, 250, 251.

[44] Eine andere Frage ist es, ob der Insolvenzverwalter den Kaufvertrag auch erfüllen kann, was bei Sicherungsübertragung des Leasingguts fraglich und nur zu bejahen ist, wenn man mit der nun hM davon ausgeht, dass der Insolvenzverwalter auch solche Sachen nach § 166 Abs. 1 InsO verwerten darf, an denen er nur mittelbaren Besitz hat, vgl. Rdn. 21.

14. Kapitel. Das Leasinggut in der Insolvenz   § 50

iert ist. Handelt es sich um eine Potestativbedingung,[45] wurde der Kaufvertrag also schon vor Verfahrenseröffnung unter der **aufschiebenden Bedingung** der Ausübung des Optionsrechts geschlossen,[46] so sind die Ansprüche aus dem Kaufvertrag keine künftigen, sondern aufschiebend bedingte Rechte, die insolvenzfest übertragen werden können.[47] Etwas Anderes wird man jedoch annehmen müssen, wenn die Option als **bindendes Angebot** des Leasinggebers auf Abschluss eines Kaufvertrages konstruiert ist, denn dann war der Kaufvertrag bei Verfahrenseröffnung noch nicht geschlossen, und es fehlte noch der Entstehungstatbestand der abgetretenen Kaufpreisansprüche: Sie sind in diesem Fall künftige Rechte;[48] deren Abtretung ist nicht insolvenzfest, wenn das Recht erst nach Verfahrenseröffnung entsteht.[49] Die mithin entscheidende Frage, wie die Option im Leasingvertrag konstruiert wurde, ist durch Auslegung zu ermitteln:[50] Da der Leasinggeber die Interessen seines Kreditgebers redlicherweise berücksichtigt und solche des Leasingnehmers nicht berührt sind, ist im Zweifel von einer Bedingung auszugehen.[51] Übt umgekehrt der Insolvenzverwalter ein **Andienungsrecht** aus, entspricht dies funktionell einer positiven Erfüllungswahl nach § 103 Abs. 1 InsO. Man wird daher annehmen müssen, dass die vorherige Abtretung der aus dem Kaufvertrag folgenden Ansprüche ohne Rücksicht auf die dogmatische Konstruktion des Andienungsrechts an § 91 Abs. 1 InsO scheitert. Enthält der Leasingvertrag eine **Verlängerungsoption** zugunsten des Leasingnehmers, hat diese ungeachtet ihrer Konstruktion an der Insolvenzfestigkeit teil: Der Insolvenzverwalter kann über die Erfüllung über die Grundmietzeit hinaus nicht nach § 103 InsO entscheiden, denn die Ausübung der Option bringt keinen neuen Leasingvertrag hervor, sondern verlängert eben nur den alten. Was die Insolvenzfestigkeit der Abtretung von Ansprüchen für den Verlängerungszeitraum betrifft, ist entgegen der hM[52] entsprechend dem zur Kaufoption Gesagten auf die Konstruktion der Option abzustellen.

Es fragt sich, ob im Fall des § 108 Abs. 1 Satz 2 InsO alle **Neben(leistungs)pflichten** 20 an der Insolvenzfestigkeit teilhaben (vgl. § 49 Rdn. 5). Das würde zu einer eventuell erheblichen Belastung der Masse führen, da die Gegenleistung an den Zessionar fließt. Der Rechtsausschuss glaubte, solche Belastungen könnten durch „Aufteilung der abgetretenen Forderungen" vermieden werden.[53] Eine derartige Aufspaltung der Forderungsabtretung ließe sich allenfalls durch eine sachliche Aufteilung des Leasingvertrages in dem Sinne konstruieren, dass die Nebenpflichten von der Insolvenzfestigkeit ausgenommen und einer Erfüllungswahl des Insolvenzverwalters gemäß § 103 InsO unterworfen werden: Bei positiver Erfüllungswahl bezüglich der Nebenpflichten entstünde der Anspruch auf die

---

[45] Zu den Möglichkeiten, eine Option zu konstruieren, MünchKommBGB/*Kramer* vor § 145 Rdn. 59 ff.; Staudinger/*Bork* Vorbem zu §§ 145–156 Rdn. 70 f.; *Casper* S. 42 f.; speziell zur leasingtypischen Kaufoption *Kalkschmid* Rdn. 541. Allgemein zur umstrittenen, von der Rspr. aber grundsätzlich anerkannten Wollensbedingung etwa Staudinger/*Bork* Vorbem zu §§ 158–163 Rdn. 16 ff.

[46] Von dieser Konstruktion ausgehend *Uhlenbruck/Sinz* WM 1989, 1113, 1119; *Obermüller* Kölner Schrift S. 985, 995 Rdn. 37; *ders.* Insolvenzrecht in der Bankpraxis Rdn. 7.37; *ders./Livonius* DB 1995, 27, 30; Hess/*Hess* § 108 Rdn. 86 f. Ablehnend *Casper* S. 463 f. (vertraglich begründetes Gestaltungsrecht, gerichtet auf Herbeiführung eines weiteren Vertrags).

[47] BGH BB 2006, 235, 236 = NZI 2006, 229, 230 m. Anm. *Höpfner*; NJW 2003, 2744, 2746. Kübler/Prütting/*Lüke* § 91 Rdn. 23; HK/*Eickmann* § 91 Rdn. 13.

[48] Vgl. *Canaris* Bankvertragsrecht II Rdn. 1778.

[49] BGH BB 2006, 235, 236; NJW 2003, 2744, 2746; HK/*Eickmann* § 91 Rdn. 14; Kübler/Prütting/*Lüke* § 91 Rdn. 29; MünchKommInsO/*Breuer* Rdn. 26.

[50] Staudinger/*Bork* Vorbem zu §§ 145–156 Rdn. 72.

[51] Anders, ohne diese Erwägungen, MünchKommBGB/*Habersack* Leasing Rdn. 110; offengelassen in BGH NJW 1997, 452, 453.

[52] *Obermüller*, Insolvenzrecht in der Bankpraxis Rdn. 7.36; *Peters*, ZIP 2000, 1759, 1765 ff.; Hess/*Hess*, § 108 Rdn. 85; *Piekenbrock* WM 2007, 141, 148 f. (ausdrücklich gegen „begrifflich-konstruktive Deduktion"). Differenzierend aber Gottwald/*Adolphsen* Kölner Schrift S. 1043, 1067 Rdn. 95. Zur KO vgl. BGH NJW 1990, 1113, 1115 f.

[53] BT-Drucks. 13/4499 S. 6.

Gegenleistung „originär" für die Masse (Rdn. 8), insoweit wäre die Abtretung unwirksam.[54] Die sachliche Teilbarkeit des einheitlich geschlossenen Vertrags ist freilich kaum begründbar; akzeptierte man sie, liefe § 108 Abs. 1 Satz 2 InsO zudem Gefahr, seinen Zweck zu verfehlen: Bei Nichterfüllung der Nebenpflichten durch den Leasinggeber könnte der Leasingnehmer die Zahlung der Leasingraten insgesamt verweigern, § 320 BGB.[55] Das lässt sich allenfalls verhindern, indem man in den Leasingvertrag eine Klausel aufnimmt, wonach die vereinbarten Nebenleistungen durch einen Dritten erbracht werden können;[56] damit aber hätte es der Leasingnehmer in der Hand, mit Akzeptanz oder Ablehnung dieser Klausel über die funktionelle Insolvenzfestigkeit des Leasingvertrags zu entscheiden. Sinn und Zweck des § 108 Abs. 1 Satz 2 InsO gebieten es also, dass der Leasingnehmer auf Erfüllung des Leasingvertrages insgesamt bestehen[57] und diese notfalls im Wege der Zwangsvollstreckung gegen die Masse durchsetzen kann. Manche wollen der Masse gegen den Zessionar eine **Leistungskondiktion auf den Wert der Nebenleistungen** einräumen, da deren weitere Erfüllung die Leistung der Leasingraten sichere.[58] Das ist aber nicht konstruierbar: Die Nebenleistungen der Masse finden im Leasingvertrag mit dem Leasingnehmer Zweck und Rechtsgrund, so dass die Masse allein an diesen leistet, was jede Kondiktion gegen den Zessionar sperrt.

21 **d) Rechtslage außerhalb des § 108 Abs. 1 Satz 2 InsO.** Hat der Leasinggeber die Ansprüche gegen den Leasingnehmer einem Dritten sicherungshalber übertragen, **ohne dass die Voraussetzungen des § 108 Abs. 1 Satz 2 InsO vorliegen**, gilt Folgendes: Die Abtretung der **Ansprüche aus dem Leasingvertrag** erfasst solche Ansprüche nicht, die nach positiver Erfüllungswahl fällig werden, Rdn. 8; sie fallen in vollem Umfang in die Masse. Wurde das **Vollrecht am Leasinggegenstand dem Dritten zur Sicherheit übertragen,** so berechtigt ihn dies gemäß § 51 Nr. 1 InsO nur zur abgesonderten Befriedigung. Gemäß § 166 Abs. 1 InsO kann der Insolvenzverwalter absonderungsrechtsbelastete Sachen verwerten, wenn er sie in Besitz hat. Nach der im Schrifttum überwiegend vertretenen Ansicht ist unmittelbarer Besitz zu fordern, weil § 166 Abs. 1 InsO den räumlich-körperlichen Unternehmenszusammenhang schützen solle.[59] Die Gegenansicht, der sich nun auch der BGH angeschlossen hat, lässt freilich mittelbaren Besitz für ein Verwertungsrecht nach § 166 Abs. 1 InsO genügen, da auch Sachen, an denen nur mittelbarer Besitz bestehe, für die Unternehmensfortführung- oder Abwicklung benötigt würden.[60]

---

[54] Für Teilbarkeit des Vertrages in Haupt- und Nebenpflichten vor diesem Hintergrund *Zahn* DB 1995, 1649, 1655; *ders.* DB 1996, 1393, 1397, vgl. nun aber *dens.* DB 2003, 2371, 2372; *Schwemer* ZMR 2000, 348, 354.

[55] *Bien* ZIP 1998, 1017, 1021; *Schwemer* ZMR 2000, 348, 354; Uhlenbruck/*Sinz* § 108 Rdn. 119; vgl. auch *Krämer* S. 201 ff.; *Kindler/Köchlin* BuW 2004, 157, 162. Anders aber Kübler/Prütting/*Tintelnot* § 108 Rdn. 26: Die insolvenzrechtliche Teilbarkeit des Vertrages schneide die teilübergreifende Berufung auf § 320 BGB ab.

[56] Zu einer solchen Vereinbarung raten *Zahn* DB 1996, 1396, 1397; *ders.* DB 2003, 2371, 2373; *Livonius* ZInsO 1998, 111, 114; *Schwemer* ZMR 2000, 348, 354.

[57] Im Ergebnis ebenso MünchKommInsO/*Eckert* § 108 Rdn. 61 f.; Uhlenbruck/*Sinz* § 108 Rdn. 119; *ders.* Kölner Schrift S. 593, 616 Rdn. 56; *Bien* ZIP 1998, 1017, 1021; *Seifert* NZM 1998, 217, 220. Zur KO Uhlenbruck/*Sinz* WM 1989, 1113, 1122. Vgl. auch *Zahn* DB 2003, 2371, 2372.

[58] Uhlenbruck/*Sinz* § 108 Rdn. 119; *Bien* ZIP 1998, 1017, 1021; *Krämer* S. 206; *Duursma-Kepplinger* S. 356.

[59] Uhlenbruck/*Sinz* § 108 Rdn. 121; *Schwemer* ZMR 2000, 348, 352; Kübler/Prütting/*Kemper* § 166 Rdn. 4; MünchKommInsO/*Lwowski* § 166 Rdn. 50; *Zahn* DB 1995, 1649; *ders.* ZIP 2007, 365, 366 ff. (differenzierend, speziell für das Leasing); *Obermüller* Insolvenzrecht in der Bankpraxis Rdn. 7.54; *Duursma-Kepplinger* S. 362. Weiter für das Leasing Uhlenbruck/*Uhlenbruck* § 166 Rdn. 6, der vom BGH (ZIP 2006, 814, 816) zu Unrecht für die Gegenansicht zitiert wird, worauf *Zahn* ZIP 2007, 365, 366 zutreffend hinweist.

[60] BGH ZIP 2006, 814, 816; ZInsO 2006, 1320, 1321. *Bork* FS Gaul (1997), S. 71, 73 f.; HK/*Landfermann* § 166 Rdn. 15; FK/*Wegener* § 166 Rdn. 4; *Gottwald/Adolphsen* Kölner Schrift S. 1043, 1071 f. Rdn. 109.

14. Kapitel. Das Leasinggut in der Insolvenz **§ 50**

In den vorliegenden Fällen ist nach dieser Ansicht also der Insolvenzverwalter verwertungsberechtigt. Theoretisch kommen zwei Möglichkeiten zur Verwertung des Leasingguts in Betracht: Der Insolvenzverwalter kann gemäß § 103 InsO Erfüllung des Leasingvertrags wählen, das Leasinggut also gegen Fortzahlung der Leasingraten weiterhin dem Leasingnehmer überlassen; in Betracht kommt ferner die **Veräußerung des Leasingguts an einen Dritten**. Will der Insolvenzverwalter den letztgenannten Weg beschreiten, muss er gemäß § 168 InsO dem Sicherungseigentümer zuvor die Veräußerungsabsicht mitteilen; dieser kann eine alternative Verwertung vorschlagen, die der Insolvenzverwalter annehmen muss, wenn sie für den Sicherungseigentümer günstiger ist. Eine solche Möglichkeit besteht darin, dass Sicherungs- und Leasingnehmer den Leasingvertrag neu abschließen, dieser das Gut also fortan von jenem least und die Raten unmittelbar an den Sicherungseigentümer fließen. Der Erlös aus dieser Verwertung wird in aller Regel höher sein als derjenige aus einer sofortigen Veräußerung zu Insolvenzbedingungen; der Insolvenzverwalter muss sie daher akzeptieren, zumal sich so nicht nur der Ausfall des Sicherungseigentümer vermindert, sondern auch der gemäß § 103 Abs. 2 Satz 1 InsO zur Tabelle anzumeldende Anspruch des Leasingnehmers auf Schadensersatz wegen Nichterfüllung des Leasingvertrags.[61] Auch die **weitere Überlassung an den Leasingnehmer** stellt grundsätzlich eine Verwertung des Leasingguts dar.[62] Folglich hat der Insolvenzverwalter die Leasingraten einzuziehen und – nach Abzug der Kostenpauschalen für Feststellung und Verwertung (§ 171 InsO) – unverzüglich an den Sicherungseigentümer abzuführen, § 170 Abs. 1 InsO. Das gilt freilich nicht, wenn der Insolvenzverwalter im Rahmen einer Betriebsfortführung Erfüllung des Leasingvertrags wählt, denn dann handelt es sich bei der Überlassung des Leasingguts um eine Nutzung für die Masse im Sinne des § 172 InsO,[63] welche die Masse nur zum laufenden Ausgleich des Wertverlusts[64] und daneben allenfalls zur Fortzahlung vereinbarter Zinsen nach § 169 InsO verpflichtet.[65] Ohne Rücksicht auf die Insolvenzfestigkeit der Abtretung hat der Zessionar also regelmäßig schon **kraft der Sicherungsübertragung des Leasingguts Zugriff auf den Anspruch auf Zahlung der Leasingraten**, den er nur im Falle der Betriebsfortführung oder dann verliert, wenn der Insolvenzverwalter das Leasinggut durch Veräußerung verwerten will und der Leasingnehmer zum Neuabschluss des Leasingvertrags nicht bereit ist. In diesen Fällen droht dem Zessionar ein Ausfall in Höhe der Differenz zwischen Verwertungserlös und Forderungsrückstand. Ob für die Einfügung des § 108 Abs. 1 Satz 2 InsO wirklich das beschworene Bedürfnis bestand (Rdn. 8), muss vor diesem Hintergrund bezweifelt werden.[66] Hat der Leasinggeber **einem Kreditgeber den Anspruch auf Zahlung der Leasingraten, dem anderen das Vollrecht am Leasinggut über-**

---

[61] Vgl. *Zahn* DB 2003, 2371, 2377; *ders.* DB 1995, 1649, 1650f.; Uhlenbruck/*Sinz* § 108 Rdn. 123, allerdings unter der Prämisse, dass der Insolvenzverwalters nach § 166 Abs. 1 InsO nicht verwertungsberechtigt ist, und folglich im Hinblick auf § 173 Abs. 2 InsO.

[62] Anders – allerdings zu einem Fall, in dem die Gebrauchsüberlassung im Eröffnungsverfahren stattfand – BGH BB 2006, 1931, 1932. Zum Ganzen ausführlich *Klinck* KTS 2007, 37, 40 ff.

[63] Zur Überlassung an Dritte als Nutzung für die Masse i. S. d. § 172: HmbK/*Büchler* § 172 Rdn. 3; MünchKommInsO/*Lwowski* § 172 Rdn. 24; Uhlenbruck/*Uhlenbruck* § 172 Rdn. 1. Dazu, dass § 172 InsO nur im Falle der Fortführung anwendbar ist, oben Fn. 19 und *Klinck* KTS 2007, 37, 42 f.

[64] Zu den Einzelheiten dieses Anspruchs vgl. etwa MünchKommInsO/*Lwowski* § 172 Rdn. 36 ff.; Uhlenbruck/*Uhlenbruck* § 172 Rdn. 4 ff.

[65] So *Bork* FS Gaul 1997 S. 71; FK/*Wegener* § 172 Rdn. 5; noch weitergehend Kübler/Prütting/*Kemper* § 172 Rdn. 10: Der Wertausgleichsanspruch sei unabhängig von sonstigen Ansprüchen des gesicherten Gläubigers. Nach *Mönning* FS Uhlenbruck (2000) S. 239, 266, soll der Wertausgleich nach § 172 I InsO die Zinsen nach § 169 InsO bereits enthalten. Tatsächlich ist ein Nebeneinander der Ansprüche aus § 172 und § 169 InsO problematisch, weil die Zinszahlungspflicht die von § 172 InsO geschützte Fortführung mit erheblichen Masseverbindlichkeiten belasten kann.

[66] Vgl. schon *Zahn* DB 1995, 1649, 1653: „Über die Rechtsstellung der Bank als Sicherungseigentümer werden nach dem Verwertungsrecht der InsO in gewissem Umfang die Konsequenzen korrigiert, die [...] mit dem Verlust der auf sie übertragenen Forderungen verbunden sind [...]".

tragen, gilt das vorstehend zu Abtretung und Sicherungsübertragung Gesagte im jeweiligen Verhältnis entsprechend.

2. Immobilienleasing

22 **Vorausverfügungen über die Leasingraten** aus einem gemäß § 108 Abs. 1 Satz 1 InsO insolvenzfesten Immobiliarleasingvertrag[67] verlieren mit Ablauf eines Monats nach Verfahrenseröffnung ihre Wirkung, § 110 Abs. 1 Satz 1 InsO.[68] Gleiches gilt für ihre Pfändung im Wege der Zwangsvollstreckung, § 110 Abs. 2 Satz 2 InsO. Zahlt der Leasingnehmer in Unkenntnis der Verfahrenseröffnung an den Zessionar, wird er nach § 82 InsO frei, und der Zessionar hat die Zahlung gemäß § 816 Abs. 2 BGB an die Masse auszukehren. **Grundpfandrechte** des Sicherungsnehmers bleiben wirksam und berechtigen in der Insolvenz des Leasinggebers zur abgesonderten Befriedigung aus dem Grundstück, § 165 InsO. Obwohl die hypothekarische Verhaftung der Leasingraten gemäß § 1123 BGB letztlich auch auf einer Vorausverfügung, der Bestellung des Grundpfandrechts, beruht, soll § 110 Abs. 1 InsO ihrer Wirksamkeit nicht entgegenstehen, weil diese Norm nur die publikationslose Aushöhlung des Grundstückswerts verhindern solle.[69]

§ 51. Die Insolvenz des Lieferanten

1 Zu den sich aus einer Insolvenz des Lieferanten ergebenden **Nachteilen** und ihrer Abwälzung vgl. § 29 Rdn. 19 ff.

2 Die ihm abgetretenen **Gewährleistungsansprüche** muss der Leasingnehmer ggf. zur Tabelle anmelden; werden sie vom Insolvenzverwalter oder einem anderen Gläubiger bestritten, muss er auf ihre Feststellung zur Tabelle klagen, § 179 InsO. Wurde bei rechtshängigem Gewährleistungsrechtsstreit das Insolvenzverfahren über das Vermögen des Lieferanten eröffnet und nimmt der Insolvenzverwalter nicht auf, sind die eventuellen Kostenerstattungsansprüche des Leasingnehmers Insolvenzforderungen; der Leasinggeber haftet nicht für Ersatz des Ausfalls.[1]

3 Die bloße Insolvenz des Lieferanten lässt die **Geschäftsgrundlage des Leasingvertrags** nicht entfallen. Akzeptiert man für den Fall eines Rücktritts des Leasingnehmers vom zwischen Leasinggeber und Lieferanten geschlossenen Kaufvertrag die herrschende Geschäftsgrundlagenlösung auch für das modernisierte Schuldrecht, erscheint es entgegen der hM grundsätzlich vorzugswürdig, einen Wegfall der Geschäftsgrundlage des Leasingvertrags **bei materiell wirksamem Rücktritt vom Kaufvertrag** anzunehmen (§ 49 Rdn. 48). Eine Klage des Leasingnehmers auf Feststellung der sich aus dem Rückgewährverhältnis ergebenden Ansprüche gegen den Lieferanten ist daher auch dann nicht erforderlich, wenn diese bestritten werden.[2]

---

[67] Zu den problematischen Folgen in dem Fall, dass der Leasinggeber das Leasinggut seinerseits geleast oder gemietet hat, nun ausführlich *Marotzke* ZInsO 2007, 1 ff.

[68] Die von § 108 Abs. 1 Satz 2 InsO bei beweglichem Leasinggut geschützten Refinanzierungsmöglichkeiten sind daher gerade bei Schiffs- und Flugzeugleasing erheblich eingeschränkt, vgl. *Schmidt-Burgk/Ditz* ZIP 1996, 1123, 1125; *Seifert* NZM 1998, 217, 220; *Bien*, Die insolvenzrechtliche Stellung des Refinanzierers der Leasinggesellschaft beim Finanzierungsleasing nach der Insolvenzordnung (2000), S. 120 ff.; *Niemann* S. 179 ff.

[69] *Uhlenbruck/Sinz* § 108 Rdn. 129; *Obermüller* Insolvenzrecht in der Bankpraxis Rdn. 7.61; ders./ *Livonius* DB 1995, 27, 32; *Kalkschmid* Rdn. 436.

[1] OLG Köln NJW-RR 2005, 210, 211.

[2] Anders neben den in § 49 Fn. 146 ff. Genannten etwa *Uhlenbruck/Sinz* § 108 Rdn. 141 auf Grundlage der Ansicht, dass die Geschäftsgrundlage im Bestreitensfall erst bei rechtskräftiger Feststellung entfalle. Für den Fall, dass das Verfahren mangels Masse nicht eröffnet wird, will *Sinz* jedoch Ausnahmen zulassen, weil dem Leasingnehmer eine Klage gegen den vermögenslosen Lieferanten nicht zumutbar sei.

Dritter Teil. Besondere Rechtsprobleme einzelner Leasingverträge

15. Kapitel: Leasingverträge und Verbraucherschutz

Schrifttum zu §§ 52 bis 54: *Arnold* Gewährleistung beim Finanzierungsleasing nach der Schuldrechtsreform, DStR 2002, 1049 ff; *H. Beckmann* Finanzierungsleasing (2006); *ders.* Auswirkungen des Schuldrechtsmodernisierungsgesetzes auf die Leasingbranche, FLF 2002, 46 ff; *Bülow* Heidelberger Kommentar zum Verbraucherkreditrecht (2002); *Canaris* Interessenlage, Grundprinzipien und Rechtsnatur des Finanzierungsleasing, AcP 190 (1990), 410 ff; *Dylla-Krebs* Zur Angabe von Barzahlungspreis und effektivem Jahreszins beim Leasingangebot, JZ 1990, 598 ff; *Lorenz* Die Rechtswahlfreiheit im internationalen Schuldvertragsrecht, RIW 1987, 569 ff; *Edelmann/Krümmel* Zum Erfordernis der doppelten Widerrufsbelehrung bei Personalkreditverträgen, BKR 2003, 129 ff; *Emmerich* Grundprobleme des Leasing, JuS 1990, 1 ff; *Engel* Bemessungsgrundlage der qualifizierten Rückstandsquote gemäß § 12 Verbraucherkreditgesetz, BB 2001, Beilage 4, 24 ff; *Flume* Das Rechtsverhältnis des Leasing in zivilrechtlicher und steuerrechtlicher Sicht, DB 1972, 2 ff; *Gebler/Müller* Finanzierungsleasing – Die Auswirkungen der Schuldrechtsreform und neuere Entwicklungen in der Vertragspraxis, ZBB 2002, 107 ff; *Godefroid* Finanzierungsleasingverträge und Schuldrechtsmodernisierungsgesetz, BB 2002, Beilage 2, 2 ff; *Habersack* Verbraucherleasing nach der Schuldrechtsreform, BB 2003, Beilage 6, 2 ff; *Hager* Rechtsfragen des Finanzierungsleasing von Hard- und Software, AcP 190 (1990), 324 ff; *Höpfner* Finanzierungsleasing mit Verbraucherbeteiligung als Umgehungsgeschäft im Sinne des § 475 Abs. 1 S. 2 BGB, ZBB 2006, 203 ff.; *Koch* in: Bülow/Artz, Verbraucherprivatrecht (2005), § 8; *Löbbe* Der Finanzierungsleasingvertrag nach der Schuldrechtsreform, BB 2003, Beilage 6, 7 ff; *Lütcke* Fernabsatzrecht (2002); *Martinek* Moderne Vertragstypen Band 1 (1991); *ders.* Verbraucherschutz im Fernabsatz – Lesehilfe mit Merkpunkten zur neuen EU-Richtlinie, NJW 1998, 207 ff; *Micklitz/Reich* Die Fernabsatzrichtlinie im deutschen Recht (1998); *Mögle* Die Widerrufsbelehrung nach § 5 TzWrG im Lichte verbraucherschutzrechtlicher Rechtsprechung, NJW 2000, 103 ff; *Moseschus* Verbraucherleasing – Kündigung bei Zahlungsverzug des Leasingnehmers, FLF 2005, 119 ff; *Münstermann/Hannes* Verbraucherkreditgesetz (1991); *Reiner/Kaune* Die Gestaltung von Finanzierungsleasingverträgen nach der Schuldrechtsreform, WM 2002, 2314 ff; *Reinking* Die Auswirkungen der Schuldrechtsreform auf das private Kraftfahrzeugleasing, DAR 2002, 145 ff; *ders.* Auswirkungen der geänderten Sachmängelhaftung auf den Leasingvertrag, ZGS 2002, 229 ff; *Rott* BB-Gesetzgebungsreport: Die Umsetzung der Richtlinie über den Fernabsatz von Finanzdienstleistungen im deutschen Recht, BB 2005, 53 ff; *Schmidt-Räntsch* Zum Gesetz über Fernabsatzverträge und andere Fragen des Verbraucherrechts sowie zur Umstellung von Vorschriften auf Euro, VuR 2000, 427 ff; *Seifert* Interessenlage, Grundprinzipien und Rechtsnatur des Finanzierungsleasing, FLF 1991, 54 ff; *Teichmann* in: Löwisch (Hrsg.), Festschrift für Rittner (1991), Beiträge zum Handels- und Wirtschaftsrecht, 717 ff; *Ulmer/Schmidt* Zur AGB-Kontrolle von Kfz-Leasingverträgen (II), DB 1983, 2558 ff; *von Hoffmann/Thorn* Internationales Privatrecht (2005); *Graf von Westphalen* Die Novelle zum AGB-Gesetz, BB 1996, 2101 ff; *ders.* Das Schuldrechtsmodernisierungsgesetz und Leasing, DB 2001, 1291 ff; *Wolf/Horn/Lindacher* AGB-Gesetz (1999); *Zahn* Die Stellung des Finanzierungsleasing im Verbraucherkreditgesetz – Ein Verstoß gegen EG-Recht? DB 1994, 617 ff; *ders.* Der kaufvertragliche Nacherfüllungsanspruch – ein Trojanisches Pferd im Leasingvertrag? DB 2002, 985 ff.

§ 52. Leasingverträge mit Verbrauchern

Übersicht

	Rdn.
A) Grundlagen	1
B) Finanzierungsleasing und verbraucherkreditrechtliche Vorschriften, §§ 499 Abs. 2, 500 BGB	4
I. Sachlicher Anwendungsbereich des § 500 BGB	5
1. Finanzierungsleasingvertrag	5
a) Begriff	5
b) Mietverträge; indirektes Leasing	7
c) Sale-and-lease-back-Vertrag	9
d) Kilometerabrechnungsvertrag	11
2. Voll- und Teilamortisationsleasingverträge	12
3. Keine Beschränkung des sachlichen Anwendungsbereichs auf Leasingverträge mit Erwerbsoption infolge richtlinienkonformer Auslegung	14
4. Aufzehrung der Sachsubstanz während der Vertragslaufzeit	16
5. Sog. Null-Leasing	17
6. Keine Ausnahme nach § 499 Abs. 3	19
a) §§ 491 Abs. 2 Nr. 1, 499 Abs. 3 BGB	20
b) §§ 491 Abs. 2 Nr. 2, 499 Abs. 3 BGB	23
c) §§ 491 Abs. 2 Nr. 3, 499 Abs. 3 BGB	24
II. Persönlicher Anwendungsbereich	25
1. § 500 BGB	25
2. Existenzgründer, § 507 BGB	27
III. Rechtsfolgen	29
1. Anwendbare Vorschriften	29
2. Richtlinienkonforme Auslegung des § 500 BGB	30
C) Abschluss des Verbraucherfinanzierungsleasingvertrags	39
I. Besonderheiten nach Internationalem Privatrecht	39
II. Schriftform des Verbraucherleasingvertrages	41
1. Umfang des Schriftformerfordernisses	41
2. Rechtsfolgen der Nichteinhaltung der Schriftform	49
IV. Angabeerfordernisse des Leasinggebers	52
1. Angabeerfordernisse analog § 492 Abs. 1 Satz 5 BGB	52
a) Nettodarlehensbetrag (§ 492 Abs. 1 Satz 5 Nr. 1 BGB)	54
b) Gesamtbetrag (§ 492 Abs. 1 Satz 5 Nr. 2 BGB)	55
c) § 492 Abs. 1 Satz 5 Nr. 3 bis 7 BGB	56
d) Versicherungskosten, Sicherheiten (§ 492 Abs. 1 Satz 5 Nr. 6, 7 BGB)	58
7. Widerrufsrecht des Leasingnehmers	59
a) Grundlagen	59
b) Zeitpunkt und inhaltliche Anforderungen an die Belehrung	61
c) Ausübung des Widerrufs und Rechtsfolgen	65
8. Allgemeine Geschäftsbedingungen	76
a) Allgemeine Geschäftsbedingungen im Verhältnis des Leasinggebers zu seinem Lieferanten	77
b) Leasingtypische Abtretungskonstruktion in AGB	78
aa) Vereinbarkeit mit § 309 Nr. 8 b aa) BGB	81
bb) Vereinbarkeit mit § 309 Nr. 7 a) und b) BGB	83
cc) Vereinbarkeit mit § 307 BGB	84
c) Leasingvertrag und Verbrauchsgüterkauf im Sinne der §§ 474 ff. BGB	88
d) Rügeobliegenheit des Leasinggebers	95
V. Einwendungsverzicht, Wechsel- und Scheckverbot (§§ 500, 496 BGB)	97
D) Leistungsstörungen im Verbraucherfinanzierungsleasing	99
I. Einwendungsdurchgriff nach §§ 500 i.V. m. 358, 359 BGB	101
II. Verzugszinsen, Anrechnung von Teilleistungen (§§ 500, 497 BGB)	105
1. Anspruch des Leasinggebers auf Verzugszinsen	106
2. Behandlung der Verzugszinsen	110
3. Behandlung von Teilleistungen	111
III. Verjährung	112
IV. Geltung der §§ 474 ff. BGB bei Kaufverträgen infolge eines leasingvertraglichen Andienungs- oder Optionsrechts	113

15. Kapitel: Leasingverträge und Verbraucherschutz **§ 52**

E) Vertragsbeendigung beim Verbraucherleasing 115
   I. Ordentliche Vertragsbeendigung 116
   II. Vorzeitige Vertragsbeendigung durch den Leasingnehmer 117
   III. Außerordentliche Vertragsbeendigung 119
      1. Kündigung durch den Leasingnehmer 119
      2. Kündigung durch Leasinggeber bei Zahlungsverzug (§ 498 BGB)
F) Operating-Leasingverträge mit Verbrauchern 127

A) Grundlagen

Schließt ein unternehmerischer Leasinggeber mit einem Leasingnehmer, der Verbraucher (§ 13 BGB) ist, einen Finanzierungsleasingvertrag ab, ist von Verbraucherleasing bzw. Privatleasing[1] die Rede. In diesem Fall kommen dem Verbraucher bestimmte Schutzvorschriften des Verbraucherdarlehensrechts zugute.   **1**

An die Stelle des früheren Abzahlungsgesetzes ist mit Wirkung vom 1. Januar 1991 zunächst das Verbraucherkreditgesetz (VerbrKrG) getreten. Durch das Gesetz über Fernabsatzverträge und andere Fragen des Verbraucherschutzes[2] wurden wiederum auf der Grundlage europäischer Richtlinien im Jahre 2000 Neuregelungen in das VerbrKrG und das BGB aufgenommen. Im Rahmen des Schuldrechtsmodernisierungsgesetzes ist das VerbrKrG in das BGB integriert worden. Die für das Verbraucherleasing maßgeblichen Vorschriften sind nun die §§ 499, 500 BGB, die bestimmte den Verbraucher schützenden Vorschriften des Darlehensrechts für anwendbar erklären. Bei den entsprechend anwendbaren Vorschriften handelt es sich um solche aus dem früheren VerbrKrG, die mit dem Schuldrechtsmodernisierungsgesetz zum 1. Januar 2002 im Wesentlichen unverändert Einzug in das BGB gefunden haben.   **2**

Besonderheiten bestehen für Verbraucherleasingverträge, die im **Fernabsatz** zustande kommen. Hierfür gelten seit dem 8. Dezember 2004 die §§ 312 b ff. BGB.[3]   **3**

B) Finanzierungsleasing und verbraucherkreditrechtliche Vorschriften, §§ 499 Abs. 2, 500 BGB

Auf Finanzierungsleasingverträge zwischen einem Unternehmer und einem Verbraucher finden die in § 500 BGB genannten verbraucherschutzrechtlichen Vorschriften[4] entsprechende Anwendung. Zentrale Voraussetzung ist demnach das Vorliegen eines Finanzierungsleasingvertrags – ein Begriff, den der Gesetzgeber nicht definiert.   **4**

I. Sachlicher Anwendungsbereich des § 500 BGB
1. Finanzierungsleasingvertrag

a) Begriff. Der Gesetzgeber hat den Begriff des Finanzierungsleasingvertrags erstmals in § 3 Abs. 2 Nr. 1 VerbrKrG verwendet. Mangels gesetzlicher Definition dieses Begriffs sind die gesetzgeberischen Vorstellungen, eine systematische Auslegung und die bisher durch die höchstrichterliche Rechtsprechung vorgenommenen Konkretisierungen heranzuziehen.[5]   **5**

Nach den Gesetzesmaterialien handelt es sich bei Finanzierungsleasingverträgen um Verträge, „bei denen der Leasingnehmer für die Amortisation der vom Leasinggeber ge-   **6**

---

[1] *H. Beckmann* Finanzierungsleasing § 3 Rdn. 259 ff; Staudinger/*Stoffels* Leasing Rdn. 114 ff.
[2] BGBl. I 2000, S. 897 ff.
[3] Siehe dazu in diesem Handbuch *Matusche-Beckmann* § 54.
[4] §§ 358, 359, 492 Abs. 1 Satz 1–4, 492 Abs. 2, 3, 495 Abs. 1, 496 bis 498 BGB.
[5] *Bülow* Verbraucherkreditrecht § 499 Rdn. 67; Zum Begriff des Finanzierungsleasingvertrags siehe auch in diesem Handbuch *Martinek* § 3 und *H. Beckmann* §§ 5 ff.

machten Aufwendungen und Kosten einzustehen hat".[6] Entscheidendes Merkmal ist, dass der Leasinggeber eine vom Leasingnehmer getroffene Investitionsentscheidung vorfinanziert[7] und damit – anders als beim Operatingleasing[8] – nicht das **Investitionsrisiko** trägt. Vielmehr erwirbt der Leasinggeber das Eigentum an einer zuvor – zumeist vom Leasingnehmer ausgewählten – Sache vom Lieferanten. Er überlässt sodann den Gegenstand zu Gebrauch und Nutzung dem Leasingnehmer und erfüllt damit seine Verpflichtung aus dem Leasingvertrag. Durch eine zuvor fest vereinbarte Laufzeit des Leasingvertrages und eine entsprechende Kalkulation der zu zahlenden Raten wird sichergestellt, dass sich die Aufwendungen des Leasinggebers im vollen Umfang amortisieren. Diese Kalkulation soll nicht durch eine vorzeitige Vertragsbeendigung durch den Leasingnehmer unterlaufen werden können, so dass eine ordentliche Kündigung regelmäßig ausgeschlossen wird.[9]

7 **b) Mietverträge; indirektes Leasing.** Reine Mietverträge werden von der Anwendung der verbraucherkreditrechtlichen Vorschriften nicht erfasst, weil der vom Mieter zu zahlende Mietzins allein ein Gebrauchsgewährungsentgelt darstellt. Der Mieter ist nicht verpflichtet, den Beschaffungsaufwand des Vermieters für das Mietobjekt zu tilgen.[10]

8   Dieser Einordnung folgend qualifiziert die bisher herrschende Lehre Formen des so genannten **indirekten Leasings**[11] nicht als Form des Finanzierungsleasings, sondern als reinen Mietvertrag. Beim indirekten Leasing sind Lieferant und Leasinggeber identisch, so dass es an der für das Finanzierungsleasing typischen Dreiecksbeziehung fehlt.[12] Gute Argumente sprechen indes dafür, auch das indirekte Leasing als Form des Finanzierungsleasings zu qualifizieren. Denn es ist nicht in erster Linie ein bestehendes Dreiecksverhältnis, das die Interessenlage der Beteiligten prägt, sondern die **Finanzierungsfunktion**.[13] Ohnehin unbestritten ist das indirekte Leasing eine Form des Finanzierungsleasings, wenn eine „herstellereigene" oder konzernmäßig verflochtene Leasinggesellschaft tätig wird.[14] Sachliche Unterschiede im Hinblick auf die Schutzbedürftigkeit des Verbrauchers sind nicht erkennbar, so dass beide Fälle in den Anwendungsbereich der §§ 499 Abs. 2, 500 BGB einzubeziehen sind.

9 **c) Sale-and-lease-back-Vertrag.** Beim sog. **Sale-and-lease-back-Vertrag** ist der spätere Leasingnehmer zunächst Eigentümer der Leasingsache; er verkauft die Sache an den Leasinggeber und übereignet sie ihm unter Vereinbarung eines Besitzkonstituts gemäß §§ 929, 930 BGB, um sie sodann vom Leasinggeber zu leasen.[15] Diese Konstellation ist ebenfalls als Form des Finanzierungsleasings anzusehen.[16]

10   Das Modell des **Sale-and-lease-back** spielt im Rahmen des Verbraucherleasing in der Praxis kaum eine Rolle: Kauft der Verbraucher die Leasingsache und überlässt sie dann dem Leasingunternehmen im Sale-and-lease-back-Verfahren, ist der Leasingnehmer in aller Regel mangels privater Zwecksetzung des Finanzierungsleasingvertrags nicht

---

[6] BT-Drucks. 11/8274 S. 21.
[7] MünchKomm/*Habersack* Leasing Rdn. 1; Staudinger/*Stoffels* Leasing Rdn. 10.
[8] Siehe zum Operatingleasing *Martinek* § 3 Rdn. 2 ff. und unten (§ 52) Rdn. 127 ff.
[9] Vgl. zu den Besonderheiten, die sich aus der VerbrKrRL ergeben § 52 Rdn. 14.
[10] Wolf/Eckert/*Ball* Rdn. 2038.
[11] *Martinek* Moderne Vertragstypen I S. 56; *H. Beckmann* Finanzierungsleasing § 1 Rdn. 7; *Emmerich* JuS 1990, 1 (3).
[12] Palandt/*Weidenkaff* Vor § 535 Rdn. 42.
[13] BGH NJW 1998, 1637 (1639); BGH DB 2003, 196 (197 f.).
[14] *H. Beckmann* § 1 Rdn. 8; Ulmer/*Schmidt* DB 1983, 2558 (2565); so wohl auch BGH NJW 1986, 1335.
[15] *Martinek* Moderne Vertragstypen Band 1 S. 60.
[16] MünchKomm/*Habersack* § 499, Rdn. 35; *Bülow* Verbraucherkreditrecht § 499 Rdn. 77.

15. Kapitel: Leasingverträge und Verbraucherschutz **§ 52**

mehr als Verbraucher im Sinne von § 13 BGB anzusehen.[17] Auf diese Konstellation soll deshalb im Folgenden nicht mehr eingegangen werden.

d) Kilometerabrechnungsvertrag. Im Bereich des Kraftfahrzeugleasings[18] verbreitet **11** ist der so genannte Kilometerabrechnungsvertrag. Die Vertragsgestaltung und Verwertungspraxis führen auch hier typischerweise zu einer Vollamortisation des Aufwendungen des Leasinggebers einschließlich seines kalkulierten Gewinns. Daher fallen solche Verträge ebenfalls in den Anwendungsbereich der §§ 499 Abs. 2, 500 BGB.[19]

2. Voll- und Teilamortisationsleasingverträge

Die vom Leasingnehmer geschuldete Amortisation der im Zusammenhang mit der An- **12** schaffung und Finanzierung durch den Leasinggeber getätigten Aufwendungen einschließlich seines Geschäftsgewinnes[20] wird in der Praxis auf unterschiedliche Weise erreicht: Entweder erfolgt die Amortisation bereits während der Laufzeit des Finanzierungsleasingvertrages (sog. **Vollamortisationsleasing**, „full-pay-out-leasing") oder der Leasingnehmer verpflichtet sich zur Zahlung des nach Ablauf der vereinbarten Leasingdauer noch offenen Restwerts (sog. **Teilamortisationsleasing**, „non-full-pay-out-leasing").[21]

Wenn § 500 BGB allein von „Finanzierungsleasingverträgen" spricht, erfasst die Vor- **13** schrift sowohl Verträge, die zu einer vollen als auch solche, die nur zu einer teilweisen Amortisation führen. Infolge zweier **steuerrechtlicher Erlasse** aus den Jahren 1971 und 1972[22] ist die Anwendbarkeit des § 500 BGB auf Teilamortisationsleasingverträge jedoch umstritten.[23] Denn unter den steuerrechtlichen Begriff, wie ihn die Erlasse des Bundesministeriums der Finanzen definieren, fallen nur Leasingverträge, die zu einer vollen Amortisation während der Vertragslaufzeit führen. Es ist indes nicht angezeigt, den genannten steuerrechtlichen Erlassen Bedeutung für die Reichweite des Begriffs des Finanzierungsleasings in § 500 BGB zuzubilligen, handelt es sich bei § 500 BGB doch um eine formell-gesetzliche Regelung, während die steuerrechtlichen Erlasse lediglich Verwaltungsvorschriften beinhalten. Auch aus der Entstehungsgeschichte der §§ 499 Abs. 2, 500 BGB lassen sich keine Anhaltspunkte für eine gewollte Einschränkung des Begriffs des Finanzierungsleasings gewinnen. Dementsprechend ist auch die Rechtsprechung bisher davon ausgegangen, dass nicht nur Leasingverträge, die zu einer vollen Amortisation während der Vertragslaufzeit führen, als Finanzierungsleasingverträge iSd verbraucherkreditrechtlichen Vorschriften anzusehen sind.[24]

3. Keine Beschränkung des sachlichen Anwendungsbereichs auf Leasingverträge mit Erwerbsoption infolge richtlinienkonformer Auslegung

Die Vorschriften der §§ 491 ff. BGB gehen auf die Vorgaben der sog. **Verbraucherkredit-** **14** **richtlinie**[25] (VerbrKrRL) zurück, die zunächst im VerbrKrG enthalten und dann im

---

[17] Bülow/Artz/Koch Handbuch Verbraucherprivatrecht § 8 Rdn. 18; Graf von Westphalen Der Leasingvertrag Rdn. 1746.
[18] Siehe hierzu in diesem Handbuch Berninghaus Kapitel 15 „Kfz-Leasingverträge".
[19] BGH NJW 1998, 1637 (1639); BGH NJW 1996, 2033 (2035); Wolf/Eckert/Ball Rdn. 2037; aA Seifert FLF 1991, 54.
[20] BGH NJW 1985, 2253 (2256); BGH NJW 1996, 2860 (2861).
[21] MünchKomm/Habersack Leasing Rdn. 6; Martinek Moderne Vertragstypen I S. 53.
[22] Erlass vom 19. 4. 1971, BStBl I 1971, 264; Erlass vom 21. 3. 1972, BStBl I, 188.
[23] Bülow Verbraucherkreditrecht § 499 Rdn. 72; Staudinger/Kessal-Wulf § 3 VerbrKrG Rdn. 26; Erman/Rebmann (10. Auflage) § 1 VerbrKrG Rdn. 28; Teichmann FS Rittner S. 717 (733).
[24] BGH NJW 1998, 1637 (1639) noch zum früheren § 3 Abs. 2 Nr. 1 VerbrKrG.
[25] RL 87/102/EWG zur Angleichung der Rechts- und Verwaltungsvorschriften der Mitgliedstaaten über den Verbraucherkredit vom 22. Dezember 1986 (ABl. Nr. L 42 S. 48), geändert durch RL 90/88/EWG vom 22. Februar 1990 (ABl. Nr. L 61 S. 14) und RL 98/7/EG vom 16. Februar 1998 (ABl. Nr. L 101 S. 17).

Rahmen des Schuldrechtsmodernisierungsgesetzes in das BGB integriert wurden. Die VerbrKrRL findet ihrerseits gemäß ihrem Art. 2 Abs. 1 lit. a nur Anwendung auf Mietverträge, die vorsehen, dass „das Eigentum letzten Endes auf den Mieter übergeht". Insoweit stellt sich die Frage, ob nur Verträge als Finanzierungsleasingverträge i. S. v. §§ 499 Abs. 2, 500 BGB anzusehen sind, bei denen das Eigentum am Leasinggegenstand nach Ablauf der Vertragsdauer auf den Leasingnehmer übergehen soll, oder ob der Gesetzgeber auch Leasingverträge, bei denen der Leasingnehmer am Ende der Laufzeit nicht Eigentümer der Leasingsache wird, den verbraucherkreditrechtlichen Schutzvorschriften unterwerfen wollte.

15 Weil die Integration des VerbrKrG in das BGB durch das Schuldrechtsmodernisierungsgesetz inhaltlich nur zu wenigen Änderungen geführt hat[26] und sich auch aus der Gesetzesbegründung zum Schuldrechtsmodernisierungsgesetz insoweit keine Anhaltspunkte ergeben, hängt die Beantwortung davon ab, ob Leasingverträge, nach deren Ablauf das Eigentum nicht auf den Leasingnehmer übergeht, überhaupt in den Anwendungsbereich des VerbrKrG fielen. Zwar sollten noch nach dem Regierungsentwurf zum VerbrKrG nur solche Leasingverträge in den Anwendungsbereich des VerbrKrG fallen, bei denen die Leasingsache nach dem Vertrag oder nach bei Vertragsschluss feststehenden Umständen ihrer Substanz nach endgültig auf den Verbraucher übergehen soll,[27] weil man im Gesetzgebungsverfahren davon ausging, dass die VerbrKrRL andere Verträge nicht erfasste. Diese Einschränkung wurde aber während des Gesetzgebungsverfahrens aufgegeben, weil der Verbraucher in Fällen, in denen das Sacheigentum nach Ablauf des Leasingvertrages nicht auf ihn übergeht, gleichermaßen schutzwürdig ist.[28] Nach der Integration des VerbrKrG in das BGB gilt nichts anderes. Der sachliche Anwendungsbereich der §§ 499 Abs. 2, 500 BGB ist mithin nicht auf Finanzierungsleasingverträge beschränkt, bei denen die Sachsubstanz am Ende der Vertragslaufzeit auf den Leasingnehmer übergehen soll.

4. Aufzehrung der Sachsubstanz während der Vertragslaufzeit

16 Entgegen teilweise vertretener Auffassung[29] gebietet die VerbrKrRL nicht die Einbeziehung solcher Verträge in den sachlichen Anwendungsbereich der verbraucherkreditrechtlichen Vorschriften, bei denen die Sachsubstanz der Leasingsache während der Vertragslaufzeit vollständig aufgezehrt wird, also die (tatsächliche oder rechtliche) Nutzungsmöglichkeit des Leasinggegenstandes die Dauer des Leasingvertrages nicht übersteigt.[30] Auch wenn die Rechtsprechung des BGH in dieser Konstellation vom Vorliegen eines finanzierten Abzahlungskaufs ausgegangen ist,[31] verfolgt die VerbrKrRL einen anderen Ansatz.[32] Dafür spricht vor allem die systematische Stellung des Finanzierungsleasings im Verbraucherdarlehensrecht. Das Finanzierungsleasing soll nach Ablauf des Vertrags letztlich zum Eigentumserwerb und der weiteren Nutzungsmöglichkeit beim Leasingnehmer führen. Diese Konstellation liegt aber nicht vor, wenn der Leasingvertrag so gestaltet ist, dass die Sachsubstanz während der Laufzeit vollständig aufgezehrt wird und der Leasingnehmer sie deshalb nach Ablauf der Vertragslaufzeit gar nicht mehr nutzen kann. In einem solchen Fall dient der Leasingvertrag ausschließlich dazu, dem Leasingnehmer den Gebrauch zu überlassen; an der für § 500 BGB typischen Finanzierungsfunktion fehlt es

---

[26] Vgl. nur MünchKomm/*Ulmer* vor § 491 Rdn. 10; Wolf/Eckert/*Ball* Rdn. 2031.
[27] BT-Drucks. 11/5462, S. 17.
[28] BT-Drucks. 11/5462, S. 34; Wolf/Eckert/*Ball* Rdn. 2032 f. – Dem steht die VerbrKrRL nicht entgegen, weil Art. 15 VerbrKrRL ausdrücklich vorsieht, dass die Mitgliedstaaten zugunsten des Verbrauchers weiterreichende Regelungen treffen können.
[29] *Kothe* in: Kothe/Micklitz/Rott/Tonner/Willingmann, Das neue Schuldrecht § 500 Rdn. 8
[30] *Habersack* BB 2003, Beilage 6, 2 (3).
[31] BGHZ 94, 195 (202 f., 206 ff.); BGHZ 104, 392 (396 ff.).
[32] *Habersack* BB 2003, Beilage 6, 2 (3).

15. Kapitel: Leasingverträge und Verbraucherschutz   § 52

indes. Deshalb erscheint es sachgerecht, Leasingverträge aus dem sachlichen Anwendungsbereich des § 500 BGB auszunehmen, bei denen die Sachsubstanz des Leasinggegenstandes während der Laufzeit des Leasingvertrages vollständig aufgezehrt wird.[33]

5. Sog. Null-Leasing

Finanzierungsleasingverträge sind besondere Formen der Finanzierungshilfen i. S. v. **17**
§ 499 Abs. 1 BGB.[34] Auch wenn sie dem Anwendungsbereich der Verweisungsnorm des § 499 Abs. 1 BGB durch § 499 Abs. 2 BGB entzogen sind, wird im Rahmen von § 499 Abs. 2 BGB vorausgesetzt, dass der Finanzierungsleasingvertrag an sich die Tatbestandsvoraussetzungen des Abs. 1 erfüllt, also ein entgeltlicher Vertrag ist.[35] Beim sog. **Null-Leasing** überlässt der Leasinggeber dem Leasingnehmer die Sache für einen bestimmten Zeitraum gegen Entrichtung einer Sonderzahlung ohne zusätzliche Verzinsung und bietet sie ihm am Ende der Vertragslaufzeit zu einem bei Vertragsschluss bindend vereinbarten Preis an.[36]

Jedenfalls dann, wenn der Leasinggeber zwar die gewünschte Amortisation erhält, **18**
die Summe der Leasingraten aber den Kaufpreis für die Leasingsache nicht übersteigt, soll es am Merkmal der Entgeltlichkeit fehlen, so dass keine Form des Finanzierungsleasing i. S. v. § 500 BGB vorliegen soll.[37] Etwas anderes soll hingegen gelten, wenn der Leasingnehmer eine Bearbeitungsgebühr zu zahlen hat, die nicht allein die Abschlusskosten für den Vertrag enthält, sondern darüber hinaus einem Entgelt für die Vorfinanzierung der Investition durch den Leasinggeber entspricht.[38]

6. Keine Ausnahme nach § 499 Abs. 3

Nach § 499 Abs. 3 BGB findet u. a. § 500 BGB keine Anwendung auf Finanzierungslea- **19**
singverträge, die unter § 491 Abs. 2 und Abs. 3 BGB fallen.

a) §§ 491 Abs. 2 Nr. 1, 499 Abs. 3 BGB. Die §§ 499 Abs. 3 i. V. m. 491 Abs. 2 Nr. 1 BGB **20**
nehmen solche Verträge aus dem Anwendungsbereich der verbraucherkreditrechtlichen Vorschriften heraus, deren **Nettodarlehensbetrag 200 € nicht übersteigt**. Einen Nettodarlehensbetrag, also einen Betrag, der auf einmal oder in Teilbeträgen aufgrund des Vertrags ausgezahlt wird, gibt es indes beim Leasingvertrag nicht.

Für Teilzahlungsgeschäfte tritt gemäß § 499 Abs. 3 Satz 2 BGB an die Stelle des Netto- **21**
darlehensbetrags der **Barzahlungspreis**. Finanzierungsleasingverträge sind aber, wie die systematische Abgrenzung zwischen § 500 BGB und § 501 BGB zeigt, nicht als Teilzahlungsgeschäfte anzusehen. Insoweit käme also nur eine analoge Anwendung des § 499 Abs. 3 Satz 2 BGB in Betracht; es wäre für den Finanzierungsleasingvertrag auf einen hypothetisch zu entrichtenden Barzahlungspreis abzustellen. Die für eine Analogie überwiegend geforderte planwidrige Regelungslücke ließe sich begründen. Auch die Interessenlage der Beteiligten ist vergleichbar, denn das Finanzierungsleasing entspricht – zumindest wirtschaftlich – der Situation des Teilzahlungsgeschäfts. Dies spricht dafür, analog § 499 Abs. 3 S. 2 BGB die verbraucherkreditrechtlichen Vorschriften nicht auf Finanzierungsleasingverträge anzuwenden, bei denen der hypothetisch vom Leasingnehmer zu zahlende Barzahlungspreis 200 € nicht übersteigt. Als Barzahlungspreis i. S. v. § 499 Abs. 3 Satz 2 BGB gilt dabei der Preis, den ein Käufer zu entrichten hätte, wenn

---

[33] *Habersack* BB 2003, Beilage 6, 2 (3).
[34] *Bülow* Verbraucherkreditrecht § 499 Rdn. 13, 67.
[35] BT-Drucks. 14/6040, S. 257; MünchKomm/*Habersack* § 499 Rdn. 33.
[36] *Martinek* Moderne Vertragstypen Band 1 S. 62; *H. Beckmann* § 1 Rdn. 9.
[37] Vgl. zur inhaltsgleichen Regelung im früheren VerbrKrG MünchKomm/*Ulmer* § 1 VerbrKrG Rdn. 87; aA *Münstermann/Hannes* Verbraucherkreditgesetz, § 1 Rdn. 105.
[38] MünchKomm/*Habersack* § 499 Rdn. 36; Bruchner/*Ott*/Wagner-Wiedwilt § 1 VerbrKrG Rdn. 120.

spätestens bei Übergabe der Sache der Kaufpreis in voller Höhe fällig wäre; es ist also auf den Preis abzustellen, den der Leasingnehmer bei einem eigenen Erwerb der zum Gebrauch überlassenen Sache gegen Barzahlung inklusive Umsatzsteuer hätte entrichten müssen.[39]

22 Diskutiert wird auch, auf den Preis abzustellen, den der Leasinggeber dem Hersteller zum Erwerb des Leasinggegenstands zahlen muss.[40] Dies erscheint zweifelhaft, kann es doch für die Anwendung des Bagatelltatbestandes nur auf das Verhältnis zwischen Leasinggeber und Leasingnehmer, nicht aber auf das des Leasinggebers zum Hersteller ankommen. Überdies hätte diese Auffassung die Konsequenz, dass der Leasinggeber – durch entsprechende Verhandlungen mit dem Hersteller – beeinflussen könnte, ob der Leasingnehmer von ihn schützenden Vorschriften profitiert oder ob ihm ihre Anwendung verwehrt ist.[41]

23 b) §§ 491 Abs. 2 Nr. 2, 499 Abs. 3 BGB. Nach § 499 Abs. 3 BGB finden die Vorschriften gem. § 491 Abs. 2 Nr. 2 BGB keine Anwendung auf „Verbraucherdarlehensverträge, die ein Arbeitgeber mit seinem Arbeitnehmer zu Zinsen abschließt, die unter den marktüblichen Sätzen liegen". Begrifflich kennt der Leasingvertrag einen Zinssatz nicht. Nach Sinn und Zweck des § 491 Abs. 2 Nr. 2 BGB, wonach der Verbraucher im Verhältnis zu seinem Arbeitgeber, der ihm besonders günstige Konditionen einräumt, nur eines verminderten Schutzes bedarf,[42] wird man aber annehmen können, dass solche Leasingverträge nicht unter die verbraucherkreditrechtlichen Schutzvorschriften fallen, bei denen ein Arbeitnehmer einen Gegenstand von seinem Arbeitgeber least und die zu leistenden Leasingraten insgesamt unter den marktüblichen Leasingraten liegen. Welche Konditionen marktüblich sind, soll einzelfallbezogen im Wege der Beweiserhebung festzustellen sein.[43]

24 c) §§ 491 Abs. 2 Nr. 3, 499 Abs. 3 BGB. Finanzierungsleasingverträge kommen im Bereich der Ausnahmeregelung des § 491 Abs. 2 Nr. 3 BGB (Wohnungsbauförderdarlehen) nicht vor.[44]

II. Persönlicher Anwendungsbereich

1. § 500 BGB

25 § 500 BGB erfordert einen Finanzierungsleasingvertrag zwischen einem **Unternehmer** (§ 14 BGB) als Leasinggeber und einem **Verbraucher** (§ 13 BGB) als Leasingnehmer.

26 In Fällen, in denen die Leasingsache sowohl beruflich als auch privat genutzt wird (sog. „dual use") ist nach überwiegender Auffassung entscheidend, ob die private Nutzung überwiegt.[45] Derjenige, der sich auf die Geltung der verbraucherkreditrechtlichen Vorschriften beruft, trägt die Beweislast dafür, dass die Voraussetzungen vorliegen.[46] Im Zweifel sind die verbraucherkreditrechtlichen Vorschriften nicht anzuwenden.[47] In analoger Anwendung des § 344 HGB spricht eine Vermutung für einen geschäftlichen Zweck.[48]

---

[39] Vgl. Bamberger/Roth/*Möller* § 502 Rdn. 5; MünchKomm/*Habersack* § 502 Rdn. 40, § 507 Rdn. 9.
[40] So *Bülow* Verbraucherkreditrecht § 499 Rdn. 91.
[41] Im Ergebnis ebenso *Dylla-Krebs* JZ 1990, 598.
[42] Bamberger/Roth/*Möller* § 491 Rdn. 38.
[43] Zur Bestimmung der marktüblichen Leasingraten siehe *Bülow* Verbraucherkreditrecht § 499 Rdn. 92.
[44] *Bülow* Verbraucherkreditrecht § 499 Rdn. 94.
[45] Vgl. OLG Celle NJW-RR 2004, 1645 (1646); Palandt/*Heinrichs* § 13 Rdn. 4; MünchKomm/ *Micklitz* § 13, Rdn. 34 ff.; *von Westphalen* BB 1996, 2101; Staudinger/*Weick* § 13 Rdn. 47; aA *Jauernig* § 13 Rdn. 3.
[46] MünchKomm/*Habersack* § 507 Rdn. 11; Bamberger/Roth/*Möller* § 507 Rdn. 9.
[47] Vgl. Palandt/*Heinrichs* § 13 Rdn. 4.
[48] *Jauernig* § 13 Rdn. 3.

15. Kapitel: Leasingverträge und Verbraucherschutz **§ 52**

2. Existenzgründer, § 507 BGB

§ 507 BGB erstreckt den Schutz der verbraucherkreditrechtlichen Vorschriften auf 27
Existenzgründer, die natürliche Personen sind,[49] es sei denn, der Nettodarlehensbetrag oder Barzahlungspreis übersteigt 50.000 EUR.[50] Dabei muss es sich aber um ein spezifisches Existenzgründergeschäft handeln, d. h. der Leasingvertrag muss gerade zum Zwecke der Aufnahme einer gewerblichen oder freiberuflichen Tätigkeit abgeschlossen werden.[51]

In den verbraucherkreditrechtlichen Schutz einbezogen sind auch **mehrfache Exis-** 28
tenzgründer.[52] Werden Verträge zum Aufbau einer neuen – mit der ersten gewerblichen Tätigkeit nicht in Zusammenhang stehenden und von dieser klar abgegrenzten gewerblichen oder selbständigen – Tätigkeit abgeschlossen, soll man das Geschäft (wieder) als ein solches im Existenzgründungsstadium anzusehen sein.[53] Eine zeitliche Grenze für die Annahme eines Existenzgründungsgeschäfts ist zu ziehen, wenn die gewerbliche bzw. freiberufliche Tätigkeit bereits „ausgeübt wird";[54] etwa nach Eröffnung eines Geschäftslokals oder nach dem Abschluss des ersten Geschäfts.[55] Spätestens sieben Wochen nach der Anmeldung eines Gewerbebetriebs ist die zeitliche Grenze für die Annahme eines Existenzgründungsgeschäfts überschritten.[56]

III. Rechtsfolgen

1. Anwendbare Vorschriften

§ 500 BGB nennt die gesetzlichen Vorschriften, die Anwendung auf Verbraucherleasing- 29
verträge finden, ausdrücklich:[57] Entsprechende Anwendung finden die §§ 358, 359 BGB (verbundene Verträge), § 492 Abs. 1 S. 1 bis 4, Abs. 2, Abs. 3 (Schriftformerfordernis und effektiver Jahreszins), § 495 Abs. 1 (Widerrufsrecht) sowie die §§ 496 bis 498 (Einwendungsverzicht, Wechsel- und Scheckverbot, Behandlung von Verzugszinsen, Anrechnung von Teilleistungen und Gesamtfälligkeitsstellung).

2. Richtlinienkonforme Auslegung des § 500 BGB

Die Verbraucherkreditrichtlinie[58] findet nach Art. 2 Abs. 1 lit. b VerbrKrRL auf „Mietver- 30
träge" Anwendung, bei denen „das Eigentum letzten Endes auf den Mieter übergeht". Dies ist zum einen der Fall bei Finanzierungsleasingverträgen, die im Fall der Vertragsbeendigung einen (aufschiebend bedingten) Eigentumsübergang auf den Leasingnehmer vorsehen[59] oder bei denen dem Leasingnehmer ein Erwerbsrecht eingeräumt ist.[60]

---

[49] MüchKomm/*Habersack* § 507 Rdn. 2; Palandt/*Putzo* § 507 Rdn. 2.
[50] Hinsichtlich der Berechnung des hypothetischen Barzahlungspreises gilt das oben in Rdn. 21 Ausgeführte entsprechend.
[51] Bamberger/Roth/*Möller* § 507 Rdn. 4; *Bülow* Verbraucherkreditrecht § 507 Rdn. 4.
[52] BGH NJW 1998, 540 (541); OLG Köln NJW-RR 1995, 816; MünchKomm/*Habersack* § 507 Rdn. 5 f.
[53] BGH NJW 2002, 2030 (2031).
[54] BGH NJW 2002, 2030 (2031).
[55] *Bülow* Verbraucherkreditrecht § 507 Rdn. 8; Bamberger/Roth/*Möller* § 507 Rdn. 5.
[56] BGH NJW 2002, 2030 (2031).
[57] Der frühere § 3 Abs. 2 Nr. 1 VerbrKrG bestimmte umgekehrt die *nicht* anwendbaren Vorschriften. Es besteht Einigkeit, dass sich hieraus inhaltlich keine grundlegenden Veränderungen ergeben, vgl. *Godefroid* BB 2002, Beilage 2, 2 (7).
[58] RL 87/102/EWG vom 22. 12. 1986 (ABl. Nr. L 42, S. 48 ff.).
[59] Vgl. BGH NJW 2002, 133 (135 f.).
[60] Vgl. *Habersack* BB 2003, Beilage 6, 2. – Zu dem dem Erwerbsrecht gleichzubehandelnden **Drittkäuferbenennungsrecht** siehe Bülow/Artz/*Koch* Handbuch Verbraucherprivatrecht § 8 Rdn. 3 f.

§ 52 Dritter Teil. Besondere Rechtsprobleme einzelner Leasingverträge

31   Der BGH[61] wendet auf Leasingverträge regelmäßig **mietrechtliche** Vorschriften an. Im Übrigen geht auch der Gesetzgeber davon aus, dass Finanzierungsleasingverträge unter Art. 2 Abs. 1 lit. b VerbrKrRL zu subsumieren sind.[62]

32   Beim Finanzierungsleasingvertrag geht das „Eigentum letzten Endes auf den Mieter" über (vgl. Art. 2 Abs. 1 lit. b VerbrKrRL), wenn ein **Leasingvertrag mit Erwerbsrecht** vorliegt. In diesem Fall finden die Vorschriften der VerbrKrRL auch dann Anwendung, wenn sie nicht in nationales Recht transformiert wurden. Das bedeutet, dass in diesem Fall im Wege der **richtlinienkonformen Auslegung** neben den in § 500 BGB ausdrücklich für anwendbar erklärten Vorschriften auch folgende Vorschriften zur Anwendung kommen:

33   Um Art. 4 Abs. 2 VerbrKrRL Rechnung zu tragen, ist eine analoge Anwendung von **§ 492 Abs. 1 Satz 5 BGB bzw. § 502 Abs. 1 Satz 1 Nr. 2 bis 5 BGB** auf Finanzierungsleasingverträge, bei denen letztlich der Leasingnehmer das Eigentum erwerben soll, geboten.[63] Folglich muss auch der Finanzierungsleasingvertrag die dort genannten **Angaben** enthalten.

34   Der Leasingnehmer muss entsprechend Art. 8 VerbrKrRL die Möglichkeit haben, seine Verbindlichkeiten aus dem Leasingvertrag **vorzeitig** zu erfüllen. Insoweit ist im Wege der richtlinienkonformen Auslegung die Vorschrift des § 504 BGB auf die in Rede stehenden Finanzierungsleasingverträge anzuwenden.[64]

35   Der Forderung in Art. 7 VerbrKrRL wird durch eine analoge Anwendung von § 503 Abs. 2 BGB Geltung verschafft.[65]

36   Überdies wird eine analoge Anwendung des § 502 Abs. 3 BGB auf Finanzierungsleasingverträge mit Erwerbsrecht diskutiert, aber unterschiedlich beurteilt.[66] Für die analoge Anwendung des unmittelbar für Teilzahlungsgeschäfte geltenden § 502 BGB wird vorgebracht, eine Heranziehung würde zu einer verbraucherfreundlicheren Heilungsmöglichkeit formnichtiger Finanzierungsleasingverträge führen.[67] Vorzugswürdig erscheint es indes, § 502 Abs. 3 BGB nicht analog anzuwenden. Die VerbrKrRL will nur erreichen, dass der Verbraucher umfassend über die mit Abschluss des in ihren Anwendungsbereich fallenden Geschäfts verbundenen Nachteile informiert wird. Eine Privilegierung durch eine Heilung formnichtiger Verträge wird hingegen von der Richtlinie nicht bezweckt. Die analoge Anwendung der Vorschrift ist nicht infolge einer richtlinienkonformen Auslegung des § 500 BGB geboten. Eine analoge Anwendung von § 502 Abs. 3 BGB unabhängig von einer richtlinienkonformen Auslegung kommt ebenfalls nicht in Betracht: sie stünde im Widerspruch zum Willen des Gesetzgebers, § 502 Abs. 3 BGB nicht anzuwenden, der durch die positive Verweisung in § 500 BGB zum Ausdruck kommt.

37   **Finanzierungsleasingverträge ohne Erwerbsrecht** werden von Art. 2 Abs. 1 lit. b VerbrKrRL nicht erfasst. Der Gesetzgeber hat diese Verträge aber gleichwohl den verbraucherschutzrechtlichen Vorschriften unterstellt. Dies ändert freilich nichts daran, dass die Vorgaben der VerbrKrRL nur für Verträge mit Erwerbsrecht zwingend sind; deshalb sind die nationalen Vorschriften nur für diese Finanzierungsleasingverträge richtlinien-

---

[61] BGH DB 1975, 2366 (2367); BGH DB 1990, 372.

[62] Vgl. BT-Drucks. 11/5462, S. 17; die Voraussetzungen, die hier an den Leasingvertrag gestellt werden, entsprechen denen des Art. 2 Abs. 1 lit. b VerbrKrRL.

[63] Bülow/Artz/*Koch* Handbuch Verbraucherprivatrecht § 8 Rdn. 6; MünchKomm *Habersack* § 500 Rdn. 12; vgl. zur Parallelproblematik unter Geltung des VerbrKrG umfassend *Zahn* DB 1994, 617.

[64] Bamberger/Roth/*Möller* § 504 Rdn. 2; Bülow/Artz/*Koch* Handbuch Verbraucherprivatrecht § 8 Rdn. 6; MünchKomm *Habersack* § 500 Rdn. 12.

[65] Bülow/Artz/*Koch* Handbuch Verbraucherprivatrecht § 8 Rdn. 6; MünchKomm Habersack § 500 Rdn. 12.

[66] Bülow/Artz/*Koch* Handbuch Verbraucherprivatrecht § 8 Rdn. 7 mwN.

[67] Für eine analoge Anwendung von § 502 BGB Bamberger/Roth/*Möller* § 500 Rdn. 21; aA wohl MünchKomm/*Habersack* § 500 Rdn. 6.

konform auszulegen. Für Leasingverträge ohne Erwerbsrecht hingegen bleibt es hingegen bei dem Verweisungsumfang des § 500 BGB.

Man könnte erwägen, alle verbraucherdarlehensrechtlichen Schutzvorschriften des BGB analog auf Finanzierungsleasingverträge anzuwenden, wenn § 500 BGB nicht auf sie verweist und sie auch nicht auf die Verbraucherkreditrichtlinie zurückgehen.[68] Dem kann jedoch nicht gefolgt werden. Der deutsche Gesetzgeber hat sich in § 500 BGB nur für eine partielle Anwendung der verbraucherkreditrechtlichen Vorschriften auf Finanzierungsleasingverträge entschieden. Soweit die Regelung hinter den verbraucherkreditrechtlichen Vorgaben zurückbleibt, erscheint zwar die analoge Anwendung der Schutzvorschriften, die nicht von dem Verweis erfasst sind, erforderlich und geboten, um der Richtlinie Geltung zu verschaffen.[69] Nimmt man darüber hinaus eine analoge Anwendung der Vorschriften an, die nicht auf europäischer Grundlage beruhen und nicht von § 500 BGB erfasst sind, liefe dies dem in der Vorschrift zum Ausdruck gekommenen Willen des Gesetzgebers zuwider.

C) Abschluss des Verbraucherfinanzierungsleasingvertrags

I. Besonderheiten nach Internationalem Privatrecht

Verbraucherleasingverträge, in denen der Leasinggegenstand eine bewegliche Sache ist, fallen als „Verträge über die Lieferung beweglicher Sachen" in den sachlichen und persönlichen Anwendungsbereich des Art. 29 EGBGB.[70] Hinter Art. 29 EGBGB steht die Überlegung, dass der Verbraucher des Schutzes durch inländische verbraucherschutzrechtliche Vorschriften nicht bedarf, wenn er sich aus eigenem Antrieb in einen anderen Staat begibt und dort Waren erwirbt.[71]

Kennzeichnend ist, dass der Anbieter seine Waren im Land des Verbrauchers absetzt (Art. 29 Abs. 1 Nr. 1, 2 EGBGB) oder der Verkäufer eine Auslandsreise veranlasst hat, um einen Vertragsschluss herbeizuführen (Art. 29 Abs. 1 Nr. 3 EGBGB, „Kaffeefahrt"). Zwar ist es den Parteien grundsätzlich freigestellt, eine Rechtswahl zu treffen; jedoch gelten gemäß Art. 29 Abs. 1 EGBGB zugunsten des Verbrauchers die zwingenden Vorschriften des Verbraucherschutzrechtes seines Aufenthaltsstaates, wenn das gewählte Vertragsstatut im konkreten Fall dahinter zurückbleibt.[72] Anwendung findet demnach **immer die für den Verbraucher günstigere Regelung**.[73] § 500 BGB findet also auch auf Finanzierungsleasingverträge Anwendung, die die Parteien an sich einer ausländischen Rechtsordnung unterworfen haben, wenn und soweit diese Rechtsordnung hinter dem Schutz des § 500 BGB und der Verbraucherkreditrichtlinie zurückbleibt.

II. Schriftform des Verbraucherleasingvertrages

1. Umfang des Schriftformerfordernisses

Finanzierungsleasingverträge im Anwendungsbereich des § 500 BGB bedürfen gemäß § 492 Abs. 1 BGB der **Schriftform** gemäß § 126 BGB, wobei Angebot und Annahme gemäß § 492 Abs. 1 Satz 3 BGB jeweils getrennt schriftlich erklärt werden können.[74] Gemäß §§ 500, 492 Abs. 1 Satz 2 BGB ist jedoch der Abschluss des Vertrags in **elektronischer Form (§ 126 a BGB)** ausgeschlossen.

---

[68] Vgl. *Bülow* Verbraucherkreditrecht § 500 Rdn. 38.
[69] *Habersack* BB 2003, Beilage 6, 2 (3).
[70] Palandt/*Heldrich* Art. 29 EGBG Rdn. 1; *von Hoffmann/Thorn* Internationales Privatrecht § 10 Rdn. 67; MünchKomm/*Martiny* Art. 29 EGBGB Rdn. 15.
[71] *Von Hoffmann/Thorn* Internationales Privatrecht § 10 Rdn. 70; BT-Drucks. 10/504, S. 80.
[72] Münch/Komm/*Martiny* Art. 29 EGBGB Rdn. 59 ff; Palandt/*Heldrich* Art. 29 EGBGB Rdn. 4.
[73] *E. Lorenz* RIW 1987, 569 (577).
[74] Für Altverträge siehe Wolf/Eckert/*Ball* Rdn. 2046.

§ 52 Dritter Teil. Besondere Rechtsprobleme einzelner Leasingverträge

42 Nach allgemeinen Grundsätzen muss dem Vertragspartner die eigenhändig unterzeichnete Erklärung im **Original** wirksam zugehen; eine Übersendung per Telefax ist unzureichend.[75] Die Wirksamkeit einer in Allgemeinen Geschäftsbedingungen enthaltenen Klausel, nach der der Leasingnehmer auf den Zugang der vom Leasinggeber unterzeichneten Vertragsformulars **verzichtet**, ist umstritten.[76]

43 Das Schriftformerfordernis erfasst den gesamten Vertrag. Sind **Nebenabreden** nur mündlich getroffen worden, kann dies gemäß §§ 125, 139 BGB zur Nichtigkeit des Vertrags insgesamt führen.[77]

44 Sollen **Allgemeine Geschäftsbedingungen des Leasinggebers** in den Vertrag einbezogen werden, müssen auch sie von der Unterschrift des Leasingnehmers gedeckt sein. Ob hierfür erforderlich ist, dass die Allgemeinen Geschäftsbedingungen im Zeitpunkt der Unterzeichnung durch den Leasingnehmer fest körperlich mit dem Vertrag verbunden sind, wird unterschiedlich beurteilt.[78]

45 Die gleiche Frage stellt sich hinsichtlich der **Lieferanten-AGB** im Rahmen der leasingtypischen Abtretungskonstruktion, also wenn Leasingnehmer und Leasinggeber eine Haftungsfreistellung vereinbaren und der Leasinggeber dem Leasingnehmer als Ausgleich dafür die kaufrechtlichen Gewährleistungsansprüche gegen den Lieferanten abtritt.[79] Auch insoweit wird vertreten, dass eine feste körperliche Verbindung nicht erforderlich ist, wenn die Zusammengehörigkeit erkennbar ist.[80]

46 Nicht dem Schriftformerfordernis unterliegt die nach §§ 500, 495 Abs. 1, 355 BGB erforderliche **Widerrufsbelehrung**; insoweit lässt § 355 Abs. 2 Satz 1 BGB **Textform** gemäß § 126 b BGB genügen.[81] Es reicht demnach aus, dass die Erklärung in einer dauerhaften Wiedergabe in Schriftzeichen, z. B. auch auf Diskette, CD-Rom, als E-Mail oder Computerfax, abgegeben ist.[82]

47 **Nicht dem Schriftformerfordernis** unterliegt die Erteilung einer auf Abschluss eines Verbraucherleasingvertrages gerichteten Vollmacht. Dies ergibt ein Umkehrschluss aus § 492 Abs. 4 Satz 1 BGB, der das Formerfordernis des § 492 Abs. 1 Satz 1 BGB auch auf die Erteilung der Vollmacht ausdehnt und auf den die Vorschrift des § 500 BGB nicht verweist.

48 **Keine Wirksamkeitsvoraussetzung** für das Zustandekommen des Verbraucherleasingvertrages ist § 492 Abs. 3 BGB, wonach der Leasinggeber dem Leasingnehmer eine **Abschrift des Vertrages auszuhändigen** hat. Allerdings beginnt die Widerrufsfrist nach § 355 Abs. 2 BGB erst zu laufen, wenn sie zur Verfügung gestellt wurde.[83]

---

[75] BGH NJW 1997, 3169 (3170); *H. Beckmann* Finanzierungsleasing § 3 Rdn. 274.

[76] Einen Verstoß gegen § 307 BGB nehmen an OLG Düsseldorf NJW-RR 2003, 126 (127) (noch zur früheren Rechtslage); *H. Beckmann* Finanzierungsleasing § 3 Rdn. 274; aA OLG Celle OLGR 2000, 264.

[77] MünchKomm *Habersack* § 500 Rdn. 4; *Bülow* Verbraucherkreditrecht § 500 Rdn. 16; *H. Beckmann* Finanzierungsleasing § 1 Rdn. 100 und § 3 Rn. 272.

[78] Für das Erfordernis einer festen Verbindung Wolf/Eckert/*Ball* Rdn. 2047; nach aA genügt es, wenn die Zusammengehörigkeit erkennbar ist, BGH NJW 2003, 1248; *H. Beckmann* Finanzierungsleasing § 3 Rdn. 273.

[79] Vgl. § 52 Rdn. 78 ff.

[80] Überwiegend wird angenommen, dass grundsätzlich auch die Lieferanten-AGB fest mit dem Antrags- bzw. Vertragsformular verbunden sein müssen, jedenfalls aber als Anlage beigefügt sein, die im Vertrag genau bezeichnet wird, Bülow/Artz/*Koch* Handbuch Verbraucherprivatrecht § 8 Rdn. 11; *H. Beckmann* Finanzierungsleasing § 3 Rdn. 273; *Reinking/Eggert*, Der Autokauf Rdn. 798.

[81] MünchKomm/*Habersack* § 500 Rdn. 5.

[82] Palandt/*Heinrichs* § 126 b Rdn. 3; Bamberger/Roth/*Wendtland* § 126 b Rdn. 5.

[83] MünchKomm/*Ulmer* § 492 Rdn. 86; Palandt/*Putzo* § 492 Rdn. 18; *Bülow* Verbraucherkreditrecht § 492 Rdn. 62.

2. Rechtsfolgen der Nichteinhaltung der Schriftform

Wird die nach §§ 500, 492 Abs. 1 Satz 1 BGB erforderliche Schriftform nicht eingehalten, 49
ist der Vertrag nach § 125 Satz 1 BGB nichtig.[84]

Eine **Heilung** formnichtiger Verträge nach § 494 Abs. 2 BGB kommt mangels An- 50
wendbarkeit dieser Vorschrift auf Finanzierungsleasingverträge (§ 500 BGB) nicht in Betracht.[85] Entsprechendes gilt für eine Heilung analog § 502 Abs. 3 Satz 2 BGB.[86]

Unter Umständen kann es jedoch dem Leasingnehmer nach Treu und Glauben ver- 51
wehrt sein, sich auf die Formnichtigkeit des Vertrags zu berufen.[87]

III. Angabeerfordernisse des Leasinggebers

1. Angabeerfordernisse analog § 492 Abs. 1 S. 5 BGB

Nach dem Wortlaut des § 500 BGB findet § 492 Abs. 1 S. 5 BGB keine Anwendung, so 52
dass man annehmen könnte, der Leasinggeber brauche den Verbraucher nicht über die in
§ 492 Abs. 1 S. 5 BGB genannten Umstände zu informieren.[88] Wenn man jedoch Finanzierungsleasingverträge, bei denen das Eigentum letztlich auf den Leasingnehmer übergehen soll, unter Art. 2 Abs. 1 lit. b VerbrKrRL fasst, gebietet die richtlinienkonforme
Auslegung des § 500 BGB, dem Unternehmer die Angabeerfordernisse in dem von der
Richtlinie vorgesehenen Umfang aufzuerlegen. Dogmatisch lässt sich dieses Ergebnis
durch eine **analoge Anwendung des § 492 Abs. 1 Satz 5 BGB** erreichen.

Teilweise wird Herstellung der Richtlinienkonformität statt in einer analogen Anwen- 53
dung des § 492 Abs. 1 Satz 5 BGB in einer solchen des **§ 502 Abs. 1 Satz 1 Nr. 2 bis 5
BGB** zu erreichen gesucht.[89] Da sich § 492 Abs. 1 Satz 5 BGB und § 502 Abs. 1 Satz 1 Nr. 2
bis 5 BGB nur unwesentlich voneinander unterscheiden, sind die praktischen Unterschiede gering. § 502 Abs. 1 Satz 1 BGB regelt das speziellere Teilzahlungsgeschäft, so dass es
vorzugswürdig erscheint, das Defizit in der Umsetzung der VerbrKrRL durch eine analoge Anwendung der allgemeineren Vorschrift § 492 Abs. 1 Satz 5 BGB auszugleichen.
Die analoge Anwendung des § 502 Abs. 1 BGB würde den Leasinggeber überdies wegen
§ 502 Abs. 1 Satz 2 BGB davon befreien, einen effektiven Jahreszins anzugeben, wenn er
nur Leasinggeschäfte tätigt – wie es in der Regel der Fall ist.[90] Dies widerspricht aber
zum einen der VerbrKrRL, der eine solche „Freistellung" fremd ist;[91] zum anderen widerspräche dies auch der Verweisung des § 500 BGB auf die Definition des effektiven Jahreszinses in § 492 Abs. 2 BGB, deren Anwendungsbereich allzu stark verkürzt würde.

a) Nettodarlehensbetrag (§ 492 Abs. 1 Satz 5 Nr. 1 BGB). Der Leasinggeber hat dem 54
Leasingnehmer analog § 492 Abs. 1 Satz 5 Nr. 1 BGB einen Nettodarlehensbetrag anzugeben, also den Betrag, der tatsächlich ausgezahlt wird. Ein Nettodarlehensbetrag existiert
aber beim Leasingvertrag schon begrifflich nicht.[92] Weil § 492 Abs. 1 Satz 5 BGB eine
Informations- und Aufklärungsfunktion zukommt,[93] erscheint es angebracht, dass der

---

[84] MünchKomm/*Habersack* § 500 Rdn. 6; *Bülow* Verbraucherkreditrecht § 492 Rdn. 26.
[85] Wolf/Eckert/*Ball* Rdn. 2048; *Bülow* Verbraucherkreditrecht § 500 Rdn. 29.
[86] MünchKomm/*Habersack* § 500 Rdn. 6; wohl auch *Bülow* Verbraucherkreditrecht § 500 Rdn. 29.
[87] Wolf/Eckert/*Ball* Rdn. 2048, 2081.
[88] MünchKomm/*Habersack* § 500 Rdn. 4.
[89] *Bülow* Verbraucherkreditrecht § 500 Rdn. 37; MünchKomm/*Habersack* § 500 Rdn. 12; wohl auch Bamberger/Roth/*Möller* § 500 Rdn. 21.
[90] MünchKomm/*Habersack* § 500 Rdn. 12; *Bülow* Verbraucherkreditrecht § 500 Rdn. 39.
[91] Zur Rechtlage unter Geltung des VerbrKrG *Zahn* DB 1994, 617 (622 f.).
[92] Sh. bereits oben § 52 Rdn. 20.
[93] BT-Drucks. 11/5462 S. 12; MünchKomm/*Ulmer* § 492 Rdn. 1; für eine Aufklärungsfunktion Bamberger/Roth/*Möller* § 492 Rdn. 1.

Leasinggeber beim Finanzierungsleasing den hypothetischen Barzahlungspreis angibt. Dogmatisch lässt sich dies mit einer analogen Anwendung des § 499 Abs. 3 Satz 2 BGB erreichen.[94] In Verbindung mit der Angabe des Gesamtbetrages aller insgesamt zu entrichtenden Zahlungen (§ 492 Abs. 1 Satz 5 Nr. 2 BGB) soll dem Verbraucher ein Vergleich über die für ihn entstehende Belastung möglich sein. Dies kann bei Finanzierungsleasingverträgen erreicht werden, indem der Leasingnehmer die Summe der von ihm zu zahlenden Leasingraten und sonstiger mit dem Leasingvertrag verbundener Kosten einerseits und den Preis, den er zahlen müsste, würde er die Leasingsache gegen Barzahlung käuflich erwerben, andererseits, vergleicht. Für diese Lösung spricht auch die Finanzierungsfunktion des Finanzierungsleasings. Würde der Leasinggeber den Erwerb nicht durch einen Leasingvertrag finanzieren, sondern die Sache käuflich erwerben und zur Finanzierung einen Verbraucherdarlehensvertrag schließen, müsste der auszuzahlende Nettodarlehensbetrag dem Barzahlungspreis entsprechen.

55 b) Gesamtbetrag (§ 492 Abs. 1 Satz 5 Nr. 2 BGB). Der Gesamtbetrag gemäß § 492 Abs. 1 Satz 5 Nr. 2 BGB ist aufgrund derjenigen Leistungen zu berechnen, die bei vertragsgemäßer Erfüllung insgesamt zu erbringen sind;[95] er umfasst also die Summe aller zu entrichtender Leasingraten, alle Anzahlungen und Schlusszahlungen sowie weitere Kosten, die der Vertragsdurchführung dienen.

56 c) § 492 Abs. 1 Satz 5 Nr. 3 bis 7 BGB. Die Zahlungen des Leasingnehmers stellen keine Rückzahlung eines Darlehens dar. Dem Sinn der auf der VerbrKrRL basierenden Vorschrift folgend muss analog § 492 Abs. 1 Satz 5 **Nr. 3** BGB der Leasinggeber im Vertrag die Modalitäten der Leasingratenzahlungen sowie sonstiger Zahlungen angeben. Neben der Höhe der einzelnen Beträge muss er den Leasingnehmer auch auf die Fälligkeitsdaten hinweisen.

57 Gleiches gilt analog § 492 Abs. 1 Satz 5 **Nr. 4** BGB für die Zinsen und Kosten und analog § 492 Abs. 1 Satz 5 **Nr. 5** BGB für den effektiven Jahreszins (vgl. § 492 Abs. 2 BGB).

58 d) Versicherungskosten, Sicherheiten (§ 492 Abs. 1 Satz 5 Nr. 6, 7 BGB). Weil das Leasinggut im Eigentum des Leasinggebers bleibt, behält er eine ausreichende Sicherheit. Deshalb wird allgemein auf das Bestellen von Sicherheiten durch den Leasingnehmer verzichtet. Daher bedarf es analog § 492 Abs. 1 Satz 5 Nr. 6 und Nr. 7 BGB keiner Angaben über zu bestellende Sicherheiten.

2. Widerrufsrecht des Leasingnehmers

59 a) Grundlagen. Dem Leasingnehmer steht unter den Voraussetzungen der §§ 500, 495, 355 BGB ein Widerrufsrecht zu. Bis zum Ablauf der Widerrufsfrist hat der Verbraucher mit diesem Gestaltungsrecht die Möglichkeit, den Vertrag mit Wirkung ex tunc zu beseitigen.[96] Die Frist zum Widerruf beginnt mit dem Zeitpunkt zu laufen, zu dem der Verbraucher über sein Widerrufsrecht in der nach dem Gesetz erforderlichen Form belehrt worden ist (§ 355 Abs. 2 BGB).[97]

60 Nach §§ 500, 495, 355 Abs. 2 BGB hat der Leasinggeber den Verbraucher über das bestehende Widerrufsrecht in Textform gemäß § 126b BGB zu belehren. Der Verbraucher hat einen Anspruch auf diese Belehrung – es handelt sich nicht um eine bloße Obliegenheit des Belehrungspflichtigen.[98]

---

[94] Vgl. § 52 Rdn. 21.
[95] Palandt/*Putzo* § 492 Rdn. 10; *Bülow* Verbraucherkreditrecht § 492 Rdn. 87.
[96] Bülow/Artz/*Koch* Handbuch Verbraucherprivatrecht § 8 Rdn. 16; *H. Beckmann* Finanzierungsleasing § 3 Rdn. 278.
[97] Bülow/Artz/*Koch* Handbuch Verbraucherprivatrecht § 8 Rdn. 16.
[98] Palandt/*Grüneberg* § 355 Rdn. 13; AG Siegburg NJW-RR 2002, 129; aA MünchKomm/*Ulmer* § 355 Rdn. 45.

b) Zeitpunkt und inhaltliche Anforderungen an die Belehrung. Die Belehrung 61
muss erfolgen, sobald der Verbraucher die auf Vertragsschluss gerichtete Willenserklärung
abgegeben hat oder zumindest **zeitgleich** mit Abgabe dieser Erklärung. Eine zuvor erteilte Belehrung hat keine Wirkung.[99] Dem Leasinggeber steht es frei, ob er die Belehrung selbst formuliert oder sich des Musters der Anlage zu § 14 BGB-InfoV bedient.

Inhaltlich muss der Leasinggeber den Kunden insbesondere deutlich darüber in 62
Kenntnis setzen, dass dieser den Vertrag innerhalb der Widerrufsfrist beliebig und ohne
weitere Voraussetzungen widerrufen kann, insbesondere dass Textform ausreichend ist
und keine Gründe für den Widerruf angegeben werden müssen.[100] Der Begriff der Textform muss dem Verbraucher nicht erläutert werden.[101] Sollte dem Leasingnehmer wegen
der Besonderheiten des Vertragsschlusses auch noch ein Widerrufsrecht nach § 312 BGB
(Haustürgeschäft) oder § 312b BGB (Fernabsatzgeschäft) zustehen, muss er hierüber
nicht doppelt belehrt werden.[102] Unbedingt anzugeben ist der Fristbeginn, wobei es ausreicht, dass der Leasinggeber das Ereignis angibt, das die Frist in Lauf setzt.[103] Nicht erforderlich ist hingegen die Angabe eines genauen Datums des Fristbeginns.[104] Belehrt der
Leasinggeber erst nach Vertragsschluss, muss er dem Verbraucher auch die Monatsfrist
nach § 355 Abs. 3 S. 2 BGB nennen. Dabei ist der Leasingnehmer auch darauf hinzuweisen, dass zur Fristwahrung das rechtzeitige Absenden der Widerrufserklärung ausreicht.
Die Widerrufsbelehrung muss die ladungsfähige Anschrift des Widerrufsadressaten enthalten. Der Hinweis auf ein Postfach genügt nicht.[105]

Die Widerrufsbelehrung muss deutlich gestaltet sein und sich vom übrigen Text abheben.[106] Sie muss in deutscher Sprache abgefasst sein;[107] eine **Fremdsprache** genügt den 63
Erfordernissen nur dann, wenn der Verbraucher sie versteht und die Vertragsverhandlungen in dieser Sprache geführt worden sind oder der Vertrag in dieser Sprache abgeschlossen worden ist.[108] **Nicht** erforderlich ist hingegen, dass die Belehrung in der **Muttersprache** des Verbrauchers abgefasst wird.[109]

Die ordnungsgemäße Belehrung umfasst, dass dem Verbraucher gemäß § 355 Abs. 2 64
Satz 3 BGB ein Exemplar über die erfolgte Belehrung zum Verbleib bei ihm **ausgehändigt** wird.[110] Übermittelt der Unternehmer die Widerrufsbelehrung elektronisch, muss es
tatsächlich zu einem Download gekommen sein.[111]

c) Ausübung des Widerrufs und Rechtsfolgen. Der Verbraucher kann den Finanzie- 65
rungsleasingvertrag unter den Voraussetzungen der §§ 500, 495 Abs. 1 i. V. m. § 355 BGB
widerrufen. Allgemein dient dieses Recht dazu, den Verbraucher vor vertraglichen Bindungen zu schützen, die er möglicherweise übereilt und ohne die gegebenen Informationen hinreichend abzuwägen, eingegangen ist.[112] Der Widerruf muss in Textform i. S. v.

---

[99] BGH NJW 2002, 3396 (3397).
[100] AG Siegburg NJW-RR 2002, 129 (130).
[101] OLG München NJW-RR 2005, 573.
[102] Umfassend *Edelmann/Krümmel* BKR 2003, 99.
[103] BGH NJW 1994, 1800.
[104] BGH NJW 1994, 1800; *Mögele* NJW 2000, 103 (105); Palandt/*Grüneberg* § 355 Rdn. 14.
[105] OLG Koblenz NJW 2006, 919 (920) in Abgrenzung zu BGH NJW 2002, 2391 (2393).
[106] BGH NJW-RR 1990, 368 (370); BGH NJW 1996, 1964; BGH NJW 2004, 3183 (3184); BGH
NJW-RR 2004, 751 (752).
[107] Palandt/*Grüneberg* § 355 Rdn. 17.
[108] LG Köln NJW-RR 2002, 1491.
[109] aA Staudinger/*Kessal-Wulf* § 495 Rdn. 28, nach der die Belehrung in einer Sprache zu erfolgen
hat, die der Verbraucher beherrscht.
[110] BGH NJW 1998, 540.
[111] Palandt/*Grüneberg* § 355, Rdn. 20; aA Anwaltkommentar/*Ring* § 355 Rdn. 28.
[112] Bamberger/Roth/*Möller* § 495 Rdn. 1; Palandt/*Grüneberg* § 355 Rdn. 3; *Bülow* Verbraucherkreditrecht § 495 Rdn. 35.

§ 126 b BGB¹¹³ oder durch Rücksendung des Leasinggegenstandes innerhalb von zwei Wochen gegenüber dem Unternehmer erklärt werden.

66 Der Lauf der Widerrufsfrist beginnt erst, wenn der Verbraucher wie geschildert über sein Widerrufsrecht in der Textform des § 126 b BGB ordnungsgemäß belehrt wurde (§ 355 Abs. 2 Satz 1 BGB).¹¹⁴

67 Wird der Verbraucher erst nach Vertragsschluss ordnungsgemäß belehrt, beträgt die Widerrufsfrist nach § 355 Abs. 2 Satz 2 BGB einen Monat. Keinesfalls beginnt die Frist aber zu laufen, bevor dem Verbraucher eine Abschrift des Vertrages zur Verfügung gestellt wurde, §§ 500, 492 Abs. 1, 3, 355 Abs. 2 Satz 3 BGB.¹¹⁵ Das Widerrufsrecht erlischt aber gemäß § 355 Abs. 3 Satz 1 BGB in jedem Fall spätestens sechs Monate nach Vertragsschluss, sofern der Verbraucher (nachträglich) ordnungsgemäß über sein Widerrufsrecht belehrt wurde. Ist eine solche Belehrung niemals erfolgt, besteht das Rücktrittsrecht zeitlich unbegrenzt (§ 355 Abs. 3 Satz 3 BGB). Anders als es beim Widerrufsrecht im Rahmen eines Fernabsatzvertrages ist,¹¹⁶ beginnt die Widerrufsfrist aber nicht erst, wenn der Leasingnehmer den Leasinggegenstand erhalten hat.

68 Das gesetzliche Widerrufsrecht des Verbrauchers kann nicht durch ein vertragliches Rückgaberecht nach § 356 BGB ersetzt werden, weil § 503 Abs. 1 BGB keine Anwendung findet.¹¹⁷ Damit wird den besonderen Interessen der Beteiligten Rechnung getragen: Der Hersteller übergibt die Leasingsache regelmäßig unmittelbar dem Leasingnehmer, so dass der Leasinggeber in aller Regel kein Interesse an einem Erhalt der Sache hat.¹¹⁸

69 Übt der Verbraucher das Widerrufsrecht fristgerecht aus, bestimmen sich die Rechtsfolgen nach den Vorschriften über den gesetzlichen Rücktritt, die dann entsprechende Anwendung finden.¹¹⁹ Auch wenn § 500 BGB nicht ausdrücklich auf § 357 BGB verweist, ist davon auszugehen, dass diese Vorschrift – zumindest analog – anwendbar ist. Ansonsten hätte der Verbraucher die Möglichkeit, seine auf Abschluss eines Leasingvertrages gerichtete Willenserklärung zu widerrufen, an einem Regelungsregime für die Rechtsfolgen einer solchen Widerrufserklärung würde es aber fehlen. Dafür spricht auch eine Parallele zu § 312 d Abs. 1 Satz 1 BGB, der ebenfalls nur auf § 355 BGB verweist. Daher ist nicht davon auszugehen, dass der Gesetzgeber durch die Nichtbenennung des § 357 BGB in § 500 BGB erreichen wollte, dass sich die Rechtsfolgen nicht nach dieser Vorschrift bestimmen. Demnach hat der Leasingnehmer den Leasinggegenstand und die gezogenen Nutzungen analog § 346 Abs. 1 BGB herauszugeben.¹²⁰

70 Nach § 346 Abs. 1 BGB sind die tatsächlich gezogenen Nutzungen herauszugeben.¹²¹ Hierunter fallen alle tatsächlich gezogenen Früchte (§ 99 BGB) und Gebrauchsvorteile (§ 100 BGB), nicht aber die durch den Verbrauch der Sache entstandenen Vorteile; sie sind durch den zu leistenden Wertersatz abgegolten.¹²²

71 Die beiderseitigen Rückgewährpflichten sind nach § 357 Abs. 1 Satz 1 BGB i. V. m. § 348 BGB Zug um Zug zu erfüllen.¹²³ Der Unternehmer kommt nach § 357 Abs. 1

---

¹¹³ MünchKomm/*Ulmer* § 495 Rdn. 19; Bamberger/Roth/*Möller* § 495 Rdn. 21; Palandt/*Grüneberg* § 355 Rdn. 7.
¹¹⁴ Sh. oben Rdn. 61 ff.
¹¹⁵ MünchKomm/*Habersack* § 500 Rdn. 6; Palandt/*Grüneberg* § 355 Rdn. 20; Bamberger/Roth/ *Grothe* § 355 Rdn. 9.
¹¹⁶ Sh. dazu in diesem Handbuch *Matusche-Beckmann* § 54.
¹¹⁷ *Bülow* Verbraucherkreditrecht § 500 Rdn. 35.
¹¹⁸ MünchKomm/*Habersack* § 500 Rdn. 9.
¹¹⁹ So im Ergebnis auch *Reinking*, DAR 2002, 145 (149), der die Anwendbarkeit von § 357 BGB voraussetzt.
¹²⁰ Palandt/*Grüneberg*, § 357 Rdn. 4; Bamberger/Roth/*Grothe* § 357 Rdn. 2; MünchKomm/*Ulmer* § 357 Rdn. 12.
¹²¹ MünchKomm/Ulmer § 357 Rdn. 41; Palandt/*Grüneberg*, § 346, Rdn. 6.
¹²² Palandt/*Grüneberg*, § 346, Rdn. 6.
¹²³ Bamberger/Roth/*Grothe* § 357 Rdn. 2; MünchKomm/*Ulmer* § 357 Rdn. 12.

15. Kapitel: Leasingverträge und Verbraucherschutz § 52

Satz 2 BGB i.V. m. § 286 Abs. 3 BGB analog ohne vorausgehende Mahnung in Verzug, wenn er die gezahlten Leasingraten und den (Wertersatz für) gezogene Nutzungen nicht innerhalb von 30 Tagen nach Zugang der Widerrufserklärung zurückgewährt. Auch der den Widerruf ausübende Verbraucher kann so ohne vorhergehende Mahnung in Verzug geraten, wenn er Zahlungen zu erstatten hat und dieser Pflicht nicht innerhalb von 30 Tagen nachkommt. Abzustellen ist hier aber nicht auf den Zugang der Widerrufserklärung beim Unternehmer, sondern auf den Zeitpunkt der Abgabe der Erklärung (§ 357 Abs. 1 Satz 3 BGB).[124] Analog § 357 Abs. 2 Satz 1 BGB ist der Verbraucher verpflichtet, die Leasingsache als Paket zurückzusenden, wenn dies möglich ist.

Gefahr und Kosten der Rücksendung hat analog § 357 Abs. 2 Satz 2 BGB der Unternehmer zu tragen. Leasingverträge über Sachen, deren Wert 40 EUR nicht übersteigt, kommen praktisch nicht vor, so dass der Unternehmer die Kosten der Rücksendung dem Verbraucher analog § 357 Abs. 2 Satz 3, 1. Alt. BGB nur selten wird auferlegen können. **72**

Nach § 357 Abs. 3 Satz 1 BGB hat der Verbraucher auch Wertersatz für eine durch die bestimmungsgemäße Ingebrauchnahme der Sache entstandene Verschlechterung zu leisten, wenn er spätestens bei Vertragsschluss in Textform auf diese Rechtsfolge und eine Möglichkeit hingewiesen worden ist, sie zu vermeiden. Für die Belehrung legt das Gesetz keine inhaltlichen Anforderungen fest. Aus ihrer Warnfunktion ergibt sich aber, dass auch über den Umfang der allein durch die bestimmungsgemäße Ingebrauchnahme entstehenden Wertminderung hingewiesen werden muss.[125] Zudem ist der Verbraucher darauf hinzuweisen, wie er eine solche Wertminderung vermeiden kann. Teilweise wird vertreten, dass die Verpflichtung zum Wertersatz gegen Art. 6 Abs. 2 der Fernabsatzrichtline[126] verstößt, weil dem widerrufenden Verbraucher keine weiteren Kosten als die der unmittelbaren Rücksendung auferlegt werden dürfen.[127] Der Wertersatz dient allerdings nicht dem Ausgleich der durch den Widerruf entstehenden Kosten, sondern der Rückabwicklung von Schäden, die durch die vorherige Nutzung entstanden sind.[128] **73**

Der Anspruch auf Wertersatz ist grundsätzlich auf die Zahlung von Geld gerichtet.[129] Für seine **Berechnung** gilt: Der Wertermittlung ist nach dem Rechtsgedanken des § 346 Abs. 2 Satz 2 BGB die Gegenleistung zugrunde zu legen. Weil der Unternehmer mit dem Widerruf keinen Anspruch mehr auf den mit dem Vertrag erstrebten Gewinn hat, ist der Wertersatz um diesen Betrag zu kürzen. Für den Leasingvertrag berechnet sich der Wertersatz damit nach dem Preis des Leasinggegenstandes, den der Leasinggeber gegenüber dem Hersteller oder Lieferanten aufwenden musste. **74**

Keine Wertersatzpflicht trifft den Verbraucher, wenn die Verschlechterung des Leasinggegenstandes ausschließlich auf der Prüfung desselben beruht, § 357 Abs. 3 Satz 2 BGB. Nach § 357 Abs. 3 Satz 3 BGB hat der Verbraucher abweichend von § 346 Abs. 3 Satz 1 Nr. 3 BGB auch dann Wertersatz zu leisten, wenn die Verschlechterung des Leasinggegenstandes auf einfacher Fahrlässigkeit des Leasingnehmers oder auf Zufall beruht. **75**

3. Allgemeine Geschäftsbedingungen

Werden Finanzierungsleasingverträge auf der Grundlage Allgemeiner Geschäftsbedingungen des Leasinggebers abgeschlossen, müssen die Klauseln den Anforderungen der §§ 305 ff. BGB genügen. Wie bei jedem anderen Vertrag muss der Leasinggeber deutlich auf die Vereinbarung der Allgemeinen Geschäftsbedingungen hinweisen (§ 305 Abs. 2 Nr. 1 BGB), es muss für den Leasingnehmer die zumutbare Möglichkeit einer Kenntnis- **76**

---

[124] Palandt/*Grüneberg* § 357 Rdn. 4 b; aA wohl MünchKomm/*Ulmer* § 357 Rdn. 25.
[125] Palandt/*Grüneberg* § 357 Rdn. 10; *Lütcke* § 357 Rdn. 21; Anwaltkommentar *Ring* § 357 Rdn. 77; aA MünchKomm/*Ulmer* Rdn. 31.
[126] RL 97/7/EG vom 20. 5. 1997, AblEG Nr. L 144.
[127] MünchKomm/*Ulmer* § 357 Rdn. 5; Anwaltkommentar *Ring* § 357 Rdn. 94.
[128] *Lütcke* § 357 Rdn. 28; *Bülow* NJW 2002, 1145 (1150); Palandt/*Grüneberg* § 357 Rdn. 14.
[129] Palandt/*Grüneberg* § 346 Rdn. 10.

§ 52 Dritter Teil. Besondere Rechtsprobleme einzelner Leasingverträge

nahme bestehen (§ 305 Abs. 2 Nr. 1 BGB) und er sich mit der Geltung dieser Vertragsbedingungen einverstanden erklären. Zudem müssen die Klauseln der Inhaltskontrolle nach den §§ 307 bis 309 BGB standhalten.

77 a) Allgemeine Geschäftsbedingungen im Verhältnis des Leasinggebers zu seinem Lieferanten. Weil die allgemeinen Geschäftsbedingungen des Leasinggebers beim Verbraucherleasing im Verhältnis zum Leasingnehmer den Anforderungen der §§ 308, 309 BGB standhalten müssen, der Lieferant als Verwender seiner allgemeinen Geschäftsbedingungen im Verhältnis zu dem Leasinggeber aber wegen § 310 Abs. 1 Satz 1 BGB nur an den Kontrollmaßstab des § 307 BGB gebunden ist, kann es zulasten des Leasinggebers zu einer sog. AGB-rechtlichen Deckungslücke kommen. Um dieses Ergebnis zulasten des Leasinggebers zu vermeiden, wird vertreten, dass die Klauselverbote der §§ 308, 309 BGB bei der Überprüfung der Lieferantenbedingungen im Rahmen der §§ 307, 310 Abs. 1 Satz 2 BGB zu berücksichtigen seien.[130] Für den Lieferanten würde dies bedeuten, dass er – je nachdem, wer im Einzelfall die Sache abnimmt – unterschiedliche Geschäftsbedingungen verwenden müsste.[131] Der Lieferant weiß aber häufig gar nicht, ob die Sache für einen Verbraucher oder einen Unternehmer bestimmt ist. Daher erscheint es vorzugswürdig, es bei der gesetzlichen Konzeption zu belassen und die §§ 308, 309 BGB allenfalls wertend in die Inhaltskontrolle nach § 307 BGB einzubeziehen.

78 b) Leasingtypische Abtretungskonstruktion in AGB. Besondere Bedeutung hat die Inhaltskontrolle nach den §§ 307 ff. BGB im Falle der sog. leasingtypischen Abtretungskonstruktion.

79 Auf Finanzierungsleasingverträge werden regelmäßig die mietrechtlichen Sachmängelvorschriften angewandt, so dass der Leasinggeber gegenüber dem Leasingnehmer grundsätzlich nach §§ 536 ff. BGB für Mängel an der Leasingsache einstehen muss. Jedoch beschränkt sich die Rolle des Leasinggebers häufig auf die eines Kreditgebers. Bei dem leasingtypischen Beschaffungsvorgang, bei dem der Kunde den Hersteller wählt, hat der Leasinggeber keinen näheren Bezug zum Leasinggegenstand; er kann das Vorliegen eines Mangels schlechter beurteilen als der Leasingnehmer bzw. der sachverständige Händler oder Hersteller.[132] Dem Leasinggeber ist deshalb an einer Freizeichnung von seinen Gewährleistungspflichten gelegen. Deshalb verwenden Leasinggeber in der Praxis gegenüber ihren Leasingnehmern AGB-Klauseln, mit denen der Leasinggeber seine mietrechtlichen Mängelgewährleistungspflichten beschränkt, dafür aber dem Leasingnehmer die ihm, dem Leasinggeber zustehenden kaufrechtlichen Gewährleistungsansprüche gegen den Hersteller bzw. Lieferanten des Leasinggegenstandes abtritt und den Leasingnehmer dazu verpflichtet, Mängelansprüche unmittelbar gegenüber dem Lieferanten bzw. Hersteller geltend zu machen.[133] Diese Konstellation bezeichnet man als **leasingtypische Abtretungskonstruktion**.[134]

80 Unter Geltung des früheren Schuldrechts billigte der BGH in ständiger Rechtsprechung diese Vertragsgestaltung.[135] Entgegen teilweise vertretener Auffassung[136] ist davon auszugehen, dass die leasingtypische Abtretungskonstruktion auch weiterhin Bestand haben wird.[137]

---

[130] Bamberger/Roth/*Möller* § 500 Rdn. 23; *J. Hager* AcP 190 (1990), 324 (344 f.); MünchKomm/*Habersack* Leasing Rdn. 43.
[131] So MünchKomm/*Habersack* Leasing Rdn. 43.
[132] Vgl. BGH ZIP 1986, 716 (717).
[133] *H. Beckmann* Finanzierungsleasing § 2 Rdn. 98; *ders.* in diesem Handbuch § 8.
[134] *Löbbe* BB 2003, Beilage 6, 7 (8); *Gebler/Müller* ZBB 2002, 107 (108); *H. Beckmann* Finanzierungsleasing Rdn. 98; Bamberger/Roth/*Möller* § 500 Rdn. 31; MünchKomm/*Habersack* Leasing Rdn. 79.
[135] Sh. z. B. BGH ZIP 1998, 698 (700).
[136] *Graf von Westphalen* DB 2001, 1291 (1294).
[137] Sh. *Arnold* DStR 2002, 1049 (1050); *Assies*, BKR 2002, 317; *Gebler/Müller* ZBB 2002, 107 (110); *Godefroid* BB 2002, Beilage 5, 2 (5); *Löbbe* BB 2003, Beilage 6, 7 f.; Bamberger/Roth/*Möller* § 500 Rdn. 32; *Reiner/Kaune* WM 2002, 2314 (2315); *Zahn* DB 2002, 985 (986).

15. Kapitel: Leasingverträge und Verbraucherschutz   § 52

aa) Vereinbarkeit mit § 309 Nr. 8 b aa BGB. Die **Wirksamkeit einer Abbedingung** 81
der gegen den Leasinggeber gerichteten mietrechtlichen Gewährleistungsansprüche unter
Beteiligung eines Verbrauchers **scheitert nicht an § 309 Nr. 8 b aa BGB**. Das Klauselverbot gilt nach seinem eindeutigen Wortlaut nur für „Verträge über Lieferungen", also
nicht für die mietrechtlich zu beurteilende Überlassung im Rahmen eines Finanzierungsleasingvertrages.[138] Eine **entsprechende Anwendung** auf Finanzierungsleasingverträge
scheidet aus. Es fehlt bereits an der für eine Analogie erforderlichen vergleichbaren Interessenlage. Sinn und Zweck des § 309 Nr. 8 b aa BGB ist zu verhindern, dass der Kunde
bezüglich der Geltendmachung seiner Rechte auf Personen verwiesen wird, zu denen er
in keiner vertraglichen Beziehung steht und die er sich vor allem nicht selbst ausgesucht
hat.[139] Hintergrund ist der das BGB beherrschende Grundsatz der Privatautonomie. Der
Leasingnehmer steht zwar zu Hersteller bzw. Händler in keiner Rechtsbeziehung; er hat
sich diesen jedoch selbst seinen Interessen und Möglichkeiten entsprechend ausgesucht.
Der Schutzzweck des § 309 Nr. 8 b aa BGB ist bei dem leasingtypischen Dreiecksverhältnis daher nicht tangiert.

Etwas anderes gilt aber für den **Mietkauf**[140] als eine Erscheinungsform des Finan- 82
zierungsleasings. Die abschließende Übereignungspflicht des Verkäufers steht hier als
„Lieferung" im Sinne des Klauselverbots im Vordergrund.[141]

bb) Vereinbarkeit mit § 309 Nr. 7 a und b BGB. Auch die Klauselverbote des § 309 83
Nr. 7 a und b BGB stehen der Wirksamkeit **der leasingtypischen Abtretungskonstruktion nicht entgegen**. Im Verweis auf die Ansprüche gegen den Lieferanten bzw.
Hersteller könnte zwar ein Ausschluss der mietvertraglichen Haftung des Leasinggebers
für durch fahrlässige Schlechtleistung verursachte Körperschäden bzw. grob fahrlässig
verursachte sonstige Schäden zu erblicken sein.[142] Die Haftung wird aber gerade nicht
ausgeschlossen, da der Leasingnehmer seine Ansprüche gegen den Lieferanten bzw. Hersteller geltend machen kann. Allerdings verbietet § 309 Nr. 7 a und b BGB grundsätzlich
eine Haftungsbeschränkung durch Verweis auf Dritte.[143] Der Leasingnehmer wird aber
nicht auf einen ihm unbekannten Dritten verwiesen, so dass es ihm zuzumuten ist, seine
Schadensersatzansprüche gegen den von ihm selbst ausgewählten Lieferanten bzw. Hersteller durchzusetzen.[144]

cc) Vereinbarkeit mit § 307 BGB. Die **Inhaltskontrolle** nach § 307 BGB setzt nach 84
§ 307 Abs. 3 BGB voraus, dass mit der zu kontrollierenden Klausel von Rechtsvorschriften abweichende oder diese ergänzende Regelungen vereinbart werden. Für den
Finanzierungsleasingvertrag als gesetzlich nicht geregelten Vertrag lässt sich dies nicht ohne
weiteres feststellen. Der BGH vertritt im Hinblick auf nicht normierte Verträge einen
„kontrollfreundlichen" Standpunkt,[145] um der bestehenden Gefahr der Benachteiligung
des Verbrauchers entgegenzuwirken. Beim Finanzierungsleasingvertrag, verstanden als
atypischer Mietvertrag, geschieht dies dadurch, dass die Bestandteile des Vertrags am Leitbild der gesetzlichen Miete auf ihre Angemessenheit hin überprüft werden.

Versteht man infolge der rechtlichen Einordnung des Finanzierungsleasingvertrages 85
als atypischer Mietvertrag mit dem BGH die leasingtypische Abtretungskonstruktion als
Abbedingung der den Leasinggeber grundsätzlich treffenden mietrechtlichen Gewährleistungspflicht nach §§ 536 ff. BGB, so ist **§ 307 Abs. 2 Nr. 1 BGB** der einschlägige

---

[138] *Beckmann* Finanzierungsleasing Rdn. 114; MünchKomm/*Basedow* § 309 Nr. 8 Rdn. 25.
[139] MünchKomm/*Basedow* § 309 Nr. 8 Rdn. 25.
[140] Sh. dazu in diesem Handbuch *Martinek* § 4 Rdn. 31.
[141] MünchKomm/*Basedow* § 309 Nr. 8 Rdn. 25.
[142] *Arnold* DStR 2002, 1049, 1050.
[143] MünchKomm/*Basedow* § 309 Nr. 7 Rdn. 23.
[144] So auch *Hennig* JA 2004, 880, 883.
[145] BGH NJW 1985, 3013, 3014.

§ 52   Dritter Teil. Besondere Rechtsprobleme einzelner Leasingverträge

Kontrollmaßstab.¹⁴⁶ Eine unangemessene Benachteiligung liegt im Zweifel vor, wenn eine Bestimmung mit wesentlichen Grundgedanken der gesetzlichen Regelung, von der abgewichen werden soll, nicht zu vereinbaren ist. Der Ausschluss der mietrechtlichen Gewährleistungshaftung seitens des Leasinggebers stellt **keine unangemessene Benachteiligung** des Leasingnehmers dar, **wenn** der Leasinggeber die ihm aus dem Kaufvertrag mit dem Lieferanten bzw. Hersteller zustehenden Gewährleistungsrechte **unbedingt und vorbehaltlos** an den Leasingnehmer abtritt und diese zumindest dem Standard des **§ 309 Nr. 8 b BGB** entsprechen.¹⁴⁷ Ist dies jedoch nicht der Fall, ist die Klausel unwirksam. An die Stelle der unwirksamen Gewährleistungsklausel tritt dann gemäß § 306 Abs. 2 BGB die mietrechtliche Gewährleistungshaftung des Leasinggebers.¹⁴⁸

86   Eine unangemessene Benachteiligung des Leasingnehmers nach § 307 Abs. 2 Nr. 1 BGB könnte aus dem Fortbestehen der **Rügeobliegenheit des § 377 HGB** und der Rechtsfolgen bei deren Verletzung resultieren. Obwohl bei dem für das Verbraucherleasing typischen Beschaffungsvorgang die Leasingsache unmittelbar vom Lieferanten an den nichtkaufmännischen Leasingnehmer geliefert wird, rechtfertigt dies nicht die Geltung des § 377 HGB in Frage zu stellen.¹⁴⁹ Deshalb könnte der Leasinggeber bestrebt sein, die Untersuchungs- und Rügeobliegenheit auf den Leasingnehmer in seinen Allgemeinen Geschäftsbedingungen abzuwälzen. Dies wäre aber mit den wesentlichen Grundgedanken des Mietrechts, von denen abgewichen wird, nicht zu vereinbaren, so dass eine solche Klausel der Inhaltskontrolle nach § 307 Abs. 2 Nr. 1 BGB nicht Stand hielte und unwirksam wäre.¹⁵⁰ Verliert der Leasinggeber infolge von § 377 Abs. 3 HGB die ihm zustehenden Gewährleistungsansprüche gegen den Lieferanten, geht auch die Abtretung dieser Ansprüche an den Leasingnehmer ins Leere. Dem Leasingnehmer stehen dann wiederum gemäß § 306 Abs. 2 BGB die mietrechtlichen Gewährleistungsansprüche gegen den Leasinggeber zu.

87   Die Schuldrechtsmodernisierung hat die **Mangelfreiheit einer Kaufsache** zur **Erfüllungspflicht** des Verkäufers erhoben (§ 433 Abs. 1 Satz 2 BGB).¹⁵¹ Dies wirft die Frage auf, ob die leasingtypische Abtretungskonstruktion angesichts des § 307 BGB auch weiterhin Geltung beanspruchen kann.¹⁵² Diese Frage ist zu bejahen. Denn in der Praxis stellt der Kaufvertrag zwischen Leasinggeber und Lieferant oder Hersteller einen Gattungskauf dar. Bereits nach früherem Recht hatte dies dazu geführt, dass bei Vorliegen eines Mangels der Lieferant bzw. Hersteller den Kaufvertrag nicht erfüllt hatte, so dass dem Leasingnehmer aus abgetretenem Recht ein Anspruch auf Nacherfüllung gemäß § 480 Abs. 1 BGB a. F. zustand. Einigkeit bestand darüber, dass die leasingtypische Abtretungskonstruktion sowohl beim Stück- als auch beim Gattungskauf anwendbar war.¹⁵³ Im Zuge der Schuldrechtsmodernisierung ist die Unterscheidung zwischen Stück- und Gattungskauf in § 433 Abs. 1 Satz 2 BGB aufgegangen.¹⁵⁴ Damit stimmt die heutige Rechtslage mit derjenigen vor der Schuldrechtsreform überein, abgesehen davon, dass der heutige Nacherfüllungsanspruch ein modifizierter Erfüllungsanspruch ist. Es ist jedoch nicht ersichtlich, warum dies den Leasingnehmer unangemessen benachteiligen sollte.

---

¹⁴⁶ BGH in ständiger Rechtsprechung, vgl. NJW 1991, 1764; aA MünchKomm/*Habersack* nach § 507 Leasing Rdn. 28; Staudinger/*Stoffels* nach § 487 Rdn. 125, die den Leasingvertrag als Vertrag sui generis und nicht als atypischen Mietvertrag einordnen.

¹⁴⁷ Ständige Rechtsprechung des BGH, vgl. NJW 1977, 848 f.; NJW-RR 2003, 51 f.; MünchKomm/*Habersack* nach § 507 Leasing Rdn. 84; Palandt/*Weidenkaff* Einf v § 535 Rdn. 56

¹⁴⁸ Infolge der Einordnung des Leasingvertrages als Vertrag sui generis aA MünchKomm/*Habersack* Leasing Rdn. 28; Staudinger/*Stoffels* Leasing Rdn. 124.

¹⁴⁹ BGHZ 110, 130, 140 ff.; BGH ZIP 1990, 650, 654.

¹⁵⁰ Offen lassend BGH ZIP 1990, 650, 654.

¹⁵¹ MünchKomm/*Westermann* § 433 Rdn. 59.

¹⁵² *Graf von Westphalen* DB 2001, 1291, 1292.

¹⁵³ *Gebler/Müller* ZBB 2002, 107, 111.

¹⁵⁴ MünchKomm/*Westermann* § 433 Rdn. 59.

15. Kapitel: Leasingverträge und Verbraucherschutz § 52

c) Leasingvertrag und Verbrauchsgüterkauf im Sinne der §§ 474 ff. BGB. Speziell 88
im Rahmen des Verbraucherleasing erscheint problematisch, ob nicht eine unangemessene Benachteiligung des Verbrauchers in der Tatsache begründet liegt, dass die abgetretenen Gewährleistungsansprüche regelmäßig nicht einen den Vorschriften des **Verbrauchsgüterkaufs** entsprechenden Schutz bieten.[155]

Zwischen dem unternehmerischen Leasinggeber und dem Lieferanten bzw. Hersteller 89
der Leasingsache kommt ein Kaufvertrag zustande, für den die Vorschriften der §§ 474 ff. BGB zum Verbrauchsgüterkauf nicht gelten. Weil Forderungen nach §§ 398 ff. BGB nur identitätswahrend abgetreten werden können,[156] kann der Leasinggeber dem Leasingnehmer keine weitergehenden Ansprüche abtreten, als er selbst innehat. Daran ändert auch die Tatsache nichts, dass dem Verbraucher diese Rechte zustünden, hätte er den Gegenstand selbst beim Lieferanten käuflich erworben. Ob eine formularmäßig getroffene Vereinbarung den Leasingnehmer unangemessen benachteiligt, ist für Finanzierungsleasingverträge an den mietrechtlichen Mängelgewährleistungsrechten zu messen. Hätte sich der Leasinggeber nicht von der Haftung freigezeichnet und deshalb seine Ansprüche an den Leasingnehmer abgetreten, käme der Leasingnehmer ebenfalls nicht in den Genuss von verbrauchsgüterkaufrechtlichen Besonderheiten.

Der Leasingnehmer hat sich mit Abschluss eines Leasingvertrages bewusst gegen einen 90
Kaufvertrag entschieden; die Abtretung der kaufrechtlichen Gewährleistungsansprüche im Rahmen der leasingtypischen Abtretungskonstruktion dient dazu, die Nachteile des Verbrauchers wegen der Haftungsfreistellung des Leasinggebers auszugleichen, nicht aber, um dem Verbraucher eine käuferähnliche Position zu verschaffen.[157]

Fraglich erscheint aber, ob ein Finanzierungsleasingvertrag mit leasingtypischer Abtre- 91
tungskonstruktion als Geschäft anzusehen ist, das die Regeln des Verbrauchsgüterkaufs i. S. v. § 475 Abs. 1 Satz 2 BGB umgeht.[158] Nach dieser Vorschrift gelten die in § 475 Abs. 1 Satz 1 BGB genannten Mängelrechte des Verbrauchers auch dann, wenn sie durch anderweitige Gestaltungen umgangen werden. Eine Umgehung liegt nach übereinstimmender Definition vor, wenn die Gestaltung eines Rechtsgeschäfts objektiv den Zweck hat, den Eintritt einer Rechtsfolge zu verhindern, die das Gesetz für derartige Geschäfte vorsieht; eine Umgehungsabsicht ist nicht erforderlich.[159] Speziell im Rahmen von § 475 Abs. 1 Satz 2 BGB wird eine Umgehung angenommen, wenn die gewählte Gestaltung dazu dient, die Anwendung der in § 475 Abs. 1 Satz 1 BGB genannten Vorschriften entgegen dem damit bezweckten Verbraucherschutz auszuschließen oder einzuschränken.[160]

Der BGH hat für die in Rede stehende Konstellation eine Umgehung explizit abge- 92
lehnt: Der Abschluss des Leasingvertrags habe nicht den Zweck, einen Ausschluss der Gewährleistung zu ermöglichen, sondern beruhe vielmehr allein darauf, dass der Verbraucher aus wirtschaftlichen Gründen keinen Kaufvertrag schließen könne oder wolle. Der Verbraucher erleide hierdurch keinen Nachteil, weil er sich wegen etwaiger Mängel an den Leasinggeber halten könne. Außerdem böten die ihm zustehenden mietrechtlichen Gewährleistungsansprüche dem Leasingnehmer generell nicht weniger Rechte als die kaufrechtlichen Gewährleistungsansprüche dem Käufer.[161]

Die Entscheidungsgründe erscheinen keinesfalls zwingend. Gerade in einem wie in 93
dem von dem BGH beurteilten Fall liegt es nach der Intention der VerbrGKRL durchaus nahe, den Kläger in den Genuss aller verbrauchsgüterkaufrechtlichen Vorteile gelangen

---

[155] *Arnold* DStR 2002, 1049 (1052); Bamberger/Roth/*Möller* § 500 Rdn. 32; *Gebler/Müller* ZBB 2002, Beilage 2, 2 (8); *Zahn* DB 2002, 985 (990); dagegen *Reinking* ZGS 2002, 229 (231).
[156] Palandt/*Grüneberg* § 398 Rdn. 1.
[157] BGH NZV 2006, 140 (142).
[158] Bejahend Staudinger/*Beckmann* Vorb. zu §§ 433 ff. Rdn. 164.
[159] Vgl. nur BGHZ 110, 230 (233 f.).
[160] MünchKomm/*Lorenz* § 475 Rdn. 27; Staudinger/*Matusche-Beckmann* § 475 Rdn. 40.
[161] BGH NZV 2006, 140 (142); dazu *Lammel*, JurisPR-MietR 7/2006 Anm. 6; *Osterloh*, JurisPR-MietR 6/2006 Anm. 2.

§ 52 Dritter Teil. Besondere Rechtsprobleme einzelner Leasingverträge

zu lassen. Der Kläger hatte in dem beurteilten Sachverhalt Interesse am Erwerb eines Pkw. Ausweislich der Entscheidungsgründe konnte er jedoch aus wirtschaftlichen Gründen keinen Kaufvertrag abschließen und entschied sich deshalb für den Abschluss des Leasingvertrags. Es handelte sich demnach um die typische Situation, dass ein Verbraucher, der am Erwerb bzw. an der Nutzung einer Sache interessiert ist, einen Weg sucht, dieses Ziel zu erreichen. Dabei macht sich ein Verbraucher in aller Regel wohl keine Gedanken darüber, auf welches Gewährleistungsregime – ein kaufrechtliches oder ein mietrechtliches – er sich einlässt. Vielmehr ist es so, dass der Leasingnehmer das Leasinggut nutzt und sowohl die Preis- als auch die Gegenleistungsgefahr trägt: auch bei einer von ihm nicht zu vertretenden Verschlechterung der Leasingsache hat er die Leasingraten weiterhin zu erbringen. Dem Leasinggeber kommt indessen die wirtschaftliche Stellung eines Einkaufskommissionärs zu, der in eigenem Namen und auf fremde Rechnung des Leasingnehmers, der das wirtschaftliche Risiko trägt, das Leasinggut erwirbt.[162] Wird aber in dieser Situation die Abtretung der kaufrechtlichen Gewährleistungsansprüche gegen den Lieferanten der Leasingsache erklärt, ist nicht überzeugend, weshalb diese Konstellation nicht als Umgehung der dem Verbraucher nach der VerbrGKRL zwingend zugesprochenen Vorteile darstellen soll. Auch wenn der BGH den mietrechtlichen Vorschriften, die dem Leasingnehmer im Verhältnis zum Leasinggeber zustehen, eine Gleichwertigkeit gegenüber den kaufrechtlichen Ansprüchen zuspricht, so kommt doch jedenfalls die für den Käufer in der Praxis außerordentlich bedeutsame Beweislastumkehr des § 476 BGB einem Mieter nicht zugute. Damit vermag das Vertrösten auf die mietrechtlichen Ansprüche, denen eine solche Beweislastumkehr fremd ist, auch nicht gänzlich zu überzeugen. Weiß nämlich der Hersteller, dass die gegenüber dem Verbrauchsgüterkauf verminderte Gewährleistung im Ergebnis den Leasingnehmer trifft, muss er sich so behandeln lassen, als hätte er das Geschäft mit dem Verbraucher abgeschlossen. Gestützt wird dieses Ergebnis durch folgende Überlegung: wird ein Geschäft für fremde Rechnung vorgenommen, richten sich die Rechtspositionen nicht nach der Person des formellen Vertragspartners, sondern nach der Person desjenigen, der materiell hinter dem Geschäft steht.[163] Demnach wäre nicht die Unternehmereigenschaft des Leasinggebers, sondern die Verbrauchereigenschaft des Leasingnehmers maßgebend, sodass von einem Umgehungsgeschäft auszugehen ist.

94 Etwas anderes gilt aber für das **Eintrittsmodell**,[164] bei dem der Verbraucher zunächst einen Kaufvertrag mit dem Lieferanten schließt, den der Leasinggeber später übernimmt. Der Kaufvertrag zwischen dem Verbraucher und dem Lieferanten ist ein Verbrauchsgüterkauf, der den §§ 474 ff. BGB unterliegt. Die Vertragsübernahme ändert daran nichts.[165] In diesem Fall muss der Leasinggeber dem Leasingnehmer Gewährleistungsansprüche gegen den Lieferanten abtreten, die denen des Verbrauchsgüterkaufes gleichwertig sind. Nach der Vertragsübernahme haben Leasinggeber und Lieferant zwar die Möglichkeit, den Vertrag ohne Mitwirken des Leasingnehmers zu ändern. Allerdings wird man eine entsprechende formularmäßige Vereinbarung zwischen Leasinggeber und Verbraucher als Verstoß gegen § 307 BGB werten müssen.[166]

95 **d) Rügeobliegenheit des Leasinggebers.** Den Leasinggeber, der Kaufmann ist, trifft die Rügeobliegenheit nach § 377 HGB. Der Umstand, dass beim leasingtypischen Beschaffungsvorgang die Sache unmittelbar an den Verbraucher geliefert wird, ändert nichts an der grundsätzlichen Geltung des § 377 HGB im Verhältnis zwischen Leasinggeber und

---

[162] Ebenso *Höpfner* ZBB 2006, 200, 203.
[163] *Höpfner* ZBB 2006, 200, 203 f.
[164] Siehe dazu auch § 52 Rdn. 176 sowie grundlegend *Martinek* § 5 Rdn. 24 ff.
[165] So auch *Habersack* BB 2003, Beilage 6, 2 (6).
[166] Dafür spricht auch die Ansicht *Habersacks*, nach der der Ausschluss des Nachlieferungsanspruchs des Leasinggebers von der Zustimmung des Verbrauchers abhängig sein soll, vgl. BB 2003, Beilage 6, 2 (6).

15. Kapitel: Leasingverträge und Verbraucherschutz § 52

Hersteller.[167] Dem Leasinggeber ist es aber nicht möglich, die ihn treffende Rügeobliegenheit im Wege Allgemeiner Geschäftsbedingungen auf den Verbraucher abzuwälzen: Eine solche Klausel wäre mit den Grundgedanken des auf Leasingverträge anzuwenden Mietrechts, dem eine solche Obliegenheit fremd ist, nicht zu vereinbaren; sie würde den Leasingnehmer damit unangemessen benachteiligen. Die in Rede stehende Klausel verstößt deshalb gegen § 307 Abs. 2 Nr. 1 BGB und ist unwirksam.

Verletzt der Leasinggeber seine Untersuchungs- und Rügeobliegenheit, verliert er 96 nach § 377 Abs. 3 HGB seine Mängelansprüche gegen den Lieferanten. Damit geht die formularmäßige Abtretung der Ansprüche an den Leasingnehmer ins Leere. Die Haftungsfreistellung verstößt dann wie in allen anderen Fällen, in denen der abgetretene Anspruch nicht besteht oder bereits zum Zeitpunkt der Abtretung in seiner Durchsetzbarkeit gehindert ist, gegen § 242 BGB. Es verbleibt dann bei der mietrechtlichen Gewährleistung des Leasinggebers.

V. Einwendungsverzicht, Wechsel- und Scheckverbot (§§ 500, 496 BGB)

Nach §§ 500, 496 Abs. 1 BGB ist jede Vereinbarung unwirksam, durch die der Leasing- 97 nehmer darauf verzichtet, Einwendungen, die ihm gegen den Leasinggeber zustehen, nach § 404 BGB einem Abtretungsgläubiger entgegenzuhalten oder gegen eine ihm gegen den Leasinggeber zustehende Forderung gem. § 406 BGB auch gegenüber dem Abtretungsgläubiger aufzurechnen. Durch die entsprechende Anwendung von § 496 Abs. 1 BGB soll vermieden werden, dass der Leasingnehmer infolge einer Abtretung der Leasingratenforderung an einen Zessionar zahlen muss, bevor er seine Einwendungen gegenüber dem Leasinggeber durchsetzen kann.[168]

Zudem darf der Leasingnehmer nach §§ 500, 496 Abs. 2 BGB nicht verpflichtet wer- 98 den, für die Ansprüche des Leasinggebers aus dem Leasingvertrag eine Wechselverbindlichkeit einzugehen. Die Regelung soll den Gefahren entgegenwirken, denen der Leasingnehmer infolge der Verkehrsfähigkeit von Wechseln und Schecks ausgesetzt ist.[169] Wegen der allgemein mit der Hingabe von Wechseln und Schecks verbundenen Beweislastumkehr soll verhindert werden, dass der Leasingnehmer, der Verbraucher ist, aus Wechsel oder Scheck im Urkundenprozess in Anspruch genommen wird, ohne dass er dem Kläger die Einwendungen aus dem Leasingvertrag entgegenhalten kann, was ihm nach § 598 ZPO verwehrt wäre.[170]

D) Leistungsstörungen im Verbraucherfinanzierungsleasing

Wegen der Nähe zu Mietverträgen beurteilen sich Leistungsstörungen beim Finanzie- 99 rungsleasing grundsätzlich nach mietrechtlichen Vorschriften.[171] Bedeutsam sind daher bei Mängeln des Leasinggegenstandes vor allem die §§ 536, 536 a BGB.

Besonderheiten ergeben sich aber, wenn der Leasingnehmer Verbraucher ist. Hier gel- 100 ten nach der Anordnung des § 500 BGB die Vorschriften über die verbundenen Verträge. Erfüllt der Leasingnehmer seine Zahlungsverpflichtungen nicht in vollem Umfang, ergibt sich aus § 497 BGB wie diese Leistungen zu berücksichtigen sind. Schließlich genießt der Verbraucher bei Kaufverträgen, die nach Ausübung eines leasingvertraglichen

---

[167] BGH NJW 1990, 1290 (1292); MünchKomm/*Habersack* Leasing Rdn. 44; Bamberger/Roth/*Möller* § 500 Rdn. 24; aA Canaris AcP 190 (1990), 410 (428).

[168] Zur Bedeutung des § 496 beim Darlehensvertrag: Palandt/*Putzo* § 496 Rdn. 1; MünchKomm/*Habersack* § 496 Rdn. 5.

[169] MünchKomm/*Habersack* § 496 Rdn. 2; Bamberger/Roth/*Möller* § 496 Rdn. 3.

[170] Zur Rechtslage beim Darlehensvertrag Palandt/*Putzo* § 496 Rdn. 1; allgemein Musielak/*Voit* § 598 ZPO Rdn. 2.

[171] BGH NJW 1977, 484; BGH NJW 1978, 1383; BGH NJW 1986, 1744; BGH NJW 1989, 460; H. *Beckmann* Finanzierungsleasing § 1 Rdn. 43.

§ 52　Dritter Teil. Besondere Rechtsprobleme einzelner Leasingverträge

Andienungs- oder Optionsrechts zustande gekommen sind, den Schutz der Vorschriften über den Verbrauchsgüterkauf.

I. Einwendungsdurchgriff nach §§ 500 i.V. m. 358, 359 BGB

101　Nach § 500 BGB sind auf das Verbraucherleasing auch die §§ 358, 359 BGB, also die **Vorschriften über verbundene Verträge** entsprechend anwendbar. Sie regeln einen Einwendungsdurchgriff in Fällen, in denen ein Vertrag über die Lieferung einer Ware oder die Erbringung einer Leistung mit einem Verbraucherdarlehensvertrag verbunden ist.

102　Der Verweis in § 500 BGB auch auf § 358 BGB – die Vorschrift, die bestimmt, wann ein verbundener Vertrag vorliegt – macht deutlich, dass der Gesetzgeber Finanzierungsleasingverträge nicht per se als verbundene Verträge ansieht, sondern die Vorschriften nur dann eingreifen sollen, wenn die Voraussetzungen des § 358 Abs. 3 BGB auch tatsächlich vorliegen.[172] In der Regel fehlt es aber bei Finanzierungsleasingverträgen bereits an der Mindestvoraussetzung, dass ein Verbraucher zwei Rechtsgeschäfte mit unterschiedlichen Unternehmen abschließt, die eine wirtschaftliche Einheit bilden:[173] Der Leasingnehmer schließt typischerweise nur einen Vertrag mit dem Leasinggeber, dieser seinerseits mit dem Lieferanten der Leasingsache.[174] Mit dem Lieferanten aber steht der Leasingnehmer in keiner vertraglichen Beziehung,[175] so dass dem Verweis in § 500 BGB nur eine geringe praktische Bedeutung zukommt.[176]

103　Die Rechtsgrundverweisung[177] auf die §§ 358, 359 BGB kann aber für das sog. **Eintrittsmodell** Bedeutung haben,[178] bei dem der Verbraucher vor Abschluss des Leasingvertrags einen Kaufvertrag mit Leasingfinanzierungsklausel abschließt, in den der Leasinggeber dann im Wege eines Schuldbeitritts neben den Verbraucher eintritt oder er im Wege einer Vertragsübernahme (§ 414 BGB) den Kaufvertrag übernimmt. Im Fall der Vertragsübernahme sind die §§ 358, 359 BGB aber wiederum nicht anwendbar, da der Verbraucher seine Stellung als Partei des Kaufvertrags verloren hat. Nur im Falle des Schuldbeitrittsmodells kommt die Annahme eines verbundenen Geschäfts in Betracht.

104　Bilden in dieser Konstellation Kaufvertrag und Leasingvertrag eine wirtschaftliche Einheit, so profitiert der Verbraucher von den Schutzvorschriften der §§ 358, 359 BGB. Der Widerruf von einem der beiden Verträge bringt auch den jeweils anderen Vertrag zu Fall (sog. Widerrufsdurchgriff). Auf diese Rechtsfolge muss der Leasinggeber den Leasingnehmer beim Eintrittsmodell hinweisen, § 358 Abs. 5 BGB. Zudem kann der Leasinggeber dem Leasingnehmer nach § 359 BGB die Einwendungen aus dem Kaufvertrag entgegenhalten.[179]

II. Verzugszinsen, Anrechnung von Teilleistungen (§§ 500, 497 BGB)

105　§ 500 BGB erklärt auch § 497 BGB zur Behandlung von Verzugszinsen und der Anrechnung von Teilleistungen für entsprechend anwendbar. Ziel ist zu verhindern, dass Leasingnehmer beim Verbraucherleasing in eine immer weiter steigende Verschuldung geraten; andererseits wird den Interessen des Leasinggebers dadurch Rechnung getragen,

---

[172] *Habersack* BB 2003, Beilage 6, 2 (3).
[173] MünchKomm/*Habersack* § 500 Rdn. 8 und § 358 Rdn. 17; *Bülow* Verbraucherkreditrecht § 500 Rdn. 10; aA *Kothe* in: Kothe/Micklitz/Rott/Tonner/Willingmann § 500 Rdn. 10; Jauernig/*Berger* § 500 Rdn. 3.
[174] *Habersack* BB 2003, Beilage, 6, 2 (3); *Reinking* DAR 2002, 145 (147); *Bülow* § 500 Rdn. 11; *H. Beckmann* Finanzierungsleasing § 1 Rdn. 38.
[175] *Reinking* DAR 2002, 145 (147).
[176] Ähnlich *Habersack* BB 2003, Beilage 6, 2 (3).
[177] Ebenso Bülow/Artz/*Koch* Handbuch Verbraucherprivatrecht § 8 Rdn. 18.
[178] So auch *Bülow* § 500 Rdn. 12; *Habersack* BB 2003, Beilage 6, 2 (5).
[179] Siehe näher Bülow/Artz/*Koch* Handbuch Verbraucherprivatrecht § 8 Rdn. 21 f.

15. Kapitel: Leasingverträge und Verbraucherschutz § 52

dass ihm für den tatsächlich entstandenen Verzugsschaden ein Ausgleich gewährt wird.[180] Anders als § 266 BGB vorsieht wird dem Leasingnehmer die Möglichkeit zu Teilleistungen gegeben.[181]

1. Anspruch des Leasinggebers auf Verzugszinsen

Nach § 497 Abs. 1 Satz 1 BGB hat der Leasinggeber einen Anspruch auf Zahlung von Verzugszinsen, sobald der Leasingnehmer mit Zahlungen, die er aufgrund des Finanzierungsleasingvertrages zu leisten hat, in Verzug (§ 286 BGB) gerät. Die Verbindlichkeiten ergeben sich aus dem Leasingvertrag, wenn es sich um die Zahlung der vereinbarten Leasingrate oder einer Schlusszahlung handelt. 106

Hinsichtlich der Zinshöhe gilt § 288 Abs. 1 BGB.[182] Der Verbraucher hat den fälligen Betrag, mit dem er sich in Verzug befindet, ab Eintritt des Verzuges mit fünf Prozentpunkten über dem Basiszinssatz zu verzinsen, vgl. § 247 BGB. 107

Nach § 497 Abs. 1 Satz 3 BGB kann der Leasinggeber einen höheren Schaden ersetzt verlangen, den er allerdings konkret nachweisen muss; umgekehrt kann der Leasingnehmer ebenfalls konkret einen geringeren Schaden des Leasinggebers nachweisen, so dass er nur diesen ersetzen muss.[183] 108

Wer allerdings den Schaden nach § 288 Abs. 1 BGB pauschaliert ersetzt verlangt, kann daneben nicht einen zusätzlichen Verzögerungsschaden gemäß §§ 280 Abs. 2, 286 BGB geltend machen.[184] 109

2. Behandlung der Verzugszinsen

§ 497 Abs. 2 BGB setzt das gesetzliche Verbot des Zinseszinses durch,[185] indem Verzugszinsen auf einem gesonderten Debitorenkonto zu verbuchen sind. M. a. W. dürfen sie nicht auf dem Konto verbucht werden, auf dem die anderen Ansprüche des Leasinggebers, insbesondere die Forderungen auf Zahlung der fälligen Leasingraten verbucht werden; diese Forderungen dürfen auch nicht in ein Kontokorrent einbezogen werden. Besteht ein solches Debitorenkonto noch nicht, ist der Leasinggeber verpflichtet, ein solches einzurichten. 110

3. Behandlung von Teilleistungen

Reicht eine Zahlung des Leasingnehmers nicht aus, um eine fällige Schuld (Leasingrate, Zins, Rückerstattung u. Ä.) zu erfüllen, liegt eine Teilleistung vor, deren Behandlung sich nach § 497 Abs. 1 Satz 1 BGB richtet. § 497 Abs. 1 Satz 2 BGB verbietet dem Leasinggeber abweichend von § 266 BGB, Teilleistungen zurückzuweisen. Die Teilzahlung ist zunächst auf etwaige Rechtsverfolgungskosten, dann auf den übrigen geschuldeten Betrag (Leasingraten, Rückerstattungen u. Ä.), der zum Zeitpunkt der Zahlung fällig ist, und erst dann auf den Zinsanspruch aus § 497 Abs. 1 BGB anzurechnen. 111

---

[180] Zur Regelung bei Darlehensverträgen allgemein MünchKomm/*Habersack* § 497 Rdn. 1 f.
[181] Zur Rechtslage bei Kreditverträgen: Palandt/*Putzo* § 497 Rdn. 1; Bamberger/Roth/*Möller* § 497 Rdn. 10; MünchKomm/*Habersack* § 497 Rdn. 2.
[182] Palandt/*Putzo* § 497 Rdn. 5; Bamberger/Roth/*Möller* § 497 Rdn. 4.
[183] Zum Darlehensvertrag allgemein MünchKomm/*Habersack* § 497 Rdn. 18; Bamberger/Roth/*Möller* § 497 Rdn. 6.
[184] Noch zu § 286 BGB aF und dem im Wesentlichen inhaltsgleichen § 11 VerbrKrG OLG Zweibrücken WM 2001, 24.
[185] Palandt/*Putzo* § 497 Rdn. 7; MünchKomm/*Habersack* § 497 Rdn. 2; *Bülow* Verbraucherkreditrecht § 497 Rdn. 53; Bamberger/Roth/*Möller* § 497 Rdn. 8; noch zur früheren Rechtslage BT-Drucks. 11/5462 S. 14.

III. Verjährung

112 Nach § 497 Abs. 3 Satz 3 bis 5 BGB verjähren Ansprüche auf Verzugszinsen nach Abs. 2 nicht in der allgemeinen dreijährigen Verjährungsfrist des § 197 Abs. 2 BGB, weil die Tilgung des Anspruchs wegen Abs. 3 Satz 1 BGB dauerhaft hinausgeschoben sein kann. In Vollstreckungstiteln festgestellte Verzugszinsansprüche verjähren nach § 497 Abs. 3 Satz 4 BGB innerhalb der dreißigjährigen Frist des § 197 Abs. 1 Nr. 3 bis 5 BGB.

IV. Geltung der §§ 474 ff. BGB bei Kaufverträgen infolge eines leasingvertraglichen Andienungs- oder Optionsrechts

113 Die Vorschriften über den Verbrauchsgüterkauf sind auf Finanzierungsleasingverträge nicht, auch nicht analog, anwendbar.[186] Der zwischen Leasinggeber und Lieferant abgeschlossene Kaufvertrag ist kein Verbrauchsgüterkauf, weil beide Vertragsparteien regelmäßig keine Verbraucher sind. Daran ändert auch die Tatsache nichts, dass der Kaufgegenstand im Rahmen eines Finanzierungsleasingvertrages an einen Verbraucher weitergegeben wird. Auch der Verbraucherleasingvertrag selbst unterfällt nicht diesen Vorschriften, weil er kein Kaufvertrag ist.[187] Etwas anderes folgt auch nicht aus der Verbrauchsgüterkaufrichtlinie,[188] weil sie ausschließlich auf Lieferung und damit auf Eigentumsübertragung gerichtete Verträge erfasst.[189] Das Eigentum soll aber zumindest bis zum Ablauf des Leasingvertrags, sofern es dann vereinbarungsgemäß auf den Leasingnehmer übergehen soll, beim Leasinggeber verbleiben.

114 Etwas anderes kann aber gelten, wenn zwischen Leasinggeber und Leasingnehmer ein Kaufvertrag durch **Ausübung eines der Vollamortisation dienenden Andienungs- oder Optionsrechts** zustande kommt. Dieser Kaufvertrag fällt in den Anwendungsbereich der §§ 474 ff. BGB.[190]

E) Vertragsbeendigung beim Verbraucherleasing

115 Neben den verschiedenen Möglichkeiten einer ordentlichen Vertragsbeendigung kann das Leasingverhältnis auch aufgrund einer außerordentlichen Kündigung einer der Leasingparteien aus wichtigem Grund enden.[191] Einen Sonderfall stellt die Möglichkeit der vorzeitigen Vertragsbeendigung durch den Verbraucher dar, die ihm bei Leasingverträgen, bei dem das Eigentum auf ihn übergehen soll, aufgrund der VerbrKrRL zugute kommt.

I. Ordentliche Vertragsbeendigung

116 Im Bereich der ordentlichen Vertragsbeendigung ergeben sich für das Verbraucherleasing gegenüber den sonst geltenden Grundsätzen[192] keine Unterschiede. Die ordentliche Vertragsbeendigung kann auf einer von vornherein zeitlich vereinbarten Befristung beruhen, so dass das Vertragsverhältnis mit Ablauf der zeitlich vereinbarten Dauer ohne Kündigungserklärung automatisch endet.[193] Dies ist insbesondere bei Vollamortisationsleasingverträgen[194] der Fall. Ist der Leasingvertrag nicht auf eine bestimmte Zeit abge-

---

[186] MünchKomm/*Habersack* Leasing Rdn. 39; zum Problem der Berücksichtigung der §§ 474 ff. BGB bei der leasingtypischen Abtretungskonstruktion siehe Rdn. 88 ff.
[187] MünchKomm/*Habersack* Leasing Rdn. 39.
[188] RL 1999/44/EG vom 25.5.1999, ABl. EG Nr. L 171/12.
[189] So wohl Bamberger/Roth/*Faust* § 474 Rdn. 4.
[190] *Habersack* BB 2003, Beilage 6, 2 (6).
[191] Staudinger/*Stoffels* Leasing Rdn. 274.
[192] Dazu in diesem Handbuch *Berninghaus* Kapitel 10.
[193] Staudinger/*Stoffels* Leasing Rdn. 276.
[194] Siehe dazu oben Rdn. 12 ff.

II. Vorzeitige Vertragsbeendigung durch den Leasingnehmer

Zwischen der ordentlichen Vertragsbeendigung einerseits und der außerordentlichen Beendigung andererseits steht die Möglichkeit des Leasingnehmers, abweichend von § 271 Abs. 2 BGB durch vorzeitige Zahlung der noch ausstehenden Leasingraten einen Finanzierungsleasingvertrag, der auf Eigentumserwerb gerichtet ist, zu beenden. Um den Anforderungen des Art. 8 VerbrKrRL Rechnung zu tragen, ist auf Leasingverträge, die von Art. 2 Abs. 1 lit. b VerbrKrRL erfasst sind,[195] § 504 BGB analog anzuwenden.[196] Dadurch soll dem Verbraucher die Möglichkeit gegeben werden, jederzeit seine vertragliche Verpflichtung zu erfüllen[197] und damit die mit dem Leasingvertrag verbundenen Kosten zu reduzieren.

117

Die Möglichkeit zur vorzeitigen Zahlung der noch offenen Leasingraten analog § 504 Satz 1 BGB setzt eine Kündigungserklärung nicht voraus. Die Rechtsfolgen sind allein an die vorzeitige Zahlung geknüpft.[198] Nimmt der Leasingnehmer die vorzeitig geleistete Zahlung nicht an, gerät er in Annahmeverzug. Leistet ein Dritter (§ 267 Abs. 1 BGB), tritt ebenfalls Erfüllung ein, so dass auch hier dem Verbraucher § 504 BGB zugute kommt.[199] Analog § 504 Abs. 1, 2. Hs. BGB vermindert sich der noch offene Betrag um die Zinsen und sonstigen laufzeitabhängigen Kosten. Dem Vertrauen des Leasinggebers auf den Bestand des Leasingvertrags und die vereinbarten Zahlungen trägt § 504 Satz 3 BGB Rechnung, wonach der Verbraucher die Kosten des Leasingvertrags bis zu einer Dauer von neun Monaten ab Vertragsschluss zu tragen hat, wenn er während dieser Zeit die Leasingraten vorzeitig zahlt. Bei einem Leasingvertrag werden keine Zinsen berechnet. Weil beim Finanzierungsleasingvertrag § 502 Abs. 1 Satz 2 BGB nicht eingreift, kann auch nicht analog § 504 Satz 2 BGB der gesetzliche Zinssatz zugrunde gelegt werden. Vielmehr bietet es sich an, für die Zeit der vorzeitigen Zahlung der Leasingraten anteilig die Differenz zwischen der Summe der Leasingraten und dem Barzahlungspreis in Abzug zu bringen. Erfolgt die Rückzahlung während der ersten neun Monate, so kann der Verbraucher wegen § 504 Satz 3 BGB anteilig nur die anteilige Differenz ab dem zehnten Monat bis zum Ende der Vertragslaufzeit in Abzug bringen.

118

III. Außerordentliche Vertragsbeendigung
1. Kündigung durch den Leasingnehmer

Wie bei Dauerschuldverhältnissen üblich, kann auch der Leasingvertrag bei Vorliegen eines wichtigen Grundes nach § 314 BGB ohne Einhaltung einer Kündigungsfrist vorzeitig beendet werden.[200] Ein außerordentliches Kündigungsrecht des Leasingnehmers kommt unter anderem in Betracht, wenn der Leasinggegenstand nicht geliefert wird oder mangelhaft ist. Hier ergeben sich für das Verbraucherleasing keine Besonderheiten, so dass insoweit auf die allgemeinen Ausführungen verwiesen werden kann.[201]

119

---

[195] Vgl. § 52 Rdn. 29.
[196] MünchKomm/*Habersack* § 500 Rdn. 4.
[197] Palandt/*Putzo* § 504 Rdn. 1; MünchKomm/*Habersack* § 504 Rdn. 2; Bamberger/Roth/*Möller* § 504 Rdn. 1.
[198] MünchKomm/*Habersack* § 504 Rdn. 5; wohl auch Bamberger/Roth/*Möller* § 504 Rdn. 3; *Bülow* Verbraucherkreditrecht § 504 Rdn. 13.
[199] Zur Vorgängervorschrift Staudinger/*Kessal-Wulf* § 14 VerbrKrG Rdn. 8.
[200] Staudinger/*Stoffels* Leasing Rdn. 308.
[201] Siehe dazu in diesem Handbuch *Berninghaus* Kapitel 11.

2. Kündigung durch Leasinggeber bei Zahlungsverzug (§ 498 BGB)

120 Besonderheiten gelten indes für das Verbraucherleasing hinsichtlich des Kündigungsrechts des Leasinggebers: Führt der Zahlungsverzug des Leasingnehmers zum fristlosen Kündigungsrecht des Leasinggebers analog § 543 Abs. 2 Nr. 3 BGB, gilt gemäß § 500 BGB die Sondervorschrift des § 498 BGB. Die Vorschrift greift bereits dann, wenn in einer Gesamtheit von Leasingnehmern ein einziger Verbraucher beteiligt ist, weil die Kündigung des Leasingvertrages ihnen gegenüber nur einheitlich erklärt werden kann.[202]

121 Erforderlich ist nach § 498 Abs. 1 Satz 1 Nr. 1 BGB, dass der Leasingnehmer mit zwei aufeinander folgenden Leasingraten ganz oder teilweise im Verzug ist. Das grundsätzliche Recht des Schuldners, eine Tilgungs- und Zweckbestimmung vorzunehmen, gilt hier nicht uneingeschränkt: Dem Verbraucher ist es verwehrt, eine Tilgungsbestimmung anzugeben, nach der er auf jede zweite Leasingrate leisten will, um zu vermeiden, mit zwei aufeinander folgenden Raten in Rückstand zu kommen.[203] Hinzukommen muss, dass dieser Rückstand mindestens 10 % bzw. bei Verträgen mit einer Laufzeit über 3 Jahren mindestens 5 % des „Nennbetrages des Darlehens oder des Teilzahlungspreises" beträgt. Für den Finanzierungsleasingvertrag, der einen Darlehensnennbetrag nicht kennt, ist daher im Ansatz auf den Teilzahlungspreis abzustellen,[204] der sich aus der Summe der Brutto-Leasingraten ergibt. Das bedeutet, dass Zinsen und sonstige laufzeitabhängige Kosten ebenfalls zu berücksichtigen sind.[205] Nicht zugrunde zu legen sind hingegen Sonderzahlungen, etwa eine Anzahlung, eine Abschlusszahlung, die einer vollen Amortisation dient, oder aber der Restwert des Leasinggegenstandes.[206]

122 Liegen diese Voraussetzungen vor, muss der Leasinggeber dem Leasingnehmer erfolglos eine zweiwöchige (Mindest-)Frist[207] zur Zahlung des rückständigen Betrages setzen und dabei die Kündigung androhen, § 498 Abs. 1 Satz 1 Nr. 2 BGB. Die Kündigungsandrohung unterliegt, wie auch die spätere Kündigung selbst, keinem Formerfordernis.[208] Die Fristsetzung soll dem Leasingnehmer die letzte Möglichkeit geben, den Leasingvertrag noch zu retten.[209] Dabei muss der Leasinggeber den ausstehenden Betrag genau beziffern. Dieser errechnet sich aus dem geschuldeten Betrag i. S. v. § 497 Abs. 1 BGB und den aufgelaufenen Verzugszinsen nach § 497 Abs. 2 Satz 1 und 2 BGB. Stellt er eine – wenn auch nur geringe – Zuvielforderung, führt dies zur Unwirksamkeit der Kündigung insgesamt.[210] Etwas anderes kann allenfalls gelten, wenn es sich um bloße Cent-Beträge oder etwa um einen Berechnungsfehler aufgrund eines offensichtlichen Zahlendrehers handelt.[211] Nach der gesetzlichen Regelung soll der Leasinggeber spätestens mit der Kündigungsandrohung dem Darlehensnehmer ein persönliches Gespräch anbieten, um die Möglichkeiten einer einverständlichen Regelung zu erörtern (§ 498 Abs. 1 Satz 2 BGB). Dieses Gesprächsangebot ist allerdings keine Wirksamkeitsvoraussetzung für die Kün-

---

[202] Bülow/Artz/*Koch* Handbuch Verbraucherprivatrecht Rdn. 26.
[203] Offenlassend Palandt/*Putzo* § 498 Rdn. 5, der jedenfalls bei der dritten Wiederholung einen Rechtsmissbrauch annimmt; aA *Bülow* Verbraucherkreditrecht § 498 Rdn. 20.
[204] *Bülow* § 500 Rdn. 22; MünchKomm/*Habersack* § 498 Rdn. 14; im Ergebnis auch BGHZ 147, 7 (16) und BGH NJW-RR 2005, 1410.
[205] BGHZ 147, 7 (16); Palandt/*Putzo* § 498 Rdn. 5; *Engel* BB 2001, Beilage 4, 24; aA Bamberger/Roth/*Möller* § 498 Rdn. 5.
[206] So überzeugend MünchKomm/*Habersack* § 498 Rdn. 15 unter Bezugnahme auf BGHZ 147, 7 (16).
[207] MünchKomm/*Habersack* § 498 Rdn. 15; Bamberger/Roth/*Möller* § 498 Rdn. 7; Palandt/*Putzo* § 498 Rdn. 6.
[208] *Bülow* Verbraucherkreditrecht § 498 Rdn. 26; Palandt/*Putzo* § 498 Rdn. 6.
[209] *Moseschus* FLF 2005, 119 (120); MünchKomm/*Habersack* § 498 Rdn. 15.
[210] BGH NJW-RR 2004, 1410 (1412).
[211] BGH NJW-RR 2005, 1410 (1412).

15. Kapitel: Leasingverträge und Verbraucherschutz **§ 52**

digungsandrohung oder die Kündigungserklärung.[212] Einzelfallbezogen kann sich aber eine Pflicht des Leasinggebers zur Anhörung des Leasingnehmers ergeben, deren Verletzung sogar zur Schadensersatzverpflichtung führen kann.[213]

Liegen die Voraussetzungen des § 498 Abs. 1 Satz 1 BGB vor, ist der Leasinggeber zur 123 Kündigung des Finanzierungsleasingvertrages berechtigt. Eine rechtzeitige Zahlung liegt nach allgemeinen Grundsätzen dann vor, wenn die Leistungshandlung innerhalb der Zweiwochenfrist vorgenommen wurde, auch wenn der Leistungserfolg erst nach Ablauf dieser Frist eintritt. Fehlt es an einer ausreichenden Befriedigung des Leasinggebers, muss dieser die Kündigung nach erfolglosem Fristablauf noch einmal gesondert erklären.[214] Nicht statthaft ist es, die Kündigungsandrohung unter der aufschiebenden Bedingung, dass die rückständigen Beträge nicht vollständig gezahlt werden, zu erklären.[215] Die Kündigungserklärung muss aber in zeitlichem Zusammenhang mit dem erfolglosen Ablauf der gesetzten Frist erfolgen; ansonsten kann der Leasingnehmer ihr den Einwand der Verwirkung entgegenhalten.[216]

Hat sich der Leasingnehmer bei der Kündigungsandrohung einmal in Höhe der relati- 124 ven Rückstandsquote im Verzug befunden, so ist die Kündigungserklärung auch dann wirksam, wenn er zwischenzeitlich eine Teilleistung bewirkt hat und damit der noch ausstehende Betrag unter die relative Rückstandsquote gefallen ist[217].

Wird eine Kündigungserklärung nach § 498 Abs. 1 BGB wirksam, werden die noch aus- 125 stehenden Leasingraten sofort fällig. Allerdings schuldet der Leasingnehmer in diesem Fall wegen § 498 Abs. 2 BGB (sog. Restschuldverminderung) nur die Zahlung der bis zum Zeitpunkt einer nach dem Vertrag nächstmöglichen ordentlichen Kündigung anfallenden Leasingraten, die entsprechend zu verzinsen sind.[218] In diesem Betrag einzurechnen sind alle im Falle einer ordentlichen Kündigung vorgesehenen Ausgleichszahlungen, die einer vollen Amortisation dienen;[219] herauszurechnen sind alle laufzeitabhängigen Kosten einschließlich des Gewinns des Leasinggebers. Der Leasinggeber, den die vertragliche Nebenpflicht trifft, sich um eine bestmögliche Verwendung der Leasingsache zu bemühen, muss sich dabei auch einen erzielten Verwertungserlös anrechnen lassen.[220]

Daneben kann der Leasinggeber aber nicht seinen entgangenen Gewinn oder eine et- 126 waige Vorfälligkeitsentschädigung, die er wegen einer Refinanzierung bei einem Darlehensgeber zu leisten hat, vom Leasingnehmer im Wege des Schadensersatzes verlangen.[221]

F) Operating-Leasingverträge mit Verbrauchern

Von Operatingleasing spricht man, wenn der Leasinggeber die volle Amortisation 127 durch mehrfaches Überlassen an verschiedene Leasinggeber erstrebt.[222] Dabei steht die Überlassung der Leasingsache im Vordergrund, nicht ein späterer Eigentumserwerb der Sache durch den Leasingnehmer. Weil das Operating-Leasing reine Miete bzw. Pacht und keine Form des Finanzierungsleasings ist,[223] ist auch § 500 BGB nicht anwendbar. Damit

---

[212] Palandt/*Putzo* § 498 Rdn. 8; *Bülow* Verbraucherkreditrecht § 498 Rdn. 39.
[213] MünchKomm/*Habersack* § 498 Rdn. 19.
[214] MünchKomm/*Habersack* § 498 Rdn. 20.
[215] LG Bonn NJW-RR 1998, 779 (780); Jauernig/*Berger* § 498 Rdn. 7.
[216] BGH WM 1984, 1273; BGH WM 1980, 380 (381 f.); Jauernig/*Berger* § 498 Rdn. 7; *Bülow* Verbraucherkreditrecht § 498 Rdn. 19.
[217] BGH NJW-RR 2005, 1410 (1412); MünchKomm/*Habersack* § 498, Rdn. 18.
[218] MünchKomm/*Habersack* § 498 Rdn. 28.
[219] BGH NJW 1986, 1746 (1747); MünchKomm/*Habersack* Leasing Rdn. 126.
[220] BGHZ 95, 39 (54, 61).
[221] MünchKomm/*Habersack* § 498 Rdn. 28.
[222] Zum Operatingleasing in diesem Handbuch ausführlich *Martinek* § 3 Rdn. 2 ff.; BGH NJW 2003, 505.
[223] *H. Beckmann* Finanzierungsleasing § 1 Rdn. 11.

§ 53   Dritter Teil. Besondere Rechtsprobleme einzelner Leasingverträge

sind alle Regelungen, die sich aus ihren Verweisungen ergeben, für das Operating-Leasing nicht zu beachten.

128 Der Gesetzgeber wollte mit § 500 BGB den Vorgaben der VerbrKrRL Rechnung tragen und hat im Wege einer weitergehenden Umsetzung einige weitere Regelungen des Verbraucherkreditrechts für anwendbar erklärt. Weil das Operating-Leasing keine Finanzierungsfunktion hat, ist die Interessenlage eine andere als beim Finanzierungsleasing. Deshalb scheidet auch eine analoge Anwendung des § 500 BGB bzw. der durch die Vorschrift als anwendbar erklärten Vorschriften aus. Zudem ist es nicht auf einen Eigentumserwerb gerichtet, so dass auch eine analoge Anwendung der Vorschriften über den Verbrauchsgüterkauf (§§ 474 ff. BGB) nicht in Betracht kommt.

129 Bei Operating-Leasingverträgen mit Verbrauchern gelten daher die meisten Besonderheiten des Verbraucherleasings nicht. Grundsätzlich sind sie daher ausschließlich nach den mietrechtlichen Vorschriften zu behandeln. Bei Abschluss des Vertrages sind aber, sofern Allgemeine Geschäftsbedingungen verwendet werden, die Klauselverbote der §§ 308, 309 BGB zu beachten.[224]

§ 53. Leasingverträge als Haustürgeschäfte

Schrifttum: siehe vor § 52.

Übersicht

A) Grundlagen	1
B) Anwendungsvoraussetzungen	3
I. Persönlicher Anwendungsbereich	3
II. Sachlicher Anwendungsbereich: Haustürsituationen	4
III. Rechtsfolgen	6
1. Widerrufsrecht	6
2. Rückgaberecht	8

A) Grundlagen

1 Auf einen mit einem Verbraucher abgeschlossenen Finanzierungsleasingvertrag sind die Vorschriften der §§ 312 f. BGB über Haustürgeschäfte anwendbar,[1] wenn der Vertrag in einer für das Haustürgeschäft typischen Situation abgeschlossen worden ist.

2 Die Vorschriften über Haustürgeschäfte gehen auf das **Haustürwiderrufsgesetz** zurück, das der Umsetzung der Richtlinie 85/577/EWG des Rates vom 20. Dezember 1985 dient.[2] Durch das Schuldrechtsmodernisierungsgesetz wurde das Haustürwiderrufsgesetz in den §§ 312, 312a BGB ohne Änderung in der Sache übernommen.[3] Zweck dieser Vorschriften ist es, den Verbraucher vor einer Überrumpelung und sachwidrigen Beeinflussung zu bewahren. Denn Haustürgeschäfte werden von Unternehmern außerhalb ihrer Geschäftsräume unangekündigt angebahnt. Der Verbraucher befindet sich in einer Situation, in der er auf den Abschluss eines Vertrages nicht vorbereitet ist und daher einem Angebot möglicherweise nicht kritisch genug gegenübersteht.

---

[224] Vgl. ausführlich § 52 Rdn. 76 ff.
[1] MünchKomm/*Habersack* Leasing Rn. 35; Staudinger/*Thüsing* § 312 Rdn. 20; Jauernig/*Berger*, § 312, Rn. 6.
[2] AblEG Nr. L 372 S. 31.
[3] Staudinger/*Thüsing* Vorbem. zu §§ 312, 312a Rdn. 2; Palandt/*Heinrichs* § 312 Rdn. 1.

B) Anwendungsvoraussetzungen

I. Persönlicher Anwendungsbereich

Die Anwendung des § 312 BGB setzt voraus, dass der Leasingvertrag zwischen einem Unternehmer als Leasinggeber und einem Verbraucher als Leasingnehmer geschlossen wurde.[4]

3

II. Sachlicher Anwendungsbereich: Haustürsituationen

Ein Haustürgeschäft liegt vor, wenn der Vertrag eine entgeltliche Leistung zum Gegenstand hat und der Verbraucher zu dessen Abschluss durch mündliche Verhandlung an seinem Arbeitsplatz oder im Bereich einer Privatwohnung (Nr. 1), anlässlich einer vom Unternehmer oder einem Dritten zumindest auch im Interesse des Unternehmers durchgeführten Freizeitveranstaltung (Nr. 2, „Kaffeefahrt") oder im Anschluss an ein überraschendes Ansprechen in Verkehrsmitteln oder im Bereich öffentlich zugänglicher Verkehrsflächen (Nr. 3) bestimmt worden ist.[5] Der Finanzierungsleasingvertrag stellt eine gegen Entgelt gewährte sonstige Finanzierungshilfe i. S. v. § 499 Abs. 1, 2. Alt. BGB dar,[6] hat also eine entgeltliche Leistung zum Gegenstand. Ist der Verbraucher zum Abschluss des Finanzierungsleasingvertrages in der beschriebenen Weise bestimmt worden, so ist der Finanzierungsleasingvertrag ein **Haustürgeschäft**.

4

Eine **einschränkende Auslegung des sachlichen Anwendungsbereichs des § 312 Abs. 1 S. 1 BGB**, die zur Ausklammerung des Finanzierungsleasingvertrags führen würde, ist **nicht angezeigt**. Ausgehend von § 312a BGB, der das Widerrufsrecht nach § 312 BGB für den Fall ausschließt, dass nach Maßgabe anderer Vorschriften ein Recht zum Widerruf nach § 355 BGB besteht, könnte man zwar erwägen, jene Verträge schon nicht als Haustürgeschäfte anzusehen. Denn wenn dem Verbraucher aus der Qualifizierung als Haustürgeschäft keine Vorteile zukommen, die er nicht ohnehin bereits hat, besteht kein rechtliches Bedürfnis einer Einordnung als Haustürgeschäft. Gegen eine solche Betrachtungsweise spricht indes bereits die Entstehungsgeschichte des § 312a BGB. Nach der ersten Fassung des § 312a BGB sollte das Widerrufsrecht des § 312 BGB ausgeschlossen werden, wenn das Haustürgeschäft in den Anwendungsbereich der in § 312a BGB aufgeführten Sonderregelungen fiel, gleichgültig, ob nach diesen Vorschriften ein Widerrufsrecht bestand oder nicht.[7] Nach der durch das OLG-Vertretungsänderungsgesetz[8] gefundenen Neufassung des § 312a BGB entfällt das Widerrufsrecht des § 312 BGB dagegen nur, wenn der Verbraucher nach den Sondervorschriften tatsächlich auch zum Widerruf berechtigt ist.[9] Würde infolge einer einschränkenden Auslegung pauschal jeder Vertrag, der den Verbraucher zum Widerruf nach § 355 BGB berechtigt, aus dem sachlichen Anwendungsbereichs des § 312 Abs. 1 Satz 1 BGB ausgeschieden, bliebe unberücksichtigt, ob der Verbraucher auch tatsächlich nach diesen Sonderregeln zum Widerruf berechtigt ist. Sollte dies einmal nicht der Fall sein, so stünde dem Verbraucher kein Widerrufsrecht zu, weder nach § 312 Abs. 1 Satz 1 BGB noch nach anderen Vorschriften. Um diese mögliche Lücke im Verbraucherschutz zu vermeiden, verbietet sich eine einschränkende Auslegung des sachlichen Anwendungsbereichs des § 312 Abs. 1 Satz 1 BGB.

5

---

[4] Vgl. in diesem Handbuch *Matusche-Beckmann* § 52 Rdn. 25 ff.
[5] Siehe zu den einzelnen Haustürsituationen näher Staudinger/*Thüsing* § 312 Rdn. 72 ff.
[6] MünchKomm/*Habersack* § 499 Rdn. 21, 23; *Bülow* Verbraucherkreditrecht § 499 Rdn. 22.
[7] Palandt/*Heinrichs* § 312a Rdn. 1.
[8] BGBl I 2002 S. 2850.
[9] Staudinger/*Thüsing* § 312a Rdn. 9; Palandt/*Heinrichs* § 312a Rdn. 1.

III. Rechtsfolgen

1. Widerrufsrecht

6   Liegen die genannten Voraussetzungen vor, steht dem Verbraucher ein **Widerrufsrecht** gemäß § 355 BGB zu (§ 312 Abs. 1 BGB). Allerdings ist bei Finanzierungsleasingverträgen die **Einschränkung** des § 312a BGB zu beachten: Das Widerrufsrecht nach § 312 BGB ist hiernach ausgeschlossen, wenn dem Verbraucher zugleich nach Maßgabe anderer Vorschriften ein Widerrufsrecht zusteht. Beim Finanzierungsleasingvertrag steht dem Verbraucher bereits ein Widerrufsrecht nach §§ 500, 495 Abs. 1 BGB zu.

7   Für den Widerruf gemäß § 312 BGB verbleibt Raum, wenn ein anderes Widerrufsrecht nicht besteht.[10] Dies kann bei Leasingverträgen bedeutsam werden, wenn der Leasingvertrag nicht die Voraussetzungen eines Finanzierungsleasingvertrgs i. S. v. § 500 BGB erfüllt oder bei Finanzierungsleasingverträgen, für die wegen der Ausnahme in § 491 Abs. 2 BGB[11] kein Widerrufsrecht nach §§ 500, 495 Abs. 1 BGB besteht.

2. Rückgaberecht

8   Seinem Wortlaut nach ermöglicht § 312 Abs. 1 Satz 2 BGB, anstelle des Widerrufsrechts ein **Rückgaberecht** mit dem Verbraucher zu vereinbaren. Jedoch ist mangels Verweisung in § 500 BGB auf § 503 Abs. 1 BGB beim Verbraucherleasing grundsätzlich die Vereinbarung eines Rückgaberechts nach § 356 BGB nicht vorgesehen. Da bereits das Widerrufsrecht beim Haustürgeschäft als subsidiär zurücktritt, kann auch nicht „anstelle des Widerrufsrechts" ein Rückgaberecht nach § 312 Abs. 1 Satz 2 BGB vereinbart werden.

9   In denjenigen Fällen, in denen kein Finanzierungsleasing i. S. v. § 500 BGB vorliegt, behält § 312 BGB einen eigenen Anwendungsbereich. In diesen Fällen besteht auch die Möglichkeit, das Widerrufsrecht durch ein vereinbartes Rückgaberecht nach § 356 BGB zu ersetzen. Weil § 500 BGB auf diese Fälle nicht anwendbar ist, besteht auch keine Sperrwirkung hinsichtlich eines Rückgaberechts. Soweit dem Widerrufsrecht nach § 312 BGB ein eigener Anwendungsbereich verbleibt, richten sich die Rechtsfolgen also nach § 355 ff. BGB.[12]

§ 54. Leasingverträge im Fernabsatz

Schrifttum: siehe vor § 52.

Übersicht

	Rdn.
A) Grundlagen	1
B) Begriff des Fernabsatzvertrags (§ 312b Abs. 1 BGB)	4
I. Sachlicher Anwendungsbereich	5
1. Finanzierungsleasingverträge als Finanzdienstleistung i. S. v. § 312b Abs. 1 BGB	5
2. Operating-Leasingverträge als Dienstleistungen im Sinne von § 312b Abs. 1 BGB	6
3. Fernabsatzsystem	7
4. Zeitlicher Anwendungsbereich des § 312b BGB n. F.	8
II. Persönlicher Anwendungsbereich	9
C) Besonderheiten bei Leasingverträgen im Fernabsatz	10
I. Grundlagen	10
1. Informationspflichten nach § 312c Abs. 1 BGB	14
2. Mitteilungen in Textform nach § 312c Abs. 2 Satz 1 BGB	17
3. Anspruch auf Überlassung einer Vertragsurkunde (§ 312c Abs. 3 BGB)	20
4. Auswirkungen auf die Belehrungspflichten nach § 492 Abs. 1 Satz 5 BGB (Fernabsatzprivileg, § 502 Abs. 2 BGB)	21

---

[10] Palandt/*Grüneberg* § 312a Rdn. 2.
[11] Vgl. ausführlich *Matusche-Beckmann* § 52 Rdn. 20 ff.
[12] Vgl. zu näheren Einzelheiten *Matusche-Beckmann* § 52 Rdn. 20 ff.

15. Kapitel: Leasingverträge und Verbraucherschutz **§ 54**

Rdn.
II. Sanktionen bei Verstoß gegen Informations- und Mitteilungspflichten 23
III. Widerrufsrecht nach § 312 d BGB 27
    1. Ausnahmen nach § 312 d Abs. 4 BGB 28
    2. Widerrufsfrist 30
    3. Erlöschen des Widerrufsrechts nach § 312 d Abs. 3 BGB 32
    4. Konkurrenz zum Widerrufsrecht nach § 495 BGB 35
IV. Besonderheiten bei grenzüberschreitenden Leasingverträgen 38

A) Grundlagen

Fernabsatzverträge sind für den Verbraucher mit vielfältigen **Gefahren** verbunden. **1**
So sind sowohl der Vertragspartner als auch das zu erwerbende Produkt bzw. die zu erbringende Dienstleistung im Zeitpunkt des Vertragsschlusses für den Verbraucher **nicht sichtbar**.[1] Erschwerend kommt hinzu, dass die übermittelten Informationen häufig nicht verkörpert sind und daher beim Verbraucher nicht gespeichert werden können,[2] wodurch die Beweisführung beeinträchtigt wird. Um diesen Risiken entgegenzuwirken, wurden mit der „Richtlinie 97/7/EG des Europäischen Parlaments und des Rates vom 20. Mai 1997 über den Verbraucherschutz bei Vertragsabschlüssen im Fernabsatz"[3] Regelungen über den Schutz des Verbrauchers bei Fernabsatzgeschäften geschaffen. Der deutsche Gesetzgeber setzte diese Vorgaben zunächst im Fernabsatzgesetz um, welches im Zuge der Schuldrechtsmodernisierung mit nur marginalen Korrekturen in die §§ 312 b ff. BGB eingegliedert wurde.[4]

Allerdings sah die Richtlinie[5] und infolgedessen das nationale Recht[6] ausdrücklich **2** eine **Bereichsausnahme für Finanzgeschäfte** vor. Der Begriff der Finanzgeschäfte war identisch mit dem der „Finanzdienstleistungen" in Art. 3 Abs. 1 Spiegelstrich 1 der Fernabsatz-Richtlinie, der durch die nicht abschließende Aufzählung in Anhang II zur Fernabsatz-Richtlinie konkretisiert wurde. Der Gesetzgeber hatte ihn nur deshalb nicht übernommen, um Verwechslungen mit § 1 Abs. 1a KWG zu vermeiden.[7] Umstritten war, ob die Bereichsausnahme auch für **Finanzierungsleasingverträge** galt.[8] Da die Bereichsausnahme für Finanzgeschäfte im Zuge der Umsetzung der im Jahre 2002 ergangenen „Richtlinie 2002/65/EG des Europäischen Parlaments und des Rates vom 23. 9. 2002 über den Fernabsatz von Finanzdienstleistungen an Verbraucher und zur Änderung der Richtlinie 90/619/EWG des Rates und der Richtlinien 97/7/EG und 98/27/EG"[9] gestrichen wurde,[10] stellt sich die Streitfrage heute nicht mehr. Den weiteren Vorgaben der Richtlinie kam der deutsche Gesetzgeber durch Änderungen der §§ 312 b, 312 c, 312 d, 355, 357, 444, 639 BGB, der BGB-InfoV sowie des § 14 UKlaG[11] nach.

Im Fernabsatz an Verbraucher vertriebene Leasingverträge unterliegen seit dem 8. De- **3** zember 2004 den besonderen Vorschriften der §§ 312 b ff. BGB.

---

[1] *Martinek* NJW 1998, 207.
[2] *Palandt/Heinrichs* § 312 b BGB Rdn. 1.
[3] AblEG Nr. L 144 S. 19 ff.; sodann Richtlinie 2002/65/EG des Europäischen Parlaments und des Rates vom 23. 9. 2002 über den Fernabsatz von Finanzdienstleistungen an Verbraucher und zur Änderung der Richtlinie 90/619/EWG des Rates und der Richtlinien 97/7/EG und 98/27/EG, ABlEG Nr. L 271 v. 9. 12. 2002, 16.
[4] *Palandt/Heinrichs* § 312 b BGB Rdn. 1.
[5] Vgl. Art. 3 Abs. 1 Spiegelstrich 1.
[6] Vgl. § 312 b Abs. 3 Nr. 3 BGB a. F.
[7] BT-Drucks. 14/2658 S. 32.
[8] Verneinend: *Kohte/Micklitz/Rott/Tonner/Willingmann* § 312 b BGB Rdn. 5; wohl bejahend: *Schmidt-Räntsch* VuR 2000, 427 (428).
[9] ABlEG Nr. L 271 vom 9.12. 2002, S. 16.
[10] BGBl I, S. 3102.
[11] BT-Drucks. 15/3483; BR-Drucks. 644/04.

B) Begriff des Fernabsatzvertrags (§ 312 b Abs. 1 BGB)

4   Gemäß § 312 b Abs. 1 Satz 1 BGB sind **Fernabsatzverträge** „Verträge über die Lieferung von Waren oder die Erbringung von Dienstleistungen einschließlich Finanzdienstleistungen, die zwischen einem Unternehmer und einem Verbraucher unter ausschließlicher Verwendung von Fernkommunikationsmitteln geschlossen werden, es sei denn, dass der Vertragsschluss nicht im Rahmen eines für den Fernabsatz organisierten Vertriebs- oder Dienstleistungssystems erfolgt ist". Sind die Vorschriften über Fernabsatzverträge anwendbar, darf von ihnen gemäß § 312 f BGB nicht, auch nicht durch anderweitige Vertragsgestaltung, die zur Umgehung der Vorschriften führt, abgewichen werden.

I. Sachlicher Anwendungsbereich

1. Finanzierungsleasingverträge als Finanzdienstleistung i. S. v. § 312 b Abs. 1 BGB

5   Gemäß § 312 b Abs. 1 Satz 2 BGB sind die erfassten Finanzdienstleistungen „Bankdienstleistungen sowie Dienstleistungen im Zusammenhang mit der Kreditgewährung, Versicherung, Altersversorgung von Einzelpersonen, Geldanlage oder Zahlung". Das Gesetz nennt Finanzierungsleasingverträge nicht. Gleichwohl ist auch das Finanzierungsleasing als **Finanzdienstleistung** anzusehen.[12] Denn wirtschaftlich betrachtet besteht aus Sicht des Leasingnehmers die Leistung des Leasinggebers nicht in der bloßen Überlassung der Leasingsache, sondern in der Vorfinanzierung des späteren Erwerbes durch den Leasingnehmer und damit in einer Kreditgewährung.[13] Ist der Leasinggeber eine Bank, dann handelt es sich bei dem Finanzierungsleasingvertrag um eine Bankdienstleistung im Sinne des § 312 b Abs. 1 Satz 2 BGB.

2. Operating-Leasingverträge als Dienstleistungen im Sinne von § 312 b Abs. 1 BGB

6   Operating-Leasingverträge,[14] die praktisch der Absatzförderung von Investitionsgütern dienen und bei denen für den Kunden die Möglichkeit besteht, sie nach nicht allzu langer Nutzungsdauer gegen eine andere Sache eintauschen zu können, fallen **nicht** unter den Begriff der **Finanzdienstleistung** im engeren Sinne, weil hier nicht die Finanzierungs-, sondern die bloße Gebrauchsmöglichkeit durch den Leasingnehmer im Vordergrund steht. Allerdings fallen diese Verträge unter den Begriff der **Dienstleistungen** i. S. v. § 312 b Abs. 1 BGB, der weit auszulegen ist[15] und auch Mietverträge erfasst.[16] Wegen ihrer sachlichen Nähe zu Mietverträgen[17] sind auch Operating-Leasingverträge ebenso wie Mietverträge selbst[18] Dienstleistungen im Sinne des § 312 b Abs. 1 BGB.

3. Fernabsatzsystem

7   Verträge fallen nur dann in den Anwendungsbereich von § 312 b BGB, wenn der Vertragsschluss im Rahmen eines für den Fernabsatz organisierten **Vertriebs- oder Dienst-**

---

[12] Palandt/*Grüneberg* § 312 b Rdn. 10; MünchKomm/Wendehorst § 312 b Rdn. 74; Kohte/Micklitz/*Rott*/Tonner/Willingmann § 312 b BGB Rdn. 5; *Bülow/Arzt* NJW 2000, 2049 (2054).

[13] MünchKomm/*Habersack* Leasing Rdn. 1, 4.

[14] Zum Operating-Leasing ausführlich in diesem Handbuch *Martinek* § 3; Staudinger/*Stoffels* Leasing Rdn. 16.

[15] BGHZ 123, 380 (385).

[16] Palandt/*Grüneberg* § 312 b Rdn. 11.

[17] Staudinger/*Stoffels* Leasing Rdn. 16; *Martinek* Moderne Vertragstypen Band 1 S. 66; *Flume* DB 1972, 2.

[18] Bamberger/Roth/*Schmidt-Räntsch* § 312 b Rdn. 21; Palandt/*Grüneberg* § 312 b Rdn. 10c.

15. Kapitel: Leasingverträge und Verbraucherschutz **§ 54**

leistungssystem erfolgt ist.[19] Voraussetzung ist die Verwendung von Fernkommunikationsmitteln, also von Kommunikationsmitteln, die „zur Anbahnung oder zum Abschluss eines Vertrages (...) ohne gleichzeitige körperliche Anwesenheit der Vertragsparteien eingesetzt werden können, insbesondere Briefe, Kataloge, Telefonanrufe, Telekopien, E-Mails, sowie Rundfunk, Tele- und Mediendienste" (§ 312b Abs. 2 BGB). Die Legaldefinition ist nicht abschließend, um für neuere Entwicklungen der Technik gerüstet zu sein. Kein Fernabsatzgeschäft liegt vor, wenn der Leasinggeber seine Verträge regelmäßig in einem Laden abschließt und nur gelegentlich telefonische Bestellungen annimmt.[20] Erforderlich und ausreichend ist hingegen, wenn der Unternehmer planmäßig mit dem Angebot telefonischer Bestellung und Zusendung der Ware wirbt[21] und er die personelle, technische und organisatorische Ausstattung vorhält, um regelmäßig solche Verträge schließen und abwickeln zu können.[22]

4. Zeitlicher Anwendungsbereich des § 312b BGB n. F.

Bis nur Neufassung des § 312b BGB[23] waren die Vorschriften über den Fernabsatzvertrag **8** nach § 312b Abs. 3 Nr. 3 BGB a. F. nicht auf „Finanzgeschäfte" anwendbar. Bis zu diesem Zeitpunkt wurde auch die Frage, ob Finanzierungsleasingverträge Fernabsatzverträge sein können, in der Literatur nicht einheitlich beantwortet.[24] Nach dem Wegfall dieser Bereichsausnahme stellt sich die Frage wegen der Übergangsvorschrift des Art. 229 § 11 EGBGB nur noch für Altverträge, die bis zum 7. Dezember 2004 geschlossen wurden. Angesichts der eindeutigen Wertung, die in der gesetzlichen Neufassung zum Ausdruck kommt, erscheint es vorzugswürdig, auch Altverträge dem Fernabsatzrecht zu unterstellen.[25]

II. Persönlicher Anwendungsbereich

Dem Recht des Fernabsatzes unterfallen Leasingverträge, wenn ein **Unternehmer** **9** (§ 14 BGB) einen Fernabsatzvertrag mit einem **Verbraucher** (§ 13 BGB) abschließt, wobei der Unternehmer die Finanzdienstleistung anzubieten und zu erbringen hat, also Verbraucherleasingverträge.[26]

C) Besonderheiten bei Leasingverträgen im Fernabsatz

I. Grundlagen

§ 312c BGB auferlegt dem Unternehmer, der Leistungen im Wege des Fernabsatzes erbringt, Informationspflichten gegenüber dem Verbraucher. **10**

§ 312c BGB unterscheidet zwischen der vorvertraglichen Verfügbarkeit von Informationen (Abs. 1) und der Mitteilung bestimmter Informationen sowie der Vertragsbestimmungen in Textform (Abs. 2). Beim Fernabsatz von Finanzdienstleistungen kommt der Anspruch des Verbrauchers auf Übermittlung der Vertragsbestimmungen einschließlich der Allgemeinen Geschäftsbedingungen hinzu (Abs. 3). **11**

---

[19] Palandt/*Grüneberg* § 312b Rdn. 11.
[20] Palandt/*Grüneberg* § 312b Rdn. 11.
[21] BT-Drucks. 14/2658, S. 85.
[22] Palandt/*Grüneberg* § 312b Rdn. 11.
[23] Zuletzt geändert durch das FernabsatzänderungsG vom 2.12.2004, BGBl. I, S. 3102.
[24] Siehe bereits oben Rdn. 2; vgl. ferner *Micklitz/Reich*, S. 11; *Rott* in: Kohte/Micklitz/Rott/Tonner/Willlingmann, § 312b Rdn. 5; *Schmidt-Räntsch* VuR 2000, 427.
[25] Vgl. auch BT-Drucks. 15/2946, S. 18.
[26] *Held/Schulz* BKR 2005, 270 (271); zum Begriff des Verbraucherleasingvertrags siehe in diesem Handbuch *Matusche-Beckmann* § 52 Rdn. 1.

12 Es gilt ein **Transparenzgebot**,[27] wonach die Informationen in einer klaren und verständlichen Sprache verfasst sein müssen. Nach § 1 Abs. 2 Nr. 6 BGB-InfoV kann sich der Erbringer einer Finanzdienstleistung auf eine bestimmte Sprache beschränken.[28] Weil der Finanzierungsleasingvertrag als Finanzdienstleistung anzusehen ist,[29] steht diese Möglichkeit auch dem Leasinggeber zu. Allerdings muss er vor Vertragsschluss den Leasingnehmer über die Sprache informieren, in der die Vertragsbedingungen und die Vorabinformationen nach den Vorschriften über das Fernabsatzgeschäft mitgeteilt und in der die Kommunikation geführt wird.

13 Für **Operating-Leasingverträge** mit einem Verbraucher, die nicht als Verträge über eine Finanzdienstleistung zu qualifizieren sind,[30] ist § 312 c Abs. 2 Nr. 6 BGB nicht, auch nicht analog anwendbar. Der Gesetzgeber wollte mit § 1 Abs. 2 BGB-InfoV Sonderregelungen für Verträge über Finanzdienstleistungen schaffen, deren Anwendung auf andere Fernabsatzverträge ihm nicht sinnvoll erschien.[31] Daher gelten für Operating-Leasingverträge, denen keine Finanzierungsfunktion zukommt und bei denen ähnlich wie bei Mietverträgen die Gebrauchsüberlassung im Vordergrund steht, die allgemeinen Grundsätze.

1. Informationspflichten nach § 312 c Abs. 1 BGB

14 Damit der Verbraucher nicht an eine auf Abschluss eines Leasingvertrages gerichtete Willenserklärung gebunden ist, bevor ihm die erforderlichen Informationen zur Verfügung gestellt werden, bestimmt § 312 c Abs. 1 BGB, dass ihm der Unternehmer diese Informationen in einer dem eingesetzten Fernkommunikationsmittel entsprechenden Weise zur Verfügung zu stellen hat.[32] Inhalt und Umfang der Informationspflicht nach § 312 c Abs. 1 BGB ergeben sich aus § 1 BGB-InfoV. Dabei gilt § 1 Abs. 1 BGB-InfoV für alle Fernabsatzverträge (z. B. auch Operating-Leasing), während **§ 1 Abs. 2 BGB-InfoV zusätzliche Informationspflichten für den Anbieter einer Finanzdienstleistung** begründet.

15 Bei **telefonischer Kontaktaufnahme** hat der Unternehmer gemäß § 312 c Abs. 1 Satz 2 BGB seine Identität und den geschäftlichen Zweck der Kontaktaufnahme zu Beginn eines jeden Gesprächs ausdrücklich offenzulegen. Die Informationspflichten des Unternehmers bei Telefongesprächen ergeben sich aus der Sonderregelung des **§ 1 Abs. 3 BGB-InfoV**. Aus Praktikabilitätsgründen[33] sieht diese Bestimmung das für alle Fernabsatzgeschäfte geltende Pflichtenprogramm nach § 1 Abs. 1 BGB-InfoV vor. Kritische Stimmen bemängeln, dass die Pflicht zur mündlichen Information des Verbrauchers am Telefon ein erhebliches Verkehrshemmnis darstelle und telefonische Vertragsabschlüsse nahezu unmöglich mache.[34] Deshalb solle es ermöglicht werden, dass der Verbraucher auf die Informationserteilung wirksam verzichten könne.[35] Ein Verzicht scheint ein probates Mittel zu sein, um einen Interessenausgleich zu erzielen; andererseits sollen nach der gesetzlichen Wertung die Interessen des Verbrauchers höher wiegen als die unternehmerischen Interessen an möglichst ungehemmten Vertragsabschlüssen. § 1 Abs. 3 Satz 2 BGB-InfoV bestätigt diese Auffassung. Ein Verzicht auf die Übermittlung „weiterer Informationen" ist nach § 1 Abs. 3 Satz 2 BGB-InfoV möglich, woraus sich im Umkehrschluss ergibt, dass ein Verzicht auf die in § 1 Abs. 1 BGB-InfoV genannten Informationen nicht zulässig ist.

---

[27] Palandt/*Grüneberg* § 312 c Rdn. 2.
[28] Palandt/*Grüneberg* § 1 BGB-InfoV Rdn. 14.
[29] Siehe oben Rdn. 5.
[30] Siehe oben Rdn. 6.
[31] BT-Drucks. 15/2946, S. 26.
[32] BT-Drucks. 15/2946, S. 20.
[33] *Rott* BB 2005, 53, 58.
[34] So *Felke/Jordans* NJW 2005, 710.
[35] So *Felke/Jordans* NJW 2005, 710 (711).

15. Kapitel: Leasingverträge und Verbraucherschutz   § 54

Ausreichend ist, wenn die Informationen auf Werbeprospekten, Katalogen oder Internetseiten verfügbar sind.[36] Der Unternehmer hat seiner Informationspflicht genügt, wenn der Verbraucher die **Möglichkeit einer Kenntnisnahme** hat und ihn die Unterlagen, wie Erwägungsgrund 21 der Fernabsatz-Richtlinie festlegt, in die Lage versetzen, die Leistung des Unternehmers zu beurteilen. Dass der Verbraucher **tatsächlich Kenntnis** nimmt, ist **nicht** erforderlich.[37] 16

2. Mitteilungen in Textform nach § 312 c Abs. 2 S. 1 BGB

Nach § 312 c Abs. 2 Satz 1 BGB hat der Unternehmer dem Verbraucher in der **Textform des § 126 b BGB** alle Vertragsbedingungen einschließlich Allgemeiner Geschäftsbedingungen sowie die sich aus § 1 Abs. 4 BGB-InfoV ergebenden Informationen mitzuteilen. Bei Finanzierungsleasingverträgen, die Finanzdienstleistungen sind, hat der Leasinggeber dem Leasingnehmer nach § 1 Abs. 4 BGB-InfoV die Informationen nach den Abs. 1 und 2 in Textform zur Verfügung zu stellen, schuldet also alle hier genannten 22 Informationen. Bei Operating-Leasingverträgen, die keine Finanzdienstleistungen darstellen, hat der Leasinggeber nach § 1 Abs. 4 BGB-InfoV dem Leasinggeber in Textform die Informationen nach Abs. 1 und wegen § 1 Abs. 4 Satz 1 Nr. 3 BGB-InfoV Informationen über die vertraglichen Kündigungsbedingungen einschließlich etwaiger Vertragsstrafen und „Informationen zum Kundendienst und geltende Gewährleistungs- und Garantiebestimmungen" mitzuteilen. Wegen der regelmäßig verwendeten Haftungsfreistellung im Wege der leasingtypischen Abtretungskonstruktion wird ein Hinweis auf einen eigenen Kundendienst des Leasinggebers vielfach nicht in Betracht kommen. Der Leasinggeber muss dem Leasingnehmer aber die Gewährleistungs- und Garantiebestimmungen mitteilen, die infolge der Abtretung durch den Leasinggeber gegenüber dem Lieferanten gelten. 17

Sind die in § 1 Abs. 4 BGB-InfoV genannten Informationen dem Leasingnehmer bereits nach § 312 c Abs. 1 BGB in Textform zur Verfügung gestellt worden, müssen sie nicht noch einmal nach § 312 c Abs. 2 BGB übermittelt werden. 18

Den **Zeitpunkt der Übermittlung** bestimmt bei **Finanzdienstleistungen** § 312 c Abs. 1 Satz 1 Nr. 1 BGB. Danach hat der Unternehmer seiner Mitteilungspflicht grundsätzlich **rechtzeitig vor Abgabe der Vertragserklärung** durch den Verbraucher nachzukommen. Eine Übermittlung in Textform **unverzüglich nach Abschluss des Fernabsatzvertrages** ist nur ausreichend, wenn der Vertrag auf Verlangen des Verbrauchers telefonisch oder unter Verwendung eines anderen Fernkommunikationsmittels, das die Mitteilung in Textform vor Vertragsschluss nicht gestattet, geschlossen worden ist. Dies betrifft beispielsweise Geräte, deren Anzeigekapazität beschränkt ist.[38] Aus Sicht des Verbraucherschutzes ist diese Regelung nicht bedenklich, weil die Bestimmung voraussetzt, dass die Initiative zum Abschluss eines Fernansatzvertrages vom Verbraucher ausgeht, der sich insofern als weniger schutzwürdig erweist. 19

3. Anspruch auf Überlassung einer Vertragsurkunde (§ 312 c Abs. 3 BGB)

Bei einem Fernabsatzvertrag über die Erbringung einer Finanzdienstleistung hat der Verbraucher gemäß § 312 c Abs. 3 BGB während der Laufzeit des Vertrages jederzeit das Recht, vom Unternehmer die Vertragsbestimmungen einschließlich der Allgemeinen Geschäftsbedingungen in einer **Urkunde** zu verlangen. Der Begriff der Urkunde knüpft an § 126 BGB an und meint den in der Richtlinie verwendeten, dem deutschen Recht aber fremden Begriff der Papierform.[39] Anders als bei der Schriftform nach § 126 BGB ist bei 20

---

[36] MünchKomm/*Wendehorst* § 312 c Rdn. 25.
[37] Palandt/*Grüneberg* § 312 c Rdn. 4.
[38] *Rott* BB 2005, 53 (59).
[39] *Rott* BB 2005, 53 (59).

der Papierform eine Unterschrift des Unternehmers nicht erforderlich.[40] Problematisch ist, dass aus der Formulierung des § 312 c Abs. 3 BGB nicht eindeutig hervorgeht, wie oft der Verbraucher von diesem Recht Gebrauch machen darf. Nach überwiegender Auffassung kann der Verbraucher diesen Anspruch nur **einmal** geltend machen. Mit dem Zurverfügungstellen der Urkunde erfülle der Unternehmer seine Verpflichtung, so dass sie nach § 362 Abs. 1 BGB erlösche.[41]

4. Auswirkungen auf die Belehrungspflichten nach § 492 Abs. 1 Satz 5 BGB (Fernabsatzprivileg, § 502 Abs. 2 BGB)

21   Für Teilzahlungsgeschäfte, die im Wege eines Fernabsatzsystems geschlossen wurden, bestimmt § 502 Abs. 2 BGB, dass die Erfordernisse des § 492 Abs. 1 Satz 1 bis 4, Abs. 3 BGB nicht gelten, wenn dem Verbraucher „die in § 502 Abs. 1 Nr. 1 bis 5 bezeichneten Angaben mit Ausnahme des Betrags der einzelnen Teilzahlungen so rechtzeitig in Textform mitgeteilt sind, dass er die Angaben vor dem Abschluss eines Vertrages eingehend zur Kenntnis nehmen kann". Damit entfallen im Fernabsatzgeschäft das Schriftformerfordernis und die Verpflichtung, dem Vertragspartner eine Abschrift der Vertragserklärungen auszuhändigen. Umstritten ist, ob dieses sog. **Fernabsatzprivileg** auch auf Finanzierungsleasingverträge anwendbar ist. Einerseits sind Finanzierungsleasingverträge keine Teilzahlungsgeschäfte, so dass § 502 Abs. 2 BGB nicht direkt anwendbar ist; andererseits verweist § 500 BGB ebenfalls nicht auf die Vorschrift.[42] Nach Art. 9 Abs. 1 E-Commerce-Richtlinie[43] haben die Mitgliedsstaaten aber dafür Sorge zu tragen, dass „ihre für den Vertragsschluss geltenden Rechtsvorschriften (keine) Hindernisse (...) für die Verwendung elektronischer Verträge bilden". Weil § 500 BGB ein solches Fernabsatzprivileg nicht vorsieht, liegt ein Umsetzungsdefizit gegenüber der Richtlinie vor, das sich aber nur auf die Finanzierungsleasingverträge bezieht, die nicht der Verbraucherkreditrichtlinie unterfallen. Für Verträge, bei denen der Leasingnehmer das Eigentum erwerben soll, und die deshalb nach Art. 4 Abs. 1 VerbrKrRL der Schriftform bedürfen, gilt Art. 9 der E-Commerce-Richtlinie nicht.[44] § 8 Abs. 1 VerbrKrG, der inhaltlich dem § 502 Abs. 2 BGB entspricht, erstreckte das Fernabsatzprivileg auch auf die Finanzierungsleasingverträge, die vom VerbrKrG erfasst waren. Damit dürfte es sich bei der Nichteinbeziehung des Fernabsatzprivilegs in § 500 BGB um ein Redaktionsversehen handeln. Dieses Argument und das Gebot der richtlinienkonformen Auslegung sprechen für eine Anwendung des Fernabsatzprivilegs auch auf Finanzierungsleasingverträge, die im Interesse einer transparenten Gesetzesanwendung auch die von Art. 2 Abs. 1 lit. b) erfassten Leasingverträge einbeziehen soll.[45]

22   Dogmatisch wird man dies mit einer analogen Anwendung des § 502 Abs. 2 BGB begründen können, so dass bei Leasingverträgen, die im Rahmen des Fernabsatzes abgeschlossen wurden, das Schriftformerfordernis des § 492 Abs. 1 Satz 1 bis 4 BGB durch die Angabe der Bereitstellung der Angaben nach § 492 Abs. 1 Satz 5 BGB entsprechend § 502 Abs. 2 BGB ersetzt werden kann. In diesem Falle ist der Leasinggeber auch nicht zur Aushändigung einer Abschrift der Vertragserklärung nach § 492 Abs. 3 BGB verpflichtet.

---

[40] *Härting/Schirmbacher* DB 2003, 1777, 1781.
[41] BT-Drucks. 15/2946 S. 37; *Rott* BB 2005, 53 (59); aA Palandt/*Grüneberg* § 312 c Rdn. 11, der § 242 BGB heranzieht.
[42] *Bülow* Verbraucherkreditrecht § 500 Rdn. 34.
[43] RL 2000/31/EG vom 8. 6. 2000, AblEG L 178 vom 17. 7. 2000, 1.
[44] Vgl. Art. 13 Abs. 2 RL 97/7/EG vom 20. 5. 1997, AblEG L 144 vom 4. 6. 1997, 19.
[45] *Habersack* BB 2003, Beialge 6, 2 (3).

II. Sanktionen bei Verstoß gegen Informations- und Mitteilungspflichten

Art. 11 Abs. 1 der Richtlinie verlangt von den Mitgliedstaaten, dass diese in ihrem nationalen Recht angemessene Sanktionen zur Ahndung von Verstößen des Unternehmers gegen die Informations- und Mitteilungspflichten vorsehen. Das deutsche Recht wird in diesem Bereich als äußerst zurückhaltend eingestuft.[46] 23

Abgesehen davon, dass die Widerrufsfrist nach § 355 Abs. 3 Satz 3 Halbsatz 2 BGB bei Fernabsatzgeschäften über Finanzdienstleistungen dann nicht zu laufen beginnt, wenn der Unternehmer seine Mitteilungspflichten nach § 312c Abs. 2 Satz 1 Nr. 1 BGB nicht ordnungsgemäß erfüllt hat, sieht das deutsche Recht keine Sanktionen vor. Die Bundesregierung verweist in ihrer Begründung des Gesetzesvorschlags auf die Unterlassungsklage nach § 2 Abs. 2 Nr. 1 UKlaG. 24

Verletzt der Leasinggeber die ihm auferlegten **Informationspflichten**, hat der Leasingnehmer die Möglichkeit der Geltendmachung eines **Schadensersatzanspruchs** gemäß §§ 280 Abs. 1, 311 Abs. 2 i. V. m. § 241 Abs. 2 BGB.[47] Der Verstoß gegen die Informations- und Mitteilungspflichten durch den Leasinggeber stellt eine Pflichtverletzung im vorvertraglichen Bereich dar, die der Leasinggeber zu vertreten hat. Ist dem Verbraucher durch die Pflichtverletzung ein Schaden entstanden, hat er Anspruch auf Schadensersatz, der auf Aufhebung des Vertrages gerichtet sein kann. Allerdings wird häufig die Kausalität fehlen, so dass die Verletzung der Informations- und Mitteilungspflichten im Ergebnis sanktionslos bleibt. 25

Die jeweils zur Geltendmachung berechtigten Stellen können gegen den Unternehmer auch **Ansprüche nach § 2 UKlaG bzw. § 8 UWG** geltend machen. 26

III. Widerrufsrecht nach § 312d BGB

Nach § 312d BGB steht dem Verbraucher bei einem Fernabsatzvertrag i. S. d. § 312b BGB ein Widerrufsrecht nach § 355 BGB zu,[48] dessen Rechtsfolgen sich nach §§ 357, 346ff. BGB richten.[49] 27

1. Ausnahmen nach § 312d Abs. 4 BGB

In Übereinstimmung mit Art. 6 der Fernabsatzrichtlinie bestimmt § 312d Abs. 4 BGB Fälle, in denen das Widerrufsrecht des Fernabsatzrechts nicht besteht. Bedeutung bei Leasingverträgen können die Vorschriften des § 312d Abs. 4 Nr. 1 und Nr. 6 BGB gewinnen. Zwar liegt bei Leasingverträgen nicht die „Lieferung einer Ware" vor, wie sie § 312d Abs. 4 Nr. 1 BGB voraussetzt, doch ist auch bei Leasingverträgen denkbar, dass das Leasinggut nach einer Kundenspezifikation angefertigt oder eindeutig auf die persönlichen Belange des Verbrauchers zugeschnitten ist, so dass es anderweitig nicht oder nur mit einem unzumutbaren Preisnachteil abgesetzt werden kann. 28

Dem Verbraucher steht kein Widerrufsrecht zu, wenn der Fernabsatzvertrag eine Finanzdienstleistung zum Gegenstand hat, deren Preis auf dem Finanzmarkt Schwankungen unterliegt, auf die der Unternehmer keinen Einfluss hat und die innerhalb der Widerrufsfrist auftreten (**§ 312d Abs. 4 Nr. 6 BGB**). Der **Finanzierungsleasingvertrag** stellt keine solche das Widerrufsrecht ausschließende Finanzdienstleistung dar. Denn der Leasinggeber erwirbt die Leasingsache zu feststehenden Konditionen. Gegenstände, die 29

---

[46] Rott BB 2005, 53 (59); *Micklitz/Ebers* VersR 2002, 641 (652).
[47] Palandt/*Grüneberg* § 312c Rdn. 12.
[48] Zu weiteren Einzelheiten vgl. § 52 Rdn. 59ff. An dieser Stelle wird nur noch auf die Besonderheiten eingegangen, die sich auf das Widerrufsrecht bei einem im Fernabsatz geschlossenen Leasingvertrag ergeben.
[49] BT-Drucks. 15/2946, S. 16.

starken Währungsschwankungen unterliegen,[50] sind in aller Regel nicht Gegenstand von Leasingverträgen.

2. Widerrufsfrist

30 Nach § 355 Abs. 1 Satz 2 BGB beträgt die Widerrufsfrist im Regelfall zwei Wochen und beginnt, wenn der Unternehmer dem Verbraucher eine ordnungsgemäße Widerrufsbelehrung erteilt hat; § 355 Abs. 2 Satz 1 BGB. Wird die Belehrung nach Vertragsschluss erteilt, beträgt die Frist gem. § 355 Abs. 2 Satz 2 BGB einen Monat.

31 § 312 d Abs. 2 BGB modifiziert diese Regelungen für Fernabsatzverträge. Die Widerrufsfrist beginnt nur zu laufen, wenn dem Verbraucher eine dem § 312 c Abs. 2 BGB entsprechende Information zur Verfügung gestellt wurde,[51] die alle Informationen enthält, die dem Verbraucher nach § 1 Abs. 4 BGB-InfoV zu erteilen sind,[52] und dem Verbraucher eine ordnungsgemäße Widerrufsbelehrung nach § 355 Abs. 2 BGB erteilt wurde. Die Belehrung nach § 312 c Abs. 2 BGB i. V. m. § 1 Abs. 1 Nr. 10, Abs. 4 BGB-InfoV kann mit der Belehrung nach § 355 Abs. 2 BGB in einem Text zusammengefasst werden, so dass dann keine gesonderte Unterrichtung erforderlich ist.[53] Daneben setzt der Fristenlauf voraus, dass Waren zum Empfänger geliefert bzw. bei Dienstleistungen der Vertrag geschlossen wurde. Die Leistung des Leasinggebers besteht nicht in der Lieferung einer Ware, sondern in der Erbringung einer (Finanz-)Dienstleistung. Beim Finanzierungsleasingvertrag ist das die Vorfinanzierung des Kaufpreises, wenn es zu einem späteren Eigentumserwerb kommen soll, wirtschaftlich also eine Kreditgewährung. Bei Operating-Leasingverträgen steht die Gebrauchsüberlassung des Gegenstandes im Vordergrund. Damit würde der Lauf der Widerrufsfrist bereits mit dem Abschluss des Vertrages beginnen, sofern die anderen beiden Voraussetzungen erfüllt sind. Gleichwohl erscheint es angebracht, den Fristbeginn bei der Lieferung von Waren auf Verbraucherleasingverträge anzuwenden. Häufig kennt der Verbraucher, ähnlich der Lieferung von Waren, den Zustand des Leasinggutes nicht, für das er im Fernabsatz einen Leasingvertrag abschließt. Er muss sich daher auf die Beschreibung des Leasinggebers verlassen. Diesen Nachteil kompensiert das Fernabsatzrecht bei der Lieferung von Waren, indem es dem Verbraucher die Möglichkeit gibt, die Ware zwei Wochen in Augenschein zu nehmen und sich, sollten sich seine Erwartungen nicht erfüllt haben, durch Ausübung des Widerrufsrechts vom Vertrag zu lösen.[54] Diese Interessenlage besteht auch bei Leasingverträgen, so dass eine analoge Anwendung des Fristbeginns bei der Lieferung von Waren nach § 312 d Abs. 2 geboten ist.

3. Erlöschen des Widerrufsrechts nach § 312 d Abs. 3 BGB

32 § 312 d Abs. 3 BGB sieht zwei Fälle vor, in denen das Widerrufsrecht des Fernabsatzvertrages bei Dienstleistungen erlischt. Bei Finanzdienstleistungen erlischt das Widerrufsrecht nach § 312 d Abs. 3 Nr. 1 BGB, wenn der Vertrag von beiden Seiten auf ausdrücklichen Wunsch des Verbrauchers vollständig erfüllt ist, bevor der Verbraucher sein Widerrufsrecht ausgeübt hat. Bei Finanzierungsleasingverträgen wird der Vertrag auf Seiten des Leasingnehmers mit Zahlung der letzten fälligen Leasingrate vollständig erfüllt; auf Seiten des Leasinggebers tritt vollständige Erfüllung erst ein, wenn der Leasinggeber nicht mehr zur Gebrauchsüberlassung an den Leasingnehmer verpflichtet ist bzw. wenn er – sofern der Vertrag einen Erwerb durch den Leasingnehmer am Ende der Laufzeit vorsieht – die Leasingsache dem Leasingnehmer übereignet hat.

---

[50] Siehe Beispiele bei Palandt/*Grüneberg* § 312 d Rdn. 14.
[51] Vgl. oben Rdn. 17 ff.
[52] Palandt/*Grüneberg* § 312 d Rdn. 3.
[53] *Lütcke* Rdn. 45.
[54] Bamberger/Roth/*Schmidt-Räntsch* § 312 d Rdn. 2, 14.

Daher wird das Widerrufsrecht in der Praxis erst erlöschen, wenn die Widerrufsfrist 33
nach § 355 Abs. 2 Satz 1 BGB i.V. m. § 312 d Abs. 2 BGB bereits abgelaufen ist, so dass für
§ 312 d Abs. 3 Nr. 1 BGB kein bedeutender Anwendungsbereich verbleibt.

Anders stellt sich die Situation bei **Operating-Leasingverträgen** dar, die keine Form 34
des Finanzierungsleasings und damit keine Form der Finanzdienstleistung sind. Hierbei
handelt es sich vielmehr um eine (allgemeine) Dienstleistung nach § 312 d Abs. 3
Nr. 2 BGB, so dass das Widerrufsrecht nach dem Wortlaut der Vorschrift erlischt, „wenn
der Unternehmer mit der Ausführung der Dienstleistung mit ausdrücklicher Zustimmung des Verbrauchers vor Ende der Widerrufsfrist begonnen hat oder der Verbraucher
diese selbst veranlasst hat". Damit wäre das Widerrufsrecht des Verbrauchers erloschen,
sobald der Leasinggeber ihm erstmals mit seiner Zustimmung die Leasingsache zum
Gebrauch überlässt. Es erscheint zweifelhaft, ob dieses Resultat mit dem Zweck der gesetzlichen Regelung im Einklang steht. Der Verbraucher ist bei einem Fernabsatzvertrag
wegen der „Unsichtbarkeit des Vertragspartners und des Produktes"[55] besonders schutzwürdig. Dieser Schutzzweck würde vereitelt, wenn der Leasingnehmer bei Operating-Leasingverträgen sein Widerrufsrecht in dem Moment verlöre, in dem er die Leasingsache
erhält. Denn er hätte keine Möglichkeit mehr, die Leasingsache zu prüfen. Umgekehrt
zielt § 312 d Abs. 3 Nr. 2 BGB darauf ab, eine schwierige Rückabwicklung zu vermeiden,
wenn mit der Erbringung einer Dienstleistung bereits begonnen wurde.[56] Bei Leasingverträgen liegt aber die bisher erbrachte Dienstleistung des Unternehmers „nur" in der
Beschaffung eines Gegenstandes und der Lieferung an den Leasingnehmer. Insoweit ist
diese erbrachte Dienstleistung der „Lieferung einer Ware" im Sinne von § 312 d
Abs. 2 BGB ähnlich. Wie § 312 d Abs. 4 Nr. 1 BGB zeigt, soll das Risiko der „frustrierten"
Beschaffung eines Gegenstandes bei der Lieferung den Verbraucher nur ausnahmsweise
treffen, wenn dieser Gegenstand nach den Spezifikationen des Kunden angefertigt oder
beschafft wurde und sich im Falle eines Widerrufes nur schwer anderweitig absetzen lässt;
im Regelfall aber muss der Unternehmer damit rechnen, einen Gegenstand zurücknehmen zu müssen, auch wenn er ihn eigens für den Verbraucher erworben hat. Für Leasingverträge kann nichts anderes gelten. Daher erscheint es angebracht, § 312 d Abs. 3
Nr. 2 BGB im Hinblick auf Operating-Leasingverträge teleologisch zu reduzieren und
die Vorschrift auf solche Verträge nicht anzuwenden. Damit erlischt das Widerrufsrecht in
diesen Fällen nicht bereits, sobald der Leasinggeber dem Leasingnehmer den Gebrauch
am Leasinggut überlässt.

4. Konkurrenz zum Widerrufsrecht nach § 495 BGB

Das Widerrufsrecht des § 312 d Abs. 1 Satz 1 BGB besteht nach Abs. 5 nicht bei Fernabsatz- 35
verträgen, bei denen bereits ein Widerrufsrecht nach § 355 BGB aufgrund des § 495 BGB
besteht.

Daher greift bei Finanzierungsleasingverträgen nur dann ein Widerrufsrecht nach den 36
Fernabsatzvorschriften, wenn für sie wegen der Ausnahmevorschrift des § 491 Abs. 2
BGB kein Widerrufsrecht aufgrund von § 495 BGB besteht. Bei Operating-Leasingverträgen, auf die § 495 Abs. 1 BGB nicht anwendbar ist, besteht hingegen das Widerrufsrecht nach § 312 d Abs. 1 Satz 1 BGB.

Für Finanzierungsleasingverträge, die im Fernabsatz geschlossen wurden und bei 37
denen das Widerrufsrecht nach §§ 500, 495 Abs. 1, 355 BGB besteht, beginnt die Widerrufsfrist aber nach § 312 d Abs. 5 Satz 2, Abs. 2 BGB erst, wenn der Unternehmer seine
Mitteilungspflichten aus § 312 c Abs. 2 BGB gegenüber dem Leasingnehmer erfüllt hat.[57]

---

[55] *Martinek* NJW 1998, 207.
[56] Bamberger/Roth/*Schmidt-Räntsch* § 312 d Rdn. 21.
[57] Palandt/*Grüneberg* § 312 d Rdn. 15.

IV. Besonderheiten bei grenzüberschreitenden Leasingverträgen

38 Grundsätzlich können Leasinggeber und Leasingnehmer nach Art. 27 Abs. 1 Satz 1 EGBGB das Recht, dem der Vertrag unterliegen soll, frei wählen. Allerdings sind die Besonderheiten der Art. 29, 29a EGBGB zu beachten.[58] Nach Art. 29 Abs. 1 EGBGB gelten zugunsten des Verbrauchers die zwingenden Vorschriften des Verbraucherschutzrechtes seines Aufenthaltsstaates, wenn das gewählte Vertragsstatut im konkreten Fall dahinter zurückbleibt.[59] Anwendung findet dabei immer die für den Verbraucher günstigere Regelung.[60] Die Verbraucherschutzvorschriften bei Fernabsatzverträgen finden daher auch dann Anwendung, wenn die Parteien den im Fernabsatz geschlossenen Leasingvertrag einer ausländischen Rechtsordnung unterwerfen, dort aber keine Fernabsatzvorschriften existieren, die den deutschen Vorschriften zumindest gleichwertig sind.

---

[58] Palandt/*Grüneberg* vor § 312 Rdn. 3.
[59] Palandt/*Heldrich* Art. 29 EGBGB Rdn. 4.
[60] *E. Lorenz* RIW 1987, 569 (577).

# 16. Kapitel. Kfz-Leasingverträge

§ 55 Bedeutung und Erscheinungsformen des Kfz-Leasing

Schrifttum: *Engel* Handbuch Kraftfahrzeug-Leasing, 2. Aufl. 2004; *Michalski/Schmitt* Der KfZ-Leasingvertrag 1995; *Paschke* Zivil- und wettbewerbsrechtliche Probleme des Null-Leasing, BB 1987, 1193; *Reinking* Autoleasing, 3. Aufl. 2000; *Reinking/Eggert* Der Autokauf – Rechtsfragen beim Kauf neuer und gebrauchter Kraftfahrzeuge sowie beim Leasing, 9. Aufl. 2005; Staudinger/*Stoffels* Leasingrecht, 2004 (nach § 487 BGB im Band §§ 433–487; Leasing); *Zahn/Bahmann* KfZ-Leasingvertrag, 2002

Übersicht

	Rdn.
I. Die Bedeutung des Kfz-Leasing	1
II. Erscheinungsformen des KfZ-Leasing	2
1. Null-Leasing	3
2. KfZ-Leasing mit Restwertabrechnung	4
3. Kilometer-Abrechnungsvertrag	5
4. Kfz-Leasing mit Andienungsrecht	7
5. Kündbarer Vertrag mit Schlusszahlung	8
6. Flotten-Leasing (Fleet Leasing)	9
7. Full-Service-Vertrag (All-Inclusive-Leasingvertrag)	10

I. Die Bedeutung des KfZ-Leasing

Das Fahrzeug-Leasing nimmt im Leasinggeschäft den bei weitem größten Teil ein. 69 % **1** des Mobilienneugeschäfts vollziehen sich im Bereich des Fahrzeugleasings.[1] 51 % der Anschaffungswerte im Mobilien-Leasing fallen allein auf das Leasing von PKWs und Kombis.[2] Hintergrund dieser Bilanz ist, dass ein Großteil der Automobilhersteller mit Leasingbanken (sog. Autobanken) zumindest wirtschaftlich, vielfach aber auch konzernrechtlich verbunden sind.[3] Diese wiederum arbeiten mit den Händlern des jeweiligen Vertriebssystems des Herstellers zusammen. Die Vermittlungstätigkeit der Händler wird von den Leasinggesellschaften auf der Grundlage von Rahmenvereinbarungen häufig mit Provisionen vergütet.[4] Auf diese Weise wird das Leasinggeschäft von der Fahrzeugindustrie als Absatzinstrument genutzt.[5] Die Gewährung von Sonderzuschüssen und Abverkaufshilfen der Automobilhersteller gegenüber verbundenen Leasinggesellschaften stellt dabei gegenüber freien Leasinggesellschaften weder eine unbillige Behinderung noch eine Diskriminierung dar.[6]

II. Erscheinungsformen des KfZ-Leasing

Das Kraftfahrzeugleasing wird in Deutschland weithin in Form des Finanzierungsleasings **2** betrieben.[7] Die große Bedeutung des Leasinggeschäfts in der Fahrzeugbranche hat es mit

---

[1] Der Bereich der Fahrzeuge setzt sich zusammen aus PKW und Kombi, Busse, LKW und Hänger sowie Luft-, Schienen- und Wasserfahrzeuge (vgl. Bundesverband Deutscher Leasing-Unternehmen e.V., abrufbar unter http://www.bdl-leasing-verband.de/markt).

[2] Vgl. Bundesverband Deutscher Leasing-Unternehmen e.V., abrufbar unter http://www.bdl-leasing-verband.de/markt.

[3] Vgl. auch *Reinking/Eggert* Der Autokauf Rdn. 819 m. w. N.

[4] BGH BB 2006, 741 mit Anmerkung *Graf v. Westphalen,* wobei der BGH in dieser Entscheidung allerdings hervorhebt, dass die Gewinnchancen, die für den Händler mit dem Rückkauf und der Weiterveräußerung des zurückgegebenen Fahrzeugs bei Bestehen einer Rückkaufverpflichtung verbunden sind, nicht Teil des Provisionsanspruchs für die Vermittlung der Leasingverträge werden.

[5] Vgl. hierzu auch bereits oben *Martinek* § 2 Rdn. 32.

[6] BGH NJW 1992, 1827; OLG Frankfurt NJW-RR 1992, 1133.

[7] *Reinking/Eggert* Der Autokauf Rdn. 820.

sich gebracht, dass sich hier einige an den Interessen der Praxis orientierte besondere Vertragsmodelle herausgebildet haben, die es im Nachfolgenden zu betrachten gilt.

1. Null-Leasing

3   Das vor allem im Fahrzeugleasinggeschäft bekannt gewordene Null-Leasing ist auf private Leasingnehmer zugeschnitten und soll den Kunden eine wirtschaftlich attraktive Finanzierungsalternative eröffnen.[8] Es ist dadurch gekennzeichnet, dass die Summe der Leasing-Zahlungen den ausgewiesenen Listenpreis des Leasing-Objekts nicht übersteigt. Dem Leasingnehmer wird mit anderen Worten **kein besonderer Leasing-Zins** berechnet.[9] Zur Begleichung der anfänglich zu entrichtenden Sonderzahlung (meist 30–40% des Verkaufspreises) wird dem Leasingnehmer teilweise die Hingabe seines bisherigen Gebrauchtwagens gestattet.[10] Regelmäßig vereinbaren die Vertragsparteien auch, dass der Kunde nach Ablauf der vereinbarten Leasingzeit das Kraftfahrzeug zu einem vorher vereinbarten, am Restwert orientierten Betrag erwerben kann.[11]

2. KfZ-Leasing mit Restwertabrechnung

4   Beim KFZ-Leasing mit Restwertabrechnung handelt es sich um eine Abwandlung des Teilamortisationsvertrages mit Abschlusszahlung, die sich im Bereich des Kraftfahrzeug-Leasings großer Beliebtheit erfreut.[12] Die Parteien des Leasingvertrages einigen sich bei dieser Vertragsvariante nicht nur über eine anfänglich zu leistende Sonderzahlung, die Laufzeit des Vertrages und die Höhe der Leasingraten, sondern vor allem auch über einen **kalkulierten Restwert** des Fahrzeuges am Ende des Vertrages. Damit hat der Leasingnehmer grundsätzlich drei verschiedene Entgelte zu entrichten: die Sonderzahlung zu Vertragsbeginn, die Leasingraten und gegebenenfalls eine **Abschlusszahlung** bei Vertragsende. Zur Feststellung, ob eine Abschlusszahlung zu leisten ist, ist der tatsächliche Wert des Fahrzeugs bei Vertragsende mit dem bei Vertragsbeginn kalkulierten Restwert zu vergleichen. Ist der Fahrzeugwert gegenüber der anfänglichen Kalkulation höher, erhält der Leasingnehmer eine (prozentuale) Erstattung. Aus steuerlichen Gründen beträgt diese grundsätzlich allerdings nur 75% des Erlöses über der anfänglichen Restwertkalkulation.[13] Ist der Fahrzeugwert gegenüber dem kalkulierten Restwert niedriger, muss der Leasingnehmer die Differenz ausgleichen. Damit liegen Investitions- und Verwertungsrisiko beim Leasingnehmer, wohingegen der Leasinggeber die volle Amortisation erhält. Da sich die Höhe des erzielten Restwertes auf die Abschlussrechnung auswirkt und der Leasingnehmer das **Restwertrisiko** trägt, ist der Leasinggeber allerdings zur bestmöglichen Verwertung des Fahrzeuges verpflichtet.[14] Die Beweislast dafür, dass der Leasinggeber diese Pflicht verletzt hat, liegt jedoch auf Seiten des Leasingnehmers.[15]

3. Kilometer-Abrechnungsvertrag

5   Grundlage des vor allem bei Hersteller-Leasinggesellschaften weit verbreiteten Kilometer-Abrechnungsvertrages[16] ist die voraussichtliche Fahrleistung des geleasten Fahrzeugs

---

[8] Staudinger/*Stoffels* Leasing Rdn. 34.
[9] Vgl. hierzu auch bereits oben *Martinek* § 3 Rdn. 25 sowie Staudinger/*Stoffels* Leasing Rdn. 34.
[10] Staudinger/*Stoffels* Leasing Rdn. 34; zur Rückabwicklung eines Leasingvertrages bei Inzahlungnahme vgl. BGH NJW 2003, 505.
[11] Staudinger/*Stoffels* Leasing Rdn. 34.
[12] *Reinking/Eggert* Der Autokauf Rdn. 826.
[13] *Reinking/Eggert* Der Autokauf Rdn. 826.
[14] BGH NJW 1985, 2258; BGH NJW 1990, 221; *Reinking/Eggert* Der Autokauf 993; vgl. hierzu noch unten § 57 Rdn. 5 ff.
[15] OLG Hamm NJW-RR 1994, 1467
[16] *Reinking/Eggert* Der Autokauf Rdn. 826.

16. Kapitel. Kfz-Leasingverträge § 55

während der zumeist zwei- bis dreijährigen Dauer des Vertrages.[17] Die Laufleistung des geleasten Fahrzeuges wird durch die Vereinbarung einer **Kilometerbegrenzung** im Leasingvertrag festgelegt. Wird die vereinbarte Laufleistung überschritten, muss der Kunde zusätzliche Zahlungen pro Mehrkilometer leisten.[18] Nicht genutzte Kilometer werden dem Leasingnehmer in der vertraglich festgelegten Höhe (u. U. bis zu einem vorher definierten Höchstbetrag) erstattet. Gewöhnlich vereinbaren die Vertragsparteien allerdings einen Toleranzrahmen von +/- 2.500 km, innerhalb dessen von einer Zusatzzahlung oder einer Vergütung abgesehen wird. Ausgeschlossen ist aus steuerlichen Gründen in der Regel ein Recht des Leasingnehmers auf Erwerb des Leasingfahrzeugs am Vertragsende.[19] Im Gegensatz zum Leasing mit Restwertabrechnung liegt beim Kilometer-Abrechnungsvertrag das **Restwertrisiko** des am Ende des Vertrages zurückzugebenden Fahrzeugs weithin beim **Leasinggeber**, der es übernimmt, das Leasingobjekt auf eigenes Risiko zu verwerten.[20] Eine Verlagerung des Restwertrisikos auf den Leasingnehmer für den Fall der vorzeitigen Beendigung des Vertrages ist in Allgemeinen Geschäftsbedingungen als überraschende Klausel unwirksam.[21] Ein Wechsel der Abrechnungsart und die damit einhergehende Verlagerung des Restwertrisikos auf den Leasingnehmer ist wirksam nur möglich, wenn der Leasingnehmer hierauf im individuell gestalteten Teil des Vertrages deutlich hingewiesen wurde.[22]

Auszugleichen sind vom **Leasingnehmer** allerdings grundsätzlich **Wertminderun-** 6 **gen** des Leasingfahrzeugs, die auf über den normalen Verschleiß hinausgehende Mängel und Schäden zurückzuführen sind.[23] Auch das Verlustrisiko trägt leasingtypisch der Leasingnehmer.[24] Die **Allgemeinen Geschäftsbedingungen** des Leasinggebers sehen bei Kilometerabrechnungsverträgen regelmäßig vor, dass sich das Fahrzeug bei seiner Rückgabe in einem dem Alter und der vereinbarten Laufleistung entsprechenden Zustand befinden muss, frei von Mängeln oder Schäden sowie verkehrs- und betriebssicher.[25] Dabei ist allerdings klarzustellen, dass normaler Verschleiß nicht als Schaden gilt.[26] Liegt ein über normalen Verschleiß hinausgehender Mangel oder Schaden vor, haftet der Leasingnehmer vor dem Hintergrund der leasingtypischen Übernahme der Sachgefahr unabhängig davon, ob der Schaden auf seinem Verschulden beruht, auf Zufall oder höherer Gewalt.[27] Die **Beweislast** dafür, dass ein über der normalen Abnutzung hinausgehender Schaden vorliegt, trägt allerdings der Leasinggeber.[28]

---

[17] Staudinger/*Stoffels* Leasing Rdn. 35.
[18] *Engel* Handbuch Kraftfahrzeug-Leasing § 3 Rdn. 25
[19] *Reinking/Eggert* Der Autokauf Rdn. 829.
[20] *Graf von Westphalen* Der Leasingvertrag Rdn. 1207; Staudinger/*Stoffels* Leasing Rdn. 35, 37.
[21] *Reinking/Eggert* Der Autokauf Rdn. 829.
[22] BGH ZIP 1986, 1566, 1569; SchlHOLG OLGR 1998, 410; *Reinking/Eggert* Der Autokauf Rdn. 829.
[23] Vgl. hierzu noch unten § 57 Rdn. 6.
[24] Staudinger/*Stoffels* Leasing Rdn. 36 m. w. N.
[25] *Reinking/Eggert* Der Autokauf Rdn. 829; vgl. auch BGH DAR 2000, 302; zur Verjährung eines entsprechenden Anspruchs vgl. unten § 57 Rdn. 6.
[26] In der Rechtsprechung ist teilweise die Ansicht zu finden, dass eine Klausel, nach der sich einerseits das Fahrzeug bei Rückgabe in einem dem Alter und der vertragsgemäßen Fahrleistung entsprechenden Erhaltungszustand befinden soll, der nach mehrjähriger Benutzung des Fahrzeugs mehr oder weniger erhebliche Mängel und Schäden umfasst, andererseits aber das Fahrzeug „frei von Schäden und Mängeln" sein soll, in sich widersprüchlich und daher wegen Verstoßes gegen das Transparenzgebot unwirksam ist (LG München DAR 1999, 268; zur Kritik an der Rechtsprechung des LG Münchens vgl. *Reinking/Eggert* Der Autokauf Rdn. 987).
[27] *Reinking/Eggert* Der Autokauf Rdn. 987 m. w. N.
[28] LG Hamburg NJW-RR 1989, 883, 884; *Reinking/Eggert* Der Autokauf Rdn. 989 m. w. N.

4. Kfz-Leasing mit Andienungsrecht

7 Teilweise wird in KfZ-Leasingverträgen auch ein Andienungsrecht vereinbart. In diesem Fall hat der Leasinggeber nach Ablauf der Leasingvertragszeit das Recht, dem Leasingnehmer das Kraftfahrzeug anzudienen, wenn kein Verlängerungsvertrag abgeschlossen wird.[29] Der Leasingnehmer ist bei Ausübung des Andienungsrechts zum Kauf verpflichtet. Ein Anspruch, das Kraftfahrzeug auch kaufen zu dürfen, ist mit dem Andienungsrecht nicht verbunden. Der Leasinggeber wird von dem ihm eingeräumten Recht Gebrauch machen, wenn der bei Vertragsende auf dem Markt zu erzielende Preis unter dem bei Abschluss des Vertrages vereinbarten Andienungspreis liegt, der regelmäßig durch den Restbuchwert oder einen kalkulierten Restwert bestimmt wird.[30]

5. Kündbarer Vertrag mit Schlusszahlung

8 Kündbare KfZ-Leasingverträge mit Schlusszahlung zeichnen sich durch ein Kündigungsrecht des Leasingnehmers nach Ablauf der Grundmietzeit von 40 % der betriebsgewöhnlichen Nutzungsdauer unter Einhaltung einer vertraglich festgelegten Kündigungsfrist sowie einer vom Leasingnehmer zu leistenden Schlusszahlung aus.[31] Die Höhe der Abschlusszahlung ist so bestimmt, dass sie gemeinsam mit den bis dahin gezahlten Leasingraten den Gesamtaufwand des Leasinggebers deckt, womit die vom Leasingnehmer geschuldete Vollamortisation eintritt.[32] Dieses Vertragsmodell ist in der Praxis selten geworden.[33]

6. Flotten-Leasing (Fleet Leasing)

9 Von Flotten-Leasing wird in der Praxis gesprochen, wenn ein Unternehmen mehr als 10 Fahrzeuge least.[34] Neben der reinen Finanzdienstleistung kann der Leasingnehmer in diesen Fällen häufig zusätzlichen Service bis hin zum kompletten Outsourcing aller Fuhrparkdienstleistungen in Anspruch nehmen (zum Full-Service-Vertrag vgl. sogleich noch Rdn. 10). Die Bündelung der Nachfragemacht für Fahrzeuge, Versicherungen und Dienstleistungen (z. B. Reifenservice etc) sowie die Nutzung von Skaleneffekten und Spezialsoftware bei den Verwaltungsaufgaben ermöglicht es den Leasinggesellschaften, den Leasingnehmern insoweit günstige Konditionen anzubieten. Bei der Gestaltung der Konditionen sind hierbei das offene und das geschlossene Kalkulationssystem zu unterscheiden. Während bei Ersterem eine Einzelkostenabrechnung erfolgt, wird im zweiten Fall eine pauschale Abrechnung mit dem Leasingnehmer vereinbart.

7. Full-Service-Vertrag (All-Inclusive-Leasingvertrag)

10 Im Bereich des KfZ-Leasing bieten Leasinggesellschaften zunehmend Full-Service-Programme an. Insoweit handelt es sich um insbesondere von gewerblichen Unternehmen mit größerem Fuhrpark genutzte Verträge, die je nach Vertragsgestaltung die Wartung der Fahrzeuge, die Reparatur und Versicherung sowie die gesamte Fuhrparkverwaltung erfassen (Fuhrparkmanagement). Teilweise wird in diesem Zusammenhang auch von **Brutto-Leasingverträgen**, im Unterschied zu auf die Gebrauchsüberlassung beschränkten **Netto-Leasingverträgen** gesprochen, bei denen der Leasingnehmer während der Vertragszeit alle mit dem Gebrauch des Fahrzeug verbundenen Kosten und Lasten trägt[35]

---

[29] *Reinking/Eggert* Der Autokauf Rdn. 825.
[30] *Reinking/Eggert* Der Autokauf Rdn. 825.
[31] *Reinking/Eggert* Der Autokauf Rdn. 827.
[32] *Reinking/Eggert* Der Autokauf Rdn. 827.
[33] Ausführlich hierzu *Reinking/Eggert* Der Autokauf Rdn. 827.
[34] Bundesverband deutscher Leasing-Unternehmen e.V. (abrufbar unter http://www.bdl-leasing-verband.de/leasing).
[35] *Reinking/Eggert* Der Autokauf Rdn. 877.

16. Kapitel. Kfz-Leasingverträge   § 56

Zum zusätzlich angebotenen Dienstleistungsspektrum der Leasinggesellschaften gehören u. a.: Kfz-Steuer und GEZ-Service, Mietwagen-Service, Reifen-Service, Tank-Service, Technik-Service und Versicherungs-Service. Bei Full-Service-Verträgen handelt sich um kombinierte Leasing-, Dienst- und Werkverträge, die sich im Zweifel als einheitliches Rechtsgeschäft im Sinne des § 139 BGB darstellen.

§ 56 Rechtsprobleme des Kfz-Leasing

Schrifttum: *Engel* Kfz-Leasing – Relevante Vorschriften des Verbraucherkreditgesetzes für die Vertragsabwicklung, MDR 2000, 797 ff.; *Erman* Kommentar zum BGB, 11. Aufl. 2004; *Greger* Haftungsrecht des Straßenverkehrs, Großkommentar zu §§ 7 bis 20 StVG, 3. Aufl. 1997; MünchKomm/ *Habersack* Leasing, 4. Aufl. 2004, S. 1148 ff.; *Hohloch* Schadensersatzprobleme bei Unfällen mit Leasingfahrzeugen, NZV 1992, 1 ff.; *Marinek/Oechsler* Die Unanwendbarkeit des Verbraucherkreditgesetzes auf Leasingverträge ohne Vollamortisationspflicht – Zur Abgrenzung der Begriffe „Finanzierungsleasingverträge" und „sonstige Finanzierungshilfen" im Verbraucherkreditgesetz unter besonderer Berücksichtigung der Kilometerabgrenzungsverträge der KfZ-Branche, ZIP 1993, 81 ff.; *dies.* Das Leasinggeschäft, in: Schimansky/Bunte/Lwowski, Bankrechts-Handbuch, Band 1, 3. Aufl. 2007, 18. Kapitel, § 101; *Michalski/Schmitt* Der KfZ-Leasingvertrag 1995; *Müller-Sarnowski* Die „vertragsgemäße Rückgabe des Leasingfahrzeugs", DAR 1997, 142 ff.; *Reinking/Eggert* Der Autokauf – Rechtsfragen beim Kauf neuer und gebrauchter Kraftfahrzeuge sowie beim Leasing, 9. Aufl., 2005; *Reinking* Autoleasing, 3. Aufl. 2000; *Reinking/Nießen* Problemschwerpunkte im Verbraucherkreditgesetz ZIP 1991, 634; Staudinger/*Stoffels* Leasing, 2004 (nach § 487 BGB im Band §§ 433–487; Leasing); *Graf v. Westphalen* Leasingvertrag, 5. Aufl. 1998; *ders.* Leistungsstörungen beim Autoleasing, DAR 2006, 620; *ders.* Auswirkungen der Schuldrechtsmodernisierung auf das Leasingrecht, ZIP 2006, 1653 ff.

Übersicht

	Rdn.
I. Allgemeine Fragen des KfZ-Leasing	1
1. Eigentümer und Haltereigenschaft	2
2. Abwälzung der Sach- und Preisgefahr auf den Leasingnehmer	3
3. Gewährleistungsausschluss im Gebrauchtfahrzeugleasing	7
4. Unfallschäden	8
a) Fremdverschuldete Unfälle	8
b) Vom Leasingnehmer verschuldete Unfälle	17
5. Ansprüche aus der Vollkaskoversicherung	18
II. Rechtsprobleme des Null-Leasing	26
1. Rechtliche Qualifikation	26
2. Wettbewerbsrechtliche Fragen	27
III. Rechtsprobleme des KfZ-Leasing mit Restwertabrechnung	28
IV. Rechtsprobleme des Kilometer-Abrechnungsvertrages	29
1. Rechtliche Qualifikation	29
2. Anwendbarkeit der Regelungen über Verbraucherdarlehensverträge	30
3. Umstellungsklauseln in Allgemeinen Geschäftsbedingungen	31
4. Verpflichtung des Leasingnehmers zum Erhalt des Fahrzeugs im ordnungsgemäßen Zustand	32

I. Allgemeine Fragen des KfZ-Leasing

Das Leasing von Kraftfahrzeugen ist die klassische Form des Leasinggeschäfts,[1] dessen rechtliche Problematik in den vorstehenden Ausführungen dieses Buches bereits weithin behandelt wurde. Im Nachfolgenden werden daher nur einige Eigentümlichkeiten des KfZ-Leasings vorgestellt, namentlich soweit sie sich im Zusammenhang mit den in § 55 beschriebenen besonderen Vertragsmodellen herausgebildet haben. **1**

---

[1] Vgl. bereits § 55 Rdn. 1.

1. Eigentümer und Haltereigenschaft

2 Auch beim Leasing von Fahrzeugen wird der Leasinggeber Eigentümer des Leasingobjekts und verwahrt dementsprechend den KfZ-Brief. Der Leasingnehmer wird jedoch Halter des geleasten Fahrzeugs, und zwar auch dann, wenn Steuern und Versicherung vom Leasinggeber übernommen werden.[2] Etwas anderes gilt ausnahmsweise, wenn der Leasinggeber in Bezug auf den Einsatz des Fahrzeuges dem Leasingnehmer gegenüber weisungsbefugt ist und er diese Weisungsbefugnis auch ausüben konnte.[3] In einem solchen Fall ist der Leasinggeber Mithalter des Fahrzeuges

2. Abwälzung der Sach- und Preisgefahr auf den Leasingnehmer

3 **a)** In KfZ-Leasingverträgen wird – wie allgemein im Leasinggeschäft – die Sach- und Preisgefahr typischerweise auf den Leasingnehmer abgewälzt.[4] Allerdings fordert der BGH **speziell** bei **Leasingverträgen** über neue bzw. nicht älter als drei Jahre[5] alte **Kraftfahrzeuge** in ständiger Rechtsprechung für die **Wirksamkeit der Abwälzung** der **Sach- und Preisgefahr** in den AGB des Leasinggebers, dass dem Leasingnehmer für den Fall eines völligen **Verlustes** (z. B. aufgrund Diebstahls[6]), Totalschadens[7] oder einer **nicht unerheblichen Beschädigung** des Leasingfahrzeugs ein **kurzfristiges Kündigungs- oder gleichwertiges Lösungsrecht** eingeräumt ist.[8] Begründet wird dies mit der besonderen Interessenlage eines Leasingnehmers bei Abschluss eines Leasingvertrages über ein neues Fahrzeug. Bei Anschaffung eines Neufahrzeuges legt der Erwerber regelmäßig besonderen Wert darauf, ein neues, nicht unfallbeschädigtes Fahrzeug zu fahren. Die dafür gewählte Finanzierungsform des Leasings, darf nach Ansicht des BGH nicht dazu führen, dass der Leasingnehmer gezwungen ist, für den Rest der Vertragslaufzeit einen Unfallwagen zu benutzen, zumal er in einem solchen Fall – entgegen seiner bei Vertragsschluss berechtigten Erwartungen – im Hinblick auf den Umfang der Beschädigung mit einer geminderten Verkehrs- und Betriebssicherheit des Fahrzeugs sowie weiteren Reparaturkosten und Ausfallzeiten rechnen muss.[9] Die Fortsetzung des Dauerschuldverhältnisses ist dem Leasingnehmer in einem solchen Fall unzumutbar.[10] Eine vergleichbare Gefährdung des Vertragszwecks durch einen Totalschaden, durch Verlust oder wesentliche Beschädigung besteht bei anderen Leasingobjekten nicht.[11] Dabei ist nach der Rechtsprechung des BGH von einer **erheblichen Beschädigung** des Leasingfahrzeugs nicht erst dann auszugehen, wenn der Reparaturkostenaufwand 80 % des Zeitwertes beträgt.[12] Die AGB-Empfehlungen des VDA (Abschnitt X Ziff. 6 Abs. 2) sehen ein vorzeitiges Kündigungsrecht sogar bereits bei Reparaturkosten von mehr als **60 % des Wiederbeschaffungswertes** vor.[13]

---

[2] *Michalski/Schmitt* Rdn. 167.
[3] *Greger* StVG § 7 Rn 262 m. w. N.
[4] Vgl. hierzu im Einzelnen Kapitel 9.
[5] BGH WM 1998, 2148, 2149; Erman/*Jendrek* Anh. § 535 Rdn. 24.
[6] Ausführlich hierzu *Reinking/Eggert* Der Autokauf Rdn. 970; zur Berechnung der Ausgleichszahlung bei vorzeitiger Kündigung eines Kfz-Leasingvertrages wegen Diebstahls vgl. OLG Celle OLGR 1999, 225.
[7] Zu den Abgrenzungsproblemen zwischen Teil- und Totalschaden vgl. *Reinking/Eggert* Der Autokauf Rdn. 964.
[8] BGH NJW 1987, 377; BGHZ 116, 278, 287; BGH WM 1996, 1320, BGH WM 1998, 1452 BGH WM 1998, 2148; BGH NJW 2004, 1041.
[9] BGH NJW 1998, 2284.
[10] Im Falle der Abbedingung eines entsprechenden Kündigungsrechts ist die Überwälzung der Preisgefahr unzulässig (BGH WM 1987, 38; OLG Düsseldorf NJW 1997, 2528).
[11] *Reinking/Eggert* Der Autokauf Rdn. 849.
[12] BGH DAR 1998, 234, 235
[13] Höchstrichterlich ist diese Frage noch nicht entschieden; vgl. *Reinking/Eggert* Der Autokauf Rdn. 852.

16. Kapitel. Kfz-Leasingverträge § 56

Freilich befreit das außerordentliche Kündigungsrecht den Leasingnehmer nicht von 4
seiner leasingtypischen Verpflichtung, dem Leasinggeber volle **Amortisation** der Gesamtkosten einschließlich des kalkulierten **Gewinns** zu leisten.[14] Hat der Leasinggeber durch die bis zur Kündigung gezahlten Leasingraten und eine ggf. erhaltene Versicherungsentschädigung und/oder einen erzielten Veräußerungserlös keine volle Amortisation erlangt, ist der Leasingnehmer – **trotz** des **Sonderkündigungsrechts** – zu einer **Ausgleichszahlung** verpflichtet. Da die Ausgleichszahlung des Leasinggebers auf Vollamortisation bei vorzeitiger Beendigung des Leasingvertrages Entgeltcharakter hat, ist sie grundsätzlich auch **umsatzsteuerpflichtig**.[15]

Nicht zu fordern ist nach Ansicht des BGH für eine wirksame Abwälzung der Sach- 5
und Preisgefahr in den AGB des Kraftfahrzeug-Leasinggebers allerdings eine spezielle Bestimmung dergestalt, dass Ansprüche des Leasinggebers aus einer vom Leasingnehmer abzuschließenden **Fahrzeugvollversicherung**[16] sowie Ersatzansprüche aufgrund der Verletzung des Eigentums an dem Leasingfahrzeug dem Leasingnehmer **zugute kommen**.[17] Da die Leasinggesellschaft bereits aufgrund der leasingvertraglichen **Zweckbindung** der Versicherung, die der Absicherung der vom Leasingnehmer übernommenen Sachgefahr dient, die Verpflichtung hat, dem Leasingnehmer entsprechende Versicherungsleistungen – „durch Verwendung auf die Leasingsache, durch Anrechnung auf einen etwaigen Ausgleichs- oder Schadensersatzanspruch oder durch Abtretung – zugute kommen zu lassen", stellt das Fehlen einer dahingehenden ausdrücklichen Regelung keine unangemessene Benachteiligung des Leasingnehmers dar.[18]

b) Entspricht eine Risikozuweisungsklausel nicht den Anforderungen der Rechtspre- 6
chung, ist sie wegen Verstoßes gegen § 307 Abs. 1 Satz 1 BGB **unwirksam** und es kommen die allgemeinen **Bestimmungen des Mietrechts** zur Anwendung. Damit steht dem Leasingnehmer, wenn ihm der Gebrauch der Leasingsache dauerhaft entzogen ist, ein außerordentliches Kündigungsrecht nach § 543 Abs. 2 BGB zu.[19] Den Anspruch auf die **Gegenleistung** verliert der Leasinggeber bereits ab dem Zeitpunkt, in dem ihm die Gebrauchsüberlassung unmöglich wird (§ 326 Abs. 1 BGB).[20]

3. Gewährleistungsausschluss im Gebrauchtfahrzeugleasing

Die Rechtsprechung hat die Wirksamkeit des Gewährleistungsausschlusses des Leasingge- 7
bers bei gleichzeitiger Abtretung der Gewährleistungsansprüche gegen den Lieferanten/Hersteller (leasingtypische Abtretungskonstruktion) mit der Überlegung gerechtfertigt, der Leasingnehmer könne sich im Fall einer etwaigen Mangelhaftigkeit der Leasingsache an den Verkäufer halten.[21] Problematisch ist dies freilich, wenn der Verkäufer seine **Sach- und Rechtsmängelhaftung ausgeschlossen** hat, was gerade im **Gebrauchtwagenhandel** häufig der Fall ist. Wird der Leasingvertrag mit einem **Unternehmer** abgeschlossen, ist die Wirksamkeit der leasingtypischen Abtretungskonstruktion gleichwohl zu bejahen. Der Leasinggeber muss dem Leasingnehmer als Ausgleich für den Ausschluss der Vermieterhaftung die Rechte verschaffen, die ihm als Käufer zustehen. Im Kaufrecht ist im Rahmen des **§ 444 BGB** der Ausschluss der Sachmängelhaftung aber erlaubt. Auch gelten für den Gebrauchtwagenkauf nicht die Klauselverbote der §§ 309 Nr. 8 b,

---

[14] OLG Düsseldorf FLF 1997, 79.
[15] OLG Düsseldorf FLF 1997, 79; OLG Frankfurt FLF 1999, 82; ausführlich zum Ganzen *Reinking/Eggert* Der Autokauf Rdn. 963 m. w. N.
[16] Vgl. hierzu noch sogleich unten Rdn. 18
[17] BGH NJW 2004, 1041 **gegen** OLG Düsseldorf ZIP 1983, 1092 und OLG Hamburg MDR 1999, 420; a. A. auch *Reinking* Autoleasing S. 45 m. w. N.
[18] BGH NJW 2004, 1041, 1042; vgl. auch BGHZ 93, 391, 395; BGH WM 1987, 1338; BGHZ 116, 278, 284.
[19] *Reinking/Eggert* Der Autokauf Rdn. 851.
[20] *Reinking/Eggert* Der Autokauf Rdn. 851 m. w. N.
[21] Zu den Einzelheiten der leasingtypischen Abtretungskonstruktion vgl. oben § 25 III.

307 BGB. Ein im Kaufrecht zulässiger Haftungsausschluss kann aber grundsätzlich nicht deshalb unzulässig sein, weil er sich im Rahmen des Leasingvertrages auswirkt.[22] Umstritten ist allerdings, ob dies vor dem Hintergrund der Regelung des § 475 BGB auch dann gilt, wenn der Leasingnehmer **Verbraucher** ist.[23] Nach der **Rechtsprechung** des BGH ist dem Verkäufer eines Gebrauchtwagens die Berufung auf einen mit dem Leasinggeber als Käufer der Leasingsache vereinbarten Gewährleistungsausschluss indes auch dann nicht verwehrt, wenn der die Gewährleistungsansprüche geltend machende Leasingnehmer Verbraucher ist. Ein Umgehungsgeschäft im Sinne des § 475 Abs. 1 Satz 2 BGB liegt nach Ansicht des BGH nicht vor, da der Leasingvertrag nicht den Zweck hat, dem Verkäufer zu Lasten des Leasingnehmers den Ausschluss der Gewährleistung zu ermöglichen.[24] Allerdings stellt die leasingtypische Abtretungskonstruktion in einem solchen Fall eine **unangemessene Benachteiligung** des Leasingnehmers im Sinne des § 307 Abs. 1 BGB dar,[25] da die im Allgemeinen zulässige formularmäßige Freizeichnung des Leasinggebers von seiner mietrechtlichen Gewährleistung bei gleichzeitiger Abtretung seiner kaufrechtlichen Gewährleistungsansprüche versagt, wenn der Ausschluss der mietrechtlichen Gewährleistung nicht durch kaufrechtliche Sachmängelansprüche auch tatsächlich ausgeglichen wird.[26] Gemäß § 306 Abs. 2 BGB verbleibt es damit bei der gesetzlichen Regelung, womit der Leasingnehmer bei Mangelhaftigkeit des Leasingfahrzeuges seine im **Mietrecht geregelten Gewährleistungsansprüche** gegenüber dem **Leasinggeber** ausüben kann.

4. Unfallschäden

8 **a) Fremdverschuldete Unfälle. aa)** Kommt es zu einem **fremdverschuldeten** Unfall[27] mit einem Leasingfahrzeug, stehen sowohl dem Leasinggeber wie auch dem Leasingnehmer weitgehend deckungsgleiche Schadensersatzansprüche zu:[28] dem **Leasinggeber** aufgrund der Verletzung seines **Eigentumsrechts**, dem **Leasingnehmer** aufgrund der Verletzung seines **Besitzrechts** als Fahrzeughalter. Beide sind **nebeneinander materiell anspruchsberechtigt**.[29] Als **Anspruchsverpflichtete** kommen neben dem gegnerischen KfZ-Halter, der gegnerische KfZ-Fahrer und die gegnerische Versicherung in Betracht. Ansprüche gegen den **gegnerischen Halter** ergeben sich aus der Gefährdungshaftung des § 7 StVG sowie aus Verschuldenshaftung; Ansprüche gegen den **gegnerischen Fahrer** aus der Gefährdungshaftung des § 18 StVG und aus Verschuldenshaftung. Der Haftpflichtversicherer haftet gemäß § 3 PflVG.

9 **bb) Zu ersetzen** hat der Schädiger neben den am Fahrzeug entstandenen Schäden **alle durch den Schadensfall verursachten Kosten** wie Abschlepp- und Gutachterkosten, Kosten der Rechtsverfolgung, die Mietwagenkosten eines Ersatzfahrzeuges sowie den entgangenen Gewinn.[30] Ist eine **Reparatur** des Leasingfahrzeuges **möglich**, schuldet der

---

[22] *Reinking/Eggert* Der Autokauf Rdn. 876
[23] *Reinking/Eggert* Der Autokauf Rdn. 864 ff. m. w. N.
[24] BGH NJW 2006, 1066.
[25] BGH NJW 2006, 1066; offengelassen von OLG Köln OLGR 2004, 297, 298; dafür, dass der Leasinggeber dem Verbraucher in einem solchen Fall die Rechte verschafft, die dieser besäße, wenn er das Gebrauchsfahrzeug – anstatt es zu leasen – von Lieferanten käuflich erworben hätte, *Reinking/Eggert* Der Autokauf Rdn. 875 und *Halme/Krahe* PVR 2002, 158, 160.
[26] Ausführlich zu der Entscheidung des BGH NJW 2006, 1066: *Graf v. Westphalen* DAR 2006, 620 ff.; *ders.*, ZIP 2006, 1653 ff.
[27] Wie ein Leasingnehmer sich im Falle eines Unfalls zu verhalten hat, wird gewöhnlich im Leasingvertrag geregelt; zu den insoweit gemachten Empfehlungen des VDA vgl. deren Abschnitt X Ziff. 2.
[28] *Engel* Handbuch Kraftfahrzeugleasing § 7 Rdn. 22.
[29] *Reinking/Eggert* Der Autokauf Rdn. 954.
[30] *Reinking/Eggert* Der Autokauf Rdn. 961; *Engel* Handbuch Kraftfahrzeugleasing § 7 Rdn. 26 m. w. N.

den Unfall verursachende Unfallgegner die dafür erforderlichen Aufwendungen, wobei sich seine Ersatzpflicht nach herrschender Meinung auch auf die **Umsatzsteuer** erstreckt, wenn der nicht vorsteuerabzugberechtigte Leasingnehmer vertraglich zur Reparatur verpflichtet ist und dieser Pflicht auch tatsächlich nachkommt.[31] Zu ersetzen ist die Mehrwertsteuer allerdings nur, wenn sie auch tatsächlich angefallen ist (§ 249 Abs. 2 Satz 2 BGB). **Umstritten** ist, ob auch der **Kaskoversicherer** dem Leasingnehmer die Umsatzsteuer zu ersetzen hat.[32] In der Rechtsprechung wird dies weitgehend verneint, da für die Ermittlung der Höhe der Versicherungsentschädigung für ein Leasingfahrzeug grundsätzlich auf die Verhältnisse des Leasinggebers und nicht auf die des Leasingnehmers abzustellen sei.[33] Demgegenüber stellt man in der Literatur vielfach darauf ab, dass der Kaskoversicherer nicht nur das Sachinteresse des Leasinggebers versichere, sondern auch das Sacherhaltungsinteresse des Leasingnehmers, wenn dieser – leasingtypisch – die Sachgefahr trägt.[34] Dementsprechend hätte aber auch ein Kaskoversicherer dem Leasingnehmer die Mehrwertsteuer zu ersetzen, wenn dieser zur Reparatur verpflichtet sei und diese auch durchführe.[35]

Verzichtet der Leasingnehmer auf die Anmietung eines Ersatzfahrzeuges für die Zeit **10** der Reparatur, hat der Schädiger ihm die aktuellen Tagessätze zum Nutzungsausfall zu zahlen.[36] Eine **Nutzungsausfallentschädigung** steht allerdings nur dem Leasingnehmer, nicht dem Leasinggeber zu.[37] Ein Anspruch auf Ersatz der **Leasingraten**, die der Leasingnehmer aufgrund der Übernahme der Sach- und Preisgefahr dem Leasinggeber trotz der fehlenden Benutzbarkeit des Leasingfahrzeuges schuldet, besteht hingegen **nicht**.[38] Die Leasingraten sind Teil des mit dem Leasinggeber vereinbarten Entgelts und vom Leasingnehmer nach der leasingtypischen Gefahrtragungsregelung ohne Rücksicht auf den Untergang des Leasingobjekts bis zum Ablauf des Vertrages zu entrichten, womit kein mit der Beschädigung des Fahrzeugs ursächlich zusammenhängender Schaden vorliegt.[39]

Handelt es sich um einen **Totalschaden**, ist die Haftung des Schädigers auf den **Wie- 11 derbeschaffungswert** begrenzt. Zwar hat der **Leasinggeber** bei Vernichtung des Leasingobjektes grundsätzlich einen Anspruch auf vollen Schadensersatz einschließlich des entgangenen Gewinns. Wurde die Sach- und Preisgefahr wirksam auf den Leasingnehmer abgewälzt, steht dem Leasinggeber aber weiterhin ein auf Vollamortisation gerichteter Ausgleichsanspruch gegen diesen zu, weshalb gegen den Schädiger kein Anspruch auf Ersatz eines Gewinnentganges besteht.[40] Im Hinblick auf die Berechtigung des Leasinggebers zum Vorsteuerabzug kann der Leasinggeber vom Schädiger im Übrigen auch nur den Netto-Wiederbeschaffungswert verlangen.[41]

Aber nicht nur dem Leasinggeber, auch dem **Leasingnehmer** steht im Falle eines **12** vom Schädiger allein verschuldeten Totalschadens als **Nutzungsschaden** ein Betrag in Höhe des **Wiederbeschaffungsaufwandes** für ein gleichwertiges Ersatzfahrzeug zu.[42] Zu den Wiederbeschaffungsaufwendungen zählt bei einem nicht vorsteuerabzugsberech-

---

[31] *Reinking/Eggert* Der Autokauf Rdn. 958 m. w. N.
[32] Ausführlich hierzu m. w. N. *Reinking* DAR 1998, 333, 334; *Reinking/Eggert* Der Autokauf Rdn. 958.
[33] BGH VersR 1988, 949; BGH VersR 1993, 1223, 1224; OLG Düsseldorf DAR 1999, 68 m. w. N.
[34] *Engel* Handbuch Kraftfahrzeugleasing § 7 Rn 24; *Reinking/Eggert* Der Autokauf Rdn. 958 jeweils m. w. N.
[35] *Reinking/Eggert* Der Autokauf Rdn. 958 m. w. N.
[36] *Reinking/Eggert* Der Autokauf Rdn. 961.
[37] *Reinking/Eggert* Der Autokauf Rdn. 961.
[38] BGH NJW-RR 1991, 280, 281, BGH NJW 1992, 553
[39] Vgl. hierzu auch *Graf v. Westphalen* Anm. zum Senatsurteil vom 23. Oktober 1990 in EWiR BGB § 249 1/91.
[40] BGH BB 1990, 2441.
[41] OLG Hamm NJW-RR 2003, 774, 775; *Reinking/Eggert* Der Autokauf Rdn. 967; *Engel* Handbuch Kraftfahrzeugleasing § 7 Rdn. 32 m. w. N.
[42] OLG Hamm NJW-RR 2003, 774, 775; BGH NJW 1992, 553.

§ 56   Dritter Teil. Besondere Rechtsprobleme einzelner Leasingverträge

tigten Leasingnehmer auch die **Mehrwertsteuer** bezogen auf den Wiederbeschaffungswert des Fahrzeugs.[43] Daneben sind dem Leasingnehmer auch steuerliche Nachteile, Gewinnausfall sowie die Mietkosten für ein Ersatzfahrzeug für die Zeit bis zur Wiederbeschaffung zu ersetzen.[44] Demgegenüber stellen die durch einen **ersatzweise abgeschlossenen Leasingvertrag** entstehenden Kosten **keinen** ersatzfähigen Schaden dar.[45] Auch die vorzeitige Fälligstellung der Leasingraten und die Pflicht zur Ablösung des Restwertes wird vom Haftungsschaden nicht erfasst.[46] Der abzulösende Restwert wird mit der Pflicht zur Zahlung des Wiederbeschaffungswertes abgegolten.[47] Aber auch durch die vorzeitige Fälligstellung der Leasingraten entsteht dem Leasingnehmer kein Schaden, da der Leasinggeber zur Abzinsung und zur Anrechung der ersparten Verwaltungskosten verpflichtet ist.[48] Als Haftungsschaden zu ersetzen sind allerdings die infolge der vorzeitigen Fälligstellung des vollen Amortisationsbetrages entstehenden **Mehraufwendungen**, wie sie etwa durch zusätzliche Kosten infolge der Notwendigkeit einer Kreditaufnahme entstehen können.[49]

13   cc) Hat der **Leasingnehmer** den Unfall **mitverschuldet**[50] kommt § 9 StVG zur Anwendung.[51] § 9 StVG erklärt § 254 BGB auch bei der **Gefährdungshaftung** des StVG mit der Abweichung für anwendbar, dass der Geschädigte sich das Verschulden desjenigen zurechnen lassen muss, der die tatsächliche Gewalt über die beschädigte Sache ausgeübt hat, weshalb auch einem **Leasinggeber** das **Verschulden** des **Fahrzeugführers zugerechnet** wird. Eine Ausweitung des Anwendungsbereichs des § 9 StVG auf die vom Fahrzeug ausgehende **Betriebsgefahr** ist allerdings abzulehnen.[52]

14   Demgegenüber regelt § 17 StVG nur den **Schadensausgleich zwischen** den an einem Unfall beteiligten **KfZ-Haltern**, wenn diese einem Dritten zum Ersatz des Schadens verpflichtet sind. Der Leasinggeber als Eigentümer des Leasingfahrzeugs muss sich bei der Verschuldenshaftung des gegnerischen KfZ-Halters und/oder Fahrers **weder** die **Betriebsgefahr** seines Fahrzugs **noch** ein **Mitverschulden** des Leasingnehmers[53] anrechnen lassen.[54]

15   dd) Aufgrund der Leasingvertragsbedingungen[55] ist der **Leasingnehmer** regelmäßig widerruflich **ermächtigt** und verpflichtet, **Ansprüche**, die im Zusammenhang mit dem Schadensfall stehen, im eigenen Namen und auf eigene Rechnung **geltend** zu **machen**. Kommt es aufgrund des Unfalls oder eines Diebstahls des Fahrzeugs allerdings zu einer Kündigung des Leasingvertrages, wird eine Ermächtigung zur Geltendmachung der Versicherungsleistung aus der Kaskoversicherung hinfällig.[56]

16   ee) Im **Verhältnis** zwischen **Leasinggeber** und **Leasingnehmer** trägt der Leasingnehmer typischerweise die **Sach-** und **Preisgefahr**, weshalb er – auch wenn er das Fahrzeug aufgrund des Unfalls nicht mehr benutzen kann – **nicht** berechtigt ist, die **Leasingratenzahlung** einzustellen.[57] Allerdings steht ihm im Falle eines Totalschadens

---

[43] OLG Hamm NJW-RR 2003, 774, 775; *Reinking/Eggert* Der Autokauf Rdn. 967 m. w. N.
[44] BGH NJW 1992, 553.
[45] BGH NJW 1992, 553; *Engel* Handbuch Kraftfahrzeugleasing § 7 Rn 34 m. w. N.
[46] BGH NJW 1992, 553.
[47] BGH NJW 1992, 553; *Reinking/Eggert* Der Autokauf Rdn. 967.
[48] BGH NJW 1992, 553; *Reinking/Eggert* Der Autokauf Rdn. 967.
[49] BGH NJW 1992, 553.
[50] Zum Verschulden des Leasingnehmers vgl. sogleich noch unten Rdn. 17.
[51] OLG Hamm NJW 1995, 2233 m. w. N.
[52] Str. *Reinking/Eggert* Der Autokauf Rdn. 952 m. w. N. auch zur Gegenansicht.
[53] Zur Haltereigenschaft des Leasingnehmers vgl. oben Rdn. 2
[54] BGH NJW 1983, 1492; BGH NJW 1986, 1044; OLG Hamm NJW 1995, 2233.
[55] Vgl. auch Abschnitt X Nr. 2 der VDA-Empfehlung.
[56] OLG Köln BB 1992, 2105; *Reinking/Eggert* Der Autokauf Rdn. 957; *Engel* Handbuch Kraftfahrzeugleasing § 7 Rdn. 20 m. w. N.
[57] *Reinking/Eggert* Der Autokauf Rdn. 954; *Engel* Handbuch Kraftfahrzeug-Leasing § 7 Rdn. 20, 30.

oder einer erheblichen Beschädigung des Fahrzeugs regelmäßig ein kurzfristiges Kündigungsrecht zu.[58] Schadensersatzleistungen, die aufgrund einer **Wertminderung** des Fahrzeugs geleistet wurden, stehen grundsätzlich dem Leasinggeber als Eigentümer des Leasingfahrzeuges zu. Trägt der Leasingnehmer das **Restwertrisiko,** ist der Leasinggeber jedoch verpflichtet, eine empfangene Wertminderungsentschädigung am Vertragsende zugunsten des Leasingnehmers zu berücksichtigen.[59] Für den Fall eines **Vertrages mit Restwertabrechnung** ist diese dementsprechend einem etwaigen Veräußerungserlös in vollem Umfang hinzurechnen.[60] Wird dadurch ein Mehrerlös erzielt, ist dieser in Höhe von 75 % dem Leasingnehmer auszuzahlen.[61] Demgegenüber steht bei einem **KfZ-Leasingvertrag mit Kilometerabrechnung,** bei dem der Leasinggeber das Verwertungsrisiko am Vertragsende trägt, die Wertminderung dem Leasinggeber zu.[62] Im Falle eines **Vertrages mit Andienungsrecht** kann der Leasingnehmer die Wertminderung beanspruchen, wenn der Leasinggeber ihm das Leasingfahrzeug andient.[63]

b) Vom Leasingnehmer verschuldete Unfälle. Hat der **Leasingnehmer** den Unfall 17 **verschuldet**, erfüllt dies den Tatbestand einer Eigentumsverletzung gemäß § 823 Abs. 1 BGB. Da bei wirksamer Abwälzung der Sach- und Preisgefahr der **vertragliche** Anspruch des Leasinggebers auf **Vollamortisation** hiervon unberührt fortbesteht, erleidet dieser im Verhältnis zum Leasingnehmer jedoch keinen Schaden.[64] Ein Anspruch des Leasinggebers gegenüber dem Leasingnehmer als Halter des Leasingfahrzeuges ergibt sich auch nicht aus § 7 StVG, da hiernach nur Schäden an anderen Sachen (oder Personen) zu ersetzen sind.[65] Ist **neben** dem Leasingnehmer auch ein **Dritter** für den Unfall verantwortlich und geht der Leasinggeber aus **Verschuldenshaftung**[66] gegen diesen vor, braucht er sich das **Mitverschulden** des Leasingnehmers an dem Unfall allerdings auch nicht anspruchsverkürzend zurechnen zu lassen, da der Leasingnehmer nicht als sein Erfüllungsgehilfe tätig wird.[67] Der Drittschädiger, der durch das Leasingverhältnis weder besser- noch schlechtergestellt werden darf, kann freilich nach seiner Inanspruchnahme nach den Regeln des Gesamtschuldnerausgleichs gegen den Leasingnehmer vorgehen und von diesem Regress entsprechend seiner Mitverschuldensquote fordern.[68] Hat der Leasingnehmer dem Leasinggeber bereits volle Amortisation geleistet, gehen die Ansprüche des Leasinggebers gegen den Schädiger im Umfang seines Ausgleichsanspruchs auf ihn über.[69]

5. Ansprüche aus der Vollkaskoversicherung

a) In Netto-Leasingverträgen[70] wird neben der Pflicht des Leasingnehmers, eine gesetz- 18 liche Haftpflichtversicherung mit Mindestdeckungssumme abzuschließen,[71] regelmäßig

---

[58] Vgl. bereits oben Rdn. 3.
[59] *Reinking/Eggert* Der Autokauf Rdn. 959 mw. N.
[60] *Reinking/Eggert* Der Autokauf Rdn. 960.
[61] Vgl. auch noch unten § 57 Rdn. 8.
[62] *Engel* Handbuch Kraftfahrzeugleasing § 7 Rdn. 25 m. w. N.
[63] *Reinking/Eggert* Der Autokauf Rdn. 960 m. w. N.
[64] *Engel* Handbuch Kraftfahrzeugleasing § 7 Rdn. 28, 35 m. w. N.
[65] Die Halterpflicht des Leasingnehmers aus § 7 StVG betrifft allerdings nur Schäden an „anderen Sachen" und kann dementsprechend keinen Anspruch wegen Beschädigung des Leasingfahrzeuges bringen, vgl. *Reinking/Eggert* Der Autokauf Rdn. 954.
[66] Etwas anderes gilt jedoch, wenn die Leasinggesellschaft ihren Anspruch auf Gefährdungshaftung stützt, da hier § 9 StVG zur Anwendung kommt (OLG Hamm RuS 1996, 339; vgl. auch bereits oben Rdn. 13).
[67] OLG Hamm NJW 1995, 2233.
[68] *Reinking/Eggert* Der Autokauf Rdn. 954; *Hohloch* NZV 1992, 1, 5.
[69] BGH BB 1990, 2441.
[70] Vgl. hierzu bereits oben § 55 Rdn. 10.
[71] Zum Anspruch gegen die Haftpflichtversicherung vgl. § 3 PflVG.

auch bestimmt, dass der Leasingnehmer das geleaste Fahrzeug im Rahmen einer **Vollkaskoversicherung** zu versichern hat.[72] Die für den Fall einer Beschädigung des Fahrzeuges gegen den Vollkasko-Versicherer bestehenden Ansprüche stehen grundsätzlich jedoch dem Leasinggeber als Eigentümer des Leasingobjekts zu, da Versicherungsverträge zwischen dem Leasingnehmer und dem Versicherer leasingtypisch in der Form abgeschlossen werden, dass der Leasinggeber als Versicherter einbezogen ist (**Versicherung für fremde Rechnung: §§ 74 ff. VVG**). Versichert wird das **Sachinteresse** des **Leasinggebers**, nicht dessen Interesse an **Vollamortisation**, weshalb die Versicherungsleistung nicht das Interesse des Leasinggebers am Erhalt der Sache übersteigen kann.[73] Regelmäßig reicht die Versicherungsleistung daher auch nicht zur Deckung der Schlusszahlung aus.[74] Übersteigt ausnahmsweise die Versicherungsleistung allerdings die noch nicht amortisierten Kosten des Leasinggebers, so ist umstritten, wem der Mehrerlös zusteht.[75] Nach Ansicht des OLG Düsseldorf stehen die den Finanzierungsaufwand des Leasinggebers übersteigenden Leistungen des Kaskoversicherers jedenfalls dann dem Leasingnehmer zu, wenn ihm (insoweit leasinguntypisch) am Ende des Vertrages ein Erwerbsrecht eingeräumt wurde.[76]

19 b) Neben den **Reparaturkosten umfassen** die **Ansprüche** gegen die Vollkaskoversicherung auch den Ausgleich für eine etwa eingetretene technische oder merkantile **Wertminderung**, die trotz einer Reparatur des Unfallschadens verbleibt. Grundsätzlich stehen Wertminderungsansprüche dem **Leasinggeber** als demjenigen zu, der Eigentümer des Fahrzeuges ist und zugunsten dessen die Versicherung abgeschlossen wurde.[77] Handelt es sich um einen Vertrag mit **Restwertabrechnung** trägt – anders als bei einem Kilometer-Abrechnungsvertrag – allerdings der **Leasingnehmer** das **Restwertrisiko**, da in diesem Fall der Verwertungserlös aufgrund der unfallbedingten Wertminderung hinter dem kalkulierten Restwert zurückbleibt. Demgemäß hat der Leasinggeber bei diesem Vertragsmodell aber eine empfangene Wertminderung bei Vertragsende dem Veräußerungserlös hinzuzurechnen und einen etwaigen Mehrerlös in Höhe von 75 % an den Leasingnehmer auszukehren.[78] Entsprechendes gilt für eine im Fall eines Totalschadens geleistete Versicherungsentschädigung.[79] Bei einem Vertrag mit **Andienungsrecht** steht dem Leasingnehmer die Wertminderung zu, wenn ihm der Leasinggeber das Fahrzeug andient.[80]

20 Da bei Leasingfahrzeugen grundsätzlich das Sachinteresse des Leasinggebers versichert wird (§ 74 VVG),[81] ist für den Fall einer **Entschädigung** auf **Neupreisbasis**, der für den **Leasinggeber** maßgebliche **Wiederbeschaffungswert** maßgeblich, nicht der dem Leasingnehmer entstehende Wiederbeschaffungsaufwand.[82] Der Wiederbeschaffungsaufwand des Leasinggebers kann aber durchaus niedriger als derjenige des Leasingnehmers sein, da Leasinggesellschaften über günstigere Einkaufsmöglichkeiten verfügen und regelmäßig zum Vorsteuerabzug berechtigt sind.

21 c) Hat der Leasinggeber die Sach- und Gegenleistungsgefahr (leasingtypisch) auf den Leasingnehmer abgewälzt und dieser das Leasingfahrzeug zugunsten des Leasinggebers versichert bzw. alle Versicherungsansprüche an den Leasinggeber abgetreten,[83] ist dessen

---

[72] *Reinking/Eggert* Der Autokauf Rdn. 878.
[73] *Reinking/Eggert* Der Autokauf Rdn. 969 m. w. N.; zur Möglichkeit des Abschlusses eines weitergehenden Versicherungsvertrages vgl. *Engel* Handbuch Kraftfahrzeugleasing § 7 Rdn. 33.
[74] *Reinking/Eggert* Der Autokauf Rdn. 969.
[75] Vgl. *Reinking/Eggert* Der Autokauf Rdn. 969 m. w. N.
[76] OLG Düsseldorf OLGR 2003, 173.
[77] *Graf v. Westphalen* Leasingvertrag Rdn. 1034.
[78] *Reinking/Eggert* Der Autokauf Rdn. 959 f. m. w. N.
[79] Vgl. auch bereits oben Rdn. 15.
[80] *Reinking/Eggert* Der Autokauf Rdn. 960.
[81] Vgl. bereits oben Rn. 8.
[82] BGH NJW 1993, 2870; *Engel* Handbuch Kraftfahrzeugleasing § 7 Rdn. 32 m. w. N.
[83] BGH NJW 1992, 683.

Anspruch gegen den Leasingnehmer auf Ersatz des Fahrzeugrestwerts bis zum Fehlschlagen seines Vorgehens gegen die Kaskoversicherung **gestundet**.[84] Etwas anderes gilt nach Ansicht des OLG Koblenz dann, wenn – wie dies häufig der Fall ist[85] – der Leasingnehmer aufgrund des Leasingvertrages ermächtigt und verpflichtet ist, Ansprüche, die im Zusammenhang mit dem Schadensfall stehen, im eigenen Namen und auf eigene Rechnung geltend zu machen.[86] Kündigt der Leasinggeber aufgrund des Unfalls oder eines Diebstahls des Fahrzeugs den Leasingvertrag wird eine Ermächtigung zur Geltendmachung der Versicherungsleistung aus der Kaskoversicherung freilich hinfällig.[87]

d) Teilweise findet sich in den Allgemeinen Geschäftsbedingungen der Leasinggesellschaften auch die Regelung, dass der Leasinggeber seine Ansprüche gegen die Versicherung schon im Voraus an den Leasingnehmer abtritt, damit dieser die Versicherungsleistung unmittelbar für die Reparatur des Leasingfahrzeugs verwenden kann. Macht die **Leasinggesellschaft** die Versicherungsleistung hingegen **selbst geltend,** muss sie diese im Hinblick auf deren leasingvertragliche Zweckbindung – auch ohne ausdrückliche Vereinbarung[88] – dem die Sach- und Preisgefahr tragenden Leasingnehmer zu Gute kommen lassen.[89] Für den Fall, dass der Leasingnehmer bereits eine Reparaturwerkstatt beauftragt hat, kann er daher die unmittelbare Überweisung der Leistung an diese verlangen bzw. seinen dahingehenden Anspruch der Reparaturwerkstatt abtreten.[90] Eine Berechtigung des Leasinggebers, gegenüber der Forderung des Leasingnehmers mit einem Anspruch auf Zahlung rückständiger Leasingraten aufzurechnen, besteht angesichts der Zweckbindung der Versicherungsleistung nicht.[91]

Aber nicht nur Versicherungsleistungen, auch Ersatzansprüche aufgrund der Verletzung des Eigentums an dem Leasingfahrzeug (§ 823 Abs. 1 BGB) muss die Leasinggesellschaft dem Leasingnehmer abtreten oder ihm auf andere Weise zu Gute kommen lassen, wenn sie aufgrund der Abwälzung der Sach- und Preisgefahr den leasingtypischen Ausgleichsanspruch gegen ihn geltend macht.[92] Der BGH verweist zur Begründung insoweit auf das in § 255 BGB zum Ausdruck kommende **schadensersatzrechtliche Bereicherungsverbot**, das verhindern soll, dass der Geschädigte durch das schädigende Ereignis in unangemessener Weise bessergestellt wird, als er ohne dasselbe gestanden hätte.[93]

e) Macht der Leasinggeber eine **zu geringe Entschädigung geltend**, ist am Vertragsende sein Amortisationsanspruch um die Differenz zwischen erzielbar gewesener und tatsächlich vereinnahmter Versicherungsleistung zu kürzen.[94]

f) Schadensersatzansprüche des Leasinggebers als Versicherten (§ 74 VVG) gegen Dritte oder den Leasingnehmer gehen bei Leistung des Kaskoversicherers auf diesen über (**§ 67 VVG**).[95] § 67 VVG ist entsprechend anzuwenden, wenn der Leasingnehmer ver-

---

[84] OLG Koblenz NJW-RR 1996, 174; *Reinking/Eggert* Der Autokauf Rdn. 966; **a. A.** OLG Düsseldorf OLGR 1996, 266, das die Ansicht vertritt, der Umstand, dass der Leasinggeber einen Versicherungsschein besitzt und somit gem. VVG § 75 Abs. 2 zur Klageerhebung berechtigt wäre, verpflichte ihn nicht, vor der Durchsetzung seines Abrechnungsanspruchs gegen den Leasingnehmer klageweise einen eventuellen Anspruch auf Versicherungsleistungen gegen den Kaskoversicherer durchzusetzen.
[85] Vgl. auch Abschnitt X Nr. 2 der VDA-Empfehlung.
[86] OLG Koblenz NJW-RR 1996, 174; *Reinking/Eggert* Der Autokauf Rdn. 957.
[87] OLG Köln BB 1992, 2105; *Reinking/Eggert* Der Autokauf Rdn. 957.
[88] Vgl. bereits oben Rdn. 5.
[89] BGH NJW 2004, 1041, 1042 m. w. N.
[90] *Erman/Jendeck* Anh. § 535 Rdn. 24.
[91] *Erman/Jendeck* Anh. § 535 Rdn. 24 m. w. N.
[92] BGH NJW 2004, 1041, 1042.
[93] BGH NJW 2004, 1041, 1042; BGHZ 120, 261, 268; BGH WM 1997, 335 jew. m. w. N.
[94] OLG Dresden OLGR 1999, 364.
[95] Zur Quotenbevorrechtigung des Leasingnehmers bei dessen Mithaftung (§ 67 Abs. 1 S. 2 VVG) vgl. *Reinking* Autoleasing S. 184.

tragswidrig die Vollkaskoversicherung für das geleaste Fahrzeug gekündigt hat, der Kaskoversicherer aufgrund des Sicherungsscheins aber an den Leasinggeber leistet.[96]

II. Rechtsprobleme des Null-Leasing

1. Rechtliche Qualifikation

26 Die rechtliche Einordnung des Null-Leasingvertrages ist umstritten. In der Literatur wird das Null-Leasing teilweise als Kaufvertrag,[97] teilweise als Mietkauf[98] und teilweise als Finanzierungsleasing in Form eines Teilamortisationsmodells[99] qualifiziert. Höchstrichterliche Rechtsprechung existiert zu dieser Frage noch nicht. Letztendlich entscheidend ist die Ausgestaltung im Einzelfall.[100] Schwierigkeiten kann die Abgrenzung zum teilfinanzierten Abzahlungskauf bereiten.[101]

2. Wettbewerbsrechtliche Fragen

27 Bedenken werden teilweise gegen die wettbewerbsrechtliche Zulässigkeit des Null-Leasing erhoben, da der Leasinggeber – häufig ein Tochterunternehmen des Herstellers – bei diesem Vertragsmodell auf die sonst in den Leasingraten üblicherweise enthaltenen Aufschläge wie Zinsen, Kosten und Gewinn verzichtet.[102] Die höchstrichterliche Rechtsprechung hat indes sogar noch unter der Geltung des RabattG einen Verstoß gegen die Regeln des Wettbewerbsrechts verneint.[103] Mit der Aufhebung des RabattG 2001 und der mit der UWG-Reform weiter verfolgten Liberalisierung des Wettbewerbsrechts ist derartigen Bedenken endgültig der Boden entzogen.

III. Rechtsprobleme des KfZ-Leasing mit Restwertabrechnung

28 Die beim KfZ-Leasing mit Restwertabrechnung vertraglich vereinbarte **Restwertabsicherung** stellt einen Entgeltanspruch dar, der als **Hauptleistungspflicht** ausgestaltet ist.[104] Da der Leasingnehmer nicht auf das Studium der AGB verwiesen werden darf, um zu erfahren, welche wesentlichen Verpflichtungen er mit dem Vertragschluss eingeht, ist prinzipiell zu verlangen, dass Hauptleistungspflichten dem eigentlichen Vertragstext selbst und **nicht nur dessen AGB** zu entnehmen sind.[105] Dem Leasingnehmer muss durch eine klare und transparente Vertragsgestaltung **(Transparenzgebot)**[106] deutlich gemacht werden, dass er im Falle des Abschlusses eines KfZ-Leasingvertrages mit Restwertabrechnung die volle Amortisation der Anschaffung trägt und diese Amortisation einerseits durch die Zahlung der Leasingraten und andererseits durch die Ausgleichung des Minderwertes im Vergleich zum kalkulierten Restwert erfolgt.[107] Dementsprechend bedarf es nach herrschender Meinung aber im Leasingvertrag selbst zumindest eines Hin-

---

[96] OLGR Köln OLGR 1996, 224.
[97] So *Paschke* BB 1987, 1193 ff., 1195.
[98] So MünchKomm/*Habersack* Leasing Rdn. 13.
[99] So Staudinger/*Stoffels* Leasing Rdn. 34.
[100] Vgl. hierzu auch bereits oben *Martinek* § 3 Rdn. 25.
[101] *Marinek/Oechsler* Bankrechtshandbuch § 101 Rdn. 22.
[102] *Paschke* BB 1987, 1193, 1196 ff.; OLG Frankfurt NJW 1986, 3087 – aufgehoben durch BGH NJW-RR 1987, 1118; vgl. auch http://directlease.de/DLDe/de/aboutus/leasexikon.do, wo von der rechtlichen Unzulässigkeit dieses Vertragsmodells wegen Verstoßes gegen das (mittlerweile aufgehobene) RabattG ausgegangen wird.
[103] BGHZ 99, 69, 71 ff; BGH NJW-RR 1987, 1118.
[104] BGH NJW 1996, 2860, 2861; OLG Hamm NJW-RR 1996, 502, 503.
[105] *Reinking/Eggert* Der Autokauf Rdn. 830 m. w. N.
[106] Vgl. dazu BGHZ 141, 137, 143; 142, 358, 375, jeweils m. w. Nachw.
[107] Ausführlich zum Gebot einer transparenten Vertragsgestaltung *Reinking/Eggert* Der Autokauf Rdn. 830; vgl. auch LG Neuruppin DAR 2000, 314; vgl. aber auch SchlHOLG OLGR 2001, 101.

weises darauf, dass der Leasingnehmer zu einer **Nachzahlung** verpflichtet ist, wenn der erzielte Veräußerungserlös unter dem kalkulatorischen Restwert liegt.[108] Nach Ansicht des OLG Karlsruhe liegt eine transparente Vertragsgestaltung sogar nur dann vor, wenn die am Ende des Leasingvertrages bestehende Verpflichtung zur Restwertbegleichung „so eindeutig, klar und transparent auf der Vorderseite des Vertragsformulars erscheint, dass der Leasingnehmer daraus eine Garantieverpflichtung ableiten kann".[109] Ist dem Vertrag nicht mit hinreichender Deutlichkeit zu entnehmen, dass der Leasingnehmer die Verpflichtung haben soll, einen bestimmten Rücknahmewert des Leasingfahrzeuges bei Vertragsende zu garantieren, ist eine lediglich in den AGB abgedruckte Erklärung, nach der der Leasingnehmer eine Differenz zwischen Schätzwert und Rücknahmewert zu zahlen hat, wegen Verletzung des Transparenzgebots unwirksam.[110] **Nicht gefordert** wird von dem Transparenzgebot allerdings die Offenlegung der **Kalkulation**, die dem in einem Finanzierungsleasingvertrag vereinbarten, vom Leasingnehmer garantierten Restwert zugrunde liegt.[111] Stellt sich ein in den AGB des Leasinggebers niedergelegter Restwert gemessen am Marktwert freilich als **unrealistisch hoch** dar, liegt nach Auffassung des OLG Karlsruhe[112] und des OLG Oldenburg[113] eine überraschende und damit nach § 305c BGB unwirksame Klausel vor, da der Leasingnehmer davon ausgehen könne, dass das Fahrzeug bei Vertragsende zu dem kalkulatorischen Restwert veräußert werden kann. Demgegenüber begründet nach Meinung des OLG Hamm[114] auch eine Klausel, die es gestattet, den Restwert unabhängig vom voraussichtlichen Gebrauchtwagenwert festzulegen, eine Einstandspflicht des Leasingnehmers für einen Mindererlös in jeder Höhe.[115] Nach richtiger Ansicht ist jedenfalls soweit man es mit einem gewerblichen Leasingvertrag zu tun hat, in der Bestimmung eines kalkulatorischen Restwertes, der den zu erwartenden tatsächlichen Restwert erheblich übersteigt, im Allgemeinen kein Unwirksamkeitsgrund zu sehen.[116] Im Hinblick auf die mit der künftigen Wertentwicklung verbundenen Unsicherheiten bei der Restwertbestimmung handelt es sich hier nicht um eine prognostische Angabe, sondern um eine Kalkulation, die sich aus der Aufteilung der Amortisation auf die geleistete Sonderzahlung, die Gesamtheit der gezahlten Leasingraten sowie den kalkulierten Restwert ergibt.[117]

IV. Rechtsprobleme des Kilometer-Abrechnungsvertrages

1. Rechtliche Qualifikation

Um einen **Finanzierungsleasingvertrag** annehmen zu können, muss das Restwertrisiko 29 nicht vollständig vom Leasingnehmer übernommen werden. Es genügt, wenn eine vollständige Entlastung des Leasinggebers vom Restwertrisiko fehlt, aber der Leasingnehmer das Risiko einer Verschlechterung durch Mängel, Schäden und übermäßige Abnutzung bei Rückgabe des Fahrzeuges trägt.[118] Dass das Risiko der Nachfrage des Fahrzeugs auf

---

[108] Vgl. OLG Karlsruhe NJW-RR 1986, 1112, 1113; OLG Oldenburg NZV 1999, 335, 336; OLG Oldenburg v. 2.4.1998–14 U 48/97 – n. v. – Hinweis auf dieses Urteil bei *Reinking/Eggert* Der Autokauf Rdn. 830; vgl. auch *Reinking* Autoleasing, 3. Aufl., S. 36 m. w. N.; **a. A.** allerdings OLG Frankfurt WiB 1997, 1106, 1107, nach dem eine Regelung in den beigefügten Allgemeinen Geschäftsbedingungen genügt.
[109] OLG Karlsruhe NJW-RR 1986, 1112; vgl. auch OLG Karlsruhe NJW-RR 1987, 1006.
[110] LG Oldenburg NJW-RR 1999, 1209; anders allerdings SchlHOLG OLGR 2001, 101.
[111] BGH DAR 1997, 406.
[112] OLG Karlsruhe NJW-RR 1986, 1112
[113] OLG-Oldenburg NJW-RR 1987, 1003; zustimmend *Müller-Sarnowski* DAR 1997, 142 ff. m. w. N.
[114] OLG Hamm NJW-RR 1996, 503.
[115] Vgl. hierzu allerdings auch *Müller-Sarnowski* DAR 1997, 142, 143 f.
[116] OLGR Celle 1996, 219.
[117] *Reinking/Eggert* Der Autokauf Rdn. 831.
[118] Vgl. bereits oben § 55 Rdn. 4.

dem Markt sowie der korrekten internen Bestimmung des Restwertes beim Leasinggeber liegt, hindert die Einordnung als Finanzierungsleasingvertrag nicht.[119] Da die Kalkulation des Restwertes regelmäßig unter dem tatsächlich zu erzielenden Verkaufserlös liegt, wird sich dieses dem Leasinggeber verbleibende Restwertrisiko selten realisieren. Im Übrigen schließen Leasinggesellschaften mit ihren Lieferanten regelmäßig auch Rücknahmevereinbarungen zu Konditionen ab, die eine Realisierung des kalkulierten Restwertes ermöglichen, weshalb eine „Amortisationslücke" prinzipiell nicht zu erwarten ist.[120] Dementsprechend hat auch der BGH hervorgehoben, dass KfZ-Leasingverträge mit Kilometerabrechnung typischerweise auf volle Amortisation ausgerichtet sind,[121] wobei hierfür nicht entscheidend sei, ob Aufwand und Kosten des Leasinggebers überwiegend durch die Zahlungen des Leasingnehmers amortisiert werden.[122] Es genügt, wenn ein so wesentlicher Teil durch die Leasingratenzahlung ausgeglichen wird, dass die Vollamortisation nach Fahrzeugrückgabe ohne erneutes Verleasen durch dessen Verwertung erreicht werden kann und so eine Amortisationslücke für den Leasinggeber nicht zu erwarten ist.[123] Das wirtschaftliche Eigentum an dem Leasingobjekt wird beim Kilometer-Abrechnungsvertrag gleichwohl dem Leasinggeber zugerechnet, da er einerseits das Verwertungsrisiko trägt, andererseits aber auch die Möglichkeit der Realisierung einer Wertsteigerung hat.[124]

2. Anwendbarkeit der Regelungen über Verbraucherdarlehensverträge

30 Mit der Einordnung des Kilometer-Abrechnungsvertrags als Finanzierungsleasingvertrag kommt für den Fall eines Vertragsabschlusses mit einem Verbraucher (§ 13 BGB) aber auch die Regelung des § 500 BGB zur Anwendung, womit die Vorschriften der §§ 358, 359, 492 Abs. 1 Satz 1 bis 4, § 492 Abs. 2 und 3 BGB und § 495 Abs. 1 BGB sowie der §§ 496 bis 498 BGB auch auf Kilometer-Abrechnungsverträge entsprechende heranzuziehen sind.[125]

3. Umstellungsklauseln in Allgemeinen Geschäftsbedingungen

31 Mit einer Klausel in den Allgemeinen Geschäftsbedingungen des Leasinggebers, die für den Fall einer vorzeitigen Beendigung des Kilometer-Abrechnungsvertrages eine Umstellung auf Restwertabrechnung vorsieht, braucht der Leasingnehmer nicht zu rechnen, weshalb sie nach § 305 c Abs. 1 BGB auch nicht Vertragsbestandteil wird.[126]

4. Verpflichtung des Leasingnehmers zum Erhalt des Fahrzeugs im ordnungsgemäßen Zustand

32 Haben die Leasingvertragsparteien einen Kilometer-Abrechnungsvertrag abgeschlossen, hat der Leasinggeber die **Wertminderung** des geleasten Fahrzeugs zu tragen, die auf normalen Verschleiß zurückzuführen ist, nicht aber Wertminderungen, die auf einer übermäßigen Abnutzung und weitergehenden Schäden beruhen.[127] Klauseln, die im Fall einer übermäßigen Abnutzung vom Leasingnehmer die gesamten Kosten der Instandsetzung

---

[119] *Reinking/Eggert* Der Autokauf Rdn. 821.
[120] Staudinger/*Stoffels* Leasing Rdn. 37.
[121] BGH NJW 1996, 2033, 2034; BGH NJW 1998, 1637, 1639; MünchKomm/*Habersack* Leasing Rdn. 103; *Michalski/Schmitt* KFZ-Leasingvertrag Rdn. 50 ff.; *Reinking/Nießen* ZIP 1991, 634, 637; Palandt/*Putzo* § 499 Rdn. 6; *Engel* MDR 2000, 797; **a.A.** *Graf v. Westphalen* Leasingvertrag Rdn. 1216 ff.; *Marinek/Oechsler* ZIP 1993, 81 ff.; *dies.* in Bankrechts-Handbuch § 101 Rdn. 91.
[122] So noch BGH NJW 1996, 2033, 2034.
[123] BGH NJW 1998, 1637.
[124] *Reinking/Eggert* Der Autokauf Rdn. 829.
[125] *Reinking/Eggert* Der Autokauf Rdn. 821
[126] OLG Celle NJW-RR 1994, 743; Staudinger/*Stoffels* Leasing Rdn. 38; vgl. auch BGH NJW 2001, 2165.
[127] *Reinking* NVZ 1997, 6 ff.; vgl. auch bereits oben § 55 Rdn. 5 f.

und damit auch die Kosten für die Ausbesserung von Schäden verlangen, die durch normalen Verschleiß entstanden sind, sind unwirksam.[128] Dass über den normalen Verschleiß hinausgehende Schäden vorliegen, ist allerdings vom Leasinggeber darzulegen und zu **beweisen**.[129] Dieser Darlegungslast genügt er nicht, wenn er lediglich ein Gutachten über den Umfang der erforderlichen Reparaturen vorlegt, da hieraus nicht hervorgeht, welche Schäden auf normalen Verscheiß zurückzuführen sind. Der Ausgleich der Wertminderung ist Teil des Entgelts und damit **umsatzsteuerpflichtig**, auch wenn der Minderwert auf einer schuldhaften Beschädigung des Fahrzeuges durch den Leasingnehmer gründet.[130]

§ 57 Besonderheiten bei Beendigung eines Kfz-Leasingvertrags und die Verwertung des Leasingfahrzeugs

Schrifttum: *Dauner-Lieb/Konzen/Schmidt* Das neue Schuldrecht in der Praxis, 2002; *Engel* Handbuch Kraftfahrzeug-Leasing, 2. Aufl. 2004; *Michalski/Schmitt* Der KfZ-Leasingvertrag 1995; *Müller-Sarnowski* Die „vertragsgemäße Rückgabe des Leasingfahrzeugs", DAR 1997, 142 ff.; *Reinking* Autoleasing, 3. Aufl. 2000; *Reinking/Eggert* Der Autokauf – Rechtsfragen beim Kauf neuer und gebrauchter Kraftfahrzeuge sowie beim Leasing, 9. Aufl., 2005; *Staudinger/Stoffels* Leasingrecht, 2004 (nach § 487 BGB im Band §§ 433–487; Leasing); *Tiedtke/Möllmann* Auswirkungen der Schuldrechtsreform im Leasingrecht, DB 2004, 583; *Graf v. Westphalen* Der Leasingvertrag, 5. Aufl. 1998; *ders.* Options- und Andienungsrechte in Leasingverträgen mit Verbrauchern, ZGS 2002, 89; *Zahn/Bahmann* Kfz, Leasingvertrag, 2002.

Übersicht

	Rdn.
I. Allgemeines	1
II. Die Rückgabe des Fahrzeuges	2
III. Begutachtung	4
IV. Das Restwertrisiko bei regulärer Vertragsbeendigung	5
1. Der Kilometer-Abrechnungsvertrag	6
2. Der Vertrag mit Restwertabrechnung	8
3. Der Leasingvertrag mit Andienungsrecht	12
V. Vorzeitige Vertragsbeendigung	14

I. Allgemeines

Die allgemein für die Beendigung von Leasingverträgen geltenden Grundsätze brauchen an dieser Stelle nicht wiederholt zu werden. Sie wurden in Kapitel 11 und Kapitel 12 dieses Buches bereits ausführlich dargestellt. Die nachstehenden Erörterungen beschränken sich auf einige im Zusammenhang mit der Beendigung von KfZ-Leasingverträgen sich herausgebildeten Besonderheiten. **1**

II. Die Rückgabe des Fahrzeuges

1. Am Ende der Vertragslaufzeit hat der Leasingnehmer das geleaste Fahrzeug **herauszugeben**[1], soweit der Leasinggeber ihm nicht (leasinguntypisch) ein Erwerbsrecht eingeräumt hat oder Letzterer nicht von einem etwaigen Andienungsrecht Gebrauch macht. Umstritten ist allerdings bereits, an welchem Ort die Rückgabe zu erfolgen hat, wenn eine ausdrückliche Abrede der Leasingvertragsparteien hierüber fehlt. Während in der **2**

---

[128] BGH DAR 1992, 146; *Müller-Sarnowski* DAR 1997, 146 m. w. N.
[129] LG Hamburg NJW-RR 1989, 883, 884; *Reinking/Eggert* Der Autokauf Rdn. 989.
[130] Str. vgl. im Einzelnen *Reinking/Eggert* Der Autokauf Rdn. 990.
[1] Zu Leasingverträgen mit Andienungsrecht oder einer Erwerbsoption des Leasinggebers vgl. noch unten Rdn. 12.

Literatur die Ansicht zu finden ist, den Leasingnehmer träfe insoweit eine Bringschuld,[2] wird in der Rechtsprechung die Auffassung vertreten, entscheidend sei, wo der Leasingnehmer die Leasingraten gezahlt habe, womit die Rückgabe an dessen Wohnsitz zu erfolgen habe.[3]

3 2. Macht die Leasinggesellschaft **nach Rückgabe** des Fahrzeugs **Schadensersatzansprüche** wegen **Schäden** an dem Fahrzeug geltend, so obliegt ihr grundsätzlich die **Darlegungs-** und **Beweislast** dafür, dass die Schäden in der Zeit entstanden sind, in der der Leasingnehmer das Fahrzeug in Besitz hatte. Dies gilt allerdings nur, wenn bei Rückgabe des Fahrzeuges kein Protokoll über den Zustand des Fahrzeuges angefertigt und von den Vertragsparteien unterschrieben wurde, wie dies in den AGB von Kraftfahrzeugleasingverträgen regelmäßig bestimmt ist.[4] Durch die **vorbehaltlose Unterzeichnung** des **Fahrzeugrückgabe- und Schadensfeststellungsprotokolls** ist eine spätere Geltendmachung von Schadensersatzansprüchen durch den Leasinggeber wegen Schäden am Leasingfahrzeug **ausgeschlossen**. Eine Berufung des Leasinggebers darauf, ein vom ihm zur Unterzeichnung des Protokolls Bevollmächtigter habe bei der Rücknahme des Fahrzeugs nicht die erforderliche Kompetenz für die Untersuchung des Fahrzeugs gehabt, ist nicht möglich.[5]

III. Begutachtung

4 Für den Fall, dass sich die Vertragsparteien bei Vertragsbeendigung nicht über den Wert des Kfz oder den durch Mängel, Schäden und Überbeanspruchung verursachten Minderwert einigen können, sehen die Allgemeinen Geschäftsbedingungen beim Kraftfahrzeugleasing in Anlehnung an die Mustervertragsbedingungen des VDA[6] regelmäßig vor, dass der Leasinggeber mit Zustimmung des Leasingnehmers einen öffentlich bestellten und vereidigten Sachverständigen oder ein unabhängiges Sachverständigenunternehmen beauftragen kann, die erforderlichen Beurteilungen zu treffen, wobei der Rechtsweg durch das Sachverständigengutachten nicht ausgeschlossen werden soll.[7] Nach einer Entscheidung des LG Kassel lässt eine entsprechende Klausel gleichwohl „nicht mit der erforderlichen Klarheit erkennen, was mit ihr gewollt ist". Da Zweifel bei der Auslegung einer Klausel aber zu Lasten des Leasinggebers als Klauselverwender gehen, sei eine entsprechende Regelung als Zulässigkeitsvoraussetzung für die Klage des Leasinggebers auf Zahlung eines Abrechnungsbetrages zu verstehen, womit vor Einholung des vereinbarten Gutachtens eine Zahlungsklage als (derzeit) unzulässig abzuweisen sei.[8]

IV. Das Restwertrisiko bei regulärer Vertragsbeendigung

5 Die Praxis des KfZ-Leasing hat vor allem zwei Vertragstypen herausgebildet, die Sonderregelungen für das Restwertrisiko bei Vertragsende beinhalten:[9] den Kilometer-Abrechnungsvertrag und den Leasingvertrag mit Restwertabrechnung.

1. Der Kilometer-Abrechnungsvertrag

6 a) Mit der Festlegung einer **Gesamtfahrleistung** definieren die Parteien eines Kilometer-Abrechnungsvertrages den Umfang der vertragsgemäßen Abnutzung.[10] Eine darüber

---

[2] *Graf v. Westphalen* Der Leasingvertrag Rdn. 969 m. w. N.
[3] LG Lüneburg NJW-RR 2002, 1584; einschränkend OLG Rostock OLGR 2001, 255.
[4] *Reinking/Eggert* Der Autokauf Rdn. 983.
[5] OLG Celle DB1997, 2215.
[6] Vgl. dort Abschnitt XVI Abs. 6.
[7] Vgl. zum Ganzen auch *Reinking/Eggert* Der Autokauf Rdn. 984.
[8] LG Kassel DAR 1998, 477.
[9] Zu den verschiedenen Vertragstypen des KfZ-Leasing vgl. bereits oben § 55 Rdn. 2 ff.
[10] *Müller-Sarnowski* DAR 1997, 146.

hinausgehende Abnutzung ist vom Leasingnehmer zu vergüten, während – anders als beim Mietvertrag – eine geringere als die vertragsgemäße Abnutzung dem Leasingnehmer zugute kommt.[11] Der Verwertungserlös findet beim Kilometer-Abrechnungsvertrag keine Berücksichtigung, da das **Verwertungsrisiko** beim **Leasinggeber** liegt. Allerdings trägt der **Leasingnehmer** das Risiko der **Verschlechterung** der Leasingsache durch Mängel, Schäden oder übermäßige Abnutzung, wenn er zum Ausgleich eines etwaigen Minderwertes bei Rückgabe verpflichtet ist.[12] Ein entsprechender Anspruch des Leasinggebers gegen den Leasingnehmer auf Ausgleich eines **Minderwertes** bei Rückgabe des Leasingfahrzeugs in einem nicht vertragsgerechten Zustand **verjährt** nach der Rechtsprechung des BGH in der für den Erfüllungsanspruch geltenden Verjährungsfrist von drei Jahren und nicht nach § 548 BGB in sechs Monaten, da es sich insoweit um einen Teil der leasingtypischen Amortisation handelt.[13]

b) Eine AGB-Klausel, mit der der Leasinggeber das Restwertrisiko für den Fall der vorzeitigen Beendigung des Vertrages durch eine **Änderung der Abrechnungsart** auf den Leasingnehmer abwälzen will, ist überraschend im Sinne des § 305 c BGB und verstößt zudem gegen die Generalklausel des § 307 BGB.[14]

2. Der Vertrag mit Restwertabrechnung

a) Im Falle eines Vertrages mit Restwertabrechnung legen die Vertragsparteien zu Vertragsbeginn für den Zeitpunkt des Vertragsendes einen **kalkulatorischen Restwert** für das Leasingfahrzeug fest. Die **Abrechnung** am Vertragsende erfolgt allerdings erst **nach** der durch den Leasinggeber vorzunehmenden **Verwertung** des Leasingfahrzeugs.[15] Bis zu diesem Zeitpunkt ist der Ausgleichsanspruch nicht fällig.[16] Wird der zu Vertragsbeginn kalkulierte Restwert bei der Verwertung nicht erreicht, hat der Leasingnehmer den entsprechenden **Minderwert** auszugleichen. Schadensersatzpflichten wegen Rückgabe des Fahrzeugs in nicht vertragsgemäßem Zustand bestehen daneben grundsätzlich nicht.[17] Wird ein **Mehrerlös** erzielt, erhält der Leasingnehmer hiervon 75 %.[18] Das **Verwertungsrisiko** trägt bei diesem Vertragsmodell somit der Leasingnehmer.[19] Uneingeschränkt gilt dies allerdings nur, wenn der Leasinggeber den kalkulatorischen Restwert zuvor so bestimmt hat, dass er sich bei normaler Entwicklung des Marktes auch realisieren lässt. Liegt ein Formularvertrag vor und ist die Bestimmung **willkürlich**, wird eine entsprechende Klausel nach § 305 c BGB nicht Bestandteil des Vertrages.[20] Etwas anderes gilt nur dann, wenn die **Garantiepflicht für jeden Restwert** deutlich zum Ausdruck gebracht wurde.[21]

---

[11] Vgl. bereits oben § 55 Rdn. 5.
[12] *Michalski/Schmitt* KFZ-Leasing Rdn. 49 ff. m. w. N.; vgl. hierzu auch bereits oben § 55 Rdn. 6.
[13] BGH NJW-RR 2000, 1303; LG Heidelberg FLF 1999, 32 **a.A**. *Reinking* EWiR § 558 BGB 1/96, 783; *Graf von Westphalen* Der Leasingvertrag Rdn. 1116 ff; *Zahn/Bahmann* Kfz-Leasingvertrag Rdn. 393.
[14] BGH NJW 1987, 377; *Reinking/Eggert* Der Autokauf Rdn. 1041 m. w. N.
[15] *Reinking/Eggert* Der Autokauf Rdn. 993.
[16] OLG Hamm OLGR 1996, 1, 3.
[17] Ausführlich *Reinking/Eggert* Der Autokauf Rdn. 1000; vgl. aber auch OLG Düsseldorf OLGR 2004, 179, das die Ansicht vertritt, es sei dem Leasinggeber „nicht verwehrt, den Schaden geltend zu machen, der darin besteht, dass der vom Sachverständigen geschätzte Händlereinkaufswert ohne die festgestellten Mängel, die auf vom Leasingnehmer unterlassenen Wartungs- und Reparaturarbeiten beruhen, erheblich höher ausgefallen wäre".
[18] BGH ZIP 2002, 1402, 1405; vgl. auch bereits oben § 55 Rdn. 4.
[19] *Engel* Handbuch Kraftfahrzeug-Leasing § 9 Rdn. 105.
[20] *Reinking/Eggert* Der Autokauf Rdn. 1003 m. w. N.
[21] OLG Karlsruhe NJW-RR 1986, 1112; *Müller-Sarnowski* DAR, 1997, 143; a. A. OLG Hamm NJW-RR 1996, 503.

9 **b)** In der **Art und Weise der Verwertung** ist der Leasinggeber, soweit nichts Abweichendes vereinbart ist, grundsätzlich frei und damit nicht verpflichtet, an einen vom Leasingnehmer benannten Käufer zu veräußern. Allerdings hat der Leasinggeber die vertragliche Nebenpflicht, die **Interessen** des Leasingnehmers soweit wie möglich zu **wahren**.[22] Daraus leitet sich die Verpflichtung ab, das Leasinggut **bestmöglich zu verwerten**, da die Höhe des erzielten Restwertes in die Endabrechnung einfließt und das Restwertrisiko beim Leasingnehmer liegt.[23] Die **Beweislast** für eine entsprechende Pflichtverletzung trägt jedoch der Leasingnehmer.[24]

10 Die Frage, ob eine entsprechende Pflichtverletzung vorliegt, ist teilweise nur schwer zu beantworten und hängt entscheidend davon ab, ob der Verkehrswert des geleasten Fahrzeugs am Vertragsende nach dem **Händlereinkaufs-** oder dem **Händlerverkaufspreis** zu bestimmen ist,[25] zwischen denen eine Differenz von 15–17 % liegen kann. Nach teilweiser Ansicht genügt ein Leasinggeber, der über keine eigene Verkaufsorganisation verfügt, seiner Pflicht zur bestmöglichen Verwertung im Allgemeinen dadurch, dass er das Fahrzeug zum Händlereinkaufspreis verkauft.[26] Nach anderer Auffassung hingegen werden eigene Verkaufsbemühungen des Leasinggebers durch eine fehlende eigene Verkaufsorganisation nicht hinfällig, wenn die Möglichkeit besteht, einen höheren Erlös zu erzielen.[27] Auch der BGH vertritt die Auffassung, dass der Leasinggeber seiner Pflicht zur bestmöglichen Verwertung nicht bereits durch die Veräußerung an einen Händler zu dessen Einkaufspreis nachkommt. Allerdings hat er eine schuldhafte Sorgfaltspflichtverletzung verneint, wenn der erzielte Veräußerungserlös beim Verkauf an einen Händler weniger als 10 % unter dem Händlerverkaufspreis liegt.[28] Insbesondere trägt aber auch der Hinweis auf die fehlende eigene Verkaufsorganisation nicht, wenn sich die Leasinggesellschaft bei der Vermittlung und dem Zustandekommen der Leasingverträge eines **Händlernetzes** bedient. In diesem Fall ist ihr zuzumuten, auch nach Beendigung des Leasingvertrages auf dieses zurückzugreifen, um einen über dem Händlereinkaufspreis liegenden Verwertungserlös zu erzielen.[29] Umstritten ist allerdings, ob eine Leasinggesellschaft für den Fall des Bestehens einer Rückkaufverpflichtung des Händlers ihre Pflicht zur bestmöglichen Verwertung verletzt, wenn sie diese nicht in Anspruch nimmt.[30] Bejaht wird die Erfüllung der Pflicht zur bestmöglichen Verwertung des Leasingfahrzeugs, wenn ein Leasinggeber, der über kein eigenes Händlernetz verfügt, dem Leasingnehmer das Ergebnis der Ermittlung des Einkaufswerts durch einen Sachverständigen[31] mitteilt und ihm

---

[22] Ausführlich zu den erforderlichen Verwertungsanstrengungen des Leasinggebers vgl. *Engel* Handbuch Kraftfahrzeug-Leasing § 9 Rdn. 64 ff.

[23] BGH NJW 1985, 2253, 2258; BGH NJW 1991, 221.

[24] *Reinking/Eggert* Der Autokauf Rdn. 993.

[25] Ausführlich *Reinking* Auto-Leasing S. 152 ff; *Reinking/Eggert* Der Autokauf Rdn. 993 m. w. N. zur Rechtsprechung.

[26] Str. OLG Frankfurt NJW 1995, 3259: „leicht angehobener" Händlereinkaufspreis; vgl. auch OLG Karlsruhe JuR 1987, 188; OLG Oldenburg WiB 1997, 657; vgl. auch OLG Düsseldorf OLGR 1997, 143: „Insbesondere kommt eine Abrechnung auf der Grundlage des niedrigeren Händlereinkaufswertes in Betracht, wenn die Rechtsnachfolgerin der Leasinggeberin – hier eine Sparkasse – sich nicht gewerblich mit dem An- und Verkauf von Fahrzeugen befasst".

[27] OLG Celle OLGR 1997, 99; *Reinking/Eggert* Der Autokauf Rdn. 993.; *Engel* Handbuch Kraftfahrzeug-Leasing, § 9 Rdn. 73 f.

[28] BGH NJW 1991, 221; OLG Köln NJW-RR 1995, 817; OLG Brandenburg DAR 2001, 161, 162.

[29] OLG Koblenz NJW 1995, 1227; vgl. auch OLG Köln CR 1995, 340 und EWiR § 249 BGB 3/96, 969; s. auch *Reinking* NZV 1997, 2.

[30] Dagegen OLG Frankfurt WiB 1997, 1107; a. A. OLG Oldenburg Urt. v. 2. 4. 1998–85 U 48/97 n. v. für den Fall, dass der Händler bei den Vertragsverhandlungen mit dem Leasingnehmer auf die Rückkaufsverpflichtung hingewiesen hat; vgl. hierzu *Reinking/Eggert* Der Autokauf Rdn. 999.

[31] Z. B. des DAT; vgl. *Reinking* NZV 1997, 1 ff.; das OLG Stuttgart EWiR 1996, 633 mit Anm. *Bahmann* schätzt den Fahrzeugwert gemäß § 287 ZPO auf der Grundlage der Schwacke-Liste.; so auch schon OLG Celle NJW-RR 1994, 743; zustimmend *Groß* DAR 1996, 445.

Gelegenheit gibt, einen **Käufer zu benennen**, der bereit ist, einen höheren Preis zu zahlen.[32] Benennt der Leasingnehmer weitere Kaufinteressenten, darf der Leasinggeber diese bei seinen Verwertungsbemühungen nicht unberücksichtig lassen.[33] Auch die VDA-Empfehlung sieht das Recht des Leasingnehmers vor, innerhalb einer Frist von zwei Wochen nach Zugang eines Sachverständigengutachtens einen Kaufinteressenten zu benennen, der das Fahrzeug zu einem über dem Schätzwert liegenden Kaufpreis bar bezahlt und abnimmt.[34] Aber auch das nach Einholung eines Schätzgutachtens dem Leasingnehmer selbst gemachte Angebot der Leasinggesellschaft, das Fahrzeug zum Schätzpreis zu übernehmen, ist nach Ansicht des BGH ausreichend, um der Pflicht zur bestmöglichen Verwertung zu genügen.[35] Damit eröffnet die Leasinggeberin dem Leasingnehmer die Möglichkeit, ein nach seiner Auffassung zu gering bewertetes Leasingfahrzeug auf eigene Rechnung zu einem höheren Preis zu veräußern, womit er – ebenso wie durch die Einräumung eines Drittkäuferbenennungsrechts – in die Lage versetzt wird, den vermeintlich höheren Verkehrswert des Leasingobjekts zu realisieren.[36] Ist der Leasingnehmer unzuverlässig oder illiquide, ist ein Angebot zur Eigenverwertung allerdings entbehrlich.[37] **Missachtet** die Leasinggesellschaft ein dem Leasingnehmer eingeräumtes Käufervorschlagsrecht oder setzt sie hierfür eine unangemessen kurze Frist,[38] hat sie gegen ihn keinen Anspruch auf Zahlung der Differenz zwischen dem kalkulierten Restwert und dem Erlös, den sie durch Verkauf zum Händlereinkaufspreis erzielt.[39]

c) Die **Kosten** der Verwertung (z. B. Schätzkosten, Verkaufsprovisionen) sind vor einer 11 Anrechnung des Schätzpreises/Veräußerungserlöses zu Lasten des Leasingnehmers in Abzug zu bringen, wenn eine entsprechende vertragliche Abrede besteht oder der Vertrag aus Gründen, die der Leasingnehmer zu vertreten hat, vorzeitig beendet wird.[40] Im letzteren Fall kann der Leasinggeber vom Leasingnehmer allerdings nur die Verwertungskosten ersetzt verlangen, die über denen liegen, die auch bei vertragsgemäßer Beendigung entstanden wären.[41]

3. Der Leasingvertrag mit Andienungsrecht

a) Auch beim Leasingvertrag mit Andienungsrecht trägt der Leasingnehmer prinzipiell 12 das Restwertrisiko. Er ist zur Zahlung des vereinbarten Bruttokaufpreises verpflichtet, wenn der Leasinggeber von seinem Andienungsrecht Gebrauch macht. Übt der Leasinggeber sein Andienungsrecht allerdings nicht aus, trägt er selbst alle mit der Verwertung des Leasingfahrzeugs verbundenen Risiken.[42]

---

[32] OLGR Karlsruhe 1998, 213.
[33] *Engel* Handbuch Kraftfahrzeug-Leasing § 9 Rdn. 73; nach Ansicht des AG Mannheim NJW-RR 2003, 1701 besteht sogar eine Verpflichtung zur Einräumung eines Käuferbenennungsrecht; soweit die Leasingbedingungen kein Käuferbenennungsrecht des Leasingnehmers enthalten, könne der Leasinggeber diesen Mangel allerdings durch die mündliche Einräumung eines Selbsteintritts- bzw. Drittbenennungsrechts beheben.
[34] Vgl. Abschnitt XVI Nr. 3 Abs. 2; vgl. aber auch OLG Düsseldorf NJW-RR 2004, 1208, das eine Frist von zwei Wochen zur effektiven Ausübung des Drittkäuferbenennungsrechts für zu kurz hält und dementsprechend in einer solchen Klausel eine unangemessene Benachteiligung des Leasingnehmers sieht, die nach § 307 Abs. 2 Nr. 1 BGB unwirksam ist (ebenso OLG Düsseldorf DB 2005, 1851).
[35] BGH NJW 1997, 3166.
[36] BGH NJW 1997, 3166.
[37] OLG Hamm OLGR 1998, 89; OLG Brandenburg NJW-RR 2001, 277.
[38] Angemessen ist eine Frist von mindestens zwei Wochen nach Zugang der Aufforderung (OLG Düsseldorf OLGR 1999, 333); ausführlich zur Fristlänge vgl. *Reinking/Eggert* Der Autokauf Rdn. 997 m. w. N.
[39] *Reinking/Eggert* Der Autokauf Rdn. 996; SchlHOLG OLGR 1998, 354.
[40] BGH NJW 1991, 221; a. A. *Graf von. Westphalen* Leasingvertrag Rdn. 784.
[41] Vgl. hierzu noch unten Rdn. 15.
[42] *Reinking/Eggert* Der Autokauf Rdn. 1003.

13 b) Für den Fall, dass der Leasinggeber dem Leasingnehmer das Fahrzeug zum Kauf andient, kann der Leasinggeber die **Sachmängelhaftung** in den Grenzen des § 444 BGB ausschließen, wenn es sich beim Leasingnehmer um einen **Unternehmer** handelt. Entsprechendes gilt, wenn der Leasingnehmer eine ihm eingeräumte Option ausübt.[43] Nach Ansicht des LG Frankfurt a. M. ist ein entsprechender Ausschluss, selbst wenn die Sachmängelhaftung bei Optionseinräumung nicht ausdrücklich geregelt wurde, aufgrund ergänzender Vertragsauslegung zu bejahen, wenn der Leasingnehmer das Fahrzeug in vertragsgemäßen Zustand zurückzugeben und einen auf Mängel und Schäden beruhenden Minderwert auszugleichen hat.[44] Handelt es sich beim Leasingnehmer um einen Verbraucher, kommen nach überwiegender Ansicht allerdings die Regeln zum **Verbrauchsgüterkauf** zur Anwendung, womit der Leasinggeber für Sachmängel des Fahrzeugs haften muss.[45]

V. Vorzeitige Vertragsbeendigung

14 1. Es gibt unterschiedliche Gründe für die vorzeitige Beendigung eines Leasingvertrages.[46] In Betracht kommen die fristlose Kündigung einer Vertragspartei,[47] der Tod des Leasingnehmers oder eine einvernehmliche Ablösungsvereinbarung.[48] Hat der Leasingnehmer eine fristlose Kündigung des Leasingvertrages schuldhaft veranlasst, steht dem Leasinggeber ein **Schadensersatzanspruch** gegen den Leasingnehmer zu. Dieser ist darauf gerichtet, den Leasinggeber so zu stellen, wie er bei ordnungsgemäßer Durchführung des Vertrages gestanden hätte.[49] Zu ersetzen sind dem Leasinggeber folglich seine gesamten Anschaffungs- und Finanzierungskosten sowie der entgangene Gewinn (volle Amortisation). Begrenzt wird der Anspruch durch das Erfüllungsinteresse bei ordnungsgemäßer Vertragsdurchführung.[50] Außerdem muss sich der Leasinggeber dasjenige anrechnen lassen, was er durch die vorzeitige Beendigung des Vertrages erspart hat.[51] Damit hat der Leasinggeber in der Regel[52] einen Anspruch auf Ersatz der **Summe der noch offenen Leasingraten** zuzüglich **des kalkulierten Restwertes**, jeweils **abgezinst** zum Nettowert auf den Zeitpunkt des durch die fristlose Kündigung vorzeitig bestimmten Vertragsendes.[53] Zu ersetzen sind dem Leasinggeber darüber hinaus etwaige durch die vorzeitige Vertragsbeendigung entstandene **Mehraufwendungen**.[54] Abzuziehen sind, neben den durch den vorzeitigen Kapitalrückfluss ersparten Zinsen, die infolge der vorzeitigen Vertragsbeendigung nicht entstandenen **Verwaltungskosten** des Leasinggebers.[55]

15 2. Der bei der **Verwertung** des Fahrzeugs vom Leasinggeber erzielte **Erlös** ist je nach Vertragsmodell und den im Einzelfall getroffenen vertraglichen Vereinbarungen auf die

---

[43] *Reinking/Eggert* Der Autokauf Rdn. 1003.
[44] OLG Frankfurt NJW-RR 2004, 486.
[45] *Graf v. Westphalen* ZGS 2002, 89 ff; *Tiedtke/Möllmann* DB 2004, 583, 588; *Arnold* in *Dauner-Lieb/Konzen/Schmidt* Das neue Schuldrecht in der Praxis, 589, 612; **a.A.** *Reinking/Eggert* Der Autokauf Rdn. 1004.
[46] Vgl. zur vorzeitigen Vertragsbeendigung bereits ausführlich oben Kap. 12, §§ 38 ff..
[47] Unwirksam ist allerdings eine Regelung in den AGB des KfZ-Leasinggebers, nach der dieser zur fristlosen Kündigung berechtigt sein soll, wenn der Leasingnehmer die von ihm anzuschließende Kfz-Versicherung auf Anfrage nicht nachweist (OLGR Koblenz 2002, 94).
[48] *Reinking/Eggert* Der Autokauf Rdn. 1010 ff.
[49] *Engel* Handbuch Kraftfahrzeug-Leasing § 9 Rdn. 117.
[50] BGHZ 95, 39, 46, 55; BGHZ 111, 237, 243, 245; BGH ZIP 2002, 1402, 1403.
[51] BGH ZIP 2002, 1402, 1403.
[52] Zum Kilometer-Abrechnungsvertrag vgl. sogleich noch unten Rdn. 17.
[53] *Reinking/Eggert* Der Autokauf Rdn. 1026 f., 1030.
[54] *Reinking/Eggert* Der Autokauf Rdn. 1028.
[55] Ausführlich zur Schadensberechung *Reinking/Eggert* Der Autokauf Rdn. 1025 ff.

Schadensersatzforderung des Leasinggebers anzurechnen.[56] War dem Leasinggeber bei Klageeinreichung eine Verwertung des Fahrzeugs trotz hinreichender Bemühungen[57] noch nicht möglich, ist ein nicht realisierter Veräußerungserlös nicht von der Schadensersatzforderung abzusetzen.[58] Der Vorteilsausgleich ist in diesem Fall bis zur Verwertung des Fahrzeugs zurückzustellen. Ist dem Leasinggeber allerdings eine Verwertung möglich und zumutbar, und nutzt er die gegebene Möglichkeit nicht, ist der Schadensersatzanspruch um den hypothetischen Verwertungserlös zu kürzen.[59] Wählt der Leasinggeber, obwohl es ihm zumutbar und möglich war, nicht die Verwertungsalternative, die den Schaden am geringsten hält, verletzt er seine **Schadensminderungspflicht (§ 254 Abs. 2 BGB).**[60] Die Pflicht des Leasinggebers das Fahrzeug **bestmöglich zu verwerten,** besteht auch im Fall einer vorzeitigen Vertragsbeendigung.[61] Wird diese Pflicht missachtet, ist bei der konkreten Schadensberechnung zu berücksichtigen, welcher Erlös bei bestmöglicher Verwertung zu erzielen gewesen wäre.[62] Entstehen dem Leasinggeber bei der vorzeitigen Verwertung höhere **Kosten** als im Falle einer vertragsgemäßen Beendigung, so sind diese vom Leasingnehmer zu ersetzen, wenn sie ursächlich auf die vorzeitige, vom Leasingnehmer zu vertretende Vertragsbeendigung zurückzuführen sind.[63] Aufwendungen wie **Reparaturen,** die vom Leasinggeber im Hinblick auf die Veräußerung der Leasingsache getätigt wurden, gehen vor dem Hintergrund seiner Verpflichtung zur bestmögliche Verwertung der Leasingsache nur dann in vollem Umfang zu Lasten des Leasingnehmers, wenn sie entweder erforderlich waren, um den Leasinggegenstand überhaupt veräußern zu können, oder, soweit eine Veräußerung auch in unrepariertem Zustand möglich gewesen wäre, zu einem vergleichbar höheren Verwertungserlös geführt haben.[64] Wurde ein entsprechender Mehrerlös nicht erreicht, kommt es nach der Rechtsprechung des BGH darauf an, ob der Leasinggeber bei seiner Entscheidung für eine Reparatur ohne Schuld davon ausgegangen ist, der Reparaturaufwand würde einen entsprechend höheren Verwertungserlös erbringen.[65] Bestehen noch nicht realisierte **Versicherungsansprüche,** kann der Leasingnehmer deren Rückabtretung im Wege der Einrede einem Schadensersatzanspruch des Leasinggebers entgegenhalten.[66]

3. Haben sich die Vertragsparteien auf einen Kfz-Leasingvertrag mit **Restwert-** **16** **abrechnung** geeinigt, hat eine Anrechnung des Veräußerungserlöses zu 100 % zu erfolgen, wobei im Fall eines Mehrerlöses der Leasingnehmer mit 75 % hieran zu beteiligen ist.[67] Eine Regelung in den Allgemeinen Geschäftsbedingungen des Leasinggebers, wonach bei der Abrechnung im Falle vorzeitiger Vertragsbeendigung – anders als bei ordnungsgemäßer Vertragsbeendigung – nur 90 % des für das Fahrzeug erzielten Verwertungserlöses zu berücksichtigen sind, benachteiligt den Leasingnehmer unangemessen und ist folglich nach § 307 Abs. 2 Nr. 1 BGB unwirksam.[68]

Aber auch wenn sich die Leasingvertragsparteien auf einen **Kilometer-Abrech-** **17** **nungsvertrag** geeinigt haben, ist die Schadensberechnung bei Vorzeitigkeit der Vertrags-

---

[56] OLG Köln NJW-RR 1993, 1017; *Reinking/Eggert* Der Autokauf Rdn. 1036, vgl. hierzu auch noch sogleich unten Rdn. 16.
[57] Zu den teilweise kontrovers diskutierten Anforderungen an die erforderlichen Verwertungsanstrengungen des Leasinggebers vgl. *Engel* Handbuch Kraftfahrzeug-Leasing § 9 Rdn. 67.
[58] BGH NJW 1995, 1539, 1544; *Reinking/Eggert* Der Autokauf Rdn. 1036.
[59] OLG Dresden NJW-RR 2003, 194.
[60] BGH NJW-RR 1992, 378.
[61] *Reinking/Eggert* Der Autokauf Rdn. 1035.
[62] BGH NJW 1985, 2253, 2258.
[63] OLGR Düsseldorf 2006, 781; *Reinking/Eggert* Der Autokauf Rdn. 1035.
[64] BGH NJW-RR 1992, 378.
[65] BGH NJW-RR 1992, 378 m. w. N.
[66] BGH NJW 1995, 1541, 1542.
[67] Vgl. bereits oben Rdn. 8.
[68] BGH ZIP 2002, 1402.

beendigung allein anhand der Mehr- oder Minderkilometer[69] nicht sachgerecht, da die Höherwertigkeit des Fahrzeuges vor allem auch durch das geringere Fahrzeugalter und nicht nur durch die geringere Fahrleistung bestimmt wird.[70] Allerdings kann der Leasinggeber bei der Schadensberechnung **nicht** einen **intern kalkulierte Restwert** in Ansatz bringen, da bei einem Kraftfahrzeug-Leasingvertrag mit Kilometerabrechnung eine Restwertabrechnung typischerweise gerade nicht stattfindet.[71] Vielmehr trägt bei diesem Vertragsmodell der Leasinggeber das Risiko, dass er bei der von ihm vorzunehmenden Veräußerung des Fahrzeugs die volle Amortisation des von ihm eingesetzten Kapitals einschließlich des kalkulierten Gewinns erhält.[72] Da der Leasinggeber durch den Schadensersatzanspruch aber so zu stellen ist, wie er bei ordnungsgemäßer Vertragsdurchführung gestanden hätte, und nicht besser,[73] ist sein Anspruch unter Berücksichtigung der besonderen vertraglichen Risikoverteilung dieses Vertragsmodells konkret durch einen Vergleich der Vermögenslage des Leasinggebers bei normaler, vertragsgemäßer Erfüllung und bei vorzeitiger Beendigung zu ermitteln. Damit setzt sich der **Kündigungsschaden** des Leasinggebers aus den noch ausstehenden, auf den Zeitpunkt der vorzeitigen Vertragsbeendigung **abgezinsten restlichen Leasingraten**, abzüglich der vom Leasinggeber ersparten **Kosten** zusammen.[74] Anzurechnen ist darüber hinaus aber auch der Vorteil, der sich aus der – u. U. durch Sachverständigengutachten zu ermittelnden – **Höherwertigkeit** des Leasingfahrzeugs bei vorzeitiger Rückgabe im Vergleich zu dem hypothetischen Wert des Fahrzeugs bei vertragsgemäßer Rückgabe ergibt, wobei der Zinsvorteil abzuziehen ist, den dem Leasinggeber durch die vorzeitige Verwertungsmöglichkeit des Leasingfahrzeugs hat.[75]

---

[69] So aber SchlHOL OLGR 1997, 119
[70] *Reinking/Eggert* Der Autokauf Rdn. 1041.
[71] BGH NJW 2004, 2823
[72] Vgl. auch BGH WM 1998, 928; BGH WM 2000, 1009 jeweils m. w. N.
[73] BGHZ 151, 188, 192 f. m. w. N.
[74] BGH NJW 2004, 2823, 2824.
[75] Vgl. BGH NJW 2004, 2823, 2824 f. m. w. N.

17. Kapitel. Immobilien-Leasingverträge
§ 58 Bedeutung und Grundlagen des Immobilien-Leasings

Schrifttum: *Bordewin* Vormieten beim Immobilienleasing, Finanz-Rundschau 1977, 10; *Braun* Immobilien-Leasingfonds – eine sichere und rentable Anlagestrategie, DB-Beilage 8/1996, 15; *Bremser* Das Immobilien-Leasing, DB-Beilage 23/1969, 1; *Csáky* Der Immobilienleasingvertrag in Österreich, Deutschland und der Schweiz, Wien 1992; *Engel* Grundzüge des Immobilien-Leasing, NZM 1998, 785; *Eschenbruch/Niebuhr* Immobilienleasing und öffentliche Vergabe, BB 1996, 2417; *Feinen* Zur Bewertung von Immobilien im sale-and-lease-back-Verfahren, ZfK 1982, 222; *ders*. Eine Investitionsalternative mit Service, in: Leasing bleibt aktuell, DB Beilage Nr. 6, 1988, 8; *ders*. Grundzüge und Praxis des Immobilien-Leasing, DB-Beilage 21/1978, 14; *ders*. Immobilien-Leasing – eine Investitionsalternative mit Service, DB-Beilage 6/1988, 8; *ders*. Immobilien-Leasing-Fonds, BB-Beilage 6/1994, 1; *ders*. Das Leasinggeschäft, 4. Aufl. 2002; *Feinen/Knoche* Checklist Leasing. Leasing-Geschäfte optimal planen und durchführen, 1980; *Fohlmeister* Immobilien-Leasing, in: Hagenmüller/Stoppok (Hrsg.), Leasing-Handbuch für die betriebliche Praxis, 6. Aufl. 1992, 177; *Fohlmeister* Immobilien- und Großanlagen-Leasing, in: Eckstein/Feinen (Hrsg.), Leasing-Handbuch für die betriebliche Praxis, 7. Aufl. 2000, 277; *Gabele/Dannenberg/Kroll* Immobilien-Leasing – Besonderheiten, Vertragsgestaltung, Fallbeispiele, 4. Aufl. 2001; *Gzuk* Finanzierungsleasing als alternative Investitionsform, AcP Bd. 190 (1990), 208; *Hemmer* Immobilien-Leasing mit Bauherren-Service auf Wunsch mit Festpreis und Festterminen – eine interessante Variante für mittelständische Unternehmen, DB-Beilage 6/1994, 13; *Hofbauer* Sind Immobilien-Leasing-Gesellschaften Grundstücksgesellschaften im Sinne des Gewerbesteuerrechts?, BB 1978, 803; *Hoffmann* Immobilien-Leasing und Baumanagement, leasingpraxis 1980, 10; *Keck/Lenz* Die Beurteilung des Immobilienleasing unter Einbeziehung von Steuern, Die Wirtschaftsprüfung 1979, 193; *Koch* Immobilien-Leasing: Ein Beitrag zur Zivilrechtsdogmatik des Leasing, 1989; *Mayer-Rolshoven* Welche Vorteile bietet Immobilien-Leasing, BB-Beilage 10/1989, 12; *Paulus* Das Immobilienleasing ist anders, DB-Beilage 20/1970; *Pölleritzer* Immobilienleasing, in: Egger/Krejci (Hrsg.), Das Leasinggeschäft. Zivil-, Bilanz- und Steuerrecht, Wien 1987, 657; *Porten* Service-Leistungen beim Immobilien-Leasing, DB Beilage 7, 1990, 22; *Rinderknecht* Leasing von Immobilien, Diss. Zürich 1984; *Runge* Leasing im Steuerrecht, in: Runge/Bremser/Zöller, Leasing, Betriebswirtschaftliche, handels- und steuerrechtliche Grundlagen, 1978, 203; *ders*. Ist Immobilien-Leasing anders?, DB-Beilage 9/1972, 12; *Schmitt, Michael* Der Immobilien-Leasingvertrag, 2002; *Schulz* Wirtschaftliches Eigentum beim Immobilienleasing, BB 1986, 2173; *Seibel/Graf von Westphalen* Produkthaftung beim Immobilien-Leasing, DB 1998, 169; *Seifert* Wirtschaftliches Eigentum beim Immobilien-Leasing, DB 1971, 2276; *Sobotka* Der neue Teilamortisationserlass im Immobilien-Leasing, BB 1992, 827; *Spreter* Entwicklungen im Bereich des Immobilien-Leasing, FLF 1992, 140; *Städtler* Leasing in Deutschland: Immobilien weiter expansiv – Massengeschäft rückläufig, FLF 1995, 3; *Strunz* Das Immobilienleasing, BauR 1988, 413; *Toth* Die steuerrechtliche Zurechnung des Leasingobjekts beim Immobilien-Leasing, BB 1994, 263; *Wagner/Sommer* Kredit- und Sicherheitsverlustrisiko für Kreditinstitute bei Finanzierungen mit geschlossenen Immobilien- und Leasingfonds als Schein-KG?, WM 1995, 561; *Weber* Immobilien-Leasing – Immer attraktiver für den Mittelstand, BB-Beilage 6/1994, 5; *Graf von Westphalen* Der Leasingvertrag, 5. Aufl. 1998; *Wörn* Die Beurteilung von Immobilienleasing durch Kommunen, 1997; *Wulkan* Der Immobilien-Leasingvertrag nach schweizerischem Privatrecht, Diss. Zürich 1988; *Zahn* Risiko des Leasinggebers und Vertragsgestaltung nach dem Immobilien-Erlass vom 23.12.1991 (Teil I und Teil II), DB 1992, 2482 und 2537.

Übersicht

	Rdn.
I. Allgemeines	1
II. Leasingfähige/Leasingübliche Immobilien	7
III. Leistungsumfang des Leasinggebers	10
IV. Rechtsnatur des Immobilien-Leasingvertrags	14

I. Allgemeines

Allgemein versteht man unter dem **Immobilien-Leasing** die finanzierte Nutzungs- 1
überlassung, Vermietung und Verpachtung von Grundstücken und Gebäuden, von selb-

ständige Wirtschaftgüter darstellenden Gebäudeteilen sowie auch von kompletten Betriebsanlagen, sofern diese wirtschaftlich selbständig verwertbar und nutzbar sind – in diesem Fall spricht man von **Plant-Leasing**.[1] Beim Immobilien-Leasing werden also Grundstücke, d. h. in der Regel **bauliche Anlagen auf Grundstücken** zum Gegenstand eines Leasingvertrags gemacht. Bei solchen Anlagen mit langer Nutzungsdauer bietet sich das Leasing als Finanzierungsform häufig **gegenüber einem Kauf und Eigentumserwerb als bessere Alternative** an.[2] Denn Investitionen in Immobilien verzehren wegen ihrer Größenordnung bei einem Kauf und Eigentumserwerb nicht nur in besonderem Maß die Liquidität eines Unternehmens, sondern sie bewirken auch regelmäßig gravierende Veränderungen der Bilanzrelationen, was sich namentlich bei knapper Eigenkapitalausstattung des Investors negativ auswirken kann. Dagegen lässt sich beim Immobilien-Leasing meist eine **bilanzneutrale Abwicklung des Investitionsvorhabens** (nach IAS/IFRS, US-GAAP oder nationalen GAAP) verwirklichen.

2   Beim **Neubau-Leasing** lässt der Leasingnehmer eine neue Gewerbeimmobilie selbst errichten: die Leasinggesellschaft baut über eine eigens hierfür errichtete *Objektgesellschaft* eine auf die Bedürfnisse des Leasingnehmers zugeschnittene Immobilie. Beim **Buy and Lease-Verfahren** kauft der Leasinggeber das vom Leasingnehmer ausgewählte, schon fertige Objekt und verleast es langfristig an den Leasingnehmer. Beim **Sale and lease back-Verfahren** wird ein schon bestehendes Gebäude des (späteren) Leasingnehmers an eine Leasinggesellschaft veräußert und langfristig zurückgeleast, und zwar mit der Option, die Immobilie am Ende der Laufzeit wieder zurückzukaufen; hier werden mit dem Verkauf Gelder für andere Investitionen oder zur Überwindung eines Liquiditätsengpasses frei. Die herausragende Besonderheit des Immobilien-Leasings sind die im Vergleich zum Mobilien-Leasing besonders hohen Investitionskosten und langen Vertragslaufzeiten.

3   Nicht immer kann das Immobilien-Leasing mit seinen in der Praxis bekannten, überaus zahlreichen Gestaltungsformen und Besonderheiten als eine Unterform des **Finanzierungsleasing** angesehen werden. Denn bei den keineswegs seltenen „Restwert-Modellen", die nur auf Tilgung der Anschaffungskosten bis auf den Restbuchwert angelegt sind, **fehlt die Vollamortisation** zugunsten des Leasinggebers. Zudem erbringt der Immobilien-Leasinggeber oft neben der Finanzierung und Nutzungsverschaffung eine Vielzahl weiterer Dienstleistungen, insbesondere im Zusammenhang mit der Errichtung des Bauwerks.[3] Dem Immobilien-Leasing ist eine ausgeprägte Dienstleistungskomponente zu eigen (Rdn. 10 ff.). Die auf das Immobilien-Leasing spezialisierten Leasinggesellschaften können aufgrund ihrer jahrelangen Erfahrungen als Großnachfrager **ein komplettes Baumanagement** anbieten und mit ihren Dienstleistungen gerade bei Neubauten den Leasingnehmer von allen Bauherrenaufgaben entlasten. Dem Investor, der nicht über ein eigenes Baumanagement verfügt, kommt damit das Erfahrungspotenzial des Leasinggebers bei der Projektierung und Realisierung eines größeren Bauvorhabens zugute.

4   Das Immobilien-Leasing hat in den letzten Jahrzehnten **erhebliche Bedeutung im Wirtschaftsleben Deutschlands** erlangt (vgl. schon § 3 Rdn. 17 ff.) und ist heute „ein tragendes Element des gesamten Leasingmarkts in der Bundesrepublik Deutschland".[4] Besonderen Auftrieb hat das Immobilien-Leasing – wie die Leasingbranche allgemein – durch die deutsche Wiedervereinigung erfahren. Es geht hierbei um eine Form **des ge-**

---

[1] Vgl. *Zöller* Betriebswirtschaftliche Grundlagen des Leasing, in: Runge/Bremser/Zöller (Hrsg.), Leasing – betriebswirtschaftliche, handels- und steuerrechtliche Grundlagen, 1978, S. 41; ders. RIW/AWD 1985, Supplement Leasing, 27; *Engel* NZM 1998, 785, 786.

[2] Vgl. dazu ausführlich *Rainer Koch* Immobilien-Leasing, 1988, insbes. S. 25 ff. und 35 ff.

[3] Vgl. *Rainer Koch* Immobilien-Leasing, 1988, S. 119 ff., 197 ff.

[4] So *Engel* NZM 1989, 785; vgl. auch *Feinen* Leasing- und Finanzberater, BB-Beil. 5/1998, 16; *Zahn* DB 1992, 2482; *vor dem Esche* BB-Beil. 9/1992, 13; *Eschenbruch* BB 1996, 2417; zur Entwicklung des Immobilien-Leasings vgl. *Fohlmeister* Immobilien- und Großanlagen-Leasing, in: Eckstein/Feinen (Hrsg.), Leasing-Handbuch für die betriebliche Praxis, 7. Aufl. 2000, 277 ff.

17. Kapitel. Immobilien-Leasingverträge § 58

werblichen Investitionsgüter-Leasings, denn im privaten Bereich hat das Immobilien-Leasing nicht recht Fuß fassen können, obwohl es sich auch dort, etwa für private Gebäude mit Mietwohnungen, durchaus anbieten könnte. Allerdings sind Engagements unter etwa 2 Mio. Euro angesichts des hohen Aufwandes, den Ankauf und Vermietung einer Immobilie für die Objektgesellschaft bedeuten, im Allgemeinen weder für den Leasingnehmer noch für den Leasinggeber rentabel. Die Laufzeiten der Immobilien-Leasingverträge liegen derzeit zwischen 12 und 22 ½ Jahren. Die Vertragslaufzeit von maximal 25 Jahren erklärt sich dadurch, dass bei gewerblichen Objekten, deren Bauantrag nach dem 31.3. 1985 gestellt wurde, eine betriebsgewöhnliche Nutzungsdauer von 25 Jahren angenommen wird (§ 7 Abs. 4 und 5 EStG). Die jährliche AfA beträgt danach bei linearer Abschreibung 4 % der Anschaffungs- bzw. Herstellungskosten; angesichts der 40 %/90 %-Formel des Leasingerlasse beträgt die an der betriebsgewöhnlichen Nutzungsdauer orientierte Vertragslaufzeit also bei einer 40 %igen betriebsgewöhnlichen Nutzungsdauer zehn Jahre und bei einer 90 %igen betriebsgewöhnlichen Nutzungsdauer 22 ½ Jahre. Bei älteren Objekten gilt freilich die frühere betriebsgewöhnliche Nutzungsdauer von 50 Jahren.

Inzwischen hat sich auch das **Kommunal-Leasing** durchgesetzt, bei dem Städte und 5 Gemeinden oder ihre Verbände etwa Sporthallen oder Kongresshallen, Anlagen der Abfallbeseitigung und Abwasserreinigung oder auch des Umweltschutzes, Einrichtungen des Gesundheits-, des Verkehrs- oder Bildungswesens im Leasingmodell errichten.[5] Bisweilen engagiert sich auch der Bund oder ein Bundesland bei seinen Vorsorge-Investitionen auf dem Gebiet des Leasings. Es bietet sich vor allem bei knappen öffentlichen Kassen vielfach als günstigere Alternative zum kommunalkreditfinanzierten Eigenbau an. Zudem wird von öffentlichen Leasingnehmern der sogenannte **Vorholeffekt** geschätzt, bei dem aufgrund der Serviceleistungen der Leasinggeber deren Know-how für den Bau und die Unterhaltung der öffentlichen Einrichtungen und damit eine kurzfristige und kostensparende Umsetzung der öffentlichen Aufgaben im Vergleich zu Investitionen in eigener Regie erreicht werden kann.[6]

Immobilien-Leasing wird in Deutschland ganz überwiegend von Tochtergesellschaf- 6 ten größerer Banken angeboten. Etwa dreißig bis vierzig hierauf spezialisierte Gesellschaften bieten Immobilien-Leasing an, z.B. CommerzLeasing und Immobilien AG (Tochter der Commerzbank AG), Deutsche Anlagen-Leasing GmbH (DAL), AGV-Leasing, Deutsche Immobilien Leasing GmbH (DIL), Bayerische Immobilien-Lasing GmbH (Tochtergesellschaft der Hypo-Vereinsbank), Assetfinance Lease GmbH, Hannover HL Leasing GmbH Co. KG oder VR-Leasing AG (gehört zum Finanzverbund der Volksbanken-Raiffeisenbanken). Diese Gesellschaften konkurrieren auf dem Markt für Anlagenvermietung mit anderen Instituten (und mit deren verschiedenen steuerrechtlichen Zielen und Konzepten) wie etwa mit Immobilienfonds, Bauträger- und Besitzgesellschaften, Versicherungsgesellschaften, Pensionsfonds und privaten Vermögensgesellschaften.

II. Leasingfähige/leasingübliche Immobilien

Objekte im Immobilien-Leasing können nicht nur gewerblich genutzte Gebäude, wie 7 Verwaltungsgebäude, Park-, Geschäfts- und Warenhäuser, Lager- und Fabrikationshallen, Verbrauchermärkte oder Einkaufszentren, sondern auch Betriebsanlagen, wie etwa

---

[5] Vgl. dazu insbes. *Feinen* Kommunal-Leasing, in: Eckstein/Feinen, Leasing-Handbuch für die betriebliche Praxis, 7. Aufl. 2000, 333 ff.; *Wörn* Die Beurteilung von Immobilienleasing durch Kommunen, 1997; vgl. den Fall BGHZ 153, 198 = NJW 2003, 1318 = JZ 2003, 958 zu den Problemen der kommunalen Rechtsaufsicht und Amtshaftung, die mit der Leasingentscheidung der öffentlichen Hand verbunden sein können.
[6] *Engel* NZM 1998, 785, 788; *Feinen* Kommunales Leasing, 1995; *Dorhöfer* Kommunales Immobilien-Leasing in den neuen Bundesländern, 1993; *Quambusch* DB Spezial 6/1995, 18; *Escriva* FLF 1996, 197.

§ 58   Dritter Teil. Besondere Rechtsprobleme einzelner Leasingverträge

Fernheizwerke, Kraftwerke, Raffinerien, chemische Produktionsanlagen oder auch industrielle Fertigungsanlagen sein.[7] Man spricht deshalb auch vom „Immobilien- und Großanlagen-Leasing".[8] Der Schwerpunkt des Immobilien-Leasings liegt bei größeren gewerblichen Investitionsvorhaben bis hin zum Bau von Walzstraßen, Kühlhäusern, Einkaufszentren oder Parkhäusern, aber auch von Hotels und sogar „Kernkraftwerken (sofern sie überhaupt noch gebaut werden)".[9] Selbst „immaterielle Wirtschaftsgüter wie Filmproduktionen" können durch Immobilien-Leasinggesellschaften realisiert werden.[10]

8   Traditionell bezieht man in das Immobilien-Leasing auch **Schiffe und Flugzeuge** mit ein, die zwar privatrechtlich durchaus „bewegliche Sachen" i. S. des § 90 BGB sind, aber in unserer Privatrechtsordnung für einige schuld- und sachenrechtlichen Fragen den Grundstücken gleichgestellt werden (vgl. etwa §§ 303, 452, 580a, 648, 932a BGB). Ökonomisch sind Schiffe und Flugzeuge durchaus „bewegliche Wirtschaftsgüter", sie ähneln aber vom betriebswirtschaftlichen Investitionscharakter (Volumen/Langfristigkeit) den Immobilien. In der Tat haben sich die auf das Immobilien-Leasing spezialisierten Leasing-Gesellschaften auch den Schiffen und Flugzeugen als Leasingobjekten zugewandt. Freilich darf nicht verkannt werden, dass sich die Immobilien-Leasingerlasse konsequent an der juristischen Abgrenzung zwischen beweglichen und unbeweglichen Sachen orientieren.

9   Beim **Plant-Leasing** (Rdn. 1) versteht man unter einer **Betriebsanlage** die Zusammenfassung einzelner Wirtschaftsgüter, die nur als Gesamtheit wirtschaftlich sinnvoll nutzbar sind. Diese Betriebsanlagen stellen im steuerrechtlichen Sinne **Betriebsvorrichtungen** dar, wobei ihre Abgrenzung von Betriebsgrundstücken unter Umständen nicht unproblematisch ist. Das steuerliche Bewertungsgesetz hat die Frage offengelassen, was eine Betriebsvorrichtung ist, so dass die Klärung dieses Sachverhalts durch die Rechtsprechung erfolgen musste. Nach den Entscheidungen des Bundesfinanzhofs handelt es sich bei Betriebsvorrichtungen um alle diejenigen Vorrichtungen einer Betriebsanlage, die in sehr enger Beziehung zu dem auf dem Grundstück ausgeübten Gewerbebetrieb stehen, so dass dieser unmittelbar mit ihnen betrieben wird. Betriebsvorrichtungen sind auch fest eingebaute Gegenstände, die dem im jeweiligen Gebäude unterhaltenen Betrieb dienen. Zumeist wird etwa ein Lastenaufzug als Betriebsvorrichtung gewertet, während ein Personenaufzug eher als Immobilie behandelt wird. Die erforderliche **buchmäßige Trennung zwischen Investitionen in Gebäude einerseits und in Betriebsvorrichtungen andererseits** setzt eine präzise Differenzierung zwischen **Betriebsvorrichtungen** und **Gebäuden** voraus: Nach den gesetzlichen Vorschriften ist ein **Bauwerk** dann als **Gebäude** zu betrachten, wenn es durch räumliche Umschließung Schutz gegen Witterungseinflüsse gewährt, den Aufenthalt von Menschen gestattet, fest mit dem Grund und Boden verbunden ist, eine gewisse Beständigkeit aufweist *und* ausreichend standfest ist. Die **Objektgesellschaften** (dazu § 60) müssen sich zur Vermeidung steuerlicher Mehrbelastungen regelmäßig auf die Vermietung von Immobilien konzentrieren, von der die Vermietung von Betriebsvorrichtungen/Mobilien zu trennen ist. Wenn letztere auch über Leasing finanziert werden sollen, geschieht dies zumeist über eine *andere* Objektgesellschaft, zumindest aber – wegen der unterschiedlichen Abschreibungszeiträume – über einen gesonderten Vertrag.

---

[7] Vgl. *Zöller* Betriebswirtschaftliche Grundlagen des Leasing, in: Runge/Bremser/Zöller (Hrsg.), Leasing – betriebswirtschaftliche, handels- und steuerrechtliche Grundlagen, 1978, S. 41; *ders.* RIW/AWD 1985, Supplement Leasing, 27; *Engel* NZM 1998, 785, 786.

[8] So *Fohlmeister* Immobilien- und Großanlagen-Leasing, in: Eckstein/Feinen (Hrsg.), Leasing-Handbuch für die betriebliche Praxis, 7. Aufl. 2000, 277.

[9] So *Graf von Westphalen* Der Leasingvertrag, 5. Aufl. 1998, Rdn. 1562.

[10] So *Fohlmeister* Immobilien- und Großanlagen-Leasing, in: Eckstein/Feinen (Hrsg.), Leasing-Handbuch für die betriebliche Praxis, 7. Aufl. 2000, 277 ff., 278.

III. Leistungsumfang des Leasinggebers

Die regelmäßig auf viele Jahre angelegte Kooperation der Leasingpartner lässt sich in vier **10** Phasen unterteilen. Der **Vertragsabschlussphase**, der nicht nur der Abschluss des Leasingvertrags, sondern auch die Gründung der Objektgesellschaft (vgl. § 60) zuzurechnen ist, folgt die **Kaufphase**, in der die Objektgesellschaft entweder das Eigentum an Grund und Boden erwirbt oder sich ein Erbbaurecht auf dem leasingnehmereigenen Grundstück einräumen lässt. Hieran schließt sich die **Bauphase** an, bei der der Leasinggeber/die Objektgesellschaft als Bauherr des zu errichtenden Gebäudes auftritt, aber regelmäßig die Planung und Errichtung durch Abschluss eines Bauvertrags einem Dritten, möglicherweise auch einer mit dem Leasinggeber verbundenen Baubetreuungsgesellschaft überträgt.[11] Auch kann der Leasingnehmer selbst als so genannte **„Generalübernehmer"** vom Leasinggeber als dem Bauherrn mit der Errichtung der Immobilie beauftragt werden, wobei der Leasingnehmer dann keine eigenen Bauleistungen erbringt, sondern diese an Architekten, Statiker, Bauunternehmer, Handwerker etc. vergibt. Indes ist die Einschaltung des Leasingnehmers als Generalübernehmer inzwischen die Ausnahme, denn für das moderne Immobilien-Leasing ist gerade kennzeichnend, dass der Leasinggeber in weitem Umfang den Leasingnehmer von Planungs-, Bauerrichtungs- und Finanzierungsaufgaben und -verantwortungen entlastet.[12] Zu beachten ist, dass der **(Grundstücks-)Kaufvertrag und der Bauvertrag** – ungeachtet der Verschiedenheit der Parteien – vielfach eine **rechtliche Einheit i. S. des § 139 BGB** bilden, also wegen des „Verknüpfungswillens" des Leasinggebers miteinander „stehen und fallen".[13] Dies hat insbesondere zur Folge, dass beide Verträge der notariellen Beurkundung nach § 311b Abs. 1 BGB bedürfen. Dies gilt unabhängig davon, dass u. U. auch der Leasingvertrag selbst, wenn er für den Leasingnehmer ein Ankaufsrecht nach Abschluss der Grundlaufzeit vorsieht, dem Erfordernis der notariellen Beurkundung nach § 311b Abs. 1 BGB unterliegt. Man wird allerdings auch für Immobilien-Leasingverträge ohne ein solches Ankaufsrecht des Leasingnehmers das Wirksamkeitserfordernis einer notariellen Beurkundung verlangen müssen, wenn der Leasingvertrag wiederum mit dem Kaufvertrag und dem Bauvertrag eine rechtliche Einheit i. S. des § 139 BGB bilden.[14] An die Bauphase schließt sich schließlich die **Nutzungsphase** an.

Bei der Frage nach dem Leistungsumfang des Leasinggebers beim Immobilien-Leasing **11** kann unmittelbar an die Funktionen des Leasing angeknüpft werden, insbesondere an die **Finanzierungsfunktion** und an die **Investitionsfunktion** als den grundlegenden Funktionen des Leasings aus der Perspektive des Leasingnehmers. Mit Blick auf die beim Immobilien-Leasing allerdings besonders ausgeprägten **Dienstleistungen des Leasinggebers** wird die Abgrenzung des Leasings zum konventionellen Finanzierungsbereich besonders deutlich. Neben die Finanzierungsfunktion tritt beim Immobilien-Leasing eine ganze Reihe weiterer Funktionen, die sich über die Dienstleistungskomponente und darüber hinausgehend durch die Investitionsfunktion des Leasings einfangen lassen. In erster Linie lassen sich in diesem Zusammenhang die Bauherren-, Vermieter-, Risikoträger-, Baubetreuungs-, Eigentümer- und Vermögensverwaltungsfunktion anführen.[15]

---

[11] *Graf von Westphalen* Der Leasingvertrag, 5. Aufl. 1998, Rdn. 1616.
[12] *Graf von Westphalen* Der Leasingvertrag, 5. Aufl. 1998, Rdn. 1619.
[13] *Graf von Westphalen* Der Leasingvertrag, 5. Aufl. 1998, Rdn. 1620 f.
[14] Zu Recht betont *Graf von Westphalen* Der Leasingvertrag, 5. Aufl. 1998, Rdn. 1624 die rechtliche Einheit i. S. des § 139 BGB von Leasingvertrag, Kaufvertrag und Bauvertrag; vgl. zu den Formfragen auch *Fohlmeister* Immobilien- und Großanlagen-Leasing, in: Eckstein/Feinen (Hrsg.), Leasing-Handbuch für die betriebliche Praxis, 7. Aufl. 2000, 277 ff., 294.
[15] Vgl. *Feinen* Immobilien-Leasing – eine Investitionsalternative mit Service, DB-Beilage 6/1988, 8 f.

12 Bei einem **Brutto-Leasing** im Rahmen des Immobilien-Leasing können sich die Leistungen des Leasingebers beispielsweise auf folgende Aufgaben erstrecken: Erwerb des zur Bebauung benötigten Grundbesitzes; Verhandlungen mit Grundstückseigentümern und Behörden; Vorbereitung von Kauf- oder Erbbaurechtsverträgen; Überwachung der Notar- und Gerichtsakte; Schaffung der baurechtlichen Voraussetzungen; Aufstellung eines Bebauungsplans; Planung und Durchführung der Erschließung mit Straßen und der Ver- und Entsorgung; komplette Bauplanung (einschließlich Fachingenieurleistungen und Erwirkung der Baugenehmigung); Erstellung der Ausschreibungsunterlagen; Ausschreibung der Bauleistungen; Analyse der Submissionsergebnisse und Auftragsvergabe; laufende Kontrolle der Bauleistungen hinsichtlich Qualität, Quantität und Termineinhaltung; Abnahme und Abrechnung der fertig gestellten Bauleistungen; Versicherung des Objekts während der Bauzeit und nach Baufertigstellung gegen alle wesentlichen Risiken und ständige Überwachung des Versicherungsschutzes; Abwicklung von Schadensfällen; kaufmännische Verwaltung des Objekts; Ermittlung steuerlicher Erhebungsgrundlagen oder auch Verfolgung etwaiger Gewährleistungsansprüche oder sonstiger Ansprüche aus der Baudurchführung gegenüber Unternehmern und Dritten.

13 Bereits aus dieser beispielhaften Aufzählung von (möglichen) Leistungen des Leasinggebers, die sich noch um weitere Aspekte ergänzen und komplettieren ließe, wird offensichtlich, dass beim Immobilien-Leasing der Dienstleistungskomponente des Leasings, d. h. der **Dienstleistungsfunktion** des Leasinggebers, eine weitaus größere Bedeutung zu kommt als beim Mobilien-Leasing. Aufgrund ihrer zumeist langjährigen Erfahrungen sind die Immobilien-Leasinggesellschaften nicht nur in der Lage, den Investor bzw. den Leasingnehmer umfassend zu beraten und bei vielen Teilentscheidungen zu unterstützen, sondern sie können außerdem mitunter erhebliche Kostenersparnisse und deutliche Verkürzungen bei der Bauzeit realisieren.[16] Der Leasinggeber tritt als „professioneller Bauherr und ständiger Großeinkäufer von Bauleistungen" auf.[17]

IV. Rechtsnatur des Immobilien-Leasingvertrags

14 Ungeachtet der Unterschiede und Besonderheiten, die das Immobilien-Leasing in seinen verschiedenen Erscheinungsformen gegenüber den Gestaltungen des Mobilien-Leasings aufweist, teilen doch die Immobilien-Leasingverträge mit den sonstigen Leasingverträgen die Rechtsnatur: Der Immobilien-Leasingvertrag ist richtiger Ansicht nach gleichfalls ein **Vertrag** *sui generis*, d. h. ein im BGB nicht geregelter Vertragstyp eigener Art, bei dem eine **gleichgewichtige Finanzierungsfunktion neben die Gebrauchsüberlassungsfunktion** tritt, zu denen noch eine (hier sogar: ausgeprägte) **Dienstleistungsfunktion** hinzutritt (vgl. ausführlich § 4 Rdn. 42 ff.). Man wird sogar sagen können, dass der Immobilien-Leasingvertrag die *sui generis*-Theorie bestätigt und namentlich eine mietvertragliche Qualifizierung des Leasingvertrags falsifiziert.[18] Denn beim Immobilien-Leasing spielt das Know-how des Leasinggebers und damit das dienstleistungsvertragliche Element eine derart bedeutsame Rolle, dass die alleinige Betonung der Nutzungsüberlassung nach der mietrechtlichen Leasingtheorie nicht mehr zu rechtfertigen ist. Wenn die Befürworter einer Qualifizierung des Immobilien-Leasingvertrags als eines „atypischen Mietvertrags" die Serviceleistungen des Leasinggebers zu unselbständigen Nebenpflichten herabzustufen versuchen,[19] dann ist dies dezidiert unangemessen. Ent-

---

[16] Vgl. *Feinen* Immobilien-Leasing – eine Investitionsalternative mit Service, DB-Beilage 6/1988, 8 f.; *Gabele/Dannenberg/Kroll* Immobilien-Leasing, 1995, S. 66. ff. (die 4. Aufl. 2001 ist vergriffen).

[17] *Porten* Service-Leistungen beim Immobilienleasing, DB-Beilage 7/1990, 22.

[18] Für eine rechtliche Qualifizierung als „atypischer Mietvertrag" dagegen *Graf von Westphalen* Der Leasingvertrag, 5. Aufl. 1998, Rdn. 1629, ungeachtet der auch von ihm konstatierten „mannigfachen Dienstleistungen" des Leasinggebers, die „mehr und mehr in den Vordergrund" treten (Rdn. 1630).

[19] So insbes. *Graf von Westphalen* Der Leasingvertrag, 5. Aufl. 1998, Rdn. 1631.

sprechendes gilt von der Finanzierungsfunktion und damit der darlehensvertraglichen Komponente: Beim Immobilien-Leasing haben es die Parteien mit einem gegenüber dem Mobilien-Leasing ungleich gravierenderen Investitionsvolumen zu tun.[20] Zudem ist beiden Vertragsparteien klar, zumal sie praktisch durchweg Kaufleute sind, dass sich die Gesamtinvestitionskosten des Leasinggebers im Ergebnis amortisieren müssen, auch wenn die Leasingraten des Leasingnehmers während der Grundlaufzeit hierfür nicht ausreichen. Eine weitere Besonderheit des Immobilien-Leasingvertrags ist seine **Langfristigkeit**. Wenn die Laufzeiten der Immobilien-Leasingverträge zwischen 12 und 22½ Jahren liegen (Rdn. 4), dann ist der Dauerschuldcharakter dieser komplexen Langzeitverträge ganz besonders ausgeprägt.

Ansonsten aber sind Immobilien-Leasingverträge ungeachtet ihrer Besonderheiten **veritable Leasingverträge**. Auch bei ihnen findet sich vor allem die leasingtypische Abtretungskonstruktion, nach der der Leasinggeber sich von seiner gewährleistungsrechtlichen Eigenhaftung durch Abtretung seiner werkvertraglichen Gewährleistungsansprüche an den Leasingnehmer befreit.

15

§ 59 Vertragsformen beim Immobilien-Leasing

Schrifttum: vgl. zu § 58

Übersicht

	Rdn.
I. Vielfalt des Immobilien-Leasings	1
II. Vollamortisationsverträge	3
1. Das alte „1-DM-Modell"	3
2. Vollamortisationsverträge und Zurechnungskriterien nach dem Immobilien-Leasingerlass von 1972	4
III. Teilamortisationsverträge mit Mieterdarlehen (Mieterdarlehensverträge)	11
IV. Teilamortisationsverträge ohne Mieterdarlehen	19
V. Zurechnungskriterien nach dem Teilamortisationserlass für Immobilien von 1991	21
VI. Das Fonds-Modell	27

I. Vielfalt des Immobilien-Leasing

Das Immobilien-Leasing umfasst nicht nur eine breite Palette an Leasingobjekten (vgl. dazu § 58 Rdn. 1 ff.), sondern auch eine übersehbare Vielfalt von Ausgestaltungsvarianten, die sich seit den Anfängen des Immobilien-Leasing in den sechziger Jahren des vergangenen Jahrhunderts ausgeformt haben. Die außerordentliche und kaum systematisierbare Vielfalt der in der Wirklichkeit vorkommenden und theoretisch denkbaren Immobilien-Leasingmodelle verbietet den Versuch eine Gesamtdarstellung und Analyse. Regelmäßig nämlich werden die Leasingverträge individuell auf die Bedürfnisse der Leasingpartner zugeschnitten, so dass praktisch **jedes Immobilien-Leasinggeschäft ein Unikat** ist. Deshalb finden sich im Bereich des Immobilie-Leasings, jedenfalls bei Großprojekten, auch kaum Standard- bzw. Formularverträge, sondern individuell auf die Gegebenheiten des Leasingnehmers zugeschnittene **Individualverträge**. Bei Größenordnungen unter 10 Mio. Euro können freilich auch Formularverträge zum Einsatz gelangen, die dann an den AGB-rechtlichen Bestimmungen der §§ 305 ff. BGB zu messen sind. Allerdings lässt sich – unter Inkaufnahme einer gewissen Abstraktion von konkreten Ausgestaltungsdetails in der Praxis – auch für das Immobilien-Leasing grundsätzlich zwischen **Vollamortisationsverträgen** und **Teilamortisationsverträgen** differenzieren, wobei erstere in der Praxis nur eine geringe Bedeutung besitzen und sich letztere – anders als beim Mobi-

1

---

[20] Vgl. auch *Gzuk* AcP Bd. 190 (1990), 200 ff.

lien-Leasing – in **Teilamortisationsmodelle mit Mieterdarlehen (Mieterdarlehensmodelle)** und in **Teilamortisationsmodelle ohne Mieterdarlehen** unterteilen lassen. Wie beim Mobilien-Leasing gilt allerdings auch beim Immobilien-Leasing, dass bei Vollamortisationsverträgen die gesamten Aufwendungen des Leasinggebers an Leasingraten während der Grundlaufzeit vollständig, bei Teilamortisationsverträgen aber nur teilweise amortisiert werden. Bei den Mieterdarlehensmodellen erfolgt eine vollständige Amortisation aller dem Leasinggeber im Zusammenhang mit dem Leasingobjekt entstandenen Aufwendungen ebenfalls während der Grundmietzeit, allerdings nicht durch die Summe der Leasingraten, sondern durch eine zusätzliche Darlehenskonstruktion.[1]

2   Heute werden die Immobilien-Leasingverträge in der Praxis in aller Regel **erlasskonform** ausgestaltet, also in Übereinstimmung mit den Verwaltungsregelungen des Bundesministeriums für Finanzen zur steuerlichen Behandlung von Leasingverträgen, den so genannten Immobilien-Leasingerlassen formuliert (dazu Rdn. 4 ff.). Wie beim Mobilien-Leasing konkretisieren die speziell auf das Immobilien-Leasing zugeschnittenen Erlasse die Bestimmung des wirtschaftlichen Eigentums i. S. des § 39 AO. Beim erlasskonformen Leasing ist gewährleistet, dass das Finanzamt den **Leasinggeber als rechtlichen und wirtschaftlichen Eigentümer** des Leasinggutes behandelt.

II. Vollamortisationsverträge

1. Das alte „1-DM-Modell"

3   Beim Vollamortisationsmodell werden – entsprechend den **Vollamortisationsverträgen** beim **Mobilien-Leasing** – bereits während der Grundlaufzeit (oder: Grund**miet**zeit) sämtliche Aufwendungen des Leasinggebers durch die Leasingraten und eventuelle (Miet-)Sonderzahlungen amortisiert. Vollamortisationsverträge beim Immobilien-Leasing haben ihre Geschichte, und diese ist eine **Geschichte des Misserfolgs**: Bis Anfang der siebziger Jahre wurden in der Form des sog. „1-DM-Modells" Vollamortisationsverträge angeboten, bei denen der Leasingnehmer während der im Vergleich zum damaligen steuerlichen Abschreibungszeitraum von fünfzig Jahren wesentlich kürzeren unkündbaren Grundmietzeit die gesamten Investitionskosten des Leasinggebers zuzüglich der Zins-, Risiko-, Verwaltungskosten- und Gewinnaufschläge in vollem Umfang abdecken musste (bis März 1985 betrug die betriebsgewöhnliche Nutzungsdauer von Gebäuden 50 Jahre). Gleichzeitig wurde dem Leasingnehmer das Recht eingeräumt, das Leasingobjekt nach Ablauf der Grundmietzeit zu einem Anerkennungspreis von 1,– DM zu erwerben oder eine Verlängerungsmiete abzuschließen, bei der die Miete erheblich unter marktüblichen Vergleichsmieten lag.[2] Dieser bis zu Beginn der siebziger Jahre verbreitete Vertragstyp kommt **heute in der Praxis nicht mehr vor**, weil mit dem sog. Immobilien-Leasingerlass vom 21. 3. 1972[3] – dieser folgte in den Grundpositionen dem Immobilien-Leasing-Urteil des BFH vom 18. 11. 1970 – Verträge mit der Vereinbarung eines praktisch unentgeltlichen späteren Kaufrechts im Hinblick auf die Zurechnung des **wirtschaftlichen Eigentums** zum Leasinggeber von der Finanzverwaltung verworfen wurden. Aufgrund der **Anforderung** an die Gestaltung von **Vollamortisationsverträgen mit Kaufoption des Leasingnehmers**, denen das früher verbreitete „1-DM-Modell" nicht entsprach, hat auch ein **„1-Euro-Modell" keine Marktbedeutung**.

---

[1] Vgl. hierzu und im Weiteren *Gabele/Dannenberg/Kroll* Immobilien-Leasing, 1995, S. 21 ff. (die 4. Aufl. 2001 ist vergriffen).
[2] Vgl. *Gabele/Dannenberg/Kroll,* Immobilien-Leasing, 1995, S. 25 (die 4. Aufl. 2001 ist vergriffen).
[3] Vgl. Schreiben des Bundesministers für Wirtschaft und Finanzen AZ F/IV B 2 – S 2170–1172, in: BStBl. 1972, Teil I, S. 188.

2. Vollamortisationsverträge und Zurechnungskriterien nach dem Immobilien-Leasingerlass von 1972

Die steuerliche Zurechnung des Leasingobjekts bei **Vollamortisationsverträgen** wurde 4 erstmals mit dem Immobilien-Leasing-Urteil des BFH vom 18. 11. 1970 und – in dessen Folge – mit der Veröffentlichung des **Immobilien-Leasingerlasses vom 21. 3. 1972** einheitlich geregelt.[4] Dieser Erlass hat entscheidenden Einfluss auf die Gestaltung von Vollamortisationsverträgen im Immobilien-Leasinggeschäft genommen. Maßgeblich für die Zurechnung des Leasingobjekts und damit letztlich auch für die relative Vorteilhaftigkeit des Leasings gegenüber anderen Investitions- und Finanzierungsinstrumenten ist danach auch beim Immobilien-Leasing das Konstrukt des **wirtschaftlichen Eigentums**. Rekurrierend auf das BFH-Urteil vom 26. 1. 1970, das Immobilien-Leasing-Urteil des BFH vom 18. 11. 1970 und den Mobilien-Leasingerlass vom 19. 4. 1971 formulierte die Finanzverwaltung im Immobilien-Leasingerlass vom 21. 3. 1972 eindeutige Kriterien, denen Immobilien-Leasingverträge in der Praxis genügen müssen, um als Finanzierungsleasingverträge anerkannt zu werden, und um eine Zurechnung des Leasingobjekts zum Leasinggeber zu gewährleisten.

Entsprechend der aus dem **Mobilien-Leasingerlass** von 1972 übernommenen Definition handelt es sich bei Leasingverträgen über unbewegliche Wirtschaftsgüter um Finanzierungsleasingverträge, wenn der Vertrag über eine bestimmte Zeit abgeschlossen wird, während der der Vertrag bei vertragsgemäßer Erfüllung von beiden Vertragsparteien nicht gekündigt werden kann, und wenn der Leasingnehmer mit den in der **Grundmietzeit zu** entrichtenden **Leasingraten** mindestens die Anschaffungs- oder Herstellungskosten sowie alle Nebenkosten einschließlich der Finanzierungskosten des Leasinggebers deckt. Hieraus wird deutlich, dass dieser Immobilien-Leasingerlass **nur auf Vollamortisationsverträge** Anwendung findet. Für die steuerliche Zurechnung wurde im Immobilien-Leasingerlass anerkannt, dass die Zurechnung des unbeweglichen Leasingobjekts grundsätzlich von der von den Parteien gewährten Vertragsgestaltung und deren tatsächlicher Durchführung abhängig ist. Unter Würdigung der gesamten Umstände ist folglich über die Zurechnung des Leasingobjekts jeweils im Einzelfall zu entscheiden. Hierbei sind die **Zurechnungskriterien jeweils getrennt für Gebäude sowie für Grund und Boden** zu prüfen. Bei Finanzierungsleasingverträgen **ohne Kauf- oder Verlängerungsoption** und Finanzierungsleasingverträgen **mit Mietverlängerungsoption** ist der Grund und Boden grundsätzlich dem Leasinggeber zuzurechnen, bei Finanzierungsleasingverträgen **mit Kaufoption** dagegen regelmäßig dem Leasingnehmer, wenn diesem auch das Gebäude zugerechnet wird.

Der Immobilien-Leasingerlass von 1972 ist für die **Gestaltung von Immobilien-** 6 **Leasingverträgen** in der Praxis vor allem bedeutsam hinsichtlich der Festlegung der Grundlaufzeit und der Festlegung von Optionspreisen bei der Einräumung einer Kauf- oder Mietverlängerungsoption des Leasingnehmers. Entsprechend den Bestimmungen des Erlasses muss **im Falle der Kaufoption** die Grundmietzeit zwischen 40 % und 90 % der betriebsgewöhnlichen Nutzungsdauer des Objekts betragen, und der Kaufpreis muss sich mindestens auf den linear ermittelten Buchwert zuzüglich des Buchwerts für Grund und Boden oder des niedrigeren gemeinen Werts des Grundstücks im Zeitpunkt der Veräußerung belaufen.

Für den Fall, dass eine **Mietverlängerungsoption** vereinbart wird, muss die Grund- 7 mietzeit zwischen 40 % und 90 % der betriebsgewöhnlichen Nutzungsdauer betragen, und die Anschlussmiete muss sich auf mehr als 75 % des Mietpreises belaufen, der für ein nach Art, Lage und Ausstattung vergleichbares Grundstück üblicherweise gezahlt wird. Entspricht ein konkreter Immobilien-Leasingvertrag diesen Anforderungen, so ist das

---

[4] Vgl. Schreiben des Bundesministers für Wirtschaft und Finanzen AZ F/IV B 2 – S 2170–1172, in: BStBl. 1972, Teil I, S. 188.

wirtschaftliche Eigentum dem Leasinggeber zuzurechnen, andernfalls ist der **Leasingnehmer** als wirtschaftlicher Eigentümer anzusehen.

8 Ohne an dieser Stelle detaillierter auf die Bestimmungen des Immobilien-Leasingerlasses von 1972 und im Einzelnen auf die Konsequenzen für die steuerliche Zurechnung des Leasingobjekts und für die Ausgestaltung von Immobilien-Leasingverträgen in der Praxis eingehen zu können, zeigt die folgende Abbildung die zentralen Aspekte für die Zurechnung von Grundstücken und des Grund und Bodens auf:

Vertragstyp	Zurechnungskriterien	Zurechnung Gebäude		Zurechnung Grundstück	
		Leasing-geber	Leasing-nehmer-geber	Leasing-geber	Leasing-nehmer
Ohne Option	a) Die Grundmietzeit liegt zwischen 40 % und 90 % der betriebsgewöhnlichen Nutzungsdauer.	x		x	
	b) Die Grundmietzeit liegt unter 40 % oder über 90 % der betriebsgewöhnlichen Nutzungsdauer.		x	x	
Kaufoption	a) Die Grundmietzeit liegt zwischen 40 % und 90 % der betriebsgewöhnlichen Nutzungsdauer, und der Kaufpreis beläuft sich mindestens auf den linear ermittelten Buchwert zuzüglich dem Buchwert für Grund und Boden oder dem niedrigeren gemeinen Wert des Grundstücks im Zeitpunkt der Veräußerung.	x		x	
	b) Die Grundmietzeit liegt unter 40 % oder über 90 % der betriebsgewöhnlichen Nutzungsdauer.		x		x
	c) Die Grundmietzeit liegt zwischen 40 % und 90 % der betriebsgewöhnlichen Nutzungsdauer, und der Kaufpreis beträgt weniger als der linear ermittelte Buchwert zuzüglich dem Buchwert für Grund und Boden oder dem niedrigeren gemeinen Wert des Grundstücks im Zeitpunkt der Veräußerung.		x		x
Mietverlängerungsoption	a) Die Grundmietzeit liegt zwischen 40 % und 90 % der betriebsgewöhnlichen Nutzungsdauer, und die Anschlussmiete beträgt mehr als 75 % des Mietpreises, der für ein nach Art, Lage und Ausstattung vergleichbares Grundstück üblicherweise gezahlt wird.	x		x	
	b) Die Grundmietzeit liegt unter 40 % oder über 90 % der betriebsgewöhnlichen Nutzungsdauer.		x		x
	c) Die Grundmietzeit liegt zwischen 40 % und 90 % der betriebsgewöhnlichen Nutzungsdauer, und die Anschlussmiete beträgt weniger als 75 % des Mietpreises, der für ein nach Art, Lage und Ausstattung vergleichbares Grundstück üblicherweise gezahlt wird.		x		x

Abb. 1: Zurechnung von Gebäuden sowie Grund und Boden bei Vollamortisationsverträgen nach dem Immobilien-Leasingerlass (diese Tabelle konnte dankenswerter Weise dem Beitrag zum Immobilien-Leasing von Hans E. Büschgen aus der Vorauflage dieses Handbuchs entnommen werden).

9 Aus den Anforderungen an eine erlasskonforme Ausgestaltung von Immobilien-Leasinggeschäften im Sinne des Vollamortisationsvertrags lässt sich unschwer erkennen, dass nur wenige Leasingnehmer bereit sein werden, einerseits die Gesamtaufwendungen des Leasinggebers bereits während der Grundmietzeit voll zu amortisieren und dann ande-

rerseits **bei Ausübung der Kaufoption noch zusätzlich den Kaufpreis** zu zahlen, der sich dem Erlass zufolge mindestens auf den linear ermittelten Buchwert des Gebäudes zuzüglich des historischen Anschaffungspreises für Grund und Boden bzw. des niedrigeren gemeinen Werts des Grundstücks im Zeitpunkt der Veräußerung belaufen muss. Bei einer angenommenen Vertragsdauer von 20 Jahren und einer betriebsgewöhnlichen Nutzungsdauer von 50 Jahren, wie sie bis 1985 einkommensteuerrechtlich vorgesehen war, würde im Falle der Ausübung der Kaufoption allein der Kaufpreis des Gebäudes ca. 60 % des Anschaffungswerts betragen. Da eine Verlängerung der **Grundmietzeit** auf 100 % der betriebsgewöhnlichen Nutzungsdauer keinen geeigneten Ansatzpunkt darstellte, um diesen Nachteil des Vollamortisationsvertrags aus Sicht des Leasingnehmers zu beseitigen, weil dem sowohl die 40–90 %-Regel des Immobilien-Leasingerlasses wie auch das bei einer Grundmietzeit von mehr als 30 Jahren bestehende Kündigungsrecht (heute: § 544 BGB) entgegenstehen würde, spielten Immobilien-Leasinggeschäfte in der Form des Vollamortisationsvertrags eine immer geringere und schließlich kaum mehr eine nennenswerte Rolle.

Daran hat es wenig geändert, dass im Jahre 1985 die **Verkürzung der betriebs-** 10 **gewöhnlichen Nutzungsdauer auf 25 Jahre** bei gewerblichen Immobilien (§ 7 Abs. 4 und 5 EStG) zu einer Senkung des Optionspreises von 60 % auf 20 % führte. Sie brachte lediglich eine Minderung der Nachteile des Vollamortisationsvertrags für den Leasingnehmer, ohne diese aber vollständig zu beseitigen. Allenfalls **in Ausnahmefällen** kann das Vollamortisationsmodell dann von Interesse sein, etwa wenn die Behandlung **des Leasingnehmers als wirtschaftlicher Eigentümer** zur Erlangung von Investitionszulagen gewollt ist. Die Ausgestaltung eines Immobilien-Leasinggeschäfts in Form eines **Vollamortisationsvertrags** kann wohl auch dann angebracht sein, wenn die Verwertung des Objekts nach Ablauf der Grundmietzeit für schwierig oder gar für unmöglich erachtet wird, da in diesem Fall die Rückführung sämtlicher Fremdmittel während der Grundmietzeit und der Ankauf des Objekts durch den Leasingnehmer gewährleistet sein muss. Wegen der deutlichen Schwächen und der mangelnden Praxisnähe des Vollamortisationsmodells wurden von Leasinggesellschaften neue Vertragsformen entwickelt: der Teilamortisationsvertrag mit Mieterdarlehen und der Teilamortisationsvertrag ohne Mieterdarlehen.

III. Teilamortisationsverträge mit Mieterdarlehen (Mieterdarlehensverträge)

Die Vollamortisationsmodelle, die dem Leasinggeber den Vorteil der schnellen und voll- 11 ständigen Darlehenstilgung während der Grundmietzeit bieten sollten, konnten nach dem Inkrafttreten des Immobilien-Leasingerlasses von 1972 wegen des nunmehr für die steuerliche Anerkennung des Leasingvertrags geforderten hohen Optionspreises kaum mehr am Markt durchgesetzt werden (Rdn. 9 und 10). Vor diesem Hintergrund wurden bereits seit den siebziger Jahren in der Leasingwirtschaft **Mieterdarlehensverträge**[5] entwickelt. Dieses bis heute bestehende Vertragsmodell zielt auf einen liquiditätsneutralen Übergang des Objekts ins Eigentum des Leasingnehmers zum Ende der Vertragslaufzeit sowie auf eine erhöhte Refinanzierungsmöglichkeit durch die Leasinggesellschaft ab. Hierbei wird die aufgenommene Refinanzierungsverbindlichkeit während der Vertragslaufzeit in voller Höhe getilgt, und zwar durch die **Kombination der Leasingraten mit einem Mieterdarlehen**. Aufwandswirksam ist nur der Teil der Leasingraten, der einer Tilgung bis auf den Restbuchwert entspricht. In Höhe des steuerlichen Restbuchwerts, der zum Ende der Vertragslaufzeit auf der Basis linearer Abschreibung besteht (die

---

[5] Diese Variante des Immobilien-Leasingvertrags wird in der älteren Literatur auch als Mietvorauszahlungsmodell bezeichnet. *Zöller* Betriebswirtschaftliche Grundlagen des Leasing, in: Runge/Bremser/Zöller (Hrsg.), Leasing – betriebswirtschaftliche, handels- und steuerrechtliche Grundlagen, 1978, S. 41, S. 55 f. spricht in diesem Zusammenhang auch von „Mietkautionen".

§ 59   Dritter Teil. Besondere Rechtsprobleme einzelner Leasingverträge

Nutzung der früheren degressiven AfA ist schon in den neunziger Jahren weggefallen), aktiviert der Leasingnehmer aufwandsneutral ein so genanntes **Mieterdarlehen als Forderung gegen die Objektgesellschaft**. Dabei entsteht das Mieterdarlehen erst ab dem Zeitpunkt, zu dem die kumulierte Tilgung die kumulierte Abschreibung übersteigt, mithin die Restverbindlichkeit unter den steuerlichen Restbuchwert zum Ende der Vertragslaufzeit sinkt. Wenn der ankaufsberechtigte Leasingnehmer zum Ende der Vertragslaufzeit das Ankaufsrecht ausübt, kann er das Objekt ohne weitere Liquiditätsbelastung übernehmen, da lediglich eine Verrechnung zwischen Ankaufspreis und Mieterdarlehen im Wege des Aktivtauschs erfolgt. Übt der Leasingnehmer das Ankaufsrecht nicht aus, ist die Objektgesellschaft zur Auskehrung des Mieterdarlehens verpflichtet.

12   In diesem Vertragsmodell, das eine **Variante des Teilamortisationsmodells** bildet, basiert die Leasingrate neben der Fremdkapitalverzinsung und der Gewinnmarge auf dem steuerlich zulässigen Abschreibungsvolumen während der Grundmietzeit. Eine dementsprechend niedrig angesetzte Leasingrate korrespondiert jedoch nicht mit den aus der Refinanzierung des Leasinggeschäfts resultierenden Tilgungsverpflichtungen des Leasinggebers, da Fremdkapital mit einer Laufzeit, bei der der Abschreibungszeitraum des Gebäudes und der Refinanzierungszeitraum des Leasinggebers in Einklang stünden, am Markt schwerlich beschafft werden kann. Bei Gebäuden mit der früheren betriebsgewöhnlichen Nutzungsdauer von 50 Jahren betrug der Abschreibungssatz noch 2 % der Anschaffungs- oder Herstellungskosten. Seit der im Jahre 1985 vorgenommenen Verkürzung der betriebsgewöhnlichen Nutzungsdauer von Gebäuden auf 25 Jahre beträgt der Abschreibungssatz nunmehr 4 % der Anschaffungs- oder Herstellungskosten.

13   Die Besonderheiten des Teilamortisationsmodells mit Mieterdarlehen lassen sich durch einen Vergleich mit dem Vollamortisationsmodell verdeutlichen: Das Teilamortisationsleasing ist dadurch gekennzeichnet, dass
– der Vertrag über eine bestimmte Zeit abgeschlossen wurde, während der er bei vertragsgemäßer Erfüllung von beiden Vertragsparteien nur aus wichtigem Grund gekündigt werden kann, und
– der Leasingnehmer mit den in der Grundmietzeit zu entrichtenden Raten die Anschaffungs- oder Herstellungskosten sowie alle Nebenkosten einschließlich der Finanzierungskosten des Leasinggebers nur zum Teil deckt.

Die „reinen Leasingraten" reichen bei allen Teilamortisationsmodellen *per definitionem* zur Darlehenstilgung während der Grundmietzeit **nicht** aus – beim Immobilien-Leasing ebenso wenig wie beim Mobilien-Leasing. Dies begründet den entscheidenden Unterschied der Teilamortisationsmodelle zu den **Vollamortisationsverträgen,** bei denen aufgrund der vollen Amortisation der Gesamtaufwendungen des Leasinggebers bereits während der Grundmietzeit die für die Refinanzierung des Leasinggeschäfts benötigte Mittelaufnahme des Leasinggebers durch die Leasingraten vollständig getilgt wird, da der Kapitaldienst – als Bestandteil der Leasingrate – auf der Basis einer Darlehenssumme in Höhe der Gesamtinvestitionskosten sowie einer verbleibenden Restschuld von null zum Ende der Grundmietzeit kalkuliert wird. Bei allen Teilamortisationsverträgen erfolgt während der Grundmietzeit nur eine teilweise Amortisation der Aufwendungen des Leasinggebers, da bereits bei Vertragsabschluss ein kalkulatorischer Restwert des Leasingobjekts vereinbart wird, der zum Ende der Grundmietzeit nicht über die „reinen Leasingraten" amortisiert ist. Dies führt bei Teilamortisationsverträgen im Immobilien-Leasing zu der Konsequenz, dass die Refinanzierungsdarlehen des Leasinggebers während der Grundmietzeit nicht vollständig, sondern nur teilweise getilgt werden. Der über die Leasingraten erbrachte Amortisationsanteil entspricht den Abschreibungen, so dass zum Ende der Grundmietzeit eine Restschuld in Höhe des Restbuchwerts – einschließlich des Buchwerts des Grundstücks – bestehen bleibt. Da der Leasingnehmer die Amortisation dieses Restwerts erst für die Zeit nach Ende der Grundmietzeit sicherstellen muss, trägt der Leasinggeber das Bonitätsrisiko, d. h. das Risiko, dass der Leasingnehmer am Ende der Grundmietzeit u. U. nicht mehr in der Lage ist, die vollständige Amortisation des Restwerts des Objekts zu gewährleisten. Um dieses Risiko zu reduzieren bzw. zu beseitigen, wird bei den Mieterdarlehensverträgen vereinbart, dass der Leasingnehmer an den Leasinggeber Mieterdarlehenszahlungen in Höhe der Differenz zwischen der Leasingrate einerseits und dem Kapitaldienst der Leasinggesellschaft andererseits zu leisten hat.

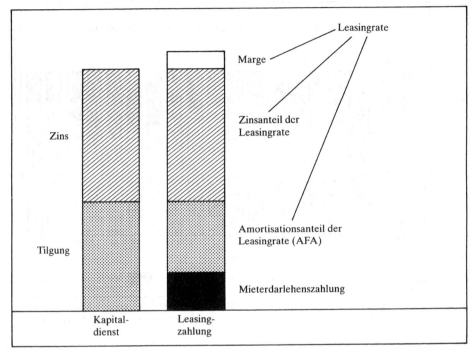

Abb. 2: Zusammensetzung einer Leasingzahlung aus **Leasingrate** und Mieterdarlehenszahlung bei **Mieterdarlehensverträgen**

Die Aufspaltung der periodisch zu zahlenden Gesamtleistungen in Zinsanteil, Tilgungsanteil der Leasingrate, Marge und Mieterdarlehenszahlung bei **linearer Gesamtbelastung** zeigt die Abbildung 3 auf Seite 566 (die Nutzung der früheren degressiven Abschreibung ist inzwischen weggefallen).

Bei linearer Gesamtbelastung entspricht die Summe der während der Grundmietzeit geleisteten Mieterdarlehenszahlungen am Ende der Grundmietzeit exakt dem Restbuchwert, der nach den Bestimmungen des Immobilien-Leasingerlasses die Untergrenze für den Optionspreis bei Ausübung der Kaufoption bildet. Im Falle der Ausübung der Kaufoption stimmen der zu zahlende Kaufpreis und das dem Leasinggeber vom Leasingnehmer durch die Zahlungen während der Grundmietzeit eingeräumte Mieterdarlehen betragsmäßig überein, so dass für den Erwerb des Objekts keine weiteren Zahlungen mehr erforderlich sind.

Es ist leicht erkennbar, dass die Variante des Teilamortisationsmodells mit Mieterdarlehen im Bereich des Immobilien-Leasings beim Leasingnehmer zu den gleichen liquiditätsmäßigen Belastungen wie der Vollamortisationsvertrag führt, wobei allerdings die vom Leasingnehmer zu leistenden Zahlungen in zwei unterschiedliche Komponenten aufzuspalten sind: in die **eigentlichen („reinen") Leasingraten**, die niedriger als beim Vollamortisationsvertrag sind, da sie auf der Basis eines Teilamortisationsmodells kalkuliert werden, und in die **Mieterdarlehenszahlungen**. Im Vergleich zu dem Teilamorti-

§ 59 Dritter Teil. Besondere Rechtsprobleme einzelner Leasingverträge

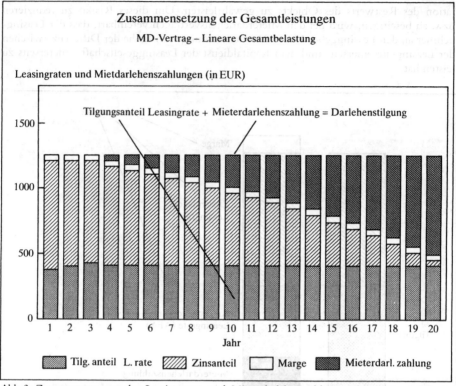

Abb. 3: Zusammensetzung der Leasingraten und Mieterdarlehenszahlungen bei Mieterdarlehensverträgen linearer Gesamtstruktur (degressive Leasingraten, progressive Mieterdarlehenszahlungen)

sationsmodell ohne Mieterdarlehen (unten, Rdn. 19 ff.) lassen sich bei Mieterdarlehensverträgen Rentabilitätsvorteile realisieren, da die Ersetzung der vom Leasinggeber am Markt aufgenommenen Mittel durch das in aller Regel **unverzinsliche Mieterdarlehen** und die damit verbundene schnellere Rückführung des Kapitals zu einer geringeren Zinsbelastung führt.[6]

16 Aus der Perspektive des Leasingnehmers stellt die **„reine" Leasingrate** einen Aufwandposten dar; beim Leasinggeber bildet sie einen Ertragsposten. Mieterdarlehenszahlungen sind von beiden erfolgsneutral zu verbuchen. Das **Mieterdarlehen** ist vom Leasingnehmer zu aktivieren und vom Leasinggeber zu passivieren. Entsprechend handelt es sich **beim Leasinggeber um einen Passivtausch**, da sich durch die Mieterdarlehenszahlungen die Verbindlichkeiten gegenüber dem Leasingnehmer erhöhen, während sich die am Markt aufgenommenen Finanzierungsmittel durch die zur Tilgung eingesetzten Mieterdarlehenszahlungen reduzieren.

17 Da bei Teilamortisationsverträgen über Immobilien in der Leasingwirtschaft häufig eine **Kaufoption** des Leasingnehmers vereinbart wird, wird beim **Mieterdarlehensmodell im** Falle der Ausübung der Kaufoption das Mieterdarlehen üblicherweise mit den

---

[6] Vgl. *Gabele/Dannenberg/Kroll* Immobilien-Leasing, 1995, S. 47 ff. (die 4. Aufl. 2001 ist vergriffen). Allerdings entstehen dem Leasingnehmer dann Opportunitätskosten, wenn die Verzinsung der durch das Mieterdarlehen ersetzten Fremdmittel des Leasinggebers niedriger ist als die Verzinsung einer alternativen Kapitalanlage, die der Leasingnehmer im Falle eines reinen Teilamortisationsmodells ohne Mieterdarlehenszahlungen tätigen könnte.

Optionszahlungen verrechnet. Wird keine Option vereinbart oder wird diese nicht in Anspruch genommen, so muss der Leasinggeber das Mieterdarlehen zum Ende der Grundmietzeit an den Leasingnehmer zurückzahlen. Da bei Ausübung der Kaufoption dem Leasingnehmer keine zusätzlichen Liquiditätsbelastungen entstehen, führen Mieterdarlehensverträge bezüglich der Liquidität zu Zahlungsströmen, die denen bei Vollamortisationsverträgen in Form des früheren **„1-DM-Modells"** (Rdn. 2) vergleichbar sind.

Die Vertragsform des Teilamortisationsmodells mit Mieterdarlehen bzw. des Mieterdarlehensvertrags erfreute sich bereits in den siebziger und achtziger Jahre, also schon vor dem Teilamortisationserlass für Immobilien von Ende 1991 (Rn. 21 ff.) vor allem bei den Leasinggebern zunehmender Beliebtheit. Hinsichtlich der steuerlichen Zurechnung der Leasingobjekte wiesen Mieterdarlehensverträge gegenüber Vollamortisationsverträgen in Form des früheren „1-DM-Modells" den gravierenden Vorteil auf, dass sie die **steuerliche Hinzurechnung des Leasingobjekts beim Leasinggeber nicht gefährden**. Gegenüber Teilamortisationsverträgen ohne Mieterdarlehen (dazu Rdn. 19) schlägt aus der Perspektive des Leasinggebers positiv zu Buche, dass Teilamortisationsverträge mit Mieterdarlehen ein geringeres Bonitätsrisiko bergen, weil über die Mieterdarlehenszahlungen die Tilgung der aufgenommenen Fremdmittel des Leasinggebers bis zum Ende der Grundmietzeit erreicht wird. Durch die im Jahre 1985 erfolgte Herabsetzung der betriebsgewöhnlichen Nutzungsdauer von Gebäuden von 50 Jahren auf 25 Jahre hat diese Variante des Immobilien-Leasing allerdings an Attraktivität verloren. 18

IV. Teilamortisationsverträge ohne Mieterdarlehen

Bei Teilamortisationsverträgen ohne Mieterdarlehen wird während der vereinbarten Grundmietzeit lediglich ein Teil der Gesamtaufwendungen des Leasinggebers und damit auch nur ein Teil der aufgenommenen Fremdmittel zurückgeführt. Getilgt wird bei diesem Vertragsmodell die Refinanzierungsverbindlichkeit während der Vertragslaufzeit in Höhe der kumulierten Abschreibung. Die Leasingrate setzt sich aus Zinsen, Tilgung und Verwaltungskostenbeitrag der Leasinggesellschaft zusammen und ist in voller Höhe aufwandswirksam. Demnach verbleibt am Ende der Vertragslaufzeit ein offener Finanzierungsrestwert in Höhe des steuerlichen Restbuchwertes. Der Leasingnehmer hat diesen Restbuchwert als Ankaufspreis liquiditätsschädlich zu zahlen, wenn er sein Ankaufsrecht ausübt. 19

Während beim Mieterdarlehensvertrag die Gesamtleistung des Leasingnehmers – bestehend aus **Leasingrate** und **Mieterdarlehenszahlung** – so kalkuliert ist, dass am Ende der Grundmietzeit der Restbuchwert des Objekts genau dem Mieterdarlehen entspricht, wird bei den Teilamortisationsverträgen ohne Mieterdarlehen auf die Zahlung eines Mieterdarlehens verzichtet. Folglich besteht zum Ende der Vertragslaufzeit ein noch nicht amortisierter Restwert des Objekts und entsprechend auch eine Restschuld. Da die Höhe des Restwerts abhängig ist von dem Verhältnis zwischen Grundmietzeit einerseits und betriebsgewöhnlicher Nutzungsdauer andererseits, lässt sich mit zunehmender Angleichung dieser Fristen der Restwert des Objekts verringern. Je stärker jedoch **Grundmietzeit** und **betriebsgewöhnliche Nutzungsdauer** auseinanderfallen, umso höher ist der Restwert, und umso höher ist damit unmittelbar auch das Bonitätsrisiko des Leasinggebers, da dieser sich mit dem Risiko konfrontiert sieht, dass der Leasingnehmer zum Ende der Grundmietzeit möglicherweise nicht mehr in der Lage ist, die Zahlung des Restwerts zu leisten bzw. sicherzustellen. 20

V. Zurechnungskriterien nach dem Teilamortisationserlass für Immobilien von 1991

Problematisch für die steuerliche Zurechnung von Leasingobjekten bei Teilamortisationsverträgen über Immobilien war über eine Reihe von Jahren, dass für sie die Bestimmungen des **Immobilien-Leasingerlasses** von 1972 keine direkte Anwendung fanden, da bei Teilamortisationsverträgen die Gesamtaufwendungen des Leasinggebers nicht – wie 21 im Erlass ausdrücklich gefordert – vollständig, sondern nur teilweise während der Grundmietzeit amortisiert werden. Sowohl bei den Teilamortisationsverträgen mit Mieterdarlehen (Mieterdarlehensverträgen) wie auch bei Teilamortisationsverträgen ohne Mieterdarlehen war deshalb über die steuerliche Zurechnung nach den allgemeinen Bestimmungen des § 39 Abgabenordnung über das **wirtschaftliche Eigentum** zu entscheiden. Gleichzeitig stand einer Übertragung der Bestimmungen des **Teilamortisations-Erlasses für Mobilien** von 1975 auf die steuerliche Zurechnung von Immobilien entgegen, dass die in diesem Erlass ausdrücklich angesprochenen Vertragsformen des Mobilien-Leasing im Immobilien-Leasing in der Praxis – mit Ausnahme des Vertragsmodells mit Andienungsrecht des Leasinggebers – keine Anwendung finden. In der Leasingwirtschaft kommen bis heute nahezu ausschließlich **Teilamortisationsverträge mit Kaufoption des Leasingnehmers** und – seltener – **Teilamortisationsverträge mit einer kombinierten Kauf- und Mietverlängerungsoption des Leasingnehmers** vor. Teilamortisationsverträge, die lediglich eine Mietverlängerungsoption vorsehen, besitzen hingegen keine Marktrelevanz, da sie – im Unterschied zu Teilamortisationsverträgen mit Kaufoption – dem Leasingnehmer nicht die Möglichkeit zur Partizipation an eventuellen Wertsteigerungen bieten.

22 Obwohl also seit dem Jahre 1972 ein **Immobilien-Leasingerlass** existierte, hatte er für die Gestaltung von Immobilien-Leasingverträgen in der Praxis eine sehr geringe Bedeutung, denn bei schätzungsweise weniger als 1% aller nach dem Inkrafttreten des Immobilien-Leasingerlasses vom 21. 3. 1972 abgeschlossenen Immobilien-Leasingverträgen dürfte es sich um **Vollamortisationsverträge** handeln.[7] Ende des Jahres 1991 wurde schließlich der **Erlass für Teilamortisations-Leasingverträge über unbewegliche Wirtschaftsgüter vom 23. 12. 1991** verabschiedet.[8] Er hat nicht nur die früher bei der steuerlichen Zurechnung von immobilen Leasingobjekten bestehenden Regelungslücken geschlossen, sondern er formuliert hierüber hinausgehend zusätzliche Kriterien für die steuerliche Zurechnung unbeweglicher Leasinggüter, die die Anforderungen an die Zurechnung beim **Leasingeber** verschärft haben und bei Immobilien-Leasinggeschäften zu einer stärkeren Risikoübernahme durch den Leasinggeber geführt haben.[9]

23 Der **Teilamortisationserlass für Immobilien-Leasing von 1991** bringt explizit zum Ausdruck, dass die Zurechnung des Leasinggegenstands von der Vertragsgestaltung und deren tatsächlicher Durchführung abhängt. Über die steuerliche Zurechnung ist gemäß den Bestimmungen des Erlasses im Einzelfall unter Würdigung der gesamten Umstände zu entscheiden, wobei jeweils **getrennt die Zurechnung des Gebäudes sowie die Zurechnung des Grund und Bodens** zu prüfen ist. Die Formulierung von Kriterien für die steuerliche Zurechnung des Leasingobjekts beschränkt sich auf die Zurechnung des Gebäudes. Für die Zurechnung des Grund und Bodens wird vorgeschrieben, dass der Grund und Boden demjenigen zuzurechnen ist, dem auch das Gebäude zuzurechnen ist.

24 Grundsätzlich wird in dem Teilamortisationserlass für Immobilien von der **steuerlichen Zurechnung zum Leasinggeber** ausgegangen. Hiervon abweichend ist eine **Zurechnung zum Leasingnehmer** vorzunehmen, wenn
– **Spezialleasing** vorliegt (d. h. das Leasinggut nicht drittverwendungsfähig ist, vgl. § 3 Rdn. 28), bei Verträgen mit **Kaufoption** die Grundmietzeit mehr als 90% der betriebsgewöhnlichen Nutzungsdauer beträgt *oder* der vorgesehene Kaufpreis geringer ist als der Restbuchwert des Leasingobjekts unter Berücksichtigung der AfA gemäß § 7 Abs. 4 EStG nach Ablauf der Grundmietzeit,

---

[7] Vgl. *Sobotka* Der neue Teilamortisationserlass im Immobilien-Leasing, BB 1992, 827.
[8] Vgl. BMF-Schreiben vom 23. 12. 1992 – IV B 2 – S 2170 – 115/91, BStBl. 1992, Teil I, S. 13.
[9] Vgl. hierzu und im weiteren AZ IV B2 – S 2170 – 115/91, BStBl. I 1992, S. 13 ff. Zur Interpretation dieses Erlasses vgl. *Sobotka* Der neue Teilamortisationserlass im Immobilien-Leasing, BB 1992, 827 ff.

– bei Verträgen mit **Mietverlängerungsoption** die Grundmietzeit mehr als 90 % der betriebsgewöhnlichen Nutzungsdauer des Leasinggegenstands beträgt **oder** die Anschlussmiete nicht mindestens 75 % des Mietentgelts beträgt, das für ein nach Art, Lage und Ausstattung vergleichbares Grundstück üblicherweise gezahlt wird.

Mit diesen Kriterien folgt der neue Teilamortisationserlass weitgehend dem Immobilien-Leasing-Urteil des BFH vom 18. 11. 1970 und den Bestimmungen des Immobilien-Leasingerlasses vom 21. 3. 1972; auf eine Erwähnung der Untergrenze für die Bemessung der Grundmietzeit in Höhe von 40 % der betriebsgewöhnlichen Nutzungsdauer wurde jedoch verzichtet.

Des Weiteren hat der Teilamortisationserlass für Immobilien-Leasing von 1991 **sechs neue und als einschneidend zu wertende Zurechnungskriterien** für die Behandlung von Teilamortisationsverträgen **mit Kaufoption des Leasingnehmers** eingeführt. Danach ist **das wirtschaftliche Eigentum dem Leasingnehmer zuzurechnen**, wenn

– der Leasingnehmer die Gefahr des zufälligen ganzen oder teilweisen Untergangs des Leasingobjekts trägt, vorausgesetzt, die Leistungspflicht des Leasingnehmers mindert sich in einem solchen Falle nicht,
– der Leasingnehmer bei ganzer oder teilweiser Zerstörung des Leasinggegenstands, die nicht von ihm zu vertreten ist, dennoch auf Verlangen des Leasinggebers zur Wiederherstellung bzw. zum Wiederaufbau auf seine Kosten verpflichtet ist oder die Leistungspflicht aus dem Mietvertrag sich trotz der Zerstörung nicht mindert,
– die Leistungspflicht aus dem Mietvertrag sich nicht für den Leasingnehmer vermindert, wenn die Nutzung des Objekts aufgrund eines von ihm nicht zu vertretenden Umstands langfristig ausgeschlossen ist,
– der Leasingnehmer dem Leasinggeber die bisher nicht gedeckten Kosten ggf. auch einschließlich einer Pauschalgebühr zur Abgeltung von Verwaltungskosten zu erstatten hat, wenn es zu einer vorzeitigen Vertragsbeendigung kommt, die der Leasingnehmer nicht zu vertreten hat,
– der Leasingnehmer den Leasinggeber von sämtlichen Ansprüchen Dritter freistellt, die diese hinsichtlich des Leasingobjekts gegenüber dem Leasinggeber geltend machen, es sei denn, dass der Anspruch des Dritten von dem Leasingnehmer verursacht worden ist,

oder wenn

– der Leasingnehmer als Eigentümer des Grund und Bodens, auf dem der Leasinggeber als Erbbauberechtigter den Leasinggegenstand errichtet, aufgrund des Erbbaurechtsvertrags unter wirtschaftlichen Gesichtspunkten gezwungen ist, den Leasinggegenstand nach Ablauf der Grundmietzeit zu erwerben.

Soweit diese Grundsätze zu einer Änderung der früheren Verwaltungspraxis für die Zurechnung des Leasingobjekts bei Teilamortisationsverträgen über unbewegliche Wirtschaftsgüter führen, sind sie nur auf Leasingverträge anzuwenden, die nach dem 31. 12. 1992 abgeschlossen wurden. Da eine Zurechnung des Objekts beim Leasingnehmer nach den Vorschriften des Erlasses bereits dann erfolgen muss, wenn *eines* der oben genannten Kriterien erfüllt ist, wird deutlich, dass sich die **Leasinggeber** bei Teilamortisationsverträgen im Immobilien-Leasing in einem wesentlich stärkeren Maße als früher **zu einer Risikoübernahme veranlasst** sehen müssen. Als nicht ganz unproblematisch ist zu werten, dass die drei zuerst genannten Kriterien zivilrechtlich nicht hinreichend präzise formuliert wurden und damit Interpretationsspielräume bieten. Alles in allem lässt sich sagen, dass sich das Immobilien-Leasing damit „vom Finanzierungsgeschäft fort in Richtung auf eine konventionelle gewerbliche Vermietung (bewegt hat), wobei aber – anders als dort – die Chance von Wertsteigerungen wegen des Ankaufsrechts des Mieters zum Restbuchwert nicht beim Vermieter, sondern beim Mieter liegt".[10]

---

[10] So *Sobotka* BB 1992, 827, 832.

VI. Das Fonds-Modell

27 Das **Fonds-Modell** ist durch die Beteiligung eines oder mehrerer institutioneller Anleger an einer Objektgesellschaft charakterisiert.[11] Wie bei den anderen Modellen liegt eine vollständige Fremdfinanzierung zugrunde, jedoch finanziert sich die Objektgesellschaft nur bis zu etwa 70 % durch die Aufnahme von Bankdarlehen; die restlichen 30 % der für die Refinanzierung des Leasinggeschäfts erforderlichen Mittel werden von dem institutionellen Anleger als Eigenkapital in Form einer Kommanditeinlage zur Verfügung gestellt. Durch diese Finanzkonstruktion können Rentabilitätsvorteile beim Investor entstehen, die dieser u. U. teilweise an den Leasingnehmer weitergibt, so dass dieser beim Fonds-Modell finanzielle Vorteile in Form einer Mietreduzierung realisieren kann. Immobilien-Leasingfonds zielen mithin darauf ab, eine Verbindung zwischen dem Leasingmarkt und dem Refinanzierungsvolumen des freien Kapitalmarkts zu schaffen. An die Stelle einer institutionalisierten Leasinggesellschaft tritt der Leasingfonds des Leasinggebers; an die Stelle der Finanzierung des Leasingguts über einen Kredit tritt die Finanzierung über den freien Kapitalmarkt. Die privaten Kapitalanleger beteiligen sich als Gesellschafter an der Objektgesellschaft bzw. dem Leasing-Fonds und kommen in den Genuss der steuerlichen Vorteile, die mit der Zurechnung des Leasingguts beim Leasinggeber verbunden sind. Eine besondere Marktbedeutung kommt diesem Modell allerdings kaum zu.[12]

§ 60. Objektgesellschaften beim Immobilien-Leasing

Schrifttum: vgl. zu § 58

Übersicht

	Rdn.
I. Gründung von Objektgesellschaften	1
II. Objektgesellschaft ohne Leasingnehmer-Beteiligung	2
III. Objektgesellschaft mit Leasingnehmer-Beteiligung	4

I. Gründung von Objektgesellschaften

1 Anders als beim Mobilien-Leasing, bei dem alle Leasingobjekte normalerweise im Eigentum der jeweiligen Leasinggesellschaft selbst stehen, bleibt beim Immobilien-Leasing i. d. R. **jedes einzelne Objekt** einer **separaten Objektgesellschaft** vorbehalten. Deren alleiniger Gesellschaftszweck ist die Errichtung bzw. der Erwerb, die Finanzierung und Vermietung von Immobilien, d. h. des jeweiligen Leasingguts. Die Objektgesellschaft bietet den Vorteil, dass die steuerlichen Auswirkungen einer Beteiligung an dem Objekt gegenüber Dritten (Leasingnehmer und Investoren) zugänglich gemacht werden können.[1] Sie wird auch oft als **Einzelobjektgesellschaft** oder Einzelgesellschaft (*single purpose company – spezial purpose entity*) bezeichnet, weil sie sich ausschließlich mit einer einzelnen Investition befasst.[2] Dies gewährleistet dem Leasingnehmer zugleich, dass nicht durch andere Geschäfte eine unübersehbare Risikoakkumulation eintritt. Die Anteile der

---

[11] *Fohlmeister* Immobilien- und Großanlagen-Leasing, in: Eckstein/Feinen (Hrsg.), Leasing-Handbuch für die betriebliche Praxis, 7. Aufl. 2000, 277 ff., 296 ff.

[12] Zur Marktbedeutung des Fonds-Modells vgl. *Fohlmeister* Immobilien- und Großanlagen-Leasing, in: Eckstein/Feinen (Hrsg.), Leasing-Handbuch für die betriebliche Praxis, 7. Aufl. 2000, 277 ff., 296; *Graf von Westphalen* Der Leasingvertrag, 5. Aufl. 1998, Rdn. 1605.

[1] Engel NJM 1998, 785, 787.

[2] *Fohlmeister* Immobilien- und Großanlagen-Leasing, in: Eckstein/Feinen (Hrsg.), Leasing-Handbuch für die betriebliche Praxis, 7. Aufl. 2000, 277 ff., 288.

17. Kapitel. Immobilien-Leasingverträge   § 60

einzelnen Objektgesellschaften werden dann von der eigentlichen Immobilien-Leasinggesellschaft in der Form einer Kapital- und Verwaltungs-Holding gehalten. Bei einer solchen Verwaltungs-Holding ist die Rechtsform der GmbH bzw. der GmbH & Co. am weitesten verbreitet. Die Tätigkeiten der Objektgesellschaften erstrecken sich auf die Errichtung, Finanzierung und Vermietung gewerblicher Objekte sowie auf die Durchführung aller zur Erreichung dieser Funktionen notwendigen Geschäfte. Die Kosten für die Einzelobjektgesellschaften wie insbesondere Gründungs- und Handelsregisterkosten, Kosten für die Jahresabschlussprüfung, IHK-Beträge etc. hat im Ergebnis der Leasingnehmer zu tragen. Um den laufenden Verwaltungsaufwand der Einzelobjektgesellschaft überschaubar zu halten, wird häufig eine jährliche Pauschale vereinbart. Hinsichtlich der Art der Objektgesellschaften lassen sich Objektgesellschaften mit ausschließlicher Beteiligung der Leasinggesellschaft und solche mit Beteiligung des Leasingnehmers unterscheiden.[3]

II. Objektgesellschaft ohne Leasingnehmer-Beteiligung

Erfolgt die Gründung einer **Objektgesellschaft ohne Beteiligung des Leasingnehmers**, wird meistens die Rechtsform der GmbH gewählt, da die Rechtsformwahl in diesem Falle eine nachrangige Bedeutung hat und die Rechtsform der GmbH die zweckmäßigste und flexibelste Gesellschaftsform für den Leasinggeber darstellt. Bevorzugt wird das GmbH-Modell für Neubauvorhaben herangezogen, bei denen keine großvolumigen Grundstücksübertragungen vom Leasingnehmer auf die Objektgesellschaft stattzufinden brauchen. Als Motive für die Einschaltung einer Objekt- bzw. Besitzgesellschaft dienen in erster Linie steuerliche, speziell: **gewerbesteuerliche Gründe**, da die Objektgesellschaft regelmäßig die „**erweiterte Kürzung**" nach **§ 9 Nr. 1 Satz 2 GewStG** im Zusammenhang mit der Verwaltung und Nutzung von eigenem Grundbesitz in Anspruch nehmen kann und diese Gewerbesteuerersparnis über verringerte Mietnebenkosten an den Leasingnehmer weitergibt.[4] Zur Verwaltung und Nutzung eigenen Grundbesitzes im Sinne von § 9 Nr. 1 Satz 2 GewStG gehören die Neubautätigkeit im eigenen Namen und auf eigene Rechnung, die Verwaltung fertiggestellter eigener Gebäude, die Durchführung von Geschäften zur Beschaffung der für die Verwaltung und Nutzung nötigen Finanzierungsmittel, die gelegentliche Veräußerung von Grundstücken sowie die Beschaffung des Grundstücks durch Vereinbarung eines Erbbaurechts. 2

Eine Inanspruchnahme der erweiterten Kürzung nach § 9 Nr. 1 Satz 2 GewStG ist nicht möglich, wenn eine teilweise Zugehörigkeit des Grundbesitzes zum Gewerbebetrieb eines Gesellschafters gegeben ist – dies hat unmittelbare Konsequenzen für die **gewerbesteuerliche Behandlung einer Objektgesellschaft bei Beteiligung des Leasingnehmers** – oder wenn es sich bei dem Leasingobjekt um **Betriebsvorrichtungen** handelt. Aus diesem Grund werden Betriebsvorrichtungen in der Praxis nicht von der **Objektgesellschaft,** sondern von der Leasinggesellschaft selbst oder einer anderen Tochtergesellschaft im Rahmen eines selbständigen Leasingvertrags verleast. Die Vertragsaufteilung für Gebäude einerseits und Betriebsvorrichtungen andererseits ist allerdings auch **mit Blick auf die 40–90 %-Regel** und damit hinsichtlich der steuerlichen Zurechnung der Leasingobjekte notwendig, da diese Objekte sehr unterschiedlich lange betriebsgewöhnliche Nutzungsdauern aufweisen, so dass keine einheitliche Vertragsdauer gefunden werden könnte, die bei beiden Objekten die Einhaltung der 40–90 %-Regel garantieren würde. Hieraus würde bei einem einheitlichen Vertrag zumindest für einen Vertragbestandteil, also entweder für das Gebäude oder für die Betriebsvorrichtung, die steuerliche Zurechnung zum Leasingnehmer folgen. Neben den gewerbesteuerlichen Aspekten werden weitere Vorteile der Einschaltung von Objektgesellschaften in der **Vereinfachung** 3

---

[3] Vgl. hierzu und im Folgenden *Gabele/Dannenberg/Kroll* Immobilien-Leasing, 1995, S.0.68 ff. (die 4. Aufl. 2001 ist vergriffen).
[4] Vgl. u. a. auch *Gzuk* AcP Bd. 190 (1990), 200 ff., S. 212.

der organisatorischen Verwaltung der Leasingverträge, der einfachen Abgrenzung zwischen den Interessen unterschiedlicher Leasingnehmer, der Vereinfachung der Buchhaltung, der größeren Transparenz von Objektrisiken und der Möglichkeit gesehen, dass der Leasingnehmer anstelle der Ausübung der Kaufoption auch die Anteile der Gesellschaft übernehmen kann. Auf der anderen Seite sind mit der Gründung der Objektgesellschaft auch Kosten verbunden, die jedoch angesichts des gesamten Vertragsvolumens wohl kaum von ausschlaggebender Bedeutung sein dürften.

III. Objektgesellschaft mit Leasingnehmer-Beteiligung

4 Im Falle einer **Beteiligung des Leasingnehmers an der Objektgesellschaft** wird diese zumeist in der Rechtsform der KG gegründet, bei der die Leasinggesellschaft, eine ihrer Tochtergesellschaften oder eine natürliche Person aus ihrem Interessenkreis als Komplementär auftritt, während der Leasingnehmer als Kommanditist an der Objektgesellschaft beteiligt ist. In Einzelfällen wird auch die Rechtsform der GmbH & Co. KG gewählt. Hierbei beteiligt sich der Leasinggeber an der Objektgesellschaft mbH & Co. KG als Kommanditist mit bis zu 100 % des Kapitals und des Stimmrechts. Dies zielt darauf ab, dass Grundstücke von Objekte annähernd grunderwerbsteuerfrei vom Leasingnehmer auf die Objektgesellschaft übertragen werden können. Namentlich beim Sale and lease back-Verfahren und anderen Fällen mit Grundstücksübertragungen zwischen Leasingnehmer und Leasinggeber kommt das GmbH & Co. KG-Modell bevorzugt zum Einsatz.

5 Da durch die Beteiligung des Leasingnehmers an der Objektgesellschaft die oben angesprochene (Rdn. 2) Möglichkeit zur **„erweiterten Kürzung" nach § 9 Nr. 1 Satz 2 GewStG entfällt**, liegen die primären Motive für die Beteiligung des Leasingnehmers in der Möglichkeit zur Inanspruchnahme von Investitionszulagen und in der Möglichkeit zur Übertragung der vom Leasingnehmer gebildeten Rücklagen nach § 6b EStG auf das Leasingobjekt. Nicht zuletzt liegt ein wesentliches Motiv in der **Ersparnis der Grunderwerbsteuer**, da ohne eine Beteiligung des Leasingnehmers an der Objektgesellschaft im Falle der Ausübung der Kaufoption, beim Erwerb eines unbebauten Grundstücks durch die Objektgesellschaft vom (zukünftigen) Leasingnehmer sowie bei **Sale and lease back-Transaktionen** zwischen Leasingnehmer und Leasinggeber bzw. Objektgesellschaft Grunderwerbsteuer in voller Höhe zu zahlen ist. Hingegen reduziert sich die Grunderwerbsteuerbelastung durch die Beteiligung des Leasingnehmers an der Objektgesellschaft in Höhe seiner Beteiligung am Vermögen der Objektgesellschaft.

§ 61. Grundstücks- und Gebäudebeschaffung beim Immobilien-Leasing

Schrifttum: vgl. zu § 58

Übersicht

	Rdn.
I. Beschaffung des Grundstücks	1
II. Beschaffung des Gebäudes	4

I. Beschaffung des Grundstücks

1 Zur Abwicklung des Immobilien-Leasinggeschäfts muss die Leasinggesellschaft das **Eigentum am Grundstück** oder das **Erbbaurecht** erwerben. Hierbei kann der Grundstückserwerb sowohl vom zukünftigen Leasingnehmer als auch von einem Dritten erfolgen. Sofern der Leasingnehmer bereits Eigentümer des Grundstücks ist, wird in der Praxis die Vereinbarung eines Erbbaurechts zwischen Leasingnehmer und Leasinggeber bevorzugt, andernfalls dominiert der Eigentumserwerb durch Kauf des Grundstücks von

17. Kapitel. Immobilien-Leasingverträge   § 61

einem Dritten.[1] Wird dem Leasinggeber an dem Grund und Boden ein Erbbaurecht eingeräumt, während der Leasingnehmer weiterhin Eigentümer bleibt, wird das vom Leasinggeber errichtete Gebäude nach § 12 ErbauVO wesentlicher Bestandteil des Erbbaurechts (§§ 93, 94 BGB). Wird der Erbbaurechtszeitraum begrenzt, also das Erbbaurecht auf einen bestimmte Zeit befristet, kommt es nach Fristablauf zu einem Heimfall: das Erbbaurecht erlischt und das Gebäude wird vom wesentlichen Bestandteil des Erbbaurechts nunmehr zu einem wesentlichen Bestandteil des Grundstücks (§ 12 Abs. 3 ErbbauVO), womit der Leasingnehmer Eigentümer des Gebäudes wird. Deshalb muss bei Anwendung der steuerrechtlichen 40%/90%-Formel auf den vereinbarten Erbrechtszeitraum geachtet und abgestellt werden.[2]

Die Entscheidung, ob der Leasingnehmer ein bereits in seinem Eigentum befindliches 2 Grundstück an die Leasinggesellschaft verkauft oder ihr ein **Erbbaurecht** einräumt, ist hauptsächlich unter liquiditätsbezogenen und unter grunderwerbsteuerlichen Aspekten zu treffen. Durch den Verkauf des Grundstücks an die Leasinggesellschaft kann der zukünftige Leasingnehmer im Verkaufszeitpunkt einen höheren Liquiditätszufluss als bei einem Erbbaurecht realisieren, allerdings hat er dann während der Laufzeit des Leasingvertrags höhere Leasingraten zu tragen, da der Verkaufspreis des Grundstücks die Gesamtinvestitionskosten und darüber auch die vom Leasingnehmer zu leistenden Leasingraten erhöht. Beim Erbbaurecht ergeben sich hingegen nur geringe Liquiditätseffekte, da abgesehen von einer einmaligen Sonderzahlung beim Abschluss – der periodisch an den Leasingnehmer zu leistende Erbbauzins diesem über die Mietnebenkosten unmittelbar wieder in Rechnung gestellt wird.

In Ausnahmefällen ist außerdem denkbar, dass der Leasinggeber weder Eigentümer 3 noch Erbbauberechtigter ist und aufgrund eines mit dem Leasingnehmer **vertraglich vereinbarten Nutzungsrechts** auf dem Grund und Boden des Leasingnehmers ein Gebäude errichtet und dieses nach Fertigstellung dem Leasingnehmer im Wege des Immobilien-Leasing zur Nutzung überlässt. Wegen des hiermit verbundenen Verwertungsrisikos ist eine solche Ausgestaltung eines Immobilien-Leasinggeschäfts allerdings nur bei absolut einwandfreier Bonität des Leasingnehmers denkbar.

II. Beschaffung des Gebäudes

Auch für die Beschaffung des Gebäudes existieren grundsätzlich mehrere Alternativen, 4 die aber in der Praxis von unterschiedlicher Relevanz sind: Wird ein bereits bestehendes Objekt von der Leasinggesellschaft käuflich erworben, so kann dies durch Erwerb von einem Dritten – in diesem Fall spricht man vom **„buy and lease"** – oder durch Erwerb vom Leasingnehmer im Wege des **Sale and lease back-Verfahrens** geschehen. Vorteile des Sale and lease back-Verfahrens liegen für den Leasingnehmer in erster Linie in den Liquiditätseffekten, d. h. in der Freisetzung des im Objekt gebundenen Kapitals einschließlich der stillen Reserven, bei gleichzeitiger Fortführung der Nutzungsmöglichkeiten des Objekts.

Probleme beim **Sale and lease back-Verfahren** können aus Sicht der Leasinggesell- 5 schaft in einer möglicherweise geringeren Drittverwendungsfähigkeit des Objekts bestehen, da das bereits bestehende und genutzte Objekt u. U. nicht den Anforderungen der Leasinggesellschaft an die Fungibilität des Leasingobjekts entspricht, sowie in der Bewertung des Leasingobjekts, der Grunderwerbsteuerbelastung, der eventuellen Ertragsbesteuerung bei Verkaufserlösen, die über dem Buchwert liegen, und nicht zuletzt in der Erhöhung der zukünftigen Leasingraten begründet sein.

Bei der Beschaffung des Gebäudes dominiert in der Praxis allerdings die Neuerstellung 6 des Gebäudes. Diese kann grundsätzlich durch die Leasinggesellschaft bzw. eine eigens

---

[1] Vgl. *Gabele/Dannenberg/Kroll,* Immobilien-Leasing, 1995, S. 78 f. (die 4. Aufl. 2001 ist vergriffen).

[2] *Graf von Westphalen* Der Leasingvertrag, 5. Aufl. 1998, Rdn. 1575.

gegründete **Baubetreuungsgesellschaft,** den Leasingnehmer oder einen unbeteiligten Dritten erfolgen. In der Mehrzahl der Fälle erfolgt die Beschaffung im Wege der Neuerstellung des Gebäudes durch die Leasinggesellschaft bzw. eine ihrer Tochtergesellschaften, da bei dieser Variante die immobilien-leasingspezifischen Leistungen und Funktionen des Leasinggebers besonders zum Tragen kommen.

18. Kapitel. Computer- und Softwareleasing
§ 62. Computerwaren als Leasinggüter

Schrifttum: s. auch zu den §§ 5, 6 u. 25–30; *H. Beckmann* Finanzierungsleasing: Rechtsprobleme im typischen Leasingdreieck nach der Schuldrechtsreform, 3. Aufl. 2006; *ders* Computerleasing, 1993; Beck-Texte im dtv, IT- und Computerrecht, 6. Aufl. 2004; *Brandi-Dohrn,* Gewährleistung bei Hard- und Softwaremängeln, 2. Aufl. 1994; *Bräutigam/Rücker* Softwareerstellung und § 651 BGB – Diskussion ohne Ende oder Ende der Diskussion? CR 2006, 363; *Deville* Quellcode und Dekompilierung als Vertragsinhalt NJW-CoR 1997, 108; *Hoeren* Softwareüberlassung als Sachkauf 1989; *ders.* in: Graf von Westphalen (Hrsg.) IT-Verträge Stand: November 2002; *ders.* Der urheberrechtliche Erschöpfungsgrundsatz bei der Online-Übertragung von Computerprogrammen CR 2006, 573; *Junker* Die Entwicklung des Computerrechts NJW 2006, 2819; 2005, 2829; 2004, 3162; 2003, 2792; 2002, 2992, 2000, 1304; 1999, 1295; 1998, 947; 1994, 897; 1992, 1733; 1991, 2117; 1990, 1575; *Huppertz* Handel mit Second Hand-Software CR 2006, 145; Kilian/Heussen (Hrsg.), Computerrechts-Handbuch, Computertechnologie in der Rechts- und Wirtschaftspraxis, Loseblattausgabe (CHB), Stand: April 2006; *Frank Koch,* Computer-Vertragsrecht, 3. Aufl. 1988; *ders.* Zivilprozesspraxis in EDV-Sachen 1988; *Marly* Softwareüberlassungsverträge, 4. Aufl. 2004; *Martinek* Moderne Vertragstypen Bd. III: Computerverträge, Kreditkartenverträge sowie sonstige moderne Vertragstypen 1993; *Müller-Hengstenberg* Quo Vadis EVB-IT-Systeme und EVB-IT-Planung und Realisierung für die Branche CR 2006, 426; *Musulas* Die Haftung des Softwareherstellers 1993; *Redeker* IT-Recht in der Praxis 3. Aufl. 2003; *Schneider* Handbuch des EDV-Rechts 3. Aufl. 2003; *Werner/Pastor* Der Bauprozess 11. Aufl. 2005.

Übersicht

	Rdn.
I. Wirtschaftliche Bedeutung des Computerleasing	1
II. Klärung und Erläuterung der verwendeten Begriffe	4
1. Computerverträge und Computerrecht	4
2. Computerleasing	6
3. Hardware und Software	7
III. Reaktionen der Justiz auf die zunehmende Bedeutung von Computer- und Leasingrechtsstreitigkeiten	9
IV. Software als Leasinggut	14
1. Software als Sache im Sinne des Zivilrechts	19
2. Software als leasingfähiges Wirtschaftsgut im Sinne des Steuerrechts	20
a) Software als immaterielles Wirtschaftsgut	24
b) Erforderlichkeit der Überlassung des Quellcodes	25
c) Ergebnis	26
3. Nutzungsrechtseinräumung an Software beim Finanzierungsleasing	27
a) Eingeschränkte Nutzungsrechtseinräumung an den Leasinggeber	28
b) Uneingeschränkte Nutzungsrechtseinräumung an den Leasinggeber	32
4. Das Weitervermietungsrecht des Leasinggebers	36
5. Das Weiterveräußerungs- und Verwertungsrecht des Leasinggebers	36
a) Softwareüberlassung an den Leasinggeber auf Zeit	38
b) Softwareüberlassung an den Leasinggeber auf Dauer	41
c) Eingeschränkte Weiterveräußerungsverbote	42
d) Wirksamkeit von OEM-Klauseln	43
6. Gebrauchsüberlassungsverbote und Nutzungsbeschränkungen durch Systemvereinbarungen	44
a) Gebrauchsüberlassungsverbote	45
b) Typische Systemvereinbarungen	48
c) Wirksamkeit von Systemvereinbarungen beim Finanzierungsleasinggeschäft	49
7. Programmsperren und Dongles	49
a) Recht zum Einbau von Schutzmechanismen	51
b) Hinweispflicht des Lieferanten	54
8. Möglichkeit der Verwertung von Software	55

I. Wirtschaftliche Bedeutung des Computerleasing

1   Wie bei Finanzierungsleasinggeschäften mit Kraftfahrzeugen[1] entstehen auch in den Fällen, bei denen als Leasinggüter Computerhardware und/oder Computersoftware überlassen werden, spezielle Probleme aus der Besonderheit der Leasinggüter, insbesondere bei Überlassung von Software. Im Computerrecht bietet sich zur vereinfachenden sprachlichen Darstellung als Oberbegriff für Hard*ware* und Soft*ware* der „deutschsprachige" Begriff **Computer*waren*** an.[2]

2   Computerwaren gehören heute zu den wichtigsten Wirtschaftsgütern. Insbesondere die Überlassung von professionellen Rechnersystemen wird sehr häufig „über Leasing" finanziert. Von den in Deutschland insgesamt getätigten **Leasinginvestitionen** entfallen ca. 9 % auf Computerwaren.[3] Berücksichtigt man, dass heute nahezu jedes komplexe Gerät (z. B. Fernseher, Recorder, Telefon), jedes moderne Kraftfahrzeug und jede Industriemaschine durch Software gesteuert wird, dürfte der Anteil noch erheblich höher ausfallen. Allerdings verlieren infolge der permanenten Preissenkungen für Computerhardware die Leasinginvestitionen in den letzten Jahren vom Volumen her, nicht von der Anzahl der Geschäfte, an Bedeutung. Dies wird nur zum Teil durch teurere Anwender-Software ausgeglichen.[4]

3   Computerhardware, aber insbesondere Computerprogramme sind wegen ständiger technischer Fortentwicklungen sehr **schnelllebig**. Sie werden in der Praxis ca. alle zwei bis vier Jahre von den Anwendern erneuert, also nur für relativ kurze Zeiträume genutzt. Daher bietet sich bei einer Investitionsentscheidung in diesem Bereich besonders eine Finanzierung „über Leasing" an,[5] weil Finanzierungsleasinggeschäfte als Überlassungsform auf einen von vornherein festgelegten, in der Regel **kurzen Zeitraum angelegt** sind. Bei Softwareinvestitionen kommt hinzu, dass eine herkömmliche Kreditaufnahme, z. B. im Rahmen eines finanzierten Kaufs, häufig schon daran scheitert, dass dem finanzierenden Kreditinstitut die bankenübliche Sicherheit in Form der Übertragung von Sicherungseigentum nicht oder nur unter besonderen Voraussetzungen zur Verfügung steht, also eine Leasingfinanzierung zur Umsetzung der Investition wünschenswert erscheint.

II. Klärung und Erläuterung der verwendeten Begriffe

1. Computerverträge und Computerrecht

4   Haben die Vereinbarungen die Überlassung von Hard- und/oder Software zum Inhalt, spricht man in der wirtschaftlichen und juristischen Praxis von EDV-Verträgen,[6] von Verträgen über Computerleistungen bzw. von **Computerverträgen**,[7] wobei bei getrennter Überlassung auch die Begriffe Hardware-, Software- und Computersystem-Überlassungsverträge gebraucht werden. Seit einigen Jahren wird immer öfter der Begriff „Informationstechnik-Leistungen", abgekürzt **IT-Leistungen**, verwendet. So sind im Vergaberecht der öffentlichen Hand die Besonderen Vertragsbedingungen für den EDV-Bereich (BVB) in den letzten Jahren durch die Ergänzenden Vertragsbedingungen für die Beschaffung von IT-Leistungen (EVB-IT) abgelöst worden.[8] Insoweit spricht man heute auch von IT-Verträgen.[9]

---

[1] S. o. 15. Kapitel.
[2] Vgl. *H. Beckmann* Computerleasing Rdn. 48 f.
[3] *Städler* FLF 2006, 63.
[4] *Marly* Rdn. 206.
[5] *A. A. Schneider* F Rdn. 296.
[6] *Koch* Computer-Vertragsrecht Rdn. 67 ff.
[7] *Martinek* III S. 4 ff.
[8] Abgedruckt in Beck-Texte im dtv IT- und Computerrecht 6. Aufl. S. 468 ff.; im Internet abrufbar unter www.kbst.bund.de/EVB-IT; vgl. *Koch* Computer-Vertragsrecht Rdn. 68 f.; *Schneider* A Rdn. 161 ff.; *Kilian/Heussen/Müglich* CHB Nr. 191 Rdn. 1 ff. m w. N.; *Müller-Hengstenberg* CR 2006, 426 ff.
[9] *Hoeren* in: Graf von Westphalen (Hrsg.) AGB-Klauselwerke IT-Verträge.

18. Kapitel. Computer- und Softwareleasing § 62

Spätestens seit Beginn der 1990er Jahre hat sich im Zusammenhang mit der Überlassung von Computerwaren im deutschen Rechtssystem ein eigenständiges Rechtsgebiet etabliert.[10] In der juristischen Praxis werden hierfür die Begriffe **Computerrecht**,[11] Computervertragsrecht[12] und EDV-Recht[13] verwandt. Darunter versteht man sämtliche Rechtsprobleme aus den besonderen technischen Eigenschaften der gesamten Computertechnologie. Im Vordringen ist der Begriff **IT-Recht**.[14] *Schneider*[15] spricht neuerdings in der Gesetzestextsammlung „IT- und Computerrecht"[16] von **„IT-Vertragsrecht"**. Seit September 2006 gibt es für Rechtsanwälte die Spezialisierung zum „Fachanwalt für Informationstechnologierecht (IT-Recht)".

2. Computerleasing

Wie im Zusammenhang mit der „normalen" Überlassung von Computerwaren ohne Leasingfinanzierung werden auch bei Finanzierungsleasinggeschäften über Computerwaren unterschiedliche Begriffe verwandt. Man spricht von Computerleasing,[17] EDV-Leasing[18] und IT-Leasing.[19] Vielfach erfolgt auch eine Aufspaltung der Begriffe in Hardwareleasing und **Softwareleasing**,[20] wobei wegen der besonderen Probleme, die im Zusammenhang mit der Überlassung und Finanzierung von Software entstehen, zunehmend der Begriff Softwareleasing gebraucht wird. Gegen diese einschränkende Bestimmung ist einzuwenden, dass bei der rechtlichen Beurteilung von Leasinggeschäften über Computerleistungen zusätzliche rechtliche Probleme sich nicht nur daraus ergeben, dass (auch) Software Leasinggut ist, sondern insbesondere daraus, dass ein Computersystem oder eine komplexe Maschine, bestehend aus Hard- und Software, Leasinggut ist.[21]

Im Folgenden sollen zur Vereinfachung überwiegend die schlagwortartigen und umfassenden Begriffe **Computerrecht, Computervertrag und Computerleasing** verwandt werden.

3. Hardware und Software

Im Computerrecht wird der Begriff Hardware üblicherweise vereinfachend definiert als *„alles, was man anfassen kann",*[22] also die Geräteausstattung, insbesondere die zentrale Rechen- und Steuerungseinheit einschließlich der Hauptplatine und die Geräte zur Ein- und Ausgabe sowie zur Speicherung von Daten (Tastatur, Maus, Bildschirm, Drucker, Diskettenlaufwerk, Festplatte etc.). Unter Hardware versteht man heute aber nicht nur die reine Computerhardware, sondern im weiteren Sinne auch **Maschinen**, die mit Steuerungssystemen ausgestattet sind.

---

[10] Vgl. die jährlichen Berichte zur Entwicklung des Computerrechts von *Junker* NJW 2006, 2819; 2005, 2829; 2004, 3162; 2003, 2792; 2002, 2992; 2000, 1304; 1999, 1295; 1998, 947; 1994, 897; 1992, 1733; 1991, 2117; 1990, 1575.
[11] Vgl. z. B. Kilian/Heussen (Hrsg.) Computerrechts-Handbuch.
[12] *Koch* Computer-Vertragsrecht.
[13] *Redeker* Der EDV-Prozeß; *Koch* Zivilprozeßpraxis in EDV-Sachen; *Schneider* Handbuch des EDV-Rechts.
[14] *Redeker* IT-Recht in der Praxis.
[15] *Schneider* in IT-und Computerrecht, Beck-Texte im dtv Einführung II.8.
[16] IT-und Computerrecht, Beck-Texte im dtv, 6. Aufl.
[17] *H. Beckmann* Computerleasing, in: Büschgen (Hrsg.) Praxishandbuch Leasing § 16 u. in Finanzierungsleasing § 12.
[18] Wolf/Eckert/Ball Rdn.1694; *Koch* Computer-Vertragsrecht Rdn. 709ff.; *Redeker* Rdn. 625.
[19] *Hofmann* SZ vom 23. 2. 2005 Leasing-Beilage V2/13; *H. Beckmann* Finanzierungsleasing § 12 Rdn. 5a.
[20] *Spittler* S. 25; *Schneider* D Rdn. 160 u. F Rdnr. 292 ff; *Marly* Rdn. 206 ff. m. w. N.; *Graf von Westphalen* Leasingvertrag Rdn. 1295 ff; *Fritzsche* JuS 1995, 503; *Hager* AcP Bd. 190 (1990), 324 ff.
[21] *Koch* Computer-Vertragsrecht Rdn. 714.
[22] Vgl. die Definition in der DIN 44300 von November 1998; *Marly* Rdn. 2 ff.; *Martinek* III S. 6 m. w. N.

8 Unter den Begriff Software fasst man „*alles, was den Computer zum Laufen bringt*",[23] also sämtliche Programme (Betriebssystem, Anwendersoftware etc.). Die regelmäßig in Buchform verfassten **Benutzerdokumentationen** zu den Programmen sind trotz ihrer physischen Greifbarkeit dem Softwarebegriff zuzuordnen, da sie inhaltlich eng mit den zugehörigen Programmen verbunden und deshalb als Zusatzleistungen zur Software anzusehen sind.[24]

III. Reaktionen der Justiz auf die zunehmende Bedeutung von Computer- und Leasingrechtsstreitigkeiten

9 Entsprechend der statistischen Zunahme von Investitionsentscheidungen über die Anschaffung von Computerwaren und deren Finanzierung über Finanzierungsleasingverträge haben auch Streitigkeiten aus Computerverträgen und Computerleasinggeschäften zugenommen. Dementsprechend haben sich schon früh **Rechtsanwälte** auf Computerrechtsstreitigkeiten **spezialisiert**. Seit 2006 gibt es den „Fachanwalt für Informationstechnologierecht (IT-Recht)". Die **Gerichtsverwaltungen** haben der zunehmenden Bedeutung von Streitigkeiten über Computerwaren nur zum Teil Rechnung getragen, indem sie Spezialkammern und -senate für Streitigkeiten aus Computer- und Computerleasingverträgen gebildet haben.

10 Nach der **Geschäftsverteilung** des OLG Hamm besteht die Spezialzuständigkeit für „*Streitigkeiten über Ansprüche aus der Herstellung, Veräußerung, Wartung oder Gebrauchsüberlassung von Computern (Hard- und Software), auch soweit sie Teile von Maschinen und Anlagen sind*".[25] Unter diese Spezialzuständigkeit fallen auch Streitigkeiten aus **Computerleasinggeschäften, insbesondere auch die Rechtsstreitigkeiten zwischen Leasingnehmern und Lieferanten aus Lieferverträgen.**

11 Beim **BGH** gibt es eine Spezialzuständigkeit des VIII. Zivilsenat für **Streitigkeiten aus Leasing**. Der Spezialsenat ist also an sich nicht zuständig für Streitigkeiten aus Lieferverträgen. Da aber der VIII. Zivilsenat auch zuständig ist für **Streitigkeiten aus Kaufverträgen**, wirkt sich das nur aus, wenn der Liefervertrag im Rahmen eines Finanzierungsleasinggeschäfts als **Werkvertrag** einzuordnen ist. Dies kann insbesondere beim Computerleasing der Fall sein, wenn der Lieferant der Computerwaren die Herstellung eines Erfolgs schuldet.[26]

12 Auch bei Landgerichten gibt es – allerdings selten – Spezialkammern für EDV-Sachen, z. B. beim Landgericht München I. Nach § 348 Abs. 1 S. 2 Nr. 2j ZPO gilt eine Spezialzuständigkeit der Kammer des Landgerichts kraft gesetzlichen Vorbehalts für **Streitigkeiten aus den Bereichen der Kommunikations- und Informationstechnologie**, die nach dem Willen des Gesetzgebers u. a. auch vertragliche Ansprüche aus dem Bereich der Hardware- und Software-Überlassung erfassen soll.[27]

13 Bei Einreichung einer Klage, die eine Streitigkeit aus der Überlassung von Computerwaren betrifft, sollte der Kläger ausdrücklich auf eine bestehende Spezialzuständigkeit hinweisen. Zu beachten ist, dass ein Computerrechtsstreit zwischen Kaufleuten, der vom Kläger vor einer Kammer für Handelssachen (§§ 93 ff. GVG) anhängig gemacht wird, nach den §§ 96, 97 GVG nicht nachträglich an die sachlich als Spezialkammer kompetentere Zivilkammer verwiesen werden kann, es sei denn, es liegt keine Handelssache vor.[28]

---

[23] *Marly* Rdn. 7 ff.; *Martinek* III S. 7 m. w. N.
[24] BGH CR 1985, 22 u. 30; 1993, 461 u. 2436.
[25] Vgl. den Geschäftsverteilungsplan des OLG Hamm, abrufbar im Internet unter www.olg-hamm.nrw.de.
[26] S. u. § 63 Rdn. 6 ff.
[27] BT-Drucksache 14/4722 S. 89.
[28] Vgl. BGH VersR 1977, 430.

IV. Software als Leasinggut

Computerverträge haben selten ausschließlich die Überlassung von Hardware oder Software zum Gegenstand. Vielmehr ist Inhalt regelmäßig die Erstellung und Lieferung einer Computeranlage oder einer systemgesteuerten Maschine, bestehend aus Hard- und Software, also eines **kompletten Computersystems**. Wird die Überlassung über Leasing finanziert, ist nach wie vor heftig umstritten, ob Computerprogramme überhaupt Leasinggegenstand sein können. 14

1. Software als Sache im Sinne des Zivilrechts

Bedenken gegen die **Leasingfähigkeit von Computerprogrammen** ergeben sich wegen der streitigen Sacheigenschaft von Software. Dieser das gesamte Zivilrecht betreffende Streit wird trotz der gefestigten Rechtsprechung des BGH[29] nach wie vor mit erheblicher Polemik geführt.[30] *Marly* spricht insoweit von „gezieltem Lobbyismus".[31] Nach der Schuldrechtsreform zum 1. 1. 2002 wird der Streit erneut mit alter Schärfe geführt, weil nach der **Neufassung des § 651 BGB** bei einem Werklieferungsvertrag über die Lieferung herzustellender beweglicher Sachen grundsätzlich Kaufrecht angewendet werden soll.[32] 15

Nach der ständigen Rechtsprechung des BGH[33] und eines Großteils der Literatur[34] ist **Software als bewegliche Sache** im Sinne des § 90 BGB anzusehen mit der Folge, dass sie Gegenstand eines Kauf-, Werk-, Miet- und damit auch eines Leasingvertrages sein kann.[35] Dies gilt sowohl für Standardsoftware als auch für Individualsoftware.[36] Softwareüberlassung ist **Sachkauf**, nicht Kauf „sonstiger Gegenstände" im Sinne des § 453 BGB in der Fassung der Schuldrechtsreform.[37] Software ist auch als **Ware**[38] im Sinne der §§ 377, 381 Abs. 2 HGB und des UN-Kaufrechts (CISG) und als **Produkt**[39] im Sinne des § 2 ProdHG anzusehen. Computerprogramme als solche sind Gegenstände des wirtschaftlichen Verkehrs.[40] 16

Computerprogramme werden dem Anwender in der Regel in Form eines **Datenträgers** (Diskette, Magnetplatte, CD, DVD), also in verkörperter Form, zur Verfügung gestellt.[41] Selbst wenn die Softwareüberlassung **ohne Zuhilfenahme eines körperlichen Speichermediums** erfolgt, der Kunde also keinen Datenträger ausgehändigt bekommt, weil der Lieferant das Programm unmittelbar z. B. über ein Kabel oder im Wege der Datenfernübertragung (Online via Internet, E-Mail, Bildschirmtext) überspielt, sind die für Sachen geltenden vertraglichen Regelungen des BGB ohne Einschränkung anzuwenden. Auch in diesen Fällen erfolgt keine „*unkörperliche Programmüberlassung*".[42] Das Programm 17

---

[29] S. u. Fn. 33.
[30] Vgl. die Darstellung bei *Marly* Rdn. 68 ff. m. w. N.; *Redeker* Rdn. 278 ff.; *Wüstenberg* JA 2003, 424; Kilian/Heussen/*Moritz* CHB Nr. 31 Rdn. 16 ff.
[31] *Marly* Rdn. 71.
[32] S. u. § 63 Rdn. 20 ff.
[33] BGH NJW 2000, 1415; 1993, 2436; 1990, 320; 1988, 406; 1984, 2938.
[34] *Koch* Computer-Vertragsrecht Rdn. 806; *Thewalt* CR 2002, 4.
[35] *Koch* Computer-Vertragsrecht Rdn. 809; vgl. die umfangreiche Darstellung bei *Marly* Rdn. 94 ff. m. w. N.
[36] BGH NJW 1993, 2436; *Koch* Computer-Vertragsrecht Rdn. 807; *Marly* Rdn. 201; *König* NJW 1993, 3123; *Fehl* CR 1988, 198 ff; *Kilian* CR 1986, 194; a. A. *Junker* NJW 1993, 824; *Redeker* Rdnr. 278 ff. u. NJW 1992, 1739, jeweils m. w. N.
[37] *Marly* Rdn. 115 ff. m. w. N.; a. A. *Stichtenoth* K&R 2003, 106 ff.
[38] BGH NJW 1993, 2436; *Marly* Rdn. 54 ff. u. 1366 ff. m. w. N.
[39] *Marly* Rdn. 1303 m. w. N.
[40] *Koch* Computer-Vertragsrecht Rdn. 806.
[41] BGH NJW 2000, 1415; 1988, 406; NJW-RR 1986, 219; *Marly* Rdn. 100 ff. m. w. N.; *Martinek* III S. 12 ff; *Deville* NJW-CoR 1997, 110; *König* NJW 1993, 3122.
[42] BGH WM 2007, 467; so aber *Stichtenoth* K&R 2003, 107; *Diedrich* CR 2002, 475; *Redeker* NJW 1992, 1739.

wird immer auf der Festplatte, in den Halbleiterspeichern des Computers des Anwenders oder in einer (Sicherungs-)Kopie verkörpert und verbleibt somit beim Kunden; es wird auf dem Zielrechner eine **Programmverkörperung** hergestellt.[43] Das konkrete Computerprogramm ist Verkörperung der Programmschöpfung, die verkörperte Leistung, und damit unabhängig von der Frage, ob die Überlassung in miet-, kauf- oder werkvertraglichen Formen erfolgt, **körperlicher Gegenstand**. Software ist lediglich ein Produkt, das unter Einsatz von Wissen („Know-how") hergestellt wird.[44] Das ist bei vielen anderen Waren auch der Fall.

18   Gegen die Sacheigenschaft von Software spricht insbesondere nicht, dass *„der Auftraggeber das geistige Produkt Software erwerben"* will.[45] Diese Absicht des Kunden besteht immer, wenn es um den **Erwerb einer verkörperten geistigen Schöpfung** geht, also z. B. bei Büchern,[46] Bildern, Schallplatten, CDs, DVDs, Videokassetten[47] etc., aber auch bei Sachverständigengutachten oder der Planung eines Architekten. Bei all diesen Waren und Leistungen ist die von § 90 BGB geforderte Körperlichkeit gegeben und die Sacheigenschaft zu bejahen, obwohl es dem Kunden nicht auf die Sache selbst, sondern auf den **hinter der Sache stehenden Wert, die Idee**, ankommt, die in einem Datenträger, einem Buch oder Plan verkörpert wird. Eine Unterscheidung zwischen Tonträger und Musikstück, Buch und Inhalt oder Datenträger und Programminhalt findet nicht statt. Der immaterielle Leistungsteil erfährt für die Vertragsparteien eines Überlassungsvertrages eine Vergegenständlichung in Richtung auf den traditionellen Warencharakter.[48] Der Erwerber verwendet die konkrete Verkörperung der Programmschöpfung wie eine Maschine im Produktionsprozess zur Erreichung eines bestimmten wirtschaftlichen Erfolges, so wie auch ein von einem Unternehmer oder Rechtsanwalt erworbenes Fachbuch – wie das vorliegende – nicht wegen des Einbandes, sondern wegen seines Inhalts gekauft wird. Neben die Schöpfung eines geistigen, immateriellen Werkes tritt die konkrete Verkörperung in Form einer Druckschrift, eines Ton- oder Videobandes, einer Reproduktion eines Bildes oder eines Datenträgers.

19   Im **Ergebnis** ist festzuhalten, dass die Schärfe der in der Literatur geführten Auseinandersetzung über die Sacheigenschaft von Computersoftware und die richtige Einordnung von Softwareüberlassungsverträgen in keinem Verhältnis steht zu den sich aus diesem Streit ergebenden Rechtsfolgen für die Praxis.[49] Es geht in der Regel nicht um die Überlassung eines Originalprogramms, sondern nur um die **Überlassung einer Programmkopie**. Die für Sachen geltenden Regelungen sind deshalb zumindest entsprechend anzuwenden.[50] Daneben können die Einräumung urheberrechtlicher Nutzungsrechte, Nutzungsbeschränkungen und Weitergabeverbote geregelt werden.[51] Diese ergeben sich zudem aus den gesetzlichen Regelungen im Urheberrechtsgesetz **(UrhG)**.

2. Software als leasingfähiges Wirtschaftsgut im Sinne des Steuerrechts

20   Entscheidendes Argument für die Wahl des Finanzierungsleasing als Finanzierungsform einer Investition sind die steuerlichen Vorteile für den Kunden. Diese können beim Computerleasing nur erzielt werden, wenn Computerprogramme/Software als Wirtschafts-

---

[43] BGH NJW 1990, 320; *Koch* Rdn. 806 ff., 815; *Marly* Rdn. 110 u. BB 1991, 432; *König* NJW 1993, 3124 u. 1990, 1584.
[44] *Marly* Rdn. 87.
[45] So aber *Redeker* CR 2004, 89; *Müller-Hengstenberg* CR 2004, 164; *Junker* NJW 2006, 2832.
[46] Vgl. BGH NJW 1958, 138; 1970, 1963; 1973, 843; WM 2007, 467.
[47] Vgl. BGH CR 1988, 124; GRUR 1989, 417; *Martinek* III S. 14.
[48] *Martinek* S. 15; *H. Beckmann* Finanzierungsleasing § 12 Rdn. 7 ff. m. w. N.
[49] Vgl. *Martinek* III S. 16; *Dörner* Jura 1993, 578 ff.
[50] BGH NJW 2000, 1415; 1990, 320; *Marly* Rdn. 114; *Schneider* D Rdn. 283; *Dörner* Jura 1993, 579; *Brandi-Dohrn* S. 3; *Nordemann* CR 1996, 7; *Wüstenberg* JA 2003, 424.
[51] S. u. Rdn. 27 ff.

güter nach § 39 Abs. 1 AO anzusehen sind.[52] Unstreitig sind bei der **Hardwareüberlassung** der Vollamortisations- und der Teilamortisationserlass über bewegliche – materielle – Wirtschaftsgüter uneingeschränkt anzuwenden.[53] Demgegenüber sollen die Erlasse beim **Softwareleasing** wegen der dargestellten bestrittenen Sacheigenschaft von Software[54] nicht oder allenfalls entsprechend gelten.

a) Software als immaterielles Wirtschaftsgut. Nach der Rechtsprechung des BFH 21 ist Software grundsätzlich als **immaterielles Wirtschaftsgut** anzusehen.[55] *Graf von Westphalen* stellt in erster Linie auf die seiner Meinung nach in der Regel eingeschränkte Übertragung der Nutzungsrechte ab und verneint einen Erwerbstatbestand im Sinne des § 5 Abs. 2 EStG, weil der Leasinggeber kein freies Verfügungsrecht an der Software erhalte.[56]

Demgegenüber gibt es nach der Rechtsprechung des BGH *„kein Sonderrecht für Soft-* 22 *ware"*.[57] Software ist eine Ware wie jedes andere Gut. Auch die Überlassung von Software vom Hersteller oder Lieferanten an einen Anwender **auf Dauer** erfordert wie die Hardwareüberlassung nach der zivilrechtlichen Einordnung des Softwareüberlassungsvertrages als Kauf- oder Werkvertrag,[58] zumindest als „kaufähnlicher" Vertrag, gemäß § 929 BGB die uneingeschränkte **Eigentumsübertragung an dem überlassenen Vervielfältigungsstück auf den Erwerber**, beim Finanzierungsleasinggeschäft also auf den Leasinggeber. Danach kann Software, auch solche, die erst noch zu erstellen ist, „mitgeleast" werden. Software ist grundsätzlich „leasingfähig".[59]

Computerprogramme sind somit ausgehend von der zivilrechtlichen Einordnung der 23 Software als bewegliche Sache grundsätzlich auch als **bewegliche materielle Wirtschaftsgüter** im Sinne des § 39 Abs. 2 Nr. 1 AO anzuerkennen. Selbst wenn man Computerprogramme als **immaterielle Wirtschaftsgüter** ansähe, gelten die Leasingerlasse zumindest entsprechend.[60]

Dies gilt nach zutreffender Auffassung uneingeschränkt auch für **Individualsoft-** 24 **ware**.[61] Zu Unrecht wird in diesen Fällen des sog. **„Special-Leasing"** die Leasingfähigkeit mit der Begründung verneint, eine wirtschaftliche Nutzung könne nur vom Leasingnehmer selbst erfolgen, die Ware sei also dem Leasingnehmer steuerlich zuzurechnen.[62] Diese Ansicht verkennt die Rechte des Leasinggebers beim Erwerb von Software.[63]

b) Erforderlichkeit der Überlassung des Quellcodes. Entgegen *Graf von Westphalen*[64] 25 kommt es für die Leasingfähigkeit von Software auch nicht entscheidend darauf an, ob der Lieferant im Verhältnis zum Leasinggeber verpflichtet ist, diesem auch die Quellcodes zu überlassen. Auch ohne die Überlassung des Quellcodes ist von einer eigenen wirtschaftlichen Verfügungsbefugnis des Leasinggebers mit entsprechenden **Verwertungs-**

---

[52] S. o. § 2 Rdn. 8 ff.
[53] *Graf von Westphalen* Leasingvertrag Rdn. 1299 u. 1309.
[54] S. o. § 62 Rdn. 6 ff.
[55] BFH CR 1987, 760; 1995, 78; 1997, 19; *Graf von Westphalen* Leasingvertrag 1302 ff. m. w. N.
[56] *Graf von Westphalen* Leasingvertrag Rdn. 1317 ff. u. 1329 ff. m. w. N.
[57] BGH NJW 2000, 1415.
[58] S. u. § 63 Rdn. 6 ff.
[59] BGH NJW 1984, 2938; 1989, 3222; *Martinek* III S. 12; *Schneider* F Rdn. 328; vgl. Kilian/Heussen/*Trapp* CHB Nr. 90 Rdn. 113 ff. m. w. N.
[60] BFH CR 1995, 78; vgl. Mitteilung des Bundesfinanzministers in NJW 1992, 2541.
[61] *Koch* Computer-Vertragsrecht Rdn. 716; *H. Beckmann* Computerleasing Rdn 60 m. w. N.
[62] *Kilian/Heussen-Trapp* CHB Nr. 90 Rdn. 130 u. 145; *Graf von Westphalen* Leasingvertrag Rdn. 1322.
[63] S. u. § 63.
[64] *Graf von Westphalen* Leasingvertrag Rdn. 1321 u. 1324; zustimmend Kilian/Heussen/*Trapp* CHB Nr. 90 Rdn. 144.

rechten auszugehen, wenn dem Leasinggeber die erforderliche Rechtsstellung eingeräumt wird.[65]

26 c) Ergebnis. Die Leasingfähigkeit von Software ist in der Rechtsprechung[66] seit über 20 Jahren anerkannt. Der Erwerb von Software auf Dauer gegen Zahlung eines einmaligen Entgelts kann, ohne dass es auf die Einordnung als materielles oder immaterielles Wirtschaftsgut oder die Quellcode-Überlassung entscheidend ankommt, grundsätzlich als Erwerbstatbestand im Sinne des § 5 Abs. 2 EStG und Abschnitt 43 Abs. 1 EStR angesehen werden.[67] Die von einem Dritten gegen Entgelt erworbene Software kann deshalb, wie jede andere Ware, unter Berücksichtigung des § 247 Abs. 2 HGB im Anlagevermögen des Leasinggebers aktiviert und linear abgeschrieben werden. Die vom Leasingnehmer geleisteten Leasingraten können als Betriebsausgaben im Sinne des § 4 Abs. 4 EStG sofort steuerlich abgesetzt werden. Beim Leasinggeber sind die Leasingraten als Betriebseinnahmen zu berücksichtigen.

3. Nutzungsrechtseinräumung an Software beim Finanzierungsleasing

27 Bei Finanzierungsleasinggeschäfte ist zu beachten, dass **zwei Überlassungsvorgänge** stattfinden: die Überlassung vom Lieferanten an den Leasinggeber im Rahmen des Liefervertrages und die vom Leasinggeber an den Leasingnehmer im Rahmen des Leasingvertrages.

28 a) Eingeschränkte Nutzungsrechtseinräumung an den Leasinggeber. Bei Überlassung von Individualsoftware wird ein Erwerbsvorgang im Sinne des § 5 Abs. 2 EStG mit der Begründung verneint, der Leasinggeber erwerbe kein eigenes Nutzungsrecht an der Software, das er selbst ausübe. Der Leasinggeber erhalte grundsätzlich kein freies Verfügungsrecht an der Software. Seine Rechtsstellung sei von vornherein dahin eingeschränkt, dem Leasingnehmer eine nicht ausschließliche und nicht übertragbare Nutzungslizenz einzuräumen, da das mietvertragliche Nutzungsrecht gemäß den §§ 535, 581 BGB eindeutig im Vordergrund stehe.[68] Zur Erlangung der steuerlichen Vorteile reiche es nicht aus, wenn der Lieferant dem Leasinggeber die Software nur auf Zeit mit der Verpflichtung zur Rückgabe nach Beendigung des Leasingverhältnisses mit dem (konkreten) Leasingnehmer überlasse.[69]

29 b) Uneingeschränkte Nutzungsrechtseinräumung an den Leasinggeber. Diese Auffassung verkennt Inhalt und Umfang der Übertragung der Nutzungsrechte beim Computerleasing. Erkennt man grundsätzlich die Eigenschaft eines Computerprogramms als leasingfähiges Wirtschaftsgut an, ist eine unterschiedliche Behandlung im Vergleich zu anderen leasingfähigen Gütern nicht geboten. Bei jedem Übertragungsvorgang einer Sache, nicht nur bei Software, werden Nutzungsrechte ausdrücklich oder stillschweigend mitübertragen. Die Übertragung der Nutzungsrechte wird wegen des urheberrechtlichen Schutzes lediglich im Zusammenhang mit der Softwareüberlassung problematisiert. Zutreffend ist daher lediglich der Ansatz, dass die beteiligten Vertragspartner eines Finanzierungsleasinggeschäfts bei der Überlassung von Computerprogrammen **die steuerrechtlichen Anforderungen an den Erwerbsvorgang auch zivilrechtlich beachten** müssen.

30 Der Leasinggeber, der von einem Hersteller oder Lieferanten im Rahmen eines Finanzierungsleasinggeschäfts Software erwirbt, muss darauf achten, dass er **zivilrechtlicher und wirtschaftlicher Eigentümer** wird. Dies ist aber bei jedem Leasinggut, nicht nur bei Software, der Fall. Bei einem Finanzierungsleasinggeschäft dominiert zwar der Um-

---

[65] *Hager* AcP Bd. 190 (1990), 329; s. u. § 62 Rdn. 27 ff.
[66] Seit BGH NJW 1984, 2938.
[67] A. A. *Graf von Westphalen* Leasingvertrag Rdn. 1310 ff.
[68] *Graf von Westphalen* Leasingvertrag Rdn. 1329 ff.; *Nordemann* CR 1996, 5 ff.
[69] *Kilian/Heussen/Trapp* CHB Nr. 90 Rdnr. 145.

fang der Nutzungsüberlassung vom Leasinggeber an den Leasingnehmer. Vertragstypisch ist aber auch und in der Regel der vorgehende Erwerb der Waren einschließlich der Nutzungsrechte durch den Leasinggeber durch Abschluss des Liefervertrages.

In jedem Einzelfall ist festzustellen, welche Rechtspositionen dem Leasinggeber bei der Überlassung von Software vom Lieferanten eingeräumt werden bzw. zur steuerlichen Anerkennung eingeräumt werden müssen. Räumt der Lieferant dem Leasinggeber ausdrücklich ein nicht ausschließliches, auf den Leasingnehmer übertragbares Nutzungsrecht und die Berechtigung ein, bei Beendigung des Leasingvertrages das Nutzungsrecht dem Leasingnehmer oder im Rahmen der Verwertung einem „Vierten" zu übertragen, bestehen keine Bedenken gegen einen zeitlich unbegrenzten Erwerb des Leasinggebers im Sinne des § 5 Abs. 2 EStG und Abschnitt 43 Abs. 1 EStR; die wirtschaftliche Zurechnung im Sinne des § 39 AO erfolgt dann beim Leasinggeber, nicht beim Leasingnehmer.[70] Trotz der zeitlich begrenzten Überlassung an den Leasingnehmer zur Nutzung verbleibt dem Leasinggeber eine **eigene wirtschaftliche Verfügungsbefugnis.** 31

Ist eine ausdrückliche Regelung nicht getroffen, ist der im Rahmen eines Finanzierungsleasinggeschäfts zwischen Leasinggeber und Lieferant geschlossene Softwareüberlassungsvertrag unter Berücksichtigung aller Umstände, insbesondere des Zwecks des Finanzierungsleasinggeschäfts, dahin **auszulegen**, dass der Leasinggeber – für den Lieferanten ersichtlich – nicht ein einfaches Nutzungsrecht erwerben will. Auch wenn der Quellcode nicht mitüberlassen wird, will der Leasinggeber die **Software auf Dauer gegen Zahlung eines einmaligen Entgelts erwerben** und diese wie ein Eigentümer durch Weitergabe im Rahmen eines Leasingvertrages nutzen und an dessen Ende verwerten können.[71] 32

4. Das Weitervermietungsrecht des Leasinggebers

Beim Finanzierungsleasinggeschäft überlässt der – vom Urheber berechtigte – Lieferant dem Leasinggeber als Kunden die Software im Rahmen eines Kauf-, Werk- oder Werklieferungsvertrages unter ausdrücklicher oder stillschweigender Übertragung von Nutzungsrechten „auf Dauer". Diese Überlassung wird als **Veräußerung** im Sinne des § 69e Nr. 3 S. 2 UrhG angesehen mit der Folge, dass sich damit „*das Verbreitungsrecht an diesem Vervielfältigungsstück mit Ausnahme des Vermietrechts*" erschöpft. Die anschließende Überlassung der Software im Rahmen des Leasingvertrages vom Leasinggeber an den Leasingnehmer „auf Zeit" ist eine Vermietung, die nach § 69c Nr. 3 UrhG nur mit besonderer **Gestattung des Rechtsinhabers** möglich ist.[72] Daher sollte bei Finanzierungsleasinggeschäften grundsätzlich eine Zustimmung des Rechtsinhabers zur gewerblichen Weitervermietung eingeholt und ausdrücklich vom Lieferanten auch das **Vermietrecht auf den Leasinggeber übertragen** werden. 33

Wie oben schon dargelegt, ergibt sich aber auch ohne ausdrückliche Vereinbarung im Wege der **Auslegung** das Recht des Leasinggebers zur Überlassung der Software an den Leasingnehmer auf Zeit zumindest stillschweigend gemäß § 31 Abs. 5 UrhG aus dem auch vom Lieferanten gebilligten Zweck eines Finanzierungsleasinggeschäfts, die Software **„leasingfähig"**, also mit der Möglichkeit zur Vermietung an den Leasingnehmer, zu überlassen und diesem ein einfaches Nutzungsrecht einzuräumen.[73] 34

Beim **Eintrittsmodell**[74] muss sich der Leasinggeber vom Lieferanten ein zusätzliches Vermietrecht einräumen lassen, weil dem Leasingkunden zunächst im Liefervertrag vom 35

---

[70] KG EWiR § 2 UrhG 1/1998, 279; offengelassen von BGH NJW-RR 2000, 393.
[71] S. u. § 62 Rdn. 33 ff. u. 55.
[72] Vgl. BGH NJW 2001, 3789; *Koch* Computer-Vertragsrecht Rdn. 716; *Marly* Rdn. 1078 ff. m. w. N.
[73] *Koch* Computer-Vertragsrecht Rdnr. 716; *Hoeren* in: Graf von Westphalen (Hrsg.) AGB-Klauselwerke IT-Verträge Rdn. 23.
[74] S. o. § 5 Rdn. 24 ff.

§ 62 Dritter Teil. Besondere Rechtsprobleme einzelner Leasingverträge

Lieferanten nur ein einfaches Nutzungsrecht eingeräumt wird. Die Einräumung eines Vermietrechts kann **stillschweigend** in der dreiseitigen Übernahmevereinbarung enthalten sein.[75]

36 Der Leasinggeber kann gegenüber dem Leasingnehmer die Untervermietung durch eine Klausel in seinen ALB verbieten, da er ein schützenswertes Interesse daran hat, dass der Leasingnehmer nicht als Konkurrent am Markt auftritt.[76]

5. Das Weiterveräußerungs- und Verwertungsrecht des Leasinggebers

37 Bei der Überlassung von Computersoftware auf Dauer gegen Zahlung eines einmaligen Entgelts auch außerhalb eines Leasinggeschäfts ist streitig, ob der Lieferant Weiterveräußerungsverbote wirksam durchsetzen kann. Weitergabeverbote sind unter Berücksichtigung des sich aus den §§ 17 Abs. 2, 69 c Nr. 3 UrhG ergebenden Erschöpfungsgrundsatzes auf ihre Wirksamkeit zu prüfen.

38 **a) Softwareüberlassung an den Leasinggeber auf Zeit.** Weiterveräußerungsverbote sind im Rahmen der Softwareüberlassung grundsätzlich zulässig, wenn die Software nicht auf Dauer, sondern nur für begrenzte Zeit überlassen wird. Wird dem Leasinggeber vom Lieferanten lediglich ein *„nicht ausschließliches Nutzungsrecht"* für einen bestimmten Zeitraum eingeräumt, ist der Überlassungsvertrag mietrechtlich einzuordnen. Die Weiterveräußerung und Verwertung der Software durch den Leasinggeber sind ausgeschlossen. Damit wird der Leasinggeber nicht wirtschaftlicher Eigentümer im Sinne des Steuerrechts; eine Bilanzierung nach § 5 Abs. 2 EStG scheidet aus.[77]

39 **b) Softwareüberlassung an den Leasinggeber auf Dauer.** Der Leasinggeber muss daher Leasinggüter, also auch Software, vom Lieferanten auf Dauer gegen Zahlung eines einmaligen Entgelts erwerben. Es liegt dann ein Kauf-, Werk- oder Werklieferungsvertrag vor, der grundsätzlich eine **uneingeschränkte Eigentumsübertragung** im Sinne der sachenrechtlichen Vorschriften verlangt.[78] Mit der Überlassung der Software an den Leasinggeber im Rahmen eines Finanzierungsleasinggeschäfts auf Dauer stimmt der Lieferant konkludent auch ihrer **Verwertung** am Ende der Laufzeit des Leasingvertrages, insbesondere auch durch Veräußerung an einen Vierten, zu. Durch die Überlassung erwirbt der Leasinggeber **uneingeschränktes Eigentum an dem überlassenen Vervielfältigungsstück.**

40 Weiterveräußerungsverbote wirken schon wegen § 137 Satz 1 BGB nicht **dinglich** gegenüber Dritten.[79] Die Überlassung auf Dauer führt nach den §§ 17 Abs. 2, 69 c Nr. 3 UrhG zwangsläufig zur Erschöpfung des Weiterverbreitungsrechtes des Urhebers an dem überlassenen Vervielfältigungsstück.[80] Deshalb sind Weiterveräußerungsverbote, die der Verwertung der Software und damit eines Computersystems insgesamt entgegenstehen können, unter Berücksichtigung des urheberrechtlichen **Erschöpfungsgrundsatzes** unwirksam. Diese gesetzlichen Regelungen sind zwingend. Sie gelten analog § 69 c Nr. 3 Satz 2 UrhG auch bei der Online-Übertragung eines Computerprogramms.[81]

41 Das Recht zur Weiterveräußerung einer Software kann im Wege der Individualvereinbarung vom Lieferanten mit schuldrechtlicher Wirkung gegenüber dem Leasinggeber als seinem Vertragspartner eingeschränkt werden.[82] Hiervon ist aus den dargelegten Grün-

---

[75] *Koch* Computer-Vertragsrecht Rdn. 716.
[76] BGH NJW 1990, 3016; *Marly* Rdn. 1096 m. w. N.
[77] *Engel* DStR 1992, 722; vgl. *Ullrich* in: Büschgen (Hrsg.) Praxishandbuch Leasing § 21.
[78] BGH NJW 2000, 1415; *H. Beckmann* in: Büschgen (Hrsg.), Praxishandbuch Leasing § 16 Rdn. 9 ff. u. Finanzierungsleasing § 12 Rdn. 25 m. w. N.
[79] *Marly* Rdn. 1036; *Berger* NJW 1997, 300 ff.
[80] *Lehmann* NJW 1993, 1825; *Hoeren* in: Graf von Westphalen (Hrsg.) AGB-Klauselwerke IT-Verträge Rdn. 12.
[81] Hoeren CR 2006, 573 ff. m. w. N. auch zur Gegenmeinung.
[82] Vgl. *Marly* Rdn. 1036 u. 1044.

den abzuraten. Einschränkungen des Weiterveräußerungsrechts durch **AGB-Klauseln** sind in der Branche zwar nicht überraschend im Sinne des § 305 c Abs. 1 BGB,[83] sind aber nach der Generalklausel des § 307 BGB grundsätzlich unwirksam, da sie gegen die Natur des Überlassungsvertrages als Kauf-, Werk- oder Werklieferungsvertrag und die grundsätzliche Verfügungsfreiheit des Eigentümers verstoßen und durch sie der Zweck des Leasingvertrages gefährdet würde.[84] Außerdem verstoßen Weiterveräußerungsverbotsklauseln auch gegen den Grundgedanken der §§ 17 Abs. 2, 69 c Nr. 3 UrhG, da durch sie entgegen dem gesetzgeberischen Zweck Verbreitungshandlungen verhindert werden.[85]

c) **Eingeschränkte Weiterveräußerungsverbote.** Ein eingeschränktes Weiterveräußerungsverbot derart, dass die Weitergabe der überlassenen Programmkopie von der Zustimmung des Lieferanten abhängig gemacht und vom Kunden die Mitteilung des Namens und der Anschrift des Zweiterwerbers verlangt wird, ist als zulässig anzusehen.[86]

d) **Wirksamkeit von OEM-Klauseln.** Überlässt der Lieferant dem Leasinggeber eine Software, bei der dem Lieferanten vom Hersteller die Weitergabe des Nutzungsrechts nur im Zusammenhang mit dem Verkauf eines neuen Rechners erlaubt ist, sog. OEM-Software (Original Equipment Manufacturer),[87] braucht der Leasinggeber im Rahmen der Verwertung der Software diese Klausel aus dem Vertriebsvertrag nicht zu beachten. Die inhaltliche Beschränkung des Verbreitungsrechts hat **keine dingliche Wirkung** gegenüber Dritten.[88] Anderenfalls wäre durch die Aufspaltung des Verbreitungsrechts eine übermäßige Belastung des Rechtsverkehrs zu befürchten. Das überlassene Programmexemplar, das Vervielfältigungsstück im Sinne des § 69 e UrhG, ist „*für jede Weiterverbreitung frei*".[89]

6. Gebrauchsüberlassungsverbote und Nutzungsbeschränkungen durch Systemvereinbarungen

Softwareanbieter versuchen vielfach, die uneingeschränkte Nutzung der Ware durch den Anwender einzuschränken. Bei einem Finanzierungsleasinggeschäft können derartige Beschränkungen den Leasinggeber als Vertragspartner des Liefervertrages und den Leasingnehmer als Nutzungsberechtigten aus dem Leasingvertrag treffen.

a) **Gebrauchsüberlassungsverbote.** Der Rechtsinhaber/Lieferant, aber auch der Leasinggeber, können dem Kunden zwar den selbständigen, nicht aber den unselbständigen (Mit-)Gebrauch durch Angestellte oder Familienangehörige, die sich bezüglich der Art und Weise ihrer Nutzung dem Willen des Kunden unterordnen müssen, in AGB (Lieferbedingungen, ALB) verbieten.[90]

b) **Typische Systemvereinbarungen.** In der Computerbranche sind sog. Systemvereinbarungen, mit denen die Nutzung der Software auf eine bestimmte Hardware oder einen bestimmten Hardwaretyp beschränkt und damit die Nutzung eines Programms auf verschiedenen Computern verhindert werden soll, gebräuchlich.[91] Derartige Vereinbarungen sind individualvertraglich **mit schuldrechtlicher Wirkung** zulässig.

Für eine **zeitgleiche Mehrfachnutzung** in einem Unternehmen oder in einem Kooperationsverbund ist eine **Zustimmung** des Urhebers gemäß § 69 c UrhG erforderlich, sog.

---

[83] Vgl. *Marly* Rdn. 1046 f. m. w. N.
[84] *Marly* Rdn. 1051 ff.; *Koch* CR 2002, 631; *Schuhmacher* CR 2000, 648; *Polley* CR 1999, 354.
[85] OLG Frankfurt/M. NJW-RR 1997, 494; OLG Bremen CR 1997, 609; *Koch* CR 2002, 630; *Marly* Rdn. 1053 m. w. N.
[86] Vgl. OLG Bremen CR 1997, 609.
[87] Vgl. *Marly* Rdn. 546 ff. m. w. N.
[88] BGH NJW 2000, 3571; *Marly* Rdn. 550 m. w. N.
[89] BGH NJW 2000, 3571; *Hoeren* LMK 2003, 155; *Witte* CR 2000, 655 u. 1999, 68 ff.; *Schuhmacher* CR 2000, 648.
[90] Vgl. OLG Düsseldorf NJW 1988, 1676 zum Kfz-Leasing; *Marly* Rdn. 1101.
[91] Vgl. die Beispiele bei *Marly* Rdn. 1102 ff. m. w. N.

Netzwerklizenz mit Anzahl der Nutzer.[92] Dies gilt auch bezüglich der Überlassung an den Leasingnehmer im Rahmen eines Finanzierungsleasinggeschäfts. Insoweit sollte eine ausdrückliche Vereinbarung aller Vertragspartner bei Vertragsschluss getroffen werden. Eine **nicht zeitgleiche Mehrfachnutzung** kann nach zutreffender Auffassung allenfalls schuldrechtlich durch Individualvereinbarung, nicht aber durch AGB-Klausel verboten werden.[93] Derartige Systemvereinbarungen sind urheberrechtlich ohne Bedeutung, da sie mit § 31 Abs. 1 Satz 2 UrhG unvereinbar sind.[94] Dies gilt auch beim Computerleasing.[95]

48 In AGB verstoßen sog. **CPU-Klauseln** (Central Processing Unit) gegen den wesentlichen Grundgedanken des auf Dauer angelegten Überlassungsvertrages und damit gegen die Generalklausel des § 307 BGB, wonach der Anbieter grundsätzlich zur Eigentumsverschaffung und damit zur uneingeschränkten Nutzungseinräumung verpflichtet ist.[96] Zulässig ist lediglich die Verhinderung der zeitgleichen Nutzung der Software auf mehreren Computern.[97]

49 **c) Wirksamkeit von Systemvereinbarungen beim Finanzierungsleasinggeschäft.** Enthält der Liefervertrag eine wirksame Nutzungseinschränkung, stimmt beim typischen Finanzierungsleasinggeschäft der Leasingnehmer schon durch das Aushandeln des Liefervertrages diesen Beschränkungen auch im Leasingvertragsverhältnis zu. Anderenfalls muss der Leasinggeber dafür Sorge tragen, dass die Einschränkungen wirksam auch in den Leasingvertrag einbezogen werden. Vereinbart der Leasinggeber mit dem Lieferanten ohne Wissen des Leasingnehmers Nutzungs- oder Verwertungsbeschränkungen und sieht man diese als wirksam an, kann er sich gegenüber dem Leasingnehmer schadensersatzpflichtig machen, wenn aus diesem Grunde kein oder nur ein geringerer Verwertungserlös erzielt werden kann.

7. Programmsperren und Dongles

50 **a) Recht zum Einbau von Schutzmechanismen.** Softwarehersteller bauen in ihre Produkte häufig periodische Programmsperren **(Expiration Dates)** ein, die nur durch ein dem Anwender mitzuteilendes Codewort deaktiviert werden können. Als weitere Schutzmechanismen werden sog. Dongles, das sind auf die parallele Schnittstelle eines Rechners aufzusteckende Hardwarestecker, die in ständiger Kommunikation mit der zugehörigen Software stehen und ohne die eine Programmnutzung nicht möglich ist, eingebaut. Auch durch diese Maßnahmen kann die Nutzung der Software und weiterer auf dem Computersystem vorhandener Programme und Daten erheblich beeinträchtigt werden. Bei einem Finanzierungsleasinggeschäft sind durch derartige Maßnahmen des Lieferanten Leasinggeber und Leasingnehmer betroffen.

51 Grundsätzlich ist ein Programmhersteller berechtigt, durch technische Schutzmechanismen eine **unberechtigte Programmbenutzung** zu verhindern.[98] Der Anwender muss gemäß § 69 f Abs. 2 UrhG geeignete Schutzmaßnahmen des Herstellers gegen unberechtigte Nutzung dulden, wenn durch sie sein eigenes Nutzerinteresse nicht unzumutbar beeinträchtigt wird.[99] Die vom Hersteller eingebauten Schutzvorrichtungen dürfen jedoch nicht dazu führen, dass der berechtigte Anwender in der Nutzung gestört wird; in diesem Fall kann eine Gebrauchsbeeinträchtigung vorliegen und damit ein **Sachmangel** bejaht werden.[100] Im Einzelfall sind die **Interessen des Nutzers gegen**

---

[92] Vgl. BGH MMR 2005, 529.
[93] *Marly* Rdn. 1112 m. w. N.
[94] Vgl. BGH NJW 2003, 2014; *Polley* CR CR 1999, 347; *Schuhmacher* CR 2000, 646.
[95] *Marly* Rdn. 1125 f. m. w. N.
[96] *Marly* Rdn. 1118.
[97] *Marly* Rdn. 1124.
[98] BGH NJW 1987, 2004; 1981, 2684; OLG Stuttgart CR 1989, 685; vgl. *Marly* Rdn. 937 ff.
[99] *Wuermeling* CR 1994, 585 m. w. N.
[100] OLG Karlsruhe CR 2004, 493; LG Mannheim NJW 1995, 3322; *Marly* Rdn. 938 ff.; *H. Beckmann* Finanzierungsleasing Rdn. 159 ff., jeweils m. w. N.; a. A. OLG München CR 1996, 11.

die des Urhebers abzuwägen.[101] Auch das **Interesse des Warenverkehrs**, nicht mit beliebig zugeschnittenen Rechten konfrontiert zu werden, ist als Folge des Erschöpfungsgrundsatzes (§ 69 c Nr. 3 Satz 2 UrhG) zu berücksichtigen.

b) Hinweispflicht des Lieferanten. Der Lieferant ist grundsätzlich verpflichtet, den Kunden auf den Einbau von Schutzmechanismen hinzuweisen. Dies ergibt sich schon aus § 241 Abs. 2 BGB. Unterlässt er dies, kann das eine erhebliche **Pflichtverletzung** darstellen, die den Kunden zur Kündigung oder zur Rückabwicklung des Vertrages berechtigen und den Lieferanten zum Schadensersatz aus Vertrag und Delikt verpflichten kann.[102] Beim Finanzierungsleasinggeschäft muss der Hinweis auf Sperre oder Dongle gegenüber dem Leasingnehmer als Verhandlungsgehilfe des Leasinggebers erfolgen, da dieser die Ware nutzen soll. 52

Werden durch den Einbau eines Dongle-Schutzmechanismus Fehlfunktionen des Programms ausgelöst, ist der Lieferant zum Ersatz dieser Schäden verpflichtet.[103] Durch die Aktivierung der Sperre und die Weigerung zur Bekanntgabe des Codewortes greift der Hersteller/Lieferant unmittelbar in die von § 823 Abs. 1 BGB geschützten Rechtsgüter des Kunden, beim Computerleasing des Leasinggebers, ein. Dieser hat die Software im Wege eines Kauf- oder Werkvertrages erworben und ist berechtigter Eigentümer der Softwarekopie, des Vervielfältigungsstückes, geworden. Gleichzeitig werden die auch von § 823 BGB geschützten Nutzungsrechte des Leasingnehmers verletzt. Der Leasingnehmer verliert die Möglichkeit zur Nutzung der Software und den Zugriff auf seinen über die Software abrufbaren Datenbestand. Wie bei einer sonstigen Programmbeschädigung oder einem Datenverlust – z. B. durch (bewusste) Unterbrechung der Stromzufuhr oder durch Zerstören von Programmkopien – erleidet der berechtigte Anwender durch Handlungen des Lieferanten/Herstellers einen nach § 249 Satz 2 BGB zu ersetzenden **Schaden in Höhe der erforderlichen Wiederherstellungskosten**.[104] 53

Der berechtigte Anwender kann die Entfernung eines vom Lieferanten ohne seine Zustimmung eingebauten Dongle verlangen, wenn das Dongle die Nutzung der Hard- oder Software nicht nur unerheblich beeinträchtigt.[105] Er kann auch eigenhändig geeignete Maßnahmen zur Umgehung technischer Schutzmaßnahmen ergreifen. Im Einzelfall sind die Interessen des Urhebers gegen die des Anwenders abzuwägen[106] 54

8. Möglichkeit der Verwertung von Software

Gegen die Leasingfähigkeit von Software kann nicht eingewandt werden, diese besitze nach Ende der Laufzeit faktisch keinen Verkehrswert mehr. Dies trifft nicht für jede Software generell zu und kann auch für andere Leasingsachen gelten. Außerdem besteht durchaus ein Markt für „gebrauchte" Software.[107] Die wegen der faktisch eingeschränkten Verwertungsmöglichkeiten insbesondere von Individualsoftware, aber auch von Standardsoftware[108] bestehenden Bedenken werden von der Rechtsprechung zu Recht vernachlässigt.[109] 55

---

[101] BGH NJW 1987, 2004, 1981, 2684; OLG Karlsruhe CR 1996, 341.
[102] BGH NJW 1987, 2004; OLG Frankfurt/M. CR 2000, 146; OLG Köln NJW 1996, 733; OLG Düsseldorf NJW-RR 1993, 59; OLG Celle NJW-RR 1994, 217; *Marly* Rdn. 820 u. 941.
[103] *Marly* Rdn. 941 m. w. N.
[104] Vgl. BGH NJW 1996, 2925.
[105] So zu Recht LG Mannheim CR 1995, 542, zustimmend *Marly* Rdn. 940; a. A. OLG Karlsruhe CR 1996, 341; s. auch *Kreutzer* CR 2006, 804 ff. m. w. N.
[106] Zu Einzelheiten der Ansprüche des Urhebers bei Umgehung seiner technischen Schutzmaßnahmen vgl. *Arlt* MMR 2005, 148 ff. m. w. N.
[107] *Huppertz* CR 2006, 145; vgl. *Hoeren* CR 2006, 573.
[108] Vgl. *Zahrnt* Vertragsrecht für DV-Verarbeiter S. 175.
[109] Vgl. BGH NJW 1985, 129; 1984, 2938; OLG Frankfurt CR 1986, 270.

§ 63. Rechtsprobleme bei der Überlassung von Computerwaren im Rahmen von Finanzierungsleasinggeschäften

Schrifttum: s. auch zu § 62; *Bartsch* Softwarepflege nach neuem Schuldrecht NJW 2002, 1526; *Berger* Softwarelizenzen in der Insolvenz des Softwarehauses CR 2006, 505; *Grützmacher* Insolvenzfeste Softwarelizenz- und Softwarehinterlegungsverträge – Land in Sicht? CR 2006, 289; *Rappenglitz* Mängel der Sache durch unsachgemäße Montage und mangelhafte Montageanleitung JA 2003, 36; *Redeker* Der EDV-Prozess 2. Aufl. 2000; *ders.* Allgemeine Geschäftsbedingungen und das neue Schuldrecht CR 2006, 433 ; *Schneider/Günther* Haftung für Computerviren CR 1997, 389; *Pätzel* Der Vergleich im EDV-Prozess CR 1996, 718; *Zahrnt* Die Rechtsprechung zur Beweislast bei Fehlern in Standardsoftware NJW 2002, 1531

Übersicht

	Rdn.
I. Inhalt von Lieferverträgen über Computerwaren und ihre rechtliche Einordnung	1
1. Regelungsbedürftige Punkte bei Computerverträgen	3
2. Vertragstypologische Einordnung (Rechtsnatur) von Computerverträgen	6
a) Einordnungskriterien	8
b) Überlassung von Hardware	9
c) Überlassung von Standardsoftware	11
aa) Überlassung eines Datenträgers	12
bb) Bloße Überlassung von Standardsoftware	13
cc) Überlassung von anzupassender Standardsoftware	14
dd) Installation und Integration von Standardsoftware	17
d) Überlassung von Individualsoftware	18
aa) Rechtslage vor der Schuldrechtsreform	19
bb) Rechtslage nach der Schuldrechtsreform	20
cc) Erfolgsbezogene Erstellung von Individualsoftware als Werkvertrag	21
e) Überlassung eines kompletten Computersystems mit Zusatzleistungen	23
f) Softwareentwicklung als Dienstvertrag	27
3. Einfluss der Vertragspartner auf die rechtliche Gestaltung und Einordnung	28
a) Individualvereinbarungen	29
b) Besondere Vertragsbedingungen der öffentlichen Hand	30
4. Bedeutung des Pflichtenhefts	32
a) Inhalt des Pflichtenhefts	33
b) Auftrag zur Erstellung des Pflichtenhefts	35
c) Auftraggeber des Pflichtenhefts beim Finanzierungsleasinggeschäft	38
d) Vergütungspflicht	39
e) Fortschreibung des Pflichtenhefts	41
f) Beratungsverschulden des Lieferanten	42
5. Überlassung des Quellcodes	44
a) Definition Quellcode	45
b) Pflicht zur Überlassung des Quellcodes bei Vereinbarung	46
c) Pflicht zur Überlassung des Quellcodes bei Übergabe der Software ohne ausdrückliche Vereinbarung	48
d) Rechtsfolgen der Nichterfüllung der Überlassung	52
e) Hinterlegungsvereinbarungen	53
f) Quellcoderegelungen bei Finanzierungsleasinggeschäften	58
g) Pflicht des Lieferanten zum Abschluss einer „Pflegevereinbarung"	62
6. Verpflichtung zur Überlassung von Montage- und Bedienungsanleitungen und von Dokumentationen	64
a) Montageanleitung	65
b) Bedienungsanleitung	66
c) Erhöhte Anforderungen bei Computerwaren	67
d) Überlassung schriftlicher Unterlagen	69
e) Überlassung deutschsprachiger Unterlagen	73
f) Inhalt und Umfang der Unterlagen	75
g) Folgen der Nicht- oder Schlechtlieferung schriftlicher Unterlagen	77
aa) Nichtlieferung schriftlicher Unterlagen	78
bb) Schlechtlieferung schriftlicher Unterlagen	83

18. Kapitel. Computer- und Softwareleasing § 63

	Rdn.
7. Einweisung und Schulung	88
a) Einweisungs- und Schulungspflicht des Lieferanten	89
b) Vergütungspflicht	90
c) Rechtsfolgen bei Leistungsstörungen	91
8. Installation/Montage/Einrichten von Hard- und/oder Software	95
9. Wartungs- und Pflegeverträge	98
II. Völlige oder teilweise Nichtleistung	104
III. Sach- und Rechtsmängelhaftung bei Computerwaren	105
1. Sachmängelhaftung	106
a) Fehlerbegriff	107
b) Typische Sachmängel	110
c) Nacherfüllung bei Standardsoftware	113
d) Vorhalten von Ersatzteilen und Updatepflicht	114
2. Rechtsmängelhaftung	115
3. Übernahmebestätigung, Ablieferung und Abnahme bei Software	121
a) Übernahmebestätigung	122
b) Ablieferung	123
c) Abnahme	125
4. Untersuchung und Rüge	129
5. Mitwirkungspflichten des Bestellers	130
IV. Aufklärung und Beratung	131
V. Ersatzpflicht des Lieferanten aus Schutzpflichtverletzung	136
VI. Produkt- und Produzentenhaftung für Computerwaren	142
1. Deliktische Produzentenhaftung des Herstellers von Computerwaren	142
2. Produkthaftung des Lieferanten/Herstellers	143
3. Produkthaftung des Leasinggebers	146
VII. Kurzfristiges Lösungs- oder Kündigungsrecht	147
VIII. Besonderheiten des Rechtsstreits über Computerwaren	148
1. Prozessvorbereitung	149
2. Mitwirkung des Leasinggebers	150
3. Kostenproblematik im Computerprozess	152
4. Darlegung des Sachverhalts, Beweismittelsicherung und Beweiserhebung	154
a) Vorprozessuale Beweissicherung durch Dokumentation	154
b) Selbständiges Beweisverfahren	155
c) Darlegung des Sachverhalts	157
d) Beweiserhebung im Computerprozess	160
5. Formulierung des Zug-um-Zug-Antrags und eines vollstreckungsfähigen Titels	163
a) Bestimmtheitsanforderungen	164
b) Löschung aller Programmkopien	171
c) Unterlassungserklärung	173
d) Abgabe der Erklärungen durch den Leasingnehmer	174
6. Feststellung des Annahmeverzuges des Lieferanten	175

I. Inhalt von Lieferverträgen über Computerwaren und ihre rechtliche Einordnung

Ist Hardware und/oder Software Gegenstand eines Überlassungsvertrages, ergeben sich 1 wegen der Besonderheit der Waren auch in der rechtlichen Behandlung Besonderheiten, die nachfolgend im Einzelnen unter Berücksichtigung der speziellen Probleme aus der **Finanzierung über Leasing** dargestellt werden.

Wegen der fehlenden gesetzlichen Regelungen müssen die Vertragsparteien eines 2 Computervertrags – wie auch bei anderen nicht kodifizierten modernen Vertragstypen[1] – die gegenseitigen Rechte und Pflichten detailliert festlegen, um Schwierigkeiten bei der Vertragsdurchführung zu vermeiden. Im Rahmen eines Computerleasinggeschäfts erfolgt die Vertragsgestaltung des Liefergeschäfts typischerweise, wie oben ausgeführt,[2]

---

[1] Vgl. *Martinek* I S. 2 ff.
[2] S. o. § 5 u. 6.

nicht durch den Leasinggeber als Vertragspartner des Liefervertrages, sondern durch den Leasingnehmer als Anwender und Verhandlungspartner des Lieferanten. Der **Leasingnehmer** bestimmt den Leistungsgegenstand sowie weitere Einzelheiten des Geschäfts.

1. Regelungsbedürftige Punkte bei Computerverträgen

3   Im Rahmen der Vertragsverhandlungen über den Abschluss des Liefervertrages sollten Anbieter und Anwender durch eindeutige Regelungen insbesondere den **Vertragstyp**, zumindest aber die bei Sach- und Rechtsmängeln anzuwendenden Vorschriften festlegen. Sämtliche Leistungen müssen detailliert beschrieben werden. Die Qualitätsmerkmale und Anforderungen, die das zu liefernde Computersystem bzw. die zu liefernde Software erfüllen soll, sollten in einem **Pflichtenheft**, auch Lastenheft oder Anforderungsprofil genannt, schriftlich festgehalten und zum Vertragsinhalt gemacht werden. Auch Mitwirkungspflichten des Bestellers sollten schon bei Vertragsschluss schriftlich festgelegt werden.

4   Ferner sollten die Anforderungen an die sog. **Dokumentation** (Handbücher, Bedienungsanleitungen) sowie die Überlassung von oder die Zugriffsmöglichkeit auf **Quellcodes** spezifiziert geregelt werden. Die Lieferung von Zubehör sowie begleitende Sach-, Dienst- und Werkleistungen, Ablieferungs- und Abnahmemodalitäten sowie Zusicherungen und Garantien des Lieferanten sollten schriftlich festgehalten werden. Empfehlenswert erscheint es, beim Computerleasinggeschäft besondere Liefer- oder Einkaufsbedingungen der Beteiligten ausdrücklich einzubeziehen, eine Regelung über die Einheit sämtlicher Leistungen des Lieferanten, auch soweit sie nicht Leasinggut sind, zu treffen und einen Bezug zu Leistungen von nicht am Leasinggeschäft unmittelbar beteiligten Dritten (Vierten im Leasingdreieck) herzustellen. Auch ein ausdrücklicher Hinweis an den Lieferanten auf die Abtretung aller Rechte aus dem Liefervertrag an den Leasingnehmer einschließlich der Ersatzpflicht für Schäden des Leasingnehmers sowie ein Verzicht des Lieferanten auf handelsrechtliche Untersuchungs- und Rügeobliegenheiten bei einem nichtkaufmännischen Leasingnehmer erscheinen angebracht.[3]

5   Darüber hinaus sollten auch **unmittelbare Vereinbarungen zwischen dem Lieferanten und dem Leasingnehmer** z. B. über die vergütungspflichtige Erstellung eines Pflichtenhefts, die Lieferung von Waren außerhalb des Leasinggeschäfts, die Schulung des Leasingnehmers und seiner Mitarbeiter sowie Wartung und Pflege schriftlich festgehalten werden. Dies gilt auch hinsichtlich Zusicherungen und **Garantien**.[4]

2. Vertragstypologische Einordnung (Rechtsnatur) von Computerverträgen

6   Hinter dem Begriff Computervertrag verbirgt sich eine schwer systematisierbare Vielfalt von modernen Vertragstypen, die durch den Bezug zur elektronischen Datenverarbeitung gekennzeichnet sind.[5] Es ist die sog. Überlassungsebene zu trennen von der nutzungsrechtlichen, der sog. „lizenzrechtlichen" Ebene.[6]

7   Werden im Rahmen eines Computervertrags dem Kunden Waren überlassen, kommt der vertragstypologischen Einordnung des Geschäfts erhebliche Bedeutung zu, weil davon das anzuwendende Recht abhängt. Die Einordnung hat daher erhebliche Praxisrelevanz.[7] Ist die Überlassung als Werkvertrag einzuordnen, sind die besonderen vom Kaufrecht abweichenden Bestimmungen, z. B. über Abschlagszahlungen, die Abnahme, die Fälligkeit, die Verjährung, die Mängelhaftung, die Untersuchung und Rüge und die Inhaltskontrolle von AGB, zu beachten.

---

[3] S. o. § 14.
[4] Vgl. Stadler CR 2006, 77 ff.
[5] *Martinek* III S. 4; s. o § 62 Rdn. 4 ff.
[6] *Zahrnt* NJW 1996, 1798; *Polley* CR 1999, 348.
[7] *Marly* Rdn. 59.

a) Einordnungskriterien. Die rechtliche Einordnung von auf Überlassung von Waren **8** gerichteten Verträgen richtet sich nach der **Dauer der Überlassung** und der den Vertrag **prägenden, den Schwerpunkt bildenden Leistung**.[8] Die Vereinbarungen hinsichtlich des zu zahlenden Entgelts sind Indiz.[9] Diese Kriterien gelten uneingeschränkt auch im Computerrecht.[10]

b) Überlassung von Hardware. Ist Liefergegenstand ausschließlich Hardware, bereitet **9** die vertragstypologische Einordnung des Vertrages keine Schwierigkeiten. Erfolgt die Überlassung zeitlich begrenzt (*„auf Zeit"*) gegen Zahlung eines wiederkehrenden Entgelts, liegt ein Miet- oder Pachtvertrag vor. Vereinbaren die Parteien den endgültigen Erwerb (*„auf Dauer"*) gegen Zahlung eines einmaligen Entgelts, ist von einem Kaufvertrag im Sinne des § 433 BGB, einem Werklieferungsvertrag im Sinne des § 651 BGB oder einem Werkvertrag im Sinne des § 631 BGB auszugehen.[11] Dies ist auch der Fall, wenn zugleich ein Betriebssystem mit überlassen wird.[12]

Bei einem **Finanzierungsleasinggeschäft** werden die Waren vom Lieferanten dem Lea- **10** singgeber in der Regel auf Dauer gegen Zahlung eines einmaligen Entgelts überlassen, so dass in diesem Verhältnis Kaufrecht oder Werkrecht gilt. Davon zu unterscheiden ist das Leasingverhältnis zwischen Leasinggeber und Leasingnehmer, in dem die Überlassung auf Zeit gegen wiederkehrende Zahlungen erfolgt, also grundsätzlich Mietrecht anzuwenden ist.

c) Überlassung von Standardsoftware. Demgegenüber sind die Rechtsnatur und die **11** vertragstypologische Einordnung von Softwareüberlassungsverträgen nach wie vor umstritten.[13] Bejaht man die Sacheigenschaft von Software, sind Vereinbarungen, die die Überlassung der Software zum Ziel haben, nach den von der Rechtsprechung aufgestellten Grundsätzen als Kauf-, Werklieferungs- oder Werkvertrag einzuordnen. Die von Softwarelieferanten häufig gewählte Bezeichnung als **Lizenzvertrag** ist unerheblich; das gilt selbst dann, wenn der Vertrag eine Klausel enthält, wonach die Ware *„nicht verkauft, sondern nur lizenziert"* wird.[14]

aa) Überlassung eines Datenträgers. Grundsätzlich schuldet der Lieferant die Über- **12** gabe des Programms auf einem Datenträger, weil in der Regel der Original-Datenträger dem Kunden als Legitimation gegenüber dem Rechteinhaber gilt. Die Vertragspartner können aber auch eine Überlassung im Wege der Datenfernübertragung, z. B. via Internet, ohne Datenträger vereinbaren,[15] auch durch eigenes Downloading.[16]

bb) Bloße Überlassung von Standardsoftware. Die reine Überlassung von Standard- **13** software auf Dauer gegen Zahlung eines einmaligen Entgelts ist Sachkauf, die Überlassung demnach als **Kaufvertrag** einzuordnen. Zumindest liegt ein dem Sachkauf vergleichbarer Vorgang vor, so dass die kaufrechtlichen Vorschriften entsprechend anwendbar sind.[17] Der Liefervertrag zwischen dem Lieferanten und dem Leasinggeber über Standardsoftware ist daher in der Regel Kaufvertrag. Daran hat sich auch nach der Schuldrechtsreform nichts geändert.[18]

---

[8] BGH MDR 2004, 737; NJW 1988, 3197.
[9] Vgl. *Müller-Hengstenberg* CR 2004, 161 ff. m. w. N.
[10] Vgl. *Marly* Rdn. 44 ff. m. w. N.
[11] *Redeker* Rdn. 507; *Hoeren* in: Graf von Westphalen (Hrsg.) AGB-Klauselwerke IT-Verträge Rdn 8 m. w. N.
[12] Vgl. *Redeker* Rdn. 507.
[13] S. o. § 62 Rdn. 15 ff.
[14] Vgl. BGH NJW 1993, 1972; 1988, 406; 1987, 2004; OLG Düsseldorf NJW-RR 1998, 345; *Marly* Rdn. 78 m. w. N.
[15] Vgl. *Marly* Rdn. 672 m. w. N.
[16] Vgl. *Hoeren* in: Graf von Westphalen (Hrsg.) AGB-Klauselwerke IT-Verträge Rdn 1.
[17] BGH NJW 2000, 1415; 1993, 2436; 1990, 3011; *Redeker* Rdn. 534; *Brandi-Dohrn* S. 3; *König* NJW 1993, 3121; 1989, 2604.
[18] *Junker* NJW 2005, 2831.

§ 63 Dritter Teil. Besondere Rechtsprobleme einzelner Leasingverträge

14 **cc) Überlassung von anzupassender Standardsoftware.** Übernimmt der Anbieter bei Überlassung von Standardsoftware auf Dauer gegen Zahlung eines einmaligen Entgelts die Verpflichtung zur Anpassung[19] der Standardsoftware an die individuellen Bedürfnisse des Kunden, beim Finanzierungsleasinggeschäft an die des Leasingkunden, also des Leasingnehmers, wird der Vertrag als **Kaufvertrag** eingeordnet, wenn die **Anpassungsleistungen** lediglich **geringfügig** sind, **prägender Schwerpunkt** also die Lieferverpflichtung bleibt.[20]

15 Sind die Anpassungsleistungen **erheblich**, wurde die Vereinbarung nach altem Recht oft als Werklieferungsvertrag über eine nicht vertretbare Sache im Sinne des § 651 BGB a. F. eingeordnet.[21] Demgegenüber ist die Softwareüberlassung mit erheblichen Anpassungsleistungen an die individuellen Bedürfnisse des Kunden zutreffend als **Werkvertrag** einzuordnen, weil insoweit nicht die Lieferung, also der Warenumsatz, sondern der vom Lieferanten durch **Arbeitsleistung** herbeizuführende **Erfolg** im Vordergrund steht.[22] Es handelt sich gerade nicht um kaufvertraglich typisierte, sondern um werkvertraglich ausgestaltete individuelle Vereinbarungen, für die kennzeichnend und typisch die **Abnahme** im Sinne des **§ 640 BGB** ist, um festzustellen, ob die erbrachte der geschuldeten Leistung entspricht, ob also der Erfolg eingetreten ist.

16 Wann eine Anpassung **erheblich** ist, muss im Einzelfall unter Berücksichtigung aller Umstände, insbesondere des Arbeitsaufwands, nicht so sehr des Wertanteils, festgestellt werden.[23]

17 **dd) Installation und Integration von Standardsoftware.** Schuldet der Lieferant nicht nur Lieferung, sondern zusätzlich auch die Installation und die Einrichtung („Implementierung")[24] und/oder die Integration der Software in das IT-Umfeld des Kunden, sind die Vereinbarungen als Kaufvertrag einzuordnen, wenn die Zusatzleistungen lediglich geringfügig sind. Insoweit spricht man von einem **Kauf mit Montageverpflichtung**.[25] Laut *Schneider* ist die Installation der Software die *„minimalste Anpassung"*.[26] Liegt der **Schwerpunkt** der Leistungen des Lieferanten aber auf der Installation und/oder der Integration der Software, schuldet der Lieferant also einen **Erfolg**, ist der Vertrag als **einheitlicher Werkvertrag** einzuordnen,[27] und zwar insbesondere dann, wenn noch zusätzlich Anpassungsleistungen zu erbringen sind.[28]

18 **d) Überlassung von Individualsoftware.** Nach wie vor heftig umstritten ist die rechtliche Einordnung der Überlassung von Individualsoftware.[29] Insoweit handelt es sich in der Regel nicht um einen kurzfristigen Warenumsatz, sondern um einen komplexen langwierigen Erstellungs- oder Beschaffungsvorgang im Sinne eines **„komplexen Langzeitvertrages"**.[30]

---

[19] Vgl. zu verschiedenen Anpassungsleistungen *Müller-Hengstenberg* CR 2006, 429.
[20] BGH NJW 2000, 1415; 1998, 2132 u. 3197; MDR 2004, 737; OLG Celle CR 1997, 150.
[21] BGH NJW 1993, 2436; NJW-RR 1992, 1142; OLG Köln CR 2006, 440; 2003, 246; 2004, 331; 1992, 544; OLG Celle CR 1991, 219; *Hager* CR 1992, 342.
[22] BGH NJW 1990, 3008; OLG Celle CR 1996, 539; OLG Köln CR 2006, 440; OLG Hamm NJW-RR 2000, 1224; *Hoeren* in: Graf von Westphalen (Hrsg.) AGB-Klauselwerke IT-Verträge Rdn. 144; *Marly* Rdn. 48 ff. m. w. N.; *Bartsch* CR 2000, 227.
[23] Vgl. OLG Köln NJW-RR 1992, 1328; *Schneider* D Rdn. 225 m. w. N.; *Marly* Rdn. 51 m. w. N.
[24] *Schneider* D Rdn. 343 u. 385.
[25] BGH MDR 2004, 737; NJW 1998, 2132 u. 3197.
[26] *Schneider* D Rdn. 139.
[27] Vgl. BGH NJW 1993, 2436; 1991, 2135; 1990, 3008; OLG Hamm MMR 2006, 626=CR 2006, 442; a. A. *Hoeren* in: Graf von Westphalen (Hrsg.) AGB-Klauselwerke IT-Verträge Rdn. 144.
[28] OLG Hamm CR 2006, 442.
[29] Vgl. *Marly* Rdn. 46 ff. m. w. N.
[30] *Schneider* D Rdn. 47 ff. u. 604.

18. Kapitel. Computer- und Softwareleasing §63

aa) Rechtslage vor der Schuldrechtsreform. Vor der Schuldrechtsreform wurde die 19 Verpflichtung des Lieferanten zur Herstellung von Individualsoftware als **Werkvertrag** nach § 631 BGB **oder** als **Werklieferungsvertrag** über eine unvertretbare Sache nach § 651 Abs. 1 S. 2 BGB eingeordnet.[31] Eine Differenzierung war nicht erforderlich, da § 651 BGB a. F. bezüglich unvertretbarer Sachen auf das Werkvertragsrecht verwies.

bb) Rechtslage nach der Schuldrechtsreform. Für seit dem 1. 1. 2002 geschlossenen 20 Vereinbarungen über die Erstellung und Lieferung von Individualsoftware ist die **Neuregelung des § 651 BGB** zu beachten. Danach ist auf die Lieferung **herzustellender beweglicher Sachen** nunmehr grundsätzlich Kaufrecht anzuwenden, ohne dass es auf die Herkunft des Materials und die Art der herzustellenden Sache als vertretbar oder unvertretbar ankommt.

cc) Erfolgsbezogene Erstellung von Individualsoftware als Werkvertrag. Das Kauf- 21 recht ist auf einen einmaligen Leistungsaustausch fertiger Produkte, also auf einen Warenumsatz, ausgerichtet. Es passt nicht auf Verträge über die individuelle Anfertigung einer Sache.[32] Daher wird nun nach der Schuldrechtsreform erneut die Sacheigenschaft von Software in Abrede gestellt, um die Anwendung des § 651 BGB auf Individualsoftware zu vermeiden.[33] Einigkeit besteht darüber, dass das über § 651 BGB anzuwendende Kaufrecht insbesondere bezüglich der Softwareimplementierung und -entwicklung kein ausgewogenes Bedingungswerk bietet und deshalb das Werkvertragsrecht anzuwenden ist.[34]

Ausgehend vom (zutreffenden) Standpunkt des BGH[35] ist Software, auch Individual- 22 software, als bewegliche Sache im Sinne des § 90 BGB anzusehen. Hieran ist auch nach der Schuldrechtsreform festzuhalten. Die Herstellung von Individualsoftware und die erhebliche Anpassung von Standardsoftware ist „*Herstellung oder Veränderung einer Sache*" im Sinne des § 631 Abs. 2 BGB. Es wird ein „**durch Arbeit oder Dienstleistung herbeizuführender Erfolg**" im Sinne der §§ 631, 634a Abs. 1 Nr. 1 BGB geschuldet, so dass ein **reiner Werkvertrag**,[36] kein Werklieferungsvertrag, vorliegt. Die Herstellung, nicht die Überlassung und Lieferung, steht im Vordergrund. Deshalb sind im Ergebnis die Regelungen des Werkvertragsrechts, nicht die des Kaufrechts, anzuwenden.[37] *Bräutigam/Rücker*[38] sprechen insoweit von einer teleologischen Reduktion des § 651 BGB. Das entspricht der Rechtsprechung des BGH zur Einordnung von Lieferverträgen mit erheblichen, den Vertragstyp prägenden Zusatzleistungen, z. B. Installation und Integration oder der erheblichen Anpassung einer Software an die individuellen Bedürfnisse des Kunden.[39]

e) Überlassung eines kompletten Computersystems mit Zusatzleistungen. Bei 23 Computerleasinggeschäften werden regelmäßig weder Hard- noch Software isoliert überlassen. Vielmehr wird dem Leasingnehmer regelmäßig ein komplettes Computersystem, bestehend aus mehreren Hard- und Softwarekomponenten, oder eine Software gesteuerte Maschine zur Verfügung gestellt, wobei der Lieferant fast immer zusätzlich die

---

[31] BGH NJW 1990, 3008; 1991, 2135; OLG Celle CR 1997, 150; OLG Karlsruhe CR 2003, 95; *Martinek* III S. 17; *Brandi-Dohrn* S. 1; *Mehrings* NJW 1986, 1904.
[32] S. o. § 6 Rdn. 25 ff.; *Metzger* AcP Bd. 204 (2004) 247; *Schmidl* MMR 2004, 590; *Junker* NJW 2006, 2832.
[33] Vgl. *Junker* NJW 2006, 2832; 2005, 2832; 2004, 3167; *Wüstenberg* JA 2003, 424.
[34] *Junker* NJW 2005, 2831; vgl. die umfassende Darstellung von *Bräutigam/Rücker* CR 2006, 361 ff. m. w. N.; *Müller-Hengstenberg* CR 2004, 165; *Kilian/Heussen/Kilian* Nr. 20 Rdn. 49..
[35] BGH NJW 2000, 1415; 1996, 1745; 1993, 2436 u. 1972; 1990, 3011 u. 3008; s. o. § 62 Rdn. 15 ff.
[36] *Schneider* D Rdn. 153 u. 1514 ff.
[37] So BGH NJW 2002, 3323 zum alten Recht; vgl. Palandt/*Sprau* § 651 Rn. 2 ff. m. w. N; *Hoeren* in: Graf von Westphalen (Hrsg.) AGB-Klauselwerke IT-Verträge Rdn. 9; *Redeker* Rdn. 297; *Schmidl* MMR 2004, 592; *Junker* NJW 2003, 2797; *Thewalt* CR 2002, 1 ff.; *Diedrich* CR 2002, 473 ff.; a. A. *Schneider* CR 2003, 6 u. 317.
[38] *Bräutigam/Rücker* CR 2006, 366.
[39] S. o. § 6 Rdn. 22 ff.; vgl. *Marly* Rdn. 45 m. w. N.

Verpflichtung zur Installation der Hardware, zur Vernetzung der einzelnen Hardwarekomponenten, zur Einrichtung der Software, zum „Umstricken" von Standardsoftware und/oder zur Herstellung zusätzlicher Individualsoftware, zur Erstellung eines Pflichtenhefts und der erforderlichen Dokumentationen sowie zur Einweisung und Schulung des Kunden und seiner Mitarbeiter übernimmt.

24 Bei einem Computervertrag über die Lieferung eines kompletten Computersystems spricht man von der Überlassung eines einheitlichen oder kompletten Systems,[40] einer Paketlösung[41] oder gar eines **„schlüsselfertigen Systems"**.[42] Dabei liegt nach der Verkehrsanschauung keine einheitliche Sache im Sinne der §§ 90, 93 BGB vor.[43] Vielmehr sind die Vereinbarungen bezüglich der einzelnen Leistungen durch den **Willen der Vertragspartner zur Einheit** derart untrennbar miteinander verbunden, dass sie **„miteinander stehen und fallen"**.[44] Für den Erwerber muss die einheitliche Lieferung und Installation von Hard- und Software die „Gesamtlösung seiner Probleme"[45] darstellen.

25 Schuldet der Lieferant die bloße Lieferung von Standardwaren mit nicht prägenden Zusatzleistungen, ist von einem **einheitlichen Kaufvertrag** auszugehen. Schuldet der Lieferant die Erarbeitung einer speziell auf den Betrieb des Kunden abgestellten EDV-Systemlösung, hat er einen durch Arbeit oder Dienstleistung zu erbringenden Erfolg im Sinne des § 631 Abs. 2 BGB herbeizuführen. Der Lieferant schuldet die Betriebsbereitschaft des Systems insgesamt, nicht isoliert die Lieferung von Hard- und Software und deren Einrichtung.[46] Entsprechend der Rechtsprechung des BGH[47] zur Einordnung von Lieferverträgen mit erheblichen Zusatzleistungen liegt der Schwerpunkt der Leistung in der erfolgreichen Herstellung des Systems. Daraus folgt unter Berücksichtigung der Interessen der Beteiligten der Wille der Vertragspartner zur Vertragseinheit, wie z. B. bei einem Bauvertrag über ein Einfamilienhaus, so dass insgesamt von einem **einheitlichen Werkvertrag** auszugehen ist,[48] oft als komplexer Langzeitprozess, wenn es um die Einführung neuer Software oder eines neuen Systems geht.[49]

26 Das gilt auch bei der Überlassung im Rahmen eines Finanzierungsleasinggeschäfts. Maßgebend ist trotz der Stellung des Leasinggebers als Vertragspartner der **Einheitlichkeitswille des Leasingnehmers**.[50] Ein einheitliches Rechtsgeschäft kann auch vorliegen, wenn der Leasingnehmer lediglich die Hardware least und die Software unmittelbar vom Lieferanten erwirbt.[51] Auch der Erwerb von einem Vierten kann zu einer rechtlichen Einheit führen, wenn der Lieferant die erkennbare Zweckbindung hinnimmt.[52] *Hoeren*[53] bejaht unter Bezug auf die Rechtsprechung[54] zum finanzierten Abzahlungskauf bei verschiedenen Lieferanten eine rechtliche Einheit, wenn „*über ein Zweck-Mittel-Verhältnis hin-*

---

[40] BGH NJW 1993, 2436 u. 1063; OLG Hamm CR 1995, 341; *Marly* Rdn. 254 u. 294 ff. m. w. N.
[41] *Martinek* III S. 36.
[42] *Schneider* L Rdn. 1.
[43] *Hoeren* in: Graf von Westphalen (Hrsg.) AGB-Klauselwerke IT-Verträge Rdn. 73.
[44] BGH NJW 1987, 2004; 1988, 406; 1990, 3011; ÖOGH MMR 2006, 152; *H. Beckmann* Finanzierungsleasing § 2 Rdn. 455 ff. m. w. N.; s. o. § 27 Rdn. 113 ff.
[45] BGH NJW 1990, 3011.
[46] Vgl. BGH WM 1993, 561; OLG Hamm CR 1992, 206; OLG Köln CR 1992, 544.
[47] BGH MDR 2004, 737; NJW 1998, 2132 u. 3197.
[48] Vgl. BGH NJW 2001, 1718; 1998, 2132; 1996, 1745; 1993, 1063; OLG Karlsruhe CR 2003, 95; OLG Köln NJW-RR 1993, 1529; NJW-RR 1992, 1328; 1993, 1398; OLG Frankfurt/M. NJW-RR 1994, 122; OLG Düsseldorf CR 1993, 361; OLG Celle CR 1997, 150; *Wüstenberg* JA 2003, 424 ff. m. w. N.
[49] *Schneider* D Rdn. 47 ff.
[50] S. o. § 6 Rdn. 55 ff u. § 27 Rdn. 113 ff.
[51] *Marly* Rdn. 254 m. w. N.
[52] OLG Hamm CR 1990, 200; vgl. *Marly* Rdn. 318 ff. m. w. N.
[53] *Hoeren* in: Graf von Westphalen (Hrsg.) AGB-Klauselwerke IT-Verträge Rdn. 76.
[54] BGHZ 91, 9.

aus die beiden Geschäfte miteinander derart verbunden sind, dass keines ohne das andere geschlossen worden wäre oder jeder der Verträge seinen Sinn erst durch das andere erhält".

f) Softwareentwicklung als Dienstvertrag. Eine Einordnung eines Softwareüberlassungsvertrages als Dienstvertrag ist nur in besonderen Ausnahmefällen zu bejahen, wenn kein Erfolg geschuldet wird, z. B. bei einem Softwareentwicklungsvertrag oder einem Forschungsprojekt.[55] Dies gilt auch bei der Vereinbarung einer Vergütung nach Aufwand, z. B. auf Stundenlohnbasis.[56] Die **bloße Bezeichnung des Vertrages** durch die Parteien als Dienstvertrag oder Lizenzvertrag ist in jedem Fall unbeachtlich.[57]

3. Einfluss der Vertragspartner auf die rechtliche Gestaltung und Einordnung

Die Parteien können die rechtliche Einordnung nicht durch die Bezeichnung z. B. als Lizenzvertrag oder als Dienstvertrag oder durch den Inhalt von AGB,[58] sondern allein durch die inhaltliche Ausgestaltung bestimmen.

a) Individualvereinbarungen. Den Vertragspartnern wird empfohlen, die Vertragsbedingungen bei Überlassung von Individualsoftware, anzupassender Standardsoftware oder eines Computersystems und Zusatzleistungen so zu vereinbaren, dass sie sich am **Leitbild des Werkvertrags** orientieren.[59] Die Vertragspartner können auch ausdrücklich festlegen, dass die Bestimmungen des Werkvertragsrechts ganz oder teilweise, z. B. bezüglich der Sachmängelhaftung, angewendet werden sollen.[60] Ohne Vereinbarung kann, wie oben dargelegt, eine Auslegung zur Anwendung des Werkrechts führen. Entsprechende Regelungen sollten vom Leasingkunden veranlasst werden.

b) Besondere Vertragsbedingungen der öffentlichen Hand. Die öffentlichen Auftraggeber sind aufgrund von Verwaltungsvorschriften bei der Vergabe von Aufträgen verpflichtet, bei ihren Vertragsabschlüssen bestimmte Vergabebedingungen, im EDV-Bereich die **Besonderen Vertragsbedingungen (BVB)** einzubeziehen. Die BVB sind seit einigen Jahren durch die **Ergänzenden Vertragsbedingungen für Informationstechnik-Leistungen (EVB-IT)** abgelöst worden.[61] Sie betreffen den Kauf von Hardware (EVB-IT Kauf), die Überlassung von Standardsoftware (EVB-IT Überlassung Typ A und Typ B), die Beschaffung von IT-Dienstleistungen (EVB-IT Dienstleistung), die Instandhaltung von Hardware (EVB-IT Instandhaltung) und die Pflege von Standardsoftware (EVB-IT Pflege S).[62] Die Bestimmungen enthalten detaillierte Regelungen über den Vertragsgegenstand, Nutzungsrechte und die Haftung sowie Erläuterungen der verwendeten Begriffe. Tritt die öffentliche Hand als **Leasingkunde** auf, muss sie für die **wirksame Einbeziehung der EVB-IT in den Liefervertrag** und die Zustimmung des Leasinggebers sorgen.

Die BVB und die EVB-IT sind von der öffentlichen Hand als Großabnehmer erstellt und mit Vertretern der Hersteller ausgehandelt worden. Dennoch sind sie anders als die Verdingungsordnung für Bauleistungen (VOB) oder die Allgemeinen Deutschen Spedi-

---

[55] BGH JZ 2003, 369 mit Anm. *Roth;* BGH NJW CR 2002, 3323; OLG München CR 1997, 27; *Hoeren* in: Graf von Westphalen (Hrsg.) AGB-Klauselwerke IT-Verträge Rdn. 145; *Redeker* Rdn. 490 u. 502 ff.
[56] BGH NJW 1993, 1972.
[57] Vgl. BGH NJW 1988, 406; 1987, 2004; 1993, 1972; OLG Nürnberg CR 1993, 359; *Schneider* D Rdn. 153; vgl. *Marly* Rdn. 197 m. w. N.
[58] Vgl. *Marly* Rdn. 197.
[59] *Müller-Hengstenberg* CR 2004, 165; *Heussen* CR 2004, 7.
[60] Vgl. BGH LM § 611 Nr. 3; OLG Hamm NJW-RR 1999, 364; *Chrocziel* CR 2000, 210; *Mehrings* NJW 1986, 1904 u. 1988, 2438.
[61] Abgedruckt in Beck-Texte im dtv, IT- und Computerrecht S. 468 ff.; im Internet abrufbar unter www.kbst.bund.de/EVB-IT.
[62] Vgl. *Müller-Hengstenberg* CR 2006, 426.

teurbedingungen (ADSp) als **Allgemeine Geschäftsbedingungen** im Sinne der §§ 305 ff. BGB anzusehen, da die Klauseln nicht unter maßgeblicher Mitwirkung der beteiligten Wirtschafts- und Verkehrskreise erarbeitet worden und bislang auch nicht auf eine Akzeptanz im Rechtsverkehr gestoßen sind.[63] Das hat zur Folge, dass die BVB und jetzt die EVB-IT in jedem Einzelfall einbezogen werden müssen und ihre Klauseln uneingeschränkt der Inhaltskontrolle nach den §§ 307 ff. BGB unterliegen. Bei der Wirksamkeitskontrolle ist zu beachten, dass die EVB-IT immer **kundenseitig gestellt** werden.[64]

4. Bedeutung des Pflichtenhefts

32 Bei den Verhandlungen über den Abschluss eines Computervertrages ist die detaillierte Festlegung der Anforderungen, die der Anwender an das System, insbesondere an die Anwendersoftware, stellt, erforderlich, um spätere Streitigkeiten zu vermeiden. Dies kann in einer **Beschaffenheitsvereinbarung** nach den §§ 434 Abs. 1 Satz 1, 633 Abs. 2 Satz 1 BGB oder speziell im Computerrecht in einem Pflichtenheft erfolgen. Der Leasingkunde, der im Rahmen der Vertragsverhandlungen die Leistungsanforderungen festlegt, muss die Entscheidung über die Erforderlichkeit eines Pflichtenhefts treffen.

33 a) **Inhalt des Pflichtenhefts.** Die Festlegung sämtlicher Pflichten des Lieferanten sollte im Computervertragsrecht am zweckmäßigsten in einem besonderen **Pflichten- oder Lastenheft (Anforderungsprofil)**,[65] das zum Inhalt des Liefervertrages gemacht wird, erfolgen.[66] Die Parteien können über die Erstellung des Pflichtenhefts eine gesonderte Vereinbarung, die unabhängig von der späteren Beauftragung hinsichtlich des Hauptvertrages vorab zu erfüllen ist, treffen. Sie können aber auch die Erstellung als vorab zu erfüllende Hauptleistungspflicht des Lieferanten vereinbaren.

34 Im Pflichtenheft soll eine ausführliche Beschreibung der Leistungen (z. B. technische, wirtschaftliche und organisatorische Leistungen), die erforderlich sind oder gefordert werden, damit die Ziele des Projekts erreicht werden, erfolgen. Das Pflichtenheft sollte eine **Ist-Analyse** der Verhältnisse des Kunden sowie eine endgültige **Konkretisierung der Aufgabenstellung** enthalten.[67] Der Anwender sollte klar formulieren, was er erwartet; der Anbieter sollte ohne zu übertreiben klarmachen, was er zu leisten im Stande ist und was nicht. Insbesondere im Softwarebereich sollten die fachlichen und technischen Spezifikationen, z. B. Qualitätsmerkmale, Antwortzeitverhalten, Benutzer- und Pflegefreundlichkeit sowie Anforderungen an die Programmdokumentationen, genau festgelegt werden.[68]

35 b) **Auftrag zur Erstellung des Pflichtenhefts.** Es ist Sache des Kunden, den Leistungsgegenstand festzulegen, was auch in einem Pflichtenheft erfolgen kann.[69] Der Auftrag des Kunden an den Lieferanten zur Erstellung eines Pflichtenhefts ist als **Werkvertrag** einzuordnen. Das Pflichtenheft ist von beiden Vertragspartnern **gemeinsam zu erarbeiten**.[70] Eine Verpflichtung des Lieferanten zur Erstellung eines Pflichtenhefts ohne Beauftragung durch den Anwender besteht entsprechend der Regelung in den §§ 642, 645 BGB nicht.[71] Der Kunde muss festlegen, welche Leistungen er erwartet, und dem

---

[63] BGH NJW 1991, 977; *Martinek* III S. 6; *Redeker* Rdn. 293; *Heussen* CR 1996, 693.
[64] BGH CR 1997, 470.
[65] OLG Köln CR 1994, 213; *Marly* Rdn. 783 ff.; *Brandi-Dohrn* S. 15 u. 26 f., jeweils m. w. N.
[66] Vgl. *Schaub* CR 1993, 329.
[67] OLG Düsseldorf CR 1993, 361; *Schneider* D Rdn. 604 ff. m. w. N.; *Zahrnt* CR 1994, 404.
[68] Vgl. *Marly* Rdn. 788 f. m. w. N.
[69] BGH NJW 1996, 1745; NJW-RR 1996, 497; OLG Köln NJW-RR 1993, 1528 ff.; *Marly* Rdn. 784; *Intveen/Lohmann* CR 2003, 640 ff.; *Kilian/Heussen/Moritz* CHB Nr. 30 Rdn. 16.
[70] *Redeker* Rdn. 302; *Schneider* D Rdn. 651.
[71] BGH CR 1992, 543; OLG Köln CR 1994, 213; OLG Celle CR 1991, 611; *Martinek* III S. 33; *Schaub* CR 1993, 332.

Lieferanten die erforderlichen Umstände zur Leistungserbringung mitteilen. Der Kunde muss klarstellen, welche Eigenschaften und Einsatzzwecke die von ihm bestellten Programme aufweisen sollen.[72] Kann er dies nicht ohne fremde Hilfe, muss er – wie der Bauherr einen Architekten – einen sachkundigen **EDV-Berater** zuziehen oder den Lieferanten ausdrücklich um sachkundige Beratung bitten.[73]

Bei der Erstellung des Pflichten- und Lastenkatalogs kann sich Anwender die Unterstützung und Beratung des Lieferanten „erkaufen", indem er mit dem Lieferanten einen **selbständigen Beratervertrag** schließt oder den Lieferanten mit der Erstellung des Pflichtenhefts beauftragt.[74] Insoweit macht sich der meist unerfahrene Anwender das Fachwissen des Lieferanten oder Herstellers zunutze. Ungefragt ist der Lieferant lediglich unter bestimmten Voraussetzungen verpflichtet, den Kunden bei der Festlegung des Leistungsgegenstandes angemessen zu beraten; insoweit handelt es sich um eine sich aus § 241 Abs. 2 BGB ergebende Nebenpflicht des Lieferanten. 36

Erstellt der Lieferant trotz eines Auftrags das Pflichtenheft nicht, liegt auch nach neuem Schuldrecht kein Sachmangel, sondern ein Fall der vollständigen oder teilweisen Nichterfüllung vor.[75] 37

c) Auftraggeber des Pflichtenhefts beim Finanzierungsleasinggeschäft. Im Rahmen eines Finanzierungsleasinggeschäfts ist zwar der Leasinggeber Käufer oder Besteller der zu liefernden Waren. Der Leasinggeber überlässt aber dem Leasingnehmer, der insoweit sein Verhandlungsgehilfe ist, die Verhandlungen über den Abschluss des Liefervertrags.[76] Nur der zukünftige Leasingnehmer kann die aus seiner Sicht erforderlichen Anforderungen an die bestellten Computerwaren bestimmen. Er trifft daher auch die Entscheidung darüber, ob der Lieferant zur Vorbereitung oder Durchführung des Geschäfts ein Pflichtenheft erstellen soll. Die verhandelnden Partner, Lieferant und Leasingnehmer, müssen deshalb eindeutig klarstellen, wenn der Leasinggeber Auftraggeber des Vertrages über die Erstellung eines Pflichtenhefts sein soll. Ohne ausdrückliche Vereinbarung ergibt sich in der Regel im Wege der Auslegung, dass der Leasingkunde Vertragspartner des Werkvertrags über die Erstellung des Pflichtenhefts sein soll. 38

d) Vergütungspflicht. Eine Pflicht zur Vergütung des Pflichtenhefts sollte ausdrücklich vereinbart werden, kann sich aber auch im Wege der Auslegung des Vertrages aus § 632 BGB ergeben, wenn die vom Lieferanten zu leistenden Arbeiten umfangreich sind.[77] Dies ist insbesondere anzunehmen, wenn das Pflichtenheft vor der Erteilung des Auftrages für den Hauptvertrag, den sog. Realisierungsvertrag, erstellt werden soll. 39

Beim Computerleasinggeschäft ist zudem eine **Vereinbarung** darüber zu treffen, ob die Vergütung für das Pflichtenheft vom Leasingkunden aufgrund eines unmittelbaren Vertrages mit dem Lieferanten bezahlt werden oder ob auch das vergütungspflichtige Pflichtenheft Teil des vom Leasinggeber zu finanzierenden Gesamtpreises für die Software oder das Computersystem sein soll. 40

e) Fortschreibung des Pflichtenhefts. Stellt sich bei der Auftragsdurchführung heraus, dass das Pflichtenheft wegen der Komplexität der gestellten Datenverarbeitungsaufgabe oder aus sonstigen Gründen unzureichend ist, muss es **nachträglich fortgeschrieben** werden. Es ist zu klären, ob es sich um eine Präzisierung der geschuldeten Leistung oder um nach § 632 BGB vergütungspflichtige Sonderwünsche des Bestellers handelt.[78] Durch 41

---

[72] OLG Köln CR 1994, 213.
[73] S. u. § 63 Rdn. 131 ff.
[74] BGH NJW–RR 1992, 556; *Intveen/Lohmann* CR 2003, 642; s. u. § 63 Rdn. 131.
[75] *Redeker* Rdn. 118.
[76] S. o. § 6 Rdn. 9 ff.
[77] OLG Nürnberg NJW-RR 1993, 760 = CR 1993, 553.
[78] Vgl. *Brandi-Dohrn* S. 29 m. w. N.

§ 63 Dritter Teil. Besondere Rechtsprobleme einzelner Leasingverträge

derartige Zusatzwünsche wird der Lieferant nicht von seiner Verpflichtung zur Erstellung oder Fortschreibung des Pflichtenhefts befreit.[79]

42 **f) Beratungsverschulden des Lieferanten.** Von der Frage der Festlegung des Leistungsgegenstandes durch den Kunden und der Verpflichtung zur Erstellung eines Pflichtenhefts zu unterscheiden ist die der Verpflichtung des Lieferanten zur Beratung des Kunden über die **Eignung und die Eigenschaften** der zu liefernden Waren. Eine Beratungs- und Aufklärungspflicht des Lieferanten besteht als Nebenpflicht wie bei jedem Vertragsverhältnis auch beim Computervertrag, und zwar ohne besondere Vereinbarung.[80] Die Beratungspflichten sind um so größer, je geringer die EDV- Erfahrungen des Kunden sind.[81]

43 Beim **Computerleasing** schuldet der Lieferant die Beratung an sich gegenüber seinem Vertragspartner, dem Leasinggeber. Da dieser die Vertragsverhandlungen dem zukünftigen Leasingnehmer überlässt, muss der Lieferant die Beratung gegenüber dem Leasingkunden erbringen. Aus dessen Sphäre bestimmt sich auch der Umfang der geschuldeten Beratung.

Bei Verletzung derartiger Pflichten kann sich ein eigener Anspruch des Leasingnehmers gegen den Lieferanten aus den §§ 311 Abs. 3, 241 Abs. 2 BGB (früher c. i. c.) ergeben. Ob sich der Leasinggeber ein Beratungsverschulden des Lieferanten zurechnen lassen muss, ist streitig.[82]

5. Überlassung des Quellcodes

44 Die oben bereits im Zusammenhang mit der Leasingfähigkeit von Software erörterte Pflicht des Lieferanten zur Überlassung des Quellcodes (**Source-Code**) hat für den Softwarenutzer erhebliche Bedeutung in bestimmten Situationen, z. B. bei einer MwSt.-Erhöhung oder der Umstellung auf eine andere Währung (wie z. B. den Euro), in denen er auf einen Zugriff auf den Quellcode angewiesen ist. Dies kann auch erforderlich sein in sog. **Katastrophenfällen**,[83] z. B. bei Insolvenz des Lieferanten, Auflösung des Geschäfts des Lieferanten, Überforderung des Lieferanten, einer erforderlichen Nachbesserung durch Ersatzvornahme und der Zerstörung der Software durch einen Brand oder eine automatische Feuerlöschanlage. Der Kunde ist in diesen Fällen darauf angewiesen, Programmanpassungen oder -änderungen vom Lieferanten zu erhalten oder selbst vornehmen zu können. Hierzu ist in der Regel ein Zugriff auf den sog. Quellcode und die zugehörigen Dokumentationen zumindest dann erforderlich, wenn der Lieferant das Programm nicht „pflegen" kann oder will.[84]

45 **a) Definition Quellcode.** Der Quellcode ist das in einer bestimmten Programmiersprache geschriebene, unverschlüsselte Arbeitsergebnis des Programmentwicklers. Die Weiterentwicklung des Programms und seine Pflege sind in der Regel nur mit Kenntnis des Quellcodes möglich Das im Quellcode geschriebene Programm wird durch ein Umsatzprogramm (Compiler, Assembler) in den Maschinencode übersetzt, den der Rechner dann lesen und verarbeiten kann.[85]

46 **b) Pflicht zur Überlassung des Quellcodes bei Vereinbarung.** Haben die Parteien eine ausdrückliche Vereinbarung über die Überlassung des Quellcodes getroffen, ist diese

---

[79] OLG Köln CR 1994, 229.
[80] Vgl. BGH NJW-RR 1987, 664; *Thamm/Pilger* BB 1994, 729 ff; s. u. § 63 Rdn. 131 ff.
[81] BGH NJW 1984, 2938; 1990, 3008; OLG Köln CR 1994, 212; *Fritzsche* JuS 1995, 501; *Zahrnt* NJW 1995, 1785.
[82] Vgl. *H. Beckmann* Finanzierungsleasing § 3 Rdn. 125 ff. m. w. N.
[83] Vgl. *Marly* Rdn. 1266;*Lensdorf* CR 2000, 81; *Börner* NJW 1998, 3321; Kilian/Heussen/*Karger* CHB Nr. 21 Rdn. 23 ff.
[84] Vgl. *Martinek* III S. 23 f. m. w. N.
[85] *Junker* NJW 1993, 829; *Deville* NJW-CoR 1997, 108; Kilian/Heussen/*Karger* CHB Nr. 21 Rdn. 23 ff.

Regelung gemäß § 69 g Abs. 1 UrhG vorrangig vor den sonstigen Regelungen des Urheberrechts gültig. Die Vereinbarung sollte eine Pflicht zur Anpassung bzw. Änderung des überlassenen Programms durch den Lieferanten selbst und/oder zur Überlassung des Quellcodes an den Kunden schon im Zeitpunkt der Übergabe des Programms oder zu einem späteren Zeitpunkt vorsehen. Es sollte klargestellt werden, ob das **Original des Quellcodes oder nur ein Vervielfältigungsstück**, eine Kopie des Quellcodes, nebst Kopie der zugehörigen Dokumentation zu überlassen ist. Es wird dringend zu einer ausdrücklichen und rechtzeitigen Regelung geraten.[86]

Ist eine Überlassungspflicht **aufschiebend bedingt** für den Fall vereinbart, dass der 47 auf Dauer angelegte Vertrag „*über die Nutzung, die Weiterentwicklung und den Vertrieb*" von Software von einem Vertragspartner gekündigt wird, kann der Insolvenzverwalter des Lieferanten die Überlassung nicht mehr dadurch verhindern, dass er die Nichterfüllung des zugrunde liegenden Vertrages wählt.[87]

c) Pflicht zur Überlassung des Quellcodes bei Übergabe der Software ohne aus- 48 **drückliche Vereinbarung.** Ohne Vereinbarung ist bei einfacher **Standardsoftware** eine Pflicht des Softwarelieferanten zur Überlassung des Quellcodes grundsätzlich zu verneinen.[88] Daher ist ein Ausschluss der Überlassung in AGB unbedenklich.[89] Ausnahmsweise kann eine – nachträgliche – Pflicht des Lieferanten zur Überlassung bestehen, wenn er keine Pflegepflicht übernommen hat und sich in einem **„Katastrophenfall"** weigert, die erforderlichen Maßnahmen durchzuführen.

Bei der Erstellung umfangreicher **Individualsoftware** kann sich ausnahmsweise im 49 Wege der **Auslegung** unter Berücksichtigung der Interessen der Vertragspartner und des Vertragszwecks eine Pflicht des Lieferanten zur Überlassung auch des Quellcodes einschließlich der sog Herstellerdokumentation – **zeitgleich bereits mit der Überlassung der Software** – ergeben.[90] Es ist im Einzelfall das Interesse des Lieferanten an der Geheimhaltung des Quellcodes gegenüber dem Interesse des Kunden an einer langfristigen uneingeschränkten Nutzung abzuwägen. Eine Überlassungspflicht besteht, wenn der Kunde eine Vermarktung der Software beabsichtigt oder ihm der Quellcode zur Fehlerbeseitigung, Wartung oder Änderung und Weiterentwicklung zur Verfügung stehen soll.[91] Eine Verteilung der Nutzungsrechte bezüglich des Quellcodes ist unter Berücksichtigung der beiderseitigen Interessen der Vertragspartner in Anlehnung an die in § 31 Abs. 5 UrhG festgeschriebene sog. **Zweckübertragungstheorie** vorzunehmen.[92]

Eine Pflicht zur Überlassung des Quellcodes ist anzunehmen, wenn dem Kunden ein 50 Recht zur ausschließlichen Nutzung und zur Weiterentwicklung eingeräumt ist, aber wohl schon dann, wenn die Individualsoftware ausschließlich für den bestimmten Kunden für dessen spezielle Bedürfnisse entwickelt worden ist.[93] Im letztgenannten Fall ist im Wege der Auslegung auch festzustellen, dass dem Kunden das **Original des Quellcodes und nicht nur eine Kopie** zu überlassen ist. Eine Überlassungspflicht soll zu verneinen sein, wenn der Lieferant sich langfristig zur Softwarepflege verpflichtet hat.[94]

---

[86] Vgl. auch *Marly* Rdn. 64.
[87] BGH CR 2006, 151 m. Anm. v. *Plath/Scherenberg*; *Grützmacher* CR 2006, 289 ff.; *Berger* CR 2006, 505 ff., jeweils m. w. N.
[88] BGH NJW 1987, 1259; OLG München CR 1992, 208.
[89] LG Köln CR 2003, 484.
[90] Vgl. BGH NJW-RR 2004, 782; NJW 1987, 1259; ÖOGH MMR 2006, 152; OLG Celle CR 1994, 217 u. NJW-RR 1993, 432; OLG Karlsruhe CR 1999, 11 u. NJW 1992, 1773; OLG München CR 1992, 208; *Marly* Rdn. 64; *Martinek* III S. 22; *König* NJW 1992, 1731; *Günther* CR 1994, 321 ff.; *Schneider* CR 2003, 318; *Ernst* MMR 2001, 209.
[91] BGH NJW-RR 2004, 782.
[92] *Martinek* III S. 23.
[93] OLG Celle NJW-RR 1993, 432; *Marly* Rdn. 66.
[94] BGH NJW 1987, 1259; LG München I NJW 1989, 2625; *Brandi-Dohrn* S. 33; vgl. *Marly* Rdn. 64 ff. m. w. N.

§ 63 Dritter Teil. Besondere Rechtsprobleme einzelner Leasingverträge

Übernimmt der Lieferant keine Pflegeverpflichtung, kann der Kunde die Überlassung des Quellcodes verlangen.[95] Nach *Deville*[96] ist bei Individualsoftware die Lieferung des Quellcodes immer Hauptleistungspflicht des Unternehmers.

51 Im Wege der **ergänzenden Auslegung** ist auch zu klären, ob sich ein aufschiebend bedingter Anspruch des Kunden zur nachträglichen Überlassung eine Quellcodekopie zu einem späteren Zeitpunkt, z. B. in einem der sog. **Katastrophenfälle** oder bei einer Kündigung der Pflegevereinbarung ergibt.[97]

Große Anwender wie z. B. Banken und Versicherer sind bei Mängeln der Software auf eine zügige Beseitigung und auf eine dauernde Softwarepflege angewiesen, so dass sie ohne Zugriffsmöglichkeit auf den Quellcode vom Wohl und Wehe des Softwarelieferanten abhängig wären. Zumindest ist dem Anwender unter Berücksichtigung des § 69 d Abs. 1 UrhG das Recht zur notwendigen Änderung der Software zuzubilligen, wenn anders eine bestimmungsgemäße Nutzung nicht möglich ist. § 69 e UrhG gestattet die Übersetzung des Quellcodes (Dekompilierung).[98]

52 **d) Rechtsfolgen der Nichterfüllung der Überlassung.** Überlässt der Lieferant trotz ausdrücklicher oder konkludenter Verpflichtung den Quellcode nicht, liegt ein Fall der teilweisen Nichterfüllung (**Teilleistung**) und nicht der Schlechterfüllung vor.[99] Der Kunde, beim Finanzierungsleasinggeschäft der Leasinggeber, kann die Zahlung des vereinbarten Entgelts an den Lieferanten nach § 320 BGB verweigern. Der Leasingnehmer kann die Zahlung der Leasingraten einstellen und unter den Voraussetzungen des § 543 BGB den Leasingvertrag kündigen, wenn sich der Leasinggeber im Rahmen der leasingtypischen Abtretungskonstruktion nur von seiner Sachmängelhaftung freigezeichnet hat. Bei umfassender Abtretungskonstruktion muss der Leasingnehmer vorrangig gegen den Lieferanten vorgehen.[100]

53 **e) Hinterlegungsvereinbarungen.** Anstelle einer Pflicht des Lieferanten zur Überlassung des Quellcodes an den Kunden wird, um sowohl dem Geheimhaltungsinteresse des Herstellers als auch den Nutzerinteressen gerecht zu werden, insbesondere für sog. **Katastrophenfälle** der Abschluss einer Hinterlegungsvereinbarung empfohlen.[101]

Der zu hinterlegende Gegenstand ist spezifiziert zu beschreiben. Im Regelfall sollte lediglich eine **Kopie des Quellcodes** hinterlegt werden. Zusätzlich ist aber auch eine ausführliche (Kopie der) **Entwicklerdokumentation** zu hinterlegen.[102] Außerdem sollte die Verpflichtung des Lieferanten sich auf die jeweils aktuelle Programmversion erstrecken.[103]

54 Als **neutrale Hinterlegungsstellen** kommen gem. § 23 BNotO Notare, aber auch Rechtsanwälte und EDV-Sachverständige oder spezialisierte Hinterlegungsstellen wie z. B. der TÜV in Betracht,[104] soweit der Hersteller/Lieferant nicht mit einer Hinterlegung beim Anwender selbst einverstanden ist. Allerdings dürfte es in der Regel für Rechtsanwälte und Notare nicht möglich sein zu prüfen, ob das Hinterlegte dem Geschuldeten entspricht.[105] Empfohlen wird die Hinterlegung bei professionellen Hinterlegungsstellen sog.

---

[95] OLG Saarbrücken BB-Beilage 16/1995, 12; OLG Karlsruhe CR 1999, 11; LG Köln NJW-RR 2001, 1711 u. CR 2003, 484.
[96] *Deville* NJW-CoR 1997, 111; s. auch LG Wuppertal CR 1996, 732.
[97] Vgl. BGH CR 2006, 151 für den Fall der ausdrücklichen Vereinbarung.
[98] Vgl. *Günther* CR 1994, 327; *Deville* NJW-CoR 1997, 109; *Marly* Rdn. 64 m. w. N.
[99] S. o. § 25 Rdn. 34.
[100] S. o. § 26 Rdn. 31 ff.
[101] *Schneider* J Rdn. 329; *H. Beckmann* Finanzierungsleasing § 12 Rdn. 49; vgl. zu Einzelheiten Kilian/Heussen/*Karger* CHB Nr. 21 Rdn. 68 ff.
[102] Vgl. zu den Schwierigkeiten der Überprüfung der Vollständigkeit und Verständlichkeit des Quellcodes und der Dokumentation *Marly* Rdn. 1267 f.
[103] *Schneider* CR 1995, 709; *Lensdorf* CR 2000, 84.
[104] Vgl. *Marly* Rdn. 1270; *Bömer* NJW 1998, 3322.
[105] Vgl. *Hoeren* JR 2000, 291.

Escrow-Unternehmen,[106] weil diese im Gegensatz zu Rechtsanwälten und Notaren über das technische Know-how und die Möglichkeiten verfügen festzustellen, ob das hinterlegte Material tatsächlich das geschuldete ist, und eine sachgerechte Lagerung sicherzustellen.[107]

Streitig ist, welche Rechte und Pflichten des Software-Lieferanten in der Insolvenz 55 bestehen, insbesondere ob und wie Hinterlegungsvereinbarungen „**insolvenzfest**" geregelt werden können.[108] Wird der **Originalquellcode** beim Softwareanwender oder einem Dritten hinterlegt, kann sich eine vom Insolvenzverwalter geltend zu machende Anfechtungsmöglichkeit wegen Gläubigerbenachteiligung nach § 3 Abs. 1 Nr. 1 AnfG bzw. § 133 InsO ergeben.[109] Dieser Streit ist nach dem Urteil des für das Insolvenzrecht zuständigen IX. Zivilsenats des **BGH** vom 17. 11. 2005[110] zur Insolvenzfestigkeit des Erwerbs von Nutzungsrechten an Software als entschieden anzusehen. Der Kunde kann die Software auch nach der Insolvenzeröffnung über das Vermögen des Lieferanten weiter nutzen. Der Insolvenzverwalter kann weder kündigen noch die Erfüllung ablehnen, wenn der Überlassungsvertrag bereits beidseitig durchgeführt ist, also die Software übergeben und voll bezahlt ist. Insbesondere ist dem Kunden in der Insolvenz des Lieferanten zumindest ein – aussonderungsfähiges – **Zugangsrecht** zum Quellcode einzuräumen.[111]

Nach zutreffender Auffassung[112] ist im Regelfall der Hinterlegung lediglich einer **Ko-** 56 **pie des Quellcodes** eine Benachteiligung der Insolvenzgläubiger von vornherein nicht gegeben, da der Kunde nur ein Recht zur internen Weiternutzung der Software mit der Möglichkeit des Zugriffs auf den Quellcodes hat.[113] Nach der Veräußerung und Bezahlung einer Software erlöschen nach § 69 c Nr. 3 UrhG die Rechte des Lieferanten an dem überlassenen Vervielfältigungsstück der Software und des Quellcodes (Erschöpfungsgrundsatz).[114] Es ist zu beachten, dass in der Regel das Original des Quellcodes beim Hersteller/Lieferanten verbleibt. Der **Insolvenzverwalter kann das Original des Quellcodes verwerten**. Insbesondere kann er die insolvenzfeste Vereinbarung der aufschiebend bedingten Überlassungspflicht nicht durch die Wahl der Nichterfüllung des zugrunde liegenden Vertrages (§ 103 InsO) verhindern.[115]

Der Anwender kann die hinterlegte Kopie des Quellcodes – wie die überlassene Soft- 57 warekopie – auch im Fall der Insolvenz des Lieferanten in den vertraglich bestimmten Fällen zu eigenen Zwecken bestimmungsgemäß nutzen. Der Insolvenzverwalter des Lieferanten kann die berechtigte Herausgabe der hinterlegten Kopie an den Kunden nicht verhindern; insoweit geht es nicht um ein Aussonderungsrecht des Kunden, sondern um die vertraglich geschuldete Herausgabe durch den Treuhänder, die die Vertragspartner aufschiebend bedingt für bestimmte Fälle vereinbart haben.[116]

f) Quellcoderegelungen bei Finanzierungsleasinggeschäften. Bei Finanzierungs- 58 leasinggeschäften sollte der Leasingnehmer in seinem Interesse für eine entsprechende

---

[106] Vgl. *Paulus* ZIP 1996, 6 ff.; *Bömer* NJW 1998, 3322; *Lensdorf* CR 2000, 83; *Nordmann/Schumacher* K&R 1999, 363 f.
[107] Vgl. *Marly* Rdn. 1268; Kilian/Heussen/*Karger* CHB Nr. 21, 38 ff. u. Kilian/Heussen/*Kammel* CHB Nr. 171, 114 ff.
[108] Vgl. *Berger* CR 2006, 505; *Grützmacher* CR 2006, 289; *Hoeren* CR 2004, 721 ff.; *Lensdorf* CR 2000, 86 f.; *Bömer* NJW 1998, 3324; *Paulus* CR 1984, 85.
[109] Vgl. *Paulus* CR 2003, 240 ff.; *Haines* CR 2002, 779; *Lensdorf* CR 2000, 87.
[110] BGH CR 2006, 151 m. Anm. v. *Plath/Scherenberg; Grützmacher* CR 2006, 289 ff.; *Berger* CR 2006, 505 ff., jeweils m. w. N.
[111] *Berger* CR 2006, 511.
[112] *Bömer* NJW 1998, 3324.
[113] *Marly* Rdn. 1273.
[114] S. o. § 62 Rdn. 37 ff.
[115] BGH CR 2006, 151.
[116] Vgl. BGH CR 2006, 151; a. A. insoweit *Hoeren* JR 2000, 291 u. CR 2004, 722.

Regelung Sorge tragen, da er leasingtypisch die Sach- und Preisgefahr trägt.[117] Eine Regelung hinsichtlich des Quellcodes kann auch noch vom Leasinggeber selbst als Vertragspartner des Liefervertrages veranlasst werden.

59 Bei der Auslegung des Überlassungsvertrags sind im Rahmen der **Interessenabwägung** die Interessen des Lieferanten einerseits und die Kundeninteressen, also beim Finanzierungsleasinggeschäft die des Leasinggebers als Vertragspartner und die des Leasingkunden als des berechtigten Nutzers andererseits angemessen zu berücksichtigen. Diese Interessenlage der Leasingvertragspartner ist bei Finanzierungsleasinggeschäften auch für den Lieferanten erkennbar, der sie mit Abschluss der Vereinbarungen im Leasingdreieck akzeptiert.

60 Der **Leasingnehmer** hat bei Vertragsschluss die berechtigte Erwartung, die Software uneingeschränkt zumindest während der Laufzeit des Leasingvertrages nutzen zu können, kann also erwarten, zumindest während dieser Zeit auf den Quellcode zugreifen zu können, wenn der Lieferant keine langfristige Pflegeverpflichtung übernimmt. Während der Laufzeit des Leasingvertrages kann er vom Lieferanten bei Vorliegen der Voraussetzungen unmittelbar Softwarepflege – gegen Entgelt, soweit es sich nicht um Sachmängelhaftung handelt – oder die Überlassung des Quellcodes verlangen.

61 Der **Leasinggeber** kann die Software bei Vertragsende nur dann verwerten, wenn sie einen aktuellen Stand aufweist und auch der Erwerber erforderliche Anpassungen noch vornehmen kann. Insoweit kann der Leasinggeber nach Beendigung des Leasingvertrages bei Vorliegen der Voraussetzungen einen Anspruch gegen den Lieferanten auf Überlassung des Quellcodes haben.

62 g) **Pflicht des Lieferanten zum Abschluss einer „Pflegevereinbarung":** Zusätzlich zur Verpflichtung des Lieferanten zur Überlassung einer Quellcodekopie wird die Vereinbarung einer langfristigen Wartungs- und Pflegepflicht des Lieferanten empfohlen. Ist nur der Lieferant im Besitz des Quellcodes, kann bei Fehlen einer Vereinbarung zur Überlassung des Quellcodes und der Programmpflege ein **Kontrahierungszwang** mit der Pflicht des Lieferanten zur Vornahme der erforderlichen Anpassungen zu den üblichen Bedingungen bestehen, wenn der Kunde zur zweckentsprechenden Weiternutzung der Software auf eine Anpassung durch den Lieferanten angewiesen ist. Beim Finanzierungsleasinggeschäft ist zu klären, wer diesbezüglich Vertragspartner des Lieferanten wird. In der Regel wird man den Leasingnehmer, der leasingtypisch die Sachgefahr zu tragen hat, als verpflichtet ansehen, die Pflegevereinbarung zu schließen.

63 Dennoch sollten die Parteien auch in diesem Fall Vorsorge für den Fall treffen, dass der Lieferant z. B. wegen Insolvenz oder Firmenaufgabe seine Pflegeverpflichtungen nicht mehr erfüllen kann. Insoweit bieten sich eine schon bei Vertragsschluss zu vereinbarende Überlassungsverpflichtung erst zu diesem späteren Zeitpunkt oder die Hinterlegung einer Kopie des Quellcodes bei einem Treuhänder an.[119]

6. Verpflichtung zur Überlassung von Montage- und Bedienungsanleitungen und von Dokumentationen

64 Der Kunde kann eine Ware nur dann sinnvoll nutzen, wenn er vom Lieferanten die erforderlichen Informationen erhält. Diese Informationen sind insbesondere bei Computerwaren erforderlich, die installiert werden müssen und deren Bedienung ohne Anleitung nicht oder nur mit Schwierigkeiten möglich ist.

65 a) **Montageanleitung.** Ist Liefergegenstand eine **zur Montage bestimmte Sache**, kann der Kunde sie nur bestimmungsgemäß nutzen, wenn ihm auch eine Installations- oder Montageanleitung überlassen wird, und zwar in der Regel **in schriftlicher Fas-**

---

[117] S. o. § 31.
[118] *(Fußnote nicht belegt).*
[119] S. o. Rdn. 53 ff.; vgl. *Deville* NJW-CoR 1997, 112.

sung als „Drucksache" in deutscher Sprache.[120] Der Lieferant schuldet die Überlassung einer **fehlerfreien** Montage- bzw. Installationsanweisung. Dies ergibt sich auch ohne ausdrückliche Vereinbarung im Wege der interessengerechten **Auslegung** des Liefervertrages unter Berücksichtigung des Vertragszwecks. Davon geht auch das neue Kaufrecht aus, indem es im Rahmen der Sachmängelhaftung in **§ 434 Abs. 2 S. 2 BGB** einen Sachmangel der Montageanleitung einem Sachmangel der Sache selbst gleichstellt und damit von einer Pflicht zur Überlassung der Anleitung ausgeht. Eine Montageanleitung muss **übersichtlich, verständlich und richtig sein**.[121] Sie muss rechtlich behandelt werden wie eine Bedienungsanleitung.[122]

b) Bedienungsanleitung. Leider hat es der Gesetzgeber im Rahmen der Schuldrechtsreform unterlassen, im Zusammenhang mit der Montageanleitung auch die Bedienungsanleitung zu regeln.[123] Montage- und Bedienungsanleitungen müssen, da sie zum Schutze des Kunden die Nutzung der erworbenen Ware sicherstellen sollen, rechtlich gleich behandelt werden. 66

Handelt es sich um ein komplexes „erklärungsbedüftiges" Produkt, ist eine entsprechende Nutzung nur mit umfangreichen Erläuterungen in einer Bedienungsanleitung möglich. Jedes „*technische Gerät, zu dessen Benutzbarkeit*" Hinweise zur zweckentsprechenden Nutzung „*wesentlich, wenn nicht gar unerlässlich sind*", bedarf einer **Gebrauchsanweisung** oder einer Bedienungsanleitung durch den Hersteller/Lieferanten.[124] Dieser Grundsatz gilt für **alle erläuterungsbedürftigen Produkte,** deren Benutzung ohne weitergehende Informationen regelmäßig nicht möglich ist, also z. B. für Fernseh-, Video-, Haushalts- und Küchengeräte, Telefone, komplexe Maschinen, also auch für Computer-Hardware und -software. Der Lieferant, der nicht zugleich Hersteller ist, muss sich eine schriftliche Bedienungsanleitung vom Hersteller oder seinem Zulieferer beschaffen. Die Pflicht zur Überlassung einer Installationsanweisung gilt grundsätzlich auch bei **gebrauchten Waren**.[125]

c) Erhöhte Anforderungen bei Computerwaren. Den Lieferanten von komplexen Computerwaren trifft wegen des nach wie vor bestehenden erhöhten Erklärungsbedarfes insbesondere von Software eine Pflicht zur Erläuterung seiner Produkte. Dieser Pflicht genügt er durch die Überlassung von sog. **Dokumentationen,** auch **Handbücher** genannt, in denen die Installation und die sachgemäße Nutzung erläutert wird. Die Überlassungspflicht ist eine im Gegenseitigkeitsverhältnis stehende **Hauptleistungspflicht** im Sinne des § 326 Abs. 1 BGB a. F.[126] 67

Die Verpflichtung des Lieferanten zur Erstellung und Überlassung einer Programmdokumentation ergibt sich auch ohne ausdrückliche Regelung im Wege der **Auslegung** als „*selbstverständlicher Inhalt*" des Überlassungsvertrages.[127] Softwareüberlassung beinhaltet zwingend die Verpflichtung zur Überlassung des Programms **und** zugehöriger Programminformationen; die Information ist selbständiger Funktionsteil einer einheitlichen Leistungsverpflichtung des Lieferanten. Sie ist unter Berücksichtigung des § 307 BGB nicht durch AGB abdingbar. Sie kann allenfalls dadurch ausgeschlossen werden, dass durch **Individualvereinbarung** als Kaufgegenstand ausdrücklich nur die Software ohne Handbuch festgelegt wird. 68

---

[120] Palandt/*Weidenkaff* § 434 Rdn. 48; *Marly* Rdn. 855.
[121] Vgl. *Marly* Rdn. 855.
[122] S. u. Rdn. 66 ff.
[123] Vgl. *Marly* Rdn. 958.
[124] BGH NJW 1989, 3222; CR 1990, 189; WM 1993, 1850; *Bartsch* CR 1993, 424.
[125] OLG München, Urt. v. 7. 4. 1995, 23 U 6316/94.
[126] BGH NJW 1998, 2132; 1993, 461, 1063 u. 2436; 1989, 3222; CR 1990, 189; *Bartsch* CR 1993, 424; Kilian/Heussen/*Moritz* CHB Nr. 30 Rdn. 27.
[127] BGH NJW 1993, 461 u. 1639.

69 **d) Überlassung schriftlicher Unterlagen.** Der Lieferant schuldet grundsätzlich die Übergabe schriftlicher Dokumentationsunterlagen. Dies folgt schon aus den Formulierungen des BGH,[128] der die *„Aushändigung der Dokumentationsunterlagen, insbesondere des den bestimmungsgemäßen Gebrauch der EDV-Anlage erst ermöglichenden* **Benutzerhandbuchs"** fordert. Eine nur **mündliche Einweisung** in die Funktion des Programms oder eine Schulung des Anwenders sind in keinem Fall ausreichend, schriftliche Dokumentationsunterlagen zu ersetzen, weil der Anwender in der Lage sein muss, bei Auftreten von Störungen oder von Bedienungsschwierigkeiten in einem ständig verfügbaren Schriftstück nachlesen zu können.[129]

70 Ausnahmsweise wird die Überlassung der notwendigen Benutzerinformationen **durch Speicherung auf der Festplatte oder einem Datenträger** als ausreichend angesehen.[130] Im Einzelfall kann der Anwender auf Überlassung schriftlicher Dokumentationsunterlagen ausdrücklich verzichten. Bei wenig erfahrenen Anwendern hat in jedem Fall aber zumindest eine gedruckte Information über die grundlegenden Anwendungsfragen und Problemlösungen zu erfolgen.[131]

71 Bei erfahrenen Großanwendern und Computerexperten kann die Überlassung einer **digitalen Programmbeschreibung** als ausreichend angesehen werden, wenn sie ein ausführliches Inhaltsverzeichnis und eine Übersicht enthält, einen geschlossenen Text bildet, **im Zusammenhang ausdruckbar** ist und dem Anwender zumindest für den Fall des Programmabsturzes eine schriftliche Anweisung zum Starten des Programms übergeben wird.[132] Die Überlassung einer Dokumentation kann ausnahmsweise entfallen, wenn es sich bei dem Kunden um einen berufsmäßigen Softwareentwickler handelt und die erforderlichen Hilfehinweise während des Programmaufrufs erscheinen.[133]

72 Auch bedienerfreundliche Bildschirmhinweise und Hilfetasten (sog. **Online-Hilfen**) reichen in der Regel nicht aus, die Hauptleistungspflicht des Lieferanten zur Überlassung schriftlicher Unterlagen zu erfüllen.[134] Online-Hilfsfunktionen sind Bestandteile der Software, deren Fehlen zwar die Gebrauchstauglichkeit der Software beeinträchtigen und diese mangelhaft machen kann,[135] die aber nicht geeignet sind, die Verpflichtung des Lieferanten zur Übergabe schriftlicher Unterlagen zu ersetzen. Elektronische Hilfetexte können zur Ergänzung einer schriftlichen Bedienungsanleitung herangezogen werden, wenn sichergestellt wird, dass der Kunde sich auch bei einem Programmabsturz anhand der in **Kurzform gelieferten schriftlichen Bedienungsanleitung** oder anhand eines gefertigten Ausdrucks helfen kann.

73 **e) Überlassung deutschsprachiger Unterlagen.** Grundsätzlich müssen schriftliche Programmdokumentationen und Bedienungsanleitungen in deutscher Sprache verfasst sein, wenn nicht ausdrücklich durch Individualvereinbarung eine anderweitige Regelung getroffen worden ist.[136] Dies gilt auch für Online-Hilfen.[137] Durch AGB des Lieferanten ist die Pflicht zur Lieferung deutschsprachiger Programmunterlagen nicht abdingbar; derartige Klauseln sind überraschend im Sinne des § 305 c Abs. 1 BGB und unangemessen im Sinne des § 307 BGB. Ist das Programm zweisprachig, kann auch eine zweisprachige Dokumentation geschuldet sein.[138]

---

[128] BGH NJW 1993, 1063; vgl. *H. Beckmann* CR 1998, 519 ff.
[129] OLG Stuttgart CR 1999, 74; OLG Düsseldorf CR 1996, 214; OLG Frankfurt/M. CR 1993, 93; OLG Hamm CR 1992, 335.
[130] Vgl. LG Heilbronn BB-Beilage 7/1994, 7; LG Hannover CR 2000, 154: „Informationsdiskette".
[131] Vgl. *Streitz* NJW-CoR 1997, 31; s. auch *H. Beckmann* CR 1998, 522.
[132] LG Heilbronn BB-Beilage 7/1994, 7; *Redeker* Rdn. 314; a. A. LG Stuttgart CR 2001, 585.
[133] OLG Karlsruhe CR 2004, 493.
[134] OLG Hamm CR 1990, 715; 1992, 335; a. A. *Gaul* MDR 2000, 555.
[135] BGH NJW 2000, 1415; a. A. *Marly* Rdn. 957 u. in LM § 377 HGB Nr. 42.
[136] BGH NJW 1989, 3222; OLG München CR 1999, 221; OLG Köln CR 1995, 334.
[137] OLG Hamburg CR 1993, 498; *Hoeren* CR 1993, 499; *Bartsch* CR 1993, 423.
[138] OLG Köln CR 2000, 585.

Ein Recht zur Lieferung eines **englischsprachigen Handbuchs** kann sich im Wege 74
der **Auslegung** aus den Umständen **ausnahmsweise** dann ergeben, wenn es sich bei der
bestellten Software um eine englischsprachige Version handelt, der Lieferant aus dem
englischsprachigen Ausland stammt oder der Anwender ein der englischen Sprache kundiger Computerexperte ist. Allerdings sollte auch in diesem Fall zumindest eine deutschsprachige Grundinformation über die wichtigsten Anwendungen verlangt werden. Die
unbeanstandete Entgegennahme einer englischsprachigen Dokumentationsunterlage
kann im Rahmen der Auslegung der Pflicht des Lieferanten berücksichtigt werden[139] und
kann gemäß § 442 BGB auch zum Ausschluss der Sachmängelhaftung führen.

f) Inhalt und Umfang der Unterlagen. Die zum Thema Dokumentation bestehenden 75
DIN-Normen haben kaum Praxisbedeutung.[140] Der Umfang der Pflicht zur Überlassung
schriftlicher Unterlagen ergibt sich in erster Linie aus den ausdrücklich oder stillschweigend getroffenen **Vereinbarungen** der Parteien. Eine schriftliche Bedienungsanleitung
ist im Wege der Auslegung immer, ein Systemhandbuch bzw. eine Systemdokumentation
über den Erstellungsvorgang und die technische Struktur des Programms sind in der Regel nur bei ausdrücklicher Vereinbarung geschuldet.[141] Art, Inhalt und Umfang der Verpflichtungen des Lieferanten bestimmen sich im Einzelfall nach der **Parteivereinbarung**
unter Berücksichtigung des Erfahrungsstands des Kunden in der Arbeit mit Computerwaren und der Komplexität der Waren.[142]

Handbücher und Bedienungsanleitungen müssen typische Anwendungsabläufe, Feh- 76
lermeldungen sowie Schnittstellen zu anderer Hard- und Software erläutern; sie müssen
übersichtlich, verständlich und richtig sein.[143] Hinsichtlich des Inhalts und Umfangs
der Unterlagen ist auf den Leasingnehmer, der die Waren bestimmungsgemäß nutzen
soll, abzustellen.[144]

g) Folgen der Nicht- oder Schlechtlieferung schriftlicher Unterlagen. Ob der Lie- 77
ferant seine Hauptleistungspflicht zur Überlassung schriftlicher Unterlagen erfüllt hat, ist
im Rahmen einer **Gesamtschau** festzustellen. Hierbei sind die überreichten schriftlichen Unterlagen, eine erfolgte Einweisung oder Schulung, vorhandene Online-Hilfen
und sonstige Umstände, z. B. der Ort des Erwerbs, die Komplexität der Software und der
Erfahrungsstand des Kunden, zu berücksichtigen[145]

aa) Nichtlieferung schriftlicher Unterlagen. Das **völlige Fehlen einer Montagean-** 78
leitung ist vom Gesetzgeber im Rahmen der Schuldrechtsreform (leider) nicht geregelt
worden. Nach einer in der Literatur vertretenen Ansicht[146] soll das Fehlen einer Montageanleitung als Sachmangel im Sinne des § 434 Abs. 1 Satz 2 Nr. 2 BGB anzusehen sein.
Dem ist nicht zuzustimmen. Das völlige Fehlen einer Montageanleitung ist bei einer zur
Montage bestimmten Sache nicht als Fehler, sondern als **Nichterfüllung** anzusehen,
weil die Sache ohne Montage gar nicht vertragsgemäß genutzt werden kann. Die Überlassung einer Montageanleitung ist unter Berücksichtigung des Vertragszwecks **Hauptleistungspflicht**.

Auch nach der Schuldrechtsreform besteht die Pflicht zur Lieferung einer **Bedie-** 79
nungsanleitung als Hauptleistungspflicht fort.[147] Der Lieferant erfüllt seine Pflicht aus

---

[139] OLG Köln CR 1995, 334.
[140] *Bartsch* CR 1993, 423.
[141] Vgl. *Streitz* NJW-CoR 1997, 95 ff.
[142] *Bartsch* CR 1993, 422.
[143] Sog. Saarbrücker Standard, vgl. *Brandt* CR 1998, 571; *Streitz* NJW-CoR 1997, 31 ff u. 95 ff.
[144] S. o. § 6 Rdn. 55 ff.
[145] Vgl. OLG Stuttgart CR 1999, 74; LG Stuttgart BB-Beilage 4/1998, 13.
[146] Palandt/*Weidenkaff* § 434 Rdn. 48; *Rappenglitz* JA 2003, 38.
[147] Vgl. OLG Karlsruhe CR 2003, 95; *Junker* NJW 2004, 3167; Kilian/Heussen/*Moritz* CHB Nr. 30 Rdn. 27.

dem Computervertrag nur **durch Überlassung der Ware und der zugehörigen Unterlagen.**[148] Das ist vom BGH[149] insbesondere beim Computerleasinggeschäft wiederholt anerkannt worden. Trotz der Regelung in den §§ 281 Abs. 1, 323 Abs. 5, 434 Abs. 2 u. 3 BGB liegt eine teilweise Nichterfüllung, eine **Teilleistung**, und nicht eine Schlechterfüllung vor, wenn der Lieferant die erforderlichen Unterlagen nicht liefert.[150] Ohne Montage- und Bedienungsanleitung, also bei völligem **Fehlen** der geschuldeten Unterlagen, kann der Kunde die Ware, anders als bei einem Fehler, gar nicht vertragsgemäß nutzen. Bei Erstellung einer Individualsoftware wird der Anspruch auf Überlassung der Dokumentation erst mit dem Abschluss der Arbeiten fällig.[151]

80   Der Kunde, beim Finanzierungsleasinggeschäft der **Leasinggeber**, hat bei Nichterfüllung nach § 320 BGB bezüglich des Kaufpreises/Werklohns ein **Leistungsverweigerungsrecht**. Der Leasingvertrag ist noch nicht in Vollzug gesetzt, wenn der Leasingnehmer die Unterzeichnung der Übernahmebestätigung wegen der fehlenden Unterlagen ablehnt. Ohne Haftungsregelung kann der **Leasingnehmer** trotz Unterzeichnung einer uneingeschränkten Übernahmebestätigung die Zahlung der Leasingraten nach § 320 BGB einstellen und den Leasingvertrag nach § 543 BGB kündigen.[152]

81   Bei **umfassender leasingtypischer Abtretungskonstruktion** muss der Leasingnehmer dem Lieferanten eine Frist zur Erfüllung setzen. Nach ergebnislosem Ablauf einer Frist zur (Nach-)Erfüllung kann er gemäß den §§ 323, 281 BGB die **Sekundäransprüche** wegen Pflichtverletzung (Rücktritt und Schadensersatz) geltend machen. Die Rechte können wegen Verwirkung oder Rechtsmissbrauchs gem. § 242 BGB ausgeschlossen sein, wenn eine Nutzung des Gesamtsystems allenfalls unwesentlich bzw. unerheblich eingeschränkt ist[153] oder der Kunde über einen längeren Zeitraum die Computerwaren rügelos genutzt hat und offensichtlich das Fehlen eines Handbuchs nur vorschiebt, um seine verspätete Kaufreue durchzusetzen.[154] Verwirkung liegt nicht vor, wenn der Kunde das Fehlen der Handbücher zwar erstmals im Rechtsstreit schriftlich rügt, ihm aber bei der Einweisung vom Lieferanten erklärt worden ist, Handbücher existierten noch nicht.[155] Liegt nur eine unwesentliche Unvollständigkeit der Lieferung vor, sind Rücktritt und Schadensersatz nach den §§ 281 Abs. 1 S. 3, 323 Abs. 5 S. 2 BGB ausgeschlossen.

82   Ohne Übergabe der geschuldeten schriftlichen Handbücher und Dokumentationen sind weder **Ablieferung** im Sinne der §§ 438 Abs. 2 BGB, 377 HGB noch **Abnahme** bzw. **Abnahmereife** im Sinne des § 640 BGB gegeben.[156] Die kurzen Verjährungsfristen der §§ 438, 634 a BGB laufen nicht. Untersuchungs- und Rügeobliegenheiten gemäß den §§ 377 ff. HGB bestehen ebenfalls noch nicht.[157]

83   bb) **Schlechtlieferung schriftlicher Unterlagen.** Liefert der Lieferant schlechte Unterlagen, kann je nach der Schwere des Fehlers eine untaugliche Leistungsbewirkung – also eine Nichterfüllung – oder eine mangelhafte Leistungsbewirkung vorliegen.[158]

84   Dass eine fehlerhafte **Montageanleitung** einen Sachmangel der Kaufsache selbst darstellt, ist nach der Schuldrechtsreform in § 434 Abs. 2 Satz 2 BGB ausdrücklich festgelegt. Der Lieferant muss eine fehlerfreie Anleitung nachliefern und sämtliche Kosten tragen,

---

[148] Vgl. BGH NJW 1993, 461 u. 1639.
[149] Vgl. BGH NJW 1993, 461.
[150] *Schneider* D Rdn. 1368; Bamberger-Roth/*Faust* § 434 Rdn. 98; a. A. MünchKomm/*Westermann* § 434 Rdn. 33; Palandt/*Weidenkaff* § 434 Rdn. 48; s. u. Rdn.
[151] BGH CR 2001, 367.
[152] BGH NJW 1989, 3222.
[153] Vgl. BGHZ 56, 316; OLG Hamm NJW-RR 1997, 18; OLG Celle CR 1997, 150.
[154] *Bartsch* CR 1993, 423 m. w. N.
[155] OLG Düsseldorf NJW-RR 1996, 821 = CR 1996, 214.
[156] Vgl. BGH NJW 2000, 1415 = JP 2000, 374 mit Anm. *H. Beckmann*.
[157] OLG Hamm OLGR 2000, 264, rkr. nach Nichtannahme der Revision durch den BGH.
[158] *Bartsch* CR 1993, 423 m. w. N.

die durch eine fehlerhafte Montage entstanden sind, und zwar sowohl die Kosten der Deals auch die der Neumontage.[159] Das gilt entsprechend im Werkvertragsrecht, wenn der Besteller selbst die Montage übernommen hat. Leider hat der Gesetzgeber diese Regelung nicht ausdrücklich auch auf Bedienungsanleitungen erstreckt. **Montageanleitung und Bedienungsanleitung** müssen, wie dargelegt, **rechtlich gleich** behandelt werden. Auch eine unzureichende Bedienungsanleitung stellt einen Sachmangel im Sinne des § 434 Abs. 1 BGB dar.[160]

Es gilt der Mangelbegriff der §§ 434, 633 BGB. Montageanleitungen, Dokumentationen und Bedienungsanleitungen zu Computerwaren müssen **richtig, vollständig, übersichtlich und verständlich** sein.[161] Die §§ 434 ff., 633 ff. BGB sind entsprechend anzuwenden, wenn die gelieferten Unterlagen trotz ihrer Mängel insgesamt als Erfüllung, wenn auch als schlechte, anzusehen sind.[162] Die vor der Schuldrechtsreform geltende Rechtslage ist insoweit unverändert geblieben.

85

Rügt der Kunde eine aufgetretene Fehlfunktion, ist es Sache des Lieferanten zu erkennen, dass die Ursache in einer Unzulänglichkeit der Bedienungsanleitung besteht; der Kunde muss nur die „Symptome" des Mangels angeben.[163]

86

Die im Gesetz in § 434 Abs. 2 Satz 2 BGB vorgesehene **„Heilungsmöglichkeit"** ist jedenfalls bei Software abzulehnen, da auch nach einer erfolgreichen Erstinstallation, z. B. durch den Lieferanten selbst, auch in der Folgezeit wiederum Neuinstallationen erforderlich werden können, z. B. nach einem Systemabsturz. *Marly* und *Schneider* gehen insoweit zutreffend von einem fortbestehendem Sachmangel aus.[164] Die unglückliche Regelung des § 434 Abs. 2 Satz 2 kann erst recht nicht auf Bedienungsanleitungen übertragen werden, da eine Bedienungsanleitung immer wieder für die tägliche Nutzung der Sache gebraucht wird.

87

Nach a. A.[165] ergeben sich Ansprüche wegen einer fehlerhaften Bedienungsanleitung nicht aus einer Sachmängelhaftung des Lieferanten, sondern aus einer sonstigen Pflichtverletzung nach den §§ 241 Abs. 2, 280 Abs. 1 BGB.

7. Einweisung und Schulung

Zusätzlich zur Lieferung schriftlicher Unterlagen vereinbaren die Parteien eines Computervertrags häufig eine Einweisungs- oder Schulungspflicht des Lieferanten.

88

a) Einweisungs- und Schulungspflicht des Lieferanten. Einweisung und Schulung werden ohne Vereinbarung nicht vom Lieferanten geschuldet.[166] Bei komplexer Software kann sich eine Pflicht des Lieferanten zur Einweisung des Kunden aus einer interessengerechten **Auslegung** des Vertrages ergeben,[167] ebenso wenn der Kunde erstmals mit Computerwaren in Berührung kommt.[168] Bei einem Finanzierungsleasinggeschäft sind Einweisung und Schulung leasingtypisch gegenüber dem Leasingnehmer zu erbringen.[169]

89

---

[159] Strittig, vgl. *Haedicke* ZGS 2006, 55 ff.
[160] OLG München CR 2006, 582; a. A. *Rappenglitz* JA 2003, 38, *Boerner* ZIP 2001, 2264 u. Palandt/*Weidenkaff* § 434 Rdn. 49.
[161] Vgl. *Brandt* CR 1998, 571; Kilian/Heussen/*Moritz* CHB Nr. 30 Rdn. 30 f.
[162] Vgl. BGH NJW 2000, 1415; 1998, 2360; OLG Celle CR 1997, 150; *Gaul* CR 2000, 551; *H. Beckmann* CR 1998, 522; *Marly* Rdn. 959 m. w. N.
[163] OLG München CR 2006, 582.
[164] *Marly* Rdn. 855; *Schneider* D Rdn. 1368; a. A. *Rappenglitz* JA 2003, 39.
[165] *Boerner* ZIP 2001, 2267 m. w. N.
[166] BGH NJW 2000, 1415.
[167] Weitergehend OLG Stuttgart NJW-RR 1986, 1245; CR 1988, 24; 1987, 172; vgl. LG Ulm CR 1988, 921.
[168] Vgl. BGH CR 1990, 189; OLG Hamm CR 1992, 335; *Schneider* CR 1994, 387.
[169] Vgl. LG Cottbus CR 2004, 260.

90 b) Vergütungspflicht. Einweisung und Schulung sind vom Lieferanten grundsätzlich **nicht unentgeltlich** zu erbringen.[170] Dies folgt schon aus den §§ 612, 632 BGB. Verpflichtet sich der Lieferant allerdings in einem Überlassungsvertrag ausdrücklich zur Einweisung und Schulung des Kunden, ohne eine zusätzliche Vergütung hierfür zu vereinbaren, werden die zusätzlichen Dienstleistungen vom Lieferanten kostenlos geschuldet.[171] Es ist davon auszugehen, dass der Lieferant diese Kosten in seine Preise für die Hard- und Software eingerechnet hat, die Kosten also beim Computerleasinggeschäft vom Leasinggeber mitfinanziert werden. Bei einem Finanzierungsleasinggeschäft ist klarzustellen, ob das Entgelt für Schulungen des Leasingnehmers vom Leasinggeber oder aufgrund selbständiger Vereinbarung unmittelbar vom Leasingkunden zu zahlen ist. In der Regel muss der Leasingnehmer eine zusätzliche Vergütung für nachträglich erforderlich werdende zusätzliche „Trainingsstunden" zahlen.[172]

91 c) Rechtsfolgen bei Leistungsstörungen. Werden die geschuldete Einweisung oder Schulung nicht oder nicht vertragsgemäß erbracht, kann der Liefervertragspartner, beim Finanzierungsleasinggeschäft also der Leasinggeber, bei Vorliegen eines **einheitlichen Rechtsgeschäfts**[173] die Bezahlung der vereinbarten Vergütung für sämtliche Leistungen gemäß § 320 BGB verweigern,[174] und zwar auch dann, wenn die Einweisungs- und Schulungspflicht zwischen dem Lieferanten und dem Leasingkunden selbständig vereinbart worden ist. Ist der Lieferant zur fachgerechten Schulung nicht willens oder in der Lage, kann der Kunde insgesamt vom Liefervertrag zurücktreten.[175]

92 Die **Rechtslage bei einer Leistungsstörung** wird durch den Umfang der im Leasingvertrag getroffenen Haftungsregelungen bestimmt. Bei umfassender Freizeichnung des Leasinggebers kann der Leasingnehmer dem Lieferanten eine Frist zur (Nach-)Erfüllung setzen und nach ergebnislosem Fristablauf nach den §§ 323, 281 BGB die Rückabwicklung des Liefervertrages und Ersatz seiner Aufwendungen verlangen.[176] Das Berufen auf eine noch fehlende Personalschulung kann wegen verhältnismäßiger Geringfügigkeit des rückständigen Teils nach den §§ 320 Abs. 2, 242 BGB gegen Treu und Glauben verstoßen.[177] Schadensersatzanspruch und Rücktritt können nach den §§ 281 Abs. 1 Satz 3, 323 Abs. 5 Satz 2 BGB wegen unerheblicher Pflichtverletzung ausgeschlossen sein.

93 Der Kunde muss seinerseits geeignetes Personal zur Verfügung stellen, das den Anforderungen an die Bedienung eines komplexen Computersystems gewachsen ist; anderenfalls verletzt er seine **Mitwirkungspflichten**. Rückabwicklung und Schadensersatz können dann nach den §§ 323 Abs. 6, 254, 642 BGB ausgeschlossen sein.

94 Der Abschluss der Einweisungs- und Schulungstätigkeit kann Voraussetzung für die **Ablieferung** der Waren oder die **Abnahme** sämtlicher Leistungen des Lieferanten sein.[178] Nach *Schneider*[179] soll dies nur für die Einweisung, nicht für Schulungen gelten. Zumindest können die Parteien dies durch ausdrückliche oder stillschweigende Individualvereinbarung oder durch Bestellbedingungen zur Voraussetzung machen. Ohne Lieferung eines Handbuchs kann jedenfalls bei umfangreicher Spezialsoftware nicht von einer Erfüllung der Einweisungs- und Schulungspflichten ausgegangen werden, da ohne

---

[170] LG Cottbus CR 2004, 260; LG Köln CR 1986, 23; LG Verden CR 1986, 26; a. A. OLG Stuttgart CR 1987, 173.
[171] LG Ulm CR 1988, 921; LG Bielefeld CR 1989, 915; *Brandi-Dohrn* S. 35.
[172] LG Cottbus CR 2004, 260.
[173] S. o. § 27 Rdn. 113 ff.
[174] OLG Frankfurt BB-Beilage 14/1994, S. 3.
[175] OLG Stuttgart CR 1986, 559; 1987, 172; *Hoeren* in: Graf von Westphalen (Hrsg.) AGB-Klauselwerke IT-Verträge Rdn. 89 f.
[176] Vgl. auch OLG Stuttgart CR 1987, 172; *Brandi-Dohrn* S. 36.
[177] BGH NJW 1993, 1381.
[178] BGH NJW 2000, 1415; OLG Hamm CR 1992, 335; NJW 1989, 1041; OLG Düsseldorf WM 1989, 459; *Dörner* Jura 1993, 582.
[179] *Schneider* D Rdn. 314.

Handbuch und Bedienungsanleitungen die Kenntnisse aus der Schulung nicht gesichert und vertieft werden können.[180]

8. Installation/Montage/Einrichten von Hard- und/oder Software

Die Installationspflicht kann **Hauptleistungspflicht** im Rahmen eines Werkvertrages oder beim sog. Kauf mit Montage **Zusatzleistung** sein.[181] Bei der Installation von Software spricht man auch von Implementation bzw. von Einrichten.[182] Die Pflicht zur Installation/Montage von zu liefernder Hard- und/oder Software trifft den Lieferanten bei einem **Kaufvertrag nur bei Vereinbarung**. Dies folgt schon aus § 434 Abs. 2 Satz 1 BGB. Eine stillschweigende Vereinbarung kann sich im Wege der Auslegung aus den Umständen ergeben. Schuldet der Lieferant die Installation der Software, beinhaltet das in der Regel nicht zugleich die (kostenlose) Übernahme von alten Datenbeständen des Kunden.[183] Bei einem **Werkvertrag** gehört die Installation in der Regel zum Leistungsumfang. 95

Wird Installation geschuldet, ist diese in der Regel im Gesamtpreis der Software oder des Computersystems enthalten. Eine besondere **Vergütung** für die Installation ist – trotz des § 632 BGB – in der Regel nur zu zahlen, wenn dies ausdrücklich vereinbart worden ist. Bei einem Finanzierungsleasinggeschäft ist klarzustellen, ob die Vergütung für Installationsarbeiten in dem vom Leasinggeber zu zahlenden Entgelt für die Anlage enthalten oder vom Leasingnehmer zusätzlich aufgrund eigenständiger Vereinbarung zu entrichten ist. 96

Ohne die geschuldete Installation ist die Leistung des Lieferanten nicht oder nur zum Teil erbracht.[184] Es liegen weder die Voraussetzungen einer Ablieferung im Sinne der §§ 438 BGB, 377 HGB noch die einer Abnahme im Sinne der §§ 640, 634a Abs. 2 BGB vor. Unabhängig von der Einordnung des Überlassungsvertrags muss eine durchgeführte Installation immer zum Erfolg, zur **Funktionsfähigkeit**, führen. Die unsachgemäße Durchführung einer Hardware- oder Softwareinstallation stellt einen Mangel der Ware selbst dar (§ 434 Abs. 2 Satz 1 BGB). 97

9. Wartungs- und Pflegeverträge

Bei Computergeschäften liegt es im Interesse des Anwenders, bei einem Finanzierungsleasinggeschäft also des **Leasingkunden**, einen möglichst störungsfreien Betrieb des Computersystems und der Software für einen längeren Zeitraum sicherzustellen. Deshalb empfiehlt es sich, mit dem Lieferanten schon bei den Verhandlungen über den Abschluss des Liefervertrages Vereinbarungen über eine laufende Anpassung der Software an Bedarfsänderungen oder eine ständige Verbesserung der Software zur Erzielung optimaler Funktionalität abzuschließen. Beim Computerleasinggeschäft hat zudem der **Leasinggeber** ein erhebliches Interesse daran, den Wert der Leasingsachen durch regelmäßige Wartung und Pflege zu erhalten, so dass dem Leasingnehmer der Abschluss von Wartungs- und Pflegeverträgen regelmäßig sogar zur Auflage gemacht wird.[185] 98

In der Praxis bezeichnet man Vereinbarungen, die eine regelmäßige Wartung sowie die Beseitigung von Störungen im Hardwarebereich betreffen, als **Hardwarewartungsverträge**. Soweit die Vereinbarungen eine Störungsbeseitigung im Softwarebereich sowie die laufende Anpassung der Software und die Teilhabe des Anwenders an Verbesserungen der Software durch den Hersteller in Form von sog. Updates betreffen, hat sich der Begriff **Softwarepflegevertrag**[186] durchgesetzt. Wartungs- und Pflegeverträge kön- 99

---

[180] OLG Düsseldorf CR 1996, 214; a. A. OLG München CR 2000, 731.
[181] BGH NJW 2000, 1415; vgl. *Eickmeier/Eickmeier* CR 1993, 73.
[182] *Schneider* D Rdn. 385 ff.
[183] OLG Köln CR 1994, 538; *Schneider* D Rdn. 294 u. 441 ff.
[184] S. u. Rdn. 104.
[185] *Weyer* CR 1988, 711 ff; s. auch OLG Hamm BB 1987, 1975.
[186] *Schneider* D Rdn. 248 ff. m. w. N.

§ 63 Dritter Teil. Besondere Rechtsprobleme einzelner Leasingverträge

nen **Dienst- oder Werkleistungen** beinhalten.[187] Die rechtliche Einordnung richtet sich nach den Umständen des Einzelfalls.

100 Der Anwender kann den Lieferanten in einem **Einzelauftrag** mit einer Reparatur, einer Störungsbeseitigung oder mit einer allgemeinen Wartung/Pflege beauftragen. Regelmäßig wird aber ein Auftrag zur Wartung und Pflege von Software oder ganzen Systemen für einen längeren Zeitraum erteilt.[188] Bei Wartungs- und Pflegeverträgen steht in der Regel der **Erfolg** der Tätigkeit des Lieferanten im Vordergrund, so dass die werkrechtlichen Vorschriften anzuwenden sind.[189] Der Lieferant schuldet nicht „bloße Seelsorge", sondern die Herstellung oder Erhaltung eines störungsfreien Zustandes der Computerwaren.

101 Auch das Werkvertragsrecht gewährt dem Kunden gemäß § 649 BGB ein bei Dauerschuldverhältnissen notwendiges außerordentliches **Kündigungsrecht**. Dies kann sich nach der Schuldrechtsreform auch aus den §§ 313 Abs. 3 Satz 2, 314 BGB ergeben. Eine ordentliche Kündigung durch den Lieferanten kann unzulässig sein, solange er das Programm noch allgemein anbietet, es sei denn, die Pflege ist ihm im Einzelfall unzumutbar geworden.[190] Nach Ansicht des OLG Koblenz besteht ohne vertragliche Abrede keine generelle Pflicht des Lieferanten zur langfristigen Softwarepflege.[191] Eine Kündigung ist jedenfalls rechtsmissbräuchlich, wenn der Anwender auf Wartung und Pflege angewiesen ist und der Anbieter sie als Druckmittel zur Durchsetzung seiner Interessen, z. B. einer höheren Vergütung, benutzt.[192] Ein Abschlusszwang besteht nur in Ausnahmefällen, z. B. bezüglich Hardware in Ziffer 8 der EVB-IT.[193]

102 Wird ein Überlassungsvertrag wirksam rückabgewickelt, ist einem Wartungs- oder Pflegevertrag über die Ware nach § 313 BGB die Geschäftsgrundlage entzogen. Das gilt umgekehrt auch bei wirksamem Rücktritt vom Pflegevertrag, wenn Überlassung und Pflege als Gesamtpaket angeboten waren.[194] Werden Wartungs- oder Pflegeverträge im Zusammenhang mit einem **Computerleasinggeschäft** geschlossen, ist der Leasinggeber Auftraggeber, wenn die vereinbarte Wartungsvergütung „über Leasing" vom Leasinggeber mitfinanziert wird. In diesem Fall wird der Leasinggeber seine Ansprüche aus dem Wartungs- und Pflegevertrag an den Leasingnehmer abtreten. Macht der Leasinggeber dem Leasingnehmer den Abschluss von Wartungs- und/oder Pflegeverträgen zur Auflage, was in der Branche üblich ist, und bezahlt der Leasingnehmer die vereinbarten Vergütungen unmittelbar an den Lieferanten, wird der Leasingnehmer Vertragspartner des Lieferanten mit der Folge, dass er aus eigenem Recht Ansprüche gegen den Lieferanten geltend machen kann.

103 Wird der Liefervertrag wegen einer Leistungsstörung rückabgewickelt, entfällt wegen Wegfalls der Geschäftsgrundlage auch der Anspruch des Lieferanten auf die Wartungs- und Pflegegebühren, nach Ansicht des OLG Hamm[195] sogar rückwirkend. Stellt der Lieferant Wartung und Pflege z. B. nach eigener Kündigung, wegen Geschäftsaufgabe oder wegen Illiquidität ein, ist offen, ob dies den Leasingnehmer zu einer **Kündigung** des Leasingvertrages berechtigen kann. Dies dürfte zu verneinen sein, weil dieses Risiko im Leasingdreieck leasingtypisch wegen der zulässigen Übernahme der Sach- und Preisgefahr vom Leasingnehmer zu tragen ist.

---

[187] BGH NJW 1993, 1651; *Redeker* Rdn. 631 ff.; *Bartsch* NJW 2002, 1526 ff. m. w. N.
[188] *Martinek* III S. 26;.
[189] OLG Karlsruhe CR 1987, 232; OLG München CR 1985, 138; 1990, 511; OLG Düsseldorf CR 1988, 31; *Martinek* III S. 27.
[190] OLG Köln CR 1998, 720; OLG Koblenz NJW 1993, 3144; *Müller-Hengstenberg* CR 1994, 96.
[191] OLG Koblenz MMR 2005, 472.
[192] Vgl. *Redeker* CR 1995, 385 ff.
[193] Vgl. *Bartsch* NJW 2002, 1529 f. u. *Fritzemeyer/Splittgerber* CR 2007, 209 ff.
[194] LG Bonn CR 2004, 414.
[195] OLG Hamm CR 1989, 490.

II. Völlige oder teilweise Nichtleistung

Wird die geschuldete Ware z. B. bei einem Computersystemüberlassungsvertrag oder **104** bei übernommenen Zusatzleistungen ganz oder teilweise nicht geliefert, wird die geschuldete Leistung ganz oder teilweise nicht erbracht, handelt es sich um Fälle der **Nichterfüllung** im Sinne der Regelungen vor der Schuldrechtsreform. Nach neuem Recht ist von einer **Teilleistung** im Sinne der §§ 281 Abs. 1 Satz 2, 323 Abs. 5 Satz 1 BGB auszugehen, die nach der Leistungsbewirkung zum Gesamtrücktritt und zum Schadensersatz statt der Leistung führen kann.[196] Die Regelung im Rahmen der Sachmängelhaftung (§ 434 Abs. 3 BGB) betrifft nach zutreffender Ansicht nur die Lieferung einer zu geringen Liefermenge.[197] Hinsichtlich des **Interessewegfalls** an der Teilleistung sind beim Computerleasing sowohl die Interessen des Leasinggebers als auch des Leasingnehmers zu berücksichtigen.[198] Erbringt der Lieferant seine Leistung nur unvollständig, beginnen weder die Verjährungsfrist noch die Frist zur Untersuchung und Rüge zu laufen.[199]

III. Sach- und Rechtsmängelhaftung bei Computerwaren

Ausgehend von der vertragstypologischen Einordnung von Computerverträgen richtet **105** sich die Mängelhaftung im Rahmen von Computerleasinggeschäften bei der **Überlassung auf Dauer** gegen Zahlung eines einmaligen Entgelts nach Kauf- oder Werkrecht.[200] Eine **Überlassung auf Zeit** gegen Zahlung von wiederkehrenden Raten sollte beim Finanzierungsleasing im Verhältnis zwischen Leasinggeber und Lieferant wegen der dargelegten steuerrechtlichen Bedenken[201] nicht vereinbart werden. Sie findet nur im Verhältnis zwischen Leasinggeber und Leasingnehmer statt.

1. Sachmängelhaftung

Im Rahmen der bei Finanzierungsleasinggeschäften in der Regel vereinbarten leasing- **106** typischen Abtretungskonstruktion ist der Leasingnehmer verpflichtet, sich bei Auftreten eines Sachmangels mit dem Lieferanten auseinanderzusetzen. Der Leasinggeber haftet allenfalls nachrangig bzw. subsidiär.[202]

a) Fehlerbegriff. Der Fehlerbegriff der §§ 434, 633 BGB gilt **uneingeschränkt auch** **107** **bei Softwaremängeln,**[203] und zwar unabhängig davon, ob die miet-, kauf- oder werkrechtlichen Vorschriften der Sachmängelhaftung Anwendung finden und ob es sich um Standardsoftware oder ein neu entwickeltes Programm (Individualsoftware) handelt.[204] Dem steht nicht entgegen, dass es nach dem heutigen Stand der Programmiertechnik unmöglich ist, ein umfassendes Computerprogramm völlig fehlerfrei herzustellen. Diese technisch zutreffende Aussage gilt nicht nur für Software, sondern auch für andere Werkstücke wie moderne Maschinen oder komplexe Bauleistungen.[205] Bei Softwarefehlern spricht eine Vermutung dafür, dass sie bereits bei Gefahrübergang vorgelegen haben.[206]

---

[196] S. o. § 27 Rdn. 116 ff.
[197] *Schneider* D Rdn. 1338.
[198] *Schneider* D Rdn. 500 ff.
[199] OLG Hamm OLGR 2000, 264, rkr. nach Nichtannahme der Revision durch den BGH.
[200] S. o. § 63 Rdn. 6 ff.
[201] S. o. § 62 Rdn. 32.
[202] S. o. § 27 Rdn. 1 ff.
[203] Kilian/Heussen-*Moritz* VHB Nr. 31, 117 ff.; *Schneider* D Rdn. 773 ff.; *Marly* Rdn. 837 ff.; *Hoeren* in: Graf von Westphalen (Hrsg.) AGB-Klauselwerke IT-Verträge Rdn. 41 ff.; zu sog. unvermeidbaren Softwarefehlern vgl. *Heussen* CR 2004, 1 ff. m. w. N.
[204] OLG Düsseldorf CR 1995, 269.
[205] *Marly* Rdn. 841; *Dörner* Jura 1993, 581.
[206] *Redeker* Rdnr. 725 m. w. N.

§ 63 Dritter Teil. Besondere Rechtsprobleme einzelner Leasingverträge

Beim Computerleasing werden die **subjektiven Komponenten** des Fehlerbegriffs aus der Person des Leasingnehmers bestimmt, weil er den Leistungsgegenstand festlegt.[207]

108 Beschaffenheitsmerkmale und Eigenschaften von Computerwaren werden in erster Linie durch die **Beschaffenheitsvereinbarung** der Vertragspartner im Sinne der §§ 434 Abs. 1, 633 Abs. 2 BGB, durch das Pflichtenheft und sonstige Vertragsunterlagen, z. B. Werbeprospekte, festgelegt. Sind Abreden nicht getroffen worden, ist auf die Eignung für die gewöhnliche Verwendung und eine Beschaffenheit, die bei Sachen der gleichen Art üblich ist und die der Kunde erwarten kann, also auf **übliche Standards,** abzustellen (§§ 434 Abs. 1 Satz 1 Nr. 2, 633 Abs. 2 Satz 2 Nr. 2 BGB).[208] Der Lieferant schuldet eine Software, die *„unter Berücksichtigung des Vertragszwecks den Stand der Technik bei einem mittleren Ausführungsstandard entspricht".*[209] Soweit sich im Verkehr bestimmte Mindestanforderungen gefestigt haben, muss das Programm den üblichen Standards vergleichbarer Programme zum Zeitpunkt der Auftragserteilung bzw. der Ablieferung entsprechen.[210] Dabei müssen bestimmte Minimalanforderungen für einen gewöhnlichen Gebrauch vom Programm erfüllt werden, wobei der vereinbarte Preis, insbesondere bei Komfortfunktionen, einen Beurteilungsmaßstab bieten. Zu berücksichtigen ist, dass wegen der rasanten technischen Weiterentwicklung von Computerprogrammen der Stand der Technik einem ständigen Wandel unterworfen ist.

109 Der Stand der Technik kann sich auch unter Berücksichtigung der Programmbeschreibung des Softwareherstellers und der Werbung bestimmen lassen.[211] Nach § 434 Abs. 1 Satz 3 BGB können auch unrichtige öffentliche Äußerungen des Herstellers oder des Lieferanten in der **Werbung** zu einer Sachmängelhaftung des Lieferanten führen.[212] Eine Zusammenstellung der Rechtsprechung zur **Beweislast** bei Standardsoftware-Fehlern findet sich bei *Zahrnt*.[213]

110 **b) Typische Sachmängel.** Typische Sachmängel sind bei Computerwaren z. B. Funktionsdefizite, Inkompatibilität, Kapazitätsmängel, zu geringe Rechengeschwindigkeit und Bedienerunfreundlichkeit.[214] Auch der unberechtigte Einbau einer Programmsperre kann ein Sachmangel sein.[215]

111 Der Software-Hersteller muss insbesondere **„IT-Sicherheit"** gewährleisten, also Vorkehrungen gegen einen Datenverlust durch Bedienungsfehler des Anwenders treffen.[216] Hardware und Software dürfen nicht gegen die Regelungen des **Geräte- und Produktsicherheitsgesetzes** verstoßen.[217] Durch die Angabe von **Gütezeichen, DIN- oder ISO-Normen** werden bestimmte Eigenschaften der Waren vertraglich festgelegt, etwa mit dem Zusatz „DIN-geprüft". Die Abweichung von angegebenen Gütezeichen und geltenden Normen war schon nach altem Recht[218] und ist jetzt nach §§ 434 Abs. 1 Satz 2 Nr. 2, 633 Abs. 2 Satz 2 Nr. 2 BGB als Sachmangel anzusehen. Als derartige Regelungen kommen z. B. die Regelungen des Gesetzes über technische Arbeitsmittel, des Geräte-

---

[207] S.o § 6 Rdn. 30.
[208] *Marly* Rdn. 850 ff.; Gaul MDR 2000, 551; *Busse* CR 1996, 391.
[209] BGH NJW-RR 2004, 782.
[210] OLG Köln CR 1998, 459.
[211] *Marly* Rdn. 852 m. w. N.
[212] Vgl. *Hoeren* in: Graf von Westphalen (Hrsg.) AGB-Klauselwerke IT-Verträge Rdn. ff.
[213] *Zahrnt* NJW 2002, 1531.
[214] Vgl. die umfassenden Darstellungen bei *Marly* Rdn. 875 ff., *Schneider* D Rdn. 773 ff., *Redeker* Rdn. 326 ff. und *Hoeren* in: Graf von Westphalen (Hrsg.) AGB-Klauselwerke IT-Verträge Rdn. 41 ff., jeweils m. w. N.
[215] OLG Karlsruhe CR 2004, 493; s. o. § 62 Rdn.
[216] OLG Oldenburg CR 2004, 175; *Spindler* NJW 2004, 3145.
[217] *Runte/Potinecke* CR 2004, 725; *Hoeren/Ernstschneider* MMR 2004, 507; *Spindler* NJW 2004, 3145.
[218] *Hohmann* NJW 1999, 521.

sicherheitsgesetzes, der Arbeitsstättenverordnung sowie die **Grundsätze ordnungsmäßiger datenverarbeitungsgestützter Buchführungssysteme (GoBS)**[219] in Betracht.

Für eine Übernahme der Gewähr (Garantie) und die Einhaltung bestimmter Gütebedingungen im Sinne einer **Zusicherung** nach den §§ 276 Abs. 1 Satz 1, 536 Abs. 2 BGB (und des § 463 BGB a. F.) spricht, dass der Lieferant mit der Verwendung des Gütezeichens oder der Angabe der DIN- oder ISO-Normen das besonders hohe Qualitätsniveau seines Produkts zum Vertragsinhalt macht und dadurch beim Anwender ein erhöhtes Vertrauen in seine Sachkunde erweckt.[220] Falls wegen fehlender Beeinträchtigung der Gebrauchstauglichkeit ein Sachmangel verneint wird, kann der Lieferant wegen schuldhafter Aufklärungspflichtverletzung haften, selbst wenn er bestehende Vorschriften nicht gekannt hat, aber hätte kennen müssen.[221]

c) **Nacherfüllung bei Standardsoftware.** Bei Standardsoftware ist in der Regel eine Nacherfüllung gemäß den §§ 439 Abs. 3 Satz 1, 275 Abs. 2 BGB **unmöglich**, da der Fehler allen Programmkopien anhaftet, somit eine Nachlieferung ausscheidet. Auch eine Nachbesserung kommt nicht in Betracht, wenn der Lieferant urheberrechtlich nicht berechtigt ist, in die Software abändernd einzugreifen. Die Vertragspartner können sich allenfalls auf eine Nacherfüllung durch Lieferung einer **Update-Version** verständigen. Darauf muss sich der Kunde unter Berücksichtigung seiner Pflichten aus den §§ 241 Abs. 2, 242 BGB jedenfalls dann einlassen, wenn die Nacherfüllung unentgeltlich erfolgt. Verlangt der Lieferant eine zusätzliche Vergütung, kann der Kunde die Sekundäransprüche geltend machen.[222] Beim Computerleasing ist darauf zu achten, dass der Leasinggeber Eigentümer der Kopie der Update-Version wird.

d) **Vorhalten von Ersatzteilen und Updatepflicht.** Der Lieferant von Computerwaren ist – wie ein Kfz-Händler – für einen gewissen Zeitraum nach Vertragsschluss zum Bereitstellen von Ersatzteilen, insbesondere zur Lieferung von Updates für die gelieferte Software verpflichtet.[223] Dies gilt zumindest für die dem Lieferanten bekannte **Laufzeit des Leasingvertrages**. Aus einer Nichterfüllung dieser Pflicht des Lieferanten kann der Leasingnehmer keine Rechte gegen den Leasinggeber herleiten, weil dieses Risiko aufgrund der zulässigen Abwälzung der Sach- und Preisgefahr[224] vom Leasingnehmer zu tragen ist.

2. Rechtsmängelhaftung

Die Rechtsmängelhaftung des Lieferanten richtet sich nach den §§ 434 ff., 633 ff. BGB. Der Leasinggeber haftet dem Leasingnehmer ohne Haftungsregelung im Rahmen der leasingtypischen Abtretungskonstruktion nach § 536 BGB.[225] Zu wirksamen Beschränkungen der Haftung in AGB nach der Schuldrechtsreform wird auf die Untersuchung von *Redeker*[226] verwiesen.

Typischer Fall eines Rechtsmangels ist im Computerrecht die Überlassung einer sog. **Raubkopie,** also eines Vervielfältigungsstückes des Programms, das der Lieferant unter Verletzung von Urheberrechten des Herstellers und unter Verstoß gegen die §§ 69 a ff. UrhG hergestellt und dem Erwerber überlassen hat.[227] Hat der Lieferant im Verhältnis zu seinem Vorlieferanten ein **Weiterveräußerungsverbot** vereinbart, kann dies im Verhält-

---

[219] Erlass des BMF vom 7. 11. 1995, BStBl. I, S. 738 ff.
[220] *Marly* Rdn. 864.
[221] Abzulehnen LG Stuttgart NJW-RR 1998, 1276.
[222] Sehr strittig, vgl. *Marly* Rdn. 714 m. w. N.
[223] OLG Nürnberg CR 1992, 723; OLG Hamm NJW-RR 1991, 953.
[224] S. o. § 31.
[225] *Marly* Rdn. 866 f.
[226] *Redeker* CR 2006, 433 unter Hinweis auf BGH NJW 2006, 47.
[227] Vgl. OLG Hamm CR 1991, 15; OLG Nürnberg CR 1992, 723; vgl. *Redeker* Rdn. 561.

nis zum Dritterwerber, beim Computerleasing also zum Leasinggeber, ebenfalls einen Rechtsmangel darstellen. Dies gilt auch bei sog. **Vertriebsvereinbarungen** zwischen Hersteller und Lieferanten, in denen der Urheber/Hersteller dem Vertriebshändler die Erlaubnis einräumt, das diesem überlassene Programm nur für einen begrenzten Zeitraum zu vervielfältigen und Kopien zu veräußern oder nur in einem bestimmten Gebiet an Endkunden zu veräußern.[228] Veräußert der Lieferant sog. **OEM-Software** nach Entfernen der Originalverpackung ohne Hinweis auf die Beschränkung, liegt ein Rechtsmangel wegen Verstoßes gegen Markenrechte vor, obwohl keine Ansprüche des Rechteinhabers gegen die Endkunden bestehen.[229] Bösgläubigkeit des Dritterwerbers bewirkt zwar bei einer nur schuldrechtlich wirksamen Nutzungsbeschränkung in der Regel nicht die Beschränkung des Erwerbers, führt aber zur Rechtsmängelhaftung des Lieferanten.

117 Ein Rechtsmangel liegt auch vor, wenn der Nutzung des Computerprogramms als absolutes Recht das **allgemeine Persönlichkeitsrecht eines Dritten** aus den §§ 12 BGB, 14 MarkenG entgegensteht. Eine Software mit einer **unzulässigen Produktbezeichnung** leidet an einem Rechtsmangel, der Kunde muss sich nicht auf ein „umlabeln" einlassen.[230] Verkauft der Lieferant **Test-Software** nach Entfernen von Aufklebern ohne Hinweis an Dritte weiter, löst dies Schadensersatzansprüche des Kunden aus Rechtsmängelhaftung und Unterlassungsansprüche des Herstellers gegen den Lieferanten aus.[231]

118 Die Frage, ob das Recht des Dritten tatsächlich bestehen muss oder ob es ausreicht, dass der Erwerber sich einer (ungewissen) Inanspruchnahme durch den Dritten ausgesetzt sieht,[232] ist durch die Schuldrechtsreform entschieden. Nach dem Wortlaut der §§ 435, 633 Abs. 3 BGB reicht es aus, dass **Dritte** „*Rechte... geltend machen können*".[233]

119 Der Kunde kann bereits bei Bestehen von Rechten Dritter vom Lieferanten Nacherfüllung verlangen. Ein Rechtsmangel kann vom Lieferanten z. B. im Wege der **Nachbesserung** dadurch beseitigt werden, dass er die fehlenden Rechte beim Rechteinhaber erwirbt und dem Kunden überträgt.[234]

120 Beim **Computerleasinggeschäft** kann der Leasingnehmer wegen eines Rechtsmangels nur bei entsprechender Gestaltung der leasingtypischen Abtretungskonstruktion[235] gegen den Lieferanten nach den §§ 434ff., 633ff., 398 BGB vorgehen.[236] Ohne Erstreckung der leasingtypischen Abtretungskonstruktion auf Rechtsmängel kann der Leasingnehmer seine Rechte unmittelbar gegen den Leasinggeber durchsetzen. Der Leasinggeber muss gegen den Lieferanten vorgehen.

3. Übernahmebestätigung, Ablieferung und Abnahme bei Software

121 Beim Finanzierungsleasinggeschäft werden die Waren leasingtypisch unmittelbar vom Lieferanten an den Leasingnehmer ausgeliefert. Soweit der Leasinggeber als Käufer nach § 433 Abs. 2 BGB und als Besteller nach § 640 BGB zur Abnahme verpflichtet ist, ist der Leasingnehmer **Erfüllungsgehilfe** des Leasinggebers.[237]

122 a) **Übernahmebestätigung.** Der Leasingnehmer wird im Rahmen seiner eigenen Rechtsstellung tätig, soweit er die vom Leasinggeber im Leasingvertrag geforderte Übernahmebestätigung unterzeichnet.[238] Eine Übernahmebestätigung beinhaltet grundsätz-

---

[228] Vgl. *Voss* CR 1994, 449 f.; *Berger* NJW 1997, 300 f.
[229] OLG Karlsruhe CR 2000, 285.
[230] OLG Köln CR 1999, 223.
[231] OLG München CR 2000, 211.
[232] Vgl. *Voss* CR 1994, 451 m. w. N.
[233] A. A. Palandt/*Weidenkaff* § 435 Rdn. 4 u.18.
[234] *Goldmann/Redecke* MMR 2002, 4.
[235] S.o § 25 Rdn. 15 ff.
[236] Vgl. zu Einzelheiten *Bartsch* CR 2005, 1ff. m. w. N.
[237] BGH NJW 2005, 365; s.o § 13.
[238] BGH NJW 2005, 365; s.o § 13.

lich keine Abnahme im Liefervertrag, weshalb der Lieferant sich bei einem Finanzierungsleasinggeschäft vorsorglich vom Leasingnehmer eine **Quittung** über den Erhalt der Waren erteilen lassen sollte.[239] Unterzeichnet der Leasingnehmer die vom Lieferanten vorgelegte Übernahmebestätigung ohne Einschränkungen, kann er sich gegenüber dem Leasinggeber auf das Fehlen von Leistungsteilen, z. B. einer schriftlichen Dokumentation, als teilweise Nichterfüllung berufen und die Zahlung der Leasingraten gem. § 320 Abs. 1 BGB einstellen oder den Leasingvertrag nach § 543 BGB kündigen. Nach den §§ 363, 368 BGB muss er dann aber beweisen, dass ihm die Leasingsachen nicht vollständig überlassen worden sind.[240] Hat sich der Leasinggeber wirksam im Rahmen der leasingtypischen Abtretungskonstruktion auch insoweit von seiner Haftung freigezeichnet, muss der Leasingnehmer vorrangig gegen den Lieferanten vorgehen.

b) Ablieferung. Für die Ablieferung von Standardsoftware besteht grundsätzlich keine Besonderheit zu sonstigen Kaufsachen. Schwierigkeiten bei der Entdeckung von Mängeln ist durch eine großzügige Bemessung der Untersuchungs- und Rügefrist Rechnung zu tragen.[241] Standardsoftware ist abgeliefert, wenn alle Programmteile vollständig einschließlich der vollständigen Programmunterlagen in den Machtbereich des Kunden gelangt, so dass dieser die Ware auf ihre Funktionsfähigkeit untersuchen kann.[242] **123**

Ist Leistungsgegenstand ein **komplettes Computersystem**, bestehend aus mehreren Sachen oder Leistungen, oder werden Zusatzleistungen geschuldet, ist erst abgeliefert, wenn alle Teile mit den zugehörigen Bedienungsanleitungen vollständig geliefert und sämtliche geschuldeten Zusatzleistungen vollständig erbracht sind. Nach § 266 BGB ist der Lieferant zu **Teilleistungen** nicht berechtigt. Ist die Hardware zu montieren oder die Software zu installieren, ist erst nach Beendigung der Installation abgeliefert.[243] Dies gilt auch, wenn der Lieferant eine Einweisung oder eine Schulung des Kunden schuldet.[244] Werden ohne Vereinbarung nur Teilleistungen erbracht, liegen weder eine Ablieferung noch eine Abnahme vor, so dass die Verjährungsfrist nicht zu laufen beginnt.[245] Das gilt entsprechend für die Frist zur Untersuchung und Rüge nach § 377 HGB. **124**

c) Abnahme. Ordnet man die Lieferung eines kompletten Computersystems oder einer anzupassenden und zu installierenden Software als einheitlichen Werkvertrag ein, ist gemäß § 640 BGB eine rechtsgeschäftliche Abnahme, also eine Billigung der Leistungen als im Wesentlichen vertragsgerecht,[246] erforderlich. **Bloßes Schweigen** reicht in der Regel nicht. Beim **Computerleasing** wird der Leasingnehmer als Verhandlungsgehilfe des Leasinggebers tätig, allerdings in der Regel ohne Vollmacht. Eine Abnahme kann daher nur aus einem Zusammenspiel von Handlungen und Erklärungen des Leasinggebers und des Leasingnehmers geschlossen werden. Der Ansicht des OLG Celle,[247] wonach eine Billigung des Werks als im Wesentlichen vertragsgerecht schon dann vorliege, wenn der Leasinggeber die Ware vorbehaltlos bezahlt, ist nicht zuzustimmen. Unter Berücksichtigung der Besonderheiten im leasingtypischen Dreiecksverhältnis muss eine zusätzliche Handlung des Leasingnehmers, z. B. eine rügelose Nutzung, hinzukommen. **125**

---

[239] Vgl. *H. Beckmann* Finanzierungsleasing § 3 Rdn. 61 ff. m. w. N.
[240] BGH NJW 1993, 461; 1989, 3222.
[241] BGH NJW 2000, 1415.
[242] BGH NJW 2000, 1415; *Saenger* NJW 1997, 1950 u. NJW-CoR 1997, 354; *Schneider* D Rdn. 284 ff.; *Marly* Rdn. 584; *Hoeren* in: Graf von Westphalen (Hrsg.) AGB-Klauselwerke IT-Verträge Rdn. 64.
[243] BGH NJW 1994, 1720; 1993, 461; OLG Hamm CR 1998, 202; *Schneider* D Rdn. 293.
[244] BGH NJW 2000, 1415; OLG München CR 2000, 731; OLG Hamburg OLGR 1996, 273; *Marly* Rdn. 738.
[245] OLG Hamm OLGR 2000, 264, rkr. nach Nichtannahme der Revision durch den BGH.
[246] Palandt/*Sprau* § 640 Rdn. 3 ff. m. w. N.
[247] OLG Celle CR 1997, 150.

§ 63 Dritter Teil. Besondere Rechtsprobleme einzelner Leasingverträge

126 **Verweigert der Kunde die Abnahme** und kündigt den Werkvertrag, kann der Lieferant nach § 649 BGB oder § 314 BGB nicht den vereinbarten Werklohn, sondern nur den Kündigungsschaden beanspruchen.[248] Beim Finanzierungsleasinggeschäft ist zu prüfen, ob der Leasingnehmer bei umfassender leasingtypischer Abtretungskonstruktion berechtigt ist, auch die **Kündigung** für den Leasinggeber als Vertragspartner zu erklären.[249] Bei berechtigter Abnahmeverweigerung, also wenn das Werk nicht abnahmereif ist, kann der Kunde nach Ablauf einer zur Nacherfüllung gesetzten Frist vom Vertrag zurücktreten und die Rückabwicklung verlangen.[250]

127 Eine **stillschweigende Abnahme** eines Computersystems kann nur dann angenommen werden, wenn sämtliche Teilleistungen erbracht sind, also alle Komponenten vollständig geliefert, Handbücher vollständig übergeben, Hard- und Software vollständig installiert sind, das System insgesamt in Betrieb genommen worden ist und die Möglichkeit eines Probelaufs besteht, weil der Kunde nur dann das Funktionieren des Systems überprüfen kann.[251] Bei wesentlichen Leistungsdefiziten kann trotz Zahlung und Benutzung nicht von einer konkludenten Abnahme ausgegangen werden.[252] Eine entgegenstehende **Abnahmefiktion** in Lieferbedingungen ist unwirksam.[253]

Eine stillschweigende Abnahme kann z. B. in einem fehlerfreien Testlauf mit anschließender erfolgreicher Aufnahme der Produktion, in dem dauernden produktiven Einsatz der Waren trotz vorhandener Mängel[254] sowie in der Fortsetzung des Einsatzes der Waren nach Kenntnis der Mängel[255] liegen, allerdings nicht bei einer sog. „Notbenutzung" zur Minderung drohender Schäden.[256] Die bloße Unterzeichnung eines Lieferscheins oder das Unterlassen der handelsrechtlichen Rüge können demgegenüber nicht als Abnahme gewertet werden.[257]

128 Die Parteien können auch eine **Vereinbarung** treffen, wonach der zuvor erläuterte Ablieferungsbegriff mit Testphase und Probelauf für ihren Computervertrag maßgeblich sein soll.[258] Auch die Vereinbarung einer Abnahme im Sinne einer Ablieferungskontrolle bei ansonsten kaufrechtlicher Vertragsgestaltung oder ist möglich.[259] Eine Klausel in Lieferbedingungen, die vom Kunden **Teilabnahmen** verlangt, ist wegen Verstoßes gegen die §§ 307, 308 Nr. 4 BGB unwirksam.[260]

4. Untersuchung und Rüge

129 Bei einem beiderseitigen Handelsgeschäft muss der Kunde nach den §§ 377 ff. HGB die Waren unverzüglich untersuchen und Sachmängel gegenüber dem Lieferanten rügen. Dies gilt uneingeschränkt auch bei Software, insbesondere auch nach einer Nachlieferung oder Nachbesserung.[261] Handelt es sich um komplexe Software, ist dem durch eine groß-

---

[248] OLG Hamm CR 2006, 442.
[249] S. o. § 26 Rdn. 111.
[250] OLG Köln CR 2006, 440.
[251] Vgl. BGH NJW 1990, 1290; 1993, 1061 u. 461; NJW-RR 1992, 886; Redeker Rdn. 341 ff.; *Saenger* NJW 1997, 1950 u. NJW-CoR 1997, 354.
[252] Vgl. *Marly* Rdn. 823.
[253] OLG Hamm NJW 1989, 1041.
[254] OLG München CR 1991, 19; OLG Hamm CR 1989, 1091.
[255] OLG München CR 1991, 609.
[256] Vgl. BGH NJW 1974, 95.
[257] So aber OLG München NJW 1989, 1286; vgl. *Hoeren* in: Graf von Westphalen (Hrsg.) AGB-Klauselwerke IT-Verträge Rdn. 155.
[258] *Schneider* CR 1994, 389; vgl. auch *Hoeren* in: Graf von Westphalen (Hrsg.) AGB-Klauselwerke IT-Verträge Rdn. 159.
[259] Vgl. OLG Schleswig ZIP 1982, 457; *Schneider* CR 1994, 389.
[260] OLG Stuttgart CR 1995, 269; *Schneider* D Rdn. 458.
[261] BGH NJW 2000, 1415; *Hoeren* in: Graf von Westphalen (Hrsg.) AGB-Klauselwerke IT-Verträge Rdn. 60.

18. Kapitel. Computer- und Softwareleasing § 63

zügige Bemessung der Fristen Rechnung zu tragen.[262] Bei einer Teilleistung beginnt die Rügefrist nicht zu laufen.[263] Ordnet man die Herstellung und Lieferung von **Individualsoftware** nicht als Werkvertrag ein, bei dem nach § 381 Abs. 2 HGB die Obliegenheiten nicht bestehen, sondern als Werklieferungsvertrag mit der Anwendung des Kaufrechts,[264] muss auch insoweit untersucht und gerügt werden. Wegen der Verteilung der Untersuchungs- und Rügeobliegenheiten beim Finanzierungsleasinggeschäft wird auf die obigen Darstellungen verwiesen.[265]

5. Mitwirkungspflichten des Bestellers

Bei einem Softwareüberlassungsvertrag treffen den Besteller umfangreiche Mitwirkungspflichten, z. B. bei der Planung, dem Erstellen des Pflichtenhefts, der Zur-Verfügung-Stellung von Know-how etc., deren Verletzung zum Ausschluss des Schuldnerverzuges deer Lieferanten führen kann.[266] Beim Finanzierungsleasing muss der Leasingnehmer für die erforderliche Mitwirkung sorgen. **130**

IV. Aufklärung und Beratung

Beabsichtigt ein Kunde den Erwerb von Computerwaren, kann er mit dem Lieferanten einen **selbständigen Beratungsvertrag** abschließen. Ein konkludenter Vertragsschluss kann unter Berücksichtigung der Regelung in § 675 Abs. 2 BGB nur ausnahmsweise angenommen werden, wenn die Auskunft für den Kunden von erheblicher Bedeutung und sie Grundlage wesentlicher Entscheidungen sein soll.[267] **131**

Computerwaren sind auch heute noch für die meisten Kunden erklärungsbedürftig. Die Beratungspflichten bei einem Computervertrag können daher weiter gehen als bei anderen Produkten. Bei einem **Computerleasinggeschäft** ist die aus dem Liefervertrag folgende Pflicht zur Aufklärung und Beratung vom Lieferanten gegenüber dem Leasinggeber als Käufer oder Besteller zu erbringen. Da der Leasinggeber aber bei den Vertragsverhandlungen nicht persönlich in Erscheinung tritt und der Leasingkunde die Waren nutzen soll, muss der Lieferant die geschuldete Beratung gegenüber dem Leasingnehmer leisten.[268] **132**

Der Anbieter von Computerleistungen ist in der Regel sachkundiger als der Besteller; er hat einen technisch-sachlichen Wissensvorsprung. Er muss daher dem Computerlaien nach sorgfältiger Analyse von dessen Bedürfnissen geeignete Lösungen empfehlen. Der **Umfang der Beratungs- und Informationspflichten** bestimmt sich **nach den Umständen des Einzelfalls** unter Berücksichtigung der Fachkenntnisse des Lieferanten, der EDV-Erfahrung des Kunden und des Vertrauens des Kunden in die Kenntnisse des Lieferanten.[269] Als Kriterien können zusätzlich auch das Auftreten des Lieferanten im Geschäftsverkehr und der Erwerb der Waren im Fachgeschäft oder im Kaufhaus herangezogen werden.[270] Beim **Computerleasing** ist auf den **Beratungsbedarf und den Erfahrungsstand des Leasingkunden** abzustellen. **133**

---

[262] BGH NJW 2000, 1415; Redeker Rdn. 557 m. w. N.
[263] Vgl. *Redeker* Rdn. 558 m. w. N.
[264] So zum alten Recht BGH NJW 1993, 2436; s. aber die obige Darstellung in § 63 Rdn. 18 ff.
[265] S. o. § 14.
[266] BGH NJW-RR 1994, 1469; Kilian/Heussen/*Moritz* CHB Nr. 30, 45 ff.
[267] BGH NJW 1999, 3192; 1997, 3227; 1992, 2080; *Kluth/Böckmann/Grün* MDR 2003, 243.
[268] S. o. § 63 Rdn. 32 ff.
[269] BGH NJW 1984, 2938; OLG Hamm BB-Beilage 15/1989 S. 3; OLG Stuttgart CR 1989, 598; OLG Koblenz CR 1990, 41; OLG Hamburg CR 1989, 295; *Marly* Rdn. 596 ff.; *Zahrnt* NJW 2000, 3746 u. 1995, 1785; *Schmidt* CR 1992, 709; Kilian/Heussen/*Moritz* CHB Nr. 30 Rdn. 21 ff.
[270] OLG Hamm CR 1997, 691 (Ls.).

134 Die Anforderungen an die Beratungspflichten des Anbieters dürfen nicht überspannt werden.[271] Es ist von dem Grundsatz auszugehen, dass eine allgemeine Aufklärungspflicht über die Risiken eines Geschäfts durch den Vertragspartner nicht besteht.[272] Der Kunde ist unter Berücksichtigung des Grundsatzes von Treu und Glauben und der Regelung in § 241 Abs. 2 BGB aufzuklären, wenn er redlicherweise eine Aufklärung erwarten kann. In diesen Fällen muss der Anbieter unaufgefordert den Kunden über alle wesentlichen Umstände informieren.[273] Bittet der Kunde den Lieferanten um Beratung, sind höhere Anforderungen zu stellen als bei der eigeninitiativen Aufklärung. Der Lieferant muss den Kunden über diejenigen bedeutsamen Eigenschaften aufklären, die er kennt oder kennen muss.[274] Kann oder will der Lieferant keine Auskunft erteilen, muss er dies ausdrücklich kundtun.[275]

135 Zu beachten ist, dass auch nach der Schuldrechtsreform grundsätzlich die **Sachmängelhaftung eine abschließende gesetzliche Regelung** darstellt, soweit es um Informationen über die Beschaffenheit und die Eigenschaften der Waren geht.[276] Strittig ist, ob auch der Leasinggeber dem Leasingnehmer aus dem Leasingvertrag insoweit Beratungsleistungen schuldet und bei einer Pflichtverletzung des Lieferanten dem Leasingnehmer auf Schadensersatz haftet.[277] Verletzt der Lieferant seine Beratungspflichten hinsichtlich der Eignung der Waren, können der Leasinggeber und bei entsprechender Regelung im Rahmen der leasingtypischen Abtretungskonstruktion der Leasingnehmer vom Lieferanten Schadensersatz verlangen. Eine persönliche Haftung des Lieferanten gegenüber dem Leasingkunden kann nach § 311 Abs. 3 BGB in Betracht kommen, wenn der Lieferant wegen seiner Sachkunde besonderes persönliches Vertrauen in Anspruch nimmt.[278] Das wird bei einem Computerleasinggeschäft in der Regel zu bejahen sein.

V. Ersatzpflicht des Lieferanten aus Schutzpflichtverletzung

136 Bei Computerverträgen bestehen besondere Schutzpflichten (vgl. § 241 Abs. 2 BGB). Der Lieferant muss bei Eingriffen in ein beim Kunden vorhandenes Computersystem die **„Befunde sichern"** und seine Tätigkeit **dokumentieren; anderenfalls kehrt sich die Beweislast bezüglich der Pflichtverletzung um.**[279]

137 Der Lieferant eines Computersystems muss Vorkehrungen gegen einen **Datenverlust** durch Bedienungsfehler des fachfremden gewerblichen Kunden treffen.[280] Vor einem objektiv datengefährdenden Eingriff muss sich der Lieferant beim Kunden über die ordnungsgemäße Durchführung der Datensicherung erkundigen[281] und unter Umständen prüfen, ob die vom Anwender vorgenommene Datensicherung den aktuellen Datenbestand enthält,[282] obwohl grundsätzlich die Datensicherung zu den selbstverständlichen Pflichten des – gewerblichen – Anwenders gehört.[283] Bei einem von ihm zu vertretenden Datenverlust des Kunden muss der Lieferant den zur Wiederherstellung erforderlichen Betrag ersetzen, wenn er die Funktion einer Sicherungsroutine nicht geprüft

---

[271] *Redeker* Rdn. 422.
[272] BGH NJW 1970, 653; *Marly* Rdn. 595; MünchKomm/*Roth* § 241 Rdn. 123 u. § 311 Rdn. 99; *Breidenbach* CR 1989, 600.
[273] BGH NJW 1985, 1769.
[274] BGH NJW 2004, 2301.
[275] Vgl. die Fälle aus der Rspr. bei *Marly* Rdn. 610 ff.
[276] *Marly* Rdn. 591 m. w. N.
[277] S. o. § 26 Rdn. 9 u. die Nachweise für den ihm bekannten Verwendungszweck § 63 Rdn. 133 Fn. 264.
[278] Vgl. die Nachweise zur Vertrauenshaftung bei *Marly* Rdn. 601.
[279] BGH NJW 1996, 2924; OLG Hamm CR 2000, 289 u. 2004, 654.
[280] OLG Oldenburg CR 2004, 175 mit Anm. *Alpert*.
[281] OLG Hamm CR 2004, 654.
[282] OLG Karlsruhe NJW 1996, 200; OLG Köln NJW-RR 1997, 558 u. 1994, 1262.
[283] OLG Hamm CR 2004, 654; OLG Karlsruhe NJW 1996, 200 u. NJW-RR 1997, 554.

18. Kapitel. Computer- und Softwareleasing **§ 63**

hat.[284] Ein Mitverschulden des Kunden ist zu berücksichtigen, wenn er seine Daten nicht oder unzureichend gesichert hat.[285] Der Ausschluss der Haftung durch AGB ist insoweit – auch für nur leichte Fahrlässigkeit – grundsätzlich unzulässig.[286] Beauftragt der Kunde ein IT-Fachunternehmen mit der **Datenrettung**, verletzt dieses seine Vertragspflicht, wenn es objektiv unrichtig die Unmöglichkeit der Datenrettung annimmt.[287]

Die Lieferung virenbefallener Software stellt einen Sachmangel dar.[288] Der Software-Lieferant ist in der Regel verpflichtet, vor der Auslieferung, in jedem Fall vor dem Aufspielen beim Kunden, die Software mit einem aktuellen Virenscanner auf **Virenbefall** zu prüfen.[289] *Marly*[290] geht diesbezüglich von einer Kardinalpflicht aus, für die eine Haftung nicht ausgeschlossen werden kann. Dies gilt auch für bei der Softwareerstellung verwendete Programmiertools. Andererseits kann auch vom Kunden, jedenfalls von einem Kaufmann oder Unternehmer, vor dem Aufspielen eine Überprüfung erwartet werden, so dass ein Mitverschulden zu berücksichtigen ist.[291] **138**

Wird der Liefervertrag wegen einer Leistungsstörung rückabgewickelt, kann der Kunde vom Lieferanten nach den §§ 280 Abs. 1, 241 Abs. 2 BGB neben der Erstattung von Aufwendungen auch die **Löschung von Daten**, die er selbst auf die Festplatte aufgespielt, von einem Dritten, z. B. einem EDV-Berater, oder gar vom Lieferanten hat aufspielen lassen, von der zurückzugebenden Festplatte auf Kosten des Lieferanten verlangen. **139**

Der Lieferant muss den Kunden bei Vertragsschluss über eine bevorstehende **Produktionseinstellung** aufklären.[292] Das gilt jedenfalls dann, wenn der Kunde die Erwartung hat und auch haben darf, dass die erworbene Software vom Lieferanten noch über einen längeren Zeitraum „gepflegt" und eventuell sogar weiterentwickelt wird („**Lebenszyklus**" einer Software").[293] Dies wird bei einem auf mehrere Jahre angelegten Finanzierungsleasinggeschäft immer der Fall sein. **140**

Beim **Computerleasing** sind derartige Pflichtverletzungen in der Regel unmittelbar zwischen dem Lieferanten und dem Leasingnehmer abzuwickeln. Ein unmittelbarer Anspruch des Leasingnehmers gegen den Lieferanten kann sich aus den §§ 280 Abs. 1, 311 Abs. 3, 241 Abs. 2 BGB, aber auch aus unerlaubter Handlung nach den §§ 823 ff. BGB und aus Produkthaftung ergeben. So kann der Lieferant dem Leasingnehmer zum Ersatz von Verzugs- und Mangelfolgeschäden, des entgangenen Gewinns, des durch einen Datenverlust entstandenen Schadens und zum Aufwendungsersatz, z. B. wegen überflüssigen Kaufs von Zubehör, vergeblicher Installationskosten, Personalkosten für Schulungen etc., verpflichtet sein.[294] Nach Ansicht des KG kann auch der Leasinggeber als Vertragspartner vom Lieferanten Schadensersatz verlangen, wenn dieser ein vom Leasingnehmer genutztes Programm unberechtigt gelöscht hat.[295] **141**

---

[284] BGH NJW 1996, 2924; OLG Hamm CR 2000, 289 u. 2004, 654; OLG Oldenburg CR 2004, 493.
[285] OLG Karlsruhe NJW-RR 1997, 554; OLG Hamm CR 2004, 654; *Müglich/Lapp* CR 2004, 801; s. auch *Meier/Wehlau* NJW 1998, 1588 f.
[286] OLG Hamm CR 2000, 289.
[287] BGH NJW 2000, 2812.
[288] LG Kleve CR 1996, 292; *H. Beckmann* Finanzierungsleasing § 12 Rdn. 142 ff.; *Redeker* CR 1993, 193 f.
[289] *Schneider/Günther* CR 1997, 389 ff. unter Hinweis auf BGH NJW 1996, 2924; vgl. auch *Koch* NJW 2004, 801; a. A. LG Regensburg NJW-RR 1998, 1353.
[290] *Marly* Rdn. 688 u. 1139.
[291] Vgl. LG Kleve CR 1996, 292.
[292] Verneinend OLG München CR 1996, 211.
[293] Vgl. LG Köln CR 1999, 218 m. Anm. *Jaeger* CR 1999, 209; OLG Köln CR 1998, 720; a. A. OLG Koblenz MMR 2005, 472; vgl. *Kühne* BB 1986, 1527.
[294] Vgl. *Marly* Rdn. 688; *H. Beckmann* Finanzierungsleasing § 12 Rdnr. 125 ff. m. w. N.
[295] KG Urteil v. 20. 8. 1997 EWiR § 2 UrhG 1/1998, 279.

VI. Produkt- und Produzentenhaftung für Computerwaren

1. Deliktische Produzentenhaftung des Herstellers von Computerwaren

142 Der Hersteller von Hard- und Software haftet für Personen- und Sachschäden des Leasingnehmers oder Dritter aus Delikt nach § 823 BGB, wenn ihn ein Verschulden trifft.[296] Zu ersetzen sind Schäden, die nicht von den vertraglichen Ansprüchen aus Sachmängelhaftung gedeckt sind, also sog. **weiterfressende Schäden,**[297] die an anderen Rechtsgütern des Vertragspartners oder Dritter entstehen.[298] Die Löschung von Daten des Kunden durch den Lieferanten stellt eine Eigentumsverletzung im Sinne des § 823 Abs. 1 BGB dar.[299] Der Datenbestand ist zumindest ein sonstiges Recht.[300] Geschützt sind auch die Nutzungsrechte des Nicht-Eigentümers an einem Computerprogramm.[301]

2. Produkthaftung des Lieferanten/Herstellers

143 Daneben kann sich eine **Gefährdungshaftung** des Hardware- und Softwareproduzenten sowie von Zulieferanten nach dem **Produkthaftungsgesetz** ergeben. Software ist als Produkt im Sinne des § 2 ProdHaftG anzusehen.[302] Dies gilt für Standard- und Individualsoftware gleichermaßen.[303] Verantwortlich sind der Hersteller, ihm gleichgestellt der sog. Quasi-Hersteller, der ein Produkt in die Europäische Gemeinschaft als Importeur einführt (§ 4 Abs. 2 ProdHaftG). Sind diese in erster Linie Haftenden nicht auffindbar, gilt der Lieferant als Hersteller, solange er nicht den Hersteller binnen eines Monats benennt (§ 4 Abs. 3 ProdHaftG).[304]

144 Geht also von der gelieferten Software ein Schaden aus, der sich auf andere Rechtsgüter erstreckt, z. B. eine virenverseuchte Software zerstört andere Programme oder Daten des Kunden, eine computergesteuerte Flugsicherungsanlage oder eine Ampelanlage führen zu Unfällen, eine Herz-Lungen-Maschine wird durch ein fehlerhaftes Programm fehlgesteuert, so können der Anwender oder Dritte Ersatz ihrer Schäden unter Berücksichtigung der Einschränkungen des § 1 ProdHaftG beanspruchen.

145 Der Leasinggeber kann seine Ansprüche gegen den Lieferanten aus Produkt- und Produzentenhaftung schon im Leasingvertrag im Rahmen der leasingtypischen Abtretungskonstruktion oder auch später bei Auftreten eines Schadens an den Leasingnehmer abtreten. Der Leasingnehmer kann Eigenschäden unmittelbar vom Lieferanten ersetzt verlangen.[305]

3. Produkthaftung des Leasinggebers

146 Mit Ausnahme des reinen Händlerleasing[306] ist der Leasinggeber nicht Hersteller eines Produkts. Der Leasinggeber kann allenfalls als Quasi-Hersteller im Sinne des § 4 Prod

---

[296] Vgl. *Marly* Rdn. 1298 ff. m. w. N.; *Musulas,* Die Haftung des Softwareherstellers, 1993; *Taeger* CR 1996, 266 ff; *Cahn* NJW 1996, 2899.
[297] BGH NJW 1996, 2224.
[298] *Taeger* CR 1996, 257 ff; vgl. auch BGH WM 1996, 1400.
[299] OLG Karlsruhe NJW 1996, 200; a. A. LG Konstanz NJW 1996, 2662.
[300] *Hoeren* in: Graf von Westphalen (Hrsg.) AGB-Klauselwerke IT-Verträge Rdn. 97; *Meier/Wehlau* NJW 1998, 1587 ff.; vgl. auch BGH NJW 1996, 2924.
[301] Vgl. BVerfG MMR 2005, 165.
[302] *Deike* CR 2003, 15; *Schmitt* CR 2001, 840; *Spindler* NJW 1999, 3742; *Hohmann* NJW 1999, 524; *Taeger* CR 1996, 257 ff; a. A. *Graf von Westphalen* NJW 1990, 87 u. *Hilty* MMR 2003, 14.
[303] *Marly* Rdn. 1303; *Lehmann* NJW 1992, 1724 m. w. N.; a. A. *Hoeren* in: Graf von Westphalen (Hrsg.) AGB-Klauselwerke IT-Verträge Rdn. 92.
[304] *Meier/Wehlau* CR 1990, 99.
[305] S. o. § 26 Rdn. 48 ff.
[306] S. o. § 3 Rdn. 10 u. § 5 Rdn. 34.

18. Kapitel. Computer- und Softwareleasing § 63

HaftG beim sog. **Hersteller- und Händlerleasing** haften, wenn er als Importeur Waren in die Europäische Gemeinschaft einführt.[307]

VII. Kurzfristiges Lösungs- oder Kündigungsrecht

Die leasingtypische Abwälzung der Sach- und Preisgefahr in einer Klausel des Leasingvertrages hält bei Überlassung eines **neuen oder neuwertigen Kfz** nur dann der Wirksamkeitskontrolle der Generalklausel des § 307 BGB stand, wenn dem Leasingnehmer im Fall des völligen Verlustes oder einer nicht unerheblichen Beschädigung ein kurzfristiges Kündigungsrecht oder ein gleichwertiges Lösungsrecht bezüglich des **Leasingvertrages** zusteht.[308] Das muss **auch auf andere neuwertige Güter,** bei denen die Interessenlage gleich zu bewerten ist, ausgedehnt werden.[309] Dies ist insbesondere bei **Computerwaren** der Fall.[310] Nach Ansicht von *Stoffels*[311] folgt das Kündigungsrecht auch ohne ausdrückliche Vereinbarung aus § 314 BGB. 147

VIII. Besonderheiten des Rechtsstreits über Computerwaren

Aus den geschilderten Besonderheiten von Computerwaren ergeben sich auch spezielle Probleme in einem Rechtsstreit, insbesondere bei Streit über das Vorliegen einer Leistungsstörung. Beim Computerleasing findet der sog. „Lieferprozess" über Leistungsstörungen des Liefervertrages als Folge der leasingtypischen Abtretungskonstruktion zwischen Leasingnehmer und Lieferant als Prozessparteien statt.[312] 148

1. Prozessvorbereitung

Vor Einreichung einer Klage aus einem Computervertrag ist zu prüfen, ob in den getroffenen Vereinbarungen eine Schieds-, Schiedsgutachten- oder Schlichtungsklausel oder eine Mediationsvereinbarung enthalten ist.[313] Auch ohne Vereinbarung im Liefervertrag sollte eine **außergerichtliche Konfliktlösung** – beim Finanzierungsleasinggeschäft mit Beteiligung aller drei Vertragspartner – versucht werden, z. B. durch ein Schiedsgerichtsverfahren, z. B. beim Deutschen Industrie- und Handelskammertag, DIHT, mit der Deutschen Institution für Schiedsgerichtsbarkeit, DIS,[314] ein Schlichtungsverfahren, z. B. bei der Deutschen Gesellschaft für Recht und Informatik e. V., DGRI,[315] oder eine Mediation, z. B. beim Bundesverband für Mediation in Wirtschaft und Arbeitswelt,[316] zur Vermeidung eines oft langwierigen Rechtsstreits durch die Instanzen in Erwägung gezogen werden. 149

2. Mitwirkung des Leasinggebers

Insbesondere bei Rechtsstreitigkeiten über schnelllebige Computerwaren ist eine Beteiligung des Leasinggebers schon vor Klageerhebung im Lieferprozess oder in einem möglichst frühen Prozessstadium wünschenswert. Zu diesem Zeitpunkt verkörpern die Waren regelmäßig noch einen bei einem **Vergleich** zu berücksichtigenden Verkehrswert, 150

---

[307] *Dageförde* S. 22 ff m. w. N.; *Spittler* S. 106; *Heymann* CR 1990, 176.
[308] BGH NJW 1977, 195; 1987, 377; 1996, 1888; 1998, 1637, 2248 u. 3270; MDR 2004, 323.
[309] *Martinek* I S. 150; Wolf/Eckert/Ball Rdn. 1786 u. 2000; *Graf von Westphalen* AGB-Klauselwerke Leasing Rdn. 175; Staudinger/*Stoffels*, Leasing Rdn. 206.
[310] A. A. *Marly* Rdn 225.
[311] Staudinger/*Stoffels* Leasing Rdn. 206; a. A. *Graf von Westphalen*, Leasingvertrag Rdn. 886.
[312] S. o. § 28.
[313] S. o. § 27 Rdn. 111.
[314] www.dihk.de und www.dis-arb.de.
[315] www.dgri.de mit Schlichtungsklausel und Schlichtungsordnung.
[316] Bundesverband für Mediation in Wirtschaft und Arbeitswelt www.bmwa.de.

der oftmals am Ende des Rechtsstreits wegen technischer Fortschritte bei der Hardware sowie Weiterentwicklungen der Software nicht mehr vorhanden ist.

151 Zudem sprechen erhebliche **wirtschaftliche Gründe** für den Abschluss eines frühen Vergleiches unter Beteiligung aller drei am Finanzierungsleasinggeschäft beteiligten Parteien. Die Prozessparteien Leasingnehmer und Lieferant sollten aufgefordert werden, den Leasinggeber als Vertragspartner des Liefervertrages zu bewegen, am Gerichtstermin zum Zwecke eines den Streit endgültig erledigenden Vergleichs teilzunehmen. Hierdurch können erhebliche Gerichts- und Rechtsanwaltskosten sowie die besonders bei Computerwaren sehr hohen Sachverständigenkosten gespart werden. Auch können Folgeprozesse, insbesondere ein Streit zwischen Leasinggeber und Leasingnehmer über die Rückabwicklung des Leasingvertrages, zwischen den Beteiligten vermieden werden.[317]

3. Kostenproblematik im Computerprozess

152 Bei Computerrechtsstreitigkeiten ergibt sich eine besondere Kostenproblematik aus der Tatsache, dass Software trotz ihrer anerkannten Sacheigenschaft physisch nicht oder nur mit Schwierigkeiten greifbar ist. Zusätzlich zu den normalen Prozessrisiken treffen den auf Rückabwicklung klagenden Anwender erhebliche **Sachverständigenkosten**,[318] eigene Kosten, z. B. **Personalkosten** für eine umfangreiche Mängeldokumentation, Probeläufe, Rekonstruktion der ursprünglichen Konfiguration bei einem Ortstermin, Reisekosten etc. Hinzu kommen die weiter unten[319] dargestellten Probleme bei der Vollstreckung eines Zug-um-Zug-Titels, die wiederum mit erheblichen Kosten verbunden sein kann. Zu berücksichtigen sind auch eine Beschränkung des Betriebs des Anwenders durch einen oder mehrere Ortstermine, ferner Verdienstausfall etc.

153 Bei Computerleasingprozessen ist zu beachten, dass Kostengesichtspunkte nicht nur vom klagenden Leasingnehmer, sondern auch vom Leasinggeber zu beachten sind, da dieser bei einer im Verlaufe des Lieferprozesses oder nach dessen Abschluss eintretenden Insolvenz des Lieferanten nach einem Obsiegen des Leasingnehmers im Rückabwicklungsstreit letztlich mit den Prozesskosten belastet werden kann[320] und er bei Illiquidität einer oder beider Parteien letztlich mit seinen Forderungen ausfällt.

4. Darlegung des Sachverhalts, Beweismittelsicherung und Beweiserhebung

154 **a) Vorprozessuale Beweissicherung durch Dokumentation.** Gerade bei Computerwaren ist eine rechtzeitige und sorgfältige Sicherung der Beweismittel erforderlich, weil die Feststellung und die Durchsetzung der sich aus einer Leistungsstörung ergebenden Rechte mit erheblichen Schwierigkeiten verbunden ist, die in den softwarespezifischen Besonderheiten begründet sind. Der Kunde sollte Fehler und Fehlerbeseitigungsversuche des Lieferanten in einem sog. **Logbuch** dokumentieren, um im späteren Rechtsstreit seiner Beweislast nachkommen zu können. Sind Schwierigkeiten mit dem Lieferanten absehbar, sollte ihm die Sache nicht ohne vorherige Beweissicherung zur Nachbesserung überlassen werden. Umgekehrt sollte auch der Lieferant seine Leistungen, insbesondere Eingriffe in das System und die Maßnahmen zur Datensicherung, dokumentieren, weil sich sonst die Beweislast zu seinen Ungunsten umkehren kann.[321]

155 **b) Selbständiges Beweisverfahren.** Will der Kunde das gelieferte System wegen eines Sachmangels nicht weiter nutzen und durch ein anderes ersetzen, sollte er vor dem Abbau des mangelhaften Systems die Mängel und deren Ursachen durch Einleitung des

---

[317] Vgl. *Pätzel* CR 1996, 718 ff.; *H. Beckmann* Computerleasing Rdn. 299 ff.
[318] BGH VersR 1996, 1257 fordert „langandauernde Praxisversuche".
[319] S. u. Rdn. 163 ff.
[320] S. o. § 29 Rdn. 50 ff.
[321] Vgl. BGH NJW 1996, 2924; OLG Hamm CR 2000, 289.

selbständigen Beweisverfahrens nach den §§ 485 ff. ZPO für alle Beteiligten verbindlich feststellen lassen. Dies gilt auch, wenn das System zwar weiterbenutzt wird, aber im Rahmen der Nachbesserung oder der Fehlersuche Systemveränderungen durchgeführt oder durch das Überspielen von Updates Schwierigkeiten der ursprünglich gelieferten Softwareversionen abgestellt werden sollen.

Eine über die „normale", sich aus der leasingtypischen Abtretungskonstruktion ergebende vertragliche Bindungswirkung[322] hinausgehende **Bindungswirkung für den Leasinggeber** kann der Leasingnehmer dadurch erzielen, dass er diesem im selbständigen Beweisverfahren den Streit verkündet. Dem Streitverkündeten kann dann das Ergebnis der Beweisaufnahme gemäß den §§ 68, 493 ZPO in einem nachfolgenden Prozess entgegengehalten werden.[323] Eine Streitverkündung sollte insbesondere auch bezüglich **weiterer Lieferanten**, die für einen Sachmangel mitverantwortlich sein können, erwogen werden. **156**

c) Darlegung des Sachverhalts. Bei einer Spezialmaterie wie Computerwaren ist darauf zu achten, dass auch bei technisch komplizierten Sachverhalten die Schriftsätze nicht mit technischen Fachbegriffen überhäuft, sondern für den Gegner und das Gericht verständlich verfasst werden. Die Gerichtssprache ist gemäß § 184 GVG deutsch, so dass insbesondere **Begriffe aus dem EDV-Englisch zu erläutern** sind. Bei besonderen Fachkenntnissen einer Partei sind Voranforderungen an die **Substantiierungspflicht** zu stellen.[324] Die Anforderungen an die Substantiierungspflicht dürfen nicht überspannt werden. Bei Softwaremängeln ist es – wie bei Baumängeln – ausreichend, dass der Anwender das Fehlerbild sowie die Umstände des Auftretens des Fehlers, also die Symptome, beschreibt; die Fehlerursache ist nicht darzulegen (sog. Symptomtheorie).[325] **157**

Schriftliche Vertragsunterlagen, die den Leasing- und den Liefervertrag betreffen, sollten **vollständig** bereits mit der Klageschrift oder der Klageerwiderung zu den Gerichtsakten eingereicht werden, also auch Prospektmaterial, Angebots- und Bestätigungsschreiben, Allgemeine Geschäftsbedingungen, Pflichtenhefte, Dokumentationen zur Hard- und Software, Bedienungsanleitungen, vorprozessuale Korrespondenz, insbesondere Mängelrügen und Fehlerlisten. **158**

Auch **Datenträger** und zugehörige schriftliche Unterlagen können schon der Klageschrift beigefügt werden, um dem Gericht, einem Sachverständigen, der Gegenpartei und ihrem Prozessbevollmächtigten und dem Gerichtsvollzieher im Rahmen der Zwangsvollstreckung die Prüfung der Identität zu ermöglichen. **159**

d) Beweiserhebung im Computerprozess. Streiten die Parteien über das Vorliegen eines Sachmangels der Software oder des Computersystems, wird in der Regel eine kostspielige Beweisaufnahme durch einen oder mehrere **Sachverständige** erforderlich.[326] Die Industrie- und Handelskammern, z. B. die in Köln,[327] halten Sachverständigenlisten bereit, die nach unterschiedlichen Teilgebieten geordnet sind. Eine aktuelle Liste der von den Industrie- und Handelskammern öffentlich bestellten und vereidigten sowie von weiteren Sachverständigen für das Gebiet der Elektronischen Datenverarbeitung enthält auch das Computerrechts-Handbuch.[328] Es empfiehlt sich eine Einigung der Parteien gemäß § 404 Abs. 4 ZPO über die Person des Sachverständigen und gemäß § 13 JVEG über die Höhe der Vergütung vor dessen Beauftragung durch das Gericht. Gibt es keinen geeigneten Sachverständigen, der die Qualität einer Individualsoftware beurteilen kann, **160**

---

[322] S. o. § 29 Rdn. 2 ff.
[323] Vgl. OLG Köln NJW 1993, 1661; BGH ZIP 1997, 296 mit Anm. *Schuschke* EWiR § 485 ZPO 1/97, 335.
[324] Vgl. *Bergmann/Streitz* NJW 1992, 1726 ff.
[325] BGH BauR 2003, 693; 2000, 261; *Werner/Pastor* Bauprozess Rdn. 1472 m. w. N.
[326] Vgl. *Redeker* Rdn. 743 ff.
[327] www.ihk-koeln.de.
[328] *Kilian/Heussen* (Hrsg.) CHB Nr. 432.

geht das zu Lasten des Beweispflichtigen.³²⁹ Die Beweislast richtet sich nach den Grundsätzen des Zivilprozessrechts.³³⁰

161 Kann das Gericht das Vorliegen eines Sachmangels nur durch die Auswertung des **Quellcodes** beantworten, ist dieser vorzulegen und von einem Sachverständigen auf Fehler zu prüfen. Das Gericht kann die Vorlage nach § 144 ZPO – auch gegenüber Dritten – anordnen. Hat der Hersteller ein berechtigtes Interesse an der Geheimhaltung des Quellcodes, kann die Überprüfung nach Vorgabe des Gerichts unter Ausschluss der Parteien erfolgen (vgl. § 404a Abs. 1 u. 4 ZPO).³³¹ Eine Weigerung einer Partei kann als **Beweisvereitelung** angesehen werden. Dies gilt auch bei Verhinderung eines Ortstermins durch eine Partei.

162 Bei der Durchführung einer Beweisaufnahme im Computerprozess ergeben sich häufig besondere Schwierigkeiten daraus, dass die beanstandete Anlage reinstalliert werden muss, was mit erheblichen Aufwendungen verbunden ist, die häufig den Streitwert des Prozesses überschreiten. Nach Ansicht des BGH³³² sind grundsätzlich auch **langandauernde Praxisversuche** erforderlich, um die Mangelhaftigkeit und deren Ursache festzustellen; seiner Pflicht zur Aufklärung des Sachverhalts und zur Erschöpfung des angetretenen Sachverständigenbeweises müsse das Gericht durch Einholung eines ergänzenden oder weiteren Gutachtens von Amts wegen nachkommen. Deshalb sollte in Computerrechtsstreitigkeiten über kleinere Streitwerte die **Verhältnismäßigkeit des Untersuchungsaufwandes** vom Gericht und den Parteien berücksichtigt werden.³³³ Allerdings darf das Gericht eine beantragte Beweiserhebung nicht schon wegen der damit verbundenen Kosten ablehnen. Es ist allein Sache der beweisbelasteten Partei, das Prozessrisiko gegen das Kostenrisiko abzuwägen.³³⁴ Zurückhaltung ist aber geboten bei vorschussfrei angeordneter Beweiserhebung nach den §§ 144, 358a ZPO und bei einer unbemittelten Partei.³³⁵ Das Gericht sollte von den Möglichkeiten der Schadensermittlung und -schätzung nach § 287 ZPO Gebrauch machen. Es sollte ferner anregen, dass die Parteien aus wirtschaftlichen Erwägungen zumindest einzelne Punkte ihres Streits unstreitig stellen oder über einzelne Streitfragen einen Zwischenvergleich schließen.

5. Formulierung des Zug-um-Zug-Antrags und eines vollstreckungsfähigen Titels

163 Bei Computerwaren spielen wegen der besonderen Eigenschaften von Software **Vollstreckungsprobleme** eine erhebliche Rolle. Dies betrifft beim Finanzierungsleasing auch den Leasinggeber, der aus dem vom Leasingnehmer im Lieferprozess erwirkten Titel auf Rückzahlung des gezahlten Kaufpreises/Werklohns die Zwangsvollstreckung gegen den Lieferanten betreiben muss.³³⁶

164 a) **Bestimmtheitsanforderungen.** Klagt der **Leasingnehmer** als Folge der leasingtypischen Abtretungskonstruktion gegen den Lieferanten auf Rückzahlung des vom Leasinggeber gezahlten Kaufpreises oder Werklohns an den Leasinggeber, müssen die zurückzugebenden Waren im Zug-um-Zug-Antrag genau bezeichnet werden, um Schwierigkeiten im Rahmen der Zwangsvollstreckung zu vermeiden.³³⁷ Auch der vom Gericht zu formulierende Titel (Urteil, Vergleich) muss ausreichend bestimmt formuliert werden.

---

³²⁹ *Redeker* Rdn. 744 m. w. N.
³³⁰ Vgl. Kilian/Heussen/*Moritz* Nr. 31 Rdn. 246 ff. m. w. N.
³³¹ *Redeker* Rdn. 752; *Deville* NJW-CoR 1997, 112; a. A. OLG Celle CR 1994, 748.
³³² BGH VersR 1996, 1257.
³³³ *Bergmann/Streitz* NJW 1992, 1730.
³³⁴ BVerfG NJW 1979, 413.
³³⁵ Vgl. BVerfG NJW 1997, 2745.
³³⁶ S. o. § 29 Rdn. 19 ff.
³³⁷ *Redeker* Rdn. 700; s. o. §.

Nicht ausreichend ist z. B. die Beantragung oder Titulierung der „*Rückgabe aller EDV-* 165
Programme gemäß Vertrag vom. ...".[338] Es müssen sämtliche Programme einschließlich der
Datenträger genau bezeichnet und mit allen Teilen aufgeführt werden, und zwar einschließlich der zurückzugebenden Unterlagen (Dokumentationen, Bedienungshandbücher etc.). Allerdings muss der **Lieferant** unter Berücksichtigung der Pflichten aus § 241
Abs. 2 BGB und des § 348 BGB an der Spezifizierung zumindest mitwirken. Hierzu ist
er vom Gericht anzuhalten.

Ist eine **Mitwirkung der Parteien bei der Rückabwicklung** erforderlich, z. B. das 166
Bereitstellen oder Abholen der Waren, kann dies bereits im Antrag und im Titel, zumindest aber in den Entscheidungsgründen eines Urteils, Berücksichtigung finden. Es sollte
beschrieben werden, wie die Herausgabe technisch konkret durchgeführt werden soll.
Dies gilt auch hinsichtlich der **Löschung** aller vorhandenen Softwarekopien, und zwar
sowohl auf Disketten als auch auf der Festplatte. Besondere Schwierigkeiten können sich
daraus ergeben, dass die gelieferten Programme beim Anwender mit dessen Daten vermengt worden sind, also eine Löschung der zurückzugebenden Programme zugleich Daten des Anwenders betrifft. Dies dürfte insbesondere den Gerichtsvollzieher im Rahmen
der Zwangsvollstreckung vor eine kaum lösbare Aufgabe stellen. Der Kunde kann daher
mit seiner Klage ausdrücklich schon im Klageantrag eine **Deinstallation der Software**
durch den Lieferanten oder durch einen Drittunternehmer auf Kosten des Lieferanten
verlangen, also insoweit Leistungs- und/oder Feststellungsklage erheben.

Bei **Individualsoftware** ist zu prüfen, ob eine hinreichende Bestimmtheit der Be- 167
zeichnung überhaupt möglich ist, ferner ob die Zwangsvollstreckung nach § 883 ZPO
oder nach § 888 ZPO zu erfolgen hat.[339]

Ist der Antrag nicht präzise genug gestellt, darf das Gericht nicht sofort die Klage 168
abweisen, sondern muss gemäß § 139 Abs. 1 ZPO dahin wirken, dass der Kläger einen
sachdienlichen Antrag stellt. Eine völlige Abweisung der Klage (als unzulässig) wird zu
Recht als unbillig angesehen.[340]

Ist dennoch eine unzureichende Festlegung der Gegenleistung im Urteilstenor oder ei- 169
nem Prozessvergleich enthalten und hilft auch eine Auslegung nicht weiter, ist der Titel
nicht vollstreckungsfähig.[341] Dem Kunden bleibt nur der Weg einer **neuen Klage**,[342]
soweit seine Ansprüche nicht zwischenzeitlich verjährt sind. In Betracht kommen kann
auch eine Klage auf **Feststellung**, dass die in dem Ersturteil genannten Waren die
nunmehr spezifizierten sind.[343] Der Streitwert einer derartigen Klage dürfte dem des
Erstprozesses nahekommen.

Beim **Computerleasing** kann der Leasingnehmer dem Leasinggeber zum **Schadens-** 170
ersatz verpflichtet sein, wenn er einen nicht vollstreckungsfähigen Titel gegen den Lieferanten erwirkt. Dies kann auch der Rückabwicklung des Leasingvertrages entgegenstehen.

b) Löschung aller Programmkopien. Besondere Schwierigkeiten bereitet in diesem 171
Zusammenhang die Rückgabe der Software, wenn diese beim Anwender nicht nur auf
den gelieferten Datenträgern, sondern auch auf der Festplatte und in Form von Sicherungskopien vorhanden ist. Bei der Überlassung von Computersoftware im Rahmen eines Finanzierungsleasinggeschäfts haben der Lieferant und auch der Leasinggeber außerdem häufig kein Interesse daran, die gelieferten Programme zurückzuerhalten, weil der

---

[338] OLG Düsseldorf NJW-RR 1999, 793; KG NJW-RR 1994, 959; vgl. auch BGH NJW 1994, 587.
[339] *Zahrnt* BB-Beilage 14/1994 S. 3; vgl. auch *Roy/Palm* NJW 1995, 693.
[340] OLG Düsseldorf NJW-RR 1998, 1549; KG NJW-RR 1994, 959; OLG Nürnberg CR 1989, 694; *Redeker* Rdn. 701; s. aber auch BGH NJW 1994, 587.
[341] BGH NJW 1966, 1755; OLG Frankfurt Rpfleger 1979, 432.
[342] BGH NJW 1962, 2004.
[343] Vgl. BGH NJW 1985, 271 zur Feststellung des Inhalts der Konkurstabelle.

§ 63 Dritter Teil. Besondere Rechtsprobleme einzelner Leasingverträge

Lieferant noch über die von ihm entwickelte Ursprungssoftware verfügt oder die Software wegen des raschen technischen Fortschritts als überholt anzusehen ist und nicht mehr weiterverwertet werden kann. Ist **eine die Rückgabeverpflichtung ersetzende Löschungsvereinbarung** im Liefervertrag ausdrücklich nicht getroffen worden, kann der Lieferant dennoch neben der Rückgabe des gelieferten Datenträgers oder anstelle der Rückgabe vom Anwender Löschung aller beim Anwender vorhandenen Kopien verlangen. Dieses Begehren ist bei **interessengerechter Auslegung** für den Fall der Rückabwicklung des Geschäfts als Teil der Herausgabeverpflichtung der erworbenen Software anzusehen.[344]

172   Der Leasingnehmer sollte daher schon vorprozessual in **Annahmeverzug** begründender Weise oder im Rahmen der Antragstellung des Lieferprozesses die Löschung aller vorhandenen Kopien anbieten. Das Angebot der Löschung enthält die stillschweigende Erklärung, die Software in Zukunft nicht mehr zu nutzen.[345] Ist eine Verpflichtung zur Löschung nicht ausdrücklich in den Urteilstenor oder einen Prozessvergleich aufgenommen, wird eine Auslegung dahin, dass auch Löschung geschuldet ist, kaum zulässig sein.[346]

173   **c) Unterlassungserklärung.** Ferner sollte der Anwender schon vorprozessual, in der Klageschrift oder spätestens in einem Prozessvergleich gegenüber dem Lieferanten versichern, dass er nicht nur sämtliche vorhandenen Kopien gelöscht hat oder löschen wird und die Programme des Lieferanten auch **in Zukunft weder selbst noch durch Dritte (Vierte im Leasingdreieck) nutzen** wird.

174   **d) Abgabe der Erklärungen durch den Leasingnehmer.** Sämtliche im Rahmen der Rückabwicklung des Finanzierungsleasinggeschäfts und im Lieferprozess abzugebende Erklärungen können vom Leasingnehmer abgegeben werden. Die leasingtypische Abtretungskonstruktion ist dahin auszulegen, dass der Leasinggeber als Eigentümer der Waren schon von vornherein sein Einverständnis mit der Rückgabe bzw. der die Rückgabe ersetzenden Löschung erklärt hat. Im Zweifel hat eine Abstimmung zwischen Leasinggeber und Leasingnehmer stattzufinden. Dies gilt entsprechend, wenn der Leasinggeber seine Ansprüche an Vierte abgetreten oder verkauft hat.

6. Feststellung des Annahmeverzuges des Lieferanten

175   Gerade bei Computerprogrammen kommt der Feststellung des Annahmeverzuges des Lieferanten mit der Rücknahme der Ware erhebliche Bedeutung zu. Dies erkennen die Parteien oft erst, wenn es in der Zwangsvollstreckung zu Schwierigkeiten kommt. Der Leasingnehmer sollte daher schon **vorprozessual** die zurückzugebenden Waren dem Lieferanten in einer den **Annahmeverzug** nach den §§ 293 ff. BGB begründenden Art und Weise anbieten. Die angebotene Leistung muss richtig und vollständig sein. Bei Software empfiehlt es sich, die Herausgabe aller gelieferten Datenträger sowie die Löschung sämtlicher Kopien anzubieten und die Unterlassung der Nutzung der Programme zu versichern.[347]

176   Ist eine Feststellung des Annahmeverzuges des Lieferanten im Urteil nicht erfolgt und ergibt sie sich auch nicht aus den Entscheidungsgründen des Leistungsurteils, ist der Annahmeverzug oder die Befriedigung des Lieferanten nach § 756 ZPO durch öffentliche oder öffentlich-beglaubigte Urkunden nachzuweisen. Dies kann z. B. durch ein Protokoll des Gerichtsvollziehers über die in seiner Gegenwart vollzogene Löschung, notfalls

---

[344] *Marly* Rdn. 202 u. 252; *Fritzsche* JuS 1995, 500.
[345] *Marly* Rdn. 202.
[346] *Münzberg* BB 1990, 1011; *von Gravenreuth* BB 1989, 1926; vgl. zur Problematik ohne Feststellung des Annahmeverzugs *Redeker* Rdn. 780.
[347] S. o. § 63 Rdn. 171 ff.

unter Hinzuziehung eines Sachverständigen, geschehen, wenn sich der Lieferant nicht mit einer eidesstattlichen Erklärung des Leasingnehmers über die vollzogene Löschung zufrieden gibt.[348] Ist eine Zug-um-Zug-Verurteilung gegen Löschung aller Kopien erfolgt, kann der Gerichtsvollzieher notfalls unter Hinzuziehung eines Sachverständigen im Vollstreckungsprotokoll die Löschung feststellen und wegen des Zahlungsanspruchs die Pfändung vornehmen.

---

[348] Vgl. *Redeker* Rdn. 780; *Münzberg* BB 1990, 1011.

19. Kapitel. Einzelfragen zum Sale-and-lease-back-Verfahren

§ 64. Grundlagen und zivilrechtliche Sonderprobleme

Schrifttum: *Beck'scher Bilanz-Kommentar*, 6. Aufl. 2006; *Erman*, Handkommentar zum Bürgerlichen Gesetzbuch, 11. Aufl. 2004; *Hagenmüller/Stoppok*, Leasing, Handbuch, 5. Aufl. 1988; *Martinek*, Moderne Vertragstypen, Band I: Leasing und Factoring, 1991; Münchener Kommentar zum BGB, 4. Aufl.; *Palandt*, BGB, 66. Aufl. 2007; *Graf von Westphalen*, Der Leasingvertrag, 5. Aufl. 1998.

Übersicht

	Rdn.
I. Grundlagen	1
1. Wesen	1
2. Zweck	2
a) Motive des Leasinggebers	3
b) Motive des Leasingnehmers	4
II. Zivilrechtliche Sonderprobleme	5
1. Rechtliche Einordnung des sale-and-lease-back-Vertrages	5
2. Zustandekommen und Erfüllung der Verträge	7
a) Selbständige Verträge	8
b) Probleme der Erfüllung des Kaufvertrages	9
aa) Übereignung	9
bb) Lastenfreie Übereignung	12
3. Die wechselseitige Gewährleistungshaftung der Parteien	15
a) Allgemeines	15
b) Wechselseitige Aufhebung der Gewährleistungsansprüche	18
aa) Inhaltliche Unterschiede	19
bb) Zeitliche Unterschiede	22
cc) Ergebnis	23
c) Wirksamkeit der Freizeichnung	25
4. Einfluss der Gewährleistungsansprüche des Leasingnehmers gegen seinen Vorlieferanten auf die Rechte gegenüber dem Leasinggeber	32

I. Grundlagen

1. Wesen

1 Ein Sale-and-lease-back-Geschäft ist dadurch gekennzeichnet, dass der Leasingnehmer zunächst Eigentümer des Leasinggutes wird/ist und es an den Leassinggeber verkauft und übereignet, um es dann sofort von ihm zurückzuleasen.[1] Dabei kommen in der Praxis sowohl die Fälle vor, in denen das Sale-and-lease-back-Verfahren auf neu angeschaffte Gegenstände angewendet wird, als auch Fallgestaltungen, in denen der Leasingnehmer zunächst längere Zeit (mehrere Jahre) Eigentümer des Leasinggutes war, bevor er ein Leasingverhältnis einging. Besonderes Merkmal einer Sale-and-lease-back-Gestaltung ist, dass es an dem für das Finanzierungsleasing typischen **Dreiecksverhältnis fehlt**, in dem der Leasinggeber einen Kaufvertrag mit dem Leasingnehmer schließt und den angeschafften Leasinggegenstand dann an den Leasingnehmer weiterverleast. Hier ist der Leasingnehmer zugleich auch Lieferant des Leasinggutes.

2. Zweck

2 Es gibt verschiedene, völlig unterschiedliche Motive für solche Sale-and-lease-back-Gestaltungen.

---

[1] Vgl. BGH NJW 90, 829; *Graf von Westphalen* Leasingvertrag, Rdn. 1414 m. w. N., BB 91, 149 ff.

19. Kapitel. Einzelfragen zum Sale-and-lease-back-Verfahren § 64

a) **Motive des Leasinggebers.** Werden Sachgesamtheiten durch Leasingverträge finan- 3
ziert, z. B. EDV-Anlagen mit Hardware- und Softwarekomponenten von verschiedenen
Lieferanten, dann verlangt der Leasinggeber häufig, dass zunächst der Leasingnehmer die
einzelnen Lieferverträge mit den verschiedenen Lieferanten abschließt und dann die Gesamtanlage an den Leasinggeber verkauft. Der Leasinggeber bezweckt damit, dass ihm
der Leasingnehmer eine funktionierende Gesamtanlage verschafft (§ 433 BGB), die er –
der Leasinggeber – dann weiterverleast. Damit soll eine **Kongruenz der Gewährleistung** für Sach- und Rechtsmängel hergestellt werden. Anderenfalls läuft der Leasinggeber Gefahr, dass er aus dem Leasingvertrag die Überlassung einer funktionsfähigen
und gebrauchstauglichen Anlage schuldet, während er seinerseits nur partielle Gewährleistungsansprüche gegen verschiedene Lieferanten hat, die weder einzeln noch in ihrer
Gesamtheit für die Funktionsfähigkeit der Gesamtanlage haften. Unabhängig von dem
Fall der Sachgesamtheiten ist in der Praxis die Tendenz festzustellen, Sale-and-leaseback-Gestaltungen zu vereinbaren, um die Verantwortlichkeit für Sach- und Rechtsmängel auf die Beziehung zum Leasingnehmer zu begrenzen.

b) **Motive des Leasingnehmers.** Beim Leasingnehmer liegen meist wirtschaftliche 4
Motive für Sale-and-lease-back-Gestaltungen vor. Ein häufiges Motiv ist es, gebundenes
Kapital freizubekommen, z. B. für Neuinvestitionen, ohne die Nutzungsmöglichkeit zu
verlieren. Die Veräußerung – beispielsweise einer Betriebsimmobilie – verschafft in
Form des zufließenden Kaufpreises Liquidität, um neue Investitionen zu finanzieren.
Beim Mobilienleasing sind idR gebrauchte Wirtschaftsgüter Gegenstand des Sale-and-lease-back-Geschäfts.[2]

Häufig sind auch steuerliche oder bilanzielle Motive maßgebend: Insbesondere dann,
wenn in einem zu verleasenden Gegenstand erhebliche stille Reserven enthalten sind,
führt das Sale-and-lease-back-Verfahren zu Buchgewinnen, mit denen z. B. Verluste
ausgeglichen, ansonsten wegen Fristablaufs verfallende Verlustvorträge genutzt oder
6 b-Rücklagen gebildet werden können.

Dabei werden häufig auch mit bestehenden oder neu gegründeten Konzerngesellschaften Sale-and-lease-back-Verträge abgeschlossen. Dies gilt auch für den mittelständischen
Bereich, wenn z. B. zum Zwecke besserer Einkaufsmöglichkeiten, der Gewinnverlagerung und ggf. der Gewerbesteuerersparnis eine BGB-Gesellschaft den Fahrzeugpark der
mittelständischen GmbH erwirbt und an diese verleast.

Häufig will der Leasingnehmer als Hersteller auch durch Sale-and-lease-back-Gestaltungen eine Refinanzierung vornehmen. Der Hersteller/Händler hat über seine Produkte
in erheblichem Umfang mit seinen Kunden Mietverträge abgeschlossen, z. B. EDV-Anlagen vermietet.

Wenn dadurch das (fremd finanzierte) Aktivvermögen und die korrespondierenden
Verbindlichkeiten nicht mehr in einem angemessenen Verhältnis zum Eigenkapital stehen, kann es sinnvoll sein, die vermieteten Gegenstände an eine Leasinggesellschaft zu
verkaufen, um sich durch den Kaufpreis zu entschulden und durch Rück-Miete mit dem
Recht zur Untervermietung zugleich die Verpflichtung gegenüber dem Kunden (weiterhin) erfüllen zu können.[3]

II. Zivilrechtliche Sonderprobleme

1. Rechtliche Einordnung des Sale-and-lease-back-Vertrages

Teilweise wird in der Literatur die Auffassung vertreten, die Sale-and-lease-back-Gestal- 5
tung sei kein Finanzierungsleasing; dies wird damit begründet, dass es an dem typischen

---

[2] *Graf von Westphalen* Leasingvertrag, Rdn. 1416.
[3] *Hagenmüller/Stoppok* S. 31 u. 90 ff.

§ 64   Dritter Teil. Besondere Rechtsprobleme einzelner Leasingverträge

Dreiecksverhältnis fehle.[4] Zutreffend wird nach hM das Sale-and-lease-back-Geschäft als Finanzierungsleasing qualifiziert.[5]

6 Der Streit ist rein akademischer Natur, weil auch diejenigen, die die Qualifikation als Finanzierungsleasing ablehnen, die Regelungen des Mietrechts mit den Besonderheiten des Leasings anwenden.

2. Zustandekommen und Erfüllung der Verträge

7 Seit der Vorauflage haben sich mit der Schuldrechtsreform[6] auch für das Leasingrecht einige bedeutsame Veränderungen ergeben.[7] Diese betreffen aber grundsätzlich die allgemeinen Voraussetzungen des Leasingrechts und sind deshalb richtigerweise dort zu erörtern. Soweit die Schuldrechtsreform auch Auswirkungen auf die besondere Konstellation des Sale-and-lease-back-Vertrages hat, ist dies im Folgenden berücksichtigt worden.

8 **a) Selbständige Verträge.** Es müssen zwei selbständige Verträge abgeschlossen werden, einerseits der Kaufvertrag und andererseits der Leasingvertrag. Beide bilden jedoch eine rechtliche Einheit.[8]

9 **b) Probleme der Erfüllung des Kaufvertrages. aa) Übereignung.** Es findet keine Übergabe zwischen Leasingnehmer/Verkäufer und Leasinggeber/Käufer statt, sondern es wird ein **Besitzkonstitut** (§ 930 BGB) in Form des Leasingvertrages vereinbart. Dies hat die sachenrechtliche Konsequenz, dass der Leasinggeber kein gutgläubiges Eigentum erwerben kann (§ 933 BGB), denn er wird idR nie unmittelbarer Besitzer. Er ist daher zu besonderer Vorsicht veranlasst. Dies spielt beispielsweise eine Rolle, wenn der Leasingnehmer/Verkäufer einen Leasinggegenstand verkauft, den er seinerseits unter **Eigentumsvorbehalt** gekauft und noch nicht bezahlt hat. Zwar erhält der Leasingnehmer/Verkäufer im Rahmen des Sale-and-lease-back-Verfahrens den Kaufpreis vom Leasinggeber. Wenn er diesen jedoch nicht an den ursprünglichen Lieferanten weiterleitet (z. B. weil die Hausbank den Debetsaldo zurückführt), dann erlischt das Eigentum des ursprünglichen Lieferanten/Vorbehaltsverkäufers nicht, und er ist zum Rücktritt vom Vertrag berechtigt (§ 455 BGB).

10 Der Leasinggeber sollte sich davor schützen, indem er an den Vorbehaltsverkäufer und nicht an den Leasingnehmer zahlt, womit dieser allerdings einverstanden sein muss (§§ 362 Abs. 2, 185 BGB).

11 Ist eine Bank infolge **Sicherungsübereignung** Eigentümer der Leasingsache, dann muss diese als Dritte (§ 267 BGB) die Übereignung vornehmen (Einigung und Abtretung des Herausgabeanspruchs).[9]

12 **bb) Lastenfreie Übereignung.** Häufig sind Leasinggegenstände, die zum Inhalt einer Sale-and-lease-back-Gestaltung gemacht werden, mit einem **Vermieterpfandrecht** belastet (§ 559 BGB). Da das Leasinggut auch nach der Sale-and-lease-back-Transaktion in den Mieträumen verbleibt, liegen die Voraussetzungen des Erlöschens nicht vor (§ 560 BGB). Mangels unmittelbaren Besitzes erwirbt der Leasinggeber auch nicht gutgläubig lastenfrei (§ 936 BGB). Der Leasinggeber sollte sich daher eine Freistellungserklärung des Vermieters/Grundstückseigentümers und eine Freistellungsverpflichtung des Leasingnehmers geben lassen.[10]

---

[4] *Marloth/Sauerwein* S. 65; *Martinek* I S. 60; vgl. auch *Graf von Westphalen* Leasingvertrag, Rdn. 1419.
[5] BGH NJW 90, 879; MünchKomm/*Habersack* Leasing Rdn. 12; *Graf von Westphalen* Leasingvertrag, Rdn. 1419 u. BB 91, 150.
[6] BGB1 I 2001, 3138.
[7] Vgl. hierzu im Einzelnen *Weber* NJW 2003, 2348 ff.
[8] LG Düsseldorf WM 1989, 1126.
[9] Vgl. BGH NJW 90, 829; *Graf von Westphalen* BB 91, 150 sieht die Bank als Erfüllungsgehilfen des Leasinggebers an.
[10] Vgl. MünchKomm/*Habersack* Leasing, Rdn. 12.

19. Kapitel. Einzelfragen zum Sale-and-lease-back-Verfahren §64

Ähnliches gilt für die Verhaftung des Leasinggegenstandes als **Bestandteil oder Zu-** 13
behör zum Hypothekenverband (§§ 1120 ff. BGB), z. B. die verkaufte und zurückgeleaste Autowaschanlage auf einem zugunsten der Bank mit Grundpfandrechten belasteten Grundstück. Da der Leasinggegenstand in diesen Fällen regelmäßig nicht vom Grundstück entfernt wird, sondern der Leasingnehmer ihn nach der Sale-and-leaseback-Transaktion gerade auf dem Grundstück weiterbenutzen will, tritt regelmäßig aufgrund der Veräußerung an den Leasinggeber keine Enthaftung ein; denn diese setzt voraus, dass die Entfernung vom Grundstück zeitlich vor der Beschlagnahme (Beschluss über die Anordnung der Zwangsversteigerung des Grundstücks, § 20 ZVG) erfolgt (§ 1121 BGB).

Auch insoweit ist der Leasinggeber zur Vorsicht gehalten, er sollte eine entsprechende 14
Freigabeerklärung des Grundpfandrechtsgläubigers einholen.

Der Wirtschaftsprüfer des Leasinggebers hat diese Fragen bei der Prüfung des Anlagevermögens der Leasinggesellschaft und des Eigentumsübergangs ebenfalls zu beachten.

3. Die wechselseitige Gewährleistungshaftung der Parteien

a) Allgemeines. Die Gewährleistung beim typischen Finanzierungsleasing ist dadurch 15
gekennzeichnet, dass der Leasinggeber kaufrechtliche Gewährleistungsansprüche gegenüber dem Lieferanten hat, diese an den Leasingnehmer abtritt und sich im Gegenzug von seiner originär bestehenden mietrechtlichen Gewährleistung gegenüber dem Leasingnehmer freizeichnet. Wenn die kaufrechtlichen Gewährleistungsansprüche, die beim typischen Finanzierungsleasing dem Leasinggeber gegenüber dem Lieferanten zustehen, verjährt sind, dann bleibt es bei der Freizeichnung; hierin liegt eine erhebliche Einschränkung der Rechte des Leasingnehmers gegenüber dem Mietrecht, da die kaufrechtlichen Gewährleistungsansprüche bei beweglichen Sachen in zwei Jahren ab Übergabe verjähren, während der Vermieter während der gesamten Laufzeit des Mietvertrages für Mängel haftet (§§ 536 ff BGB). Lediglich in dem Fall, in dem wegen Insolvenz des Lieferanten oder aus sonstigen Gründen die kaufrechtlichen Gewährleistungsansprüche leerlaufen, soll nach der Rechtsprechung des BGH die Gewährleistungspflicht des Leasinggebers wiederaufleben,[11] was auch formularmäßig nicht abbedungen werden kann.[12]

Es ist evident, dass diese Gewährleistungsregelung beim Sale-and-lease-back-Verfah- 16
ren nicht angewendet werden kann, weil der Leasinggeber keine abtretbaren kaufrechtlichen Gewährleistungsansprüche gegen den (dritten) Lieferanten hat, sondern solche gegen den Leasingnehmer selbst. Der Leasingnehmer ist also selbst aufgrund des Kaufvertrages gegenüber dem Leasinggeber zur Gewährleistung verpflichtet. Auf der anderen Siete hat der Leasingnehmer möglicherweise noch (nicht verjährte) Gewährleistungsansprüche gegen den Lieferanten, von dem er den Leasinggegenstand erworben hat.

Damit stellen sich zwei Fragen: 17
– Heben sich die wechselseitigen Gewährleistungsansprüche gegeneinander auf, weil sie deckungsgleich sind?
– Kann sich der Leasinggeber wirksam von der mietrechtlichen Gewährleistung freizeichnen, auch wenn er nicht im Gegenzug dem Leasingnehmer kaufrechtliche Gewährleistungsansprüche abtreten kann?

Beide Fragen sind noch nicht abschließend beantwortet:

b) Wechselseitige Aufhebung der Gewährleistungsansprüche. aa) Inhaltliche Un- 18
terschiede. Zwar sind durch die Schuldrechtsreform die noch in der Vorauflage beschriebenen inhaltlichen Unterschiede zwischen der Gewährleistung beim Kaufrecht und beim Mietrecht einander angeglichen worden.

---

[11] BGH NJW 89, 129.
[12] *Ermann/Jendrek* Anh. § 536 Rdn. 33.

§ 64   Dritter Teil. Besondere Rechtsprobleme einzelner Leasingverträge

19 (1) So ist die nach altem Recht erforderliche Zustimmung des Verkäufers zur vom Käufer erklärten Minderung oder Wandlung durch die ersatzlose Streichung des alten § 465 BGB weggefallen. Insofern ist eine Privilegierung des Leasingnehmers gegenüber dem Leasinggeber bei Geltendmachung der wechselseitigen Gewährleistungsansprüche nicht mehr gegeben.

20 (2) In den Fällen, in denen der Leasinggegenstand von Anfang an mangelhaft und nicht nachbesserungsfähig ist, haftet der Leasinggeber dem Leasingnehmer nach § 536a BGB (früher: § 538 BGB) auch für Mangelfolgeschäden. Der Leasinggeber seinerseits konnte demgegenüber nach altem Kaufrecht in dieser Konstellation keinen Schadensersatz verlangen, sondern den Kaufvertrag lediglich wandeln, es sei denn, der Leasingnehmer hatte beim Verkauf den Mangel arglistig verschwiegen oder das Fehlen des Mangels als Eigenschaft zugesichert. Das neue Kaufrecht gewährt dem Leasinggeber nunmehr ebenfalls einen Schadensersatzanspruch gegenüber dem Leasingnehmer nach § 437 Ziff. 3 BGB.

21 **bb) Zeitliche Unterschiede.** Trotz der weitgehenden inhaltlichen Angleichung verbleibt es dabei, dass erhebliche Unterschiede zwischen den Gewährleistungsrechten des Leasinggebers als Käufer und seinen Gewährleistungspflichten als Vermieter in zeitlicher Hinsicht bestehen. Die Gewährleistungsansprüche **verjähren** in zwei Jahren ab Ablieferung gemäß § 438 Abs. 1 Ziff. 5. BGB (hier: Vereinbarung des Besitzkonstituts in Form des Leasingvertrages), während seine mietrechtliche Gewährleistungsverpflichtung gegenüber dem Leasingnehmer während der gesamten Dauer des Leasingvertrages besteht.

22 **cc) Ergebnis.** Aufgrund dieser Unterschiede ist im Ergebnis also festzustellen, dass sich trotz gewisser Angleichungen durch die Schuldrechtsreform die mietrechtlichen Gewährleistungsansprüche des Leasingnehmers einerseits und die kaufrechtlichen Gewährleistungsansprüche des Leasinggebers andererseits nicht gegeneinander aufheben. Folglich kann der Leasinggeber beim Sale-and-lease-back-Verfahren aus seiner Interessenlage keineswegs mit der Begründung auf eine Freizeichnung von mietrechtlicher Gewährleistungsverpflichtung verzichten, er habe ja korrespondierende kaufrechtliche Gewährleistungsansprüche gegen den Leasingnehmer. Auch die Vorschrift des § 536b) BGB, wonach der Mieter bei Kenntnis vom Mangel keine Gewährleistungsansprüche geltend machen kann, schützt den Leasinggeber nicht in dem Maße wie die Freizeichnung. Zwar ist es eher denkbar als beim typischen Dreiecksverhältnis, dass der Leasingnehmer als (gleichzeitiger) Verkäufer Kenntnis vom Mangel hat, aber der Leasinggeber muss positive Kenntnis oder Unkenntnis aufgrund grob fahrlässigen Verhaltens beweisen.[13]

23 Der Leasinggeber ist also ohne Freizeichnung von der mietrechtlichen Gewährleistung erheblich schlechtergestellt als bei der Abtretungskonstruktion.[14]

24 **c) Wirksamkeit der Freizeichnung.** In der Literatur wird die Auffassung vertreten, der Leasinggeber könne sich beim Sale-and-lease-back-Vertrag nicht wirksam von der mietrechtlichen Gewährleistung freizeichnen, weil der BGH diese nur bei gleichzeitiger Abtretung der kaufrechtlichen Gewährleistung gegen den Lieferanten für wirksam halte, ansonsten – d. h. ohne die Abtretung – einen Verstoß gegen § 307 Abs. 2 Nr. 1 (früher: § 9 Abs. 2 Nr. 1 AGBG) annehme.[15]

25 Diese Auffassung erscheint sowohl in der Begründung als auch im Ergebnis falsch:

26 Die Rechtsprechung verlangt als Kompensation für die Wirksamkeit der Freizeichnung von mietrechtlichen Gewährleistungsansprüchen nur deshalb die Abtretung der kaufrechtlichen Gewährleistungsansprüche gegen den Lieferanten, weil der Leasingnehmer sonst überhaupt keine Gewährleistungsansprüche bei Sachmängeln hätte, mithin also

---

[13] Palandt/*Putzo* § 536b, Rdn. 1 e.
[14] A. A. MünchKomm/*Habersack* Leasing Rdn. 105, der eine Haftung des Leasinggebers für Sachmängel vor und nach Gebrauchsüberlassung verneint.
[15] *Graf von Westphalen* BB 1991, 153; *ders.* Leasingvertrag Rdn. 1442.

rechtlos wäre. Diese Situation ist beim Sale-and-lease-back-Verfahren völlig anders: Zum einen ist er als Verkäufer selbst zur Gewährleistung verpflichtet. Der Umstand, dass die kaufrechtliche Gewährleistungspflicht des Leasingnehmers nur 2 Jahre gilt, seine mietrechtlichen Gewährleistungsrechte jedoch während der gesamten Dauer des Leasingvertrages bestehen, kann allein die Unwirksamkeit der Freizeichnung nicht begründen. Insoweit erkennt der BGH an, dass der Leasingnehmer beim typischen Finanzierungsleasing Gewährleistungsansprüche nur während der kaufrechtlichen Gewährleistungsfrist hat und die Freizeichnung des Leasinggebers auch nach Ablauf der kaufrechtlichen Gewährleistungsfrist wirksam bleibt.

Zum anderen ist der Leasingnehmer auch deshalb nicht schutzlos, weil er ggf. noch 27 Ansprüche auf Gewährleistung gegen seinen Verkäufer/Lieferanten hat. Auch wenn diese ebenfalls in kurzer Zeit verjähren, rechtfertigen die oben genannten Wertungskriterien nicht, dem Leasinggeber die Freizeichnung von der mietvertraglichen Gewährleistung unmöglich zu machen. Allerdings ist der Leasinggeber verpflichtet, den Leasingnehmer bei der Durchsetzung kaufrechtlicher Gewährleistungsansprüche gegen seinen Lieferanten zu unterstützen, insbesondere den Leasinggegenstand zur Durchführung des Rücktritts herauszugeben, damit der Rücktritt für den Leasingnehmer möglich ist (§ 346 Abs. 1 BGB).

Wenn im Zeitpunkt des Abschlusses des Sale-and-lease-back-Geschäfts keine Gewähr- 28 leistungsansprüche des Leasingnehmers gegen „seinen" Lieferanten mehr bestehen (z. B. wegen Zeitablaufs bei gebrauchten Sachen), dann wird er durch den Abschluss des Leasingvertrages nicht schlechtergestellt als er in seiner Eigenschaft als Käufer (ohnehin schon) steht.

Im Ergebnis rechtfertigen die Besonderheiten der Sale-and-lease-back-Konstruktion 29 das leasingtypische Ergebnis, dass der Leasinggeber keiner Sachmängelhaftung unterliegt. Dieses Ergebnis ist interessengerecht, weil der Leasingnehmer den Leasinggegenstand nicht nur – wie im typischen Dreiecksverhältnis – selbst ausgesucht hat, sondern zuvor sogar zu Eigentum besessen hat. Insbesondere haftet der Leasinggeber auch beim Sale-and-lease-back nicht für Spätschäden des Leasinggutes.

Der Vorteil für den Leasinggeber an der Sale-and-lease-back-Gestaltung liegt darin, 30 dass er nicht mehr das ansonsten bei ihm liegende Insolvenzrisiko des Lieferanten zu tragen hat. Wie dargelegt, muss der Leasinggeber den Leasingnehmer bei Insolvenz des Lieferanten nach der Abtretungskonstruktion so stellen, als wäre der Rücktritt vom Kaufvertrag vollzogen. Dies entfällt, wenn der Leasingnehmer selbst Lieferant ist. Eine Entscheidung des BGH zu diesem Komplex ist bislang aber nicht ergangen, so dass die subsidiäre Haftung des Leasinggebers als offen anzusehen ist.

4. Einfluss der Gewährleistungsansprüche des Leasingnehmers gegen seinen Vorlieferanten auf die Rechte gegenüber dem Leasinggeber

Wenn sich der Leasinggeber nicht oder nicht wirksam von seiner mietvertraglichen 31 Gewährleistung freigezeichnet hat, dann hat der Leasingnehmer bei einem Sachmangel des Leasinggegenstandes zwei Möglichkeiten: Er kann gegenüber dem Leasinggeber die Rechte aus § 536 BGB (Minderung) und ggf. kumulativ aus § 543 BGB das Recht auf fristlose Kündigung geltend machen und er kann gegenüber seinem Lieferanten die Rechte aus § 437 BGB geltend machen. Fraglich ist, ob der Leasingnehmer seine Rechte gegenüber dem Leasinggeber so lange nicht ausüben kann (§ 242 BGB), wie er die Rechte gegen den Lieferanten geltend machen kann. Dies wird von der Literatur bejaht.[16]

Daran ist richtig, dass der Leasingnehmer durch die Kumulierung der Rechte keinen 32 ungerechtfertigten Vorteil erhalten soll: Bei einer ersten oberflächlichen Betrachtung könnte der Eindruck entstehen, der Leasingnehmer erhielte beispielsweise bei einem Rücktritt vom Kaufvertrag gegenüber seinem Vorlieferanten seinen Kaufpreis zurück

---

[16] *Graf von Westphalen* BB 1991, 152.

§ 65 Dritter Teil. Besondere Rechtsprobleme einzelner Leasingverträge

und könnte gleichzeitig die Bezahlung der Leasingraten einstellen; dabei wird aber nicht berücksichtigt, dass der Leasinggeber einen zusätzlichen Anspruch seinerseits auf Rückzahlung des von ihm gezahlten Kaufpreises gegen den Leasingnehmer hat (kongruente Verjährungsfristen unterstellt). Es dürfte aber auch beim Sale-and-lease-back wie beim „normalen" Leasingdreieck als interessengerecht anzusehen sein, den Streit über Leistungsstörungen zunächst und vorrangig im Verhältnis zwischen Leasingnehmer und Lieferant auszutragen.

§ 65. Steuerliche und handelsrechtliche Besonderheiten

Schrifttum: siehe zu § 64

Übersicht

	Rdn.
I. Steuerrecht	1
II. Handelsrecht	11

I. Steuerrecht

1 Grundsätzlich sind auch Sale-and-lease-back-Konstruktionen steuerlich anerkannt, d. h. auch hier erfolgt die Aktivierung und Abschreibung beim Leasinggeber, während die Leasingraten beim Leasingnehmer abzugsfähige Betriebsausgaben sind, wenn die steuerlichen Kriterien nach den Leasingerlassen eingehalten werden.[1]

2 Zu beachten ist jedoch insbesondere bei gebrauchten Leasinggegenständen, die schon einen erheblichen Teil ihrer betriebsgewöhnlichen Nutzungsdauer im Eigentum des Leasingnehmers/Verkäufers gestanden sind, dass die steuerlichen Zeitgrenzen eingehalten werden. Dabei ist nicht auf den Zeitpunkt des Abschlusses des Leasingvertrages, sondern auf die gesamte betriebsgewöhnliche Nutzungsdauer abzustellen.

3 Die Restnutzungsdauer im Zeitpunkt des Abschlusses des Leasingvertrages muss mindestens 40% der gesamten Nutzungsdauer betragen. Der Restwert nach Ablauf des Leasingvertrages muss mindestens 10% des ursprünglichen Wertes im Neuzustand betragen, nicht hingegen 10% des Wertes im Zeitpunkt des Abschlusses des Leasingvertrages.

4 Beispiel: Maschine mit einer gewöhnlichen Nutzungsdauer von 120 Monaten, bisherige Nutzung beim Leasingnehmer/Verkäufer 40 Monate, restliche Abschreibungszeit 80 Monate, längstmöglicher Leasingzeitraum 68 Monate (80./. 12), da 10% der ursprünglichen Nutzungsdauer (12 Monate) verbleiben müssen.

5 Problematisch im Hinblick auf § 42 AO können Fallgestaltungen sein, in denen der Leasingnehmer beim Sale-and-lease-back-Verfahren den Leasinggegenstand unter dem tatsächlichen Wert an den Leasinggeber verkauft, um einen steuerlich wirksamen Verlust zu realisieren. Der Verkauf unter Wert schmerzt deshalb nicht, weil die Leasingraten entsprechend niedriger ausfallen als bei einem höheren Kaufpreis, demgegenüber kann der realisierte Verlust zu einem sofortigen Vorteil führen.

6 Höchstrichterlich geklärt ist nach der Entscheidung des BFH[2] die umsatzsteuerliche Behandlung des Sale-and-lease-back-Vertrages.

7 Der BFH hatte sich mit einem Fall zu befassen, in dem der klagende Unternehmer Kopiergeräte, die er kurz zuvor von einem Lieferanten erworben hatte, zum Zwecke der Finanzierung des Kaufpreises an eine B-GmbH veräußert hatte. Die B-GmbH hatte die Kopiergeräte dann auf der Basis eines Mietkaufvertrages an den Unternehmer zurückvermietet. Nach Ablauf des Mietkaufvertrages sollten die Kopiergeräte wieder an den Unternehmer zurück übertragen werden.

---

[1] A. A. Finanzgericht Berlin DStRE 2002, 846; *Weber* NJW 2003, 2356; differenzierend *Schulze-Osterloh* ZIP 2005, 1619.

[2] BFH Urteil vom 9. 2. 2006, V R 22/03.

19. Kapitel. Einzelfragen zum Sale-and-lease-back-Verfahren § 65

Der BFH hat weder in der Veräußerung an die B-GmbH noch in der Rückübertragung an den Unternehmer eine Lieferung im Sinne des § 3 Abs. 1 VStG gesehen und dementsprechend den geltend gemachten Vorsteuererstattungsanspruch nicht zum Abzug zugelassen. 8

Zur Begründung hebt der BFH darauf ab, dass die Übertragung des Eigentums auf die B-GmbH nach den getroffenen Vereinbarungen ausschließlich Sicherungs- und Finanzierungsfunktionen gehabt habe. 9

Für die Praxis bedeutet diese Entscheidung, dass zukünftig in vergleichbaren Sale-and-lease-back-Gestaltungen weder bei der Übertragung des Eigentums an den Leasinggeber noch bei der Rückübertragung an den Leasingnehmer die Umsatzsteuer auszuweisen ist, da diese ansonsten nach § 14 Abs. 3 VStG geschuldet ist, ohne dass der entsprechende Vorsteuerabzug geltend gemacht werden kann. 10

II. Handelsrecht

Die Zurechnungskriterien sind beim Sale-and-lease-back-Verfahren dieselben wie beim typischen Finanzierungsleasing. Danach erfolgt die Bilanzierung beim Leasinggeber, da er bei Beachtung der Kriterien (auch) das wirtschaftliche Eigentum hat. 11

Lediglich eine Mindermeinung[3] will beim Sale-and-lease-back-Verfahren danach differenzieren, ob primär eine Liquiditätsbeschaffung ohne Änderung der Sachherrschaft gewollt ist (dann keine Zurechnung beim Leasinggeber, sondern Verbleib beim Leasingnehmer) oder ob eine Aufdeckung stiller Reserven mit ernsthaftem Eigentumsübergang beabsichtigt war. 12

---

[3] *Budde/König* Beck'scher Bilanz-Kommentar, § 246 Rdn. 40, die allerdings auch beim typischen Finanzierungsleasing handelsrechtlich die Aktivierung beim Leasingnehmer befürworten.

Vierter Teil: Wirtschaftliche Problemkomplexe des Leasings

20. Kapitel: Betriebswirtschaftliche Aspekte des Leasings

§ 66. Kalkulation von Leasingverträgen beim Leasinggeber

Schrifttum: *Gabele/Dannenberg/Kroll,* Immobilien-Leasing, 4. Auflage, 2001; *Gabele/Kroll,* Leasingverträge optimal gestalten, 3. Auflage, 2001; *Kroll,* Leasingverträge mit neuer Methode optimal beurteilen, DB 1994, Beilage Nr. 6, Heft 19, 14–16; *ders.* (Hrsg.), Leasing-Handbuch für die öffentliche Hand, 10. Auflage, LeaSoft GmbH, 2005; *LeaSoft GmbH* (Hrsg.), Programm MOBILEAS, Version 4.1, 2006; *LeaSoft GmbH,* Controlling in Leasinggesellschaften, Skriptum zum Seminar Controlling in Leasinggesellschaften, 2004; *Lück,* Ausgaben und Einnahmen, in: *v. Chmielewicz/Schweitzer,* Handwörterbuch des Rechnungswesens, 3. Auflage 1993, S. 101–108; *Pähler,* Risikopolitik von Leasinggesellschaften im herstellerunabhängigen Mobilienleasing, 1989; *Schweitzer/Küpper,* Systeme der Kostenrechnung, 5. Auflage, 1991; *Schweitzer,* Leasingentscheidung in Kapitalgesellschaften: eine theoretische und empirische Analyse, 1992.

Übersicht

	Rdn.
I. Die grundsätzliche Besonderheit der Preiskalkulation von Leasingverträgen	1
1. Notwendigkeit einer umfassenden und risikoorientierten Kalkulation	2
2. Anforderungen und Rechnungsebenen der Kalkulation	6
II. Kostenelemente einer Leasinggesellschaft	11
1. Wertminderung des Leasingobjektes	12
2. Kosten der Refinanzierung	14
3. Vertriebs- und Verwaltungskosten	17
III. Erlöskomponenten einer Leasinggesellschaft	24
IV. Kalkulation im Praxisbeispiel	25
V. Kalkulationsstrategien von Leasinggebern	26
VI. Kalkulation und Controlling	42
VII. Zusammenfassung	43

I. Die grundsätzliche Besonderheit der Preiskalkulation von Leasingverträgen

Eine den Zielen des Unternehmens entsprechende **Preispolitik** ist unbestrittene Voraussetzung für den Erfolg eines jeden erwerbswirtschaftlich ausgerichteten Unternehmens. Ausgangspunkt und wichtigstes Instrument der Preispolitik ist hierbei grundsätzlich eine Preiskalkulation. Mit ihrer Hilfe wird eine Preisuntergrenze (idealer Preis) bestimmt. Das Einhalten oder allgemeiner das Über- und Untertreffen dieses Mindestpreises hängt jedoch von der Durchsetzbarkeit am Markt (Marktpreise, realer Preis) und/oder zusätzlich von langfristigen strategischen Zielen des Unternehmens ab. So kann das Erreichen bestimmter Marktstellungsziele wie Marktanteil oder Absatzmenge sogar eine kurzfristige Preisunterdeckung sinnvoll erscheinen lassen. Im Mittelpunkt soll daher die Kalkulation von Leasingverträgen und deren Preisen, den Leasingzahlungen, stehen. Dabei wird die traditionellerweise (lediglich) kostenorientierte Kalkulation um weitere Rechnungswesenkategorien sowie um Risikokomponenten erweitert. Hieran schließen sich einige spezielle Kalkulationsstrategien, die sich eher aus marktlichen Rahmenbedingungen und der grundsätzlichen Unternehmenspolitik ableiten lassen, an.

1

1. Notwendigkeit einer umfassenden und risikoorientierten Kalkulation

2   Während die wissenschafts- und praxisorientierte Literatur in den letzten Jahrzehnten eine Fülle guter und ständig verbesserter **Ansätze zur Kalkulation und Preisfindung** im produzierenden Gewerbe vorgestellt hat, existieren für den Bereich von Dienstleistungsunternehmen und hier vor allem für die Leasingbranche kaum eigene Verfahren. Die einzige Ausnahme hiervon bildet der Banken- und Versicherungssektor. Vielmehr finden sich in der Literatur normative und gelegentlich praxisferne Vorschläge für Vergleichsrechnungen, die zumeist ausschließlich den Leasingnehmer betreffen.[1] Auch eine Übertragbarkeit, d. h. analoge Anwendung bekannter Ansätze, ist schwierig. Während für ein materielles Industrieprodukt in der Regel einmalig ein fester, wegen der Kurzfristigkeit meist sicher zu erwartender Kaufpreis als monetäre Gegenleistung in Rechnung gestellt wird, ist schon die Definition eines Entgeltes für Leasing viel schwieriger. Auch die Preiskalkulationsansätze von Banken, in welchen Zinsen, Disagien sowie Gebühren und Provisionen als Preise für die Überlassung von Geld interpretiert werden können, helfen nur bedingt weiter. Denn der Preis für Leasing als befristete Überlassung eines Leasingobjektes wird über mehrere Perioden verteilt, muss nicht in jeder Periode gleich hoch sein und enthält mehrere Preiskomponenten. Neben die eigentliche Leasingrate treten noch weitere Zahlungen des Leasingnehmers wie Sonderzahlungen, Vormieten bei Immobilien oder bestimmte Zahlungen bei Vertragsschluss. Die tatsächliche Zahlung des Leasingpreises durch den Leasingnehmer ist wegen der Langfristigkeit häufig unsicherer als beispielsweise bei produzierenden Unternehmen. Im Übrigen muss der Leasingnehmer neben seiner Pflicht zur Leistung eines monetären Entgeltes auch nicht monetäre Leistungen (vertragsgemäße Pflege und Verwendung des Leasingobjektes usw.) erbringen. Diese Nebenpflichten können durchaus als qualitativer Preis verstanden werden. Eine weitere Notwendigkeit einer differenzierten Kalkulation liegt darin begründet, dass die Leasingbranche nach drei äußerst ertragsstarken Jahrzehnten seit Anfang der 90er Jahre erstmals größere wirtschaftliche Schwierigkeiten zu überwinden hatte. Neben dem Hauptproblem, der gesamtwirtschaftlichen Rezession, herrschte in der Branche auf Konkurrenzseite ein starker Verdrängungswettbewerb (mittlerweile existieren in Deutschland weit über 1000 Leasinggesellschaften) mit der Folge sinkender Gewinnmargen. Gleichzeitig haben sich die Bonitätsrisiken bei Leasingnehmern, Herstellern, Lieferanten und Händlern erhöht. Die Preise auf den Wiederverwertungsmärkten sind gefallen oder unterliegen größeren, kaum zu prognostizierenden Schwankungen. Gelegentlich wird auch angeführt, dass das (quantitative) Wachstum der Leasingbranche nicht auch von einem quantitativen Wachstum an qualifiziertem Personal auf dem Arbeitsmarkt begleitet wurde.

3   Die **Marktphasentheorie** lehrt sehr hohe Unternehmensgewinne während einer Marktwachstumsphase, d. h. auf Märkten, die sich nahezu uneingeschränkt in der Wachstumsphase befinden, was für die Leasingbranche lange Zeit zutraf. In einer solchen Phase sind die Unternehmensgewinne typischerweise deutlich höher als in anderen Marktphasen. Aufgrund einer sich hauptsächlich am Markt orientierenden Preisfestsetzung spielte die Preis(untergrenzen)kalkulation in der Wachstumsphase eine untergeordnete Rolle. Zudem ließ diese Marktverfassung sehr hohe Preise zu. Ein deutliches Überschreiten der Preisuntergrenze schien nahezu garantiert zu sein. Verluste aus einzelnen Verträgen wurden durch Gewinne aus anderen Verträgen überkompensiert. Die preispolitische Komponente der Strategie des Unternehmenswachstums dominierte in der Branche. In einer sich abzeichnenden Reifephase des Leasingmarktes, welche grundsätzlich mit sinkenden Unternehmensgewinnen verbunden ist, werden sich nur diejenigen Anbieter langfristig im Markt behaupten, welche die oben angesprochenen Probleme mit-

---

[1] Für eher theoretisch interessierte Leser vgl. etwa *Schweitzer*, Leasingentscheidung in Kapitalgesellschaften: eine theoretische und empirische Analyse, 1992, und seine dortigen Verweise auf die anglo-amerikanische Literatur.

tels eines gut funktionierenden integrativen Kalkulations- und Informationssystems überwinden können. Bei sinkenden Gewinnen wird die Kenntnis der Preisuntergrenze durch Kalkulation, das Element der Preispolitik, welches das gesamte Rechnungswesen und das Risiko berücksichtigt, dominant und unternehmensnotwendig.

Im Markt zeigt sich jedoch, dass bei so manchem Leasinganbieter solche **idealtypi-** 4 **schen Kalkulationssysteme** immer noch fehlen. Zum Teil werden einfache Kalkulationsschemata und -heuristiken angewandt. Die Festlegung der Leasingkonditionen orientiert sich bisweilen immer noch an Konkurrenzangeboten und nicht an den eigenen, analytisch ermittelten Kosten- und Risikostrukturen. Dabei können sich Kalkulationsfehler gerade beim Leasing aufgrund der Langfristigkeit der Verträge sowie der irreversibel festgeschriebenen Konditionen oft sehr verhängnisvoll auswirken. Selbst ein Aufdecken evidenter Kalkulationsfehler während der Vertragslaufzeit – etwa im Rahmen einer Zwischenkalkulation – trägt kaum dazu bei, einen drohenden Verlust aus dem laufenden Vertrag zu vermeiden. Allerdings können Lehren für das Neugeschäft gezogen werden. An dieser Stelle zeigen sich bereits deutlich zwei zentrale Problembereiche der Kalkulation von Leasingverträgen: die mangelnde Kenntnis der eigenen Kostenstrukturen eines Leasinganbieters sowie die langfristige Fixierung der Leasingkonditionen mit nur geringen Möglichkeiten einer nachträglichen Beseitigung von Kalkulationsfehlern. Zu diesen Aspekten, die primär den Erfolg bzw. Verlust eines Leasinggeschäftes bei ordentlicher Vertragsbeendigung betreffen, kommt ein weiterer an Bedeutung gewinnender Gesichtspunkt hinzu: die Auswirkungen unplanmäßiger Vertragsstörungen wie Vertragsbeendigungen bei Insolvenz des Leasingnehmers, Verwertungsdefizite nach Vertragsende, falls sich ursprünglich kalkulierte Veräußerungserlöse nicht am Markt erzielen lassen, oder auch außerordentliche Verluste durch Betrug, Diebstahl oder sonstige kriminelle Delikte.

Als Zwischenergebnis lässt sich festhalten, dass bereits einige grundsätzliche **Charak-** 5 **teristika des Leasinggeschäftes**, wie die Besonderheit des Leasingpreises an sich, die Langfristigkeit der Verträge, die Irreversibilität ausgehandelter Vertragskonditionen und eine Vielzahl von möglichen unplanmäßigen Vertragsstörungen, Gründe für den wünschenswerten, nicht aber in jedem Fall zwingend notwendigen Einsatz eines umfassenden Kalkulationssystems darstellen. Erst die gegenwärtige Verfassung eines stagnierenden Leasingmarktes mit den beschriebenen Folgen erzwingt die Kalkulation. Die umfassende Konzentration auf eine grundlegende, analytische (Preis-)Kalkulation von Leasingverträgen wird zum unerlässlichen preispolitischen Basisinstrument, ohne welches ein Verbleiben von Leasinganbietern im Markt unmöglich wird. Das Kalkulationssystem soll dem Leasinganbieter eine langfristige Erfolgssicherung und Kontrolle der Wirtschaftlichkeit bei gleichzeitig möglichst optimaler Risikostruktur und -begrenzung gewährleisten. Hierzu besteht die Notwendigkeit des Einsatzes differenzierter Kalkulationsinstrumente, die auf das Gesamtsystem einer Leasinggesellschaft ausgerichtet sind und folgenden Anforderungen genügen müssen.

2. Anforderungen und Rechnungsebenen der Kalkulation

Die **methodischen Anforderungen** sehen aufgrund der Mehrperiodigkeit des Lea- 6 singvertrages in jedem Fall dynamische Verfahren vor. Diese dürfen sich jedoch im Gegensatz zu traditionellen Partialmodellen nicht auf eindimensionale Zeitpunktgrößen wie Kapitalwert oder Vermögensendwert beschränken, sondern müssen unbedingt auch die Entwicklung relevanter Entscheidungsgrößen im Zeitablauf explizit berücksichtigen. Zu diesen entscheidungsrelevanten Größen zählen mindestens die durch den Vertrag bedingten Veränderungen des Betriebsergebnisses, des Jahresüberschusses sowie der Liquiditätsüberschüsse, und zwar bezogen auf alle Perioden während des Betrachtungszeitraums. Dies setzt auch eine Berücksichtigung der steuerlichen Auswirkungen voraus. Eine reine Kostenkalkulation scheidet somit von vornherein aus. Hierfür notwendige investitionswirtschaftliche Planungsinstrumente sind beispielsweise die Barwertmethode und der

§ 66 Vierter Teil: Wirtschaftliche Problemkomplexe des Leasings

Totale Liquiditätsvergleich (ein Endwertverfahren auf Basis des Vergleichs der vollständigen Finanzpläne) als Grundlage für weitere Planungen.[2]

7   Entsprechend den **inhaltlichen Anforderungen** soll das Kalkulationsverfahren in Bezug auf alle relevanten Kategorien des Rechnungswesens die zeitliche Ausdehnung von Leasingverträgen und die damit verbundenen Risikostrukturen, differenziert nach Leasingnehmern, Leasingobjekten, Vertragsvolumen und gegebenenfalls weiteren Einflussgrößen wie Lieferanten, integrativ berücksichtigen. Diese Modellstruktur setzt in ebenbürtiger Wichtigkeit das Vorhandensein sowie den reibungslosen Zugriff auf das notwendige Datenmaterial voraus. Die Kombination von Verfahren und Daten erlaubt dann die Beantwortung folgender Fragen: Wie verändert sich der Barwert eines Leasingvertrages bei Insolvenz eines Leasingnehmers in einem bestimmten Monat oder bei Unterschreiten des geplanten Veräußerungserlöses um x Prozent? Mit welchem Zinsfuß muss bei konstantem Barwert eine Leasingrate von einer Periode in eine beliebig andere Periode verschoben werden? Der Zugriff zu relevanten Daten ist eng verbunden mit dem Wissen um die Berücksichtigung der jeweils relevanten Rechnungsebene.

8   Wie in jedem Unternehmen gibt es auch bei Leasinggesellschaften mehrere **Kategorien des betrieblichen Rechnungswesens**. Hier interessieren die folgenden drei Rechnungsebenen:[3]
1. Liquiditätsüberschussrechnung (Einnahmen ./. Ausgaben)
2. Jahresüberschussrechnung = Gewinn- und Verlustrechnung (Erträge ./. Aufwendungen)
3. Betriebsergebnisrechnung (Erlöse ./. Kosten)

9   Während sich Liquiditäts- und Jahresüberschussrechnung jeweils direkt aus der Finanzbuchhaltung ablesen lassen, sind für die **Betriebsergebnisrechnung** zusätzliche Berechnungen notwendig. Dabei dient aber in erster Linie nur diese Betriebsergebnisrechnung als Basis eines gut funktionierenden Kalkulationssystems. Ziel der Betriebsergebnisrechnung ist es primär, den wirklichen Erfolg eines Leasinganbieters aus dem originären Leasinggeschäft zu ermitteln. Insbesondere sind hierbei betriebs-, produkt- und periodenfremde sowie außerordentliche Aufwands- und Ertragskomponenten des Jahresüberschusses wieder herauszurechnen und verschiedene kalkulatorische Komponenten in die Rechnung mit aufzunehmen (beispielsweise kalkulatorische Abschreibungen).[4] Gerade die Gewinn- und Verlustrechnung spiegelt aufgrund der unterschiedlichen Bewertungsvorschriften und -möglichkeiten häufig nur ein verzerrtes Bild von den wirklichen Gegebenheiten des Unternehmens wider. So ergibt sich beispielsweise die Wertminderung eines Objektes (als zentraler Bestandteil der Kalkulation) am Markt und nicht aufgrund unterschiedlicher Abschreibungsmöglichkeiten oder einer Sonder-AfA. Die Liquiditätsrechnung ist ebenso wie die Gewinn- und Verlustrechnung als (Preis-)Kalkulationsgrundlage zunächst ungeeignet. Daneben bestehen vielfältige zeitliche und betragliche Interdependenzen zwischen den Rechnungsebenen. So beeinflussen die Preise (Erlöse) in Form von Leasingraten als erhoffte zukünftige Einnahmen und Erträge wiederum die Liquidität und den Jahresüberschuss. Die Einhaltung der Liquidität gilt als strenge Nebenbedingung unternehmerischen Handelns, weil Zahlungsunfähigkeit einen Insolvenztatbestand darstellt. Der Jahresüberschuss erlangt seine Bedeutung u. a. als Be-

---

[2] Vgl. zum Totalen Liquiditätsvergleich genauer *Kroll,* Nachweis der Wirtschaftlichkeit – Vergleichsrechnung „Kauf oder Leasing?" in: Kroll (Hrsg.), Leasing-Handbuch für die öffentliche Hand, 10. Auflage, LeaSoft GmbH, 2005, S. 148 ff. sowie *ders.,* Leasingverträge mit neuer Methode optimal beurteilen, DB 1994, Beilage Nr. 6, 14–16.

[3] Zu einer allgemeinen Abgrenzung und zu zwei weiteren hier nicht notwendigen Rechnungswesenkategorien vgl. etwa *Lück,* Ausgaben und Einnahmen, in: Chmielewicz/Schweitzer, Handwörterbuch des Rechnungswesens, 3. Auflage, S. 101 ff.

[4] Weiterführende Ausführungen zur Liquiditäts-, Jahresüberschuss- und Betriebsergebnisrechnung finden sich in der einschlägigen betriebswirtschaftlichen Literatur zur Kosten- und Erlösrechnung, beispielsweise im Handwörterbuch des Rechnungswesens, aaO.

steuerungsgrundlage und im Zusammenhang mit der Ausschüttung von Unternehmensgewinnen.

Während im produzierenden Gewerbe die Erlöse meist innerhalb eines Jahres anfallen und eine Einjahreskalkulation ausreichend ist, müssen beim Leasing im Rahmen einer **Mehrperiodenkalkulation** die zeitlichen Verteilungen von Kosten und vor allem von Erlösen über alle Perioden hinweg betrachtet werden. Dies ist ein vielfach vernachlässigter Aspekt – gerade im Hinblick auf eine risikoorientierte Kalkulation: So nutzt einer Leasinggesellschaft selbst ein mit einem sehr positiven Betriebsergebnisbeitrag kalkulierter Vertrag (deutliches Übergewicht der Erlöse gegenüber den Kosten in ihrer Gesamtsumme) nichts, wenn der Leasingnehmer während der Vertragslaufzeit zahlungsunfähig wird und bis zu diesem Zeitpunkt die ausgabenwirksamen Kosten (Wertminderung, Zinsen der Refinanzierung, Anbahnungs- und Verwaltungskosten) deutlich über den bis dahin einnahmenwirksamen Erlösen (Sonderzahlungen, Leasingraten) liegen. Konkret müssen im Rahmen einer Leasingkalkulation also zunächst Kosten, Erlöse und die damit verbundenen Risiken pro Vertrag in ihrer absoluten Höhe und zeitlichen Struktur ermittelt werden, um diese anschließend über eine entsprechende Vertragsgestaltung im Rahmen eines jeden Einzelvertrages miteinander in Einklang zu bringen. Dabei stellt sich der Wunsch nach Renditemaximierung bei gleichzeitiger Risikominimierung meist als unvermeidlicher Zielkonflikt dar, für den ein Zielkompromiss gefunden werden muss.

II. Kostenelemente einer Leasinggesellschaft

Der betriebswirtschaftliche **Kostenbegriff** bezeichnet als Kosten den mit Hilfe von Preisen bewerteten mengenmäßigen Verbrauch von Gütern, der zur Erstellung einer bestimmten Leistung oder allgemeiner zur Erreichung eines betrieblichen Ziels (hier: Leasingvertrag) notwendig wird. Kosten müssen nicht notwendigerweise ausgabewirksam sein. Der Ansatz von Opportunitätskosten berücksichtigt den gedanklichen Gewinnentgang, der bei bester alternativer Verwendung der eingesetzten Güter aufgetreten wäre, als Kosten der tatsächlichen Verwendung.

1. Wertminderung des Leasingobjektes

Den größten Kostenblock jedes Leasingvertrages stellt die **Wertminderung** für das Leasingobjekt dar. Der Leasingnehmer unterliegt regelmäßig der Verpflichtung zur Amortisation der Wertminderung, bei Vollamortisationsverträgen während der Grundmietzeit in voller Höhe, bei Teilamortisationsverträgen während der Laufzeit nur in Höhe der Differenz zwischen den Anschaffungskosten und dem in der Kalkulation angesetzten Restwert des Leasinggegenstandes. Die Restamortisation erfolgt bei Vertragsende häufig durch den Verkauf des Leasingobjektes und teilweise durch die Beteiligung des Leasingnehmers an einem eventuellen Amortisationsdefizit. Selbst bei einer gesicherten Amortisation zum Laufzeitende können während der Laufzeit jedoch temporäre Unterdeckungen auftreten. Bei den überwiegend vorkommenden Vertragsmodellen mit konstanten, also linearen Leasingraten resultiert diese Unterdeckung in erster Linie aus der degressiv verlaufenden Wertminderung des Leasingobjektes und den nur progressiv ansteigenden Amortisationsanteilen der Leasingraten. Es baut sich somit unter Umständen ein zwischenzeitliches Risikopotential beim Leasinggeber auf. Dieses Unterdeckungsrisiko steigt systematisch bei Teilamortisationsverträgen aufgrund der verzögerten Amortisation, vor allem, wenn in der Kalkulation – beispielsweise um konkurrenzfähige niedrige Leasingraten zu erhalten – überhöhte Restwerte angesetzt werden, die am Vertragsende nicht oder nur schwer am Markt zu erzielen sind. Das Risiko aus der Amortisationsunterdeckung steigt für den Leasinggeber noch zusätzlich, falls er das Restwertrisiko allein trägt.[5] Dies

---

[5] Zum Zusammenhang von Wertbeständigkeit des Leasingobjektes, Vertragsmodell und Risiko vgl. weiterführend *Krahnen*, Sunk Costs und Unternehmensfinanzierung, 1991, insbesondere S. 193 ff.

ist bei Verträgen der Fall, bei welchen der Leasingnehmer nicht über ein Andienungsrecht, eine Mindererlösbeteiligung oder eine Abschlusszahlung am Restwertrisiko partizipiert, beispielsweise bei den Kilometerverträgen im Kraftfahrzeug-Leasing.

13   Innerhalb der Kalkulation von Leasingverträgen verkörpert eine realistische, also marktkonforme, Bestimmung des Restwertes häufig das zentrale Kalkulationsproblem. Einerseits ist er etwa aufgrund konjunktureller Schwankungen und einem schnelleren technischen Fortschritt, gefolgt von einem häufigeren Modellwechsel, immer schwieriger abzuschätzen. Andererseits lassen sich risikomindernde niedrige Restwerte wegen der hieraus resultierenden höheren Leasingraten immer seltener am Markt durchsetzen. Für eine periodenweise risikoorientierte Vertragskalkulation ist es darüber hinaus unabdingbar, nicht nur einen marktkonformen Wiederverkaufswert zum Ende der Grundmietzeit zu kennen, vielmehr muss auch die erwartete periodenweise Wertminderung bekannt sein. Die Abschreibungswerte der Gewinn- und Verlustrechnung sind hier nur bedingt aussagekräftig, so dass auf kalkulatorische Abschreibungen, die als Kostenbestandteil der realistischen Wertminderung entsprechen, zurückgegriffen werden muss. Die Ermittlung realer Wertminderungen stellt in der Praxis ein nur schwer zu lösendes Problem dar. Während für manche Objektbereiche (beispielsweise bei Kraftfahrzeugen) umfangreiche Preisstatistiken für gebrauchte Güter existieren, bietet es sich in anderen Fällen an, als Leasinganbieter auf eigene statistische Auswertungen oder Erfahrungswerte von Herstellern, Lieferanten und Händlern zurückzugreifen. Falls eine wünschenswerte analytische Wertbestimmung nicht möglich ist, sollte im konkreten Einzelfall zumindest auf einfache Schätzheuristiken zurückgegriffen werden, um Risikopotenziale wenigstens annähernd qualitativ zu erkennen und zu vermindern.

2. Kosten der Refinanzierung

14   Die Refinanzierungskosten bilden den zweitwichtigsten Kostenblock der Leasingkalkulation.[6] Die Kostenzurechnung der **Refinanzierungskosten** ist verhältnismäßig einfach. Zu betrachten sind in erster Linie die Zinskosten in ihrer unterschiedlichen Struktur und Höhe sowie eventuelle Nebenkosten. Neben diesen primären Kosten sind auch sekundäre Aspekte wichtig. Hierzu zählen sämtliche Transaktionskosten, die im Zusammenhang mit Anbahnung, Verwaltung und Kontrolle der Refinanzierung auf Leasinggeberseite anfallen. In diesem Zusammenhang ist vor allem auch die Schnelligkeit der Abwicklung des Refinanzierungsvertrages von Bedeutung. Refinanzierungskosten lassen sich im Gegensatz zur Wertminderung auch während der Vertragslaufzeit regelmäßig zuverlässig kalkulieren und werden vom Leasingnehmer meist entsprechend ihrem Anfall in gleicher Höhe und zeitlicher Struktur über dessen Leasingraten amortisiert. Geringe Probleme der direkten Kostenzurechnung können sich bei der Refinanzierung über bereitgestellte Kreditkontingente ergeben (beispielsweise bei der Zurechnung der Bereitstellungsprovisionen für noch nicht in Anspruch genommene Refinanzierungskontingente) oder bei der Vereinbarung variabler Zinssätze, die allerdings in der Leasingpraxis sehr selten vorkommen. Die **Eigenkapitalfinanzierung** spielt aufgrund der meist geringen Eigenkapitalausstattung der Leasinggesellschaften bei gleichzeitig hohen notwendigen Refinanzierungsvolumina kaum eine Rolle. Die Bedeutung der **Innenfinanzierung** durch Abschreibungsgegenwerte (sogenannte Abschreibungsfinanzierung, Kapitalfreisetzungseffekt) schwankt innerhalb der Leasingbranche, ist aber ebenfalls nicht sehr hoch. Ihr Ausmaß hängt stark vom gewählten Vertragsmodell ab.

15   Die bis Mitte der achtziger Jahre dominierende reine **Darlehensfinanzierung** ist in der Leasingrefinanzierung von immer geringerer Bedeutung. Sie wurde zunehmend von der **Forfaitierung** abgelöst. An ausgabewirksamen Kosten sind bei Darlehensfinanzierungen in der Kalkulation primär die Zinskosten zu berücksichtigen. Ferner müssen auch

---

[6] Zu den einzelnen Möglichkeiten der Refinanzierung vgl. auch Kapitel 23.

20. Kapitel: Betriebswirtschaftliche Aspekte des Leasings　　　　　　　　§ 66

Nebenkosten, wie Bereitstellungsprovisionen, Bearbeitungsgebühren oder Disagien, beachtet werden. Tilgungen stellen keinen Kostenfaktor dar. Die Höhe der Zinskosten ist nicht für alle Leasingverträge gleich, sie ist abhängig von einigen Zinsbestimmungsfaktoren. Hauptsächlich maßgebend sind das Marktzinsniveau, das Objektvolumen, und somit die Darlehenshöhe, sowie die Länge der Grundmietzeit und daher auch vom Zeitraum für die Gewährung des Refinanzierungsdarlehens. Weiter wirken sich auch die Wahl der Zins- und Tilgungsverrechnung (monatliche, viertel- bzw. halbjährliche oder ganzjährige Zahlungsweise sowie vor- oder nachschüssige Kalkulation), der Fixcharakter der Zinssätze (feste oder variable Zinssätze) sowie nicht zuletzt auch unterschiedliche Besicherungsmöglichkeiten auf die Höhe des Zinssatzes aus.

Die **Forfaitierung** nimmt zunehmend die herausragende Stellung im Rahmen der 16 Refinanzierung ein. Als Forderungskäufer fungiert regelmäßig ein Kreditinstitut, die Leasinggesellschaft übernimmt die Rolle des Forderungsverkäufers. Gegenstand des Forderungskaufvertrages sind die Leasingraten; inwieweit Restwertforderungen forfaitiert werden können, ist umstritten. Bei der Forfaitierung werden die angekauften Leasingraten zur Ermittlung des Barwertes der Forderungen abgezinst. Der Abzinsungszinssatz ist dabei regelmäßig der maßgebliche Refinanzierungszinsfuß für die Kalkulation des Leasingvertrages. Der Kaufpreis der Leasingforderungen entspricht deren Barwert. Er setzt sich aus dem Anschaffungswert, eventuell zuzüglich der abgezinsten Marge der Leasinggesellschaft, zusammen. Im Fall der Forfaitierung wird in der Bilanz anstelle der üblichen Darlehensrestschuld ein passiver Rechnungsabgrenzungsposten in Höhe des Kaufpreises ausgewiesen. Dieser Abgrenzungsposten stellt keine Dauerschuld dar (zumindest in der Höhe des Barwertes der verkauften Leasingraten) und ist zwingend linear über die Grundmietzeit aufzulösen, während normale Annuitätendarlehen progressiv ansteigende Tilgungsanteile bei entsprechend degressiv abnehmenden Zinsanteilen aufweisen. Hieraus ergeben sich bedeutende Auswirkungen auf die Kalkulation. Die lineare Auflösung des Rechnungsabgrenzungspostens wurde höchstrichterlich zwar mehrfach bestätigt, betriebswirtschaftlich einsichtig ist sie jedoch nicht, da dementsprechend bei der Forfaitierung auch die Zinsbelastung linear verläuft, obwohl Zinsbelastungen betriebswirtschaftlich regelmäßig eine degressive zeitliche Struktur aufweisen. Daher müssen in der Kalkulation auch bei der Forfaitierung degressive Zinsen (zumindest) kalkulatorisch angesetzt werden, sofern neben einer Gesamtbetrachtung auch eine periodenweise Erfolgsbetrachtung durchgeführt werden soll.

3. Vertriebs- und Verwaltungskosten

Da Kosten der Wertminderung und der Refinanzierung faktisch nicht oder nur in ge- 17 ringem Umfang von einer Leasinggesellschaft beeinflusst werden können, stellen die Vertriebs- und Verwaltungskosten, die sich aus Sach- und Personalkosten zusammensetzen, einen grundsätzlich steuerbaren Kostenblock dar. Unter die **Vertriebskosten** fallen zunächst die Kosten des Außendienstes, beispielsweise Kosten für Schulungen und Sachausstattung der Vertreter (Büroausstattung, Geschäftsfahrzeug usw.) sowie die Personalkosten in ihren fixen (Grundgehalt) und variablen Bestandteilen (z. B. erfolgsabhängige Provisionen). Die Kosten des Vertriebsweges werden stark von der Wahl des entsprechenden Vertriebsweges beeinflusst: Der Direktvertrieb über eigene Außendienstmitarbeiter gilt als die kostenintensivste, aber häufig auch die erlösintensivste Vertriebsform. Er ist sinnvoll bei Großkunden und Leasinggeschäften mit großen Volumina, bedingt jedoch hervorragend ausgebildetes Personal. Dienstleistungsaspekte wie eine qualifizierte Kundenberatung werden beim Leasing künftig verstärkt im Vordergrund stehen. Als Kosten gehen die Personalkosten (fix und/oder variabel) einschließlich der Nebenkosten in die Kalkulation ein. Beim Vertrieb über Vertriebspartner-Organisationen (Vertriebs-Leasing) erfolgt der Absatz regelmäßig durch Händler oder Hersteller über zumeist standardisierte Verträge. Als Kosten fallen Ausbildungs- und Provisionskosten für die Vertriebspartner

§ 66 Vierter Teil: Wirtschaftliche Problemkomplexe des Leasings

ins Gewicht. Als Drittvertrieb bezeichnet man die Akquisition über Kreditinstitute und Finanzierungsvermittler. Er findet seinen Schwerpunkt im standardisierten Mengengeschäft mit relativ geringem Grad an Erklärungsbedürftigkeit. Als Problem erweist sich vielfach die Margenteilung zwischen Bank und Leasinggesellschaft sowie die Gefahr der Abschiebung bonitätsmäßig schlechter Kunden an die Leasinggesellschaft.

18 Der **Wahl des entsprechenden Vertriebsweges** kommt daher im Rahmen der Kalkulation bzw. eines gesamtheitlichen Controlling eine vielfach verkannte, entscheidende Bedeutung zu. Hier werden Qualitäts- und Kostenstrukturen für einen längeren Zeitraum festgelegt. Auch die Frage der fixierten oder erfolgsabhängigen Bezahlung beeinflusst die Kostenstrukturen eines Leasinganbieters nicht unerheblich, gerade in Zeiten schwankender Geschäftsabschlüsse. Zu den Vertriebskosten müssen darüber hinaus auch die Kosten der Vorüberprüfung (Überprüfung der Bonität von Leasingnehmer und Lieferant sowie der Wiederverwertbarkeit des Leasingobjektes) sowie der Angebotserstellung gerechnet werden. Gerade in wirtschaftlich schwierigeren Zeiten gewinnt dieser Kostenblock immer mehr an Bedeutung, vor allem, wenn die Quote abgelehnter Leasingverträge (ihre Prüfung verursacht Gemeinkosten) stark zunimmt und somit das Kostengefüge der abgeschlossenen Leasingverträge beeinflusst wird, da die Stückkosten für jeden realisierten Vertrag nun steigen. Daher sollte im Rahmen einer Vorselektion ein System mit stufenweiser Verfeinerung eingeführt werden, um abzulehnende Verträge möglichst schnell und kostengünstig zu erkennen. Den Vertriebskosten müssen noch die zum Teil bedeutenden Marketingkosten (Internetauftritt, Werbegeschenke, Telefonkosten, Inserate, Direktmarketingkosten, Verkaufsveranstaltungen bzw. Ausstellungen auf Messen usw.) zugerechnet werden.

19 Neben den Vertriebskosten zu Vertragsbeginn sind die **Verwaltungskosten** während der Vertragslaufzeit in die Kalkulation mit einzubeziehen. Hier zählen etwa Erwerb des Leasingobjektes, Terminüberwachung und Mahnwesen, Verwaltung von Sicherheiten, Änderungen von Partnerstammdaten, Vertragsänderungen, Vertragsablösungen während der Grundmietzeit, Aufstockung von Verträgen usw. Die Vertragsverwaltungskosten werden in ihrer Bedeutung vielfach unterschätzt. Zum einen sind die durch Inflation und Lohnsteigerungen bedingten Steigerungen schwer abschätzbar. Zum anderen wird die Verwaltung in wirtschaftlich schwierigen Zeiten generell aufwendiger (Vertragsänderungen, Zahlungsaussetzungen, Rücklastschriften usw.). Ein Problem der Kalkulation besteht somit auch darin, diese Kostenänderungen von Anfang an richtig zu prognostizieren, da eine spätere Anpassung der Leasingraten aufgrund deren vertraglicher Fixierung nicht mehr möglich ist.

20 Auch die **Kosten der Vertragsbeendigung** werden in ihrer Bedeutung in der Kalkulation häufig übersehen, zumal sie bei Vertragsabschluss schon exakt geplant werden müssen, ein Umstand, der gerade bei langfristigen Verträgen nicht immer einfach ist. Teilweise fallen erhebliche Personal- und Sachkosten nach Beendigung des Leasingvertrages im Zuge der Verwertung des Objekts an. Auch nach der Grundmietzeit nicht amortisierbare Restwerte müssen als Kosten der Vertragsbeendigung berücksichtigt werden. Neben den Kosten einer ordentlichen Vertragsbeendigung durch ein reguläres Auslaufen des Vertrags sowie durch Kündigung des Leasingnehmers (z. B. bei kündbaren Verträgen) dürfen auch die häufig erheblich höheren Kosten einer außerordentlichen Vertragsbeendigung nicht übersehen werden. Dies kann beispielsweise nach einer Kündigung des Leasinggebers etwa aufgrund einer Insolvenz des Leasingnehmers eintreten oder nach einer außerordentlichen Kündigung des Leasingnehmers bei Untergang des Leasingobjektes oder sonstigen Leistungsstörungen.

21 Nur wenige Kostenkomponenten der vorgestellten Vertriebs- und Verwaltungskosten, beispielsweise umsatzabhängige Vertreterprovisionen oder Kosten des Formularwesens, sind als Einzelkosten direkt einem bestimmten Vertrag (als Kostenträger) zurechenbar. Dies hat für die Leasinggesellschaft zwei Folgen. Zum einen stellen Gemeinkosten aufgrund ihrer Dominanz und grundsätzlichen Beeinflussbarkeit das **Hauptkostensenkungs-**

potenzial dar, zum anderen entsteht das Schlüsselungsproblem dieser Gemeinkosten im Rahmen der Vertragskalkulation. Gemeinkosten können nicht direkt einem bestimmten Leasingvertrag oder einer bestimmten Gruppe von Leasingverträgen zugerechnet werden. Als Grundlage für die indirekte Verteilung der Gemeinkosten auf die einzelnen Produkte (hier: Verträge) dienen verschiedene **Kostenschlüsselungsverfahren**, wie Divisionskalkulation, Zuschlagskalkulation oder Äquivalenzziffernkalkulation. Gelegentlich wird auch nach einem Tragfähigkeitsprinzip oder per Mitarbeiterbefragung völlig heuristisch vorgegangen. Keines dieser Verfahren, die ursprünglich für Produktionsunternehmen entwickelt wurden, ist richtig in dem Sinne, dass sie zweifelsfrei ökonomisch begründbare Schlüsselungen zulassen, weil eine verursachungsgerechte Verteilung unmöglich ist.[7] Ihre Übertragung auf Dienstleistungsunternehmen ist bisher vorwiegend auf den Banken- und Versicherungssektor beschränkt worden. Spezielle Kostenschlüsselungsverfahren für Leasinggesellschaften sind bislang nicht bekannt geworden. Es kann hier nur konstatiert werden, dass Gemeinkosten in der Kalkulation von Leasingverträgen zu berücksichtigen sind. Ferner kann vermutet werden, dass der Erfolg einer Leasinggesellschaft wesentlich von der Gemeinkostenschlüsselung abhängt. Diese wird wesentlich von grundsätzlichen und speziellen unternehmenspolitischen Zielen beeinflusst. Neben kostenrechnerischen Aspekten werden zunehmend auch verhaltenswissenschaftliche Implikationen von Gemeinkosten, etwa auf die Leistungsbereitschaft von Mitarbeitern, ein Umstand, der hier nicht weiter verfolgt wird, beachtet. Ohne einen Lösungsansatz zu unterbreiten, wird im Folgenden die Brisanz der Gemeinkostenschlüsselung exemplarisch illustriert.

Während eine Kostenzurechnung auf einzelne Verträge bei den Kostenblöcken Vertriebs-, laufende Verwaltungs- und Vertriebskosten durch Division der aus der Betriebsergebnis- bzw. der Gewinn- und Verlustrechnung zu entnehmenden Kosten durch die Anzahl der abgeschlossenen bzw. geplanten Leasingverträge noch relativ leicht möglich ist, bedarf es bei den sekundären Personal- und Sachkosten, die durch funktionsübergreifende Stellen wie Geschäftsführung, Controlling, Rechts- und Steuerabteilung, Personalabteilung oder EDV verursacht werden, eines **mehrstufigen Zurechnungsverfahrens**. Ausgangsbasis der Kostenschlüsselung stellt die aus der Gewinn- und Verlustrechnung abgeleitete möglichst feingliedrige Kostenauflistung der Betriebsergebnisrechnung dar. Die Zuordnung der ermittelten Kosten auf die einzelnen Leasingverträge, die kalkuliert werden sollen, geschieht meist durch Division der Kosten durch die Bezugsgröße, z. B. alle neu abzuschließenden Verträge. Diese Rechenoperationen gestalten sich in der Praxis allerdings vielfach recht schwierig. So können beispielsweise je nach Vertragsart, Objektart, Vertragsvolumen, Leasingnehmerbonität oder Region unterschiedliche Vertragsstückkosten entstehen, wobei die Kosten pro Einheit der Bezugsgröße in der Realität durchaus unterschiedlich sein können, dann allerdings auch wieder nicht in einem linearen Zusammenhang stehen und darüber hinaus zeitlichen Schwankungen unterliegen. So verursacht ein Leasingvertrag über 1 Mio. EUR höhere Kosten als ein Vertrag über 100 TEUR, auf der anderen Seite fallen die Kosten allerdings auch nicht zehnmal höher aus. Verändert sich das prognostizierte Neugeschäft nämlich in seiner Höhe und strukturellen Zusammensetzung (Abschlussvolumen, Vertrags- und Objektarten, Bonitätsklassen, Restwertentwicklungen usw.), tritt also eine mittelbare Veränderung der Bezugsgrößen ein, so hat dies unmittelbaren Einfluss auf die Kosten pro Einzelvertrag, die dann bisweilen stark von den ursprünglich kalkulierten Kosten abweichen können. Da die vertraglich fixierten Leistungen des Leasingnehmers an diese veränderten Kostenstrukturen jedoch nicht mehr angepasst werden können, ist eine langfristige Existenzgefährdung eines Leasinganbieters denkbar, wenn er diese Kostenrisiken nicht rechtzeitig erkennt und minimiert. Langfristig muss der Leasinggeber aber mindestens die Durchschnittskosten am Markt erzielen.

---

[7] Zur Einführung in die grundsätzliche Problematik der Kostenschlüsselung vgl. etwa *Schweitzer/Küpper,* Systeme der Kostenrechnung, 5. Auflage, 1991.

§ 66 Vierter Teil: Wirtschaftliche Problemkomplexe des Leasings

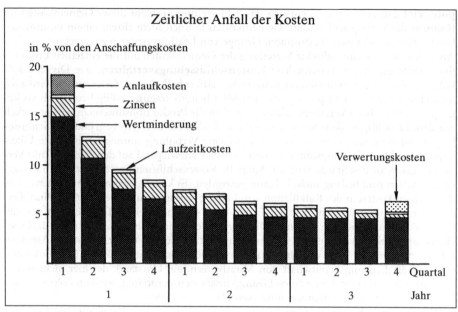

Abb. 1: Denkbarer zeitlicher Anfall der Kosten eines Teilamortisationsvertrages

23 Abbildung 1 verdeutlicht den **zeitlichen Verlauf** aller Kosten am fiktiven Beispiel eines Teilamortisationsvertrages. Neben dem jeweils degressiven Kostenverlauf für Wertminderung und Refinanzierung fallen vor allem die hohen Anlaufkosten des Neugeschäfts auf (über 50 Prozent der Personal- und Sachkosten) sowie die Vertragsbeendigungskosten (Verwertungskosten usw.). Aus Rendite- und Risikoerwägungen heraus müsste eine Leasinggesellschaft nun hinsichtlich der Erlöskomponenten eine Vertragsgestaltung anstreben, die in der Höhe und zeitlichen Struktur dem Kostenverlauf entspricht bzw. etwas darüber liegt. Dies ist in der Praxis allerdings kaum möglich. Allein das Beispiel der überwiegend vorkommenden linearen Leasingraten (also lineare Erlöse) zeigt, dass die Kosten vielfach, wenn überhaupt, nur in ihrer Summe zum Vertragsende durch die Erlöse abgedeckt werden können. Während der Grundmietzeit entstehen folglich häufig Kostenunterdeckungen, die vor allem im Hinblick auf eine risikominimierende Geschäftspolitik einer Leasinggesellschaft genauer analysiert werden müssen. Um zu ermitteln, inwieweit ein Leasingvertrag in der Summe überhaupt einen Gewinn abwirft, reicht es also nicht aus, die Summe der Kosten von der Summe der Erlöse zu subtrahieren. Es gilt, die unterschiedliche zeitliche Struktur von Kosten und Erlösen zu berücksichtigen. Falls etwa zu Beginn entstehende Kosten erst zum Vertragsende über Erlöskomponenten abgedeckt würden, träte der nicht wünschenswerte Zustand ein, die ausgabewirksamen Kosten zwischenfinanzieren zu müssen. Eine Möglichkeit, die zeitlichen Strukturunterschiede in den Griff zu bekommen, besteht in der Ermittlung von Bar- bzw. Endwerten für die ausgabenwirksamen Kosten und einnahmenwirksamen Erlöse. Subtrahiert man diese beiden Barwerte (Endwerte), so ergibt sich ein aussagekräftigeres Bild der gesamten Ertragsfähigkeit eines Vertrages.

In der Praxis dominieren 3 Varianten der Einbeziehung von Kostenmargen in die Vertragskalkulation:

a) Barwertmarge: Wahrscheinlich am häufigsten anzutreffen ist die Variante der Barwertmarge. Hier ermittelt der Leasinggeber seine Kosten- sowie Risiko- und Gewinnaufschläge über die Grundmietzeit hinweg und zinst diese anschließend auf den Vertragsbeginn ab zur so genannten Barwertmarge. Diese wird im Rahmen der Kalkulation den

20. Kapitel: Betriebswirtschaftliche Aspekte des Leasings § 66

Anschaffungskosten zugeschlagen (z. B. in Höhe von 2 Prozent der Anschaffungskosten). Somit errechnen sich die Leasingraten nicht mehr auf Basis von 100 sondern in diesem Fall auf Basis von 102 mit dem jeweiligen Refinanzierungszinssatz (z. B. 6 Prozent).

b) Zinsmarge: Eine zweite Variante rechnet mit Zinsmargen. Hier dienen als Ausgangspunkt der Berechnung nur die reinen Anschaffungskosten von 100, die allerdings mit einem höheren Zinssatz verzinst werden, beispielsweise mit 7 Prozent (6 Prozent Refinanzierungszinssatz zuzüglich eines Zinsmargenaufschlags von 1 Prozent).

c) Verwaltungskostenpauschale: Im Immobilien- und Großmobilien-Leasing wird überwiegend anders kalkuliert, nicht zuletzt deswegen, weil dem Leasingnehmer alle Kalkulationsparameter offengelegt werden. Die Leasingraten errechnen sich ausschließlich auf Basis der Anschaffungskosten von 100 sowie des realen Refinanzierungszinssatzes (im Beispiel 6 Prozent). Die Marge wird im Vertrag zusätzlich gesondert als Verwaltungskostenpauschale, Verwaltungskostenbeitrag o. ä. ausgewiesen in Prozent der Anschaffungs- und Herstellungskosten, z. B. 0,2 Prozent pro Jahr. Zudem unterliegt diese Marge üblicherweise einer jährlichen Steigerung (z. B. 2 Prozent pro Jahr).

III. Erlöskomponenten einer Leasinggesellschaft

Nach der Ermittlung der Höhe und zeitlichen Struktur der Kosten eines Leasingvertrages muss eine Leasinggesellschaft versuchen, diesen Kosten adäquate Erlöskomponenten gegenüberzustellen, um die Amortisation ihrer Kosten, aber auch ihres Gewinns, durch den Leasingnehmer sicherzustellen. Dies erreicht sie über eine möglichst optimale **Kombination verschiedener Erlöskomponenten** (Leasingraten, Sonderzahlungen, Mietnebenkosten, Vormieten usw.) und Vertragsformen (Vollamortisationsverträge bzw. die unterschiedlichen Teilamortisationsvarianten).[8] Unterschiedliche Strukturen der Leasingraten (linear, degressiv, progressiv, saisonal), verschiedene Varianten von Sonderzahlungen (Mietsonderzahlungen, einmalige Sonderzahlungen) oder unterschiedliche Verrechnungsmöglichkeiten von Kosten (beispielsweise über die Kostenmarge der Leasingraten, über Sonderzahlungen oder Mietnebenkosten bzw. Vormieten) bieten einer Leasinggesellschaft eine grundsätzliche Steuerbarkeit der Erlöse, falls es die Verhandlungs- bzw. allgemeiner die Wettbewerbssituation zulässt. Neben diesen Erlöskomponenten, die primär zu Beginn oder während der Grundmietzeit anfallen, existieren weitere Gestaltungsspielräume hinsichtlich der Vertragsmodalitäten zum Vertragsende. Hierzu zählen in erster Linie Abschlusszahlungen bei Kündigung, Options- und Andienungspreise, Mindererlösbeteiligungen oder Mehrkilometernachzahlungen. In zweiter Linie sind aber auch Sondereinflussfaktoren wie die Gewährung von Investitionszulagen und Zuschüssen sowie die unterschiedlichen Möglichkeiten der Weiterleitung an den Leasingnehmer zu beachten. Sie eröffnen Leasinggesellschaften weitere Kalkulationsalternativen. So werden Investitionszulagen teilweise sofort weitergeleitet, häufiger aber erst zum Ende der Grundmietzeit oder auch über mehrere Perioden verteilt, wobei die Zulagen meist, aber nicht immer vom Leasinggeber verzinst werden.[9] Diese vielschichtigen Möglichkeiten der Vertragskalkulation zeigen besonders deutlich die individuellen Kombinationsmöglichkeiten der Kalkulationselemente einer Leasinggesellschaft. Daher lassen sich auch keine Pauschalaussagen fällen, welche Gestaltungsvariante in welcher Situation die günstigste ist. Vielmehr kommt es auf eine gesamtheitliche Betrachtung und Simulation aller Komponenten an, wie das Praxisbeispiel im nächsten Abschnitt zeigen soll.

24

---

[8] Ausführliche Informationen zur Berechnung der einzelnen Komponenten finden sich bei *Gabele/Kroll*, Leasingverträge optimal gestalten, 2001, sowie speziell zum Immobilien-Leasing bei *Gabele/Dannenberg/Kroll*, Immobilien-Leasing, 2001.
[9] Vgl. hierzu genauer *Gabele/Kroll*, Leasingverträge optimal gestalten, 2001, S. 99 f.

IV. Kalkulation im Praxisbeispiel

25 Nachfolgend soll anhand eines kurzen Beispiels die **Kalkulation** eines Leasingvertrages verdeutlicht werden.[10] Abbildung 2 zeigt die Kalkulation eines Leasingvertrages mit folgenden Ausgangsdaten:
- Anschaffungsobjekt: Kraftfahrzeug
- Anschaffungswert: 100 TEUR
- Betriebsgewöhnliche Nutzungsdauer: 5 Jahre (60 Monate)
- Grundmietzeit: 4,5 Jahre (54 Monate)
- Vertragsart: Teilamortisationsvertrag
- Restwert: 20 Prozent
- Notwendige Darlehenssumme: 100 TEUR
- Refinanzierungszinssatz: 6,0 Prozent p. a.
- Barwertmarge zur Abdeckung von Kosten, Gewinn, Risiko: 20 Prozent
- Tilgungsverrechnung: monatlich und vorschüssig
- Fälligkeit der Leasingraten: monatlich und vorschüssig
- Monatliche Leasingrate: 1.827,86 EUR

Die Leasingraten (1.827,86 Euro pro Monat) werden kalkuliert als Annuität auf Basis von 102.000 EURO (Anschaffungskosten: 100.000 Euro zzgl. 2.000 Euro Barwertmarge), bei einer Laufzeit von 54 Monaten, einem Zinssatz von 6,0 Prozent sowie einer monatlich vorschüssigen Zahlungsweise.

V. Kalkulationsstrategien von Leasinggebern

26 Leasinggesellschaften können im Rahmen ihrer unternehmenspolitischen Zielsetzungen unterschiedliche **Kalkulationsstrategien** einsetzen. Im Mittelpunkt steht hierbei die Vermeidung eines Risikos aus der Amortisationsunterdeckung.

Integration von Risikoanalysen in die Kalkulation

27 Die zuvor im Praxisbeispiel dargestellte Kalkulation stellt nur einen Basisbaustein einer rechnungswesen- und risikoorientierten Kalkulation dar. Er erlaubt vor allem die **Gewinnermittlung bei ordnungsgemäßer Vertragsbeendigung**, d. h., es bestehen keine vorzeitigen Vertragsstörungen sowie keine Restwertrisiken. Im Beispielfall wurde daher eine Barwertmarge von 2,0 Prozent angesetzt. Sie repräsentiert den Gewinn, wobei allerdings noch die Kosten der Leasinggesellschaft sowie eine Risikoprämie subtrahiert werden müssen. Da sich beispielsweise im Bereich des Kraftfahrzeug-Leasing zunehmende Verwertungsrisiken ergeben können, erscheint es sinnvoll, auch eine **Gewinnermittlung bei außerordentlichen Vertragsstörungen** genauer zu analysieren. Interessant ist dabei insbesondere eine Analyse von Amortisationsrisiken, d. h., welcher außerordentliche Verlust (oder Gewinn) in jedem Zeitpunkt der Grundmietzeit entsteht, wenn der Vertrag vorzeitig beendet wird und das Objekt verkauft werden muss. Grundsätzlich lassen sich beispielsweise folgende Parameter im Rahmen der Analyse des Amortisationsrisikos verändern:
- Objektart,
- Zeitwertentwicklung des Objektes (Marktwert),
- Vertragsart,

---

[10] Die Kalkulation wurde mit dem Modul KALK des PC-Programms MOBILEAS durchgeführt, LeaSoft GmbH (Hrsg.), Programm MOBILEAS – Finanzierungsrechnung zum Mobilien-Leasing, 1992.

20. Kapitel: Betriebswirtschaftliche Aspekte des Leasings §66

- Vertragslaufzeit,
- Leistungsformen des Leasingnehmers:
  - Leasingraten,
  - Mietsonderzahlungen,
  - einmalige Sonderzahlungen,
  - öffentliche Fördermittel,
- Leistungsstrukturen (linear, degressiv, progressiv),
- alternative Restwerte,
- ordentliche und außerordentliche Kosten des Leasinggebers
- verschiedene Risikomargen.

In einem ersten und vereinfachten Schritt werden zur Ermittlung des **Amortisa-** 28 **tionsrisikos** die kumulierten Amortisationsleistungen des Leasingnehmers (Amortisationsanteile und Marge der Leasingraten, dünne Linie) dem angenommenen Zeitwert des Objektes (gestrichelte Linie) gegenübergestellt (vgl. Abbildung 3). Es wird dabei von einem sehr starken Wertverlust bereits zu Beginn der Grundmietzeit (20 Prozent im ersten Monat) ausgegangen, der in der Praxis durchaus realistisch ist. Anschließend sei ein relativ linearer Abfall bis zum Ende der Grundmietzeit unterstellt. Hier betrage der realistische Marktwert noch 20,0 Prozent. Dieser muss allerdings nicht zwingend dem in der Kalkulation zugrunde gelegten Restwert entsprechen. Die dritte (dicke) Linie repräsentiert zu jedem Zeitpunkt der Grundmietzeit exakt den Wert, den die Leasinggesellschaft nicht amortisieren würde, wenn der Leasingnehmer seinen Verpflichtungen nicht mehr nachkommen könnte und die Leasinggesellschaft das Objekt veräußern müsste. Die einzelnen Monatswerte dieser Amortisationsdeckungs-Linie errechnen sich dabei wie folgt:

+ Anschaffungskosten (hier: 100 TEUR)
− Restwert (= Veräußerungserlös)
− kumulierte Amortisation durch die Leasingraten
= Amortisationsrisiko der Leasinggesellschaft

Der Leasinggesellschaft könnte ihr Amortisationsrisiko, das erst im letzten Monat (hier 29 allerdings sogar unabhängig von der Erfüllung eventueller Restwertverpflichtungen durch den Leasingnehmer nach der Grundmietzeit) nicht mehr existiert, zu hoch erscheinen. Während der Grundmietzeit wären Amortisationsausfälle bis ca. 25 TEUR denkbar (vgl. dicke Linie). Daher sucht sie nach denkbaren Alternativen zur **Risikoreduzierung**, wie z. B.

- Abschluss eines Vollamortisationsvertrages,
- Vereinbarung degressiver Leasingraten,
- Erhöhung der Risikomarge,
- Mietsonderzahlung (in der Praxis bis zu 25 Prozent),
- (vorübergehender) Einbehalt von Investitionszulagen,
- Rücknahmegarantien des Lieferanten,
- Forfaitierung der Forderungen auf die Leasingraten oder
- sonstige Sicherheiten (Garantien, Bürgschaften usw.).

Sollte es der Leasinggesellschaft gelingen, eine der letzten drei Möglichkeiten durch- 30 zusetzen, stellt sich für sie die Frage nach Amortisationsrisiken kaum mehr. Das Risiko wird hier allerdings nur auf andere Personen bzw. Institutionen abgewälzt, die jetzt ihrerseits gefordert wären, die einzelnen Risiken genauer zu analysieren und zu minimieren. Sollte der Leasinggeber diese Möglichkeiten nicht besitzen, könnte er beispielsweise gestaffelt degressive Leasingraten (z. B. 3.262 EUR p. m. vom 1. bis 18. Monat, 1.309 EUR p. m. vom 19. bis 36. Monat sowie 679 EUR p. m. vom 37. bis 54. Monat) oder eine Mietsonderzahlung, z. B. 25 TEUR, vereinbaren. Abgesehen von einem erhöhten Risiko zu Beginn der Grundmietzeit, das allerdings nicht mehr so hoch wie im ersten Beispiel

§ 66 Vierter Teil: Wirtschaftliche Problemkomplexe des Leasings

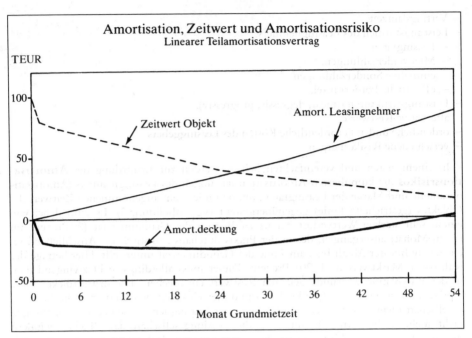

Abb. 3: Amortisationsrisiko bei einem linearen Teilamortisationsvertrag

ausfallt, lässt sich durch die Vereinbarung degressiver Leasingraten eine relativ befriedigende Struktur erzielen. Abbildung 4 zeigt den Risikoverlauf bei der Vereinbarung degressiver Leasingraten.

31 Die Auswirkungen einer Mietsonderzahlung von 25 TEUR (anschließende monatliche Leasingrate: 1301 EUR) verlaufen nicht ganz so günstig (vgl. Abbildung 5). Zwar wird das Risiko zu Vertragsbeginn vermieden, beträgt aber im Verlauf der Grundmietzeit immerhin bis zu 10 TEUR. Diese zwei sehr einfachen Modellmodifikationen mit ihren ausgeprägten Veränderungen der Risikostruktur zeigen bereits deutlich, welche starken und mitunter unerwarteten Auswirkungen von Veränderungen im Rahmen der Vertragsgestaltung ausgehen können.

32 Kann eine Leasinggesellschaft in konjunkturell guten Zeiten Leasingverträge anbieten bzw. durchsetzen, die eine Amortisationsdeckung über die gesamte Laufzeit garantieren, so ist eine **Herabsetzung des Umfangs der Bonitätsprüfungen** in Erwägung zu ziehen.[11] Die daraus resultierende Senkung der Kosten der Vertragsanbahnung erfolgt dann zugunsten des Gewinns der Leasinggesellschaft. Das Verfolgen einer solchen Strategie erfordert jedoch langjährige Erfahrung und eine sehr sorgfältige wirtschaftsmathematische Berechnung. Nur sehr große Leasinggesellschaften dürften über hinreichend statistisch auswertbares Zahlenmaterial verfügen. Zudem können häufig nur große Leasinggesellschaften ein leasingnehmerbezogenes ausgeglichenes Risikoportfolio aufbauen. Andererseits können Leasinggesellschaften, die eine sehr sorgfältige und umfangreiche Bonitätsprüfung – etwa eine auch von einigen Banken durchgeführte Diskriminanzanalyse zur Trennung von so genannten guten und schlechten Kunden – durchführen, bei ihren guten Kunden eine bonitätsbedingte Amortisationsunterdeckung während der ersten zwei bis drei Jahre der Vertragslaufzeit zulassen, weil die Wahrscheinlichkeit der Illiquidität des Leasingnehmers in dieser Zeit, welche der zeitlichen Prognosekraft der Bonitätsprüfung

---

[11] Vgl. allgemein zur Bonitätsprüfung von Leasinggesellschaften *Pähler*, Risikopolitik von Leasinggesellschaften im herstellerunabhängigen Mobilien-Leasing, 1989, S. 168 ff.

20. Kapitel: Betriebswirtschaftliche Aspekte des Leasings § 66

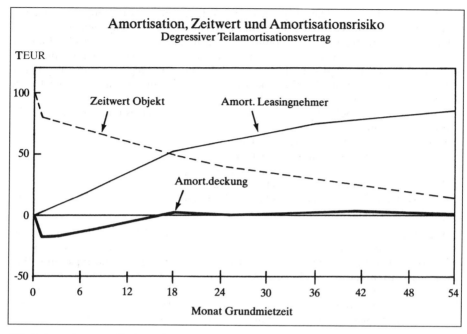

Abb. 4: Amortisationsrisiko beim degressiven Teilamortisationsvertrag

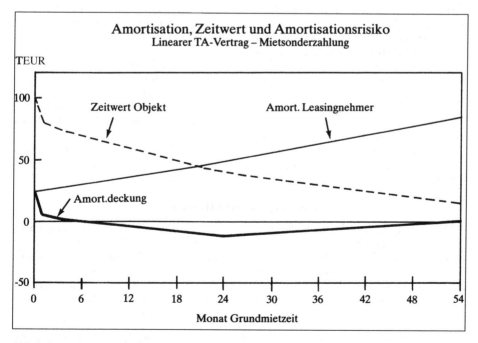

Abb. 5: Amortisationsrisiko beim linearen Teilamortisationsvertrag mit Mietsonderzahlung

entspricht, sehr klein ist. Dies gestattet in der Anfangszeit eines Leasingvertrages einen Gestaltungsspielraum der Leasingratenstruktur zu Gunsten des Leasingnehmers.

33 Die oben dargestellten Beispiele konnten natürlich nur einen vereinfachenden Einblick in die Modellstruktur der Analyse des Amortisationsrisikos geben. Sie stellen eine faustformelähnliche Heuristik dar. In der Praxis gilt es, auf dem Weg zu einem analytischen Modell **weitere wichtige Einflussfaktoren** zu berücksichtigen, die in nachgelagerte Schritte eingebunden werden. Im einzelnen handelt es sich dabei um:
- unterschiedliche Möglichkeiten der Berechnung der Mietbemessungsgrundlage,
- Bonusverrechnungen,
- die Kalkulation mit Barwertmargen oder Zinsspannen,
- vor- und nachschüssige Zahlungsvarianten,
- laufende Kosten der Vertragsanbahnung und -abwicklung,
- (Verwaltungs-)Kosten bei ordentlicher Vertragsbeendigung,
- Zusatzkosten bei außerordentlicher Vertragsbeendigung oder
- Zusatzsicherheiten.

34 Angesichts der Fülle von Einflussfaktoren, die zudem nicht immer genau vorherbestimmbar sind und häufig miteinander in Wechselwirkung stehen, ist es zwingend erforderlich, dem Entscheidungsträger ein **EDV-gestütztes Entscheidungs- und Planungsinstrumentarium** an die Hand zu geben, mit dem er vor allem schnell, individuell und trotzdem flexibel im Rahmen von Sensitivitätsanalysen zahlreiche Planungsszenarien durchrechnen und verfeinern kann. So lassen sich etwa Analysen unter Zugrundelegung vermuteter realistischer, optimistischer und pessimistischer Zeitwertverläufe durchführen.

VI. Kalkulation und Controlling

35 Die im letzten Abschnitt vorgestellten Aspekte zur Minimierung des Amortisationsrisikos stellt nur ein Beispiel dar, welche Potenziale eine Leasinggesellschaft zur Ertragsmaximierung und Risikominimierung im Rahmen der Kalkulation besitzt, sofern sie über das entsprechende Kalkulationsinstrumentarium verfügt. Voraussetzung für solche oder weitergehende Analysen ist jedoch ein ausgereiftes **Controllingsystem** mit einer entsprechenden EDV-technischen Realisierung, welche in der Praxis vielfach allerdings noch nicht gegeben ist, künftig aber wohl unabdingbar sein wird. Nur so werden sich schnell und sicher z. B. über den Aufbau integrativer Kostenverrechnungssysteme über Betriebsabrechnungsbogen (BAB) u. ä. Kosten-, Erlös- und Risikoanalysen durchführen lassen, wobei nicht nur der Bezug auf einzelne Leasingverträge möglich wäre, sondern auch die flexible Einbeziehung anderer Bezugsgrößen im Rahmen der Unterstützung strategischer und operativer Entscheidungen, wie die Auflistung möglicher **Analysemöglichkeiten** in Abbildung 8 beispielhaft zeigt:[12]

36 Nachfolgende Abbildungen verdeutlichen abschließend einige weitere grafische Analysemöglichkeiten, die ein ausgereiftes Controllinginstrumentarium problemlos und jederzeit aktuell liefern könnte.

VII. Zusammenfassung

37 Das wichtigste Instrumentarium einer erfolgreichen Preispolitik von Leasinggebern ist eine sorgfältige Kalkulation von Leasingverträgen. Dies trifft vor allem in Zeiten der Marktreife mit allgemein sinkenden Gewinnspannen zu. Die Kalkulation beginnt mit der Ermittlung der einem Vertrag zuzurechnenden oder zurechenbaren Kosten. Ein einziges richtiges Kostenschlüsselungsverfahren hierzu gibt es jedoch nicht. Daher wurde in diesem Beitrag das Schwergewicht auf die Darstellung der vielfältigen einzelnen Kosten-

---

[12] Entnommen aus dem Skriptum Controlling in Leasinggesellschaften der LeaSoft GmbH, 2004.

20. Kapitel: Betriebswirtschaftliche Aspekte des Leasings § 66

elemente in ihrer Gesamtheit gelegt, da mit gewisser Berechtigung vermutet werden kann, dass die Kenntnis sämtlicher Kosten für den Praktiker mindestens genauso wichtig ist wie ihre korrekte Schlüsselung. Die Kosten und der Gewinn der Leasinggesellschaft werden durch Erlöse gedeckt, die sich wiederum aus verschiedenen, sorgfältig aufeinander abzustimmenden Komponenten zusammensetzen. Es wird empfohlen, diese Abstimmung, falls sie am Markt durchsetzbar ist, an der Deckung des Amortisationsrisikos auszurichten und hierzu geeignete EDV-gestützte Analysen sowie weitere Controlling-Instrumente zu verwenden. Insgesamt wurden Komponenten und Strategien einer Plankalkulation im Sinne einer Vorkalkulation zur Vorbereitung der Entscheidung über einen künftigen Leasingvertrag vorgestellt. Mit gewissen Abwandlungen kann das vorgestellte Verfahren auch zur Zwischen- und Nachkalkulation im Rahmen von Controlling und Revision eingesetzt werden.

Unterstützung strategischer Entscheidungen

- **Strukturanalysen (Zeitvergleiche/Branchenvergleiche):**
  - Neugeschäftsvolumen (Stück, EUR, durchschnittliche Vertragssumme)
  - Bestandsvolumen (Stück, EUR, durchschnittliche Vertragssumme)
  - Verteilung der Leasingnehmer (Zielgruppen):
    - Branche
    - Bonität
    - Region
  - Verteilung der Leasingobjekte:
    - Objektgruppen
    - Objektvolumina
  - Verteilung der Vertragsformen
  - Verteilung der Vertragslaufzeiten
  - Verteilung der Refinanzierungsformen
  - Struktur der Absatzkanäle
  - Struktur der Angestellten
  - Kostenstrukturen:
    - Variable/fixe Kosten
    - Einzel-/Gemeinkosten
    - Personalkostenstrukturen
    - Akquisitionskosten (Außendienst usw.)
- **Portfolio-Analysen, z. B.**
  - Marktanteils-/Marktwachstums-Portfolios
  - Marktattraktivitäts-/Wettbewerbspositions-Portfolios
- **Stärken-Schwächen-Profile**
- **Potenzial-Analysen**
- **Konkurrenzanalysen**
- **Zukunftsprognosen:**
  - Hochrechnungen
  - Qualitative Prognosen
  - Quantitative Prognosen

Unterstützung operativer Entscheidungen

- **Bilanz-, GuV- und Finanzplanung (mittelfristig) incl. Steuerplanung**
- **Liquiditätsplanung (kurzfristig/unterjährig)**
- **Betriebsergebnisplanung:**
  - Kostenträgerrechnung
  - Deckungsbeitrags-Rechnung
  - Break-Even-Analyse
  - ABC-Analyse

Abb. 6: Analysemöglichkeiten im Rahmen eines mittelfristigen und strategischen Controlling in einer Leasinggesellschaft

20. Kapitel: Betriebswirtschaftliche Aspekte des Leasings §66

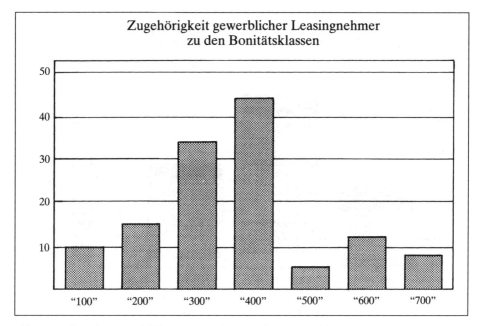

Abb. 7: Zugehörigkeit gewerblicher Leasingnehmer zu den Bonitätsklassen

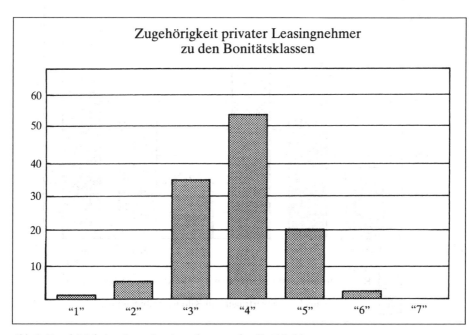

Abb. 8: Zugehörigkeit privater Leasingnehmer zu den Bonitätsklassen

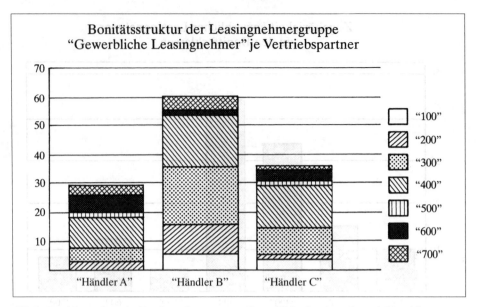

Abb. 9: Bonitätsstruktur der Leasingnehmergruppe Gewerbliche Leasingnehmer je Vertriebspartner

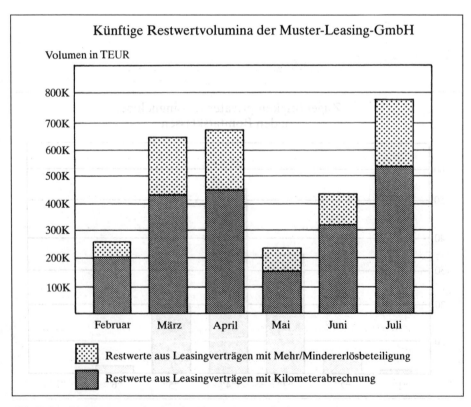

Abb. 10: Künftige Restwertvolumina der Muster-Leasing GmbH

§ 67 Die Leasingentscheidung des Leasingnehmers

Schrifttum: vgl. § 66

Übersicht:

	Rdn.
I. Die richtige Entscheidung zwischen Theorie und Praxis	1
II. Quantitative Analyse	13
1. Auswirkung auf die Gewinn- und Verlustrechnung bzw. Einnahmenüberschussrechnung	15
2. Auswirkung auf die Unternehmenssteuern	19
a) Gewerbesteuereffekt	22
b) Körperschaftsteuereffekt	25
c) Einkommensteuereffekt	26
3. Auswirkung auf die unternehmerische Liquidität	27
4. Unterschiedliche Anschaffungs- und Herstellungskosten	31
5. Refinanzierungskosten	33
6. Verwertungserlöse	34
7. Folgekosten	36
III. Qualitative Aspekte	38
1. Bonität und Seriosität des Leasingpartners	39
2. Bilanzneutralität und Ratingvorteile	42
3. Liquiditätsstruktureffekte	46
4. Klare und gesicherte Kalkulationsgrundlage	49
IV. Vergleichsrechnung	51
1. Methodik	52
2. Praxisbeispiel	53
a) Ausgangsparameter	54
b) Bestimmung der nominellen Effekte auf die Gewinn- und Verlustrechnung, Gewerbe- und Körperschaftsteuer sowie die Liquidität	55
aa) Kaufalternative – Gewinn- und Verlustrechnung	56
bb) Kaufalternative – Steuereffekte	58
cc) Kaufalternative – Liquidität	60
dd) Leasingalternative – Gewinn- und Verlustrechnung	61
ee) Leasingalternative – Steuereffekte	62
ff) Leasingalternative – Liquidität	63
c) Totaler Liquiditätsvergleich von Kroll	66
d) Barwertvergleich	69
e) Bewertung qualitativer Aspekte	70
V. Zusammenfassung	71

I. Die richtige Entscheidung zwischen Theorie und Praxis

Die Fragen, wie sich Individuen (oder Gruppen) in Unternehmen entscheiden wollen, **1** entscheiden sollen und tatsächlich entscheiden, zählen zu den spannendsten Rätseln der Betriebswirtschaftslehre, die sich hier vielfach der Hilfe und Unterstützung der sozialen Nachbarwissenschaften, allen voran der Psychologie bedienen muss – dies vor allem dann, wenn es darum geht herauszufinden, warum sich Menschen so oder so entscheiden. Bei der Frage nach der Leasingentscheidung des Leasingnehmers geht es also um **Entscheidungstheorie** und **Entscheidungspraxis**.

Nun mag es auf den ersten Blick verwunderlich erscheinen, warum die zunächst recht **2** nüchtern klingende Frage nach Kauf oder Leasing überhaupt kompliziert zu beantworten sein könnte. Die **rationale Finanzierungsentscheidung** scheint ja nur eine Frage der „richtigen" Vergleichsrechnung zu sein, die nur auf die jeweilige Unternehmenssituation etwa die spezifischen Finanzierungsmöglichkeiten oder besondere steuerliche Rahmenbedingungen eingehen muss, sonst aber zum Handwerkszeug eines jeden ordentlichen Kaufmanns gehört wie das Metermaß zum Schneider. Diese Denkweise passt zur Lehre vom homo oeconomicus, dem alles wissenden, alles rational verarbeitenden, logisch ent-

§ 67 Vierter Teil: Wirtschaftliche Problemkomplexe des Leasings

scheidenden und sonst nicht beeinflussbaren Wirtschaftssubjekt, das keine Transaktionskosten, keine Zeitnot, keinen Schmerz und keine Reibereien kennt.

3   Aber die Realität ist anders: Das, was man im Sinne bester intendierter Rationalität vor hat – hier, die „richtige" Leasingentscheidung zu treffen, muss nicht die „objektiv" beste Lösung sein. Vielfach könnte sogar die „beste" Lösung selbst von Experten nicht mit einem vertretbaren Aufwand ermittelt werden, denn zu komplex sind die Zahlen oder intransparent ist die **Entscheidungsarena** mit ihren weichen Randbedingungen. Mit anderen Worten, die normative Theorie der Betriebswirtschaftslehre in ihrer Gesamtheit kämpft noch mit umfassenden konkreten Vorgaben für eine richtige Leasingentscheidung.

Damit in Teilbereichen und mit der Hilfe von **Partialmodellen** überhaupt Empfehlungen abgegeben werden können, erfolgen diese – wie auch hier – häufig implizit mit der Ceteris-paribus-Annahme. Dies bedeutet vereinfacht Folgendes: „Bestimme die betriebswirtschaftlichen Kenngrößen und wende sie wie in einem Rezept an, ermittle dadurch die beste Alternative und gehe im übrigen davon aus, dass die Mitarbeiter genügend Zeit für die Ermittlung der Input-Größen haben, sie das Rechenmodell verstehen und richtig anwenden können, die gewählte Alternative keinen Einfluss auf die Leistungsfähigkeit des Unternehmens hat, weil es das Verhalten der Akteure nicht verändert, mithin alle übrigen Entscheidungen bzw. Handlungen im Unternehmen von der Finanzierungsentscheidung unabhängig getroffen bzw. durchgeführt werden." Diese und weitere **Nebenbedingungen** gelten so im Wirtschaftsalltag vielfach nicht.

4   Eine Entscheidung setzt Ziele (und deren Kenntnis) voraus, muss Randbedingungen beachten und hat Handlungen zur Folge. Als oberstes Ziel wird seit der Shareholder-Value-Diskussion der 90er Jahre gemeinhin die **Steigerung des Unternehmenswertes** betrachtet. Die Diskussion um die Ausrichtung am sog. „Shareholder Value" verlief in Deutschland unglücklich, weil auch von Missverständnissen getragen. Sie war allerdings insofern notwendig, als, wie sich deutlich herausstellte, zuvor nicht allen Verantwortlichen in der Wirtschaft die Prinzipien risikoangemessener (Eigen-)Kapitalverzinsung klar zu sein schienen, obwohl dies eine Selbstverständlichkeit gewesen sein sollte. Denn im Kern bedeutet „Shareholder Value" die Anwendung klassischer Investitionsrechenverfahren, mit der Besonderheit, dass es sich beim Investitionsobjekt um ein ganzes Unternehmen handelt.

5   Zweifellos hat die Diskussion um die „richtige" Wertorientierung damit gute **neue Instrumente** hervorgebracht. So resultierte aus dem Streit um die korrekte Methode der Unternehmensbewertung, die im deutschsprachigen Raum bevorzugte Ertragswertmethode oder ein im Angelsächsischen übliches Discounted-Cash-Flow-Verfahren ebenso wie die weiter unten vorgestellte intuitive gut nachvollziehbare und sehr eingängliche Endwertmethode, endlich die breite Erkenntnis, dass alle Methoden konsistent angewandt zum gleichen Ergebnis führen müssen, was angesichts dessen, was unter dem Lücke-Theorem verstanden wird, eigentlich nicht weiter verwunderlich war.

6   Die **konsistente Anwendung der Investitionsrechnung** über das gesamte Unternehmen bedeutet, dass der Barwert- bzw. der Endwertvorteil einer Finanzierungs-, also auch einer Leasingalternative A gegenüber einer Alternative B – konsequent und analog berechnet – den Unternehmenswert um eben diesen monetären Vorteil verändert.

7   Die zu enge und zielmonistische Interpretation von Wertorientierung einiger Spätkonvertierter, aber damals umso lauter argumentierender Protagonisten führte jedoch zum vermeintlichen Widerspruch zwischen Kapital- und Sozialinteressen und dokumentierte zudem begrenzte ethische Horizonte. Der versöhnliche Kompromiss lautete **Stakeholder Value**. Zumindest in Form von Handlungsbedingungen (Restriktionen) sollen auch die Interessen weiterer Einfluss- oder Bezugsgruppen des Unternehmens (etwa Arbeitnehmer, Staat, Bevölkerung etc.) berücksichtigt werden. Art und Umfang der Einbeziehung „weiterer Interessen" spiegeln sich letztlich in der **Unternehmenskultur** wider. Normativ gilt insofern allgemein die Regel: Das Wertsteigerungsziel ist zu maximieren,

20. Kapitel: Betriebswirtschaftliche Aspekte des Leasings **§ 67**

die hierzu zwingend notwendigen oder kulturell erforderlichen Restriktionen sind dabei auf bestimmtem Niveau zu satisfizieren – Annahmen, die über die Ceteris-paribus-Annahme in der gängigen Praxis stillschweigend ausgeblendet werden.

Somit steht nachfolgend die **quantitative Analyse** im Sinne der Wertorientierung im Mittelpunkt des normativen Teils der Abhandlung zur Leasingentscheidung des Leasingnehmers. Der Einfluss auf die oben genannten „Restriktionen", die vielfach vor dem spezifischen unternehmenskulturellen Hintergrund zu sehen sind, kann verständlicherweise nicht allgemeinverbindlich vorgestellt werden. 8

Manchmal kann man in einem positivistischen Ansatz aus der **Analyse vergangener Leasingentscheidungen** Lehren für zukünftige ziehen. Aber selbst mit der Beschreibung (deskriptive Analyse) und erst recht mit der Erklärung (explikative Analyse) von Leasingentscheidungen wie für wirtschaftliche Entscheidungen überhaupt ist es in der Betriebswirtschaft nicht so leicht bestellt, wie zwei Beispiele zeigen: Ein konservativer Unternehmer, der sein in klassischen Branchen tätiges Familienunternehmen in der Rechtsform einer Personengesellschaft erfolgreich in der vierten Generation führt und für sich, also subjektiv und nicht notwendigerweise objektiv, als einen Erfolgsfaktor wirtschaftliche Unabhängigkeit im Sinne von hoher faktischer Eigenkapitalquote, geringen Verpflichtungen jeglicher Art, begrenzten und verteilten Risiken erkannt zu haben glaubt, wird Finanzierungs- und Leasingentscheidungen häufig anders treffen (oder treffen lassen) als der Geschäftsführer einer neu gegründeten GmbH im Internet- oder Software-Bereich, die in starkem Wachstum begriffen ist. 9

Vielfach sind Finanzierungsentscheidungen in ein **unternehmenskulturelles Wert-Korsett** eingebettet, das bestimmte Handlungsoptionen von vorne herein ausklammert. Aussagen wie „Wir leasen grundsätzlich nicht, allenfalls Kraftfahrzeuge!" einerseits oder „Wir leasen soviel wie möglich, damit halte ich meine Verwaltungsorganisation klein und verhindere die Überalterung meines Betriebs" andererseits, sind vorzufinden und können nicht pauschal als richtig oder falsch bewertet werden. 10

Unternehmen, die sich etwa auf ihr Kerngeschäft und ihre **Kernkompetenzen** konzentrieren wollen, können in bestimmten Situationen eher zum Leasing neigen. Ein mittelständisches Produktionsunternehmen mit 600 Mitarbeitern, darunter 30 Führungskräfte und weitere 60 Mitarbeiter im Vertriebsaußendienst mit jeweils entsprechendem Firmenwagen, wird nicht bei jeder Anschaffung eines jeden Fahrzeugs die Frage nach Kauf oder Leasing neu stellen, sondern eine länger gültige **Grundsatzentscheidung** für oder gegen Leasing treffen und sich im positiven Fall dann in der Regel sogar für eine längere Frist für eine bestimmte Leasinggesellschaft und ein bestimmtes Vertragsmodell entscheiden. 11

Es kommt in diesen Fällen dann nicht nur auf einen rechenbaren Finanzierungsvorteil an, sondern auch auf **weiche Entscheidungsfaktoren**, die – so die Erfahrung – allenfalls überschlägig kalkuliert werden, aber meist aufgrund von Erfahrungen und faktisch subjektiv bewertet werden. Im oben geschilderten Praxisfall lautete ein wichtiges Argument der Geschäftsführung gegen Kauf und für Leasing sinngemäß: „Bei 90 Geschäftswagen, die wir im Durchschnitt drei Jahre fahren, müssten wir auf einem schwierigen Gebrauchtwagenmarkt, auf dem wir uns nicht auskennen, jährlich 20 PKW in einem aufwändigen Prozess veräußern und hätten im Falle des Verkaufs an Privatpersonen noch das Problem mit der Umsatzsteuer und der Gewährleistung, vom weiteren Verwaltungsaufwand ganz abgesehen. So wie wir unsere Berechtigung als Spezialist auf unserem Produktionsgebiet haben, hat die Leasingfirma ihre spezifische Kompetenz auf ihrem Gebiet. Jeder konzentriert sich auf das, was er am besten kann und daher leasen wir." 12

Das Phänomen Leasing ist entsprechend vielschichtig zu erklären.

§ 67 Vierter Teil: Wirtschaftliche Problemkomplexe des Leasings

II. Quantitative Analyse

13 Im Rahmen der quantitativen Analyse steht die **Bewertung der Liquiditätsauswirkungen** von kredit- und/oder eigenmittelfinanzierten Kaufverträgen auf der einen Seite bzw. von Leasingverträgen auf der anderen Seite im Vordergrund. Es gilt, die einzelnen Einflussfaktoren auf die Liquidität herauszuarbeiten und in deren zeitlichen Verlauf monetarisiert darzustellen. Anschließend erfolgt der Vergleich der unterschiedlichen Liquiditätsströme mittels betriebswirtschaftlicher dynamischer Vergleichsverfahren wie der Bar- oder der Endwertmethode. In einem letzten Schritt werden die qualitativen Aspekte in die Beurteilung miteinbezogen.

14 Da im Rahmen der Liquiditätsbeurteilung **steuerliche Effekte** eine zentrale Rolle spielen, muss in einem vorgelagerten Schritt eine Analyse der Auswirkungen von Kauf und Leasing auf die unternehmerische Gewinn- und Verlustrechnung bzw. Einnahmenüberschussrechnung erfolgen. Darauf aufbauend können die steuerlichen Effekte berechnet werden (insbesondere Körperschaftsteuer, Einkommensteuer und Gewerbesteuer).

Wichtiger Hinweis: Nach Redaktionsschluss für die 2. Auflage dieses Handbuchs wurde die Unternehmensteuerreform 2008 verabschiedet. Diese führt zu erheblichen Auswirkungen und Veränderungen auf die Vorteilhaftigkeit von Leasingverträgen beim Leasingnehmer. Leider konnten diese Auswirkungen aus zeitlichen Gründen nicht mehr in den nachfolgenden Beitrag sowie vor allem auch in das Beispiel der Vergleichsrechnung aufgenommen werden. Sie sollen an dieser Stelle jedoch kurz zusammenfassend aufgelistet werden:
– Verteuerung der Leasingrate durch die 25-prozentige Hinzurechnungspflicht der Refinanzierungszinsen beim Leasinggeber zum Gewerbeertrag (dies gilt künftig auch für den Fall der Forfaitierung), sofern diese nicht vermieden werden kann
– Veränderungen bei der Gewerbesteuerberechnung:
  – Reduzierung der Gewerbesteuermesszahl auf 3,5 %
  – Wegfall der gestaffelten Messzahl für Personenunternehmen
  – Wegfall der Absetzbarkeit der Gewerbesteuer als Betriebsausgabe bei der Körperschaft- bzw. Einkommensteuer
  – Reduzierung des Hinzurechnungssatzes des Zinsaufwands beim Kreditkauf von 50 % auf 25 % (Wegfall des Begriffs Dauerschuldzinsen, Ausweitung auf alle Zinsaufwendungen)
  – Einführung einer Hinzurechnungspflicht in Höhe von 25 % auf den Finanzierungsanteil der Leasingraten, der für bewegliche Wirtschaftsgüter pauschal auf 20 %, für unbewegliche Wirtschaftsgüter pauschal auf 75 % der Leasingraten festgelegt wird
  – Einführung eines Freibetrags in Höhe von 100.000 EUR für die Summe aller Hinzurechnungen nach § 8 Nr. 1 GewStG
  – Erhöhung des Anrechnungsfaktors des Gewerbesteuermessbetrags bei der Berechnung der Einkommensteuer von 1,8 auf 3,8
– Reduzierung des Körperschaftsteuersatzes auf 15 %
– Einführung einer Thesaurierungsbegünstigung für Personenunternehmen
– Wegfall der degressiven AfA
– Veränderungen bei § 7g EStG
– Einführung der so genannten Zinsschranke mit Auswirkungen für Leasinggeber sowie Leasingnehmer

Insgesamt betrachtet führen die Veränderungen dazu, dass pauschale Aussagen zur Vorteilhaftigkeit künftig noch weniger möglich sind. Während früher insbesondere Kapitalgesellschaften, Personenunternehmen sowie Freiberufler getrennt betrachtet werden mussten, ist künftig mindestens eine Unterscheidung in folgenden Fallvarianten notwendig:
– Kapitalgesellschaft außerhalb des Hinzurechnungsfreibetrags von 100.000 EUR
– Kapitalgesellschaft innerhalb des Hinzurechnungsfreibetrags von 100.000 EUR

20. Kapitel: Betriebswirtschaftliche Aspekte des Leasings   § 67

- Personenunternehmen ohne Thesaurierungsbegünstigung außerhalb des Hinzurechnungsfreibetrags von 100.000 EUR
- Personenunternehmen mit Thesaorierungsbegünstigung außerhalb des Hinzurechnungsfreibetrags von 100.000 EUR
- Personenunternehmen ohne Thesaurierungsbegünstigung innerhalb des Hinzurechnungsfreibetrags von 100.000 EUR
- Personenunternehmen mit Thesaorierungsbegünstigung innerhalb des Hinzurechnungsfreibetrags von 100.000 EUR
- Freiberufler

1. Auswirkung auf die Gewinn- und Verlustrechnung bzw. Einnahmenüberschussrechnung

Die Betrachtung der Auswirkungen von Kauf- und Leasingverträgen auf die unternehmerische Gewinn- und Verlustrechnung bzw. Einnahmenüberschussrechnung gestalten sich vielfach komplexer als vermutet. Im Idealfall beschränkt sich die Untersuchung auf AfA- und Zinseffekte beim kredit- und/oder eigenmittelfinanzierten Kauf sowie beim Leasing auf die Effekte, die aus den einzelnen Leasingraten resultieren. Betrachtet man jedoch die Vielzahl der im Markt angebotenen Verträge, so können eine Reihe an Faktoren hinzukommen. Im Einzelnen sollten bei der Leasingalternative folgende **Einfluss-Komponenten** über den notwendigen Planungszeitraum (Nutzungsphase zzgl. eventueller Vornutzungsphase) mit jeweils negativen (Aufwand) oder positiven (Ertrag) Vorzeichen untersucht werden:

15

- Leasingraten (ggf. (anteilig) aufgelöste Rechnungsabgrenzungsposten für nicht lineare Strukturen, falls eine Rechnungsabgrenzung erforderlich ist)
- Mietsonderzahlung, erhöhte Erstrate, Mietvorauszahlung (ggf. (anteilig) aufgelöster Rechnungsabgrenzungsposten, falls eine Rechnungsabgrenzung erforderlich ist)
- (anteilig) aufzulösender Rechnungsabgrenzungsposten für eventuelle einmalige Sonderzahlungen
+ Veräußerungsgewinn bei Sale-and-lease-back-Verträgen
- Veräußerungsverlust bei Sale-and-lease-back-Verträgen
+ weitergeleitete Investitionszulage (falls nicht mit Leasingraten verrechnet)
+ weitergeleiteter Investitionszuschuss (falls nicht mit Leasingraten verrechnet)
- (anteilig) aufzulösender Rechnungsabgrenzungsposten für eventuelle Vormieten aus der Vornutzungsphase
- Verlustzuweisungen an den Leasingnehmer im Fall einer Beteiligung des Leasingnehmers an einer Objektgesellschaft
+ Gewinnzuweisungen an den Leasingnehmer im Fall einer Beteiligung des Leasingnehmers an einer Objektgesellschaft
- ggf. Mindererlösbeteiligung des Leasingnehmers
+ ggf. Mehrerlösbeteiligung des Leasingnehmers
- ggf. Mehrkilometernachzahlung des Leasingnehmers
+ ggf. Minderkilometererstattung für den Leasingnehmer
- Abschlusszahlung bei kündbaren Verträgen nach erfolgter Kündigung durch den Leasingnehmer
- ggf. Wertminderungsersatz nach Rückgabe des Objektes an den Leasinggeber
- Rückführungskosten im Rahmen der Objektrückgabe
- Mietnebenkosten mit allen Detailbeträgen (Versicherungsprämien usw.)
- AfA nach Kauf des Leasingobjektes durch den Leasingnehmer zum Ende der Grundmietzeit
- Personalkosten sowie interne Sachkosten bzw. alternativ Fremdkosten zur Erbringung bestimmter mit dem Objekt verbundener Leistungen (z. B. Folgekosten wie Energieverbrauch, Reinigung, Wartung, Instandhaltung usw.)

+/- Gewerbesteuereffekte bei der Ermittlung der Auswirkungen auf die Körperschaft- bzw. Einkommensteuer (Stand: 1.1.2006)

Eine **exakte Analyse der Leasingeffekte** kann somit durchaus komplex werden, ist aber unabdingbar gerade wenn es darum geht, auch die Vorteile moderner Leasingverträge mit ihren immer höheren Dienstleistungs- und Serviceanteil darzustellen.

16 Im Rahmen der kredit- und/oder eigenmittelfinanzierten **Kaufalternative** ist die Anzahl der Variablen nicht so umfangreich, dafür problematischer. Im Einzelnen müssen betrachtet werden:
– AfA für das Objekt
– Darlehenszinsen
+ gewährte Investitionszulage (die beim Kauf allerdings nicht der Ertragsteuer unterliegt)
+ gewährter Investitionszuschuss
+ eventueller Verwertungsgewinn bei Objektverkauf zum Ende des Betrachtungszeitraums (sofern beim Leasing eine Objektrückgabe unterstellt wird)
– eventueller Verwertungsverlust bei Objektverkauf zum Ende des Betrachtungszeitraums (sofern beim Leasing eine Objektrückgabe unterstellt wird)
– interne und externe Kosten einer eventuellen Veräußerung
– interne und externe Kosten für Leistungen, die bei Leasing über Mietnebenkosten abgerechnet werden (Versicherungsprämien usw.)
– interne und externe Kosten für Leistungen, die bei Leasing im Rahmen eines Full-Service-Leasingvertrags erbracht werden
– Personalkosten sowie interne Sachkosten bzw. alternativ Fremdkosten zur Erbringung bestimmter, mit dem Objekt verbundener Leistungen (z. B. Folgekosten wie Energieverbrauch, Reinigung, Wartung, Instandhaltung usw.)
+/- Gewerbesteuereffekte bei der Ermittlung der Auswirkungen auf die Körperschaft- bzw. Einkommensteuer (Stand: 1.1.2006)

17 Der Ansatz der Komponente **Darlehenszinsen** gestaltet sich in der Praxis oft schwieriger als vermutet, ist aber von Ausschlag gebender Bedeutung für das Ergebnis der späteren Vergleichsrechnung. Die Höhe und zeitliche Verteilung der Zinszahlungen hängt unmittelbar ab von
– Darlehensart (Annuitäten-, Tilgungs- oder endfälliges Darlehen)
– Darlehenslaufzeit
– Tilgungsstruktur
– Zinsfestschreibungsdauer
– Fälligkeits- und Zinsverrechnungszeitpunkte (monatlich, viertel-, halb- oder ganzjährlich bzw. vor- oder nachschüssig)

Aus verschiedenen Gründen heraus sollte bei Kauf-/Leasingvergleichen im Rahmen des kreditfinanzierten Kaufs regelmäßig ein **strukturidentisches Darlehen** unterstellt werden, dessen Struktur also exakt der des Leasingvertrags entspricht, auch wenn in der Realität ggf. eine andere Darlehensform gewählt würde.[1] D. h.,
– es wird ein Annuitätendarlehen unterstellt;
– die Darlehenslaufzeit entspricht der Grundmietzeit;
– das Darlehen wird im Falle eines Teilamortisationsvertrags beim Leasing während der Laufzeit nur in Höhe der Differenz zwischen Anschaffungskosten und Restwert getilgt. Die Tilgung des Restbetrags erfolgt als Einmalbetrag zum Laufzeitende;
– die Zins- und Tilgungszeitpunkte entsprechen denen der Leasingalternative.

18 Da es bei einer Vorteilhaftigkeitsanalyse nur um die **Ermittlung der günstigsten Finanzierungsalternative** geht, nicht hingegen um die Berechnung der Vorteilhaftigkeit der Investition an sich, werden bei der Analyse beispielsweise aus der Investition

---

[1] Vgl. zu dieser äußerst wichtigen Fragestellung ausführlich *Kroll* Leasing-Handbuch für die öffentliche Hand, 10. Auflage, 2005, S. 153 ff. sowie 171 ff.

20. Kapitel: Betriebswirtschaftliche Aspekte des Leasings § 67

resultierende Umsatzeinnahmen nicht berücksichtigt ebenso wie Aufwands- und Ertragskomponenten, die bei beiden Alternativen in gleicher Höhe und zeitlicher Struktur anfallen.

2. Auswirkung auf die Unternehmenssteuern

Die Berechnung steuerlicher Effekte gestaltet sich seit der Unternehmenssteuerreform 19 von 2001 schwieriger. Hier muss in **Abhängigkeit der jeweiligen Rechtsform** des Investors individuell unterschieden werden. Im Einzelnen müssen getrennt betrachtet werden:
- Kapitalgesellschaften
- Personengesellschaften
- Einzelunternehmen
- Angehörige der so genannten freien Berufe

Bei Kapitalgesellschaften werden zunächst die **Gewerbesteuereffekte** berechnet, an- 20 schließend die Auswirkungen auf die Körperschaftsteuer. Die Gesellschafterebene bleibt bei der Betrachtung außen vor.

Personengesellschaften zahlen nur Gewerbesteuer. Der nach Gewerbesteuer verbleibende Gewinn bzw. Verlust wird den Gesellschaftern zugerechnet, wo er bei deren Einkommensteuer- oder Körperschaftsteuerberechnung (je nach Rechtsform des Anteileigners) mit zugrunde gelegt wird. Wichtig ist dabei zu berücksichtigen, dass der Anteilseigner (im Gegensatz zur Situation bei Kapitalgesellschaften) von seiner Einkommensteuerbelastung den 1,8fachen Gewerbesteuermessbetrag (Stand: 1.1.2006) wieder abziehen darf, so dass sich Gewerbesteuerbe- und -entlastung für diese Investorengruppe im Rahmen einer Gesamtbetrachtung für Gesellschaft und Gesellschafter in etwa nivellieren. Dies ist insbesondere für das Leasing wichtig, da sich hier zunächst Gewerbesteuervorteile ergeben (Stand: 1.1.2006).

Der Gewinn von Einzelunternehmen unterliegt ebenfalls zunächst der Gewerbesteuer 21 (unter Beachtung von Freibeträgen und ansteigenden Steuermesszahlen), anschließend der individuellen Einkommensteuer. Auch hier kann von der nominell zu zahlenden Einkommensteuer das 1,8fache des Gewerbesteuermessbetrags in Abzug gebracht werden.

Angehörige der freien Berufe zahlen nur Einkommensteuer. Gewerbesteuer fällt bei ihnen nicht an.

a) Gewerbesteuereffekt. Gewerbesteuereffekte setzen direkt an den oben beschriebenen 22 **Veränderungen der unternehmerischen Gewinn- und Verlustrechnung** durch die Ertrags- und Aufwandskomponenten, die aus Kauf und Leasing zusätzlich resultieren, an.

Dabei werden die Ertrags- und Aufwandskomponenten beim Leasing ohne Modifika- 23 tion mit dem effektiven Gewerbeertragsteuersatz multipliziert (Stand: 1.1.2006). Dieser setzt sich (Stand: 1.1.2006) wiederum aus der Gewerbesteuermesszahl (bei Kapitalgesellschaften 5 Prozent, bei den anderen gewerbesteuerpflichtigen Investorengruppen von 0 bis 5 Prozent ansteigend), multipliziert mit dem gemeindeabhängigen Hebesatz unter Berücksichtigung der Selbstabzugsfähigkeit der Gewerbesteuer bei ihrer eigenen Berechnung. Dieser komplexe Sachverhalt wird an anderer Stelle im Rahmen eines konkreten Praxisbeispiels verdeutlicht.

Auch bei der Kaufalternative unterliegen alle Komponenten der Gewerbesteuer, aller- 24 dings mit einer Ausnahme. Darlehenszinsen dürfen dabei nur zu 50 Prozent als Aufwandskomponenten berücksichtigt werden, sofern sie so genannte Dauerschulden darstellen (Stand: 1.1.2006). Dies ist aufgrund der Langfristigkeit von Investitionsgüterfinanzierungen meist der Fall. Da die Zinsen der Aufwandsrechnung vollständig erfasst wurden, müssen sie bei der Berechnung des Gewerbeertrags zu 50 Prozent wieder hinzuaddiert werden (die so genannte 50prozentige Hinzurechnungspflicht für Dauerschuldzinsen). Insofern besteht bei der Kaufalternative ein systematischer Nachteil gegenüber dem Leasing, wo der in den Leasingraten enthaltene Zinsanteil nicht wieder zu 50 Prozent dem Gewerbeertrag hinzuzurechnen ist (Stand: 1.1. 2006). Dieser Leasingvorteil ist umso größer, je höher der Hebesatz ist und je höher das Zinsniveau liegt. Aufgrund der Abzugsmöglichkeit des 1,8-fachen Gewerbesteuermessbetrags bei der Einkommensteuerschuld von Einzelunternehmen und Gesellschaftern von Personengesellschaften greift der **Dauerschuldzinsvorteil** jedoch seit 2001 uneingeschränkt nur noch bei Kapitalgesellschaften.

25 b) **Körperschaftsteuereffekt.** Bei Kapitalgesellschaften unterliegen die oben bestimmten und monetarisierten Ertrags- und Aufwandskomponenten nach Addition bzw. Subtraktion der Gewerbesteuereffekte der Körperschaftsteuer. Deren Satz beträgt per Stand 1.1. 2006 25 Prozent zzgl. 5,5 Prozent dieses Satzes für den Solidaritätszuschlag, in der Summe somit effektiv 26,375 Prozent.

26 c) **Einkommensteuereffekt.** Bei Einzelunternehmen werden die um die Gewerbesteuer korrigierten Komponenten mit dem individuellen Grenzsteuersatz der Einkommensteuer unterworfen, wobei abschließend das 1,8fache des Gewerbesteuermessbetrags von der Einkommensteuerlast wieder abgezogen wird. Bei den Angehörigen der freien Berufe entfallen die Gewerbesteuerkomponenten.

3. Auswirkung auf die unternehmerische Liquidität

27 Auf Basis der erfolgten Aufwands- und Ertrags- sowie der daraus resultierenden steuerlichen Berechnungen lassen sich die unternehmensindividuellen **Liquiditätsauswirkungen** bestimmen. Diese setzen sich jeweils aus den Ausgaben- und Einnahmeströmen der beiden Finanzierungsalternativen zusammen. Dabei werden im Einzelnen bei der Leasingalternative je nach Fallvariante relevant (negatives Vorzeichen für Ausgaben, positives Vorzeichen für Einnahmen):

– Leasingraten
– Mietsonderzahlung, erhöhte Erstrate, Mietvorauszahlung
– eventuelle einmalige Sonderzahlungen
– eventuelle Mieterdarlehenszahlungen
+ eventuelle Mieterdarlehensrückzahlung zum Ende der Grundmietzeit
+ Veräußerungserlös bei Sale-and-lease-back-Verträgen
+ weitergeleitete Investitionszulage (falls nicht mit Leasingraten verrechnet)
+ weitergeleiteter Investitionszuschuss (falls nicht mit Leasingraten verrechnet)
– eventuelle Vormieten aus der Vornutzungsphase
– Kapitaleinlage in eine Objektgesellschaft, sofern der Leasingnehmer an einer solchen beteiligt wird
– Rückzahlung einer Kapitaleinlage in eine Objektgesellschaft zum Ende der Grundmietzeit, sofern der Leasingnehmer an einer solchen beteiligt wird
– ggf. Mindererlösbeteiligung des Leasingnehmers
+ ggf. Mehrerlösbeteiligung des Leasingnehmers
– ggf. Mehrkilometernachzahlung des Leasingnehmers
+ ggf. Minderkilometererstattung für den Leasingnehmer
– Abschlusszahlung bei kündbaren Verträgen nach erfolgter Kündigung durch den Leasingnehmer
– ggf. Wertminderungsersatz nach Rückgabe des Objektes an den Leasinggeber
– Rückführungskosten im Rahmen der Objektrückgabe
– Mietnebenkosten mit allen Detailbeträgen (Versicherungsprämien usw.)
– Kaufpreis (Optionspreis oder Andienungspreis) für das Leasingobjekt, sofern es vom Leasingnehmer zum Ende der Grundmietzeit erworben wird

- Personalkosten sowie interne Sachkosten bzw. alternativ Fremdkosten zur Erbringung bestimmter mit dem Objekt verbundener Leistungen (z. B. Folgekosten wie Energieverbrauch, Reinigung, Wartung, Instandhaltung usw.)
+ Steuerentlastungen, die aus der Investition resultieren
- Steuerbelastungen, die aus der Investition resultieren

Bei der kredit- und/oder eigenmittelfinanzierten Kaufalternative sind folgende Effekte zu betrachten:
- Anschaffungskosten für das Objekt
+ Darlehensvaluta bei vollständiger oder teilweiser Darlehensfinanzierung
- Darlehenstilgungen
- Darlehenszinsen
+ gewährte Investitionszulage
+ gewährter Investitionszuschuss
+ eventueller Verwertungserlös bei Objektverkauf zum Ende des Betrachtungszeitraums (sofern beim Leasing eine Objektrückgabe unterstellt wird)
- interne und externe Kosten einer eventuellen Veräußerung
- interne und externe Kosten für Leistungen, die bei Leasing über Mietnebenkosten abgerechnet werden (Versicherungsprämien usw.)
- interne und externe Kosten für Leistungen, die bei Leasing im Rahmen eines Full-Service-Leasingvertrags erbracht werden
- Personalkosten sowie interne Sachkosten bzw. alternativ Fremdkosten zur Erbringung bestimmter, mit dem Objekt verbundener Leistungen (z. B. Folgekosten wie Energieverbrauch, Reinigung, Wartung, Instandhaltung usw.)
+ Steuerentlastungen, die aus der Investition resultieren
- Steuerbelastungen, die aus der Investition resultieren

Die errechneten Liquiditätseffekte können nun hinsichtlich ihrer Höhe und zeitlichen Verteilung im Rahmen einer **Vergleichsrechnung** miteinander verglichen werden, wie dies weiter unten an Hand eines Praxisbeispiels erfolgen wird. 28

Zuvor soll jedoch auf eine Reihe weiterer Aspekte eingegangen werden, die für die Kauf-/Leasingentscheidung vieler Investoren von Bedeutung sind. Bevor im darauf folgenden Abschnitt die so genannten qualitativen Aspekte näher beleuchtet werden, erfolgen einige Anmerkungen zu ausgewählten Aspekten im quantitativen Bereich, die im heutigen Leasingmarkt immer wichtiger werden. 29

In den vergangenen Jahrzehnten haben sich betriebswirtschaftliche Analysen der Vorteilhaftigkeit von Leasingverträgen überwiegend auf **standardisierte Vergleiche** beschränkt, vielfach mit dem Ergebnis, dass sich Leasing bei Außerachtlassung des einen oder anderen Steuervorteils kaum lohnt. Standardisiert heißt in diesem Zusammenhang, dass verschiedene Parameter bei Kreditkauf und Leasing mit gleichen Beträgen angesetzt wurden, beispielsweise die Höhe der Anschaffungskosten, der Zinssätze, die Höhe von Folgekosten oder Verwertungserlösen. Dies entspricht aber immer weniger der heutigen Praxis. Der reine Finanzierungsaspekt mit einem wie in der Vergangenheit häufig erfolgten Kauf des Leasingobjekts zum Vertragsende durch den Leasingnehmer wird für viele Investoren immer irrelevanter. Heute steht zunehmend die reine, temporäre Nutzung im Vordergrund unter Einbeziehung vielfältiger **Servicebestandteile**, und zwar von der Beschaffung über die Nutzungsphase bis hin zur Verwertung des Objekts zum Vertragsende. 30

4. Unterschiedliche Anschaffungs- und Herstellungskosten

Mögliche Einsparungen bei den Anschaffungs- und Herstellungskosten sind heute für viele Leasinganbieter unverzichtbar geworden, um **marktkonforme Preise** anbieten zu können. Die Gründe für Einsparpotenziale sind vielschichtig und können von dem besseren Marktüberblick bis hin zu besseren Einkaufsbedingungen (Rabatte, Skonti usw.) 31

aufgrund der großen Nachfragemacht reichen. Dabei genügen vielfach schon Einsparungen von ein bis zwei Prozent, um eventuelle Nachteile bei der Marge auszugleichen, die im Übrigen heutzutage aufgrund des harten Konkurrenzdrucks im Leasingmarkt immer geringer ausfällt.

32 In vielen Fällen kommen einem Leasingnehmer nicht nur bessere Einkaufsbedingungen zugute. Darüber hinaus erhält er ggf. auch qualitativ bessere Objekte. Nicht zuletzt aufgrund des Drucks der Internationalisierung der Rechnungslegung – so werden beispielsweise immer häufiger **IFRS-konforme Leasingverträge** abgefragt – müssen Leasinggesellschaften höhere Objektrisiken übernehmen und haben daher ein ureigenes Interesse an vernünftigen, wertstabilen Objekten.

5. Refinanzierungskosten

33 Unterschiedliche (Re-)finanzierungskosten konnten in der Vergangenheit im Rahmen einer Analyse vernachlässigt werden. Viele Leasinggesellschaften und vor allem auch deren Refinanzierungsbanken haben bei der Festlegung ihrer Zinskonditionen nicht zuletzt auf die Bonität des Leasingnehmers abgestellt. Im Zuge von Basel II und den damit verbundenen höheren **Ratingansprüchen** wird der Zins- und vorausgehend der Risikoaspekt künftig jedoch eine größere Rolle spielen. Dies wird dann der Fall sein, wenn Leasinggeber und Leasingnehmer im Ratingverfahren unterschiedlich eingeschätzt werden und somit im Kapitalmarkt divergierende Zinssätze bezahlen müssten. Hier könnte sukzessive ein weiterer Leasingvorteil entstehen.

6. Verwertungserlöse

34 Auch der Aspekt unterschiedlicher Verwertungserlöse war in der Vergangenheit relativ selten entscheidungsrelevant. Im Gegenteil: In vielen Fällen präferierten Leasingnehmer, ihre Objekte zum Ende der Grundmietzeit zu erwerben. Diese Entwicklung dürfte sich umdrehen. Es ist durchaus denkbar, dass der Aspekt Verwertungserlös künftig ein mitentscheidender Faktor für den Abschluss von Leasingverträgen sein wird. So werden Leasinganbieter aufgrund internationaler Rechnungslegungsvorschriften wie IFRS vermehrt **Leasingverträge mit offenem Restwert** anbieten. Daher sind sie gezwungen, sich mit optimalen **Verwertungsmöglichkeiten** dezidert zu befassen und werden dies bereits bei der Objektauswahl berücksichtigen. Ein allgemein bekanntes Beispiel dürften die silberfarbenen Polizeifahrzeuge in Deutschland sein, eine Leasingidee, die für höhere Wiederwertungspreise sorgt und somit auch dem Kunden zugute kommt. Als zweites Beispiel seien IT-Leasinggesellschaften genannt, die es geschafft haben, über eigene Verwertungszentren selbst bei gebrauchten Computern und Laptops zum Ende der Grundmietzeit noch Preise von bis zu 15 Prozent zu erzielen, Werte, die kaum ein Investor selbst realisieren dürfte, insbesondere wenn er seine internen Kosten einer Verwertung im Rahmen einer Gesamtkostenbetrachtung mit in den Vergleich mit einbezieht.

35 Auch bei dem Gesichtspunkt unterschiedlicher Verwertungserlöse gilt wie bereits bei den Anschaffungskosten angedeutet, dass höhere Verwertungserlöse über Leasing bereits im Bereich von einem Prozent und knapp darüber eventuelle Margennachteile vielfach mehr als ausgleichen dürften.

7. Folgekosten

36 Viele Leasingverträge enthalten heute mehr oder weniger umfangreiche **Servicebestandteile**, die bis hin zu komplexen Fuhrparkmanagementangeboten für Fahrzeugflotten oder IT-Projekte reichen können, bei denen nicht nur Hard- und Softwarekomponenten verleast werden, sondern auch die gesamte Projektplanung und -umsetzung in den Leasingvertrag mitintegriert ist.

37 Im Zusammenhang mit dem Aspekt der Folgekosten gilt es, im Rahmen eines Vergleichs eine **Vielzahl von Einzelkomponenten** zu berücksichtigen, wie z. B. eine Ver-

20. Kapitel: Betriebswirtschaftliche Aspekte des Leasings §67

einfachung der Buchhaltung und Verwaltung, Wartungs- und Instandhaltungsaspekte, unterschiedliche Versicherungsprämien, Energiekosten u. v. m. Als Beispiel für die Effizienz moderner Leasingverträge sei an dieser Stelle auf Untersuchungen im Bereich des Bundeswehrfuhrparks verwiesen.[2] Hier konnte u. a. nachgewiesen werden, dass die Schwere von Verletzungen sowie die Todesfallquote bei Unfällen mit geleasten (tendenziell moderneren) Fahrzeugen signifikant niedriger ist. Eine weitere Untersuchung beschäftigte sich mit den volkswirtschaftlichen Schäden durch Schadstoffemissionen der Fahrzeuge. Auch hier wurden erhebliche Kosteneinsparungen über geleaste Fahrzeuge quantifiziert. Solche und ähnliche Aspekte sind zwingend in eine moderne Vergleichsrechnung mit einzubeziehen.

III. Qualitative Aspekte

Neben den zuvor diskutierten monetär quantifizierbaren Aspekten einer Kauf-/Leasingentscheidung spielen in der Praxis die so genannten qualitativen Gesichtspunkte eine ebenso wichtige Rolle. Einige, für die Praxis besonders wichtige Aspekte sollen nachfolgend näher aufgegriffen werden. 38

1. Bonität und Seriosität des Leasingpartners

Leasing ist **kein Bankgeschäft** im Sinne des Kreditwesengesetzes. Daher werden keine aufsichtsrechtlichen Anforderungen an die Gründung und den Betrieb einer Leasinggesellschaft gestellt. Dies ist nicht zuletzt ein Grund mit dafür, dass es in Deutschland mittlerweile über 2.000 Leasinggesellschaften gibt. 39

Aus den zuvor genannten Gründen ist es für einen Leasingnehmer umso wichtiger, seinen Vertragspartner im Vorfeld sorgfältig zu beurteilen. Dabei ist es einerseits von Bedeutung, die Bonität des Leasinggebers zu überprüfen. Aber auch die **Seriosität des Leasingvertragspartners** darf nicht außer Acht gelassen werden, da auch die Qualität und Zuverlässigkeit der immer umfangreicher erbrachten Dienstleistungen wichtig sind sowie nicht zuletzt die **Modalitäten zum Vertragsende**. Gerade nach dem Auslaufen des Leasingvertrags kommt es immer wieder zu Unstimmigkeiten zwischen Leasingnehmern und Leasinggebern, beispielsweise wenn es bei bestimmten Verträgen des Kraftfahrzeug-Leasing am Ende um die Frage geht, was ein außerordentlicher Wertminderungsschaden ist und wer diesen in Art und Höhe sowie zu welchen Kosten bestimmt. 40

„Den guten Leasingvertrag erkennt man erst am Vertragsende!" – eine vielzitierte, eigentlich banal erscheinende Aussage, die in der täglichen Leasingpraxis aber mitentscheidend für die Vorteilhaftigkeit eines Leasingvertrages ist. 41

2. Bilanzneutralität und Ratingvorteile

Bilanzneutralität eines Leasingvertrages wirkt sich zweifelsohne positiv auf die bilanziellen Kennziffern eines Investors aus. Inwieweit hieraus ein Vorteil entsteht, ist im Rahmen einer betriebswirtschaftlichen Analyse nicht unbedingt zwingend erkennbar. Nichts desto weniger erscheint gerade bei großen, u. a. bei in Konzernstrukturen eingebundenen Unternehmen sowie international aufgestellten Unternehmen dem Argument der **Bilanzneutralität** im Sinne nicht bilanziell gebundenen Kapitals mit die höchste Priorität eingeräumt zu werden. 42

Im Kern fordert Basel II im Hinblick auf die risikoadäquate und -differenzierte Eigenkapitalausstattung der Kreditinstitute eine **eingehende Rendite- und Risikobeurteilung der Kreditnehmer**, die nach anerkannten statistischen Systemen in verschiedene Risiko- bzw. Bonitätsklassen einzuordnen sind, woraus sich die Höhe der anteiligen Eigenkapitalunterlegung des Kreditinstituts für einen zu vergebenden oder bereits ver- 43

---

[2] Vgl. hierzu ausführlich *Neuhaus* in *Kroll*, Leasing-Handbuch für die öffentliche Hand, 10. Auflage, 2005, S. 123 c ff.

gebenen Kredit ergibt. Neben objektivierten Kennzahlen spielen auch weiche Faktoren eine Rolle, etwa DIN-ISO-Zertifizierungen oder die begründete und objektivierbare Einschätzung der Qualität des Managements.

44 Für die Ermittlung betriebswirtschaftlicher Kennzahlen und deren anschließendem Benchmark mit anderen Unternehmen der gleichen oder ähnlichen Branche werden längst nicht mehr nur die reinen Bilanz- und G+V-Werte herangezogen. Zukünftige Leasingverbindlichkeiten sind anzugeben und werden in den vielfach diskreten Expertensystemen der Banken meist wie **Quasi-Fremdkapital** behandelt.

45 Ob sich Leasing unter dem Rating-Aspekt lohnt oder nicht, kann daher nicht generell vorhergesagt werden. Entscheidender dürfte sein, ob die **Plausibilität der Leasingentscheidung** an den Ratingverantwortlichen kommuniziert werden kann und wie das Gesamtbild zwischen sowie das Zusammenspiel von quantitativen und qualitativen Befunden aussieht. Ein unterstellter Barwertvorteil der Leasingalternative wird sich positiv auf den Unternehmenswert auswirken, was in einer längerfristig angelegten und sorgfältig erstellten Mittelfristplanung zum Ausdruck kommt und seine Wirkung im Rating haben wird.

3. Liquiditätsstruktureffekte

46 Liquiditätseffekte können sich rein rechnerisch wie oben im Rahmen der quantitativen Bewertung dargestellt ergeben und im Rahmen einer Vergleichsrechnung betriebswirtschaftlich bewertet werden. Darüber hinaus lassen sich allerdings auch **qualitative Liquiditätseffekte** darstellen, beispielsweise die zeitliche Verteilung der einzelnen Zahlungen. Für viele Investoren sind die einzelnen Zahlungszeitpunkte von hoher Bedeutung, beispielsweise wenn es um die exakte Zuordnung zu festgelegten Budgets geht, die gezielte Steuerung von einmaligen Sonderzahlungen oder auch das Anpassen von Zahlungsstrukturen an individuelle Gegebenheiten, beispielsweise bei Saisonbetrieben.

47 Ein viel zitiertes Argument pro Leasing ist in diesem Zusammenhang der so genannte **Pay-as-you-earn-Effekt**, der besagt, dass die laufenden Leasingzahlungen exakt aus den aus der Investition resultierenden Einnahmen bezahlt werden können. Allerdings erscheint diese Parallelität nicht immer zwingend begründbar, da zwischen der Einnahmen- und Ausgabenseite nicht immer und vor allem nicht zu Nutzungsbeginn eine durchgängige Deckungsgleichheit gewährleistet werden kann.

48 Eine Modifikation des Pay-as-you-earn-Effekts ist der so genannte **Pay-as-you-use-Effekt**, der als Leasingargument eigentlich besser geeignet ist. Unterstellt man bei einem Leasingvertrag, dass als Restwert im Rahmen der Kalkulation exakt der zu erwartende Marktwert zum Ende der Grundmietzeit genommen wird, so werden über die Leasingraten über die Grundmietzeit hinweg exakt und in linearer Struktur die Wertminderung des Objekts sowie die Verzinsung amortisiert – aufgrund dieser exakten Kostenzurechnung ein entscheidender Vorteil im Controlling sowie der Produktpreiskalkulation.

4. Klare und gesicherte Kalkulationsgrundlage

49 Leasingleistungen wie Leasingraten, Sonderzahlungen und sonstige Leistungen stehen von Beginn an exakt fest und erleichtern im Rahmen des Controlling eine **exakte Kostenzurechnung** zu den jeweiligen Kostenverursachern, wie dies zuvor bereits am Beispiel des Pay-as-you-use-Effekts dargestellt wurde.

Hinzu kommen positive Effekte gerade bei den modernen Leasingverträgen mit Einbindung teils zahlreicher **Dienstleistungsaspekte**. Als Beispiel sei das Flottenmanagement im Rahmen von Fahrzeug-Leasingverträgen oder komplette Projekt-Leasingverträge im Bereich IT genannt.

50 Hier werden bisweilen äußerst komplexe Leistungen sowie zahlreiche Einzelkomponenten in einen Vertrag zusammengefasst sowie mit nur einer einzigen Zahlungskompo-

20. Kapitel: Betriebswirtschaftliche Aspekte des Leasings § 67

nente (Leasingrate) abgegolten. Dies vereinfacht Buchhaltung und Controlling mitunter erheblich und kann im Rahmen einer Gesamtkostenbetrachtung im Sinne einer TCO-Analyse (total costs of ownership) zu erheblichen Leasingvorteilen führen. Leasing trägt vielfach nicht nur über die klarere Kalkulationsgrundlage zu einer **Komplexitätsreduktion** bei.

IV. Vergleichsrechnung

Im Rahmen einer Vergleichsrechnung wird die Vorteilhaftigkeit einer Leasingfinanzierung im quantitativen Bereich bestimmt. Dabei geht es im Detail um die Bewertung der Liquiditätsströme von Kauf- und Leasingangeboten mittels **dynamischer Investitionsrechenverfahren**. Abschließend soll auch die Beurteilung der qualitativen Aspekte in den Vergleich miteinbezogen werden.   51

1. Methodik

Eine Vergleichsrechnung lässt sich in verschiedene **Arbeitsschritte** unterteilen, wie folgende Auflistung zeigt: 52
1. Definition der aufwands- und/oder ausgabenwirksamen Variablen der Kauf-/Leasingentscheidung
2. Monetarisierung der Variablen in ihrem zeitlichen Verlauf über die Nutzungs- bzw. Betrachtungsphase
3. Periodengenaue Ermittlung der Auswirkungen auf die Gewinn- und Verlustrechnung bzw. Einnahmenüberschussrechnung zur Berechnung der steuerlichen Effekte
4. Periodengenaue Ermittlung der steuerlichen Effekte (Gewerbesteuer, Körperschaftsteuer, Einkommensteuer)
5. Periodengenaue Ermittlung der Auswirkungen auf die Liquidität
6. Bestimmung des Vergleichsverfahrens zur Bewertung der Strukturunterschiede im Liquiditätsverlauf bei den einzelnen Alternativen (nachfolgend werden der Totale Liquiditätsvergleich von *Kroll* sowie der Barwertvergleich vorgestellt)
7. Bestimmung des Kalkulationszinsfußes zum Auf- bzw. Abzinsen im Rahmen der Vergleichsrechnung
8. Einbeziehung qualitativer Aspekte in den Vergleich

2. Praxisbeispiel

Nachfolgend wird eine Vergleichsrechnung an Hand eines konkreten Praxisbeispiels durchgeführt.[3] Dem Beispiel liegen folgende Ausgangsparameter zu Grunde (steuerliche Parameter auf Basis Stand 1.1.2006):   53

a) Ausgangsparameter   54
Allgemeine Angaben:
Investor: GmbH
Objekt: Maschine
Planungsdauer: 60 Monate (entspricht der AfA-Dauer)
Nutzungsbeginn: 1.1.2007
Währung: Euro

Steuerliche Parameter (identisch über die gesamte Plandauer):
Körperschaftsteuersatz: 25,0 Prozent
Solidaritätszuschlag: 5,5 Prozent
effektiver Körperschaftsteuersatz: 26,375 Prozent (25 multipliziert mit 1,055)

---

[3] Die nachfolgenden Berechnungen wurden mit dem Programm MOBILEAS Version 4.1 erstellt; vgl. LeaSoft, Finanzierungsvergleichsrechnung MOBILEAS, Version 4.1, 2006.

§ 67   Vierter Teil: Wirtschaftliche Problemkomplexe des Leasings

Gewerbesteuermesszahl:	5,0 Prozent
Gewerbesteuerhebesatz:	450 Prozent
effektiver Gewerbesteuersatz:	18,367 Prozent, errechnet nach der Formel: (Steuermesszahl * Hebesatz/100)/(100 + (Hebesatz/100 * Steuermesszahl))

Daten der Kaufalternative

Anschaffungskosten:	100.000
Abschreibungsdauer (AfA-Dauer):	60 Monate (5 Jahre)
AfA-Art:	linear
Darlehensart:	Annuitätendarlehen
Darlehenssumme:	100.000 (hundertprozentige Fremdfinanzierung)
Darlehenslaufzeit:	54 Monate (entsprechend der Grundmietzeit der Leasingalternative)[4]
Darlehensrestschuld zum Ende der Darlehenslaufzeit:	10.000 (entsprechend der Grundmietzeit der Leasingalternative),[5] Sondertilgung dieses Restbetrags nach 54 Monaten
Zinssatz:	6,00 Prozent p. a.
Zahlungsweise:	monatlich vorschüssig (vorschüssig wegen der direkten Vergleichbarkeit mit den vorschüssig zu bezahlenden Leasingraten)

Daten der Leasingalternative

Vertragsart:	Teilamortisationsvertrag mit Andienungsrecht
Anschaffungskosten:	100.000
Grundmietzeit:	54 Monate
Restwert:	10.000 (10 Prozent der Anschaffungskosten)
Leasingraten:	1.988,58 p. m.
Andienungspreis zum Ende der Grundmietzeit:	10.000
Zahlungsweise:	monatlich vorschüssig

Hinweis: Die Leasingrate wurde mit einer Barwertmarge von 2,0 Prozent sowie einem Zinssatz von 6,00 Prozent kalkuliert.

Kalkulationszinsfuß

Kalkulationszinsfuß vor Steuern:	6,00 Prozent p. a.[6]
steuerliche Korrektur:	ja
Dauerschuldzinscharakter:	ja

55 **b) Bestimmung der nominellen Effekte auf die Gewinn- und Verlustrechnung, Gewerbe- und Körperschaftsteuer sowie die Liquidität.** Zunächst werden die nominellen Auswirkungen auf die Gewinn- und Verlustrechnung, die Ertragsteuern sowie die Liquidität betrachtet (vgl. hierzu näher auch die Abbildungen 1 bis 4).

56 **aa) Kaufalternative – Gewinn- und Verlustrechnung.** Abbildung 1 zeigt im oberen Bereich die Berechnung der Ergebnisse für die Kaufalternative, wobei aus Gründen der Übersichtlichkeit nur die Jahressummen ausgewiesen werden. Die 24 Spalten sind durchnummeriert und beginnen jeweils mit einem K für Kaufalternative (K1 bis K24) im Gegensatz zur Leasingalternative im unteren Abschnitt der Abbildung (L1 bis L24).

---

[4] Zur Sinnhaftigkeit dieses Ansatzes vgl. Kroll, aaO, 2005, S. 153 ff. sowie 171 ff.
[5] Zur Sinnhaftigkeit dieses Ansatzes vgl. Kroll, aaO, 2005, S. 153 ff. sowie 171 ff.
[6] Als Kalkulationszinsfuß wurde in diesem Beispiel der Kreditzins der Kaufalternative herangezogen. Zu dieser Annahme sowie zur allgemeinen Diskussion über die Wahl des richtigen Kalkulationszinsfußes vgl. Kroll, aaO, 2005, S. 158 ff.

20. Kapitel: Betriebswirtschaftliche Aspekte des Leasings §67

Kauf: Gewinn/Verlust

Veränderungen in der Gewinn-/Verlustrechnung (Erträge ./. Aufwand)

Jahreswerte PJ JJJJ	Invest.zul./ Inv.zusch./ Veräußgew. (K1)	AfA Objekt (K2)	Zinsen (K3)	AfA Disagio (K4)	Sonstiger Aufwand (K5)	(nicht belegt) (K6)	Veränd. Gewinn vor Steuern (K7)	Veränd. zu verst. Gewinn (Grafik 1) (K8)
0 2007	-100.000	---	---	---	---	---	-115.097	-115.097
1 2008	0	-20.000	-5.395	0	0	0	-25.395	-25.395
2 2009	0	-20.000	-4.287	0	0	0	-24.287	-24.287
3 2010	0	-20.000	-3.112	0	0	0	-23.112	-23.112
4 2011	0	-20.000	-1.863	0	0	0	-21.863	-21.863
5 2012	0	-20.000	-439	0	0	0	-20.439	-20.439
6 2013								
7 2014								
8 2015								
9 2016								
10 2017								
Summen ->	-107.383						-117.383	-117.383

Kauf: Steuern

Veränd. Steuern (Pos. Werte: Erstattung/Neg. Werte: Zahlung)

PJ	Dauer-schuld-zinsen (K9)	Gew.-ESt-Satz (K10)	GewESt Betrag (K11)	GewSt.-Mess-betrag (K12)	KSt/ESt Satz (K13)	KSt/ESt Betrag (K14)	Summe Steuern (K15)	Veränd. Gew. nach Steuern (Grafik 2) (K16)
0	-15.097						44.900	-70.196
1	-5.395	18.367	4.169	-926	26.375	5.598	9.767	-15.628
2	-4.287	18.367	4.067	-904	26.375	5.333	9.400	-14.887
3	-3.112	18.367	3.959	-880	26.375	5.051	9.011	-14.101
4	-1.863	18.367	3.845	-854	26.375	4.752	8.597	-13.266
5	-439	18.367	3.714	-825	26.375	4.411	8.125	-12.314
Summen			19.754			25.147	44.900	-70.196

Kauf: Liquidität

Veränderungen bei der Liquidität (Einnahmen ./. Ausgaben)

PJ	An-schaff./kosten (K17)	Darl.ausz. IVL/IVS Veräußert. (K18)	Tilgung (K19)	Zinsen (K20)	Sonstige Ausgaben (K21)	Steuer-wirkung (K22)	Veränd. nom. Liquidität: Einzelne Perioden-werte (Grafik 3) (K23)	Kumulierte Perioden-werte (Grafik 4) (K24)
0	-100.000	100.000	0	-15.097	0	44.900	-70.196	0
1	0	0	-17.959	-5.395	0	9.767	-13.587	-13.587
2	0	0	-19.067	-4.287	0	9.400	-13.954	-27.541
3	0	0	-20.243	-3.112	0	9.011	-14.344	-41.884
4	0	0	-21.491	-1.863	0	8.597	-14.757	-56.642
5	0	0	-21.240	-439	0	8.125	-13.554	-70.196
Summen	-100.000	100.000	-100.000	-15.097	0	44.900	-70.196	

Leas.: Gewinn/Verlust

Veränderungen in der Gewinn-/Verlustrechnung (Erträge ./. Aufwand)

Jahreswerte PJ JJJJ	Miet-sond.-zahlung (L1)	Inv.zusch. Inv.zusch. (L2)	Ab-schluss-zahlg. (L3)	AfA nach Option/ Andien. (L4)	Sonstiger Aufwand (L5)	(nicht belegt) (L6)	Veränd. Gewinn vor Steuern (L7)	Veränd. zu verst. Gewinn (Grafik 1) (L8)
0 2007	-107.383	---	---	---	---	---	-117.383	-117.383
1 2008	-23.863	0	0	0	0	0	-23.863	-23.863
2 2009	-23.863	0	0	0	0	0	-23.863	-23.863
3 2010	-23.863	0	0	0	0	0	-23.863	-23.863
4 2011	-23.863	0	0	0	0	0	-23.863	-23.863
5 2012	-11.931	0	0	0	-10.000	0	-21.931	-21.931
6 2013								
7 2014								
8 2015								
9 2016								
10 2017								
Summen ->	-107.383				-10.000		-117.383	-117.383

Leasing: Steuern

Veränd. Steuern (Pos. Werte: Erstattung/Neg. Werte: Zahlung)

PJ	(nicht belegt) (L9)	Gew.-ESt-Satz (L10)	GewESt Betrag (L11)	GewSt.-Mess-betrag (L12)	KSt/ESt Satz (L13)	KSt/ESt Betrag (L14)	Summe Steuern (L15)	Veränd. Gew. nach Steuern (Grafik 2) (L16)
0							46.834	-70.550
1		18.367	4.383	-974	26.375	5.138	9.521	-14.342
2		18.367	4.383	-974	26.375	5.138	9.521	-14.342
3		18.367	4.383	-974	26.375	5.138	9.521	-14.342
4		18.367	4.383	-974	26.375	5.138	9.521	-14.342
5		18.367	4.028	-895	26.375	4.722	8.750	-13.181
Summen			21.560			25.273	46.834	-70.550

Leasing: Liquidität

Veränderungen bei der Liquidität (Einnahmen ./. Ausgaben)

PJ	Leasing-raten (L17)	Miet-sond.-zahlung (L18)	Inv.zusch. Inv.zusch. (L19)	Option/ Andien. Abschl.z. (L20)	Sonstige Ausgaben (L21)	Steuer-wirkung (L22)	Veränd. nom. Liquidität: Einzelne Perioden-werte (Grafik 3) (L23)	Kumulierte Perioden-werte (Grafik 4) (L24)
0	-107.383	0	0	-10.000	0	46.834	-70.550	0
1	-23.863	0	0	0	0	9.521	-14.342	-14.342
2	-23.863	0	0	0	0	9.521	-14.342	-28.684
3	-23.863	0	0	0	0	9.521	-14.342	-43.026
4	-23.863	0	0	0	0	9.521	-14.342	-57.369
5	-11.931	0	0	-10.000	0	8.750	-13.181	-70.550
Summen	-107.383			-10.000		46.834	-70.550	

Abb. 1: Auswirkungen auf Gewinn/Verlust, Steuern sowie Liquidität

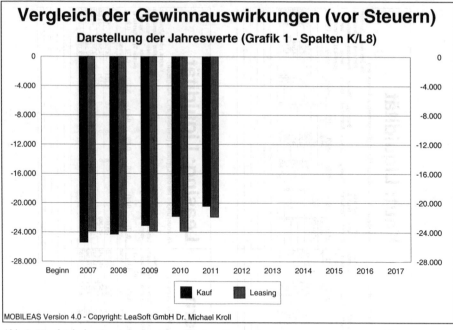

Abb. 2: Vergleich der Gewinnauswirkungen (vor Steuern)

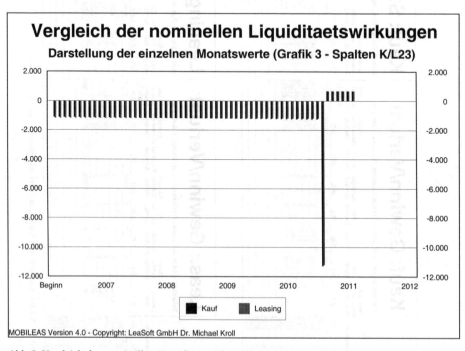

Abb. 3: Vergleich der nominellen Liquiditätswirkungen (einzelne Monatswerte)

20. Kapitel: Betriebswirtschaftliche Aspekte des Leasings §67

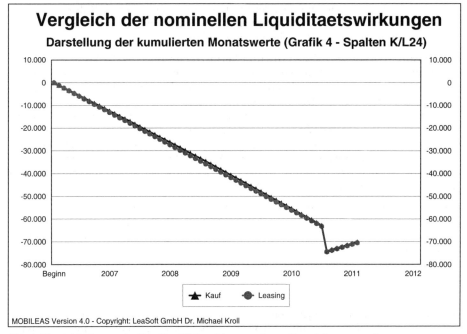

Abb. 4: Vergleich der nominellen Liquiditätswirkungen (kumulierte Monatswerte)

Die Spalten K1 bis K8 weisen die Auswirkungen der kreditfinanzierten Kaufalternative 57 auf die Gewinn- und Verlustrechnung aus. In diesem bewusst einfach gehaltenen Modellbeispiel bestehen die Effekte beim Kreditkauf nur aus der Abschreibung für das Objekt (Spalte K2) sowie die Zinsen für das Darlehen (Spalte K3). Die Verteilung der Aufwandsbeträge auf die einzelnen Perioden für Kreditkauf und Leasing lässt sich auch der Abbildung 2 entnehmen.

bb) Kaufalternative – Steuereffekte. Im Rahmen der Steuereffekte müssen bei der 58 im Beispiel unterstellten GmbH (Kapitalgesellschaft) zunächst die Auswirkungen auf die Gewerbesteuer analysiert werden. Hierzu werden als Berechnungsbasis die Aufwandskomponenten aus Spalte K8 herangezogen, wobei die Hälfte der Darlehenszinsen (Dauerschuldzinsen, Spalte K9) wieder hinzuzuaddieren sind. Anschließend wird der berechnete Wert mit dem effektiven Gewerbeertragsteuersatz 18,367 Prozent (Spalte K10) multipliziert, so dass sich die Gewerbesteuerbelastung des Investors um den Betrag in Spalte K11 reduziert, im Beispiel somit um 19.754 Euro.

Die Körperschaftsteuerentlastung errechnet sich aus der Multiplikation der Verände- 59 rung aus der Gewinn- und Verlustrechnung (K8) mit dem effektiven Körperschaftsteuersatz von 26,375 Prozent (Spalte K13) wobei zuvor der Gewerbesteuereffekt in Abzug gebracht werden muss (bzw. im Beispiel hinzuaddiert wird (Steuergutschrift)), da die Gewerbesteuer bei der Körperschaftsteuerberechnung als Betriebsausgabe abgesetzt werden kann.

cc) Kaufalternative – Liquidität. Die Liquiditätseffekte resultieren aus den Einnah- 60 men (Darlehensauszahlung (Spalte K18) sowie Steuergutschriften (K22)) abzüglich der Ausgaben (Anschaffungskosten (K17), Tilgung (K19) sowie Zinsen (K20)). Die Spalte K23 summiert die Einnahmen und Ausgaben. Grafisch ist dies auch in Abbildung 3 dargestellt. K24 kumuliert die Werte aus K23, wie dies auch der Abbildung 4 zu entnehmen ist.

§ 67 Vierter Teil: Wirtschaftliche Problemkomplexe des Leasings

Die nominellen Periodensummen der Spalte K23 werden später im Rahmen des Barwertvergleichs auf den Objektnutzungsbeginn abgezinst bzw. im Rahmen des Totalen Liquiditätsvergleichs auf das Betrachtungsende aufgezinst.

61 dd) Leasingalternative – Gewinn- und Verlustrechnung. Bei der Leasingalternative resultieren die Aufwandseffekte vor allem aus den 54 monatlichen Leasingraten (Spalte L1) sowie der Abschreibung des Kaufpreises von 10.000 Euro zum Ende der Grundmietzeit. Die Spalte L8 zeigt wiederum die Summenwerte.

Ein Blick auf die Abbildung 2 verdeutlicht die unterschiedlichen Aufwandsverläufe bei Kreditkauf und Leasing. Während bei der Leasingalternative über die Grundmietzeit hinweg lineare Strukturen vorliegen (linearer Aufwand durch lineare Leasingraten), entsteht bei der Kaufalternative ein degressiver Verlauf. Hierfür verantwortlich sind (bei gleichzeitig linearer AfA) die aufgrund der zwischenzeitlich erfolgten Tilgungen von Jahr zu Jahr geringeren Zinsbeträge für das Darlehen.

62 ee) Leasingalternative – Steuereffekte. Die steuerlichen Effekte lassen sich bei der Leasingalternative leichter berechnen als beim Kreditkauf. Sowohl im Rahmen der Gewerbesteuerberechnungen als auch bei der Körperschaftsteuer dienen als Basis ausschließlich die Effekte aus der Gewinn- und Verlustrechnung (Spalte L8). Bei der Körperschaftsteuer ist wiederum zu beachten, dass die Gewerbesteuereffekte als Betriebsausgabe (bzw. im Beispiel als Betriebseinnahme (da Gewerbesteuergutschrift)) in Ansatz zu bringen sind.

63 ff) Leasingalternative – Liquidität. Im Rahmen der nominellen Liquiditätsanalyse fallen vor allem die Leasingraten auf (L17). Weiter zu berücksichtigen ist die Höhe des Andienungspreises zum Ende der Grundmietzeit (L20) sowie die Steuergutschriften (L22).

Die Spalten L23 und L24 stellen wiederum die Jahressummen in nomineller (L23) sowie kumulierter Form (L24) dar.

64 Die Abbildung 3 stellt die Liquiditätsverläufe pro Periode für Kreditkauf und Leasing grafisch dar, wobei hier eine monatsgenaue Darstellung gewählt wurde.

65 Abbildung 4 zeigt die kumulierten Werte. Auffällig ist, dass die Kurven für Kreditkauf und Leasing fast deckungsgleich sind. Dies liegt in erster Linie daran, dass beim Kreditkauf ein Darlehen unterstellt wurde, das sich in seiner Tilgungsstruktur exakt an dem Leasingvertrag orientiert (Laufzeit: 54 Monate, Restschuld 10 Prozent). Die Tilgung der Restschuld am Ende des Monats 54 sowie die Zahlung des Andienungspreises beim Leasing zum gleichen Zeitpunkt sind in den Abbildungen 3 und 4 besonders gut zu erkennen.

66 c) Totaler Liquiditätsvergleich von Kroll. Im Rahmen einer dynamischen Investitionsrechnung werden die zuvor ermittelten nominellen Liquiditätswerte der jeweiligen Perioden aufgezinst (Endwertverfahren) bzw. abgezinst (Barwertverfahren). Zunächst zu einem Endwertverfahren auf Basis des Totalen Liquiditätsvergleichs von Kroll.[7] Abbildung 5 verdeutlicht die Berechnungen, wobei im linken Teil die Kaufalternative analysiert wird, im rechten Abschnitt die Leasingalternative. Die Berechnungen erfolgen monatsgenau, da es bei ausschließlicher Verzinsung von Jahreswerten zu ergebnisrelevanten Verschiebungen kommen könnte.

67 Zum Aufzinsen wird ebenso wie später zum Abzinsen ein so genannter Kalkulationszinsfuß benötigt, der im Beispiel mit 6,00 Prozent p. a. vor Steuern festgesetzt wurde. Berücksichtigt man die steuerliche Absetzbarkeit der Zinsen bei Gewerbe- und Körperschaftsteuer, so ergibt sich ein Kalkulationszinsfuß nach Steuern in Höhe von 4,012 Prozent p. a. bzw. von 0,3343 Prozent pro Monat. Dieser Satz ist in Abbildung 5 in der Spalte TLV1 zu erkennen.

---

[7] Vgl. zu diesem Verfahren sowie den Vor- und Nachteilen von End- bzw. Barwertverfahren ausführlich *Kroll*, aaO, 2005, S. 158 ff.

20. Kapitel: Betriebswirtschaftliche Aspekte des Leasings　　　　　　§ 67

Basis für die Berechnung ist die Spalte K23 (bzw. L23 bei Leasing). Diese werden un- **68**
verändert in das Tableau der Abbildung 5 übernommen (Ausweis in Spalte TLV3).
Der bis zur jeweils zu betrachtenden Periode aufgelaufene Totale Liquiditätsendwert errechnet sich für beide Alternativen nach folgendem Schema:
Totaler Liquiditätsendwert aktuelle Periode (TLV5) = Totaler Liquiditätsendwert Vorperiode (TLV5 bzw. TLV2) + aktuelle Periodenliquidität (TLV3) + Zinsen für eine Periode auf den Liquiditätsendwert der Vorperiode (TLV4 = TLV2 * TLV1/100) (jeweils unter Berücksichtigung der richtigen Vorzeichen)
Das Endergebnis lässt sich in der Spalte TLV5 in der letzten Planperiode ablesen.
Der Totale Liquiditätsendwert beträgt somit bei der Kaufalternative -77.681 Euro sowie bei der Leasingalternative -78.210 Euro. Die Kaufalternative ist somit endwertig betrachtet 529 Euro günstiger. Dies ist eigentlich erstaunlich, da das Leasingangebot mit einer Barwertmarge von 2.000 Euro kalkuliert wurde und ansonsten alle anderen Parameter (Zinssatz, Höhe der Anschaffungskosten usw.) identisch sind. Die steuerliche Absetzbarkeit der jeweiligen Aufwendungen sowie der Dauerschuldzinsnachteil des Kreditkaufs reduzieren den ursprünglichen Nachteil von 2.000 Euro jedoch entsprechend.

d) Barwertvergleich. Beim Barwertvergleich (vgl. Abbildung 6) werden wiederum **69**
die nominellen Periodenliquiditätswerte aus den Spalten K23 sowie L23 als Basis der Berechnungen genommen und in der Spalte BWV3 ausgewiesen. Diese Werte werden mit dem jeweiligen Abzinsungssatz der Periode (Spalte BWV2) multipliziert zum Periodenbarwert (BWV4). Der Abzinsungssatz errechnet sich nach der Formel: $1/(1 + BWV1/100)^{\text{Planmonat}}$ (PM, 1. Spalte).
Die Addition der Periodenbarwerte ergibt den Gesamtbarwert, im Beispiel -63.584 Euro für die Kaufalternative, -64.017 Euro für die Leasingalternative. Der Barwertvorteil des Kreditkaufs beträgt im Beispiel somit 433 Euro.

e) Bewertung qualitativer Aspekte. Nach den obigen Berechnungen wäre der Kauf- **70**
alternative aufgrund eines geringen Bar- bzw. Endwertvorteils der Vorzug zu geben. Unberücksichtigt blieben bislang allerdings eventuell vorhandene qualitative Vorteile einer Leasingfinanzierung, die nun abschließend in den Vergleich miteinbezogen werden sollen.
Dies könnte beispielsweise über eine so genannte Nutzwertanalyse erfolgen, eine Art Scoring-System. Dieses Verfahren erscheint allerdings aufgrund der zahlreichen subjektiven Einflussgrößen nur bedingt geeignet.[8]
Interessanter erscheint der Ansatz, Bar- oder Endwertdifferenzen als Grenzkosten bzw. Grenzpreis qualitativer Aspekte zu interpretieren. Der Investor muss entscheiden, ob er beispielsweise für vermeintliche qualitative Leasingvorteile wie der Bilanzneutralität oder dem Argument der klaren Kalkulationsgrundlage bereit ist, im Beispiel ca. 500 Euro (ca. 100 Euro pro Jahr) zu bezahlen.

---

[8] Vgl. zur Nutzwertanalyse, dem Verfahren sowie seinen Vor- und Nachteilen ausführlicher *Gabele/Kroll*, Leasingverträge optimal gestalten, 3. Auflage, 2001, S. 187–190.

Totaler Liquiditätsvergleich / Endwerte (Jahreswerte)

Hinweis: Der Liquiditäts-Endwert ist der unterste Wert in Spalte TLV5

Monatswerte			KZF	Kauf				Leasing			
			Kalk.zinsf. (KZF) % p. m. n. Steuer	Totaler Liquiditäts- endwert Vorperiode	Aktuelle Perioden- liquidität	Zinsen auf Liquid.- endwert Vorperiode	Totaler Liquiditäts- endwert (Grafik 5)	Totaler Liquiditäts- endwert Vorperiode	Aktuelle Perioden- Liquidität (aus L23)	Zinsen auf Liquid.- endwert Vorperiode	Totaler Liquiditäts- endwert (Grafik 5)
PM	MM	JJJJ	(TLV1)	(TLV2)	(TLV3)	(TLV4)	(TLV5)	(TLV2)	(TLV3)	(TLV4)	(TLV5)
					-70.196	-7.485			-70.550	-7.661	
0	0	2007	0,3343	0	0	0	0	0	0	0	0
1	1	2007	0,3343	0	-1.119	0	-1.119	0	-1.195	0	-1.195
2	2	2007	0,3343	-1.119	-1.121	-4	-2.244	-1.195	-1.195	-4	-2.394
3	3	2007	0,3343	-2.244	-1.124	-8	-3.375	-2.394	-1.195	-8	-3.598
4	4	2007	0,3343	-3.375	-1.126	-11	-4.512	-3.598	-1.195	-12	-4.805
5	5	2007	0,3343	-4.512	-1.128	-15	-5.656	-4.805	-1.195	-16	-6.016
6	6	2007	0,3343	-5.656	-1.131	-19	-6.805	-6.016	-1.195	-20	-7.231
7	7	2007	0,3343	-6.805	-1.133	-23	-7.962	-7.231	-1.195	-24	-8.451
8	8	2007	0,3343	-7.962	-1.136	-27	-9.124	-8.451	-1.195	-28	-9.674
9	9	2007	0,3343	-9.124	-1.138	-31	-10.293	-9.674	-1.195	-32	-10.902
10	10	2007	0,3343	-10.293	-1.141	-34	-11.468	-10.902	-1.195	-36	-12.133
11	11	2007	0,3343	-11.468	-1.143	-38	-12.650	-12.133	-1.195	-41	-13.369
12	12	2007	0,3343	-12.650	-1.146	-42	-13.838	-13.369	-1.195	-45	-14.609
13	1	2008	0,3343	-13.838	-1.149	-46	-15.033	-14.609	-1.195	-49	-15.853
14	2	2008	0,3343	-15.033	-1.151	-50	-16.234	-15.853	-1.195	-53	-17.101
15	3	2008	0,3343	-16.234	-1.154	-54	-17.442	-17.101	-1.195	-57	-18.353
16	4	2008	0,3343	-17.442	-1.156	-58	-18.657	-18.353	-1.195	-61	-19.610
17	5	2008	0,3343	-18.657	-1.159	-62	-19.878	-19.610	-1.195	-66	-20.871
18	6	2008	0,3343	-19.878	-1.161	-66	-21.106	-20.871	-1.195	-70	-22.136
19	7	2008	0,3343	-21.106	-1.164	-71	-22.341	-22.136	-1.195	-74	-23.405
20	8	2008	0,3343	-22.341	-1.167	-75	-23.582	-23.405	-1.195	-78	-24.678
21	9	2008	0,3343	-23.582	-1.169	-79	-24.830	-24.678	-1.195	-83	-25.956
22	10	2008	0,3343	-24.830	-1.172	-83	-26.085	-25.956	-1.195	-87	-27.238
23	11	2008	0,3343	-26.085	-1.175	-87	-27.347	-27.238	-1.195	-91	-28.524
24	12	2008	0,3343	-27.347	-1.177	-91	-28.616	-28.524	-1.195	-95	-29.815
25	1	2009	0,3343	-28.616	-1.180	-96	-29.892	-29.815	-1.195	-99	-31.109
26	2	2009	0,3343	-29.892	-1.183	-99	-31.174	-31.109	-1.195	-104	-32.409
27	3	2009	0,3343	-31.174	-1.186	-104	-32.464	-32.409	-1.195	-108	-33.712
28	4	2009	0,3343	-32.464	-1.188	-109	-33.761	-33.712	-1.195	-113	-35.020
29	5	2009	0,3343	-33.761	-1.191	-113	-35.065	-35.020	-1.195	-117	-36.332
30	6	2009	0,3343	-35.065	-1.194	-117	-36.376	-36.332	-1.195	-121	-37.649
31	7	2009	0,3343	-36.376	-1.197	-122	-37.694	-37.649	-1.195	-126	-38.970
32	8	2009	0,3343	-37.694	-1.199	-126	-39.020	-38.970	-1.195	-130	-40.295
33	9	2009	0,3343	-39.020	-1.202	-130	-40.352	-40.295	-1.195	-135	-41.625
34	10	2009	0,3343	-40.352	-1.205	-135	-41.692	-41.625	-1.195	-139	-42.960
35	11	2009	0,3343	-41.692	-1.208	-139	-43.040	-42.960	-1.195	-144	-44.298
36	12	2009	0,3343	-43.040	-1.211	-144	-44.394	-44.298	-1.195	-148	-45.642
37	1	2010	0,3343	-44.394	-1.214	-148	-45.756	-45.642	-1.195	-153	-46.989
38	2	2010	0,3343	-45.756	-1.217	-153	-47.126	-46.989	-1.195	-157	-48.342
39	3	2010	0,3343	-47.126	-1.219	-158	-48.503	-48.342	-1.195	-162	-49.699
40	4	2010	0,3343	-48.503	-1.222	-162	-49.887	-49.699	-1.195	-166	-51.060
41	5	2010	0,3343	-49.887	-1.225	-167	-51.279	-51.060	-1.195	-171	-52.426
42	6	2010	0,3343	-51.279	-1.228	-171	-52.679	-52.426	-1.195	-175	-53.796
43	7	2010	0,3343	-52.679	-1.231	-176	-54.086	-53.796	-1.195	-180	-55.171
44	8	2010	0,3343	-54.086	-1.234	-181	-55.501	-55.171	-1.195	-184	-56.551
45	9	2010	0,3343	-55.501	-1.237	-186	-56.924	-56.551	-1.195	-189	-57.935
46	10	2010	0,3343	-56.924	-1.240	-190	-58.354	-57.935	-1.195	-194	-59.324
47	11	2010	0,3343	-58.354	-1.243	-195	-59.793	-59.324	-1.195	-198	-60.717
48	12	2010	0,3343	-59.793	-1.246	-200	-61.239	-60.717	-1.195	-203	-62.116
49	1	2011	0,3343	-61.239	-1.249	-205	-62.693	-62.116	-1.195	-208	-63.518
50	2	2011	0,3343	-62.693	-1.252	-210	-64.154	-63.518	-1.195	-212	-64.926
51	3	2011	0,3343	-64.154	-1.255	-214	-65.624	-64.926	-1.195	-217	-66.338
52	4	2011	0,3343	-65.624	-1.258	-219	-67.102	-66.338	-1.195	-222	-67.755
53	5	2011	0,3343	-67.102	-1.262	-224	-68.588	-67.755	-1.195	-227	-69.177
54	6	2011	0,3343	-68.588	-11.267	-229	-80.085	-69.177	-11.195	-231	-80.603
55	7	2011	0,3343	-80.085	665	-268	-79.687	-80.603	665	-269	-80.208
56	8	2011	0,3343	-79.687	665	-266	-79.289	-80.208	665	-268	-79.811
57	9	2011	0,3343	-79.289	665	-265	-78.889	-79.811	665	-267	-79.413
58	10	2011	0,3343	-78.889	665	-264	-78.488	-79.413	665	-265	-79.013
59	11	2011	0,3343	-78.488	665	-262	-78.085	-79.013	665	-264	-78.613
60	12	2011	0,3343	-78.085	665	-261	-77.681	-78.613	665	-263	-78.210
	1	2012									
	2	2012									

Abb. 5: Totaler Liquiditätsvergleich von Kroll

Barwertvergleich (Monatswerte)

Monatswerte			KZF		Kauf		Leasing	
			Kalk.zinsf. (KZF) % p. m. n. Steuer	Abzinsungs- faktor	Nominale Perioden- Liquidität (aus K23)	Abgezinste Perioden- Liquidität Kauf	Nominale Perioden- Liquidität (aus L23)	Abgezinste Perioden- Liquidität Leasing
PM	MM	JJJJ	(BWV1)	(BWV2)	(BWV3)	(BWV4)	(BWV3)	(BWV4)
				Barwerte --->		-63.584		-64.017 <--- Barwerte
0	0	2007	0,3343	1,0000	0	0	0	0
1	1	2007	0,3343	0,9967	-1.119	-1.115	-1.195	-1.191
2	2	2007	0,3343	0,9933	-1.121	-1.114	-1.195	-1.187
3	3	2007	0,3343	0,9900	-1.124	-1.112	-1.195	-1.183
4	4	2007	0,3343	0,9867	-1.126	-1.111	-1.195	-1.179
5	5	2007	0,3343	0,9835	-1.128	-1.110	-1.195	-1.175
6	6	2007	0,3343	0,9802	-1.131	-1.109	-1.195	-1.171
7	7	2007	0,3343	0,9769	-1.133	-1.107	-1.195	-1.168
8	8	2007	0,3343	0,9737	-1.136	-1.106	-1.195	-1.164
9	9	2007	0,3343	0,9704	-1.138	-1.105	-1.195	-1.160
10	10	2007	0,3343	0,9672	-1.141	-1.103	-1.195	-1.156
11	11	2007	0,3343	0,9640	-1.143	-1.102	-1.195	-1.152
12	12	2007	0,3343	0,9607	-1.146	-1.101	-1.195	-1.148
13	1	2008	0,3343	0,9575	-1.149	-1.100	-1.195	-1.144
14	2	2008	0,3343	0,9543	-1.151	-1.099	-1.195	-1.141
15	3	2008	0,3343	0,9512	-1.154	-1.097	-1.195	-1.137
16	4	2008	0,3343	0,9480	-1.156	-1.096	-1.195	-1.133
17	5	2008	0,3343	0,9448	-1.159	-1.095	-1.195	-1.129
18	6	2008	0,3343	0,9417	-1.161	-1.094	-1.195	-1.125
19	7	2008	0,3343	0,9386	-1.164	-1.093	-1.195	-1.122
20	8	2008	0,3343	0,9354	-1.167	-1.091	-1.195	-1.118
21	9	2008	0,3343	0,9323	-1.169	-1.090	-1.195	-1.114
22	10	2008	0,3343	0,9292	-1.172	-1.089	-1.195	-1.111
23	11	2008	0,3343	0,9261	-1.175	-1.088	-1.195	-1.107
24	12	2008	0,3343	0,9230	-1.177	-1.087	-1.195	-1.103
25	1	2009	0,3343	0,9199	-1.180	-1.086	-1.195	-1.099
26	2	2009	0,3343	0,9169	-1.183	-1.084	-1.195	-1.096
27	3	2009	0,3343	0,9138	-1.186	-1.083	-1.195	-1.092
28	4	2009	0,3343	0,9108	-1.188	-1.082	-1.195	-1.089
29	5	2009	0,3343	0,9077	-1.191	-1.081	-1.195	-1.085
30	6	2009	0,3343	0,9047	-1.194	-1.080	-1.195	-1.081
31	7	2009	0,3343	0,9017	-1.197	-1.079	-1.195	-1.078
32	8	2009	0,3343	0,8987	-1.199	-1.078	-1.195	-1.074
33	9	2009	0,3343	0,8957	-1.202	-1.077	-1.195	-1.071
34	10	2009	0,3343	0,8927	-1.205	-1.076	-1.195	-1.067
35	11	2009	0,3343	0,8897	-1.208	-1.075	-1.195	-1.063
36	12	2009	0,3343	0,8868	-1.211	-1.074	-1.195	-1.060
37	1	2010	0,3343	0,8838	-1.214	-1.073	-1.195	-1.056
38	2	2010	0,3343	0,8809	-1.217	-1.072	-1.195	-1.053
39	3	2010	0,3343	0,8779	-1.219	-1.071	-1.195	-1.049
40	4	2010	0,3343	0,8750	-1.222	-1.070	-1.195	-1.046
41	5	2010	0,3343	0,8721	-1.225	-1.069	-1.195	-1.042
42	6	2010	0,3343	0,8692	-1.228	-1.068	-1.195	-1.039
43	7	2010	0,3343	0,8663	-1.231	-1.067	-1.195	-1.035
44	8	2010	0,3343	0,8634	-1.234	-1.066	-1.195	-1.032
45	9	2010	0,3343	0,8605	-1.237	-1.065	-1.195	-1.029
46	10	2010	0,3343	0,8577	-1.240	-1.064	-1.195	-1.025
47	11	2010	0,3343	0,8548	-1.243	-1.063	-1.195	-1.022
48	12	2010	0,3343	0,8520	-1.246	-1.062	-1.195	-1.018
49	1	2011	0,3343	0,8491	-1.249	-1.061	-1.195	-1.015
50	2	2011	0,3343	0,8463	-1.252	-1.060	-1.195	-1.011
51	3	2011	0,3343	0,8435	-1.255	-1.059	-1.195	-1.008
52	4	2011	0,3343	0,8407	-1.258	-1.058	-1.195	-1.005
53	5	2011	0,3343	0,8379	-1.262	-1.057	-1.195	-1.001
54	6	2011	0,3343	0,8351	-11.267	-9.409	-11.195	-9.349
55	7	2011	0,3343	0,8323	665	553	665	553
56	8	2011	0,3343	0,8295	665	552	665	552
57	9	2011	0,3343	0,8268	665	550	665	550
58	10	2011	0,3343	0,8240	665	548	665	548
59	11	2011	0,3343	0,8213	665	546	665	546
60	12	2011	0,3343	0,8185	665	544	665	544
	1	2012						
	2	2012						
	3	2012						

Abb. 6: Barwertvergleich

V. Zusammenfassung

71 Im Mittelpunkt der Ausführungen zur Leasingentscheidung des Leasingnehmers steht die objektivierbare quantitative Analyse. Aus ihr kann im Idealfall sogar die relative **Unternehmenswertveränderung** zum Entscheidungszeitpunkt (Barwertmethode) oder zum Zeitpunkt des Vertragsendes (Endwertmethode) abgelesen werden, sofern im betreffenden Unternehmen einheitliche und konsistente Investitionsrechenverfahren angewandt werden. In Bezug auf die finanzwirtschaftliche Vorteilhaftigkeitsanalyse gibt es somit für die Praxis anwendbare normative Empfehlungen.

72 Von den einzelnen Komponenten der **qualitativen Analyse**, von denen die wichtigsten dargestellt wurden, kann berechtigterweise angenommen werden, dass sie bei einer Vielzahl von Leasingentscheidungen objektiv einen maßgeblichen Einfluss spielen, der jedoch nicht immer intersubjektiv nachvollziehbar ist und somit einen geringeren normativen Charakter hat.

73 Darüber hinaus gibt es in der Einleitung angeschnittene **grundsätzliche subjektive Aspekte** einer Leasingentscheidung, die nur vor einem unternehmenskulturellen Hintergrund und vor der Kenntnis der subjektiven Ziele (bzw. Zielstruktur) der Entscheidungsträger im Unternehmen und der von ihnen bewusst und unbewusst tolerierten oder geforderten Restriktionen bewertbar sind. So gibt es Städte in Deutschland, die ihre Straßenbahnen in einem komplexen 99-jährigen Leasingvertrag an US-Investoren übereignet haben, weil sie sofort von einem Barwertvorteil, der sich aus einer internationalen Steuerarbitrage ergab, profitieren wollten. Andere Städte haben sich der Mühe der Vergleichsrechnung erst gar nicht unterzogen, weil sie ein derart kompliziertes und auf juristisch wackligen Füßen stehendes Konstrukt als zu riskant und vor dem Hintergrund der Generationenrelevanz als ethisch nicht vertretbar erachteten.

74 Die Beobachtung der Praxis zeigt, dass Leasing bei allen drei Aspekten (quantitative Analyse, qualitative Analyse, grundsätzliche und subjektive Aspekte) im Einzelfall Vorteile aufweisen kann, was aufgrund der **Variabilität, Dienstleistungsorientierung** und **Spezialisierung** der Branche Ansatzpunkte für ein hervorragendes Marketing der Leasinganbieter und für Auswahl- und Gestaltungsoptionen der Leasingnehmer liefert, so dass letztlich eine unternehmerisch vertretbare Kauf- oder Leasingentscheidung getroffen werden kann.

21. Kapitel: Steuerrechtliche Aspekte des Leasing
§ 68. Persönliche Zurechnung der Leasinggegenstände im Steuerrecht

Schrifttum: *Beckmann, H.* Finanzierungsleasing, 3. Aufl. 2006; Beck'scher Bilanzkommentar, 6. Aufl. 2006; *Birkholz* Kommunal-Leasing und US-Cross-Border-Leasing als alternative Finanzierungsform kommunaler Infrastrukturinvestitionen, 2003; *Blümich* Kommentar zum EStG-KStG-GewStG, Loseblatt; *Bordewin/Tonner* Leasing im Steuerrecht, 4. Aufl. 2003; *Eckstein/Feinen* Leasing-Handbuch für die betriebliche Praxis, 7. Aufl. 2000; *Gelhausen/Gelhausen*, Die Bilanzierung von Leasingverträgen, in: Wysocki/Schulze-Osterloh Handbuch des Jahresabschlusses in Einzeldarstellungen, Loseblatt; *Hagenmüller/Stoppok*, Leasinghandbuch 5. Auflage; *Hartmann/Böttcher/Nissen/Bordewin* Kommentar zum Einkommensteuergesetz, Loseblatt; *Herrmann/Heuer/Raupach* Kommentar zum EStG/KStG, Loseblatt; *Hübschmann/Hepp/Spitaler*, Kommentar zur Abgabenordnung/Finanzgerichtsordnung, Loseblatt; *Knobbe-Keuck* Bilanz- und Unternehmenssteuerrecht, 9. Aufl. 1993; *Kümpel/Becker* Leasing nach IFRS, 2006; *Küting/Weber* Handbuch der Rechnungslegung, Loseblatt; *Schmidt* Kommentar zum EStG, 25. Aufl. 2006; *Schmieder/Wagner, Klaus-R./Loritz* Handbuch der Bauinvestitionen und Kapitalanlagen, Loseblatt; *Spittler* Leasing, 5. Auf. 1999; *Streck* Kommenar zum KStG, 6. Aufl. 2003; *Tacke* Leasing, 3. Aufl.1999; *Tipke/Kruse* Kommentar zur Abgabenordnung/Finanzgerichtsordnung, Loseblatt; *Tipke/Lang* Steuerrecht, 18. Aufl. 2005; *Graf von Westphalen* Der Leasingvertrag, 5. Aufl. 1998.

Verwaltungsanweisungen: AEAO zu § 39 AO

Übersicht

	Rdn.
I. Vorbemerkung	1
II. Zurechnungsrelevante Grundbegriffe des Leasing	3
III. Steuergesetzliche Grundsätze für die persönliche Zurechnung	11
1. § 39 AO (Wirtschaftliches Eigentum)	11
2. § 5 Abs. 1 EStG (Maßgeblichkeit der Handelsbilanz für die Steuerbilanz)	16
3. Konkurrenzverhältnis der beiden Zurechnungsmaßstäbe und Bedeutung der Konkurrenz für das Leasing	18
IV. Zurechnung des wirtschaftlichen Eigentums nach der Leasing-Rechtsprechung des BFH und den Leasing-Erlassen der Finanzverwaltung	20
1. Wichtige BFH-Entscheidungen zum wirtschaftlichen Eigentum beim Leasing und zur verwandten Problematik beim Mietkauf	21
a) BFH-Urteil vom 26. 1. 1970 zum Leasing	21
b) BFH-Urteil vom 18. 11. 1970 zum Mietkauf	22
c) BFH-Urteil vom 30. 5. 1984 zum Leasing	23
d) BFH-Urteil vom 12. 9. 1991 zum Mietkauf	24
e) BFH-Urteil vom 15. 2. 2001 zum Leasing	25
2. Wirtschaftliches Eigentum nach den Leasing-Erlassen der Finanzverwaltung	26
a) Bedeutung der Leasing-Erlasse für die Leasing-Praxis	26
b) Regelungsgegenstände der Leasing-Erlasse	27
aa) Mobilien-Vollamortisierungs-Erlass vom 19. 4. 1971	27
bb) Immobilien-Erlass vom 21. 3. 1972	29
cc) Teilamortisierungs-Erlass vom 22. 12. 1975	30
dd) Immobilien-Teilamortisierungserlass vom 23. 12. 1991	38
V. Zusammenfassung der Hauptkriterien des wirtschaftlichen Eigentums beim Leasing	41

I. Vorbemerkung

Der Abschluss von Leasingverträgen zieht regelmäßig auch steuerrechtliche Folgen nach **1** sich. Vor der Entscheidung, welche Steuerarten angesprochen und welchen wirtschaftlichen Auswirkungen sich ergeben, ist die Frage zu klären, wem das Leasingobjekt zuzurechnen ist. Denn je nachdem, ob das Leasinggut dem Leasinggeber oder dem Leasingnehmer zuzurechnen ist, können sich sowohl Auswirkungen auf die bilanzielle Behandlung als auch für die Besteuerung ergeben. Damit kommt der Frage der steuerlichen Zurechnung des Leasinggebers zentrale Bedeutung zu.

Für die steuerrechtliche Zurechnung von Leasinggegenständen finden sich keine gesonderten steuerrechtlichen gesetzlichen Vorschriften. Rechtlicher Ansatzpunkt ist damit die allgemeine Zurechnungsvorschrift der Abgabenordnung, § 39 AO, aus der sich die Zurechnungsgrundsätze ableiten lassen.[1] In weiten Teilen ist die steuerrechtliche Zurechnungsproblematik mit der Zurechnungsthematik für die Handelsbilanz[2] vergleichbar. In beiden Rechtsgebieten hängt die Behandlung von Leasinggestaltungen von der zentralen Fragestellung ab, ob der Leasinggegenstand dem Leasinggeber oder Leasingnehmer zugerechnet wird.[3] Die Leasingunternehmen und ihre Kunden sind wegen dieser Bedeutung der Zurechnung auf klare und verlässliche steuerliche Zurechnungsgrundsätze angewiesen, die den Besonderheiten des Leasinggeschäfts Rechnung tragen müssen. Die steuerrechtliche Komponente hat also bei Leasinggeschäften nicht unerhebliche Bedeutung. Dies sollte bereits im Vorfeld bei der Gestaltungsberatung beachtet werden, um ggf. steuerrechtliche Nachteile zu vermeiden.

2   Als Folge einer fehlenden speziellen steuergesetzlichen Regelung für Leasinggestaltungen hat die Finanzverwaltung eine Vielzahl von Verwaltungsvorschriften geschaffen, um den Besonderheiten des Leasing Rechnung zu tragen. Von besonderer Bedeutung sind auch heute noch die sog. Leasing-Erlasse aus den Jahren 1971, 1972, 1975 und 1991, die im Folgenden[4] näher erörtert werden. Die Erlasslage wird den praktischen Anforderungen weitgehend gerecht, auch wenn – naturgemäß – zu verschiedenen Einzelfragen aus Sicht der Leasingwirtschaft unterschiedliche Rechtsansichten geäußert werden. Neben diesen „allgemeinen" Grundsätzen finden sich noch eine Vielzahl weiterer Verwaltungsvorschriften zu bestimmten Fallgestaltungen, die eine gleichmäßigen Behandlung vergleichbarer Modelle sicherstellen sollen. Wegen der rechtlichen Bewährung und der Akzeptanz in der Praxis sollten die derzeitigen Grundsätze auch in Zukunft beibehalten werden.

II. Zurechnungsrelevante Grundbegriffe des Leasing

3   Das aus dem angloamerikanischen Rechtsbereich entstammende Leasing ist etwa seit Beginn der 60er Jahre auch in Deutschland auf dem Vormarsch und hat sich als Wirtschaftsfaktor bis in den Privatbereich (z. B. Kfz-Leasing) etabliert.[5] Während seit nunmehr mehr als 40 Jahren haben sich Grundbegriffe herausgebildet, die bestimmte grundsätzliche Abgrenzungen und Geschäftsinhalte widerspiegeln und die steuerlichen Zurechnungsregeln maßgebend prägen. Dabei ist die Entwicklung angesichts immer neuer Vertragsgestaltungen im Zweifel noch nicht abgeschlossen. Diesen Entwicklungen hat auch die steuerrechtliche Zurechnung zu folgen, wobei aber nicht alle Begrifflichkeiten maßgeblich sind, die im zivilrechtlichen Bereich entwickelt werden.[6]

4   Für die steuerliche Betrachtung steht zunächst im Vordergrund, wer als mögliches Steuersubjekt eines Steuereingriffs in Betracht kommt oder wem ggf. eine Begünstigung zusteht (z. B. Investitionszulage). Deshalb kommt der Differenzierung zwischen **Leasinggeber** und **Leasingnehmer** grundlegende Bedeutung zu. Auf beiden Seiten können dabei in Abhängigkeit von der Rechtsform unterschiedliche Steuerarten angesprochen werden.[7]

---

[1] Hierzu Rdn. 11 ff.
[2] Vgl. oben §§ 71 ff.
[3] Zu den steuerlichen Auswirkungen der Zurechnung vgl. im Einzelnen §§ 69, 70.
[4] Rdn. 25 ff.
[5] Zur Entwicklung des Leasingrechts H. *Beckmann* § 1 Rdn. 1; Staudinger/*Stoffels* Leasing, Rdn. 1 ff. mwN.
[6] Zu den unterschiedlichen Leasingarten s. oben § 3.
[7] Vgl. zu den einzelnen Steuerarten §§ 69, 70.

21. Kapitel: Steuerrechtliche Aspekte des Leasing §68

Eine Besonderheit sind **Leasingfonds**. Sie werden zur Finanzierung größerer Leasingobjekte meist in Rechtsform der GmbH oder AG gegründet. Der Fonds erwirbt den Leasinggegenstand, mit dem Ziel, diese an den Leasingnehmer zu vermieten. Die Leasingfonds sind dabei regelmäßig auf einen Kapitalzufluss (privater) Anleger angewiesen, die sich an dem Fond beteiligen. Steuerrechtlich können sich – insbesondere, wenn sich das Objekt als nicht vermietbar erweist – Risiken für die Anleger ergeben.

Bezogen auf den Leasinggegenstand lassen sich das **Mobilien-** und das **Immobilienleasing** unterscheiden. Zu den Immobilien zählen nicht nur Grundstücke, Gebäude in ihren unterschiedlichen Nutzungsformen (Geschäftshaus, Fabrik o.Ä), sondern auch Schiffe und Luftfahrzeuge, die nach § 49 InsO i.V. mit dem SchiffsRG und LuftFzRG wie unbewegliche Sachen zu behandeln sind. Die Nutzungsüberlassung kann sich z. B. bei Flugzeugen sowohl ausschließlich auf das Fluggerät beschränken („dry lease" ohne Wartung und Personal) oder auf eine Komplett-Überlassung mit Service und Personal („wet lease"). Im Übrigen folgt die Abgrenzung der steuerlichen Differenzierung der Leasinggegenstände in bewegliche und unbewegliche Wirtschaftsgüter. Betriebsvorrichtungen gehören steuerlich zu den beweglichen Wirtschaftsgütern und unterliegen deshalb den Zurechnungsregeln für das Mobilienleasing. Das gilt auch für solche Betriebsvorrichtungen, die nach bürgerlichem Recht wesentlicher Gebäudebestandteil sind (R 4.2 Abs. 3, R 7.1 Abs. 6 EStR).[8]

Die Unterscheidung zwischen diesen beiden Leasingarten beruht auf typischerweise nicht identischen Hauptinteressen der Anbieter und Nachfrager auf diesen Teilmärkten, u. a. hinsichtlich der Verteilung von Risiken und Chancen eines Geschäfts sowie nach den daraus entwickelten Geschäftsstrukturen. Deshalb gibt es unterschiedliche Leasing-Erlasse für beide Geschäftsarten.[9]

Eine weitere Art der Differenzierung ist der Deckungsgrad der Investition.

Vollamortisationsleasing liegt vor, wenn die in der Grundmietzeit zu entrichtenden Leasingraten des Leasingnehmers mindestens sämtliche Kosten des Leasinggebers (Anschaffungs- oder Herstellungskosten, sonstige Kosten einschließlich Finanzierungskosten) decken.[10] Beim **Teilamortisationsleasing** wird diese Deckung in der Grundmietzeit nicht erreicht;[11] die an der Vollamortisation fehlende **Restamortisation,** den sog. **kalkulierten Restwert,** muss der Leasinggeber nach der Grundmietzeit durch Verwertung des Leasinggegenstands (Verkauf oder Anschlussvermietung an den Leasingnehmer oder einen Dritten) hereinholen, wobei das Risiko eines den Restwert nicht erreichenden Verwertungserlöses beim Mobilien-Teilamortisationsleasing typischerweise durch eine „Restwertgarantie" des Leasingnehmers abgesichert ist. Der Leasingnehmer trägt damit das wirtschaftliche Risiko im Falle einer außergewöhnlichen Wertminderung. Auf diesen Restwert beziehen sich beim Teilamortisationsleasing auch die **Chance** der Wertsteigerung und das **Risiko** der Wertminderung (oder des Verlusts) des Leasinggegenstands, die sich folglich realisieren, soweit der Verwertungserlös den Restwert übersteigt bzw. unterschreitet. Gegenüber dem Restwert als kalkulatorischer Größe ist der **Restbuchwert** der bilanzielle Wert, zu dem der Leasinggegenstand am Ende der Grundmietzeit im Jahresabschluss des Leasinggebers angesetzt ist; der **lineare** Restbuchwert ist der Bilanzansatz des Leasinggegenstands unter Berücksichtigung einer – tatsächlichen oder fiktiven – linearen Abschreibung. **Grundmietzeit** ist die Zeit vom Vertragsbeginn bis zu dem Zeitpunkt, zu dem der Leasingvertrag erstmals ordentlich gekündigt werden kann oder ohne Kündigung automatisch endet oder enden würde, wenn ein ggf. bestehendes Recht zur Vertragsverlängerung nicht ausgeübt wird.

---

[8] BMWF-Schreiben v. 21. 3. 1972 BStBl I 1972, 188 sog. Immobilien-Vollamortisationsleasing-Erlass.
[9] Dazu im Einzelnen Rdn. 26 ff.
[10] BMF-Schreiben v. 19. 4. 1971 BStBl I 1971, 264 sog. Mobilien-Vollamortisationsleasing-Erlass.
[11] BMF-Schreiben v. 22. 12. 1975 DB 1976, 172 sog.Teilamortisationsleasing-Erlass; BMF-Schreiben v. 23. 12. 1991 BStBl I 1992, 13 Immobilien-Teilamortisations-Erlass.

§ 68 Vierter Teil. Wirtschaftliche Problemkomplexe des Leasings

7   Ein weiterer, für die deutsche Zurechnungspraxis allerdings nur bedingt erheblicher Unterschied besteht zwischen **Finanzierungs-Leasing** und **Operate-Leasing**. Der aus dem englischen finance lease (auch capital lease) abgeleitete Begriff Finanzierungs-Leasing bezeichnet im deutschen Wirtschaftssprachgebrauch das Kerngeschäft der Leasinggesellschaften, nämlich die entgeltliche Gebrauchsüberlassung auf Zeit mit besonderer Finanzierungsfunktion für den Leasingnehmer. Demgegenüber ist Operate-Leasing (abgeleitet aus dem englischen operate lease) das Leasinggeschäft, dem diese besondere Finanzierungsfunktion fehlt.[12] Die Leasing-Erlasse wiederum gebrauchen den Begriff des Finanzierungs-Leasing im engen Sinn und verstehen darunter nur Vollamortisationsleasing. Das ist historisch bedingt, weil bei Herausgabe der ersten Erlasse Anfang der siebziger Jahre das Teilamortisationsleasing noch keine praktische Bedeutung hatte. Auch typisches Teilamortisationsleasing ist aber wirtschaftlich Finanzierungs-Leasing; es unterliegt nur nicht den Vollamortisationsleasing-, sondern den Teilamortisationsleasing-Erlassen. Für die persönliche Zurechnung des Leasinggegenstands hat die Zuordnung eines konkreten Leasinggeschäfts zum Finanzierungs- oder Operate-Leasing nach deutschem Recht lediglich die Bedeutung, dass damit rechtssystematisch unterschiedliche steuerliche Zurechnungsregeln angesprochen werden (beim Finanzierungs-Leasing – verstanden im weiteren wirtschaftlichen Sinn – insbesondere die Leasing-Erlasse, beim Operate-Leasing die allgemeinen steuerlichen Zurechnungsgrundsätze). Das Zurechnungsergebnis ist hierdurch nicht weder vornherein bestimmt, noch muss es zu abweicheichenden Zurechnungsergebnissen führen. Denn bei Einhaltung der üblichen deutschen Leasingvertrags-Standards wird der Leasinggegenstand beim Operate-Leasing wohl stets und beim Finanzierungs-Leasing zumindest regelmäßig dem Leasinggeber zuzurechnen sein. Diese in der Regel gleichlaufende Zurechnung lässt sich schon damit begründen, dass Gegenstand des Leasings regelmäßig nur eine kurz- oder mittelfristige Nutzungsüberlassung mit beidseitigem Kündigungsrecht ist. Eine Vollamortisation soll nicht durch einen Leasingnehmer, sondern im Idealfall durch eine Kette von Leasingnehmern erfolgen. Sieht man diese Leasingform nach zutreffender Ansicht als reines Miet- oder Pachtverhältnis an,[14] ergibt sich für die steuerrechtliche Zuordnung kein Problem; es bleibt bei den allgemeinen Zurechnungsgrundsätzen und damit erfolgt idR einer Zurechnung beim Leasinggeber.

8   Dagegen entscheidet nach den englisch-amerikanischen Bilanzierungsregeln die Zuordnung zum **finance** oder **operate lease** gleichzeitig auch die – von den deutschen Kriterien zum Teil erheblich abweichende – persönliche Zurechnung zwingend dahin, dass der Leasinggegenstand beim finance lease vom Leasingnehmer und beim operate lease vom Leasinggeber zu bilanzieren ist.[15] Die unterschiedlichen Zurechnungsergebnisse des deutschen Finanzierungs-Leasing gegenüber dem englisch-amerikanischen finance lease beruhen neben einer teilweise unterschiedlichen wirtschaftlichen Gewichtung der Leasingfunktionen vor allem auf Unterschieden in den Hauptzielen der Rechnungslegung. Der Umstand, dass internationale Rechnungslegungsvorschriften (IAS/IFRS) mittlerweile Eingang in das deutsche Bilanzrecht gefunden haben, hat für die steuerrechtlichen Zurechnungsfragen (noch) keine Bedeutung. Ob und in welchem Umfang es auch im steuerrechtlichen Bereich zu international vereinheitlichten Standards kommt, bleibt abzuwarten.[16]

9   Ein weiterer Begriff, der grenzüberschreitende Leasingverträge betrifft, hat insbesondere in den letzten Jahren an Bedeutung gewonnen, das „**Cross-Border-Leasing**". Es

---

[12] Vgl. dazu im Einzelnen auch § 3 Rdn. 2 ff.
[13] *(Fußnote nicht belegt)*.
[14] *Beckmann*, aaO, Fn. 5 mwN.
[15] Vgl. z. B. *Pabst/Schmidt/Bacher* DB 1990, 1197; *Mellwig/Weinstock* DB 1996, 2345; *Findeisen* RIW 1997, 838; *Reicherts/Frey* WPg 1997, 662; *Fuchs* DB 1996, 1833.
[16] Vgl. dazu z. B. *Küting* BB 1993, 30; *Küting/Hayn* AG 1996, 48.

21. Kapitel: Steuerrechtliche Aspekte des Leasing §68

handelt sich um Verträge, bei denen Leasinggeber und Leasingnehmer ihren Sitz in unterschiedlichen Staaten haben. Dabei kann es aufgrund unterschiedlicher rechtlicher Vorgaben in den verschiedenen Staaten zur Kollision verschiedener Rechtsgrundsätze kommen. Dies kann auch Auswirkungen auf die steuerrechtliche Zuordnung haben.

Einen Sonderfall des cross-border-Leasing betraf Leasingverträge mit in USA ansässigen Leasinggesellschaften. Nach den steuerrechtlichen Regelungen in den USA können langfristige Vermietungen ähnlich wie Eigentum behandelt werden. Dies führt bei entsprechenden Vertragsgestaltungen dazu, dass es faktisch zu zwei „Eigentümern" des Objekts kommen kann, denen beide eine Abschreibungsmöglichkeit zusteht. Da dem USA-Vertragspartner Steuervorteile ohne echte Anschaffungskosten entstehen, wird z. B. dem deutschen Vertragspartner der Leasingvertrag dadurch „schmackhaft" gemacht, dass ihm ein gewisser Anteil des Vorteils als sog. Barwertvorteil zufließt. In der Praxis hatten vor allem Kommunen von diesen Leasingmöglichkeiten Gebrauch gemacht. Kommunale Einrichtungen wurden an die USA-Vertragspartner vermietet und zugleich wieder zurückgeleast. Der USA-Partner zahlt den Mietzins sofort und erhält damit nach US-Recht die Abschreibungsmöglichkeit. Aus der Mietvorauszahlung zahlt die Kommune die Leasingraten und nach Ende der Mietzeit den Rückkaufwert. Der (ggf. kurzfristige) wirtschaftliche Vorteil für die Kommunen liegt in der Differenz der Vorauszahlung und den erst später zu leistenden Leasingraten. Das Modell ist allerdings durch ein gesetzliches Verbot in den USA aus dem Jahre 2004 Neuabschlüssen nicht mehr zugänglich. Unklar ist noch, ob auch Altfälle betroffen sind; hier neigt die US-Finanzverwaltung zu der Ansicht, in diesen Fällen von einer missbräuchlichen steuerlichen Gestaltung auszugehen.

Beim **„Sale and lease back Leasing"** verkauft der (spätere) Leasingnehmer ein in seinem Bestand stehendes Wirtschaftsgut oder ein von ihm neu erworbenes Wirtschaftsgut an den Leasinggeber. Zwischen dem Veräußerer und dem Leasinggeber wird nun ein Leasingvertrag geschlossen, mit dem das Wirtschaftsgut dem früheren Eigentümer und jetzigen Leasingnehmer zur Nutzung überlassen wird. Die steuerrechtliche Zurechnung richtet sich nach allgemeinen Zurechnungsgrundsätzen. 10

III. Steuergesetzliche Grundsätze für die persönliche Zurechnung

1. § 39 AO (Wirtschaftliches Eigentum)

Die persönliche Zurechnung von Wirtschaftsgütern ist allgemein in § 39 AO geregelt. Die Vorschrift gilt grundsätzlich im gesamten Steuerrecht, soweit ihr Anwendungsbereich nicht ausdrücklich oder nach Sinn und Zweck oder allgemeiner Rechtssystematik durch andere steuergesetzliche Bestimmungen eingeschränkt ist.[17] Gibt es also in den Einzelsteuergesetzen, wie z. B. bei der Grunderwerbsteuer oder der Umsatzsteuer abweichende Zurechnungen nach rechtsförmlichen Kriterien, kommt § 39 AO nur subsidiär zur Anwendung. 11

Fehlt es an einer speziellen Regelung, ordnet § 39 Abs. 1 AO an, dass Wirtschaftsgüter dem Eigentümer zuzurechnen sind. Durchbrechungen dieses Grundsatzes enthält § 39 Abs. 2 AO, dessen – für das Leasing besonders relevante – generalklauselartige allgemeine Ausnahme lautet: „Übt ein anderer als der Eigentümer die tatsächliche Herrschaft über das Wirtschaftsgut in der Weise aus, dass er den Eigentümer im Regelfall für die gewöhnliche Nutzungsdauer von der Einwirkung auf das Wirtschaftsgut wirtschaftlich ausschließen kann, so ist ihm das Wirtschaftsgut zuzurechnen" (§ 39 Abs. 2 Nr. 1 Satz 1 AO).

Die Vorschrift des § 39 Abs. 2 AO ist einer der Hauptanwendungsfälle der wirtschaftlichen Betrachtungsweise im Steuerrecht.[18] Sie bringt zum Ausdruck, dass die persön- 12

---
[17] *Fischer* in Hübschmann/Hepp/Spitaler AO/FGO-Komm. § 39 AO Rdn. 14; *Tipke/Kruse* § 39 AO Rdn. 2.
[18] *Tipke/Kruse* § 39 AO Rdn. 1; Kühn/von Wedelstädt/*Blesinger*, § 39 AO Rdn. 10.

§ 68 Vierter Teil. Wirtschaftliche Problemkomplexe des Leasings

liche Zurechnung von Wirtschaftsgütern für Steuerzwecke nicht denknotwendig von der zivilrechtlichen Rechtszuständigkeit abhängt, sondern von einer Sachverhaltswertung nach wirtschaftlichen Kriterien, für deren Ergebnis sich die Bezeichnung „**wirtschaftliches Eigentum**" eingebürgert hat. Auch hier wird deutlich, dass das Steuerrecht maßgebend duch die sog. Wirtschaftliche Betrachtungsweise geprägt ist. Neben der Art und Weise der Ausübung des Besitzes ist auch maßgeblich, welche Rechtsbeziehungen zwischen dem Besitzer und dem Eigentümer bestehen. Bei Leasingverträgen hängt damit die Beurteilung von den konkreten Gestaltungen des Vertragswerkes ab.

Der Regel-Ausnahme-Aufbau des § 39 AO verdeutlicht aber zugleich, dass das Steuerrecht bei der persönlichen Zurechnung primär dem Zivilrecht folgt und der zivilrechtliche Eigentümer somit im Regelfall auch das wirtschaftliche Eigentum hat.[19] Das zivilrechtliche Eigentum schafft zunächst eine Vermutung für das wirtschaftliche Eigentum; Ausnahmen sind besonders zu begründen und nachzuweisen.[20] Aus Wortlaut und Systematik des § 39 AO ergibt sich, dass der zivilrechtliche Eigentümer das wirtschaftliche Eigentum nur dadurch verlieren kann, dass es einem anderen positiv zugerechnet wird. Das wirtschaftliche Eigentum des Nicht-Eigentümers muss deshalb unter Berücksichtigung der Umstände und vertraglichen Gestaltung des Einzelfalles festgestellt werden. Maßgeblich ist also, ob sich der festgestellte Sachverhalt unter die Tatbestandsmerkmale des § 39 Abs. 2 AO subsumieren lässt. Auch bei unklarer Rechtslage muss eine Zurechnung stets erfolgen und kann nicht etwa offenbleiben, da das Steuerrecht „herrenlose" Wirtschaftsgüter ohne Zurechnung zu einem bestimmten zivilrechtlichen oder wirtschaftlichen Eigentümer nicht kennt.

13 Die in § 39 Abs. 2 Nr. 1 Satz 1 AO geregelte **Ausnahme** geht in ihrer Gesetzesfassung auf entsprechende Formulierungen im ersten Leasing-Urteil des BFH vom 26.1.1970[21] zurück, wenngleich dieser – aus einer Begriffsbestimmung von *Seeliger*[22] entlehnt – schon einige weitere Entscheidungen des BFH vorhergegangen waren, die ohne ausdrückliche Erwähnung schon inhaltlich vom Begriff des wirtschaftlichen Eigentums ausgegangen sind.[23] Die Vorschrift knüpft die vom zivilrechtlichen Eigentum abweichende Zurechnung des wirtschaftlichen Eigentums an eine besonders qualifizierte „tatsächliche Herrschaft" über das Wirtschaftsgut. Der aus dieser Herrschaft folgende wirtschaftliche Ausschluss des Eigentümers von der „Einwirkung auf das Wirtschaftsgut" muss „im Regelfall für die gewöhnliche Nutzungsdauer" bestehen. Diese entspricht grundsätzlich der betriebsgewöhnlichen Nutzungsdauer des Wirtschaftsguts.[24] Der BFH nimmt einen solchen Ausschluss an, wenn der nach Maßgabe des Privatrechts Berechtigte in wirtschaftlicher Hinsicht nicht mehr verfügungsberechtigt ist.[25] Beurteilt wird dies nach dem Gesamtbild der jeweiligen Verhältnisse im Einzelfall, wobei von dem für die gewählte Gestaltung typischen, d. h. unter normalen Umständen zu erwartenden Geschehensverlauf („Regelfall" im Sinn des § 39 Abs. 2 Nr. 1 Satz 1 AO) auszugehen ist.

14 Die generalklauselartige Formulierung von § 39 AO erschwert die Rechtsanwendung auf den konkreten Sachverhalt. Das Gesetz stellt nur den negativen Inhalt des wirtschaft-

---

[19] Z. B. BFH-Urteile v. 7.7. 1992 VIII R 54/88, BStBl II 1993, 331; v. 24.9. 1991 VIII R 349/83, BStBl II 1992, 330; *Fischer* in H/H/Sp, § 39 AO Rdn. 2 und *Tipke/Kruse*, AO/FLO, § 39 AO Rdn. 12 – beide aaO; Kühn/von Wedelstädt/*Blesinger*, § 39 AO Rdn. 10.

[20] BFH-Urteil v. 21.12. 1978 III R 20/77, BStBl II 1979, 466; *Mellwig/Weinstock* aaO S. 2346, 2347.

[21] IV R 144/66, BStBl II 1970, 264; vgl. Auch BFH-Urteil v. 3.8. 2004 X R 55/01, BFH/NV 2005, 517.

[22] Der Begriff des wirtschaftlichen Eigentums im Steuerrecht, 1962, 89.

[23] BFH-Urteil v. 2.11. 1965 I 51/615, BStBl III 1966, 61, v. 25.9. 1968 I 52/64, BStBl II 1969, 18. Zur Entstehungsgeschichte der Vorschrift im Übrigen vgl. *Fischer* aaO (Fn. 16) Rdn. 1, 39.

[24] *Fischer* aaO Rdn. 49, 50 m. w. N.

[25] So schon das Leasing-Urteil aaO (BStBl II 1970, 264); außerdem z. B. BFH-Urteile v. 18.7. 2001 X R 15/01, BStBl II 2002, 278: v 14.5. 2002 VIII R 30/18, BStBl II 2002, 741, jeweils m. w. N.

lichen Eigentums heraus („ausschließen kann"), so dass sich die Frage einer positiven Begriffsbestimmung stellt. Als Indizien bieten sich danach an, dass der wirtschaftliche Eigentümer die **Substanz** und den **Ertrag** einer Sache **tatsächlich haben** muss, und zwar **vollständig** und **auf Dauer,** wobei zum Haben der Substanz die Chance der Wertsteigerung ebenso gehört wie das **Risiko** der Wertminderung und des Verlusts der Sache.[26] Auch der BFH hat sich wiederholt einer entsprechenden Konkretisierung bedient.[27] Dies ermöglicht eine auf den konkreten Einzelfall bezogene Betrachtung. Demgegenüber ist die in der neuen Rechtsprechung des BFH festzustellende Tendenz zur Bildung von Fallgruppen und wertender Zuordnung[28] bedenklich. Sie kann im Einzelfall nicht zu treffenden Typisierungen führen.[29] ME ist der individuellen Zuordnung Vorrang zu geben. Dies entspricht der offenen und auslegungsfähigen Ausgestaltung des Tatbestandes.

Allerdings kommt es nicht immer allein auf den tatsächlichen Übergang von Substanz und Ertrag auf den anderen an, um wirtschaftliches Eigentum zu begründen. Ausreichend kann auch „die **werthaltige Entscheidungsbefugnis** über die Art der Ertragserzielung und die Verwendung der Substanz" sein.[30] So ist z. B. die in einer Mietverlängerungs- oder Kaufoption des Leasingnehmers liegende Entscheidungsbefugnis bereits dann in diesem Sinn werthaltig und führt deshalb auch zur Zurechnung des wirtschaftlichen Eigentums beim Leasingnehmer, wenn bei typischem Geschehensablauf mit einem hohen Grad an Wahrscheinlichkeit von ihrer Ausübung ausgegangen werden kann **(Sachzwang zur Optionsausübung)**.[31]

Allgemein muss allerdings die Entscheidungsbefugnis – entsprechend dem gesetzlichen Erfordernis einer „tatsächlichen Herrschaft für die gewöhnliche Nutzungsdauer" – mit einer gegenwärtigen tatsächlichen Verfügungsmöglichkeit des anderen hinsichtlich des Wirtschaftsguts zusammentreffen. Dies erfordert grundsätzlich zumindest unmittelbaren oder mittelbaren Besitz (z. B. aufgrund einer Gebrauchsüberlassung wie beim Leasing).[32] Ohne eine solche Möglichkeit der gegenwärtigen tatsächlichen Einwirkung könnten eine Miet- oder Kaufoption allein oder selbst ein bereits abgeschlossener, aber noch nicht erfüllter Kaufvertrag dem Optionsberechtigten bzw. dem Käufer auch bei noch so großer wirtschaftlicher Vorteilhaftigkeit des Geschäfts und entsprechend hoher Wahrscheinlichkeit (der Optionsausübung) bzw. sogar Sicherheit (der Kaufvertragserfüllung) das wirtschaftliche Eigentum nicht verschaffen. Vielmehr hätte dann der Optionsberechtigte – bei entgeltlichem Optionserwerb – lediglich das Optionsrecht zu aktivieren; für den Kauf wäre der Grundsatz der Nichtbilanzierung schwebender Verträge maßgebend.[33] Ebenso wenig kann eine schuldrechtliche Abrede einer Erlös- oder Gewinnbeteiligung wirtschaftliches Eigentum begründen, wenn der aus der Abrede Berechtigte auf die betroffene Sache nicht tatsächlich und gegenwärtig einwirken kann.

15

---

[26] *Döllerer* BB 1971, 535. Zu den Grenzen einer solchen Konkretisierung vgl. Kußmaul in *Küting/Weber,* HdB der Rechnungslegung, Bd. I a 1995, Kap. 1 Rdn. 395, 396.
[27] BFH-Urteile v. 8. 6. 1995 IV R 67/94 BFU/NV 1996, 101, v. 24. 9. 1991 VIII R 349/83, BStBl. II 1992, 330, v. 27. 9. 1988 VIII R 193/83, BStBl II 1989, 414 und v. 30. 5. 1984 I R 146/81, BStBl II 1984, 825; v. 3. 3. 2004 X R 55/01, BFH/NV 2005, 517.
[28] BFH v. 27. 11. 1997 X R 92/92, BStBl II 1998, 97; v. 28. 7. 1999 X R 38/18, BStBl II 2000, 653; v. 14. 5. 2002 VIII R 30/98, BStBl II 2002, 741.
[29] Tipke/Kruse, § 39 AO Rdn. 22.
[30] *Mellwig/Weinstock* DB 1996, 2347, 2348.
[31] *Mellwig/Weinstock* aaO DB 1996, S. 2348; im Ergebnis ebenso *Döllerer* aaO BB 1971, 535, 537; s. auch BFH-Urteile v. 8. 8. 1990 X R 55/01, BStBl II 1991, 70 (71, 72), v. 30. 5. 1984 I R 146/81, und v. 29. 7. 1981 I R 62/77, BStBl II 1982, 107.
[32] Vgl. auch BFH-Urteile v. 3. 8. 1988 I R 157/84, BStBl II 1989, 21; v. 28. 8. 1974 I R 18/73, BStBl II 1975, 166.
[33] BFH-Urteil v. 3. 8. 1988 I R 157/84, BStBl II 1989, 21.

2. § 5 Abs. 1 EStG (Maßgeblichkeit der Handelsbilanz für die Steuerbilanz)

16 In der Praxis sind Leasinggeber und Leasingnehmer oftmals Kaufleute, die ihren Gewinn für Steuerzwecke durch einen Betriebsvermögensvergleich ermitteln. Die Gewinnermittlung ist – anders als bei der Gewinnermittlung durch Einnahme-Überschuss-Rechnung – „nach den handelsrechtlichen Grundsätzen ordnungsmäßiger Buchführung" (GoB) zu ermitteln (§§ 5 Abs. 1 Satz 1, 4 Abs. 1 Satz 1 EStG). Dieser Grundsatz der sog. **Maßgeblichkeit der Handelsbilanz für die Steuerbilanz** bedeutet nach herrschender Meinung[34] insbesondere, dass die vom Kaufmann erstellte konkrete Handelsbilanz, soweit sie den GoB entspricht (materielle Maßgeblichkeit) und nicht zwingende steuerliche Vorschriften etwas anderes verlangen, nach Grund (Bilanzansatz) und Höhe (Bewertung) auch für Besteuerungszwecke maßgebend ist (formelle Maßgeblichkeit). Hiernach bestimmen für den Bereich der gewerblichen Einkünfte auch bei Leasinggeschäften die handelsrechtlichen GoB, wer ein Wirtschaftsgut für Besteuerungszwecke anzusetzen hat, wem es also steuerlich zuzurechnen ist. Nach den GoB muss der Kaufmann „sein" Vermögen bilanzieren (§ 242 Abs. 1 HGB). Korrespondierend mit dem Steuerrecht ist somit auch handelsrechtlich eine persönliche Zuordnung des Vermögens erforderlich. Dabei orientieren sich die GoB – wie die Vorschrift des § 39 AO – grundsätzlich an den zivilrechtlichen Eigentumsverhältnissen und stellen letztlich ebenfalls auf eine wirtschaftliche Vermögenszugehörigkeit ab.[35]

17 Die Möglichkeit, Rechnungsabschlüsse auf Grundlage der International Financial Reporting Standards (IFRS) zu erstellen, hat auf die Notwendigkeit, einen Abschluss nach HGB zu erstellen, keinen Einfluss und ist deshalb auch für die steuerrechtliche Zuordnung (derzeit noch) ohne Bedeutung.[36] Für den Fall, dass langfristig auch diese Grundsätze für die Besteuerung gewinnen sollten, müsste das bisherige System zwischen Handelsbilanz und Steuerbilanz neu überdacht werden.

3. Konkurrenzverhältnis der beiden Zurechnungsmaßstäbe und Bedeutung der Konkurrenz für das Leasing

18 Von eher theoretischer Bedeutung ist die Diskussion, ob sich die persönliche Zurechnung von Wirtschaftsgütern im Steuerrecht stets nach dem Maßstab des § 39 AO entscheidet oder ob im Bereich der gewerblichen Einkünfte aufgrund des Maßgeblichkeitsgrundsatzes die GoB und damit der Ansatz in der konkreten Handelsbilanz des Kaufmanns den Vorrang haben. Auch die BFH-Rechtsprechung hat die Frage bisher nicht abschließend beantwortet.[37] In der Regel ist dieser Meinungsstreit **praktisch bedeutungslos**, da sich die Zurechnungsergebnisse nach § 39 AO und GoB in der Praxis regelmäßig decken werden. Beim Leasing spricht für eine solche pragmatische Behandlung außerdem, dass das Handelsrecht bisher keine eigenen wirtschaftlichen Kriterien für die persönliche Zuordnung der Leasinggegenstände entwickelt hat. Vielmehr wendet die Handelsbilanz-Praxis in aller Regel die steuerlichen Zurechnungskriterien an und bilanziert die Leasinggegenstände beim Leasinggeber, wenn dieser nach der BFH-Rechtsprechung und den steuerlichen Leasing-Erlassen als wirtschaftlicher Eigentümer anzusehen ist. Man kann insoweit von einer „allgemeinen handelsrechtliche Übung" sprechen.[38]

---

[34] Vgl. z. B. *Schreiber* in Blümich, EStG/KStG/GewStG, § 5 EStG Rdn. 180 ff.
[35] *Förschle/Kroner* in Beck'scher Bilanz-Komm., § 246 Rdn. 4–6; vgl. auch oben § 18 Rdn. 23 ff.
[36] Zur Bilanzierung im Einzelnen vgl. §§ 71 ff.
[37] Insgesamt zur Problemstellung: vgl. z. B. *Schreiber* aaO Rdn. 510 ff.; *Bordewin/Tönner* in Bordewin/Bracht EStG-Komm. §§ 4–5 Rdn. 264, 265; H/H/Sp *Fischer* § 39 AO Rdn. 16, 17 – jeweils m. w. N. zum Meinungsstand in Rspr. und Fachlit.
[38] Vgl. *Gelhausen/Gelhausen* HdJ Abt. I Rdn. 29 m. w. N.

21. Kapitel: Steuerrechtliche Aspekte des Leasing §68

Die Konkurrenzfrage könnte allerdings dann nicht mehr in allen Anwendungsfällen 19
offenbleiben, wenn sich im Handelsrecht für das Leasing die Auffassung durchsetzen
sollte, dass es für die handelsbilanzielle Zuordnung bei einem anderen als dem Leasinggeber nicht auf die Verhältnisse während der Grundmietzeit und auf die Zuordnung der
Risiken ankommen soll, sondern allein darauf, ob der andere mit mehr als 90 % an einer
Wertsteigerung des Leasinggegenstands am Ende des Leasingvertrags teilhaben kann und
mindestens mit hoher Wahrscheinlichkeit zu erwarten ist, dass sich diese Teilhabe realisiert.[39] Ein derartiges ausschließliches Zurechnungskriterium würde wohl bei den Sachverhalten, die in § 71 Rdn. 109–111 (Doppeloption), 112 f. (Erlösbeteiligung) und 123 ff.
(Rückgabe an den Händler/Hersteller) behandelt sind, zu einer handelsrechtlichen Zuordnung führen, die zumindest teilweise von der steuerlichen Zurechnung nach den
Grundsätzen des § 39 AO sowie der Leasing-Rechtsprechung und den Leasing-Erlassen
abweicht.

Unabhängig davon wird das Verhältnis von GoB und § 39 AO spätestens dann eine
Klärung erfordern, wenn es zu einer Fortschreibung der handelsrechtlichen Grundsätze
für die Leasing-Bilanzierung nach internationalen Standards käme.[40] Die derzeitige Möglichkeit zur Rechnungslegung nach internationalen Rechnungslegungsstandards hat
(noch) keinen unmittelbaren Einfluss auf die bisherigen Bilanzierungsgrundsätze nach
HBG gehabt. Sollte es doch einmal zu einer entsprechenden Änderung der deutschen
GoB kommen, müsste das Verhältnis zu § 39 AO neu überdacht werden. Das würde die
Berechtigung des Maßgeblichkeitsprinzips generell in Frage stellen und eine rechtspolitische Grundsatzentscheidung über dessen Fortbestand erfordern.[41] Trotz der immer wiederkehrenden Diskussion ist damit aber auf absehbare Zeit nicht zu rechnen.

IV. Zurechnung des wirtschaftlichen Eigentums nach der Leasing-Rechtsprechung des BFH und den Leasing-Erlassen der Finanzverwaltung

Wegen der vergleichsweise offenen Gesetzeslage sind die wichtigsten Grundlagen der 20
Zurechnung durch die Rechtsprechung und Verwaltungsanweisungen entwickelt worden. Diese nachfolgend dargestellten Grundlagen bilden bis heute noch das Gerüst für
die Entwicklung von Leasinggestaltungen, allerdings mit späteren Anpassungen an sich
ändernde Gestaltungen. Auch angesichts der damit geschaffenen Grundlagen bleibt allerdings die Beurteilung im Enzelfall maßgeblich.

1. Wichtige BFH-Entscheidungen zum wirtschaftlichen Eigentum beim Leasing und zur verwandten Problematik beim Mietkauf

a) BFH-Urteil vom 26. 1. 1970 zum Leasing. Grundlegend für die Entwicklung des 21
Leasing-Steuerrechts und die davon abhängige Leasing-Vertragspraxis in Deutschland ist
das erste Leasing-Urteil des BFH vom 26. 1. 1970.[42] Seine Zurechnungsgrundsätze für das
wirtschaftliche Eigentum am Leasinggegenstand sind unverändert bis heute gültig. Darüber hinaus ist die allgemeine Kernaussage der Entscheidung zum wirtschaftlichen
Eigentum weitgehend in die Gesetzesfassung der Generalklausel des § 39 Abs. 2 Nr. 1
Satz 1 AO übernommen worden. Das zu einem Fall des Mobilien-Vollamortisationsleasing ergangene Urteil kommt im Einzelnen zu folgenden, im Wesentlichen in den Leitsätzen der Entscheidung zusammengefassten Zurechnungsregeln:

---

[39] Vgl. § 71, insbes. Rdn. 53 ff.
[40] Vgl. *Mellwig/Weinstock* DB 1996, 2345.
[41] Kritik am Maßgeblichkeitsprinzip schon z. B. bei *Weber/Grellet* DB 1994, 288, 2405; dagegen u. a. *Moxter* BB 1997, 197 mwN.
[42] IV R 144/66, BStBl. II 1970, 264.

§ 68   Vierter Teil. Wirtschaftliche Problemkomplexe des Leasings

- Die persönliche Zurechnung von Leasinggegenständen beim Leasinggeber oder Leasingnehmer beurteilt sich nach den Umständen des Einzelfalls. Maßgebend ist die wirtschaftliche Betrachtungsweise. Dabei ist ein typischer Geschehensablauf zugrunde zu legen und von der ordnungsgemäßen Erfüllung der vertraglichen Pflichten auszugehen.
- Beim Vollamortisationsleasing ist der Leasinggegenstand dem Leasingnehmer zuzurechnen, wenn
  - betriebsgewöhnliche Nutzungsdauer und Grundmietzeit sich annähernd decken oder
  - die betriebsgewöhnliche Nutzungsdauer zwar erheblich länger ist als die Grundmietzeit, aber dem Leasingnehmer eine Mietverlängerungs- oder Kaufoption zusteht, bei deren Ausübung er nur eine wesentlich unter dem Marktpreis liegende Gegenleistung (Mietzins bzw. Kaufpreis) zahlen muss („Anerkennungsgebühr"), oder
  - ohne Rücksicht auf das Verhältnis von Grundmietzeit und Nutzungsdauer der Leasinggegenstand speziell auf die Verhältnisse des Leasingnehmers zugeschnitten ist und nach Ablauf der Grundmietzeit nur noch bei diesem eine wirtschaftlich sinnvolle Verwendung finden könnte (sog. Spezial-Leasing), und zwar ungeachtet des Verhältnisses zwischen Grundmietzeit und Nutzungsdauer und auf ggf. vereinbarte Optionsklauseln.

22 **b) BFH-Urteil vom 18. 11. 1970 zum Mietkauf.** Die kurz nach dem ersten Leasing-Urteil des BFH ergangene Entscheidung vom 18. 11. 1970[43] zum Mietkauf betrifft einen Mietvertrag über ein Gewerbegrundstück mit Kaufoption des Mieters und ist auch für die Abgrenzung des wirtschaftlichen Eigentums beim Leasing bedeutsam. Ein „Mietkauf" liegt nach der Entscheidung insbesondere vor, wenn die Mietzahlungen bei späterer Ausübung der Kaufoption in voller Höhe auf den Kaufpreis angerechnet werden oder der bei Optionsausübung „zu zahlende Übernahmepreis so niedrig bemessen ist, dass er ohne Hinzurechnung der bis dahin zu leistenden Mietzahlungen als Kaufpreis wirtschaftlich nicht verständlich wäre". Die Entscheidung bejaht für den Streitfall die zweite Variante und geht davon aus, dass der Erwerb des Objekts durch den Mieter „in hohem Grad wahrscheinlich" war. Der BFH rechnet deshalb – unter Anwendung der GoB und des Maßgeblichkeitsprinzips nach § 5 EStG – dem Mieter das wirtschaftliche Eigentum zu, weil diesem die Erträge aus dem Objekt zustanden und er bei typischem Verlauf den zivilrechtlichen Eigentümer für dauernd von der Einwirkung auf das Wirtschaftsgut tatsächlich ausschließen konnte, so dass der Herausgabeanspruch des Eigentümers keine wirtschaftliche Bedeutung mehr hatte.

23 **c) BFH-Urteil vom 30. 5. 1984 zum Leasing.** Eine weitere wichtige Leasing-Entscheidung liegt mit dem BFH-Urteil vom 30. 5. 1984[44] vor, das an das Leasing-Urteil vom 26. 1. 1970 anknüpft und einen Immobilienleasing-Fall betrifft. Der BFH setzt sich mit der Anwendung der Generalklausel des § 39 Abs. 2 Nr. 1 AO auseinander und geht dabei von der positiven Begriffsbestimmung aus, dass der zivilrechtliche Eigentümer unter Verlust des wirtschaftlichen Eigentums dann von der wirtschaftlichen Einwirkung auf die Leasing-Sache ausgeschlossen ist, wenn „aufgrund der vertraglichen Gestaltung die Substanz und der Ertrag der Sache vollständig und auf Dauer einem anderen... zustehen". Eine solche anderweitige Zurechnung wird für den Entscheidungssachverhalt mit Rücksicht auf die besonderen Vertragsbestimmungen zur Nutzung des Leasinggegenstands nach Ablauf der Grundmietzeit vor allem daraus abgeleitet, dass „nach den vom FG getroffenen Feststellungen die Chance der Wertsteigerung und das Risiko der Wertminderung bzw. des Verlusts... allein und auf Dauer der Klägerin (Leasingnehmerin)

---

[43] I 133/64, BStBl II 1971, 133.
[44] I R 146/81.

zu(standen)". Wegen der Zurechnung beim Leasingnehmer behandelt der BFH den Leasingvertrag nicht als Mietvertrag und schwebendes Geschäft, sondern wie einen Ratenkaufvertrag und nimmt steuerlich ein Anschaffungsgeschäft des Leasingnehmers an.

d) BFH-Urteil vom 12.9.1991 zum Mietkauf. Die BFH-Entscheidung vom 12.9. 24
1991[45] betrifft einen als „Mietkaufvertrag" eingestuften Mietvertrag über ein Gebäudegrundstück mit Vorkaufsrecht des Mieters. Das Gericht geht in der Zurechnungsfrage vom Maßgeblichkeitsgrundsatz nach §§ 5 Abs. 1, 4 Abs. 1 EStG aus, stellt aber fest, dass die nach den GoB erforderliche wirtschaftliche Vermögenszugehörigkeit „im Wesentlichen" der Regelung des § 39 Abs: 2 Nr. 1 Satz 1 AO entspricht; auf das Konkurrenzverhältnis der beiden Zurechnungsmaßstäbe geht der BFH nicht abschließend ein. Er nimmt einen zurechnungsschädlichen wirtschaftlichen Ausschluss des Eigentümers an, wenn diesem kein oder nur ein wirtschaftlich bedeutungsloser Herausgabeanspruch zusteht; dies ist nach dem Gesamtbild der Verhältnisse im Einzelfall zu beurteilen, wobei es auf Wortlaut sowie Sinn und Zweck der getroffenen Vereinbarungen und auf deren tatsächlichen Vollzug ankommt. Ein „Mietkaufvertrag" mit wirtschaftlichem Eigentum des Mietkäufers liegt nach der Entscheidung vor, wenn die vertraglichen Vereinbarungen „bei wirtschaftlicher Betrachtung von Anfang an als Kaufvertrag anzusehen sind". Das ist insbesondere der Fall, wenn „dem Mieter eine Kaufoption zu einem bereits festgelegten Kaufpreis eingeräumt wird und die Mietzahlungen... in voller Höhe (auf den Kaufpreis) angerechnet werden" oder „nach dem Gesamtbild der getroffenen Vereinbarungen... der wesentliche Sinn des Vertrags im Erwerb des Wirtschaftsguts liegt und hierfür von dem Nutzungsberechtigten eine bestimmte Gesamtleistung erbracht wird".

Nicht ganz klar ist, in welchem Umfang der BFH auch den tatsächlichen Vollzug der Vereinbarungen in die Betrachtung einbezieht. Zwar stellt der BFH dem Grunde nach auf die tatsächliche Durchführung ab. Zugleich aber betont er, dass er ein abweichendes „späteres Verhalten" nicht nur für die Auslegung des von vornherein gewollten Inhalts der Vereinbarungen, sondern „auch als solches" bei der Zurechnung für bedeutsam hält. ME ist eine eindeutige Zurechnungsentscheidung erforderlich. Sie kann sicherlich nur bei Beginn des steuerlich relevanten Vertragsvollzugs getroffen werden und kann sich zu diesem Zeitpunkt nur auf den typischen, mit Wahrscheinlichkeit zu erwartenden Geschehensverlauf, d. h. auf eine ex-ante-Betrachtung nach dem Inhalt der getroffenen Vereinbarungen stützen. Verhalten sich die Parteien zunächst vereinbarungsgemäß und weicht der tatsächliche Vollzug erst später von den Vereinbarungen ab, dann kann dieser von den Vereinbarungen abweichende Sachverhalt als Indiz für einen entsprechenden, von vornherein abweichend gewollten Inhalt der Vereinbarungen relevant sein. Fraglich ist aber, ob dies zu einer rückwirkenden anderweitigen Auslegung des Vereinbarten führen kann, so dass verfahrensrechtlich ein rückwirkendes Ereignis im Sinne von § 175 Abs. 1 Satz 1 Nr. 2 AO vorliegen könnte. Dies hätte Auswirkung auf die steuerliche Zurechnung.

Besteht kein Ansatzpunkt für eine nachträglich geänderte Auslegung der ursprünglichen Vereinbarung, scheidet eine rückwirkende Änderung der Zurechnung aus. Denn ein später abweichender Vollzug von der ursprünglichen Vereinbarung kann nicht zu einer Änderung der ursprünglichen Zurechnung führen. Das entspräche weder den allgemeinen steuerlichen Grundsätzen über die Berücksichtigung neuer Sachverhalte noch dem Zurechnungsmaßstab des § 39 Abs. 2 Nr. 1 Satz 1 AO, der vom „Regelfall" ausgeht. Dies schließt eine ex-post-Berücksichtigung eines vom Regelfall abweichenden späteren tatsächlichen Vollzugs aus.

e) BFH-Urteil vom 15.2.2001[46] **zum Leasing.** Der BFH hat in dieser Entscheidung 25
ausdrücklich die in seinen vorherigen Entscheidungen entwickelten Rechtsprechungsgrundsätze zu Zurechnungsfragen bestätigt. Er hält weiterhin zutreffend für maßgebend,

---
[45] III R 233/90, BStBl II 1992, 182.
[46] III R 130/95, BFH/NV 2001, 1041.

ob der Leasinggeber den Leasingnehmer auf Dauer von der Einwirkung auf den Leasinggegenstand ausschließen kann, stellt aber nochmals klar, dass die in der bisherigen Rechtsprechung angesprochenen Fallgestaltungen nicht abschließend sind, sondern die Zurechnungsentscheidung bei jeder Vertragsgestaltung individuell zu treffen sei. Ferner grenzt der BFH Leasinggestaltungen von Mietverträgen dahingehend ab, dass einem (Finanzierungs-)Leasingvertrag – anders als bei einem Mietvertrag – regelmäßig innewohnt, dass ein Investitionsbedürfnis des Leasingnehmers befriedigt wird und dementsprechend die Leasingraten nicht nur Entgelt für die Nutzungsüberlassung, sondern auch für die vom Leasinggeber erbrachte Finanzierungsleistung sind.

2. Wirtschaftliches Eigentum nach den Leasing-Erlassen der Finanzverwaltung

26 **a) Bedeutung der Leasing-Erlasse für die Leasing-Praxis.** Im Zuge der Fortentwicklung der Leasingvertrags-Praxis hat die Finanzverwaltung im Interesse einer einheitlichen Rechtsanwendung in vier Grundsatz-Erlassen (1971, 1972, 1975 und 1991) zu Leasing-Fragen Stellung genommen, die für besondere Fallgestaltungen in der Folgezeit ergänzt wurden. Die Erlasse, die nach der Bereinigung von BMF-Schreiben in den Jahren 2005 und 2007[47] auch noch heute Gültigkeit haben, bilden für die Finanzverwaltung eine wesentliche Grundlage für die Beurteilung von Leasinggestltungen. Die Erlasse haben sich in der Besteuerungspraxis bewährt.

Geregelt ist insbesondere die persönliche Zurechnung der Leasinggegenstände. Dabei werden – unbeschadet des jeweiligen Vorbehalts der Einzelfallbeurteilung „unter Würdigung der gesamten Umstände" – die Zurechnungsgrundsätze für besonders häufige Leasingvertragsgestaltungen in typisierender Weise und durch Einführung quantitativer Kriterien näher konkretisiert. Hierdurch wird das Zurechnungsergebnis – im Unterschied zu den mehr oder weniger unbestimmten und ausfüllungsbedürftigen Merkmalen des wirtschaftlichen Eigentums nach § 39 AO und der BFH-Rechtsprechung – für den Regelfall besser berechenbar und damit für den Steuerpflichtigen zugleich ein Mehr an Dispositionssicherheit gegeben. Da die Finanzverwaltung an diese Verwaltungsanweisungen gebunden ist, vermindert sich das Risiko steuerrechtlicher Streitigkeiten, wenn die Grundsätze der Erlasse in die Gestaltungsberatung eingebunden werden. Die wirtschaftliche Bedeutung dieses Zugewinns an steuerlicher Rechtssicherheit für die Leasing-Praxis kann wegen der zentralen Abhängigkeit der Leasing-Besteuerung von der Zurechnungsfrage also nicht hoch genug eingeschätzt werden. Der Stellenwert ist auch daran zu erkennen, dass im Leasing-Geschäft „erlasskonforme" Verträge bei weitem dominieren, die Praxis also in aller Regel den Leasing-Erlassen folgt.

Kommt es im Einzelfall trotzdem zu einem gerichtlich ausgetragenen Streit mit den Finanzbehörden, dann sind die Steuergerichte allerdings nicht an die Erlassregelungen gebunden. Deshalb sind in Steuerprozessen Zurechnungsentscheidungen möglich, die von den Leasing-Erlassen abweichen.[48] Bestehen auf der Ebene der Finanzverwaltung selbst Meinungsverschiedenheiten über die Zurechnungsfrage, z. B. zwischen dem Finanzamt des Leasinggebers und dem des Leasingnehmers, dann ist grundsätzlich die Entscheidung des Finanzamts des Leasinggebers maßgebend;[49] Zweifelsfälle müssen die Finanzämter untereinander abstimmen;[50] in Betracht kommt – jedenfalls bei gewichtigeren Fällen – auch eine Einschaltung der Mittelbehörde.

---

[47] BMF-Schreiben v. 7. 7. 2005 BStBl I 2005, 717; vom 29. 3. 2007 BStBl I 2007, 369.
[48] Vgl. z. B. Urteile FG Saarl. v. 14. 10. 1993 EFG 1994, 241 und Nds. FG v. 21. 3. 1991, EFG 1992, 167.
[49] Z. B. Erlass FinMin Nds v. 28. 2. 1974, DB 1974, 557.
[50] OFD-Vfg Düsseldorf v. 3. 4. 1991, StEK EStG § 5 Bil. Nr. 68.

21. Kapitel: Steuerrechtliche Aspekte des Leasing § 68

b) Regelungsgegenstände der Leasing-Erlasse. aa) Mobilien-Vollamortisations- 27
leasing-Erlass vom 19. 4. 1971.[51] In diesem Erlass behandelt die Finanzverwaltung den in den Anfangsjahren des Leasing bei Mobilien fast ausnahmslos vorherrschenden Vertragstyp des Vollamortisationsleasing. Sie setzt dabei unter Einführung typisierender und quantitativer Zurechnungskriterien vor allem das Leasing-Urteil vom 26. 1. 1970[52] in die Anwendungspraxis um. Der BFH hatte in den oben (Rdn. 20ff.) erörterten Fällen einer Zurechnung des wirtschaftlichen Eigentums beim Leasingnehmer angenommen, dass dem Leasinggeber auf Dauer keine Möglichkeit der wirtschaftlichen Einwirkung auf den Leasinggegenstand verblieben sei und deshalb sein Herausgabeanspruch keine wirtschaftliche Bedeutung mehr habe. Auch im Optionsfall gelte das, weil der günstige Optionspreis beim Leasingnehmer einen Sachzwang zur Optionsausübung auslöse. Deshalb sei es als wahrscheinlich anzunehmen, dass der Leasinggeber durch Kauf bzw. Mietverlängerung des Leasingnehmers auf Dauer von der Einwirkung auf den Leasinggegenstand ausgeschlossen sein wird.

Der Erlass vom 19. 4. 1971 konkretisiert diese Fälle dahin, dass der Leasinggegenstand 28 stets beim Leasingnehmer zuzurechnen ist, wenn Spezial-Leasing[53] vorliegt oder die Grundmietzeit weniger als 40% oder mehr als 90% der betriebsgewöhnlichen Nutzungsdauer beträgt („**40/90%-Grenze**"). Als betriebsgewöhnliche Nutzungsdauer ist nach dem Erlass der in den amtlichen AfA-Tabellen angegebene Zeitraum anzusetzen. Bei Vorliegen einer Kauf- oder Verlängerungsoption des Leasingnehmers ist der Leasinggegenstand auch bei Einhaltung der 40/90%-Grenze dem Leasingnehmer zuzurechnen, wenn im Fall der **Kaufoption** der Kaufpreis im Optionszeitpunkt nicht mindestens dem linearen Restbuchwert oder dem niedrigeren gemeinen Wert entspricht und im Fall der **Verlängerungsoption** die Anschlussmiete nicht den Wertverzehr des Leasinggegenstands auf der Basis des linearen Restbuchwerts oder niedrigeren gemeinen Werts deckt. Wird der Leasinggegenstand beim Leasingnehmer zugerechnet, dann ist das Geschäft in der Steuerbilanz beim Leasinggeber als Veräußerung und beim Leasingnehmer als Anschaffung des Leasinggegenstands zu behandeln.

bb) Immobilien-Vollamortisationsleasing-Erlass vom 21. 3. 1972.[54] Auslöser für 29 diesen Erlass war das zum Mietkauf ergangene BFH-Urteil vom 18. 11. 1970.[55] Die Erlassregelung orientiert sich, soweit möglich, am Mobilienleasing-Erlass vom 19. 4. 1971, insbesondere an dessen quantitativen Anforderungen im Optionsfall. Dem neuen Erlass entsprechende Vertragsgestaltungen haben sich aber am Immobilienleasing-Markt nicht durchsetzen können, so dass diese Regelungen praktisch bedeutungslos sind. Der Leasingnehmer einer Immobilie ist im Allgemeinen nicht bereit, bei der regelmäßig von ihm geforderten und vom Markt auch zugestandenen Kaufoption zusätzlich zur bereits erbrachten Vollamortisation noch einen Kaufoptionspreis in Höhe des linearen Restbuchwerts zu akzeptieren, wie es der Erlass vorschreibt.

cc) Teilamortisationsleasing-Erlass vom 22.12. 1975.[56] Dieser Erlass reagierte auf 30 die Entwicklung von Teilamortisationsleasing-Verträgen auf dem Leasing-Markt für Mobilien in der ersten Hälfte der siebziger Jahre („Verträge der zweiten Generation") neben dem fortbestehenden Vollamortisationsleasing. Bei der Teilamortisierung besteht die Besonderheit, dass die Aufwendungen des Leasinggebers während der Grundmietzeit nur zum Teil gedeckt werden. Die vom Leasinggeber in der Regel beabsichtigte Vollamortisation wird erst bei Abschluss eines (oder mehrerer) Leasingverträge oder unter Einbeziehung des Verwertungserlöses (Restwertamortisation) erreicht.

---

[51] BStBl. I 1971, 264.
[52] IV R 144/66, BStBl. II 1970, 264.
[53] Zur Abgrenzung zum Spezial-Leasing BFH- v. 15. 2. 2001 III R 130/95, BFH/NV 2001, 1041.
[54] BStBl. I 1972, 188).
[55] I R 133/64, BStBl. 1981, 133.
[56] IV B 2 – S 2170–161/75.

§ 68   Vierter Teil. Wirtschaftliche Problemkomplexe des Leasings

Der Erlass nimmt Bezug auf Fragen aus der Leasingwirtschaft, mit der drei besonders häufige Teilamortisationsleasing-Modelle allgemein, d. h. ohne Beschränkung auf Mobilien zur Abstimmung vorgetragen worden waren, nämlich

– Teilamortisationsleasing mit Andienungsrecht des Leasinggebers, jedoch ohne Optionsrecht des Leasingnehmers,

– Teilamortisationsleasing mit Aufteilung eines Mehrerlöses aus der Verwertung des Leasinggegenstands im Verhältnis 25 : 75 zwischen Leasinggeber und Leasingnehmer,

– kündbarer Vertrag mit Abschlusszahlung des Leasingnehmers.

31 Gemeinsame Merkmale dieser Modelle sind der aus dem Vollamortisationsleasing übernommene „40/90 %"-Rahmen für die Grundmietzeit sowie die Verpflichtung des Leasingnehmers zur Deckung einer trotz Verwertung des Leasinggegenstands verbleibenden Differenz bei der Restamortisation des Leasinggebers. Diese „Restwertgarantie" des Leasingnehmers ergibt sich modellspezifisch aus folgenden besonderen Vereinbarungen:

32 – Bei einem **Vertrag mit Andienungsrecht** wird bei Vertragsabschluss ein Andienungspreis festgelegt, der mindestens den kalkulierten Restwert (Restamortisation) abdeckt; zu diesem Preis muss der Leasingnehmer den Leasinggegenstand im Fall der Andienung auch dann kaufen, wenn der Marktwert niedriger ist. Damit trägt der Leasingnehmer das Wertminderungsrisiko. Demgegenüber behält der Leasinggeber die Chance einer Wersteigerung, da er von seinem Andienungsrecht keinen Gebrauch machen muss und er deshalb das Leasinggut entweder zu attraktiven Bedingungen weitervermieten oder veräußern kann. Die Zurechnung des Leasinggutes erfolgt beim Leasinggeber.

33 **Sieht der Leasingvertrag die Aufteilung eines „Mehrerlöses"** vor, gilt Folgendes: Ist der Veräußerungserlös niedriger als die Differenz zwischen den Gesamtkosten des Leasinggebers und den in der Grundmietzeit gezahlten Leasingraten, muss der Leasingnehmer die Differenz zwischen Veräußerungserlös und Restamortisation zahlen. Es gilt also insoweit nichts anders als beim Vertrag mit Andienungsrecht. Denn auch hier trägt der Leasingnehmer das Risiko der Wertminderung. Ist hingegen der Veräußerungserlös höher als die Restamortisation, erhält der Leasingnehmer in der Regel 25 v. H. des Überschusses, während 75 v. H. des Überschusses beim Leasinggeber verbleiben. Wirtschaftlich ist also der Leasinggeber in beträchtlichem Umfang an der Gewinnchance beteiligt mit der Folge, dass auch bei dieser Gestaltung das Leasinggut dem Leasinggeber zuzurechnen ist.

34 Eine entsprechende Regelung gilt für den **kündbaren Vertrag.** Dabei ist bei den meisten Gestaltungen eine Kündigung nach einem bestimmten Zeitraum während der Grundmietzeit möglich, z. B. nach 40 v. H. der betriebsgewöhnlichen Nutzungsdauer. Infolge der Kündigung hat der Leasingnehmer eine Abschlusszahlung zu leisten, die entsprechend dem vom Kündigungszeitpunkt abhängigen kalkulierten Restwert gestaffelt ist. Auf diese Abschlusszahlung werden nach dem im Erlass geregelten Vertragsmodell 90 % des Verwertungserlöses angerechnet.

Durch diese „Restwertgarantie" sind das volle Risiko einer Wertminderung des Leasinggegenstands (bezogen auf den kalkulierten Restwert) und damit im Ergebnis das Investitionsrisiko des Leasinggebers auf den Leasingnehmer verlagert. Gleichwohl ist der Leasingnehmer nicht wirtschaftlicher Eigentümer, da er hierzu außerdem auch die Chance der Wertsteigerung des Leasinggegenstands haben müsste, denn nur dann lägen „Substanz und Ertrag" (bzw. die Entscheidungsbefugnis darüber) „vollständig und auf Dauer" bei ihm.[57]

35 **Zusammenfassend** ergibt sich für die Zurechnung Folgendes: Die Wertsteigerungschance behält in allen drei Vertragsmodellen der Leasinggeber.

– Das ergibt sich beim Vertrag mit Andienungsrecht daraus, dass der Leasinggeber bei Ablauf der Grundmietzeit sein Andienungsrecht gegenüber dem Leasingnehmer nicht ausüben muss, sondern den Leasinggegenstand ggf. zu einem höheren Preis am Markt verwerten und dadurch die Wertsteigerungschance selbst realisieren kann.

---

[57] Zu diesen Kriterien des wirtschaftlichen Eigentums vgl. Rdn. 11 ff.

21. Kapitel: Steuerrechtliche Aspekte des Leasing §68

- Bei einem Vertrag mit Aufteilung des Mehrerlöses verbleibt dem Leasinggeber die Wertsteigerungschance aufgrund des ihm zustehenden Mehrerlös-Anteils von 25 % und damit in einer für sein wirtschaftliches Eigentum noch ausreichenden, wirtschaftlich ins Gewicht fallenden Höhe.
- Beim kündbaren Vertrag schließlich steht dem Leasinggeber die gesamte Chance der Wertsteigerung zu, da er den vollen Mehrerlös behält.

Diese Grundsätze gelten jedoch – auch dies ist Folge der notwendigen einzelfallbezogenen Betrachtung – nicht ausnahmslos. So ist z. B. beim Vertrag mit Andienungsrecht darauf zu achten, dass die Restamortisation und damit der von ihr abhängige Andienungspreis **realistisch kalkuliert** sind, damit die Andienungsfreiheit des Leasinggebers erhalten bleibt. Wird nämlich der Andienungspreis im Interesse niedriger Mietraten des Leasingnehmers so hoch angesetzt, dass er über dem zu erwartenden Marktwert des Leasinggegenstands liegt, dann wird der Leasinggeber zur Andienung gezwungen sein, wenn er keinen Verlust erleiden will. In diesem Fall steht bei typischem Verlauf von vornherein mit hoher Wahrscheinlichkeit fest, dass der Leasingnehmer den Leasinggegenstand über die Grundmietzeit hinaus behalten und deshalb den Leasinggeber auf Dauer von der Einwirkung darauf wirtschaftlich ausschließen wird. Der Leasingnehmer ist dann als wirtschaftlicher Eigentümer anzusehen. Wegen der Unsicherheiten, die regelmäßig mit jeder Schätzung künftiger Marktwerte verbunden sind, ist eine solche anderweitige Zurechnung allerdings nur gerechtfertigt, wenn Marktwert und Andienungspreis deutlich voneinander abweichen. 36

Wird die Restamortisation so „genau" kalkuliert, dass zwar kein niedrigerer, aber auch kein höherer Marktwert des Leasinggegenstands zu erwarten ist, kann ebenfalls das wirtschaftliche Eigentum dem Leasingnehmer zuzurechnen sein. Das lässt sich damit begründen, dass der Leasinggeber in einem solchen Fall weder Risiko noch Chance haben und deshalb nicht wirtschaftlicher Eigentümer sein kann. Eine solche Beurteilung entspricht aber nicht dem Zurechnungsmaßstab des § 39 AO. Wenn kein höherer Marktpreis zu erwarten ist, dann hat niemand eine Chance, auch der Leasingnehmer nicht. Ein anderer als der zivilrechtliche Eigentümer kann aber nur dann wirtschaftlicher Eigentümer sein, wenn ihm Risiko und Chance zustehen. Hinzu kommt, dass bei Fehlen von Chance und Risiko von Wertsteigerungen oder Wertminderungen beim Leasinggeber keine Wahrscheinlichkeit der Optionsausübung unterstellt werden kann. Deshalb kann nicht ohne weiteres als wahrscheinlich unterstellt werden, dass der Leasinggeber sein Andienungsrecht ausüben wird und auf der anderen Seite der Leasingnehmer den Leasinggegenstand über die Grundmietzeit hinaus auf Dauer behalten wird. Der Leasinggeber kann seine Restamortisation auch am Markt realisieren. Angesichts dessen wird es bei der Regelzurechnung nach § 39 Abs. 1 AO beim zivilrechtlichen Eigentümer verbleiben müssen. Das umgekehrte Ergebnis würde der Regel-Ausnahme-Systematik des § 39 AO widersprechen. Nach dieser Vorschrift verliert der zivilrechtliche Eigentümer das wirtschaftliche Eigentum nur dann, wenn es mit allen erforderlichen Merkmalen in der Person eines Dritten positiv festgestellt werden kann. 37

dd) Immobilien-Teilamortisationsleasing-Erlass vom 23. 12. 1991.[58] Auf dem Immobilienleasing-Markt ist fast ausschließlich Teilamortisationsleasing anzutreffen. Hierbei haben sich jedoch die Vertragsmodelle des Teilamortisationsleasing-Erlasses vom 22. 12. 1975, die an sich auch für Immobilien in Betracht gekommen wären, nicht durchsetzen können, weil die Leasingnehmer durchweg die dann erforderliche Übernahme des Wertminderungsrisikos nicht akzeptieren. 38

Der typische Immobilien-Leasingnehmer wünscht im Gegenteil die Chance der Wertsteigerung. Deshalb enthalten die Teilamortisations-Verträge beim Immobilienleasing in der Praxis zwar regelmäßig ein Ankaufsrecht (Kaufoption) zum Ablauf der Grundmiet-

---

[58] BStBl. I 1992, 13.

§ 68 Vierter Teil. Wirtschaftliche Problemkomplexe des Leasings

zeit oder zu einem bestimmten früheren Termin, aber keine „Restwertgarantie" des Leasingnehmers zugunsten des Leasinggebers. Als Ankaufspreis wird ein Betrag in Höhe des bei Ausübung gegebenen linearen Restbuchwerts vereinbart, der beim Immobilienleasing in aller Regel mit der Restamortisation des Leasinggebers (kalkulierter Restwert) in diesem Zeitpunkt übereinstimmt. Umgekehrt wie bei den Vertragsmodellen des Teilamortisationsleasing-Erlasses vom 22. 12. 1975 liegen folglich beim typischen Immobilien-Teilamortisationsleasing die Chance der Wertsteigerung beim Leasingnehmer und das Risiko der Wertminderung beim Leasinggeber, da der Leasingnehmer sein Ankaufsrecht bei Wertverfall des Leasingobjekts unter den Ankaufspreis nicht ausüben muss und der Leasinggeber deshalb nicht durch eine „Restwertgarantie" geschützt ist.

39 Trotz der für den Leasingnehmer günstigen Lage ist er aber nicht wirtschaftlicher Eigentümer. Dafür hätte er zusätzlich zu der Chance der Wertsteigerung auch das Risiko der Wertminderung haben müssen. Denn nur dann hätte er Substanz und Ertrag vollständig. Der Erlass vom 23. 12. 1991 bekräftigt dies, indem er für alle üblichen Vertragsvarianten, einschließlich der mit Kaufoption des Leasingnehmers, ausdrücklich feststellt, dass das wirtschaftliche Eigentum grundsätzlich dem Leasinggeber zuzurechnen ist.[59] Um sein wirtschaftliches Eigentum nicht zu gefährden, darf der Leasinggeber allerdings keine relevanten Risiken auf den Leasingnehmer überwälzen. Der Erlass listet hierzu einen Negativkatalog bestimmter Risiken, insbesondere typischer Eigentümer-Risiken auf, die nach Auffassung der Finanzverwaltung zwingend vom Leasinggeber zu tragen sind. Dieser Erlassregelung kann grundsätzlich zugestimmt werden. Allerdings hätte eine Gewichtung innerhalb der Risikoliste erfolgen sollen. Zudem führt schon eine der dort genannten Verpflichtungen zu einer aus Sicht der Finanzverwaltung eindeutigen Zurechnung. Mit der Einführung eines (Negativ-)Katalogs wird ohne erkennbare Notwendigkeit das ansonsten herrschende Prinzip der einzelfallbezogenen Gesamtwürdigung durchbrochen.[60] Eine derartige Typisierung dürfte kaum sachgerecht sein. Allerdings sind die Steuergerichte weiterhin frei, von dieser engen Ansicht der Finanzverwaltung abzuweichen.

40 Im Übrigen enthält dieser Erlass weitere typisierende und quantifizierende Kriterien, nach denen sich – zusätzlich zum Risikomoment – eine ausnahmsweise Zurechnung beim Leasingnehmer entscheidet. Dies gilt z. B. in den Fällen des Spezialleasing, ohne dass es auf die Grundmietzeit oder etwaige Optionen ankommt. Dies trägt den Besonderheiten des Leasinggutes Rechnung, das typischerweise auf die Bedürfnisse des Leasingnehmes zugeschnitten ist. Auch bei Verträgen mit Kaufoption erfolgt regelmäßig eine Zurechnung beim Leasingnehmer. Ferner ist z. B. dem Leasingnehmer ein Gebäude zuzurechnen, wenn die Grundmietzeit mehr als 90 v. H. der betriebsgewöhnlichen Nutzungsdauer beträgt oder der vorgesehene Ankaufspreis geringer ist als der gemäß § 7 Abs. 4 EStG ermittelte lineare Restbuchwert nach Ablauf der Grundmietzeit. Im Fall einer Mietverlängerungsoption erfolgt die Zurechnung beim Leasingnehmer ebenfalls bei Überschreiten der 90 v. H.-Grenze oder wenn die Anschlussmiete nicht mindestens 75 % der üblichen Marktmiete beträgt. Die Zurechnung des Grund und Bodens folgt grundsätzlich der Zurechnung des Gebäudes.

Bemerkenswert ist, dass der Erlass für die Grundmietzeit zwar die aus den anderen Erlassen bekannte „90 %"-Obergrenze übernimmt, jedoch keine Untergrenze bestimmt. Das ist gerechtfertigt, da die beim Vollamortisationsleasing maßgebende „40 %"-Untergrenze für Teilamortisations-Fälle nicht erheblich sein kann. Das beim Vollamortisationsleasing in diesem Zusammenhang herangezogene Argument, der Leasingnehmer werde nach Vorleistung der Vollamortisation in der Grundmietzeit anschließend den Leasinggegenstand zu besonders günstigen Konditionen übernehmen (verdeckter Ratenkauf), ist beim Teilamortisationsleasing naturgemäß gegenstandslos. Das muss auch für den er-

---

[59] Abschn. II. 2.a des Erlasses.
[60] Kritik z. B. auch bei *Zahn* DB 1992, 2482 (2488).

21. Kapitel: Steuerrechtliche Aspekte des Leasing § 68

örterten Teilamortisationsleasing-Erlass gelten, der die 40%-Untergrenze nur als Sachverhaltsmerkmal, aber nicht als Zurechnungskriterium erwähnt.

V. Zusammenfassung der Hauptkriterien des wirtschaftlichen Eigentums beim Leasing

Zusammenfassend ergibt sich, dass die Frage der Zurechnung des wirtschaftlichen Eigentums beim Leasing grundsätzlich an die gesetzliche Regelung des § 39 AO anknüpft. Da die Regelung jedoch in weitem Maße der Auslegung bedarf, kommt der Leasing-Rechtsprechung und den Leasing-Erlassen der Finanzverwaltung erhebliche Bedeutung zu. Für die Praxis stehen die Leasing-Erlasse im Vordergrund, weil sie wegen ihrer typisierenden und quantifizierenden Zurechnungsmerkmale zu besser berechenbaren Zurechnungsergebnissen führen und damit mehr Rechtssicherheit bewirken, die das Leasinggeschäft braucht. Zu beachten ist aber zugleich, dass sowohl Rechtsprechung als auch die Leasing-Erlasse nur eine Auslegung des Gesetzes beinhalten und nicht ein „neues" Recht schaffen. Deshalb kann es für Zweifelsfragen und für Sachverhalte, die in den Leasingerlassen nicht geregelt und auch von der Rechtsprechung bisher nicht entschieden sind, weiterhin individuellen Klärungsbedarf geben. Generell empfiehlt es sich aber, sich bei Gestaltungen an den im Kern seit nunmehr rund 40 Jahren bestehenden Grundsätzen zu orientieren.

41

Bei Anwendung des somit im Regelfall bestimmenden gesetzlichen Zurechnungsmaßstabs des § 39 AO hat der Leasinggeber als zivilrechtlicher Eigentümer die Vermutung für sich, dass er auch der wirtschaftliche Eigentümer ist. Der Leasingnehmer (oder ein anderer) kann als Nicht-Eigentümer nur dann als wirtschaftlicher Eigentümer angesehen werden, wenn er – entsprechend der in Rdn. 13 erläuterten Konkretisierung des Gesetzes – die Substanz und den Ertrag des Leasinggegenstands, einschließlich der Chance der Wertsteigerung und des Risikos der Wertminderung, ganz und auf Dauer hat. Der Leasinggeber verliert deshalb sein wirtschaftliches Eigentum nicht schon dann, wenn bei ihm Defizite hinsichtlich der eben genannten Kriterien für das wirtschaftliche Eigentum gegeben sein sollten. Diese Kriterien definieren nicht das wirtschaftliche Eigentum des Eigentümers, sondern beschreiben entsprechend der Regel-Ausnahme-Systematik des § 39 AO die notwendigen Voraussetzungen für den Erwerb des wirtschaftlichen Eigentums durch den Nicht-Eigentümer. Nur wenn sie beim Nicht-Eigentümer vollzählig vorliegen, geht das wirtschaftliche Eigentum dahin über; andernfalls behält es der zivilrechtliche Eigentümer.

42

§ 69. Leasing im Einkommen- und Körperschaftsteuerrecht

Schrifttum: s. § 68.

Übersicht

	Rdn.
I. Allgemeines	1
1. Vorbemerkung	1
2. Gewinnerzielungsabsicht	2
a) Begriff der Gewinnerzielungsabsicht	2
b) Gewinnerzielungsabsicht des Leasinggebers	3
aa) Mobilien-Leasing	4
bb) Immobilien-Leaing	6
c) Gewinnerzielungsabsicht des Leasingnehmers	7
3. Missbrauchstatbestände nach § 42 AO	8
II. Die Besteuerung des Leasinggebers	12
1. Einkünfte des Leasinggebers Gewerbebetrieb	12
a) Voraussetzungen zur Erzielung von gewerblichen Einkünften	12
aa) Gewerbliche Einkünfte kraft Rechtsform	12
bb) Mitunternehmerschaft	13
cc) Gewerbliche Einkünfte sog. „Schein-KGs"	15
dd) Gewerbliche Einkünfte bei Betriebsaufspaltung	16
ee) Einkünfte kraft eigener gewerblicher Tätigkeit	19
2. Der Maßgeblichkeitsgrundsatz in der Steuerbilanz	20
3. Besteuerung bei wirtschaftlichem Eigentum des Leasinggebers	22
a) Steuerliche Bilanzierungsfragen	22
b) Steuerbilanzielle Bewertungsfragen	29
c) Bildung von Rückstellungen in der Steuerbilanz	43
d) Aktivierung und Abgrenzung von Leasingraten in der Steuerbilanz	48
e) Bilanzierung bei echtem Factoring/Forfaitierung	55
aa) Echte Forfaitierung bei wirtschaftlichem Eigentum des Leasinggebers	60
bb) Echte Forfaitierung bei wirtschaftlichem Eigentum des Leasingnehmers	66
f) Bilanzierung bei unechtem Factoring/Forfaitierung	67
g) Sonderfragen bei Immobilienleasing	68
4. Besteuerung bei wirtschaftlichem Eigentum des Leasingnehmers	77
a) Aktivierung der Kaufpreisforderung	77
b) Behandlung der Leasingraten	79
c) Sonderfragen	80
5. Besteuerung einer Objektgesellschaft oder eines Fonds	81
a) Erzielung gewerblicher Einkünfte	81
b) Einheitliche und gesonderte Gewinnfeststellung	85
6. Einkünfte des Leasinggebers aus Vermietung und Verpachtung	86
a) Voraussetzungen zur Erzielung von Einkünften aus Vermietung und Verpachtung	86
b) Gundsätze zur Einkünfteermittlung	92
c) Sonderfragen der Einkünfteermittlung bei Objektgesellschaften und Fonds	95
7. Einkünfte des Leasinggebers aus Kapitalvermögen	98
8. Sonstige Einkünfte des Leasinggebers	100
III. Besteuerung des Leasingnehmers	101
1. Einkünfte des Leasingnehmers aus Gewerbebetrieb	101
a) Besteuerung bei wirtschaftlichem Eigentum des Leasinggebers	101
b) Besteuerung bei wirtschaftlichem Eigentumdes Leasingnehmers	113
2. Andere Einkunftsarten	118
a) Selbständige Arbeit	118
b) Nichtselbständige Arbeit	120
c) Vermietung und Verpachtung	121
d) Übrige Einkunftsarten	122

21. Kapitel: Steuerrechtliche Aspekte des Leasing   § 69

I. Allgemeines

1. Vorbemerkung

Ist die Frage der Zurechnung geklärt, stellt sich als Nächstes die Frage, welche steuer- 1
rechtlichen Folgen sich aus der Zuordnungsentscheidung ergeben. Zu unterscheiden sind
dabei
- die Besteuerung des Leasinggebers und
- die Besteuerung des Leasingnehmers.

Welche Folgerungen sich für die Besteuerung im Einzelnen ergeben, richtet sich zunächst danach, ob eine steuerlich relevante Tätigkeit vorliegt. Erst wenn dies zu bejahen ist, bedarf es der Bestimmung, welcher Einkunftsart die Einnahmen (Leasinggeber) oder Aufwendungen (Leasingnehmer) zuzuordnen sind.

2. Gewinnerzielungsabsicht

a) Begriff der Gewinnerzielungsabsicht. Bei allen besteuerungsrelevanten Sachver- 2
halten stellt sich die Frage der Gewinnerzielungsabsicht, auch Überschusserzielungsabsicht oder Einkunftserzielungsabsicht genannt, wobei alle Begriffe im Wesentlichen synonym verwendet werden. Lässt sich die Einkunftserzielungsabsicht nicht feststellen, liegt keine steuerliche beachtliche Tätigkeit vor. Aus der Tätigkeit erwirtschaftete Verluste sind nicht zu berücksichtigen; Gleiches gilt allerdings für Gewinne, z. B. in einzelnen Veranlagungszeiträumen. Liegen regelmäßig Gewinne vor, wird die Finanzverwaltung in der Regel nicht an der Gewinnerzielungsabsicht zweifeln, d. h. es wird wegen der positiven Auswirkungen für den Fiskus, also im Hinblick auf die daraus entstehenden Steuereinnahmen, kaum zu Nachfragen der Finanzverwaltung kommen. Problematisch kann es werden, wenn nicht abzusehen ist, ob aus der Tätigkeit Gewinne entstehen. Dies kann vor allem dann der Fall sein, wenn für die verleasten Güter hohe Anschaffungskosten mit einem entsprechenden Abschreibungspotential anfallen.

Einkunftserzielungsabsicht liegt nach ständiger Rechtsprechung seit dem Beschluss des Großen Senats des BFH vom 25. 6. 1984[1] nur dann vor, wenn aus der Tätigkeit ein Totalgewinn erzielt werden kann.[2] Bei der Ermittlung der Einkunftserzielungsabsicht sind zu erwartende Veräußerungsgewinne zu berücksichtigen.[3] Eine Mindestgröße für den erstrebten Totalgewinn, insbesondere eine bestimmte Mindestverzinsung des eingesetzten Eigenkapitals, ist grundsätzlich nicht notwendig; es muss sich aber um einen wirtschaftlich ins Gewicht fallenden Gewinn handeln.[4]

Die Frage der Einkunftserzielungsabsicht ist trotz der theoretischen Klärung der Rechtsfragen durch den BFH und die Instanzgerichte ein immer wiederkehrendes Thema, da gerade subjektive Merkmale nur schwer zu ermitteln sind und im Übrigen auch stets eine einzelfallbezogene Betrachtung erforderlich ist. Einmal lässt sich zunächst danach differenzieren, ob ein sog. typischer Liebhabereibetrieb vorliegt, also ein Tätigkeit, bei der persönliche Neigungen und Vorlieben im Vordergrund stehen könnten (z. B. Pferdezucht u. Ä.). Liebhabereibetriebe der vorgenannten Art dürften im Leasinggeschäft eher selten sein.

Lässt sich danach eine vorwiegend aus privaten Neigungen betriebene Tätigkeit ausschließen, spricht grundsätzlich – insbesondere also bei Tätigkeiten, die üblicherweise nicht hobbymäßig betrieben werden – eine Vermutung für das Bestehen der Gewinn-

---

[1] BStBl 1984 II, 751.
[2] *Schmidt/Seeger* § 2 Anm. 18 und *Weber-Grellet* § 15 Anm. 25.
[3] BFH-Urteile v. 25. 6. 1996 VIII R 28/94, BStBl II 1997, 202; v. 15. 2. 2002 I R 92/00, n. v.; v. 14. 12. 2004, BStBl II 2005, 392; v. 27. 3. 2001, BFH/NV 2001, 1381, jeweils m. w. N.
[4] v. 26. 6. 1985 IV R 149/83, BStBl II 1985, 549 zu LuF.

§ 69   Vierter Teil. Wirtschaftliche Problemkomplexe des Leasings

erzielungsabsicht. Es ist aber dann zu prüfen, ob das Unternehmen nach seiner Struktur geeignet ist, auf Dauer gesehen einen Totalüberschuss zu erzielen. Auch hier kommt es also auf den Einzelfall und die Art des Unternehmens an.

Ergeben sich nach der Aufnahme der Tätigkeit dauernde Verluste, besteht weiter Anlass zu der Prüfung, ob der Steuerpflichtige (Umstrukturierungs-)Maßnahmen getroffen hat, die den Schluss zulassen, dass die Verlustphase beendet werden kann. Dies kann z. B. eine Reduzierung der Aufwendungen sein. Im Leasinggeschäft könnten z. B. unrentable Leasinggegenstände abgestoßen werden. Erst wenn sich danach ergibt, dass auf Dauer nicht mit einem positiven Gesamtergebnis zu rechnen ist, kann von fehlender Gewinnerzielungsabsicht ausgegangen werden.

In **verfahrensrechtlicher** Hinsicht kann die Finanzverwaltung etwaigen Unsicherheiten bei der Beurteilung der Einkunftserzielungsabsicht dadurch Rechnung tragen, dass sie die Steuerveranlagungen unter dem Vorbehalt der Nachprüfung durchführt (§ 164 AO), allerdings mit dem Risiko, dass vor einer endgültigen Beurteilung Festsetzungsverjährung eintritt. Alternativ kann die Steuerfestsetzung auch im Hinblick auf die Frage der Einkunftserzielungsabsicht vorläufig erfolgen (§ 165 AO). Dann entfällt das Verjährungsrisiko.

3 b) Gewinnerzielungsabsicht des Leasinggebers. Wie bei anderen Steuerpflichtigen, muss auch bei Leasinggebern eine Gewinnerzielungsabsicht gegeben sein; andernfalls läge auch bei typischerweise gewerblich Tätigen eine außersteuerliche Tätigkeit vor. Die Gewinnerzielungsabsicht ist demnach bei Leasinggebern unabhängig von deren Rechtsform zu prüfen. Auch wenn der Leasinggeber eine Kapitalgesellschaft ist, muss also Gewinnerzielungsabsicht gegeben sein. Allerdings schließt der BFH auch bei fehlender Gewinnerzielung einen Liebhabereibetrieb aus. Eine ggf. erforerliche Einkunftskorrektur ist mittels der Grundsätze über die verdeckte Gewinnausschüttung vorzunehmen. Dies gilt im Grundsatz auch bei Verlustzuweisungsgesellschaften.[5]

Da bei der Ermittlung des Totalgewinns alle steuerpflichtigen Einnahmen zu berücksichtigen sind, gehören Erträge der (gewerblichen) Leasinggeber aus Andienungsrechten oder Veräußerungsgeschäften am Ende des Leasingvertrages zu den Einnahmen.

4 aa) Mobilienleasing. Dass der strukturelle Unterschied zwischen Mobilien- und Immobilien-Leasinggebern sehr ausgeprägt ist, hat Konsequenzen bei der Beurteilung der Gewinnerzielungsabsicht. Mobilien-Leasinggeber sind durchgängig als Sammelgesellschaft konzipiert, d. h. ein Leasinggeber tritt als Vertragspartner für sämtliche abzuschließenden Leasingverträge auf. Zur Finanzierung setzt der Leasinggeber auch Eigenkapital ein. Abhängig von der Größe des Unternehmens können Eigenkapitalausstattung und Anzahl der abgeschlossenen Leasingverträge erheblichen Umfang annehmen. Bei derartigen Gesellschaften spielt die Kalkulation der Leasingverträge für die Gewinnerzielungsabsicht eine bedeutende Rolle. Regelmäßig wird der einzelne Leasingvertrag so kalkuliert, dass der Leasinggeber nach Abzug der Einzel- und Gemeinkosten aus diesem Vertrag ein positiver Beitrag übrig bleibt. Ergibt sich aus einem einzelnen Leasingvertrag kein kalkulierter, positiver Beitrag, sondern ist ein Verlust zu erwarten, fehlt es damit nicht automatisch an der Gewinnerzielungsabsicht des Leasinggebers. Die Begründung hierfür ist darin zu sehen, dass sich die Tätigkeit einer Mobilien-Leasingsammelgesellschaft nicht allein aufgrund einzelner Verträge beurteilen lässt. Damit hängt die Beurteilung der Gewinnerzielungsabsicht davon ab, ob die Gesellschft nach ihrer unternehmerischen Struktur darauf ausgerichtet ist, Gewinne zu erwirtschaften. Ferner darf ein Totalüberschuss nach Art, Struktur und Bewirtschaftung des Unternehmens nicht als nahezu völlig ausgeschlossen erscheinen. Der Gewinnerzielungsabsicht steht deshalb nicht entgegen, dass möglicherweise im Einzelfall auch in Kauf genommen wird, einen Vertrag mit Verlust abzuschließen. Die Ursache für einzelne nicht kostendeckende Leasingverträ-

---

[5] BFH-Urteil v. 25. 6. 1984 GrS 4182, BStBl 1984 II, 751.

ge kann der Versuch des Leasinggebers sein, Marktanteile zu erhöhen oder Neukunden zu gewinnen, um bei Folgegeschäften profitabel arbeiten zu können. Daher können einzelne Verlustgeschäfte die Gewinnerzielungsabsicht des Gesamtunternehmens nicht beeinflussen.

Bei der Kalkulation von Mobilien-Leasing ist es für bestimmte Wirtschaftsgüter nicht 5 unüblich, während der Anfangs- und der Grundmietzeit des Leasingvertrages planmäßige Verluste zu erwirtschaften.

Grundsätzlich kann auch hier die Gewinnerzielungsabsicht jedenfalls bei **Teilamortisierungsverträgen** nicht verneint werden, da die Kalkulation der laufenden Leasingraten bereits den vom Leasinggeber prognostizierten Restwert zum Ende des Leasingvertrages beinhaltet. Selbst wenn sich der Leasinggeber im Einzelfall verkalkuliert haben sollte, führt dies nicht zur Versagung der Gewinnerzielungsabsicht, da sie nicht rückschauend am Ende, sondern zu Beginn des Leasingvertrages zu beurteilen ist.

Bei **Vollamortisationsverträgen** bedarf es hingegen der Prüfung, ob der Leasinggeber während der Gesamtlaufzeit einen Überschuss der Einnahmen aus den Leasingraten über die während der Gesamtzeit erzielten Aufwendungen erzielen kann. Die gilt insbesondere dann, wenn nur ein Gegenstand zum Unternehmen des Leasinggebers gehört.

Bei **Mobilien-Leasingsammelgesellschaften** werden regelmäßig mehrere Leasinggegenstände vermietet, so dass es nicht auf den Totalüberschuss aus der Vermietung einzelner Objekte, sondern auf die Gesamtschau ankommt. Einzelne verlustbringende Geschäfte schließen daher die Gewinnerzielungsabsicht nicht aus.[6] Zudem kann davon ausgegangen werden, dass eingesetztes Eigenkapital bei der Bemessung der Leasingraten (wie das Fremdkapital) verzinst wird. Da dieser Eigenkapitalverzinsung keine Kosten gegenüberstehen, können hieraus bereits Gewinne entstehen, die für die Erfüllung der Gewinnerzielungsabsicht ausreichend sein können.

bb) Gewinnerzielungsabsicht bei Immobilien-Leasing. Etwas anders sieht es im 6 Bereich des Immobilien-Leasing aus, da hier die oftmals auftretenden Objektgesellschaften in vielen Fällen nur ein Objekt besitzen und vermieten. Die Prüfung der Gewinnerzielungsabsicht ist bei diesen Fallgestaltungen in der Regel leichter als bei einer Mobiliensammelgesellschaft, da regelmäßig nur objektbezogene Einzelkosten vorhanden sind, die gesamte Kalkulation sehr transparent vorliegt und Saldierungen mit anderen Verträgen nicht vorgenommen werden können bzw. müssen. Die Objektgesellschaft muss die Leasingrate so kalkulieren, dass aus dem einzelnen Leasingvertrag ein Totalgewinn verbleibt. Da Immobilienleasingverträge meistens mit einem Ankaufsrecht des Leasingnehmers verbunden sind, und er dies bei Werthaltigkeit der Immobilie nach Ablauf der Grundmietzeit im Zweifel ausüben wird, muss sich auch bei erwarteter Ausübung dieses Ankaufsrechtes noch ein Überschuss ergeben. Da Leasingobjektgesellschaften meistens sehr wenig Eigenkapital einsetzen, sondern den Erwerb des Grundstücks und die Errichtung des Gebäudes fremd finanzieren, kommt es nicht selten zu nur einem geringen Totalgewinn. Dies hat seine Ursache an dem zumindest in der Anfangsphase vergleichsweise hohen Zinsanteil bei den jährlichen Aufwendungen. Deshalb sind an die Höhe eines Totalgewinns keine hohen Anforderungen zu stellen. Eine absolute Mindestgröße lässt sich aber – auch für Leasingobjektgesellschaften – nicht nennen. Dementsprechend ergibt sich schon aus der Kalkulation der Objektgesellschaften oftmals, dass in den ersten Jahren planmäßig Jahresverluste entstehen werden. Auch allein die Länge der Verlustphase reicht nicht automatisch zur Versagung der Gewinnerzielungsabsicht aus, wenn nach der Laufzeit des Leasingvertrages der angestrebte minimale Totalgewinn erreicht wird. Ein Streben nach jährlichen Periodengewinnen ist nicht erforderlich.[7]

---

[6] Vgl. Rdn. 4.
[7] *Schmidt/Weber-Grellet*, EStG § 15 Anm. 30.

§ 69   Vierter Teil. Wirtschaftliche Problemkomplexe des Leasings

Wegen weiterer Einzelheiten wird auf die Erläuterungen zu den verschiedenen Leasinggestaltungen verwiesen.

7 **c) Gewinnerzielungsabsicht des Leasingnehmers.** Ob der Leasingnehmer mit dem Leasingobjekt selbst Einkünfte erzielt, ist für die Beurteilung der Gewinnerzielungsabsicht des Leasinggebers ohne Bedeutung. Vielmehr ist für den Leasingnehmer gesondert zu prüfen, ob er das Leasinggut für Einkunftserzielungszwecke einsetzt und ob es sich um eine steuerlich relevante Tätigkeit handelt. Bei einer steuerlich nicht relevanten Verwendung, z. B. bei Einsatz des Leasinggutes zu privater Verwendung, bedarf es keiner Prüfung der Gewinnerzielungsabsicht beim Leasingnehmer.

3. Missbrauchstatbestände nach § 42 AO

8 Man kann rechtliche Gestaltungen im Steuerrecht kaum behandeln, ohne Missbrauchsüberlegungen des § 42 AO anzusprechen. Natürlicherweise ergab sich die Frage nach dem Missbrauch von rechtlichen Gestaltungsmöglichkeiten im Zusammenhang mit Leasing, als die ersten Leasingverträge steuerrechtlich zu würdigen waren. Nachdem die meisten steuerlichen Fragen rund um Leasingverträge geklärt sind, ist auch die Diskussion um § 42 AO abgeebbt. Daher lässt sich aus heutiger Sicht feststellen, dass Leasingverträge grundsätzlich keinen Missbrauch von Gestaltungsmöglichkeiten darstellen. Deshalb ist Leasing heute kein Bereich, in dem § 42 AO besondere Bedeutung hat. Daran ändert auch nichts, dass § 42 AO idF des StÄndG 2008 den Missbrauch als „ungewöhnliche" und nicht mehr als „unangemessene" Gestaltung definiert. Denn Leasinggestaltungen stellen idR eine übliche Gestaltungsform dar.

Unabhängig davon muss man darauf hinweisen, dass § 42 AO auch in der durch JStG 2008 geänderten Fassung einen relativ engen Sondertatbestand enthält. Diese Vorschrift soll eine Auffangklausel für ungewöhnliche Gestaltungen sein, die nicht schon von den Einzelsteuergesetzen verhindert werden. Der Missbrauchtatbestand ist nunmehr in § 42 Abs. 2 AO als „unangemessene rechtliche Gestaltung" definiert.

9 Ein Bereich, bei dem Leasing als Missbrauch von Gestaltungsmöglichkeiten noch immer denkbar ist, betrifft den Abschluss von **Leasingverträgen zwischen nahen Angehörigen**. Grundsätzlich sind auch Leasingverträge zwischen nahen Angehörigen steuerrechtlich zu akzeptieren, wenn sie einem Fremdvergleich standhalten. Die Vereinbarungen müssen wie unter fremden Dritten abgeschlossen werden. Leasingverträge werden also nach den allgemeinen Grundsätzen über Verträge zwischen nahen Angehörigen gewürdigt.

Wird ein Miet- oder Leasingvertrag zwischen nahen Angehörigen aber nur abgeschlossen, um in den Genuss bestimmter Steuervergünstigungen, wie Investitionszulage oder Steuerabzugsbeträgen zu kommen, kann ein Missbrauch von rechtlichen Gestaltungsmöglichkeiten vorliegen.[8] Dies kann auch bei verbundenen Unternehmen in Frage kommen.

10 Weitere Berührungen zu § 42 AO kann es im **Bereich von Zulagen oder anderen Förderungsmöglichkeiten** geben. In diesem Bereich können sich Zweifel ergeben, ob die Neugründung von Leasinggebern in der Absicht Zuschüsse oder Zuwendungen zu erhalten, einen Missbrauch rechtlicher Gestaltungsmöglichkeiten darstellt. Grundsätzliche Regelung zu dieser Thematik hat die Finanzverwaltung nicht getroffen. Sie trifft vielmehr zu Recht Einzelfallentscheidungen.

Gelegentlich wird man in den Grenzbereich des Missbrauchs von Gestaltungsmöglichkeiten kommen, wenn Leasingverträge im Einzelfall überzogen sind. Hiervon könnte man z. B. ausgehen, wenn die Grundsätze über die Behandlung der Vormieten oder einer Vorabzahlung der Leasingraten in der Weise überzogen werden, dass der Mieter an den Leasinggeber beim Vertragsbeginn eine Vorauszahlung entrichtet, die dem Barwert der künftigen Mieten entspricht, und er dadurch keine laufenden Mietraten mehr entrichten muss.

---

[8] FG Münster v. 16. 4. 1985, EFG 1986, 110; FG Saarld v. 4. 8. 1987 EFG 1987, 432.

Zusammenfassend ist festzuhalten, dass eine exakte Grenzziehung, wann eine rechtliche Gestaltung nur kompliziert oder untypisch ist, oder wann sie von verständigen Parteien in Anbetracht des wirtschaftlichen Sachverhalts als unpassend nicht gewählt worden wäre, kaum möglich ist.[9] Eine allgemeine Abgrenzung missbräuchlicher Gestaltungen, auch im Zusammenhang mit Leasingverträgen, ist daher kaum durchführbar.

II. Besteuerung des Leasinggebers

1. Leasinggeber erzielt Einkünfte aus Gewerbebetrieb

a) Voraussetzungen zur Erzielung von gewerblichen Einkünften. aa) Gewerbliche Einkünfte kraft Rechtsform. Bei der überwiegenden Zahl der Leasinggeber handelt es sich um **Kapitalgesellschaften**, zumeist in der Rechtsform der GmbH oder einer AG. Diese Leasinggesellschaften erzielen gem. § 8 Abs. 2 KStG Einkünfte aus gewerblicher Tätigkeit. Nur bei besonderen Fallgestaltungen können die Einnahmen aus den Leasingverträgen Einkünfte aus Vermietung und Verpachtung sein.[10] Die ertragsteuerliche Behandlung richtet sich im Übrigen nach den Vorschriften des KStG iVm. den Vorschriften des EStG. Körperschaftsteuerpflichtige Leasinggeber sind nach den Vorschriften des Handelsgesetzbuches zur Führung von Büchern verpflichtet.

Hinsichtlich der im Rahmen des § 8 Abs. 2 KStG zu erfassenden Einkünfte ist nicht unumstritten, wie de Vorschrift auszulegen ist. Vorwiegend in der Rechtsprechung wird die Auffassung vertreten, diese Vorschrift sei so auszulegen, dass sämtliche Tätigkeiten einer Kapitalgesellschaft stets zu Einkünften aus Gewerbebetrieb führen würden. Dies gelte auch dann, wenn die Tätigkeit ohne Gewinnerzielungsabsicht ausgeübt wird. Diese Auslegung von § 8 Abs. 2 KStG orientiert sich streng am Wortlaut des Gesetzestextes. Demgegenüber wird eingewandt, die Vorschrift stelle nur eine Umqualifizierung von Einkünften dar, um den Besonderheiten bei der Besteuerung von Kapitalgesellschaften Rechnung zu tragen. Auch das KStRecht setze jedoch stets Einkünfte, damit Einkunftserzielungsabsicht und damit Gewinnerzielungsabsicht voraus. Der BFH hat trotz der Kritik an der Ansicht festgehalten, dass eine Kapitalgesellschaft nicht über eine außerbetriebliche verfügt, so dass auch bei fehlender Gewinnerzielungsabsicht kein Liebhabereibetrieb vorliegt.[10a] Es hat inzwischen wiederholt entschieden, dass eine Kapitalgesellschaft keine außerbetriebliche Sphäre hat. Ausgehend von diesem Ansatz bedarf der Rückgriff auf die Einkunfterzielungsabsicht nicht.[11] Dies ist nicht frei von Bedenken, da auch bei fehlender außerbetrieblicher Sphäre durchaus eine steuerrechtlich unbeachtliche, nicht auf Einkunftserzielung gerichtete Tätigkeit vorliegen kann. Da die Gewinnerzielungsabsicht bei Leasinggesellschaften – mit Besonderheiten bei Verlustzuweisungsgesellschaften – im Regelfall vorliegt, spielt diese Auslegungsfrage von § 8 Abs. 2 KStG in der Praxis keine Rolle. Leasingkapitalgesellschaften haben danach stets, unabhängig von der Art ihrer Tätigkeit, Einkünfte aus Gewerbebetrieb.

bb) Mitunternehmerschaften, also Personengesellschaften (z. B. GbR, OHG, KG, GmbH + Co KG), können ebenfalls als Leasinggeber in Erscheinung treten. Je nach Ausgestaltung der vertraglichen Vereinbarungen und der Art der Nutzung ist bestimmen, ob es sich um eine originäre gewerbliche Tätigkeit handelt oder ob die Einnahmen als Einkünfte aus Vermietung und Verpachtung zu qualifizieren sind. Geht man von der Annahme aus, dass bei Leasingverträgen – insbesondere beim Finanzierungsleasing – der Gedanke der Investitionsfinanzierung von nicht nur untergeordneter Bedeutung ist, spricht Vieles für die Annahme gewerblicher Einkünfte. Beschränkt sich das Leasingge-

---
[9] *Tipke/Kruse* § 42 AO Tz 12.
[10] Vgl. Rdn. 86.
[10a] BFH-Urteil v. 22. 8. 2007 I R 32/06, – juris – mit Nachweisen zur Gegenansicht.
[11] Vgl. BFH-Urteil v. 4. 12. 1996 I R 54/94, DStR 1997, 492, Rengus in Blümich, § 88 KStG Rdn. 61 ff, m. w. N.

§ 69   Vierter Teil. Wirtschaftliche Problemkomplexe des Leasings

schäft auf Immobilienleasing, können auch Einkünfte aus Vermietung und Verpachtung in Betracht kommen,[12] sofern es sich nicht um eine gewerblich geprägte Personengesellschaft handelt.[13]

14 Ist eine Kapitalgesellschaft an einer nicht gewerblich tätigen Mitunternehmerschaft/ Personengesellschaft beteiligt **(Zebragesellschaft)**, sind die Einkünfte aus der Beteiligung an der Personengesellschaft stets gewerblicher Natur (§ 8 Abs. 2 KStG). Auf der Ebene der Personengesellschaft sind die Einkünfte nach allgemeinen Grundsätzen zu qualifizieren und ggf. gesondert festzustellen. Bei betrieblich beteiligten Gesellschaftern ist die Behandlung der Beteiligungseinkünfte noch nicht abschließend geklärt. Es spricht jedoch manches für die Ansicht, dass die auf die betrieblich beteiligten Gesellschafter entfallenden Einkünfte als Einkünfte aus Gewerbebetrieb festzustellen sind. Damit ist aber noch keine verbindliche Entscheidung über die Einkünftequalifizierung getroffen. Diese ist vielmehr durch das Wohnsitzfinanzamt des Gesellschafters vorzunehmen.[14]

Eine **gewerblich geprägte Personengesellschaft** erzielt nach der gesetzlichen Regelung des § 15 Abs. 3 Nr. 2 EStG stets Einkünfte aus Gewerbebetrieb. Die gesetzliche Regelung ist eine Festschreibung der früheren sog. Geprägerechtsprechung.[15] Danach liegen – trotz Fehlens einer originären gewerblichen Tätigkeit – stets gewerbliche Einkünfte einer Personengesellschaft vor, wenn bei ihr ausschließlich eine oder mehrere Kapitalgesellschaften persönlich haftende Gesellschafter sind, und nur diese oder natürliche Personen, die nicht Gesellschafter sind, zur Geschäftsführung befugt sind. Der typische Anwendungsfall dieser Vorschrift ist oftmals bei einer GmbH & Co. KG gegeben. Daher erzielen Leasinggeber in der Rechtsform der GmbH & Co. KG stets in vollem Umfang Einkünfte aus Gewerbebetrieb. Dies trifft insbesondere für Immobilien-Leasingobjektgesellschaften in der Rechtsform der GmbH & Co. KG zu, die von der Art ihrer Tätigkeit (Vermietung) keine Einkünfte aus Gewerbebetrieb erzielen würden.

15 cc) **Gewerbliche Einkünfte sog. „Schein-KGs":** § 15 Abs. 3 Nr. 2 EStG erfasst auch sog. „Schein-KGs". Unter „Schein-KG" versteht man zu Unrecht im Handelsregister als Kommanditgesellschaft eingetragene Personengesellschaften, die kein Grundhandelsgewerbe nach § 1 Abs. 1 HGB betreiben und deren Tätigkeit nicht einen nach Art und Umfang in kaufmännischer Weise eingerichteten Geschäftsbetrieb erfordert. Bedeutung hat die Behandlung der „Schein-KG" insbesondere für das Immobilien-Leasing, da dort Objektgesellschaften als Kommanditgesellschaften anzutreffen sind, die kein Grundhandelsgewerbe, sondern Vermögensverwaltung betreiben. Allerdings können diese Gesellschaften im Einzelfall gleichwohl zu Recht im Handelsregister eingetragen sein. Denn im Immobilien-Leasing ist es aufgrund der hohen Investitionsvolumen häufig erforderlich, einen in kaufmännischer Weise eingerichteten Geschäftsbetrieb zu unterhalten. Dieser in kaufmännischer Weise eingerichtete Geschäftsbetrieb wird durch die Höhe des zu verwaltenden Vermögens notwendig und durch eigene Buchhaltung – teilweise mit externer Steuerberatung und Wirtschaftsprüfung – nach außen hin erkennbar. Außerdem treten derartige Gesellschaften Dritten wie Banken und Versicherungen in kaufmännischer Weise gegenüber. Die Entscheidung, ob eine „Schein-KG" vorliegt, kann für derartige Gesellschaften jedoch nur im Einzelfall an Hand der Kriterien von § 2 HGB geklärt werden und hat lediglich außersteuerliche Konsequenzen und ist insoweit für die steuerliche Betrachtung im Leasingbereich ohne große praktische Bedeutung. Die Rechtsprechung des Bundesfinanzhofes wendet § 15 Abs. 3 Nr. 2 EStG auch auf sog. „Schein-KGs" an.[16]

---

[12] Vgl. Rdn. 86.
[13] Schmidt/*Wacker* § 15 EStG, Rdn. 200.
[14] BFH GrS v. 14. 2. 2005 GrS 2/02, BStBl II 2005, 679; BFH-Urteil v. 21. 2. 2006 IX R 80/98, BFH/NV 2006, 1247; vgl. auch Schmidt/*Wacker* § 15 EStG Anm. 213 ff.
[15] Schmidt/*Wacker* § 15 ESt, Anm. 211 ff.
[16] BFH-Urteil v. 11. 12. 1986 IV R 222/84, BStBl II 1987, 553.

dd) Gewerbliche Einkünfte bei Betriebsaufspaltung.
Das Wesen einer Betriebsaufspaltung besteht darin, dass ein an sich einheitliches Unternehmen in – in der Regel zwei – Unternehmen (Betrieb- und Besitzunternehmen) aufgeteilt wird. Bestimmendes Merkmal ist, dass eine dem Grunde nach nicht gewerbliche Tätigkeit – hier das Vermieten/Verleasen – durch die Aufteilung in ein Besitzunternehmen und ein Betriebsunternehmen zum Gewerbebetrieb iSd § 15 Abs. 1 Nr. 1, Abs. 2 EStG und § 2 Abs. 1 GewStG wird.[17] Die sog. **„echte Betriebsaufspaltung"** ist dadurch gekennzeichnet, dass ein Teil des Betriebsvermögens auf die Betriebsgesellschaft übertragen wird, während eine oder mehrere wesentliche Betriebsgrundlagen beim Besitzunternehmen verbleiben (z. B. Grundstück). Eine **„unechte Betriebsaufspaltung"** liegt vor, wenn durch den oder die beherrschenden Gesellschafter einzelne Wirtschaftsgüter an die Betriebsgesellschaft überlassen werden.[18] Damit ist eine weitere Fallgestaltung gegeben, bei der Gesellschafter gewerbliche Einkünfte ohne eigene gewerbliche Tätigkeit erzielen. Erforderlich ist, dass der Leasinggeber als Besitzer oder Besitzgesellschaft eine Betriebsaufspaltung mit dem Leasingnehmer eingeht. Dies setzt neben der Übertragung des Wirtschaftsgutes eine personelle und sachliche Verflechtung zwischen der (Leasinggeber-)Besitzgesellschaft und der (Leasingnehmer-)Betriebsgesellschaft voraus. Personelle Verflechtung setzt voraus, dass in beiden Gesellschaften ein einheitlicher geschäftlicher Betätigungswille vorliegt. Diese Voraussetzung ist insbesondere bei **Beteiligungsidentität** erfüllt. Ausreichend ist auch eine **Beherrschungsidentität**, wenn beide Unternehmen in einer Weise beherrscht werden, dass eine Person oder eine Personengruppe in beiden Unternehmen einen einheitlichen Geschäfts- oder Betätigungswillen durchsetzen kann[19]. Dies kann z. B. ist dann gegeben sein, wenn sich z. B. der Leasingnehmer an der Besitzgesellschaft beteiligt und ihm mehr als 50 % der Stimmrechte zustehen. Denkbar sind aber auch andere Konstellationen, so dass eine einzelfallbezogene Betrachtung erforderlich ist.

Bei der sog. **mitunternehmerischen Betriebsaufspaltung** (sowohl Besitz- wie Betriebsgesellschaft ist eine Personengesellschaft) ist die Rechtslage unübersichtlich.[20] Ein Vorrang der mitunternehmerischen Betriebsaufspaltung soll vorliegen, wenn eine Personengesellschaft wesentliche Betriebsgrundlagen überlässt und nur deren Gesellschafter an der Personenbetriebsgesellschaft – nicht aber die Gesellschaft selbst – an der Betriebsgesellschaft beherrschend beteiligt sind. Hingegen soll ein Vorrang von Sonderbetriebsvermögen und Sondervergütungen vorliegen, wenn derjenige, der wesentliche Betriebsgrundlagen der Betriebsgesellschaft überlässt, an dieser selbst beherrschend beteiligt ist.[21]

Hinsichtlich der **sachlichen Verflechtung** von Besitz- und Betriebsgesellschaft, d. h. zur Frage, wann die wesentlichen Betriebsgrundlagen überlassen werden, stellt die Rechtsprechung strenge Anforderungen. Die überlassenen Wirtschaftsgüter müssen unmittelbar zur Nutzung überlassen werden. Zudem ist Voraussetzung, dass die Wirtschaftsgüter für die Betriebsgesellschaft zu den wesentlichen Betriebsgrundlagen gehören, sie also für die Betriebsführung ein wesentliches Gewicht besitzen.[22]

Betriebsaufspaltungsmodelle im Rahmen von Leasinggestaltungen sind in der Praxis jedoch selten anzutreffen, da sie insbesondere bei Kapitalbetriebsgesellschaften hinsichtlich der grundsätzlich nicht gewünschten Konsolidierung der Leasinggeber negative Auswirkungen – also zu versteuernde Gewinne – haben können. Teilweise werden derartige

---

[17] Grundlegend BFH GrS 2/71 v. 8.1.1971, BStBl II 1972, 63; vgl auch BFH-Urteil v. 24.2.2000 IV R 62/98, BStBl II 2000, 417 mit Rechtsprechungsnachweisen.
[18] Schmidt/*Wacker* § 15 EStG Anm. 802.
[19] BFH-Urteile v. 28.11.2001 X R 50/97, BStBl II 2002, 363; v. 1.7.2003 VIII R 24/01, BStBl II 2003, 757.
[20] Vgl. die umfangreichen Nachweise bei Schmidt/*Wacker* § 15 EStG Anm. 858.
[21] Vgl. BFH-Urteile v. 20.3.2003 III R 50/96, BStBl II 2003, 613; v. 23.4.1996 VIII R 13/95, BStBl II 1998, 325; v. 24.8.1998 VIII R 61/97, BStBl II 1999, 783; BMF BStBl I 1998, 583.
[22] Z. B. BFH-Urteil v. 10.4.1997 IV R 73/94, BStBl II 1997, 565.

Betriebsaufspaltungen gewählt, um Investitionszulagen und/oder Sonderabschreibungen für bewegliche Wirtschaftsgüter zu erhalten.

19 dd) Einkünfte kraft eigener gewerblicher Tätigkeit. In der Praxis erzielen die meisten der Leasinggeber Einkünfte aus Gewerbebetrieb, und zwar eine Vielzahl schon über ihre Rechtsform entsprechend § 8 Abs. 2 KStG oder § 15 Abs. 3 Nr. 2 EStG. Davon abgesehen werden **unabhängig von der Rechtsform** Einkünfte aus Gewerbebetrieb erzielt, wenn die Tätigkeit des Leasinggebers zu Einkünften gemäß § 15 Abs. 1 EStG führt. Als Voraussetzung hierfür sind die Merkmale von § 15 Abs. 2 EStG – Selbstständigkeit, Nachhaltigkeit, Gewinnerzielungsabsicht, Beteiligung am allgemeinen wirtschaftlichen Verkehr – zu erfüllen. Ob Gewinnerzielungsabsicht vorliegt, kann – wie bereits dargelegt – nur im Einzelfall entschieden werden. Auch die übrigen drei Voraussetzungen liegen bei Mobilien-Leasinggebern regelmäßig vor, bei Sammelgesellschaften schon deshalb, weil sie ständig Leasingverträge abschließen. Aber auch bei nur vereinzelten Leasinggeschäften kann Nachhaltigkeit und die Beteiligung am allgemeinen wirtschaftlichen Verkehr gegeben sein, z. B. bei Spezialleasing aufwändiger Mobilien. Gewerbliche Tätigkeit kann auch vorliegen, wenn Vermietung und An- und Verkauf eines Leasinggutes aufgrund eines einheitlichen Leasinggeschäfts verklammert sind.[23] Beim Vertriebsleasing im Mobilienbereich kann sich die Sachverhaltsgestaltung ergeben, dass der Leasinggeber nur einen Leasingnehmer, nämlich den Hersteller, hat. Trotzdem liegt auch hier eine Beteiligung am allgemeinen wirtschaftlichen Verkehr vor, da auch Geschäftsbeziehungen mit nur einem Partner anerkannt werden, wenn sie Teil des allgemeinen wirtschaftlichen Verkehrs sind.[23a] Auch wenn die Mobilienvermietung über Einzelobjektgesellschaften – auch außerhalb des Spezialleasing – vorgenommen wird, sind die vier Voraussetzungen regelmäßig erfüllt. Die Beteiligung am allgemeinen wirtschaftlichen Verkehr wird dabei unter anderem dadurch dokumentiert, dass die Gesellschaft vor Abschluss des Leasingvertrages selbst oder durch einen Vertreter akquirierend tätig ist. Die Nachhaltigkeit ist dabei auch bei Abschluss eines einzelnen Leasingvertrags gegeben, da eine nachhaltige Tätigkeit auch dann vorliegt, wenn die gleiche Tätigkeit über einen längeren Zeitraum ausgeübt wird, da diese Tätigkeit nicht als Einheit, sondern als Summe vieler Einzeltätigkeiten anzusehen ist. Diese Grundsätze lassen sich auch auf das Immobilien-Leasing übertragen, so dass auch insoweit nur in Ausnahmefällen Einkünfte aus Vermietung und Verpachtung vorliegen.

2. Der Maßgeblichkeitsgrundsatz in der Steuerbilanz

20 Leasinggeber, die gewerbliche Einkünfte erzielen, sind verpflichtet, ihre Gewinne durch Betriebsvermögensvergleich zu ermitteln. Ausgangsbasis für die steuerrechtliche Bilanzierung ist die Handelsbilanz. In § 5 Abs. 1 EStG ist der sog. **Maßgeblichkeitsgrundsatz der Handelsbilanz** für die Steuerbilanz verankert. Ist die Handelsbilanz nach den Grundsätzen ordnungsmäßiger Buchführung erstellt und verstößt sie nicht gegen zwingende handelsrechtliche Vorschriften, bildet sie die Grundlage auch für die steuerliche Gewinnermittlung. Dieser Maßgeblichkeitsgrundsatz und damit die unmittelbare Anwendung der handelsrechtlichen Vorschriften für die steuerrechtliche Gewinnermittlung wird nur durchbrochen, sofern das Steuerrecht eigene Bewertungs- und Ansatzvorschriften vorgibt. Derartige Vorschriften finden sich beispielsweise in den §§ 4 bis 7 EStG. Da Handels- und Steuerbilanz unterschiedliche Zielvorgaben besitzen, ergibt sich gelegentlich ein Zielkonflikt. Die handelsrechtlichen Vorschriften verfolgen grundsätzlich das Ziel des Gläubigerschutzes, d. h. aufgrund des Vorsichtsprinzips soll vor allem der Ausweis eines zu hohen Gewinns verhindert werden. Insbesondere spiegeln sich aufbauende stille Reserven infolge von Wertsteigerungen bei einzelnen Wirtschaftsgütern nicht im Gewinn wider. Sie wirken sich in aller Regel erst bei Veräußerungen oder Betriebs-

---

[23] BFH-Urteil v. 29. 8. 2007 IV R 4964, DStR 2007, 1574.
[23a] Schmidt/*Weber-Grellet*, § 15 Anm. 20.

aufgaben gewinnmäßig aus. Das Steuerrecht ist hingegen am Gläubigerschutz nur wenig interessiert, hier ist das fiskalische Interesse vorrangig. Da jedoch der Bilanzgewinn unmittelbare Bezugsgröße für die Steuerlast ist, kann dieses Interesse des Fiskus, nämlich den Gewinn nicht zu gering ausfallen zu lassen, nur durch vom Handelsrecht abweichende Regelungen berücksichtigt werden. Aus diesem Grunde kommt der Maßgeblichkeitsgrundsatz auch immer wieder in die Kritik, da er es nicht ermöglicht, die „wirkliche" Leistungsfähigkeit eines Unternehmens zu erfassen.[24]

Die Maßgeblichkeit gilt grundsätzlich sowohl für den Ansatz der einzelnen Wirtschaftsgüter als auch für die Bewertung des Wirtschaftsguts. Zur Bilanzierungspflicht muss bei der Beurteilung von Leasingverträgen jedoch beachtet werden, dass die ertragsteuerliche Bilanzierung von Leasinggegenständen, d. h. die Zurechnung des wirtschaftlichen Eigentums, weitgehend unabhängig vom Handelsrecht vorzunehmen ist, da das Steuerrecht eigene Vorschriften, wie § 39 AO, kennt und konkretere Abgrenzungskriterien, wie beispielsweise die Leasingerlasse, entwickelt hat. Diesen steuerrechtlichen Erwägungen hat sich das Handelsrecht im Großen und Ganzen angeschlossen und wendet diese Zurechnungskriterien ebenfalls an. Anders als noch in der Vorauflage ausgeführt, handelt es sich bei dieser Handhabung nicht um einen Fall einer umgekehrten Maßgeblichkeit, sondern um eine Wechselwirkung von handelsrechtlichen und steuerrechtlichen Zurechnungsgrundsätzen. Unter dieser ist gemeint, dass steuerliche Wahlrechte in Übereinstimmung mit der handelsrechtlichen Zurechnung auszuüben sind, d. h. einkommensteuerrechtliche Wahlrechte dürfen in Handels- und Steuerbilanz nicht unterschiedlich ausgeübt werden. Die gesetzliche Verankerung der Maßgeblichkeit findet sich in § 5 Abs. 1 Satz 2 EStG.[25] 21

Auch in Leasingfällen können Wahlrechte von Bedeutung sein: z. B. Wahl der linearen oder degressiven AfA bei beweglichen Wirtschaftsgütern des Anlagevermögens § 7 Abs. 1 bis Abs. 3 EStG und bei Gebäuden (§ 7 Abs. 4 bis 5a EStG), erhöhte AfA, Teilwertabschreibungen, Sonderabschreibungen.[26]

3. Besteuerung bei wirtschaftlichem Eigentum des Leasinggebers

a) Steuerliche Bilanzierungsfragen. Ist das Leasinggut dem Leasinggeber zuzurechnen, er also dessen wirtschaftlicher Eigentümer, gehört der Leasingvertrag zu den schwebenden Geschäften, die in der Steuerbilanz nicht ausgewiesen werden dürfen. Insbesondere darf der Anspruch auf die künftigen Leasingraten nicht aktiviert werden. Vielmehr handelt es sich bei den Leasingraten um laufende Betriebseinnahmen des jeweiligen Wirtschaftsjahres der Nutzungsüberlassung.[27] Diese Behandlung entspricht den handelsrechtlichen Grundsätzen ordnungsgemäßer Buchführung, wonach schwebende ausgeglichene Dauerschuldverhältnisse, wie beispielsweise Mietverhältnisse zu keinem Bilanzausweis führen. Eine Aktivierung aller sich aus dem Vertrag ergebenden Forderungen wäre nur möglich, wenn man tatsächlich davon ausginge, dass der Leasinggeber bereits mit der Übergabe des Leasinggegenstandes seine Verpflichtungen gegenüber dem Leasingnehmer erfüllt hätte. Da aber bei der Zurechnung des wirtschaftlichen Eigentums zum Leasinggeber ein solcher Übergang nicht stattgefunden hat, betrifft die künftige Nutzungsüberlassungsverpflichtung des Leasinggebers spätere Zeiträume, die am jeweiligen Bilanzstichtag noch nicht zu berücksichtigen sind. Diese Auffassung wird auch von der Finanzverwaltung vertreten.[28] Eine mögliche bilanzielle Auswirkung des Leasingvertrages auf die Bilanz kann sich nur ergeben, wenn das Mietverhältnis nicht ausgeglichen 22

---

[24] *Herzig/Hausen* DB 2004, 1; Weber-Grellet, BB 2005, 36.
[25] Ausführlich Schmidt/*Weber-Grellet* § 5 EStG Anm. 26 ff.
[26] Weitere Beispiele mit Rechtsprechungshinweisen bei Schmidt/*Weber-Grellet* § 5 EStG Anm. 42.
[27] *Hagemüller/Stoppok* Leasinghandbuch S. 52; *Clausen* in *Herrmann/Heuer/Raupach* § 5 Anm. 1168; Groove DB 1984, 889.
[28] BMF-Schreiben v. 13. 5. 1980.

§ 69 Vierter Teil. Wirtschaftliche Problemkomplexe des Leasings

ist. Rückstellungen wegen drohender Verluste aus schwebenden Geschäften können im Einzelfall geboten sein, wenn aus dem konkreten Leasingvertrag am Bilanzstichtag aufgrund eines Erfüllungsrückstandes des Leasingnehmers dem Leasinggeber ein Verlust droht (vgl. Rdn. 39).

23   Von maßgeblicher Bedeutung ist die Entscheidung, unter welcher **Bilanzposition** die Leasinggegenstände in der Bilanz des Leasinggebers zu erfassen sind. Es muss entschieden werden, ob Leasinggegenstände als Anlagevermögen, als Sonderposten zwischen Anlage- und Umlaufvermögen oder als Umlaufvermögen ausgewiesen werden. Neben sich daran anknüpfenden ertragsteuerlichen Bewertungsfragen nach § 6 EStG ist der Ausweis der Leasinggegenstände für steuerliche Vergünstigungsvorschriften, wie Sonderabschreibungen oder Investitionszulagen sowie die Entstehung von Dauerschulden von Bedeutung. Aufgrund des Maßgeblichkeitsprinzips ist für die Einordnung der Leasinggegenstände innerhalb der Aktivseite der Steuerbilanz vom Handelsrecht auszugehen. Da eine eigene Begriffsdefinition im Einkommensteuergesetz fehlt, gilt insoweit § 247 HGB.

24   Als **Umlaufvermögen** sind Wirtschaftsgüter auszuweisen, die zum Verbrauch im Betrieb oder zum Absatz bestimmt sind. Hierbei kommt es entscheidend auf die Zweckbestimmung im Betrieb an.[29] Zum Umlaufvermögen gehört z. B. die am Markt angebotene Ware, aber auch Hilfs- und Betriebsstoffe und Verbauchsmaterial.

Daraus folgt, dass Leasinggüter bei Leasingverträgen bei denen der Leasinggeber als wirtschaftlicher Eigentümer des überlassenen Wirtschaftsgutes anzusehen ist, nicht zum Umlaufvermögen gehören. Denn diese Wirtschaftsgüter sind dazu bestimmt, dem Leasinggeber die Erträge über die Vermietung der Leasinggegenstände zu verschaffen. Die Fruchtziehung aus der Substanz im Rahmen der Vermietung steht im Vordergrund. Diese Wirtschaftsgüter sind anders als Handelswaren oder Verbrauchsmaterial gerade nicht dazu bestimmt, den Herrschaftsbereich des Leasinggebers kurzfristig zu verlassen. Der Auffassung, die Leasinggegenstände seien dem Umlaufvermögen zuzurechnen, da sie nicht zum Gebrauch im eigenen Betrieb bestimmt seien, sondern fremden Betrieben dienten, kann nicht gefolgt werden, da es andernfalls kein vermietetes Sachanlagevermögen geben könnte.[30] Auch beim Herstellerleasing ist kein Umlaufvermögen anzunehmen, da zwar die Produktion der Wirtschaftsgüter beim Hersteller ein wesentlicher Zweck des Unternehmens ist, aber zivilrechtlich im Leasingverhältnis das Vermietungselement überwiegt.[31]

25   Handelsrechtlich kann auch der Ausweis der Leasinggegenstände als **gesonderte Position zwischen Anlage- und Umlaufvermögen** in Betracht gezogen werden.[32] Dieser Ansatz ist problematisch, da nach handelsrechtlichem Gliederungsschema keine derartige Position vorgesehen ist. Unabhängig von der handelsrechtlichen Möglichkeit einer derartigen Bilanzierung muss für die steuerrechtliche Beurteilung eine endgültige Eingruppierung der Leasinggegenstände in Anlage- oder Umlaufvermögen erfolgen, da die steuerlichen Bewertungsvorschriften nur diese beiden Vermögensarten kennen. Für die steuerliche Behandlung der Leasinggegenstände als Anlagevermögen spricht, dass vermietete Wirtschaftsgüter stets als Anlagevermögen behandelt werden. Dies ist ständige Rechtsprechung des Bundesfinanzhofs, wobei gerade der Wechsel vom Umlauf- ins Anlagevermögen mehrfach sehr genau abgegrenzt wurde.[33] Auch die Finanzverwaltung geht bei der Eingruppierung der Leasinggegenstände von einer Zurechnung zum Anlagevermögen aus. Dies wird sowohl in den verschiedenen Leasingerlassen als auch in der Behandlung der Investitionszulage deutlich, da diese regelmäßig die Zugehörigkeit zum Anlagevermögen voraussetzt. Daher ist zusammenfassend festzuhalten, dass Leasing-

---

[29] Schmidt/*Glanegger EStG* § 6 Anm. 24.
[30] *Stobbe* in *Herrmann/Heuer/Raupach* § 6 Anm. 265 mit weiteren Literaturnachweisen.
[31] *Bordewin/Tönner*, 79.
[32] *Spittler* Leasing 98.
[33] Vgl. BFH-Urteile v. 17. 11. 1981 BStBl 1982 II, 344.

gegenstände, die der Leasinggeber steuerlich zuzurechnen sind, in der Steuerbilanz als Anlagevermögen ausgewiesen werden müssen. Diese Bilanzierung hat auch dann zu erfolgen, wenn man handelsrechtlich eine Bilanzierung zwischen Anlage- und Umlaufvermögen zulassen würde.[34]

Einer besonderen Würdigung bedürfen **Leasingverträge über Software** (vgl. § 62). Hierzu muss für die bilanzsteuerliche Einordnung die Vorfrage beantwortet werden, wie Software ertragsteuerlich qualifiziert werden muss. Der Begriff „Software" deckt einen großen Bereich ab. Er beginnt bei der Firmware als unselbstständiger Teil der Hardware, geht über Systemsoftware und Standardsoftware bis zur Individualsoftware; dabei sind die Grenzen in technischer Hinsicht oft fließend. Da für die ertragsteuerliche Behandlung der Software im Rahmen von Leasingverhältnissen außerdem die vertraglichen Regelungen zwischen Softwarehaus und Leasinggeber im Softwareüberlassungsvertrag von entscheidender Bedeutung sind, können die einzelnen Vertrags- und Softwarearten nicht generalisierend betrachtet werden.

Eine Besonderheit bei der Beurteilung besteht zudem in dem Umstand, dass der Leasinggeber Software zum Einsatz im eigenen Betrieb verwenden kann, zum anderen kann er von ihm erworbene oder selbst hergestellte Software im Wege eines Leasingvertrages an einen Dritten, den Leasingnehmer, überlassen.

26

In beiden Fällen stellt sich zunächst die Frage, ob Software als **selbstständiges Wirtschaftsgut** beim Leasinggeber auszuweisen ist. Hier hat sich die zutreffende Ansicht durchgesetzt, dass jedenfalls **Anwendersoftware** grundsätzlich kein bewegliches, sondern ein immaterielles Wirtschaftsgut ist, weil der geistige Gehalt im Vordergrund steht, das aber gleichwohl von der Hardware losgelöst zu betrachten und damit ein selbstständiges Wirtschaftsgut ist. Die gilt unabhängig davon, ob es sich um Standardsoftware oder um Individualsoftware handelt, die speziell auf die individuellen Bedürfnisse des Anwenders zugeschnitten ist. An dem immateriellen Charakter der Software ändert sich nichts aufgrund des Umstandes, dass die Software oft noch auf einem Datenträger nebst Dokumentation ausgeliefert wird; dies wird nicht zuletzt dadurch bestätigt, dass weit verbreitet auch die Möglichkeit besteht, die Software online per Datenfernübertragung zu beziehen. Auch **Systemsoftware** ist wie Anwendersoftware im Allgemeinen ein selbstständiges Wirtschaftsgut, da keine untrennbare Einheit mit der Hardware besteht.[35] Fest installierte Firmware gilt hingegen als unselbstständiger Teil der Hardware und ist daher nicht als selbstständiges Wirtschaftsgut zu bilanzieren.

27

Sofern die Software nach diesen Grundsätzen als selbstständiges Wirtschaftsgut zu behandeln ist, muss der Leasinggeber die Anschaffungskosten aktivieren und auf die betriebsgewöhnliche Nutzungsdauer verteilen. Dabei gilt das Merkmal der Abnutzbarkeit für alle Softwarearten, einschließlich der sog. Systemsoftware. Voraussetzung der Aktivierung ist jedoch ein Beschaffungsvorgang und damit der Übergang des wirtschaftlichen Eigentums vom Softwarehersteller zum Leasinggeber. Daher muss dieser Vertrag gesondert beurteilt werden. Enthält dieser Beschaffungsvertrag Regelungen, die die Nutzbarkeit der Software dadurch einschränken, dass der Leasinggeber nicht befugt ist, sie bei einem anderen als dem Leasingnehmer zu verwerten, können derartige Vertragsgestaltungen dazu führen, hierin keinen Beschaffungsvorgang durch den Leasinggeber zu sehen.[36]

Betragen die Anschaffungskosten für die Software nicht mehr als 100 € ist eine Aufteilung auf die betriebsgewöhnliche Nutzungsdauer entbehrlich. Bei Anschaffungs- oder Herstellungskosten zwischen 100 € und 1000 € ist ein Sammelposten zu bilden, der im Wirtschaftsjahr seiner Bildung und in den folgenden vier Kalenderjahren mit jeweils einem Fünftel gewinnmindernd aufzulösen ist (§ 6 Abs. 2a EStG). Bei den Überschuss-

---

[34] *Stobbe* in *Herrmann/Heuer/Raupach* § 6 Anm. 265 Leasing; *Bordewin/Tonner*, S. 80.
[35] *Schmidt/Weber-Grellet* EStG, § 5 Anm. 270 „Software" m. w. N.
[36] *Graf von Westphalen* DB Beilage 3/89.

einkünften ist ein sofortiger Werbungskostenabzug im Jahr der Anschaffung/Herstellung bis zu einem Betrag von 410 € möglich (§ 9 Abs. 1 Satz 3 Nr. 7 Satz 2 EStG).

Die Aktivierung hat unabhängig davon zu erfolgen, ob der Leasinggeber die Software zu eigenen Zwecken nutzt oder ob er sie zum Zwecke des Leasinggeschäfts einsetzt, im letzteren Fall allerdings nur, wenn die Software nach allgemeinen Grundsätzen dem Leasinggeber weiterhin wirtschaftlich zuzurechnen ist.

28 Ist der Vertrag zwischen Softwarehaus und Leasinggeber nicht als Beschaffungsvorgang anzusehen, muss er als Überlassungsvertrag gewürdigt werden. In diesen Fällen erwirbt der Leasinggeber das Recht, die Software nutzen und weitervermieten zu können. Er erwirbt aber nicht die Software als solches, sondern nur ein Nutzungsrecht an ihr. Derartige Verträge führen nicht zu einer Bilanzierung bei dem Leasinggeber. Sofern der Leasinggeber dem Softwarehersteller das Nutzungsentgelt für die gesamte Nutzungsdauer im Voraus gezahlt hat, sind diese Vorauszahlungen aktiv auf die Nutzungsdauer abzugrenzen. Daher lässt sich zusammenfassen, dass es zu einer Bilanzierung der Software beim Leasinggeber nur kommt, wenn es sich dabei um ein eigenständiges, bilanzierungsfähiges Wirtschaftsgut handelt und der Beschaffungsvertrag mit dem Softwarehaus die uneingeschränkte Drittverwendungsmöglichkeit zulässt. Andernfalls liegt ein Nutzungsverhältnis vor.

29 **b) Steuerbilanzielle Bewertungsfragen.** Aufgrund des Maßgeblichkeitsprinzips der Handelsbilanz für die Steuerbilanz gelten für die Bewertung der Bilanzpositionen der Leasinggeber **grundsätzlich die handelsrechtlichen Bewertungsvorschriften.** Hiervon abweichende Bewertungen sind dann vorzunehmen, wenn durch die §§ 6, 7 EStG eine andere Bewertung zulässig oder vorgeschrieben ist.[37]

Für die handelsrechtliche Bewertung ist § 252 Abs. 1 Nr. 6 HGB zu beachten. Danach sollen die auf den vorhergehenden Jahresabschluss angewandten Bewertungsmethoden beibehalten werden. Eine Abweichung darf nur in begründeten Ausnahmefällen vorgenommen werden. Über das in § 5 Abs. 1 EStG festgelegte Maßgeblichkeitsprinzip gilt dieser handelsrechtliche Grundsatz der Bewertungsstetigkeit auch für die Steuerbilanz. Er kollidiert jedoch mit dem steuerrechtlichen Prinzip, jede steuerliche Bewertungsvorschrift unabhängig von anderen Wirtschaftsgütern in der Bilanz und unabhängig von der Vorjahresbilanz ausüben zu können. Daher muss entschieden werden, ob der handelsrechtliche Grundsatz der Bewertungsstetigkeit des § 252 Abs. 1 Nr. 6 HGB über das Maßgeblichkeitsprinzip auch für die Steuerbilanz gilt. Dies würde zu einer Einschränkung der Gestaltungsmöglichkeiten und möglicherweise zu steuerlichen Mehrbelastungen führen, sofern steuerliche Sondervorschriften, wie beispielsweise Teilwertabschreibung nach § 6 Abs. 1 Nr. 1 EStG Bewertungsfreiheit nach § 6 Abs. 2 EStG, Übertragung von stillen Reserven nach § 6b EStG, oder die Bildung von Rückstellungen (vgl. dazu Rdn. 43 ff.) von dem Leasinggeber nur unter Berücksichtigung des strengen handelsrechtlichen Grundsatzes der Bewertungsstetigkeit ausgeübt werden dürfen.

30 Für den **Bilanzansatz der Höhe** nach ist zunächst zu ermitteln, von welchem Betrag bei der Aktivierung auszugehen ist. Ausgangspunkt sind die Anschaffungs- oder Herstellungskosten (§ 6 Abs. 1 Nr. 1 EStG). Ob ein Ansatz eines niedrigeren Teilwerts möglich ist, muss im Einzelfall entschieden werden und richtet sich nach den allgemeinen Grundsätzen der Teilwertermittlung. Nach der Legaldefinition des § 6 Abs. 1 Nr. 1 Satz 3 EStG ist Teilwert der Betrag, den der Erwerber des ganzen Betriebs im Rahmen des Gesamtkaufpreises für das einzelne Wirtschaftsgut ansetzen würde, wobei davon auszugehen ist, dass der Erwerber den Betrieb fortsetzt. Dabei ist der Substanzwert und nicht der Ertragswert des einzelnen Wirtschaftsgutes maßgebend.[38] Nicht zu den Anschaffungskosten des Leasingutes – und damit nicht in die Bemessungsgrundlage des Bilanzansatzes ein-

---

[37] Schmidt/*Weber-Grellet* § 5 Anm. 50.
[38] Schmidt/*Glanegger* EStG § 6 Anm. 215 ff.

21. Kapitel: Steuerrechtliche Aspekte des Leasing §69

zubeziehen – gehören die Aufwendungen, die im Zusammenhang mit dem Abschluss des Leasingvertrages mit dem Leasingnehmer stehen, wie z. B. Werbekosten oder Transportkosten für den Transport des Leasinggutes zum Leasingnehmer. Diese Aufwendungen sind sofort abzugsfähige Betriebsausgaben des Leasinggebers. Transportkosten im Zusammenhang mit dem Transport des Leasinggutes vom Hersteller zum Leasinggeber sind demgegenüber Teil der Anschaffungskosten. Bei einer unmittelbaren Lieferung des Herstellers an den Leasingnehmer kommt es auf die individuellen Gestaltungen an; hier spricht vieles für eine sofortige Abzugsfähigkeit – wenn nicht der Leasingnehmer nicht ohnehin zur Übernahme der Aufwendungen verpflichtet ist.

Neben der Höhe der maßgeblichen Anschaffungs- oder Herstellungskosten ist die **Bemessung der betriebsgewöhnlichen Nutzungsdauer der Leasinggegenstände** von entscheidender Bedeutung. Die Anschaffungs- oder Herstellungskosten des Leasinggebers werden für Mobilien entsprechend § 7 Abs. 1 EStG auf die betriebsgewöhnliche Nutzungsdauer des Leasinggegenstandes verteilt. Betriebsgewöhnliche Nutzungsdauer ist der Zeitraum, in dem das Wirtschaftsgut unter Berücksichtigung der Verhältnisse seines Einsatzes durch den Steuerpflichtigen zur Erzielung steuerpflichtiger Einnahmen verwendet oder genutzt werden kann.[39] Dabei stellt sich für die Leasingverhältnisse die Frage, auf wessen Verhältnisse für die Bestimmung der Nutzungsdauer abzustellen ist – die Verhältnisse des Leasinggebers oder des Leasingnehmers? Auf den ersten Blick könnte die tatsächliche Nutzung durch den Leasingnehmer dafür sprechen, auf dessen Verhältnisse abzustellen. Damit würde jedoch bei einer Vielzahl von Leasingverträgen ein unverhältnismäßig hoher Aufwand für die Ermittlung der individuellen Verhältnisse der Leasingnehmer erforderlich. Es erscheint daher sachgerecht, die betriebsgewöhnliche Nutzungsdauer der Leasinggegenstände an Hand der Erkenntnisse und Erfahrungen bei beim Leasinggeber zu ermitteln oder zu schätzen. Auf den individuellen, konkreten Einsatz durch den Leasingnehmer kommt es also in Anbetracht der wirtschaftlichen Zurechnung zum Leasinggeber nicht an. Weiterhin erforderlich ist aber die Erfassung jedes einzelnen Leasinggegenstandes; dies korrespondiert mit den ertragsteuerlichen Grundsätzen zur Behandlung von Leasingverträgen, nach denen nicht der Leasingvertrag, sondern die einzelnen Leasinggegenstände bilanziell zu erfassen sind. Allerdings hat dies zur Folge, dass jeder Leasinggegenstand so genau wie möglich bewertet werden soll. Dies erfordert aber nicht zwingend, dass die tatsächliche Nutzung des Leasinggutes durch den Leasingnehmer berücksichtigt wird. Zwar richtet sich die tatsächliche Abnutzung des Leasinggutes für jedes einzelne Leasinggut nach den Verhältnissen des Leasingnehmers, da Nutzungsgrad und -art in hohem Maße vom Leasingnehmer beeinflusst werden. Der Leasinggeber kann gleichwohl auch von einer typisierenden Betrachtung ausgehen, in die naturgemäß auch die Erfahrungen aus der Vermietung gleichwertiger Wirtschaftsgüter einfließen.

Selbst wenn man von einem – abweichend von der hier dargestellten Auffassung – Grundsatz der Orientierung an den Verhältnissen beim Leasingnehmer ausgehen würde, führt dies jedoch nicht zwangsläufig dahin, dass vom Leasinggeber die jeweilige betriebsgewöhnliche Nutzungsdauer für Mobilien an Hand des konkreten Einsatzes beim Leasingnehmer nachgewiesen werden muss. Vielmehr kann der Leasinggeber die betriebsgewöhnliche Nutzungsdauer der Leasinggegenstände für die „übliche" Nutzung an Hand **allgemeiner Kriterien** ermitteln. Ausgangspunkt kann die AfA-Tabelle sein, wobei bei entsprechender Nutzung durch den Leasingnehmer statt den allgemeinen AfA-Tabellen die AfA-Tabelle für den Wirtschaftszweig des Leasingnehmers zugrunde gelegt werden sollte.[40]

---

[39] Schmidt/*Drenseck* § 7 Anm. 80.
[40] EFG 1980, 174, „Die AfA-Tabellen haben die Vermutung der Richtigkeit für sich"; EFG 1986, S. 389; EFG 1987, 402.

32 In **begründeten Einzelfällen** kann von dieser betriebsgewöhnlichen Nutzungsdauer laut AfA-Tabelle nach oben oder unten **abgewichen** werden. Hierbei gelten für eine Abweichung von der AfA-Tabelle für den Leasinggeber die gleichen Grundsätze, die der Leasingnehmer zu beachten hätte, wenn er den Leasinggegenstand nicht leasen, sondern selbst erwerben würde, und dann die betriebsgewöhnliche Nutzungsdauer zu ermitteln hätte. Indiz für eine derartige begründete Abweichung von der AfA-Tabelle kann die Vereinbarung einer festen Grundmietzeit im Leasingvertrag sein, die länger als die betriebsgewöhnliche Nutzungsdauer nach der AfA-Tabelle ist oder wenn Grundmietzeit und Zeitraum einer möglichen Vertragsverlängerung zusammen die Nutzungsdauer gemäß AfA-Tabelle überschreiten.[41] Die so ermittelte betriebsgewöhnliche Nutzungsdauer ist beim Leasinggeber sowohl für die Bemessung der Absetzung für Abnutzung als auch für die Berechnung der 40 %/90 %-Grenze zugrunde zu legen.

33 Bis zur Ermittlung der betriebsgewöhnlichen Nutzungsdauer der Leasinggegenstände anzuwendenden AfA-Tabellen werden von der Finanzverwaltung erstellt und in regelmäßigen Abständen überarbeitet. Sie tragen nach der Rechtsprechung die im Einzelfall widerlegbare Vermutung der Richtigkeit in sich. Eine Bindungswirkung für die Gerichte entfalten sie aber nicht.[42] Denkbar ist auch, dass sich der Leasinggeber und die Finanzverwaltung sich im Einzelfall über die tatsächliche Nutzungsdauer verständigen.

34 Sofern die Leasinggegenstände dem Leasinggeber zugerechnet werden und sie aufgrund der vorgenannten Grundsätze die betriebsgewöhnliche Nutzungsdauer ermittelt hat, sind die Absetzungen für Abnutzung zeitanteilig vorzunehmen.

Hierbei können alle zulässigen Abschreibungsmethoden in Anspruch angewendet werden. Sofern die Voraussetzungen für Sonderabschreibungen oder erhöhte Absetzungen erfüllt sind, können auch diese in Anspruch genommen werden. Sofern die Inanspruchnahme erhöhter Absetzungen oder Sonderabschreibungen an die eigenbetriebliche Verwendung des Steuerpflichtigen geknüpft ist, sind Leasingverträge in derartigen Fällen grundsätzlich nicht begünstigt.

35 Die Steuervergünstigungen werden im Rahmen von Leasing nur dann gewährt, wenn der Leasingvertrag im Rahmen einer Betriebsaufspaltung abgeschlossen wird[43] oder ein Betreibermodell vorliegt.[44]

36 Die Bemessung der **betriebsgewöhnlichen Nutzungsdauer für Gebäude** weicht von der individuellen Ermittlung bei Mobilien ab. Die Absetzung für Abnutzung von Gebäuden erfolgt nach typisierten Abschreibungssätzen.[45] Daher ist bei Gebäuden die Absetzung für Abnutzung gemäß § 7 Abs. 4 EStG vorzunehmen. Dabei ist, sofern der Leasinggeber die Voraussetzungen nach § 7 Abs. 4 Nr. 1 EStG erfüllt, für Wirtschaftsgebäude ein Absetzungszeitraum von 33 Jahren und vier Monaten anzusetzen. Für diese Gebäude ist der gesetzliche Absetzungszeitraum als betriebsgewöhnliche Nutzungsdauer zugrunde zu legen.[46] Somit gilt dieser Absetzungszeitraum auch für die Berechnung der 90 %-Grenze.

Für Leasingverträge, welche vor Inkrafttreten des Teilamortisationserlasses für Immobilien abgeschlossen wurden, war unter analoger Anwendung des Immobilien-Vollamortisationserlasses die 40 %-Untergrenze zu beachten. Diese bedeutete, dass die Mindestlaufzeit des Leasingvertrages 10 Jahre betragen musste, um zu einer Zurechnung zum Leasinggeber zu gelangen.

---

[41] *Bordewin/Tonner*, S. 81; *Herrmann/Heuer/Raupach* § 5 Anm. 1165; *Runge/Bremser/Zöller* Leasing S. 312; *Hagemüller/Stoppok* aaO, S. 51.
[42] BFH-Urteil v. 9.12.1999 III R 74/97, BStBl. II 2001, 311.
[43] BMF-Schreiben v. 10.12.1985 BStBl. I 1985, 683.
[44] BMF-Schreiben v. 10.9.2002, BStBl. I 2002, 2329.
[45] Schmidt/*Drenseck* § 7 Anm. 141; *Schulz* Wirtschaftliches Eigentum beim Immobilien-Leasing BB 1986, 2173.
[46] BMF-Schreiben v. 9.6.1987 BStBl 1987 I, 440; v. 10.9.2002, BStBl. I 2002, 2329.

21. Kapitel: Steuerrechtliche Aspekte des Leasing § 69

Sofern die tatsächliche Nutzungsdauer bei Gebäuden, die zu einem Betriebsvermögen gehören (Wirtschaftsgebäuden) weniger als 33 Jahre und vier Monate, weniger als 40 Jahre bei Gebäuden, die vor dem 1.1. 1925 fertiggestellt worden sind, oder weniger als 50 Jahre für Gebäude, die nach dem 31.12. 1924 fertiggestellt worden sind, beträgt, kann auch eine kürzere Nutzungsdauer zugrunde gelegt werden (§ 7 Abs. 2 Satz 2 EStG). Dies hat insbesondere Bedeutung für Gebäude, die keine Wirtschaftsgebäude im Sinne von § 7 Abs. 4 Satz 1 Nr. 1 EStG sind und nach dem 31.12. 1924 errichtet wurden.

Die Entwicklung der Bautechnik und der Anforderungen an die Gebäude, insbesondere im gewerblichen Bereich, haben sich so gewandelt, dass die Nutzungsdauer von gewerblich genutzten Gebäuden nicht mehr mit 50 Jahren typisiert werden kann. Dem hat der Gesetzgeber mit der Einführung des verkürzten Absetzungszeitraumes von 33 Jahren und vier Monaten für Wirtschaftsgebäude bereits Rechnung getragen. Daher kommt es beim Immobilien-Leasing, auch wenn es sich nicht um Wirtschaftsgebäude handelt, häufig vor, dass eine kürzere betriebsgewöhnliche Nutzungsdauer und damit ein höherer AfA-Satz als 2 % in Anspruch genommen wird. 37

Sofern der Leasinggeber und das Gebäude die entsprechenden Voraussetzungen erfüllen, kann der Leasinggeber die **degressive Absetzung für Abnutzung** nach § 7 Abs. 5 EStG vornehmen.[47] Es ist jedoch zu beachten, dass, sofern dem Leasingnehmer ein Ankaufsrecht am Gebäude eingeräumt wird, der Ankaufspreis entsprechend der linearen AfA zu ermitteln ist.[48] Bei Erbbaurechten kommt eine Verkürzung der betriebsgewöhnlichen Nutzungsdauer für Gebäude und damit gleichzeitig die Anwendung des entsprechend höheren AfA-Satzes in Betracht, wenn der Erbbaurechtszeitraum kürzer als die betriebsgewöhnliche Nutzungsdauer des Gebäudes ist. Die Bemessung der Absetzung für Abnutzung nach dem kürzeren Erbbaurechtszeitraum ist bei Finanzierungsleasingverträgen auch dann vorzunehmen, wenn der Leasingnehmer der Leasinggeber das Erbbaurecht eingeräumt hat.[49] 38

Neben regelmäßigen Absetzungen für Abnutzung, einschließlich erhöhter Absetzungen und Sonderabschreibungen, kann es für den Leasinggeber notwendig sein, **Teilwertabschreibungen auf den Leasinggegenstand** vorzunehmen. Teilwertabschreibungen können dann geboten sein, wenn der tatsächliche Wert des Leasinggegenstandes kleiner ist als der Bilanzansatz bei regulärer Absetzung für Abnutzung. Dies gilt insbesondere bei Vollamortisationsverträgen zu dem Zeitpunkt, an dem feststeht, dass der Buchwert zum Ende der Grundmietzeit höher als der Verkehrswert des Leasinggegenstandes ist und ggf. ein Veräußerungsverlust droht. In diesen Fällen ist eine Teilwertabschreibung in Höhe der Differenz vorzunehmen (zur Rückstellungsbildung s. Rdn. 43). Eine Teilwertabschreibung auf den Leasinggegenstand ist auch dann geboten, wenn der Vertrag notleidend wird, d. h. der Leasingnehmer seinen vertraglichen Zahlungsverpflichtungen nicht nachkommt, und der augenblickliche Verkehrswert des Leasinggegenstandes unter dem Buchwert liegt. Teilwertabschreibungen können auch dann vorgenommen werden, wenn der Leasinggeber im Übrigen Gewinne erwirtschaftet, da eine Teilwertabschreibung unabhängig von der Ertragslage des Unternehmens zulässig ist.[50] 39

Eine Besonderheit ergibt sich bei der Ermittlung der betriebsgewöhnlichen Nutzungsdauer, wenn der Leasinggeber **gebrauchte Mobilien** erwirbt. Bei der Bemessung der betriebsgewöhnlichen Nutzungsdauer von gebrauchten Mobilien gilt der gleiche Grundsatz wie bei der Bemessung von neuen Wirtschaftsgütern: Die betriebsgewöhnliche Nut- 40

---

[47] Die degressive Abschreibung für Wirtschaftsgebäude wurde durch das G zur Bekämpfung des Missbrauchs und zur Bereinigung des Steuerrechts mit Wirkung ab dem 1.1. 1994 abgeschafft. Zur fortgeltenden Übergangsregelung für den Wegfall der degressiven AfA nach § 7 Abs. 5 S. 1 Nr. 2 EStG vgl. BMF v. 8. 3. 1994, DStR 1994, 466.
[48] BMF-Schreiben v. 21. 3. 1972, BStBl. I 1972, 188.
[49] 21. 3. 1972 aaO.
[50] BFH-Urteil v. 17. 9. 1987 BStBl 1988 II, 488.

zungsdauer ist der Zeitraum, in dem der Leasinggegenstand unter Berücksichtigung der Verhältnisse seines Einsatzes genutzt werden kann. Bei gebraucht erworbenen Wirtschaftsgütern zieht man hierbei die ursprüngliche betriebsgewöhnliche Nutzungsdauer – sofern bekannt – sowie die bisherige Nutzungsdauer des Wirtschaftsguts als Orientierungspunkte heran. Diese schematische Ermittlung durch Subtraktion der bisherigen Nutzungsdauer von der Gesamtnutzungsdauer, die wiederum regelmäßig der Nutzungsdauer laut AfA-Tabelle entspricht, kann jedoch nur als Orientierungspunkt verstanden werden. Zu- oder Abschläge zu der so ermittelten Restnutzungsdauer sind vorzunehmen, wenn im Erwerbszeitpunkt des gebrauchten Wirtschaftsguts aufgrund der dann bekannten Tatsachen davon auszugehen ist, dass diese Restnutzungsdauer unzutreffend ist. Ein Indiz für derartige Korrekturen der schematisch ermittelten Restnutzungsdauer kann neben der Laufzeit des Leasingvertrages das Verhältnis des Kaufpreises für das gebrauchte Wirtschaftsgut zum Neupreis sein, weil dieses Verhältnis darüber Aufschluss geben kann, für welchen Zeitraum der Erwerber mit einer weiteren Nutzung des gebrauchten Wirtschaftsgutes rechnet. Die so ermittelte betriebsgewöhnliche Nutzungsdauer für gebraucht erworbene Leasinggegenstände ist beim Leasinggeber für die Höhe der Absetzungen für Abnutzung und damit für die Ermittlung der 40/90 %-Grenze zugrunde zu legen.

41 Wegen der Aktivierung und Bewertung von Vormieten, Sonderzahlungen und Nebenkosten wird auf die Ausführungen zu den Rückstellungen in der Steuerbilanz verwiesen.[51]

42 Sofern der Leasingnehmer vertragsgemäß Mietvorauszahlungen neben seinen Leasingraten zu leisten hat, die bei einer Verlängerung des Leasingvertrages entweder auf die späteren Leasingraten angerechnet werden oder an den Leasingnehmer zurückzuzahlen sind, hat der Leasinggeber eine entsprechende Verpflichtung zu passivieren. Diese Verpflichtung entspricht der Höhe nach den vom Leasingnehmer insgesamt entrichteten Mietvorauszahlungen. Sie ist als Verbindlichkeit in der Bilanz auszuweisen. Ein Ausweis als passiver Rechnungsabgrenzungsposten scheidet aus, da nicht feststeht, ob es zu einer Mietverlängerung und damit zukünftig zur Anrechnung dieser Mietvorauszahlungen kommt. Die Verbindlichkeit ist gemäß § 6 Abs. 1 Nr. 3 EStG mit ihrem Nennwert als Erfüllungsbetrag auszuweisen.[52]

43 c) Bildung von Rückstellungen in der Steuerbilanz. Auch für Leasinggeber gelten die allgemeinen steuerlichen Grundsätze über die **Bildung und Bewertung von Rückstellungen**. Da die Leasingverträge nicht bilanziert werden und als schwebende Geschäfte nicht in der Bilanz erfasst werden, gelten die Grundsätze der Behandlung von Dauerschuldverhältnissen.[53]

Für **Rückstellungen für erwartete Veräußerungsverluste** ist anerkannt, dass Verluste bei Dauerschuldverhältnissen als Rückstellung auch dann zu passivieren sind, wenn noch keine Verbindlichkeit besteht.[54] Gerade hierin liegt der Unterschied zwischen einer Rückstellung und einer Verbindlichkeit. Wird eine Rückstellung gebildet, ist zu beachten, dass es bei einer völligen Wertlosigkeit des Leasinggegenstandes zu keinem weiteren Vertrag am Ende der Mietzeit kommen wird. Gerade dieser völlige Wertverlust muss aber, sofern der Verlust mit hoher Wahrscheinlichkeit angenommen werden kann, bereits am Bilanzstichtag berücksichtigt werden.

44 Zusammenfassend lässt sich festhalten, dass Rückstellungen für drohende Verluste auszuweisen sind, wenn bei Leasingverträgen am Bilanzstichtag davon ausgegangen werden kann, dass spätere Verluste während der weiteren Laufzeit oder am Ende eintreten werden. Wenn derartige Verluste – wie beispielsweise bei Vollamortisationsverträgen – erst

---

[51] Vgl. Rz. 48.
[52] *Bordewin/Tonner*, S. 89.
[53] Siehe Fn. 22.
[54] BFH-Urteil v. 19. 7. 1983 BStBl 1984 II, 56.

am Ende des Leasingvertrages endgültig entstehen, sind sie bereits am Bilanzstichtag zu berücksichtigen. Allerdings hat der Leasinggeber bei derartigen erwarteten Verlusten die Möglichkeit, statt einer Rückstellung für drohende Verluste alternativ eine entsprechende Teilwertabschreibung beim Leasinggegenstand vorzunehmen. Dies führt letztlich über einen anderen Weg zum gleichen Bilanzergebnis. Die Höhe dieser Verlustrückstellung müsste am jeweiligen Bilanzstichtag für jeden einzelnen Leasingvertrag ermittelt werden. Sofern die Wertentwicklung der Leasinggegenstände schwankend ist, kann es möglich sein, Rückstellungen, die am vorherigen Bilanzstichtag gebildet worden sind, aufgrund neuerer Erkenntnisse zu einem späteren Bilanzstichtag wieder auszubuchen. Es kann sich aber dann die Frage stellen, ob die ursprüngliche Rückstellungsbildung von einer zutreffenden Beurteilung ausgegangen ist.

Eine Saldierung der Verlustrückstellungen mit stillen Reserven aus anderen Leasingverträgen ist wegen des Grundsatzes der Einzelbewertung nicht möglich. Auch Pauschalwertberichtigungen für die Wertverluste aller oder einiger Leasinggegenstände sind wegen des Prinzips der Einzelbewertung nicht zulässig.

Ist der erwartete Verlust der Höhe nach ermittelt, stellt sich die Frage nach der Bewertung dieser Rückstellung. Einzelheiten hierzu sind in § 6 Abs. 1 Nr. 3a EStG geregelt. Das mit der Rückstellungsbildung verbundene Thema der Abzinsung von Passiva ist in der Vergangenheit diskutiert worden. Diese Diskussion ist durch die gesetzliche Abzinsungsverpflichtung in § 6 Abs. 1 Nr. 3a BStb. e EStG überholt. Einzelheiten zur Abzinsung hat die FinVerw. in einem BMF-Schreiben[55] erläutert.

Bei Mobilienleasinggebern mit einer hohen Anzahl von verschiedenen Leasingnehmern, wie beispielsweise beim Kfz.-Leasing, stellt sich die Frage nach einer **Rückstellung für das allgemeine Bonitätsrisiko**. An die Zulässigkeit derartiger Pauschalrückstellungen werden sehr hohe Anforderungen gestellt. Daher dürften derartige Verlustrückstellungen bei Leasinggebern kaum passivierbar sein.[56] **45**

Sofern der Leasinggeber die entsprechenden Voraussetzungen erfüllt, kann er in den Genuss von **Investitionszulagen** kommen (vgl. § 79). Da der Leasingnehmer bei Eigeninvestition die Investitionszulage in diesen Fällen selbst auch erhalten würde, ist ihm bekannt, dass auch der Leasinggeber die Investitionszulage erhält. Daher wird der Leasingnehmer regelmäßig die Berücksichtigung der Investitionszulage bei der Ermittlung der Leasingrate verlangen. **46**

Ertragsteuerlich ist eine Weitergabe der Investitionszulage von der Finanzverwaltung stets akzeptiert worden. Die Weitergabe der Investitionszulage geschieht auf vielfältige Weise. Teilweise wird die Investitionszulage dadurch berücksichtigt, dass sie zur Finanzierung eingesetzt wird und daher langfristig die Leasingraten mindert. Eine andere Möglichkeit sieht eine einmalige Mietrückzahlung des Leasinggebers bei Erhalt der Investitionszulage vor. In beiden Fällen besteht keine Veranlassung, eine Rückstellung für künftige Verluste zu bilden. Allerdings lässt die Finanzverwaltung den sofortigen Aufwand nicht zum Abzug zu, sondern verlangt über die Bildung eines Rechnungsabgrenzungspostens die Verteilung über die verbleibende Mietzeit.[57]

Anders sieht es in den Fällen aus, in denen die Investitionszulage mit den künftig fällig werdenden Leasingraten verrechnet wird. Hierbei können die künftigen Leasingraten die künftigen ertragsteuerlichen Aufwendungen ggf. nicht mehr decken, und es stellt sich die Frage nach der Rückstellungsbildung für derartige künftige Verluste. Die Ursache hierfür liegt in der Nichtsteuerbarkeit der Investitionszulage einerseits und der Beibehaltung der bisherigen unverminderten Anschaffungs- oder Herstellungskosten andererseits. M. E. ist die Investitionszulage in einen passiven Sonderposten einzustellen, der ge-

---

[55] v. 26. 5. 2005, BStBl I 2005, 699.
[56] *Clausen* in *Herrmann/Heuer/Raupach* § 5 Anm. 1177; aA *Glasel/Siebel* Risikovorsorge bei Leasinggebern aus steuerlicher Sicht BB Beilage 8/84, S. 22.
[57] OFD Köln v. 31. 8. 1988; StEK § 5 Bil Nr. 56.

§ 69 Vierter Teil. Wirtschaftliche Problemkomplexe des Leasings

winnerhöhend über die Nutzungsdauer des Anlagegegenstandes aufzulösen ist. So kommt es handelsrechtlich zu einem Abschreibungsaufwand, der nach den um die Zulage geminderten Anschaffungs-/Herstellungskosten bemessen wird. Handelsrechtlich entsteht aus dem Leasingvertrag dann grundsätzlich kein Verlust.[58]

47 Bei der Berücksichtigung von Rückstellungen muss auch geprüft werden, ob **Rückstellungen** von Leasinggebern **bei Vollamortisationsverträgen** gebildet werden müssen, in denen sich der Leasinggeber verpflichtet, den Leasingnehmer an dem Veräußerungserlös zu beteiligen. Handelsrechtlich sind Rückstellungen bei Vollamortisationsverträgen jedenfalls dann geboten, wenn sie aufgrund einer vertraglichen Mietrückgewährverpflichtung des Leasinggebers die bereits vereinnahmten Leasingraten betreffen und insoweit quasi eine „Rückzahlung" von anteiligen Leasingraten erfolgt. Dies hat zur Folge, dass sie auch steuerlich zwingend zu bilden sind. Dabei ist der Rückstellung für drohende Verluste der Vorzug gegenüber der Rückstellung für ungewisse Verbindlichkeiten zu geben, da das Entstehen des Verlustes bei objektiver Betrachtung feststeht.[59] Ist zu erwarten, dass die Beteiligung des Leasingnehmers am Veräußerungserlös einen über dem Buchwert liegenden Veräußerungsgewinn ergibt, scheidet die Rückstellungsbildung mangels eines zu erwartenden Verlustes des Leasinggebers aus.

48 **d) Aktivierung und Abgrenzung von Leasingraten in der Steuerbilanz.** In der Gestaltung der Leasingraten sowie der Vereinbarung von Sonderzahlungen und Vormieten sind die Beteiligten frei. Die jeweiligen Vereinbarungen richten sich nach den Anforderungen des Leasingnehmers oder Leasinggebers oder sind finanzierungstechnisch notwendig.

Auch wenn die Vereinbarungen in aller Regel auf vernünftigen wirtschaftlichen Erwägungen beruhen, stellt sich die Frage der ertragsteuerlichen Auswirkungen. In der Praxis sind Sonderzahlungen, Vormieten und nicht lineare Mietzahlungen im Mobilien-Leasing aufgrund der kurzen Vertragslaufzeiten seltener. Dagegen kommen diese Gestaltungen beim Immobilien-Leasing häufiger vor.

Werden im Rahmen des Leasingvertrages **Sonderzahlungen** vereinbart, sind diese vom Leasingnehmer regelmäßig bei Vertragsabschluss oder bei Vertragsbeginn mit der ersten Leasingrate zu zahlen. Sie werden nicht auf die späteren Leasingraten angerechnet und stehen dem Leasinggeber bei vorzeitiger Beendigung des Leasingvertrages ohne Rückzahlungsverpflichtung vollständig zu. Zum Teil werden Sonderzahlungen stets Mietvorauszahlungen angesehen, die beim Leasinggeber als passive Rechnungsabgrenzungsposten anzusetzen sind.[60] Diese Behandlung erscheint jedoch zu pauschal. Es wird nicht hinreichend in Betracht gezogen, welche Funktion die Sonderzahlungen beim Leasinggeber haben. Diese Betriebseinnahmen des Leasinggebers aus Sonderzahlungen des Leasingnehmers können nämlich auch notwendig sein, um einen entsprechenden Aufwand des Leasinggebers abzudecken. Dies gilt z. B. wenn der Leasinggeber eine Vermittlungsprovision an einen Dritten zu entrichten hat oder ein anderer sofortiger Aufwand beim Leasinggeber entsteht. In diesen Fällen ist eine auf diesen Aufwand bezogene Einnahme aus der Sonderzahlung konsequenterweise als sofortiger Ertrag beim Leasinggeber zu erfassen. Damit ist zugleich berücksichtigt, dass die Sonderzahlung dem Leasinggeber auch bei vorzeitiger Vertragsauflösung zusteht.

Insgesamt sollte sich die Würdigung der Sonderzahlung des Leasingnehmers an ihrem wirtschaftlichen gewollten Ergebnis für den Leasinggeber orientieren: Sollen durch die Sonderzahlung Aufwendungen des Leasinggebers abgegolten werden, sind die Einnahmen aus den Sonderzahlungen als Ertrag beim Leasinggeber zu erfassen. Sind sie mangels eigener Kosten des Leasinggebers als vorausgezahlte Leasingraten zu qualifizieren, sind

---

[58] *Bordewin/Tonner*, BB 1985, 788.
[59] A. A. BFH-Urteil v. 8. 10. 1987 IV R 18/86, BStBl II 1988, 57.
[60] *Bordewin/Tonner*, S. 91; *Clausen* in *Herrmann/Heuer/Raupach* § 5 Anm. 1173; *Haug* Jahrbuch der Fachanwälte für Steuerrecht 1985/86, S. 429; *Runge/Bremser/Zöller* Leasing, S. 284.

sie als Rechnungsabgrenzungsposten zu passivieren. Die Auflösung dieses Rechnungsabgrenzungspostens hat dann entsprechend dem Mietverlauf zu erfolgen.

Nebenkosten, die der Leasingnehmer dem Leasinggeber zusätzlich zu den Leasingraten zu entrichten hat, unterscheiden sich von den Sonderzahlungen dadurch, dass der Leasingnehmer sie nur insoweit zu entrichten hat, wie sie beim Leasinggeber entstehen. Diese erstatteten Nebenkosten sind Betriebseinnahmen des Leasinggebers. Die dazugehörigen Aufwendungen des Leasinggebers sind als sofortige Betriebsausgaben zu behandeln. Dies gilt auch dann, wenn diese Nebenkosten dem Leasingnehmer nicht gesondert in Rechnung gestellt werden, sondern in die Leasingraten einbezogen werden.[61] Die Erstattung von Nebenkosten ist damit ein Sonderfall einer Sonderzahlung, der dadurch gekennzeichnet ist, dass konkreter Aufwand des Leasinggebers abgedeckt wird.

49

Im Bereich des Immobilien-Leasing und bei Herstellerleasing werden teilweise **Vormieten** vereinbart. Diese Vormieten beginnen meist zu einem Zeitpunkt nach Vertragsabschluss – im Immobilien-Leasing bei Baubeginn – und enden bei Mietbeginn. Sie orientieren sich regelmäßig an den Finanzierungskosten des Leasinggebers während der Bauzeit. Vormieten sind keine Gegenleistung für eine Kapitalnutzung oder -bereitstellung durch den Leasingnehmer, sondern Teil des Entgeltes für die spätere Nutzungsüberlassung. Sie sind beim Leasingnehmer in einen aktiven Rechnungsabgrenzungsposten einzustellen.[62] Hieraus wird für den Leasinggeber gefolgert, dass er die Erträge aus Vormieten passiv abzugrenzen hat.[63] Dieser passive Rechnungsabgrenzungsposten ist während der Nutzungsüberlassung entsprechend dem Mietverlauf aufzulösen. Die Behandlung der Vormieten beim Leasinggeber als passiver Rechnungsabgrenzungsposten ist zwar ertragsteuerlich konsequent, gleichwohl aber nicht unbedenklich, da sie von der bilanziellen Behandlung beim Leasingnehmer ausgeht und diese spiegelbildlich auf den Leasinggeber überträgt. Die Erfassung der Einkünfte beim Leasinggeber hat aber nach eigenen steuerlichen Bilanzierungsgrundsätzen zu erfolgen und wird nicht durch die bilanzielle Behandlung beim Leasingnehmer vorgegeben. Bei einem direkten Zusammenhang mit Aufwendungen des Leasinggebers kann es daher geboten sein, auch Vormieten wie Sonderzahlungen und Nebenkosten als sofortigen Ertrag zu behandeln.

50

Die Gestaltung der **Höhe der Leasingraten** erfolgt in der Praxis sehr unterschiedlich. In der Regel finden sich über die Vertragslaufzeit gleichbleibende Leasingraten. Sie sind steuerrechtlich am einfachsten zu beurteilen. Die Leasingraten sind der jeweiligen Höhe sofortige Betriebseinnahmen des Leasinggebers. Einer gesonderten bilanziellen Erfassung bedarf es insoweit nicht.

51

Schwieriger wird die Würdigung, sofern die Leasingraten über die Laufzeit des Leasingvertrages kleiner werden. Für einen derartigen degressiven Mietverlauf hat der Bundesfinanzhof in einer Entscheidung aus dem Jahr 1982[64] für den Leasingnehmer entschieden, dass er ertragsteuerlich jährlich nicht die tatsächlichen Zahlungen, sondern nur die über die Laufzeit berechnete Durchschnittsmiete als Aufwand geltend machen kann. Die Zahlungen des Leasingnehmers an den Leasinggeber sind daher beim Leasingnehmer in einen als Aufwand wirksamen Durchschnittsbetrag und einen zu aktivierenden Rechnungsabgrenzungsposten aufzuteilen. Beim Leasinggeber müssen „überschüssige" Mietzahlungen passiviert werden.[65] Der BFH begründet seine Auffassung damit, dass die Nutzungsüberlassung in jedem Jahr eine gleichartige und gleichwertige Leistung des Vermieters darstelle, die durch gleich hohe Leasingraten abgegolten werden müsse. Hierbei stellt das Gericht insbesondere darauf ab, dass der Mietvertrag auf mehrere Jahre mit festen Bedingungen geschlossen wurde, und der Leasinggeber ihn nur aus wichtigem

---

[61] BMF vom 12.12.1974.
[62] BFH-Urteil v. 12.8.1982 IV R 184/79, BStBl II 1982, 696.
[63] *Bordewin/Tonner*, S. 92; *Herrmann/Heuer/Raupach* § 5 Anm. 1173.
[64] Siehe Fn. 65.
[65] *Meilicke* DB 1983, 737.

Grund kündigen konnte und daher die Vereinbarung über die Höhe der Jahresmiete keine Richtigkeitsgewähr beinhalten konnte. Diese Entscheidung ist auf Kritik gestoßen.[66] Gleichwohl ist der theoretische Ansatz einer dauerhaft gleichartigen und gleichwertigen Nutzungsüberlassung nicht von der Hand zu weisen. Auf der anderen Seite darf jedoch gerade bei Immobilien-Leasing-Verträgen nicht außer Acht gelassen werden, dass der Leasingnehmer in den Leasingverträgen regelmäßig verpflichtet wird, die Instandhaltungsaufwendungen zu tragen.[67] Unterstellt man, dass bei langfristigen Immobilien-Leasingverträgen diese Instandhaltungskosten ansteigen, ist eine gleichmäßige Nutzungsüberlassung für den Leasingnehmer bei zusätzlichem eigenen Aufwand nicht mehr gegeben. In diesen Fällen gewährleistet eine degressive Mietgestaltung, ergänzt um einen progressiv ansteigenden Instandhaltungsaufwand des Leasingnehmers, eine gleichmäßige Nutzung. Ausgehend von diesem Ansatz wäre der degressive Verlauf sowohl beim Leasingnehmer als auch beim Leasingnehmer bei der bilanziellen Behandlung zu berücksichtigen, die Bildung eines Durchschnittswertes wäre also entbehrlich. Zugleich stünde dem Aufwand des Leasingnehmers ein entsprechender Ertrag des Leasinggebers gegenüber. Die Bildung von Rechnungsabgrenzungsposten wäre entbehrlich.

52 Damit erweist sich die aus der o. g. BFH-Entscheidung gezogene Folgerung,[68] dass der Leasinggeber bei degressivem Mietverlauf stets einen Teil der Miete als Rechnungsabgrenzungsposten zu passivieren habe, nicht als zwingend. Dies beinhaltet die Annahme, dass eine passive Rechnungsabgrenzung auch dann vorgenommen werden soll, wenn entsprechende Kosten des Leasinggebers vorliegen. Dem liegt ersichtlich die Annahme zugrunde, dass es im Regelfall zu einer spiegelbildlichen Bilanzierung kommt. Einen übergeordneten Grundsatz, dass Leasingraten beim Leasingnehmer und -geber stets gleich zu behandeln sind, gibt es indes nicht. Darüber hinaus hat die Rechtsprechung sogar bei der noch enger verzahnten Betriebsaufspaltung einen allgemeinen Grundsatz einer korrespondierenden Bilanzierung verneint.[69] Ein korrespondierender Ansatz eines aktiven Rechnungsabgrenzungspostens einerseits und eines passiven Rechnungsabgrenzungspostens andererseits ist daher zwar möglich, aber nicht zwingend geboten. Im Übrigen darf auch die zivilrechtliche Bedeutung derartiger Vereinbarungen nicht übersehen werden, da bei Insolvenz des Leasingnehmers keine bisherigen „überzahlten" Anteile an den Leasingraten vom Insolvenzverwalter zurückgefordert werden dürfen.

Die Finanzverwaltung wendet den „Grundsatz korrespondierender Bilanzierung „aus der BFH-Entscheidung nur bei vergleichbaren Sachverhalten an.[70] Im Kern geht aber auch die Finanzverwaltung von einer spiegelbildlichen Behandlung von Leasingraten bei Leasingnehmer und Leasinggeber aus. Dies bedeutet, dass bei vertraglich vereinbarten degressiven Leasingraten bei Leasingnehmer und -geber entsprechender sofortiger Aufwand und Ertrag vorliegt, wenn die Leasingraten ihrer Höhe nach nicht für die gesamte Grundmietzeit fest vereinbart sind. Dies ist bei längerfristigen Leasingverträgen, wie beispielsweise im Immobilien-Leasing, regelmäßig der Fall, wenn während der Grundmietzeit eine Anpassung der Miete an geänderte Marktverhältnisse in Form von geänderten Zinskonditionen erfolgen kann. Die Möglichkeit der Anpassung trägt dem Gedanken Rechnung, dass auch bei den Beteiligten des Leasingvertrages der Wunsch bestehen wird, dass Leistung und Gegenleistung dauerhaft gleichartig sein sollen.[71] Eine degressive Mietgestaltung solcher Leasingverträge kann daher nicht zur Bildung von aktiven Rech-

---

[66] *Meilicke* Bilanzsteuerrechtliche Beurteilung degressiver Leasing-Raten, DB 1983, 737; *Hauber* Aktivierung eines Teils der degressiven Mietzahlungen in der Bilanz des Leasingnehmers, BB 1983, 740.
[67] *Fohlmeister* Leasing-Handbuch 5. Auflage, S. 138.
[68] *Bordewin/Tonner*, S. 90; *Clausen* in *Herrmann/Heuer/Raupach* § 5 Anm. 1168.
[69] BFH-Urteil v. 8. 3. 1989, X R 9/86, BB 1989, S. 1246.
[70] BMF v. 10. 10. 1983 BStBl 1983 I, 431.
[71] Vgl. OFD Frankfurt/M. v. 19. 7. 2001, DStR 2001, 1702 f.

nungsabgrenzungsposten beim Leasingnehmer führen; ebenso wenig kann eine Passivierung eines Rechnungsabgrenzungspostens beim Leasinggeber verlangt werden.[72]

Im Gegensatz zum soeben dargestellten degressiven Ratenverlauf bei Immobilien-Leasingverträgen wird bei degressiven Leasingraten allgemein angenommen, dass kein aktiver Rechnungsabgrenzungsposten zu bilden ist. Dies lässt sich damit rechtfertigen, dass Mobilien- und Immobilienleasing dadurch unterscheiden, dass ein unterschiedlicher Werteverzehr eintritt. Denn während bei Mobilien regelmäßig ein Wertverlust eintritt, kann der Wert von Immobilien im Lauf der Mietzeit steigen. Dies rechtfertigt eine differenzierende Betrachtung beider Leasingformen.[73]

Bei Leasingverträgen mit **progressivem Mietverlauf** orientiert sich die Leasingrate oftmals an der allgemeinen Preisentwicklung, insbesondere auf dem Vermietungsmarkt. In diesen Fällen kann der Leasinggeber nur die tatsächlich vereinnahmte Miete als Ertrag behandeln. Weitere daneben vereinbarte Zahlungen zu fingieren, würde eine Abkehr von den vereinbarten Verträgen bedeuten, handelsrechtlich bedenklich und aufgrund mangelnder ertragsteuerlicher Vorschriften unmöglich sein. Die Bildung eines aktiven Rechnungsabgrenzungspostens scheidet aus, weil die gesetzlichen Vorschriften von § 5 Abs. 4 Satz 1 Nr. 1 EStG nicht erfüllt sind.

e) Bilanzierung bei echtem Factoring/Forfaitierung. Teilweise verkaufen Leasinggeber ihre künftigen Forderungen aus den Leasingverträgen an – zumeist Kreditinstitute. Diese zivilrechtliche Abtretung der künftigen Forderungen findet regelmäßig durch einen Forderungskaufvertrag statt. Der Forfaitierung liegen zwei verschiedene Rechtsverhältnisse zu Grunde. Einmal besteht ein Dauerrechtsverhältnis zwischen Leasinggeber und Leasingnehmer, zum anderen das Forfaitierungsgeschäft als Vertrag, durch den der Leasinggeber die künftig fällig werdenden Mitforderungen gegen Entgelt abtritt.[74] Durch den Forderungsverkauf bleibt der Leasingvertrag unberührt. Der Forderungskaufvertrag zwischen Leasinggeber und Refinanzierungsunternehmen kann zu Beginn oder während der Laufzeit des Leasingvertrages abgeschlossen werden. Er kann Teilforderungen aus dem Leasingvertrag beinhalten oder die gesamten Zahlungsansprüche aus dem Leasingvertrag umfassen. Regelmäßig werden derartige Forderungskaufverträge aber zu Beginn des Leasingvertrages wirksam und für sämtliche Forderungen aus dem Leasingvertrag, mit Ausnahme der Umsatzsteuer und der Nebenkosten, abgeschlossen. Sie dienen wirtschaftlich der Finanzierung des Leasinggutes.

Diese Art des Forderungsverkaufs durch Leasinggeber wird üblicherweise **Forfaitierung** genannt.[75] Teilweise wird dieser Forderungsverkauf auch als **Factoring** bezeichnet. Die Grenzen zwischen Factoring und Forfaitierung sind aber fließend. Zur Abgrenzung bietet sich an, dass der Forderungsverkauf von langfristigen Nutzungsverträgen als Forfaitierung und der Forderungsverkauf von kurz- bis mittelfristigen Lieferantenforderungen als Factoring bezeichnet wird. Die steuerlichen und bilanziellen Folgen sind unabhängig von der Bezeichnung gleich.[76]

Innerhalb der Forfaitierungs- bzw. Factoring-Gestaltungen lässt auch noch unterscheiden zwischen dem direkten und dem indirekten Forderungsverkauf.

Beim **direkten Forderungsverkauf** verkauft die Leasinggesellschaft ihre Forderungen aus dem Leasingvertrag unmittelbar an Kreditinstitute.

---

[72] Jahrbuch der Fachanwälte für Steuerrecht 1985/86, S. 430; *Bordewin/Tönner* S. 90; Forster, in: FS für *Döllerer* S. 147, allerdings Passivierungsgebot für extrem degressive Leasingraten, soweit sie den Kostenverlauf des Leasinggebers übersteigen.
[73] BFH-Urteil v. 28. 2. 2000 I R 51/00, BStBl II 2001, 245; vgl. auch *Dziadkowski* BB 2001, 1577; *Gosch* DStR 2001, 977.
[74] BFH vom 8.11. 2000 I R 37/99, BStBl II 2001, 722; v. 24. 7. 1996 I R 94/95, BStBl II 1997, 122.
[75] Hierzu auf BFH v. 24. 7. 1996 I R 94/95, BStBl II 1997, 122.
[76] *Hinz* DStR 1994, 1749.

Der **indirekte Forderungsverkauf**, der sich auch als Doppelstockmodell bezeichnen lässt, hat vor allem Bedeutung bei Leasinggesellschaften. Hier wird eine Leasinggesellschaft in eine Besitz- und eine Mietgesellschaft aufgespalten. Die Leasinggegenstände werden zivilrechtlich und wirtschaftlich unmittelbar von der Besitzgesellschaft erworben und von dieser an die Mietgesellschaft vermietet. Die Mietgesellschaft ihrerseits vermietet diese Leasinggegenstände weiter an die externen Leasingnehmer. Die Besitzgesellschaft beschafft sich die zur Refinanzierung erforderlichen Mittel durch Verkauf ihrer Forderungen gegenüber der Mietgesellschaft an Kreditinstitute. Gleichzeitig werden die Ansprüche aus dem Mietverhältnis der Mietgesellschaft mit dem externen Mieter ebenso wie das Eigentum an den Leasinggegenständen an das die Forderungen ankaufende Kreditinstitut abgetreten.

Grund für indirekte Forderungsverkäufe ist eine Reduzierung des Verwaltungsaufwands der ankaufenden Kreditinstitute und damit eine günstigere Refinanzierung für die Leasinggesellschaften, die diese über die Leasingraten an die Leasingnehmer weitergeben können. Für die Kreditinstitute ergäben sich beim direkten Forderungskauf von oft geringen Leasingforderungen aufgrund der nach § 18 KWG vorgeschriebenen gesetzlichen Bonitätsprüfung (Offenbarung der wirtschaftlichen Verhältnisse der Schuldner bei Krediten über 750.000 €) sowie der Verwaltung der Einzelforderungen relativ hohe Aufwendungen, was eine kostengünstige Refinanzierung der Leasinggesellschaften erschweren würde.

Sowohl beim direkten wie auch beim indirekten Forderungsverkauf bleiben die verkaufenden Gesellschaften weiterhin verpflichtet, die Leasinggegenstände dem Leasingnehmer zur Nutzung zu überlassen. Diese Verpflichtung ist wie eine Mietvorauszahlung als **Nutzungsüberlassungsverpflichtung** in der Bilanz zu erfassen.[77]

56 Für die Beantwortung der **Frage nach der bilanziellen Behandlung** muss zunächst die Vorfrage entschieden werden, welche Art der Forfaitierung vorliegt (**echte** oder **unechte Forfaitierung**). Hier ist an Hand bestimmter Abgrenzungskriterien unabhängig von der äußeren Form des Forderungskaufvertrages zu entscheiden. Als wichtigstes Abgrenzungskriterium ist die Haftung für die Zahlungsfähigkeit des Leasingnehmers zu nennen. Zwar haftet der Verkäufer nach Kaufrecht lediglich für den Bestand oder das künftige Entstehen der Forderung (Verität). Steuerlich liegt aber eine echte Forfaitierung nur vor, wenn der Erwerber auch das Risiko der wirtschaftlichen Verwertbarkeit trägt.[78] Dies bedeutet, dass die Risiken auf Zahlung der im Leasingvertrag vereinbarten Beträge in vollem Umfang auf den Forderungskäufer übergegangen sein müssen. Dieses **Bonitätsrisiko** in Form der Zahlungsunfähigkeit des Leasingnehmers darf bei echter Forfaitierung vom Leasinggeber weder mittelbar noch unmittelbar getragen werden. Der Übergang des Bonitätsrisikos auf das erwerbende Kreditinstitut ist das entscheidende Abgrenzungskriterium. Bleibt das Bonitätsrisiko beim Leasinggeber, liegt eine unechte Forfaitierung vor, die wie eine Darlehensgewährung zu behandeln ist.

Neben dem unbedingten Bonitätsübergang können weitere Bedingungen des Forderungskaufvertrages als Beurteilungskriterien herangezogen werden. So die Forfaitierung als unecht anzusehen, wenn der Leasinggeber außer der unschädlichen Abtretung von Sicherheiten an dem Leasinggegenstand an die Bank weitere Sicherheiten aus ihrem Gesellschaftsvermögen zur Verfügung stellen würde. Dann wäre ein wesentliches Beurteilungskriterium der echten Forfaitierung, nämlich die Verminderung des Zugriffs der Gläubiger auf das Vermögen der Leasinggeber, nicht mehr gegeben. Genauso schädlich für die Behandlung als echte Forfaitierung sind Zusagen des Leasinggebes auf Erstattung des Barwertes der noch ausstehenden Leasingraten, sofern der Bank nach Verwertung des Leasinggegenstandes noch ein Restsaldo verbleibt.

---

[77] Vgl. HFA-Stellungnahme 1/1989, WPg 1989, 625; BMF-Schreiben vom 19. 2. 1992, DB 1992, 608; BFH vom 24. 7. 1996 I R 94/95, BStBl. II 1997, 122; s. auch Rz. 61.

[78] BFH v. 9.11. 2001 I R 37/99, BStBl II 2001, 722; vgl. auch BMF Schreiben v. 9.1. 1996 BStBl I 1996, 9.

21. Kapitel: Steuerrechtliche Aspekte des Leasing § 69

Steuerlich handelt es sich sowohl beim direkten als auch beim indirekten Forderungsverkauf um echte Forfaitierungen, wenn deren Voraussetzungen erfüllt sind. Insoweit kommt es also auf diese Unterscheidung nicht an.

Als unschädlich sind Vereinbarungen anzusehen, durch die sich der Leasinggeber gegenüber der Bank verpflichtet, ihr weitgehende Informationen über den Leasingnehmer – wie beispielsweise die Überlassung von Geschäftsberichten und Bilanzen des Leasingnehmers – zu gewähren, da dies wegen der Übernahme des Bonitätsrisikos durch die Bank unerlässlich ist. Außerdem ist es unschädlich, wenn die Bank dem Leasinggeber Rechte überträgt, welche der Leasinggeber im Auftrag und für Rechnung der Bank wahrnimmt. So kann der Leasinggeber ermächtigt werden, den Leasinggegenstand aufgrund seiner besseren Verwertungsmöglichkeiten für Rechnung der Bank veräußern. 57

Die Finanzverwaltung hat Einzelheiten in Erlassen zur Forfaitierung[79] herausgestellt und erläutert, wann ein Übergang des Bonitätsrisikos nicht vorliegt. Danach darf sich der Leasinggeber z.B. nicht zu einem Rückkauf der Forderungen im Fall der Uneinbringlichkeit verpflichten. Ferner darf der Leasinggeber nur für den rechtlichen Bestand der Forderung und deren Freiheit von Einreden, und zwar sowohl im Zeitpunkt des Verkaufs als auch für die Dauer des Leasingvertrages, einstehen. Die ankaufende Bank kann jedoch Regressansprüche gegen den Leasinggeber aufgrund dessen Gewährleistungspflicht geltend machen, wenn der Leasingnehmer wegen Nichterfüllung der Pflichten des Leasinggebers aus dem Mietvertrag die Mietzahlung verweigern kann.

Bei der **steuerrechtlichen Beurteilung von Forderungskaufverträgen** ist zu prüfen, welche Zahlungsansprüche in den Forderungskaufverträgen veräußert werden. Einfach ist dies bei Vollamortisationsverträgen, wie sie im Mobilien-Leasing häufig vorkommen. In der Regel werden die gesamten Mietraten über die Mietzeit veräußert. Bei Teilamortisationsverträgen ist es üblich, die Mietansprüche während der Grundmietzeit zu veräußern. Abhängig von der Art des Teilamortisationsvertrages und vor allem der Optionen zum Ende der Grundmietzeit, können darüber hinaus die Zahlungsansprüche aus Options- oder Verlängerungsrechten veräußert werden. Die aus diesen Options- oder Verlängerungsrechten resultierenden Erlöse stehen aber stets unter der Bedingung, dass die Rechte auch ausgeübt werden. Daher können die Erlöse aus der Veräußerung der Options- oder Verlängerungsrechte meistens nicht als unbedingt vereinnahmt angesehen werden. Dies hat zur Folge, dass bei der steuerrechtlichen Behandlung dieser Erlöse im Einzelfall auf den Charakter der veräußerten Forderung abzustellen ist. Es kann sich daher bei der Veräußerung der Zahlungsansprüche aus Options- oder Verlängerungsrechten bei Teilamortisationsverträgen um echte oder unechte Forfaitierungen handeln. Die Entscheidung ist im Einzelfall von der jeweiligen Vertragsgestaltung im Leasingvertrag abhängig. 58

Auch **Mietvorauszahlungen**, die vom Leasingnehmer während der Grundmietzeit zu entrichten sind, können veräußert werden. Hierbei muss ebenfalls entschieden werden, ob echte oder unechte Forfaitierung vorliegt. Sofern die Mietvorauszahlungen bereits während der Grundmietzeit neben der Miete zu leisten sind, liegt echte Forfaitierung vor, wenn die Ansprüche auf Zahlung der Mietvorauszahlungen bei Abschluss des Mietvertrages bereits unbedingt entstanden sind und mit dem Forderungsverkauf auch das Bonitätsrisiko auf den Erwerber übergeht. 59

Grundsätzlich sind auch die vom Leasingnehmer zu entrichtenden **Mietnebenkosten** veräußerbar. Da diesen Mietnebenkosten aber stets ein entsprechender künftiger Aufwand des Leasinggebers gegenüberstehen wird, dürften Banken diese Forderung wohl kaum ankaufen. Sollte dieser Teil der Leasingraten trotzdem veräußert werden, müsste dem Ertrag aus Vorsichtsgründen ein entsprechender Passivposten gegenübergestellt werden. In der Praxis finden sich daher regelmäßig Forderungskaufverträge, in denen nur die Nettomieten, also den Nebenkosten, veräußert werden. Das Gleiche gilt für die Um-

---

[79] Erlass Nordrhein-Westfalen vom 13. 2. 1980, Wpg. 1980, 231 und BMF-Schreiben v. 9. 1. 1996, BStBl I 1996, 9.

Wagner

satzsteuer, wobei hierbei noch zu berücksichtigen ist, dass es sich bei der Umsatzsteuer um eine künftige gesetzliche Zahlungsverpflichtung der Leasinggeber handelt.

60 aa) Echte Forfaitierung bei wirtschaftlichem Eigentum des Leasinggebers. Sind dem Leasinggeber die Leasinggegenstände zuzurechnen, hat er die Leasinggegenstände grundsätzlich in seiner Bilanz zu aktivieren. Es ist nicht zulässig, die künftigen Leasingraten zu aktivieren, da der Leasingvertrag als schwebender ausgeglichener Vertrag bilanziell nicht erfasst wird.[80] Diese bilanzielle Behandlung erfährt auch durch eine Forfaitierung keine Änderung. Vielmehr sind die Konsequenzen aus dem Forderungskaufvertrag gesondert zu ziehen.

Bei einer echten Forfaitierung erhält der Leasinggeber ein Entgelt in Höhe des Barwertes der veräußerten Zahlungsansprüche aus dem Leasingvertrag. Dieses Entgelt stellt allerdings keinen sofortigen Ertrag in dieser Höhe dar, denn es steht der künftigen Nutzungsüberlassungsverpflichtung gegenüber. Diese könnte durch Passivierung einer Verbindlichkeit, einer Rückstellung oder eines Rechnungsabgrenzungspostens berücksichtigt werden. Der Ausweis einer Verbindlichkeit scheitert daran, dass bei schwebenden Geschäften die Passivierung von Verbindlichkeiten Erfüllungsrückstände des Leistenden oder Vorleistungen des Leistungsempfängers voraussetzen.[81] Beides ist nicht erfüllt.

Die Passivierung einer Rückstellung würde ausweisen, dass ein künftiger Verlust erwartet wird. Dies ist durch den erfolgten Forderungsverkauf jedoch ausgeschlossen. Daher erscheint auch die Passivierung einer Rückstellung nicht möglich.[82]

61 Für die **Passivierung als Rechnungsabgrenzung** spricht, dass die engen Voraussetzungen des Rechnungsabgrenzungspostens, die § 5 Abs. 5 Satz 1 Nr. 2 EStG vorgibt, erfüllt sind. Zweifelsohne handelt es sich nämlich um Einnahmen, die Ertrag für eine bestimmte Zeit nach dem Bilanzstichtag darstellen. Dass diese Einnahmen während der Dauer des Leasingvertrages nicht mehr vom Leasinggeber, sondern von der Bank vereinnahmt werden, ändert nichts an ihrer steuerrechtlichen Beurteilung. Im Zeitpunkt des Forderungsverkaufs hat der Leasinggeber nämlich dadurch sämtliche künftigen Mietraten – ähnlich wie bei Mietvorauszahlungen – auf einmal vereinnahmt. Er ist danach nur noch zur vertragsmäßigen Nutzungsüberlassung gegenüber dem Leasingnehmer verpflichtet. Daher ist das Entgelt aus dem Forderungsverkauf in einen passiven Rechnungsabgrenzungsposten einzustellen.[83]

62 Eine Auswirkung der Forfaitierung auf das Ergebnis des Leasinggebers ergibt sich aus der Auflösung dieses passiven Rechnungsabgrenzungspostens über die Gewinn- und Verlustrechnung. Diese Auflösung ist grundsätzlich nach drei Methoden darstellbar: Bei der **linearen Auflösung** wird der Rechnungsabgrenzungsposten zeitanteilig, entsprechend der Dauer des Leasingvertrages, in gleicher Höhe aufgelöst. Bei einer **progressiven Auflösung** des Rechnungsabgrenzungspostens werden die Auflösungsbeträge ständig größer. Die **degressive Auflösung** bedeutet, dass der Auflösungsbetrag abnimmt, wodurch die Gewinne der Leasinggeber ebenfalls sinken.

63 Eine **lineare Auflösung** entspricht am ehesten dem Grundgedanken des Rechnungsabgrenzungspostens.[84] Danach ist der Rechnungsabgrenzungsposten im Verhältnis der noch zu erfüllenden Verpflichtung zur Gesamtverpflichtung aufzulösen. Dies wird dadurch bekräftigt, dass die Verpflichtung zur künftigen Nutzungsüberlassung jährlich gleich hoch ist.

---

[80] Schmidt/*Weber-Grellet* § 5 Anm. 76.
[81] Schmidt/*Weber-Grellet* § 5 Anm. 312.
[82] *Groove* Gewinnrealisierung bei Leasinggebern mit Mobilien-Leasing, DB 1984, 889.
[83] BFH v. 24. 7. 1996 I R 94/94, BStBl II 1997, 122; BMF v. 9. 1. 1996 BStBl I 1996, 9; Schmidt/ *Weber-Grellet*, § 5 EStG Anm. 732; *Link* DB 1988, 616; *Bink* DB 1987, 1106; *Haug*, JbFfSt, 1985/86, S. 483.
[84] Schmidt/*Weber-Grellet* § 5 EStG, Anm. 250.

Der **progressiven Auflösung des Rechnungsabgrenzungspostens** liegt der Vergleich mit einer Darlehensfinanzierung zugrunde. Bei einer Finanzierung über Bankdarlehen würde in der Anfangszeit durch den in der Annuität enthaltenen erhöhten Zinsanteil ein höherer Aufwand in der Gewinn- und Verlustrechnung entstehen als zum Ende des Mietvertrages. Um einen entsprechenden Ertragsverlauf auch bei einer Forfaitierung darzustellen, ist daher der Rechnungsabgrenzungsposten nach dieser Methode progressiv aufzulösen. Hierbei wird jedoch nicht genügend berücksichtigt, dass der Leasinggegenstand nicht durch Kredit, sondern über Forfaitierung finanziert wurde und beide Finanzierungsarten aufgrund unterschiedlicher Ausgestaltung – wie z. B. Übernahme des Bonitätsrisikos – nur beschränkt miteinander vergleichbar sind.[85]

64

Die Möglichkeit einer **degressiven Auflösung des Rechnungsabgrenzungspostens** scheidet schon aus handelsrechtlichen Passivierungsvorschriften und damit über das Maßgeblichkeitsprinzip der Handelsbilanz auch für die Steuerbilanz aus. Bei einer degressiven Auflösung würden Gewinne ausgewiesen werden, die erst in späteren Perioden entstehen. Es läge mithin ein Verstoß gegen die periodengerechte Gewinnabgrenzung vor. Außerdem müssten aufgrund des Vorsichtsprinzips entsprechende Rückstellungen gegenübergestellt werden. Dies lässt sich auch nicht mit dem Hinweis auf eine korrespondierende degressive AfA entkräften, da es keinen Grundsatz des Zusammenhangs von Aktiv- und Passivseite gibt. Allerdings hat der BFH[86] für das Mobilien-Leasing im Hinblick auf den Kosten-/Nutzungsverlauf und freier Preisgestaltung eine degressive Auflösung in Betracht gezogen.

65

In der Praxis war eine degressive Auflösung wegen der handelsrechtlichen Problematik eher selten. Der Rechnungsabgrenzungsposten wurde überwiegend linear oder progressiv aufgelöst, wobei die lineare Auflösung häufiger anzutreffen war. Die Finanzverwaltung[87] hält steuerlich grundsätzlich nur eine lineare Verteilung innerhalb der Grundmietzeit zulässig. Gleichwohl scheint sich die Diskussion fortzusetzen.[88]

bb) Echte Forfaitierung bei wirtschaftlichem Eigentum des Leasingnehmers. Ist der Leasingnehmer aufgrund des Leasingvertrages als wirtschaftlicher Eigentümer des Leasinggegenstandes zu behandeln, ist ihm also das Leasinggut steuerlich zuzurechnen, kann trotzdem ein zivilrechtlich wirksamer Forfaitierungsvertrag abgeschlossen werden, da die zivilrechtliche Wirksamkeit des Forfaitierungsvertrages nicht von steuerlichen Zurechnungsgrundsätzen für das wirtschaftliche Eigentum abhängig ist.

66

Bei Zurechnung des wirtschaftlichen Eigentums zum Leasingnehmer liegt wirtschaftlich kein Mietvertrag vor. Vielmehr ist das wirtschaftliche Eigentum steuerlich durch Lieferung des Leasinggegenstandes an den Leasingnehmer übergegangen. Der Leasinggeber aktiviert demzufolge nicht mehr den Leasinggegenstand, sondern weist eine Kaufpreisforderung an den Leasingnehmer aus. Dabei sind die Leasingraten in einen erfolgsneutralen Tilgungs- und in einen als Ertrag zu vereinnahmenden Zins- und Kostenanteil aufzuteilen. Die Passivseite des Leasinggebers ist vom Wechsel des wirtschaftlichen Eigentums unberührt.

Schließt der Leasinggeber einen Forderungskaufvertrag ab, geht das Risiko auf Entrichtung der einzelnen Zahlungen auf die Bank über. Aus Sicht des Leasinggebers wurde daher die Kaufpreisforderung gegenüber dem Leasingnehmer gegen Abtretung der künftigen Zahlungsansprüche veräußert. Die Bank hat bilanziell betrachtet keine künftigen Zahlungsansprüche aufgrund eines Mietvertrages, sondern Teilzahlungsansprüche aus einer Kaufpreisforderung erworben. Da hierbei das Bonitätsrisiko auf die Bank übergegan-

---

[85] *Runge/Bremser/Zöller* Leasing S. 321; *Hagenmüller/Stoppok*, S. 55; *Kempf/Starke* Sale and lease back und Forderungsverkauf à forfait, FR 1986, 31; *Moxter*, DStR 1996, 433.
[86] v. 28. 2. 2001 I R 51/00, BStBl II 2001, 645.
[87] BMF-Schreiben v. 19. 2. 1992 – IV B2 – S 2170–17/92; BMF Schreiben vom 9. 1. 1996, BStBl I 1996, 9.
[88] Vgl. Nachweise bei Schmidt/*Weber-Grellet* § 5 EStG Rz. 731 ff.

gen ist, kann der Leasinggeber den Vertrag aus seiner Sicht als erfüllt betrachten. Er schuldet keine künftige Nutzungsüberlassungsverpflichtung mehr, da er ertragsteuerlich vorher den Leasinggegenstand bereits geliefert hat. Daher ist das Entgelt aus dem Forderungskaufvertrag mit der Bank beim Leasinggeber gegen die Kaufpreisforderung an dem Leasingnehmer zu buchen. Wird das Entgelt sodann zur Rückführung der Refinanzierung des Leasinggebers verwendet, führt dieser Vorgang im Ergebnis zu einer Bilanzverkürzung auf Aktiv- und Passivseite. Hätte der Leasinggeber nur dieses Objekt, wäre die Bilanz bei wirtschaftlichem Eigentum des Leasingnehmers und echtem Forderungsverkauf leer. Aufgrund der vorher festgelegten Abgrenzungskriterien müsste dieser Forderungsverkauf aber als echtes Factoring bezeichnet werden, da er den Verkauf von Forderungen aus Lieferungen zum Inhalt hat.

67 **f) Bilanzierung bei unechtem Factoring/Forfaitierung.** Die Abgrenzung, ob ein Forderungskaufvertrag ertragsteuerlich als echt oder unecht behandelt wird, ist an Hand der oben erläuterten Abgrenzungskriterien vorzunehmen (vgl. Rdn. 55). Kommt man an Hand der Abgrenzungskriterien – beispielsweise wegen mangelndem Übergang des Bonitätsrisikos auf die Bank – zur Entscheidung, dass der Forderungskaufvertrag als unecht anzusehen ist, liegt ertragsteuerlich kein endgültiger Erwerb der künftigen Zahlungsansprüche durch die Bank vor.

Der Forderungskaufvertrag wird vielmehr als Kreditvertrag zwischen Leasinggeber als Darlehensnehmer und Bank als Darlehensgeber behandelt. Hierbei stellt die Veräußerung der künftigen Zahlungsansprüche lediglich die Abtretung dieser Zahlungsansprüche zur Sicherheit für das Darlehen der Bank an den Leasinggeber dar. Der Kaufpreis der Bank wird ertragsteuerlich als Darlehensauszahlung an den Leasinggeber gewürdigt. Dieses Darlehen muss vom Leasinggeber passiviert werden. Die künftigen Leasingraten sind vom Leasinggeber als Einnahmen zu erfassen.

68 **g) Sonderfragen bei Immobilien-Leasing.** Im Gegensatz zum Mobilien-Leasing werden Immobilien-Leasingverträge oft von sog. Objektgesellschaften abgeschlossen. Es handelt sich oftmals um Gesellschaften, die nur über ein Objekt verfügen. Diese Objektgesellschaften schließen sämtliche Verträge ab und erwerben regelmäßig das zivilrechtliche und wirtschaftliche Eigentum an der oder den Immobilie(n), um sodann über das Gesamtobjekt oder über Teile des Objekts Leasingverträge zu schließen. Diese Objektgesellschaften können unterschiedliche Rechtsformen haben. Überwiegend handelt es sich bei diesen Objektgesellschaften um Kapitalgesellschaften in der Rechtsform der GmbH oder Personengesellschaften als GmbH & Co. KG. Wenn diese Objektgesellschaften – wie in vielen Fällen – nur ein Objekt verwalten, können handels- und steuerrechtlich relevante Vorgänge vergleichsweise leicht nachvollzogen werden, da eine Kompensation mit anderen bilanziellen Vorgängen unterbleibt.

69 Eine Besonderheit der **Einzelobjektgesellschaft** ist es, dass sie trotz teilweise erheblichen Investitions- und damit Anlagenvermögens über kein nennenswertes Eigenkapital verfügt. In der Regel sind Kapitalobjektgesellschaften nur mit dem Mindestkapital, und Personenobjektgesellschaften mit einem geringen Kapital ausgestattet. Die Ursache hierfür ist eine oft 100 %ige Fremdfinanzierung des Leasingobjektes, die einen Eigenkapitaleinsatz der Objektgesellschaft für die Finanzierung der Immobilie unentbehrlich machen soll. Trotz des daraus resultierenden erheblichen Zinsaufwands in der Objektgesellschaft haben sie in der Regel Gewinnerzielungsabsicht. Sie resultiert nicht aus der Werthaltigkeit des Objektes, da beim Immobilien-Leasing regelmäßig ein Ankaufsrecht für den Leasingnehmer vereinbart wird, sondern aus der Kalkulation der Mietraten. Da diese Kalkulation vorsieht, dass sämtliche Kosten der Leasinggeber vom Leasingnehmer getragen werden, erzielt die Objektgesellschaft während der Grundmietzeit mindestens ein ausgeglichenes Ergebnis. Um die Gewinnerzielungsabsicht zu dokumentieren, wird der Ankaufswert für den Leasingnehmer regelmäßig etwas höher als der Restbuchwert festgelegt, woraus der Leasinggeber selbst bei Ausübung des Ankaufsrechts durch den Lea-

21. Kapitel: Steuerrechtliche Aspekte des Leasing § 69

singnehmer einen Gewinn erwirtschaftet. Außerdem erzielt die Objektgesellschaft Erträge aus dem eingesetzten Eigenkapital. Beides zusammen führt dazu, dass die Objektgesellschaft über die gesamte Vertragslaufzeit ein positives Betriebsergebnis ausweisen kann, wodurch die Gewinnerzielungsabsicht nach § 15 Abs. 2 EStG erfüllt ist. Eine vom Leasingnehmer im Rahmen der Leasingrate zu entrichtende Leasinggebühr spielt bei der Gewinnerzielungsabsicht der Objektgesellschaft regelmäßig keine Rolle, da dieser Einnahme meistens entsprechende Verwaltungskosten der Objektgesellschaft gegenüberstehen.

Durch die Langfristigkeit der Immobilien-Leasingverträge kann es sein, dass in Handels- und Steuerbilanz in der Anfangsphase erhebliche Verluste aufgelaufen sind. Dies ergibt sich daraus, dass der Zinsaufwand und die Absetzung für Abnutzung in der ersten Phase des Leasingvertrages höher sind als am Ende. Abhängig von der Kalkulation geht diese Verlustphase während der Laufzeit des Leasingvertrages planmäßig in eine Gewinnphase über, in welcher die aufgelaufenen Verluste wieder ausgeglichen werden. Der größte kumulierte bilanzielle Verlust der Objektgesellschaft ist beim Übergang von der Verlust- in die Gewinnphase gegeben. Bei den erheblichen Investitionsvolumen im Immobilien-Leasing können sich daher hohe Bilanzverluste ergeben. 70

Diese Bilanzverluste sind aber nicht Ausdruck einer Überschuldung, vielmehr handelt es sich um „planmäßige" Verluste, die während der Mietzeit wieder abgebaut werden. Daher ist regelmäßig weder von einer handelsrechtlichen Überschuldung auszugehen noch ist durch diese temporären Verluste die Gewinnerzielungsabsicht grundsätzlich gefährdet. Diese könnte aber dann in Frage zu stellen sein, wenn schon nach der Konzeption des Modells nicht mit einem Ausgleich der Anlaufverluste zu rechnen ist, weil bei vernünftiger Kalkulation die geplanten Erträge unter keinem wirtschaftlichen Gesichtspunkt erzielbar gewesen sind. Soweit die bilanzielle Überschuldung kein Ausdruck der Wertlosigkeit des Leasingobjektes ist, rechtfertigt sie allein auch keine Teilwertabschreibung nach § 6 Abs. 1 Nr. 1 EStG. Eine solche Teilwertabschreibung ist nur gerechtfertigt, wenn der Vertrag notleidend ist und der Verkehrswert der Immobilie unter dem Buchwert liegt. Hierzu konnte es in der Vergangenheit insbesondere bei Gewerbeimmobilien kommen.

Eine Besonderheit des Immobilienleasing sind **Sale and lease back-Verträge**. Der Leasinggeber – oftmals als Einobjektgesellschaft – erwirbt die Immobilie vom (späteren) Leasingnehmer und vermietet sie ihm sofort im Rahmen eines entsprechenden Leasingvertrages zurück. Wirtschaftlich führt dies zur Aufdeckung stiller Reserven bei dem Verkauf und damit zu einer Gewinnrealisierung. Dieser Gewinn kann sich jedoch bei eventuell bestehenden Möglichkeiten zur Verlustverrechnung positiv bzw. nicht steuerbelastend auswirken. Zugleich führen die nach dem Verkauf zu zahlenden Leasingraten zu abzugsfähigen Betriebsausgaben. 71

Allerdings geben Sale and lease back-Verträge Anlass zu vorsichtiger Beurteilung. Es bedarf der Prüfung, ob die steuerrechtliche Zurechnung nicht weiterhin beim Leasingnehmer vorzunehmen ist, es also nicht zum Übergang des wirtschaftlichen Eigentums auf den Leasinggeber gekommen ist. Auch der BFH[89] hält es durchaus für möglich, dass sale-and-lease-back Gestaltungen als Darlehensgewährung anzusehen sein können. Dies käme einer Kreditgewährung mit Sicherungsübereignung gleich. Dies lässt sich damit begründen, dass der Veräußerer als Leasingnehmer weiterhin Nutzer der Immobilie ist. Auf der anderen Seite darf jedoch der Wechsel der formalen Rechtspositionen nicht außer Acht gelassen werden. Denn bei sämtlichen Verträgen im Rahmen eines sale and lease back handelt um Vereinbarungen, die mit dem Leasingnehmer auch dann in dieser Form abgeschlossen worden wären, wenn die Objektgesellschaft die Immobilie selbst errichtet oder von einem Dritten erworben hätte. Die einzige Besonderheit liegt im Erwerb vom späteren Leasingnehmer. Wegen der zweifelsohne vorhandenen Abgrenzungsproblematik

---

[89] v. 14.10.2002 V B 60/02, BFH/NV 2003, 87.

bedarf es stets einer Betrachtung der konkreten vertraglichen Grundlagen; dabei ist von besonderer Bedeutung, dass das Eigentum unbedingt auf den Leasinggeber übergehen muss. Der Erwerb muss zudem stets zu Bedingungen erfolgen, die unter fremden Dritten üblich sind. So hat die Objektgesellschaft den tatsächlichen Verkehrswert der Immobilie als Kaufpreis an den Veräußerer und späteren Leasingnehmer zu entrichten. Der Leasingvertrag darf keine Klauseln enthalten, durch die der vorherige Kaufvertrag mit dem Leasingnehmer eine andere Würdigung erfahren könnte. Das wirtschaftliche Eigentum geht bei Sale and lease back-Gestaltungen dann genauso vom Veräußerer auf die Objektgesellschaft über wie beim Erwerb von dritter Seite. Eine andere Beurteilung ist aber dann geboten, wenn der Verkauf an eine Objektgesellschaft in Form einer vermögensverwaltenden Kommanditgesellschaft erfolgt, bei der der Kommanditist der Gewerbetreibende (= Veräußerer) ist. Auch bei einer Stimmrechtsmehrheit des Komplementärs bleibt es jedenfalls dann bei der Zurechnung zum Veräußerer, wenn das Ergebnis und Vermögen der KG (nahezu) vollständig abgeführt wird. Eine Aufdeckung stiller Reserven durch den Verkauf erfolgt in diesem Fall nicht.[90]

72 Eine Sonderform des sale-and-lease-back ist das sog. **Kommunalleasing**, bei den Gemeinden ihre kommunalen Einrichtungen (Rathäuser, Sport- und Veranstaltungshallen uä.) veräußern und mit zumeist ausländischen Leasinggebern, die die Immobilien erworben haben, sodann Leasingverträge schließen.[91] Die Besonderheit besteht darin, dass die betreffenden Objekte regelmäßig darauf zugeschnitten sind, vom Veräußerer und späterem Leasingnehmer genutzt zu werden.

73 Eine weitere Besonderheit des Immobilien-Leasing ist die **Beteiligung des Leasingnehmers an der Objektgesellschaft**. Bei derartigen Gestaltungen wird zwischen der Objektgesellschaft und dem Leasingnehmer ein Immobilien-Leasingvertrag abgeschlossen. Dieser Vertrag und sonstige vertragliche Beziehungen entsprechen den gleichen Vertragsmustern wie sie verwendet werden, wenn der Leasingnehmer nicht an der Objektgesellschaft beteiligt wäre. Die Besonderheit liegt darin, dass der Leasingnehmer mittelbar oder unmittelbar an der Objektgesellschaft beteiligt ist, so dass je nach Gesellschafterstellung wirtschaftlich gesehen eine „In-Sich-Vermietung" erfolgen kann. Für die steuerrechtliche Beurteilung derartiger Gestaltungen kommt der Rechtsform der Objektgesellschaft besondere Bedeutung zu. Handelt es sich bei der Objektgesellschaft um eine Kapitalgesellschaft, so ist für die Würdigung des Leasingverhältnisses die strikte Trennung der Gesellschafter- und Gesellschaftsebene bei juristischen Personen zu beachten. Es ist ein allgemein anerkannter Grundsatz, dass steuerlich ein Durchgriff durch die Kapitalgesellschaft in der Regel nicht vorgenommen werden kann. Dies hat der BFH beispielsweise in einem Urteil zur erweiterten Kürzung einer Grundstücksverwaltungsgesellschaft bei der Gewerbesteuer bestätigt.[92] Daher führt die Beteiligung des Leasingnehmers an einer Leasingobjektgesellschaft in der Rechtsform einer Kapitalgesellschaft zu keiner anderen Würdigung der Verträge. Allerdings ist bei sog. Ein-Mann-Gesellschaften darauf zu achten, dass die Vereinbarungen im Leasingvertrag einem Fremdvergleich standhalten.

74 Da Personengesellschaften selbst Gegenstand der Gewinnermittlung sind, ist grundsätzlich auch bei einer Leasingobjektgesellschaft in der Rechtsform der Personengesellschaft kein Durchgriff durch die Objektgesellschaft möglich. Dies wiederum hat zur Folge, dass auch bei einer Beteiligung des Leasingnehmers an der Objektgesellschaft das wirtschaftliche Eigentum an der Immobilie dadurch nicht auf den Gesellschafter übergeht. Erforderlich ist aber, dass sämtliche Verträge, also auch der Gesellschaftsvertrag der Objektgesellschaft sowie der Leasingvertrag, wie unter fremden Dritten üblich abgeschlossen sein müssen. Grenzen der Eigenständigkeit der Objektgesellschaft ergeben sich,

---

[90] OFD Berlin v. 30. 4. 2003 DStR 2003, 1526.
[91] *Elser* DB 1996, 2572; *Kleine* JbFfSt 1996/97, 215.
[92] v. 1. 8. 1979 I R 111/78, BStBl 1980 II, 77.

wenn der Leasingnehmer sämtliche Kommanditanteile an der Objektgesellschaft hält.[93] Zwar gibt es keine steuerrechtliche Vorschrift, die die Zurechnung des wirtschaftlichen Eigentums am Leasinggegenstand an einen Gesellschafter, der gleichzeitig Leasingnehmer ist, vorsieht. Eine entsprechende Zurechnung lässt sich aber auf Grundlage einer Auslegung der Vereinbarung auf Grundlage des § 39 Abs. 2 Nr. 2 AO ableiten, da der Leasingnehmer in Folge seiner 100%igen Beteiligung am Ertrag und Vermögen der KG jedenfalls mittelbar über die Substanz und den Ertrag des Leasinggutes verfügt. Maßgebend ist das Gesamtbild der Verhältnisse. Eines Rückgriffs auf § 42 AO bedarf es nicht.

Da Objektgesellschaften, die Immobilien vermieten, meistens keine eigene gewerbliche Tätigkeit, sondern Vermögensverwaltung ausüben, kann es sich hierbei, sofern es sich bei den Objektgesellschaften um Kommanditgesellschaften handelt, um eine Schein-KG handeln. Zur Abgrenzung und Behandlung derartiger Gesellschaften wird auf Rdn. 3 ff. verwiesen. Sofern die Objektgesellschaft das Gebäude selbst errichtet, kann es bei längeren Bauzeiten vorkommen, dass Vormieten vom Leasingnehmer zu entrichten sind. Wegen der Behandlung dieser Vormieten wird auf Rdn. 50 hingewiesen. 75

Eine weitere Besonderheit im Immobilien-Leasing stellt die **Übertragung von stillen Reserven des Leasingnehmers** dar. Dies setzt voraus, dass der Leasingnehmer an der Objektgesellschaft, welche die Rechtsform einer Personengesellschaft besitzt, beteiligt ist. Überwiegend tritt hierzu eine Objektgesellschaft in der Rechtsform der GmbH & Co. KG auf, bei der der Leasingnehmer an einem Teil des Kommanditkapitals beteiligt ist. Außerdem muss der Leasingnehmer bei derartigen Gestaltungen stille Reserven in seinem steuerlichen Bereich realisiert haben, welche die Voraussetzungen zur Bildung einer Rücklage nach § 6 b EStG erfüllen. Diese aufgedeckten Reserven können aus anderen Objekten stammen, können aber ebenso gut aus der Veräußerung der Immobilie an die Objektgesellschaft resultieren. Da die sofortige Versteuerung der stillen Reserven oftmals nicht gewünscht wird, kann über die Beteiligung des Leasingnehmers an der Objektgesellschaft die Übertragung dieser § 6 b-Rücklage auf den Leasinggeber vollzogen werden. Dies wird dadurch erreicht, dass der Leasingnehmer, sofern die gesetzlichen Voraussetzungen erfüllt sind, bei der Veräußerung der Wirtschaftsgüter eine Rücklage nach § 6 b EStG bildet. 76

Diese Rücklage darf er auf steuerliche Mitunternehmerschaften, an denen er beteiligt ist, nach R 6b.2 Abs. 6 EStR übertragen. Die Übertragung der 6 b-Rücklage auf die Objektgesellschaft ist nur möglich, wenn es sich bei ihr um eine gewerbliche Mitunternehmerschaft handelt. Bei GmbH & Co. KG ist dies aufgrund § 15 Abs. 3 Nr. 2 EStG gegeben. Ertragsteuerlich wird dies dadurch erreicht, dass die § 6 b-Rücklage in eine Ergänzungsbilanz des Leasingnehmers bei der Objektgesellschaft übertragen und dort entsprechend der Hauptbilanz gewinnerhöhend aufgelöst wird. Diese Übertragung kann jedoch nur bis zu der Höhe erfolgen, als dem Leasingnehmer als Gesellschafter der Objektgesellschaft die Wirtschaftsgüter der Objektgesellschaft im Sinne von § 6 b EStG zugerechnet werden. Diese ideelle Zurechnung der Wirtschaftsgüter für Zwecke von § 6 b EStG hat ihren Grund in der strengen Personenbezogenheit dieser Vorschrift.[94] Aus der Personenbezogenheit folgt auch, dass der beteiligte Leasingnehmer ein Einzelunternehmer ist oder die Rechtsform der Kapitalgesellschaft haben muss. Ist Leasingnehmer eine Personengesellschaft, so müssen sich deren selbstständig steuerpflichtige Gesellschafter (natürliche Personen oder Kapitalgesellschaften) an der Objektgesellschaft beteiligen. Um eine Rücklage nach § 6 b EStG aber bilden und übertragen zu können, muss sie wegen § 5 Abs. 1 S. 2 EStG im handelsrechtlichen Jahresabschluss ausgewiesen werden. Bei derartigen Gestaltungen handelt es sich um eine Rücklage des Gesellschafters und nicht der Gesellschaft, so dass eine Übertragung dieser Rücklage in die Handelsbilanz der Objektgesellschaft nicht möglich ist. Daher muss der Leasingnehmer die § 6 b-Rücklage in

---

[93] Hierzu s. Rdn. 71.
[94] BFH v. 13. 8. 1987 VIII B 179/86, BStBl 1987 II, 782.

seiner Handelsbilanz auch nach steuerrechtlicher Übertragung auf die Objektgesellschaft ausweisen. Dementsprechend bestehen auch Besonderheiten bei Wirtschaftsgütern, die zum Sonderbetriebsvermögen gehören (R 6 b 2 Abs. 6 Satz 2 EStR).

Im Ergebnis spielt also die Rechtsform des Leasingnehmers keine Rolle, solange die ertragsteuerliche Erfassung der Auflösung der Rücklage gesichert ist.

4. Besteuerung bei wirtschaftlichem Eigentum des Leasingnehmers

77 **a) Aktivierung der Kaufpreisforderung.** Obwohl die Zurechnung des Leasinggegenstandes zum Leasingnehmer in der Praxis nicht den Regelfall darstellt, ergibt gelegentlich die Notwendigkeit, bei Abschluss eines Leasingvertrages auch mögliche Folgen einer Zurechnung beim Leasingnehmer zu bedenken. Hierbei gilt, dass Leasingnehmer regelmäßig nicht daran interessiert sind, den Leasinggegenstand in ihrer Bilanz auszuweisen, mit der Folge, dass die Leasingverträge entsprechend gestaltet werden.

Gleichwohl lassen sich Leasingverhältnisse, in denen der Leasingnehmer wirtschaftlicher Eigentümer der Leasinggegenstände wird, nicht immer vermeiden. Eine Zurechnung zum Leasingnehmer kann sich z. B. ergeben, sofern Spezialleasing vorliegt, entsprechende Optionen vereinbart werden, Verhältnis von Vertragslaufzeit und betriebsgewöhnlicher Nutzungsdauer entsprechend fixiert werden oder die sonstigen Anforderungen des Teilamortisationserlasses für Immobilien nicht eingehalten werden.

78 Ist dem Leasingnehmer das wirtschaftliche Eigentum zuzurechnen, liegen aus Sicht des Leasinggebers zwei Geschäfte, nämlich ein **Liefer- und ein Kreditgeschäft** vor. Zunächst erwirbt der Leasinggeber den Leasinggegenstand. Gleichzeitig oder im Anschluss daran wird der Leasingvertrag wirksam. Dadurch geht das wirtschaftliche Eigentum auf den Leasingnehmer über. Ob dies als unmittelbare Lieferung vom Lieferanten des Leasinggegenstandes an den Leasingnehmer oder zunächst als Lieferung an den Leasinggeber und danach von ihm an den Leasingnehmer beurteilt wird, hat ertragsteuerlich keine Bedeutung. Der Leasinggeber darf den Leasinggegenstand nicht mehr bilanzieren, vielmehr muss er eine entsprechend hohe Kaufpreisforderung ausweisen, d.h aktivieren. Diese Kaufpreisforderung gegen den Leasingnehmer stellt eine Geldforderung dar und ist entsprechend zu behandeln. Beispielsweise sind Teilwertabschreibungen auf die Kaufpreisforderung vorzunehmen, wenn der Leasingvertrag notleidend wird. Die Bewertung dieser Kaufpreisforderung hat in der Höhe zu erfolgen, in welcher der Leasinggeber Anschaffungskosten für den Leasinggegenstand hatte. Teilweise wird die Auffassung vertreten, aufgrund der Behandlung beim Leasingnehmer habe die Bewertung der Kaufpreisforderung beim Leasinggeber mit dem Barwert der künftigen Leasingraten zu erfolgen, außerdem sei sie grundsätzlich mit der vom Leasingnehmer zu passivierenden Kaufpreisverbindlichkeit identisch.[95] Es gibt aber keine zwingende ertragsteuerliche Vorschrift, die Kaufpreisforderung des Leasinggebers und die Kaufpreisverbindlichkeit des Leasingnehmers gleich hoch auszuweisen. Besonders deutlich wird dies beim Herstellerleasing. Hierbei hat der Leasinggeber den Leasinggegenstand entweder selbst hergestellt oder von einer nahestehenden Person erworben. Oftmals liegen die Anschaffungs- oder Herstellungskosten des Leasinggebers unter den Listenpreisen für die Leasinggegenstände. Daher weist der Leasinggeber bei derartigen Vertragsgestaltungen im Bereich des Herstellerleasings eine geringere Kaufpreisforderung als beispielsweise den Listenpreis aus. Dem Leasingnehmer wiederum werden die internen Kalkulationsdaten des Leasinggebers, wie Anschaffungs- oder Herstellungskosten und Finanzierungszinssatz der Leasingraten, nicht genannt. Vielmehr kennt der Leasingnehmer nur die Höhe der Leasingraten. Daher muss er regelmäßig vom Listenpreis ausgehen und eine höhere Kaufpreisverbindlichkeit passivieren als der Leasinggeber als Kaufpreisforderung aktiviert. Diese Differenz wird

---

[95] *Runge/Bremser/Zöller* Leasing S. 319; *Clausen* in *Herrmann/Heuer/Raupach* § 5 Anm. 1195.

über die Laufzeit des Leasingvertrages ausgeglichen, da der Leasingnehmer die Leasingraten konsequenterweise mit einem niedrigeren Zinssatz aufteilen muss.

b) Behandlung der Leasingraten. Die beim Leasinggeber eingehenden Leasingraten sind in einen Zins- und Tilgungsteil aufzuteilen. Die Erfassung des Tilgungsanteils ist erfolgsneutral durch Buchung gegen die Kaufpreisforderung vorzunehmen. Dagegen stellt der Zinsanteil der Leasingraten einen entsprechenden Ertrag des Leasinggebers dar. Die betragsmäßige Aufteilung der Leasingrate in beide Komponenten kann auf verschiedene Weise vorgenommen werden. Sofern dem einzelnen Leasingvertrag eine direkte Finanzierung zugeordnet werden kann, muss dieser Refinanzierungszinssatz berücksichtigt werden. Ist dies nicht der Fall, muss die Summe der Zinsanteile aller Leasingraten auf die einzelnen Leasingraten aufgeteilt werden. Dies kann – wie beim Leasingnehmer – sowohl nach der Barwertvergleichsmethode als auch der Zinsstaffelmethode vorgenommen werden. 79

c) Sonderfragen. Hat der Leasinggeber seine Kaufpreisforderung im Wege des echten Factoring/Forfaitierung an einen Dritten veräußert, so erhält der Leasinggeber das Entgelt hierfür. Verwendet er dieses Entgelt, um seine Verbindlichkeiten zurückzuführen, führt es zur Bilanzverkürzung. Handelt es sich, wie beispielsweise im Immobilienleasing üblich, um eine einzelne Objektgesellschaft, weist sie nach erfolgtem Verkauf ihrer Kaufpreisforderung kein Aktiv- und Passivvermögen mehr aus. Wird die Kaufpreisforderung nicht veräußert, muss die entsprechende Verbindlichkeit weiterhin passiviert werden. Regelmäßig handelt es sich dabei aber um einen durchgeleiteten Kredit, der nicht als Dauerschuld behandelt wird. 80

5. Besteuerung einer Objektgesellschaft oder eines Fonds

a) Erzielung gewerblicher Einkünfte. Im Gegensatz zum Mobilien-Leasing, bei dem ein Leasinggeber typischerweise für eine Viel- oder Mehrzahl von Leasingnehmern auftritt, werden Immobilien-Leasingverträge regelmäßig über Objektgesellschaften abgewickelt. Diese Objektgesellschaften besitzen oft nur ein Objekt, welches an einen Leasingnehmer vermietet wird. Bei anderen Konstellationen können Objektgesellschaften auch über mehrere Objekte verfügen, die oft dann jedoch an nur einen Leasingnehmer vermietet werden. 81

Außer beim Immobilien-Leasing sind Objektgesellschaften als Leasinggeber auch bei der Vermietung von Großanlagen oder sehr umfangreichen Mobilien anzutreffen. Hintergrund für die Einschaltung von Objektgesellschaften ist die Eingrenzung des Risikos. Denn während bei Sammelgesellschaften oftmals das ganze Vermietvermögen für notleidende Leasingverträge mithaftet, ist die Haftung bei den einzelnen Objektgesellschaften auf das jeweilige Objekt beschränkt. Zudem lässt sich die Vermögensverwaltung bei Objektgesellschaften sicherlich besser überblicken als bei Sammelgesellschaften.

Objektgesellschaften können nicht nur aus einer, sondern auch aus einer Gesamtheit von Gesellschaftern bestehen, die z. B. aus einer Gruppe von Leasinggesellschaften gestellt werden.

Objektgesellschaften setzen oft nur geringes Eigenkapital ein und finanzieren sich fast vollständig durch Bankdarlehen. Hingegen sind an sog. Fondsgesellschaften meistens Dritte beteiligt, die einen Teil der Gesamtfinanzierung über Eigenkapital der Fondsgesellschaft oder Gesellschafterdarlehen aufbringen.

Eine **Objektgesellschaft in der Rechtform der Kapitalgesellschaft** ist stets selbst steuerpflichtig und erzielt Einkünfte aus Gewerbebetrieb, die der Körperschaftsteuer unterliegen. Gewerblich tätige **Objekt-Personengesellschaften** sind als Mitunternehmerschaften anzusehen. Hier unterliegen die Gewinnanteile der Gesellschafter als Einkünfte aus Gewerbebetrieb der Einkommensteuer. Eine eigene Steuerpflicht entsteht hinsichtlich der Gewerbesteuer (§ 5 Abs. 1 Satz 3 Satz 3 GewStG). Insbesondere wenn Objektgesellschaften nur über ein Objekt verfügen, kann die Abgrenzung zu Vermie- 82

§ 69   Vierter Teil. Wirtschaftliche Problemkomplexe des Leasings

tungseinkünften erforderlich sein.[96] Die häufigsten Rechtsformen der Objekt- und Fondsgesellschaften sind die GmbH und die GmbH & Co. KG, aber auch Aktiengesellschaften.

83   Eine Besonderheit ergibt sich für Objekt- oder Fondsgesellschaften in der Rechtsform der GmbH & Co. KG, die Leasingverträge über Immobilien abgeschlossen haben. Hierzu stellt sich die Frage, ob diese Gesellschaften gewerbliche Einkünfte aufgrund der Geprägegesetzgebung nach § 15 Abs. 3 Nr. 2 EStG erzielen oder als sogenannte Schein-KG nicht unter die Geprägegesetzgebung fallen. Als Schein-KG wird eine Personengesellschaft bezeichnet, die zu Unrecht als Kommanditgesellschaft ins Handelsregister eingetragen wurde und in Wahrheit eine Gesellschaft bürgerlichen Rechts darstellt.[97] Gelegentlich werden Vermietungsgesellschaften zu Unrecht als Schein-KG bezeichnet, obwohl sie zu Recht im Handelsregister eingetragen wurden. Zwar ist die Vermietungstätigkeit kein Grundhandelsgewerbe nach § 1 Abs. 2 HGB, doch kann die Eintragung im Handelsregister auch für einen Sollkaufmann nach § 2 HGB vorgenommen werden. Tatbestandsvoraussetzungen eines Sollkaufmanns sind das Vorliegen eines gewerblichen Unternehmens, das einen nach Art und Umfang in kaufmännischer Weise eingerichteten Geschäftsbetrieb erfordert, und die Eintragung im Handelsregister. Auch die Vermietungstätigkeit kann demnach ein gewerbliches Unternehmen darstellen, wenn sie über die übliche Verwaltungstätigkeit eines Hauseigentümers hinausgeht, und eine besonders umfangreiche, berufsmäßige Tätigkeit erfordert, welche die Voraussetzungen eines Gewerbebetriebes nach § 1 HGB erfüllt. Dies ist vor allem dann gegeben, wenn ein in kaufmännischer Weise eingerichteter Geschäftsbetrieb vorliegt. Dieser wird insbesondere durch folgende Merkmale bestimmt: Vielfalt erbrachter Leistungen, Umsatzvolumen, Gewerbeertrag, Anlage- und Betriebskapital, kaufmännische Buchführung, Anzahl der Beschäftigten, Büroräume, Übernahme von Gewährleistungspflichten, Inanspruchnahme von Bankkrediten, Teilnahme am wirtschaftlichen Geschäftsverkehr.[98] Im Bereich des Immobilienleasing werden Leasingverträge regelmäßig über Objekte mit sehr hohen Anschaffungskosten abgeschlossen. Die Verwaltung derartiger Vermögen erfordert eine professionelle Abwicklung und wird von der Objekt- oder Fondsgesellschaft oder einer anderen darauf spezialisierten Gesellschaft aus dem Bereich des Leasinggebers erbracht. Hierbei sind die vorgenannten Merkmale des in kaufmännischer Weise eingerichteten Geschäftsbetriebes regelmäßig erfüllt, so dass es sich bei derartigen Objekt- oder Fondsgesellschaften um Sollkaufleute und damit um zu Recht ins Handelsregister eingetragene Kommanditgesellschaften handelt. Daher ist § 15 Abs. 3 Nr. 2 EStG auf sie in vollem Umfang anzuwenden.

84   Erzielt die Objekt- oder Fondsgesellschaft keine gewerblichen Einkünfte kraft Rechtsform (GmbH & Co. KG oder Kapitalgesellschaft), z. B. als Gesellschaft des Bürgerlichen Rechts, können gewerbliche Einkünfte vorliegen, sofern sie die Voraussetzungen von § 15 Abs. 2 EStG erfüllt.[99] Diese Fallgestaltung dürfte wegen der Neigung, Kapitalgesellschaften zu bilden, in der Praxis selten relevant werden. Die für die Annahme einer gewerblichen Tätigkeit erforderlichen Merkmale dürften in der Regel gegeben sein. Die beiden Tatbestandsmerkmale Nachhaltigkeit und Beteiligung am allgemeinen wirtschaftlichen Verkehr sind nämlich regelmäßig auch dann erfüllt, wenn die Objekt- oder Fondsgesellschaft nur ein Leasingobjekt verwaltet. Die Nachhaltigkeit ist auch schon in der Vorbereitungsphase – d. h. vor Abschluss des/der Leasingverträge – zu bejahen, da die Vermietungsphase als Dauerzustand anzusehen ist, der eine ständige, nachhaltige Erwerbsquelle sichert.[100] Die Beteiligung am allgemeinen wirtschaftlichen Verkehr erfor-

---

[96] S. Rdn. 86.
[97] S. oben Rdn. 15.
[98] Schmidt/*Weber-Grellet* EStG § 15 Anm. 20.
[99] Hierzu bereits allgemein s. oben Rdn. 13.
[100] v. 21. 1. 1985 I R 60/80, BStBl 1986 II, 88.

21. Kapitel: Steuerrechtliche Aspekte des Leasing § 69

dert, dass eine Tätigkeit am Markt gegen Entgelt und für Dritte äußerlich erkennbar angeboten wird. Auch dieses Merkmal dürfte bei Objekt- und Fondsgesellschaften regelmäßig erfüllt sein, da die Gesellschaft am allgemeinen Leistungs- und Güteraustausch teilnimmt. Zwar schließt sie den Leasingvertrag nur mit einer Person, nämlich dem Leasingnehmer ab, jedoch besteht nicht von vornherein die Beschränkung auf diesen Kunden. Vielmehr bietet die Objekt- oder Fondsgesellschaft ihre Dienste allgemein an, auch wenn es hinterher nur zu einem Vertragsabschluss kommt. Außerdem muss berücksichtigt werden, dass der Leasinggeber während der Vermietungsphase laufend mit Dritten, wie beispielsweise Banken oder Versicherungen, in Kontakt tritt.

b) Einheitliche und gesonderte Gewinnfeststellung. Erzielt die Personengesellschaft 85
gewerbliche Einkünfte, werden diese durch gesonderte Feststellung der Besteuerungsgrundlagen gemäß § 180 Abs. 1 AO festgestellt. Diese Feststellung hat einheitlich zu erfolgen, wenn mehrere Gesellschafter an der Objekt- oder Fondsgesellschaft beteiligt sind. Im Rahmen dieser Feststellung werden die positiven oder negativen Einkünfte der Gesellschaft ermittelt und auf die beteiligten Gesellschafter verteilt. Hierzu müssen im Rahmen des Feststellungsverfahrens die ertragsteuerlichen Grundlagen der Besteuerung ermittelt und beurteilt werden. Für Objekt- oder Fondsgesellschaften, die Leasingverträge abgeschlossen haben, bedeutet dies insbesondere Prüfung und Entscheidung über die Zurechnung des wirtschaftlichen Eigentums an den Leasinggegenständen, Ermittlung der betriebsgewöhnlichen Nutzungsdauer der Leasinggegenstände und Einkunftsart des Leasinggebers. Sonderbetriebseinnahmen und -ausgaben einzelner Gesellschafter werden gem. § 15 Abs. 1 Nr. 2 EStG in die einheitliche Gewinnfeststellung einbezogen.[101] Hat ein einzelner Gesellschafter seine Beteiligung an einer Fondsgesellschaft fremdfinanziert, so müssen die entsprechenden Zinsen als Sonderbetriebsausgaben im Rahmen der Gewinnfeststellung erfasst und festgestellt werden. Da im Rahmen der Feststellung auch über die verrechenbaren Verluste nach § 15 a EStG entschieden wird, kommt der Erfassung der Sonderbetriebsausgaben besondere Bedeutung zu. Der Feststellungszeitraum umfasst den Zeitraum, den die Objekt- oder Fondsgesellschaft sich als Gewinnermittlungszeitraum im Gesellschaftsvertrag gegeben hat. Von Rumpfwirtschaftsjahren abgesehen, beträgt der Feststellungszeitraum somit stets 12 Monate, in der Regel das Kalenderjahr. Bei Gesellschafterwechsel ist kein Rumpfwirtschaftsjahr auf den Zeitpunkt des Gesellschafterwechsels vorzunehmen, da die Gesellschaft durch eintretende und ausscheidende Gesellschafter ihre Identität nicht verliert, sondern beibehält.[102] Dies ist Folge der steuerrechtlichen Selbstständigkeit dieser Gesellschaften.[103] Der Gesellschafterwechsel kommt vielmehr im Rahmen von Feststellungsverfahren zur Geltung.

6. Einkünfte des Leasinggebers aus Vermietung und Verpachtung

a) Voraussetzungen zur Erzielung von Einkünften aus Vermietung und Verpach- 86
tung. Einkünfte aus Vermietung und Verpachtung können üblicherweise von Leasinggebern im Bereich des Immobilienleasing erzielt werden. Dies setzt jedoch voraus, dass einerseits eine Vermietungstätigkeit im Sinne von § 21 EStG durch der Leasinggeber ausgeübt wird, und andererseits der Leasinggeber nicht in einer Form betrieben wird, in der er nur gewerbliche Einkünfte haben kann, wie beispielsweise bei Kapitalgesellschaften oder einer gewerblich geprägten GmbH & Co. KG.

Um Einkünfte aus Vermietung und Verpachtung erzielen zu können, müssen durch 87
den Leasinggeber ausschließlich derartige Einkünfte erzielt werden. Dies hat vor allem für solche Leasinggeber Bedeutung, die aufgrund ihrer sonstigen Tätigkeit, z. B. durch

---

[101] Schmidt/*Wacker* § 15 EStG Anm. 651.
[102] *Brandis* in Tipke/Kruse § 180 AO Tz. 67.
[103] v. 25.6.1984 GrS 4/82 BStBl 1984 II, 751.

§ 69 Vierter Teil. Wirtschaftliche Problemkomplexe des Leasings

den Abschluss von Mobilien-Leasingverträgen, gewerbliche Einkünfte nach § 15 Abs. 1 Nr. 1 EStG erzielen. In diesen Fällen kann der Leasinggeber, auch wenn die übrigen Voraussetzungen vorliegen, keine partiellen Einkünfte aus Vermietung und Verpachtung erzielen. Vielmehr können dann insgesamt gewerbliche Einkünfte vorliegen (§ 21 Abs. 3 EStG).

Die Nutzungsart des unbeweglichen Vermögens beim Leasingnehmer hat für die Qualifikation der Einkünfte beim Leasinggeber keine Bedeutung. Auch die Vermietung von gewerblich genutzten Gebäuden führt beim Leasinggeber zu Einkünften aus Vermietung und Verpachtung.

Sollen Einkünfte aus Vermietung und Verpachtung erzielt werden, muss der Leasingvertrag Wirtschaftsgüter zum Gegenstand haben, die in § 21 Abs. 1 EStG aufgeführt werden. Hauptsächlich handelt es sich hierbei um unbewegliche Wirtschaftsgüter, die in § 21 Abs. 1 Nr. 1 EStG genannt sind:

Grund und Boden, Gebäude, Gebäudeteile oder Schiffe. Bei Schiffen ist zusätzliche Voraussetzung, dass sie im Schiffsregister eingetragen sind. Fehlt die Eintragung führt die Vermietung in der Regel zu sonstigen Einkünften im Sinne des § 22 Nr. 3 EStG, soweit nicht eine Zurechnung zu einer anderen Einkunftsart geboten ist.[104] Flugzeuge sind im Katalog des § 21 EStG nicht aufgeführt. Sie sind kein unbewegliches Vermögen im Sinne des Steuerrechts. Gleichwohl sollen auch Leasingverträge über die Vermietung von Flugzeugen zu Einkünften aus Vermietung und Verpachtung führen können, wenn die Flugzeuge in die Luftfahrzeugrolle eingetragen sind; allerdings liegt eine gewerbliche Tätigkeit vor, wenn die Vermietung und der An- und Verkauf der Flugzeuge im engen Zusammenhang stehen.[105]

88 Wie schon die Beurteilung von Flugzeugen zeigt, ist die Aufzählung in § 21 Abs. 1 Nr. 1 EStG nicht abschließend, sondern nur beispielhaft, wobei jedoch der Grundsatz bestehen bleibt, dass die Vermietung von unbeweglichem Vermögen erfasst wird. Neben den aufgezählten Objekten führt z. B. auch die Vermietung von Außenanlagen zu Einkünften aus Vermietung und Verpachtung. Keine Einkünfte aus Vermietung und Verpachtung liegen dagegen vor, wenn einzelne Betriebsvorrichtungen vermietet werden. Die ertragsteuerliche Abgrenzung von Betriebsvorrichtungen gegenüber Gebäudebestandteilen folgt der bewertungsrechtlichen Zuordnung. Werden Betriebsvorrichtungen mit unbeweglichem Vermögen mitvermietet, so liegen trotzdem insgesamt Einkünfte aus Vermietung und Verpachtung vor, wenn die Betriebsvorrichtungen nur von untergeordneter Bedeutung sind. Erfüllt die Vermietung der Mobilien die Anforderungen des § 15 Abs. 1 Nr. 1 EStG (originäre gewerbliche Tätigkeit), „färbt" diese Tätigkeit auf die Vermietung von unbeweglichem Vermögen ab, so dass insgesamt gewerbliche Einkünfte vorliegen (vgl. § 15 Abs. 3 Nr. 1 EStG).

89 Obwohl sich in § 21 Abs. 1 Nr. 2 EStG der Hinweis auf bewegliches Betriebsvermögen findet, liegen bei der **Vermietung von einzelnen beweglichen Wirtschaftsgütern** keine Einkünfte aus Vermietung und Verpachtung vor. Die Vermietung einzelner beweglicher Wirtschaftsgüter führt nur dann zu Einkünften aus Vermietung und Verpachtung, wenn es sich dabei insgesamt um Sachinbegriffe gemäß § 21 Abs. 1 Nr. 2 EStG handelt.[107] Dies erfordert, dass die einzelnen Wirtschaftsgüter funktionell oder technisch so aufeinander abgestimmt sind, dass sie bei objektiver Betrachtung eine wirtschaftliche Einheit bilden. Werden nur einzelne bewegliche Wirtschaftsgüter vermietet, ohne dass eine wirtschaftliche Einheit besteht und handelt es sich auch nicht um gewerbliche Einkünfte nach § 15 Abs. 1 Nr. 1 EStG, liegen daher keine Einkünfte aus Vermietung und Verpachtung,

---

[104] Schmidt/*Drenseck* § 21 EStG Anm. 50.
[105] BFH-Urteile v. 2. 5. 2000 IX R 71/96, BStBl II 2000, 467; v. 2. 5. 2000 IX R 99/97, BFH/NV 2001, 14; v. 29. 8. 2007 IV R 49/04, DStR 2007, 1574.
[106] *(Nicht belegt)*.
[107] Schmidt/*Drenseck* § 21 EStG Anm. 53.

sondern sonstige Einkünfte nach § 22 Nr. 3 EStG vor. Hierbei ist jedoch zu beachten, dass ein Verlustausgleich nur eingeschränkt möglich ist.[108]

Die Vermietung führt aber nur dann zu Einkünften aus Vermietung und Verpachtung, wenn sie ihrer Art nach als **Vermögensverwaltung** zu qualifizieren ist. Diese liegt auch dann noch vor, wenn der vermietete Grundbesitz sehr umfangreich ist und dadurch erhebliche Verwaltungsarbeit erforderlich macht. Genauso verlässt der An- und Verkauf von Grundstücken grundsätzlich nicht den Bereich der Vermögensverwaltung. Wenn dieser An- und Verkauf jedoch in einem Maße stattfindet, bei dem die Fruchtziehung oder Vermögensumschichtung nicht mehr im Vordergrund steht, liegt **gewerblicher Grundstückshandel** und damit Einkünfte aus Gewerbebetrieb vor.[109] Dies hat vor allem Bedeutung für die Frage der Gewerbesteuerpflicht. Die Grenze zwischen gewerblichem Grundstückshandel und Vermögensverwaltung ist nicht exakt zu ziehen. Abgrenzungsmerkmale sind Absicht des Grundstückserwerbs, Zeitraum der Ab- und Verkaufstätigkeit sowie Anzahl der An- und Verkäufe. Die Rechtsprechung hat im Interesse der Rechtsprechung Einzelheiten zur Abgrenzung konkretisiert. 90

Kern dieser Abgrenzungskriterien ist die sog. **Drei-Objekte-Grenze**. Die Grenze von der privaten Vermögensverwaltung zum gewerblichen Grundstückshandel ist in der Regel erst überschritten, wenn der Steuerpflichtige mehr als drei Objekte – und zwar ungeachtet der Zahl der Erwerber[110] – veräußert und zwischen dem Kauf oder der Errichtung des Objekts ein enger zeitlicher Zusammenhang von in der Regel nicht als mehr **fünf Jahren** besteht. Es handelt sich um keine Regelung im Sinne einer Freigrenze, vielmehr kommt der Drei-Objekt-Grenze nur indizielle Bedeutung zu.[111] Entsprechend der Indizwirkung ist es demnach auch denkbar, dass gewerblicher Grundstückshandel auch bei Unterschreiten der Grenze vorliegt, während auch ein Überschreiten in allerdings seltenen Fällen noch zur privaten Vermögensverwaltung gehört. Auch der zeitliche Zusammenhang im Sinne des Fünf-Jahres-Zeitraums ist keine starre Grenze. Es gilt insoweit: je weiter die Verkaufsfälle auseinander liegen, desto weniger ist ein gewerblicher Grundstückshandel anzunehmen. Auch der Objektbegriff ist nicht klar abgegrenzt. Problematische Fallgestaltungen kann es dabei vor allem bei der Teilung und Umwidmung von zuvor erworbenen (Alt-)Objekten geben. In Folge der Rechtsunklarheit hat es zahlreiche Entscheidungen zu diversen Einzelfallgestaltungen gegeben. Auch in der Literatur werden Fragen des gewerblichen Grundstückshandels immer wieder diskutiert.[112]

Will der Leasinggeber Einkünfte aus Vermietung und Verpachtung erzielen, muss er sich bemühen, diese Grundsätze von Rechtsprechung und Finanzverwaltung zu berücksichtigen. Dabei empfiehlt es sich zur Vermeidung einer etwaigen Gewerbesteuerpflicht vorsichtige, von der Verwaltung gebilligte Gestaltungen zu wählen. Die Praxis hat dem Risiko eines gewerblichen Grundstückshandels dadurch Rechnung getragen, dass (auch) aus diesem Grunde Immobilien-Leasingverträge regelmäßig über einzelne Objektgesellschaften abgewickelt werden. Würde man derartige Verträge über Sammelgesellschaften abwickeln, wäre die Gefahr, bei etwaigen Verkäufen als gewerblicher Grundstückshandel mit der Folge der Gewerbesteuerpflicht aus den Verkäufen qualifiziert zu werden, zu groß.

Die gleichen Überlegungen sind bei der Anwendung der erweiterten Kürzung für Grundstücksverwaltungsunternehmen nach § 9 Nr. 1 Satz 2 Gewerbesteuergesetz vorzunehmen (vgl. § 70 Rz. 22 ff.).

---

[108] Schmidt/*Weber-Grellet* § 22 EStG Anm. 145.
[109] Z. B. BFH v. 7. 3. 1996 IV R 2/92, BII 1996, 369
[110] BFH v. 23. 1. 2004 IV B 3/03, BFH/NV 2004, 781.
[111] St. Rspr. vgl. BFH 10. 12. 2001 GrS 1/98, BStBl II 2002, 291; v. 21. 6. 2001 III R 27/98, BStBl II 2002, 537; BMF v. 26. 3. 2004 BStBl I 2004, 434.
[112] Zu den Einzelheiten und zahlreichen Nachweisen zu Rechtsprechung und Literatur vgl. Schmidt/*Weber-Grellet* § 15 EStG 46 ff.

§ 69   Vierter Teil. Wirtschaftliche Problemkomplexe des Leasings

91   Auch bei den Einkünften aus Vermietung und Verpachtung nach § 21 Abs. 1 EStG muss **Gewinnerzielungsabsicht**[113] vorliegen, da anderenfalls außersteuerliche Liebhaberei vorliegen würde. Der Totalüberschuss muss sich auch bei Objektgesellschaften aus den voraussichtlichen steuerpflichtigen Einnahmen, abzüglich Werbungskosten, ergeben. Dabei muss beachtet werden, dass hierfür auf die Gesamtdauer der voraussichtlichen Vermögensnutzung abzustellen ist. Bei Immobilien des Privatvermögens, bei denen eine Nutzungsdauer von 40 bzw. 50 Jahren zugrunde gelegt wird, kann der Betrachtungszeitraum daher sehr lang sein. Längere Verlustperioden allein reichen noch nicht zur Versagung der Gewinnerzielungsabsicht aus. Da bei Immobilien-Leasingverträgen dem Leasingnehmer regelmäßig ein Ankaufsrecht zu einem bestimmten Zeitpunkt gewährt wird, muss sich unter Beachtung der vorgenannten Grundsätze bei Immobilien-Leasingverträgen für den Leasinggeber bereits während der Mietzeit ein Totalüberschuss aufgrund der Kalkulation ergeben, um die Überschusserzielungsabsicht nachzuweisen. Sollte dieser Totalüberschuss aus laufenden Einnahmen während der Mietzeit nicht erzielbar sein, könnte die Überschusserzielungsabsicht demnach nur nachgewiesen werden, wenn der Totalüberschuss in einer anschließenden Vermietung erzielbar ist. Dieser Nachweis ist um so schwerer, da der Leasingnehmer bei einer entsprechenden Werthaltigkeit des Objektes von seinem Ankaufsrecht Gebrauch machen wird. Überträgt man die Grundsätze des BFH, die er zur Überschusserzielungsabsicht beim Mietkaufmodell festgelegt hat,[114] auf den Bereich des Immobilien-Leasing, muss die Überschusserzielungsabsicht bereits während der Grundmietzeit erfüllt werden.

92   **b) Allgemeine Grundsätze zur Einkünfteermittlung.** Erzielt der Leasinggeber Einkünfte aus Vermietung und Verpachtung, so liegen keine gewerblichen Einkünfte vor, was wiederum bedeutet, dass die Wirtschaftsgüter, über welche die Leasingverträge abgeschlossen wurden, Privat- und kein Betriebsvermögen des Leasinggebers darstellen. Dies hat zur Folge, dass die stillen Reserven der Leasinggegenstände grundsätzlich steuerfrei vereinnahmt werden dürfen, sofern kein Spekulationsgeschäft nach § 23 Abs. 1 Nr. 1 EStG vorliegt.

93   Eine weitere Konsequenz aus den Einkünften aus Vermietung und Verpachtung ist die Möglichkeit zur **Einkünfteermittlung mittels Einnahme/Überschussrechnung.** Hierzu sind insbesondere die Vorschriften über die Vereinnahmung und Verausgabung (§ 11 EStG) sowie die Werbungskosten (§ 9 EStG) zu beachten. Für den Leasinggeber, der Einkünfte aus Vermietung und Verpachtung erzielt, ergeben sich dadurch andere Auswirkungen als bei einem Leasinggeber, bei dem gewerbliche Einkünfte vorliegen. Da nach § 11 EStG Einnahmen in dem Kalenderjahr bezogen werden, in dem sie dem Steuerpflichtigen zugeflossen sind, muss der Leasinggeber die entsprechende Erfassung der Leasingraten im Rahmen der Einnahme/Überschussrechnung vornehmen. Dies hat insbesondere für vor- oder nachschüssige Leasingraten Bedeutung. Von der Ausnahmeregelung für kurze Zeit vor Beginn oder nach Beendigung des Kalenderjahres geflossenen Leasingraten abgesehen, sind die Leasingraten als Einnahmen im Zeitpunkt ihres Zuflusses zu erfassen. Eine zeitanteilige Abgrenzung entsprechend der bilanziellen Handhabung erfolgt nicht. Des Weiteren ist der Aufwand für Damnum oder Disagio bei der Kreditbeschaffung vom Leasinggeber als sofortiger Aufwand anzusetzen. Auch hier wird keine Abgrenzung vorgenommen. Demgegenüber muss der Leasinggeber bei der Ermittlung des Absetzungszeitraumes der Immobilie grundsätzlich von 40 bzw. 50 Jahren nach § 7 Abs. 4 Satz 1 Nr. 2 EStG ausgehen. Ein kürzerer Absetzungszeitraum ist nur bei tatsächlich kürzerer Nutzungsdauer gemäß § 7 Abs. 4 Satz 2 EStG anzusetzen. Handelt es sich um ein gewerblich genutztes Gebäude, dürfte die tatsächliche Nutzungsdauer allerdings regelmäßig kürzer als 50 Jahre sein. Der Absetzungszeitraum für Wirtschaftsgebäude darf für

---

[113] Hierzu allgemein oben Rdn. 2.
[114] v. 31. 3. 1987 IX R 11/83 u. IX R 112/83, BStBl 1987 II, 668 ff und 774 ff.

das Leasinggebäude im Rahmen der Einkunftsart Vermietung und Verpachtung nicht angesetzt werden, da kein Gebäude, das zu einem Betriebsvermögen gehört, vorliegt (§ 7 Abs. 4 Satz 1 Nr. 1 EStG).

Zu unterschiedlichen Erfassungen der Leasingrate bei Leasingnehmer und Leasinggeber 94 kann es kommen, wenn der Leasinggeber Einkünfte aus Vermietung und Verpachtung erzielt und die Leasingraten beim Leasingnehmer im Rahmen seines Gewerbebetriebes Betriebsausgaben darstellen. Die Divergenz resultiert aus der unterschiedlichen Erfassung der Zu- und Abflüsse bei Leasingnehmer (periodengerechte Aufwandsabgrenzung) und Leasinggeber (Zufluss- und Abflussprinzip). Es handelt sich dabei nicht um eine Besonderheit der ertragsteuerlichen Beurteilung von Leasingverträgen, sondern um einen anerkannten Grundsatz bei den Einkünften aus Vermietung und Verpachtung, der keine korrespondierende Erfassung von Zu- und Abflüssen im gleichen Zeitraum erfordert. Daher kann der Leasingnehmer in diesen Fällen für nachschüssig gezahlte Leasingraten in seiner Bilanz des laufenden Jahres den anteiligen Aufwand berücksichtigen, wenn der Anspruch des Leasinggebers bereits entstanden, die Leasingrate erst im nächsten Kalenderjahr gezahlt wird. Dagegen hat der Leasinggeber, welcher Einkünfte aus Vermietung und Verpachtung erzielt, im laufenden Jahr noch keine Einnahme zu erfassen, sondern erst im Zeitpunkt der Vereinnahmung. Das Gleiche gilt in umgekehrter Richtung bei Vorauszahlungen, wenn der Leasingnehmer Einkünfte aus Vermietung und Verpachtung und der Leasinggeber Einkünfte aus Gewerbebetrieb erzielt.[115] Diese Vorauszahlungen sind beim Leasingnehmer sofortiger Aufwand, während der Leasinggeber sie abgrenzen muss.

c) Sonderfragen der Einkünfteermittlung bei Objektgesellschaften und Fonds. 95
Sind mehrere Personen an der nicht gewerblichen Objekt- oder Fondsgesellschaft beteiligt, erzielen sie in ihrer Gesamtheit Einkünfte aus Vermietung und Verpachtung. Daher hat nach § 180 Abs. 1 Nr. 2 a AO eine Feststellung der Einkünfte zu erfolgen. Im Rahmen dieser Feststellung wird der Überschuss der Einnahmen über die Werbungskosten festgestellt und auf die beteiligten Personen verteilt. Die Zurechnung der Einkünfte ergibt sich aus dem Beteiligungsverhältnis. Die Zurechnung des wirtschaftlichen Eigentums selbst ist nicht Gegenstand dieser Feststellung, sie ergibt sich aber aus den steuerlichen Konsequenzen der Feststellung.

Besonderheiten ergeben sich bei einer Objekt- oder Fondsgesellschaft, die Einkünfte 96 aus Vermietung und Verpachtung erzielt, und an der ein Gesellschafter beteiligt ist, bei dem diese **Beteiligung zum Betriebsvermögen** gehört. Dieser Fall liegt z. B. vor, wenn sich eine GmbH oder AG an einer Objekt- oder Fondsgesellschaft (Leasinggeber) beteiligt, die originär Einkünfte aus Vermietung und Verpachtung erzielt. Der Konflikt ergibt sich daraus, dass der Leasinggeber selbst Einkünfte aus Vermietung und Verpachtung, die beteiligte GmbH aber kraft Rechtsform (§ 8 Abs. 2 KStG) nur aus Gewerbebetrieb erzielt. Da die GmbH ihren Anteil am Ergebnis des Leasinggebers selbst zu versteuern hat, muss entschieden werden, ob insoweit Einkünfte aus Vermietung und Verpachtung oder gewerbliche Einkünfte vorliegen. Die Beantwortung dieser Frage hat weitreichende Konsequenzen. Während die GmbH sämtliche Einkünfte und somit auch ihre anteiligen Einkünfte aus der Beteiligung am Leasinggeber nach § 5 EStG zu ermitteln hat, ermittelt der Leasinggeber sein Ergebnis selbst in der Regel durch Einnahme/Überschussrechnung.

Einigkeit besteht darüber, dass die Einkünfte der Personengesellschaft (hier: Leasing- 97 geber) nach der jeweiligen Einkunftsart (z. B. Vermietung und Verpachtung) zu ermitteln sind und dass die auf den betrieblich beteiligten Gesellschafter entfallenden Gewinnanteile in gewerbliche Einkünfte umzuqualifizieren sind.

Uneinigkeit bestand aber in der Art und Weise wie die Umqualifizierung zu erfolgen hat.

---

[115] v. 11.10.1989 VIII R 61/81, BStBl 1984 II, 267.

Nach früherer Ansicht der Finanzverwaltung[116] wurden auch die Einkünfte der gewerblich beteiligten Gesellschafter grundsätzlich auf der Ebene der Gesellschaft als Überschusseinkünfte ermittelt und festgestellt. Die Umqualifizierung erfolgte danach auf der Ebene der betrieblich beteiligten Gesellschafter. Dann fanden die Grundsätze der Gewinnermittlung für Kapitalgesellschaften Anwendung. Die Finanzverwaltung lies zwei Ausnahmen zu: Freiwillige Ermittlung des Gewinnanteils nach § 4 Abs. 1, § 5 EStG neben der Einnahme-Überschussrechnung oder falls der gewerbliche Beteiligte mit weniger als 10 v. H. an der Personengesellschaft beteiligt ist.[117]

In der Rechtsprechung des BFH wurden unterschiedliche Auffassungen vertreten. Teils wird davon ausgegangen, dass bereits auf der Ebene der Personengesellschaft die gewerblichen Einkünfte festgestellt werden, jedenfalls wenn feststeht, dass der Beteiligte nur gewerbliche Einkünfte erzielt.[118] Teils wurde die Ansicht vertreten, auf der Ebene der Gesellschaft seien die Einkünfte vorläufig festzustellen. Dabei sei in der Regel von Überschusseinkünften auszugehen; alternativ komme bereits auf dieser Ebene eine Umqualifizierung in Betracht, wenn eine gewisse Wahrscheinlichkeit einer betrieblichen Beteiligung besteht.[119] Dann entscheiden die Wohnsitzfinanzämter verbindlich über die Einkünftezuordnung, das für die Gesellschaft zuständige Finanzamt muss dann ggf. Folgeänderungen auf der Ebene der Gesellschaft vornehmen. Klärung hat eine Entscheidung des Großen Senats des BFH gebracht. Der BFH geht davon aus, dass die verbindliche Entscheidung über die Einkünfte des gewerblich Beteiligten stets durch des Wohnsitzfinanzamt im Rahmen der Veranlagung zur Einkommensteuer getroffen wird. Seit der Entscheidung des Großen Senats sind die früheren entgegenstehenden Verwaltungsanweisungen überholt.[120]

Aus praktischen Erwähnungen sollte bis zu einer Entscheidung des großen Senats die Methode der Finanzverwaltung zurückgegriffen werden.

7. Einkünfte des Leasinggebers aus Kapitalvermögen

98 In der Praxis dürfte es sehr selten vorkommen, dass der Leasinggeber Einkünfte aus Kapitalvermögen erzielt. Dies setzt zunächst voraus, dass keine eigene gewerbliche Tätigkeit des Leasinggebers vorliegt und auch keine gewerblichen Einkünfte kraft Rechtsform (Kapitalgesellschaft, GmbH & Co. KG) oder aus Vermietung und Verpachtung erzielt werden. Zusätzlich muss es sich um Einkünfte im Sinne von § 20 EStG handeln. Daher können Einkünfte aus Kapitalvermögen nur vorliegen, wenn keine nachhaltige gewerbliche Vermietung von Leasinggegenständen, sondern nur Einzelvermietung – wie beispielsweise bei Objektgesellschaften – vorliegt und das wirtschaftliche Eigentum am Leasinggegenstand dem Leasingnehmer zugerechnet wird. Einkünfte aus Kapitalvermögen können dann deshalb allenfalls in der Annahme angenommen werden, dass bei Zurechnung des wirtschaftlichen Eigentums am Leasinggegenstand zum Leasingnehmer ertragsteuerlich eine Lieferung des Leasinggegenstandes an den Leasingnehmer mit anschließender Kreditgewährung gesehen wird. Die Kaufpreisraten sind in einen Zins- und Tilgungsanteil aufzuteilen. Der Tilgungsanteil ist beim Leasinggeber ertragsteuerlich

---

[116] BMF v. 29.4.1994, BStBl I 1994, 282; v. 27.11.1996, BStBl I 1996, 1521; v. 8.6.1999, BStBl I 1999, 592 – gegen die Rechtsprechung des Bundesfinanzhofes in den Entscheidungen v. 11.7.1996 IV R 103/94, BStBl II 1997, 39 und v. 11.12.1997 IV R 14/96, BStBl. II 1999, 401 – Nichtanwendungserlasse.
[117] Zu Einzelheiten BMF v. 29.4.1994, BStBl I 1994, 282 mit Beispiel.
[118] BFH-Urteil v. 21.9.200 IV R 77/99, BFH/NV 2001, 254.
[119] BFH-Urteil v. 11.12.1997 IV R 14/96, BStBl II 1999, 401; vom 10.12.1998 III R 61/97, BStBl II 1999, 390.
[120] BFH-Urteile v. 11.4.2005 GrS 2/02, BStBl. II 2005, 679; ebenso BFH-Urteil v. 21.2.2006 IX R 80/92, BFH/NV 2006, 1247; Schmidt/*Wacker* § 5 EStG Rz. 205.

nicht steuerbar. Der Zinsanteil führt zu Einnahmen nach § 20 Abs. 1 Nr. 7 EStG (Erträge aus sonstigen Kapitalforderungen).

Demgegenüber können die mit der Darlehensforderung an den Leasingnehmer im Zusammenhang stehenden Schuldzinsen, z. B. Refinanzierung des Leasingguts) als Werbungskosten geltend gemacht werden. Die Ermittlung der Einkünfte erfolgt durch Einnahme/Überschussrechnung. **99**

8. Sonstige Einkünfte des Leasinggebers

Auch sonstige Einkünfte des Leasinggebers dürften in der Praxis sehr selten vorkommen. Derartige Einkünfte können nur vorliegen, wenn keine eigene gewerbliche Tätigkeit des Leasinggebers vorliegt oder keine gewerblichen Einkünfte kraft Rechtsform (Kapitalgesellschaft, GmbH & Co. KG) erzielt werden. Außerdem darf die Tätigkeit nicht unter eine andere Einkunftsart, wie beispielsweise Vermietung und Verpachtung oder Kapitalvermögen fallen, so dass nur die gelegentliche Vermietung beweglicher Gegenstände gemäß § 22 Nr. 3 EStG übrig bleibt. Um sonstige Einkünfte erzielen zu können, muss es sich daher um einen nichtgewerblichen Leasinggeber handeln, der die gelegentliche Vermietung beweglicher Gegenstände, wie beispielsweise Computer, Autos oder Flugzeuge betreibt. Auch diese gelegentliche Vermietung muss mit Überschusserzielungsabsicht verbunden sein, da sonst ein nicht steuerbarer Vorgang vorliegt. Das Ergebnis dieser Tätigkeit ist durch Einnahme/Überschussrechnung zu ermitteln. **100**

Besonders hinzuweisen ist jedoch auf den beschränkten Verlustausgleich im Rahmen dieser Einkunftsart. Bei einem Überschuss der Werbungskosten über die Einnahmen darf der übersteigende Betrag bei der Ermittlung des Einkommens nicht ausgeglichen oder im Rahmen des Verlustausgleichs nach § 10d EStG ausgeglichen werden (§ 22 Nr. 3 Satz 3 EStG). Die Verluste mindern jedoch in dem unmittelbar vorangegangenen Veranlagungszeitraum und in den folgenden Veranlagungszeiträumen erzielten Einkünfte im Sinne des § 22 Nr. 3 EStG (§ 22 Nr. 3 Satz 4 EStG).[121] Der verbleibende Verlustabzug ist gesondert festzustellen.

III. Besteuerung des Leasingnehmers

1. Einkünfte des Leasingnehmers aus Gewerbebetrieb

a) Bilanzierung bei wirtschaftlichem Eigentum des Leasinggebers. Wenn der Leasinggegenstand dem Leasinggeber zuzurechnen ist, wird der Leasingvertrag beim Leasingnehmer nach den **Grundsätzen eines schwebenden Geschäfts** behandelt. Die vom Leasingnehmer gezahlten Leasingraten sind Gegenleistung für die Nutzungsmöglichkeit des dem Leasinggeber gehörenden Leasinggegenstandes.[122] Daraus folgt, dass die Leasingraten beim Leasingnehmer grundsätzlich zum Zeitpunkt ihrer Zahlung in voller Höhe als Ausgabe zu berücksichtigen sind. Bei Gewinnermittlung durch Betriebsvermögensvergleich müssen die Leasingraten allerdings bei vor- oder nachschüssiger Zahlungsweise zum Bilanzstichtag zeitgerecht abgegrenzt werden. **101**

Durch die Behandlung des Leasingvertrages als schwebendem Geschäft ist vorgegeben, dass grundsätzlich kein Ausweis des Leasingutes in der Bilanz des Leasingnehmers erfolgt. Fraglich ist aber, ob aufgrund dieser bilanziellen Behandlung – insbesondere bei Leasingverträgen mit erheblichen finanziellen Auswirkungen für den Leasingnehmer – die Vermögenslage des Leasingnehmers noch richtig wiedergegeben wird, weil die künftige langfristige Verpflichtung des Leasingnehmers auf Zahlung der Leasingraten in der Bilanz keine Berücksichtigung findet.[123] Die Beantwortung dieser handels- **102**

---

[121] Schmidt/*Weber-Grellet* § 22 EStG Anm. 146.
[122] *Clausen* in *Hermann/Heuer/Raupach* § 5 Anm. 1180.
[123] *Knobbe-Keuk* Bilanz- und Unternehmenssteuerrecht 6. Auflage, S. 61/62.

rechtlichen Frage, die wegen des Maßgeblichkeitsgrundsatzes steuerliche Bedeutung hat, kann mit Rückgriff auf die statische Bilanzierungsmethodik, nach der künftige Verpflichtungen aus schwebend ausgeglichenen Verträgen nicht bilanziert werden, erfolgen. Danach werden die Verpflichtungen auf Zahlung der künftigen Leasingraten nicht erfasst, soweit unterstellt werden kann, dass ihr gleichwertige, künftige Nutzungsmöglichkeiten gegenüberstehen. Dieser Grundsatz gilt auch im Steuerrecht. Da langfristige Leasingverträge zwar nicht die augenblickliche Vermögenslage des Kaufmanns beeinflussen, trotzdem in der Zukunft aber bedient werden müssen, hat der Gesetzgeber für Kapitalgesellschaften eine Ausweispflicht im Anhang des Jahresabschlusses vorgesehen, wenn es sich um finanzielle Verpflichtungen von erheblicher Bedeutung handelt.

103 Auch bei Immobilien-Leasingverträgen, bei denen der Leasingnehmer regelmäßig ein **Ankaufsrecht** besitzt, führt das Ankaufsrecht nicht zu einer Bilanzierung beim Leasingnehmer, da es sich lediglich um ein Recht handelt, dessen Ausübung ungewiss ist. Außerdem mangelt es an Anschaffungskosten des Leasingnehmers, weshalb kein Vermögensgegenstand vorliegen kann.

104 Der Grundsatz, dass der Leasingvertrag als schwebender, aber jeweils ausgeglichener Vertrag keine Auswirkungen auf die Bilanz des Leasingnehmers hat, gilt jedoch nicht, wenn Leistung und Gegenleistung nicht mehr ausgeglichen sind. Unter Gegenleistung ist die Nutzungsmöglichkeit an dem Leasinggegenstand und als Leistung der Aufwand für die Leasingrate zu verstehen. Es bedarf also der Prüfung, ob den Leasingraten noch eine adäquate Nutzungsmöglichkeit gegenübersteht. Ein Ungleichgewicht ist z. B. bei Vormieten gegeben. Vormieten kommen gelegentlich bei Immobilien-Leasingverträgen vor; bei Mobilien-Leasingverträgen haben sie eine noch geringere Bedeutung. Vormieten sind Zahlung vor Beginn der Nutzungsüberlassung und können z. B. beim Immobilienleasing vom Leasingnehmer bereits während der Bauphase zu entrichten sein. In der Höhe entsprechen sie oftmals den vom Leasinggeber bis zu diesem Zeitpunkt angefallenen Zwischenfinanzierungskosten oder anderen Aufwendungen während der Bauphase. Derartigen Vormieten steht aber keine Gegenleistung in Form einer Nutzungsmöglichkeit gegenüber, weil der Leasinggegenstand noch geschaffen werden muss und vom Leasingnehmer daher noch nicht genutzt werden kann. Die Vormieten stellen auch keine Gegenleistung für die Kapitalnutzung oder -bereitstellung durch den Leasinggeber während der Bauzeit dar, weil der Leasingvertrag nicht darauf ausgerichtet ist, dem Leasingnehmer Kapital zur Verfügung zu stellen, sondern ihm das Nutzungsrecht am Leasinggegenstand zu verschaffen. Daher werden derartige Vormieten als Teil des Entgeltes für die spätere Nutzungsüberlassung angesehen.[124] Als Konsequenz sind die Vormieten für die Zeit bis zur Nutzungsmöglichkeit durch den Leasingnehmer in der Bilanz des Leasingnehmers wie Mietvorauszahlungen als Rechnungsabgrenzungsposten nach § 5 Abs. 5 Satz 1 Nr. 1 EStG zu aktivieren und auf die Laufzeit des Leasingvertrages zu verteilen. Die Auflösung dieses Rechnungsabgrenzungspostens sollte entsprechend des Mietverlaufs erfolgen.[125] Entsprechend hat der Bundesfinanzhof entschieden.[126] Ein sofortiger Abzug der Vormieten ist danach nur möglich, wenn sie Entgelt für eine während der Bauzeit erbrachte Sonderleistung des Leasinggebers sind, die rechtlich selbständig neben der Verpflichtung zur Nutzungsüberlassung steht. Dies sollte vertraglich dokumentiert und die Sonderzahlung klar von der Nutzungsüberlassung abgrenzbar sein. Auch bei nicht bilanzierenden Leasingnehmern kommt ein sofortiger Abzug der Vormieten in Betracht.

105 Auch wenn durch die Zahlung der Grundmieten per Saldo ein ausgeglichenes Zahlungs-/Nutzungsverhältnis vorliegt, muss hinsichtlich der Höhe der Leasingraten geprüft werden, inwieweit nicht auch in solchen Fällen eine bilanzielle **Stichtagsabgrenzung** zu

---

[124] Schmidt/*Weber-Grellet* § 5 EStG Rdn. 736.
[125] Schmidt/*Weber-Grellet* EStG, § 5 Anm. 255.
[126] v. 12. 2. 1982 IV R 184/79, BStBl. 1982 II, 696.

21. Kapitel: Steuerrechtliche Aspekte des Leasing § 69

erfolgen hat. Hier gilt im Grundsatz: Sofern über die gesamte Laufzeit des Leasingvertrags die Leasingraten in gleicher Höhe zu zahlen sind (lineare Mieten), ist grundsätzlich keine Abgrenzung veranlasst.

106 Teilweise findet man in der Praxis, insbesondere bei Immobilienleasingverträgen, degressive Leasingraten. Hierbei sinkt die Höhe der vom Leasingnehmer während der Mietzeit zu entrichtenden Leasingraten jährlich oder in größeren Zeiträumen ab. Fraglich ist, ob die jeweils gezahlten Leasingraten zu sofortigem Aufwand beim Leasingnehmer führen, oder ob sie teilweise eine Mietvorauszahlung enthalten und deshalb keinen sofortigen Aufwand darstellen. Dem Grundsatz nach ist die Summe der während der vertraglichen Grundmietzeit geschuldeten Jahresmieten bilanzsteuerlich in jährlich gleichbleibenden Beträgen auf die Grundmietzeit zu verteilen.[127] Daraus folgt, dass der Teil der vertraglichen Jahresmieten, der in den ersten Jahren der Grundmietzeit über den sich für die gesamte Grundmietzeit ergebenden Jahresaufwand hinausgeht, zunächst als Rechnungsabgrenzungsposten zu aktivieren ist. Dieser Rechnungsabgrenzungsposten ist in den Jahren, in denen die Leasingraten niedriger sind als der Jahresaufwand, gewinnmindernd linear aufzulösen. Bei Mietverträgen mit Mietänderungsklauseln gilt.

Dieser auf der Basis der BFH-Entscheidung[128] fußende Grundsatz ist zwar kritisiert worden,[129] hat aber weiterhin Bestand. Die FinVerw.[130] erkennt bei vor dem 1. Januar 1983 abgeschlossenen Immobilienleasingverträgen degressive Leasingraten auch ertragsteuerlich weiterhin an. Bei den Leasingverträgen, die danach abgeschlossen wurden, wendet die Finanzverwaltung die oben erläuterten Grundsätze an. Allerdings stellt die Finanzverwaltung entscheidend darauf ab, dass der Leasingvertrag während der Grundmietzeit durch den Leasinggeber nur aus wichtigem Grunde gekündigt werden kann und die vom Leasingnehmer während der Grundmietzeit jährlich an den Leasinggeber zu entrichtenden Leasingraten der Höhe nach fest bestimmt sind und vom Leasinggeber nicht einseitig nach Maßgabe der Marktverhältnisse angehoben werden können. Daraus ergibt sich, dass es nicht zur Bildung von Rechnungsabgrenzungsposten kommt, wenn der Leasinggeber während der Grundmietzeit einseitig eine Anpassung an geänderte Marktverhältnisse, insbesondere an geänderte Zinskonditionen durchsetzen kann.[131] Gleiches gilt bei Mietverträgen mit Änderungsklauseln. Hier sind die jeweiligen Zahlungen sofort abzugsfähiger Aufwand des Leasingnehmers.

Zur **ertragsteuerlichen Anerkennung von progressiven Leasingraten** beim Leasingnehmer ist bisher kaum Stellung genommen worden. Dies liegt sicherlich auch daran, dass die Finanzverwaltung kein Interesse daran hat, Aufwendungen steuerlich vorzuziehen. Grundsätzlich sind progressive Mietgestaltungen auch ertragsteuerlich anzuerkennen.[132] Darin liegt jedoch ein Risiko des Leasingnehmers, wenn er den Leasinggegenstand nicht mehr oder nicht mehr in vollem Umfang einsetzen kann und er daher aus dem Leasingvertrag Verluste erleiden wird. Derartige künftige Verluste sind bei einer progressiven Mietgestaltung natürlich höher als bei einem anderen Verlauf der Leasingraten, so dass sich die Frage stellt, ob der Leasingnehmer Rückstellungen bilden kann, um dem Vorsichtsprinzip Rechnung zu tragen. Allerdings lässt die Rechtsprechung Rückstellungen nur zu, wenn der Wert der Verpflichtung zur Zahlung der Leasingraten den Erfolgsbeitrag des Leasingobjektes im Unternehmen des Leasingnehmers (= objektiver Wert der Nutzungsmöglichkeit) übersteigt und auch der Erfolgsbeitrag objektiv feststellbar ist. An die Zulässigkeit derartiger Rückstellungen sind aber sehr hohe Anforderungen zu stellen,[133]

---

[127] BFH-Urteil v. 12. 8. 1982 aaO.
[128] IV R 184/79 v. 12. 8. 1982.
[129] *Hauper* BB 1983, 740; *Meilicke* DB 1983, 737.
[130] BMF-Schreiben v. 1. 10. 1983, BStBl. 1983 I, 431.
[131] *Bordewin/Tonner*, S. 89 u. 96.
[132] *Bordewin/Tonner*, S. 91.
[133] BFH v. 27. 7. 1988 I R 133/84, BStBl. 1988 II, 999.

da im Regelfall eine objektive Einschätzung der Höhe eines künftigen Verlusts kaum möglich sein wird.

107 Gelegentlich verpflichtet sich der Leasingnehmer schon im Rahmen des Leasingvertrages neben den Leistungen **Mietvorauszahlungen für eine etwaige Anschlussmietzeit oder Mieterdarlehen** zu leisten. Sofern es nicht zu einer Verlängerung der Grundmietzeit kommt, werden diese Mietvorauszahlungen oder Mieterdarlehen an den Leasingnehmer zurückgezahlt. Teilweise werden diese Mietvorauszahlungen oder Mieterdarlehen dem Leasinggeber zinslos vom Leasingnehmer zur Verfügung gestellt. In diesen Fällen werden sie vom Leasinggeber zur Finanzierung des Leasinggegenstandes eingesetzt und mindern insoweit die Leasingrate. Derartige Mietvorauszahlungen oder Mieterdarlehen stellen kein Entgelt für die Nutzung des Leasinggegenstandes während der Grundmietzeit dar. Daher sind sie kein sofortiger Aufwand beim Leasingnehmer, sondern müssen bei ihm aktiviert werden. Sollten sie zinslos gewährt werden, stellt sich automatisch die Frage nach der Bewertung des Darlehens, möglicherweise zu einem unter dem Nominalwert liegenden Betrag. Dabei könnte man an eine Abzinsung auf den Barwert denken. Der Teilwert dieser Darlehensforderung ist aber nicht geringer als der Nominalwert, so dass eine Abwertung dieser Forderung nicht vorzunehmen ist. Dies liegt daran, dass der Leasingnehmer durch die Unverzinslichkeit seiner Darlehensforderung einen entsprechenden Ausgleich in Form einer niedrigeren Leasingrate erhält, weil der Leasinggeber nur den tatsächlichen Aufwand in die Leasingrate einrechnet. Der bei der Teilwertfindung eine besondere Rolle spielende gedachte Erwerber des Betriebes würde diese Zusammenhänge berücksichtigen, und in Folge dessen den vollen Darlehensbetrag bei der Bemessung des Kaufpreises für den Betrieb berücksichtigen.[134]

108 Gelegentlich muss der Leasingnehmer außer den Leasingraten im Zusammenhang mit dem Leasingvertrag möglicherweise noch **weitere Zahlungen** leisten. Hierbei ist zwischen Zahlungen an den Leasinggeber oder an Dritte zu unterscheiden. Als Zahlungen an den Leasinggeber sind bei Vertragsschluss fällige Sonderzahlungen zu nennen. Zum Teil werden diese Sonderzahlungen stets als Mietvorauszahlungen mit der Konsequenz der zeitanteiligen Abgrenzung behandelt.[135] Es spricht jedoch Vieles für eine differenzierende Betrachtungsweise. Zweifelsohne können Sonderzahlungen den Charakter von Mietvorauszahlungen haben; dies hängt von den vertraglichen Gestaltungen ab. Dann sind sie ertragsteuerlich auch entsprechend zu behandeln und zeitanteilig abzugrenzen. Die Sonderzahlungen können aber auch Entgelt für eine erbrachte Leistung, beispielsweise die Vorbereitung des Leasingvertrages, sein. Dann sind sie beim Leasingnehmer sofortig abzugsfähiger Aufwand, zumal das damit in Zusammenhang stehende Wirtschaftsgut, nämlich der Leasingvertrag in seiner Bilanz nicht aktiviert wird.

109 Eine Art von Sonderzahlungen sind **Transportkosten**, die der Leasingnehmer trägt. Hier ist zu unterscheiden, ob der Leasingnehmer sie an den Leasinggeber oder an einen Dritten entrichtet.

Erfolgt die Zahlung an den Leasinggeber, ist weiter zu unterscheiden, ob die Transportkosten im Rahmen des Leasingvertrages mitkalkuliert sind – dann erfolgt die Zahlung auch erst mit den Leasingraten – oder ob sie vom Leasingnehmer zu Beginn des Leasingvertrages an den Leasinggeber entrichtet werden. Für die steuerliche Behandlung muss danach unterschieden werden, ob der Transport Teil des Leasingvertrages ist.

Hat sich der Leasinggeber im Leasingvertrag verpflichtet, den Transport zum Leasingnehmer zu besorgen, sind die Transportkosten, die an den Leasinggeber erstattet werden, Teil des Gesamtentgeltes und müssen vom Leasingnehmer entsprechend einer Vorauszahlung abgegrenzt werden, sofern sie nicht bereits in den Leasingraten enthalten sind.

---

[134] Bordewin/Tonner, S. 96.
[135] Bordewin/Tonner, S. 96; Clausen in Herrmann/Heuer/Raupach § 5 Anm. 1182.

Ist der Leasingnehmer demgegenüber aufgrund einer neben dem Leasingvertrag stehenden selbständigen Vereinbarung vertraglich verpflichtet, die Transportkosten zu tragen, stellen sie bei ihm sofortigen Aufwand dar.[136] Diese Behandlung hat in diesen Fällen unabhängig davon zu erfolgen, ob der Leasingnehmer die Transportkosten unmittelbar an einen Dritten oder mittelbar über den Leasinggeber entrichtet. Beauftragt der Leasingnehmer im eigenen Namen einen Dritten mit dem Transport des Leasinggutes, sind die an den Dritten zu entrichtenden Entgelte beim Leasingnehmer stets sofort abzugsfähiger Aufwand.

Fallen im Zusammenhang mit der Inbetriebnahme des Leasinggegenstandes **Montagekosten** an, gelten die gleichen Grundsätze wie bei den Transportkosten. Es kommt also auf die zugrunde liegenden Vereinbarungen an. Hat sich der Leasinggeber im Rahmen des Leasingvertrages verpflichtet, die Montageleistung zu erbringen, sind die Zahlungen des Leasingnehmers hierfür Teil des Nutzungsentgeltes und entsprechend zu behandeln. Werden derartige Montagekosten zu Beginn des Leasingvertrages vom Leasingnehmer entrichtet, sind diese Zahlungen bei ihm zu aktivieren und auf die Vertragslaufzeit abzugrenzen, es sei denn, diese Kosten sind in die Leasingraten einkalkuliert. 110

Ist der Leasingnehmer verpflichtet, die Montageleistung selbst zu erbringen, handelt es sich bei Aufwendungen, die dem Leasingnehmer hierfür entstehen, regelmäßig um sofort abziehbare Aufwendungen. Dies gilt auch, wenn der Leasingnehmer dem Leasinggeber einen gesonderten Montageauftrag erteilt. Eine Aktivierung der Montagekosten kommt nicht in Betracht, da die Aufwendungen keinem bilanzierungsfähigen Wirtschaftsgut zugerechnet werden können.[137] Der Grundsatz der Nichtaktivierung der Montagekosten gilt jedoch nur, soweit durch die Montagekosten kein selbständig bewertbares Wirtschaftsgut entstanden ist. Dies kann bei sehr aufwendigen Montagen der Fall sein, wenn z. B. Fundamente oder andere Vorrichtungen auch für spätere Maschinen noch genutzt werden können. In diesen Fällen muss nach den allgemeinen Grundsätzen der Aktivierung von Wirtschaftsgütern verfahren werden, was zur Aktivierung derartiger Kosten führen kann. Dies bezieht sich dann aber nicht auf das Leasinggut, sondern auf das durch die Montage entstandene (neue) Wirtschaftsgut.

Oft kann es erforderlich sein, den Leasinggegenstand durch **Einbauten oder Umbauten** an die betriebsspezifischen Verhältnisse des Leasingnehmers anzupassen. Auch hier gelten die Grundsätze, wie für die Transport- und Montagekosten, wobei auch dabei primär das schuldrechtliche Verhältnis – ob Leasingnehmer oder Leasinggeber diese Kosten tragen müssen – beachtet werden muss. Unabhängig davon gelten die allgemeinen ertragsteuerlichen Bilanzierungsgrundsätze für Mietereinbauten.[138] 111

Sofern danach abweichend von dem Grundsatz, dass der Leasingvertrag beim Leasingnehmer bilanziell keine Auswirkungen hat, dennoch eine Erfassung in der Bilanz des Leasingnehmers erforderlich ist, ist bei der Bilanzaufstellung auch zu entscheiden, ob eine **Rückstellung wegen eines drohenden Verlustes** aus dem Leasingvertrag zu bilden ist. Dies kann entweder erforderlich sein, wenn objektiv feststeht, dass ein vergleichbarer Leasinggegenstand mittlerweile zu niedrigeren als zu den vereinbarten Leasingraten angeboten wird, oder aber der Leasinggegenstand im Rahmen seines Betriebes nicht mehr in der Weise eingesetzt werden kann, wie es einmal geplant war – z. B. bei Stilllegung des Leasinggegenstandes. Beides kann objektiv zu Verlusten führen. In beiden Fällen würde der gedachte Erwerber des Unternehmens diese künftigen Verluste dadurch berücksichtigen, dass er sie im Rahmen der Gesamtkaufpreisfindung abziehen würde, mithin eine Kaufpreisminderung einträte. Daher erscheint in diesen Fällen eine Rückstellung für drohende Verluste gerechtfertigt. Die Rechtslage ist jedoch unklar. Zum Teil wird eine Verlustrückstellung handelsrechtlich als zwingend geboten angesehen, soweit 112

---

[136] *Bordewin/Tonner*, S. 97 u. 98.
[137] *Mellwig* BB 1981, 1811; *Clausen* in Herrmann/Heuer/Raupach § 5 Anm. 1181.
[138] *Clausen* in Herrmann/Heuer/Raupach § 5 Anm. 1185; *Bordewin/Tonner*, S. 99.

§ 69 Vierter Teil. Wirtschaftliche Problemkomplexe des Leasings

der Barwert der Leasingraten den beim Leasingnehmer (gedachten) beizulegenden Wert des Leasinggegenstandes übersteigt.[139] Auch steuerlich wird eine derartige Rückstellung für zulässig gehalten,[140] wobei bei der Ermittlung der Rückstellung auch eine Orientierung an der genutzten Kapazität anstatt der mangelnden Rentabilität in die Erwägungen einbezogen wird. Der BFH steht einer Rückstellungsbildung eher skeptisch gegenüber. Zwar hält er in einem Urteil vom 17. 9. 1987[141] Teilwertabschreibungen auf eigene Wirtschaftsgüter bei Fehlmaßnahmen und Überdimensionierung für zulässig, jedoch lehnt er Verlustrückstellungen bei Leasingverträgen in einem Urteil vom 27. 7. 1988[142] ab. Der BFH begründet dies damit, dass der Erfolgsbeitrag des Leasingobjektes nicht feststellbar ist. Dies ist nicht frei von Bedenken, auch wenn zu berücksichtigen ist, dass sich die Höhe der erforderlichen Rückstellung – insbesondere bei noch längerer Laufzeit des Leasingvertrages – nur schwer ermitteln lässt, da es oft an geeigneten Merkmalen für die erforderliche Prognose der Wertentwicklung fehlt. Zudem kann die Bedeutung des Leasinggutes für den konkreten Betrieb je nach Art des Unternehmens unterschiedlich sein, was wiederum einen wertbildenden Faktor darstellen kann.

113 **b) Bilanzierung bei wirtschaftlichem Eigentum des Leasingnehmers.** Ist der Leasinggegenstand dem Leasingnehmer zuzurechnen, muss er den Leasinggegenstand aktivieren. Da es sich aus Sicht des Leasingnehmers um ein Anschaffungsgeschäft handelt, hat die Bewertung gemäß § 6 Abs. 1 Nr. 1 EStG mit den Anschaffungskosten zu erfolgen. Hierbei muss es sich um die Anschaffungskosten des Leasingnehmers handeln, da er wirtschaftlicher Eigentümer des Leasinggegenstandes ist. Keine Schwierigkeiten wird die Ermittlung der Anschaffungskosten bereiten, wenn der Leasinggegenstand durch den Leasinggeber von dritter Seite erworben wurde, dieser Preis bekannt ist und bei der Ermittlung der Leasingraten zugrunde gelegt wurde. An derartige Vertragsgestaltungen hatte auch die Finanzverwaltung gedacht, als sie festgelegt hat, dass als Anschaffungs- oder Herstellungskosten des Leasingnehmers die Anschaffungs- oder Herstellungskosten des Leasinggebers, die der Berechnung der Leasingraten zugrunde gelegt worden sind, gelten.[143] Für derartige Vertragsgestaltungen ist dieser Auffassung zuzustimmen.

114 Anders sieht es jedoch aus, wenn der Leasinggeber seine Kalkulation nicht offenlegt oder einen anderen Preis, beispielsweise den Listenpreis, für die Kalkulation gegenüber dem Leasingnehmer zugrunde legt als er tatsächlich aufwenden muss. Dies kann beim Herstellerleasing der Fall sein, oder wenn der Leasinggeber aufgrund seiner Marktstellung Rabatte oder Skonti erhält, die der Leasingnehmer selbst nicht erhalten würde. Bei derartigen Vertragsgestaltungen können Anschaffungs- oder Herstellungskosten von Leasingnehmer und Leasinggeber unterschiedlich anzusetzen sein. Der Leasingnehmer muss dann versuchen, die Anschaffungskosten auf andere Weise aus den Leasingraten abzuleiten. Dies kann durch Listenpreise oder Markterfahrungen geschehen.

Zu den beim Leasingnehmer anzusetzenden Anschaffungskosten gehören all jene Kosten, die mit der Anschaffung des Leasinggegenstandes zusammenhängen, einschließlich der Nebenkosten, wie z. B. Fracht-, Montage-, Verpackungs-, Versicherungs- oder Transportkosten. Wie bei Eigeninvestitionen des Leasingnehmers sind diese Kosten regelmäßig zu aktivieren, sofern sie nicht ausnahmsweise sofort als Betriebsausgabe abzuziehen sind.[144] Hierbei spielt es keine Rolle, ob diese Kosten vom Leasinggeber verauslagt oder – z. B. im Fall der Durchlieferung – unmittelbar vom Leasingnehmer entrichtet wurden. Die Behandlung beim Leasingnehmer ist unabhängig davon, ob der Leasinggeber die

---

[139] *Hoyos/Ring* in Beck'scher Bilanzkommentar § 249 Anm. 100 „Leasing-Verträge" und „Mietverträge".
[140] *Clausen* in *Herrmann/Heuer/Raupach* § 5 Anm. 1186; *Bordewin,* aaO, S. 100.
[141] III R 201–202/84 BStBl. 1988 II, 488.
[142] I R 133/84, BStBl. II 1988, 999.
[143] BMF-Schreiben v. 19. 4. 1971, BStBl. 1971 I, 264.
[144] *Clausen* in *Herrmann/Heuer/Raupach* § 5 Anm. 1190.

21. Kapitel: Steuerrechtliche Aspekte des Leasing § 69

Nebenkosten sofort als Betriebsausgaben in Abzug bringen kann. Dies beruht auf dem Umstand, dass die bilanzielle Behandlung beim Leasingnehmer nicht zwingend mit der steuerlichen Behandlung beim Leasinggeber verknüpft ist. Eine sofortige Abzugsfähigkeit beim Leasinggeber lässt sich zudem deshalb begründen, weil er den Leasinggegenstand nicht selber nutzt, sondern vermietet.[145]

Mit den Leasingraten zu entrichtende sog. **Verwaltungsgebühren** des Leasinggebers gehören nicht zu den Anschaffungskosten des Leasingnehmers für den Leasinggegenstand, da der Leasinggeber bei Zurechnung des Leasinggegenstandes zum Leasingnehmer wie ein Kreditgeber behandelt wird.[146] Daher sind alle Zuschläge des Leasinggebers wie beispielsweise seine Verwaltungskosten aus Sicht des Leasingnehmers als Kreditkosten zu behandeln. Derartige Kreditkosten sind aber nicht als Anschaffungskosten des Wirtschaftsgutes zu aktivieren, da Anschaffung und Finanzierung ertragsteuerlich nicht miteinander verknüpft werden dürfen, sondern als sofortiger Aufwand zu behandeln.

Dem Leasingnehmer stehen als wirtschaftlicher Eigentümer des Leasinggegenstandes die Absetzungen für Abnutzungen gemäß § 7 EStG zu. Die betriebsgewöhnliche Nutzungsdauer für den Leasinggegenstand ist unabhängig von der Laufzeit des Leasingvertrages nach den allgemeinen Grundsätzen zu ermitteln. Daneben kann der Leasingnehmer, sofern die Voraussetzungen erfüllt sind, auch Sonderabschreibungen oder Vergünstigungen wie Investitionszulagen oder -zuschüsse in Anspruch nehmen. 115

In gleicher Höhe, in der er die Anschaffungskosten des Leasinggegenstandes zu aktivieren hat, muss der Leasingnehmer eine Kaufpreisverbindlichkeit gegenüber dem Leasinggeber passivieren. Eine Abweichung der beiden Beträge ist möglich, wenn der Leasingnehmer selbst Anschaffungskosten, die zur Aktivierung führen, unmittelbar getragen hat. Die passivierte Verbindlichkeit des Leasingnehmers gegenüber dem Leasinggeber wird bei Fälligkeit der Leasingraten um den Tilgungsanteil der Leasingraten gemindert. Der verbleibende Anteil der Leasingraten ist sofortiger Zinsaufwand beim Leasingnehmer. Möglicherweise kann es sich hierbei um Dauerschuldzinsen des Leasingnehmers handeln. Für die Aufteilung der Leasingrate in Zins und Tilgung gibt es verschiedene Möglichkeiten. Bei der genauesten Aufteilung ermittelt der Leasingnehmer den exakten Finanzierungszinssatz der Leasingraten aus seiner Sicht. Dies ist möglich, wenn er Anzahl und Höhe der Leasingraten sowie den Kaufpreis des Leasinggebers kennt. Mit dem so ermittelten Finanzierungszinssatz kann, wie bei einem Kreditvertrag, der Tilgungsplan erstellt werden, der den genauen Zins- und Tilgungsanteil jeder Leasingrate ausweist. 116

Im Ergebnis passiviert der Leasingnehmer jeweils den Barwert der künftigen Leasingverpflichtungen. Zur Aufteilung der Leasingraten in einen Zins- und Tilgungsanteil hat die Finanzverwaltung neben dieser Barwertvergleichsmethode die einfachere Zinsstaffelmethode zugelassen, da sie ohne Zuhilfenahme von Zinstabellen oder entsprechenden Rechnern vorgenommen werden kann. Auch die Zinsstaffelmethode geht davon aus, dass der Zinsanteil in Folge der laufenden Tilgung fortlaufend geringer wird. Die Ermittlung der Zins- und Kostenanteile aller Leasingraten wird bei der Zinsstaffelmethode an Hand der Formel für die endliche arithmetische Reihe ermittelt. Die Formel und ein ausführliches Beispiel hierzu sind z. B. Verwaltungsanweisungen 13. 12. 1973 enthalten,[147] dessen Vorgaben auch heute noch Anwendung finden. Die FinVerw. weist auch hin, dass Sonderzahlungen, die der Leasingnehmer zu Beginn des Leasingverhältnisses zu leisten hat, vom Leasingnehmer zu aktivieren und auf die Grundmietzeit zu verteilen sind. Diese Verteilung hat entsprechend der Verteilung der Zins- und Kostenanteile zu erfolgen. In der Praxis haben derartige Sonderzahlungen, die kein Entgelt für besondere Leistungen des Leasinggebers darstellen, allerdings keine besondere Bedeutung. 117

---

[145] *Runge/Brenner/Zöller* aaO, S. 317.
[146] Zustimmend: *Bordewin/Tonner*, S. 102; anderer Auffassung: *Clausen* in *Herrmann/Heuer/Raupach* § 5 Anm. 1190.
[147] Z. B. BW 1973 – 12 a 13 S 2172 A – 1/72.

2. Andere Einkunftsarten

118 **a) Selbständige Arbeit.** Erzielt der Leasingnehmer Einkünfte aus selbständiger Arbeit nach § 18 EStG, z. B. aus freiberuflicher Tätigkeit, kann er seinen Gewinn entweder durch Betriebsvermögensvergleich nach § 4 Abs. 1 EStG oder durch Einnahme/Überschussrechnung nach § 4 Abs. 3 EStG ermitteln. Bei ersterer Gewinnermittlung gelten für die ertragsteuerliche Behandlung des Leasingvertrages beim Leasingnehmer die gleichen Grundsätze wie bei den Einkünften aus Gewerbebetrieb.

Ermittelt der Leasingnehmer seinen Gewinn nach § 4 Abs. 3 EStG, ist auch dabei für die Behandlung des Leasingvertrages zu unterscheiden, ob der Leasingnehmer wirtschaftlicher Eigentümer des Leasinggegenstandes ist. Den Betriebsausgabenabzug kann der Leasingnehmer jedoch nicht schon bei der Anschaffung des Leasinggegenstandes vornehmen, sondern erst ratierlich durch die Absetzung für Abnutzung entsprechend der betriebsgewöhnlichen Nutzungsdauer. Leasingverträge über geringwertige Wirtschaftsgüter dürften kaum praktisch sein.

Ebenso werden die Zinsen, die in den Leasingraten enthalten sind, erst bei ihrer Zahlung entsprechend § 11 Abs. 2 EStG aufwandswirksam. Die Aufteilung der Leasingraten in Zins- und Tilgungsanteile ist entsprechend den Grundsätzen bei bilanzierenden Leasingnehmern vorzunehmen (vgl. Rdn. 116).

119 Ermittelt der Leasingnehmer seinen Gewinn nach § 4 Abs. 3 EStG, und ist er nicht als wirtschaftlicher Eigentümer der Leasinggegenstände anzusehen, stellen die Leasingraten beim Leasingnehmer im Zeitpunkt der Zahlung in voller Höhe Betriebsausgaben dar. Dies gilt grundsätzlich auch dann, wenn die Leasingraten während der Grundmietzeit nicht gleich hoch sind oder Beträge enthalten, die wirtschaftlich nicht mit der Nutzung während der Grundmietzeit – wie beispielsweise Mietvorauszahlungen – in Verbindung stehen, da das Abflussprinzip nach § 11 Abs. 2 EStG maßgebend ist.

120 **b) Nichtselbständige Arbeit.** Wenn der Leasingnehmer Einkünfte aus nichtselbständiger Arbeit nach § 19 EStG erzielt, können die Leasingraten als Werbungskosten nach § 9 EStG berücksichtigt werden, wenn die Leasinggegenstände mit Erwerbung, Sicherung oder Erhaltung der Einnahmen aus nichtselbständiger Tätigkeit zusammenhängen. Betroffen sind dabei in aller Regel Mobilien-Leasingverträge; Immobilien-Leasingverträge dürften im Bereich der nichtselbständigen Arbeit eher selten sein. Gegenstand von Leasingverträgen sind zumeist Arbeitsmittel, wie z. B. geleaste EDV-Anlagen.

Für den besonders häufigen Fall des Kfz-Leasing gilt Folgendes: Nutzt der Leasingnehmer ein geleastes Fahrzeug für die Wege zwischen Wohnung und Arbeitsstätte, sind die Leasingraten nach der gesetzlichen Konzeption keine Werbungskosten. Diese Aufwendungen sind grundsätzlich vom Abzug ausgeschlossen. Soweit Aufwendungen ab dem 21. Entfernungskilometer „wie" Werbungskosten Berücksichtigung finden (§ 9 Abs. 2 Satz 2 EStG), scheidet ein zusätzlicher Abzug der Leasingraten ebenfalls aus; auch insoweit findet die Entfernungspauschale Anwendung. Dass die Abgeltungswirkung auch die Leasingraten erfasst beruht darauf, dass der BFH[148] zu erkennen gegeben hat, dass er geleaste Wirtschaftsgüter im Rahmen von § 19 EStG regelmäßig wie eigene Wirtschaftsgüter behandeln will. So hat der BFH sieht ein geleastes Kfz, dessen laufende Kosten, Wertverzehr und Sachrisiko vom Leasingnehmer zu tragen sind, trotz des zivilrechtlichen Mietverhältnisses nicht als fremdes Fahrzeug im Sinn von § 9 Abs. 2 Nr. 4 EStG an gesehen.

121 **c) Vermietung und Verpachtung.** Einkünfte des Leasingnehmers aus Vermietung und Verpachtung werden sehr selten erzielt. Bei Leasingverträgen über Mobilien können derartige Einkünfte nur vorliegen, wenn der Leasingnehmer das Leasinggut selbst zur Erzielung von Einnahmen aus Vermietung und Verpachtung einsetzt (z. B.: Ein Grund-

---

[148] BFH-Urteil v. 11. 9. 1987 VI R 189/84, BStBl II 1988, 12.

stückeigentümer verwaltet eigene Immobilien über eine geleaste EDV-Anlage, Weitervermietung geleaster Gegenstände).

Das Leasinggut kann somit auch mittelbar zur Einkunftserzielung eingesetzt werden. Bei der Weitervermietung fungiert der Leasingnehmer als Zwischenmieter. Ist dem Leasinggeber das wirtschaftliche Eigentum an dem Leasinggegenstand zuzurechnen, stellen die Leasingraten beim Leasingnehmer Werbungskosten im Rahmen von § 21 EStG dar. Ist das wirtschaftliche Eigentum dem Leasingnehmer zuzurechnen, muss die Leasingrate in Zins- und Tilgungsanteil aufgeteilt werden. Der Zinsanteil stellt Werbungskosten im Rahmen von § 21 EStG dar. Der Tilgungsanteil ist beim Leasingnehmer kein Aufwand, allerdings kann der Leasingnehmer Absetzungen für Abnutzung geltend machen. Unabhängig von der Zurechnung des wirtschaftlichen Eigentums sind die jeweiligen Aufwendungen nach § 11 Abs. 2 EStG im Zeitpunkt des Abflusses als Werbungskosten zu behandeln. Dies gilt auch, wenn neben den Leasingraten für die gleichzeitige Nutzungsüberlassung Vorauszahlungen vom Leasingnehmer an den Leasinggeber für spätere Zeiträume zu entrichten sind. Auch die Vorauszahlungen sind als sofort abziehbare Werbungskosten beim Leasingnehmer zu behandeln. Auch an den Leasinggeber entrichtete Mietvorauszahlungen sind wegen des Abflussprinzips sofort abzugsfähige Werbungskosten. Wird diese Mietvorauszahlung während oder zum Ende der Mietzeit ganz oder teilweise zurückerstattet, muss der Leasingnehmer im Veranlagungszeitraum des Zuflusses allerdings entsprechende Einnahmen erfassen.

d) Übrige Einkunftsarten. Es dürfte sehr selten sein, dass der Leasingnehmer Einkünfte im Rahmen der übrigen Einkunftsarten (Land- und Forstwirtschaft, Kapitalvermögen oder Sonstige) erzielt. Die Behandlung der Leasingraten erfolgt im Rahmen der jeweiligen Grundsätze für die entsprechende Einkunftsart. 122

§ 70. Leasing im sonstigen Steuerrecht

Schrifttum: s. § 68.

Übersicht

	Rdn
I. Gewerbesteuer	1
1. Allgemeines	1
2. Entgelte für Schulden	2
a) Schulden bei wirtschaftlichem Eigentum des Leasinggebers	4
b) Schulden bei wirtschaftlichem Eigentum des Leasingnehmers	6
3. Organschaftsverhältnisse	7
a) Einfache Organschaft	7
b) Mehrere Organträger	10
4. Personengesellschaftsmodell	11
5. Forfaitierung	13
a) Grundlagen des Forderungsverkaufs	13
b) Problematik der Restwertforfaitierung	14
6. Hinzurechnung und Kürzung von Miet- und Pachtzinsen	18
7. Erweiterte Kürzung nach § 9 Abs. 1 Satz 2 GewStG beim Immobilienleasing	22
II. Vermögensteuer	26
III. Umsatzsteuer	27
1. Allgemeines	27
2. Wirtschaftliches Eigentum des Leasinggebers	28
a) Umsatzsteuer bei Forfaitierung	33
b) Vorzeitige Beendigung von Leasingverträgen	35
3. Wirtschaftliches Eigentum des Leasingnehmers	38
4. Grenzüberschreitendes Leasing aus deutscher Sicht	41
a) Allgemeines	41
b) Wirtschaftliches Eigentum des Leasinggebers	48
c) Wirtschaftliches Eigentum des Leasingnehmers	53

§ 70 Vierter Teil. Wirtschaftliche Problemkomplexe des Leasings

	Rdn
5. Besonderheiten beim Immobilien-Leasing	54
IV. Grunderwerbsteuer	56
1. Steuerpflichtige Tatbestände und Befreiungen	56
2. Zurechnung des Objekts beim Leasingnehmer	60
3. Erbbaurechtsbestellung	62
4. Einheitliches Vertragswerk	63
5. Höhe der Steuer	68
V. Grundsteuer	70

I. Gewerbesteuer

1. Allgemeines

1 Nach § 6 GewStG ist Bemessungsgrundlage für die Gewerbesteuer der Gewerbeertrag. Gewerbeertrag ist der nach den Vorschriften des Einkommensteuergesetzes oder des Körperschaftsteuergesetzes zu ermittelnde Gewinn aus dem Gewerbebetrieb, der bei der Ermittlung des Einkommens für den Erhebungszeitraum (§ 14 GewStG) entsprechenden Veranlagungszeitraum zu berücksichtigen ist, vermehrt und vermindert um die in den §§ 8 und 9 GewStG bezeichneten Beträge (§ 7 Satz 1 GewStG). § 7 Satz 2 und 3 GewStG enthalten einige Sonderregelungen. Danach gehört zum Gewerbeertrag
– auch der Gewinn aus der Veräußerung oder Aufgabe des Betriebs oder eines Teilbetriebs einer Mitunternehmerschaft, des Anteils eines Gesellschafters, der als Gesellschafter (Mitunternehmer) des Betriebs einer Mitunternehmerschaft anzusehen ist (Satz 2),
– der nach § 5 a EStG ermittelte Gewinn und das nach § 8 Abs. 1 Satz 2 KStG ermittelte Einkommen (Satz 3).

Nach Satz 4 sind § 3 Nr. 40 und § 3 c EStG bei der Ermittlung des Gewerbeertrags einer Mitunternehmerschaft anzuwenden, soweit an der Mitunternehmerschaft natürliche Personen unmittelbar oder mittelbar über eine oder mehrere Personengesellschaften beteiligt sind; im Übrigen ist § 8 b KStG anzuwenden.

Ist nach den teils sehr komplizierten Regelungen der sog. „maßgebende Gewerbeertrag" ermittelt (§ 10 GewStG), wird der Gewerbesteuermessbetrag festgesetzt (§ 14 GewStG). Ausgehend von dem Steuermessbetrag wird die Gewerbesteuer mit einem von der hebeberechtigten Gemeinde zu bestimmenden Hebesatz festgesetzt.

Für Leasinggeber ist insbesondere von Bedeutung, dass die sachliche Gewerbesteuerpflicht nicht schon mit der Beschaffung des Wirtschaftsgutes, sondern erst beginnt, wenn die Voraussetzungen für die erforderliche Beteiligung am allgemeinen wirtschaftlichen Verkehr tatsächlich erfüllt sind, so dass das Unternehmen sich mit eigenen gewerblichen Leistungen beteiligen kann.[1]

Die Vorschriften des GewStG finden – soweit die gesetzlichen Voraussetzungen erfüllt sind – uneingeschränkt auf Leasinggeber und Leasingnehmer Anwendung. Nachstehend kann jedoch nur auf einige Einzelaspekte eingegangen werden.

2. Entgelte für Schulden

2 Je nachdem, ob dem Leasinggeber oder dem Leasingnehmer die Leasinggegenstände zugerechnet werden, hat diese Zurechnung unterschiedlichen Einfluss auf die Gewerbesteuer. In diesem Zusammenhang sind insbesondere die **Schulden** und die dafür zu entrichtenden **Entgelte** von wesentlicher Bedeutung. Gem. § 8 Nr. 1 GewStG sind dem Gewinn aus Gewerbebetrieb Viertel der Entgelte für Schulden hinzuzurechnen, soweit sie bei der Ermittlung des Gewinns abgezogen worden sind. Diese Hinzurechnungen er-

---

[1] BFH-Urteil v. 5. 3. 1998 IV R 23/97, BStBl II 1998, 745.

21. Kapitel: Steuerrechtliche Aspekte des Leasing § 70

höhen also den gewerblichen Gewinn. Ab dem VZ 2008 wird bei der Hinzurechnung nicht mehr zwischen Dauerschulden und kurzfristigen Schulden unterschieden. Sämtliche Entgelte wurden in die Hinzurechnung einbezogen. Die Gleichbehandlung soll der Tendenz entgegenwirken, dass vor allem größere Unternehmen in kurzfristige Kredite ausweichen.

Entgelte für Schulden sind die Gegenleistung für die Zurverfügungstellung von 3 Fremdkapital.[2] Zu den Entgelten gehören neben Zinsen z. B. auch Vergütungen für partiarische Darlehen, Disagien, Vorfälligkeitsentschädigungen sowie Provisionen, die neben Zinsen vereinbart werden, nicht aber Bereitstellungszinsen, Geldbeschaffungskosten, Depotgebühren, laufende Verwaltungskosten.[3] Entscheidend für die Frage, ob hinzurechnungspflichtige Entgelte vorliegen, ist nicht die Bezeichnung, sondern der sachliche Inhalt der Leistung.

a) **Schulden bei wirtschaftlichem Eigentum des Leasinggebers.** Beim Leasingge- 4 ber können die Finanzierungsaufwendungen im Zusammenhang mit der Anschaffung oder Herstellung eines Leasinggutes zu Schulden führen. Die bis zum VZ 207 erforderliche Differenzierung zwischen Dauerschulden und kurzfristigen Verbindlichkeiten ist im Zuge der Unternehmenssteuerreform 2008 entfallen. Folglich kommt es nicht mehr darauf an, ob der Leasinggeber zur Finanzierung des Leasinggutes kurz- oder langfristige Verbindlichkeiten eingeht. Eine Mindestlaufzeit der Verbindlichkeit ist nicht erforderlich. Ebenfalls nicht mehr erforerlich ist, dass das Darlehen unmittelbar oder mittelbar der Liquidität des Unternehmens dient. Dementsprechend fallen auch Schuldzinsen, die im Zusammenhang mit dem laufenden Geschäftsbetrieb entstehen, unter den Hinzurechnungstatbestand. Einbezogen werden auch Abschläge aus der Veräußerung von Wechsel- oder sonstigen Geldforderungen, auch die im Leasingbereich oftmals relevanten Geldforderungen aus einer Forfaitierung.[4]

Auch im Fall des **Herstellerleasings** – hier gehören die vermieteten Gegenstände 5 zum Anlagevermögen – sind die zur Finanzierung dieser vermieteten Gegenstände aufgenommenen Kredite unabhängig von ihrer Laufzeit als Schulden i. S. v § 8 Nr. 1 GewStG anzusehen.[5]

Schulden liegen auch vor, wenn ein Leasinggut vom Leasinggeber im Rahmen einer **sale-and-lease-back-Gestaltung** fremdfinanziert erworben wird.[6]

Auch **Rahmenkreditvereinbarungen** können zu Schulden führen, wenn der eingeräumte Darlehensrahmen in Anspruch genommen wird.

Gleiches gilt für **Kontokorrentschulden**. Sie gehören zu den laufenden Schulden, die ab dem VZ 2008 ebenfalls hinzuzurechnen sind. Zu Einzelheiten zu der bis zum VZ 2007 geltenden Rechtslage, vgl. R 45 Abs. 7 GewStR.

Auch die Forfaitierung aus Teilamortisations-Leasingverträgen können Dauerschulden sein.[7]

Für vom Leasingnehmer gezahlte Leasingraten sieht § 8 Nr. 1 GewStG eigene Zurechnungsvorlagen vor. Bei beweglichen Wirtschaftsgütern des Anlagevermögens beträgt die Zurechnung ein Fünftel der Miet- und Pachtzinsen (einschließlich Leasingraten), § 8 Nr. 1 BStb. d) GewStG; bei Benutzung von unbeweglichen Wirtschaftsgütern beläuft sich der Hinzurechnungsbetrag auf drei Viertel der Miet- und Pachtzinsen, § 8 Nr. 1 BStb. e) GewStG. S. auch Rz. 18 ff.

---

[2] Ausführlich R 46 GewStR.
[3] Vgl. BFH-Urteil v. 10. 7. 1996 I R 12/96, BStBl. II 1997, 253.
[4] § 8 Nr. 1 GewStG i. d. F. des UnternehmenssteuerreformG v. 14. 8. 2007 BGBl. I 2007, 1912.
[5] Vgl. BFH-Urteil v. 5. 2. 1987 IV R 105/84, BStBl. II 1987, 448.
[6] BFH-Urteil v. 28. 5. 1998 X R 80/94, BFH/NV 1999, 359.
[7] BFH-Urteil v. 8. 11. 2000 I R 37/99, BStBl. II 2001, 722.

6 b) Schulden bei wirtschaftlichem Eigentum des Leasingnehmers. Werden die Leasinggegenstände aufgrund der Vertragsgestaltung dem Leasingnehmer zugerechnet, gehören die vom Leasinggeber zur unmittelbaren Finanzierung der Leasinggegenstände aufgenommenen Kredite bei ihm regelmäßig zum laufenden Geschäftsverkehr.[8] Wegen der Besonderheiten des Leasinggeschäfts nahm die Finanzverwaltung für die bis zum VZ 2007 geltende Rechtslage nur dann das Vorliegen von Dauerschulden an, wenn die Finanzierung einen Zeitraum von sechs Jahren übersteigt. Bei mehreren Krediten musste jeweils eine Laufzeit von mehr als zwölf Monaten vorliegen (vgl. R 47 Abs. 6 Satz. 11–17 GewStR). Daneben enthält § 8 Nr. 1 GewStG weitere Tatbestände. Jede Hinzunahme setzt aber voraus, dass die Summe der Entgelte 100 000 Euro übersteigt.

3. Organschaftsverhältnisse

7 **a) Einfache Organschaft.** Ist ein Leasinggeber in Form einer Leasinggesellschaft derart eingegliedert, dass ein gewerbesteuerrechtliches Organschaftsverhältnis besteht, gilt die Leasinggesellschaft als Organgesellschaft gewerbesteuerlich als Betriebsstätte des Organträgers (§ 2 Abs. 2 Satz 2 GewStG). Dies hat aber nicht zur Folge, dass Organträger und Organgesellschaft als einheitliches Unternehmen anzusehen sind. Deshalb muss der Gewerbeertrag der Organgesellschaft getrennt ermittelt werden. Eine Zurechnung erfolgt beim Organträger im Rahmen des Gewerbesteuermessbetrags (R 14 Abs. 1 Satz 9 GewStR). Zur Vermeidung einer doppelten steuerlichen Belastung unterbleiben aber Hinzurechnungen nach § 8 GewStG, wenn die für die Hinzurechnung in Betracht kommenden Beträge bereits in einem der zusammenzurechnenden Gewerbeerträge enthalten sind (vgl. R 41 Abs. 1 GewStR).

8 Nicht selten sind Leasinggesellschaften als **Tochtergesellschaften von Kreditinstituten** in ein gewerbesteuerliches Organschaftsverhältnis integriert (§ 2 Abs. 2 Satz 2 GewStG). Das Kreditinstitut ist hierbei Organträger, die Leasinggesellschaft Organgesellschaft. Auch hier sind die Gewerbeerträge für das Kreditinstitut (= Organträger) und die Leasinggesellschaft (= Organgesellschaft) getrennt zu ermitteln. Gewährt das Kreditinstitut als Organträger seiner Leasinggesellschaft einen verzinslichen langfristigen Kredit, sind die Zinsen für diesen Kredit im Gewerbeertrag des Kreditinstituts enthalten und bei der Ermittlung des Gewerbeertrags der Leasinggesellschaft nicht mehr hinzuzurechnen. Im Ergebnis führt dies dazu, dass die Leasinggesellschaft selbst nur ihren Gewerbegewinn zu versteuern hat; infolge der Organschaft tritt bei ihr keine gewerbesteuerliche Belastung wegen Hinzurechnung von Dauerschulden und Dauerschuldzinsen ein.

9 Nach § 19 GewStDV (sog. Bankenprivileg) sind bei Kreditinstituten Schulden nur insoweit anzusetzen, als bestimmte langfristige Vermögensanlagen das Eigenkapital übersteigen; zum Begriff der Begriff der langfristigen Vermögensanlagen rechnen u. a. auch Forderungen gegenüber Unternehmen, mit denen eine organschaftliche Verbindung besteht, wenn die Forderungen am Ende des Erhebungszeitraums mehr als 12 Monate bestanden haben. Ob im Ergebnis bei den Kreditinstituten tatsächlich Gewerbesteuer wegen Dauerschulden anfällt, hängt davon ab, ob das jeweilige Institut über ein ausreichendes, die abzudeckenden Aktiva übersteigendes Eigenkapital verfügt. Zu beachten ist, dass nicht nur die Tatbestandsvoraussetzungen des § 19 GewStG erfüllt sein müssen, sondern die Vergünstigung nur von demjenigen Unternehmen in Anspruch genommen werden können, das als Kreditinstitut im Sinne von § 1 KWG anzusehen ist (R 47 Abs. 5 GewStR 1998).

§ 19 Abs. 1 Satz 2 Nr. 9 KWG stellt Leasinggeschäfte Kreditgeschäften gleich, so dass auch Geldinstitute das Bankenprivileg in Anspruch nehmen können, die sich hauptsächlich mit dem Ankauf von Leasingforderungen (Factoring, Forfaitierung) befassen.

---

[8] *Bordewin/Tonner* Rdnr. 160.

b) Mehrere Organträger. Der Zusammenschluss mehrerer Organträger als sog. Mehr- 10
mütterorganschaft war lange Zeit in der Praxis häufig anzufinden und in der Rechtsprechung grundsätzlich gewohnheitsrechtlich anerkannt.[9] Zwischenzeitlich (VZ 2001 bis 2003) war sie gesetzlich in § 14 Abs. 2 Satz 1 i.V. mit § 34 Abs. Nr. 4 KStG gesetzlich geregelt.[10] Mit dem Fortfall der gesetzlichen Regelung ist wohl die Intention des Gesetzgebers verbunden, zukünftig die Mehrmütterorganschaft in Gestalt einer Willensbildungs-GbR nicht mehr als Organträger anzuerkennen.[11] Allerdings können auch weiterhin z. B. können mehrere Kreditinstitute eine gemeinsame Leasinggesellschaft unterhalten, ohne dass ein Partner die Mehrheit hält. Dies ist z. B. der Fall, wenn es sich um eine Personenvereinigung im Sinne von § 1 KStG oder um eine gewerblich geprägte Personengesellschaft im Sinne von § 15 Abs. 1 Nr. 2 EStG handelt, wenn sie eine gewerbliche Tätigkeit im Sinne des § 15 Abs. 1 Nr. 1 KStG ausübt (vgl. § 14 Abs. 1 Nr. 2 KStG). So können z. B. mehrere Kreditinstitute eine **Gesellschaft bürgerlichen Rechts (GbR)** als Organträger der Leasinggesellschaft gründen, wenn die GbR die ab dem VZ 2003 geltenden gesetzlichen Voraussetzungen erfüllt und damit als Organträger anzusehen ist. Allein das Ziel einer gleichgerichteten Willensbildung ist aber nicht mehr ausreichend.

Die GbR ist zugleich Finanzierungsgesellschaft, die die erforderlichen Mittel von den Gesellschaftern beschafft und an die Leasinggesellschaft weiterleitet. Durch das Ineinandergreifen der Regelungen für die Besteuerung von Organschaften und Mitunternehmerschaften wird eine Doppelbelastung durch die Hinzurechnung von Dauerschulden bei der Leasinggesellschaft und der GbR vermieden.

4. Personengesellschaftsmodell

Mit den Einschränkungen der Mehrmütterorganschaft gibt es zu diesem etwas anders ge- 11
lagerten Modell keine signifikanten Unterschiede. Insbesondere sind die gewerbesteuerlichen Wirkungen bei diesem Modell vergleichbar mit denen der Mehrmütterorganschaft. Es wird zunächst eine Personengesellschaft, i. d. R. eine GmbH & Co. KG gegründet, an der als Komplementär eine Leasinggesellschaft und als Kommanditisten verschiedene Kreditinstitute beteiligt sind, denen eine Mitunternehmerstellung an der KG eingeräumt wird. Die Kreditinstitute gewähren der KG Gesellschafterdarlehen zur Finanzierung ihres Leasingvermögens.

Der gewerbesteuerliche Effekt dieses Personengesellschaftsmodells im Mobilien-Lea- 12
sing-Bereich besteht darin, dass durch die Umqualifizierung von Zinserträgen in Beteiligungserträge aus einer Mitunternehmerschaft die Möglichkeit besteht, neben der Vermeidung von Dauerschulden auch Hebesatzgefälle auszunutzen.

5. Forfaitierung

a) Grundlagen der Forfaitierung. Leasinggeber verkaufen zur Refinanzierung oft ihre 13
zukünftig fälligen Mietforderungen an Kreditinstitute. Dem liegt ein Forderungskauf zwischen Leasinggeber und Kreditinstitut bei gleichzeitiger Abtretung der Ansprüche gegenüber dem Leasingnehmer zugrunde. Während sich beim Forderungskauf hinsichtlich einzelner Warenansprüche bzw. kurz- und mittelfristiger Lieferantenforderungen der Begriff Factoring eingebürgert hat, spricht man bei (längerfristigen) Nutzungsüberlassungen, wie sie z. B. im Leasingbereich, zumeist von „Forfaitierung". Unterschieden wird

---

[9] BFH-Urteile v. 14. 4. 1993 I R 128/90, BStBl. II 1999, 124; v. 14. 3. 2006 I R 1/04, DStR 2006, 890; BFH-Beschluss v. 22. 2. 2006 I B 145/05, BFH/NV 2006, 1219; vgl. auch BMF-Schreiben v. 26. 8. 2003, BStBl I 2003, 734.
[10] Vgl. KStG i. F. der Bekanntmachung v. 15. 10. 2002, BStBl I 2002, 1192; Aufhebung durch StVergAbG v. 16. 5. 2003, BStBl I 2003, 660.
[11] BFH-Beschluss v. 22. 11. 2006 I B 85/05, BFH/NV 2007, 729.

§ 70   Vierter Teil. Wirtschaftliche Problemkomplexe des Leasings

zwischen „echter" und „unechter" Forfaitierung. Zu den Begriffen und zu Abgrenzungsfragen s. § 69 Rdnr. 56.

Liegen die Voraussetzungen einer echten Forfaitierung vor, sind gewerbesteuerlich keine Dauerschulden gegeben, da der Leasinggeber keine auf eine Geldleistung gerichtete Verpflichtung gegenüber dem Kreditinstitut zu erfüllen hat. Seine auch nach der Forfaitierung weiter bestehende Verpflichtung zur Nutzungsüberlassung besteht einerseits nicht gegenüber dem Kreditinstitut, sondern gegenüber dem Leasingnehmer und dient nicht der Verstärkung seines Betriebskapitals.

14   **b) Problematik der Restwertforfaitierung.** Bei den in der Praxis derzeit üblichen Teilamortisationsverträgen können als künftige Forderungen zunächst die in dem Leasingvertrag für die Mietzeit vereinbarten Leasingraten veräußert und abgetreten werden. Nach Ablauf der Leasingzeit sehen die Leasingverträge als Alternativen regelmäßig die Verlängerung des Mietvertrages oder die Veräußerung des Leasinggegenstandes an den Leasingnehmer oder einen Dritten vor. Häufig lassen sich die Leasinggesellschaften vom Leasingnehmer ein Recht auf ein unwiderrufliches Kaufangebot einräumen, mit dessen Hilfe sie den Leasinggegenstand nach Ablauf des Vertrags durch Abgabe eines Verkaufsangebotes dem Leasingnehmer andienen können (sog. Andienungsrecht).

15   Auch dieser künftige Anspruch auf den Erlös aus der Verwertung des Leasinggegenstandes ist veräußerbar. Das Bonitätsrisiko geht auf den Forderungskäufer über. Der über den vereinbarten Restwert hinaus erzielte Mehrerlös steht dem Leasinggeber zu, so dass die Forfaitierung des Anspruchs auf den Verwertungserlös ebenso wie die Forfaitierung der Leasingraten keinen Einfluß auf die wirtschaftliche Zurechnung des Leasinggegenstandes hat. Diese Auffassung vertritt auch der BMF in seinem Schreiben vom 9. 1. 1996.[12]

16   Soweit der BMF zur bilanziellen und gewerbesteuerlichen Beurteilung der Restwertforfaitierung in dem vorgenannten Schreiben ebenfalls Stellung genommen hatte, ist dies infolge einer nachfolgenden Entscheidung des BFH überholt.[13] Dem ist die Finanzverwaltung gefolgt.[14] Demnach ist bei der Restwertforfaitierung aus Teilamortisationsverträgen die Zahlung des Forfaitierungskäufers an den Leasinggeber steuerlich als ein Darlehen an den Leasinggeber zu beurteilen, die wirtschaftlich als Vorauszahlung auf den späteren Verwertungserlös anzusehen ist. Die Forfaitierungserlöse sind aber von ihm nicht als Erträge aus zukünftigen Perioden passiv abzugrenzen, weil es an einer konkreten Leistungspflicht fehlt. Sie sind als Verbindlichkeiten auszuweisen und bis zum Ablauf der Grundmietzeit ratierlich aufzulösen. Gewerbesteuerlich ist der für die Forfaitierung gebildete Passivposten bzw. die dem zugrunde liegende Verbindlichkeit ein Schuldposten. Die hierfür entstehenden Aufwendungen (Aufzinsungsbeträge) sind demnach Entgelt i. S. von § 8 Nr. 1 GewStG.

Bei Leasingnehmer kann eine Hinzurechnung der häftigen Leasingraten nach § 8 Nr. 7 Satz 1 GewStG erforderlich sein, es sei denn, dass die an den Leasinggeber gezahlten Leasingraten beim Leasinggeber der Gewerbesteuer unterworfen waren (§ 8 Nr. 7 Satz 2 GewStG).

17   Dieser Annahme steht auch nicht entgegen, dass es bei der Prüfung der Frage, ob Dauerschulden vorliegen, nicht auf die Verwendung der Finanzierungsmittel, sondern in erster Linie auf den Finanzierungsanlass ankommt. Die Rechtsprechung folgt diesem Grundsatz konsequent.[15] Überträgt man diesen Gedanken auf den Fall der Restwertforfaitierung, so ist festzustellen, dass das **übliche Geschäft der Leasinggesellschaft** die Vermietung und Veräußerung von Leasinggegenständen ist. Insbesondere bei den in den Teilamortisationsverträgen treten in immer größerem Umfang die Umsatzerlöse aus der

---

[12] Vgl. BMF-Schreiben vom 9. 1. 1996, BStBl. I 1996, 9.
[13] BFH-Urteil v. 24. 7. 1994 I R 94/95, BStBl. II 1997, 122.
[14] EStH 31 b zu R 31 EStR.
[15] Vgl. BFH-Urteil vom 31. 10. 1990 I R 77/86, BStBl. II 1991, 471.

Weiterveräußerung neben die Erlöse aus der Vermietung. Vertragliche Grundlagen der Leasinggesellschaft sind in diesem Zusammenhang zum einen der Leasingvertrag mit ihrem Kunden (Leasingnehmer) und zum anderen der Forfaitierungsvertrag mit dem Kreditinstitut. Maßgebend für den nach dem Forfaitierungsvertrag erhaltenen Forfaitierungserlös (lt. BMF: Anzahlung) ist demnach der Leasingvertrag, in dem Leasinggesellschaft und Leasingnehmer u. a. ein Andienungsrecht der Leasinggesellschaft zum Ende der Grundmietzeit vereinbart haben. Das Kreditinstitut „bevorschusst" damit den künftig erwarteten Verwertungserlös, der mindestens in der im Leasingvertrag vereinbarten Höhe erzielt werden wird. Dies bestätigt, Anlass der Finanzierung durch die Forfaitierung die Verschaffung von Liquidität ist.

6. Hinzurechnung und Kürzung von Miet- und Pachtzinsen

Gemäß der Hinzurechnungsvorschrift des § 8 Nr. 1 BStb. d) und e) GewStG mit der **18** Miet- und Pachtzinsen dem Gewinn aus Gewerbebetrieb hinzuzurechnen, soweit sie bei der Ermittlung des Gewinns abgesetzt worden sind, für die Benutzung der nicht in Grundbesitz bestehenden Wirtschaftsgüter des Anlagevermögens, die im Eigentum eines anderen stehen. Dies gilt nur, soweit der Betrag der Miet- und Pachtzinsen 100 000 Euro übersteigt. Der Hinzurechnungsanteil ein Fünftel bei beweglichen Wirtschaftsgütern, drei Viertel bei unbeweglichen Wirtschaftsgütern des Anlagevermögens.

Übertragen auf Leasingverhältnisse erfolgt also beim Leasingnehmer eine Hinzurechnung, wenn es sich bei dem Leasingobjekt um einen Betrieb oder Teilbetrieb handelt und der Betrag der Miet- und Pachtzinsen 100 000 Euro übersteigt. Eine Hinzurechnung beim Leasingnehmer erfolgt darüber hinaus in den Fällen, in denen nicht in Grundbesitz bestehende Wirtschaftsgüter des Anlagevermögens, die im Eigentum des Leasinggebers stehen, beim Leasinggeher nicht zur Gewerbesteuer heranzuziehen sind, insbesondere also wenn es sich um einen ausländischen Leasinggeber handelt oder der Leasinggeber eine rein vermögensverwaltende Gesellschaft ist, die keine gewerblichen Einkünfte erzielt. Beim Leasinggeber ist in den vorgenannten Fällen eine entsprechende Kürzung beim Gewerbeertrag vorzunehmen (§ 9 Nr. 4 GewStG).

Miet- und Pachtzinsen sind nicht nur Barleistungen, sondern alle Entgelte, die der **19** Mieter oder Pächter für den Gebrauch oder die Nutzung des Gegenstandes an den Vermieter oder Verpächter zu zahlen hat. Hierzu gehören insbesondere die Aufwendungen des Mieters oder Pächters für Instandsetzung, Instandhaltung und Versicherung des Mietgegenstandes, die er über seine gesetzliche Verpflichtung nach bürgerlichem Recht hinaus aufgrund vertraglicher Verpflichtung übernommen hat (vgl. R 53 Abs. 5 GewStR). Weiterhin gehören nach auch Beträge, die als Mietvorauszahlungen anzusehen sind (Vormieten, Abschlussgebühr) zu den Mietzinsen. Werden diese abgegrenzt, so sind die jährlichen, den Gewinn mindernden Auflösungsbeträge nach § 8 Nr. 1 GewStG dem Gewinn aus Gewerbebetrieb wieder hinzuzurechnen.[16]

Fraglich war, zur bis zum VZ 2007 geltenden Rechtslage, ob bereits Teilbetriebe nach **20** § 8 Nr. 7 a. F. GewStG gegeben sind, wenn eine Leasinggesellschaft Großobjekte (z. B. Flugzeuge, Kraftwerke) vermietet, was beim Leasingnehmer die entsprechenden Hinzurechnungen auslösen würde. Nach Ansicht der Finanzverwaltung sind die Voraussetzungen für das Vorliegen eines Teilbetriebs nicht gegeben, wenn die Leasinggesellschaft nur das Hauptbetriebsmittel vermietet, nicht jedoch die zum Betreiben erforderlichen Materialien (Roh-, Hilfs- und Betriebsstoffe) sowie das Bedienungspersonal stellt.[17] Dies dürfte auch dann gelten, wenn eine Objektgesellschaft nur ein einziges Großobjekt in ihrem Vermögen hat, so dass auch in diesem Fall unter den vorgenannten Voraussetzungen kein lebensfähiger Teilbetrieb vorliegen kann.

---

[16] *Bordewin/Tönner*, 115.
[17] Vgl. z. B. Finanzministerium Baden-Württemberg G 1422 A-19/83 vom 21. 8. 1985, STEK GewStG § 12 Nr. 64 zur bisherigen Rechtslage.

§ 70   Vierter Teil. Wirtschaftliche Problemkomplexe des Leasings

21   Die gewerbesteuerlichen Hinzurechnungsvorschriften wurden verschiedentlich in der Literatur kritisiert, da sie u. a. ausländische Leasinggesellschaften auf dem inländischen Markt diskriminieren.[18] Auch der BFH hatte zwischenzeitlich Bedenken geäußert, ob die Hinzurechnungsvorschriften mit dem Diskriminierungsverbot in Art. 59 f EG-Vertrag vereinbar sind.[19] § 12 EStG ist inzwischen aufgehoben worden, damit ist aber die Vereinbarkeit der nationalen Regelungen mit Gemeinschaftsrecht noch nicht abschließend geklärt. Insoweit bleibt abzuwarten, ob auch gegen die Neuregelungen Bedenken entstehen werden.

7. Erweiterte Kürzung nach § 9 Nr. 1 Satz 2 GewStG beim Immobilienleasing

22   Bei gewerblichen Unternehmen, die ausschließlich eigenen Grundbesitz oder daneben eigenes Kapitalvermögen verwalten und nutzen, tritt anstelle der Kürzung des Gewinns und der Hinzurechnungen um 1,2 % des Einheitswertes des zum Betriebsvermögen gehörenden Grundbesitzes nach § 9 Nr. 1 Satz 1 GewStG die Kürzung um den Teil des Gewerbeertrags, der auf die Verwaltung und Nutzung des eigenen Grundbesitzes entfällt (§ 9 Nr. 1 Satz 2 GewStG).

23   Zum Grundbesitz zählen grundsätzlich nicht **Betriebsvorrichtungen**, auch wenn sie wesentliche Bestandteile des Grundstücks sind. Die Immobilienleasinggeber haben bei Abschluss der Leasingverträge darauf zu achten, dass sie nicht Eigentümerin solcher Betriebsvorrichtungen werden. Anders liegt der Fall dagegen bei Grundstücksteilen, die nur aufgrund der Nutzung durch den Mieter Betriebsvorrichtungen sind. Diese gehören weiterhin zum Grundbesitz und stehen der erweiterten Kürzung somit nicht entgegen (vgl. R 60 Abs. 1 Nr. 2 Sätze 2 und 3 GewStR).

24   Das Halten von **Kommanditbeteiligungen** an gewerblich geprägten grundstücksverwaltenden Personengesellschaften verstößt gegen das Ausschließlichkeitsgebot, so dass die erweiterte Kürzung nach § 9 Nr. 1 Satz 2 GewStG dem die Beteiligung haltenden Unternehmen nicht gewährt wird.[20] Die erweiterte Kürzung wird ebenfalls bei Unternehmen nicht gewährt, bei denen die Grundstücksverwaltung und die Verwaltung und Nutzung des Kapitalvermögens über den Rahmen einer Vermögensverwaltung hinausgeht und **gewerblichen Charakter** annimmt.[21] Dies ist insbesondere bei Erwerb und Veräußerung von Grundstücken zu beachten. Gelegentliche Grundstücksverkäufe stellen jedoch die vermögensverwaltende Tätigkeit der Gesellschaft nicht in Frage, da Vermögensbewegungen im geringen Umfang noch zum Bereich der Grundstücksverwaltung gehören (vgl. R 60 Abs. 1 Nr. 3 Satz 4 bis 9 GewStR). Die Kürzungsvorschrift des § 9 Nr. 1 Satz 2 GewStG erstreckt sich bei diesen unschädlichen Veräußerungen auch auf den bei der Veräußerung entstandenen Gewinn (R 60 Abs. 1 Nr. 6 GewStR).

25   Die erweiterte Kürzung ist weiterhin nicht anwendbar, wenn der Grundbesitz ganz oder zum Teil dem Gewerbebetrieb eines Gesellschafters dient, also z. B. dann, wenn der Leasingnehmer an der grundbesitzhaltenden Gesellschaft beteiligt ist (§ 9 Nr. 1 Satz 5 GewStG). Für die Anwendung der erweiterten Kürzung bei Leasinggesellschaften, die bestimmte Tätigkeiten auf Betriebsgesellschaften und Objektgesellschaften aufteilen, kommt es auf die Abgrenzung der Tätigkeiten der Gesellschafter an. Ist die Objektgesellschaft lediglich mit der Gebrauchsüberlassung des Objekts befasst, während die erforderlichen sonstigen Tätigkeiten von anderen beteiligungsmäßig verbundenen Betriebsgesellschaften vorgenommen werden, liegt hierin für die Objektgesellschaften eine vermögensverwaltende Tätigkeit, auch wenn die Betriebsgesellschaft, die zur Grundstücksbeschaffung, Mieter-

---

[18] Vgl. *Saß/Tillmann* DB 1996, 1744 mwN; *Roser* RIW 1990, 393.
[19] Vgl. BFH-Beschluss v. 30. 12. 1996 I B 61/96, BB 1997, 614, BStBl II 1997, 466.
[20] Vgl. BFH-Urteil vom 22. 1. 1992 BStBl. II 1992, 628.
[21] Zum gewerblichen Grundstückshandel vgl. § 69 Rdnr. 90.

21. Kapitel: Steuerrechtliche Aspekte des Leasing   § 70

suche, Bauplanung, Finanzierung und Bauüberwachung herangezogen wird, mit der Objektgesellschaft konzernmäßig verbunden ist.[22]

II. Vermögensteuer

Nach der Entscheidung des Bundesverfassungsgerichtes vom 22.6.1995[23] konnte das bisherige Vermögensteuerrecht längstens bis zum 31. Dezember 1996 weitergelten. Die Möglichkeit, eine Neuregelung zur Vermögensteuer ab 1997 zu schaffen, hat der Gesetzgeber nicht wahrgenommen. Aus diesem Grund wurden von der Finanzverwaltung alle nach dem bis dahin geltenden Recht vorgenommenen Vermögensteuerfestsetzungen für Zeiträume nach 1996 aufgehoben. Vermögensteuererklärungen sind somit für Stichtage ab dem 1. Januar 1997 nicht mehr abzugeben. Trotz immer wiederkehrender Diskussionen ist kurzfristig mit einer Wiedereinführung der Vermögenssteuer nicht zu rechnen.

26

III. Umsatzsteuer

1. Allgemeines

Die Umsatzsteuer ist eine der ertragreichsten Steuern. Ihr Aufkommen beläuft sich auf fast 1/3 des gesamten Steueraufkommens.

27

Anders als im Ertragsteuerrecht ist das Umsatzsteuerrecht in Europa weitgehend harmonisiert, d. h. die nationalen Regelungen beruhen zu einem Gutteil auf europäischem Recht. Dies beruht auf einem ausdrücklichen Harmonisierungsauftrag in Art. 93 der EU-Verfassung. Mittelpunkt des europäischen Umsatzsteuerrechts ist die 6. EG-Richtlinie, die durch spätere einzelne Regelungen ergänzt wurde.

Die Umsatzbesteuerung knüpft grundsätzlich an Leistungsbeziehungen an. Dabei ist der Unternehmerbegriff einer der wesentlichen Begriffe im Umsatzsteuerrecht. Unternehmer ist nach § 2 Abs. 1 Satz 1 UStG derjenige, der eine gewerbliche oder berufliche Tätigkeit selbständig ausübt. Unternehmer in diesem Sinne können danach natürliche Personen, Personengesellschaften und juristische Personen sein. Ausreichend ist jede Art von Tätigkeit zur Erzielung von Einnahmen, auch wenn – insoweit anders als im Ertragsteuerrecht – die Gewinnerzielungsabsicht fehlt (§ 2 Abs. 1 Satz 3 UStG). Demnach erfüllt grundsätzlich jeder Leasinggeber unabhängig von seiner Rechtsform die Unternehmereigenschaft.

Der Besteuerung unterliegen Umsätze im Sinne des § 1 UStG. Steuerbare Umsätze sind
– Leistungsaustausch
– Entnahmen und unentgeltliche Zuwendungen
– Einfuhr
– Innergemeinschaftlicher Erwerb

Die Umsätze unterliegen der Steuerpflicht, sofern nicht einer der Befreiungstatbestände der §§ 4, 5 UStG einschlägig ist.

Für die Beurteilung der Leistungsbeziehungen im Bereich des Leasing kommt es auch darauf an, ob das Leasingobjekt einkommensteuerlich dem Leasinggeber oder dem Leasingnehmer zuzurechnen ist. Ferner gibt es Unterschiede beim Mobilien- bzw. Immobilienleasing.

2. Wirtschaftliches Eigentum des Leasinggebers

Ist das Leasingobjekt einkommensteuerlich dem Leasinggeber zuzurechnen, so bewirkt dieser mit der entgeltlichen Nutzungsüberlassung fortlaufend Umsätze iSd § 1 Abs. 1 Nr. 1 UStG. Die Entstehung der Steuer ist in § 13 UStG geregelt. Hierzu stellt die Finanz-

28

---
[22] Vgl. R 60 GewStR.
[23] Vgl. Beschluss des BVerfG v. 22.6.1995, 2 BvL 37/91 BStBl. II 1995, 655.

verwaltung (R 177 Abs. 4 Satz 1 UStR) klar, dass eine Leasinggesellschaft, die ihrem Kunden (Mieter) eine Sache gegen Entrichtung monatlicher Leasingraten überlässt, eine Dauerleistung erbringt, die entsprechend der Vereinbarung über die monatlich zu zahlende Leasingrate in Form von Teilleistungen bewirkt wird. Da insgesamt auf die Leasingrate ohne Differenzierung zwischen Zins- und Tilgungsanteil abgestellt wird, kann die Leasingrate also umsatzsteuerlich nicht in einen Anteil für Nutzungsüberlassung und einen weiteren Anteil für Kreditgewährung aufgespalten werden.

Mit der Qualifikation des Leasing als Dauerleistung, die in Form von Teilleistungen erbracht wird, ist zugleich die Aussage verbunden, dass die Umsatzbesteuerung an den vereinbarten Zahlungszeitraum anknüpft. Steuersatzerhöhungen oder -ermäßigungen in späteren Abrechnungsperioden führen also nicht – wie etwa bei Anzahlungen – zu einer Änderung der für frühere Perioden geleisteten Leasingraten. Steuersatzerhöhungen oder -ermäßigungen wirken sich daher erst bei den laufenden Zahlungen nach der Steuersatzänderung aus. Waren Bruttomieten ohne Anpassungsklausel vereinbart, trägt der Leasinggeber das Risiko von Steuererhöhungen, der Leasingnehmer von Steuerermäßigungen.

Als Teilleistung entsteht die Steuer in zeitlicher Hinsicht jeweils mit Ablauf des monatlichen Voranmeldungszeitraums, **für den** die Leasingrate zu entrichten ist (R 177 Abs. 4 Satz 2 UStR). Aus dieser zeitlichen Zuordnung der Leasingraten folgt, dass eine Zahlung, die vereinbarungsgemäß für mehrere Abrechnungsperioden geleistet wird, umsatzsteuerlich aufzuteilen ist. Für erhöhte Erstmieten bzw. Sonderzahlungen ist folgende Besonderheit zu beachten:

29 Sofern der Leasinggeber Sonderzahlungen *zuzüglich Umsatzsteuer* in Rechnung stellt, greift die **Anzahlungsbesteuerung** des § 13 Abs. 1 Nr. 1a Satz 4 UStG ein. Eine ähnliche Fragestellung ergibt sich, wenn der Leasinggeber mit dem Leasingnehmer vereinbart hat, etwaige **Investitionszulagen** im Wege der Mietratenminderung an ihn weiterzugeben. Wird die erhaltene Investitionszulage im Wege der Gutschrift *zuzüglich USt* an den Leasingnehmer weitergeleitet, so handelt es sich um eine Änderung der Bemessungsgrundlage iSd § 17 UStG, die den Leasinggeber berechtigt, seine Umsatzsteuerschuld in dem betroffenen Voranmeldungszeitraum zu kürzen; der Leasingnehmer hat entsprechend dem Vorsteuerabzug zu berichtigen. Wird die Investitionszulage absprachegemäß zur Minderung der laufenden Leasingraten verwendet, so erfolgt die Minderung der Umsatzsteuer pro rata temporis.

30 In gleicher Weise wirkt sich umsatzsteuerlich eine Abrede aus, wonach der Leasingnehmer an einem evtl. **Veräußerungserlös** aus der Verwertung des Leasinggutes **beteiligt** wird. Umsatzsteuerlich handelt es sich hierbei um eine nachträgliche Herabsetzung der Leasingraten, die gem. § 17 UStG bei dem Leasinggeber zu einer Herabsetzung seiner Umsatzsteuerschuld und beim Leasingnehmer zu einer Kürzung des Vorsteuerabzugs führt.[24]

31 Bei **gleichbleibenden Leasingraten** folgt die Umsatzsteuerbesteuerung der ertragsteuerlichen Linearisierung. Die jeweilige Leasingrate unterliegt der Umsatzsteuer. Auch bei einem **degressiven Leasingratenverlauf** folgt die Umsatzsteuer grundsätzlich der ertragsteuerlichen Beurteilung. Ist danach ertragsteuerlich grundsätzlich eine Linearisierung vorzunehmen, gilt dies auch für die Bemessung der Umsatzsteuer.[25] Soweit ertragsteuerlich eine andere Beurteilung geboten ist, ist die erforderliche Abgrenzung auch umsatzsteuerlich bei der Ermittlung des Entgelts nachzuvollziehen. In Höhe des eingestellten Rechnungsabgrenzungspostens fällt kein Entgelt iSd § 10 UStG für den Zeitraum an, für den die Teilleistung abgerechnet wird, so dass Umsatzsteuer sich nach der tatsächlichen Leistung bemisst. Soweit der Leasinggeber die Umsatzsteuer auf die Leasingraten – unzutreffend – gesondert ausweist, schuldet er die ausgewiesene Umsatzsteuer (§ 14 c UStG).

---

[24] Vgl. auch *Bordewin/Tonner*, S. 120.
[25] Hierzu vgl. § 69 Rdnr. 48 ff.

Von degressiven Leasingraten abzugrenzen sind sog. **Mieterdarlehen**. Der Leasing- 32
nehmer stellt in solchen Fällen dem Leasinggeber während der Grundmietzeit regelmäßig ein zinsloses Darlehen zur Verfügung, das absprachegemäß bei Beendigung des Leasingvertrags zurückgezahlt bzw. mit dem Ankaufspreis verrechnet wird. Beim Leasinggeber löst das Mieterdarlehen Umsatzsteuer erst im Zeitpunkt der Verrechnung mit dem Ankaufspreis aus.

a) Umsatzsteuer bei Forfaitierung. Ursprünglich hatte die Finanzverwaltung die Vor- 33
gaben zur umsatzsteuerlichen Beurteilung der Forfaitierung in Erlassen geregelt, die zwischenzeitlich in die Umsatzsteuerrichtlinien übernommen worden sind. Die Richtlinien dienen der für die Verwaltung verbindlichen Regelung einzelner Fallgestaltungen. Für die Gerichte sind weder die Erlasse noch die Richtlinien verbindlich.

Tritt der Leasinggeber seine Forderung gegen den Mieter auf Zahlung der Leasingraten an eine Bank ab, so führt die Vereinnahmung des Abtretungsentgelts nicht zur sofortigen Entstehung der Steuer für die Vermietung nach § 13 Abs. 1 Nr. 1 Buchst. a) Satz 4 UStG, weil das Abtretungsentgelt nicht zugleich Entgelt für die der Forderung zugrunde liegende Vermietungsleistung ist (R 177 Abs. 4 Satz 3 UStR). Die Bank zahlt das Abtretungsentgelt für den Erwerb der Forderung, nicht aber als Dritter für die Leistung der Leasinggesellschaft an den Mieter. Der Leasinggeber vereinnahmt das Entgelt für die Vermietungsleistung vielmehr jeweils mit der Zahlung der Leasingraten durch den Mieter an die Bank, weil sie insoweit gleichzeitig von ihrer Gewährleistungspflicht für den rechtlichen Bestand der Forderung gegenüber der Bank befreit wird. Dieser Vereinnahmungszeitpunkt stimmt i. d. R mit dem Zeitpunkt der Ausführung der einzelnen Teilleistung überein. Erst in diesem Zeitpunkt entsteht die Umsatzsteuer zu Lasten des Leasinggebers.

Diese Regelung, die allerdings nur die Fälle der echten Forfaitierung (d. h. den Forderungsverkauf mit Übernahme des Bonitätsrisikos durch die Bank) abdeckt, ist für die Praxis eine befriedigende Lösung.

Die neben der Vermietung weitere steuerbare Leistung in Form der Abtretung der 34
künftigen Leasingraten an die Bank gegen Zahlung des Kaufpreises fällt aber unter die Steuerbefreiung des § 4 Nr. 8 c) UStG. Da es sich hierbei um eine steuerfreie Leistung handelt, die gem. § 15 Abs. 2 UStG zum Vorsteuerausschluss führt, muss auf Seiten des Leasinggebers geprüft werden, inwieweit Vorsteuern im Zusammenhang mit dem Forderungsverkauf angefallen sind.

b) Vorzeitige Beendigung von Leasingverträgen. Bei der Zahlung, die ein Leasing- 35
nehmer im Falle vorzeitiger Beendigung eines Leasingvertrags an den Leasinggeber zu leisten hat, ist nach Auffassung der Finanzverwaltung[26] umsatzsteuerlich zwischen folgenden Fällen zu unterscheiden:
– Zahlungen, die der Leasingnehmer infolge **pflichtwidrigen Handelns** zu leisten hat, sind entsprechend der zivilrechtlichen Beurteilung als nicht steuerbarer Schadensersatz anzusehen.[27]
– In anderen Fällen vorzeitiger Vertragsbeendigung – insbesondere bei **einvernehmlicher Aufhebung** des Vertrags – stellen Ausgleichszahlungen des Leasingnehmers Gegenleistungen im Rahmen eines steuerbaren Leistungsaustauschs dar; denn sie werden dafür geleistet, dass die andere Vertragspartei in die vorzeitige Auflösung des Vertragsverhältnisses einwilligt.

Bei Insolvenz des **Leasingnehmers** ist sowohl der Leasinggeber als auch der Insol- 36
venzverwalter berechtigt, das Leasingverhältnis zu kündigen. Kündigt der Insolvenzver-

---
[26] Vgl. die Verfügung der OFD Hamburg vom 13. 9. 1991, DB 1991, 2363, sowie die Erlasse des Hess. FinMin vom 2. 3. 1988 sowie des Nds. FinMin vom 19. 2. 1988; siehe auch Meier DVR 1988, 90.
[27] BGH-Urteil vom 11. 2. 1987, BB 1987, 1349.

walter, ist der Leasinggeber berechtigt, Ersatz des ihm durch die Aufhebung des Leasingvertrags entstandenen Schadens zu verlangen.[28]

37 Gerät der **Leasinggeber** in Insolvenz, so bleibt der Vertrag mit dem Leasingnehmer gem. § 108 InSO wirksam. Hat der Leasinggeber den Anspruch auf die Leasingrate (im Wege des Factoring oder der Forfaitierung) an eine Bank abgetreten, die sich außerdem das Sicherungseigentum an den Leasinggegenständen einräumen ließ, hängt das weitere Schicksal des Leasingvertrags von dem Verhalten der Bank ab. Schaltet die Bank einen neuen Leasinggeber ein oder tritt sie selbst in die bestehenden Leasingverträge ein, so werden umsatzsteuerlich Leistungsbeziehungen zwischen dem neuen Leasinggeber und dem Leasingnehmer begründet. Die Verwertung der sicherungsübereigneten Gegenstände durch die Bank beinhaltet im Übrigen eine steuerpflichtige Lieferung des bisherigen Leasinggebers an die Bank.[29]

3. Wirtschaftliches Eigentum des Leasingnehmers

38 Ist das Leasingobjekt einkommensteuerlich nicht dem Leasinggeber, sondern dem Leasingnehmer zuzurechnen, so führt dies zu einer anderen Betrachtungsweise.

Werden Gegenstände aufgrund eines Leasingvertrages überlassen, so ist die Übergabe des Leasinggegenstandes durch den Leasinggeber an den Leasingnehmer eine Lieferung, wenn der Leasinggegenstand einkommensteuerrechtlich dem Leasingnehmer zuzurechnen ist.[30] Ein derartiger Vorgang entspricht in seinen wirtschaftlichen Auswirkungen dem **Kauf auf Abzahlung** (Mietkauf).[31] Das Entgelt ist in diesen Fällen die Summe sämtlicher Leasingraten bis zum Ablauf der voraussichtlichen Nutzungsdauer einschließlich des für den Fall einer Kaufoption vereinbarten Kaufpreises oder im Falle einer Mietverlängerungsoption der vereinbarten Verlängerungsraten. Eine Aufteilung der Bemessungsgrundlage in ein Entgelt für die Lieferung des Leasinggegenstandes und ein Entgelt für eine nach § 4 Nr. 8 UStG steuerfreie Kreditgewährung ist grundsätzlich nicht zulässig.[32]

39 Nur ausnahmsweise kann die Kreditgewährung als **gesonderte Leistung** anzusehen sein, wenn eine **eindeutige Trennung** zwischen dem Kreditgeschäft und der Lieferung vorliegt.[33]

Dazu ist erforderlich:

– Die Lieferung und die Kreditgewährung mit den dafür aufzuwendenden Entgelten müssen bei Abschluss des Umsatzgeschäftes gesondert vereinbart worden sein. Das für ein Umsatzgeschäft vereinbarte Entgelt kann nicht nachträglich in ein Entgelt für die Lieferung und ein Entgelt für die Kreditgewährung aufgeteilt werden.

– In der Vereinbarung über die Kreditgewährung muss auch der Jahreszins angegeben sein.

– Die Entgelte für die beiden Leistungen müssen getrennt abgerechnet werden.

Sofern diese Voraussetzungen nicht erfüllt sind, können die Leasingraten umsatzsteuerlich nicht aufgeteilt werden in einen Kaufpreisanteil (abgezinste Leasingraten) und in einen steuerbefreiten Zinsanteil.[34]

---

[28] Vgl. OFD Hamburg vom 13. 3. 1991, aaO, 2364.
[29] Vgl. OFD Hamburg vom 13. 3. 1991, aaO, 2364, sowie OFD Koblenz vom 30. 12. 1987, UR 1988,166.
[30] Vgl. dazu die Fallbeispiele bei *Horny* UVR 1993, 80, R 25 Abs. 4 Satz 2 UStR.
[31] R 25 Abs. 4 Satz 1 UStR.
[32] BFH-Beschluss v. 1. 10. 1974 V R 49/70, BStBl II 1971, 34; R 25 Abs. 4 Satz 3 UStR.
[33] Vgl. BFH-Beschluss v. 18. 2. 1980 V B 24/80, BStBl. 1981 II, 197, sowie BMF-Schreiben vom 1. 4. 1986, BB 1986, 655.; R 29 a UStR.
[34] A. A. *Paulus* aaO, S. 17 unter Hinweis auf das EuGH-Urteil v. 1. 7. 1982, RIW 1982, 608.

Die Umsatzsteuer auf sämtliche Kaufpreisraten ist seitens des Leasinggebers, sofern er der Sollbesteuerung unterliegt, bereits für den Monat der Übergabe des Leasinggegenstandes an das Finanzamt abzuführen.

Umsatzsteuerliche Besonderheiten gibt es bei den sog. **sale-and-lease-back-Gestal-** 40 **tungen**. Dabei wird das Eigentum an einem Wirtschaftsgut aufgrund eines Kaufvertrags an einen Leasinggeber übertragen (sale). Dieser wiederum vermietet das erworbene Wirtschaftsgut im Rahmen eines Leasingvertrags an den Verkäufer zurück (lease back). Die Verträge sind in der Regel so ausgestaltet, dass das Eigentum an dem Leasinggut nach Ablauf der Mietzeit an den Leasingnehmer (= ursprünglicher Verkäufer) zurückfällt. Der BFH[35] hat zu der lang umstrittenen Frage der umsatzsteuerlichen Behandlung derartiger Fallgestaltungen entschieden, dass maßgebliches Kriterium für die Frage, ob ein umsatzsteuerlicher Leistungsaustausch vorliegt, die Übertragung der Verfügungsmacht an dem Leasinggegenstand ist. Verbleiben Substanz, Wert und Ertrag des Leasinggegenstandes beim Verkäufer/Leasingnehmer, ist die Gestaltung einer Sicherungsübereignung vergleichbar, bei der es trotz Eigentumsübergangs nicht zu einem Leistungsaustausch kommt. Ist das sale-and-lease-back-Verhältnis so gestaltet, dass wie bei der Sicherungsübereignung der Finanzierungs- und Sicherungszweck im Vordergrund steht, scheidet demnach die Annahme eines umsatzsteuerlichen Leistungsaustauschs aus. Ob die Finanzierungs- und Sicherungsfunktion überwiegt, hängt von den vertraglichen Regelungen und deren wirtschaftlichen Gesamtkonzept ab. Dabei ist unerheblich, ob Kauf- und Leasingvertrag zivilrechtlich wirksam als getrennte Vereinbarungen geschlossen werden, wenn die Verträge wirtschaftlich eine Einheit bilden.

Fehlt es danach an einem umsatzsteuerlichen Leistungsaustausch löst weder der Verkauf noch der Rückfall des Leasinggutes Umsatzsteuer aus. Der Leasingnehmer ist nicht zum Vorsteuerabzug berechtigt. Der Leasinggeber schuldet allerdings Umsatzsteuer, wenn er diese offen ausgewiesen hat. Er hat allerdings die Möglichkeit, den unzutreffenden Umsatzsteuerausweis zu berichtigen.

4. Grenzüberschreitendes Leasing aus deutscher Sicht

a) Allgemeines. Beim grenzüberschreitenden Leasing entstehen besondere umsatz- 41 steuerliche Probleme, vor allem im Hinblick auf die Frage, ob umsatzsteuerliche Folgen im Inland oder im Ausland auftreten. Zusätzlich können differenzierende umsatzsteuerliche Regelungen in den beteiligten Staaten, bei grenzüberschreitenden Sachverhalten außerhalb des Gemeinschaftsgebietes können zudem unterschiedliche Umsatzsteuersysteme aufeinandertreffen.

Im internationalen Sprachgebrauch wird generell zwischen dem „financial lease" und 42 dem „operating lease" unterschieden. Im Falle des „financial lease" trägt der Mieter das finanzielle Risiko im Hinblick auf den Leasing-Gegenstand, während beim „operating lease" das finanzielle Risiko beim Vermieter verbleibt. Für Umsatzsteuerzwecke behandeln einige EU-Staaten beide Leasingformen als Dienstleistung, während in anderen EU-Staaten Leasing teils als Lieferung und teils als Dienstleistung gewürdigt wird.

Cross-Border-Leasing ist der Sammelbegriff für das grenzüberschreitende Leasing 43 und zwar grundsätzlich unabhängig davon, ob es sich um Länder innerhalb oder außerhalb der europäischen Union handelt. Diese Besonderheit des Cross-Border-Leasing besteht darin, das häufig in den betroffenen Staaten nicht nur unterschiedliche Leasingbegriffe, sondern auch unterschiedliche Regelungen über die Besteuerung der Leasingverhältnisse gelten. Dadurch gewinnen Leasingverträge, die bei rein innerstaatlichen Verhältnissen unproblematisch erscheinen, oftmals eine neue umsatzsteuerliche Dimension.

---

[35] BFH-Urteil v. 9. 2. 2006 V R 22/03, BStBl. II 2006, 727, dort auch Nachweise zum bisherigen Streitstand.

§ 70   Vierter Teil. Wirtschaftliche Problemkomplexe des Leasings

44 Im Gemeinschaftsgebiet kann die unterschiedliche Behandlung des Leasing als Lieferung bzw. als Dienstleistung dazu führen, dass in Fällen des „cross border leasing" (Vermieter und Mieter sind in verschiedenen EU-Staaten ansässig) die Leistungen des Vermieters in beiden oder in keinem der beiden Staaten der Umsatzsteuer unterworfen werden.

Vermietet beispielsweise ein Unternehmer aus Großbritannien einen in Belgien gekauften beweglichen Gegenstand mit Kaufoption an eine belgische Privatperson, so liegt aus UK-Sicht eine Lieferung von Gütern in Belgien vor. Aus belgischer Sicht handelt es sich dagegen um einen Dienstvertrag, der der Umsatzsteuer in Großbritannien unterliegt. Im Ergebnis fällt in beiden Ländern keine Umsatzsteuer an.

45 Der EuGH hat in einem Fall zur Frage der Umsatzbesteuerung beim Cross-Border-Leasing Stellung genommen.[36] Ein in den Niederlanden ansässiges Leasingunternehmen (A-Leasing BV) vermietete in Belgien gekaufte PKW an belgische Privatpersonen. Die Mieten wurden in den Niederlanden der Umsatzsteuer unterworfen (Sitzortprinzip). Belgien beanspruchte hierauf ebenfalls Umsatzsteuer, da die Pkw – Wagenpark der Leasinggesellschaft – in Belgien genutzt werden. Zu klären war, ob allein durch die Überlassung der Pkw eine umsatzsteuerliche Niederlassung des Vermieters in Belgien begründet wird. Nach der Entscheidung des EuGH steht das Besteuerungsrecht vorliegend den Niederlanden zu. Maßgeblich ist insoweit, dass der Ort, an dem der Dienstleistende den Sitz seiner wirtschaftlichen Tätigkeit hat, vorrangiger Anknüpfungspunkt ist und eine anderweitige Anknüpfung nur in Betracht kommt, wenn die Anknüpfung an den Sitz nicht zu einer steuerlich sinnvollen Leistung führt oder wenn sie einen Konflikt mit einem anderen Mitgliedstaat zur Folge hat. Die Zuordnung zu einer anderen Niederlassung kommt danach nur in Betracht, wenn die dort für die Erbringung der Dienstleistung erforderliche personelle Ausstattung und Betriebsmittel ständig vorhanden sind und die Niederlassung daher einen gewissen Bestand hat. Im EuGH-Fall verblieb es damit bei der Besteuerung in den Niederlanden, da der Vermieter in Belgien über keine personellen und technischen Mittel verfügte.

46 Allgemein auf Leasinggesellschaften übertragen, bedeutet dies, dass z. B. die Niederlassungsfrage im Einzelfall im Vordergrund stehen kann. Insoweit ist also eine einzelfallbezogene Betrachtung unter Beachtung von Art. 9 der 6. Richtlinie vorzunehmen.

47 Das Gemeinschaftsrecht findet keine Anwendung, wenn das grenzüberschreitende Leasing nicht im Inland oder Gemeinschaftsgebiet durchgeführt wird, sondern ein Drittland betroffen ist. Hier gelten die umsatzsteuerlichen Vorschriften der betroffenen Staaten, auch wenn es zu konkurrierenden Regelungen kommen könnte.

Einen – allerdings weniger das Umsatzsteuerrecht betreffenden – Sonderfall des cross-border-Leasing betraf Leasingverträge mit in den USA ansässigen Leasinggesellschaften. Nach den steuerrechtlichen Regelungen in den USA können langfristige Vermietungen ähnlich wie Eigentum behandelt werden. Dies führt bei entsprechenden Vertragsgestaltungen dazu, dass es faktisch zu zwei „Eigentümern" des Objekts kommen kann, denen beide eine Abschreibungsmöglichkeit zusteht. Da dem USA-Vertragspartner Steuervorteile ohne echte Anschaffungskosten entstehen, wird z. B. dem deutschen Vertragspartner der Leasingvertrag dadurch „schmackhaft" gemacht, das ihm eine gewisser Anteil des Vorteils als sog. Barwertvorteil zufließt. Das Modell ist allerdings nach einer Änderung der US-amerikanischen Regelungen aus dem Jahre 2004 Neuabschlüssen nicht mehr zugänglich.

48 **b) Wirtschaftliches Eigentum des Leasinggebers.** Bei der umsatzsteuerlichen Beurteilung kommt der Prüfung, wo sich der Ort der Lieferung bzw. sonstigen Leistung befindet, besondere Bedeutung zu.

---

[36] Urt. v. 17.7. 1997, C – 190/95, amtliche Sammlung der Rechtsprechung des EuGH Seite I – 043383.

21. Kapitel: Steuerrechtliche Aspekte des Leasing §70

Ist das Leasingobjekt einkommensteuerlich dem Leasinggeber zuzurechnen, so handelt es sich, wie oben ausgeführt, umsatzsteuerlich um einen Mietvertrag (sonstige Leistung). In diesem Fall ist anhand der Regelungen des § 3a UStG der Leistungsort zu bestimmen.

Nach § 3a Abs. 2 Nr. 1 UStG werden sonstige Leistungen im Zusammenhang mit einem **Grundstück** dort ausgeführt, wo das Grundstück liegt. Dies führt dazu, dass im Rahmen des Immobilienleasing der Leistungsort im Ausland liegt, wenn es sich um ein ausländisches Grundstück (hierzu gehören auch Gebäude auf fremdem Grund und Boden) handelt. Es ist dann jeweils zu prüfen, inwieweit in dem betreffenden ausländischen Staat Umsatzsteuer für die Vermietung von Grundstücken erhoben wird. 49

Für die **Vermietung/Leasing beweglicher körperlicher Gegenstände**, ausgenommen Beförderungsmittel, kommt es gem. § 3a Abs. 4 Nr. 11 iVm § 3a Abs. 3 UStG darauf an, ob der Leistungsempfänger ein Unternehmer ist und ob er seinen Sitz innerhalb oder außerhalb des Gebiets der EG hat. Beispiele: 50
– Ein inländischer Leasinggeber vermietet eine EDV-Anlage an eine Bank (Unternehmer) in Frankreich; der Leistungsort liegt in Frankreich.
– Ein inländischer Leasinggeber vermietet eine EDV-Anlage an eine Behörde (Nichtunternehmer) in Frankreich: der Leistungsort liegt im Inland (§ 3a Abs. 1 UStG).
– Ein inländischer Leasinggeber vermietet eine EDV-Anlage an einen Unternehmer in der Schweiz (Drittland): der Leistungsort liegt in der Schweiz.

Bei **Beförderungsmitteln** ist der Leistungsort nach der Grundregel des § 3a Abs. 1 UStG (Sitzort des leistenden Unternehmens bzw. dessen Betriebsstätte) zu bestimmen. Beim Pkw-Leasing eines inländischen Leasinggebers fällt deshalb deutsche Umsatzsteuer an, auch wenn das Fahrzeug im Ausland genutzt wird. 51

Die Bestimmung des Leistungsorts nach § 3a UStG führt nur dann zu eindeutigen Ergebnissen, wenn das ausländische Umsatzsteuerrecht eine dem deutschen UStG entsprechende Regelung enthält. Soweit in anderen Staaten abweichende Regelungen für die Zurechnung des Leasingobjekts bestehen oder der Leistungsort anders bestimmt wird, kann es dazu kommen, dass eine Umsatzbesteuerung weder im Inland noch im Ausland oder eine doppelte Inanspruchnahme (sowohl im Inland als auch im Ausland) stattfindet.[37] 52

c) Wirtschaftliches Eigentum des Leasingnehmers. Ist das Leasingobjekt einkommensteuerlich dem Leasingnehmer zuzurechnen, so ist gem. den obigen Ausführungen der Leasingvertrag als (Raten-)Kaufvertrag zu würdigen. Deshalb ist zu prüfen, wo sich der Gegenstand z. Z. der Verschaffung der Verfügungsmacht befindet (§ 3 Abs. 6 UStG). 53

Befördert der inländische Leasinggeber (oder in seinem Auftrag ein Dritter) das Leasingobjekt an einen ausländischen Abnehmer, so liegt nach § 3 Abs. 7 UStG der Leistungsort im Inland. Bei Abnehmern im übrigen Gemeinschaftsgebiet ist diese – innergemeinschaftliche – Lieferung nach § 4 Nr. 1b UStG steuerfrei; der ausländische Erwerber hat die Steuer auf den Erwerb zu entrichten. Ist der Abnehmer im Drittlandsgebiet ansässig, so liegt eine steuerbare, nach § 4 Nr. 1a UStG steuerbefreite Ausfuhrlieferung vor.

5. Besonderheiten beim Immobilienleasing

Das Immobilienleasing weist in der umsatzsteuerlichen Behandlung keine spezifischen Besonderheiten gegenüber dem Mobilienleasing auf. 54

Ist der Leasinggeber wirtschaftlicher Eigentümer, liegt eine sonstige Leistung vor, die nach § 4 Nr. 12 UStG steuerfrei ist. Üblicherweise verzichtet jedoch der Leasinggeber gem. § 9 UStG auf die Steuerfreiheit, um den Vorsteuerabzug für die von ihm errichteten und vermieteten Gebäude zu erhalten. Zu beachten ist, dass eine Option zur Steuerpflicht nach der Neufassung des § 9 Abs. 2 UStG nur zulässig ist, soweit der Leistungsempfänger

---

[37] Vgl. *Runge/Bremser/Zöller* Leasing, 1978, S. 343.

§ 70 Vierter Teil. Wirtschaftliche Problemkomplexe des Leasings

das Grundstück ausschließlich für Umsätze verwendet, die den Vorsteuerabzug nicht ausschließen. Auf die noch fortgeltende Übergangsregelung in § 27 Abs. 2 UStG wird hingewiesen.

55 Auch wenn das Grundstück ertragsteuerlich dem Leasinggeber, das Gebäude dagegen dem Leasingnehmer zuzurechnen ist, gibt es in der Regel keine umsatzsteuerrechtlichen Probleme. Zwar bilden Grundstück und Gebäude zivilrechtlich grundsätzlich eine einheitliche Sache, die führt jedoch nicht dazu, dass auch das Grundstück umsatzsteuerlich an den Leasingnehmer geliefert wird.[38] Abgesehen davon, dass sich die – vermeintliche – Problematik dadurch lösen lässt, dass dem Leasinggeber für das Grundstück (lediglich) ein Erbbaurecht eingeräumt wird, empfiehlt sich im Übrigen die Grundsätze der Fin-Verw. zu beachten.[39] Danach kommt es bei der Errichtung eines Gebäudes auf fremden Boden bezüglich der Frage, wer Leistungsempfänger der Bauleistungen ist, nicht darauf an, wer bürgerlicher oder wirtschaftlicher Eigentümer des Grundstücks ist. Umsatzsteuerlich ist nicht entscheidend, wer das zivilrechtliche Eigentum (§§ 946, 94 BGB) erlangt hat, sondern wem die Verfügungsmacht verschafft wird. Die bei Immobilienleasing oft anzutreffende Gestaltung, wobei der Leasinggeber ein Gebäude auf einem dem Leasingnehmer gehörenden Grundstück errichtet, führt deshalb nicht dazu, dass mit der Errichtung des Gebäudes umsatzsteuerlich gleichzeitig eine Weiterlieferung des Gebäudes an den Leasingnehmer stattfindet.

IV. Grunderwerbsteuer

1. Steuerpflichtige Tatbestände und Befreiungen

56 **Zurechnung des Leasingobjekts beim Leasinggeber.** Die Grunderwerbsteuer hat nur beim Immobilien-Leasing Bedeutung. Der Erwerb einer Immobilie durch den Leasinggeber unterliegt nach § 1 Abs. 1 Nr. 1 GrEStG der Grunderwerbsteuer, es sei denn, dass einer der Befreiungstatbestände des Grunderwerbsteuergesetzes Anwendung findet.

57 Die Ausnutzung eines Befreiungstatbestands spielt z. B. bei sale-and-lease-back-Fällen eine Rolle. Beim sale-and-lease-back erwirbt der Leasinggeber das Grundstück im Regelfall mit aufstehendem Gebäude vom Leasingnehmer und vermietet es an diesen zurück. Bemessungsgrundlage für die Grunderwerbsteuer ist der gesamte Kaufpreis. Zur Vermeidung der Grunderwerbsteuer wird die erwerbende Objektgesellschaft häufig in der Rechtsform einer **Personengesellschaft** gegründet, an der der Leasingnehmer beteiligt wird. Die Grunderwerbsteuer wird dann insoweit nicht erhoben, als der Leasingnehmer am Vermögen der erwerbenden Gesellschaft beteiligt ist (§ 5 Abs. 2 GrEStG). Wird jedoch in sachlichem und zeitlichem Zusammenhang mit dem Abschluss des Grundstückseinbringungsvertrages das Ausscheiden oder die tatsächliche Verringerung der Beteiligung bzw. die Verringerung des wirtschaftlichen Gehalts der Beteiligung des einbringenden Leasingnehmers vereinbart, soll die Steuerbefreiung nicht greifen.[40] Die Steuerbegünstigung kann allerdings nicht bereits deshalb versagt werden, wenn im Einbringungszeitpunkt nur die einseitige Absicht des grundstückeinbringenden Gesellschafters zur Verringerung der vermögensmäßigen Beteiligung bestand.[41] Die Versagung setzt vielmehr eine Einbindung der Gesamthand in den Plan durch Vereinbarungen bzw. sonstige Absprachen voraus.

Neben der Steuerersparnis bei der Grunderwerbsteuer hat diese Gestaltung jedoch auch Nachteile. So entfällt infolge der Beteiligung z. B. die erweiterte Kürzung für Grundstücksunternehmen bei der Gewerbesteuer (§ 9 Nr. 1 Satz 2 i.V. mit Satz 5

---

[38] So aber *Kempke* BB 1986, 641.
[39] BMF-Schreiben v. 23. 7. 1986, BStBl. 1986 I, 432.
[40] BFH-Urteil v. 24. 11. 1982 II R 38/78, BStBl. II 1983, 429; BFH-Urteil v. 16. 1. 1991 II R 38/87, BStBl. II 1991, 374.
[41] Vgl. BFH-Urteil v. 30. 10. 1996 II R 72/94, BStBl. II 1997, 87.

GewStG). Zudem kann es sich als nachteilig darstellen, wenn der Leasingnehmer aufgrund seiner Beteiligung Mitwirkungs- und Kontrollrechte erhält.

Im Übrigen handelt es sich um ein Feststellungs- bzw. Beweisproblem. Hier soll gelten:[42] Wird die Beteiligung im zeitlichen und sachlichen Zusammenhang mit der Grundstückseinbringung tatsächlich verringert bzw. ganz aufgegeben, besteht die widerlegbare Vermutung, dass das Ausscheiden bzw. die Verringerung der Beteiligung auf einem bereits im Einbringungszeitpunkt vorhandenen Plan der Gesamthand beruhte. Die Vermutung kann durch Darlegung von Tatsachen, die einen anderen Geschehensablauf möglich erscheinen lassen, widerlegt werden. Beispiele für solche Tatsachen finden sich in der Rechtsprechung nicht; ggf. wird man auf Schriftwechsel oder andere objektive Anzeichen aus der Abwicklung zurückgreifen müssen. Dem tatsächlichen Vollzug des Plans kommt im Ergebnis zwar keine eigene tatbestandsbegründende Bedeutung für die Begünstigungsversagung bzw. -gewährung zu,[43] auch dieser kann jedoch indizielle Bedeutung für die Vorstellungen und Absichten der Beteiligten im Einbringungszeitpunkt haben. **58**

Letztlich kommt es also auf die vertraglichen Gestaltungen im Einzelfall an.[44] Es kann ein zeitlicher Zusammenhang auch dann noch vorliegen, wenn beide Rechtsvorgänge nicht unmittelbar zeitlich hintereinander folgen. So soll auch ein zwischen den beiden Rechtsvorgängen liegender längerer Zeitraum (z. B. ein Jahr) nicht ohne weiteres zur Anwendung des § 5 GrEStG führen. Das Gleiche gilt für den Fall, dass durch eine Kapitalerhöhung bei der Personengesellschaft, an der der Leasingnehmer nicht teilnimmt, seine Beteiligung auf ein Minimum reduziert wird. Auch kann die Vergünstigung des § 5 GrEStG nicht uneingeschränkt gewährt werden, da auch in diesem Fall der einbringende Leasingnehmer wirtschaftlich nicht über seine ursprüngliche Gesamthandsberechtigung weiter am Wert des Grundstücks beteiligt bleibt.

§ 1 Abs. 2a GrEStG beinhaltet für die Fälle des vollständigen oder wesentlichen Gesellschafterwechsels bei einer Personengesellschaft mit Grundvermögen eine gesetzliche Regelung. Danach gilt die Übertragung von Anteilen an grundbesitzenden Personengesellschaften immer als grunderwerbsteuerpflichtiger Tatbestand, wenn mindestens 95 % der Anteile am Gesellschaftsvermögen aller Gesellschafter innerhalb von fünf Jahren *tatsächlich* auf *neue* Gesellschafter übergehen; bei einem tatsächlichen Übergang von weniger als 95 % der Anteile, auch wenn darin eine wesentliche Änderung des Gesellschafterbestandes zu sehen ist, gilt die Fiktion nicht. Bei der Ermittlung der 95 v.H.-Grenze bleiben Anteile außer Betracht, die von Todes wegen erworben wurden. § 1 Abs. 3 GrESt erfasst die Sachverhalte, in denen zum Vermögen der Gesellschaft ein inländisches Grundstück gehört und durch Anteilsübertragungen mindestens 95 v.H. der Anteile übertragen wurden. **59**

2. Zurechnung des Leasingobjektes zum Leasingnehmer

Bei Zurechnung des Leasingobjektes zum Leasingnehmer stellt sich die Frage, ob es hier für Zwecke der Grunderwerbsteuer auf das zivilrechtliche oder auf das wirtschaftliche Eigentum ankommt. Obwohl das Grunderwerbsteuergesetz grundsätzlich an zivilrechtliche Vorgänge anknüpft,[45] ist nach § 1 Abs. 2 GrEStG Grunderwerbsteuerpflicht jedoch auch in Fällen ohne Grundstücksübereignungsanspruch gegeben, wenn es einem anderen rechtlich oder wirtschaftlich ermöglicht wird, ein inländisches Grundstück auf eigene Rechnung zu verwerten. Der Nichtgrundstückseigentümer (= Leasingnehmer) muss rechtlich in der Lage sein, über das Grundstück wie ein Eigentümer zu verfügen, er es also besitzen, verwalten, nutzen, belasten oder veräußern kann.[46] **60**

---

[42] BFH-Urteil v. 30. 10. 1996 II R 72/94, BStBl. II 1996, 87.
[43] Vgl. BFH-Urteil v. 10. 7. 1996 II R 33/94, BStBl. II 1996, 533.
[44] Vgl. Finanzministerium Nordrhein-Westfalen v. 25. 3. 1985, DStR 1985, 348.
[45] Vgl. *Boruttau/Egly/Sigloch* Grunderwerbsteuer, 13. Aufl. 1992 Vorb. Rn. 736.
[46] BFH-Urteil v. 11. 4. 2006 II R 28/05, MittBayNot 2007, 103.

61 Die Voraussetzungen des § 1 Abs. 2 GrEStG sind aber nicht schon dann erfüllt, wenn lediglich ein Leasingvertrag mit Kaufoption abgeschlossen worden ist, auch wenn das Leasingobjekt ertragsteuerlich dem Leasingnehmer zugerechnet wird. Darin liegt zwar grundsätzlich eine Lieferung durch den Leasinggeber an den Leasingnehmer vor. Unterläge diese Lieferung der Grunderwerbsteuer, hätte dies zur Konsequenz, dass im Rahmen der Umsatzsteuer Steuerfreiheit nach § 4 Nr. 9 Buchst. a UStG besteht. Käme man hingegen nicht zur Anwendung von § 1 Abs. 2 GrEStG, fiele für die Lieferung Umsatzsteuer an, da § 4 Nr. 9 a UStG nicht greift. Dann würde erst die spätere Ausübung der Kaufoption Grunderwerbsteuer auslösen, obwohl bei Abschluss des Leasing-Vertrages Umsatzsteuer angefallen ist.[47] Es entstünde also eine Mehrfachbelastung des an sich einheitlichen Erwerbsvorgangs.

Für eine Anwendung des § 1 Abs. 2 GrEStG ist demnach kein Raum, wenn dem Leasingnehmer nur ein Optionsrecht eingeräumt wird. Denn allein der Abschluss eines Leasingvertrags mit Optionsvereinbarung reicht nicht aus, weil sich daraus noch kein unmittelbarer Anspruch auf Auflassung des Grundstücks ergibt. Es reicht auch nicht aus, dass die Option eine über eine rein obligatorische Nutzungsberechtigung hinausgehende nicht entziehbare Rechtsposition gibt. Maßgeblich ist vielmehr, ob die Vereinbarung dem Leasingnehmer bei Beachtung der übernommenen Verpflichtungen erlaubt, über die Substanz des Grundstücks zu verfügen; es muss ihm möglich sein, jederzeit die Übereignung des Grundstücks herbeizuführen. Nur diese weitreichende Befugnis ist einer **Verwertungsbefugnis** i. S. d. § 1 Abs. 2 GrEStG gleichzustellen und kann der Abschluss des Leasingvertrages einen grunderwerbsteuerpflichtigen Vorgang darstellen.

Wichtig ist in diesem Zusammenhang, dass im nachfolgenden Zeitpunkt der Ausübung des Kaufoptionsrechts neben dem Ersatztatbestand gem. § 1 Abs. 2 GrEStG zusätzlich der grunderwerbsteuerpflichtige Haupttatbestand verwirklicht wird, da durch den Kaufvertrag nunmehr der Anspruch auf die Übertragung des bürgerlich-rechtlichen Eigentums begründet wird, § 1 Abs. 1 Nr. 1 GrEStG. Gemäß § 1 Abs. 6 Satz 2 GrEStG wird die Steuer jedoch nur insoweit erhoben, als die Bemessungsgrundlage für den späteren Erwerbsvorgang den Betrag übersteigt, von dem beim vorausgegangenen Rechtsvorgang die Steuer berechnet und erhoben worden ist.[48] Die Steuer vom Unterschiedsbetrag soll nur insgesamt die Erhebung einer einmaligen vollen Steuer (sozusagen in Raten) gewährleisten. Die Erhebung nur des Unterschiedsbetrages als Steuer setzt also die tatsächlich erfolgte Festsetzung von Grunderwerbsteuer auf die Einräumung der Verwertungsbefugnis durch Abschluss des Leasingvertrages voraus.

3. Erbbaurechtsbestellung

62 Bestellt der Leasingnehmer als Grundstückseigentümer der Leasinggesellschaft ein **zinsloses Erbbaurecht** an dem zu bebauenden Grundstück, stellte sich die Frage nach der Bemessungsgrundlage für die Grunderwerbsteuer. Der Abschluss des Leasingvertrages ist grundsätzlich keine zusätzliche, der Grunderwerbsteuer unterliegende Leistung (anders bei Leasingverträgen mit Optionsrecht und Zurechnung der Leasingimmobilie beim Leasingnehmer, vgl. Rdnr. 7 f.).[49] Dies gilt auch für den Fall, dass die Gegenleistung deutlich unter dem gemeinen Wert des im Rahmen eines Immobilien-Leasingvertrages bestellten Erbbaurechts liegt, da das Grunderwerbsteuergesetz bei vorhandener Gegenleistung keine Mindestbesteuerung nach dem Wert des Erworbenen vorsieht.[50] Die Grunderwerbsteuer bemisst sich bei der Einräumung eines zinslosen Erbbaurechts nach

---

[47] BFH-Urteil v. 11. 4. 2006 II R 28/05 MittBayNot 2007, 103; vgl. *Bordewin/Tonner*, 122 f.
[48] Vgl. *Boruttau/Egly/Sigloch* aaO, § 1, Rz. 828.
[49] Vgl. FG München, Urteil v. 4. 11. 1981, EFG 1982, 530.
[50] Vgl. *Boruttau/Egly/Sigloch* aaO, § 9 Rdnr. 560; FG Hamburg, Urteil vom 25. 6. 1984, EFG 1985, 80.

dem Grundbesitzwert für das Erbbaurecht, § 2 Abs. 2 Nr. 1, § 8 Abs. 2 Nr. 1 GrEStG i.V.m. § 138 BewG.

Wird das Grundstück im Zusammenhang mit der Bestellung eines Erbbaurechts vom Leasingnehmer für den Leasinggeber bebaut, der das Gebäude nach Errichtung an den Eigentümer=Leasingnehmer vermietet, kann sich die Bemessungsgrundlage für die Grunderwerbsteuer auf die vom Leasinggeber an den Gebäudeersteller gezahlten Kosten für die Gebäudeerstellung erstrecken.[51] Die Erstellung wird insoweit als Gegenleistung für den Erwerb des Erbbaurechts angesehen. Dies ist indes nicht frei von Bedenken, weil diese Folge nicht eintreten würde, wenn der Leasinggeber das Gebäude durch einen Dritten errichten lassen würde. Es dürfte also zumindest erforderlich sein, dass zwischen dem Leasingvertrag und dem Bau(betreuungs)vertrag eine Verknüpfung in der Weise besteht, dass beide Verträge rechtlich oder wirtschaftlich untrennbar miteinander verknüpft sind. Dies lässt sich nur im Einzelfall feststellen.

4. Einheitliches Vertragswerk

Zur Frage der grunderwerbsteuerlichen Bemessungsgrundlage, wenn im Zusammenhang mit einem Erbbaurechtsvertrag oder Grundstückskaufvertrag weitere Verträge (insbesondere Bauverträge) abgeschlossen werden, hat der BFH im Übrigen mehrfach Stellung genommen.[52] Gegenstand der Streitfälle ist die Beurteilung, ob die gesamten Vereinbarungen ein einheitliches Vertragswerk darstellen, das auf den Erwerb eines bebauten Grundstücks gerichtet ist und die Grunderwerbsteuer somit auf den Wert des bebauten Grundstücks zu berechnen ist. Um die Grunderwerbsteuerpflicht zu vermeiden, werden Grundstückskaufvertrag und Generalunternehmervertrag zur Errichtung eines Gebäudes getrennt abgeschlossen und notariell beurkundet. Um Steuerausfällen entgegenzuwirken, sind deshalb auch gegenleistungserhöhende Vereinbarungen gem. § 19 GrEStG gegenüber dem für die Besteuerung zuständigen Finanzamt anzuzeigen. Dies gilt, obwohl bereits eine Anzeigepflicht der Notare gem. § 18 GrEStG besteht.[53]

63

Dem Grundsatz nach wird der Gegenstand des Erwerbsvorgangs zunächst durch das zivilrechtliche Verpflichtungsgeschäft bestimmt. Ergibt sich die Verpflichtung zur Übereignung des Grundstücks und zur Errichtung des Gebäudes zwar aus zwei oder mehreren an sich selbständigen Verträgen, die jedoch aufgrund ihres rechtlichen Zusammenhangs als einheitlicher Vertrag anzusehen sind, so ist grunderwerbsteuerlich Gegenstand des Erwerbsvorgangs das Grundstück im bebauten Zustand. Hierfür ist nicht zwingend erforderlich, dass die Verträge in ihrer Gültigkeit ausdrücklich voneinander abhängig gemacht werden. Ein rechtlicher Zusammenhang zwischen den Verträgen besteht auch dann, wenn die Vereinbarungen ohne eine solche ausdrückliche Bestandsverknüpfung nach dem Willen der Parteien derart voneinander abhängig sind, dass sie miteinander stehen und fallen sollen. Selbst wenn nur einer der Vertragspartner einen solchen Einheitswillen erkennen lässt, kann ein einheitliches Vertragswerk vorliegen.[54]

64

Es soll schließlich auch genügen, wenn die Verträge zwar nicht durch den Willen der Parteien rechtlich verknüpft sind, zwischen den Verträgen jedoch ein sehr enger sachlicher Zusammenhang besteht, dass die eine Partei bei objektiver Betrachtungsweise als einheitlichen Leistungsgegenstand ein bebautes Grundstück erhält. Ein solcher objektiver enger sachlicher Zusammenhang kann z. B. dann bestehen, wenn der Erwerber mit dem Abschluss des Grundstückskaufvertrages in seiner Entscheidung über das „Ob und Wie" einer Bebauung gegenüber dem Veräußerer nicht mehr frei ist.[55]

65

---

[51] FG Bad-Württ. v. 24. 1. 1996, EFG 1996, 561.
[52] Vgl. z. B. BFH-Urteile v. 13. 5. 1998 II R 67/96, BFH/NV 1999, 1; v. 14. 5. 2003 II R 25/01, BFH/NV 2003, 1395; v. 25. 1. 2006 II R 61/04, BFH/NV 2006, 1059.
[53] Vgl. BFH-Urteil v. 30. 10. 1997 II R 69/94, BStBl. II 1996, 85.
[54] Vgl. BFH-Urteil v. 6. 3.1991 II R 133/87, BStBl. II 1991, 532.
[55] Vgl. BFH-Urteile v. 24. 1. 1990 II R 94/87, BStBl. II 1990, 590; v. 24. 7. 1991 II R 39/88, BFH NV 1992, 626.

§ 70   Vierter Teil. Wirtschaftliche Problemkomplexe des Leasings

66   Eine unumkehrbare Festlegung des Erwerbers im Zeitpunkt des Abschlusses des Grundstückskaufvertrages auf eine bestimmte Bebauung ist nicht erforderlich. Bereits die Hinnahme des von der Anbieterseite vorbereiteten Geschehensablaufs seitens des Erwerbers initiiert einen objektiven engen sachlichen Zusammenhang zwischen dem Grundstückskauf bzw. Erwerbsvertrag und dem Vertrag über die Gebäudeerrichtung.[56] Dies gilt unabhängig von der zeitlichen Abfolge der Vertragsabschlüsse und ohne dass es darauf ankommt, ob tatsächlich oder rechtlich auch eine andere als die planmäßige Gestaltung hätte vorgenommen werden können.

Sind Grundstücksveräußerer und Generalunternehmer verschiedene Personen, reicht es für die Annahme eines einheitlichen Vertragswerks notwendige Zusammenwirken nicht aus, wenn der Grundstücksveräußerer auf den Bauunternehmer, der bereits ein konkretes Angebot für die Realisierung des Bauvorhabens entwickelt hatte, gegenüber dem Erwerber hinweist und diesen empfiehlt. Vielmehr liegt ein enger sachlicher Zusammenhang zwischen den Verträgen nur dann vor, wenn diese Personen aufgrund einer vertraglichen Abrede bei der Veräußerung zusammenarbeiten und durch abgestimmtes Verhalten auf den Abschluss aller Verträge hinwirken.[57] Dabei ist es unerheblich, wenn das Grundstück auch ohne den Abschluss eines Generalunternehmervertrages verkauft worden wäre. Auf den rechtlichen Zwang zum Abschluss des Generalunternehmervertrages kommt es danach nicht an. Für die Annahme eines einheitlichen Vertragswerks reicht es damit aus, wenn der Erwerber den vom Grundstücksveräußerer beabsichtigten Geschehensablauf letztendlich tatsächlich akzeptiert.

67   Diese Grundsätze sind immer dann von Bedeutung, wenn im Zusammenhang mit dem Erwerb eines Grundstücks auch Verträge über die Errichtung von Gebäuden auf diesen Grundstücken abgeschlossen werden.[58] Sie ist nicht auf Rechtsgeschäfte beschränkt, bei denen sich die Steuerpflicht unmittelbar aus § 1 Abs. 1 Nr. 1 GrEStG herleitet, sondern auch dann anwendbar, wenn sich dies erst mittelbar i. V. m. § 42 AO ergibt.[59]

Schließlich gelten die Grundsätze zum einheitlichen Vertragswerk auch für Fälle des Immobilienleasings, wenn ein Vertrag über die Bestellung eines Erbbaurechts zusammen mit dem Vertrag über die Errichtung des Gebäudes durch den Grundstückseigentümer abgeschlossen wird.[60] Die vom Leasinggeber für die Errichtung des Gebäudes getragenen Aufwendungen gehören zur Gegenleistung für den Erwerb des Erbbaurechts durch die Leasinggesellschaft.

5. Höhe der Steuer

68   Die Steuer wird nach dem Wert der **Gegenleistung** oder dem **Wert des Grundstücks** bemessen, wenn eine Gegenleistung nicht vorhanden oder nicht ermittelbar ist (§ 8 GrEStG). Was als Gegenleistung bzw. Wert des Grundstücks gilt, ergibt sich gemäß § 8 Abs. 2 GrEStG i. V. m. § 138 Abs. 2 und 3 BewG nach dem im Rahmen einer Bedarfsbewertung gesondert festzustellenden Grundbesitzwert.

69   Die Steuer beträgt nach der 3,5 v. H., sie ist auf volle Euro nach unten abzurunden (§ 11 GrEStG). Umsätze, die unter das Grunderwerbsteuergesetz fallen, sind nach § 4 Nr. 9a UStG von der Umsatzsteuer befreit. Ein Verzicht auf die Steuerbefreiung ist jedoch unter den Voraussetzungen des § 9 UStG möglich. In diesem Fall zählt auch die Umsatzsteuer zur grunderwerbsteuerlichen Gegenleistung.[61]

---

[56] Vgl. BFH-Urteil v. 23. 11. 1994 II R 53/54, BStBl. II 1995, 331.
[57] Vgl. BFH-Urteile v. 28. 5. 1998 II R 66/96, BStBl II 1999, 75; v. 17. 1. 2005 II B 15/04, BFH/NV 2005, 723.
[58] Vgl. BFH-Beschluss v. 14. 2. 1990 II B 158/89, BStBl. II 1990, 391.
[59] Vgl. BFH-Urteil v. 16. 9. 1992 II R 75/89, BStBl. II 1993, 197.
[60] Vgl. FG Baden-Württemberg, Urteil v. 24. 1. 1996, EFG 1996, 561.
[61] Vgl. *Boruttau/Egly/Sigloch* aaO, § 9 Rdnr. 281 ff.

V. Grundsteuer

Steuergegenstand ist nach § 2 GrStG der Grundbesitz i. S. d. Bewertungsgesetzes. Betroffen von der Grundsteuer sind somit auch die Immobilien-Leasinggeber, die diese im Regelfall über die Mietnebenkosten an den Leasingnehmer weiterberechnen, so dass es im Ergebnis zu keiner Belastung des Leasinggebers kommt.

Erwähnenswert erscheint noch § 33 GrStG, der eine Möglichkeit des Erlasses von Grundsteuer vorsieht, wenn der normale Rohertrag des Grundbesitzes um mehr als 20 gemindert ist. Dies kann bei Leasinggesellschaften dann von Bedeutung sein, wenn es wegen einer Insolvenz des Leasingnehmers zu Ertragseinbußen bei einer Weitervermietung des Leasingobjektes kommt. Die Grundsteuer wird dann in Höhe des Prozentsatzes erlassen, der 4/5 des Prozentsatzes der Minderung entspricht. Der Erlass wird nur auf Antrag gewährt, der bis zum 31.3. des auf den Erlasszeitraum folgenden Jahres zu stellen ist (§ 34 GrStG).

22. Kapitel. Bilanzrechtliche Aspekte des Leasing
§ 71. Bilanzrechtliche Klassifizierung von Leasingverhältnissen

Schrifttum: zu §§ 71 bis 73: *1. Rechtsprechung und Materialien:* BFH: v. 13.1. 1972, BStBl. II, S. 744; v. 8.10. 1987, IV R 18/86, BStBl. 1988 II, S. 57; v. 26.1. 1979, IV R 144/66, BStBl. II 1970, S. 264; v. 30.5. 1984, BStBl. II 1984, 264; v. 26.1. 1970, IV R 144/66, DB 1970, S. 424; v. 20.11. 1980, BStBl. II 1981 S. 389; v. 4.3. 1976, BStBl. II S. 380; v. 4.2. 1973, BStBl. II S. 392; v. 7.7. 1980, BStBl. II 1981 S. 669; v. 24.3. 1982, BStBl. II S. 643: v. 15.4. 1993, BB 1993 S. 1912. BMF-Schreiben: v. 19.4. 1971 BStBl I 1971, S. 264 ff.; v. 21.3. 1972 BStBl I 1972, S. 188 ff.; v. 22.12. 1975 BB 1976, S. 72 ff.; v. 23.12. 1991 BStBl I 1992, S. 13 ff. BMF-Schreiben v. 23.12. 1991 – IV B2-S 2170-115/91; v. 13.5. 1980 – IV B2-S 2170-54/80; v. 15.12.2000 BStBl I 1532; v. 9.1. 1996 – IV B 2 S. 2170-135/95, DB 1996, 117. *2. Literatur zum HGB:* Adler/Düring/Schmaltz, Rechnungslegung und Prüfung der Unternehmen, CD-ROM, 6. Aufl. Stuttgart 2000 (zitiert: *ADS*); *BDL*, Substanzwertrechnung für Mobilien-Leasing-Gesellschaften, (zitiert: *Verf* in BDL); *Beck'scher Bilanzkommentar, Handelsbilanz Steuerbilanz*, 6. Aufl. München 2006 (zitiert: Verf in Beck Bil-Komm); *Beck'sches Handbuch der Rechnungslegung*, hrsg. v. Castan u. a., München Stand September 1993 (zitiert: Verf in Beck HdR); *Blauberger*, Die sachgerechte Auflösung des passiven Rechnungsabgrenzungspostens aus der Forfaitierung von Leasingforderungen, DStR 4/1994, S. 148 ff.; *Bordewin/Tonner*, Leasing im Steuerrecht, 4. Aufl. Heidelberg 2003; *Bink*, Bilanzierung bei der Forfaitierung von Leasing-Restwertansprüchen, DB 1994, S. 1304 ff.; *Döllerer*, Leasing – wirtschaftliches Eigentum oder Nutzungsrecht?, BB 1971, S. 535 ff.; *Eckstein/Feinen*, Leasing-Handbuch für die betriebliche Praxis, 7. Aufl., Frankfurt am Main 2000 (zitiert: Verf. in Leasing-Handbuch); *Federmann*, Bilanzierung nach Handelsrecht und Steuerrecht, 11. Aufl. Berlin 2000; *Figge*, Bilanzierungsbezogene Risiken des Leasing, FLF 1/1990, S. 14 ff.; *Findeisen*, Asset Backed Securities im Vergleich zwischen US GAAP und HGB, DB 1998, S. 481–488; *Flume*, Die Frage der bilanziellen Behandlung von Leasing-Verhältnissen, DB 1973, S. 1662–1667; *Forster*, Zur Leasing-Stellungnahme des HFA, WPg 1973, S. 81–83; *Freericks*, Bilanzierungsfähigkeit und Bilanzierungspflicht in Handels- und Steuerbilanz, Köln 1976; *Gabele/Dannenberg/Kroll*, Immobilien-Leasing, 4. Aufl. Wiesbaden 2001; *Gelhausen/Weiblen*, Die Bilanzierung von Leasingverträgen, in Handbuch des Jahresabschlusses in Einzeldarstellung (HdJ), Abt. I/5, 2003; *Grass/Bremser*, Bilanzierungsregeln in der Handelsbilanz und ihre Bedeutung für das Immobilien-Leasing, BB 1971, S. 1424 ff.; *Grewe*, Grundfragen der Bilanzierung beim Leasinggeber, WPg 1990, S. 161–168; *Hagenmüller/Eckstein*, Leasing-Handbuch für die betriebliche Praxis, 6. Aufl. Frankfurt am Main 1992; *Hastedt*, Gewinnrealisierung beim Finanzierungsleasing, 1992; *Hopt*, HGB, 29. Aufl. München 1994; *Institut der Wirtschaftsprüfer in Deutschland e. V. (IDW)*: St/HFA 1/1973: Zur Berücksichtigung von Finanzierungs-Leasingverträgen im Jahresabschluss des Leasing-Nehmers, WPg 1973, S. 101–102, St/HAFA 1/1989: Zur Bilanzierung beim Leasinggeber, WPg 1989, S. 625 ff., Wirtschaftsprüfer-Handbuch 2006, Band I, 13. Aufl. Düsseldorf 2006, IDW RS HFA 8, Stellungnahme zur Rechnungslegung: Zweifelsfragen der Bilanzierung von asset backed securities-Gestaltungen oder ähnlichen securitisation-Transaktionen, Stand: 9.12.2003; IDW ERS HFA 13 n. F., Entwurf einer Neufassung der IDW-Stellungnahme zur Rechnungslegung: Einzelfragen zum Übergang von wirtschaftlichem Eigentum und zur Gewinnrealisierung nach HGB, Stand: 29.11.2006; IDW St/HFA 1/1984 i. d. F. 1990, Bilanzierungsfragen bei Zuwendungen, dargestellt am Beispiel finanzieller Zuwendungen der öffentlichen Hand; *Knapp*, Problematischer Leasing-Erlass, DB 1971, S. 685; ders., Leasing in der Handelsbilanz, DB 1972, S. 541 ff.; *Küting/Weber*, Handbuch der Rechnungslegung, 5. Aufl. Stuttgart 2004 (zitiert: Verf. in HdR); *Leffson*, Die Darstellung von Leasingverträgen im Jahresabschluss (I), (II), DB 1976 S. 637 ff., S. 685 ff.; ders., Die Grundsätze ordnungsmäßiger Buchführung, 7. Aufl., 1987; *Lieb*, Das Leitbild des Finanzierungs-Leasing im Spannungsfeld von Vertragsfreiheit und Inhaltskontrolle, DB 1988, S. 946; *Lißmann*, Passive Rechnungsabgrenzung durch Leasinggesellschaften, DB 1991, S. 1479 ff.; *Moxter*, Bilanzlehre, Bd. II, Wiesbaden 1986; *Pähler*, Risikopolitik von Leasinggesellschaften im herstellerunabhängigen Mobilienleasing, Frankfurt am Main 1989; *Palandt*, BGB, 65. Aufl., München 2006 (zitiert: Verf./Palandt); *Spittler*, Leasing für die Praxis, 6. Aufl., Köln 2002; *Tacke*, Leasing, 3. Aufl. Stuttgart 1999. *3. Literatur zu IFRS:* Adler/Düring/Schmaltz, Rechnungslegung nach Internationalen Standards, 6. Aufl. Stuttgart 2000 (zitiert: *ADS International*); *Alvarez/Wotschofsky/Miethig*, Leasingverhältnisse nach IAS 17-Zurechnung, Bilanzierung, Konsolidierung, WPg 2001, S. 939–947; *Rechnungslegungs Interpretations Committee (RIC) des Deutschen Rechnungslegungs Standards Committee e. V. (DRSC)*, Rechnungslegungs Interpretation Nr. 1 (RIC1) – Bilanzgliederung nach

22. Kapitel. Bilanzrechtliche Aspekte des Leasing § 71

Fristigkeit gemäß IAS 1 Darstellung des Abschlusses (zitiert: RIC 1); *Engel-Ciric*, Vorratsbewertung: HGB, IAS und US GAAP im Vergleich, BC 2001, S. 73–75; *Findeisen*, Die Bilanzierung von Leasingverträgen nach den Vorschriften des International Accounting Standards Committee, RIW 1997, S. 838–847; *Findeisen*, Internationale Rechnungslegung im Leasing-Geschäft, FLF 2002, S. 62–67; *Helmschrott*, Zum Einfluss von SIC 12 und IAS 39 auf die Bestimmung des wirtschaftlichen Eigentums bei Leasingvermögen, WPg 2000, S. 426–429; *Heuser/Thiele*, IAS Handbuch, Einzel- und Konzernabschluss, Köln 2003; *KPMG*, International Financial Reporting Standards, 3. Aufl., Stuttgart 2004 (zitiert: KPMG IFRS); *KPMG*, IFRS aktuell, 2. Aufl., Stuttgart 2006 (zitiert: KPMG IFRS aktuell*.);* *Kümpel/Becker*, Leasing nach IFRS, München 2006; *Küting/Hellen/Brakensiek*, Die Bilanzierung von Leasinggeschäften nach IAS und US GAAP, DStR 1999, S. 39–44; *Löw*, Rechnungslegung für Banken nach IFRS, 2. Aufl., Wiesbaden 2005 (zitiert: Löw/*Verf.*); *Mellwig*, Die bilanzielle Darstellung von Leasingverträgen nach den Grundsätzen des IASC, DB Beilage 12/1998, S. 1–16; *Mellwig/Weinstock*, Die Zurechnung von mobilien Leasingobjekten nach deutsche Handelsrecht und den Vorschriften des IASC, DB 1996, S. 2345–2352; *Sabel*, Leasingverträge in der kapitalmarktorientierten Rechnungslegung, Wiesbaden 2006; *Weber/Baumunk*, IFRS Immobilien, München 2005 (zitiert: Weber/Baumunk/*Verf.*); *PwC*, IFRS für Banken, 3. Aufl., Frankfurt am Main 2005 (zitiert: PwC IAS für Banken); *Wiley*, Kommentar zur Internationalen Rechnungslegung nach IFRS 2007, Weinheim 2007 (zitiert: Wiley/Verf., Abschn.); *Baetge/Dörner/Kleekämper/Wollmert/Kirsch*, Rechnungslegung nach Internationalen Accounting Standards (IAS), 2. Aufl., Stuttgart Stand: 2006 (zitiert: Verf. in Baetge Rechnungslegung nach IAS) *Institut der Wirtschaftsprüfer in Deutschland e.V. (IDW)*, International Financial Reporting Standards IFRS einschließlich International Accounting Standards IAS und Interpretationen, 3. Aufl., Stand: Januar 2006 (zitiert: im Text (IAS.)); *International Accounting Standards Board IASB*, International Financial Reporting Standards (IFRSs) including International Accounting Standard (IASs) and Interpretations as at 1 January 2007 (zitiert: im Text (IAS)); *Institut der Wirtschaftsprüfer in Deutschland e.V. (IDW)*, IDW RS HFA 9, IDW Stellungnahme zur Rechnungslegung: Einzelfragen zur Bilanzierung von Finanzinstrumenten nach IFRS, Stand 12. 4. 2007

Übersicht

	Rdn.
I. Vorbemerkung	1
II. Zielsetzungen der Bilanzen	4
1. Steuerbilanz	5
2. Handelsbilanz	6
3. IFRS-Bilanz	9
4. Ergebnis	11
III. Rechtliches und wirtschaftliches Eigentum	13
1. Eigentum im Steuer- und Handelsrecht	14
a) Rechtliches Eigentum	14
b) Wirtschaftliches Eigentum	17
aa) Steuerrecht	18
bb) Handelsrecht	19
2. Eigentum in den IFRS	21
a) Rechtliches Eigentum	21
b) Wirtschaftliches Eigentum	22
IV. Zurechnung der Leasinggegenstände	23
1. Zurechnungsgrundsätze	23
a) Allgemeine Zurechnung	23
b) Zurechnung in der Steuerbilanz	28
c) Zurechnung in der Handelsbilanz	37
aa) Rückblick	37
bb) Grundlagen	41
cc) Zurechnungsgrundsätze	46
(1) Eigentumsübergang	47
(2) Günstige Kaufoption	48
(3) Laufzeitkriterium	53
(4) Spezialleasing	59
(5) weitere Indikatoren	60
d) Zurechnung nach IFRS	63
aa) Grundlagen	63
bb) Zurechnungsbeispiele und Indikatoren	67

	Rdn.
(1) Eigentumsübergang	67
(2) Günstige Kaufoption	68
(3) Laufzeitkriterium	73
(4) Barwertkriterium	78
(5) Spezialleasing	91
(6) Weitere Indikatoren	92
2. Anwendungsbeispiele	96
a) Spezialleasing	97
b) Optionslose Leasingverträge	98
c) Andienungs- und Optionsrechte	101
d) Leasingverträge mit Mietverlängerungsoption	106
e) Leasingverträge mit Doppeloption	109
f) Leasingverträge mit Erlösbeteiligung	112
g) Mietkaufverträge	115
h) Sonstige Vertragstypen	116
i) Forfaitierung	120
j) Andienungs-/Übernahmeverpflichtung	123
k) Erbbaurecht	126
l) Sale-leaseback	128

I. Vorbemerkung

1 Eine für Leasingverhältnisse entscheidende und gleichzeitig aber auch schwierige Frage ist die Zurechnung der Leasinggegenstände zum Leasinggeber oder zum Leasingnehmer, wobei der Fokus auf der Zurechnung beim Leasingnehmer liegt. Die Schwierigkeiten ergeben sich aus der Art des Vertrages. Typisch für einen Leasingvertrag ist die Nutzungsüberlassung eines Vermögensgegenstandes für einen bestimmten Zeitraum gekoppelt oft mit Optionsrechten (Andienungsrecht des Leasinggebers, Kauf- oder Mietverlängerungsoption des Leasingnehmers) oder mit Verwertungsvereinbarungen (Restwertgarantie und/oder Mehrerlösbeteiligung des Leasingnehmers) am Ende der Vertragslaufzeit. Je nach Ausgestaltung des Leasingvertrages kann das tatsächliche Eigentumsrecht eher beim Leasingnehmer (Finanzierungsverhältnis) oder eher beim Leasinggeber (Nutzungsverhältnis) liegen mit entsprechender Zurechnung des Leasinggegenstandes zum Leasingnehmer bzw. Leasinggeber.

2 Die Zurechnungsfrage ist im HGB nicht geregelt und in der betriebswirtschaftlichen sowie bilanzrechtlichen Literatur weiterhin nicht abschließend geklärt. Denn eine vom Institut der Wirtschaftsprüfer in 1973 erarbeitete Stellungnahme[1] (HFA 1/1973) zu der Zurechnungsproblematik in der Handelsbilanz konnte sich in der Praxis nicht durchsetzen.[2] Ein erneuter Versuch in dieser Richtung ist nicht wieder unternommen worden.

Aufgrund der fehlenden **eigenständigen Zurechnungskriterien** orientiert man sich nach wie vor an den **steuerlichen Zurechnungskriterien**, die in der Rechtsprechung des BFH und durch die Finanzverwaltung erarbeitet worden sind.[3]

Dagegen wird in den internationalen Rechnungslegungsvorschriften („International Financial Reporting Standards (IFRS)") die Klassifizierung von Leasingverhältnissen explizit in einem separaten Standard („International Accounting Standard No. 17") geregelt.[4]

3 Im Folgenden werden die Zurechnungsgrundsätze der Steuer-, Handels- und IFRS-Bilanz dargestellt sowie die Unterschiede und deren Gründe beleuchtet.

Ziel soll es sein, der Praxis Lösungsansätze sowohl für handelsrechtliche Zurechnungsfragen als auch für die Klassifizierung nach IFRS an die Hand zu geben.

---

[1] IDW, St/HFA 1/1973, WPg 1973, 101 ff.
[2] FN 1990, 66.
[3] Vgl. *Förschl/Körner* in Beck Bil-Komm § 246 HGB Anm. 37; *Tacke* Leasing 128 ff.; WP-Handbuch 2006 Band I Tz E25.
[4] Vgl. International Financial Reporting Standards (IFRSs) as at 1 January 2007, IAS 17, 1031 ff.

II. Zielsetzungen der Bilanzen

Für die Zurechnung der Leasingverhältnisse und damit der Leasinggegenstände spielt 4
das Eigentum, insbesondere das wirtschaftliche Eigentum, eine herausragende Rolle. Das
wirtschaftliche Eigentum ist aber nicht in der gleichen Weise exakt bestimmbar wie das
rechtliche Eigentum. Vielmehr ist aufgrund der Besonderheiten der Leasingverträge eine
wertende Entscheidung über das Ausmaß des wirtschaftlichen Gehalts notwendig, bei
dem die Zurechnung abweichend vom rechtlichen Eigentümer vorzunehmen ist. Diese
wertende Entscheidung wird von den Zielsetzungen der einzelnen Bilanzen (Steuer,
HGB, IFRS) beeinflusst. Es ist deshalb zunächst notwendig, die wesentlichen Zielsetzungen der einzelnen Bilanzen aufzuzeigen.

1. Steuerbilanz

Die Steuerbilanz mit ihren zwei Adressaten, Fiskus und Steuerpflichtiger, dient der Er- 5
mittlung der Bemessungsgrundlage für die **Unternehmensbesteuerung** und somit der
Gewinnermittlung der jeweiligen Unternehmung. Der exakte Unternehmensgewinn
lässt sich aber prinzipiell, als Folge einer Vermögensbestandsrechnung, nur durch das Gegenüberstellen der Reinvermögensbestände am Anfang und am Ende der Unternehmensexistenz feststellen. Um dennoch den laufenden Finanzbedarf der Finanzhoheit zu
decken, muss dieser Totalgewinn durch bestimmte Bilanzierungsprinzipien in Periodengewinne geteilt werden. Die Ermittlung dieses **periodengerechten Gewinnanteils** ist
daher die primäre Aufgabe der Steuerbilanz.[5]

2. Handelsbilanz

Die Handelsbilanz hat im Gegensatz zur Steuerbilanz **mehrere Ziele**, die aufgrund der 6
verschiedenen Adressaten wie Eigentümer, Unternehmensleitung, Gläubiger, Lieferanten, Investoren, Prüfungsorgane und der allgemeinen Öffentlichkeit sehr unterschiedlich und teilweise sogar konträr sind. Neben der Gewinnermittlung, der Vermögensaufstellung und dem Gläubigerschutz als vorherrschende Zielrichtungen dient die Handelsbilanz aber auch der Informationsvermittlung, der Rechenschaftslegung und der
externen Dokumentation. Die Handelsbilanz verfolgt dabei einen Interessenausgleich
zwischen diesen verschiedenen Zwecken und kann daher als eine **Mehrzweckbilanz** angesehen werden.[6] Leffson hebt hervor, dass der **Gläubigerschutzgedanke** und damit
der **Grundsatz der Substanzerhaltung** das eigentliche Hauptmotiv für das Tätigwerden des Gesetzgebers auf dem Gebiet des Handelsrechts war.[7]

Seine Ausprägung findet dieses Gläubigerschutzprinzip im § 242 Abs. 1 HGB und besonders im § 264 Abs. 2 HGB, wonach der Jahresabschluss ein den tatsächlichen Verhältnissen entsprechendes Bild der Vermögens-, Finanz- und Ertragslage zu vermitteln hat.
Ziel der Handelsbilanz ist es also, einerseits eine Absicherung der als schutzwürdig angesehenen Finanzinteressen von Unternehmensbeteiligten (z. B. sog. Gläubiger-, Anteilseignerschutz) als auch die Bereitstellung von notwendigem Wissen zur Unterstützung
der von den Beteiligten zu treffenden unternehmensbezogenen Entscheidungen zu
gewährleisten.[8] Der Kaufmann soll deshalb in der Bilanz keine Vermögensgegenstände
ansetzen, die den Informations- und Finanzinteressen entgegenstehen und im Falle einer
Insolvenz seine Verbindlichkeiten nicht decken.

Andererseits kann man den Begriff des Vermögensgegenstandes im § 246 Abs. 1 HGB 7
aber auch dahingehend auslegen, dass ein Vermögensgegenstand durch seine Möglichkeit

---

[5] Vgl. *Federmann* Bilanzierung nach Handelsrecht und Steuerrecht 51 ff.
[6] Vgl. *Moxter* Bilanzlehre Band II, 28.
[7] Vgl. *Leffson* Die Grundsätze ordnungsmäßiger Buchführung, 42.
[8] Vgl. *Federmann* Bilanzierung nach Handels und Steuerrecht 39.

§ 71 Vierter Teil. Wirtschaftliche Problemkomplexe des Leasings

zur **Nutzungsabgabe** für ein Unternehmen qualifiziert wird. Die Zielsetzung der Handelsbilanz wird von dieser Meinung primär in einer Informationsfunktion gesehen. In der Bilanz sollen all diejenigen Vermögensgegenstände gezeigt werden, die für das Unternehmen einen Nutzen abgeben und die somit zur Gewinnerzielung eingesetzt werden. Aus der Summe aller Nutzungspotentiale resultiert das zukünftige Gewinnpotential der jeweiligen Unternehmung. Folgt man konsequent dieser Überlegung, so müssten Vermögensgegenstände stets in der Bilanz desjenigen aufgenommen werden, der den jeweiligen Nutzen aus der Sache für sein Unternehmen ziehen kann. Dies hätte zur Konsequenz, dass Leasingverhältnisse als Folge ihrer wirtschaftlichen Nutzenziehung durch den Nicht-Eigentümer in der Bilanz des Leasingnehmers als Nutzungsrechte[9] zu erfassen wären. Auch international werden Überlegungen dieser Art wieder von IASB und FASB im Zusammenhang mit dem Projekt der Angleichung der Rechnungslegungsgrundsätze (Convergence Project) diskutiert.

8   Die **Informationsfunktion** der Handelsbilanz soll im Folgenden dahingehend zu sehen sein, dass die Informationswirkung nach außen **auf die Gläubiger** gerichtet ist. Die Gläubiger sollen durch die Bilanzierung über das tatsächliche Vermögen des Unternehmens im Krisenfall informiert werden. Dieses Vermögenspotential wird sowohl durch zivilrechtliches Eigentum als auch durch bestehende Nutzungsmöglichkeiten beeinflusst. Führen diese langfristigen Nutzungspotentiale aber zu einer erheblichen Belastung der Finanzlage des Unternehmens, so kommt insbesondere bei Kapitalgesellschaften und Personenhandelsgesellschaften i. S. d. § 264a HGB eine Angabe im Anhang nach § 285 Nr. 3 HGB in Betracht.[10]

3. IFRS-Bilanz

9   Die Bilanz nach IFRS stellt den verschiedenen Adressaten **Informationen über die Vermögens-, Ertrags- und Finanzlage und über die Mittelzu- und Mittelabflüsse** des Unternehmens zur Verfügung. Die Adressaten sollen mit diesen Informationen in der Lage sein, ihre wirtschaftlichen Entscheidungen treffen zu können. Darüber hinaus zeigt der entsprechende Abschluss auch, wie das Management mit dem ihm anvertrauten Vermögen gewirtschaftet hat (IFRS F.14).

10 Obwohl der Kapitalmarkt bei der Bilanzierung nach IFRS im Vordergrund steht, sollen auch Mitarbeiter, Kreditgeber, Lieferanten, Kunden, öffentliche Institutionen sowie die Öffentlichkeit über die wirtschaftliche Lage des Unternehmens informiert werden. Der Jahresabschluss nach IFRS erfüllt aber nur dann seinen Informationszweck, wenn er auch über die **Volatilitäten der Ergebnisse** angemessen berichtet. Dem steht eine bewusste Bildung von stillen Reserven und eine Überbewertung von Rückstellungen entgegen.[11] Auch der Gläubigerschutz hat keine über den Informationszweck hinausgehende Bedeutung.[12] Eine restriktive Gewinnermittlung im Sinne des Gläubigerschutzes ist mit den IFRS unvereinbar.[13]

4. Ergebnis

11 Die handelsrechtlichen Zielsetzungen stimmen also nicht zwingend mit der steuerrechtlichen Zielsetzung überein. Während für die Steuerbilanz die periodengerechte Gewinnermittlung als Basis einer gerechten Besteuerung[14] im Vordergrund steht, ist die Handelsbilanz neben einer Reihe unterschiedlicher Ziele primär am **Gläubiger- und Anteils-**

---

[9] Vgl. zurückgezogene Stellungnahme HFA 1/1973, WPg 1973, S. 101 f.
[10] Vgl. WP-Handbuch 2006 Tz. F 659 ff.
[11] Vgl. IFRSs 2007, Framework 37.
[12] Vgl. *Federmann* Rechnungslegung der Unternehmung, 51.
[13] Vgl. *KPMG* IFRS, 12.
[14] Vgl. *Leffson* Die Darstellung von Leasing im Jahresabschluss DB 1976, 640.

eignerschutz ausgerichtet. Daher kann die uneingeschränkte Übernahme steuerrechtlicher Maßstäbe in das Handelsrecht fraglich sein.

Die Zielsetzung der IFRS ist die **Information**. Deshalb ist der Gläubigerschutz auch nur insoweit gegeben, wie er nicht über den Informationszweck hinausgeht. Auch das Vorsichtsprinzip spielt nach IFRS nur eine im Vergleich zum HGB untergeordnete Rolle. Handelsrechtliche Maßstäbe werden somit nicht ohne kritische Würdigung in die IFRS übernommen werden können. 12

III. Rechtliches und wirtschaftliches Eigentum

Bei den Leasingverhältnissen handelt es sich um Vertragsgestaltungen, die das **Nutzungspotential** des Leasinggegenstandes sowie die **Risiken aus dem Objekt** im unterschiedlichen Ausmaß auf den Leasingnehmer übertragen. Das rechtliche Eigentum bleibt in der Regel beim Leasinggeber. Das wirtschaftliche Eigentum dagegen kann je nach vertraglicher Gestaltung beim Leasinggeber oder Leasingnehmer liegen, abhängig, ob eher die Nutzung oder eher die Finanzierung im Vordergrund steht. 13

1. Eigentum im Steuer- und Handelsrecht

a) Rechtliches Eigentum. Zur grundsätzlichen Einordnung des Leasing ist zunächst das BGB heranzuziehen. Im siebten Abschnitt des zweiten Buches werden die am häufigsten vorkommenden Vertragstypen im Einzelnen aufgeführt. Darüber hinaus wird das BGB jedoch in ganz erheblichem Maße von dem Prinzip der Vertragsfreiheit bestimmt, das auch die Herausbildung völlig neuartiger Vertragsverhältnisse zulässt, wobei deren Rechtsnatur nicht zwingend mit den bekannten Vertragstypen kompatibel sein muss.[15] 14

Für die Zurechnung des Leasinggegenstandes ist zunächst für die Steuer- wie auch für die Handelsbilanz das **zivilrechtliche Eigentum** nach § 903 BGB maßgebend. Danach kann der Eigentümer einer Sache mit dieser nach Belieben verfahren, frei über sie verfügen sowie andere von jeder Einwirkung auf die Sache ausschließen.[16] Mittels des zivilrechtlichen Eigentums kann in eindeutiger Weise eine Zugehörigkeitsentscheidung getroffen werden. Doch dieses Kriterium birgt auch einige Schwächen. So bezieht sich das Eigentumsrecht nur auf **bewegliche** oder **unbewegliche Sachen** und versagt daher bei Rechten oder wirtschaftlichen Vorteilen, bei denen es nur eine Inhaberschaft gibt.[17] Weiterhin wird das Eigentum vielfach durch **Gesetz** oder **Rechte Dritter** auf schuldrechtlicher wie dinglicher Ebene **eingeschränkt** oder **belastet**,[18] wodurch das Eigentumsrecht nahezu ausgehöhlt werden kann und erst wieder nach Wegfall der Beschränkung in vollem Umfang dem Eigentümer zusteht. 15

Damit kann das zivilrechtliche Eigentum zwar als grundsätzliches Zuordnungskriterium herangezogen werden, doch sind im Hinblick auf die vielfältigen Beschränkungsmöglichkeiten des Eigentums auch andere Kriterien zur Zuordnungsabgrenzung einzubeziehen, um eine bilanziell zutreffende Erfassung sicherzustellen. Die Bedeutung des formalrechtlichen Eigentums für eine Bilanzierung wird von Grass und Bremser[19] zutreffend dahingehend definiert, dass der Eigentümer zu einer Bilanzierung verpflichtet ist, solange ihm alle mit dem Eigentum verbundenen Rechte uneingeschränkt zustehen. Die Frage einer etwaigen Zurechnung zum Nicht-Eigentümer stellt sich erst dann, wenn Rechte anderer an dem Gegenstand oder Ansprüche auf ihn bestehen. In diesem Fall muss die besondere Gestaltung der Vertragsbeziehungen nach ihren Auswirkungen auf **tatsächliche Herrschaftsverhältnisse** hin **aus wirtschaftlicher Sicht** betrachtet werden. 16

---

[15] Vgl. *Lieb* DB 1988, 946.
[16] Vgl. Palandt/*Bassenge*, Überblick v. § 903 Tz. 1 und § 903 Tz. 5 ff.
[17] Vgl. Palandt/*Bassenge*, § 903 Tz. 2.
[18] Vgl. Palandt/*Bassenge*, § 903 Tz. 11 ff.
[19] Vgl. *Grass/Bremser* BB 1971, 1424.

17 b) Wirtschaftliches Eigentum. Das wirtschaftliche Eigentum wird grundsätzlich mit dem rechtlichen Eigentum übereinstimmen. Allerdings können in bestimmten Fällen die wirtschaftlichen Verhältnisse dergestalt sein, dass nicht der rechtliche Eigentümer, sondern ein anderer die tatsächliche Herrschaft über den Gegenstand hat. Dementsprechend richtet sich dann die Zurechnung nach dem abweichenden wirtschaftlichen Eigentum.

18 aa) Steuerrecht. Für das Steuerrecht gilt zunächst das rechtliche Eigentum als grundsätzliches Zuordnungskriterium (§ 39 Abs. 1 AO). Allerdings sind im Hinblick auf die vielfältigen Beschränkungsmöglichkeiten des Eigentums auch andere Kriterien zur Zuordnungsabgrenzung einzubeziehen, um eine **zutreffende Erfassung** sicherzustellen. Die Durchbrechung des Grundsatzes des zivilrechtlichen Eigentums enthält § 39 Abs. 2 AO, in dem vor allem, für das Leasing wichtig, die Ausnahme geregelt wird. In § 39 Abs. 2 Nr. 1 Satz 1 AO wird wie folgt ausgeführt: *„Übt ein anderer als der Eigentümer die tatsächliche Herrschaft über das Wirtschaftsgut in der Weise aus, dass er den Eigentümer im Regelfall für die gewöhnliche Nutzungsdauer von der Einwirkung auf das Wirtschaftsgut wirtschaftlich ausschließen kann, so ist ihm das Wirtschaftsgut zuzurechnen".*

Die Vorschrift des § 39 Abs. 2 AO kann damit als einer der Hauptanwendungsfälle der wirtschaftlichen Betrachtungsweise im Steuerrecht gesehen werden. Nicht der Wille, die Herrschaft über einen Gegenstand auszuüben, sondern die tatsächlich ausgeübte Herrschaft ist maßgebend für das wirtschaftliche Eigentum. Die tatsächliche Herrschaft kann allerdings nur derjenige ausüben, der im Besitz der Sache ist.

Für das Vorliegen des wirtschaftlichen Eigentums im Steuerrecht sind folgende Voraussetzungen notwendig:

– Besitz

– tatsächliche Sachherrschaft (Verfügungsmacht) über den Vermögensgegenstand auf Dauer

– vollständiger Zugriff auf den Ertrag.[20]

Für die Frage, ob wirtschaftliches Eigentum vorliegt, wird von einem typischen Geschehensablauf ausgegangen.

19 bb) Handelsrecht. Das Handelsrecht ordnet das wirtschaftliche Eigentum grundsätzlich dem **rechtlichen Eigentümer** zu, da mit dem Eigentumsrecht die uneingeschränkte Verfügungsgewalt über den Gegenstand verbunden ist. In einigen Fällen wird von diesem Grundsatz durch explizite Regelungen abgewichen und die Zurechnung zu dem **wirtschaftlichen Eigentümer** vorgenommen. So sind Vermögensgegenstände, die unter Eigentumsvorbehalt erworben oder an Dritte für eigene und fremde Rechnung verpfändet oder in anderer Weise als Sicherheit übertragen worden sind, in der Bilanz des Sicherungsgebers aufzunehmen (§ 246 Abs. 1 Satz 2 HGB). Der Ausweis von Bauten auf fremden Grundstücken erfolgt nach § 266 Abs. 2 A.II.1 HGB innerhalb des Sachanlagevermögens, obwohl das Gebäude rechtlich im Eigentum des Grundstückseigentümers steht. Auch beim echten Pensionsgeschäft wird das Pensionsgut nach § 340 b Abs. 4 HGB während der Pensionszeit weiterhin dem Pensionsgeber zugerechnet.

20 Wie im Steuerrecht gibt es aber auch im Handelsrecht **keine besonderen Rechtsnormen** für die Zurechnung von Vermögensgegenständen, die im Zusammenhang mit Leasing genutzt werden. Eine Auslegung hat demzufolge anhand der allgemeinen im Handelsrecht geltenden Vorschriften zu erfolgen.

Jeder Kaufmann ist verpflichtet, in Buchführung und Bilanz die Vermögenslage nach den Grundsätzen ordnungsmäßiger Buchführung ersichtlich zu machen (§ 238 Abs. 1 HGB). Außerdem sollen nach § 246 Abs. 1 HGB im Jahresabschluss sämtliche Vermögensgegenstände, Schulden und Rechnungsabgrenzungsposten enthalten sein, soweit gesetzlich nichts anderes bestimmt ist (Vollständigkeitsgrundsatz).

---

[20] *Tacke* a.a.O., S. 130.

22. Kapitel. Bilanzrechtliche Aspekte des Leasing § 71

Würde man ausschließlich auf das rechtliche Eigentum abstellen, hätte ein Kaufmann einen Gegenstand, den er bis zum wirtschaftlichen Verschleiß nutzt und dessen Besitz und Nutzung unter normalen Umständen auch vom Eigentümer nicht entzogen werden könnte, nicht in seiner Bilanz auszuweisen. Somit würden aber die tatsächlichen Vermögensverhältnisse nicht ersichtlich werden. Eine Vorgehensweise, die mit den Vorschriften über die Bilanzierungspflichten nicht vereinbar wäre.[21]

Deshalb kennt auch das Handelsrecht eine vom **rechtlichen Eigentum abweichende Zurechnung** in den Fällen, in denen ein anderer als der rechtliche Eigentümer die wirtschaftliche Verfügungsmacht über den Vermögensgegenstand innehat. Die wirtschaftliche Verfügungsmacht hat grundsätzlich derjenige, dem auf Dauer also für die Zeit der gewöhnlichen Nutzung des Gegenstandes Substanz und Ertrag vollständig zustehen, d. h. er muss die Chancen aus der Nutzung und der Wertsteigerung des Gegenstandes haben und auch die Risiken der Wertminderung, des Untergangs und der Nutzungseinschränkung tragen.[22]

Fallen also rechtliches und wirtschaftliches Eigentum auseinander, hat immer derjenige zu bilanzieren, dem das wirtschaftliche Eigentum zuzurechnen ist.

2. Eigentum in den IFRS

a) **Rechtliches Eigentum**. Für die Darstellung der Geschäftsvorfälle geht man auch unter IFRS zunächst von der rechtlichen Gestaltung aus. Weicht jedoch der wirtschaftliche Gehalt von der rechtlichen Gestaltung ab, wird für die Bilanzierung immer der wirtschaftliche Gehalt ausschlaggebend sein. Dabei ist allerdings zu beachten, dass in bestimmten Fällen auch das rechtliche Eigentum für die Zurechnung maßgebend sein kann. Dies trifft insbesondere bei der Immobilienbilanzierung von Leasinggeschäften zu, wo Grund und Boden grundsätzlich dem rechtlichen Eigentümer zugerechnet wird (IFRS, IAS 17.15). 21

b) **Wirtschaftliches Eigentum**. Zielsetzung von Abschlüssen ist es, glaubwürdige Informationen über die Vermögens-, Finanz- und Ertragslage sowie Veränderungen in der Vermögens- und Finanzlage eines Unternehmens zu geben. Wenn aber die Informationen die Geschäftsvorfälle und anderen Ereignisse glaubwürdig darstellen sollen, müssen sie gemäß ihrem **tatsächlichen wirtschaftlichen Gehalt** und nicht allein gemäß der rechtlichen Gestaltung bilanziert und dargestellt werden. Der wirtschaftliche Gehalt von Geschäftsvorfällen oder anderen Ereignissen stimmt nicht immer mit dem überein, was scheinbar aus ihrer rechtlichen Gestaltung oder Sachverhaltsgestaltung hervorgeht. Unter diesen Umständen würde eine Berichterstattung, die sich allein auf die rechtliche Gestaltung bezieht, den entsprechenden Geschäftsvorfall nicht sachgemäß und glaubwürdig darstellen. Ausschlaggebend für die Bilanzierung und damit für die Zurechnung unter IFRS (F.57) ist das wirtschaftliche Eigentum (*substance over form*). 22

IV. Zurechnung der Leasinggegenstände

1. Zurechnungsgrundsätze

a) **Allgemeine Zurechnung**. Unproblematisch ist die Zurechnung der Leasinggegenstände, wenn rechtliches und wirtschaftliches Eigentum zusammenfallen. Der Leasinggegenstand ist dem rechtlichen Eigentümer zuzurechnen. Fallen jedoch **rechtliches und wirtschaftliches Eigentum auseinander**, ist der Leasinggegenstand beim wirtschaftlichen Eigentümer zu bilanzieren. Hier aber beginnt die Schwierigkeit. Der wirtschaftliche Eigentümer ist in der Regel nicht so eindeutig zu bestimmen wie der rechtliche Eigen- 23

---

[21] *Bordewin/Tonner* Leasing im Steuerrecht, 25.
[22] *Christen* in Leasing-Handbuch, 100; *Gelhausen/Weiblen* Die Bilanzierung von Leasingverträgen, HdJ, Abt. I/5 (2003) Rdn 29; *Heitmüller/Hellen* in Küting/Weber Kap 6, Rdn. 123.

tümer. So ist es gerade für einen Leasingvertrag typisch, dass die Inhalte des wirtschaftlichen Eigentums nicht vollständig bei dem einen oder anderen Vertragspartner liegen, sondern unterschiedlich auf die einzelnen Partner verteilt sein können. Es ist somit die Grenze zu bestimmen, bis zu der die Zurechnung weiterhin beim rechtlichen Eigentümer vorzunehmen ist und ab wann die Stellung des Nicht-Eigentümers so stark ist, dass sie materiell der des rechtlichen Eigentümers entspricht und eine eigenständige wirtschaftliche Eigentümerposition rechtfertigt.[23]

24 Was ist der Inhalt des **wirtschaftlichen Eigentums**, der über die Zurechnung bei einem anderen als den rechtlichen Eigentümer entscheidet? Nach Döllerer[24] und auch der späteren BFH-Entscheidung[25] kann man dann wirtschaftliches Eigentum annehmen, wenn jemandem tatsächlich das gehört, was den wirtschaftlichen Gehalt des bürgerlich-rechtlichen Eigentums ausmacht. Der wirtschaftliche Gehalt des rechtlichen Eigentums setzt sich zusammen aus **Substanz und Ertrag**. Dementsprechend ist wirtschaftlicher Eigentümer, wer die Substanz und den Ertrag einer Sache tatsächlich sowie **vollständig und auf Dauer** hat. Dabei bedeutet die Substanz die Chance der Wertsteigerung und das Risiko der Wertminderung sowie des Verlustes des Leasinggegenstandes, während der Ertrag das Nutzungspotential des Leasinggegenstandes verkörpert.

Nicht näher erläutert ist, was unter vollständig und auf Dauer zu verstehen ist. Soll der rechtliche Eigentümer (Leasinggeber) im Regelfall für die gewöhnliche Nutzungsdauer von der Einwirkung auf den Vermögensgegenstand wirtschaftlich ausgeschlossen werden, muss das wirtschaftliche Eigentum deutlich überwiegend beim Leasingnehmer liegen. Das wird dann der Fall sein, wenn der Leasingnehmer während der Vertragslaufzeit das Nutzungspotential des Leasinggegenstandes nahezu vollständig verbraucht, so dass auch die Substanz des Gegenstandes, also die Chance der Wertsteigerung bzw. das Risiko der Wertminderung, keine Rolle mehr spielt. Das wirtschaftliche Eigentum wird auch beim Leasingnehmer liegen, wenn der Leasingnehmer nur einen Teil des Nutzungspotentials des Leasinggegenstandes in Anspruch nimmt, dafür aber im Wesentlichen an der Substanz bzw. der Wertänderung des Gegenstandes am Ende der Vertragslaufzeit beteiligt ist.

25 Um zu bestimmen, wer die Substanz und den Ertrag einer Sache tatsächlich sowie vollständig und auf Dauer hat, muss festgelegt sein, welche **Nutzungsdauer einer Sache** für die Zurechnung beizumessen ist.

Man unterscheidet zwischen **unternehmensspezifischer** (betrieblicher), wirtschaftlicher und technischer Nutzungsdauer. Bei der Abgrenzung der Begriffe greift man gerne auf die internationale Definition zurück. Die unternehmensspezifische Nutzungsdauer stellt darauf ab, wie lange ein Unternehmen einen Vermögensgegenstand in seinem Unternehmen voraussichtlich nutzen wird. Bei der wirtschaftlichen Nutzungsdauer handelt es sich um den Zeitraum, in dem ein Vermögensgegenstand voraussichtlich von einem oder mehreren Unternehmen wirtschaftlich nutzbar ist. Für die Zurechnung kann deshalb nicht die individuelle, sondern nur die allgemeine wirtschaftliche Nutzungsdauer maßgebend sein. Die technische Nutzungsdauer ist der Zeitraum, in dem sich der Gegenstand überhaupt nutzen lässt. Auf sie wird bei den weiteren Ausführungen nicht explizit eingegangen.

26 Im Steuerrecht wird die **steuerliche betriebsgewöhnliche Nutzungsdauer** für die Zurechnung zugrunde gelegt, die auch bei der Zurechnung im Handelsrecht verwendet wird. Die steuerliche betriebsgewöhnliche Nutzungsdauer wird aber in der Regel weder der unternehmensspezifischen noch der wirtschaftlichen Nutzungsdauer entsprechen, da die steuerliche betriebsgewöhnliche Nutzungsdauer auch steuerpolitische Zielsetzungen enthält. Allerdings dürfte sich die steuerliche betriebsgewöhnliche Nutzungsdauer durch

---

[23] *Christen* a.a.O., 101.
[24] *Döllerer* BB 1971, 535 ff.
[25] BFH-Urteil vom 30. Mai 1984 BStBl. II 1984, S. 825 ff.

die Anpassung der Abschreibungstabellen an die wirtschaftliche Nutzungsdauer angenähert haben.[26]

Der Begriff des wirtschaftlichen Eigentums kann somit im Steuer- und Handelsrecht sowie nach den IFRS (aber auch nach US GAAP) nicht verschieden sein. Die **Unterschiede** ergeben sich vielmehr **durch die Grenzziehung**, die festlegt, ab wann die materiellen Eigentümerrechte bzw. die Inhalte des wirtschaftlichen Eigentums eine von der zivilrechtlichen Eigentümerposition abweichende wirtschaftliche Rechtsträgerschaft rechtfertigt.[27] 27

b) Zurechnung in der Steuerbilanz. Die Frage der Zurechnung von Leasinggegenständen beschäftigte den BFH zum ersten Mal in seinem Urteil vom 26. Januar 1970.[28] Der **IV. Senat des Bundesfinanzhofs** hatte zu klären, ob der Leasinggeber berechtigt war, für seine Leasinggegenstände eine Investitionszulage in Anspruch zu nehmen. In diesem Urteil, das sich ausschließlich auf Vollamortisationsverträge bezog, konkretisierte er die Zurechnungsprinzipien beim Mobilienleasing, die später Eingang in die einzelnen Leasingerlasse gefunden haben. Danach ist für die Zurechnung der Leasinggegenstände aufgrund der besonderen Vertragsgestaltung immer auch die **wirtschaftliche Betrachtungsweise** zugrunde zu legen sowie die Umstände des Einzelfalls zu beachten. Darüber hinaus legte der BFH die Fälle fest, in denen eine Zurechnung abweichend vom rechtlichen Eigentümer immer als gegeben angenommen werden kann: 28
– Es sind günstige Optionen bei sehr geringer Grundmietzeit im Vergleich zur Nutzungsdauer vereinbart
– Nutzungsdauer und Grundmietzeit decken sich annähernd
– Der Leasinggegenstand ist ausschließlich auf den Leasingnehmer zugeschnitten

Das Urteil hebt eigentlich nur die Fälle heraus, bei denen unstrittig **Ertrag und Substanz nahezu überwiegend beim Leasingnehmer** liegen. 29

Bei extrem kurzer Grundmietzeit und günstiger Option ist davon auszugehen, dass – typischer Geschehensablauf unterstellt – die Option ausgeübt wird und damit sämtliche Chancen und Risiken beim Leasingnehmer liegen.

Entspricht die Grundmietzeit im Wesentlichen der Nutzungsdauer, so hat der Leasingnehmer den Leasinggeber von Substanz und Ertrag auf Dauer ausgeschlossen. Nicht nur das Nutzungspotential, sondern auch die Substanz des Gegenstandes ist verbraucht bzw. unbedeutend.

Bei Spezialleasing ist ein Wechsel auf einen anderen Leasingnehmer auszuschließen, so dass der Leasinggeber den Leasinggegenstand nicht anderweitig einsetzen kann. Substanz und Ertrag liegen vollständig beim Leasingnehmer.

Den Aussagen in dem Urteil fehlt die **hinreichende Bestimmtheit**, um zu einer einheitlichen Rechtsanwendung zu kommen. Die Finanzverwaltung hat deshalb für häufig auftretende Vertragsgestaltungen die Zurechnungsgrundsätze in vier Erlassen[29] (Voll- und Teilamortisationserlass für Mobilien und Voll- und Teilamortisationserlass für Immobilien) in typisierender Weise konkretisiert. 30

Zunächst wird in allen Erlassen eine **quantitative Obergrenze für die Vertragslaufzeit** im Vergleich zur Nutzungsdauer festgelegt. Danach ist bei Überschreiten der Vertragslaufzeit von mehr als 90 % der steuerlichen betriebsgewöhnlichen Nutzungsdauer, die sich auf Basis der amtlichen AfA-Tabelle bestimmt, der Leasingnehmer der wirtschaftliche Eigentümer und hat den Leasinggegenstand zu bilanzieren. Die Überlegun- 31

---

[26] Vgl. § 62 Rdn. 17; *Hoyos/Schramm/M. Ring* in Beck Bil-Komm § 253 Anm. 231.
[27] *Christen* a. a. O., 101.
[28] IVR 144/66, DB 1970, S. 424.
[29] BMF-Schreiben vom 19. April 1971 BStBl. I 1971. S. 264 ff.; BMF-Schreiben vom 21. März 1972 BStBl. I 1972, S. 188 ff.; BMF-Schreiben vom 22. Dezember 1975 BB 1976, S. 72 ff.; BMF-Schreiben vom 23. Dezember 1991 BStBl. I 1992, S. 13 ff.

gen dahinter sind, dass dem rechtlichen Eigentümer fast kein Nutzungspotential und auch keine bedeutende Substanz in Form des Wertes des Leasinggegenstandes am Ende der Vertragslaufzeit mehr zur Verfügung stehen. Diese Überlegung trifft allerdings nur dann zu, wenn die steuerliche betriebsgewöhnliche Nutzungsdauer der wirtschaftlichen Nutzungsdauer im Wesentlichen entspricht.

32   Im Urteil des BFH vom 26. Januar 1970 ist ein Leasinggegenstand auch bei sehr kurzer Vertragslaufzeit und/oder günstiger Option zuzurechnen. Dementsprechend hat die Finanzverwaltung auch eine **quantitative Untergrenze der Vertragslaufzeit** außer bei Teilamortisationsverträgen bei Immobilien festgelegt und darüber hinaus die Günstigkeit von Optionen definiert.

Bei einem Leasingvertrag mit einer Grundmietzeit von weniger als 40 % der betriebsgewöhnlichen Nutzungsdauer und voller Amortisation des Leasinggegenstandes entweder während oder während und am Ende der Grundmietzeit wird unterstellt, dass ein Leasingnehmer nur dann bereit sein wird, die volle Amortisation dem Leasinggeber zu gewähren, wenn der Leasingnehmer den Gegenstand nach Ablauf der Grundmietzeit günstig erwerben kann.[30] Dementsprechend ist auch in diesen Fällen der Leasingnehmer wirtschaftlicher Eigentümer. Dies folgt auch aus dem Grundsatz des Bundesfinanzhofs, der bei der Abwicklung von Leasingverhältnissen wirtschaftlich vernünftiges Verhalten unterstellt.

33   Die bei Abschluss des Leasingvertrags festgelegten **Kauf- bzw. Mietoptionspreise** sind dann **nicht als günstig** zu behandeln, wenn sie auf Basis der linearen AfA-Tabelle ermittelt sind.

Der Leasinggeber als rechtlicher Eigentümer bleibt auch wirtschaftlicher Eigentümer, wenn für den Fall der Ausübung des Optionsrecht der vorgesehene Kaufpreis nicht niedriger als der Restbuchwert nach linearer AfA-Tabelle oder der niedrigere gemeine Wert im Zeitpunkt der Veräußerung ist bzw. die Anschlussmiete für den Fall der Verlängerungsoption so bemessen ist, dass sie den Werteverzehr des Leasinggegenstandes auf Basis des linearen Restbuchwerts oder des niedrigeren gemeinen Werts deckt.

Durch Anwendung der linearen AfA-Tabelle wird unterstellt, dass der vereinbarte Kaufpreis bzw. die Anschlussmiete bei Vertragsabschluss den im Zeitpunkt der Optionsausübung dann geltenden Marktpreisen entsprechen wird. Insofern ist bei Anwendung der linearen AfA-Tabelle zu Beginn des Leasingvertrags nicht von einer Ausübung der Option auszugehen. Der Leasinggeber wird damit durch den Kauf oder die Mietverlängerung nicht auf Dauer von der Einwirkung auf den Leasinggegenstand und damit von den materiellen Eigentümerrechten ausgeschlossen. Liegt allerdings zum Zeitpunkt der Ausübung der Kaufoption der Optionspreis unter dem gemeinen Wert, außer dem nach linearer AfA-Tabelle, ist eine Zurechnung zum Leasingnehmer auch rückwirkend vorzunehmen.

34   Wirtschaftlicher Eigentümer kann aber nur sein, wer nicht nur sämtliche Risiken, insbesondere das Risiko der Wertminderung des Leasinggegenstandes, sondern neben dem Nutzungspotential auch die Chancen der Wertsteigerung über den Restamortisationsbetrag innehat. Diese Zurechnung bei Wertsteigerung ist im Teilamortisationserlass mit **Mehrerlösbeteiligung** quantifiziert worden. Danach sind Ertrag und Substanz noch nicht überwiegend zum Leasingnehmer übergegangen, wenn der Leasinggeber weiterhin mit 25 % am Mehrerlös beteiligt ist.

35   Die Konkretisierung der Zurechnungsvorschriften weicht beim **Teilamortisationserlass Immobilien** vom Teilamortisationserlass Mobilien insofern ab, dass dem Leasinggeber keinerlei Andienungsrechte und damit Möglichkeiten zur Vollamortisation nach Ablauf der Vertragslaufzeit zustehen. Sind dem Leasingnehmer noch Optionsrechte eingeräumt, liegen die Chancen der Wertsteigerung ausschließlich beim Leasingnehmer. Hat der Leasingnehmer darüber hinaus auch noch wesentliche Risiken zu übernehmen (z. B.

---

[30] Vgl. auch *Spittler* Leasing für die Praxis, 141.

Wertminderung, Verlust), dann hat der Leasinggeber auch keinen wirtschaftlich relevanten Risikoanteil mehr und der Leasingnehmer besitzt dann sowohl Substanz und Ertrag vollständig[31] und hat somit als wirtschaftlicher Eigentümer den Gegenstand zu bilanzieren. Dementsprechend sind bestimmte Risiken vom Leasinggeber im Falle von Optionsrechten des Leasingnehmers zu übernehmen, wenn eine Zurechnung beim Leasingnehmer vermieden werden soll.

Die **Zurechnung im Steuerrecht basiert auf quantitativen Kriterien** (40%/ 90%-Regelung, steuerliche Nutzungsdauer, 25%/75% Mehrerlös-Regelung), die ohne Zweifel die einheitliche Anwendung fördern und zur Rechtssicherheit beitragen. Darüber hinaus wird die Zurechnung nicht nur zu Beginn des Leasingvertrages entschieden, sondern kann auch noch im Nachhinein geändert werden. Festzuhalten bleibt, dass erlasskonforme Leasingverträge grundsätzlich zu einer Zurechnung des Leasinggegenstandes zum Leasinggeber führen. **36**

Ob die Zurechnungskriterien und damit die Erlasse auch als Zurechnungskriterien für die Handelsbilanz uneingeschränkt übernommen werden können, ist aufgrund steuerpolitischer Einflüsse und der sehr formalen Vorgehensweise doch fraglich.

c) Zurechnung in der Handelsbilanz. aa) Rückblick. Im Gegensatz zum Steuerrecht, in dem sich im Laufe der Jahre aufgrund einer umfangreichen einschlägigen Judikatur und der Herausgabe von Erlassen durch die Finanzverwaltung bestimmte Kriterien zur Behandlung des Leasing in der Steuerbilanz herauskristallisiert haben, **fehlen bislang im Handelsrecht praktikable Rechtsvorschriften**, die die Zurechnung des Leasingvermögens für Zwecke der Handelsbilanz eindeutig regeln. **37**

Mit der **Stellungnahme HFA 1/1973** „*Zur Berücksichtigung von Finanzierungs-Leasing-Verträgen im Jahresabschluss des Leasing-Nehmers*" des Instituts der Wirtschaftsprüfer[32] wurde versucht, eine einheitliche handelsrechtliche Behandlung sicherzustellen. Doch stieß diese Verlautbarung in Fachkreisen auf eine derart heftige Ablehnung,[33] dass der HFA seine Auffassung 1981 einschränkte[34] und sie 1990 ganz aufhob.[35] **38**

Die damalige Stellungnahme behandelt die Berücksichtigung von Finanzierungsleasing in der Bilanz des Leasingnehmers mit bzw. ohne Vorliegen von wirtschaftlichem Eigentum.

In Abschnitt II der Stellungnahme werden die zusätzlichen Kriterien aufgeführt, die neben der unkündbaren Grundmietzeit und der Übernahme des wirtschaftlichen Risikos durch den Leasingnehmer noch vorliegen müssen (einzeln oder in Kombination), wenn das wirtschaftliche Eigentum beim Leasingnehmer bejaht werden soll. Die hier aufgeführten Hinweise für die Zurechnung beim Leasingnehmer unterscheiden sich nicht von den allgemeinen Kriterien des BFH-Urteils vom 26. 1. 1970. Während die Finanzverwaltung die allgemeinen Kriterien in ihren Erlassen konkretisiert und damit für die Anwender praktikabler gemacht hat, sind die in der Stellungnahme aufgelisteten Zurechnungsgrundsätze sehr allgemein gefasst und damit im Vergleich zu den steuerlichen Zurechnungsregeln interpretationsbedürftig. So verwundert es nicht, dass die Praxis die Zurechnungskriterien der Stellungnahme HFA 1/1973 als entbehrlich angesehen hat. **39**

Darüber hinaus wird es im **Abschnitt IV der Stellungnahme** für erforderlich gehalten, dass auch dann Finanzierungsleasing bilanziell beim Leasingnehmer zu berücksichtigen ist, wenn kein wirtschaftliches Eigentum des Leasingnehmers besteht oder es trotz des Vorliegens verschiedener Indizien zweifelhaft ist, ob der Leasingnehmer das wirtschaftliche Eigentum hat, wenn es sich um Verträge von einiger Bedeutung handelt. Angesichts der Bedeutung des Finanzierungsleasings forderte der HFA deshalb eine Fort- **40**

---

[31] *Christen* a.a.O., 107.
[32] IDW, St/HFA 1/1973, Wpg 1973, S. 101.
[33] Vgl. insbesondere *Flume* DB 1973, 1667.
[34] FN 1981, S. 225.
[35] FN 1990, S. 66.

entwicklung der GoB, um dem Postulat eines möglichst sicheren Einblicks in die Vermögenslage gerecht zu werden. Deshalb enthält die Stellungnahme HFA 1/73 in Abschnitt IV dafür zwei Vorschläge. In der Alternative 1 soll die Aktiv- und Passivseite um das Leasingvermögen und die Leasingverpflichtung erweitert werden, während Alternative 2 sich auf den Vermerk der Leasingverpflichtungen beschränkt.[36] Allerdings wurde Alternative 1 favorisiert.

Eine Berücksichtigung von Leasingverhältnissen beim Leasingnehmer, auch wenn kein wirtschaftliches Eigentum vorliegt, widerspricht den gesetzlichen Bilanzierungsvorschriften, insbesondere aber den Grundsätzen ordnungsmäßiger Buchführung. Der Ansatz eines „Nutzungsrechts" kann nicht zusätzlich zu der bestehenden Zurechnungsvorschrift Eigentum, sondern nur an deren Stelle, wenn überhaupt, Anwendung finden. Die Bilanzierung beim Leasingnehmer trotz Fehlens wirtschaftlichen Eigentums war wohl auch der Hauptgrund für die Ablehnung der Stellungnahme in der Praxis.[37]

41   **bb) Grundlagen.** Nachdem die **Stellungnahme 1/73 des HFA zurückgezogen** worden ist, die Stellungnahme 1/89 des HFA die Zurechnung von Leasingverhältnissen ausklammert und auch eine rechtliche Regelung der Behandlung von Leasingverhältnissen fehlt, ist zu prüfen, inwieweit die steuerlichen Regelungen in Form der Erlasse auch für die handelsrechtliche Bilanzierung übernommen werden können.

42   Gegen eine uneingeschränkte **Anwendung der steuerlichen Kriterien**, so praktikabel sie für die tägliche Anwendung auch sein mögen, spricht grundsätzlich, dass Steuerbilanz und Handelsbilanz in ihrer Zielsetzung nicht deckungsgleich sind.[38] Während bei der steuerrechtlichen Bilanzierung die Hauptaufgabe in der Gewinnermittlung für Zwecke der Einkommens-, Körperschafts- und Gewerbeertragsbesteuerung besteht und damit steuerpolitische Ziele eine bedeutende Rolle spielen, soll die Handelsbilanz bzw. der Jahresabschluss ein den tatsächlichen Verhältnissen entsprechendes Bild der Vermögens-, Finanz- und Ertragslage vermitteln.

43   Wirtschaftlicher Eigentümer ist derjenige, der die wirtschaftliche Verfügungsmacht hat. Eine wirtschaftliche Zurechnung beim Leasingnehmer wird also dann erfolgen, wenn dem Leasingnehmer für die Zeit der gewöhnlichen Nutzung des Leasinggegenstandes überwiegend der Ertrag und die Substanz zustehen bzw. die mit dem Eigentum verbundenen Chancen und Risiken im Wesentlichen auf ihn übertragen werden. Die **Unterscheidung in Finanzierungsleasing und Operating Leasing** hat für die unmittelbare Zurechnung keine Auswirkung. Anders als bei den internationalen Rechnungslegungsgrundsätzen gibt die Bezeichnung der Verträge keinen Hinweis für deren bilanzielle Behandlung.

44   Für die Beurteilung von Leasingverhältnissen ist stets der **einzelne Leasingvertrag maßgebend**. Eine Zusammenfassung von mehreren Leasingverträgen kann nur bei Gleichheit der Leasinggegenstände und Konditionen erfolgen.

45   Über die **Zurechnung** des Leasinggegenstandes ist grundsätzlich **bei Abschluss des Leasingvertrags** zu entscheiden. Fraglich könnte sein, ob die einmal getroffene Zurechnung während der gesamten Leasingvertragsdauer unverändert bestehen bleiben kann und nicht geändert werden muss, wenn die tatsächliche Durchführung von den ursprünglich getroffenen Annahmen abweicht. In der Steuerbilanz kann die Zurechnung im Nachhinein geändert werden.[39]

Änderungen von Schätzungen (z. B. der wirtschaftlichen Nutzungsdauer oder des Restwertes des Leasinggegenstandes) geben keinen Anlass für eine neue Klassifizierung des Leasingverhältnisses. Dagegen könnten Änderungen von einzelnen Vertragsbedingungen während der Grundmietzeit Anlass für eine andere Klassifizierung des Leasing-

---

[36] Vgl. *Forster* WPg 1973, 82.
[37] Vgl. *Flume* DB 1973, 1661 ff.
[38] Vgl Rdn. 5.
[39] Vgl. Rdn. 33.

vertrags sein. Werden beispielsweise während der Vertragslaufzeit die Bedingungen einer Kaufoption nach Ablauf der Grundmietzeit derart verändert, dass aus der nichtgünstigen eine günstige Kaufoption wird, ist eine erneute Klassifizierung vorzunehmen. Durch die Veränderung der Regelung über die Kaufoption wäre dem Leasingnehmer ab dem Zeitpunkt der Veränderung der Leasinggegenstand zuzurechnen.

cc) Zurechnungsgrundsätze. Im Folgenden soll – soweit es möglich ist – versucht 46 werden, die handelsrechtlichen Zurechnungsgrundsätze den internationalen Zurechnungsbeispielen und Indikatoren sowohl vom Inhalt als auch von ihrer Gliederung vergleichbar zu machen. Die Praxis hat damit die Möglichkeit, bei Anwendung der handelsrechtlichen wie auch der internationalen Rechnungslegungsgrundsätze einen besseren **Überblick über Gemeinsamkeiten und Unterschiede** zu erhalten.

(1) Eigentumsübergang. Wird im Leasingvertrag vereinbart, dass am Ende der Vertrags- 47 laufzeit das rechtliche Eigentum des Gegenstandes ohne Bedingungen **automatisch auf den Erwerber** übergehen soll, handelt es sich um einen Mietkauf. Der Mietkauf entspricht wirtschaftlich einem Ratenkaufvertrag. Der Leasingnehmer/Mietkäufer hat den Leasinggeber/Verkäufer mit Abschluss des Vertrags vom Ertrag und der Substanz ausgeschlossen.

(2) Günstige Kaufoption. Eine günstige Kaufoption liegt vor, wenn dem Leasingnehmer 48 eine Kaufoption zum Erwerb des Leasinggegenstandes zusteht, bei dem der **Kaufpreis deutlich niedriger** als der zum Ausübungszeitpunkt beizulegende Zeitwert des Leasinggegenstandes ist, so dass bereits zu Beginn des Vertrages mit hoher Wahrscheinlichkeit davon auszugehen ist, dass der Leasingnehmer diese Option ausüben wird. Eine Kaufoption kann aber auch dann ausgeübt werden, wenn ein **faktischer oder wirtschaftlicher Zwang** zur Ausübung gegeben ist.

Eine **günstige Kaufoption** könnte vor allem auch dann vorliegen, wenn der Leasing- 49 nehmer mit den in der Grundmietzeit zu entrichtenden Raten mindestens die Anschaffungs- oder Herstellungskosten sowie alle Nebenkosten einschließlich der Finanzierungskosten deckt und am Ende der im Vergleich zur Nutzungsdauer kurzen Vertragslaufzeit eine feste Kaufoption oder eine Option zu Marktpreisen eingeräumt bekommt.

Eine **Kaufoption zu Marktpreisen** wird der Leasingnehmer nur dann ausüben, 50 wenn er faktisch dazu gezwungen ist. Das könnte der Fall sein, wenn er die Gegenstände weiterhin dringend in seinem Unternehmen benötigt und eine Ersatzbeschaffung zu teuer oder nur schwer möglich ist.

Dagegen ist eine Ausübung einer zu **Vertragsbeginn fest vereinbarten Kaufoption** 51 eher denkbar, weil der Leasingnehmer schon während der Grundmietzeit den Gegenstand voll bezahlt hat und i. d. R. wenigstens an der Wertsteigerungschance partizipieren will. Allerdings wird die Ausübung von dem Verhältnis des Kaufoptionspreises bei Ausübung zum erwarteten Marktpreis abhängen. Entspricht der Optionspreis dem Restbuchwert, so konnte in der Vergangenheit vor allem bei Immobilien durch zumeist steigende Immobilienpreise davon ausgegangen werden, dass der Optionspreis im Vergleich zum Marktpreis günstiger ist.

Die steuerliche Regelung in den Leasingerlassen hingegen legt fest, dass eine günstige 52 Kaufoption nicht gegeben ist, solange der fest vereinbarte Optionspreis nicht niedriger als der Restbuchwert des Leasinggegenstandes unter Berücksichtigung der AfA-Tabelle ist.[40] Während nach handelsrechtlicher Bilanzierung der vereinbarte Optionspreis mit dem erwarteten beizulegenden Zeitwert zum Ausübungszeitpunkt verglichen wird, um die Günstigkeit zu ermitteln, reicht dagegen nach den steuerlichen Erlassen ein **Kaufoptionspreis in Höhe des steuerlichen Restbuchwerts** aus, um die Günstigkeit zu

---

[40] Vgl. BMF-Schreiben vom 19. April 1971, BStBl. I 1971, S. 264 ff.; BMF-Schreiben vom 21. März 1972, BStBl. I 1972, S. 188 ff.

verneinen. Wird als fest vereinbarter Optionspreis der steuerliche Restbuchwert zugrunde gelegt, so wird handelsrechtlich zu prüfen sein, ob der so festgelegte Optionspreis nicht so viel niedriger zum erwarteten Marktpreis ist, dass bei Abschluss des Leasingvertrags von einer Ausübung der Kaufoption ausgegangen werden kann und damit eine Zurechnung beim Leasingnehmer vorzunehmen ist.

53 *(3) Laufzeitkriterium.* Als Laufzeit des Leasingvertrages wird die fest vereinbarte (unkündbare) Grundmietzeit verstanden. Eine unkündbare Grundmietzeit bedeutet, dass weder Leasinggeber noch Leasingnehmer während der vereinbarten Vertragslaufzeit kündigen können. Eine Ausnahme bilden lediglich außerordentliche Gründe.

Die am Ende der Vertragslaufzeit **verbleibende Substanz des Gegenstandes** wird umso geringer sein, je länger der Gegenstand genutzt wird. Stimmen die Grundvertragsdauer und die voraussichtliche Nutzungsdauer in etwa überein, hat die Substanz für den Leasinggeber nur noch eine relativ geringe Bedeutung, so dass das wirtschaftliche Eigentum beim Leasingnehmer liegen wird. Allerdings stellt sich die Frage, wo die Grenzziehung zu erfolgen hat. Ein Maßstab könnte die 90%-Regelung der Erlasse sein.[41] Beträgt die Grundmietzeit mehr als 90% der wirtschaftlichen Nutzungsdauer des Leasinggegenstandes, wird die verbleibende Substanz des Leasinggegenstandes für den Leasinggeber keinen großen Wert mehr haben. International muss die beim Leasinggeber verbleibende Substanz dagegen sehr viel höher sein, soll eine Zurechnung beim Leasingnehmer vermieden werden.[42]

Zu überlegen wäre, ob die 90%-Regelung der steuerlichen betriebsgewöhnlichen Nutzungsdauer vielleicht vergleichbar ist mit der internationalen 75%-Regelung der wirtschaftlichen Nutzungsdauer. Die betriebsgewöhnliche steuerliche Nutzungsdauer ist in jedem Fall kürzer als die wirtschaftliche Nutzungsdauer. Allerdings dürfte nur in wenigen Fällen eine Übereinstimmung von 90% der steuerlichen betriebsgewöhnlichen Nutzungsdauer mit 75% der wirtschaftlichen Nutzungsdauer gegeben sein. Ein Gleichsetzen der 90%-Regelung mit der internationalen 75%-Regelung beim Laufzeittest dürfte damit ausscheiden, auch wenn es für die Praxis eine Erleichterung bedeuten würde.

54 Eine **Übernahme der 90%-Regelung** der steuerlichen Erlasse ist dann gerechtfertigt, wenn die betriebsgewöhnliche Nutzungsdauer auf Basis der amtlichen AfA-Tabelle der wirtschaftlichen Nutzungsdauer entspricht. Aufgrund der geänderten AfA-Tabellen haben sich die steuerlichen Nutzungsdauern verlängert und somit den wirtschaftlichen Nutzungsdauern angenähert. Trotzdem wird bei einer Anzahl von Fällen die AfA-Tabelle von der wirtschaftlichen Nutzungsdauer abweichen. So kann zum Beispiel ein Auto der Premium-Marken nach einer Grundmietzeit von mehr als 90% (65 Monate) der betriebsgewöhnlichen Nutzungsdauer lt. neuer amtlicher AfA-Tabelle (72 Monate) noch einen nicht unbedeutenden Wert für den Leasinggeber haben, da bei diesen Fahrzeugen durchaus noch von einer wirtschaftlichen Nutzungsdauer von bis zu 120 Monaten ausgegangen werden kann. Es ist nicht unüblich, dass ein 10-jähriges Fahrzeug noch einen Marktwert von 15% der ursprünglichen Anschaffungskosten haben kann.

55 Grundsätzlich ist aber eine quantitative Größe wie die 90%-Regelung als Zurechnungskriterium auch für die handelsrechtliche Bilanzierung anwendbar. Bei der Bestimmung der 90% also des Verhältnisses von Grundmietzeit zu Nutzungsdauer ist allerdings die wirtschaftliche und nicht die betriebsgewöhnliche Nutzungsdauer lt. AfA-Tabelle zugrunde zu legen, es sei denn, wirtschaftliche und betriebsgewöhnliche Nutzungsdauer sind identisch oder nahezu identisch. Eine Anwendung **der quantitativen steuerlichen Kriterien** macht handelsrechtlich Sinn, wenn wirtschaftliche und betriebsgewöhnliche Nutzungsdauer nicht weit auseinanderfallen. Ansonsten würde dem handelrechtlichen

---

[41] Vgl. BMF-Schreiben vom 19. April 1971, BStBl. I 1971, S. 264 ff.; BMF-Schreiben vom 21. März 1972, BStBl. I 1972, S. 188 ff.; BMF-Schreiben vom 22. Dezember 1975 BB 1976, S. 72 ff.; BMF-Schreiben vom 23. Dezember 1991 BStBl. I 1992, S. 13 ff.

[42] Vgl. Rdn. 76.

Bilanzierungsziel eines den tatsächlichen Verhältnissen entsprechenden Bildes der Vermögens-, Ertrags- und Finanzlage nicht gerecht werden.

Vollamortisationsverträge mit einer im Vergleich zur Nutzungsdauer erheblichen **kurzen Grundmietzeit** sind in der Praxis so gut wie nicht anzutreffen. Liegt ein derartiger Vertrag vor und sind keine anderen Vereinbarungen festgelegt, wird der Leasinggegenstand dem Leasinggeber zuzurechnen sein, da er für die Zeit der voraussichtlichen Nutzung nicht vom Ertrag noch von der Substanz überwiegend ausgeschlossen ist. Allerdings könnte in diesen Fällen nach wirtschaftlichen Umständen erwartet werden, dass der Leasinggeber dem Leasingnehmer nach Ablauf der fest vereinbarten Grundmietzeit den Gegenstand weiter zur Nutzung überlässt und sich der Leasinggeber gegebenenfalls damit überwiegend vom Ertrag und der Substanz ausschließen könnte. Trotzdem ist eine Zurechnung zum Leasingnehmer nur gerechtfertigt, wenn zu Beginn des Leasingvertrags mit hoher Wahrscheinlichkeit davon ausgegangen werden kann, dass der Leasinggeber dem Leasingnehmer den Gegenstand für einen erheblichen weiteren Zeitraum zur Verfügung stellt. Eine Übernahme der 40 %-Regelung kann nur einen Anhaltspunkt für eine mögliche Zurechnung sein. Aber auch in diesem Fall ist für die Grenze nicht die betriebsgewöhnliche, sondern die wirtschaftliche Nutzungsdauer maßgebend. 56

Fraglich könnte sein, ob **Vollamortisationsverträge mit fester oder ohne Mietverlängerungsoption** gegebenenfalls zu einer Zurechnung der Gegenstände zum Leasingnehmer führen können. Eine Zurechnung der Gegenstände zum Leasingnehmer ist aber nur dann sachgerecht, wenn die Mietverlängerungsoption mit hoher Wahrscheinlichkeit ausgeübt wird und der Leasinggeber für die verbleibende Nutzungsdauer im Wesentlichen vom Ertrag und der Substanz des Gegenstandes ausgeschlossen werden kann. Liegt das Mietentgelt einer Verlängerungsoption entsprechend niedrig, wird der Leasingnehmer, nachdem er den Gegenstand schon vollständig bezahlt hat, die Option ausüben. Die Ausübung muss allerdings einen so großen Zeitraum betreffen, dass der verbleibende Zeitraum für den Leasinggeber bedeutungslos ist. 57

Eine Zurechnung des wirtschaftlichen Eigentums zum Leasingnehmer erfolgt in den Erlassen,[43] wenn das Mietentgelt der Anschlussmiete den Werteverzehr für den Leasinggegenstand nicht deckt bzw. die Anschlussmiete weniger als 75 % des Mietentgelts beträgt, was üblicherweise für vergleichbare Objekte gezahlt wird. Das gilt auch bei Verträgen ohne Mietverlängerungsoption, bei denen nach Ablauf der Grundmietzeit eine Vertragsverlängerung für den Fall vorgesehen ist, dass der Mietvertrag nicht von einer der Vertragsparteien gekündigt wird. Wird dann eine Miete vereinbart, die nicht den Werteverzehr deckt, kann steuerlich die Klassifizierung rückwirkend geändert werden.

Da handelsrechtlich eine rückwirkende Änderung nicht vorzunehmen ist, sind **Leasingverträge ohne Mietverlängerungsoption** grundsätzlich dem Leasinggeber zuzurechnen, es sei denn, die Grundmietzeit entspricht im Wesentlichen der Nutzungsdauer. Eine Mietverlängerung wird jedoch auch handelsrechtlich günstig sein, wenn sie niedriger als die Vergleichsmiete ist. Insofern ist die quantitative Größe auch handelsrechtlich anwendbar. Darüber hinaus muss aber der Zeitraum der Anschlussmiete eine spätere sinnvolle Nutzung durch den Leasinggeber ausschließen. 58

(4) Spezialleasing. Eine Zurechnung der Leasinggegenstände ist beim Leasingnehmer vorzunehmen, wenn der Leasinggegenstand nach den **besonderen Verhältnissen des Leasingnehmers gestaltet** ist, dass auch nach Ablauf der Grundmietzeit nur eine Nutzung des Leasinggegenstandes durch den Leasingnehmer als wirtschaftlich sinnvoll zu erwarten ist. Hier gibt es keine Unterschiede weder zwischen Steuer- und Handelsrecht, aber auch nicht nach IFRS. 59

---

[43] Vgl. BMF-Schreiben vom 19. April 1971, BStBl. I 1971, S. 264 ff.; BMF-Schreiben vom 21. März 1972, BStBl. I 1972, S. 188 ff; BMF-Schreiben vom 23. Dezember 1991 BStBl. I 1992, S. 13 ff.

60 *(5) Weitere Indikatoren.*[44] Leasingverträge, die dem Leasinggeber ein **Andienungsrecht** einräumen, führen in der Regel nicht zu einer vom rechtlichen Eigentümer (Leasinggeber) abweichenden Bilanzierung. Der Leasinggeber hat die volle Chance der Wertsteigerung, vorausgesetzt, der Gegenstand hat noch einen Wert, d. h., die Vertragslaufzeit entspricht nicht in etwa der wirtschaftlichen Nutzungsdauer des Leasinggegenstandes. Ist die Ausübung des Andienungsrechtes wahrscheinlich, sei es, weil der künftige Marktwert unter dem Andienungspreis liegen wird oder aus anderen Gründen, dann geht das Eigentum am Ende der Grundmietzeit auf den Leasingnehmer über. Ertrag und Substanz sind beim Leasingnehmer und damit das wirtschaftliche Verfügungsrecht.

61 Der Leasingnehmer hat die Möglichkeit, nach Ablauf einer bestimmten Zeit den Vertrag vorzeitig aufzulösen. Nach dem Leasingerlass ist bei **Kündigung** ein Betrag in Höhe der durch die Leasingraten nicht gedeckten Gesamtkosten zu tragen. Allerdings werden 90 % des vom Leasinggeber erzielten Veräußerungserlöses angerechnet. Der über der Differenz zwischen Leasingraten und Gesamtkosten erzielte Betrag verbleibt beim Leasinggeber. Solange die Wertsteigerungschance beim Leasinggeber liegt, ist der Gegenstand auch dem Leasinggeber zuzurechnen.

62 Eine vom rechtlichen Eigentümer abweichende Bilanzierung ist nicht gegeben, wenn der Leasinggeber an der **Wertsteigerung** im ausreichenden Umfang teilnimmt. Die steuerliche Regelung sieht als ausreichend eine Beteiligung des Leasinggebers an der Wertsteigerung (Mehrerlöse) von mindestens 25 % an. Auch handelsrechtlich sollte für die Zurechnung des Leasinggegenstandes beim Leasinggeber eine nicht unbedeutende Teilnahme des Leasinggebers an der Wertsteigerung vorliegen. Sofern der Leasinggeber an einer Wertsteigerung des Gegenstandes von mindestens 25 % partizipiert, kann auch handelsrechtlich weiterhin von einer Zurechnung beim Leasinggeber ausgegangen werden.

63 **d) Zurechnung nach IFRS. aa) Grundlagen.** Basis für die Klassifizierung von Leasingverträgen bildet der **Grundsatz der wirtschaftlichen Betrachtungsweise** des Leasingverhältnisses.[45] Unabhängig von dem Übergang des rechtlichen Eigentums kommt es darauf an, in welchem Umfang das wirtschaftliche Eigentum vom Leasinggeber auf den Leasingnehmer übertragen wird. Werden die mit dem Eigentum verbundenen Chancen und Risiken im Wesentlichen auf den Leasingnehmer übertragen, ist ein *finance lease*[46] gegeben, der eine Zuweisung des Leasingobjekts zum Leasingnehmer zur Folge hat, ansonsten liegt ein *operating lease* vor.

64 Basis für die Beurteilung von Leasingverhältnissen bildet stets der **einzelne** Leasingvertrag bzw. die vertraglichen Regelungen, die ein spezifisches Leasingverhältnis zum Gegenstand haben.[47] Eine Zusammenfassung von mehreren Leasingobjekten bzw. Leasingverträgen kann nur bei völliger Gleichheit der Objektgegebenheiten und Konditionen erfolgen.

65 Grundlage der Klassifizierung ist die Verteilung der mit dem Eigentum am Leasinggegenstand verbundenen Chancen und Risiken zwischen Leasinggeber und Leasingnehmer. IAS 17.10 und IAS 17.11 enthalten **Beispiele** und **Indikatoren**, deren Vorliegen einzeln oder in Kombination für eine Klassifizierung als *finance lease* sprechen. Darüber hinaus verlangt der Grundsatz *substance over form*, stets eine Beurteilung des gesamten wirtschaftlichen Gehalts des Lebenssachverhaltes vorzunehmen.[48]

66 Beide Vertragsparteien, Leasinggeber und Leasingnehmer, haben die **Klassifizierungsprüfung unabhängig voneinander** durchzuführen. Aufgrund der unterschied-

---

[44] Vgl. insbesondere BMF-Schreiben vom 22. Dezember 1975 BB 1976, S. 72ff.
[45] *Gelhausen/Weiblen* a.a.O. Rdn. 218; ADS International Abschn. 12 Rdn. 5.
[46] In diesem Zusammenhang ist zu beachten, dass ein „finance lease" gemäß IAS 17 inhaltlich nicht mit einem „Finanzierungsleasing" i. S. der Leasingerlasse der Finanzverwaltung übereinstimmt. Vgl. BMF vom 19. 4. 1971, BStBl. I, 264.
[47] *Weber/Baumunk/Vogel*, Kap. 9 Rdn. 620.
[48] Vgl. Wiley/*Beine/Nardmann* Abschn. 14 Rdn. 6.

22. Kapitel. Bilanzrechtliche Aspekte des Leasing   § 71

lichen Verwendung von Abzinsungssätzen, unterschiedlichen Ermittlung von Mindestleasingzahlungen oder unterschiedlicher Beurteilung von Optionen kann es zu einer Bilanzierung des Leasingobjektes sowohl beim Leasingnehmer als auch beim Leasinggeber oder bei einem oder keinem von beiden kommen.[49] Eine spiegelbildliche Bilanzierung, wie sie im HGB üblich ist, bei der der Leasinggegenstand nur bei einem der Vertragspartner bilanziert werden kann, gibt es daher nach IAS 17 nicht.

bb) Zurechnungsbeispiele und Indikatoren. *(1) Eigentumsübergang.* Nach IAS 17.10 67 (a) ist ein *finance lease* gegeben, wenn am Ende des Leasingverhältnisses das Eigentum am Leasinggegenstand auf den Leasingnehmer übertragen wird. Umfasst von diesem Kriterium wird der **automatische Eigentumsübergang**,[50] d. h. der Eigentumsübergang, der an keine Bedingungen geknüpft ist.[51]

Mit der Vereinbarung des Eigentumsübergangs zu Beginn des Leasingverhältnisses werden dem Leasingnehmer bereits zu diesem Zeitpunkt alle Chancen und Risiken aus dem Leasingobjekt zugewiesen. Der Leasingnehmer ist damit wirtschaftlicher Eigentümer und hat den Gegenstand zu bilanzieren.

(2) Günstige Kaufoption. Eine günstige Kaufoption führt nach IAS 17.10 (b) zur Qualifi- 68 zierung des Leasingvertrages als *finance lease*, wenn dem Leasingnehmer eine Kaufoption zum Erwerb des Leasinggegenstandes zusteht, bei dem der **Kaufpreis deutlich niedriger** ist als der zum Ausübungszeitpunkt **beizulegende Zeitwert** des Leasinggegenstandes, so dass bereits zu Beginn des Vertrages hinreichend sicher davon auszugehen ist, dass der Leasingnehmer diese für ihn günstige Option wahrnehmen wird.[52]

Dieses Kriterium eröffnet dem Bilanzierenden gewisse Beurteilungsspielräume.[53] Insbesondere die Bestimmung des künftigen Zeitwertes des Leasingobjektes gestaltet sich in der Praxis als eine viel diskutierte Frage. Erfahrungen aus der Vergangenheit oder Bewertungsgutachten vermögen hier gewisse Hilfestellungen zu leisten. Die Verwendung des Restbuchwertes als Kaufpreis erscheint nur dann geeignet, wenn der tatsächliche Wertverlust auch mit der Abschreibung korrespondiert und keine außergewöhnlichen Wertschwankungen auftreten können.[54] Deshalb bergen Festpreisoptionen zum Restbuchwert zumeist den Anschein der Günstigkeit in sich, da mit ihnen die Chancen aus Restwertschwankungen auf den Leasingnehmer verlagert werden.[55]

Die Günstigkeit einer Kaufoption kann sich aber auch aus anderen Umständen ergeben. 69 So ist eine Kaufoption auch dann als günstig für den Leasingnehmer anzusehen, wenn die Kaufoption neben anderen ihm zum gleichen Zeitpunkt zur Verfügung stehenden Optionen (Verlängerungsoption, Rückgabe des Leasinggegenstandes, Beendigung des Leasingvertrages mit Abschlusszahlung etc.) die für den Leasingnehmer **vorteilhaftigste Alternative** darstellt.[56] Ähnlich verhält es sich, wenn der Leasingnehmer einem **faktischen Zwang** zur Ausübung der Kaufoption unterliegt, z. B. weil er für seine Produktion auf einen bestimmten Gegenstand angewiesen ist, der nicht durch einen anderen Gegenstand ersetzt werden kann,[57] oder weil bei Rückgabe durch umfangreiche Abbau- und Transportkosten eine Nicht-Ausübung wirtschaftlich wenig sinnvoll erscheint.

Von einer **günstigen Kaufoption** wird man auch ausgehen können, wenn die steuer- 70 liche betriebsgewöhnliche Nutzungsdauer erheblich unter der wirtschaftlichen Nut-

---

[49] Vgl. *Kirsch* in Baetge Rechnungslegung nach IAS Rdn. 29.
[50] *Alvarez/Wotschofsky/Miethig* WPg 2001, 936.
[51] *Gelhausen/Weiblen* a.a.O. Rdn. 226.
[52] Vgl. *Engel-Ciric*, Rdn. 18.
[53] *Gelhausen/Weiblen* a.a.O. Rdn. 229.
[54] *Gelhausen/Weiblen* a.a.O. Rdn. 229.
[55] Weber/Baumunk/*Vogel* Kap. 9 Rdn. 636.
[56] Weber/Baumunk/*Vogel* Kap. 9 Rdn. 633.
[57] Weber/Baumunk/*Vogel* Kap. 9 Rdn. 637; *Gelhausen/Weiblen* a.a.O. Rdn. 230.

zungsdauer liegt, weil gemäß den Erlassen in den Leasingverträgen als Kaufoptionspreis in der Regel der **steuerliche Restbuchwert** vereinbart ist.

71 Bei all diesen Fällen ist die **Ausübung der Kaufoption** und damit die Übertragung der Chancen und Risiken auf den Leasingnehmer wahrscheinlich, so dass der Leasingvertrag beim Leasingnehmer als *finance lease* zu qualifizieren und der Leasinggegenstand beim ihm zu bilanzieren ist. Fraglich ist, ob eine Kaufoption, wenn sie nicht günstig ist, im Zusammenhang mit dem Indikator für die Zuordnung von Gewinnen oder Verlusten aufgrund von Änderungen des Restwertes (IAS 17.11 b) zu berücksichtigen ist.[58] Liegen keine weiteren relevanten Faktoren vor, wird eine nicht günstige Kaufoption auch durch IAS 17.11 b nicht zu einem *finance lease* führen.

72 Bei langen Leasingvertragslaufzeiten wird es jedoch schwierig sein, bei Leasingvertragsbeginn den beizulegenden **Zeitwert im Optionsausübungszeitpunkt** verlässlich zu bestimmen, so dass es in solchen Fällen in der Praxis zu nicht unerheblichen Ermessensspielräumen kommen kann.

73 *(3) Laufzeitkriterium.* Nach IAS 17.10 (c) qualifiziert ein Leasingvertrag als *finance lease*, wenn die Laufzeit des Leasingvertrages den überwiegenden Teil der wirtschaftlichen Nutzungsdauer des Leasinggegenstandes umfasst. In diesem Kriterium sind einige unbestimmte Rechtsbegriffe enthalten, die den Bilanzierenden Auslegungs- und Beurteilungsspielräume eröffnen.

Als **unkündbares Leasingverhältnis** wird nach IAS 17.4 ein Leasingverhältnis verstanden, das nur aufgelöst werden kann, wenn (a) ein unwahrscheinliches Ereignis eintritt, (b) der Leasinggeber seine Einwilligung zur Auflösung gibt, (c) der Leasingnehmer mit demselben Leasinggeber ein neues Leasingverhältnis über denselben oder einen entsprechenden Vermögenswert eingeht oder (d) durch den Leasingnehmer ein derartiger zusätzlicher Betrag zu zahlen ist, so dass schon bei Vertragsbeginn die Fortführung des Leasingverhältnisses hinreichend sicher ist.

74 In die Laufzeit einzuberechnen sind aber auch die Zeiträume von für den Leasingnehmer **günstigen Verlängerungsoptionen**, unabhängig davon, ob der Leasingnehmer für die Anschlusszeiträume Leasingraten zu entrichten hat.[59] Die Günstigkeit kann sich auch für die Verlängerungsoption entweder aus der vorteilhaften Mietpreisgestaltung der Anschlussmieten im Vergleich zur künftigen Marktmiete, aus der Vorteilhaftigkeit gegenüber anderen bestehenden Optionen oder aus einem faktischen Zwang heraus, auf den Gegenstand nicht verzichten zu können, ergeben.

75 IAS 17.4 definiert die **wirtschaftliche Nutzungsdauer** als den Zeitraum, in dem ein Leasinggegenstand voraussichtlich von einem oder mehreren Nutzern wirtschaftlich nutzbar ist. Diese wirtschaftliche Nutzungsdauer dürfte erwartungsgemäß länger sein als die unternehmensspezifische Nutzungsdauer, die auf die Nutzung durch einen Nutzer abstellt. Die Tabellen der steuerlichen betriebsgewöhnlichen Nutzungsdauer (AfA-Tabellen) entsprechen i. d. R. weder der wirtschaftlichen noch der unternehmensspezifischen Nutzungsdauer. Die Tabellen können deshalb lediglich ein Anhaltspunkt sein. Die wirtschaftliche Nutzungsdauer wird man aufgrund von praktischen Erfahrungen in der Vergangenheit, Informationen des Herstellers der Gegenstände sowie durch Sachverständigengutachten ermitteln. Dies gilt insbesondere für gebrauchte Leasinggegenstände.

76 Das IASB hat dem Grundsatz *substance over form* folgend darauf verzichtet, zur Bestimmung des **überwiegenden Anteils der Vertragslaufzeit** an der wirtschaftlichen Nutzungsdauer eine Quantifizierung vorzugeben.[60] Deshalb hat sich in der Literatur eine Diskussion über den Verhältniswert ergeben, ab dem die Nutzung des Leasinggegenstandes durch eine Partei derart überwiegt, dass es gerechtfertigt erscheint, dieser Partei auch

---

[58] Vgl. *Sabel* Leasingverträge in der kapitalmarktorientierten Rechnungslegung, 61; ADS International Abschn. 12, Tz. 45.
[59] *Findeisen* RIW 1997, 841.
[60] Vgl. Wiley/*Beine*/*Nardmann* Abschn. 14 Rdn. 21.

22. Kapitel. Bilanzrechtliche Aspekte des Leasing § 71

die Chancen und Risiken aus dem Leasinggegenstand zuzurechnen. Grenzwerte von 50 %[61] über 75 %[62] bis nahe 100 %[63] werden diskutiert. Vor dem Hintergrund, dass es in den IFRS keine Regelungen gibt, auf die man zur Auslegung zurückgreifen könnte,[64] und der Ähnlichkeit des Vorschriftenaufbaus unter US GAAP orientiert sich die Praxis heute zumeist an der 75 %-Grenze des FAS 13.7 e,[65] zumal dieser Schwellenwert nach dem *Exposure Draft* zu IAS 17 ursprünglich einmal vorgesehen war.[66]

An dieser Stelle sei noch einmal herausgestellt, dass aufgrund der dem Standard zugrunde liegenden Idee, keine quantitativen Kriterien zu verwenden, die international allgemein anerkannte **75 %-Grenze nur eine Orientierung** darstellen kann. Mit dieser Orientierung für das Laufzeitkriterium wird nach IFRS die Grenze für den Übergang des wirtschaftlichen Eigentums sehr viel früher gesehen als nach steuerlichen oder handelsrechtlichen Grundsätzen. Das wirtschaftliche Eigentum liegt nach handelsrechtlichen bzw. steuerrechtlichen Zurechnungsvorschriften erst dann beim Leasingnehmer, wenn seine Vertragsdauer 90 % der wirtschaftlichen Nutzungsdauer bzw. steuerlichen betriebsgewöhnlichen Nutzungsdauer, vorausgesetzt sie entspricht der wirtschaftlichen Nutzungsdauer, des Gegenstandes verbraucht.[67] 77

(4) Barwertkriterium. Ein *finance lease* ist nach IAS 17.10 (d) auch gegeben, wenn zu Beginn des Leasingverhältnisses der Barwert der Mindestleasingzahlungen im Wesentlichen dem beizulegenden Zeitwert *(fair value)* des Leasinggegenstandes entspricht. 78

Wirtschaftlich betrachtet dient dieser Test, ähnlich dem vorherigen Laufzeitkriterium, dazu, „das **Maß der Übertragung von Chancen und Risiken** vom Leasinggeber auf den Leasingnehmer zu ermitteln",[68] d. h. die Grenze, an der der Leasinggeber das wirtschaftliche Eigentum an dem Leasinggegenstand verliert,[69] festzustellen. Allerdings ist die Eignung dieses Barwertkriteriums zu diesem Zweck durchaus umstritten.[70]

Das Barwertkriterium ist ein **Maß für die Aufteilung des beizulegenden Zeitwertes** *(fair value)* zwischen Leasingnehmer und Leasinggeber. Je größer der Anteil des Leasingnehmers am *fair value* ist, desto unbedeutender wird er für den Leasinggeber. Dabei kann die Betrachtung für Leasingnehmer und Leasinggeber unterschiedlich sein. Soweit der Leasingnehmer fast den gesamten *fair value* beansprucht, wird unterstellt, dass im Wesentlichen alle mit dem Eigentum an diesem Gegenstand verbundenen Chancen und Risiken auf den Leasingnehmer übergegangen sind. Andererseits wird der Anteil des Leasinggebers am *fair value* umso größer sein, je mehr er an dem Vermarktungsergebnis partizipiert. 79

Auch das Barwertkriterium beinhaltet eine Reihe von unbestimmten Rechtsbegriffen, die Raum für Auslegung und Beurteilung geben. So sind die **Mindestleasingzahlungen,** der notwendige **Diskontierungszinssatz,** der **beizulegende Zeitwert** *(fair value)* des Leasinggegenstandes und der Begriff **„im Wesentlichen"** näher zu bestimmen. 80

Nach der Legaldefinition des IAS 17.4 sind die **Mindestleasingzahlungen** diejenigen Zahlungen, welche der Leasingnehmer während der Laufzeit des Leasingverhältnisses zu leisten hat oder zu denen er herangezogen werden kann, außer bedingte Mietzahlungen sowie Aufwand für Dienstleistungen (z. B. Heiz- und Betriebskosten) und Steuern, die der Leasinggeber (im Voraus) zu zahlen hat und die ihm erstattet werden. 81

---

[61] *Helmschrott* WPg 2000, 426, 427.
[62] FASB, FAS 13.7 e; *Vater* DStR 2002, 2094, 2096.
[63] *Mellwig* DB 1998, 9.
[64] Vgl. auch *Alvarez/Wotschofsky/Miethig* WPg 2001, 937.
[65] Vgl. Löw *Lorenz* Rechnungslegung für Banken nach IFRS, 701.
[66] Vgl. Exposure Draft zu IAS 17, ED 19.5.
[67] Vgl. Rdn. 53 ff.
[68] *Lorenz* a.a.O., 701.
[69] *Findeisen* a.a.O., 842.
[70] Nichteignung des Barwerttests: *Alvarez/Wotschofsky/Miethig* WPg 2001, 939; *Mellwig/Weinstock* DB 1996, 2352 und *Küting/Hellen/Brakensiek* DStR 1999, 42.

Mietzahlungen, die der Leasingnehmer während der Grundmietzeit und den Perioden der günstigen Verlängerungsoptionen zu leisten hat, Vertragsstrafen für Nichtverlängerungen von Leasingverträgen, der Betrag einer günstigen Kaufoption, Verwaltungsgebühren, Kosten von als Leasinggeber agierenden Objektgesellschaften, soweit diese nicht Betriebskosten des Leasinggegenstandes darstellen, alle vom Leasingnehmer oder einer ihm nahestehenden Partei garantierten Beträge und beim Leasinggeber auch die von unabhängigen und wirtschaftlich ausreichend potenten Dritten garantierten Beträge sind als Teil der Mindestleasingzahlungen einzubeziehen.

82 Zu den vom Leasingnehmer **garantierten Beträgen** zählen beispielsweise ein **Andienungsrecht** des Leasinggebers, bei dem der Leasinggeber das Recht hat, dem Leasingnehmer den Gegenstand zu einem zuvor meist fest vereinbarten Preis anzudienen und der Leasingnehmer ihm die Abnahme des Gegenstandes zu diesem Preis bereits zu Beginn des Leasingvertrages garantiert. Auch **Mieterdarlehen** entfalten die Wirkung einer Restwertgarantie des Leasingnehmers, wenn der Leasinggeber – wie dies oft im Immobilienleasing bei Objektgesellschaften der Fall ist – nur mit einem Leasingnehmer für dessen Leasingtransaktion kontrahiert und keine weiteren Aktivitäten entfaltet, so dass ihm keine anderen Mittel zur Rückzahlung des Darlehens zur Verfügung stehen.[71] Da dann die Darlehensmittel zumeist dazu benutzt werden, die Fremdfinanzierung des Leasinggebers abzutragen, erhält der Leasingnehmer erst dann seine Darlehensmittel zurück, wenn aus der Verwertung ausreichend Mittel zur bevorrechtigten Befriedigung der Bank hinsichtlich ihrer noch offenen Darlehensbeträge generiert werden.[72]

83 **Nicht zu den Mindestleasingzahlungen** gehören hingegen die Komponenten der Mietzahlungen, die von bestimmten variablen Faktoren abhängig sind.[73] Als solche Faktoren kommen Verkaufsquoten, Nutzungsintensität, Preisindizes, Marktzinssätze, Umsatzgrenzwerte oder Belegungsquoten in Betracht.[74] Da die Mietraten in diesen Fällen aufgrund der unsicheren zukünftigen Entwicklung zu Beginn des Leasingvertrages nicht eindeutig der Höhe nach zu bestimmen sind, können sie auch nicht zur Grundlage einer Barwertberechnung gemacht werden. Ebenfalls nicht einzubeziehen sind die laufenden Kosten des Leasingobjektes, wie z. B. Wartung, Steuern oder Versicherung und Kosten für Dienstleistungen, die nicht die Nutzungsüberlassung betreffen. So sind beispielsweise beim Full-Service-Leasing für Kraftfahrzeuge die Komponenten für die Dienstleistungen wie Tanken, Reifen, Reparaturen, Steuern oder Versicherungen aus der Leasingrate herauszurechnen und nur die Nutzungsüberlassungskomponente beim Barwerttest zu berücksichtigen.

84 Der unterschiedliche Umfang, der bei den Mindestleasingzahlungen auf Seiten des Leasinggebers und des Leasingnehmers zu berücksichtigen ist, kann je nach Erfüllen des Barwertkriteriums dazu führen, dass ein und derselbe Leasingvertrag von beiden **Bilanzierenden unterschiedlich klassifiziert** wird, mit der Folge, dass der Leasinggegenstand u. U. in keiner Bilanz auszuweisen ist.[75]

85 Um die Diskontierung der Mindestleasingzahlungen durchführen zu können, bedarf es eines **Diskontierungszinssatzes**. Der IASB hat zwar unterschiedliche Zinssätze innerhalb des IAS 17.4 definiert, doch im Zusammenhang mit der Klassifizierung nicht vorgegeben, welcher Zinssatz von welcher bilanzierenden Partei zu verwenden ist. Lediglich im Bereich der Bilanzierungsvorschriften für den Leasingnehmer findet sich ein Hinweis auf den anzuwendenden Diskontierungszinssatz, der allerdings in der Praxis aufgrund seiner allgemeinen Formulierung auch für die Klassifizierung herangezogen wird.

---

[71] Vgl. *Lorenz* a.a.O., 713.
[72] Weber/Baumunk/*Vogel* Kap. 9 Rdn. 657.
[73] *Gelhausen/Weiblen* a.a.O. Rdn. 237; *Heuser/Thiele* Rz. 361.
[74] *Gelhausen/Weiblen* a.a.O. Rdn. 237.
[75] Weber/Baumunk/*Vogel* Kap. 9 Rdn. 659.

22. Kapitel. Bilanzrechtliche Aspekte des Leasing § 71

Nach IAS 17.20 ist zur Diskontierung der **dem Leasingverhältnis zugrunde liegen-** 86
de Zinssatz als Abzinsungssatz zu verwenden, soweit dieser ermittelbar ist, andernfalls ist der Grenzfremdkapitalzinssatz des Leasingnehmers anzuwenden. Bei dem internen Zinssatz handelt es sich nach IAS 17.4 um den Zinssatz, bei dem zu Beginn des Leasingvertrages die Summe der Barwerte der Mindestleasingzahlungen und eines nicht garantierten Restwertes dem beizulegenden Zeitwert (*fair value*) des Leasinggegenstandes einschließlich der Vertragsabschlusskosten (*initial direct costs – IDC*) des Leasinggebers entsprechen.

Der Leasinggeber wird diesen internen Zinssatz sicher kennen, da er die Kalkulation des Leasingvertrages durchgeführt und die Komponenten des Zinssatzes ermittelt hat. Dem Leasingnehmer hingegen ist der interne Zinssatz zumeist nicht bekannt und er ist für ihn auch nur schwer nachzuvollziehen. Vor allem die Ermittlung der Vertragsabschlusskosten (*initial direct costs – IDC*) des Leasinggebers, zu denen u. a. Such- und Informationskosten, Maklerhonorare, Anwaltskosten, Kosten der eigenen Rechtsabteilung, Gerichtsgebühren, Notarkosten, Kosten der Bestellung und Eintragung von Sicherheiten, nicht aber allgemeine Kosten einer Verkaufs- oder Marketingabteilung zählen, ist dabei problematisch.

Der Leasingnehmer wird sich also eher **des Grenzfremdkapitalzinssatzes** bedienen. 87
Nach IAS 17.4 ist dies der Zinssatz, den der Leasingnehmer aus einem vergleichbaren Leasingverhältnis zu zahlen hat, wenn dieser bestimmbar ist, oder der Zinssatz, den der Leasingnehmer zu Beginn des Leasingvertrages zu zahlen hätte, wenn er Finanzierungsmittel über eine vergleichbare Laufzeit und mit vergleichbaren Sicherheiten aufnehmen würde, um den Leasinggegenstand zu kaufen. Da wirklich vergleichbare Leasingverhältnisse mit sehr ähnlichen Bedingungen selten verfügbar sein dürften, wird in der Praxis zumeist auf den Refinanzierungszinssatz des Leasingnehmers zurückgegriffen. Dieser enthält allerdings im Gegensatz zum internen Zinssatz des Leasinggebers keine Verwaltungskostenanteile oder Marge des Leasinggebers, so dass er zumeist niedriger sein wird als der interne Zinssatz.

Da es dem Leasingnehmer freigestellt ist, auch den höheren internen Zinssatz zu ver- 88
wenden, wenn er diesen kennt und er nicht – wie beispielsweise nach US GAAP – immer den niedrigeren der beiden Zinssätze verwenden muss, wird faktisch ein Zinssatz der Beurteilung des Übergangs der Risiken und Chancen auf den Leasingnehmer zugrunde gelegt, der Bestandteile enthalten kann, die nur den Leasinggeber betreffen (Refinanzierungssituation, Restwerterlöse usw.). Dennoch eröffnet der IAS 17.4 diese Gestaltungsspielräume. **Die Anwendung unterschiedlicher Diskontierungszinssätze** ähnlich den Gestaltungsspielräumen bei den Mindestleasingzahlungen kann dazu führen, dass der gleiche Leasingvertrag beim Leasingnehmer wegen eines niedrigeren Zinssatzes als *finance lease* und beim Leasinggeber wegen des höheren internen Zinssatzes als *operating lease* mit der Folge qualifiziert, dass der Leasinggegenstand bei beiden Parteien zu bilanzieren ist.

Der **beizulegende Zeitwert** (*fair value*) ist gemäß IAS 17.4 der Betrag, zu dem ein 89
Leasinggegenstand zwischen sachverständigen und vertragswilligen Parteien wie unter voneinander unabhängigen Geschäftspartnern erworben werden könnte. Hat der unabhängige Leasinggeber den Leasinggegenstand im Rahmen des gewöhnlichen Geschäftsverkehrs erworben, dürften die aktivierten Anschaffungskosten gewöhnlich dem *fair value* des Gegenstandes entsprechen.[76] Der gewöhnliche Geschäftsverkehr wird dabei im Wesentlichen charakterisiert durch (a) sachverständige und transaktionsbereite Parteien, (b) einen Erwerb ohne Zwang, (c) einen angemessenen Vermarktungszeitraum, (d) den Ausschluss unternehmensspezifischer Wertpotenziale durch Portfoliobildung (Betrachtung einzelner Gegenstände) und (e) dem Ausschluss von unternehmensspezifischen (steuer-)rechtlichen Rahmenbedingungen. Auf eine sachverständige Schätzung des Wer-

---

[76] *Gelhausen/Weiblen* a.a.O. Rdn. 239.

tes des Leasinggegenstandes ist jedoch dann zurückzugreifen, wenn die Anschaffungskosten, z. B. bei Rettungserwerben oder Markteinbrüchen, nicht dem beizulegenden Zeitwert entsprechen.

90 Entspricht der Barwert der Mindestleasingzahlungen **im Wesentlichen** dem beizulegenden Zeitwert (IAS 17.10 (d)), ist der *Leasingvertrag als finance lease* zu qualifizieren. Auf eine Quantifizierung des Begriffs „im Wesentlichen" hat der IASB, wie schon beim Laufzeittest, verzichtet.[77] Grenzwerte von 50 + 1 % bis 100 % werden hier in der Literatur diskutiert.[78] Die Praxis lehnt sich auch hinsichtlich dieses Kriteriums an die vergleichbaren nationalen Vorschriften des US GAAP an, in denen ein Schwellenwert von 90 %[79] definiert wird. Da der Leasinggeber mit etwas mehr als 10 % Risiko und Chancen noch ein ausreichendes Eigeninteresse an dem Leasinggegenstand hat, erscheint es gerechtfertigt, ihm den Leasinggegenstand noch zuzuweisen, so dass dieser Schwellenwert grundsätzlich sachgerecht erscheint.

91 *(5) Spezialleasing.* Nach IAS 17.10 (e) liegt ein Spezialleasing vor, wenn die Beschaffenheit des Leasinggegenstandes so **speziell auf den Leasingnehmer ausgerichtet** ist, dass ohne die Vornahme wesentlicher Veränderungen keine Nutzung durch einen anderen Leasingnehmer möglich erscheint. Innerhalb des Standards werden weder die „spezielle Beschaffenheit" noch die „wesentlichen Veränderungen" definiert.[80] In den wenigsten Fällen können Leasinggegenstände durch keinen anderen Leasingnehmer genutzt werden. Deshalb hat sich dieses Kriterium in der Praxis als wenig trennungsscharf erwiesen und wird daher auch in der Literatur lediglich als ein Indiz für einen *finance lease* gewertet.[81]

92 *(6) Weitere Indikatoren.* IAS 17.11 nennt Indikatoren, die für sich genommen oder in Kombination mit anderen Kriterien ebenfalls zu einer Klassifizierung als *finance lease* führen können,
– wenn der Leasingnehmer das Leasingverhältnis **vorzeitig auflösen** kann und er die dem Leasinggeber in Verbindung mit der Auflösung des Vertrages entstehenden Verluste zu tragen hat;
– wenn Gewinne oder Verluste, die durch **Schwankungen des beizulegenden Restzeitwertes** entstehen, dem Leasingnehmer zufallen (beispielsweise in Form einer Mietrückerstattung, die einem Großteil des Verkaufserlöses am Ende des Leasingverhältnisses entspricht); oder
– wenn der Leasingnehmer die Möglichkeit hat, das Leasingverhältnis für eine **zweite Mietperiode** zu einer Miete fortzuführen, die wesentlich niedriger ist als die marktübliche Miete.

Die Indikatoren des IAs 17.11 sind keine neuen Beurteilungshilfen sondern als Klarstellungen, Ergänzungen und Auslegungen zu den Beispielen in IAS 17.10 zu sehen. Die Restwertgarantien bei Schwankungen des beizulegenden Zeitwertes des Restwertes am Ende der Vertragslaufzeit bzw. bei kündbaren Leasingverträgen sowie die günstige Mietverlängerungsoption sind ohnehin beim Barwert- und/oder Laufzeitkriterium zu berücksichtigen (IAS 17.10 c und IAS 17.10 d). So können Restwertgarantien bei Berücksichtigung im Barwert-Test zu keinen *finance leases* führen, wohl aber durch die Indikatoren in IAS 17.11 a und 11 b, wenn mit hoher Wahrscheinlichkeit mit Verlusten zu rechnen ist.

93 Eine ordentliche Kündigungsmöglichkeit für den Leasingnehmer zur **vorzeitigen Auflösung** des Leasingvertrages während der eigentlich unkündbaren Grundmietzeit ist in der Praxis – wenn überhaupt – bei kündbaren Leasingverträgen im Rahmen von Teil-

---

[77] Vgl. Wiley/*Beine/Nardmann* Abschn. 14 Rdn. 21.
[78] 50 + 1 %: *Helmschrott* a.a.O., 427/428; 95 %: *Findeisen* a.a.O., 842; 100 %: *Mellwig* DB 1998, 9.
[79] FASB 13.7 d).
[80] Vgl. *Lorenz* a.a.O., 724.
[81] *Mellwig* DB 1998, 7.

amortisationsverträgen für Mobilien anzutreffen. Bei diesen Verträgen ist zu beachten, dass der Leasingnehmer zwar das Verlustrisiko ganz oder teilweise trägt, der Leasinggeber aber zumeist noch die Verwertungschancen behält,[82] soweit der Leasinggegenstand nicht zum Ausgleich der Verlustübernahme auf den Leasingnehmer übergeht. Es müssen dann also weitere Kriterien hinzukommen, um im Rahmen der gebotenen Gesamtbetrachtung zu einem *finance lease* zu gelangen.

Restwertgarantien, Andienungsrechte oder aber auch Vereinbarungen über die Beteiligungen an Veräußerungsgewinnen oder -verlusten können Gestaltungsformen zur Übertragung von **Gewinnen oder Verlusten aus Restwertschwankungen** sein. Dabei kann allein die Zuweisung von Gewinnen *oder* von Verlusten für eine Klassifizierung als *finance lease* ausreichen (IAS 17.11 b).[83] Fraglich ist allerdings der Umfang der Gewinne oder Verluste, die dem Leasingnehmer zufallen müssen. Werte zwischen 50 und 100 % werden hier diskutiert. Auch eine asymmetrische Verteilung von Gewinnen und Verlusten ist denkbar. Allerdings ist immer das Gesamtbild der Verhältnisse zu betrachten. Schädlich ist jede Garantie (Restwertgarantie, Andienungsrecht, Verlustbeteiligung) in Form einer First-Loss-Garantie des Leasingnehmers, da sie grundsätzlich den risikobehafteten Teil des Restwertes im Wesentlichen abdecken wird und dementsprechend gemäß IAS 17.11 b, auch wenn IAS 17.10 d nicht erfüllt sein sollte, zu einer Klassifizierung des Leasingvertrags als *finance lease* führt. Eine Aufteilung der First-Loss-Übernahme zwischen Leasingnehmer und Leasinggeber in der Weise, dass beim Leasinggeber weiterhin ein signifikantes Restwertrisiko verbleibt (mehr als 10 % von den ursprünglichen Anschaffungskosten/Zeitwert) und damit weiterhin der Gegenstand beim Leasinggeber zu bilanzieren ist (*operating lease*), dürfte in der Praxis nur schwer durchführbar und auf einige wenige Fälle begrenzt sein.[84] Eine Bilanzierung beim Leasingnehmer ist nur zu vermeiden, wenn sich Leasinggeber und Leasingnehmer die Gewinne oder Verluste jeweils 50:50 aufteilen; vorausgesetzt, der dem Leasingnehmer zuzurechnende Verlust führt nicht zu einer Klassifizierung des Leasingvertrages nach IAS 17.10 d.

Eine **günstige Verlängerungsperiode** löst alleine nicht eine Klassifizierung als *finance lease* aus, sondern kann nur durch Verlängerung der Laufzeit zur Erfüllung des Laufzeitkriteriums und durch die Erhöhung der Anzahl der Leasingraten zur Erfüllung des Barwertkriteriums beitragen und damit zum *finance lease* führen.

2. Anwendungsbeispiele

Die Zurechnungsvorschriften nach HGB und IFRS sollen im Folgenden auf verschiedene Vertragstypen und Transaktionen angewendet werden.

a) Spezialleasing. Nach Ablauf der Grundmietzeit kann der Leasinggegenstand aufgrund seiner speziell auf den Leasingnehmer zugeschnittenen Beschaffenheit und ohne wesentliche Veränderungen nur von ihm und keinem Dritten genutzt werden.
– **HGB:** Der Leasinggeber ist zwar rechtlicher Eigentümer, jedoch stehen sämtliche Chancen und Risiken aus dem Leasingvertrag während der Laufzeit und wegen der mangelnden Drittverwendungsmöglichkeit auch nach Beendigung nur dem **Leasingnehmer zu.**
– **IFRS:** Nach den Zurechnungsvorschriften gemäß IAS 17.10 e ist der Leasinggegenstand ebenfalls dem **Leasingnehmer zuzurechnen.**

b) Optionslose Leasingverträge. Bei den optionslosen Leasingverträgen ist der Leasingnehmer verpflichtet, den Leasinggegenstand nach Ablauf der Grundmietzeit an den Leasinggeber zurückzugeben.

---

[82] *Gelhausen/Weiblen* a.a.O. Rdn. 243.
[83] Vgl. *Findeisen* FLF 2002, 66.
[84] *Kümpel/Becker* Leasing nach IFRS, 68 f.

§ 71

99 – **HGB:** Soweit der Leasinggegenstand am Ende der Grundmietzeit einen nicht unwesentlichen Restwert besitzt, sind dem Leasinggeber neben den Risiken sämtliche Chancen aus dem Leasinggegenstand zuzurechnen. Der Leasingnehmer hat aufgrund des Vertrags keine Möglichkeit, von sich aus an den Chancen aus dem Gegenstand am Ende der Vertragsdauer zu partizipieren. Der Leasingnehmer erhält lediglich ein befristetes Nutzungsrecht.

Der Zurechnung zum Leasinggeber würde auch nicht entgegenstehen, wenn sich die Grundmietzeit an der steuerlichen betriebsgewöhnlichen Nutzungsdauer orientiert oder das Objekt nach Ablauf des Zeitraums für den Leasingnehmer nicht mehr betrieblich sinnvoll nutzbar ist. Von der steuerlichen betriebsgewöhnlichen Nutzungsdauer, die betriebsindividuell bestimmt[85] und beim gleichen Objekt durchaus unterschiedlich lange sein kann,[86] ist die wirtschaftliche Nutzungsdauer des Objektes zu unterscheiden. Die technische Nutzungsdauer ist oft viel länger als die steuerliche betriebsgewöhnliche Nutzungsdauer, die sich in der Praxis zudem oftmals nach den nach fiskalischen Gesichtspunkten ausgestalteten steuerlichen Abschreibungstabellen richtet, so dass das Leasingobjekt nach Ablauf der steuerlichen betriebsgewöhnlichen Nutzungsdauer durchaus für den Leasinggeber noch einen erheblichen Wert besitzen kann, den dieser im Rahmen der Verwertung des Objektes für sich nutzbar machen kann. Der Leasinggeber hat also noch ein echtes Eigentümerinteresse an der Rückgabe und der Substanz des Leasingobjektes, so dass in diesen Fällen nur eine **Zurechnung des Objektes zum Vermögen des Leasinggebers** in Betracht kommt.[87] Eine Zurechnung des Leasingobjektes zum Vermögen des Leasingnehmers könnte nur dann eintreten, wenn der Gegenstand bis zum Ablauf der wirtschaftlichen Nutzungsdauer (mehr als 90 %) vom Leasingnehmer gebraucht würde, so dass der Herausgabeanspruch des Leasinggebers als unbedeutend anzusehen wäre.

100 – **IFRS:** Soweit der Gegenstand am Ende der Grundmietzeit einen nicht unwesentlichen Restwert besitzt, spricht viel dafür, dass der Gegenstand auch nach IFRS beim Leasinggeber zu bilanzieren ist. Allerdings unterscheiden sich die Grenzen der Zurechnung zwischen HGB und IFRS. Nach IAS 17.10 c liegt ein *finance lease* und damit eine **Aktivierung des Gegenstandes beim Leasingnehmer** vor, wenn die Laufzeit des Leasingverhältnisses den überwiegenden Teil der wirtschaftlichen Nutzungsdauer des Gegenstandes umfasst. Anhaltspunkt für die überwiegende wirtschaftliche Nutzung ist die Relation von 75 % und mehr von Vertragslaufzeit zu wirtschaftlicher Nutzungsdauer. Während nach HGB ein Leasingvertrag mit einer Laufzeit von 90 % und weniger der wirtschaftlichen Nutzungsdauer als Operating Leasing klassifiziert wird, liegt bei IFRS damit ein *finance lease* vor. Ferner ist nach IFRS zu prüfen, ob der Anteil des Leasingnehmers am *fair value* des Leasinggegenstandes so bedeutend ist (Barwert der Leasingzahlungen entspricht oder übersteigt 90 % des beizulegenden Wertes), dass eine Zurechnung des Leasinggegenstandes bei ihm zu erfolgen hat. Beide Klassifizierungsvorschriften werden in der Regel zu einer **unterschiedlichen Behandlung des Leasinggegenstandes** nach HGB und IFRS führen.

101 **c) Andienungs- und Optionsrechte.** Andienungs- und Optionsrechte dienen den Vertragspartnern zur Absicherung wirtschaftlicher Risiken und Chancen. Andienungsrechte sichern den Leasinggeber vor Risiken aus der Verwertung und damit der Restamortisation. In der Praxis wird man nicht selten Andienungsrechte bei nicht leicht verwertbaren Gegenständen vereinbaren.[88] Mit Optionsrechten sichert sich der Mieter die Nutzungsmöglichkeit des Gegenstandes, ohne sich im Zeitpunkt des Vertragsabschlusses fest binden zu müssen.

---

[85] Vgl. *Knapp*, DB 1971, 687.
[86] Vgl. *Freericks*, a.a.O., 191.
[87] Vgl. *Knapp* DB 1972, 548.
[88] Vgl. *Leffson* DB 1976, 685.

22. Kapitel. Bilanzrechtliche Aspekte des Leasing § 71

– **HGB:** Bei **Leasingverträgen mit Andienungsrecht** ist der Leasingnehmer, wenn eine Verlängerung des Leasingvertrags nicht zustande kommt, auf Verlangen des Leasinggebers verpflichtet, den Leasinggegenstand zu dem bei Abschluss des Leasingvertrags vereinbarten Preis zu kaufen. Andererseits hat er kein Recht, den Leasinggegenstand zu erwerben. Sämtliche **Chancen der Wertsteigerung liegen beim Leasinggeber**, die Risiken aus einer Wertminderung dagegen beim Leasingnehmer. Allerdings hat der Leasinggeber nur dann bedeutende Chancen der Wertsteigerung, wenn der Gegenstand auch noch einen Wert hat, d. h. die Vertragslaufzeit nicht in etwa der wirtschaftlichen Nutzungsdauer des Leasinggegenstandes entspricht. Dem steht auch nicht entgegen, wenn der Leasinggeber sein Andienungsrecht ausübt, obwohl der Wert der Leasinggegenstände zum Zeitpunkt der Ausübung über dem Andienungspreis liegt. Ist zu Beginn des Leasingvertrages aber davon auszugehen, dass der Leasinggeber von dem **Andienungsrecht Gebrauch machen** wird, weil der künftige Marktwert weit unter dem Andienungspreis liegen wird, ist der Leasinggegenstand jedoch dem **Leasingnehmer zuzurechnen.** 102

– **IFRS:** Ein *finance lease* ist nach IAS 17.10(d) gegeben, wenn zu Beginn des Leasingverhältnisses der Barwert der Mindestleasingzahlungen im Wesentlichen dem beizulegenden Zeitwert des Leasinggegenstandes entspricht. In die Mindestleasingzahlungen ist auch der Betrag des Andienungsrechtes einzubeziehen, so dass der Barwert der Mindestleasingzahlungen dem beizulegenden Zeitwert entsprechen wird. Dieser Fall ist mit dem HGB vergleichbar, wenn zu Beginn der Vertragslaufzeit mit relativ hoher Wahrscheinlichkeit von einer Ausübung des Andienungsrechtes ausgegangen werden kann, weil der erwartete Marktwert unter dem Preis des Andienungsrechtes liegen wird. Der Leasingnehmer müsste den Leasinggegenstand bilanzieren, während der Leasinggeber eine Forderung auszuweisen hätte. Liegt dagegen der erwartete Marktpreis nicht unbedeutend über dem Restwert am Ende der Vertragslaufzeit, wird man davon ausgehen können, dass der Leasinggeber diesen höheren Marktpreis realisieren wird. Bei einem nicht unbedeutenden über dem Restwert liegenden Marktwert kann der Barwerttest zu einem *operating lease* und damit zu einer Aktivierung des Leasinggegenstandes beim Leasinggeber führen. Eine Abweichung bei der Klassifizierung zwischen HGB und IFRS besteht dem Grunde nach nicht. Allerdings wird durch die Grenzziehung (wann wirtschaftliches Eigentum vorliegt und wann nicht) aufgrund der unterschiedlichen Klassifizierungsmethoden die **Zurechnung unter IFRS** grundsätzlich **beim Leasingnehmer** erfolgen. 103

– **HGB:** Bei **Leasingverträgen mit Kaufoption** ist der Leasinggeber auf Verlangen des Leasingnehmers verpflichtet, den Leasinggegenstand nach Ablauf der Grundmietzeit an den Leasingnehmer zu dem im Leasingvertrag vereinbarten Optionspreis zu verkaufen. Die Ausübung der Option steht damit allein im Belieben des Leasingnehmers; der Leasinggeber hat dagegen keine Möglichkeit einer rechtlichen Einflussnahme mehr. 104

Bei diesen Verträgen könnte von einer Übertragung des wirtschaftlichen Eigentums auf den Leasingnehmer und damit von einer entsprechenden Bilanzierung beim Leasingnehmer auszugehen sein, wenn feststeht, dass der Leasingnehmer die ihm gewährte Option mit hoher Wahrscheinlichkeit ausüben wird. Das wird immer dann der Fall sein, wenn der **fest vereinbarte Kaufpreis deutlich niedriger** ist als der zum Ausübungszeitpunkt beizulegende Zeitwert des Leasinggegenstandes.

Der in den Leasingerlassen zugrunde gelegte Restbuchwert des Leasinggegenstandes unter der Berücksichtigung der AfA-Tabelle als Kaufoptionspreis kann derart unter dem erwarteten Marktwert liegen, dass eine günstige Kaufoption vorliegt.

Eine Kaufoption wird auch zu einer Zurechnung des Leasinggegenstandes zum Leasingnehmer führen, wenn zwar der Kaufoptionspreis erst am Ende der Vertragslaufzeit zum dann herrschenden Marktwert festgelegt wird, aber der Leasingnehmer aufgrund **faktischer oder wirtschaftlicher Zwänge** ausüben muss.

§ 71 Vierter Teil. Wirtschaftliche Problemkomplexe des Leasings

105 – **IFRS:** Nach IAS 17.10(b) hat der Leasingnehmer die Option, den Vermögensgegenstand zu einem Preis zu erwerben, der erwartungsgemäß deutlich niedriger als der zum möglichen Optionsausübungszeitpunkt beizulegende Zeitwert des Vermögensgegenstandes ist, so dass zu Beginn des Leasingverhältnisses hinreichend sicher ist, dass die Option ausgeübt wird. Für das Vorliegen einer günstigen Kaufoption und damit der Aktivierung des Leasinggegenstandes beim Leasingnehmer gibt es zwischen HGB und IFRS keine abweichende Betrachtung.

Die Kaufoptionspreise nach den steuerlichen Erlassen können jedoch zu einer **unterschiedlichen Klassifizierung** nach IFRS, aber auch nach HGB, führen.

106 **d) Leasingverträge mit Mietverlängerungsoption.** Bei Leasingverträgen mit Mietverlängerungsoption ist die Situation ähnlich gelagert wie bei Verträgen mit Kaufoption. Eine Besonderheit liegt allerdings darin, dass in diesem Fall der Leasinggeber auf Verlangen des Leasingnehmers verpflichtet ist, den Leasinggegenstand nach Ablauf der Grundmietzeit an den Leasingnehmer weiterhin zu vermieten.

107 – **HGB:** Eine für den Leasingnehmer wirtschaftlich sinnvolle Nutzung des Objektes wird in der Regel durch seine unternehmensspezifische Nutzungsdauer (*useful life*) begrenzt sein, die in den seltensten Fällen mit der wirtschaftlichen Nutzungsdauer identisch sein wird. Solange der Leasingnehmer eine Mietverlängerungsoption nicht bis zum Ablauf der wirtschaftlichen Nutzungsdauer in Anspruch nimmt, hat der Herausgabeanspruch des Leasinggebers noch einen gewissen Wert. Erst bei einer Leasingvertragslaufzeit einschließlich Mietverlängerungsoption von mehr als 90 % der wirtschaftlichen Nutzungsdauer ist die verbleibende Substanz des Leasinggegenstandes für den Leasinggeber nur noch unbedeutend und der Herausgabeanspruch dementsprechend so gut wie wertlos.

In der Praxis hat sich zudem gezeigt, dass Leasingnehmer entweder gar keinen Gebrauch von der Mietverlängerung machen oder die Mietverlängerung nur für eine kurze begrenzte Zeit durchführen, ohne diese in vollem Umfang auszunutzen. Dies geschieht vornehmlich aus Wirtschaftlichkeitserwägungen, weil trotz günstiger Anschlussmieten der Gegenstand oft nicht mehr sinnvoll im Betrieb eingesetzt werden kann und es der Kaufmann vorzieht, sich lieber mit einem neuen, technisch besseren Gegenstand einzudecken als den alten Gegenstand weiter zu nutzen.

Es bleibt also festzuhalten, dass eine **Mietverlängerungsoption**, sollte sie auch günstig sein, **allein noch nicht ausreicht**, sämtliche Chancen aus dem Leasinggegenstand dem Leasingnehmer zuzuordnen. Erst wenn der Leasinggeber jegliche Wertsteigerungschance sowie faktisch die Verfügungsgewalt über den Leasinggegenstand verloren hat, ist die Bilanzierung beim Leasingnehmer vorzunehmen. Ein solcher Fall wäre gegeben, wenn mit großer Wahrscheinlichkeit von einer Ausübung der Mietverlängerungsoption ausgegangen werden kann und am Ende der Mietverlängerungsoption (Vertragslaufzeit mehr als 90 % der wirtschaftlichen Nutzungsdauer) der **Leasinggegenstand für den Leasinggeber praktisch wertlos** ist.

108 – **IFRS:** Nach IAS 17.10(c) ist das Leasingverhältnis als *finance lease* zu klassifizieren, wenn die Laufzeit des Leasingvertrags dem überwiegenden Teil der wirtschaftlichen Nutzungsdauer des Leasinggegenstandes entspricht. Anders als im HGB reicht nach IFRS eine Vertragslaufzeit einschließlich günstiger **Mietverlängerungsoption von 75 % der wirtschaftlichen Nutzungsdauer** aus, um widerlegbar davon auszugehen, dass der Leasinggegenstand dem Leasingnehmer zuzurechnen ist. Dagegen dürfte die Beurteilung, wann von einer günstigen Mietverlängerungsoption auszugehen ist, für HGB und IFRS identisch sein. Lediglich die steuerlichen Kriterien können in Bezug auf IFRS, aber auch HGB, zu abweichenden Ergebnissen in der Zurechnung führen.

109 **e) Leasingverträge mit Doppeloption.** Bei Leasingverträgen mit Doppeloption hat der Leasinggeber nach Ablauf der Grundmietzeit ein Andienungsrecht, während der Leasingnehmer zum gleichen Zeitpunkt ein Optionsrecht auf Abschluss eines Kaufvertrags hat. Sowohl der Andienungspreis wie auch der Optionspreis werden bei Abschluss des Leasingvertrags fest vereinbart.

– **HGB:** Bei Leasingverträgen mit Doppeloptionen liegen Substanz und Ertrag des Gegenstandes tatsächlich sowie vollständig und auf Dauer beim Leasingnehmer, soweit sich **Optionspreis und Andienungspreis entsprechen** bzw. **der Optionspreis unter dem Andienungspreis** liegt und der erwartete Marktpreis sich mehr als unbedeutend von beiden Preisen unterscheidet. Der Leasingnehmer hat neben dem Ertrag aus dem Nutzungspotential des Leasinggegenstandes auch die vollständige Chance der Wertsteigerung (Kaufoption) und das vollständige Risiko der Wertminderung (Andienungsrecht). 110

Eine abweichende Beurteilung könnte sich ergeben, wenn der Andienungspreis niedriger als der Optionspreis ist und **der erwartete Marktwert zwischen beiden Preisen** liegt bzw. der erwartete Marktwert Kaufoptions- und Andienungspreis entspricht. In diesen Fällen wird man nicht ohne weiteres, abgesehen von faktischen oder wirtschaftlichen Zwängen, zu Beginn des Leasingvertragsverhältnisses von einer Ausübung der Option bzw. des Andienungsrechtes ausgehen können. Solange durch die Vertragslaufzeit die Substanz am Ende des Leasingvertrages nicht bedeutungslos geworden ist, ist bei derartigen Vertragskonstellationen der Leasinggegenstand weiterhin dem **Leasinggeber zuzurechnen**.

– **IFRS:** Nach IFRS führt eine Kombination aus Kaufoption und Andienungsrecht grundsätzlich zu einem *finance lease* und damit zu einer Zurechnung zum Leasingnehmer. In dem unrealistischen Fall, dass der Marktpreis zwischen höherem Kaufoptionspreis und niedrigerem Andienungspreis liegt und der Marktpreis sehr viel höher als der Andienungspreis ist, wäre eine andere Zuordnung (*operating lease*) denkbar. Allerdings ist zu beachten, dass aufgrund der anderen Grenzen im Laufzeittest und der nach HGB nicht in der Form angewandten Methode des Barwerttestes letztendlich **unterschiedliche Ergebnisse bei der Zurechnung** auftreten können. 111

Eine Vertragslaufzeit eines Leasingvertrages mit Doppeloption von 75 % bis 90 % der wirtschaftlichen Nutzungsdauer würde zu der Indikation eines *finance lease* führen, weil das Leasingverhältnis den überwiegenden Teil der wirtschaftlichen Nutzungsdauer des Vermögensgegenstandes umfasst.

Der Barwerttest wird hingegen bei den Doppeloptionsverträgen grundsätzlich aufgrund des Andienungsrechtes zu einem *finance lease* führen, da das Andienungsrecht als Bestandteil der Mindestleasingzahlung in den Barwerttest mit aufzunehmen ist.

f) **Leasingverträge mit Erlösbeteiligung.** Bei Leasingverträgen mit Erlösbeteiligung handelt es sich um Vollamortisationsverträge (Verwertungserlös) und Teilamortisationsverträge (Mehrerlös), die Klauseln enthalten, wonach der **Verwertungserlös bzw. Mehrerlös unter Leasinggeber und Leasingnehmer aufgeteilt** werden. Bestehen sonst keine anderen vertraglichen Vereinbarungen, stellt sich die Frage, ob die Höhe der Erlösbeteiligung Auswirkungen auf die Zurechnung hat. 112

– **HGB:** Wendet man die oben beschriebenen allgemeinen Zurechnungskriterien an, ist der **Leasinggegenstand dem Leasingnehmer zuzurechnen**, wenn dieser im Wesentlichen auch noch an den Chancen der Wertsteigerung aus dem Leasinggegenstand teilnimmt. Eine vom rechtlichen Eigentümer abweichende Zurechnung des Leasinggegenstandes zum Leasingnehmer ist gegeben, wenn der Leasingnehmer an der nicht unbedeutenden Wertsteigerung des Leasinggegenstandes am Ende der fest vereinbarten Mietzeit mit mehr als 75 % partizipiert. Eine nicht unbedeutende Substanz dürfte vorliegen, solange die Vertragslaufzeit nicht mehr als 90 % der wirtschaftlichen Nutzungsdauer beträgt. 113

In der Praxis sind Vereinbarungen in Leasingverträgen durchaus geläufig, die den Erlös vollständig dem Leasingnehmer anrechnen, wenn dieser sich verpflichtet, nach Ablauf

§ 71 Vierter Teil. Wirtschaftliche Problemkomplexe des Leasings

des alten Leasingvertrags wieder einen neuen Leasingvertrag mit dem Leasinggeber abzuschließen. In diesen Fällen wäre nach den allgemeinen Zurechnungskriterien der Leasinggegenstand dem Leasingnehmer zuzurechnen.

114 – **IFRS:** Neben dem Laufzeitkriterium (IAS 17.10(c)) ist bei diesen Verträgen auch das Barwertkriterium (IAS 17.10(d) beim Leasinggeber zu überprüfen und der Indikator Gewinne aus der Veränderung des beizulegenden Zeitwertes (IAS 17.11(b)) beim Leasingnehmer zu beachten.

Eine unterschiedliche Klassifizierung kann sich aufgrund der Laufzeit der Verträge im Vergleich zur wirtschaftlichen Nutzungsdauer zwischen HGB und IFRS ergeben.

Darüber hinaus kann die Erlösbeteiligung – abhängig vom Betrag – bei Anwendung des Barwertkriteriums beim Leasinggeber (durch die Erhöhung des internen Zinssatzes) von einem *finance lease* zu einem *operating lease* führen, während die Mehrerlösbeteiligung des Leasingnehmers in Höhe von 75 % durch Anwendung des Gewinn- oder Verlust-Indikators bei ihm grundsätzlich zu einem *finance lease* führen wird.

115 **g) Mietkaufverträge:** Die Mietkaufverträge beinhalten eine Mischung von kauf- und mietvertraglichen Elementen. Als Mietkaufverträge im engeren Sinne werden solche Verträge gesehen, bei denen der Parteiwille aus dem Vertrag deutlich erkennbar auf einen Sacherwerb des Mieters ausgerichtet ist. So wird in den Verträgen vereinbart, dass am Ende der Mietzeit der Gegenstand zu den bereits bei Vertragsabschluss festgelegten **Bedingungen automatisch in das (rechtliche) Eigentum des Mieters** übergeht.

– **HGB:** Der Leasingnehmer/Mietkäufer hat den Leasinggeber (Verkäufer) mit Abschluss des Vertrags vom Ertrag und der Substanz ausgeschlossen.

– **IFRS:** Die Beurteilung nach IFRS (IAS 17.10(a)) unterscheidet sich nicht von der Beurteilung nach HGB. Die Zurechnung des Leasinggegenstandes erfolgt beim Leasingnehmer (*finance lease*).

116 **h) Sonstige Vertragstypen.** Alle sonstigen Vertragstypen, die nicht den vorgenannten Standardtypen entsprechen, sind nach den oben ausgeführten allgemeinen Zurechnungsvorschriften zu beurteilen. Auch hier gilt, nur die Gesamtwürdigung eines Vertrages kann zu einer sachgerechten Beurteilung führen, ob ein Nutzungs- oder Finanzierungsverhältnis vorliegt.

117 – **HGB:** Scheinbar gleichartige Vertragsgestaltungen können sich durchaus unterscheiden, so dass auf der Basis der Zurechnungskriterien eine abweichende Beurteilung und damit eine differierende bilanzielle Zuordnung erfolgen kann.

118 – **IFRS:** Ein Unternehmen kann eine Vereinbarung abschließen, die eine Transaktion oder mehrere miteinander verbundene Transaktionen enthält, die nicht in der rechtlichen Form eines Leasingverhältnisses gekleidet ist, die jedoch gegen eine Zahlung oder eine Reihe von Zahlungen das **Recht auf Nutzung eines Vermögensgegenstandes** (z. B. Kraftwerk, Produktionsanlagen) überträgt (IFRIC Interpretation 4). Zu solchen Vereinbarungen, bei denen ein Unternehmen (Lieferant) einem anderen Unternehmen (Käufer) ein derartiges Recht auf Nutzung eines Vermögensgegenstandes übertragen kann, gehören beispielsweise Outsourcingvereinbarungen, Lieferverträge. Solche Vereinbarungen sind dementsprechend daraufhin zu untersuchen, ob Rechte auf Nutzung eines Vermögensgegenstandes Leasingverhältnisse darstellen. Werden diese Voraussetzungen erfüllt (IFRIC 4.7 ff), werden diese Vereinbarungen Leasingverhältnisse und sind entsprechend nach IAS 17.10 ff. zu klassifizieren, um damit die Zurechnung der genutzten Vermögensgegenstände zu bestimmen.

119 Ein Unternehmen kann mit einem oder mehreren Unternehmen eine Transaktion oder mehrere strukturierte Transaktionen (Vereinbarungen) abschließen, die in die **rechtliche Form eines Leasingverhältnisses** gekleidet ist (SIC 27). Diese Vereinbarungen sind darauf zu untersuchen, ob der eigentliche Zweck der Vereinbarung tatsächlich eine Nutzungsüberlassung ist, oder ob nicht andere Ziele der Vereinbarung im Vordergrund

22. Kapitel. Bilanzrechtliche Aspekte des Leasing §71

stehen (z. B. Steuervorteile). In diesem Fall wird die Zurechnung der Objekte nicht nach den Leasingvorschriften gemäß IAS 17 vorgenommen.

i) Forfaitierung. Die Anschaffungskosten der Leasinggegenstände werden in der Praxis 120 in erheblichem Umfang durch **regresslosen Verkauf** der zukünftig fälligen Leasingraten und des künftigen Anspruchs auf den Erlös aus der nach Ablauf der Grundmietzeit anstehenden Verwertung des Leasinggegenstandes finanziert. Die Forfaitierung der künftigen Leasingzahlungen hat auf die Klassifizierung des Leasingverhältnisses zwischen Leasinggeber und Leasingnehmer keinen direkten Einfluss. Allerdings kann sich die Art der Refinanzierung auf den Ausweis der mit dem Leasingverhältnis im Zusammenhang stehenden Vermögensgegenstände (Leasingvermögen, Leasingforderungen) auswirken.

- **HGB:** Hat der Leasinggeber aufgrund des Leasingverhältnisses den Leasinggegen- 121 stand in seiner Bilanz auszuweisen, so **ändert sich an dieser Bilanzierung nichts**, solange dem Leasinggeber aus dem regresslosen Verkauf der zukünftigen Leasingzahlungen (zukünftige Leasingraten und zukünftiger Anspruch aus der Verwertung) bei der Verwertung des Leasinggegenstandes an der Wertsteigerung partizipiert. Stehen ihm jedoch durch die Forfaitierung der zukünftigen Zahlungen weder aus der Nutzung der entsprechende Ertrag noch aus der Substanz die entsprechenden Chancen und Risiken zu, liegt ein Verkauf des Leasinggegenstandes und damit dessen Abgang aus der Bilanz des Leasinggebers vor.
Hat der Leasinggeber aus dem Leasingverhältnis eine Forderung auszuweisen, wäre dementsprechend ein Abgang der Forderung die Folge.

- **IFRS:** Die Behandlung des regresslosen Verkaufs der zukünftigen Leasingzahlungen 122 **ist nach IFRS mit der nach HGB vergleichbar.** Soweit der Leasinggeber den Leasinggegenstand zu bilanzieren hat, ist bei regresslosem Verkauf der zukünftigen Zahlungen zu prüfen, ob eine Darlehensgewährung oder ein Verkauf nach IAS 18 vorliegt.
Soweit beim Leasinggeber das Leasingverhältnis als *finance lease* einzustufen ist und er damit eine Forderung aus Finanzierungsleasing ausweist, wird die Frage einer Darlehensfinanzierung oder eines Verkaufs nach den Vorschriften des IAS 39 entschieden. Die unterschiedlichen Regelungen beim regresslosen Verkauf von Leasingforderungen in den IFRS können zu einer abweichenden Bilanzierung zwischen HGB und IFRS führen.

j) Andienungs-/Übernahmeverpflichtung. Erwirbt der Leasinggeber den Gegen- 123 stand von einem Hersteller oder einem Händler, ist es in der Praxis nicht unüblich, dass sich der Hersteller oder Händler verpflichtet, den Gegenstand nach Beendigung des Leasingvertrags zu einem fest vereinbarten Preis zurückzunehmen. In einigen Fällen verpflichtet sich sogar der Leasinggeber, den Gegenstand zurückzugeben.

- **HGB:** Verpflichtet sich der Hersteller oder Händler, den Leasinggegenstand am Ende 124 der Vertragslaufzeit zu einem fest vereinbarten Preis zurückzukaufen, ohne dass der Leasinggeber seinerseits eine Verpflichtung zur Rückgabe hat, verbleibt neben dem rechtlichen auch das wirtschaftliche Eigentum an dem Leasinggegenstand weiterhin beim Leasinggeber. Solange ihn nicht der Leasingnehmer aufgrund der Vertragslaufzeit und/oder anderen Bedingungen vom wirtschaftlichen Eigentum ausgeschlossen hat, stehen ihm das Verwertungsrecht und die Chancen der Wertsteigerung zu (§ 340b Abs. 5 HGB).
Anders kann der Sachverhalt zu beurteilen sein, wenn der Leasinggeber nicht nur ein Andienungsrecht, sondern im gleichen Umfange eine Verpflichtung zur Rückgabe an den Hersteller oder den Händler hat.[89] Dem Hersteller oder Händler würden am Ende der Laufzeit des Leasingvertrages die Chancen sowie die Risiken aus der Wertsteige-

---
[89] Vgl. auch IDW ERS HFA 13 n. F. vom 29. 11. 2006.

Findeisen

§ 71   Vierter Teil. Wirtschaftliche Problemkomplexe des Leasings

rung bzw. Wertminderung des Leasinggegenstandes zustehen. Der Hersteller bzw. Händler hat also mit dem Leasinggeber nicht nur die Veräußerung des Vermögensgegenstandes, sondern zugleich auch dessen Rückerwerb und den Rückerwerbspreis vereinbart, so dass hier die **Vorschriften des echten Pensionsgeschäftes** (§ 340b Abs. 1 und 2 HGB) zur Anwendung kommen. Der Leasinggeber hat den Gegenstand nicht in seiner Bilanz auszuweisen. Wirtschaftlich gesehen handelt es sich zwischen Hersteller/Händler und Leasinggeber um einen „Head-Lease" und zwischen Leasinggeber und Leasingnehmer um einen „Sub-Lease", wobei beide einheitlich nur operating leases oder *finance leases* sein können.

Vergleichbar dem Sachverhalt der Rückgabeverpflichtung ist der Fall, dass zwar der Leasinggeber keine rechtliche Verpflichtung zur Rückgabe des Gegenstandes am Ende der Vertragslaufzeit hat, jedoch faktisch aufgrund niedrigerer erwarteter Marktpreise immer zur Ausübung des Optionsrechts gezwungen sein wird.

125 – **IFRS:** Die Behandlung solcher Transaktionen wird unter IFRS zu ähnlichen Beurteilungen führen, aber aufgrund der unterschiedlichen Ausgestaltungen der Zurechnungsvorschriften in einer Reihe von Fällen **von den Ergebnissen nach HGB abweichen.** So ist zunächst zu untersuchen, ob durch das Andienungsrecht des Leasinggebers und damit der Übernahmegarantie durch den Hersteller/Händler überhaupt ein Verkauf nach IAS 18.14 ff erfolgt ist. Soweit die Übernahmegarantie unbedeutend bzw. die Wahrscheinlichkeit einer Inanspruchnahme recht unwahrscheinlich ist, dürfte trotz der Vereinbarung auch nach IFRS ein Verkauf vorliegen.

Demgegenüber führt ein Andienungsrecht gekoppelt mit einer Rückgabeverpflichtung immer zu einem Verbleib der Gegenstände beim Hersteller/Händler, es sei denn, die Rückgabeverpflichtung ist unbeachtlich. Dann liegt trotz der Vertragskonstruktion ein Verkauf i. S. IAS 18.14 ff vor.

Liegt ein Verkauf nicht vor, ist die Vereinbarung zwischen Hersteller/Händler und Leasinggeber immer wie ein *operating lease* zu behandeln.

126 **k) Erbbaurecht.** Im Immobilien-Leasing ist es durchaus üblich, dass der Leasinggeber auf dem Grundstück des Leasingnehmers ein Gebäude errichtet, nachdem ihm der Leasingnehmer auf dem entsprechenden Grundstück ein Erbbaurecht eingeräumt hat. Nach Ablauf des Erbbaurechtsvertrags hat der Leasingnehmer dem Leasinggeber entweder eine vertraglich vereinbarte Entschädigung für die auf dem Grundstück errichteten Bauten zu zahlen, oder sie gehen entschädigungslos am Ende des Erbbaurechtsvertrags auf den Leasingnehmer/Eigentümer des Grundstücks über.

127 – **HGB:** Sind Grundmietzeit und Dauer des Erbbaurechts identisch oder ist der Erbbaurechtszeitraum nur unwesentlich länger als die Leasingvertragslaufzeit, liegt das **wirtschaftliche Eigentum beim Leasingnehmer.** Dem Leasinggeber fehlen in diesen Fällen am Ende der Vertragslaufzeit die Chancen aus dem Gegenstand, da dieser aufgrund der kurzen noch verbleibenden Zeit bis zum Ablauf des Erbbaurechtsvertrags nicht mehr wirtschaftlich sinnvoll von einem Dritten genutzt werden kann. Nach den Zurechnungskriterien sind die Leasinggegenstände beim Leasingnehmer zuzurechnen.

– **IFRS:** Nach den IFRS gibt es **kein abweichendes Ergebnis** (z. B. bei Anwendung des Barwertkriteriums).

128 **l) Sale-leaseback.** Bei Sale-leaseback-Transaktionen handelt es sich um Vereinbarungen, bei denen der Leasingnehmer den von einem Dritten erworbenen oder in seinen Büchern gehaltenen Leasinggegenstand an den Leasinggeber verkauft (sale), um ihn anschließend zurückzumieten (leaseback).

129 – **HGB:** Die Leasinggeschäfte in Form von Sale-leaseback werden im HGB grundsätzlich als **zwei selbständige Transaktionen** behandelt. Dementsprechend sind die beiden Verträge getrennt zu beurteilen.

Eine notwendige Bedingung für eine Veräußerung eines Vermögensgegenstandes ist die Übertragung des rechtlichen Eigentums an dem verkauften Vermögensgegenstand auf einem Dritten. Fallen rechtliches und wirtschaftliches Eigentum auseinander, kommt es auf das wirtschaftliche Eigentum an. Der wirtschaftliche Eigentümer verfügt regelmäßig über das Verwertungsrecht durch Nutzung oder Weiterveräußerung, trägt die Chancen und Risiken aus der laufenden Nutzung und kommt in den Genuss von Wertsteigerung und trägt das Risiko der Wertminderung bzw. des Verlustes.

Der Leasingvertrag zwischen Verkäufer/Leasingnehmer und Käufer/Leasinggeber ist zu beurteilen, inwieweit die **Chancen und Risiken** auf den Leasingnehmer zurückübertragen werden. Bei einer Laufzeit des Leasingvertrags von mehr als 90% der wirtschaftlichen Nutzungsdauer oder bei Einräumung einer günstigen Kaufoption würde das wirtschaftliche Eigentum wieder an den Leasingnehmer zurückfallen. Da die beiden Verträge in der Regel zeitlich eng zusammenhängen, würde in diesem Fall keine Veräußerung stattgefunden haben. Eine Gewinnrealisierung wäre dementsprechend nicht gegeben. **130**

Fraglich könnte sein, ob der **Gewinn aus dem Verkaufsgeschäft** realisiert werden kann, wenn er zum Teil oder insgesamt über die Leasingraten verzinst zurückzuzahlen ist.[90] Sind Kaufvertrag und Leasingvertrag zu marktgerechten Bedingungen abgeschlossen worden, bestehen für eine sofortige Gewinnrealisierung keine Bedenken, soweit das wirtschaftliche Eigentum auf den Käufer übergegangen und bei ihm verblieben ist.

Ein über dem Marktpreis liegender Verkaufspreis spricht gegen eine Gewinnrealisierung in Höhe der Differenz von Markt- und Verkaufspreis.[91] Der Leasingnehmer hätte in Höhe des Differenzbetrages eine Darlehensverbindlichkeit und der Leasinggeber in gleicher Höhe eine Darlehensforderung auszuweisen, die über die Leasingraten getilgt würden.

Soweit aber das wirtschaftliche Eigentum beim Käufer/Leasinggeber liegt und kein krasses Missverhältnis zwischen Verkaufspreis und Leasingraten besteht, sollte eine Gewinnrealisierung gegeben sein. **131**

— **IFRS:** Nach den IFRS wird die Sale-leaseback-Transaktion, abweichend vom HGB, als **eine Einheit** gesehen. Dementsprechend ist beim Vorliegen eines Sale-leaseback nicht mehr zu prüfen, ob ein Verkaufsgeschäft nach IAS 18 vorliegt. Die Beurteilung, ob der *sale* der Sale-Leaseback-Transaktion als Verkauf oder als Finanzierung zu betrachten ist, wird nach den Vorschriften des IAS 17.58 ff beurteilt. Sie legen nach der Art und den Bedingungen des Leaseback die Gewinn- oder Verlustrealisierung fest. **132**

Wenn eine Sale-leaseback-Transaktion zu einem **Finanzierungs-Leasingverhältnis** führt, darf der Überschuss der Verkaufserlöse über den Buchwert nicht sofort als Gewinn beim Verkäufer erfasst werden. Stattdessen ist er abzugrenzen und über die Laufzeit des Leasingverhältnisses erfolgswirksam zu verteilen (IAS 17.59). **133**

Führt eine Sale-Leaseback-Transaktion zu einem **Operating-Leasingverhältnis** und ist klar, dass die Transaktion zum beizulegenden Zeitwert getätigt wird, so ist jeglicher Gewinn oder Verlust sofort zu erfassen. Liegt der Veräußerungspreis unter dem beizulegenden Zeitwert, so ist jeder Gewinn oder Verlust unmittelbar zu erfassen mit der Ausnahme, dass ein Verlust abzugrenzen und über die Laufzeit verteilt wird, wenn dieser Verlust durch unter dem Marktpreis liegende Leasingzahlungen ausgeglichen wird. Für den Fall, dass der Veräußerungspreis den beizulegenden Zeitwert übersteigt, ist der den beizulegenden Zeitwert übersteigende Betrag abzugrenzen und über den Zeitraum des Vertrages erfolgswirksam zu verteilen (IAS 17.61). Liegt bei einem Operating-Leasingverhältnis der beizulegende Zeitwert zum Zeitpunkt der Sale-Leaseback-Transaktion unter dem Buchwert des Vermögenswertes, so ist ein Verlust in Höhe der Differenz zwischen dem Buchwert und dem beizulegenden Zeitwert sofort zu erfassen (IAS 17.63).

---

[90] Tacke a. a. O., 93 f.
[91] Vgl. *Gelhausen/Weiblen* a.a.O., Rdn. 182; IDW ERS HFA 13 n. F. vom 29.11.2006, Rdn. 72.

§ 72. Bilanzierung der Leasingverhältnisse bei Zurechnung zum Leasinggeber

Schrifttum: Vgl. die Hinweise zu § 71

Übersicht

	Rdn.
I. Vorbemerkung	1
II. Bilanzierung beim Leasinggeber	2
1. Leasinggegenstand	2
a) Behandlung nach HGB	2
aa) Ausweis	2
bb) Anschaffungs- oder Herstellungskosten	8
cc) Planmäßige Abschreibungen	14
dd) Außerplanmäßige Abschreibungen	28
ee) Abgänge	32
b) Behandlung nach IFRS	33
aa) Ausweis	33
bb) Anschaffungs- oder Herstellungskosten	35
cc) Planmäßige Abschreibungen	36
dd) Außerplanmäßige Abschreibungen	45
ee) Abgänge	46
2. Leasingraten	48
a) Behandlung nach HGB	48
aa) Ausweis	48
bb) Bewertung	62
cc) Vorzeitige Kündigung	64
dd) Forfaitierung von Leasingraten	65
ee) Forfaitierung von Restwerten	72
ff) Forfaitierung und Eventualverbindlichkeiten	76
b) Behandlung nach IFRS	77
aa) Ausweis	77
bb) Bewertung	78
cc) Forfaitierung von Leasingraten	79
dd) Forfaitierung von Restwerten	80
ee) Eventualforderungen und Eventualverbindlichkeiten	81
3. Risikovorsorge	83
a) Behandlung nach HGB	83
aa) Kredittypische Risiken	84
(1) Bonitätsrisiko	84
(2) Zinsrisiko	89
(3) Währungsrisiko	90
bb) Leasingtypische Risiken	91
(1) Objektrisiko	91
(2) Vertragsrisiken	93
(3) Leasingtypische Anlaufverluste	94
b) Behandlung nach IFRS	95
aa) Kredittypische Risiken	95
(1) Bonitätsrisiko	95
(2) Zins- und Währungsrisiken	98
bb) Leasingtypische Risiken	99
(1) Objektrisiken	99
(2) Vertragsrisiken	100
4. Rückstellungen	103
a) Behandlung nach HGB	103
b) Behandlung nach IFRS	105
5. Verbindlichkeiten	106
a) Behandlung nach HGB	106
b) Behandlung nach IFRS	109
6. Erträge und Aufwendungen	111

22. Kapitel. Bilanzrechtliche Aspekte des Leasing § 72

	Rdn.
a) Behandlung nach HGB	111
b) Behandlung nach IFRS	114
7. Anhangsangaben	118
a) Behandlung nach HGB	118
b) Behandlung nach IFRS	121
III. Bilanzierung beim Leasingnehmer	124
1. Leasingraten	124
a) Behandlung nach HGB	124
b) Behandlung nach IFRS	132
2. Rechnungsabgrenzungsposten	141
a) Behandlung nach HGB	141
b) Behandlung nach IFRS	142
3. Rückstellungen	143
a) Behandlung nach HGB	143
b) Behandlung nach IFRS	145

I. Vorbemerkung

Wie bei der Frage der Zurechnung gibt es auch bei der Frage des Ansatzes und der Bewertung von Leasingverhältnissen anders als nach IFRS (IAS 17.36 ff.) keine speziellen gesetzlichen Vorschriften im HGB. Die Bilanzierung von Leasingverhältnissen ist im Wesentlichen durch die steuerliche Rechtsprechung bestimmt. Eigene handelsrechtliche Grundsätze über Ausweis und Bewertung des Leasinggeschäfts gibt es erst seit der Verlautbarung des Hauptfachausschusses des Instituts der Wirtschaftsprüfer in seiner Stellungnahme HFA 1/1989: Zur Bilanzierung beim Leasinggeber.[1] Behandelt wird in der Stellungnahme ausschließlich die Bilanzierung beim Leasinggeber und auch nur, sofern die Leasinggegenstände dem Vermögen des Leasinggebers zuzurechnen und somit in seiner Bilanz auszuweisen sind.

Im Folgenden werden Ansatz und Bewertung von Leasingverhältnissen beim Leasinggeber sowohl nach handelsrechtlichen Grundsätzen als auch nach IFRS dargestellt. Grundlage der Ausführungen bilden dabei für die Bilanzierung nach HGB die Stellungnahme HFA 1/1989 sowie die allgemeine Zielsetzung der Handelsbilanz und für die Bilanzierung nach IFRS im Wesentlichen der IAS 17. Dabei sollen nur die Unterschiede unter IFRS dargestellt werden.

II. Bilanzierung beim Leasinggeber

1. Leasinggegenstand

a) Behandlung nach HGB. aa) Ausweis. Die Leasinggegenstände sind dem Anlage- oder dem Umlaufvermögen zuzurechnen. Darüber hinaus ist zu klären, wie sie bei Kapitalgesellschaften in das Gliederungsschema des § 266 Abs. 2 und 3 HGB einzuordnen sind. Ein Ausweis der Leasinggegenstände als **Sondervermögen** zwischen Anlage- und Umlaufvermögen kommt nicht in Betracht, da die in der Bilanz aufzuführenden Vermögensgegenstände nach § 247 Abs. 1 HGB, der im Übrigen für alle Kaufleute gilt, nur einer dieser beiden Gruppen, entweder Anlagevermögen oder Umlaufvermögen, angehören können.[2]

Vermögensgegenstände sind nach § 247 Abs. 2 HGB als **Anlagevermögen** auszuweisen, wenn sie dazu bestimmt sind, dauernd dem Unternehmen zu dienen; zum Umlaufvermögen gehören diejenigen Vermögensgegenstände, die lediglich vorübergehend dem Unternehmen zu dienen haben. Für die Differenzierung ist die konkrete **betriebliche Zweckbestimmung** maßgebend, wobei zum einen die Eigenschaft der Sache, zum an-

---
[1] Vgl. IDW, St/HFA 1/1989, WPg 1989, S. 625 f.
[2] Vgl. auch IDW, St/HFA 1/1989, WPg 1989, S. 625 f.

§ 72   Vierter Teil. Wirtschaftliche Problemkomplexe des Leasings

deren der Wille des Kaufmanns hinsichtlich der Art des Einsatzes ausschlaggebend ist.[3] Nach einer für das Handelsrecht nutzbar zu machenden Unterscheidung des BFH[4] kommt es darauf an, ob ein Gebrauchsgut, für das die Absicht mehrmaliger betrieblicher Verwendung besteht, oder ein Verbrauchsgut mit der Absicht der nur einmaligen Nutzung (Veräußerung, Verbrauch) vorliegt.

Trotzdem ist mit diesen Kriterien nicht ohne weiteres eine eindeutige Zuordnung der Leasinggegenstände zum Anlagevermögen oder zum Umlaufvermögen möglich. Als Grundsatz ist aber festzuhalten, dass vermietete Gegenstände in der Regel nicht zur Veräußerung oder zum Verbrauch, sondern zu einer nicht nur vorübergehenden Erzielung von Einnahmen aus der Nutzungsüberlassung verwendet werden und somit dem Anlagevermögen zuzuordnen sind. Dem steht auch nicht entgegen, wenn wahrscheinlich oder sicher ist, dass die Gegenstände nach Ablauf der Grundmietzeit veräußert werden.

4   Ist allerdings zwischen Vermietung und Veräußerung ein **sachlich und zeitlich enger Zusammenhang** zu erkennen, kann die Vermietung als Vorstufe der Veräußerung gewertet werden und eine Zuordnung zum **Umlaufvermögen** in Betracht kommen. Ein Ausweis der Leasinggegenstände im Umlaufvermögen erscheint demnach in den Fällen denkbar, in denen der Verkauf im Vordergrund steht und die Zeit der Vermietung im Verhältnis zur Gesamtnutzungsdauer von geringer Bedeutung ist.[5]

Dieses wird man beispielsweise immer dann annehmen können, wenn die Gegenstände nur vorübergehend vermietet werden und anschließend an Dritte veräußert werden sollen. Gegenstände mit einer **Grundmietzeit**, die im Verhältnis **zur durchschnittlichen Lebensdauer** des Leasinggegenstandes nicht mehr von untergeordneter Bedeutung ist, sind dementsprechend auch nicht nur vorübergehend vermietet und somit in der Regel dem Anlagevermögen zuzuordnen.

5   Die Frage der Bilanzierung der Leasinggegenstände im Anlagevermögen oder im Umlaufvermögen hängt also nicht nur von dem Verhältnis Grundmietzeit und Lebensdauer, sondern vor allem auch vom **Geschäftszweck** des Leasingunternehmens ab. Bei herstellerabhängigen Leasinggesellschaften stellt die Vermietung eine besondere Maßnahme der Absatzförderung dar, die dem Zweck dient, die Gegenstände letztendlich zu verkaufen. Die Absatzfinanzierung unterscheidet sich somit grundsätzlich vom Geschäftszweck eines herstellerunabhängigen Leasingunternehmens, so dass dessen Gegenstände zweifelsohne als Anlagevermögen auszuweisen sind. Aber auch für die sich im Geschäftszweck unterscheidenden Leasinggesellschaften sind zunächst einmal die oben dargestellten Zuordnungskriterien maßgebend. Der Geschäftszweck ist aber bei der Zuordnung von Gegenständen mit einer nicht unbedeutenden Grundmietzeit in Zweifelsfragen immer als zusätzliches Kriterium heranzuziehen. Ob die Leasinggegenstände dem Anlage- oder Umlaufvermögen zuzuordnen sind, lässt sich nicht an einer generellen Regel, sondern nur im Einzelfall beurteilen.

6   Die dem Anlagevermögen zugeordneten Leasinggegenstände können entsprechend ihrer Art bei den einzelnen Posten des Sachanlagevermögens oder der immateriellen Vermögensgegenstände bilanziert werden. Allerdings muss deutlich erkennbar sein, dass es sich bei den Gegenständen um Leasinggegenstände handelt. Erreicht wird dies, wenn die Leasinggegenstände innerhalb des Sachanlagevermögens in einer **besonderen Postengruppe** ausgewiesen werden. Klarer und übersichtlicher jedoch ist die Einfügung einer besonderen Gruppe „Vermietvermögen" mit römischer Gliederungsziffer (§ 266 Abs. 2 HGB i. V. m. § 265 Abs. 5 Satz 2 HGB) zwischen Sachanlagen und Finanzanlagen.[6] Diese Gruppe kann wie das Sachanlagevermögen untergliedert werden, um vor allem zwischen

---

[3] Vgl. *Hoyos/F. Huber* in Beck Bil-Komm, § 247 HGB Anm. 351.
[4] BFH v. 13. 1. 1972, BStBl. II, S. 744.
[5] Vgl. *Grewe* WPg 1990, 162.
[6] Ebenso IDW, St/HFA 1/1989, WPg 1989, S. 625 f.; *Winkeljohann/Geißler* in Beck Bil-Komm § 265 HGB Anm. 15; *Gelhausen/Weiblen* a.a.O. Rdn. 73.

Immobilien und Mobilien zu unterscheiden. Eine andere überwiegend in der Praxis angewandte Untergliederung ist die in vermietetes Leasingvermögen und nicht vermietetes bzw. zur Vermietung bestimmtes Leasingvermögen.

Die Bilanzierung der Leasinggegenstände als Anlagevermögen verlangt, dass die Entwicklung der einzelnen Posten des Vermietvermögens in der Bilanz oder im Anhang (§ 268 Abs. 2 HGB) dargestellt wird. Ausgehend von den gesamten Anschaffungs- und Herstellungskosten, sind die Zugänge, Abgänge, Umbuchungen und Zuschreibungen des Geschäftsjahrs sowie die Abschreibungen in ihrer gesamten Höhe **gesondert** aufzuführen. 7

Werden die Leasinggegenstände im Umlaufvermögen ausgewiesen, sind sie innerhalb der Vorräte als Leasinggegenstände besonders hervorzuheben (§ 266 Abs. 2 HGB i. V. m. § 265 Abs. 5 und Abs. 6 HGB).

bb) Anschaffungs- oder Herstellungskosten. Erwirbt der Leasinggeber Leasinggegenstände von einem Dritten oder von dem zukünftigen Leasingnehmer (Sale-leaseback), sind die Gegenstände gem. § 253 Abs. 1 HGB höchstens mit den **Anschaffungskosten** zu aktivieren. Die Anschaffungskosten ergeben sich aus dem Kaufpreis (Rechnung, schriftlicher Kaufvertrag) zuzüglich Nebenkosten[7] (z. B. Transport- und Speditionskosten, Transportversicherung, Montage- und Fundamentierungskosten, Notariats-, Gerichts- und Registerkosten, Grunderwerbsteuer) sowie abzüglich Anschaffungspreisminderungen[8] (Rabatte, Boni, Skonti). Anschaffungskosten sind auch dann zu aktivieren, wenn sie überhöht sind.[9] Allerdings können überhöhte Anschaffungskosten zu einem auf die Anschaffung folgenden Bilanzierungszeitpunkt zu außerplanmäßigen Abschreibungen nach § 253 Abs. 2 Satz 3 HGB führen bzw. machen Abschreibungen nach § 253 Abs. 3 Satz 1 und 2 HGB erforderlich. Bei den **Nebenkosten** ist zu unterscheiden, ob es sich um **objektbezogene** oder **vertragsbezogene** Kosten handelt. Alle Nebenkosten, die mit dem Erwerb des Leasinggegenstandes und dessen Bereitstellung für die Nutzung durch den Leasingnehmer entstehen, sind als Anschaffungsnebenkosten zu aktivieren. Eine Aufteilung dieser Nebenkosten, soweit sie vom Leasinggeber getragen werden, in aktivierungspflichtige und nicht aktivierungsfähige Kosten ist in der Praxis kaum durchführbar und erscheint darüber hinaus auch nicht sachgerecht, wenn der Leasinggeber nach den vertraglichen Vereinbarungen verpflichtet ist, dem Leasingnehmer den Gegenstand nutzungsbereit zur Verfügung zu stellen.[10] 8

Vertragsbezogene Kosten, d. h. Kosten, die in Zusammenhang mit dem Abschluss eines Leasingvertrags stehen (z. B. Kosten für die Vertragsvorbereitung und den Vertragsabschluss, Provisionen für die Vermittlung von Leasingverträgen), sind keine Anschaffungskosten des Leasinggegenstandes und somit nicht aktivierbar (§ 255 Abs. 2 Satz 6 HGB).

In manchen Fällen löst der Leasinggeber gegen Zahlung eines bestimmten Ablösebetrages einen Leasingvertrag für den Leasingnehmer bei einem anderen Leasinggeber ab. Die **Ablösezahlung** oder **Abstandszahlung** aus dem Altobjekt wird dann in die Mietraten für den neuen Leasinggegenstand einkalkuliert. Diese Zahlungen sind keine Anschaffungsnebenkosten des neuen Leasinggegenstandes, sondern stellen übernommene Restforderungen dar, die über die Leasingraten zu tilgen sind. Der Betrag ist als Darlehensforderung zu aktivieren und unter dem Posten „Ausleihungen" (§ 266 Abs. 2 A III 6 HGB) auszuweisen. Die Leasingzahlungen sind deshalb aufzuteilen in eine Zahlung für die Nutzungsüberlassung und eine Zahlung für die Begleichung der Ablösezahlung. Entsprechend ist der Rückzahlungsbetrag in einen Zins- und Tilgungsanteil zu zerlegen. Der für das Darlehen zu wählende Zinssatz sollte dem Zins der Refinanzierung des Leasinggebers entsprechen. 9

---

[7] ADS § 255 HGB Tz 21 ff.; *Ellrott/Brendt* in Beck Bil-Komm § 255 HGB Anm. 71 f.
[8] ADS § 255 HGB Tz 49 ff.; *Ellrott/Brendt* in Beck Bil-Komm § 255 HGB Anm. 61 ff.
[9] ADS § 255 HGB Tz 18; *Ellrott/Brendt* in Beck Bil-Komm § 255 HGB Anm. 20.
[10] Vgl. auch *Gelhausen/Weiblen* a.a.O. Rdn. 51.

§ 72　　Vierter Teil. Wirtschaftliche Problemkomplexe des Leasings

Soweit die Ablösezahlungen nicht durch die Leasingraten gedeckt werden, sind sie als Vertragsbeschaffungskosten zu behandeln und nicht aktivierbar.

10　　Tritt der Leasinggeber **in bestehende Verträge** ein und hat er dafür als Kaufpreis den Barwert der zukünftigen Leasingraten zu zahlen oder kauft er Gegenstände und verleast sie anschließend an den Verkäufer (**Sale-leaseback-Geschäft**), kann der Kaufpreis nicht unerheblich über den Zeitwert der Leasinggegenstände liegen. In allen diesen Fällen sind in Höhe des Kaufpreises Anschaffungskosten zu bilanzieren, die gegebenenfalls am Bilanzstichtag auf dem beizulegenden Wert abzuschreiben sind. Eine Aufteilung der Anschaffungskosten in Vermietvermögen und immaterielle Vermögensgegenstände (Vertragswert, Kundenstamm) oder Darlehen an den Leasingnehmer ist m. E. zu weitgehend und dürfte aufgrund des Aufteilungsproblems in der Praxis auch kaum durchführbar sein.[11] Die Anschaffungskosten sind allerdings zu vermindern, sofern in den Leasingraten Kosten für vereinbarte Zusatzleistungen wie beispielsweise Wartung und Reparatur enthalten sind (Service-Leasingverträge).

11　　Eine Aktivierung von **Fremdkapitalkosten** in die Anschaffungskosten ist grundsätzlich nicht zulässig. Eine Ausnahme bildet die Finanzierung von Anzahlungen und Vorauszahlungen bei der Anschaffung von Neuanlagen mit längerer Bauzeit, bei denen die aufgenommenen Fremdmittel verhindern, dass das sonst vom Lieferanten eingesetzte zu verzinsende Fremdkapital die Anschaffungskosten erhöht.[12]

12　　Stellt der Leasinggeber die Leasinggegenstände selbst her, sind die Leasinggegenstände mit den **Herstellungskosten** gem. § 255 Abs. 2 HGB zu bilanzieren. Handelsrechtlich gehören zu den Herstellungskosten mindestens die Materialkosten, Fertigungskosten und Sonderkosten der Fertigung (handelsrechtliche Herstellungskostenuntergrenze). Über die Einzelkosten hinaus dürfen auch Materialgemeinkosten, Fertigungsgemeinkosten und ein Wertverzehr des der Fertigung dienenden Anlagevermögens einbezogen werden (steuerrechtliche Herstellungskostenuntergrenze). Schließlich können noch die Kosten der allgemeinen Verwaltung, der Altersversorgung und der freiwilligen Sozialleistungen eingerechnet werden (handels- und steuerrechtliche Herstellungskostenobergrenze).[13] Zinsen für Fremdkapital, das zur Herstellungsfinanzierung des Leasingobjekts verwendet wird, dürfen ebenfalls in die Herstellungskosten des Leasingobjekts eingerechnet werden, soweit die Zinsen auf den Zeitraum der Herstellung entfallen (§ 255 Abs. 3 HGB). Werden Fremdkapitalzinsen in die Herstellungskosten einbezogen, ist darüber bei Kapitalgesellschaften und bei Personenhandelsgesellschaften, die unter die Regelung des § 264a HGB fallen, im Anhang zu berichten (§ 284 Abs. 2 Nr. 5 HGB). Vertriebskosten (Vertragsbeschaffungskosten für den Leasingvertrag) sind wie bei den Anschaffungskosten nicht aktivierbar.

13　　Die Bilanzierung der Leasinggegenstände zu Herstellungskosten beim Leasinggeber wird überwiegend nur beim **Immobilienleasing** der Fall sein. Die Immobilien-Leasinggesellschaften erstellen in der Regel die zur Vermietung bestimmten Objekte selbst. Beim Mobilienleasing haben die Produktionsunternehmen zur Förderung ihres Absatzes eigene Leasinggesellschaften, die die Leasinggegenstände von den Produktionsunternehmen zu Verkaufspreisen erwerben und entsprechend aktivieren. Erst im Rahmen der Einbeziehung der Leasinggesellschaften in den **Konzernabschluss** erfolgt der Ausweis der Leasinggegenstände zu Konzernherstellkosten (Eliminierung der Zwischengewinne).

14　　cc) **Planmäßige Abschreibungen**. Bei abnutzbaren Leasinggegenständen sind die Anschaffungs- oder Herstellungskosten durch planmäßige Abschreibungen auf die Geschäftsjahre zu verteilen, in denen die Leasinggegenstände voraussichtlich genutzt werden können (§ 253 Abs. 2 Satz 1 und 2 HGB). Die **Höhe** der in den einzelnen Perioden zu verrechnenden Abschreibung ergibt sich neben den schon erwähnten Anschaffungs- oder

---

[11] Vgl. *Grewe* WPg 1990, 163; andere Auffassung: *Gelhausen/Weiblen* a.a.O. Rn 54.
[12] Vgl. IDW, St/HFA 1/1989, WPg 1989, S. 625.
[13] Vgl. *Ellrott/Brendt* in Beck Bil-Komm § 255 HGB Anm. 340 ff.

22. Kapitel. Bilanzrechtliche Aspekte des Leasing §72

Herstellungskosten aus dem Abschreibungsbeginn und der voraussichtlichen Nutzungsdauer, der Höhe eines etwaigen Restwertes und der zugrunde gelegten Abschreibungsmethode.[14]

Die Abschreibung beginnt mit dem Zeitpunkt der Abnahme des Leasinggegenstandes 15 durch den Leasingnehmer (Übernahme-Protokoll). Der Mietbeginn oder die Ingebrauchnahme ist für den **Beginn der Abschreibung** nicht maßgebend.[15] Gleichwohl erfolgt in der Praxis die Abschreibung häufig erst mit Mietbeginn oder Beginn der Mietzahlungen. Sofern allerdings der Zugang bzw. die Fertigstellung des Leasinggegenstandes vom Mietbeginn nicht wesentlich abweicht, ist diese Handhabung grundsätzlich noch vertretbar.[16]

Es ist allgemeine Übung, dass die Abschreibung bei Zugang der Leasinggegenstände nicht taggenau beginnt, sondern für den Monat schon voll vorgenommen wird, in dem die Lieferung oder Fertigstellung (Übernahme-Protokoll) erfolgt ist.

Darüber hinaus entspricht es GoB, Abschreibungen im Zugangsjahr nach bestimmten 16 **Vereinfachungsregeln** sowohl für bewegliche als auch für unbewegliche Leasinggegenstände vorzunehmen. Die Vereinfachungsregeln sind allerdings nur dann zulässig, wenn sie willkürfrei sind.[17] Es widerspricht bei beweglichen Anlagegegenständen nicht den GoB, wenn bei den Gegenständen, die im 1. Halbjahr zugegangen sind, die volle Jahres-Abschreibung, und bei denen, die im 2. Halbjahr angeschafft worden sind, die halbe Jahres-Abschreibung in Anrechnung gebracht wird. Diese Regelung kann in der Handelsbilanz auch bei unbeweglichen Leasinggegenständen (Immobilien) angewendet werden.[18] Steuerlich ist jedoch durch die Neuregelung des § 7 Abs. 1, Satz 4 EStG die sog. Halbjahresregel für die Steuerbilanz auch für die beweglichen Anlagegüter nicht mehr zulässig.[19]

Maßgebend für die Schätzung der voraussichtlichen **Nutzungsdauer** sind die indi- 17 viduellen Verhältnisse des Nutzenden, also des Leasingnehmers. Bei der Schätzung der Nutzungsdauer darf nicht willkürlich eine zu kurze oder zu lange Nutzungsdauer unterstellt werden. Basis für die Schätzung der möglichen Nutzungsdauer wird die betriebliche oder als Obergrenze die wirtschaftliche Nutzungsdauer sein. Allerdings ist zu berücksichtigen, dass die Schätzung der Nutzungsdauer vorsichtig vorzunehmen ist (§ 252 Abs. 1 Nr. 4 HGB). Dementsprechend wird eher von der kürzeren betrieblichen als von der längeren wirtschaftlichen Nutzungsdauer auszugehen sein.[20] Bei der Festlegung der Nutzungsdauer wird man sich an der Nutzungsdauer gleichartiger Gegenstände in der Vergangenheit oder, soweit keine eigenen Erfahrungswerte vorliegen, an branchenüblichen Sätzen orientieren. Für die Festlegung der Abschreibungsdauer des Vermögensgegenstandes kann aber nur der Zeitraum maßgebend sein, in dem der Vermögensgegenstand sinnvoll im Unternehmen eingesetzt werden kann, bevor er durch einen neuen Gegenstand aufgrund der betrieblichen Gegebenheiten zu ersetzen ist. Bisher wurden auch die steuerlichen Abschreibungstabellen (AfA-Tabellen) herangezogen, da sie den Vorteil hatten, dass bei Anwendung der steuerlichen Abschreibungssätze die Werte der Handelsbilanz auch für die Steuerbilanz anerkannt werden. Mit der Neufassung der AfA-Tabelle[21] hat das BMF die steuerliche betriebsgewöhnliche Nutzungsdauer mehr an der wirtschaftlichen Nutzungsdauer orientiert, so dass im Einzelfall zu beurteilen ist, ob diese der tatsächlichen betrieblichen Nutzungsdauer im Unternehmen noch entsprechen. So gilt jetzt

---

[14] Vgl. ADS § 253 HGB Tz 364.
[15] Vgl. IDW, St/HFA 1/1989, WPg 1989, S. 626; *Grewe* WPg 1990, 163.
[16] Vgl. ADS § 253 HGB Tz 439.
[17] Vgl. ADS § 253 HGB Tz 441; *Hoyos/Schramm/M. Ring* in Beck Bil-Komm § 253 HGB Anm. 276.
[18] Vgl. ADS § 253 HGB Tz 441; *Hoyos/Schramm/M. Ring* in Beck Bil-Komm, § 253 HGB Anm. 276.
[19] Vgl. auch *Hoyos/Schramm/M. Ring* in Beck Bil-Komm § 253 HGB Anm. 276.
[20] Vgl. ADS § 253 HGB Tz 378.
[21] BMF 15. 12. 2000 BStBl. I 1532.

noch mehr als früher, dass es unter dem Aspekt der Vorsicht gerechtfertigt sein kann, von kürzeren Nutzungsdauern auszugehen.[22]

18 Neben der Abschreibung über die Nutzungsdauer des Leasinggegenstandes kann in der Handelsbilanz auch eine Abschreibung über die unkündbare Grundmietzeit des Leasingvertrags, d. h. auf einen **vorsichtig geschätzten Restwert** erfolgen.[23]

Eine Abschreibung auf einen vereinbarten **Optionspreis** ist nicht möglich, da die Ausübung der Option, sofern es sich nicht um eine günstige Option handelt, nicht als sicher unterstellt werden kann. Eine günstige Option würde aber dazu führen, dass der Leasinggegenstand dem Leasingnehmer zugerechnet würde.

Ebenfalls abgeschrieben werden kann auf einen **garantierten Restwert** (z. B. Andienungsrecht). Liegt der garantierte Restwert über dem zu erwartenden Verwertungserlös, dann ist es handelsrechtlich möglich, den Leasinggegenstand während der festen Vertragslaufzeit auf diesen Restwert abzuschreiben. Allerdings setzt diese Abschreibung voraus, dass der Leasingnehmer auch in der Lage ist, den Andienungspreis zu zahlen. Liegt dagegen der garantierte Restwert unter dem zu erwartenden Verwertungserlös, ist höchstens auf den erwarteten Verwertungserlös abzuschreiben. Bei einem garantierten Restwert, der höher ist, als ein auf Basis betrieblicher Nutzungsdauer sich ergebender Restbuchwert und der Restbuchwert wiederum höher ist als der erwartete Verwertungserlös, hat die Abschreibung auf den Restbuchwert zu erfolgen. Wird trotz höherem garantierten Restwert über die betriebliche Nutzungsdauer abgeschrieben, wird bei Ausübung der Restwertgarantie ein Verwertungserlös entstehen.

19 Das Handelsrecht schreibt keine bestimmte **Abschreibungsmethode** vor, sondern überlässt die Verteilung der Anschaffungs- oder Herstellungskosten über die Nutzungsdauer dem Ermessen des Bilanzierenden. Damit kann der Leasinggeber jede Methode wählen, sofern sie willkürfrei ist, d. h., nicht in offenbarem Widerspruch zur Realität des Entwertungsverlaufes und dem Gebot der periodengerechten Aufwandserfassung (§ 252 Abs. 1 Nr. 5 HGB) steht.[24] Die periodengerechte Aufwandserfassung verlangt, dass in jeder Periode ein Mindestbetrag abgeschrieben wird; ein Aussetzen der Abschreibung auch nur für eine Periode ist unzulässig.

Bei der Bestimmung der Abschreibung wird davon ausgegangen, dass abnutzbare Leasinggegenstände ein bestimmtes Nutzungspotential besitzen, das über einen bestimmten Zeitablauf verbraucht wird. Für die Schätzung des Verbrauchs dieses Nutzungspotentials kommen zwei unterschiedliche Typen von Abschreibungsmethoden in Betracht, die Abschreibung aufgrund messbarer Leistungsabgaben und die zeitabhängige Abschreibung.[25] Während bei der zeitabhängigen Methode die Abschreibung ex ante festgelegt wird, kann bei der leistungsbedingten Methode die Abschreibung erst ex post, d. h., am Ende der entsprechenden Periode, ermittelt werden.

20 Die **Leistungsabschreibung** bedingt neben entsprechenden Aufzeichnungen, dass das Nutzungspotential (Leistungseinheiten) hinreichend sicher bestimmt werden kann. Die voraussichtlichen Leistungseinheiten werden den Anschaffungs- oder Herstellungskosten gegenübergestellt und so der Aufwand je Leistungseinheit ermittelt. Der jährliche Abschreibungsbetrag ergibt sich dann aus den in Anspruch genommenen Leistungseinheiten. Die leistungsbedingte Abschreibung wird insbesondere bei Fahrzeugen (Kilometerzahl), Flugzeugen (Flugstunden), Schiffen (Stunden), Produktionsmaschinen (Stück, Maschinenstunden) und Kraftwerken (Betriebsstunden) in Betracht kommen. Die Leistungsabschreibung soll an einem Kraftfahrzeug (Pkw) verdeutlicht werden:

---

[22] Vgl. ADS § 253 HGB Tz 379; *Hoyos/Schramm/M. Ring* in Beck Bil-Komm § 253 HGB Anm. 231.

[23] Vgl. IDW, St/HFA 1/1989, WPg 1989, S. 625.

[24] Vgl. *Hoyos/Schramm/M. Ring* in Beck Bil-Komm § 253 HGB Anm. 238 f.; ADS § 253 HGB Tz 384; *Leffson* Die Grundsätze ordnungsmäßiger Buchführung, 7. Aufl., 1987, 312.

[25] Vgl. *Leffson* a.a.O., 311.

Anschaffungskosten	EUR 80.000
geschätzte Gesamtleistung	250.000 km
Abschreibungsbetrag/km	EUR –,32

Werden mit dem Pkw in dem zu betrachtenden Geschäftsjahr 30.000 km gefahren, sind Abschreibungen in Höhe von EUR 9.600 zu verrechnen.

Durch die Orientierung der leistungsbedingten Abschreibung an der technischen Abnutzung kann es zu einer grundsätzlich unzulässigen progressiven Abschreibung kommen, wenn die Inanspruchnahme der Leistung am Anfang sehr gering ist und erst gegen Ende der Nutzung stark ansteigt. Entspricht nämlich die Abschreibung in Zeiten der geringen Leistungsinanspruchnahme nicht ausreichend dem wirtschaftlichen Entwertungsverlauf des Leasinggegenstandes, so wird in diesen Fällen ein Verstoß gegen das Vorsichtsprinzip gemäß § 252 Abs. 1 Nr. 4 HGB gesehen.[26] Diese Wirkung der Leistungsabschreibung kann durch Kombination mit anderen Abschreibungsverfahren, dass z. B. mindestens die lineare Abschreibung zugrunde zu legen ist, vermieden werden. 21

Die Leistungsabschreibung ist bei beweglichen Wirtschaftsgütern auch **steuerlich zulässig** (§ 7 Abs. 1 Satz 6 EStG)

Bei der **zeitabhängigen Abschreibung** wird unterstellt, dass die Verminderung des Nutzungspotentials am besten durch eine in allen Perioden gleichmäßige oder eine im Zeitablauf sinkende oder steigende Abschreibung dargestellt werden kann.[27] Als Abschreibungsmethoden kommen die **lineare, degressive** (geometrisch-degressiv, arithmetisch-degressiv) und **progressive** Abschreibung in Frage. In der Praxis sind die beiden wichtigsten Abschreibungsmethoden für das Leasingvermögen die lineare und die degressive Abschreibung. Die progressive Abschreibung wird durch das Vorsichtsprinzip gemäß § 252 Abs. 1 Nr. 4 HGB stark eingeschränkt und ist darüber hinaus steuerrechtlich nicht zulässig, so dass sie nur wenig zur Anwendung kommt. In bestimmten Fällen kann die progressive Abschreibung jedoch durchaus gerechtfertigt sein, wie beispielsweise bei Kraftwerken, Produktionsanlagen oder Rechenzentren, deren Ausbringung bzw. Leistungsabgabe erst allmählich ansteigt. Nicht zulässig ist hingegen, wenn durch die progressive Abschreibung versucht werden soll, die bei Leasinggesellschaften typischen Anlaufverluste teilweise zu kompensieren.[28] 22

Neben den oben dargestellten Abschreibungsmethoden sind auch **Kombinationen** zwischen diesen Methoden zulässig, sofern sie realitätsnah sind. Ist der Wechsel von Anfang an geplant, wird die Kombination wie eine eigenständige Abschreibungsmethode angesehen und verletzt beim Übergang auf die andere Abschreibungsmethode auch nicht den Grundsatz der Bewertungsstetigkeit (§ 252 Abs. 1 Nr. 6 HGB).[29] In der Praxis ist in vielen Fällen vor allem der Wechsel von der degressiven auf die lineare Abschreibung anzutreffen. 23

Die Gestaltung des Leasingvertrags und damit der Leasingraten führt zu keinen Beschränkungen in der Auswahl der Abschreibungsmethode durch den Leasinggeber. Der Leasinggeber hat sich bei der Festlegung der Abschreibungsmethode allein am technischen und wirtschaftlichen Entwertungsverlauf des Leasinggegenstandes und nicht am Leasingvertrag zu orientieren. Soweit die Gestaltung des Leasingvertrags nicht zu einem periodengerechten Ergebnis gemäß § 252 Abs. 1 Nr. 5 HGB führt, ist eine abweichende ergebniswirksame Vereinnahmung des Leasingentgelts erforderlich, aber keine am periodengerechten **Ergebnis orientierte** Auswahl der Abschreibungsmethode vorzunehmen. 24

---

[26] Vgl. *Hoyos/Schramm/M. Ring* in Beck Bil-Komm § 253 HGB Anm. 245 f; ADS § 253 HGB Tz 401 ff.
[27] Vgl. *Leffson* a.a.O., 311 f.
[28] Vgl. *Gelhausen/Weiblen* a.a.O., Rn 63.
[29] Vgl. *Hoyos/Schramm/M. Ring* in Beck Bil-Komm § 253 HGB Anm. 247; ADS § 253 HGB Tz 407 ff.

25 Eine einmal gewählte Abschreibungsmethode ist beizubehalten (§ 252 Abs. 1 Nr. 6 HGB) und nicht nur auf einzelne, im Vorjahr schon vorhandene Leasinggegenstände (zeitlicher Aspekt), sondern grundsätzlich auch auf alle art- und funktionsgleichen Objekte, die erst im Geschäftsjahr zugegangen sind (sachlicher Aspekt),[30] anzuwenden. Hat der Leasinggeber festgelegt, einen Leasinggegenstand (z. B. Druckmaschinen, Werkzeugmaschinen) linear abzuschreiben, ist er an diese Entscheidung grundsätzlich auch bei allen späteren Anschaffungen gebunden. In begründeten Ausnahmefällen (§ 252 Abs. 2 HGB) darf jedoch von der zeitlichen und sachlichen **Bewertungsstetigkeit** abgewichen werden. Ein begründeter Ausnahmefall wäre beispielsweise gegeben, wenn aufgrund der linearen Abschreibung von Leasinggegenständen (z. B. Computer) bei der Veräußerung dieser Gegenstände ständig Verluste entstehen und deswegen die Neuzugänge, um zukünftig Verluste zu vermeiden, degressiv abgeschrieben werden. Sind die Nutzungs- und Risikobedingungen bei den Leasingnehmern unterschiedlich, dürfen auch sonst gleiche Leasinggegenstände nach verschiedenen Methoden abgeschrieben werden. Ein weiteres Kriterium für abweichende Abschreibungsmethoden bei den Leasinggegenständen kann in unterschiedlichen Laufzeiten des Leasingvertrags begründet sein.[31]

Der Wechsel der Abschreibungsmethode ist bei Kapitalgesellschaften und bei Personenhandelsgesellschaften i. S. d. § 264a HGB im Anhang anzugeben und entsprechend zu erläutern sowie deren Einfluss auf die Vermögens-, Finanz- und Ertragslage gesondert darzustellen (§ 284 Abs. 2 Nr. 3 HGB). Eine gesonderte Darstellung wird jedoch nur dann vorzunehmen sein, wenn die Auswirkungen durch den Wechsel der Abschreibungsmethode wesentlich sind.[32]

26 Die „Abschreibungen auf das Vermietvermögen" sollten bei Leasinggesellschaften, die das **Gesamtkostenverfahren** anwenden, als ein **neuer Posten** (§ 265 Abs. 5 Satz 2 HGB) innerhalb der Postengruppe „Abschreibungen" (§ 275 Abs. 2 Nr. 7 HGB) eingestellt werden. Der in der Praxis vorgenommene Ausweis teilweise zwischen „Umsatzerlöse" und „Sonstige betriebliche Erträge" oder zwischen „Sonstige betriebliche Erträge" und „Personalaufwand" entspricht nicht dem Gesetz. Die Gliederung der GuV kann nur dann durch einen neuen Aufwandsposten ergänzt werden, wenn eine Zuordnung zu den vorhandenen Aufwandsposten nicht möglich ist. Dieser Fall ist aber bei den Abschreibungen auf das Vermietvermögen nicht gegeben, da das Gliederungsschema den Posten Abschreibung sowohl auf das Anlagevermögen, zu dem auch das Vermietvermögen zählt, als auch auf das Umlaufvermögen vorsieht.

27 Sollen jedoch die Aufwendungen für das Leasinggeschäft den Umsatzerlösen gegenübergestellt werden, so bietet sich für die Leasinggesellschaften das **Umsatzkostenverfahren** an. Die Abschreibungen auf das Vermietvermögen sind dann zusammen mit anderen leasingspezifischen Aufwendungen in dem Posten gemäß § 275 Abs. 3 Nr. 2 HGB auszuweisen, der beispielsweise „Aufwendungen aus dem Leasinggeschäft" heißen könnte.

28 dd) Außerplanmäßige Abschreibungen. Auf die Leasinggegenstände sind außerplanmäßige Abschreibungen auf den beizulegenden Wert am Abschlussstichtag vorzunehmen, wenn eine voraussichtlich dauernde **Wertminderung** vorliegt (§ 253 Abs. 2 Satz 3 HGB). Personenhandelsgesellschaften, die nicht unter die Regelung des § 264a HGB fallen, und Einzelkaufleute können dagegen auch außerplanmäßige Abschreibungen auf das Vermietvermögen vornehmen, wenn keine dauernde Wertminderung gegeben ist. Kapitalgesellschaften und Personengesellschaften i. S. d. § 264a HGB ist dies nach § 279 Abs. 1 HGB verwehrt. Darüber hinaus haben sie außerplanmäßige Abschreibungen in der GuV gesondert auszuweisen oder im Anhang anzugeben (§ 277 Abs. 3 Satz 1 HGB). Bei Wegfall des Abschreibungsgrundes gilt für Kapitalgesellschaften und Personenhandels-

---

[30] Vgl. *Grewe*, WPg 1990, 163; IDW, St/HFA 1/1989, WPg 1989, S. 626.
[31] Vgl. *Grewe*, WPg 1990, 163.
[32] Vgl. *Ellrott* in Beck Bil-Komm § 284 HGB Anm. 170.

22. Kapitel. Bilanzrechtliche Aspekte des Leasing § 72

gesellschaften i. S. d. § 264a HGB das **Wertaufholungsgebot** gemäß § 280 Abs. 1 HGB. Nicht-Kapitalgesellschaften und Nicht-Personenhandelsgesellschaften i. S. d. § 264a HGB können vom **Beibehaltungswahlrecht** des § 253 Abs. 5 HGB Gebrauch machen.

Eine außerplanmäßige Abschreibung auf einen Gegenstand des Vermietvermögens ist vorzunehmen, wenn der am Abschlussstichtag beizulegende Wert des Leasinggegenstands niedriger ist als seine fortgeführten Anschaffungs- oder Herstellungskosten (Buchwert). Es stellt sich die Frage, was der niedrigere **beizulegende Wert** bei Leasinggegenständen ist. Geht man davon aus, dass die Leasinggegenstände längerfristig innerhalb des Unternehmens durch Vermietung genutzt werden sollen, sind für die Bestimmung des beizulegenden Wertes grundsätzlich nicht die Veräußerungswerte der Leasinggegenstände, sondern die Erlöse maßgebend, die durch die Nutzung der Leasinggegenstände einschließlich zukünftiger Veräußerungserlöse erzielt werden können (Ertragswert). Ein niedriger beizulegender Wert mit der Folge einer außerplanmäßigen Abschreibung liegt demnach dann vor, wenn die für die restliche Laufzeit vertraglich vereinbarten Leasingraten (Barwert) und der erwartete erzielbare Veräußerungserlös bzw. der garantierte Restwert am Ende der Grundmietzeit (Barwert) den Buchwert des Leasinggegenstandes am Abschlussstichtag nicht mehr decken. 29

Soweit die Zahlungen aus dem Leasingvertrag aufgrund **mangelnder Bonität** des Leasingnehmers gefährdet sind, wird man zunächst noch keine außerplanmäßige Abschreibung vornehmen, sondern das Ausfallrisiko in Form einer Rückstellung (Rückstellung für drohende Verluste aus schwebenden Geschäften) berücksichtigen.[33] Ist allerdings mit einem akuten Zahlungsausfall beim Leasingnehmer zu rechnen, kann die hier angewandte Bewertungseinheit zwischen dem Leasinggegenstand und der Forderung aus dem Leasingvertrag nicht zugrunde gelegt werden. Dem Buchwert des Leasinggegenstands ist dann der Veräußerungswert am Abschlussstichtag gegenüberzustellen, und soweit dieser niedriger ist, eine außerplanmäßige Abschreibung vorzunehmen. 30

Soweit außerplanmäßige Abschreibungen notwendig sind, können sie nicht durch eine Änderung des Abschreibungsplans ersetzt werden.[34]

Da Leasing im Wesentlichen durch das Steuerrecht beeinflusst wird, spielen in der Praxis vor allem auch die **steuerrechtlichen Sonderabschreibungen** eine Rolle. Die steuerrechtlichen Abschreibungen sind handelsrechtlich durch § 254 HGB zulässig. Für Kapitalgesellschaften und Personenhandelsgesellschaften i. S. d. § 264a HGB gibt es allerdings gemäß § 279 Abs. 2 HGB eine Einschränkung, da sie nur insoweit Abschreibungen nach § 254 HGB vornehmen dürfen, als das Steuerrecht ihre Anerkennung bei der steuerrechtlichen Gewinnermittlung davon abhängig macht, dass sie sich aus der Handelsbilanz ergeben. 31

ee) Abgänge. Nach Ablauf der Grundmietzeit oder bei vorzeitiger Kündigung werden die Leasinggegenstände verwertet (Verkauf/Anschlussvermietung an den Leasingnehmer oder einen Dritten). Auch wenn nach Beendigung des Leasingvertrages die Veräußerung zu diesem Zeitpunkt wahrscheinlich oder sicher ist, sind die Leasinggegenstände nicht in das Umlaufvermögen umzugliedern, da die Veräußerung am Ende der Grundmietzeit als **letzter Akt der dauernden Nutzung** im Anlagevermögen zu sehen ist.[35] Können die Leasinggegenstände nicht sofort verwertet werden, sind weiterhin planmäßige Abschreibungen und gegebenenfalls außerplanmäßige Abschreibungen auf den niedrigeren zu erwartenden Veräußerungswert vorzunehmen. Die Veräußerung der Gegenstände des Vermietvermögens gehört zu dem typischen Geschäft einer Leasinggesellschaft, so dass nicht das Netto-Ergebnis aus der Veräußerung (Gewinn oder Verlust aus dem Abgang von Gegenständen des Leasingvermögens), sondern das Brutto-Ergebnis in die GuV eingestellt wird. Die Erlöse sind unter den Umsatzerlösen und die Aufwendungen unter 32

---
[33] Vgl. IDW, St/HFA 1/1989, WPg 1989, S. 626 f; siehe auch Rdn. 64.
[34] Vgl. IDW, St/HFA 1/1989, WPg 1989, S. 626.
[35] Vgl. *Grewe* WPg 1990, 162.

dem Posten des § 275 Abs. 1 Nr. 5 HGB (Materialaufwand) als „Aufwendungen aus dem Verkauf von Leasinggegenständen" auszuweisen.

33 **b) Behandlung nach IFRS. aa) Ausweis.** Der Leasinggeber hat die verleasten Vermögenswerte, die Gegenstand von Operating- Leasingverhältnissen sind, in seiner Bilanz in Abhängigkeit von der Art des Objektes analog zu den vergleichbaren, selbst genutzten Objekten auszuweisen (IAS 17.49). Ein **gesonderter** Ausweis der Leasinggegenstände in einem eignen Posten wird nicht verlangt (IAS 17, IAS 1). In den Fällen, in denen die Leasingaktivitäten jedoch den oder einen wesentlichen Teil der Geschäftstätigkeit ausmachen, ist ein gesonderter Ausweis der Leasingobjekte erforderlich (IAS 1.29).

Die Standardgliederung der Bilanz gemäß § 266 HGB erfüllt zunächst nicht die Anforderungen der Gliederungsvorschriften (Gliederung nach Fristigkeiten) nach IAS 1. Die Untergliederung nach Anlage- und Umlaufvermögen kann allerdings grundsätzlich einer Gliederung nach Fristigkeiten entsprechen.[36]

Das Leasingvermögen ist, da erwartet werden kann, dass es länger als eine Geschäftsperiode genutzt wird, unter den **langfristigen Vermögenswerten** auszuweisen (IAS 1.58). Diese Vermögenswerte können immaterielle Vermögenswerte (IAS 38), Sachanlagen (IAS 16), als Finanzinvestitionen gehaltene Immobilien (IAS 40) und Landwirtschaft (IAS 41) sein. Auf IAS 41 soll im Folgenden nicht näher eingegangen werden.

34 Beim Ansatz von **immateriellen Vermögenswerten** ist zu prüfen, ob überhaupt ein immaterieller Vermögenswert vorliegt (IAS 38.8–17) und ob dieser auch aktivierbar ist (IAS 38.21–23). Bei **Immobilien** wird unterteilt in als Finanzanlage gehaltene Immobilien und selbst genutzte Immobilien. Nach IAS 40.5 werden als Finanzanlage gehaltene Immobilien definiert als Immobilien, die vom Eigentümer zur Erzielung von Mieteinnahmen und/oder zum Zwecke der Wertsteigerung gehalten werden. Dementsprechend werden Immobilienleasinggesellschaften, die wirtschaftliche Eigentümer der Immobilien sind (Operating-Leasingverhältnisse), diese Immobilien als Finanzanlagen auszuweisen haben.

35 **bb) Anschaffungs- oder Herstellungskosten.** Die Vorschriften der IAS 38, IAS 16 und IAS 40 sind für die Bilanzierung von immateriellen Vermögenswerten, Sachanlagen und als Finanzanlagen gehaltene Immobilien anzuwenden und regeln die Ermittlung der erstmalig zu aktivierenden Anschaffungs- oder Herstellungskosten, die Zuordnung dieser Kosten auf die Perioden der voraussichtlichen Nutzung und die Folgebewertung. Die Fortführung der **historischen Anschaffungs- oder Herstellungskosten** stellt vor allem im Leasing die bevorzugte Methode dar, auch wenn unter bestimmten Voraussetzungen die Neubewertung zum beizulegenden Zeitwert zulässig ist.

Das Leasingvermögen ist mit den Anschaffungs- oder Herstellungskosten zu bilanzieren (IAS 38.24 (immaterielle Vermögenswerte), IAS 16.15 (Sachanlagen) und IAS 40.20 (Finanzinvestitionen)).

Bei dem Wertansatz der verleasten Gegenstände sind Anpassungen des Buchwertes vorzunehmen, wenn **anfängliche direkte Kosten** (Initial Direct Costs) angefallen sind (IAS 17.52). Die dem Leasinggeber im Zusammenhang mit den Verhandlungen oder dem Abschluss eines Operating Leasingvertrages entstehenden Kosten sind zu aktivieren und in gleicher Weise wie die Leasingverträge über die Laufzeit des Leasingverhältnisses aufwandswirksam zu erfassen.

36 **cc) Planmäßige Abschreibungen.** Die **Abschreibungsgrundsätze** für abschreibungsfähige Leasinggegenstände haben mit den normalen Abschreibungssätzen des Leasinggebers für ähnliche Vermögenswerte übereinzustimmen; die Abschreibungen sind gemäß IAS 38 (immaterielle Vermögenswerte) und IAS 16 Sachanlagen und als Finanzanlagen gehaltene Immobilien) zu berechnen (IAS 17.53).

---

[36] Vgl. Wiley/*Hayn* Abschnitt 2 Rdn. 9.

22. Kapitel. Bilanzrechtliche Aspekte des Leasing § 72

Bei den **immateriellen Vermögenswerten** besteht bei der Folgebewertung ein 37
Wahlrecht zwischen dem Ansatz des Anschaffungskostenmodells, d. h. des Ansatzes der
fortgeführten Anschaffungs- oder Herstellungskosten, und des Neubewertungsmodells
(IAS 38.72). Da das Neubewertungsmodell (IAS 38.75 ff.) nur unter bestimmten Bedingungen zulässig ist, wird in der Regel eine Bilanzierung nach dem Anschaffungskostenmodell (IAS 38.74) erfolgen. Danach ist ein immaterieller Vermögenswert nach dem erstmaligen Ansatz mit seinen Anschaffungs- oder Herstellungskosten vermindert um die kumulierten planmäßigen Abschreibungen und die kumulierten Wertminderungsaufwendungen zu bewerten (IAS 38.74).

Die Abschreibung (Amortisation) ist die systematische Verteilung des gesamten Abschreibungsvolumens eines immateriellen Vermögenswertes über dessen Nutzungsdauer (IAS 38.8). Eine **planmäßige Abschreibung** erfolgt allerdings nur bei immateriellen Vermögensgegenständen mit begrenzter Nutzung (IAS 39.97–106) und beginnt, sobald der Vermögenswert verwendet werden kann, d. h. wenn er sich an seinem Standort und in dem vom Management beabsichtigten betriebsbereiten Zustand befindet (IAS 38.97). Ein immaterieller Vermögensgegenstand mit unbegrenzter Nutzung (IAS 39.107–110) darf nicht abgeschrieben werden, sondern ist gemäß IAS 36 auf Wertminderung zu überprüfen (IAS 38.107 und 108).

Als **Abschreibungsmethoden** kommen die lineare, degressive sowie die leistungs- 38
abhängige Abschreibung in Betracht (IAS 38.98). Die Abschreibungsmethode hat dem erwarteten Verbrauch des zukünftigen wirtschaftlichen Nutzens des Vermögenswertes durch das Unternehmen zu entsprechen. Ist der Verlauf nicht verlässlich bestimmbar, muss die lineare Abschreibungsmethode angewendet werden (IAS 38.97). Die Abschreibungsmethode ist stetig anzuwenden, es sei denn, der erwartete Nutzungsverlauf ändert sich (IAS 38.98).

Das **Abschreibungsvolumen** ergibt sich aus der Differenz zwischen Anschaffungs- 39
oder Herstellungskosten (bzw. eines Ersatzbetrags) und dem Restwert (IAS 38.8). Bei immateriellen Vermögenswerten, die einer begrenzten Nutzung unterliegen, ist der Zeitraum der Nutzung bzw. die voraussichtlich durch den Vermögensgegenstand im Unternehmen zu erzielende Anzahl an Produkten oder ähnlicher Maßgrößen zu bestimmen (IAS 38.88). Bei der Ermittlung der Nutzungsdauer sind eine Reihe von Faktoren zu berücksichtigen (IAS 38.90 ff.). Computersoftware und viele andere immaterielle Vermögenswerte sind einem rasanten Technologiewandel und damit einer technologischen Veralterung ausgesetzt, so dass ihre Nutzungsdauer eher kurz ist (IAS 38.92).

Auch bei den **Sachanlagen** hat das Unternehmen bei der Folgebewertung ein Wahl- 40
recht zwischen dem Anschaffungskostenmodell (IAS 16.30) und dem Neubewertungsmodell (IAS 16.31). Im Folgenden soll hauptsächlich auf das Anschaffungskostenmodell eingegangen werden, da es in der Praxis derzeit am meisten Anwendung findet.

Nach dem Ansatz als Vermögenswert ist eine Sachanlage zu ihren Anschaffungskosten 41
abzüglich der kumulierten Abschreibungen und kumulierten Wertminderungsaufwendungen anzusetzen (IAS 16.30). **Grundstücke und Gebäude sind getrennte Vermögenswerte** und auch als solche zu bilanzieren, auch wenn sie zusammen erworben wurden; vor allem auch deshalb, weil Grundstücke eine unbegrenzte Nutzungsdauer haben und deshalb nicht abgeschrieben werden (IAS 16.58). Durch die Abschreibung muss eine **systematische und vernünftige Verteilung** der Anschaffungs- oder Herstellungskosten abzüglich eines Restwertes auf die erwartete Nutzungsdauer des Vermögenswertes vorgenommen werden. Die Abschreibung eines Vermögenswertes beginnt, wenn er zur Verfügung steht, d. h. wenn er sich an seinem Standort und dem vom Management beabsichtigten betriebsbereiten Zustand befindet. Die Abschreibung eines Vermögensgegenstandes endet an dem Tag, an dem der Vermögenswert gemäß IFRS 5 als zur Veräußerung gehalten klassifiziert (oder in eine als zur Veräußerung gehaltene klassifizierte Veräußerungsgruppe aufgenommen) wird, spätestens jedoch an dem Tag, an dem er ausgebucht wird. Die Abschreibung hört aber nicht auf, wenn der Vermögenswert nicht mehr ge-

§ 72　　Vierter Teil. Wirtschaftliche Problemkomplexe des Leasings

nutzt wird oder aus dem aktiven Gebrauch ausgeschieden ist, sofern der Vermögenswert nicht vollkommen abgeschrieben ist (IAS 16.55).

42　Als **Abschreibungsmethoden** kommen die lineare und degressive sowie die leistungsabhängige Abschreibung zur Anwendung. Das Unternehmen wählt die Methode aus, die am genauesten den erwarteten Verlauf des Verbrauchs des zukünftigen wirtschaftlichen Nutzens des Vermögensgegenstandes widerspiegelt. Diese Methode ist so lange stetig anzuwenden, solange der erwartete Verlauf des Verbrauchs des künftigen Nutzens sich nicht ändert (IAS 16.62). Die Abschreibungsmethoden sind mindestens am Ende eines jeden Jahres zu überprüfen und möglicherweise anzupassen, wenn erhebliche Änderungen in dem erwarteten künftigen wirtschaftlichen Nutzungsverlauf des Vermögenswertes eingetreten sind (IAS 16.61).

43　Das **Abschreibungsvolumen** eines Vermögenswertes wird nach Abzug seines Restwertes ermittelt (IAS 16.53). Bei der Bestimmung der Nutzungsdauer ist zu unterscheiden, ob die Nutzungsdauer eine Funktion der Zeit oder eine Funktion des tatsächlichen physischen Gebrauchs ist. Die Nutzungsdauer wird nach der voraussichtlichen Nutzbarkeit für das Unternehmen definiert. Die Bestimmung der voraussichtlichen Nutzungsdauer basiert auf Schätzungen, denen Erfahrungswerte des Unternehmens mit vergleichbaren Vermögenswerten zugrunde liegen. Die betriebliche Investitionspolitik kann dazu führen, dass die voraussichtliche Nutzungsdauer eines Vermögenswertes kürzer ist als seine wirtschaftliche Nutzungsdauer (IAS 16.57).

44　IAS 40 sieht für die Bilanzierung der als **Finanzanlage gehaltenen Immobilien** eine Bilanzierung zum beizulegenden Zeitwert (IAS 40.33 ff.) oder zu den historischen Anschaffungs- oder Herstellungskosten abzüglich Wertminderungen (IAS 40.56) vor. Die Wahl zwischen „Fair-Value-Modell" und „Anschaffungskostenmodell" ist erst für die Folgebewertung zu treffen, da bei der Erstbewertung davon ausgegangen werden kann, dass Anschaffungs- oder Herstellungskosten und beizulegender Zeitwert übereinstimmen. Allerdings ist bei der Wahl des Anschaffungskostenmodells zu beachten, dass trotzdem Angaben über den beizulegenden Zeitwert gemacht werden müssen (IAS 40.79).

Sofern sich ein Unternehmen nach dem erstmaligen Ansatz für das Anschaffungskostenmodell entscheidet, hat es seine gesamten als Finanzinvestitionen gehaltenen Immobilien nach den Vorschriften des IAS 16 für dieses Modell zu bewerten (IAS 40.56).

45　**dd) Außerplanmäßige Abschreibungen.** Um zu beurteilen, ob ein **Leasinggegenstand wertgemindert** ist, wendet der Leasinggeber IAS 36 (Wertminderung von Vermögensgegenständen) an. Dieser Standard erklärt, wie der Leasinggeber den Buchwert seiner Leasingvermögenswerte überprüft, wie er den erzielbaren Betrag eines Vermögenswertes ermittelt, und wann er einen Wertminderungsaufwand erfasst oder dessen Erfassung aufhebt (IAS 17.54, IAS 16.63). Sind die Umstände, die zur Wertminderung des Leasinggegenstandes geführt haben, am Bilanzstichtag nicht mehr gegeben, besteht eine Wertaufholungspflicht bis zur Höhe des geschätzten erzielbaren Betrags (IAS 36.110).

46　**ee) Abgänge.** Bei Abgang der Leasingvermögenswerte sind die daraus resultierenden **Gewinne oder Verluste** in der Gewinn- und Verlustrechnung zu erfassen (IAS 16.68). Eine andere Behandlung kann sich nach IAS 17 bei Sale-Leaseback-Transaktionen ergeben (IAS 17.61 ff.). Der Gewinn oder Verlust aus dem Abgang und damit der Ausbuchung ist als Differenz zwischen dem Nettoveräußerungserlös, sofern vorhanden, und dem Buchwert des Gegenstandes zu bestimmen (IAS 16.71). Vergleiche im Einzelnen Rdn. 114 ff.

47　Vermögenswerte aus *Operating Leases* sind bei Vertragsbeendigung (vertragsgemäß oder vorzeitig) nicht in die Vorräte umzubuchen. Die Verwertung der Objekte ist als letzter Akt im Rahmen der langfristigen Nutzung der Vermögenswerte anzusehen. Deshalb werden die Vermögenswerte durch die Vertragsbeendigung und den Willen zur Veräußerung nicht zu kurzfristigen Vermögenswerten, die im Umlaufvermögen auszuweisen wären. Allerdings ist IFRS 5 zu beachten, der m. E. auch auf Vermögenswerte aus *Operating*

22. Kapitel. Bilanzrechtliche Aspekte des Leasing § 72

Leases anzuwenden ist, wenn die Voraussetzungen des IFRS 5 gegeben sind (die Veräußerung ist höchstwahrscheinlich und erfolgt erwartungsgemäß innerhalb von einem Jahr). Die Vermögenswerte aus *Operating Leases* sind dann gesondert auszuweisen. Eine planmäßige Abschreibung der Vermögenswerte erfolgt nicht mehr (IFRS 5.25). Stattdessen sind die Vermögenswerte zum niedrigeren Wert aus Buchwert und Fair Value abzüglich Veräußerungskosten zu bewerten (IFRS 5.18). Sind die in IFRS 5.7 f. genannten Kriterien nicht erfüllt, werden die Vermögenswerte aus *Operating Leases* nicht als zur Veräußerung gehalten klassifiziert (IFRS 5.12); verbleiben unter den langfristigen Vermögenswerten und werden weiterhin abgeschrieben (IAS 16.55).

2. Leasingraten

a) **Behandlung nach HGB. aa) Ausweis.** Die Bilanzierung der Leasingraten im Jahresabschluss erfolgt nach den Grundsätzen über die Behandlung schwebender Geschäfte. Die Grundsätze besagen, dass **schwebende Geschäfte** gemäß Realisationsprinzip (§ 252 Abs. 1 Nr. 4 Satz 2 HGB) in der Bilanz nicht berücksichtigt werden dürfen, solange am Bilanzstichtag kein Gewinn realisiert ist oder aus dem gegenseitigen Vertragsverhältnis kein Verlust droht. Der Realisationszeitpunkt und damit der **Zeitpunkt der Leistungserbringung** wird nach derzeitiger herrschender Auffassung regelmäßig mit der Lieferung einer Sachleistung oder dem Abschluss einer Dienstleistung gesehen.[37] Eine Leasingforderung ist auszuweisen, wenn der Leasinggeber seine Leistung erbracht hat. Da sich bei Leasingverträgen die Leistungsabgabe kontinuierlich durch Nutzungsüberlassung über einen längeren Zeitraum erstreckt, sind für die in der abgelaufenen Vertragsperiode realisierten Teilleistungen die entsprechend vereinbarten Leasingraten zu aktivieren. Für die noch verbleibende Leasingdauer liegt ein schwebender Vertrag vor, der nicht zu bilanzieren ist. 48

Die Fälligkeit der Leasingraten und damit die Einbuchung der Leasingforderungen ergibt sich aus den in den Leasingverträgen festgelegten **Zahlungsvereinbarungen**, die in der Regel monatlich oder vierteljährlich im Voraus zu leistende Zahlungen vorsehen. Längere Abrechnungsperioden bilden die Ausnahmen. Hat der Leasinggeber Forderungen zu aktivieren, die über den Bilanzstichtag hinausgehen, so ist der Teil, der die Nutzungsüberlassung nach dem Abschluss-Stichtag betrifft, **passivisch abzugrenzen**. Der Vorgang der Zahlung selbst ist unerheblich. Sind beispielsweise vierteljährliche vorschüssige Leasingraten vereinbart und ist die Leasingrate am 1. November fällig, hat der Leasinggeber die Leasingrate für das Vierteljahr zu bilanzieren, muss aber in Höhe des Ertrags, der auf Januar entfällt, einen passiven Rechnungsabgrenzungsposten bilden.[38] Sehen die Leasingverträge Zahlungen erst nach erbrachter Leistung vor, was in der Praxis relativ selten vorkommt, sind die Leasingraten auch erst am Ende der vereinbarten Zahlungsperiode zu bilanzieren. Liegt allerdings der Bilanzstichtag innerhalb der Zahlungsperiode, ist die bis zum Bilanzstichtag erbrachte Nutzungsüberlassung in der Bilanz auszuweisen. Im oben genannten Beispiel hätte der Leasinggeber für die im November und Dezember erbrachte Nutzungsüberlassung eine **rechtlich noch nicht entstandene Forderung** zu aktivieren. 49

Die in den Leasingverträgen getroffenen Vereinbarungen können degressive Zahlungen, progressive Zahlungen oder in den seltensten Fällen Einmalzahlungen vorsehen. Darüber hinaus ist auch die Regelung von mietfreien Zeiten vor allem bei Immobilien nicht unüblich. Maßgebend für die Höhe und den Zeitpunkt der zu aktivierenden Leasingraten sind zunächst grundsätzlich die im Vertrag zwischen Leasinggeber und Leasingnehmer festgelegten Zahlungsmodalitäten. Wie oben dargestellt, sind Abgrenzungen bei Betrachtung der Einzelperioden notwendig, d. h., **Aufwendungen** und **Erträge** des Ge- 50

---

[37] Vgl. *Winkeljohann/Geißler* in Beck Bil-Komm § 252 HGB Anm. 43 ff.; *Hastedt* Gewinnrealisierung beim Finanzierungs-Leasing, 1992, 108 f.
[38] Vgl. *Ellrott/Krämer* in Beck Bil-Komm § 250 HGB Anm. 18; ADS § 250 HGB Tz 25 ff.

§ 72 Vierter Teil. Wirtschaftliche Problemkomplexe des Leasings

schäftsjahres sind unabhängig von den Zeitpunkten der entsprechenden Zahlungen im Jahresabschluss zu berücksichtigen (§ 252 Abs. 1 Nr. 5 HGB).

51 Aktive oder passive Abgrenzungen sind jedoch auch dann vorzunehmen, wenn die vertraglichen Vereinbarungen über die ergebniswirksame Vereinnahmung der Leasingrate und eventuell sonstiger Entgelte in den einzelnen Perioden nicht zu einem **sachgerechten Ausgleich von Leistung und Gegenleistung** führen. Schwierig zu beurteilen ist allerdings, wann ein bzw. kein sachgerechter Ausgleich von Leistung und Gegenleistung gegeben ist. Überlässt der Leasinggeber dem Leasingnehmer den Leasinggegenstand für eine bestimmte Zeit, d. h., erfolgt die Nutzungsüberlassung zeitraumbezogen, gibt der Leasinggeber in jeder Periode das gleiche Nutzungspotential ab. In diesen Fällen kann von einem linearen Verlauf der Nutzungsüberlassung ausgegangen werden. Ist die vom Leasinggeber zur Verfügung gestellte Nutzung des Gegenstandes jedoch nicht an Zeiteinheiten, sondern an andere Einheiten (Ausbringung, Verbrauch, Kilometer-Leistung) gebunden, sind durchaus auch abweichende Verläufe der Nutzungsüberlassung denkbar, die allerdings auch im Hinblick auf die Willkürfreiheit im Einzelnen belegbar sein müssen. Nach der Auffassung des HFA und auch in der Literatur[39] ist der Verlauf der Nutzungsüberlassung grundsätzlich linear. Eine Abweichung von der linearen Ertragsvereinnahmung und damit eine Ausnahme von der Linearität der Nutzungsüberlassung wird in den Fällen zugelassen, in denen die vereinbarten Leasingentgelte dem degressiven Aufwandsverlauf des Leasinggebers entsprechen (degressiver Verlauf des Zinsaufwandes und der Abschreibungen). Bei allen anderen Fällen, vor allem bei sämtlichen progressiven Ratenvereinbarungen, wird eine von der vertraglichen Vereinbarung abweichende ergebniswirksame Vereinnahmung verlangt.

52 Bei stark **degressiven Leasingraten**, die bei weitem den Aufwandsverlauf des Leasinggebers überschreiten, ist es erforderlich, den zu hohen Ertrag in den Anfangsperioden passiv abzugrenzen, da anderenfalls die Aufwendungen in den letzten Perioden der Leasingvertragsdauer wegen der dann zu niedrigen Erträge nicht mehr gedeckt werden können.

53 Sind dagegen **progressive Leasingraten** zwischen Leasinggeber und Leasingnehmer vereinbart, liegt der größte Teil des Gesamtertrags eher im letzten Drittel der Vertragslaufzeit mit der Folge, dass sich die bei Leasinggesellschaften typischerweise auftretenden Anlaufverluste durch den anfänglich geringeren Ertrag noch verstärken. Für den Abschluss von progressiven Leasingraten kann es durchaus gewichtige Gründe geben, so dass auch progressive Leasingraten grundsätzlich anzuerkennen sind.[40] Allerdings müssen die Gründe wie oben erwähnt belegbar sein. Anzumerken ist auch, dass im Bereich des Mobilien-Leasing progressive Leasingraten keine praktische Bedeutung haben, so dass diese Problematik sich auf den Immobilienbereich konzentriert. So ist es bei Immobilien-Leasingverträgen, die in der Regel lange Laufzeiten haben, nicht unüblich, dass Staffelmieten vereinbart werden. Durch die bei Vertragsabschluss festgelegten Erhöhungen in bestimmten Zeitabständen soll beispielsweise der Geldentwertung und der erwarteten Mietsteigerung Rechnung getragen werden. Liegen derartige Vertragsvereinbarungen vor und erscheinen sie marktgerecht, ist m. E. ein sachgerechter Ausgleich von Leistung und Gegenleistung gegeben, so dass ein Grund für die Aktivierung einer noch nicht fälligen Forderung nicht gegeben ist.

54 Für den Fall, dass die progressiven Ratenvereinbarungen doch nicht zu einem sachgerechten Ausgleich von Leistung und Gegenleistung in den einzelnen Perioden führen, sind gemäß HFA **aktive Abgrenzungen** vorzunehmen. Maßstab für die aktive Abgrenzung in Form der Aktivierung noch nicht fälliger Leasingraten ist die **gleich bleibende Nutzungsüberlassung**. Die Höhe der zu bilanzierenden Forderung ergibt sich aus der

---

[39] Vgl. IDW, St/HFA 1/1989, WPg 1989, S. 626; *Grewe* WPg 1990, S. 164; *Gelhausen/Weiblen* a.a.O., Rdn. 83 ff.; ADS § 250 HGB Tz 119 ff.

[40] Vgl. *Bordewin/Tonner*, a.a.O., 75.

22. Kapitel. Bilanzrechtliche Aspekte des Leasing §72

Differenz zwischen vereinbarter progressiver Leasingrate und der sich aufgrund einer gleich bleibenden Nutzungsüberlassung über die Gesamtlaufzeit des Vertrags ergebenden Leasingrate. Eine Aktivierung einer solchen Forderung ist aber nur dann vorzunehmen, wenn alle folgenden Voraussetzungen erfüllt sind:[41]
– die Ansprüche des Leasinggebers mit Ausnahme der Fälligkeit müssen einredefrei sein;
– es ist eine unkündbare Grundmietzeit vereinbart;
– die Leasingraten und deren Fälligkeit sind für die gesamte Grundmietzeit festgelegt;
– die Objektrisiken werden vom Leasingnehmer getragen;
– bei vorzeitiger Vertragsauflösung stehen dem Leasinggeber ausreichende Schadenersatzansprüche zu.

Zweifelhaft bleibt, ob die hier geforderten Voraussetzungen bei vielen Immobilien-Leasingverträgen in der Praxis überhaupt erfüllt werden. So dürfen bei Immobilien-Leasingverträgen mit Kauf- oder Mietverlängerungsoptionen, wenn sie den Anforderungen des Teilamortisations-Erlasses zum Immobilien-Leasing vom 23. Dezember 1991 entsprechen wollen, die **Objektrisiken nicht beim Leasingnehmer** liegen, sondern sind vom Leasinggeber zu tragen. Dementsprechend ist gemäß HFA bei solchen Immobilien-Leasingverträgen mit progressiver Ratenvereinbarung auch dann keine aktive Abgrenzung und damit auch keine Aktivierung einer noch nicht fälligen Leasingforderung vorzunehmen, wenn ein Ungleichgewicht von Leistung und Gegenleistung besteht. 55

Darüber hinaus werden bei vielen Immobilien-Leasingverträgen Änderungen der Refinanzierungskosten des Leasinggebers an den Leasingnehmer weitergegeben, da eine Zinsfestschreibung bei der Refinanzierung über die gesamte feste Grundmietzeit in der Regel nicht möglich ist. Auch hier ist bei progressiven Ratenvereinbarungen eine aktive Abgrenzung nicht vorzunehmen, da durch die **Änderung der Leasingraten** aufgrund der Anpassung an die aktuellen Refinanzierungskosten des Leasinggebers keine während der Grundmietzeit festgelegten Leasingraten vorliegen. 56

Sollte der ungewöhnliche Fall gegeben sein, dass die Vertragsvereinbarungen eine **Einmalzahlung** vorsehen, sind Periodenabgrenzungen (§ 252 Abs. 1 Nr. 5 HGB) vorzunehmen. Dabei kann grundsätzlich von einer linearen Aufteilung des Ertrags auf die einzelnen Perioden und damit einer Linearität der Nutzungsüberlassung ausgegangen werden. Zulässig ist aber auch eine Abgrenzung nach Maßgabe des Kostenverlaufs des Leasinggebers. Die zukünftigen Erträge sind bei einer Einmalzahlung am Anfang der Grundmietzeit in einen passiven Rechnungsabgrenzungsposten einzustellen und bei einer Einmalzahlung am Ende der Grundmietzeit als noch nicht fällige Leasingforderungen auszuweisen. 57

Zu entrichtende **Sonderzahlungen, Vormieten** und **erhöhte Erstmieten** sind passiv abzugrenzen und über die Laufzeit des Leasingvertrags nach Maßgabe der Vereinnahmung der Leasingraten (linear, degressiv oder progressiv) aufzulösen. 58

Sonderzahlungen und Vormieten werden bei Objekten vereinbart, deren Herstellung sich über einen längeren Zeitraum erstreckt, um die Aufwendungen des Leasinggebers während der Herstellungsphase abzudecken. Es handelt sich um eine Vorauszahlung auf die Nutzungsüberlassung des Objektes nach Fertigstellung, so dass eine Abgrenzung über die Laufzeit des Leasingvertrags erforderlich ist.

Soweit bei erhöhten Erstmieten die Mehrmiete zur Abdeckung der Akquisitionskosten herangezogen wird, kann sie sofort vereinnahmt werden. Anderenfalls ist die Mehrmiete passiv abzugrenzen.

Enthalten die Leasingverträge Vereinbarungen über **mietfreie Perioden** zu Beginn oder am Ende der Grundmietzeit, ist entsprechende aktive (noch nicht fällige Leasingforderung) oder passive Abgrenzung (Rechnungsabgrenzungsposten) anzusetzen. Eine Ak- 59

---

[41] Vgl. IDW, St/HFA 1/1989, WPg 1989, S. 626.

tivierung der Forderung setzt jedoch voraus, dass bei einer vorzeitigen Vertragsauflösung dem Leasinggeber Schadenersatzansprüche in mindestens der bilanzierten Höhe zustehen. Die während der mietfreien Periode angesetzte Forderung wird mit Beginn der Zahlung der Leasingentgelte über die noch verbleibende Grundmietzeit getilgt. Bei mietfreien Perioden am Ende der Grundmietzeit ist während des Zeitraums der Zahlung der Leasingentgelte ein Betrag in den passiven Rechnungsabgrenzungsposten einzustellen und mit Beginn der mietfreien Zeit aufzulösen. Der in den passiven Rechnungsabgrenzungsposten einzustellende Betrag muss mindestens den degressiven Aufwandsverlauf des Leasinggebers in der mietfreien Periode decken.

60   Die rechtlich entstandenen sowie die rechtlich nicht entstandenen Forderungen, sofern sie die Periodenabgrenzung betreffen, sind in der Bilanz des Leasinggebers unter dem Posten „Forderungen aus Lieferungen und Leistungen" (§ 266 Abs. 2 HGB) auszuweisen. Eine Erläuterungspflicht für **rechtlich noch nicht entstandene Forderungen** im Anhang entfällt, da eine solche Pflicht sich ihrem Wortlaut nach nur auf die in den sonstigen Vermögensgegenständen enthaltenen rechtlich noch nicht entstandenen Forderungen bezieht (§ 269 Abs. 4 HGB).[42] Sind verbundene (§ 271 Abs. 2 HGB) oder assoziierte (§ 271 Abs. 1 HGB) Unternehmen Leasingnehmer, sind die Forderungen unter den entsprechenden Posten auszuweisen oder die Mitzugehörigkeit zu anderen Posten zu vermerken (§ 265 Abs. 3 HGB).

61   Die rechtlich noch nicht entstandenen Leasingforderungen, die aufgrund der „**Glättung**" der ergebniswirksamen Vereinnahmung im Zusammenhang mit der Gestaltung der Leasingraten (stark degressiv, progressiv) aktiviert sind, sind unter „Sonstige Vermögensgegenstände" auszuweisen. Kapitalgesellschaften und Personengesellschaften i. S. d. § 264a HGB müssen diese Forderungen, wenn sie einen größeren Umfang haben, im Anhang erläutern (§ 268 Abs. 4 HGB).

62 **bb) Bewertung.** Für die Bewertung der fälligen Leasingraten gelten die allgemeinen Bewertungsvorschriften für das Umlaufvermögen. Die Leasingforderungen sind mit dem **Nennwert** zu bilanzieren. Daneben ist das strenge Niederstwertprinzip zu beachten (§ 253 Abs. 3 Satz 1 und 2 HGB), so dass am Abschluss-Stichtag zu prüfen ist, ob konkrete Ausfallrisiken wegen mangelnder Zahlungsfähigkeit des Leasingnehmers oder wegen bestrittener Forderungen bestehen, für die entsprechende **Einzelwertberichtigungen** zu berücksichtigen sind. Darüber hinaus sind für das allgemeine Kreditrisiko **Pauschalwertberichtigungen** zu bilden.

63   Den Ausfallrisiken zukünftiger Leasingforderungen kann nicht durch Wertberichtigungen, sondern nur durch die Bildung einer **Rückstellung** Rechnung getragen werden, da die zukünftigen Forderungen nicht aktiviert sind. Die Leasingnehmerbonität hat aber auch Auswirkungen auf das mit dem Leasingobjekt verbundene Verwertungsrisiko. Kann der Leasingnehmer nämlich seine Zahlungsverpflichtungen nicht mehr erfüllen, wird er in der Regel auch nicht mehr den ihm im Zusammenhang mit dem Leasingobjekt auferlegten Verpflichtungen ordnungsgemäß nachkommen. Dadurch können dem Leasinggeber seine Kosten aus der Vertragsabwicklung (Verwaltungs- und Verwertungskosten sowie Zinskosten) aufgrund keiner oder zu geringer Einnahmen aus der Verwertung des Leasingobjektes unter Umständen nicht gedeckt werden. In Höhe dieses Betrags müsste dann eine Rückstellung für drohende Verluste aus schwebenden Geschäften gebildet werden.[43]

64 **cc) Vorzeitige Kündigung.** Der Leasingvertrag wird über eine bestimmte Laufzeit abgeschlossen, während der Vertrag vom Leasinggeber und vom Leasingnehmer nicht gekündigt werden kann. Wird der Vertrag jedoch trotzdem vorzeitig aufgelöst, stehen dem Leasinggeber **Schadenersatzansprüche** zu.

---

[42] Vgl. ADS § 268 HGB Tz 103.
[43] Vgl. auch Rdn. 30.

22. Kapitel. Bilanzrechtliche Aspekte des Leasing §72

Die Höhe dieser Forderung bei Vertragsauflösung ergibt sich in der Regel aus den noch zukünftig zu zahlenden Leasingraten und gegebenenfalls aus einem vertraglich vereinbarten Restwert abzüglich Zinsgutschriften aufgrund des vorzeitigen Vertragsendes und abzüglich des Verkaufserlöses des Leasingobjektes. Soweit zusätzliche Kosten (Gutachterkosten, Kosten für Sicherstellung usw.) anfallen, werden sie ebenfalls in Rechnung gestellt.

Die Schadenersatzforderungen sind in der Bilanz des Leasinggebers unter dem Posten „Forderungen aus Lieferungen und Leistungen" (§ 266 Abs. 2 HGB) auszuweisen, da vorzeitige Vertragsauflösungen im Leasing keine Ausnahmen sind, sondern zum Geschäft grundsätzlich dazugehören.

Am Abschluss-Stichtag ist die Schadenersatzforderung, sofern sie noch in den Büchern steht, daraufhin zu prüfen, ob unter Beachtung des strengen Niederstwertprinzips ein niedrigerer Betrag auszuweisen ist. Ist die Forderung aufgrund schlechter Bonität des Leasingnehmers nicht oder nicht in voller Höhe als einbringlich anzusehen, muss eine entsprechende Einzelwertberichtigung gebildet werden.

dd) Forfaitierung von Leasingraten. Die überwiegende Zahl der Leasinggesellschaften finanziert die Anschaffungskosten der Leasinggegenstände in erheblichem Umfang durch die Forfaitierung der Leasingraten. Die Forfaitierung ist der **regresslose Verkauf** der zukünftig fälligen Leasingraten zum Barwert an einen Dritten, wobei dieser meistens ein Kreditinstitut ist. Der Leasinggeber hat dabei für den rechtlichen Bestand (Verität) der Leasingforderungen und deren Einredefreiheit im Zeitpunkt des Verkaufs und während der Leasingvertragsdauer zu garantieren. Für die Bonität des Leasingnehmers steht der Leasinggeber dagegen nicht ein, d. h., er haftet nicht für die Zahlungsunfähigkeit des Leasingnehmers und ist insbesondere auch nicht zu einem Rückkauf der Leasingforderungen im Falle der Uneinbringlichkeit verpflichtet. Nur dann liegt das Bonitätsrisiko tatsächlich bei dem ankaufenden Dritten bzw. bei der ankaufenden Bank. 65

In den letzten Jahren haben sich weitere Finanzierungsstrukturen in Form von **Asset Backed Securities-Transaktionen** und ähnlichen Securitisation-Transaktionen entwickelt. Bei diesen Gestaltungen werden insbesondere Forderungen nach bestimmten Kriterien ausgewählt und an eine Zweckgesellschaft (Special Purpose Entity – SPE) verkauft und auf diese sachenrechtlich übertragen. Die Zweckgesellschaft refinanziert sich durch die Begebung von Schuldtiteln am Kapitalmarkt.[44] Während beim regresslosen Forderungsverkauf das Bonitätsrisiko vollständig auf den Käufer übertragen wird, verbleibt bei den ABS- und ähnlichen Securitisation-Gestaltungen ein Teil des Bonitätsrisikos beim Veräußerer. Die **Stellungnahme IDW RS HFA 8** legt die Voraussetzungen fest, bei denen trotz Zurückbehalt von Bonitätsrisiken das wirtschaftliche Eigentum an den übertragenen Forderungen auf den Käufer übergeht. Aber nicht nur bei ABS-Transaktionen, sondern auch bei anderen Transaktionen, bei denen Bonitätsrisiken beim Verkäufer verbleiben, ist die Stellungnahme IDW RS HFA 8 analog anzuwenden. Dieses betrifft vor allem auch den Verkauf von Leasingforderungen (zukünftige Forderungen). Danach ist bei der Forfaitierung von Leasingforderungen zu beurteilen, ob der Leasinggeber einen passiven Rechnungsabgrenzungsposten (Übergang des wirtschaftlichen Eigentums) oder eine Verbindlichkeit (Verbleib des Bonitätsrisikos beim Verkäufer) auszuweisen hat. 66

Wird zwischen Leasinggeber und der ankaufenden Bank vereinbart, dass der Leasinggeber Leasingforderungen mit hohem Ausfallrisiko oder bei Zahlungsunfähigkeit des Leasingnehmers gegen bonitätsmäßig einwandfreie **Forderungen austauscht**, verbleibt das Ausfallrisiko beim Leasinggeber und es liegt kein Verkauf sondern eine durch Forderungsabtretung gesicherte Darlehensgewährung seitens der Bank vor. Der Leasinggeber hat dann den gezahlten Betrag als Kredit unter dem Posten „Verbindlichkeiten gegenüber Kreditinstituten" (§ 266 Abs. 3 HGB) auszuweisen. Dieses gilt auch, was in der Praxis 67

---

[44] Vgl. *Findeisen* DB 1998, 481.

nicht selten vorkommt, wenn die „Problemforderungen" ohne vertragliche Verpflichtung, also stillschweigend, ausgetauscht oder zurückgenommen werden. Dagegen liegt ein Verkauf der zukünftigen Leasingraten vor, wenn der Leasinggeber mit der ankaufenden Bank vereinbart, die Leasingforderungen von den Leasingnehmern zurückzukaufen, wenn die Leasingnehmer nicht die von der Bank geforderten Unterlagen nach § 18 KWG zur Verfügung stellen.

68 Da keine aktivierten Forderungen, sondern zukünftig fällige Leasingraten verkauft werden, ergibt sich aus dem Verkauf in voller Höhe Erlös. Der Verkauf der zukünftig fälligen Leasingraten ändert jedoch nichts am Leasingvertrag zwischen Leasinggeber und Leasingnehmer als schwebenden Vertrag. Der Leasinggeber ist weiterhin zur Nutzungsüberlassung des Leasinggegenstandes an den Leasingnehmer verpflichtet. Der Erlös wird somit erst mit der in Zukunft durch den Leasinggeber zu erbringenden Leistung (Gebrauchsüberlassung) realisiert. Damit stellt das Entgelt für die verkauften Forderungen eine Vorauszahlung auf die **noch zu erbringende Leistung** durch den Leasinggeber dar, wobei es unerheblich ist, ob die Zahlung vom Leasingnehmer selbst oder von einem Dritten erbracht wird. Der Erlös ist dementsprechend in voller Höhe, ohne die Berührung der Gewinn- und Verlustrechnung, in den passiven Rechnungsabgrenzungsposten einzustellen.[45] Die Voraussetzungen für die Bildung eines Rechnungsabgrenzungspostens gemäß § 250 Abs. 2 HGB sind erfüllt, da Einnahmen in Form des Entgelts vor dem Abschlussstichtag vorliegen, die Ertrag für eine bestimmte Zeit, nämlich die restliche Vertragsdauer, nach diesem Stichtag darstellen.

69 Die Höhe des Rechnungsabgrenzungspostens hängt davon ab, ob die Summe der nominellen oder der **abgezinsten Leasingraten** (Entgelt) passiviert wird. Der „Bruttoausweis", d. h., der Ausweis der Summe der verkauften Leasingraten (unabgezinst) als passiver Rechnungsabgrenzungsposten und der Abzinsungsbetrag als aktiver Rechnungsabgrenzungsposten, wird nach dem BFH-Urteil vom 24. 7. 1996 in der Praxis nicht mehr anzutreffen sein.[46]

In den passiven Rechnungsabgrenzungsposten ist das für die verkauften Forderungen erhaltene Entgelt, also der Barwert, einzustellen, da der Leasinggeber seine Leistungen aus dem Leasingvertrag im Zeitpunkt der Forfaitierung noch nicht erbracht hat. Das Entgelt betrifft vielmehr auf künftige Geschäftsjahre entfallende Erträge, die passivisch abzugrenzen sind. Darüber hinaus kann für den Abzinsungsbetrag kein aktiver Rechnungsabgrenzungsposten gebildet werden, weil er nicht die Voraussetzungen des § 250 Abs. 3 HGB erfüllt.[47] Danach ist eine aktive Abgrenzung nur zulässig, soweit sich der Unterschiedsbetrag aus dem Ausgabe- und dem höheren Rückzahlungsbetrag einer Verbindlichkeit ergibt. Da die zukünftig fälligen Leasingforderungen jedoch regresslos verkauft sind, liegt dementsprechend auch keine Verbindlichkeit und damit auch kein abzugrenzender Unterschiedsbetrag vor.

70 Der passive Rechnungsabgrenzungsposten wird über die Leasingvertragsdauer entsprechend dem Erfordernis der periodengerechten Gewinnermittlung unter Berücksichtigung des Realisationsprinzips aufgelöst. Welche Methode der **Auflösung** zugrunde zu legen ist, dafür haben sich allgemein anerkannte Grundsätze herausgebildet.

Werden jährlich aus dem passiven Rechnungsabgrenzungsposten die vereinbarten Leasingraten entnommen, muss der im Rechnungsabgrenzungsposten verbleibende Betrag nach **finanzmathematischen Grundsätzen** auf den Barwert der zukünftig fälligen Leasingforderungen mit dem Ankaufszinssatz **aufgezinst** werden.[48] Die Aufzinsungs-

---

[45] Vgl. auch *Bordewin/Tonner*, 78 f.; *Grewe* WPg 1990, S. 166; *Heitmüller/Hellen* in: Küting/Weber, HdR Kap 6, Rdn. 182 ff., ADS § 250 HGB Tz 139.

[46] Vgl. *Tacke* a.a.O., 109.

[47] Vgl. auch ADS § 250 HGB Tz 139.

[48] ADS § 250 HGB Tz 139; *Gelhausen/Weiblen* a.a.O., Rn 111; *Grewe* WPg 1990, S. 166; *Lißmann* DB 1991, 1480 f.; *Blauberger* DStR 1994, 150.

22. Kapitel. Bilanzrechtliche Aspekte des Leasing §72

beträge sind in der jeweiligen Periode als Zinsaufwand und die Auflösungsbeträge als Umsatzerlöse auszuweisen. Bei linearen Leasingraten führt diese Methode zu einer progressiven Auflösung des passiven Rechnungsabgrenzungspostens.

Mit dieser Auflösung wird erreicht, dass die Leasingerträge immer gleich sind, unabhängig davon, ob sich der Leasinggeber über Darlehen oder Forfaitierung refinanziert. Für die Anwendung dieser Methode wird vor allem auch das Vorsichtsprinzip (§ 252 Abs. 1 Nr. 4 HGB) bemüht,[49] da aufgrund der progressiven Auflösung die aus einer vorzeitigen Ablösung von Leasingverträgen entstehenden Aufwendungen im Wesentlichen abgedeckt werden. Soweit bei Ablösung die Diskontierung der noch nicht fälligen Leasingraten mit dem gleichen Zinssatz erfolgt wie bei Ankauf, würde der Barwert der zurückzukaufenden Leasingraten mit dem im passiven Rechnungsabgrenzungsposten ausgewiesenen Betrag übereinstimmen.

Die Realisation der abgegrenzten Erlöse erfolgt gemäß den Regelungen im zugrunde- 71 liegenden Leasingvertrag. Je nachdem, ob lineare, degressive oder progressive Leasingraten vereinbart sind, ist entsprechend auch linear, degressiv oder progressiv aufzulösen. Dabei sind allerdings die **Grundsätze über die ergebniswirksame Vereinnahmung** von Leasingraten zu beachten. Führen die vertraglichen Vereinbarungen nicht zu einem sachgerechten Ausgleich von Leistung und Gegenleistung in den einzelnen Perioden (z. B. bei stark degressiver oder nicht belegbarer progressiver Ratenvereinbarung), ist eine entsprechende abweichende Erlösrealisation vorzunehmen. Zulässig ist auch die steuerlich anerkannte lineare Auflösung.[50] Wird der Abgrenzungsposten nicht aufgezinst, führt die Auflösung zu niedrigeren Leasingerträgen, da die Refinanzierungskosten und -zinsen in den geringeren Leasingraten enthalten sind. Dementsprechend fallen auch keine Zinsaufwendungen mehr an, so dass die gesamten Zinsaufwendungen niedriger ausgewiesen werden. Wird durch die gewählte Auflösung des Rechnungsabgrenzungspostens die Aufwands- und Ertragslage nicht unerheblich beeinflusst, sollte über die gewählte Auflösung und den damit zusammenhängenden Auswirkungen im Anhang berichtet werden.[51] Durch die Linearisierung werden die leasingtypischen Anlaufverluste vermindert.

ee) Forfaitierung von Restwerten. Neben den zukünftigen Leasingraten kann der 72 Leasinggeber auch die künftige **Forderung aus der Verwertung** des Leasinggegenstandes nach Ablauf der Leasingvertragsdauer in Höhe des für diesen Zeitpunkt angenommenen oder garantierten Restwertes des Leasinggegenstandes verkaufen. Die Verwertung des Leasinggegenstandes erfolgt entweder durch den Verkauf an den Leasingnehmer zu einem im Leasingvertrag vereinbarten Restwert (Andienungsrecht bei Teilamortisationsverträgen), durch Verkauf an einen Dritten (z. B. Händler- oder Herstellergarantie) oder durch Verlängerung des Leasingvertrags bzw. durch einen Anschlussleasingvertrag. Allerdings ist bei der Forfaitierung von Restwerten darauf zu achten, dass ein etwaiger **Mehrerlös** aus der Verwertung des Leasinggegenstandes stets dem Leasinggeber und nicht dem Refinanzierungsinstitut zusteht. Nur in diesen Fällen verbleibt das wirtschaftliche Eigentum beim Leasinggeber und er kann weiterhin den Leasinggegenstand bis zur Veräußerung in seiner Bilanz ausweisen und abschreiben.[52]

Der von dem Leasinggeber vereinnahmte Betrag (Barwert) aus dem regresslosen Ver- 73 kauf der künftigen Forderung in Höhe des in der Regel garantierten Restwertes des Leasinggegenstandes aus der nach Beendigung des Leasingvertrags dem Leasinggeber vorbehaltenen Verwertung ist **passivisch abzugrenzen**. Dabei stellt sich die Frage, ob das Entgelt aus der Forfaitierung des Restwertes als Darlehensverbindlichkeit bzw. Rückstellung auszuweisen oder wie bei der Forfaitierung von Leasingraten in den passiven Rechnungsabgrenzungsposten einzustellen ist.

---

[49] Vgl. *Lißmann* DB 1991, S. 1481; *Blauberger* DStR 1994, S. 150.
[50] BMF-Schreiben v. 19. 2. 1992 – IV B2 – S 2117–17/92 –, DB 1992, S. 608.
[51] Vgl. auch *Gelhausen/Weiblen* a.a.O., Rdn. 130.
[52] Andere Auffassung *Bink* DB 1994, 1308.

§ 72   Vierter Teil. Wirtschaftliche Problemkomplexe des Leasings

Die steuerliche Rechtsprechung[53] behandelt die Erlöse aus Restwertforfaitierung als Darlehensverbindlichkeiten, die über die Vertragslaufzeit linear zugeschrieben und in der Bilanz entsprechend auszuweisen sind.

74   Einnahmen vor dem Abschlussstichtag sind als passiver Rechnungsabgrenzungsposten auszuweisen, soweit sie Ertrag für eine bestimmte Zeit nach diesem Tag darstellen (§ 250 Abs. 2 HGB). Mit der Zahlung des Entgelts durch das Refinanzierungsinstitut erzielt der Leasinggeber eine Einnahme, die im Zeitpunkt der Verwertung des Leasinggegenstandes nach Ablauf der Grundmietzeit zu Erlös führt. Der Realisierung des Erlöses steht auch nicht entgegen, dass der Leasinggeber im Rahmen des Forfaitierungsvertrags die Aufgabe übernommen hat, die Verwertung des Leasinggegenstandes durchzuführen. Solange dem Leasinggeber daraus keine Verwertungsrisiken zurückübertragen werden, ist sichergestellt, dass bei Verwertung durch den Leasinggeber der volle Erlös realisiert wird. Die dem Leasinggeber übertragene Aufgabe ist vergleichbar mit der Zahlungsabwicklung durch den Leasinggeber bei stiller Forfaitierung von Leasingraten. Die Bedingung, dass die Einnahmen zu Erlös (Ertrag) nach dem Abschluss-Stichtag führen, ist damit erfüllt. Auch das Kriterium „für eine bestimmte Zeit" als weitere Voraussetzung für einen passiven Rechnungsabgrenzungsposten ist aufgrund der vertraglich zwischen Leasinggeber und Leasingnehmer genau vereinbarten Laufzeit des Leasingvertrags und des damit feststehenden Verwertungszeitpunktes erfüllt, und zwar unabhängig davon, ob man der engen[54] oder weiten[55] Auslegung dieses Begriffs folgt. Die Voraussetzungen für die Bildung eines **passiven Rechnungsabgrenzungspostens** gemäß § 250 Abs. 2 HGB sind damit gegeben.[56]

Ein Ausweis der Einnahme aus der Restwert-Forfaitierung als Darlehensverbindlichkeit oder Rückstellung lässt sich nicht begründen, solange der Leasinggeber bei den oben behandelten Forfaitierungsverträgen keine Verpflichtung hat, das erhaltene Entgelt für die Forderung aus der künftigen Verwertung zurückzuzahlen, und ihm auch keine Risiken aus der Verwertung entstehen. Der Leasinggeber hat die Chance, einen Mehrerlös bei der Verwertung zu bekommen; Verluste aus der Bonität und die damit gegebenenfalls zusammenhängenden Verwertungsverluste müssen voll zu Lasten des Refinanzierungsinstituts gehen.

75   Die Höhe des Rechnungsabgrenzungspostens hängt davon ab, ob der nominelle oder der **abgezinste Restwert** passiviert wird. Ein „Bruttoausweis" würde auch hier voraussetzen, dass die Forfaitierungsgebühr in Form des Abschlags vom Restwert als aktiver Rechnungsabgrenzungsposten zu aktivieren ist. Wie bei der Forfaitierung von Leasingraten gilt auch hier, dass für die Forfaitierungsgebühr die Bildung eines aktiven Rechnungsabgrenzungspostens ausgeschlossen ist.[57]

Anders als bei der Forfaitierung von Leasingraten ist der passive Rechnungsabgrenzungsposten bei Verwertung des Leasinggegenstandes **aufzulösen**, da erst zu diesem Zeitpunkt der Erlös realisiert ist. Aufgelöst wird zum Zeitpunkt des Verkaufs des Leasinggegenstandes nicht der ursprünglich abgegrenzte Barwert der Forderung aus der Verwertung (Erlös), sondern die auf den Restwert des Leasinggegenstandes über die Laufzeit des Leasingvertrags nach finanzmathematischer Methode aufgezinste Forderung.[58] Diese Handhabung wird damit begründet, dass bei der Behandlung des Rechnungsabgrenzungspostens der Grundsatz der verlustfreien Restabwicklung zu beachten ist, d. h., am

---

[53] Vgl. BMF-Schr. v. 9.1.1996 – IV B 2 S. 2170 – 135/95, DB 1996, 117

[54] Vgl. BFH-Urteil vom 20. November 1980, BStBl. II 1981 S. 389 und vom 4. März 1976, BStBl. II S. 380.

[55] Vgl. BFH-Urteil vom 3. Februar 1973, BStBl. II S. 392; vom 7. Juli 1980, BStBl. II 1981 S. 669; vom 24. März 1982, BStBl. II S. 643.

[56] Vgl. auch *Grewe* WPg 1990, S. 167; IDW, St/HFA 1/1989, WPg 1989, S. 626; ADS § 250 HGB Tz 141.

[57] Vgl. Rdn. 70.

[58] Vgl. *Grewe* WPg 1990, 167; ADS § 250 HGB Tz 141; IDW, St/HFA 1/1989, WPg 1989, S. 626.

22. Kapitel. Bilanzrechtliche Aspekte des Leasing §72

Ende der Grundmietzeit muss der passive Rechnungsabgrenzungsposten mindestens dem Restwert des Leasinggegenstandes entsprechen.

ff) Forfaitierung und Eventualverbindlichkeiten. Die Forfaitierung von Leasingraten könnte zum Ausweis von Eventualverbindlichkeiten führen. Nach § 251 HGB sind unter der Bilanz, sofern sie nicht auf der Passivseite auszuweisen sind, Verbindlichkeiten aus der Bestellung von Sicherheiten für fremde Verbindlichkeiten zu vermerken. Verkauft der Leasinggeber zukünftige Leasingforderungen regresslos an ein Kreditinstitut, lässt sich dieses in der Regel die den Leasingforderungen zugrundeliegenden Leasinggegenstände sicherungsübereignen. Diese Leasinggegenstände sichern in diesem Fall die Ansprüche des Kreditinstituts gegenüber dem Leasingnehmer ab. Damit dienen sie zur Sicherung von Verbindlichkeiten, die nicht den Leasinggeber betreffen. Insoweit leistet der Leasinggeber formal **Sicherheiten für fremde Verbindlichkeiten**. Trotzdem ist ein Ausweis als Eventualverbindlichkeiten nicht geboten. Der bei Forfaitierung von Leasingforderungen zu bildende passive Rechnungsabgrenzungsposten drückt aufgrund der abgegrenzten Erlöse auch die damit zusammenhängende Verpflichtung des Leasinggebers zur Nutzungsüberlassung aus, d. h., der Leasinggeber muss dem Leasingnehmer während der gesamten Grundmietzeit den Leasinggegenstand zur Nutzung zur Verfügung stellen. Die als Sicherheit übereigneten Leasinggegenstände betreffen damit auch die eigenen Verbindlichkeiten (Verpflichtungen). Somit ist ein der möglichen Haftung entsprechender Betrag bereits in den Passivposten der Bilanz enthalten. Ein zusätzlicher Vermerk eines Haftungsverhältnisses würde zu einem nicht gerechtfertigten Doppelausweis führen.[59] Auf die Belastung des Leasingvermögens sollte im Anhang allerdings hingewiesen werden.

b) Behandlung nach IFRS. aa) Ausweis. Operating-Leasingverhältnisse sind keine Finanzinstrumente i. S. v. IAS 39. Allerdings fallen bereits fällige und in der Bilanz des Leasinggebers angesetzte Forderungen unter *financial instruments* (IAS 39.2bi) und unterliegen damit den Ansatz- und Bewertungsvorschriften von IAS 39. Die **fälligen Leasingforderungen** sind unter den kurzfristigen Vermögenswerten als Forderungen aus Lieferungen und Leistungen auszuweisen. Vermögenswerte sind als kurzfristig einzustufen, wenn mit ihrer Realisation innerhalb von zwölf Monaten nach dem Bilanzstichtag zu rechnen ist (IAS 1.57 c).[60] Davon ist bei den fälligen Leasingforderungen auszugehen.

Aufgrund von Unterschieden zwischen den vereinbarten Zahlungsterminen und der gewählten Verteilungsmethode können **aktivische und passivische Abgrenzungen** entstehen. Dabei sind die aktivischen Unterschiedsbeträge unter den sonstigen Vermögenswerten (*other assets*) und passivische Unterschiedsbeträge unter den sonstigen Verbindlichkeiten (*other liabilities*) auszuweisen.[61]

Führt eine zwischen dem Leasinggeber und dem Leasingnehmer bzw. dem Leasinggeber und einem Dritten vereinbarte **Restwertgarantie** nicht zu einer Klassifizierung als *finance lease*, findet für den Garantiebetrag auch keine Ertragsrealisation statt. Die Ansprüche des Leasinggebers aus den betreffenden Garantien sind als Eventualforderungen (IAS 37.10) zu behandeln.[62] Ist die Realisierung aus dem Garantiebetrag jedoch so gut wie sicher, ist eine Aktivierung des Anspruchs vorzunehmen (IAS 37.33). Der Ausweis der Forderungen erfolgt entweder unter den langfristigen oder kurzfristigen Vermögenswerten als Forderungen aus Lieferungen und Leistungen abhängig von der Realisierung.

bb) Bewertung. Die unter Forderungen aus Lieferungen und Leistungen ausgewiesenen fälligen Leasingforderungen und anderen Forderungen sind **Finanzinstrumente** (*finan-*

---

[59] Vgl. *Gelhausen/Weiblen* a.a.O., Rn 115; *Glasel* in Beck HdR, B 710 Leasing Rdn. 109; ADS § 251 HGB Tz 98; *Ellrott* in Beck Bil-Komm § 251 HGB Anm. 45.
[60] Vgl. auch *KPMG* IFRS aktuell 185 f.
[61] Vgl. ADS International Abschn. 12, Tz 293.
[62] Vgl. *Kümpel/Becker* Leasing nach IFRS, 183.

Findeisen 817

§ 72   Vierter Teil. Wirtschaftliche Problemkomplexe des Leasings

cial instruments) i. S. v. IAS 39 und unterliegen den dort aufgeführten Regelungen über die Bewertung. Danach sind Wertberichtigungen durchzuführen, wenn im Rahmen der Einzelfallbetrachtung objektiv substanzielle Hinweise für die Uneinbringlichkeit vorliegen (IAS 39.58 ff.).

79 cc) Forfaitierung von Leasingraten. Der regresslose Verkauf zukünftiger Leasingraten aus **Operating-Leasingverhältnissen** zum Barwert führt wie unter HGB zunächst zu einer Bilanzverlängerung. Eine Anwendung der Abgangsvorschriften nach IAS 39.15 ff. kommt für zukünftige Leasingraten nicht zur Anwendung, da die Forderungen nicht unter IAS 39 fallen (IAS 39.2 b). Fraglich ist, wie der erhaltene Erlös für die verkauften zukünftigen Forderungen zu behandeln ist. Eine sofortige Vereinnahmung scheidet wie nach deutschen Rechnungslegungsgrundsätzen aus. Nach dem Grundsatz der Periodenabgrenzung sind Aufwendungen und Erträge periodengerecht abzugrenzen (IAS 1.25). Dementsprechend sind die transitorischen und antizipativen Rechnungsabgrenzungsposten (passiver Rechnungsabgrenzungsposten bzw. sonstige Verbindlichkeiten) grundsätzlich auch im IFRS-Abschluss anzusetzen, soweit die Kriterien für eine Schuld (F 49 b) erfüllt sind. Der Ausweis von Rechnungsabgrenzungsposten ist jedoch nach IFRS nicht explizit geregelt. Die Verbindlichkeiten aus der Forfaitierung zukünftiger Leasingraten wird man soweit sie nur noch eine kurze Restlaufzeit haben unter den kurzfristigen Schulden und soweit sie noch eine Laufzeit von mehr als zwölf Monaten haben unter den langfristigen Schulden ausweisen. Die in der Bilanz zumindest darzustellenden Posten[63] (IAS 1.68) wird man durch zusätzliche Posten ergänzen, wenn es für die Darstellung der Finanzlage des Unternehmens relevant ist (IAS 1.69). Bei Leasinggesellschaften könnte ein Ausweis der Verbindlichkeiten aus der Forfaitierung zukünftiger Leasingraten beispielsweise unter dem zusätzlichen Posten bzw. der zusätzlichen Überschrift „Verbindlichkeiten aus der Refinanzierung des Leasinggeschäfts" ausgewiesen werden. Die Finanzverbindlichkeiten werden über die Laufzeit des Leasingvertrages getilgt, wobei der Unterschiedsbetrag zwischen Nominalbetrag der Leasingraten und dem Verkaufspreis als Zuschreibung über die Laufzeit der Verbindlichkeit in der Art erfolgswirksam zu verteilen ist, dass eine konstante Verzinsung der entsprechenden Position entsteht (Effektivzinsmethode). Die Tilgung entspricht damit der Auflösung des passiven Rechnungsabgrenzungspostens im HGB.[64]

80 dd) Forfaitierung von Restwerten. Für den von dem Leasinggeber vereinnahmten Betrag (Barwert) aus dem regresslosen Verkauf der künftigen Forderung in Höhe des **garantierten bzw. erwarteten Erlöses** aus dem **Verkauf des Leasinggegenstandes** nach Beendigung des Leasingvertrags gilt die gleiche bilanzielle Behandlung wie für den Verkauf der Leasingraten. Der erhaltene Betrag stellt eine Darlehensgewährung dar und ist damit ebenfalls als Finanzverbindlichkeit unter den langfristigen Schulden (IAS 1.60) zu passivieren. Das gezahlte Entgelt ist als Zuschreibung über die Laufzeit der Verbindlichkeit in der Art erfolgswirksam zu verteilen, dass eine konstante Verzinsung entsteht (Effektivzinsmethode).

81 ee) Eventualforderungen und Eventualverbindlichkeiten. Ein Unternehmen darf keine **Eventualforderungen** (*contingent asset*) in der Bilanz aktivieren (IAS 37.31), da dadurch Erträge erfasst würden, die möglicherweise nie realisiert werden. Ist die Realisation von Erträgen jedoch so gut wie sicher (*virtually certain*), ist der betreffende Vermögenswert nicht mehr als Eventualforderung anzusehen, sondern kann jetzt als Forderung (*asset*) angesetzt werden (IAS 37.32). Die Forderung und der diesbezügliche Ertrag sind im Abschluss des Berichtszeitraums zu erfassen, in dem die Änderung auftritt (IAS 37.35). Der Fall könnte ohne Änderung der Leasingklassifizierung auftreten, wenn beispiels-

---

[63] Vgl. *RIC 1* Anhang: Beispiel für ein Bilanzgliederungsschema 29.
[64] Vgl. Rdn. 70.

818   *Findeisen*

22. Kapitel. Bilanzrechtliche Aspekte des Leasing § 72

weise ein Händler dem Leasinggeber einen bestimmten Betrag des Restwertes garantiert.[65] Die Bonität des Händlers ist zweifelsfrei und die Garantie ist an keine Bedingung gebunden. Eventualforderungen sind nach IAS 37.89 im Anhang anzugeben, wenn der Zufluss wirtschaftlichen Nutzens wahrscheinlich ist (IAS 37.34).

Ein Unternehmen darf keine **Eventualschuld** in der Bilanz ansetzen (IAS 37.27). Eine Passivierung als Rückstellung ist allerdings für den Teil einer Verpflichtung vorzunehmen, für den ein Abfluss von Ressourcen mit wirtschaftlichem Nutzen wahrscheinlich (*probable*) ist. Eine Rückstellung kann nicht gebildet werden, wenn, was äußerst selten sein dürfte, keine verlässliche Schätzung möglich ist (IAS 37.29). 82

Im Anhang ist eine Eventualschuld nach IAS 37.86 anzugeben, sofern die Möglichkeit eines Abflusses von Ressourcen mit wirtschaftlichem Nutzen nicht unwahrscheinlich ist (IAS 37.28).

3. Risikovorsorge

a) Behandlung nach HGB. Die Risiken des Leasinggebers lassen sich in **kredit- und leasingtypische Risiken** einteilen. Bei den kredittypischen Risiken handelt es sich um Bonitäts- und Zinsrisiken; bei den leasingtypischen Risiken um Objekt- und Vertragsrisiken. 83

aa) Kredittypische Risiken. (1) *Bonitätsrisiko*. Sowohl die Bonität des Leasingnehmers als auch die des Lieferanten des Leasinggegenstandes stellen für den Leasingnehmer ein Risiko dar. Das Risiko, dass der Leasingnehmer seinen vertraglichen Verpflichtungen aus dem Leasingvertrag, im Wesentlichen der Zahlung der Leasingraten, überhaupt nicht oder nicht termingerecht nachkommt, ist für den Leasinggeber stets gegeben. Deswegen benutzen die Leasinggeber für die Prüfung der **Bonität** ihrer **Leasingnehmer** verschiedene betriebswirtschaftliche Verfahren bis zum computergestützten „credit scoring" und „credit rating".[66] Trotzdem können Ausfälle von Leasingnehmern nicht völlig ausgeschlossen, sondern lediglich reduziert werden. 84

Das Bonitätsrisiko beim Leasingnehmer betrifft die Durchsetzbarkeit von Zahlungsansprüchen des Leasinggebers, die von der Zahlungsfähigkeit und der Zahlungswilligkeit des Leasingnehmers abhängig ist. Bei fälligen und damit aktivierten Leasingforderungen ist zu prüfen, ob nach den allgemeinen Bewertungsgrundsätzen Wertberichtigungen erforderlich sind. Einzelwertberichtigungen werden bei rückständigen Forderungen dann vorzunehmen sein, wenn aufgrund von häufigen Zahlungsstörungen und schlechten wirtschaftlichen Verhältnissen die Einbringlichkeit von konkreten ausstehenden Forderungen zweifelhaft erscheint. Neben Einzelwertberichtigungen sind bei den übrigen fälligen Forderungen für das allgemeine Kreditrisiko pauschalierte Wertberichtigungen zu bilden. Die Höhe der zu bildenden Wertberichtigungen wird sich nach der Anzahl der Mahnungen, dem Alter der Forderung, der Branche oder den Erfahrungen mit dem Leasingnehmer bzw. Leasingnehmer-Gruppen richten.

Der größte Teil der Leasingforderungen ist jedoch nicht in der Bilanz ausgewiesen, da er erst in der Zukunft fällig wird. Etwaige Bonitätsrisiken können dementsprechend nicht durch Wertberichtigungen, sondern nur in Form von **Rückstellungen für drohende Verluste aus schwebenden Geschäften** berücksichtigt werden. Die zu bildende Rückstellung ergibt sich aus dem Saldo des noch zu erwartenden Zahlungseingangs (Barwert) aus den Leasingraten (Leasingnehmer, Forderungen gegen Dritte) zuzüglich des Erlöses (Barwert) aus der Verwertung des Leasinggegenstandes (Verkauf oder Neuvermietung) abzüglich des Restbuchwertes des Leasinggegenstandes sowie der noch anfallenden Verwaltungs-, Finanzierungs- und sonstigen Kosten. 85

---

[65] Vgl. auch Rdn. 77.
[66] Vgl. *Figge* FLF 1990, 14.

§ 72 Vierter Teil. Wirtschaftliche Problemkomplexe des Leasings

86   Neben der Berücksichtigung von konkreten Risiken (Rückstellung für drohende Verluste aus einzelnen schwebenden Geschäften) ist eine **Risikorückstellung** für das allgemeine, latent im Vertragsbestand vorhandene Kreditrisiko ähnlich einer Pauschalwertberichtigung bei den aktivierten fälligen Leasingforderungen zu verneinen.[67]

87   Auf die in der Bilanz des Leasinggebers aktivierten Leasinggegenstände hat die Verschlechterung der Bonität des Leasingnehmers zunächst keine Auswirkung. Allerdings ist zu prüfen, ob nicht der Ausfall des Leasingnehmers eine **außerplanmäßige Abschreibung** auf den entsprechenden Leasinggegenstand zur Folge haben könnte, was dann der Fall wäre, wenn die voraussichtlichen Erlöse aus der dann vorzunehmenden Verwertung den Restbuchwert des aktivierten Leasinggegenstandes nicht mehr decken. Bezüglich des Wertaufholungsgebots gemäß § 280 Abs. 1 HGB gelten die Ausführungen in Rdn. 28.

88   Das **Bonitätsrisiko des Lieferanten/Herstellers** stellt sowohl während der Grundmietzeit als auch bei der Verwertung des Leasingobjekts die Gefahr dar, dass der Lieferant/Hersteller den von ihm eingegangenen Verpflichtungen nicht oder nicht ordnungsgemäß nachkommt. In einer Reihe von Fällen übernimmt der Lieferant/Hersteller auch die Wartungs- und Reparaturarbeiten für den Leasinggegenstand. Die Sorgfalt und Regelmäßigkeit, mit der der Lieferant/Hersteller seinen Verpflichtungen nachkommt, beeinflusst aber die Funktionsfähigkeit und damit auch die Verwertbarkeit des Leasinggegenstandes. Wird der Lieferant/Hersteller insolvent, ist gegebenenfalls eine **Rückstellung** in Höhe der von dem Leasinggeber **zu übernehmenden Kosten** zu bilden, um die weitere Funktionsfähigkeit des Leasinggegenstandes zu gewährleisten und damit seiner Nutzungsüberlassungsverpflichtung gegenüber dem Leasingnehmer nachzukommen.[68] Darüber hinaus können die aufgrund der Insolvenz wertlos gewordenen Rücknahme- und Verwertungsverpflichtungen des Lieferanten/Herstellers bei vorzeitiger Beendigung oder bei regulärer Abwicklung des Leasingvertrags zu einer außerplanmäßigen Abschreibung des aktivierten Leasinggegenstandes führen.

89   *(2) Zinsrisiko.* In den Leasingverträgen wird grundsätzlich eine über die Vertragslaufzeit unveränderte Ratenzahlung vereinbart. Ausnahmen gibt es in der Regel nur bei Immobilien-Leasingverträgen, die häufig nach einer bestimmten Zeit eine Anpassung der Leasingraten an geänderte Zinssätze vorsehen. Da die festen Ratenvereinbarungen eine Angleichung an die veränderten Marktzinssätze nicht zulassen, erwächst dem Leasinggeber ein **Festzinsrisiko**, wenn den fest vereinbarten Zinsen in den Leasingraten nicht ein ebenfalls festverzinsliches Refinanzierungsgeschäft für den gleichen Zeitraum gegenübersteht. Werden die Leasinggegenstände nur für einen Teil der Grundmietzeit mit festen Zinssätzen refinanziert, kann sich mit Auslaufen der Festzinsperiode bei gestiegenen Marktzinssätzen die Notwendigkeit der Bildung einer Drohverlustrückstellung ergeben. Gleiches gilt selbstverständlich auch, wenn die Leasinggegenstände von vornherein variabel refinanziert werden. Ist anzunehmen, dass die Marktzinsen die in den Leasingraten kalkulierten Zinsen übersteigen, ist der erwartete Verlust durch eine Rückstellung zu antizipieren.

In welcher Höhe die Rückstellung zu bilden ist, könnte fraglich sein. Denkbar wäre beispielsweise eine Rückstellung in Höhe der Zinsdifferenz von niedrigerem Refinanzierungszinssatz in der Leasingrate und höherem Marktzinssatz. Allerdings dürfte es in der Praxis nicht ohne weiteres möglich sein, die in den Leasingverträgen kalkulierten Refinanzierungszinssätze zu ermitteln, um sie den Marktzinssätzen gegenüberzustellen. Darüber hinaus führt nicht jeder höhere Marktzinssatz zu einem Verlust. Der Marktzinssatz muss nicht nur den in der Leasingrate kalkulierten Refinanzierungszinssatz, sondern

---

[67] Vgl. andere Auffassung: *Glasel* in Beck HdR, B 710 Leasing, Rdn. 127; *Figge* FLF 1990 14; gleiche Auffassung: *Bordewin/Tonner*, 84; *Tacke* a.a.O., 144.

[68] Vgl. auch *Pähler*, Risikopolitik von Leasinggesellschaften im herstellerunabhängigen Mobilienleasing, 1989, 45.

auch die Gewinnmarge übersteigen. In jedem Fall ist dann eine Rückstellung zu bilden, wenn der **Marktzinssatz den Leasingzinssatz übersteigt.**

Das Zinsrisiko kann aber auch durch entsprechende Zinsderivate begrenzt werden, so dass die Bildung einer Rückstellung vermieden werden kann.

(3) Währungsrisiko. Für Leasingunternehmen, die auch außerhalb des Euro-Raumes tätig sind, können sich Währungsrisiken ergeben, wenn die Vertrags- und Refinanzierungskonditionen in unterschiedlichen Währungen abgeschlossen werden. Eine Rückstellung für drohende Verluste wird in den Fällen erforderlich sein, in denen entstehende Währungsverluste nicht durch den Leasingnehmer ausgeglichen oder durch den Abschluss von Währungsderivaten abgesichert werden. 90

bb) Leasingtypische Risiken. *(1) Objektrisiko.* Risiken aufgrund von gesunkenen Zeitwerten bestehen für die im Vermietvermögen aktivierten Leasinggegenstände nicht, solange die vereinbarten Leasingraten und der vom Leasingnehmer oder einem Dritten garantierte Restwert den Buchwert voll abdecken. Bei mangelnder Bonität des Leasingnehmers kann jedoch für den Leasinggeber ein Risiko entstehen, wenn nämlich der Leasingnehmer seinen Zahlungsverpflichtungen nicht mehr nachkommt und der Leasinggegenstand zum gesunkenen Zeitwert verwertet werden muss. Der Leasinggeber hat dann entweder eine **außerplanmäßige Abschreibung** auf den voraussichtlich erzielbaren Verwertungserlös vorzunehmen oder in gleicher Höhe eine **Rückstellung für drohende Verluste aus schwebenden Geschäften** zu bilden.[69] 91

Einen Sonderfall im Rahmen der Objektrisiken bilden die sog. **Restwertrisiken.** Von Restwertrisiken wird gesprochen, wenn nach planmäßiger Abschreibung am Ende der Grundmietzeit der verbleibende Buchwert den voraussichtlich erzielbaren Vermarktungserlös übersteigt. Während bei Teilamortisationsverträgen der Restbuchwert grundsätzlich dem Anspruch aus dem Andienungsrecht entsprechen wird und damit das Risiko allein auf die Bonität des Leasingnehmers bzw. eines Dritten beschränkt ist, wird bei allen übrigen Verträgen, bei denen diese Voraussetzungen nicht gegeben sind, eine Vorsorge zu treffen sein. Insbesondere bei Vollamortisationsverträgen mit linearer Abschreibung der Leasinggegenstände können die Restbuchwerte am Ende der Vertragslaufzeit über den voraussichtlichen Verkaufserlösen bzw. zu erwartenden Erlösen aus Mietverlängerungen oder Anschlussvermietungen liegen. An jedem Abschluss-Stichtag ist dementsprechend zu prüfen, ob bei den verschiedenen Gruppen der Leasinggegenstände die erwarteten Verwertungserlöse zur Deckung der nicht garantierten Restbuchwerte ausreichen. Ist dies nicht der Fall, ist für diese Restwertrisiken eine zusätzliche Abschreibung oder eine Rückstellung geboten; eine Verkürzung der restlichen Abschreibungsdauer und damit eine Änderung des Abschreibungsplans scheidet aus.[70] Da die Verwertungsverluste erst am Ende der Grundmietzeit anfallen, ist die Drohverlustrückstellung nicht sofort in voller Höhe zu bilden, sondern über die Vertragslaufzeit auf den dann zu erwartenden Verlust aufzubauen. Entsprechendes gilt für die pauschale Abschreibung auf die betreffenden Gruppen der Leasinggegenstände. Die Finanzverwaltung und die BFH-Rechtsprechung lehnen eine Risikovorsorge in Bezug auf Restwertrisiken während der Grundmietzeit ab.[71] Fraglich könnte sein, ob eine Risikovorsorge in Bezug auf Restwertrisiken für jeden einzelnen Fall vorzunehmen ist oder auch eine entsprechende Rückstellung nur dann zu bilden ist, wenn – bezogen auf den Gesamtbestand – die erwarteten Buchverluste die erwarteten Buchgewinne bei Verwertung der Leasinggegenstände am Ende der Grundmietzeit übersteigen. 92

Dagegen sprechen der im HGB verankerte Grundsatz der Einzelbewertung sowie das im Vorsichtsprinzip enthaltene Imparitätsprinzip mit seiner ausschließlichen Berücksichtigung nicht realisierter Verluste.

---

[69] Vgl. IDW, St/HFA 1/1989, WPg 1989, S. 626.
[70] Vgl. *Grewe* WPg 1990, 164.
[71] Vgl. BMF-Schr. v. 13. 5. 1980; BFH v. 8. 10. 1987, BStBl. 1988 II, S. 57.

Allerdings haben in den letzten Jahren auch im HGB immer mehr Portfoliobetrachtungen (Zins- und Währungsabsicherungen, ABS-Transaktionen) Eingang gefunden, so dass eine Portfoliobetrachtung bei der Risikovorsorge bei Restwertrisiken zu überlegen wäre.

93 *(2) Vertragsrisiken.* Vertragsrisiken, die beim Leasinggeber entstehen können, sind **Risiken aus** der Anwendung des **AGB-Gesetzes** und des **Verbr.KrG** sowie im Zusammenhang mit der Investition bei Operating Leasing (Produkthaftung, Umweltschutz, zufälliger Untergang). Negative Auswirkungen auf das Leasinggeschäft können auch Fehler in der **Vertragsgestaltung** haben, wenn beispielsweise der angestrebte Steuervorteil oder die Zuordnung des wirtschaftlichen Eigentums nicht in der vereinbarten Weise erreicht wird. Auch ist es denkbar, dass bei Verträgen ein Verlust bewusst in Kauf genommen wird. In solchen Fällen sind **Rückstellungen für drohende Verluste** aus schwebenden Geschäften zu bilanzieren. Für Risiken, die heute noch nicht ausreichend erkennbar sind und somit einer Rückstellungsbildung nicht zugänglich, könnte eine bilanzielle Vorsorge durch Bildung einer **versteuerten Rücklage** erfolgen.[72]

94 *(3) Leasingtypische Anlaufverluste.* Der Jahresabschluss von Leasinggesellschaften ist, vor allem bei wachsendem Geschäft, durch leasingtypische Anlaufverluste geprägt.[73] Einem i. d. R. gleich bleibenden Erlösverlauf steht ein degressiver Kostenverlauf aus Akquisitionskosten zu Beginn des Leasingvertrages, degressivem Zinsverlauf für die Finanzierung des Leasingvermögens und linearer und degressiver Abschreibungen auf das Vermietvermögen gegenüber. Damit entstehen in den Anfangsperioden der Vertragslaufzeiten Aufwandsüberdeckungen (Verluste), die erst in späteren Perioden durch entsprechende Erträge mehr als kompensiert werden. Bei bedeutenden Anlaufverlusten oder Auslaufgewinnen sind zusätzliche Angaben im Anhang gemäß § 264 Abs. 2 Satz 2 HGB erforderlich.

Um trotz dieser leasingtypischen Ertrags- und Aufwandsverläufe einen verlässlichen Einblick in die Vermögens- und Ertragslage einer Leasinggesellschaft zu erhalten, wird von einer Reihe von Leasinggesellschaften eine **Substanzwertrechnung** erstellt. Sie dient dazu, ergänzend zu den Informationen der offiziellen Rechnungslegung, notwendige Zusatzinformationen hinsichtlich des wirtschaftlichen Erfolgs einer Periode, der stillen Reserven und des Risikodeckungspotentials einer Gesellschaft zu geben.[74]

Den leasingtypischen Anlaufverlusten kann die Leasinggesellschaft durch den Verkauf der zukünftigen Leasingforderungen im gewissen Umfange begegnen, wenn sie anschließend den Rechnungsabgrenzungsposten nicht finanzmathematisch, sondern linear auflöst.[75]

95 **b) Behandlung nach IFRS. aa) Kredittypische Risiken.** *(1) Bonitätsrisiko.* Bei Operating-Leasingverhältnissen handelt es sich bis auf wenige fällige Leasingforderungen überwiegend um **zukünftige** noch nicht in der Bilanz ausgewiesene **Leasingforderungen**. Etwaige Bonitätsrisiken können dementsprechend nicht durch eine Wertberichtigung auf die Leasingforderungen berücksichtigt werden. Allerdings kann eine Verschlechterung der Bonität des Leasingnehmers sich auf den beim Leasinggeber aktivierten Gegenstand auswirken. Der Leasinggeber hat dementsprechend seine aktivierten Vermögenswerte gemäß IAS 36 auf eventuelle Wertminderungen (*impairment loss*) zu überprüfen (IAS 17.54). Eine dauernde Wertminderung wird man bei einem längerfristig genutzten Leasinggegenstand dann annehmen können, wenn sein **Buchwert seinen erzielbaren Betrag** übersteigt (IAS 36.8). Der erzielbare Betrag ergibt sich aus den Barwerten der vereinbarten Leasingraten und dem erwarteten oder garantierten Veräußerungserlös. Werden aufgrund der schlechten Bonität die vereinbarten Leasingraten nicht

---

[72] Vgl. *Figge* FLF 1990, 14.
[73] Vgl. auch *Heitmüller/Hellen* a.a.O., Rdn. 181; *Gelhausen/Weiblen* a.a.O., Rn 93 ff.
[74] Vgl. *Hellen* in BDL, Substanzwertrechnung für Mobilien-Leasing-Gesellschaften, S. 18.
[75] Vgl. Rdn. 72.

mehr gezahlt, können gegebenenfalls die Barwerte den Restbuchwert nicht mehr decken, so dass in Höhe der Differenz eine außerplanmäßige Abschreibung vorzunehmen wäre. Die Vorgehensweise unterscheidet sich damit nicht von der im HGB.

Gibt es am Bilanzstichtag Anzeichen dafür, dass die Umstände, die zur Wertminderung des Leasinggegenstandes geführt haben, nicht mehr vorliegen und der Wert wieder gestiegen ist, besteht eine **Wertaufholungspflicht** bis zur Höhe des erzielbaren Betrags (IAS 36.95–101). Im Falle der Bonität bedeutet das, dass der Leasingnehmer seinen Zahlungsverpflichtungen nachkommen kann und dementsprechend die Barwerte aus Leasingzahlung und garantiertem Restwert den Restbuchwert des Leasinggegenstandes übersteigen. 96

Fraglich ist, ob für Bonitätsrisiken anstelle einer außerplanmäßigen Abschreibung eine Rückstellung gebildet werden kann. Nach IAS 37.14 ist die Bildung einer Rückstellung dann vorzunehmen, wenn ein Unternehmen aus einem Ereignis der Vergangenheit eine gegenwärtige Verpflichtung (rechtliche oder faktische) hat, der Abfluss von Ressourcen mit wirtschaftlichem Nutzen zur Erfüllung dieser Verpflichtung wahrscheinlich ist und eine verlässliche Schätzung der Höhe der Verpflichtung möglich ist. Sind diese Bedingungen nicht erfüllt, ist **keine Rückstellung** anzusetzen. Eine Rückstellung für Bonitätsrisiken erfüllt die Bedingungen nicht. Dieses gilt umso mehr für eine Rückstellung für das allgemeine, latent im Vertragsbestand vorhandene Kreditrisiko ähnlich einer Pauschalwertberichtigung. 97

(2) Zins- und Währungsrisiken. Werden die Leasinggegenstände nur für einen Teil der Grundmietzeit mit festen Zinssätzen refinanziert oder von vornherein variabel refinanziert, können sich mit Veränderung der Marktzinssätze Zinsrisiken ergeben. Da es sich bei den Operating-Leasingverträgen um schwebende Geschäfte handelt, ist fraglich, ob für Zins- und Währungsrisiken eine Rückstellung für drohende Verluste aus schwebenden Geschäften gebildet werden kann. Diese Art von Rückstellungen unterliegen aber nach IFRS deutlich restriktiveren Regeln als denen, die sich aus den allgemeinen handelsrechtlichen Grundsätzen mit dem Vorsichts- und Imparitätsprinzip herleiten. Da die Voraussetzungen für die Bildung einer Rückstellung für die Zins- und Währungsrisiken wohl nicht gegeben sein dürften, empfiehlt sich eine Absicherung über entsprechende Zins- und Währungsswaps vorzunehmen. 98

bb) Leasingtypische Risiken. *(1) Objektrisiken.* Bei Operating-Leasingverhältnissen besteht für den Leasinggeber ein Restwertrisiko, da die vom Leasingnehmer zu zahlenden Leasingraten den Leasinggegenstand nicht voll amortisieren. Der Leasinggeber hat dementsprechend seine aktivierten Vermögenswerte gemäß IAS 36 auf **eventuelle Wertminderungen** *(impairment loss)* zu überprüfen (IAS 17.54). 99

Eine dauernde Wertminderung wird man bei einem längerfristig genutzten Leasinggegenstand dann annehmen können, wenn sein Buchwert seinen erzielbaren Betrag übersteigt (IAS 36.8). In IAS 36.12–14 werden einige Anhaltspunkte dafür beschrieben, dass sich eine Wertminderung ereignet haben könnte. Wenn einer von diesen Anhaltspunkten vorliegt, ist ein Unternehmen verpflichtet, eine formelle Schätzung des erzielbaren Betrages vorzunehmen. Wenn kein Anhaltspunkt vorliegt, ist auch keine Schätzung vorzunehmen (IAS 36.8). Anzeichen, die eine Schätzung notwendig machen, können sowohl unternehmensexterner als unternehmensinterner Natur sein. Eines der aufgeführten externen Anzeichen ist der deutlich stärker gesunkene Marktwert eines Vermögenswertes, als dies durch Zeitablauf oder die gewöhnliche Nutzung zu erwarten gewesen wäre (IAS 36.12a). Danach ist der erzielbare Betrag zu schätzen. Ergibt sich aus den Barwerten der vereinbarten Leasingraten und dem erwarteten Veräußerungserlös im Vergleich zum Buchwert des Leasinggegenstandes eine Unterdeckung, ist in Höhe der Differenz eine **außerplanmäßige Abschreibung** vorzunehmen.

Eine Rückstellungsbildung für die Objektrisiken anstelle einer außerplanmäßigen Abschreibung scheidet aus.

§ 72 Vierter Teil. Wirtschaftliche Problemkomplexe des Leasings

100 **(2) Vertragsrisiken.** Dem Leasinggeber können aus dem Abschluss von Operating-Leasingverträgen Vertragsrisiken (Produkthaftung, Umweltschutz, zufälliger Untergang, Vertragsgestaltung, Wegfall des Steuervorteils) entstehen. Fraglich ist, ob für diese Risiken eine **Risikovorsorge** in Form einer Rückstellung gebildet werden kann. Hat ein Unternehmer einen belastenden Vertrag, ist die gegenwärtige vertragliche Verpflichtung als Rückstellung anzusetzen und zu bewerten (IAS 37.66).

Verträge begründen sowohl Rechte als auch Verpflichtungen für jede Vertragspartei. Führen nun die Umstände dazu, dass ein solcher Vertrag belastend wird, fällt der Vertrag unter den Anwendungsbereich von IAS 37 und es besteht eine anzusetzende Schuld.

101 Ein **belastender Vertrag** ist definiert als ein Vertrag, bei dem die unvermeidbaren Kosten zur Erfüllung der vertraglichen Verpflichtungen höher als der erwartete wirtschaftliche Nutzen sind (IAS 37.68). Werden beispielsweise bei der Gestaltung eines Leasingvertrages Fehler gemacht, die zu hohen unvermeidbaren Schadenersatzansprüchen führen, dürfte solch eine Rückstellung für belastende Verträge vorliegen.

102 Bevor eine separate Rückstellung für einen belastenden Vertrag erfasst wird, hat ein Unternehmen den **Wertminderungsaufwand für Vermögenswerte**, die mit dem Vertrag verbunden sind (außerplanmäßige Abschreibung des Leasinggegenstandes nach IAS 36), zu berücksichtigen (IAS 37.69).

4. Rückstellungen

103 **a) Behandlung nach HGB.** Neben den schon behandelten Rückstellungen für drohende Verluste aus schwebenden Geschäften im Zusammenhang mit der Risikovorsorge gibt es noch weitere für das Leasinggeschäft typische Rückstellungen.

Beim Abschluss von Teilamortisationsverträgen im Mobilien-Leasing wird der Leasingnehmer häufig beim Verkauf des Leasinggegenstandes am erzielten Mehrerlös beteiligt. Für die Verpflichtung des Leasinggebers, den Leasingnehmer bei Beendigung der Grundmietzeit am Verwertungserlös zu beteiligen, hat der Leasinggeber während der Laufzeit des Leasingvertrags eine Verbindlichkeitsrückstellung aufzubauen.[76] Die Höhe der Rückstellung richtet sich nach dem erwarteten Verwertungserlös sowie nach der vereinbarten **Mehrerlösbeteiligung**, die nicht mehr als 75 % des die Restamortisation übersteigenden Teils des Veräußerungserlöses betragen darf, um steuerlich anerkannt zu werden.[77]

104 Hat der Leasinggeber für die bei ihm aktivierten Leasinggegenstände einen Anspruch auf Investitionszulage, so wird nicht selten diese **Investitionszulage** bei der Kalkulation der Leasingraten berücksichtigt, so dass diese entsprechend niedriger ausfallen. Die Investitionszulage kann von den Anschaffungs- oder Herstellungskosten des begünstigten Leasinggegenstandes abgesetzt werden oder bei Bruttoausweis der Anschaffungs- oder Herstellungskosten in einen besonderen Passivposten „Sonderposten für Investitionszuschüsse zum Anlagevermögen" eingestellt werden.[78] Der **Sonderposten** wird parallel zu den Abschreibungen aufgelöst.

In einer Reihe von Fällen wird die Investitionszulage nicht bei der Kalkulation der Leasingraten berücksichtigt, sondern dem Leasingnehmer am Ende der Grundmietzeit weitergegeben. Der Leasinggeber hat dementsprechend bei Entstehen des Anspruchs in Höhe der an den Leasingnehmer auszuzahlenden Investitionszulage eine **Rückstellung** zu bilden.

105 **b) Behandlung nach IFRS.** Wird der Leasingnehmer beim Verkauf des Leasinggegenstandes am erzielten Mehrerlös beteiligt (bei erlasskonformen Leasingverträgen mit

---

[76] Vgl. BFH v. 15.4.1993, BB 1993, S. 1912; Hoyos/M. Ring in Beck Bil-Komm § 249 HGB Anm. 100 (Leasingverträge).
[77] Vgl. BMF 22.12.1975 – IV B 2 – S. 2170 – 161/75.
[78] Vgl. IDW, St/HFA 1/1984 idF 1990, IDW-Fachgutachten, S. 131.

22. Kapitel. Bilanzrechtliche Aspekte des Leasing § 72

75 %), erscheint es fraglich, ob eine Klassifizierung als Operating-Leasingverhältnis überhaupt gegeben sein kann. Soweit der Leasingnehmer den Vermögenswert zu aktivieren hat, erübrigt sich die Frage der Rückstellung beim Leasinggeber. Führt eine Mehrerlösbeteiligung jedoch nicht zu einem *finance lease*, was allerdings nur sehr selten und bei besonderen Fällen vorkommen dürfte, ist über eine **Rückstellung beim Leasinggeber** für die Mehrerlösbeteiligung zu befinden. Es liegt ein Ereignis aus der Vergangenheit in Form des abgeschlossenen Vertrages vor. Der Abfluss von Ressourcen ist wahrscheinlich. Voraussetzung ist eine verlässliche Schätzung der Höhe der Verpflichtung. Hier können aus der Vergangenheit Erfahrungen vorliegen, so dass eine verlässliche Schätzung möglich ist. Eine Rückstellung in Höhe der Mehrerlösbeteiligung des Leasingnehmers ist über die Laufzeit des Leasingvertrages aufzubauen.

5. Verbindlichkeiten

a) Behandlung nach HGB. Eine Variante der Teilamortisationsverträge im Immobilien-Leasing sind die **Mietvorauszahlungs- oder Mieterdarlehensmodelle**. Der Leasingnehmer leistet neben den Leasingraten auch Darlehensbeträge, die ihm entweder nach Beendigung der Vertragslaufzeit zurückgezahlt oder bei Verlängerung des Mietvertrags über die vereinbarte Grundmietzeit hinaus auf die späteren Leasingraten angerechnet werden. Die Summe der Mietvorauszahlungen erreicht am Ende der Grundmietzeit grundsätzlich die Höhe des Restwertes des Leasingobjektes. Der Leasinggeber ist damit in der Lage, bis zum Ende der unkündbaren Vertragslaufzeit durch Mietvorauszahlung und Leasingraten die aufgenommenen Fremdmittel zurückzuzahlen. Darüber hinaus ist dem Leasingnehmer bei diesen Teilamortisationsverträgen grundsätzlich eine Kaufoption in Höhe des Restwertes eingeräumt, so dass im Falle der Ausübung der Kaufoption die Darlehensverbindlichkeit mit dem Kaufoptionspreis verrechnet wird. 106

Die Mietvorauszahlungen stellen für den Leasinggeber Verbindlichkeiten dar, die er als Darlehensverbindlichkeiten in seiner Bilanz unter dem Posten „Sonstige Verbindlichkeiten" (§ 266 Abs. 3 HGB) zu passivieren hat. Soweit diese Leasingverträge noch eine Restlaufzeit von mehr als fünf Jahren haben, ist der Gesamtbetrag im Anhang anzugeben (§ 285 Nr. 1a HGB).

Für alle anderen Verbindlichkeiten im Zusammenhang mit der Anschaffung von Leasinggegenständen und deren Finanzierung gelten in Bezug auf Ausweis (§ 266 Abs. 3 HGB) und Wertansatz (§ 253 Abs. 1 Satz 2 HGB) die allgemeinen Bilanzierungsvorschriften.

Die mit den Leasingentgelten i. d. R. zu gleich bleibenden Raten zusammengefassten zukünftig fälligen Mieterdarlehensraten können zusammen mit den zukünftig fälligen Leasingraten zum Barwert an eine Bank oder ein Spezialinstitut regresslos verkauft werden. Der **Verkauf** der zukünftigen fälligen **Mieterdarlehensraten** führt jedoch zu keinem Erlös, da der Leasinggeber den Darlehensbetrag nach Beendigung der Laufzeit des Leasingvertrags zurückzuzahlen oder bei Verlängerung des Leasingvertrags auf die durch den Leasingnehmer zu zahlenden Leasingraten anzurechnen hat. Der Verkauf stellt somit eine Vor- bzw. Zwischenfinanzierung dar. Dementsprechend kann der erhaltene Betrag aus der Forfaitierung nicht in einen Rechnungsabgrenzungsposten eingestellt werden, da dafür Voraussetzung ist, dass eine Einnahme vorliegt, die Ertrag für eine bestimmte Zeit nach dem Abschluss-Stichtag darstellen (§ 250 Abs. 2 HGB). 107

Der Barwert der Mietvorauszahlungen ist unter dem Posten „Sonstige Verbindlichkeiten" (§ 266 Abs. 3 HGB) auszuweisen und über die Laufzeit des Leasingvertrags auf den Nominalbetrag (Rückzahlungsbetrag) aufzuzinsen. Ein Ansatz des Rückzahlungsbetrags bei gleichzeitigem **Ausweis** einer Forfaitierungsgebühr als aktiver Rechnungsabgrenzungsposten (§ 250 Abs. 3 HGB) ist nicht zulässig, da es sich um einen regresslosen Verkauf der Mietdarlehensforderung handelt und dementsprechend keine Verbindlichkeit gegenüber der Bank und damit auch kein abzugrenzender Unterschiedsbetrag vorliegt. 108

Findeisen 825

109 b) Behandlung nach IFRS. Soweit der Leasingnehmer dem Leasinggeber während der Vertragslaufzeit Darlehen (Mieterdarlehen) zur Verfügung stellt, hat der Leasinggeber in Höhe der Beträge eine Darlehensverbindlichkeit anzusetzen. Die Verbindlichkeiten sind unter den langfristigen Schulden als **Finanzverbindlichkeiten** auszuweisen (IAS 1.60, IAS 1.68). Bei den Verbindlichkeiten im Zusammenhang mit der Anschaffung von Leasinggegenständen handelt es sich um kurzfristige Schulden, die als **Verbindlichkeiten aus Lieferungen und Leistungen** zu zeigen sind. Die Finanzierungen der Leasinggegenstände dagegen sind als langfristige Schulden unter den Finanzverbindlichkeiten zu passivieren (IAS 1.60; IAS 1.68).

110 Werden im Zusammenhang mit dem regresslosen Verkauf von zukünftigen Leasingraten auch zukünftige Mietvorauszahlungen (Mieterdarlehen) des Leasingnehmers übertragen, ist der erhaltene Betrag entsprechend aufzuteilen. Der Teil, der die zukünftigen Mietvorauszahlungen betrifft, stellt eine Vorfinanzierung dieser Mietvorauszahlungen dar. Dementsprechend ist der Anteil für die Mietvorauszahlung als **Finanzverbindlichkeit** unter den **langfristigen Schulden** zu passivieren und über die Laufzeit auf den Rückzahlungsbetrag aufzuzinsen. Die Zinsaufwendungen sind unter den Finanzierungsaufwendungen (IAS 1.81) auszuweisen.

Wie bei den Forderungen handelt es sich auch bei den Verbindlichkeiten in der Regel um Finanzinstrumente, für die hinsichtlich Ansatz und Bewertung IAS 39 und hinsichtlich von Anhangsangaben IFRS 7 zu beachten sind.

6. Erträge und Aufwendungen

111 a) Behandlung nach HGB. Die Erträge und Aufwendungen sind gemäß § 275 Abs. 2 HGB (Gesamtkostenverfahren) und § 275 Abs. 3 HGB (Umsatzkostenverfahren) auszuweisen. Die Leasingerträge sind unter dem Posten „Umsatzerlöse" (§ 275 Abs. 2 Nr. 1 HGB) zu zeigen. Die Leasingraten gehen entweder brutto oder netto in die **Umsatzerlöse** ein, je nachdem, ob der Rechnungsabgrenzungsposten finanzmathematisch oder linear aufgelöst wird. Wird der Rechnungsabgrenzungsposten finanzmathematisch aufgelöst, sind die vereinbarten Leasingraten in den Umsatzerlösen und die Zinsaufwendungen aus der Aufzinsung des verbleibenden Rechnungsabgrenzungspostens in den „Zinsen und ähnlichen Aufwendungen" auszuweisen. Bei einer linearen Auflösung werden in den Umsatzerlösen die abdiskontierten geringeren Leasingraten gezeigt.[79]

Um den Besonderheiten des Leasinggeschäfts Rechnung zu tragen, empfiehlt es sich, den zwischen „sonstige betriebliche Erträge" und „Personalaufwand" auszuweisenden Posten „Materialaufwand" (§ 275 Abs. 2 Nr. 5 HGB) in **„Aufwendungen für verkaufte Leasinggegenstände und Mietkaufgegenstände sowie Dienstleistungen"** umzubenennen. Es gehört zum normalen Geschäftsgegenstand, dass die Leasinggegenstände am Vertragsende verwertet werden. Dementsprechend kann nicht ein saldierter Betrag als Gewinn aus dem Abgang von Gegenständen des Vermietvermögens unter dem Posten „sonstige betriebliche Erträge" und der Verlust aus dem Abgang unter dem Posten „sonstige betriebliche Aufwendungen" ausgewiesen werden. Der Abschreibungsaufwand ist bei Leasinggesellschaften, die das Gesamtkostenverfahren anwenden, als ein neuer Unter-Posten (§ 265 Abs. 5 Satz 2 HGB) innerhalb der Postengruppe „Abschreibungen" (§ 275 Abs. 2 Nr. 7 HGB) zu zeigen. Da die Gliederung der GuV nur dann durch einen neuen Aufwandsposten ergänzt werden kann, wenn eine Zuordnung zu den vorhandenen Aufwandsposten nicht möglich ist, entfällt ein anderer Ausweis. Auch die Zinsen aus der Refinanzierung sind im Posten „Zinsen und ähnliche Aufwendungen" einzustellen. Es gilt hier also die gleiche Regelung wie für die Abschreibungen, weil schon ein entsprechender Aufwandposten existiert.

---

[79] Vgl. Rdn. 72.

22. Kapitel. Bilanzrechtliche Aspekte des Leasing § 72

Die Beträge aus der Auflösung des **Sonderpostens für Investitionszuschüsse** zum 112
Anlagevermögen werden dann unter „Umsatzerlöse" (§ 275 Abs. 2 Nr. 1 HGB) ausgewiesen, soweit die entsprechenden Leasingraten aufgrund der an den Leasingnehmer weitergegebenen Investitionszulage vermindert worden ist.

Wurde die Investitionszulage bei der Kalkulation der Leasingraten nicht berücksichtigt, sind die Beträge aus der Auflösung des Sonderpostens unter „Sonstige betriebliche Erträge" (§ 275 Abs. 2 Nr. 4 HGB) zu zeigen.

Wenn die Aufwendungen aus dem Leasinggeschäft den Umsatzerlösen gegenüber- 113
gestellt werden sollen, dann ist das **Umsatzkostenverfahren** anzuwenden (§ 275 Abs. 3 HGB). Wählt der Leasinggeber das Umsatzkostenverfahren, sind die Abschreibungen zusammen mit den auf das Leasingvermögen entfallenden Refinanzierungsaufwendungen unter dem gemäß § 275 Abs. 3 Nr. 2 HGB genannten Posten auszuweisen, der „Aufwendungen aus dem Leasinggeschäft" heißen könnte.

b) Behandlung nach IFRS. Ein Unternehmen hat eine Aufwandsgliederung anzuge- 114
ben, die entweder auf der Art der Aufwendungen (Gesamtkostenverfahren) oder auf deren Funktion (Umsatzkostenverfahren) innerhalb des Unternehmens beruht, je nachdem, welche Darstellungsweise verlässliche und relevantere Informationen ermöglicht (IAS 1.88). Zusätzliche Posten, Überschriften und Zwischensummen sind in der Gewinn- und Verlustrechnung darzustellen, wenn eine solche Darstellung für das Verständnis der Ertragslage des Unternehmens relevant ist (IAS 1.83). Die Zahlungen des Leasingnehmers sind als Leasingerträge über die Laufzeit des Leasingverhältnisses zu verteilen. Die Ertragserfassung erfolgt grundsätzlich **linear über die Laufzeit des Leasingvertrags** (IAS 17.50), selbst wenn die Zahlungsmodalitäten hiervon abweichen (IAS 17.51). Eine Ausnahme ist dann gegeben, wenn eine andere planmäßige Verteilung eher dem zeitlichen Verlauf, in dem sich der aus dem Leasinggegenstand erzielte Nutzungsvorteil verringert, entspricht. Dieses gilt jedoch nicht für Einnahmen aus Dienstleistungen wie Versicherung und Instandhaltung (IAS 17.51). Sie werden nach den allgemeinen Grundsätzen erfolgswirksam erfasst.[80]

Kosten, einschließlich Abschreibungen, die im Zusammenhang mit den Leasingerträgen anfallen, werden als Leasingaufwand berücksichtigt (IAS 17.51).

Leasingerträge und Leasingaufwendungen gehören zum betrieblichen Ergebnis und 115
werden entsprechend als **Umsatzerlöse** (*revenue*) ausgewiesen (IAS 1.91 bzw. IAS 1.92). Bei Leasingunternehmen bietet es sich für das Verständnis der Ertragslage an, den einzelnen Erträgen (Zinserträgen aus Leasinggeschäft, vertragliche Erträge, Verwertungserlöse, Serviceerlöse usw.) die dazugehörigen Aufwendungen (Zinsaufwendungen aus dem Leasinggeschäft, Aufwendungen aus Leasingverträgen, Verwertungsaufwand, Serviceaufwendungen usw.) gegenüberzustellen und somit die entsprechenden Ergebnisse darzustellen.

Hersteller oder Händler als Leasinggeber können keinen Verkaufsgewinn beim 116
Abschluss eines Operating-Leasingvertrags ausweisen, da die Chancen und Risiken weiter bei ihnen liegen und damit kein Verkauf gegeben ist (IAS 17.55).

Bei der Verhandlung eines neuen oder erneuerten Operating-Leasingverhältnisses 117
kann der Leasinggeber dem Leasingnehmer **Anreize** geben, den Vertrag abzuschließen (SIC 15.1). Sämtliche Anreize und Prämien, die der Leasinggeber dem Leasingnehmer gewährt, sind unabhängig von Art und zeitlichem Anfall mit dem Gesamtbetrag der Leasingraten zu verrechnen. Diese Kosten darf er nicht sofort ertragswirksam in den Aufwand nehmen, sondern hat sie als Minderung der Leasingerträge (durch Reduzierung des Gesamtbetrags um die Anreizzahlung) über die Laufzeit des Leasingverhältnisses zu verteilen (SIC 15.3 f.).

---

[80] Vgl. *Lorenz* a.a.O., 719.

Erbringt der Leasinggeber neben der Nutzungsüberlassung noch andere Leistungen, ist eine Aufteilung der vereinbarten Gegenleistung auf die verschiedenen Leistungsbestandteile auf Basis deren relativer beizulegender Werte (fair values) durchzuführen.[81]

7. Anhangsangaben

118 **a) Behandlung nach HGB.** Der Leasinggeber hat im Anhang die auf die Posten der Bilanz und der Gewinn- und Verlustrechnung angewandten Bilanzierungs- und Bewertungsmethoden (§ 284 Abs. 2 Nr. 1 HGB) anzugeben sowie Änderungen von Bilanzierungs- und Bewertungsmethoden anzugeben und zu begründen, und deren Einfluss auf die Vermögens-, Finanz- und Ertragslage gesondert darzustellen (§ 284 Abs. 2 Nr. 3 HGB). Angaben, die speziell im Zusammenhang mit dem Leasinggeschäft zu machen sind, betreffen insbesondere die Vereinnahmung der Leasingraten, die **Bildung und Auflösung von Rechnungsabgrenzungsposten** und die **Bildung von Drohverlustrückstellungen**. Darüber hinaus sind Angaben über die Abschreibungen auf das Vermietvermögen und im Zusammenhang mit der **Vereinnahmung der Leasingraten** über Beträge, die unter dem Posten „sonstige Vermögensgegenstände" ausgewiesen sind und erst nach dem Abschluss-Stichtag rechtlich entstehen, also noch nicht fällige Leasingforderungen sind, zu machen.

119 Aus § 264 Abs. 2 HGB könnten zusätzliche Angaben im Anhang erforderlich werden, wenn die Vermögens-, Finanz- und Ertragslage kein den tatsächlichen Verhältnissen entsprechendes Bild der Kapitalgesellschaft und der Personenhandelsgesellschaft i. S. d. § 264a HGB mehr vermittelt. Solche besonderen Umstände liegen dann vor, wenn aufgrund sehr stark wachsenden Geschäfts hohe **Anlaufverluste** die Ertragslage der Gesellschaft sehr stark beeinflussen. Andererseits kann geringes Neugeschäft zu hohen **Auslaufgewinnen** durch das Auslaufen alter Verträge führen und so ebenfalls das Ergebnis der Gesellschaft nicht unwesentlich verzerren.

120 Von den sonstigen Pflichtangaben könnte vor allem die Angabe des **Gesamtbetrags der Verbindlichkeiten**, die durch Pfandrechte oder ähnliche Rechte gesichert sind, unter Angabe von Art und Form der Sicherheiten, gemäß § 285 Nr. 1b HGB von Bedeutung sein. So lässt sich bei einem regresslosen Verkauf von zukünftigen Leasingforderungen das ankaufende Kreditinstitut grundsätzlich die den Leasingforderungen zugrunde liegenden Leasinggegenstände sicherungsübereignen. Der Buchwert der sicherungsübereigneten Leasinggegenstände sollte im Anhang angegeben werden.

121 **b) Behandlung nach IFRS.** Leasinggeber haben bei **Operating-Leasingverhältnissen** zusätzlich zu den Vorschriften des **IFRS 7** (Finanzinstrumente: Angaben) die in **IAS 17.56** geforderten Angaben zu machen.

Gemäß IAS 17.56 hat der Leasinggeber im Anhang eine Aufgliederung der Summe der künftigen Mindestleasingzahlungen aus unkündbaren Operating-Leasingverhältnissen als Gesamtbetrag und in Beträge mit einer Restlaufzeit bis zu einem Jahr, länger als ein Jahr und bis zu fünf Jahren und länger als fünf Jahre, sowie die Summe der in der Berichtsperiode als Ertrag erfassten bedingten Mietzahlungen und eine allgemeine Beschreibung der Leasingvereinbarungen zu geben.

122 Außerdem finden für Leasinggeber von im Rahmen von Operating-Leasingverhältnissen vermieteten Vermögenswerten die **Angabepflichten** gemäß IAS 16 (*Sachanlagen*), IAS 36 (*Wertminderung von Vermögenswerten*), IAS 38 (*Immaterielle Vermögenswerte*), IAS 40 (*Als Finanzinvestition gehaltene Immobilien*) und IAS 41 (*Landwirtschaft*) Anwendung (IAS 17.57).

123 Zukünftige Leasingraten aus Operating-Leasingverhältnissen sind **keine Finanzinstrumente**. Dagegen sind bereits fällige, aber noch nicht bezahlte Leasingraten als Finanzinstrumente zu behandeln. Für diese Leasingforderungen sind die Angabepflichten gemäß IFRS 7 maßgebend.

---

[81] Vgl. ADS International Abschn. 12 Tz 286.

III. Bilanzierung beim Leasingnehmer

1. Leasingraten

a) Behandlung nach HGB. Aus Sicht des Leasingnehmers ist das Leasinggeschäft bei 124 Zurechnung zum Leasinggeber ein **schwebender Vertrag** und dementsprechend nach den Grundsätzen über die Behandlung schwebender Geschäfte nicht zu bilanzieren. Eine Leasingverbindlichkeit ist zu passivieren, wenn der Leasinggeber seine Leistung erbracht und der Leasingnehmer noch nicht gezahlt hat. Die in den Leasingverträgen getroffenen Vereinbarungen können neben gleich bleibenden Zahlungen degressive, progressive oder auch Einmalzahlungen vorsehen. Aktive oder passive Abgrenzungen sind vorzunehmen, wenn die vertraglichen Vereinbarungen nicht zu einem sachgerechten Ausgleich von Leistung und Gegenleistung führen.

Eine Verrechnung von Leasingaufwendungen entsprechend den vertraglichen Verein- 125 barungen könnte bei einem **degressiven Ratenverlauf** nicht sachgerecht sein. Eine Aktivierung eines Teils der Leasingraten ist danach vorzunehmen, wenn die Degression der Leasingraten über die Kostendegression des Leasinggebers hinausgeht; ansonsten sind die Aufwendungen bei einer gedachten Eigeninvestition zugleich Maßstab einer zulässigen Degression.[82] Für die Aufwandsverrechnung beim Leasingnehmer kann m. E. nicht die Kostenstruktur des Leasinggebers maßgebend sein. Auch die Aufwendungen bei einer gedachten Eigeninvestition als Maßstab für die Aufwandsverrechnung zugrunde zu legen, erscheint zweifelhaft, da es sich hier nicht um eine Eigeninvestition, sondern um die Zurverfügungstellung von Nutzungspotentialen durch den Leasinggeber handelt. Maßstab für die zulässige Aufwandsverrechnung kann dementsprechend nur die Ausnutzung des Nutzungspotentials durch den Leasingnehmer sein. Voraussetzung ist allerdings eine hinreichende Objektivierung einer Inanspruchnahme eines degressiv verlaufenden Nutzungspotentials. Da es keinen Grundsatz für eine spiegelbildliche Bilanzierung gibt,[83] muss der vereinnahmte Ertrag beim Leasinggeber nicht übereinstimmen mit der Aufwandsverrechnung beim Leasingnehmer, d. h., eine Abgrenzung beim Leasinggeber muss nicht zu einer Abgrenzung beim Leasingnehmer führen und umgekehrt. Überschreitet die Degression der tatsächlich vereinbarten Leasingraten die hinreichend objektivierte degressive Nutzungsinanspruchnahme, ist der Differenzbetrag in einen aktiven Rechnungsabgrenzungsposten einzustellen. Bei keiner hinreichenden Objektivierbarkeit ist immer von einer linearen Nutzungsinanspruchnahme auszugehen. Der aktive Rechnungsabgrenzungsposten ist über die restliche Vertragslaufzeit aufzulösen, sobald die degressiven Leasingraten niedriger sind als der degressive bzw. lineare Nutzungsverlauf.

Progressive Leasingraten können wirtschaftlich begründet sein und damit durchaus 126 zu einem sachgerechten Ausgleich von Leistung und Gegenleistung führen. Ist die vom Leasinggeber zur Verfügung gestellte Nutzung nicht an Zeiteinheiten, sondern an andere Einheiten (Ausbringung, Verbrauch, Kilometer-Leistung) gebunden, sind durchaus andere Verläufe der Nutzungsüberlassung denkbar, die allerdings im Hinblick auf die Willkürfreiheit im Einzelnen belegbar sein müssen. Kernproblem bei progressiver Ratenvereinbarung dürfte auch hier die Objektivierung des vom Leasinggeber insgesamt zur Verfügung gestellten Nutzungspotentials und seiner progressiven Inanspruchnahme sein. Bei einem progressiven Ratenverlauf, der der erwarteten Kaufpreisentwicklung (Staffelmiete) entspricht, kann von einem angemessenen Ausgleich von Leistung und Gegenleistung ausgegangen werden. Eine Progression, die ohne belegbare Gründe darüber hinausgeht, würde dem nicht mehr entsprechen. In solchen Fällen ist eine passivische Abgrenzung in Höhe der Differenz zwischen Staffelmiete bzw. linearer Nutzungsabgabe

---

[82] Vgl. *Gelhausen/Weiblen* a.a.O., Rdn. 167.
[83] Vgl. auch *Glasel* in Beck HdR, B 710 Leasing, Rdn. 66.

und progressiven Leasingraten vorzunehmen. Da der Abgrenzungsbetrag aufgrund der erwarteten Kaufpreisentwicklung nur näherungsweise ermittelt werden kann, steht die Verbindlichkeit der Höhe nach noch nicht fest. Insofern ist nur die Bildung einer Verbindlichkeitsrückstellung möglich.[84]

127 Ist nach den vertraglichen Bestimmungen des Leasingvertrags eine **Einmalzahlung** zu Vertragsbeginn bzw. am Ende der Vertragslaufzeit vereinbart, ist der Betrag entsprechend in einen aktiven Rechnungsabgrenzungsposten einzustellen bzw. als Verbindlichkeit zu passivieren. Neben den Einmalzahlungen, die sehr selten sind, sind dagegen die Vereinbarungen von mietfreien Perioden zu Beginn oder am Ende der Vertragslaufzeit häufiger anzutreffen. Soweit **mietfreie Perioden** am Vertragsbeginn vorliegen, ist eine Verbindlichkeit auszuweisen. Die Höhe der Verbindlichkeit ergibt sich grundsätzlich aus der vertraglichen Regelung des Leasingvertrags über die Zahlung der Raten und damit zunächst über die Aufwandsverteilung. Soweit mietfreie Perioden am Vertragsende vereinbart sind, ist während des Zeitraums der Zahlung der Leasingentgelte ein Betrag in den aktiven Rechnungsabgrenzungsposten einzustellen und mit Beginn der mietfreien Zeit entsprechend der vertraglichen Vereinbarung bzw. der Aufwandsverteilung aufzulösen.

128 Hat der Leasinggeber ein **Andienungsrecht**, d. h., ist der Leasingnehmer am Ende der Grundmietzeit verpflichtet, auf Verlangen des Leasinggebers den Leasinggegenstand zu einem bereits bei Abschluss des Leasingvertrags fest vereinbarten Preis zu kaufen, kann sich beim Leasingnehmer die Notwendigkeit einer Rückstellungsbildung ergeben. Liegt der vereinbarte Andienungspreis aufgrund niedriger Leasingraten nicht unwesentlich über dem erwarteten Marktpreis, hat der Leasingnehmer in Höhe der Differenz zwischen vereinbartem Andienungspreis und erwartetem Marktpreis eine Rückstellung zu bilden. Die Rückstellung ist als Korrektur zu den niedrigen Leasingraten über die Laufzeit des Leasingvertrags aufzubauen und bei Ausübung des Andienungsrechtes aufzulösen.[85]

129 In der Praxis sind teilweise neben den Leasingraten so genannte **Mietvorauszahlungen (Mieterdarlehen)** zu entrichten, die bei Verlängerung des Leasingvertrags über die vereinbarte Grundmietzeit hinaus auf die späteren Leasingraten angerechnet werden.[86] Kündigt der Leasingnehmer nach Ablauf der Grundmietzeit das Vertragsverhältnis, sind dem Leasingnehmer die kumulierten Mietvorauszahlungen zurückzuzahlen. Der Leasingnehmer hat eine Darlehensforderung in Höhe der bis zu dem jeweiligen Bilanzstichtag insgesamt gezahlten Beträge gegen den Leasinggeber auszuweisen. Entsprechend der Laufzeit des Leasingvertrags sind die Forderungen unter dem Posten „Sonstige Ausleihungen" (§ 266 Abs. 2, A III 6 HGB) oder unter dem Posten „ Sonstige Vermögensgegenstände" (§ 266 Abs. 2, B II 4 HGB) auszuweisen. In der Regel werden die Mieterdarlehen nicht verzinst, da die Verzinsung ohnehin nur eine Erhöhung der Leasingraten zur Folge haben würde. Dementsprechend führt auch die Unverzinslichkeit nicht zu einer Abzinsung der Darlehensforderung, weil dem Nachteil der Zinslosigkeit der Vorteil der geringeren Leasingraten gegenübersteht.[87]

130 Die in § 285 Nr. 3 HGB geforderten Angaben über die sonstigen finanziellen Verpflichtungen im Anhang einer Kapitalgesellschaft bzw. einer Personenhandelsgesellschaft i. S. d. § 264 a HGB, zu denen insbesondere Verpflichtungen aus Leasingverträgen gehören, sind die einzige Stelle, an der der Leasingnehmer im Normalfall, d. h., bei erlasskonformem Leasing und sachgerechtem Ausgleich von Leistung und Gegenleistung, über Leasingverpflichtungen zu berichten hat. Voraussetzung ist allerdings, dass der Gesamtbetrag der Leasingverpflichtungen insgesamt für die Beurteilung der Finanzlage von Bedeutung ist. Eine **Angabe von Fälligkeiten** des Gesamtbetrags ist nicht gefordert.

---

[84] Vgl. auch *Gelhausen/Weiblen* a.a.O., Rdn. 168.
[85] Vgl. auch *Gelhausen/Weiblen* a.a.O. Rn 169.
[86] Vgl. auch *Gabele/Dannenberg/Kroll* Immobilien-Leasing 100.
[87] Vgl. *Bordewin/Tonner* a.a.O., 82.

Die Angabe von Fälligkeiten kann geboten sein, wenn dadurch die Beurteilung der Finanzlage verbessert wird.[88] Einbezogen werden müssen die Verpflichtungen aus den fest vereinbarten Vertragslaufzeiten. **Mietverlängerungsoptionen, Kaufoptionen oder Andienungsrechte** sind dann zu berücksichtigen, wenn mit deren Inanspruchnahme mit großer Wahrscheinlichkeit gerechnet wird. Davon abzuziehen sind gebildete Rückstellungen im Zusammenhang mit diesen Optionen und Andienungsrechten. Ebenfalls hier anzugeben sind die noch anfallenden **Vorauszahlungs- und Darlehensverpflichtungen** (Mieterdarlehen) im Zusammenhang mit den Leasingverträgen. Allerdings verlangt § 285 Nr. 3 HGB nur die Angabe des Gesamtbetrags der finanziellen Verpflichtungen, eine Aufteilung in Leasing und in sonstige finanzielle Verpflichtungen oder sogar eine Aufteilung in Operating-Leasing und Finanzierungs-Leasing ist nicht gefordert. Damit ist derzeit nicht unbedingt ersichtlich, welcher Betrag der finanziellen Verpflichtung auf Leasing entfällt.

Die Bewertung der finanziellen Verpflichtungen aus Leasingverträgen sowie der damit verbundenen Darlehens- und Vorauszahlungsverpflichtungen entspricht der von Verbindlichkeiten; sie sind mit dem **Erfüllungsbetrag** anzusetzen (§ 253 Abs. 1 Satz 2 HGB).[89]

Während der Laufzeit des Leasingvertrags hat der Leasingnehmer die Leasingraten **131** beim Gesamtkostenverfahren als **Aufwand** unter dem Posten „sonstige betriebliche Aufwendungen" (§ 275 Abs. 2 Nr. 8 HGB) und beim Umsatzkostenverfahren je nachdem, ob der Leasingvertrag der Herstellung, dem Vertrieb oder der Verwaltung zuzurechnen ist, unter den entsprechenden Posten (§ 275 Abs. 3 HGB) auszuweisen.

b) Behandlung nach IFRS. Die bilanzielle Behandlung eines Operating-Leasing- **132** verhältnisses unterscheidet sich grundsätzlich nicht von der Behandlung nach HGB. Die Abbildung des Leasinggeschäfts erfolgt analog zu einem Mietverhältnis. Das **Operating-Leasingverhältnis ist ein schwebender Vertrag**, der nach den Grundsätzen über die Behandlung schwebender Geschäfte zu bilanzieren ist.[90]

Die Zahlungen der Leasingraten werden über die Vertragslaufzeit ergebniswirksam erfasst. Der Leasingnehmer hat keinen Leasinggegenstand zu aktivieren und auch keine Verbindlichkeiten auszuweisen. Die einzige Ausnahme sind die fälligen, aber noch nicht gezahlten Leasingraten, die unter den kurzfristigen Schulden als Verbindlichkeiten aus Lieferungen und Leistungen zu passivieren sind (IAS 1.68).[91]

Bei **Immobilien-Leasingverträgen** ist es nicht unüblich, neben den Leasingraten **133** für die Nutzung des Objektes auch über die Laufzeit ein Mieterdarlehen an den Leasinggeber zu gewähren, das am Ende der Vertragslaufzeit entweder mit dem Kaufoptionspreis verrechnet oder bei Verlängerung des Leasingvertrages auf die späteren Leasingraten angerechnet wird.

Liegt trotz der Gestaltung des Vertrages ein Operating-Leasingverhältnis vor, hat der Leasingnehmer das **Mieterdarlehen** zu aktivieren. Der Ausweis dieser Darlehen erfolgt als finanzielle Vermögenswerte unter den langfristigen Vermögenswerten (IAS 1.68), da die Realisierung in der Regel nicht innerhalb von zwölf Monaten erfolgen dürfte (IAS 1.57). Da die Mieterdarlehen als *financial instruments* einzustufen sind, unterliegt Ansatz und Bewertung den Regeln nach IAS 39. Darüber hinaus sind die Vorschriften über die Angaben bei Finanzinstrumenten zu beachten (IFRS 7).

Die Leasingzahlungen eines Operating-Leasingverhältnisses sind als **Aufwand** grund- **134** sätzlich **linear über die Vertragslaufzeit** zu erfassen (IAS 17.33), auch wenn die Zahlungen nicht auf der gleichen Grundlage erfolgen (IAS 17.34). Steigen oder fallen die Leasingraten über die Laufzeit des Leasingverhältnisses, sind die Zahlungen der Leasing-

---

[88] Vgl. *Ellrott* in Beck Bil-Komm § 285 HGB Anm. 27.
[89] Vgl. auch *Glasel* in Beck HdR, B 710 Leasing Rdn. 143 ff.
[90] Vgl. ADS International Abschn. 12, Tz 286; *Lorenz* a.a.O., 715.
[91] Vgl. auch RIC 1 Anhang: Beispiel für ein Bilanzgliederungsschema 29.

§ 72 Vierter Teil. Wirtschaftliche Problemkomplexe des Leasings

raten dennoch linear zu verbuchen, so dass Zahlungsmodus und Aufwandserfassung auseinanderfallen. In Höhe des Unterschiedsbetrages hat der Leasingnehmer einen **Abgrenzungsposten** in der Bilanz zu erfassen.

135 Soweit der Nutzenverlauf für den Leasinggeber nicht linear sein sollte, hat er den **Aufwandsverlauf entsprechend dem Nutzungsverlauf** anzupassen (IAS 17.33 f.). Das kann beispielsweise ein degressiver, aber auch ein progressiver Nutzenverlauf sein.[92] Durch die Anpassung des Aufwandsverlaufs an den Nutzenverlauf sollen wie beim Leasinggeber die aus dem Leasingverhältnis resultierenden Aufwendungen und Erträge gleichmäßig und zutreffend gegeneinander aufgerechnet werden.[93] Aber auch in diesen Fällen müssen entsprechend die Abweichungen zu den tatsächlich geleisteten Zahlungen als Aktiv- oder Passivposten abgegrenzt werden.[94] Von der Verteilung ausgeschlossen sind Kosten, die der Leasingnehmer dem Leasinggeber erstattet, wie beispielsweise Versicherung und Instandhaltung (IAS 17.34), weil sie mit dem Nutzenverlauf nichts zu tun haben.

136 Hat der Leasinggeber mit dem Leasingnehmer *incentives* vereinbart, um mit ihm einen neuen oder erneuerten Operating-Leasingvertrag abzuschließen, dann hat der Leasingnehmer die Summe des Nutzens aus den Vergünstigungen als eine Reduktion der Mietaufwendungen linear über die Laufzeit des Leasingverhältnisses zu erfassen (SIC 15.5). Vermietet beispielsweise ein Leasinggeber ein Gebäude an den Leasingnehmer für 10 Jahre zu einem jährlichen Mietpreis von EUR 1.000 und überlässt ihm für die beiden ersten Jahre das Gebäude zur kostenlosen Nutzung, dann sind die zu zahlenden Mietraten (8 × EUR 1.000) über die Laufzeit von 10 Jahren zu verteilen, so dass sich die jährliche Miete auf EUR 800 reduziert.[95] Dieses Vorgehen gilt sowohl für den Leasinggeber als auch für den Leasingnehmer.

137 Während bei Finanzierungs-Leasingverhältnissen die **anfänglichen direkten Kosten** mit dem Abschluss eines Leasingvertrags zu aktivieren sind (IAS 17.24), gibt es derartige Regelungen im Fall der Operating-Leasingverhältnisse nicht. Fraglich ist, ob diese Kosten sofort ergebniswirksam zu berücksichtigen sind oder eher analog bei Finanzierungsleasing-Verhältnissen zu aktivieren und über die Laufzeit zu verteilen sind. Folgt man der Systematik des IAS 17, ist eine Aktivierung und Verteilung dieser Kosten sachgerechter.[96] Die aktivierten Vertragsabschlusskosten (*initial direct costs*) sind unter den sonstigen langfristigen Vermögenswerten auszuweisen und über die Vertragslaufzeit aufzulösen.

138 **Bedingte Mietzahlungen**, also der Teil der Mietzahlungen in einem Leasingverhältnis, der im Betrag nicht festgelegt, sondern von dem zukünftigen Wert eines anderen Faktors als des Zeitablaufs abhängt (IAS 17.4), sind in der Periode zu berücksichtigen, in der sie anfallen. Führen die bedingten Mietzahlungen zu einer Erhöhung der Leasingraten, ist ein Mehraufwand, führen sie zu einer Verminderung der Leasingraten, ein Minderaufwand zu erfassen. Die Zahlungen für bestimmte Leistungen wie Instandhaltung und Versicherung sind entsprechend den allgemeinen Grundsätzen über die Periodenabgrenzung zu behandeln.

139 Der Leasingnehmer hat die Aufwendungen aus dem Operating-Leasingverhältnis entweder im Rahmen des **Gesamtkostenverfahrens** (IAS 1.91) unter den sonstigen betrieblichen Aufwendungen zu zeigen bzw. im Rahmen des **Umsatzkostenverfahrens** (IAS 1.92) die Aufwendungen den einzelnen Funktionsbereichen des Unternehmens zuzuordnen.

140 Leasingnehmer haben bei Operating-Leasingverhältnissen zusätzlich zu den Vorschriften des IFRS 7 noch Angaben nach IAS 17.35 zu machen.

---

[92] *PwC* IAS für Banken 358.
[93] Vgl. *Kirsch* in Baetge Rechnungslegung nach IAS IAS 17 Rdn. 59.
[94] *Wiley/Beine/Nardmann* Abschn. 14 Rdn. 33.
[95] Vgl. ähnliches Beispiel SIC 15 Appendix to SIC-15, Example 2.
[96] Gleicher Auffassung: *Lorenz* a.a.O., 716; anderer Auffassung: ADS International Abschn. 12, Tz 197.

2. Rechnungsabgrenzungsposten

a) Behandlung nach HGB. Die Fälligkeit der Leasingraten ergibt sich aus den in den 141 Leasingverträgen festgelegten Zahlungsvereinbarungen, die in der Regel monatliche oder vierteljährliche **im Voraus zu leistende Zahlungen** vorsehen. Für Zahlungen, die über den Bilanzstichtag hinausgehen, ist der Teil, der die Nutzungsüberlassung und damit den Aufwand für eine bestimmte Zeit nach dem Abschluss-Stichtag betrifft, als **aktiver Rechnungsabgrenzungsposten** auszuweisen.

Ebenso sind **Mietvorauszahlungen** des Leasingnehmers zu Beginn eines Leasingvertrags, die beispielsweise im Pkw-Leasing mit Privatpersonen oder bei schwer verwertbaren Leasingobjekten häufig vom Leasinggeber verlangt werden, beim Leasingnehmer in einen aktiven Rechnungsabgrenzungsposten einzustellen.

Die **Auflösung** der aktivisch abgegrenzten Mietvorauszahlungen erfolgt über die Laufzeit des Leasingvertrags. Die in den einzelnen Perioden zu berücksichtigenden Aufwendungen richten sich nach den zwischen Leasinggeber und Leasingnehmer abgeschlossenen vertraglichen Vereinbarungen. Danach ist der aktive Rechnungsabgrenzungsposten entweder linear, progressiv oder degressiv aufzulösen, solange ein sachgerechter Ausgleich von Leistung und Gegenleistung gegeben ist.[97]

b) Behandlung nach IFRS. Für Zahlungen, die für eine Periode bestimmt sind, die 142 über den Bilanzstichtag hinaus geht (*prepaid expenses*), ist eine **Abgrenzung** vorzunehmen. Der Ausweis erfolgt unter den kurzfristigen sonstigen Vermögenswerten (IAS 1.57). Die Auflösung ist gemäß dem festgelegten Aufwandsverlauf vorzunehmen.

3. Rückstellungen

a) Behandlung nach HGB. Aus dem Leasingvertrag als schwebendem Geschäft kön- 143 nen **Verlustrisiken** drohen, so dass eine Rückstellung für drohende Verluste aus schwebenden Geschäften in Betracht kommen könnte (§ 249 Abs. 1 Satz 1 HGB). Dieses könnte der Fall sein, wenn nämlich der Leasingnehmer nicht die volle Kapazität des geleasten Objektes ausnutzen kann. Der Leasingnehmer muss einerseits die fest vereinbarten Leasingraten zahlen, ist aber andererseits nicht in der Lage, den Leasinggegenstand voll oder teilweise zu nutzen, sei es aufgrund von Verschleiß, Überalterung oder Änderung der Produktpalette. Werden weniger Produkte/Einheiten hergestellt, wird als Maßstab die kleinere Produktionsanlage mit den entsprechend geringeren Leasingraten zugrunde gelegt. Fraglich ist allerdings, ob auch dann eine Rückstellung zu bilden ist, wenn der Leasingnehmer den Leasinggegenstand am Bilanzstichtag zu viel günstigeren Leasingraten hätte erhalten können.[98]

Aus einem Immobilien-Leasingvertrag kann beispielsweise durch geänderte Marktbe- 144 dingungen ein Verlust entstehen, wenn bei Untervermietung des ganzen oder eines Teils des Objektes der Untermietvertrag nur zu **schlechteren Konditionen** abgeschlossen werden kann als der Haupt-Leasingvertrag. In Höhe des Differenzbetrags von erwarteten Mieteinnahmen und Mietaufwendungen ist eine Rückstellung für drohende Verluste aus schwebenden Geschäften zu bilden. Die Auflösung der Rückstellung erfolgt Gewinn erhöhend über die restliche Laufzeit des Leasingvertrags.

b) Behandlung nach IFRS. Nach IAS 37.14 ist die **Bildung einer Rückstellung** 145 dann vorzunehmen, wenn ein Unternehmen aus einem Ereignis der Vergangenheit eine gegenwärtige Verpflichtung (rechtliche oder faktische) hat, der Abfluss von Ressourcen mit wirtschaftlichem Nutzen zur Erfüllung dieser Verpflichtung wahrscheinlich und eine verlässliche Schätzung der Höhe der Verpflichtung möglich ist.

---

[97] Vgl. Rdn. 52.
[98] Vgl. *Hoyos/Ring* in Beck Bil-Komm § 249 Anm. 100 „Mietverträge".

§ 73   Vierter Teil. Wirtschaftliche Problemkomplexe des Leasings

146   Aus dem Leasingvertrag als schwebendem Geschäft können Verlustrisiken drohen, die eine **Rückstellung für drohende Verluste** erforderlich machen könnten. Ein Leasingnehmer muss beispielsweise einerseits fest vereinbarte Leasingraten einer geleasten Anlage zahlen, kann andererseits diese aber nicht voll oder nicht in dem geplanten Umfange nutzen. Es stellt sich die Frage, ob in diesem Fall eine Rückstellung nach IAS 37 gebildet werden kann. Für eine Rückstellung würde sprechen, wenn die Bedingungen für einen **belastenden Vertrag** vorliegen (IAS 37.66 ff.). Ein belastender Vertrag (*onerous contract*) ist ein Vertrag, bei dem die unvermeidbaren Kosten zur Erfüllung der vertraglichen Verpflichtungen höher sind als der erwartete wirtschaftliche Nutzen (IAS 37.10).

147   Ob ein belastender Vertrag vorliegt, ist in der Weise festzustellen, dass die den erwarteten Erlösen aus der geleasten Anlage gegenüberzustellenden Ausgaben höher sind. Ist diese Voraussetzung erfüllt, kann in Höhe der die Erträge voraussichtlich übersteigenden Kosten eine Rückstellung für den drohenden Verlust aus dem Leasingvertrag gebildet werden. Der **Betrag** ist über die Restlaufzeit des Leasingvertrages **abzuzinsen** (IAS 37.46).

148   Aus einem Immobilien-Leasingvertrag kann durch geänderte Marktbedingungen ein Verlust entstehen. Es stellt sich deshalb die Frage, ob für die Differenz zwischen den niedrigeren Mieteinnahmen aus dem Untermietvertrag und den höheren Mietaufwendungen aus dem Hauptmietvertrag eine Rückstellung gebildet werden kann. Bei dem Immobilien-Leasingvertrag kann es sich um einen belastenden Vertrag handeln. Bei der Prüfung, ob ein belastender Vertrag gegeben ist, besteht grundsätzlich die Notwendigkeit, auch indirekte Vorteile mit heranzuziehen. Geht man davon aus, dass ein belastender Vertrag vorliegt, dann wäre in Höhe der **Differenz zwischen den beiden Mieten eine Rückstellung** zu bilden (IAS 37.14 und IAS 37.66 und IAS 1.68).

§ 73. Bilanzierung der Leasingverhältnisse bei Zurechnung zum Leasingnehmer

Schrifttum: Vgl. die Hinweise zu § 71

Übersicht

	Rdn.
I. Vorbemerkung	1
II. Bilanzierung beim Leasinggeber	3
1. Leasingraten	3
a) Behandlung nach HGB	3
aa) Ausweis	3
bb) Barwert	7
cc) Vorzeitige Kündigung	8
dd) Forfaitierung von Mietkaufforderungen	9
b) Behandlung nach IFRS	11
aa) Ausweis	11
bb) Bewertung	15
cc) Forfaitierung von Finanzierungs-Forderungen	18
2. Erträge und Aufwendungen	19
a) Behandlung nach HGB	19
b) Behandlung nach IFRS	20
3. Anhangsangaben	22
a) Behandlung nach HGB	22
b) Behandlung nach IFRS	23
III. Bilanzierung beim Leasingnehmer	24
1. Leasinggegenstand	24
a) Behandlung nach HGB	24
aa) Ausweis	24
bb) Anschaffungs- oder Herstellungskosten	28
cc) Planmäßige Abschreibungen	31
dd) Außerplanmäßige Abschreibungen	32

22. Kapitel. Bilanzrechtliche Aspekte des Leasing § 73

	Rdn.
b) Behandlung nach IFRS	34
aa) Ausweis	34
bb) Anschaffungs- oder Herstellungskosten	35
cc) Abschreibungen	36
2. Verbindlichkeiten	37
a) Behandlung nach HGB	37
b) Behandlung nach IFRS	40
3. Erträge und Aufwendungen	41
a) Behandlung nach HGB	41
b) Behandlung nach IFRS	42
4. Anhangsangaben	43
a) Behandlung nach HGB	43
b) Behandlung nach IFRS	45

I. Vorbemerkung

Für die Bilanzierung der Leasingverhältnisse bei Zurechnung zum Leasingnehmer gibt **1** es keine speziellen gesetzlichen Vorschriften im HGB. Die Stellungnahme HFA 1/1989 regelt nur den Ansatz und die Bewertung beim Leasinggeber, aber nicht beim Leasingnehmer. Grundlage der Bilanzierung sind die Grundsätze ordnungsmäßiger Buchführung und Bilanzierung und soweit hilfreich die steuerliche Rechtsprechung. Der Ansatz und die Bewertung erfolgen analog zu denen beim Leasinggeber. So werden nachfolgend nur die Sachverhalte näher betrachtet, bei denen Ansatz und Bewertung abweichen.

Die Zurechnung von Leasinggegenständen beim Leasingnehmer wird sich nach HGB im Wesentlichen auf die Fälle des **„echten" Mietkaufs** (Mietkauf i. e. S.) beschränken.

Die Bilanzierung bei Zurechnung zum Leasingnehmer ist dagegen in den IFRS **2** (IAS 17.20 ff.) eingehend geregelt. Darüber hinaus sind wie bei der Bilanzierung bei Zurechnung zum Leasinggeber neben IAS 17 vor allem IAS 38 (Immaterielle Vermögenswerte), IAS 16 (Sachanlagen) sowie IAS 40 (Als Finanzinvestitionen gehaltene Immobilien) zu beachten. Die IFRS sollen nachfolgend nur insoweit behandelt werden, soweit Unterschiede zum HGB bestehen.

II. Bilanzierung beim Leasinggeber

1. Leasingraten

a) Behandlung nach HGB. aa) Ausweis. Da der Leasinggegenstand dem Leasing- **3** nehmer zugerechnet wird, stellt sich die Leasingtransaktion beim Leasinggeber als ein Ankauf und Verkauf bzw. eine Finanzierung des Leasinggegenstandes dar. Das Ankaufsgeschäft wird in der Bilanz (Vorräte) grundsätzlich nicht ausgewiesen, da das Absatzgeschäft in der Regel gleichzeitig mit dem Beschaffungsgeschäft ausgeführt wird. Das Verkaufsgeschäft ist als **Forderung aus dem Leasinggeschäft** unter dem Posten Forderungen aus Lieferungen und Leistungen (§ 266 Abs. 2, B II 1 HGB) und unter Umsatzerlöse (§ 275 Abs. 2 Nr. 1 HGB) auszuweisen, wenn der Leasinggeber seine Leistung erbracht hat. Der Realisationszeitpunkt und damit der Zeitpunkt der Leistungserbringung wird regelmäßig mit der Lieferung einer Sachleistung oder Abschluss einer Dienstleistung gesehen. Bei Lieferung ist die Gefahrtragung in der Regel auf den Leasingnehmer übergegangen,[1] was hier durch die Abnahme des Leasinggegenstandes durch den Leasingnehmer (Übernahme-Protokoll) erfolgt.

Die Forderungen sowie auch die Umsatzerlöse sind zum **Barwert** zu bilanzieren, da **4** die in den Kaufpreisraten eingerechneten Zinsen erst über die Laufzeit des Vertrags fällig werden. Dementsprechend sind die Leasingraten und gegebenenfalls ein Optionspreis mit dem **Kalkulationszinssatz** (internen Zinssatz) abzuzinsen. Sollte der Kalkula-

---

[1] Vgl. *Winkeljohann/Geißler* in Beck Bil-Komm § 252 HGB Anm. 45.

tionszinssatz jedoch niedriger als der Kapitalmarktzins für entsprechende Laufzeiten oder der Zins für entsprechende Fremdmittel des Leasinggebers sein, z. B. bei Zinssubventionen durch Hersteller oder Händler, ist der höhere Zinssatz für die Barwertberechnung zugrunde zu legen.[2] Der Kalkulationszinssatz enthält grundsätzlich neben den Finanzierungskosten des Leasinggebers auch eine Marge für die entsprechenden Verwaltungskosten sowie den kalkulierten Gewinn, so dass der ermittelte Barwert den Anschaffungskosten bzw. beim Hersteller- oder Händlerleasing dem Verkaufspreis des Leasinggegenstandes entspricht. Dementsprechend realisiert der Leasinggeber beim **Hersteller- oder Händlerleasing** bei Beginn seine Handelsspanne (Barverkaufspreis abzüglich Anschaffungskosten).

5   Die beim Leasinggeber eingehenden **Leasing- bzw. Kaufpreisraten** werden in einen ertragswirksamen Zins- und Kostenanteil sowie in einen ertragsneutralen Tilgungsanteil, der die bilanzierte Forderung vermindert, aufgeteilt. Der Zinsanteil, der auch den kalkulierten Gewinn enthält, wird degressiv, der Kostenanteil zur Abdeckung der anstehenden Verwaltungskosten eher gleich bleibend vereinnahmt. In der Praxis wird häufig auf eine Aufteilung in Zinsen und Kosten verzichtet und dieser Teil der Leasingrate insgesamt degressiv entsprechend der Barwertentwicklung vereinnahmt.[3] Allerdings sollte in diesen Fällen sichergestellt werden, dass die ausstehenden Verwaltungskosten, die eher linear verlaufen, durch einen ausreichenden Betrag über die Vertragslaufzeit gedeckt werden können (z. B. durch den Aufbau einer Rückstellung).

6   Der bei dem zu bilanzierenden Verkaufsgeschäft anfallende Umsatz in Höhe des Barwertes aller zukünftigen Leasingraten einschließlich eines gegebenenfalls vorhandenen Optionspreises unterliegt der **Umsatzsteuer**, die im Rahmen der nächsten Umsatzsteuervoranmeldung an das Finanzamt abzuführen ist. Dementsprechend stellt der Leasinggeber dem Leasingnehmer in seiner ersten Leasingrechnung neben der ersten Leasingrate die gesamte Umsatzsteuer aus diesem Vertrag in Rechnung. Auf die restlichen Raten ist dann keine Umsatzsteuer mehr zu entrichten.

7 **bb) Barwert.** Für die Bewertung der Mietkaufforderungen gelten die allgemeinen Bewertungsvorschriften für das Umlaufvermögen. Daneben ist das strenge Niederstwertprinzip zu beachten (§ 253 Abs. 3 Satz 1 und 2 HGB), so dass am Abschluss-Stichtag zu prüfen ist, ob konkrete Ausfallrisiken wegen mangelnder Zahlungsfähigkeit des Leasingnehmers oder wegen bestrittener Forderungen bestehen, für die entsprechende **Einzelwertberichtigungen** zu berücksichtigen sind. Darüber hinaus sind für das allgemeine Kreditrisiko **Pauschalwertberichtigungen** zu bilden.

8 **cc) Vorzeitige Kündigung.** Der Mietkaufvertrag bzw. Leasingvertrag wird über eine bestimmte Laufzeit abgeschlossen, während der Vertrag vom Leasinggeber und vom Leasingnehmer nicht gekündigt werden kann. Wird der Vertrag vorzeitig aufgelöst, hat der Leasingnehmer grundsätzlich die noch **ausstehende Forderung** zu zahlen, wobei ihm der Verkaufserlös des Leasinggegenstandes angerechnet wird. Soweit weitere Kosten (Gutachterkosten, Kosten für Sicherstellung usw.) anfallen, werden sie zusätzlich in Rechnung gestellt.

9 **dd) Forfaitierung von Mietkaufforderungen.** Werden die Mietkaufgeschäfte über Darlehen finanziert, ergeben sich für die Bilanzierung der Mietkaufforderungen keine Besonderheiten. Erfolgt jedoch die Finanzierung über den **regresslosen Verkauf** der Mietkaufforderungen, scheiden die Mietkaufforderungen aus dem Vermögen des Leasinggebers aus. Allerdings sind in der Praxis auch Teilforfaitierungen anzutreffen, d. h. nur ein Teil der Leasing-/Mietkaufraten werden regresslos verkauft, während die verbleibenden Raten über Darlehen finanziert werden. In diesen Fällen bleibt ein Teil der

---

[2] Vgl. auch *Ellrott/Schulz/Bail* in Beck Bil-Komm § 253 HGB Anm. 592 ff.; ADS § 253 HGB Tz 487 ff.; *Gelhausen/Weiblen* a.a.O., Rdn. 158.

[3] Vgl. auch *Glasel* in Beck HdR, B 710 Leasing, Rdn. 187.

22. Kapitel. Bilanzrechtliche Aspekte des Leasing § 73

Mietkaufforderung in der Bilanz stehen. Die Stellungnahme IDW RS HFA 8 legt die Voraussetzungen fest, bei denen das wirtschaftliche Eigentum an den übertragenen Forderungen auf den Käufer übergeht[4] und damit ein Abgang beim Leasinggeber vorliegt. Je mehr Bonitätsrisiko beim Verkäufer verbleibt, desto schwieriger gestaltet sich der Abgang. Eine passive Abgrenzung wie beim „normalen" Leasinggeschäft ist in diesen Fällen, bis auf eine Ausnahme, nicht erforderlich.

Das Vermietvermögen, dem sonst die Abgrenzung gegenübergestellt wurde, ist mit 10 Realisierung der Umsatzerlöse und damit des Gewinns aus dem Vermögen des Leasinggebers ausgeschieden. Allerdings fallen für diese Geschäfte bis zum Ende der jeweiligen Verträge noch **Verwaltungskosten** an. Der gesamte Gewinn kann somit nicht vereinnahmt werden, sondern es ist in Höhe der noch anfallenden Verwaltungskosten eine **Rückstellung** zu bilden.

b) Behandlung nach IFRS. aa) Ausweis. Wie im HGB stellt sich die Leasingtrans- 11 aktion beim Leasinggeber als Finanzierung oder, wenn der Leasinggeber Hersteller oder Händler ist, als Verkauf mit anschließender Finanzierung dar. Analog zum Ansatz des Finanzierungs-Leasingverhältnisses beim Leasingnehmer (IAS 17.20) ist die **Forderung** mit Beginn der Laufzeit des Leasingverhältnisses zu bilanzieren. Entsprechend sind Zahlungen, die der Leasingnehmer bis zu Beginn der Laufzeit leistet, als Vorauszahlungen auszuweisen.[5] Der Leasinggeber hat die Forderung in Höhe der Nettoinvestition aus dem Leasingverhältnis auszuweisen (IAS 17.36). Die Nettoinvestition in ein Leasingverhältnis ist die Bruttoinvestition in ein Leasingverhältnis abgezinst mit dem Zinssatz, der dem Leasingverhältnis zugrunde liegt (IAS 17.4). Die Nettoinvestition errechnet sich aus der Bruttoinvestition. Die Bruttoinvestition ergibt sich aus den Mindestleasingzahlungen abzüglich der laufenden Aufwendungen, die vom Leasingnehmer zu zahlen sind, zuzüglich eines nicht garantierten Restwertes, der zugunsten des Leasinggebers anfällt (IAS 17.4)[6] Die Nettoinvestition errechnet sich, indem die Bruttoinvestition mit dem Zinssatz abgezinst wird, der dem Leasingverhältnis zugrunde liegt (IAS 17.4). Die Differenz aus Brutto- und Nettoinvestition ist der noch nicht realisierte Finanzertrag.

Sind anfänglich zusammen mit dem Leasingvertrag für den Leasinggeber Kosten (Pro- 12 visionen, Rechtsberatungsgebühren, interne Kosten) entstanden, so sind diese Kosten zu berücksichtigen und über die Laufzeit des Vertrages aufzulösen (IAS 17.38). Allerdings sind diese **Kosten nicht extra zu aktivieren**, sondern werden automatisch über die Anpassung des dem Leasingverhältnis zugrundeliegenden Zinssatzes bei der erstmaligen Bewertung der Forderungen aus dem Finanzierungsleasing berücksichtigt (IAS 17.4). Die Verteilung über die Laufzeit erfolgt dementsprechend durch die aufgrund der berücksichtigten Kosten niedrigeren Zinserträge.

Diese Kosten (initial direct costs) sind jedoch sofort in den Aufwand zu nehmen, wenn der Leasinggeber ein **Hersteller oder Händler** ist (IAS 17.42). Die Kosten, die Hersteller oder Händler als Leasinggeber im Zusammenhang mit den Verhandlungen und dem Abschluss eines Leasingvertrages entstehen, sind von der Definition der anfänglichen direkten Kosten ausgenommen (IAS 17.38). Daraus folgt, dass diese Kosten bei der Bestimmung des dem Leasingverhältnis zugrundeliegenden Zinssatzes (*interest rate implicit in the lease*) nicht zu berücksichtigen sind und dadurch die *interest rate implicit in the lease* sich erhöht.

Der dem **Leasingverhältnis zugrundeliegende Zinssatz** (*interest rate implicit in the* 13 *lease*) ist der Abzinsungssatz, bei dem zu Beginn des Leasingverhältnisses die Summe der Barwerte der Mindestleasingzahlungen und des nicht garantierten Restwertes der Sum-

---

[4] Vgl. IDW Stellungnahme zur Rechnungslegung: Zweifelsfragen der Bilanzierung von asset backed securities-Gestaltungen oder ähnlichen securitisation-Transaktionen (IDW RS HFA 8), WPg 2002, 1151.
[5] *Kümpel/Becker* Leasing nach IFRS, 149.
[6] Vgl. auch Wiley/*Beine/Nardmann* Abschn. 14 Rdn. 66.

Findeisen 837

me des beizulegenden Zeitwertes (fair value) des Leasinggegenstandes und der anfänglichen direkten Kosten des Leasinggebers entspricht (IAS 17.4). Steigen die anfänglichen Kosten, dann wird der dem Leasingverhältnis zugrundeliegende Zinssatz niedriger, was wiederum Auswirkungen auf den Finanzertrag und damit auf die Höhe der Nettoinvestition hat.[7]

14 Bei Herstellern und Händlern fällt neben den Zinserträgen aus dem Leasinggeschäft auch ein **Erfolg aus dem Verkauf** an. Der Gewinn oder Verlust aus einem Verkaufsgeschäft ergibt sich aus dem Unterschied von Umsatzerlösen und Umsatzkosten und ist gemäß den vom Unternehmen bei direkten Verkäufen befolgten Grundsätzen zu erfassen. Der zu Beginn der Laufzeit eines Leasingverhältnisses vom Leasinggeber zu erfassende Umsatzerlös ist der niedrigere Betrag aus beizulegendem Zeitwert des Vermögenswertes und dem Leasinggeber zuzurechnendem Barwert der Mindestleasingzahlungen, berechnet mit einem marktüblichen Zinssatz (IAS 17.44). Die Umsatzkosten ergeben sich aus den Anschaffungs- oder Herstellungskosten bzw. dem niedrigeren Buchwert des Leasinggegenstandes abzüglich des Barwertes eines nicht garantierten Restwertes (IAS 17.44). Als besonderen Anreiz kalkulieren deshalb manchmal die Hersteller oder Händler die Leasingraten mit deutlich unter den üblichen Marktzinsen liegenden Zinssätzen. Durch die niedrigen Zinsen erhöht sich der Barwert der Mindestleasingzahlungen. Je niedriger der Zinssatz ist, desto höher ist der Barwert der Mindestleasingzahlungen und damit der Umsatzerlöse. Die Folge ist ein größerer Verkaufsgewinn. In solchen Fällen verlangt IAS 17.45, den Verkaufsgewinn auf die Höhe zu beschränken, die sich bei Berechnung mit einem marktüblichen Zinssatz ergeben hätte (IAS 17.42).

15 bb) Bewertung. Forderungen fallen im Sinne des IAS 39.9 unter den Begriff der **finanziellen Vermögenswerte** (*financial assets*) und sind deshalb nach den Regeln des IAS 39 zu erfassen und zu bewerten.

16 Geschätzte **nicht garantierte Restwerte**, die für die Berechnung der Bruttoinvestition des Leasinggebers angesetzt werden, werden regelmäßig überprüft. Im Falle einer dauernden Wertminderung des geschätzten nicht garantierten Restwertes wird die Ertragsverteilung über die Laufzeit des Leasingverhältnisses berichtigt und jede Verringerung in Bezug auf bereits abgegrenzte Beträge sofort erfasst (IAS 17.41).

17 Forderungen aus Leasingverhältnissen, die vom Leasinggeber angesetzt werden, unterliegen den im IAS 39 aufgeführten **Vorschriften zur Wertminderung** (IAS 39.2bi). Gibt es einen objektiven Hinweis, dass eine Wertminderung bei mit fortgeführten Anschaffungskosten bilanzierten Forderungen eingetreten ist, ergibt sich die Höhe des Verlustes als Differenz zwischen dem Buchwert des Vermögenswertes und dem Barwert der erwarteten künftigen Cashflows (IAS 39.63). Ein Unternehmen hat jährlich einen Test durchzuführen, ob objektive Anzeichen für eine Wertminderung vorliegen (IAS 39.58). Der sich ergebende Verlust ist auf einem separaten Wertberichtigungskonto auszuweisen oder direkt von der Forderung abzusetzen.

Werden Vermögenswerte aus einem Finanzierungsleasing gemäß IFRS 5 als zur Veräußerung gehalten oder als Teil einer Gruppe von Vermögenswerten als zur Veräußerung bestimmt klassifiziert (z. B. ein Verkauf nach IAS 39.15 ff.), ist die Bilanzierung und die Berichterstattung (Anhang) nach den Regelungen des IFRS 5 durchzuführen (IAS 17.41 a).

18 cc) Forfaitierung von Finanzierungs-Forderungen. Die **Ausbuchung von Forderungen** (*finance leases*) richtet sich nach IAS 39.15–37. Die Übertragung, die zur Ausbuchung führt, kann auf verschiedenste Art erfolgen (IAS 39.16 ff.). Werden die Forderungen aus der Leasingfinanzierung an einen Dritten (z. B. Bank) verkauft, ist zu prüfen, ob eine Übertragung der Chancen und Risiken aus den Forderungen erfolgt ist (IAS 39.20). Sind weder alle Chancen und Risiken übertragen noch alle Chancen und Risiken beim Verkäufer verblieben, ist für den Abgang zu prüfen, wer die Kontrolle hat (IAS. 20 c). Die

---

[7] Vgl. auch Wiley/*Beine/Nardmann* Abschn. 14 Tz 68.

22. Kapitel. Bilanzrechtliche Aspekte des Leasing § 73

Ausbuchung und damit der Abgang hängt entscheidend davon ab, inwieweit im Wesentlichen die Chancen und Risiken als auch die Kontrolle über die verkauften Forderungen auf den Käufer übergegangen sind.[8] Nur wenn die im IAS 39.15 ff. genannten Kriterien erfüllt werden, liegt ein Verkauf der Forderungen vor. Ansonsten hat der Leasinggeber die Leasingforderungen weiter auf den Büchern und in Höhe des erhaltenen Betrags eine Darlehensverbindlichkeit auszuweisen.

2. Erträge und Aufwendungen

a) Behandlung nach HGB. Die Erträge und Aufwendungen sind gemäß § 275 Abs. 2 HGB (Gesamtkostenverfahren) und § 275 Abs. 3 HGB (Umsatzkostenverfahren) auszuweisen. Das **Mietkaufgeschäft** wird im Wesentlichen zu Beginn der Vertragslaufzeit mit dem Barwert der Leasingraten einschließlich eines gegebenenfalls vereinbarten Optionspreises unter dem Posten **„Umsatzerlöse"** (§ 275 Abs. 2 Nr. 1 HGB) und die Anschaffung des Gegenstands unter dem Posten **„Aufwendungen für bezogene Waren"** (§ 275 Abs. 2 Nr. 5 a HGB) bzw. Aufwendungen für Mietkaufgegenstände ausgewiesen. Der Zinsanteil (Zinsen, Verwaltungskosten und Gewinnanteil) der Leasing-/Mietkaufraten, der in den Folgejahren vereinnahmt wird, ist ebenfalls unter den Umsatzerlösen auszuweisen, da er Bestandteil des Mietkaufgeschäfts ist. Als zulässig wird auch angesehen, die Zinsen aus dem Zinsanteil unter dem Posten „Sonstige Zinsen und ähnliche Erträge" (§ 275 Abs. 2 Nr. 11 HGB) zu vereinnahmen,[9] was allerdings eine genaue Aufteilung voraussetzt. 19

b) Behandlung nach IFRS. In den Folgejahren sind die erhaltenen Leasingzahlungen in einen Zins- und einen Tilgungsanteil aufzugliedern. Die Erfassung der Zinserträge hat in der Weise zu erfolgen, dass sich eine **konstante Verzinsung der Nettoinvestition** des Leasinggebers ergibt (IAS 17.39). 20

Bei Herstellern oder Händlern fallen neben den Zinserträgen aus dem Leasinggeschäft auch **Gewinne oder Verluste aus dem Handelsgeschäft** an. Der Gewinn oder Verlust ist gemäß IAS 17.42 in derselben Periode zu erfassen, in der auch ein Erfolg aus einer Veräußerung verbucht werden würde.[10] Dazu muss der Unterschiedsbetrag zwischen Bruttoinvestition und Buchwert des Leasinggegenstandes entsprechend sachgerecht in Gewinn oder Verlust und Finanzierung aufgeteilt werden (IAS 17.43). 21

Der Gewinn oder Verlust einer Handelstransaktion berechnet sich aus der Differenz zwischen Umsatzkosten und Umsatzerlösen. Der Umsatzerlös ist der beizulegende Zeitwert des Vermögenswertes oder, wenn niedriger, der dem Leasinggeber zuzurechnende Barwert der Mindestleasingzahlungen, berechnet auf der Grundlage eines marktüblichen Zinssatzes. Die Umsatzkosten sind die Anschaffungs- oder Herstellungskosten bzw., falls abweichend, der Buchwert des Leasinggegenstandes abzüglich des Barwertes des nicht garantierten Restwertes. Der Unterschiedsbetrag zwischen Umsatzerlös und Umsatzkosten ist der Verkaufsgewinn (IAS 17.44).

Kosten, die einem Hersteller oder Händler als Leasinggeber entstehen, werden zu Beginn der Laufzeit als Aufwand berücksichtigt, da sie in erster Linie mit dem Verkaufsgewinn in Zusammenhang stehen (IAS 17.46).

3. Anhangsangaben

a) Behandlung nach HGB. Der Leasinggeber hat im Anhang die auf die Posten der Bilanz und der Gewinn- und Verlustrechnung angewandten Bilanzierungs- und Bewertungsmethoden (§ 284 Abs. 2 Nr. 1 HGB) sowie deren Änderungen anzugeben (§ 284 22

---

[8] Vgl. KPMG, IFRS 208; IDW RS HFA 9: Abgang von finanziellen Vermögenswerten nach IAS 39, Stand 10.7.2006.
[9] Vgl. *Gelhausen/Weiblen* a.a.O., Rdn. 163.
[10] Vgl. auch Wiley/*Beine/Nardmann* Abschn. 14 Rdn. 72.

§ 73 Vierter Teil. Wirtschaftliche Problemkomplexe des Leasings

Abs. 2 Nr. 3 HGB). Angaben, die speziell im Zusammenhang mit dem Mietkaufgeschäft zu machen sind, betreffen die **Methode der Forderungsbilanzierung**. Darüber hinaus sind Angaben zu den **Verbindlichkeiten** (§ 285 Nr. 1 a HGB) und zu den **Umsatzerlösen** (§ 285 Nr. 4 HGB) erforderlich.

23 **b) Behandlung nach IFRS.** Neben den Vorschriften des IFRS 7, der die Grundsätze für den Anhang und die Darstellung von finanziellen Vermögenswerten und finanziellen Verbindlichkeiten in IAS 32 *Finanzinstrumente: Darstellung* ergänzt, hat der Leasinggeber für *finance leases* die Erläuterungspflichten in IAS 17.47 zu beachten.

IAS 17.47 a verpflichtet den Leasinggeber, eine Rechnung zu erstellen, die vom Gesamtbetrag der zum Stichtag noch offenen Bruttoinvestition in ein Leasingverhältnis auf den Barwert der zu diesem Stichtag noch ausstehenden Mindestleasingzahlungen überleitet. Zusätzlich ist die Bruttoinvestition in das Leasingverhältnis und der Barwert der am Bilanzstichtag ausstehenden Mindestleasingzahlungen aufzuteilen in Perioden bis zu einem Jahr, länger als ein Jahr und bis zu fünf Jahren und länger als fünf Jahren. Darüber hinaus sind anzugeben der noch nicht realisierte Finanzertrag (IAS 17.47 b), die nicht garantierten Restwerte, die zugunsten des Leasinggebers anfallen (IAS 17.47 c), und die kumulierten Wertberichtigungen für uneinbringliche ausstehende Mindestleasingzahlungen (IAS 17.47 d). Neben den Angaben über die zu Beginn des Leasingverhältnisses feststehenden Mindestleasingzahlungen sind die in der Berichtsperiode als Ertrag erfassten variablen Mietzahlungen (bedingten Mietzahlungen) anzugeben (IAS 17.47 e). Schließlich hat der Leasinggeber die wesentlichen Leasingvereinbarungen im Anhang zu beschreiben (IAS 17.47 f).

III. Bilanzierung beim Leasingnehmer

1. Leasinggegenstand

24 **a) Behandlung nach HGB. aa) Ausweis.** Die Leasinggegenstände sind dem Anlage- oder dem Umlaufvermögen zuzurechnen, wobei sie hier in der Regel im **Anlagevermögen** auszuweisen sind. Allerdings ist im Einzelfall zu beurteilen, ob sie dazu bestimmt sind, dauernd oder nur vorübergehend dem Geschäftsbetrieb des Leasingnehmers zu dienen.[11]

25 Die dem Anlagevermögen zugeordneten Leasinggegenstände können entsprechend ihrer Art bei den einzelnen Posten des Sachanlagevermögens oder der immateriellen Vermögensgegenstände bilanziert werden. Ein **separater Ausweis** der Gegenstände ist **nicht erforderlich**, da sie sich von anderen Anschaffungsgeschäften nicht unterscheiden. Dementsprechend sind auch die Abschreibungen auf die zugerechneten Leasinggegenstände nicht gesondert zu zeigen.

26 Die Bilanzierung der Leasinggegenstände als Anlagevermögen verlangt, dass die **Entwicklung** der einzelnen Posten des Leasingvermögens in der Bilanz oder im Anhang (§ 268 Abs. 2 HGB) dargestellt wird. Ausgehend von den gesamten Anschaffungs- und Herstellungskosten, sind die Zugänge, Abgänge, Umbuchungen und Zuschreibungen des Geschäftsjahrs sowie die Abschreibungen in ihrer gesamten Höhe gesondert aufzuführen.

27 Werden die Leasinggegenstände im **Umlaufvermögen** ausgewiesen, sind sie innerhalb der Vorräte als Waren zu zeigen (§ 266 Abs. 2 B 3 HGB).

28 **bb) Anschaffungs- oder Herstellungskosten.** Eine Besonderheit bei der Bilanzierung bei Zurechnung zum Leasingnehmer besteht darin, dass die Anschaffung des Gegenstandes durch den Leasinggeber erfolgt. Der Leasinggeber wird durch Abschluss des Kaufvertrags mit dem Hersteller oder Händler zunächst rechtlicher Eigentümer. Das wirtschaftliche Eigentum und in der Regel auch das spätere rechtliche Eigentum leiten sich allein

---

[11] Vgl. § 62 Rdn. 3 ff.

aus der **Vertragsbeziehung** zwischen Leasingnehmer und Leasinggeber ab. Die Anschaffungskosten des Leasingnehmers ergeben sich somit ausschließlich aus den vertraglichen Vereinbarungen mit dem Leasinggeber.

Grundlage für die Anschaffungskosten sind dementsprechend die **Leasingraten** und ein gegebenenfalls vereinbarter **Options- oder Andienungspreis**. Nicht maßgebend können deshalb die Anschaffungs-/Herstellungskosten des Leasinggebers sein.[12] Anzusetzen sind allerdings nicht die Nominalwerte, sondern die **Barwerte**,[13] da die Leasingraten aufgrund ihrer Laufzeitbezogenheit mit Zinsen kalkuliert sind, die nicht Bestandteil der Anschaffung, sondern der Finanzierung des Gegenstandes sind. Von der Bemessungsgrundlage abzuziehen sind die im Vertrag vereinbarten noch vom Leasinggeber zu erbringenden Leistungen (z. B. Wartung, Reparaturen, Versicherung). Sind die Entgelte für diese **Service-Leistungen** im Vertrag nicht gesondert angegeben, sind sie zu schätzen. 29

Zur Barwertermittlung könnte der **Kalkulationszinssatz** des Leasinggebers verwendet werden. Dieser Zinssatz wird aber dem Leasingnehmer in der Regel nicht bekannt sein, so dass mit einem anderen Zinssatz gerechnet werden muss. Da die hier behandelten Fälle den Anschaffungskosten bei gestundetem Kaufpreis und bei Ratenzahlungen entsprechen, bietet es sich an, für die Barwertkalkulation den **Marktzinssatz** für vergleichbare Finanzierungs-Laufzeiten zu verwenden.[14] 30

Kosten, die der Leasingnehmer selbst zu tragen hat (z. B. Montagekosten), sind als Anschaffungsnebenkosten in die Anschaffungskosten einzubeziehen.

cc) **Planmäßige Abschreibungen.** Bei den beim Leasingnehmer aktivierten Leasinggegenständen sind die Anschaffungs- oder Herstellungskosten durch planmäßige Abschreibungen auf die Geschäftsjahre zu verteilen, in denen die Leasinggegenstände voraussichtlich genutzt werden können (§ 253 Abs. 2 Satz 1 und 2 HGB). Die Höhe der in den einzelnen Perioden zu verrechnenden Abschreibung ergibt sich neben den schon erwähnten Anschaffungs- oder Herstellungskosten aus dem **Abschreibungsbeginn** und der voraussichtlichen **Nutzungsdauer** sowie der zugrunde gelegten **Abschreibungsmethode**.[15] 31

dd) **Außerplanmäßige Abschreibungen.** Auf die Leasinggegenstände sind außerplanmäßige Abschreibungen auf den beizulegenden Wert am Abschluss-Stichtag vorzunehmen, wenn eine voraussichtlich dauernde Wertminderung vorliegt (§ 253 Abs. 2 Satz 3 HGB). Einzelkaufleute und Personengesellschaften, soweit es nicht Personenhandelsgesellschaften i. S. d. § 264a HGB sind, können dagegen auch außerplanmäßige Abschreibungen auf das Vermietvermögen vornehmen, wenn keine dauernde Wertminderung gegeben ist. Kapitalgesellschaften und Personenhandelsgesellschaften i. S. d. § 264a HGB ist dies nach § 279 Abs. 1 HGB verwehrt. Darüber hinaus haben sie außerplanmäßige Abschreibungen in der GuV gesondert auszuweisen oder im Anhang anzugeben (§ 277 Abs. 3 Satz 1 HGB). Bei Wegfall des Abschreibungsgrundes gilt für Kapitalgesellschaften und Personenhandelsgesellschaften i. S. d. § 264a HGB das **Wertaufholungsgebot** gemäß § 280 Abs. 1 HGB, das allerdings aus steuerlichen Gründen (§ 280 Abs. 2 HGB) nicht zur Anwendung kommen muss. Für Nicht-Kapitalgesellschaften und Nicht-Personenhandelsgesellschaften i. S. d. § 264a HGB gilt das **Beibehaltungswahlrecht** des § 253 Abs. 5 HGB. 32

Die beim Leasingnehmer aufgrund der Barwertberechnung ermittelten Anschaffungskosten sind auch dann zu bilanzieren, wenn diese Anschaffungskosten im Vergleich zu den Marktpreisen derartiger Gegenstände **überhöht** sind.[16] Allerdings sind auf die über- 33

---

[12] Vgl. *Glasel* in Beck HdR, B 710 Leasing, Rdn. 197.
[13] Vgl. ADS § 255 HGB Tz. 73.
[14] Vgl. auch *Gelhausen/Weiblen* a.a.O., Rdn. 176.
[15] Vgl. ADS § 253 HGB Tz 364 ff; weitere Einzelheiten vgl. § 62 Rdn. 14 ff.
[16] Vgl. ADS § 255 HGB Tz. 18.

höhten Anschaffungskosten, soweit es wesentlich ist, außerplanmäßige Abschreibungen auf den niedrigeren beizulegenden Wert vorzunehmen (§ 255 Abs. 2 Satz 3 HGB).

34 **b) Behandlung nach IFRS. aa) Ausweis.** Liegt ein Finanzierungs-Leasingverhältnis vor, wird der geleaste Vermögenswert dem wirtschaftlichen Eigentum des Leasingnehmers zugerechnet. Der Leasingnehmer hat die **Vermögenswerte und Schulden** zu Beginn der Laufzeit des Leasingverhältnisses in gleicher Höhe in seiner Bilanz anzusetzen (IAS 17.20).

35 **bb) Anschaffungs- oder Herstellungskosten.** Die Höhe ergibt sich aus dem **beizulegenden Zeitwert** des Leasinggegenstandes oder aus dem Barwert der Mindestleasingzahlungen, sofern dieser Wert niedriger ist.

Bei der Berechnung des **Barwertes der Mindestleasingzahlungen** ist der dem Leasingverhältnis zugrunde liegende Zinssatz (*interest rate implicit in the lease*) als Abzinsungszinssatz zu verwenden, sofern er in praktikabler Weise ermittelt werden kann (IAS 17.20). Ist dies nicht der Fall, ist der Grenzfremdkapitalzinssatz des Leasingnehmers anzuwenden. Die **anfänglichen direkten Kosten** des Leasingnehmers sind dem angesetzten Vermögenswert hinzuzurechnen. Der Bilanzansatz erhöht sich dementsprechend auf der Aktivseite, während die zu passivierende Verbindlichkeit unverändert bleibt (IAS 17.22).

36 **cc) Abschreibungen.** Auf die aktivierten Vermögenswerte sind grundsätzlich die gleichen Abschreibungsgrundsätze anzuwenden wie auf die Vermögenswerte, die der Leasingnehmer in seinem rechtlichen Eigentum hat (IAS 17.27). Die Abschreibungen folgen dementsprechend den Regeln des IAS 16 (Sachanlagen) und des IAS 38 (Immaterielle Vermögenswerte). Soweit neben den planmäßigen Abschreibungen auch außerplanmäßige Abschreibungen notwendig werden, sind sie nach IAS 36 (Wertminderung von Vermögenswerten) durchzuführen (IAS 17.30).

Die Abschreibungsdauer des geleasten Vermögenswertes hängt von den Umständen des Leasingvertrages ab. Ist davon auszugehen, dass das Eigentum am Ende der Laufzeit auf den Leasingnehmer übergeht oder dass der Leasingnehmer mit hinreichender Sicherheit von der Kaufoption Gebrauch machen wird, dann sind die Vermögenswerte in der gleichen Weise abzuschreiben, wie der Leasingnehmer auch die in seinem Eigentum befindlichen Vermögenswerte abschreibt. Dagegen hat der Leasingnehmer über die kürzere Vertragsdauer abzuschreiben, wenn die hinreichende Sicherheit weder beim Übergang noch bei der Kaufoption gegeben ist (IAS 17.27).

Die Folgebewertung von als Finanzinvestitionen gehaltenen Immobilien ist nach den Regelungen des IAS 40 vorzunehmen. Soweit biologische Vermögenswerte bilanziert sind, erfolgt die Behandlung nach IAS 41 (Landwirtschaft).[17]

2. Verbindlichkeiten

37 **a) Behandlung nach HGB.** Der Leasingnehmer hat für die ihm zugerechneten Leasinggegenstände Verbindlichkeiten gegenüber dem Leasinggeber zu bilanzieren. Da es sich hier um besondere Verbindlichkeiten handelt, nämlich **Verbindlichkeiten aus Leasingverträgen**, sollte je nachdem unter welchem Posten die Verbindlichkeiten passiviert werden (z. B. Lieferungen und Leistungen oder gegenüber verbundenen Unternehmen) **gesondert vermerkt** oder im **Anhang** erläutert werden. Über die Höhe der auszuweisenden Verbindlichkeiten gibt es jedoch unterschiedliche Meinungen.

38 So wird einerseits vertreten, dass die Kaufpreisschuld nach § 253 Abs. 1 Satz 2 HGB in Höhe des **Rückzahlungsbetrags** zu passivieren ist. Der Unterschiedsbetrag zwischen aktiviertem Betrag und Rückzahlungsbetrag kann (Wahlrecht) somit wie der Unter-

---

[17] Vgl. ADS International Abschn. 12 Tz 169.

schiedsbetrag aus einem üblichen **Disagio** (§ 250 Abs. 3 HGB) abgegrenzt werden, da es sich wirtschaftlich um den gleichen Sachverhalt (Zinsabgrenzung) handelt.[18]

Allerdings ist mehr überzeugend, die Verbindlichkeit mit dem **Barwert** einzubuchen. Enthält der Erfüllungsbetrag verdeckte Zinszahlungen, liegt eine nicht zu passivierende Verbindlichkeit im Rahmen eines schwebenden Kreditgeschäfts vor.[19] Auf die Leasingraten sind die Bewertungsvorschriften für Rentenverpflichtungen anzuwenden.[20] Die späteren Leasingraten werden wie Annuitäten in einen Zins- und einen Tilgungsanteil aufgespalten. 39

b) Behandlung nach IFRS. Der Leasingnehmer hat bei der Einbuchung des Vermögenswertes als Verpflichtung eine **Verbindlichkeit** in Höhe des niedrigeren Betrages aus Barwert der Mindestleasingzahlungen oder beizulegenden Zeitwert zu erfassen (IAS 17.20). Diese Verbindlichkeit errechnet sich nach den Vorschriften für die Ermittlung des Wertansatzes des Vermögenswertes. Fallen keine **anfänglichen direkten Kosten** an, werden zu Beginn des Leasingverhältnisses die Vermögenswerte und die Verbindlichkeiten in gleicher Höhe ausgewiesen. Durch die unterschiedliche Reduzierung der Vermögenswerte und der Verbindlichkeiten (lineare Abschreibung und annuitäre Tilgung) entwickeln sich schließlich die beiden Posten in den Folgeperioden auseinander (IAS 17.29). 40

3. Erträge und Aufwendungen

a) Behandlung nach HGB. Die Erträge und Aufwendungen sind gemäß § 275 Abs. 2 HGB (Gesamtkostenverfahren) und § 275 Abs. 3 (Umsatzkostenverfahren) auszuweisen. Die **Abschreibungen** werden in der GuV unter dem Posten „Abschreibungen auf Sachanlagen" (§ 275 Abs. 2 Nr. 7a HGB) und die **Zinsaufwendungen** aus den Leasingverbindlichkeiten unter dem Posten „Zinsen und ähnliche Aufwendungen" (§ 275 Abs. 2 Nr. 13 HGB) ausgewiesen. Ein gesonderter Ausweis der Abschreibungen auf die zugerechneten Leasinggegenstände ist nicht erforderlich. 41

b) Behandlung nach IFRS. Nach IAS 17.25 sind die Leasingzahlungen in Finanzierungskosten (Zinsaufwendungen) und Tilgungsanteil der Restschuld aufzuteilen. Die **Finanzierungskosten** sollen über die Laufzeit so verteilt werden, dass ein konstanter Zinssatz auf die verbliebene Leasingverpflichtung entrichtet wird (Effektivzinsmethode).[21] Bedingte Leasingzahlungen werden in der Periode, in der sie anfallen, als Aufwand erfasst (IAS 17.25). 42

Die **Abschreibungen** bestimmen sich nach der Methode, die das Unternehmen für gleichartige Vermögenswerte anwendet.

4. Anhangsangaben

a) Behandlung nach HGB. Im Anhang sind die auf die Posten der Bilanz und der Gewinn- und Verlustrechnung angewandten Bilanzierungs- und Bewertungsmethoden anzugeben (§ 284 Abs. 2 Nr. 1 HGB). Darunter fallen auch die **Ermittlung der Anschaffungskosten** der Leasinggegenstände (z. B. Zinssatz). 43

Eine Pflicht zur Angabe der Leasingverbindlichkeiten/Mietkaufraten im Anhang gemäß § 285 Nr. 3 HGB entfällt, weil die Verpflichtungen bereits in der Bilanz passiviert sind. Soweit die **Leasingverbindlichkeiten** in der Bilanz jedoch nicht gesondert vermerkt sind, sind sie im Anhang anzugeben (§ 285 Nr. 1 u. 2 HGB). 44

b) Behandlung nach IFRS. Die Leasingnehmer haben im Anhang neben den Pflichten aus IAS 32 bzw. IFRS 7 auch Angaben für Finanzierungsleasingverhältnisse nach IAS 17.31 zu machen. 45

---

[18] Vgl. ADS § 253 HGB Tz 83.
[19] Vgl. *Hoyos/M. Ring* in Beck Bil-Komm § 253 HGB Anm. 66.
[20] Vgl. *Gelhausen/Weiblen*, a.a.O., Rdn. 179.
[21] Vgl. *Wiley/Beine/Nardmann* Abschn. 14 Tz 55.

Nach IAS 17.31 a hat der Leasingnehmer für jede Gruppe von Vermögenswerten den Nettobuchwert aufzuführen. Was unter einer Gruppe zu verstehen ist, ergibt sich aus IAS 16.37 bzw. IAS 38.119. Außerdem setzt der Leasingnehmer auf Gliederungen auf, die er ohnehin für seine Sachanlagen und immaterielle Vermögenswerte zu verwenden hat, die nicht aus Leasingverhältnissen resultieren. Der Leasingnehmer hat über die zukünftig fest vereinbarten Abflüsse von Zahlungsmitteln und deren Äquivalenten zu berichten, indem er eine Überleitungsrechnung von der Summe der künftigen Mindestleasingzahlungen zum Bilanzstichtag zu deren Barwert durchzuführen hat. Zusätzlich ist die Summe der künftigen Mindestleasingzahlungen zum Bilanzstichtag und deren Barwert für die Perioden bis zu einem Jahr, länger als ein Jahr und bis zu fünf Jahren und länger als fünf Jahre anzugeben (IAS 17.31 b). Darüber hinaus sind die als Aufwand in der Periode erfassten bedingten Mietzahlungen aufzuführen (IAS 17.31 c) sowie die Summe der künftigen Mindestzahlungen aus Untermietverhältnissen zum Bilanzstichtag anzugeben, deren Erhalt aufgrund von unkündbaren Untermietverhältnissen erwartet wird (IAS 17.31 d). Der Leasingnehmer ist verpflichtet, allgemein die wesentlichen Leasingvereinbarungen zu beschreiben (IAS 17.31 e).

23. Kapitel. Refinanzierung von Leasinggesellschaften

§ 74. Gestaltungsprobleme bei der Refinanzierung von Leasinggesellschaften

Schrifttum: Siehe allgemeines Schrifttumverzeichnis

Übersicht

	Rdn.
I. Kreditfinanzierung	2
1. Vertragliche Gestaltung	2
2. Sicherheiten	7
a) Ausgangslage	7
b) Problem bei Abtretung der Leasingforderungen einschließlich Mehrwertsteuer	8
II. Forfaitierung	12
1. Gründe für die Forfaitierung	12
a) Verlagerung des Bonitätsrisikos	13
b) Gewerbesteuereffekt	14
c) Ausschaltung des Zinsänderungsrisikos	17
d) Bilanzverkürzung	18
2. Abgrenzung zum Factoring	20
3. Forfaitierung als Kreditgeschäft im Sinne des KWG	23
4. Vertragliche Gestaltung	25
a) Rahmenvertrag	26
aa) Definition des Kaufgegenstandes	27
bb) Vereinbarungen über den Rückkauf	34
cc) Pflichten aus dem KWG	36
dd) Bonitätsprüfung	38
b) Kaufpreis	40
c) Gewährleistung des Leasinggebers	43
aa) Umfang der Haftung für die Verität	44
bb) Zeitpunkt	50
cc) Rechtsfolgen der Bestandshaftung	54
dd) Prozessuale Probleme	61
5. Sicherheiten	75
a) Abtretung von Forderungen aus dem Leasingvertrag	77
aa) Umfang	77
bb) Problem der Insolvenzfestigkeit	80
cc) Problem des Schuldnerschutzes	86
dd) Problem des Übergangs des wirtschaftlichen Eigentums auf den Refinanzierer	89
b) Sicherungsübereignung	91
aa) Zweckerklärung	92
bb) Problem der Übersicherung	95
c) Weiterübertragung von Sicherheiten	96
6. Konkurrenz zwischen Verkauf (Forfaitierung) und erweitertem Eigentumsvorbehalt des Lieferanten	98

Die wenigsten Leasinggesellschaften verfügen über so umfangreiche Eigenmittel, dass sie zur Eigenfinanzierung der für den Erwerb der Leasinggegenstände aufzubringenden Kaufpreise in der Lage sind. Darüber hinaus kann es auch betriebswirtschaftlich unter Rentabilitätsgesichtspunkten sinnvoll sein, die Finanzierung jedenfalls teilweise mit Fremdkapital vorzunehmen. Daher besteht eine Notwendigkeit zur Beschaffung von (Fremd-)Kapital. 1

Häufig dient die Refinanzierung – neben der Kapitalbeschaffung – auch der Verlagerung des in der Person des Leasingnehmers liegenden Bonitätsrisikos auf den Refinanzierer. Es besteht also das unternehmerische Ziel der teilweisen Risikoverlagerung.

Die Möglichkeiten zur Refinanzierung werden stark geprägt durch die Gesellschafterstruktur der Leasinggeber. Die herstellereigenen Leasinggesellschaften refinanzieren sich

§ 74 Vierter Teil. Wirtschaftliche Problemkomplexe des Leasings

häufig im Konzern (Pkw-Hersteller, Computer-Hersteller). Die bankzugehörigen Leasinggesellschaften refinanzieren sich bei den Mutter-Banken. Die unabhängigen, meist mittelständischen Leasinggeber refinanzieren sich bei Geschäftsbanken oder auch bei Banken, die sich auf die Refinanzierung von Leasingverträgen spezialisiert haben.

Im Folgenden werden die Arten der Refinanzierung und ihre rechtlichen Probleme aufgezeigt. Da viele rechtliche Gestaltungen steuerlich determiniert sind, wird zum Verständnis stichwortartig auf die steuerliche Problematik hingewiesen.

I. Kreditfinanzierung

1. Vertragliche Gestaltung

2   Der Leasinggeber kann das Kapital, welches zur Finanzierung der Kaufpreise beim jeweiligen Lieferanten benötigt wird, durch einen Kredit bei einer Bank, einer Muttergesellschaft oder anderen Darlehensgebern beschaffen. Von großvolumigen Spezialfinanzierungen abgesehen, werden dabei Block-Finanzierungen vorgenommen: Der Leasinggeber nimmt einen Kredit über einen bestimmten Betrag auf, mit dem er dann eine Vielzahl von Leasingverträgen refinanziert.

3   Entscheidend für den Leasinggeber sind die Laufzeit und der Zinssatz. Um **Rentabilitätsrisiken** zu minimieren, ist der Leasinggeber gehalten, die Laufzeit des Kreditvertrages den Laufzeiten der Leasingverträge anzupassen (Kongruenz der Refinanzierung). Da der Leasingvertrag typischerweise durch einen kalkulatorischen Festzins gekennzeichnet ist (die Leasingrate ist während der Laufzeit des Vertrages konstant, sie schwankt nicht mit der Veränderung des Kapitalmarktzinses), muss der Leasinggeber den Refinanzierungskredit ebenfalls mit einem Festzins ausstatten lassen oder andere Instrumente der Absicherung des Zinsänderungsrisikos einsetzen, wenn er die Kongruenz der Refinanzierung erreichen will.

4   Unterschiedlich ist die vertragliche Ausgestaltung der **vorzeitigen Rückzahlbarkeit**. Der Leasinggeber kann ein Interesse an der vorzeitigen Rückzahlung des Kredites haben, wenn der Kapitalmarktzins sinkt. Dies wird die finanzierende Bank in der Regel ausschließen. Der Leasinggeber kann darüber hinaus ein Interesse an der vorzeitigen Rückzahlung haben, wenn der Leasingvertrag scheitert (z. B. aufgrund der Geltendmachung von Gewährleistungsrechten, aufgrund Kündigung wegen Zahlungsverzuges usw.). Bei einwandfreier Bonität des Leasinggebers kann die Bank auch in diesen Fällen kein Interesse an der vorzeitigen Kredittilgung haben, so dass sie diese entweder vertraglich ausschließt oder von einer hohen Vorfälligkeitsentschädigung abhängig macht. Anders bei nicht ausreichender Bonität des Leasinggebers: Hier kann die Bank ebenfalls ein Interesse an der vorzeitigen Kredittilgung durch den Leasinggeber haben, weil mit dem Scheitern des Leasingvertrages auch die Sicherheiten für den Kredit wegfallen, soweit sie aus dem Leasingvertrag stammen (Sicherungsübereignung, Abtretung der Leasingraten). In diesen Fällen erhöht sich das Bonitätsrisiko der Bank durch Wegfall der Kreditsicherheiten.

5   Aus diesem Grunde wird im mittelständischen Bereich häufig eine vorzeitige Rückzahlung – ggf. gegen Zahlung einer **Vorfälligkeitsentschädigung** – vereinbart, wenn der Leasingvertrag vorzeitig endet.

6   Ohne eine solche Vereinbarung hat die Bank ggf. (abhängig von der Höhe der weggefallenen Sicherheiten) ein Recht zur außerordentlichen Kündigung, wenn einer oder mehrere Leasingverträge aus dem Gesamtpaket scheitern. Denn nach den Banken-AGB berechtigt ein Wegfall wesentlicher Sicherheiten zur Kündigung des Kredites. Die Bank hat dann einen Schadensersatzanspruch auf den entgangenen Zinsgewinn. Ein solcher Schaden entsteht z. B. bei sinkendem Kapitalmarktzins, wenn die Bank das vom Leasinggeber vorzeitig zurückgezahlte Kapital nicht anderweitig zu dem vom Leasinggeber geschuldeten oder einem besseren Zins ausleihen kann.

2. Sicherheiten

a) Ausgangslage. Die Bank lässt sich in der Regel ihren Darlehensrückzahlungsanspruch vom Leasinggeber absichern. Da die dabei auftretenden Rechtsfragen im Wesentlichen deckungsgleich mit denjenigen bei der Forfaitierung sind, sei auf die dortigen Ausführungen in den Rdn. 75 ff. verwiesen. 7

b) Problem bei Abtretung der Leasingforderungen einschließlich Mehrwertsteuer. Wenn sich die refinanzierende Bank zur Sicherheit des Darlehensrückzahlungsanspruches die Ansprüche aus dem Leasingvertrag, insbesondere die Ansprüche auf die Leasingraten, abtreten lässt, dann umfasst die Abtretung häufig – sei es aufgrund ausdrücklicher Vereinbarung, sei es aufgrund einer Auslegung der insoweit unklaren vertraglichen Regelung – auch die vom Leasingnehmer zu zahlende Mehrwertsteuer. Die Zulässigkeit einer solchen Abtretung ist streitig. 8

Umsatzsteuerlich hat der Leasingnehmer die Umsatzsteuer an den Leasinggeber zu zahlen, der sie an das Finanzamt abzuführen hat. Die refinanzierende Bank schuldet hingegen keine Umsatzsteuer, weil ihre Umsätze umsatzsteuerbefreit sind (§ 4 Ziff. 8. UStG). 9

Wenn die Bank im Sicherungsfall die Zession offenlegt und Zahlung der Leasingraten einschließlich **Mehrwertsteuer** an sich verlangt, dann ist der Leasinggeber in aller Regel nicht in der Lage, die Umsatzsteuer an das Finanzamt abzuführen. Denn mangels Erhalt der Leasingrate müsste er dies aus eigenem Vermögen vornehmen. 10

Es ist umstritten, ob dieser Umstand ausreicht, um hinsichtlich des Mehrwertsteuer-Anteils an der Leasingrate ein Abtretungsverbot kraft Natur der Sache anzunehmen. Die Rechtsprechung erkennt allgemein einen Ausschluss der Abtretung gem. § 399 BGB aufgrund einer Zweckbindung der Leistung an.[1] M. E. liegen die Voraussetzungen für einen Abtretungsausschluss daher hier vor. Hierdurch wird die finanzierende Bank auch nicht unangemessen benachteiligt, weil der in der Leasingrate enthaltene Mehrwertsteuer-Anteil nicht dem Leasinggeber zusteht und Mehrwertsteuerbeträge vom Leasinggeber auch nicht finanziert worden sind. 11

II. Forfaitierung

1. Gründe für die Forfaitierung

Zivilrechtliche und steuerliche Gründe haben die Forfaitierung heute zum häufigsten Refinanzierungsmittel von Leasingverträgen werden lassen. Dabei kommt es in der Regel zur Anwendung der sog. echten Forfaitierung, d. h. zum Ankauf der Forderung aus dem Leasingvertrag unter Übernahme des Delkredererisikos durch den Refinanzierer. Die sog. unechte Forfaitierung, bei der das Bonitätsrisiko der Beitreibbarkeit der Forderungen aus dem Leasingvertrag beim Leasinggeber verbleibt, spielt in der Praxis aus den noch zu erörternden Gründen eine untergeordnete Rolle. Die wesentlichen Gründe für die Forfaitierung anstelle der Kreditfinanzierung sind: 12

a) Verlagerung des Bonitätsrisikos. Bei der echten Forfaitierung haftet der Leasinggeber nur für die Verität der Forderung aus dem Leasingvertrag. Das Risiko der Eintreibbarkeit, d. h. das Risiko der Insolvenz des Leasingnehmers, trägt der Refinanzierer. Dadurch kann der Leasinggeber sein unternehmerisches Risiko herabsetzen. Angesichts des häufig im Verhältnis zum Finanzierungsvolumen geringen Eigenkapitals von Leasinggesellschaften, des teilweise hohen Risikos bei der Verwertung des Leasinggegenstandes und der vergleichsweise geringen kalkulatorischen Ausfallaufschläge bei der Kalkulation der Leasingrate ist diese Risikoverlagerung ein Grund dafür, warum der Leasinggeber statt der Kreditfinanzierung die Forfaitierung als Mittel der Refinanzierung wählt. 13

---

[1] BGH NJW 1989, 1601; Palandt/*Heinrichs*, § 399 Rdn. 5.

§ 74 Vierter Teil. Wirtschaftliche Problemkomplexe des Leasings

14 **b) Gewerbesteuereffekt.** Gewerbesteuerrechtlich sind sog. Dauerschulden dem haftenden Eigenkapital hinzuzurechnen (§ 12 Abs. 2 Nr. 1 GewStG). Dauerschulden sind dadurch gekennzeichnet, dass sie der Gründung oder Verbesserung des Betriebes dienen und/oder nicht nur vorübergehend (länger als 12 Monate) das Betriebskapital stärken (§ 8 Nr. 1 GewStG).

15 Refinanziert sich der Leasinggeber durch die Aufnahme von Krediten, so sind die **Rückzahlungsverpflichtungen** Dauerschulden (i. S. d. § 8 Nr. 1 GewStG). Der Leasinggeber zahlt also auf die Verbindlichkeiten gegenüber dem Refinanzierungsinstitut Gewerbesteuer.[2] Refinanziert sich der Leasinggeber hingegen durch echte Forfaitierung, so ist die Verpflichtung zur Abführung der Leasingraten keine Dauerschuld, sondern die Zahlung des Leasinggebers stellt eine Vorauszahlung auf die künftigen Leasingraten dar. Dies hat das BMF in seinem Forfaitierungserlass festgestellt. Bilanziell ist daher keine (Dauer-)Schuld auf der Passivseite auszuweisen, sondern ein passiver Rechnungsabgrenzungsposten.[3] Gewerbesteuer fällt daher auf die Verbindlichkeiten gegenüber dem Refinanzierer nicht an.

16 Aufseiten der Bank entsteht keine Gewerbesteuer, weil sie durch den Ankauf der Forderungen kein Gewerbe ausübt und von der Gewerbesteuerpflicht befreit ist.

17 **c) Ausschaltung des Zinsänderungsrisikos.** Bei der Forfaitierung besteht von vornherein kein Zinsänderungsrisiko für den Leasinggeber. Anders als bei der Refinanzierung durch Darlehen ist es also für den Leasinggeber nicht erforderlich, sich – beispielsweise durch einen Festzins – davor zu schützen, dass der in der Leasingrate enthaltene Zinsanteil für die Dauer des Leasingvertrages unveränderlich ist und sich dagegen der Kapitalmarktzins verändert.

18 **d) Bilanzverkürzung.** Bei der Kreditfinanzierung wird die Rückzahlungsverpflichtung zum Nennwert als Verbindlichkeit ausgewiesen. Bei der Forfaitierung wird die Zahlung des Refinanzierers als passiver Rechnungsabgrenzungsposten ausgewiesen.[4] Da diese Zahlung wegen der Abzinsung und des Abschlags für das Bonitätsrisiko niedriger ist als die Bankverbindlichkeit bei einem Refinanzierungskredit, führt die Forfaitierung zu einer Bilanzverkürzung.

19 Dadurch verbessert sich die Bilanzstruktur, d. h. das Verhältnis des haftenden Kapitals zu den Verbindlichkeiten steigt. Eine verbesserte Bilanzstruktur ist schon für sich ein Vorteil. Darüber hinaus gibt es rechtliche Bestimmungen, die an die Bilanzsumme anknüpfen (Publizitätspflichten gem. §§ 267, 325 ff. HGB, KWG-Vorschriften).

2. Abgrenzung zum Factoring

20 Gemeinsam ist dem Factoring und der Forfaitierung, dass der Verkäufer die Forderungen gegen seinen Kunden an den Refinanzierer verkauft. Ebenso wie beim echten Factoring trägt auch der Forfaiteur bei der echten Forfaitierung das Bonitätsrisiko der Eintreibbarkeit der Forderung.

21 Das Factoring ist dadurch gekennzeichnet, dass der Factor als Dienstleistung dem Verkäufer die Beitreibung der Forderung abnimmt. Der Factor hat also den personellen und sachlichen Aufwand für die Eintreibung und die Überwachung der Forderung.

22 Anders bei der Forfaitierung: Hier obliegt die „Bestandsverwaltung" und Eintreibung der Forderung dem Verkäufer, d. h. dem Leasinggeber. Der Kunde (Leasingnehmer) hat also auch nach erfolgter Forfaitierung weiterhin den Leasinggeber als Ansprechpartner, hingegen nicht den Refinanzierer.

---

[2] BFH BB 1981, 1195.
[3] BMF 9. 1. 1996, BStBl. I 1996, 9; *Milatz* DB 1996, 841 (845); *Wehrheim* DB 1996, 1103 (1104).
[4] BFH BStBl. II 1997, 122; BMF, 9. 1. 1996, BStBl. I 1996, 9.

3. Forfaitierung als Kreditgeschäft im Sinne des KWG

Die Forfaitierung, d. h. der regresslose Forderungsankauf, stellt aus der Sicht der refinanzierenden Bank eine Kreditgewährung an den Leasingnehmer dar, d. h. der Leasingnehmer ist Kreditnehmer im Sinne des KWG (§ 19 Abs. 1 Ziff. 1. i.V. m. Abs. 3 KWG). 23

Damit hat die refinanzierende Bank aufsichtsrechtlich die KWG-Bestimmungen über die Offenlegung der wirtschaftlichen Verhältnisse (§ 18 KWG), die Begrenzung von Großkrediten auf ein bestimmtes Verhältnis zum haftenden Eigenkapital (§ 13 KWG) und über die Meldepflicht von Krediten, die die Millionengrenze überschreiten (§ 14 KWG), zu beachten. 24

4. Vertragliche Ausgestaltung

Erstaunlicherweise ist die vertragliche Ausgestaltung in der Praxis in vielen Fällen unvollkommen. Nicht selten beschränkt man sich auf den Austausch von Rechnungen. Dies birgt vielfältige Gefahren in sich, zu deren Vermeidung zweckmäßigerweise eine vertragliche Regelung getroffen wird. 25

a) Rahmenvertrag. In der Regel schließen Refinanzierer und Leasinggeber einen schuldrechtlichen Rahmenvertrag. Darin erwirbt der Leasinggeber das Recht, dem Refinanzierer ein bestimmtes Volumen von Leasingforderungen (Forderungspaket) innerhalb eines bestimmten Zeitrahmens zu bestimmten Konditionen anzudienen. Der Verkauf und in dessen Erfüllung die Abtretung erfolgen dann in „schlichten" Einzelverträgen, die häufig konkludent durch Zahlung von Rechnungen durch den Leasinggeber und deren Bezahlung zustande kommen. Rechtlich handelt es sich bei dem Kauf um einen Rechtskauf im Sinne der §§ 433 I 2, 453 BGB. Bei der Abtretung handelt es sich um eine solche über eine schon entstandene aber betagte Forderung, nicht hingegen um eine Abtretung einer erst künftig entstehenden Forderung.[5] 26

aa) Definition des Kaufgegenstandes. Im Rahmenvertrag sollte Wert auf die Definition des Kaufgegenstandes gelegt werden. 27

Verkauft und abgetreten werden die Netto-Leasingraten, denn der Leasinggeber bleibt zur Abführung der Mehrwertsteuer an das Finanzamt verpflichtet; der Refinanzierer schuldet keine Mehrwertsteuer. 28

Ferner ist im Rahmenvertrag zu klären, ob beispielsweise beim VA-Vertrag nur die Leasingraten während der Grundmietzeit oder auch die Ansprüche aus Folgeverträgen (Verlängerungsvertrag, Verkauf des Leasinggutes) **abgetreten** werden; beim kündbaren TA-Vertrag muss beispielsweise vertraglich festgelegt werden, ob auch die Forderungen auf die Abschlusszahlung und/oder der Verkaufserlös aus der Veräußerung des Leasinggegenstandes verkauft und abgetreten werden. 29

Ferner ist zu regeln, ob auch solche Forderungen verkauft und abgetreten werden, die der Leasinggeber anstelle der Forderungen aus dem Leasingvertrag erwirbt. Ein solches **Surrogat** kann sein der Anspruch auf Schadensersatz bei vom Leasinggeber ausgesprochener fristloser Kündigung (z. B. wegen Zahlungsverzuges des Leasingnehmers). Schließlich ist zu regeln, ob auch Sicherheiten, die sich der Leasinggeber hat bestellen lassen, mit verkauft und übertragen werden; ohne ausdrückliche Regelung kommt ein automatischer Übergang nur unter den Voraussetzungen des § 401 BGB (akzessorische Nebenrechte) in Betracht. 30

In der Praxis krankt es häufig an einer exakten Definition der verkauften und abgetretenen Forderungen. 31

Die Definition des Kaufgegenstandes hat weitreichende Konsequenzen. Wenn beispielsweise auch die Schadensersatzansprüche des Leasinggebers mit verkauft sind, dann 32

---

[5] BGH WM 1990, 197 (199); a. A. *Henckel*, FS für Baur, 1981, 443 (446 ff.).

haftet der Leasinggeber auch für den Bestand. Wenn diese Schadensersatzansprüche dann beispielsweise deshalb nicht bestehen, weil die entsprechenden Regelungen in den Vertragsbedingungen wegen Verstoßes gegen das AGB-Gesetz unwirksam sind, dann haftet der Leasinggeber aufgrund der Bestandshaftung in einem weitergehenden Umfang, als er seinerseits Ansprüche gegen den Leasingnehmer hat. Dies muss bei der Vertragsgestaltung berücksichtigt werden.

33 Der Leasinggeber muss bei der Vertragsgestaltung ferner darauf achten, dass er nicht durch einen zu weitgehenden Verkauf seiner Rechte die Chance der **Wertsteigerung des Leasinggegenstandes** verliert. Dies hätte steuerlich zur Folge, dass er nicht mehr wirtschaftlicher Eigentümer des Leasinggegenstandes ist (§ 39 AO), sondern das wirtschaftliche Eigentum durch die (zu umfangreiche) Forfaitierung auf den Refinanzierer übergeht.

34 **bb) Vereinbarungen über den Rückkauf.** Häufig hat der Leasinggeber laut Rahmenvertrag das Recht, die Forderung aus einem bestimmten Leasingvertrag jederzeit zurückzukaufen.

35 Der Refinanzierer kann den Rückkauf verlangen, wenn der Leasinggeber gegen wesentliche Pflichten des Vertrages verstößt oder andere schwerwiegende Gründe vorliegen.

36 **cc) Pflichten aus dem KWG.** Der regresslose Forderungsankauf stellt aus der Sicht der Refinanzierungs-Bank eine Kreditgewährung dar; der Leasingnehmer ist im Sinne des KWG Kreditnehmer (§ 19 Abs. 1 Ziff. 1. i. V. m. Abs. 3 KWG).

37 Da der Refinanzierer damit aufsichtsrechtlich aus der Forfaitierung die Verpflichtungen aus § 18 KWG hat, wird im Rahmenvertrag regelmäßig vereinbart, dass der Leasinggeber seine finanziellen Verhältnisse gem. § 18 KWG offenzulegen hat.

38 **dd) Bonitätsprüfung.** Der Refinanzierer behält sich im Rahmenvertrag regelmäßig das Recht der eigenen Bonitätsprüfung des Leasingnehmers vor.

39 Ferner behält er sich das Recht vor, den Ankauf von Forderungen unter bestimmten Voraussetzungen abzulehnen. Gründe für die Ablehnung können die mangelnde Bonität des Leasingnehmers oder das Risiko der Werthaltigkeit des Leasinggegenstandes oder der Wunsch nach einer Risikobegrenzung durch Branchenstreuung sein.

40 **b) Kaufpreis.** Die Parteien müssen den Kaufpreis für den Ankauf der Forderungen aus den Leasingverträgen festlegen.

41 Der Refinanzierer erhält als Kaufgegenstand künftig fällig werdende Leasingraten; die Gegenleistung in Form der Kaufpreiszahlung soll jedoch sofort fällig sein. Also ist der Refinanzierer nur bereit, den Barwert der künftig fällig werdenden Leasingraten als Kaufpreis zu zahlen. Faktisch müssen die Parteien sich über einen Zinssatz einigen, mit dem der Nennwert der künftig fällig werdenden Leasingraten abgezinst wird. Dabei wird der Refinanzierer neben dem reinen Finanzierungszinssatz zusätzlich einen möglichst hohen Aufschlag (teilweise Disagio genannt) für die Übernahme des Delkredere-Risikos und seinen Gewinn durchzusetzen versuchen.

42 Der Leasinggeber muss zur Beibehaltung der Wirtschaftlichkeit des Vertrags darauf achten, dass der ihm abverlangte Abzinsungszinssatz niedriger liegt als der Zinssatz, mit dem er den Vertrag mit dem Leasingnehmer kalkuliert hat.

43 **c) Gewährleistung des Leasinggebers.** Da es sich bei der Forfaitierung um einen Rechtskauf handelt, haftet der Leasinggeber im Rahmen der Gewährleistung für die Verität der Forderung (§§ 453, 435 BGB), d. h. die Forderung muss bestehen und frei von Rechten Dritter sein. Der Leasinggeber als Verkäufer haftet nicht für die Bonität, d. h. für die Einbringlichkeit bzw. Eintreibbarkeit der Forderung.

44 **aa) Umfang der Haftung für die Verität.** Fraglich ist, welchen Umfang die Haftung für die Verität hat.

23. Kapitel. Refinanzierung von Leasinggesellschaften   § 74

(1) Dabei ist unstreitig, dass der Leasinggeber für das **wirksame Zustandekommen** 45
des Leasingvertrages haftet. Er trägt beispielsweise das Risiko der Fälschung, des Widerrufs nach dem Verbraucherkreditgesetz, der rechtlichen Existenz des Leasingnehmers, des Handelns vertretungsberechtigter Personen aufseiten des Leasingnehmers und das Risiko der Einhaltung der gesetzlichen Formvorschriften. Der Leasinggeber trägt auch das Risiko des späteren rückwirkenden Wegfalls des Leasingvertrages (und damit der verkauften Forderungen aus dem Vertrag), z. B. nach Anfechtung (§§ 119, 123, 142 BGB) oder nach Wegfall der Geschäftsgrundlage (z. B. wegen Wandelung des Kaufvertrages mit dem Lieferanten). Ferner haftet der Leasinggeber dafür, dass die Forderung ihm zusteht und nicht durch Aufrechnung erlischt.[6]

(2) Dabei ist es unschädlich für die Haftung, dass die Forderungen aus dem Leasing- 46
vertrag – vom Zeitpunkt der Forfaitierung aus betrachtet – überwiegend **erst künftig fällig** werden (laufende Leasingraten) oder ggf. erst künftig entstehen (z. B. Forderungen aus dem Verkauf des Restwertes, Forderungen aus Verlängerungsverträgen). Wenn solche künftigen Forderungen (mit-)verkauft sind, haftet der Leasinggeber dafür, dass sie zur angegebenen Zeit mit dem angegebenen Inhalt entstehen.[7]

(3) Die Haftung des Leasinggebers ist **verschuldensunabhängig**, sie hat also Garantie- 47
charakter. Nachdem der Gesetzgeber den Rechtskauf mit dem Sachkauf gleichgestellt hat (§§ 433 I 2, 453 BGB), gelten bezüglich der Gewährleistung keine Besonderheiten.

(4) Umstritten ist, ob ohne besondere vertragliche Vereinbarung auch solche Forderungen 48
von der Bestandshaftung erfasst sind, die der Leasinggeber **anstelle der Hauptforderung** (Erfüllung) erwirbt. Dies kann beispielsweise einen Schadensersatzanspruch nach vom Leasinggeber ausgesprochener fristloser Kündigung oder der Anspruch auf die Abschlusszahlung beim kündbaren TA-Vertrag sein.

M. E. sind ohne ausdrückliche vertragliche Vereinbarungen derartige (Surrogat-)For- 49
derungen von der Bestandshaftung nicht erfasst. Die Bestandshaftung bezieht sich nur auf die verkauften Forderungen; dies ergibt sich aus dem Gesetz (§§ 434, 437 BGB). Es ist daher erforderlich, im Kaufvertrag (Rahmenvertrag) zu vereinbaren, dass solche Ansprüche auch Teil der verkauften Forderungen sind und damit der Bestandshaftung unterliegen.[8]

bb) Zeitpunkt. Fraglich ist, zu welchem Zeitpunkt die verkaufte Forderung frei von 50
oben aufgeführten Beeinträchtigungen sein muss. Dabei ist unstreitig, dass die Forderung im Zeitpunkt des Verkaufs frei sein muss. Es stellt sich aber die Frage, ob die Bestandshaftung auch erst nach Abschluss des Forfaitierungsvertrages auftretende Mängel umfasst. Nach herrschender Meinung wird zu unterscheiden sein:

Waren die Mängel schon im Zeitpunkt des Vertragsschlusses angelegt (Anfechtungs- 51
grund, Mangel des Leasinggegenstandes, der zur Wandelung berechtigt usw.), dann greift die Bestandshaftung ein. Wenn hingegen aufschiebend bedingte Forderungen Teil der verkauften Forderungen sind (beispielsweise Anspruch auf Restwert nach Ausübung des Andienungsrechts oder Anspruch auf Abschlusszahlung bei vorzeitig kündbarem TA-Vertrag), dann haftet der Verkäufer nur dafür, dass die Bedingung im Zeitpunkt des Abschlusses des Forfaitierungsvertrages noch eintreten kann.

Selbstverständlich haftet der Leasinggeber nach dem allgemeinen Rechtsgrundsatz 52
aus § 162 BGB auch dann, wenn er den Bedingungseintritt vereitelt.

Wenn der Grund für die Verschlechterung hingegen erst nach Abschluss des Forfaitie- 53
rungsvertrages gelegt wird, greift die Bestandshaftung nicht ein.

---

[6] Palandt/Putzo § 437 Rdn. 7; MünchKomm/*Westermann* § 437 Rdn. 5.
[7] MünchKomm/*Westermann* § 437 Rdn. 7; Staudinger/*Köhler* § 437 Rdn. 12.
[8] A. A. *Schölermann/Schmidt-Burgk* WM 1992, 933 (935).

54　**cc) Rechtsfolgen der Bestandshaftung.** Die Rechtsfolgen der Bestandshaftung sind, dass der Refinanzierer
- Nacherfüllung des Kaufvertrages (§ 439 I BGB) oder wahlweise nach erfolgter Fristsetzung
- Rücktritt, Minderung oder Schadensersatz wegen Nichterfüllung (§ 437 BGB)

geltend machen kann.

55　Die Geltendmachung des Erfüllungsanspruches ist nur sinnvoll, wenn der Mangel der verkauften Forderung **behebbar** ist. Dies ist beispielsweise der Fall, wenn die verkaufte Leasingforderung deshalb nicht existent ist, weil der Leasingvertrag formnichtig ist oder die Leasingforderung von einer anderen, zeitlich früheren Zession erfasst ist (z. B. Globalzession zugunsten einer anderen Bank).

56　Häufiger dürfte sein, dass **Schadensersatz** gem. §§ 440, 280, 281 BGB geltend gemacht wird. Die Schadensersatzverpflichtung umfasst auch den Ersatz fehlgeschlagener Aufwendungen (§ 284 BGB).

57　Da der **Paketverkauf**, d. h. die Forfaitierung einer Vielzahl verschiedener Leasingforderungen, die Regel ist, wird regelmäßig Schadensersatz wegen teilweiser Nichterfüllung geschuldet, wenn einzelne Forderungen aus dem Paket nicht bestehen.

58　Fraglich ist der **Umfang des Schadens**. Kann der Verkäufer den Nennwert der (nicht bestehenden) Forderung oder nur den Barwert geltend machen? Der Refinanzierer als Geschädigter kann verlangen, so gestellt zu werden, wie er gestanden hätte, wenn die Forderung Bestand gehabt hätte. Er kann also das positive Interesse verlangen.

59　Wenn die verkaufte Forderung bestanden hätte, dann wäre sie ratierlich fällig geworden und dem Refinanzierer zugeflossen. Wenn der Refinanzierer Schadensersatz wegen Nichterfüllung gegen den Leasinggeber geltend macht, dann kann er m. E. nicht den Nennwert der Forderung verlangen und die Differenz zwischen Nennwert und Kaufpreis behalten.[9] Vielmehr muss eine Abzinsung erfolgen. Diese ist aber nicht identisch mit der Abzinsung, die zur Kaufpreisermittlung erfolgt. Vielmehr muss die Abzinsung nur mit dem Finanzierungszinssatz erfolgen, der Refinanzierer kann hingegen den Aufschlag für die Übernahme des Delkredere-Risikos und den Gewinnaufschlag behalten.

60　Der Refinanzierer muss daher im Streitfall seine Kalkulation offenlegen, indem er zwischen dem reinen Abzinsungszinssatz einerseits und dem Aufschlag für das Delkredere-Risiko und dem Gewinn andererseits differenziert. Denn der Refinanzierer trägt die Darlegungs- und Beweislast für den ihm entstandenen Schaden.

61　**dd) Prozessuale Probleme.** Die Praxis der Leasingprozesse zeigt, dass auch der zahlungsunfähige Leasingnehmer zunächst eine Rechtsposition aufzubauen versucht, aufgrund derer er gar nicht zur Zahlung verpflichtet ist. Dies geschieht, um peinlichen und lästigen Vollstreckungsversuchen oder Insolvenzanträgen zu entgehen. So wird die in Wirklichkeit wegen (vorübergehender) Zahlungsunfähigkeit eingestellte Zahlung der Leasingraten häufig damit begründet, der geleaste Gegenstand habe von Anfang an nicht die versprochenen Leistungen erbracht oder die Nachbesserung sei fehlgeschlagen; daher sei er – der Leasingnehmer – zur Wandelung gegenüber dem Lieferanten berechtigt, so dass er nach der BGH-Rechtsprechung zur Einstellung der Leasingraten berechtigt sei.

62　Hier kollidieren die Bestandshaftung des Leasinggebers einerseits und die Bonitätshaftung des Refinanzierers andererseits. Liegt ein Mangel vor und führt dies nach Wandelung des Kaufvertrages mit dem Lieferanten zum Wegfall der Geschäftsgrundlage des Leasingvertrages, dann haftet der Leasinggeber. Liegt hingegen (vorübergehende) Zahlungsunfähigkeit vor, dann haftet der Refinanzierer.

63　Aus dieser Interessenkollision ergeben sich folgende prozessuale Probleme:
- Wie ist die Darlegungs- und Beweislast in der Auseinandersetzung zwischen Refinanzierer und Leasinggeber verteilt?

---

[9] A. A. *Schölermann/Schmidt-Burgk* WM 1992, 933 (938).

23. Kapitel. Refinanzierung von Leasinggesellschaften § 74

– Wer führt den Prozess gegen den Leasingnehmer?
– Welche prozessualen Voraussetzungen sind erforderlich, dass der Refinanzierer den Leasinggeber aus der Bestandshaftung in Anspruch nehmen kann?

(1) Fraglich ist, ob der Refinanzierer (Käufer) sich dann, wenn der Leasingnehmer die Zahlungen einstellt und rechtliche Einwendungen gegen den Bestand des Leasingvertrages erhebt, dies zu eigen machen und den Leasinggeber (Verkäufer) – ohne vorheriges Vorgehen gegen den Leasingnehmer – **aus der Bestandshaftung in Anspruch** nehmen kann. 64

Durch die Schuldrechtsreform hat sich die Beweislastverteilung in diesem Punkt grundlegend geändert. § 442 BGB a. F., wonach der Käufer die Beweislast für das Bestehen des Rechtsmangels trug, ist aufgehoben worden. Nunmehr muss der Verkäufer – entsprechend den allgemeinen Regeln des § 363 BGB – beweisen, dass die verkaufte Forderung zum maßgebenden Zeitpunkt frei von Rechtsmängeln war. 65

Bei einem Prozess des Refinanzierers (Käufer) gegen den Leasinggeber (Verkäufer) muss also der Refinanzierer als Käufer das Vorliegen der Bestandshaftung (Rechtsmangel) nur behaupten; der Leasinggeber als Verkäufer muss sich dann entlasten bzw. den Beweis führen, dass ein Rechtsmangel nicht vorgelegen hat bzw. vorliegt. 66

Damit hat sich ein früher bestehendes Problem, ob in Formularverträgen wirksam eine Änderung der Beweislastverteilung vereinbart werden konnte, praktisch erledigt. 67

Grundsätzlich war die Beweislastverteilung aus § 442 BGB a. F. vertraglich abänderbar. Der BGH hat es jedoch als Verstoß gegen § 307 II BGB angesehen, wenn die Beweislast dahingehend abgeändert wird, dass die bloße Behauptung des Leasingnehmers als Mangel des Bestandes der Forderung gilt, sofern der Leasinggeber den Leasingnehmer nicht innerhalb einer bestimmten Frist dazu bringt, diese Behauptung fallen zu lassen.[10] Der BGH hält (lediglich) eine solche Vereinbarung zwischen Refinanzierer und Leasinggeber für zulässig, nach der die „schlüssige" Behauptung des Leasingnehmers gegen den rechtlichen Bestand als ein Mangel im Bestand anzusehen ist, den der Leasinggeber widerlegen muss. 68

Da die Schlüssigkeitsprüfung und -darlegung rechtlich für den Refinanzierer durchaus riskant ist, ist häufig der sicherere Weg derjenige, zunächst einen Prozess gegen den Leasingnehmer zu führen und hier dem Leasinggeber den Streit zu verkünden. 69

(2) Ohne vertragliche Regelung ist es eine **Obliegenheit des Refinanzierers**, die Ansprüche gegenüber dem Leasingnehmer geltend zu machen; denn er ist rechtlicher und wirtschaftlicher Inhaber der Forderungen aus dem Leasingvertrag. Sein wirtschaftliches Interesse allerdings geht dahin, dass die Einwendungen des Leasingnehmers gegen den Bestand der Forderungen durchgreifen. Denn dann greift die Bestandshaftung des Leasinggebers ein. 70

Das Interesse des Leasinggebers ist naturgemäß gegenläufig; er will die rechtlichen Einwendungen des Leasingnehmers zu Fall bringen, so dass die Bonitätshaftung des Refinanzierers eingreift. 71

Es empfiehlt sich daher, eine vertragliche Vereinbarung zu treffen, dass der Leasinggeber den Prozess gegen den Leasingnehmer führt. Zum einen hat der Leasinggeber aufgrund seiner für die Forfaitierung typischerweise bei ihm verbleibenden Verpflichtungen zur Beitreibung regelmäßig die vorprozessuale Korrespondenz und ggf. Gespräche geführt. Er ist also besser über den Sachverhalt informiert. Zum anderen hat er auch häufig die größere Sachkunde. Prozessual stellt sich das Problem, dass der Leasinggeber möglicherweise nicht aktivlegitimiert ist, wenn die einzuklagenden Forderungen an den Refinanzierer verkauft und abgetreten sind. Die Aktivlegitimation bedarf sorgfältiger Prüfung, weil sie für einzelne Ansprüche aus dem Leasingvertrag durchaus unterschiedlich verteilt sein kann; so sind Ansprüche auf Leasingraten regelmäßig verkauft und ab- 72

---

[10] BGH WM 1992, 194.

getreten, Schadensersatzansprüche nach erfolgter Kündigung wegen Zahlungsverzuges möglicherweise nicht.

73 Die Aktivlegitimation des Leasinggebers kann durch eine Ermächtigung zur gewillkürten Prozessstandschaft hergestellt werden; das hierzu erforderliche eigene rechtliche (und nicht nur wirtschaftliche) Interesse des Leasinggebers dürfte damit zu begründen sein, dass der Leasinggeber je nach Ausgang des Rechtsstreits im Rahmen der Bestandshaftung gegenüber dem Refinanzierer selbst haftet oder nicht.

74 Sicherer – weil einfacher zu begründen – ist eine Rückabtretung der Ansprüche durch den Refinanzierer an den Leasinggeber zur Herstellung von dessen Aktivlegitimation.

5. Sicherheiten

75 Ebenso wie bei der Refinanzierung durch Kreditaufnahme hat der Leasinggeber dem Refinanzierer auch bei der Forfaitierung Sicherheiten zu stellen.

76 Maßstab ist dabei, inwieweit der Refinanzierer nach den Grundsätzen ordnungsgemäßer und gewissenhafter Geschäftsleitung zur Hereinnahme von Sicherheiten zwecks Absicherung von Kreditrisiken – zu denen auch die Forfaitierung von Leasingforderungen gehört – verpflichtet ist. Entscheidend ist also letztlich die Beurteilung der Bonität des Leasinggebers durch den Refinanzierer.

77 **a) Abtretung von Forderungen aus dem Leasingvertrag. aa) Umfang.** Zumindest ein Teil der Forderungen aus dem Leasingvertrag, insbesondere die Forderungen auf die künftigen Leasingraten, sind bei der Forfaitierung als Erfüllung abgetreten, sie können mithin nicht als Sicherheit fungieren; dies ist ein wesentlicher Unterschied zur Kreditfinanzierung.

78 Sofern nicht mitverkauft (und damit zur Erfüllung abgetreten) lässt der Refinanzierer sich häufig weitere Ansprüche aus dem Leasingvertrag als Sicherheit abtreten. In Betracht kommen insbesondere

– Leasingraten aus einer Verlängerungsphase

– Forderungen nach Ausübung von Kaufoptionen

– Forderungen nach Ausübung von Andienungsrechten

– Forderungen auf Abschlusszahlung

– Forderungen aus Versicherungsentschädigungen

– Schadensersatz-, Bereicherungs-, Verzögerungs-Ansprüche.

79 Zu beachten sind hier die Einhaltung des Bestimmtheitsgrundsatzes, d. h. die exakte Definition der zur Sicherheit abgetretenen Ansprüche, und die genaue Zweckerklärung, welche Ansprüche durch die abgetretenen Forderungen abgesichert werden sollen.

80 **bb) Problem der Insolvenzfestigkeit.** Da im Wesentlichen künftige (entstehende oder fällig werdende) Forderungen zur Sicherheit abgetreten werden, stellt sich das Problem der Insolvenzfestigkeit.

81 Hier ist der entscheidende Zeitpunkt derjenige der Übergabe.

82 *(1)* Ist der Leasinggegenstand **noch nicht an den Leasingnehmer ausgehändigt**, dann kann der Insolvenzverwalter das Wahlrecht des § 103 InsO ausüben. Wenn er den Leasingvertrag nicht erfüllt, dann ist auch der Leasingnehmer nicht zur Zahlung verpflichtet. Wählt er Erfüllung, dann kann er die Leasingraten trotz Abtretung im Rahmen des Forderungsverkaufs für die Masse einziehen.[11] Die Übernahmebestätigung durch den Leasingnehmer ist daher auch für den Refinanzierer von entscheidender Bedeutung. Er sollte sie im Rahmen des Forderungsankaufs als Voraussetzung für die Durchführung verlangen.

---

[11] BGH WM 1989, 229; *Peters* WM 1993, 1701.

23. Kapitel. Refinanzierung von Leasinggesellschaften § 74

(2) **Nach der Übergabe** gilt für alle bereits bis zur Insolvenzeröffnung entstandenen Ansprüche, dass sie insolvenzfest sind. Unschädlich ist, ob sie erst später fällig werden. Lediglich solche Ansprüche, deren Entstehung noch von rechtsgestaltenden Erklärungen abhängig oder bei denen sonst ein Teil des Erwerbstatbestandes fehlt, sind nicht insolvenzfest. 83

Danach gilt Folgendes: 84
– Forderungen auf künftige Leasingraten aus der Grundmietzeit sind insolvenzfest.[12]
– Leasingraten aus sich **automatisch** anschließender Verlängerung (z. B. Leasingnehmer macht von einem Kündigungsrecht keinen Gebrauch) sind insolvenzfest.
– Forderungen aus Kaufoptionen oder Andienungsrechten oder Verlängerungsoptionen sind nicht insolvenzfest, weil es zum Entstehen der Forderung jeweils noch der Ausübung von Gestaltungserklärungen bedarf.
– Forderungen auf Abschlusszahlungen (kündbarer TA-Vertrag) sind nach hier vertretener Auffassung ebenfalls insolvenzfest.[13]

Zwar bedarf es zur Entstehung der Forderung auf die Abschlusszahlung noch der Kündigung durch den Leasingnehmer, aber die Abschlusszahlung ist bei vertragsgemäßer Kündigung materiell nichts anderes als die bislang gezahlten Leasingraten, nämlich der Anspruch des Leasinggebers auf volle Amortisation. Dies ist bei den Forderungen aus Kaufoptionen, Verlängerungsoptionen und Andienungsrechten anders. 85

cc) Problem des Schuldnerschutzes. Wenn der Leasinggeber und der Leasingnehmer nach erfolgter Forfaitierung und damit einhergehender weitgehender Abtretung der Forderungen aus dem Leasingvertrag anderweitige Vereinbarungen treffen, die die abgetretenen Forderungen berühren, dann stellt sich die Frage, ob die forfaitierende Bank hieran gebunden ist. 86

Solche Vereinbarungen können beispielsweise so gestaltet sein, dass zwischen Leasinggeber und Leasingnehmer Verlängerungsverträge aufgehoben oder Ankaufspreise verändert werden. 87

Der Refinanzierer kann die abgetretenen Ansprüche nur dann als werthaltige Sicherheit ansehen, wenn er an solche Vereinbarungen nicht gebunden ist. Dies ist jedoch gem. §§ 398, 407 BGB nur dann der Fall, wenn die im Rahmen der Forfaitierung erfolgte Abtretung dem Leasingnehmer angezeigt worden ist. Ansonsten geht der Schuldnerschutz (Leasingnehmer) dem Gläubigerinteresse (Refinanzierung) vor. Dies betrifft auch den Fall der Zahlung mit schuldbefreiender Wirkung an den Leasinggeber. Wenn der Refinanzierer eine Bank ist, dann wird dieses Risiko für den Refinanzierer in der Praxis dadurch gelöst, dass der Leasingnehmer auf ein Konto des Leasinggebers bei der forfaitierenden Bank zu zahlen hat. 88

dd) Problem des Übergangs des wirtschaftlichen Eigentums auf den Refinanzierer. Wenn alle Ansprüche aus dem Leasingvertrag abgetreten werden, dann verliert der Leasinggeber unter Umständen die Chance der Wertsteigerung und damit seine Position als wirtschaftlicher Eigentümer (§ 39 AO). Demgegenüber beeinflusst allein die Forfaitierung der künftigen Leasingforderungen die Zurechnung des Leasinggegenstandes nicht. Das gilt ebenfalls, wenn der künftige Verwertungserlös (nach Ausübung des Andienungsrechts oder einer Kaufoption usw.) forfaitiert wird.[14] 89

Dies muss zivilrechtlich bei der Ausgestaltung des Rahmenvertrages mit dem Refinanzierer beachtet werden. 90

---

[12] BGH WM 1990, 197.
[13] A. A. *Peters* WM 1993, 1701 (1703).
[14] BMF 9. 1. 1996, BStBl. I 1996, 9; *Milatz* DB 1996, 841 (843).

§ 74

91 b) Sicherungsübereignung. Ein Mittel zur Sicherung der gekauften Forderungen in Form der Leasingraten ist die Sicherungsübereignung des im Eigentum des Leasinggebers stehenden Leasinggegenstandes an den Forfaiteur. Der wirtschaftliche Wert der Sicherungsübereignung ist allerdings eingeschränkt. Denn der Leasingnehmer hat ein Recht zum Besitz während der Dauer des Leasingvertrages. Wenn der Wertverlust höher ist als die gezahlten Leasingraten, dann ist das Sicherungseigentum kein vollwertiges Sicherungsmittel.

92 aa) Zweckerklärung. Neben der abstrakten Übereignung (Einigung und Abtretung des Herausgabeanspruches gem. §§ 929, 931 BGB) muss ein schuldrechtlicher Sicherungsvertrag vereinbart werden, in dem festgelegt wird, welche Forderungen abgesichert werden sollen. Banküblich ist eine weite Zweckerklärung, nach der nicht nur die Forderungen aus dem betreffenden Leasingvertrag gesichert werden, sondern alle Forderungen aus der Geschäftsverbindung.

93 Streitig ist, ob die Sicherungsübereignung auch das **Bonitätsrisiko** umfasst, d. h. das Risiko der Uneinbringlichkeit der Forderung.[15] Einerseits haftet der Leasinggeber nicht für das Bonitätsrisiko, sondern nur für die Verität der Forderung. Bei bestehender, aber uneinbringlicher Leasingforderung hat der Refinanzierer keine (Gewährleistungs-)Forderung gegen den Leasinggeber, die es abzusichern gäbe. Auch tritt der Gewerbesteuereffekt (keine Hinzurechnung von Dauerschulden) nur dann ein, wenn der Leasinggeber nicht für die Bonität haftet, was er mittelbar täte, wenn der Refinanzierer sich aus dem Verwertungserlös des sicherungsübereigneten Leasinggegenstandes vorab befriedigen könnte. Andererseits ist es nicht interessengerecht, wenn der Leasinggeber durch den Forderungsverkauf die Anschaffungskosten für den Leasinggegenstand erhielte und zusätzlich den Verwertungserlös vereinnahmen könnte.

94 M. E. ist das Problem nicht ein solches der Sicherheitenbestellung. Die Sicherungsübereignung kann dogmatisch und wirtschaftlich das Bonitätsrisiko nicht abdecken, weil der Refinanzierer im Fall der Forfaitierung insoweit keine Forderung gegen den Leasinggeber hat, die abgesichert werden könnte. Vielmehr muss im Rahmen des Forderungsverkaufs vereinbart werden, dass bei Uneinbringlichkeit der Forderung der Leasinggegenstand zu verwerten ist und der Verwertungserlös als Nebenrecht an den Refinanzierer abgetreten wird.

95 bb) Problem der Übersicherung. Bei einer Abtretung aller Forderungen aus dem Leasingvertrag und einer Sicherungsübereignung stellt sich die Frage der Übersicherung des Forfaiteurs. Im Hinblick auf die jüngste Rechtsprechung des BGH zur Übersicherung bei Globalzessionen ist das Problem virulent, der BGH hat es m. W. noch nicht entschieden.

96 c) Weiterübertragung von Sicherheiten. Ein weiteres Sicherungsmittel liegt darin, dass der Leasinggeber solche Sicherheiten, die er sich vom Leasingnehmer hat bestellen lassen, an den Refinanzierer weiter überträgt. Auch hier stellt sich die Problematik der Zweckerklärung.

97 Zusätzlich muss der Leasinggeber darauf achten, dass er gegenüber dem Leasingnehmer zur Rückgabe der Sicherheiten verpflichtet ist, wenn der Leasingnehmer die Verpflichtung aus dem betreffenden Leasingvertrag erfüllt hat. Folglich muss der Leasinggeber darauf achten, dass der Refinanzierer die Sicherheiten auch nur zur Absicherung der Forderungen aus diesem Leasingvertrag verwerten darf (also keine weite Zweckerklärung), damit der Leasinggeber auch zur Rückgabe der Sicherheiten gegenüber dem Leasingnehmer in der Lage ist und sich ihm gegenüber nicht schadensersatzpflichtig macht.

---

[15] *Graf von Westphalen/Lwowski* S. 39; *Graf von Westphalen* Rdn. 975.

6. Konkurrenz zwischen Verkauf (Forfaitierung) und erweitertem Eigentumsvorbehalt des Lieferanten

Der Lieferant wird den Leasinggegenstand in der Regel unter erweitertem Eigentumsvorbehalt an den Leasinggeber veräußern, d. h. er lässt sich die Ansprüche gegen den Leasingnehmer aus dem Leasingvertrag abtreten. Der Leasinggeber verkauft die Forderungen aus dem Leasingvertrag regelmäßig zu dem Ziel, aus dem vom Refinanzierer erhaltenen Kaufpreis seine Kaufpreisschuld gegenüber dem Lieferanten zu bezahlen. Wenn diese Kette unterbrochen wird, weil der Leasinggeber den Kaufpreis nicht zur Bezahlung des Lieferanten verwendet, kann es zu einem Konflikt zwischen dem Eigentumsvorbehalt des Lieferanten und dem Recht des Refinanzierers aus dem Erwerb der Leasingforderungen kommen. 98

Bei der echten Forfaitierung, d. h. dem regresslosen Verkauf der Leasingforderungen, nimmt die herrschende Meinung die Fiktion vor, dass es sich um einen abredegemäßen Weiterverkauf handelt, so dass der erweiterte Eigentumsvorbehalt des Lieferanten und damit die Abtretung zugunsten des Lieferanten erlöschen. Das Risiko der nicht ordnungsgemäßen Verwendung des vom Refinanzierer erhaltenen Kaufpreises zur Bezahlung der Kaufpreisschuld gegenüber dem Lieferanten trägt also der Lieferant. Die Rechte des Refinanzierers gehen vor. 99

Bei der unechten Forfaitierung soll es anders sein. Hier muss im Verhältnis zwischen Refinanzierer und Leasinggeber im Rahmen des Forderungsankaufs ein Vorrang des Eigentumsvorbehaltsrechts des Lieferanten vorgesehen sein, ansonsten ist die Globalabtretung des Leasinggebers an den Refinanzierer im Verhältnis zum Lieferanten nichtig.[16] 100

§ 75. Neuere Formen der Refinanzierung von Leasinggesellschaften

Schrifttum: Siehe oben zu § 74.

Übersicht

	Rdn.
I. Doppelstockmodell	1
1. Wesen	1
2. Prozessuale Probleme	4
II. Objektgesellschaften	7
1. Wesen	7
2. Rechtsnatur des Fonds	14
a) Haftungsrechtliche Konsequenzen	16
b) Schuldrechtliche Konsequenzen	17
c) Steuerrechtliche Konsequenzen	20
aa) Art der Einkünfte	21
bb) § 15 a EStG	25
3. Prospekthaftung	29
4. Anwendung des Verbraucherkreditgesetzes	31
5. Vertragsgestaltung	34
III. Securitization	36
1. Wesen	36
2. Rechtliche Probleme	38
a) Kauf- und Abtretungsvertrag zwischen Leasinggeber und Fonds	38
b) Verbriefung der Forderungen durch den Fonds	41

---

[16] Vgl. BGHZ 82, 50 (unechtes Factoring).

I. Doppelstockmodell

1. Wesen

1 Das sog. Doppelstockmodell ist dadurch gekennzeichnet, dass der Leasingvertrag zunächst im Unternehmensverbund des Leasinggebers refinanziert wird.[1] Der Leasinggeber gründet zum Zwecke der Refinanzierung eine eigene Untervermietungsgesellschaft. Er verkauft die Leasinggegenstände und die Forderungen aus den einzelnen Leasingverträgen sodann an die Untervermietungsgesellschaft. Die Untervermietungsgesellschaft vermietet (verleast) dann die Leasinggegenstände mit dem Recht der Untervermietung an den Leasinggeber. Damit wird der Leasinggeber im Verhältnis zur Untervermietungsgesellschaft ein Leasingnehmer. Im Verhältnis zum eigentlichen Leasingnehmer ändert sich nichts, sein Vertragspartner bleibt der Leasinggeber.[2]

2 Der **Sinn dieses Doppelstockmodells** liegt darin, dass die Untervermietungsgesellschaft bestimmte Leasingverträge bündeln kann und dann en bloc im Rahmen eines Forfaitierungsvertrages mit einem Refinanzierer zu günstigeren Konditionen refinanzieren kann, als dies bei einer Einzelgeschäft-Refinanzierung möglich ist.

3 Erfolgt die Refinanzierung durch Forfaitierung, dann verkauft die Untervermietungsgesellschaft ihre Forderungen gegen den Leasinggeber. Häufig verlangt der Refinanzierer in diesen Fällen zusätzlich die Übernahme der Bestandshaftung auch für die eigentlichen Leasingforderungen des Leasinggebers gegen den Leasingnehmer.[3]

2. Prozessuale Probleme

4 Wenn ein über das Doppelstockmodell refinanzierter Leasingvertrag notleidend wird, dann ergeben sich häufig prozessuale Probleme. Dies insbesondere deshalb, weil oft keine ausführlichen Verträge über die Untervermietung und die Forfaitierung geschlossen werden, sondern die jeweiligen Konditionen mündlich ausgehandelt werden und dann nur ein Austausch von Rechnungen erfolgt. Es stellt sich dann das Problem, welchen der drei Beteiligten welche Ansprüche zustehen; daraus ergibt sich, welche Abtretungen ggf. erforderlich sind, um die Aktivlegitimation der jeweils klagenden Partei herzustellen. Daran schließt sich die Frage an, ob die jeweils klagende Partei auch den Vermögensschaden hat, der Gegenstand der Klage ist.

5 Wenn der im Doppelstockmodell refinanzierte Vertrag wegen der Insolvenz des Leasingnehmers **notleidend** wird, dann
– ist der Leasinggeber ohne ausdrückliche Abtretung noch Inhaber der Schadensersatzansprüche (weil diese keine gem. § 401 BGB mit übergehenden Nebenrechte sind, sondern gesondert mit verkauft und mit abgetreten werden müssen), er hat aber keinen Schaden, weil er von der Untervermietungsgesellschaft den vollen Kaufpreis erhalten hat (die fortbestehende Verpflichtung zur Zahlung der Leasingraten an die Untervermietungsgesellschaft ist **nicht** deckungsgleich mit dem Schaden, der gegen den Leasingnehmer aus dem ursprünglichen Leasingvertrag besteht)
– hat die Untervermietungsgesellschaft (ohne gesonderte Abtretung) keinen Anspruch gegen den Leasingnehmer, allerdings auch keinen Schaden (weil der Kaufpreis vom refinanzierenden Forfaiteur geflossen ist)
– hat der Forfaiteur zwar den Schaden (er hat an die Untervermietungsgesellschaft gezahlt und trägt das Refinanzierungsrisiko), aber ohne gesonderte Abtretung keinen Anspruch.

---

[1] Vgl. *Papperitz* DStR 1993, 1841; *Albrecht* DB 1992, 1220.
[2] *Link* ZfgK 1985, 666; *Groove* DB 1984, 889; *Papperitz* DStR 1993, 1841.
[3] *Schölermann/Schmidt-Burgk* WM 1992, 933 (934).

Noch anders stellt sich die Situation dar, wenn der ursprüngliche Leasingvertrag – 6
sei es von Anfang an, sei es aufgrund späterer Gestaltungen – **unwirksam** ist. Hier ist jeweils sehr sorgfältig zu prüfen, welcher der Beteiligten anspruchsberechtigt ist und wer welchen Schaden hat.

II. Objektgesellschaften

1. Wesen

Großvolumige Einzelinvestitionen werden häufig in der Weise finanziert, dass hierfür 7
eigene Objektgesellschaften gegründet werden, die dann den zu finanzierenden Leasinggegenstand erwerben und an den Leasinggeber verleasen. Die auf diese Weise finanzierten Leasinggegenstände sind beispielsweise Schiffe, Flugzeuge und insbesondere auch Immobilien. Für die gesellschaftsrechtliche Ausgestaltung dieser Objektgesellschaften kommen die verschiedensten Strukturen in Betracht.

Im Bereich des **Immobilienleasings** gründen Leasinggesellschaften häufig eigene 8
Töchter als Objektgesellschaften, teilweise unter Beteiligung des Leasingnehmers. Im Bereich des Flugzeug- oder Schiffleasings kommen private Investoren als Gesellschafter in Betracht, die an steuerlichen Verlustzuweisungen interessiert sind; daher werden diese Objektgesellschaften in der Regel in der Rechtsform der Kommanditgesellschaft (GmbH & Co. KG) betrieben.

Der **Gesellschaftszweck** solcher Objektgesellschaften besteht darin, den betreffenden 9
Leasinggegenstand zu erwerben/herzustellen und zu vermieten.

Die Objektgesellschaft schließt im Wesentlichen folgende Verträge: 10
– Kaufvertrag, Herstellungsvertrag über den Leasinggegenstand
– Leasingvertrag mit dem Leasingnehmer
– Darlehensvertrag mit der refinanzierenden Bank, seltener Forfaitierung
– ggf. Dienstleistungsvertrag über Verwaltungsleistungen mit einer Leasinggesellschaft.

Die **Motive und Vorteile** für diese Art der Finanzierung sind so vielschichtig, dass 11
nur exemplarische Fallgruppen aufgezeigt werden können:
– reine Kapitalbeschaffung für den Leasingnehmer, z. B. sale-and-lease-back einer Immobilie oder Finanzierung eines Neubaus, Flugzeugs oder Finanzierung des Anlagevermögens beim management-buy-out
– Steuerspareffekte für Kapitalanleger und dadurch Finanzierungsvorteil für den Leasingnehmer, z. B. Verlustzuweisungen in der Person des Gesellschafters der Objektgesellschaft, Übertragung von Rücklagen gem. § 6b EStG, Inanspruchnahme degressiver Abschreibung oder Sonderabschreibungen, so dass die Objektgesellschaft die Leasingrate für den Leasingnehmer unterhalb des Kapitalmarktzinses anbieten kann
– Gewerbesteuer-Einsparungen
– Kürzung des Gewerbeertrages bei der Objektgesellschaft um solche Ertragskomponenten, die aus der Verwaltung und Nutzung eigenen Grundbesitzes resultieren (§ 9 Nr. 1 S. 2 GewerbStG), dadurch Entlastung des Leasingnehmers, weil er entsprechend geringere Mietnebenkosten (Erstattung der aus dem Objekt resultierenden Steuern) entrichten muss. Der Leasingnehmer darf in diesen Fällen jedoch nicht an der Objektgesellschaft beteiligt sein.
– Subventions-Erhalt für Kapitalanleger und dadurch Finanzierungsvorteil für den Leasingnehmer, z. B. Erhalt von Zulagen oder Zuschüssen in der Person der Anleger, so dass die Objektgesellschaft die Leasingraten für den Leasingnehmer unterhalb des Kapitalmarktzinses anbieten kann.

Zusammenfassend und generalisierend: Der Leasingfonds ist eine Möglichkeit, bei 12
der der Leasingnehmer eine Investition über privates (Eigen-)Kapital und dies zu 100 %

§ 75 Vierter Teil. Wirtschaftliche Problemkomplexe des Leasings

finanzieren kann. In der Regel ist die Finanzierung aus der Sicht des Leasingnehmers deutlich preiswerter als bei der Aufnahme von Fremdkapital, weil der Fonds teilweise mit niedrig verzinslichem Eigenkapital der Anleger (üblicherweise zwischen 20 und 50 %) und nur hinsichtlich des Restes mit Fremdkapital arbeitet; die Finanzierung zu 100 % ist aufgrund der Beleihungsrichtlinien der Banken (40 bis 80 % des Verkehrswertes als Beleihungsgrenze) im Vergleich zur Kreditfinanzierung aus der Sicht des Leasingnehmers ebenfalls vorteilhafter. Auf der anderen Seite kann der Anleger, d. h. also der Gesellschafter der Objektgesellschaft durch Steuervorteile und durch eine über dem Anlagezins liegende Leasingrate eine attraktive Rendite erzielen.

13 Die rechtlichen Probleme derartiger Fonds-Konzeptionen sind stark vom Einzelfall bestimmt und können verallgemeinernd hier nur exemplarisch skizziert werden:

2. Rechtsnatur des Fonds

14 Die Objektgesellschaften werden häufig in der Rechtsform der GmbH & Co. KG gegründet. Handelsrechtlich liegt trotz der Gründung als KG aber nur dann eine Kommanditgesellschaft vor, wenn der Fonds ein Grundhandelsgewerbe im Sinne des § 1 Abs. 2 HGB betreibt oder wenn er einen umfangreichen kaufmännischen Geschäftsbetrieb erfordert (§ 2 HGB). Es ist umstritten, ob die Vermietung eines einzelnen Gegenstandes an nur einen Mieter (und nicht an ein breites Publikum) diese Voraussetzungen erfüllt.[4] Unter bestimmten Voraussetzungen, insbesondere wenn der Fonds neben der Vermietung noch Dienstleistungen erbringt, kann eine umfangreiche kaufmännische Tätigkeit im Sinne des § 2 HGB vorliegen.

15 Erfüllt der Fonds nicht die Voraussetzungen einer Kommanditgesellschaft, dann liegt eine sog. „Schein-KG" vor, die handelsrechtlich als Gesellschaft bürgerlichen Rechts (im Folgenden: GbR) einzustufen ist.[5] Dies hat weitreichende Konsequenzen:

16 **a) Haftungsrechtliche Konsequenzen.** Handelsrechtlich setzt die gewollte Haftungsbegrenzung des Kommanditisten (= Kapitalanlegers) das Bestehen einer Kommanditgesellschaft voraus (§ 171 Abs. 1 HGB). Danach könnte mangels Existenz einer Kommanditgesellschaft an eine unbegrenzte Haftung der Gesellschafter für die Verbindlichkeiten des Fonds gedacht werden, wie sie typisch für die GbR ist. Dies wird vom BFH für gesetzlich begründete Steuerschulden dementsprechend bejaht.[6] Bei der Haftung für rechtsgeschäftlich begründete Verbindlichkeiten behandelt der BGH den Schein-Kommanditisten jedoch nicht wie den Gesellschafter einer GbR mit unbeschränkter Haftung, sondern wie einen Kommanditisten, dessen Hafteinlage eingetragen ist; eine Haftung besteht also bis zur Zahlung der Einlage nur in Höhe dieser Einlage, danach entfällt eine weitergehende Haftung.[7] Dieser Auffassung dürfte zuzustimmen sein, da der Gläubiger aufgrund der Eintragung der KG im Handelsregister nicht auf eine unbegrenzte Haftung des Kommanditisten vertrauen darf.

17 **b) Schuldrechtliche Konsequenzen.** Ist der Fonds keine im gewissen Umfang verselbständigte Gesellschaft (wie es die Kommanditgesellschaft gem. §§ 161, 124 HGB ist), sondern ein gesamthänderischer Zusammenschluss der einzelnen Gesellschafter, dann stellt sich die zivilrechtliche Frage, ob die vom Fonds als Schein-KG abgeschlossenen Verträge (beispielsweise Kaufvertrag zum Erwerb des Leasinggegenstandes, Leasingvertrag mit dem Leasingnehmer, Kreditvertrag mit der Bank) zivilrechtlich wirksam sind.

18 Diese Frage ist umstritten. Teilweise wird die Auffassung vertreten, es lägen keine wirksamen Verträge vor. Denn es bestünde bei den Vertragsparteien kein übereinstimmender Wille in Bezug darauf, wer aufseiten des Fonds der Vertragspartner sei. Der Ver-

---

[4] Verneinend für den Fall der Betriebsverpachtung OLG Hamm DStR 1994, 369.
[5] *Gondert/Schimmelschmidt* BB 1996, 1743.
[6] BFH BStBl. II 1986, 156.
[7] BGHZ 61, 59; MünchHdb.KG/*Neubauer*, § 28 Rdn. 115.

23. Kapitel. Refinanzierung von Leasinggesellschaften   § 75

käufer des Leasinggegenstandes, der Leasingnehmer und/oder der Kreditgeber wollten mit der (nicht existenten) KG und nicht mit den einzelnen Gesellschaftern kontrahieren. Ebenso wollten auch die einzelnen Gesellschafter – vertreten durch den „Komplementär" – nicht selbst Vertragspartner werden, sondern nach ihrem Willen sollte nur die vermeintliche KG verpflichtet werden.[8] Dieser Auffassung wird entgegengehalten, dass die (gewollte, aber nicht existente) KG und die (nicht gewollte, aber bestehende) GbR ein und dieselbe Gesamthand darstellten, die durch den Komplementär vertreten werde; die im Gesellschaftsvertrag der KG enthaltene Berufung des Komplementärs zur Geschäftsführung sei eine Bevollmächtigung des „Schein-Komplementärs" durch die GbR-Gesellschafter zur alleinigen Geschäftsführung und Vertretung.[9] M. E. ist der letztgenannten Auffassung zu folgen. Zur Begründung können ergänzend die Grundsätze zum unternehmensbezogenen Geschäft herangezogen werden.[10] Die Auswirkungen der beiden unterschiedlichen Auffassungen sind erheblich:

Bei angenommener Unwirksamkeit der schuldrechtlichen – und damit auch der dinglichen – Verträge wäre der Fonds nicht Eigentümer des Leasinggegenstandes; beim Immobilien-Leasing hätte dies bei Errichtung eines Gebäudes durch den Fonds die weitere Konsequenz, dass der Grundstücksverkäufer Eigentümer des Gebäudes geworden wäre (§§ 93, 94 BGB) und der Fonds lediglich bereicherungsrechtliche Ansprüche gegen den Grundstückseigentümer hätte (§§ 951, 812 BGB). Hinsichtlich der Nutzungsüberlassung des Leasinggegenstandes durch den Fonds an den Leasingnehmer bestünden keine vertraglichen Ansprüche aus dem Leasingvertrag, sondern ebenfalls nur Bereicherungsansprüche. Hinsichtlich des Kreditvertrages bestünde für den Fonds eine bereicherungsrechtliche Rückzahlungspflicht, der Kreditgeber hätte keinen Anspruch auf den Vertragszins, sondern nur auf einen nach Bereicherungsrecht zu bestimmenden Zins. 19

c) Steuerrechtliche Konsequenzen. Steuerrechtlich stellen sich dann, wenn die gewollte und eingetragene KG mangels Vorliegens der Voraussetzungen materiell-rechtlich eine GbR ist, folgende Probleme: 20

aa) Art der Einkünfte. Zunächst stellt sich die Frage, ob gewerbliche Einkünfte im Sinne des § 15 EStG oder Einkünfte aus Vermietung und Verpachtung gem. § 21 EStG oder Einkünfte aus Kapitalvermögen gem. § 20 EStG erzielt werden. 21

In der Regel dürften gewerbliche Einkünfte vorliegen, da die zur alleinigen Geschäftsführung und Vertretung berufene GmbH auch der GbR eine gewerbliche Prägung gibt, so dass gem. § 15 Abs. 3 Ziff. 2. EStG gewerbliche Einkünfte vorliegen.[11] 22

Etwas anderes gilt nur dann, wenn eine Total-Gewinnerzielungsabsicht fehlt; denn bei fehlender Gewinnerzielungsabsicht liegt auch keine gewerblich geprägte Personengesellschaft vor. Dies hat zur Folge, dass entweder Einkünfte aus Vermietung und Verpachtung oder aus Kapitalvermögen erzielt werden. 23

Auf den ersten Blick scheint dies ohne wirtschaftliche Bedeutung zu sein, sieht man von der Kappungsgrenze bei gewerblichen Einkünften (§ 32 c EStG) einmal ab. Bei der Abgrenzung zur Liebhaberei, die bei Verlustzuweisungsgesellschaften stets vorgenommen wird, kann dies aber von weitreichender Bedeutung sein: Für die gewerblichen Einkünfte kommt es auf eine Gewinnerzielungsabsicht an, die durch einen Betriebsvermögensvergleich zu ermitteln ist; danach kann eine Gewinnerzielungsabsicht auch dadurch zu bejahen sein, dass zwar während der Nutzungsdauer der Investition (hier: Dauer des Leasingvertrages) keine Gewinne erzielt werden, hingegen aber nach Ablauf des Leasingvertrages ein Gewinn durch die Veräußerung des Leasinggegenstandes erzielt wird.[12] Bei 24

---

[8] So *Wagner/Sommer* WM 1995, 561.
[9] *Wegmann* DStR 1994, 941 (945).
[10] BGH NJW 1984, 1347.
[11] BFH BStBl. II 1996, 82; *Gondert/Schimmelschmidt* BB 1996, 1743 (1744).
[12] *Gondert/Schimmelschmidt* DB 1996, 1743 (1744); *Kreidel/Kächele* DStR 1995, 625 (626).

den Einkünften aus Vermietung und Verpachtung und aus Kapitalvermögen kommt es für die Abgrenzung zur Liebhaberei auf die Einkunftserzielungsabsicht an. Dabei bleiben spätere Veräußerungserlöse unberücksichtigt. Wenn also beispielsweise während der Dauer des Leasingvertrages keine Überschüsse erzielt werden und der Leasingnehmer nach Ablauf der Vertragslaufzeit ein einseitiges Ankaufsrecht hat, dann dürfte es an der Einkunftserzielungsabsicht fehlen; dies hätte steuerlich die Folge, dass Liebhaberei vorliege.

25 **bb) § 15a EStG.** Wenn gewerbliche Einkünfte vorliegen, dann stellt sich die Frage, ob § 15a EStG entsprechend anwendbar ist.

26   Nach herrschender Meinung ist dies dann der Fall, wenn die persönliche Haftung des GbR-Gesellschafters entweder vertraglich ausgeschlossen ist oder nach Art und Weise des Geschäftsbetriebes nicht wahrscheinlich ist. Dann ist die Haftung des GbR-Gesellschafters mit derjenigen eines Kommanditisten vergleichbar, so dass § 15a EStG Anwendung findet.

27   Nach der Rechtsprechung des BFH ist unklar, wann diese Voraussetzungen vorliegen und wer insoweit die Darlegungslast trägt: Der für KGs zuständige VIII. Senat des BFH vertritt die Auffassung, durch die Eintragung eines Gesellschafters als Kommanditist im Handelsregister sei ein echtes wirtschaftliches Risiko geschaffen; daher müsse das Finanzamt beweisen, dass und warum eine Vermögensminderung des Kommanditisten aufgrund einer Haftung nach Art und Weise des Geschäftsbetriebes unwahrscheinlich ist.[13]

28   Demgegenüber vertritt der für GbRs zuständige IX. Senat des BFH die Auffassung, das Vertragswerk eines Fonds sei in der Regel so gestaltet, dass der Kapitalanleger nicht mit einer weitergehenden Inanspruchnahme rechnen müsse; daher müsse der Fonds-Gesellschafter darlegen, dass für das betreffende Kalenderjahr tatsächlich konkrete persönliche Haftungsrisiken bestanden hätten.[14]

3. Prospekthaftung

29 Werden Fonds in der Weise aufgelegt, dass private Kapitalgeber als Gesellschafter gesucht werden, dann geschieht dies regelmäßig mittels eines Prospektes. Das Prospekt enthält detaillierte Angaben über

– den Leasinggegenstand

– den Investitionsplan (Eigenkapital/Fremdkapital, Liquiditätsplan)

– den Inhalt des Leasingvertrages (einschließlich Restwert und Verbleib des Leasinggegenstandes nach Ablauf der Mietzeit)

– die Prognoserechnung der Objektgesellschaft

– die Vertrags-Konzepte

– die steuerrechtlichen Grundlagen.

30   Mit der Herausgabe des Prospektes beginnt für die Verantwortlichen die Prospekthaftung und/oder die Beratungshaftung. Hier kann auf die umfangreiche Rechtsprechung und Literatur zur Haftung beim geschlossenen Immobilien-Fonds verwiesen werden.[15] Der Kapitalanleger darf erwarten, dass er beispielsweise auch auf die oben aufgezeigten Probleme bezüglich der Rechtsnatur des Fonds und die sich daraus ergebenden Konsequenzen hingewiesen wird. Er wird auch über den leasingspezifischen Umfang der Gewährleistungshaftung des Fonds gegenüber dem Leasingnehmer aufzuklären sein; eine vollständige Freizeichnung aus der mietvertraglichen Gewährleistung ist nicht möglich,

---

[13] BFH BStBl. II 1992, 164.
[14] BFH BStBl. 1994, 492; BFH BStBl. 1994, 496.
[15] Zuletzt BGHZ 123, 106; BGH WM 1994, 1371; BGH DStR 1995, 27; *Assmann/Schütze*; Hdb. Kapitalanlagerecht, 2. Aufl., § 7.

auch wenn der Fonds die eigenen kaufrechtlichen Gewährleistungsansprüche gegen den Lieferanten an den Leasingnehmer abtritt.

4. Anwendung des Verbraucherkreditgesetzes

Grundsätzlich fallen auch Leasingverträge unter das Verbraucherkreditgesetz; Leasingverträge sind „sonstige Finanzierungshilfen" im Sinne des § 1 Abs. 2 VerbrKrG. Wenn der Fonds an einen in der Regel gewerblichen Leasingnehmer vermietet, dann ist allerdings keine der Vertragsparteien Verbraucher im Sinne des § 1 Abs. 1 VerbrKrG. 31

Das Verbraucherkreditgesetz kann jedoch Anwendung bei der Auflegung des Fonds finden. Bei der Gründung gibt es zwei grundsätzlich unterschiedliche Möglichkeiten, und zwar einerseits die Gründung durch Gründungsgesellschafter und den anschließenden Verkauf der Beteiligung an die Kapitalanleger oder andererseits den unmittelbaren Beitritt der Kapitalanleger bei der Gründung der Gesellschaft. 32

Im erstgenannten Fall kann das Verbraucherkreditgesetz anwendbar sein; beispielsweise dann, wenn die verkaufte Beteiligung am Fonds fremdfinanziert wird und keine grundpfandrechtliche Besicherung erfolgt (§ 3 Abs. 2 Ziff. 2. VerbrKrG). 33

5. Vertragsgestaltung

Es ist oben aufgezeigt, welche Verträge die Fondsgesellschaft regelmäßig abschließt. Bei der Vertragsgestaltung ist neben den Einzelproblemen eines jeden Vertragstyps besonderer Wert auf die Verzahnung der einzelnen Verträge zu legen. 34

Dies kann hier an einigen Stichworten aufgezeigt werden: 35
– Die (Mindest-)Dauer der Gesellschaft muss auf die Dauer des Leasingvertrages abgestellt werden.
– Die Refinanzierung des Fonds muss auf die Dauer des Leasingvertrages abgestellt werden.
– Es muss sichergestellt sein, dass der Leasinggegenstand nicht nur von dem betreffenden Leasingnehmer genutzt werden kann, damit steuerlich überhaupt ein Leasingvertrag vorliegt (wirtschaftlicher Eigentümer beim Fonds als Leasinggeber).

III. Securitization

1. Wesen

Die *Securitization* ist dadurch gekennzeichnet, dass der Leasinggeber sich nicht bei einer Bank refinanziert, sondern bei privaten Investoren – ähnlich wie bei bestimmten Arten der Objektgesellschaften. Anders als bei den Objektgesellschaften geschieht dies jedoch nicht durch eine Beteiligung der privaten Investoren als Gesellschafter, sondern durch Zeichnung sog. Commercial Papers. Eine Bank übernimmt (nur noch) eine Ausfallgarantie gegenüber den Investoren für die Rückzahlung der Commercial Papers durch den Fonds an die Investoren. 36

Im Einzelnen: Der Leasinggeber verkauft homogene Forderungsbündel aus Leasingverträgen an einen Fonds und tritt sie diesem ab. Der Fonds ist rechtlich selbständig und wird häufig als „Special Purpose Vehicle" bezeichnet; seine Rechtsform ist meist diejenige der GmbH. Der Fonds finanziert den Kaufpreis durch die Ausgabe von Wertpapieren, sog. „Commercial Papers". Die Gründe für diese Art der Refinanzierung sind im Wesentlichen dieselben wie bei der Forfaitierung. Der Fonds kann allerdings ggf. flexibler (keine Bindung an das KWG) und billiger refinanzieren.[16] 37

---

[16] Vgl. im Einzelnen: *Baums* WM 1993, 1; *Eichholz* DB 1992, 793.

2. Rechtliche Probleme

38 **a) Kauf- und Abtretungsvertrag zwischen Leasinggeber und Fonds.** Ähnlich wie bei Forfaitierung haftet der Leasinggeber für die Verität der Forderung, nicht hingegen für die Bonität. Insoweit kann auf die vertragliche Gestaltung zur Forfaitierung verwiesen werden.

39 Der Leasinggeber wird regelmäßig den Einzug der Forderung weiterhin betreiben.

40 Solange der Verkauf und die Abtretung an den Fonds nicht offengelegt sind, kann der Leasingnehmer mit schuldbefreiender Wirkung an den Leasinggeber zahlen. Bei einer Refinanzierung durch Banken wird das Weiterleitungsrisiko dadurch gesenkt, dass der Leasingnehmer auf ein Konto des Leasinggebers bei der forfaitierenden Bank zu zahlen hat. Da der Fonds diese Möglichkeit nicht hat, ist das Einziehungsrisiko vorhanden und muss durch besondere vertragliche Gestaltungen abgefedert werden. Auch hier stellt sich das Problem der Vermögensübernahme durch den Fonds (§ 419 BGB), wenn das Vermögen des Leasinggebers im Wesentlichen aus den verkauften Leasingverträgen besteht. Nach der Rechtsprechung des BGH müssen 10 bis 15 % der Forderungen beim Leasinggeber verbleiben, um eine Vermögensübernahme auszuschließen.[17]

41 **b) Verbriefung der Forderungen durch den Fonds.** Die Verbriefung der „Commercial Papers" erfolgt entweder in Inhaberschuldverschreibungen gem. §§ 793 ff. BGB oder in Genussscheinen gem. § 221 Abs. 3 AktG.

42 Problematisch ist die Frage, ob die Fonds aufgrund ihrer Tätigkeit unter das KWG fallen. Dies könnte einmal durch den Ankauf von Forderungen der Fall sein; allein der Ankauf von Forderungen ist jedoch kein Bankgeschäft; auch nicht ein solches im Sinne von § 1 Abs. 1 S. 2 Ziff. 7. KWG, da die gekauften Forderungen Leasingforderungen und keine Darlehensforderungen sind.

43 Die Ausgabe von Commercial Papers fällt nicht unter die Bankgeschäfte; § 1 Abs. 1 S. 2 Ziff. 4. KWG greift nicht ein, weil es sich um die Emission eigener Papiere handelt.

---

[17] BGH NJW 1991, 1739.

24. Kapitel. Leasing im deutschen und europäischen Recht der Finanzdienstleistungsaufsicht

§ 76. Überblick über das deutsche Recht der Finanzdienstleistungsaufsicht

Schrifttum: *Beck/Samm,* Gesetz über das Kreditwesen, Band I, Heidelberg, Loseblatt, Stand: Juni 2007; *Heiner Beckmann,* Finanzierungsleasing, 3. Aufl., München 2006; *Karl-Heinz Boos/Reinfrid Fischer/Hermann Schulte-Mattler* (Hrsg.), Kreditwesengesetz, 2. Aufl., München 2004; *Peter Derleder/Kai-Oliver Knops/Heinz Georg Bamberger,* Handbuch zum deutschen und europäischen Bankrecht, Berlin u. a. 2004; *Ulrich Gailus,* Die Kontrolle der Bankenaufsicht über den finanzierten Abzahlungskauf, das Factoring und das Leasing, Frankfurt a. M. 1991; *Siegfried Kümpel,* Bank- und Kapitalmarktrecht, 3. Aufl., Köln 2004; *Obst/Hintner* (Begr.), Geld-, Bank- und Börsenwesen, Jürgen von Hagen/Johann Heinrich von Stein (Hrsg.), 40. Aufl., Stuttgart 2000; *Reischauer/Kleinhans* (Begr.), Kreditwesengesetz, Band I sowie Band II, Berlin, Loseblatt, Stand: Juni 2001; *Volkhard Szagunn/Ulrich Haug/Wilhelm Ergenzinger,* Gesetz über das Kreditwesen, 6. Aufl., Stuttgart 1997; *Eckhard Wolf/Hans-Georg Eckert/Wolfgang Ball,* Handbuch des gewerblichen Miet-, Pacht- und Leasingrechts, 9. Aufl., Köln 2004.

Übersicht
		Rdn.
I.	Rechtsgrundlagen und Entstehungsgeschichte der deutschen Finanzdienstleistungsaufsicht	1
II.	Öffentliches Aufsichtsinteresse	2
III.	Schwerpunkte des Kreditwesengesetzes	3
	1. Erlaubnispflicht für Bankgeschäfte	4
	2. Eigenmittel und Liquidität der Institute	5
	a) Angemessene Eigenmittel	6
	b) Ausreichende Liquidität	7
	c) Eigenmittel und Liquidität inländischer Zweigstellen ausländischer Unternehmen	8
	3. Aufsicht über Adressenausfallrisiken (sog. Kreditaufsicht)	9
	a) Aufsichtsinstrumente	10
	b) Die Kreditbegriffe der §§ 19 f. KWG und des § 21 KWG	11
	4. Anzeige- und Berichtspflichten der Institute	12
IV.	Aufsicht über Finanzdienstleistungskonglomerate	13
V.	Internationalisierung der Finanzdienstleistungsaufsicht	14

I. Rechtsgrundlagen und Entstehungsgeschichte der deutschen Finanzdienstleistungsaufsicht

Die rechtlichen Grundlagen der Finanzdienstleistungsaufsicht finden sich insbesondere 1 im **Gesetz über das Kreditwesen (KWG)**,[1] im **Wertpapierhandelsgesetz (WpHG)**[2] und im **Pfandbriefgesetz**[3] sowie im **europäischen Gemeinschaftsrecht**. Diese Regelwerke stellen eine bereichsspezifische Ausprägung des Gewerbeaufsichtsrechts dar.[4] Im Mittelpunkt dieser Vorschriften steht das aufsichtsrechtliche Instrument des **Präventivverbotes mit Erlaubnisvorbehalt**. So bedarf beispielsweise auf nationaler Ebene jeder der schriftlichen Erlaubnis, der im Inland gewerbsmäßig oder in einem Umfang, der einen in kaufmännischer Weise eingerichteten Geschäftsbetrieb erfordert, Bankgeschäfte im Sinne von § 1 Abs. 1 Satz 2 KWG betreiben oder Finanzdienstleistungen nach § 1 Abs. 1a Satz 2 KWG erbringen will (§ 32 Abs. 1 Satz 1 1. Halbs. KWG). Die Erlaubnis nach

---
[1] Gesetz über das Kreditwesen (KWG) in der Fassung der Bekanntmachung vom 9. 9. 1998 (BGBl. I S. 2776), zuletzt geändert durch Gesetz vom 5. 1. 2007 (BGBl. I S. 10).
[2] Gesetz über den Wertpapierhandel (WpHG) in der Fassung der Bekanntmachung vom 9. 9. 1998 (BGBl. I S. 2708), zuletzt geändert durch Gesetz vom 5. 1. 2007 (BGBl. I S. 10).
[3] Pfandbriefgesetz in der Fassung der Bekanntmachung vom 22. 5. 2005 (BGBl. I S. 1373), zuletzt geändert durch Gesetz vom 16. 7. 2007 (BGBl. I S. 1330).
[4] *Boos/Fischer/Schulte-Mattler* Kreditwesengesetz § 1 Grds I Rdn. 1.

§ 32 Abs. 1 Satz 1 1. Halbs. KWG ist dabei gemäß § 33 Abs. 1 KWG insbesondere zu versagen, wenn die zum Geschäftsbetrieb erforderlichen Mittel nicht zur Verfügung stehen oder es an der Zuverlässigkeit oder der fachlichen Eignung des Antragstellers oder der Geschäftsleiter des Instituts mangelt.

Das im Jahre 1962 in Kraft getretene Kreditwesengesetz lässt sich in seinen materiellrechtlichen Grundzügen weit zurückverfolgen. Erste Ansätze einer Bankenaufsicht finden sich bereits Ende des 17. Jahrhunderts.[5] Unter dem Eindruck der Bankenkrise von 1931 entschloss man sich, eine allgemeine staatliche Bankenaufsicht einzuführen.[6] Bis heute hat das Kreditwesengesetz zahlreiche Änderungen und Erweiterungen erfahren. Diese beruhen regelmäßig auf der Umsetzung gemeinschaftsrechtlicher Richtlinien, die im Kern auf eine **Harmonisierung des Rechts der Finanzdienstleistungsaufsicht in der Europäischen Gemeinschaft** zielen. Mit der Verwirklichung des Europäischen Binnenmarkts zum 1. Januar 1993 ging eine Liberalisierung auch der Finanzdienstleistungsmärkte einher. Die Anerkennung von Niederlassungs- und Dienstleistungsfreiheit (Artt. 43, 49 EG[7]) innerhalb der Europäischen Gemeinschaft erfordert eine harmonisierte Aufsicht über Finanzdienstleistungsinstitute. In den Mitgliedstaaten der Europäischen Gemeinschaft sind einheitliche aufsichtsrechtliche Mindeststandards zu gewährleisten. In deren Rahmen steht es Kredit- und Finanzdienstleistungsinstituten, die in einem europäischen Mitgliedstaat ansässig sind, grundsätzlich frei, ungehindert in jedem anderen Mitgliedstaat tätig zu werden **(Prinzip der gegenseitigen Anerkennung)**.

Unter den Änderungen des Kreditwesengesetzes sind besonders hervorzuheben
- die Zweite KWG-Novelle (1976),[8] die durch den Zusammenbruch des Bankhauses Herstatt im Juli 1974 und die dadurch ausgelöste Vertrauenskrise veranlasst worden war,
- die Dritte KWG-Novelle (1984),[9] die der EG-Richtlinie über die Beaufsichtigung der Kreditinstitute auf konsolidierter Basis[10] Rechnung trägt,
- die Vierte KWG-Novelle (1993),[11] mit der die Eigenmittel-Richtlinie,[12] die Zweite Bankrechtskoordinierungs-Richtlinie[13] und die Solvabilitäts-Richtlinie[14] umgesetzt worden sind,
- die Fünfte KWG-Novelle (1994),[15] welche die Konsolidierungs-Richtlinie[16] und die Großkredit-Richtlinie[17] berücksichtigt sowie

---

[5] Boos/Fischer/Schulte-Mattler Kreditwesengesetz Einf. Rdn. 1 ff.
[6] Szagunn/Haug/Ergenzinger Gesetz über das Kreditwesen Einl. Ziff. 7.
[7] Vertrag zur Gründung der Europäischen Gemeinschaft (EG-Vertrag – EG –) in der konsolidierten Fassung des Vertrages von Nizza vom 26. 2. 2001 (BGBl. II S. 1666), zuletzt geändert durch den Vertrag von Athen vom 16. 4. 2003 (BGBl. II S. 1408).
[8] Zweites Gesetz zur Änderung des Gesetzes über das Kreditwesen vom 24. 3. 1976 (BGBl. I S. 725).
[9] Drittes Gesetz zur Änderung des Gesetzes über das Kreditwesen vom 20. 12. 1984 (BGBl. I S. 1693).
[10] Richtlinie 83/350/EWG des Rates vom 13. 6. 1983, ABl. EG Nr. L 193, 18.
[11] Viertes Gesetz zur Änderung des Gesetzes über das Kreditwesen vom 21. 12. 1992 (BGBl. I S. 2211).
[12] Richtlinie 89/299 EWG des Rates vom 17. 4. 1989 über die Eigenmittel der Kreditinstitute, ABl. EC, Nr. L 124, 16.
[13] Richtlinie 89/646/EWG des Rates vom 15. 12. 1989 zur Koordinierung der Rechts- und Verwaltungsvorschriften über die Aufnahme und Ausübung der Tätigkeit der Kreditinstitute, ABl. EG Nr. L 336, 1.
[14] Richtlinie 89/647/EWG des Rates vom 18. 12. 1989 über einen Solvabilitätskoeffizienten für Kreditinstitute, ABl. EG Nr. L 386, 14.
[15] Fünftes Gesetz zur Änderung des Gesetzes über das Kreditwesen vom 28. 12. 1994 (BGBl. I S. 2735).
[16] Richtlinie 92/30/EWG des Rates vom 6. 4. 1992 über die Beaufsichtigung von Kreditinstituten auf konsolidierter Basis, ABl. EG Nr. L 110, 52.
[17] Richtlinie 92/121/EWG des Rates vom 21. 12. 1992 über die Überwachung und Kontrolle von Kreditinstituten, ABl. EG Nr. L 29, 1.

24. Kapitel. Leasing im deutschen und europäischen Recht §76

– die Sechste KWG-Novelle (1997),[18] die insbesondere die Kapitaladäquanz-Richtlinie[19] und die Wertpapierdienstleistungs-Richtlinie[20] umsetzt.

II. Öffentliches Aufsichtsinteresse

Kredit- und Finanzdienstleistungsinstitute sowie Finanzunternehmen stellen die zentralen Akteure der deutschen, europäischen und der internationalen Kapital- und Geldmärkte dar. In Kontinentaleuropa hat sich auf der Grundlage des traditionellen **Universalbankprinzips** ein vielfältiges Leistungsangebot entwickelt, das von Kredit- und Finanzdienstleistungsinstituten üblicherweise bereitgestellt wird. Demgegenüber dominierte in Großbritannien und den Vereinigten Staaten von Amerika lange Zeit ein **Trennbankensystem**. Einlagengeschäft und Kreditvergabe sind dort regelmäßig unterschiedlichen Einrichtungen vorbehalten. Die volkswirtschaftliche Bedeutung der Kredit- und Finanzdienstleistungsinstitute unterscheidet sich daher. Aufgrund ihres umfassenden Leistungsangebots, das insbesondere die Durchführung des Zahlungsverkehrs, die Annahme von Geldeinlagen und die Vermittlung von Geldanlagen sowie die Kreditversorgung der Wirtschaft und der privaten Haushalte umfasst, nehmen die kontinentaleuropäischen Kredit- und Finanzdienstleistungsinstitute eine **Schlüsselstellung** in der nationalen, wie auch in der internationalen Wirtschaft ein. Mit Blick auf **diese exponierte** Stellung der Kredit- und Finanzdienstleistungsinstitute besteht ein spezifisches Interesse daran, die Funktionsfähigkeit dieses besonderen Gewerbezweiges zu sichern[21] und die Gläubiger der beaufsichtigten Kreditinstitute möglichst vor Verlusten zu schützen.[22] Die deutschen Kredit- und Finanzdienstleistungsinstitute sind daher zu Recht vorrangige Adressaten der Geld- und Währungspolitik der im Geschäftsbereich des Bundesministeriums der Finanzen errichteten **Bundesanstalt für Finanzdienstleistungsaufsicht – BaFin** – (§ 1 Finanzdienstleistungsaufsichtsgesetz – FinDAG[23]) sowie der **Deutschen Bundesbank** (§§ 2 f. Bundesbankgesetz – BBG[24]).

Die Bundesanstalt für Finanzdienstleistungsaufsicht und die Deutsche Bundesbank arbeiten bei der Durchführung der Finanzdienstleistungsaufsicht nach Maßgabe des Kreditwesengesetzes eng zusammen (§ 7 KWG). Bei grenzüberschreitender Tätigkeit von Kredit- und Finanzdienstleistungsinstituten im Europäischen Wirtschaftsraum ist eine Kooperation auch mit den zuständigen Aufsichtsbehörden der betroffenen Mitgliedstaaten vorgesehen (§ 8 Absätze 3, 4 KWG).[25] Soweit Kredit- und Finanzdienstleistungsinstitute auch einer anderen staatlichen Aufsicht unterliegen, wie zum Beispiel die öffentlich-rechtlichen Sparkassen der besonderen Staatsaufsicht, bleibt diese neben der Aufsicht nach dem Kreditwesengesetz bestehen (§ 52 KWG). Das geltende Kreditwesengesetz differenziert zwischen einer Vielzahl von Unternehmensarten. Insbesondere sind zu nennen:
– **Kreditinstitute**, die Bankgeschäfte betreiben (§ 1 Abs. 1 KWG)

---

[18] Art. 1 des Gesetzes zur Umsetzung von EG-Richtlinien zur Harmonisierung bank- und wertpapieraufsichtlicher Vorschriften vom 22.10.1997 (BGBl. I S. 2518).
[19] Richtlinie 93/6/EWG des Rates vom 15.3.1993 über die angemessene Eigenkapitalausstattung von Wertpapierfirmen und Kreditinstituten, ABl. EG Nr. L 141, 7.
[20] Richtlinie 93/22/EWG des Rates vom 10.5.1993 über Wertpapierdienstleistungen, ABl. EG Nr. L 141, 27.
[21] Obst/Hintner/*Langer*/*Weber* Geld-, Bank- und Börsenwesen S. 225 ff.; *Kümpel* Bank- und Kapitalmarktrecht S. 2487 f.
[22] BT-Drucks. 111/1 S. 114; BGHZ 74, 144, 147.
[23] Gesetz über die Bundesanstalt für Finanzdienstleistungsaufsicht (Finanzdienstleistungsaufsichtsgesetz – FinDAG) vom 22.4.2002 (BGBl. I S. 1310), zuletzt geändert durch Gesetz vom 28.5.2007 (BGBl. I S. 923).
[24] Gesetz über die Deutsche Bundesbank (BBG) in der Fassung der Bekanntmachung vom 22.10.1992 (BGBl. I S. 1782), zuletzt geändert durch Gesetz vom 16.7.2007 (BGBl. I S. 1382).
[25] *Szagunn*/*Haug*/*Ergenzinger* Gesetz über das Kreditwesen § 8 KWG Rdn. 14 ff.

§ 76 Vierter Teil. Wirtschaftliche Problemkomplexe des Leasings

- **Finanzdienstleistungsinstitute** (§ 1 Abs. 1 a KWG), die Finanzdienstleistungen erbringen ohne Kreditinstitute zu sein
- **Finanzunternehmen** (§ 1 Abs. 3 KWG), die bestimmte banknahe Geschäfte betreiben, ohne Kredit- oder Finanzdienstleistungsinstitut zu sein; zu dieser Unternehmensgruppe zählen auch Leasingunternehmen (vgl. insoweit im Einzelnen Rdn. 22 ff.).
- **Finanzholding-Gesellschaften** (§ 1 Abs. 3 a Satz 1 KWG) und **gemischte Finanzholding-Gesellschaften** (§ 1 Abs. 3 a Satz 2 KWG) sowie **Finanzkonglomerate** (§ 1 Abs. 3 a Satz 3 i. V. m. Abs. 20 KWG)
- **Gemischte Unternehmen** (§ 1 Abs. 3 b KWG)
- **Unternehmen mit bankbezogenen Hilfsdiensten** (§ 1 Abs. 3 c KWG)
- **Einlagenkreditinstitute** (§ 1 Abs. 3 d Satz 1 KWG)
- **Wertpapierhandelsunternehmen** (§ 1 Abs. 3 d Satz 2 KWG) und **Wertpapierhandelsbanken** (§ 1 Abs. 3 d Satz 3 KWG)
- **E-Geld-Institute** (§ 1 Abs. 3 d Satz 4 KWG)

III. Schwerpunkte des Kreditwesengesetzes

3 Das Kreditwesengesetz lässt die **marktwirtschaftlichen Freiheiten** der Kredit- und Finanzdienstleistungsinstitute in der Geschäftspolitik und dem Betrieb der Einzelgeschäfte grundsätzlich bestehen. Zugleich bindet es die Institute aber zur Vorbeugung gegen Missstände und größerer Risiken in einen Rahmen hoheitlicher Struktur- und Ordnungsvorschriften ein und schafft die Rechtsgrundlage für die **staatliche Überwachung** der Kreditinstitute.[26] Die staatliche Aufsicht konzentriert sich auf folgende Schwerpunkte:

1. Erlaubnispflicht für Bankgeschäfte

4 Hauptinstrument der staatlichen Überwachung des Finanzwesens in Deutschland ist das in § 32 KWG statuierte **Präventivverbot mit Erlaubnisvorbehalt**. Danach bedarf der schriftlichen Erlaubnis, wer im Inland gewerbsmäßig oder in einem Umfang Bankgeschäfte im Sinne von § 1 Abs. 1 Satz 2 KWG betreiben oder Finanzdienstleistungen nach § 1 Abs. 1 a Satz 2 KWG erbringen will, der einen in kaufmännischer Weise eingerichteten Geschäftsbetrieb erfordert (§ 32 Abs. 1 Satz 1 1. Halbs. KWG). Die Erlaubnis nach § 32 Abs. 1 Satz 1 1. Halbs. KWG ist dabei gemäß § 33 Abs. 1 KWG insbesondere zu versagen, wenn die zum Geschäftsbetrieb erforderlichen Mittel nicht zur Verfügung stehen oder es an der Zuverlässigkeit oder der fachlichen Eignung des Antragstellers oder der Geschäftsleiter des Instituts mangelt. Die Erlaubnis kann unter **Auflagen** erteilt werden (§ 32 Abs. 2 KWG). Für die **Aufhebung** einer nach § 32 KWG erteilten Erlaubnis gelten die §§ 48, 49 Verwaltungsverfahrensgesetz (VwVfG).[27] § 35 Abs. 2 KWG normiert weitere Aufhebungsbefugnisse.

Der Erlaubnispflicht des § 32 KWG unterliegen auch **ausländische Unternehmen**, soweit sie im Inland durch eine Zweigstelle Bankgeschäfte betreiben oder Finanzdienstleistungen erbringen wollen (§ 53 Abs. 1 Satz 1 KWG). Für Einlagenkreditinstitute, Wertpapierhandelsunternehmen und E-Geld-Institute mit Sitz in einem anderen Staat des **Europäischen Wirtschaftsraums** gilt dabei das **Prinzip der gegenseitigen Anerkennung**. Der Europäische Wirtschaftsraum umfasst die Staaten der Europäischen Gemeinschaften sowie die Staaten des Abkommens über den Europäischen Wirtschaftsraum (§ 1 Abs. 5 a KWG). Ist ein Einlagenkreditinstitut, Wertpapierhandelsunternehmen oder ein

---

[26] Derleder/Knops/Bamberger/*Brocker* Handbuch zum deutschen und europäischen Bankrecht § 56 Rdn. 1 ff.; *Szagunn/Haug/Ergenzinger* Gesetz über das Kreditwesen Einl. Ziff. 1; *Kümpel* Bank- und Kapitalmarktrecht, Rdn. 19.1 ff.

[27] Verwaltungsverfahrensgesetz des Bundes (VwVfG) in der Fassung der Bekanntmachung vom 23. 1. 2003 (BGBl. I S. 102), zuletzt geändert durch Gesetz vom 5. 5. 2004 (BGBl. I S. 718).

24. Kapitel. Leasing im deutschen und europäischen Recht   § 76

E-Geld-Institut mit Sitz in einem anderen Staat des Europäischen Wirtschaftsraums von den zuständigen Stellen seines Herkunftsstaats zugelassen worden, darf dieses ohne Erlaubnis durch die Bundesanstalt für Finanzdienstleistungsaufsicht im Inland Bankgeschäfte betreiben oder Finanzdienstleistungen erbringen, soweit die Geschäfte durch die Zulassung abgedeckt sind und das Unternehmen von den zuständigen Stellen nach den Vorgaben der Richtlinien der Europäischen Gemeinschaften beaufsichtigt wird (vgl. § 53 b KWG zum sog. „Europäischen Paß"[28]). Es gilt das **Herkunftslandprinzip**.[29] Vom Prinzip der gegenseitigen Anerkennung ist allerdings das Investmentgeschäft ausgenommen (§ 53 b Abs. 1 Satz 1 KWG). Das Herkunftslandprinzip kann durch das Bundesministerium der Finanzen mittels Rechtsverordnung auf Unternehmen mit Sitz in einem Drittstaat ausgedehnt werden (§ 53 c KWG).

Die eine Erlaubnispflicht im Sinne des § 32 Abs. 1 Satz 1 1. Halbs. KWG auslösenden **Bankgeschäfte** sind in § 1 Abs. 1 Satz 2 KWG, die erlaubnispflichtigen **Finanzdienstleistungen** sind in § 1 Abs. 1a Satz 2 KWG abschließend aufgezählt.[30] Die gesetzlichen Kataloge der erlaubnispflichtigen Bankgeschäfte sowie der Finanzdienstleistungen umfassen entsprechend dem deutschen Universalbankprinzip eine vielfältige Palette verschiedenster Geschäftsarten. Zu den Bankgeschäften zählen insbesondere das Einlagen-, das Kredit-, das Diskont-, das Finanzkommissions-, das Depot-, das Investment-, das Garantie- und Girogeschäft sowie das Emissions- und das E-Geld-Geschäft. Den Finanzdienstleistungen sind die Anlage- und Abschlussvermittlung, die Finanzportfolioverwaltung, der Eigenhandel mit Finanzinstrumenten, die Drittstaateneinlagenvermittlung, das Finanztransfergeschäft, das Sortengeschäft sowie das Kreditkartengeschäft zuzuordnen. Betreibt ein Unternehmen auch nur eine Art der Bankgeschäfte oder bietet es Leistungen an, die einer Gruppe der Finanzdienstleistungen angehören, unterliegt der Betrieb grundsätzlich dem Erlaubnisvorbehalt des § 32 Abs. 1 KWG. Die **laufende Aufsicht** über die Kredit- und Finanzdienstleistungsinstitute erstreckt sich dabei auch auf Geschäfte, die als solche die Erlaubnispflicht nicht auslösen, bei denen es sich also weder um Bankgeschäfte noch um Finanzdienstleistungen handelt.[31] Die laufende Aufsicht über die Kredit- und Finanzdienstleistungsinstitute erstreckt sich dabei insbesondere auf die Eigenkapitalausstattung und die Liquidität der Institute.

2. Eigenmittel und Liquidität der Institute

Gemäß § 33 Abs. 1 KWG ist die Erlaubnis nach § 32 Abs. 1 KWG insbesondere dann zu 5 versagen, wenn die zum Geschäftsbetrieb eines Kredit- oder Finanzdienstleistungsinstituts erforderlichen Mittel nicht zur Verfügung stehen. Aus diesem Grund bilden die gesetzlichen Vorschriften bezüglich der angemessenen Eigenmittelausstattung der Institute (§§ 10 ff. KWG) und ihre ausreichende Liquidität (§ 11 KWG) einen zentralen Schwerpunkt des Finanzdienstleistungsaufsichtsrechts.[32] Das Bundesaufsichtsamt hat nach Ermächtigung durch das Bundesministerium der Finanzen im Sinne von § 10 Abs. 1 Satz 10 KWG im Einvernehmen mit der Deutschen Bundesbank gemäß § 10 Abs. 1 Satz 9 KWG eine **Solvabilitätsverordnung**[33] sowie nach § 11 Abs. 1 Satz 2 KWG eine Liquiditätsverordnung[34] erlassen. Nach der Solvabilitätsverordnung ist im Regelfall zu beurteilen,

---

[28] Boos/Fischer/Schulte-Mattler/*Braun* Kreditwesengesetz § 24 a KWG Rdn. 1 ff.
[29] *Arnold/Boos* Die Bank 1993, 273.
[30] Boos/Fischer/Schulte-Mattler/*Fülbier* Kreditwesengesetz § 1 KWG Rdn. 27.
[31] *Reischauer/Kleinhans* Kreditwesengesetz Band I. § 1 KWG Rdn. 6.
[32] Derleder/Knops/Bamberger/*Brocker* Handbuch zum deutschen und europäischen Bankrecht § 56 Rdn. 29 ff.; *Reischauer/Kleinhans* Kreditwesengesetz Band I. Vorw. zu §§ 10–12 Rdn. 1.
[33] Verordnung über die angemessene Eigenmittelausstattung von Instituten, Institutsgruppen und Finanzholding-Gruppen (Solvabilitätsverordnung – SolvV) vom 14. 12. 2006 (BGBl. I S. 2926).
[34] Verordnung über die Liquidität der Institute (Liquiditätsverordnung – LiqV) vom 14. 12. 2006 (BGBl. I S. 3117).

§ 76　　Vierter Teil. Wirtschaftliche Problemkomplexe des Leasings

ob ein Institut über angemessene Eigenmittel verfügt, um den Verpflichtungen gegenüber seinen Gläubigern nachzukommen und insbesondere die Sicherheit der ihm anvertrauten Vermögenswerte gewährleistet ist (§ 10 Abs. 1 Satz 1 KWG). Die Vorgaben der Liquiditätsverordnung erlauben demgegenüber in der Regel festzustellen, ob ein Institut seine Mittel in einer Weise anlegt, die jederzeit eine ausreichende Zahlungsbereitschaft gewährleistet (§ 11 Abs. 1 Satz 1 KWG). Das Gesetz sieht sowohl in § 10 KWG als auch in § 11 KWG aus europarechtlichen Gründen den Erlass von Rechtsverordnungen vor.[35] Anders als bei den bis zur Neufassung der §§ 10, 11 KWG geltenden Grundsätzen I, I a, II sowie III,[36] die auch als **„rechtsnormkomplettierende" Verwaltungsvorschriften** bezeichnet wurden,[37] handelt es sich bei den Solvabilitäts- und Liquiditätsverordnungen um Rechtsverordnungen im Sinne von Art. 80 Abs. 1 GG. Die vom Bundesaufsichtsamt durch Rechtsverordnung aufgestellten Solvabilitäts- und Liquiditätsregelungen dürften allerdings ebensowenig **drittschützende Wirkung** zugunsten der Gläubiger eines Instituts entfalten, wie die früher geltenden (bloß normkomplettierenden) Verwaltungsvorschriften.[38] Die Einhaltung der Solvabilitäts- sowie der Liquiditätsverordnungen überwacht das Bundesaufsichtsamt auf der Grundlage monatlicher Angaben der Institute (§§ 10 Abs. 1 e, 11 Abs. 1 Satz 2 Nr. 3 KWG).

6　a) **Angemessene Eigenmittel.** § 10 Abs. 1 Satz 1 KWG fordert, dass Kredit- und Finanzdienstleistungsinstitute im Interesse der Erfüllung iher Verpflichtungen gegenüber ihren Gläubigern über angemessene Eigenmittel[39] verfügen müssen. Exemplarisch wird die Sicherheit der den Instituten anvertrauten Vermögenswerte als Schutzgut der Norm betont. Die Eigenmittel der Institute setzen sich zusammen aus dem **haftenden Eigenkapital** und den sogenannten **Drittrangmitteln** (§ 10 Abs. 2 Satz 1 KWG).[40] Das haftende Eigenkapital wird gebildet aus Kernkapital und Ergänzungskapital unter Abzug diverser in § 10 Abs. 6 KWG aufgelisteter Positionen (§ 10 Abs. 2 Satz 2 KWG). Das **Kernkapital** umfasst nach der abschließenden Regelung des § 10 Abs. 2 a KWG mehrere bilanzrechtliche Eigenkapitalbestandteile. Kennzeichnend für eine Zuordnung von Passivpositionen der Bilanz zum Kernkapital ist, dass diese Mittel dem Institut uneingeschränkt (auch) für die Abdeckung laufender Verluste zur Verfügung stehen. Es muss sich also um Mittel handeln, die unbefristet überlassen worden und die nicht auf Initiative des Gläubigers zurückzuzahlen sind. Zum Kernkapital zählen damit insbesondere das eingezahlte Geschäfts-, Grund- oder Stammkapital, Rücklagen und qualifizierte stille Einlagen.[41] § 10 Abs. 2 b KWG definiert den Umfang des **Ergänzungskapitals**. Dabei ist zwischen Ergänzungskapital **erster und zweiter Klasse** zu unterscheiden. Dem Ergänzungskapital erster Klasse gehören alle Bestandteile des Ergänzungskapitals mit Ausnahme der längerfristigen nachrangigen Verbindlichkeiten sowie des Haftsummenzuschlages an. Die längerfristigen nachrangigen Verbindlichkeiten sowie der Haftsummenzuschlag sind dem Ergänzungskapital zweiter Klasse zuzuordnen (vgl. § 10 Abs. 2 b Satz 2 KWG). Das Ergänzungskapital erster Klasse umfasst damit namentlich Vorsorgereserven nach § 340 f Handelsgesetzbuch (HGB)[42] und

---

[35] Vgl. Begründung des Gesetzentwurfs der Bundesregierung für ein Gesetz zur weiteren Fortentwicklung des Finanzplatzes Deutschland (Viertes Finanzmarktförderungsgesetz) vom 18. 1. 2002, BT-Drucks. 14/8017, S. 68, 116.

[36] BGHZ 75, 120, 127 f.; VG Berlin WM 1996, 1309.

[37] Boos/Fischer/Schulte-Mattler Kreditwesengesetz § 10 KWG Vorbem. Rdn. 1.

[38] BGHZ 75, 120, 127 f.

[39] Arnold/Boos Die Bank 1993, 273, 275; Boos Die Bank, 1994, 229, 230 f.; Boos/Klein Die Bank 1994, 529, 530 f.

[40] Durch die 6. KWG-Novelle wurde die aus Kern- und Ergänzungskapital bestehende hergebrachte Eigenkapitaldefinition um die sogenannten Drittrangmittel ergänzt; Boos/Fischer/Schulte-Mattler Kreditwesengesetz Einf. Rdn. 41.

[41] Boos/Fischer/Schulte-Mattler Kreditwesengesetz § 10 KWG Rdn. 16 ff.

[42] Handelsgesetzbuch (HGB) vom 10. 5. 1897 (RGBl. 219), zuletzt geändert durch Gesetz vom 15. 12. 2004 (BGBl. I S. 3408).

24. Kapitel. Leasing im deutschen und europäischen Recht   § 76

Vorzugsaktien sowie bestimmte Genussrechtsverbindlichkeiten und stille Reserven. Das Ergänzungskapital darf bei der Berechnung des haftenden Eigenkapitals nur bis zur Höhe des Kernkapitals berücksichtigt werden (§ 10 Abs. 2 Satz 3 KWG), kann dieses somit grundsätzlich nicht übersteigen. Für Ergänzungskapital zweiter Klasse gilt eine weitere Einschränkung: Das berücksichtigte Ergänzungskapital darf nur zu 50 % des Kernkapitals aus Ergänzungskapital zweiter Klasse bestehen (§ 10 Abs. 2 Satz 4 KWG).[43] Die Regelungen zu der nach der Kapitaladäquanz-Richtlinie[44] neu geschaffenen Eigenmittelkomponente der **Drittrangmittel** finden sich in § 10 Abs. 2 c KWG. Zu den Drittrangmitteln zählen der anteilige Gewinn, der bei einer Glattstellung aller Handelsbuchpositionen entstünde, abzüglich aller vorhersehbaren Aufwendungen und Ausschüttungen sowie der bei einer Liquidation des Unternehmens voraussichtlich entstehenden Verluste **(Nettogewinn)** sowie bestimmte kurzfristige nachrangige Verbindlichkeiten (§ 10 Abs. 2 c Satz 1 KWG). Nettogewinn und kurzfristige nachrangige Verbindlichkeiten können dabei nur bis zu einem bestimmten Betrag als Drittrangmittel berücksichtigt werden. Diese Positionen dürfen zusammen mit dem freien Ergänzungskapital das 2,5 fache des freien Kernkapitals nicht übersteigen (§ 10 Abs. 2 c Satz 2 KWG). Um freies Ergänzungskapital beziehungsweise freies Kernkapital handelt es sich dabei, wenn Kapitalpositionen nicht zur Unterlegung von Risikogeschäften benötigt werden.

Die Frage der **Angemessenheit** der Eigenmittel der Kredit- und Finanzdienstleistungsinstitute wird in der von der Bundesanstalt erlassenen Solvabilitätsverordnung[45] behandelt. § 2 Solvabilitätsverordnung (SolvV) beinhaltet die zentralen Aussagen zu den Eigenkapital- und Eigenmittelrelationen, die von den Instituten einzuhalten sind. Die Eigenmittelanforderungen bestimmen sich dabei nach den Adressrisiken, den operationellen Risiken sowie den Marktrisiken eines Instituts. Die Norm weicht erheblich von den hergebrachten Eigenkapitalgrundsätzen ab. Nach den früheren Solvabilitätsgrundsätzen durfte das Verhältnis zwischen dem haftenden Eigenkapital, das heißt dem Kernkapital und dem Ergänzungskapital, eines Instituts und seinen gewichteten[46] Risikoaktiva des Anlagebuches 8 % täglich zum Geschäftsschluss nicht unterschreiten (§ 2 Abs. 1 Grds I[47]). Die Institute mussten danach eine mindestens 8prozentige Eigenkapitaldeckung ihrer risikobehafteten Aktiva aufweisen **(Koeffizientendarstellung)**.[48] **Drittrangmittel** durften nicht für die Erfüllung der Kapitalanforderungen für das Kreditrisiko verwendet werden. Sie waren allein für die Unterlegung bestimmter **Marktrisikopositionen** zugelassen. Dabei durfte die Summe der Anrechnungsbeträge für die Marktrisikopositionen den um die Drittrangmittel vermehrten Differenzbetrag zwischen dem haftenden Eigenkapital und der in Höhe von 8 % berücksichtigten Summe der gewichteten Risikoaktiva täglich bei Geschäftsschluss nicht übersteigen (§ 2 Abs. 2 Grds I). Die Marktrisikopositionen waren den Risikopositionen des Handelsbuches zuzuordnen. Bei der Feststellung der Angemessenheit der Eigenmittel zur Unterlegung von Risikopositionen des Handelsbuches wurde anders als bei der Behandlung der Risikopositionen des Anlagebuches nicht die Koeffizientendarstellung gewählt. Statt dessen wurde auf die Beträge selbst abgestellt, mit denen Eigenmittel zur Unterlegung herangezogen wurden und die damit für die Unterlegung weiterer Risiken nicht mehr zur Verfügung standen

---

[43] *Boos*/Fischer/Schulte-Mattler Kreditwesengesetz § 10 KWG Rdn. 56 ff.
[44] Richtlinie 93/6/EWG des Rates 15. 3. 1993 über die angemessene Eigenkapitalausstattung von Wertpapierfirmen und Kreditinstituten, ABl. EG Nr. L 141, 7.
[45] S. o. Fn. 33.
[46] Zu den Bonitätsgewichten vgl. § 13 Grds I.
[47] Grundsätze über die Eigenmittel und die Liquidität der Kreditinstitute in der Fassung der Bekanntmachung vom 29. 10. 1997 (BAnz. Nr. 210), zuletzt geändert durch die Bekanntmachung über die Änderung und Ergänzung der Grundsätze über die Eigenmittel und die Liquidität der Institute vom 25. 11. 1998, Geschäftszeichen des Bundesaufsichtsamts I 5 A 33 – 2/96, http://www.bafin.de/bekanntmachungen/ba/grds2erl.htm, 22. 2. 2006.
[48] *Boos*/Fischer/*Schulte-Mattler* Kreditwesengesetz § 2 Grds I Rdn. 2.

§ 76 Vierter Teil. Wirtschaftliche Problemkomplexe des Leasings

(**Betragsdeckungsdarstellung**).[49] Die Neuregelung in § 2 SolvV gibt die Koeffizientendarstellung zugunsten der Betragsdeckungsdarstellung auf. Nach § 2 Abs. 6 SolvV wird zum Ende eines jeden Kalendervierteljahres darüber hinaus eine **Gesamtkennziffer** gebildet, die das prozentuale Verhältnis zwischen den anrechenbaren Eigenkapitalelementen und den mit dem Faktor 12,5 multiplizierten Anrechnungsbeträgen für die Adressrisiken, das operationelle Risiko und für die Marktrisikopositionen angibt.

Nach § 10a Abs. 1 KWG müssen auch sogenannte Institutsgruppen (§ 10a Abs. 2 KWG) und Finanzholding-Gruppen (§ 10a Abs. 3 KWG) insgesamt über angemessene Eigenmittel verfügen. § 10a KWG stellt ab auf einen **Konsolidierungskreis**, das heißt eine Unternehmensgruppe, der in gesetzlich näher geregelter Weise ein Kredit- und Finanzdienstleistungsinstitut angehört. Die Anforderungen des § 10 KWG an die angemessene Ausstattung mit Eigenmitteln gelten entsprechend. Die angemessenen Eigenmittel der Gruppe werden im Rahmen eines in § 10a KWG im Einzelnen geregelten Konsolidierungsverfahrens ermittelt (**Eigenkapital-Konsolidierung**).[50] Durch die Eigenkapital-Konsolidierung wird insbesondere verhindert, das Kredit- und Finanzdienstleistungsinstitute durch Gründung oder Erwerb von Tochtergesellschaften und Verlagerung von Geschäften dorthin ihr Eigenkapital mehrfach ausnutzen (sog. **Kreditpyramiden**).[51]

7 b) **Ausreichende Liquidität.** Institute müssen „ihre Mittel so anlegen, dass jederzeit eine ausreichende Zahlungsbereitschaft gewährleistet ist" (§ 11 Abs. 1 Satz 1 KWG). Die Einhaltung der Vorschrift beurteilt sich nach den von der Bundesanstalt aufgestellten Liquiditätsgrundsätzen. Danach haben die Institute ihre Zahlungsverpflichtungen mittels eines zeitlich gegliederten Erfassungsschemas zu berechnen, das vier sogenannte **Laufzeitbänder** umfasst (§ 2 Liquiditätsverordnung – LiqV –[52]):
1. täglich fällig bis zu einem Monat
2. über einem Monat bis zu drei Monaten
3. über drei Monate bis zu sechs Monaten
4. über sechs Monate bis zu zwölf Monaten.

Die Fristigkeit der Zahlungsverpflichtungen wird dabei anders als früher[53] nicht mehr nach den Ursprungslaufzeiten[54] beurteilt. Vielmehr wird heute an die **Restlaufzeiten** (§ 7 LiqV) angeknüpft und damit ein aussagekräftiger Einblick in die Liquiditätslage eines Instituts eröffnet.[55] Diese Liquiditäts-Grundsätze begrenzen die Verwendung der Finanzierungsmittel eines Kredit- und Finanzdienstleistungsinstitutes unter Berücksichtigung des Liquiditätsgrads der Anlagen. Eine „Liquiditäts-Konsolidierung" von Kreditinstituts- oder Finanzholdinggruppen fordert das Kreditwesengesetz im Gegensatz zur Eigenmittel-Konsolidierung (§ 10a KWG) nicht.

8 c) **Eigenmittel und Liquidität inländischer Zweigstellen ausländischer Unternehmen.** Betreiben Unternehmen mit Sitz im Ausland über inländische Zweigstellen erlaubnispflichtige Bankgeschäfte, müssen diese ebenfalls über angemessene Eigenmittel und eine ausreichende Liquidität verfügen. Die Bestimmung der Eigenmittel des als inländische Zweigstelle betriebenen Instituts ist in § 53 Abs. 2 Nr. 4 KWG besonders geregelt. Die Eigenmittel ergeben sich danach als Summe verschiedener Beträge: Das dem Institut von

---

[49] Boos/Fischer/*Schulte-Mattler* Kreditwesengesetz § 2 Grds I Rdn. 4.
[50] *Boos/Klein* Die Bank 1995, 729, 732.
[51] *Boos*/Fischer/Schulte-Mattler Kreditwesengesetz § 10a KWG Rdn. 1.
[52] S. o. Fn. 34.
[53] Vgl. BiSta-Richtlinien (Fassung von Dezember 1996), Allgemeiner Teil, Abschnitt II Fristengliederung.
[54] *Reischauer/Kleinhans* Kreditwesengesetz Band II Grundsatz II Allgemeine Erläuterungen.
[55] *Boos*/Fischer/Schulte-Mattler Kreditwesengesetz § 11 KWG Rdn. 7; zur Neufassung der Liquiditätsgrundsätze vgl. auch Boos/Fischer/Schulte-Mattler/*Weihrauch* Kreditwesengesetz Vor Grds II Rdn. 16.

24. Kapitel. Leasing im deutschen und europäischen Recht § 76

dem Unternehmen überlassene Betriebskapital (**Dotationskapital**) und die zur Verstärkung der eigenen Mittel überlassenen Betriebsüberschüsse sind zu addieren; etwaige aktive Verrechnungssaldos sind in Abzug zu bringen. Dagegen brauchen deutsche Zweigstellen von Instituten anderer Mitgliedstaaten der Europäischen Gemeinschaft, die über einen sogenannten „**Europa-Paß**" (§ 53 b KWG)[56] verfügen, die deutschen Vorschriften der §§ 10, 10 a KWG über die Eigenmittelausstattung sowie die Solvabilitätsverordnung nicht zu beachten (§ 53 b Abs. 3 KWG). Ein Dotationskapital ist für sie damit nicht erforderlich. Das Bundesministerium der Finanzen hat durch Rechtsverordnungen[57] gemäß § 53 c Nr. 2 KWG diese Erleichterungen teilweise auf deutsche Zweigstellen außereuropäischer Kreditinstitute mit Sitz in den USA, Japan und Australien ausgedehnt.[58]

3. Aufsicht über Adressenausfallrisiken (sog. Kreditaufsicht)

Im Kredit- und Finanzdienstleistungsgeschäft stellt der Ausfall von Krediten, anderen 9 Forderungen und sonstigen Vermögenspositionen, die von der Bonität des Kunden abhängen, das Hauptrisiko dar (**Adressenausfallrisiko**). Der Überwachung und Begrenzung dieses Risikos der Kredit- und Finanzdienstleistungsinstitute dienen die §§ 13–18 KWG. Seit Inkrafttreten der 5. KWG-Novelle ist die für die Anwendung der §§ 13–18 KWG maßgebliche Kreditdefinition zweigeteilt.[59] Für die Aufsichtsinstrumente der §§ 13–14 KWG ist der Kreditbegriff der §§ 19 f. KWG maßgeblich. § 21 KWG statuiert einen eigenen Kreditbegriff bezüglich der in den §§ 15–18 KWG normierten Aufsichtsinstrumente.

a) Aufsichtsinstrumente. Die §§ 13, 13 a und 14 KWG zielen auf eine quantitative 10 Begrenzung des Kreditrisikos. Durch §§ 13, 13 a KWG wird der Konzentration von Kreditrisiken auf einen oder nur wenige Kreditnehmer durch die Statuierung von Anzeigepflichten für **Großkredite** entgegengewirkt. Ein Großkredit eines Nichthandelsbuchinstituts liegt gemäß § 13 Abs. 1 Satz 1 KWG vor, wenn die Kredite an einen Kreditnehmer oder eine Kreditnehmereinheit (vgl. § 19 Abs. 2 KWG) insgesamt mehr als 10 % des haftenden Eigenkapitals des Instituts erreichen oder übersteigen (Großkreditdefinitionsgrenze). Zu den Nichthandelsbuchinstituten zählen die Institute, deren nach § 1 a Abs. 1 KWG dem Handelsbuch zuzurechnenden Positionen die in § 2 Abs. 11 festgelegten Bagatellgrenzen nicht überschreiten.[60] Der Begriff des Handelsbuches wurde mit der 6. KWG-Novelle in das Gesetz aufgenommen. Dem Handelsbuch sind die in § 1 a Abs. 1 KWG genannten Handelsbuch-Risikopositionen zuzurechnen. Alle bilanziellen Positionen, die nicht dem Handelsbuch zugeordnet werden, finden Aufnahme in das sogenannte Anlagebuch (§ 1 a Abs. 2 KWG).

Für Handelsbuchinstitute werden zwei Großkreditbegriffe definiert: Ein **Gesamtbuch-Großkredit** eines Handelsbuchinstituts besteht nach § 13 a Abs. 1 Satz 3 Halbs. 1 KWG, wenn die kreditnehmerbezogene Gesamtposition 10 % der Eigenmittel erreicht oder überschreitet (Gesamtbuch-Großkreditdefinitionsgrenze). Davon zu unterscheiden ist der **Anlagebuch-Großkredit**. Ein solcher liegt nach § 13 a Abs. 1 Satz 3 Halbs. 2 KWG vor, wenn die kreditnehmerbezogene Anlagebuch-Gesamtposition 10 % des haftenden Eigenkapitals erreicht oder überschreitet (Anlagebuch-Großkreditdefinitionsgrenze). Die Ermittlung der kreditnehmerbezogenen Anlagebuch-Gesamtposition folgt dabei grundsätzlich den gleichen Vorschriften wie die Bestimmung des Großkredits bei Nichthandelsbuchinstituten. Es gilt insbesondere der Kreditbegriff des § 19 Abs. 1 KWG

---

[56] Derleder/Knops/Bamberger/*Ohler* Handbuch zum deutschen und europäischen Bankrecht § 63 Rdn. 29 ff.
[57] Vom 21. 4. 1994 (BGBl. I. S. 1887) und vom 13. 12. 1995 (BGBl. I S. 1173).
[58] Boos/Fischer/Schulte-Mattler/*Marwede* Kreditwesengesetz § 53 c KWG Rdn. 7.
[59] *Boos/Klein* Die Bank 1995, 535, 536 f.; *Barth/Kropp* WM 1995, 1297, 1299.
[60] Boos/Fischer/Schulte-Mattler/*Groß* Kreditwesengesetz § 13 KWG Rdn. 1.

§ 76 Vierter Teil. Wirtschaftliche Problemkomplexe des Leasings

in Verbindung mit den §§ 2 ff. Groß- und Millionenkreditverordnung (GroMiKV).[61] Für die Ermittlung der kreditnehmerbezogenen Handelsbuch-Gesamtposition sind die spezielleren §§ 25 ff. GroMiKV maßgeblich. In der kreditnehmerbezogenen Handelsbuch-Gesamtposition werden sämtliche aktivischen Zinsnetto- und Aktienkursnettopositionen sowie Ausfallrisikopositionen des Handelsbuches erfasst. Die Bemessung und die Anrechnung der Kredittatbestände wird damit im Vergleich zum Anlagebuchbereich variiert; neue Kredittatbestände werden für den Handelsbuchbereich gleichwohl nicht geschaffen. § 14 Abs. 1 KWG verpflichtet die Institute, Kreditnehmer und Kreditnehmereinheiten (vgl. § 19 Abs. 2 KWG) der bei der Deutschen Bundesbank angesiedelten Evidenzzentrale anzuzeigen, wenn deren Verschuldung 1,5 Mio. Euro oder mehr beträgt (**Millionenkreditmeldung**). Durch diese Anzeigepflicht wird dem Umstand Rechnung getragen, dass Kreditgewährungen ab einer bestimmten Größenordnung auch für größere Institute ein beachtliches Risiko darstellen.[62] Weitere Einzelheiten zu den Aufsichtsbestimmungen der §§ 13 bis 14 KWG über Groß- und Millionenkredite regelt die auf der Grundlage des § 22 KWG von der Bundesanstalt erlassene Rechtsverordnung (**Groß- und Millionenkreditverordnung – GroMiKV –**).[63] § 15 KWG unterwirft die Gewährung sogenannter **Organkredite** einem strengen Reglement. Organkredite sind Kredite an Personen und Unternehmen, die in besonders enger Beziehung zu dem kreditgewährenden Institut stehen. Die in § 15 KWG geregelten Einschränkungen sollen der Gefahr entgegenwirken, dass die Entscheidung über die Gewährung derartiger Kredite durch unsachliche Einflussnahme, Interessenkollisionen oder sachfremde Erwägungen beeinflusst wird.[64] Die Vorschriften des § 15 KWG werden durch § 17 KWG ergänzt, der eine Schadenersatzpflicht der Geschäftsleiter und der Mitglieder des Aufsichtsorgans gegenüber dem Kreditinstitut und dessen Gläubigern begründet, sofern diese ihre Pflichten bei der Gewährung von Organkrediten verletzten. Weiter soll die in § 18 KWG angeordnete **Offenlegungspflicht** gewährleisten, dass bei der Kreditgewährung die Bonität des Kreditnehmers umfassend geprüft und während der Laufzeit des Kredits sorgfältig überwacht wird.

11 **b) Die Kreditbegriffe der §§ 19 f. KWG und des § 21 KWG.** §§ 19 bis 21 KWG definieren den Begriff „Kredit" in einem weiten finanzwirtschaftlichen Sinn. Die gesetzliche Definition der einschlägigen Risikopositionen als „Kredit" für den Anwendungsbereich der beschriebenen Aufsichts- und Ordnungsvorschriften ist **zweigeteilt**: Für die §§ 13–14 KWG (Groß- und Millionenkredite) ist der sehr weite, auch **außerbilanzielle** Geschäfte einschließende Kreditbegriff maßgebend. Dieser ist in Umsetzung der Großkredit-Richtlinie durch die Fünfte KWG-Novelle im Jahre 1994 eingeführt worden und in den §§ 19 f. KWG geregelt. Der weite Kreditbegriff der §§ 19 f. KWG umfasst im Kern alle Risikoaktiva, die im Rahmen des Grundsatzes I für die Angemessenheit der Eigenmittel maßgebend sind. § 21 KWG normiert demgegenüber für die Anwendung der §§ 15 bis 18 KWG (Organkredite, Offenlegung von Kreditunterlagen) einen etwas engeren Begriff des Kredits. Dieser entspricht dem traditionellen Kreditbegriff, der früher auch für die Groß- und Millionenkredite galt und insbesondere außerbilanzielle Geschäfte unberücksichtigt lässt.[65] Im Interesse einer effizienten Risikoüberwachung gehen sowohl der Kreditbegriff der §§ 19 f. KWG als auch der Kreditbegriff des § 21 KWG erheblich über den Terminus „Kreditgeschäft" im Sinne des § 1 Abs. 1 Satz 2 Nr. 2 KWG hinaus.

---

[61] Verordnung über die Erfassung, Bemessung, Gewichtung und Anzeige von Krediten im Bereich der Großkredit- und Millionenkreditvorschriften des Gesetzes über das Kreditwesen (Groß- und Millionenkreditverordnung – GroMiKV –) vom 14. 12. 2006 (BGBl. I S. 3065).
[62] Boos/Fischer/Schulte-Mattler/*Groß* Kreditwesengesetz § 14 KWG Rdn. 1.
[63] S. o. Fn. 61.
[64] Boos/Fischer/Schulte-Mattler/*Groß* Kreditwesengesetz § 15 KWG Rdn. 1.
[65] Boos/Fischer/Schulte-Mattler/*Bock* Kreditwesengesetz § 21 KWG Rdn. 1.

4. Anzeige- und Berichtspflichten der Institute

Außer durch eigene Auskunfts-, Prüfungs- und Untersuchungsrechte, die insbesondere in den §§ 44 bis 44c KWG geregelt sind, erhält die Bundesanstalt die für ihre Aufsichtstätigkeit erforderlichen Informationen von den Kredit- und Finanzdienstleistungsinstituten durch ein umfangreiches Anzeigen- und Berichtssystem. So bestehen Anzeigepflichten bei der Gewährung von Großkrediten (§§ 13 ff. KWG), Millionenkrediten (§ 14 KWG) oder Organkrediten (§ 15 KWG). Darüber hinaus haben Kredit- und Finanzdienstleistungsinstitute gemäß § 25 KWG nach Ablauf eines jeden Monats sogenannte Monatsausweise einzureichen und nach § 26 KWG ihren Jahresabschluss nebst Lagebericht und Prüfungsbericht des Abschlussprüfers vorzulegen. Daneben enthalten die §§ 24, 24a, 24b KWG einen umfangreichen Katalog anzeigepflichtiger Tatbestände. 12

IV. Aufsicht über Finanzdienstleistungskonglomerate

Durch das Gesetz zur Umsetzung der Finanzkonglomerate-Richtlinie[66] haben im Jahre 2004 in Gestalt der §§ 10b, 51a ff. KWG Vorschriften in das Kreditwesengesetz Aufnahme gefunden, die sogenannte Finanzkonglomerate (vgl. § 1 Abs. 20 KWG) einer besonderen Aufsicht unterwerfen.[67] Als Finanzkonglomerat bezeichnet man eine Gruppe von Kredit- und Finanzdienstleistungsinstituten, die ihre Dienstleistungen und Produkte in verschiedenen Finanzbranchen (vgl. § 1 Abs. 19 KWG) anbieten, das heißt insbesondere in der **Banken- und Wertpapierdienstleistungsbranche** sowie der **Versicherungsbranche**.[68] Durch diese **branchenübergreifende** Tätigkeit unterscheiden sich Finanzkonglomerate von bloßen Institutsgruppen und Finanzholding-Gruppen im Sinne von § 10a KWG. Gemäß § 10b Abs. 1 KWG haben Finanzkonglomerate insgesamt über angemessene Eigenmittel zu verfügen. Auf der Grundlage der in § 10b Abs. 2 KWG vorgesehenen Ermächtigung hat die Bundesanstalt mittels Rechtsverordnung konkretisiert, welche Anforderungen an eine angemessene Eigenmittelausstattung zu stellen sind.[69] Ob eine branchenübergreifende Unternehmensgruppe als Finanzkonglomerat im Sinne des Kreditwesengesetzes einzuordnen ist, ermittelt die Bundesanstalt (§ 51a KWG) und stellt das Vorliegen der Tatbestandsvoraussetzungen durch Verwaltungsakt fest (§ 51b KWG). Finanzkonglomerate unterliegen einer gruppenweiten Aufsicht. 13

V. Internationalisierung der Finanzdienstleistungsaufsicht

Lange Zeit herrschte bei der Ausgestaltung der Finanzdienstleistungsaufsicht eine nationale Perspektive vor. In der jüngeren Vergangenheit lässt sich ein zunehmender Trend hin zu einer internationalen Harmonisierung der Aufsicht über Kredit- und Finanzdienstleistungsinstitute beobachten. Diese Entwicklung wird insbesondere durch die Arbeiten des **Baseler Ausschusses** für Bankenaufsicht vorangebracht, der seinen Sitz bei der Bank für Internationalen Zahlungsausgleich hat. Der Baseler Ausschuss spricht als solche unverbindliche Empfehlungen bezüglich der Fortentwicklung der Finanzdienstleistungsaufsicht aus. Diese werden jedoch regelmäßig in Richtlinien der Europäischen Gemeinschaft gegossen und anschließend in nationales Recht umgesetzt. Deutliche Ver- 14

---

[66] Art. 1 Finanzkonglomeraterichtlinie-Umsetzungsgesetz vom 21.12.2004 (BGBl. I S. 3610).
[67] Derleder/Knops/Bamberger/*Brocker* Handbuch zum deutschen und europäischen Bankrecht § 56 Rdn. 31; Derleder/Knops/Bamberger/*Ohler* Handbuch zum deutschen und europäischen Bankrecht § 63 Rdn. 61.
[68] Vgl. 2. Erwägungsgrund der Richtlinie 2002/87/EG des Europäischen Parlaments und des Rates vom 16.12.2002 über die zusätzliche Beaufsichtigung der Kreditinstitute, Versicherungsunternehmen und Wertpapierfirmen eines Finanzkonglomerats (ABl. L 35/1).
[69] Verordnung über die Angemessenheit der Eigenmittelausstattung von Finanzkonglomeraten (Finanzkonglomerate-Solvabilitäts-Verordnung – FkSolV) vom 2.9.2005 (BGBl. I S. 2688).

§ 77 Vierter Teil. Wirtschaftliche Problemkomplexe des Leasings

änderungen brachte jüngst die Umsetzung eines umfangreichen Regelwerkes, das mit dem Titel **„Basel II"** bezeichnet wird. Ziel des Basel-II-Regelwerkes ist es, die Aufsicht über Kredit- und Finanzdienstleistungsinstitute effektiver zu gestalten. Insbesondere soll es möglich werden, durch die Berücksichtigung interner und externer Bonitätsbeurteilungen **(Ratings)** ein flexibleres System zur Erfassung und Unterlegung von Kreditrisiken zu schaffen.[70]

§ 77. Behandlung des Leasings nach deutschem Finanzdienstleistungsaufsichtsrecht

Schrifttum: siehe oben zu § 76

Übersicht

	Rdn.
I. Leasinggeschäfte als Gegenstand des Finanzdienstleistungsaufsichtsrechts	1
1. Erscheinungsformen des Leasing	2
2. Leasing kein erlaubnispflichtiges „Bankgeschäft"	3
3. Leasinggegenstände als Bilanzaktiva bei der Ermittlung der angemessenen Eigenmittel und der Kreditaufsicht	4
a) Bilanzausweis und wirtschaftliches Eigentum	5
b) Korrektur von Wertberichtigungen	6
c) Abzugspositionen wegen Erfüllung oder Veräußerung von Forderungen	7
4. Leasinggegenstände und Liquiditätskontrolle	8
II. Einbeziehung von Leasingunternehmen in den Konsolidierungskreis	9
III. Kreditgeber- und Kreditnehmereinheiten	10
IV. Finanzdienstleistungsaufsicht über die Refinanzierung von Leasingunternehmen	11
1. Refinanzierung durch Darlehensgewährung	12
a) Eigenmittel- und Liquiditätskontrolle (§§ 10 f. KWG)	13
b) Kreditaufsicht (§§ 13 ff. KWG)	14
2. Refinanzierung durch Forderungsverkauf (Forfaitierung)	15
a) Eigenmittel- und Liquiditätskontrolle (§§ 10 f. KWG)	16
b) Kreditaufsicht (§§ 13 bis 18 KWG)	17
V. Erweiterung der Finanzdienstleistungsaufsicht über Leasinggeschäfte und Leasingunternehmen?	18

I. Leasinggeschäfte als Gegenstand des Finanzdienstleistungsaufsichtsrechts

1 Die gesamtwirtschaftliche Bedeutung des Leasinggeschäfts ist enorm. Insbesondere in der Nachkriegszeit wurde das Leasing vor dem Hintergrund eines stark angestiegenen Finanzbedarfs als Finanzierungsinstrument genutzt. Darüber hinaus dient das Leasing Produzenten als Instrument der Absatzförderung. Der Anteil der Leasinginvestitionen an den gesamtwirtschaftlichen Investitionen ohne Wohnungsbau (sogenannte Leasingquote) stieg im Jahr 2005 auf den Spitzenwert von 24%.[1]

1. Erscheinungsformen des Leasing

2 Leasinggeschäfte werden in unterschiedlicher Ausgestaltung geschlossen.[2] In der Praxis kommt dem sogenannten **„Finanzierungsleasing"** mit Abstand die größte wirtschaftliche Bedeutung zu. Gekennzeichnet wird das Finanzierungsleasing durch seine vorran-

---

[70] Ausführlich dazu Boos/Fischer/*Schulte-Mattler* Kreditwesengesetz Basel II Rdn. 11.
[1] Http://www.bdl-Leasing-verband.de/Leasing.php?y=2, 23. 8. 2007; vgl. auch Staudinger/*Stoffels* BGB Buch 2 Leasingrecht Rdn. 5.
[2] *Reischauer/Kleinhans* Kreditwesengesetz Band I. § 1 KWG Rdn. 23 a.; *Ammann/Hucke* IStR 2000, 87 ff.

24. Kapitel. Leasing im deutschen und europäischen Recht § 77

gige Finanzierungsfunktion.³ Der Leasingnehmer erlangt die Nutzung des mit Mitteln des Leasinggebers angeschafften Gegenstandes, ohne dass seine Vermögenssphäre durch die Investition tangiert wird. Der Leasinggeber übernimmt die Aufgabe der Finanzierung. Als Gegenleistung für die Gebrauchsüberlassung des zunächst auf Kosten des Leasinggebers für den Leasingnehmer angeschafften Gegenstandes verpflichtet sich der Leasingnehmer, durch die regelmäßige Zahlung der Leasingraten die Anschaffungskosten und einen vorweg kalkulierten Gewinn des Leasinggebers abzutragen **(Amortisation)**.⁴ Vom Mietvertrag unterscheidet sich das Finanzierungsleasing deutlich, da diesem ein Finanzierungselement nicht innewohnt.⁵ Die Attraktivität des Finanzierungsleasing beruht nicht zuletzt auf der für den Leasingnehmer im Vergleich zu einem drittfinanzierten Erwerbsgeschäft besonders vorteilhaften **bilanz- und ertragsteuerrechtlichen** Behandlung der geleasten Wirtschaftsgüter. Bei geschickter Vertragsgestaltung verbleibt das sogenannte „wirtschaftliche Eigentum" an dem geleasten Wirtschaftsgut trotz der Nutzung durch den Leasingnehmer beim Leasinggeber. Das bedeutet, dass der Leasingnehmer das Wirtschaftsgut nicht in seiner Steuer- und Handelsbilanz als Anlagevermögen aktivieren muss. Sein Unternehmen verzeichnet insoweit keinen Wertzuwachs. Die an den Leasinggeber zu zahlenden Leasingraten sind vom Leasingnehmer in voller Höhe als Betriebsausgaben gewinnmindernd abzusetzen und damit steuerlich relevant. Bei einem kreditfinanzierten Kauf könnten demgegenüber (lediglich) die Kreditzinsen sowie die Absetzungen für Abnutzungen geltend gemacht werden.⁶

Neben dem Finanzierungsleasing ist das sogenannte **Operate-Leasing** von beachtlicher Bedeutung. Darunter versteht man die entgeltliche Überlassung von Investitionsgütern entweder für eine im Voraus bestimmte, kurze Vertragsdauer oder unbestimmte Zeit mit der Möglichkeit der jederzeitigen Kündigung seitens des Leasingnehmers, zumindest nach Ablauf einer kurzen Grundmietzeit.⁷ Das Operate-Leasing dient in erster Linie der Absatzförderung von Investitionsgütern. Solche Verträge werden üblicherweise als Mietverträge im Sinne von § 535 Bürgerliches Gesetzbuch (BGB)⁸ angesehen.⁹ Das Operate-Leasing wird daher im Folgenden nicht vertieft behandelt.¹⁰ Weiter lassen sich Leasinggeschäfte nach der Art des Leasinggegenstandes in Mobilienleasing und Immobilienleasing unterteilen.

2. Leasing kein erlaubnispflichtiges „Bankgeschäft"

Das Leasing ist nicht im Katalog der Bankgeschäfte (§ 1 Abs. 1 Satz 2 KWG) oder dem Katalog der Finanzdienstleistungsgeschäfte (§ 1 Abs. 1a Satz 2 KWG) enthalten.¹¹ Das Betreiben von Leasinggeschäften ist nicht nach § 32 Abs. 1 Satz 1 KWG erlaubnispflichtig. 3

---

³ *Lothar Breitfeld,* Kreditwesen 2001, 292, 296.
⁴ Staudinger/*Stoffels* BGB Buch 2 Leasingrecht Rdn. 12.
⁵ Staudinger/*Stoffels* BGB Buch 2 Leasingrecht Rdn. 10; *Kümpel* Bank- und Kapitalmarktrecht Rdn. 5.496 ff.; *Obst/Hintner/Eichwald/Pehle* Geld-, Bank- und Börsenwesen S. 783 ff.; krit. *Derleder/Knops/Bamberger/Mankowski/Knöfel* Handbuch zum deutschen und europäischen Bankrecht § 14 Rdn. 31 ff.; *Beckmann* Finanzierungsleasing § 1 Rdn. 39 ff.; *Wolf/Eckert/Ball* Handbuch des gewerblichen Miet-, Pacht- und Leasingrechts Rdn. 1672 ff.
⁶ Staudingers/*Stoffels* BGB Buch 2 Leasingrecht Rdn. 48 f.
⁷ BGHZ 111, 84, 95 f.
⁸ Bürgerliches Gesetzbuch (BGB) in der Fassung der Bekanntmachung vom 2. 1. 2002 (BGBl. I S. 42), zuletzt geändert durch Gesetz vom 19. 2. 2007 (BGBl. I. S. 122).
⁹ *Szagunn/Haug/Ergenzinger* Gesetz über das Kreditwesen § 19 Rdn. 3; *Beck* Gesetz über das Kreditwesen Band I § 19 Rdn. 29.
¹⁰ *Boos/Fischer/Schulte-Mattler/Bock* Kreditwesengesetz § 19 KWG Rdn. 36, § 21 KWG Rdn. 38; *Reischauer/Kleinhans* Kreditwesengesetz Band I. § 19 KWG Rdn. 14.
¹¹ *Breitfeld* Kreditwesen 2001, 292, 296; *Reischauer/Kleinhans* Kreditwesengesetz Band I. § 1 KWG Rdn. 23 a; *Szagunn/Haug/Ergenzinger* Gesetz über das Kreditwesen § 1 KWG Rdn. 15; *Canaris* AcP 190 (1990), 410 (469); *Kümpel* Bank- und Kapitalmarktrecht Rdn. 5.494.

§ 77   Vierter Teil. Wirtschaftliche Problemkomplexe des Leasings

Insbesondere handelt es sich beim Leasing nicht um ein erlaubnispflichtiges „**Kreditgeschäft**" im Sinn des § 1 Abs. 1 Satz 2 Nr. 2 KWG. Bei wirtschaftlicher Betrachtungsweise könnte man das Leasinggeschäft zwar mit Blick auf seine **Finanzierungsfunktion** als ein Kreditgeschäft einordnen, bei dem die Leasinggegenstände als Kreditsicherheit **dienen**.[12] Der Hinweis auf die Finanzierungsfunktion des Leasing gestattet jedoch nur dann eine Einordnung als Kreditgeschäft, wenn man den Kreditbegriff in einem weiten finanzwirtschaftlichen Sinn versteht. Das in § 1 Abs. 1 Satz 2 Nr. 2 KWG umschriebene Kreditgeschäft ist jedoch enger gefaßt. Leasinggeschäfte zählen nicht dazu.[13] Erlaubnispflichtiges „Kreditgeschäft" im Sinn der Nr. 2 dieser Bestimmung sind nach dem Wortlaut der Norm nur „Gelddarlehen und Akzeptkredite". Weiter hat der Gesetzgeber an anderer Stelle eine spezifische Behandlung von Leasinggeschäften angeordnet: Schließt ein Unternehmen als Haupttätigkeit Leasingverträge ab, handelt es sich gemäß § 1 Abs. 3 KWG um ein **Finanzunternehmen**, nicht jedoch um ein Kredit- oder Finanzdienstleistungsinstitut (vgl. § 1 Abs. 1 b KWG).

In der Vergangenheit hat es zwar wiederholt Vorstöße gegeben, das Leasinggeschäft der staatlichen Bankenaufsicht zu unterwerfen. Insbesondere ist im Gesetzgebungsverfahren zur Dritten KWG-Novelle[14] im Jahre 1984 erörtert worden, ob das Leasing in den Kreis der nach § 32 Abs. 1 Satz 1 KWG in Verbindung mit § 1 Abs. 1 Satz 2 KWG erlaubnispflichtigen Bankgeschäfte aufgenommen werden sollte.[15] Zur Begründung wurde die spezifische **Finanzierungsfunktion** des Leasing angeführt sowie die Gefahr einer Umgehung des Kreditwesengesetzes.[16] Die Aufnahme des Leasing in den Katalog der erlaubnispflichtigen Bankgeschäfte hätte auch bankunabhängige Leasingunternehmen zu aufsichtspflichtigen „Kreditinstituten" gemacht. Dieses Vorhaben der Erweiterung der Bankgeschäfte um das Leasing ist jedoch nicht verwirklicht worden.[17] Der Gesetzgeber hat sich zu Recht darauf beschränkt, das Leasing im Rahmen der Aufsicht über die angemessene Eigenmittelausstattung (§§ 10 ff. KWG) sowie die Kreditaufsicht (§§ 13 ff. KWG) zu berücksichtigen.

3. Leasinggegenstände als Bilanzaktiva bei der Ermittlung der angemessenen Eigenmittel und der Kreditaufsicht

4   Nach § 10 Abs. 1 KWG in Verbindung mit § 49 Abs. 2 Nr. 1 c, 1 d, § 82 Nr. 2 SolvV sowie nach §§ 19 Abs. 1 Satz 2 Nr. 9, 21 Abs. 1 Satz 1 Nr. 7 KWG gehören Gegenstände, über die ein Institut Leasingverträge als Leasinggeber abgeschlossen hat, zu den Bilanzaktiva. Die Bilanzaktiva sind für die Berechnung der angemessenen Eigenmittel (§§ 10 ff. KWG) maßgeblich. Darüber hinaus sind die Bilanzaktiva für die Kreditaufsicht (§§ 13 ff. KWG) bedeutsam.

5   a) **Bilanzausweis und wirtschaftliches Eigentum.** Die Zuweisung der Leasinggegenstände zu den Bilanzaktiva des Instituts erfolgt nach § 10 Abs. 1 KWG in Verbindung mit § 176 Nr. 4 SolvV, sowie § 19 Abs. 1 Satz 2 Nr. 9 KWG **unabhängig vom Bilanzausweis** der Wirtschaftsgüter.[18] Steht die Ermittlung der angemessenen Eigenmittel (§§ 10, 10 a KWG) sowie die Anzeige von Groß- oder Millionenkrediten (§§ 13 bis 14 KWG) in Rede, ist somit aufsichtsrechtlich auch dann von einem Leasinggeschäft auszugehen, wenn

---

[12] *Reischauer/Kleinhans* Kreditwesengesetz Band I. § 19 KWG Rdn. 14.

[13] *Gailus* Die Kontrolle der Bankenaufsicht über den finanzierten Abzahlungskauf, das Factoring und das Leasing S. 182.

[14] Drittes Gesetz zur Änderung des Gesetzes über das Kreditwesen vom 20. 12. 1984 (BGBl. I S. 1693).

[15] BT-Drucks. 10/1441 S. 44.

[16] BT-Drucks. 10/1441 S. 44; *Szagunn/Haug/Ergenzinger* Gesetz über das Kreditwesen § 19 KWG Rdn. 3.

[17] *Schick* ZKW 1985, 56.

[18] Zur handelsrechtlichen Bilanzierung von Leasinggegenständen eingehend *Findeisen* RIW 1997, 838, 844 ff.; *Ammann/Hucke* IStR 2000, 87, 90 ff.

24. Kapitel. Leasing im deutschen und europäischen Recht   § 77

ein Institut als Leasinggeber zwar zivilrechtlich Eigentümer des Leasinggegenstandes ist, dieses Wirtschaftsgut aber nach den handelsrechtlichen (vgl. § 246 Abs. 1 Handelsgesetzbuch – HGB –[19]) und insbesondere den steuerrechtlichen (vgl. § 39 Abgabenordnung 1977 – AO 1977 –[20]) Grundsätzen über das sogenannte **wirtschaftliche Eigentum**[21] dem Leasingnehmer zuzurechnen ist und deshalb bei diesem und nicht beim Leasinggeber bilanziert wird. Früher wurde dagegen argumentiert, die Nichtanwendbarkeit der aufsichtsrechtlichen Bestimmungen folge in diesen Fällen bereits aus der für das Leasing maßgebenden Definition der „Risikoaktiva". Sowohl § 10 KWG in Verbindung mit dem Grundsatz I a. F. als auch die Definition des Begriffs „Kredits" in § 19 Abs. 1 Satz 2 Nr. 9 KWG a. F. würden das Leasing nur dann erfassen, wenn die Leasinggegenstände zu den „Bilanzaktiva" des Leasinggebers gehörten, das heißt von dem aufsichtspflichtigen Institut als Leasinggeber bilanziert würden.[22] Dieser Auffassung scheint jedoch durch die im Rahmen der Fünften KWG-Novelle erfolgten Neufassung des § 19 Abs. 1 Satz 2 Nr. 9 KWG[23] sowie des § 176 Nr. 4 SolvV der Boden entzogen.

Anders liegen die Dinge jedoch im Rahmen der Kreditaufsicht über Organkredite (§§ 15 ff. KWG) und soweit die Verpflichtung zur Offenlegung der wirtschaftlichen Verhältnisse (§ 18 KWG) zu prüfen ist. Für die §§ 15 bis 18 KWG ist der Kreditbegriff des § 21 Abs. 1 Satz 1 Nr. 7 KWG maßgeblich. Danach liegt allein dann ein Kreditgeschäft des aufsichtspflichtigen Instituts vor, wenn dieses als Leasinggeber den Leasinggegenstand bilanziert. In § 21 Abs. 1 Satz 1 Nr. 7 KWG fehlt anders als in § 19 Abs. 1 Satz 2 Nr. 9 KWG sowie § 176 Nr. 4 SolvV der Passus „unabhängig vom Bilanzausweis". Weist also der Leasingnehmer den Gegenstand in seiner Bilanz aus, ist hinsichtlich der Aufsicht über Organkredite sowie die Verpflichtung zur Offenlegung der wirtschaftlichen Verhältnisse beim Institut eine Forderung gegenüber dem Leasingnehmer zu aktivieren. Es handelt sich dann um einen Kredit im Sinne von § 21 Abs. 1 Satz 1 Nr. 1 oder Nr. 3 KWG.[24]

b) Korrektur von Wertberichtigungen. Bei der Ermittlung der angemessenen Eigen- 6 mittel im Sinne von § 10 KWG sind die Bilanzaktiva als Bemessungsgrundlage mit ihrem **jeweiligen** Buchwert heranzuziehen. Eventuell vorgenommene Wertberichtigungen sind **nicht** durch Zuschlag zu korrigieren (§ 295 Abs. 3 Satz 3 SolvV), da diese bereits in entsprechender Höhe ergebniswirksam waren. Im Rahmen der Kreditaufsicht nach den §§ 13–14 KWG, das heißt der Anzeige von Groß- und Millionenkrediten, sind Bilanzaktiva im Sinne des § 19 Abs. 1 Satz 2 KWG dagegen gemäß § 2 Nr. 1 GroMiKV mit ihrem Buchwert zuzüglich eventuell gebildeter **Einzelwertberichtigungen** zu berücksichtigen. Anders als bei der Ermittlung der angemessenen Eigenmittel nach § 10 KWG in Verbindung mit der Solvabilitätsverordnung sind bei der Kreditaufsicht über Groß- und Millionenkredite (§§ 13, 14 KWG) Einzelwertberichtigungen, die das Institut von bestimmten Bilanzpositionen aktivisch abgesetzt hat, dem Buchwert wieder zuzurechnen. Auch hinsichtlich der Aufsicht über Organkredite (§§ 15 ff. KWG) sowie der Ver-

---

[19] Handelsgesetzbuch (HGB) vom 10. 5. 1897 (RGBl. 219), zuletzt geändert durch Gesetz vom 16. 7. 2007 (BGBl. I S. 1330).
[20] Abgabenordnung (AO) in der Fassung der Bekanntmachung vom 1. 10. 2002 (BGBl. I S. 3866), zuletzt geändert durch Gesetz vom 20. 7. 2007 (BGBl. I S. 1566).
[21] *Gailus* Die Kontrolle der Bankenaufsicht über den finanzierten Abzahlungskauf, das Factoring und das Leasing, S. 208 ff.; *Mellwig/Weinstock* DB 1996, 2345 ff.; *Kümpel* Bank- und Kapitalmarktrecht Rdn. 5.490; zum Begriff „Wirtschaftliches Eigentum" nach IAS 17 vgl. *Lüdenbach* BB 2006, 259 ff.
[22] BT-Drucks. 10/1441 S. 44; *Gailus* Die Kontrolle der Bankenaufsicht über den finanzierten Abzahlungskauf, das Factoring und das Leasing S. 213 f.; *Bähre/Schneider* KWG-Kommentar § 19 Anm. 9; *Reischauer/Kleinhans* Kreditwesengesetz Band I. § 19 KWG Rdn. 4 ff.; *Szagunn/Haug/Ergenzinger* Gesetz über das Kreditwesen § 19 Rdn. 3.
[23] BT-Drucks. 12/6957 S. 30 f.
[24] *Boos/Fischer/Schulte-Mattler/Bock* Kreditwesengesetz § 21 KWG Rdn. 38; *Beck* Gesetz über das Kreditwesen Band I § 21 KWG Rdn. 58.

pflichtung zur Offenlegung der wirtschaftlichen Verhältnisse (§ 18 KWG) sind eventuell gebildete Wertberichtigungen zu neutralisieren. Der insoweit maßgebliche Kreditbegriff des § 21 Abs. 1 Nr. 7 KWG sieht zwar in Abs. 2 Nr. 4 der Norm vor, dass **abgeschriebene Kredite** nicht als Kredite im Sinne der §§ 15 bis 18 KWG gelten. Unter den Terminus „abgeschriebene Kredite" fallen jedoch nur **„ausgebuchte"** Kredite.[25] Auf Wertberichtigungen findet § 21 Abs. 2 Nr. 4 KWG demgegenüber keine Anwendung.[26] Ein Leasinggegenstand, über den ein Institut als Leasinggeber einen Leasingvertrag geschlossen hat, ist also im Rahmen der Kreditaufsicht nach §§ 13 bis 18 KWG mit dem Wert anzusetzen, mit dem der Gegenstand in den Büchern stünde, wenn keine Wertberichtigung vorgenommen worden wäre.[27]

Die unterschiedliche Behandlung von Wertberichtigungen im Rahmen der Aufsicht über die Eigenmittelausstattung einerseits und die Kreditaufsicht andererseits erklärt sich aus der je spezifischen Zielsetzung der aufsichtsrechtlichen Vorschriften.[28] Für die Berechnung der angemessenen Eigenmittel ist das tatsächliche bilanzielle Ergebnis des Instituts maßgeblich. Die Kreditaufsicht stellt demgegenüber auf das Adressenausfallrisiko insgesamt ab.

7 c) **Abzugspositionen wegen Erfüllung oder Veräußerung von Forderungen.** Gegenstände, über die ein Institut als Leasinggeber Leasingverträge abgeschlossen hat, werden nach § 10 Abs. 1 KWG in Verbindung mit § 176 Nr. 4 SolvV bei der Ermittlung der angemessenen Eigenmittelausstattung sowie nach § 19 Abs. 1 Satz 2 Nr. 9 KWG hinsichtlich der Anzeige von Groß- und Millionenkrediten (§§ 13 bis 14 KWG) zu den **Bilanzaktiva** gezählt. Im Rahmen des etwas engeren Kreditbegriffs des § 21 KWG sind Gegenstände, über die ein Institut als Leasinggeber Leasingverträge abgeschlossen hat, auch im Rahmen der Aufsicht über Organkredite (§§ 15 ff. KWG) und hinsichtlich der Verpflichtung zur Offenlegung der wirtschaftlichen Verhältnisse (§ 18 KW) den Bilanzaktiva zuzuordnen. Dabei bestimmt § 21 Abs. 1 Satz 1 Nr. 7 KWG explizit, daßss Posten bis zum Buchwert des Gegenstandes in Abzug zu bringen sind, die wegen der **Erfüllung** oder der **Veräußerung von Forderungen** aus diesen Leasingverträgen gebildet werden.[29] § 19 Abs. 1 Satz 2 Nr. 9 KWG sieht nach dem Wortlaut der Norm zwar keine vergleichbaren Abzugsposten vor; gleichwohl kommen auch bei Leasinggegenständen im Anwendungsbereich des § 19 Abs. 1 Satz 2 Nr. 9 KWG Abzüge in Betracht. Nach § 2 Nr. 1 GroMiKV bestimmt sich die Bemessungsgrundlage für die Ermittlung der Kreditbeträge gemäß §§ 13 bis 14 KWG nach den Bilanzaktiva im Sinne von § 19 Abs. 1 Satz 2 KWG, welche mit dem Buchwert zuzüglich Einzelwertberichtigungen und abzüglich der Posten wegen der Erfüllung oder der Veräußerung von Forderungen aus Leasingverträgen bis zu den Buchwerten der diesen zugehörigen Leasinggegenstände anzusetzen sind. Soweit die angemessene Eigenmittelausstattung der Institute gemäß § 10 Abs. 1 KWG in Verbindung mit § 176 Nr. 4 SolvV zu bestimmen ist, sind die Bilanzaktiva nach § 295 Abs. 3 Satz 1 SolvV mit ihrem jeweiligen Buchwert anzusetzen.[30] Leasinggeschäfte sind deshalb im Rahmen der Finanzdienstleistungsaufsicht insgesamt in Höhe des Buchwertes der Leasinggegenstände abzüglich der vom Leasingnehmer bereits beglichenen **Leasingraten** zu berücksichtigen. Das Kreditrisiko des Instituts entfällt mit der Zahlung. **Verkauft** das Institut Forderungen aus Leasinggeschäften an Dritte, kann damit ebenfalls der Wegfall

---

[25] Bundesaufsichtsamt für das Kreditwesen, Schreiben vom 2. 8. 1965 – I 2–42, Ziff. 7.
[26] Boos/Fischer/Schulte-Mattler/*Bock* Kreditwesengesetz § 21 KWG Rdn. 63.
[27] Boos/Fischer/Schulte-Mattler/*Meyer-Ramloch* Kreditwesengesetz § 2 GroMiKV Rdn. 4; *Reischauer/Kleinhans* Kreditwesengesetz Band I. § 19 KWG Rdn. 14; *Breitfeld* Kreditwesen 2001, 292, 296.
[28] Boos/Fischer/*Schulte-Mattler* Kreditwesengesetz § 6 Grds I Rdn. 4.
[29] *Beck* Gesetz über das Kreditwesen Band I § 21 KWG Rdn. 59.
[30] Boos/Fischer/*Schulte-Mattler* Kreditwesengesetz § 6 Grds I Rdn. 4.

oder die Reduzierung des Kreditrisikos einhergehen. Dann kommt ein entsprechender Abzug am Buchwert des Leasinggegenstandes in Betracht.[31]

4. Leasinggegenstände und Liquiditätskontrolle

Hinsichtlich der Sicherung einer ausreichenden Liquidität der Institute kennt das Finanzdienstleistungsaufsichtsrecht keinen spezifischen Leasing-Tatbestand. Für Leasinggeschäfte der Institute als Leasinggeber gelten die allgemeinen Bestimmungen der §§ 11, 12 KWG und der Liquiditätsverordnung.[32] Forderungen aus Leasinggeschäften sind danach entsprechend den Restlaufzeiten in den vier Laufzeitbändern[33] unter § 3 Abs. 2 Nr. 2 LiqV als Forderungen an Kreditinstitute beziehungsweise unter § 3 Abs. 2 Nr. 3 LiqV als Forderungen an Kunden zu erfassen. Das gilt auch für Leasingforderungen, die ein Institut à fortfait von Leasinggesellschaften zum Barwert ankauft. 8

II. Einbeziehung von Leasingunternehmen in den Konsolidierungskreis

Besteht die Haupttätigkeit eines Leasingunternehmens darin, Leasingverträge abzuschließen, handelt es sich um ein **Finanzunternehmen** im Sinne von § 1 Abs. 3 Satz 1 Nr. 3 KWG. Finanzunternehmen werden durch § 10 a in den **Konsolidierungskreis** einbezogen und damit der Aufsicht über Kredit- und Finanzdienstleistungsinstitute unterworfen, sofern sie in qualifizierter Weise mit aufsichtspflichtigen Instituten verbunden sind, das heißt mit diesen eine Institutsgruppe (§ 10 a Abs. 2 KWG) oder eine Finanzholding-Gruppe (§ 10 a Abs. 3 KWG) bilden.[34] Eine Institutsgruppe besteht aus dem übergeordneten Unternehmen mit Sitz im Inland und den nachgeordneten Unternehmen (gruppenangehörige Unternehmen). Nachgeordnete Unternehmen sind insbesondere die **Tochterunternehmen** eines Instituts, die selbst Institute oder Finanzunternehmen sind (§ 10 a Abs. 1 Satz 2 KWG). Weiter zählen zu den nachgeordneten Unternehmen solche Institute und Finanzunternehmen, an denen ein gruppenangehöriges Unternehmen eine unmittelbare oder eine mittelbare Beteiligung von **mindestens 20 % der Kapitalanteile** hält. Eine Finanzholding-Gruppe im Sinne von § 10 a Abs. 3 KWG liegt grundsätzlich vor, wenn einer Finanzholding-Gesellschaft (vgl. § 1 Abs. 3 a KWG) insbesondere Institute oder Finanzunternehmen als Tochterunternehmen nachgeordnet sind. Dabei muss sich unter den nachgeordneten Unternehmen mindestens ein Einlagenkreditinstitut (§ 1 Abs. 1 d Satz 1 KWG) oder ein Wertpapierhandelsunternehmen (§ 1 Abs. 3 d Satz 2 KWG) mit Sitz im Inland befinden. 9

Nach § 10 a Abs. 1 KWG muss eine Institutsgruppe wie auch eine Finanzholding-Gruppe insgesamt über angemessene Eigenmittel verfügen. Die durch § 10 a KWG vorgeschriebene **Eigenkapital-Konsolidierung** erfolgt in entsprechender Anwendung der Bestimmungen des § 10 KWG und der Solvabilitätsverordnung. Das Konsolidierungsverfahren besteht im Kern aus einer Zusammenfassung der den gruppenangehörigen Unternehmen zustehenden Eigenmittel einschließlich der Anteile anderer Gesellschafter (§ 10 a Abs. 6 Satz 1 KWG).[35] Dabei ist regelmäßig das Verfahren der **Vollkonsolidierung** anzuwenden. Eine **Quotenkonsolidierung** ist grundsätzlich nur noch für die qualifizierten Minderheitsbeteiligungen im Sinne von § 10 a Abs. 4 Satz 1 KWG vorgesehen (§ 10 a Abs. 11 KWG). Für die insgesamt angemessene Eigenmittelausstattung ist nach § 10 a Abs. 12 Satz 1 KWG das übergeordnete Unternehmen verantwortlich.

---

[31] Boos/Fischer/Schulte-Mattler/*Meyer-Ramloch* Kreditwesengesetz § 2 GroMiKV Rdn. 4.
[32] S. o. Fn. 34.
[33] Siehe dazu oben I. 3. b) bb).
[34] Krit. dazu *Friauf* DB 1984, 2077, 2080 ff.
[35] *Breitfeld* Kreditwesen 2001, 292, 301 f.

§ 77 Vierter Teil. Wirtschaftliche Problemkomplexe des Leasings

Die Einordnung von Leasinggesellschaften als Finanzunternehmen im Sinne von § 1 Abs. 3 Satz 1 Nr. 3 KWG und die damit einhergehende Einbeziehung der Leasingunternehmen in den Konsolidierungskreis nach § 10 a KWG verhindert, dass Institute durch Auslagerung des Leasinggeschäfts auf Tochtergesellschaften oder andere nachgeordnete Unternehmen Eigenmittel mehrfach zur Unterlegung risikotragender Bilanzaktiva verwenden.

III. Kreditgeber- und Kreditnehmereinheiten

10 Gewähren Institutsgruppen oder Finanzholding-Gruppen im Sinne des § 10 a KWG Kredite, gelten Besonderheiten bezüglich der Anzeige von Großkrediten nach §§ 13, 13 a KWG. Gemäß § 13 b Abs. 1 KWG ist die Anzeigepflicht auf die von den gruppenangehörigen Unternehmen gewährten Kredite insgesamt zu beziehen. Diese gruppenangehörigen Unternehmen werden als **Kreditgebereinheit** behandelt, soweit die Aufsicht über Großkredite nach §§ 13, 13 a KWG in Rede steht. Die Anwendung der Großkreditvorschriften auf zusammengefasster Basis verhindert, dass Kredit- und Finanzdienstleistungsinstitute die in den Großkreditvorschriften festgelegten Grenzen durch die Einschaltung von Tochter- und Beteiligungsunternehmen umgehen. Durch die Einschaltung von Tochter- und Beteiligungsunternehmen ließe sich bei isolierter Betrachtung die Kreditvergabe unbegrenzt über die Großkreditgrenzen hinaus ausweiten. Dem so geschaffenen Gesamtrisiko stünden dabei allein die bei dem Mutterinstitut vorhandenen Eigenmittel gegenüber.[36]

Ein Großkredit liegt auf Gruppenebene vor, wenn die Kredite der gruppenangehörigen Unternehmen insgesamt 10 % des haftenden Eigenkapitals einer Nichthandelsbuchinstituts-Gruppe (§§ 13 b Abs. 1, 13 Abs. 1 Satz 1 KWG) beziehungsweise der Eigenmittel einer Handelsbuchinstituts-Gruppe (§§ 13 b Abs. 1, 13 a Abs. 1 Satz 3 KWG) erreichen oder überschreiten. Darüber hinaus setzt ein Großkredit auf Gruppenebene voraus, dass die Gesamtposition der einem Kreditnehmer gewährten Kredite bei mindestens einem gruppenangehörigen Unternehmen die **Bagatellgrenze** von 5 % seines haftenden Eigenkapitals erreicht oder überschreitet (§ 13 b Abs. 3 Satz 1 KWG). Das haftende Eigenkapital beziehungsweise die Eigenmittel der Gruppe werden für nachgeordnete Tochterunternehmen im Wege der Vollkonsolidierung (§§ 13 b Abs. 3 Satz 2, 10 a Abs. 6 KWG), bei vorliegen qualifizierter Beteiligungen mittels Quotenkonsolidierung (§§ 13 b Abs. 3 Satz 2, 10 a Abs. 11 KWG) ermittelt.[37]

Zu einer **Kreditnehmereinheit** werden demgegenüber zwei oder mehr natürliche oder juristische Personen oder Personenhandelsgesellschaften zusammengefasst, die aufgrund wirtschaftlicher oder rechtlicher Verflechtungen so eng verbunden sind, dass sie trotz ihrer rechtlichen Selbständigkeit eine Risikoeinheit bilden (§ 19 Abs. 2 Satz 1 KWG). Von einer solchen Einheit ist zum einen auszugehen, wenn eine dieser Personen unmittelbar oder mittelbar beherrschenden Einfluss auf die andere oder die anderen ausüben kann. Zum anderen liegt eine Kreditnehmereinheit vor, wenn die engen rechtlichen oder wirtschaftlichen Verbindungen es wahrscheinlich erscheinen lassen, dass finanzielle Schwierigkeiten eines dieser Kreditnehmer auch bei den anderen zu Zahlungsschwierigkeiten führen werden. Kreditnehmereinheiten gelten für die Anwendung der §§ 10, 13 bis 18 KWG als ein Kreditnehmer, das heißt Kredite im Sinne der §§ 19, 21 KWG, die an die Mitglieder der Kreditnehmereinheit gewährt wurden, werden bei der Ermittlung der angemessenen Eigenmittel nach § 10 KWG sowie im Rahmen der Kreditaufsicht nach §§ 13 bis 18 KWG addiert. Die besonderen Regeln über die Behandlung von **Kreditnehmereinheiten** gelten auch, wenn diese Unternehmensgruppe zugleich als **Kreditgebereinheit** im Sinne von § 13 a Abs. 2 KWG fungiert. Eine solche

---

[36] Boos/Fischer/Schulte-Mattler/*Groß* Kreditwesengesetz § 13 b KWG Rdn. 1.
[37] Vgl. dazu oben II. 2.

Fallkonstellation liegt beispielsweise vor, wenn ein in den Konsolidierungskreis einbezogenes Leasing-Tochterunternehmen Refinanzierungsdarlehen von seinem Mutter-Institut erhält. Eine Ausnahme von der konsolidierten Betrachtung der Gruppe als Kreditnehmereinheit besteht allerdings insoweit, als **gruppeninterne Kredite** bei der Großkreditkonsolidierung nicht zu berücksichtigen sind (§§ 13 b Abs. 3 Satz 2 in Verbindung mit 10 a Abs. 6 Satz 8 KWG). Diese belasten damit weder die angemessene Eigenmittelausstattung der Gruppe (§§ 10 f. KWG) noch lösen sie Anzeigepflicht für Großkredite (§§ 13 f. KWG) aus.

IV. Finanzdienstleistungsaufsicht über die Refinanzierung von Leasingunternehmen

Leasingunternehmen refinanzieren sich regelmäßig am Kapitalmarkt, das heißt, sie beschaffen sich das für den Geschäftsbetrieb notwendige Fremdkapital bei Kredit- und Finanzdienstleistungsinstituten. In Betracht kommen insbesondere eine Refinanzierung durch klassische Darlehensaufnahme sowie den Verkauf von Forderungen aus dem Leasinggeschäft. 11

1. Refinanzierung durch Darlehensgewährung

Nehmen Leasingunternehmen zur Refinanzierung ihres Leasinggeschäfts Gelddarlehen auf, liegen grundsätzlich Bankgeschäfte im Sinne des in § 1 KWG normierten Katalogs vor. Die Gewährung von Gelddarlehen zählt gemäß § 1 Abs. 1 Satz 2 Nr. 2 KWG zum Kreditgeschäft. Eine Refinanzierung der Leasingunternehmen durch Darlehensaufnahme ist somit in der Regel allein möglich, soweit die Darlehen von Kredit- und Finanzdienstleistungsinstituten gewährt werden, die über eine Erlaubnis im Sinne des § 32 Abs. 1 Satz 1 KWG verfügen. Von diesen Kredit- und Finanzdienstleistungsinstituten sind die aufsichtsrechtlichen Bestimmungen über die Eigenmittel- und Liquiditätskontrolle (§§ 10 ff. KWG) sowie die Kreditaufsicht (§§ 13 ff. KWG) einzuhalten. 12

Eine Ausnahme besteht, soweit es sich um **konzerninterne** Darlehensgewährungen handelt, das heißt Kredite zwischen Mutterunternehmen (§ 1 Abs. 6 KWG) und ihren Tochterunternehmen (§ 1 Abs. 7 Satz 1 KWG) oder zwischen Schwesterunternehmen (§ 1 Abs. 7 Satz 2 KWG) vergeben werden. Zwar handelt es sich auch bei einer konzerninternen Darlehensgewährung um ein Bankgeschäft im Sinne von § 1 Abs. 1 Satz 2 Nr. 2 KWG.[38] Unternehmen, die Bankgeschäfte jedoch **ausschließlich** mit ihrem Mutterunternehmen oder ihren Tochter- oder Schwesterunternehmen betreiben, gelten gemäß § 2 Abs. 1 Nr. 7 KWG nicht als Kreditinstitute; diese Unternehmen sind von der Anwendung der Vorschriften des Kreditwesengesetzes freigestellt (**Konzernprivileg**).[39] Da die Kreditgewährung im Grunde allein die Rechtsverhältnisse der Konzernunternehmen betrifft, soll es an einem öffentlichen Aufsichtsinteresse fehlen. Zu bedenken ist jedoch, dass sogenannte „In-House-Banken" in Großkonzernen ein erhebliches gesamtwirtschaftliches Risikopotential bergen, sollten sie in eine wirtschaftliche Schieflage geraten.[40] Von dem Konzernprivileg des § 2 Abs. 1 Nr. 7 KWG profitieren insbesondere Unternehmen, die im Rahmen von Hersteller-Leasing-Konzepten konzernzugehörige Leasingunternehmen zur Absatzförderung gründen.

Gehört dem Konzern allerdings ein Kredit- und Finanzdienstleistungsinstitut an, ist zu prüfen, ob es sich um eine Institutsgruppe (§ 10 a Abs. 2 KWG) oder eine Finanzholding-Gruppe (§ 10 a Abs. 3 KWG) im aufsichtsrechtlichen Sinne handelt. Bei instituts-

---

[38] *Szagunn/Haug/Ergenzinger* Gesetz über das Kreditwesen § 1 Rdn. 33; einschränkend *Reischauer/Kleinhans* Kreditwesengesetz Band I. § 1 KWG Rdn. 21.
[39] Boos/Fischer/Schulte-Mattler/*Fülbier* Kreditwesengesetz § 2 KWG Rdn. 23.
[40] *Zerwas/Hanten* ZBB 2000, 44, 50.

§ 77 Vierter Teil. Wirtschaftliche Problemkomplexe des Leasings

abhängigen Leasingunternehmen greift das Konzernprivileg des § 2 Abs. 1 Nr. 7 KWG nicht. Die Vorschriften des Kreditwesengesetzes sind daher anzuwenden; insbesondere ist eine Eigenkapitalkonsolidierung vorzunehmen.[41]

13 a) **Eigenmittel- und Liquiditätskontrolle (§§ 10 f. KWG).** Refinanzieren sich Leasingunternehmen durch die Aufnahme von Gelddarlehen bei Kredit- und Finanzdienstleistungsinstituten, sind die gewährten Darlehen als Risikoaktiva bei der Ermittlung der angemessenen Eigenmittel nach §§ 10 ff. KWG sowie der ausreichenden Liquidität gemäß § 11 KWG in Verbindung mit den von der Bundesanstalt für Finanzdienstleistungsaufsicht erlassenen Verordnungen über die Eigenkapital- und Liquiditätserfordernisse in Rechnung zu stellen. Es handelt sich bei dem gewährten Gelddarlehen um Bilanzaktiva des aufsichtspflichtigen Kredit- und Finanzdienstleistungsinstituts.

Die Bemessungsgrundlage für die Anrechnung der Risikoaktiva ist gemäß § 295 Abs. 3 Satz 1 SolvV der Buchwert der Forderung. Soweit der Kreditrisiko-Standardansatz (KSA) Anwendung findet, bestimmt sich das Risikogewicht nach §§ 26 ff. SolvV. Für Leasinggeschäfte kann § 35 SolvV spezifische Bedeutung zukommen. Besonderheiten gelten insbesondere für **Realkredite,** die durch Grundpfandrechte auf Wohneigentum besichert sind, das von dem Eigentümer gegenwärtig oder künftig selbst genutzt oder vermietet wird. Diese sind gemäß § 35 Abs. 1 Nr. 1 SolvV lediglich mit einem Bonitätsgewicht von 35 % zu gewichten. Im Fall der Refinanzierung von Immobilien-Leasinggeschäften wird diese Vorschrift in der Regel keine Anwendung finden. Voraussetzung der Privilegierung ist, dass das Leasingunternehmen die refinanzierten Leasinggegenstände selbst nutzt oder „vermietet". Diese Bedingung dürfte allenfalls bei Geschäften des Operate-Leasing erfüllbar sein. Zu beachten sind weiter die einschränkenden Voraussetzungen des § 35 Abs. 2 SolvV. Erfolgt die Besicherung durch Grundpfandrechte an Gewerbeimmobilien, beträgt das Risikogewicht 50 %. Restwerte von Leasinggegenständen werden mit einem Risikogewicht von 100 % berücksichtigt (§ 38 Abs. 3 Nr. 3 SolvV). Besonderheiten, gelten soweit ein auf internen Ratings basierender Ansatz (IRBA) angewandt wird (vgl. § 100 Abs. 9 SolvV).

14 b) **Kreditaufsicht (§§ 13 ff. KWG).** Gewähren Kredit- und Finanzdienstleistungsinstitute zur Refinanzierung von Leasinggeschäften Gelddarlehen an Leasingunternehmen, unterliegen diese als Bankgeschäfte im Sinne von § 1 Abs. 1 Satz 2 Nr. 2 KWG der Kreditaufsicht nach §§ 13 ff. KWG. Soweit die Anzeige von Groß- und Millionenkrediten (§§ 13 bis 14 KWG) in Rede steht, handelt es sich um Forderungen an Kunden im Sinne von § 19 Abs. 1 Satz 2 Nr. 4 KWG. Hinsichtlich der Aufsicht über Organkredite (§§ 15 bis 17 KWG) sowie der Verpflichtung zur Offenlegung der wirtschaftlichen Verhältnisse (§ 18 KWG) ist die Refinanzierung von Leasinggeschäften durch Kredit- und Finanzdienstleistungsinstitute als Gelddarlehen gemäß § 21 Abs. 1 Satz 1 Nr. 1 KWG einzuordnen.

2. Refinanzierung durch Forderungsverkauf (Forfaitierung)

15 Zur Refinanzierung ihres Geschäftsbetriebs können Leasingunternehmen ihre noch nicht fälligen Geldforderungen aus Leasingverträgen an Kredit- und Finanzdienstleistungsinstitute oder auch an andere Erwerber verkaufen.[42] Dieser Forderungsverkauf kann nach §§ 433 ff., 398 ff. Bürgerliches Gesetzbuch (BGB)[43] in der Weise ausgestaltet sein, dass das Leasingunternehmen als Gegenleistung für die verkauften Forderungen einen Preis in Höhe des Barwerts derselben erhält.[44] Übernimmt der Forderungserwerber das Ausfallrisiko der Forderungen, ohne vom Veräußerer gegebenenfalls den Rückerwerb der For-

---

[41] Siehe dazu oben Rdn. II. 2.
[42] Zu dieser Refinanzierungsmöglichkeit vgl. *Kümpel* Bank- und Kapitalmarktrecht Rdn. 5.513 f.
[43] Bürgerliches Gesetzbuch (BGB) in der Fassung der Bekanntmachung vom 2. 1. 2002 (BGBl. I S. 42), zuletzt geändert durch Gesetz vom 19. 2. 2007 (BGBl. I S. 122).
[44] BGHZ 69, 254, 257 f.; *Kümpel* Bank- und Kapitalmarktrecht Rdn. 5.439 ff.

24. Kapitel. Leasing im deutschen und europäischen Recht　　　　　　§ 77

derungen verlangen zu können („regressloser" Forderungskauf), liegt eine **„Forfaitierung"**, das heißt ein echtes Factoring vor.[45] Allein der Forderungserwerber trägt damit das Ausfallrisiko **(Delkredereübernahme)**.[46] Der Veräußerer haftet in diesen Fällen lediglich für den rechtlichen Bestand der Forderungen einschließlich der Freiheit von Einwendungen und Einreden aus dem Leasingverhältnis **(Verität)**. Die Forfaitierung herrscht in der Praxis bei der Refinanzierung von Leasingunternehmen durch Forderungsverkauf weitgehend vor. Daher werden die folgenden Ausführungen auf diese Ausgestaltung des Forderungsverkaufs beschränkt.

a) Eigenmittel- und Liquiditätskontrolle (§§ 10 f. KWG). Erwerben Kredit- und Finanzdienstleistungsinstitute Forderungen aus Leasinggeschäften, unterliegen sie damit der laufenden Bankenaufsicht und müssen der Bundesanstalt für Finanzdienstleistungsaufsicht gemäß § 24 Abs. 1 Nr. 9 KWG die Aufnahme und die Einstellung des Forfaitierungsgeschäfts anzeigen. Bei der **Ermittlung** der angemessenen Eigenmittelausstattung nach §§ 10, 10 a KWG sind die durch Forfaitierung erworbenen Geldforderungen aus Leasingverträgen als Risikoaktiva zu berücksichtigen. 16

Im Rahmen der Aufsicht über die ausreichende Liquidität der Kredit- und Finanzdienstleistungsinstitute nach § 11 KWG sind die durch Forfaitierung erworbenen Leasingforderungen nach § 3 Abs. 2 Nr. 3 LiqV als Forderungen an Kunden einzuordnen. Diese sind entsprechend den **Restlaufzeiten** in den vier Laufzeitbändern (vgl. § 2 Abs. 1 LiqV) zu berücksichtigen. Als Restlaufzeit gilt dabei gemäß § 7 Satz 1 Nr. 3 LiqV der Zeitraum zwischen dem jeweiligen Meldestichtag, das heißt dem Ende eines jeden Kalendermonats (§ 10 LiqV), und der Fälligkeit der jeweiligen Leasingrate. Es erscheint sachgerecht, die Leasingraten eines Leasingvertrags zusammenzufassen und wie eine in regelmäßigen Teilbeträgen zu tilgende Gesamtforderung zu behandeln.

b) Kreditaufsicht (§§ 13 bis 18 KWG). Für die Anwendung der aufsichtsrechtlichen Bestimmungen über die Anzeige von Groß- und Millionenkrediten (§§ 13 ff. KWG) gelten die durch Forfaitierung erworbenen Leasingforderungen gemäß § 19 Abs. 1 Satz 2 Nr. 4 KWG als Kredite. Es handelt sich um Bilanzaktiva der Position „Forderungen an Kreditinstitute und Kunden". Bemessungsgrundlage für die Ermittlung der anzeigepflichtigen Kreditbeträge ist dabei grundsätzlich der **Buchwert** der Forderungen zuzüglich eventuell gebildeter Einzelwertberichtigungen und abzüglich der Positionen, die wegen der Erfüllung oder der Veräußerung von Forderungen gebildet worden sind (§ 2 Nr. 1 GroMiKV). Bilanziert das Kredit- oder Finanzdienstleistungsinstitut die angekaufte Forderung mit den Anschaffungskosten, also in Höhe des als Kaufpreis geleisteten **Forderungsbarwertes** (§§ 340 e Abs. 1 Satz 2, 253 Abs. 1 Satz 1 HGB), gibt der Bilanzausweis das mit der Forfaitierung verbundene Adressenausfallrisiko wieder. Setzt das Institut die Forderung dagegen mit ihrem **Nennbetrag** an und verbucht den Unterschiedsbetrag zu den niedrigeren Anschaffungskosten wegen seines Zinscharakters mit Hilfe eines (planmäßig aufzulösenden) passiven **Rechnungsabgrenzungspostens** (vgl. § 340 e Abs. 2 HGB), übersteigt der aktivische Bilanzausweis das Kreditrisiko des Instituts. Der passive Rechnungsabgrenzungsposten ist deshalb in Abzug zu bringen. Soweit die Kreditaufsicht über Organkredite und die Verpflichtung zur Offenlegung der wirtschaftlichen Verhältnisse (§§ 15 bis 18 KWG) in Rede steht, erfüllen die durch Forfaitierung erworbenen Leasingforderungen den Kreditbegriff des § 21 Abs. 1 Satz 1 Nr. 1 KWG. Es handelt sich um „entgeltlich erworbene Geldforderungen". § 21 Abs. 1 Satz 1 Nr. 5 KWG ist demgegenüber nicht anwendbar.[47] § 21 Abs. 1 Satz 1 Nr. 5 KWG erfasst Forderungen, die ein aufsichts- 17

---

[45] Allgemein zum Factoring vgl. Obst/Hintner/*Eichwald/Pehle* Geld-, Bank- und Börsenwesen S. 787 ff.; Derleder/Knops/Bamberger/*Bette* Handbuch zum deutschen und europäischen Bankrecht § 23.
[46] *Kümpel* Bank- und Kapitalmarktrecht Rdn. 5.442 ff.
[47] Boos/Fischer/Schulte-Mattler/*Bock* Kreditwesengesetz § 21 KWG Rdn. 31.

pflichtiges Institut im Rahmen eines unechten Factoring, das heißt ohne Delkredereübernahme durch den Erwerber, veräußert hat.

Erwirbt ein Kredit- oder Finanzdienstleistungsinstitut Leasingforderungen, handelt es sich um Bilanzaktiva im Sinne von § 21 Abs. 1 Satz 1 Nr. 1 KWG, ohne dass zwischen echtem und unechtem Factoring zu unterscheiden, also nach der Übernahme des Ausfallrisikos zu fragen ist. Dieser Unterscheidung kommt allerdings in einem anderen Zusammenhang Bedeutung zu: Die Delkredereübernahme entscheidet über die **Bestimmung des Kreditnehmers**. Gemäß § 19 Abs. 5 1. Halbs. KWG gilt beim entgeltlichen Erwerb von Geldforderungen der Veräußerer der Forderung als Kreditnehmer im Sinne der §§ 13 bis 18 KWG, wenn er für die Erfüllung der übertragenen Forderungen einzustehen oder sie auf Verlangen des Erwerbers zurückzuerwerben hat, also der Veräußerer das Ausfallrisiko trägt. Demgegenüber gilt der Schuldner der verkauften Forderung als Kreditnehmer, wenn der Forderungserwerber das Ausfallrisiko übernimmt (§ 19 Abs. 5 2. Halbs. KWG). Refinanziert sich ein Leasingunternehmen durch Forfaitierung von Forderungen aus seinem Leasinggeschäft an ein aufsichtspflichtiges Kredit- oder Finanzdienstleistungsinstitut, ist damit der **Leasingnehmer als Kreditnehmer** des Instituts anzusehen. Im Fall eines unechten Factoring ist demgegenüber das Leasingunternehmen Kreditnehmer des Instituts. Diese Einordnung gilt unabhängig von der in dem Zusammenhang häufig getroffenen Vereinbarung zwischen dem Leasingunternehmen und dem forfaitierenden Institut, dass bei einem Ausfall der forfaitierten Forderungen das Institut an dem Erlös aus einer anderweitigen Verwendung oder Verwertung des Leasinggegenstandes zu beteiligen ist. Diese Vereinbarung begründet lediglich eine Besicherung des durch den Forderungsankauf gewährten Kredits. Allein durch die Bestellung einer Sicherheit wird das Leasingunternehmen ebensowenig zum „Kreditnehmer" im aufsichtsrechtlichen Sinne wie ein Bürge, der für das einem Dritten gewährte Darlehen einsteht.

Gemäß § 18 KWG sind Kredit- und Finanzdienstleistungsinstitute verpflichtet, sich die **wirtschaftlichen Verhältnisse** ihrer Kreditnehmer bei Überschreiten einer Kreditgrenze von insgesamt 750.000 Euro offenlegen zu lassen. Diese Pflicht besteht auch hinsichtlich des Leasingnehmers der forfaitierten Leasingforderungen, sofern dieser nach § 19 Abs. 5 2. Halbs. KWG als „Kreditnehmer" einzuordnen ist. Das forfaitierende Institut wird mit seinem Informationsverlangen bei dem Leasingnehmer regelmäßig auf rechtlich begründete Ablehnung stoßen. Fehlen entsprechende Regelungen im Leasingvertrag, ist dieser „Kreditnehmer" grundsätzlich nicht verpflichtet, seine wirtschaftlichen Verhältnisse offenzulegen. In der Regel werden die aufsichtspflichtigen Institute allerdings nach § 18 Satz 3 Nr. 3 KWG von einer laufenden Offenlegung der wirtschaftlichen Verhältnisse absehen können, soweit der Leasingnehmer die Leasingraten **störungsfrei** erbringt. Auch können die Institute gegenüber dem Leasingnehmer von einer Offenlegung absehen, wenn diese „im Hinblick auf die **gestellten Sicherheiten oder auf die Mitverpflichteten** offensichtlich unbegründet wäre" (§ 18 Satz 2 KWG). Diese Voraussetzung kann beispielsweise dann erfüllt sein, wenn das forfaitierende Institut mit dem Leasingunternehmen für den Fall, dass die Forderungen notleidend werden, eine Beteiligung am Erlös aus einer anderweitigen Verwendung oder Verwertung der Leasingsache vereinbart hat. Diese Ausnahme kann allerdings nur Anwendung finden, wenn mit Gewissheit ein Erlösanteil zu erwarten ist, der „das zur Verfügung gestellte Kapital und die Zinsen abdeckt",[48] das heißt den Forfaitierungskaufpreis und die als Zinsen anzusehende Differenz zwischen Barwert und Nominalbetrag der Forderungen abdeckt.

---

[48] Schreiben des Bundesaufsichtsamts vom 8. 8. 1995 zu den grundsätzlichen Anforderungen an die Offenlegung der wirtschaftlichen Verhältnisse nach § 18 KWG, Ziff. III. 1.

V. Erweiterung der Finanzdienstleistungsaufsicht über Leasinggeschäfte und Leasingunternehmen?

In der Vergangenheit gab es verschiedene Bestrebungen, die finanzdienstleistungsrechtliche Aufsicht über Leasinggeschäfte und Leasingunternehmen zu erweitern.[49] Zum einen war im Rahmen der Dritten KWG-Novelle diskutiert worden, das Leasing in den Katalog der erlaubnispflichtigen Bankgeschäfte aufzunehmen.[50] Im Zuge der Sechsten KWG-Novelle sah zum anderen der Gesetzentwurf der Regierung vor, die in § 14 KWG statuierte Verpflichtung zur Millionenkreditanzeige auch auf Leasingunternehmen zu erstrecken.[51] Beide Versuche, das Leasing verstärkt der Aufsicht über Finanzdienstleistungen zu unterwerfen, sind nicht realisiert worden. Gleichheitsrechtliche Aspekte sowie rechtsstaatliche Belange insbesondere die Maßgaben des Verhältnismäßigkeitsprinzips setzen einer solchen Ausweitung Grenzen.[52] Rechtspolitisch scheint ein Erweiterungsbedarf nicht zu bestehen.[53] Aktuell ist die Frage einer Intensivierung der aufsichtsrechtlichen Berücksichtigung von Leasinggeschäften jedenfalls in den Hintergrund der rechtspolitischen Diskussion getreten. Nicht zu übersehen ist allerdings, dass die zweite Baseler Eigenkapitalübereinkunft (Basel II) zu einer eingehenderen Behandlung von Leasinggeschäften im Finanzdienstleistungsaufsichtsrecht der Europäischen Gemeinschaft sowie der nationalen Regelwerke führt.

18

§ 78. Die Behandlung des Leasings im Rahmen internationalisierter Finanzdienstleistungsaufsicht

Schrifttum: (siehe Nachweis zu § 76)

Übersicht

	Rdn.
I. Konzeptionelle Neuerungen der zweiten Baseler Eigenkapitalübereinkunft (Basel II)	1
1. Individuelle Bonitätsgewichtung der Geschäftspartner	2
2. Individuelle Bonitätsgewichtung der Forderungsarten insbesondere von Spezialfinanzierungen	3
II. Neufassung der Richtlinien 2000/12/EG und 93/6/EWG über Aufnahme und Ausübung der Tätigkeit von Kreditinstituten und Wertpapierfirmen	4
1. Konzeption der Richtlinien-Neufassung	5
2. Eigenmittelbezogene Änderungen	6
III. Bedeutung der Eigenmittelvorschriften für die aufsichtsrechtliche Behandlung von Leasinggeschäften	7
1. Behandlung von Leasinggeschäften im Rahmen des Standardansatzes	8
2. Behandlung von Leasinggeschäften im Rahmen des IRB-Ansatzes	9
3. Behandlung von Leasinggeschäften bei der Aufsicht über Großkredite	10
4. Befristeter Dispens von der Obergrenze 50 %iger Risikogewichtung von Forderungen aus Immobilien-Leasinggeschäften	11
5. Allgemeine Kreditrisikominderung bei Forderungen aus Leasinggeschäften	12
a) Voraussetzungen einer erweiterten risikomindernden Anerkennung von Sicherheiten bei Leasinggeschäften	13
b) Berechnung der risikomindernden Effekte von Sicherheiten bei Leasinggeschäften	14
6. Eigenkaptialanforderungen für das operationelle Risiko beim Standardansatz für Geschäftsfelder des Leasing	15
7. Zusammenfassung und Bewertung	16
IV. Bedeutung der neuen Eigenmittelvorschriften für die Refinanzierung von Leasingunternehmen	17

---

[49] *Breitfeld* Kreditwesen 2001, 292.
[50] BT-Drucks. 10/1441 S. 18 ff.; krit. dazu *Schücking* Leasinggeschäfte der Banken nach der KWG-Novelle, ZWK 1984, 978 ff.
[51] BT-Drucks. 13/7142 S. 84.
[52] *Friauf* DB 1984, 2077, 2080 ff.
[53] *Breitfeld* Kreditwesen 2001, 292, 302.

§ 78

I. Konzeptionelle Neuerungen der zweiten Baseler Eigenkapitalübereinkunft (Basel II)

1 Das Finanzdienstleistungsaufsichtsrecht ist stark geprägt von dem Bestreben einer internationalen Harmonisierung der ordnungsrechtlichen Anforderungen. In erster Linie durch die Arbeiten des **Baseler Ausschusses für Bankenaufsicht**, der bei der Bank für Internationalen Zahlungsausgleich angesiedelt ist, wurde in den vergangenen rund 20 Jahren die tradierte nationale Betrachtungsweise überwunden. Dem Baseler Ausschuss für Bankenaufsicht gehören derzeit Belgien, Kanada, Frankreich, Deutschland, Italien, Japan, Luxemburg, die Niederlande, Spanien, Schweden, die Schweiz, Großbritannien und die Vereinigten Staaten von Amerika an (sogenannte G-10). Das geltende deutsche Recht der Finanzdienstleistungsaufsicht trägt namentlich der Eigenkapitalübereinkunft aus dem Jahre 1988 Rechnung, die vom Baseler Ausschuss für Bankbestimmungen und -überwachung erarbeitet worden war. Im Jahr 1999 begannen die Arbeiten an der Revision dieser ersten – auch **Basel I** genannten – Eigenkapitalübereinkunft. Die Revision der ersten Eigenkapitalübereinkunft steht kurz vor dem Abschluss: Unter dem Titel „Internationale Konvergenz der Eigenkapitalmessung und der Eigenkapitalanforderungen" hat der Baseler Ausschuss ein umfangreiches – auch als **Basel II** bezeichnetes – Konzept entwickelt, das insbesondere Änderungen bei der Ermittlung der Eigenkapitalanforderungen im Kreditrisikobereich und im Bereich der operationellen Risiken vorsieht.[1] Auf dem Boden dieser Konzeption hat die **Europäische Gemeinschaft** einen Vorschlag zur **Neufassung** der Richtlinie 2000/12/EG des Europäischen Parlamentes und des Rates vom 20. März 2000 über die Aufnahme und die Ausübung der Tätigkeit der Kreditinstitute[2] und der Richtlinie 93/6/EWG des Rates vom 15. März 1993 über die angemessene Eigenkapitalausstattung von Wertpapierfirmen und Kreditinstituten[3] vorgelegt. Dieser wird in Kürze verabschiedet werden. Die Umsetzung der Richtlinie auf nationaler Ebene soll spätestens im Jahr 2007 erfolgen. Das deutsche Recht der Finanzdienstleistungsaufsicht wird dadurch in einigen zentralen Bereichen grundlegend verändert werden. Auch die aufsichtsrechtliche Bedeutung von Leasinggeschäften wird sich damit ändern.

Die zweite Baseler Eigenkapitalübereinkunft (Basel II) erweitert die traditionelle Aufsicht über Finanzdienstleistungsunternehmen.[4] Zentrale Bedeutung kommt zwar auch weiterhin der Aufsicht über die Erfüllung strenger Anforderungen an das Mindesteigenkapital der Institute in Relation zu den bestehenden **Kreditrisiken** zu. Hinzu kommt jedoch zum einen die Einbeziehung von **Betriebsrisiken** (operationellen Risiken) in die Finanzdienstleistungsaufsicht.[5] Zum anderen stellt Basel II erstmals auf den bankenaufsichtsrechtlichen **Überprüfungsprozess** der Adäquanz der Kapitalausstattung und des Risikomanagements („Supervisory Review Process") ab und statuiert darüber hinaus neue **Leitlinien für Offenlegungspraktiken** zum Zwecke einer Stärkung der Marktdisziplin durch erweiterte Transparenzvorschriften. Basel II lässt sich damit als „Drei-Säulen-Modell" begreifen,[6] das auf Eigenkapitalanforderungen, auf das bankenaufsichts-

---

[1] Zur Entstehungsgeschichte vgl. Boos/Fischer/*Schulte-Mattler* Kreditwesengesetz Basel II Rdn. 5 ff.

[2] Richtlinie 2000/12/EG des Europäischen Parlaments und des Rates über die Aufnahme und die Ausübung der Tätigkeit der Kreditinstitute vom 20. 3. 2000, ABl. EG Nr. L 126 vom 26. 5. 2000, S. 1.

[3] Richtlinie 93/6/EWG des Rates über die angemessene Eigenkapitalausstattung von Wertpapierfirmen und Kreditinstituten vom 15. 3. 1993 (Kapitaladäquanzrichtlinie), ABl. EG Nr. L 141 vom 11. 6. 1993, S. 1.

[4] *Arnold/Boos* Die Bank 2001, 712 ff.

[5] Derleder/Knops/Bamberger/*Ohler* Handbuch zum deutschen und europäischen Bankrecht § 63 Rdn. 60.

[6] Derleder/Knops/Bamberger/*Presber* Handbuch zum deutschen und europäischen Bankrecht § 30 Rdn. 8 ff.; *Kümpel*, Bank- und Kapitalmarktrecht S. 2507 ff.

rechtliche Überprüfungsverfahren sowie auf eine gestärkte Marktdisziplin setzt. Für die Behandlung von Leasinggeschäften sind dabei insbesondere die Änderungen bedeutsam, die Basel II im Bereich der Eigenkapitalanforderungen, das heißt der ersten Säule des Modells, mit sich bringen wird.

Die zweite Baseler Eigenkapitalübereinkunft zielt insbesondere darauf ab, durch die Berücksichtigung interner und externer Bonitätsbeurteilungen **(Ratings)** ein flexibleres System zur Erfassung und Unterlegung von Kreditrisiken zu schaffen. Dabei wird auch in der neuen Eigenkapitalübereinkunft das Risikopotential eines Instituts an die Höhe seines Eigenkapitals gebunden. Im Vergleich zum hergebrachten deutschen Recht der Fiananzdienstleistungsaufsicht bleiben sowohl die Definition des haftenden Eigenkapitals als auch die Mindesthöhe der Eigenkapitalunterlegung unverändert. Das haftende Eigenkapital wird auch weiterhin in **Kern- und Ergänzungskapital** gegliedert (vgl. § 10 Abs. 2 Satz 2 KWG). Zu Änderungen hat Basel II im Bereich der Eigenkapitalaufsicht insbesondere insoweit geführt, als Kreditrisiken zukünftig nicht mehr pauschal durch Bonitätsgewichte bestimmt werden, sondern mit Hilfe eines **hochkomplexen Schätzverfahrens** eine **individuelle Bonitätsgewichtung** der Geschäftspartner eines Instituts und der Forderungsarten erfolgt.

1. Individuelle Bonitätsgewichtung der Geschäftspartner

Die Geschäftspartner werden anders als nach der ersten Eigenkapitalübereinkunft nicht mehr in abstrakte Kontrahentengruppen eingeteilt, denen bestimmte Bonitätsgewichte zugewiesen werden (Staat 0 %, Banken 20 %, private Nichtbanken 100 %). Vielmehr soll nach der zweiten Eigenkapitalübereinkunft jedem Schuldner in einer **einzelfallorientierten** Betrachtung unmittelbar ein **ratingabhängiger Bonitätsgewichtungsfaktor** zugeordnet werden. Zur Festlegung des Bonitätsgewichts eines Geschäftspartners können Institute auf **externe** Kreditbeurteilungen von Ratingagenturen, beispielsweise Standard & Poors, zurückgreifen. Nach Basel II soll dieses Vorgehen als Standardverfahren (Standardised Approach) Anwendung finden. Fehlen externe Kreditbeurteilungen, kann auf **interne Ratings** der Institute **(Internal Rating Based Approach, IRB)** zurückgegriffen werden. Dabei ist zwischen einem Basisverfahren **(Foundation Approach)** und einem fortgeschrittenen Verfahren **(Advanced Approach)** zu unterscheiden. Bei der Festlegung der Bonitätsgewichte nach dem Internal Rating Based Approach sind jeweils vier Risikoparameter zu berücksichtigen: Die Forderungsbeträge bei Ausfall (Exposure at Default), die Ausfallwahrscheinlichkeit der Ratingkategorie des Kreditnehmers (Probability of Default), der Verlust bei Ausfall (Loss Given Default) sowie die Restlaufzeit (Maturity). Im Basisverfahren haben die Institute lediglich die Ausfallwahrscheinlichkeit ihres Geschäftspartners selbst zu schätzen. Die übrigen drei Parameter werden durch Vorgaben der Bankenaufsicht ausgefüllt. Im fortgeschrittenen Verfahren sind sämtliche Parameter von den Instituten mittels komplexer **Schätzformeln** zu berechnen.[7]

2. Individuelle Bonitätsgewichtung der Forderungsarten insbesondere von Spezialfinanzierungen

Die zweite Eigenkapitalübereinkunft stellt nicht allein auf die Bonität der Geschäftspartner ab. Neben den Schuldnergewichten werden vielmehr auch Bonitätsgewichte für bestimmte Geschäftsarten vorgesehen. Für Forderungen, die durch Grundpfandrechte auf Wohnimmobilien gesichert sind **(wohnwirtschaftliche Realkredite)** wird beispielsweise der Bonitätsgewichtungsfaktor von bislang 50 % auf 35 % gesenkt. Gewerbliche Realkredite sollen demgegenüber grundsätzlich mit einem Bonitätsgewicht von 100 % berücksichtigt werden statt wie bislang mit 50 %. Mit Blick auf Leasinggeschäfte ist her-

---

[7] Zur Berechnung vgl. Boos/Fischer/*Schulte-Mattler* Kreditwesengesetz Basel II Rdn. 48 ff.

vorzuheben, dass Spezialfinanzierungen nach Basel II in besonderer Weise Berücksichtigung finden.[8] Im Rahmen des Internal Rating Based Approach sind sämtliche Forderungen eines Instituts in fünf Klassen einzuordnen: Staaten, Institute, Nichtbanken, Retailgeschäfte und Beteiligungsbesitz. Forderungen aus **Spezialfinanzierungen** (Specialised Lending) werden der Forderungsklasse „Nichtbanken" zugeordnet.[9] Nach Basel II ist zwischen verschiedenen Arten von Spezialfinanzierungen zu unterscheiden: Zum einen zählen **Projektfinanzierungen** zu den Spezialfinanzierungen, das heißt die Finanzierung von großen Installationen wie Kraftwerken, Minen und Infrastrukturmaßnahmen, die als Sicherheit und gleichzeitig als Quelle der Rückzahlungsströme dienen. Zum anderen werden **Objektfinanzierungen** zu den Spezialfinanzierungen gerechnet, also die Finanzierung großer physischer Aktiva wie Flugzeugen, Schiffen und Satelliten, die als Sicherheit dienen und bei denen die Rückzahlung aus der Vermietung und dem Leasing des Objekts erfolgt. Weiter wird die Finanzierung von Immobilien wie Büros, Wohngebäuden, Industrie- oder Handelsgebäuden den Spezialfinanzierungen zugeordnet, bei denen die Rückzahlung wesentlich von der Cash-Flow-Generierung des Objekts abhängt **(Income Producing Real Estate)**. Ferner ist die Finanzierung des Erwerbs von Land oder der Entwicklung und Errichtung von „besonders wertvolatilen Immobilien", bei denen die Rückzahlungsfähigkeit unsicher ist **(High Volatility Commercial Real Estate)**, zu den Spezialfinanzierungen zu zählen.

II. Neufassung der Richtlinien 2000/12/EG und 93/6/EWG über Aufnahme und Ausübung der Tätigkeit von Kreditinstituten und Wertpapierfirmen

4   Am 28. September 2005 hat das Europäische Parlament den von der Europäischen Kommission am 14. Juli 2004 vorgelegten Richtlinienvorschlag zur Neufassung der Richtlinie 2000/12/EG des Europäischen Parlamentes und des Rates vom 20. März 2000 über die Aufnahme und die Ausübung der Tätigkeit der Kreditinstitute[10] und der Richtlinie 93/6/EWG des Rates vom 15. März 1993 über die angemessene Eigenkapitalausstattung von Wertpapierfirmen und Kreditinstituten[11] angenommen. Der Europäische Rat stimmte dieser Neufassung der Richtlinien am 11. Oktober 2005 zu. Die Richtlinien wurden auf einer der nächsten Ratstagungen ohne Aussprache erlassen.[12] Diese Neufassung der Richtlinie 2000/12/EG über die Aufnahme und die Ausübung der Tätigkeit der Kreditinstitute und der Richtlinie 93/6/EWG über die angemessene Eigenkapitalausstattung von Wertpapierfirmen und Kreditinstituten hat in der Europäischen Gemeinschaft einen Aufsichtsrahmen eingeführt, der dem vom Baseler Ausschuss für Bankenaufsicht geschlossenen Rahmenvereinbarung „Internationale Konvergenz der Eigenkapitalmessung und der Eigenkapitalanforderungen" (Basel II) entspricht und damit den neuesten internationalen Standards genügt. Die Mitgliedstaaten müssen die Richtlinie seit Anfang 2007 anwenden. Die differenziertesten Ansätze stehen ab 2008 zur Verfügung, was mit der geplanten weltweiten Einführung der Basel-II-Regeln in Einklang steht.[13]

---

[8] *Reuter* WM 2004, 610, 619.

[9] Zur Bedeutung des Leasing als Form der Spezialfinanzierung vgl. Obst/Hintner/*Eichwald/Pehle* Geld-, Bank- und Börsenwesen S. 783 ff.

[10] Richtlinie 2000/12/EG des Europäischen Parlaments und des Rates über die Aufnahme und die Ausübung der Tätigkeit der Kreditinstitute vom 20. 3. 2000, ABl. EG Nr. L 126 vom 26. 5. 2000, S. 1.

[11] Richtlinie 93/6/EWG des Rates über die angemessene Eigenkapitalausstattung von Wertpapierfirmen und Kreditinstituten vom 15. 3. 1993 (Kapitaladäquanzrichtlinie), ABl. EG Nr. L 141 vom 11. 6. 1993, S. 1.

[12] Vgl. http://europa.eu.int/rapid/pressReleasesAction.do?reference=PRES/05/250&format=HTML&aged=1&language=DE&guiLanguage=en; 7. 3. 2006.

[13] Vgl. http://europa.eu.int/rapid/pressReleasesAction.do?reference=IP/05/1250&format=HTML&aged=0&language=DE&guiLanguage=en; 7. 3. 2006.

1. Konzeption der Richtlinien-Neufassung

Für die Europäische Kommission stand bei der Konzeption der Richtlinien-Neufassung 5 die Notwendigkeit im Vordergrund, dass die Europäische Gemeinschaft präzise, international kohärente und zeitgemäße Aufsichtstandards benötige. Diese sollten darüber hinaus verhältnismäßig sein und etwaige risikomindernde Umstände, insbesondere Ausleihungen an Verbraucher oder kleine und mittlere Unternehmen, anerkennen. Die inhaltlichen Neuerungen werden durch die Neufassung der Richtlinie 2000/12/EG eingeführt. Die neuen Regeln sollen sowohl für Kreditinstitute als auch für Wertpapierhäuser gelten, um gleiche Wettbewerbsbedingungen sicherzustellen. Der großen Vielfalt der Finanzinstitute in der Europäischen Gemeinschaft soll dabei Rechnung getragen werden.[14] Durch die Neufassung auch der Richtlinie 93/6/EWG wird dieses Ziel erreicht; die Richtlinie 93/6/EWG erstreckt sowohl die Bestimmungen zum Kreditrisiko als auch die Bestimmungen zum Marktrisiko auf Wertpapierhäuser.[15] Die folgenden Ausführungen behandeln im Kern die inhaltlichen Änderungen, die mit der Neufassung der aufsichtsrechtlichen Richtlinien verbunden sind, und beschränken sich daher im Wesentlichen auf die Neufassung der Richtlinie 2000/12/EG.

2. Eigenmittelbezogene Änderungen

Der Vorschlag der Europäischen Kommission folgte konzeptionell der vom Baseler Aus- 6 schuss für Bankenaufsicht geschlossenen Rahmenvereinbarung „Internationale Konvergenz der Eigenkapitalmessung und der Eigenkapitalanforderungen" (Basel II). Die Neufassung der Richtlinien baut daher ebenso wie diese auf ein **„Drei-Säulen-Modell"**: Die Statuierung von Mindesteigenkapitalanforderungen, die Schaffung eines bankenaufsichtsrechtlichen Überprüfungsverfahrens innerhalb der Institute sowie eine durch erweiterte Offenlegung gestärkte Marktdisziplin. Hinsichtlich der Normierung von Mindestanforderungen an die Eigenkapitalanforderungen folgte die Europäische Kommission der Grundsatzentscheidung des Baseler Ausschusses für eine individualisierte Bonitätsgewichtung der Geschäftspartner der Institute **(Kontrahendenausfallrisiko)** kombiniert mit einer individuellen Bonitätsgewichtung einzelner **Forderungsarten**. Dabei werden zur Berechnung der **risikogewichteten Forderungsbeträge** – wie in der vom Baseler Ausschuss für Bankenaufsicht geschlossenen Rahmenvereinbarung „Internationale Konvergenz der Eigenkapitalmessung und der Eigenkapitalanforderungen" (Basel II) vorgesehen – zwei Schätzmethoden eingeführt: Der sogenannte **Standardansatz** (Artt. 78–83 RL 2000/12/EG) sowie der auf **internen Ratings basierende Ansatz – IRB-Ansatz –** (Artt. 84–89 RL 2000/12/EG). In umfangreichen Anhängen zur Richtlinien-Neufassung werden die Modalitäten dieser beiden Methoden zur Berechnung der risikogewichteten Forderungsbeträge präzisiert. Anhang VI konkretisiert die Methode des Standardansatzes; Anhang VII betrifft den auf internen Ratings basierenden Ansatz (IRB-Ansatz).

Ein weiterer Schwerpunkt der Neufassung der Richtlinien 2000/12/EG und 93/6/EWG ist den sogenannten **„Risikominderungstechniken"** gewidmet. In den Artt. 90–93 RL 2000/12/EG werden umfassende Regeln für die Anerkennung solcher Techniken und die einheitliche Behandlung gleicher Risiken oder wirtschaftlicher Auswirkungen festgelegt. Insbesondere stehen die Anerkennung von Sicherungsgebern und Garanten sowie von Finanz- und Sachsicherheiten aus der Sicht der Aufsicht im Zentrum der Vorschriften. Darüber hinaus verfolgt die Neufassung der Richtlinien 2000/12/EG und

---

[14] Vgl. Begründung des Vorschlags zur Neufassung der Richtlinie 2000/12/EG über die Aufnahme und die Ausübung der Tätigkeit der Kreditinstitute und der Richtlinie 93/6/EWG über die angemessene Eigenkapitalausstattung von Wertpapierfirmen und Kreditinstituten, S. 3.

[15] Vgl. zur aufsichtsrechtlichen Gleichstellung von Kreditinstituten und Wertpapierfirmen *Kümpel* Bank- und Kapitalmarktrecht S. 2498 f.

§ 78   Vierter Teil. Wirtschaftliche Problemkomplexe des Leasings

93/6/EWG das Ziel, die neuen Eigenkapitalanforderungen mit den Bestimmungen über **Großkredite** in Einklang zu bringen. Insoweit nimmt die Neufassung in den Artt. 106–119 RL 2000/12/EG einige Änderungen und Anpassungen der gemeinschaftsrechtlichen Vorschriften über die Begrenzung von Großkrediten und insoweit bestehende Anzeigepflichten vor.

III. Bedeutung der Eigenmittelvorschriften für die aufsichtsrechtliche Behandlung von Leasinggeschäften

7   Die Neufassung der gemeinschaftsrechtlichen Eigenmittelvorschriften für Kreditinstitute und Wertpapierfirmen enthält zahlreiche Vorschriften, die in spezifischer Weise auf Forderungen aus Leasinggeschäften zugeschnitten sind. Insbesondere die Absicherung von Leasing-Forderungen durch Leasingobjekte steht im Vordergrund der neuen Regelungen. Immobilien-Leasinggeschäfte werden dabei regelmäßig gesondert behandelt. Zu unterscheiden ist zwischen der Risikogewichtung von Forderungen aus Leasinggeschäften bei Anwendung des **Standardansatzes** einerseits und des **IRB-Ansatzes** andererseits. Weiter erfahren Forderungen aus Leasinggeschäften im Rahmen der Aufsicht über **Großkredite** eine besondere Behandlung. Darüber hinaus finden sich befristet Sonderregeln für Forderungen aus Leasing-Geschäften, die den **Übergang** zur neugeordneten Finanzdienstleistungsaufsicht abfedern. Ferner kommt Leasinggeschäften bei der Prüfung von Maßnahmen der **Kreditrisikominderung** spezifische Bedeutung zu. Und auch bezüglich der Eigenkapitalunterlegung des **operationellen Risikos** bestimmter Geschäftsfelder finden Leasinggeschäfte gesonderte Erwähnung.

1. Behandlung von Leasinggeschäften im Rahmen des Standardansatzes

8   Werden die risikogewichteten Forderungsbeträge nach dem Standardansatz berechnet, sind sämtliche Forderungen eines Instituts einer in Art. 79 RL 2000/12/EG festgelegten **Forderungsklasse** zuzuordnen. Dabei wird insbesondere zwischen Forderungen an Zentralstaaten oder Zentralbanken, an Gebietskörperschaften, an Unternehmen ohne Erwerbscharakter, an Institute, an Unternehmen, an Einzelpersonen und kleine sowie mittlere Unternehmen (**Retail-Forderungen**) unterschieden. Hinzu kommt eine Differenzierung zwischen Forderungen, die durch Immobilien besichert sind, überfälligen Forderungen, Forderungen mit hohem Risiko, Forderungen in Form gedeckter Schuldverschreibungen, Verbriefungspositionen, kurzfristigen Forderungen an Kreditinstitute und Unternehmen und sonstige Posten.

Sollen Forderungen aus Leasinggeschäften den Forderungsklassen des Art. 79 Abs. 1 RL 2000/12/EG zugeordnet werden, kommt insbesondere eine Einstufung als **Retail-Forderung** im Sinne des Buchstabens h) der Vorschrift in Betracht. Die Voraussetzungen einer Einordnung als Retail-Forderung werden in Art. 79 Abs. 2 RL 2000/12/EG konkretisiert: Danach muss es sich entweder um eine Forderung an eine **Einzelperson/an Einzelpersonen** oder ein **kleines oder mittleres Unternehmen** handeln (Art. 79 Abs. 2 lit. a) RL 2000/12/EG). Weiter muss die Forderung **eine von vielen** Forderungen mit ähnlichen Merkmalen sein, so dass die Ausleihrisiken erheblich reduziert sind (Art. 79 Abs. 2 lit. b) RL 2000/12/EG). Ferner verlangt Art. 79 Abs. 2 lit. c) RL 2000/12/EG, dass der dem Kredit- und Finanzdienstleistungsinstitut von dem Kunden oder der Gruppe verbundener Kunden insgesamt geschuldete Betrag **nicht über eine Million Euro** hinausgehen darf. Diese Voraussetzungen dürften bei zahlreichen Leasinggeschäften erfüllt sein. Ungeachtet der in Art. 79 Abs. 2 RL 2000/12/EG normierten Bedingungen kann jedenfalls der **Zeitwert von Retail-Mindestleasingzahlungen** der Retail-Forderungsklasse zugeordnet werden (Art. 79 Abs. 2 a RL 2000/12/EG).

Retail-Forderungen im Sinne des Art. 79 Abs. 1 lit. h) RL 2000/12/EG werden mit einem **Risikogewicht von 75 %** belegt (Anhang VI, Teil 1 Nr. 41 RL 2000/12/EG). Abweichend davon können Forderungen an einen Leasingnehmer im Zusammenhang mit

Immobilien-Leasing-Geschäften ein **geringeres Risikogewicht von 35 %** zugeordnet werden. Voraussetzung dafür ist, dass ein Kreditinstitut als Leasinggeber fungiert und der Leasingnehmer eine Kaufoption hat. Weiter müssen die zuständigen Stellen davon überzeugt sein, das die Forderung des Kreditinstitus durch das Eigentum des Leasingnehmers an der Immobilie **umfassend und vollständig gesichert** ist (Anhang VI, Teil 1 Nr. 44 a RL 2000/12/EG). Von einer vollständigen Absicherung der Forderung des Kreditinstituts ist dabei nach Anhang VI, Teil 1 Nr. 45 RL 2000/12/EG nur unter einschränkenden Bedingungen auszugehen. So darf der Wert der Immobilie nicht erheblich von der **Bonität des Schuldners** abhängen (Anhang VI, Teil 1 Nr. 45 lit. a) RL 2000/12/EG). Umgekehrt darf das Kreditnehmerrisiko nicht wesentlich durch die Leistungsfähigkeit der zugrundeliegenden Immobilie oder des Projekts bedingt sein, das heißt, der Kreditnehmer muss fähig sein, auf **andere Quellen** zurückzugreifen, um seine Schulden zu begleichen (Anhang VI, Teil 1 Nr. 45 lit. b) RL 2000/12/EG). Weiter müssen die Mindestanforderungen der Risikominderung erfüllt sein, die in Anhang VIII, Teil 2 Nr. 8 für die Anerkennung von **Immobiliensicherheiten** sowie in den **Bewertungsvorschriften** in Anhang VIII, Teil 3 Nrn. 63–66 RL 2000/12/EG normiert sind (Anhang VI, Teil 1 Nr. 45 lit. c) RL 2000/12/EG). Die Anerkennung von Immobiliensicherheiten setzt dabei nach Anhang VIII, Teil 2 Nr. 8 RL 2000/12/EG insbesondere voraus, dass die dingliche Sicherheit an der Immobilie **rechtlich durchsetzbar** und ordnungsgemäß sowie rechtzeitig **registriert** worden ist (Anhang VIII, Teil 2 Nr. 8 lit. a) RL 2000/12/EG). Der Wert der Immobilie muss **häufig überprüft** werden, das heißt bei gewerblich genutzten Immobilien einmal jährlich und bei Wohnimmobilien alle drei Jahre (Anhang VIII, Teil 2 Nr. 8 lit. b) RL 2000/12/EG). Die Bewertung der Immobilie erfolgt dabei durch einen unabhängigen Sachverständigen **zum oder unter Marktwert**. Der Marktwert bezeichnet den geschätzten Betrag, zu dem die Immobilie am Tag der Bewertung nach angemessenem Marketing im Rahmen eines zu **marktüblichen Konditionen**, von den Parteien in Kenntnis der Sachlage, umsichtig und ohne Zwang geschlossenen Geschäfts von einem veräußerungswilligen Verkäufer auf einen kaufwilligen Käufer übergehen würde (Anhang VIII, Teil 3 Nrn. 63–66 RL 2000/12/EG). Der Wert der Immobilie muss die abzusichernde Forderung mit einer **erheblichen Marge** übersteigen (Anhang VI, Teil 1 Nr. 45 lit. d) RL 2000/12/EG), um eine Belegung der Leasing-Forderung mit dem geringeren Risikogewicht von 35 % zu ermöglichen.

Darüber hinaus besteht im Standardansatz die Möglichkeit, dass zuständige Behörden Forderungen im Zusammenhang mit **Immobilienleasing-Transaktionen, die Büro- und sonstige Gewerbeimmobilien** betreffen und bei denen ein Kreditinstitut als Leasinggeber fungiert und der Leasingnehmer eine Kaufoption hat, nach Ermessen mit einem **Risikogewicht von 50 %** zu belegen, sofern die Forderung des Kreditinstituts durch dessen Eigentum an der Immobilie umfassend und vollständig gesichert ist (Anhang VI, Teil 1 Nr. 50 RL 2000/12/EG).

2. Behandlung von Leasinggeschäften im Rahmen des IRB-Ansatzes

Berechnen Kredit- und Finanzdienstleistungsinstitute ihre risikogewichteten Forderungsbeträge anhand interner Ratings (IRB-Ansatz), sind sämtliche Forderungen – vergleichbar dem Vorgehen beim Standardansatz – bestimmten Forderungsklassen zuzuordnen. Die im Rahmen des IRB-Ansatzes vorgesehenen Forderungsklassen sind in Art. 86 Abs. 1 RL 2000/12/EG aufgelistet. Anders als im Standardansatz, der in Art. 79 Abs. 1 RL 2000/12/EG insgesamt 16 verschiedene Forderungsklassen nennt, stehen im IRB-Ansatz gemäß Art. 86 Abs. 1 RL 2000/12/EG lediglich sieben Forderungsklassen zur Verfügung. Der **Zeitwert von Retail-Mindestleasingzahlungen** wird wie im Standardansatz der Retail-Forderungsklasse zugeordnet (Art. 86 Abs. 1 a RL 2000/12/EG). Dabei entspricht der Forderungswert beim Leasing den **abgezinsten Mindestleasingzahlungen** (Anhang VII, Teil 3 Nr. 4 Satz 1 RL 2000/12/EG). Mindestleasingzahlungen sind die Zahlungen über den Leasingzeitraum, zu denen der Leasingnehmer verpflichtet wird oder verpflichtet werden kann und jegliche günstige (sehr wahrscheinlich auszuübende) Kaufoption (Anhang VII, Teil 3 Nr. 4 Satz 2 RL 2000/12/EG).

Der **Restwert** von Leasingobjekten ist demgegenüber der Forderungsklasse „**Sonstige Aktiva, bei denen es sich nicht um Kreditverpflichtungen handelt**" zuzuordnen (Art. 86 Abs. 8 RL 2000/12/EG). Dies gilt allerdings nur, soweit der Restwert von Leasingobjekten nicht im Leasing-Forderungswert enthalten ist. In welchen Fällen der Restwert von Leasingobjekten in den Leasing-Forderungswert einzubeziehen ist, ist im Anhang VII, Teil 3 Nr. 4 Satz 3 RL 2000/12/EG geregelt. Alle garantierten Restwerte sollen danach in die Mindestleasingzahlungen einbezogen werden, soweit sie die in Anhang VIII, Teil 1 Nrn. 26–28, Teil 2 Nrn. 14–18 RL 2000/12/EG aufgestellten Bedingungen der **Risikominderung** erfüllen. Daraus ergibt sich, dass der Restwert von Leasingobjekten insbesondere nur dann in den Leasing-Forderungswert einbezogen werden kann, wenn der Leasingnehmer ein Rating **mindestens der Bonitätsstufe 2** erreicht (Anhang VIII, Teil 1 Nr. 26 lit. g) RL 2000/12/EG), die Absicherung des Kredit- und Finanzdienstleistungsinstituts durch den Leasing-Gegenstand **unmittelbar** ist (Anhang VIII, Teil 2 Nr. 14 lit. a) RL 2000/12/EG) und der Absicherungsvertrag **keine Klausel** enthält, deren Erfüllung sich dem direkten **Einfluss des Kreditgebers entzieht** (Anhang VIII, Teil 2 Nr. 14 lit. c) RL 2000/12/EG) und die bei Verschlechterung der Bonität des Leasingnehmers die tatsächlichen Kosten der Absicherung in die Höhe treiben und es dem Sicherungsgeber ermöglichen würde, die Absicherung einseitig zu kündigen oder die Laufzeit der Absicherung zu verkürzen. Sind die Bestimmungen der Risikominderung nicht erfüllt, darf der Restwert eines Leasingobjekts nicht zum Leasing-Forderungswert addiert und damit den Retailforderungen zugeordnet werden; vielmehr ist der Restwert des Leasingobjekts gemäß Art. 86 Abs. 8 RL 2000/12/EG der Forderungsklasse „Sonstige Aktiva, bei denen es sich nicht um Kreditverpflichtungen handelt" zuzuweisen. Der risikogewichtete Forderungsbetrag bestimmt sich dann nach einer Formel, die die Anzahl der **Jahre der Leasingvertragslaufzeit (t)** berücksichtigt. Der risikogewichtete Forderungsbetrag entspricht dann 100 % des Forderungswertes dividiert durch die Anzahl der Jahre der Leasingvertragslaufzeit (Anhang VII, Teil 1 Nr. 25 RL 2000/12/EG).

3. Behandlung von Leasinggeschäften bei der Aufsicht über Großkredite

10 Um einen Großkredit im Sinne der Neufassung der Richtlinien 2000/12/EG und 93/6/EWG handelt es sich nach Art. 108 RL 2000/12/EG, wenn der Wert des Kredits eines Kreditinstituts an einen Kunden oder eine Gruppe verbundener Kunden **10 % der Eigenmittel** des Kreditinstituts erreicht oder überschreitet. Als Kredit gelten dabei alle Aktiva und außerbilanziellen Geschäfte im Sinne des Standardansatzes. Risikogewichte und -grade bleiben jedoch außer Betracht (Art. 106 Abs. 1 Satz 1 in Verbindung mit Artt. 78 ff. RL 2000/12/EG). Damit unterfallen auch Forderungen aus Leasinggeschäften dem Kreditbegriff im Rahmen der neugefassten Aufsicht über Großkredite. Für Großkredite besteht nach Art. 110 Abs. 1 RL 2000/12/EG eine **Meldepflicht**. Weiter normiert Art. 111 Abs. 1 RL 2000/12/EG eine **Obergrenze** über Großkredite. Ein Kreditinstitut darf danach grundsätzlich keinem Kunden und keiner Gruppe verbundener Kunden einen Kredit einräumen, dessen **Gesamtbetrag 25 %** der Eigenmittel des Kreditinstituts überschreitet. Von der Anwendung der Großkreditobergrenze des Art. 111 RL 2000/12/EG können die Mitgliedstaaten bestimmte in Art. 113 Abs. 3 RL 2000/12/EG aufgeführte Aktiva ausnehmen. Nach lit. p) der Vorschrift können Leasinggeschäfte bei der Ermittlung der Großkreditobergrenze **bis zu 50 % des Wertes des betreffenden Wohneigentums unberücksichtigt** bleiben, bei denen der vermietete Wohnraum so lange vollständig das Eigentum des Leasinggebers bleibt, wie der Mieter seine Kaufoption nicht ausgeübt hat. Ferner besteht nach Art. 113 Abs. 3 lit. q) ii) 1. Halbs. RL 2000/12/EG die Möglichkeit, Immobilienleasinggeschäfte bis maximal 50 % des Wertes der betreffenden

24. Kapitel. Leasing im deutschen und europäischen Recht   § 78

Immobilie von der Ermittlung der Großkreditobergrenze auszunehmen, die Büro- oder sonstige Geschäftsräume betreffen. Dies gilt allerdings nur, soweit diese Forderungen im Standardansatz von den zuständigen Behörden als Forderungen im Zusammenhang mit **Immobilienleasing-Transaktionen, die Büro- und sonstige Gewerbimmobilien** betreffen, mit einem Risikogewicht von (nur) 50 % anzusetzen; das bedeutet, dass sich die Ausnahmebestimmung des Art. 113 Abs. 3 lit. q) ii) 1. Halbs. RL 2000/12/EG auf Leasinggeschäfte beschränkt, bei denen ein Kreditinstitut als Leasinggeber fungiert und der Leasingnehmer eine Kaufoption hat. Weiter muss die Forderung des Kreditinstituts durch dessen Eigentum an der Immobilie umfassend und vollständig gesichert sein (Anhang VI, Teil 1 Nr. 50 RL 2000/12/EG). Übergangsweise bis zum **31. Dezember 2011** können die zuständigen Behörden der Mitgliedstaaten gestatten, dass Kreditinstitute in diesen Fallkonstellationen sogar 100 % des Wertes der betreffenden Immobilie anerkennen (Art. 113 Abs. 3 lit. q) ii) 2. Halbs. RL 2000/12/EG).

4. Befristeter Dispens von der Obergrenze 50 %iger Risikogewichtung von Forderungen aus Immobilien-Leasinggeschäften

Bezüglich der Berechnung der risikogewichteten Forderungsbeträge von Immobilienleasinggeschäften sieht Art. 153 RL 2000/12/EG eine bis zum **31. Dezember 2012** befristete Übergangsregelung vor. Danach können die zuständigen Behörden bis zu diesem Zeitpunkt gestatten, dass bei Immobilienleasinggeschäften, die Büro- oder sonstige gewerbliche Räume betreffen, Forderungen mit einem Risikogewicht von (nur) 50 % angesetzt werden. Voraussetzung ist allerdings, dass die in Anhang VI, Teil 1 Nr. 51 RL 2000/12/EG genannten Kriterien erfüllt sind. Das bedeutet, dass der Wert der Immobilie nicht wesentlich von der **Bonität des Schuldners** abhängen darf (Anhang VI, Teil 1 Nr. 51 lit. a) RL 2000/12/EG). Umgekehrt darf das Kreditnehmerrisiko nicht wesentlich durch die Leistungsfähigkeit der zugrundeliegenden Immobilie oder des Projekts bedingt sein, das heißt der Kreditnehmer muss fähig sein, auf **andere Quellen** zurückzugreifen, um seine Schulden zu begleichen (Anhang VI, Teil 1 Nr. 51 lit. b) RL 2000/12/EG). Darüber hinaus müssen die Mindestanforderungen der Risikominderung erfüllt sein, die in Anhang VIII, Teil 2 Nr. 8 für die Anerkennung von **Immobiliensicherheiten** sowie in den **Bewertungsvorschriften** in Anhang VIII, Teil 3 Nrn. 63–66 RL 2000/12/EG normiert sind (Anhang VI, Teil 1 Nr. 45 lit. c) RL 2000/12/EG). Die Anerkennung von Immobiliensicherheiten setzt dabei nach Anhang VIII, Teil 2 Nr. 8 RL 2000/12/EG insbesondere voraus, dass die dingliche Sicherheit an der Immobilie **rechtlich durchsetzbar** und ordnungsgemäß sowie rechtzeitig **registriert** worden ist (Anhang VIII, Teil 2 Nr. 8 lit. a) RL 2000/12/EG). Der Wert der Immobilie muss **häufig überprüft** werden, das heißt bei gewerblich genutzten Immobilien einmal jährlich und bei Wohnimmobilien alle drei Jahre (Anhang VIII, Teil 2 Nr. 8 lit. b) RL 2000/12/EG). Die Bewertung der Immobilie erfolgt dabei durch einen unabhängigen Sachverständigen **zum oder unter Marktwert**. Der Marktwert bezeichnet den geschätzten Betrag, zu dem die Immobilie am Tag der Bewertung nach angemessenem Marketing im Rahmen eines zu **marktüblichen Konditionen**, von den Parteien in Kenntnis der Sachlage, umsichtig und ohne Zwang geschlossenen Geschäfts von einem veräußerungswilligen Verkäufer auf einen kaufwilligen Käufer übergehen würde (Anhang VIII, Teil 3 Nrn. 63–66 RL 2000/12/EG). Diese Voraussetzungen entsprechen im wesentlichen den Kriterien, nach denen zuständige Stellen im Rahmen des Standardansatzes zu beurteilen haben, ob Forderungen eines Kreditinstituts durch das Eigentum des Leasingnehmers aus der Immobilie **umfassend und vollständig gesichert** ist und daher Leasing-Forderungen nach Anhang VI, Teil 1 Nr. 44 a in Verbindung mit Nr. 45 RL 2000/12/EG mit dem Risikogewicht von bloß 35 % angesetzt werden können. Anders als Anhang VI, Teil 1 Nr. 45 lit. d) RL 2000/12/EG ist nach Nr. 51 allerdings nicht zu verlangen, dass der Wert der Immobilie die abzusichernde Forderung mit einer **erheblichen Marge** übersteigen muss.

11

§ 78 Vierter Teil. Wirtschaftliche Problemkomplexe des Leasings

Die durch die Übergangsregelung des Art. 153 RL 2000/12/EG bis zum **31. Dezember 2012** befristete Erleichterung besteht darin, das die Risikogewichtung mit nur 50% bei Forderungen aus Immobilienleasinggeschäften nicht unter den Einschränkungen der Nrn. 52, 53 des Anhangs VI, Teil 1 RL 2000/12/EG steht. Grundsätzlich ist die auf 50% verminderte Risikogewichtung **limitiert**; dies gilt ungeachtet der oben skizzierten in Anhang VI, Teil 1 Nr. 51 RL 2000/12/EG normierten Voraussetzungen. In Anhang VI, Teil 1 Nrn. 52, 53 RL 2000/12/EG wird eine **Obergrenze** der 50%igen Risikogewichtung statuiert: Das Risikogewicht von 50% wird nur auf den Kreditanteil angewandt, der die Obergrenze von **50% des Marktwertes** der fraglichen Immobilie (Anhang VI, Teil 1 Nr. 52 lit. a) RL 2000/12/EG) oder **60% des Beleihungswertes** der den Kredit besichernden Immobilie nicht übersteigt, sofern dieser Wert niedriger ist als die Obergrenze von 50% des Marktwertes (Anhang VI, Teil 1 Nr. 52 lit. b) RL 2000/12/EG). Kreditanteile, die diese in Anhang VI, Teil 1 Nr. 52 RL 2000/12/EG definierte Obergrenze übersteigen, werden mit einem Risikogewicht von 100% angesetzt (Anhang VI, Teil 1 Nr. 53 RL 2000/12/EG).

5. Allgemeine Kreditrisikominderung bei Forderungen aus Leasinggeschäften

12 Bei der Ermittlung risikogewichteter Forderungsbeträge können nach Art. 91 RL 2000/12/EG sowohl im Standardansatz als auch im IRB-Ansatz zur Berechnung der Eigenkapitalunterlegung im Sinne von Art. 75 lit. a) RL 2000/12/EG kreditrisikomindernde Umstände anerkannt werden. Das aufsichtspflichtige Institut muss dann weniger Eigenkapital zur Absicherung des Kredites vorhalten, so dass sich für den Kreditnehmer ein niedriger Kreditzins ergibt.[16] Art. 92 RL 2000/12/EG formuliert die Anforderungen, die an Maßnahmen der Kreditrisikominderung zu stellen sind. Dazu zählen insbesondere die **Rechtswirksamkeit der Besicherung** und die **Verwertbarkeit der Sicherheitsleistung** (Art. 92 Absätze 1 und 2 RL 2000/12/EG) sowie ihre **Wertbeständigkeit** (Art. 92 Abs. 4 Satz 2 RL 2000/12/EG). Zu berücksichtigen sind damit insbesondere sogenannte **Residualrisiken**, das heißt das Risiko unterschiedlicher Wertentwicklungen zwischen dem besicherten Kredit einerseits und den hierfür bestellten Sicherheiten andererseits.[17] Die anerkennungsfähigen Formen der Kreditrisikominderung werden in Anhang VIII, Teil 1 RL 2000/12/EG festgelegt. Dabei wird zwischen einer Besicherung **mit** Sicherheitsleistung (Anhang VIII, Teil 1 Nr. 1 RL 2000/12/EG) und einer solchen **ohne** Sicherheitsleistung (Anhang VIII, Teil 1 Nr. 2 RL 2000/12/EG) unterschieden. Besicherung ohne Sicherungsleistung meint dabei insbesondere die Anerkennung von **Sicherungsgebern**.

13 **a) Voraussetzungen einer erweiterten risikomindernden Anerkennung von Sicherheiten bei Leasinggeschäften.** Betrachtet man die Variante der Besicherung **mit** Sicherheitsleistung, ist festzustellen, dass nach Anhang VIII, Teil 1 Nr. 12 ff. RL 2000/12/EG **erweiterte** Möglichkeiten der Anerkennung von Sicherheitsleistungen bestehen, soweit ein Institut den IRB-Ansatz anwendet. Diese Erweiterung der Anerkennungsfähigkeit von Sicherheiten betrifft auch Leasinggeschäfte.[18] Gemäß Anhang VIII, Teil 1 Nr. 22 RL 2000/12/EG werden Forderungen aus Leasinggeschäften, bei denen ein **Kreditinstitut der Leasinggeber** und ein **Dritter Leasingnehmer** ist, wie Kredite behandelt, die als Sicherheit die gleiche Art von Gegenstand haben wie das **Leasingobjekt**. Dies gilt allerdings nur, soweit die Mindestanforderungen erfüllt sind, die in Anhang VIII,

---

[16] *Kümpel* Bank- und Kapitalmarktrecht Rdn. 19.95.
[17] *Kümpel* Bank- und Kapitalmarktrecht Rdn. 19.95.
[18] Damit zeichnet sich eine Abkehr von der Regel des § 21 Abs. 1 Satz 2 KWG ab, dass zugunsten der Institute bestehende Sicherheiten bei Leasinggeschäften grundsätzlich außer Betracht bleiben; *Gödel* Kreditwesen 2001, 1077, 1078; zu dem hergebrachten Grundsatz vgl. *Beck* Gesetz über das Kreditwesen Band I § 21 KWG Rdn. 57.

Teil 2 Nr. 11 RL 2000/12/EG formuliert werden, um Leasingforderungen als besichert ansehen zu können. Diese Mindestanforderungen nehmen **alternativ** Bezug auf die Mindestanforderungen für die Anerkennung von **Immobiliensicherheiten** (Anhang VIII, Teil 2 Nr. 8 RL 2000/12/EG) sowie die Mindestanforderungen für die Anforderungen **sonstiger Sachsicherheiten** (Anhang VIII, Teil 2 Nr. 10 RL 2000/12/EG).

Immobiliensicherheiten sind danach insbesondere nur anzuerkennen, wenn das Grundpfandrecht **rechtlich durchsetzbar** und ordnungsgemäß und rechtzeitig **registriert** ist (Anhang VIII, Teil 2 Nr. 8 lit. a) RL 2000/12/EG). Der Wert der Immobilie muß häufig, das heißt grundsätzlich bei gewerblich genutzten Immobilien **einmal jährlich** und bei Wohnimmobilien **alle drei Jahre** überprüft werden (Anhang VIII, Teil 2 Nr. 8 lit. b RL 2000/12/EG). Sachsicherheiten können lediglich anerkannt werden, wenn die Sicherungsvereinbarung rechtswirksam und rechtlich durchsetzbar ist und das Kreditinstitut in der Lage ist, die Sicherheit innerhalb eines angemessenen Zeitraums zu verwerten (Anhang VIII, Teil 2 Nr. 10 lit. a) RL 2000/12/EG). Zulässig sind nur **erstrangige Pfandrechte**, die dem Kreditinstitut bei den aus der Sicherheit realisierten Erlösen Vorrang vor allen anderen Gläubigern gewährt (Anhang VIII, Teil 2 Nr. 10 lit. b) RL 2000/12/ EG). Der Wert der Sachsicherheit ist – wie der Wert einer Immobiliensicherheit – **häufig** zu überprüfen; bei Sachsicherheiten bedeutet dies, dass der Wert mindestens einmal jährlich zu überprüfen ist (Anhang VIII, Teil 2 Nr. 10 lit. c) RL 2000/12/EG); eine Differenzierung zwischen gewerblicher und nichtgewerblicher Nutzung findet bei Sachsicherheiten anders als bei Immobilien nicht statt. Weiter sind vor allem strenge Anforderungen an die **Dokumentation** der Kreditinstitute zu stellen, die Sachsicherheiten zur Minderung von Kreditrisiken einsetzen (vgl. Anhang VIII, Teil 2 Nr. 10 lit. d) und e) RL 2000/12/ EG). Darüber hinaus werden strenge Anforderungen an die **Kreditvergabegrundsätze** der Institute gestellt (Anhang VIII, Teil 2 Nr. 10 lit. f) RL 2000/12/EG), eine vollumfängliche Berücksichtigung jeder **Wertminderung** der Sicherheit verlangt (Anhang VIII, Teil 2 Nr. 10 lit. g) RL 2000/12/EG), das Recht der Institute gefordert, Sicherungsgegenstände **materiell zu prüfen** (Anhang VIII, Teil 2 Nr. 10 lit. h) RL 2000/12/EG) sowie Verfahren verlangt, mit denen überwacht werden kann, dass die Sicherungsgegenstände angemessen **gegen Schäden versichert** sind (Anhang VIII, Teil 2 Nr. 10 lit. i) RL 2000/ 12/EG). Sowohl bezüglich der in Anhang VIII, Teil 2 Nr. 8 RL 2000/12/EG statuierten Mindestanforderungen zur Anerkennung von Immobiliensicherheiten wie auch hinsichtlich der Mindestanforderungen des Anhang VIII, Teil 2 Nr. 10 lit. b) RL 2000/12/EG zur Anerkennung sonstiger Sachsicherheiten enthält Anhang VIII, Teil 2 Nr. 11 lit. a) RL 2000/12/EG eine bedeutsame Einschränkung: Diese Bedingungen zur Anerkennung einer Sicherheit als Kreditrisikominderung müssen nur erfüllt sein, soweit dies nach der Art des Leasingobjekts für die Anerkennung als Sicherheit **zweckmäßig** ist.

Darüber hinaus ist nach Anhang VIII, Teil 2 Nr. 11 lit. b) RL 2000/12/EG zur kreditrisikomindernden Besicherung von Leasingforderungen zu verlangen, dass der Leasinggeber hinsichtlich des Verwendungszwecks des geleasten Vermögenswertes, seines Alters und seiner geplanten Nutzungsdauer über ein **solides Risikomanagement** verfügt.[19] Dieses muss eine angemessene Überwachung des Wertes der Sicherheit umfassen. Weiter ist ein solider **rechtlicher Rahmen** zu fordern, der das rechtliche Eigentum des Leasinggebers am Leasingobjekt und seine Fähigkeit sicherstellt, die Eigentumsrechte zeitnah auszuüben (Anhang VIII, Teil 2 Nr. 11 lit. c) RL 2000/12/EG). Weiter darf die Differenz zwischen dem Wert des ungetilgten Forderungsbetrages und dem Marktwert der Sicherheit den kreditrisikomindernden Effekt des Leasingobjekts nicht übersteigen (Anhang VIII, Teil 2 Nr. 11 lit. d) RL 2000/12/EG).

b) Berechnung der risikomindernden Effekte von Sicherheiten bei Leasingge- 14
schäften. Werden Sicherheiten als grundsätzlich kreditrisikomindernd anerkannt, stellt

---

[19] *Gödel* Kreditwesen 2001, 1077, 1078.

sich die Frage nach der Berechnung des **risikomindernden Effekts** einer Sicherheitsleistung. Inwiefern die Berechnung der risikogewichtigen Forderungsbeträge sowohl im Standardansatz als auch im IRB-Ansatz aufgrund kreditrisikomindernder Maßnahmen geändert werden kann, ist in Anhang VIII, Teil 3 RL 2000/12/EG geregelt. Finanzielle Sicherheiten beispielsweise werden danach grundsätzlich mit ihrem Marktwert angesetzt (Anhang VIII, Teil 3 Nr. 26 RL 2000/12/EG). Soweit im **IRB-Ansatz** eine Absicherung von Forderungen mittels **sonstiger** Sicherheitsleistungen erfolgt, sind besondere Vorschriften zur Berechnung der risikogewichteten Forderungsbeträge und erwarteten Verlustbeträge erlassen worden (Anhang VIII, Teil 3 Nr. 69 ff. RL 2000/12/EG). In Anhang VIII, Teil 3 Nr. 73 RL 2000/12/EG werden sogenannte **„effektive Verlustquoten bei Ausfall (LGD)"** festgelegt. Anhang VIII, Teil 3 Nr. 73 lit. a) und b) RL 2000/12/EG enthalten zwei bis zum 31. Dezember 2012 befristete Sonderregelungen für Forderungen aus bestimmten Leasinggeschäften: Danach ist für vorrangige Forderungen aus **Leasinggeschäften mit Gewerbeimmobilien** eine effektive Verlustquote bei Ausfall von (nur) **30 %** anzusetzen. Für vorrangige Forderungen aus **Investitionsgüter-Leasinggeschäften** gilt eine effektive Verlustquote bei Ausfall von **35 %**.

6. Eigenkapitalanforderungen für das operationelle Risiko beim Standardansatz für Geschäftsfelder des Leasing

15 Eine der wesentlichen Neuerungen der zweiten Baseler Eigenkapitalübereinkunft ist die Berücksichtigung sogenannter **„operationeller Risiken"** im Rahmen der Aufsicht über Kredit- und Finanzdienstleistungsinstitute, das heißt die Einbeziehung von **Betriebsrisiken**. Das operationelle Risiko wird umschrieben als die Gefahr von Verlusten, die infolge der Unangemessenheit oder des Versagens von internen Prozessen, Menschen und Systemen oder von externen Ereignissen eintreten. Gemeint sind damit insbesondere Verlustgefahren aufgrund fehlerhafter Kontrollsysteme wie Computerfehler, Missbrauch oder Betrug.[20] Dazu zählen insbesondere auch Rechtsrisiken, nicht jedoch das generelle Geschäftsrisiko sowie das Reputationsrisiko. Die operationellen Risiken der Kredit- und Finanzdienstleistungsinstitute nehmen insbesondere aufgrund der fortschreitenden Abhängigkeit von neuen Informationstechnologien und der zunehmenden Komplexität von Bankgeschäften zu.[21] Die Unterlegung auch operationeller Risiken stellt die **„Zweite Säule"** des neuen aufsichtsrechtlichen Regelwerkes dar. Die Europäische Gemeinschaft hat diesen Ansatz bei der Neufassung der Richtlinien 2000/12/EG und 93/6/EWG übernommen.

In den Artt. 102 ff. RL 2000/12/EG werden die Mindestanforderungen zur Absicherung des operationellen Risikos der Kreditinstitute formuliert. Zur Unterlegung des operationellen Risikos mit Eigenkapital wird entweder gemäß Art. 103 RL 2000/12/EG ein **Prozentsatz** eines nach den Parametern des Anhangs X, Teil 1 RL 2000/12/EG bestimmten **Indikators** vorgeschrieben **(Basisindikatoransatz)**. Die Eigenkapitalanforderung für das operationelle Risiko beträgt beim Basisindikatoransatz **15 %** (Anhang X, Teil 1 Nr. 1 RL 2000/12/EG) des Dreijahresdurchschnitts der Summe aus Nettozinserträgen und zinsunabhängigen Nettoerträgen (Anhang X, Teil 1 Nr. 2 RL 2000/12/EG). Alternativ können Kreditinstitute nach dem sogenannten **Standardansatz** ihre Tätigkeiten gemäß Anhang X, Teil 2 RL 2000/12/EG einer Reihe von **Geschäftsfeldern** zuordnen (Art. 104 Abs. 1 RL 2000/12/EG). Das zur Absicherung des operationellen Risikos erforderliche Eigenkapital wird dann für jedes dieser Geschäftsfelder einzeln ermittelt. Dabei handelt es sich um einen gewissen Prozentsatz eines nach den Parametern des Anhangs X Teil 2 bestimmten Indikators (Art. 104 Abs. 2 RL 2000/12/EG). Die Eigenkapitalanforderungen für das operationelle Risiko ergeben sich im Standardansatz damit letztlich durch einfache **Addition** der für die einzelnen Geschäftsfelder nach einer im

---

[20] *Kümpel* Bank- und Kapitalmarktrecht Rdn. 19.97.
[21] *Boos/Fischer/Schulte-Mattler* Kreditwesengesetz Basel II Rdn. 133 f.

Anhang X, Teil 2 RL 2000/12/EG enthaltenen Tabelle berechneten Eigenkapitalanforderungen (Anhang X, Teil 2 Nr. 1 RL 2000/12/EG). Für **Leasinggeschäfte mit Firmenkunden** ist nach dieser Tabelle ein Prozentsatz von **15 %**, für **Leasinggeschäfte mit Privatkunden** ein Satz von **12 %** des maßgeblichen Indikators anzusetzen. Der maßgebliche Indikator ist dabei für jedes Geschäftsfeld als der Dreijahresdurchschnitt der Summe aus dem Nettozinsertrag und dem zinsunabhängigen Nettoertrag einzeln zu berechnen.

7. Zusammenfassung und Bewertung

Können Forderungen aus Leasinggeschäften der **Forderungsklasse „Retail-Forderungen"** zugeordnet werden, sind diese Forderungen im Rahmen der Eigenmittelaufsicht grundsätzlich mit einem Risikogewicht von **75 %** zu belegen. Handelt es sich um Forderungen aus Immobilien-Leasinggeschäften, kann eine Gewichtung mit lediglich **35 %** in Betracht kommen. Das gilt allerdings nicht, soweit es sich um Forderungen aus Immobilientransaktionen im Zusammenhang mit Büro- und sonstigen Gewerbeimmobilien handelt. Diese sind mit einem Risikofaktor von **50 %** zu belegen. Ab dem 1. Januar 2013 ist diese verminderte Risikogewichtung limitiert. Die Obergrenze liegt dann bei 50 % des Marktwertes der Immobilie beziehungsweise bei 60 % ihres Beleihungswertes, soweit dieser Wert niedriger ist. Sind Forderungen aus Leasinggeschäften der **Forderungsklasse „Sonstige Aktiva, bei denen es sich nicht um Kreditverpflichtungen handelt"** zuzuordnen, entspricht der risikogewichtete Forderungsbetrag 100 % des Forderungsbetrages dividiert durch die Anzahl der Jahre der Leasingvertragslaufzeit. Eine solche Einordnung von Leasingforderungen kommt insbesondere bei Restwerten von Leasingobjekten in Betracht. Bei der Ermittlung der **Großkreditobergrenze** können Forderungen aus Wohnraum-Leasinggeschäften bis zu 50 % des Wertes des Wohneigentums unberücksichtigt bleiben. Gleiches kann für Forderungen aus Immobilien-Leasinggeschäften gelten, die Büro- oder sonstige Geschäftsräume betreffen. Befristet bis zum 31. Dezember 2011 kann der Wert der Büro- oder Geschäftsimmobilie sogar bis zu 100 % anerkannt und damit die betreffende Forderung von der Ermittlung der Großkreditobergrenze ausgenommen werden. Weiter können Leasingobjekte anders als nach den derzeit geltenden aufsichtsrechtlichen Grundsätzen künftig unter bestimmten Voraussetzungen als **kreditrisikomindernd** anerkannt werden. Für vorrangige Forderungen aus Leasinggeschäften mit Gewerbeimmobilien kann dann eine effektive Verlustquote von nur 30 %, für vorrangige Forderungen aus Investitionsgüter-Leasinggeschäften eine solche von 35 % anzusetzen sein. Im Rahmen der Eigenkapitalunterlegung des **operationellen Risikos** ist für Leasinggeschäfte mit Firmenkunden ein Prozentsatz von 15 %, für Leasinggeschäfte mit Privatkunden ein Satz von lediglich 12 % anzusetzen, soweit Kredit- und Finanzdienstleistungsinstitute nach dem Standardansatz verfahren. Damit ist festzustellen, dass die neuen, durch die zweite Baseler Eigenkapitalübereinkunft geprägten Bestimmungen zur Finanzdienstleistungsaufsicht eine sehr viel differenziertere aufsichtsrechtliche Behandlung von Forderungen aus Leasinggeschäften vorsehen als das hergebrachte Aufsichtsrecht. Die Komplexität der gemeinschaftsrechtlichen Vorschriften dürfte allerdings die Grenze der Praktikabilität erreichen.

IV. Bedeutung der neuen Eigenmittelvorschriften für die Refinanzierung von Leasingunternehmen

Die mit der Umsetzung der zweiten Baseler Eigenkapitalübereinkunft verbundenen Neuerungen wirken sich für Kreditnehmer insbesondere dahingehend aus, dass künftig Schuldner mit einer guten Bonität geringere Kreditzinsen zu zahlen haben. Mit schlechterer Bonität wird demgegenüber die Zinsbelastung der Kreditnehmer steigen.[22] Über den „Umweg" der Refinanzierung wirkt die neue Eigenkapitalvereinbarung Basel II da-

---

[22] *Kümpel* Bank- und Kapitalmarktrecht Rdn. 19.105.

mit auch auf Leasingunternehmen ein, die nicht unmittelbar den Vorschriften über die Finanzdienstleistungsaufsicht unterliegen.[23] Die Gewährung von Darlehen, die durch Sicherungsübereignung von Leasinggegenständen oder durch Abtretung von Forderungen aus Leasinggeschäften besichert sind, wird sowohl hinsichtlich der Risikogewichtung der Forderung bezüglich der Eigenmittelkontrolle und der Absicherung gegen operationelle Risiken als auch hinsichtlich der Aufsicht über Großkredite den neugefassten Aufsichtsregimen genügen müssen.

---

[23] *Gödel* Kreditwesen 2001, 1077.

25. Kapitel. Leasing und staatliche Investitionsförderung
§ 79. Investitionszulage

Schrifttum: *Frenz/Kühl* Die neuen Regionalbeihilfeleitlinien 2007–2013, EWS 2006, 536 ff.; *Heger* Begriff „Verbleiben in einer Betriebsstätte im Fördergebiet" nach den InvZulG 1999 und 2005 – Zum Einfluss des Gemeinschaftsrechts auf die Ausgestaltung der InvZulG, DB 2004, 1904 ff.; *Heß* Die Fortsetzung der Investitionsförderung durch das Investitionszulagengesetz 2005, DStR 2004, 940 ff.; *dies.* Das Anwendungsschreiben zum Investitionszulagengesetz 2005 – Anmerkungen zum BMF-Schreiben vom 20. 1. 2006, DStR 2006, 501 ff.; *Jäger* Aktiengesellschaft unter besonderer Berücksichtigung der KGaA, 2004; *Kroschel/Peterson* Das Investitionszulagengesetz 2007, BB 2006, 1415 ff.; *Ludolph* Förderung von Investitionen in Ostdeutschland durch Investitionszulagen im Übergang vom InvZulG 1999 zum InvZulG 2005, DStR 2005, 305 ff.; *Soltész* Subventionskahlschlag oder Beihilfenkontrolle? – Der neue Multisektorale Regionalbeihilferahmen als europaweites Investitionshemmnis?, EWS 2004, 241 ff.; *Strohner/Umschlag* Die Förderlücke im InvZulG 2005, DB 2004, 1746 ff.; *Uhlmann* Die Neuregelung der steuerlichen Investitionsförderung durch das Investitionszulagengesetz 2005 aus Beratersicht, BB 2004, 2047 ff.; *ders.* Die Einordnung von kleinen und mittleren Unternehmen im Investitionszulagenrecht ab 2005, BB 2004, 2213 ff.; *ders.* Die Abgrenzung von Erstinvestitionsvorhaben im Investitionszulagenrecht ab 2007, BB 2007, 854 ff.; *ders.* Zusammenfassung wesentlicher Neuregelungen des Investitionszulagengesetzes 2007 in der geänderten Gesetzesfassung vom 21. 12. 2006, DStR 2007, 565 ff.; *Zitzmann* Der Investitionsbeginn im InvZulG 2005, DB 2004, 1750.

Übersicht

	Rdn.
I. Rechtsentwicklung	1
1. Vorläuferregelungen	1
2. InvZulG 2005	4
3. InvZulG 2007	8
II. Anspruchsberechtigte	12
1. Rechtsanspruch	12
2. Fördergebiet	15
3. Leasingverhältnisse	16
III. Betriebliche Investitionen	18
1. Begünstigte Investitionen	18
a) Bewegliche Wirtschaftsgüter	18
aa) Überblick	18
bb) Anlagevermögen	21
cc) Abnutzbare bewegliche Wirtschaftsgüter	23
dd) Neue Wirtschaftsgüter	24
ee) Anschaffung oder Herstellung	30
ff) Zugehörigkeit zum Betrieb	31
gg) Verbleiben im Betrieb	36
hh) Nutzung im Betrieb	42
ii) Vorzeitiges Ausscheiden	43
jj) Ersatzwirtschaftsgut	46
kk) Branchenbezug	48
ll) Bescheinigungsverfahren	55
mm) Privatnutzung	60
b) Gebäude	61
aa) Gebäudebegriff	61
bb) Neue Gebäude	64
cc) Verwendung im Betrieb	69
c) Erstinvestition	72
d) Förderzeitraum	79
aa) Investitionsfristen	79
bb) Investitionsbeginn	83
cc) Investitionsabschluss	88
2. Ausschluss der Förderfähigkeit	91

§ 79 Vierter Teil. Wirtschaftliche Problemkomplexe des Leasings

Rdn.
3. Nicht begünstigte Investitionen ... 93
   a) Überblick ... 93
   b) Geringwertige Wirtschaftsgüter ... 94
   c) Personenkraftwagen ... 95
IV. Höhe der Investitionszulage ... 96
   1. Bemessungsgrundlage ... 96
   2. Grundzulagen ... 100
   3. Erhöhte Zulagen ... 101
      a) KMU ... 101
      b) Differenzierung ... 105
      c) Fördersätze ... 111
V. Verfahren ... 114
   1. Antragstellung ... 114
      a) Antragsberechtigung ... 114
      b) Antragsfrist ... 117
      c) Antragsform ... 119
      d) Antragsinhalt ... 121
   2. Investitionszulagenbescheid ... 124
      a) Abgabenordnung ... 124
      b) Gemeinschaftsrecht ... 129
         aa) Grundlegende Bedeutung ... 129
         bb) Regionalbeihilfen ... 137
         cc) Umstrukturierungsbeihilfen ... 144
      c) Rechtsverordnung ... 147
   3. Anzeige- und Mitteilungspflichten ... 148
VI. Rechtsweg ... 151

I. Rechtsentwicklung

1. Vorläuferregelungen

1   Die primäre Zielsetzung der nach der Wiedervereinigung auf die Neuen Bundesländer fokussierten Investitionsförderung besteht aus Sicht des Gesetzgebers darin, die Sachkapitalbildung in den geförderten Regionen anzuregen.[1] Die regionale Förderung soll dem **Ausgleich von Standortnachteilen** dienen und die Chancen der geförderten Regionen im Wettbewerb um Unternehmensansiedlungen verbessern. Der Gesetzgeber hat auch in jüngster Zeit noch einmal betont, dass die Investitionszulage neben dem Investitionszuschuss aus der Gemeinschaftsaufgabe Verbesserung der regionalen Wirtschaftsstruktur[2] „ein Kernstück der deutschen regionalen Strukturpolitik" bildet.[3] Die Bundesregierung hat die Fortsetzung der Investitionsförderung in den neuen Ländern als zentralen Baustein ihrer Wirtschaftspolitik bezeichnet.[4]

2   Gleichwohl wurde der Anwendungsbereich der gesetzlichen Regelung im Laufe der Zeit zunehmend eingeschränkt, nicht zuletzt um das Niveau der durch die Investitionszulagenregelung bewirkten Steuermindereinnahmen zu senken.[5] Dies wurde bereits am InvZulG 2005 deutlich, das im Vergleich zum InvZulG 1999 weitere **Einschränkungen** vorgenommen hat.[6] So wurden als Reaktion auf eine entsprechende Forderung der Euro-

---

[1] BT-Drucks. 15/2249 S. 11.
[2] Zusammenfassender Überblick in § 80.
[3] BT-Drucks. 15/2249 S. 11.
[4] BT-Drucks. 16/1409 S. 8.
[5] Zur Vereinbarkeit des InvZulG 2007 mit der Haushaltslage des Bundes BT-Drucks. 16/1543 S. 5.
[6] Eine vergleichende Gegenüberstellung bieten *Uhlmann* BB 2004, 2047, 2048; *Ludolph* DStR 2005, 305 ff.

25. Kapitel. Leasing und staatliche Investitionsförderung § 79

päischen Kommission[7] erstmals nur noch Erstinvestitionen gefördert.[8] Ferner richtet sich die Definition des Begriffs der kleinen und mittleren Unternehmen (KMU) seither nach der für gemeinschaftsrechtliche Fördermaßnahmen maßgeblichen Empfehlung der Europäischen Kommission,[9] was den Kreis der Anspruchsberechtigten deutlich verkleinert hat.[10]

Als Vorläuferregelungen zum InvZulG 2005 können genannt werden: 3
- das InvZulG 1991;[11]
- das InvZulG 1993;[12]
- das InvZulG 1996;[13]
- das InvZulG 1999.[14]

Während allerdings die Investitionszulagengesetze 1993 und 1996 aufgrund gesetzlich angeordneter Verlängerung im Wesentlichen lediglich das InvZulG 1991 fortgeschrieben haben, handelte es sich bei den Investitionszulagengesetzen 1999, 2005 und 2007 um jeweils **neue Gesetze**, die ihrerseits verschiedene Einzelregelungen von ihren Vorgängern übernommen haben.[15]

2. InvZulG 2005

Die wirtschaftliche Lage in den neuen Ländern war auch zu Beginn dieses Jahrtausends 4 noch unbefriedigend, wobei der Gesetzgeber neben dem Rückgang der Zahl der Er-

---

[7] Entscheidung vom 28. 2. 2001, ABl. EG 2002 Nr. L 282 S. 15.
[8] Die Begünstigungen des Mietwohnungsbaus sowie der Modernisierungsmaßnahmen an Mietwohngebäuden im innerörtlichen Bereich (§§ 3 und 3a InvZulG 1999) und an eigenen Wohnzwecken dienenden Wohnungen im eigenen Haus (§ 4 InvZulG 1999) sind ganz entfallen; vgl. z. B. BFH BStBl. II 2006 S. 776; BStBl. II 2007 S. 331; DB 2007, 723, 724 ff.; zum Nießbraucher als Anspruchsteller BFH BStBl. II 2003 S. 772; BStBl. II 2006 S. 272; BMF BStBl. I 2006 S. 282.
[9] Empfehlung vom 3. 4. 1996 betreffend die Definition der kleinen und mittleren Unternehmen, ABl. EG Nr. L 107 S. 4, mit Wirkung zum 1. 1. 2005 ersetzt durch die Empfehlung vom 6. 5. 2003 betreffend die Definition der Kleinstunternehmen sowie der kleinen und mittleren Unternehmen, ABl. EU Nr. L 124 S. 36.
[10] Überblick bei *Uhlmann* BB 2004, 2213 ff.
[11] InvZulG 1991 vom 24. 6. 1991, verkündet als Art. 7 des Steueränderungsgesetzes 1991, BGBl. I S. 1322, 1333, geändert durch Art. 13 des Verbrauchsteuerbinnenmarktgesetzes vom 21. 12. 1992, BGBl. I 1993 S. 226; dazu vor allem BMF BStBl. I 1991 S. 768.
[12] Wortlaut des InvZulG 1991 i. d. F. der Bekanntmachung vom 23. 9. 1993, BGBl. I S. 1650, geändert durch das Grenzpendlergesetz vom 24. 6. 1994, BGBl. I S. 1395; Art. 18 des Jahressteuergesetzes 1996 vom 11. 10. 1995, BGBl. I S. 1250, 1390 ff.; Art. 2 Abs. 4 des Zweiten Gesetzes zur Änderung des Arbeitsförderungsgesetzes im Bereich des Baugewerbes vom 15. 12. 1995, BGBl. I S. 1809, 1812; Art. 20 des Gesetzes zur Ergänzung des Jahressteuergesetzes 1996 und zur Änderung anderer Gesetze vom 18. 12. 1995, BGBl. I S. 1959, 1966.
[13] Neubekanntmachung der ab 1. 1. 1996 geltenden Fassung vom 22. 1. 1996, BGBl. I S. 60, geändert durch Art. 4 des Steuerentlastungsgesetzes 1999 vom 19. 12. 1998, BGBl. I S. 3779, 3814; allgemein dazu BMF BStBl. I 1996 S. 111; zur Gewährung von Investitionszulagen an ausländische Körperschaften BMF BStBl. I 1998 S. 623; aus der jüngeren Rechtsprechung z. B. BFH BStBl. II 2006 S. 779, 780 f.
[14] Verkündet als Art. 1 des Gesetzes zur Fortsetzung der wirtschaftlichen Förderung in den neuen Ländern, BGBl. I 1997 S. 2070, nach den erforderlichen Genehmigungen durch die Europäische Kommission vollständig in Kraft getreten i. d. F. der Bekanntmachung vom 22. 5. 2001, BGBl. I S. 984, neu gefasst durch Bekanntmachung vom 11. 10. 2002, BGBl. I S. 4034, zuletzt geändert durch Art. 14 des Gesetzes zur Umsetzung von EU-Richtlinien in nationales Steuerrecht und zur Änderung weiterer Vorschriften vom 9. 12. 2004, BGBl. I S. 3310, 3328; Art. 6 des Gesetzes zur Neuregelung der präventiven Telekommunikations- und Postüberwachung durch das Zollkriminalamt und zur Änderung der Investitionszulagengesetze 2005 und 1999 vom 21. 12. 2004, BGBl. I S. 3603, 3609; allgemein dazu das Anwendungsschreiben BMF BStBl. I 2001 S. 379, dessen Anlagen 2 und 3 ersetzt wurden durch BMF BStBl. I 2002 S. 843.
[15] Die Besonderheiten beim Übergang vom alten zum neuen Recht bei abweichendem Wirtschaftsjahr erläutert *Uhlmann* BB 2004, 2047, 2051 f.

werbstätigen und der überdurchschnittlichen Arbeitslosenquote vor allem den fortbestehenden Rückstand in der gesamtwirtschaftlichen Arbeitsproduktivität hervorhob.[16] Um noch mehr Anreizeffekte auf die Investitionen ausüben zu können und dem **Konvergenzprozess in Ostdeutschland** neue Impulse zu verleihen, hielt er eine Fortführung der Investitionsförderung für unbedingt erforderlich. Da er keine Alternative zur Investitionszulage als Instrument der Förderung von betrieblichen Investitionen in den neuen Ländern sah, wollte er eine Nachfolgeregelung für das Ende 2004 ausgelaufene InvZulG 1999 schaffen.[17]

5   Da die Vorschriften über Investitionszulagen Beihilfen i. S. v. Art. 87 EGV darstellen,[18] stand das InvZulG 2005 vom 17. 3. 2004[19] zunächst unter dem Vorbehalt der **Genehmigung durch die Europäische Kommission** (§ 10 Satz 1 InvZulG 2005 a. F.). Nachdem es zwischenzeitlich noch zweimal geändert worden war,[20] wurde die Genehmigung schließlich in drei Schritten erteilt:
- für den größten Teil des Gesetzes einschließlich der zwischenzeitlich vorgenommenen Änderungen[21] am 24. 1. 2005;[22]
- für in den Geltungsbereich von Anhang I des EG-Vertrags fallende Investitionsvorhaben bezüglich der Produktion, der Verarbeitung und des Marketings von Agrarerzeugnissen am 17. 6. 2005;[23]
- für Investitionsvorhaben von mittleren Unternehmen in Schwierigkeiten i. S. der einschlägigen Leitlinien vom 1. 10. 2004[24] bzw. vom 8. 7. 1999,[25] die einen auf Letzteren basierenden Umstrukturierungsplan auf Basis einer Genehmigungsentscheidung für eine Umstrukturierungsbeihilfe implementieren, die nicht ausdrücklich eine Investitionszulage nach dem InvZulG 2005 einbezieht, am 4. 7. 2005.[26]

6   Der letzte Punkt hat allerdings keinen Eingang in das InvZulG 2005 selbst gefunden, sondern wurde aufgrund der in § 5 Abs. 2 Satz 4 InvZulG 2005 enthaltenen Ermächtigung durch eine § 5 Abs. 2 Satz 5 InvZulG 2005 insoweit ergänzende **Rechtsverordnung** des BMF geregelt.[27] In dieser ist eine Einzelnotifizierungspflicht auch für solche Investitionszulagen vorgesehen, die für mittlere Unternehmen i. S. der Kommissionsempfehlung[28] bestimmt sind, die sich als Unternehmen in Schwierigkeiten noch in der

---

[16] BT-Drucks. 15/2249 S. 11; 16/1409 S. 8; 16/1539 S. 6.
[17] BT-Drucks. 15/2249 S. 1.
[18] Stellvertretend BT-Drucks. 15/2249 S. 16; weitere Einzelheiten unter V 2 b.
[19] BGBl. I S. 438; zusammenfassende Würdigung von *Heß* DStR 2004, 940 ff.
[20] Art. 15 des Gesetzes zur Umsetzung von EU-Richtlinien in nationales Steuerrecht und zur Änderung weiterer Vorschriften vom 9. 12. 2004, BGBl. I S. 3310, 3328 f.; Art. 5 des Gesetzes zur Neuregelung der präventiven Telekommunikations- und Postüberwachung durch das Zollkriminalamt und zur Änderung der Investitionszulagengesetze 2005 und 1999 vom 21. 12. 2004, BGBl. I S. 3603, 3608 f.
[21] Die Änderungen betrafen § 5 Abs. 2 Satz 5 InvZulG 2005 und die Anlage 1 zum Gesetz.
[22] Bekanntmachung vom 6. 4. 2005, BGBl. I S. 1059; BMF BStBl. I 2005 S. 462; *Ludolph* DStR 2005, 305 ff.
[23] Bekanntmachung vom 19. 8. 2005, BGBl. I S. 2514; BMF BStBl. I 2005 S. 863.
[24] Leitlinien der Gemeinschaft für staatliche Beihilfen zur Rettung und Umstrukturierung von Unternehmen in Schwierigkeiten vom 1. 10. 2004, ABl. EU Nr. C 244 S. 2.
[25] Leitlinien der Gemeinschaft für staatliche Beihilfen zur Rettung und Umstrukturierung von Unternehmen in Schwierigkeiten vom 8. 7. 1999, ABl. EG Nr. C 288 S. 2 und ABl. EG 2000 Nr. C 121 S. 29.
[26] Bekanntmachung vom 19. 8. 2005, BGBl. I S. 2514; BMF BStBl. I 2005 S. 864.
[27] § 1 der Verordnung zur Durchführung von § 5 Abs. 2 Satz 4 des Investitionszulagengesetzes 2005 vom 10. 8. 2005, BGBl. I S. 2484. Die Verordnung trat nach ihrem § 2 Abs. 1 rückwirkend am 4. 7. 2005 in Kraft, da die Kommission an jenem Tag die hierzu erforderliche beihilferechtliche Genehmigung erteilt hatte. Dies wurde vom BMF auf der Grundlage von § 2 Abs. 2 der Verordnung am 19. 8. 2005 bekannt gemacht, BGBl. I S. 2514.
[28] Siehe Fußn. 9.

25. Kapitel. Leasing und staatliche Investitionsförderung   § 79

Umstrukturierungsphase befinden und Umstrukturierungsbeihilfen i. S. der einschlägigen Leitlinien vom 8. 7. 1999 erhalten haben, sofern im Umstrukturierungsplan eine Investitionszulage nach dem InvZulG 2005 nicht berücksichtigt worden ist.

Der Genehmigungsprozess war somit erst am 4. 7. 2005 abgeschlossen, so dass das Gesetz nach § 10 Satz 1 InvZulG 2005 a. F. an jenem Tag vollständig in Kraft getreten ist. Dies wurde auf der Grundlage von § 10 Satz 2 InvZulG 2005 a. F. am 19. 8. 2005 durch das BMF bekannt gemacht,[29] das schließlich unter Berufung auf die in § 9 InvZulG 2005 a. F. enthaltene Ermächtigung den Wortlaut des InvZulG 2005 in der seit dem 4. 7. 2005 geltenden Fassung am 30. 9. 2005 neu bekannt machte.[30] Die Finanzverwaltung hat mit einem grundlegenden **Anwendungserlass** reagiert,[31] der nahezu jede Einzelregelung des Gesetzes konkretisiert und in die nachfolgende Darstellung themenbezogen eingearbeitet ist. Die Vorschriften des InvZulG 2005 werden nur dort näher erläutert, wo das InvZulG 2007 wichtige Änderungen bewirkt hat. Im Übrigen wird auf sie – ebenso wie auf verschiedene Normen des InvZulG 1999 – lediglich in den Fußnoten verwiesen. 7

3. InvZulG 2007

Nachdem das InvZulG 2005 die Ende 2004 ausgelaufene Förderung durch das InvZulG 1999 in Betrieben des verarbeitenden Gewerbes und der produktionsnahen Dienstleistungen bis Ende 2006 fortgeführt hat, sorgt das InvZulG 2007 für die vom nationalen Gesetzgeber als nach wie vor für notwendig erachtete Anschlussregelung und damit für eine angemessene und haushaltspolitisch vertretbare **Kontinuität der Investitionsförderung** im Bereich der betrieblichen Investitionen.[32] Da mit dem neuen Gesetz die zwischenzeitlich geäußerten Bedenken der Europäischen Kommission ausgeräumt werden sollen,[33] sind mit ihm weitere Einschränkungen des Kreises der Anspruchsberechtigten und der förderfähigen Investitionen verbunden. Andererseits führt die Einbeziehung von Betrieben des Beherbergungsgewerbes in die begünstigten Wirtschaftszweige zu einer tatbestandlichen Erweiterung, die ein für die Neuen Bundesländer zunehmend bedeutsames Dienstleistungssegment betrifft. 8

Von den durch das InvZulG 2007 im Einzelnen bewirkten Neuerungen[34] kann zunächst die Anknüpfung an den Abschluss des Erstinvestitionsvorhabens als Beginn der für die Wirtschaftsgüter maßgeblichen Bindungsdauer hervorgehoben werden, die zudem für Großunternehmen und KMU unterschiedlich lang bemessen ist. Daneben haben **Novellierungen gemeinschaftsrechtlicher Vorschriften** wie insbesondere der Leitlinien für Regionalbeihilfen[35] zu Folgeänderungen geführt. Schließlich wollte der deutsche Gesetzgeber die bei Verabschiedung des InvZulG 2007 erst im Entwurf vorliegende Freistellungsverordnung der Kommission zumindest inhaltlich bereits berücksichtigen, obwohl ihm bewusst war, dass spätere Anpassungen angesichts der vorgesehenen Verweistechnik nicht zu vermeiden sein würden.[36] 9

Da die Vorbehalte der Kommission bekannt waren, konnten die Gesetzgebungsverfahren auf europäischer und nationaler Ebene einige Monate parallel laufen, um ein möglichst einheitliches Inkrafttreten sicherzustellen und das Entstehen einer Förderlücke nach Möglichkeit zu vermeiden. Der von der Bundesregierung vorgelegte Gesetzentwurf zur 10

---

[29] BGBl. I S. 2514.
[30] BGBl. I S. 2961.
[31] BMF BStBl. I 2006 S. 119 m. Anm. *Heß* DStR 2006, 501 ff.
[32] BT-Drucks. 16/1409 S. 8 unter Hinweis auf die Koalitionsvereinbarung vom 11. 11. 2005.
[33] BR-Drucks. 739/06 S. 6.
[34] Überblick bei *Kroschel/Peterson* BB 2006, 1415 ff.; *Uhlmann* DStR 2007, 565 ff.
[35] Leitlinien für staatliche Beihilfen mit regionaler Zielsetzung 2007–2013, ABl. EU 2006 Nr. C 54 S. 13. Sie ersetzen die für den Zeitraum 2000–2006 geltenden Leitlinien, ABl. EG 1998 Nr. C 74 S. 9, geändert in ABl. EG 1999 Nr. C 288 S. 2 sowie ABl. EG 2000 Nr. C 285 S. 5.
[36] BT-Drucks. 16/1409 S. 11; 16/1539 S. 4.

Änderung des InvZulG 2007[37] wurde weitgehend unverändert Gesetz,[38] nachdem die Kommission die Freistellungsverordnung[39] und die neue De-Minimis-Verordnung[40] erlassen, die deutsche Fördergebietskarte 2007–2013 genehmigt[41] sowie die nach § 16 Abs. 1 InvZulG 2007 erforderliche Genehmigung erteilt hatte. Letzteres erfolgte am 6.12. 2006, der somit zugleich den Tag des Inkrafttretens des InvZulG 2007 verkörpert (§ 16 Abs. 1 InvZulG 2007). Eine Ausnahme gilt für § 3 Abs. 1 Satz 1 Nr. 2 InvZulG 2007, der erst am 1.1. 2007 in Kraft getreten ist (§ 16 Abs. 2 InvZulG 2007). Beides wurde vom BMF auf der Grundlage von § 16 Abs. 3 InvZulG 2007 am 22.12. 2006 bekannt gemacht.[42] Das Änderungsgesetz differenziert in seinem Art. 2 ebenfalls zwischen den beiden vorgenannten Zeitpunkten, so dass auch die aktualisierte Fassung des InvZulG 2007 bereits seit 6.12. 2006 zu beachten ist. Lediglich diejenigen Änderungen, die erstmals für nach dem 31.12. 2006 begonnene Investitionsvorhaben anzuwenden sind, traten erst zum 1.1. 2007 in Kraft.[43] Die Neubekanntmachung des InvZulG 2007 auf der Grundlage von § 15 InvZulG 2007 erfolgte am 23. 2. 2007.[44]

11 Soweit das neue Gesetz mit Vorschriften früherer Investitionszulagengesetze und anderer Fördergesetze übereinstimmt, kann auf die hierzu ergangene höchstrichterliche Rechtsprechung zurückgegriffen werden,[45] wobei den Entscheidungen des III. Senats des BFH herausragende Bedeutung zukommt. Schließlich ist zu berücksichtigen, dass die in den Investitionszulagengesetzen verwendeten Begriffe dem **Einkommensteuerrecht** entnommen und nach den dort geltenden Grundsätzen auszulegen sind, soweit sich nicht aus dem neuen Gesetz selbst, seinem Zweck und seiner Entstehungsgeschichte etwas anderes entnehmen lässt.[46] Die Investitionszulage selbst gehört dagegen nicht zu den Einkünften i. S. des EStG (§ 12 Satz 1 InvZulG 2007) und mindert nicht die steuerlichen Anschaffungs- und Herstellungskosten (§ 12 Satz 2 InvZulG 2007).[47] Da es sich bei ihr nicht um steuerbefreite Einkünfte handelt, steht § 3 c EStG dem Abzug von mit ihr im Zusammenhang stehenden Betriebsausgaben und Werbungskosten nicht entgegen.[48]

II. Anspruchsberechtigte

1. Rechtsanspruch

12 Das InvZulG 2007 räumt – ebenso wie bereits seine Vorgängerregelungen – Steuerpflichtigen i. S. des EStG und des KStG einen Rechtsanspruch auf Investitionszulage ein, wenn sie im Fördergebiet begünstigte Investitionen vornehmen, die den in § 2 InvZulG 2007 beschriebenen Anforderungen entsprechen (§ 1 Abs. 1 Satz 1 InvZulG 2007). Eine Veranlagung des Steuerpflichtigen zur Einkommen- oder Körperschaftsteuer ist keine

---

[37] BR-Drucks. 739/06.
[38] Gesetz zur Änderung des Investitionszulagengesetzes 2007 vom 21.12. 2006, BGBl. I S. 3406.
[39] Verordnung (EG) Nr. 1628/2006 der Kommission vom 24.10. 2006 über die Anwendung der Artikel 87 und 88 EG-Vertrag auf regionale Investitionsbeihilfen der Mitgliedstaaten, ABl. EU Nr. L 302 S. 29. Sie gilt nach ihrem Art. 9 Abs. 1 Satz 3 bis zum 31.12. 2013 und damit exakt so lang wie die neuen Regionalbeihilfeleitlinien.
[40] Verordnung (EG) Nr. 1998/2006 der Kommission vom 15.12. 2006 über die Anwendung der Artikel 87 und 88 EG-Vertrag auf „De-minimis"-Beihilfen, ABl. EU Nr. L 379 S. 5. Sie ersetzt die Verordnung (EG) Nr. 69/2001 vom 12.1. 2001, ABl. EG Nr. L 10 S. 30.
[41] Die Genehmigung der deutschen Fördergebietskarte 2007–2013 erfolgte am 8.11. 2006.
[42] BGBl. I S. 3404.
[43] BR-Drucks. 739/06 S. 11.
[44] BGBl. I S. 282.
[45] BMF BStBl. I 2006 S. 119, 120.
[46] BFH BStBl. II 1986 S. 367, 368; BStBl. II 1988 S. 901, 902; BStBl. II 1989 S. 203, 204; BStBl. II 1989 S. 906; BStBl. II 1999 S. 619, 622; BMF BStBl. I 2005 S. 626; BStBl. I 2006 S. 119, 120.
[47] § 9 InvZulG 1999 und § 8 InvZulG 2005 bezogen noch die Erhaltungsaufwendungen mit ein.
[48] BMF BStBl. I 2006 S. 119, 145 Rz. 234.

25. Kapitel. Leasing und staatliche Investitionsförderung § 79

Voraussetzung der Anspruchsberechtigung. Diese besteht jedoch nicht für im Ausland ansässige Steuerpflichtige, die nicht der deutschen Besteuerung unterliegen, weil ihre inländischen Betriebsstätten nicht als Betriebsstätten i. S. eines DBA gelten.[49]

Anspruchsberechtigter Investor ist grundsätzlich der bürgerlich-rechtliche **Eigentümer des Wirtschaftsguts.** Fallen jedoch rechtliches und wirtschaftliches Eigentum auseinander, gilt der wirtschaftliche Eigentümer nach § 39 AO als investitionszulagenberechtigter Investor.[50] Personengesellschaften und Gemeinschaften sind selbst anspruchsberechtigt[51] (§ 1 Abs. 1 Satz 3 InvZulG 2007). Bei zum Sonderbetriebsvermögen eines oder mehrerer Gesellschafter gehörenden Wirtschaftsgütern ist die Personengesellschaft anspruchsberechtigt.[52] Liegt eine mitunternehmerische Betriebsaufspaltung zwischen Schwesterpersonengesellschaften vor, besteht die Anspruchsberechtigung für die an die Betriebspersonengesellschaft überlassenen Wirtschaftsgüter zugunsten der Besitzpersonengesellschaft.[53] Zu den anspruchsberechtigten Personengesellschaften zählen schließlich auch Innengesellschaften, die wie insbesondere atypisch stille Gesellschaften Mitunternehmerschaften sind.[54] 13

Die **Auswirkungen einer Rechtsnachfolge** auf die Anspruchsberechtigung unterscheiden sich danach, ob es sich um eine Konstellation der Gesamt- oder der Einzelrechtsnachfolge handelt.[55] Im ersten Fall tritt der Rechtsnachfolger in die Stellung seines Vorgängers ein, auch wenn es sich um die unentgeltliche Übertragung eines Betriebs oder Teilbetriebs (§ 6 Abs. 3 EStG) oder um deren Einbringung in eine Kapital- oder Personengesellschaft (§§ 20, 24 UmwStG) handelt. Bei Einbringung im Wege der Einzelrechtsnachfolge übernimmt der Rechtsnachfolger die Anspruchsberechtigung dagegen nicht, wenn das eingebrachte Betriebsvermögen mit dem Teilwert angesetzt wird. Steht dem Rechtsnachfolger nach diesen Grundsätzen die Anspruchsberechtigung zu, kann er die Investitionszulage beanspruchen, soweit sie nicht der Rechtsvorgänger zulässigerweise beantragt hat. Ferner ist er anspruchsberechtigt, wenn die Voraussetzungen teilweise von ihm und teilweise von seinem Rechtsvorgänger erfüllt werden. 13a

Nach § 1 Abs. 1 Satz 2 InvZulG 2005 besteht kein Anspruch für Steuerpflichtige i. S. des KStG, soweit sie nach § 5 Abs. 1 Nr. 1–9 und Nr. 11–22 KStG von der Körperschaftsteuer befreit sind. Dagegen werden bestimmte Erwerbs- und Wirtschaftsgenossenschaften, Vereine aus dem Wohnungsbereich sowie die Auftragsforschung öffentlich-rechtlicher Wissenschafts- und Forschungseinrichtungen (§ 5 Abs. 1 Nr. 10 und 23 KStG) nicht von vornherein von der Möglichkeit einer Investitionsförderung ausgeschlossen. Für sie ist aber ebenso wie für alle übrigen von der Körperschaftsteuer befreite Körperschaften, Personenvereinigungen und Vermögensmassen zu beachten, dass die Anspruchsberechtigung von der **Unterhaltung eines steuerpflichtigen wirtschaftlichen Geschäftsbetriebs** mit Einkünften i. S. v. § 2 Abs. 1 Satz 1 Nr. 1–3 EStG abhängt, dessen Anlagevermögen die beweglichen Wirtschaftsgüter zugerechnet werden können.[56] Nach § 1 Abs. 1 Satz 2 InvZulG 2007 haben demgegenüber von vornherein sämtliche nach § 5 KStG von der Körperschaftsteuer befreiten Steuerpflichtigen keinen Anspruch auf Investitionszulage. 14

---

[49] BFH BStBl. II 1998 S. 355, 356 f.; BMF BStBl. I 2006 S. 119, 121 Rz. 2.
[50] BFH BStBl. II 2001 S. 311, 314; BMF BStBl. I 2006 S. 119, 121 Rz. 1.
[51] BFH BStBl. II 2003 S. 947, 948 f.; BMF BStBl. I 2006 S. 119, 121 Rz. 5–9.
[52] BFH BStBl. II 2001 S. 316, 318 ff.; BB 2006, 1490, 1491.
[53] BMF BStBl. I 2006 S. 119, 121 Rz. 6.
[54] BMF BStBl. I 2006 S. 119, 121 Rz. 5.
[55] BFH BStBl. II 2004 S. 85; BB 2006, 1490, 1491; BMF BStBl. I 2006 S. 119, 121 Rz. 10.
[56] BFH BStBl. II 1994 S. 869, 870 f.; BMF BStBl. I 2006 S. 119, 121 f. Rz. 3 und 15.

2. Fördergebiet

15 Das Fördergebiet umfasst die Länder Berlin, Brandenburg, Mecklenburg-Vorpommern, Sachsen, Sachsen-Anhalt und Thüringen (§ 1 Abs. 2 Satz 1 InvZulG 2007).[57] In den in der **Anlage 1** zum InvZulG 2007 aufgeführten Teilen des Landes Berlin ist das Gesetz nur bei Investitionen anzuwenden, die zu Erstinvestitionen gehören, die der Anspruchsberechtigte vor dem 1. 1. 2007 begonnen hat (§ 1 Abs. 2 Satz 2 InvZulG 2007).[58] Diese Landesteile gehören zum D-Fördergebiet, in dem nach den neuen Regionalbeihilfeleitlinien[59] keine Förderung mehr möglich ist. Die Europäische Kommission hatte die Genehmigung des InvZulG 2007 und der deutschen Fördergebietskarte 2007–2013 nicht zuletzt von der Aufteilung des Landes Berlin in ein C- und ein D-Fördergebiet abhängig gemacht. Für die im Jahr 2006 begonnenen Vorhaben hat diese Änderung keine Auswirkungen.[60]

3. Leasingverhältnisse

16 Gewerblich tätige Leasinggesellschaften fallen nicht unter § 5 KStG und kommen daher grundsätzlich als Anspruchsberechtigte i. S. des Investitionszulagenrechts in Betracht. Für die Praxis bedeutsamer ist allerdings der **Aspekt der Nutzungsüberlassung** an Dritte, der nachfolgend themenbezogen erläutert wird. Als herausragende Neuerung des InvZulG 2007 ist mit Blick auf Leasinginvestitionen bereits vorab hervorzuheben, dass Leasingunternehmen im Ergebnis nicht mehr gefördert werden[61] und auch jede anderweitige Nutzungsüberlassung an begünstigte Betriebe förderungsschädlich ist, sofern es sich nicht um verbundene Unternehmen handelt, die ihrerseits einem begünstigten Wirtschaftszweig im Fördergebiet angehören.

17 Da die Einstufung des Steuerpflichtigen und die Zuordnung der Investition zu einem Teil des Fördergebiets in der Regel keine größeren Probleme bereiten, hat die Überprüfung des Vorliegens der Anspruchsvoraussetzungen ihren Schwerpunkt auf der Qualifizierung einer betrieblichen Investition als begünstigt i. S. v. § 2 InvZulG 2007. Für das Verfahren ist dabei zu berücksichtigen, dass der Anspruchsberechtigte für die Zugehörigkeits-, Verbleibens- und Nutzungsvoraussetzungen bei beweglichen Wirtschaftsgütern ebenso wie für die Verwendungsvoraussetzungen bei Gebäuden die Feststellungslast trägt und deshalb nachweisen muss, dass diese tatsächlich erfüllt werden.[62] Ein besonderes Augenmerk richtet die Finanzverwaltung auf Sachverhalte, bei denen ein gefördertes bewegliches Wirtschaftsgut oder Gebäude innerhalb des maßgeblichen Bindungszeitraums veräußert oder einem anderen zur Nutzung überlassen wird.[63] Je nachdem, welches Tatbestandselement betroffen ist, wird der **Bindungszeitraum** bei beweglichen Wirtschaftsgütern als Zugehörigkeits-, Verbleibens- oder Nutzungszeitraum bzw. bei Gebäuden als Verwendungszeitraum bezeichnet.

III. Betriebliche Investitionen

1. Begünstigte Investitionen

18 **a) Bewegliche Wirtschaftsgüter. aa) Überblick.** Unter der Überschrift „Betriebliche Investitionen" macht § 2 InvZulG 2005 gut die Hälfte des gesamten Gesetzes aus. Die konkreten Anforderungen an die **Qualifizierung** einer betrieblichen Investition als be-

---

[57] Die in § 1 Abs. 2 InvZulG 2005 noch enthaltene Anknüpfung an den Gebietsstand vom 3. 10. 1990 ist entfallen.
[58] Art. 1 Nr. 1 und 7 des Änderungsgesetzes wie in Fußn. 38.
[59] Siehe Fußn. 35.
[60] BR-Drucks. 739/06 S. 6.
[61] BT-Drucks. 16/1539 S. 6.
[62] BFH BStBl. II 1990 S. 752, 753.
[63] Zum InvZulG 2005 BMF BStBl. I 2006 S. 119 Rz. 36 und 81.

25. Kapitel. Leasing und staatliche Investitionsförderung §79

günstigt erschließen sich daher erst nach einer Durchforstung des Gestrüpps von Einzelregelungen. Nach § 2 Abs. 1 Satz 1 InvZulG 2005 müssen im Wesentlichen drei Voraussetzungen erfüllt sein, um die Förderbegünstigung betrieblicher Investitionen auszulösen:
- es muss sich um die Anschaffung oder die Herstellung von neuen abnutzbaren beweglichen Wirtschaftsgütern des Anlagevermögens handeln;
- diese müssen mindestens fünf Jahre nach ihrer Anschaffung oder Herstellung
  - Nr. 1: zum Anlagevermögen eines Betriebs oder einer Betriebsstätte im Fördergebiet gehören,
  - Nr. 2: in einer Betriebsstätte eines Betriebs des verarbeitenden Gewerbes oder eines Betriebs der produktionsnahen Dienstleistungen im Fördergebiet verbleiben,
  - Nr. 3: in jedem Jahr zu nicht mehr als 10 % privat genutzt werden.
- die Begünstigung greift nur, soweit die Investition die Anforderungen des § 2 Abs. 3 InvZulG 2005 an eine Erstinvestition erfüllt.

Hieraus lassen sich einzelne Tatbestandsmerkmale einer begünstigten Investition herauslösen, die im Anschluss näher erläutert werden. Das darin zum Ausdruck kommende Begriffsverständnis bleibt auch für das **InvZulG 2007** relevant, das allerdings einige materielle Änderungen enthält. Zunächst knüpft der Bindungszeitraum nicht mehr an die Anschaffung oder Herstellung der beweglichen Wirtschaftsgüter an, sondern an die Beendigung des Erstinvestitionsvorhabens (§ 2 Abs. 1 Satz 1 Nr. 2 InvZulG 2007) und damit an den Abschluss der letzten dazugehörenden Einzelinvestition.[64] Zudem verringert er sich für nach dem 31. 12. 2006 begonnene Erstinvestitionsvorhaben von fünf auf drei Jahre, wenn der begünstigte Betrieb im Zeitpunkt des Beginns des Vorhabens als KMU i. S. der Empfehlung der Europäischen Kommission[65] eingeordnet werden kann[66] und die Wirtschaftsgüter dort verbleiben (§ 2 Abs. 1 Satz 4 InvZulG 2007).[67]

19

Die wichtigste Änderung ist jedoch darin zu sehen, dass die Wirtschaftsgüter für die gesamte Dauer des Bindungszeitraums zum Anlagevermögen eines den begünstigten Wirtschaftszweigen zuzuordnenden Betriebs des Anspruchsberechtigten im Fördergebiet gehören und in einer Betriebsstätte eines solchen Betriebs verbleiben müssen (§ 2 Abs. 1 Satz 1 Nr. 2 lit. a und b InvZulG 2007). Der Gesetzgeber reagierte damit auf die Haltung der Europäischen Kommission, wonach **Leasingunternehmen** und andere Steuerpflichtige, die das geförderte Wirtschaftsgut nicht selbst verwenden, nicht mit Beihilfen gefördert werden dürfen.[68] Andererseits wollte er aber auch Konzernen die wirtschaftlich notwendige Flexibilität belassen und bezog daher in der ursprünglichen Gesetzesfassung zunächst verbundene Unternehmen im Fördergebiet ohne weitere Differenzierung mit ein. Danach erkannte er schnell, dass der Praxis damit die Gestaltungsvariante eröffnet war, ein Wirtschaftsgut in einem begünstigten Gewerbe anzuschaffen und sofort einem verbundenen Unternehmen zu überlassen, das keinem begünstigten Wirtschaftszweig angehört. Um einer solchen Entwicklung entgegenzuwirken,[69] wurde im Zuge des ohnehin notwendig gewordenen Änderungsgesetzes § 2 Abs. 1 Satz 5 InvZulG 2007 eingefügt.[70] Danach ist es für den Anspruch auf Investitionszulage unschädlich, wenn das bewegliche Wirtschaftsgut innerhalb des Bindungszeitraums

20

---

[64] BT-Drucks. 16/1409 S. 12.
[65] Siehe Fußn. 9, wobei hier ausschließlich die Empfehlung vom 6. 5. 2003 einschlägig ist.
[66] Nach dem in BT-Drucks. 16/1409 S. 12 geäußerten Willen des Gesetzgebers gilt diese Einstufung für den gesamten Zeitraum der Durchführung des Vorhabens; vgl. auch Ziff. 40 Satz 4 der Regionalbeihilfeleitlinien 2007–2013 wie in Fußn. 35.
[67] Die Gleichbehandlung von Gebäuden stellt insoweit § 2 Abs. 2 Satz 3 InvZulG 2007 sicher.
[68] BT-Drucks. 16/1409 S. 12; Kroschel/Peterson BB 2006, 1415, 1419.
[69] BR-Drucks. 739/06 S. 7.
[70] Art. 1 Nr. 2 lit. a dd des Änderungsgesetzes wie in Fußn. 38.

- Nr. 1 lit. a: in das Anlagevermögen eines mit dem Anspruchsberechtigten verbundenen Unternehmens eines begünstigten Wirtschaftszweigs im Fördergebiet übergeht, oder
- Nr. 1 lit. b: in einem mit dem Anspruchsberechtigten verbundenen Unternehmen eines begünstigten Wirtschaftszweigs im Fördergebiet verbleibt und
- Nr. 2: dem geförderten Erstinvestitionsvorhaben eindeutig zugeordnet bleibt.[71]

21 **bb) Anlagevermögen.** Einkommensteuerrechtlich gehört ein Wirtschaftsgut nur dann zum Anlagevermögen, wenn es sich – aufgrund zivilrechtlichen oder zumindest wirtschaftlichen Eigentums[72] – dem Betriebsvermögen des Steuerpflichtigen zuordnen lässt und damit kein Privatvermögen darstellt. Die Zugehörigkeit zum Anlagevermögen i. S. v. § 2 Abs. 1 Satz 1 Nr. 2 lit. a InvZulG 2007 ist daher bei denjenigen Wirtschaftsgütern nicht gegeben, die der Erzielung von Einkünften aus Vermietung und Verpachtung oder aus Kapitalvermögen dienen oder deren Verwendung nicht über die private Vermögensverwaltung hinausgeht.[73] Sie setzt stattdessen voraus, dass der Steuerpflichtige **Gewinneinkünfte** erzielt und die Wirtschaftsgüter dazu bestimmt sind, einem Betrieb dauernd zu dienen (§ 247 Abs. 2 HGB). Bei unklarer Zweckbestimmung kann die Bilanzierung ein Indiz für die Zuordnung zum Anlagevermögen sein.[74]

22 Wirtschaftsgüter, die vor Betriebseröffnung angeschafft oder hergestellt werden, müssen objektiv erkennbar zum unmittelbaren Einsatz im Betrieb selbst bestimmt sein. Als weitere Voraussetzung kommt hinzu, dass der Betrieb zügig errichtet und alsbald eröffnet wird,[75] wovon im Regelfall auszugehen ist, wenn zwischen Anschaffung oder Herstellung der Wirtschaftsgüter und **Betriebseröffnung** nicht mehr als zwölf Monate liegen.[76] Der BFH knüpft insoweit an die ertragsteuerrechtliche Einordnung von Vorbereitungshandlungen an und überträgt dieses Verständnis auf das Investitionszulagenrecht, „weil in der Gründungsphase eines Unternehmens regelmäßig besonders konzentriert Investitionen anfallen und diese ebenso förderungswürdig sind wie Investitionen während des laufenden Geschäftsbetriebs".[77]

23 **cc) Abnutzbare bewegliche Wirtschaftsgüter.** Der Begriff des Wirtschaftsguts setzt dessen **selbständige Bewertbarkeit** im Zeitpunkt seiner bestimmungsgemäßen Verwendung voraus,[78] ohne dass es dabei auf die selbständige Nutzungsfähigkeit i. S. v. § 6 Abs. 2 EStG ankommt. Bei Verbindung oder Vermischung mit anderen Wirtschaftsgütern wird die Frage der Selbständigkeit am Maßstab der allgemeinen Verkehrsanschauung beantwortet.[79] Nicht begünstigt sind nachträgliche Herstellungs-, Erhaltungs- und Modernisierungsarbeiten an einem bereits bestehenden Wirtschaftsgut.[80] Von Abnutzbarkeit ist die Rede, wenn sich der Wert des Wirtschaftsguts infolge technischer oder wirtschaft-

---

[71] BR-Drucks. 739/06 S. 7 stellt noch einmal unmissverständlich klar, dass es sich bei der Überführung eines Wirtschaftsguts in ein mit dem Anspruchsberechtigten verbundenes Unternehmen um eine Ausnahme vom allgemeinen Grundsatz handelt, die nicht zur Umgehung der übrigen Tatbestandsvoraussetzungen führen darf.
[72] BFH BStBl. II 2004 S. 305, 306 f.; BMF BStBl. I 2006 S. 119, 122 Rz. 18.
[73] BFH BStBl. II 1999 S. 619, 622 f.; zu § 2 Abs. 1 Satz 1 InvZulG 2005 BMF BStBl. I 2006 S. 119, 122 Rz. 13.
[74] BMF BStBl. I 2006 S. 119, 122 Rz. 16.
[75] BFH BStBl. II 1988 S. 636, 638; BStBl. II 2001 S. 256, 257 f.
[76] BMF BStBl. I 2006 S. 119, 122 Rz. 17.
[77] BFH BStBl. II 2001 S. 256, 257 unter Hinweis auf BFH BStBl. II 1998 S. 29; BStBl. II 1999 S. 836.
[78] BFH BStBl. II 1981 S. 785, 786; BStBl. II 1991 S. 361, 362; BStBl. II 2002 S. 877; für digitale Druckvorlagen BMF DB 2007, 1108, 1109 f.
[79] BFH BStBl. II 1996 S. 542, 543 f.; BStBl. II 2001 S. 842, 843 f.; BStBl. II 2004 S. 1081, 1084.
[80] BFH BStBl. II 2000 S. 628, 632; BStBl. II 2004 S. 1081, 1084; BMF BStBl. I 2006 S. 119, 122 Rz. 19.

25. Kapitel. Leasing und staatliche Investitionsförderung **§ 79**

licher Abnutzung durch Zeitablauf verzehrt.[81] Ob von einem beweglichen Wirtschaftsgut gesprochen werden kann, bestimmt sich in Anlehnung an das Einkommensteuerrecht, das eine Abgrenzung von den unbeweglichen Wirtschaftsgütern auf der Grundlage der §§ 93 ff. BGB sowie des Bewertungsrechts vornimmt.[82] Immaterielle Wirtschaftsgüter werden dagegen generell aus dem Kreis der begünstigten Investitionen ausgeschlossen.[83]

dd) Neue Wirtschaftsgüter. Die Anschaffung eines neuen Wirtschaftsguts liegt vor, 24
wenn der Anspruchsberechtigte ein neu hergestelltes Wirtschaftsgut in ungebrauchtem Zustand erwirbt.[84] Als **schädliche Ingebrauchnahme** gilt beispielsweise die Nutzung zu Werbe- und Vorführzwecken[85] sowie die vorherige Nutzung im Rahmen eines Mietverhältnisses.[86] Unschädlich ist dagegen die Erprobung des Wirtschaftsguts zur Prüfung seiner Funktionsfähigkeit, sofern dadurch das notwendige Maß und eine angemessene Zeit nicht überschritten werden.[87] Unabhängig von einer fehlenden Ingebrauchnahme sind die Anforderungen an die Neuheit des Wirtschaftsguts nicht erfüllt, wenn es vor dem Erwerb durch den Anspruchsberechtigten zum Anlagevermögen eines anderen Betriebs gehört hat und von diesem i. S. v. § 2 Abs. 1 Satz 1 InvZulG 2007 angeschafft oder hergestellt worden ist.[88] Der BFH hält eine derartige begriffliche Einschränkung für geboten, um zu vermeiden, dass mehrere Personen hinsichtlich desselben Wirtschaftsguts die Voraussetzungen für einen Anspruch auf Investitionszulage erfüllen.[89]

Als **neu hergestellt** gilt ein Wirtschaftsgut grundsätzlich nur dann, wenn ausschließ- 25
lich ungebrauchte Teile verwendet wurden.[90] Bei Verwendung gebrauchter Teile werden in zwei Konstellationen Ausnahmen zugelassen:[91]
– eine gebrauchte Sache wird durch Verwirklichung einer neuen Idee zu einem andersartigen Wirtschaftsgut umgestaltet;
– eine bereits vorhandene und gebrauchte bewegliche Sache wird unter Verwendung neu angeschaffter Teile so tiefgreifend umgestaltet oder in einem solchen Ausmaß erweitert, dass die neuen Teile dem Gesamtbild das Gepräge geben.

Im zweiten Fall kommt allerdings als weitere Voraussetzung für die Zulagenbegünsti- 26
gung hinzu, dass die verwendeten Altteile bedeutungslos und wertmäßig untergeordnet erscheinen.[92] Aus Vereinfachungsgründen gehen sowohl der BFH[93] als auch die Finanzverwaltung[94] von einer wertmäßig untergeordneten Bedeutung in diesem Sinne aus, wenn der Teilwert der bei der Herstellung als dem maßgebenden Zeitpunkt verwendeten gebrauchten Wirtschaftsgüter 10 % des Teilwerts des hergestellten neuartigen Wirtschaftsguts nicht überschreitet. Dessen Höchstgrenze bildet in solchen Fällen die Summe sämt-

---

[81] BMF BStBl. I 2006 S. 119, 122 Rz. 20.
[82] BFH BStBl. II 2000 S. 150; BStBl. II 2000 S. 449, 450 f.; BStBl. II 2001 S. 137; BStBl. II 2001 S. 253; BStBl. II 2001 S. 365; BStBl. II 2002 S. 100; BStBl. II 2002 S. 233, 234 f.; BStBl. II 2002 S. 310, 311 f.; BStBl. II 2002 S. 433, 435 f.; BMF BStBl. I 2006 S. 119, 122 Rz. 21 f.
[83] BMF BStBl. I 2006 S. 119, 123 Rz. 23; für Software BFH BStBl. II 2003 S. 365, 367.
[84] BFH BStBl. II 2004 S. 1081, 1082 f.; BMF BStBl. I 2006 S. 119, 123 Rz. 24.
[85] BFH BStBl. II 1979 S. 287, 288.
[86] BFH BStBl. II 1968 S. 571.
[87] BMF BStBl. I 2006 S. 119, 123 Rz. 24.
[88] BFH BStBl. II 1999 S. 613; zu § 2 Abs. 1 Satz 1 InvZulG 2005 BMF BStBl. I 2006 S. 119, 123 Rz. 24.
[89] BFH BStBl. II 1999 S. 613, 614; BStBl. II 2004 S. 1081, 1082.
[90] BFH BStBl. II 1980 S. 341, 342; BStBl. II 1992 S. 452, 453.
[91] BFH BStBl. II 1992 S. 452, 453; BStBl. II 2004 S. 1081, 1083; BStBl. II 2007 S. 410, 411 f.; BMF BStBl. I 2006 S. 119, 123 Rz. 25.
[92] BFH BStBl. II 1991 S. 361, 363.
[93] BFH BStBl. II 1980 S. 341, 342; BStBl. II 1984 S. 631, 632; BStBl. II 1992 S. 452, 453; BB 2006, 1255; BStBl. II 2007 S. 410, 411 f.
[94] BMF BStBl. I 2006 S. 119, 123 Rz. 25.

licher Anschaffungskosten für Neu- und Altteile nebst den Montagekosten.[95] Allerdings hat die Finanzverwaltung die **10 %-Regelung** inzwischen ergänzt.[96] Danach gelten neuwertige Bauteile, die vom Hersteller neben gleichartigen neuen Bauteilen in einem Produktionsprozess wieder verwendet werden, nicht als gebrauchte Wirtschaftsgüter in diesem Sinne, wenn der Verkaufspreis des hergestellten Wirtschaftsguts unabhängig vom Anteil der zur Herstellung verwendeten neuen und neuwertigen Bauteile ist. Neuwertig in diesem Sinn sind gebrauchte Bauteile, die dem Standard neuer Bauteile entsprechen, verschleißfrei sind und nach Fertigstellung des Wirtschaftsguts nicht von neuen Bauteilen unterschieden werden können.

27 Der III. Senat des BFH folgt der Finanzverwaltung in der Auslegung, wonach gebrauchte, aber verschleißfreie Teile als neuwertig zu behandeln und nicht in die 10 %-Regelung einzubeziehen sind. Dagegen hat er Zweifel an der Tauglichkeit der Abhängigkeit des Verkaufspreises von dem Anteil der bei der Herstellung verwendeten neuen und neuwertigen Bauteile als **Abgrenzungskriterium** geäußert, ohne dies abschließend zu entscheiden.[97] Auch nach Auffassung der Finanzverwaltung seien die wiederverwendeten verschleißfreien Teile jedenfalls nur dann den gebrauchten Bauteilen zuzuordnen, wenn sich der Verkaufspreis nach dem Anteil der verwendeten neuen und neuwertigen Teile bemesse. Allein die Tatsache, dass der Verkaufspreis einer teilweise unter Verwendung verschleißfreier Altteile hergestellten Maschine unter dem einer fabrikneuen Maschine liege, rechtfertige es nicht, die verschleißfreien Altteile in die 10 %-Regelung einzubeziehen. Durch die Verwendung verschleißfreier, neuwertiger Komponenten werde weder die Wettbewerbsfähigkeit von Investoren im Fördergebiet beeinträchtigt noch der Grundsatz des Ausschlusses einer Doppelförderung wesentlich berührt.[98]

28 Bei Verwendung gebrauchter Teile von mehr als 10 % des gesamten Werts wird dagegen nur dann ein neues Wirtschaftsgut i. S. des Investitionszulagenrechts hergestellt, wenn der Anspruchsberechtigte unter **Verwirklichung einer neuen Idee** ein andersartiges Wirtschaftsgut schafft. Der BFH beurteilt dies nach der Verkehrsanschauung und misst dabei dem Verhältnis der Herstellungskosten insgesamt zu den Kosten oder dem Teilwert der gebrauchten Teile besondere Bedeutung zu.[99] Bereits früh hat er entschieden, dass eine vom Anspruchsberechtigten unter Verwendung gebrauchter Teile hergestellte Anlage „modernen" Anforderungen entsprechen und geeignet sein muss, die Wettbewerbsfähigkeit des Betriebs zu stärken.[100] Diese Voraussetzungen können grundsätzlich auch dann erfüllt sein, wenn ein System nach betriebsinternen Vorstellungen entwickelt und ausgeführt worden ist.[101] Dagegen wird weder eine neue Erfindung i. S. des Patentgesetzes noch die Verwirklichung einer „weltweit neuen Idee" verlangt. Es genügt vielmehr, „dass der Anspruchsberechtigte auf der Grundlage eines bereits bekannten technischen Verfahrens eine Anlage für die Zwecke seines Betriebs entwickelt und errichtet, die modernen technischen Anforderungen entspricht".[102]

29 Kann nach den vorstehenden Grundsätzen von einem neuen beweglichen Wirtschaftsgut ausgegangen werden, können sich Probleme ergeben, wenn eine **Verbindung oder Vermischung** mit bereits vorhandenen gebrauchten beweglichen Wirtschaftsgütern erfolgen soll. Die Neuheit wird in solchen Fällen für den Zeitpunkt nach dem Ein- oder Anbau beurteilt.[103] Eine Begünstigung nach § 2 Abs. 1 InvZulG 2007 kommt nur in

---

[95] BFH BStBl. II 1984 S. 631, 632.
[96] BMF BStBl. I 2006 S. 119, 123 Rz. 25.
[97] BFH BStBl. II 2004 S. 1081, 1083.
[98] BFH BStBl. II 2004 S. 1081, 1083.
[99] BFH BB 2006, 1255, 1256.
[100] BFH BStBl. II 1976 S. 96.
[101] BFH BStBl. II 1991 S. 361.
[102] BFH BB 2006, 1255, 1256.
[103] BFH BStBl. II 1991 S. 361, 362 f.; BMF BStBl. I 2006 S. 119, 123 Rz. 27.

Betracht, wenn das verbundene neue Wirtschaftsgut seine Eigenständigkeit behält oder durch den Umbau ein neues Wirtschaftsgut hergestellt wird.[104]

ee) Anschaffung oder Herstellung. Unter Anschaffung versteht die Finanzverwaltung 30 den entgeltlichen Erwerb eines Wirtschaftsguts durch Lieferung. Handelt es sich bei dem Gegenstand der Lieferung um ein erst herzustellendes Wirtschaftsgut, so ist der **Anschaffungsbegriff** nur dann erfüllt, wenn nicht der Abnehmer, sondern der Lieferant oder ein von diesem beauftragter Dritter unter wirtschaftlichen Gesichtspunkten als Hersteller zu beurteilen ist.[105] Da für die Zurechnung die Begründung des wirtschaftlichen Eigentums maßgebend ist (§ 39 Abs. 2 Nr. 1 AO),[106] genügen bereits ein Kauf unter Eigentumsvorbehalt oder eine Nutzungsüberlassung. Zum letzteren Fall zählen insbesondere **Leasingverträge**, bei denen der Leasinggegenstand dem Leasingnehmer zuzurechnen ist.[107] Wird ein Wirtschaftsgut aus dem Umlaufvermögen oder aus dem Privatvermögen in das Anlagevermögen überführt, so liegt grundsätzlich keine Anschaffung vor. Etwas anderes kann aber gelten, wenn die Überführung eines für das Umlaufvermögen angeschafften Wirtschaftsguts in das Anlagevermögen noch eindeutig vor Ablauf desselben Kalender- oder Wirtschaftsjahrs erfolgt.[108] Der letzte Grundsatz gilt für die Herstellung eines Wirtschaftsguts in gleichem Maße. Diese wird als „Schaffung eines bisher noch nicht vorhandenen Wirtschaftsguts" definiert.[109] Ein **einheitlicher Herstellungsvorgang** wird angenommen, wenn Wirtschaftsgüter mit der Bestimmung angeschafft werden, mit anderen Wirtschaftsgütern zur Herstellung eines Wirtschaftsguts verbunden oder vermischt zu werden.[110] Wurde das Wirtschaftsgut außerhalb des Fördergebiets hergestellt, wird dadurch die Gewährung der Investitionszulage für sich genommen nicht ausgeschlossen.[111]

ff) Zugehörigkeit zum Betrieb. Die Zugehörigkeitsvoraussetzung ist erfüllt, wenn 31 das bewegliche Wirtschaftsgut während des Bindungszeitraums ununterbrochen zum Anlagevermögen eines Betriebs oder einer Betriebsstätte im Fördergebiet gehört.[112] Der Betriebsbegriff orientiert sich an § 15 Abs. 2 EStG i.V. m. den §§ 13 Abs. 7, 18 Abs. 4 EStG.[113] Bei paralleler Ausübung verschiedener Tätigkeiten liegen eigenständige Gewerbebetriebe vor, wenn sie nach dem Gesamtbild der Verhältnisse sachlich, insbesondere wirtschaftlich, finanziell oder organisatorisch getrennt geführt werden. Als Beurteilungskriterien zieht die Finanzverwaltung in erster Linie die Vergleichbarkeit der Betätigung und den räumlichen Zusammenhang heran.[114] Für den **Begriff der Betriebsstätte** ist demgegenüber § 12 AO maßgebend,[115] wobei verpachtete Anlagen und Einrichtungen keine Betriebsstätte des Verpächters begründen. In räumlicher, organisatorischer, technischer und wirtschaftlicher Hinsicht als einheitliches Ganzes erscheinende Anlagen oder Einrichtungen gelten als einheitliche Betriebsstätte.[116] Bei Fehlen eines dieser Merkmale

---

[104] Zu § 2 Abs. 1 InvZulG 2005 BMF BStBl. I 2006 S. 119, 123 Rz. 27.
[105] BMF BStBl. I 2006 S. 119, 136 Rz. 142.
[106] BFH BB 2006, 1490, 1491.
[107] BMF BStBl. I 2006 S. 119, 136 Rz. 142; für Mietkaufverträge BFH BStBl. II 1992 S. 182, 183 ff.
[108] BFH BStBl. III 1967 S. 62, 63; BStBl. II 2001 S. 200, 203 f.; BMF BStBl. I 2006 S. 119, 136 Rz. 143.
[109] BMF BStBl. I 2006 S. 119, 136 Rz. 144.
[110] BFH BStBl. II 1981 S. 785, 786 f.; BStBl. II 1982 S. 176; BStBl. II 1991 S. 425, 426 f.; BMF BStBl. I 2006 S. 119, 136 Rz. 144.
[111] BMF BStBl. I 2006 S. 119, 122 Rz. 12.
[112] BFH BStBl. II 1994 S. 576, 577; BMF BStBl. I 2006 S. 119, 124 Rz. 37.
[113] BFH BStBl. II 2006 S. 771, 773 f.
[114] BMF BStBl. I 2006 S. 119, 124 Rz. 38.
[115] BFH BStBl. II 2000 S. 144, 148; BStBl. II 2000 S. 592, 595; BStBl. II 2002 S. 512, 513; BStBl. II 2006 S. 78, 81 ff.; BStBl. II 2006 S. 84, 87 ff.; BMF BStBl. I 2006 S. 119, 124 Rz. 39.
[116] BFH BStBl. II 1999 S. 542, 545; BMF BStBl. I 2006 S. 119, 124 Rz. 39.

§ 79 Vierter Teil. Wirtschaftliche Problemkomplexe des Leasings

wird dagegen jeweils eine selbständige Betriebsstätte angenommen, was beispielsweise der Fall ist, wenn die Verbindung einer Anlage mit anderen Anlagen nur über öffentliche Straßen gewährleistet ist.[117]

32 Erstreckt sich eine nach den vorstehenden Grundsätzen als einheitliche Betriebsstätte geltende Anlage über das Fördergebiet hinaus, so stellt nur der im Fördergebiet belegene Teil eine Betriebsstätte im Fördergebiet dar.[118] Hat dagegen ein Anspruchsberechtigter Betriebsstätten innerhalb und außerhalb des Fördergebiets, hängt die Zuordnung eines Wirtschaftsguts davon ab, welcher Betriebsstätte es zu dienen bestimmt ist. Die Finanzverwaltung stellt dabei insbesondere auf die räumliche **Zuordnung** ab.[119] Kann eine solche nicht eindeutig vorgenommen werden, erfolgt eine nach den Gesamtumständen des Einzelfalls zu entscheidende Zuordnung zu derjenigen Betriebsstätte, zu der die engeren Beziehungen bestehen.[120] Dabei kommt es entscheidend darauf an, welche Betriebsstätte die Erträge aus dem Wirtschaftsgut erwirtschaftet bzw. von welcher Betriebsstätte aus die betreffende Werbung, das Anbahnen, Abschließen und Durchführen der Verträge sowie die anschließende Betreuung vorgenommen werden. Die gleichen Grundsätze gelten für die Zuordnung beweglicher Wirtschaftsgüter, die – wie etwa Transportmittel, Baugeräte und andere zur Nutzung überlassene Wirtschaftsgüter – bereits von ihrer Zweckbestimmung her üblicherweise nicht körperlich in einer Betriebsstätte des Anspruchsberechtigten im Fördergebiet verbleiben.[121]

33 Die zuletzt genannten Kriterien beziehen sich in erster Linie auf **Leasingverträge** und sollen deren besonderem Charakter als Dauerschuldverhältnisse sachgerecht Rechnung tragen, indem sie sowohl der Vorbereitung und dem Abschluss als auch der Durchführung dieser Verträge Bedeutung beimessen.[122] Die Mitwirkung der Hauptniederlassung bei einzelnen Tätigkeiten wird als unschädlich erachtet, sofern die übrigen Tätigkeiten von Mitarbeitern der Betriebsstätte im Fördergebiet ausgeübt werden.[123] Wurde ein Wirtschaftsgut außerhalb des Fördergebiets mit der Zweckbestimmung angeschafft oder hergestellt, einer Betriebsstätte des Anspruchsberechtigten im Fördergebiet zu dienen, und wurde es erstmals dort genutzt, bestand seine Zugehörigkeit zum Anlagevermögen dieser Betriebsstätte bereits im Zeitpunkt der Anschaffung oder Herstellung. Dies gilt jedoch nicht, wenn die Betriebsstätte im Fördergebiet erst nach der Anschaffung des Wirtschaftsguts gegründet wurde.[124]

34 Bei einer für die Dauer des Zugehörigkeitszeitraums ununterbrochenen **Betriebsaufspaltung** gilt die Zugehörigkeitsvoraussetzung als erfüllt, wenn das Besitzunternehmen ein bewegliches Wirtschaftsgut außerhalb des Fördergebiets anschafft oder herstellt und es dem Betriebsunternehmen im Fördergebiet zur Nutzung überlässt.[125] Dies gilt auch dann, wenn die Anschaffung oder Herstellung des Wirtschaftsguts vor Begründung der Betriebsaufspaltung erfolgt, sofern der notwendige zeitliche und sachliche Zusammenhang gewahrt ist.[126] Der III. Senat des BFH räumt somit für die investitionszulagenrechtliche Beurteilung dem Prinzip der wirtschaftlichen Einheit der verflochtenen Unterneh-

---

[117] BFH BStBl. II 1968 S. 827, 828 f.; BMF BStBl. I 2006 S. 119, 124 Rz. 39.
[118] BMF BStBl. I 2006 S. 119, 124 Rz. 39.
[119] BMF BStBl. I 2006 S. 119, 124 Rz. 40.
[120] BFH BStBl. II 2000 S. 592, 595; BStBl. II 2004 S. 250, 251.
[121] BFH BStBl. II 2004 S. 250; BMF BStBl. I 2006 S. 119, 124 Rz. 41.
[122] BMF BStBl. I 2006 S. 119, 124 Rz. 41 zählt zur Vertragsvorbereitung „die Werbung, Akquisition einschließlich Preis- und Vertragsverhandlungen, Vorbereitung des Vertrags und Einholung der Unterschrift des Vertragspartners", während bezüglich der Vertragsabwicklung der Zahlungsverkehr hervorgehoben wird.
[123] BMF BStBl. I 2006 S. 119, 124 Rz. 41 nennt insoweit die Verwendung einer zentralen EDV-Anlage zur Durchführung des Zahlungsverkehrs als Beispiel.
[124] BFH BStBl. II 2004 S. 250, 251 f.; BMF BStBl. I 2006 S. 119, 124 Rz. 40.
[125] BFH BStBl. II 1999 S. 607, 609 f.; BStBl. II 2003 S. 272; BMF BStBl. I 2006 S. 119, 124 Rz. 42.
[126] BFH BStBl. II 2000 S. 700, 702 f.; BMF BStBl. I 2006 S. 119, 124 Rz. 42.

25. Kapitel. Leasing und staatliche Investitionsförderung　　　　　　§ 79

men den Vorrang ein. Die rechtliche Selbständigkeit von Besitzunternehmen einerseits und Betriebsunternehmen andererseits bezeichnet er als „formalen Gesichtspunkt", der den Ausschluss von der Zulagenberechtigung nicht rechtfertigen könne, da ansonsten der Rechtsnatur der Betriebsaufspaltung als bloßer Aufteilung der Funktionen eines normalerweise einheitlichen Betriebs auf zwei Rechtsträger widersprochen würde.[127] Erzielt allerdings das Besitzunternehmen originär gewerbliche Einkünfte und betreffen die Investitionen seinen eigenen gewerblichen Betrieb, ist eine Zuordnung des Wirtschaftsguts zum Anlagevermögen des Betriebsunternehmens ausgeschlossen.[128]

Wird ein begünstigtes bewegliches Wirtschaftsgut während des Zugehörigkeitszeitraums veräußert, bedeutet dies keinen **Verstoß gegen die Zugehörigkeitsvoraussetzung**, wenn das Wirtschaftsgut beim Erwerber ebenfalls Anlagevermögen eines Betriebs oder einer Betriebsstätte im Fördergebiet wird. Als für die Zulagenbegünstigung schädlich wird dagegen die Überführung des Wirtschaftsguts in das Anlagevermögen einer Betriebsstätte außerhalb des Fördergebiets, in das Umlaufvermögen, in das Privatvermögen sowie in den hoheitlichen oder ideellen Bereich angesehen.[129] Der BFH hat z. B. eine auch nur vorübergehende Überführung des Wirtschaftsguts in das Umlaufvermögen eines Händlers[130] sowie den Verlust der Eigenschaft eines einer selbständigen Bewertung zugänglichen Wirtschaftsguts innerhalb des Zugehörigkeitszeitraums[131] als investitionszulagenschädlich qualifiziert. 35

gg) Verbleiben im Betrieb. Die Verbleibensvoraussetzung ist erfüllt, wenn das bewegliche Wirtschaftsgut während des Bindungszeitraums einer Betriebsstätte im Fördergebiet räumlich zugeordnet werden kann und im Fördergebiet verbleibt.[132] Allerdings müssen in der Betriebsstätte nicht nur die Anspruchsvoraussetzungen erfüllt werden, sondern sie muss auch aktiv am Wirtschaftsleben teilnehmen.[133] Eine ununterbrochene aktive Nutzung in der Betriebsstätte wird zwar nicht verlangt, doch muss das Wirtschaftsgut zumindest entsprechend seiner **Zweckbestimmung** eingesetzt werden können.[134] Während die Eröffnung eines Insolvenzverfahrens bei Aufrechterhaltung der werbenden Tätigkeit als unschädlich erachtet wird, erfüllen ein nur noch abzuwickelnder sowie ein bereits stillgelegter Betrieb nicht mehr die Verbleibensvoraussetzung.[135] 36

Für die Zuordnung von einem anderen zur Nutzung überlassenen beweglichen Wirtschaftsgütern kommt es in erster Linie auf die **Dauer der Nutzungsüberlassung** an. Beträgt diese weniger als drei Monate, erfolgt die Zuordnung zur Betriebsstätte desjenigen, der die Nutzung überlässt.[136] Für die Feststellung der Dreimonatsgrenze stellt die Finanzverwaltung nicht auf die formale Vertragsgestaltung, sondern auf die tatsächliche Durchführung ab.[137] Daneben wird das Wirtschaftsgut der die Nutzung überlassenden Partei zugeordnet, wenn die Nutzungsüberlassung im Rahmen eines Dienstverhältnisses erfolgt.[138] Im Fall einer längerfristigen Nutzungsüberlassung werden die beweglichen Wirtschaftsgüter der Betriebsstätte des Nutzenden i. S. der Verbleibensvoraussetzung zugeordnet.[139] 37

---

[127] BFH BStBl. II 2003 S. 613, 615; BStBl. II 2004 S. 248, 249 f.
[128] BFH BStBl. II 2003 S. 613, 615 f.; BMF BStBl. I 2006 S. 119, 124 f. Rz. 42.
[129] BMF BStBl. I 2006 S. 119, 125 Rz. 43.
[130] BFH BStBl. II 1994 S. 576.
[131] BFH BStBl. II 2000 S. 628.
[132] BMF BStBl. I 2006 S. 119, 125 Rz. 44; Heger DB 2004, 1904, 1906 f.
[133] BFH BStBl. II 1991 S. 932, 933; BStBl. II 1999 S. 615, 619; BStBl. II 2001 S. 37, 39; BStBl. II 2002 S. 312, 313; BMF BStBl. I 2006 S. 119, 125 Rz. 44 und 47.
[134] BFH BStBl. II 2002 S. 312, 313; BMF BStBl. I 2006 S. 119, 125 Rz. 47.
[135] BFH BStBl. II 2002 S. 106, 108 f.; BStBl. II 2002 S. 582, 583; BMF BStBl. I 2006 S. 119, 125 Rz. 47.
[136] BFH BStBl. II 1986 S. 916; BStBl. II 2001 S. 446, 448 f.; BStBl. II 2002 S. 545, 547.
[137] BMF BStBl. I 2006 S. 119, 125 Rz. 45.
[138] BFH BStBl. II 1986 S. 919; BMF BStBl. I 2006 S. 119, 125 Rz. 45.
[139] BFH BStBl. II 1989 S. 903, 904 f.; BStBl. II 1990 S. 750; BMF BStBl. I 2006 S. 119, 125 Rz. 45.

Für Leasingverhältnisse bedeutet dies, dass bei Überschreiten der Dreimonatsgrenze eine Zuordnung zur Betriebsstätte des Leasingnehmers vorgenommen wird.

38 Die **Dreimonatsfrist** spielt ferner eine Rolle, wenn es um die Beantwortung der Frage geht, ob das bewegliche Wirtschaftsgut ab dem Zeitpunkt der Anschaffung oder Herstellung bis zum Ablauf des Verbleibenszeitraums in einem Betrieb der begünstigten Wirtschaftszweige verblieben ist. Handelt es sich um ein von einem Betrieb eines nicht begünstigten Wirtschaftszweigs mit der Zweckbestimmung der Nutzungsüberlassung an einen Betrieb der begünstigten Wirtschaftszweige angeschafftes oder hergestelltes bewegliches Wirtschaftsgut, wird die Wahrung eines zeitlichen und sachlichen Zusammenhangs vorausgesetzt. Hiervon wird grundsätzlich ausgegangen, wenn der Zeitraum zwischen der Anschaffung oder der Herstellung einerseits und der Übernahme zur Nutzung durch einen Betrieb der begünstigten Wirtschaftszweige andererseits drei Monate nicht übersteigt.[140]

39 Bei einer langfristigen Nutzungsüberlassung innerhalb des Zugehörigkeits- und Verbleibenszeitraums hängt der Anspruch auf die Investitionszulage ferner davon ab, ob und in welcher Höhe der Nutzende bei unterstellter Vornahme der Investition anstelle des Anspruchsberechtigten Investitionszulage erhalten würde. Gleiches gilt bei einer Veräußerung sowie in den Fällen des Vermögensübergangs nach dem Umwandlungssteuergesetz, in denen die übergegangenen oder eingebrachten Wirtschaftsgüter als angeschafft gelten, wobei sich die Fiktion auf den Erwerber bzw. auf den Übernehmenden bezieht.[141] Da jeweils auf den **Zeitpunkt des Investitionsabschlusses** durch den Anspruchsberechtigten abgestellt wird, kann der Anspruch erhalten bleiben, wenn der das bewegliche Wirtschaftsgut erhaltende Betrieb ebenfalls einem begünstigten Wirtschaftszweig angehört.[142]

40 In fremde Grundstücke oder Gebäude im Fördergebiet eingebaute und gewerblich betriebene **Betriebsvorrichtungen**, die den Betriebsstättenbegriff nicht erfüllen, werden dennoch dem Betrieb bzw. der Betriebsstätte des den Einbau vornehmenden Anspruchsberechtigten zugeordnet, wenn diesem die tatsächliche Sachherrschaft über die Anlagen zusteht.[143] Allerdings muss sich die Betriebsstätte, der die Anlagen zuzuordnen sind, im Fördergebiet befinden.[144] Im Übrigen erfordert die Verbleibensvoraussetzung nicht, dass das bewegliche Wirtschaftsgut im räumlich abgegrenzten Bereich einer Betriebsstätte bleibt.[145] Ein Verstoß liegt dagegen vor, wenn ein auch nur kurzfristiger **Einsatz außerhalb des Fördergebiets** erfolgt.[146]

41 Schließlich gelten **Ausnahmeregelungen** für bestimmte Wirtschaftsgüter, die ihrer Art nach nicht dazu bestimmt und geeignet sind, im räumlich abgegrenzten Bereich einer Betriebsstätte eingesetzt zu werden. Die Finanzverwaltung unterscheidet:
– Transportmittel;[147]
– Baugeräte;[148]
– sonstige Wirtschaftsgüter, die ihrer Art nach nicht dazu bestimmt und geeignet sind, im räumlich abgegrenzten Bereich einer Betriebsstätte eingesetzt zu werden.[149]

---

[140] BMF BStBl. I 2006 S. 119, 127 Rz. 58.
[141] BFH BStBl. II 1990 S. 750; BMF BStBl. I 2006 S. 119, 127 Rz. 59.
[142] BFH BStBl. II 2003 S. 776, 779; BMF BStBl. I 2006 S. 119, 127 Rz. 59.
[143] BFH BStBl. II 2001 S. 365; BMF BStBl. I 2006 S. 119, 125 Rz. 46.
[144] BMF BStBl. I 2006 S. 119, 125 Rz. 46.
[145] BFH BStBl. II 1986 S. 916; BMF BStBl. I 2006 S. 119, 125 Rz. 48; für eine funktionale Betrachtungsweise plädiert *Heger* DB 2004, 1904, 1906 f.
[146] BFH BStBl. II 2002 S. 312; BMF BStBl. I 2006 S. 119, 125 Rz. 48.
[147] BMF BStBl. I 2006 S. 119, 125 f. Rz. 49 statuiert aus Vereinfachungsgründen eine 183-Tage-Regel, während durch Einsätze außerhalb des Fördergebiets verursachte Unterbrechungen im Regelfall 14 Tage nicht überschreiten dürfen; aus der Rechtsprechung z. B. BFH BStBl. II 1997 S. 827, 829; BStBl. II 2003 S. 365.
[148] BMF BStBl. I 2006 S. 119, 126 Rz. 50 orientiert sich insoweit an einer Fünfmonatsfrist.
[149] BMF BStBl. I 2006 S. 119, 126 Rz. 51 nimmt einen unschädlichen Kurzeinsatz an, wenn die betreffenden Wirtschaftsgüter in jedem Jahr des Verbleibenszeitraums nicht länger als 30 Tage außer-

hh) Nutzung im Betrieb. Die Nutzungsvoraussetzung muss in jedem Jahr des Bindungszeitraums erfüllt sein.[150] Bei Zuordnung eines beweglichen Wirtschaftsguts zur Betriebsstätte des Nutzenden i. S. der Verbleibensvoraussetzung aufgrund langfristiger Nutzungsüberlassung werden Art und Umfang der Nutzung aus der **Sicht des Nutzenden** beurteilt.[151] Ist das Wirtschaftsgut dagegen der Betriebsstätte des Anspruchsberechtigten zuzuordnen und beruht die Nutzungsüberlassung nicht auf privaten Erwägungen, liegt darin unabhängig davon eine betriebliche Nutzung, wie das Wirtschaftsgut durch den Nutzenden tatsächlich genutzt wird.[152] Bei Nutzungsüberlassung an einen Arbeitnehmer des eigenen Betriebs gilt grundsätzlich das Gleiche, doch wird in diesen Fällen verlangt, dass die Nutzungsüberlassung aufgrund eines Dienstvertrags außerhalb eines gesellschaftsrechtlichen Verhältnisses erfolgt.[153]

42

ii) Vorzeitiges Ausscheiden. Das vorzeitige Ausscheiden eines Wirtschaftsguts aus dem Anlagevermögen wird als unschädlich angesehen, wenn es auf einem der folgenden **Anlässe** beruht:[154]
– höhere Gewalt, z. B. bei Brand, Diebstahl oder Unfall;
– Totalschaden;[155]
– technische Abnutzung oder wirtschaftlicher Verbrauch;[156]
– Ablauf der betriebsgewöhnlichen Nutzungsdauer (§ 2 Abs. 1 Satz 7 InvZulG 2007);[157]
– Umtausch wegen Mangelhaftigkeit gegen ein Wirtschaftsgut gleicher oder besserer Qualität.[158]

43

Ob ein Wirtschaftsgut technisch abgenutzt oder wirtschaftlich verbraucht ist, beurteilt sich nach den Umständen des Einzelfalls, deren Würdigung in erster Linie der Tatsacheninstanz obliegt.[159] **Wirtschaftlicher Verbrauch** wird angenommen, wenn das Wirtschaftsgut ungeachtet seiner fortbestehenden technischen Einsatzfähigkeit nicht mehr wirtschaftlich sinnvoll verwendet werden kann, wobei jeweils auf das einzelne Wirtschaftsgut und nicht auf die Betriebsstätte als Ganzes abgestellt wird.[160] Hinzu kommen muss, dass das technisch abgenutzte oder wirtschaftlich verbrauchte Wirtschaftsgut auch für Dritte keinen oder nur noch einen sehr geringen Wert besessen hat. BFH und Finanzverwaltung gehen von einem in diesem Sinne zu vernachlässigenden Verwertungserlös aus, wenn er im Verhältnis zu den bei der Bemessungsgrundlage der Investitionszulage zugrunde gelegten Anschaffungs- oder Herstellungskosten nicht mehr als 10 % beträgt.[161]

44

Die Verschrottung eines Wirtschaftsguts, die nicht auf seinem technischen oder wirtschaftlichen Verbrauch beruht, wird als betriebswirtschaftlich begründete Entsorgungsmaßnahme qualifiziert, die innerhalb des Zugehörigkeits- und Verbleibenszeitraums

45

---

halb des Fördergebiets eingesetzt werden, wobei mehrmalige Außeneinsätze innerhalb eines Jahres zusammengerechnet werden.
[150] BMF BStBl. I 2006 S. 119, 126 Rz. 54.
[151] BFH BStBl. II 1986 S. 916 und S. 919; BStBl. II 1989 S. 903; BMF BStBl. I 2006 S. 119, 126 Rz. 55.
[152] BMF BStBl. I 2006 S. 119, 126 Rz. 55 erklärt vor diesem Hintergrund die private Nutzung von kurzfristig vermieteten Kraftfahrzeugen oder Freizeitgegenständen als unschädlich.
[153] BFH BStBl. II 1990 S. 752; BMF BStBl. I 2006 S. 119, 126f. Rz. 55.
[154] BMF BStBl. I 2006 S. 119, 126 Rz. 52.
[155] BFH BStBl. II 1977 S. 793.
[156] BFH BStBl. II 1977 S. 59; BStBl. II 2002 S. 106, 108.
[157] Ebenso bereits § 2 Abs. 1 Satz 3 InvZulG 1999 und § 2 Abs. 1 Satz 6 InvZulG 2005.
[158] BFH BStBl. II 1968 S. 430.
[159] BFH BStBl. II 1999 S. 615.
[160] BFH BStBl. II 1999 S. 615, 618f.; BStBl. II 2002 S. 106, 108.
[161] BFH BStBl. II 2000 S. 434, 437f.; BMF BStBl. I 2006 S. 119, 126 Rz. 52.

§ 79 Vierter Teil. Wirtschaftliche Problemkomplexe des Leasings

investitionszulagenschädlich ist.[162] Ganz allgemein scheiden Gründe, die ihre Ursache in der Betriebsstätte oder im Betrieb haben, als Rechtfertigung einer Ausnahme vom grundlegenden Verbleibenserfordernis aus. Dies gilt in erster Linie für Rentabilitätserwägungen und andere **betriebswirtschaftliche Gründe**.[163] Das Ausscheiden eines beweglichen Wirtschaftsguts aus dem Anlagevermögen eines Betriebs oder einer Betriebsstätte im Fördergebiet aus anderen als den vorstehend genannten Gründen innerhalb des Zugehörigkeits- und Verbleibenszeitraums ist nur dann unschädlich, wenn ein Ersatzwirtschaftsgut an seine Stelle tritt.

46 **jj) Ersatzwirtschaftsgut.** Ersetzt der Anspruchsberechtigte ein begünstigtes bewegliches Wirtschaftsgut vor Ablauf der fünfjährigen Zugehörigkeits- und Verbleibensfrist durch ein mindestens gleichwertiges neues abnutzbares bewegliches Wirtschaftsgut, gilt § 2 Abs. 1 Satz 1 Nr. 1–3 InvZulG 2005 mit der Maßgabe, dass für die verbleibende Zeit des Fünfjahreszeitraums das Ersatzwirtschaftsgut an die Stelle des begünstigten beweglichen Wirtschaftsguts tritt (§ 2 Abs. 1 Satz 4 InvZulG 2005). Damit soll der Anspruchsberechtigte in die Lage versetzt werden, „die beweglichen Wirtschaftsgüter des Anlagevermögens **auf dem erforderlichen neuesten technischen Stand** zu halten, ohne die Investitionszulage für vorzeitig ausgeschiedene bewegliche Wirtschaftsgüter zurückzahlen zu müssen".[164]

47 § 2 Abs. 1 Satz 6 InvZulG 2007 knüpft dagegen von vornherein an einen Ersatz „wegen rascher technischer Veränderungen" an.[165] Allerdings muss das Ersatzwirtschaftsgut bis zum Ablauf des Bindungszeitraums die Zugehörigkeits-, Verbleibens- und Nutzungsvoraussetzungen anstelle des ersetzten Wirtschaftsguts erfüllen.[166] Im Übrigen macht der Gesetzgeber die Anerkennung eines Ersatzwirtschaftsguts vom **Vorliegen eines zeitlichen Zusammenhangs** zwischen Ausscheiden und Ersetzung abhängig. Danach ist es ausreichend, wenn das Ersatzwirtschaftsgut vor Ablauf von drei Monaten nach dem Ausscheiden des geförderten beweglichen Wirtschaftsguts angeschafft oder hergestellt wird. Eine Investitionszulage für das Ersatzwirtschaftsgut selbst kommt im Regelfall mangels Erstinvestition von vornherein nicht in Betracht.[167] Erfüllt jedoch das Wirtschaftsgut die Voraussetzungen einer begünstigten Erstinvestition, hat der Anspruchsberechtigte die Wahl, ob er es als Ersatzwirtschaftsgut behandeln will.[168]

48 **kk) Branchenbezug.** Bereits die Investitionszulagengesetze 1999 und 2005 verlangten den Verbleib des beweglichen Wirtschaftsguts in einer Betriebsstätte eines Betriebs des verarbeitenden Gewerbes oder eines Betriebs der produktionsnahen Dienstleistungen im Fördergebiet.[169] Nach § 2 Abs. 1 Satz 9 InvZulG 2007 gelten als **Betriebe der produktionsnahen Dienstleistungen**:

– a) Betriebe der Datenverarbeitung und Datenbanken;

– b) Betriebe der Forschung und Entwicklung;

– c) Betriebe der Markt- und Meinungsforschung;

– d) Ingenieurbüros für bautechnische Gesamtplanung;

---

[162] BFH BStBl. II 1999 S. 615, 617; BStBl. II 2001 S. 37, 39; BStBl. II 2002 S. 106, 108; BMF BStBl. I 2006 S. 119, 126 Rz. 52.
[163] BFH BStBl. II 1994 S. 711, 712 f.; BStBl. II 2002 S. 106, 108.
[164] BT-Drucks. 15/2249 S. 15; 16/1409 S. 12.
[165] *Kroschel/Peterson* BB 2006, 1415, 1418 f.
[166] BT-Drucks. 16/1409 S. 12; BMF BStBl. I 2006 S. 119, 126 Rz. 53.
[167] BT-Drucks. 15/2249 S. 15; 16/1409 S. 12.
[168] BMF BStBl. I 2006 S. 119, 126 Rz. 53.
[169] Dagegen sind die Begünstigungen für kleine und mittlere Handwerksbetriebe sowie für kleine und mittlere Betriebe des innerstädtischen Groß- und Einzelhandels (§ 2 Abs. 2 Nr. 2 und 3 InvZulG 1999) entfallen.

25. Kapitel. Leasing und staatliche Investitionsförderung §79

– e) Ingenieurbüros für technische Fachplanung;
– f) Büros für Industrie-Design;
– g) Betriebe der technischen, physikalischen und chemischen Untersuchung;
– h) Betriebe der Werbung;
– i) Betriebe des fotografischen Gewerbes.

§ 2 Abs. 1 Satz 10 InvZulG 2007 bezieht erstmals die **Betriebe des Beherbergungs-** 49
gewerbes in die Förderung ein. Als solche gelten:
– Nr. 1: Betriebe der Hotellerie;
– Nr. 2: Jugendherbergen und Hütten;
– Nr. 3: Campingplätze;
– Nr. 4: Erholungs- und Ferienheime.

Hat ein Betrieb Betriebsstätten sowohl im Fördergebiet als auch außerhalb des Förder- 50
gebiets, so gelten für die Einordnung des Betriebs in den jeweiligen begünstigten
Wirtschaftszweig alle Betriebsstätten im Fördergebiet als ein Betrieb (§ 2 Abs. 1 Satz 11
InvZulG 2007). Dieser kann daher begünstigt sein, selbst wenn der gesamte Betrieb unter
Einschluss der Betriebsstätten außerhalb des Fördergebiets nicht zu einem begünstigten
Wirtschaftszweig zählt.[170] Die Abgrenzung der begünstigten von den nicht begünstigten
Wirtschaftszweigen ist nach der **Klassifikation der Wirtschaftszweige** in der jeweils
geltenden Fassung vorzunehmen.[171] Eine Gliederung der aktuellen Ausgabe „WZ 2003"
ist auf der Internetseite des Statistischen Bundesamts veröffentlicht.[172] Darin finden sich
das verarbeitende Gewerbe in Abschnitt D und die produktionsnahen Dienstleistungen
in Abschnitt K.[173] Bei Zuordnungsproblemen hilft ein Suchsystem des Bayerischen
Landesamts für Statistik und Datenverarbeitung,[174] das auch das Güterverzeichnis für
Produktionsstatistiken in der Ausgabe „GP 2002" enthält, welches als Hilfsmittel zur
Einordnung anhand des jeweiligen Produkts anerkannt ist.[175]

Die Entscheidung über die Einordnung des Betriebs trifft grundsätzlich das Finanz- 51
amt, das allerdings eine bereits erfolgte Einordnung durch das Statistische Bundesamt
oder ein Statistisches Landesamt nicht unberücksichtigt lassen darf.[176] Obwohl eine solche
Einordnung keinen Grundlagenbescheid i. S. v. § 171 Abs. 10 AO verkörpert, hat der BFH
die Finanzämter zu ihrer Übernahme bei der Entscheidung über die Gewährung der Investitionszulage verpflichtet, sofern dies nicht zu einem offensichtlich falschen Ergebnis
führt.[177] Wichtig ist ferner, dass sich eine **Umgruppierung** des Betriebs zu einem nicht
begünstigten Wirtschaftszweig vor Ablauf des Bindungszeitraums wegen des zu beachtenden Vertrauensschutzes nicht auf eine abgeschlossene Investition auswirken darf.
Dieser Grundsatz gilt unabhängig davon, ob die Umgruppierung durch neue statistische
Verzeichnisse oder eine geänderte Behördenauffassung herausgefordert war. Die Investitionszulage darf daher nur zurückgefordert werden, wenn die ursprüngliche Zuordnung

---

[170] Zu § 2 Abs. 1 Satz 8 InvZulG 2005 BMF BStBl. I 2006 S. 119, 131 Rz. 94.
[171] BT-Drucks. 15/2249 S. 15; 16/1409 S. 12; BFH BStBl. II 2001 S. 40; BStBl. II 2002 S. 545; BStBl. II 2003 S. 360, 361; BStBl. II 2003 S. 529, 531; BStBl. II 2005 S. 497, 498 ff.; BMF BStBl. I 2006 S. 119, 130 Rz. 83.
[172] Die Internetadresse lautet: http://www.destatis.de/allg/d/klassif/wz2003.htm.
[173] Einzelheiten dazu in BMF BStBl. I 2006 S. 119, 130 Rz. 84; für Betriebe des Beherbergungsgewerbes *Kroschel/Peterson* BB 2006, 1415, 1418.
[174] Die Internetadresse lautet: http://w3gewan.bayern.de/klass/index.htm.
[175] BFH BStBl. II 2005 S. 497, 500; BMF BStBl. I 2006 S. 119, 130 Rz. 85.
[176] BMF BStBl. I 2006 S. 119, 130 Rz. 86.
[177] BFH BStBl. II 2000 S. 144; BStBl. II 2002 S. 545, 547; BStBl. II 2003 S. 360, 361; BStBl. II 2005 S. 497.

§ 79 Vierter Teil. Wirtschaftliche Problemkomplexe des Leasings

offensichtlich unzutreffend war oder sich die für die Zuordnung maßgebenden Verhältnisse geändert haben.[178]

52 Der Antragsteller muss sich vor Beginn der Investition über die zutreffende Eingruppierung des Betriebs nach der jeweils aktuellen Klassifikation der Wirtschaftszweige informieren.[179] Diese **Informationsobliegenheit** besteht unabhängig von der Rechtsform des Betriebs und der Einkunftsart. In Fällen, in denen sich die Zuordnung eines Betriebs aufgrund einer Modifizierung der statistischen Verzeichnisse geändert hat, kommt es nicht darauf an, ob dies dem Investor vor Investitionsbeginn durch das Statistische Bundesamt oder ein Statistisches Landesamt tatsächlich mitgeteilt worden ist.[180]

53 Ein **Mischbetrieb**, der mehrere unterschiedlich klassifizierte Tätigkeiten ausübt, wird nach dem Schwerpunkt der wirtschaftlichen Tätigkeit und damit in der Regel nach der Tätigkeit eingeordnet, auf die der größte Teil der entstandenen Wertschöpfung entfällt.[181] Entsprechendes gilt, wenn die Tätigkeiten verschiedenen Abschnitten der Klassifikation der Wirtschaftszweige zuzuordnen sind.[182] Die Wertschöpfungsanteile sind jeweils für das Wirtschaftsjahr des Betriebs zu ermitteln, in dem die beweglichen Wirtschaftsgüter verbleiben oder die Gebäude verwendet werden, wobei die Verbleibens- bzw. Verwendungsvoraussetzungen innerhalb des Bindungszeitraums grundsätzlich ununterbrochen erfüllt sein müssen.[183] Ihre Berechnung kann sich entweder grob am steuerbaren Umsatz orientieren oder exakt nach einer von der Finanzverwaltung vorgegebenen Formel erfolgen.[184]

54 Bei vor dem Beginn der betrieblichen Tätigkeit angeschafften oder hergestellten Wirtschaftsgütern ist die Abgrenzung der Wirtschaftszweige in dem Jahr nach Beginn der betrieblichen Tätigkeit maßgebend und zusätzlich erforderlich, dass der zeitliche und sachliche Zusammenhang zur **Betriebseröffnung** gewahrt ist.[185] Hierfür gelten die gleichen Anforderungen, die bereits als für die Zugehörigkeit zum Anlagevermögen entscheidend erläutert worden sind.[186] Werden im Jahr der Betriebseröffnung noch keine Umsätze durch die zum begünstigten Wirtschaftszweig zählende Tätigkeit erzielt, bleibt dies für die Einordnung in einen begünstigten Wirtschaftszweig ohne Folgen, wenn zur Vorbereitung dieser Tätigkeit umfassende Investitionen vorgenommen wurden.[187] Befindet sich ein Betrieb in einem **Strukturwandel** zu einem begünstigten Wirtschaftszweig, so gilt dieser auch für diejenigen beweglichen Wirtschaftsgüter und Gebäude, die im Wirtschaftsjahr der Beendigung des Strukturwandels und im vorhergehenden Wirtschaftsjahr angeschafft oder hergestellt oder im Fall der Nutzungsüberlassung vom nutzenden Betrieb übernommen werden und den Strukturwandel bewirken.[188]

55 **ll) Bescheinigungsverfahren.** Wird ein nach § 2 Abs. 1 Satz 1 InvZulG 2005 begünstigtes Wirtschaftsgut von einem nicht zum verarbeitenden Gewerbe oder zu den produktionsnahen Dienstleistungen gehörenden Betrieb einem anderen zur Nutzung überlassen, so hat der Anspruchsberechtigte durch eine Bescheinigung der zuständigen Bewilligungsbehörde für die Gewährung von Investitionszuschüssen im Rahmen der **Gemeinschaftsaufgabe** „Verbesserung der regionalen Wirtschaftsstruktur für die gewerbliche Wirtschaft" nachzuweisen, dass die Investitionszulage in vollem Umfang auf das Nut-

---

[178] BFH BStBl. II 2000 S. 444, 448 f.; BStBl. II 2003 S. 360; BMF BStBl. I 2005 S. 503; BStBl. I 2006 S. 119, 130 Rz. 86.
[179] BMF BStBl. I 2006 S. 119, 130 Rz. 87.
[180] BFH BStBl. II 2005 S. 497; BMF BStBl. I 2006 S. 119, 130 Rz. 87.
[181] BFH BStBl. II 2000 S. 208, 212 f.; BStBl. II 2000 S. 444; BStBl. II 2001 S. 40; BStBl. II 2003 S. 362, 363 f.; BMF BStBl. I 2006 S. 119, 130 Rz. 88.
[182] BMF BStBl. I 2006 S. 119, 130 Rz. 88.
[183] BMF BStBl. I 2006 S. 119, 131 Rz. 90.
[184] BFH BStBl. II 2000 S. 444, 447 ff.; BMF BStBl. I 2006 S. 119, 130 f. Rz. 89.
[185] BMF BStBl. I 2006 S. 119, 131 Rz. 92.
[186] BFH BStBl. II 2002 S. 582.
[187] BMF BStBl. I 2006 S. 119, 131 Rz. 93.
[188] BMF BStBl. I 2006 S. 119, 131 Rz. 91.

zungsentgelt angerechnet worden ist (§ 2 Abs. 1 Satz 2 InvZulG 2005). Diese Vorschrift kam erst auf Initiative des Finanzausschusses zustande[189] und wurde als erforderlich angesehen, um die Voraussetzungen für die beihilferechtliche Genehmigung des Gesetzes durch die Kommission nach Art. 88 Abs. 3 EGV zu schaffen, die insbesondere Bedenken gegen die Förderung von Leasingunternehmen ohne Verpflichtung zur Weitergabe der Investitionszulage geäußert hatte. Zudem wurde damit eine Angleichung an die bei der Gewährung von Investitionszuschüssen nach der Gemeinschaftsaufgabe geltenden Anforderungen bewirkt. Im **InvZulG 2007** konnte dagegen auf das Erfordernis einer behördlichen Bescheinigung verzichtet werden, da der Leasinggeber selbst nicht mehr anspruchsberechtigt ist. Die nachfolgenden Ausführungen beziehen sich deshalb ausschließlich auf Fälle, auf die das InvZulG 2005 Anwendung findet.

Da die Durchführung des jeweiligen Rahmenplans nach dem Willen des Gesetzgebers **56** Aufgabe der Länder ist (§ 9 Abs. 1 GRW), sind grundsätzlich die Wirtschaftsministerien für die Ausstellung der erforderlichen Bescheinigung zuständig. Im Regelfall haben diese allerdings die Bewilligung und Verwaltung der zur Erfüllung der Gemeinschaftsaufgabe zur Verfügung stehenden Mittel an nachgeordnete Landeseinrichtungen oder Spezialbanken delegiert. Als Beispiel für Wirtschaftsgüter zur Nutzung überlassende Anspruchsberechtigte, die selbst keinen Betrieb eines begünstigten Wirtschaftszweigs unterhalten, werden ausdrücklich **Leasingunternehmen** genannt.[190] Die nach § 2 Abs. 1 Satz 2 InvZulG 2005 erforderliche Anrechnung kann beispielsweise verteilt auf die Laufzeit der Nutzungsüberlassung auf die jeweils zu entrichtende Leasingrate oder durch Verrechnung mit einem etwaigen Restwert[191] erfolgen. Unverzichtbare Voraussetzung bleibt jedoch, dass der Betrieb des Leasingnehmers den begünstigten Wirtschaftszweigen zugeordnet werden kann. Die Finanzverwaltung unterscheidet im Wesentlichen drei Konstellationen:[192]

– ein Leasingunternehmen kann für im Anlagevermögen einer Betriebsstätte im Fördergebiet gehaltene bewegliche Wirtschaftsgüter Investitionszulage beanspruchen, die es einem Betrieb der begünstigten Wirtschaftszweige im Fördergebiet langfristig zur Nutzung überlässt;

– die kurzfristige Nutzungsüberlassung von einem Betrieb der begünstigten an einen solchen der nicht begünstigten Wirtschaftszweige im Fördergebiet verletzt nicht die Verbleibensvoraussetzung;[193]

– schädlich ist dagegen die langfristige Nutzungsüberlassung von einem Betrieb der begünstigten an einen solchen der nicht begünstigten Wirtschaftszweige.[194]

Überlässt ein Leasingunternehmen einem begünstigten Betrieb bewegliche Wirt- **57** schaftsgüter langfristig zur Nutzung, besteht der Anspruch auf Investitionszulage nur, wenn diese in vollem Umfang an den Leasingnehmer weitergeleitet wird.[195] Die **Weiterleitung** muss vom Anspruchsberechtigten durch eine Bescheinigung der zuständigen GA-Behörde nachgewiesen werden.[196] Diese Bescheinigung ist eine materiell-rechtliche Voraussetzung für die Gewährung der Investitionszulage und daher als Grundlagenbescheid für den Investitionszulagenbescheid i. S. v. § 171 Abs. 10 AO zu qualifizieren. Sie

---

[189] BT-Drucks. 15/2605 S. 3.
[190] BT-Drucks. 15/2605 S. 8; BMF BStBl. I 2006 S. 119, 127 Rz. 57.
[191] Vgl. z. B. OLG Naumburg NJW-RR 1998, 1584, 1585 f.
[192] BMF BStBl. I 2006 S. 119, 127 Rz. 57.
[193] BFH BStBl. II 2001 S. 446, 448 f.; BStBl. II 2002 S. 545, 547; BStBl. II 2004 S. 570.
[194] BFH BStBl. II 2004 S. 570; nach BFH BStBl. II 2001 S. 446 gilt dasselbe, wenn begünstigte Wirtschaftsgüter wiederholt nur formal nicht länger als drei Monate an einen nicht anspruchsberechtigten Dritten überlassen werden und diesem auch zwischen den Überlassungen jederzeit zur Verfügung stehen.
[195] BMF BStBl. I 2006 S. 119, 127 Rz. 60.
[196] BMF BStBl. I 2006 S. 119, 127 Rz. 61.

ist für Finanzbehörden und Finanzgerichte gleichermaßen bindend, soweit sie außerhalb des Steuerrechts liegende Feststellungen enthält. Keine Bindungswirkung besteht dagegen, soweit in der Bescheinigung spezifisch steuer- oder investitionszulagenrechtliche Fragen beurteilt werden oder eine bestimmte Beurteilung solcher Fragen vorausgesetzt wird.[197]

58 Das Finanzamt überprüft die Zuständigkeit der die Bescheinigung ausstellenden GA-Behörde, die sich nach dem Ort der Investition und damit nach der Betriebsstätte des Nutzenden richtet, in der das Wirtschaftsgut verbleibt.[198] Zur Ermittlung der für das jeweilige Land zuständigen GA-Behörde kann auf eine spezielle Förderdatenbank zurückgegriffen werden, die über die Homepage des Bundesministeriums für Wirtschaft und Technologie aufgerufen werden kann.[199] Die Finanzbehörden verlangen grundsätzlich die Vorlage einer Bescheinigung pro Wirtschaftsgut. Bei Überlassung mehrerer Wirtschaftsgüter von einem Leasinggeber an einen Leasingnehmer wird es allerdings nicht beanstandet, wenn hierfür eine **zusammengefasste Bescheinigung** vorgelegt wird.[200] Da im Fall einer für die Dauer des Nutzungs- und Verbleibenszeitraums ununterbrochenen Betriebsaufspaltung die Zuordnung des Betriebsunternehmens zu einem begünstigten Wirtschaftszweig dem Besitzunternehmen zugerechnet wird,[201] muss für dieses keine Bescheinigung vorgelegt werden.[202]

59 Werden alle im Investitionszulagenantrag aufgeführten Wirtschaftsgüter durch Bescheinigung abgedeckt, überprüft das Finanzamt das Vorliegen der weiteren Anspruchsvoraussetzungen. Hierzu gehört trotz der vorgelegten Bescheinigung auch die Anspruchsberechtigung des Antragstellers. Dagegen überprüft das Finanzamt nicht, ob eine Vollanrechnung der Investitionszulage im Leasing- oder Nutzungsüberlassungsvertrag erfolgt ist.[203] Stellt es im Rahmen einer **Kontrolle** der Nutzungs- und Verbleibensvoraussetzungen oder zu einem sonstigen späteren Zeitpunkt fest, dass die in der Bescheinigung bestätigte Vollanrechnung der Investitionszulage auf das Nutzungsentgelt bezogen auf die gesamte Vertragslaufzeit insgesamt nicht erfolgt ist, hat es die zuständige GA-Behörde zur Überprüfung der Bescheinigung zu veranlassen.[204]

60 mm) Privatnutzung. Beträgt die Privatnutzung des Wirtschaftsguts in jedem Jahr des Bindungszeitraums nicht mehr als 10%, bleibt die **Qualifizierung als begünstigte Investition** hiervon unberührt (§ 2 Abs. 1 Satz 1 Nr. 2 lit. c InvZulG 2007).[205] Wird das angeschaffte oder hergestellte bewegliche Wirtschaftsgut dagegen innerhalb des Bindungszeitraums in einem Jahr zu mehr als 10% privat genutzt, so liegt keine begünstigte Investition i. S. v. § 2 Abs. 1 Satz 1 InvZulG 2007 vor. Als eine derart förderungsschädliche Privatnutzung gilt auch die Verwendung von Wirtschaftsgütern, die zu einer vGA nach § 8 Abs. 3 KStG führt (§ 2 Abs. 1 Satz 8 InvZulG 2007).[206]

61 b) Gebäude. aa) Gebäudebegriff. Der Gebäudebegriff des Investitionszulagenrechts erfasst bereits seit dem InvZulG 1999 neue Gebäude, Eigentumswohnungen, im Teileigentum stehende Räume und andere Gebäudeteile, die selbständige unbewegliche Wirtschaftsgüter sind. Um dies festzustellen, greift die Finanzverwaltung auf die **Abgrenzungsmerkmale des Bewertungsrechts** zurück, so dass etwa Mieter- und Laden-

---

[197] BFH BStBl. II 1986 S. 920, 921; BMF BStBl. I 2006 S. 119, 127 Rz. 62.
[198] BMF BStBl. I 2006 S. 119, 127 Rz. 63.
[199] Die Internetadresse lautet http://www.bmwi.de/Navigation/Wirtschaft/Wirtschaftspolitik/regionalpolitik.html.
[200] BMF BStBl. I 2006 S. 119, 127 Rz. 64.
[201] BFH BStBl. II 1999 S. 610; BMF BStBl. I 1999 S. 839.
[202] BMF BStBl. I 2006 S. 119, 128 Rz. 67.
[203] BMF BStBl. I 2006 S. 119, 127 Rz. 65.
[204] BMF BStBl. I 2006 S. 119, 127 Rz. 66.
[205] Sinngemäß bereits § 2 Abs. 1 Satz 1 Nr. 3 InvZulG 2005.
[206] Ebenso zuvor § 2 Abs. 1 Satz 3 InvZulG 2005.

25. Kapitel. Leasing und staatliche Investitionsförderung   § 79

einbauten, die abnutzbare unbewegliche Wirtschaftsgüter darstellen, nicht nach § 2 Abs. 2 InvZulG 2007 investitionszulagenbegünstigt sind.[207] Gleiches gilt für:
- Außenanlagen[208] von betrieblich genutzten Gebäuden, die als selbständige unbewegliche Wirtschaftsgüter gelten;[209]
- selbständige bewegliche Wirtschaftsgüter wie beispielsweise keine wesentlichen Gebäudebestandteile verkörpernde Einrichtungsgegenstände und als Betriebsvorrichtung oder Scheinbestandteil zu qualifizierende Mietereinbauten, für die allerdings jeweils eine Begünstigung nach § 2 Abs. 1 InvZulG 2007 in Betracht kommen kann.[210]

Generell nicht nach § 2 Abs. 2 InvZulG 2007 begünstigt sind schließlich Gebäude, die **62** entgegen den baurechtlichen Vorschriften errichtet worden sind.[211] Ansonsten differenziert die Finanzverwaltung bei neu hergestellten Gebäuden nach der **Zurechenbarkeit von Erschließungs- und anderen Kosten.**[212] Nicht begünstigt sind danach die dem Grund und Boden zuzurechnenden Kosten für die Grundstückserschließung, insbesondere für Straßen, Versorgungsleitungen und Entsorgungsanlagen außerhalb des Grundstücks. Demgegenüber werden die Anschlüsse an die Versorgungsnetze für Strom, Gas, Wasser und Wärme vom Gebäude bis zur Grundstücksgrenze dem Gebäude zugerechnet, so dass sie bei zeitgleicher Neuherstellung als unselbständige Gebäudebestandteile investitionszulagenbegünstigt sein können.

Als begünstigte Investitionen kommen sowohl die Anschaffung von Gebäuden bis **63** zum Ende des Jahrs der Fertigstellung als auch die Herstellung neuer Gebäude in Betracht, wenn folgende **Voraussetzungen** erfüllt sind (§ 2 Abs. 2 Satz 1 InvZulG 2007):
- die Gebäude müssen mindestens fünf Jahre nach Abschluss des Investitionsvorhabens in einem Betrieb des verarbeitenden Gewerbes, in einem Betrieb der produktionsnahen Dienstleistungen oder in einem Betrieb des Beherbergungsgewerbes i. S. v. § 2 Abs. 1 InvZulG 2007 verwendet werden;[213]
- die Begünstigung greift nur, soweit es sich um eine Erstinvestition i. S. v. § 2 Abs. 3 InvZulG 2007 handelt.

Ferner verweist § 2 Abs. 2 Satz 3 InvZulG 2007 auch auf § 2 Abs. 1 Satz 4 InvZulG 2007, so dass der auf drei Jahre verkürzte Bindungszeitraum für KMU auch mit Blick auf Gebäude gilt.

bb) Neue Gebäude. Ob die Herstellung eines neuen Gebäudes i. S. v. § 2 Abs. 2 Satz 1 **64** InvZulG 2007 vorliegt, wird für das jeweilige Wirtschaftsgut gesondert entschieden.[214] Eine **separate Betrachtung** ist z. B. in folgenden Fällen erforderlich:[215]
- auf einem Grundstück befinden sich mehrere Gebäude;
- ein Gebäude wird sowohl eigen- als auch fremdbetrieblich sowie sowohl zu eigenen als auch zu fremden Wohnzwecken genutzt;[216]
- in einem Gebäude wurde Wohnungs- oder Teileigentum begründet.[217]

---

[207] Zu § 2 Abs. 2 InvZulG 2005 BMF BStBl. I 2006 S. 119, 128 Rz. 68.
[208] BMF BStBl. I 2006 S. 119, 128 Rz. 70 nennt als Beispiele Hofbefestigungen, Befestigungen für Stellplätze, Einfriedungen, Zäune, Straßen, Brücken und Regenwasserauffanganlagen.
[209] BFH BStBl. II 1983 S. 686, 687 f.
[210] Mit Blick auf § 2 Abs. 1 InvZulG 2005 BMF BStBl. I 2006 S. 119, 128 Rz. 70 und 22.
[211] Zu § 2 Abs. 2 InvZulG 2005 wiederum BMF BStBl. I 2006 S. 119, 128 Rz. 69.
[212] BMF BStBl. I 2006 S. 119, 128 Rz. 71.
[213] § 2 Abs. 2 Satz 1 InvZulG 2005 bezog den Lauf der Fünfjahresfrist noch auf die Anschaffung oder Herstellung der Gebäude und erfasste noch nicht die Betriebe des Beherbergungsgewerbes.
[214] BFH BStBl. II 1974 S. 132; BStBl. II 1998 S. 625.
[215] Zu § 2 Abs. 2 Satz 1 InvZulG 2005 BMF BStBl. I 2006 S. 119, 128 Rz. 73.
[216] BFH BStBl. II 1995 S. 281, 284 f.
[217] BFH BStBl. II 1995 S. 72, 74 f.

65 Als **Hersteller** eines Gebäudes gilt derjenige, der auf eigene Rechnung und Gefahr baut oder bauen lässt und das Baugeschehen beherrscht.[218] Ein solcher Bauherr muss das für die Durchführung des Bauvorhabens auf seinem Grundstück typische wirtschaftliche Risiko (Bauherrenwagnis) tragen sowie rechtlich und tatsächlich die Planung und Ausführung in der Hand haben, was insbesondere bei der Beauftragung eines Generalunternehmers Relevanz erlangt.[219]

66 Ein **Anbau** gilt als ein einer gesonderten Beurteilung unterliegendes selbständiges Wirtschaftsgut, wenn eine der folgenden Voraussetzungen bejaht werden kann:[220]
– er steht aufgrund unterschiedlicher Nutzung nicht im Nutzungs- und Funktionszusammenhang mit dem bereits vorhandenen Gebäude;
– an ihm besteht gesondertes Wohnungs- oder Teileigentum;
– die Teile des Bauwerks können ohne weitere erhebliche Bauaufwendungen voneinander getrennt werden.

Ferner gilt ein Anbau als Neubau, wenn er mit dem bestehenden Gebäude verschachtelt ist und die Neubauteile dem Gesamtgebäude das Gepräge geben. Dies beurteilen BFH und Finanzverwaltung im Regelfall gleichermaßen nach den Größen- und Wertverhältnissen der Alt- und Neubauteile.[221]

67 Durch **Um- und Ausbauten sowie Modernisierungsmaßnahmen** entsteht ein neues Gebäude nur dann, wenn die eingefügten Teile dem Gebäude das Gepräge geben, so dass es in bautechnischer Hinsicht als neu anzusehen ist. Dies wird insbesondere angenommen, wenn verbrauchte Teile ersetzt werden, die für die Nutzungsdauer des Gebäudes bestimmend sind. Als Beispiele werden Fundamente, Außen- und Innenwände, Geschossdecken und die Dachkonstruktion genannt.[222] Dagegen lässt es die Finanzverwaltung nicht genügen, dass ein anderes Gebäude entsteht oder der Anspruchsberechtigte aufgrund der Höhe des Bauaufwands nach den Einkommensteuerrichtlinien von der Herstellung eines anderen Gebäudes ausgehen kann. Ebenso sind nachträgliche Herstellungs- und Erhaltungsarbeiten nicht begünstigt.[223]

68 Da die Anschaffung eines Gebäudes lediglich bis zum Ende des Jahrs der **Fertigstellung** investitionszulagenbegünstigt ist, muss geklärt werden, wann ein betrieblich genutztes Gebäude als fertiggestellt gilt. BFH und Finanzverwaltung setzen insoweit voraus, dass das Gebäude dem Betrieb in seinen wesentlichen Bestandteilen und entsprechend der ursprünglichen Planung zur Verfügung steht.[224] Für die **Anschaffung** stellen sie demgegenüber auf die Erlangung der wirtschaftlichen Verfügungsmacht und damit regelmäßig auf den Zeitpunkt ab, in dem Eigenbesitz, Gefahr, Nutzen und Lasten auf den Erwerber übergehen.[225] Errichtet ein Investor auf fremdem Grund und Boden ein Gebäude für eigenbetriebliche Zwecke, wird er als wirtschaftlicher Eigentümer qualifiziert, wenn er im Einverständnis mit dem rechtlichen Eigentümer auf eigene Rechnung und Gefahr ein Gebäude herstellt und ihm ein Entschädigungsanspruch in Höhe des Gebäudewerts bei Beendigung des Nutzungsverhältnisses zusteht, der sich aus Vertrag oder Gesetz (§§ 951, 812 BGB) ergeben kann.[226] Im Anschaffungsfall ist schließlich ein **Kumulationsverbot** zu beachten,[227] nach dem die Anwendung von § 2 Abs. 2 Satz 1

---

[218] BFH BStBl. II 1990 S. 299, 302 ff.; BMF BStBl. I 2006 S. 119, 136 Rz. 144.
[219] BMF BStBl. I 2006 S. 119, 136 Rz. 144.
[220] BMF BStBl. I 2006 S. 119, 128 Rz. 74; vgl. auch BFH DStR 2007, 988, 989 f.
[221] BFH BStBl. II 1975 S. 344; BStBl. II 1978 S. 78 und S. 123; BMF BStBl. I 2006 S. 119, 128 Rz. 74.
[222] BFH BStBl. II 1992 S. 808; BMF BStBl. I 2006 S. 119, 128 Rz. 72.
[223] BMF BStBl. I 2006 S. 119, 128 Rz. 72.
[224] BFH BStBl. II 1989 S. 906; BMF BStBl. I 2006 S. 119, 128 Rz. 75.
[225] BFH BB 2006, 1490; BMF BStBl. I 2006 S. 119, 128 Rz. 75.
[226] BFH BStBl. II 2002 S. 741, 743 ff.; BMF BStBl. I 2006 S. 119, 128 f. Rz. 76.
[227] BMF BStBl. I 2006 S. 119, 130 Rz. 82.

InvZulG 2007 davon abhängt, dass kein anderer Anspruchsberechtigter für das Gebäude eine Investitionszulage in Anspruch nimmt (§ 2 Abs. 2 Satz 2 InvZulG 2007).[228]

cc) Verwendung im Betrieb. Die Verwendungsvoraussetzung bei Gebäuden knüpft ebenso wie die Nutzungsvoraussetzung bei beweglichen Wirtschaftsgütern an einen Fünfjahreszeitraum an, der mit der **Anschaffung oder Herstellung des Gebäudes** beginnt.[229] Innerhalb dieses Verwendungszeitraums muss das im Fördergebiet belegene Gebäude ununterbrochen von einem Betrieb des verarbeitenden Gewerbes oder der produktionsnahen Dienstleistungen eigenbetrieblich verwendet werden. Dagegen kommt es nicht darauf an, ob das Gebäude zum Privatvermögen, zum Anlagevermögen einer Betriebsstätte – innerhalb oder außerhalb des Fördergebiets – oder zum Umlaufvermögen gehört.[230] Die **Nutzungsüberlassung** an einen Betrieb der begünstigten Wirtschaftszweige ist begünstigt, soweit das Gebäude aus der Sicht des nutzenden Betriebs eigenbetrieblich verwendet wird. 69

Steht das Gebäude nach der Anschaffung oder Herstellung sowie während der weiteren Dauer des Verwendungszeitraums leer, so wird dies als unschädlich erachtet, wenn eine begünstigte Verwendung beabsichtigt ist und der Leerstand jeweils nicht länger als drei Monate dauert. Ferner schadet auch die **Veräußerung des geförderten Gebäudes** während des Verwendungszeitraums nicht, sofern die Verwendungsvoraussetzung weiterhin erfüllt wird.[231] Wohnräume, die ein begünstigter Betrieb an seine eigenen Arbeitnehmer vermietet, erfüllen die Verwendungsvoraussetzung nur, wenn sie notwendiges Betriebsvermögen darstellen und für die Vermietung gerade an die Arbeitnehmer betriebliche Gründe angeführt werden können.[232] Bei gleichzeitiger Gesellschafterstellung eines Arbeitnehmers oder einer ihm nahestehenden Person in der Kapitalgesellschaft, die Inhaber des Betriebs der begünstigten Wirtschaftszweige ist, wird die Verwendungsvoraussetzung als nicht erfüllt angesehen, wenn die Vermietung durch das Gesellschaftsverhältnis und nicht betrieblich begründet ist. Die Feststellungslast hierfür wird der Kapitalgesellschaft aufgebürdet.[233] 70

Bei lediglich teilweiser begünstigter Verwendung eines Gebäudes werden nur diejenigen Anschaffungs- oder Herstellungskosten begünstigt, die auf die entsprechend verwendete Gebäudefläche im Zeitpunkt der Anschaffung oder Herstellung entfallen.[234] Soweit eine unmittelbare Zuordnung nicht möglich ist, erfolgt eine **Aufteilung der Kosten im Verhältnis der Nutzflächen**, die in sinngemäßer Anordnung der Wohnflächenverordnung[235] ermittelt werden. Von mehreren Nutzungsberechtigten genutzte Gemeinschaftsflächen wie z. B. Flure und Treppen werden der jeweiligen Verwendung in einem Flächenverhältnis zugeordnet, das sich nach dem Erfüllen bzw. Nichterfüllen der Verwendungsvoraussetzung richtet. Aus Vereinfachungsgründen ist es erlaubt, für die Berechnung der Flächenanteile auf das jeweilige Gebäude, die im Teileigentum stehenden Räume oder die jeweilige Eigentumswohnung abzustellen. Eine Unterteilung der begünstigt verwendeten Gebäudefläche nach eigenbetrieblich und fremdbetrieblich genutzten Gebäudeteilen braucht dagegen nicht vorgenommen zu werden. Vermindert sie sich während des Verwendungszeitraums, entfällt die Begünstigung für den betreffenden Flächenanteil.[236] 71

---

[228] Ebenso bereits § 2 Abs. 2 Satz 2 InvZulG 2005; aus der Rechtsprechung BFH BB 2006, 2457, 2458 f.
[229] BMF BStBl. I 2006 S. 119, 129 Rz. 77.
[230] BMF BStBl. I 2006 S. 119, 129 Rz. 78.
[231] BMF BStBl. I 2006 S. 119, 129 Rz. 78.
[232] BFH BStBl. II 1977 S. 315, 317 f.; BMF BStBl. I 2006 S. 119, 129 Rz. 79.
[233] BFH BStBl. II 1990 S. 752; BMF BStBl. I 2006 S. 119, 129 Rz. 79.
[234] BMF BStBl. I 2006 S. 119, 129 Rz. 80.
[235] Verordnung zur Berechnung der Wohnfläche, über die Aufstellung von Betriebskosten und zur Änderung anderer Verordnungen vom 25. 11. 2003, BGBl. I S. 2346.
[236] Siehe dazu das Berechnungsbeispiel in BMF BStBl. I 2006 S. 119, 129 f. Rz. 80.

§ 79 Vierter Teil. Wirtschaftliche Problemkomplexe des Leasings

72 **c) Erstinvestition.** Zu den Erstinvestitionen rechnet § 2 Abs. 3 InvZulG 2005 die Anschaffung oder Herstellung von Wirtschaftsgütern, die einem der folgenden **Vorgänge** dienen:
- Nr. 1: Errichtung einer neuen Betriebsstätte;
- Nr. 2: Erweiterung einer bestehenden Betriebsstätte;
- Nr. 3: grundlegende Änderung eines Produkts oder eines Produktionsverfahrens eines bestehenden Betriebs oder einer bestehenden Betriebsstätte;
- Nr. 4: Übernahme eines Betriebs, der geschlossen worden ist oder geschlossen worden wäre, wenn der Betrieb nicht übernommen worden wäre.

73 Die Vorschrift entspricht § 2 Abs. 8 InvZulG 1999 und lässt ebenso wie dieser ungeregelt, über welchen Zeitraum sich begünstigte Erstinvestitionen erstrecken dürfen. Im Schrifttum wurde der 32. Rahmenplan zur Erfüllung der Gemeinschaftsaufgabe[237] analog herangezogen und infolgedessen ein Durchführungszeitraum von bis zu 36 Monaten als zulässig angesehen.[238] Da der Gesetzgeber ohnehin davon ausgeht, dass Investitionszulagengesetze und Rahmenpläne aufeinander aufbauen und deshalb in ihrer **Regelungssystematik** anzugleichen sind,[239] kann dieser Vorschlag dahingehend erweitert werden, den Maximalzeitraum für begünstigte Erstinvestitionen generell am jeweils aktuellen Rahmenplan auszurichten.

74 § 2 Abs. 3 Nr. 1 InvZulG 2005 ist erfüllt, wenn ein Betrieb der begünstigten Wirtschaftszweige eine Betriebsstätte i. S. v. § 12 AO neu schafft, in der die beweglichen Wirtschaftsgüter verbleiben oder die Gebäude verwendet werden. Daneben wird von der **Errichtung einer neuen Betriebsstätte** ausgegangen, wenn eine aufgegebene Betriebsstätte an einer anderen Stelle neu angesiedelt wird.[240]

75 § 2 Abs. 3 Nr. 2 InvZulG 2005 setzt eine Ausweitung der wirtschaftlichen Tätigkeit voraus, die sich nach außen dokumentieren muss. Die Finanzverwaltung verlangt insoweit, dass die Investition die Möglichkeit schafft, die Produktion von Waren oder Dienstleistungen qualitativ oder quantitativ zu steigern.[241] Dabei unterscheidet sie zwischen Wirtschaftsgütern, die unmittelbar und solchen, die nicht unmittelbar für die Produktion von Waren oder Dienstleistungen verwendet werden. Letztere dienen nur dann der **Erweiterung einer bestehenden Betriebsstätte**, wenn sie im sachlichen und zeitlichen Zusammenhang mit einem Investitionsvorhaben angeschafft oder hergestellt werden, das seinerseits eine Steigerung des Outputs ermöglicht.[242] Unmittelbar für die Produktion von Waren oder Dienstleistungen verwendete Wirtschaftsgüter wie z. B. Produktionsanlagen, Maschinen und Werkzeug müssen dagegen zusätzlich angeschafft oder hergestellt werden. Falls sie ein bereits vorhandenes Wirtschaftsgut ersetzen, müssen sie zur Erhöhung des Outputs geeignet sein. Der Erweiterung einer bestehenden Betriebsstätte dient schließlich auch die Anschaffung oder Herstellung eines neuen Gebäudes, sofern dadurch nicht ein baugleiches Gebäude ersetzt wird.[243]

76 Die Berufung auf § 2 Abs. 3 Nr. 3 InvZulG 2005 erfordert den **Eintritt wesentlicher Änderungen im bisherigen Verfahrensablauf**, die allerdings nicht durch die Anschaffung oder Herstellung der begünstigten Wirtschaftsgüter veranlasst worden sein müssen.[244] Bei Rationalisierungsmaßnahmen ist zu unterscheiden:

---

[237] BT-Drucks. 15/861 Ziff. 2.7.
[238] *Uhlmann* BB 2004, 2047, 2050.
[239] BT-Drucks. 15/2605 S. 7.
[240] BMF BStBl. I 2006 S. 119, 131 Rz. 98.
[241] BMF BStBl. I 2006 S. 119, 131 f. Rz. 99 spricht von Output als Ausbringungsmenge bzw. -ergebnis.
[242] BMF BStBl. I 2006 S. 119, 132 Rz. 99 nennt als Beispiele Büromöbel und Computer in der Verwaltung.
[243] BMF BStBl. I 2006 S. 119, 132 Rz. 99.
[244] BMF BStBl. I 2006 S. 119, 132 Rz. 100.

25. Kapitel. Leasing und staatliche Investitionsförderung § 79

- als grundlegende Änderung des Produktionsverfahrens gilt stets seine vollständige oder teilweise Rationalisierung oder Modernisierung, weshalb in diesem Zusammenhang angeschaffte oder hergestellte Wirtschaftsgüter durchweg als Erstinvestitionen gelten;
- dagegen genügt der Eintritt eines geringfügigen Rationalisierungseffekts nicht, soweit das neue Wirtschaftsgut lediglich als Ersatz eines aus dem Produktionsprozess ausgeschiedenen Wirtschaftsguts dient und der Produktionsprozess im Übrigen unverändert bleibt.[245]

Bei der Anwendung von § 2 Abs. 3 Nr. 4 InvZulG 2005 ist zu beachten, dass im Zusammenhang mit der Übernahme getätigte Investitionen nach den Leitlinien für staatliche Beihilfen mit regionaler Zielsetzung nicht zu diesem Erstinvestitionsvorhaben zählen. Die Übernahme des Betriebs selbst ist keine nach § 2 Abs. 1 und 2 InvZulG 2005 begünstigte Investition und wird daher für die Investitionszulage nicht berücksichtigt. Im Fall der **Betriebsübernahme** stellen vielmehr nur solche Anschaffungen eine Erstinvestition dar, die sich auf folgende Gegenstände beziehen:[246] 77
- alle wesentlichen Betriebsgrundlagen des Betriebs;
- mehr als die Hälfte der Anteile an einer bestehenden oder neu gegründeten Personengesellschaft;
- mehr als die Hälfte des Kapitals und der Stimmrechte einer Körperschaft.

Das **InvZulG 2007** hat die Definition einer Erstinvestition leicht korrigiert, um den neuen Regionalbeihilfeleitlinien 2007–2013[247] angemessen Rechnung zu tragen.[248] Nach § 2 Abs. 3 InvZulG 2007 gelten als Erstinvestitionen die Anschaffung oder Herstellung von Wirtschaftsgütern bei 78
- Nr. 1: Errichtung einer neuen Betriebsstätte;
- Nr. 2: Erweiterung einer bestehenden Betriebsstätte;
- Nr. 3: Diversifizierung der Produktion einer Betriebsstätte in neue, zusätzliche Produkte;
- Nr. 4: grundlegende Änderung des Gesamtproduktionsverfahrens einer bestehenden Betriebsstätte;
- Nr. 5: Übernahme eines Betriebs, der geschlossen worden ist oder geschlossen worden wäre, wenn der Betrieb nicht übernommen worden wäre und wenn die Übernahme durch einen unabhängigen Investor erfolgt.

d) Förderzeitraum. aa) Investitionsfristen. Nach § 2 Abs. 4 Satz 1 **InvZulG 2005** sind Investitionen begünstigt, wenn sie der Anspruchsberechtigte 79
- nach dem 24. 3. 2004 und vor dem 1. 1. 2007 begonnen und nach dem 31. 12. 2004 und vor dem 1. 1. 2007 abgeschlossen hat oder
- nach dem 31. 12. 2006 abschließt, soweit vor dem 1. 1. 2007 Teilherstellungskosten[249] entstanden oder im Fall der Anschaffung Teillieferungen[250] erfolgt sind.[251]

---

[245] Nach BMF BStBl. I 2006 S. 119, 132 Rz. 100 gilt dies auch, „wenn die Investitionen wegen der Änderung eines Produkts erforderlich sind".
[246] BMF BStBl. I 2006 S. 119, 132 Rz. 101.
[247] Ziff. 34 und 35 der Leitlinien wie in Fußn. 35; ebenso Art. 2 Abs. 1 lit. c der Verordnung wie in Fußn. 39. Nach beiden Normen genügt die Übernahme der Anteile eines Unternehmens für sich genommen nicht.
[248] Zur Abgrenzung im Einzelfall *Uhlmann* BB 2007, 854, 855 ff.
[249] Mit einem Berechnungsbeispiel BMF BStBl. I 2006 S. 119, 137 Rz. 154.
[250] BMF BStBl. I 2006 S. 119, 136 f. Rz. 145 und 146 mit einem Berechnungsbeispiel in Rz. 155.
[251] Nach BMF BStBl. I 2006 S. 119, 137 Rz. 156 sind bei nach dem 31. 12. 2006 abgeschlossenen Investitionen die vor dem 1. 1. 2007 geleisteten Anzahlungen auf Anschaffungskosten nicht investitionszulagenbegünstigt, soweit sie den Wert der Teillieferung übersteigen.

§ 79 Vierter Teil. Wirtschaftliche Problemkomplexe des Leasings

80   Mit der Festlegung des 24. 3. 2004 wurde auf den Vorwurf der Europäischen Kommission reagiert, die **Anreizfunktion des Gesetzes** sei nur gegeben, wenn der Investitionszeitraum nicht – wie ursprünglich vorgesehen – am 1.1. 2004, sondern erst am Tag nach der Verkündung des Gesetzes beginne.[252] Die Koalitionsfraktionen waren sich durchaus bewusst, dass dadurch eine Förderlücke zu Lasten derjenigen Investoren entstehen würde, die ihre Investitionen zwischen dem 1.1. 2004 und dem Tag der Verkündung des Gesetzes begonnen und erst nach dem 31.12. 2004 abgeschlossen haben würden.[253] Auf der anderen Seite stand die Befürchtung, dass die Europäische Kommission ihre ablehnende Haltung aufrechterhalten und ein Hauptprüfverfahren von mindestens einjähriger Dauer einleiten würde. Um den ansonsten drohenden Investitionsstau zu vermeiden und die notwendige Rechtsklarheit für die investierenden Unternehmen zu schaffen, wurde das Entstehen der Förderlücke am Ende in Kauf genommen.[254] Vor diesem Hintergrund wurde dem nationalen Gesetzgeber bereits vorgeworfen, eigene Gestaltungsspielräume nicht mehr auszuloten und stattdessen den Wünschen der Kommission bereits in den Gesetzesvorlagen nachzukommen, „um nicht die aus seiner Sicht erforderliche zügige Umsetzung der regionalen Beihilfe zu gefährden".[255] Die Zuordnung zu einer Förderperiode erfolgt für jedes Wirtschaftsgut getrennt.[256]

81   Nach § 3 Abs. 1 Satz 1 **InvZulG 2007** sind Investitionen begünstigt, wenn sie zu einem Erstinvestitionsvorhaben gehören, mit dem der Anspruchsberechtigte in der Zeit vom 21. 7. 2006 bis zum 31.12. 2006 (Nr. 1) oder in der Zeit vom 1.1. 2007 bis zum 31.12. 2009 (Nr. 2) begonnen hat und die begünstigte Investition nach dem 31.12. 2006 und vor dem 1.1. 2010 abgeschlossen wird oder nach dem 31.12. 2009 abgeschlossen wird, soweit vor dem 1.1. 2010 Teilherstellungskosten entstanden oder im Fall der Anschaffung Teillieferungen erfolgt sind. Diese Regelung gilt für ein vom Anspruchsberechtigten vor dem 21. 7. 2006 begonnenes Erstinvestitionsvorhaben nach § 3 Abs. 1 Satz 2 InvZulG 2007 auch dann, wenn hierfür
- Nr. 1: eine Genehmigungsentscheidung der Kommission vor Festsetzung der Investitionszulage erteilt worden ist, in der auf die Möglichkeit der Förderung durch Investitionszulage aufgrund einer Nachfolgeregelung ausdrücklich hingewiesen wurde,[257] oder
- Nr. 2:[258] ein Förderbescheid der zuständigen GA-Behörde vor dem 21. 7. 2006 erteilt worden ist, der den Gesamtbetrag der Förderung aus öffentlichen Mitteln und die Höhe des GA-Zuschusses unter Berücksichtigung einer erwarteten Investitionszulage aus einer Nachfolgeregelung zum InvZulG 2005 festsetzt, sowie eine Erhöhung des GA-Zuschusses insoweit vorsieht, als eine Investitionszulage nach dem InvZulG 2007 nicht gewährt wird.

82   In Fällen des § 3 Abs. 1 Satz 2 Nr. 2 InvZulG 2007 darf die für das Erstinvestitionsvorhaben nach dem InvZulG 2007 gewährte Investitionszulage den nach Anhang I der alten Regionalbeihilfeleitlinien[259] zu ermittelnden Nettosubventionswert des zugesicherten Erhöhungsbetrags des GA-Zuschusses nicht übersteigen. Diese Formulierung wurde frühzeitig mit der Kommission abgestimmt, um die **Förderlücke** weiter zu verringern.[260]

---

[252] Vgl. Ziff. 38 der Leitlinien wie in Fußn. 35; sinngemäß auch BT-Drucks. 16/1409 S. 13 zum InvZulG 2007.

[253] Die verbliebenen Gestaltungsspielräume erörterten *Strohner/Umschlag* DB 2004, 1746, 1747 ff.; *Uhlmann* BB 2004, 2047, 2051.

[254] BT-Drucks. 15/2605 S. 7; *Zitzmann* DB 2004, 1750.

[255] *Heger* DB 2004, 1904 ff.

[256] BFH BStBl. II 1989 S. 1024, 1025 ff.; BStBl. II 2001 S. 200; BMF BStBl. I 2006 S. 119, 132 Rz. 103.

[257] Siehe dazu die Gesetzesbegründung in BT-Drucks. 16/1409 S. 13.

[258] Eingefügt durch Art. 1 Nr. 3 des Änderungsgesetzes wie in Fußn. 38.

[259] Siehe Fußn. 35.

[260] BR-Drucks. 739/06 S. 7 f.

25. Kapitel. Leasing und staatliche Investitionsförderung § 79

Die maßgeblichen zeitlichen Bezugspunkte sind im Gesetz festgelegt und haben sowohl durch die Rechtsprechung des BFH als auch durch verschiedene Anwendungsschreiben des BMF Konkretisierungen erfahren, die im Folgenden erläutert werden.

bb) Investitionsbeginn. Investitionen gelten als in dem Zeitpunkt begonnen, in dem 83 die Wirtschaftsgüter bestellt oder herzustellen begonnen worden sind (§ 3 Abs. 2 Satz 3 InvZulG 2007).[261] Daneben legt § 3 Abs. 2 Satz 1 InvZulG 2007 den Beginn eines Erstinvestitionsvorhabens auf den Zeitpunkt fest, in dem mit der ersten dazu gehörenden Einzelinvestition begonnen worden ist. Außer in den Fällen des § 2 Abs. 3 Nr. 5 InvZulG 2007 gilt der Grundstückserwerb nicht als Investitionsbeginn (§ 3 Abs. 2 Satz 2 InvZulG 2007). Der **Begriff der Bestellung** wird nicht nach zivilrechtlichen, sondern nach steuerrechtlichen Grundsätzen ausgelegt.[262] Danach ist sowohl das Angebot des Bestellers zum Abschluss eines Vertrags auf Lieferung eines Wirtschaftsguts als auch die Annahme eines ihm vom Lieferanten gemachten Angebots als Bestellung zu verstehen. Von der Bestellung eines beweglichen Wirtschaftsguts wird jedenfalls dann ausgegangen, wenn ein rechtswirksamer Vertrag über seine Lieferung abgeschlossen worden ist.[263] Dies gilt auch bei Vereinbarung eines Rücktrittsvorbehalts oder einer Bedingung, auf dessen bzw. deren Eintritt der Anspruchsberechtigte keinen Einfluss hat.[264]

Aus der Rechtsprechung des BFH zur **Konkretisierung des Bestellungszeitpunkts** 84 können folgende Grundsätze hervorgehoben werden:[265]
- für die Bestellung eines beweglichen Wirtschaftsguts ist der Zeitpunkt maßgeblich, in dem das Auftragsschreiben an den Lieferanten nachweislich zur Post gegeben worden ist;[266]
- bei Änderung der Bestellung ist auf den Zeitpunkt der geänderten Bestellung abzustellen;[267]
- wird eine Bestellung annulliert und anschließend wiederholt, bleibt die ursprüngliche Bestellung maßgebend.[268]

Gebäude gelten in dem Zeitpunkt als bestellt, in dem über ihre Anschaffung ein rechts- 85 wirksam abgeschlossener obligatorischer Vertrag oder ein gleichstehender Rechtsakt vorliegt (§ 3 Abs. 2 Satz 4 InvZulG 2007).[269] Bei Eintritt eines Anspruchsberechtigten in einen Vertrag über die Anschaffung eines beweglichen Wirtschaftsguts oder Gebäudes wird für den Investitionsbeginn außerhalb des Anwendungsbereichs von § 42 AO auf den **Zeitpunkt des Vertragseintritts** und nicht auf den Zeitpunkt des ursprünglichen Vertragsabschlusses abgestellt.[270] Schließlich müssen das bestellte und das gelieferte Wirtschaftsgut identisch sein, was insbesondere bei einer Änderung der Bestellung zu beachten ist.[271] Ein Wechsel des Lieferanten steht der **Annahme von Identität** grundsätzlich entgegen und bewirkt stattdessen, dass der Zeitpunkt der Bestellung beim neuen Lieferanten als Investitionsbeginn anzusehen ist. In Ausnahmefällen kann es jedoch bei der Maßgeblichkeit des Zeitpunkts der ursprünglichen Bestellung bleiben, wenn der Lieferantenwechsel notwendig war und hierfür Gründe angeführt werden können, die ausschließlich außerhalb des Einflussbereichs des Investors liegen und von ihm nicht zu vertreten sind.[272] Die Dar-

---

[261] Ebenso bereits § 2 Abs. 4 Satz 3 InvZulG 1999 und § 2 Abs. 4 Satz 2 InvZulG 2005.
[262] BFH BStBl. II 1983 S. 29, 30 f.; BMF BStBl. I 2006 S. 119, 132 Rz. 105.
[263] BFH BStBl. II 1979 S. 580; BMF BStBl. I 2006 S. 119, 132 Rz. 105.
[264] BFH BStBl. II 1979 S. 580; BStBl. II 1991 S. 425; BMF BStBl. I 2006 S. 119, 132 Rz. 105.
[265] BMF BStBl. I 2006 S. 119, 132 Rz. 106.
[266] BFH BStBl. II 1987 S. 37.
[267] BFH BStBl. II 1980 S. 476; BStBl. II 1982 S. 570, 571.
[268] BFH BStBl. II 1983 S. 29.
[269] Ebenso bereits § 2 Abs. 4 Satz 5 InvZulG 1999 und § 2 Abs. 4 Satz 3 InvZulG 2005.
[270] BMF BStBl. I 2006 S. 119, 132 Rz. 108.
[271] BFH BStBl. II 1983 S. 29; BMF BStBl. I 2006 S. 119, 132 Rz. 109.
[272] BMF BStBl. I 2006 S. 119, 132 Rz. 109.

legungs- und Beweislast für die Gründe trägt der Anspruchsberechtigte.[273] Entsprechendes wird angenommen, wenn das zunächst bestellte Wirtschaftsgut vom gleichen Lieferanten aus Gründen nicht mehr geliefert werden kann, die vom Anspruchsberechtigten nicht zu vertreten sind.[274]

86 Der **Zeitpunkt des Herstellungsbeginns** orientiert sich bei beweglichen Wirtschaftsgütern grundsätzlich an dem Tag, an dem mit den eigentlichen Herstellungsarbeiten begonnen wurde.[275] Ein früherer Zeitpunkt kommt in Betracht, wenn der Anspruchsberechtigte Material bestellt hat, das er für die Herstellung des Wirtschaftsguts benötigt,[276] oder wenn er einen Dritten mit der Herstellung beauftragt hat. Demgegenüber scheiden Planungsarbeiten als Anknüpfungspunkt für den Herstellungsbeginn generell aus. Bei der Beauftragung eines Generalunternehmers mit der Herstellung einer aus mehreren Wirtschaftsgütern bestehenden Anlage im eigenen Namen und für eigene Rechnung wird für alle vom Auftrag erfassten Wirtschaftsgüter auf den Zeitpunkt der Bestellung bei dem Generalunternehmer abgestellt. Dabei muss der Auftrag so genau beschrieben sein, „dass der Anspruchsberechtigte nach Fertigstellung der gesamten Anlage den Zusammenhang zwischen den angeschafften oder hergestellten Wirtschaftsgütern und dem Auftrag nachweisen kann".[277]

87 Bei Gebäuden, für die eine Baugenehmigung erforderlich ist, gilt als Beginn der Herstellung der **Zeitpunkt der Bauantragstellung**.[278] Hierfür kommt es auf die Einreichung bei der Gemeinde oder bei der nach Landesrecht zuständigen Baugenehmigungsbehörde an.[279] Erwirbt allerdings ein Anspruchsberechtigter einen Rohbau, den er fertigstellt, gilt als Investitionsbeginn nicht der Zeitpunkt der Antragseinreichung, sondern der Zeitpunkt des rechtswirksamen Abschlusses des obligatorischen Kaufvertrags oder eines gleichstehenden Rechtsakts.[280] § 3 Abs. 2 Satz 5 InvZulG 2007 knüpft für den Herstellungsbeginn bei Gebäuden an den Abschluss eines der Ausführung zuzurechnenden Lieferungs- oder Leistungsvertrags oder an die Aufnahme von Bauarbeiten an, weil der Gesetzgeber der Auffassung ist, dass die Beantragung der Baugenehmigung oder die Einreichung von Bauunterlagen abweichend von der ertragsteuerrechtlichen Beurteilung nicht als Beginn der Herstellung anzusehen ist.[281]

88 **cc) Investitionsabschluss.** Für den Abschluss einer Investition wird auf den Zeitpunkt abgestellt, in dem die Wirtschaftsgüter angeschafft oder hergestellt worden sind (§ 3 Abs. 2 Satz 6 InvZulG 2007).[282] Der **Zeitpunkt der Anschaffung** richtet sich wiederum danach, wann der Erwerber nach dem Willen der Vertragsparteien über das Wirtschaftsgut wirtschaftlich verfügen kann und dieses betriebsbereit ist.[283] Die wirtschaftliche Verfügungsmacht des Erwerbers setzt auch hier im Regelfall den Übergang von Eigenbesitz, Gefahr, Nutzen und Lasten auf ihn voraus. Da die Übergabe des Wirtschaftsguts nach der Rechtsprechung des BFH nicht durch die Vereinbarung eines Besitzmittlungsverhältnisses i. S. v. § 868 BGB ersetzt werden kann,[284] gilt ein vom Veräußerer zur Abholung

---

[273] BFH BStBl. II 1982 S. 571, 572; BMF BStBl. I 2006 S. 109, 132 Rz. 109.
[274] BMF BStBl. I 2006 S. 119, 133 Rz. 109.
[275] BMF BStBl. I 2006 S. 119, 133 Rz. 110.
[276] BFH BStBl. II 1990 S. 923, 925; BStBl. II 1991 S. 425; BMF BStBl. I 2006 S. 119, 133 Rz. 110.
[277] BMF BStBl. I 2006 S. 119, 133 Rz. 110.
[278] BMF BStBl. I 2006 S. 119, 133 Rz. 111 erstreckt dies unter bestimmten Voraussetzungen auf Betriebsvorrichtungen; zu § 2 Abs. 4 Satz 3 InvZulG 1999 z. B. BFH BStBl. II 2006 S. 89. Für baugenehmigungsfreie Gebäude, für die Bauunterlagen einzureichen waren, erklärte § 2 Abs. 4 Satz 4 InvZulG 2005 den Zeitpunkt für maßgeblich, in dem die Bauunterlagen tatsächlich eingereicht wurden.
[279] BFH BStBl. II 2004 S. 262; BMF BStBl. I 2006 S. 119, 133 Rz. 111.
[280] BMF BStBl. I 2006 S. 119, 133 Rz. 112.
[281] BT-Drucks. 16/1409 S. 13; *Kroschel/Peterson* BB 2006, 1415, 1417.
[282] Ebenso bereits § 2 Abs. 4 Satz 4 InvZulG 1999 und § 2 Abs. 4 Satz 5 InvZulG 2005; vgl. auch BFH BStBl. II 1998 S. 72; BStBl. II 2000 S. 438, 440; *Ludolph* DStR 2005, 305, 310 f.
[283] BT-Drucks. 16/1409 S. 13; BFH BStBl. II 1998 S. 70; BMF BStBl. I 2006 S. 119, 133 Rz. 114.
[284] BFH BStBl. II 1991 S. 377; BStBl. II 1998 S. 72, 75.

25. Kapitel. Leasing und staatliche Investitionsförderung § 79

bereitgestelltes Wirtschaftsgut erst im Zeitpunkt der Abholung durch den Anspruchsberechtigten oder einen seiner Betriebsangehörigen als angeschafft.[285]

Hängt die Nutzbarkeit eines Wirtschaftsguts von zunächst noch erforderlichen **Montagearbeiten** ab, müssen diese beendet sein, um von der für den Anschaffungszeitpunkt notwendigen Betriebsbereitschaft ausgehen zu können.[286] Bloße Bagatellmontagen bleiben jedoch unberücksichtigt.[287] Ist für den Einsatz eines beweglichen Wirtschaftsguts eine **behördliche Genehmigung** erforderlich, liegt Betriebsbereitschaft erst in dem Zeitpunkt vor, in dem die Genehmigung erteilt wird.[288] Für Lastkraftwagen wird zwar eine Betriebserlaubnis nach den §§ 20 oder 21 StVZO verlangt, nicht dagegen eine Zulassung für den öffentlichen Straßenverkehr nach § 18 Abs. 1 StVZO.[289] 89

Der **Zeitpunkt der Herstellung** richtet sich nach der Fertigstellung des Wirtschaftsguts, die gegeben ist, sobald es seiner Zweckbestimmung entsprechend genutzt werden kann.[290] Bei Gebäuden müssen die wesentlichen Bauarbeiten abgeschlossen sein und der Bau so weit errichtet, dass das Gebäude für den Betrieb in all seinen wesentlichen Bereichen nutzbar ist.[291] Als selbständige Wirtschaftsgüter zu qualifizierende Gebäudeteile gelten wiederum als fertiggestellt, sobald sie bestimmungsgemäß nutzbar sind.[292] 90

2. Ausschluss der Förderfähigkeit

Als **negative Tatbestandsvoraussetzung** einer begünstigten Investition ist zu beachten, dass die Förderfähigkeit nicht ausdrücklich ausgeschlossen sein darf. § 2 Abs. 1 Satz 1 InvZulG 2007 gilt insbesondere nur, soweit die Förderfähigkeit nicht ganz oder teilweise ausgeschlossen ist, weil einer der in der Anlage 2 zum InvZulG 2007 aufgeführten sensiblen Sektoren betroffen ist (§ 2 Abs. 1 Satz 3 InvZulG 2007).[293] Die Anlage 2 zum InvZulG 2007[294] nennt als **sensible Sektoren**: 91
– die Stahlindustrie;[295]
– den Schiffbau;[296]
– die Kraftfahrzeugindustrie;[297]

---

[285] BMF BStBl. I 2006 S. 119, 133 Rz. 114.
[286] BFH BStBl. II 1988 S. 1009, 1011 f.; BMF BStBl. I 2006 S. 119, 133 Rz. 114.
[287] BFH BStBl. II 1988 S. 1009, 1011; BStBl. II 1998 S. 70; BMF BStBl. I 2006 S. 119, 133 Rz. 114.
[288] BMF BStBl. I 2006 S. 119, 133 Rz. 116.
[289] BFH BStBl. II 1998 S. 70 und S. 72; BMF BStBl. I 2006 S. 119, 133 Rz. 116.
[290] BT-Drucks. 16/1409 S. 13; BMF BStBl. I 2006 S. 119, 133 Rz. 115.
[291] BFH BStBl. II 1989 S. 906; BMF BStBl. I 2006 S. 119, 133 Rz. 115.
[292] BFH BStBl. II 1991 S. 132; BMF BStBl. I 2006 S. 119, 133 Rz. 115.
[293] Sinngemäß bereits § 2 Abs. 2 Satz 2 InvZulG 1999 und § 2 Abs. 1 Satz 9 InvZulG 2005.
[294] Ebenso bereits Anlage 1 zum InvZulG 1999 und Anlage 1 zum InvZulG 2005.
[295] Der Multisektorale Regionalbeihilferahmen für große Investitionsvorhaben vom 13. 2. 2002, ABl. EG Nr. C 70 S. 8, geändert durch die Mitteilung der Kommission vom 1. 11. 2003, ABl. EU Nr. C 263 S. 3 (Rdn. 27 i. V. m. Anhang B) und die Regionalbeihilfeleitlinien 2007–2013 (Ziff. 8 i. V. m. der Definition in Anhang I) wie in Fußn. 35 erklären Beihilfen für Investitionsvorhaben in der Stahlindustrie für unzulässig; vgl. auch BMF BStBl. I 2006 S. 119, 140 Rz. 177; *Soltész* EWS 2004, 241, 243 ff.
[296] Die Mitteilung der Kommission „Rahmenbestimmungen für Beihilfen an den Schiffbau" vom 30. 12. 2003, ABl. EU Nr. C 317 S. 11 und ABl. EU 2004 Nr. C 104 S. 71 unterwirft sämtliche Vorhaben zur Gewährung von Beihilfen für den Schiffbau, die Schiffsreparatur und den Schiffsumbau der Pflicht zur vorherigen Anmeldung bei der Europäischen Kommission, die ihre Genehmigung nur unter eingeschränkten Voraussetzungen erteilen darf; vgl. auch BMF BStBl. I 2006 S. 119, 140 Rz. 178–181.
[297] Nach dem Multisektoralen Regionalbeihilferahmen wie in Fußn. 293 sind Beihilfen für 5 Mio. Euro übersteigende Investitionsvorhaben in der Kraftfahrzeugindustrie nur mit einer Beihilfehöchstintensität von 30 % des durch die Fördergebietskarte festgelegten regionalen Beihilfehöchstsatzes zulässig (Rdn. 42 a i. V. m. Anhang C), vgl. auch BMF BStBl. I 2006 S. 119, 140 Rz. 182.

§ 79 Vierter Teil. Wirtschaftliche Problemkomplexe des Leasings

- die Kunstfaserindustrie;[298]
- den Landwirtschaftssektor;[299]
- den Fischerei- und Aquakultursektor;[300]
- den Verkehrssektor.[301]

92 Wird ein Wirtschaftsgut einem Betrieb der begünstigten Wirtschaftszweige langfristig zur Nutzung überlassen, sind dessen Verhältnisse für die Beurteilung der Förderbarkeit innerhalb der sensiblen Sektoren maßgebend.[302] Nach § 8 Abs. 2 InvZulG 2007 ist die Investitionszulage für Investitionen in sensible Sektoren erst nach Genehmigung durch die Europäische Kommission festzusetzen, wenn **Einzelnotifizierungspflichten** in den von den Organen der Europäischen Gemeinschaften über die sensiblen Sektoren erlassenen Rechtsvorschriften vorgesehen sind.

93 Da die in der Anlage 2 zum InvZulG 2007 vorgenommene **Abgrenzung** der sensiblen Sektoren nach den aktuellen Rahmenplänen auch für die Gewährung von GA-Zuschüssen gilt, kann das Finanzamt die von der zuständigen GA-Behörde getroffene Entscheidung übernehmen.[303] Schließlich ermächtigt § 8 Abs. 8 InvZulG 2007[304] das BMF, zur Durchführung der von den Organen der Europäischen Gemeinschaften erlassenen Rechtsvorschriften die Liste der sensiblen Sektoren in der Anlage 2, in denen die Europäische Kommission die Förderfähigkeit ganz oder teilweise ausgeschlossen hat, durch Rechtsverordnung mit Zustimmung des Bundesrats anzupassen.

3. Nicht begünstigte Investitionen

94 **a) Überblick.** Während der Ausschluss der Förderfähigkeit bewegliche Wirtschaftsgüter (und Gebäude) betrifft, die von ihrer Art her durchaus die Anforderungen an eine be-

---

[298] Der Multisektorale Regionalbeihilferahmen wie in Fußn. 293 enthält ein grundsätzliches Beihilfeverbot für Investitionsvorhaben in der Kunstfaserindustrie (Rdn. 42b i.V. m. Anhang D), ebenso die Regionalbeihilfeleitlinien 2007–2013 (Ziff. 8 i.V. m. Anhang II) wie in Fußn. 35; vgl. auch BMF BStBl. I 2006 S. 119, 140 Rz. 183.

[299] Grundlegend ist insoweit der Gemeinschaftsrahmen für staatliche Beihilfen im Agrarsektor, ABl. EG 2000 Nr. C 28 S. 2 und Nr. C 232, S. 17, der jedoch nur anwendbar ist, wenn es sich bei der zu fördernden Investition um eine Maßnahme handelt, die der Erzeugung, Verarbeitung oder Vermarktung eines landwirtschaftlichen Erzeugnisses dient, das im Anhang I zum EG-Vertrag genannt ist. In Zweifelsfällen kann bei bestimmten OFD eine Zolltarifauskunft eingeholt werden. Weitere Einzelheiten in BMF BStBl. I 2006 S. 119, 140 f. Rz. 184–192.

[300] Leitlinien für die Prüfung der einzelstaatlichen Beihilfen im Fischerei- und Aquakultursektor vom 20. 1. 2001, ABl. EG Nr. C 19 S. 7; Verordnung (EG) Nr. 2371/2002 des Rates vom 20. 12. 2002 über die Erhaltung und nachhaltige Nutzung der Fischereiressourcen im Rahmen der gemeinsamen Fischereipolitik und der Verordnung (EG) Nr. 2792/1999 und (EG) Nr. 104/2000; vgl. auch BMF BStBl. I 2006 S. 119, 141 f. Rz. 193 und 194; BFH BStBl. II 2007 S. 329.

[301] Als Rechtsgrundlagen zu beachten sind die Verordnung (EWG) Nr. 1107/70 des Rates vom 4. 6. 1970 über Beihilfen im Eisenbahn-, Straßen- und Binnenschiffsverkehr, ABl. EG Nr. L 130 S. 1 i. d. F. der Verordnung (EG) Nr. 543/97 des Rates vom 17. 3. 1997, ABl. EG Nr. L 84 S. 6 – für das InvZulG 2007 in der am 1. 1. 2006 geltenden Fassung –, die Mitteilung der Kommission „Leitlinien der Gemeinschaft für staatliche Beihilfen im Seeverkehr" vom 17. 1. 2004, ABl. EU Nr. C 13 S. 3 und die Anwendung der Art. 92 und 93 EGV sowie von Art. 61 EWR-Abkommen auf staatliche Beihilfen im Luftverkehr vom 10. 12. 1994, ABl. EG Nr. C 350 S. 5. Da Verkehrsunternehmen weder nach dem InvZulG 2005 noch nach dem InvZulG 2007 zu den begünstigten Wirtschaftszweigen zählen, spielt die für Beihilfen im Verkehrsbereich bestehende Einzelnotifizierungspflicht für den vorliegenden Zusammenhang nur eine geringe Rolle. In Zweifelsfällen erteilt das jeweils zuständige Landesverkehrsministerium Auskunft; vgl. auch BMF BStBl. I 2006 S. 119, 142 Rz. 195 und 196.

[302] Für das InvZulG 2005 BMF BStBl. I 2006 S. 119, 139 f. Rz. 175.

[303] Für das InvZulG 2005 wiederum BMF BStBl. I 2006 S. 119, 140 Rz. 176.

[304] Ebenso bereits § 2 Abs. 1 Satz 10 InvZulG 2005 unter Bezugnahme auf Anlage 1 zum InvZulG 2005.

günstigte Investition erfüllen könnten, nimmt § 2 Abs. 1 Satz 2 InvZulG 2007 **verschiedene Arten von beweglichen Wirtschaftsgütern** generell von der Möglichkeit einer Investitionszulagenförderung aus. Nicht begünstigt sind danach:[305]
– geringwertige Wirtschaftsgüter i. S. v. § 6 Abs. 2 EStG;
– Luftfahrzeuge (§ 1 Abs. 2 LuftVG);[306]
– Personenkraftwagen.

b) Geringwertige Wirtschaftsgüter. Der Begriff des geringwertigen Wirtschaftsguts 95 bestimmt sich nach den einschlägigen Einkommensteuerrichtlinien sowie nach Konkretisierungen durch den BFH.[307] Die Investitionszulage wird selbst dann nicht gewährt, wenn die **Bewertungsfreiheit** nicht in Anspruch genommen wird.[308] Allerdings entsteht kein von der Investitionszulage ausgeschlossenes geringwertiges Wirtschaftsgut, wenn die Anschaffungs- oder Herstellungskosten eines selbständig nutzbaren Wirtschaftsguts erst infolge des Abzugs eines Zuschusses aus öffentlichen oder privaten Mitteln oder der Übertragung aufgedeckter stiller Reserven nicht mehr als 410 Euro betragen.[309] Ferner ist die **Kurzlebigkeit** eines Wirtschaftsguts anders als seine Geringwertigkeit kein die Förderung generell ausschließendes Kriterium. Beträgt die Nutzungsdauer nicht mehr als ein Jahr, wird die Gewährung einer Investitionszulage dadurch für sich genommen nicht ausgeschlossen.[310]

c) Personenkraftwagen. Nach der für das Investitionszulagenrecht maßgeblichen De- 96 finition sind Personenkraftwagen Fahrzeuge, die objektiv nach Bauart und Einrichtung dazu geeignet und bestimmt sind, bei Privatfahrten Personen zu befördern.[311] Für die **Abgrenzung** von anderen Fahrzeugen orientieren sich die Finanzbehörden im Regelfall an dem in der ersten Eintragung im Kfz-Brief zum Ausdruck kommenden Ergebnis der tatsächlichen Feststellungen und rechtlichen Würdigung durch die Zulassungsstellen, ohne hieran gebunden zu sein.[312] Durch eine im zeitlichen Zusammenhang mit der Anschaffung vorgenommene Umgestaltung zu einem Fahrzeug anderer Art kann die Eigenschaft als Pkw i. S. des Investitionszulagenrechts verlorengehen. Dies setzt eine auf Dauer angelegte Umgestaltung voraus, von der auszugehen ist, wenn sie nur mit nicht zu vernachlässigenden Kosten und erheblichem Zeitaufwand wieder rückgängig gemacht werden kann. Ein zeitlicher Aufwand von vier Stunden wird dabei als nicht unerheblich angesehen.[313] Wohnmobile und Wohnwagenanhänger gelten dagegen stets als von der Investitionszulage ausgeschlossene Pkw.[314]

IV. Höhe der Investitionszulage

1. Bemessungsgrundlage

Als Bemessungsgrundlage für die Investitionszulage statuiert § 4 Satz 1 InvZulG 2007 97 die **Summe der Anschaffungs- und Herstellungskosten** der im Wirtschaftsjahr oder Kalenderjahr abgeschlossenen begünstigten Investitionen,[315] soweit sie die vor dem 1.1.

---

[305] Ebenso bereits § 2 Abs. 1 Satz 2 InvZulG 1999 und § 2 Abs. 1 Satz 5 InvZulG 2005.
[306] BMF BStBl. I 2006 S. 119, 124 Rz. 35.
[307] BFH BStBl. II 2001 S. 41; BStBl. II 2002 S. 100.
[308] BMF BStBl. I 2006 S. 119, 123 Rz. 28.
[309] BFH BStBl. II 2000 S. 9, 11 f.; BStBl. II 2002 S. 109, 110 f.; BMF BStBl. I 2006 S. 119, 123 Rz. 29.
[310] BFH BStBl. II 1979 S. 578; BStBl. II 1996 S. 166; BMF BStBl. I 2006 S. 119, 123 Rz. 30.
[311] BFH BStBl. II 1994 S. 304; BStBl. II 2000 S. 501, 503; BStBl. II 2002 S. 667.
[312] BMF BStBl. I 2006 S. 119, 123 Rz. 31 f.
[313] BFH BStBl. II 2000 S. 501, 503; BStBl. II 2002 S. 667; BMF BStBl. I 2006 S. 119, 123 Rz. 33.
[314] BFH BStBl. II 1999 S. 498; BMF BStBl. I 2006 S. 119, 123 Rz. 34.
[315] Ohne den nachfolgenden Zusatz bereits § 2 Abs. 5 InvZulG 1999 und § 2 Abs. 5 InvZulG 2005.

§ 79   Vierter Teil. Wirtschaftliche Problemkomplexe des Leasings

2007 entstandenen Teilherstellungskosten oder den Teil der Anschaffungskosten, der auf die vor dem 1.1. 2007 erfolgten Teillieferungen entfällt, übersteigen. Die Anschaffungs- und Herstellungskosten sind auch dann maßgeblich, wenn Wirtschaftsgüter zulässigerweise mit einem Festwert angesetzt werden.[316] Eine Vorsteuerberichtigung nach § 15a UStG lässt die Bemessungsgrundlage ebenfalls unberührt, da sie nach § 9b Abs. 2 EStG nicht zu einer Änderung der Anschaffungs- oder Herstellungskosten führt.[317] Im Übrigen ist § 4 Abs. 5 Satz 1 Nr. 7 EStG zu berücksichtigen, so dass bei der Investitionszulage der Teil der Anschaffungs- oder Herstellungskosten eines die Lebensführung berührenden Wirtschaftsguts nicht in die Bemessungsgrundlage einbezogen werden darf, der nach allgemeiner Verkehrsauffassung als unangemessen und daher als nicht abziehbare Betriebsausgabe gilt.[318]

98 Unter **Anschaffungskosten** (§ 255 Abs. 1 HGB) versteht die Finanzverwaltung „alle Aufwendungen, die geleistet werden, um ein Wirtschaftsgut zu erwerben und es in einen betriebsbereiten Zustand zu versetzen".[319] Hierzu zählen neben dem Anschaffungspreis auch die Nebenkosten der Anschaffung, soweit sie dem Wirtschaftsgut einzeln zugeordnet werden können, während die Finanzierungskosten nicht erfasst werden.[320] Anschaffungskosten für ein Wirtschaftsgut, die nach Ablauf des Wirtschaftsjahrs seiner Lieferung entstehen, können sowohl bei der Bemessung der Investitionszulage für das Wirtschaftsjahr der Lieferung berücksichtigt als auch erst für das Wirtschaftsjahr ihrer Entstehung geltend gemacht werden.[321]

99 Der Begriff der **Herstellungskosten** orientiert sich an § 255 Abs. 2 HGB.[322] Daher zählen zu den Herstellungskosten auch die Anschaffungskosten beweglicher Wirtschaftsgüter, soweit sie bestimmungsgemäß zur Herstellung eines Wirtschaftsguts angeschafft werden.[323] Bei der Anschaffung und Fertigstellung eines Rohbaus gehören zu den Herstellungskosten die Anschaffungskosten für den Rohbau und die Summe der nach der Anschaffung bis zur Fertigstellung entstandenen Herstellungskosten.[324] Bezüglich der Einbeziehung von Aufwendungen in die Herstellungskosten eines Wirtschaftsguts besteht ein Wahlrecht, das für Investitionszulage und Ertragbesteuerung nur einheitlich ausgeübt werden kann.[325]

100 In die Bemessungsgrundlage einbezogen werden können die im Wirtschaftsjahr oder Kalenderjahr geleisteten Anzahlungen auf Anschaffungskosten sowie die entstandenen Teilherstellungskosten (§ 4 Satz 2 InvZulG 2007).[326] Allerdings gilt dies nach § 4 Satz 3 InvZulG 2007 für vor dem 1.1. 2007 geleistete Anzahlungen auf Anschaffungskosten nur insoweit, als sie den Teil der auf die vor dem 1.1. 2007 erfolgten Teillieferungen entfallenden Anschaffungskosten übersteigen.[327] § 4 Satz 4 InvZulG 2007 bezieht folgerichtig die Anschaffungskosten für Teillieferungen ein. Zudem gelten die **Beschränkungen der Bemessungsgrundlage** in § 4 Satz 1 und 3 InvZulG 2007 für vor dem 1.1. 2007 entstandene Teilherstellungskosten und Anschaffungskosten für vor dem 1.1. 2007 erfolgte Teil-

---

[316] BFH BStBl. III 1967 S. 151; BMF BStBl. I 2006 S. 119, 135 Rz. 138.
[317] BMF BStBl. I 2006 S. 119, 136 Rz. 141.
[318] BMF BStBl. I 2006 S. 119, 135 f. Rz. 139.
[319] BMF BStBl. I 2006 S. 119, 136 Rz. 147.
[320] BFH BStBl. II 1968 S. 574; BMF BStBl. I 2006 S. 119, 136 Rz. 147.
[321] BMF BStBl. I 2006 S. 119, 136 Rz. 148.
[322] BFH BStBl. II 1990 S. 830, 833 ff.; BMF BStBl. I 2006 S. 119, 136 f. Rz. 150.
[323] BMF BStBl. I 2006 S. 119, 137 Rz. 150.
[324] BMF BStBl. I 2006 S. 119, 137 Rz. 152.
[325] BMF BStBl. I 2006 S. 119, 137 Rz. 151.
[326] Ebenso bereits § 2 Abs. 5 Satz 2 InvZulG 2005.
[327] Insoweit abweichend § 2 Abs. 5 Satz 3 InvZulG 2005, wonach im Wirtschaftsjahr oder Kalenderjahr der Anschaffung oder Herstellung der Wirtschaftsgüter die Anschaffungs- oder Herstellungskosten bei der Bemessungsgrundlage nur berücksichtigt werden dürfen, soweit sie die Anzahlungen oder Teilherstellungskosten übersteigen.

25. Kapitel. Leasing und staatliche Investitionsförderung　§ 79

lieferungen nur, soweit ein Anspruch auf Investitionszulage nach dem InvZulG 2005 besteht (§ 4 Satz 6 InvZulG 2007).[328]

§ 7a Abs. 2 Satz 3–5 EStG gilt entsprechend (§ 4 Satz 5 InvZulG 2007).[329] Nach § 7a Abs. 2 Satz 3 EStG sind Anzahlungen auf Anschaffungskosten im **Zeitpunkt der tatsächlichen Zahlung** aufgewendet. Bei Hingabe eines Wechsels oder Schecks ist der Zeitpunkt maßgeblich, in dem das Geld dem Berechtigten tatsächlich zufließt (§ 7a Abs. 2 Satz 4 und 5 EStG). Die Anschaffungs- und Herstellungskosten werden ebenso wie Anzahlungen auf Anschaffungskosten und die Teilherstellungskosten weder durch Zuschüsse aus öffentlichen oder privaten Mitteln noch durch die Übertragung aufgedeckter stiller Reserven gemindert.[330] Dagegen führen Preisnachlässe wie Skonti oder Rabatte zu einer Minderung der Anschaffungskosten,[331] während die freiwillige Rückgewähr von Preisnachlässen keine Erhöhung bewirkt.[332]

2. Grundzulagen

Die Investitionszulage beträgt nach § 5 Abs. 1 Satz 1 InvZulG 2007:[333]　　　　　　　　　　　　101
— Nr. 1: 12,5 % der Bemessungsgrundlage;
— Nr. 2: 15 % der Bemessungsgrundlage, wenn es sich um Investitionen in Betriebsstätten im Randgebiet nach der Anlage 3 zum InvZulG 2007 handelt.[334]

Bei der Förderhöhe der Grundzulagen wird nicht nach beweglichen Wirtschaftsgütern und Gebäudeneubauten unterschieden. Daneben sind allerdings **gemeinschaftsrechtliche Vorgaben** zu beachten. Für Investitionen, die zu einem großen Investitionsvorhaben gehören, auf das der Multisektorale Regionalbeihilferahmen vom 13.2.2002[335] anzuwenden ist,[336] gilt § 5 Abs. 1 Satz 1 InvZulG 2007 nur insoweit, als der jeweils beihilferechtlich geltende Regionalförderhöchstsatz durch die Gewährung von Investitionszulagen nicht überschritten wird. § 5 Abs. 1 Satz 2 InvZulG 2007 behält diese bereits in § 2 Abs. 6 InvZulG 2005 normierte Beschränkung bei und erstreckt sie darüber hinaus auf den Anwendungsbereich der Regionalbeihilfeleitlinien 2007–2013.[337]

3. Erhöhte Zulagen

a) KMU. Die Zuerkennung einer erhöhten Investitionszulage setzt voraus, dass der betreffende Betrieb die Eigenschaft eines KMU erfüllt, deren Bestimmung sich nach der **Empfehlung der Europäischen Kommission** richtet.[338] Anders als bei den Grundzulagen kommt eine erhöhte Zulage nur bei Investitionen in bewegliche Wirtschaftsgüter in Betracht. Nach § 2 Abs. 7 Satz 1 InvZulG 2005 erhöht sich die Investitionszulage für 　　102

---

[328] Dieser Zusatz wurde erst auf Vorschlag des Finanzausschusses angehängt, um sicherzustellen, „dass die vor dem 1. Januar 2007 entstandenen Anschaffungs- oder Herstellungskosten für nach dem Tag der Verkündung des Gesetzes begonnene Investitionsvorhaben vollständig in die Bemessungsgrundlage einfließen, wenn der Investor — wie im Fall von Betrieben des Beherbergungsgewerbes — keinen Anspruch auf Förderung nach dem InvZulG 2005 hat"; vgl. BT-Drucks. 16/1539 S. 7.
[329] Ebenso bereits § 2 Abs. 5 Satz 4 InvZulG 1999 und § 2 Abs. 5 Satz 4 InvZulG 2005; vgl. auch BMF BStBl. I 2006 S. 119, 137 Rz. 153.
[330] BFH BStBl. II 2000 S. 9; BMF BStBl. I 2006 S. 119, 136 Rz. 140.
[331] BFH BStBl. II 1988 S. 901; BMF BStBl. I 2006 S. 119, 136 Rz. 149.
[332] BMF BStBl. I 2006 S. 119, 136 Rz. 149.
[333] Ebenso bereits § 2 Abs. 6 Satz 1 InvZulG 2005, allerdings in Nr. 2 unter Bezugnahme auf die Anlage 2.
[334] BMF BStBl. I 2006 S. 119, 134 f. Rz. 129–132.
[335] Siehe Fußn. 293.
[336] Einzelheiten dazu unter V 2 b bb.
[337] Siehe Fußn. 35.
[338] Siehe Fußn. 9.

Jäger　　　　935

den Teil der Bemessungsgrundlage, der auf Investitionen i. S. v. § 2 Abs. 1 InvZulG 2005 entfällt, wenn die beweglichen Wirtschaftsgüter während des Bindungszeitraums in einem begünstigten Betrieb verbleiben, der zusätzlich die Begriffsdefinition für KMU i. S. der Kommissionsempfehlung erfüllt. Damit wurde anders als noch in § 2 Abs. 7 InvZulG 1999 der gemeinschaftsrechtliche KMU-Begriff erstmals durchgängig übernommen.[339] Nach § 5 Abs. 2 Satz 1 InvZulG 2007 muss der begünstigte Betrieb die KMU-Eigenschaft im Zeitpunkt des Beginns des Erstinvestitionsvorhabens aufweisen.

103 Der Gesetzgeber weist darauf hin, dass im **Fall der langfristigen Nutzungsüberlassung** die Größenmerkmale des nutzenden Betriebs maßgebend sind.[340] Für die Bestimmung der Einhaltung der Größenmerkmale wird grundsätzlich auf den Beginn des Wirtschaftsjahrs des Investitionsabschlusses abgestellt, so dass die Abgrenzung im Regelfall nach der seit 1. 1. 2005 geltenden Kommissionsempfehlung vorzunehmen ist.[341] Die Daten zur Berechnung der Mitarbeiterzahl und der Finanzangaben werden üblicherweise dem letzten genehmigten Jahresabschluss entnommen.[342] Liegt ein solcher für ein neu gegründetes Unternehmen noch nicht vor, kann im Laufe des Geschäftsjahrs eine Schätzung nach Treu und Glauben erfolgen.[343]

104 Eine Überschreitung der **Schwellenwerte** bezüglich Mitarbeiterzahl und Finanzangaben im Laufe des Berichtsjahrs hat keine Konsequenzen für die vorgenommene Einstufung des Unternehmens, so dass der zu Jahresbeginn bestehende KMU-Status erhalten bleibt. Dieser geht jedoch verloren, wenn die Schwellenwerte in zwei aufeinanderfolgenden Rechnungslegungszeiträumen überschritten werden. Umgekehrt erwirbt ein Unternehmen den Status eines KMU, wenn die Schwellenwerte von ihm als ehemals großem Unternehmen in zwei aufeinanderfolgenden Rechnungslegungsperioden unterschritten werden.[344] Wer die Schwellenwerte zum 1. 1. 2005 eingehalten hatte, übernahm die KMU-Eigenschaft auch für im Kalenderjahr 2006 abgeschlossene Investitionen.[345]

105 Die Unternehmen mussten erstmalig mit dem Investitionszulagenantrag für das Kalenderjahr 2005 oder das Wirtschaftsjahr 2004/05 eine **Erklärung über die KMU-Eigenschaft** einreichen.[346] Für jeden Anspruchsberechtigten besteht eine Obliegenheit zur selbständigen Prüfung, ob das Unternehmen, in dem die Wirtschaftsgüter verbleiben, die Kriterien eines KMU erfüllt. Zur Unterstützung hat das BMF „Erläuterungen zur KMU-Erklärung" formuliert, welche die Kommissionsempfehlung vom 6. 5. 2003[347] zugrunde legen und u. a. auch ein Prüfschema für KMU sowie ein Berechnungsschema für verbundene Unternehmen und Partnerunternehmen enthalten.[348]

---

[339] Kritisch dazu *Uhlmann* BB 2004, 2213, 2217 ff.
[340] BT-Drucks. 15/2249 S. 16; zum InvZulG 2005 ebenso BMF BStBl. I 2006 S. 119, 134 Rz. 125.
[341] Nach BMF BStBl. I 2006 S. 119, 134 Rz. 125 gilt für im Wirtschaftsjahr 2004/05 nach dem 31.12. 2004 abgeschlossene Investitionen letztmals die Empfehlung vom 3. 4. 1996, wenn der Betrieb den Gewinn nach einem abweichenden Wirtschaftsjahr ermittelt; ein Berechnungsbeispiel liefert *Uhlmann* BB 2004, 2213, 2218 f.
[342] BT-Drucks. 16/1409 S. 14.
[343] BMF BStBl. I 2006 S. 119, 134 Rz. 125 im Anschluss an Art. 4 Abs. 3 der Empfehlung wie in Fußn. 9.
[344] BMF BStBl. I 2006 S. 119, 134 Rz. 127 im Anschluss an Art. 4 Abs. 2 der Empfehlung wie in Fußn. 9.
[345] BMF BStBl. I 2006 S. 119, 134 Rz. 127.
[346] BMF BStBl. I 2006 S. 119, 134 Rz. 126.
[347] Nach der Kommissionsempfehlung vom 3. 4. 1996 gelten als KMU alle Unternehmen mit weniger als 250 Beschäftigten und einem Jahresumsatz von höchstens 40 Mio. Euro oder einer Jahresbilanzsumme von höchstens 27 Mio. Euro, die nicht zu 25 % oder mehr des Kapitals oder der Stimmanteile im Besitz von einem oder mehreren Unternehmen gemeinsam stehen, welche die KMU-Definition nicht erfüllen; vgl. dazu noch BMF BStBl. I 2006 S. 119, 134 Rz. 123.
[348] BMF BStBl. I 2006 S. 119, 146 ff. Anlage 1.

b) **Differenzierung.** Ausgangspunkt ist dabei eine Differenzierung nach der Mitarbeiterzahl und dem Jahresumsatz oder der Jahresbilanzsumme. Unterschieden werden:[349]   **106**
- **Kleinstunternehmen** mit weniger als 10 Mitarbeitern und einem Jahresumsatz oder einer Jahresbilanzsumme von höchstens 2 Mio. Euro;
- **Kleinunternehmen** mit weniger als 50 Mitarbeitern und einem Jahresumsatz oder einer Jahresbilanzsumme von höchstens 10 Mio. Euro;
- **Mittlere Unternehmen** mit weniger als 250 Mitarbeitern und einem Jahresumsatz von höchstens 50 Mio. Euro oder einer Jahresbilanzsumme von höchstens 43 Mio. Euro.

Die **Mitarbeiterzahl** wird grundsätzlich in Jahresarbeitseinheiten (JAE) ermittelt, wobei folgende Personengruppen in die Berechnung einfließen:[350]   **107**
- Lohn- und Gehaltsempfänger;
- für das Unternehmen tätige Personen, die in einem Unterordnungsverhältnis zu diesem stehen und nach nationalem Recht Arbeitnehmern gleichgestellt sind;
- mitarbeitende Eigentümer und Teilhaber, die eine regelmäßige Tätigkeit in dem Unternehmen ausüben und finanzielle Vorteile aus dem Unternehmen ziehen.

Nicht das ganze Jahr oder im Rahmen einer Teilzeitregelung beschäftigte Personen werden lediglich mit dem Anteil berücksichtigt, welcher der Arbeitszeit eines während des Jahres Vollbeschäftigten entspricht. Mitarbeiter, die sich in Mutterschafts- oder Erziehungsurlaub befinden, sowie Auszubildende scheiden ganz aus der Berechnung aus.

Eigenständige Unternehmen sind Unternehmen, die keine Anteile von 25 % oder mehr des Kapitals oder der Stimmrechte an einem anderen Unternehmen halten bzw. an dem keine Anteile von 25 % oder mehr gehalten werden.[351] Diese müssen lediglich Eigenangaben[352] in die KMU-Erklärung eintragen. Bestehen dagegen weiter reichende Verflechtungen mit anderen Unternehmen, kann das Unternehmen je nach Ausprägung dieser Beziehungen den Status eines verbundenen und/oder eines Partnerunternehmens haben, die beide in den „Erläuterungen zur KMU-Erklärung" näher beschrieben werden.[353] Danach gilt als **Partnerunternehmen** ein Unternehmen (das vorgeschaltete Unternehmen), das allein oder gemeinsam mit einem oder mehreren verbundenen Unternehmen einen Anteil von 25 % bis einschließlich 50 % des Kapitals oder der Stimmrechte an einem anderen Unternehmen (dem nachgeschalteten Unternehmen) hält bzw. an dem Anteile von 25 % bis einschließlich 50 % gehalten werden.[354]   **108**

Verbundene Unternehmen im investitionszulagenrechtlichen Sinn sind schließlich Unternehmen, die mindestens eine der folgenden Voraussetzungen erfüllen:[355]   **109**
- Verpflichtung zur Erstellung eines konsolidierten Jahresabschlusses;[356]

---

[349] Art. 2 der Kommissionsempfehlung wie in Fußn. 9.
[350] Art. 5 der Kommissionsempfehlung wie in Fußn. 9.
[351] Neben institutionellen Anlegern und verschiedenen staatlichen Einrichtungen gelten auch „Business Angels" (Staatliche Beteiligungsgesellschaften, Risikokapitalgesellschaften, natürliche Personen bzw. Gruppen natürlicher Personen) trotz Überschreitung des Schwellenwerts von 25 % weiterhin als eigenständig, sofern sie nicht einzeln oder gemeinsam mit dem betroffenen Unternehmen verbunden sind und der Gesamtbetrag der Investition 1,25 Mio. Euro nicht übersteigt.
[352] Name oder Firma, Wirtschaftsjahr, Mitarbeiter, Jahresumsatz und Bilanzsumme.
[353] *Uhlmann* BB 2004, 2213, 2215 f.
[354] Art. 3 Abs. 2 der Kommissionsempfehlung wie in Fußn. 9.
[355] Die Voraussetzungen für den Status des verbundenen Unternehmens gelten in gleicher Weise bei der Umkehrung der genannten Beziehungen zwischen den betrachteten Unternehmen als erfüllt, vgl. Art. 3 Abs. 3 der Kommissionsempfehlung wie in Fußn. 9.
[356] Ist das Unternehmen, in dem die beweglichen Wirtschaftsgüter verbleiben, ein Partnerunternehmen bzw. ein verbundenes Unternehmen, das keinen konsolidierten Jahresabschluss erstellt und auch nicht durch Konsolidierung in eine andere Bilanz einbezogen wird, sind seine Daten in den Berechnungsbogen auf S. 2 der KMU-Erklärung unter der Rubrik „Unternehmen, in dem die beweglichen Wirtschaftsgüter verbleiben" einzutragen.

– Halten der Stimmrechtsmehrheit an einem anderen Unternehmen;
– Recht zur Bestellung oder Abberufung der Mehrheit der Mitglieder des Verwaltungs-, Leitungs- oder Aufsichtsgremiums eines anderen Unternehmens;
– Recht zur Ausübung eines beherrschenden Einflusses auf ein anderes Unternehmen aufgrund eines mit diesem geschlossenen Vertrags oder einer Klausel in dessen Satzung;
– Ausübung der alleinigen Kontrolle über die Stimmrechtsmehrheit bei einem anderen Unternehmen gemäß einer mit anderen Aktionären oder Gesellschaftern dieses anderen Unternehmens getroffenen Vereinbarung.

Ebenfalls als verbundene Unternehmen gelten:
– Unternehmen, die durch ein oder mehrere andere Unternehmen untereinander in einer der vorgenannten Beziehungen stehen;
– Unternehmen, die durch eine natürliche Person oder eine gemeinsam handelnde Gruppe natürlicher Personen miteinander in einer solchen Beziehung stehen, sofern diese Unternehmen ganz oder teilweise in demselben Markt oder in benachbarten Märkten tätig sind.[357]

110 Hat das Unternehmen den **Status** eines verbundenen Unternehmens, sind alle mit ihm verbundenen Unternehmen sowie alle Partnerunternehmen der verbundenen Unternehmen zu berücksichtigen, während weitere Beziehungen der Partnerunternehmen außer Betracht bleiben. Hat das Unternehmen dagegen den Status eines Partnerunternehmens, werden alle mit ihm verbundenen Unternehmen berücksichtigt, weitere mögliche Partnerunternehmen der verbundenen Unternehmen dagegen nicht. Für jede direkte Beziehung mit einem Anteil ab 25 % zu einem anderen Unternehmen muss jeweils ein **Berechnungsbogen** für verbundene Unternehmen oder Partnerunternehmen ausgefüllt werden.[358]

111 c) **Fördersätze.** Wird neben der erhöhten Investitionszulage eine Förderung auf der Grundlage der **Gemeinschaftsaufgabe** „Verbesserung der regionalen Wirtschaftsstruktur" gewährt und in diesem Rahmen eine Einstufung des Betriebs als KMU vorgenommen, so ist diese zu übernehmen, sofern sie nicht offensichtlich unzutreffend ist.[359] Während es für die erhöhte Investitionszulage ohne Bedeutung ist, wenn der nutzende Betrieb mit Wirkung für einen Zeitpunkt nach dem Stichtag innerhalb der Verbleibensfrist den Status eines KMU verliert, sieht es der Gesetzgeber als für den Anspruch schädlich an, wenn ein bewegliches Wirtschaftsgut vor Ablauf der Verbleibensfrist aus dem nutzenden Betrieb ausscheidet[360] und in einem anderen Betrieb verbleibt, der kein KMU ist.[361]

112 Als **erhöhte Fördersätze** unterscheidet § 2 Abs. 7 Satz 1 InvZulG 2005:
– Nr. 1: 25 % der Bemessungsgrundlage;
– Nr. 2: 27,5 % der Bemessungsgrundlage, wenn es sich um Investitionen in Betriebsstätten im Randgebiet nach der Anlage 2 zum InvZulG 2005 handelt;[362]
– Nr. 3: 20 % der Bemessungsgrundlage bei Investitionen in Betriebsstätten im Land Berlin und in Gemeinden des Landes Brandenburg, die zur Arbeitsmarktregion Berlin nach der Anlage 3 zum InvZulG 2005 gehören.[363]

---

[357] Nach Art. 3 Abs. 3 Satz 5 der Kommissionsempfehlung wie in Fußn. 9 gilt als benachbarter Markt der Markt für ein Produkt oder eine Dienstleistung, der dem betreffenden Markt unmittelbar vor- oder nachgeschaltet ist.
[358] Einzelheiten dazu auf S. 3 und 4 der KMU-Erklärung.
[359] BT-Drucks. 15/2249 S. 16; 16/1409 S. 14.
[360] BT-Drucks. 15/2249 S. 16 nennt als Beispiele Veräußerung und langfristige Nutzungsüberlassung.
[361] Zum InvZulG 2005 ebenso BMF BStBl. I 2006 S. 119, 134 Rz. 128.
[362] BMF BStBl. I 2006 S. 119, 134 f. Rz. 129–132.
[363] BMF BStBl. I 2006 S. 119, 135 Rz. 133–135.

25. Kapitel. Leasing und staatliche Investitionsförderung §79

Der Investor kann ein bewegliches Wirtschaftsgut auch im Fall der erhöhten Investitionszulage vor Ablauf der Verbleibensfrist durch ein mindestens gleichwertiges neues Wirtschaftsgut ersetzen.[364] Allerdings ordnet § 2 Abs. 7 Satz 2 InvZulG 2005 die entsprechende Geltung von § 2 Abs. 6 Satz 2 InvZulG 2005 an, so dass bei Investitionen, auf die der Multisektorale Regionalbeihilferahmen für große Investitionsvorhaben anzuwenden ist,[365] auch hier der jeweils beihilferechtlich geltende **Regionalförderhöchstsatz** durch die Gewährung von Investitionszulagen nicht überschritten werden darf. Der Verweis auf § 5 Abs. 1 Satz 2 InvZulG 2007 in § 5 Abs. 2 Satz 2 InvZulG 2007 stellt sicher, dass diese Obergrenze auch im Anwendungsbereich der Regionalbeihilfeleitlinien 2007–2013[366] einzuhalten ist. Im Übrigen hatte § 5 Abs. 2 Satz 1 InvZulG 2007 in seiner ursprünglichen Fassung die ersten beiden in § 2 Abs. 7 Satz 1 InvZulG 2005 genannten Fördersätze übernommen,[367] Nr. 3 dagegen nicht, da die Kommission Bedenken gegen die Behandlung der Arbeitsmarktregion Berlin angemeldet hatte. Nachdem die **deutsche Fördergebietskarte 2007–2013** genehmigt war, wurde ein neuer § 5 Abs. 2 Satz 1 Nr. 3 InvZulG 2007 angefügt,[368] der als weiteren erhöhten Fördersatz 15 % der Bemessungsgrundlage bestimmt, wenn es sich um Investitionen im Rahmen eines großen Investitionsvorhabens i. S. der neuen Regionalbeihilfeleitlinien in Betriebsstätten in dem Teil des Landes Berlin handelt, das zum C-Fördergebiet gehört.[369]

113

V. Verfahren

1. Antragstellung

a) Antragsberechtigung. Die Investitionszulage wird auf Antrag vergeben,[370] der bei dem für die Besteuerung des Anspruchsberechtigten nach dem Einkommen zuständigen Finanzamt zu stellen ist (§ 6 Abs. 1 Satz 1 InvZulG 2007 i. V. m. den §§ 19 und 20 AO). Sind nach den Regelungen der Abgabenordnung in einer Großstadtgemeinde mehrere Finanzämter für die Besteuerung nach dem Einkommen zuständig, kann der Zulagenantrag bei jedem dieser Finanzämter fristwahrend gestellt werden.[371] Sind eine Personengesellschaft oder eine Gemeinschaft anspruchsberechtigt, muss der Antrag bei dem Finanzamt gestellt werden, das für die einheitliche und gesonderte Feststellung der Einkünfte zuständig ist (§ 6 Abs. 1 Satz 2 InvZulG 2007 i. V. m. den §§ 18 Abs. 1 Nr. 1–4, 180 Abs. 1 Nr. 2 lit. a AO).[372] Die Gewährung der Investitionszulage hängt allerdings nicht von der konkreten ertragsteuerlichen Behandlung ab, vielmehr stehen beide **Regelungsbereiche** verfahrensrechtlich selbständig nebeneinander.[373] Gehen die Anschaffungs- oder Herstellungskosten nicht über die Anzahlungen auf Anschaffungskosten oder Teilherstellungskosten hinaus, für die bereits eine Investitionszulage gewährt worden ist, muss der Antrag

114

---

[364] BT-Drucks. 15/2249 S. 16.
[365] Einzelheiten dazu sogleich unter V 2 b bb.
[366] Siehe Fußn. 35.
[367] Allerdings bezieht sich § 5 Abs. 2 Satz 1 Nr. 2 InvZulG 2007 nunmehr auf Anlage 3 zum InvZulG 2007.
[368] Art. 1 Nr. 4 lit. b bb des Änderungsgesetzes wie in Fußn. 38.
[369] BR-Drucks. 739/06 S. 8.
[370] Die §§ 6 und 7 InvZulG 2007 entsprechen den §§ 5 Abs. 2 und 3, 5a InvZulG 1999 sowie den §§ 3 und 4 InvZulG 2005. Allerdings müssen in den Antrag nach § 6 Abs. 2 InvZulG 2007 ggf. die für die Feststellung der in § 10 Abs. 1–3 InvZulG 2007 erforderlichen Angaben aufgenommen werden (§ 10 Abs. 4 InvZulG 2007).
[371] BFH BStBl. II 2001 S. 116.
[372] Weitere Einzelheiten am Beispiel der §§ 3 und 4 InvZulG 2005 in BMF BStBl. I 2006 S. 119, 143 Rz. 210 f.
[373] BFH BStBl. II 2001 S. 311, 316; zum InvZulG 2005 BMF BStBl. I 2006 S. 119, 120.

§ 79 Vierter Teil. Wirtschaftliche Problemkomplexe des Leasings

dennoch für das Jahr des Investitionsabschlusses gestellt werden.[374] Unter der Geltung des InvZulG 2005 sind insoweit nur Investitionen ausgenommen, die nach dem 31.12. 2006 abgeschlossen wurden und für die Investitionszulagen für vor dem 1.1. 2007 erfolgte Teillieferungen oder entstandene Teilherstellungskosten gewährt worden sind.[375]

115 Im Regelfall folgt aus der Anspruchsberechtigung die Antragsberechtigung. Etwas anderes gilt insbesondere für atypisch stille Gesellschaften, die selbst anspruchsberechtigt sind, während das Recht zur Antragstellung dem Inhaber des Handelsgeschäfts zusteht.[376] Werden Wirtschaftsgüter von einer **Vorgründungsgesellschaft** angeschafft oder hergestellt, kann die spätere Kapitalgesellschaft die Investitionszulage beantragen, wenn folgende Voraussetzungen erfüllt sind:[377]
– die Vorgründungsgesellschaft war lediglich auf die Errichtung der Kapitalgesellschaft ausgerichtet;
– die Kapitalgesellschaft selbst wurde zügig errichtet und in das Handelsregister eingetragen;
– die juristische Person hat alsbald den Geschäftsbetrieb aufgenommen.

116 Die Finanzverwaltung geht von einer zügigen Betriebserrichtung und einer anschließend raschen Betriebseröffnung aus, „wenn zwischen der Anschaffung des ersten Wirtschaftsguts durch die Vorgründungsgesellschaft und der Eintragung der Kapitalgesellschaft im Handelsregister längstens ein Jahr liegt".[378] Für zulagebegünstigte Investitionen vor Satzungserrichtung bzw. vor notarieller Satzungsfeststellung wird die Vorgründungsgesellschaft selbst aus Vereinfachungsgründen als Anspruchsberechtigte behandelt. In einem solchen Fall gelten die Zugehörigkeits- und Verbleibensvoraussetzungen als eingehalten, wenn sie durch die Vorgesellschaft bzw. durch die eingetragene Kapitalgesellschaft weiterhin erfüllt werden. Demgegenüber besteht die Investitionszulagenberechtigung der **Vorgesellschaft** für von ihr vorgenommene Investitionen generell aus eigenem Recht, da sie wie die juristische Person der Körperschaftsteuerpflicht unterliegt.[379]

117 b) **Antragsfrist.** Da die Investitionszulagengesetze bislang keine Antragsfrist vorsehen, werden die für Steuervergütungen geltenden Vorschriften der Abgabenordnung entsprechend angewendet. Somit kann der Antrag auf Investitionszulage bis zum Ablauf der grundsätzlich vier Jahre betragenden **Festsetzungsfrist** (§ 169 Abs. 2 Satz 1 Nr. 2 AO) gestellt werden.[380] Für vor Betriebseröffnung vorgenommene begünstigte Investitionen ist dabei allein das Kalenderjahr maßgebend, in dem die Investition abgeschlossen worden ist.[381] Allgemeine Voraussetzung ist, dass der Antrag bis zum Ablauf der Festsetzungsfrist bei dem für die Gewährung der Investitionszulage zuständigen Finanzamt eingereicht wird.[382] Ist dies erfüllt, läuft die Festsetzungsfrist nicht ab, bevor über den Antrag unanfechtbar entschieden worden ist (§ 171 Abs. 3 AO).

118 Vor Ablauf des maßgeblichen Wirtschafts- oder Kalenderjahrs kann zwar bereits ein Antrag rechtswirksam gestellt werden,[383] doch darf die Investitionszulage erst danach festgesetzt werden.[384] Nach Ablauf der Festsetzungsfrist geht das Antragsrecht verloren und auch eine **Wiedereinsetzung in den vorigen Stand** nach § 110 AO kommt nicht

---

[374] BFH BStBl. II 2004 S. 22, 24 f.; zum InvZulG 2005 wiederum BMF BStBl. I 2006 S. 119, 143 Rz. 208.
[375] BMF BStBl. I 2006 S. 119, 143 Rz. 208.
[376] BMF BStBl. I 2006 S. 119, 142 Rz. 199.
[377] BFH BStBl. II 1999 S. 836; BMF BStBl. I 2006 S. 119, 142 Rz. 198.
[378] BMF BStBl. I 1999 S. 1135.
[379] BMF BStBl. I 1999 S. 1135.
[380] Einzelheiten zum Fristbeginn in BMF BStBl. I 2006 S. 119, 142 Rz. 200.
[381] BMF BStBl. I 2006 S. 119, 142 Rz. 201.
[382] BMF BStBl. I 2006 S. 119, 142 Rz. 202.
[383] BMF BStBl. I 2006 S. 119, 142 Rz. 201.
[384] BMF BStBl. I 2006 S. 119, 143 Rz. 215.

25. Kapitel. Leasing und staatliche Investitionsförderung § 79

in Betracht, da diese Vorschrift für die Festsetzungsfrist nicht einschlägig ist.[385] Hat allerdings ein Finanzamt wiederholt in Verkennung seiner örtlichen Unzuständigkeit für vorhergehende Wirtschaftsjahre Investitionszulagen gewährt, so kann dem Anspruchsberechtigten unter Berücksichtigung der gesamten Umstände nach Treu und Glauben Wiedereinsetzung in den vorigen Stand wegen Versäumung der Antragsfrist zu gewähren sein, wenn ein für ein Folgejahr erneut bei diesem Finanzamt gestellter Antrag erst nach Ablauf der Antragsfrist an das örtlich zuständige Finanzamt weitergeleitet worden ist.[386]

c) Antragsform. § 6 Abs. 2 Satz 1 InvZulG 2007 statuiert für den Antrag die **Verwendung eines amtlichen Vordrucks**[387] als Wirksamkeitsvoraussetzung. Schädlich ist bereits die Verwendung eines Vordrucks, der für ein anderes Antragsjahr vorgesehen ist.[388] Daneben wird die **eigenhändige Unterschrift** des Anspruchsberechtigten verlangt, um diesen die Verantwortung für die Richtigkeit der dem Antrag zugrunde liegenden Tatsachen und Belege sowie der im Antragsvordruck geforderten Absichtserklärungen übernehmen zu lassen.[389] Der BFH lässt es ausnahmsweise genügen, wenn sich aus den dem Antrag beigefügten Unterlagen eine der Unterschrift vergleichbare Gewähr für die Urheberschaft und den Äußerungswillen des Anspruchsberechtigten ergibt.[390] Bei Kapitalgesellschaften muss der gesetzliche Vertreter unterschreiben. Ein nicht vom Geschäftsführer, sondern vom Prokuristen oder einem anderen Angestellten der GmbH unterschriebener Antrag ist daher als Verfahrenshandlung unwirksam.[391] Gleiches gilt im Ergebnis auch für einen lediglich durch Telefax übermittelten Antrag.[392]

119

Ob im Einzelfall die **Unterzeichnung durch einen Bevollmächtigten** zulässig ist, weil ein Verhinderungsgrund i. S. v. § 150 Abs. 3 Satz 1 AO vorliegt, wird nach den Umständen zum Zeitpunkt des Ablaufs der Antragsfrist beurteilt.[393] Allerdings kann die Finanzbehörde auch bei zulässiger Vertretung die eigenhändige Unterschrift nachträglich verlangen, sobald der Hinderungsgrund weggefallen ist (§ 150 Abs. 3 Satz 2 AO).[394] Den Begriff der längeren Abwesenheit definiert der BFH für das Investitionszulagenrecht mit „mehr als zwei Wochen".[395] Vor dem Hintergrund, dass der Investitionszulagenantrag wie eine Art Jahreserklärung einzureichen ist und die für die Gewährung der Zulage erforderlichen tatsächlichen Erklärungen als Wissenserklärungen dem strafrechtlichen Verantwortungsbereich des Antragsberechtigten oder seines gesetzlichen Vertreters zugeordnet sind, hält der III. Senat auch dann noch eine eigenhändige Unterzeichnung für zumutbar, wenn der Firmensitz wegen geringer Entfernung ohne größeren zeitlichen und finanziellen Aufwand aufgesucht werden kann. Selbst bei weiterer Entfernung sei es dem Antragsberechtigten in der Regel zuzumuten, eine ordnungsgemäße und fristgerechte Unterzeichnung im Wege entsprechender organisatorischer Maßnahmen sicherzustellen, da es sich bei dem Investitionszulagenantrag nicht um ein alltägliches, sondern um ein langfristig planbares Geschäft handele. Sofern nicht im Einzelfall konkret mit Verzögerungen und Verlusten während des Postlaufs zu rechnen ist oder zur Überprüfung des Antrags

120

---

[385] BFH BStBl. II 2000 S. 330, 331 f.; BMF BStBl. I 2006 S. 119, 142 Rz. 201.
[386] BFH BStBl. II 2000 S. 37, 39 ff. in Abgrenzung zu BFH BStBl. II 1999 S. 65.
[387] Bekanntmachung der Vordruckmuster für den Investitionszulagenantrag durch BMF BStBl. I 2005 S. 463.
[388] BFH BStBl. II 1998 S. 31; BStBl. II 1999 S. 791; Einzelheiten zur Verwendung nichtamtlicher Vordrucke in BMF BStBl. I 2006 S. 119, 142 Rz. 204.
[389] BFH BStBl. II 2001 S. 629, 631; BStBl. II 2002 S. 159, 160; BStBl. II 2002 S. 668, 669.
[390] BFH BStBl. II 2002 S. 159, 161.
[391] BFH BStBl. II 1999 S. 237, 239 f.; BStBl. II 2002 S. 668, 669 f.; BMF BStBl. I 2006 S. 119, 142 f. Rz. 205.
[392] BFH BStBl. II 1999 S. 313, 315 f.; BMF BStBl. I 2006 S. 119, 143 Rz. 205.
[393] BFH BStBl. II 2002 S. 668, 669 f.
[394] BFH BStBl. II 2001 S. 629, 631.
[395] BFH BStBl. II 2001 S. 629, 632.

§ 79 Vierter Teil. Wirtschaftliche Problemkomplexe des Leasings

umfangreiche Unterlagen gesichtet werden müssen, erkennt der BFH daher eine Verhinderung des gesetzlichen Vertreters an der eigenhändigen Unterzeichnung nicht an, wenn er sich während einer längeren Abwesenheit im Inland oder im europäischen Ausland aufhält und postalisch ohne Schwierigkeiten zu erreichen ist.[396]

121 **d) Antragsinhalt.** Inhaltlich wird verlangt, dass der Antrag die Investitionen, für die eine Investitionszulage beansprucht wird, so genau bezeichnet, dass ihre Feststellung bei einer **Nachprüfung** möglich ist (§ 6 Abs. 2 Satz 2 InvZulG 2007).[397] Dies gilt auch, wenn eine Investitionszulage für Anzahlungen auf Anschaffungskosten, für Teilherstellungskosten oder für Teillieferungen beantragt wird.[398] Wirtschaftsgüter, die der Anspruchsberechtigte nicht genau bezeichnet hat oder für die er das Vorliegen der weiteren für die Begünstigung erforderlichen Voraussetzungen nicht nachweist oder glaubhaft macht, werden bei der Bemessungsgrundlage der Investitionszulage nicht berücksichtigt.[399] Als Rechtfertigung für diese strengen Anforderungen kann auf den im Investitionszulagenrecht geltenden Grundsatz einer möglichst kurzen Bearbeitungsdauer der Anträge verwiesen werden, der im Allgemeinen keine umfangreichen Ermittlungen duldet.[400]

122 Weitere Pflichtangaben können sich aus § 7 InvZulG 2007 ergeben. Werden die in einem Betrieb i. S. v. § 2 InvZulG 2007 erzielten Einkünfte nach § 180 Abs. 1 Nr. 2 lit. b AO gesondert festgestellt,[401] sind die Bemessungsgrundlage und der Vomhundertsatz der Investitionszulage für zum Anlagevermögen dieses Betriebs gehörende Wirtschaftsgüter von dem für die gesonderte Feststellung zuständigen Finanzamt ebenfalls gesondert festzustellen (§ 7 Satz 1 InvZulG 2007). In einem solchen Fall sind die für die Feststellung erforderlichen Angaben in den Antrag nach § 6 Abs. 2 InvZulG 2007 aufzunehmen (§ 7 Satz 2 InvZulG 2007). Das **Feststellungsverfahren** ist von Amts wegen aufgrund des Antrags auf Investitionszulage durchzuführen.[402] Da der Feststellungsbescheid Grundlagenbescheid für den Investitionszulagenbescheid ist, kann der Anspruchsberechtigte Einwände gegen die festgestellte Bemessungsgrundlage und die Investitionszulagensätze nur im Einspruchsverfahren gegen den Feststellungsbescheid vorbringen (§ 351 Abs. 2 AO).[403]

123 Solange die Festsetzungsfrist noch nicht abgelaufen und für das Wirtschafts- oder Kalenderjahr ein Investitionszulagenbescheid noch nicht erteilt worden ist, können Angaben zu den Wirksamkeitsvoraussetzungen des Antrags sowie zu den übrigen Anspruchsvoraussetzungen nachgeholt, ergänzt oder berichtigt werden. Die Möglichkeit zur **Nachholung, Ergänzung oder Berichtigung des Antrags** besteht auch noch, solange ein bereits erteilter Investitionszulagenbescheid nach den verfahrensrechtlichen Vorschriften geändert werden kann.[404] Für in einem Antrag nicht aufgeführte Wirtschaftsgüter des maßgebenden Wirtschafts- oder Kalenderjahrs kann daher unter diesen Bedingungen ein Antrag nachgeholt werden.[405]

---

[396] BFH BStBl. II 2001 S. 629, 632 f.
[397] BFH BStBl. II 1995 S. 72, 74 f.; BStBl. II 2001 S. 200; BStBl. II 2002 S. 547, 549 ff.
[398] BFH BStBl. II 1979 S. 450; zum InvZulG 2005 BMF BStBl. I 2006 S. 119, 143 Rz. 206 und 207.
[399] BMF BStBl. I 2006 S. 119, 143 Rz. 215.
[400] BFH BStBl. II 2000 S. 441, 443; BStBl. II 2001 S. 629, 632.
[401] Die Vorschrift erfasst die Einkünfte aus Land- und Forstwirtschaft, Gewerbebetrieb oder einer freiberuflichen Tätigkeit, wenn nach den Verhältnissen zum Schluss des Gewinnermittlungszeitraums das für die gesonderte Feststellung zuständige Finanzamt nicht auch für die Steuern vom Einkommen zuständig ist.
[402] BMF BStBl. I 2006 S. 119, 143 Rz. 212 weist daneben auf die Pflicht zur unverzüglichen Weiterleitung von Finanzamt zu Finanzamt hin.
[403] BMF BStBl. I 2006 S. 119, 143 Rz. 213.
[404] BFH BStBl. II 1985 S. 63; BMF BStBl. I 2006 S. 119, 143 Rz. 209.
[405] BMF BStBl. I 2006 S. 119, 143 Rz. 209.

2. Investitionszulagenbescheid

a) Abgabenordnung. Die Investitionszulage ist nach Ablauf des Wirtschaftsjahrs oder 124
Kalenderjahrs festzusetzen und innerhalb eines Monats nach Bekanntgabe des Bescheids
aus den Einnahmen an Einkommen- oder Körperschaftsteuer auszuzahlen (§ 9 InvZulG
2007).[406] Die für Steuervergütungen geltenden Vorschriften der Abgabenordnung sind
grundsätzlich entsprechend anwendbar. Dies gilt jedoch nicht für den die **abweichende
Steuerfestsetzung aus Billigkeitsgründen** normierenden § 163 AO (§ 13 Satz 1
InvZulG 2007). Andererseits sind die Vorschriften über Stundung und Erlass (§§ 222,
227 AO) durchaus entsprechend anwendbar, so dass bei einem Anspruch auf Rückzahlung der Investitionszulage im Einzelfall aus Billigkeitsgründen Stundung gewährt
oder ein vollständiger oder teilweiser Verzicht erklärt werden kann.[407] Aus Vereinfachungsgründen kann ein Verzicht auch darin zum Ausdruck kommen, dass von der die
Herabsetzung der Investitionszulage bezweckenden Änderung des Investitionszulagenbescheids abgesehen wird.[408] Ein Erlass aus sachlichen Billigkeitsgründen kommt dagegen bereits wegen des Zuschusscharakters der Investitionszulage von vornherein nicht
in Betracht.[409]

Die **Rückforderung der festgesetzten Investitionszulage** setzt grundsätzlich die 125
Aufhebung oder eine zu ihrer Herabsetzung führende Änderung des Investitionszulagenbescheids voraus.[410] Für die Rückzahlung ist in der Regel eine Frist von einem
Monat nach Bekanntgabe des Aufhebungs- oder Änderungsbescheids zu bestimmen.[411]
Im Übrigen gelten die Vorschriften zur Berichtigung, Aufhebung und Änderung von
Steuerbescheiden (§§ 129, 172–177 AO) entsprechend. Aufhebungs- bzw. Änderungsgründe ergeben sich insbesondere aus der Nichterfüllung der Zugehörigkeits-, Verbleibens-, Nutzungs- und/oder Verwendungsvoraussetzungen. Ist der Investitionszulagenbescheid in einem solchen Fall bereits bestandskräftig, wird er nach § 175 Abs. 1 Satz 1
Nr. 2 i.V. m. Abs. 2 AO aufgehoben oder geändert.[412] Werden die vorgenannten Voraussetzungen innerhalb des maßgeblichen Zeitraums in mehreren Jahren nicht eingehalten,
beginnt der Lauf der Festsetzungsfrist für die Änderung nach § 175 Abs. 1 Satz 1
Nr. 2 AO am Ende eines jeden Kalenderjahrs neu, in dem das schädliche Ereignis eingetreten ist.[413]

Ein unter dem **Vorbehalt der Nachprüfung** erlassener Investitionszulagenbescheid 126
kann ohne Einschränkung aufgehoben oder geändert werden, solange der Vorbehalt
wirksam ist (§ 164 AO) und soweit § 176 AO nicht entgegensteht.[414] Entsprechendes gilt
für einen als **vorläufiger Bescheid** erlassenen Investitionszulagenbescheid, soweit und
solange die Vorläufigkeit reicht (§ 165 AO).[415] Wurden bei der Ermittlung der Bemessungsgrundlage etwa Anzahlungen auf Anschaffungskosten, Teilherstellungskosten oder
Anschaffungskosten für gelieferte Teile berücksichtigt, wird die Investitionszulage insoweit nach § 165 AO vorläufig festgesetzt und in der Folge überwacht, ob die Wirtschafts-

---

[406] Die zuvor in verschiedenen Absätzen von § 6 InvZulG 1999 bzw. § 5 InvZulG 2005 verteilte
Regelung wurde laut BT-Drucks. 16/1409 S. 15 im Sinne „der Übersichtlichkeit und Anwenderfreundlichkeit des Gesetzes" zusammengefasst; vgl. auch BMF BStBl. I 2006 S. 119, 142 Rz. 197.
[407] BMF BStBl. I 2006 S. 119, 144 Rz. 221, ebenso wie in den nachfolgenden Fußnoten zum
InvZulG 2005.
[408] BFH BStBl. II 1975 S. 789, 791; BMF BStBl. I 2006 S. 119, 144 Rz. 221.
[409] BFH BStBl. II 1978 S. 657, 658; BStBl. II 1989 S. 244; BStBl. II 1998 S. 277, 278; BMF BStBl. I
2006 S. 119, 144 Rz. 221 sowie zur Stundung Rz. 222.
[410] BMF BStBl. I 2006 S. 119, 144 Rz. 218.
[411] BMF BStBl. I 2006 S. 119, 144 Rz. 224.
[412] BMF BStBl. I 2006 S. 119, 144 Rz. 218.
[413] BFH BStBl. II 1997 S. 269, 271; BMF BStBl. I 2006 S. 119, 144 Rz. 218.
[414] BFH BStBl. II 2001 S. 432; BStBl. II 2002 S. 547; BMF BStBl. I 2006 S. 119, 144 Rz. 219.
[415] BMF BStBl. I 2006 S. 119, 144 Rz. 219.

güter auch tatsächlich angeschafft oder fertiggestellt werden. Stellt sich heraus, dass die Berücksichtigung ganz oder teilweise zu Unrecht erfolgte, wird der Investitionszulagenbescheid geändert oder aufgehoben (§ 165 Abs. 2 AO).[416]

127 Ist der Investitionszulagenbescheid aufgehoben oder zuungunsten des Anspruchsberechtigten geändert worden, so ist der Rückzahlungsanspruch nach § 238 AO vom Tag der Auszahlung der Investitionszulage an zu verzinsen (§ 11 Satz 1 InvZulG 2007).[417] In den Fällen des § 175 Abs. 1 Satz 1 Nr. 2 AO bezieht sich der Beginn der **Verzinsungspflicht** auf den Tag des Eintritts des rückwirkenden Ereignisses,[418] was regelmäßig eine Verletzung der Zugehörigkeits-, Verbleibens-, Nutzungs- oder Verwendungsvoraussetzungen sein wird. Der Zinslauf endet mit Ablauf des Fälligkeitstags, bei vorheriger Zahlung mit diesem Tag.[419] Weitere Verzinsungspflichten können sich aus den §§ 236 und 237 AO ergeben. Der Anspruch auf Investitionszulage selbst ist dagegen nicht zu verzinsen.[420] Ferner entstehen **Säumniszuschläge**, wenn die Investitionszulage nicht bis zum Ablauf des Fälligkeitstags zurückgezahlt wird (§ 240 AO).[421] Die Festsetzungsfrist beginnt mit Ablauf des Kalenderjahrs, in dem der Bescheid aufgehoben oder geändert worden ist (§ 11 Satz 2 InvZulG 2007).

128 Eine noch nicht festgesetzte Investitionszulage kann der Steuerpflichtige zwar nicht zur Aufrechnung gegen fällige Steuern nutzen (§ 226 Abs. 3 AO), wohl aber zu einem **Antrag auf Stundung** fälliger Steuern nach § 222 AO. Liegen in einem solchen Fall ein fristgerecht gestellter Antrag auf Investitionszulage sowie alle für deren Festsetzung erforderlichen Angaben und Unterlagen vor, soll nach § 234 Abs. 2 AO auch auf die Festsetzung von Stundungszinsen verzichtet werden, soweit hierfür innerhalb des Stundungszeitraums keine Erstattungszinsen nach § 233a AO anfallen.[422] Der Anspruch auf Investitionszulage kann schließlich nach Maßgabe von § 46 AO abgetreten, verpfändet und gepfändet werden. Eine **Abtretung** wird daher nur wirksam, wenn sie dem zuständigen Finanzamt nach Entstehung des Anspruchs[423] angezeigt wird (§ 46 Abs. 2 AO).[424]

129 b) Gemeinschaftsrecht. aa) Grundlegende Bedeutung. Da Investitionszulagen Beihilfen i. S. v. Art. 87 EGV sind, dürfen die Investitionszulagengesetze erst nach Erteilung der **Genehmigung durch die Europäische Kommission** durchgeführt werden (Art. 88 Abs. 3 Satz 3 EGV).[425] Soweit im EG-Vertrag selbst nicht ausdrücklich etwas anderes geregelt ist,[426] sind staatliche oder aus staatlichen Mitteln gewährte Beihilfen gleich welcher Art, die durch die Begünstigung bestimmter Unternehmen oder Wirtschaftszweige den Wettbewerb verfälschen oder zu verfälschen drohen, mit dem Gemeinsamen Markt unvereinbar, soweit sie geeignet sind, den Handel zwischen Mitgliedstaaten zu beeinträchtigen (Art. 87 Abs. 1 EGV). Letzteres wird weder durch den verhältnismäßig geringen Umfang einer Beihilfe noch durch die verhältnismäßig geringe Größe des begünstigten Unternehmens von vornherein ausgeschlossen. In der Rechtsprechung des EuGH gibt es weder einen Schwellenwert noch einen Prozentsatz, bis zu dem man davon

---

[416] BMF BStBl. I 2006 S. 119, 143 Rz. 216.
[417] § 11 InvZulG 2007 übernimmt den Regelungsgehalt von § 6 InvZulG 2005 bzw. § 7 InvZulG 1999.
[418] Zum Begriff des rückwirkenden Ereignisses vgl. noch § 175 Abs. 2 AO.
[419] BMF BStBl. I 2006 S. 119, 144 Rz. 224.
[420] BFH BB 2006, 2233, 2234.
[421] BMF BStBl. I 2006 S. 119, 145 Rz. 225.
[422] BMF BStBl. I 2006 S. 119, 144 Rz. 222.
[423] Einzelheiten dazu in BMF BStBl. I 2006 S. 119, 144 Rz. 220.
[424] Ferner dürfen ein Pfändungs- und Überweisungsbeschluss oder eine Pfändungs- und Einziehungsverfügung erst ab Anspruchsentstehung erlassen werden (§ 46 Abs. 6 Satz 1 AO); vgl. auch BMF BStBl. I 2006 S. 119, 144 Rz. 223.
[425] Die zentrale Rolle der Kommission betont z. B. EuGH EuZW 2004, 502.
[426] So z. B. in Art. 36 EGV für die Landwirtschaft und in Art. 73 EGV für den Verkehr.

25. Kapitel. Leasing und staatliche Investitionsförderung   § 79

ausgehen könnte, dass keine Beeinträchtigung des Handels zwischen Mitgliedstaaten vorliegt.[427] Ferner genügt ihm, dass die Beihilfe zum einen unmittelbar oder mittelbar aus staatlichen Mitteln gewährt wird und zum anderen dem Staat zuzurechnen ist.[428] Schließlich deutet die Formulierung „gleich welcher Art" in Art. 87 Abs. 1 EGV auf ein **weites Begriffsverständnis** hin, das nicht nur finanzielle Zuschüsse erfasst, sondern auch jede Befreiung oder zumindest teilweise Entlastung von Kosten, die das Unternehmen ansonsten zu tragen hätte.[429]

Der EuGH bewertet eine staatliche Maßnahme ausschließlich nach ihren Wirkungen, während es auf ihre Motivation und Zielsetzung nicht ankommen soll.[430] Dabei ist insbesondere zu beachten, dass eine Beihilfe nicht getrennt von den Auswirkungen ihrer Finanzierungsweise untersucht werden darf, da im Einzelfall erst die konkrete Finanzierungsform ihre störende Wirkung so verstärken kann, dass die gesamte Beihilferegelung, die damit finanziert werden soll, als mit dem Gemeinsamen Markt unvereinbar erscheint.[431] Um den Gebern und Empfängern von Beihilfen eine bessere **Beurteilung der Genehmigungsfähigkeit** ihres Vorhabens zu ermöglichen, hat die Kommission zahlreiche Verwaltungsvorschriften in Form von **Leitlinien und Gemeinschaftsrahmen** erlassen.[432] Mit Blick auf das InvZulG 2007 spielen neben den Leitlinien für Umstrukturierungsbeihilfen vor allem die Regionalbeihilfeleitlinien 2007–2013 und der Multisektorale Regionalbeihilferahmen 2002 eine wichtige Rolle, auf die deshalb sogleich noch näher einzugehen sein wird.[433] 130

Das Verfahren der Beihilfenaufsicht regelt Art. 88 EGV, wobei zwischen bereits bestehenden und zukünftig beabsichtigten Beihilfen zu unterscheiden ist. Bestehende Beihilferegelungen überprüft die Kommission fortlaufend in Zusammenarbeit mit den Mitgliedstaaten, denen sie die zweckdienlichen Maßnahmen vorschlägt, welche die Entwicklung und das Funktionieren des Gemeinsamen Markts erfordern (Art. 88 Abs. 1 EGV). Stimmt der im Einzelfall betroffene Mitgliedstaat der vorgeschlagenen Maßnahme nicht zu und geht die Kommission weiterhin davon aus, dass die Beihilfe mit dem Gemeinsamen Markt nach Art. 87 EGV unvereinbar ist oder missbräuchlich angewandt wird, weil gegen den Zweck der Genehmigung oder mit ihr verbundene Bedingungen und Auflagen verstoßen wird, schließt sich ein **förmliches Prüfverfahren** an. Die wesentlichen Verfahrensschritte ergeben sich aus Art. 88 Abs. 2 EGV sowie aus einer auf Art. 89 EGV gestützten Durchführungsverordnung.[434] Jede beabsichtigte Einführung oder Umgestaltung von Beihilfen muss bei der Kommission so rechtzeitig angemeldet werden, dass sie sich dazu äußern kann (Art. 88 Abs. 3 Satz 1 EGV). Der betreffende Mitgliedstaat darf die beabsichtigte Maßnahme nicht durchführen, bevor die Kommission eine abschließende Entscheidung erlassen hat (Art. 88 Abs. 3 Satz 3 EGV). Dieses **Durchführungsverbot** hat unmittelbare Geltung,[435] die insbesondere für die Konkurrenten des 131

---

[427] EuGH EuZW 2003, 496, 501; RIW 2005, 471, 473.
[428] EuGH EuZW 2002, 468, 470; IStR 2006, 568, 570 m. Anm. *Menck*.
[429] EuGH ZIP 2000, 1738; EuZW 2002, 213; RIW 2005, 471, 474; EuZW 2006, 306, 311; IStR 2006, 568, 569.
[430] EuGH EuZW 2002, 692, 696; RIW 2005, 471, 474.
[431] EuGH EuZW 2004, 87, 90; EWS 2005, 417, 421; zur Bedeutung des Privatinvestortests in diesem Zusammenhang z. B. EuGH EuZW 1994, 694, 696; ZIP 1999, 1278, 1280; EuZW 2002, 468, 473; EWS 2003, 320, 323; EWS 2007, 69, 73 f.
[432] Überblick bei *Jäger* Aktiengesellschaft unter besonderer Berücksichtigung der KGaA, 2004 § 57 a Rdn. 66.
[433] Siehe V 2 b bb und cc.
[434] Verordnung (EG) Nr. 659/99 des Rates vom 22. März 1999 über besondere Vorschriften für die Anwendung von Art. 88 EG-Vertrag, ABl. EG Nr. L 83 S. 1; vgl. auch Art. 8 i. V. m. Anhang I der Verordnung wie in Fußn. 39; das Verhältnis zwischen Kommission und Rat beleuchtet z. B. EuGH EuZW 2004, 502, 503 f.
[435] Zu den Konsequenzen im Einzelnen EuGH EWS 2006, 501, 505.

§ 79 Vierter Teil. Wirtschaftliche Problemkomplexe des Leasings

beihilfeempfangenden Unternehmens interessant ist, da diese hieraus Rechte herleiten können, die vor den nationalen Gerichten zu beachten sind.[436]

132 Werden Beihilfen unter Verstoß gegen die Anmeldepflicht, die Sperrwirkung eines laufenden Kontrollverfahrens, den Genehmigungszweck oder mit der Genehmigung verbundene Auflagen oder Bedingungen gewährt, ordnet die Kommission an, dass der betreffende Mitgliedstaat die Beihilfe nebst Zinsen vom Empfänger zurückfordert. Der EuGH sieht hierin eine Verpflichtung der Kommission, da sich die nationalen Stellen ansonsten auf ihr eigenes rechtswidriges Verhalten stützen könnten, um eine Kommissionsentscheidung ihrer Wirkung zu berauben.[437] Jeder Mitgliedstaat ist bereits wegen seiner übergeordneten Pflicht zur loyalen Zusammenarbeit verpflichtet, eine von der Kommission als mit dem Gemeinsamen Markt unvereinbar angesehene Beihilfe aufzuheben und damit die frühere Lage wiederherzustellen.[438] Die **Rückforderung** selbst erfolgt nach innerstaatlichem Verfahrensrecht, das die Rückforderung nicht praktisch unmöglich machen darf und stattdessen die sofortige Vollstreckung der Kommissionsentscheidung gewährleisten muss.[439] Zudem darf der Grundsatz der Gleichwertigkeit mit den Verfahren, in denen über gleichartige, rein nationale Streitigkeiten entschieden wird, nicht verletzt werden.[440] Der bloße Verweis auf die große Zahl der betroffenen Wirtschaftsteilnehmer und die daraus resultierenden administrativen Probleme rechtfertigt für sich genommen ebenso wenig die Unmöglichkeit der Rückforderung[441] wie eine vermeintliche oder tatsächliche Komplexität des Sachverhalts[442] die drohende bzw. sichere Insolvenz des Beihilfeempfängers.[443] Im Übrigen hält der EuGH den Empfänger einer staatlichen Beihilfe in seinem Vertrauen auf deren Rechtmäßigkeit nur dann für schutzwürdig, wenn das vorgeschriebene Notifizierungsverfahren durch den Mitgliedstaat eingehalten worden ist. Er geht davon aus, dass es einem sorgfältig handelnden Gewerbetreibenden in der Regel möglich ist, die Einhaltung dieses Verfahrens rechtzeitig vor Erhalt der Beihilfe zu überprüfen.[444]

133 Der BFH hat entschieden, dass der Gesetzgeber regelmäßig nicht gegen das verfassungsrechtliche **Verbot der Rückwirkung belastender Gesetze** verstößt, wenn er Investitionszulagen rückwirkend für bereits getätigte Investitionen absenkt, weil eine Entscheidung der Europäischen Kommission die Unvereinbarkeit der Beihilfenhöhe mit dem Gemeinsamen Markt festgestellt und die BRD aufgefordert hat, die Beihilfen in dem als unvereinbar festgestellten Umfang aufzuheben und schon gewährte Begünstigungen zurückzufordern.[445] Ein verfassungsrechtlich geschütztes Vertrauen auf die Gewährung der Beihilfen in der zunächst gesetzlich geregelten Höhe könne schon vor der Entscheidung der Kommission nicht mehr entstehen, sobald das BMF die Einleitung

---

[436] Den Charakter von Art. 88 Abs. 3 Satz 3 EGV als Verbotsgesetz i. S. v. § 134 BGB bejahen der V. Zivilsenat des BGH in BGH EuZW 2003, 444; EuZW 2004, 254 sowie der XI. Zivilsenat in BGH ZIP 2004, 498, während der III. Zivilsenat in BGH RIW 2006, 944, 945 ff. zumindest für Dreiecksverhältnisse zurückhaltender ist.

[437] EuGH EuZW 1997, 217.

[438] EuGH EuZW 2002, 692, 698; EWS 2003, 320, 325.

[439] Vgl. z. B. EuGH EuZW 2007, 56 m. Anm. *Rosenfeld*. BGH RIW 2006, 944, 945 ff.; für eine Heranziehung des gewohnheitsrechtlich anerkannten öffentlich-rechtlichen Erstattungsanspruchs als einschlägige Rechtsgrundlage für den Rückforderungsanspruch plädiert OVG Berlin NVwZ 2006, 104 gegen VG Berlin EuZW 2005, 659 m. Anm. *Heidenhain*.

[440] EuGH EuZW 2002, 692, 698; EWS 2006, 467, 469 f.; für den Fall der Insolvenz des Beihilfeempfängers EuGH EWS 2004, 315, 321.

[441] EuGH RIW 1998, 481; EuZW 2001, 565, 567 f.

[442] EuGH EWS 2007, 40, 41 f.

[443] EuGH EuZW 2001, 22, 25 f.; zur Gewährung einstweiligen Rechtsschutzes in diesem Zusammenhang EuGH EuZW 2002, 721, 724 ff.; zur Rückerstattungspflicht einer Auffanggesellschaft EuGH EWS 2004, 315, 321 f.

[444] EuGH EuZW 1994, 694, 700; EuZW 1997, 217; EWS 2004, 271, 276; EuZW 2006, 209, 213.

[445] BFH BStBl. II 2001 S. 499; vgl. auch BFH BStBl. II 2003 S. 322, 325 ff.; BStBl. II 2005 S. 718, 719 ff.; BStBl. II 2006 S. 89, 91.

25. Kapitel. Leasing und staatliche Investitionsförderung § 79

eines Hauptprüfverfahrens durch die Kommission mitgeteilt und deshalb angeordnet habe, die Beihilfen abweichend vom Gesetz nur noch in geringerer Höhe zu gewähren. Offengelassen hat der III. Senat dagegen, ob der Gesetzgeber bei der rückwirkenden Gesetzesänderung für vor dieser Mitteilung getätigte Investitionen eine Übergangsregelung treffen muss, um damit Einzelfällen gerecht zu werden, in denen ein Vertrauen auf die Höhe der Beihilfen verfassungsrechtlich schutzwürdig erscheint. Ein derartiges Vertrauen sei jedenfalls dann nicht anzuerkennen, wenn die rückwirkende Absenkung der Beihilfe nur verhältnismäßig geringe finanzielle Auswirkungen habe und deshalb nicht ersichtlich sei, dass die betreffenden Investitionen durch die erwartete höhere Beihilfe veranlasst worden sein könnten.[446]

Im **InvZulG 2007** hat der Gesetzgeber die Einzelnotifizierungspflichten und Genehmigungsvorbehalte in einer Vorschrift zusammengefasst (§ 8 InvZulG 2007), um es den Anspruchsberechtigten zu erleichtern, die gemeinschaftsrechtlichen Voraussetzungen der Investitionszulage zu erkennen.[447] Dabei wird neben den Regionalbeihilfeleitlinien 2007–2013[448] (§ 8 Abs. 4 InvZulG 2007) vor allem auch die Freistellungsverordnung[449] (§ 8 Abs. 1 InvZulG 2007)[450] bereits berücksichtigt, nach deren Art. 3 und 4 bestimmte Voraussetzungen erfüllende Beihilfen von vornherein nicht mehr der Anmeldepflicht nach Art. 88 Abs. 3 EGV unterliegen. Nach § 8 Abs. 5 InvZulG 2007 ist schließlich bei einem Unternehmen, das einer Rückforderungsanordnung aufgrund einer Kommissionsentscheidung über die Rückzahlung einer Beihilfe nicht Folge geleistet hat, die Investitionszulage erst festzusetzen, wenn der Rückforderungsbetrag zurückgezahlt worden ist. **134**

Daneben enthält das Gesetz Regelungen für den Fall des Zusammentreffens der Investitionszulage mit anderen Regionalbeihilfen, um den strengen gemeinschaftsrechtlichen **Kumulierungsvorschriften**[451] Rechnung zu tragen und den insgesamt zulässigen Förderhöchstsatz nicht zu überschreiten. Seine endgültige Fassung erhielt § 10 InvZulG 2007 erst im Verlauf des Genehmigungsverfahrens, da mehreren Vorbehalten der Kommission Rechnung getragen werden musste.[452] Trifft die Investitionszulage bei demselben Erstinvestitionsvorhaben mit anderen Regionalbeihilfen zusammen, sind die in der Kommissionsentscheidung zur jeweils geltenden regionalen Fördergebietskarte genehmigten Förderhöchstintensitäten maßgeblich, ohne dass der Anspruch auf Investitionszulage hiervon berührt wird (§ 10 Abs. 1 Satz 1 und 2 InvZulG 2007). Die Einhaltung der genehmigten Beihilfehöchstsätze ist Zulässigkeitsvoraussetzung für die Kumulierung und muss durch die für die Gewährung der anderen Regionalbeihilfe jeweils zuständige Einrichtung sichergestellt werden (§ 10 Abs. 1 Satz 3 InvZulG 2007). **135**

Zudem hat der Antragsteller entsprechend den alten oder neuen Regionalbeihilfeleitlinien[453] einen **beihilfefreien Eigenanteil** in Höhe von mindestens 25 % der Kosten des Erstinvestitionsvorhabens zu erbringen (§ 10 Abs. 2 Satz 1 InvZulG 2007). Die Einhaltung dieser Auflage bildet eine weitere Zulässigkeitsvoraussetzung für die Kumulierung und muss wiederum durch die für die Gewährung der anderen Regionalbeihilfe jeweils zuständige Einrichtung sichergestellt werden (§ 10 Abs. 2 Satz 2 InvZulG 2007). Werden dagegen neben der Investitionszulage keine weiteren Beihilfen für ein Vorhaben gewährt, ist der geforderte Eigenanteil stets gewährleistet, da die Beihilfeintensität der Investitionszulage maximal 27,5 % beträgt.[454] Wurden für ein nach dem 31.12.2006 begonnenes **136**

---

[446] BFH BStBl. II 2001 S. 499, 504f.
[447] BT-Drucks. 16/1409 S. 14.
[448] Siehe Fußn. 35 sowie den Überblick von *Frenz/Kühl* EWS 2006, 536ff.
[449] Siehe Fußn. 39 sowie die Gesetzesbegründung in BR-Drucks. 739/06 S. 9.
[450] Eingefügt durch Art. 1 Nr. 5 des Änderungsgesetzes wie in Fußn. 38.
[451] Art. 6 Abs. 2 und 3 der Verordnung wie in Fußn. 39; Art. 2 Abs. 5 der Verordnung wie in Fußn. 40; Ziff. 71ff. der Regionalbeihilfeleitlinien 2007–2013 wie in Fußn. 35.
[452] BR-Drucks. 739/06 S. 9f.
[453] Siehe Fußn. 35.
[454] BR-Drucks. 739/06 S. 10.

§ 79 Vierter Teil. Wirtschaftliche Problemkomplexe des Leasings

Erstinvestitionsvorhaben **Fördermittel nach der neuen De-minimis-Verordnung**[455] gezahlt, darf in Bezug auf dieselben förderfähigen Ausgaben keine Investitionszulage gewährt werden, soweit hierdurch eine Überschreitung des nach der Fördergebietskarte 2007–2013 zulässigen Beihilfehöchstsatzes eintritt (§ 10 Abs. 3 InvZulG 2007).[456]

137 **bb) Regionalbeihilfen.** Mit Blick auf gemeinschaftsrechtliche Vorgaben unterscheidet das InvZulG 2005 zunächst danach, ob die Investitionen zu einem großen Investitionsvorhaben gehören, das die **Anmeldungsvoraussetzungen** des Multisektoralen Regionalbeihilferahmens für große Investitionsvorhaben vom 16. 12. 1997[457] oder des Multisektoralen Regionalbeihilferahmens für große Investitionsvorhaben vom 13. 2. 2002[458] erfüllt.[459] Während die Festsetzung der Investitionszulage im ersten Fall erst erfolgen darf, wenn die Europäische Kommission die höchstzulässige Beihilfeintensität festgelegt hat (§ 5 Abs. 2 Satz 2 InvZulG 2005), muss im zweiten Fall bei vorgeschriebener Einzelnotifizierung die Genehmigung durch die Kommission abgewartet werden (§ 5 Abs. 2 Satz 3 InvZulG 2005).[460] Im Geltungsbereich des InvZulG 2005 bildet der 31. 12. 2003 den entscheidenden Stichtag für die Zuordnung eines Investitionsvorhabens zu einem der beiden Regionalbeihilferahmen. Während bis zu diesem Datum bei der Kommission angemeldete Vorhaben nach der älteren Regelung beurteilt werden,[461] gilt für danach angemeldete Vorhaben der jüngere Beihilferahmen,[462] dessen Anwendbarkeit sich nach der Höhe der Gesamtkosten eines Investitionsvorhabens richtet.[463]

138 Den **Begriff des Investitionsvorhabens** erfüllen dabei nur Erstinvestitionen i. S. v. Nr. 4 der Leitlinien für staatliche Beihilfen, deren Anforderungen in § 2 Abs. 3 InvZulG 2005 eingeflossen sind. Von einem oder mehreren Unternehmen innerhalb von drei Jahren in einer Betriebsstätte getätigte Anlageinvestitionen gelten als ein Investitionsvorhaben, wohingegen Investitionen in Forschung und Entwicklung nicht berücksichtigt werden. Zusammengenommen versteht die Finanzverwaltung unter Investitionsvorhaben sämtliche Einzelinvestitionen außerhalb des Bereichs Forschung und Entwicklung, die innerhalb von drei Jahren in einer Betriebsstätte vorgenommen werden und einem der in § 2 Abs. 3 InvZulG 2005 aufgeführten Erstinvestitionsvorhaben zugerechnet werden können.[464]

139 Das **InvZulG 2007** trifft demgegenüber eine andere Differenzierung. Danach darf die Investitionszulage für Investitionen, die zu einem großen Investitionsvorhaben gehören, das die Anmeldungsvoraussetzungen eines der beiden vorgenannten Multisektoralen Regionalbeihilferahmen erfüllt, erst festgesetzt werden, wenn die Kommission die höchstzulässige Beihilfeintensität festgelegt hat (§ 8 Abs. 3 InvZulG 2007). Gehören die Investitionen dagegen zu einem Erstinvestitionsvorhaben, das die Anmeldungsvoraussetzungen der Regionalbeihilfeleitlinien 2007–2013 erfüllt, ist die Investitionszulage in den Fällen, in denen hiernach eine Einzelnotifizierung vorgeschrieben ist, erst nach Genehmigung durch die Kommission festzusetzen (§ 8 Abs. 4 InvZulG 2007). Im Geltungsbereich des InvZulG 2007 ist der 31. 12. 2006 der entscheidende Stichtag: Für bis zu diesem Tag begonnene Investitionsvorhaben gilt der Multisektorale Regionalbeihilferahmen

---
[455] Siehe Fußn. 40.
[456] Mit dieser Regelung wird Ziff. 75 der Regionalbeihilfeleitlinien 2007–2013 Rechnung getragen, vgl. BR-Drucks. 739/06 S. 10.
[457] Multisektoraler Regionalbeihilferahmen für große Investitionsvorhaben vom 16. 12. 1997, ABl. EG 1998 Nr. C 107 S. 7, zuletzt geändert durch die Mitteilung der Kommission an die Mitgliedstaaten vom 11. 8. 2001, ABl. EG Nr. C 226 S. 16; *Soltész* EWS 2004, 241, 242 f.
[458] Siehe Fußn. 293.
[459] Die Unterschiede zwischen beiden Regelungen erläutert *Soltész* EWS 2004, 241, 242 ff.
[460] Ebenso bereits § 6 Abs. 2 Satz 3 und 4 InvZulG 1999.
[461] BMF BStBl. I 2006 S. 119, 137 Rz. 157.
[462] BMF BStBl. I 2006 S. 119, 138 Rz. 160.
[463] BMF BStBl. I 2006 S. 119, 138 Rz. 161.
[464] BMF BStBl. I 2006 S. 119, 138 Rz. 161.

25. Kapitel. Leasing und staatliche Investitionsförderung § 79

vom 13. 2. 2002 weiter, für danach begonnene Vorhaben sind die Regionalbeihilfeleitlinien 2007–2013 zu beachten.[465]

Bereits für den zeitlichen **Anwendungsbereich des InvZulG 2005** wurde der zulässige Regionalbeihilfehöchstsatz für Großvorhaben durch den Multisektoralen Regionalbeihilferahmen vom 13. 2. 2002 gesenkt. Danach kommt es entscheidend auf die Höhe des durch die Fördergebietskarte[466] festgelegten regionalen Beihilfehöchstsatzes und die Höhe der beihilfefähigen Kosten an.[467] Die deutsche Fördergebietskarte für die Jahre 2004–2006 wurde von der Europäischen Kommission am 2. 4. 2003 genehmigt[468] und unterscheidet zwischen A-Fördergebieten, B-Fördergebieten und der Arbeitsmarktregion Berlin.[469] Die Fassung für 2007–2013 erhielt am 8. 11. 2006 nur deshalb die Genehmigung der Kommission, weil die Arbeitsmarktregion Berlin in ein C- und ein D-Fördergebiet eingeteilt worden war.[470] 140

Hinsichtlich der durch den Multisektoralen Regionalbeihilferahmen vom 13. 2. 2002 bewirkten Einschränkungen für die Gewährung der Investitionszulage, die inzwischen ebenso wie seine übrigen Regelungen in die Regionalbeihilfeleitlinien 2007–2013 integriert wurden, ist nach den für ein Investitionsvorhaben anfallenden Kosten zu unterscheiden:[471] 141

– bei **Investitionskosten** bis 50 Mio. Euro ergeben sich keine Einschränkungen;[472]
– bei Investitionskosten zwischen 50 und 100 Mio. Euro können die Regionalbeihilfen als Summe aller regionalen Beihilfen einschließlich Investitionszulage für die ersten 50 Mio. Euro bis zum maximalen Beihilfehöchstsatz[473] uneingeschränkt gewährt werden, während der beihilferechtliche Regionalfördersatz für die restlichen Investitionskosten zu halbieren ist;[474]
– bei Investitionskosten über 100 Mio. Euro darf der über 100 Mio. Euro liegende Teil nur mit 34 % des durch die Fördergebietskarte festgelegten regionalen Beihilfehöchstsatzes gefördert werden.[475]

Unter der Geltung des InvZulG 2005 betrifft die **Senkung der beihilferechtlichen Regionalfördersätze** im zweiten Fall nicht den KMU-Zuschlag, der grundsätzlich 15 % beträgt, in der Arbeitsmarktregion Berlin dagegen 10 %. Während ein solches Investitionsvorhaben der Europäischen Kommission lediglich schriftlich angezeigt werden muss,[476] dürfen die Beihilfen im dritten Fall erst nach einer von ihr erteilten Einzelfallgenehmigung gewährt werden.[477] Dabei ist sicherzustellen, dass der in der Genehmigung 142

---

[465] BT-Drucks. 16/1409 S. 14 sowie Ziff. 62 und 63 der Leitlinien 2007–2013 wie in Fußn. 35.
[466] Nach Ziff. 96 Satz 1 der Leitlinien wie in Fußn. 35 setzt sich die Fördergebietskarte eines Mitgliedstaats aus den unter die Freistellungsvoraussetzungen für regionale Investitionsbeihilfen fallenden Gebieten und den dafür genehmigten Beihilfehöchstintensitäten für Erstinvestitionen zusammen. Neben dem Anwendungsbereich einschlägiger Gruppenfreistellungsverordnungen (Ziff. 98) legt die Fördergebietskarte die Gebiete fest (Ziff. 96 Satz 2), in denen Beihilfen für neu gegründete kleine Unternehmen (Ziff. 84 ff.) gewährt werden dürfen.
[467] BMF BStBl. I 2006 S. 119, 138 Rz. 162.
[468] Nach EuGH EuZW 2002, 568 ist eine Kommissionsentscheidung, mit der die Fördergebietskarte eines Mitgliedstaats angenommen wird, Bestandteil der Leitlinien und hat nur dann bindende Wirkung, wenn der Mitgliedstaat zugestimmt hat; vgl. auch Ziff. 101 der Leitlinien 2007–2013 wie in Fußn. 35.
[469] BMF BStBl. I 2006 S. 119, 138 Rz. 163.
[470] Dazu bereits II 2.
[471] Rdn. 21 des Regionalbeihilferahmens wie in Fußn. 293 sowie Ziff. 67 der Leitlinien wie in Fußn. 35.
[472] BMF BStBl. I 2006 S. 119, 138 Rz. 164.
[473] Einzelheiten zu dessen Berechnung in BMF BStBl. I 2006 S. 119, 138 f. Rz. 167.
[474] BMF BStBl. I 2006 S. 119, 138 Rz. 165.
[475] BMF BStBl. I 2006 S. 119, 138 Rz. 166.
[476] BMF BStBl. I 2006 S. 119, 138 Rz. 165.
[477] Rdn. 24 i. V. m. Anhang E des Regionalbeihilferahmens wie in Fußn. 293.

§ 79 Vierter Teil. Wirtschaftliche Problemkomplexe des Leasings

ausgewiesene beihilferechtliche Regionalfördersatz auf keinen Fall überschritten wird. Ausnahmsweise kann auf die Genehmigung verzichtet werden, wenn die Summe der Beihilfen in A-Fördergebieten auf 26,25 Mio. Euro, in B-Fördergebieten auf 21 Mio. Euro oder in der Arbeitsmarktregion Berlin auf 15 Mio. Euro beschränkt wird.[478] Wird ein der Einzelnotifizierungspflicht unterliegendes Großvorhaben auch mit anderen öffentlichen Mitteln wie insbesondere GA-Zuschüssen gefördert, erfolgt die Vorlage bei der Kommission im Rahmen des Genehmigungsverfahrens dieser anderen Fördermittel und die Investitionszulage kann erst nach der Kommissionsentscheidung festgesetzt werden.[479]

143   Wurde ein Investitionsvorhaben wegen eines Multisektoralen Regionalbeihilferahmens für große Investitionsvorhaben bei der Kommission angemeldet, ist bis zu deren Entscheidung die Investitionszulage für die betroffenen Investitionen nach § 165 AO vorläufig mit 0 Euro festzusetzen.[480] Liegt die Kommissionsentscheidung vor, muss die **Festsetzung** entsprechend geändert werden, wobei der Subventionswert aller für das Investitionsvorhaben gewährten Beihilfen einschließlich der Investitionszulagen den in der Entscheidung genannten Höchstfördersatz nicht überschreiten darf.[481] Da die Multisektoralen Regionalbeihilferahmen für große Investitionsvorhaben nach den aktuellen Rahmenplänen[482] auch für die **Gewährung von GA-Zuschüssen** gelten, kann das Finanzamt die von der zuständigen GA-Behörde getroffene Entscheidung übernehmen.[483]

144   cc) **Umstrukturierungsbeihilfen.** Ist die Investitionszulage für in § 5 Abs. 2 Satz 5 InvZulG 2005 näher bezeichnete Unternehmen vorgesehen, muss sie ebenfalls der Kommission zur **Genehmigung** vorgelegt werden und darf erst nach erteilter Genehmigung festgesetzt werden. Die Vorschrift unterscheidet:[484]
– Nr. 1: Unternehmen, die keine KMU i. S. der Empfehlung der Kommission[485] sind (lit.a) und als Unternehmen in Schwierigkeiten Umstrukturierungsbeihilfen i. S. der Leitlinien vom 8. 7. 1999[486] erhalten haben (lit.b);
– Nr. 2: Unternehmen, die keine kleinen Unternehmen i. S. der Kommissionsempfehlung sind (lit.a) und als Unternehmen in Schwierigkeiten Umstrukturierungsbeihilfen i. S. der Leitlinien vom 1. 10. 2004[487] erhalten haben (lit.b).

145   In beiden Fällen kommt als weitere Voraussetzung hinzu, dass sich die Unternehmen in der **Umstrukturierungsphase** befinden müssen. Diese beginnt mit der Genehmigung des Umstrukturierungsplans i. S. der „Leitlinien der Gemeinschaft für staatliche Beihilfen zur Rettung und Umstrukturierung von Unternehmen in Schwierigkeiten" in der jeweils in Bezug genommenen Fassung und endet mit der vollständigen Durchführung des Umstrukturierungsplans (§ 5 Abs. 2 Satz 5 Nr. 3 InvZulG 2005). Damit steht fest, dass Beihilfen an kleine Unternehmen i. S. der Empfehlung der Europäischen Kommission nicht ihrer Genehmigung bedürfen.[488] § 8 Abs. 6 InvZulG 2007 nimmt generell nur noch für kleine Unternehmen i. S. der Kommissionsempfehlung bestimmte Investitionszulagen vom Genehmigungsvorbehalt aus.[489]

146   Die einem Unternehmen in Schwierigkeiten auf der Grundlage eines Umstrukturierungsplans zu gewährenden Rettungs- und Umstrukturierungsbeihilfen werden der

---

[478] BMF BStBl. I 2006 S. 119, 139 Rz. 168.
[479] BMF BStBl. I 2006 S. 119, 139 Rz. 169.
[480] BMF BStBl. I 2006 S. 119, 137 f. Rz. 158 und S. 139 Rz. 169.
[481] BMF BStBl. I 2006 S. 119, 138 Rz. 158 und S. 139 Rz. 169.
[482] BT-Drucks. 15/5141 S. 43 f. und BT-Drucks. 16/1790 S. 49 f., jeweils Teil II Ziff. 2.5.
[483] BMF BStBl. I 2006 S. 119, 138 Rz. 159 und S. 139 Rz. 170.
[484] Der Anwendungsbereich wurde gegenüber § 6 Abs. 2 Satz 6 InvZulG 1999 eingeschränkt.
[485] Siehe Fußn. 9.
[486] Siehe Fußn. 25.
[487] Siehe Fußn. 24.
[488] BMF BStBl. I 2006 S. 119, 139 Rz. 173; vgl. Rdn. 59 der Leitlinien wie in Fußn. 24.
[489] BT-Drucks. 16/1409 S. 15.

25. Kapitel. Leasing und staatliche Investitionsförderung § 79

Kommission im Regelfall bereits im Zuge der Planerstellung zur Genehmigung vorgelegt. Eine **Einzelvorlage** ist nur erforderlich, wenn die Investitionszulage zum Zeitpunkt der Kommissionsentscheidung über die Umstrukturierungsbeihilfen im Umstrukturierungsplan nicht aufgeführt war und sich das Unternehmen zum Zeitpunkt der Gewährung der Investitionszulage noch in der Umstrukturierungsphase befindet.[490] Da die Leitlinien der Gemeinschaft für staatliche Beihilfen zur Rettung und Umstrukturierung von Unternehmen in Schwierigkeiten ebenso wie die Multisektoralen Regionalbeihilferahmen für große Investitionsvorhaben nach den aktuellen Rahmenplänen[491] auch für die Gewährung von GA-Zuschüssen gelten, kann das Finanzamt wiederum die von der zuständigen GA-Behörde getroffene Entscheidung übernehmen.[492]

c) **Rechtsverordnung.** § 8. Abs. 7 InvZulG 2007 ermächtigt das BMF wie bereits § 6 Abs. 2 Satz 5 InvZulG 1999 und § 5 Abs. 2 Satz 4 InvZulG 2005, durch Rechtsverordnung mit Zustimmung des Bundesrats **weitere Einzelnotifizierungspflichten** zu regeln, die sich aus den von den Organen der Europäischen Gemeinschaften erlassenen Rechtsvorschriften ergeben. Auf der Grundlage von § 5 Abs. 2 Satz 4 InvZulG 2005 hat das BMF eine Einzelnotifizierungspflicht auch für solche Investitionszulagen verordnet, die für mittlere Unternehmen i. S. der Kommissionsempfehlung bestimmt sind, die sich als Unternehmen in Schwierigkeiten noch in der Umstrukturierungsphase befinden und Umstrukturierungsbeihilfen i. S. der Leitlinien vom 8. 7. 1999[493] erhalten haben, sofern im Umstrukturierungsplan eine Investitionszulage nach dem InvZulG 2005 nicht berücksichtigt worden ist.[494]

147

3. Anzeige- und Mitteilungspflichten

Für die **Verfolgung einer Straftat** nach den §§ 263 und 264 StGB, die sich auf die Investitionszulage bezieht, sowie der Begünstigung einer Person, die eine solche Straftat begangen hat, ordnet § 14 InvZulG 2007[495] die entsprechende Geltung der Vorschriften der Abgabenordnung über die Verfolgung von Steuerstraftaten (§§ 385 ff. AO) an. Wer einen der Tatbestände erfüllt, haftet im Rahmen des entsprechend anzuwendenden § 71 AO für die zu Unrecht gewährte Investitionszulage. Die Haftung erstreckt sich auch auf Zinsen nach § 235 AO.[496]

148

Die **Tatbestände des Betrugs und des Subventionsbetrugs** können insbesondere erfüllt sein, wenn der Anspruchsberechtigte unrichtige oder unvollständige Angaben zur Erlangung der Investitionszulage gemacht hat oder seiner Verpflichtung zur unverzüglichen Anzeige gegenüber dem Finanzamt nicht nachgekommen ist. Eine Anzeigepflicht wird beispielsweise in folgenden Fällen angenommen:[497]
– die Zugehörigkeits-, Verbleibens-, Nutzungs- oder Verwendungsvoraussetzungen werden verletzt;
– bei Anzahlungen auf Anschaffungskosten, bei Teilherstellungskosten oder bei Teillieferungen ändert sich der angenommene Investitionsabschluss mit Auswirkung auf die Investitionszulage oder tritt nicht ein;
– bei Wirtschaftsgütern mindern sich die Anschaffungs- oder Herstellungskosten nachträglich.

149

---

[490] BMF BStBl. I 2006 S. 119, 139 Rz. 172.
[491] BT-Drucks. 15/5141 S. 28 Teil I Ziff. 7.2.3.2; BT-Drucks. 16/1790 S. 33 Teil I Ziff. 8.2.3.2.
[492] BMF BStBl. I 2006 S. 119, 139 Rz. 174.
[493] Siehe Fußn. 25.
[494] Dazu schon I 2; vgl. auch BMF BStBl. I 2006 S. 119, 139 Rz. 172.
[495] Ebenso bereits § 8 InvZulG 1999 und § 7 InvZulG 2005.
[496] BFH BStBl. II 1999 S. 670, 672; BMF BStBl. I 2006 S. 119, 145 Rz. 226, ebenso wie in den nachfolgenden Fußnoten zu § 7 InvZulG 2005.
[497] BFH BStBl. II 1997 S. 827; BMF BStBl. I 2006 S. 119, 145 Rz. 228.

§ 80 Vierter Teil. Wirtschaftliche Problemkomplexe des Leasings

150 Daneben können sich Mitteilungspflichten aus § 31a AO ergeben. Bei paralleler Förderung mit Mitteln aus der Gemeinschaftsaufgabe oder anderen öffentlichen Mitteln muss den jeweils zuständigen Stellen die Höhe der festgesetzten Investitionszulage mitgeteilt werden, um diese in die Lage zu versetzen, die **Einhaltung der subventionserheblichen Tatsachen** wie z. B. der regionalen Förderhöchstsätze zu überprüfen.[498] Der Anspruchsberechtigte muss bereits im Investitionszulagenantrag Angaben dazu machen, ob die Investitionen zu einem Vorhaben gehören, das auch mit anderen öffentlichen Fördermitteln gefördert worden ist.[499] Bereits die Möglichkeit, dass die gewährte Beihilfe von der anderen Bewilligungsbehörde zurückgefordert werden kann, begründet eine Mitteilungspflicht nach § 31a AO.[500] Die Mitteilung über die festgesetzte Investitionszulage kann formlos durch Übersendung des Investitionszulagenbescheids unter Bezugnahme auf die von dieser Behörde genehmigte Förderung erfolgen. Eine Information über das Ergebnis einer gegebenenfalls vorgenommenen Überprüfung durch die andere Behörde ist grundsätzlich nicht erforderlich.[501]

VI. Rechtsweg

151 In öffentlich-rechtlichen Streitigkeiten über die aufgrund des InvZulG 2007 ergehenden Verwaltungsakte der Finanzbehörden ist der Finanzrechtsweg gegeben (§ 13 Satz 2 InvZulG 2007). Im Anwendungsbereich des InvZulG 2005 ist daneben zu beachten, dass gegen die Versagung von Bescheinigungen der Verwaltungsrechtsweg eröffnet ist (§ 5 Abs. 1 Satz 3 InvZulG 2005). Diese **Rechtswegspaltung** ist darauf zurückzuführen, dass die für die Gewährung von Investitionszuschüssen im Rahmen der Gemeinschaftsaufgabe zuständige Bewilligungsbehörde die nach § 2 Abs. 1 Satz 2 InvZulG 2005 erforderliche Bescheinigung in einem öffentlich-rechtlichen Verfahren nach dem Verwaltungsverfahrensgesetz erteilt. Lehnt sie die Erteilung der Bescheinigung ab, muss der Antragsteller also zunächst einen Verwaltungsprozess führen, bevor er seinen Anspruch auf Investitionszulage durchsetzen kann. Unter der Geltung des InvZulG 2007 kommt eine Rechtswegspaltung dagegen nicht in Betracht, da der Leasinggeber selbst nicht mehr anspruchsberechtigt und das Bescheinigungsverfahren deshalb entfallen ist.

§ 80. Investitionszuschuss

Schrifttum: *Frenz/Kühl* Die neuen Regionalbeihilfeleitlinien 2007–2013, EWS 2006, 536 ff.; *Hund* Der Steuerberater als EU-Subventionsberater, DStR 2006, 1298 ff.; *Mickel/Bergmann* Handlexikon der Europäischen Union, 3. Aufl. 2005.

Übersicht

	Rdn.
I. Gemeinschaftsaufgabe „Verbesserung der regionalen Wirtschaftsstruktur"	1
1. Gesetzliche Grundlage	1
2. Erfüllung durch Rahmenpläne	2
a) Zuständigkeit	2
b) Entwicklung	5
c) Aufbau	7
3. Verhältnis zu anderen Fördermaßnahmen	8
a) Investitionszulagengesetze	8
b) Fördergebietsgesetz	11
c) Förderprogramme	12
II. Förderkonzept	14
1. Präferenzsystem	14

---

[498] BMF BStBl. I 2006 S. 119, 145 Rz. 230.
[499] BMF BStBl. I 2006 S. 119, 145 Rz. 231.
[500] BMF BStBl. I 2006 S. 119, 145 Rz. 232.
[501] BMF BStBl. I 2006 S. 119, 145 Rz. 233.

25. Kapitel. Leasing und staatliche Investitionsförderung   § 80

	Rdn.
2. Fördermöglichkeiten	16
3. Zusammenwirken von Bund und Ländern	18
III. Anspruchsberechtigte	21
1. Kein Rechtsanspruch	21
2. Fördergebiet	22
3. Leasingverhältnisse	23
IV. Fördervoraussetzungen	24
1. Überblick	24
2. Primäreffekt	25
3. Förderfähigkeit	27
a) Fallgruppen	27
b) Sonderregelungen	28
c) Kein Ausschluss der Förderfähigkeit	29
V. Höhe der Förderung	32
1. Grundlegende Differenzierung	33
a) 35. Rahmenplan	33
b) 36. Rahmenplan	34
2. Sachkapitalbezogene Zuschüsse	38
a) Förderfähige Kosten	38
aa) Überblick	38
bb) Geleaste Wirtschaftsgüter	40
b) Nicht förderfähige Kosten	44
3. Lohnkostenbezogene Zuschüsse	45
VI. Verfahren	46
1. Antragstellung	46
a) Antragsberechtigung	46
b) Antragsfrist	48
c) Antragsform	49
2. Bewilligungsbescheid	50
a) Antragsprüfung	50
b) Auszahlung	51
c) Rückforderung	52
3. Gemeinschaftsrecht	54

I. Gemeinschaftsaufgabe „Verbesserung der regionalen Wirtschaftsstruktur"

1. Gesetzliche Grundlage

Das Gesetz über die Gemeinschaftsaufgabe „Verbesserung der regionalen Wirtschafts- **1** struktur" vom 6.10.1969[1] ist inzwischen fast 40 Jahre alt und geht auf eine in Art. 91a Abs. 1 Nr. 2 GG enthaltene Mitwirkungskompetenz des Bundes zurück. Gefördert werden die gewerbliche Wirtschaft bei Errichtung, Ausbau, Umstellung oder grundlegender Rationalisierung von Gewerbebetrieben sowie der Ausbau der Infrastruktur, soweit er für die **Entwicklung der gewerblichen Wirtschaft** erforderlich ist (§ 1 Abs. 1 GRW).[2] In räumlicher Hinsicht bezieht sich die Förderung auf Gebiete, deren Wirtschaftskraft erheblich unter dem Bundesdurchschnitt liegt oder erheblich darunter abzusinken droht, sowie auf Gebiete, in denen Wirtschaftszweige vorherrschen, die vom Strukturwandel in einer Weise betroffen oder bedroht sind, dass negative Rückwirkungen auf das Gebiet in

---

[1] BGBl. I S. 1861, nach der Wiedervereinigung geändert durch Art. 11 des Steueränderungsgesetzes 1991, BGBl. I S. 1322; Art. 126 der Siebten Zuständigkeitsanpassungsverordnung vom 29.10.2001, BGBl. I S. 2785; Art. 102 der Achten Zuständigkeitsanpassungsverordnung vom 25.11.2003, BGBl. I S. 2304; Art. 137 der Neunten Zuständigkeitsanpassungsverordnung vom 31.10.2006, BGBl. I S. 2407.
[2] Das Präferenzsystem und weitere zentrale Elemente des Förderkonzepts der Gemeinschaftsaufgabe regelt Ziff. 4 in Teil I des Rahmenplans, für den 35. Rahmenplan BT-Drucks. 16/1790 S. 16 ff.

§ 80 Vierter Teil. Wirtschaftliche Problemkomplexe des Leasings

erheblichem Umfang eingetreten oder absehbar sind (§ 1 Abs. 2 GRW).[3] Einzelne Infrastrukturmaßnahmen können auch außerhalb solcher Gebiete gefördert werden, wenn sie in einem unmittelbaren Zusammenhang mit geförderten Projekten innerhalb benachbarter Fördergebiete stehen (§ 1 Abs. 3 GRW).

2   Als **allgemeine Grundsätze** formuliert § 2 Abs. 1 GRW:
– Satz 1: Übereinstimmung der Fördermaßnahmen mit den Grundsätzen der allgemeinen Wirtschaftspolitik sowie mit den Zielen und Erfordernissen der Raumordnung und Landesplanung;
– Satz 2: Rücksichtnahme auf gesamtdeutsche und gemeinschaftsrechtliche Belange;
– Satz 3: Konzentration auf räumliche und sachliche Schwerpunkte;
– Satz 4: Abstimmung mit anderen öffentlichen Entwicklungsvorhaben.

Ferner dürfen Finanzhilfen nur bei angemessener Beteiligung des Zuschussempfängers gewährt werden (§ 2 Abs. 4 GRW). Als **Förderungsarten** unterscheidet § 3 GRW[4] die Gewährung von Investitionszuschüssen, Darlehen, Zinszuschüssen und Bürgschaften.[5] Weitere Einzelheiten zu Inhalt, Anmeldung und Durchführung des jeweiligen Rahmenplans sowie zur Aufteilung der anfallenden Kosten enthalten die §§ 5–11 GRW.

2. Erfüllung durch Rahmenpläne

3   a) **Zuständigkeit.** Zur Erfüllung der Gemeinschaftsaufgabe (GA) wird für den Zeitraum der Finanzplanung ein gemeinsamer Rahmenplan aufgestellt, der jedes Jahr sachlich zu prüfen, der Entwicklung anzupassen und unter Berücksichtigung der mehrjährigen Finanzplanung des Bundes und der Länder fortzuführen ist (§ 4 GRW). Die Aufstellung erfolgt durch den **Planungsausschuss für regionale Wirtschaftsstruktur**, dem der Bundeswirtschaftsminister als Vorsitzender, der Bundesfinanzminister sowie die für Wirtschaft zuständigen Minister bzw. Senatoren der Länder angehören. Der Ausschuss fasst über jeden Rahmenplan Beschluss, der mit den Stimmen des Bundes und der Mehrheit der Länder zustande kommt.[6] Als Zeitpunkt des Inkrafttretens wird üblicherweise der Beginn eines Jahres bestimmt, sofern nicht noch notwendige Haushaltsbeschlüsse der gesetzgebenden Organe der Länder oder Genehmigungen der Europäischen Kommission ausstehen.

4   Die Ausformung als Gemeinschaftsaufgabe i. S. v. Art. 91a GG[7] berechtigt den Bund lediglich zur Mitwirkung an der Rahmenplanung sowie an der Finanzierung, die er zur Hälfte trägt. Die Durchführung der Förderung bleibt dagegen Sache der Länder, die dabei einen nicht unbeachtlichen **Gestaltungsspielraum** haben. So ist es ihnen beispielsweise unbenommen, eigene Förderkriterien aufzustellen und Förderschwerpunkte zu bilden.[8] Sie bestimmen die zu fördernden Projekte, erteilen die Bewilligungsbescheide und

---

[3] Siehe dazu auch die „Grundlagen der regionalen Wirtschaftsförderung im Rahmen der Gemeinschaftsaufgabe" in BT-Drucks. 16/1790 S. 9 f. Teil I Ziff. 3.2.

[4] Vgl. auch BT-Drucks. 16/1790 S. 27 ff. Teil I Ziff. 7.

[5] BT-Drucks. 16/1790 S. 52 Teil II Ziff. 2.8.4, S. 55 Teil II Ziff. 6 sowie die Garantieerklärung des Bundes auf S. 209 ff. Anhang 5 zum 35. Rahmenplan; Teil II Ziff. 2.5.7 des 36. Rahmenplans.

[6] BT-Drucks. 16/1790 S. 7 Teil I Ziff. 1.2, wo auch die Beteiligung von Bundestag und Landtagen erläutert wird.

[7] Art. 91a Abs. 1 GG deklariert neben der Verbesserung der regionalen Wirtschaftsstruktur (Nr. 2) noch den Ausbau und Neubau von Hochschulen einschließlich der Hochschulkliniken (Nr. 1) sowie die Verbesserung der Agrarstruktur und des Küstenschutzes (Nr. 3) als Gemeinschaftsaufgaben.

[8] Dabei müssen sie gewährleisten, „dass neben der Gemeinschaftsaufgabe bestehende Landesförderprogramme mit regionaler Zweckbestimmung die Zielsetzung der Gemeinschaftsaufgabe nicht konterkarieren", vgl. BT-Drucks. 16/1790 S. 9 Teil I Ziff. 3.1 sowie die Empfehlungen des Planungsausschusses zur kommunalen Wirtschaftsförderung S. 16 Teil I Ziff. 3.4.

25. Kapitel. Leasing und staatliche Investitionsförderung   § 80

überwachen die Einhaltung der Fördervoraussetzungen, die sie im Rahmen ihrer Durchführungskompetenz einschränken können.[9]

b) Entwicklung. Mit Blick auf das Veröffentlichungsdatum dieses Buches sind im 5 Grunde drei Rahmenpläne zu beachten:
- 33. Rahmenplan vom 30. 12. 2003 für den Zeitraum 2004–2007;[10]
- 34. Rahmenplan vom 14. 1. 2005 für den Zeitraum 2005–2008;[11]
- 35. Rahmenplan vom 7. 12. 2005 für den Zeitraum 2006–2009.[12]

Da es auf diesem Weg für Leasinginvestitionen keine einschneidenden Veränderungen gegeben hat, wird in dieser Darstellung einheitlich der **35. Rahmenplan** zugrunde gelegt.

Darüber hinaus werden dessen Regelungen bereits denjenigen Neuerungen gegen- 6 übergestellt, die durch die Verabschiedung von **Teil II des 36. Rahmenplans**[13] mit Wirkung zum 1. 1. 2007 eingetreten sind.[14] Dieser bildet die Rechtsgrundlage für die Vergabe von Beihilfen i. S. der Regionalbeihilfeleitlinien 2007–2013[15] sowie der Freistellungsverordnung der Kommission.[16] Leasingfinanzierungen von beweglichen Wirtschaftsgütern sind danach nur noch förderfähig, sofern die Wirtschaftsgüter zum Ende der Vertragslaufzeit erworben werden.[17] Im Übrigen gelten die mit einem neuen Rahmenplan verbundenen Änderungen der Förderregelungen für alle Anträge, die nach seiner Veröffentlichung im Bundesanzeiger gestellt werden, sofern sich nicht aus gemeinschaftsrechtlichen Vorschriften etwas anderes ergibt.[18]

c) Aufbau. Die Rahmenpläne sind durch einen einheitlichen Aufbau gekennzeichnet: 7 Auf einen allgemeinen Teil (Teil I) folgen Regelungen über Voraussetzungen, Art und Intensität der Förderung (Teil II) sowie eine Zusammenstellung der regionalen Förderprogramme der Länder (Teil III). Die zahlreichen Anhänge enthalten neben Auszügen aus den Rechtsgrundlagen für die deutsche Regionalpolitik vor allem „fördertechnische Informationen" wie z. B. Antragsformulare, Positivlisten, spezielle Förderbedingungen und schließlich ein umfassendes Zahlen- und Kartenmaterial. Nach allgemeinen Bemerkungen zum Rahmenplan[19] werden die Ziele und Konzeptionen der Regionalpolitik erläutert, wobei der Gemeinschaftsaufgabe in den alten und in den neuen Ländern unterschiedliche Bedeutung beigemessen wird.[20] Anschließend wird die Gemeinschaftsaufgabe als **spezialisiertes Instrument zur regionalen Wirtschaftsförderung** im Rahmen der Regionalpolitik dargestellt, wobei ihre Koordinierungsfunktion und ihr Verhältnis zu

---

[9] BT-Drucks. 16/1790 S. 7 Teil I Ziff. 1.2 und S. 47 Teil II Ziff. 1.5 sowie Teil II Ziff. 1.5 des 36. Rahmenplans.
[10] BT-Drucks. 15/2961, veröffentlicht im Bundesanzeiger Nr. 4 am 8. 1. 2004.
[11] BT-Drucks. 15/5141, veröffentlicht im Bundesanzeiger Nr. 13 am 20. 1. 2005.
[12] BT-Drucks. 16/1790, veröffentlicht im Bundesanzeiger Nr. 240 am 20. 12. 2005.
[13] Siehe dazu die Bekanntmachung des Planungsausschusses der Gemeinschaftsaufgabe „Verbesserung der regionalen Wirtschaftsstruktur" im Bundesanzeiger Nr. 201 vom 25. 10. 2006.
[14] Teil II Ziff. 9.2 und 9.3 des 36. Rahmenplans enthalten die maßgebliche Übergangsregelung.
[15] Leitlinien für staatliche Beihilfen mit regionaler Zielsetzung 2007–2013, ABl. EU 2006 Nr. C 54 S. 13; mit einer ersten Würdigung Frenz/Kühl EWS 2006, 536 ff.
[16] Verordnung (EG) Nr. 1628/2006 vom 24. 10. 2006 über die Anwendung der Art. 87 und 88 EG-Vertrag auf regionale Investitionsbeihilfen der Mitgliedstaaten, ABl. EU Nr. L 302 S. 29. Sie gilt nach ihrem Art. 9 Abs. 1 Satz 3 bis zum 31. 12. 2013 und damit genauso lang wie die neuen Regionalbeihilfeleitlinien. Einzelheiten zu beiden in § 79 V 2 b bb.
[17] Nähere Ausführungen dazu unter V 2 a bb.
[18] BT-Drucks. 16/1790 S. 7 Vorbemerkung letzter Satz; vgl. auch S. 45 Teil II Ziff. 1.1.4 sowie Teil II Ziff. 1.1.4 des 36. Rahmenplans.
[19] Teil I Ziff. 1.
[20] Teil I Ziff. 2.

§ 80　　Vierter Teil. Wirtschaftliche Problemkomplexe des Leasings

anderen Politikbereichen[21] im Mittelpunkt stehen.[22] Die übrigen Inhalte werden im jeweiligen Sachzusammenhang erläutert.

3. Verhältnis zu anderen Fördermaßnahmen

8　a) **Investitionszulagengesetze.** Die Verknüpfung mit der **Investitionszulage** schaffte unter der Geltung des InvZulG 2005 dessen § 2 Abs. 1 Satz 2, nach dem ein Anspruchsberechtigter, der selbst keinen Betrieb der begünstigten Wirtschaftszweige unterhielt, die Wirtschaftsgüter aber einem begünstigten Betrieb langfristig zur Nutzung überließ, nur dann Investitionszulage beanspruchen konnte, wenn er diese in vollem Umfang an den Nutzenden weiterleitete. Zum Nachweis der Weiterleitung war eine Bescheinigung der im Rahmen der Gemeinschaftsaufgabe für die Gewährung von Investitionszuschüssen zuständigen Bewilligungsbehörde erforderlich.[23] Daneben konnte das Finanzamt die Auffassung der GA-Behörde übernehmen, soweit diese bereits über die in verschiedenen gemeinschaftsrechtlichen Vorschriften enthaltenen Vorbehalte entschieden hatte, die für Investitionszulagen und GA-Zuschüsse gleichermaßen galten. Hiervon betroffen waren:
– die Multisektoralen Regionalbeihilferahmen von 1997[24] und 2002;[25]
– die Leitlinien für Rettungs- und Umstrukturierungsbeihilfen von 1999[26] und 2004;[27]
– die verschiedenen Einschränkungen der Förderung in sensiblen Sektoren.[28]

9　Im Gesetzgebungsverfahren zum **InvZulG 2007** wurden Bedenken des Sachverständigenrats aufgegriffen, der in einem Jahresgutachten die Abschaffung des Gesetzes gefordert hatte. Im Mittelpunkt der Kritik stand der gesetzlich eingeräumte Rechtsanspruch auf Investitionszulage, der Steuerungsmöglichkeiten vermindere und stattdessen Mitnahmeeffekte erhöhe. Daher sei eine einzelfallbezogene und regionalpolitischen Zielen entsprechende Investitionsförderung vorzuziehen, die im Rahmen der Gemeinschaftsaufgabe besser und effektiver umgesetzt werden könne.[29] Die Bundesregierung teilte diese Bedenken, sah jedoch keine Alternative zur Investitionszulage, solange die Finanzierung der Gemeinschaftsaufgabe Ost aus Steuermitteln und über den Länderfinanzausgleich nicht gesichert sei und dem Haushaltsvorbehalt unterliege, zumal es auch bei Nutzung der Mittel aus der Gemeinschaftsaufgabe zu Mitnahmeeffekten komme.[30]

---

[21] BT-Drucks. 16/1790 S. 10 ff. Teil I Ziff. 3.3.1 betont das Zusammenwirken mit der Arbeitsmarktpolitik sowie die Beiträge der Gemeinschaftsaufgabe zur Förderung von KMU, zur Unterstützung umweltpolitischer Ziele, zu Forschung und Entwicklung, Technologietransfer und Innovation, zur Förderung von Bildung und Wissenschaft, zur Stadtentwicklung, zur Frauenförderung sowie zur Katastrophenbekämpfung.
[22] Teil I Ziff. 3.
[23] Einzelheiten zum Bescheinigungsverfahren in § 79 III 1 a ll.
[24] Multisektoraler Regionalbeihilferahmen für große Investitionsvorhaben vom 16. 12. 1997, ABl. EG 1998 Nr. C 107 S. 7, zuletzt geändert durch Mitteilung der Kommission vom 11. 8. 2001, ABl. EG Nr. C 226 S. 16.
[25] Multisektoraler Regionalbeihilferahmen für große Investitionsvorhaben vom 13. 2. 2002, ABl. EG Nr. C 70 S. 8, geändert durch Mitteilung der Kommission vom 1. 11. 2003, ABl. EU Nr. C 263 S. 3; Einzelheiten dazu bereits in § 79 V 2 b bb; vgl. auch BMF BStBl. I 2006 S. 119, 137 ff. Rz. 159 und 170.
[26] Leitlinien der Gemeinschaft für staatliche Beihilfen zur Rettung und Umstrukturierung von Unternehmen in Schwierigkeiten vom 8. 7. 1999, ABl. EG Nr. C 288 S. 2 und ABl. EG 2000 Nr. C 121 S. 29.
[27] Leitlinien der Gemeinschaft für staatliche Beihilfen zur Rettung und Umstrukturierung von Unternehmen in Schwierigkeiten vom 1. 10. 2004, ABl. EU Nr. C 244 S. 2; Einzelheiten dazu bereits in § 79 V 2 b cc; vgl. auch BMF BStBl. I 2006 S. 119, 139 Rz. 174.
[28] Einzelheiten dazu bereits in § 79 III 2; vgl. auch BMF BStBl. I 2006 S. 119, 139 ff. Rz. 175 ff.
[29] So die Argumentation der Fraktion Bündnis 90/Die Grünen in BT-Drucks. 16/1539 S. 6.
[30] BT-Drucks. 16/1539 S. 6.

25. Kapitel. Leasing und staatliche Investitionsförderung § 80

Für die weitere Entwicklung besonders interessant ist der Hinweis, dass die mit dem 10
InvZulG 2007 vorgenommene Festschreibung der Regelungen bis Ende 2009 vor allem
dem Ziel dient, Zeit zu gewinnen, um im Rahmen der **Föderalismuskommission** über
ein Instrument zu beraten, das die Effektivität und die Treffsicherheit der Förderung erhöht und den Ländern eine Finanzierungsgarantie gibt.[31] Es ist daher damit zu rechnen,
dass die Investitionsförderung in naher Zukunft insgesamt eine neue Rechtsgrundlage erhalten wird. Neben den oben genannten Normen des Gemeinschaftsrechts werden dabei
weitere **Rechtsakte der Europäischen Kommission** zu berücksichtigen sein:
– die Freistellungsverordnung;[32]
– die Regionalbeihilfeleitlinien 2007–2013;[33]
– die neue De-Minimis-Verordnung.[34]

b) Fördergebietsgesetz.[35] Den entscheidenden Unterschied zu anderen Fördermaßnah- 11
men beschreibt bereits § 1 Abs. 1 Satz 1 FördGG, der Steuerpflichtigen mit Blick auf im
Fördergebiet[36] durchgeführte begünstigte Investitionen folgende Gestaltungsmöglichkeiten einräumt:
– Sonderabschreibung nach § 4 FördGG;
– Gewinnabzug nach § 5 FördGG;
– Rücklagenbildung nach § 6 FördGG.

Zu den begünstigten Investitionen gehören – bei Erfüllung bestimmter Voraussetzungen – bewegliche Wirtschaftsgüter des Anlagevermögens (§ 2 FördGG) sowie im Einzelnen beschriebene Baumaßnahmen (§ 3 FördGG).

c) Förderprogramme. Das ERP-Regionalförderprogramm ist Bestandteil des Wirt- 12
schaftsplans für das ERP-Sondervermögen, der jedes Jahr neu festgestellt wird.[37] **ERP-Finanzierungshilfen** sollen der Leistungsfähigkeit und Leistungssteigerung mittelständischer Unternehmen dienen. Neben Existenzgründungen, Wachstum von KMU und
Innovationen können auch Investitionsvorhaben in regionalen Fördergebieten finanziell
unterstützt werden.[38] Erfasst werden sowohl Investitionen mittelständischer Unterneh-

---

[31] BT-Drucks. 16/1539 S. 6 f.; BT-Drucks. 16/1790 S. 10 verweist insoweit auf BR-Drucks. 178/06, wonach die Gemeinschaftsaufgabe „Verbesserung der regionalen Wirtschaftsstruktur" auch nach der Föderalismusreform weitergeführt werden soll.
[32] Siehe Fußn. 16.
[33] Siehe Fußn. 15.
[34] Verordnung (EG) Nr. 1998/2006 vom 15. 12. 2006 über die Anwendung der Artikel 87 und 88 EG-Vertrag auf „De-minimis"-Beihilfen, ABl. EU Nr. L 379 S. 5; dazu bereits unter § 79 V 2 b aa.
[35] Gesetz über Sonderabschreibungen und Abzugsbeträge im Fördergebiet in der ab 1. 1. 1994 geltenden Fassung der Bekanntmachung vom 23. 9. 1993, BGBl. I S. 1654, geändert durch Art. 19 des Jahressteuergesetzes 1996 vom 11. 10. 1995, BGBl. I S. 1250, 1392 ff.; Art. 5 des Gesetzes zur Neuregelung der steuerrechtlichen Wohneigentumsförderung vom 15. 12. 1995, BGBl. I S. 1783, 1788; Art. 2 Abs. 5 des Zweiten Gesetzes zur Änderung des Arbeitsförderungsgesetzes im Bereich des Baugewerbes vom 15. 12. 1995, BGBl. I S. 1809, 1812; Art. 19 des Gesetzes zur Ergänzung des Jahressteuergesetzes 1996 und zur Änderung anderer Gesetze vom 18. 12. 1995, BGBl. I S. 1959, 1966; Art. 4 des Gesetzes zur Fortsetzung der wirtschaftlichen Förderung in den neuen Ländern vom 18. 8. 1997, BGBl. I S. 2070, 2073 f.; Art. 13 des Dritten Finanzmarktförderungsgesetzes vom 24. 3. 1998, BGBl. I S. 529, 566; Art. 5 des Steuerentlastungsgesetzes 1999 vom 19. 12. 1998, BGBl. I S. 3779, 3814; Art. 16 des Steuerbereinigungsgesetzes 1999 vom 22. 12. 1999, BGBl. I S. 2601, 2618; Art. 129 der Siebten Zuständigkeitsanpassungsverordnung vom 29. 10. 2001, BGBl. I S. 2785, 2810. Zweifelsfragen bei der Anwendung des Gesetzes beantwortet z. B. BMF BStBl. I 1998 S. 1128.
[36] § 1 Abs. 2 FördGG ist wortgleich mit § 1 Abs. 2 InvZulG 2005.
[37] Siehe dazu zuletzt das Gesetz über die Feststellung des Wirtschaftsplans des ERP-Sondervermögens für das Jahr 2006 (ERP-Wirtschaftsplangesetz 2006) vom 15. 7. 2006, BGBl. I S. 1597.
[38] Zur Vergabe von ERP-Förderkrediten an KMU in den regionalen Fördergebieten z. B. BT-Drucks. 16/1790 S. 207 f. Anhang 4.

§ 80 Vierter Teil. Wirtschaftliche Problemkomplexe des Leasings

men in den Gebieten der Gemeinschaftsaufgabe in den alten Bundesländern, soweit diese nicht Mittel aus dem Bundeshaushalt erhalten, als auch allgemeine Aufbauinvestitionen bestehender mittelständischer Unternehmen in den neuen Bundesländern und Berlin zur Schaffung und Erhaltung von Arbeitsplätzen.[39]

13 Auf **EU-Mittel** aus dem Europäischen Fonds für regionale Entwicklung (EFRE) kann ergänzend zurückgegriffen werden, wenn es sich um Strukturprobleme handelt, die der einzelne Mitgliedstaat allein nicht bewältigen kann oder die von vornherein eine europäische Dimension haben.[40] Zu dem am 5. 5. 2006 im ECO-Fin-Rat verabschiedeten Paket gehören darüber hinaus Mittel aus dem Europäischen Sozialfonds (ESF), aus dem Kohäsionsfonds (KohF) sowie aus dem Europäischen Verbund für territoriale Zusammenarbeit (EVTZ). Daneben besteht auf europäischer Ebene eine Vielfalt an Förderprogrammen, die ohne fachkundige Beratung kaum noch überschaubar ist.[41] Einen äußerst hilfreichen Überblick verschafft das Webportal des gemeinschaftseigenen Forschungs- und Entwicklungsinformationsdienstes CORDIS,[42] der zudem einen monatlichen Newsletter herausgibt.

II. Förderkonzept

1. Präferenzsystem

14 Bei der Beschreibung der zentralen Elemente des Förderkonzepts der Gemeinschaftsaufgabe nennt der Rahmenplan an erster Stelle das Präferenzsystem, das die Förderung von Investitionen der gewerblichen Wirtschaft zur Schaffung bzw. Sicherung von Arbeitsplätzen zum **Hauptziel** erklärt.[43] Grundsätzlich können alle Investitionen gefördert werden, die das Volumen von 150 % der im Durchschnitt der letzten drei Jahre verdienten Abschreibungen überschreiten oder mehr als 15 % zusätzlicher Arbeitsplätze schaffen. Dabei sind GA-Mittel als zusätzliche Hilfen zu verstehen, die andere öffentliche Finanzierungsmöglichkeiten ohne regionale Zielsetzung nicht ersetzen.[44]

15 Die Fördersätze sind für alle Investitionsarten gleich, jedoch können die **Förderhöchstsätze** nur bei Investitionen mit besonderem Struktureffekt ausgeschöpft werden. Der Rahmenplan[45] nennt beispielhaft Investitionen,
– die zur Hebung bzw. Stabilisierung der Beschäftigung in Regionen mit schwerwiegenden Arbeitsmarktproblemen beitragen;
– welche die regionale Innovationskraft stärken;
– die im Zusammenhang mit Existenzgründungen stehen;
– die Arbeits- und Ausbildungsplätze für Frauen und Jugendliche schaffen.

2. Fördermöglichkeiten

16 Die Aufzählung der **Fördertatbestände** umfasst:[46]
– nichtinvestive Fördermöglichkeiten zugunsten der gewerblichen Wirtschaft;[47]

---

[39] Siehe dazu Titel 862 01 des Wirtschaftsplans 2006, BGBl. I S. 1597, 1601.
[40] BT-Drucks. 16/1790 S. 9 Teil I Ziff. 3.1, S. 30 Teil I Ziff. 7.3 und S. 31 Teil I Ziff. 8.1.1.
[41] So auch *Ungerer* in Mickel/Bergmann Handlexikon der Europäischen Union, 3. Aufl. 2005 S. 209; die Rolle des Steuerberaters als „EU-Subventionsberater" erörtert *Hund* DStR 2006, 1298 ff.
[42] Die Internetadresse lautet www.cordis.lu.
[43] BT-Drucks. 16/1790 S. 16 Teil I Ziff. 4.1.
[44] BT-Drucks. 16/1790 S. 45 Teil II Ziff. 1.1.3; ebenso Teil II Ziff. 1.1.3 des 36. Rahmenplans.
[45] BT-Drucks. 16/1790 S. 16 Teil I Ziff. 4.1 und S. 50 Teil II Ziff. 2.5.1 sowie Teil II Ziff. 2.5.1 des 36. Rahmenplans.
[46] BT-Drucks. 16/1790 S. 16 ff. Teil I Ziff. 4.2–4.7.
[47] Nach BT-Drucks. 16/1790 S. 16 Teil I Ziff. 4.2 darf die finanzielle Beteiligung an solchen Landesprogrammen nur erfolgen, „wenn die Zusätzlichkeit des GA-Mitteleinsatzes durch die Länder

25. Kapitel. Leasing und staatliche Investitionsförderung § 80

– Tourismusförderung;[48]
– Infrastrukturförderung;[49]
– integrierte regionale Entwicklungskonzepte und Regionalmanagement;[50]
– Kooperationsnetzwerke und Clustermanagement;[51]
– gemeinnützige außeruniversitäre wirtschaftsnahe Forschungseinrichtungen.[52]

Die folgende Darstellung konzentriert sich auf die Förderung von Investitionen der 17 gewerblichen Wirtschaft. Hervorzuheben ist, dass die nichtinvestiven Fördermöglichkeiten nur von **KMU**[53] in Anspruch genommen werden können. Die Spezifikation der Programmfelder umfasst:[54]

– Beratungsmaßnahmen, die von externen und qualifizierten Sachverständigen für betriebliche Maßnahmen erbracht werden, für das Unternehmen und seine weitere Entwicklung von Gewicht sind und sich von der laufenden, normalen Geschäftstätigkeit deutlich abheben;[55]
– Schulungsmaßnahmen für Arbeitnehmer, die von Externen erbracht werden, auf die betrieblichen Bedürfnisse ausgerichtet sind und die Arbeitnehmer auf Anforderungen vorbereiten, die zur Stärkung der Wettbewerbsfähigkeit des Unternehmens und für seine weitere Entwicklung von Gewicht sind;[56]
– Innovationsassistentenprogramme, durch welche die Personalstruktur von KMU im Interesse der Humankapitalbildung qualitativ verbessert wird;[57]

---

gewährleistet ist und keine Förderkonkurrenz zu Fachprogrammen des Bundes besteht. Damit dies sichergestellt werden kann, hat der Bund ein Vetorecht erhalten, mit dem er die finanzielle Beteiligung der GA an konkurrierenden Länderprogrammen verhindern kann", vgl. auch S. 55 Teil II Ziff. 5.2 und 5.3; ebenso Teil II Ziff. 5.2 und 5.3 des 36. Rahmenplans.

[48] Das Förderkriterium der Überregionalität gilt als erfüllt, wenn der Tourismusbetrieb mindestens 30 % seines Umsatzes mit Beherbergung erzielt.

[49] Der Förderhöchstsatz beträgt seit dem 31. Rahmenplan bis zu 90 % der förderfähigen Kosten. Einzelheiten zur Infrastrukturförderung in BT-Drucks. 16/1790 S. 56 f. Teil II Ziff. 7; ebenso Teil II Ziff. 7 des 36. Rahmenplans, der in Ziff. 7.1.4 ausdrücklich die Beachtung der Vorschriften zur Vergabe öffentlicher Aufträge verlangt und in Ziff. 7.3 den Förderhöchstbetrag für Planungs- und Beratungsleistungen von 50 000 auf 100 000 Euro erhöht hat.

[50] Der Förderhöchstbetrag beläuft sich im ersten Fall auf 50 000 Euro, im zweiten Fall auf 200 000 Euro, wobei Förderanträge im Rahmen dieses Modellprojekts nur bis zum 31. 12. 2006 bewilligt werden konnten. Weitere Einzelheiten in BT-Drucks. 16/1790 S. 47 f. Teil II Ziff. 1.6 und S. 57 Teil II Ziff. 8.1 und 8.2 sowie Teil II Ziff. 8.1 und 8.2 des 36. Rahmenplans, der allerdings auf den Stichtag 30. 6. 2007 bezogen ist.

[51] Förderfähig sind Anlaufkosten bis zu 300 000 Euro bzw. bei größeren Vorhaben mit mindestens fünf Partnern bis zu 500 000 Euro. Beteiligte Partner und eingebundene Unternehmen müssen mindestens 30 % der Projektkosten aufbringen. Förderanträge können bis zum 31. 12. 2008 bewilligt werden. Weitere Einzelheiten in BT-Drucks. 16/1790 S. 48 Teil II Ziff. 1.7 und S. 57 Teil II Ziff. 8.3 sowie Teil II Ziff. 8.3 des 36. Rahmenplans.

[52] Dieser Fördertatbestand wurde durch den 35. Rahmenplan neu eingeführt. Das Modellprojekt läuft bis zum 31. 12. 2008. Weitere Einzelheiten in BT-Drucks. 16/1790 S. 48 Teil II Ziff. 1.8 sowie in Teil II Ziff. 1.8 des 36. Rahmenplans.

[53] Der KMU-Begriff entspricht im Grundsatz demjenigen im Investitionszulagenrecht, vgl. § 79 IV 3 a und b; mit im Detail abweichenden Zuordnungen allerdings der 35. Rahmenplan in BT-Drucks. 16/1790 S. 53 Teil II Ziff. 2.9. 10 sowie noch einmal modifiziert in Teil II Ziff. 2.8.7 des 36. Rahmenplans.

[54] BT-Drucks. 16/1790 S. 16 f. Teil I Ziff. 4.2 und S. 54 f. Teil II Ziff. 5 sowie Teil II Ziff. 5 des 36. Rahmenplans, der allerdings in Ziff. 5.1.4 erstmals Prozessinnovationen mit einbezieht.

[55] Teil II Ziff. 5.1.1; die GA-Beteiligung pro Förderfall beträgt bis zu 50 000 Euro.

[56] Teil II Ziff. 5.1.2; die GA-Beteiligung pro Förderfall beträgt auch hier bis zu 50 000 Euro.

[57] Teil II Ziff. 5.1.3; die GA-Beteiligung pro Förderfall beträgt im ersten Jahr bis zu 20 000 Euro, im zweiten bis zu 10 000 Euro.

§ 80 Vierter Teil. Wirtschaftliche Problemkomplexe des Leasings

- betriebliche Vorhaben im Bereich der angewandten Forschung und Entwicklung, durch die neue Produkte, Produktionsverfahren und Dienstleistungen entwickelt werden;[58]
- Markteinführung innovativer Produkte.[59]

3. Zusammenwirken von Bund und Ländern

18 Die Verbreiterung des Gestaltungsspielraums der Länder hat den Informationsbedarf des Bundes erhöht und zugleich die Möglichkeiten zur **Evaluierung der einzelnen Fördermaßnahmen** verbessert. Der Rahmenplan[60] betont folgende Obliegenheiten der Länder:
- Anmeldung der Bewilligungsbescheide und Verwendungsnachweise zur statistischen Erfassung;
- Berichterstattung über die GA-Fördermaßnahmen und ihre monatliche Inanspruchnahme sowie über die Verstärkung von Landesprogrammen sowie des Rahmenplans unter Nachweis der Zusätzlichkeit des GA-Mitteleinsatzes;
- Darstellung der jeweiligen Förderschwerpunkte im Rahmenplan;
- Unterrichtung des Bundes über die landesinternen Förderrichtlinien sowie über die GA-Titel in den Länderhaushalten und die Ergebnisse des Jahresabschlusses.

19 Die Vollzugskontrolle betont die Aufgabe der Länder, die Bewilligungsbescheide zu erteilen und zu kontrollieren, ob die Zuwendungsempfänger die Förderregeln befolgen. Hierzu dient insbesondere die **Überprüfung der Verwendungsnachweise**, welche die Investoren nach Abschluss ihres Investitionsvorhabens vorzulegen haben.[61] Bei einem Verstoß werden die ausgezahlten Mittel nach den haushaltsrechtlichen Bestimmungen des jeweiligen Landes zurückgefordert und der Anteil des Bundes an diesen abgeführt (§ 11 Abs. 3 GRW). Demgegenüber kontrolliert das Bundesministerium für Wirtschaft und Technologie, ob die Länder bei der Bewilligung von GA-Mitteln die Vorgaben des Rahmenplans einhalten. Ist dies nicht der Fall, können die anteiligen Bundesmittel vom betreffenden Land zurückgefordert werden (§ 11 Abs. 2 GRW).[62]

20 Auf der Grundlage eines neuen Verfahrens zur einzelbetrieblichen und regionalökonomischen Erfolgskontrolle („Matching") werden Förderdaten unter Wahrung des Datenschutzes mit betrieblichen Meldungen zur sozialversicherungspflichtigen Beschäftigung kombiniert, um eine Vollerfassung der geförderten Betriebe zu erreichen und Fördereffekte sowohl kleinräumig als auch betriebsspezifisch identifizieren zu können.[63] Dadurch wird auch die Überprüfung der Förderbedürftigkeit aller deutschen Arbeitsmarktregionen erleichtert, die in mehrjährigen Abständen vom Planungsausschuss durchgeführt wird und im Mittelpunkt der **Zielerreichungskontrolle** steht. Sie führt zu einer Neuabgrenzung des nationalen Fördergebiets, die zuletzt für den Zeitraum 2007–2013 vorgeschlagen wurde.[64] Die entsprechend abgeänderte Fördergebietskarte wurde von der

---

[58] Teil II Ziff. 5.1.4; die Obergrenze der GA-Beteiligung pro Förderfall wurde im 35. Rahmenplan von 200 000 Euro auf 500 000 Euro erhöht.

[59] Teil II Ziff. 5.1.5; dieses Programmfeld wurde durch den 35. Rahmenplan neu eingeführt. Die GA-Beteiligung pro Förderfall kann bis zu 100 000 Euro betragen.

[60] BT-Drucks. 16/1790 S. 19 Teil I Ziff. 4.8 und S. 47 Teil II Ziff. 1.5; im Ergebnis ebenso Teil II Ziff. 1.5 des 36. Rahmenplans, der jedoch in Ziff. 1.5.2 die Prüfung der tatsächlichen Arbeitsplatzeffekte fünf Jahre nach Investitionsabschluss mit einbezieht.

[61] Die Bewilligungsbehörde prüft insbesondere die Korrektheit der Rechnungsunterlagen, die tatsächliche Anschaffung der zum geförderten Investitionsvorhaben zählenden Wirtschaftsgüter sowie die Schaffung bzw. Sicherung der entsprechenden Arbeitsplätze.

[62] BT-Drucks. 16/1790 S. 34 f. Teil I Ziff. 9.2.1 und 9.2.2; zur Prüfung durch die Rechnungshöfe und zur Förderstatistik der Gemeinschaftsaufgabe siehe BT-Drucks. 16/1790 S. 35 ff. Teil I Ziff. 9.2.3 und 9.2.4.

[63] BT-Drucks. 16/1790 S. 39 ff. Teil I Ziff. 9.3.2.1.

[64] BT-Drucks. 16/1790 S. 41 Teil I Ziff. 9.3.3.

25. Kapitel. Leasing und staatliche Investitionsförderung § 80

Europäischen Kommission am 8.11. 2006 genehmigt.[65] Mit Hilfe von **Wirkungskontrollen** sollen schließlich die Effizienz des eingesetzten regionalpolitischen Instrumentariums und die zielkonforme Entwicklung der Regionen beurteilt werden.[66]

III. Anspruchsberechtigte

1. Kein Rechtsanspruch

Im Gegensatz zur Investitionszulage besteht kein Rechtsanspruch auf GA-Mittel.[67] Daneben ist der **Gestaltungsspielraum der Länder** zu beachten, die eigene Förderkriterien formulieren können. Ein Förderantrag kann daher abgelehnt werden, obwohl er die – geringeren – Voraussetzungen des Rahmenplans erfüllt, selbst wenn noch Fördermittel verfügbar sind. 21

2. Fördergebiet

Der Beschluss des Planungsausschusses über die Festlegung des für die Förderung maßgeblichen Regionalgebiets[68] erfolgt in regelmäßigen Abständen und steht unter dem Vorbehalt der **Genehmigung durch die Europäische Kommission**.[69] Da die neuen Regionalbeihilfeleitlinien[70] am 1. 1. 2007 in Kraft getreten sind, markiert dieses Datum den für die Konturierung des Fördergebiets maßgeblichen Einschnitt.[71] Die Karte 3 zum 35. Rahmenplan[72] kennzeichnet das für den Zeitraum 2007–2013 vorgesehene und von der Europäischen Kommission inzwischen genehmigte GA-Fördergebiet.[73] 22

3. Leasingverhältnisse

Der 35. Rahmenplan enthält – wie bereits seine Vorgängerregelungen – eine ausdrückliche Regelung für geleaste Wirtschaftsgüter und macht die Regelung von der **Erfüllung spezieller Bedingungen** abhängig, die in der nachfolgenden Darstellung ebenso besonders hervorgehoben werden wie die durch die Verabschiedung von Teil II des 36. Rahmenplans bewirkten Veränderungen.[74] 23

IV. Fördervoraussetzungen

1. Überblick

Mit Blick auf **Investitionen der gewerblichen Wirtschaft einschließlich Tourismus** müssen folgende Fördervoraussetzungen erfüllt werden:
– Erzielung eines Primäreffekts;[75] 24

---

[65] Dazu bereits § 79 V 2 b bb.
[66] Die dabei auftretenden Probleme beschreibt BT-Drucks. 16/1790 S. 41 ff. Teil I Ziff. 9.4.
[67] BT-Drucks. 16/1790 S. 45 Teil II Ziff. 1.1.2; unverändert in Teil II Ziff. 1.1.2 des 36. Rahmenplans.
[68] Vgl. auch die Übergangsregelung in BT-Drucks. 16/1790 S. 57 Teil II Ziff. 9.
[69] Siehe dazu bereits § 79 V 2 b bb sowie speziell zum Anwendungsbereich der Gemeinschaftsaufgabe BT-Drucks. 16/1790 S. 19 ff. Teil I Ziff. 5.
[70] Siehe Fußn. 15.
[71] Die Kriterien für die Festlegung einer Fördergebietsbevölkerungshöchstgrenze je Mitgliedstaat beschreiben die Ziff. 24 ff. der Leitlinien wie in Fußn. 15.
[72] BT-Drucks. 16/1790 nach S. 275 Anhang 18.
[73] Zur Neuabgrenzung des Fördergebiets BT-Drucks. 16/1790 S. 23 ff. Teil I Ziff. 6. EG-Mitgliedstaaten, welche die Liste der Fördergebiete gemäß Art. 87 Abs. 3 lit. c EGV oder die geltenden Höchstsätze ändern wollen, müssen nach Ziff. 104 der Leitlinien wie in Fußn. 15 bis spätestens 1. 4. 2010 bei der Europäischen Kommission eine entsprechende Anmeldung einreichen.
[74] Später unter V 2 a bb.
[75] Dazu sogleich unter IV 2.

§ 80　　　Vierter Teil. Wirtschaftliche Problemkomplexe des Leasings

- Schaffung bzw. Sicherung von Dauerarbeitsplätzen[76] im Fördergebiet;[77]
- Erfordernis einer besonderen Anstrengung des Betriebs, die angenommen wird, wenn der Investitionsbetrag bezogen auf ein Jahr die in den letzten drei Jahren durchschnittlich verdienten Abschreibungen[78] um mindestens 50 % übersteigt oder die Zahl der bei Investitionsbeginn in der zu fördernden Betriebsstätte bestehenden Dauerarbeitsplätze[79] um mindestens 15 % erhöht wird;[80]
- Förderfähigkeit der Investition;[81]
- Eigenbeteiligung des Investors an der Finanzierung des Investitionsvorhabens mit einem Beitrag von mindestens 25 %, der selbst keine Beihilfe enthalten darf.[82]

2. Primäreffekt

25　　Das den Investitionen zugrunde liegende Vorhaben muss geeignet sein, durch Schaffung von zusätzlichen Einkommensquellen das Gesamteinkommen im jeweiligen Wirtschaftsraum unmittelbar und auf Dauer nicht unwesentlich zu erhöhen.[83] Dieser Primäreffekt kann als erfüllt angesehen werden, wenn in der zu fördernden Betriebsstätte[84] zu mehr als 50 % des Umsatzes Güter hergestellt oder Leistungen erbracht werden, die ihrer Art nach regelmäßig überregional abgesetzt werden, worunter ein Absatz außerhalb eines Radius von 50 km von der Gemeinde verstanden wird, in der die Betriebsstätte liegt.[85] Zur Konkretisierung des Artbegriffs enthält der Rahmenplan eine **Positivliste** mit Gütern und Leistungen, bei denen unterstellt wird, dass der Primäreffekt in der Regel gegeben ist.[86] Daneben bleibt ein **Einzelfallnachweis** möglich.[87]

---

[76] Als Dauerarbeitsplätze gelten Arbeitsplätze, die von vornherein auf Dauer angelegt sind. Ausbildungsplätze können ebenso gefördert werden, wobei ein neu geschaffener Ausbildungsplatz wie zwei Dauerarbeitsplätze bewertet wird. Während die Zahl der Dauerarbeitsplätze bei Mehrschichtbetrieben grundsätzlich mit der Zahl der entsprechenden Arbeitskräfte gleichzusetzen ist, finden Saisonarbeitsplätze mit ihrer jahresdurchschnittlichen tariflichen oder betriebsüblichen Arbeitszeit Berücksichtigung, wenn sie nach Art der Betriebsstätte während der Saisonzeit auf Dauer angeboten und besetzt werden, für den 35. Rahmenplan in BT-Drucks. 16/1790 S. 52 f. Teil II Ziff. 2.9.8 und 2.9.9, für den 36. Rahmenplan in Teil II Ziff. 2.8.5 und 2.8.6.

[77] BT-Drucks. 16/1790 S. 48 f. Teil II Ziff. 2.2 verlangt, dass diese Arbeitsplätze für eine Überwachungszeit von mindestens fünf Jahren nach Abschluss des Investitionsvorhabens tatsächlich besetzt oder zumindest dauerhaft auf dem Arbeitsmarkt angeboten werden, vgl. auch S. 51 Teil II Ziff. 2.6.3; im Ergebnis ebenso Teil II Ziff. 2.2 und Ziff. 2.6.4 des 36. Rahmenplans.

[78] Ohne Berücksichtigung von Sonderabschreibungen.

[79] Zwischen der Zahl der Dauerarbeitsplätze und der Zahl der Beschäftigten ist zu unterscheiden. Demgegenüber werden Teilzeitarbeitsplätze im Verhältnis der jährlichen Arbeitsstunden zur Anzahl der Arbeitsstunden eines Vollzeitarbeitsplatzes ebenso anteilig berücksichtigt wie solche Arbeitsplätze, die mit Beschäftigten eines Leiharbeitsunternehmens besetzt sind, die zur Dienstleistung in der Betriebsstätte entsandt wurden, vgl. BT-Drucks. 16/1790 S. 52 Teil II Ziff. 2.9.6 und 2.9.7; Teil II Ziff. 2.8.3 und 2.8.4 des 36. Rahmenplans.

[80] Nach BT-Drucks. 16/1790 S. 49 Teil II Ziff. 2.2 gilt diese Voraussetzung bei Errichtungsinvestitionen sowie beim Erwerb einer stillgelegten oder von der Stilllegung bedrohten Betriebsstätte als erfüllt; ebenso Teil II Ziff. 2.2 des 36. Rahmenplans.

[81] Dazu sogleich unter IV 3.

[82] BT-Drucks. 16/1790 S. 50 Teil II Ziff. 2.5.3; sinngemäß Teil II Ziff. 2.5.4 des 36. Rahmenplans.

[83] BT-Drucks. 16/1790 S. 48 Teil II Ziff. 2.1 sowie Teil II Ziff. 2.1 des 36. Rahmenplans; den Sekundäreffekt für Unternehmen mit ausschließlich lokaler oder regionaler Ausrichtung beschreibt der 35. Rahmenplan in BT-Drucks. 16/1790 S. 9 f. Teil I Ziff. 3.2.

[84] Für den Begriff der Betriebsstätte ist ebenso wie im Investitionszulagenrecht § 12 AO maßgeblich, vgl. BT-Drucks. 16/1790 S. 52 Teil II Ziff. 2.9.2; sinngemäß Teil II Ziff. 2.8.1 des 36. Rahmenplans.

[85] BT-Drucks. 16/1790 S. 48 Teil II Ziff. 2.1.1 und 2.1.2; unverändert in Teil II Ziff. 2.1.1 und 2.1.2 des 36. Rahmenplans.

[86] BT-Drucks. 16/1790 S. 239 Anhang 8, der sich ausdrücklich auch auf Handwerksbetriebe bezieht.

[87] BT-Drucks. 16/1790 S. 48 Teil II Ziff. 2.1.2 sowie Teil II Ziff. 2.1.2 des 36. Rahmenplans.

25. Kapitel. Leasing und staatliche Investitionsförderung   § 80

In beiden Fällen kann die Förderung auch gewährt werden, wenn aufgrund einer be- 26
gründeten **Prognose des Antragstellers** zu erwarten ist, dass nach Durchführung des
Investitionsvorhabens tatsächlich ein überwiegend überregionaler Absatz der in der Betriebsstätte hergestellten Güter oder erbrachten Dienstleistungen erfolgt. Dieser muss innerhalb einer Frist von maximal drei Jahren nach Abschluss des Investitionsvorhabens
nachgewiesen werden.[88] Schließlich gelten die Voraussetzungen des Primäreffekts auch
für die Ausbildungsstätten der förderfähigen Betriebsstätten als erfüllt.[89]

3. Förderfähigkeit

a) **Fallgruppen.** Die Aufzählung der förderfähigen Investitionen erinnert an die Defi- 27
nition einer Erstinvestition im Investitionszulagenrecht.[90] Ebenso wie diese dort im
InvZulG 2007 gegenüber dem InvZulG 2005 leicht korrigiert werden musste, um den
Regionalbeihilfeleitlinien 2007–2013[91] und der Freistellungsverordnung der Kommission[92] Rechnung zu tragen, haben die Rechtsakte der Gemeinschaft auch hier für eine
vergleichbare **Anpassung** gesorgt. Der 36. Rahmenplan unterscheidet nunmehr:[93]
– Errichtung einer *neuen* Betriebsstätte;
– Erweiterung einer *bestehenden* Betriebsstätte;
– *Diversifizierung der Produktion einer Betriebsstätte in neue, zusätzliche Produkte*;
– *grundlegende Änderung des Gesamtproduktionsverfahrens einer bestehenden Betriebsstätte*;
– *Übernahme* einer stillgelegten oder von Stilllegung bedrohten Betriebsstätte, unter
  Marktbedingungen *durch einen unabhängigen Investor*.

b) **Sonderregelungen.** Die wichtigsten Sonderregelungen betreffen: 28
– Investitionen, die in einem sachlichen/inhaltlichen und zeitnahen Zusammenhang zu
  einem wesentlichen **Arbeitsplatzabbau**[94] in einer anderen mit dem Unternehmen
  verbundenen Betriebsstätte in einem Fördergebiet mit niedrigerer Förderintensität
  führen;[95]
– Investitionen eines Unternehmens in Schwierigkeiten;[96]
– Investitionen zur Schaffung oder Sicherung von Telearbeitsplätzen.[97]

---

[88] BT-Drucks. 16/1790 S. 48 Teil II Ziff. 2.1.3 und S. 52 Teil II Ziff. 2.7; ebenso Teil II Ziff. 2.1.3
    und 2.7 des 36. Rahmenplans.
[89] BT-Drucks. 16/1790 S. 48 Teil II Ziff. 2.1.4 nennt als Beispiele Ausbildungswerkstätten, Ausbildungslabors und Ausbildungsbüros; ebenso Teil II Ziff. 2.1.4 des 36. Rahmenplans.
[90] § 79 III 1 c.
[91] Ziff. 34 und 35 der Leitlinien wie in Fußn. 15.
[92] Art. 2 Abs. 1 lit. c der Verordnung wie in Fußn. 16. Nach beiden Normen genügt die Übernahme der Anteile eines Unternehmens für sich genommen nicht.
[93] Teil II Ziff. 2.3.1 des 36. Rahmenplans; die Kursivschrift hebt die Veränderungen gegenüber
    BT-Drucks. 16/1790 S. 49 Teil II Ziff. 2.3.1 hervor.
[94] Ein solcher liegt vor, wenn mindestens 50 % der neu geschaffenen Arbeitsplätze in der anderen
    Betriebsstätte entfallen.
[95] Kommt kein Einvernehmen der betroffenen Länder zustande, kann maximal der im Fördergebiet der anderen Betriebsstätte zulässige Fördersatz gewährt werden, mindestens in Höhe der in
    C-Fördergebieten geltenden Förderhöchstsätze, vgl. BT-Drucks. 16/1790 S. 49 Teil II Ziff. 2.3.2.
    Teil II Ziff. 2.3.2 Satz 1 des 36. Rahmenplans bezieht das E-Fördergebiet generell mit ein.
[96] Hier gelten nach BT-Drucks. 16/1790 S. 49 Teil II Ziff. 2.3.3 entweder eine Notifizierungspflicht
    oder die Anforderungen der einschlägigen Leitlinien für Umstrukturierungsbeihilfen, vgl. dazu
    bereits § 79 V 2b cc. In Teil II Ziff. 2.3.3 des 36. Rahmenplans ist die Alternative einer Notifizierungspflicht folgerichtig entfallen.
[97] BT-Drucks. 16/1790 S. 49 Teil II Ziff. 2.4 sowie S. 53 Teil II Ziff. 2. 9. 11; ebenso nunmehr Teil II
    Ziff. 2.4 i. V. m. Ziff. 2.8.8 des 36. Rahmenplans.

§ 80 Vierter Teil. Wirtschaftliche Problemkomplexe des Leasings

29 **c) Kein Ausschluss der Förderfähigkeit.** Ebenso wie im Investitionszulagenrecht[98] ist auch hier als **negative Tatbestandsvoraussetzung** zu prüfen, ob die Förderfähigkeit nicht ausdrücklich ausgeschlossen ist. Dies ist nach dem 35. Rahmenplan[99] in folgenden Wirtschaftsbereichen der Fall:
- Land- und Forstwirtschaft und Fischerei, soweit nicht Verarbeitung oder Vermarktung;
- Bergbau, Abbau von Sand, Kies, Ton, Steinen und vergleichbare Zweige der Urproduktion;
- Energie- und Wasserversorgung außer Kraftwerken und Wasserversorgungsanlagen, die überwiegend dem betrieblichen Eigenbedarf dienen;
- Baugewerbe mit Ausnahme der in der Positivliste aufgeführten Bereiche;
- Einzelhandel, soweit nicht Versandhandel;
- Transport- und Lagergewerbe;
- Krankenhäuser, Kliniken, Sanatorien und ähnliche Einrichtungen.

30 Daneben enthält der **35. Rahmenplan** eine Aufzählung von Bereichen, in denen die Förderung aufgrund beihilferechtlicher Sektorregelungen eingeschränkt ist:[100]
- Verarbeitung und Vermarktung von landwirtschaftlichen Erzeugnissen und von Fischereiprodukten;
- Eisen- und Stahlindustrie mit einigen Ausnahmeregelungen;
- Schiffbau, Schiffsumbau und Schiffsreparatur;
- Kraftfahrzeugindustrie;
- Kunstfaserindustrie mit teilweise grundsätzlichem Beihilfeverbot.

31 Im **36. Rahmenplan** sind insoweit folgende Änderungen hervorzuheben:
- die Kunstfaserindustrie zählt nunmehr ausnahmslos zu den von einer Förderung ausgeschlossenen Wirtschaftsbereichen;[101]
- die Ausnahmeregelungen für die Eisen- und Stahlindustrie sind entfallen;[102]
- die Kraftfahrzeugindustrie wurde von den förderungsbeschränkten Bereichen ausgenommen.

V. Höhe der Förderung

1. Grundlegende Differenzierung

32 **a) 35. Rahmenplan.** Die einheitliche Bemessungsgrundlage für Regionalbeihilfen besteht aus den Aufwendungen im Zusammenhang mit der Anschaffung bzw. Herstellung von Grundstücken, Gebäuden und Anlagen.[103] Bei der Festlegung der Förderhöchstsätze[104] folgt der 35. Rahmenplan einer unter dem Vorbehalt der Genehmigung durch die Europäische Kommission[105] stehenden **regionalen Zuordnung**:
- strukturschwächere Regionen der neuen Länder (A-Fördergebiete);

---

[98] § 79 III 2.
[99] BT-Drucks. 16/1790 S. 53 Teil II Ziff. 3.1.
[100] BT-Drucks. 16/1790 S. 53 Teil II Ziff. 3.2; zu den einschlägigen Rechtsakten des Gemeinschaftsrechts wiederum § 79 III 2.
[101] Teil II Ziff. 3.1.8 des 36. Rahmenplans.
[102] Teil II Ziff. 3.2.2 des 36. Rahmenplans.
[103] BT-Drucks. 16/1790 S. 52 Teil II Ziff. 2.9.1; zum maßgeblichen Zeitpunkt der Anschaffung bzw. Herstellung vgl. noch S. 46 Teil II Ziff. 1.2.1 letzter Absatz.
[104] Zur Bestimmung des maßgeblichen „Subventionswerts" BT-Drucks. 16/1790 S. 52 Teil II Ziff. 2.8 sowie Teil II Ziff. 2.5.2 und 2.5.3 des 36. Rahmenplans.
[105] Entscheidung zur deutschen Fördergebietskarte vom 6. 8. 2003, ABl. EG Nr. C 186 S. 10.

25. Kapitel. Leasing und staatliche Investitionsförderung **§ 80**

– strukturstärkere Regionen der neuen Länder (B-Fördergebiete);[106]
– westdeutsche Fördergebiete mit schwerwiegenden Strukturproblemen mit Genehmigung durch Art. 87 Abs. 3 c EGV (C-Fördergebiete);
– Gebiete im Anwendungsbereich verschiedener EG-Verordnungen[107] (D- und E-Fördergebiete).

Innerhalb der Fördergebiete werden Höchstsätze für **KMU und sonstige Betriebs-** 33
stätten unterschieden:
– A-Fördergebiete: 50 % – 35 %;[108]
– B-Fördergebiete: 43 % – 28 %;
– C-Fördergebiete: 28 % – 18 %;[109]
– D- und E-Fördergebiete: 15 % bzw. 7,5 %[110] – max. 100 Euro innerhalb von drei Jahren ab dem Zeitpunkt der ersten Beihilfe.

b) 36. Rahmenplan. Der 36. Rahmenplan unterscheidet in seinem **Teil II** dagegen 34
durchgängig zwischen Betriebsstätten von kleinen Unternehmen, solchen von mittleren Unternehmen und sonstigen Betriebsstätten:
– A-Fördergebiete: 50 % – 40 % – 30 %;[111]
– C-Fördergebiete: 35 % – 25 % – 15 %;[112]
– D-Fördergebiete:[113]   15 % – 7,5 % – 7,5 %, max. 200 Euro innerhalb von drei Jahren ab dem Zeitpunkt der ersten Beihilfe.

Neben den teilweise angepassten Förderhöchstsätzen fällt die abweichende Behand- 35
lung der **Arbeitsmarktregion Berlin** auf. Sie war unter der Geltung des 35. Rahmenplans noch als B-Fördergebiet eingestuft und ist nunmehr in ein C- und ein D-Fördergebiet aufgeteilt. Dies war eine zentrale Bedingung, von der die Europäische Kommission die Genehmigung des InvZulG 2007 sowie der deutschen Fördergebietskarte 2007–2013 abhängig gemacht hatte.

Noch weiter reichende Konsequenzen hat allerdings der **Übergang vom Nettosub-** 36
ventionsäquivalent zum Bruttosubventionsäquivalent[114] als Grundlage der Berech-

---

[106] Hierzu zählt im Geltungsbereich des 35. Rahmenplans auch die Arbeitsmarktregion Berlin, bei der jedoch Förderhöchstsätze von 20 % netto zzgl. 10 % brutto für KMU nicht überschritten werden dürfen, vgl. BT-Drucks. 16/1790 S. 49 f. Teil II Ziff. 2.5.1.

[107] Verordnung (EG) Nr. 69/2001 vom 12.1. 2001 über die Anwendung der Art. 87 und 88 EG-Vertrag auf „De-minimis"-Beihilfen, ABl. Nr. L 10 S. 30; Verordnung (EG) Nr. 70/2001 vom 12.1. 2001 über die Anwendung der Art. 87 und 88 EG-Vertrag auf staatliche Beihilfen an kleine und mittlere Unternehmen, ABl. Nr. L 10 S. 33.

[108] In den Genuss dieser Fördersätze konnten auch B-Fördergebiete außer der Arbeitsmarktregion Berlin gelangen, sofern es sich um eine Ansiedlung i. S. des Multisektoralen Regionalbeihilferahmens wie in Fußn. 25 handelte, vgl. BT-Drucks. 16/1790 S. 23 Teil I Ziff. 5.2.2.

[109] Dieser Förderhöchstsatz gilt nach der seit dem 33. Rahmenplan maßgeblichen „Einvernehmensregel" auch für Verlagerungsinvestitionen von einem Fördergebiet in ein anderes Fördergebiet mit höherer Förderintensität, vgl. BT-Drucks. 16/1790 S. 26 Teil I Ziff. 6.5.

[110] Hier wird innerhalb der Betriebsstätten von KMU zwischen kleinen Unternehmen (15 %) und mittleren Unternehmen (7,5 %) unterschieden.

[111] Dabei sind die Einzelfallnotifizierungspflichten nach Art. 6 sowie die Aufbewahrungspflichten nach Art. 9 der Verordnung (EG) Nr. 70/2001, ABl. Nr. L 10 S. 33 zu beachten.

[112] Mit abweichenden Förderhöchstsätzen für bestimmte Kreise und Städte.

[113] Nach Teil II Ziff. 1.1.1 Satz 2 des 36. Rahmenplans werden daneben E-Fördergebiete festgelegt, um förderbedingte Spannungen zwischen Gebieten mit hoher Förderpräferenz und Gebieten ohne Förderung abzubauen, in denen keine GA-Mittel gewährt werden.

[114] Einzelheiten zu seiner Bestimmung in Art. 2 lit. h der Verordnung wie in Fußn. 16; Ziff. 41 der Leitlinien wie in Fußn. 15; vgl. auch *Frenz/Kühl* EWS 2006, 536, 540.

nung der Beihilfehöhe im Einzelfall. Als Motive für diese Änderung wurden hervorgehoben:[115]
- die Auffassung der europäischen Gerichte, wonach die Kommission die Steuerbelastung einer gewährten Beihilfe nicht berücksichtigen darf, da diese keinen speziellen Zusammenhang mit der Beihilfe aufweist und wie bei jeder anderen Einnahme auch erst in einem späteren Stadium erhoben wird;
- das Bemühen um mehr Einfachheit und Transparenz in der Beihilfenkontrolle;
- die stärkere Berücksichtigung in Form von Steuerbefreiungen gewährter staatlicher Beihilfen.

37 Die im Multisektoralen Regionalbeihilferahmen 2002[116] herabgesetzten Beihilfehöchstsätze für große Investitionsvorhaben wurden von den Regionalbeihilfeleitlinien 2007–2013 unverändert übernommen.[117] Nach deren Maßgabe besteht eine **Pflicht zur Einzelnotifizierung** bei der Kommission, sofern die vorgeschlagene Beihilfe den Höchstbetrag überschreitet, der für eine Investition von 100 Mio. Euro im jeweiligen Fördergebiet gewährt werden kann. Einzeln angemeldete Beihilfevorhaben kommen grundsätzlich nicht für eine Investitionsbeihilfe infrage, wenn eine der folgenden Situationen vorliegt:[118]
- der Beihilfeempfänger ist vor der Investition für mehr als 25 % des Verkaufs des betreffenden Produkts verantwortlich oder wird nach der Investition in der Lage sein, mehr als 25 % des Umsatzes zu gewährleisten;
- die durch das Investitionsvorhaben geschaffene Kapazität, belegt durch Daten über den sichtbaren Verbrauch, beträgt mehr als 5 % des Marktes, es sei denn, die in den letzten fünf Jahren verzeichneten mittleren Jahreszuwachsraten des sichtbaren Verbrauchs liegen über der mittleren Wachstumsrate des Bruttoinlandsprodukts im Europäischen Wirtschaftsraum.

2. Sachkapitalbezogene Zuschüsse

38 **a) Förderfähige Kosten. aa) Überblick.** Neben den sogleich noch gesondert erläuterten geleasten Wirtschaftsgütern[119] sind bei sachkapitalbezogenen Zuschüssen folgende Kosten förderfähig:[120]
- Anschaffungs- bzw. Herstellungskosten[121] der zum Investitionsvorhaben zählenden Wirtschaftsgüter des Sachanlagevermögens;[122]
- der aktivierte Grundstückswert zu Marktpreisen, sofern es sich um ein für das beantragte Investitionsvorhaben notwendiges Grundstück handelt;[123]
- Anschaffungskosten von immateriellen Wirtschaftsgütern,[124] soweit diese aktiviert, außerhalb einer Unternehmensverbindung bzw. -verflechtung angeschafft und ausschließlich innerhalb der geförderten Betriebsstätte genutzt werden sowie mindestens fünf Jahre im Betrieb des Ersterwerbers verbleiben.

---

[115] Ziff. 41 Fußn. 44 der Leitlinien wie in Fußn. 15.
[116] Siehe Fußn. 25.
[117] Ziff. 60 ff. der Leitlinien wie in Fußn. 15; Einzelheiten dazu bereits in § 79 V 2 b bb.
[118] Teil II Ziff. 2.5.8 des 36. Rahmenplans; unter Bezugnahme des Multisektoralen Regionalbeihilferahmens 2002 zuvor bereits BT-Drucks. 16/1790 S. 50 Teil II Ziff. 2.5.4.
[119] V 2 a bb.
[120] BT-Drucks. 16/1790 S. 51 Teil II Ziff. 2.6.2.
[121] Die Begriffe Anschaffung und Herstellung sind auch hier im steuerrechtlichen Sinn zu verstehen, vgl. BT-Drucks. 16/1790 S. 46 Teil II Ziff. 1.2.1 sowie Teil II Ziff. 1.2.1 des 36. Rahmenplans.
[122] Teil II Ziff. 2.6.2 des 36. Rahmenplans nennt beispielhaft Gebäude, Anlagen und Maschinen.
[123] Teil II Ziff. 2.6.2 des 36. Rahmenplans bezieht sich insoweit auf den aktivierten Grundstückswert bis zur Höhe des Marktpreises für ein für das beantragte Investitionsvorhaben notwendiges Grundstück.
[124] Patente, Betriebslizenzen oder patentierte sowie nicht patentierte technische Kenntnisse.

Der 36. Rahmenplan verlangt im letzten Fall ausdrücklich einen Erwerb zu Marktbedingungen.[125] Bei Unternehmen, die keine KMU sind,[126] ist die Förderfähigkeit von vornherein auf 25 % der einheitlichen Bemessungsgrundlage (35. Rahmenplan) bzw. auf 50 % der gesamten förderfähigen Investitionskosten (36. Rahmenplan) beschränkt. Im Fall der Übernahme einer Betriebsstätte sind die förderfähigen Anschaffungskosten auf den Buchwert des Veräußerers beschränkt und bereits geförderte Wirtschaftsgüter bleiben unberücksichtigt (35. Rahmenplan) bzw. ihre Anschaffungskosten werden abgezogen (36. Rahmenplan). Bei im Zusammenhang mit der Verlagerung einer Betriebsstätte getätigten Investitionen sind aus der Veräußerung der bisherigen Betriebsstätte erzielte bzw. erzielbare Erlöse ebenso wie eventuelle Entschädigungsbeträge von den förderfähigen Investitionskosten abzuziehen. Die durch Investitionshilfen geförderten Wirtschaftsgüter müssen mindestens fünf Jahre nach Abschluss des Investitionsvorhabens in der geförderten Betriebsstätte verbleiben.[127] Etwas anderes gilt nur, wenn ein **Ersatz durch gleich- oder höherwertige Wirtschaftsgüter** erfolgt, die jedoch ihrerseits nicht erneut förderfähig sind. Schließlich kommt seit dem 35. Rahmenplan eine Investitionshilfe nur noch für den Teil der Investitionskosten in Betracht, der je geschaffenem Dauerarbeitsplatz 500 000 Euro oder je gesichertem Dauerarbeitsplatz 250 000 Euro nicht übersteigt.[128]

39

bb) Geleaste Wirtschaftsgüter. Zu den förderfähigen Kosten zählen im Geltungsbereich des **35. Rahmenplans** auch geleaste Wirtschaftsgüter, wenn sie beim Leasingnehmer als Nutzer aktiviert werden. Erfolgt die Aktivierung dagegen beim Leasinggeber in seiner Eigenschaft als Investor, besteht die Förderfähigkeit geleaster Wirtschaftsgüter in drei Fällen:
– Betriebsaufspaltung zwischen Investor und Nutzer;
– Mitunternehmerschaft zwischen Investor und Nutzer;
– Erfüllung spezieller Förderbedingungen.

40

Den letzten Punkt regelt ein gesonderter **Anhang zum Rahmenplan**,[129] der folgende Bedingungen für die Förderung von geleasten Wirtschaftsgütern aufstellt, die beim Leasinggeber aktiviert sind:
– Nr. 1: die Förderfähigkeit wird auf die in der Steuerbilanz des wirtschaftlichen Eigentümers aktivierten Anschaffungs- oder Herstellungskosten des Leasingobjekts beschränkt;
– Nr. 2: der Leasingvertrag muss eine Klausel enthalten, nach welcher der Zuschuss in vollem Umfang auf die Leasingraten angerechnet wird;
– Nr. 3: Leasinggeber und Leasingnehmer müssen die gesamtschuldnerische Haftung für eine eventuelle Rückzahlung des Zuschussbetrags übernehmen, wobei die Haftung des Leasinggebers entsprechend der Weitergabe des Fördervorteils reduziert werden kann;
– Nr. 4: dem Antrag des Leasingnehmers muss ein verbindliches Angebot des Leasinggebers auf Abschluss eines Leasingvertrags zugrunde liegen, der wiederum bestimmte Mindestangaben enthalten muss;[130]

41

---

[125] Teil II Ziff. 2.6.2 des 36. Rahmenplans.
[126] Einzelheiten zum KMU-Begriff in BT-Drucks. 16/1790 S. 53 Teil II Ziff. 2.9. 10 sowie leicht modifiziert in Teil II Ziff. 2.8.7 des 36. Rahmenplans; vgl. bereits § 79 IV 3 b.
[127] Vgl. auch Ziff. 40 der Leitlinien wie in Fußn. 15.
[128] BT-Drucks. 16/1790 S. 51 Teil II Ziff. 2.6.2, übernommen in Teil II Ziff. 2.6.3 des 36. Rahmenplans.
[129] BT-Drucks. 16/1790 S. 240 Anhang 9.
[130] Anhang 9 nennt die Anschaffungs- oder Herstellungskosten des Objekts, die unkündbare Grundmietzeit, die Höhe der über die Grundmietzeit konstanten Leasingraten, Kauf- und/oder Mietverlängerungsoptionen des Leasingnehmers bzw. Andienungspflichten des Leasinggebers und deren Bemessungsgrundlage, die den Restbuchwert nicht übersteigen darf, sowie in Fällen des Immobilienleasing zusätzlich Anpassungsklauseln bezüglich der Leasingraten aufgrund von Zinsentwicklungen und/oder veränderten Verwaltungskosten.

§ 80   Vierter Teil. Wirtschaftliche Problemkomplexe des Leasings

- Nr. 5: der Bewilligungsbescheid darf nur unter bestimmten Bedingungen erteilt werden.[131]

42 Parallel dazu werden zu den förderfähigen Kosten auch **gemietete und gepachtete Wirtschaftsgüter** gezählt, die beim Investor aktiviert werden, wenn zwischen ihm und dem Nutzer eine Betriebsaufspaltung oder Mitunternehmerschaft vorliegt oder wenn die in einem weiteren Anhang[132] formulierten Bedingungen für die Förderfähigkeit eingehalten sind. Diese entsprechen den Bedingungen für die Förderung geleaster Wirtschaftsgüter sinngemäß und enthalten als weiteres Element die Voraussetzung, dass die Nutzung der geförderten Wirtschaftsgüter unmittelbar nach deren Herstellung bzw. Anschaffung erfolgen muss.

43 Der 36. **Rahmenplan** hat insoweit einige Veränderungen bewirkt.[133] Er zählt gemietete und geleaste Wirtschaftsgüter bei sachkapitalbezogenen Zuschüssen einheitlich zu den förderfähigen Kosten, wenn sie beim Antragsteller aktiviert werden. Handelt es sich dabei um den Vermieter bzw. Leasinggeber, hängt die Förderfähigkeit von der Einhaltung der in Anhang 9 zusammengefassten Voraussetzungen ab. Darüber hinaus muss ein Mietkauf- bzw. Leasingvertrag für bewegliche Wirtschaftsgüter vorsehen, dass die geförderten Wirtschaftsgüter zum Ende der Vertragslaufzeit erworben werden. Schließlich müssen Miet- bzw. Leasingverträge über Grundstücke und Gebäude eine Mindestlaufzeit von fünf Jahren nach Abschluss des Investitionsvorhabens aufweisen.[134]

44 b) Nicht förderfähige Kosten. Die **Aufzählung** der nicht förderfähigen Kosten umfasst:[135]

- Investitionen, die der Ersatzbeschaffung dienen;[136]
- Anschaffungs- bzw. Herstellungskosten für Pkw, Kombifahrzeuge, Lkw, Omnibusse, Luftfahrzeuge, Schiffe und Schienenfahrzeuge sowie sonstige Fahrzeuge, die im Straßenverkehr zugelassen sind und primär dem Transport dienen;
- gebrauchte Wirtschaftsgüter, es sei denn, es handelt sich um den Erwerb einer stillgelegten oder von Stilllegung bedrohten Betriebsstätte oder das erwerbende Unternehmen ist ein Unternehmen in der Gründungsphase[137] und die Wirtschaftsgüter werden nicht von verbundenen oder sonst wirtschaftlich, rechtlich oder personell verflochtenen Unternehmen angeschafft oder wurden nicht bereits früher mit öffentlichen Mitteln gefördert.

3. Lohnkostenbezogene Zuschüsse

45 Hier zählen zu den förderfähigen Kosten die für eingestellte Personen während eines Zeitraums von zwei Jahren anfallenden Lohnkosten,[138] sofern es sich um an Erstinvesti-

---

[131] Dazu VI 2 b.
[132] BT-Drucks. 16/1790 S. 241 Anhang 10.
[133] Teil II Ziff. 2.6.2 dritter Unterpunkt des 36. Rahmenplans.
[134] Die letzten beiden Bedingungen setzen Art. 4 Abs. 6 der Verordnung wie in Fußn. 16 sowie Ziff. 53 der Leitlinien wie in Fußn. 15 um.
[135] BT-Drucks. 16/1790 S. 51 Teil II Ziff. 2.6.2.
[136] Hat das neu angeschaffte oder hergestellte Wirtschaftsgut wegen seiner technischen Überlegenheit oder rationelleren Arbeitsweise für den Betrieb eine wesentlich andere Bedeutung als das ausgeschiedene Wirtschaftsgut, liegt keine Ersatzbeschaffung vor.
[137] Teil II Ziff. 2.6.3 des 36. Rahmenplans beschränkt die Ausnahmeregelung auf KMU in der Gründungsphase. Als Gründungsphase definieren BT-Drucks. 16/1790 S. 52 Teil II Ziff. 2.9.5 und Teil II Ziff. 2.8.2 des 36. Rahmenplans einheitlich den Zeitraum von 60 Monaten seit Beginn der Gründungsinvestitionen. Als neu gegründet gelten Unternehmen, die erstmalig einen Gewerbebetrieb anmelden und nicht im Mehrheitsbesitz eines oder mehrerer selbständiger Unternehmer oder bestehender Unternehmen stehen.
[138] Diese umfassen den Bruttolohn vor Steuern und die gesetzlichen Sozialabgaben.

tionen gebundene Arbeitsplätze handelt. Ein Arbeitsplatz ist investitionsgebunden, wenn er eine Tätigkeit betrifft, auf die sich die Investition bezieht, und wenn er in den ersten drei Jahren nach Abschluss der Investition geschaffen wird. Dabei werden lediglich diejenigen neu geschaffenen Arbeitsplätze zugrunde gelegt, die zu einem Nettozuwachs an Beschäftigten im Verhältnis zur durchschnittlichen Beschäftigtenzahl in den vergangenen zwölf Monaten führen. Zudem müssen die der Förderung zugrunde gelegten Arbeitsplätze mindestens fünf Jahre besetzt bleiben. Der Rahmenplan verlangt, dass der überwiegende Teil der neu geschaffenen Arbeitsplätze eines der folgenden **Kriterien** erfüllt:[139]

– überdurchschnittliche Qualifikationsanforderung;
– besonders hohe Wertschöpfung;
– einem Bereich mit besonders hohem Innovationspotential zuzuordnen.

VI. Verfahren

1. Antragstellung

a) **Antragsberechtigung.** Die GA-Mittel werden als Zuschüsse auf Antrag gewährt. Soweit es um die Förderung von **Investitionen der gewerblichen Wirtschaft** geht, ist derjenige antragsberechtigt, der die betriebliche Investition vornimmt oder die betriebliche Maßnahme durchführt.[140] Bei Vorliegen eines Organschaftsverhältnisses kommt es für die Antragsberechtigung darauf an, ob der Organträger selbst oder eine Organgesellschaft die betrieblichen Investitionen vornimmt und die gesetzlichen Voraussetzungen der Gemeinschaftsaufgabe erfüllt.[141] Für die Förderung des Ausbaus der wirtschaftsnahen Infrastruktur sowie von Vorhaben im Zusammenhang mit integrierten regionalen Entwicklungskonzepten und Regionalmanagement, Kooperationsnetzwerken und Clustermanagement ist der Träger der Maßnahme antragsberechtigt.[142]

46

Bei **fehlender Identität von Investor und Nutzer** kann die Förderung von Investitionen der gewerblichen Wirtschaft nur erfolgen, wenn zwischen beiden eine steuerlich anerkannte und durch entsprechende Bescheinigung des Finanzamts nachgewiesene Betriebsaufspaltung oder eine Mitunternehmerschaft i. S. v. § 15 EStG vorliegt oder ein verbindliches Angebot des gewerblichen Investors zugunsten des Nutzers zum Abschluss einer Nutzungsvereinbarung über das zu fördernde Wirtschaftsgut besteht.[143] In diesen Fällen ist der Nutzer der zu fördernden Maßnahme antragsberechtigt. Im 36. Rahmenplan wurden die Fallgruppen Organschaft, Betriebsaufspaltung und Mitunternehmerschaft zusammengefasst und die Antragsberechtigung wurde einheitlich demjenigen zugesprochen, der die Wirtschaftsgüter in der Betriebsstätte im Fördergebiet nutzt.[144] Soll das zu fördernde Wirtschaftsgut dagegen nicht beim Antragsteller, sondern beim Vermieter bzw. Leasinggeber aktiviert werden, kann eine Förderung auch hier nur erfolgen, wenn Letztere ein verbindliches Angebot zugunsten des Antragstellers zum Abschluss eines Miet- oder Leasingvertrags über das zu fördernde Wirtschaftsgut abgegeben haben.[145] Für die Investitionszuschüsse haften die Parteien des schuldrechtlichen Vertrags gesamtschuldnerisch, wobei die Haftung des Vermieters bzw. Leasinggebers

47

---

[139] BT-Drucks. 16/1790 S. 51 Teil II Ziff. 2.6.3; ebenso Teil II Ziff. 2.6.4 des 36. Rahmenplans.
[140] BT-Drucks. 16/1790 S. 46 Teil II Ziff. 1.2.2. In Teil II Ziff. 1.2.2 Satz 1 des 36. Rahmenplans ist der Zusatz „oder die betriebliche Maßnahme durchführt" entfallen.
[141] BT-Drucks. 16/1790 S. 46 Teil II Ziff. 1.2.3.
[142] BT-Drucks. 16/1790 S. 46 Teil II Ziff. 1.2.4 sowie Teil II Ziff. 1.2.4 des 36. Rahmenplans.
[143] BT-Drucks. 16/1790 S. 46 Teil II Ziff. 1.2.2.
[144] Teil II Ziff. 1.2.2 Satz 2 des 36. Rahmenplans.
[145] Teil II Ziff. 1.2.3 Satz 1 des 36. Rahmenplans.

entsprechend der Weitergabe des Fördervorteils an den Antragsteller reduziert werden kann.[146]

48 b) Antragsfrist. Zum maßgeblichen Zeitpunkt verlangt der 35. **Rahmenplan** lediglich, dass der Antrag vor Beginn des Investitionsvorhabens bei einer zur Entgegennahme von Anträgen berechtigten Stelle[147] gestellt werden muss.[148] Der **36. Rahmenplan** statuiert als weitere Fördervoraussetzung, dass das Investitionsvorhaben erst nach der Erteilung der Bestätigung der grundsätzlichen Förderfähigkeit durch die bewilligende Stelle begonnen wird.[149] Als Beginn des Vorhabens gilt grundsätzlich der Abschluss eines der Ausführung zuzurechnenden Lieferungs- oder Leistungsvertrags. Dagegen zählen bei Baumaßnahmen die Planung, die Bodenuntersuchung sowie sonstige vorbereitende Maßnahmen ebenso wie Planungs- und Beratungsleistungen[150] nicht dazu. Gleiches gilt für den Grunderwerb, sofern es sich nicht um den Erwerb einer stillgelegten oder von Stilllegung bedrohten Betriebsstätte oder von sonstigen begünstigten Einrichtungen[151] handelt.

49 c) Antragsform. Der Antrag muss auf einem **amtlichen Formular** gestellt werden, wobei der Rahmenplan zwischen einem „Antrag auf Gewährung öffentlicher Finanzierungshilfen an die gewerbliche Wirtschaft (einschl. Tourismus) im Rahmen der regionalen Wirtschaftsförderung"[152] und einem „Antrag auf Gewährung einer Zuwendung zur Förderung wirtschaftsnaher Infrastruktur, Regionalmanagement, Kooperationsnetzwerke und Clustermanagement"[153] unterscheidet. Daneben stellen die Länder Antragsformulare für die ergänzende Förderung von nichtinvestiven Unternehmensaktivitäten zur Stärkung der Wettbewerbsfähigkeit und Innovationskraft von KMU bereit. Im Geltungsbereich des 36. Rahmenplans ist neu zu beachten, dass vor Beginn des Investitionsvorhabens eine **schriftliche Bestätigung** der bewilligenden Stelle vorliegen muss, wonach die Fördervoraussetzungen vorbehaltlich einer detaillierten Prüfung dem Grunde nach erfüllt werden.[154]

2. Bewilligungsbescheid

50 a) Antragsprüfung. Grundlegende Fördervoraussetzung ist das Vorliegen eines förderfähigen Investitionsvorhabens in einem im Rahmenplan ausgewiesenen Fördergebiet mit angemessener Eigenbeteiligung des Investors bzw. des Trägers des Vorhabens.[155] Für die **Beurteilung der Förderfähigkeit** kommt es auf die Sachlage im Zeitpunkt der Entscheidung über die Bewilligung der GA-Förderung und die Rechtslage in Bezug auf Fördervoraussetzungen, Art und Intensität der Förderung im Zeitpunkt der Antragstellung an.[156] Für die Prüfung der Anträge schreibt der Rahmenplan einen bestimmten Mindestgehalt vor,

---

[146] BT-Drucks. 16/1790 S. 46 Teil II Ziff. 1.2.2 Satz 4 und 5 sowie Teil II Ziff. 1.2.3 Satz 3 und 4 des 36. Rahmenplans.
[147] Siehe dazu die Erläuterungen in den Antragsformularen, BT-Drucks. 16/1790 S. 216, 227 Anhang 6 und S. 230, 237 Anhang 7.
[148] BT-Drucks. 16/1790 S. 46 Teil II Ziff. 1.2.1 und S. 53 Teil II Ziff. 3.3.
[149] Teil II Ziff. 3.3 des 36. Rahmenplans.
[150] BT-Drucks. 16/1790 S. 57 Teil II Ziff. 7.3 sowie Teil II Ziff. 7.3 des 36. Rahmenplans.
[151] BT-Drucks. 16/1790 S. 46 Teil II Ziff. 1.2.1 verweist insoweit auf S. 56 Teil II Ziff. 7.2.7 und 7.2.8; insoweit ebenso Teil II Ziff. 1.2.1 des 36. Rahmenplans.
[152] BT-Drucks. 16/1790 S. 216ff. Anhang 6.
[153] BT-Drucks. 16/1790 S. 230ff. Anhang 7.
[154] Teil II Ziff. 1.2.1 Satz 4 des 36. Rahmenplans.
[155] BT-Drucks. 16/1790 S. 45 Teil II Ziff. 1.1.1 und 1.1.3; sinngemäß Teil II Ziff. 1.1.1 und 1.1.3 des 36. Rahmenplans.
[156] BT-Drucks. 16/1790 S. 45 Teil II Ziff. 1.1.4, wonach der Zeitpunkt der Bewilligungsentscheidung auch für die Rechtslage maßgeblich ist, soweit Gemeinschaftsrecht betroffen ist; ebenso Teil II Ziff. 1.1.4 des 36. Rahmenplans.

25. Kapitel. Leasing und staatliche Investitionsförderung § 80

der sich im Wesentlichen auf die Abstimmung mit anderen Fachbehörden, die Einhaltung rechtlicher Vorgaben und die Beachtung der Zielsetzungen anderer Politikbereiche und Gemeinschaftsaufgaben bezieht.[157] Ferner sind bei der Entscheidung über die Anträge öffentliche Finanzierungshilfen zu berücksichtigen, die dem Antragsteller in früheren Jahren gewährt wurden.[158] Schließlich enthält der 36. Rahmenplan eine § 8 Abs. 5 InvZulG 2007[159] entsprechende Bestimmung.[160] Danach kann für ein Vorhaben, dessen Antragsteller einer Rückforderungsanordnung aufgrund einer Entscheidung der Europäischen Kommission über die Rückzahlung einer Beihilfe nicht Folge geleistet hat, eine Förderung erst gewährt werden, wenn der Rückforderungsbetrag zurückgezahlt worden ist.[161]

b) Auszahlung. Hinsichtlich der **Art der Investitionshilfe** kann der Investor zwischen 51 sachkapitalbezogenen und lohnkostenbezogenen Zuschüssen wählen.[162] Letztere können je zur Hälfte mit der erstmaligen Besetzung der Arbeitsplätze und nach Ablauf des ersten Beschäftigungsjahrs ausgezahlt werden.[163] Die Länder teilen dem Begünstigten die Höhe der im Investitionszuschuss enthaltenen Bundesmittel[164] in geeigneter Weise mit.[165] Handelt es sich um die **Förderung geleaster Wirtschaftsgüter**, die beim Leasinggeber aktiviert sind, darf der Bewilligungsbescheid nur unter folgenden Bedingungen erteilt werden:[166]
– durch eine Neukalkulation des Leasingvertrags wird der gewährte Zuschuss zur Absenkung der Anschaffungs- oder Herstellungskosten des Leasingobjekts und damit zur Absenkung der Leasingraten verwendet;
– das geförderte Wirtschaftsgut muss für die Dauer der vereinbarten Grundmietzeit[167] in der Betriebsstätte des Leasingnehmers eigenbetrieblich genutzt werden.

c) Rückforderung. Sind die dem Zuwendungsbescheid zugrundeliegenden Förder- 52 voraussetzungen des Rahmenplans nach Abschluss des Investitionsvorhabens oder der betrieblichen Maßnahme nicht erfüllt, müssen der Bescheid widerrufen und die bereits gewährten Fördermittel vom Zuwendungsempfänger zurückgefordert werden.[168] Von diesem Grundsatz werden zahlreiche **Ausnahmen** bei Verfehlung bestimmter Arbeitsplatzziele aufgrund von marktstrukturellen Veränderungen sowie bei geringfügigem Unterschreiten des erforderlichen Investitionsbetrags[169] zugelassen.[170] Letzteres kann insbesondere darauf beruhen, dass sich der dem Bewilligungsbescheid zugrundeliegende Durchführungszeitraum der Investition verlängert hat.[171] Allerdings finden diese Ausnahmeregelungen bei Insolvenz des Zuwendungsempfängers oder Stilllegung der Betriebsstätte von vornherein keine Anwendung.[172] In allen übrigen Fällen kommt ihre

---

[157] BT-Drucks. 16/1790 S. 46 Teil II Ziff. 1.4 und Teil II Ziff. 1.4 des 36. Rahmenplans.
[158] BT-Drucks. 16/1790 S. 46 Teil II Ziff. 1.3 und Teil II Ziff. 1.3 des 36. Rahmenplans.
[159] Dazu in § 79 V 2 b aa.
[160] Teil II Ziff. 3.4 des 36. Rahmenplans.
[161] Vgl. auch Art. 7 lit. g der Verordnung wie in Fußn. 16.
[162] BT-Drucks. 16/1790 S. 51 Teil II Ziff. 2.6.1 und 2.6.4 sowie oben V 2 und 3; ebenso Teil II Ziff. 2.6.1 und 2.6.5 des 36. Rahmenplans.
[163] BT-Drucks. 16/1790 S. 51 f. Teil II Ziff. 2.6.4; ebenso Teil II Ziff. 2.6.5 des 36. Rahmenplans.
[164] Zu deren Weiterleitung an den Letztempfänger BT-Drucks. 16/1790 S. 47 Teil II Ziff. 1.5.6.
[165] BT-Drucks. 16/1790 S. 47 Teil II Ziff. 1.5.4 und Teil II Ziff. 1.5.4 des 36. Rahmenplans.
[166] BT-Drucks. 16/1790 S. 240 Anhang 9 Ziff. 5.
[167] Bei gemieteten und gepachteten Wirtschaftsgütern muss die eigenbetriebliche Nutzung für die Dauer der vereinbarten Nutzungsüberlassung, mindestens jedoch fünf Jahre nach Abschluss des Investitionsvorhabens des Nutzers erfolgen, vgl. BT-Drucks. 16/1790 S. 241 Anhang 10 Ziff. 6.
[168] BT-Drucks. 16/1790 S. 54 Teil II Ziff. 4.1.1 sowie Teil II Ziff. 4.1.1 des 36. Rahmenplans.
[169] Bei einem Unterschreiten von mehr als 10 % liegt keine Geringfügigkeit (mehr) vor.
[170] BT-Drucks. 16/1790 S. 54 Teil II Ziff. 4.2 und Teil II Ziff. 4.2 des 36. Rahmenplans.
[171] Daneben kommt eine Verbilligung der vorgesehenen Wirtschaftsgüter nach Antragstellung in Betracht.
[172] BT-Drucks. 16/1790 S. 54 Teil II Ziff. 4.1.3; unverändert in Teil II Ziff. 4.1.3 des 36. Rahmenplans.

Heranziehung nur in Betracht, wenn der Zuwendungsempfänger glaubhaft macht, dass die Nichterreichung der Fördervoraussetzungen auf Umständen beruht, die er nicht zu vertreten hat und die er im Zeitpunkt der Antragstellung auch bei Anwendung der Sorgfalt eines ordentlichen Kaufmanns nicht vorhersehen konnte.[173]

53   Beruht die Unterschreitung des erforderlichen Investitionsbetrags auf einer Verlängerung des Durchführungszeitraums der Investition, nennt der Rahmenplan selbst **Konstellationen**, in denen der Zuwendungsempfänger diese Verlängerung nicht zu vertreten hat:[174]

– Liefer- oder Leistungsverzögerungen wurden ausschließlich durch Dritte verursacht;
– staatliche Genehmigungsverfahren haben sich trotz gewissenhafter Mitwirkung des Investors unvorhersehbar verzögert;
– die Durchführung wurde durch extrem schlechte Baugründe, extreme Witterungseinflüsse, Widersprüche Dritter oder behördliche Auflagen verzögert.

Im Geltungsbereich des 36. Rahmenplans kann schließlich bei **KMU** von einem Widerruf des Zuwendungsbescheids oder einer Rückforderung der gewährten Fördermittel in besonders begründeten Fällen abgesehen werden, wenn die Fördervoraussetzungen mindestens drei Jahre nach Abschluss der Investition erfüllt werden.[175]

3. Gemeinschaftsrecht

54   Der deutsche Gesetzgeber verschweigt nicht, dass die Europäische Kommission in den vergangenen Jahren im Rahmen der Beihilfenkontrolle bei der Regionalförderung **wettbewerbspolitische Belange** der EU verstärkt durchgesetzt hat.[176] Gleichwohl unterliegen Regionalbeihilfen zugunsten der gewerblichen Wirtschaft der Kontrolle durch die Kommission auf der Grundlage der Art. 87 ff. EGV.[177] Für alle nach dem 31. 12. 2006 gewährten Beihilfen sind die Regionalbeihilfeleitlinien 2007–2013 maßgeblich,[178] in die im Interesse der Vereinfachung und Transparenz die Regelungen des Multisektoralen Regionalbeihilferahmens 2002[179] integriert wurden. Daneben sind ebenso wie bei der Investitionszulage zahlreiche sektorale Beschränkungen der Förderung zu beachten.[180] Derzeit arbeitet die Kommission an einer zusätzlichen Strategie, die durch Kohäsionsleitlinien und nationale Rahmenpläne umgesetzt werden soll, so dass weitere Änderungen absehbar sind. Die Entwicklung bleibt also spannend.

---

[173] BT-Drucks. 16/1790 S. 54 Teil II Ziff. 4.1.2 bezieht sich insoweit auf die Fördervoraussetzungen nach Teil II Ziff. 2.2 und 2.6.2 letzter Absatz; im Ergebnis ebenso Teil II Ziff. 4.1.2 des 36. Rahmenplans.
[174] BT-Drucks. 16/1790 S. 54 Teil II Ziff. 4.2.5; unverändert in Teil II Ziff. 4.2.5 des 36. Rahmenplans.
[175] Teil II Ziff. 4.3 des 36. Rahmenplans.
[176] BT-Drucks. 16/1790 S. 31 Teil I Ziff. 8.
[177] Dazu bereits § 79 V 2 b.
[178] BT-Drucks. 16/1790 S. 33 Teil I Ziff. 8.2.2 sowie die Übergangsregelung in Ziff. 9.2 und 9.3 des 36. Rahmenplans.
[179] Siehe Fußn. 25 sowie BT-Drucks. 16/1790 S. 50 Teil II Ziff. 2.5.4.
[180] BT-Drucks. 16/1790 S. 34 Teil I Ziff. 8.2.3.3 und S. 53 Teil II Ziff. 3.2 sowie oben IV 3 c.

Fünfter Teil: Leasing als internationale Finanzdienstleistung

26. Kapitel: Grenzüberschreitende Leasingverträge

§ 81. Die Anknüpfung des Leasingvertrags

Schrifttum: *Bühner/Sheldon* US-Leasing-Transaktionen – Grundstrukturen einer grenzüberschreitenden Sonderfinanzierung, DB 2001, 315; *Dageförde* Internationales Finanzierungsleasing, 1992; *Davies* International Leasing, Journal of Business Law 1984, 468; *Ebenroth/Tzeschlok* Rechtswahlklauseln in internationalen Finanzierungsverträgen nach New Yorker Recht, IPRax 1988, 197; *Girsberger* Grenzüberschreitendes Finanzierungsleasing, 1997; *Kronke/Mehlis/Schnyder* Handbuch Internationales Wirtschaftsrecht, 2005; *Reithmann/Martiny* Internationales Vertragsrecht, 6. Aufl. 2004; *Schlechtriem/Schwenzer* Kommentar zum Einheitlichen UN Kaufrecht – CISG, 4. Aufl. 2004; *Sester* Tatbestand und Struktur des Cross-Border-Leasing, ZBB 2003, 94; *ders.* US-Cross-Border-Leasing: Eine Risikoanalyse, WM 2003, 1833

Übersicht

	Rdn.
I. Leasingvertrag und UN-Kaufrecht	1
II. Subjektive Anknüpfung (Art. 27 EGBGB)	3
1. Rechtswahlfreiheit	3
2. Anforderungen an die Rechtswahl	7
III. Objektive Anknüpfung (Art. 28 EGBGB)	8
1. Leasingverträge über bewegliche Sachen	8
2. Leasingverträge über unbewegliche Sachen	9
IV. Anwendungsbereich des Leasingvertragsstatuts und Eingriffsnormen	10
1. Umfang und Grenzen des Leasingvertragsstatuts	10
2. Eingriffsnormen	12

I. Leasingvertrag und UN-Kaufrecht

Das Übereinkommen der Vereinten Nationen über Verträge über den Internationalen **1** Warenkauf (CISG oder UN-Kaufrecht), das für die Bundesrepublik Deutschland seit dem 1.1.1991 in Kraft ist, ist nach Art. 1 Abs. 1 CISG anwendbar auf **Kaufverträge über Waren** zwischen Parteien, die ihre Niederlassung in verschiedenen Staaten haben, wenn diese Staaten Vertragsstaaten sind (Art. 1 Abs. 1 lit. a CISG) oder wenn die Regeln des Internationalen Privatrechts zur Anwendung des Rechts eines Vertragsstaates des CISG führen (Art. 1 Abs. 1 lit. b CISG). Während das Operatingleasing wegen seiner fehlenden Nähe zum Kauf eindeutig nicht unter das CISG fällt, ist zweifelhaft und umstritten, ob und unter welchen Bedingungen der sachliche Anwendungsbereich des CISG bei Finanzierungsleasingverträgen über bewegliche Sachen (Immobilien sind keine Waren im Sinne des UN-Kaufrechts)[1] eröffnet ist.[2] Bei der Beantwortung dieser Frage hat man sich zunächst von Vorprägungen durch die heimische Rechtsordnung zu lösen: Die Begriffe des UN-Kaufrechts sind autonom, d. h. ohne Rückgriff auf das nationale Recht des Anwenders, und im Lichte der Internationalität des Übereinkommens (Art. 7 Abs. 1 CISG) auszulegen. Auf die Einordnung des Finanzierungsleasing unter der Geltung des BGB kommt es daher nicht an. Maßgeblich ist, ob das Finanzierungsleasing als Austausch von Ware gegen Geld verstanden werden kann, auf den die Vorschriften des UN-Kaufrechts sinnvoller Weise Anwendung finden können. Hierfür wird geltend gemacht, dass jeden-

---

[1] Statt aller Schlechtriem/Schwenzer/*Ferrari* UN-Kaufrecht Art. 1 Rdn. 35.
[2] Ablehnend Schlechtriem/Schwenzer/*Ferrari* UN-Kaufrecht Art. 1 Rdn. 28; (differenziert) befürwortend *Karollus* JuS 1993, 378, 380; *Schlechtriem* Internationales UN-Kaufrecht Rdn. 25.

§ 81   Fünfter Teil. Leasing als internationale Finanzdienstleistung

falls dann, wenn die Leasingsache im wirtschaftlichen Ergebnis erworben werden solle (durch Übertragung der Sachsubstanz oder Aufzehrung des Gebrauchswertes), eine hinreichende Übereinstimmung mit dem kaufrechtlichen Leitbild des UN-Kaufrechts bestehe.[3] Indes wird dabei übersehen, dass sich die Rolle des Leasinggebers auch bei dieser Gestaltung auf die Finanzierungsfunktion beschränkt, der kaufvertragstypische Austausch von Ware gegen Geld in der Beziehung zwischen Leasinggeber und Leasingnehmer also nicht stattfindet. Damit fehlt eine hinreichende Basis für die Anwendung des UN-Kaufrechts. Zur Klarstellung der Rechtslage empfiehlt es sich jedoch, den Ausschluss der Anwendung des UN-Kaufrechts in internationalen Finanzierungsleasingverträgen, die im Übrigen die Voraussetzungen von Art. 1 Abs. 1 CISG erfüllen, ausdrücklich zu vereinbaren.

2   Von der Einordnung des Leasingvertrags als solcher zu unterscheiden sind die Folgen einer Anwendung des UN-Kaufrechts auf den Liefervertrag, den der Leasinggeber mit dem Lieferanten schließt:[4] Gegenstand der für den Leasingvertrag nach deutschem Recht typischen **Abtretungskonstruktion** sind in diesem Fall die Gewährleistungsrechte, die dem Käufer nach dem UN-Kaufrecht zustehen.[5]

II. Subjektive Anknüpfung (Art. 27 EGBGB)

1. Rechtswahlfreiheit

3   Art. 27 Abs. 1 EGBGB, mit dem der Gesetzgeber Art. 3 Abs. 1 des Römischen EWG-Übereinkommens über das auf vertragliche Schuldverhältnisse anzuwendende Recht (EVÜ) in das deutsche Internationale Privatrecht inkorporiert hat, erlaubt es den Parteien eines Leasingvertrags, das Recht zu wählen, dem der Vertrag untersteht (Grundsatz der **Parteiautonomie**). Nach Art. 3 Abs. 1 Satz 1 EGBGB ist hierfür ein Sachverhalt mit einer Verbindung zum Recht eines ausländischen Staates Voraussetzung. Art. 1 Abs. 1 EVÜ verlangt eine Verbindung zum Recht verschiedener Staaten. Man würde allerdings das in diesen Vorschriften zum Ausdruck kommende Erfordernis der **Auslandsberührung** missverstehen, wenn man die Möglichkeit der Wahl des auf einen Leasingvertrag anwendbaren Rechts davon abhängig machen wollte, dass bestimmte Merkmale der Parteien (wie deren Wohnsitz oder Niederlassung) oder der Leasingsache (wie deren Belegenheit) eine Verknüpfung mit dem Ausland herstellen. Vielmehr ist davon auszugehen, dass bereits die Wahl eines ausländischen Rechts die Auslandsberührung herstellt, welche die Anwendung der Art. 27 ff. EGBGB eröffnet.[6] Das gilt auch dann, wenn Gegenstand des Leasingvertrags eine inländische Immobilie ist.[7] Diesen Schluss erlaubt insbesondere Art. 27 Abs. 3 EGBGB (Art. 3 Abs. 3 EVÜ): Diese Vorschrift setzt eine gültige Rechtswahl bei Sachverhalten voraus, die nur mit einem Staat verbunden sind.

4   In solchen reinen **Inlandsfällen** nimmt Art. 27 Abs. 3 EGBGB freilich die zwingenden (d. h. hier: nicht dispositiven) Bestimmungen des inländischen Rechts von der Rechtswahl aus. Fehlt also – auch bei Anlegung eines großzügigen Maßstabs[8] – einem Leasingvertrag jenseits der Wahl eines ausländischen Rechts und ggf. der Vereinbarung der Zuständigkeit eines ausländischen Gerichts jeglicher Auslandsbezug, bleibt der Ver-

---

[3] *Schlechtriem* Internationales UN-Kaufrecht Rdn. 25.
[4] Siehe dazu § 83 Rdn. 1 ff.
[5] So bereits zum Haager Einheitlichen Kaufrecht (der Vorgängerregelung des UN-Kaufrechts) BGH NJW 1991, 639; ebenso Schlechtriem/Schwenzer/*Ferrari* UN-Kaufrecht Art. 1 Rdn. 28.
[6] Bamberger/Roth/*Spickhoff* Art. 27 Rdn. 7; Palandt/*Heldrich* Art. 27 EGBGB Rdn. 3; Reithmann/Martiny/*Martiny* Internationales Vertragsrecht Rdn. 62; Staudinger/*Magnus* Art. 27 EGBGB Rdn. 25.
[7] Näher dazu *Dageförde* Internationales Finanzierungsleasing, 34.
[8] Dazu, dass an die Auslandsberührung kein strenger Maßstab anzulegen ist, MünchKomm/*Martiny* Art. 27 EGBGB Art. 21.

trag trotz der Abwahl des deutschen Rechts den Schranken privatautonomer Gestaltungsfreiheit (insbesondere im Bereich des AGB-Rechts) unterworfen, die das deutsche Recht im Bereich des Leasing kennt. Indes besteht ein die Anwendung von Art. 27 Abs. 2 EGBGB ausschließender Auslandsbezug schon dann, wenn der Abschluss- oder der Erfüllungsort im Ausland liegt oder eine Partei dort ihren Sitz oder gewöhnlichen Aufenthalt hat.[9]

Das von den Parteien im Rahmen der Rechtswahl nach Art. 27 EGBGB vereinbarte 5 Recht ist das **Vertragsstatut**. Wählbar ist jedes Recht.[10] Hierbei kann es sich auch um ein neutrales Recht handeln, zu dem der Vertrag keinerlei objektive Bezüge aufweist. Nach Art. 27 Abs. 1 Satz 3 EGBGB ist es den Parteien gestattet, die Rechtswahl für den ganzen Vertrag oder nur für einen Teil zu treffen. Im Falle einer Teilrechtswahl wird das Vertragsstatut für den nicht von der Wahl betroffenen Vertragsteil aufgrund objektiver Anknüpfung nach Art. 28 EGBGB bestimmt.[11] Mit der (Teil-)Rechtswahl unterstellen die Parteien den Vertrag (bzw. einen Teil des Vertrags) der gewählten Rechtsordnung einschließlich etwaiger späterer Änderungen, soweit diese nach den intertemporalen Regeln dieser Rechtsordnung auf den Vertrag anzuwenden sind.[12] Die kollisionsrechtliche Verweisung bezieht sich gemäß Art. 35 Abs. 1 EGBGB (Art. 15 EVÜ) indes nur auf die **Sachnormen** der gewählten Rechtsordnung und nicht auf deren Kollisionsnormen. Eine Rückverweisung auf das heimische oder eine Weiterverweisung auf ein drittstaatliches Recht aufgrund des IPR des gewählten Rechts kommt daher nicht in Betracht.

Die vorstehend erläuterten Grundregeln gelten nur dann, wenn ein Gericht in 6 Deutschland oder in einem anderen Vertragsstaat des EVÜ das auf den Vertrag anwendbare Recht bestimmt. Gerichte anderer Staaten wenden das jeweilige **Kollisionsrecht des Forums** an. Allerdings ist die Anerkennung der Parteiautonomie ein weit verbreiteter Grundsatz des Internationalen Vertragsrechts. Im Einzelfall können jedoch Beschränkungen bestehen, die auch für Leasingverträge relevant werden können. Beispiel: Nach New Yorker Recht ist die Anerkennung der Wahl eines Rechts, zu dem der Vertrag keine „reasonable relation" aufweist, davon abhängig, dass der Vertrag einen Umfang von mindestens 250.000,– US-$ hat.[13]

2. Anforderungen an die Rechtswahl

Die Rechtswahl für den Leasingvertrag wird durch den Abschluss eines **Verweisungs-** 7 **vertrags** zwischen Leasinggeber und Leasingnehmer[14] getroffen, mit dem das anzuwendende Recht ausdrücklich oder konkludent bestimmt wird. Zustandekommen und Wirksamkeit des Verweisungsvertrags sind gemäß Art. 27 Abs. 4, 31 EGBGB (Art. 3 Abs. 4, 8 EVÜ) nach dem Recht zu beurteilen, das anzuwenden wäre, wenn der Vertrag wirksam wäre. Im Übrigen sind Art. 11 EGBGB (Form von Rechtsgeschäften), Art. 12 EGBGB (Schutz des anderen Vertragsteils) und Art. 29 Abs. 3 EGBGB (Form von Verbraucherverträgen) anzuwenden. Nicht abschließend geklärt ist die zutreffende Anknüpfung der Überprüfung von **Rechtswahlklauseln in AGB**: Während die inhaltliche Angemessenheit einer AGB-mäßigen Rechtswahl allein nach den Art. 27 ff. EGBGB zu beurteilen ist, ist grundsätzlich das Vertragsstatut die richtige Basis für die Einbeziehungs-

---

[9] *Stoffels* AGB-Recht Rdn. 234.
[10] Vgl. zu der Frage, ob auch außerstaatliches Recht wählbar ist, m. w. Nachw. Reithmann/Martiny/*Martiny* Internationales Vertragsrecht Rdn. 70.
[11] Vgl. z. B. OLG Hamm NJW-RR 1996, 1145.
[12] Staudinger/*Magnus* Art. 27 EGBGB Rdn. 37.
[13] Dazu *Ebenroth/Tzeschlok* IPRax 1988, 197, 199.
[14] Eine Rechtswahl kann nicht mit Bezug auf ein Vertragsverhältnis mit einem Dritten (beispielsweise in dem zwischen Leasinggeber und Lieferant geschlossenen Vertrag mit Bezug auf den Leasingvertrag) erfolgen; Kronke/Mehlis/Schnyder/*Girsberger* Internationales Wirtschaftsrecht Teil H Rdn. 116.

kontrolle, soweit sich überhaupt „mit hinreichender Sicherheit" (Art. 27 Abs. 1 Satz 2 EGBGB) eine Rechtswahl ermitteln lässt.[15]

III. Objektive Anknüpfung (Art. 28 EGBGB)

1. Leasingverträge über bewegliche Sachen

8 Haben die Parteien keine Rechtswahl getroffen, unterliegt der Leasingvertrag gemäß Art. 28 Abs. 1 EGBGB dem Recht des Staates, mit dem er die engsten Verbindungen aufweist. Nach Art. 28 Abs. 2 EGBGB wird vermutet, dass es sich hierbei um den Staat handelt, in dem die Partei, welche die charakteristische Leistung zu erbringen hat, im Zeitpunkt des Vertragsabschlusses ihren Sitz hat. Bei Leasingverträgen über bewegliche Sachen führt dies zur Anwendung des Rechts des Staates, in dem sich der **Sitz des Leasinggebers** bzw. die Niederlassung befindet, von der aus er seine Leistung zu erbringen hat (Art. 28 Abs. 2 Satz 2 EGBGB). Während dies, soweit ersichtlich, in der deutschsprachigen Literatur nahezu einhellig vertreten wird,[16] gelangen einige (ältere) ausländische Stimmen zu abweichenden Einschätzungen: Danach soll an den Belegenheitsort der Leasingsache[17] oder an den Ort des Vertragsschlusses[18] anzuknüpfen sein. Nach geltendem IPR des EGBGB bzw. des EVÜ könnten solche Ansätze nur durch die Anwendung der sog. Ausweichklausel in Art. 28 Abs. 5 EGBGB (Art. 4 Abs. 5 Satz 2 EVÜ) gerechtfertigt werden, der zufolge die Vermutung der engsten Verbindung mit dem Sitzstaat des Erbringers der vertragscharakteristischen Leistung nicht gilt, wenn sich aus der Gesamtheit der Umstände ergibt, dass der Vertrag engere Verbindungen mit einem anderen Staat aufweist. Indes sind für eine von der Grundregel des Art. 28 Abs. 2 EGBGB abweichende Anknüpfung des Leasingvertrags keine Gesichtspunkte ersichtlich, die so schwer wiegen, dass sie die Voraussetzungen der Ausweichklausel erfüllen: Dies gilt sowohl für den Belegenheitsort, der bei beweglichen Sachen keine rechtsichere Anknüpfung bietet, als auch für den Ort des Vertragsschlusses, der mit der vertraglichen Beziehung der Parteien oft nur in einem zufälligen Zusammenhang steht und bei Einsatz moderner Kommunikationsmittel oft nicht festzustellen ist.[19]

2. Leasingverträge über unbewegliche Sachen

9 In Ermangelung einer Rechtswahl wird nach Art. 28 Abs. 3 EGBGB bei einem Vertrag über ein dingliches Recht an einem Grundstück oder über ein Recht zur Nutzung eines Grundstücks vermutet, dass er die engsten Verbindungen zu dem Staat aufweist, in dem das Grundstück belegen ist. Die hierdurch zur Anwendung berufene **lex rei sitae** findet daher auf das Immobilienleasing Anwendung, soweit die Parteien kein anderes Recht gewählt haben.[20] Dies gilt im Grundsatz auch für das sog. **Cross Border Leasing**, bei dem

---

[15] Näher Reithmann/Martiny/*Martiny* Internationales Vertragsrecht Rdn. 210f.; *Stoffels* AGB-Recht Rdn. 236 ff.

[16] Statt vieler *Dageförde* Internationales Finanzierungsleasing, 42; MünchKomm/*Martiny* Art. 28 EGBGB Rdn. 173 (zum Operatingleasing), 174 (zum Finanzierungsleasing); kritisch dagegen *Girsberger* Grenzüberschreitendes Finanzierungsleasing Rdn. 94 (die Vermutung zugunsten der Charakteristik der Leistung des Leasinggebers sei „äußerst schwach").

[17] Hierfür *Davies*, Journal of Business Law 1984, 468, 475; vgl. ferner die Darstellung bei *Dageförde* Internationales Finanzierungsleasing, 37 ff.

[18] Hierfür aus der US-Rechtsprechung etwa Nytco Leasing v. Dan-Cleve Corp., 230 S. E. 2d 559 (North Carolina 1976); vgl. ferner die Darstellung bei *Dageförde* Internationales Finanzierungsleasing, 38 f.

[19] Näher *Dageförde* Internationales Finanzierungsleasing, 39 ff.

[20] *Dageförde* Internationales Finanzierungsleasing, 42 f.; Erman/*Hohloch* Art. 28 EGBGB Rdn. 36; *Girsberger* Grenzüberschreitendes Finanzierungsleasing Rdn. 100; MünchKomm/*Martiny* Art. 28 EGBGB Rdn. 173; Reithmann/Martiny/*Mankowski* Internationales Vertragsrecht Rdn. 1063; Soergel/*v. Hoffmann* Art. 28 EGBGB Rdn. 178.

26. Kapitel: Grenzüberschreitende Leasingverträge　　　　　　　　**§ 81**

Grundstückseigentümer aus Deutschland (häufig Kommunen) ihre Betriebsgrundstücke aus steuerlichen Erwägungen regelmäßig langfristig an einen US-amerikanischen Trust vermieten und es sodann von diesem zurückmieten.[21] Allerdings zwingen hier die Erfordernisse des US-Steuerrechts dazu, die Miet- bzw. Leasingverhältnisse im Wege der Rechtswahl dem Recht eines US-Bundesstaats (in der Praxis offenbar meist dem New Yorker Recht)[22] zu unterstellen, um in den Genuss der Steuervorteile zu gelangen.

IV. Anwendungsbereich des Leasingvertragsstatuts und Eingriffsnormen

1. Umfang und Grenzen des Leasingvertragsstatuts

Dem durch subjektive oder objektive Anknüpfung ermittelten Leasingvertragsstatut sind nach Art. 31 Abs. 1 EGBGB grundsätzlich (Ausnahme: Art. 31 Abs. 2 EGBGB) die Regeln über das **Zustandekommen** und die **Wirksamkeit** des Leasingvertrags zu entnehmen. Der Anwendungsbereich des Vertragsstatuts wird darüber hinaus – nicht abschließend – konkretisiert durch Art. 32 EGBGB: Danach ist das Vertragsstatut auch maßgeblich für die Auslegung des Vertrags (Art. 32 Abs. 1 Nr. 1 EGBGB), seine Erfüllung (Art. 32 Abs. 1 Nr. 2 EGBGB; beachte aber auch Art. 32 Abs. 2 EGBGB), die Folgen der Nichterfüllung (Art. 32 Abs. 1 Nr. 3 EGBGB), das Erlöschen, die Verjährung und die Verwirkung der Verpflichtungen (Art. 32 Abs. 1 Nr. 4 EGBGB), Nichtigkeitsfolgen (Art. 32 Abs. 1 Nr. 5 EGBGB), gesetzliche Vermutungen und Beweislastregeln (Art. 32 Abs. 3 EGBGB). **10**

Das Vertragsstatut umfasst damit insbesondere auch die für das Leasingvertragsstatut bedeutsamen Regeln der **AGB-Kontrolle**, soweit das zur Anwendung berufene Recht solche Regeln kennt.[23] Unterliegt der Leasingvertrag also kraft Rechtswahl oder objektiver Anknüpfung einem ausländischen Recht, sind nur dessen und nicht die inländischen AGB-Regeln heranzuziehen, es sei denn, der Leasingvertrag weist keinen relevanten Auslandskontakt auf, so dass nach Art. 27 Abs. 3 EGBGB alle zwingenden inländischen Normen einschließlich des AGB-Rechts anwendbar bleiben.[24] Lässt man Besonderheiten beim Verbraucherleasing zunächst außer Betracht,[25] kann daher der Schutz inländischer Leasingnehmer vor einer Benachteiligung durch die vom Leasinggeber gestellten AGB je nach Ausgestaltung des gewählten oder nach Art. 28 Abs. 2 EGBGB anzuwendenden ausländischen Rechts erheblich hinter dem Niveau des deutschen Rechts zurückbleiben (und umgekehrt dem Leasinggeber und AGB-Verwender ein größeres Maß an privatautonomer Gestaltungsfreiheit gewährt sein). **11**

2. Eingriffsnormen

Art. 34 EGBGB (Art. 7 Abs. 2 EVÜ) enthält eine Öffnungsklausel, der zufolge die Kollisionsregeln des Internationalen Vertragsrechts nicht die Anwendung von Bestimmungen des deutschen Rechts berühren, die ohne Rücksicht auf das auf den Vertrag anzuwendende Recht den Sachverhalt zwingend regeln (sog. Eingriffsnormen oder international zwingende Normen). Das Verständnis und Anwendungsfälle der hierdurch eröffneten **Sonderanknüpfung** gehören zu den schwierigsten und umstrittensten Problemfeldern des IPR. Im Bereich des Cross Border Leasing kommen etwa für eine Sonderanknüpfung öffentlichrechtliche Verbotsregelungen (z. B. Art. 61 Abs. 3, 72 Abs. 4 BayGemeindeO) in Betracht, die Kommunen oder kommunale Unternehmen an der Beteiligung an solchen **12**

---

[21] Näher zur rechtlichen Ausgestaltung *Bühner/Sheldon* DB 2001, 315; *Sester* ZBB 2003, 94; *ders.* WM 2003, 1833.
[22] *Sester* ZBB 2003, 94, 97.
[23] Dazu allgemein *Stoffels* AGB-Recht Rdn. 207.
[24] Zu Art. 27 Abs. 3 EGBGB siehe oben Rdn. 4.
[25] Dazu unten, § 82.

Geschäften hindern.²⁶ Während diesen Verboten ein international zwingender Geltungswille zu entnehmen ist (eine Gemeinde ihnen also nicht durch die Wahl eines ausländischen Rechts entkommen kann), gilt dies nicht für das deutsche AGB-Recht: Jenseits des in den Art. 29, 29a EGBGB geregelten Verbraucherschutzes ist kein gesetzgeberischer Wille erkennbar, dem Schutz des schwächeren Vertragspartners durch die §§ 305 ff. BGB im Wege einer Sonderanknüpfung auch dann Geltung zu verschaffen, wenn deutsches Recht nicht Vertragsstatut ist.²⁷

§ 82 Besonderheiten beim Verbraucherleasing

Schrifttum: Siehe § 81.

Übersicht

	Rdn.
I. Die Sonderregelung für Verbraucherverträge in Art. 29 EGBGB	1
1. Voraussetzungen	2
a) Finanzierungsleasing als Verbrauchervertrag i. S. v. Art. 29 EGBGB	2
b) Umstände des Vertragsschlusses	3
2. Rechtsfolgen	5
a) Beschränkung der Rechtswahl (Art. 29 Abs. 1 EGBGB)	5
b) Objektive Anknüpfung (Art. 29 Abs. 2 EGBGB)	6
c) Form (Art. 29 Abs. 3 EGBGB)	7
II. EG-rechtlicher Verbraucherschutz (Art. 29a EGBGB)	8

I. Die Sonderregelung für Verbraucherverträge in Art. 29 EGBGB

1 Der **kollisionsrechtliche Verbraucherschutz** bei Leasingverträgen wird in erster Linie durch Art. 29 EGBGB gewährleistet, der mit Blick auf die EG-Verbraucherschutzrichtlinien durch Art. 29a EGBGB ergänzt wird. Primäres Schutzinstrument ist eine Beschränkung der durch Art. 27 EGBGB gewährten Rechtswahlfreiheit zugunsten des Verbrauchers in Art. 29 Abs. 1 EGBGB. Darüber hinaus enthält Art. 29 Abs. 2 EGBGB eine von Art. 28 EGBGB abweichende Regelung über die bei fehlender Rechtswahl geltende objektive Anknüpfung. Art. 29 Abs. 3 EGBGB enthält schließlich eine spezielle Kollisionsnorm für die Form von Verbraucherverträgen.

1. Voraussetzungen

2 **a) Finanzierungsleasing als Verbrauchervertrag i. S. v. Art. 29 EGBGB.** Art. 29 EGBGB ist nicht generell auf Verträge mit Verbrauchern anwendbar, sondern nur auf Verbraucherverträge über die **Lieferung** beweglicher Sachen (Art. 29 Abs. 1 Satz 1 1. Alt. EGBGB) oder die Erbringung von **Dienstleistungen** (Art. 29 Abs. 1 Satz 1 2. Alt. EGBGB) sowie auf Verträge zur **Finanzierung** eines solchen Geschäfts (Art. 29 Abs. 1 Satz 1 3. Alt. EGBGB). Im Ergebnis ist man sich heute einig, dass Leasingverträge über bewegliche Sachen unter diese Regelung fallen, wenn der Leasingnehmer zu einem Zweck handelt, der – entsprechend der Definition des Verbraucherbegriffs in Art. 29 Abs. 1 EGBGB – nicht seiner beruflichen oder gewerblichen Tätigkeit zugerechnet werden kann. Die Begründungen differieren nur mit Blick auf die einschlägige Tatbestandsalternative: Teilweise hält man einen Vertrag über eine Lieferung,[1] teilweise einen Vertrag über die Finanzierung einer Lieferung[2] für gegeben. Vorzugswürdig ist vor dem Hinter-

---

[26] Reithmann/Martiny/*Mankowski* Internationales Vertragsrecht Rdn. 1064.
[27] *Stoffels* AGB-Recht Rdn. 232.
[1] So MünchKomm/*Martiny* Art. 29 EGBGB Rdn. 21; Reithmann/Martiny/*Dageförde* Internationales Vertragsrecht Rdn. 1155.
[2] So Palandt/*Heldrich* Art. 29 EGBGB Rdn. 2; Staudinger/*Magnus* Art. 29 EGBGB Rdn. 47.

26. Kapitel: Grenzüberschreitende Leasingverträge **§ 82**

grund der das Leistungsprogramm des Leasinggebers und das Interesse des Leasingnehmers prägenden Finanzierungsfunktion letztere Ansicht.

b) Umstände des Vertragsschlusses. Der kollisionsrechtliche Verbraucherschutz wird 3 dem Leasingnehmer, der Verbraucher ist, nicht in jedem Fall, sondern nur situationsabhängig zuteil. Art. 29 Abs. 1 EGBGB verlangt für die Sonderanknüpfung inländischen Verbraucherschutzrechts, dass bestimmte **Modalitäten der Vertragsanbahnung** in dem Staat vorliegen, in dem der Verbraucher seinen gewöhnlichen Aufenthalt hat. Damit sind Konstellationen einer Absatztätigkeit (hier des Leasinggebers) im Verbraucherstaat gemeint. Hierzu gehört zunächst der Fall, dass dem Vertragsschluss ein Angebot (nicht notwendig ein verbindliches Angebot i. S. d. BGB, auch eine invitatio ad offerendum)[3] oder eine Werbung im Verbraucherstaat[4] vorausging und der Verbraucher in diesem Staat die zum Vertragsschluss erforderlichen Rechtshandlungen vorgenommen hat (Art. 29 Abs. 1 Nr. 1 EGBGB). Sodann sind Fälle erfasst, in denen der Leasinggeber oder sein Vertreter eine Bestellung des Verbrauchers in dessen Aufenthaltsstaat entgegengenommen hat (Art. 29 Abs. 1 Nr. 2 EGBGB).[5] Schließlich kommt Art. 29 EGBGB auch auf Verbrauchervertragsabschlüsse im Rahmen von „Kaffeefahrten" des Verbrauchers ins Ausland zur Anwendung (Art. 29 Abs. 1 Nr. 3 EGBGB).

Findet die **Vertragsanbahnung außerhalb des Aufenthaltsstaates** statt, verliert der 4 Verbraucher mangels Vorliegens einer der in Art. 29 Abs. 1 EGBGB abschließend aufgezählten Situationen den durch Art. 29 EGBGB gewährleisteten Schutz durch das Recht seines Aufenthaltsstaates. Was den durch den EG-Vertrag konstituierten Binnenmarkt betrifft, hat sich dieses Schutzkonzept als lückenhaft erwiesen: Soll neben grenzüberschreitender Unternehmenstätigkeit auch die grenzüberschreitende Verbrauchernachfrage zum Motor der Binnenmarktintegration werden, bedarf es, so die Grundüberlegung, auch eines kollisionsrechtlichen (Mindest-)Schutzes des sich auf die Märkte anderer Mitgliedstaaten begebenden Verbrauchers. Diesem Anliegen trägt Art. 29 a EGBGB Rechnung (dazu Abschnitt II.). In Fällen, in denen die Vertragsanbahnung außerhalb des EG-Binnenmarktes stattfindet, bleibt es indes dabei, dass der Verbraucher den Schutz seines Heimatrechts nicht genießt.

2. Rechtsfolgen

a) Beschränkung der Rechtswahl (Art. 29 Abs. 1 EGBGB). Liegen beim Verbrau- 5 cherleasing die situativen Voraussetzungen des Art. 29 Abs. 1 EGBGB vor, kommt es zu einer **ergänzenden Sonderanknüpfung** der verbraucherschützenden Regeln des Staates, in dem der Verbraucher seinen gewöhnlichen Aufenthalt hat. Das heißt: Die Wahl eines anderen als des Aufenthaltsrechts des Verbrauchers ist nicht unwirksam. Sind die Verbraucherschutzvorschriften des gewählten Rechts für diesen jedoch im konkreten Fall ungünstiger als die Vorschriften des Rechts seines Aufenthaltsstaats, sind letztere Vorschriften gesondert anzuknüpfen, kommen also unabhängig vom Vertragsstatut zur Anwendung (sog. Günstigkeitsprinzip).[6] Zu den zwingenden Vorschriften, die von der Sonderanknüpfung nach Art. 29 Abs. 1 EGBGB erfasst werden, zählen neben den Regeln, die explizit dem Verbraucherschutz gewidmet sind, auch Normen des allgemeinen Vertragsrechts, die auf den Schutz der schwächeren Partei abzielen. Vor diesem Hintergrund

---

[3] MünchKomm/*Martiny* Art. 29 EGBGB Rdn. 34.
[4] Unter welchen Voraussetzungen dies bei Internet-Werbung der Fall ist, ist streitig. Das Meinungsspektrum schwankt zwischen bloßer Abrufbarkeit der Werbung und der Forderung eines spezifischen Bezugs auf den Verbraucherstaat; näher MünchKomm/*Martiny* Art. 29 EGBGB Rdn. 36.
[5] Streitig bei Bestellung über das Internet; dazu MünchKomm/*Martiny* Art. 29 EGBGB Rdn. 39. Richtigerweise ist Nr. 2 als erfüllt anzusehen, wenn der Verbraucher von einer inländischen Empfangseinrichtung ausgehen konnte.
[6] Näher MünchKomm/*Martiny* Art. 29 EGBGB Rdn. 59.

§ 82   Fünfter Teil. Leasing als internationale Finanzdienstleistung

fallen auch die Bestimmungen des BGB über die AGB-Kontrolle unter Art. 29 Abs. 1 EGBGB.[7]

6 **b) Objektive Anknüpfung (Art. 29 Abs. 2 EGBGB).** Nach Art. 28 Abs. 2 EGBGB ist auf einen Leasingvertrag über eine bewegliche Sache bei fehlender Rechtswahl das Recht des Staates anzuwenden, in dem sich der Sitz des Leasinggebers befindet.[8] Ist der Leasingnehmer jedoch Verbraucher und wurde der Vertrag unter den in Art. 29 Abs. 1 Nr. 1–3 EGBGB bezeichneten Umständen geschlossen, bestimmt Art. 29 Abs. 2 EGBGB als **Sonderregelung der objektiven Anknüpfung**, dass das Recht des Staates, in dem der Verbraucher seinen gewöhnlichen Aufenthalt, zur Anwendung kommt. Auf diese Weise wird erreicht, dass der Verbraucher den Schutz seines heimischen Rechts nicht verliert, allerdings ggf. auch nicht in den Genuss eines höheren Schutzes kommt, den das Recht im Sitzstaat des Leasinggebers möglicherweise gewährt.

7 **c) Form (Art. 29 Abs. 3 EGBGB).** Unabhängig davon, ob der unter Art. 29 Abs. 1 EGBGB fallende Verbrauchervertrag mit oder ohne Rechtswahl geschlossen wurde, ordnet Art. 29 Abs. 3 S. 1 EGBGB die **Nichtanwendung der allgemeinen Regeln** über die Anknüpfung von Formvorschriften in Art. 11 Abs. 1–3 EGBGB an. An deren Stelle tritt die spezielle Kollisionsnorm des Art. 29 Abs. 3 S. 2 EGBGB, der zufolge sich die Form nach dem Recht des Aufenthaltsstaates des Verbrauchers richtet. Dies gilt sowohl für die Form des Verbrauchervertrags selbst als auch für die Rechtswahlvereinbarung (Art. 27 Abs. 4 EGBGB).

II. EG-rechtlicher Verbraucherschutz (Art. 29 a EGBGB)

8 Die Lückenhaftigkeit des durch Art. 29 EGBGB gewährte kollisionsrechtlichen Schutzes, was den „aktiven" Verbraucher betrifft, der als Nachfrager die Grenzen zwischen den EG-Mitgliedstaaten überschreitet und dadurch zum Funktionieren des europäischen Binnenmarktes beiträgt, wird durch Art. 29 a EGBGB für Fälle mit einem **engen Bezug zur EU oder zum EWR** kompensiert. Diese Vorschrift setzt die kollisionsrechtlichen Anforderungen der vier in Art. 29 a Abs. 4 EGBGB aufgezählten Richtlinien, nämlich der AGB-Richtlinie,[9] der Timesharing-Richtlinie,[10] der Fernabsatzrichtlinie[11] und der Verbrauchsgüterkauf-Richtlinie[12] um.[13] Die im Verhältnis zu Art. 29 EGBGB subsidiär[14] anwendbare Vorschrift greift einerseits enger als Art. 29 EGBGB nur im Falle der Wahl des Rechts eines Drittstaates ein, der nicht Mitglied der EU oder des EWR ist.[15] Andererseits geht sie über Art. 29 EGBGB hinaus, indem sie – unabhängig vom Vertragstyp – die Richtlinienumsetzungsregelungen[16] desjenigen Staates zur Anwendung beruft, zu dessen Gebiet der Vertrag eine enge Verbindung aufweist.[17] Unter welchen Voraussetzun-

---

[7] *Stoffels* AGB-Recht Rdn. 214.
[8] Siehe oben, § 81 Rdn. 8.
[9] ABl. EG 1993 Nr. L 95 S. 29.
[10] ABl. EG 1994 Nr. L 280 S. 83.
[11] ABl. EG 1997 Nr. L 144 S. 19.
[12] ABl. EG 1999 Nr. L 171 S. 12.
[13] Zum abschließenden Charakter der Regelung, der eine analoge Anwendung auf andere Verbraucherschutzrichtlinien ausschließt, näher Reithmann/Martiny/*Martiny* Internationales Vertragsrecht Rdn. 845.
[14] *Stoffels* AGB-Recht Rdn. 216.
[15] Palandt/*Heldrich* Art. 29 a EGBGB Rdn. 4.
[16] Dies gilt auch insoweit, als die nationalen Umsetzungsregelungen zulässigerweise über die Mindeststandards der Verbraucherschutzrichtlinien hinausgehen; so zutreffend *Stoffels* AGB-Recht Rdn. 228.
[17] Zu der umstrittenen Frage, ob hier ein Günstigkeitsvergleich anzustellen ist, es also bei der Anwendbarkeit günstigeren drittstaatlichen Rechts bleibt, vgl. MünchKomm/*Martiny* Art. 29 a EGBGB Rdn. 79 ff.

gen ein enger Bezug anzunehmen ist, wird durch Art. 29 a Abs. 2 EGBGB beispielhaft konkretisiert: Der Vertrag ist aufgrund[18] eines öffentlichen Angebots, einer öffentlichen Werbung oder einer ähnlichen in einem EU- oder EWR-Mitgliedstaat entfalteten Tätigkeit zustande gekommen (Art. 29 a Abs. 2 Nr. 1 EGBGB), oder der andere Teil hatte bei Abgabe seiner auf den Vertragsschluss gerichteten Willenserklärung seinen gewöhnlichen Aufenthalt in einem EU- oder EWR-Mitgliedstaat (Art. 29 a Abs. 2 Nr. 2 EGBGB).

§ 83 Die Anknüpfung des Liefervertrags

Schrifttum: Siehe § 81

Übersicht

	Rdn.
I. Liefervertrag und UN-Kaufrecht	1
1. Persönlich-räumlicher Anwendungsbereich	3
2. Sachlicher Anwendungsbereich	7
3. Abdingbarkeit	9
4. Hinweise zur Mängelgewährleistung nach dem UN-Kaufrecht	11
II. Kollisionsrecht	19
1. Subjektive Anknüpfung (Art. 27 EGBGB)	20
2. Objektive Anknüpfung (Art. 28 EGBGB)	21

I. Liefervertrag und UN-Kaufrecht

Bei der Bestimmung des auf einen Liefervertrag mit Auslandsbezug anwendbaren Rechts **1** ist stets **vorrangig das UN-Kaufrecht** (CISG – United Nations Convention on Contracts for the International Sale of Goods) zu prüfen.[1] Das CISG, das in der Bundesrepublik Deutschland am 1.1. 1991 (Österreich: 1.1. 1989; Schweiz: 1.3. 1991) in Kraft trat, enthält, soweit es persönlich-räumlich (dazu Rdn. 3 ff.) und sachlich (dazu Rdn. 7 ff.) anwendbar ist und nicht von den Vertragsparteien abbedungen wurde (dazu Rdn. 9 f.), Regelungen über das Zustandekommen eines Kaufvertrags und über die Pflichten bzw. die Haftung der Kaufvertragsparteien, die das interne staatliche Recht verdrängen. Hiervon ausgenommen ist aber nach Art. 5 CISG die Verkäuferhaftung für durch die Ware verursachte Körperverletzungen oder Todesfälle. Ausdrücklich vom Regelungsbereich ausgeschlossen sind des weiteren Gültigkeits- (Art. 4 S. 2 lit. a CISG) und Eigentumsfragen (Art. 4 S. 2 lit. b CISG). Hierfür gilt das nach dem Kollisionsrecht des Forums zur Anwendung berufene interne Recht.

Die **tatsächliche Bedeutung** des UN-Kaufrechts wie auch seine Anwendbarkeit im **2** Einzelfall wird in der Praxis leicht übersehen. Zumindest potentiell erfasst das UN-Kaufrecht, das mittlerweile für 69 Vertragsstaaten in Kraft getreten ist, etwa 2/3 des weltweiten Warenhandels.[2] Kaufvertragliche Beziehungen zwischen Leasinggeber und Lieferant, die in den nachfolgend beschriebenen Anwendungsbereich des UN-Kaufrechts fallen, unterliegen dem UN-Kaufrecht, ohne dass es einer Wahl des UN-Kaufrechts bedarf. Wollen die Parteien die Geltung des UN-Kaufrechts verhindern, müssen sie sich vielmehr auf dessen Abwahl einigen (dazu Rdn. 9 f.). Dass hierzu eine Rechtswahlklausel

---

[18] Ob hiermit ein striktes Kausalitätserfordernis gemeint ist, ist streitig; hierfür spricht sich Palandt/*Heldrich* Art. 29 a Rdn. 3 aus; a. A. Staudinger/*Magnus* Art. 29 a Rdn. 45.

[1] Die amtliche deutsche Übersetzung für die Bundesrepublik Deutschland (die deutschen Übersetzungen für die Schweiz und Österreich variieren leicht) findet sich in BGBl. 1989 II S. 588. Da Deutsch nicht Vertragssprache ist, sondern Englisch, Französisch, Russisch, Spanisch, Arabisch und Chinesisch, ist die deutsche Fassung nur ein unverbindliches Hilfsmittel bei der Interpretation.

[2] Der aktuelle Stand der Vertragsstaaten des CISG einschließlich etwaiger Vorbehalte, die diese erklärt haben, ist abzurufen unter:
http://www.uncitral.org/uncitral/en/uncitral.texts/sale.goods/1980CISG.status.html.

nicht genügt, die einfach nur auf das Recht eines Vertragsstaats Bezug nimmt (z. B. „für den Vertrag gilt deutsches Recht"), ist vielen Parteien nicht klar und kann Folgeprobleme für den Leasingnehmer aufwerfen, der – ohne sich dessen bewusst zu sein – im Rahmen der Abtretungskonstruktion keine Gewährleistungsrechte nach dem BGB, sondern nach dem UN-Kaufrecht erwirbt (dazu Rdn. 11 ff.).

1. Persönlich-räumlicher Anwendungsbereich

3   Nach Art. 1 Abs. 1 CISG ist das UN-Kaufrecht auf Warenkaufverträge zwischen Vertragsparteien anwendbar, die ihre **Niederlassung in verschiedenen Staaten** haben.[3] Bei Mehrfachniederlassung einer Partei ist die Niederlassung mit der engsten Beziehung zum Vertrag und zu seiner Erfüllung maßgebend (Art. 10 lit. a CISG). Bei fehlender Niederlassung (wohl nur bei natürlichen Personen möglich) wird auf den gewöhnlichen Aufenthalt abgestellt (Art. 10 lit. b CISG). Die Internationalität des Warenkaufs muss für beide Parteien spätestens beim Vertragsschluss **erkennbar** gewesen sein (Art. 1 Abs. 2 CISG). Während das Vorliegen der Internationalität von der Partei zu beweisen ist, die sich auf die Anwendung des CISG beruft, hat die Partei, die die Anwendung bestreitet, die Nichterkennbarkeit der Internationalität zu beweisen. Nicht erheblich für die Eröffnung des Anwendungsbereichs sind dagegen die Staatsangehörigkeit und die (vielen Rechtsordnungen ohnehin unbekannte) Kaufmannseigenschaft der Parteien (Art. 1 Abs. 3 CISG). Der Ausschluss von Warenkäufen für den persönlichen Gebrauch nach Art. 2 lit. a CISG sorgt indes für eine Beschränkung des UN-Kaufrechts auf den gewerblichen Bereich.

4   Die Gerichte der Vertragsstaaten (also auch deutsche Gerichte) haben Art. 1 CISG zwingend zu beachten.[4] Dabei ist zwischen der **autonomen Anwendung** des UN-Kaufrechts nach Art. 1 Abs. 1 lit. a CISG und der **Anwendung kraft kollisionsrechtlicher Verweisung** nach Art. 1 Abs. 1 lit. b CISG zu unterscheiden. Beide Alternativen setzen die Internationalität des Warenkaufvertrags voraus. Hinzu kommt ein jeweils unterschiedlich gestalteter Bezug zu einem oder mehreren Vertragsstaaten:

5   Wenn es sich bei den Niederlassungsstaaten um **Vertragsstaaten** handelt, führt Art. 1 Abs. 1 lit. a CISG unmittelbar – also ohne dass es eines Rückgriffs auf Kollisionsrecht bedarf – zur Anwendung des UN-Kaufrechts. Maßgeblich ist das Inkrafttreten des UN-Kaufrechts in dem betreffenden Staat zur Zeit des Vertragsschlusses. Hat ein Staat in einem Vorbehalt nach Art. 92 CISG erklärt, dass Teil II (Abschluss des Vertrages) oder III (Warenkauf) des CISG für ihn nicht verbindlich ist (so z. B. die skandinavischen Staaten mit Blick auf Teil II), gilt er insoweit nicht als Vertragsstaat.

6   Liegt dagegen die Niederlassung mindestens einer Partei in einem **Nichtvertragsstaat**, kommt das UN-Kaufrecht nach Art. 1 Abs. 1 lit. b CISG dann zur Anwendung, wenn das IPR des Forums zum Recht eines Vertragsstaates führt. Sind deutsche Gerichte international zuständig, kommt es danach also darauf an, ob kraft Rechtswahl (Art. 27 EGBGB) oder objektiver Anknüpfung (Art. 28 EGBGB) das Recht eines Vertragsstaates zur Anwendung kommt. Ist das der Fall, sorgt Art. 1 Abs. 1 lit. b CISG als eine dem IPR nachgeschaltete Verteilungsnorm[5] dafür, dass das UN-Kaufrecht als Teil des Rechts des Vertragsstaates und nicht das interne Kaufrecht (bei Wahl deutschen Rechts also das UN-Kaufrecht und nicht die kaufrechtlichen Regeln des BGB und des HGB!) zur Anwendung kommt. Die Vereinbarung der Geltung des Rechts eines Vertragsstaates führt daher

---

[3] Zum Begriff der Niederlassung vgl. OLG Stuttgart IHR 2001, 65, 66: „Ort, von dem aus die geschäftliche Tätigkeit tatsächlich und schwerpunktmäßig betrieben wird..., wofür eine gewisse Dauer und Stabilität der Einrichtung und eine gewisse selbstständige Handlungskompetenz erforderlich ist".

[4] Besonderheiten gelten mit Bezug auf Vertragsstaaten, die einen Vorbehalt nach Art. 95 CISG eingelegt haben; dazu näher Schlechtriem/Schwenzer/*Ferrari* UN-Kaufrecht Art. 1 Rdn. 77 ff.

[5] Teilweise ist (mit Blick auf das „vorgeschaltete" IPR) auch von einer „Vorschaltlösung" die Rede; etwa bei Reithmann/Martiny/*Martiny* Internationales Vertragsrecht Rdn. 725.

26. Kapitel: Grenzüberschreitende Leasingverträge   § 83

als solche nicht zum Ausschluss des CISG nach Art. 6 CISG, es sei denn, die Auslegung nach Art. 8 CISG ergibt, dass nur das interne Kaufrecht des Vertragsstaates gemeint ist.

2. Sachlicher Anwendungsbereich

Nach Art. 1 CISG gilt das UN-Kaufrecht für internationale **Warenkaufverträge**. „Waren" („goods", „marchandises") sind nach allgemeiner Ansicht bewegliche körperliche Gegenstände, keine Immobilien.[6] Außer Kaufverträgen fallen in den sachlichen Anwendungsbereich auch **Werklieferungsverträge** über herzustellende Waren, soweit der Besteller der herzustellenden Waren nicht einen „wesentlichen Teil" der für die Herstellung notwendigen Stoffe selbst zur Verfügung stellt (Art. 3 Abs. 1 CISG), sowie Lieferverträge mit zusätzlichen **arbeits- oder dienstvertraglichen Pflichten** (z. B. Montagepflicht), soweit diese nicht den überwiegenden Teil der Pflichten des Lieferanten ausmachen (Art. 3 Abs. 2 CISG).[7] Vor diesem Hintergrund hat auch die Rechtsprechung (noch zum Einheitlichen Kaufgesetz, der Vorgängerregelung des CISG) bereits seit langem erkannt, dass die Vertragsbeziehung zwischen dem Leasinggeber und dem Lieferanten der Leasingsache dem Einheitskaufrecht unterliegen kann und bei einer grenzüberschreitenden Lieferbeziehung mit Blick auf bewegliche Sachen auch oft unterliegen wird.[8]

7

Von den **Anwendungsausschlüssen**, die Art. 2 CISG vorsieht, ist für den Liefervertrag vor allem lit. e potentiell relevant, demzufolge das UN-Kaufrecht keine Anwendung auf den Kauf von Seeschiffen, Binnenschiffen, Luftkissenfahrzeugen oder Luftfahrzeugen findet. Art. 2 lit. a CISG, der den Kauf von Waren für den persönlichen Gebrauch oder den Gebrauch in der Familie oder im Haushalt bei Erkennbarkeit für den Verkäufer vom Anwendungsbereich des CISG ausschließt, wird dagegen auch beim Verbraucherleasing nicht in der Lieferbeziehung zwischen Lieferant und Leasinggeber anwendbar sein, da der Leasinggeber als Käufer die Voraussetzungen des Art. 2 lit. a CISG nicht erfüllt. Eine andere Frage (die nach dem Statut des Leasingvertrags zu beantworten ist) ist dagegen, ob etwaige Gewährleistungsrechte nach dem UN-Kaufrecht, die dem Leasingnehmer vom Leasinggeber abgetreten werden, den AGB-rechtlichen Anforderungen des Leasingvertragsstatuts genügen.[9]

8

3. Abdingbarkeit

Ist das UN-Kaufrecht nach Art. 1 CISG auf die vertragliche Beziehung zwischen Leasinggeber und Lieferant anwendbar, steht es den Parteien nach Art. 6 CISG grundsätzlich frei, dessen Anwendung auszuschließen oder zu modifizieren. Hiervon können die Parteien durch **kollisionsrechtliches Opting-out**, nämlich durch den Ausschluss des UN-Kaufrechts als solches oder durch die Wahl eines anderen Rechts als des UN-Kaufrechts, Gebrauch machen. Soll im Wege der Rechtswahl die Geltung eines anderen Rechts als des UN-Kaufrechts vereinbart werden, ist Folgendes zu beachten: Wird bei Vorliegen der Voraussetzungen des Art. 1 CISG das Recht eines Vertragsstaats (also etwa deutsches Recht) gewählt, folgt daraus noch kein Ausschluss des UN-Kaufrechts, das als Teil des staatlichen Rechts anwendbar bleibt.[10] Es bedarf in diesem Fall zusätzlich eines Ausschlusses des UN-Kaufrechts (Beispiele: „Es gilt deutsches Recht unter Ausschluss des

9

---

[6] Statt aller Reithmann/Martiny/*Martiny* Internationales Vertragsrecht Rdn. 718.
[7] Art. 3 Abs. 2 CISG ist insbesondere auch für Softwareverträge relevant: Soweit man (teilweise auch unabhängig von der Softwareüberlassung mit Hilfe eines Trägers) von der Anwendbarkeit des CISG ausgeht, gilt dies uneingeschränkt wohl nur für Standard-, nicht für Individualsoftware, bei der dienstvertragliche Pflichten überwiegen; vgl. OLG Koblenz RIW 1993, 936; OLG Köln RIW 1994, 971; näher Schlechtriem/Schwenzer/*Ferrari* UN-Kaufrecht Rdn. 38.
[8] BGH NJW 1984, 2034; BGH NJW 1991, 639.
[9] Zur Bestimmung des Leasingvertragsstatut siehe § 81 sowie zu den kollisionsrechtlichen Besonderheiten des Verbraucherleasing § 82.
[10] BGH NJW 1997, 3309 (mit Bezug auf deutsches Recht).

§ 83　　　　Fünfter Teil. Leasing als internationale Finanzdienstleistung

UN-Kaufrechts" oder „Es gelten die Bestimmungen des deutschen BGB"[11]). Wird allerdings das Recht eines Nichtvertragsstaats (z. B. englisches Recht) gewählt, bedarf es keines Ausschlusses, um die Geltung des UN-Kaufrechts zu vermeiden.

10　　Neben dem kollisionsrechtlichen Opting-out bleibt bei Anwendbarkeit des UN-Kaufrechts das **materiell-rechtliche Opting-out** nach Art. 6 CISG möglich: Die Vorschriften des CISG sind prinzipiell dispositiv. AGB, die bei Geltung des CISG von dessen materiellrechtlichen Vorgaben abweichen, müssen sich allerdings an den Maßstäben der Inhaltskontrolle messen lassen, die das aufgrund des Kollisionsrechts des Forums zur Anwendung berufene nationale Recht bereithält, wobei der Maßstab der Angemessenheitskontrolle nach nationalem Recht (also etwa § 307 BGB) dem UN-Kaufrecht zu entnehmen ist.[12]

4. Hinweise zur Mängelgewährleistung nach dem UN-Kaufrecht

11　Unterliegt der Liefervertrag dem UN-Kaufrecht, richten sich u. a. auch die Gewährleistungsrechte des Käufers nach den Vorschriften des CISG. Wird für den Leasingvertrag die – zumindest nach deutschem Recht typische – Abtretungskonstruktion vereinbart,[13] wird dadurch die Rechtsposition des Leasingnehmers bei Auftreten von Mängeln am Leasinggut bestimmt. Zur ersten Orientierung in dieser Konstellation seien die folgenden Hinweise zu den Rechtsbehelfen („remedies") des Käufers bei Lieferung „nicht vertragsgemäßer", d. h. mit Sachmängeln behafteter Ware gegeben:

12　– Das UN-Kaufrecht sieht eine **Untersuchungs- bzw. Rügeobliegenheit** sowohl für Sachmängel (Art. 38 f. CISG) als auch für Rechtsmängel (Art. 43 CISG) vor. Die Regelung ist allerdings käuferfreundlicher ausgestaltet als § 377 HGB; insbesondere werden die im UN-Kaufrecht als „angemessen" bezeichneten Fristen tendenziell großzügiger ausgelegt als beim deutschen Handelskauf.[14]

13　– **Ersatzlieferung** kann der Käufer nach Art. 46 Abs. 2 CISG nur verlangen, wenn eine Vertragswidrigkeit vorliegt, die als wesentliche Vertragsverletzung nach Art. 25 CISG zu bewerten ist. Hieran sind hohe Anforderungen zu stellen: Es muss sich um gewichtige Mängel handeln, die nicht durch Nachbesserung zu beheben sind und die auch eine Verwertung der Ware im Wege der Weiterveräußerung (ggf. mit Preisabschlag) ausscheiden lassen.[15] Der Ersatzlieferungsanspruch muss zudem innerhalb einer angemessenen Frist nach Anzeige des Mangels geltend gemacht werden und setzt nach Art. 82 Abs. 1 CISG grundsätzlich (Ausnahmen: Art. 82 Abs. 2 CISG) voraus, dass der Käufer die Sache im wesentlichen in dem Zustand zurückgeben kann, in dem er sie erhalten hat.

14　– **Nachbesserung** kann der Käufer nach Art. 46 Abs. 3 CISG bei Sachmängeln in den Grenzen dessen verlangen, was dem Verkäufer zumutbar ist. Auch der Nachbesserungsanspruch muss innerhalb einer angemessenen Frist nach Anzeige des Mangels geltend gemacht werden.

15　– Das Recht zur **Vertragsaufhebung** (als Äquivalent zum Rücktrittsrecht) steht dem Käufer im Falle einer mangelhaften Lieferung nach Art. 49 Abs. 1 lit. a CISG (ohne Fristsetzung) nur dann zu, wenn – übereinstimmend mit den Anforderungen an einen Ersatzlieferungsanspruch – eine wesentliche Vertragsverletzung im Sinne von Art. 25 CISG vorliegt. Damit ist die Schwelle zur Lösung vom Vertrag deutlich höher gesetzt als im deutschen Recht (§ 323 Abs. 5 Satz 2 BGB). Ein Recht zur Vertragsaufhebung nach

---

[11] Zum Ausschluss des UN-Kaufrechts in diesem Fall OLG Hamm NJW-RR 1999, 364.
[12] Reithmann/Martiny/*Martiny* Internationales Vertragsrecht Rdn. 728.
[13] Zur kollisionsrechtlichen Behandlung der Abtretungskonstruktion siehe § 84.
[14] Vgl. BGH RIW 2000, 381, 382: Zu einer ggf. mehrwöchigen Untersuchungsfrist kann eine regelmäßige Rügefrist von einem Monat hinzuzuaddieren sein.
[15] BGHZ 132, 290.

26. Kapitel: Grenzüberschreitende Leasingverträge § 83

erfolglosem Ablauf einer angemessenen Nachfrist (Art. 49 Abs. 1 lit. b CISG) kommt im Falle der Schlechtlieferung nicht in Betracht. Die Erklärung der Vertragsaufhebung ist nur innerhalb angemessener Frist ab Kenntnis oder Kennenmüssen der Vertragsverletzung möglich (Art. 49 Abs. 2 lit. b CISG; dort auch weitere Regelungen zum Fristbeginn).

– Die **Schadensersatzhaftung** des Verkäufers nach Art. 45 Abs. 1 lit. b CISG setzt zunächst nur voraus, dass der Verkäufer eine seiner Pflichten verletzt hat. Auf ein Verschulden oder Vertretenmüssen kommt es anders als im deutschen Recht nicht an. Doch erkennt das UN-Kaufrecht in den Art. 79 f. CISG Entlastungsgründe für den Schuldner (Leistungshindernisse außerhalb seines Einflussbereichs) an, die die Garantiehaftung abmildern und sie der (objektivierten) Verschuldenshaftung nach dem BGB ein Stück weit annähern. Es ist allerdings ungeklärt, ob diese Entlastungsgründe auch bei Lieferung vertragswidriger Ware Anerkennung finden.[16] Als Schadensersatz ist nach Art. 74 S. 1 CISG der völlige Ausgleich aller entstandenen Schäden in Geld (keine Naturalrestitution) geschuldet. Nach Art. 74 Satz 2 CISG gilt für den Schadensersatz jedoch die Grenze der Vorhersehbarkeit. 16

– Auf der Grundlage von Art. 50 CISG ist der Käufer, der vertragswidrige Ware erhalten hat, zur **Minderung** berechtigt. Im Falle der Minderung findet wie nach den §§ 437 Nr. 2, 441 BGB eine Herabsetzung des Kaufpreises im Verhältnis des Ist-Werts der Ware zu ihrem Soll-Wert statt. Abgestellt wird für die Bestimmung des Wertverhältnisses indes nicht wie beim BGB-Kaufrecht auf den Zeitpunkt des Vertragsschlusses, sondern auf den Zeitpunkt der Lieferung. 17

– Nach Art. 48 Abs. 1 CISG ist der Verkäufer vorbehaltlich einer Vertragsaufhebung nach Art. 49 CISG grundsätzlich berechtigt, auch nach Verstreichen des Liefertermins zu erfüllen und Vertragsverletzungen (insbesondere die Lieferung vertragswidriger Ware) zu beheben (**Recht zur zweiten Andienung** oder „right to cure"). Voraussetzung ist die Zumutbarkeit für den Käufer. Solange der Verkäufer zur Nacherfüllung berechtigt ist, darf der Käufer die Mängelbeseitigung nicht selbst oder durch Dritte vornehmen lassen und die Kosten dem Verkäufer als Schadenersatz in Rechnung stellen. Ebenso scheidet während der Nacherfüllungsfrist eine Minderung aus (Art. 50 S. 2 CISG). 18

II. Kollisionsrecht

Soweit auf den Liefervertrag nicht das UN-Kaufrecht (dazu Rdn. 1 ff.) kraft autonomen Anwendungsbefehls (Art. 1 Abs. 1 lit. a CISG) zur Anwendung kommt, ist die kollisionsrechtliche Anknüpfung des Liefervertrags nach den Art. 27 ff. EGBGB zu prüfen. Danach ist der Liefervertrag selbständig anzuknüpfen; eine **akzessorische Anknüpfung** an das Recht des Leasingvertrags kommt nicht in Betracht:[17] Weder ist es den Parteien des Liefervertrags untersagt, nach Art. 27 EGBGB ein anderes Recht als das auf den Leasingvertrag anwendbare zu wählen, noch gibt es hinreichende Gründe dafür, bei fehlender Rechtswahl zu einer akzessorischen Anknüpfung zu gelangen. Der bloße Umstand, dass eine einheitliche Anknüpfung von Leasing- und Liefervertrag der Praktikabilität förderlich sein mag, reicht jedenfalls nicht aus, um die Anwendung der Ausweichklausel in Art. 28 Abs. 5 EGBGB zu rechtfertigen. 19

1. Subjektive Anknüpfung (Art. 27 EGBGB)

Hinsichtlich der subjektiven Anknüpfung des Liefervertrags gelten die Erläuterungen zur subjektiven Anknüpfung des Leasingvertrags[18] entsprechend: Ebenso wie die Parteien 20

---

[16] Offengelassen in BGHZ 141, 129.
[17] So schon mit eingehender Begründung *Dageförde* Internationales Finanzierungsleasing, 59 ff.
[18] Siehe § 81 Rdn. 3 ff.

des Leasingvertrags genießen die Parteien des Liefervertrags **Rechtswahlfreiheit**. Fehlt dem Liefervertrag – jenseits der Rechtswahlklausel und ggf. einer Vereinbarung über die internationale Zuständigkeit – jeglicher Auslandsbezug, nimmt Art. 27 Abs. 3 EGBGB allerdings die zwingenden Regelungen des inländischen Rechts von der Rechtswahl aus. Die Rechtswahl kann ausdrücklich oder konkludent erfolgen. Ein konkludente Rechtswahlvereinbarung der Liefervertragsparteien zugunsten des auf den Leasingvertrag anwendbaren Rechts kann jedoch dem bloßen Umstand, dass der Käufer beabsichtigt, den Kaufgegenstand zu verleasen, auch dann nicht entnommen werden, wenn dem Verkäufer diese Absicht beim Vertragsschluss bekannt ist.[19]

2. Objektive Anknüpfung (Art. 28 EGBGB)

21 Haben die Parteien keine Rechtswahl getroffen, unterliegt der Liefervertrag gemäß Art. 28 Abs. 1 EGBGB dem Recht des Staates, mit dem er die **engsten Verbindungen** aufweist.[20] Nach Art. 28 Abs. 2 EGBGB wird vermutet, dass es sich hierbei um den Staat handelt, in dem die Partei, welche die charakteristische Leistung zu erbringen hat, im Zeitpunkt des Vertragsabschlusses ihren Sitz hat. Bei Kauf- oder Werklieferungsverträgen über bewegliche Sachen führt dies zur Anwendung des Rechts des Staates, in dem der Lieferant seinen Sitz hat.

§ 84 Die Anknüpfung der Ansprüche des Leasingnehmers gegen den Lieferanten

Schrifttum: Siehe § 81

I. Die kollisionsrechtliche Behandlung der Abtretungskonstruktion

1 Die (insbesondere bei deutschem Leasingvertragsstatut) leasingtypische Abtretungskonstruktion ist kollisionsrechtlich nach Art. 33 Abs. 1 und 2 EGBGB zu beurteilen: Danach ist zwischen dem Verhältnis zwischen Zedent (hier Leasinggeber) und Zessionar (hier Leasingnehmer) auf der einen Seite und dem Verhältnis zum Schuldner auf der anderen Seite zu unterscheiden. Für die Verpflichtung des Zedenten gegenüber dem Zessionar ist gemäß Art. 33 Abs. 1 EGBGB das (nach den Art. 27 ff. EGBGB zu bestimmende) **Vertragsstatut**, also das auf den zwischen ihnen geschlossenen Vertrag anwendbare Recht, maßgeblich. Das Recht der abgetretenen Forderung (**Forderungsstatut**) bestimmt demgegenüber gemäß Art. 33 Abs. 2 EGBGB die Übertragbarkeit der Forderung, das Verhältnis zwischen dem neuen Gläubiger (hier dem Leasingnehmer) und dem Schuldner (hier dem Lieferanten), die Voraussetzungen, unter denen die Übertragung dem Schuldner entgegengehalten werden kann, und die befreiende Wirkung einer Leistung durch den Schuldner. Unklar und umstritten ist, ob für die Abtretung der Forderung selbst (die – nach deutschem Verständnis vom Kausalgeschäft zu abstrahierende – Verfügung) das Vertragsstatut oder das Forderungsstatut gilt. Die h. M. in Deutschland will den Anwendungsbereich des Vertragsstatuts auf das Verpflichtungsgeschäft beschränken,[1] während der Gegenansicht zufolge mit dem Begriff der „Verpflichtungen" in Art. 33 Abs. 1 EGBGB alle das Innenverhältnis zwischen Zedent und Zessionar betreffenden Rechtsfragen, also auch der Forderungsübergang in seiner Wirkung inter partes gemeint sein soll.[2]

---

[19] *Dageförde* Internationales Finanzierungsleasing, 72 f.
[20] Vgl. auch die entsprechenden Ausführungen zum Leasingvertrag in § 81 Rdn. 8 f.
[1] Bamberger/Roth/*Spickhoff* Art. 33 EGBGB Rdn. 2; MünchKomm/*Martiny* Art. 33 EGBGB Rdn. 11; Soergel/*v. Hoffmann* Art. 33 EGBGB Rdn. 7.
[2] Z. B. Staudinger/*Hausmann* Art. 33 EGBGB Rdn. 33.

26. Kapitel: Grenzüberschreitende Leasingverträge **§ 84**

Für die h. M. spricht insbesondere, dass sie Schwierigkeiten vermeidet, die durch eine Aufspaltung der Abtretungswirkungen entstehen könnten.

Das **Leasingvertragsstatut** gilt daher nur für die Verpflichtung des Leasinggebers 2 zur Abtretung seiner Gewährleistungsrechte aus dem Liefervertrag. Die Übertragbarkeit, die Übertragung und der Inhalt dieser Rechte richten sich dagegen nach dem **Liefervertragsstatut** als Forderungsstatut.[3] Die im Rahmen der **AGB-Kontrolle** nach der Rechtsprechung zum deutschem Sachrecht aufzuwerfende Frage, ob dem Leasingnehmer mit der Abtretung der (einem ausländischen Recht oder dem UN-Kaufrecht unterliegenden) Gewährleistungsrechte gegen den Lieferanten ein hinreichender Ausgleich für den Ausschluss der Gewährleistung des Leasinggebers verschafft wird, stellt sich nur, wenn der Leasingvertrag deutschem Recht unterliegt oder wenn der Leasingnehmer Verbraucher ist und ihm die in den Art. 29, 29 a EGBGB geregelte, auch die AGB-Kontrolle erfassende Sonderanknüpfung zugute kommt.[4] Ist dagegen ein ausländisches Recht Leasingvertragsstatut und sind die Voraussetzungen einer Sonderanknüpfung nach den Art. 29, 29 a EGBGB nicht erfüllt, können die §§ 305 ff. BGB nicht zur Anwendung kommen.[5] Maßstab für die AGB-rechtliche Wirksamkeit der Abtretungsklausel ist dann allein (soweit vorhanden) die AGB-Kontrolle nach dem Vertragsstatut.

II. Die kollisionsrechtliche Behandlung von Direktansprüchen

Unabhängig von einer zwischen Leasinggeber und Leasingnehmer vereinbarten Abtretung räumen manche Sachrechte wie Sec. 2A-209 UCC (Uniform Commercial Code) oder Art. 10 der Konvention von Ottawa[6] dem Leasingnehmer einen **Direktanspruch gegen den Lieferanten** ein, um den Schutz des Leasingnehmers zu gewährleisten. Der Leasingnehmer tritt damit in die Rechtsstellung des Leasinggebers ein, wie sie sich aus dem Liefervertrag ergibt. Auch wenn hier rechtstechnisch nicht vom Institut der Legalzession Gebrauch gemacht wird,[7] ist nicht zu verkennen, dass im praktischen Ergebnis die Wirkung der rechtsgeschäftlichen Abtretungskonstruktion durch eine gesetzliche Anordnung herbeigeführt wird.[8] Weil es sich hier indes jedenfalls nicht um einen Fall der Legalzession im Zusammenhang mit einem Regress bei subsidiären oder gleichrangigen Verpflichtungen handelt, ist die kollisionsrechtliche Behandlung des Direktanspruchs nicht Art. 33 Abs. 3 EGBGB zu entnehmen. Die kollisionsrechtliche Verortung hat allerdings der funktionalen Äquivalenz zwischen Direktanspruch und Abtretungskonstruktion Rechnung zu tragen: Die **Einräumung des Direktanspruchs** als solche unterliegt daher – nicht anders als die Vereinbarung der Abtretungskonstruktion zwischen Leasinggeber und Leasingnehmer – dem Leasingvertragsstatut. Der **Inhalt des Direktanspruchs** gegen den Lieferanten richtet sich dagegen – wie der Inhalt der rechtsgeschäftlich abgetretenen Gewährleistungsrechte – nach dem Liefervertragsstatut.[9] 3

---

[3] *Dageförde* Internationales Finanzierungsleasing, 74.
[4] Zur Sonderanknüpfung beim Verbraucherleasing siehe § 82.
[5] Siehe § 82 Rdn. 12.
[6] Näher zur Konvention von Ottawa § 87.
[7] Vgl. *Dageförde* Internationales Finanzierungsleasing, 143 f., zum Direktanspruch nach der Ottawa-Konvention; a. A. (im Rahmen der kollisionsrechtlichen Erörterung) *Girsberger* Grenzüberschreitendes Finanzierungsleasing Rdn. 165.
[8] Vgl. *Girsberger* Grenzüberschreitendes Finanzierungsleasing Rdn. 164.
[9] So im Ergebnis auch *Dageförde* Internationales Finanzierungsleasing, 79; Reithmann/Martiny/*Dageförde* Internationales Vertragsrecht Rdn. 1156.

§ 85 Die Anknüpfung der Produkthaftung des Leasinggebers

Schrifttum: Siehe § 81; außerdem *Roth* Die Grundfreiheiten und das Internationale Privatrecht – Das Beispiel Produkthaftung, Gedächtnisschrift Lüderitz, 2000, S. 635; *Wagner* Internationales Deliktsrecht, die Arbeiten an der Rom II-Verordnung und der Europäische Deliktsgerichtsstand, IPRax 2006, 372

I. Der Leasinggeber als Haftungssubjekt

1 Nach § 4 Abs. 2 ProdHaftG gilt als Hersteller und damit als Adressat der Haftung nach § 1 Abs. 1 ProdHaftG auch derjenige, der ein Produkt zum Zweck des Verkaufs, der Vermietung, des Mietkaufs oder einer anderen Form des Vertriebs mit einem wirtschaftlichen Zweck im Rahmen seiner geschäftlichen Tätigkeit in den Geltungsbereich des Abkommens über den Europäischen Wirtschaftsraums einführt oder verbringt. Mit dieser Regelung hat der deutsche Gesetzgeber Art. 3 Abs. 2 der EG-Produkthaftungsrichtlinie von 1985[1] umgesetzt. Der Wortlaut der europäischen wie auch der deutschen Regelung erlaubt es, auch den Leasinggeber der **Haftung des Importeurs** im Sinne dieser Regelungen auszusetzen, soweit die Leasingsache in einen EG-/EWR-Mitgliedstaat importiert wurde und im Zeitpunkt der Einfuhr zum Vertrieb (und nicht zum Eigenbedarf)[2] bestimmt war. Dementsprechend wird das Leasing im Schrifttum teilweise ohne erkennbare Einschränkung als Vertriebstätigkeit eingeordnet, die den Tatbestand des § 4 Abs. 2 ProdHaftG erfüllt.[3] Dies wird mit Blick auf das „gewöhnliche" Finanzierungsleasing bestritten: Soweit nicht Hersteller- oder Händlerleasing vorliege, vertreibe der Leasinggeber nur eine Finanzdienstleistung und nicht das Leasinggut selbst, so dass die Anwendung von § 4 Abs. 2 ProdHaftG ausscheide.[4] In der Tat spricht viel dafür, die Produzentenhaftung nur auf die Glieder der Absatzkette und nicht auf außenstehende Finanzierer zu beziehen. Ob die Produkthaftungsrichtlinie (und im Wege der richtlinienkonformen Auslegung das ProdHaftG) allerdings in diesem Sinne zu verstehen ist, wird der EuGH zu entscheiden haben, an den der nationale Richter bei Entscheidungserheblichkeit der Frage ein Vorabentscheidungsersuchen nach Art. 234 EG richten kann bzw. (bei letztinstanzlicher Entscheidung) muss.

2 Vergleichbare Abgrenzungsfragen sind auch **Rechtsordnungen außerhalb des Geltungsbereichs der EG-Produkthaftungsrichtlinie** nicht unbekannt:[5] So enthält Art 2 Abs. 1 lit. c des schweizerischen Bundesgesetzes über die Produktehaftpflicht von 1993 eine an Art. 3 Abs. 2 der Produkthaftungsrichtlinie orientierte Bestimmung über die Gleichstellung des Importeurs mit dem Hersteller. Auch in den USA wird diskutiert, inwieweit (Finanzierungs-)Leasinggeber der strikten Haftung für die Überlassung gefährlicher Produkte[6] unterliegen, wenn jemand durch die Leasingsache zu Schaden kommt.[7]

II. Kollisionsrechtliche Behandlung

3 Das IPR der Produkthaftung hat im **Haager Übereinkommen über das auf die Produkthaftpflicht anwendbare Recht** von 1973 eine staatsvertragliche Regelung erfahren, der die Bundesrepublik Deutschland allerdings nicht beigetreten ist und die für deutsche Gerichte nur relevant werden kann, wenn die Anwendung der autonomen Kol-

---

[1] ABl. EG 1985, L 210/29.
[2] Zur Ausnahme des eigenen Bedarfs Palandt/*Sprau* § 4 ProdHaftG Rdn. 7.
[3] Etwa bei Palandt/*Sprau* § 4 ProdHaftG Rdn. 7.
[4] *Dageförde* Internationales Finanzierungsleasing, 28.
[5] Näher *Girsberger* Grenzüberschreitendes Finanzierungsleasing Rdn. 186.
[6] Vgl. § 402A Restatement (Second) of Torts.
[7] Nachweise zum Meinungsstand bei *Girsberger* Grenzüberschreitendes Finanzierungsleasing Rdn. 186 Fn. 300.

lisionsregeln des deutschen Rechts zu einer Gesamtverweisung auf das Recht eines Vertragsstaates des Haager Übereinkommens führt, so dass im Rahmen des Renvoi das Übereinkommen zu prüfen ist.[8] Eine europäische Regelung im Rahmen der sogenannten **Rom-II-Verordnung** über das auf außervertragliche Schuldverhältnisse anwendbare Recht,[9] die nach ihrem Inkrafttreten auch das IPR der Produkthaftung regeln wird, befindet sich noch im Gesetzgebungsverfahren, dessen Ausgang angesichts ungeklärter Streitpunkte noch nicht feststeht (Stand: Juli 2007). Die folgenden Ausführungen beschränken sich daher auf die kollisionsrechtliche Würdigung der Produkthaftung des Leasinggebers nach dem **autonomen deutschen Internationalen Deliktsrecht**, das seit 1999 in den Art. 40–42 EGBGB kodifiziert ist. Insoweit ist zwischen Schäden des Leasingnehmers und Schäden Dritter zu unterscheiden, die mit dem Leasinggeber in keiner besonderen rechtlichen Beziehung stehen.

Auf **Produkthaftungsansprüche des Leasingnehmers** gegen den Leasinggeber (soweit dieser als Importeur einem Hersteller gleichzustellen ist) findet die Ausweichklausel in Art. 41 Abs. 2 Nr. 1 EGBGB Anwendung. Danach werden Ansprüche aus Produkthaftung richtiger Weise akzessorisch an das **Vertragsstatut** angeknüpft, wenn zwischen dem Schädiger und dem Geschädigten eine vertragliche Beziehung besteht.[10] Auch für etwaige deliktische Ansprüche des Leasingnehmers gegen den Leasinggeber gilt daher das Leasingvertragsstatut.[11] Der Einwand, der Leasinggeber habe es dann in der Hand, sich mit der Durchsetzung einer Rechtswahlklausel zugunsten des Rechts eines Staates, der nicht Mitglied der EU/des EWR ist, seiner durch die Produkthaftungsrichtlinie begründeten Haftung als EU-/EWR-Importeur zu entziehen,[12] lässt außer Acht, dass das gewählte Recht nur in der Beziehung zu dem – dazu sein Einverständnis gebenden – Leasingnehmer gilt, nicht aber in der Beziehung zu Dritten. 4

Produkthaftungsansprüche Dritter, die zum Leasinggeber in keiner rechtlichen Sonderbeziehung stehen, unterliegen, soweit der verletzte Dritte und der ersatzpflichtige Leasinggeber zur Zeit des Haftungsereignisses keinen gemeinsamen gewöhnlichen Aufenthalt in ein und demselben Staat hatten (Art. 40 Abs. 2 EGBGB), grundsätzlich der Tatortregel in Art. 40 Abs. 1 EGBGB, deren Handhabung im Bereich der Produkthaftung allerdings hoch umstritten ist.[13] Nach der Rechtsprechung kommen im Wesentlichen der Sitz des Herstellers bzw. des Quasi-Herstellers (hier also des Leasinggebers) als **Handlungsort** und der Ort der Rechtsgutverletzung als – nach Art. 40 Abs. 1 Satz 2 EGBGB vom Geschädigten zu wählender – **Erfolgsort** in Betracht.[14] Weitere Anknüpfungspunkte (insbesondere der Herstellungs-, der Vertriebs-, der Erwerbs- oder auch der gewöhnliche Benutzungsort) sind denkbar und werden diskutiert. Um eine der Warenverkehrsfreiheit des EG-Vertrags (Art. 28 EG) zuwiderlaufende Diskriminierung von Herstellern aus anderen EG-Mitgliedstaaten, die ihre Produkte auf dem Inlandsmarkt vertreiben, gegenüber inländischen Herstellern zu vermeiden, sollte allerdings der Vertriebsort und nicht der Herstellersitz als Konkretisierung des Handlungsortes herangezogen werden.[15] 5

---

[8] Näher zu dem Übereinkommen MünchKomm/*Martiny* Art. 40 EGBGB Rdn. 147 ff.
[9] Der geänderte Vorschlag für die Verordnung vom 21. 2. 2006, KOM (2006) 83 endg., ist abgedruckt in IPRax 2006, 404; zu der von der Kommission vorgeschlagenen Anknüpfung an das Recht des Staates, in dem der Geschädigte seinen gewöhnlichen Aufenthalt hat, *Wagner* IPRax 2006, 372, 381 ff.
[10] H. M.; dazu m. w. Nachw. MünchKomm/*Martiny* Art. 40 EGBGB Rdn. 158; Palandt/*Heldrich* Art. 40 EGBGB Rdn. 10.
[11] A. A. *Dageförde* Internationales Finanzierungsleasing, 83 f.
[12] So *Dageförde*, wie vorige Fn.
[13] Überblick zum Meinungsstand bei MünchKomm/*Martiny* Art. 40 EGBGB Rdn. 152 ff.
[14] Vgl. BGH NJW 1981, 1606; OLG München RIW 1996, 955; aber auch OLG Düsseldorf NJW-RR 2000, 833 (Ort der Herstellung, des Inverkehrbringens und der Rechtsgutsverletzung als Alternativen).
[15] *Roth* Gedächtnisschrift Lüderitz, S. 635, 636.

§ 86 Die Anknüpfung der dinglichen Berechtigung am Leasinggut

Schrifttum: Siehe § 81

I. Maßgeblichkeit der lex rei sitae

1 Nach Art. 43 Abs. 1 EGBGB unterliegen Rechte an einer Sache grundsätzlich dem Recht des Staates, in dem sich die Sache befindet (sog. **lex rei sitae**). Die dingliche Rechtsstellung des Leasinggebers mit Blick auf die (bewegliche oder unbewegliche) Leasingsache richtet sich also in der Regel nach dem Recht des Belegenheitsstaates. Eine Rechtswahl lässt das deutsche IPR aus Gründen der Verkehrssicherheit nicht zu.[1] Ist der Leasinggegenstand eine bewegliche Sache und wird diese aus dem räumlichen Anwendungsbereich einer Rechtsordnung in den einer anderen gebracht, findet bezüglich der dinglichen Rechtslage ein **Statutenwechsel** statt. Die nach der bisherigen lex rei sitae begründeten dinglichen Rechte bestehen allerdings nach Art. 43 Abs. 2 EGBGB mit der Maßgabe weiter, dass ihre Ausübung nicht im Widerspruch zur neuen lex rei sitae stehen darf. Eine Sonderregelung enthält Art. 43 Abs. 3 EGBGB für den Fall, dass die bewegliche Sache ins Inland verbracht wurde:[2] Für den Erwerb eines Rechts an dieser Sache im Inland sind, soweit das Recht nicht schon vorher erworben wurde, Vorgänge in einem anderen Staat (z. B. eine dem Statutenwechsel vorangehende, nicht widerrufene Einigung über den Eigentumsübergang) wie inländische Vorgänge zu berücksichtigen (so dass etwa die Einigung mit der im Inland nachfolgenden Übergabe den Tatbestand der Übereignung nach § 929 S. 1 BGB erfüllt).

2 Besondere sachenrechtliche Kollisionsregeln gelten für Leasinggegenstände, die **Transportmittel** sind. Nach Art. 45 Abs. 1 Satz 1 EGBGB ist für die dingliche Rechtslage insoweit das **Recht des Herkunftsstaates** maßgeblich, und zwar bei Luftfahrzeugen das Recht des Staates ihrer Staatszugehörigkeit (Art. 45 Abs. 1 Satz 2 Nr. 1 EGBGB), bei Wasserfahrzeugen das Recht des Staates der Registereintragung, sonst des Heimathafens oder -orts (Art. 45 Abs. 1 Satz 2 Nr. 2 EGBGB) und bei Schienenfahrzeugen der Staat der Zulassung (Art. 45 Abs. 1 Satz 2 Nr. 3 EGBGB). Ausnahmen von der Anknüpfung an das Recht des Herkunftsstaates enthalten Art. 45 Abs. 2 Satz 1 für die Entstehung gesetzlicher Sicherungsrechte, die dem Statut der gesicherten Forderung unterliegen, und Art. 45 Abs. 2 Satz 2 EGBGB, der für die Frage der Rangfolge mehrerer Sicherheiten zur Grundregel der lex rei sitae nach Art. 43 Abs. 1 EGBGB (zurück-)führt.

II. Publizitätserfordernisse

3 Die lex rei sitae ist auch für Publizitätserfordernisse maßgeblich, deren Einhaltung eine Rechtsordnung für den Erwerb und die Innehabung eines dinglichen Rechts verlangt.[3] Befindet sich der Lageort des Leasinggegenstands im Ausland, tut der inländische Leasinggeber daher gut daran, sich über die **Publizitätserfordernisse im Belegenheitsstaat** zu informieren und sie zu beachten, um die Eigentümerstellung an der Leasingsache und damit ein wesentliches Sicherungsmittel zu erhalten. Zu diesen Erfordernissen kann – beispielsweise nach französischem Recht – etwa die Eintragung des Rechts des Leasinggebers in ein öffentliches Register gehören.[4]

---

[1] Statt vieler Palandt/Heldrich Art. 43 EGBGB Rdn. 2.

[2] Zur Frage einer Erweiterung zur allseitigen Kollisionsnorm vgl. MünchKomm/*Wendehorst* Art. 43 EGBGB Rdn. 173 ff.

[3] Dazu, dass dies – mit Ausnahme Italiens – im gesamten kontinentaleuropäischen IPR gilt, *Girsberger* Grenzüberschreitendes Finanzierungsleasing Rdn. 418.

[4] Dazu Reithmann/Martiny/*Dageförde* Internationales Vertragsrecht Rdn. 1158, wo allerdings auch von einem Urteil der französischen Cour de Cassation, Rev.Crit. d. i. p. 72 (1982), 455, berichtet

§ 87 Die UNIDROIT Convention on International Financial Leasing (Konvention von Ottawa)

Schrifttum: Siehe § 81; außerdem *Knebel* Inhaltskontrolle von Leasingverträgen auf der Grundlage der Unidroit Leasingkonvention, RIW 1993, 537; *Paul (Hrsg.)* International law reform: The Unidroit Leasing Convention and the Cape Town Convention, World Leasing Yearbook 2004, 45, und 2005, 52; *dies.* Unidroit's legislative work designed to promote leasing internationally, World Leasing Yearbook 2006, 51; *Poczubut* Internationales Finanzierungsleasing – Das UNIDROIT-Projekt vom Entwurf (Rom 1987) zum Übereinkommen (Ottawa 1988), RabelsZ 51 (1987), 681

Übersicht

	Rdn.
I. Anwendungsbereich	1
1. Sachlicher Anwendungsbereich	2
2. Räumlicher und zeitlicher Anwendungsbereich	4
3. Abdingbarkeit	6
II. Inhalt	7
1. Die rechtliche Beziehung zwischen Leasinggeber und Leasingnehmer	7
a) Pflichten des Leasinggebers und korrespondierende Rechtsbehelfe des Leasingnehmers	7
b) Pflichten des Leasingnehmers und korrespondierende Rechtsbehelfe des Leasinggebers	10
2. Die rechtliche Beziehung zwischen Leasinggeber und Lieferant	12
3. Die rechtliche Beziehung zwischen Leasingnehmer und Lieferant	13
4. Die rechtliche Beziehung zwischen Leasinggeber und Dritten	14
a) Dingliche Berechtigung des Leasinggebers	14
b) Deliktische Haftung des Leasinggebers	15

I. Anwendungsbereich

Die UNIDROIT Convention on International Financial Leasing (CIFL)[1] wurde nach Vorbereitung durch das Internationale Institut für die Vereinheitlichung des Privatrechts in Rom (UNIDROIT) am 28. 5. 1988 in Ottawa verabschiedet und ist 1995 in Kraft getreten.[2] Die Konvention von Ottawa, die **einheitliches Sachrecht für internationale Finanzierungsleasingverträge** und – mit Ausnahme einer Regelung über dingliche Rechte des Leasinggebers in Art. 7 CIFL – kein Kollisionsrecht enthält, gilt mittlerweile für neun Staaten,[3] allerdings nicht für Deutschland. Dennoch haben auch deutsche Gerichte sie anzuwenden, und zwar dann, wenn deutsches IPR eine **Verweisung auf das Recht eines Vertragsstaates** ausspricht, aus dessen Sicht die Konvention nach den im Folgenden erläuterten Regeln anzuwenden ist.

1. Sachlicher Anwendungsbereich

Nach Art. 1 Abs. 4 CIFL ist die Konvention auf alle **Finanzierungsleasingtransaktionen** mit Ausnahme derjenigen anwendbar, bei denen der Leasingnehmer das Leasinggut überwiegend für persönliche oder familiäre Zwecke oder für seinen Haushalt verwendet. Der von der Konvention erfasste Transaktionstypus wird durch Art. 1 Abs. 1 und 2 CIFL

1

2

---

wird, das trotz fehlender Registereintragung einen Herausgabeanspruch eines deutschen Leasinggebers gegen den Insolvenzverwalter eines französischen Unterleasingnehmers, bei dem sich die Sache befand, für möglich hielt.

[1] Fundstelle: RabelsZ 51 (1987), 736 ff.; deutsche Übersetzung bei *Dageförde* Internationales Finanzierungsleasing, 162 ff.
[2] Zu aktuellen Bestrebungen vgl. *Paul* (Hrsg.), World Leasing Yearbook 2006, 51 ff.
[3] Frankreich (seit 1. 3. 1995); Italien (seit 1. 3. 1995); Lettland (seit 1. 3. 1998); Nigeria (seit 1. 3. 1995); Panama (seit 1. 10. 1997); Russische Föderation (seit 1. 1. 1999); Ungarn (seit 1. 12. 1996); Usbekistan (seit 1. 2. 2001); Weißrussland (seit 1. 3. 1999).

§ 87 Fünfter Teil. Leasing als internationale Finanzdienstleistung

definiert. Nach Art. 1 Abs. 1 CIFL fallen in den Anwendungsbereich der Konvention Finanzierungsleasinggeschäfte, bei denen eine Partei (der Leasinggeber)

a) nach den Angaben einer anderen Partei (des Leasingnehmers) einen Vertrag (den **Liefervertrag**) mit einer dritten Partei (dem Lieferanten) schließt, aufgrund dessen der Leasinggeber Anlagen, Investitionsgüter oder andere Ausrüstungsgegenstände („plant, capital goods or other equipment")[4] (das Leasinggut) zu Bedingungen erwirbt, denen der Leasingnehmer, soweit sie seine Interessen betreffen, zugestimmt hat, sowie

b) einen Vertrag (den **Leasingvertrag**) mit dem Leasingnehmer abschließt, in dem diesem das Recht zur Nutzung des Leasingguts gegen Entrichtung eines Entgelts eingeräumt wird.

Art. 1 Abs. 2 CIFL legt die zur Eröffnung des Anwendungsbereichs notwendigen **Merkmale der Transaktion** fest, nämlich die Bestimmung des Leasingguts und die Auswahl des Lieferanten durch den Leasingnehmer, der sich dabei nicht überwiegend auf die Sachkunde und das Urteil des Leasinggebers verlässt (Art. 1 Abs. 2 lit. a CIFL), den Erwerb des Leasingguts durch den Leasinggeber in Verbindung mit einem zwischen ihm und dem Leasingnehmer geschlossenen oder zu schließenden Leasingvertrag, von dem der Lieferant Kenntnis hat (Art. 1 Abs. 2 lit. b CIFL), und die Berechnung der Leasingraten unter Zugrundelegung der Amortisation der gesamten Kosten des Leasingguts oder eines wesentlichen Teils dieser Kosten (Art. 1 Abs. 2 lit. c CIFL). Nicht relevant für die Anwendbarkeit der Konvention ist dagegen die Vereinbarung einer Verlängerungs- oder Erwerbsoption zugunsten des Leasingnehmers (Art. 1 Abs. 3 CIFL).

3 Nicht in den sachlichen Anwendungsbereich der Konvention fallen demnach insbesondere die folgenden Konstellationen:

– das **Verbraucherleasing** aufgrund des Ausschlusses in Art. 1 Abs. 4 CIFL,

– das **Immobilienleasing**, da Art. 1 Abs. 1 CIFL nur bewegliche Sachen als Leasinggüter erfasst,[5]

– das **Operatingleasing**, auch wenn der Wortlaut von Art. 1 Abs. 2 lit. c CIFL zum (schon nach der Bezeichnung der Konvention erkennbar) beabsichtigten Ausschluss des Operatingleasing wenig geeignet erscheint,[6]

– **Sale-and-lease-back-Verträge** mangels Dreiseitigkeit[7] und

– das **Hersteller- oder Händlerleasing** ebenfalls mangels Dreiseitigkeit, wobei jedoch unklar ist, ob dies auch dann gilt, wenn der Leasinggeber nicht der Hersteller bzw. Händler selbst, sondern ein mit ihm verbundenes Unternehmen ist.[8]

2. Räumlicher und zeitlicher Anwendungsbereich

4 Die Konvention von Ottawa setzt für ihre räumliche Anwendbarkeit (dem UN-Kaufrecht vergleichbar[9]) die **Internationalität** der vertraglichen Beziehung voraus. Art. 3 Abs. 1 CIFL formuliert hierfür die notwendige Bedingung, dass Leasinggeber und Leasingnehmer ihre Niederlassung in verschiedenen Staaten haben müssen. Im Falle mehrerer Niederlassungen einer Vertragspartei ist nach Art. 3 Abs. 2 CIFL diejenige maßgeblich, welche die engste Verbindung zu dem jeweiligen Vertrag und seiner Ausführung hat, wobei auf die den Parteien vor oder bei Vertragsschluss bekannten Umstände abzustellen ist. Der Begriff der **Niederlassung** selbst wird in der Konvention nicht definiert; in Anleh-

---

[4] Eingehend zur Interpretation dieser Begriffe *Dageförde* Internationales Finanzierungsleasing, 116 ff.

[5] Näher *Dageförde* Internationales Finanzierungsleasing, 116 ff.

[6] Näher *Dageförde* Internationales Finanzierungsleasing, 113 ff.

[7] Näher *Dageförde* Internationales Finanzierungsleasing, 112.

[8] Für die Anwendung der Konvention auf diesen Fall *Dageförde* Internationales Finanzierungsleasing, 112.

[9] Vgl. Art. 1 Abs. 1 CISG.

nung an die Praxis zum UN-Kaufrecht wird man darunter den Ort verstehen können, von dem aus die geschäftliche Tätigkeit tatsächlich und schwerpunktmäßig betrieben wird, wofür eine gewisse Dauer und Stabilität der Einrichtung und eine gewisse selbständige Handlungskompetenz erforderlich ist.[10]

Zusätzlich muss es sich – im **Zeitpunkt** der Abschlüsse von Leasing- und Liefervertrag (Art. 23 CIFL) – bei den Niederlassungsstaaten des Leasinggebers und des Leasingnehmers sowie dem Staat, in dem der Lieferant seine Niederlassung hat, um Vertragsstaaten handeln (Art. 3 Abs. 1 lit. a CIFL; Fall der **autonomen Anwendung**), oder es muss das Recht eines Vertragsstaates sowohl auf den Liefer- als auch auf den Leasingvertrag anzuwenden sein (Art. 3 Abs. 1 lit. b CIFL; Fall der **Anwendung kraft kollisionsrechtlicher Verweisung**).[11] Internationale Leasingtransaktionen unter Beteiligung einer in Deutschland niedergelassenen Partei können demnach aufgrund kollisionsrechtlicher Verweisung in den Anwendungsbereich der Konvention gelangen. Enthalten sowohl der Leasing- als auch der Liefervertrag Rechtswahlklauseln zugunsten vertragsstaatlicher Rechtsordnungen, gelangt man über Art. 3 Abs. 1 lit. b CIFL selbst dann zur Anwendung der Konvention (und nicht des internen Rechts des jeweiligen Vertragsstaates), wenn keine der Parteien ihre Niederlassung in einem Vertragsstaat hat. Diese für kollisionsrechtlich weniger versierte Akteure mitunter überraschende und unerwünschte Folge der Wahl des Rechts eines Vertragsstaates lässt sich nur vermeiden, wenn zusätzlich eine Abbedingung der Konvention nach Art. 5 Abs. 1 CIFL (dazu Rdn. 6) vereinbart wird.

3. Abdingbarkeit

Art. 5 CIFL erlaubt den Parteien, privatautonom über die Abbedingung der Konvention zu unterscheiden, wobei zwischen der **Abwahl der ganzen Konvention** und der **Abwahl einzelner Vorschriften** zu unterscheiden ist. Die Abwahl der ganzen Konvention erfordert nach Art. 5 Abs. 1 CIFL übereinstimmender Erklärungen der Parteien des Leasing- und des Liefervertrags. Ist die Konvention nach Art. 3 Abs. 1 lit. a CIFL kraft autonomer Verweisung oder nach Art. 3 Abs. 1 lit. b CIFL kraft kollisionsrechtlicher Verweisung zur Anwendung berufen, muss also zum vollständigen Ausschluss ihrer Geltung eine entsprechende Regelung sowohl in den Leasing- als auch in den Liefervertrag aufgenommen werden. Die einzelnen Vorschriften der Konvention können dagegen nach Art. 5 Abs. 2 CIFL von den Parteien untereinander in ihrer jeweiligen Beziehung durch zweiseitige Vereinbarungen abbedungen werden. Hiervon ausgenommen sind allein Art. 8 Abs. 3,[12] Art. 13 Abs. 3 lit. b[13] sowie Art. 13 Abs. 4 CIFL.[14] Dispositiv sind dagegen insbesondere der Direktanspruch des Leasingnehmers gegen den Lieferanten gemäß Art. 10 CIFL und der Schutz des Leasingnehmers gegen nachträgliche Änderungen des Liefervertrags nach Art. 11 CIFL.[15] Wird von einzelnen Vorschriften der Konvention durch AGB abgewichen, findet allerdings eine Inhaltskontrolle nach Maßgabe des gemäß Art. 6 Abs. 2 CIFL nach dem IPR des Forums zur Anwendung berufenen nationalen Recht statt. Handelt es sich hierbei um deutsches Recht, ist der für die Anwendung der

---

[10] So etwa OLG Stuttgart IHR 2001, 65, 66, zum Niederlassungsbegriff nach Art. 1 Abs. 1 CISG.
[11] Zu der Parallelregelung in Art. 1 CISG siehe § 83 Rdn. 4 ff.
[12] Art. 8 Abs. 3 CIFL verbietet die Abbedingung der Pflicht des Leasinggebers, den ungestörten Besitz des Leasingnehmers zu gewährleisten, soweit es nicht um vom Leasingnehmer verursachte Störungen geht. Siehe dazu auch Rdn. 9.
[13] Art. 13 Abs. 3 lit. b CIFL schränkt die Privatautonomie insoweit ein, als eine vertragliche Schadenspauschalierung zugunsten des Leasinggebers nicht wesentlich über den ihm wirklich entstandenen Schaden hinausgehen darf.
[14] Art. 13 Abs. 4 CIFL schließt für die Zeit nach einem Rücktritt den Anspruch auf Zahlung noch offener Leasingraten aus.
[15] Dazu kritisch *Dageförde* Internationales Finanzierungsleasing, 127; *Poczubut* RabelsZ 51 (1987), 681, 711, 720.

Generalklausel relevante Wertungsmaßstab den Regelungen der Konvention zu entnehmen.[16]

II. Inhalt

1. Die rechtliche Beziehung zwischen Leasinggeber und Leasingnehmer

7 a) **Pflichten des Leasinggebers und korrespondierende Rechtsbehelfe des Leasingnehmers.** Die Konvention von Ottawa legt die Pflichtenstellung des Leasinggebers nicht explizit fest. Die Regelung des Anwendungsbereichs in Art. 1 Abs. 1 CIFL zeigt jedoch, dass die Konvention (nur) eine Pflicht des Leasinggebers zur **Verschaffung und Erhaltung des Gebrauchs** der Leasingsache unterstellt. Weiter gehende Pflichten können sich aus dem gemäß Art. 6 Abs. 2 CIFL nach dem IPR des Forums zur Anwendung berufenen nationalen Recht ergeben, allerdings nach Art. 8 Abs. 1 lit. a CIFL ohne vertragliche Übernahme durch den Leasinggeber keine Sekundäransprüche des Leasingnehmers begründen.[17] Folgerichtig hat sich der Leasingnehmer bei Leistungsstörungen, welche die Leasingsache betreffen, grundsätzlich an den Lieferanten zu halten, wozu ihm der durch Art. 10 CIFL gewährte Direktanspruch verhilft. Die Rechtsbehelfe („remedies") des Leasingnehmers im Falle einer Leistungsstörung sind allerdings im Rahmen zweier besonderer Regelungen der Konvention auch gegen den Leasinggeber gerichtet:

8 Zum einen hat der Leasingnehmer bei Nicht-, Schlecht- oder Zuspätlieferung der Leasingsache gemäß Art. 12 Abs. 1 lit. a CIFL gegenüber dem Leasinggeber das Recht, die Leasingsache **zurückzuweisen** oder vom Leasingvertrag **zurückzutreten**, wobei sich die Modalitäten der Ausübung und des Verlusts dieser Rechte gemäß Art. 12 Abs. 2 CIFL nach dem Liefervertrag richten. Der Leasinggeber kann demgegenüber seinerseits die Pflichtverletzung durch erneute, wiederum den Modalitäten des Liefervertrags (Art. 12 Abs. 2 CIFL) genügende Lieferung heilen. Solange es nicht zur Heilung gekommen ist oder der Leasingnehmer sein Zurückweisungsrecht verloren hat, besteht nach Art. 12 Abs. 3 CIFL ein **Zurückbehaltungsrecht** des Leasingnehmers hinsichtlich der Zahlung der Leasingraten.

9 Zum anderen hat der Leasinggeber ungeachtet seiner Finanzierungsfunktion[18] dem Leasingnehmer nach Art. 8 Abs. 2 CIFL für die **Rechtsmängelfreiheit** der Leasingsache einzustehen, soweit die Belastung der Leasingsache mit Rechten Dritter, die den Besitz der Sache beeinträchtigen, nicht ausnahmsweise vom Leasingnehmer selbst zu verantworten ist. Eine Freizeichnung von dieser Verpflichtung ist nur in den Grenzen des Art. 8 Abs. 3 CIFL zulässig.[19] Überdies kommt nach Art. 8 Abs. 4 CIFL eine diesbezüglich weiter gehende Verpflichtung des Leasinggebers aufgrund zwingender Vorschriften des nach dem IPR des Forums anwendbaren nationalen Rechts in Betracht.[20]

10 b) **Pflichten des Leasingnehmers und korrespondierende Rechtsbehelfe des Leasinggebers.** Die **Zahlungspflicht** des Leasingnehmers ist ebenso wie die Gebrauchsverschaffungs- bzw. -erhaltungspflicht des Leasinggebers in der Konvention von Ottawa nicht explizit geregelt, wird aber von ihr – wie bereits Art. 1 Abs. 1 CIFL zeigt – vorausgesetzt. Nähere Ausgestaltung durch die Konvention erfahren jedoch die Sanktionen, die den Leasingnehmer im Falle von Zahlungsverzögerungen treffen: In jedem Falle hat der Leasinggeber – unabhängig von der Schwere der Zahlungspflichtverletzung des Leasing-

---

[16] Näher *Knebel* RIW 1993, 537 ff.
[17] So bereits *Dageförde* Internationales Finanzierungsleasing, 129.
[18] Kritisch vor diesem Hintergrund *Dageförde* Internationales Finanzierungsleasing, 139.
[19] Dazu Rdn. 6 Fn. 11.
[20] Zur – von Frankreich und Russland in Anspruch genommenen – Möglichkeit, im Wege eines Vorbehalts nach Art. 20 CIFL nationales Recht an die Stelle von Art. 8 Abs. 3 CIFL treten zu lassen, vgl. Reithmann/Martiny/*Dageförde* Internationales Vertragsrecht Rdn. 1139.

nehmers – nach Art. 13 Abs. 1 CIFL das Recht, die Zahlung noch offener Leasingraten nebst Zinsen sowie den Ersatz weiterer Schäden zu verlangen. Betrifft die Pflichtverletzung des Leasingnehmers einen wesentlichen Teil der Leasingraten, kommen darüber hinaus gemäß Art. 13 Abs. 2 CIFL nach Wahl des Leasinggebers die vorzeitige Fälligstellung der ausstehenden Leasingraten oder der Rücktritt vom Vertrag nebst Schadensersatz (letzterer nach Maßgabe von Art. 13 Abs. 2 lit. b, 3, 4, 6 CIFL)[21] in Betracht. Die Ausübung beider Rechtsbehelfe ist jedoch nach Art. 13 Abs. 5 CIFL dadurch bedingt, dass der Leasinggeber dem Leasingnehmer zuvor durch eine besondere Mitteilung Gelegenheit zur Beendigung der Zahlungsverzögerung gegeben hat, soweit die Beendigung noch möglich erscheint.

Durch Art. 9 Abs. 1 CIFL werden dem Leasingnehmer darüber hinaus **Nebenpflichten** 11 zum sorgfältigen Umgang mit der Leasingsache, zur Beschränkung auf die übliche Nutzung und zur Erhaltung ihres ursprünglichen Zustands (mit Ausnahme der Beeinträchtigungen durch den gewöhnlichen Gebrauch und der vom Vertrag gedeckten Veränderungen) auferlegt. Außerdem regelt Art. 9 Abs. 2 CIFL die Rückgabepflicht des Leasingnehmers nach Vertragsbeendigung. Weitere Pflichten des Leasingnehmers – etwa zur Annahme der vertragsgemäß gelieferten Leasingsache – werden in der Literatur unter Berufung auf die insoweit unterstellte Lückenhaftigkeit der Konvention aus den Regeln des nach dem IPR des Forums anwendbaren nationalen Rechts abgeleitet.[22]

2. Die rechtliche Beziehung zwischen Leasinggeber und Lieferant

Die Konvention von Ottawa enthält keine Regeln über den zwischen Leasinggeber und 12 Lieferant abgeschlossenen Liefervertrag als solchen. Festgeschrieben wird nur in Art. 11 CIFL, dass die Rechtsposition, die der Leasingnehmer nach Art. 10 CIFL aufgrund des Liefervertrags innehat, nicht durch nachträgliche **Änderungen des Liefervertrags** ohne seine Zustimmung geschmälert wird. Der Anwendung des UN-Kaufrechts auf den Liefervertrag[23] steht die Konvention nicht entgegen (vgl. Art. 17 CIFL).

3. Die rechtliche Beziehung zwischen Leasingnehmer und Lieferant

Anders als das deutsche Recht, aber in Übereinstimmung mit dem US-Recht (Sec. 2A- 13 209 Uniform Commercial Code) kennt die Konvention von Ottawa einen **Direktanspruch** des Leasingnehmers gegen den Lieferanten, der Ersterem unabhängig von einer leasingvertraglich vereinbarten Abtretung zu einem Ausgleich für die fehlende Gewährleistung des Leasinggebers verhilft. Nach Art. 10 Abs. 1 S. 1 CIFL wird der Leasingnehmer so gestellt, als ob Partei des Liefervertrags und die Leasingsache unmittelbar an ihn zu liefern wäre. Die dadurch begründete Rechtsstellung des Leasingnehmers umfasst jedoch nicht das Recht zur Aufhebung oder Auflösung des Liefervertrags ohne Zustimmung des Leasinggebers (Art. 10 Abs. 2 CIFL). Zudem wird der Lieferant durch Art. 10 Abs. 1 S. 2 CIFL davor geschützt, ein und denselben Schaden doppelt (nämlich sowohl dem Leasinggeber als auch dem Leasingnehmer) ersetzen zu müssen. Die weitere inhaltliche Bestimmung des Direktanspruchs des Leasingnehmers unterliegt dem Statut des Liefervertrags.[24]

4. Die rechtliche Beziehung zwischen Leasinggeber und Dritten

a) Dingliche Berechtigung des Leasinggebers. Art. 7 Abs. 1 CIFL ordnet an, dass 14 die dingliche Berechtigung des Leasingebers an der Leasingsache auch im **Insolvenzverfahren** über das Vermögen des Leasingnehmers oder in der **Einzelzwangsvollstre-**

---

[21] Zu Art. 13 Abs. 3 CIFL siehe Rdn. 6 Fn. 12
[22] So *Dageförde* Internationales Finanzierungsleasing, 129.
[23] Dazu § 83 Rdn. 1 ff.
[24] Siehe § 84 Rdn. 3.

ckung in dessen Vermögen seine Wirksamkeit behält. Soweit die Wirksamkeit des dinglichen Rechts nach dem darauf anwendbaren Recht von der Einhaltung bestimmter Publizitätspflichten abhängt, erfährt diese Grundregel allerdings in Art. 7 Abs. 2 CIFL eine Einschränkung. Die kollisionsrechtliche Bestimmung des anwendbaren Rechts nimmt die Konvention hier ausnahmsweise selbst vor; nach Art. 7 Abs. 3 CIFL handelt es sich um die lex rei sitae (lit. d), es sei denn, es handelt sich um registrierte Schiffe oder Flugzeuge (dann gilt das Recht des Registrierungsstaates, lit. a, b) oder um üblicherweise in verschiedene Staaten verbrachte Gegenstände (dann gilt das Recht des Niederlassungsstaates des Leasingnehmers, lit. c).[25]

15 **b) Deliktische Haftung des Leasinggebers.** Nach Art. 8 Abs. 1 lit. b CIFL ist der Leasinggeber in dieser Eigenschaft nicht für durch das Leasinggut verursachte **Sach- oder Personenschäden Dritter** verantwortlich. Andererseits bleibt nach Art. 8 Abs. 1 lit. c CIFL die Haftung des Leasinggebers in einer anderen Eigenschaft, etwa als Eigentümer, von der Konvention unberührt. Die Abgrenzung fällt nicht leicht. Mit Blick auf die entstehungsgeschichtlichen Materialien zur Konvention von Ottawa wird im Schrifttum zumindest plausibel geltend gemacht, dass mit Art. 8 Abs. 1 lit. c CIFL nicht einer deliktischen Haftung des Leasinggebers wegen Verletzung von Verkehrssicherungspflichten nach nationalem Recht (wie sie etwa das deutsche Recht kennt) Tür und Tor geöffnet werde. Vielmehr solle nach der Konvention jegliche deliktische Haftung des Leasinggebers ausgeschlossen werden, soweit sie nicht auf vorrangige völkerrechtliche Verträge oder das EG-Recht (also insbesondere die EG-Produkthaftungsrichtlinie[26]) gegründet sei.[27]

---

[25] Zur am 1.4. 2004 in Kraft getretenen UNIDROIT/ICAO-Konvention über internationale Sicherungsrechte an beweglicher Ausrüstung (Kapstädter Konvention), mit der ein international registriertes Sicherungsrecht an hochwertigen mobilen Gütern geschaffen wird, die im internationalen Verkehr eingesetzt werden, und ihr Verhältnis zur Leasingkonvention *Paul* (Hrsg.), World Leasing Yearbook 2004, 45 ff.; 2005, 52 ff.

[26] Dazu § 85.

[27] *Dageförde* Internationales Finanzierungsleasing, 158 f.

27. Kapitel. Internationale Zuständigkeit
§ 88 Das System der internationalen Zuständigkeiten

Schrifttum: *Geimer* Internationales Zivilprozessrecht, 5. Aufl. 2005; *Geimer/Schütze* Europäisches Zivilverfahrensrecht, 2. Aufl. 2004; Handbuch des Internationalen Zivilverfahrensrechts Bd. I, 1982; *Hau* Der Vertragsgerichtsstand zwischen judizieller Konsolidierung und legislativer Neukonzeption, IPRax 2000, 354; *Kropholler* Europäisches Zivilprozessrecht, 8. Aufl. 2005; *Rauscher* Europäisches Zivilprozessrecht, 2. Aufl. 2006; *Schack* Internationales Zivilverfahrensrecht, 4. Aufl. 2006; *Schlosser* EU-Zivilprozessrecht, 2. Aufl. 2003; *Schütze* Deutsches Internationales Zivilprozessrecht unter Einschluss des Europäischen Zivilprozessrechts, 2. Aufl. 2005

Übersicht

	Rdn.
I. Anwendbare Vorschriften	1
1. Europäische Regelungen	2
a) EuGVVO	2
b) LugÜ und EuGVÜ	4
2. Autonome Bestimmung der internationalen Zuständigkeit	6
II. Einzelne Zuständigkeiten	7
1. Allgemeiner Gerichtsstand	7
2. Gerichtsstand des Erfüllungsortes	9
a) Art. 5 Nr. 1 EuGVVO	10
b) Art. 5 Nr. 1 LugÜ/EuGVÜ	14
c) § 29 ZPO	15
3. Verbrauchergerichtsstand	16
4. Gerichtsstand der Belegenheit von unbeweglichen Sachen	17
5. Gerichtsstand des Vermögens	18

I. Anwendbare Vorschriften

Die internationale Zuständigkeit deutscher Gerichte für die Entscheidung der vor sie gelangenden Rechtsstreitigkeiten (**direkte Zuständigkeit**) richtet sich vorrangig nach Staatsvertrags- und sekundärem Gemeinschaftsrecht, das die internationale Zuständigkeit auf europäischer Ebene regelt (dazu Rdn. 2 ff.). Sind diese Regeln nicht anwendbar, ist die internationale Zuständigkeit nach autonomem deutschen Recht zu bestimmen (dazu Rdn. 6). Hiervon zu unterscheiden ist die nachfolgend nicht näher behandelte **indirekte Zuständigkeit**, die als Voraussetzung für die Anerkennung von Entscheidungen ausländischer Gerichte zu prüfen ist (vgl. § 328 Abs. 1 Nr. 1 ZPO) und bei der es nicht nur auf das (spiegelbildlich anzuwendende) deutsche Recht der internationalen Zuständigkeit und die europäischen Regeln, sondern auch auf eine Reihe von Staatsverträgen (sog. conventions simples) ankommt, die nur die indirekte (Anerkennungs-)Zuständigkeit regeln.[1]

1. Europäische Regelungen

a) EuGVVO. Die Verordnung (EG) Nr. 44/2001 des Rates über gerichtliche Zuständigkeit und die Anerkennung und Vollstreckung von Entscheidungen in Zivilsachen vom 22. 12. 2000 (**EuGVVO**, auch Brüssel I-VO genannt)[2] schafft eine einheitliche Ordnung der internationalen Zuständigkeit für alle **EG-Mitgliedstaaten mit Ausnahme Dänemarks**. Nach Art. 1 Abs. 1 Satz 1 EuGVVO findet die Verordnung Anwendung auf Zivil-

---

[1] Dazu etwa *Geimer* Internationales Zivilprozessrecht Rdn. 2757 ff.
[2] ABl. 2001 L12/1.

§ 88 Fünfter Teil. Leasing als internationale Finanzdienstleistung

und Handelssachen, ohne dass es auf die Art der Gerichtsbarkeit ankommt. Streitigkeiten im Bereich des Finanzierungsleasing werden damit grundsätzlich vom sachlichen Anwendungsbereich der Verordnung erfasst, es sei denn, sie sind Gegenstand insolvenzrechtlicher Verfahren oder der Schiedsgerichtsbarkeit unterstellt, so dass sie unter die Ausnahmen in Art. 1 Abs. 2 Nr. 2 oder Nr. 4 EuGVVO fallen. Darüber hinaus enthält Art. 1 EuGVVO keine weiteren allgemeinen Beschränkungen des Anwendungsbereichs der Verordnung. Insbesondere kommt es nicht darauf an, ob die Parteien ihren Wohnsitz in einem Mitgliedstaat haben oder Staatsangehörige eines Mitgliedstaats sind.[3] Welchen Bezug der Rechtsstreit zu einem EU-Mitgliedstaat aufweisen muss, damit die internationale Zuständigkeit nach der EuGVVO begründet ist, kann vielmehr nur mit Blick auf die spezifischen Voraussetzungen der Zuständigkeitsvorschriften der Verordnung beurteilt werden.

3 Ist – wie regelmäßig in Streitigkeiten mit Bezug zum Leasingrecht – der sachliche Anwendungsbereich der EuGVVO eröffnet, empfiehlt sich folgende **Prüfungsreihenfolge**:[4]

1. Die Verordnung muss im Gerichtsstaat **zur Zeit der Klageerhebung** in Kraft getreten sein (für Deutschland und die anderen damaligen EU-Mitgliedstaaten außer Dänemark am 1. 3. 2002).

2. Sodann ist danach zu differenzieren, ob der Beklagte seinen **Wohnsitz** (bei juristischen Personen und Gesellschaften: ihren **Sitz**) in einem Mitgliedstaat hat oder nicht. Für die Auslegung des Wohnsitzbegriffs ist gemäß Art. 59 Abs. 1 EuGVVO auf die lex fori, in Deutschland also wie bei § 13 ZPO auf die §§ 7 ff. BGB zurückzugreifen.[5] Als Sitz der juristischen Person oder Gesellschaft wird dagegen gemeinschaftsautonom in Art. 60 Abs. 1 EuGVVO der Ort festgelegt, an dem sie ihren satzungsmäßigen Sitz, ihre Hauptverwaltung oder ihre Hauptniederlassung hat.[6]

a) Besteht ein **Beklagten(wohn)sitz in einem Mitgliedstaat**, ergibt sich die internationale Zuständigkeit der **Gerichte des Wohnsitzstaates** aus Art. 2 EuGVVO, es sei denn, deren Zuständigkeit ist durch eine ausschließliche Zuständigkeit nach Art. 22 EuGVVO (dinglicher Gerichtsstand) oder durch eine Gerichtsstandsvereinbarung nach Art. 23 EuGVVO ausgeschlossen. **Gerichte anderer Mitgliedstaaten** als des Wohnsitzstaates können aufgrund der besonderen Zuständigkeitsregelungen in den Art. 5 ff. EuGVVO international zuständig sein, deren bedeutendste in dem hier interessierenden Zusammenhang die **Erfüllungsortzuständigkeit** nach Art. 5 Nr. 1 EuGVVO ist.

b) Besteht **kein Beklagten(wohn)sitz in einem Mitgliedstaat**, ist nach Art. 4 EuGVVO im Grundsatz das nationale Zuständigkeitsrecht anzuwenden. Unabhängig von einem Beklagten(wohn)sitz in der EU können jedoch in dem hier interessierenden Zusammenhang der Gerichtsstand für Verbraucherklagen nach Art. 16 Abs. 1 EuGVVO (internationale Zuständigkeit auch der Gerichte im Staat des Verbraucherwohnsitzes) und die ausschließlichen Zuständigkeiten nach Art. 22 EuGVVO gegeben sein. Außerdem hängt die Beurteilung einer Zuständigkeitsvereinbarung nach Art. 23 EuGVVO nur davon ab, ob eine der Parteien (also nicht unbedingt die Beklagte) ihren Wohnsitz in einem EU-Mitgliedstaat hat.

4 b) **LugÜ und EuGVÜ.** Das Brüsseler Übereinkommen über die gerichtliche Zuständigkeit und die Vollstreckung gerichtlicher Entscheidungen in Zivil- und Handelssachen vom 27. 9. 1968 in der Fassung des 4. Beitrittsübereinkommens vom 29. 11. 2996 (**EuG-**

---

[3] Vgl. zur Anwendung der EuGVVO in dem Fall, dass der Kläger seinen Sitz in einem Drittstaat hat, EuGH Slg. 2000, I-5925 – Group Josi.
[4] Im Anschluss an MüKoZPO/*Gottwald* Art. 2 EuGVVO Rdn. 3 ff.; *Schlosser* EU-Zivilprozessrecht Art. 2 EuGVVO Rdn. 10 ff.
[5] Dazu Handbuch des Internationalen Zivilverfahrensrechts/*Kropholler* Bd. I Kap. III Rdn. 68.
[6] Abweichend § 17 Abs. 1 ZPO (nur hilfsweise Heranziehung des tatsächlichen Sitzes des Hauptverwaltung); dazu auch Rdn. 8.

VÜ),⁷ ist im Verhältnis der EU-Mitgliedstaaten zueinander durch die EuGVO ersetzt worden (vgl. Art. 68 EuGVVO). Nur im Verhältnis zwischen Dänemark, das sich an der Annahme der EuGVVO nicht beteiligt hat, und den anderen Mitgliedstaaten bleibt es bei der Geltung des EuGVÜ.⁸ Das hiermit inhaltlich weitgehend übereinstimmende Lugano-Übereinkommen über die gerichtliche Zuständigkeit und die Vollstreckung gerichtlicher Entscheidungen in Zivil- und Handelssachen vom 16. 9. 1988 (**LugÜ**)⁹ erweitert die europäische Zuständigkeitsordnung im Verhältnis zu den EFTA-Staaten und ist namentlich in der Beziehung zur Schweiz, zu Norwegen und zu Island von Bedeutung. Die Gerichte der EU-Mitgliedstaaten, für die auch die (nach Art. 54 b Abs. 1 LugÜ, 68 Abs. 2 EuGVVO vorrangige) EuGVVO gilt, wenden nicht diese, sondern nach Art. 54 b Abs. 2 lit. a LugÜ das Lugano-Übereinkommen an, wenn der Beklagte seinen Wohnsitz in einem Vertragsstaat hat, der nicht EU-Mitglied ist, oder wenn die Gerichte eines solchen Staates nach Art. 16 LugÜ (ausschließliche Zuständigkeiten z. B. bei Klagen betreffend unbewegliche Sachen) oder Art. 17 LugÜ (Gerichtsstandsvereinbarungen) zuständig sind.

Solange nicht eine Revision des LugÜ für eine Anpassung gesorgt hat, bestehen gewisse **Divergenzen zwischen der EuGVVO und dem LugÜ** fort. Für das grenzüberschreitende Leasinggeschäft sind insoweit vor allem Abweichungen bei der Bestimmung der Erfüllungsortzuständigkeit (dazu Rdn. 9 ff.) relevant. Dies gilt ebenso im Vergleich zwischen der EuGVVO und der Vorgängerregelung im EuGVÜ. 5

2. Autonome Bestimmung der internationalen Zuständigkeit

Die Gerichtsstandsregelungen der ZPO sind grundsätzlich **doppelfunktional**, d. h. sie bestimmen die internationale Zuständigkeit deutscher Gerichte und sorgen zugleich für die Festlegung des örtlich zuständigen Gerichts.¹⁰ Die Regeln des autonomen deutschen Rechts gelten allerdings nur außerhalb des Anwendungsbereichs der vorrangigen Zuständigkeitsbestimmungen der EuGVVO, des LugÜ und des EuGVÜ. 6

II. Einzelne Zuständigkeiten

1. Allgemeiner Gerichtsstand

Sowohl nach deutschem (§ 13 ZPO) als auch nach europäischem Zivilprozessrecht (Art. 2 Abs. 1 EuGVVO/LugÜ/EuGVÜ) besteht der allgemeine Gerichtsstand einer natürlichen Person, in dem Klagen jeder Art gegen sie erhoben werden können, an ihrem **Wohnsitz**. Handelt es sich um eine juristische Person, ist der **Sitz** maßgeblich (§ 17 ZPO; Art. 2 Abs. 1 i. V. m. Art. 60 Abs. 1 EuGVVO; Art. 2 Abs. 1 i. V. m. Art. 53 Abs. 1 LugÜ/EuGVÜ). Hinsichtlich des Wohnsitzbegriffs stimmen deutsche und europäische Regelungen überein: Die für § 13 ZPO maßgebliche Bestimmung nach den §§ 7 ff. BGB¹¹ ist von deutschen Gerichten auch im Rahmen des europäischen Zuständigkeitsrechts vorzunehmen, das insoweit auf die lex fori verweist (Art. 59 Abs. 1 EuGVVO; Art. 52 Abs. 1 LugÜ/EuGVÜ). 7

Gewisse Unterschiede ergeben sich allerdings bei der Festlegung des **Sitzes juristischer Personen**: § 17 Abs. 1 Satz 1 ZPO stellt insoweit auf den satzungsmäßigen Sitz ab; der Verwaltungssitz ist nach § 17 Abs. 1 Satz 2 ZPO nur dann maßgeblich, wenn der Satzungssitz nicht eindeutig bestimmt werden kann. Demgegenüber bestimmt Art. 60 Abs. 1 EuGVVO (dem Vorbild des Art. 48 Abs. 1 EG folgend) gemeinschaftsrechtlich autonom 8

---

⁷ BGBl. 1998 II S. 1412.
⁸ Vgl. die Erwägungsgründe 21 und 22 der EuGVO.
⁹ ABl. 1988 L 319/9; BGBl. 1994 II S. 2658.
¹⁰ Näher *Geimer* Internationales Zivilprozessrecht Rdn. 946 ff.
¹¹ Vgl. etwa BGH NJW-RR 1988, 387.

§ 88 Fünfter Teil. Leasing als internationale Finanzdienstleistung

den Ort des satzungsmäßigen Sitzes, der Hauptverwaltung oder der Hauptniederlassung als alternative Anknüpfungspunkte, während Art. 53 Abs. 1 Satz 2 LugÜ/EuGVÜ auf das internationale Privatrecht des Forums verweist.[12]

2. Gerichtsstand des Erfüllungsortes

9 Für Vertragsklagen und damit auch für Klagen aus dem Leasingvertrag oder aus dem Liefervertrag sehen das europäische und das deutsche IZPR den besonderen Gerichtsstand des **Erfüllungsortes** vor (§ 29 ZPO; Art. 5 Nr. 1 EuGVVO/LugÜ/EuGVÜ). Die Abgrenzung des Anwendungsbereichs der verschiedenen zuständigkeitsbegründenden Normen richtet sich nach dem **Beklagten(wohn)sitz**: Befindet sich dieser in einem EU-Staat (mit Ausnahme Dänemarks), ist der Vertragsgerichtsstand nach Art. 5 Nr. 1 EuGVVO zu bestimmen. Liegt der Wohnsitz in der Schweiz, in Island oder in Norwegen, gilt Art. 5 Nr. 1 LugÜ, während bei dänischem Wohnsitz Art. 5 Nr. 1 EuGVÜ anzuwenden ist. § 29 ZPO schließt regelt die Erfüllungsortzuständigkeit deutscher Gerichte in den übrigen Fällen. Die Abgrenzung ist von Bedeutung, weil der Erfüllungsort je nach anwendbarer Vorschrift unterschiedlich bestimmt wird.

10 a) **Art. 5 Nr. 1 EuGVO.** Für den **Vertragsgerichtsstand nach Art. 5 Nr. 1 EuGVVO** ist beim Verkauf beweglicher Sachen der Ort maßgeblich, an dem sie nach dem Vertrag geliefert worden sind oder hätten geliefert werden müssen, und bei der Erbringung von Dienstleistungen der Ort, an dem sie nach dem Vertrag erbracht worden sind oder hätten erbracht werden müssen (Art. 5 Abs. 1 lit. b EuGVVO; **autonome Bestimmung** des Erfüllungsorts). Ist diese Regelung nicht anwendbar, gilt als Auffangnorm (vgl. auch Art. 5 Abs. 1 lit. c EuGVVO) die Grundregel des Art. 5 Abs. 1 lit. a EuGVVO über die Zuständigkeit am Erfüllungsort, deren Konkretisierung sich nach der bisherigen EuGH-Judikatur zum EuGVÜ richtet: Bei der Anwendung von lit. a ist der Erfüllungsort nach dem aufgrund des IPR des Forums zu ermittelnden Vertragsstatut zu ermitteln (**Bestimmung nach der lex causae**),[13] und zwar jeweils für die konkret streitige Verpflichtung, nämlich die Verpflichtung, die dem vertraglichen Anspruch entspricht, auf den der Kläger seine Klage stützt.[14]

11 Da es sich beim **Liefervertrag** in aller Regel um einen Kaufvertrag handelt, ist insoweit Art. 5 Nr. 1 lit. b EuGVVO anwendbar und grundsätzlich auf den Erfüllungsort der Lieferpflicht abzustellen. Zur Bestimmung des Erfüllungsorts ist in erster Linie auf den Vertrag abzustellen: Erfüllungsort ist der Ort, an dem der Lieferant nach dem Vertrag seiner Verpflichtung nachzukommen hat. Bleiben insoweit Zweifel, ist noch nicht abschließend geklärt, ob materiellrechtliche Aspekte (die Reichweite des Pflichtenprogramms des Lieferanten mit Blick auf die Absendung, die Ablieferung oder die Montage der Sache) oder andere Kriterien (insbesondere die Beweisnähe) den Ausschlag geben.[15] Jedenfalls erscheint es gerechtfertigt, auf den Ort der Niederlassung des Lieferanten abzustellen, wenn keiner der angeführten Gesichtspunkte zu einem aussagekräftigen Ergebnis führt.[16] Art. 5 Nr. 1 lit b EuGVVO gilt allerdings dann nicht, wenn der auf diese Weise ermittelte Lieferort außerhalb des Geltungsbereichs der Verordnung liegt: In diesem Fall führt Art. 5 Nr. 1 lit. c EuGVVO zur Anwendung der Auffangregel in Art. 5 Nr. 1 lit. a[17] mit der Folge, dass der Erfüllungsort nach der lex causae und isoliert für die jeweils relevante Verpflichtung zu bestimmen ist.

---

[12] Zur Problematik des Verweises auf das „internationale Privatrecht" *Schlosser* EU-Zivilprozessrecht Art. 60 EuGVVO Rdn. 1 (mit der Ansicht, es sei § 17 ZPO anzuwenden).
[13] Grundlegend EuGH Slg. 1976, 1473 Rdn. 13 ff. – Tessili.
[14] Grundlegend EuGH Slg. 1976, 1497, Rdn, 13 – de Bloos.
[15] Dazu einerseits Rauscher/*Leible* Art. 5 Brüssel I-VO Rdn. 53; andererseits *Hau* IPRax 2000, 354, 358.
[16] So Rauscher/*Leible* Art. 5 Brüssel I-VO Rdn. 54.
[17] Hierzu kritisch Rauscher/*Leible* Art. 5 Brüssel I-VO Rdn. 58.

Ob auch der Vertragsgerichtsstand des **Leasingvertrags** autonom und einheitlich für die Pflichten beider Parteien nach Art. 5 Nr. 1 lit. b EuGVVO zu bestimmen ist, hängt, da eine Einordnung als Kaufvertrag ausscheidet,[18] davon ab, ob es sich hierbei um einen Vertrag über die Erbringung einer Dienstleistung handelt.[19] Dies kommt beim Finanzierungsleasing in Betracht. Der Ausgangspunkt ist zunächst klar: Der BGH hat zum Begriff der Dienstleistung mit Recht festgestellt, dass dieser losgelöst von der lex causae gemeinschaftsrechtlich zu verstehen und weit auszulegen sei. Dabei könne der entsprechende Begriff aus Art. 50 EG, Art. 5 Abs. 1 EVÜ sowie Art. 13 Abs. 1 Nr. 3 LugÜ/EuGVÜ herangezogen werden.[20] Freilich weisen diese Regelungen, was das Finanzierungsleasing betrifft, in unterschiedliche Richtungen: Der EuGH hat einerseits den Dienstleistungscharakter des Leasinggeschäfts in seiner Rechtsprechung zu den Art. 49 f. EG wiederholt anerkannt.[21] Andererseits fällt das Finanzierungsleasing nicht unter die Verträge über die „Erbringung von Dienstleistungen" i. S. v. Art. 5 Abs. 1 2. Alt. EVÜ (Art. 29 Abs. 1 2. Alt. EGBGB)[22] und Art. 13 Abs. 1 Nr. 3 LugÜ/EuGVÜ. Welche Begriffsbestimmung den Ausschlag gibt, ist in der Praxis noch unbeantwortet; eine Klärung durch den EuGH im Vorabentscheidungsverfahren nach Art. 234 EG kann nach Art. 68 Abs. 1 EG (nur) von letztinstanzlich entscheidenden Gerichten erstrebt werden. 12

Sowohl bei Kauf- und Dienstleistungsverträgen im Sinne von Art. 5 Nr. 1 lit. b EuGV-VO[23] als auch bei sonstigen Verträgen im Sinne von Art. 5 Nr. 1 lit. a EuGVVO[24] ist der Abschluss von **Erfüllungsortvereinbarungen** zulässig. Solche Vereinbarungen unterliegen nicht den Formerfordernissen des Art. 23 EuGVVO, da sie keinen ausschließlichen, sondern nur einen Wahlgerichtsstand begründen.[25] Vielmehr hängt ihre Wirksamkeit allein von der lex causae ab. Zielt die Erfüllungsortvereinbarung allerdings nicht auf den materiellrechtlichen Leistungsort, sondern nur auf die Festlegung des Gerichtsstands („abstrakte Erfüllungsortvereinbarung"), ist sie, da sonst Missbräuche möglich wären, an Art. 23 EuGVVO zu messen.[26] 13

b) Art. 5 Nr. 1 LugÜ/EuGVÜ. Art. 5 Nr. 1 LugÜ/EuGVÜ bestimmt den Vertragsgerichtsstand in der Weise, die sich in der moderneren Regelung des Art. 5 Nr. 1 lit. a EuGVVO nur noch als Auffangregelung (Rdn. 10) erhalten hat: Verklagt werden kann eine Person, die ihren Wohnsitz in einem Vertragsstaat hat, vor dem Gericht des Ortes, an dem die Verpflichtung erfüllt worden ist oder zu erfüllen wäre. Hier gilt das bereits zu Art. 5 Abs. 1 lit. a EuGVVO Gesagte: Der Erfüllungsort ist hier nach dem aufgrund des IPR des Forums zu ermittelnden Vertragsstatut zu ermitteln (**Bestimmung nach der lex causae**),[27] und zwar jeweils für die konkret streitige Verpflichtung, nämlich die Verpflichtung, die dem vertraglichen Anspruch entspricht, auf den der Kläger seine Klage stützt.[28] 14

---

[18] Ebenso Rauscher/*Leible* Art. 5 Brüssel I-VO Rdn. 46; Geimer/Schütze/*Geimer* Europäisches Zivilverfahrensrecht Art. 5 EuGVVO Rdn. 88.
[19] Letzteres wird von den in Fn. 18 zitierten Autoren nicht diskutiert.
[20] BGH NJW 2006, 1806 f.
[21] Vgl. EuGH Slg. 1998, I-2553 Rdn. 31 ff. – Lease Plan; Slg. 1999, I-7447 Rdn. 33 – Eurowings.
[22] Richtigerweise handelt es sich um Finanzierungsverträge i. S. v. Art. 5 Abs. 1 3. Alt. EVÜ (Art. 29 Abs. 1 S. 1 3. Alt. EGBGB); dazu § 82 Rdn. 2.
[23] Wird bei einem Kauf- oder Dienstleistungsvertrag ein Erfüllungsort in der EU vereinbart, bleibt es bei der Anwendung von lit. b; unrichtig daher BGH NJW-RR 2005, 1518, 1520, gegen den BGH auch *Mankowski* LMK 2005, 155248.
[24] *Kropholler* Europäisches Zivilprozessrecht Art. 5 Rdn. 35.
[25] EuGH Slg. 1980, 89 Rdn. 6 – Zelger.
[26] EuGH Slg. 1997, I-911 Rdn. 33 – MSG.
[27] EuGH Slg. 1976, 1473 Rdn. 13 ff. – Tessili.
[28] EuGH Slg. 1976, 1497 Rdn. 13 – de Bloos.

§ 88 Fünfter Teil. Leasing als internationale Finanzdienstleistung

15 **c) § 29 ZPO.** § 29 ZPO lautet fast genauso wie Art. 5 Nr. 1 LugÜ/EuGVÜ, und entsprechend wird auch bei der Bestimmung des Erfüllungsorts verfahren: Maßgeblich (und für jede Verpflichtung gesondert zu prüfen) ist die **lex causae**, also die Rechtsordnung, die nach deutschem IPR auf die Verpflichtung anzuwenden ist.[29]

3. Verbrauchergerichtsstand

16 Ist der Leasingnehmer Verbraucher, kommt ihm im europäischen Zuständigkeitsrecht einerseits die Einräumung eines **Wahlgerichtsstands** (neben dem Beklagtengerichtsstand) an seinem Wohnsitz (Art. 16 Abs. 1 EuGVVO; Art. 14 Abs. 1 LugÜ/EuGVÜ) zugute, wenn er auf der Klägerseite steht. Andererseits darf er **nur an seinem Wohnsitz** verklagt werden (Art. 16 Abs. 2 EuGVVO; Art. 14 Abs. 2 LugÜ/EuGVÜ).[30] Zudem gelten nach Art. 17 EuGVVO, Art. 15 LugÜ/EuGVÜ Einschränkungen für abweichende **Gerichtsstandsvereinbarungen** mit Verbrauchern. Zu den Vertragstypen, für die diese Regelungen nach Art. 15 Abs. 1 EuGVVO, Art. 13 Abs. 1 LugÜ/EuGVÜ gelten, gehört auch das Finanzierungsleasing bei beweglichen Sachen, da es sich hierbei um ein Finanzierungsgeschäft im Sinne von Art. 15 Abs. 1 lit. a EuGVVO, Art. 13 Abs. 1 Nr. 2 LugÜ/EuGVÜ handelt.[31]

4. Gerichtsstand der Belegenheit von unbeweglichen Sachen

17 Für Klagen, die dingliche Rechte an in Deutschland belegenen Immobilien sowie deren Miete oder Pacht zum Gegenstand haben, sind nach Art. 22 Nr. 1 EuGVVO deutsche Gerichte ohne Rücksicht auf den Wohnsitz ausschließlich international zuständig.[32] Streitigkeiten über dingliche Rechtsfragen, die sich beim **Immobilienleasing** (mit Blick auf Grundstücke in Deutschland) stellen (z. B. hinsichtlich einer Vormerkung des Leasingnehmers[33]), sind deshalb vor deutschen Gerichten auszutragen. Ob Klagen aus dem schuldrechtlichen Verhältnis der ausschließlichen Zuständigkeit nach Art. 22 Nr. 1 EuGVVO unterliegen, hängt davon ab, ob das Immobilienleasing als Gebrauchsüberlassungsvertrag im Sinne dieser Vorschrift („Miete oder Pacht") einzuordnen ist. Ausgangspunkt für die Beantwortung dieser Frage hat zu sein, dass die Begrifflichkeit des Art. 22 EuGVVO autonom und – mit Blick auf die Hintanstellung des durch die allgemeine Regel des Art. 2 EuGVVO bezweckten Beklagtenschutzes – eng auszulegen ist.[34] Insoweit ist von Bedeutung, dass das Immobilienleasing eine Form des Finanzierungsleasing ist, bei der sich der Leasingvertrag entweder im Wesentlichen auf das Finanzierungselement beschränkt (Nettoleasing) oder weitere Dienstleistungen von der Grundstücksbeschaffung, über Planung und Bau bis hin zur Verwaltung umfasst (Bruttoleasing).[35] In beiden Varianten ist die Vertragsgestaltung deutlich von miet- und pachttypischen Gebrauchsüberlassung entfernt. Das Anliegen des Art. 22 Nr. 1 EuGVVO, mit der Anwendung gesetzlicher Sondervorschriften des Miet- und Pachtrechts die Gerichte des Landes zu betrauen, in dem sie gelten,[36] liefe hier leer. Daher sprechen die besseren Gründe dafür, das Immobilienleasing nicht als „Miete" oder „Pacht" i. S. v. Art. 22 Nr. 1 EuGVVO zu qualifizieren.

---

[29] *Geimer* Internationales Zivilprozessrecht Rdn. 1482 m. w. N.

[30] Während Art. 16 Abs. 1 EuGVVO neben der internationalen auch die örtliche Zuständigkeit regelt, fehlt eine entsprechende Regelung in Art. 14 Abs. 1 LugÜ/EuGVÜ. Richtigerweise ist aber auch hier im Sinne einer örtlichen Zuständigkeit am Verbraucherwohnsitz zu entscheiden; so etwa *Schlosser* EU-Zivilprozessrecht Art. 16 EuGVVO Rdn. 2 m. w. N. zum Meinungsstand.

[31] Rauscher/*Staudinger* Art. 15 Brüssel I-VO Rdn. 6.

[32] Art. 22 Nr. 1 EuGVVO verdrängt die §§ 24, 29 a ZPO mit Blick auf die direkte internationale Zuständigkeit deutscher Gerichte.

[33] Vgl. Staudinger/*Stoffels* Leasing Rdn. 21.

[34] *Kropholler* Europäisches Zivilprozessrecht Art. 22 EuGVVO Rdn. 2.

[35] Staudinger/*Stoffels* Leasing Rdn. 22.

[36] Vgl. den *Jenard*-Bericht zu Art. 16 Nr. 1 EuGVÜ, ABl. 1979 C 59/1.

27. Kapitel. Internationale Zuständigkei   § 89

5. Gerichtsstand des Vermögens

Nur dem deutschen internationalen Zivilprozessrecht ist der Vermögensgerichtsstand 18
(§ 23 ZPO) bekannt. Im europäischen Zuständigkeitssystem ist dieser Gerichtsstand ausdrücklich ausgeschlossen (Art. 3 Abs. 2 EuGVVO/LugÜ/EuGVÜ). Daher kommt die Anwendung von § 23 ZPO nur in Betracht, wenn sich der **Beklagtenwohnsitz** in einem **Drittstaat** befindet. Dieser sog. exorbitante Gerichtsstand ist nach der Rechtsprechung des BGH eng auszulegen: Neben der Vermögensbelegenheit bedarf es danach eines hinreichenden Inlandsbezugs, um die internationale Zuständigkeit deutscher Gerichte zu begründen.[37] Auf den Wert des inländischen Vermögens und dessen Verhältnis zum Wert des Streitgegenstands kommt es dagegen nach der Rechtsprechung nicht an.

§ 89 Gerichtsstands- und Schiedsvereinbarungen

Schrifttum: Siehe § 88; außerdem *Hausmann*, in: *Reithmann/Martiny* (Hrsg.) Internationales Vertragsrecht, 6. Aufl. 2004, 7. Teil; *Wagner* Prozessverträge, 1998

Übersicht

	Rdn.
I. Internationale Gerichtsstandsvereinbarungen	1
1. Europäisches Recht (EuGVVO, LugÜ, EuGVÜ)	2
2. Autonomes deutsches Recht	5
3. Liefervertragliche Gerichtsstandsvereinbarung und leasingvertragliche Abtretungskonstruktion	6
II. Schiedsvereinbarungen	8
1. Staatsvertragliches Recht	9
2. Autonomes deutsches Recht	10
3. Liefervertragliche Schiedsvereinbarung und leasingvertragliche Abtretungskonstruktion	11

I. Internationale Gerichtsstandsvereinbarungen

Mit einer Gerichtsstandsvereinbarung können die Vertragsparteien Bestimmungen über 1
die internationale Zuständigkeit treffen, sei es, dass sie die internationale Zuständigkeit der Gerichte eines Staates begründen, die sonst nicht international zuständig wären (**Prorogation**), sei es, dass sie die internationale Zuständigkeit der Gerichte eines Staates ausschließen, die sonst international zuständig wären (**Derogation**). Im Regelfall enthält eine Gerichtsstandsvereinbarung beide Elemente; jedoch können Derogation und Prorogation auch isoliert auftreten.[1] Die Gerichtsstandsvereinbarung ist ein Vertrag, dessen Einordnung im Spannungsfeld zwischen Prozessrecht und materiellem Recht schwierig und umstritten ist.[2] Nach der h. M. ist jedenfalls im Ergebnis für das Zustandekommen des Vertrags die (materielle) lex causae und für seine Zulässigkeit und Wirkungen wie auch für die Form die (prozessuale) lex fori maßgeblich.[3] Im Folgenden wird die Beurteilung internationaler Gerichtsstandsvereinbarungen anhand der wichtigsten Rechtsquellen des europäischen und des autonomen deutschen Rechts in ihren Grundzügen skizziert[4] und sodann die leasingspezifische Frage nach dem Schicksal einer liefervertraglichen Ge-

---

[37] Grundlegend BGHZ 115, 90; kritisch *Schack* Internationales Zivilverfahrensrecht Rdn. 325; näher zur Diskussion um § 23 ZPO *Geimer* Internationales Zivilprozessrecht Rdn. 1346 ff.; *Schütze* Deutsches Internationales Zivilprozessrecht unter Einschluss des Europäischen Zivilprozessrechts Rdn. 157 ff.
[1] Zur Erfüllungsortvereinbarung, mit der die Wirkung einer Prorogation herbeigeführt werden kann, siehe (mit Blick auf die Nichtanwendung von Art. 23 EuGVVO) § 88 Rdn. 13
[2] Dazu eingehend *Wagner* Prozessverträge, 346 ff.
[3] Grundlegend BGHZ 49, 384; weitere Nachw. bei *Wagner* Prozessverträge, 350 Fn. 20 f.
[4] Allgemein zu diesen Rechtsquellen und ihrem Verhältnis zueinander § 88 Rdn. 2 ff.

richtsstandsvereinbarung im Rahmen der leasingtypischen Abtretungskonstruktion erörtert.

1. Europäisches Recht (EuGVVO, LugÜ, EuGVÜ)

2   Nach Art. 23 Abs. 1 EuGVVO,[5] der Art. 17 LugÜ/EuGVÜ in den wesentlichen Zügen entspricht,[6] können Parteien, von denen mindestens eine ihren **Wohnsitz in einem EU-Mitgliedstaat** (außer Dänemark) hat, die – im Zweifel ausschließliche – **Zuständigkeit des Gerichts oder der Gerichte eines Mitgliedstaats** hinsichtlich einer bereits entstandenen oder einer künftigen aus einem bestimmten Rechtsverhältnis entspringenden Rechtsstreitigkeit (sog. **Bestimmtheitsgrundsatz**) vereinbaren, es sei denn, die Vereinbarung läuft einer Regelung über eine ausschließliche Zuständigkeit oder den Schutz von Versicherungsnehmern, Verbrauchern oder Arbeitnehmern zuwider (Art. 23 Abs. 5 EuGVVO).[7] Haben beide Parteien ihren Wohnsitz in Drittstaaten, ist allerdings nach Art. 23 Abs. 3 EuGVVO der derogative Effekt einer Gerichtsstandsvereinbarung zugunsten der Gerichte eines Mitgliedstaates in den anderen Mitgliedstaaten zu beachten.

3   Mit Blick auf die **Form** der Gerichtsstandsvereinbarung kennt Art. 23 Abs. 1 Satz 3 EuGVVO drei Möglichkeiten: Die Vereinbarung muss von beiden Parteien schriftlich oder mündlich mit schriftlicher Bestätigung durch eine der Parteien getroffen werden (lit. a), sie muss den zwischen den Parteien entstandenen Gepflogenheiten entsprechen (lit. b), oder sie muss einem Handelsbrauch entsprechen, den die Parteien kannten oder kennen mussten und den Parteien von Verträgen dieser Art in dem betreffenden Geschäftszweig allgemein kennen und beachten (lit. c). Die Interpretation dieser Formvoraussetzungen hat gemeinschaftsrechtlich autonom zu erfolgen;[8] für nationale Formvorschriften ist daneben kein Raum.

4   Die **Zulässigkeit** und die **Wirksamkeit** von Gerichtsstandsklauseln sind von Art. 23 EuGVVO – mit den in Art. 23 Abs. 5 EuGVVO in Bezug genommenen Ausnahmen – grundsätzlich abschließend geregelt. Damit scheidet eine Wirksamkeitsprüfung nach nationalem Recht – insbesondere auch eine Inhaltskontrolle einer AGB-mäßigen Gerichtsstandklausel nach § 307 BGB – aus.[9] Es bleibt indes die Frage nach einer europäischen Missbrauchskontrolle: Jedenfalls bei Verbrauchern ist der nach Art. 67 EuGVVO vorrangige Schutz durch die EG-Richtlinie 93/13 über missbräuchliche Klauseln in Verbraucherverträgen[10] zu beachten, die in Nr. 1 lit. q ihres Anhangs Gerichtsstandsklauseln ausdrücklich nennt,[11] was freilich nicht wesentlich über den durch Art. 23 Abs. 5 i. V. m. Art. 17 EuGVVO bewirkten Verbraucherschutz hinausführen dürfte.[12] Grundlagen und Grenzen einer über diesen eng umgrenzten Bereich hinausgehenden, allgemeinen Missbrauchskontrolle sind dagegen ungeklärt.[13]

2. Autonomes deutsches Recht

5   Das autonome deutsche Zivilprozessrecht ist auf eine internationale Gerichtsstandsvereinbarung nur dann anwendbar, wenn keine der vorrangigen europäischen Regelungen Anwendung findet. § 38 ZPO geht in diesem Fall von einer Unterscheidung zwischen Zu-

---

[5] Allgemein zur EuGVVO § 88 Rdn. 2.
[6] Allgemein zum LugÜ und zum EuGVÜ § 88 Rdn. 4.
[7] Zu der umstrittenen Frage eines weiteren ungeschriebenen Tatbestandsmerkmals „EU-Bezug" Rauscher/*Mankowski* Europäisches Zivilprozessrecht Art. 23 Brüssel I-VO Rdn. 4 ff.
[8] Zu den Einzelheiten *Kropholler* Europäisches Zivilprozessrecht Art. 23 EuGVVO Rdn. 30 ff.
[9] OLG Hamburg NJW 2004, 3126, 3128.
[10] ABl. 1993 L 95/29.
[11] Zur Missbräuchlichkeit einer Vereinbarung über die örtliche Zuständigkeit EuGH Slg. 2000, I-4941 – Océano.
[12] So Reithmann/Martiny/*Hausmann* Internationales Vertragsrecht Rdn. 2959.
[13] Näher dazu Rauscher/*Mankowski* Art. 23 Brüssel I-VO Rdn. 12 e ff.

ständigkeitsvereinbarungen unter Kaufleuten und unter Nichtkaufleuten aus: Während **Kaufleute** solche Vereinbarungen nach § 38 Abs. 1 ZPO formlos und ohne Einschränkungen abschließen können, ist dies **Nichtkaufleuten** nur unter den Voraussetzungen des § 38 Abs. 2 oder 3 ZPO gestattet. Auch hier gilt der Bestimmtheitsgrundsatz (§ 40 Abs. 1 ZPO) und die Begrenzung auf Klagen, in denen kein ausschließlicher Gerichtsstand begründet ist (§ 40 Abs. 1 Nr. 2 ZPO). Eine Auslegungsregel wie Art. 23 Abs. 1 S. 2 EuGVVO (im Zweifel zugunsten ausschließlicher Zuständigkeit) kennt die ZPO allerdings nicht.

3. Liefervertragliche Gerichtsstandsvereinbarung und leasingvertragliche Abtretungskonstruktion

Haben Leasinggeber und Lieferant eine wirksame Gerichtsstandsvereinbarung geschlossen, die sich (jedenfalls auch) auf Streitigkeiten über die Mangelfreiheit des Vertragsgegenstands bezieht, wirkt die Vereinbarung grundsätzlich nicht nur zwischen den Vertragsparteien, sondern **auch zwischen dem Lieferanten und dem Leasingnehmer**, der im Rahmen der leasingtypischen Abtretungskonstruktion die Gewährleistungsrechte des Leasinggebers erwirbt, es sei denn, die Vereinbarung ist auf die ursprünglichen Parteien beschränkt.[14]

Ist der Leasingnehmer **Verbraucher**, ist allerdings zu bedenken, dass ggf. dessen Schutz durch die Art. 15 ff. EuGVVO verloren geht, wenn er auf einen zwischen Leasinggeber und Lieferant vereinbarten Gerichtsstand verwiesen wird. Um den international-zivilprozessrechtlichen Schutz des Leasingnehmers als Verbraucher durchzusetzen, erscheint es nahe liegend, bei der Beurteilung der Wirksamkeit einer (nicht explizit auf die Vertragspartner beschränkten) liefervertraglichen Gerichtsstandsklausel auf die Person des Leasingnehmers und nicht des Leasinggebers abzustellen.[15] Die Wirksamkeit der Abtretungskonstruktion bliebe durch diese Lösung unberührt; unwirksam wäre allein die liefervertragliche Gerichtsstandsvereinbarung, die zu einem Gerichtsstand führt, der den Anforderungen des international-zivilprozessualen Verbraucherschutzes nicht genügt. Allerdings spricht gegenwärtig nicht viel für die Akzeptanz eines solchen Ansatzes durch die Rechtsprechung.[16] Wer daher diesen Ansatz nicht teilt, hat jedenfalls zu erwägen, ob der leasingvertraglichen Drittverweisungsklausel nicht die AGB-rechtliche Anerkennung nach den hierzu von der Rechtsprechung entwickelten Grundsätzen zu versagen ist, da der Leasingnehmer (und Verbraucher) keinen hinreichenden Ausgleich für den Gewährleistungsausschluss des Leasinggebers enthält, wenn er die abgetretenen Rechte gegen den Lieferanten nur vor einem ausländischen Gericht geltend machen kann, dessen (ausschließliche) Zuständigkeit im Verhältnis zum Verbraucher nicht hätte begründet werden können.

II. Schiedsvereinbarungen

Im internationalen Handelsverkehr spielen Schiedsvereinbarungen, welche Streitigkeiten der Parteien in Bezug auf ein bestimmtes Rechtsverhältnis vertraglicher oder nicht vertraglicher Art der Entscheidung durch ein Schiedsgericht unterwerfen (vgl. die Legaldefinition in § 1029 Abs. 1 ZPO), eine deutlich größere Rolle als Gerichtsstandsvereinbarungen. Nimmt sie die Form einer selbständigen Vereinbarung an, heißt sie **Schiedsabrede**; ist sie als Klausel in einen Vertrag integriert, wird sie **Schiedsklausel** genannt (§ 1029

---

[14] Vgl. (allgemein zur Rechtsnachfolge) *Geimer* Internationales Zivilprozessrecht Rdn. 1723.
[15] Vergleichbar dem Ansatz von Staudinger/*Stoffels* Leasing Rdn. 225 zur Parallelproblematik der Kontrolle der Lieferanten-AGB am Maßstab der §§ 475 ff. BGB, wenn der Leasingnehmer Verbraucher ist.
[16] Vgl. die ablehnende Haltung des BGH (BB 2006, 348) mit Blick auf die aus den §§ 475 ff. BGB folgende Parallelproblematik.

§ 89   Fünfter Teil. Leasing als internationale Finanzdienstleistung

Abs. 2 ZPO). Auch in letzterem Fall sind Schiedsvereinbarung und (Haupt-)Vertrag jedoch strikt voneinander zu trennen.[17] Wie Gerichtsstandsvereinbarungen befinden sich Schiedsvereinbarungen in einem schwer aufzulösenden Spannungsverhältnis zwischen materiellem Recht und Prozessrecht. Nachfolgend werden die wichtigsten in diesem Zusammenhang zu beachtenden Rechtsquellen nur kurz vorgestellt, bevor – entsprechend der Problematik bei Gerichtsstandsvereinbarungen – der Frage nach dem Schicksal einer Schiedsvereinbarung zwischen Leasinggeber und Lieferant im Zusammenhang mit der leasingtypischen Abtretungskonstruktion nachgegangen wird.

1. Staatsvertragliches Recht

9 Die wichtigste staatsvertragliche Regelung im Bereich des internationalen Schiedsverfahrensrechts ist das **New Yorker UN-Übereinkommen über die Anerkennung und Vollstreckung ausländischer Schiedssprüche vom 10. 6. 1958** (UNÜ)[18] mit mittlerweile mehr als 120 Vertragsstaaten, das Regelungen zu Form und Inhalt von Schiedsvereinbarungen enthält, die – entgegen dem durch die Überschrift des Abkommens geweckten Eindruck – auch außerhalb des Exequaturverfahrens beachtlich sind.[19] Es wird in verfahrensrechtlicher Hinsicht ergänzt durch das **Europäische Übereinkommen über die internationale Handelsschiedsgerichtsbarkeit vom 21. 4. 1961** (EuÜ).[20] Daneben spielen insbesondere bilaterale Verträge Deutschlands (etwa mit den USA[21]) eine Rolle.

2. Autonomes deutsches Recht

10 Die staatsvertraglichen Regeln über Abschluss und Wirksamkeit von Schiedsvereinbarungen regeln die Materie nur bruchstückhaft, so dass Raum für nationale Regelungen bleibt. Liegt der **Schiedsort in Deutschland**, gelten die §§ 1029 ff. ZPO. Allerdings sind die autonomen Regeln auch im Regelungsbereich der internationalen Übereinkommen nicht bedeutungslos: So enthält Art. VII Abs. 1 2. Hs. UNÜ eine Meistbegünstigungsklausel, der zufolge keiner beteiligten Partei das Recht genommen wird, sich auf einen Schiedsspruch nach Maßgabe des (ihr günstigeren) innerstaatlichen Rechts zu berufen.

3. Liefervertragliche Schiedsvereinbarung und leasingvertragliche Abtretungskonstruktion

11 Ist zwischen Leasinggeber und Lieferant eine Schiedsvereinbarung getroffen worden, die sich auf Streitigkeiten über die Mängelfreiheit des Vertragsgegenstands bezieht, besteht eine **Bindung des Leasingnehmers**, der etwaige Mängelrechte des Leasinggebers aufgrund der leasingtypischen Abtretungskonstruktion erwirbt, an die Schiedsvereinbarung,[22] und zwar ohne dass die Abtretung der Form des § 1031 ZPO bedarf.[23]

12 Wie auch bei der Erstreckung von Gerichtsstandsvereinbarungen auf den Leasingnehmer stellt sich hier die Frage, ob damit nicht möglicherweise berechtigte Schutzinteressen des Leasingnehmers vernachlässigt werden. Dies gilt vor allem dann, wenn der Leasingnehmer **Verbraucher** ist: Der Schutz durch § 1031 Abs. 5 ZPO, der für Schiedsvereinba-

---

[17] Statt vieler Reithmann/Martiny/*Hausmann* Internationales Vertragsrecht Rdn. 3220.
[18] BGBl. 1961 II S. 122.
[19] Ganz h. M.; vgl. Reithmann/Martiny/*Hausmann* Internationales Vertragsrecht Rdn. 3230 m. w. N.
[20] BGBl. 1964 II S. 426
[21] Deutsch-amerikanischer Freundschafts-, Handels- und Schiffahrtsvertrag vom 29. 10. 1954, BGBl. 1956 II S. 488.
[22] Vgl. (allgemein zur Bindung im Falle der Rechtsnachfolge) BGH NJW 2000, 2346.
[23] Reithmann/Martiny/*Hausmann* Internationales Vertragsrecht Rdn. 3487 m. w. N.

rungen unter Verbraucherbeteiligung eine besondere, von den Parteien eigenhändig unterzeichnete Urkunde oder die elektronische Form nach § 126 a BGB verlangt, ist obsolet, wenn sich der Verbraucher allein aufgrund der Abtretungskonstruktion darauf einlassen muss, die Gewährleistungsrechte gegen den Lieferanten in einem Schiedsverfahren und nicht vor einem staatlichen Gericht geltend zu machen. Wenn man auf diese Belange bei der Beurteilung der Wirksamkeit der Schiedsvereinbarung keine Rücksicht nehmen will, ist jedenfalls – in Anknüpfung an die Position der Rechtsprechung zur AGB-Kontrolle der Abtretungskonstruktion – die AGB-rechtliche Unwirksamkeit der leasingvertraglichen Drittverweisungsklausel in Betracht zu ziehen, wenn dem Leasingnehmer als Ausgleich für den Verlust der Gewährleistung des Leasinggebers nur Rechte gegenüber dem Lieferanten verschafft werden, die aufgrund einer Schiedsvereinbarung zwischen Leasinggeber und Lieferant vor staatlichen Gerichten nicht durchgesetzt werden können.[24]

---

[24] Vgl. die entsprechenden Ausführungen in Rdn. 7.

28. Kapitel. Leasingrecht im Ausland

§ 90 Rahmenbedingungen des Leasinggeschäfts in den EU-Mitgliedstaaten

Schrifttum: *Arnold*, Miete und Leasing nach der Schuldrechtsreform, in Dauner-Lieb/Konzen/Schmidt, Das neue Schuldrecht in der Praxis, 2003, 589; *Bechtold/Bosch/Brinker/Hirsbrunner*, EG-Kartellrecht, 2005; *Büschgen*, Leasing und EG-Binnenmarkt, FLF 1990, 3; *Engel*, Leasing in der EU, in Salger, Handbuch der europäischen Rechts- und Wirtschaftspraxis, 1992, § 18; *Gebauer/Wiedmann*, Zivilrecht unter europäischem Einfluss, 2005; *Girsberger*, Grenzüberschreitendes Finanzierungsleasing, 1997; *ders.*, Finanzierung, in Kronke/Melis/Schnyder, Handbuch Internationales Wirtschaftsrecht, 2005, Teil H; *Grabitz/Hilf*, Das Recht der Europäischen Union (Loseblatt, Stand 2006); *von der Groeben/Schwarze*, Kommentar zum Vertrag über die Europäische Union und zur Gründung der Europäischen Gemeinschaft, 6. Aufl. 2003; *Grundmann*, Europäisches Schuldvertragsrecht, 1999; *Karpenstein*, Praxis des EG-Rechts, 2006; *Körber*, Grundfreiheiten und Privatrecht, 2004; *Kieninger*, Security Rights in Movable Property in European Private Law, 2004; *dies.*, Nationale, europäische und weltweite Reformen des Mobiliarsicherungsrechts, WM 2005, 2305 und 2353; *R. Koch*, Besonderheiten bei Finanzierungsleasingverträgen mit Verbrauchern, in Bülow/Artz, Handbuch Verbraucherprivatrecht, 2005, 8. Kap.; *Leible*, Finanzierungsleasing und arrendamiento financiero, 1996; *Linder*, Vertragsabschluß beim grenzüberschreitenden Verbraucherleasing, 1999; *Müller-Graff*, Gemeinsames Privatrecht in der Europäischen Gemeinschaft, 2. Aufl. 1999; *Ohler*, Europäische Kapital- und Zahlungsverkehrsfreiheit, 2002; *Reich/Micklitz*, Europäisches Verbraucherrecht, 4. Aufl. 2003; *Reithmann/Martiny*, Internationales Vertragsrecht, 6. Aufl. 2004; *Schlechtriem/Schwenzer*, Kommentar zum Einheitlichen UN-Kaufrecht, 4. Aufl. 2004; *Schulte-Nölke*, Verbraucherrecht, in Schulze/Zuleeg, Europarecht-Handbuch für die deutsche Rechtspraxis, 2006, § 23; *Stavropoulos*, Verbraucherkreditrechtliche Vorgaben für Finanzierungsleasingverträge nach deutschem und europäischen Recht, 2004; *Struppek*, Hindernisse beim grenzüberschreitenden Kfz-Leasing, GPR 2003/04, 138; *Ternig*, Pkw-Leasing im Ausland, DAR 2003, 498; *Winter/Höink*, Cross-Border-Leasing: „Lieferung oder Leistung?" – Qualifikationskonflikte beim grenzüberschreitenden Mobilienleasing, UR 2006, 326.

Übersicht

	Rdn.
I. Gemeinschaftsprimärrecht	1
1. Überblick	1
2. Dienstleistungsfreiheit	2
3. Arbeitnehmerfreizügigkeit	6
II. Gemeinschaftssekundärrecht	7
1. Überblick	7
2. Verbraucherschutzrecht	8
a) Missbräuchliche Klauseln	9
b) Verbraucherkredit	10
c) Verbrauchsgüterkauf	11
d) Fernabsatz	12
3. Sonstiges Vertragsrecht	13
4. Produkthaftung	14
5. Internationales Privat- und Verfahrensrecht	15
6. Kartellrecht	17
7. Steuerrecht	18
III. Sonstiges	19
IV. Ausblick: Europäische Zivilrechtsvereinheitlichung	21

28. Kapitel. Leasingrecht im Ausland   § 90

I. Gemeinschaftsprimärrecht

1. Überblick

Zu den in sämtlichen EU-Mitgliedstaaten gleichermaßen geltenden rechtlichen Rah- 1
menbedingungen des Leasinggeschäfts zählen namentlich die Vorgaben des primären und
des sekundären Gemeinschaftsrechts (zu diesen unten Rdn. 7 ff.). Betrachtet man die einschlägige Judikatur des EuGH, so zeigt sich, dass er sich bislang mit grundrechtsrelevanten Fragen des Leasings nur in einem recht speziellen Zusammenhang befasst hat.[1] Aus
Sicht des Primärrechts interessiert das Leasinggeschäft daher in erster Linie im Hinblick
auf die Grundfreiheiten.

2. Dienstleistungsfreiheit

Der EuGH hat klargestellt, dass das Leasing als **Dienstleistung** im Sinne von Art. 50 EG 2
zu qualifizieren ist.[2] Dem stehe nicht entgegen, dass es um die Überlassung einer Ware
(der Leasingsache) an den Leasingnehmer gehe, „da die Lieferung sich nicht so sehr auf
die Ware selbst als auf deren Überlassung zum Gebrauch durch den Leasingnehmer bezieht, denn die Ware bleibt Eigentum des Leasinggebers".[3] Die Dienstleistung bestehe im
Wesentlichen im Aushandeln, in der Abfassung, der Unterzeichnung und der Durchführung der Verträge sowie in der tatsächlichen Bereitstellung der betreffenden Fahrzeuge
für die Kunden.[4] Im Schrifttum wird die Einschlägigkeit der Dienstleistungsfreiheit im
Hinblick auf die gebotene Abgrenzung sowohl zur Warenverkehrs- als auch zur Kapitalverkehrsfreiheit unter Berücksichtigung der verschiedenen Leasingarten etwas differenzierter erörtert, im Ergebnis jedoch selbst für den Fall bestätigt, dass dem Leasingnehmer
beim Finanzierungsleasing eine Erwerbsoption zusteht.[5] Beim Operating-Leasing liegt
diese Einordnung ohnehin nahe.

Der freie Dienstleistungsverkehr erfordert zum einen die **Beseitigung jeglicher Dis- 3
kriminierung** des Leasinggebers aufgrund seiner Staatsangehörigkeit, zum anderen die
Aufhebung von Beschränkungen, die darauf beruhen, dass der Leasinggeber in einem

---

[1] Vgl. EuGH 30. 7. 1996, C-84/95 (*Bosphorus Hava Yollari Turizm*), EuGHE I 1996, 3953: Art. 8 der Verordnung Nr. 990/93 über den Handel zwischen der Europäischen Wirtschaftsgemeinschaft und der BR Jugoslawien finde auf ein Flugzeug Anwendung, das im Eigentum eines Unternehmens mit Sitz oder Tätigkeitsort in der BR Jugoslawien steht, wenn ein anderes Unternehmen, das dort weder seinen Sitz noch seinen Tätigkeitsort hat und das sich nicht mehrheitlich im Eigentum einer Person oder eines Unternehmens mit Sitz oder Tätigkeitsort in dieser Republik befindet oder von solchen Personen oder Unternehmen kontrolliert wird, dieses Luftfahrzeug vom Eigentümer für einen Zeitraum von vier Jahren geleast hat. Der darauf gestützten Beschlagnahme stünden keine Grundrechte des Leasingnehmers (wie das Recht auf Respektierung der Vermögensgüter und das Recht auf freie wirtschaftliche Betätigung) entgegen.
[2] EuGH 26. 10. 1999, C-294/94 (*Eurowings Luftverkehrs AG/Finanzamt Dortmund-Unna*), EuGHE I 1999, 7447; EuGH, 21. 3. 2002, C-451/99 (*Cura Anlagen GmbH gegen Auto Service Leasing*), EuGHE I 2002, 3193.
[3] EuGH 21. 3. 2002, C-451/99 (*Cura Anlagen GmbH gegen Auto Service Leasing*), EuGHE I 2002, 3193.
[4] EuGH 21. 3. 2002, C-451/99 (*Cura Anlagen GmbH gegen Auto Service Leasing*), EuGHE I 2002, 3193, dort unter Berufung auf die EuGH-Rechtsprechung, wonach das Verleasen von Kraftfahrzeugen eine Dienstleistung im Sinne von Art. 9 der Sechsten Richtlinie 77/388/EWG vom 17. 5. 1977 zur Harmonisierung der Rechtsvorschriften der Mitgliedstaaten über die Umsatzsteuern darstellt; dazu noch unten Rdn. 18.
[5] *Körber* Grundfreiheiten, 323; *Ohler* Europäische Kapital- und Zahlungsverkehrsfreiheit, Art. 56 Rdn. 91 f. Entsprechend etwa Rauscher/*Leible* Europäisches Zivilprozeßrecht (2. Aufl. 2006), Art. 5 Brüssel I-VO Rdn. 46; dort zur Abgrenzung von Kauf- und Dienstleistungsverträgen in Art. 5 Nr. 1 lit. b der Verordnung Nr. 44/2001.

§ 90 Fünfter Teil. Leasing als internationale Finanzdienstleistung

anderen Mitgliedstaat als demjenigen niedergelassen ist, in dem die Dienstleistung erbracht wird; darauf kann sich nicht nur der Leasinggeber als Erbringer der Dienstleistung, sondern auch der Leasingnehmer als ihr Empfänger berufen.[6] Der gemäß Art. 55 EG auf Dienstleistungen anwendbare Art. 46 EG lässt Beschränkungen durch nationale Bestimmungen aus Gründen der **öffentlichen Ordnung, Sicherheit oder Gesundheit** zu. Hindernisse für die Dienstleistungsfreiheit, die sich aus unterschiedslos anwendbaren nationalen Maßnahmen ergeben, sind aber nur dann zulässig, wenn diese aus zwingenden Gründen des Allgemeininteresses gerechtfertigt sind und den Verhältnismäßigkeitsgrundsatz wahren, also geeignet sind, die Verwirklichung des mit ihnen angestrebten Zieles zu gewährleisten, und nicht über das hierfür unbedingt Erforderliche hinausgehen.

4   Ergebnis außergewöhnlich langwieriger Verhandlungen ist die auf Art. 55 und 47 Abs. 2 EG gestützte **Richtlinie 2006/123/EG vom 12. 12. 2006 über Dienstleistungen im Binnenmarkt**.[7] Es ist zu erwarten, dass diese auch im grenzüberschreitenden Leasinggeschäft bislang bestehende administrative Hemmnisse und damit Transaktionskosten reduzieren wird. Ausdrücklich klargestellt wird allerdings in Art. 17 Nr. 14, dass eine Ausnahme von der grundsätzlich gewährleisteten Dienstleistungsfreiheit (Art. 16) möglich ist bezüglich der Zulassung von Fahrzeugen, die in einem anderen Mitgliedstaat geleast wurden; zur Begründung wird in Erwägungsgrund Nr. 89 auf die entsprechende EuGH-Judikatur zu Art. 49 ff. EG verwiesen (dazu sogleich Rdn. 5).

5   Speziell zum **Kraftfahrzeugleasing** hat der EuGH klargestellt: Art. 49–55 EG stehen einer Zulassungsvorschrift eines Mitgliedstaats nicht entgegen, die es einer dort wohnenden und arbeitenden Person verbietet, in seinem Hoheitsgebiet ein Fahrzeug zu benutzen, das ihr eine in einem anderen Mitgliedstaat ansässige Leasinggesellschaft überlassen hat, wenn das Fahrzeug im ersten Staat nicht zugelassen ist, aber im Wesentlichen dort dauerhaft genutzt werden soll oder tatsächlich genutzt wird.[8] Als unvereinbar mit der Dienstleistungsfreiheit hat der EuGH hingegen Vorschriften eingestuft, die es zum einen verbieten, nach Ablauf einer zu kurz bemessenen Frist (in casu: drei Tage) ein in einem anderen Mitgliedstaat geleastes und dort zugelassenes Kraftfahrzeug zu benutzen, und zum anderen zu hohe Anforderungen stellen, damit ein solches Fahrzeug im Gebrauchsmitgliedstaat zugelassen werden kann.[9] So soll der ausländischen Leasinggesellschaft nicht auferlegt werden dürfen, zwecks Fahrzeugzulassung im Gebrauchsmitgliedstaat eigens einen Sitz oder eine Niederlassung zu begründen, wenn sie einer Zulassung auf den Namen des Leasingnehmers nicht zustimmen möchte. Zudem wandte sich der EuGH gegen Einschränkungen der freien Wahl des Haftpflichtversicherers sowie gegen Pflichten, im Gebrauchsmitgliedstaat das Fahrzeug einer weiteren technischen Untersuchung zu unterziehen und überhöhte Verbrauchsabgaben zu entrichten.

3. Arbeitnehmerfreizügigkeit

6   Mit leasingrelevanten Fragen hat sich der EuGH, wiederum im Zusammenhang mit der Zulassung von Kraftfahrzeugen, auch unter dem Gesichtspunkt der **Arbeitnehmerfreizügigkeit** befasst:[10] Mit Art. 39 EG seien nationale Zulassungsvorschriften unvereinbar, die es einem Arbeitnehmer im Ergebnis untersagen, in seinem Aufenthaltsstaat ein Fahrzeug zu benutzen, das in einem anderen Mitgliedstaat zugelassen ist, einer dort niedergelassenen Leasinggesellschaft gehört und dem Arbeitnehmer von seinem ebenfalls

---

[6] EuGH 26. 10. 1999, C-294/94 (*Eurowings Luftverkehrs AG/Finanzamt Dortmund-Unna*), EuGHE I 1999, 7447, dort zur Bemessungsgrundlage für die Gewerbesteuer.
[7] ABl. 2006 Nr. L 376, S. 36.
[8] EuGH 30. 5. 2006, C-435/04 (*Sébastien Victor Leroy*), EuGHE 2006 I, 4835.
[9] EuGH 21. 3. 2002, C-451/99 (*Cura Anlagen GmbH gegen Auto Service Leasing*), EuGHE I 2002, 3193.
[10] EuGH 2. 10. 2003, C-232/01 (*Hans van Lent*), EuGHE I 2003, 11525; dazu *Struppek* GPR 2003/04, 138.

28. Kapitel. Leasingrecht im Ausland §90

dort niedergelassenen Arbeitgeber zur Verfügung gestellt wird. Denn dies mache es einem Arbeitnehmer unmöglich, von der Überlassung eines Fahrzeugs zu profitieren, das einer in einem anderen Mitgliedstaat niedergelassenen Person gehört; dies sei geeignet, ihn davon abzuhalten, sein Recht auf Freizügigkeit wahrzunehmen. Zudem könne eine solche Regelung einen Arbeitgeber veranlassen, wegen der höheren Kosten und des Verwaltungsaufwands auf die Einstellung eines in dem betreffenden Mitgliedstaat wohnenden Arbeitnehmers zu verzichten.

II. Gemeinschaftssekundärrecht

1. Überblick

Unterschiede zwischen nationalen Rechtsvorschriften, und zwar vor allem in den Bereichen Vertrags-, Sachen-, Insolvenz- und Steuerrecht,[11] erhöhen die Transaktionskosten für grenzüberschreitende Leasingtransaktionen erheblich. Sie dürften daher ein wesentlicher Grund dafür sein, dass das *cross-border leasing* zwar hinsichtlich Einzelobjekten mit erheblichen Investitionssummen (wie bspw. Flugzeugen, Fabrikanlagen, Satelliten, Ölplattformen, Schiffen u. Ä.) bedeutsam ist,[12] bislang aber kaum im Massengeschäft; vielmehr bevorzugen die Unternehmen durch Tochtergesellschaften abgewickelte nationale Transaktionen oder greifen auf sog. internationale Leaseclubs zurück.[13] Obwohl demnach das Leasinggeschäft im Binnenmarkt mittels Rechtsangleichung durchaus gefördert werden könnte[14] und inzwischen seitens der Wissenschaft konkrete Regelungsvorschläge erarbeitet wurden,[15] ist dem Leasing bislang kein eigener Sekundärrechtsakt gewidmet.[16] Immerhin wird es vom Gemeinschaftsrechtsgeber gelegentlich als besonderer Vertragstypus thematisiert,[17] vor allem aber – ausdrücklich oder unausgesprochen – von einer ganzen Reihe von Rechtsakten erfasst, die nachfolgend vorzustellen sind (zur Richtlinie 2006/123/EG über Dienstleistungen im Binnenmarkt vgl. bereits oben Rdn. 4).

7

2. Verbraucherschutzrecht

Für das Leasinggeschäft relevante Vorgaben sind zunächst verschiedenen Verbraucherschutzrichtlinien zu entnehmen, deren Umsetzung gemäß Art. 249 Abs. 3 EG den Mitgliedstaaten obliegt.[18] Der verfahrensrechtlichen Absicherung solcher Bestimmungen dient die **Richtlinie 98/27/EG vom 19. 5. 1998 über Unterlassungsklagen zum Schutz der Verbraucherinteressen**.[19]

8

---

[11] Vgl. speziell zum Steuerrecht *Winter/Höink* UR 2006, 326.
[12] Vgl. zu diesem sog. Big-Ticket-Leasing etwa *Girsberger* in Kronke/Melis/Schnyder, Teil H Rdn. 103 ff.; *Mankowski* in Reithmann/Martiny Rdn. 1064.
[13] Dazu *Girsberger* in Kronke/Melis/Schnyder, Teil H Rdn. 102; *Tiedje/Troberg* in von der Groeben/Schwarze, Art. 50 EG Rdn. 31.
[14] Eine Harmonisierung des Leasingprivatrechts fordern etwa *Struppek* GPR 2003/04, 138, 139 f.; *Tilmann* in Müller-Graff, Gemeinsames Privatrecht, 579, 587.
[15] Dazu unten Rdn. 21.
[16] Die Kommission setzt offenbar andere Prioritäten; vgl. die Liste privatrechtsrelevanter Aktivitäten in ZEuP 2006, 193 ff.
[17] Ausdrücklich benennt etwa Art. 1 lit. a der Richtlinie 93/36/EWG vom 14. 6. 1993 über die Koordinierung der Verfahren zur Vergabe öffentlicher Lieferaufträge (ABl. 1993 Nr. L 199, S. 1) das Leasing von Waren mit oder ohne Kaufoption als Fall des öffentlichen Lieferauftrags.
[18] Beachte zu Bestandsaufnahme und Entwicklungsperspektiven das Grünbuch der Kommission „Die Überprüfung des gemeinschaftsrechtlichen Besitzstands im Verbraucherschutz" vom 8. 2. 2007, KOM (2007), 744. Vgl. zur Umsetzungspflicht sowie den Folgen einer unzulänglichen oder verspäteten Umsetzung privatrechtsrelevanter Richtlinien etwa *Karpenstein* Praxis des EG-Rechts Rdn. 56 ff.; *Gebauer* in Gebauer/Wiedmann Kap. 3 Rdn. 17 ff.; *Meller-Hannich* WM 2005, 1157.
[19] ABl. 1998 Nr. L 166, S. 51.

§ 90　Fünfter Teil. Leasing als internationale Finanzdienstleistung

9　**a) Missbräuchliche Klauseln.** Da der Leasingvertrag „Formularrecht par excellence" ist,[20] erscheint das Bedürfnis nach Schutz vor missbräuchlichen Klauseln in denjenigen Mitgliedstaaten besonders groß, die im Bereich des Verbraucherleasinggeschäfts völlig oder – wie Deutschland – weitgehend auf eine (zwingende) gesetzliche Regelung verzichten. Die einschlägige **Richtlinie 93/13/EWG vom 21. 4. 1993 über missbräuchliche Klauseln in Verbraucherverträgen**[21] ist, wie bereits ihr Name klarstellt, im Gegensatz zu §§ 305 ff. BGB als echtes Verbraucherschutzrecht konzipiert, betrifft also nicht den beiderseitigen Unternehmensverkehr. Ihr Kernstück ist zum einen die generalklauselartige Umschreibung der Missbräuchlichkeit vorformulierter Klauseln in Art. 3, der von einem umfangreichen Anhang im Einzelnen erläutert wird,[22] zum anderen das in Art. 5 verankerte Transparenzgebot. Die Kommission hat auf ihren Internetseiten die sog. CLAB-Datenbank freigeschaltet, die Entscheidungen nationaler Gerichte zum Klauselrecht zusammenstellt;[23] in der Suchmaske kann die Rechtsprechung aus bestimmten Mitgliedstaaten u. a. gezielt zu Leasingverträgen abgefragt werden.

10　**b) Verbraucherkredit.** Die **Richtlinie 87/102/EWG vom 22. 12. 1986 zur Angleichung der Rechts- und Verwaltungsvorschriften der Mitgliedstaaten über den Verbraucherkredit**[24] erfasst ausweislich ihres Art. 2 Abs. 1 lit. b auch Mietverträge, soweit vorgesehen ist, dass „das Eigentum letzten Endes auf den Mieter übergeht". Daher fallen nach herrschender Meinung auch Finanzierungsleasingverträge in ihren sachlichen Anwendungsbereich, wenn eine Erwerbsoption des Leasingnehmers und/oder ein Andienungsrecht des Leasinggebers vorgesehen ist.[25] Bedeutsam ist dies vor allem wegen der Richtlinienvorgaben zur Vertragsform (Art. 4 Abs. 1), zu Angabe- und Informationspflichten (Art. 4 Abs. 2 und 3, Art. 6) sowie für den Fall, dass der Kreditgeber (hier: der Leasinggeber) die Ware wieder an sich nimmt (Art. 7 Satz 2).[26] Art. 2 Nr. 2 lit. d des geänderten Vorschlags der Kommission vom 7. 10. 2005 für eine neue Richtlinie über Verbraucherkreditverträge soll eigens klarstellen, dass nur solche Leasingverträge ausgeklammert sind, „nach denen keine Verpflichtung zum Erwerb des Leasingobjekts besteht".[27]

11　**c) Verbrauchsgüterkauf.** Bislang weitgehend ungeklärt ist für das Leasinggeschäft die Relevanz der **Richtlinie 1999/44/EG vom 25. 5. 1999 zu bestimmten Aspekten des Verbrauchsgüterkaufs und der Garantien für Verbrauchsgüter.**[28] Ihre Vorgaben sind jedenfalls dann zu beachten, wenn sich die Leasingvertragsparteien auf eine Übereignung der Leasingsache verständigen.[29] Dabei spielt es keine Rolle, ob von vornherein im Leasingvertrag eine dahingehende Erwerbsoption des Leasingnehmers oder ein Andienungsrecht des Leasinggebers vereinbart war; auch der Umstand, dass die Sache im Zeitpunkt ihrer Veräußerung bereits (durch den Leasingnehmer) gebraucht ist, steht der Anwendbarkeit der Verbrauchsgüterkaufrichtlinie nicht entgegen, ermöglicht aber eine einver-

---

[20] Näher dazu etwa oben § 8 sowie Staudinger/*Stoffels* Leasing (Bearb. 2004) Rdn. 111 m. Nachw.
[21] ABl. 1993 Nr. L 95, S. 29.
[22] Der Anhang ist als nicht abschließender Beispielskatalog für potentiell missbräuchliche Klauseln anzusehen; vgl. EuGH, 1. 4. 2004, C-237/02 (Freiburger Kommunalbauten), EuGHE I 2004, 3403.
[23] https://adns.cec.eu.int.
[24] ABl. 1987 Nr. L 42, S. 48.
[25] Vgl. etwa MünchKommBGB/*Habersack* § 500 Rdn. 10 ff., § 503 Rdn. 53; *Koch* in Bülow/Artz Kap. 8 Rdn. 3 ff.; *Schulte-Nölke* in Schulze/Zuleeg, § 23 Rdn. 86; *Stavropoulos* Verbraucherkreditrechtliche Vorgaben, 99 ff.; Staudinger/*Stoffels* Leasing Rdn. 153; *Welter* in Gebauer/Wiedmann Kap. 11 Rdn. 83.
[26] Näher *Stavropoulos* Verbraucherkreditrechtliche Vorgaben, 102 ff. Vgl. zur unzureichenden Umsetzung im deutschen Recht ebenda, 109 ff., sowie oben § 47 Rdn. 11.
[27] KOM (2005), 483.
[28] ABl. 1999 Nr. L 171, S. 12.
[29] Vgl. zu den damit zusammenhängenden Problemen etwa *Arnold* in Dauner-Lieb/Konzen/Schmidt, 611 f.

nehmliche Verkürzung der Gewährleistungsfrist (Art. 7 Abs. 1 Satz 2). Unmittelbar einschlägig dürfte die Verbrauchsgüterkaufrichtlinie zudem in dem sog. Eintrittsmodell sein, wenn also der Kunde mit dem von ihm ausgesuchten Lieferanten den Kaufvertrag nicht nur aushandelt, sondern im eigenen Namen abschließt und erst dann der Leasingvertrag perfektioniert wird:[30] Fällt das bereits getätigte Kaufgeschäft in den sachlichen und persönlichen Anwendungsbereich des Verbrauchsgüterkaufrechts, so kann es dessen Vorgaben nachträglich nicht ohne weiteres allein durch das Zustandekommen der Leasingfinanzierung wieder entzogen werden.[31] Eine wiederum andere Frage lautet, unter welchen Voraussetzungen die in einem Finanzierungsleasingvertrag mit Erwerbsoption und/oder Andienungsrecht enthaltene leasingtypische Abtretungskonstruktion als Umgehung der verbrauchsgüterkaufrechtlichen Vorgaben zu werten ist.[32] Für das deutsche Recht hat der BGH die Auffassung vertreten, dass keine Umgehung i. S. von § 475 Abs. 1 Nr. 2 BGB vorliege,[33] dabei aber versäumt, auf die gemeinschaftsrechtlichen Implikationen einzugehen.[34]

d) Fernabsatz. Soweit Leasingverträge im Verbrauchergeschäft mittels Fernkommunikationsmitteln abgeschlossen werden, sind die **Richtlinie 97/7/EG vom 20. 5. 1997 über den Verbraucherschutz bei Vertragsabschlüssen im Fernabsatz**[35] bzw. die **Richtlinie 2002/65/EG vom 23. 9. 2002 über den Fernabsatz von Finanzdienstleistungen an Verbraucher**[36] zu beachten. Ob das Leasing diesem oder bereits jenem Rechtsakt unterfällt, ist noch nicht abschließend geklärt,[37] aber schon deshalb von Interesse, weil die Richtlinie 2002/65/EG – anders als die Richtlinie 97/7/EG – grundsätzlich nicht das Konzept der Mindest-, sondern der Vollharmonisierung zugrunde legt, die Mitgliedstaaten abweichende Bestimmungen also auch nicht zugunsten des Verbrauchers schaffen dürfen.[38] Allenfalls geringe Bedeutung dürften im Leasinggeschäft Vertragsabschlüsse haben, die vom Anwendungsbereich der **Richtlinie 85/577/EG vom 20. 12. 1985 betreffend den Verbraucherschutz im Falle von außerhalb von Geschäftsräumen geschlossenen Verträgen**[39] erfasst werden. 12

3. Sonstiges Vertragsrecht

Auch außerhalb des Verbrauchergeschäfts sind gewisse gemeinschaftsrechtliche Vorgaben im Bereich des Vertragsrechts zu beachten. So haben die Mitgliedstaaten gemäß Art. 9 ff. der **Richtlinie 2000/31/EG vom 8. 6. 2000 über den elektronischen Geschäftsverkehr** die Möglichkeit zum Abschluss von Verträgen auf elektronischem Wege[40] sicherzustellen. Erwähnt sei ferner die **Richtlinie 2000/35/EG vom 29. 6. 2000 zur Bekämpfung des Zahlungsverzugs im Geschäftsverkehr**.[41] 13

---

[30] Näher zu dieser Konstruktion oben § 5 Rdn. 24 ff.; Staudinger/*Stoffels* Leasing Rdn. 104 ff.
[31] So auch *Stoffels* LMK 2006, 170499.
[32] Ohne weitere Begründung verneinend: *Arnold* in Dauner-Lieb/Konzen/Schmidt, 603.
[33] BGH NJW 2006, 1066, 1067. Anders Staudinger/*R. M. Beckmann* vor §§ 433 ff. BGB Rdn. 164, der die dort behandelte Gestaltung, dass der Leasingnehmer in die Rechte des Leasinggebers aus dem von diesem geschlossenen Kaufvertrag eintritt, missverständlich als Eintrittsmodell bezeichnet.
[34] Berechtigte Kritik daran bei *Stoffels* LMK 2006, 170499.
[35] ABl. 1997 Nr. L 144, S. 19.
[36] ABl. 2002 Nr. L 271, S. 16.
[37] Im deutschen Schrifttum wird das Finanzierungsleasing überwiegend als Finanzdienstleistung i. S. von § 312 b Abs. 1 S. 2 BGB qualifiziert; vgl. Palandt/*Grüneberg* § 312 b Rdn. 10 b; Staudinger/ *Thüsing* (Neubearb. 2005) § 312 b Rdn. 27; *Weber* NJW 2005, 2195 (arg.: Erwägungsgrunds Nr. 14 zur Richtlinie 2002/65/EG); zweifelnd *Micklitz/Reich* Rdn. 24.14 („Grauzone").
[38] Dazu *Schinkels* in Gebauer/Wiedmann Kap. 7 Rdn. 13 f.
[39] ABl. 1985 Nr. L 372, S. 31.
[40] ABl. 2000 Nr. L 278, S. 1.
[41] ABl. 2000 Nr. L 200, S. 35.

§ 90   Fünfter Teil. Leasing als internationale Finanzdienstleistung

4. Produkthaftung

14   Art. 3 Abs. 2 der **Richtlinie 85/374/EWG vom 25. 7. 1985 zur Angleichung der Rechts- und Verwaltungsvorschriften der Mitgliedstaaten über die Haftung für fehlerhafte Produkte**[42] stellt klar, dass als Hersteller auch jede Person gilt, „die ein Produkt zum Zweck des Verkaufs, der Vermietung, des Mietkaufs oder einer anderen Form des Vertriebs im Rahmen ihrer geschäftlichen Tätigkeit in die Gemeinschaft einführt". Das Haftungsrisiko kann daher nach allgemeiner Auffassung auch den Leasinggeber treffen, wenn er als EU-Importeur tätig wird.[43]

5. Internationales Privat- und Verfahrensrecht

15   Das **Römische EWG-Übereinkommen vom 19. 6. 1980 über das auf vertragliche Schuldverhältnisse anwendbare Recht (EVÜ)**, für Deutschland übernommen in Art. 27–37 EGBGB, hat ein einheitliches **Kollisionsrecht** für Schuldverträge geschaffen,[44] das heute europaweit gilt.[45] Das Übereinkommen soll demnächst in überarbeiteter Fassung in das Sekundärrecht überführt werden, und zwar durch Erlass der sog. Rom I-Verordnung über das auf vertragliche Schuldverhältnisse anzuwendende Recht.[46]

16   Bedeutsam für den internationalen Zivilrechtsverkehr in Leasingsachen ist zudem die sog. **Brüssel I-Verordnung (bzw. EuGVO) 44/2001 vom 22. 12. 2000 über die gerichtliche Zuständigkeit und die Anerkennung und Vollstreckung von Entscheidungen in Zivil- und Handelssachen**:[47] Nach dieser bestimmt sich zum einen die Entscheidungszuständigkeit in Fällen mit Auslandsbezug,[48] zum anderen die Anerkennung und Vollstreckbarerklärung von Entscheidungen, die in anderen Mitgliedstaaten erwirkt wurden.[49] Im Falle der Insolvenz einer Leasingvertragspartei ist im grenzüberschreitenden Bereich die **Verordnung 1346/2000 vom 29. 5. 2000 über Insolvenzverfahren** zu beachten,[50] denn ihr Art. 5 thematisiert die Behandlung dinglicher Rechte von Gläubigern und Dritten. Zudem erfasst ihr Art. 8, wonach sich die Wirkungen des Insolvenzverfahrens auf Immobiliennutzungsverträge nach dem Recht des Belegenheitsstaats bestimmen, anerkanntermaßen auch Leasingverträge.[51]

6. Kartellrecht

17   Im Anschluss an einschlägige EuGH-Entscheidungen[52] hat sich der Gemeinschaftsrechtsgeber mit kartellrechtlichen Fragen des Kraftfahrzeugleasings befasst: Die Freistellung

---

[42] ABl. 1985 Nr. L 210, S. 29.
[43] Vgl. etwa Palandt/*Sprau* § 4 ProdhaftG Rdn. 7; *Dageförde* in Reithmann/Martiny Rdn. 1161 a. E.
[44] BGBl. 1986 II, S. 810. Näher oben §§ 81 ff.
[45] Dem EVÜ sind inzwischen 25 EU-Mitgliedstaaten beigetreten, zuletzt durch das 4. Beitrittsübereinkommen vom 14. 4. 2005; abgedruckt in BT-Drucks. 16/41, S. 7.
[46] S. den Verordnungsvorschlag der Kommission vom 15. 12. 2005, KOM (2005), 650 = IPRax 2006, 193; einführend *Mankowski* IPRax 2006, 101.
[47] ABl. 2001 Nr. L 12, S. 1; berichtigt in ABl. 2001 Nr. L 307, S. 28, und ergänzt in ABl. 2002 Nr. L 225, S. 13. Zur Erstreckung auf Dänemark beachte ABl. 2005 Nr. L 299, S. 62, 2006 Nr. L 120, S. 22 und 2007 Nr. L 94, S. 70.
[48] Näher oben §§ 88, 89.
[49] Dazu oben § 47 Rdn. 2; dort auch zur Möglichkeit, gemäß der Verordnung Nr. 805/2004 unbestrittene Zahlungsansprüche aufgrund eines sog. Europäischen Vollstreckungstitels auch ohne Vollstreckbarerklärung in anderen EU-Staaten durchzusetzen.
[50] ABl. 2000 Nr. L 160, S. 1; geändert ABl. 2005 Nr. L 100, S. 1
[51] Dazu etwa *Niggemann/Blenske* NZI 2003, 471, 476.
[52] EuGH 24. 10. 1995, C-266/93 (*Bundeskartellamt/Volkswagen AG und VAG Leasing*), EuGHE I 1995, 3477, dort zur Einschränkung der Agenturtätigkeit von Händlern mittels Bindung an die herstellereigene Leasinggesellschaft; EuGH, 24. 10. 1995, C-70/93 (*BMW/ALD Auto-Leasing*), EuGHE I 1995, 3439, dort zur Belieferung herstellerunabhängiger Leasingunternehmen.

28. Kapitel. Leasingrecht im Ausland   § 90

gemäß der **Verordnung 1400/2002 vom 31.7. 2002 über die Anwendung von Art. 81 Abs. 3 EG auf Gruppen von vertikalen Vereinbarungen und aufeinander abgestimmte Verhaltensweisen im Kraftfahrzeugsektor**[53] soll nicht zu einer Beschränkung der Möglichkeit von Kraftfahrzeughändlern führen, „Leasingdienstleistungen zu verkaufen" (so die missverständliche Formulierung in Erwägungsgrund Nr. 30 der Verordnung).[54] Zudem stellt die Verordnung klar, dass für ihre Zwecke Leasingunternehmen als Endverbraucher zu behandeln sind, sofern die verwendeten Leasingverträge weder eine Übertragung von Eigentum noch eine Kaufoption für das Fahrzeug vor Ablauf des Leasingvertrags enthalten (Art. 1 Abs. 1 lit. w); anderenfalls stehen die Leasingunternehmen Wiederverkäufern gleich.[55]

7. Steuerrecht

Sekundärrechtliche Vorgaben im Bereich des Steuerrechts können hier nicht näher behandelt werden.[56] Erwähnt sei aber, dass namentlich das grenzüberschreitende Kraftfahrzeugleasing im Zusammenhang mit der **Sechsten Richtlinie 77/338/EWG vom 17. 5. 1977 zur Harmonisierung der Rechtsvorschriften der Mitgliedstaaten über die Umsatzsteuern**[57] verschiedene Fragen aufwirft, mit denen sich der EuGH schon mehrmals zu beschäftigen hatte.[58] Im Einzelnen ging es dabei um die steuerliche Behandlung der Überlassung eines Fahrzeugs aufgrund eines Leasingvertrags,[59] des Wiederverkaufs gebraucht gekaufter Fahrzeuge durch eine Leasinggesellschaft[60] sowie der Betankung des Leasingfahrzeugs durch den Leasingnehmer,[61] ferner um die Niederlassung von Leasinggesellschaften.[62]   18

III. Sonstiges

Gewisse materiellrechtliche Vorgaben enthält das **UNIDROIT-Übereinkommen von Ottawa über das internationale Finanzierungsleasing vom 28. 5. 1988**.[63] Das Übereinkommen ist freilich zum einen bislang nur für wenige EU-Mitgliedstaaten in Kraft getreten und hat zum anderen einen sehr begrenzten sachlichen Anwendungsbereich (ausgeklammert bleiben Verbraucherverträge sowie das Operating-Leasing).[64]   19

In einem weiteren Sinne mag man wegen seiner weiten Verbreitung in den EU-Mitgliedstaaten[65] auch das **Wiener UN-Übereinkommen vom 11. 4. 1980 über Verträge**   20

---

[53] ABl. 2002 Nr. L 203, S. 30.
[54] Art. 5 Abs. 2 lautet: „Mit Bezug auf den Verkauf von neuen Kraftfahrzeugen gilt die Freistellung nicht für folgende in vertikalen Vereinbarungen enthaltene Verpflichtungen: a) alle unmittelbaren oder mittelbaren Verpflichtungen, die den Einzelhändler veranlassen, keine Leasingdienstleistungen für Vertragswaren oder ihnen entsprechende Waren zu verkaufen;...".
[55] Vgl. zu den Konsequenzen etwa *Bechtold/Bosch/Brinker/Hirsbrunner* Art. 1 VO 1400/2002 Rdn. 76 ff.
[56] Einen knappen Überblick über die steuerrechtlichen Rahmenbedingungen des grenzüberschreitenden Leasinggeschäfts bietet *Girsberger* in Kronke/Melis/Schnyder, Teil H Rdn. 131 ff.; näher *Winter/Höink* UR 2006, 326.
[57] ABl. EG 1977 Nr. L 145, S. 1.
[58] Zur Unvereinbarkeit von Ungleichbehandlungen bei der Bemessungsgrundlage für die Gewerbesteuer mit der Dienstleistungsfreiheit beachte EuGH 26. 10. 1999, C-294/94 (*Eurowings Luftverkehrs AG/Finanzamt Dortmund-Unna*), EuGHE I 1999, 7447; dazu schon oben Rdn. 3.
[59] Dazu EuGH 11. 9. 2003, C-155/01 (*Cookies World*), EuGHE I 2003, 8785.
[60] Dazu EuGH 8. 12. 2005, C-280/04 (*Jyske Finans*), EuGHE I 2005, 10683.
[61] Dazu EuGH 6. 2. 2003, C-185/01 (*Auto Lease Holland*), EuGHE I 2003, 1317.
[62] Dazu EuGH 7. 5. 1998, C-390/96 (*Lease Plan Luxemburg*), EuGHE I 1998, 2553, sowie EuGH, 17. 7. 1997, C-190/05 (*ARO Lease BV*), EuGHE I 1997, 4383.
[63] In englischer Sprache abgedruckt unten § 103; auszugsweise in deutscher Sprache bei *Dageförde* in Reithmann/Martiny Rdn. 1149.
[64] Ausführlich dazu oben § 87.
[65] Prominente Ausnahmen sind nach wie vor das Vereinigte Königreich sowie Irland.

§ 91 Fünfter Teil. Leasing als internationale Finanzdienstleistung

über den internationalen Warenkauf (Convention on Contracts for the International Sale of Goods, CISG) zu den Rahmenbedingungen des Leasinggeschäfts zählen.[66] Allerdings ist umstritten, ob das UN-Kaufrecht im grenzüberschreitenden Unternehmensverkehr Anwendung auf sämtliche gewerblichen Leasingverträge findet oder wenigstens auf solche mit Kaufoption, bei denen das Erwerbs- das Gebrauchsüberlassungsinteresse überwiegt.[67] Allemal kann das UN-Kaufrecht im Rahmen seiner allgemeinen Anwendungsvoraussetzungen einschlägig sein: für das Kaufgeschäft zwischen Leasinggeber und Lieferanten (was aufgrund der leasingtypischen Abtretungskonstruktion auch für den Leasingnehmer bedeutsam ist), für das Kaufgeschäft im Rahmen einer sale-and-lease-back-Transaktion sowie für das infolge der Ausübung einer etwaigen Erwerbsoption entstehende Kaufgeschäft.[68]

IV. Ausblick: Europäische Zivilrechtsvereinheitlichung

21 Der Ruf nach einer Rechtsharmonisierung im Leasingsektor[69] wurde inzwischen seitens der Rechtswissenschaft aufgegriffen: Im Rahmen der **Study Group on a European Civil Code** (der Nachfolgerin der sog. Lando-Kommission) ist eine eigene Arbeitsgruppe mit Fragen einer Harmonisierung des Mobiliarleasingrechts befasst; sie hat im November 2005 einen konkreten Regelungsvorschlag veröffentlicht.[70] Hinzuweisen ist in diesem Zusammenhang auch auf eine weitere Arbeitsgruppe, die Mobiliarsicherungsrechte behandelt, denn in den Anwendungsbereich des von dieser Gruppe vorgelegten Regelungswerks soll ausdrücklich auch das Finanzierungsleasing (*acquisition leasing*) fallen.[71]

§ 91 Das Leasingrecht in England

Schrifttum: *Adams*, Commercial Hiring and Leasing, Butterworths: London and Edinburgh, 1989; *Bassham*, Elements of Finance and Leasing, Financial World Publishing, 2005; *Day*, Elements of Finance and Leasing, Financial World Publishing: Canterbury, 2000; *Goode*, Proprietary Rights and Insolvency in Sales Transactions, 2. Auflage, Sweet & Maxwell: London, 1989; *ders.*, Commercial Law, 3. Auflage, Penguin: London, 2004; *ders.*, Consumer Credit Law and Practice, Butterworths: London, Loseblatt, Stand April 2006; *Halsbury's* Laws of England, hsg. von Lord MacKay of Clashfern, Butterworths: London, Band 3(1), 4. Auflage (2005 Reissue); Band 9(1), 4. Auflage (Reissue), 1998; *Jenkins*, Tolley's Leasing in the UK, Tolley Publishing 2004; *Jungmann/Bisping*, Die Reform des britischen Insolvenzrechts durch den Enterprise Act 2002, RIW 2003, 930; *Lyon/Owen*, The new Tax Regime for Corporate Lessors and Lessees – a Summary, British Tax Review 2006, 37; *Soper/Munro/Cameron*, The Leasing Handbook, McGraw-Hill: London, 1993; *Stair* Memorial Encyclopaedia – The Laws of Scotland, hsg. von Thomas Smith and Robert Black, volume 14, Butterworths: Edinburgh, 1988; *Tolley's* Leasing in the UK, von PricewaterhouseCoopers Leasing Team, 4. Auflage, Tolley LexisNexis: London, 2002.

---

[66] Deutschsprachiger Text u. a. in BGBl. 1989 II, 588. Aktuelles Verzeichnis der Vertragsstaaten unter http://www.uncitral.org/uncitral/en/uncitral_texts/sale_goods/1980CISG_status.html.

[67] Beides verneinen etwa *Ferrari* in Schlechtriem/Schwenzer Art. 1 Rdn. 28; Staudinger/*Magnus* CISG (Neubearb. 2005), Art. 1 Rdn. 34; *Girsberger* Grenzüberschreitendes Finanzierungsleasing Rdn. 54 ff.; jeweils m. Nachw. zum Streitstand. Beachte auch § 81 Rdn. 1 und § 83.

[68] Vgl. Staudinger/*Magnus* (Fn. 68) Art. 1 Rdn. 35 f.; näher *Girsberger*, Grenzüberschreitendes Finanzierungsleasing Rdn. 53 und 62 ff.

[69] Oben Rdn. 7.

[70] Leasing of Movables (draft articles as at November 2005), veröffentlicht auf den Internetseiten der Study Group on a European Civil Code unter www.sgecc.net..

[71] Proprietary Security Rights in Movable Assets, Section I – General Rules (11. Fassung vom 12. 5. 2005), Art. y:102; dieser Text ist ebenfalls veröffentlicht unter www.sgecc.net. Vgl. dazu *Kieninger* WM 2005, 2305, 2307, sowie *Kieninger* Security Rights in Movable Property in European Private Law, dort mit rechtsvergleichenden Fallstudien zum Sale and Lease-back (Case 10, S. 438 ff.) sowie zum Finanzierungsleasing von Computern (Case 14, S. 595 ff.).

28. Kapitel. Leasingrecht im Ausland §91

Übersicht

	Rdn.
I. Die Praxis des Leasinggeschäfts im Vereinigten Königreich	1
1. Übersicht über die Vertragsformen	1
2. Historischer Aufriss	7
3. Leasingmärkte und Marktpartizipanten	10
II. Die rechtliche Einordnung des Leasingvertrags	14
1. Überblick	14
2. Operating Lease	16
3. Das Transaktionsgefüge im Finanzierungsleasing	17
III. Der Abschluss des Leasingvertrags	18
1. Vertragsschluss	18
2. Schuldrechtliche Aspekte	19
3. Dingliche Wirkungen	21
4. Verbraucherschutz	22
IV. Leistungsstörungen	23
1. Mängel des Leasinggutes	23
2. Leistungsstörungen auf Seiten des Leasingnehmers	25
V. Die Beendigung des Leasingvertrags	27
1. Zeitablauf	27
2. Beendigung durch Leasingnehmer	28
3. Verbraucherschutz	29
4. Beendigung durch Leasinggeber	30
VI. Zwangsvollstreckung und Insolvenz	31
1. Einzelzwangsvollstreckung	31
2. Verfahrensarten in der Insolvenz	32
3. Verfahrenswirkungen	33
VII. Bilanzrechtliche und steuerrechtliche Aspekte	34
1. Bilanzrecht	34
2. Steuerliche Behandlung	37

I. Die Praxis des Leasinggeschäfts im Vereinigten Königreich

1. Übersicht über die Vertragsformen

Die Begriffe *leasing* und *hire*[1] werden im englischen Sprachgebrauch teilweise synonym 1 verwendet, teilweise zur Abgrenzung voneinander. Beide Begriffe beinhalten Elemente der Miete. Das entscheidende Charakteristikum von *hire* ist die zeitweise Überlassung von Sachen, wohingegen *finance leasing* eine Alternative zum Kauf darstellt, also in den meisten Fällen die dauerhafte Überlassung von Sachen zum Gegenstand hat. Typischerweise trägt bei einem *hire*-Vertrag der Eigentümer die Lasten der Sache und die Gefahr deren Untergangs und Verschlechterung, während sie beim *leasing* vom Mieter oder Leasingnehmer[2] getragen werden.

Allerdings bestehen Mischformen, die eine Abgrenzung nicht immer einfach machen. 2 Eine *short-term hire* ist ein Mietvertrag über einen kurzen Zeitraum, nach dessen Ablauf der gemietete Gegenstand an den Vermieter zurückzugeben ist. Dies hat gewisse Ähnlichkeit mit der *operating lease* bei der die zeitweise Gebrauchüberlassung an den Leasingnehmer bei gleichzeitigem Verbleib des Risikos beim Leasinggeber typisch ist.[3] *Contract hire* ist eine Form des *operating leasing*, bei der neben die Gebrauchsüberlassung oft Wartungs- und Reparaturleistungen des Vermieters treten.[4] Der Begriff ist in der Automobilbranche gebräuchlich, wird aber auch bezüglich der Überlassung vom Maschinen verwendet. Bei

---

[1] Weiter zu unterscheiden ist die Miete von Land, die ebenfalls als *lease* bezeichnet wird. Das englische Recht hat mit dem *leasehold* eine Fom der langfristigen Miete enwtickelt, die dem Eigentum stark angenähert ist.
[2] In englischer Terminologie *lessee*. Leasinggeber ist der *lessor*.
[3] Tolley's Leasing, 3.19.
[4] Tolley's Leasing, 3.21.

einem *personal contract hire* ist ein Verbraucher Leasingnehmer, nicht ein Unternehmen wie beim Regelfall des *contract hire*;[5] dienst- oder werkvertragliche Elemente sind regelmäßiger Bestandteil dieses Vertragstyps. Motive für die Wahl einer der Formen des *operating leasing* sind daher die Sachkenntnis des Leasinggebers und die Bequemheit der Reparatur und Wartung des Leasinggutes.

3   Anders als beim Finanzierungsleasing ist während der primären Leasingperiode beim *operating leasing* keine Vollamortisierung der Anschaffungskosten des Leasingguts vorgesehen, und die Leasingperiode ist deutlich kürzer als das wirtschaftliche Leben des Leasinggutes.[6] Zur Amortisierung ist daher die weitere Verwertung des Leasingutes erforderlich; diese erfolgt entweder durch Eingehung weiterer Leasingverträge oder den anschließenden Verkauf der Sache.

4   Beim Finanzierungsleasing hingegen werden die Leasingdauer und die Leasingraten in der überwiegenden Zahl der Fälle so berechnet, dass während der primären Leasingperiode eine Vollamortisierung der Anschaffungskosten des Leasingutes erfolgt und der Leasinggeber außerdem Zinsen und einen Gewinn erwirtschaftet; dieser Typ des Leasing wird daher auch als *full-amortisation* oder *full-payout lease* bezeichnet. Nach Ablauf der primären Leasingperiode kann der Leasingnehmer das Leasinggut häufig gegen Zahlung eines nominalen Betrags weiter benutzen;[7] alternativ wird das Leasinggut verkauft und der Leasingnehmer erhält den Großteil des Veräußerungsgewinns.[8] Die bloße Tatsache, dass der Leasingvertrag nicht zur vollständigen Amortisierung der Anschaffungskosten führt und der Leasinggeber somit ein geringes Restrisiko trägt, verwandelt den Vertrag indes nicht automatisch in ein *operating lease*. Die Unterscheidung zwischen beiden Arten des Leasing ist anhand des Grades an Risiko zu treffen; jedoch wird in diesen Fällen auch der Finanzierungsleasingvertrag Vorschriften über den Zustand des Leasingutes bei Rückgabe der Sache enthalten[9]

5   Während regelmäßig periodische Leasingzahlungen zu erbringen sind, stellen die verschiedenen Formen der *structured finance lease* Möglichkeiten der den cash flow-Erfordernissen des Leasingnehmers angepassten Vertragsgestaltungen dar. Beim Leasing landwirtschaftlicher Maschinen kann so etwa den saisonbedingten Einnahmeschwankungen des Landwirts Rechnung getragen werden. Die häufigste Form der *structured finance lease* ist die sog. *balloon lease*, bei der der überwiegende Teil der geschuldeten Leasingzahlungen in einer Einmalzahlung am Ende der Leasingzeit zu erbringen ist, wodurch es dem Leasinggeber ermöglicht werden soll diese Zahlung mit den ihm zustehenden Einnahmen aus dem Weiterverkauf der Sache zu verrechnen.[10] Sofern der Leasingnehmer als Vertreter des Leasinggebers das Leasinggut verkauft und außerdem einen Mindestveräußerungserlös garantiert – sog. *residual value guarantee* – kann die Grenze zur *operating lease* überschritten sein.

6   Der entscheidende Unterschied zwischen Finanzierungsleasing und operativem Leasing liegt darin, dass beim Finanzierungsleasing der Wert der Sache regelmäßig durch den ursprünglichen Leasingvertrag realisiert wird, während dies beim operativen Leasing erst durch eine Anzahl von Sekundärnutzungen erreicht wird. Beim operativen Leasing steht also die zeitweise Gebrauchsüberlassung im Vordergrund, beim Finanzierungsleasing die Finanzierung des Erwerbs.[11] Die Unterscheidung zwischen *finance leasing* und *operating leasing* ist vor allem von buchhalterischer Bedeutung. Die Bilanzierungsrichtlinien für Leasing[12] behandeln als Finanzierungsleasing solche Verträge unter denen dem

---

[5] Tolley's Leasing, 3.22.
[6] Tolley's Leasing, 3.20.
[7] Sog. *peppercorn rental*, Tolley's Leasing, 3.6.
[8] Tolley's Leasing, ibid.
[9] Tolley's Leasing, 3.10.
[10] Tolley's Leasing, 3.8.
[11] *Goode* Commercial Law 721 f.
[12] SSAP 21 (Statement of Standard Accounting Practice) – accounting for leases and hire purchase contracts.

Leasingnehmer praktisch alle Risiken übertragen sind, die normalerweise mit dem Eigentum verbunden sind. Sofern jedoch von Anfang an eine tatsächliche Übertragung des Eigentums beabsichtigt ist, oder eine diesbezügliche Option besteht, handelt es sich bei der Transaktion um *hire purchase*, also ein Abzahlungsgeschäft. Hierbei kann nur der Kunde den Gegenstand bilanziell abschreiben, da er als Eigentümer angesehen wird. Beim Leasing hingegen kann der Leasinggeber das Leasinggut bilanziell abschreiben und diesen Vorteil in Form reduzierter Zahlungen an den Leasingnehmer weitergeben; der Leasingnehmer profitiert von steuerlichen Vorteilen.[13]

2. Historischer Aufriss

Finanzierungsleasing als Form der Finanzierung von Anschaffungen erlebte eine auf wenige Industrien beschränkte Blüte während der industriellen Revolution, insbesondere bezüglich Eisenbahngleiskörpern und Wagons;[14] in dem zwischenzeitlich wieder privatisierten britischen Eisenbahnsystem sind die Anbieter heute verpflichtet, Züge und Wagons von der Betreibergesellschaft Network Rail zu mieten. Ebenfalls zur Zeit der industriellen Revolution entwickelte sich auch *hire purchase*.[15]

Trotz der historisch großen Bedeutung des Leasing während der industriellen Revolution, hat es bis vor relativ kurzer Zeit im Wirtschaftsleben keine große Rolle gespielt. Das moderne Finanzierungsleasing kam erst in den 1960er Jahren aus den Vereinigten Staaten ins Vereinigte Königreich durch ein joint venture eines amerikanischen Leasingunternehmens mit einem britischen Finanzhaus.[16] Das sprunghafte Wachstum des Leasing war in der Folgezeit von verschiedenen technischen, wirtschaftlichen und steuerrechtlichen Faktoren beeinflusst, die hier nur in groben Zügen wiedergegeben werden können. Das Aufkommen von Computern und die schnelle technische Entwicklung auf diesem Gebiet, war eines der frühen Hauptbetätigungsfelder der Leasingindustrie. Leasing war außerdem teilweise von der seit 1965 bestehenden Beschränkung der Kreditvergabe durch die englische Nationalbank ausgenommen.[17] In den 1970er Jahren hat primär das Unternehmenssteuersystem Leasing gegenüber anderen Finanzierungsformen bevorzugt. Von 1972 bis 1984 konnten bestimmte Investitionsgüter zu 100 % im ersten Jahr gegen die Steuerschuld in Ansatz gebracht werden. Wegen der Rezession und strukturellen Schwächen der britischen Wirtschaft schuldeten nur wenige produzierende Unternehmen im selben Zeitraum Unternehmenssteuer, so dass Investitionen für sie keine Steuervorteile bringen konnten. Der weiterhin profitabel operierende Finanzsektor konnte seine Steuerschuld hingegen durch den Erwerb von Investitionsgütern mindern. Daher wurde das Finanzierungsleasing ein für alle Beteiligten vorteilhaftes Steuersparmodell.[18]

Außerdem musste Leasing bis Mitte der achtziger Jahre bilanziell nicht erfasst werden. Weder die geleasten Güter noch die darauf entfallenden Zahlungsverpflichtungen erschienen in den Unternehmensbilanzen, was eine Täuschung anderer Gläubiger hinsichtlich der Zahlungsfähigkeit des Unternehmens zur Folge haben konnte. Ein besonders prominentes Beispiel ist die Insolvenz der Court Line Fluggesellschaft, die bei ihrem Zusammenbruch 1974 £ 40 Millionen an Leasingverbindlichkeiten hatte, die nicht bilanziell

---

[13] S. u. Rn. 35 ff.
[14] *Adams* Rn. 1.17, *Soper/Munro/Cameron* 14–15.
[15] Obwohl *hire purchase* sich primär als Anschaffungsmittel für weniger wohlhabende Klassen entwickelt hat, liegen seine Ursprünge jedoch am anderen Ende des Marktes. *Hire purchase* wurde aus Paris nach London importiert: Mitglieder der Aristokratie mieteten Häuser für die Ballsaison, die von den führenden Möbelherstellern ausgestattet waren. Die Möbel waren für die Zeit der Miete des Hauses ebenfalls gemietet. Die Mieter hatten darüber hinaus die Option, sie am Ende der Mietzeit käuflich zu erwerben. S. hierzu *Adams* Rn. 1.30.
[16] An der Mercantile Leasing Company hielten die US Leasing Company 20 % und die Mercantile Credit Company 80 % der Anteile.
[17] *Soper/Munro/Cameron* 19–20.
[18] Vgl. *Soper/Munro/Cameron* 20–23; *Adams* Rn. 1.20.

§ 91 Fünfter Teil. Leasing als internationale Finanzdienstleistung

erfasst waren; dies ist später Gegenstand einer Untersuchung durch die Regierung gewesen[19] und hat zu einer Änderung der Bilanzierungsvorschriften geführt: seit 1984 müssen auch Leasingverbindlichkeiten bilanziell erfasst werden.[20]

3. Leasingmärkte und Marktpartizipanten

10 Die Hauptbetätigungsfelder für Leasing sind im industriellen Bereich Computer, Flugzeuge, Schiffe, Ölbohrplattformen, Fahrzeuge und landwirtschaftliches Gerät. Im Verbrauchergeschäft sind überwiegend Fahrzeuge und elektrische Geräte Gegenstand von Leasingverträgen.[21]

11 Es wird zwischen den Marktsegmenten *big ticket*, *middle ticket* und *small ticket* unterschieden. Im *big ticket* Markt, der Transaktionen von einem Volumen von mehr als £ 20 Mio umfasst, sind die Konditionen sehr günstig und die Verträge regelmäßig individuell ausgehandelt. Bei den größten Transaktionen treten häufig Syndikate mehrerer Großbanken als Leasinggeber auf. Im *middle ticket* Markt, der Transaktionsvolumina von etwa £ 50.000 bis £ 2 Mio umfasst, herrscht ein eher diverses Bild mit individuall ausgehandelten Verträgen am oberen Marktende und Dominanz von Standardverträgen am unteren Ende, wobei die Strukturen häufig den individuellen Bedürfnissen des Kunden angepasst werden. Der *small ticket* Markt schließlich umfasst den überwiegenden Teil der kleinvolumigen Transaktionen, bei denen hohe Transaktionskosten zu höheren Leasingraten führen. In diesem Bereich findet der überwiegende Teil des *sales-aid leasing* statt, der direkt auf Absatzsteigerung zielt.

12 Die Mehrzahl der Marktteilnehmer sind Tochtergesellschaften der großen britischen Bankgruppen (Barclays, Royal Bank of Scotland, HSBC, HBoS) oder gehören zu ausländischen Bankgruppen. Daneben treten bankunabhängige Anbieter, die häufig zu einem Hersteller gehören, der durch Leasing den Absatz seiner Produkte zu steigern hofft, wie etwa Ford Credit Europe, Rank Xerox Finance und IBM Financial Services, oder joint ventures mit solchen Unternehmen sind.[22] Außerdem am Markt aktiv sind unabhängige Anbieter von Finanzierungsleasing, wie etwa GE Capital, und auf operatives Leasing spezialisierte Anbieter, die überwiegend im Automobilbereich, in der IT-Branche, oder im Frachtsektor (Container, Eisenbahnwaggons) tätig sind.[23]

13 Das Gesamtvolumen aller neuen Leasingtransaktionen im Jahr 2001 betrug £ 23.6 Milliarden. Dies bezieht sich auf alle neuen Transaktionen von Mitgliedern der Finance & Leasing Association (FLA),[24] der 95 % der in Großbritannien tätigen Leasingunternehmen angehören. Dies entspricht 26.4 % aller auf Maschinen, Schiffe und Flugzeuge entfallenden Kapitalinvestitionen. £ 12.9 Milliarden entfallen auf reine Leasingverträge bei denen nie ein Eigentumserwerb angestrebt ist, und £ 10.7 Milliarden auf verwandte Transaktionen, wie etwa hire-purchse.[25]

II. Die rechtliche Einordnung des Leasingvertrags

1. Überblick

14 Leasing ist primär dem Rechtsgebiet des *bailment* zugehörig, das sämtliche Fälle des Auseinanderfalles von Besitz und Eigentum umfasst.[26] Die Entstehung des *bailment* beruht

---

[19] Court Line Limited: investigation under section 165(b) of the Companies Act 1948: final report, 1978.
[20] S. unten V.2.
[21] *Soper/Munro/Cameron* 309–333.
[22] *Soper/Munro/Cameron* 33–42.
[23] Tolley's Leasing, 2.28.
[24] www.fla.org.uk.
[25] Tolley's Leasing, 2.1–2.2.
[26] *Adams* Rn. 1.01–1.11.

indes auf einem Vertrag; hierbei handelt es sich nicht um einen rechtlich selbständigen Vertragstyp in den Rechtsordnungen des Vereinigten Königreichs;[27] es handelt sich in der Mehrzahl der Fälle um *hire*, also Miete; sobald eine Kaufobligation hinzutritt liegt meistens *hire-purchase*, also Mietkauf vor. Weitaus überwiegend wird die Bezeichnung Leasing für solche Verträge verwendet, bei denen weder eine Kaufoption noch eine Verpflichtung zum Kauf besteht.[28] Die Finance Leasing Association verwendet den folgenden Begriff des Leasingvertrags: ein Vertrag zwischen Leasinggeber und Leasingnehmer, durch den dem Leasingnehmer Besitz und Gebrauch einer bestimmten beweglichen Sache gegen Zahlung eines Zinses für einen Zeitraum überlassen wird;[29] als das entscheidende Charakteristikum, insbesondere zur Abgrenzung anderer Finanzierungsformen, wird das dauernde Auseinanderfallen von Eigentum und Gebrauch angesehen.[30]

Obwohl das moderne Leasing mit den Ursprüngen des *bailment* nicht mehr viel gemeinsam hat, muss weiterhin auf die für dieses Rechtsgebiet entwickelten Prinzipien in Ermangelung einer gesetzlichen Regelung des Leasings zurückgegriffen werden. Das bailment basiert im Wesentlichen auf dem römischrechtlichen Vertrag der *locatio conductio*, der drei Aspekte umfasste: Miete oder Pacht einer Sache (*location conductio rei*), Zuverfügungstellung von Diensten (*locatio conductio operarum*) und Werkvertrag (*locatio conductio operis*). Im schottischen Recht, das kein dem *bailment* vergleichbares eigenes Rechtsgebiet entwickelt hat, basiert Leasing bis heute direkt auf den römischrechtlichen Vorgaben der *locatio conductio rei* und ist einer der Fälle der *location*.[31]

2. Operating lease

Wegen seiner Ähnlichkeit zum einfachen Mietvertrag wird *operating lease* rechtlich wie ein solcher behandelt.[32] Da der Leasinggeber bei der *operating lease* auf eine weitere Verwendung der Sache angewiesen ist, treffen den Leasingnehmer besondere Sorgfaltspflichten bezüglich des Lesasingguts; so müssen bei KFZ etwa regelmäßige Inspektionen in Fachwerkstätten durchgeführt worden sein und eine Kilometerbeschränkung darf nicht überschritten sein. Die Pflichten der Parteien werden regelmäßig vertraglich genau bezeichnet sein; sollte eine Vereinbarung fehlen oder der Vertrag unwirksam sein, hat der Leasingnehmer die vernünftigerweise zu erwartende Sorgfalt im Umgang mit dem Leasinggut anzuwenden.[33] Wenn er die Sache aufgrund Verlustes am Ender der Leasingzeit nicht zurückgeben kann, ist er dem Leasinggeber zum Schadensersatz verpflichtet, sofern er nicht beweisen kann, dass ihn kein Verschulden hinsichtlich des Verlustes trifft.[34] Für normale Abnutzung haftet der Leasingnehmer nicht; für Schäden am Leasinggut nur sofern er sie zu vertreten hat.[35] Im Folgenden wird das Finanzierungsleasing näher dargestellt.

---

[27] Das Vereinigte Königreich besteht aus drei selbständigen Rechtsordnungen: (a) England und Wales, (b) Schottland und (c) Nordirland. Im Folgenden wird das englische Recht als Ausgangspunkt genommen. Besonderheiten der anderen Rechtsordnungen werden nur erwähnt soweit sie von Bedeutung sind. Das schottische Recht kennt kein *bailment* und behandelt *Leasing* auf rein vertraglicher Grundlage, s. Stair Memorial Encyclopaedia, Band 14, Rn. 1005, 1007.
[28] *Goode* Commercial Law 721f.
[29] Finance Lease Association, Equipment Leasing 1989; übersetzt vom Autor: „a contract between lessor and lessee giving the lessee possession and use of a specific asset on payment of rental over a period".
[30] Ibid.
[31] Stair Memorial Encyclopaedia, Band 14, Rn 1031.
[32] *Adams* 1.32.
[33] *Sanderson v Collins* [1904] 1 KB 628; *Adams* 2.32. Der früher bestehende Streit, ob der Leasingnehmer in diesem Fall zu außergewöhnlicher Sorgfalt verpflichtet war (*Coggs v Bernard* (1703) 2 Ld Raym 909) ist damit hinfällig.
[34] *Strand Electric and Engineering Co Ltd v Brisford Entertainments Ltd* [1925] 2 QB 246; *British Crance Hire Corpn Ltd v Ipswich Plant Hire* [1975] QB 303; *Adams* 2.33.
[35] *Adams* 2.33.

3. Das Transaktionsgefüge im Finanzierungsleasing

17 Innerhalb einer typischen Leasingtransaktion bestehen regelmäßig mehrere Verträge; zum einen der Kaufvertrag über die zu leasenden Sachen, zum anderen der eigentliche Leasingvertrag. Es ist mehrheitlich der Leasingnehmer, der das Transaktionsgefüge initiiert, wobei er zunächst geeignete Güter und Lieferanten identifiziert, bevor er später ein Leasingunternehmen zur Finanzierung einschaltet; freilich haben manche Unternehmen assoziierte Leasingunternehmen, etwa in der Automobilbranche. Der häufigste Fall ist, dass das Leasingunternehmen die Güter im Auftrag des Leasingnehmers kauft und sie ihm im Wege des Leasing überlässt. Das Leasinggut wird dabei direkt vom Verkäufer an den Leasingnehmer geliefert. Der Leasingnehmer kann die Güter auch als Stellvertreter im Namen des Leasinggebers kaufen, wobei das Eigentum direkt auf den Leasinggeber übertragen wird. Eine Gefahr für den Leasinggeber liegt darin, dass der Leasingnehmer unter Umständen seine Vollmacht hinsichtlich einer Preisgrenze überschreiten kann und der Leasinggeber an die Transaktion nach den Grundsätzen über die scheinbare Vollmacht (*apparent authority*) gebunden ist.[36] Wünscht der Leasingnehmer nicht zuzudecken, dass es sich um ein Leasinggeschäft handelt, so kann er das Leasinggut im eigenen Namen für den Leasinggeber als verdeckter Geschäftsherr (*undisclosed principal*)[37] kaufen. Der Kaufpreis wird ihm dann vom Leasingnehmer erstattet, dessen Risiko jedoch insofern noch größer ist, als dass das Eigentum am Leasinggut zunächst auf den Leasingnehmer übertragen wird.[38] Der Leasinggeber selber mag eine vierte Partei zwecks Refinanzierung einschalten, wobei häufig die Leasingzahlungen zur Sicherheit abgetreten werden; diese Art von Transaktion wird gewöhnlich als *leveraged leasing* bezeichnet.[39]

III. Der Abschluss des Leasingvertrags

1. Vertragsschluss

18 Der Vertragsschluss geschieht regelmäßig in zwei Schritten: Der Antrag des Leasingnehmers auf Finanzierung durch den Leasinggeber ist das Angebot auf Abschluss des Leasingvertrags. Auf Grundlage dieses Angebots erwirbt der Leasinggeber das Leasinggut. Nach Lieferung der Güter durch den Verkäufer bescheinigt der Leasingnehmer dem Leasinggeber, dass er die Güter frei von offensichtlichen Mängeln und gemäß der Beschreibung im Angebot auf Abschluss eines Leasingvertrags erhalten hat. Der Leasinggeber bezahlt daraufhin den Verkäufer und nimmt den Leasingvertrag durch seine Unterschrift an.[40] Diese Abfolge birgt die Gefahr in sich, dass der Leasingnehmer sein Angebot auf Abschluss des Leasingvertrags widerruft nachdem der Leasinggeber das Gut gekauft hat, jedoch bevor er den Leasingvertrag angenommen hat.[41] In der Praxis verpflichtet sich der Leasingnehmer jedoch in seinem Angebot – das meistens vom Leasinggeber vorformuliert ist – dem Leasinggeber sämtliche Kosten zu ersetzen, wenn er das Angebot widerruft.[42] Sofern der Leasingnehmer die Güter bereits gekauft hat, kann im Wege der

---

[36] Wer durch seine Handlung den Anschein einer Bevollmächtigung gesetzt hat, ist daran gebunden. Vgl. aus jüngerer Zeit nur *The Ocean Frost* [1986] AC 717.

[37] Das englische Recht erlaubt eine Durchbrechung des Offenheitsgrundsatzes und lässt es zu, dass der Dritte den verdeckten Geschäftsherrn in Anspruch nimmt, *Browning v Provincial Insurance Co of Canada* (1873) LR 5 PC 263.

[38] S. hierzu *Goode* Commercial Law 733 und *ders.* Proprietary Rights and Insolvency in Sales Transactions, Kapitel III.

[39] Vgl. *Goode* Commercial Law 724 und 736.

[40] *Adams* Rn. 3.02; *Goode* Commercial Law 729.

[41] Nach englischem Recht ist das Angebot bis zur Annahme widerruflich; vgl. aus neuerer Zeit nur *Financings Ltd v Stimson* [1962] 3 All ER 386 (CA); *Halsbury* Band 9(1) Rn. 644.

[42] Dieses Versprechen ist als einseitiger Vertrag (*unilateral contract*) ohne explizite Annahme wirksam; die Leistungspflicht des Leasingnehmers entsteht, sofern der Leasinggeber die Handlung vor-

Novation[43] der Leasingnehmer durch den Leasinggeber als Käufer ersetzt werden. Alternativ können die Parteien ein *sale and lease back* vereinbaren.[44]

2. Schuldrechliche Aspekte

Primär ist die von den Parteien im Vertrag getroffene Vereinbarung für dessen Inhalt ausschlaggebend. Daneben tritt eine Reihe von gesetzlichen Bestimmungen betreffend die Überlassung ungestörten Gebrauchs und die Gewährleistung zufriedenstellender Qualität, die Vertragsbestandteil werden.[45] Abweichungen hiervon sind nur im Rahmen von section 7 Unfair Contract Terms Act 1977 erlaubt.[46] Die Zusicherung von Eigenschaften durch den Verkäufer bindet den Leasinggeber grundsätzlich nicht, da er nicht als Vertreter des Verkäufers betrachtet wird;[47] der Leasingnehmer kann auf diese Zusicherung nur dann ausnahmsweise vertrauen, wenn der Leasinggeber den Eindruck erweckt hat, es handele sich um eine In-house Finanzierung durch den Verkäufer.[48] 19

Dem Leasingnehmer werden im Vertrag häufig die folgenden Pflichten auferlegt:[49] die Sache in gutem Zustand zu erhalten und die notwendigen Reparaturen durchzuführen; alle im Zusammenhang mit der Sache anfallenden Kosten zu tragen; die Sache nur im Rahmen der gesetzlichen Bestimmungen und durch qualifiziertes Personal zu benutzen; die Sache gegen Schäden und für den Fall der Haftpflicht zu versichern und eventuelle Leistungen der Versicherung nur auf die Sache zu verwenden; die Sache nicht weiter zu vermieten oder anderen Rechte an ihr zu gewähren; die Sache nicht dergestalt in eine andere Sache einzubringen, dass sie ein wesentlicher Bestandteil wird; die Sache am Ende der Leasingzeit an den Leasinggeber zurückzugeben; und den Leasinggeber von allen Ansprüchen, die im Zusammenhang mit der Leasingsache entstehen, freizustellen. 20

3. Dingliche Wirkungen

Mit Lieferung der Güter an den Leasingnehmer wird das Eigentum an ihnen direkt auf den Leasinggeber übertragen. Dies ist möglich, da der Eigentumsübergang nach englischem Recht durch bloße Parteivereinbarung erfolgt. Section 17(1) des Sale of Goods Act 1979 bestimmt für die verwandte Frage nach dem Zeitpunkt des Eigentumsübergangs, dass Eigentum in dem Zeitpunkt auf den Käufer übertragen wird, den die Parteien für den Eigentumsübergang intendiert haben. Eines besonderen Übertragungsakts bedarf es nach britischem Recht nicht. Sofern der Leasingnehmer in offener Stellvertretung für den Leasinggeber handelt, geschieht dies auch in Ermangelung einer ausdrücklichen vertraglichen Vereinbarung, da section 17(2) hinsichtlich der Feststellung der Intention der Parteien auch auf das Verhalten der Parteien und die Umstände des Falls abstellt. Wenn die Stellvertretung nicht offengelegt wird, ist eine solche Auslegung nicht möglich und 21

---

nimmt, für deren Vornahme die Leistung versprochen war. Zu *unilateral contracts* vgl. *Carlill v Carbolic Smoke Ball Co* [1893] 1 QB 256 (CA); *Halsbury* Band 9(1) Rn. 606,

[43] Austausch eines Vertragsteils, s. hierzu *Halsbury* Band 9(1) Rn. 1036 ff.

[44] Hierbei ist darauf zu achten, dass die Vertragsdokumentation den Eigentumsübergang deutlich dokumentiert. Andernfalls besteht die Gefahr, dass die Transaktion als eine verdeckte besitzlose Sicherheit betrachtet wird, die mangels Registrierung – entweder als bill of sale oder als company charge – nichtig ist. S. hierzu *Goode* Comercial Law 606; *Halsbury* Band 3(1) Rn. 674 ff. Im schottischen Recht besteht die Gefahr, dass es wegen section 62(4) des Sale of Goods Act 1979 unwirksam ist, vgl. Stair Memorial Encyclopaedia, Band 14, Rn. 1031.

[45] Supply of Goods and Services Act 1982 section 6–10.

[46] S. dazu unten IV.1.

[47] *Branwhite v Worcester Works Finance* [1969] 1 AC 552 = [1968] 3 AllER 104 (HL).

[48] *Lease Management Services Ltd v Purnell Secretarial Services*, The Times, 1. April 1994. Der Leasinggeber trat hier unter einem Handelsnamen (*Canon (South West) Finance*) auf, dem des Verkäufers zum Verwechseln ähnlich war (*Canon (South West)*).

[49] Vgl. *Soper/Munro/Cameron* 252 ff.

§ 91 Fünfter Teil. Leasing als internationale Finanzdienstleistung

es kommt zunächst zum Erwerb des Leasingnehmers. Der Eigentumserwerb des Leasinggebers erfolgt hier erst durch eine Individualisierung des Gutes durch den Leasignehmer zugunsten des Leasinggebers;[50] dies wird regelmäßig die (frühere) Unterzeichung des Leasingvertrags sein,[51] so dass auch hier das Eigentum dergestalt auf den Leasinggeber übertragen wird, dass kein Zeitraum besteht, in dem der Leasingnehmer unerlaubt über das Gut verfügen kann, oder in dem er insolvent werden könnte.[52]

4. Verbraucherschutz

22 Leasingverträge mit Verbrauchern unterliegen der teilweisen Kontrolle durch den Consumer Credit Act 1974 (Verbraucherkreditgesetz),[53] das neben Kreditverträgen auch Mietverträge reguliert. Gem. der Definition in Section 15 sind davon alle Verträge umfasst, die mit einem *individual* – einer natürliche Person oder einer Personenvereinigung ohne eigene Rechtspersönlichkeit[54] – geschlossen sind, und unter denen der Leasignehmer insgesamt nicht mehr als £ 25.000 bezahlen muss.[55] Leasingverträge mit Verbrauchern unterliegen dabei grundsätzlich denselben formellen Anforderungen, die auch für Kreditverträge gelten; allerdings gelten die Vorschriften über den Widerruf[56] in den meisten Fällen nicht.[57] Der Vertrag muss in Schriftform abgefasst sein, er muss bestimmte Angaben enthalten, von beiden Parteien in dafür vorgesehenen Feldern unterschrieben werden, und eine Kopie muss dem Leasingnehmer zur Verfügung gestellt werden.[58] Der Abschluss von Leasingverträgen mit Verbrauchern ist ein reguliertes Geschäft, das nur derjenige gewerbsmäßig vornehmen darf, der über die dazu erforderliche Genehmigung verfügt.[59]

IV. Leistungsstörungen

1. Mängel des Leasinggutes

23 Da Kauf- und Leasingvertrag zwei rechtlich vollkommen selbständige Verträge sind, stehen dem Leasingnehmer grundsätzlich keine Rechte aus dem Kaufvertrag zu. Die meisten Leasingverträge schließen darüber hinaus eine Haftung des Leasinggebers für Sachmängel im Rahmen des gesetzlich Zulässigen aus.[60] Ein vertraglicher Ausschluss der im

---

[50] *Goode* Proprietary Rights and Insolvency in Sales Transactions, 45–50.
[51] *Goode* Commercial Law, 733.
[52] *Goode* Proprietary Rights and Insolvency in Sales Transactions, 46, 49 f.
[53] Der Consumer Credit Act gilt für das gesamte Vereinigte Königreich.
[54] Consumer Credit Act 1974 section 189(1): „partnership or other unincorporated body of persons not consisting entirely of bodies corporate".
[55] Ausgenommen hiervon sind Verträge mit Betreibern auf dem Gebiet der Daseinsvorsorge, Art. 6 Consumer Credit (Exempt Agreements) (No 2) Order 1985.
[56] CCA 1974 section 67 ff.
[57] Unter dem Consumer Credit Act kann der Verbraucher nur dann vom Vertrag zurücktreten, wenn in Verhandlungen vor dem Vertragsschluss in Anwesenheit des Verbrauchers mündlich Angaben gemacht worden sind. Die gesetzliche Definition des Begriffs „Verhandlungen vor dem Vertragsschluss" in section 56(1)(b) erfasst jedoch nicht den Fall des Verkaufs von Waren durch den Verkäufer an den Leasinggeber. Auch die allgemeine Vorschrift in section 56(1)(a) ist nicht anwendbar, da der Verkäufer nicht als Stellvertreter des Leasinggebers betrachtet wird (s. *Branwhite v Worcester Works Finance Ltd* [1969] 1 AC 552 = [1968] 3 All ER 104 (HL)). Anders jedoch, wenn der Verkäufer den Leasingvertrag mit dem Leasingnehmer im Auftrag des Leasinggebers annimmt, vgl. *Goode* Consumer Credit Law and Practice, Band I, Teil C, Rn. 31.111 ff.
[58] Consumer Credit Act 1974 section 60 ff. mit Consumer Credit (Agreements) Regulations 1983.
[59] Consumer Credit Act 1974 section 21.
[60] *Goode* Commercial Law, 729; zum schottischen Recht s. Stair Memorial Encyclopaedia, Band 14, Rn. 1055–1059.

28. Kapitel. Leasingrecht im Ausland   § 91

Supply of Goods and Services Act 1982 garantierten Eigenschaften[61] ist bei einem Verbrauchervertrag nicht möglich, ansonsten nur insoweit als der Ausschluss dem Gebot der Vernünftigkeit[62] genügt.[63] Ein Haftungsausschluss ist dann vernünftig, wenn er nach den Umständen gerecht ist. Dabei ist auf verschiedene Faktoren abzustellen, unter anderem die Verhandlungsstärke der Parteien, und ob der andere Vertragsteil Kenntnis von der die Haftung ausschließenden Klausel hat; außerdem darauf, ob der andere Vertragsteil einen anderen Vorteil als Gegenleistung bekommen hat, und ob er einen Vertrag ohne diesen oder einen ähnlichen Ausschluss mit einer anderen Person hätte eingehen können.[64] Da in der typischen Leasingsituation der Leasingnehmer die Sache auswählt und er häufig über mehr technisches Wissen bezüglich des Leasinggutes verfügt als der Leasinggeber, erscheint ein Haftungsausschluss prima facie nicht unvernünftig; sofern der Leasingnehmer dadurch jedoch vollkommen rechtlos gestellt wird, ist es nicht unwahrscheinlich, dass der Haftungsausschluss doch als unvernünftig betrachtet wird.[65]

Der Leasinggeber tritt daher regelmäßig seine Rechte gegen den Verkäufer an den Lea-   24
singnehmer ab. Dies stellte nach englischem Common Law ein Problem dar,[66] ist nunmehr auf gesetzlicher Grundlage[67] jedoch möglich. Voraussetzung ist, dass dem Leasingnehmer im Kaufvertrag ausdrücklich ein eigenes Durchsetzungsrecht eingeräumt ist, oder dass ihm im Vertrag explizit ein Vorteil gewährt wird.[68] Der Vertrag muss außerdem den Begünstigten, der nicht selber Vertragspartei ist, ausdrücklich bezeichnen, entweder namentlich oder zumindest als künftiger Leasingnehmer.[69]

2. Leistungsstörungen auf Seiten des Leasingnehmer

Es ist zu unterscheiden hinsichtlich der verletzten Pflicht. Sofern es sich um eine wesent-   25
liche Pflicht (*condition*) handelt, hat der Leasinggeber das Recht, vom Vertrag zurückzutreten; er kann aber auch am Vertrag festhalten. Schadensersatz kann er in jedem Fall verlangen, wobei jedoch die Berechnung unterschiedlich ist. Ist die verletzte Pflicht für den Bestand des Vertrags weniger wichtig (*warranty*), kann der Leasinggeber allein Schadensersatz wegen der Pflichtverletzung verlangen. Die oben (unter III.2) genannten Pflichten des Leasinggebers sind regelmäßig reine *warranties*, berechtigen den Leasinggeber also lediglich zum Schadensersatz. Durch entsprechende Vertragsgestaltung können sie jedoch in den Stand einer *condition* erhoben werden.

Die andauernde Verletzung der Zahlungspflichten berechtigt den Leasinggeber zur Be-   26
endigung des Vertrages (dazu unter V), und gewährt ihm ein Recht auf Schadensersatz hinsichtlich sämtlicher ausstehender und künftiger Leasingraten.[70] Die einmalige Nichtzahlung der Leasingrate rechtfertigt dies nicht, sofern nicht der Vertrag ausdrücklich etwas anderes vorsieht. Im ersten Fall kann der Leasinggeber jedoch auch am Vertrag festhalten und sämtliche Leasingraten sofort fällig stellen. Dabei ist regelmäßig ein Abzug für die vorzeitige Bezahlung vorzunehmen. Dies ist dann keine verbotene[71] Vertragsstrafe, sofern der Leasingnehmer im Besitz des Leasinggutes bleibt.

---

[61] Supply of Goods and Services Act 1982 section 6–10.
[62] *Reasonableness.*
[63] Unfair Contract Terms Act 1977 section 7.
[64] Unfair Contract Terms Act 1977 section 11 mit Schedule II.
[65] *Goode* Commercial Law, 732.
[66] Vgl. *Goode* Commercial Law, 729 f.
[67] Contracts (Rights of Third Parties) Act 1999.
[68] Contracts (Rights of Third Parties) Act 1999 section 1(1).
[69] Contracts (Rights of Third Parties) Act 1999 section 1(3).
[70] *Yeoman Credit Ltd v Waragowski* [1961] 1 WLR 1124; *Yeoman Credit Ltd v McLean* [1962] 1 WLR 131; *Overstone Ltd v Shipway* [1962] 1 WLR 117.
[71] Vertragsstrafen sind nur in Form eines im voraus kalkulierten tatsächlichen Verlusts als Schadensersatz zulässig (*liquidated damages*), schadensunabhängige Vertragsstrafen (*penalty*) sind unzulässig, s. *Dunlop Pneumatic Tyre Co Ltd v New Garage & Motor Co Ltd* [1915] AC 79 (HL).

V. Die Beendigung des Leasingvertrags

1. Zeitablauf

27 Der Leasingvertrag endet regelmäßig durch Zeitablauf; danach kann unter Umständen die Möglichkeit bestehen, die Laufzeit des Vertrages zu verlängern oder die Sache zu erwerben. Der wirtschaftliche Wert des Leasinggutes ist regelmäßig in der ursprünglich vereinbarten Laufzeit realisiert worden.[72] Eine mögliche Vertragsgestaltung erlaubt es dem Leasingnehmer, die Sache am Ende der Leasingzeit als Vertreter des Leasinggebers zu verkaufen und einen Teil des Erlöses zu behalten.[73]

2. Beendigung durch Leasingnehmer

28 Der Leasingnehmer ist regelmäßig nicht zur vorzeitigen Beendigung des Vertrags berechtigt. Sollte er hierzu ausnahmsweise berechtigt sein, hat er dem Leasinggeber einen Ausgleich für die vorzeitige Beendigung des Vertrags zu bezahlen.[74]

3. Verbraucherschutz

29 Eine Ausnahme von diesem Grundsatz besteht in beschränktem Umfang für Leasingverträge mit Verbrauchern. Gem. Consumer Credit Act 1974 section 101 kann der Leasingvertrag durch schriftliche Kündigung des Verbrauchers frühestens zu einem Termin 18 Monate nach Vertragsschluss gekündigt werden. Die Kündigungsfrist beträgt, je nachdem was kürzer ist, die Länge eines Zahlungsintervalls oder 3 Monate. Allerdings ist das Kündigungsrecht an eine Reihe von Voraussetzungen geknüpft, die die Mehrzahl der Finanzierungsleasingverträge ausscheiden lassen: Ausgenommen sind Verträge, unter denen der Verbraucher jährlich Leasingzahlungen von mehr als GBP 1.500 erbringen muss.[75] Unabhängig von der Höhe der Zahlungen sind solche Verträge ausgenommen, bei denen das Gut für den Betrieb eines Gewerbes oder einer selbständigen beuflichen Tätigkeit geleast worden ist und es vom Leasingnehmer selber ausgewählt und auf sein Geheiß vom Leasinggeber erworben worden ist.[76] Der Leasingnehmer schuldet nur die bis zur Wirksamkeit der Kündigung angefallenen Leasingraten; eine weitergehende Haftung besteht nicht und kann ihm wegen des Verbots vom Nachteil des Verbrauchers von den Vorschriften des Gesetzes abzuweichen[77] auch nicht vertraglich auferlegt werden.[78]

4. Beendigung durch Leasinggeber

30 Der Leasinggeber kann den Vertrag regelmäßig bei Zahlungsverzug oder, sofern dies im Vertrag vorgesehen ist, der Verletzung einer der anderen Pflichten des Leasingnehmers beenden. Daneben will er in vielen Fällen Schadensersatz für sämtliche bereits fälligen und künftigen Leasingraten verlangen. Dies kann vertraglich nur für den Fall wirksam

---

[72] *Adams* Rn. 3.58.
[73] S. z. B. die Vertragsgestaltung in *On Demand Information plc v Michael Gerson (Finance) plc* [2003] 1 AC 368 (HL).
[74] *Soper/Munro/Cameron* 256 f.; diese Möglichkeit besteht eher bei *operative leasing* als Finanzierungsleasing.
[75] Consumer Credit Act 1974 section 101 (7)(a).
[76] Section 101(7)(b). Der Consumer Credit Act hat grundsätzlich keinen subjektiv definierten Anwendungsbereich, sondern stellt allein darauf ab, ob ein *individual* an dem Vertrag beteiligt ist, s. oben III.4.
[77] Section 173.
[78] *Goode* Consumer Credit Law and Practice, Band I, Teil C, Rn. 36.222.

vereinbart werden, dass der Vertragsbruch des Leasingnehmers schwerwiegend ist und eine der essentiellen Vertragsklauseln (*condition*) betrifft;[79] sofern nur eine nicht essentielle Vertragsklausel (*warranty*) verletzt ist – auch wenn dem Leasinggeber vertraglich das Recht zur Vertragsauflösung für den Fall der Verletzung dieser Bestimmung eingeräumt ist – kann nur der bisher entstandene Schaden ersetzt verlangt werden.[80] In Abzug zu bringen ist jeweils der Vorteil, den der Leasinggeber durch die vorzeitige Zahlung erlangt.[81] Aus der allgemeinen Schadensminderungspflicht folgt außerdem die Verpflichtung des Leasinggebers den wirtschaftlichen Wert des Leasingguts im Wege des anderweitigen Leasings oder durch Verkauf zu realisieren.[82] Sofern der Vertrag in den Anwendungsbereich des Verbraucherkreditgesetzes fällt, kann der Leasinggeber erst dann den Vertrag beenden, nachdem er dem Leasinggeber 7 Tage vorher eine Mitteilung hierüber in gesetzlich vorgeschriebener Form gemacht hat;[83] ebenso für den Fall der sofortigen Fälligstellung sämtlicher Leasingraten.[84]

VI. Zwangsvollstreckung und Insolvenz

1. Einzelzwangsvollstreckung

In der Einzelzwangsvollstreckung können grundsätzlich nur Güter gepfändet werden, die dem Schuldner gehören. Hierzu muss der Leasinggeber das Vollstreckungsorgan über sein Eigentum informieren. Für den Fall, dass der vollstreckende Gläubiger das Eigentum des Leasinggebers nicht anerkennt, wird ein Verfahren zur gerichtlichen Klärung der Eigentumsfrage durchgeführt.[85]

31

2. Verfahrensarten in der Insolvenz

Das britische Insolvenzrecht ist durch eine Vielzahl von Verfahrenstypen gekennzeichnet, die teilweise unterschiedliche Rechtsfolgen auslösen. Über das Vermögen natürlicher Personen wird das *bankcruptcy* Verfahren[86] eröffnet, unter dem das Vermögen des Schuldners auf den *trustee in bankruptcy* übertragen wird. Für Gesellschaften gibt es verschiedene Verfahrenstypen:[87] *winding up* oder *liquidation* ist ein gerichtlich (*compulsory winding up*) oder durch die Gesellschaft selber (*voluntary winding up*) eingeleitetes und auf die Auflösung der Gesellschaft gerichtetes Verfahren, bei dem die Vermögenswerte der Gesellschaft vom *Liquidator* verwaltet und verwertet werden. *Administration* ist ein gerichtlich eingeleitetes Verfahren mit offenem Ausgang, in dem der *administrator* eine Einigung mit den Gläubigern oder eine günstigere Verwertung des Schuldnervermögens als bei *liquidation* anstrebt. *Voluntary agreements* schließlich, sind freiwillig und zielen auf eine Einigung des Schulners mit seinen Gläubigern außerhalb förmlicher Insolvenzverfahren ab. Daneben wird es noch für einige Zeit das *administrative receivership*-Verfahren geben, bei dem der *administrative receiver* das Schuldnervermögen zu Gunsten des ihn einsetzenden Großgläubigers realisiert.[88]

32

---

[79] *Lombard North Central plc v Butterworth* [1987] QB 527 (CA).
[80] *Financing Ltd v Baldock* [1963] 2 QB 104 (CA); *Lombard North Central plc v Butterworth* [1987] QB 527 (CA).
[81] Goode Commercial Law, 731 f.
[82] *Total Oil Great Britain Ltd v Thompson Garages (Biggin Hill) Ltd* [1972] 1 QB 318.
[83] Consumer Credit Act 1974 sections 87, 88.
[84] Ibid, section 76.
[85] Sog. *interpleader*. Civil Procedure Rules schedule 1, RSC Order 17.
[86] Insolvency Act 1986 Teil IX.
[87] Alle sind geregelt im Insolvency Act 1986.
[88] Das administrative receivership Verfahren ist durch den Enterprise Act 2002 mit Wirkung für die Zukunft weitgehend abgeschafft worden. Durch bereits bestehenede *floating charges* gesicherte Gläubiger können weiterhin einen administrative receiver einsetzen, s. Jungmann/Bisping, RIW 2003, 930.

3. Verfahrenswirkungen

33 Eröffnung eines Insolvenzverfahrens ist vielfach vertraglich als Grund für den Leasinggeber, den Vertrag zu beendigen, vereinbart,[89] so dass der Leasinggeber berechtigt ist, Herausgabe des Leasingguts zu verlangen: das Eigentum ist insolvenzfest.[90] Allerdings kann der Leasinggeber seinen Herausgabeanspruch dann nicht durchsetzen, wenn der Insolvenzverwalter[91] die Zahlung der ausstehenden Leasingraten anbietet.[92]

Eine Ausnahme von der Insolvenzfestigkeit besteht für das *administration*-Verfahren, das wegen seiner vorläufigen Natur ein Verbot der Durchsetzung von Ansprüchen mit sich bringt, sofern nicht der administrator darin einwilligt oder ein Gericht sie erlaubt.[93] Hierunter fällt auch der Anspruch des Leasingebers auf Rückgabe des Leasinggutes. In *Re Atlantic Computer Systems plc*[94] hat der Court of Appeal Richtlinien hinsichtlich der Ermessensausübung niedergelegt und dabei dem *administrator* einen weiten Spielraum eingeräumt. Darüber hinaus hat der *administrator* eine noch weitergehende Befugnis, das Leasinggut mit Zustimmung des Gerichts so zu veräußern, als wenn die schuldnerische Gesellschaft Eigentümerin wäre.[95] Der Leasinggeber hat in diesem Fall ein Recht auf abgesonderte Befriedigung aus dem Veräußerungserlös.[96] Versuche, das Leasinggut durch automatische Beendigung des Leasingvertrags vor Verfahrenseröffnung von dem *administration*-Verfahren auszunehmen, waren nicht erfolgreich.[97]

VII. Bilanzrechtliche und steuerrechtliche Aspekte

1. Bilanzrecht[98]

34 Leasingverbindlichkeiten müssen heute bilanziell erfasst werden. SSAP 21[99] unterscheidet zwischen Finanzierungsleasing und operativem Leasing. Finanzierungsleasing muss in der Bilanz des Leasingnehmers sowohl als ein Vermögenswert – wegen seiner eigentümerähnlichen Stellung – als auch als Verbindlichkeit ausgewiesen werden; operatives Leasing wird nur als Ausgabe erfasst. Für bilanzielle Zwecke wird von Finanzierungsleasing ausgegangen, wenn die Summe der Leasingzahlungen in der Mindestlaufzeit[100] des Vertrags mindestens 90 % des Werts des Leasingguts ausmachen. Für die Wertfeststellung bei Finanzierungsleasing sind die künftigen Leasingzahlungen verzinst mit dem dem Vertrag zugrunde liegenden Zinssatz abzuziehen.

---

[89] S. den Vertrag in *On Demand Information plc v Michael Gerson (Finance) plc* [2003] 1 AC 369 (HL).

[90] *General Share and Trust Co v Wetley Brick and Pottery Co* (1882) 20 ChD 260; *Ezekiel v Orakpo* [1977] QB 260.

[91] Der undifferenzierte Begriff wird im Folgenden als Oberbegriff für die verschiedenen Arten der in der Insolvenz tätigen Personen verwendet.

[92] *Re Piggin* (1962) 112 L.J. 424; (1962) Sol. Jo. 768; *On Demand Information plc v Michael Gerson (Finance) plc* [2003] 1 AC 369.

[93] Insolvency Act 1986, Schedule B1 section 43(3). *Hire purchase* umfasst hier auch Leasingverträge, s. section 111(1).

[94] [1992] 1 AllER 476 (CA).

[95] Insolvency Act 1986, Schedule B1 section 72(1). *Hire purchase* umfasst hier auch Leasingverträge, s. section 111(1).

[96] Ibid, section 72(3).

[97] *Re David Meek Access Ltd* [1992] BCC 175.

[98] S. hierzu näher Day, Kapitel 21.

[99] Statement of Standard Accounting Practice – accounting for leases and hire purchase contracts.

[100] Optionale Verlängerungen, deren Inanspruchnahme hinreichend sicher ist, werden hierzu addiert.

2. Steuerliche Behandlung

Der Leasinggeber kann die Anschaffungskosten von seiner Steuerschuld absetzen;[101] dabei haben mittelgroße Unternehmen im ersten Jahr die Mölichkeit 40 % der Anschaffungskosten abzusetzen, alle Leasinggeber können das Leasinggut jährlich zu 25 % auf reduzierender Basis abschreiben.   35

Das steuerliche Regime wurde durch den Finance Act 2006 teilweise verändert.[102] Nunmehr wird zwischen *funding lease*, *short lease* und *long funding lease* unterschieden. Eine *funding lease* liegt immer dann vor, wenn der Vertrag nach buchhalterischen Kriterien ein Finanzierungsleasingvertrag ist, der gegenwärtige Wert der Mindestleasingzahlungen mindestens 80 % des Wertes des Leasinggutes beträgt, oder die Vertragslaufzeit 65 % des verbleibenden wirtschaftlichen Lebens des Leasingutes übersteigt. Diese Definition umfasst daher neben Finanzierungsleasing auch solche operativen Leasingverträge, die dem Finanzierungsleasing sehr nahe stehen. Eine *short lease* liegt regelmäßig vor, wenn die Vertraglaufzeit geringer als fünf Jahre ist;[103] für die Berechnung der Vertragslaufzeit werden sekundäre Perioden dann eingerechnet, wenn es bei Vertragsschluss hinreichend sicher ist, dass der Leasingnehmer diese in Anspruch nehmen wird. Die *long funding lease* erfasst die Mehrheit aller *funding lease*-Verträge, da diese entweder eine längere primäre Laufzeit als 5 Jahre haben, oder aber in sekundären Leasingperioden oft nur ein rein nomineller Betrags zu zahlen ist, so dass davon auszugehen ist, dass der Leasingnehmer sie in Anspruch nehmen wird. Die Höchstfrist für *short leases* ist erweitert auf sieben Jahren für einfache Finanzierungsleasingverträge, d. h. solche Verträge bei denen der Restwert des Leasinggutes nicht mehr als 5 % des Wertes zu Beginn des Leasingsvertrags beträgt und, mit Ausnahme von Einmalzahlungen zu Beginn oder am Ende der Laufzeit, die Leasingraten um nicht mehr als 5 % pro Jahr variieren.[104] *Short leases* werden weiterhin nach den bisher geltenden Grundsätzen behandelt.   36

Sofern es sich um eine *long funding lease* handelt, ist zwischen Finanzierungsleasing und *operative leasing* zu unterscheiden. Bei Finanzierungsleasing kann der Leasinggeber nunmehr das Leasinggut nicht mehr steuerlich abschreiben; dafür hat er Steuern jedoch nur auf den Gewinnanteil der Leasingzahlungen zu entrichten.[105] Von seinem Gewinn kann er am Ende der Laufzeit dem Leasingnehmer gewährte Rabatte und Erstattungen nicht abziehen, jedoch ist auch der Veräußerungsgewinn nicht zu versteuern.[106] Der Leasingnehmer kann den gegenwärtigen Wert der Mindestleasingzahlungen steuerlich absetzen. Bei der Berechnung seines Gewinnes kann er dementsprechend nur die Finanzierungskosten, nicht alle Leasinzahlungen, in Abzug bringen.[107] Die Idee den Leasinggeber nur hinsichtlich des Gewinnanteils zu besteuern wird im Prinzip auch bei operativem Leasing angewendet. Allerdings besteht hierbei die Schwierigkeit, dass kein entsprechender Anteil buchhalterisch ausgewiesen wird. Daher ist dem Leasinggeber nun erlaubt die Differenz zwischen dem Marktwert des Leasinggutes zu Beginn der Vertraglaufzeit und dem Restwert am Vertragsende von den Leasingeinnahmen, gestreckt über die Vertragslaufzeit, abzuziehen.[108] Der Leasingnehmer kann den vollen Marktwert des Leasinggutes zu Beginn der Laufzeit steuerlich absetzen.   37

---

[101] Capital Allowance Act 2001.
[102] S. hierzu Lyon/Owen, The new Tax Regime for Cortporate Lessors and Lessees – a Summary, Britsih Tax Review 2006, 37.
[103] Capital Allowance Act 2001 s. 70I, eingefügt durch Finance Act 2006.
[104] Definiert in Capital Allowance Act 2001 s. 70I, eingefügt durch Finance Act 2006.
[105] Income and Corporation Taxes Act 1988 s 785B, eingefügt durch Finance Act 2006.
[106] Income and Corporation Taxes Act 1988 s 785C, eingefügt durch Finance Act 2006.
[107] Income and Corporation Taxes Act 1988 s 785G, eingefügt durch Finance Act 2006.
[108] Income and Corporation Taxes Act 1988 s 785D, eingefügt durch Finance Act 2006.

§ 92. Das Leasingrecht in Frankreich

Schrifttum: (stark ausgewählt) *Licari* L'incessibilité conventionnelle de la créance (le *pactum de non cedendo*, de l'École des Pandectes à la loi sur les nouvelles régulations économiques), RJ com. 2002, 66 ff und 101 ff; Crédit-bail mobilier, in Lamy Droit des sûretés, 2004; Actualité du crédit-bail immobilier, Revue Lamy Droit civil 2005/17, S. 21. *Rontchevsky* Crédit-bail immobilier, in Lamy droit des sûretés, 2005

Übersicht

	Rdn.
I. Die Praxis des Leasinggeschäfts in Frankreich	1
II. Die rechtliche Einordnung des Leasingvertrages	3
III. Der Abschluss des Leasingvertrages	7
1. Vertragsgegenstand	7
2. Vertragsparteien	8
a) Leasinggeber	8
b) Leasingnehmer	9
3. Allgemeine Gültigkeitsvoraussetzungen	10
4. Publizität des Vertrages	11
a) Gesetzliche Publizitätsmodalitäten	12
b) Rechtswirkungen der gestzlichen Publizität	13
IV. Leistungsstörungen	14
1. Das Rechtsverhältnis zwischen Lieferant und Bank	14
a) Kaufvertragsverhältnis	14
b) Aufhebung des Kaufvertrages	15
2. Das Rechtsverhältnis zwischen Leasinggeber und Leasingnehmer	16
a) Rechtspflichten des Leasinggebers	16
b) Rechtspflichten des Leasingnehmers	19
V. Die Beendigung des Leasingvertrages	21
1. Ausübung des Erwerbsrechts	22
2. Fortsetzung des Vertrages	23
3. Rückgabe des Leasinggegenstandes	24
VI. Zwangvollstreckung und Insolvenz	25
1. Einfache Nichterfüllung	26
a) Anspruch des Leasinggebers auf Herausgabe	26
b) Geltendmachung von pauschaliertem Schadensersatz	27
2. Der Leasingvertrag nach Eröffnung eines Insolvenzverfahrens gegen den Leasingnehmer	28
a) Weitere Durchführung des Leasingvertrages	28
b) Der Leasingvertrag während der für das Erwerbsrecht bestimmten Frist	29
c) Zwangsweise Abtretung (*cession forcée*) des Leasingvertrags	30
d) Ausübung des Erwerbsrechts während der *période d'observation*	31
e) Ausübung des Erwerbsrechts, wenn sich der Leasingnehmer im Stadium der *liquidation judiciaire* befindet	32
VII. Steuerliche Aspekte des Leasinggeschäfts	33

I. Die Praxis des Leasinggeschäfts in Frankreich[1]

1 Das Leasing ist in den sechziger Jahren des letzten Jahrhunderts aus den Vereinigten Staaten importiert worden; wie alle auf *-ing* endenden Verträge entstammt es der Kautelarpraxis. In Frankreich wurde es mit Gesetz Nr. 66–455 vom 2. Juli 1966 über die das Leasing praktizierenden Unternehmen (loi n° 66–455 du 2 juillet 1966, relative aux entreprises pratiquant le crédit-bail) zu einem gesetzlich geregelten Vertrag. In gleichem Zuge wurde ihm ein französischer Anstrich verliehen, denn der gesetzlich zugrunde gelegte Begriff war der des *crédit-bail*. Heute finden sich die Bestimmungen über das Leasing in den Artikeln L. 313–7 bis L. 313–11, L. 515–2 bis L. 515–3 et L. 571–13 des Code monétaire et fi-

---

[1] Der Verfasser ist Herrn *Wolfgang Rosch* für seine Hilfe und Räte für die spachlichen Aspekte dieses Manuskriptes sehr dankbar.

28. Kapitel. Leasingrecht im Ausland §92

nancier (im Folgenden: C. mon. et fin.). Das englische Wort *leasing* trägt ebenso wenig wie das französische *crédit-bail* der Komplexität des Regelungsgegenstands Rechnung, den der Gesetzgeber selbst als einen „Vorgang" (*opération*) bezeichnet. Zunächst ist festzuhalten, dass es sich beim Leasing um eine Finanzierungsmodalität handelt. Den Begriff „Vorgang" rechtfertigen die leasingimmanente Verschachtelung mehrerer Verträge und das Vorhandensein dreier Hauptpersonen. Anstatt selbst den gewünschten Gegenstand zu kaufen und über ein Darlehen zu finanzieren, lässt ihn der Kunde nämlich über eine spezialisierte Einrichtung erwerben, die den Gegenstand sodann an ihn weitervermietet. Dieser Mietvertrag ist mit einem Verkaufsversprechen (*promesse de vente*) zugunsten des Kunden verbunden. Die Mietzeit entspricht grundsätzlich der der Amortisierung des Gegenstands, so dass bei Vertragsende der Kunde gegen Zahlung eines geringeren Restpreises sein Erwerbsrecht wahrnehmen kann. Hieraus geht hervor, dass außer der Miete auch noch ein, ja sogar zwei Kaufverträge vorliegen. Der Leasingvorgang enthält auch Elemente der rechtsgeschäftlichen Vertretung und des Auftrags (*contrat de mandat*). Zur Vermeidung jedes Missverständnisses auf begrifflicher Ebene sind somit die drei am Vorgang beteiligten Personen zu unterscheiden: der Lieferant (*fournisseur*), d. h. das Unternehmen, das dem Leasinggeber den später verleasten Gegenstand verkauft; die Bank oder der Leasinggeber (*établissement crédit-bailleur*), der den Vorgang finanziert und den Leasingvertrag im eigentlichen Sinne mit dem Leasingnehmer (*crédit-preneur*) abschließt, für der Vorgang letztlich durchgeführt wird; und schließlich der Leasingnehmer, der den Gegenstand mietet und zu dessen Gunsten ein Erwerbsrecht vereinbart wird.

Hervorzuheben ist das Spannungsverhältnis zwischen ökonomischer Realität und eingesetzter Rechtstechnik. Das Kreditinstitut erwirbt zwar den vom Leasingnehmer gewünschten Gegenstand und vermietet ihn sodann weiter, doch es will sich keineswegs entsprechend rechtlich gerieren. Deshalb tritt es zwar als Käufer des Gegenstands in Erscheinung, aber es ist der künftige Leasingnehmer, der Lieferant und Kaufsache auswählt und die Vertragsverhandlungen führt. Das Kreditinstitut bescheidet sich mit einer minimalen Rolle, nämlich der des Finanziers. Dass es, rechtlich gesehen, der Käufer ist, spielt indessen eine bedeutende Rolle, denn so erwirbt es Eigentum am Gegenstand und mithin ein wichtiges Sicherungsmittel. Da der Leasinggeber jedoch bestrebt ist, sich der mit seiner Käufereigenschaft verbundenen Lasten zu entledigen, besteht er häufig auf einer Vertragsklausel, kraft deren er dem Leasingnehmer die Ansprüche und Klagerechte, die mit dieser Eigenschaft verbunden sind (*droits et actions attachés à cette qualité*), abtritt oder überträgt.[2] Ebenso obliegt es in der Regel dem Kunden, im Rahmen eines Auftragsverhältnisses für den Käufer die Abnahme der Kaufsache vorzunehmen. Um seine Funktion weitmöglichst auf die der Finanzierung des Vorgangs zurückzuführen, macht sich der Leasinggeber die Vertragsfreiheit zunutze, um sich auch, so weit es eben geht, der ihm als Vermieter obliegenden Pflichten zu entledigen. Die Intention des Leasinggebers, letztlich nichts anderes als ein Darlehensgeber zu sein, führt im Wege einer geschickten Handhabung der Vertragsfreiheit dazu, dass der Leasingvertrag typischerweise ein vorformulierter Standardvertrag (*contrat d'adhésion*) ist und sich somit als sehr unausgewogen erweist. Um ständig die Kontrolle über den Gesamtvorgang zu behalten, wird gewöhnlich in den Allgemeinen Geschäftsbedingungen des Vertrags seitens des Klauselverwenders bestimmt, dass Rechte und Pflichten nicht übertragbar sind (clause *d'intuitu personae*). Somit stellt sich der Leasingvertrag typischerweise als ein Vertrag mit sich widerstreitenden Interessen dar.

II. Die rechtliche Einordnung des Leasingvertrages

Die wenigen leasingbezogenen Vorschriften des Code monétaire et financier sind für das Kreditinstitut kaum bei dem Unterfangen hinderlich, seine Allgemeinen Geschäfts-

---

[2] Vgl. Zum Beispiel: Cass. com., Bull. civ.1996, IV, n° 56.

§ 92 Fünfter Teil. Leasing als internationale Finanzdienstleistung

bedingungen durchzusetzen. In diesen Vorschriften geht es nämlich nur darum, Mobiliarleasing und Immobiliarleasing zu definieren und hieraus bestimmte Unterschiede ihrer rechtlichen Behandlung abzuleiten. Schwerpunktmäßig zielt diese Definition darauf ab, aus dem Leasing einen rechtlich geregelten Bereich zu machen, wie es der heute aufgehobene Titel des Gesetzes „über die das Leasing praktizierenden Unternehmen" ausweist. Hiervon abgesehen, begnügt sich der Code monétaire et financier damit, die Übertragung des in einem Leasingsvorgang befangenen Gegenstands zu regeln (Artikel L.313–8 C. mon. et fin.) und für den Vertrag Publizitätsregeln aufzustellen (Artikel L.313–10 et L.313–11 C. mon. et fin., ergänzt durch das Dekret D. n°72–665 vom 4. Juli 1972 über die Publizität der Leasingvorgänge im Bereich des Mobiliarleasings und des Immobiliarleasings [*relatif à la publicité des opérations de crédit-bail en matière mobilière et immobilière*], aufgehoben und ersetzt durch die Artikel R. 313–3 ff. C. mon. et fin. in der Fassung des Dekrets D. n° 2005–1007 vom 2. August 2005 über den Verordnungsteil des Code monétaire et financier, JO vom 25. August 2005). Das bedeutet, dass lediglich Vorgänge, die genau der Legaldefinition entsprechen, in den Anwendungsbereich des Code monétaire et financier fallen. Der Code de commerce regelt das Leasing auch im Hinblick auf die Insolvenzverfahren. Der Code monétaire et financier unterscheidet Mobiliarleasing und Immobiliarleasing, die er unterschiedlichen Regelungen zuführt.

4   Als komplexer Vertrag ist das Leasing durch die Zusammenfügung dreier Verträge gekennzeichnet, von denen ein jeder einige seiner charakteristischen Eigenschaften einbüßt. Vorherrschender Bestandteil ist der Mietvertrag. Artikel L. 313–71 C. mon. et fin. definiert das Mobiliarleasing als *„Vermietung von Ausrüstungsgegenständen oder Werkzeugen, die zum Zweck dieser Vermietung von Unternehmen gekauft wurden, die deren Eigentümer bleiben, wenn diese Vorgänge, wie auch immer sie eingestuft werden, dem Mieter die Möglichkeit geben, alle oder einen Teil der gemieteten Gegenstände zu erwerben, und zwar gegen Zahlung eines vereinbarten Preises, bei dem zumindest teilweise die als Mietzins entrichteten Zahlungen berücksichtigt werden (... de location de biens d'équipement ou de matériel d'outillage achetés en vue de cette location par des entreprises qui en demeurent propriétaires, lorsque ces opérations, quelle que soit leur qualification, donnent au locataire la possibilité d'acquérir tout ou partie des biens loués, moyennant un prix convenu tenant compte, au moins pour partie, des versements effectués à titre de loyers ...)."* Die unterschiedlichen Bestandteile dieser Definition sind zu prüfen, um diesen Vorgang einstufen und somit genauer die auf ihn anwendbaren Vorschriften herausarbeiten zu können. Das Leasing verlangt definitionsgemäß, dass der Leasinggeber die Gegenstände, die er vermietet, erworben hat, und setzt somit einen Kaufvertrag voraus (Artikel 1582 ff. C. civ.). Ist der vermietete Gegenstand nicht gekauft, sondern vom Vertragspartner hergestellt worden, liegt kein Leasingvertrag im Sinne des Code monétaire et financier[3] vor. Das Leasing wird sodann als Vermietung von Gegenständen im Sinne der Artikel 1713 ff. C. civ. definiert. Wird der Gegenstand nicht dem Leasinggeber vermietet, sondern unter Eigentumsvorbehalt verkauft, fehlt es an einem der konstitutiven Elemente des Vorgangs. Schließlich muss der Mietvertrag ein einseitiges Verkaufsversprechen enthalten (*promesse unilatérale de vente*[4]). Fehlt es an einem Verkaufsversprechen, handelt es sich bei dem Vorgang um eine einfache Vermietung; ebenso wenig liegt ein Leasing vor, wenn der Leasinggeber sich die Möglichkeit des Verkaufs des Gegenstands nach seinem Gutdünken vorbehält, sich aber nicht dazu verpflichtet. Nach Auffassung des Kassationshofes[5] gelten für dieses einseitige Verkaufsversprechen die Formvorschriften des Artikel 1589–2 C. civ. (früher Artikel 1840-A CGI [Code général des impôts]) nicht.[6]

---

[3] Cass. com., Bull. civ. 1976, IV, nr. 127 = D. 1976, jur., S. 695, Anm. Lucas de Leyssac.
[4] Vgl. Cass. com., n°70–13.333, Bull. civ. 1972, IV, n°105.
[5] Cass. 3ᵉ civ., Gaz. Pal. 1983,1, S. 83.
[6] Article 1589–2 C. civ. (eingefügt mit Ordonnance n° 2005–1512 vom 7. Dezember 2005 Art. 24 I Journal Officiel vom 8. Dezember 2005, in Kraft seit dem 1. Januar 2006): „Ein einseitiges Verkaufsversprechen, das sich auf eine unbewegliche Sache, ein Recht an einer unbeweglichen

28. Kapitel. Leasingrecht im Ausland §92

Die Sicherungswirkung des Leasing ist Bestandteile seiner Legaldefinition (*"qui en de-* 5
meurent propriétaires"). Der Leasinggeber bleibt Eigentümer des verleasten Gegenstands, bis
der Leasingnehmer sein Erwerbsrecht wahrnimmt. Obwohl es sich bei wirtschaftlicher
Betrachtungsweise um ein Finanzierungsgeschäft handelt, bleibt der Vorgang, juristisch
gesehen, eine ausgefeilte Spielart der Miete. Der Mieter hat die Rechte und Befugnisse zu
achten, die mit der Eigentümereigenschaft seines Vermieters verbunden sind. Maßt der
Leasingnehmer sich Eigentümerbefugnisse an und verkauft die Leasingsache weiter, so
kann der Leasinggeber vom Käufer die Herausgabe der Sache verlangen, wenn gemäß
Artikel R. 313–4 bis R. 313–11 C. mon. et fin. für die Publizität des Vertrages gesorgt
wurde und der Käufer als bösgläubig im Sinne von Artikel 2279 Code civil gilt. Außerdem erfüllt es den Tatbestand des Vertrauensbruchs (*abus de confiance*, Artikel 314–1 bis 314–
4 C. pén.), wenn der Leasingnehmer die Leasingsache unter Anmaßung der Eigentümerstellung weiterverkauft. Schließlich steht das Eigentum des Leasinggebers auch einer
Verpfändung der geleasten Sache durch die Leasingnehmer entgegen (Artikel 2335 C.
civ.). Die zuvor aufgeführten Auftragsverhältnisse und rechtsgeschäftlichen Vertretungen
sind nicht zwingend, kommen aber in der Praxis häufig vor.

Das Leasing unterscheidet sich vom Mietkauf (*location-vente*) dadurch, dass es mit ei- 6
nem bloßen Erwerbsrecht verbunden ist, das der Mieter wahrnehmen kann oder nicht,
wohingegen die *location-vente* ein synallagmatisches Verkaufsversprechen enthält. Außerdem unterscheidet es sich durch die Anzahl seiner Beteiligten. Das Leasing ist ein Vorgang mit drei Beteiligten, während an der *location-vente* nur zwei Personen beteiligt sind.
Auf die *location-vente* sind die Leasingsvorschriften nicht anwendbar. Trotz ihrer wirtschaftlichen Verwandtschaft lassen sich die Vorgänge deutlich unterscheiden. Im ersten
Fall bleibt der Vermieter Eigentümer der Sache, bis der Mieter eventuell sein Erwerbsrecht wahrnimmt. Im zweiten Fall wird normalerweise der Käufer Eigentümer der
Sache, und zwar entweder nach den allgemeinen Bestimmungen, d. h. *solo consensu* im
Augenblick der Einigung über Kaufsache und Preis, oder, falls ein Eigentumsvorbehalt
vereinbart ist, im Zeitpunkt der vollständigen Zahlung des Kaufpreises. Die Nähe zwischen Leasing und Kauf unter Eigentumsvorbehalt ist bereits betont worden.[7] Ist die Vereinbarung unklar, so ist es Sache des Richters, nach den üblichen Auslegungsregeln den
Vertrag auszulegen.

III. Der Abschluss des Leasingvertrages

1. Vertragsgegenstand

Nach Artikel L.313–7 C. mon. et fin. muss es bei dem Vorgang um die Vermietung 7
von „Ausrüstungsgegenständen oder Werkzeugen" (*biens d'équipement ou de matériel d'équipement*) gehen. Beim Gegenstand hat es sich um eine bewegliche Sache im Sinne des
Code civil zu handeln, jedoch ist dies das einzige objektive Erfordernis. Die genaue Art
des Gegenstands ist unwichtig; es kommt darauf an, dass er für unternehmerische Zwecke bestimmt ist. Das Kriterium ist also ein subjektives. Alles, was für die Herstellung
von Gegenständen oder für Dienstleistungen verwendet wird, fällt in den Anwendungsbereich von Artikel L.313–7 C. mon. et fin. Der Begriff der Ausrüstungsgegen-

---

Sache, einen Gewerbebetrieb [fonds de commerce], ein Mietrecht an einer unbeweglichen Sache
oder einem Teil davon oder Anteile an in den Artikeln 728 und 1655 ter des Allgemeinen Steuerko-
dex [Code général des impôts] aufgeführten Gesellschaften bezieht, ist nichtig und erzeugt keine
Rechtswirkungen, wenn es nicht in öffentlicher Urkunde oder privatschriftlich in einer Urkunde
niedergelegt wird, die binnen 10 Tagen nach dem Datum ihrer Annahme durch den Begünstigten
registriert wird. Gleiches gilt für jede Übertragung, die sich auf derartige Versprechen bezieht und
die nicht Gegenstand einer öffentlichen Urkunde oder einer privatschriftlichen, binnen 10 Tagen ab
ihrem Datum registrierten Urkunde ist."

[7] *Jestaz* La réserve de propriété ou la vente éclatée, Mélanges Holleaux, 1990, S. 229 ff.

stände oder des Ausrüstungsmaterials ist eher wirtschaftlicher als juristischer Natur; die Rechtsprechung hat die Vorschrift weit ausgelegt. Mit dem Leasing können somit unter anderem Hightech-Geräte, Büroeinrichtungen oder Fahrzeuge jeder Art finanziert werden. Ist der Gegenstand nicht für unternehmerische Zwecke bestimmt, so ist er nach der klassischen Unterscheidung ein Verbrauchsgut. Das Rechtsgeschäft wäre dann richtigerweise als Vermietung mit Erwerbsrecht *(location avec option d'achat)* einzustufen, worauf die Artikel L.311–1ff des Code de la consommation (C. consom., Art. L. 311–2, Abs. 2) Anwendung finden. Folgerichtig ist entschieden worden, dass das Leasing im engeren Sinne nicht unter die Regelungen des Verbraucherkredits fallen kann.[8] Handelt es sich um einen Gegenstand, der einer gemischten Nutzung zugeführt wird, so kommt es auf den überwiegenden Gebrauch an, den der Richter im konkreten Fall zu beurteilen hat; der Richter bestimmt, welche Regelungen auf die Gesamtheit des Geschäfts Anwendung finden, und folgt bei seiner Qualifikation des Rechtsgeschäfts dem Grundsatz, dass sich der weniger bedeutende Teil dem hauptsächlichen unterzuordnen hat (*„l'accessoire suit le principal"*).

2. Vertragsparteien

8 **a) Leasinggeber.** Nach Artikel L. 515–2 Absatz 1 C. mon. et fin. können die in Artikel L. 313–7 genannten Rechtsgeschäfte auf gewerblicher Basis nur von kaufmännischen Unternehmen mit Zulassung als Kreditinstitut abgeschlossen werden (*„les opérations mentionnées à l'article L.313-7 ne peuvent être faites à titre habituel que par des entreprises commerciales agréées en qualité d'établissement de crédit"*). Die Leasinggesellschaften müssen daher die Rechtspflichten einhalten, die sich aus der Zugehörigkeit zum Bankwesen ergeben. Diese Verpflichtung ist strafbewehrt (Art. L. 571–13 C. mon. et fin.). Dieser *numerus clausus* verfolgt vorrangig das Ziel des Schutzes des Interesses der Allgemeinheit und des Interesses der Kreditinstitute. Außerdem verfolgt er das Ziel, die Leasingnehmer vor Leasinggebern zu schützen, die keine hinreichenden Garantien bieten. In zivilrechtlicher Hinsicht steht bei Nichtbeachtung dieser in Bezug auf die Person des Leasinggebers bestehenden Bedingung die Nichtigkeitsklage nicht nur dem Leasinggeber, sondern auch dem Leasingnehmer offen. Aus einer Gesamtbetrachtung von Artikel L.313–7 C. mon. et fin. und Artikel L.515–2 C. mon. et fin. *e contrario* folgt, dass ein Unternehmen, das seiner Art nach kein Bankinstitut ist, *gelegentlich* derartige Rechtsgeschäfte abschließen darf und dann dem juristischen Regelwerk des Leasing unterliegt, das sich im Wesentlichen auf Publizitätsförmlichkeiten beschränkt, die zum Schutz der Rechte des Leasinggebers erforderlich sind (Art. L.313–10 C.mon. et fin.).

9 **b) Leasingnehmer.** Der Leasingnehmer muss selbstständig beruflich, d. h. gewerblich oder freiberuflich, tätig sein *(professionnel)*. Davon abgesehen ist seine juristische Organisationsform unbedeutend. Es kann sich um eine natürliche oder um eine juristische Person handeln. Diese kann Kaufmann oder Handwerker sein oder einen freien Beruf ausüben.[9]

3. Allgemeine Gültigkeitsvoraussetzungen

10 Für das Leasing gelten selbstverständlich die wesentlichen Wirksamkeitskriterien, die allen Verträgen gemein sind (Art. 1108 C. civ.). Insbesondere muss eine wirksame Willenserklärung des Leasingnehmers vorliegen. Im Fall einer Täuschung seitens des Leasinggebers oder seitens eines seiner Vertreter kann der Vertrag wegen arglistiger Täuschung (*dol*) angefochten werden.[10] Fraglich ist, ob den Leasinggeber vorvertragliche Pflichten und insbesondere Pflichten zur Information und zur Beratung treffen. Da sich beim Lea-

---

[8] CA Paris BICC 1996/433, nr. 739.
[9] Vgl. *Cornu* Vocabulaire juridique, 2000, V° Professionnel.
[10] Cass. com., Bull. civ. 1994, IV, n° 184; Cass. com., RJDA 1995, n°1404.

singvertrag widerstreitende Interessen gegenüberstehen und der Leasinggeber seine Verpflichtungen auf ein minimales Maß zu reduzieren bestrebt ist, scheint dies auf ersten Blick nicht der Fall zu sein. Allerdings legt die strenge Rechtsprechung gegenüber Kreditinstituten eine andere Sicht der Dinge nahe. Hier muss zwischen Information bzw. Beratung in Bezug auf den Leasinggegenstand und Information bzw. Beratung im Hinblick auf den Leasingvorgang als Finanzierungsgeschäft (*opération financière*) unterschieden werden. Was den Leasinggegenstand betrifft, so ist, da der Leasinggeber bei der Wahl des Lieferanten und der Auswahl des Gegenstands in keiner Weise beteiligt ist, jede ihn treffende Informationspflicht zu verneinen. Was die finanzielle Seite des Vorgangs anbetrifft, so wendet die Rechtsprechung die allgemeinen Grundsätze an, die hinsichtlich der vorvertraglichen Informationspflicht herausgearbeitet worden sind. So muss der Leasinggeber den potenziellen Leasingnehmer nicht auf die Risiken aufmerksam machen, die Letzterer vollständig kennt, ganz gleich, ob diese die Ausgewogenheit des Rechtsgeschäfts oder die mit der eigenen Tätigkeit verbundenen Risiken betreffen.[11] Auch werden auf das Leasing die charakteristischen Züge der Beratungspflicht des Kreditgebers übertragen. So macht sich eine Leasinggesellschaft schadensersatzpflichtig, wenn sie Leasingverträge abschließt, die offenkundig außer Verhältnis zu den finanziellen Fähigkeiten des Leasingnehmers stehen, oder wenn sie mit einem Leasingnehmer einen Vertrag schließt, dessen finanzielle Lage unumkehrbar zerrüttet (*irrémédiablement compromise*) ist.

4. Publizität des Vertrages

Der Code monétaire et financier (Art. L.313–10 et L.313–11 C. mon. et fin.) regelt die Publizität des Leasing. Für das Immobiliarleasing wird er durch die Artikel R. 313–4 à R. 313–11 C. mon. et fin. vervollständigt. 11

a) Gesetzliche Publizitätsmodalitäten. Die veröffentlichten Angaben müssen es ermöglichen, die Vertragsparteien und vertragsgegenständlichen Sachen kenntlich zu machen (Art. R. 313–3 C. mon. et fin.). Die Angaben werden in einem speziellen Register veröffentlicht, das das Tribunal de commerce oder das Tribunal de grande instance in seiner Funktion als Handelsgericht führt (Art. R. 313–5., L.313–11 C. mon. et fin.). 12

b) Rechtswirkungen der gesetzlichen Publizität. Die Einhaltung dieses Formerfordernisses ist für den Leasinggeber von entscheidender Bedeutung, weil das Dekret es hiervon abhängig macht, ob er sein Eigentumsrecht gegenüber Gläubigern des Leasingnehmers oder dessen Rechtsnachfolgern aufgrund entgeltlichen Rechtsgeschäfts (*ayants cause à titre onéreux*) geltend machen kann. Fehlt es an der Publizität, wird der Leasinggeber beweisen müssen, dass diese Personen Kenntnis von seinem Eigentumsrecht hatten (Art. R. 313–10 C. mon. et fin.). Jedoch ermöglicht ihm auch die Beachtung dieses Formerfordernisses nicht, den gutgläubigen Erwerb durch einen späteren Erwerber zu verhindern.[12] Folglich ist es ratsam, wenn die Beschaffenheit des Gegenstands dies zulässt, eine ausreichend sichtbare Aufschrift auf diesen Gegenstand aufzubringen, die darauf hinweist, dass es sich um eine geleaste Sache handelt, damit jeder spätere Erwerber somit bösgläubig wird. Es ist darauf hinzuweisen, dass nach der Rechtsprechung das Eigentum des Leasinggebers nicht gegenüber Gläubigern des Leasingnehmers geltend gemacht werden kann, wenn der Leasingnehmer in Insolvenz fällt, es sei denn, der Leasingvertrag ist vor dem das Verfahren eröffnenden Urteil veröffentlicht worden. Wie oben ausgeführt, kann der Beweis der Kenntnis des Dritten vom Eigentum des Leasinggebers die fehlende Publizität ersetzen. In dem besonderen Fall des Insolvenzverfahrens hat der Leasinggeber zu beweisen, dass alle Gläubiger des Leasingnehmers vor der Verfahrenseröffnung eine entsprechende Kenntnis hatten; er kann sich nicht damit begnügen, nachzuweisen, dass 13

---

[11] Cass. com., RJDA 2001, n°71.
[12] Cass. com., Bull. civ. 1997, IV, n° 257 = D. 2000, som., S. 74, Anm. *Pérochon/Mainguy*.

der Gläubigervertreter (*représentant des créanciers*) eine entsprechende Kenntnis hatte. Bevor der Richter einer Herausgabeklage in Bezug auf die Leasingsache stattgibt, hat er zu prüfen, ob die Publizität des Vertrages gemäß Gesetz und Verordnung erfolgte. In einem Insolvenzverfahren verleiht die Veröffentlichung des Leasingvertrags dem Leasingnehmer einen nicht zu vernachlässigenden Vorteil: Artikel L. 622–24 Abs. 1 Satz 2 des Code de commerce (im Folgenden : C. com.), der sich auf die Forderungsanmeldung bezieht, bestimmt, dass die aus einem veröffentlichten Leasingvertrag Berechtigten persönlich über das Sanierungsverfahren (*redressement judiciaire*) oder die gerichtliche Liquidation (*liquidation judiciaire*) ihres Schuldners benachrichtigt werden („Les créanciers titulaires d'une sûreté publiée ou liés au débiteur par un contrat publié sont avertis personnellement..."). Diese Publizität steht auch dem Mobiliarprivileg (*privilège mobilier*) von Art. 2331–1° C. civ. zugunsten des Vermieters einer Immobilie in Bezug auf „alles, was das vermietete Haus oder den Bauernhof ausstattet" („*tout ce qui garnit la maison louée ou la ferme*"), entgegen.

IV. Leistungsstörungen

1. Das Rechtsverhältnis zwischen Lieferant und Bank

14 **a) Kaufvertragsverhältnis.** Das Rechtsverhältnis zwischen Lieferant und Bank beschränkt sich auf einen Kaufvertrag. Die Kaufsache, die die Bank erwirbt, wird sodann dem Leasingnehmer weiter verleast. Entspricht der Gegenstand nicht den Erwartungen des Leasingnehmers (Mängel, fehlende Vertragsgemäßheit), wäre es folgerichtig, wenn sich dieser an seinen Vermieter hielte und der Vermieter seinerseits gegen den Verkäufer Rückgriff nähme. Dieses System wird durch folgende zwei Klauseln modifiziert. Zum einen befreit sich der Leasinggeber von der jeden Vermieter treffenden Gewährleistungspflicht; zum anderen bevollmächtigt und beauftragt er den Leasingnehmer, sämtliche ihm zustehenden Rechte gegen den Lieferanten wahrzunehmen. Der Leasingnehmer geht selbst gegen den Lieferanten vor. Die Frage, ob er auch nach Kündigung des Leasingvertrags Klage erheben kann, ist Gegenstand sich widersprechender Entscheidungen. Der Leasingnehmer kann somit Schadensersatz namens und für Rechnung des Leasinggebers auf der Grundlage des Kaufvertrags verlangen. Als am Kaufvertrag nicht als Partei beteiligter Dritter kann der Leasingnehmer Schadensersatz auf der deliktsrechtlichen Grundlage von Artikel 1382 C. civ. für Schäden erlangen, die auf die Mangelhaftigkeit des Gegenstands zurückgehen. In der Praxis fühlt man sich gewissermaßen an die *procuratio in rem suam* insofern erinnert, als die Grenze zwischen der Wahrnehmung fremder Interessen im Rahmen der rechtsstreitspezifischen Vollmacht des *mandat ad litem* und der Abtretung von Ansprüchen verschwimmt, so dass der Leasingnehmer den Ersatz des Schadens für eigene Rechnung vereinnahmt und mit diesen Beträgen die dem Leasinggeber geschuldeten Leistungen erbringt. Erreicht die Nichterfüllung des Vertrags einen allzu hohen Grad, kann der Leasingnehmer die Aufhebung (*résolution*) des Vertrages beantragen (Art. 1654 C. civ.) ; nach Artikel 1184 C. civ. ist für die Aufhebung des Vertrages grundsätzlich eine Klage erforderlich.

15 **b) Aufhebung (*résolution*) des Kaufvertrages.** Sodann stellt sich die heikle Frage, welche Auswirkungen diese Aufhebung des Kaufvertrags auf die gesamten Vertragsbeziehungen hat. In der Rechtsprechung hat es unterschiedliche Strömungen und widersprüchliche Entscheidungen gegeben, die nachzuvollziehen hier nicht sachdienlich ist. Letztlich hat man sich für einen Mittelweg entschieden: Der Kassationshof spricht sich weder für die Gültigkeit noch für die rückwirkende Aufhebung, sondern für eine Aufhebung *ex nunc* des Leasingvertrags aus. Die Aufhebung des Kaufvertrags führe zwangsläufig zur Aufhebung des Leasingvertrags für die Zukunft, vorbehaltlich vertraglicher Vereinbarungen, die die Folgen dieser Aufhebung zu regeln zum Gegenstand hätten („*la résolution du contrat de vente entraîne nécessairement la résiliation du contrat de crédit-bail sous réserve*

des clauses ayant pour objet de régler les conséquences de cette résiliation"[13]). Die Rechtsprechung des Kassationshofs ist nunmehr durchaus in diesem Sinne gefestigt. Im gleichen Sinne wird entschieden, wenn der Kaufvertrag nicht aufgehoben, sondern für nichtig erklärt wird. Diese Lösung der Rechtsprechung erklärt sich vor allem dadurch, dass man die Konsequenzen vermeiden möchte, die sich aus einer Aufhebung des Leasingvertrags mit *ex tunc-Wirkung* ergeben würden. So führt die Aufhebung mit Wirkung für die Zukunft (*résiliation*) nicht dazu, dass der Leasinggeber verpflichtet wäre, die erhaltenen Leistungen zurückzuerstatten. Die Aufhebung des Leasing wird mit dem Tag des Antrags auf Aufhebung des Kaufvertrags (*demande en résolution de la vente*) wirksam. Von diesem Augenblick an schuldet der Leasingnehmer nicht mehr seine Raten. Die Aufhebung mit Wirkung für die Zukunft ermöglicht es auch, dass die vertraglichen Vereinbarungen zur Gestaltung der Beendigung der Vertragsbeziehungen wirksam bleiben. Im Allgemeinen handelt es sich dabei um Vereinbarungen, die dem Leasinggeber trotz Nichtigkeit des Kaufvertrags einen gewissen Ertrag sichern. Man darf nämlich nicht übersehen, dass das Kreditinstitut über die wechselseitigen Rückerstattungen nur den dem Lieferanten gezahlten Kaufpreis zurückerhält. Deshalb ist der Leasingnehmer gewöhnlich kraft einer Klausel der Allgemeinen Geschäftsbedingungen gehalten, für diesen Kaufpreis Zinsen zu zahlen. Ebenso findet sich gewöhnlich eine Klausel, wonach den Leasingnehmer für den Fall fehlender Liquidität des Lieferanten eine Einstandspflicht für die Rückerstattung trifft.[14]

2. Das Rechtsverhältnis zwischen Leasinggeber und Leasingnehmer

a) Rechtspflichten des Leasinggebers. Diesen treffen normalerweise die üblichen Pflichten eines Vermieters. Sie ergeben sich aus den Artikeln 1719 bis 1727 C. civ. 16

Die Verpflichtung des Vermieters, dem Mieter die Mietsache zur Verfügung zu stellen (obligation de délivrance, Art. 1720 C. civ.) ist fundamental. Die Mietsache muss mit dem zu ihrem bestimmungsgemäßen Gebrauch erforderlichen Zubehör zur Verfügung gestellt werden. Kommt der Leasinggeber seiner Pflicht zur Verfügungstellung der Mietsache nicht nach, so fehlt es dem Vertrag an seinem Gegenstand (*objet*) oder seiner causa (*cause*), was seine Nichtigkeit zur Folge hat. Zwar kann der Leasinggeber sich vertraglich dieser Verpflichtung nicht entledigen, doch kann er sie durch Allgemeine Geschäftsbedingungen ausgestalten. Diese sehen gewöhnlich vor, dass der Leasingnehmer berechtigt wird, die Mietsache an dem Ort und zu der Zeit zu übernehmen, die der Leasingnehmer dem Lieferanten anzeigt. Als Bevollmächtigten und Beauftragten (*mandataire*) erfolgt die Übergabe an den Leasingnehmer. Sobald hierfür ein vorbehaltloses Protokoll vorliegt, zahlt der Leasinggeber dem Lieferanten den Kaufpreis. Die Unterzeichnung des Abnahmeprotokolls (*procès-verbal de livraison*) löst beachtliche Rechtsfolgen aus. Hiermit wird anerkannt, dass die Sache im Hinblick auf die Vereinbarungen des Leasingvertrags vertragsgemäß ist. Unterzeichnet also der Leasingnehmer in Kenntnis der Sachlage oder fahrlässig ein Abnahmeprotokoll, das nicht den tatsächlichen Gegebenheiten entspricht, so kann er nicht mehr gegen den Leasinggeber Schadensersatzansprüche machen. Außerdem haftet der Leasingnehmer als Bevollmächtigter und Beauftragter des Leasinggebers diesem gegenüber auf der Grundlage der Artikel 1991 und 1992 C. civ. Der Leasinggeber zeichnet sich üblicherweise von seiner Pflicht zur Instandhaltung (*obligation d'entretien*) frei, denn diese ist nicht zwingendes Recht. Gleiches gilt für die Verpflichtungen aus Art. 1720 C. civ., da letzterer zur Disposition der Parteien steht. 17

Artikel 1721 Code civil sieht ausdrücklich zu Lasten des Vermieters eine Gewährleistungspflicht für alle versteckten Mängel der Mietsache vor. Durch entsprechende Vereinbarung kann der Leasinggeber sich von dieser gesetzlichen Gewährleistungspflicht befreien, wenn die vertragliche Vereinbarung auf den Leasingnehmer diejenigen Gewähr- 18

---

[13] *Cass. ch. mixte, Bull. ch. mixte 1990, n°3 = D. 1991, jur., S. 121, Anm. Larroumet.*
[14] Vgl. *Virassamy* Les clauses contractuelles aménageant l'après-contrat de crédit-bail résolu ou résilié, JCP éd. E, 1992, I, S. 137.

leistungsrechte überträgt, die dem Leasinggeber als Käufer zukommen.[15] Gewöhnlich wird diese Vereinbarung durch eine rechtsstreitspezifische Vollmacht (*mandat ad litem*) ergänzt, nach deren Wortlaut der Leasingnehmer die Rechte ausüben und die Klagerechte wahrnehmen kann (*droits et actions*), die dem Leasinggeber in Bezug auf den Verkäufer zustehen. Schon vor geraumer Zeit wurde zugelassen, dass die Parteien mit dem Verkäufer vereinbaren können, dass der Mieter unmittelbar die Gewährleistungsrechte gegen den Verkäufer wegen Mangelhaftigkeit der Sache ausüben kann. Auch die Klage auf Aufhebung des Kaufvertrages (*action en résolution de la vente*) kann Gegenstand eines solchen *mandat* sein. Wenn die Gewährleistungverpflichtungen des Vermieters nicht ausdrücklich aufgehoben worden sind, gelten derartige Klauseln nach der Rechtsprechung als Verzicht auf die Vermietergewährleistung. Dieses mandat *ad litem* ist für den Leasingnehmer nicht ohne Nachteile, weil er sich in der Folge nicht mehr auf die Mangelhaftigkeit der Sache berufen kann, um einredeweise die Nichterfüllung geltend zu machen und seine Mietzahlungen einzustellen oder allein die Aufhebung des Leasingvertrags zu verlangen. Abschließend bleibt festzustellen, dass der Leasinggeber nicht gemäß Artikel 1386–1 ff. C. civ. (Art. 1386–7 C. civ.) für die Gefährlichkeit des Leasinggegenstands (*défaut de sécurité*) einzustehen hat.

19 **b) Rechtspflichten des Leasingnehmers.** Gewöhnlich sieht eine Vertragsklausel vor, dass der Leasingnehmer das Material sorgfältig zu behandeln hat (*en bon père de famille*). Diese deklaratorische Klausel sieht ebenfalls vor, dass der Leasingnehmer die in Bezug auf die Verwendung der Leasinggegenstände geltenden Rechtsvorschriften zu beachten hat. Es ist klar, dass der Leasingnehmer gehalten ist, den Leasinggegenstand gemäß dessen Bestimmung zu gebrauchen. Er hat die Vorgaben des Herstellers zu beachten und den Gegenstand instand zu halten, wobei er die kleinen Mietreparaturen und die Großreparaturen im Sinne von Art. 606 C. civ. auf eigene Kosten durchzuführen hat. Nach dem allgemeinen Mietrecht (Art. 1728 C. civ.) ist der Leasingnehmer verpflichtet, den Leasinggegenstand gemäß der in diesem Vertrag aufgeführten Bestimmung zu verwenden. Daraus folgt wie im allgemeinen Mietrecht, dass der Leasingnehmer von der Sache keinen missbräuchlichen Gebrauch – wofür sich der Begriff *abus de jouissance* eingebürgert hat – machen darf. Der Leasinggeber besteht im Allgemeinen auf einer Klausel, wonach der Leasingnehmer gehalten ist, ihn über jeden am Leasinggegenstand entstandenen Schaden zu informieren. Auch behält er sich das Recht vor, jederzeit den Gegenstand in Augenschein zu nehmen. Diese Verpflichtungen sind eigentlich keine essentialia negotii, werden aber meistens über eine ausdrückliche Rücktrittsklausel zu wesentlichen Vertragspflichten gemacht.

20 Wie der Mieter muss der Leasingnehmer den Mietzins zahlen, den man hier Leasingraten (*redevance*) nennt. Hierin liegt seiner Hauptpflicht. In der Praxis sind die Raten im Voraus und nicht nachträglich zu zahlen. Es ist zulässig, die Leasingraten von einem Index abhängig zu machen, wenn dieser den Erfordernissen von Art. L. 312–2 Absatz 1 Code mon. et fin. entspricht, das heißt, wenn er eine unmittelbare Verbindung zum Gegenstand des Vertrages oder zur Tätigkeit einer der Vertragsparteien aufweist. Im Allgemeinen legt man einen Währungsindex zugrunde. Die Leasingraten verjähren mit fünfjähriger Verjährungsfrist gemäß Artikel 2277 C. civ. Darüber hinaus verpflichtet sich der Leasingnehmer, sich der Untervermietung zu enthalten. Diese Vertragsklausel ist zulässig (Art. 1717 C. civ.). Für den Fall der Zuwiderhandlung wird eine ausdrückliche Kündigungsklausel vorgesehen. Die Kündigung des Mietvertrages zieht die Kündigung dieser Untervermietung nach sich. In strafrechtlicher Hinsicht stellt die unzulässige Untervermietung einen Fall des Vertrauensbruchs (*abus de confiance*) im Sinne von Art. 314–1 des Code pénal (im Folgenden : C. pén.) dar (vgl. zum alten Art. 408 C. pén.). Ist die Untervermietung gestattet, so handelt es sich bei ihr nicht um einen Unterleasingvertrag. Der

---

[15] Ständige Rechtsprechung.

28. Kapitel. Leasingrecht im Ausland **§ 92**

Leasingnehmer kann sein Mieterrecht abtreten, wenn diese Möglichkeit ihm nicht untersagt worden ist (Art. 1717 C. civ.). Üblicherweise wird ein Abtretungsverbot vereinbart. Darüber hinaus erfüllt jeder Verkauf des Gegenstands, da der Leasinggeber bis zum Zeitpunkt der Ausübung des Erwerbsrechts durch den Leasingnehmer Eigentümer bleibt, den Tatbestand des Vertrauensbruchs.

V. Die Beendigung des Leasingvertrages

Endet der Vertrag, so gibt es drei Möglichkeiten. Zunächst kann der Leasingnehmer sein Erwerbsrecht ausüben und somit den bis dahin gemieteten Gegenstand erwerben. Er kann gegebenenfalls zu neuen Bedingungen weiterhin den Gegenstand mieten. Schließlich kann der den gemieteten Gegenstand zurückgeben. 21

1. Ausübung des Erwerbsrechts

Dies ist die folgerichtige, wenngleich nicht die zwingende Variante der Vertragsbeendigung, weil der Vertrag dem Leasingnehmer lediglich ein Erwerbsrecht einräumt und keinen Kaufzwang auferlegt. Es handelt sich um ein einseitiges und nicht um ein synallagmatisches Verkaufsversprechen. Andernfalls ist der Vertrag kein Leasing im Sinne des Gesetzes. Interessant ist die Frage, ob das Erwerbsrecht abtretbar ist. In der Rechtsprechung wird es üblicherweise als schuldrechtlicher Anspruch (*créance*) eingestuft, obwohl es sich eigentlich um ein Gestaltungsrecht (*droit potestatif ou formateur*) handelt. Der Kassationshof hat entschieden, dass der durch ein Verkaufsversprechen Begünstigte, wenn nichts anderes vereinbart ist, berechtigt ist, das zu seinen Gunsten eingeräumte Erwerbsrecht abzutreten. Es liegt somit im Interesse des Leasinggebers, hierfür ein Abtretungsverbot zu vereinbaren.[16] Es ist allerdings möglich, dieses Recht als von Natur aus unabtretbar zu erachten, da es maßgeblich auf die Person des Gläubigers ankomme (sog. *intuitus personae*). Die Ausübung des Erwerbsrechts bedarf keiner besonderen Ausführungen. Sie wird üblicherweise vertraglich geregelt, indem Formgebote und Fristen für die Kundgabe der Willenserklärung des Leasingnehmers vereinbart werden. Der Leasingnehmer kann sein Recht erst dann ausüben, wenn er alle fälligen Schulden beglichen hat. Außerdem muss er seine Entscheidung dem Leasinggeber innerhalb der vertraglich vorgesehenen Fristen angezeigt haben. Schließlich muss er den vertraglich bestimmten Betrag des Restwerts des Gegenstands entrichten. Dieser Kaufpreis muss zumindest teilweise die erbrachten Mietzinszahlungen berücksichtigen, damit der Vorgang der gesetzlichen Definition entspricht. (Art. L.313–71 C. mon. et fin., *in fine*). Zum Schutz der Interessen des Leasinggebers/Verkäufers wird im Allgemeinen ein Eigentumsvorbehalt bis zur völligen Durchführung des Geschäfts vereinbart. 22

2. Fortsetzung des Vertrages

Wenn der Vertrag dies vorsieht, kann der Leasingnehmer dem Leasinggeber die Fortsetzung des Vertrages (*reconduction du contrat*) vorschlagen. Es handelt sich in der Tat nur um eine Fortsetzung und nicht um eine Neuauflage (*renouvellement*), denn der Vertrag wird zu neuen Bedingungen fortgeführt. Es ist zu betonen, dass die Fortsetzung niemals als Anspruch des Leasingnehmers ausgestaltet ist, sondern nur als eine dem Leasinggeber eingeräumte Möglichkeit, die dieser nach Belieben nutzen kann. Wenn also die Leasinggesellschaft den Grundsatz der Vertragsfortsetzung akzeptiert, sind die Bedingungen des neuen Vertrages auszuhandeln. Normalerweise wird ein niedrigerer Mietzins vereinbart, weil sich der Leasinggegenstand bereits teilweise amortisiert hat. 23

---

[16] Hierzu: *Licari* RJ com. 2002, S. 66 ff und S. 101 ff.

3. Rückgabe des Leasinggegenstands

24 Schließlich ist der Leasingnehmer, falls keine Vertragsfortsetzung vereinbart wird und der Leasingnehmer nicht bei Vertragsende sein Erwerbsrecht ausübt, verpflichtet, den Gegenstand zurückzugeben. Diese Verpflichtung ergibt sich aus dem allgemeinen Mietrecht (art. 1730 und 1731 C. civ.), kann aber vertraglich ausgestaltet werden. Nach der Art des Gegenstands konkretisiert gewöhnlich der Vertrag diese Verpflichtung durch besondere Anforderungen, die sich beispielsweise auf Verpackungen und Transportmodalitäten des Gegenstands beziehen. Die mit der Rückgabe verbundenen Kosten trägt der ehemalige Leasingnehmer. Gibt der ehemalige Leasingnehmer den Gegenstand nicht zurück, so kann die Leasinggesellschaft auf die allgemeinen Rechtsbehelfe zurückgreifen. Insbesondere kann sie eine Herausgabeklage erheben.

VI. Zwangsvollstreckung und Insolvenz

25 Die Nichterfüllung seitens des Leasingnehmers tritt in erster Linie in Form des Nichtentrichtens des Mietzinses in Erscheinung. Sie kann gegebenenfalls im Rahmen eines Insolvenzverfahrens auftreten.

1. Einfache Nichterfüllung

26 **a) Anspruch des Leasinggebers auf Herausgabe.** Entrichtet der Leasingnehmer nicht seine Leasingraten, so stehen dem Leasinggeber gegen ihn die allgemeinen Rechtsbehelfe offen. Systematisch finden sich in den Allgemeinen Geschäftsbedingungen des Vertrages Rücktritts- oder Kündigungsklauseln (*clause résolutoire ou résiliatoire*). Die Kündigung des Leasingvertrags führt zum Wegfall des Mietvertrags und des Verkaufsversprechens. Hieraus resultiert die wichtige, den Sicherungseffekt des Leasing kennzeichnende Konsequenz, dass der Leasinggeber nunmehr berechtigt ist, den Gegenstand, dessen Eigentümer er ist, an sich zu nehmen. Er kann die Herausgabe des Gegenstandes verlangen, ohne dass andere Gläubiger auf diesen zugreifen könnten. Hier ist daran zu erinnern, dass das Eigentumsrecht nur geltend gemacht werden kann, wenn die Publizitätsvorschriften in Bezug auf den Leasingvertrag beachtet worden sind. Praktisch sind Leasingvertrag und Kaufvertrag unteilbar. In der Tat verpflichtet sich der Verkäufer im Allgemeinen, den Gegenstand zurückzunehmen.

27 **b) Geltendmachung von pauschaliertem Schadensersatz (*clause pénale*).** Die Leasingunternehmen nehmen außerdem in ihre Allgemeinen Geschäftsbedingungen eine Klausel über pauschalierten Schadensersatz auf. Der Betrag beläuft sich im Allgemeinen auf 3/4 oder 4/5 des noch ausstehenden Mietzinses. Ist der Betrag offenkundig überhöht (*manifestement excessif*), so kann der Richter ihn herabsetzen (Art. 1152, Abs. 2 C. civ.). Da der Tatrichter bei der Beurteilung der Frage, ob der Betrag überhöht ist, nicht der Kontrolle des Kassationshofes unterliegt, kann dieser Urteile nicht beanstanden, die eine Klausel, die dem Leasingnehmer sämtliche noch offenen Leasingraten auferlegt, trotz des drakonischen Charakters einer solchen Vereinbarung nicht herabsetzen. Dem nicht leistenden Leasingnehmer kann allerdings gerichtlicherseits eine Nachfrist (*délai de grâce*, Art. 1244–1 ff C. civ.) eingeräumt werden. Hinzuzufügen ist, dass nach Art. L. 622–13 Abs. 6 C. com. keine Kündigung oder Aufhebung des Vertrages daran anknüpfen kann, dass ein Verfahren zur Rettung des Unternehmens eröffnet wird („*aucune résiliation ou résolution du contrat ne peut résulter du fait de l'ouverture d'une procédure de sauvegarde*").

28. Kapitel. Leasingrecht im Ausland §92

2. Der Leasingvertrag nach Eröffnung eines Insolvenzverfahrens gegen den Leasingnehmer

a) Weitere Durchführung des Leasingvertrags. Die Art der Leasinggegenstände 28 bringt es mit sich, dass sie oft zwangsläufig weiter genutzt werden müssen, weil sie für ein eventuelles Überleben des sich in Schwierigkeiten befindenden Unternehmens unentbehrlich sind. Nach Art. L. 622–13, Abs. 6 C. com. kann keine Kündigung oder Aufhebung des Vertrags allein daran anknüpfen, dass ein Verfahren zur Rettung des Unternehmens (*procédure de sauvegarde*) eröffnet wird. Art. L. 622–13 C. com. gibt dem Verwalter (*administrateur*) die Möglichkeit, die Durchführung des Leasingvertrags trotz der bereits eingetretenen Nichterfüllung zu verlangen. Es muss sich jedoch im Sinne der vorgenannten Vorschrift um einen noch laufenden Vertrag handeln („*contrat en cours*"). Ist das Vertragsende erreicht oder ist der Vertrag vor der das Verfahren eröffnenden Entscheidung gekündigt worden, so handelt es sich nicht mehr um einen laufenden Vertrag, und seine Fortsetzung kann vom Verwalter nicht mehr verlangt werden. Die Leasinggesellschaft, die gewöhnlich rasch wissen möchte, was das Schicksal des Vertrages sein wird, kann den Verwalter zu einer Stellungnahme auffordern. Der Vertrag gilt als gekündigt, wenn auf diese Aufforderung hin auch nach einem Monat noch keine Antwort erfolgt ist (Art. L.622–13 Absatz 1 Satz 2 C. com.). Das Gesetz stellt hierzu klar, dass vor Verstreichen dieser Frist der Aufsichtsrichter (*juge-commissaire*) dem Verwalter eine kürzere Frist setzen oder ihm eine Fristverlängerung von maximal zwei Monaten für seine Stellungnahme einräumen kann. Jedoch ist es Sache des Verwalters, selbst den Vertrag zu kündigen, wenn er den Eindruck hat, dass er nicht über die erforderlichen Mittel verfügt, um den Vertrag weiterhin durchzuführen (Art. L. 622–13, Abs. 2, S. 2 C. com.).

b) Der Leasingvertrag während der für das Erwerbsrecht bestimmten Frist. Der 29 Vertrag muss wie üblich durchgeführt werden, so dass der Leasinggeber weiterhin verpflichtet bleibt und die Leasingsache nicht an sich nehmen darf. Tut er es doch, macht er sich schadensersatzpflichtig. Die während dieser Übergangszeit anfallenden Leasingraten fallen unter das Zahlungsprivileg von Art. L.622–17 C. com. Wird der Vertrag nicht fortgeführt, so ist es Sache des Leasinggebers, innerhalb der gesetzlich bestimmten Frist seine Schadensersatzforderung anzumelden und die Herausgabe des Gegenstands zu verlangen (Art. L.624–9 und L.624–10 C. com.). Die Fortsetzung des Vertrags hat zur Folge, dass der Leasingnehmer weiterhin die Leasingraten zu zahlen hat. Das Gesetz stellt klar, dass bar zu zahlen ist, es sei denn, dem Verwalter werden Zahlungsfristen eingeräumt (Art. L.622–13, Abs. 2 C. com.). Der Leasinggeber muss den Vertrag ungeachtet der Nichterfüllung seitens des Leasingnehmers von vor dem Eröffnungsurteil liegenden Verpflichtungen durchführen. Diese Nichterfüllung kann der Leasinggeber nur im Wege einer Forderungsanmeldung geltend machen (Art. L.622–13, Abs. 4 C. com.). Verstößt der Leasingnehmer gegen seine Verpflichtung, zum Fälligkeitstermin bar zu zahlen, gilt der Vertrag ohne Weiteres (*de plein droit*) als gekündigt (Art. L.622–13, Abs. 3 C. com.). In diesem Fall kann der Verwalter, der Gläubigervertreter oder ein *contrôleur* das Gericht anrufen, um die Beobachtungszeit (*période d'observation*) zu beschränken.

c) Zwangsweise Abtretung (*cession forcée*) des Leasingvertrags. Im Rahmen des Ret- 30 tungsplans (*plan de sauvegarde*) oder der gerichtlichen Liquidation (*liquidation judiciaire*) kann das Gericht die Übertragung des Unternehmens anordnen (Art. L. 642–1 C. com. i.V. m. Art. L. 626–1, Abs. 2 C. com.). Art. L. 642–7 C. com. verleiht dem Gericht die Befugnis, die Übertragung der Leasingverträge anzuordnen, die zur Aufrechterhaltung der Geschäftstätigkeit erforderlich sind. Diese Bestimmung ist zwingend und kann nicht abbedungen werden. Eine Vereinbarung, die diese Übertragung verbietet oder ihre Modalitäten ausgestaltet, hat keine Geltung (*réputée non écrite*). Allein die Leasingverträge, die am Tag der Verkündung des das Verfahren eröffnenden Urteils noch liefen, sind übertragbar. Nur das Gericht beurteilt die Notwendigkeit der Übertragung der fraglichen Verträge. In der Praxis ist es indessen selten, dass das Gericht sich dem Willen des Übernehmers widersetzt. Die Übertragung führt zu keiner Änderung der Vertragsbedingungen; die Verträge sind zu den Bedingungen durchzuführen, die am Tag der Verfahrenseröffnung galten, und zwar ungeachtet einer abweichenden Vereinbarung (Art. L. 642–7 Abs. 3 C. com.). Im Fall eines *plan de sauvegarde* kann der Leasinggeber jedoch Zahlungsfristen und Nachlässe einräumen (Art. L. 626–5, Abs.. 2; Art. L. 626–6 C. com.), die das Gericht bestätigt (Art. L. 626–18, Abs. 1, S. 1 C. com.); hat er dergleichen nicht eingeräumt, so ist das Gericht befugt, sie ihm unter den Voraussetzungen von Art. L. 626–18 Abs. 1 Satz 3 aufzuerlegen. Diese Fristen enden, wenn vor ihrem Ablauf der Leasingnehmer sein Erwerbsrecht ausübt. Das Erwerbsrecht kann nicht ausgeübt werden, wenn der Übernehmer die Gesamtheit der vertraglich geschuldeten Beträge zahlt (Art. L. 626–18, Abs. 4 C. com.), was nicht nur die Leasingraten, sondern auch Zinsen und Vertragsstrafen umfasst. Diese geschuldeten Beträge sind nach der vorstehenden Vorschrift auf den Wert der Sache begrenzt. Letzteren setzen die Parteien fest.

31 **d) Ausübung des Erwerbsrechts während der *période d'observation*.** Es geht um folgenden Fall: Während der *période d'observation* des Leasingnehmers endet der Leasingvertrag. Es liegt auf der Hand, dass es im Interesse des Leasingnehmers liegt, sein Erwerbsrecht auszuüben, da definitionsgemäß der Leasinggegenstand für die Unternehmenstätigkeit nützlich ist. Allerdings enthalten die Leasingverträge im Allgemeinen eine Klausel, wonach der Leasingnehmer sein Erwerbsrecht nur ausüben kann, wenn der Mieter dem Leasinggeber sämtliche geschuldeten Beträge gezahlt hat. Somit stellt sich folgendes Problem: Handelt es sich um Schulden, die vor dem Eröffnungsurteil liegenden Ansprüchen entsprechen, so ist es dem Schuldner, sobald einmal das Eröffnungsurteil ergangen ist, untersagt, diese zu begleichen (Art. L. 622–7, Abs. 1, S. 1 C. com.). Le Corre (Le Corre, P.-M., Droit et pratique des procédures collectives, 2e éd., 2003, Rdnr. 63.52) schlägt vor, die Zahlung der Rückstände in einen Vergleich einzubeziehen, dessen Abschluss der *juge-commissaire* gestatten kann (Art. L. 622–7, Abs. 2 C. com. *in fine*). Mit einem solchen Vergleich würde der Leasinggeber auf seinen Rückerstattungsanspruch verzichten, und der Leasingnehmer würde sich zur Zahlung der offenen Forderungen verpflichten. Dieses Ergebnis läuft nicht dem Verbot der bevorzugten Behandlung eines Gläubigers zuwider, da diese Zahlung der Gesamtheit der Gläubiger zugute kommt und somit das Vermögen des Unternehmens vermehrt wird.

32 **e) Ausübung des Erwerbsrechts, wenn sich der Leasingnehmer im Stadium der *liquidation judiciaire* befindet.** Seit der Reform von 1994 führt die Liquidation grundsätzlich von Gesetz wegen zur Aufhebung der Verträge, wenn das Gericht nicht die provisorische Fortsetzung der Tätigkeit gestattet. Da der Vertrag *ipso jure* aufgehoben wird, kann er das Ende seiner Laufzeit nicht erreichen. Somit erscheint es unmöglich, das Erwerbsrecht auszuüben. Endet der Vertrag während der Zeit der übergangsweisen Fortsetzung der Tätigkeit (*période de poursuite transitoire d'activité*), so kann sich die Frage nach der Ausübung des Erwerbsrechts stellen. Hier führt Artikel L.622–7 Absatz. 2 *in fine* C. com. zu einer Lösung. Der Liquidator (*liquidateur*) kann sich vom *juge commissaire* gestatten lassen, mit dem Leasinggeber einen Vergleich zu schließen. Auf diese Weise lässt sich auch hier die für den Fall der Ausübung des Erwerbsrechts während der *période d'observation* (vgl. das oben Gesagte) vorgeschlagene Lösung fruchtbar machen.

VII. Steuerliche Aspekte des Leasinggeschäfts

33 Hier soll nur ein grober Überblick ohne Anspruch auf Vollständigkeit und Detailgenauigkeit gegeben werden.

Dem Leasingnehmer wird mit den Leasingraten Mehrwertsteuer in Rechnung gestellt.

Die Leasingraten wirken sich für den Leasingnehmer im Geschäftsjahr belastend aus. Sie werden entsprechend als Betriebsausgaben berücksichtigt und verringern den steuerpflichtigen Gewinn.

28. Kapitel. Leasingrecht im Ausland   § 93

Der Leasingnehmer ist nur Mieter und nicht Eigentümer des geleasten Gegenstands. Unmittelbare bilanzielle Auswirkungen im Anlagevermögen hat das Leasing daher nicht. Allerdings ist der Betrag der noch nicht fälligen Leasingraten im Anhang anzugeben.

Bei Steuerpflichtigen, die der Gewerbesteuer (*taxe professionnelle*) unterliegen, werden geleaste Gegenstände bei der Ermittlung der Besteuerungsgrundlage mit ihrem ursprünglichen Wert angesetzt.

§ 93. Das Leasingrecht in Italien

Schrifttum: *Apiceo* Il contratto di leasing nelle procedure concorsuali, Padova, Verlag Cedam (1991); *Bibolini* Dieci anni di giurisprudenza della Cassazione sul leasing, Riv. it. Leasing (1993), 531–553; *Bisinella/Nessi/Traballi* Leasing, Lease back, factoring, Sistema editoriale (2006); *Buonocore* Il Leasing, in: *Galgano* I contratti commercio, dell'industria e del mercato finanziario, Tomo primo, UTET (1996), 605–639; *Bussani* Trattato di diritto civile, Band 4: Contratti moderni: factoring, franchising, leasing, UTET, Torino (2004); *Calvo* I singoli contratti – Casi e problemi, Giappichelli Editor, Torino (2004), 173 ff.; *Caselli* Leasing: Contratto e impresa (1985); *Clarizia* I contratti per il finanziamento dell'impresa – Mutuo di scopo, leasing, factoring, Torino, G. Giappichelli, Trattato di diritto commerciale, Sezione II – Tomo 4 (2002); *Clarizia* La Convenzione Unidroit sulla locazione finanziaria: analogie e differenze rispetto al modello italiano, in: Rivista di Diritto dell'Impresa, (1994), 27; *Clarizia* Financial leasing in the Italian experience, in: Eckstein, Wolfram/Feinen, Klaus, Leasing-Handbuch für die betriebliche Praxis, 7., völlig neu bearbeitete Auflage, Fritz Knapp Verlag, Frankfurt am Main (2000), 475–490; *De Capoa/Massironi* La disciplina materiale uniforme del leasing, in: Figure della contrattazione internazionale, I nuovi contratti nella prassi civile e commerciale, 11, Torino, Utet (2004), 467–483; *De Nova*, Il leasing e il factoring come strumenti di finanziamento, Rivista Critica di Diritto Civile (Riv. crit. dir. priv.) (1983), 9 ff.; *De Nova* Il Contratto di leasing, 3 a ed., Giuffrè (1995); *De Nova* I nuovi contratti (10), Utet (1994); *Fanan* Lease-Back, in: *Galgano*: I contratti commercio, dell'industria e del mercato finanziario, Tomo primo, UTET (1996), 779–817; *Fiandri* Il leasing, Lo IAS 17, Guida practica agli aspetti economici, fiscali e contabili con prassi, giurisprudenza, schemi ed esempi (CD-ROM), 2ed., Maggioli (2006); *Kaiser* Italienische Rechtsprechung zum Handels- und Wirtschaftsrecht, Recht der internationalen Wirtschaft (RIW) 1995, Heft 6, 512 ff., 514; *Kaiser* Italienische Rechtsprechung zum Handels- und Wirtschaftsrecht, Recht der internationalen Wirtschaft (RIW) 1997, Heft 1, 74 ff.; *Kaiser,* Italienische Rechtsprechung zum Handels- und Wirtschaftsrecht, Recht der internationalen Wirtschaft (RIW) 1997, Heft 6, 513 ff.; *Kindler* Italienische Rechtsprechung zum Handels- und Wirtschaftsrecht, Recht der internationalen Wirtschaft (RIW) 1990, Heft 10, 834 ff.; *Kindler* Italienische Gesetzgebung zum Handels- und Wirtschaftsrecht in den Jahren 1990–1993, Recht der internationalen Wirtschaft (RIW) 1994, Heft 8, 692 ff., 693; *Kronke* Das Finanzierungsleasing in rechtsvergleichender Sicht, Archiv für die civilistische Praxis (AcP), Band 190 (1990), 382 ff.; *La Torre* La rivendica dei beni concessi in leasing in caso di fallimento dell' utilizzatore, Riv. it. Leasing (1991), 301–303; *La Torre* Il leasing finanziario internazionale, in: La Torre, M.R.: Manuale della locazione finanziaria, Milano, Giuffrè (2002), 623–630; *Manfredi* Leasing, contratto atipico: riflessi sul fallimento, Riv. it. Leasing (1988), 265–275; *Mariani* Il leasing finanziario internazionale tra diritto uniforme e diritto internazionale privato, Studi e pubblicazione (60), Casa Editrice Dott. Antonio Milani (2004); *Mömken* Der Finanzierungsleasingvertrag über bewegliche Sachen im kaufmännischen Verkehr – eine rechtsvergleichende Untersuchung von Liefer-, Gefahrtragungs- und Sachmängelklauseln in englischen, französischen, italienischen und deutschen AGB, München, Verlag VVF (1989), Rechtswissenschaftliche Forschung und Entwicklung, Band 212, insb. S. 75 ff., 206 f.; *Quatraro* Leasing e fallimento: il punto sullo stato della dottrina e della giurisprudenza, Riv. it. leasing (1988), 555–588; *Schermi* Il leasing finanziario e la Convenzione internazionale di Ottawa 28 maggio 1988, resa esecutiva con l. 14 luglio 1993, n. 259, in: Giustizia Civile, 44 (1994), I, 725 ff.; *Violante* La „locazione finanziaria" e la individuazione della disciplina (1988).

Übersicht

	Rdn.
I. Die Praxis des Leasinggeschäfts in Italien	1
1. Investitionsvolumen und Wachstumsrate	1
2. Strukturelle Besonderheiten des italienischen Leasingmarktes	4
3. Leasingobjekte und Marktpartizipanten	5
4. Übersicht über die Vertragsformen des Leasing	7

§ 93 Fünfter Teil. Leasing als internationale Finanzdienstleistung

	Rdn.
II. Die rechtliche Einordnung des Leasingvertrages	11
1. Rechtliche Einordnung des italienischen *contratto di leasing* im Überblick	11
2. Finanzierungsleasing (*locazione finanziaria*)	14
a) Normative Zulässigkeit atypischer Verträge	15
b) Finanzierungsleasing als atypischer Vertrag	16
c) Finanzierungsleasing als gewöhnliche Miete	17
d) Finanzierungsleasing als „Dauerschuldverhältnis Finanzierungsvertrag"	18
e) Finanzierungsleasing als Abzahlungs- und Vorbehaltskauf	19
f) Der Kurswechsel der Rechtsprechung	21
aa) „Leasing tradizionale"	25
bb) „Leasing traslativo"	26
2. „Operating leasing" oder „operational leasing" (*leasing operativo*)	27
3. „Sale and lease back"-Verträge	28
4. *UNIDROIT Convention on International Financial Leasing* (Ottawa) vom 28. März 1988 in Italien	30
III. Der Abschluss des Leasingvertrages	31
IV. Leistungsstörungen	33
1. Die Sachgefahr	34
2. Gewährleistungsrechte	35
3. Die Preisgefahr (die Gegenleistungsgefahr)	36
a) Die frühere Risikoverteilung nach Unmöglichkeitsregeln	37
b) Die Preisgefahr bei rechtlicher Einordnung des Leasingvertrages als Finanzierungsvertrag	39
c) Die Preisgefahr bei rechtlicher Einordnung des Leasingvertrages als Abzahlungs- und Vorbehaltskauf	40
d) Differenzierung der *Corte die Cassazione* zwischen dem Gebrauchsleasing und dem Leasing mit dem Ziel der Eigentumsübertragung	42
4. Die Übertragung des Lieferrisikos auf den Leasingnehmer	44
V. Die Beendigung des Leasingvertrages	45
VI. Zwangsvollstreckung und Insolvenz	46
1. Fortführung des Leasingvertrages nach Insolvenzbeginn	48
2. Keine Fortführung des Leasingvertrages	53
a) Durchsetzung des dinglichen Rechts am Leasinggut	54
b) Entschädigungsansprüche des Leasinggebers	57
c) Liquidation von Veräußerungsverträgen	58
d) Insolvenzrechtliche Anfechtung	59
e) Verrechnung der Leasingzinsen mit der Entschädigung aufgrund vorzeitiger Vertragsbeendigung	61
VII. Bilanzrechtliche und steuerrechtliche Aspekte	62
1. Bilanzrechtliche Aspekte	63
2. Steuerrechtliche Aspekte	64

I. Die Praxis des Leasinggeschäfts in Italien

1. Investitionsvolumen und Wachstumsrate

1 Nach Frankreich ist Italien der wichtigste europäische Handelspartner Deutschlands, sodass auch der italienische Leasingmarkt für Deutschland besondere wirtschaftliche Bedeutung gewinnt. Nach Informationen des *Bundesverbandes Deutscher Leasing-Unternehmen (BDL)*[1] und des Dachverbandes nationaler Leasingverbände, der europäische Verband

---

[1] Der *Bundesverband Deutscher Leasing-Unternehmen (BDL)* ist die Interessenvertretung der deutschen Leasing-Wirtschaft, die als größter Investor unseres Landes ein jährliches Investitionsvolumen von derzeit 51,1 Milliarden Euro generiert. Rund 200 Leasing-Unternehmen – vom Mittelständler bis zum internationalen Leasing-Konzern – haben sich im *BDL* zusammengeschlossen, um sich im Dialog mit Gesetzgeber, Verwaltung und interessierter Öffentlichkeit für die Belange dieser einzigartigen Finanzdienstleistung einzusetzen. Mit einem Marktanteil seiner Mitglieder von etwa 90 Prozent versteht sich der *BDL* als der kompetente Ansprechpartner in allen Fragen rund um das Leasing und seinen Markt.

Leaseurope,² betrug das **Investitionsvolumen** in Italien im Jahre 2005 im Vergleich zum Jahre 2004 (38 Milliarden Euro) bereits 44 Milliarden Euro, sodass eine zweistellige **Wachstumsrate** in Höhe von 16 Prozent erreicht wurde. Im Vergleich dazu umfasst das Neugeschäft auf dem europäischen Markt nach Schätzungen von *Leaseurope* rund 270 Milliarden Euro, was einer Wachstumsrate von 14 Prozent im Vergleich zum Vorjahr entspricht. Damit liegt Italien hinter Großbritannien (55 Milliarden Euro) und Deutschland (49 Milliarden Euro) auf Platz drei in Europa.

Nach fünf Jahren des stetigen Wachstums der italienischen Leasingbranche musste jedoch im Jahre 2003 eine negative Wachstumsrate in Höhe von 15 Prozent mit einem Investitionsvolumen von etwas mehr als 32 Milliarden Euro im Vergleich zum Jahr 2002 erkannt werden. Als Grund hierfür lässt sich unzweifelhaft eine „technische Bereinigung" des italienischen Leasingmarktes erkennen, die auf dem **Wegfall steuerlicher Anreize und Erleichterungen** beruht, die noch unter Geltung des „Tremonti-*bis*"-Gesetzes gewährt wurden. Diese Steuervorteile begründeten deutliche Impulswirkungskraft für Investitionen im produktiven Geschäftsbereich zum Jahresende 2002 (ein Plus von 64 Prozent allein im Dezember). Der genannte Trend im italienischen Leasinggeschäft des Jahres 2003 wurde auch deutlich von den „main players" des italienischen Leasingmarktes vorhergesehen, die bereits auf ähnliche Entwicklungen aus dem Jahre 1996 bei dem ersten „Tremonti"-Gesetz vertrauten.³ Heute kann man jedoch unzweifelhaft von einer nachhaltigen Erholung dieser statistischen Delle aus dem Jahre 2003 sprechen. 2

Speziell im Sektor des **Immobilien-Leasing-Marktes**, der europaweit im vergangenen Jahr um ca. 25 Prozent gewachsen ist, stellt Italien den größten Markt.⁴ In den Jahren 1999 bis 2002 wurde eine Verdoppelung des Investitionsvolumens erreicht und im Jahr 2002 betrafen knapp 44 Prozent der Neugeschäfte Grundeigentum als Leasingobjekte (rund 30 Prozent entfielen auf Betriebsmittel, 23,2 Prozent auf Automobile, sowie 3 Prozent auf Flugzeuge, Schiffe und Eisenbahnen).⁵ Das Hauptkriterium für den starken Markt des Immobilien-Leasings in Italien ist neben der Wirtschaftlichkeit und Kostenwirksamkeit des Leasings im Verhältnis zu anderen Kreditquellen der Immobilienfinanzierung vor allem die Zunahme im Neukundengeschäft. Die Nachfrage kleinerer Betriebe wird dabei ergänzt durch den Einsatz des Leasings mittels größerer Unternehmen für einzelne Transaktionen, die den Investitionsrahmen von 500.000 Euro überschreiten. Besonders seit dem Jahre 2003 intensivierte und steigerte der sog. „big ticket" Sektor (einzelne Transaktionen mit einem Investitionsvolumen mit mehr als 2,5 Millionen Euro) das Gesamtvolumen, wodurch folglich auch eine Steigerung des durchschnittlichen Investitionsvolumens erreicht wurde.⁶ 3

---

² Auf europäischer Ebene setzt sich der *BDL* über seine Mitgliedschaft in der *Leaseurope*, dem europäischen Dachverband der nationalen Leasing-Gesellschaften, für faire Rahmenbedingungen ein. *Leaseurope* wurde 1972 gegründet. Seit 2006 repräsentiert *Leaseurope* als Dachverband nationaler Verbände nicht nur die Leasing-, sondern auch die Mietindustrie in Europa und setzt sich aus 46 Mitgliedsverbänden aus 32 Ländern zusammen. Die von *Leaseurope* repräsentierten Länder sind: Belgien, Bosnien-Herzegowina, Bulgarien, Dänemark, Deutschland, Estland, Finnland, Frankreich, Griechenland, Großbritannien, Irland, Italien, Litauen, Luxemburg, Malta, Marokko, Niederlande, Norwegen, Österreich, Polen, Portugal, Rumänien, Russland, Schweden, Serbien-Montenegro, Slowakei, Slowenien, Spanien, Schweiz, Tschechien, Ukraine, Ungarn.
³ *Associazione Italiana Leasing (ASSILEA)* Leasing in Italy: Characteristics and trends, Annual Report (engl.), 1. Der *Associazione Italiana Leasing (ASSILEA)* ist die Interessenvertretung der italienischen Leasing-Wirtschaft.
⁴ Statistische Quellen in den Jahresreporten des *Bundesverbandes Deutscher Leasing-Unternehmen (BDL)* sowie der *Leaseurope*.
⁵ Das Immobilien-Leasing hat in Italien ein im europäischen Vergleich überproportionales Gewicht – im Jahr 2000 lagen etwa 35,9 Prozent des Neugeschäfts in diesem Segment.
⁶ *Associazione Italiana Leasing (ASSILEA)* Leasing in Italy: Characteristics and trends, Annual Report (engl.), 1.

2. Strukturelle Besonderheiten des italienischen Leasingmarktes

4   Der italienische Leasing-Markt[7] weist deshalb einige Besonderheiten auf, weil die Leasing-Gesellschaften des Landes von der **italienischen Zentralbank** kontrolliert werden, wodurch dem Markt eine stark nationale Prägung verliehen wird. Hinsichtlich der allgemeinen Rahmenbedingungen des Leasingmarktes nutzt die italienische Regierung das **Leasing als Instrument der Struktur- und Beschäftigungspolitik**. Eine weitere Besonderheit des italienischen Leasingmarktes ist die geographische Konzentration des Leasing-Geschäfts auf den Nordteil des Landes. Der Grund für diese Ballung liegt im wirtschaftlichen Ungleichgewicht zwischen den Regionen nördlich von Rom und dem so genannten Mezzogiorno begründet. Nahezu alle für die Leasing-Branche bedeutenden Industriezweige sind in **Norditalien** beheimatet. 71,5 Prozent des Leasing-Neugeschäfts entfallen auf diese Region, während 18,9 Prozent der Zentralregion und lediglich 9,6 Prozent dem Süden zugeordnet werden können.[8] Trotzdem bewertet die *Associazione Italiana Leasing (ASSILEA)*, der Dachverband der italienischen Leasingindustrie, die derzeitige Situation auch für bisher unverhältnismäßig schwache Leasingregionen aufgrund eines wachstumsfähigen Potentials für Leasinginvestitionen als positiv, da speziell im geographischen Zentrum und im Süden Italiens ungenutzte Kapazitäten zu erkennen sind.[9]

3. Leasingobjekte und Marktpartizipanten

5   Analysiert man das Mobilien-Leasing in Italien nach einer Aufteilung entsprechender **Objektarten** (die Angaben aus dem Jahr 2000 haben auch noch heute ungebrochene Aussagekraft),[10] so steht mit 55 Prozent unangefochten das Leasing von Maschinen und Industrieanlagen mit einem Investitionsvolumen von 9,297 Millionen Euro an erster Stelle. Es folgt das Leasing von Personenkraftwagen (3,335 Millionen Euro, 19 Prozent) und Lastkraftwagen (2,946 Millionen Euro, 17 Prozent), Computern und Büromaschinen (1,196 Millionen Euro, 7 Prozent) sowie Schiffen, Flugzeugen und Eisenbahnen (363 Millionen Euro, 2 Prozent).

6   Der italienische Leasingsektor folgt wie andere Bereiche der italienischen Wirtschaft dem internationalen Wachstum und der allgemeinen **Internationalisierung des italienischen Marktes**. In den letzten Jahren stieg das Leasing von Betriebsanlagen und Fahrzeugen im weitesten Sinne durch ausländische oder zu einem großen Teil nicht-italienische Unternehmen beträchtlich an, sodass im Jahre 2003 mehr als 16 Prozent auf diesen Sektor entfielen. Unternehmen des privaten Sektors der Wirtschaft als **Leasingnehmer** sind an mehr als 83 Prozent sämtlicher Leasing-Neugeschäfte beteiligt. Demgegenüber entfällt auf Handwerker und sonstige Erzeuger (9 Prozent), ausländische Abnehmer (4,8 Prozent) sowie Endverbraucher (2,5 Prozent) nur ein geringer Anteil.[11]

4. Übersicht über die Vertragsformen des Leasing

7   Entsprechend der rechtlichen Ausgestaltungen anderer Rechtsordnungen finden sich dem wirtschaftlichen Gehalt nach auch in Italien die Formen des „**operating leasing**" **oder „operational leasing"** (*leasing operativo*) einerseits und des „**Finanzierungslea-**

---

[7] Statistische Quellen veröffentlicht in *Quarantelli* spectrum 2002, Ausgabe 1, 7–8.

[8] Verteilung des gesamten Leasing-Neugeschäfts auf die italienischen Landesteile (Angaben 2000, in Prozent): Norditalien 71,5 Prozent, Mittelitalien 18,9 Prozent, Süditalien 9,6 Prozent; Quelle: Deutsche Leasing Italia S. p. A.

[9] *Associazione Italiana Leasing (ASSILEA)* Leasing in Italy: Characteristics and trends, Annual Report (engl.), 2.

[10] Angaben 2000, Quelle: *Leaseurope* zitiert bei *Quarantelli* spectrum 2002, Ausgabe 1, 7–8.

[11] *Associazione Italiana Leasing (ASSILEA)* Leasing in Italy: Characteristics and trends, Annual Report (engl.), 3.

sings" (*leasing finanziario*) andererseits, mit ähnlichen Charakteristika, wie sie Rechtsprechung und Lehre vergleichbar hier in Deutschland herausgearbeitet haben. Bisweilen werden zur Abgrenzung dieser beiden Formen des Leasinggeschäfts jedoch andere Kriterien ins Blickfeld gerückt: Teilweise wird die Unterscheidung auf die unterschiedliche Laufzeit (*leasing operativo* oft weniger als ein Jahr) gestützt, das Geschäft des *leasing operativo* kennzeichnet sich aber auch durch die Übernahme von Sach- und Erhaltungspflichten seitens des Leasinggebers. Im Gegensatz zum dreigliedrigen Finanzierungsleasing kann das *leasing operativo* auch nur zweigliedrig sein, d. h. der Produzent ist gleichzeitig der Leasinggeber.[12] Das Finanzierungsleasing als Vertragstypus des italienischen Rechts hat zum Inhalt, dass ein bestimmtes Gut für eine näher definierte Zeitspanne einem Unternehmen oder freiberuflichen Unternehmer überlassen wird, die nach Ablauf dieser Zeitspanne eine Kaufoption zu einem vorher festgesetzten Erwerbspreis ausüben können und sämtliche Risiken des überlassenen Gegenstandes zu tragen haben.[13]

Ebenso wie in Deutschland lassen sich in Italien **Voll- und Teilamortisationsvertragsgestaltungen** beobachten, wenngleich in Italien aus vorwiegend steuerrechtlichen Gründen der Vollamortisationsvertrag überwiegt. Hinsichtlich des vom Leasinggeber verfolgten wirtschaftlichen Zwecks und seiner Position am Markt lässt sich rechtsvergleichend mit unterschiedlichen Schwerpunkten, Entwicklungen und Konsequenzen feststellen, dass das „reine", dem Absatzzweck dienende **Herstellerleasing**, das durch Personengleichheit von Lieferant und Leasinggeber charakterisiert wird, und das „**reine**" **drittfinanzierte Leasing, durch wirtschaftlich dem Hersteller nicht verbundene Finanzierungsinstitute,** unterschieden werden können. Demgegenüber hat jedoch der italienische Gesetzgeber das „reine" Herstellerleasing durch seine Subventionszwecken dienende Definition des Finanzierungsleasings ausgegrenzt:[14] Auch in Italien wird das „reine" Herstellerleasing dadurch qualifiziert, dass eine Identität des gebrauchsüberlassenden mit dem finanzierenden Rechtssubjekt besteht. Nur dann erscheint dem italienischen Gesetzgeber die Herausnahme aus der Legaldefinition des Finanzierungsleasings gerechtfertigt. Übernimmt im Gegensatz dazu die rechtlich selbständige Herstellerbank als Leasinggeber die Finanzierungsfunktion innerhalb des Leasinggeschäfts, ist die Transaktion jedoch als Finanzierungsleasing zu qualifizieren.[15] Allgemein lässt sich jedoch auch für Italien feststellen, dass absatzfördernde Zwecke zunehmend im Mittelpunkt der Aktivitäten produzentenunabhängiger Institute stehen, die sich den Herstellern gegenüber in langfristigen Rahmenverträgen zur Abnahme und Unterbringung bestimmter Produktmengen mittels Leasing verpflichten.[16]

Auch das **Konsumgüter-Leasing** mit nicht-kaufmännischen Leasingnehmern (sog. *leasing al consumo*) stellt eine in Italien bekannte Vertragsform dar.[17] Unklar ist insoweit die Haltung der *Corte di Cassazione*, deren Begriff des Finanzierungsleasings allein nur den

---

[12] *Mömken* Der Finanzierungsleasingvertrag über bewegliche Sachen im kaufmännischen Verkehr – eine rechtsvergleichende Untersuchung von Liefer-, Gefahrtragungs- und Sachmängelklauseln in englischen, französischen, italienischen und deutschen AGB, 78.
[13] *Clarizia* Financial leasing in the Italian experience, in: Eckstein/Feinen Leasing-Handbuch für die betriebliche Praxis, 476
[14] Vgl. Art. 17 Abs. 2 Gesetz vom 2. 5. 1976, Nr. 183; Art. 3.3 Dekretgesetz vom 9. 4. 1984, Nr. 62 i. V. m. Gesetz vom B. 4. 1984, Nr. 212. Die Flut der einschlägigen Subventionsgesetze ist aufgelistet bei *De Nova* Il contratto di leasing, Zweite Auflage (1985), 7 ff.; *Caselli* Leasing, Contratto e impresa (1985), 214.
[15] Vgl. hierzu die Entscheidung des Cass. 26. 11. 1987, Nr. 8766, Foro it. 1988, I, 2329 (m. Anm. v. *Zeno-Zencovich*), zitiert bei *Kronke* Das Finanzierungsleasing in rechtsvergleichender Sicht AcP 1990, 382 ff., Fn. 6, 386.
[16] *De Nova* Il contratto di leasing, Zweite Auflage (1985), 26; sich auf diesen berufend auch: *Kronke* Das Finanzierungsleasing in rechtsvergleichender Sicht, AcP 1990, 382 ff., 386.
[17] Hierzu vor allem die Hinweise bei *Frons* Foro it. 1987 I, 1884 (Anmerkung zu *Tribunale di Vicenza* vom 23. 1. 1987).

unternehmerischen Bereich erfasst.[18] Der Auffassung der *Corte di Cassazione* entsprechend hält vor allem *Clarizia* die Umschreibung der *locazione finanziaria* für richtig, wonach der nichtkaufmännische Bereich nicht erfasst wird und das *leasing al consumo* eher mit der einfachen Miete vergleichbar sei.[19]

10 Ebenso wie in zahlreichen weiteren Rechtsordnungen steht neben der Gewährung von Warenkrediten auch in Italien die Funktion der **Sicherung von Geldkrediten** im engeren Interessengebiet des Leasinginstituts. Zur Liquiditätsverbesserung des Investors im Sinne einer funktionalen Geldkreditverschaffung wird auch die Vertragsform des **„sale and lease back"** in dem italienischen Leasingsektor instrumentalisiert.[20] Hierbei handelt es sich um eine Zweiparteien-Konstellation, innerhalb derer der Eigentümer eines Wirtschaftsgutes dieses an eine Finanzierungsgesellschaft oder auch beispielsweise zwecks Verlagerung von Aktiven innerhalb eines Konzernverbundes an ein anderes Konzernmitglied veräußert und anschließend von diesem „zurück-least". Auch in Italien werfen im Rahmen solcher Rechtskonstruktionen Fragen der Ausbalancierung der widerstreitenden Interessen beider Parteien des „sale and lease back"-Verfahrens im Falle von Zwangsvollstreckung und Insolvenz sowie Fragen des Vorliegens und der Zulässigkeit von Verfallsklauseln erhebliche Rechtsprobleme auf.[21]

II. Die rechtliche Einordnung des Leasingvertrages

1. Rechtliche Einordnung des italienischen *contratto di leasing* im Überblick

11 Das italienische Zivilgesetzbuch[22] weist hinsichtlich der zivilrechtlichen Einordnung des Leasingvertrages (*contratto di leasing, contratto di locazione finanziaria, contratto di leasing finanziario*) **keine spezial-gesetzliche Normierung** auf.[23] Wenn auch in den bereits genannten Subventionsgesetzen durchaus dem Verständnis einer Legaldefinition nach das Institut des Finanzierungsleasings terminologische Präzision erfuhr, so hatte der italienische Gesetzgeber jedoch keineswegs die Rechtsabsicht, der zivilgerichtlichen Praxis auf diesem Wege normative Fesseln hinsichtlich der rechtlichen Ausgestaltung der unterschiedlichen Leasingvarianten aufzuerlegen. Innerhalb des italienischen Rechtssystems besteht grundsätzlich eine absolute und vollwertige Eigentumsposition, auch wenn die Eigentumsübertragung funktional aufgrund eines weiteren Vertrages vorgenommen

---

[18] Im Sinne einer differenzierenden Behandlung des Leasingvertrages über Konsumgüter (insbesondere: Anwendung von Vorschriften über den Teilzahlungskauf mit Eigentumsvorbehalt, Art. 1623 ff. *Codice Civile*) sind die Ausführungen von *De Nova* Il contratto di leasing, Zweite Auflage (1985), 20; *Pardolesi* Foro it. 1983 I, 2997 ff., 2998; *Bussani* Riv. dir. civ. 1986 II, 686 ff., 689 zu verstehen.

[19] Vgl. hierzu auch *Clarizia* Giur. it. 1987 I, 249 ff., 260 (Anmerkung zu Cass. vom 6. 6. 1986).

[20] Allgemein hierzu: *Fanan* Lease-Back, in: *Galgano* I contratti commercio, dell'industria e del mercato finanziario, Tomo primo, UTET (1996), 779–817; *Calvo* I singoli contratti – Casi e problemi, Giappichelli Editor, Torino (2004), 196 ff.

[21] Hierzu vertiefend vor allem *De Nova* Il contratto di leasing, Zweite Auflage (1985), 51 ff.

[22] Einführendes Schrifttum über das italienische Wirtschaftsrecht ohne Beantwortung leasingspezifischer Fragestellungen in deutscher Sprache: *Kindler* Einführung in das italienische Recht – Verfassungsrecht, Privatrecht und internationales Privatrecht; *Kindler* Italienisches Handels- und Wirtschaftsrecht.

[23] Einführend zu dieser Frage *Calvo* I singoli contratti – Casi e problemi, Giappichelli Editor, Torino (2004), 173 f. Dass keine Vorschriften unmittelbar für den Leasingvertrag normiert sind, vgl. auch *Kindler* Italienische Gesetzgebung zum Handels- und Wirtschaftsrecht in den Jahren 1990–1993, Recht der internationalen Wirtschaft (RIW) 1994, Heft 8, 692 ff., 693; *Mömken* Der Finanzierungsleasingvertrag über bewegliche Sachen im kaufmännischen Verkehr – eine rechtsvergleichende Untersuchung von Liefer-, Gefahrtragungs- und Sachmängelklauseln in englischen, französischen, italienischen und deutschen AGB, 75 und 78; *Clarizia* Financial leasing in the Italian experience, in: Ecksteinm/Feinen Leasing-Handbuch für die betriebliche Praxis, 476.

wird, wie bspw. zur Finanzierung, zur Sicherheit oder zur Gebrauchsnutzung des Gutes. Aus diesem Grund muss die rechtliche Qualifizierung des italienischen Leasingvertrages allein innerhalb des Vertragsrechts gesucht werden.[24]

Allgemein lässt sich der **Regelfall des italienischen *contratto di leasing* beweglicher Gegenstände** wie folgt umschreiben: Der Vertrag bezieht sich auf eine Sache, die der Leasingnehmer beim Lieferanten oder Hersteller ausgesucht hat und die der Leasinggeber dann direkt vom Lieferanten kauft, um sie dem Leasingnehmer zum Gebrauch zu überlassen. Wie auch in der französischen (im Gegensatz zur englischen) Leasingpraxis schließt der Leasinggeber den Kaufvertrag mit dem Lieferanten erst ab, nachdem er den Leasingvertrag geschlossen hat.[25] Als Laufzeit des Vertrages wird häufig eine solche vereinbart, die nur geringfügig kürzer als die übliche Lebensdauer der Leasingsache ist. 12

Im Normalfall des *leasing finanziario* handelt es sich ferner nicht nur beim Leasinggeber, sondern auch beim Leasingnehmer um **Unternehmen** (*un'impresa industriale o commerciale*), die den Leasingvertrag über ein Investitionsgut (*bene strumentale*) abschließen.[26] Über diese Merkmale hinausgehend fügt die Umschreibung der *locazione finanziaria* durch Art. 17 Abs. 2 des Gesetzes N. 183 vom 2.5.1976 das Kriterium hinzu, dass der Leasingnehmer alle Risiken der Sache übernimmt. Damit dürfte wohl nicht nur das **Risiko des Sachuntergangs** gemeint sein, sondern auch **Lieferstörungen** sowie **Sachmängelprobleme**. Im gleichen Sinne wird auch teilweise bereits bei der Beschreibung des Finanzierungsleasingvertrages erwähnt, dass die Leasinggesellschaft weder für Sachmängel, noch für einen eventuellen Untergang des Leasingobjektes einzustehen habe.[27] 13

2. Finanzierungsleasing (*locazione finanziaria*)

Ebenso wie auf dem Boden des nicht als *numerus clausus* anzusehenden Vertragstypensystems des *BGB* ohne Vorschriften für Innominatverträge,[28] stellt das italienische Rechtssystem diejenige Rechtsordnung dar, die außerhalb des deutschen Rechtskreises unseren Problemen, unserer Rechtsdogmatik, unseren Argumentationsweisen und Lösungsvorschlägen am nächsten steht.[29] In diesem Sinne sieht der italienische *Codice civile* ebenso wie das deutsche *Bürgerliche Gesetzbuch* unterschiedliche Vertragstypen vor (26 an der Zahl), ohne jedoch selbst den Leasingvertrag als normativ ausgestaltetes Rechtsinstitut in die Zivilrechtskodifikation einzuführen.[30] 14

---

[24] *Clarizia* Financial leasing in the Italian experience, in: Eckstein/Feinen Leasing-Handbuch, 477.
[25] *De Nova* Il contratto di leasing, Zweite Auflage (1985), 25.
[26] *Clarizia* Financial leasing in the Italian experience, in: Eckstein/Feinen Leasing-Handbuch für die betriebliche Praxis, 483.
[27] *Mömken* Der Finanzierungsleasingvertrag über bewegliche Sachen im kaufmännischen Verkehr Band 212, 76.
[28] In der deutschen Judikatur und Rechtsdogmatik wird das Finanzierungsleasing als etwas atypischer Mietvertrag, der aber doch ungeachtet der Atypizität in erster Linie als ein solcher zu behandeln sei, darüber hinaus als Ratenkaufvertrag, als gemischttypischer Vertrag mit Dominanz von Geschäftsbesorgung kumulativ oder alternativ vernetzt mit Elementen des Darlehens, sowie als eigenständiger Vertragstyp *sui generis* qualifiziert. Überblicksartig auch *Kronke* Das Finanzierungsleasing in rechtsvergleichender Sicht, AcP 1990, 382 ff., 387–388.
[29] Doch schon allein wegen des unterschiedlichen positiv-gesetzlichen Hintergrundes, darüber hinaus aber auch aufgrund ungleicher Wertungen und rechtsdogmatischer Einzelergebnisse trotz Anwendung der gleichen methodischen Instrumentarien, lohnt der Rechtsblick auf die italienische Ausgestaltung des Leasingsystem. Vgl. *Kronke* Das Finanzierungsleasing in rechtsvergleichender Sicht, AcP 1990, 382 ff., 389.
[30] Zu diesen allgemeinen Erwägungen ohne Beantwortung leasingspezifischer Fragestellungen vergleiche vor allem: *Kindler* Einführung in das italienische Recht – Verfassungsrecht, Privatrecht und internationales Privatrecht. Für eine einleitende Gesamtdarstellung des italienischen Handels- und Wirtschaftsrechts ohne Beantwortung leasingspezifischer Fragestellungen: *Kindler* Italienisches Handels- und Wirtschaftsrecht.

15 a) Normative Zulässigkeit atypischer Verträge. Es stellt eine Eigenart des italienischen Zivilgesetzbuches dar, dass es die **explizite Zulässigkeit** atypischer Verträge normiert.[31] So wie sich in der deutschen Zivilrechtsordnung die Privatautonomie neben der Vertragsabschlussfreiheit noch zusätzlich aus der Vertragsinhaltsfreiheit zusammensetzt,[32] wird in Art. 1322 *Codice civile* die Vertragsfreiheit für die italienische Rechtsordnung normiert: Nach Art. 1322 Abs. 2 *Codice civile* besteht die sog. *autonomia contrattuale* nicht nur darin, dass die Parteien innerhalb der durch das Gesetz und die Ständischen Vorschriften gezogenen Grenzen (Art. 41 Abs. 2 der italienischen Verfassung) den Inhalt des Vertrages frei bestimmen können, sondern dass die Parteien darüber hinaus auch Verträge schließen können, die nicht zu den besonders geregelten Vertragstypen der Art. 1470 ff. *Codice civile* gehören, „sofern sie auf die Verwirklichung von nach der Rechtsordnung schutzwürdigen Interessen gerichtet sind".[33] Nach einer Meinung unterliegen diese atypischen Verträge *allein* dem Allgemeinen Teil (Art. 1321–1469 *Codice civile*) des Vertragsrechts. Nach der Gegenansicht sollen die besonderen inhaltlichen Bestimmungen der **speziellen Vertragstypen** zusätzlich zu den Regeln des allgemeinen Vertragsrechts **analoge Anwendung** zur Ergänzung gesetzlicher Lücken bei der Rechtsfindung im Zusammenhang mit atypischen Verträgen erfahren.[34] Vor dem allgemeinen Hintergrund dieser rechts-abstrakten Einordnung atypischer Vertragskonstellationen erscheint es interessant, wie sich die italienische Rechtsentwicklung hinsichtlich der **Charakterisierung der Rechtsqualität des Leasinggeschäfts** entschieden hat.

16 b) Finanzierungsleasing als atypischer Vertrag. Bekanntlich ist es in Italien zu keiner normativen Fixierung des Leasingrechts gekommen.[35] Ein Großteil der italienischen *Rechtsdogmatik* hat entsprechend der deutschen Lösung die **Zuordnung des Leasingvertrages zu einem gesetzlich normierten Vertragstyp** gesucht.[36] Ebenso wie in Deutschland wurde das Leasinggeschäft in Italien zuweilen als eher atypischer Mietvertrag, aber auch als Ratenkaufvertrag, als ein vom Darlehensrecht geprägter Vertragstyp, aber auch als Vertrag mit geschäftsbesorgungsrechtlichen Elementen klassifiziert.[37] Diese Charakterisierung als ein im *Codice civile* gesetzlich normierter Vertragstypus hat im Ergebnis die analoge Anwendung des für diesen Vertrag einzigartigen Regelungsprogramms zur Folge.[38] Die

---

[31] *Clarizia* Financial leasing in the Italian experience, in: Eckstein/Feinen Leasing-Handbuch für die betriebliche Praxis, S. 477.

[32] Danach findet die Freiheit inhaltlicher Gestaltung im Schuldrecht, dem eigentlichen Wirkungsbereich der Vertragsfreiheit, ihre Grenzen an Verbotsgesetzen (§ 134 *BGB*) und dem Sittenwidrigkeitsvorbehalt (§ 138 *BGB*), den sonstigen Vorschriften zwingenden Rechts und an den öffentlich-rechtlichen Genehmigungsvorbehalten.

[33] Art. 1322 *Codice civile*.

[34] *Caselli* Leasing: Contratto e impresa (1985), 220 ff. mit weiteren Nachweisen; sowie *Cian/Trabucchi* Commentario breve al Codice civile, 3. Auflage (1988), Art. 1323, Anm. 1–2, sich auf diesen berufend und zitiert bei *Kronke* Das Finanzierungsleasing in rechtsvergleichender Sicht, AcP 1990, 382 ff., Fn. 23, 389.

[35] Es lassen sich lediglich gesammelte Handelsbräuche betreffend die italienischen Leasingmärkte bei den Handelskammern, einen Verhaltenskodex der Leasingvereinigung sowie zwei Gesetzesentwürfe mit umfangreichem Begründungsmaterial auffinden.

[36] Dies bestätigend und mit zahlreichen Quellennachweisen im Volltext vor allem *De Nova* Il contratto di leasing, Zweite Auflage (1985); *Caselli* qualifiziert den Finanzierungsleasingvertrag vor allem als ein vom Darlehensrecht geprägten Vertragstyp, *Caselli* Leasing: Contratto e impresa (1985), 217 ff., 232 ff., dem jedoch *De Nova* Il leasing e il factoring come strumenti di finanziamento, Rivista Critica di Diritto Civile (Riv. crit. dir. priv.) (1983), 9 ff., 10 ff.

[37] Siehe hierzu auch die vertiefende Untersuchung bei *Violante* La „locazione finanziaria" e la individuazione della disciplina (1988), zitiert bei *Kronke* Das Finanzierungsleasing in rechtsvergleichender Sicht, AcP, 382 ff., 390.

[38] *Mömken* Der Finanzierungsleasingvertrag über bewegliche Sachen im kaufmännischen Verkehr – eine rechtsvergleichende Untersuchung von Liefer-, Gefahrtragungs- und Sachmängelklauseln in englischen, französischen, italienischen und deutschen AGB, 80.

wirtschaftliche Funktion einer analogen Anwendung der in dem *Codice civile* normierten Vertragstypen stellt jedoch eigentlich die Kapitalbeschaffung auf Seiten des Leasingnehmers dar.[39] Im Gegensatz hierzu entwickelte sich eine Ansicht, die die Eigenart der normativen Fixierung des atypischen Vertragstyps in Art. 1322 Abs. 2 *Codice civile* fruchtbar zu machen gedachte. Um eine analoge Anwendung einer der gesetzlich geregelten speziellen Vertragstypen zu vermeiden, wurde nach dieser Meinung allein auf die **Maßgeblichkeit des allgemeinen Teils des Vertragsrechts** verwiesen. Wieder andere prüften in jedem Einzelfall jede streitige Klausel eines Leasingvertrages im Lichte der Maßstäbe bald der einen, bald der anderen, **nach ihrer** *ratio* als potentiell eingriffswillig beurteilten gesetzlichen Typenvertragsregelung, insbesondere Miete, Darlehen und Ratenkauf.[40]

c) **Finanzierungsleasing als gewöhnliche Miete.** Einer Ansicht nach besteht das Wesenselement des italienischen Finanzierungsleasingvertrages in der zeitlichen Gebrauchsüberlassung des Leasinggutes von dem Leasinggeber an den Leasingnehmer. Allgemein wird eine solche Charakterisierung jedoch allein für das **„operating leasing" oder „operational leasing"** (*leasing operativo*) angeführt, nicht jedoch für das Finanzierungsleasing (*leasing finanziario*), da die vertragliche Gefahrtragung dem gesetzlichen Verantwortungsprogramm der „gewöhnlichen Miete" widerspricht. Nach dieser Theorie soll der Leasinggeber dazu verpflichtet sein, dem Leasingnehmer die ungestörte Besitzausübung des Leasinggutes zu gewähren und die Sachgefahr des Leasinggutes zu tragen (außer in dem Fall, dass der Leasingnehmer den Untergang des Leasinggutes schuldhaft verursacht). In einer mietrechtlichen Vertragsbeziehung innerhalb der italienischen Zivilrechtsordnung obliegt dem Vermieter die gesetzliche Pflicht, dem Mieter die Nutzung des Mietobjektes zu garantieren. Innerhalb des Finanzierungsleasings obliegt dem Leasinggeber hingegen allein die Pflicht, das von dem Leasingnehmer bestimmte Leasinggut bei dem Hersteller zu erwerben und in die Verfügungsgewalt des Leasingnehmers zu überführen. Die Auslieferung des Leasinggutes stellt jedoch eine typische Vertragspflicht des Lieferanten, nicht des Vermieters dar. Darüber hinaus hat allein der Leasingnehmer die Sachgefahr bei Untergang des Leasinggutes zu tragen (solange kein Verschulden des Leasinggebers vorliegt). Letztlich amortisieren auch die Tilgungsraten allein den Wert des Leasinggutes, ohne dass die Nutzung des Leasinggutes entgeltlich wäre. Aus den genannten Gründen kann innerhalb der italienischen Rechtsordnung das Finanzierungsleasing somit auch nicht als „gewöhnliche Miete" qualifiziert oder mit dieser in der rechtlichen Anwendung gleichgesetzt werden.[41]

d) **Finanzierungsleasing als „Dauerschuldverhältnis Finanzierungsvertrag":** Andere benennen den italienischen Finanzierungsleasingvertrag als Dauerschuldverhältnis mit **Finanzierungsfunktion**. Zwar wird nicht von einer Identität von Finanzierungsleasing- und Darlehensvertrag ausgegangen, funktional entsprächen sich beide Vertragsgestaltungen jedoch in der Finanzierungsfunktion des Darlehens- wie Leasingnehmers. Nur die Beschreibung des Finanzierungsleasingvertrages als Dauerschuldverhältnis erlaube eine präzise rechts-dogmatische Erfassung des Pflichtenprogramms von Leasinggeber und -nehmer, sowie eine gerechte Verteilung der Risiken.[42] Das Wesen eines Finanzierungsvertrages divergiert jedoch deutlich mit dem Pflichtenprogramm innerhalb eines Finanzierungsleasingvertrages. Der Leasinggeber hat nicht die Pflicht dem Leasingnehmer unmittelbar einen Geldbetrag zur Verfügung zu stellen, um den Erwerb bestimmter

---

[39] *Clarizia* Financial leasing in the Italian experience, in: Eckstein/Feinen Leasing-Handbuch für die betriebliche Praxis, 478.
[40] So vor allem beispielhaft *De Nova* Il contratto di leasing, Zweite Auflage (1985), 18 ff.
[41] Vgl. auch *Clarizia* Financial leasing in the Italian experience, in: Eckstein/Feinen Leasing-Handbuch für die betriebliche Praxis, 478–479.
[42] Vor allem *Clarizia* Financial leasing in the Italian experience, in: Eckstein/Feinen Leasing-Handbuch für die betriebliche Praxis, 480, plädiert auf eine Charakterisierung als Finanzierungsvertrag.

Güter zu ermöglichen. Vielmehr hat der Leasinggeber dem Leasingnehmer das **Leasinggut** selbst auszuhändigen und der letztgenannte hat dem Leasinggeber in mehreren Tilgungsraten den aufgewendeten Betrag zum Erwerb des Objektes zuzüglich der angefallenen Zinsen zurückzuerstatten.

19 **e) Finanzierungsleasing als Abzahlungs- und Vorbehaltskauf.** Von Teilen der italienischen Rechtsdogmatik wird die **Kaufoption des Leasingnehmers** nach Ablauf der vertraglich vereinbarten Leasingzeit als typische und charakteristische Vertragspflicht des Leasingvertrages erkannt. Vertreter der Qualifizierung des Finanzierungsleasings als Ratenzahlungskauf- und Vorbehaltskaufvertrag kennzeichnen die **letzte Tilgungsrate** des Leasingvertrages als **Ausübung der Kaufoption** und folglich als **letzte Ratenzahlung eines Abzahlungskaufes**. Zur Begründung ihrer Ansicht wird auf zahlreiche rechtliche Ähnlichkeiten des Finanzierungsleasing- und des Abzahlungskaufvertrages hingewiesen. Im Falle eines Abzahlungskaufes werden sämtliche Risiken vom Veräußerer an den Erwerber in dem Moment der Vertragserfüllung übertragen, während das Eigentum automatisch im Moment der Zahlung der letzten Tilgungsrate auf den Erwerber übergeht. Dementsprechend werden bei einem Finanzierungsleasingvertrag zum Zeitpunkt der Vertragserfüllung sämtliche Risiken vom Leasinggeber an den Leasingnehmer transferiert, und das Eigentum an dem Leasinggut in Hand des Leasinggebers erfüllt allein eine Sicherheitsfunktion.

20 Vertreter der Qualifizierung des Finanzierungsleasings als Ratenzahlungskaufvertrag instrumentalisieren grds. eine (analoge) Anwendung des **Art. 1526** *Codice civile*, der in etwa das Regelungsanliegen des ehemaligen deutschen § 1 Abs. 1 S. 1 *AbzG* verkörpert.[43] Art. 1526 *Codice civile* statuiert für den Fall der Vertragsaufhebung aufgrund Vertragsbruchs einerseits das Recht des Veräußerers, die an den Erwerber übertragene Kaufsache wieder zurückzuerlangen, andererseits aber auch das **Recht des Erwerbers, die bereits geleisteten Tilgungsraten von dem Veräußerer wiederzuerlangen**. Diese Rechtsvorschrift ist deshalb von Nöten, weil der italienische *Codice civile* bei Vertragsaufhebung allein dem Veräußerer einen Anspruch gegen den Erwerber auf Nutzungsentschädigung gewährt.[44] Es kann keine unterschiedliche rechtliche Bewertung für einen Vertragsbruch innerhalb eines Abzahlungskaufvertrages zum einen und eines Finanzierungsleasingvertrages andererseits erkannt werden, da es innerhalb der italienischen Rechtsbeurteilung des Finanzierungsleasingvertrages außer Diskussion steht, dass am Ende der Laufzeit des Vertrages das Eigentum bei Bezahlung der letzten Leasingrate und bei Ausübung der Kaufoption auf den Leasingnehmer übergeht.[45] Darüber hinaus wird Art. 1526 *Codice civile* als zwingende Rechtsvorschrift gesehen, die nicht nur auf Ratenzahlungskaufverträge, sondern auf sämtliche Vertragskonstellationen Anwendung zu finden habe, die ein ähnliches Ziel verfolgten. Vertreter der leasinggebenden Gesellschaften lehnen jedoch – aus ihrer Sicht verständlicherweise – eine Qualifizierung des Finanzierungsleasingvertrages ähnlich dem oder als Abzahlungs- und Vorbehaltskauf aufgrund der Anwendung des § 1526 *Codice civile* generell ab.

21 **f) Der Kurswechsel der Rechtsprechung.** Die italienische *Rechtsprechung* nutzte zunächst die abstrakt-theoretische Möglichkeit der einfachen Klassifizierung des *contratto di leasing* als **atypischen Vertrag** nach Art. 1322 Abs. 2 *Codice Civile*. Danach können die Parteien Verträge schließen, die nicht zu den besonders geregelten Vertragstypen der Art. 1470 ff. *Codice civile* gehören, „sofern sie auf die Verwirklichung von nach der Rechtsordnung schutzwürdigen Interessen gerichtet sind".[46] Zwar wurde die in der genannten

---

[43] *Clarizia* Financial leasing in the Italian experience, in: Eckstein/Feinen Leasing-Handbuch für die betriebliche Praxis, 479.
[44] *Clarizia* s. vorstehende Fußnote.
[45] *Clarizia* siehe Fußnote 43.
[46] Art. 1322 *Codice Civile*.

28. Kapitel. Leasingrecht im Ausland §93

Vorschrift geforderte Schutzwürdigkeit atypischer Verträge im Rahmen der allgemeinen Vertragsfreiheit (*autonomia contrattuale*) anfänglich verneint,[47] doch bejahte der italienische Kassationsgerichtshof in der Folge nicht nur die **Schutzwürdigkeit des Rechtsinstituts „Leasing"**, sondern auch die rechtliche Zulässigkeit des Finanzierungsleasings als atypischen Vertrag nach Art. 1322 Abs. 2 *Codice Civile*.[48]

Indes hat das italienische Kassationsgericht mit zwei in der Folge veröffentlichten 22 Urteilen[49] zum Finanzierungsleasing einen Kurswechsel weg von der anfänglich gerichtlich bestätigten „offenen Position des atypischen Innominatvertrages"[50] vollzogen. Das Gericht charakterisierte den Finanzierungsleasingvertrag zwar noch immer als atypisches, nicht-darlehensgleiches Rechtsgeschäft, hat jedoch ausdrücklich auch von einem **„Dauerschuldverhältnis Finanzierungsvertrag"** gesprochen. Diese Entscheidungen lassen sich dahingehend interpretieren, dass das Gericht Partei für die Zuordnung des Finanzierungsleasingvertrages zu dem gesetzlich normierten Vertragstyp des „Dauerschuldverhältnisses Finanzierungsvertrag" ergreift.[51] Als unmittelbare Konsequenz der Qualifikation des Finanzierungsleasingvertrages als Finanzierungsvertrag kann sich der Leasingnehmer nicht auf Art. 1526 *Codice civile* berufen, sodass bereits gezahlte Tilgungsraten nicht mehr zurückgefordert werden können.

Anderer Ansicht war zu dieser Zeit allein die **untergerichtliche Rechtsprechung**,[52] 23 die zwar grundsätzlich auch die Annahme eines atypischen Vertrages bejahte, doch wurden – vergleichbar mit der deutschen Rechtsprechung – dann analog Vorschriften der speziell geregelten Vertragstypen des *Codice civile* herangezogen, deren *ratio* mit dem in Frage stehenden Vertragselement vereinbar ist. In diesem Sinne wurde primär die **analoge Anwendung des Art. 1526** *Codice civile* gefordert;[53] eine rechtliche Würdigung, die die *Corte di Cassazione* jedoch zu diesem Zeitpunkt noch ausdrücklich ablehnte.[54]

In sechs Aufsehen erregenden Entscheidungen vom 13. 12. 1989[55] hat die *Corte di Cassa-* 24 *zione* auf die seitens eines Teils der Lehre und seitens der untergerichtlichen Rechtspre-

---

[47] In dem Fall wurde einem Pizzeria-Inhaber ein Mercedes als Geschäftswagen aufgrund eines Leasingvertrages überlassen, nach dem der Pizzeria-Inhaber als Leasingnehmer für die Vollamortisation der vom Leasinggeber für die Anschaffung des Automobils gemachten Aufwendungen und Kosten einzustehen hatte. Die Eingangsgerichte verneinten anfänglich Schutzwürdigkeit atypischer Verträge im Rahmen der allgemeinen Vertragsfreiheit.
[48] Cass. 28. 11. 1983, Nr. 6390, abgedruckt bei *De Nova* Il contratto di leasing, Zweite Auflage (1985), Nr. 1.3 c.
[49] Cass. 6. 5. 1986, Nr. 3023, Giur. it. 1987, I, 243 (Anm. *A. L. Santini, Barbiera, Clarizia*) = Nuova Giur. civ. comm. 1986, I, 577 (Anm. *Zeno-Zencovich*) = Il Corriere Giuridico 1986, 854 (Anm. *Schlesinger*); 26. 11. 1987, Nr. 8766, Foro it. 1988, I, 2329 (Anm. *Zeno-Zencovich*) = Giur. it. 1988, I, 555 (Anm. *De Nova*), Urteile zitiert bei *Kronke* Das Finanzierungsleasing in rechtsvergleichender Sicht, AcP (1990), 382 ff., Fn. 27, 390.
[50] *Kronke* siehe vorstehende Fußnote.
[51] In diesem Sinne formuliert *Kindler* Italienische Gesetzgebung zum Handels- und Wirtschaftsrecht in den Jahren 1990–1993, RIW 1994, 692 ff., 693, unter Verweis auf die Untersuchungen bei *Mömken*, Der Finanzierungsleasingvertrag über bewegliche Sachen im kaufmännischen Verkehr – eine rechtsvergleichende Untersuchung von Liefer-, Gefahrtragungs- und Sachmängelklauseln in englischen, französischen, italienischen und deutschen AGB, 79, dass Rechtsprechung und Literatur sich daher mit Anleihen bei anderen Vertragstypen und im Allgemeinen Vertrags- und Schuldrecht behelfen.
[52] Corte d'Appello di Milano vom 23. 9. 1986, Foro it. 1987 I, 231; Tribunale di Vicenza vom 23. 1. 1987, Foro it. 1987 I, 1883, mit zustimmender Anmerkung *Frons* der vor allem auch die einseitige Definition (*contratto d impresa*) der Corte di Cassazione angesichts der Vielfältigkeit der Leasing-Erscheinungen für verfehlt hält.
[53] *Clarizia* siehe Fußnote 43.
[54] *Mömken* Der Finanzierungsleasingvertrag über bewegliche Sachen im kaufmännischen Verkehr – eine rechtsvergleichende Untersuchung von Liefer-, Gefahrtragungs- und Sachmängelklauseln in englischen, französischen, italienischen und deutschen AGB, 79.
[55] Corte di Cassazione, 13. 12. 1989, Nrn. 5569–5574, Giur. ital: 1990, I, 1, 741.

chung eindringlich erhobenen Bedenken reagiert und eingeräumt, **in bestimmten Fallgestaltungen** sei die Qualifizierung des Leasingvertrages als **Abzahlungskauf** aus den genannten Gründen die angemessene Lösung. Im Wege dieser Urteilsfindung schuf der Kassationshof[56] damit eine neue, zusätzliche Kategorie von Finanzierungsleasingverträgen, die den abzahlungsrechtlichen Vorschriften unterliegen.[57] Im Ergebnis folgt der italienische Kassationshof damit weder der generellen Klassifizierung des italienischen Finanzierungsleasingvertrages als Ratenabzahlungs- und Vorbehaltskauf noch als Finanzierungsvertrag, sondern kontrastiert **zwei unterschiedliche Typen von Finanzierungsleasingverträgen**: Der Wille von Leasingnehmer und -geber zum Zeitpunkt des Vertragsschlusses hinsichtlich des Betrages des Kaufoptionspreises am Ende der Leasingzeit ist für die Qualifizierung der Rechtsnatur entscheidend.

25 aa) „**Leasing tradizionale**": Hält sich der ursprünglich bestimmte Optionspreis und der Marktwert des Leasinggutes zum Zeitpunkt der Ausübung der Kaufoption die Waagschale, bestehe eine wirkliche Entscheidungsfreiheit auf Seiten des Leasingnehmers, sodass die Finanzierungsfunktion des Leasingvertrages im konkreten Fall überwiege. Infolgedessen wird das Erlöschen des Vertragsverhältnisses durch die Vorschriften des italienischen *Codice civile* betreffend die Fortführung des Vertrages bestimmt, die **Anwendung des Art. 1458** *Codice civile* ist gegeben und des Art. 1526 *Codice civile* ausgeschlossen. Bei diesem Typ, dem sog. „**leasing tradizionale**", bilden die einzelnen Leasingraten die Gegenleistung für die Überlassung der Sache während der betreffenden Gebrauchsperiode (im Vordergrund steht die Gebrauchsüberlassung und nicht die Veräußerung).[58]

26 bb) „**Leasing traslativo**": Wenn jedoch, im Gegensatz hierzu, eine große Divergenz zwischen dem ursprünglich bestimmten Optionspreis und dem Marktwert des Leasinggutes zum Zeitpunkt der Ausübung der Kaufoption bestehe, habe der Leasingnehmer in Wirklichkeit keine Wahl den Optionspreis zu oder nicht zu zahlen. Der Leasingnehmer sei quasi aus ökonomischen Gründen dazu „verpflichtet", das Leasinggut zu erwerben. Bei diesem Typ des Finanzierungsleasingvertrages, dem sog. „**leasing traslativo**", stehe die Finanzierungsfunktion und der „effetto traslative in favor dell'utilizzatore" im Vordergrund, also die Übertragung des Rechtes an der Sache selbst auf den Leasingnehmer.[59] In einer solchen Sachverhaltskonstellation ähnele das Finanzierungsleasing dem Ratenabzahlungs- und Vorbehaltskauf, sodass die Anwendung des auf Veräußerungsgeschäfte **anwendbaren Art. 1526** *Codice civile* bei Vertragsstörungen anzunehmen sei.[60] Nicht entscheidend sei bei diesem Vertragstyp, dass der Leasingnehmer am Ende der Vertragsdauer nicht automatisch Eigentümer des Leasingobjektes werde. Vielmehr habe das Leasinggut am Ende der unkündbaren Laufzeit einen Restwert, der größer sei als der Preis, den der Leasingnehmer für die Ausübung der (Kauf-)Option bezahlen müsse. Bei einem solchen Rechtsverhältnis verkörperten die einzelnen Tilgungsraten nicht bloß äquivalente

---

[56] Die Entscheidungen des Corte di Cassazione, 13.12.1989, Nrn. 5569–5574, Giur. ital: 1990, I, 1, 741, wurden knapp kommentiert bei *Kindler* Italienische Rechtsprechung zum Handels- und Wirtschaftsrecht, Recht der internationalen Wirtschaft (RIW) 1990, 834 ff., 836.

[57] Hinsichtlich der rechtlichen Einordnung des Finanzierungsleasingvertrages stellt *Kronke* in seiner rechtsvergleichenden Studie hinsichtlich der Qualifikation des Finanzierungsleasingvertrages abschließend fest, dass sich Italien damit ungeachtet des eindeutigen Ausgangspunktes – Leasing als atypischer Vertrag mit Anwendung des allgemeinen Unmöglichkeitsrechts – in keiner besseren, dogmatisch widerspruchsfreieren und mehr Rechtssicherheit garantierenden Rechtssituation – Finanzierungsleasing als allgemeiner Finanzierungsvertrag mit analoger Anwendung abzahlungskaufrechtlicher Vorschriften – als Deutschland befindet. Vgl. *Kronke* Das Finanzierungsleasing in rechtsvergleichender Sicht, (1990), 382 ff., 406–407.

[58] *Girsberger* Grenzüberschreitendes Finanzierungsleasing, Beiträge zum ausländischen und internationalen Privatrecht, Band 61, Rdn. 675, 367.

[59] *Girsberger* siehe vorstehende Fußnote.

[60] *Clarizia* Financial leasing in the Italian experience, in: Eckstein/Feinen Leasing-Handbuch für die betriebliche Praxis, 480.

Leistungen für den Gebrauch während der Zeitperiode, für die sie bezahlt würden, sondern hätten zusätzlich den Charakter von Teilzahlungen für die Übertragung des Substanzwertes des Leasingobjektes an den Leasingnehmer.[61]

2. „Operating leasing" oder „operational leasing" (*leasing operativo*)

Die Klassifizierung eines Leasingvertrages als *leasing operativo* umfasst in der italienischen Rechtsordnung unterschiedliche Vertragskonstellationen: Finanzierungsleasingverträge ohne Kaufoption am Ende der Vertragslaufzeit, Leasingverträge in Zweipersonen-Konstellationen zwischen Hersteller als Leasinggeber und Leasingnehmer, Finanzierungsleasingverträge mit kürzerer Laufzeit als innerhalb der Steuergesetzgebung für Finanzierungsleasingverträge normiert sowie Leasingverträge, in denen weitere Pflichten des Leasinggebers, wie bspw. Instandhaltungspflichten, vereinbart wurden. Nach Inkrafttreten des neuen italienischen Bankrechts im Jahre 1993, das die Dienstleistung des Leasings allein Banken und anderen registrierten Unternehmen erlaubt, hat die *Zentralbank Italiens* eine Definition des italienischen *leasing operativo* umrissen. Operating leasing-Verträge sind danach Vereinbarungen, in denen der Leasinggeber nicht nur bestimmte Güter, sondern darüber hinaus einen mit den Gütern im Zusammenhang stehenden Service übernimmt und weitere Dienstleistungen anbietet. Darüber hinaus wird dem Leasingnehmer am Ende der Vertragslaufzeit keine Kaufoption gewährt. Bestimmte Risiken, die grundsätzlich in italienischen Finanzierungsleasingverträgen von dem Leasingnehmer getragen werden, werden innerhalb des *leasing operativo* von dem Leasinggeber übernommen. Operating leasing-Verträge sind danach weiterhin nur dann gültig, wenn der Leasinggeber sämtliche Risiken und Gefahren hinsichtlich des Leasinggutes auf den Hersteller oder ein anderes Unternehmen übertragen hat. Zudem hat der Leasingnehmer die Pflicht zu übernehmen, das Leasinggut zurückzuerwerben, sollte dieses nach Ablauf der ersten Vertragslaufzeit nicht wieder geleast werden. Hinsichtlich einer rechtlichen Qualifizierung hat die Bank von Italien vor allem die Finanzierungsfunktion des *leasing operativo* hervorgehoben.[62]

3. „Sale and lease back"-Verträge

Hinsichtlich der rechtlichen Anerkennung von „sale and lease back"-Konstruktionen hat die *Corte di Cassazione* in einer Entscheidung vom 16.10.1995 Stellung genommen.[63] Die Rechtswirksamkeit von „sale and lease back"-Verträgen war und ist in Rechtsprechung und Literatur in Italien umstritten.[64] Dabei geht es vor allem darum, ob derartige Verträge wegen Verstoßes gegen das Verbot der Verfallsabrede des Art. 2744 *Codice civile* nichtig sind. Danach ist eine Abmachung, mit der vereinbart wird, dass bei Nichtbezahlung der Forderung zu einem bestimmten Zeitpunkt das Eigentum der mit einer Hypothek belasteten oder als Pfand gegebenen Sache auf den Gläubiger übergeht, als nichtig zu betrachten. Die italienische Judikatur und Lehre leiten aus dieser Vorschrift, die sich dem Wortlaut nach an sich nur auf Hypothek und Pfandrecht bezieht, unter anderem deshalb ein allgemeines Verbot der Verfallsabrede ab, weil ausgehend vom Schutz des Schuldners über den Grundsatz der „*par condicio creditorum*" zum Gläubigerschutz gependelt wird. Im Anschluss an die h. M. in der Literatur bezeichnet der Kassationshof in der

---

[61] *Girsberger* Grenzüberschreitendes Finanzierungsleasing, Rdn. 675, 367–368.
[62] *Clarizia* Financial leasing in the Italian experience, in: Eckstein/Feinen Leasing-Handbuch für die betriebliche Praxis, 486.
[63] Siehe hierzu vor allem *Kaiser* Italienische Rechtsprechung zum Handels- und Wirtschaftsrecht, RIW 1997, 513ff., 514; *Calvo* I singoli contratti – Casi e problemi, Giappichelli Editor, Torino (2004), 196ff.
[64] Vgl. die Anmerkung von *Monti* zu der Entscheidung Corte di Cassazione 16.10.1995, Nr. 10805, Foro it. 1996, 1, 3492ff., zitiert bei *Kaiser* Italienische Rechtsprechung zum Handels- und Wirtschaftsrecht, RIW 1997, 513ff., 514.

genannten Entscheidung nun auch den „lease back"-Vertrag als ein sozialtypisches Rechtsgeschäft im Sinne des Art. 1322 Abs. 2 *Codice civile,* das sich durch seine Besonderheit in Struktur und Funktion gegenüber den gesetzestypischen Verträgen auszeichnet. In ihrer Entscheidung beschrieb die *Corte di Cassazione* eine solche Vertragskonstellation in ihrer sozialtypischen Form, in der ein Unternehmen ein (bewegliches oder unbewegliches) Wirtschaftsgut, das dem Unternehmenszweck zu dienen bestimmt ist, an ein Leasingunternehmen verkauft. Dieses stellt das Leasinggut unmittelbar danach im Rahmen des Leasingvertrages dem Veräußerer zur Verfügung,[65] der für die Gebrauchsüberlassung einen Mietzins entrichtet und nach Ablauf der Leasingzeit das Optionsrecht hat, das Eigentum zu einem vorher bestimmten Preis wieder zu erwerben. Der Verkauf erfolgt nicht zur Besicherung eines vorher oder gleichzeitig eingeräumten Kredites. Das Gericht hat in seiner Entscheidung festgestellt, dass der „sale and lease back"-Vertrag in dieser sozialtypischen Form keinen Verstoß gegen Art. 2744 *Codice civile* darstellt. Beinhaltet ein „lease back"-Vertrag dieselben Charakteristika wie ein Finanzierungsleasingvertrag, liegt ein wirksamer Vertrag vor, weil die Funktion des Vertrages in einer Finanzierung und nicht in einer Garantie zu sehen ist.

29 In speziellen „lease back"-Konstellationen, in denen der von dem Leasinggeber gezahlte Kaufpreis jedoch niedriger ist als der Marktwert des Leasinggutes, ist in der italienischen Rechtsordnung die Vertragsgestaltung unwirksam, da keine Finanzierungs-, sondern allein eine Garantie- und Sicherungsfunktion durch den „lease back"-Vertrag gewollt ist. In diesem Sinne hatten der Leasingnehmer und Leasinggeber in der zitierten Entscheidung vereinbart, dass die Hälfte des Kaufpreises zur Sicherung der Leasingraten für die ersten zwei Jahre zugunsten des Leasinggebers bei einer Bank hinterlegt werde. Darin sah die *Corte di Cassazione* eine offensichtliche Unverhältnismäßigkeit der Leistungen und mithin eine Abweichung von der sozialtypischen Form des „sale and lease back"-Vertrags, die im konkreten Fall zur Nichtigkeit ex Art. 2744 *Codice Civile* führte.[66]

4. UNIDROIT *Convention on International Financial Leasing* (Ottawa) vom 28. März 1988 in Italien

30 Abschließend ist noch darauf hinzuweisen, dass nunmehr in Italien für *internationale Finanzierungsleasingverträge* die einschlägige UNIDROIT *Convention on International Financial Leasing* (Ottawa) vom 28. März 1988 Bedeutsamkeit erlangt, die Italien am 13.12.1990 unterzeichnet, mit Gesetz Nr. 259 vom 14.7.1993[67] ratifiziert hat und die schlussendlich am 1.5.1995 Geltungskraft erlangte.[68] Entscheidende Bedeutung erhält die UNIDROIT Konvention jedoch allein für *internationale* Finanzierungsleasingverträge,[69] d. h. allein für solche Sachverhaltskonstellationen, in denen der Leasinggeber und Leasingnehmer ihre jeweiligen Geschäftssitze in unterschiedlichen Staaten haben.[70]

---

[65] *Kaiser* Italienische Rechtsprechung zum Handels- und Wirtschaftsrecht, RIW 1995, 512 ff., 514.

[66] Corte di Cassazione 16.10.1995, Nr.10805, Foro it.1996, 1, 3492 ff. mit Anm. *Monti* zitiert bei *Kaiser* Italienische Rechtsprechung zum Handels- und Wirtschaftsrecht, Recht der internationalen Wirtschaft (RIW) 1997, Heft 6, 513 ff., 514.

[67] Für den italienischen Rechtskreis abgedruckt in *Banca,* borsa, tit. Cred. (1994) I, 101 ff.

[68] Für UNIDROIT Konvention und den italienischen Rechtskreis einführend auch *Kindler* Italienische Gesetzgebung zum Handels- und Wirtschaftsrecht in den Jahren 1990–1993, RIW 1994, 692 ff., 693.

[69] Vgl. hinsichtlich Fragen betreffend das internationale Leasing und der internationalen Rechtsvereinheitlichung im Bereich des Leasing vor allem *Mariani* Il leasing finanziario internazionale tra diritto uniforme e diritto internazionale privato, Studi e pubblicazione (60), Casa Editrice Dott. Antonio Milani (2004).

[70] Article 3 Abs.1 UNIDROIT *Convention on International Financial Leasing*: This Convention applies when the lessor and the lessee have their places of business in different States and: (a) those States and the State in which the supplier has its place of business are Contracting States; or (b) both the supply agreement and the leasing agreement are governed by the law of a Contracting State.

III. Der Abschluss des Leasingvertrages

Schon beim Abschluss des Leasingvertrages stellt sich ebenso wie in anderen Rechtsordnungen die Frage, ob das italienische Recht innerhalb der problematischen Einordnung des Leasingvertrages im Spannungsfeld der wohlbekannten Dreipersonenkonstellation Lieferant – Leasinggeber – Leasingnehmer die einzelnen Vertragsbeziehungen respektiert. Alternativ wäre es möglich, dass die beteiligten Rechtsverhältnisse aufgrund der besonderen Umstände beim Zustandekommen des Leasinggeschäftes miteinander verbunden werden, da der Leasingnehmer durch die Auswahl des Lieferanten und die Verhandlungen mit demselben die Initiative zum Zweck der Spezifizierung und Individualisierung des Leasingobjektes ergreift. Fragen, wie sie der deutsche *BGH* in Bezug auf in der Verhandlungs- und Vertragsabschlussphase abgegebene Erklärungen zu entscheiden hatte,[71] waren – soweit ersichtlich – in der italienischen Rechtsordnung noch nicht gerichtlich zu entscheiden. 31

Festzuhalten bleibt für den italienischen Rechtskreis, dass als Beteiligte des Leasingvertrages *per definitionem* allein Unternehmen bzw. selbständige und freiberufliche Unternehmer anzusehen sind und eine verbraucherschützende Klauselkontrolle mangels Beteiligung von Konsumenten nicht stattfindet. Praxis und Rechtsprechung des italienischen Kassationsgerichts setzen gerade bei der Qualifizierung als Leasingvertrag voraus, dass der **Leasingnehmer** entweder ein **privates oder öffentliches Unternehmen** darstellt bzw. ein **selbständiger oder freiberuflicher Unternehmer** ist. Ein Verbraucher wird nie als Leasingnehmer qualifiziert. In Abgrenzung zur „gewöhnlichen" Miete sollen die Rechtsregeln des Finanzierungsleasings zu keinem Zeitpunkt auf Leasingnehmer als Konsumenten Anwendung finden. Darüber hinaus sollen auf den Leasingvertrag auch nicht die verbraucherschützenden Vorschriften der Art. 1469bis–1469sexies *Codice civile* appliziert werden.[72] Finanzierungsleasingverträge erlauben somit die Allokation sämtlicher Risiken und Gefahren auf Seiten des Leasingnehmers, einschließlich der Gefahr des vollständigen Verlustes des Leasinggutes.[73] 32

IV. Leistungsstörungen

Ebenso wie in anderen Rechtsordnungen ist auch dem italienischen Leasingrecht die Verteilung der leasingtypischen Gefahren und Risiken im Spannungsfeld der wohlbekannten **Dreipersonenkonstellation Lieferant – Leasinggeber – Leasingnehmer** eigen. Der Leasingnehmer ergreift durch die Auswahl des Lieferanten und die Verhandlungen mit demselben die Initiative zum Zweck der Spezifizierung und Individualisierung des Leasingobjektes. Er verhandelt formal im Namen und für Rechnung des Leasinggebers. Ebenso wie in anderen Rechtsordnungen stellt sich auch innerhalb der italienischen 33

---

[71] Wie etwa bei der Bestimmung, ob der in den Verhandlungen mit dem Leasingnehmer täuschende Lieferant bei Anfechtung des Leasingvertrags aufgrund § 123 BGB als „Dritter" i. S. d. § 123 Abs. 2 BGB anzusehen ist und ob eine Haftung des Leasinggebers nach § 278 BGB für Erklärungen des Lieferanten anzuerkennen ist (beide Fragen wurden verneint: Lieferant und Leasinggeber werden zur „Sachleistungsseite" zusammengefasst), sowie die Frage, ob innerhalb des Sachmängelgewährleistungsrechts dem in Anspruch genommenen Lieferanten als Rücktrittsgegner beim Fehlen zugesicherter Eigenschaften die Berufung darauf verwehrt ist, die Zusicherung bzw. Täuschung habe nicht den Käufer und Leasinggeber, sondern „nur" den Leasingnehmer zum Adressaten gehabt (auch dies wurde verneint: hier wird also eine „Abnehmerseite" gebildet), vgl. BGH 16. 9. 1981, BGHZ 81, 298 (304 f.).

[72] Diese Vorschriften schützen den Verbraucher vor einseitigen Vertragsverhältnissen (in Standardverträgen) und verhindern, dass Finanzvermittler Vorteile aus ihrer vertraglichen Vormachtstellung gewinnen.

[73] *Clarizia* Financial leasing in the Italian experience in: Eckstein/Feinen Leasing-Handbuch für die betriebliche Praxis, 480–482.

Rechtsordnung die Frage, ob der Leasingnehmer eigene Rechte gegenüber dem Lieferanten geltend machen kann, d. h. abstrakt formuliert, ob der faktischen Rolle des Leasingnehmers beim Zustandekommen der Gesamttransaktion durch die Einräumung spezieller Rechte gegenüber dem Lieferanten auch rechtlich Rechnung getragen wird.[74] Auch ist fraglich, welche Gefahren und welche Verantwortung auf den Schultern des Leasinggebers lasten.

1. Die Sachgefahr

34 Die Umschreibung der *locazione finanziaria* durch Art. 17 Abs. 2 des *Gesetzes N. 183 vom 2.5.1976* fügt der Definition des Finanzierungsleasings das Kriterium hinzu, dass der Leasingnehmer alle Risiken der Sache übernimmt. Darunter wird nach allgemeiner Meinung nicht nur das **Risiko des Sachuntergangs** verstanden, sondern auch **Lieferstörungen** sowie **Sachmängelprobleme**. In diesem Sinne wird meist bereits bei der Beschreibung des Finanzierungsleasingvertrages erwähnt, dass der Leasinggeber weder für Sachmängel, noch für einen eventuellen Untergang des Leasingobjektes einzustehen habe.[75] Die Möglichkeit der rechtlichen Verbindung des Kaufvertrages zwischen Leasinggeber und Hersteller bzgl. des Leasingobjektes einerseits und des Leasingvertrages andererseits erlaubt es dem Leasinggeber, dass sämtliche Risiken und Gefahren automatisch auf den Leasingnehmer übergehen. Die italienischen Gerichte haben stets die Rechtsgültigkeit vertraglicher Vorschriften angenommen, in denen sich der Leasinggeber von jeglicher Verantwortung für (auch versteckte) Mängel des Leasingobjektes, für das Fehlen bestimmter Eigenschaften, für eine Spät- oder Nichtlieferung sowie für den Verlust des Leasinggutes vertraglich frei gehalten hat, auch wenn kein Verschulden des Leasingnehmers vorliegt. Als Begründung für die rechtliche Anerkennung solcher **Freizeichnungsklauseln des Leasinggebers** innerhalb der italienischen Rechtsordnung wird meist die tatsächliche Dreipersonenkonstellation des Leasingvertrages genannt, in der der Leasingnehmer das Leasingobjekt beim Hersteller aussucht und der Leasinggeber allein die Finanzierungsfunktion übernimmt. Der Leasinggeber ist danach allein dafür verantwortlich, dass das Leasinggut mit den notwendigen **Bescheinigungen und Genehmigungen** ausgestattet ist.[76]

2. Gewährleistungsrechte

35 Ausgangspunkt der rechtlichen Evaluierung ist die **gegenseitigen Risikoverteilung** innerhalb des Leasingvertrages.[77] Das kaufvertragliche Rücktrittsrecht geht *ex lege* im Falle der vertragswidrigen Lieferung der Leasingsache mit der vertraglich zum Ausgleich der Freizeichnung vielfach vereinbarten „Abtretung aller Rechte und Garantien aus dem Kaufvertrag an den Leasingnehmer" gerade *nicht* auf diesen über.[78] Vielmehr muss der

---

[74] *Kronke* Das Finanzierungsleasing in rechtsvergleichender Sicht, 382 ff., 393.
[75] *Mömken* Der Finanzierungsleasingvertrag über bewegliche Sachen im kaufmännischen Verkehr – eine rechtsvergleichende Untersuchung von Liefer-, Gefahrtragungs- und Sachmängelklauseln in englischen, französischen, italienischen und deutschen AGB, 1989, 76.
[76] *Clarizia* Financial leasing in the Italian experience, in: Eckstein/Feinen Leasing-Handbuch für die betriebliche Praxis, 485.
[77] Siehe hierzu einführend *Kronke* Das Finanzierungsleasing in rechtsvergleichender Sicht, AcP 1990, 382 ff., 398–399; hinsichtlich formularvertraglich verwendeter Klauseln *Mömken* Der Finanzierungsleasingvertrag über bewegliche Sachen im kaufmännischen Verkehr – eine rechtsvergleichende Untersuchung von Liefer-, Gefahrtragungs- und Sachmängelklauseln in englischen, französischen, italienischen und deutschen AGB, 86–107.
[78] App. Firenze 1.7.1981, abgedruckt bei *De Nova* Il contratto di leasing, Zweite Auflage (1985), N. 5, 4.1b, siehe auch die Kommentierung bei *De Nova* Il contratto di leasing, Zweite Auflage (1985), 29; Urteile auch zitiert bei *Kronke* Das Finanzierungsleasing in rechtsvergleichender Sicht, AcP 1990, 382 ff., 398–399.

28. Kapitel. Leasingrecht im Ausland   § 93

Leasingvertrag vorsehen, dass der **Leasingnehmer direkt gegen den Lieferanten** vorgehen kann, und der **Kaufvertrag** muss beinhalten, dass die **Gewährleistungsrechte auf den Leasingnehmer erstreckt werden**. Auf der Basis dieser Regelung kann der Leasingnehmer im Nichtleistungsfall oder bei mangelhafter Leistung die Auflösung von Kaufvertrag und Leasingvertrag verlangen und den Lieferanten auf Erstattung bezahlter Leasingraten als Schadensersatz in Anspruch nehmen. Dem Leasinggeber schuldet der Lieferant Rückzahlung des Kaufpreises plus ggf. Schadensersatz minus erhaltene Leasingraten.[79] Damit wäre das ursprünglich voll beim Leasingnehmer liegende Störungsrisiko vertraglich verteilt und läge bezüglich des den Schadensersatzanspruch betreffenden Zahlungs-, d. h. Insolvenzrisikos primär beim Leasingnehmer, bezüglich der Kaufvertragsabwicklung primär beim Leasinggeber. Ohne eine solche Regelung ist der Leasingnehmer alleiniger Risikoträger und die Nichterfüllung des Lieferanten gibt dem Leasingnehmer kein Recht zur Auflösung des Leasingvertrages. Schadensersatzansprüche gegen den Leasinggeber sind i. d. R. vertraglich ausgeschlossen. Gewährleistungsausschlussklauseln auch härtester Form werden von den italienischen Instanzgerichten überwiegend gebilligt.[80]

3. Die Preisgefahr (die Gegenleistungsgefahr)

Die präzise Verteilung der leasingtypischen Gefahren und Risiken beruht auf der rechtlichen Einordnung des Leasingvertrages. Entsprechend der sich fortentwickelnden gerichtlichen Qualifizierung als atypischer Vertrag i. S. d. Art. 1322 Abs. 2 *Codice civile*, als Dauerschuldverhältnis Finanzierungsvertrag bzw. als Abzahlungs- und Ratenkaufvertrag mit Anwendung des Art. 1526 *Codice civile* wurde eine unterschiedliche Risikoverteilung hinsichtlich der Preisgefahr (Gegenleistungsgefahr) durch die italienische Judikative vorgenommen. 36

a) Die frühere Risikoverteilung nach Unmöglichkeitsregeln. Ursprünglich qualifizierte die italienische Rechtsordnung den Leasingvertrag als atypischen (Innominat-)Vertrag nach Art. 1322 Abs. 2 *Codice Civile*. Diese in der Rechtsdogmatik entwickelte Ausgangslage wirkte sich zunächst dergestalt auf die Bestimmung der **Hauptpflicht des Leasinggebers** aus, dass dieser nicht selbst Lieferung und Überlassung der Leasingsache schuldet, sondern es allein als Pflicht des Leasinggebers angesehen wurde, durch Kaufvertragsabschluss dafür zu sorgen, dass Lieferung und Überlassung des vom Leasingnehmer individualisierten Leasingobjektes geschuldet werden.[81] Basierend auf einem Verständnis des Leasingvertrages als *zweckoffenem Lösungstyp*[82] hat *De Nova* für den Fall einer nicht vertragsgemäßen Lieferung des Herstellers ausgeführt, dass keinesfalls Gewährleistungsfragen hier zu entscheiden seien, sondern vielmehr die Befreiung beider Parteien des Leasingvertrages nach **Unmöglichkeitsregeln** samt Rückerstattung der bereits geleisteten Teilleistungen zu erfolgen habe.[83] Nach der allgemeinen Regel des italienischen Unmög- 37

---

[79] Trib. Milano 28.11. 1983, abgedruckt bei *De Nova* Il contratto di leasing, Zweite Auflage (1985), N. 5, 4.2, siehe auch die Kommentierung bei *De Nova* Il contratto di leasing, Zweite Auflage (1985), 29 ff.; Urteile auch zitiert bei *Kronke* Das Finanzierungsleasing in rechtsvergleichender Sicht, AcP 1990, 382 ff., 398–399.
[80] Trib. Roma 29. 2. 1984, abgedruckt bei *De Nova* Il contratto di leasing, Zweite Auflage (1985), N. 5, 4.3.; 22. 3. 1985, zitiert bei *De Nova* Il contratto di leasing, Zweite Auflage (1985), 30. Nur selten werden hier Schranken gesetzt: Trib. Torino 7. 2. 1983, abgedruckt bei *De Nova* Il contratto di leasing, Zweite Auflage (1985), N. 5, 5.4; Urteile auch zitiert bei *Kronke* Das Finanzierungsleasing in rechtsvergleichender Sicht, AcP 1990, 382 ff., 398–399.
[81] *De Nova* Il contratto di leasing, Zweite Auflage (1985), 27; *Caselli* Leasing: Contratto e impresa (1985), 221.
[82] *Kronke* Das Finanzierungsleasing in rechtsvergleichender Sicht, Archiv für die civilistische Praxis (AcP), Band 190 (1990), 382 ff., 398.
[83] *De Nova* Il contratto di leasing, Zweite Auflage (1985), 27.

§ 93 Fünfter Teil. Leasing als internationale Finanzdienstleistung

lichkeitsrechts des Art. 1463 *Codice civile* kann bei Verträgen mit wechselseitigen Leistungen die wegen nachfolgender Unmöglichkeit der geschuldeten Leistung befreite Partei[84] nicht die Gegenleistung verlangen, sondern hat eine solche, die sie bereits erhalten hat, nach den Vorschriften über die Rückforderung einer Nichtschuld nach Art. 2033 ff. *Codice Civile* zurückzugeben.

38 Diese subtile Systematik gegenseitiger Hauptleistungspflichten und der Verteilung des Risikos der Gewährleistungstragung entspricht jedoch nicht der heutigen Rechtspraxis, die durch den Versuch seitens der Leasinggeber geprägt ist, den Leasingnehmer aufgrund unterschiedlichster terminologischer Konstruktionen innerhalb der allgemeinen Geschäftsbedingungen an seinen Zahlungsverpflichtungen aus dem Leasingvertrag an den Leasinggeber auch dann festzuhalten, wenn eine nichtvertragsgemäße Sachleistung des Lieferanten erfolgte.[85] Rechtsmedium hierfür war nicht nur die Bezeichnung der Parteien als „Mieter" und „Vermieter", „Kreditnehmer" und „Kreditgeber" und dergleichen, sondern auch die Formulierung von inhaltlich auf die speziellen im *Codice Civile* normierten Typenvertragsregelungen abstellenden Klauseln innerhalb der Leasingverträge. Zahlreiche Gerichtsentscheidungen hatten innerhalb der Beurteilung der einzelnen **leasinggeberfreundlichen Klauseln** die Rechtsnatur des Leasingvertrages zu bestimmen.[86]

39 **b) Die Preisgefahr bei rechtlicher Einordnung des Leasingvertrages als Finanzierungsvertrag.** In einer Reihe von Entscheidungen hatten die italienischen Gerichte in diesem Zusammenhang über solche Leasingverträge zu entscheiden, bei denen der Leasingnehmer ein Unternehmer im Sinne des Art. 2082 *Codice civile* war,[87] der den Leasinggegenstand im Rahmen seines Unternehmens nutzte. Die Vertragsdauer entsprach dabei in der Regel der Lebensdauer des Leasinggegenstandes und am Ende der Laufzeit bestand – gegen Entrichtung eines meist nur noch symbolischen Kaufpreises – eine Erwerbsoption für den Leasingnehmer. Die allgemeine Feststellung, dass bereits gezahlte Leasingraten niemals rückforderbar sind, hat der Kassationshof in den bereits zitierten Entscheidungen[88] auf die **Einordnung des Leasingvertrages als „Dauerschuldverhältnis Finanzierungsvertrag"** im Sinne der Ausnahme des Art. 1458 Abs. 1 *Codice civile* gestützt. Die Aufhebung des Vertrages wegen Nichterfüllung entfaltet zwischen den Parteien in solchen Vertragskonstellationen keine rückwirkende Kraft, die auf dauernde oder regelmäßig wiederkehrende Durchführung gerichtet sind und hinsichtlich derer sich die Wirkung der Aufhebung nicht auf die bereits erbrachten Leistungen erstreckt. Demzufolge entfaltet die Vertragsauflösung wegen Nichterfüllung bei Dauerschuldverhältnissen bezüglich der bereits erbrachten Leistungen ausnahmsweise keine Rückwirkung. Im Ergebnis hatte der Kassationshof[89] somit in Fällen der genannten Art bislang weder die abzah-

---

[84] Die Verbindlichkeit erlischt nach Art. 1256 Abs. 1 *Codice Civile*, wenn aus einem vom Schuldner nicht zu vertretenden Grund die Leistung unmöglich wird.

[85] Zu einer konkreten Kontrolle einzelner vorformulierter Klauseln typischer Leasingvertragskonstellationen speziell hinsichtlich Liefer-, Gefahrtragungs- und Sachmängelklauseln im italienischen Recht im Vergleich zur deutschen Rechtsprechung siehe *Mömken* Der Finanzierungsleasingvertrag über bewegliche Sachen im kaufmännischen Verkehr – eine rechtsvergleichende Untersuchung von Liefer-, Gefahrtragungs- und Sachmängelklauseln in englischen, französischen, italienischen und deutschen AGB, 86–107.

[86] *Kronke* Das Finanzierungsleasing in rechtsvergleichender Sicht, AcP 1990, 382 ff., 398.

[87] Nach Art. 2082 *Codice civile* ist derjenige Unternehmer, der berufsmäßig eine organisierte wirtschaftliche Tätigkeit zum Zweck der Produktion oder des Austausches von Gütern oder von Dienstleistungen ausübt.

[88] Cass. 6. 5. 1986, Nr. 3023, Giur. it. 1987, I, 243 (Anm. *A. L. Santini, Barbiera, Clarizia*) = Nuova Giur. civ. comm. 1986, I, 577 (Anm. *Zeno-Zencovich*) = Il Corriere Giuridico 1986, 854 (Anm. *Schlesinger*); 26. 11. 1987, Nr. 8766, Foro it. 1988, I, 2329 (Anm. *Zeno-Zencovich*) = Giur. it. 1988, I, 555 (Anm. *De Nova*), Urteile auch zitiert bei *Kronke* Das Finanzierungsleasing in rechtsvergleichender Sicht, AcP 1990, 382 ff., 390.

[89] Cass., 15. 10. 1988, Nr. 5623, Riv. it. leasing 1988, 688 m. w. N.

lungskaufvertragliche Vorschrift des Art. 1526 *Codice civile* mangels Qualifikation des Leasings als Abzahlungskaufvertrag,[90] noch die finanzierungsvertragliche Bestimmung des Art. 1458 Abs. 1 *Codice civile* angewandt. Jene Vorschrift bestimmt im Falle einer Vertragsauflösung grds. die Rückwirkung. Sie kann jedoch in Fällen des Leasings nicht Grundlage der Rückabwicklung sein, weil die Regelung solche Verträge, deren Ausführung in fortgesetzten oder regelmäßig wiederkehrenden Leistungen besteht, ausdrücklich von ihrem Anwendungsbereich ausnimmt. Der Leasinggeber konnte somit die bereits geleisteten Zahlungen behalten und darüber hinaus das Leasinggut zurückverlangen.

c) Die Preisgefahr bei rechtlicher Einordnung des Leasingvertrages als Abzahlungs- und Vorbehaltskauf. Etwas anderes soll nach den berichteten Entscheidungen des höchsten italienischen Zivilgerichts[91] jedoch dann gelten, wenn nach Ablauf des Vertrages das Gut noch einen erheblichen Wert darstellt und der Leasingnehmer es unter Anrechnung der bisherigen Zahlungen auf den Kaufpreis erwerben kann. In den bereits genannten sechs Aufsehen erregenden Entscheidungen vom 13. 12. 1989 hat die *Corte di Cassazione* auf die seitens eines Teils der Doktrin eindringlich erhobenen Bedenken reagiert und eingeräumt, in bestimmten Fallgestaltungen sei die **Anwendung der den Abzahlungskauf regelnden Norm des Art. 1526 *Codice civile***, d. h. Rückzahlung der geleisteten Raten minus Nutzungsentschädigung, die angemessene Lösung.[92] Im Wege dieser Urteilsfindung schuf der Kassationshof damit eine völlig neue Kategorie von Finanzierungsleasingverträgen (*locazione finanziaria*), die den abzahlungsrechtlichen Vorschriften unterliegen.[93] Art. 1526 *Codice civile* beschränkt somit im Falle der Auflösung des Kaufvertrages durch den Verkäufer wegen Nichterfüllung durch den Käufer (entsprechend der früheren Einordnung des Leasingvertrages als „*Dauerschuldverhältnis Finanzierungsvertrag*" im Sinne des Art. 1458 *Codice civile*) die Ansprüche des Verkäufers auf Ersatz des angefallenen Schadens und eine billige Entschädigung für den Gebrauch der Sache. Die empfangenen Teilzahlungen und die Kaufsache selbst sind indessen wechselseitig zurückzuerstatten. Somit überwiegt bei dieser Fallgestaltung auch nach der Auffassung des italienischen Kassationshofs das kaufvertragliche Element, womit die soeben dargestellte Regelung im Falle der Nichterfüllung durch den Leasingnehmer zu dessen Gunsten eingreift: Er kann gem. Art. 1526 Abs. 1 *Codice civile* die geleisteten Teilzahlungen zurückverlangen und schuldet lediglich die genannte Nutzungsentschädigung sowie Schadensersatz. In diesem Zusammenhang wurde auch ein möglicher Einwand, dass die Verzugszinsregelung im Leasingvertrag gegen das Zinseszinsverbot in Art. 1283 *Codice civile* verstoße, von der *Corte di Cassazione* nicht geteilt. Die Leasingraten seien in erster Linie als Gegenleistung für die Nutzung des Leasingguts geschuldet. Dass bei ihrer Berechnung neben dem vom Leasinggeber aufgewendeten Kaufpreis auch seine Verwaltungskosten sowie die Gewinnspanne einschließlich der Eigenkapitalverzinsung einfließen, habe insoweit keine selbständige Bedeutung. Der Kassationshof sah hingegen eine Klausel in einem auf Eigentumsübertragung gerichteten Leasingvertrag als nichtig an, die eine Vertragsstrafe beinhaltet und dabei die Art. 1384 *Codice civile* (Herabsetzung der Vertragsstrafe) und Art. 1526 *Codice civile*, der in Abs. 2 eine gerichtliche Herabsetzung der Entschädigung bei Aufhebung des Vertrages vorsieht, ausschließt.[94]

---

[90] Danach hat der Verkäufer in dem Fall, in dem die Aufhebung des Vertrages wegen Nichterfüllung durch den Käufer erfolgt, die bereits empfangenen Raten gegen billige Entschädigung für den Gebrauch der Sache sowie den Ersatz des entstandenen Schadens zurückzugeben.
[91] Vgl. bereits oben, II. 2. f).
[92] Corte di Cassazione, 13. 12. 1989, Nrn. 5569–5574, Giur. ital: 1990, I, 1, 741.
[93] Die Entscheidungen der Corte di Cassazione, 13. 12. 1989, Nrn. 5569–5574, Giur. ital: 1990, I, 1, 741, wurden knapp kommentiert bei *Kindler* Italienische Rechtsprechung zum Handels- und Wirtschaftsrecht, RIW, 834 ff., 836.
[94] Corte di Cassazione, 29. 3. 1996, Nr. 2909, Foro it. 1996, I, 1621, zitiert bei *Kaiser* Italienische Rechtsprechung zum Handels- und Wirtschaftsrecht, RIW 1997, 513 ff., 515–516.

41 Rechtspolitisch bedeuten die genannten Entscheidungen ein erstes Eingehen auf die von vielen erhobene **Forderung nach Äquivalenzprüfung auch italienischer Leasingverträge**.[95] In diesem Zusammenhang ist darauf hinzuweisen, dass in Italien eine Äquivalenzprüfung in Bezug auf den Leasingvertrag vor Erlass der genannten Entscheidungen noch überhaupt nicht stattgefunden hatte, obwohl sich Italien immerhin seit Inkrafttreten des *Codice civile* von 1942 als Pionier der AGB-Kontrolle erwiesen hat, vgl. Art. 1341 *Codice civile*.[96] Eine dergestalt verstandene Äquivalenzkontrolle ermöglicht es jedoch gerade auch für den italienischen Rechtskreis, als wirtschaftlichen Zweck des Leasingvertrages die Finanzierung einer Investitionsentscheidung anzuerkennen.[97] Die speziell in Italien formulierten Rahmenabkommen zwischen Leasinggesellschaften und Industrie können damit nach Ansicht *Kronkes* als Erklärungsfunktion für die genannte italienische Äquivalenzkontrolle, Risikoallokation und Behandlung des Leasinggebers als Verkäufer angesehen werden: Zum einen sind sie eine schlichte Reaktion darauf, dass Leasinggeber auch in Italien in den Formularverträgen die Angabe ihrer eigenen Hauptleistungspflichten vielfach unterlassen und noch nicht einmal eine Bemühensverpflichtung eingehen. Zum anderen wird die wirtschaftliche Privilegierung der Leasinggeber gegenüber Verkäufern bzw. Vermietern (mit höherem Investitionsrisiko) wohl solange nicht akzeptiert, wie diese nicht als reine Finanzdienstleistungsunternehmen erkannt werden (und ggf. so wie in Frankreich und Spanien als solche reguliert sind). Schließlich mag der Leasinggeber sich selbst zwar nicht als „Verkäufer" sehen (u. U. auch vom Leasingnehmer nicht als solcher gesehen werden) und erscheint gleichwohl – etwa aus der Sicht des Lieferanten oder der Volkswirtschaft insgesamt –, wenn nicht als Glied in der Distributionskette, so doch als spezialisierter Dienstleister im Absatzinteresse.

42 **d) Differenzierung der *Corte die Cassazione* zwischen dem Gebrauchsleasing und dem Leasing mit dem Ziel der Eigentumsübertragung.** In der Folge hatte die *Corte di Cassazione* erneut über die Vertragsauflösung wegen Nichterfüllung beim Finanzierungsleasing zu entscheiden.[98] In dieser Entscheidung wurde erneut darauf hingewiesen, dass die Nichterfüllung der Pflichten aus dem Finanzierungsleasingvertrag von Seiten des Leasingnehmers durchaus unterschiedliche Folgen auslösen kann, je nachdem, ob es sich um ein **Gebrauchsleasing** oder um ein **Leasing mit dem Ziel der Eigentumsübertragung** handelt. Im ersten Fall findet die Regel des Art. 1458 *Codice civile* Anwendung mit der Folge, dass der Leasinggeber die bereits bezahlten Leasingraten behalten darf, während im zweiten Fall die Vorschrift des Art. 1526 *Codice civile* anwendbar ist und der Leasinggeber verpflichtet ist, die erhaltenen Leasingraten zurückzuzahlen, unbeschadet des Anspruchs auf Zahlung einer Nutzungsentschädigung. Die wichtige Entscheidung der Vereinten Zivilsenate bestätigt damit die Unterscheidung zweier Typen des Finanzierungsleasings und die damit verbundenen unterschiedlichen Folgen im Falle von Leistungsstörungen.[99]

---

[95] *Mömken* Der Finanzierungsleasingvertrag über bewegliche Sachen im kaufmännischen Verkehr – eine rechtsvergleichende Untersuchung von Liefer-, Gefahrtragungs- und Sachmängelklauseln in englischen, französischen, italienischen und deutschen AGB, 85; *Kronke* Das Finanzierungsleasing in rechtsvergleichender Sicht, AcP 1990, 382 ff., 406.

[96] Vgl. Auch *Calvo* I singoli contratti – Casi e problemi, Giappichelli Editor, Torino (2004), 180–186.

[97] *Kronke* Das Finanzierungsleasing in rechtsvergleichender Sicht, AcP 1990, 382 ff., 390.

[98] Corte di Cassazione, Sez. un., 7. 1. 1993, Nr. 65, Foro it., 1994, I, 177 mit Anm. *Vacchiano* zitiert bei *Kaiser*, Italienische Rechtsprechung zum Handels- und Wirtschaftsrecht, RIW 1995, 512 ff., 514.

[99] Cass., 13. 12. 1989, Nr. 5570, Foro it., Rep. 1990, Stichwort: Fallimento, Nr. 499, 532; Nr. 5569, 5571, 5574, Foro it., Rep. 1990, Stichwort: Contratto in genere, Nr. 200, 199, 196; Nr. 5572, 5573, Foro it., 1990, 1, 461. Im Anschluss an das berichtete Urteil der Vereinten Zivilsenate: Cass., 24. 8. 1993, Nr. 8916, Foro it., Rep. 1993, Stichwort: Contratto in genere, Nr. 241; Cass., 22. 3. 1994, Foro it., Mass., 236; Urteile zitiert bei *Kaiser* Italienische Rechtsprechung zum Handels- und Wirtschaftsrecht, RIW 1995, 512 ff., 514.

Bei der gerichtlichen Instrumentalisierung der genannten Unterscheidung wurde jedoch in der Folge schnell die **Frage nach der Abgrenzung des** *Leasings mit dem Ziel der Eigentumsübertragung* **vom** *Gebrauchsleasing* aufgeworfen.[100] Die Vereinten Zivilsenate haben mit der vorgenannten Entscheidung[101] die Weichen für zwei Typen des Finanzierungsleasings gestellt. Nun ergab sich das Problem, ob ein Finanzierungsleasingvertrag, der es dem Leasinggeber ermöglicht, die Leasingsache nach Ablauf der Nutzungszeit gegen Zahlung eines Ablösebetrags zu erwerben, als Leasing mit dem Ziel der Eigentumsübertragung zu qualifizieren sei. Der Kassationsgerichtshof erkannte, dass es zum Zweck der Feststellung des Ziels der Eigentumsübertragung beim Finanzierungsleasing nicht ausreichend sei, dass der Wert der Leasingsache am Ende der Laufzeit über dem Preis für die Ablösung liege, sondern es vielmehr zur Qualifizierung des Vertragstyps als Gebrauchsleasing oder als Leasing mit dem Ziel der Eigentumsübertragung erforderlich sei, den Willen der Parteien zu erforschen, wie er sich bei Abschluss des Vertrags manifestiert habe.

4. Die Übertragung des Lieferrisikos auf den Leasingnehmer

Abschließend erscheint noch eine Entscheidung der *Corte di Cassazione* aus dem Jahre 1996[102] hinsichtlich der **Übertragung des Lieferrisikos auf den Leasingnehmer** zitierwürdig. Nach der Rechtsprechung ist es rechtlich zulässig, im Vertrag über das Finanzierungsleasing eines Kraftfahrzeugs eine Klausel einzufügen, die dem Leasingnehmer das Lieferrisiko überträgt. Das Lieferrisiko ist das Risiko, zur Gegenleistung verpflichtet zu sein, obwohl die Leistung der Leasingsache vor Übergabe ohne Verschulden einer Vertragspartei unmöglich wird. Im vorliegenden Fall hatte die Leasinggesellschaft vor Übergabe des Fahrzeugs an den Leasingnehmer den Kaufpreis an den Lieferanten gezahlt. Das Fahrzeug wurde nie übergeben und der Lieferant fiel später in Konkurs. Der Leasinggeber trat aufgrund einer ausdrücklichen Auflösungsklausel vom Leasingvertrag zurück und verlangte vom Leasingnehmer Zahlung des valutierten Kaufpreises. Mit der Klage hatte der Leasinggeber Erfolg. Der beklagte Leasingnehmer verteidigte sich u. a. mit dem Argument, der Kläger habe fahrlässig gehandelt, weil er den Kaufpreis vor der Übergabe valutiert hatte. Das Gericht verneinte jedoch die Fahrlässigkeit, weil der Leasinggeber insofern vertragsgemäß handelte und auch nicht vorgetragen wurde, dass Anzeichen zur Vorsicht bestanden haben.

V. Die Beendigung des Leasingvertrages

Am Vertragsende hat der Leasingnehmer je nach konkreter Vertragsgestaltung die Wahl zwischen der Rückgabe der Sache, der Vertragsfortsetzung zu sehr reduzierten Raten oder dem Erwerb des Gegenstandes zu einem vorher vereinbarten Optionspreis.[103] Spezielle Fragen der Beendigung des Leasingvertrages weisen soweit ersichtlich keine italienspezifische Eigenheiten auf, die besondere höchstgerichtliche Beachtung gefunden haben.

---

[100] Corte di Cassazione, 22. 1. 1994, Nr. 1731, Foro it., 1994, I, 3477 mit Anm. *Bellantuono* zitiert bei *Kaiser*, Italienische Rechtsprechung zum Handels- und Wirtschaftsrecht, RIW 1995, 512 ff., 514.

[101] Corte di Cassazione, Sez. un., 7. 1. 1993, Nr. 65, Foro it., 1994, I, 177 mit Anm. *Vacchiano* zitiert bei *Kaiser* Italienische Rechtsprechung zum Handels- und Wirtschaftsrecht, RIW 1995, 512 ff., 514.

[102] Corte di Cassazione aus dem Jahre 1996, 2. B. 1995, Nr. 8468, Foro it., 1996, I, 164, mit Anm. Lener, zitiert bei *Kaiser* Italienische Rechtsprechung zum Handels- und Wirtschaftsrecht, RIW 1997, 74 ff., 74.

[103] *Mömken* Der Finanzierungsleasingvertrag über bewegliche Sachen im kaufmännischen Verkehr – eine rechtsvergleichende Untersuchung von Liefer-, Gefahrtragungs- und Sachmängelklauseln in englischen, französischen, italienischen und deutschen AGB, 76.

VI. Zwangsvollstreckung und Insolvenz

46 Innerhalb des italienischen Insolvenzrechts wurden mehrere Versuche unternommen, das Finanzierungsleasing zusammen mit dem Leasing-Insolvenzrecht zu normieren.[104] Allgemein herrscht in Italien ein auf Liquidation ausgerichtetes Konkursverfahren, das sich nach dem Konkursgesetz (*legge fallmentare, legg. fall. it.*) aus dem Jahre 1942 richtet.[105] Judikatives Interesse erlangte innerhalb der italienischen Rechtsordnung vor allem die **Insolvenz des Leasingnehmers**.[106]

47 In Italien fehlen besondere Rechtsvorschriften innerhalb des Insolvenzrechts über das Finanzierungsleasing,[107] sodass sich auch innerhalb der Lehre und Praxis entsprechend den Ausführungen zur rechtlichen Einordnung des Leasingvertrages die Frage stellt, inwiefern auf das Finanzierungsleasing die besonderen insolvenzrechtlichen Bestimmungen über Nominatkontrakte, inwiefern die allgemeinen Regeln und inwiefern eine eigene, auf das Finanzierungsleasing angepasste Regelung angewendet werden sollen.[108] Um den **Interessen der Gläubigergemeinschaft** gerecht zu werden, gestattet die italienische Insolvenzordnung am Vertrag festzuhalten, wobei der Insolvenzverwaltung oder dem Gemeinschuldner eine beschränkte Verfügungsmacht über sein Vermögen belassen wird. Der Vertrag entfaltet jedoch dann keine Wirkungen mehr, wenn die Insolvenzverwaltung oder der Gemeinschuldner nicht erklären, dass sie am Vertrag festhalten wollen.[109] Die Insolvenzverwaltung hat unter bestimmten Bedingungen die Möglichkeit, den Vertrag unter Einhaltung der gesetzlichen oder vertraglichen Kündigungsfristen aufzulösen.[110] Der Leasinggeber hat ein berechtigtes Interesse daran, dass der Vertrag entweder so erfüllt wird, wie ursprünglich vereinbart, oder nicht darüber im Ungewissen gelassen zu werden, ob der Vertrag weiter erfüllt werden soll oder nicht. Um diesen Zustand zu beseitigen, wird dem Vertragspartner das Recht eingeräumt, die Insolvenzverwaltung zu einer Erklärung aufzufordern. Wird von dieser die Erklärung, ob sie den Vertrag weiterführen werde oder nicht, nicht rechtzeitig abgegeben, so gilt der Vertrag als aufgelöst.[111]

---

[104] Projekt Visentini aus dem Jahre 1981, wiedergegeben bei *Apice*, Il contratto di leasing nelle procedure concorsuali, Milano (1991), 406 ff.; Projekt Schlesinger aus dem Jahre 1980, wiedergegeben bei *Apice*, Il contratto di leasing nelle procedure concorsuali, Milano (1991), 401 ff.; Projekt De Carolis aus dem Jahre 1977, wiedergegeben bei *Apice*, Il contratto di leasing nelle procedure concorsuali, Milano (1991), 400 ff.

[105] R. D. vom 16. 3. 1942 n. 267. *Disciplina del fallimento, del concordato preventivo, dell'amministrazione controllata e della liquidazione coatta amministrativa*, Gazetta Ufficiale vom 6. 4. 1942, n. 81. Eine umfassende Übersicht über die reiche italienische Rechtsprechung der vergangenen Jahre geben *De Nova* Il contratto di leasing, 101–514 und *Apice*, Il contratto di leasing nelle procedure concorsuali, Milano (1991). Für eine deutsche systematische Kommentierung siehe auch *Girsberger* Grenzüberschreitendes Finanzierungsleasing, Beiträge zum ausländischen und internationalen Privatrecht, 1997, 293–393.

[106] In Italien sind allein Gerichtsentscheide die Insolvenz des Leasingnehmers betreffend zahlreich. Es gibt praktisch keine Präjudizien mit Bezug auf die Insolvenz des Leasinggebers, vgl. *Apice* Il contratto di leasing nelle procedure concorsuali, Milano (1991), 42, der in Fn. 5 eine einzige Ausnahme nennt, und *De Nova* Il contratto di leasing, 54–55, 342 ff. (Trib. Di Napoli, 22. 1. 1992, Il Fallimento 1992, 1040).

[107] Vgl. hierzu und zum Folgenden *Girsberger* Grenzüberschreitendes Finanzierungsleasing, Beiträge zum ausländischen und internationalen Privatrecht, Band 61, Mohr Siebeck, Schulthess Polygraphischer Verlag, Zürich (1997), 293–393.

[108] *De Nova* Nuovi Contratti, Torino, 22 m. w. N. in Fn 76.

[109] Art. 72 *legg. fall. it.*

[110] Art. 80 Abs. 2 *legg. fall. it.* (beschränkt auf Immobilienmiete).

[111] Art. 72 Abs. 3 *legg. fall. it.*

28. Kapitel. Leasingrecht im Ausland § 93

1. Fortführung des Leasingvertrages nach Verfahrensbeginn

Das italienische Insolvenzgesetz enthält besondere Regeln für das Eintrittsrecht in spe- 48
zielle Vertragstypen.[112] Formell wird nach Art. 72 Abs. 2, 73 *legg. fall. it.* zur Fortführung
von zweiseitigen Verträgen eine Erklärung des Insolvenzverwalters mit Genehmigung
des zuständigen Richters verlangt.[113] Materiell setzt das **Eintrittsrecht des Insolvenzverwalters** allgemein einen nicht vollständig erfüllten zweiseitigen Vertrag sowie das
Andauern des Vertragsverhältnisses voraus. Besonders ist eine ausführliche Regelung des
Eintrittsrechts in Veräußerungsverträgen normiert.[114] Gerät der Käufer in Konkurs und ist
der Kaufvertrag von beiden Vertragsparteien noch nicht vollständig erfüllt, so hat der
Verkäufer das Recht, seine Leistung zu erbringen und die Forderung auf Zahlung des
Kaufpreises im Insolvenzverfahren geltend zu machen.[115] Dies gilt auch für Dauerverträge
wie Sukzessivlieferungskäufe und andere Verträge, die eine periodische Leistung zum
Gegenstand haben, sowie für Terminkäufe und Abzahlungsverträge (Art. 72 *legg. fall. it.*).
Bei Sukzessivlieferungskäufen und weiteren Verträgen, in denen der Gemeinschuldner
Teilleistungen für eine Gesamtleistung des Vertragspartners schuldet,[116] kann die Insolvenzverwaltung aber nur dann in den Vertrag eintreten, wenn sie außerdem den Preis für
die bereits erfolgten Lieferungen bezahlt.[117]

Bei Teilzahlungsgeschäften kann der Veräußerer im Konkurs des Erwerbers für die aus- 49
stehenden Teilleistungen **Sicherheit** verlangen, wenn der Konkursverwalter nicht sofort
den ganzen ausstehenden Preis abzüglich eines Diskonts bezahlt.[118] Bei Veräußerungsgeschäften soll dadurch den verschiedenen Arten von Dauerverträgen Rechnung getragen
werden. Angesichts der Unsicherheit über die rechtliche Einordnung des Finanzierungsleasingvertrages ist jedoch umstritten, unter welchen Voraussetzungen die Bestimmungen
über die Sicherheitsleistung bei Termin- und Abzahlungskäufen auf Finanzierungsleasingverträge anwendbar sind und ob die Regelung über die Bezahlung der rückständigen
Teilleistungen beim Sukzessivlieferungsvertrag Anwendung findet.[119]

Nach dem italienischen Konkursgesetz kann die Insolvenzverwaltung im Falle des 50
Konkurses des **Mieters von Immobilien** jederzeit gegen eine privilegierte Entschädigung des Vermieters vom **Vertrag zurücktreten** (Art. 80 *legg. fall. it.*), nicht aber von
anderen Dauerverträgen wie Sukzessivlieferungs- oder Abzahlungsgeschäften. Entsprechend der rechtlichen Einordnung des Finanzierungsleasingvertrages als Abzahlungsvertrag hat die Eröffnung des Insolvenzverfahrens weder eine automatische Vertragsbeendi-

---

[112] Rechtsregeln für das Eintrittsrecht sind: Teilzahlungsverträge (Art. 73 *legg. fall. it.*), Sukzessivlieferungsverträge (Art. 74 *legg. fall. it.*), Mietverträge (Art. 80 *legg. fall. it.*) und Pachtverträge (Art. 81 *legg. fall. it.*).

[113] Der Vertragspartner des Insolvenzverwalters kann durch den Richter eine Frist von acht Tagen ansetzen lassen, nach deren unbenütztem Ablauf der Vertrag als aufgelöst gilt.

[114] Ausführlich, auch in rechtsvergleichender Sicht, hierzu und zum Folgenden *Girsberger* Grenzüberschreitendes Finanzierungsleasing, Beiträge zum ausländischen und internationalen Privatrecht, 1997, Rdn. 557, 304.

[115] Macht er von diesem Recht keinen Gebrauch, bleibt die Erfüllung des Vertrages so lange ausgesetzt, bis der Konkursverwalter – mit Genehmigung des Richters – entweder erklärt, dass er anstelle des Gemeinschuldners in den Vertrag eintritt und alle Verpflichtungen des Käufers übernimmt, oder, dass der Vertrag aufgelöst ist (Art. 72 Abs. 2 *legg. fall.*). Vgl. *Girsberger* Grenzüberschreitendes Finanzierungsleasing, Beiträge zum ausländischen und internationalen Privatrecht, 1997, Rdn. 557, 304.

[116] Vgl. Art. 74 *legg. fall. it.*, der jedoch nur Abs. 2–4 von Art. 72 *legg. fall. it.* für anwendbar erklärt.

[117] Vgl. *Girsberger* Grenzüberschreitendes Finanzierungsleasing, Beiträge zum ausländischen und internationalen Privatrecht, 1997, Rdn. 557, 304.

[118] Art. 73 Abs. 1 *legg. fall. it.*

[119] Vgl. z. B. Tribunale Vicenza, 10. 11. 1984, teilweise wiedergegeben bei *Apice*, Il contratto di leasing nelle procedure concorsuali, Milano (1991), 70–71.; *Bibolini* Dieci anni di giurisprudenza della Cassazione dul leasing, Riv. It. Leasing (1993), 536.

gung noch eine automatische Fortführung des Vertrages zur Folge.[120] Rechtsprechung und Lehre in Italien haben sich somit gegen eine analoge Anwendung der Vorschrift über Mietverträge auf das Finanzierungsleasing ausgesprochen.[121]

51   In Italien ist die Insolvenzverwaltung zur **Sicherstellung der gesamten vereinbarten Zahlungen** verpflichtet.[122] Auflösungs- oder Kündigungsklauseln sind unwirksam.[123] Das höchste Gericht hielt fest, dass nach Eröffnung des Konkurses über den nicht erfüllenden Schuldner die Auflösung des Vertrages auch dann nicht verlangt werden könne, wenn eine entsprechende auflösende Bedingung im Vertrag vereinbart sei, es sei denn, die Auflösung aufgrund dieser Bestimmung sei bereits vor der Konkurseröffnung erklärt worden.

52   Hinsichtlich der **Haftung für ausstehende Leasingraten** wird im italienischen Insolvenzgesetz die Pflicht zur Zahlung einer Leasingrate als Teil einer Gesamtverpflichtung angesehen. Analog zur Zahlung einer Rate des Kaufpreises bei einem Abzahlungskauf oder einem Sukzessivlieferungsvertrag ist davon auszugehen, dass mit der Eintrittserklärung sämtliche (d. h. zukünftige und bereits früher fällige) Leasingzinsen zu Masseschulden werden, die vorweg aus der Liquidationsmasse zu befriedigen sind.[124]

2. Keine Fortführung des Leasingvertrages

53   Lehnt die Insolvenzverwaltung es ab, einen Leasingvertrag weiter zu erfüllen, gilt der Vertrag als aufgelöst.[125] Eine Liquidation des Vertrages erfolgt auch aufgrund einer Anfechtung.[126]

54   **a) Durchsetzung des dinglichen Rechts am Leasinggut.** Auch innerhalb des italienischen Insolvenzrechts wird dem Interesse des Leasinggebers entsprochen, ein Leasinggut mit Wiederverkaufs- oder Nutzungswert auszusondern oder diesbezüglich ein sonstiges Insolvenzprivileg geltend zu machen.

55   Voraussetzung ist zunächst eine **dingliche Rechtsposition**. Das italienische Recht nennt einzelne Aussonderungstatbestände, die deutlich machen, dass das zivilrechtliche Eigentum grundsätzlich zur Rücknahme berechtigt. Auch das italienische Konkursgesetz spricht von Rückforderungsansprüchen von Mobilien gegen den besitzenden Gemeinschuldner,[127] ohne auf die Voraussetzungen einer Rückforderung im einzelnen einzugehen.[128] Weitere Voraussetzung ist die **Beendigung des Leasingvertrages**. Dies wird in

---

[120] Corte d'appello di Firenze, 16. 6. 1981.
[121] Corte d'appello di Firenze, 5. 2. 1980, Il Fallimento 1980, 501.
[122] Art. 73 Abs. 1 *legg. fall. it.*
[123] Entscheidung der Corte di Cassazione vom 9. 12. 1982 n. 6713, zitiert bei *Girsberger* Grenzüberschreitendes Finanzierungsleasing, Beiträge zum ausländischen und internationalen Privatrecht, 1997, Rdn. 587, Fn. 109, 322.
[124] *Apice*, Il contratto di leasing nelle procedure concorsuali, Milano (1991), 77 in Analogie zur konkursgesetzlichen Regelung über Sukzessivlieferungsverträge, Art. 74 Abs. 2 *legg. fall. it.*
[125] Corte d'appello di Firenze, 16. 6. 1981, zitiert bei *Apice*, Il contratto di leasing nelle procedure concorsuali, Milano (1991), 67 ff., 69.
[126] Vgl. die Entscheidung Trib. di Asti, 28. 11. 1986, Fall. Rocchi c. Filea Spa., teilweise wiedergegeben bei *Apice*, Il contratto di leasing nelle procedure concorsuali, Milano (1991), 73 ff. Das Gericht wies darauf hin, dass der Leasingvertrag bereits vor Eröffnung des Verfahrens aufgelöst worden war, weil der Vertrag eine Auflösungsklausel enthielt und der Leasingnehmer das Leasingobjekt bereits an die Leasinggesellschaft zurückgegeben hatte. Dennoch überprüfte das Gericht die von den Parteien vollzogene Liquidation unter dem Aspekt der insolvenzrechtlichen Anfechtung (Art. 67 *legg. fall.*) und nahm eine Abwägung zwischen dem Grundsatz der Vertragsfreiheit und dem Grundsatz der Gleichbehandlung der Insolvenzgläubiger vor. Vgl. *Girsberger* Grenzüberschreitendes Finanzierungsleasing, Beiträge zum ausländischen und internationalen Privatrecht, 1997, Fn. 207, 344.
[127] Vgl. Art. 103 *legg. fall. it.*
[128] Vgl. zu einem Fall von Finanzierungsleasing die Entscheidung der *Cass.* 11. 12. 1990, n. 11792, Riv. it. leas. 1990, 457 ff., in der bei Überprüfung des zivilrechtlichen Eigentums einer Leasinggesell-

28. Kapitel. Leasingrecht im Ausland   § 93

der italienischen Rechtsordnung damit begründet, dass eine Sache, die sich mit Willen des rechtmäßigen Besitzers im (abgeleiteten) Besitz eines anderen befindet, vom ursprünglichen Besitzer nur und erst dann zurückgefordert werden kann, wenn der Vertrag und damit das Besitzrecht des andern beendet ist.[129]

Die **Ausübung des dinglichen Rechtes** wird im Rahmen des Insolvenzverfahrens 56 aufgrund eines besonderen Verfahrens ausgeübt.[130] Von der Zuordnung des Finanzierungsleasingvertrages zu einem bestimmten Vertragstyp ist für den Leasinggeber von Interesse, welche **beweisrechtlichen Anforderungen** an den Nachweis gestellt werden, den die Leasinggesellschaft zu erbringen hat. Dieser hängt eng mit den zivilrechtlichen Formvorschriften zusammen, da sich im italienischen Recht die Art des Beweises nach der rechtlichen Einordnung des Leasingvertrages richtet.[131]

b) **Entschädigungsansprüche des Leasinggebers.** Entschädigungsansprüche des Lea- 57 singgebers können entstehen, weil der Leasingvertrag ohne Verschulden des Leasinggebers nicht so wie ursprünglich vereinbart weiter erfüllt werden kann. Denkbar sind Ansprüche hinsichtlich der **Leasingraten**, da dem Leasinggeber eine privilegierte Forderung für fällige Leasingzinsen zusteht. In Italien wird der Leasingvertrag jedoch nicht als Dauervertrag betrachtet, bei dem sich jederzeit gleichwertige Leistungen gegenüberstehen. Deshalb bestehen auch keine Ansprüche des Leasinggebers gegen die Insolvenzverwaltung für die Zeit nach der Verfahrenseröffnung.[132]

c) **Liquidation von Veräußerungsverträgen.** In Italien bestehen zwingende Regeln 58 über die **Liquidation von Veräußerungsverträgen**. Dabei spielt die Unterscheidung bei der rechtlichen Einordnung des Finanzierungsleasingvertrages eine entscheidende Rolle: In Fällen des „leasing tradizionale" ist Art. 1458 *Codice civile* mit der Folge anwend-

---

schaft dieses bejaht wurde, weil das Eigentum frühestens zum Zeitpunkt der Optionsausübung auf den Leasingnehmer übergehe. Die Entscheidung ist zitiert bei *Girsberger* Grenzüberschreitendes Finanzierungsleasing, Beiträge zum ausländischen und internationalen Privatrecht, 1997, Fn. 212, 345.

[129] *Girsberger* Grenzüberschreitendes Finanzierungsleasing, Beiträge zum ausländischen und internationalen Privatrecht, 1997, Fn. 212, 345, der sich auf die Entscheidung der Corte d'appello di Firenze vom 16.6.1981 (Locafit Spa. c. Fallimento Speed Software House Spa.) beruft, teilweise wiedergegeben bei *Apice,* Il contratto di leasing nelle procedure concorsuali, Milano (1991), 216; *De Nova* Nuovi Contratti, Torino, 229; *Bibolini* Dieci anni di giurisprudenza della Cassazione sul leasing, Riv. it. Leasing (1993), 536.

[130] Art. 103 *legg. fall. it.,* der auf das Verfahren gemäß Art. 93–102 verweist. *La Torre,* La rivendica dei beni concessi in leasing in caso di fallimento dell'utilizzatore, Riv. it. Leasing (1991), 301–303, weist darauf hin, dass das dingliche Recht der Leasinggesellschaft als „diritto reale mobiliare" gemäß Art. 89 *legg. fall. it.* in den Kollokationsplan aufgenommen werden müsse, aber dann zu einem „diritto dei creditori" werde, wenn das Leasingobjekt sich im Zeitpunkt der Verfahrenseröffnung nicht mehr im Besitz des Gemeinschuldners befinde und nicht wieder beschafft werden könne. In einem solchen Fall hat die Leasinggesellschaft eine Masseforderung im Umfang des Wertes, den das Leasingobjekt zum Zeitpunkt der Verfahrenseröffnung hatte (Art. 79 *legg. fall. it.*), vgl. *Girsberger,* Grenzüberschreitendes Finanzierungsleasing, Beiträge zum ausländischen und internationalen Privatrecht, 1997, Fn. 245, 352.

[131] Wird der Leasingvertrag wie ein Abzahlungs- und Vorbehaltskauf qualifiziert, so hat die Leasinggesellschaft zum Beweis ihres Rechtes einen schriftlichen Leasingvertrag vorzulegen, aus dem eine „data certa" hervorgeht (vgl. Art. 1524 *Codice civile*), vgl. *De Nova* Nuovi Contratti, Torino, 229; *Apice,* Il contratto di leasing nelle procedure concorsuali, Milano (1991), 217 ff. m. w. N. Andernfalls genügen die allgemeinen Beweisvorschriften, vgl. *Apice,* Il contratto di leasing nelle procedure concorsuali, Milano (1991), Fn. 9, 220, wonach gleichwertige Beweismittel, wie etwa der Zeugenbeweis, beim Finanzierungsleasing ausreichen. Vertiefend *Girsberger,* Grenzüberschreitendes Finanzierungsleasing, Beiträge zum ausländischen und internationalen Privatrecht, 1997, Fn. 247, 353.

[132] Vgl. die Entscheidung der Corte d'appello di Firenze, 16.6.1981; zitiert bei *De Nova* Nuovi Contratti, Torino, 228; *Apice,* Il contratto di leasing nelle procedure concorsuali, Milano (1991), 66–67, *Manfredi,* Leasing, contratto atipico: riflessi sul fallimento, Riv. it. Leasing (1988), 267–268.

§ 93 Fünfter Teil. Leasing als internationale Finanzdienstleistung

bar, dass die Insolvenzverwaltung und der Richter nicht auf bereits geleistete Tilgungsraten zurückgreifen können. In Fallkonstellationen des „leasing traslativo" hat das Gericht jeweils zu überprüfen, ob der Leasinggeber bereits mehr erhalten hat, als ihm aufgrund der zwingenden Liquidationsvorschrift zusteht. Ist dies der Fall, hat die Masse eine Forderung in der entsprechenden Höhe gegen die Leasinggesellschaft.

59 d) **Insolvenzrechtliche Anfechtung.** Auch in Italien besteht Sinn und Zweck der insolvenzrechtlichen Anfechtung in der Prüfung von Rechtsgeschäften oder Handlungen des Gemeinschuldners hinsichtlich einer übermäßigen **Benachteiligung der Gläubigergemeinschaft.**[133] Gegenstand der Anfechtung stellt der Abschluss des Leasingvertrages als solcher dar, wenn er für den Leasingnehmer besonders ungünstig ist, oder wenn die Leasinggesellschaft zum Zeitpunkt des Vertragsschlusses von der Insolvenz des Leasingnehmers gewusst hat.[134] Die Anfechtung kann die gesamten oder einen Teil der bereits gezahlten Leasingraten erfassen.[135] Zusätzlich kann auch die Rückgabe des Leasingobjektes erforderlich sein.[136] Für den Fall, dass der Gemeinschuldner eine vereinbarte Kauf- oder Verlängerungsoption ausgeübt und den Preis bezahlt hat, vermag diese Zahlung ebenfalls Gegenstand einer Anfechtung zu sein.[137]

60 Nach dem italienischen Insolvenzrecht ist auch die Anwendung der insolvenzrechtlichen Anfechtung auf Vereinbarungen über die **Entschädigung der Leasinggesellschaft bei vorzeitiger Vertragsbeendigung** möglich. Dadurch soll die Gläubigergemeinschaft davor geschützt werden, dass die Haftungsmasse aufgrund der Insolvenz verringert wird. Die insolvenzrechtliche Anfechtung kann aus diesem Grund selbst dann zu einer Herabsetzung des Anspruchs des Vertragspartners führen, wenn die privatrechtlichen Vorschriften über die Begrenzung der Entschädigung des Vertragspartners nicht verletzt sind.[138] Folgen die zwingenden Vorschriften über Mobiliarsicherheiten und die allgemeinen schuldrechtlichen Liquidationsvorschriften strengeren Maßstäben, wird die insolvenzrechtliche Anfechtung ersetzt.[139]

61 e) **Verrechnung der Leasingzinsen mit der Entschädigung aufgrund vorzeitiger Vertragsbeendigung.** Im Bereich des Finanzierungsleasings erlangt die Frage der Verrechnung vor allem dann Bedeutung, wenn die Leasinggesellschaft wegen der Liquidationsordnung die bereits erhaltenen Leasingzinsen zurückerstatten muss, zugleich jedoch

---

[133] Vgl. hierzu und zum Folgenden *Girsberger* Grenzüberschreitendes Finanzierungsleasing, Beiträge zum ausländischen und internationalen Privatrecht, 1997, Rdn. 699, 382–383 m. w. N.

[134] *Apice*, Il contratto di leasing nelle procedure concorsuali, Milano (1991), 231 ff.; *Quataro* Leasing e fallimento: il punto sullo stato della dottrina e della giurisprudenza, Riv. it. leasing (1988), 586–588.

[135] *Apice*, Il contratto di leasing nelle procedure concorsuali, Milano (1991), 227 ff.

[136] *Apice*, Il contratto di leasing nelle procedure concorsuali, Milano (1991), 234 ff.

[137] *Apice*, Il contratto di leasing nelle procedure concorsuali, Milano (1991), 244–245.

[138] *Girsberger* Grenzüberschreitendes Finanzierungsleasing, Beiträge zum ausländischen und internationalen Privatrecht, 1997, Rdn. 704, 385–386, der auf die diesbezügliche italienische Rechtsprechung und Rechtsdogmatik verweist: Trib. di Torino, 23. 11. 1990, Riv. it. leas. 1992, 493 ff.; Corte d'appello di Milano, 13. 12. 1983, Fallimento Faema Spa. c. Spei Leasing Spa., teilweise wiedergegeben in Riv. it. leas. 1987, 198 und bei *Apice,* Il contratto di leasing nelle procedure concorsuali, Milano (1991), 228–229; Trib. di Grosseto, 4. 6. 1985, teilweise wiedergegeben in Riv. it. leas. 1987, 198 und bei *Apice,* Il contratto di leasing nelle procedure concorsuali, Milano (1991), 230–231. Vgl. dazu auch *Manfredi*, Leasing, contratto atipico: riflessi sul fallimento, Riv. it. Leasing (1988), 273–274, m. w. N. *Apice*, Il contratto di leasing nelle procedure concorsuali, Milano (1991), 231, will den Konflikt vermeiden, indem er Art. 1526 *Codice civile* und Art. 67 *legg. fall. it.* einen gemeinsamen Inhalt beimessen will.

[139] *Quataro* Leasing e fallimento: il punto sullo stato della dottrina e della giurisprudenza, Riv. it. leasing (1988), 585–586; *Manfredi* Leasing, contratto atipico: riflessi sul fallimento, Riv. it. Leasing (1988), 273–274; beide zitiert bei *Girsberger* Grenzüberschreitendes Finanzierungsleasing, Beiträge zum ausländischen und internationalen Privatrecht, 1997, Rdn. 704, 385–386.

28. Kapitel. Leasingrecht im Ausland § 93

einen Entschädigungsanspruch aufgrund vorzeitiger Beendigung des Leasingvertrages geltend machen kann.[140] Die italienische *Corte di Cassazione* hat für den Typ des „Leasing traslativo" die zwingende Liquidationsregel des Art. 1526 *Codice civile* über den Teilzahlungskauf angewendet. In solchen Fällen ist eine **Verrechnung im Umfange der Nutzungs- und Abnützungsentschädigung** auch im Konkurs des Erwerbers noch möglich.[141]

VII. Bilanzrechtliche und steuerrechtliche Aspekte

Aufbauend auf der rechtlichen Einordnung des Leasingvertrages sind die bilanz- und 62 steuerrechtlichen Aspekte des italienischen Leasingrechts zu bestimmen. In den italienischen Bilanz- und Steuergesetzen hat bisher **keine einheitliche Definition** dessen, was sowohl im Generellen auch im konkreten Einzelfall als Leasing zu bezeichnen ist, abschließende Normierung gefunden. Unmittelbare steuerrechtliche Folge dieser Beurteilung ist, dass allgemein nicht von einer umfassenden Systematik und einer einheitlichen Steuergesetzgebung unter Bezugnahme sämtlicher Fallkonstellationen, die leasingtypische Vertragsinhalte einnehmen können, gesprochen werden kann. Vielmehr ist jeweils für die konkrete Ausgestaltung des Leasingvertrages nach einem entsprechenden **bilanz- und steuerrechtlichen Spezialtatbestand** zu suchen.

1. Bilanzrechtliche Aspekte

Der Leasinggeber führt die Leasinggüter in der Bilanz getrennt von den sonstigen 63 nicht-geleasten Aktivposten. Die Kosten der geleasten Güter werden nach der „**wirtschaftlichen Betrachtungsweise**" bilanziert. Art. 3, § 103 des *Gesetzes N. 549 vom 28 Dezember 1995* änderte vorherige Vorschriften, die bestimmten, dass der Leasinggeber eine Abschreibungsquote, die sich nach einem bestimmten Finanzabschreibungsplan bemessen hatte, in jedem Bilanzjahr unmittelbar abziehen darf. Eine beschleunigte Abschreibung ist somit gesetzlich nicht mehr möglich. Aus steuerlichen Gründen kann die Pflicht zur Abschreibung der Leasingobjekte mittels der wirtschaftlichen Betrachtungsweise erfolgen, wonach die Anteile des Anlagevermögens stufenweise durch die regelmäßigen Tilgungsraten des Leasingnehmers wiedererlangt werden. Auf diesem Wege ist eine Harmonisierung der Steuerrechtsregeln hinsichtlich der Abschreibung der Leasingobjekte (dies musste in der Vergangenheit zu gleichen Teilen erfolgen, eine stufenweise Abschreibung war ausgeschlossen) mit den Vorschriften des Zivilrechts möglich. Danach hat in jedem Vertrag, der ein zeitlich begrenztes Nutzungsrecht des Leasingnehmers an den Gütern beinhaltet, die planmäßige Tilgung in jedem Bilanzjahr im Verhältnis zu der Nutzungsänderung des Gutes selbst zu erfolgen. In der Vergangenheit wurden hingegen von den Leasinggebern die regelmäßigen Abschreibungen nach den vertraglichen Bestimmungen innerhalb des Leasingvertrages in gleiche Tilgungsraten anteilsmäßig aufgeteilt und die Abschreibungsbeträge nach dem Anschaffungspreis abzüglich des Optionspreises bemessen.

2. Steuerrechtliche Aspekte

Wie bereits erwähnt, lassen sich ebenso wie in Deutschland auch in Italien **Voll- und** 64 **Teilamortisationsvertragsgestaltungen** beobachten, wenngleich in Italien aus vorwiegend steuerrechtlichen Gründen der Vollamortisationsvertrag ganz eindeutig überwiegt. Inwieweit die Kosten des Leasings vom unternehmerischen Gewinn des **Leasingnehmers** geltend gemacht werden können, richtet sich grundsätzlich nach der sog. *Legisla-*

---

[140] Vgl. hierzu auch die Ausführungen bei *Girsberger* Grenzüberschreitendes Finanzierungsleasing, Beiträge zum ausländischen und internationalen Privatrecht, 1997, Rdn. 699, 385–386.
[141] Dies befürwortend *Apice*, Il contratto di leasing nelle procedure concorsuali, Milano (1991), Fn. 2, 216.

Martinek 1069

§ 93 Fünfter Teil. Leasing als internationale Finanzdienstleistung

zione tributaria in den Art. 50–67 *TUIR*. Grds. kann der Leasingnehmer **die monatlichen Leasingraten als Kosten geltend machen**. Das italienische Steuerrecht bestimmt jedoch, dass der Leasingnehmer dies nur dann vornehmen darf, wenn die Tilgungsraten für die Laufzeit des Vertrages vereinbart wurden, diese Zeit jedoch nicht kürzer als die Hälfte der gewöhnlichen Abschreibungsperiode des jeweiligen Leasinggutes ist, die für jedes Leasinggut in einem speziellen Erlass des Finanzministeriums festgelegt wurde.[142] Unterscheidungskriterium ist neben der Dauer des Finanzierungsleasings aber auch die Qualifizierung des Vertragsguts. Diesbezüglich lassen sich unterschiedliche Regelungen für bewegliche Güter und für **Immobilien** konstatieren. Bei den letztgenannten unbeweglichen Gütern ist eine Geltendmachung der Leasingkosten vom Unternehmensgewinn **innerhalb des Zeitraums von acht Jahren** möglich. Jedoch auch hier gilt es danach zu differenzieren, wann der Immobilienleasingvertrag vereinbart wurde: Für Verträge, die bis zum 1. 3. 1989 abgeschlossen wurden, richtet sich die Geltendmachung der Leasingkosten nach der Dauer bis zur Amortisation. Andererseits gilt für nach dem 2. 3. 1989 vereinbarte Leasingverträge zwar grundsätzlich ebenfalls die Amortisationszeit, jedoch wurde eine maximale Obergrenze von acht Jahren fixiert. Beim **Mobilienleasing** bestimmt sich die Möglichkeit der Geltendmachung der Leasingkosten in der Regel nach der **Hälfte derjenigen Zeit, in der die Amortisierung des Leasinggutes eingetreten ist**. Jedoch muss auch hier intern zwischen persönlichen und familiären Gütern einerseits und gewerblichen Mobilien andererseits differenziert werden: Bei gewerblichen Sachen besteht die Möglichkeit die Leasingkosten bis zu 100 Prozent, bei den sonstigen Gütern bis 50 Prozent geltend zu machen. Beim Automobilleasing und dem Leasing von solchen Objekten, die im weitesten Sinne mit kommerziellem Transport zu tun haben, besteht die Regel, dass über einen Zeitraum von 24–60 Monaten eine Geltendmachung der Kosten vom Unternehmensgewinn möglich ist. Hier ist zu beachten, dass eine bestimmte Quote von den operativen Kosten des Betriebes hinzugerechnet wird. Bei Konzessionsgütern – beweglichen, unbeweglichen und Transportgütern – richtet sich dies nach Art. 121 bis *TUIR*.

65 Leasingverträge können auch der von dem **Leasinggeber** zu entrichtenden **Umsatzsteuer** (in Italien sog. *imposta sul valore aggiunto, I. V. A.*) unterfallen. Die gewöhnlich geltenden Regeln, die die Erhebung der Umsatzsteuer und die Möglichkeit der Steuererstattung solcher steuerlichen Ausgaben betreffen, finden grundsätzlich auch innerhalb von Leasingtransaktionen allgemeine Anwendung. Infolgedessen unterfallen in Italien die entsprechend dem Leasingvertrag zu zahlenden (meist monatlichen) Tilgungsraten ebenso der Umsatzsteuer wie sonstige Kaufpreiszahlungen bei der Veräußerung des Leasingobjektes. Grundsätzlich ist die Umsatzsteuer als Vorsteuer des Leasinggebers auch unmittelbar im Wege der **Steuererstattung** vom Fiskus rückzahlbar. In tatsächlicher Hinsicht dauert es in Italien jedoch eine erhebliche Zeitspanne bis die von dem Leasinggeber bereits geleisteten Umsatzsteuerbeträge an diesen rückerstattet werden, sodass einige Leasinggeber inzwischen dazu übergegangen sind, die bereits aufgelaufenen Steuererstattungsansprüche mit zukünftigen Umsatzsteuerschulden zu verrechnen.[143]

66 Bei *sale and lease back*-Verträgen erscheint es innerhalb der italienischen Rechtsordnung fraglich, ob dieselben bilanzrechtlichen und steuerrechtlichen Regeln wie bei Finanzierungsleasingverträgen Anwendung finden können. Aufbauend auf der Erwägung, dass der Leasinggeber allein wirtschaftliches Eigentum erwerbe, entschied das Finanzministerium Italiens, dass der Leasinggeber dasjenige Leasinggut im Verlauf der Vertragszeit nicht abschreiben könne, das bei dem Leasingnehmer verbleibe. Rechtsfolge davon wäre gewesen, dass *sale and lease back*-Verträge als Darlehensverträge zwischen Leasinggeber und

---

[142] *Clarizia* Financial leasing in the Italian experience, in: Eckstein/Feinen Leasing-Handbuch für die betriebliche Praxis, 487.

[143] *Clarizia* Financial leasing in the Italian experience, in: Eckstein/Feinen Leasing-Handbuch für die betriebliche Praxis, 487–488.

28. Kapitel. Leasingrecht im Ausland § 94

Leasingnehmer zu qualifizieren seien, die durch das Leasinggut abgesichert würden. Einer solchen Rechtskonstruktion wurde jedoch seitens der Zivilgerichte zu keinem Zeitpunkt gefolgt. Im Jahre 1998 charakterisierte das italienische Kassationsgericht den *lease back*-Vertrag als gewöhnlichen Finanzierungsleasingvertrag, der auch denselben bilanzrechtlichen und steuerrechtlichen Vorschriften unterfällt. Auch wenn tatsächlich allein eine Zweipersonen-Konstellation erkenntlich ist, handele es sich heute nach gefestigter Rechtsprechung bei *sale and lease back*-Verträgen vertragsrechtlich um drei Personen, den Lieferanten, den Leasinggeber und -nehmer.[144]

§ 94 Das Leasingrecht in Österreich

Schrifttum: *Apathy* Anmerkung zum OGH Urteil vom 21. 12. 1983–8 Ob 78/83, JBl 1985, 233; *Binder* in *Schwimann* ABGB Praxiskommentar, Band 5, 3. Auflage, Wien, 2006; *Doralt* VwGH zum Leasing – eine Weichenstellung?, RdW 1996, 80 ff; *Feil* Konkursordnung, 5. Auflage, Wien, 2004; *ders.* Bestandvertrag – Miete und Pacht, 3. Auflage, Wien, 1997; *Fischer-Czernak* Mobilienleasing, Wien, 1995; *Frotz* Leasing in Österreich und seine Rechtsfragen, in Festschrift für *Hermann Hämmerle* Graz, 1972, Seiten 97 ff; *Graf* Welche Preisänderungsklauseln sind in Verbraucherverträgen wirksam?, wbl 2005, 197; *Grünwald/Hauser/Reininghaus* Wirtschaftsrecht, Wien, 1997; *Iro* Der Leasingvertrag im Konkurs des Leasingnehmers, RdW 1993, 177 f; *ders.* Anmerkung zum OGH Urteil vom 27. 2. 1995–1 Ob 579/94, ÖBA 1995, 817 f; *Jabornegg* Kommentar zum HGB, Wien, 1997; *Jud* in *Krejci* Handbuch zum Konsumentenschutzgesetz, 13. Kapitel, Wien, 1981; *Koziol* in *Koziol/Welser* Grundriss des Bürgerlichen Rechts, Band I, 12. Auflage, Wien, 2002; *Krassnigg* Das Fern-Finanzdienstleistungs-Gesetz und seine Auswirkungen auf den Bankensektor, in ÖJZ 2005, 134 ff; *Krejci* Zur Gefahrtragung beim Leasinggeschäft, ÖJZ 1988, 129; *Kuhnle/Kuhnle-Schadn* Leasing, Ein Baustein moderner Finanzierung mit Vertrags und Berechnungsmodellen, 2. Aufl., 2005; *Lukas* Anmerkung zum OGH Urteil vom 24. 5. 1995–2 Ob 33/95, in JBl 1996, 116 f; *Nitsche* Zur Rechtsnatur des Leasing, ÖJZ 1974, 29 ff; *Papst* Leasing: EStR gegen Judikatur, IAS/IFRS und Basel II, RdW 2005, 578 ff; *Rainer* Der Immobilienleasingvertrag, Immolex 2005, 166; *Tanzer* Die Persönliche Zurechnung von Wirtschaftsgütern und Einkünften, in Gedenkschrift für *Gassner* Wien, 2005; *Weilinger* Leasing in der Bilanz, Wien, 1988; *Welser* in *Koziol/Welser* Grundriss des Bürgerlichen Rechts, Band II, 12. Auflage, Wien, 2001; *Wolff* Die Problematik der Software-Leasingverträge, EDV&Recht 1989, 55; *Würth* in *Rummel* Kommentar zum Allgemeinen Bürgerlichen Gesetzbuch, 1 Band, 3. Auflage, Wien, 2000

Übersicht

	Rdn.
I. Die Praxis des Leasinggeschäfts in Österreich	1
1. Verbreitung	1
2. Erscheinungsformen	2
II. Die rechtliche Einordnung des Leasingvertrages	3
III. Der Abschluss des Leasingvertrages	10
IV. Leistungsstörungen	17
1. Die Sach- und Preisgefahr	17
2. Die Beschädigung des Leasinggutes	21
3. Gewährleistungsrechte	25
a) Finanzierungsleasing	25
b) Operating-Leasing	30
V. Die Beendigung des Leasingvertrages	31
VI. Zwangsvollstreckung und Insolvenz	38
VII. Steuerrechtliche und bilanzrechtliche Aspekte	44

---

[144] *Clarizia* Siehe vorstehende Fußnote.

I. Die Praxis des Leasinggeschäfts in Österreich

1. Verbreitung

1 Das Leasinggeschäft ist in Österreich die einzige „neue" Finanzierungsform mit hoher Akzeptanz und Verbreitung.[1] 2005 überschritt das Leasingneugeschäft die 6 Milliarden Grenze. Über die Hälfte der Investitionen wurden dabei im KfZ-Bereich getätigt.[2] Das Leasingneugeschäft wuchs damit deutlich stärker als die realen Bruttoinvestitionen in Österreich.[3] Insbesondere für kleine und mittlere Unternehmen bietet das Leasing vielfache Vorteile.[4] Aber auch Kommunen haben in den letzten Jahren in Österreich die Leasingfinanzierung verstärkt genutzt, da sie nicht zur Neuverschuldung gerechnet wird und damit nicht unter die „Maastricht" Kriterien fällt.[5]

2. Erscheinungsformen

2 Das Leasinggeschäft hat auch in Österreich vielfältige Erscheinungsformen. Ebenso wie in Deutschland unterscheidet man zunächst das **Operating-Leasing** vom **Finanzierungsleasing**. Während beim Operating-Leasing üblicherweise keine bestimmte Vertragsdauer, sondern nur eine kurze Mindestlaufzeit festgelegt wird,[6] wird beim Finanzierungsleasing häufig der dauerhafte Verbleib der Leasingsache beim Leasingnehmer angestrebt.[7] Differenziert wird aber auch zwischen **unmittelbarem Leasing**, bei dem der Leasinggeber mit dem Hersteller identisch ist **(Herstellerleasing)** und **mittelbarem** Dreipersonen-Leasing, bei dem der Leasinggeber vom Hersteller verschieden ist und vom Leasingnehmer als Geldgeber eingeschaltet wird.[8] Weiterhin wird nach dem Amortisationsgrad des Leasingobjekts während der Grundmietzeit und den Verwendungsbedingungen an deren Ende zwischen **Vollamortisations-** und **Teilamortisationsleasingverträgen** unterschieden.[9] Bei dem ebenfalls bekannten **„Sale-and-lease-back"** Leasing erwirbt der künftige Leasingnehmer zunächst selbst das Leasinggut und verkauft es sodann an den Leasinggeber, der ihm wiederum den Gebrauch der Sache auf der Grundlage eines Leasingvertrages überlässt.[10]

---

[1] KMU Forschung Austria „Wirtschaftsfaktor Leasing in Österreich", Wien 2006 S. 8 (abrufbar unter http://www.leasingverband.at/Download/TextVoithofer.pdf).

[2] Insgesamt betrug das Neugeschäft 6,04 Milliarden, wovon 3,2 Milliarden auf den KfZ-Bereich fielen, 1,4 auf den sonstigen Mobilienmarkt und 1,4 Milliarden auf den Immobilienmarkt (Quelle: Verband Österreichischer Leasinggesellschaften aus KMU Forschung Austria „Wirtschaftsfaktor Leasing in Österreich", Wien 2006 S. 8; abrufbar unter http://www.leasingverband.at/Download/Text Voithofer.pdf).

[3] KMU Forschung Austria „Wirtschaftsfaktor Leasing in Österreich", Wien 2006 S. 8 (abrufbar unter http://www.leasingverband.at/Download/TextVoithofer.pdf).

[4] Vgl. hierzu KMU Forschung Austria „Wirtschaftsfaktor Leasing in Österreich", Wien 2006 S. 9 f. (abrufbar unter http://www.leasingverband.at/Download/TextVoithofer.pdf).

[5] KMU Forschung Austria „Wirtschaftsfaktor Leasing in Österreich", Wien 2006 S. 9 (abrufbar unter http://www.leasingverband.at/Download/TextVoithofer.pdf).

[6] *Frotz* in FS *Hämmerle* 1972, S. 99, 102; *Jud* in *Krejci* Konsumentenschutzgesetz, 1981, S. 517; *Nitsche* ÖJZ 1975, 29 (31); *Rainer* Immolex 2005, 166; *Binder* in *Schwimann* ABGB, 3. Aufl., 2006, Band 5, § 1090, Rdn. 73; *Würth* in *Rummel* Kommentar zum ABGB, Bd. 1, 2000, § 1090, Rdn. 26.

[7] *Frotz* in FS *Hämmerle* 1972, S. 102; *Jud* in *Krejci* Konsumentenschutzgesetz, 1981, S. 516; *Rainer* Immolex 2005, 166; *Nitsche* ÖJZ 1975, 29 (30); *Würth* in *Rummel* Kommentar zum ABGB, Bd. 1, 2000, § 1090, Rdn. 27.

[8] *Jud* in *Krejci* Konsumentenschutzgesetz, 1981, S. 516; *Rainer* Immolex 2005, 166.

[9] Zulässigkeitsprobleme bestehen, wenn eine Vollfinanzierung durch den Leasingnehmer vorgesehen ist, die vertragliche Gebrauchsüberlassungsdauer aber kürzer als die betriebsgewöhnliche Nutzungsdauer des Leasingobjekt ist (*Binder* in *Schwimann* ABGB, 3. Aufl., 2006, Band 5, § 1090, Rdn. 80).

[10] *Binder* in *Schwimann* ABGB, 3. Aufl., 2006, Band 5, § 1090, Rdn. 74.

II. Die rechtliche Einordnung des Leasingvertrages

Der Leasingvertrag ist in Österreich – ebenso wie in Deutschland – gesetzlich **nicht geregelt**. Dementsprechend ist auch seine rechtliche Behandlung nicht unumstritten. Die Streitpunkte ähneln in vielen Bereich denen im deutschen Recht. Charakterisiert wird der Leasingvertrag grundsätzlich durch ein Austauschverhältnis zwischen der **Nutzungsüberlassung** der Leasingsache einerseits und der **Zahlung der Leasingraten**[11] andererseits.[12] Als **Nebenpflichten** vereinbaren die Vertragsparteien häufiger Versicherungspflichten[13] sowie die Einhaltung behördlicher Vorschriften und Verständigungspflichten.[14] Die Abnahme des Leasinggutes kann der Leasinggeber allerdings nur dann gerichtlich durchsetzen, wenn er ein über den Entgeltempfang hinausgehendes Interesse hieran nachweisen kann.[15] Das Eigentum an und die Verfügungsbefugnis über den Leasinggegenstand verbleiben prinzipiell beim Leasinggeber.[16] Das Investitionsrisiko sowie die Sach- und Preisgefahr werden jedoch regelmäßig auf den Leasingnehmer übertragen, der das Leasingobjekt grundsätzlich auch aussucht.[17] Über den Leasingvertrag wird damit ein **Dauerschuldverhältnis eigener Art** begründet, in dem Elemente des **Miet- und des Kaufvertrages** enthalten sind.[18] Entscheidend für die Frage, welche Vertragsart dominiert, sind die Vereinbarungen der Parteien im Einzelfall.[19]

3

So wird beim eingangs bereits erwähnten **Operating-Leasing**[20] üblicherweise die kurzfristige Nutzung der Leasingsache bezweckt. Auch soll das Eigentum an der Leasingsache über die Dauer des Leasingvertrages hinaus beim Leasinggeber verbleiben.[21] Der Leasinggeber trägt somit einen Teil der Ertragsrisiken, weshalb das Operating-Leasing den Bestandverträgen nahe steht, zu denen auch die Miete und die Pacht zählen.[22] Dem-

4

---

[11] Der Leasingnehmer schuldet ist in erster Linie die Zahlung der Leasingraten (OGH Urteil vom 27. 2. 1995–1 Ob 579/94, in ÖBA 1995, 813 = JBl 1995, 724; *Grünwald/Hauser/Reininghaus* Wirtschaftsrecht, 1997, Rdn. 256); diese berechnen sich beim Finanzierungsleasingvertrag üblicherweise nach den Herstellungskosten samt Nebenkosten plus Gewinnmarge dividiert durch die Zahl der in der Grundvertragszeit enthaltenen Abrechnungsperioden (*Jud* in *Krejci* Konsumentenschutzgesetz, 1981, S. 517). Wurde eine Anpassungsklausel vereinbart, kann das Leasingentgelt allerdings an eine geänderte Marktsituation angepasst werden (*Rainer* Immolex 2005, 166, 169).

[12] *Jud* in *Krejci* Konsumentenschutzgesetz, 1981, S. 526.

[13] In einer Kaskoversicherung ist der aufgrund des Leasingvertrages nutzungsberechtigte Leasingnehmer grundsätzlich allerdings nicht mitversichert, sondern „Dritter" i. S. d. § 67 Abs. 1 VersVG (*Binder* in *Schwimann* ABGB, 3. Aufl., 2006, Band 5, § 1090, Rdn. 92); sofern der Leasingvertrag nicht als Kaufvertrag zu qualifizieren ist, fallen die geleasten Sachen im Übrigen auch nicht in die Deckung der Feuerversicherung (*Binder* in *Schwimann* ABGB, 3. Aufl., 2006, Band 5, § 1090, Rdn. 92).

[14] *Fischer-Czernak* Mobilienleasing, 1995, S. 331; *Jud* in *Krejci* Konsumentenschutzgesetz, 1981, S. 528; *Rainer* Immolex 2005, 166 (170).

[15] *Binder* in *Schwimann* ABGB, 3. Aufl., 2006, Band 5, § 1090, Rdn. 85 m. w. N.

[16] *Rainer* Immolex 2005, 166 (169).

[17] *Binder* in *Schwimann* ABGB, 3. Aufl., 2006, Band 5, § 1090, Rdn. 71.

[18] *Binder* in *Schwimann* ABGB, 3. Aufl., 2006, Band 5, § 1090, Rdn. 71; *Feil* Bestandvertrag, 1997, S. 60, Rdn. 60; *Krejci* ÖJZ 1988, 129 (130); *Nitsche* ÖJZ 1975, 29; *Rainer* Immolex 2005, 166 (167); *Würth* in *Rummel* Kommentar zum ABGB, Bd. 1, 2000, § 1090, Rdn. 25.

[19] *Binder* in *Schwimann* ABGB, 3. Aufl., 2006, Band 5, § 1090, Rdn. 73; *Fischer-Czernak* Mobilienleasing, 1995, S. 161; *Krejci* ÖJZ 1988, 129 (130, 136); *Nitsche* ÖJZ 1975, 29 (34); *Welser* in *Koziol/Welser* Grundriss des Bürgerlichen Rechts, Bd. II, 12. Auflage, 2001, S. 234.

[20] *Krejci* ÖJZ 1988, 129 (130).

[21] *Frotz* in FS *Hämmerle* 1972, S. 99, 102; *Jud* in *Krejci* Konsumentenschutzgesetz, 1981, S. 517; *Nitsche* ÖJZ 1975, 29 (31); *Rainer* Immolex 2005, 166; *Binder* in *Schwimann* ABGB, 3. Aufl., 2006, Band 5, § 1090, Rdn. 73; *Würth* in *Rummel* Kommentar zum ABGB, Bd. 1, 2000, § 1090, Rdn. 26.

[22] *Binder* in *Schwimann* ABGB, 3. Aufl., 2006, Band 5, § 1090, Rdn. 74.

§ 94 Fünfter Teil. Leasing als internationale Finanzdienstleistung

entsprechend kommen hier in erster Linie die Regelungen der §§ 1091 ff. ABGB zur Anwendung.[23]

5   Demgegenüber kommt dem Leasinggeber beim **Finanzierungsleasing** vor allem die Funktion eines **Kreditgebers** zu: Der Leasinggeber kauft das Leasinggut und bekommt dafür vom Leasingnehmer die entstandenen Kosten nebst Zinsen sowie einen zusätzlichen Gewinnzuschlag über die Leasingraten erstattet.[24] Die Höhe der einzelnen Leasingraten steht beim Finanzierungsleasing in keinem Verhältnis zu den marktüblichen Mietzinszahlungen.[25] Mietverträge, die eine derart hohe Miete vorsehen würden, wären in der Regel sittenwidrig.[26] Nach dem Parteiwillen ist ein Mietverhältnis aber auch nicht intendiert. Häufig wird beim Finanzierungsleasing der dauerhafte Verbleib der Leasingsache beim Leasingnehmer angestrebt.[27] Daher sehen die Vertragsabreden vielfach vor, dass der Leasingnehmer am Ende der Leasinglaufzeit das Eigentum erwirbt. Teilweise wird auch vereinbart, dass dem Leasingnehmer ein Überschuss aus dem Verkauf der Leasingsache nach Ablauf des Leasingvertrages zukommen soll. Seine wirtschaftliche Zwecksetzung sowie die Übernahme der kaufrechtlichen Gefahrtragungsregeln rücken den Finanzierungsleasingvertrag rechtlich damit in die Nähe des **Kaufvertrages**.[28] Wirtschaftlich betrachtet handelt es sich in diesem Fall um einen Kauf unter Eigentumsvorbehalt.[29] Entsprechendes gilt für diejenigen Fälle, bei denen der Wert der Leasingsache nach Beendigung der Vertragslaufzeit vollständig oder fast vollständig aufgezehrt ist.[30]

6   Ein **gemischter Vertrag** aus Miete und Kauf liegt hingegen vor, wenn der Leasingnehmer das Leasingobjekt nach Ablauf des Vertrages zurückzugeben, dabei aber das Restwertrisiko und so die volle Sachgefahr zu tragen hat.[31] Ein Leasingvertrag mit Option auf anschließende Eigentumsübertragung wird bei Ausübung der Option im Wege der Novation in einen Kaufvertrag gewandelt.[32]

7   Bei **Softwareleasingverträgen** gilt es darüber hinaus folgende Besonderheit zu beachten: Da ein Eigentumsvorbehalt an Software nicht begründet werden kann, wird dem Leasingnehmer in der Regel eine Lizenz eingeräumt, die ihm ein nicht übertragbares, nicht ausschließliches und zumeist zeitlich begrenztes Lizenzrecht als Nutzungsrecht an der Software gewährt.[33] Je nach Art der konkreten Ausgestaltung liegt ein rechtskauf-

---

[23] *Fischer-Czernak* Mobilienleasing, 1995, S. 161; *Frotz* in FS *Hämmerle* 1972, S. 104 f, 110; *Jud* in *Krejci* Konsumentenschutzgesetz, 1981, S. 517; *Nitsche* ÖJZ 1975, 29 (34); *Rainer* Immolex 2005, 166; *Würth* in *Rummel* Kommentar zum ABGB, Bd. 1, 2000, § 1090, Rdn. 26.

[24] OGH Urteil vom 27. 2. 1995–1 Ob 579/94, in ÖBA 1995, 813 (815) = JBl 1995, 724 (725 f); OGH Urteil vom 14. 6. 1988–8 Ob 625/87, in JBl 1988, 719 (720); OGH Urteil vom 2. 5. 1979–1 Ob 568/79, in JBl 1980, 259 (260); *Grünwald/Hauser/Reininghaus* Wirtschaftsrecht, 1997, Rdn. 256; *Krejci* ÖJZ 1988, 129 (130); *Welser* in *Koziol/Welser* Grundriss des Bürgerlichen Rechts, Bd. II, 12. Auflage, 2001, S. 232 f.

[25] *Nitsche* ÖJZ 1975, 29 (34); *Rainer* Immolex 2005, 166 (167); *Würth* in *Rummel* Kommentar zum ABGB, Bd. 1, 2000, § 1090, Rdn. 27.

[26] *Doralt* RdW 1996, 80 (81).

[27] *Doralt* RdW 1996, 80 (81); *Frotz* in FS *Hämmerle* 1972, S. 102; *Jud* in *Krejci* Konsumentenschutzgesetz, 1981, S. 516; *Rainer* Immolex 2005, 166; *Nitsche* ÖJZ 1975, 29 (30); *Würth* in *Rummel* Kommentar zum ABGB, Bd. 1, 2000, § 1090, Rdn. 27.

[28] *Binder* in *Schwimann* ABGB, 3. Aufl., 2006, Band 5, § 1090, Rdn. 71, 74 m. w. N.

[29] *Feil* Bestandvertrag, 1997, S. 60, Rdn. 60; *Fischer-Czernak* Mobilienleasing, 1995, S. 162; *Jud* in *Krejci* Konsumentenschutzgesetz, 1981, S. 519; *Krejci* ÖJZ 1988, 129 (130); *Nitsche* ÖJZ 1975, 29 (34); *Binder* in *Schwimann* ABGB, 3. Aufl., 2006, Band 5, § 1090, Rdn. 72; *Welser* in *Koziol/Welser* Grundriss des Bürgerlichen Rechts, Bd. II, 12. Auflage, 2001, S. 234; OGH Urteil vom 29. 1. 1935, ZBl 1935/122; OGH Urteil vom 20. 5. 1959, EvBl 1959/219, in JBl 1959, 374; OLG Wien Miet 26.092.

[30] *Jud* in *Krejci* Konsumentenschutzgesetz, 1981, S. 521.

[31] *Binder* in *Schwimann* ABGB, 3. Aufl., 2006, Band 5, § 1090, Rdn. 72; *Fischer-Czernak* Mobilienleasing, 1995, S. 163; *Rainer* Immolex 2005, 166.

[32] *Fischer-Czernak* Mobilienleasing, 1995, S. 163; *Binder* in *Schwimann* ABGB, 3. Aufl., 2006, Band 5, § 1090, Rdn. 72; *Würth* in *Rummel* Kommentar zum ABGB, Bd. 1, 2000, § 1090, Rdn. 29.

[33] *Wolff* EDV&Recht 1989, 55.

28. Kapitel. Leasingrecht im Ausland § 94

ähnliches Gebilde, ein Lizenzvertrag oder – wie insbesondere bei Individualsoftware – ein Werkvertrag vor.[34]

Sale-and-lease-back-Verträge sind schließlich als Darlehensverträge zu qualifizieren.[35] Hier verkauft der Leasingnehmer die Leasingsache dem Leasinggeber, der sie dem Leasingnehmer sodann zur Nutzung wieder überlässt. Die rechtliche Behandlung dieser Vertragsform unterscheidet sich nicht grundsätzlich von der „normaler" Leasingverträge.[36] Lediglich das Verschulden ist anders gelagert. Weil die Sache ursprünglich aus dem Eigentum des Leasingnehmers stammt, stehen diesem konsequenterweise keine Ansprüche wegen Mangelhaftigkeit der Leasingsache zu.[37] Auch trägt der Leasingnehmer die volle Preisgefahr, d. h. seine Pflicht zur Zahlung des Leasingentgelts bleibt auch im Fall des zufälligen Untergangs der Leasingsache bestehen.[38] Einige Besonderheiten sind allerdings bei **Immobilienverträgen** zu beobachten.[39] Da eine Immobilie selten eine Abnutzung erfährt, die die Sache nach Vertragsablauf unbrauchbar macht,[40] kommt auf den Immobilienvertrag grundsätzlich Mietrecht zur Anwendung.[41] Hervorzuheben ist überdies: Wenn eine verpachtete oder vermietete Immobilie zum Gegenstand eines Sale-and-lease-Back Vertrages gemacht wird, erhält der Leasingnehmer aufgrund der Regelung des § 1120 ABGB während der Laufzeit des Leasingvertrags aus den Mietverträgen keine Vorteile, da Vermieter grds. nur der tatsächliche Eigentümer, also der Leasinggeber, sein kann.[42] Der Leasingnehmer kann erst mit Ausübung seines Kaufrechts Vermieter werden.[43] 8

Hervorzuheben gilt es schließlich noch, dass neben dem Leasingvertrag typischerweise auch ein **Sicherungsvertrag** abgeschlossen wird, aufgrund dessen das Leasinggut selbst die Forderungen aus dem Leasingvertrag sichert.[44] Verpflichtet sich der Leasinggeber darüber hinaus, die Instandhaltung durch regelmäßige **Wartung** zu sichern, so enthält der Vertrag überdies werkvertragliche Elemente.[45] 9

III. Der Abschluss des Leasingvertrages

Das typische Leasinggeschäft ist von einem drei Personenverhältnis geprägt: dem Leasinggeber, dem Leasingnehmer und dem Hersteller/Lieferant der Leasingsache. Der Hersteller oder Händler, der für den Leasinggeber das **Offert** zum Abschluss des Leasingvertrages entgegennimmt, wird dabei als **Empfangsbote** des Leasinggebers tätig.[46] Dementsprechend ist etwa die Erklärung des Leasingnehmers, den Leasinggegenstand zunächst nur auf Probe zu übernehmen, auch dann wirksam, wenn das formularmäßige Angebot diese Bedingung nicht enthält.[47] Auch Zusagen des Lieferanten, den Vertragsge- 10

---

[34] *Wolff* EDV&Recht 1989, 55.
[35] *Nitsche* ÖJZ 1975, 29 (30); *Würth* in *Rummel* Kommentar zum ABGB, Bd. 1, 2000, § 1090, Rdn. 28.
[36] *Frotz* in FS *Hämmerle* 1972, S. 102.
[37] *Fischer-Czernak* Mobilienleasing, 1995, S. 273.
[38] *Fischer-Czernak* Mobilienleasing, 1995, S. 274; *Krejci* ÖJZ 1988, 129 (133, 134).
[39] Bei „Immobilienleasingverträgen" finden auch grundsätzlich die Schutznormen des MRG Anwendung (*Rainer* Immolex 2005, 166 (167); *Binder* in *Schwimann* ABGB, 3. Aufl., 2006, Band 5, § 1090, Rdn. 73).
[40] *Tanzer* in GS *Gassner* 2005, S. 250, Rdn. 227; *Würth* in *Rummel* Kommentar zum ABGB, Bd. 1, 2000, § 1090, Rdn. 35.
[41] OGH Urteil vom 28. 6. 1999 – § Ob 28/99k, in JBl 2000, 43 (44); *Feil* Bestandvertrag, 1997, S. 60, Rdn. 60; *Würth* in *Rummel* Kommentar zum ABGB, Bd. 1, 2000, § 1090, Rdn. 35.
[42] *Feil* Bestandvertrag, 1997, S. 61, Rdn. 60.
[43] OGH Urteil vom 28. 9. 1972–3 Ob 107/72, in JBl 1972, 317.
[44] *Frotz* in FS *Hämmerle* 1972, S. 108.
[45] *Frotz* in FS *Hämmerle* 1972, S. 105.
[46] OGH Urteil vom 14. 6. 1988–8 Ob 625/87, in JBl 1988, 719 (720); *Binder* in *Schwimann* ABGB, 3. Aufl., 2006, Band 5, § 1090, Rdn. 76.
[47] *Binder* in *Schwimann* ABGB, 3. Aufl., 2006, Band 5, § 1090, Rdn. 76.

§ 94 Fünfter Teil. Leasing als internationale Finanzdienstleistung

genstand betreffend, sind dem Leasinggeber zuzurechnen.[48] Ebenso muss sich der Leasinggeber Irrtümer, die ein Vertreter des Lieferanten veranlasst, zurechnen lassen.[49] Der Haftungsausschluss im Leasingvertrag hinsichtlich der Verwendbarkeit des Produkts tangiert nicht das Recht zur Irrtumsanfechtung.[50]

11 Der Vertragsabschluss zwischen Leasinggeber und Leasingnehmer ist grundsätzlich **formfrei** möglich.[51] Zu beachten gilt es allerdings bestimmte **Sonderregelungen**, insbesondere zum Schutz des Verbrauchers. So findet auf Finanzdienstleistungen zwischen einem Unternehmer und einem Verbraucher im Fernabsatz das **Fern-Finanzdienstleistungs-Gesetz** Anwendung, mit dem die Richtlinie 2002/65/EG umgesetzt wurde.[52] Ein Fernabsatzvertrag liegt bereits vor, wenn der Kunde ein Bestellformular an seinem Heimcomputer ausdruckt und das ausgefüllte Formular an den Unternehmer schickt.[53] Nach § 5 des Fern-Finanzdienstleistungs-Gesetzes hat ein Unternehmer dem Verbraucher **Informationen** über sein Unternehmen, die Art der Finanzdienstleistung sowie über die dem Verbraucher zustehenden Rechtsbehelfe zukommen zu lassen. Hierfür ist erforderlich, dass diese Informationen in Papierform oder auf verkörpertem Datenträger übermittelt werden.[54] Eine E-Mail genügt diesem Erfordernis.[55]

12 Das **Personenkraftwagen-Verbraucherinformationsgesetz** schreibt überdies vor, dass beim KFZ-Leasing Angaben zum Kraftstoffverbrauch und zu den CO_2-Emissionen gemacht werden müssen (§ 1 PKW VIG). Liegt ein Bauträgervertrag vor, ist das Bauträgervertragsgesetz anwendbar, wenn Gegenstand des Leasingvertrages ein Vertrag ist, bei dem der Erwerber vor der Fertigstellung wenigstens 145 Euro pro Quadratmeter Nutzfläche zu leisten hat.[56]

13 Will der Leasinggeber in den Vertrag eine Klausel aufnehmen, die es ihm gestattet, **Daten** über den Leasingnehmer zu ermitteln und **automationsunterstützt** zu verwenden, so bedarf dies gemäß § 9 Z 6 DSG 2002 der Zustimmungserklärung des Leasingnehmers. In Allgemeinen Geschäftsbedingungen muss hierauf besonders hingewiesen werden (vgl. § 864 a ABGB).[57]

14 Möglich ist es natürlich auch, dass die Parteien des Leasingvertrags eine gewillkürte **Schriftformklausel** in den Vertrag aufnehmen. Dies hat allerdings nicht zur Folge, dass mündlich getroffene Abreden prinzipiell keine Wirkung mehr entfalten.[58] Bei Verbrauchergeschäften kann bereits aufgrund der Regelung in § 10 Abs. 3 Konsumentenschutzgesetz (KSchG)[59] die Rechtswirksamkeit formloser Erklärungen des Unternehmers oder seiner Vertreter nicht zum Nachteil des Verbrauchers vertraglich ausgeschlossen werden. Im Übrigen ist vor dem Hintergrund des § 864 a ABGB[60] im Einzelfall danach zu ent-

---

[48] OGH Urteil vom 14.6.1988–8 Ob 625/87, in JBl 1988, 719 (720).
[49] *Binder* in *Schwimann* ABGB, 3. Aufl., 2006, Band 5, § 1090, Rdn. 76.
[50] *Binder* in *Schwimann* ABGB, 3. Aufl., 2006, Band 5, § 1090, Rdn. 76.
[51] *Rainer* Immolex 2005, 166 (169); zu den Regelungen den Erwerb des Eigentums an unbeweglichen Sachen betreffend, vgl. allerdings §§ 431 ff. ABGB, 31 GBG; zur Einräumung eines Vorkaufsrechts vgl. die §§ 1072 ff. ABGB.
[52] *Krassnigg* ÖJZ 2005, 134.
[53] *Krassnigg* ÖJZ 2005, 134 (136).
[54] *Krassnigg* ÖJZ 2005, 134 (137) m. w. N.
[55] *Krassnigg* ÖJZ 2005, 134 (137) m. w. N.
[56] *Rainer* Immolex 2005, 166 (167); *Würth* in *Rummel* Kommentar zum ABGB, Bd. 1, 2000, § 1090, Rdn. 35.
[57] *Binder* in *Schwimann* ABGB, 3. Aufl., 2006, Band 5, § 1090, Rdn. 84.
[58] *Binder* in *Schwimann* ABGB, 3. Aufl., 2006, Band 5, § 1090, Rdn. 77.
[59] Zur Anwendbarkeit des KSchG vgl. noch unten Rdn. 18.
[60] § 864 a lautet: „Bestimmungen ungewöhnlichen Inhaltes in Allgemeinen Geschäftsbedingungen oder Vertragsformblättern, die ein Vertragsteil verwendet hat, werden nicht Vertragsbestandteil, wenn sie dem anderen Teil nachteilig sind und er mit ihnen auch nach den Umständen, vor allem nach dem äußeren Erscheinungsbild der Urkunde, nicht zu rechnen brauchte; es sei denn, der eine Vertragsteil hat den anderen besonders darauf hingewiesen".

scheiden, wie klar die Schriftformklausel im Vertragsentwurf formuliert ist.[61] Eine **Anpassungsklausel,** die für den Fall, dass die äußeren Umstände wechseln, die Möglichkeit eröffnet, die Pflichten der Vertragsparteien auch noch während der Vertragslaufzeit zu ändern, muss grundsätzlich allerdings nach beiden Seiten hin gleich wirken.[62] Steht die Erhöhung der Leasingraten eines Konsumenten dabei in Rede, ist eine entsprechende Klausel in erster Linie an § 6 Abs. 1 Ziff. 5 KSchG[63] zu messen, womit sie an sachlich gerechtfertigten, an den Gefahrtragungsregeln orientierten Umständen anzuknüpfen hat.[64] Eine Klausel, nach der der vereinbarte Zinssatz eines Kreditvertrages in angemessenem Umfang an die Zinsentwicklung auf dem Geldmarkt angepasst werden kann, genügt dem nicht.[65] Insbesondere dürfen auch nicht solche Risiken auf den Leasingnehmer abgewälzt werden, die der Leasinggeber beherrscht.[66]

Ein Leasingvertrag unterliegt – wie alle Verträge – natürlich auch der **Sittenwidrigkeitskontrolle** des § 879 ABGB,[67] der in seinem Abs. 1 Verträge für nichtig erklärt, die gegen ein gesetzliches Verbot oder gegen die guten Sitten verstoßen. Nach § 879 Abs. 3 ABGB ist darüber hinaus aber auch eine „in Allgemeinen Geschäftsbedingungen oder Vertragsformblättern enthaltene Vertragsbestimmung, die nicht eine der beiderseitigen Hauptleistungen festlegt, ... nichtig, wenn sie unter Berücksichtigung aller Umstände des Falles einen Teil gröblich benachteiligt". Als **gröblich benachteiligend** in diesem Sinn ist etwa eine Klausel anzusehen, nach der ein von Dritten wegen der schuldhaften Verletzung des Leasinggutes zu leistender Schadensersatz bei Fälligstellung der restlichen Leasingraten unberücksichtigt bleiben soll.[68] Ebenso kann eine Klausel gröblich benachteiligend sein, die mit der vorzeitigen Fälligstellung der restlichen Leasingraten das Recht zur Zurücknahme des Leasingobjekts verbindet.[69] Sieht der Leasingvertrag bei einer Mehrheit von Leasingnehmern vor, dass nur einer von ihnen das Recht hat, Ansprüche geltend zu machen, so ist dies nur dann als nicht sittenwidrig zu qualifizieren, wenn damit die anderen Leasingnehmer nicht ihrer Rechte beraubt werden sollen, sondern vielmehr eine bessere Abstimmung der Leasingnehmer untereinander bzw. eine Kanalisierung bezweckt wird.

Ist ein Leasingvertrag rechtlich vor allem dem Kaufrecht zu unterstellen, sind, wenn das Gesamtentgelt 25.000 Euro nicht übersteigt (vgl. §§ 16, 17 KSchG), die §§ 18 bis 25 KSchG[70] zu beachten.[71] Diese Vorschriften gelten vorrangig gegenüber § 879 Abs. 3 ABGB.[72]

---

[61] *Binder* in *Schwimann* ABGB, 3. Aufl., 2006, Band 5, § 1090, Rdn. 77 m. w. N.
[62] *Binder* in *Schwimann* ABGB, 3. Aufl., 2006, Band 5, § 1090, Rdn. 80.
[63] Nach dieser Regelung ist eine Vertragsbestimmung, nach der „dem Unternehmer auf sein Verlangen für seine Leistung ein höheres als das bei der Vertragsschließung bestimmte Entgelt zusteht" nicht verbindlich, „es sei denn, dass der Vertrag bei Vorliegen der vereinbarten Voraussetzungen für eine Entgeltänderung auch eine Entgeltsenkung vorsieht, dass die für die Entgeltänderung maßgebenden Umstände im Vertrag umschrieben und sachlich gerechtfertigt sind sowie dass ihr Eintritt nicht vom Willen des Unternehmers abhängt".
[64] *Binder* in *Schwimann* ABGB, 3. Aufl., 2006, Band 5, § 1090, Rdn. 80; *Graf* wbl 2005, 197 (200).
[65] *Graf* wbl 2005, 197 (198).
[66] *Graf* wbl 2005, 197 (201).
[67] OGH Urteil vom 2. 5. 1979–1 Ob 568/79, in JBl 1980, 259 (261); *Krejci* ÖJZ 1988, 129 (130); *Rainer* Immolex 2005, 166 (168).
[68] *Binder* in *Schwimann* ABGB, 3. Aufl., 2006, Band 5, § 1090, Rdn. 82.
[69] SZ 58/144; RdW 1986, 76.
[70] Nach § 17 KSchG gelten unter den in § 16 KSchG genannten Voraussetzungen die Regelungen der §§ 18 ff. KSchG sinngemäß auch für andere Rechtsgeschäfte als Kaufverträge, wenn die Beteiligten damit den gleichen wirtschaftlichen Zweck verfolgen wie bei einem Abzahlungsgeschäft.
[71] *Binder* in *Schwimann* ABGB, 3. Aufl., 2006, Band 5, § 1090, Rdn. 73 *Jud* in *Krejci* Konsumentenschutzgesetz, 1981, S. 522; *Würth* in *Rummel* Kommentar zum ABGB, Bd. 1, 2000, § 1090, Rdn. 31; a. A. *Fischer-Czermak* (Ecolex 1997, 331 ff.), die den Finanzierungsleasingvertrag dem Mietvertrag zuordnet.
[72] *Frotz* in FS *Hämmerle* 1972, S. 109; *Jud* in *Krejci* Konsumentenschutzgesetz, 1981, S. 525.

IV. Leistungsstörungen

1. Die Sach- und Preisgefahr

17   Die Rechte und Pflichten der Leasingvertragsparteien ergeben sich aus den getroffenen Abreden sowie dem Recht, dem der Leasingvertrag aufgrund seiner konkreten Ausgestaltung untersteht. Die Verschaffung der Nutzungsmöglichkeit der Leasingsache ist **Kardinalpflicht** des Leasinggebers.[73] Zur Erfüllung dieser Pflicht bedient er sich des **Lieferanten** als **Erfüllungsgehilfen**.[74] Bis zur Ablieferung der Leasingsache beim Leasingnehmer trägt der Leasinggeber die **Sachgefahr**.[75] Leistungsstörungen im Lieferverhältnis dürfen nicht zu Lasten des Leasingnehmers gehen. Auch das Risiko der Insolvenz des Lieferanten hat der Leasinggeber zu tragen[76] und darf grundsätzlich nicht dem Leasingnehmer aufgebürdet werden.[77] Einschränkungen der Lieferpflicht sind grundsätzlich unwirksam.[78] Allerdings kann von diesem Prinzip im Leasingvertrag dann abgewichen werden, wenn der Leasingnehmer den Lieferanten selbst ausgewählt hat und dieser dementsprechend seiner Sphäre zuzurechnen ist.[79]

18   Ab dem Zeitpunkt der **Ablieferung** der Leasingsache ist die **Gefahrtragung** regelmäßig auf den Leasingnehmer abgewälzt.[80] Die Zulässigkeit der Gefahrverlagerungsklauseln leitet sich bei **Finanzierungsleasingverträgen** aus dem Umstand ab, dass die Stellung des Leasingnehmers unter wirtschaftlichen Gesichtspunkten der eines Vorbehaltskäufers entspricht, während der Leasinggeber regelmäßig außerhalb der eigentlichen Lieferbeziehung steht und die Funktion eines Kreditgebers hat.[81] Ein Vorbehaltskäufer trägt aber von Gesetzes wegen die **Preisgefahr**.[82] Dieser wirtschaftlichen Einordnung entspricht es, dass der Leasinggeber grundsätzlich nur das Kreditrisiko trägt,[83] das wiederum durch das Eigentum an der Leasingsache gesichert ist.[84] Auch die **Sachgefahr** wird beim Finanzierungsleasing regelmäßig auf den Leasingnehmer abgewälzt,[85] da er bestehende Risiken

---

[73] OGH Urteil vom 27. 2. 1995–1 Ob 579/94, in ÖBA 1995, 813 (815) = JBl 1995, 724 (726); OGH Urteil vom 14. 6. 1988–8 Ob 625/87, in JBl 1988, 719 (720); OGH Urteil vom 2. 5. 1979–1 Ob 568/79, in JBl 1980, 259 (261); *Binder* in *Schwimann* ABGB, 3. Aufl., 2006, Band 5, § 1090, Rdn. 79; *Feil* Konkursordnung, 2004, § 21, Rdn. 6; *Jud* in *Krejci* Konsumentenschutzgesetz, 1981, S. 526 f; *Weilinger* Leasing in der Bilanz, 1988, S. 83; *Würth* in *Rummel* Kommentar zum ABGB, Bd. 1, 2000, § 1090, Rdn. 32.

[74] *Fischer-Czernak* Mobilienleasing, 1995, S. 269.

[75] OGH Urteil vom 2. 5. 1979–1 Ob 568/79, in JBl 1980, 259; *Würth* in *Rummel* Kommentar zum ABGB, Bd. 1, 2000, § 1090, Rdn. 32.

[76] *Krejci* ÖJZ 1988, 129 (133, 134).

[77] Anderes gilt nach *Krejci* ÖJZ 1988, 129 (134), nur, wenn der Lieferant der Sphäre des Leasingnehmers zuzurechnen ist oder dessen Unzulänglichkeit dem Verhalten des Leasingnehmers anzulasten ist (kritisch insoweit allerdings wiederum *Fischer-Czernak*, ecolex 2000, 99).

[78] *Würth* in *Rummel* Kommentar zum ABGB, Bd. 1, 2000, § 1090, Rdn. 32.

[79] *Krejci* ÖJZ 1988, 129 (134).

[80] OGH Urteil vom 14. 6. 1988–8 Ob 625/87, in JBl 1988, 719 (720); *Krejci* ÖJZ 1988, 129 (130).

[81] Zu den Zulässigkeitsschranken der Gefahrabwälzungsregelungen auf den Leasingnehmer vgl. im Einzelnen *Krejci* in *Egger/Krejci* Leasinggeschäft S. 179 ff.

[82] *Fischer-Czernak* Mobilienleasing, 1995, S. 330; *Jud* in *Krejci* Konsumentenschutzgesetz, 1981, S. 529; *Krejci* ÖJZ 1988, 129 (134); *Würth* in *Rummel* Kommentar zum ABGB, Bd. 1, 2000, § 1090, Rdn. 27a.

[83] Als unzulässig, da sittenwidrig, wird die volle Überwälzung des Kreditrisikos allerdings dann angesehen, wenn der Leasinggeber mit dem Lieferanten wirtschaftlich eng verflochten ist oder bereits bei Vertragsschluss Kenntnis von der Unbrauchbarkeit des Produktes hat (*Binder* in *Schwimann* ABGB, 3. Aufl., 2006, Band 5, § 1090, Rdn. 82 m. w. N.).

[84] OGH Urteil vom 14. 6. 1988–8 Ob 625/87, in JBl 1988, 719 (720); *Frotz* in FS *Hämmerle* 1972, S. 110; *Rainer* Immolex 2005, 166 (167).

[85] *Jud* in *Krejci* Konsumentenschutzgesetz, 1981, S. 527.

besser erkennen kann und damit einen „Beherrschbarkeitsvorsprung" hat. Verlustrisikotragungsklauseln sind dementsprechend nicht i. S. d. § 864a ABGB ungewöhnlich und binden den Leasingnehmer, wenn er sie vor Vertragsabschluss zur Kenntnis nehmen konnte.[86] Bis zur Grenze der Unzumutbarkeit hat der Leasingnehmer somit im Fall der zufälligen Beschädigung oder des Untergangs des Leasingobjekts das Leasingentgelt weiter zu zahlen.[87] Gegen die **Zulässigkeit** der **Gefahrverlagerung** auf den Leasingnehmer und eine Unkündbarkeitsabrede für den Fall, dass die Leasingsache unbenutzbar ist, bestehen nur Bedenken, wenn dem Leasingnehmer auch die Rechte genommen werden, die einem Käufer zustehen.[88] Gröblich benachteiligend i. S. v. § 879 Abs. 3 ABGB und damit unwirksam wäre auch eine Klausel, nach der der Leasingnehmer bei zufälligem Untergang der Leasingsache eine **Ersatzsache** zu beschaffen hat, da dem Leasinggeber in diesem Fall das Entgelt für die Leasingsache zweimal zugesprochen würde.[89]

Anderes wird allerdings vertreten, wenn der Leasingnehmer dem Lieferanten die Leasingsache zum Zweck der **Nachbesserung** erneut zugänglich gemacht hat. Geht die Sache in einem solchen Fall beim Lieferanten unter, so ist der Untergang dem Leasinggeber zuzurechnen, wenn dem Lieferanten insoweit die Stellung eines Gehilfen des Leasinggebers zukommt.[90] Eine Besonderheit, welche sich durch die Rechtsprechung für die Behandlung **kombinierter Soft- und Hardwareüberlassungsverträge** herausgebildet hat, ist überdies, dass der Leasingnehmer die Leasingraten für die Software bei Mängeln der Hardware nicht zurückhalten kann.[91] 19

Etwas anderes gilt im Übrigen auch bei Leasingverträgen, bei denen es der Sache nach um **Bestandsverträge** geht. Hier kommt das **Mietrecht,** insbesondere die §§ 1091 ff. ABGB, zur Anwendung.[92] Dementsprechend hat der Leasinggeber, wie sich auch aus §§ 1104, 1112 ABGB ergibt,[93] grds. das Risiko des zufälligen Untergangs der Leasingsache zu tragen.[94] Eine Abweichung von den Gefahrtragungsregeln des Mietrechts ist prinzipiell nur in dem Umfang zulässig, wie diese selbst dispositiv sind.[95] Allgemein ist der zulässige Umfang der Verlagerung der Sachgefahr bei Leasingverträgen mit überwiegend bestandsvertraglichen Elementen an § 1106 ABGB zu messen.[96] 20

2. Die Beschädigung des Leasinggutes durch Dritte

Ein wesentlicher Grund für die Beschädigung oder den Untergang der Leasingsache sind **Eingriffe Dritter.**[97] Die Ansicht der Rechtsprechung, wie diese Problematik rechtlich zu behandeln ist, hat sich in den letzten zehn Jahren entscheidend geändert. Ausgangspunkt 21

---

[86] *Binder* in *Schwimann* ABGB, 3. Aufl., 2006, Band 5, § 1090, Rdn. 81.
[87] OGH Urteil vom 14.6. 1988–8 Ob 625/87, in JBl 1988, 719 (720); OGH Urteil vom 2.5. 1979–1 Ob 568/79, in JBl 1980, 259; *Jud* in *Krejci* Konsumentenschutzgesetz, 1981, S. 517; *Krejci* ÖJZ 1988, 129 (130, 137, 138); *Rainer* Immolex 2005, 166 (170); *Welser* in *Koziol/Welser* Grundriss des Bürgerlichen Rechts, Bd. II, 12. Auflage, 2001, S. 233.
[88] *Binder* in *Schwimann* ABGB, 3. Aufl., 2006, Band 5, § 1090, Rdn. 81.
[89] *Fischer-Czernak* Mobilienleasing, 1995, S. 331; 333; *Krejci* ÖJZ 1988, 129 (131, 139 f.).
[90] *Krejci* ÖJZ 1988, 129 (138 f.).
[91] *Binder* in *Schwimann* ABGB, 3. Aufl., 2006, Band 5, § 1090, Rdn. 87.
[92] *Fischer-Czernak* Mobilienleasing, 1995, S. 161; *Frotz* in FS *Hämmerle* 1972, S. 104 f, 110; *Jud* in *Krejci* Konsumentenschutzgesetz, 1981, S. 517; *Nitsche* ÖJZ 1975, 29 (34); *Rainer* Immolex 2005, 166; *Würth* in *Rummel* Kommentar zum ABGB, Bd. 1, 2000, § 1090, Rdn. 26.
[93] OGH Urteil vom 22. 2. 1984–1 Ob 546/84, in JBl 1985, 233, 234; *Fischer-Czernak* Mobilienleasing, 1995, S. 332; *Krejci* ÖJZ 1988, 129, 136.
[94] Übernimmt ein Bestandnehmer alle Gefahren, so wird darunter nur die Gefahr für Feuer-, Wasserschäden und Wetterschäden verstanden (§ 1106 ABGB).
[95] *Krejci* ÖJZ 1988, 129 (130); gegenüber Verbrauchern sind die mietrechtlichen Gewährleistungsvorschriften nach § 9 KSchG zwingend (*Fischer-Czernak* Mobilienleasing, 1995, S. 270).
[96] *Binder* in *Schwimann* ABGB, 3. Aufl., 2006, Band 5, § 1090, Rdn. 81.
[97] *Krejci* ÖJZ 1988, 129, 133.

§ 94 Fünfter Teil. Leasing als internationale Finanzdienstleistung

ist die Eigentümerstellung des Leasinggebers. Beschädigt ein Dritter die Leasingsache oder macht sie unbrauchbar, standen nach früherer Rechtsprechung alle hieraus resultierenden Ansprüche dem Leasinggeber zu, der als Eigentümer der Leasingsache als einzig berechtigt galt.[98] Dieses Ergebnis wurde aus dem Schutzzweck der Norm abgeleitet, der nur dem unmittelbar Geschädigten Ansprüche zugestehe. Der Eingriff in ein bloß obligatorisches Recht reiche für einen Schadensersatzanspruch gegenüber Dritten nicht aus.[99] Eine Qualifizierung des Bestandrechts als „quasidingliches" Recht lehnte man ab.[100] Problematisch ist diese Auffassung insbesondere vor dem Hintergrund des beim Finanzierungsleasing fortbestehenden Anspruchs des Leasinggebers auf Zahlung der Leasingraten. Hierdurch fehlt es dem Leasinggeber häufig an einem Schaden. Gleichwohl wurde seitens der Rechtsprechung auch die Konstruktion einer Drittschadensliquidation abgelehnt.[101]

22   Diese Ansatz wurde zwischenzeitlich revidiert.[102] Der OGH unterscheidet heute grundsätzlich zwischen Substanz- und Nutzungsschäden.[103] So betrifft eine Minderung des Wertes der Leasingsache zwar den Leasinggeber und dessen Sicherungsinteresse. Der Leasingnehmer wird aber durch die entgangene Möglichkeit zur Nutzung der Leasingsache betroffen. Hat der Leasingnehmer die vertragliche Pflicht, die Reparaturkosten zu tragen, so kann er auch diese aufgrund der vorliegenden Schadensverlagerung vom Schädiger ersetzt verlangen.[104] Die Klagelegitimation des Leasingnehmers Schadensersatzansprüche betreffend, wurde vom OGH mittlerweile auch auf den Fall ausgedehnt, dass ein nicht berechtigter Dritter über die Leasingsache verfügt und damit ein gutgläubiger Vierter an ihr Eigentum erwirbt, womit der Dritte dem Leasingnehmer auch einen hieraus entstandenen Schaden zu ersetzen hat.[105]

23   Besteht eine **Versicherung,**[106] so wäre eine Klausel, nach der dem Leasinggeber alle Ansprüche gegen die Versicherung zustehen, während die Sach- und Preisgefahr in vollem Umfang beim Leasingnehmer verbleibt, sittenwidrig.[107] Zentraler Zweck des Abschlusses einer Versicherung ist, dass die Versicherungssumme an die Stelle des Leasinggutes tritt. Die Versicherungssumme steht dem Leasinggeber eines Finanzierungsleasingvertrages dem Leasingnehmer gegenüber somit nur in dem Umfang als Sicherheit zu, in dem das ausstehende Leasingentgelt durch den Wert der geschädigten Sache nicht mehr gesichert ist, begrenzt durch den Wert des unbeschädigten Leasingobjekts.[108]

24   Im Falle eines **Operating-Leasingvertrages** trifft die Gefahr einer zufälligen Verschlechterung des Leasinggegenstandes zwar grundsätzlich den Leasinggeber, dennoch wird es auch hier für zulässig gehalten, den Leasingnehmer zu verpflichten, die Prämien einer Sachversicherung zu tragen.[109] Die Versicherungssumme muss im Schadensfall

---

[98] OGH Urteil vom 21.12.1983–8 Ob 78/83, in JBl 1985, 231.
[99] OGH Urteil vom 21.12.1983–8 Ob 78/83, in JBl 1985, 231, 232.
[100] OGH Urteil vom 21.12.1983–8 Ob 78/83, in JBl 1985, 231, 232.
[101] OGH Urteil vom 21.12.1983–8 Ob 78/83, in JBl 1985, 231; *Lukas* JBl 1996, 116 (117); *Rainer* Immolex 2005, 166, 169.
[102] OGH Urteil vom 24.5.1995–2 Ob 33/95, in JBl 1996, 114, 116 mit zahlreichen Verweisen; OGH Urteil vom 27.5.1992–2 Ob 17/92, in JBl 1993, 43; OGH Urteil vom 19.2.1991–7 Ob 514/91, in JBl 1991, 522 (524); *Binder* in *Schwimann* ABGB, 3. Aufl., 2006, Band 5, § 1090, Rdn. 90; *Rainer* Immolex 2005, 166 (168); *Welser* in *Koziol/Welser* Grundriss des Bürgerlichen Rechts, Bd. II, 12. Auflage, 2001, S. 234.
[103] *Binder* in *Schwimann* ABGB, 3. Aufl., 2006, Band 5, § 1090, Rdn. 90 m. w. N.
[104] *Binder* in *Schwimann* ABGB, 3. Aufl., 2006, Band 5, § 1090, Rdn. 90 m. w. N.
[105] OGH, ecolex 1993, 379.
[106] Bei Finanzierungsleasingverträgen wird der Leasingnehmer häufig verpflichtet, den Leasinggegenstand auf seine Rechnung zu versichern; während der Leasinggeber in diesem Fall aus dem Versicherungsvertrag materiell berechtigt wird, ist der Leasingnehmer Prämienschuldner (*Fischer-Czernak* Mobilienleasing, 1995, S. 331).
[107] Zur Zuordnung der Rechte aus dem Versicherungsvertrag: *Rainer* Immolex 2005, 166, 170.
[108] *Fischer-Czernak* Mobilienleasing, 1995, S. 331.
[109] *Fischer-Czernak* Mobilienleasing, 1995, S. 332.

28. Kapitel. Leasingrecht im Ausland § 94

allerdings für die Wiederherstellung der Leasingsache verwendet werden.[110] Nur wenn eine Wiederherstellung nicht möglich ist, hat der Leassinggeber im Innenverhältnis Anspruch auf die Versicherungssumme, da der Leasingnehmer dann auch von seiner Verpflichtung zur Bezahlung der Leasingraten befreit ist.[111]

3. Gewährleistungsrechte

a) **Finanzierungsleasing.** Ein wesentlicher Unterschied zwischen Finanzierungs- und Operating-Leasingverträgen zeigt sich darin, dass beim **Finanzierungsleasing** der Leasinggeber die **Gewährleistungsrechte,**[112] die ihm gegenüber dem Hersteller aus dem Liefervertrag zustehen, regelmäßig an den Leasingnehmer **abtritt** und gleichzeitig seine eigenen dem Leasingnehmer gegenüber bestehenden **Gewährleistungspflichten** ausschließt.[113] Teilweise wird auch nur das Recht zur Geltendmachung der Ansprüche des Leasinggebers eingeräumt.[114] Der Leasingnehmer kann sich bei Ansprüchen, die Leasingsache betreffend, damit direkt an den Lieferanten halten. Allerdings haftet der Leasinggeber bei Abtretung der ihm gegenüber dem Händler zustehenden Gewährleistungsansprüche für deren Bestand (vgl. § 1397 ABGB).[115] Sind die Ansprüche uneinbringlich, ist dies ein schwerwiegender Mangel, der zur Wandlung des Abtretungsvertrages berechtigt, womit die Gewährleistung aus dem Leasingvertrag wieder auflebt.[116]

Insgesamt müssen dem Leasingnehmer nach allen Einschränkungen und Risikoverlagerungen die **typischen Rechte eines Käufers** zustehen.[117] Unzulässig wäre eine Klausel, die dem Leasingnehmer die Ansprüche gegenüber dem Lieferanten nur unter der Bedingung überträgt, dass dieser sämtliche Leasingraten zahlt.[118] Als grob benachteiligend wird es weiterhin angesehen, wenn dem Leasingnehmer das Recht abgesprochen wird, die Leasingratenzahlung zu verweigern, obwohl dem Leasinggeber wegen des Mangels ein Leistungsverweigerungsrecht gegenüber dem Zulieferer zusteht.[119] **Sittenwidrig** ist eine Abtretungsklausel, wenn der Lieferant mit dem Leasinggeber wirtschaftlich eng **verflochten** ist oder Letzterer die **Mangelhaftigkeit** der Leasingsache bei Abschluss des Leasingvertrages **kennt.**[120]

Abtretbar sind sämtliche Gewährleistungsrechte.[121] Der Leasingnehmer wird in diesem Fall zur weiteren Rechtsverfolgung verpflichtet und hat für eine etwaige Reparatur der Leasingsache zu sorgen.[122] Macht der Leasingnehmer von einem **Wandlungsrecht**

---

[110] *Fischer-Czernak* Mobilienleasing, 1995, S. 332.
[111] *Fischer-Czernak* Mobilienleasing, 1995, S. 332.
[112] Für die dem Leasingnehmer abgetretenen Ansprüche gilt in der Regel – unabhängig von den handelsrechtlichen Besonderheiten (vgl. dazu sogleich unten Rdn. 29) die Regelverjährung von drei Jahren, §§ 1167, 933 ABGB (*Fischer-Czernak* Mobilienleasing, 1995, S. 268; *Rainer* Immolex 2005, 166 (169)).
[113] *Fischer-Czernak* Mobilienleasing, 1995, S. 266.
[114] *Binder* in *Schwimann* ABGB, 3. Aufl., 2006, Band 5, § 1090, Rdn. 82; *Fischer-Czernak* Mobilienleasing, 1995, S. 266; Iro, ÖBA 1995, 817; *Rainer* Immolex 2005, 166 (169).
[115] *Fischer-Czernak* Mobilienleasing, 1995, S. 272; *Jud* in *Krejci* Konsumentenschutzgesetz, 1981, S. 533; *Würth* in *Rummel* Kommentar zum ABGB, Bd. 1, 2000, § 1090, Rdn. 32.
[116] *Fischer-Czernak* Mobilienleasing, 1995, S. 272.
[117] OGH Urteil vom 2. 5. 1979–1 Ob 568/79, in JBl 1980, 259; *Binder* in *Schwimann* ABGB, 3. Aufl., 2006, Band 5, § 1090, Rdn. 81; *Fischer-Czernak* Mobilienleasing, 1995, S. 267; *Jud* in *Krejci* Konsumentenschutzgesetz, 1981, S. 532; *Krejci* ÖJZ 1988, 129 (132, 136); *Würth* in *Rummel* Kommentar zum ABGB, Bd. 1, 2000, § 1090, Rdn. 27, 32.
[118] *Fischer-Czernak* Mobilienleasing, 1995, S. 267.
[119] *Fischer-Czernak* Mobilienleasing, 1995, S. 271.
[120] *Binder* in *Schwimann* ABGB, 3. Aufl., 2006, Band 5, § 1090, Rdn. 82.
[121] OGH Urteil vom 27. 2. 1995–1 Ob 579/94, in ÖBA 1995, 813, 815 = JBl 1995, 724, 726.
[122] Bis zur Grenze der Wirtschaftlichkeit ist die Auferlegung einer Reparaturpflicht des Leasingnehmers zulässig (*Krejci* ÖJZ 1988, 129, 140).

§ 94 Fünfter Teil. Leasing als internationale Finanzdienstleistung

Gebrauch, so kann dies allerdings nur in der Weise erfolgen, dass die Rückzahlung des Kaufpreises an den Leasinggeber verlangt wird.[123] Wird der Kaufvertrag gewandelt, **entfällt** auch die **Geschäftsgrundlage** des **Leasingvertrages,** weshalb der Leasingnehmer ab diesem Zeitpunkt von seiner Ratenzahlungspflicht befreit ist.[124] Trifft der Leasingnehmer mit dem Lieferanten eine **Wandlungsvereinbarung,** entfällt die Geschäftsgrundlage des Leasingvertrages allerdings erst, wenn der Leasinggeber dem zustimmt oder die Wandlung gerichtlich hätte durchgesetzt werden können, wofür der Leasingnehmer beweispflichtig ist.[125]

28   Wurden die Vertragsansprüche des Leasinggebers **nicht** an den Leasingnehmer **abgetreten** und lehnt es der Leasinggeber ab, im Falle der Unbrauchbarkeit des Leasingobjekts von seinem Recht zur Aufhebung des Kaufvertrages Gebrauch zu machen, kann der Leasingnehmer gemäß § 1052 ABGB die Zahlung der Leasingraten einstellen.[126] Steht dem Leasingnehmer ein Nachbesserungsanspruch gegenüber dem Lieferanten zu, während das Minderungsrecht wegen Mangelhaftigkeit der Leasingsache beim Leasinggeber verbleibt, hat sich der Händler nach dem Recht zu richten, welches zuerst geltend gemacht wird.[127]

29   Zu beachten gilt es im vorliegenden Zusammenhang allerdings auch die **kaufrechtliche Untersuchungs-** und **Rügeobliegenheit.** Wie das deutsche Recht kennt auch das österreichische Recht in § 377 HGB a. F.[128] (seit 1. 1. 2007 § 377 UGB)[129] die Obliegenheit des Käufers eines für beide Seiten unternehmensbezogenen Kaufs, einen Mangel der Kaufsache unverzüglich zu **rügen.** Parteien des Liefervertrages sind der Lieferant bzw. Hersteller der Ware und der Leasinggeber. Da diese in der Regel Kaufleute sind, ist zur Erhaltung der liefervertraglichen Gewährleistungsrechte grundsätzlich die Rügeobliegenheit des § 377 UGB zu beachten. Geliefert wird der Leasinggegenstand typischerweise allerdings unmittelbar dem Leasingnehmer, der auch regelmäßig die Gewährleistungsrechte gegenüber dem Lieferanten geltend macht. Ist der Leasingnehmer selbst Unternehmer im Sinne des KSchG, ist seine Belastung mit der Rügeobliegenheit des UGB aber nicht als gröblich benachteiligend zu qualifizieren.[130] Kommt der Leasingnehmer einer ihm übertragenen Rügeobliegenheit nicht nach, kann dies einen Schadensersatzanspruch des Leasinggebers nach sich ziehen.[131]

30 **b) Operating-Leasing.** Ist der Leasingvertrag mietvertraglich zu qualifizieren, kommen konsequenterweise **mietrechtliche Gewährleistungsvorschriften** zur Anwendung.[132] Nach § 1096 Abs. 1 Satz 1 ABGB ist ein Bestandsgeber verpflichtet, das Bestandstück auf eigene Kosten in brauchbarem Zustand zu übergeben und zu erhalten.[133] Ist das Bestandstück bei der Übergabe derart mangelhaft oder wird es während der Bestandzeit ohne Schuld des Bestandnehmers derart mangelhaft, dass es zu dem bedungenen Gebrauche nicht taugt, so ist der Bestandnehmer gemäß § 1096 Abs. 1 Satz 2 ABGB für die

---

[123] *Binder* in *Schwimann* ABGB, 3. Aufl., 2006, Band 5, § 1090, Rdn. 86; *Frotz* in FS *Hämmerle* 1972, S. 110.
[124] *Binder* in *Schwimann* ABGB, 3. Aufl., 2006, Band 5, § 1090, Rdn. 86.
[125] OGH Urteil vom 27. 2. 1995–1 Ob 579/94, in ÖBA 1995, 813, 816 = JBl 1995, 724, 726; *Binder* in *Schwimann* ABGB, 3. Aufl., 2006, Band 5, § 1090, Rdn. 86.
[126] *Binder* in *Schwimann* ABGB, 3. Aufl., 2006, Band 5, § 1090, Rdn. 85.
[127] *Fischer-Czernak* Mobilienleasing, 1995, S. 269.
[128] Inhaltlich sind die Regelung des § 377 HGB a. F. und des § 377 UGB weithin identisch.
[129] Das Handelsgesetzbuch wurde mit Wirkung zum 1. 1. 2007 in *Bundesgesetz über besondere zivilrechtliche Vorschriften für Unternehmen (Unternehmensgesetzbuch – UGB)* umbenannt (BGBl. I Nr. 120/2005).
[130] *Fischer-Czernak* Mobilienleasing, 1995, S. 271; *Frotz* in FS *Hämmerle* 1972, S. 113; a. A. *Würth* in *Rummel* Kommentar zum ABGB, Bd. 1, 2000, § 1090, Rdn. 32.
[131] OGH Urteil vom 24. 5. 1995–2 Ob 33/95, in JBl 1996, 114, 115.
[132] *Fischer-Czernak* Mobilienleasing, 1995, S. 270.
[133] *Fischer-Czernak* Mobilienleasing, 1995, S. 270.

28. Kapitel. Leasingrecht im Ausland § 94

Dauer und in dem Maße der Unbrauchbarkeit von der Entrichtung des Zinses befreit. Da im Verhältnis Händler – Leasinggeber nur kaufrechtliche Gewährleistungsansprüche bestehen, verstößt im **Konsumentenverkehr** der Ausschluss der eigenen Gewährleistung des Leasinggebers unter Abtretung der Ansprüche aus dem Liefergeschäft gegen § 9 KSchG.[134] Nicht unter die Instandhaltungspflicht des § 1096 Abs. 1 ABGB fallen allerdings Maßnahmen zur Vorbeugung von Mängeln an der Leasingsache und solche, die erforderlich sind, um einer Zerstörung der Leasingsache vorzubeugen (etwa der Service bei Kraftfahrzeugen). Diese Maßnahmen obliegen als Ausfluss der Pflicht, das Leasinggut sorgfältig zu behandeln, grundsätzlich dem Leasingnehmer.[135] Verpflichtet sich der Leasinggeber, die Instandhaltung der Sache durch regelmäßige **Wartung** zu sichern, so liegt darin ein über den eigentlichen Leasingvertrag hinausgehendes werkvertragliches Element.[136]

V. Die Beendigung des Leasingvertrages

Da der **Leasingnehmer** beim **Finanzierungsleasingvertrag** grundsätzlich die Preisgefahr trägt, steht ihm **kein Kündigungsrecht** zu, wenn die Leasingsache aufgrund unverschuldeter Umstände untergeht oder ihre Wiederherstellung im Falle ihrer Beschädigung wirtschaftlich nicht sinnvoll ist.[137] Aufgrund der Nähe des Leasingvertrages zum Kaufvertrag hat der Leasingnehmer das Investitionsrisiko zu tragen, weshalb er sich grds. nicht vom Vertrag lösen kann, wenn sich der erworbene Gegenstand nicht bewährt, beschädigt oder zerstört wird.[138] Unbeschadet der Regelungen eines Leasingvertrages steht dem Leasingnehmer allerdings immer ein **Kündigungsrecht** aus **wichtigem Grund** zu.[139] 31

Auch dem **Leasinggeber** können **Kündigungsrechte** eingeräumt sein. Derartige Klauseln existieren insbesondere für den **Vermögensverfall** des Leasingnehmers.[140] Problematisch kann sich im Einzelfall allerdings die Zulässigkeit derartiger Regelungen darstellen.[141] Eine Klausel, nach der der Leasinggeber im Fall des **Zahlungsverzugs** des Leasingnehmers sämtliche ausstehenden Leasingraten sofort fällig stellen kann, hat der OGH allerdings ohne nähere Begründung unter der Bedingung für zulässig gehalten, dass dem Leasingnehmer die Nutzungsmöglichkeit an der Leasingsache verbleibt.[142] Eine **gröbliche Benachteiligung** im Sinne des § 879 Abs. 3 ABGB liegt hingegen vor, wenn die vorzeitige Fälligstellung der restlichen Leasingraten mit dem Recht zur Zurücknahme des Leasingobjekts kumuliert wird.[143] Ist der Leasingvertrag **mietvertraglich** einzuordnen, ist eine vorzeitige Fälligstellung der Leasingentgelts durch den Leasinggeber grund- 32

---

[134] *Fischer-Czernak* Mobilienleasing, 1995, S. 270, anderes gilt allerdings, wenn es sich beim Leasingnehmer selbst um einen Unternehmer handelt; hier sieht man in den Gewährleistungsrechten des Leasinggebers gegen den Lieferanten bei Mängeln, die bereits bei Übergabe der Sache bestehen, einen ausreichenden Ausgleich. Mängel, die erst während der Gebrauchszeit entstehen, begründen insoweit keinerlei Gewährleistungsrechte, da der Lieferant hierfür nicht haftet (*Fischer-Czernak* Mobilienleasing, 1995, S. 273).
[135] *Fischer-Czernak* Mobilienleasing, 1995, S. 270.
[136] *Frotz* in FS *Hämmerle* 1972, S. 105.
[137] *Rainer* Immolex 2005, 166 (170).
[138] OGH Urteil vom 2. 5. 1979–1 Ob 568/79, in JBl 1980, 259 (261).
[139] OGH Urteil vom 2. 5. 1979–1 Ob 568/79, in JBl 1980, 259 (261); *Binder* in *Schwimann* ABGB, 3. Aufl., 2006, Band 5, § 1090, Rdn. 96; *Rainer* Immolex 2005, 166 (170).
[140] *Rainer* Immolex 2005, 166 (170).
[141] *Krejci* ÖJZ 1988, 129 (137); *Rainer* Immolex 2005, 166 (170); *Würth* in *Rummel* Kommentar zum ABGB, Bd. 1, 2000, § 1090, Rdn. 30.
[142] OGH Entscheidung vom 15. 2. 1979, 7 Ob 543/79; *Jud* in *Krejci* Konsumentenschutzgesetz, 1981, S. 530; *Koziol* in *Koziol/Welser* Grundriss des Bürgerlichen Rechts, Bd. I, 12. Auflage, 2002, S. 122.
[143] *Binder* in *Schwimann* ABGB, 3. Aufl., 2006, Band 5, § 1090, Rdn. 83.

§ 94 Fünfter Teil. Leasing als internationale Finanzdienstleistung

sätzlich unzulässig.[144] Im Falle eines **Verbraucherleasingvertrages** ist für eine vorzeitige Beendigung des Leasingvertrags wegen Zahlungsverzugs aufgrund der Regelung in § 13 KSchG eine erfolglose Nachfristsetzung erforderlich.[145]

33 Dem **Leasinggeber** steht im Fall der vorzeitigen Beendigung des Leasingvertrages aus Gründen, die der Leasingnehmer zu verschulden hat, ein Anspruch auf das **Erfüllungsinteresse** zu.[146] Im Falle eines **Teilamortisationsvertrages** muss der Leasingnehmer damit nicht nur die ausstehenden Leasingraten, sondern auch eine Differenz zwischen dem bestmöglichen, vom Leasinggeber erzielbaren Verkaufserlös und dem vereinbarten Restwert des Leasinggutes erstatten.[147] Entsprechendes gilt bei einer Rücknahme der Sache durch den Hersteller.[148] Besonders hervorzuheben gilt es in diesem Zusammenhang allerdings die Interessenwahrungspflicht, die der Leasinggeber bei der Verwertung des Leasinggutes gegenüber dem Leasingnehmer hat.[149] Außerdem kann der Leasingnehmer die Abzinsung der noch offenen Leasingraten verlangen.[150] Der Leasinggeber muss sich im Übrigen auch diejenigen Ersatzforderungen gegen Dritte anrechnen lassen, die er nicht geltend gemacht hat.[151] Eine entgegenstehende Klausel im Leasingvertrag wäre sittenwidrig.[152]

34 Der Leasinggeber kann natürlich auch eine für den Fall der vorzeitigen Beendigung des Vertrages vereinbarte **Konventionalstrafe** geltend machen, wenn hierbei die noch ausstehenden abgezinsten Leasingraten sowie die mögliche Wiederverwertung des Leasinggutes berücksichtigt sind.[153] Kommen die Vertragsparteien im Falle einer vorzeitigen, von einer Seite verschuldeten Vertragsauflösung zu einer **einvernehmlichen Einigung,** ist davon auszugehen, dass damit alle Forderungen zwischen ihnen beglichen sein sollen[154]

35 Ist der Leasingvertrag **mietvertraglich** geprägt, sind im Zweifel die bestandsvertraglichen Beendigungsregelungen entsprechend heranzuziehen.[155] In Anlehnung an § 1118 ABGB steht dem Leasinggeber daher vor allem bei ungebührlicher Behandlung der Leasingsache durch den Leasingnehmer oder bei dessen Zahlungsverzug ein Kündigungsrecht zu.[156] Der Leasinggeber muss sich im Fall der vorzeitigen Beendigung des Leasingvertrages allerdings dasjenige anrechnen lassen, was er infolge des Vertragsabbruchs erspart (arg. §§ 1155, 1168 ABGB).[157]

36 Wird wegen der Mangelhaftigkeit der Leasingsache der Liefervertrag über die Leasingsache **gewandelt,** entfällt nach herrschender Meinung die **Geschäftsgrundlage** des Leasingvertrages.[158] Damit ist ab der Wandlungserklärung der Leasingnehmer von der

---

[144] *Fischer-Czernak* Mobilienleasing, 1995, S. 332.
[145] *Jud* in *Krejci* Konsumentenschutzgesetz, 1981, S. 530.
[146] *Binder* in *Schwimann* ABGB, 3. Aufl., 2006, Band 5, § 1090, Rdn. 97; *Rainer* Immolex 2005, 166 (170).
[147] *Binder* in *Schwimann* ABGB, 3. Aufl., 2006, Band 5, § 1090, Rdn. 97.
[148] *Binder* in *Schwimann* ABGB, 3. Aufl., 2006, Band 5, § 1090, Rdn. 80; *Würth* in *Rummel* Kommentar zum ABGB, Bd. 1, 2000, § 1090, Rdn. 33.
[149] *Binder* in *Schwimann* ABGB, 3. Aufl., 2006, Band 5, § 1090, Rdn. 98.
[150] *Fischer-Czernak* Mobilienleasing, 1995, S. 272; 330 f; *Iro* ÖBA 1995, 817 (818); *Krejci* ÖJZ 1988, 129 (135).
[151] *Krejci* ÖJZ 1988, 129 (135); *Würth* in *Rummel* Kommentar zum ABGB, Bd. 1, 2000, § 1090, Rdn. 33.
[152] OGH Urteil vom 22. 2. 1984–1 Ob 546/84, in JBl 1985, 233 (234).
[153] *Binder* in *Schwimann* ABGB, 3. Aufl., 2006, Band 5, § 1090, Rdn. 97.
[154] *Binder* in *Schwimann* ABGB, 3. Aufl., 2006, Band 5, § 1090, Rdn. 97.
[155] *Binder* in *Schwimann* ABGB, 3. Aufl., 2006, Band 5, § 1090, Rdn. 96.
[156] OGH Urteil vom 28. 6. 1999 – § Ob 28/99 k, in JBl 2000, 43 (44).
[157] *Krejci* ÖJZ 1988, 129 (134).
[158] OGH Urteil vom 27. 2. 1995–1 Ob 579/94, in ÖBA 1995, 813 = JBl 1995, 724; OGH Urteil vom 14. 6. 1988–8 Ob 625/87, in JBl 1988, 719 (720); OGH Urteil vom 2. 5. 1979–1 Ob 568/79, in JBl 1980, 259; *Binder* in *Schwimann* ABGB, 3. Aufl., 2006, Band 5, § 1090, Rdn. 86; *Welser* in Koziol/Welser Grundriss des Bürgerlichen Rechts, Bd. II, 12. Auflage, 2001, S. 233; *Würth* in *Rummel* Kommentar zum ABGB, Bd. 1, 2000, § 1090, Rdn. 32.

28. Kapitel. Leasingrecht im Ausland §94

Pflicht zur Ratenzahlung befreit.[159] Der Leasinggeber erhält aufgrund der Wandlung des Liefervertrags einen Anspruch auf Rückzahlung des Kaufpreises bzw. des Werklohns.[160] Dies entspricht der Interessenlage im Leasinggeschäft, denn der Leasinggeber soll nur insoweit von der Rückabwicklung tangiert werden als es seine Sicherungsbelange betrifft.[161]

Wird der Leasingvertrag mit Ablauf der **vereinbarten Vertragslaufzeit** beendet und besteht eine Kaufoption, die der Leasingnehmer nicht nutzt, hat er das Leasingobjekt dem Leasinggeber vertragsgemäß zurückzugeben.[162] Zur Abwicklung des Leasingverhältnisses, insbesondere zur Rückgabepflicht des Leasingnehmers, zu den Restwertgarantien und Abschlusszahlungen, zur Mehrerlösbeteiligung und zu den Options- und Andienungsrechten vgl. im Einzelnen *Krejci* in Egger/Krejci, Leasinggeschäft, 292 ff. 37

VI. Zwangsvollstreckung und Insolvenz

Wird wegen einer Forderung gegen den Leasingnehmer die **Zwangsvollstreckung** betrieben, so können auch seine Rechte aus dem Leasingvertrag gemäß § 331 Exekutionsordnung (EO) **gepfändet** werden.[163] Der OGH hält in diesem Zusammenhang die pfandweise Beschreibung des in Execution gezogenen Rechtes gemäß § 331 Abs. 1 Satz 3 i.V.m. § 253 EO durch das Vollstreckungsorgan für „tunlich".[164] Dabei ist auch der voraussichtlich zu erzielende Erlös anzugeben. Das Exekutionsgericht überprüft allerdings nicht das Bestehen einer zu pfändenden Forderung. Es weist den Exekutionsantrag im Falle einer Forderungsexekution nur ab, wenn sich bereits aus den Angaben des Antrags selbst oder aus den Akten des Bewilligungsgerichts ergibt, dass die Forderung nicht oder nicht mehr besteht.[165] 38

Die Art der **Verwertung** des gepfändeten Rechtes hat das Executionsgericht auf Antrag des betreibenden Gläubigers nach Einvernehmung des Verpflichteten und aller Gläubiger, zu deren Gunsten die Pfändung erfolgte, zu bestimmen (§ 331 Abs. 2 EO). Auch die Einvernahme des Leasinggebers ist vor der Entscheidung über den Verwertungsantrag einzuholen (arg. § 337 EO).[166] Unterbleibt dies, ist die Entscheidung des Gerichts nichtig.[167] 39

Sieht ein Finanzierungsleasingvertrag die Pflicht des Leasingnehmers zur Übernahme der Leasingsache vor, entsprechen die Rechte und Pflichten der Vertragsparteien denjenigen eines Kaufs unter Eigentumsvorbehalt. Dementsprechend hat der Masseverwalter des **Leasingnehmers im Insolvenzfall** hier das Wahlrecht, ob er den Vertrag erfüllen und vom anderen Teil Erfüllung verlangen will oder vom Vertrag zurücktreten will (§ 21 KO).[168] Entsprechendes gilt, wenn dem Leasingnehmer eine Kaufoption zusteht und es wirtschaftlich unsinnig wäre, diese nicht auszuüben.[169] § 21 KO kommt grundsätzlich zur Anwendung, wenn der Leasingvertrag nach der Parteivereinbarung schwerpunktmäßig im **Kaufrecht** anzusiedeln ist.[170] Beschließt der Masseverwalter, den Leasingvertrag aufzulösen, zieht das verschuldensunabhängige Schadensersatzansprüche bis 40

---

[159] *Binder* in *Schwimann* ABGB, 3. Aufl., 2006, Band 5, § 1090, Rdn. 86.
[160] *Krejci* ÖJZ 1988, 129 (133); *Rainer* Immolex 2005, 166 (169).
[161] *Iro* ÖBA 1995, 817 (818).
[162] *Rainer* Immolex 2005, 166 (170).
[163] OGH Urteil vom 28.6.1999 – § Ob 28/99k, in JBl 2000, 43.
[164] OGH Urteil vom 28.6.1999 – § Ob 28/99k, in JBl 2000, 43.
[165] OGH Urteil vom 28.6.1999 – § Ob 28/99k, in JBl 2000, 43 (44).
[166] OGH Urteil vom 28.6.1999 – § Ob 28/99k, in JBl 2000, 43 (45).
[167] OGH Urteil vom 28.6.1999 – § Ob 28/99k, in JBl 2000, 43 (45); *Binder* in *Schwimann* ABGB, 3. Aufl., 2006, Band 5, § 1090, Rdn. 94.
[168] OGH Urteil vom 26.4.1995–3 Ob 532/95, in JBl 1995, 727 (729); *Binder* in *Schwimann* ABGB, 3. Aufl., 2006, Band 5, § 1090, Rdn. 93; *Iro* RdW 1993, 177; *Rainer* Immolex 2005, 166 (167).
[169] VwGH Entscheidung vom 29.6.1995–93/15/0107; *Dorig* RdW 1996, 80; *Iro* RdW 1993, 177 (178).
[170] *Feil* Konkursordnung, 2004, § 21, Rdn. 6; *Krejci* ÖJZ 1988, 129 (131).

§ 94 Fünfter Teil. Leasing als internationale Finanzdienstleistung

zur Höhe des durch die vorzeitige Vertragsauflösung entstandenen Schadens als Konkursforderung nach sich.[171]

41   **Mietverträge** können demgegenüber nur durch Kündigung aufgelöst werden.[172] Steht der Leasingvertrag – wie insbesondere beim Operating-Leasing – der Miete näher, kommen die §§ 23 f. KO[173] ab dem Zeitpunkt zur Anwendung, ab dem Leasingnehmer der Besitz an der Leasingsache verschafft wurde.[174] Der Masseverwalter kann in einem solchen Fall also nur kündigen, nicht aber das Wahlrecht des § 21 KO ausüben.[175] Vertragliche Regelungen, welche eine Kündigung erschweren, finden – im Gegensatz zu Vereinbarungen, die eine Kündigung erleichtern[176] – in der Insolvenz keine Anwendung. Insbesondere Vertragsbestimmungen, welche das Kündigungsrecht des Leasingnehmers ausschließen, sind im Konkursfall unwirksam.[177] Die Ausübung des Kündigungsrechts des Masseverwalters unterliegt bei Bestandsverträgen über bewegliche Sachen nur einer vierundzwanzigstündigen Kündigungsfrist[178] und ist formfrei wirksam.[179] Bis zu dem Zeitpunkt, zu dem die Kündigung wirksam wird, hat der Masseverwalter die Pflichten aus dem Leasingvertrag zu erfüllen und die Leasingraten als Masseschuld zu zahlen.[180]

42   Fällt der **Leasinggeber** in **Konkurs,** kommt die für Bestandsverträge normierte Regelung des § 24 KO zur Anwendung. § 24 KO hält zur Erfüllung von Bestandverträgen im Insolvenzfall an, legt dem Masseverwalter aber die Pflicht auf, den Mietvertrag zum frühst möglichen Zeitpunkt zu beenden.[181] § 24 KO kommt auch dann zur Anwendung, wenn dem Leasingnehmer eine Kaufoption eingeräumt wurde. Die Kaufoption ist in diesem Fall allerdings aus dem Leasingvertrag herauszulösen und dem Masseverwalter des Leasinggebers das Rücktrittsrecht gemäß § 21 i. V. m. § 26 Abs. 3 KO zuzugestehen.[182]

43   Das Risiko einer Insolvenz des Verkäufers des Leasinggegenstandes schließlich, geht nur dann zu Lasten des Leasingnehmers, wenn der Hersteller/Lieferant der Sphäre des Leasingnehmers zuzuordnen ist oder dessen „Unzulänglichkeiten" einem Verhalten des Leasingnehmers anzulasten sind.[183]

VII. Steuerrechtliche und bilanzrechtliche Aspekte

44   Wegen der bereits beschriebenen Zwitterstellung des Leasings im österreichischen Vertragsrecht, ist auch seine steuerrechtliche Behandlung problembehaftet. Es herrscht der Grundsatz der **wirtschaftlichen Betrachtungsweise.** Nach § 21 Bundesabgabenordnung (BAO) ist für die Beurteilung abgabenrechtlicher Fragen „in wirtschaftlicher Be-

---

[171] *Feil* Konkursordnung, 2004, § 21, Rdn. 6; § 23 Rdn. 1.
[172] *Feil* Konkursordnung, 2004, § 21, Rdn. 6.
[173] § 23 KO Abs. 1 lautet: „Hat der Gemeinschuldner eine Sache in Bestand genommen, so kann der Masseverwalter oder der Bestandgeber, unbeschadet des Anspruches auf Ersatz des verursachten Schadens, den Vertrag unter Einhaltung der gesetzlichen oder der vereinbarten kürzeren Kündigungsfrist kündigen".
[174] OGH Urteil vom 26. 4. 1995–3 Ob 532/95, in JBl 1995, 727, 728; *Feil* Konkursordnung, 2004, § 21, Rdn. 6 (str., in der Literatur wird teilweise auch vertreten, die §§ 23 f. KO seien auch auf Fälle anwendbar, in denen noch keine Übergabe erfolgt sei, vgl. hierzu im Einzelnen die Nachweise bei *Feil* Konkursordnung, 2004, § 21, Rdn. 6).
[175] *Feil* Konkursordnung, 2004, § 23, Rdn. 1.
[176] *Feil* Konkursordnung, 2004, § 23, Rdn. 3.
[177] Miet Slg 35.908; *Rainer* Immolex 2005, 166, 167.
[178] *Feil* Konkursordnung, 2004, § 23, Rdn. 3; *Iro* RdW 1993, 177.
[179] *Feil* Konkursordnung, 2004, § 23, Rdn. 4.
[180] *Binder* in *Schwimann* ABGB, 3. Aufl., 2006, Band 5, § 1090, Rdn. 93.
[181] OGH Urteil vom 26. 4. 1995–3 Ob 532/95, in JBl 1995, 727; *Binder* in *Schwimann* ABGB, 3. Aufl., 2006, Band 5, § 1090, Rdn. 93; *Feil* Konkursordnung, 2004, § 23, Rdn. 1; *Iro* RdW 1993, 177, 178; *Rainer* Immolex 2005, 166, 167.
[182] *Binder* in *Schwimann* ABGB, 3. Aufl., 2006, Band 5, § 1090, Rdn. 93.
[183] *Krejci* ÖJZ 1988, 129, 134; *Binder* in *Schwimann* ABGB, 3. Aufl., 2006, Band 5, § 1090, Rdn. 81 m. w. N.

28. Kapitel. Leasingrecht im Ausland   § 94

trachtungsweise der wahre wirtschaftliche Gehalt und nicht die äußere Erscheinungsform des Sachverhaltes maßgebend". Den Gestaltungsmöglichkeiten des Zivilrechts kommt mit anderen Worten insoweit keine entscheidende Rolle zu.[184] Vielmehr ist bei jeder Leasingfinanzierung zu hinterfragen, welche wirtschaftlichen Auswirkungen sich für die Vertragsparteien aus der konkreten Vertragsgestaltung ergeben. Ein weiterer Eckpfeiler der steuerrechtlichen Beurteilung eines Leasinggeschäfts findet sich in § 24 Abs. 1 lit d BAO, nach dem Wirtschaftsgüter, über die jemand die Herrschaft gleich einem Eigentümer ausübt, auch diesem zuzurechnen sind.[185] Zu prüfen gilt es somit, ob ein zivilrechtliche Eigentümer nicht nur rechtlicher, sondern auch wirtschaftlicher Eigentümer ist. Dementsprechend gilt der Grundsatz, dass dem Leasinggeber als zivilrechtlicher Eigentümer das Leasinggut zuzurechnen ist,[186] nicht, wenn dieser nicht in der Lage ist, die seiner Eigentümerstellung entsprechenden Machtverhältnisse auszuüben.[187] Sowohl die positiven wie auch die negativen Komponenten einer Eigentumsstellung sind dabei zu prüfen. Ein Eigentümer kann (positiv) die Sache gebrauchen, verbrauchen, verändern, belasten oder veräußern und (negativ) Dritte für die Dauer der Verwendbarkeit der Sache von der Nutzung ausschließen.[188]

Sind die positiven wie die negativen Komponenten auf Seiten des **Leasingnehmers** 45 erfüllt und ist dieser daher als wirtschaftlicher Eigentümer anzusehen, ist der Leasingvertrag als Mietkauf zu qualifizieren, der dem Kauf unter Eigentumsvorbehalt weitgehend gleichsteht.[189] In diesem Fall erfolgt die Zurechnung auf Seiten des Leasingnehmers. Typischerweise ist dies anzunehmen, wenn das zivilrechtliche Eigentum zwar während der Vertragsdauer beim Leasinggeber verbleibt, mit Bezahlung der letzten Rate aber auf den Leasingnehmer übergeht.[190] Entsprechendes gilt, wenn die Vertragsdauer mit der betriebsgewöhnlichen Nutzungsdauer des Leasingobjekts annähernd übereinstimmt[191] oder der Leasingnehmer eine Option zum Kauf oder zur Weiternutzung zu einem wirtschaftlich nicht ausschlaggebenden Preis hat. Ebenso fallen hierunter die Fälle, in denen der Leasingnehmer die Sache zu einem näher zu bestimmenden Anerkennungsbetrag zu erwerben hat[192] oder ein Spezialleasingvertrag abgeschlossen wurde.

Für das Finanzierungsleasing **unbeweglicher Wirtschaftsgüter** gilt es überdies her- 46 auszustellen, dass Gebäude sowie Grund und Boden jeweils getrennt zu beurteilen sind.[193] Während für die Zurechnung von **Gebäuden** die genannten Kriterien gelten, wird **Grund und Boden** grundsätzlich dem zivilrechtlichen Eigentümer zugerechnet.[194] Schwierig gestaltet sich u. U. auch die steuerrechtliche Beurteilung von Softwareleasingverträgen. In der Regel ist der Hersteller der Software als deren wirtschaftlicher Eigentümer anzusehen. Bei Individualsoftware, die speziell auf die Bedürfnisse eines einzelnen Kunden zugeschnitten ist, liegt das wirtschaftliche Eigentum hingegen grundsätzlich beim Leasingnehmer.[195]

---

[184] *Weilinger* Leasing in der Bilanz, 1988, S. 87.
[185] *Tanzer* in GS *Gassner* 2005, S. 247, Rdn. 225.
[186] *Kuhnle/Kuhne-Schadn* Leasing S. 261.
[187] *Tanzer* in GS *Gassner* 2005, S. 247, Rdn. 225.
[188] *Kuhnle/Kuhne-Schadn* Leasing S. 214.
[189] VwGH Urteil vom 17.10. 1989–88/1470189, in ÖstZB 1990, 98; VwGH Urteil vom 21.10. 1993–92/15/0085, in ÖstZB 1994, 337; *Binder* in *Schwimann* ABGB, 3. Aufl., 2006, Band 5, § 1090, Rdn. 72; *Fischer-Czernak* Mobilienleasing, 1995, S. 164; *Tanzer* in GS *Gassner* 2005, S. 249, Rdn. 227; *Weilinger* Leasing in der Bilanz, 1988, S. 80.
[190] *Kuhnle/Kuhne-Schadn* Leasing S. 215.
[191] *Binder* in *Schwimann* ABGB, 3. Aufl., 2006, Band 5, § 1090, Rdn. 72; *Fischer-Czernak* Mobilienleasing, 1995, S. 165; *Weilinger* Leasing in der Bilanz, 1988, S. 80.
[192] *Fischer-Czernak* Mobilienleasing, 1995, S. 164.
[193] *Kuhnle/Kuhne-Schadn* Leasing S. 226.
[194] *Kuhnle/Kuhne-Schadn* Leasing S. 226.
[195] *Wolff* EDV&Recht 1989, 55, hier Fn. 4 m. w. N.

§ 95　　　　Fünfter Teil. Leasing als internationale Finanzdienstleistung

47　　Um die im Wirtschaftsverkehr notwendige Rechtssicherheit zu schaffen, hat das Bundesministerium für Finanzen – in Anlehnung an die Leasingregelungen in Deutschland – in den **Einkommensteuerrichtlinien 2000** spezifische Bestimmungen für die steuerliche Beurteilung von Leasingverträgen erlassen, wobei zwischen Vollamortisationsverträgen, Teilamortisationsverträgen, Immobilienleasingverträgen, Sale-and-lease-back Verträgen sowie dem Fall der Vorleistung des Leasingnehmers differenziert wird.[196]

48　　Ist der Leasinggegenstand wirtschaftlich dem **Leasingnehmer zuzurechnen,** hat dies zur **Konsequenz,** dass der Leasinggegenstand wie im Falle eines Barkaufs beim Leasingnehmer zu **bilanzieren** ist. Außerdem entsteht die **Umsatzsteuerschuld** bezogen auf die Summe aller vom Leasingnehmer zu leistenden Raten **sofort.**[197] Erfolgt die **Zurechnung** auf Seiten des **Leasinggebers, aktiviert** dieser das Leasingobjekt, während die gezahlten Leasingraten als Erträge zu verbuchen sind.[198] Als Aufwendungen kann der Leasinggeber den Zinsaufwand aus der Refinanzierung, Sach- und Personalkosten und vor allem die Absetzung für Abnutzung (Abschreibung) geltend machen.[199]

49　　Die stetig voranschreitende Globalisierung der Märkte führt im Übrigen natürlich auch in Österreich dazu, dass die internationalen Rechnungslegungsstandards zunehmend an Bedeutung gewinnen. Sowohl die **International Financial Reporting Standards** als auch **Generally Accepted Accounting Principles** enthalten Bilanzierungsgrundsätze für das Leasing. Die Zurechnungsregeln unterscheiden zwischen Operating-Lease und Finance-Lease bei IFRS 17 bzw. Capital-Lease bei US-GAAP 13. Diese international übliche Unterscheidung weist im Einzelnen gewisse Unterschiede zu den in Österreich hiermit verbundenen Begriffsdefinitionen auf.[200]

§ 95 Das Leasingrecht in Polen

Schrifttum (Auswahl): *Brol* Umowa leasingu według kodeksu cywilnego, „Przegląd Podatkowy" 2001, Nr. 6; *Brol* Umowa leasingu [Der Leasingvertrag], Warszawa 2002; *Katner* Umowa leasingu a odpowiedzialność odszkodowawcza [Leasingvertrag und Schadenshaftung], in: Studia z prawa prywatnego. Księga pamiątkowa ku kczci Profesor Biruty Lewaszkiewicz-Petrykowskiej [Abhandlungen aus dem Privatrecht. Festschrift für Professor Biruta Lewaszkiewicz-Petrykowska], Łódź 1997; *Kruczalak* Leasing, Sopot 1999; *Kruczalak* Umowy w obrocie handlowym. Krajowym i międzynarodowym. Komentarz, wzory, objaśnienia [Verträge im inländischen und internationalen Handelsverkehr. Kommentar, Muster, Erläuterungen], Warszawa 1999; *Marciniuk* Umowa leasingu i jej zastosowanie w handlu zagranicznym [Der Leasingvertrag und seine Anwendung im Außenhandel], Warszawa 1982; *Mohlek/Lisik* Leasing in Polen, „Wirtschaft und Recht in Osteuropa" 1997; *Niewerth/Schlichte* Das neue polnische Leasingrecht, „Wirtschaft und Recht in Osteuropa" 2001; *Pazdan* Kodeksowe unormowanie umowy leasingu [Die Regelung des Leasingvertrages im ZGB], „Rejent" 2002, Nr. 5; *Pazdan* in: Kodeks cywilny. Komentarz [Zivilgesetzbuch. Kommentar], herausg. von Pietrzykowski, Bd. 2, 4. Aufl., Warszawa 2005; *Poczobut* Leasing im polnischen Einkommensteuerrecht, in: Rechtsfragen der Transformation in Polen, herausg. von Aregger, Poczobut, Wyrzykowski, Kraków 1995; *Poczobut* Umowa leasingu w prawie krajowym i międzynarodowym [Der Leasingvertrag im inländischen und internationalen Recht], 2. Aufl., Warszawa 1996; *Poczobut* Leasing. Wybrane źródła prawa [Leasing. Ausgewählte Rechtsquellen], vervielfältigte Maschinenschrift, Warszawa 1996; *Poczobut* Projekt regulacji umowy leasingu w polskim kodeksie cywilnym [Entwurf der Regelung

---

[196] Vgl. hierzu ausführlich mit einzelnen Beispielen *Kuhnle/Kuhne-Schadn* Leasing S. 216 ff.; zur Frage, ob die bisherige steuerrechtliche Privilegierung des Leasings im Zuge der stetigen Internationalisierung beibehalten werden kann, vgl. *Papst* RdW 2005, 578 (580).

[197] *Kuhnle/Kuhne-Schadn* Leasing S. 215; grundsätzlich wird ein Leasingvertrag umsatzsteuerrechtlich erst mit Ausübung der Kaufoption oder Eintritt der sonstigen Voraussetzungen für den Eigentumserwerb zum Kaufvertrag *(Binder* in *Schwimann* ABGB, 3. Aufl., 2006, Band 5, § 1090, Rdn. 72); ausführlich zur umsatzsteuerlichen Behandlung von Zahlungen des Leasingnehmers. *Kuhnle/Kuhne-Schadn* Leasing S. 244 ff.

[198] *Kuhnle/Kuhne-Schadn* Leasing S. 262.

[199] *Kuhnle/Kuhne-Schadn* Leasing S. 267.

[200] Ausführlich hierzu *Kuhnle/Kuhne-Schadn* Leasing S. 295 ff.

28. Kapitel. Leasingrecht im Ausland § 95

des Leasingvertrages im polnischen Zivilgesetzbuch], „Przegląd Legislacyjny" 1997, Nr. 3; *Poczobut* Der Leasingvertrag im Gesetzentwurf von 1977 über die Änderung des polnischen Zivilgesetzbuches – eine Einführung, in: Festschrift für Ulrich Drobnig zum siebzigsten Geburtstag, herausg. von Basedow, Hopt, Kötz, Tübingen 1998; *Poczobut* Odrębna regulacja umowy leasingu w kodeksie cywilnym [Abgesonderte Regelung des Leasingvertrages im Zivilgesetzbuch], „Monitor Rachunkowości i Finansów" 2000, Nr. 11; *Poczobut* Die Regelung des Leasingvertrages im polnischen Zivilgesetzbuch – Abriss, in: Aufbruch nach Europa. 75 Jahre Max-Planck-Institut für Privatrecht, herausg. von Basedow, Drobnig, Ellger, Hopt, Kötz, Kulms, Mestmäcker, Tübingen 2001; *Poczobut* „Umowa leasingu w prawie krajowym i międzynarodowym", Warszawa 2002; *Poczobut* Leasing, in: System prawa prywatnego [System des Privatrechts], Bd. 8, Prawo zobowiązań – część szczegółowa [Schuldrecht – besonderer Teil], herausg. von Panowicz-Lipska, Warszawa 2004; Polnische Wirtschaftsgesetze. Aktuelle Gesetzestexte in deutscher Übersetzung, 6. Aufl., Warszawa 2004; *Radwański Panowicz-Lipska* Zobowiązania – część szczegółowa [Schuldverhältnisse. Besonderer Teil], 2. Aufl., Warszawa 1998, 6. Aufl., Warzawa 2005; *Ribol* Polen: Leasing-Verordnung – Textdokumentation mit Einführung, „Wirtschaft und Recht in Osteuropa" 1995; *Stecki* Leasing, Toruń 1999; *Wiśniewski* in: Bieniek, Ciepła, Dmowski, Gudowski, Kołakowski, Sychowicz, Wiśniewski, Żuławska, Komentarz do kodeksu cywilnego. Księga trzecia. Zobowiązania [Kommentar zum Zivilgesetzbuch. Drittes Buch. Schuldverhältnisse], Bd. 2, herausg. von Bieniek, 4. Aufl., Warszawa 2002; *Włodyka* Strategiczne umowy przedsiębiorców [Strategische Verträge der Unternehmer], Warszawa 2000

Übersicht

	Rdn.
I. Rechtsquellen	1
1. Aktueller Rechtsstand	1
2. Voriger Rechtsstand	2
II. Begriff und systematische Einordnung des Leasingvertrages	3
1. Definition des Leasingvertrages	3
2. Verzicht auf bestimmte vorgeschlagene Elemente der Definition des Leasingvertrages in Gesetzgebung und Lehre	5
a) Kaufoption des Leasingnehmers auf der Sache	5
b) Zeitraum des Leasingvertrages und wirtschaftliche Nutzungsdauer der Sache	6
3. Systematische Einordnung des Leasingvertrages	7
III. Form des Leasingvertrages	9
IV. Gesetzlich geregelte Pflichten der Parteien des Leasingvertrages	10
1. Pflichten des Leasinggebers	10
a) Überlassung der Sache dem Leasingnehmer	10
b) Regeln zur Überlassung der Sache durch den Leasinggeber an den Leasingnehmer	11
c) Grundsätzliche Risikoverantwortlichkeit des Leasingnehmers bei Untergang der Sache	13
d) Grundsätzliche Haftungsbegrenzung für den Leasinggeber bei Mängeln der Sache sowie Haftung des Veräußerers gegenüber dem Leasingnehmer bei Mängeln der Sache	14
2. Pflichten des Leasingnehmers	17
a) Zahlung der Leasingraten	17
b) Erhaltung der Sache	19
c) Ordnungsmäßiger Gebrauch der Sache	20
d) Voraussetzungen für Veränderungen an der Sache durch den Leasingnehmer	21
e) Folgen der Verletzung bestimmter Pflichten durch den Leasingnehmer	22
f) Voraussetzungen für die Überlassung der Sache zum Gebrauch an Dritte durch den Leasingnehmer	23
g) Höhe der von dem Leasingnehmer zu tragenden Kosten der Versicherung der Sache während der Leasinglaufzeit	25
IV. Übrige Vorschriften über den Leasingvertrag und ähnliche Verträge	26
1. Folgen der Veräußerung der Sache durch den Leasinggeber während der Dauer des Leasingverhältnisses	26
2. Rechtsfolgen einer Kündigung des Leasingvertrages durch den Leasinggeber bei von dem Leasingnehmer zu vertretenden Gründen	27
3. Frist zur Geltendmachung eines Anspruchs auf Übertragung des Eigentums an der Sache durch den Leasingnehmer	28
4. Entsprechende Anwendung der Vorschriften über den Leasingvertrag auf ähnliche Verträge	29
V. Anwendung der Miet- und Ratenkaufvorschriften des ZGB	30

I. Rechtsquellen

1. Aktueller Rechtsstand

1 Die **abgesonderte Regelung des Leasingvertrages** wurde im Gesetz vom 26. Juli 2000 zur Änderung des Zivilgesetzbuches[1] (im Folgenden: AGZGB) vorgesehen. Gemäß Art. 3 AGZGB tritt das Gesetz am 9. Dezember 2000 in Kraft. Nach Art. 1 Pkt. 1 AGZGB wurden die im neuen Titel XVII1 enthaltenen Art. 709^1–709^{18} über den Leasingvertrag (poln. umowa leasingu) in das dritte Buch (Schuldverhältnisse) des polnischen Zivilgesetzbuches von 1964[2] (im Folgenden: ZGB) eingeführt.[3]

2. Voriger Rechtsstand

2 Nach Art. 2 Abs. 2 AGZGB, der das allgemein bei der Rechtsetzung beachtete Rechtsprinzip *lex retro non agit* enthält, werden die Vorschriften des AGZGB nicht auf die vor dem Tag seines Inkrafttretens abgeschlossenen Leasingverträge angewandt; solche Verträge unterliegen daher dem **bisherigen** Recht. Bisher war der Leasingvertrag im polnischen Recht nicht gesondert geregelt. Früher hatte man angenommen, dass für den Leasingvertrag als eine Abart von im polnischen Recht geregelten benannten Verträgen, wie etwa des Miet-, Pacht-, Ratenkauf- oder Geschäftsbesorgungsvertrages, kein besonderer Regelungsbedarf bestünde. Faktisch bildete der Leasingvertrag eine in der Praxis (empirisch) herausgebildete **Kategorie der unbenannten Verträge**.[4] Eine derartige Einordnung der Rechtsnatur des Leasingvertrages führte zu der Feststellung, dass die Vorschriften, die sich mit den einzelnen benannten Verträgen befassen, unmittelbar nicht auf den Leasingvertrag angewandt werden können.[5] Die Vorschriften des ZGB, über die die einzelnen benannten Verträge halfen bei dem Leasingvertrag nur, wenn der Leasingvertrag eine Ähnlichkeit mit dem jeweiligen benannten Vertrag aufwies.[6] Dann sollten diese Vorschriften auf den Leasingvertrag **entsprechende Anwendung** (*per analogiam*) finden, wobei die besondere Rechtsnatur des Leasingvertrages zu berücksichtigen war.[7]

---

[1] Dziennik Ustaw [poln. Gesetzblatt] 2000, Nr. 74, Pos. 857. Zum Entwurf dieser Regelung siehe *Poczobut* Projekt regulacji umowy leasingu w polskim kodeksie cywilnym [Entwurf der Regelung des Leasingvertrages im polnischen Zivilgesetzbuch], „Przegląd Legislacyjny" 1997, Nr. 3, 222–235; *Poczobut* Der Leasingvertrag im Gesetzentwurf von 1977 über die Änderung des polnischen Zivilgesetzbuches – eine Einführung, in: Festschrift für Ulrich Drobnig zum siebzigsten Geburtstag, herausg. von Basedow, Hopt, Kötz, Tübingen 1998, 607–620.

[2] Dziennik Ustaw 1964, Nr. 16, Pos. 93 m. sp. Änd.

[3] Deutsche Übersetzung in: Polnische Wirtschaftsgesetze. Aktuelle Gesetzestexte in deutscher Übersetzung, 6. Aufl., Warszawa 2004, 141–145.

[4] Siehe vor allem *Kruczalak* Leasing i jego gospodarcze zastosowanie [Leasing und seine wirtschaftliche Anwendung], 3. Aufl., Gdańsk 1996, 86–91; *Katner* Umowa leasingu a odpowiedzialność odszkodowawcza [Leasingvertrag und Schadenshaftung], in: Studia z prawa prywatnego. Księga pamiątkowa ku kczci Profesor Biruty Lewaszkiewicz-Petrykowskiej [Abhandlungen aus dem Privatrecht. Festschrift für Professor Biruta Lewaszkiewicz-Petrykowska], Łódź 1997, 37–38; *Poczobut* Umowa leasingu w prawie krajowym i międzynarodowym [Der Leasingvertrag im inländischen und internationalen Recht], 2. Aufl., Warszawa 1996, 295–302; idem, Umowa leasingu [Der Leasingvertrag], Warszawa 2002, 76–79; *Poczobut* Leasing, in: System prawa prywatnego [System des Privatrechts], Bd. 8, Prawo zobowiązań – część szczegółowa [Schuldrecht – besonderer Teil], herausg. von Panowicz-Lipska, Warszawa 2004, 283–286; *Radwański Panowicz-Lipska* Zobowiązania – część szczegółowa [Schuldverhältnisse. Besonderer Teil], 2. Aufl., Warszawa 1998, 107–112; *Stecki* Leasing, Toruń 1999, 115 ff. sowie die dort zitierte Literatur und Rechtsprechung.

[5] Siehe *Poczobut* Die Regelung des Leasingvertrages im polnischen Zivilgesetzbuch – Abriss, in: Aufbruch nach Europa. 75 Jahre Max-Planck-Institut für Privatrecht, herausg. von Basedow, Drobnig, Ellger, Hopt, Kötz, Kulms, Mestmäcker, Tübingen 2001, 976.

[6] *Poczobut* Die Regelung des Leasingvertrages, 2001, S. 976.

[7] Siehe *Poczobut* Umowa leasingu w prawie, 2002, S. 302 f. und die dort zitierte Literatur.

II. Begriff und systematische Einordnung des Leasingvertrages
1. Definition des Leasingvertrages

Der Leasingvertrag wird im ZGB als **eigenständiger Vertragstyp, als „genannter Vertrag"** geregelt.[8] In der polnischen Zivilrechtslehre definiert man einen genannten Vertrag als schuldrechtlichen Vertrag, für den die Mindestanforderungen in subjektiver und objektiver Hinsicht (konstitutive Eigenschaften der Vertragsparteien und die sie belastenden Pflichten) in einer Legaldefinition enthalten sind.[9] Nach Art. 709 ZGB verpflichtet sich der Leasinggeber in dem Leasingvertrag dazu, im Tätigkeitsbereich seines Unternehmens eine Sache von einem bestimmten Veräußerer zu den im Leasingvertrag bestimmten Bedingungen zu erwerben und sie dem Leasingnehmer für eine bestimmte Zeit zum Gebrauch oder zur Ziehung von Nutzungen zu überlassen; der Leasingnehmer verpflichtet sich gegenseitig, dem Leasinggeber eine bestimmte Vergütung in Geld, die mindestens dem Preis oder der Vergütung für den Erwerb der Sache entspricht, in vereinbarten Raten zu zahlen.[10]

Konstitutive Pflichten der Parteien (objektiv relevante Elemente – *essentialia negotii*) des Leasingvertrages sind:
– **auf der Seite eines Leasinggebers,** der sich gewerblich mit der Leasingtätigkeit beschäftigt: der Erwerb der Sache vom dem Veräußerer und ihre Überlassung zur Nutzung für eine bestimmte Zeit an den Leasingnehmer,
– **auf der Seite des Leasingnehmers**: mindestens die Erstattung der unmittelbaren Kosten für den Erwerb der Sache durch den Leasingnehmer in Form von Teilbeträgen.[11]

Unter dem Begriff **„Erwerb der Sache"** sollte vor allem der rechtsgeschäftliche Erwerb des Eigentums an der Sache verstanden werden. Der Leasinggeber kann das Eigentum an der Sache nicht nur durch Abschluss eines **Kaufvertrages** erwerben (Art. 535 ff. ZGB), sondern auch infolge des Abschlusses anderer, zur Eigentumsübertragung verpflichtender Verträge, z. B. infolge des Abchlusses eines **Werkvertrages** (Art. 627 ff. ZGB), falls die Herstellung des Werkes aus den Stoffen des Auftragnehmers erfolgt, oder eines **Bauvertrages** (Art. 647 ff. ZGB). Der Leasinggeber würde sich in einem Werkvertrag als Besteller und in einem Bauvertrag als Bauherr verpflichten, die „Vergütung" zu entrichten.[12] In der polnischen Rechtslehre herrscht die Meinung, dass dem Erwerb des Eigentums an einer Sache vom Leasinggeber der **Erwerb des Erbniessbrauchrechtes** (Art. 232 ff. ZGB) von ihm gleich ist.[13] Die gesetzliche Definition des Leasings im Art. 709¹ ZGB umfasst auch eine Art von *sale-and-lease-back*, mit dem der Leasinggeber die Sache von dem Leasingnehmer erwirbt, um sie später dem Leasingnehmer zur Nut-

---

[8] Zur Bedeutung der gesonderten Regelung des Leasingvertrages siehe *Poczobut* Die Regelung des Leasingvertrages, 2001, S. 975–978. Zur Benennung des Leasingvertrages siehe *Poczobut* Die Regelung des Leasingvertrages, 2001, S. 978–979.
[9] Siehe näher *Poczobut* Umowa leasingu w prawie, 2002, S. 240–248.
[10] Vgl. *Poczobut* Die Regelung des Leasingvertrages, 2001, S. 980, wo missverständlich angegeben wurde, dass die vom Leasingnehmer zu zahlende Vergütung in Geld mindestens der Vergütung für den Gebrauch der Sache entsprechen kann.
[11] Vgl. *Poczobut*, Die Regelung des Leasingvertrages, 2001, S. 980–981.
[12] Vgl. *Poczobut* Die Regelung des Leasingvertrages, 2001, S. 981.
[13] Vgl. *Brol* Umowa leasingu [Der Leasingvertrag], Warszawa 2002, 118–119; *Pazdan* Kodeksowe unormowanie umowy leasingu [Die Regelung des Leasingvertrages im ZGB], „Rejent" 2002, Nr. 5, 32; *Pazdan* in: Kodeks cywilny. Komentarz [Zivilgesetzbuch. Kommentar], herausg. von Pietrzykowski, Bd. 2, 4. Aufl., Warszawa 2005, 501, RdNr. 34; *Poczobut* Die Regelung des Leasingvertrages, 2001, S. 981; *Poczobut* Leasing, 249, RdNr. 57; *Wiśniewski* in: Bieniek, Ciepła, Dmowski, Gudowski, Kołakowski, Sychowicz, Wiśniewski, Żuławska, Komentarz do kodeksu cywilnego. Księga trzecia. Zobowiązania [Kommentar zum Zivilgesetzbuch. Drittes Buch. Schuldverhältnisse], Bd. 2, herausg. von Bieniek, 4. Aufl., Warszawa 2002, 259–260.

zung zu überlassen. So gestaltene Definition des Leasingvertrages knüpft weitgehend an die Definition des Leasinggeschäftes im Art. 1 des **UNIDROIT-Übereinkommens** über das internationale Finanzierungsleasing vom 28. Mai 1988 (im Folgenden: Leasing-Übereinkommen) und an die gegewärtige polnische Leasingpraxis an.[14]

2. Verzicht auf bestimmte vorgeschlagene Elemente der Definition des Leasingvertrages in Gesetzgebung und Lehre

5 **a) Kaufoption des Leasingnehmers auf der Sache.** Mitunter wird dem Leasingnehmer in der Praxis durch den Leasinggeber eine sogenannte „**Kaufoption**" auf die Sache eingeräumt. Daneben findet sich in manchen Leasingverträgen ein Recht des Leasingnehmers auf Vertragsverlängerung oder auf Bennenung eines Dritten als Erwerber der Sache nach Ablauf der Vertragsdauer. Derartige Gestaltungen zielen nicht auf wesentliche Elemente des Leasings ab und sollten daher als **zusätzliche Vertragsvereinbarungen** (*accidentalia negotii*) betrachtet werden. Die vorstehend erwähnten Rechte des Leasingnehmers stellen keine charakteristischen Elemente des Leasings dar, weil sie auch Bestandteil anderer Verträge, wie z. B. eines Miet- oder Pachtvertrages, bilden können.[15]

6 **b) Zeitraum des Leasingvertrages und wirtschaftliche Nutzungsdauer der Sache.** Bei der im polnischen ZGB entwickelten Definition des Leasingvertrages wurde der Gesichtspunkt, dass ein Leasingvertrag auf einen Zeitraum abgeschlossen werden soll, welcher der **wirtschaftlichen Nutzungsdauer** der Sache annähernd entspricht, nicht berücksichtigt. Ein derartiges Erfordernis ist in der polnischen Rechtslehre vor einigen Jahren aufgestellt worden, jedoch im Leasing-Übereinkommen nicht vorgesehen. Infolge der oft in den letzten Jahren des vorigen Jahrhunderts erfolgten Änderungen des polnischen Steuer- und Bilanzrechts[16] waren die Laufzeiten der im polnischen Rechtsverkehr abgeschlossenen Leasingverträge unterschiedlich. Die Vernachlässigung dieses Elements in der schuldrechtlichen Definition des Leasings schließt nicht die Möglichkeit aus, dass die Laufzeit eines Vertrages für die **Kategorisierung von Leasingverträgen zu Zwecken des Steuer- und Bilanzrechts** als Kriterium verwendet wird.[17]

3. Systematische Einordnung des Leasingvertrages

7 Die in Art. 709[1] ZGB enthaltene Definition des Leasingvertrages gestattet die **Rechtsnatur** dieses Vertragstypus mit Hilfe der allgemeinen Merkmale privatrechtlicher Verträge zu konkretisieren. Hierfür sind der **schuldrechtlicher Charakter des Leasingvertrages** und seine Eigenschaft als ein beide Parteien **verpflichtendes, gegenseitiges und entgeltliches Rechtsgeschäft** von entscheidender Bedeutung.[18]

---

[14] Siehe näher *Poczobut* Die Regelung des Leasingvertrages, 2001, S. 981–982.

[15] Siehe *Poczobut* Die Regelung des Leasingvertrages, 2001, S. 981.

[16] Siehe *Poczobut* Projekt regulacji, 1997, S. 230. Dazu näher auf Deutsch *Mohlek/Lisik* Leasing in Polen, „Wirtschaft und Recht in Osteuropa" 1997, 1–8; *Poczobut* Leasing im polnischen Einkommensteuerrecht, in: Rechtsfragen der Transformation in Polen, herausg. von Aregger, Poczobut, Wyrzykowski, Kraków 1995, 62–77; *Ribol* Polen: Leasing-Verordnung – Textdokumentation mit Einführung, „Wirtschaft und Recht in Osteuropa" 1995, 2730. Das Leasing wurde aktuell in folgenden drei polnischen Steuerrechtgesetzen geregelt: das Gesetz vom 26. Juli 1991 zur Einkommensteuer von natürlichen Personen (Dziennik ustaw 1993, Nr. 90, Pos. 416 m. sp. Änd.), das Gesetz vom 15. Februar 1992 zur Einkommensteuer von juristischen Personen (Dziennik Ustaw 1993, Nr. 106, Pos. 482 m. sp. Änd.) und das Gesetz vom 11. März 2004 zur Waren- und Dienstleistungssteuer (Dziennik Ustaw 2004, Nr. 54, Pos. 535 m. sp. Änd.).

[17] Siehe *Poczobut* Die Regelung des Leasingvertrages, 2001, S. 982. Zur Definition des Leasingvertrages im Art. 7091 ZGB siehe auch *Poczobut* Projekt regulacji, 1997, S. 229–230; *Poczobut* Der Leasingvertrag, 1998, S. 614–620; *Poczobut* Odrębna regulacja, 2000, S. 10–12.

[18] Siehe *Poczobut* Die Regelung des Leasingvertrages, 2001, S. 982.

Das Leasing stellt einen **besonderen Vertragstypus** dar, der der von der Lehre herausgebildeten Gruppe der genannten Verträge über die Nutzung von Sachen oder Rechte zuzurechnen ist. Im ZGB wird diese Gruppe jetzt durch die Miet-, Pacht- und Leihverträge gebildet. Im Hinblick auf seine allgemeine Rechtsnatur und die konstitutiven Pflichten der Parteien ähnelt der Leasingvertrag am meisten dem Miet- und Pachtvertrag. Aus diesem Grunde hat der Gesetzgeber die Vorschriften über den Leasingvertrag unmittelbar im Anschluss an die Regelungen über Miete und Pacht in das ZGB eingeführt. Manche Vorschriften zum Leasing wurden unmittelbar den Regelungen zu Miete und Pacht nachgebildet. In anderen Fällen sieht das Gesetz für das Leasing eine entsprechende Anwendung der mietvertragsrechtlichen Vorschriften vor.[19]

III. Form des Leasingvertrages

Gemäß Art. 709^2 ZGB soll der Leasingvertrag unter Androhung der Unwirksamkeit (*ad solemnitatem*) schriftlich geschlossen werden. Die Leasingverträge werden in der Regel auf einige Jahre abgeschlossen, der Gegenstand der Leistung des Leasinggebers hat häufig einen bedeutenden Wert und die Dritten haben oft Interesse zum Beispiel bei den Erwerb dieses Gegenstands, bei der Bestellung an ihm einer Sicherheit oder sind die Parteien der Verträge, die in der rechtlichen oder lediglich faktischen Verbindung mit dem Leasing stehen. Deshalb wurde das Erfordernis der **Schriftform** *ad solemnitatem* des Leasingvertrages vor allem zu der Erhöhung der Verkehrssicherheit, Offenkündigung der Leasingverträge für Dritte und damit der Absicherung ihrer Interessen vorgesehen.[20]

IV. Gesetzlich geregelte Pflichten der Parteien des Leasingvertrages

1. Pflichten des Leasinggebers

a) Überlassung der Sache dem Leasingnehmer. Der Leasinggeber verpflichtet sich die Sache zur Nutzung dem Leasingnehmer in vereinbarter Zeit zu überlassen (Art. 709^1 § 1 ZGB). Gemäß Art. 709^3 ZGB überlässt der Leasinggeber dem Leasingnehmer die Sache aufgrund von Umständen, die der Leasingnehmer zu vertreten hat, nicht zum vereinbarten Zeitpunkt, bleiben die vertraglich vereinbarten Zahlungstermine der Leasingraten unverändert.

b) Regeln zur Überlassung der Sache durch den Leasinggeber an den Leasingnehmer. Nach Art. 709^4 § 1 ZGB hat der Leasinggeber dem Leasingnehmer die Sache in dem Zustand zu übergeben, in dem sie sich zum Zeitpunkt der Überlassung durch den Veräußerer befand. Der Leasinggeber haftet jedoch dem Leasingnehmer nicht für die Tauglichkeit der Sache zum vertraglichen Gebrauch (Art. 709^4 § 2 ZGB).

Im Rahmen der Übergabe der Sache dem Leasingnehmer ist der Leasinggeber verpflichtet, eine Abschrift der Urkunde eines Vertrages mit dem Veräußerer sowie etwaige Abschriften anderer diesen Vertrag betreffenden Urkunden, die sich in seinem Besitz befinden, insbesondere eine Abschrift einer vom Veräußerer oder Hersteller erhaltenen Gütergarantieurkunde, dem Leasingnehmer zusammen mit der Sache zu übergeben (Art. 709^4 § 3 ZGB).

c) Grundsätzliche Risikoverantwortlichkeit des Leasingnehmers bei Untergang der Sache. Gemäß Art. 709^5 § 1 ZGB geht die Sache nach der Übergabe an den Leasingnehmer aufgrund von Umständen unter, für die der Leasinggeber nicht haftet, so endet das Leasingverhältnis. Endet das Leasingverhältnis aus diesen Gründen, so kann der Leasinggeber vom Leasingnehmer die sofortige Bezahlung aller bis zum vertragsgemäßen

---

[19] Siehe *Poczobut* Die Regelung des Leasingvertrages, 2001, S. 983.
[20] Siehe *Poczobut* Leasing, 260.

Ende des Leasingverhältnisses vorgesehenen Leasingraten verlangen, unter Anrechnung der ihm durch die vorzeitige Bezahlung der Leasingraten und die Beendigung des Leasingverhältnisses sowie der aufgrund einer Versicherung für die Sache geleisteten Schadensersatzzahlungen und des sonstigen Schadensersatzes enstehenden Vorteile (Art. 709^5 § 3 ZGB).

14 d) **Grundsätzliche Haftungsbegrenzung für den Leasinggeber bei Mängeln der Sache sowie Haftung des Veräußerers gegenüber dem Leasingnehmer bei Mängeln der Sache.** Im semiimperativen[21] Art. 709^8 § 1 Satz 1 ZGB wird der Leasinggeber von der Haftung für alle von ihm nicht verschuldeten Mängel befreit, es sei denn, dass diese Mängel aufgrund von Umständen enstanden sind, für die der Leasinggeber haftet, wobei die für den Leasingnehmer weniger vorteilhaften Vertragsabmachungen nichtig sind. Durch diese Entscheidung des Gesetzgebers wird die Rechtsstellung des Leasingnehmers nicht wesentlich verschlechtert, weil der Leasingnehmer nach Art. 709^8 § 2 ZGB kraft Gesetzes gegenüber dem Veräußerer die Rechte aus den Mängeln der Sache – mit Ausnahme des Rechts zum Rücktritt vom Vertrag mit dem Veräußerer – im Zeitpunkt des Abschlusses des Vertrages zwischen dem Leasinggeber und dem Veräußerer erwirbt. Das Prinzip von obiger Regelung wurde aus dem Art. 10 Abs. 1 des Leasing-Übereinkommens entwickelt und dient dem Schutz der begründeten Interessen des Leasingnehmers.

15 Gemäß Art. 709^8 § 4 Satz 1 ZGB kann der Leasingnehmer den Rücktritt des Leasinggebers vom Vertrag mit dem Veräußerer wegen des Sachmangels verlangen, wenn sich das Rücktrittrecht des Leasinggebers aus den Rechtsvorschriften oder aus dem Vertrag mit dem Veräußerer ergibt. Der Leasinggeber kann nicht ohne Verlangen des Leasingnehmers wegen des Sachmangels vom Vertrag mit dem Veräußerer zurücktreten (Art. 709^8 § 4 Satz 2 ZGB).

16 Nach Art. 709^8 § 5 Satz 1 ZGB tritt der Leasinggeber aufgrund von Sachmängeln vom Vertrag mit dem Veräußerer zurück, endet das Leasingverhältnis. Der Leasinggeber kann damals die sofortige Bezahlung aller bis zum vertragsgemäßen Ende des Leasingverhältnisses vorgesehenen Leasingraten unter Abzug der ihm durch die vorzeitige Bezahlung der Leasingraten und die Beendigung des Leasingverhältnisses sowie des Vertragsverhältnisses mit dem Veräußerer entstehenden Vorteile verlangen (Art. 709^8 § 5 Satz 2 ZGB).

2. Pflichten des Leasingnehmers

17 a) **Zahlung der Leasingraten.** Der Leasingnehmer ist verpflichtet, die Leasingraten zu den vertraglich vereinbarten Terminen zu bezahlen (Art. 709^{13} § 1 ZGB). Gemäß dem semiimperativen[22] Art. 709^{13} § 2 ZGB gerät der Leasingnehmer mit der Zahlung der Leasingraten in Höhe von mindestens einer Rate in Verzug, so hat der Leasinggeber dem Leasingnehmer eine angemessene Nachfrist zu Zahlung des Rückstands schriftlich mit der Androhung zu setzen, dass er im Falle des fruchlosen Ablaufs der Frist das Leasingverhältnis fristlos kündigen kann, es sei denn, dass die Vertragsparteien eine Kündigungsfrist vereinbart haben, wobei die für den Leasingnehmer weniger vorteilhaften Vertragsabmachungen nichtig sind. Im Falle einer solchen Kündigung ist der Leasinggeber nach Art. 709^{15} ZGB berechtigt vom Leasingnehmer die sofortige Bezahlung aller bis zum vertragsgemäßen Ende des Leasingverhältnisses vorgesehenen Leasingraten unter Anrechnung der durch die vorzeitige Bezahlung der Leasingraten und die Beendigung des Leasingverhältnisses entstehenden Vorteile zu verlangen.

---

[21] In dieser Vorschrift wurden für den Leasingnehmer mehr vorteilhafte Vertragsabmachungen zugelassen.

[22] In dieser Vorschrift wurden für den Leasingnehmer mehr vorteilhafte Vertragsabmachungen zugelassen.

Die in Art. 709¹³, ¹⁵ ZGB vorgesehenen Verzugsfolgen, die den Leasinggeber berechti- 18
gen, den Leasingvertrag zu kündigen, knüpfen an die in Art. 13 des Leasing-Übereinkommens enthaltenen Grundsätzen an.²³

b) Erhaltung der Sache. Gemäß Art. 709⁷ § 1 ZGB ist der Leasingnehmer verpflichtet, 19
die Sache während der Dauer des Leasingverhältnisses in ordnungemäßen Zustand zu erhalten, insbesondere die zur Erhaltung der Sache in einem vertragsgemäßen Zustand (unter Berücksichtigung ihrer Abnutzung infolge eines ordnungsmässigen Gebrauchs) unbedingt erforderliche Wartung und Reparaturen vorzunehmen, und er hat sowohl Abgaben als auch andere, mit dem Eigentum oder mit dem Besitz der Sache verbundene Lasten zu tragen. Haben die Vertragsparteien die Durchführung der Wartung und der Reparatur der Sache durch eine bestimmte, dazu befähigte Person nicht vereinbart, so hat der Leasingnehmer den Leasinggeber über die Notwendigkeit der Durchführung einer wesentlichen Reparatur an der Sache unverzüglich zu benachrichtigen (Art. 709⁷ § 2 ZGB). Der Leasingnehmer ist verpflichtet, dem Leasinggeber die Prüfung des Zustands der Sache im in Art. 709⁷ §§ 1 und 2 bestimmten Umfang zu ermöglichen (Art. 709⁷ § 3 ZGB).

c) Ordnungsmäßiger Gebrauch der Sache. Nach Art. 709⁹ hat der Leasingnehmer 20
die Sache während der Dauer des Leasingverhältnisses in der im Vertrag bestimmten Art und Weise und, wenn der Vertrag die Art und Weise des Gebrauchs oder der Ziehung von Nutzungen nicht regelt, in einer Art und Weise zu gebrauchen oder zu nutzen, die den Besonderheiten und der Zweckbestimmung der Sache entspricht.

d) Voraussetzungen für Veränderungen an der Sache durch den Leasingnehmer. 21
Der Leasingnehmer darf ohne Zustimmung des Leasinggebers an der Sache keine Veränderungen vornehmen, es sei denn, daß die Veränderungen sich aus der Zweckbestimmung der Sache ergeben (Art. 709¹⁰ ZGB).

e) Folgen der Verletzung bestimmter Plichten durch den Leasingnehmer. Verletzt 22
der Leasingnehmer trotz einer schriftlichen Abmahnung durch den Leasinggeber die in Art. 709⁷ § 1 und 709⁹ bestimmten Verpflichtungen oder beseitigt der Leasingnehmer nicht trotz solcher Abmahnung die mit der Verletzung des Art. 709¹⁰ vollendeten Veränderungen an der Sache, kann der Leasinggeber das Leasingverhältnis fristlos kündigen, es sei denn, dass die Vertragsparteien eine Kündigungsfrist vereinbart haben (Art. 709¹¹ ZGB).

f) Voraussetzungen für die Überlassung der Sache zum Gebrauch an Dritte 23
durch den Leasingnehmer. Gemäß Art. 709¹² § 1 ZGB darf der Leasingnehmer die Sache ohne Zustimmung des Leasinggebers nicht einem Dritten zum Gebrauch überlassen. Bei Verletzung der in Art. 709¹² § 1 ZGB bestimmten Verpflichtung kann der Leasinggeber das Leasingverhältnis fristlos kündigen, es sei denn, dass die Vertragsparteien eine Kündigungsfrist vereinbart haben (Art. 709¹² § 2 ZGB).

g) Höhe der von dem Leasingnehmer zu tragenden Kosten der Versicherung 24
der Sache während der Leasinglaufzeit. Wurde im Leasingvertrag vereinbart, dass der Leasingnehmer verpflichtet ist, die Versicherungskosten der Sache waehrend der Dauer des Leasingverhältnisses zu tragen, mangels abweichender Parteienvereinbarung fassen diese Kosten die Versicherung gegen den Verlust der Sache in der Periode des Leasingvertrages zu den allgemein üblichen Bedingungen um (Art. 709⁶ ZGB).

---

²³ Siehe *Poczobut* Die Regelung des Leasingvertrages, 2001, S. 985.

IV. Übrige Vorschriften über den Leasingvetrag und ähnliche Verträge

1. Folgen der Veräußerung der Sache durch den Leasinggeber während der Dauer des Leasingverhältnisses

25 Gemäß Art. 709^{14} § 1 ZGB im Falle der Veräußerung der Sache durch den Leasinggeber während der Dauer des Leasingverhältnisses, tritt der Erwerber anstelle des Leasinggebers in das Leasingverhältnis ein. Der Leasinggeber hat den Leasingnehmer über die Veräußerung der Sache unverzüglich zu benachrichtigen (Art. 709^{14} § 1 ZGB).

2. Rechtsfolgen einer Kündigung des Leasingvertrages durch den Leasinggeber bei von dem Leasingnehmer zu vertretenden Gründen

26 Wenn der Leasinggeber vom Leasingverhältnis aus den dem Leasingnehmer zurechnenden Gründen zurücktritt, kann er vom Leasingnehmer die sofortige Bezahlung aller bis zum vertragsgemäßen Ende des Leasingverhältnisses vorgesehenen Leasingraten verlangen, unter Anrechnung der ihm durch die vorzeitige Bezahlung der Leasingraten und die Beendigung des Leasingverhältnisses enstehenden Vorteile (Art. 709^{15} ZGB).

3. Frist zur Geltendmachung eines Anspruchs auf Übertragung des Eigentums an der Sache durch den Leasingnehmer

27 Nach Art. 709^{16} ZGB verpflichtet sich der Leasinggeber, nach Ablauf der vertraglich bestimmten Laufzeit des Leasingverhältnisses das Eigentum an der Sache auf den Leasingnehmer ohne zusätzliche Leistung zu übertragen, kann der Leasingnehmer die Übertragung des Eigentums der Sache innerhalb eines Monats nach Ablauf dieser Laufzeit verlangen, es sei denn, dass eine andere Frist vereinbart wurde.

4. Entsprechende Anwendung der Vorschriften über den Leasingvertrag auf ähnliche Verträge

28 Gemäß Art. 709^{18} ZGB auf einen Vertrag, durch den sich eine Vertragspartei verpflichtet, eine mit ihrem Eigentum stehende Sache einer anderen Vertragspartei zum Gebrauch oder zur Ziehung von Nutzungen zu überlassen, und sich die andere Vertragspartei verpflichtet, dem Eigentümer der Sache in vereinbarten Raten eine Geldvergütung zu bezahlen, die mindestens dem Wert der Sache am Abschluss dieses Vertrages entspricht, finden die Vorschriften des ZGB über den Leasingvertrag entsprechende Anwendung.

V. Anwendung der Miet- und Ratenkaufsvorschriften des ZGB

29 Nach Art. 709^{17} finden die Vorschriften des ZGB über den Mietvertrag auf den Leasingvertrag in folgenden Fällen entsprechende Anwendung:
– für die Haftung des Leasinggebers für die Mängel der Sache aufgrund von Umständen, die er nicht zu vertreten hat,
– auf die Rechte und die Verpflichtungen der Vertragsparteien im Falle der Geltendmachung von Ansprüchen Dritter, die sich auf die Sache beziehen,
– auf die Haftung des Leasingnehmers und des Dritten gegenüber dem Leasinggeber,
– bei Überlassung der Sache vom Leasingnehmer an einen Dritten zum Gebrauch,
– auf die Sicherung der vom Leasingnehmer geschuldeten Leasingraten und der Nebenleistungen des Leasingnehmers,
– auf die Rückgabe der Sache durch den Leasingnehmer nach Beendigung des Leasingverhältnisses sowie auf Verbesserungen der Sache durch den Leasingnehmer.

28. Kapitel. Leasingrecht im Ausland § 96

Gemäß demselben Art. 709¹⁷ ZGB finden die Vorschriften über den Ratenkauf auf **30** die Zahlung der Leasingraten durch den Leasingnehmer vor dem Fälligkeitstermin hingegen entsprechende Anwendung.

§ 96 Das Leasingrecht in Rumänien

Schrifttum: Leasing, 3. Auflage, Best Publishing, Bukarest, 27 August 2006; FIN-Leasing, halbjährliche Beilage zur Zeitschrift Piața Financiară, Bukarest, 2001–2006; *Achim* Leasing – posibilități de îmbunătățire a legislației, Zeitschrift Tribuna Economică 16/2002, 59 ff.; *Achim* Leasing. O afacere de succes, Editura Economică, Bukarest 2005; *Andrasoni* Leasingul: din creație a practicii comerciale, în operațiune definită de Ordonanța Guvernului 51/1997, Zeitschrift Revista de Drept Comercial (RDC) 11/1997, 68 ff.; *Angheni/Volonciu/Stoica* Drept comercial, ALL Beck, Bukarest 2004, 425 ff.; *Belu Magdo* Contractele comerciale tradiționale și moderne, Tribuna Economică Verlag, Bukarest 1996, 183 ff.; *Breidenbach/Stalfort/Bormann (Hrsg.)* Länderteil Rumänien (RO) in *Breidenbach u. a. (Hrsg.)* Handbuch Wirtschaft und Recht in Osteuropa (WIRO) Band 3, München 2006; *Cernăianu* Contractul comercial internațional de leasing, RDC 3/1993, 112 ff.; *Clocotici/Gheorghiu* Contractul de leasing, RDC 1/1997, 24 ff.; *Clocotici/Gheorghiu* Leasingul. Originalitatea lui, RDC 2/1997, 18 ff.; *Clocotici/Gheorghiu* Leasingul. Utilitatea lui, RDC 3/1997, 21 ff.; *Clocotici/Gheorghiu* Leasingul. Terminologie și tipologie, RDC 5/1997, 14 ff.; *Clocotici/Gheorghiu* Contractul de leasing – caractere specifice, RDC 7–8/1997, 23 ff.; *Clocotici/Gheorghiu* Contractul de leasing, efectele între finanțator și beneficiar, RDC 9/1997, 38 ff.; *Clocotici/Gheorghiu* Contractul de leasing, efectele față de terți, RDC 10/1997, 40 ff.; *Clocotici/Gheorghiu* Considerații asupra Ordonanței privind operațiunile de leasing și societățile de leasing, RDC 11/1997, 14 ff.; *Clocotici/Gheorghiu* Operațiunile de leasing imobiliar, RDC 12/1997, 22 ff.; *Clocotici/Gheorghiu* Cesiunea leasingului, RDC 3/1998, 58 ff.; *Clocotici/Gheorghiu* Operațiunile de leasing, 2. Auflage, Lumina Lex Verlag, Bukarest 2000; *Cucu/Gavris* Contractele comerciale. Practică judiciară, Hamangiu Verlag, Bukarest 2006, 136 ff.; *Dospinescu* The Leasing System in Agriculture, 2005, http://ssrn.com/abstract=905509; *Gheorghiu/Clocotici* Modificarea și completarea reglementării leasingului, RDC 10/1999, 24 ff.; *Gheorghiu/Vrabie* Forme ale contractului de leasing, RDC 3/2006, 21 ff.; *Gheorghiu/Vrabie/Hasegan* Contractul de leasing. Leasingul – tehnică modernă de finanțare a comerțului, RDC 4/2005, 30 ff.; *Gheorghiu/Vrabie/Hasegan* Noțiunea contractului de leasing, RDC 7–8/2005; *Ialomițeanu/Voinescu* Aspecte juridice, fiscale și contabile privind leasingul, Ecran Magazin Verlag, Bukarest 2000; *Ionescu* Aspecte generale privind leasingul. Cadrul de reglementare, aplicații, RDC 9/1996, 59 ff.; *Pătulea* Riscul contractului în operațiunile de leasing, Zeitschrift Dreptul 5/2002, 69 ff.; *Pătulea* Garanția pentru viciile lucrului în cadrul operațiunii de leasing, Zeitschrift Dreptul 10/2005, 28 ff.; *Petrescu* Drept Comercial Român, Oscar Print Verlag, Bukarest 1998, 390 ff.; *Tița-Nicolescu* Regimul juridic al operațiunilor de leasing, ALL Beck, Bukarest 2003; *Vélicu* Reforma dreptului italian privind falimentul – reper pentru o modificare a Ordonanței 51/1997, RDC 10/2006, 47 ff.; *Visoiu/Schneider* Leasing in Romania, in The Bureau of National Affairs Inc. (Hrsg.), BNA's Eastern Europe Reporter, 12/1999, 502 ff.; *Vonica* Dreptul Contractelor Comerciale, Holding Reporter Verlag, Bukarest 1999, 425 ff.

Übersicht

	Rdn.
I. Gesetzgebung und Praxis des Leasinggeschäfts in Rumänien	1
1. Der Rechtsrahmen	1
2. Die Praxis der Leasingvorgänge	2
3. Der rumänische Leasingmarkt	3
II. Die Rechtsnatur des Leasingvertrages	4
1. Leasingvertrag und Leasingvorgang	4
2. Finanzierungsleasing und Operating-Leasing	5
III. Der Abschluss des Leasingvertrages	6
1. Vertragsparteien	6
a) Der Leasinggeber	6
b) Der Leasingnehmer	7
2. Vertragsgegenstand	8
a) Das Leasinggut	9
b) Der Preis	10

	Rdn.
3. Gültigkeitsvoraussetzungen	11
a) Inhaltliche Voraussetzungen	11
b) Formvoraussetzungen	12
4. Vertragspublizität	13
a) Immobiliarleasing	13
b) Mobiliarleasing	14
IV. Vertragspflichten und Leistungsstörungen	15
1. Besonderheiten des Leasing	15
2. Leasinggeberpflichten	16
3. Leasingnehmerpflichten	17
V. Die Beendigung des Leasingvertrages	18
1. Wahlrechtsausübung durch den Leasingnehmer	18
2. Auflösung des Vertrages	19
VI. Zwangsvollstreckung und Insolvenz	20
1. Besonderheiten bei der Zwangsvollstreckung	20
2. Besonderheiten bei der Insolvenz	21
VII. Bilanzrechtliche und steuerrechtliche Aspekte	22
1. Bilanzrechtliche Vorschriften	22
2. Steuerrechtliche Vorschriften	23

I. Gesetzgebung und Praxis des Leasinggeschäfts in Rumänien

1. Der Rechtsrahmen

1 Während des Kommunismus war das Leasing für das rumänische Recht (wie für alle Rechtssysteme des Ostblocks) kein Begriff, da im Allgemeinen handelsrechtliche Vertragsverhältnisse zwischen Privatparteien rechtlich nicht anerkannt waren. Nach der politischen Wende von 1989 wurde das Institut des Leasing ins rumänische Rechtssystem und in die rumänische Rechtsterminologie zuerst über das Zollrecht eingeführt. So regelte der RB (Regierungsbeschluß) 72/1993[1] den Zollstatus der Einfuhrgüter, die Gegenstand von Leasingsvorgängen waren. Dieser RB wurde durch die AO (Regierungsanordnung) 12/1995 ergänzt, die unter anderem die Zollregeln für die über Leasingtransaktionen eingeführten Industrieanlagen betraf.[2] Das dadurch entstandene Zollregime sollte die Leasinggeschäfte mit Auslandspartnern erleichtern und dadurch den rumänischen Unternehmen bei der Beschaffung ihrer Produktionsgüter helfen. Die Leasingvorgänge selbst wurden erst durch die AO 51/1997 über Leasingvorgänge und Leasinggesellschaften (im Folgenden als LeasAO bezeichnet) geregelt.[3] Dadurch ist Rumänien eines der ersten osteuropäischen Länder, das eine spezielle und autonome Regelung des Leasing eingeführt hat.[4]

---

[1] Die gesamte rumänische Gesetzgebung seit 1989 kann in elektronischer Form und rumänischer Fassung auf der Webseite der rumänischen Abgeordnetenkammer abgerufen werden (www.cdep.ro/pls/legis).

[2] Ziel dieser Regierungsakte war, die sog. „vorläufige Einfuhr" von Leasinggütern zu gestatten, wobei Vorteile bezüglich der Zahlung von Zollgebühren während der Leasinglaufzeit eingeräumt waren. Die beiden Akte wurden später durch Gesetz 90/1998 (Art. III) zur Billigung der AO 51/1997 über Leasingvorgänge und Leasinggesellschaften abgeschafft.

[3] Diese Anordnung ist immer noch die geltende Rechtsquelle für Leasingrecht in Rumänien. Sie wurde durch Gesetz 99/1999 wesentlich reformiert und 2000 im Gesetzesblatt (*Monitorul Oficial*) neu veröffentlicht (für eine deutsche Fassung dieser Neubekanntmachung siehe *Breidenbach/Stalfort/Bormann (Hrsg.)* „Länderteil Rumänien" in „Handbuch Wirtschaft und Recht in Osteuropa" Band 3, München 2006 – Übersetzung von Alexander Roth). Zusätzliche Änderungen fanden dann durch Gesetz 571/2003 über das neue Steuergesetzbuch sowie durch die Änderungsgesetze 533/2004 und 287/2006 statt. Eine erneute Veröffentlichung sollte bald stattfinden. Darüber hinaus sind die Vorschriften der AO 28/2006 über die Regulierung gewisser Finanz- und Steuermaßnahmen zu beachten, so wie sie durch Gesetz 266/2006 gebilligt wurde.

[4] Nachträglich haben auch Russland (am 29.10.1998), E.Y.R. Mazedonien (am 31.1.2002), Serbien (am 27.5.2003) sowie weitere südosteuropäische Länder das Leasingrecht über Spezialgesetze kodifiziert.

28. Kapitel. Leasingrecht im Ausland §96

Hinzu kamen Buchführungs-, steuerrechtliche und zollrechtliche Vorschriften, die den Rechtsrahmen für Leasinggeschäfte vervollständigten. Hauptziel dieser speziellen Maßnahmen war, den allgemeinen zivil- und handelsvertragsrechtlichen Rahmen der Leasinggeschäfte zu ergänzen und dadurch Rechtssicherheit in diesem komplexen Bereich zu schaffen. Obwohl Rumänien das UNIDROIT-Übereinkommen über das internationale Finanzierungsleasing nicht ratifiziert hat, wurde auch dieses 1995 in Kraft getretene Abkommen bei der Ausarbeitung der rumänischen Leasinggesetzgebung in Betracht gezogen.

2. Die Praxis der Leasingvorgänge

Wie auch bei anderen modernen Vertragstypen üblich, kennzeichnet sich der Leasingvorgang durch ein wirtschaftliches Dreiecksverhältnis zwischen Leasinggeber (*locator/ finanțator*), Leasingnehmer (*locatar/utilizator*) und Lieferant (*furnizor*). In der Praxis hat zuerst der Leasingnehmer den Lieferanten auf dem Markt zu wählen, gemäß seinen wirtschaftlichen Interessen. Insoweit folgt er dem Entscheidungsverfahren eines jeden Käufers. Der Kauf selbst wird aber erst von der Leasinggesellschaft auf Verlangen des Leasingnehmers durchgeführt. Vor Betätigung des Kaufs prüft die Leasinggesellschaft ihren Leasingkunden auf dessen Bonität und Fähigkeit, späterhin die Leasingraten und den Restwert rechtzeitig zu bezahlen. Nach Abschluss des Kaufs des Gutes (gemäß den Weisungen des Benutzers – Art. 9 b LeasAO) überträgt die Leasinggesellschaft dem Leasingnehmer durch den Leasingvertrag alle Rechte aus dem Kaufvertrag mit Ausnahme des Verfügungsrechts (Art. 9 c LeasAO). Das letzte kann dann übertragen werden, wenn am Ende der Leasinglaufzeit der Leasingnehmer die dem Leasingvertrag inhärente Kaufoption ausübt. In der Praxis kommt es oft innerhalb der Leasingvorgänge zu bilateralen Verhältnisse: so z. B. wenn der Lieferant eine eigene Leasinggesellschaft für den Vertrieb seiner Produkte einsetzt, oder bei *lease-back* (Art. 22 Abs. 1 LeasAO) und *share lease* Verfahren.

3. Der rumänische Leasingmarkt

Der Leasingmarkt in Rumänien wird von spezifischen Rahmenbedingungen bestimmt: einerseits der großen Wirtschaftswachstumsrate und der entsprechenden Finanzierungsnot, andererseits dem EU-Beitritt am 1. 1. 2007 und den damit verbundenen strengeren Kriterien bezüglich öffentlicher Verschuldung. In diesem Kontext kommt dem Leasing eine zunehmende Rolle zu, sowohl im privaten als auch im öffentlichen Bereich, was sich im ständigen Zuwachs des Leasingmarktes widerspiegelt: ein Wachstum von ca. 200 Mio. Euro in 1998 zu über 2 Milliarden Euro in 2005 (zum Vergleich lag der rumänische Versicherungsmarkt in 2005 bei ca. 1,2 Milliarden Euro). Für 2006 wurde ein Gesamtwert der Leasingverträge von bis zu 3 Milliarden Euro geschätzt, wobei das Marktpotential für 2007 sogar bei 5 Milliarden Euro liegen soll.[5] Diese Entwicklung lässt sich durch die Vorteile des Leasing gegenüber anderen Finanzierungsmöglichkeiten erklären: Schonung des Eigenkapitals und der Kreditrahmen, Flexibilität der Finanzierungsmöglichkeiten (Leasingvertrag mit oder ohne Restwert, mit automatischem Eigentumsübergang oder Kaufoption), steuerliche und Zollbegünstigungen. Für einen genaueren Überblick könnte der

---

[5] Für die Marktdaten siehe unter anderem die Statistiken des Verbandes rumänischer Leasinggesellschaften (*Asociația Societăților de Leasing din România*) unter www.aslr.ro sowie des Verbandes für Bankleasing unter www.alb-leasing.ro (beide Verbände sind rumänische Mitglieder der europäischen Dachorganisation Leaseurope). Interessant ist z. B. auch der Geschäftsbericht 2005 (Seite 14) der in Rumänien tätigen Immorent AG (Leasing-Tochter der österreichischen Erste Bank, die nach der Übernahme der Mehrheitsbeteiligung an *Banca Comercială Română*, der größten rumänischen Handelsbank, für 3,75 Milliarden Euro in 2005/2006 eine besondere Marktstellung erreicht hat) unter www.immorent.at.

§ 96　Fünfter Teil. Leasing als internationale Finanzdienstleistung

aktuelle rumänische Leasingmarkt je nach dem Leasinggegenstand, nach den Leasinggesellschaften oder nach der Art des Leasing unterteilt werden. Als Leasinggegenstand kommen sowohl Mobilien als auch Immobilien in Betracht, wobei Immobilienleasing die Ausnahme ist (mit einem Marktanteil unter 5 %). Mobilienleasing betrifft hauptsächlich Kraftfahrzeuge (ca. 85–90 % des Gesamtmarktes), aber auch Betriebsanlagen (ca. 5–10 % Marktanteil). Die gegenwärtig in Rumänien operativ tätigen Leasinggesellschaften (über 200) können wie folgt unterteilt werden: ca. 75 % sind unabhängig, 15 % sind an Produzenten oder Lieferanten angegliedert und 10 % an Banken angegliedert (den letzten kann aber der größte Anteil am gesamten Leasingmarkt zugeordnet werden – ca. 60 %). Es ist auch zu erwarten, dass wegen des EU-Beitritts und des zunehmenden Wettbewerbsdrucks, eine Konsolidierung des Marktes stattfinden wird, was zu einer Herabsetzung der Anzahl unabhängiger Leasinggesellschaften führen kann. Nach der Art des Leasing ist festzustellen, dass Operating-Leasing die Ausnahme bildet (mit einem Anteil von bis zu 5 % am gesamten Leasinggeschäftsvolumen), während Finanzierungsleasing die verbreitetste Leasingform ist.

II. Die Rechtsnatur des Leasingvertrages

1. Leasingvertrag und Leasingvorgänge

4　Im Unterschied zur deutschen Rechtslage ist der Leasingvertrag in Rumänien (seit seiner Kodifizierung durch die LeasAO) kein Innominatvertrag mehr. Dies macht aber die Bestimmung seiner Rechtsnatur nicht einfacher. In der rumänischen juristischen Literatur wird der Leasingvertrag meistens ins Verhältnis mit dem Mietvertrag (*contract de locaţiune*), Ratenkaufvertrag (*contract de vânzare-cumpărare în rate*), Darlehensvertrag (*contract de împrumut* oder *contract de credit*), Leihvertrag (*împrumut de folosinţă, comodat*) gebracht, um alsbald von seiner möglichen Unterordnung unter einen dieser Begriffe Abstand zu nehmen. Das Gesetz definiert nicht den Leasingvertrag selbst, sondern die Leasingvorgänge (*operaţiunile de leasing*). Gemäß Art. 1 Abs. 1 LeasAO wird durch Leasingvorgänge das Nutzungsrecht an einem Gut von dessen Eigentümer als Leasinggeber dem Benutzer als Leasingnehmer übertragen, wobei die Übertragung auf Anforderung des Leasingnehmers und gegen eine regelmäßige Zahlung (Leasingrate) erfolgt. Der Leasinggeber verpflichtet sich, das Wahlrecht des Benutzers zu achten, am Ende der vereinbarten Leasingzeit das Gut zu kaufen, den Leasingvertrag zu verlängern oder die vertraglichen Beziehungen einzustellen. Innerhalb dieser gesetzlichen Definition des Leasingvorgangs identifiziert die rumänische Doktrin vier Bestandteile: Kaufvertrag (der eine Klausel zugunsten eines Dritten einschließt), Mietvertrag, Auftrag (*mandat*) und Verkaufsversprechen (*promisiune de vânzare*). Hinzu kommt ein Versicherungsvertrag für die Güter, die Gegenstand des Leasing sind. Der Leasingvorgang kann aber nicht als bloße Summe der mit einbezogenen vertraglichen bilateralen Beziehungen betrachtet werden. Seine rechtliche Einordnung muss immer seinem spezifischen Dreiecksverhältnis Rechnung tragen.

2. Finanzierungsleasing und Operating-Leasing

5　Das rumänische Gesetz unterscheidet des Weiteren zwischen Finanzierungsleasing und Operating-Leasing. Gemäß Art. 2e LeasAO liegt Finanzierungsleasing dann vor, wenn mindestens eine der folgenden Bedingungen vertraglich vereinbart wird: (1) Risiken und Chancen im Zusammenhang mit dem Leasingobjekt liegen beim Leasingnehmer, (2) das Eigentum wird nach Ablauf des Leasingvertrages automatisch auf den Leasingnehmer übertragen, (3) es wird eine Kaufoption des Leasingnehmers am Ende der Laufzeit zu maximal 50 % des Anschaffungs- bzw. Marktwertes vereinbart, (4) die Laufzeit des Leasingvertrages beträgt mehr als 75 % der betriebsgewöhnlichen Nutzungsdauer. Gemäß Art. 2f LeasAO liegt Operating-Leasing dann vor, wenn innerhalb eines Leasingvorgangs keine der genannten Bedingungen vertraglich vereinbart wurde. Das Operating-

28. Kapitel. Leasingrecht im Ausland §96

Leasing sieht meistens eine Gebrauchsüberlassung vor, die nicht auf volle Amortisation und nachträglichen Verkauf des Leasinggutes gerichtet ist.[6] Meistens kommen mehrere Leasingnehmer in Betracht, wobei die Leasinglaufzeit vergleichsweise kürzer ist. Vor diesem Hintergrund kann behauptet werden, dass das Finanzierungsleasing (als Leasing im engeren Sinne) einen (Finanzierungs)vertrag *sui generis* darstellt, während das Operating-Leasing eher als eine Unterform des Mietvertrags zu betrachten wäre.[7]

III. Der Abschluss des Leasingvertrages

1. Vertragsparteien

a) Der Leasinggeber. Vertragsparteien eines Leasingvertrags sind gemäß Art. 1 Abs. 1 und Art. 6 Abs. 1 LeasAO der Leasinggeber oder sog. „Vermieter/Finanzier" (*locator/finanțator*) und der Leasingnehmer oder sog. „Mieter/Benutzer" (*locatar/utilizator*). Der rumänische Ausdruck für Leasinggeber versucht dessen spezielle Funktion als Intermediäre wiederzugeben. Leasinggeber kann nur eine juristische Person sein, rumänischen oder ausländischen[8] Rechts (Art. 3 Abs. 1 LeasAO), wobei rumänische Leasinggesellschaften Aktiengesellschaften sein müssen (Art. 19 Abs. 1 LeasAO in Verbindung mit Art. 5 Abs. 1 der AO 28/2006) und dadurch unter die entsprechenden Vorschriften des Gesetzes 31/1990 über die Handelsgesellschaften (und subsidiär unter die Vorschriften des Dekrets 31/1954 bezüglich juristischer Personen) fallen. Die LeasAO schreibt zwei weitere Bedingungen vor: Leasinggesellschaften sollen als ihren Haupttätigkeitsbereich „Ausführung von Leasingvorgängen" eingetragen haben und ein unterschriebenes und vollständig eingezahltes Grundkapital von mindestens 200.000 Euro aufweisen (Art. 19 Abs. 2 LeasAO). Das Mindestkapital wurde durch Gesetz 287 vom 6. Juli 2006 erhöht (von einem ursprünglichen Mindestwert von ca. 15.000 Euro). Dasselbe Änderungsgesetz sowie die AO 28/2006 haben weitere Anpassungen des Leasingrechts bezüglich Leasinggesellschaften durchgeführt, insbesondere in Verbindung mit deren Aufsicht. Während die AO 28/2006 das Leasing als eine Kredittätigkeit und die Leasinggesellschaften als Finanzinstitutionen außerhalb des Bankwesens (*instituții financiare nebancare* – IFN) definiert,[9] legt ihnen das Gesetz 287/2006 die Verpflichtung einer Prüfung durch anerkannte Wirtschaftsprüfer (vgl. den neu eingeführten Art. 19¹ LeasAO) sowie die regelmäßige Berichtsverpflichtung gegenüber der rumänischen Nationalbank (BNR) auf. Im Gegenzug erhalten sie ein Einsichtsrecht in *banking-risk* Information bezüglich möglicher Leasingnehmer (vgl. den neu eingeführten Art. 28 LeasAO). Diese jüngste aufsichtrechtliche Regulierung der ausserhalb des Bankwesens befindenden Finanzinstitutionen (die unter anderem auch Leasinggeselleschaften betrifft) war von der Regierung als Finanzverbraucher-

---

[6] Siehe in diesem Sinne auch das Schiedsurteil 105/2006 des bei der Handels- und Industriekammer Rumäniens tätigen Schiedsgerichts für internationales Handelsrecht, in *Revista de Drept Comercial* (Zeitschrift für Handelsrecht) 6/2006, S. 155 ff.

[7] Art. 6 Abs. 1a LeasAO, so wie er durch Gesetz 287/2006 geändert wurde, schreibt die Einordnung des Leasingvertrags durch die Vertragsparteien als Finanzierungsleasing oder als Operating-Leasing vor. Im Streitfall kann aber eine solche Einordnung nur eine untergeordnete Rolle spielen: einerseits folgt das rumänische bürgerliche Recht dem Grundsatz des wirklichen Willens der Parteien bei der Vertragsauslegung (Art. 977 ZGB); andererseits übernimmt das Steuergesetzbuch die oben erwähnten Definitionen aus der LeasAO, ohne sich auf die formelle Bezeichnung durch die Parteien zu berufen (Art. 7 SteuerGB).

[8] Das auf die in Rumänien tätigen ausländischen Leasinggesellschaften anwendbare Recht wird gemäß Gesetz 105/1992 über die Regelung der internationalen Privatrechtsverhältnisse ermittelt. Für eine deutsche Fassung des Gesetzes siehe RabelsZ 58/1994, S. 534 ff. – Übersetzung von Dr. Günther H. Tontsch.

[9] Unter ausdrücklicher Berufung in der Anordnungsbegründung auf das entsprechende „italienische Regulierungsmodell". Damit sind wahrscheinlich hauptsächlich die Vorschriften des italienischen *decreto legislativo* 385 vom 1. September 1993 (*Testo unico delle leggi in materia bancaria e creditizia*) bezüglich *intermediari finanziari non bancari* gemeint.

schutz (einschließlich Schutz der Leasingnehmer), sowie als ein Mittel zur Bekämpfung der Inflation gedacht: die Einschaltung der Nationalbank soll mehr Transparenz und Kontrolle der Überschuldung gewährleisten. Dementspechend werden aber auch die Kosten der verschiedenen Teilnehmer am Leasingmarkt steigen und sich allmählich denjenigen des allgemeinen Kreditmarkts annähren.

7 **b) Der Leasingnehmer.** Leasingnehmer kann jede natürliche oder juristische Person sein, rumänischen oder ausländischen Rechts. Die Leasingverträge sind nicht Händlern vorbehalten, so dass auch eine natürliche oder juristische Person als Nicht-Händler einen uneingeschränkten Zugang zum Leasingmarkt hat, unter Einhaltung der allgemeinen Grundsätze zur Kapazität der Person, so wie sie im Dekret 31/1954 über natürliche und juristische Personen vorgeschrieben sind. Wenn der Leasingnehmer selbst eine Leasinggesellschaft ist und dazu die schriftliche Zusage des Leasinggebers erhält, darf er das Gut einem anderen Leasingnehmer (dem End-Benutzer) über einen zusätzlichen Leasingvertrag zur Verfügung stellen (gemäß dem neu eingeführten Art. 1 Abs. 1^1 LeasAO). Sollte aber das Recht des ersten Leasingnehmers am Gut nicht mehr bestehen, erlischt auch das Recht des End-Benutzers aus dem zweiten Leasingvertrag.

2. Vertragsgegenstand

8 **a) Das Leasinggut.** Gemäß Art. 962 des rumänischen Zivilgesetzbuchs (ZGB) ist Gegenstand (im weiteren Sinne) von Vereinbarungen dasjenige, wozu die Parteien/eine Partei sich verpflichten/verpflichtet. Entsprechend verpflichtet sich der Vermieter/Finanzier, das Leasinggut dem Mieter/Benutzer zur Verfügung zu stellen, während der Mieter/Benutzer sich dazu verpflichtet, dem Vermieter/Finanzier den Preis bzw. Wert aller Leasingraten zu zahlen.[10] Art. 1 Abs. 2 LeasAO folgend, so wie er durch Gesetz 287/2006 geändert wurde, können sowohl Immobilien (Immobilien gemäß ihrer Natur oder gemäß ihrer Bestimmung), als auch die im Zivilverkehr befindlichen Mobilien (mit Ausnahme von Audio- und Videoaufnahmen, Theaterstücken, Skripten, Patenten, Urheberrechten und Immaterialgütern) als Leasinggut oder Gegenstand (im engeren Sinne) von Leasingvorgängen gelten. In der Praxis kommen meistens Kraftfahrzeuge, EDV-Software und Hardware, Büroräume, Industrieausrüstung und Werkzeuge in Betracht.

9 Das Immobiliarleasing spielte eine besondere Rolle im Rahmen der Privatisierungsmaßnahmen. So sah einerseits die Dringlichkeitsanordnung 88/1997 über die Privatisierung von Handelsgesellschaften (und später das Gesetz 99/1999 über Maßnahmen zur Beschleunigung der Wirtschaftsreform) die Möglichkeit vor, Aktiva der Handelsgesellschaften, bei denen der Staat oder eine Behörde der Lokalverwaltung Mehrheitsaktionär war, und der Autonomen Regiebetriebe im Wege von Immobiliarleasingverträgen mit unwiderruflicher Kaufklausel zu privatisieren. Andererseits sah das Gesetz 133/1999 zur Unterstützung der KMU (inzwischen durch KMU-Gesetz 346/2004[11] ersetzt) einen bevorzugten Zugang für KMU als Leasingnehmer zu Immobiliarleasingverträgen mit unwiderruflicher Kaufklausel über die erwähnten staatlich kontrollierten Aktiva vor. Dadurch wurde versucht, die Entwicklung des KMU-Bereichs über Privatisierungsmaßnahmen zu fördern, wobei das Leasing als ein zum KMU passendes, kapitalschonendes Mittel eingesetzt wurde.

10 **b) Der Preis.** Der Preis, den der Leasingnehmer bezahlen muss, besteht aus dem gesamten Wert des Leasings, definiert in Art. 2 b LeasAO als „der gesamte Wert der Leasingraten plus dem Restwert" (der letzte wird aber nur dann geschuldet, wenn die vereinbarte Kaufoption ausgeübt wird). Die Leasingrate wird unterschiedlich ausgerechnet, je nachdem ob es sich um Finanzierungs- bzw. Operating-Leasing handelt. Im ersten Fall be-

---

[10] Für die weiteren Verpflichtungen der Vertragsparteien und für die Leistungsstörungen siehe Untertitel IV.

[11] Fassung als letztes durch Anordnung 27/2006 und Gesetz 175/2006 geändert.

steht die Leasingrate aus dem Anteil des „Eintrittswerts" (Kaufpreis des Gutes beim Lieferanten) und dem Leasingzins (festgestellt aufgrund des von den Parteien vereinbarten Zinssatzes). Im zweiten Fall wird die Leasingrate seit dem Inkrafttreten des Änderungsgesetzes 287/2006 als „Miete" bezeichnet und ihre Bestimmung dem Konsens der Parteien überlassen (die ursprüngliche Fassung des Art. 2 d LeasAO sah eine nicht-juristische, sondern eher wirtschaftliche Bestimmung der Leasingrate beim Operating-Leasing als „Amortisationsanteil plus einen von den Parteien vereinbarten Ertrag" vor, was zu Konfusion über die Natur des Vertrages und über die vorgesehene Kalkulationsbasis führte). Diese Entwicklung drückt die Neigung des Gesetzgebers aus, Operating-Leasing als einen Unterfall des Mietvertrags zu betrachten, im Gegensatz zum Finanzierungsleasing, das sich als ein selbständiger Vertrag darstellt.

3. Gültigkeitsvoraussetzungen

a) Inhaltliche Voraussetzungen. In Anlehnung an Art. 1108 des französischen Code Civil bestimmt Art. 948 ZGB die allgemeinen Gültigkeitsvoraussetzungen eines Vertrages: die Geschäftsfähigkeit der Parteien, die gültige Einwilligung der sich verpflichtenden Partei, ein bestimmter Gegenstand, der den Inhalt der Verpflichtung bildet, und ein zulässiger Grund für die Verpflichtung. Diese sind sog. inhaltliche Wirksamkeitvoraussetzungen, die in der Doktrin von Formvoraussetzungen und Publizitätsvoraussetzungen getrennt werden. **11**

b) Formvoraussetzungen. Während die erste Fassung der LeasAO die schriftliche Form nur als Beweismittel (*ad probationem*) vorsah (um z. B. steuerliche oder Zollbegünstigungen verlangen zu können), wurde die schriftliche Form seit dem Inkrafttreten des Änderungsgesetzes 287/2006 verbindlich für die Gültigkeit (*ad validitatem*) des Leasingvertrages (jetzt Art. 7 LeasAO). Darüber hinaus schreibt Art. 6 LeasAO in der neue Fassung eine Reihe verbindlicher Klauseln beim Leasingvertrag vor. Außer der Bezeichnung der Parteien soll der Vertrag folgende Elemente mit einschließen: (a) eine Bestimmung des Vertrages als Finanzierungs- bzw. operationelles Leasing, (b) die Bezeichnung des Leasinggutes und seine Identifikationsmerkmale, (c) den Wert der Leasingraten und ihre Zahlungsfrist, (d) die Leasingzeit des Gegenstandes, (e) die Zuweisung der Versicherungsverpflichtung, (f) den Gesamtwert des Leasingvertrages. Einige spezielle Bestimmungen kommen beim Finanzierungsleasing hinzu: (a) der Eintrittswert des Gutes, (b) wenn einschlägig, der Restwert des Gutes, (c) der Wert der Abschlagszahlung. Art. 6 Abs. 3 LeasAO lässt zu, dass die Parteien weitere Klauseln einbauen. Die Vorschreibung einer schriftlichen Form und eines Mindestinhalts des Vertrages, die die schwächere Partei schützen sollte, ist ein weiteres Merkmal für die Tendenz des Gesetzgebers, den Leasingvertrag den Verbraucherkreditverträgen zuzuordnen. **12**

4. Vertragspublizität

a) Immobiliarleasing. Kapitel VI LeasAO, das die Publizitätsregel für die Leasingvorgänge betrifft, wurde durchgehend durch Gesetz 287/2006 geändert. Dabei ist aber die ursprüngliche Auffassung beibehalten worden, dergemäß Leasingpublizität einerseits allgemein über die entsprechenden Buchführungsverpflichtungen des Leasinggebers bzw. des Leasingnehmers – wenn es sich bei Letzterem um eine Handelsgesellschaft handelt – (Art. 20 LeasAO) und andererseits über spezifische Grundbucheintragungen für Immobiliarleasing (Art. 21 LeasAO) erfolgt. Immobiliarpublizität als solche ist in Rumänien durch Gesetz 7/1996 (KatasterG) in der Neubekanntmachung vom 3. März 2006 geregelt. So schreibt Art. 19 C KatasterG die Eintragung von Vermietung (*locațiune*), von sonstigen Beschränkungen und Lasten des Grundstücks (einschließlich Leasingverhältnisse) in der dritten Abteilung des Grundbuchs vor. **13**

14 b) Mobiliarleasing. Spezifische Publizitätsregel kommen aber nicht nur für Immobiliarleasing in Frage, sondern auch für die verschiedenen Formen des Mobiliarleasing. Eine besondere Publizitätsform für dingliche Mobiliarsicherheiten wird in Rumänien über das elektronische Archiv der Kreditsicherheiten an beweglichen Sachen gewährleistet. Die entsprechende Publizitätspflicht wurde durch Titel VI des Gesetzes 99/1999 über Maßnahmen zur Beschleunigung der Wirtschaftreform (MobSicherG) eingeführt: jede vertragliche Kreditsicherheit an beweglichen Sachen muss in einem speziellen elektronischen Register eingetragen werden. Diese Eintragungspflicht gilt ausdrücklich für Leasingverträge, die insoweit als eine Unterform der Vermietung betrachtet werden (Art. 2 c, Art. 4 Abs. 1d, Art. 6 Abs. 5 p MobSicherG). Das elektronische Archiv wird landesweit von autorisierten privaten natürlichen und juristischen Personen verwaltet, unter der Kontrolle des rumänischen Justizministeriums als Aufsichtsbehörde (Art. 3 AO 89/2000 über bestimmte Maßnahmen zur Autorisierung der Operatoren und Durchführung der Eintragungen im elektronischen Archiv der Kreditsicherheiten an beweglichen Sachen). Diese Publizitätsform dient unter anderen einem besseren Gläubigerschutz und der Rechtssicherheit im Mobiliarleasingbereich.

IV. Vertragspflichten und Leistungsstörungen

1. Besonderheiten des Leasing

15 Kapitel III der LeasAO (Art. 9–13) regelt ausführlich die Pflichten der Parteien eines Leasingvertrages. Dabei wird nur ein Mindeststandard vorgeschrieben, den die Parteien über sonstige vertragliche Vereinbarungen ergänzen können (Art. 11 LeasAO). Die entsprechenden Haftungsregeln für die Nichteinhaltung der Vertragspflichten werden dann im Kapitel IV (Art. 14–18) präzisiert.[12] Neben diesem spezifischen gesetzlich vorgeschriebenen Inhalt des Vertrages kennzeichnet sich der Leasingvorgang auch durch Ausnahmen vom Grundsatz der Relativität der vertraglichen Wirkungen (so wie er durch Art. 973 ZGB geregelt ist): (a) obwohl der Kaufvertrag über das (Leasing-)Gut zwischen Leasinggeber und Lieferant stattfindet, hat der Leasingnehmer ein Durchgriffsrecht gegen den Lieferanten bei Mängeln in der Lieferung oder Beschaffenheit des Gutes oder in dem entsprechenden technischen Beistand und Service, wobei der Leasinggeber von jeder diesbezüglichen Verantwortung entlastet wird (Art. 12a und Art. 14 Abs. 2 LeasAO); (b) entsprechend haftet der Lieferant gegenüber dem Leasingnehmer für solche Mängel, obwohl er im Verhältnis zum Leasingvertrag ein Dritter ist; (c) wenn der Leasingvertrag nichts Abweichendes bestimmt, erstreckt der Versicherungsvertrag zwischen Leasinggeber und Versicherungsgesellschaft seine Wirkungen auf den Leasingnehmer, der die Versicherungsprämien für das Leasinggut zu leisten hat.

2. Leasinggeberpflichten

16 Gemäß Art. 9 LeasAO verpflichtet sich der Leasinggeber, die Auswahl des Lieferanten durch den Leasingnehmer zu beachten. Den Kaufvertrag über das (Leasing-)Gut mit

---

[12] Dieser gesetzlich vorgesehene Pflichtenaufbau ist interessant auch im Kontext der Diskussion über die Rechtsnatur des Leasingvertrages. So wies der rumänische Verfassungsgerichtshof durch Urteil 162 vom 4. Juni 2002 eine Klage zurück, die die Verfassungswidrigkeit der Art. 11, 14 und 15 LeasAO beanstandete. Der Klage nach führe die den Parteien über Art. 11 LeasAO anerkannte Gestaltungsmöglichkeit in Verbindung mit der strikten Leasingnehmerhaftung (Art. 14 und 15 LeasAO) in der Praxis zu von Knebelungsklauseln (*clauze leonine*) bestimmten Leasingverträgen, was gegen die Verfassungsprinzipien der Marktwirtschaft und Handelsfreiheit (damaliger Art. 134 der Verfassung von 1991, heute Art. 135) und die damit verbundene Rechtschutzpflicht des Staates verstöße. Dem Verfassungsgerichtshof folgend sind Leasingverträge Handelsverträge, auf die subsidiär die zivilrechtlichen Normen für gegenseitige Verträge Anwendung finden. Entsprechend liege kein Rechtsschutzmangel vor, weil eventuelle Missbräuche durch die stärkere Partei über die allgemeinen Prinzipien des bürgerlichen Rechts bekämpft werden können.

28. Kapitel. Leasingrecht im Ausland　　　　　　　　　　　　　　§ 96

dem Letzteren soll er unter den vom Leasingnehmer bestimmten Bedingungen schließen und nachträglich dem Leasingnehmer über den Leasingvertrag alle Rechte aus dem Kaufvertrag mit Ausnahme des Verfügungsrechts übertragen.[13] Des Weiteren soll er dem Benutzer den ungestörten Gebrauch des Leasinggutes gewährleisten sowie dessen Wahlrecht achten, den Leasingvertrag zu verlängern, das Gut zu erwerben oder den Vertrag zu kündigen. Sollte der Leasinggeber dieses Wahlrecht verletzen, ist er dem Leasingnehmer zum Ersatz des gesamten dadurch entstandenen Schadens verpflichtet, während das Gerichtsurteil zur Festellung des Schadensersatzes als Kauftitel zugunsten des Leasingnehmers gelten kann (Art. 16 LeasAO). Bei Fehlen einer abweichenden vertraglichen Vereinbarung mit dem Leasingnehmer soll der Leasinggeber auch für die Versicherung des Leasinggutes sorgen. Die vertraglichen Verpflichtungen des Finanziers bestehen in der Person des Erwerbers des Gutes weiter, falls der Finanzier während des Leasinglaufzeit das Gut veräußert (Art. 17 LeasAO).

3. Leasingnehmerpflichten

Seinerseits verpflichtet sich der Leasingnehmer dem Art. 10 LeasAO folgend, das Gut zu **17** den mit dem Lieferanten vereinbarten Bedingungen entgegenzunehmen. Sollte der Leasingnehmer in Annahmeverzug kommen, darf der Finanzier den Leasingvertrag mit Schadensersatz auflösen (Art. 14 Abs. 1 LeasAO). Der Benutzer muss das Gut gemäß dessen Gebrauchsanleitung benutzen und darf es nur mit Zustimmung des Leasinggebers mit weiteren Lasten beschweren oder verändern. Der Leasingnehmer muss die geschuldeten Zahlungen (Leasingraten, Versicherung, Steuer, Gebühren) gemäß dem Leasingvertrag leisten. Wenn er seiner Zahlungsverpflichtung in zwei aufeinanderfolgenden Monaten nicht nachkommt, räumt Art. 15 LeasAO dem Finanzier das Auflösungsrecht über den Leasingvertrag ein; der Leasingnehmer ist dadurch zur Rückgabe des Gutes verpflichtet, ferner zur Begleichung all seiner aus dem Leasingvertrag stammenden Geldschulden. Grundsätzlich muss der Benutzer die Unterhaltskosten des Gutes, sowie die Gefahrentragung für Verlust, Zerstörung oder Beschädigung des benutzten Gutes wegen nicht von den Parteien zu vertretender Sachverhalte übernehmen. Dem Leasinggeber soll der Leasingnehmer die regelmäßige Überprüfung des Zustands und der Nutzungsweise des Gutes gestatten und ihn über Eigentumsstörungen durch Dritte rechtzeitig unterrichten. Gegenüber Dritten darf der Besitzer alle Besitzschutzklagen ausüben (Art. 12b LeasAO). Der Leasingnehmer ist schließlich dem Finanzier bei Ablauf der Leasingzeit zur vertragsmäßigen Rückgabe des Gutes verpflichtet. Bis zur Wiedererlangung des Besitzes am Gut ist der Leasinggeber von jeder Haftung gegenüber Dritten für die Benutzung des Gutes durch den Leasingnehmer frei (Art. 18 LeasAO).

V. Die Beendigung des Leasingvertrages
1. Wahlrechtsausübung durch den Leasingnehmer

Die Beendigung des Leasingvertrages findet im Regelfall durch Ausübung des Wahl- **18** rechts des Leasingnehmers statt. Das Wahlrecht ist in Art. 1 Abs. 1 (Definition des Leasing) sowie in Art. 9d (Pflichten des Leasinggebers) LeasAO geregelt und besteht in der Möglichkeit, zwischen Erwerb und Rückgabe des Leasinggutes oder aber Verlängerung des Vertrages zu wählen. Während die ersten zwei Optionen zur Beendigung des Vertrages führen, setzt die letzte Option den Vertrag (gegebenenfalls unter neuen Bedingungen) fort. Die Regelung des Wahlrechts des Leasingnehmers innerhalb der gesetzlichen Definition des Leasing macht es zu einem wesentlichen Bestandteil des Leasingvertrages. Als solches ist es nicht abdingbar und muss vom Leasinggeber immer geachtet werden (in

---

[13] Wenn das Leasinggut aus einem Computerprogramm besteht, wird nicht das Programm gekauft, sondern das Nutzungsrecht daran, das dann dem Benutzer zum Alleingebrauch übertragen wird.

§ 96 Fünfter Teil. Leasing als internationale Finanzdienstleistung

diesem Sinne siehe auch Rdn. 16). Das Wahlrecht wird am Ende des Vertragslaufzeit ausgeübt, es sei denn, der Leasingnehmer entscheidet sich für den Erwerb des Gutes, der auch früher durchgeführt werden kann, wenn zumindest 12 Monate der vereinbarten Leasingzeit schon abgelaufen sind.[14] Der Erwerb des Gutes durch den Leasingnehmer findet dann statt, wenn er den Restwert vollständig bezahlt. Der Leasingvertrag endet auch dann, wenn sich der Benutzer am Ende der Leasinglaufzeit für die Rückgabe des Gutes entscheidet. Im Unterschied zum Mietvertrag muss der Leasingnehmer das Gut nicht in seinem ursprünglichen Zustand zurückgeben, weil die von ihm bezahlten Leasingraten den Eintrittswert des Gutes sowie gewisse Amortisationsquoten mit einschließen. Schließlich kann der Benutzer sein Wahlrecht zugunsten der Verlängerung des Leasingvertrages ausüben. In diesem Fall werden die Vertragsbedingungen neu verhandelt, wobei den Leasingraten üblicherweise ein niedrigerer Wert zukommt, dem neuen Zustand des Gutes entsprechend.

2. Auflösung des Vertrages

19 Der Leasingvertrag endet auch dann, wenn die Parteien ihn zusammen oder einseitig auflösen. Im ersten Fall sind die Parteien übereingekommen, die vertraglichen Verhältnisse zu beenden (gemäß Art. 969 Abs. 2 ZGB), obwohl die vereinbarte Leasinglaufzeit noch nicht abgelaufen ist. Ein solcher Fall tritt in der Praxis seltener auf. Öfters kommt der Fall einer einseitigen Auflösung in Frage, auf Verlangen einer Partei, wenn die andere Partei ihren vertraglichen Verpflichtungen nicht nachkommt. Die LeasAO erkennt ausdrücklich dem Leasinggeber ein Auflösungsrecht in folgenden drei Situationen zu: (a) wenn der Leasingnehmer sich weigert, das Gut zum im Leasingvertrag festgelegten oder mit dem Lieferanten vereinbarten Zeitpunkt entgegenzunehmen (Art. 14 Abs. 1, 1. HS); (b) wenn der Leasingnehmer sich in gerichtlicher Reorganisation und/oder Insolvenz befindet (Art. 14 Abs. 1, 2. HS); (c) wenn der Leasingnehmer seine Verpflichtung zur Zahlung der Leasingraten in zwei aufeinanderfolgenden Monate nicht erfüllt (Art. 15). Die Aufzählung der Auflösungsgründe ist nicht abschließend: einerseits kann das Gericht bei der Nichteinhaltung einer wichtigen vertraglichen Verpflichtung (wie z. B. Nichtbeachtung des Wahlrechts des Leasingnehmers durch den Leasinggeber) nicht nur auf Schadensersatz entscheiden, sondern auch, auf Antrag der betroffenen Partei, auf Auflösung des Vertrages. Andererseits können die Parteien selbst weitere Auflösungsgründe im Leasingvertrag vorsehen (aufgrund des in Art. 969 ZGB verankerten Prinzips der Willensfreiheit).

VI. Zwangsvollstreckung und Insolvenz

1. Besonderheiten bei der Zwangsvollstreckung

20 Die Teilnehmer an Leasingvorgängen sind grunsätzlich den allgemeinen Regeln über Zwangsvollstreckung (5. Buch, Art. 372–580 Zivilprozessordnung – ZPO) unterstellt. Darüber hinaus beinhaltet LeasAO spezielle Vorschriften für Leasingvorgänge, deren Anwendung Vorrang gegenüber derjenigen der allgemeinen Regel hat. Diese Vorschriften der LeasAO wurden durch AO 28/2006 und Gesetz 287/2006 erheblich geändert. Bezüglich der Zwangsvollstreckung sieht Art. 8 LeasAO in der neuen Fassung vor, dass Leasingverträge sowie dingliche und personale Sicherheiten, die zum Zwecke der Absicherung der leasingspezifischen Verpflichtungen der Parteien übernommen wurden, vollstreckbare Titel (im Sinne von Art. 372 b ZPO) darstellen. Ein entsprechendes Gerichtsurteil ist dadurch nicht mehr nötig, was zur Beschleunigung des Zwangsvollstreckungsverfahrens gegen den betroffenen Schuldner führen soll. Darüber hinaus sieht Art. 16

---

[14] Eine ausdrückliche allgemeine Regelung über die Mindestlaufzeit des Leasingvertrags von einem Jahr bestand früher im Art. 7 LeasAO. Sie wurde aber dort durch Gesetz 287/2006 gestrichen und in Art. 1 Abs. 1 mit Bezug auf die Kaufoption vorgesehen, um klarzumachen, dass diese Mindestlaufzeit immer beachtet werden muss, auch wenn ein vorzeitiger Erwerb des Gutes stattfindet.

28. Kapitel. Leasingrecht im Ausland **§ 96**

LeasAO vor, dass ein Gerichtsurteil, das die Nichteinhaltung des Wahlrechts des Leasingnehmers durch den Leasinggeber feststellt, den Kaufvertrag über das Leasinggut (zugunsten des Leasingnehmers) ersetzen kann.

2. Besonderheiten bei der Insolvenz

Was das Insolvenzverfahren betrifft, unterliegen die Parteien des Leasingvertrags nicht nur den allgemeinen Vorschriften des Gesetzes 85/2006 über die Insolvenz (InsG), sondern auch gewissen neuen (durch Gesetz 287/2006 eingeführten) Sonderregelungen. Gemäß Art. 13 Abs. 1 und Abs. 3 LeasAO können die Rechte des Leasinggebers bzw. des Leasingnehmers im Einklang mit den Vorschriften des InsG dem Insolvenzrichter entgegengehalten werden, wenn die andere Partei des Leasingvertrages in die gerichtliche Reorganisation und/oder in Insolvenz kommt. Bei der Auflösung und/oder Liquidation einer der Parteien (juristische Person), können die Rechte der anderen Partei gemäß Art. 13 Abs. 2 und Abs. 4 LeasAO auch dem nach Gesetz 31/1990 über die Handelsgesellschaften ernannten Liquidator entgegengehalten werden. Diese neuen Vorschriften bezwecken einen besser ausgewogenen Schutz der Vertragsparteien, im Unterschied zur ursprünglichen Fassung der LeasAO, die solche Schutzvorschriften nur zugunsten des Leasinggebers vorsah.[15]

VII. Bilanzrechtliche und steuerrechtliche Aspekte
1. Bilanzrechtliche Vorschriften

Die das Leasing betreffenden bilanzrechtlichen Vorschriften werden in der LeasAO unter dem Titel „Publizität der Leasingvorgänge" aufgeführt (siehe auch Rdn. 13–14 oben).[16] Gemäß der neuen Fassung des Art. 20 LeasAO fallen Leasingvorgänge unter die geltenden Buchführungsregeln (diese werden sowohl durch das allgemeine Buchführungsgesetz 82/1991 als auch durch eine Reihe von Spezialvorschriften[17] vorgesehen). Entsprechende Verpflichtungen treffen sowohl die Leasinggesellschaften als auch diejenigen Leasingnehmer, die Handelsgesellschaften sind. Dabei erfolgt die Eintragung der Abschreibung des Leasinggutes im Falle des Finanzierungsleasing durch den Leasingnehmer und im Falle des Operating-Leasing durch den Leasinggeber. Schließlich ist zu bemerken, dass der Erwerb von Mobiliar- und Immobiliargütern im Rahmen des Finanzierungsleasing als Anlage betrachtet wird, deren Abschreibung entsprechenden Buchführungsvorschriften zu folgen hat.

2. Steuerrechtliche Vorschriften

Das rumänische Steuergesetzbuch – SteuerGB (durch Gesetz 571/2003 verabschiedet) behandelt die Leasingvorgänge an mehreren Stellen. Die steuerrechtlichen Vorschriften unterscheiden danach, ob es sich um ein Finanzierungs- oder um ein Operating-Leasing handelt (Art. 25 SteuerGB). Im ersten Fall wird der Leasingnehmer als Eigentümer betrachtet, im letzteren der Leasinggeber, was entscheidend für die Gewinnbesteuerung ist

---

[15] Dadurch sollte auch das Immobiliarleasing gefördert werden, das langfristige Verpflichtungen beider Parteien voraussetzt, und dabei Betrugfällen in der Praxis (wie z. B. dem Skandal in 2005 um die auf dem rumänischen Immobilienleasingmarkt tätige MTS Leasing GmbH, als mehrere Hunderte Kunden der Leasinggesellschaft wegen deren Insolvenz einen Gesamtschaden in Millionenhöhe zu ertragen hatten) vorgebeugt werden.

[16] Dies erscheint fraglich, weil das Hauptziel der Bilanzregeln nicht in einer allgemeinen Publizität gegenüber Vertragsdritten besteht, sondern in der Ermöglichung der Rechnungslegungsprüfung durch die entsprechenden Aufsichtsbehörden, gemäß dem Buchführungsgesetz 82/1991.

[17] In erster Linie durch die Anweisung (*ordin*) des Finanzministeriums 1752/2005 sowie durch den Rundbrief der Nationalbank 3/2000 über die Buchführungseintragung von Leasingvorgängen der Banken.

(der Gewinnsteuersatz liegt gegenwärtig bei 16%, vgl. Art. 17 SteuerGB). Entsprechend stehen die Abschreibung des Leasinggutes und der Kostenabzug dem Leasingnehmer (beim Finanzierungsleasing) oder dem Leasinggeber (beim Operating-Leasing) zu. Die über Leasingvorgänge erwirtschafteten Einkünfte natürlicher Personen werden zum Gegenstand der Einkommensteuer (für Zinsen oder Leasingraten unterliegen ausländische Personen der Quellensteuer, die gegebenenfalls gemäß den Doppelbesteuerungsabkommen oder gemäß der Landesgesetzgebung berechnet wird – Art. 25 LeasAO). Darüber hinaus wird die Tätigkeit der Leasinggesellschaften als Dienstleistung eingestuft und als solche grundsätzlich den Mehrwertsteuervorschriften (Art. 129 Abs. 3a SteuerGB) unterstellt (der geltende Steuersatz beträgt 19%, vgl. Art. 140 Abs. 1 SteuerGB). Die Einfuhr von Gütern im Rahmen von Leasingvorgängen wird auch zum Gegenstand der Umsatzsteuer, wobei deren Zahlung in Raten über die Leasinglaufzeit aufgeteilt werden kann.

§ 97 Das Leasingrecht in Russland

Schrifttum (Auswahl): *Čekmareva* Lizingovyj biznes: praktičeskoe posobie [Das Leasinggeschäft. Praxishandbuch], Moskva 1994; *Gazman* Lizing. Teorija, praktika, kommentari [Leasing. Theorie, Praxis, Kommentare], Moskva 1997; *Gazman* Rynok lizingovyh uslug [Markt der Leasingdienstleistungen], Moskva 1999; *Gukkaev* Lizing: pravovye osnovy, učet, nalogooblożenie [Leasing: rechtliche Grundlagen, Buchhaltung, Besteuerung], Moskva 2002; *Haritonova* Dogovor lizinga [Der Leasingvertrag], Moskva 2002; *Ivanov* Dogovor finansovoj arendy (lizinga) [Der Finanzierungsmietvertrag (Leasing)], Moskva 2001; *Kabatova* Lizing. Pravovoe regulirovanie. Praktika [Leasing. Rechtliche Regelung. Praxis], Moskva 1997; Kommentarij k Federal'nomu Zakonu o finansovoj arende (lizingie) [Kommentar zum Föderalgesetz über die Finanzierungsmiete (Leasing)], Moskva 2003; Kommentarij k Graždanskomu kodeksu Rossijskoj Federacii, časti vtoroj (postatejnyj) [Kommentar zum Zivilgesetzbuch der Russischen Föderation. Zweiter Teil (Eingehend)], 2. Aufl., hrsg. von Sadikov, Moskva 1997; *Koršunov* Lizing: ekonomičeskije i pravovye osnovy [Leasing: wirtschaftliche und rechtliche Grundlagen], Moskva 2001; *Leščenko* Osnovy lizinga [Grundlagen des Leasings], Moskva 2000; Meždunarodnoe častnoe pravo. Institutiones, hrsg. von Maryševa, Moskva 2004; *Müller/Ableitinger* Russische Föderation: Leasingrecht, „Wirtschaft und Recht in Osteuropa" 1997; *Poczobut* Umowa leasingu w nowym kodeksie cywilnym Rosji [Der Leasingvertrag im neuen Zivilgesetzbuch Russlands], in: „Gdańskie Studia Prawnicze" 1999, Bd. V, Księga pamiątkowa dla uczczenia pracy naukowej Profesora Kazimierza Kruczalaka [Festschrift für Professor Kazimierz Kruczalak], Gdańsk 1999 *Priluckij* Lizing. Pravovye osnovy lizingovoj dejatelnosti [Leasing. Rechtliche Grundlagen der Leasigtätigkeit], Moskva 1996; *Priluckij* Finansovyj lizing [Finanzierungsleasing], Moskva 1997; *Salecka* Umowa leasingu w prawie rosyjskim – podstawowe zagadnienia [Der Leasingvertrag im russischen Recht. Grundfragen], vervielfältigte Maschinenschrift (Magisterarbeit), Warszawa 2004; *Savranskij* Značenie konvencii o meždunarodnom finansovom lizinge i problemy ejo primenenija v Rossii [Die Bedeutung des Übereinkommens über internationales Finanzierungsleasing und Probleme seiner Anwendung in Russland], in: Meždunarodnoe častnoe pravo. Sbornik statej [Internationales Privatrecht. Sammlung von Aufsätzen], hrsg. Boguslavskij, Svetlanova, Moskva 2000; *Sergeeva, Tolstoj* Graždanskoe pravo, čast II [Bürgerliches Recht. II. Teil], Moskva 1997; *Skaridov* Meždunarodnoe častoe pravo [Internationales Privatrecht], Sankt-Peterburg 1998; *Vasil'ev, Katyrin, Lepe* Leasing kak mehanizm razvitija investicij i predprinimatel'stva [Leasing als Entwicklungsmechanismus der Investitionen und Unternehmungen], Moskva 1999; *Vasil'ev, Katyrin, Lepe*, Lizing: organizacia, normativno-pravovaja osnova, razvitie [Leasing: Organisation, normativ-rechtliche Grundlage, Entwicklung], Moskva 1997; *Vilkova* Dogovornoe pravo v meždunarodnom oborote [Vertragsrecht im internationalen Verkehr], Moskva 2004; *Vitrianskij* Dogovor arendy i jego vidy [Der Mietvertrag und seine Arten], Moskva 2002, 7. Kapitel.

28. Kapitel. Leasingrecht im Ausland §97

Übersicht

	Rdn.
I. Rechtsquellen	1
1. Inländische Gesetze	1
a) Zivilgesetzbuch der Russischen Föderation von 1994–2001	1
b) Übrige Gesetze	2
2. Internationale Übereinkommen	4
a) UNIDROIT-Übereinkommen von 1988	4
b) Leasing-Übereinkommen von 1998	5
II. Begriff und systematische Einordnung des Leasingvertrages	7
1. Benennung und Natur des Leasingvertrages	7
2. Definition des Leasingvertrages	9
3. Verzicht auf bestimmte Elemente der Definition des Leasingvertrages im Leasing-Übereinkommen von 1988	11
a) Die Bestätigung durch den Leasingnehmer der ihn betreffenden Inhalte der Bestimmungen des Liefervertrages	11
b) Anforderung betreffend die Höhe der Leasingzinssumme	12
III. Form und staatliche Eintragung des Leasingvertrages	13
1. Form des Leasingvertrages	13
2. Staatliche Eintragung des Leasingvertrages	15
IV. Abgesondert im ZGB RF geregelte Pflichten der Parteien des Leasingvertrages	16
1. Verzicht auf abgesonderte ausführliche Regelung der Parteienpflichten	16
2. Pflichten des Leasinggebers	17
a) Unterrichtung des Verkäufers über die Verleasung des Leasingobjektes	17
b) Übergabe des Leasingobjektes an den Mieter	18
c) Beschränkung der Haftung des Leasinggebers gegenüber dem Leasingnehmer	20
3. Gefahrtragung des Leasingnehmers beim zufälligen Untergang oder der zufälligen Beschädigung des Leasingobjektes	21
V. Haftung des Verkäufers gegenüber dem Leasingnehmer	22
VI. Abschließende Bemerkungen	24

I. Rechtsquellen

1. Inländische Gesetze

a) Zivilgesetzbuch der Russischen Föderation von 1994–2001. Die allgemeine 1 Hauptrechtsquelle für den Leasingvertrag bildet in Russland das **Zivilgesetzbuch der Russischen Föderation von den Jahren 1994–2001**[1] (im Folgenden: ZGB RF). Der Leasingvertrag wurde abgesondert in den im zweiten Teil (Kapitel 34 § 6) sich befindenden Art. 665–679 ZGB RF geregelt.[2] Nach dem Art. 1 des vom russischen Parlament

---

[1] Das Zivilgesetzbuch der Russischen Föderation, erster Teil – verabschiedet von Gosudarstvennaja Duma am 21.10 1994, bestätigt von Föderationsrat am 30.11. 1999, trat in Kraft am 1.1. 1995 (Sbornik Zakonov der Russischen Föderation 1994, Nr. 32, Pos. 3301 mit sp. Änd), zweiter Teil – verabschiedet von Gosudarstvennaja Duma am 22.12. 1995, bestätigt von Föderationsrat am 26.1. 1996, trat in Kraft am 1.3. 1996 (Sbornik Zakonov der Russischen Föderation 1996, Nr. 5, Pos. 410 mit sp. Änd.), dritter Teil – verabschiedet von Gosudarstvennaja Duma am 1.11 2001, bestätigt von Föderationsrat am 14.11. 2001, trat in Kraft am 26.11. 2001 („Rossijskaja Gazeta" 2001, Nr. 223, „Parlamentskaja Gazeta" 2001, Nr. 224). Zum Leasing in der Wirtschaft und im Recht Russlands vor dem Inkrafttreten des zweiten Teils von ZGB RF siehe vor allem Čekmareva Lizingovyj biznes: praktičeskoje posobie [Das Leasinggeschäft. Praxishandbuch], Moskva 1994; Kabatova Lizing. Prevovoe regulirovanie. Praktika [Leasing. Rechtliche Regelung. Praxis], Moskva 1997, 97 ff., 133 ff. und die dort zitierte Literatur. Zum Leasing in der Wirtschaft und im Recht Russlands nach dem Inkrafttreten des zweiten Teils von ZGB RF siehe vor allem Gazman Rynok lizingovgh uslug [Markt der Leasingdienstleistungen] Moskva 1999, 81 ff.; Kabatova Lizing 1997, S. 97 ff., 133 ff.; Leščenko Osnovy lizinga [Grundlagen des Leasings], Moskva 2000, 9 ff., 186 ff. und die dort zitierte Literatur.

[2] Deutsche Übersetzung: Roggemann, Bergmann Zivilgesetzbuch der Russischen Föderation (Zweiter Teil) von 1995, bearb. u. eingeleit. von Roggemann u. Bergmann, hrsg. von Osteuropa-Institut der Freien Universität Berlin und Deutsche Stiftung für internationale rechtliche Zusammenarbeit e.V.

§ 97 Fünfter Teil. Leasing als internationale Finanzdienstleistung

(Gosudarstvennaja Duma) verabschiedeten Föderalgesetzes vom 22.12.1995 zur Einführung des zweiten Teils des Zivilgesetzbuches der Russischen Föderation trat dieser Teil am 1.3.1996 in Kraft.[3]

2 **b) Übrige Gesetze.** Das Leasing, verstanden grundsätzlich sowohl als ökonomische Erscheinung – eine besonderere Art von Investitionstätigkeit – als auch als Vertrag, wurde im **Föderalgesetz vom 29.10.1998 über finanzierte Miete (Leasing)**[4] (im Folgenden: das Leasinggesetz von 1998) und im **Brief des Obersten Wirtschaftsgerichts Nr. S5–7/UZ–908 vom 3.12.1998 zur Anwendung des Föderalgesetzes vom 29.10.1998 über finanzierte Miete (Leasing)**[5] geregelt. Der Leasingvertrag wird dort als rechtliche Grundlage für die Betreibung dieser Investitionstätigkeit angesehen.[6] Die Normierung derselben zivilrechtlichen Fragen des Leasingvertrages in zwei Rechtsakten von gesetzlichem Rang konnte die wirkliche **Gefahr der Kollision** oder mindestens der uneinheitlichen Auslegung der diesen Vertrag betreffenden Vorschriften nach sich ziehen, weil es keine Regelung des Verhältnisses zwischen den das Finanzierungsleasing betreffenden Vorschriften von ZGB RF und von anderen Föderationsgesetzen gibt. Um diese Gefahr zu Vermeiden, wäre es empfehlenswert, die Vorschriften des ZGB RF als *lex generalis* und die außerhalb dieses Gesetzbuches sich befindenden gesetzlichen Vorschriften als *lex specialis* zu betrachten.[7]

3 Für die betriebliche Leasingtätigkeit sind auch die Vorschriften der folgenden Gesetze und untergesetzlichen Rechtsquellen von großer Bedeutung:
1. des das inländische Leasing betreffenden **Gesetzes vom 26.6.1991 über Investitionen und Investitionstätigkeit in RSFSR**,[8]
2. des das internationale Leasing betreffenden **Föderationsgesetzes vom 9.7.1999 über internationale Investitionen in der Russischen Föderation**[9] und
3. des **Regierungsbeschlusses der Russischen Föderation Nr. 633 vom 29.6.1995 zur Entwicklung des Leasing in der Investitionstätigkeit**[10],
4. der **Ordnung zur Lizenzierung der Leasingtätigkeit in der Russischen Föderation,** bestätigt durch die Regierungsverordnung Nr. 167 vom 26.2.1996.[11]

Bonn, Quellen zur Rechtsvergleichung aus dem Osteuropa-Institut der Freien Universität Berlin, hrsg. von *Roggemann*, Bd. 44b, Berlin 1996, 169–171; *Solotych* Das Zivilgesetzbuch der Russischen Föderation. Zweiter Teil. Textübersetzung mit Einführung, Moskva 2001, 169–171.
[3] Siehe Kommentarij k Grazdanskomu kodeksu Rossijskoj Federacii, časti vtoroj (postatejnyj), 2. Aufl, hrsg. von *Sadikov*, Moskva 1997, S. XI.
[4] Sobranie Zakonodatelstva der Russischen Föderation 1998, Nr. 44, Pos. 5394 mit sp. Änd.; abgedruckt in: *Leščenko* Osnovy lizinga, 2000, S. 327–334; Kommentar in: *Gazman* Rynok lizingovyh uslug, 1999, S. 301–366. Total kritisch zu diesem Gesetz siehe *Vitrianskij*, Dogovor arendy i jego vidy [Der Mietvertrag und seine Arten], Moskva 2002, 248–254.
[5] Dieser Brief wurde in „Zakon" 1999, H. 8 abgedruckt.
[6] Siehe vor allem *Vasil'ev*, *Katyrin*, *Lepe* Leasing kak mehanizm razvitija investicij i predprinimatel'stva [Leasing als Entwicklungsmechanismus der Investitionen und Unternehmungen], Moskva 1999; *Vasil'ev*, *Katyrin*, *Lepe*, Lizing: organizacia, normativno-pravovaja osnova, razvitie [Leasing: Organisation, normativ-rechtliche Grundlage, Entwicklung], Moskva 1997.
[7] Dagegen *Kabatova* Lizing, 103; *Vitrianskij*, Dogovor arendy, 2002, S. 250.
[8] Vedomosti S'ezda Narodnych Deputatov i Verchownogo Soveta RF (RFFSR) 1991, Nr. 29, Pos. 1005 mit sp. Änd. vom 16.6.1995 (Sbornik Zakonov der Russischen Föderation 1995, Nr. 26, Pos. 2397) und 25.2.1999 (Sbornik Zakonov der Russischen Föderation 1999, Nr. 9, Pos. 1096).
[9] Sbornik Zakonov der Russischen Föderation 1999, Nr. 28, Pos. 3493 m. sp. Änd.
[10] Abgedruckt in: *Kabatova* Lizing, 1997, S. 169–172; englische Übersetzung in: Leasing in Central Europe and Russia. Documentation, Loseblattsammlung, Prague 1995.
[11] Sbornik Zakonov der Russischen Föderation 1996, Nr. 10, Pos. 936 abgedruckt in: *Kabatova* Lizing, 1997, S. 194–200. Weitere untergesetzliche Rechtsquellen wurden in: *Kabatova* Lizing, 1997, S. 144 ff.), *Leščenko* Osnovy lizinga, 2000, S. 325–326) und „Zakon" 1999, H. 8 abgedruckt. Zur Geschichte der rechtlichen Regelung des Leasings in Russland siehe *Vitrianskij*, Dogovor arendy, 2002, S. 234–248.

2. Internationale Übereinkommen

a) UNIDROIT-Übereinkommen von 1988. Die Russische Föderation ist die Partei 4
des **UNIDROIT-Übereinkommens über das internationale Finanzierungsleasing
vom 28. 5. 1988** (im Folgenden: UNIDROIT-Übereinkommen) infolge der Ratifizierung davon aufgrund des Föderalgesetzes vom 8. 2. 1998 zum Beitritt der Russischen Föderation zu dem UNIDROIT-Übereinkommen über das internationale Finanzierungsleasing[12] geworden.[13] Gemäß Art. 7 Abs. 2 ZGB RF und Art. 15 der **Verfassung der Russischen Föderation** haben die in dem UNIDROIT-Übereinkommen enthaltenen Bestimmungen Vorrang vor der inländischen Gesetzgebung als Bestimmungen eines internationalen Vertrages.[14]

b) Leasing-Übereinkommen von 1998. Nach dem Art. 16 des UNIDROIT-Überein- 5
kommens hat dieses Übereinkommen keinen Vorrang vor anderen bereits geltenden oder
später in Kraft tretenden völkerrechtlichen Verträgen; insbesondere hat dieses Übereinkommen keinen Einfluss auf die aus anderen bestehenden oder zukünftigen Verträgen folgende Haftung einer Person. Infolgedessen betrachtet man das in Moskau am 25. 11. 1998 u. a. von der Russischen Föderation unterzeichnete **Übereinkommen über das zwischenstaatliche Leasing**[15] (im Folgenden: Leasing-Übereinkommen) als *lex specialis* im Verhältnis zum UNIDROIT-Übereinkommen. Das Leasing-Übereinkommen wurde in Anknüpfung an am 24. 9. 1993 abgeschlossenes **Übereinkommen über die Gründung der Wirtschaftsunion,**[16] des UNIDROIT-Übereinkommens und der inländischen Gesetzgebung der Vertragsstaaten entwickelt. Die Vertragsstaaten des Leasing-Übereinkommens sind außer Russland folgende Mitglieder der Gemeinschaft der Unabhängigen Staaten: Armenien, Kirgistan, Tadschikistan, Ukraine und Weißrussland.[17] Das Leasing-Übereinkommen findet an **weit verstandenen Leasinggeschäften** (*financial leasing, operating leasing, sale and lease back, compensation leasing* und *barter leasing*) Anwendung, die durch Leasinggesellschaften und andere Wirtschaftssubjekte aus mindestens zwei Vertragsstaaten betrieben werden.[18]

Die Einzelfragen, die im Leasing-Übereinkommen nicht geregelt sind, sind nach den 6
materiellen Normem des Rechtes zu behandeln, das aufgrund der in diesem Übereinkommen enthaltenen **Kollisionsnormen** festzustellen ist. Sowohl die Form des Leasingvertrages als auch die Rechte und die Pflichten der Vertragsparteien unterliegen dem inländischen Recht des Staates, in dem der Leasingvertrag abgeschlossen wurde (Pkt. 6.2 Art. 6 „a" des Leasing-Übereinkommens). Für die Entscheidung der übrigen, aus dem Leasingvertrag sich ergebenden Fragen, gilt allgemeine Kollisionsnorm, nach der beim Fehlen der Wahl des anwendbaren Rechtes durch die Vertragsparteien, ist das Recht des Staates anzuwenden, in dem der Leasinggeber gegründet wurde, seinen Sitz oder seinen Hauptgeschäftssitz hat (Pkt. 6.2 Art. 6 „b" des Leasing-Übereinkommens).[19]

---

[12] Sbornik Zakonov der Russischen Föderation 1998, Nr. 7, Pos. 787. Gemäß Art. 16 Abs. 2 des Leasing-Übereinkommens tritt dieses Übereinkommen für jeden Staat, dessen Ratifikation nach Hinterlegung der dritten Ratifikationsurkunde erfolgt, am ersten Tag des Monats in Kraft, der auf den Ablauf einer Frist von sechs Monaten nach der betreffenden Ratifikation erfolgt.
[13] Näher siehe Meždunarodoe častnoe pravo, hrsg. von *Maryševa*, Moskva 2004, 290–294.
[14] Vgl. *Salecka* Umowa leasingu w prawie rosyjskim – postawowe zagadnienia [Der Leasingvertrag im russischen Recht. Grundfragen] vervielfältigte Maschinenschrift (Magisterarbeit), Warszawa 2004, 38.
[15] „Zakon" 1998, Nr. 8.
[16] Siehe Meždunarodnoe 2004, S. 294.
[17] Siehe Meždunarodnoe 2004, S. 294.
[18] Näher siehe Meždunarodnoe 2004, S. 294–296.
[19] Siehe Meždunarodnoe 2004, S. 296.

II. Begriff und systematische Einordnung des Leasingvertrages
1. Bennenung und Natur des Leasingvertrages

7 Der Leasingvertrag wurde im ZGB RF als eine **besondere Abart von der Miete**[20] unter dem Namen **Finanzierungsmiete (Leasing)** – (finasovaja arenda – lizing) geregelt. In der Menge der im Rechtverkehr als „Leasing" bezeichneten Verträgen hat der russische Gesetzgeber für *novum* aus schuldrechtlicher Sicht lediglich den Vetrag über sogenanntens Finanzierungleasing anerkannt. Verzicht im ZGB RF auf zusätzliche Bezeichnung des Leasingvertrages als „finanziert" wurde von der Identifizierung dieser Leasingart mit dem Begriff des Leasingvertrages im Allgemeinen verursacht.

8 Die Anerkennung des Leasings als eine Abart von Miete impliziert die Anwendung an Leasingvertrag der **allgemeinen Vorschriften über die Miete** (zweiter Teil, IV. Kapitel, 34. Teil, § 1, Art. 606–624 ZGB RF) in den Fragen, die von abgesonderten Leasingvorschriften nicht geregelt wurden (Art. 625 ZGB RF). An den Leasingvertrag finden also vor allem folgende allgemeine ZGB RF Mietvorschriften direkte Anwendung: Art. 608 über die zur Vermietung des Vermögens berechtigten Personen, Art. 609 über die Form und staatliche Eintragung des Mietvertrages, Art. 610 über die Gültigkeitsdauer des Mietvertrages, Art. 611 über die Überlassung des Vermögens an den Mieter, Art. 613 über Rechte Dritter an dem zu vermietenden Vermögen, Art. 614 über den Mietzins, Art. 615 über den Nutzungsumfang des gemieteten Vermögens, Art. 616 über die Pflichten der Vertragsparteien zur Instandhaltung des gemieteten Vermögens, Art. 617 über die Aufrechterhaltung des Mietvertrages bei der Änderung der Vertragsparteien, Art. 619 über vorzeitige Aufhebung des Vertrages auf Verlangen des Vermieters, Art. 620 über vorzeitige Aufhebung des Vertrages auf Verlangen des Mieters, Art. 621 über Vorrecht des Mieters auf den Abschluss des Mietvertrages für eine weitere Frist, Art. 622 über Verbesserung des gemieteten Vermögens und Art. 624 über Ablösung des gemieteten Vermögens.

2. Definition des Leasingvertrages

9 Gemäß dem Art. 665 Abs. 2 Satz 1 ZGB RF durch den **Vertrag über Finanzierungsmiete (Leasing)** verpflichtet sich der Leasinggeber, das durch den Leasingnehmer benannte Objekt bei dem durch ihn bestimmten Verkäufer zu Eigentum zu erwerben und dieses Objekt dem Leasingnehmer gegen Entgelt zum zeitweiligen Besitz und Gebrauch für unternehmerische Zwecke zu überlassen. Der Leasinggeber haftet in diesem Falle nicht für die **Auswahl des Leasingobjektes und des Verkäufers** (Art. 665 Abs. 1 Satz 2 ZGB RF). Durch den Leasingvertrag kann bestimmt werden, dass die Auswahl des Verkäufers und des Leasingobjektes dem Leasinggeber obliegt (Art. 665 Abs. 2 ZGB RF).

10 Anders als nach allgemeinen Vorschriften über die Miete (Art. 607 ZGB RF) dürfen beliebige nicht verbrauchbare Sachen, von denen man in unternehmerischer Tätigkeit Gebrauch macht, das **Leasingobjekt** sein, mit Ausnahme von Grundstücken und anderen Naturobjekten (art. 666 ZGB RF).[21] Es wurde angenommen, dass die nicht verbrauchbaren Sachen ihre natürlichen Eigenschaften im Prozess ihres Gebrauches nicht verlieren. Die Ausschließung der Zulässigkeit des Leasings von Immobilien, die die Grundstücke oder andere Naturteile sind, wird im russischen Recht über die Wirtschaft betreffend Naturvorräte mit der Existenz einer abgesonderten Regelung der Benutzung des Bodens und der anderen Naturelementen zu den betriebswirtschaftlichen Zwecken begründet.[22]

---

[20] Gemäß Art. 606 ff. ZGB RF umfasst der Begriff „Mietvertrag" sowohl Miete als auch Pacht.
[21] Für Grundstücke und Naturobjekte gelten Art. 607 ff. ZGB RF Zivilgesetzbuch, 170, Anm. 23.
[22] Siehe *Kabatova* Lizing, 1997, S. 99; Kommentarij k Graždanskomu kodeksu Rossijskoj Federacii, časti vtoroj (postetejuyj) [Kommentar zum Zivilgeetzbuch der Russischen Föderation. Zweiter Teil (Eingehend)], 2. Aufl. hrsg. von Sadikov, Moskva 1997, 236.

3. Verzicht auf bestimmte Elemente der Definition des Leasingvertrages im Leasing-Übereinkommen von 1988

a) **Die Bestätigung durch den Leasingnehmer der ihn betreffenden Inhalte der Bestimmungen des Leasingvertrages.** Die Artikel 665 und 666 ZGB RF beinhalten die Mehrheit, ausgedrückt aber in neuer Redaktion, **wesentlicher Merkmale des Geschäftes von Finanzierungsleasing,** die im Art. 1 Abs. 1, 2 und 4 des UNIDROIT-Übereinkommens vorausgesehen wurden. In der so formulierten russischen Auffassung des Leasings fehlt jedoch vor allem die Aufforderung aus dem Art. 1 Abs. 1a) des UNIDROIT-Übereinkommens, der die **Zustimmung des Leasingnehmers für die Bedingungen des Liefervertrages** verlangt, soweit diese Bestimmungen seine Interessen betreffen. 11

b) **Anforderung betreffend die Höhe der Leasingzinssumme.** Außer Acht des russischen Gesetzgebers wurde auch die Aufforderung aus Art. 1 Abs. 2c) des UNIDROIT-Übereinkommens gelassen, gemäß dem sind die **nach dem Leasingvertrag zu zahlenden Beträge** so kalkuliert, dass sie insbesondere eine **volle Amortisation der Kosten für die Anschaffung der Ausrüstung** oder einen wesentlichen Teil derselben ermöglichen. 12

III. Form und staatliche Eintragung des Leasingvertrages

1. Form des Leasingvertrages

Gemäß Art. 158 ZGB RF dürfen zivilrechtliche Verträge sowohl in **mündlicher** als auch in **schriftlicher Form** (gewöhnliche schriftliche oder notarielle Form) abgeschlossen werden. Nach Art. 609 Abs. 1 ZGB RF ist ein Leasingvertrag, dessen Gültigkeitsdauer mehr als ein Jahr beträgt, und unabhängig von der Gültigkeitsdauer, soweit eine der Vertragsparteien eine juristische Person ist, in **Schriftform** abzuschließen. Dagegen ist ein Leasingvertrag, in dem der künftige Übergang des Eigentumsrechts an unbeweglichem Vermögen auf den Leasingnehmer bestimmt ist,[23] in der Form abzuschließen, die für einen Kaufvertrag bezüglich dieses Vermögens festgelegt ist (Art. 609 Abs. 3 ZGB RF). 13

Nach Art. 15 des Leasinggesetzes von 1998 ist jeder Leasingvertrag jedoch in der gewöhlichen **Schriftform** ad probationem (Art. 162 Abs. 1 ZGB RF), ohne Rücksicht auf die Gültigkeitsdauer, auf der der Leasingvertrag abgeschlossen wurde, abzuschließen. 14

2. Staatliche Eintragung des Leasingvertrages

Gemäß Art. 609 Abs. 2 ZGB RF unterliegt ein Vertrag über die Verleasung des unbeweglichen Vermögens der **staatlichen Eintragung,** soweit gesetzlich nichts anderes bestimmt ist.[24] 15

---

[23] Durch Gesetz oder den Leasingvertrag kann bestimmt werden, dass das Eigentum an dem verleasten Vermögen nach dem Ablauf der Leasingfrist oder vor deren Ablauf, soweit der Leasingnehmer die gesamte Ablösungssumme auszahlt, auf den Leasingnehmer übergeht (Art. 624 Abs. 1 ZGB RF). Soweit durch den Leasingvertrag die Bedingung über die Ablösung des verleasten Vermögens nicht bestimmt ist, kann sie durch eine zusätzliche Vereinbarung der Parteien bestimmt werden, die auch die Einrechnung des bisher gezahlten Leasingzinses in die Ablösungssumme festlegen (Art. 624 Abs. 2 ZGB RF). Durch Gesetz können Fälle bestimmt werden, in denen die Ablösung des verleasten Vermögens verboten ist (Art. 624 Abs. 3 ZGB RF).

[24] Zu den Besonderheiten der staatlichen Eintragung bei der Miete im Sinne des Kapitels 34 ZGB RF vgl. Art. 26 des Föderalgesetzes vom 17.6.1997 über die staatliche Eintragung von Rechten am unbeweglichen Vermögen und von Rechtsgeschäften mit diesem Vermögen (näher siehe Zivilgesetzbuch, 1995, S. 139, Anm. 117).

IV. Abgesondert in ZGB RF geregelte Pflichten der Parteien des Leasingvertrages

1. Verzicht auf abgesonderte ausführliche Regelung der Parteienpflichten

16 Infolge der Regelung des Leasings im ZGB RF als eine Art von Miete bestand kein Erfodernis einen Katalog wichtigerer, aus der Gesichtspunkt des Gesetzgebers, **Pflichten und Rechte von Parteien eines Leasingvertrages** ausführlich zu formulieren. Deshalb wurden im ZGB RF lediglich ausgewählte Aspekte weniger Pflichten der Parteien eines Leasingvertrages abgesondert geregelt: die den Leasinggeber belastende Pflichten der Unterrichtung des Verkäufers über die Vermietung des Leasingobjektes und der Übergabe des Leasingobjektes dem Mieter und die den Leasingnehmer belastende Pflicht der Gefahrtragung beim zufälligen Untergang oder der zufälligen Beschädigung des Leasingobjektes. Diese Pflichten sind von besonderer praktischen Bedeutung und rufen Kontroversen in der Lehre des Privatrechts verschiedener Länder hervor.[25]

2. Pflichten des Leasinggebers

17 a) **Unterrichtung des Verkäufers über die Verleasung des Leasingobjektes.** Erwerbend das Eigentum am Leasingobjekt zum Zwecke seiner Überlassung dem Leasingnehmer zum Besitz und Gebrauch aufgrund von Leasingbedingungen, hat der Leasinggeber den Verkäufer darüber in Kenntniss zu setzen, dass das Leasinggut zum Zwecke der Verleasung an eine bestimmte Person erworben wird (Art. 667 ZGB RF). Die Verletzung dieser Pflicht verursacht aber keine Nichtigkeit des Leasingvertrages; sie kann jedoch ein Rechtsgrund für Schadensersatzanspruch darstellen.[26]

18 b) **Übergabe des Leasingobjektes an den Leasingnehmer.** Gemäß Art. 668 Abs. 1 ZGB RF soweit durch den Vertrag über die Finanzierungsmiete nicht anders bestimmt ist, wird das Leasingobjekt, das Vertragsgegenstand ist, vom Verkäufer unmittelbar dem Leasingnehmer an den Ort, an dem er sich befindet, übergeben. Eine solche Lösung beweist die Akzeptanz einer im Leasingverkehr herausgebildeten Prozedur ungeachtet die Tatsache, dass zwischen dem Verkäufer und dem Leasingnehmer kein vertragliches Schuldverhältnis existiert.[27]

19 Ähnlich zu dem mehr herausgebildeten Art. 14 Abs. 1 und 4 des UNIDROIT-Übereinkommens wird das Leasingobjekt dem Leasingnehmer innerhalb von einer im Vertrag bestimmten Frist und, wenn im Vertrag keine solche Frist bestimmt ist, innerhalb von einer angemessenen Frist nicht übergegeben, so ist der Leasingnehmer berechtigt, die Aufhebung des Vertrages und Schadensersatz zu verlangen, soweit der Verzug aufgrund von Umständen eingetreten ist, die der Leasinggeber zu vertreten hat (Art. 668 Abs. 2 ZGB RF). Der Leasinggeber haftet für die Handlung und Unterlassung des Verkäufers wie für sein eigenes Verhalten.[28]

20 c) **Beschränkung der Haftung des Leasinggebers gegenüber dem Leasingnehmer.** In der Mehrheit der weltweit abgeschlossenen Leasingverträgen versuchen die Leasingfirmen ihre Haftung für die Mängel und nicht terminkonforme Herausgabe des Leasingobjektes dem Leasingnehmer auszuschließen oder im maximalen Ausmaß zu be-

---

[25] Siehe *Poczobut* Umowa leasingu w nowym kodeksie cywilnym Rosji [Der Leasingvertrag im neuen Zivilgesetzbuch Rußlands], in „Gaańskie Stuida Prownize" 1999, Bd. V, Księga pamiętkara alla uczczenia pracy nankowej Profesora Kazimierza Kruczdoze [Festschrift für Professor Karszimierz Kruczdoz], Gdańsk 1999, 338.

[26] Siehe Kommentarij Grażdanskomu Kodeksu, 237.

[27] Siehe *Poczobut* Umowa leasingu, 1999, S. 338.

[28] Siehe Kommentarij Grażdanskomu Kodeksu, 238.

28. Kapitel. Leasingrecht im Ausland   § 97

grenzen. Diese Haftung wurde im bestimmten Umfang auch in Art. 8 und 12 des UNI-DROIT-Übereinkommens begrenzt. Der russische Gesetzgeber hatte scheinbar ein ähnliches Ziel, entscheidend im Art. 670 Abs. 2 ZGB RF, dass soweit durch den Vertrag über die Finanzierungsmiete nichts anderes bestimmt ist, haftet der Leasinggeber gegenüber dem Lesingnehmer nicht für die Erfüllung der Forderungen aus dem Kaufvertrag durch den Verkäufer, außer in Fällen, in denen dem Leasinggeber die Auswahl des Verkäufers obliegt; im letzteren Falle ist der Leasingnehmer berechtigt, Ansprüche aus dem Kaufvertrag nach seiner Wahl sowohl unmittelbar gegenüber dem Verkäufer als auch gegenüber dem Leasinggeber geltend zu machen, die gesamtschuldnerisch haften.

3. Gefahrtragung des Leasingnehmers beim zufälligen Untergang oder der zufälligen Beschädigung des Leasingobjektes

Akzeptierend die schon in der Welt herausgebildete Paxis, wurde der Leasingnehmer 21 im Art. 669 ZGB RF mit der Gefahr des zufälligen Untergangs und der zufälligen Beschädigung des Leasingobjektes belastet; diese Gefahr trägt der Eigentümer einer Sache gewöhnlich nach Art. 211 ZGB RF. Die genannte Gefahr geht auf den Leasingnehmer im Zeitpunkt der Übergabe des Leasingobjektes über, soweit durch den Leasingvertrag nichts anderes bestimmt wird.

V. Haftung des Verkäufers gegenüber dem Leasingnehmer

Eine der Kernbestimmungen des UNIDROIT-Übereinkommens ist in ihrem Art. 10 22 enthalten, gemäß diesem bestehen die Verpflichtungen des Lieferanten aufgrund des Liefervertrages gegenüber dem Leasingnehmer so, als wenn er Partei des Liefervertrages wäre und als wenn das Leasinggut direkt an ihn auszuliefern wäre, jedoch mit dem Ausschluss des Rechts vom Leasingnehmer vom Liefervertrag zurückzutreten oder ihn anzufechten, solange der Leasinggeber nicht zugestimmt hat. Die Lösung, die im oben erwähnten Artikel des UNIDROIT-Übereinkommens angenommen worden ist, wurde im Art. 670 Abs. 1 Satz 1 und 2 ZGB RF transponiert und entwickelt, wonach der Leasingnehmer berechtigt ist, die Ansprüche aus dem Kaufvertrag zwischen dem Verkäufer und dem Leasinggeber, unter anderem bezüglich der Qualität und der Vollständigkeit des Objektes, der Lieferfristen und in anderen Fällen der nicht gehörigen Erfüllung des Vertrages durch den Verkäufer unmittelbar gegenüber dem Verkäufer des Objektes geltend zu machen; dabei hat der Leasingnehmer Rechte und Pflichten, die durch ZGB RF für den Käufer bestimmt sind, außer der Pflicht, das erworbene Objekt als eine Partei des Kaufvertrages über dieses Objekt zu bezahlen. Der Leasinghemer ist jedoch nicht berechtigt, den Kaufvertrag mit dem Verkäufer ohne Zustimmung des Leasinggebers aufzulösen (Art. 670 Abs. 1 Satz 3 ZGB RF). Im Verhältnis zum Käufer sind sowohl der Leasinggeber als auch der Leasingnehmer Gesamtgläubiger (Art. 670 Abs. 1 Satz 4 ZGB RF).

Aus dem Inhalt des Art. 670 Abs. 1 ZGB RF ergibt sich, ähnlich wie im Art. 10 des 23 UNIDROIT-Übereinkommens angenommen, dass dem Leasingnehmer gegenüber dem Verkäufer *ex lege* fast alle Rechte zuerkannt wurden, die dem Leasinggeber als Käufer zustehen; außer Umfang von diesen Rechten bleibt das Recht vom Kaufvertrag ohne Einwilligung des Leasinggebers zurückzutreten.[29]

VI. Abschließende Bemerkungen

Es kommt zu einer grundlegenden **Übereinstimmung der im ZGB RF veranker-** 24 **ten Leasing-Vorschriften mit denen des UNIDROIT-Übereinkommens.**[30]

Die im neuen russischen ZGB existierenden Abweichungen von den in UNI- 25 DROIT-Übereinkommen angenommenen Lösungen beruhen vor allem auf:

---

[29] Siehe Kommentarij Graždanskomu Kodeksu, 239.
[30] Siehe *Kabatova* Lizing, 98 ff.

Poczobut   1115

§ 98   Fünfter Teil. Leasing als internationale Finanzdienstleistung

1. dem Unberücksichtigtlassen von Anforderungen bezüglich der Bestätigung durch den Leasingnehmer der ihn betreffenden Inhalte der Bestimmungen des zwischen dem Leasinggeber (als Käufer) und dem Verkäufer abgeschlossenen Kaufvertrages sowie dem Unberücksichtigtlassen von Anforderungen bezüglich dessen, dass die Leasingzinssumme für die Benutzung des Leasingobjektes grundsätzlich zumindest dem größten Teil des Kaufpreises dieses Objektes zu entsprechen hat,

2. der Erweiterung von Rechten des Leasinggebers gegenüber dem Verkäufer sowie auch auf

3. der Einführung von, bezüglich der UNIDROIT-Übereinkommen von 1988, neuen Regelungen, die die Pflicht beinhalten, dass der Verkäufer dem Leasingnehmer den Leasingobjekt unmittelbar bereitzustellen hat und die dem Leasingnehmer die Verpflichtung auferlegten, das Risiko eines zufälligen Untergangs oder einer zufälligen Beschädigung des Leasingobjektes zu tragen.[31]

§ 98 Das Leasingrecht in der Schweiz

Schrifttum: *Ammon/Walther* Grundriss des Schuldbeitreibungs- und Konkursrechts 7. Aufl., Bern 2003; *Bucher* Obligationenrecht Besonderer Teil 3. Aufl., Zürich 1988; *Csáky* Der Immobilienleasingvertrag in Österreich, Deutschland und der Schweiz, Wien 1992; *Fatzer* Sachgewährleistung beim Finanzierungsleasing von mobilen Investitionsgütern (Diss.) Zürich 1999; *Hausheer* Zum Leasing-Entscheid des Bundesgerichts vom 30. April 1992 in: ZBJV 1992, 480–484; *Hess* Immobilienleasing in der Schweiz, Diss. 1989; *Honsell* Das Aussonderungsrecht des Leasinggebers im Konkurs des Leasingnehmers beim Investitionsgüterleasing in: SJZ 1999, S. 21–28; *Honsell/Vogt/Wiegand* (Hrsg.), Basler Kommentar zum Schweizerischen Privatrecht, Obligationenrecht I – Art. 1–529 OR, 3. A., Basel 2003, zitiert: BK-*Bearbeiter*; *Imbach* Bilanzrechtliche Aspekte des Leasings; *Lüem* Typologie der Leasingverträge; *Walter* Typologie der Leasingverträge in: Neue Vertragsformen der Wirtschaft: Leasing, Factoring, Franchising, Kramer. (Hrsg.), 2. Aufl., Bern 1992, S. 49–69; *Renz* Leistungsstörungen beim Finanzierungsleasing in rechtsvergleichender Sicht (Diss.) Bern 1998, *Rinderknecht* Leasing von Mobilien (Diss.) Zürich 1984; *Spori* Steuerliche Aspekte des Leasings von Investitionsgütern, in: Neue Vertragsformen der Wirtschaft: Leasing, Factoring, Franchising, Kramer, (Hrsg.), 2. Aufl., Bern 1992, S. 239–262; *Staehelin/Bauer/Staehelin* (Hrsg.), Kommentar zum Bundesgesetz über Schuldbeitreibung und Konkurs, SchKG II: Art. 88–220, Basel u. a. 1998. SchKG III: Art. 221–352, Basel u. a. 1998, zitiert: KommSchKG-*Bearbeiter*; *Stauder* Das Finanzierungs-Investitionsgüterleasing von Mobilien durch eine Leasinggesellschaft: Offene Fragen in: Neue Vertragsformen der Wirtschaft: Leasing, Factoring, Franchising, Kramer (Hrsg.), 2. Aufl., Bern 1992, S. 71–116; *Studer* Leasing in der Schweiz in: Leasing-Handbuch für die betriebliche Praxis, Hagenmüller/Eckstein (Hrsg.), 6. Aufl., Frankfurt a. M. 1992, S. 355–380; *Vater* Die Bilanzierung von Leasinggeschäften nach Swiss GAAP FER 13 in: IWB 2002, 5 Schweiz, Gruppe 3, S. 169–172.

Übersicht

	Rdn.
I. Die Praxis des Leasinggeschäfts in der Schweiz	1
1. Entwicklung des Leasinggeschäfts	1
2. Erscheinungsformen	4
II. Die rechtliche Einordnung des Leasingvertrages	14
1. Qualifikation	14
2. Abgrenzung	16
III. Der Abschluss des Leasingvertrages	17
1. Vertragsabschluss	17
2. Inhalt	19
IV. Leistungsstörungen	22
1. Grundsätzliches	22
2. Verzug/Nichtleistung	24
3. Sachmängel	28
V. Die Beendigung des Leasingvertrages	35

---

[31] Siehe *Poczobut* Umowa leasingu, 340, 342.

28. Kapitel. Leasingrecht im Ausland **§ 98**

Rdn.
VI. Zwangsvollstreckung und Insolvenz 36
VII. Bilanzrechtliche und steuerrechtliche Aspekte 42
   1. Bilanzierung 42
      a) Obligationenrecht 43
      b) Nationaler Rechnungslegungsstandard 48
      c) Anwendung internationaler Rechnungslegungsstandards 56
      d) Ausblick 57
   2. Steuern 60
      a) Operatives Leasing 62
      b) Finanzierungsleasing 63
      c) Immobilienleasing 65

I. Die Praxis des Leasinggeschäfts in der Schweiz

1. Entwicklung des Leasinggeschäfts

Anders als in anderen Ländern ist das Leasinggeschäft in der Schweiz verhältnismäßig 1 spät, nämlich erst Ende der fünfziger Jahre des vergangenen Jahrhunderts zum Durchbruch gekommen, und zwar in der Autobranche.[1] Die damalige hohe Selbstfinanzierungskraft der schweizerischen Wirtschaft und das ausgeprägte Eigentumsdenken der recht konservativ eingestellten Schweizer werden hierfür – von den Betroffenen selbst – als Begründung angeführt.[2] Schon in den sechziger Jahren wurden die ersten **universell tätigen Leasinggesellschaften** gegründet, was nicht zuletzt auf die erfolgreichen und anregenden Entwicklungen des Leasinggeschäfts im umliegenden Ausland zurückzuführen war.[3] Ende der sechziger Jahre schalteten sich die Großbanken in das Leasinggeschäft ein und eröffneten dieser neuen und flexiblen Form der Investitionsfinanzierung neue Dimensionen,[4] denn der direkte Zugang der Leasinggesellschaften zu mittel- bis langfristigem Fremdkapital war für die Erschließung dieses wachstumsträchtigen Marktes entscheidend.

Im Jahre 1971 wurde der **Verband Schweizerischer Leasinggesellschaften** gegrün- 2 det; das Investitionsgüterleasing gewann gegenüber dem Autoleasing immer mehr an Bedeutung, und ab 1976 wagten sich die ersten Gesellschaften auch an das Immobilienleasing. Im Zuge des eigentlichen Leasing-Booms in den achtziger Jahren[5] kam es auch bezüglich des Autoleasings zu einem neuen massiven Aufschwung. Im Jahre 1987 wurde der **Verband Schweizerischer Autoleasinggesellschaften** mit dem Zweck gegründet, sich in den Konflikt zwischen Abzahlung und Leasing für Personenwagen einzuschalten und das Umfeld der etablierten Leasinggesellschaften seriös zu halten.

Gemessen an den gesamten Ausrüstungsinvestitionen hat das Leasinggeschäft in der 3 Schweiz – obwohl es heute fester Bestandteil der Investitionsfinanzierung ist – wohl (noch) nicht dieselbe Bedeutung wie in den meisten EU-Staaten erreicht; mit der sich abzeichnenden abnehmenden Eigenfinanzierungskraft der schweizerischen Unternehmen und den sich für die Schweiz im europäischen Wirtschaftsraum ergebenden Veränderungen dürfte jedoch der Anteil geleaster Güter weiter zunehmen.[6]

---

[1] *Lüem* Typologie der Leasingverträge S. 50; vgl. *Studer* Leasing in der Schweiz S. 355.
[2] *Lüem* Typologie der Leasingverträge S. 50.
[3] *Studer* Leasing in der Schweiz S. 355.
[4] *Lüem* Typologie der Leasingverträge S. 51.
[5] So *Studer* Leasing in der Schweiz S. 356. Nach BK-Schluep/Amstutz, Vor Art. 184 ff. OR, Rdn. 82 m. w. N., ist in der beschriebenen Entwicklung in den 60er Jahren der eigentliche Boom zu sehen (der allerdings bis heute andauert); ebenso *Lüem* Typologie der Leasingverträge S. 50.
[6] *Studer* Leasing in der Schweiz S. 356.

2. Erscheinungsformen

4 Das **Finanzierungsleasing**[7] ist die wichtigste Erscheinungsform des Leasings[8] und tritt in den Unterarten **Mobilienleasing** und **Immobilienleasing** auf, wovon wiederum das Leasen von mobilen Investitionsgütern für die Schweiz am bedeutsamsten ist. Charakteristisch ist auch in der Schweiz die leasingtypische rechtliche Dreiecksbeziehung: Der (spätere) Leasingnehmer wählt regelmäßig zunächst beim Hersteller oder Händler das Objekt aus, das der eingeschaltete Leasinggeber sodann im Hinblick auf das Leasingverhältnis erwirbt und dem Leasingnehmer im Rahmen des Leasingvertrages zur umfassenden Nutzung überlässt.[9] Das Investitionsrisiko liegt in der Praxis regelmäßig beim Leasingnehmer.[10] Der Leasingzins ist meist monatlich oder vierteljährlich zu entrichten; seine Höhe hängt insbesondere davon ab, ob es sich um einen Voll- oder Teilamortisationsvertrag handelt.

5 **Vollamortisationsverträge** werden in Anpassung an die technische und wirtschaftliche Lebensdauer des jeweiligen Objektes auf eine meist unkündbare Dauer von drei bis zehn Jahren abgeschlossen.[11] Sie beinhalten regelmäßig weder Unterhalts- noch Reparaturkosten oder Versicherungen. Der Leasingzins ist so kalkuliert, dass nach Ablauf der Leasingdauer und Bezahlung **sämtlicher Leasingzinsen eine Amortisation** bis auf einen Restwert von etwa 1% erreicht ist.[12] Die vereinbarte Leasingzeit liegt dabei im freien Ermessen der Vertragsparteien; Vorschriften über eine „prozentuale Grundmietzeit" der betriebsgewöhnlichen Nutzungsdauer bestehen nicht.[13] Nach Ablauf der Leasingdauer bietet der Leasinggeber dem Leasingnehmer häufig das geleaste Objekt **zum Kauf** an,[14] vorher vertraglich vereinbart ist dies jedoch meistens nicht. Ebenso kann vereinbart oder unabhängig davon nach Ablauf der Vertragsdauer angeboten werden, den **Vertrag zu verlängern,** wobei der Zins auf der Basis des verbliebenen geringen Restwertes des Objekts neu kalkuliert wird. Eine andere Option besteht oft darin, dass der Leasingnehmer **das Objekt ersetzt** und mit dem Leasinggeber einen neuen Leasingvertrag über ein gleichwertiges Objekt abschließt. In diesem Fall wird der Eintauschwert des alten bei der Kalkulation des Leasingvertrages über das neue Objekt berücksichtigt. Meist gewährt der Leasinggeber auch ein Kaufrecht zum geringen Restwert.[15]

6 Bei den **Teilamortisationsverträgen** wird während der vereinbarten Leasingdauer nur ein Teil der Anschaffungskosten des Objektes amortisiert; die Vertragsdauer ist normalerweise kürzer als die wirtschaftliche Nutzungsdauer des Vertragsobjekts.[16] Die Optionsrechte des Leasingnehmers sind die gleichen wie bei der Vollamortisation:[17] Kaufoption, Verlängerungsoption, Ersetzungsoption. Für den Fall der Rückgabe des Leasingobjekts nach Vertragsende ohne Kostenfolge für den Leasingnehmer sichert sich der Leasinggeber meist durch eine **Restwertgarantie** seitens des Lieferanten ab oder wälzt das Risiko auf den Leasingnehmer ab.

---

[7] Die Definition des Finanzierungsleasings seitens des Verbandes Schweizerischer Leasinggesellschaften ist abgedruckt bei *Lüem* Typologie der Leasingverträge S. 66.
[8] *Honsell* SJZ 1999, S. 21; vgl. auch *Lüem* Typologie der Leasingverträge S. 66.
[9] *Renz* Leistungsstörungen beim Finanzierungsleasing in rechtsvergleichender Sicht (Diss.) Bern 1998, S. 49 f.; *Honsell* SJZ 1999, S. 21 f.; BK-Schluep/Amstutz Vor Art. 184 ff. OR, Rdn. 84.
[10] BK-Schluep/Amstutz Vor Art. 184 ff. OR, Rdn. 84 m.w.N.
[11] *Studer* Leasing in der Schweiz S. 363.
[12] *Honsell* SJZ 1999, S. 21 f..
[13] *Studer* Leasing in der Schweiz S. 363.
[14] *Honsell* SJZ 1999, S. 22.
[15] *Studer* Leasing in der Schweiz S. 363 f.; vgl. auch *Renz* Leistungsstörungen beim Finanzierungsleasing in rechtsvergleichender Sicht (Diss.) Bern 1998, S. 58.
[16] *Honsell* SJZ 1999 S. 21.
[17] *Studer* Leasing in der Schweiz S. 364.

28. Kapitel. Leasingrecht im Ausland §98

Bei Abschluss eines **Mobilienleasingvertrages** wird eine so genannte **Bearbeitungs-** 7
oder Abschlussgebühr erhoben.[18] Diese berechnet sich in Prozenten der Anschaffungskosten und beträgt je nach Investitionsgröße 0,25 % bis 2 %; sie dient der Leasinggesellschaft zur ganzen oder teilweisen Deckung der zu Vertragsbeginn anfallenden Geschäftsprüfungskosten. Diese Gebühr wird bei Abschluss des Leasingvertrages gesondert erhoben und in Rechnung gestellt, ist aber in der Praxis Bestandteil der gesamten Kalkulation des Leasingvertrages.[19]

Vertragsgegenstand des **Immobilienleasings**[20] kann jedes Grundstück i. S. v. Art. 8
655 ZGB sein; insbesondere handelt es sich hierbei um Liegenschaften, Bauten und Teile davon oder Stockwerkseigentum mit hauptsächlich gewerblichem oder industriellem Zweck.[21] Diese Form des Leasings wird meist für **größere gewerbliche Investitionsvorhaben** mit langer Nutzungsdauer (z. B. Warenlager oder Parkhäuser) als Finanzierungsform gewählt.[22] Das Leasingobjekt wird während der langen Vertragslaufzeit von meist 10 bis 20 Jahren amortisiert. Vollamortisationsverträge konnten sich beim Immobilienleasing wegen der hohen Restwerte der Immobilien nicht durchsetzen. Oft wird dem Leasingnehmer zum Vertragsende deshalb ein **Kaufrecht mit Vormerkung im Grundbuch** eingeräumt.[23]

Beim **Operating-Leasing** wird ein wirtschaftliches Gut im Rahmen eines leicht 9
kündbaren Vertrages oder für eine wesentlich unter der Amortisationsdauer liegende Zeit zum Gebrauch überlassen.[24] Mangels Vereinbarungen, die auf eine Vollamortisation nach Vertragsende abzielen, liegt es im Interesse des Leasinggebers, den Gegenstand mehrfach zu verleasen; für ihn steht daher das Absatzinteresse im Vordergrund.[25] Das Operating-Leasing dient dem Leasingnehmer zur **Überbrückung von Investitionsengpässe** oder zeitweisem Mehrbedarf; durch eine derartige Vertragsgestaltung bietet sich ihm die Möglichkeit, kurzfristig die Nutzungsvorteile des Objektes ziehen und ebenso kurzfristig wieder beenden zu können.[26] Das Investitionsrisiko liegt beim Leasinggeber, ebenso regelmäßig die Gefahr für den zufälligen Untergang sowie die Wartungspflicht.[27] Es reduziert sich häufig auf ein **Zwei-Personen-Verhältnis** und ist insofern atypisch.[28]

Beim so genannten **direkten Leasing** handelt es sich ebenfalls um ein Zwei-Perso- 10
nen-Verhältnis. Der Hersteller bzw. Händler wendet sich direkt an den Leasingnehmer[29] oder umgekehrt;[30] es kommt zu einem „direkten" Vertragsschluss ohne Dazwischenschal-

---

[18] *Studer* Leasing in der Schweiz S. 361 f.
[19] *Studer* Leasing in der Schweiz S. 362.
[20] Die Definition des Immobilienleasings seitens des Verbandes Schweizerischer Leasinggesellschaften ist abgedruckt bei *Lüem* Typologie der Leasingverträge S. 69.
[21] *Renz* Leistungsstörungen beim Finanzierungsleasing in rechtsvergleichender Sicht (Diss.) Bern 1998, S. 51.
[22] Vgl. BK-Schluep/Amstutz Vor Art. 184 ff. OR, Rdn. 85 m. w. N.
[23] *Renz* Leistungsstörungen beim Finanzierungsleasing in rechtsvergleichender Sicht (Diss.) Bern 1998, S. 51; BK-Schluep/Amstutz Vor Art. 184 ff. OR, Rdn. 85; *Rinderknecht* Leasing von Mobilien (Diss.) Zürich 1984, S. 12. Zu den möglichen Optionen nach Beendigung des Immobilienleasingvertrags siehe insbesondere *Hess* Immobilienleasing in der Schweiz, Diss. 1989, S. 38 ff.
[24] *Bucher* Obligationenrecht Besonderer Teil 3. Aufl., Zürich 1988, S. 35; *Renz* Leistungsstörungen beim Finanzierungsleasing in rechtsvergleichender Sicht (Diss.) Bern 1998, S. 53; BK-*Schluep/Amstutz* Vor Art. 184 ff. OR, Rdn. 86.
[25] BK-Schluep/Amstutz Vor Art. 184 ff. OR, Rdn. 86.
[26] *Renz* Leistungsstörungen beim Finanzierungsleasing in rechtsvergleichender Sicht (Diss.) Bern 1998, S 53.
[27] *Rinderknecht* Leasing von Mobilien (Diss.) Zürich 1984, S. 33.
[28] BK-Schluep/Amstutz Vor Art. 184 ff. OR, Rdn. 86.
[29] *Bucher* Obligationenrecht Besonderer Teil 3. Aufl., Zürich 1988, S. 35; BK-Schluep/Amstutz Vor Art. 184 ff. OR, Rdn. 86.
[30] *Renz* Leistungsstörungen beim Finanzierungsleasing in rechtsvergleichender Sicht (Diss.) Bern 1998, S. 49.

tung eines Dritten, weshalb auch hierfür auch die Bezeichnung **Hersteller-, Händler- oder Vertriebsleasing** verwendet wird.[31] Ein Teil der Lehre und Judikatur sieht allein im indirekten Leasing einen eigentlichen Leasingvertrag und betrachtet das Dreiecksverhältnis als unerlässliches Wesensmerkmal[32] und sieht im direkten Leasing einen Mietvertrag.

11   Das **Sale-and-lease-back-Verfahren** stellt ein Instrument der (Not-)Unternehmens-finanzierung[33] dar: Der Eigentümer und spätere Leasingnehmer verkauft sein bereits erworbenes Objekt einem Dritten – meist einer Leasinggesellschaft – gegen sofortige Rücküberlassung desselben im Rahmen eines Leasingvertrages.[34] Die finanzierende Partei verteilt dabei einen einmaligen Bilanzvorteil auf mehrere Jahre und lässt den Leasingnehmer an dieser steuergünstigen Lösung teilhaben.[35]

12   Dritten gegenüber wird hierbei die Übereignung von **Mobilien** als unwirksam angesehen, weil darin eine Umgehung der Art. 717 I ZGB i.V. m. Art. 884 ZGB erblickt wird.[36] Nach diesen Normen ist die Sicherungsübereignung beweglicher Sachen Dritten gegenüber unwirksam, wenn sie mittels Besitzkonstitut vollzogen wird und damit gegen die Bestimmungen über das Faustpfandrecht (Art. 884, insbesondere Abs. 3 ZGB) verstößt. Für das **Sale-and-lease-back** von Immobilien besteht dagegen dank der Grundbucheinrichtung Rechtssicherheit; in der Schweiz haben jedoch Sale-and-lease-back-Verträge unabhängig vom Leasingobjekt keine große Bedeutung erlangt.[37]

13   Bei allen Arten des Leasings wird je nach Art des Verwendungszwecks des Leasingobjektes zwischen **Investitions- und Konsumgüterleasing** differenziert. Investitionsgüter dienen ausschließlich gewerblichen Zwecken, mit ihnen soll also Geld verdient werden.[38] Zum Konsumgüterleasing zählt vor allem das praktisch bedeutsame **Auto- und Computerleasing,** sofern diese Objekte nicht als Investitionsgüter eingesetzt werden.[39] Beim Konsumgüterleasing handelt es sich im Gegensatz zum Leasing von Investitionsgütern in der Regel um Teilamortisationsverträge.[40]

II. Die rechtliche Einordnung des Leasingvertrages

1. Qualifikation

14   Der Leasingvertrag ist in der Schweiz gesetzlich nicht geregelt. Das **Operating-Leasing** wird als **gewöhnlicher Mietvertrag** qualifiziert;[41] die grundsätzliche Rechtsnatur des typischen **(Finanzierungs-)Leasingvertrages** ist dagegen umstritten. Die **Lehrmeinungen in der Literatur** reichen von der Einordnung als gemischter Vertrag mit Elementen des Kaufs (Art. 184 ff. OR), der Miete (Art. 253 ff. OR) bzw. Pacht (Art. 275 ff. OR) sowie beim indirekten Leasing Elementen aus dem Auftragsrecht (Art. 394 ff. OR) über die Qualifizierung als Kreditvertrag sui generis (mit Elementen des Auftrags, Darle-

---

[31] BK-Schluep/Amstutz Vor Art. 184 ff. OR, Rdn. 87.
[32] Nachweise bei BK-Schluep/Amstutz Vor Art. 184 ff. OR, Rn 87; vgl. auch *Rinderknecht* Leasing von Mobilien (Diss.) Zürich 1984, S. 4 ff. Die Gegenmeinung vertritt beispielsweise BK-Schluep/Amstutz Vor Art. 184 ff. OR, Rdn. 87, allerdings ohne nähere Begründung.
[33] *Rinderknecht* Leasing von Mobilien (Diss.) Zürich 1984, S. 36.
[34] *Rinderknecht* Leasing von Mobilien (Diss.) Zürich 1984, S. 35 f.; BK-Schluep/Amstutz Vor Art. 184 ff. OR, Rdn. 89 mit zahlreichen weiteren Nachweisen.
[35] BK-Schluep/Amstutz Vor Art. 184 ff. OR, Rdn. 87.
[36] *Rinderknecht* Leasing von Mobilien (Diss.) Zürich 1984, 178 ff., 180 f.; BK-Schluep/Amstutz Vor Art. 184 ff. OR, Rdn. 89. Bei Rinderknecht findet sich eine sehr detaillierte Analyse der sachenrechtlichen Verhältnisse beim Mobilienleasingvertrag, S. 123–192.
[37] *Studer* Leasing in der Schweiz S. 365; *Lüem* Typologie der Leasingverträge S. 66.
[38] Appellationsgericht Basel-Stadt in BJM 1997, S. 28.
[39] BGE 118 II 153.
[40] *Honsell* SJZ 1999 S. 21.
[41] *Bucher* Obligationenrecht Besonderer Teil 3. Aufl., Zürich 1988, S. 35; BK-Schluep/Amstutz Vor Art. 184 ff. OR, Rdn. 86 m. w. N.; vgl. auch *Studer* Leasing in der Schweiz S. 364 f..

28. Kapitel. Leasingrecht im Ausland §98

hens und Schuldübereignung) bis hin zur Bewertung als Veräußerungsvertrag auf Raten oder ebenfalls als Mietvertrag.[42] *Stauder* unterteilt die drei Hauptströmungen in **Veräußerungsvertragstheorien, Gebrauchsüberlassungstheorien und Kreditvertrag *sui generis*-Theorien**.[43] Mittlerweile überwiegt die Ansicht, wonach das Finanzierungsleasing einen **Gebrauchsüberlassungsvertrag** *sui generis* bzw. einen gemischten Vertrag betrachtet, bei dem Elemente der Gebrauchsüberlassung dominieren.[44]

Die Auffassung der **höchstrichterlichen Rechtsprechung** zur Rechtsnatur des Finanzierungsleasings ist unklar. Zwar sind einige bundesgerichtliche Urteile zum Leasingvertrag ergangen; diese haben jedoch wenig zur Rechtssicherheit beigetragen und sind nach mehrheitlicher Ansicht eher zum Schutz des Konsumenten – vor allem beim Auto-Leasing – als zur Schaffung von Rechtsklarheit bestimmt.[45] Insbesondere wird die Qualifikationsfrage in BGE 118 II 150 letztendlich offen gelassen: Zwar sieht das Bundesgericht hier zwar den Finanzierungsleasingvertrag als **Gebrauchsüberlassungsvertrag eigener Art** an (in zitiertem Entscheid S. 156 f.), entscheidender Gesichtspunkt für diese Einordnung war für das Gericht jedoch allein der übereinstimmende Willen von Leasinggeber und Leasingnehmer.[46]   15

2. Abgrenzung

Vom Kaufvertrag unterscheidet sich der Leasingvertrag dadurch, dass an die Stelle der Eigentumsverschaffungspflicht aus Art. 184 I OR ein Dauerschuldverhältnis tritt, bei welchem die Übereignung entfällt oder jedenfalls ungewiss ist.[47] Abweichend von **Miete und Pacht** hat der Leasingnehmer ein weit über diese Verträge hinausgehendes Interesse an der vollumfänglichen (eigentümerähnlichen) Nutzungs- und Gebrauchsmöglichkeit des Leasingobjektes, er ist nicht zur Substanzerhaltung verpflichtet und der Leasingzins deckt nicht den Gebrauch oder die Nutzung der Sache, sondern amortisiert das Leasingobjekt ganz oder teilweise.[48]   16

III. Der Abschluss des Leasingvertrages

1. Vertragsabschluss

Der Leasingvertrag entsteht vorbehaltlich des Konsumkreditgesetzes[49] ohne **Einhaltung einer besonderen Form**.[50] In aller Regel werden Formularverträge verwendet, die der Leasingnehmer nur global akzeptieren oder ablehnen kann.[51] Im Übrigen, insbesondere betreffend Nichtigkeitsgründe und Willensmängel, gelten keine Besonderheiten. Beim **Immobilienleasingvertrag** ist jedoch zu beachten, dass er wie der Kaufvertrag des Lea-   17

---

[42] Vgl. die Darstellung und Nachweise bei BK-Schluep/Amstutz Vor Art. 184 ff. OR, Rdn. 90 f.; *Bucher* Obligationenrecht Besonderer Teil 3. Aufl., Zürich 1988, S. 36 sowie *Renz* Leistungsstörungen beim Finanzierungsleasing in rechtsvergleichender Sicht (Diss.) Bern 1998, S. 70 ff.
[43] *Stauder* Das Finanzierungs-Investitionsgüterleasing von Mobilien durch eine Leasinggesellschaft S. 77–79 mit umfassenden Nachweisen.
[44] *Honsell* SJZ 1999 S. 22 und 23 mit weiteren Nachweisen; vgl. auch die ausführliche Stellungnahme zur Rechtsnatur von (Immobilien-)Leasingverträgen bei *Hess* Immobilienleasing in der Schweiz, Diss. 1989, S. 206–254.
[45] *Studer* Leasing in der Schweiz S. 373.
[46] Vgl. *Haushee*r ZBJV 1992, 482; ebenso BK-Schluep/Amstutz Vor Art. 184 ff. OR, Rdn. 90.
[47] BK-Schluep/Amstutz Vor Art. 184 ff. OR, Rdn. 92.
[48] *Schluep* SPR VII/2, 824 f. Eine sehr ausführliche Abgrenzung des (Immobilien-)Leasingvertrages von den Nominatverträgen findet sich bei *Hess* Immobilienleasing in der Schweiz, Diss. 1989, S. 99–205.
[49] Das KKG entspricht in etwa unserem früheren VerbrKrG.
[50] BK-Schluep/Amstutz Vor Art. 184 ff. OR, Rdn. 94.
[51] *Fatzer* Sachgewährleistung beim Finanzierungsleasing von mobilen Investitionsgütern (Diss.) Zürich 1999, S. 8.

§ 98 Fünfter Teil. Leasing als internationale Finanzdienstleistung

singgebers bezüglich des Grundstücks **öffentlich beurkundet** werden muss, sofern er mit diesem Kaufvertrag eine **rechtliche Einheit** bildet.[52]

18   Leasingverträge über bewegliche **Konsumgüter,** die i. S. v. Art. 1 II lit. a KKG (Konsumentenkreditgesetz) vorsehen, dass die vereinbarten Leasingraten erhöht werden, falls der Vertrag vorzeitig aufgelöst wird, unterstehen nach Maßgabe von Art. 8 I KKG dem Konsumkreditgesetz.[53] Dessen Bestimmungen sind danach in beschränktem Umfang anwendbar. Zu beachten ist dabei insbesondere Art. 11 KKG, der Form (schriftlich) und Inhalt des Leasingvertrages regelt; die Missachtung dieser Norm führt nach Art. 15 KKG zur Nichtigkeit des Vertrages. Art. 15 KKG regelt für diesen Fall auch die Rückgewährung empfangener Leistungen. Zudem besteht nach Art. 16 I KKG ein siebentägiges Widerrufsrecht.

2. Inhalt

19   **Hauptpflicht des Leasingnehmers** ist die Zahlung der Leasingraten, die grundsätzlich Anschaffungs- und Finanzierungskosten samt einer Gewinnmarge umfassen. Die Leasingraten sind selbst dann geschuldet, wenn der Leasingnehmer das Leasingobjekt nicht oder nur teilweise nutzen kann,[54] außerdem werden dem Leasingnehmer regelmäßig Pflichten und Obliegenheiten des Leasinggebers gegenüber dem Lieferanten übertragen. Typisch für das indirekte Leasing sind der **Ausschluss der Gewährleistungspflichten** des Leasinggebers und die ersatzweise **Abtretung der kaufrechtlichen (oder werkvertragsrechtlichen) Ansprüche** des Leasinggebers gegenüber dem Hersteller/Händler an den Leasingnehmer.[55]

20   Die **Hauptpflicht des Leasinggebers** besteht darin, dem Leasingnehmer das Leasingobjekt zur freien Verwendung und Nutzung zu überlassen. Im Verhältnis zum Lieferanten nimmt der Leasinggeber die Stellung eines Käufers ein. Abgesehen von der Entrichtung des Kaufpreises werden die Käuferpflichten jedoch häufig dem Leasingnehmer aufgebürdet. Die Dreiecksstruktur des indirekten Leasingvertrages hat zur Folge, dass der Leasinggeber (nicht etwa der Lieferant) zur Lieferung an den Leasingnehmer verpflichtet ist.

21   Ob sich die vertraglichen Rechte und Pflichten im Übrigen grundsätzlich nach den Bestimmungen des Miet- oder Pachtrechts richten, ist – wie bereits angedeutet – umstritten. Typisch ist jedoch die Verwendung **ausführlicher AGB**. Der Leasinggeber muss regelmäßig nicht für den außergewöhnlichen Unterhalt, auch nicht für Lasten und Abgaben aufkommen.[56]

IV. Leistungsstörungen

1. Grundsätzliches

22   Bei Leistungsstörungen des Leasingvertrags sollen „grundsätzlich die allgemeinen Regeln des OR (gelten), soweit sich nicht die analoge Anwendung einschlägigen Typenrechts aufdrängt".[57] Eine analoge Anwendung des Kaufrechts käme danach im Hinblick auf die Ansprüche des Leasingnehmers gegen den Leasinggeber bei Mangelhaftigkeit des Leasinggutes zu ganz ähnlichen Ergebnissen wie eine analoge Anwendung des Miet-

---

[52] *Hess* Immobilienleasing in der Schweiz, Diss. 1989, S. 265 f.
[53] Siehe auch Botschaft betr. die Änderung des Bundesgesetzes über den Konsumkredit vom 14.12.1998, BBl. 1999, 3173 f.
[54] *Schluep* Probleme S. 114.
[55] *Renz* Leistungsstörungen beim Finanzierungsleasing in rechtsvergleichender Sicht (Diss.) Bern 1998, S. 66; BK-Schluep/Amstutz Vor Art. 184 ff. OR, Rdn. 97.
[56] BK-Schluep/Amstutz Vor Art. 184 ff. OR, Rdn. 96; *Renz* Leistungsstörungen beim Finanzierungsleasing in rechtsvergleichender Sicht (Diss.) Bern 1998, S. 58.
[57] So BK-Schluep/Amstutz Vor Art. 184 ff. OR, Rdn. 98

28. Kapitel. Leasingrecht im Ausland   § 98

rechts.[58] Beide Varianten würden grundsätzlich für den Leasinggeber eine Haftung aus eigenem Recht begründen, der er – auch mangels entsprechenden Sachverstands – weder überblicken noch übernehmen will.[59] Die Leasingverträge sehen daher gewöhnlich ausdrückliche Regelungen für die verschiedenen Leistungsstörungen vor, nämlich die **(leasingtypische) Übertragung von Rechten und Pflichten auf den Leasingnehmer**, die der Leasinggeber aus dem Kaufvertrag mit dem Dritten hat.

Bei grundlosem **Abbruch der Vertragsverhandlungen** durch den Leasingnehmer 23 kommt dessen Haftung nach den Grundsätzen der *culpa in contrahendo* in Betracht, wenn zwischen dem Hersteller/Händler und dem Leasinggeber bereits rechtlich relevante Beziehungen aufgenommen worden sind.[60] Ebenso ist eine Haftung des **Lieferanten** aus *culpa in contrahendo* möglich, etwa wenn sich der Leasingnehmer aufgrund einer falschen Beratung für ein bezüglich seines Verwendungszweckes unbrauchbares oder nicht ausreichendes Leasingobjekt entscheidet.[61] Hier bestehen also keine Besonderheiten.

2. Verzug/Nichtleistung

Entrichtet der **Leasingnehmer** den vereinbarten Zins nicht rechtzeitig, gerät er ohne 24 Mahnung in **Verzug**, da regelmäßig ein **Verfalltagsgeschäft** (Art. 102 II OR) vorliegt.[62] Der Leasinggeber kann Verzugszinsen verlangen, deren Mindesthöhe festgelegt ist und die durch eine Zinsanpassungsklausel angehoben werden können.[63] Bleibt der Zins weiter aus, hat der Leasinggeber ohne Nachfristsetzung nach Art. 108 Nr. 3 OR gem. Art. 107 II OR die Wahl: Er kann entweder weiterhin Erfüllung und daneben Schadensersatz wegen der Verspätung verlangen oder auf die nachträgliche Erfüllung verzichten und Schadensersatz wegen Nichterfüllung verlangen; als dritte Möglichkeit steht ihm der Rücktritt vom Vertrag und Schadensersatz wegen Nichterfüllung offen.[64] Besondere Regelungen bezüglich der Verzugsfolgen beim Leasingvertrag, insbesondere hinsichtlich des Verzugszinses, finden sich in Art. 18 II, III KKG.

In den AGB betreffend indirekte Leasingverträge wird die Haftung des **Leasing-** 25 **gebers** für **verspätete Lieferung oder Nichtlieferung** des Leasingobjektes häufig ausgeschlossen.[65] Dies ist möglich und wirksam, und zwar entgegen der mietrechtlichen Bestimmung des Art. 256 II lit. a OR, wonach die gesetzliche Pflicht des Vermieters, die Mietsache zum vereinbarten Zeitpunkt in vertragstauglichem Zustand zu übergeben und zu erhalten, nicht durch AGB ausgeschlossen werden kann.[66] Vorbehalten bleibt dann jedoch wegen Art. 100 I OR[67] der Nachweis eines Verschuldens des Leasinggebers durch den Leasingnehmer (Umkehr der dispositiv geregelten Beweislastverteilung von Art. 97 und 109 II OR). In diesem Fall stehen dem Leasingnehmer nach Mahnung gem. Art 102 I OR und Setzung der Nachfrist nach Art. 107 OR – was *uno actu* geschehen kann – die eben erwähnten Wahlrechte aus Art. 107 II OR zu.[68] Ist die Verspätung einzig dem Her-

---

[58] Mit näheren Ausführungen *Renz* Leistungsstörungen beim Finanzierungsleasing in rechtsvergleichender Sicht (Diss.) Bern 1998, S. 104.
[59] *Renz* Leistungsstörungen beim Finanzierungsleasing in rechtsvergleichender Sicht (Diss.) Bern 1998, S. 104.
[60] BK-Schluep/Amstutz Vor Art. 184 ff. OR, Rdn. 95 m. w. N.
[61] BK-Schluep/Amstutz Vor Art. 184 ff. OR, Rdn. 95.
[62] *Renz* Leistungsstörungen beim Finanzierungsleasing in rechtsvergleichender Sicht (Diss.) Bern 1998, S. 97, mit ausführlicher Darstellung der Verzugsfolgen S. 96–101.
[63] *Stauder* Das Finanzierungs-Investitionsgüterleasing von Mobilien S. 109.
[64] Vgl. *Stauder* Das Finanzierungs-Investitionsgüterleasing von Mobilien S. 109.
[65] *Renz* Leistungsstörungen beim Finanzierungsleasing in rechtsvergleichender Sicht (Diss.) Bern 1998, S. 109 ff., 112 ff.
[66] BK-Schluep/Amstutz Vor Art. 184 ff. OR, Rdn. 100, 103.
[67] Nach dieser Vorschrift ist der Haftungsausschluss für rechtswidrige Absicht und grobe Fahrlässigkeit nichtig.
[68] *Renz* Leistungsstörungen beim Finanzierungsleasing in rechtsvergleichender Sicht (Diss.) Bern 1998, S. 96 f.; BK-Schluep/Amstutz Vor Art. 184 ff. OR, Rdn. 100.

steller/Händler anzulasten, stellt dies regelmäßig kein Verschulden des Leasinggebers dar. In diesem Fall hat der Leasinggeber die Wahlrechte aus Art. 107 II OR, wenn sie nicht an den Leasingnehmer abgetreten wurden.

26   Allerdings erachten herrschende Lehre und Rechtsprechung die **Abtretung von Gestaltungsrechten,** wie beispielsweise das Wahlrecht aus Art. 107 II OR oder das Rücktrittsrecht aus Art. 109 OR, als **unzulässig** mit der Folge der Nichtigkeit einer entsprechenden Klausel, so dass eine ungewollte Vertragslücke entsteht.[69] Die Abtretungserklärung des Leasinggebers ist dann in die Erteilung einer Ermächtigung umzudeuten, wonach der Leasingnehmer zur Geltendmachung der Verzugsrechte des Leasinggebers gegen den Lieferanten auf eigene Kosten, jedoch im Namen des Leasinggebers berechtigt ist.[70]

27   Da die Lieferung des Leasingobjekts seitens des Händlers/Herstellers meist unmittelbar an den Leasingnehmer erfolgt, wird diesem im Leasingvertrag regelmäßig die **Prüf- und Rügeobliegenheit** (Art. 201, 367, 370 OR) aufgelastet, die ansonsten den Leasinggeber aus dem Kaufvertrag mit dem Händler/Hersteller treffen würde.[71] Darüber hinaus sind die ABG meist so ausgestaltet, dass der Leasingnehmer unter Schadensersatzfolge verpflichtet wird, die Annahme des Leasingobjekts bei Mangelhaftigkeit zu verweigern oder dem Leasinggeber die Mangelhaftigkeit sofort anzuzeigen.[72] Verweigert der Leasingnehmer die Annahme des mangelhaften Objekts, so ist er nicht zur Zahlung der Leasingraten verpflichtet.[73] In der Praxis verhält es sich so, dass der Leasinggeber dem Händler/Hersteller den Kaufpreis nicht bezahlt, bevor ihm nicht der Leasingnehmer die einwandfreie Lieferung bestätigt hat.

3. Sachmängel

28   Im Rahmen des „eigentlichen" Leasingvertrags (Dreiecksverhältnis) tritt der Leasinggeber seine **Gewährleistungsansprüche** gegenüber dem Händler/Hersteller an den Leasingnehmer ab und beschränkt zugleich seine Haftung auf diese abgetretenen Ansprüche (Abtretungskonstruktion),[74] wobei wiederum Art. 100 I OR zu beachten ist. Möglich und gebräuchlich ist aber auch, dass der Leasinggeber statt dieser Abtretung den Leasingnehmer ermächtigt und/oder verpflichtet, gegen den Lieferanten hinsichtlich Gewährleistungsansprüchen auf eigene Kosten, aber für Rechnung des Leasinggebers vorzugehen (Ermächtigungskonstruktion).[75] Letzteres erklärt sich wohl vor dem Hintergrund der oben bereits angesprochenen Problematik um die Abtretung von Gestaltungs(klage)rechten.[76] Das Kaufvertragrecht sieht bei Mangelhaftigkeit wahlweise Wandelung, Minderung oder Ersatzlieferung vor; vor Ausübung des Wahlrechts verfügt der Käufer/Leasinggeber

---

[69] *Fatzer* Sachgewährleistung beim Finanzierungsleasing von mobilen Investitionsgütern (Diss.) Zürich 1999, S. 95.

[70] *Fatzer* Sachgewährleistung beim Finanzierungsleasing von mobilen Investitionsgütern (Diss.) Zürich 1999, S. 95. Nach BK-Schluep/Amstutz Vor Art. 184 ff. OR, Rdn. 100 kann der Leasingnehmer versuchen, sich nach den – in der Schweiz allerdings noch nicht generell anerkannten – Grundsätzen der Drittschadensliquidation am Hersteller oder Händler schadlos zu halten.

[71] *Renz* Leistungsstörungen beim Finanzierungsleasing in rechtsvergleichender Sicht (Diss.) Bern 1998, S. 102; *Fatzer* Sachgewährleistung beim Finanzierungsleasing von mobilen Investitionsgütern (Diss.) Zürich 1999, S. 84 f.; *Stauder* Das Finanzierungs-Investitionsgüterleasing von Mobilien S. 109, S. 104.

[72] BK-Schluep/Amstutz Vor Art. 184 ff. OR, Rdn. 102; *Stauder* Das Finanzierungs-Investitionsgüterleasing von Mobilien S. 105.

[73] *Fatzer* Sachgewährleistung beim Finanzierungsleasing von mobilen Investitionsgütern (Diss.) Zürich 1999, S. 89, 91.

[74] *Fatzer* Sachgewährleistung beim Finanzierungsleasing von mobilen Investitionsgütern (Diss.) Zürich 1999, S. 9, 22 ff.

[75] *Stauder* Das Finanzierungs-Investitionsgüterleasing von Mobilien S. 103.

[76] *Stauder* Das Finanzierungs-Investitionsgüterleasing von Mobilien S. 105 f. mit Nachweisen zu hierzu vertretenen Auffassungen (S. 106, Fn. 153).

je nach Auffassung über Gestaltungsklagerechte, Gestaltungsrechte oder Ansprüche.[77] Das Risiko des Ausfalls des Lieferanten wird meist dem Leasingnehmer aufgelastet.[78]

Stellt sich heraus, dass das **Leasingobjekt mangelhaft** ist, nachdem der Leasingnehmer es vom Händler/Hersteller angenommen hat, bleibt grundsätzlich nach den – zulässigen – AGB die Pflicht zur Zahlung der Leasingraten bestehen und der Leasingnehmer ist nicht berechtigt, die Raten von sich aus herabzusetzen.[79] Eine Reduzierung der Leasingraten kann jedoch durch ein Minderungsurteil analog Art. 259 d OR bewirkt werden.[80]

Für den Fall, dass die Gewährleistungsansprüche gegen den Händler/Hersteller klageweise durchgesetzt werden müssen, verpflichtet sich der Leasingnehmer meist, den Rechtsstreit auf eigene Kosten, aber für Rechnung des Leasinggebers zu führen.[81] Kommt es bezüglich des Kaufvertrages zwischen dem Leasinggeber und dem Dritten zur Wandlung, ist in den AGB die Auflösung des Leasingvertrages vorgesehen,[82] ebenso für den Fall, dass der Leasinggeber vom Kaufvertrag zurücktritt oder Schadensersatz wegen Nichterfüllung vom Hersteller verlangt.[83] Dies muss jedoch auch gelten, wenn in den AGB eine entsprechende ausdrückliche Regelung fehlt.[84]

Problematisch erscheinen in diesem Zusammenhang **Schadensersatzansprüche des Leasingnehmers.** Nach der Kommentarliteratur[85] kann der Leasingnehmer alsdann Schadenseratzansprüche, welche der Leasinggeber in diesem Fall gegenüber dem Dritten gem. Art. 208 OR[86] hat, auf dem Wege der Abtretung oder nach den Grundsätzen der Drittschadensliquidation geltend machen. Dazu ist jedoch zu bemerken, dass der Leasinggeber wegen einer entsprechenden Freistellung im Leasingvertrag regelmäßig keinen Schaden hat. Zudem ist das Rechtsinstitut der **Drittschadensliquidation** in der Schweiz umstritten,[87] und es fehlt hierfür an einer zufälligen, nicht gewollten Schadensverlagerung,[88] da die Schadensverlagerung hier auf der bewussten Freizeichnung des Leasinggebers beruht. Es ist sogar weiter die Frage aufgeworfen worden, ob es sich überhaupt um eine Schadensverlagerung handelt oder nicht vielmehr von ganz unterschiedlichen Schäden auszugehen ist (Verlust von Leasingraten einerseits, andererseits etwa Folgeschäden wegen Produktionsausfall).[89]

---

[77] Überblick zum Streitstand bei *Giger* in: Berner Kommentar, Band VI, 1. Teilband, Kauf und Tausch – die Schenkung, Bern 1979, Art. 205, Rdn. 7–12.
[78] *Stauder* Das Finanzierungs-Investitionsgüterleasing von Mobilien, S. 104.
[79] BK-Schluep/Amstutz Vor Art. 184 ff. OR, Rdn. 103; BezGer ZH SJZ 1987, 187; ebenso *Fatzer* Sachgewährleistung beim Finanzierungsleasing von mobilen Investitionsgütern (Diss.) Zürich 1999, S. 87 f.
[80] Vgl. *Fatzer* Sachgewährleistung beim Finanzierungsleasing von mobilen Investitionsgütern (Diss.) Zürich 1999, S. 87 f., 109.
[81] BK-Schluep/Amstutz Vor Art. 184 ff. OR, Rdn. 103.
[82] BK-Schluep/Amstutz Vor Art. 184 ff. OR, Rdn. 103 mit zahlreichen weiteren Nachweisen.
[83] *Fatzer* Sachgewährleistung beim Finanzierungsleasing von mobilen Investitionsgütern (Diss.) Zürich 1999, S. 94.
[84] *Fatzer* Sachgewährleistung beim Finanzierungsleasing von mobilen Investitionsgütern (Diss.) Zürich 1999, S. 94.
[85] BK-Schluep/Amstutz Vor Art. 184 ff. OR, Rdn. 103 mit Verweis auf *Fatzer* Sachgewährleistung beim Finanzierungsleasing von mobilen Investitionsgütern (Diss.) Zürich 1999, S. 59 ff. (61), 78 ff.
[86] Art. 208 OR, Abs. 2: Der Verkäufer hat den gezahlten Verkaufspreis samt Zinsen zurückzuerstatten und überdies, entsprechend den Vorschriften über die vollständige Entwehrung, die Prozesskosten, die Verwendungen und den Schaden zu ersetzen, der dem Käufer durch die Lieferung fehlerhafter Ware unmittelbar verursacht worden ist. Abs. 3: Der Verkäufer ist verpflichtet, den weitern Schaden zu ersetzen, sofern er nicht beweist, dass ihm keinerlei Verschulden zur Last falle.
[87] *Stauder* Das Finanzierungs-Investitionsgüterleasing von Mobilien S. 108; aber auch BK-Schluep/Amstutz Vor Art. 184 ff. OR, Rdn. 100.
[88] *Stauder* Das Finanzierungs-Investitionsgüterleasing von Mobilien S. 108.
[89] *Stauder* Das Finanzierungs-Investitionsgüterleasing von Mobilien S. 108.

32 Auch die Lösung über einen **Vertrag zu Gunsten Dritter** erscheint zweifelhaft: Mögen auch die allgemeinen Kaufbedingungen von Leasinggesellschaften eine Klausel enthalten, wonach sich der Lieferant gegenüber der Leasinggesellschaft verpflichtet, eigene Schäden des Leasingnehmers zu ersetzen, die dieser dann im eigenen Namen geltend machen kann – die allgemeinen Leasingbedingungen schweigen jedoch an dieser Stelle.[90] Man hat sich deshalb gefragt, ob es einen Kaufvertrag zu Gunsten Dritter geben kann, bei dem der Verpflichtete keine Primärleistungen verspricht, sondern dem Dritten lediglich einen Schadensersatzanspruch gewähren will, dessen Entstehen noch ungewiss ist. Schließlich ist der **Vertrag mit Schutzwirkungen zu Gunsten Dritter** in der schweizerischen Doktrin kaum anerkannt, zudem ist zweifelhaft, ob diese Rechtsfigur auf das Leasinggeschäft passt.[91] Der gewährleistungsrechtliche Schadensersatzanspruch des Leasingnehmers scheint **mithin nicht endgültig geklärt** zu sein.

33 Unabhängig davon, ob man den Leasingvertrag als gemischten Vertrag mit Elementen des Mietrechts einordnet, erscheint die bereits erwähnte zwingende Bestimmung des Art. 256 II lit. a OR aus dem Mietrecht hier nicht sachgerecht; die Nichterfüllungsregeln des Mietrechts können daher wirksam ausgeschlossen werden.[92] Beim direkten Leasing richten sich die Gewährleistungsrechte des Leasingnehmers nach dem Mietrecht.[93] Teilweise wird vertreten, dass auch hier Art. 256 II lit. a OR nicht sachgerecht ist[94] und damit wohl ausgeschlossen werden kann.

34 Das Risiko der **zufälligen Verschlechterung** oder des **zufälligen Untergangs** des Leasingobjektes trifft grundsätzlich den Leasinggeber als Eigentümer, wird jedoch häufig durch die AGB auf den Leasingnehmer übertragen.

V. Die Beendigung des Leasingvertrages

35 Grundsätzlich endet der Leasingvertrag mit Ablauf der vereinbarten Vertragsdauer. Bei Vollamortisationsverträgen besteht **regelmäßig keine ordentliche Kündigungsmöglichkeit**.[95] Anders verhält es sich zuweilen bei **Teilamortisationsverträgen,** hier wird gelegentlich ein ordentliches Kündigungsrecht in den Vertrag aufgenommen. Wie bei anderen vertraglichen Dauerverhältnissen besteht auch beim Leasing die Möglichkeit der **Kündigung aus wichtigem Grund.** Diesbezüglich wird in der Kommentarliteratur (ausschließlich) auf das deutsche Schrifttum verwiesen,[96] so dass an dieser Stelle aus deutscher Sicht keine Besonderheiten bestehen dürften. Daneben bestehen die besonderen Beendigungsmöglichkeiten nach **Art. 17 KKG,** falls dieses Gesetz auf den einzelnen Leasingvertrag Anwendung findet. In Art. 17 III KKG ist insbesondere bestimmt, dass der Leasingnehmer mit einer Frist von 30 Tagen auf Ende einer dreimonatigen Leasingdauer kündigen kann. Schließlich kann die Nichterfüllung der Vertragsparteien zur Auflösung des Leasingvertrages nach Art. 107 ff. OR führen;[97] ebenso wird in aller Regel vereinbart, dass bei Auflösung oder Wandelung des Kaufvertrages zwischen Leasinggeber und Händler/Hersteller der Leasingvertrag ebenfalls endet.

---

[90] *Stauder* Das Finanzierungs-Investitionsgüterleasing von Mobilien S. 108.
[91] *Stauder* Das Finanzierungs-Investitionsgüterleasing von Mobilien S. 108 m. w. N.
[92] BK-Schluep/Amstutz Vor Art. 184 ff. OR, Rdn. 103; im Einzelnen ist hier vieles streitig, vgl. die entsprechenden Hinweise der zitierten Fundstelle.
[93] BK-Schluep/Amstutz Vor Art. 184 ff. OR, Rdn. 103; allgemein zur Mängelhaftung im Mietrecht: *Gauch* ZBJV 1992, 189 ff.
[94] So BK-Schluep/Amstutz Vor Art. 184 ff. OR, Rdn. 103.
[95] BK-Schluep/Amstutz Vor Art. 184 ff. OR, Rdn. 103 m. w. N.
[96] BK-Schluep/Amstutz Vor Art. 184 ff. OR, Rdn. 106.
[97] BK-Schluep/Amstutz Vor Art. 184 ff. OR OR, Rdn. 106.

28. Kapitel. Leasingrecht im Ausland §98

VI. Zwangsvollstreckung und Insolvenz

Der Schuldner haftet seinen Gläubigern grundsätzlich nur mit seinem Vermögen, also 36
mit ihm zustehenden Rechten und Forderungen sowie mit den in seinem Eigentum befindlichen Sachen.[98] Dies gilt sowohl für die Frage, was in die **Konkursmasse** fällt,[99] als auch hinsichtlich der Zulässigkeit von **Maßnahmen der (Einzel-)Zwangsvollstreckung.**[100]

Der Feststellung und Bereinigung des pfändbaren Vermögens des Schuldners bzw. 37
der Aktivmasse dient das **Widerspruchsverfahren** nach Art. 106 ff. SchKG (i.V. m. Art. 242 SchKG);[101] auch das **Aussonderungsverfahren** im Konkurs ist ein Widerspruchsverfahren. Ebenfalls der Bereinigung der Aktivmasse dient das **Admassierungsverfahren**. Zudem besteht die Möglichkeit der Klage: Im Rahmen der Spezialexekution entspricht die beitreibungsrechtliche Freigabeklage der konkursrechtlichen Aussonderungsklage (Klage des Dritten gegen den Gläubiger/Schuldner) und die Admassierungsklage der Widerspruchsklage (Klage des Gläubigers/Schuldners gegen den Dritten).[102]

Die Fragestellung läuft sowohl im Konkurs[103] als auch in der Einzelzwangsvollstre- 38
ckung[104] darauf hinaus, ob der Schuldner Eigentümer der betreffenden Sache ist,[105] wobei grundsätzlich eine treuhänderische Bindung des Eigentums irrelevant ist.[106] Eine private Abmachung, dass im Innenverhältnis besser Berechtigte privilegiert werden, ist insofern wirkungslos. Das Problem beim Leasing besteht darin, dass einerseits der Leasinggeber während der Vertragsdauer zwar Eigentümer sein soll, andererseits jedoch kaum mehr als das „nackte Recht" innehat, da dem Leasingnehmer in der Regel die mit dem Eigentum zusammenhängenden Rechte, Pflichten und Risiken in umfassender Weise übertragen werden, wirtschaftlich betrachtet also der Leasingnehmer wie ein Eigentümer gestellt ist.

Nach herrschender Lehre[107] und Rechtsprechung[108] steht dem Leasinggeber im Kon- 39
kurs des Leasingnehmers ein **Aussonderungsrecht** am Leasingobjekt zu. Dies wird allerdings von einer Mindermeinung[109] nachhaltig abgelehnt, und zwar vor allem unter Hinweis darauf, dass es sich bei einer Leasingdauer, welche der tatsächlichen Nutzungsdauer des Leasingobjektes entspreche, nicht um eine Gebrauchsüberlassung, sondern vielmehr um eine Veräußerung handele, was zur Anwendung von zwingenden sachenrechtlichen (Publizitäts-)Vorschriften über Eigentumsvorbehalt und Mobiliarhypothek führe. Danach seien die Art. 715 ZGB (zwingende Registrierung des Eigentumsvorbehalts) sowie Art. 884 ZGB (Verbot der besitzlosen Mobiliarhypothek bzw. einer Sicherungsübereignung mittels Besitzkonstituts nach Art. 717 ZGB) verletzt, weshalb das Eigentum auf

---

[98] KommSchKG-*Staehelin* Art. 106, Rdn. 3; *Amonn/Walther* Grundriss des Schuldbeitreibungs- und Konkursrechts, 7. Aufl., Bern 2003, S. 166.
[99] KommSchKG-Handschin/Hunkeler Art. 197 Rdn. 66.
[100] KommSchKG-*Foëx* Art. 95 Rdn. 10, 27.
[101] KommSchKG-Russenberger Art. 242 Rdn. 1.
[102] Ausführlicher hierzu KommSchKG-Russenberger Art. 242 Rdn. 1 ff. und KommSchKG-Handschin/Hunkeler Art. 197 Rdn. 66.
[103] Vgl. KommSchKG-Russenberger Art. 242 Rdn. 15.
[104] KommSchKG-*Foëx* Art. 95 Rdn. 10.
[105] Vgl. *Stauder* Das Finanzierungs-Investitionsgüterleasing von Mobilien S. 90: Bejaht man das Eigentum des Leasingnehmers, „hat der Leasinggeber bei der Einzelbetreibung kein Drittwiderspruchsrecht nach Art. 106/107 SchKG; im Konkurs des Leasingnehmers kommt ihm kein Aussonderungsrecht zu nach Art. 242 SchKG. Der Leasinggegenstand fällt in die Konkursmasse."
[106] BGE 113 III 26 (31); vgl. KommSchKG-*Foëx* Art. 95 Rdn. 10 und KommSchKG-Handschin/Hunkeler Art. 197 Rdn. 7.
[107] Vgl. nur *Honsell* SJZ 1999, 23 m. w. N.
[108] BGE 118 II 150 ff.
[109] Beispielsweise *Hausheer* ZBJV 1992, 480–484; weitere Fundstellen siehe bei *Honsell* SJZ 1999, S. 23 Fn. 17, der sich ausführlich mit den Argumenten auseinandersetzt.

den Leasingnehmer übergehe und dem Leasinggeber infolgedessen kein Aussonderungsrecht zustehe.

40 Dem wird in erster Linie entgegengehalten, dass die Parteien des Leasingvertrages eine Übereignung des Leasinggutes an den Leasingnehmer nicht wollen und folglich auch nicht vornehmen. Daran ändert sich auch dann nichts, wenn dem Leasingnehmer im Ergebnis der gesamte Nutzungswert des Leasingobjektes verschafft wird.[110] Ob eine Verletzung des Art. 715 ZGB infolge der Unterlassung der Eintragung eines Eigentumsvorbehalts anzunehmen ist mit der Folge, dass das Eigentum am Leasingobjekt auf den Leasingnehmer übergeht, hängt also davon ab, ob man den Leasingvertrag als **Veräußerungsgeschäft** (*sui generis*) einordnet oder nicht.[111] Wie oben dargelegt wird dies jedoch von der heute herrschenden Ansicht abgelehnt.

41 Nach einer Literaturmeinung ist Art. 717 ZGB bei indirekten Leasingverträgen schon deshalb nicht direkt anwendbar, weil eine etwaige Sicherungsübereignung im vorliegend relevanten Verhältnis der Parteien des Leasingvertrages gerade nicht stattfindet: Veräußerer des Leasingobjektes ist der Dritte/Händler und eben nicht der Leasinggeber.[112] Darüber hinaus stehen einem Leasingvertrag (auch mit vorgesehener Vollamortisation), wonach der Leasinggeber Eigentümer des Leasingobjektes sein soll, die Art. 884, 717 ZGB insbesondere deshalb nicht entgegen, weil es sich hier überhaupt **nicht um eine Kreditsicherheit** handelt und die erwähnten Normen nur für den Geldkredit gelten.[113] Im Ergebnis bleibt festzuhalten, dass der Leasinggeber Eigentümer des Leasingobjektes ist und damit Gläubiger des Leasingnehmers nicht darauf zugreifen können.

VII. Bilanzrechtliche und steuerrechtliche Aspekte

1. Bilanzierung

42 Aufgrund der Tatsache, dass die Ausgestaltungsformen von Leasingverträgen und damit einhergehend die rechtliche Einordnung ihrer einzelnen Bestandteile **sehr vielfältig** sind, besteht für Leasingverhältnisse die Schwierigkeit, diese durch Rechnungslegungsstandards so zu erfassen, dass den wirtschaftlichen Begebenheiten Rechnung getragen wird.[114]

43 **a) Obligationenrecht.** Die in Deutschland bekannte Dogmatik zur Unterteilung von Leasingverträgen in **Finanzierungsleasing und operatives Leasing** hat in die schweizerischen Bilanzierungsvorschriften **bisher keinen Eingang** gefunden. Vielmehr ist die Bilanzierung von Leasinggeschäften in der Schweiz gesetzlich nicht abschließend geregelt. Aufgrund fehlender gesetzlicher Regelungen ergibt sich für die Bilanzierung die Konsequenz, dass eine Erfassung des Leasinggutes **allein aufgrund der zivilrechtlichen Beurteilung** des jeweiligen Leasingsachverhaltes erfolgt.[115]

44 Aus den gesetzlichen Vorschriften ergibt sich daher keine Verpflichtung zur Erfassung von Leasingsachverhalten in der Bilanz des Leasingnehmers, da diesem rein **formal kein Eigentum** zuzurechnen ist. Somit erfolgt bilanziell zumindest von Gesetzes wegen bei Leasingsachverhalten, die einem Finanzierungskauf ähneln und bei denen der Ausweis in der Bilanz des Leasingnehmers und nicht des Leasinggebers sinnvoll wäre, keine Abbildung der tatsächlichen wirtschaftlichen Gegebenheiten.[116]

---

[110] *Honsell* SJZ 1999 S. 22 f.
[111] Vergleiche insofern auch die Analyse bei *Stauder* Das Finanzierungs-Investitionsgüterleasing von Mobilien S. 89 f., jedoch ohne eigene Stellungnahme.
[112] *Stauder* Das Finanzierungs-Investitionsgüterleasing von Mobilien S. 91.
[113] Beim Leasing handelt es sich allenfalls um einen Warenkredit. Siehe die ausführliche Auseinandersetzung mit den Argumenten der Gegenseite *Honsell* SJZ 1999, 21 ff.
[114] *Imbach* Bilanzrechtliche Aspekte des Leasings, S. 265.
[115] *Studer* Leasing in der Schweiz S. 374.
[116] Vgl. *Studer* Leasing in der Schweiz S. 374.

28. Kapitel. Leasingrecht im Ausland §98

Diese grundsätzliche Einordnung und sich daraus ergebene **Intransparenz** ist durch 45 die Einführung des Art. 663b Ziff. 3 OR, welcher am 1. Juli 1992 in Kraft getreten ist, lediglich **abgemildert** worden. Nach dem derzeitigen Obligationenrecht ergibt sich zwar immer noch keine Bilanzierungspflicht beim Leasingnehmer im Rahmen des Finanzierungsleasings, jedoch muss als Minimalanforderung der Gesamtbetrag der zukünftigen, nicht bilanzierten Leasingverpflichtungen im Anhang der Jahresrechnung aufgeführt werden, Art. 663b Ziff. 3 OR.[117]

Daher stellt die am häufigsten verwendete Verbuchungsmethode in der Schweiz die 46 „**Miet-Verbuchungsmethode**" dar: Der Leasingnehmer nimmt den Leasinggegenstand nicht in seine Bilanz auf, sondern vermerkt die Leasingverpflichtungen in einer Anmerkung unterhalb des Bilanzstriches. Die Leasingzahlungen sind für ihn Mietaufwand. Der Leasinggeber aktiviert demgegenüber den Leasinggegenstand.[118]

Zunehmend wird jedoch auch die gesetzlich nicht vorgeschriebene „**Kreditkauf-Ver-** 47 **buchungsmethode**" im Fall atypischen Finanzierungsleasingverträgen angewendet, die als Veräußerungsvertrag und somit nicht als mietähnliche Verhältnisse zu werten sind.[119] Diese Bewertung ist in der Regel dann angezeigt, wenn für Mobilienleasingverträge extrem kurze Laufzeiten mit Vollamortisation vorliegen.[120] Der Leasingnehmer aktiviert den Leasinggegenstand, ohne Berücksichtigung der rechtlichen Eigentümerschaft, in seiner Bilanz, und nimmt gleichzeitig eine Passivierung der entsprechenden Zahlungsverpflichtungen gegenüber dem Leasinggeber vor. Beim Leasinggeber erfolgt die Verbuchung in spiegelbildlicher Übereinstimmung.

b) Nationaler Rechnungslegungsstandard. Da das aktuelle Aktienrecht zu wenige 48 Leitlinien für eine aussagekräftige Rechnungslegung gewährt, andererseits eine transparente Rechnungslegung zu einer verbesserten Kommunikation mit den Kapitalgebern und damit zu niedrigeren Finanzierungskosten beiträgt, wurden bereits in den 80er Jahren die schweizerischen nationalen Rechnungslegungsvorschriften **Swiss GAAP FER** entwickelt. Die fortlaufende Anpassung dieser Standards erfolgt durch eine Fachkommission, die aus bis zu 30 dazu berufenen Mitgliedern besteht.

Seit 1996 ist in dem **Kotierungsreglement** (KR) der SWX Swiss Exchange die An- 49 wendbarkeit von Rechnungslegungsnormen (Art. 64–71b KR) geregelt. Im Hinblick auf die Festlegung, dass die Rechnungslegung des Emittenten ein den tatsächlichen Verhältnissen entsprechendes Bild der Vermögens-, Finanz- und Ertragslage zu vermitteln hat („True and Fair View", vgl. Art. 66 KR), sind die Swiss GAAP FER als Mindeststandard für die Jahres- und Zwischenberichterstattung von an der Schweizer Börse gelisteten Aktien vorgeschrieben.

Da für mittelgroße, sich am Schweizer Kapitalmarkt finanzierende Konzerne, die nicht 50 kotiert sind, aber auch für wirtschaftlich bedeutende Einzelgesellschaften oder Non-Profit-Organisationen es bei dem „Accounting-Vakuum" der gesetzlichen Regelung bleibt, besteht die Möglichkeit einer **freiwilligen Anwendung** dieser Regelungen und entsprechenden Testierung des Jahresabschlusses.

Die Swiss GAAP FER entschieden 1998 einen Standard zur Regelung von Leasingge- 51 schäften zu veröffentlichen, da bis dato eine sehr ungeordnete Bilanzierungspraxis zu beobachten war: 55% der Unternehmen folgten bei der Klassifikation von Leasingverhältnissen einer juristischen, 45% dagegen einer wirtschaftlichen Betrachtungsweise.[121] Swiss GAAP FER 13 „Darstellung der Leasinggeschäfte durch Leasingnehmer" befasst sich al-

---

[117] Siehe auch *Imbach* Bilanzrechtliche Aspekte des Leasings S. 265 und *Studer* Leasing in der Schweiz S. 375.
[118] *Studer* Leasing in der Schweiz S. 374.
[119] *Studer* Leasing in der Schweiz S. 375.
[120] *Studer* Leasing in der Schweiz S. 375.
[121] *Vater* Die Bilanzierung von Leasinggeschäften nach Swiss GAAP FER 13 in: IWB 2002, 5 Schweiz, Gruppe 3, S. 169.

§ 98 Fünfter Teil. Leasing als internationale Finanzdienstleistung

lein mit der Bilanzierung durch den Leasingnehmer; bezüglich der Konsequenzen auf Seiten des Leasinggebers sollte eine auf einer wirtschaftlichen Betrachtungsweise fußende Behandlung zur Anwendung kommen.[122] Dabei wird die Heranziehung entsprechender Vorgaben der IAS oder der US-GAAP vorgeschlagen.[123]

52   In **Swiss GAAP FER 13** schreibt die Fachempfehlung vor, dass zwischen Finanzierungs-leasing (Finance Lease) und operativem Leasing (Operating Lease) zwingend unterschieden werden muss. Die Abgrenzung des Finanzierungsleasings vom operativen Leasing erfolgt nach **wirtschaftlichen Gesichtspunkten** und nicht nach der rein zivilrechtlichen Eigentumszuordnung.

53   Ein **Finanzierungsleasing** liegt danach vor, wenn
– der Barwert der Leasingraten sowie einer möglichen abschließenden Restzahlung bei Vertragsabschluss in etwa dem Anschaffungs- beziehungsweise Marktwert des Leasinggutes entspricht, oder
– die erwartete Leasingdauer nur unbedeutend von der wirtschaftlichen Nutzungsdauer des Leasingobjektes abweicht, oder
– das Leasinggut am Ende der Leasingdauer in das Eigentum des Leasingnehmers übergehen soll, oder
– die mögliche abschließende Restzahlung am Ende der Leasingdauer wesentlich unter dem dann bestehenden Marktwert liegt.[124]

54   Das Finanzierungsleasing ist dann entsprechend der obigen **„Kreditkauf-Verbuchungsmethode"** zu bilanzieren. Dabei sind die Nettobuchwerte der Leasinggüter sowie der Gesamtbetrag der damit verbundenen passiven Verbindlichkeiten in der Bilanz oder im Anhang offenzulegen. Für den Konzernabschluss ist der Bilanzausweis des Finanzierungsleasings zwingend, reicht also eine bloße Angabe im Anhang nicht aus.

55   Im Rahmen des **operativen Leasings,** welches vorliegt, wenn keines der obigen Kriterien erfüllt ist, müssen die Leasingverpflichtungen im **Anhang** ausgewiesen werden, soweit keine Kündigungsmöglichkeit innerhalb einer Jahresfrist möglich ist. Weiterhin sind Gewinne aus dem Verkauf von Sachanlagen, die mit der Rücknahme durch ein Finanzierungsleasing verbunden sind („sale and lease back") erfolgsneutral zu behandeln.

56   **c) Anwendung internationaler Rechnungslegungsstandards.** Für am Hauptsegment der Schweizer Börse SWX Swiss Exchange gelistete Gesellschaften sind ab dem Geschäftsjahr 2005 nur noch die IFRS[125] und die US GAAP[126] als Rechnungslegungsstandards anerkannt (vgl. Beschluss der Zulassungsstelle der SWX vom 11. November 2002). Dies entspricht insofern nunmehr den üblichen Voraussetzungen, wie sie auch für ein Listing am Prime Standard beispielsweise in Deutschland an der Frankfurter Wertpapierbörse vorherrschend sind.

57   **d) Ausblick.** Bereits im Jahre 1998 befasste sich der schweizerische Bundesrat mit Expertenentwürfen zu einem Bundesgesetz über die Rechnungslegung und Revision (RRG) und zu einer Verordnung über die Zulassung von Abschlussprüfern (VZA).

---

[122] *Vater* Die Bilanzierung von Leasinggeschäften nach Swiss GAAP FER 13 in: IWB 2002, 5 Schweiz, Gruppe 3, S. 169/170.
[123] *Vater* Die Bilanzierung von Leasinggeschäften nach Swiss GAAP FER 13 in: IWB 2002, 5 Schweiz, Gruppe 3, S. 170 mit Verweis auf IAS 17.28–40 und IAS 17.41–48a.
[124] Vgl. *Vater* Die Bilanzierung von Leasinggeschäften nach Swiss GAAP FER 13 in: IWB 2002, 5 Schweiz, Gruppe 3, S. 170.
[125] International Financial Reporting Standards des IASB (International Accounting Standards Board).
[126] United States Generally Accepted Accounting Principles.

Geplant ist, dass das Rechnungslegungsrecht im Obligationenrecht an der Stelle der bisherigen allgemeinen Bestimmungen zur kaufmännischen Buchführung (Art. 957 ff. OR) integriert wird. Die Neuordnung ersetzt auch die Spezialnormen des Aktienrechts (Art. 662 ff. OR) und wird daher mit der Revision des Aktienrechts zusammengefasst. Die übersichtliche Neuordnung, die das lückenhafte und mit Mängeln behaftete Recht ersetzt, gilt grundsätzlich für alle Unternehmensformen, wobei die Anforderungen jedoch nach der wirtschaftlichen Bedeutung des Unternehmens differenziert werden sollen. 58

Mit einem Inkrafttreten der Neuregelungen ist im Jahre 2007 zu rechnen.[127] 59

2. Steuern

Das schweizerische Steuerrecht ist – ähnlich wie hinsichtlich der Grundsätze für die Rechnungslegung – nach den zivilrechtlichen Regelungen ausgestaltet.[128] Die buchhalterische Behandlung von Leasinggeschäften kann daher praktisch auf das Steuerrecht übertragen werden; die Steuerbehörde wird bei der Steuerveranlagung zwingend darauf abstellen, sofern sachgemäß und ohne Steuerumgehungsabsicht verbucht wurde.[129] 60

Die gedankliche Verknüpfung von Leasinggeschäft und Steuervorteil ist auf ausländische Einflüsse zurückzuführen und hat in der Schweiz **keine tatsächliche Bedeutung**.[130] Wird Leasing mit dem Kauf von Fremdkapital vergleichsweise gleichgesetzt, wie in der Praxis für Investitionsberechnungen üblich, lassen sich hierdurch in der Schweiz keine nennenswerten Steuervorteile erzielen. Anders ist es allenfalls dann, wenn einer Unternehmung zur Beschaffung von Investitionsgütern Eigenkapital zugeführt werden muss, dessen Zinsen bekanntlich nicht als Aufwand absetzbar sind.[131] Bedingt durch die Spielraum lassenden Bilanzierungsvorschriften ergeben sich daher auch bei der steuerrechtlichen Behandlung von Leasingverträgen in der Schweiz keine besonderen Probleme.[132] 61

a) Operatives Leasing. Ist das Vertragsverhältnis als Gebrauchsüberlassung, also als operatives Leasing zu qualifizieren, stellen die Leasingzahlungen für den Leasingnehmer geschäftsmäßig begründeten Aufwand dar, den er steuerlich geltend machen kann; es handelt sich um einen Mietvertrag.[133] Der Leasingnehmer kann den Leasinggegenstand nicht bilanzieren und dementsprechend keine Abschreibungen darauf vornehmen. Dagegen hat der Leasinggeber die Sache zu aktivieren und abzuschreiben. 62

b) Finanzierungsleasing. Beim Finanzierungsleasing[134] ergibt sich die Besonderheit, dass je nach Ausgestaltung des konkreten Vertrages die Leasinggebühren auch eine **Kaufpreiskomponente** enthalten können, die eine Vorwegnahme der Abschlusszahlung im Rahmen des Finanzierungsleasings mit anschließender Kaufoption darstellt. Soweit ein derartiger Veräußerungsvertrag vorliegt, hat der Leasingnehmer die aus den Leasingraten heraus zurechnende Kaufpreiskomponente einschließlich der Schlusszahlung zu aktivieren und nach Maßgabe der Wertminderung abzuschreiben. Die verbleibende **Zinskomponente** geht dann als Aufwand in die Erfolgsrechnung ein. 63

---

[127] Vgl. Mitteilung des Bundesamtes für Justiz, 2. 5. 2006. Eine Entwurfsfassung ist nachzulesen unter: http://www.ejpd.admin.ch/ejpd/de/home/themen/wirtschaft/ref.gesetzgebung/ref.aktienrechtsrevision.html.
[128] *Spori* Steuerliche Aspekte des Leasings von Investitionsgütern S. 241; *Studer* Leasing in der Schweiz, S. 376.
[129] *Studer* Leasing in der Schweiz S. 376.
[130] *Studer* Leasing in der Schweiz S. 376; vgl. auch *Spori* Steuerliche Aspekte des Leasings von Investitionsgütern S. 256.
[131] *Studer* Leasing in der Schweiz S. 376.
[132] *Studer* Leasing in der Schweiz S. 376; *Spori* Steuerliche Aspekte des Leasings von Investitionsgütern S. 262.
[133] *Spori* Steuerliche Aspekte des Leasings von Investitionsgütern S. 241.
[134] Vgl. zu Mobilien-Finanzierungsleasing und Steuerrecht *Spori* Steuerliche Aspekte des Leasings von Investitionsgütern S. 251–256.

§ 99　Fünfter Teil. Leasing als internationale Finanzdienstleistung

64　Leasingverträge mit Kaufoptionen werden insbesondere mit privaten Leasingnehmern oft derart ausgestaltet, dass sie sich ihrem Gehalt nach als Abzahlungs- oder Kreditkaufgeschäfte erweisen. Steuerlich wird auch bei diesen „unechten" Leasingverträgen immer ein **überwiegender Mietcharakter** angenommen, wenn das Eigentum am Leasingobjekt beim Leasinggeber bleibt. Das heißt, dass private Leasingnehmer auch dann keine Schuldzinsquote von ihrem steuerbaren Einkommen in Abzug bringen können, wenn eine solche vertraglich vereinbart und vom Leasinggeber als bezahlte Schuldzinsquote bescheinigt wird. Abzugsfähige Schuldzinsen liegen nur dann vor, wenn das Eigentum am Leasingobjekt auf den Leasingnehmer übergegangen ist und dieser demzufolge gegenüber dem Leasinggeber eine Kapitalschuld zu tilgen hat.

65　**c) Immobilienleasing.** Der Grundsatz für das Mobilien-Leasing kann in gleicher Weise auch für das Immobilien-Leasing angewandt werden. Der Konferenzausschuss staatlicher Steuerbeamter hat in seinem Kreisschreiben vom 6. Februar 1980 betreffend Immobilien-Leasing[135] allgemeine Grundsätze sowie besondere Bestimmungen im Sinne einer Richtlinie erlassen. Darin wird festgehalten, dass dem Leasingnehmer die gleichen Abschreibungen zugebilligt werden wie einem Eigentümer.[136]

§ 99 Das Leasingrecht in Spanien[1]

Schrifttum: *Alfaro Aguila-Real* „Leasing", in: *Montoya Melgar* (Hrsg.) Enciclopedia Jurídica Básica, Bd. III, Madrid: Civitas, 1995, 3915 ff.; *Amat* El „leasing". Modalidades, funcionamiento y comparación con otras opciones, Madrid: Deusto, 1991; *Bercovitz Rodríguez-Cano, R.* „El pacto de reserva de dominio y la función de garantía del leasing financiero", in: *Nieto Carol/Muñoz Cervera* (Hrsg.) Tratado de Garantías en la Contratación Mercantil, Bd. 1 (Garantías mobiliarias), Madrid: Civitas, 1996, 377 ff.; *Bernáldez* „La competencia homologadora propia del I. C. A. C. y la nulidad de la norma de valoración referida al leasing", Revista General de Derecho (RGD) 1998/643, 3553 ff.; *Broseta Pont/ Martínez Sanz* Manual de Derecho Mercantil, Bd. II, 12. Aufl., Madrid: Tecnos, 2005; *Bueso Guillén* § 64 Nr. 19 „Spanien", in: *Derleder/Knops/Bamberger* (Hrsg.) Handbuch zum deutschen und europäischen Bankrecht, Berlin/Heidelberg/New York: Springer, 2004, 1865 ff.; *Butriago Rubira* El *leasing* mobiliario y su jurisprudencia, Pamplona: Aranzadi, 1998; *Buitrago Rubira* „Leasing financiero: incumplimiento del usuario en la Ley 1/2000", Cuadernos de Derecho y Comercio (CDC) 2001/34, 117 ff.; *Cabanillas Sánchez* „La configuración del arrendamiento financiero (leasing) por la Ley de 29 de julio de 1988, en la jurisprudencia y en el Convenio sobre leasing internacional", Anuario de Derecho Civil (ADC), 1991/3, 961 ff.; *Cecchini Rosell* „Contrato de leasing mobiliario y compraventa de bienes muebles a plazos", Revista de Derecho Patrimonial (RdP), 2000/4, 221 ff.; *Chamorro Posada* „Riesgo legal de la financiación y límites a la autonomía de la voluntad del financiado en los contratos bancarios (leasing mobiliario e hipoteca inmobiliaria)", Revista de Derecho Bancario y Bursátil (RDBB) 2002/85, 185 ff.; *Chuliá Vicent/Beltrán Alandete* Aspectos jurídicos de los contratos atípicos, Bd. III, 1. Leasing, 2. Multipropiedad, 3. Hostelería, 4. Merchandising, Barcelona: Bosch, 1998; *Cortés Domínguez* Lecciones de Contratos y Mercados Financieros, Madrid: Thomsom-Civitas, 2004; *Díaz Echegaray* „El contrato de ‚leasing'", in: *Bercovitz Rodríguez-Cano, A./Calzada Conde* (Hrsg.) Contratos Mercantiles, 2. Aufl., Cizur Menor (Navarra): Thomson-Aranzadi, 2004, 706 ff.; *Fernández Fernández* „El leasing frente al pacto comisorio: su vulneración por la modificación que la Ley 1/2000 ha introducido en la Ley de ventas de bienes muebles a plazos", Revista de Derecho Mercantil (RDM) 2001/ 239, 201 ff.; *García Garnica* El régimen jurídico del leasing financiero inmobiliario en España, Elcano (Navarra): Aranzadi, 2001; *García Solé* „La opción de compra en el leasing (comentario a la Sentencia del Tribunal Supremo de 28 de noviembre de 1997)", La Ley 1998/1, 2057 ff.; *García Solé* „La subrogación en los derechos de la compañía de leasing frente al comprador o vendedor", Actualidad Civil (AC) 1989/15, 1057 ff.; *García Solé* „Leasing de informática", La Ley 1993/4, 1086 ff.; *García Solé* „Venta

---

[135] Kreisschreiben der Konferenz staatlicher Steuerbeamter vom 6. Februar 1980 betreffend die steuerliche Behandlung von Leasing-Verträgen über gewerbliche oder industrielle Liegenschaften, publiziert in: *Heinz Masshardt* Kommentar zur direkten Bundessteuer, 2. A., Zürich 1985, S. 199 ff.

[136] Zu Einzelheiten siehe *Spori* Steuerliche Aspekte des Leasings von Investitionsgütern S. 259 ff.

[1] Der Verfasser möchte Fr. Iur. Ass./Lic. en Derecho Diana Vollmer und Priv. Doz. Dr. iur. Susanne Wimmer-Leonhardt für die sprachliche Textüberarbeitung herzlich danken.

28. Kapitel. Leasingrecht im Ausland § 99

a plazos y leasing tras la nueva Ley de Enjuiciamiento Civil", La Ley 2000/3. 1754 ff.; *García-Barbon* „El compromiso de ejercitar la acción de compra en el arrendamiento financiero", La Ley 1993/2, 993 ff.; *García-Cruces González* „Los contratos de leasing y factoring", in: *Zuzunegui* (Hrsg.) Lecciones de Derecho Bancario y Bursátil, Madrid: Colex, 2001, 307 ff.; *González Castilla* Leasing financiero mobiliario. Contenido del contrato de riesgo en la práctica contractual y la jurisprudencia, Madrid: Civitas, 2002; *González Castilla* „Una vez más, la distinción entre el contrato de leasing y la compraventa a plazos" Revista de Derecho Mercantil (RDM) 2001/242, 2160 ff.; *González Castilla* „Leasing financiero en la jurisprudencia", in: *Ruiz Péris* (Hrsg.) Nuevas formas contractuales y el incremento del endeudamiento familiar, Estudios de Derecho Judicial 50, Madrid: Consejo General del Poder Judicial, 2004; *González Vázquez* „Contrato de arrendamiento financiero o ‚leasing'", in: *De la Cuesta Rute* (Hrsg.) Contratos mercantiles, Bd. II, Barcelona: Bosch, 2001, 110 ff.; *Gutiérrez Gilsanz* Defensa del usuario en el leasing financiero inmobiliario, Madrid, EDERSA, 2003; *López Guardiola* „El contrato de arrendamiento financiero o *leasing* y la simulación de la venta de bienes muebles a plazo (STS de 29 de noviembre de 1997)", Revista de Derecho Mercantil (RDM) 1998/228, 901 ff.; *Martínez Gutiérrez* „La cláusula de exoneración de responsabilidad de la Sociedad de Leasing en el contrato de arrendamiento financiero", Revista de Derecho Patrimonial (RdP) 2000/5, S. 221 ff., u. 2000/6, 219 ff; *Morillas Jarillo* „Algunos aspectos del leasing de aeronaves en España", Revista de Derecho Mercantil (RDM) 1993/208, 471. ff.; *Navarro Chinchilla* „El contrato de arrendamiento financiero mobiliario", in: *Nieto Carol* (Hrsg.) Contratos bancarios y parabancarios, Valladolid: Lex Nova, 1998, 1141 ff.; *O'Callaghan* „Jurisprudencia sobre leasing", Actualidad Civil (AC) 1991/1, 1 ff.; *Ocaña Rodríguez* Garantías de la venta a plazos y contrato de „leasing" conforme con la nueva LEC, Las Rozas (Madrid): La Ley, 2001; *Pacheco Cañete* El contrato de lease-back, Madrid/Barcelona: Marcial Pons, 2004; *Real Pérez* „El incumplimiento del proveedor en el marco de la relación jurídica de leasing", Revista de Derecho Privado (RDP), 1998/5, 386 ff.; *Rodríguez Arados* „La inscripción de la compra del inmueble por el arrendatario financiero que ejercita su derecho de opción", Anuario de Derecho Civil (ADC), 1995/3, 1197 ff.; *Sánchez Calero* „Líneas esenciales para la regulación del contrato de arrendamiento financiero", in: *Sánchez Calero et al.* Jornadas sobre productos financieros actuales, Madrid: Servicio de Publicaciones, Facultad de Derecho, Universidad Complutense, 1994, 13 ff.; *Sánchez Calero/Sánchez-Calero Guilarte* Instituciones de Derecho Mercantil, Bd. II, 28. Aufl., Cizur Menor (Navarra): Thomson-Aranzadi, 2005; *Sánchez-Parodi Pascua* Leasing financiero mobiliario, Madrid: Montecorvo, 1989; *Segurado Llorente* El Leasing, Barcelona: De Vecchi, 1992; *Serra Mallol* „Consideraciones sobre la naturaleza del contrato de arrendamiento financiero", Revista General de Derecho (RGD) 1996/627, 12 899 ff.; *Torrejón Puchol* „El *leasing* inmobiliario en la Ley de Contratos de las Administraciones Públicas", La Ley 2001/2, 1876 ff.; *Ureña Martínez* La cláusula penal en el contrato de leasing, Madrid: Civitas, 2003; *Ureña Martínez* Tercerías de Dominio, Tercerías de Mejor Derecho en el Contrato de Leasing, Elcano (Navarra), Aranzadi, 2001; *Vara de Paz* „Leasing financiero", in: *Martínez-Simáncas Sánchez/Alonso Ureba* (Hrsg.) Instituciones del Mercado Financiero, Bd. II, Madrid: Banco Santander Central Hispano, 1999, 1105 ff.; *Sauvé/Ortega* (Hrsg.) Estudio comparado de las empresas industriales francesas y españolas (1991–1999), Madrid: Banco de España (Central de Balances), 2002; *Vara de Paz* „Naturaleza y régimen jurídico del contrato de leasing", Revista de Derecho Bancario y Bursátil (RDBB) 2001/84, 193 ff.; *Vicent Chuliá* Introducción al Derecho Mercantil, 18. Aufl., Valencia: Tirant Lo Blanch, 2005; *Villar Uribarri* Régimen jurídico del „leasing". Cuestiones mercantiles, fiscales y penales, Madrid: EDERSA, 1993; *Zuzunegui* Derecho del Mercado Financiero, 2. Aufl., Madrid/Barcelona: Pons, 2000.

Übersicht

	Rdn.
I. Die Praxis des Leasinggeschäfts in Spanien	1
1. Die Geschäftspraxis in Spanien	1
2. Leasinggeber und Leasingnehmer im spanischen Finanzmarkt	2
a) Leasinggeber	2
aa) Kreditinstitute	2
bb) Ausnahme	3
cc) Keine Ausschließlichkeit im Rahmen des Angebots von Finanzdienstleistungen	4
dd) Ergänzungstätigkeiten	5
b) Leasingnehmer	6
II. Die rechtliche Einordnung des Leasingvertrages	7
1. Rechtsquellen des Leasingvertrages	7
a) Atypischer Vertrag	7

§ 99 Fünfter Teil. Leasing als internationale Finanzdienstleistung

	Rdn.
b) Gesetzliche Regelung	8
aa) Öffentlich-rechtliche Bankvorschriften und steuerrechtliche Vorschriften	9
bb) Vorschriften zum Bankkundenschutz	10
c) Vertragsautonomie	11
d) Rechtsprechung	12
2. Rechtsbegriff des Leasingvertrages	13
a) Typisierungswirkung	13
b) Begriff	14
3. Merkmale des Leasingvertrages	15
a) Erwerb des Vertragsgegenstandes	16
b) Zweck des Vertragsgegenstandes	17
c) Vertragsdauer	18
d) Leasingraten	19
e) Kaufoption	20
4. Formen des Leasingvertrages	21
a) Immobilien- und Ausstattungsleasing	22
b) Investitions- und Verbraucherleasing	23
c) Voll- und Teilamortisationsleasing	24
aa) Vollamortisationsleasing in der Rechtsprechung	25
bb) Stellungnahme	26
d) Absatzförderungsleasing	27
5. Verwandte Rechtsgeschäfte	28
a) Rentingverträge	29
b) Leasebackverträge	30
c) Ratenkaufverträge	31
6. Rechtsnatur des Leasingvertrages	32
III. Der Abschluss des Leasingvertrages	37
1. Vertragsform	37
2. Vertragsinhalt	38
IV. Vertragsleistungen und übliche Störungen	39
1. Pflichten des Leasinggebers	41
2. Pflichten des Leasingnehmers	45
V. Die Beendigung des Leasingvertrages	48
1. Kaufoption	49
2. Vertragsübertragung	51
VI. Zwangsvollstreckung und Insolvenz	52
1. Zwangsvollstreckung bei der Vertragsverletzung durch den Leasingnehmer	53
a) Ordentlicher Schutz	53
b) Sonderschutz	54
aa) Eintragung in das Register Beweglicher Güter	55
bb) Sonderverfahren zur Zurückgewinnung des Vertragsgegenstandes	56
2. Beschlagnahme des geleasten Gutes im Besitz des Leasingnehmers und Schutz des Leasinggebers	57
3. Insolvenz des Leasingnehmers und Stellung des Leasinggebers	58
a) Regelung vor der Insolvenzordnung von 2003	58
b) Regelung in der Insolvenzordnung von 2003	59
aa) Keine Aussonderung	60
bb) Sonderprivilegierter Gläubiger	61
c) Ergebnis nach der Insolvenzordnung von 2003	62
VII. Bilanzrechtliche und steuerrechtliche Aspekte	63
1. Bilanzrechtliche Aspekte	63
a) Buchung mit Geltendmachung der Kaufoption	64
b) Buchung ohne Geltendmachung der Kaufoption	65
c) Kriterien zur Geltendmachung	66
d) Änderung des Kontenplans	67
2. Steuerrechtliche Aspekte	68
a) Gesellschaftssteuer	69
b) Mehrwertsteuer	70

I. Die Praxis des Leasinggeschäfts in Spanien

1. Die Geschäftspraxis in Spanien

Der Beginn des **Leasinggeschäfts** in Spanien dürfte auf das Jahr 1965 zurückgehen. **1** Zu dieser Zeit wurden die ersten Leasinggesellschaften gegründet. Das anfänglich schnelle Wachstum des Leasinggeschäfts in Spanien hat sich in den letzten Jahren aufgrund der Wirtschaftskrise und der ungünstigen Änderung der steuerrechtlichen Rahmenbedingungen indes deutlich verlangsamt. Immerhin belief sich am 31. 12. 2005 das Investitionsvolumen des Leasinggeschäfts in Spanien auf 34.994.177 Euro, wobei die Neuinvestitionen 18.143.363,19 Euro ausmachten. Von den Neuanlagen entfielen 18 % auf das Inmobilienleasing (*leasing inmobiliario; real state leasing*) und 82 % auf den Bereich des Ausstattungsleasing (*leasing mobiliario; equipment leasing*). Hier wiederum wurden 35 % der Investitionen im Bereich des Speditionsmaterials und der Nutzfahrzeuge getätigt, 28 % im Bereich Maschinenpark und Investitionsgüter, 13 % entfielen auf Personenfahrzeugen, 2 % auf Bürotechnik und Datenfernübertragung und 4 % auf andere bewegliche Güter. Dies bedeutet einen Wachstumszuwachs im Vergleich zum Jahr 2004 von 21,31 % der insgesamt in Spanien getätigten Leasinginvestitionen, das damit den fünften Platz im europäischen Leasingmarkt (nach Deutschland, Großbritannien, Italien und Frankreich) einnimmt.[2]

2. Leasinggeber und Leasingnehmer im spanischen Finanzmarkt

a) Leasinggeber. aa) Kreditinstitute. Als Leasinggeber dürfen **ausschließlich** Kredit- **2** institute auftreten. Dazu zählen Kreditinstitute im engeren Sinne d. h. Banken (*bancos*), Sparkassen (*cajas de ahorro*) und Kreditgenossenschaften (*cooperativas de crédito*) als auch bestimmte Kreditinstitute im weiteren Sinne bzw. diejenige Krediteinrichtungen (*establecimientos financieros de crédito*, abgekürzt „E. F. C."), deren Haupttätigkeit im Abschluss und der Ausführung von Leasingverträgen liegt (Art. 1 Abs. 2 lit. e der Gesetzgebenden Königlichen Verordnung [*Real Decreto Legislativo*[3]; im Folgenden, GKV] Nr. 1298/1986 vom 28. Juni 1986 zur Anpassung der Bankregelung an das EG-Recht[4] und Königliche Verordnung [im Folgenden, KV] Nr. 692/1996 vom 29. April 1996;[5] sowie 7. Zusätzliche Vorschrift [im Folgenden, ZV] Abs. 8 des Gesetzes Nr. 26/1988 vom 29. Juli 1988 über Aufsicht und Intervention auf dem Gebiet der Kreditinstitute[6] in der Fassung der 2. ZV des Gesetzes Nr. 3/1994 vom 14. April 1994 zur Einführung der Zweiten EG-Bankrichtlinie 89/646/EWG[7]).

bb) Ausnahme. Unbeschadet der Bestimmungen der KV Nr. 692/1996 erlaubt die 19. **3** ZV des Gesetzes Nr. 44/2002 vom 22. November 2002 zu Reformmaßnahmen des Finanzsystems[8] solchen Einrichtungen als Leasinggeber tätig zu werden, die von den **Autonomen Regionen** (*Comunidades Autónomas*) zum Zweck der Ausübung ihrer Zuständigkeit im Rahmen der Finanzpolitik und des Staatskredites gegründet wurden, wenn es sich um das Leasing von Gütern zugunsten der öffentlichen Verwaltung, der von dieser

---

[2] Angaben vom Spanischen Leasingverband (*Asociación Española de Leasing*) zur Verfügung gestellt (siehe Website http://www.ael.es).
[3] Norm mit Gesetzesrang und -kraft, aber von der Regierung aufgrund Ermächtigung des Parlaments verabschiedet (Art. 85 der Spanischen Verfassung von 1978).
[4] Staatsanzeiger (*Boletín Oficial del Estado*) Nr. 155 vom 30. 6. 1986.
[5] Staatsanzeiger Nr. 126 vom 24. 5. 1996.
[6] Staatsanzeiger Nr. 182 vom 30. 7. 1988; Fehlerbeseitigung im Staatsanzeiger Nr. 185 vom 4. 8. 1988.
[7] Staatsanzeiger Nr. 90 vom 15. 4. 1994.
[8] Staatsanzeiger Nr. 281, vom 23. 11. 2002; Fehlerbeseitigung im Staatsanzeiger Nr. 33, vom 7. 2. 2003.

§ 99   Fünfter Teil. Leasing als internationale Finanzdienstleistung

abhängigen Körperschaften oder Gesellschaften handelt, in dem die öffentliche Hand eine Mehrheitsbeteiligung hält.

4   cc) **Keine Ausschließlichkeit im Rahmen des Angebots von Finanzdienstleistungen.** Eine Krediteinrichtung, die als Leasinggeber auftritt, kann daneben auch andere der in Art. 1 KV Nr. 692/1996 aufgeführten Finanzdienstleistungen anbieten.[9] Im Gegensatz zu der Rechtslage vor der oben angegebenen KV (die am 1.1.1997 in Kraft trat) besteht heute für Krediteinrichtungen kein Zwang mehr, ihre Tätigkeit auf das Leasinggeschäft zu beschränken (anders noch die mittlerweile aufgehobenen Artt. 19 und 20 der Königlichen Gesetzesverordnung [*Real Decreto-Ley*[10]] Nr. 15/1977 vom 25. Februar 1977 über Steuer-, Finanz- und Staatsinvestitionsmaßnahmen[11] und KV Nr. 1669/1980 vom 31. Juli 1980,[12] die ein Ausschließlichkeitsgebot aufstellten).

5   dd) **Ergänzungstätigkeiten.** Die Tätigkeit als Leasinggeber erfasst auch folgende Ergänzungstätigkeiten: Wartung und Erhaltung der überlassenen Güter, Gewährung von mit einem gegenwärtigen oder künftigen Leasinggeschäft verbundener Finanzierung, Vermittlung und Verwaltung von Leasinggeschäften, Angebot von anderen Mietverhältnissen als Leasing (z. B. Rentinggeschäften), die mit Kaufoption ergänzt werden können, und Finanzberatung und Herstellung von Finanzberichten.

6   b) **Leasingnehmer.** Aus steuerlichen Gründen ist Leasing für Privatpersonen in Spanien unattraktiv (vgl. § 96 Rdn. 68 ff). Verbraucherleasinggeschäfte sind zwar nicht ausgeschlossen, regelmäßig treten als Leasingnehmer in Spanien aber **Unternehmen**, Freiberufler, Handwerker, Landwirte und Fischer auf.

II. Die rechtliche Einordnung des Leasingvertrages

1. Rechtsquellen des Leasingvertrages

7   a) **Atypischer Vertrag.** Der Leasingvertrag ist ein atypischer Vertrag im Spanischen Recht. Er wird weder im BGB (*Código civl*), noch im HGB (*Código de comercio*), noch in irgendeinem anderen privatrechtlichen Gesetzeswerk typifiziert (d. h. die Rechte und Pflichten der Parteien des Leasingvertrages sind gesetzlich nicht bestimmt worden), mit Ausnahme der Anwendung der 1. ZV des Gesetzes Nr. 28/1998 vom 13. Juli 1998 über den Ratenverkauf von beweglichen Gütern[13] (vgl. § 96 Rdn. 52 ff, 55).

8   b) **Gesetzliche Regelung.** Allerdings handelt es sich beim Leasing (vom Gesetzgeber vorzugsweise *arrendamiento financiero* benannt; literal als „Finanzierungsmiete" übersetzbar) um **kein unbenanntes** Rechtsgeschäft.

9   aa) **Öffentlich-rechtliche Bankvorschriften und steuerrechtliche Vorschriften.** Der Leasingvertrag wird sowohl von öffentlich-rechtlichen Bankvorschriften wie auch steuerrechtlichen Vorschriften erfasst. Hervorzuheben ist insbesondere die 7. ZV Abs. 1 des Gesetzes Nr. 26/1988, als auch Art. 115 der GKV Nr. 4/2004 vom 5. März 2004, womit der neu gefasste Text des Gesellschaftssteuergesetzes verabschiedet wurde[14] (früherer Art. 128 des Gesetzes Nr. 43/1995 vom 27. Dezember 1995 der Gesellschaftssteuer[15]).

---

[9] Derleder/Knops/Bamberger/*Bueso* Handbuch zum deutschen und europäischen Bankrecht § 64 Nr. 19 Rdn. 2, 5.
[10] Norm mit Gesetzesrang und -kraft, aber von der Regierung aufgrund einer außerordentlichen und dringenden Notwendigkeit verabschiedet; vorläufig gültig, da innerhalb von 30 Tagen vom Parlament bestätigt werden muß (Art. 86 der Spanischen Verfassung von 1978).
[11] Staatsanzeiger Nr. 50 vom 28. 2. 1977.
[12] Staatsanzeiger Nr. 208, vom 29. 8. 1980.
[13] Staatsanzeiger Nr. 167 vom 14. 7. 1998.
[14] Staatsanzeiger Nr. 61 vom 11. 3. 2004.
[15] Staatsanzeiger Nr. 310 vom 28. 12. 1995.

28. Kapitel. Leasingrecht im Ausland § 99

Abs. 2 bis 7 der 7. ZV des Gesetzes Nr. 26/1988 wurden von der einzigen Aufhebungsvorschrift Abs. 1 Nr. 19 des Gesetzes Nr. 43/1995 aufgehoben und durch seinen Art. 128, derzeit Art. 115 GKV Nr. 4/2004, ersetzt. Dieser „Normentanz" bedeutete aber keine wesentliche Änderung der Bestimmungen der ursprünglichen Abs. 2 bis 4 der 7. ZV des Gesetzes Nr. 26/1988, deren Inhalt derzeit in Abs. 2 bis 4 des Art. 115 GKV Nr. 4/2004 wiedergegeben wird. Hierin werden die Merkmale des Leasings festgelegt. Eine Definition des Leasings findet sich in Abs. 1 der 7 ZV des Gesetzes Nr. 26/1988. Auf Verträge, die dieser Definition und diesen Merkmalen entsprechen, sind gemäß Art. 115 Abs. 1 der GKV Nr. 4/2004 die steuerrechtlichen Regelungen der Abs. 5 und ff. von Art. 155 der GKV Nr. 4/2004 anwendbar (vorher in Abs. 5 bis 7 des Gesetzes Nr. 26/1988, die doch geändert wurden). Diese Regelung wird von verschiedenen verordnungsrechtlichen Vorschriften ergänzt, so von der oben angegebenen KV Nr. 692/1996 (vgl. § 96 Rdn. 2 ff.).

bb) Vorschriften zum Bankkundenschutz. Weiter ist das Leasing als Bankgeschäft 10 zu begreifen, da Leasinggeber Kreditinstitute sein müssen. Dies führt dazu, dass die Leasinggeber die für Kreditinstitute aufgestellten Sonderregelungen zur Ausübung ihrer Tätigkeit befolgen müssen, unter Aufsicht der Spanischen Zentralbank (*Banco de España*) stehen, und die von ihnen abgeschlossenen Leasingverträge dem Bankrecht bzw. den öffentlich-rechtlichen Vorschriften zum Bankkundenschutz und den zu ihrem Schutz bestehenden Einrichtungen (Kundenabteilungen, Ombudsmänner der Bankkunden, Beauftragte zum Schutz der Bankdienstleistungskunden und Beschwerdestelle der Spanischen Zentralbank) unterworfen sind.[16] Hier ist Art. 48 Abs. 2 des Gesetzes Nr. 26/1988 hervorzuheben, der mit dem Ministerialerlass vom 12. Dezember 1989 über Zinssätze und Gebühren, Handlungsregeln, Kundeninformation und Werbung von Kreditinstituten[17] und dem Runderlass der Spanischen Zentralbank Nr. 8/1990 vom 7. September 1990 an Kreditinstitute über Geschäftstransparenz und Kundenschutz[18] ausgeführt worden ist. Auch wenn diese Vorschriften wichtige Elemente der Entwicklung eines Leasinggeschäfts betreffen, bleiben ihre Folgen grundsätzlich auf der öffentlich-rechtlichen Ebene.[19]

c) Vertragsautonomie. Der Leasingvertrag ist ein atypischer Vertrag, bei dem die Ver- 11 tragsautonomie im Rahmen der zwingenden Regelungen des HGB und BGB eine erhebliche Rolle spielt. Die Nichtbeachtung des von den öffentlich-rechtlichen Bankvorschriften und steuerrechtlichen Vorschriften vorgegebenen Gesetzrahmens (vgl. § 96 Rdn. 13 ff) macht den Vertrag nicht ungültig, auch wenn er von der günstigen steuerlichen Behandlung ausgeschlossen wird.

d) Rechtsprechung. Seit dem Jahr 1978 gibt es zahlreiche Entscheidungen des Zivilse- 12 nats des obersten Gerichtshofs (*Tribunal Supremo*, im Folgenden, TS), die zusammen mit den oben angegebenen Gesetzen und Verordnungen unten besprochen werden.

2. Rechtsbegriff des Leasingvertrages

a) Typisierungswirkung. Das Leasing wird in der 7. ZV Abs. 1 des Gesetzes Nr. 26/ 13 1988 abgegrenzt. Wie bereits oben hervorgehoben wurde, hat diese Vorschrift nicht den Zweck, den Leasingvertrag zu typisieren. Auf der anderen Seite darf ihre **mittelbare** Typisierungswirkung aber auch nicht verkannt werden: die in Spanien abgeschlossenen Leasingverträge entsprechen in der Regel diesem Begriff und den unten aufgelisteten Merkmalen. Auf diesem Wege wird die Vertragsautonomie tatsächlich eingegrenzt, da

---

[16] Derleder/Knops/Bamberger/*Bueso* Handbuch zum deutschen und europäischen Bankrecht § 64 Nr. 19 Rdn. 6 ff., 13.
[17] Staatsanzeiger Nr. 303 vom 19. 12. 1989.
[18] Staatsanzeiger Nr. 226 vom 20. 9. 1990.
[19] Derleder/Knops/Bamberger/*Bueso* Handbuch zum deutschen und europäischen Bankrecht § 64 Nr. 19 Rdn. 15, 16.

andernfalls die Parteien, insbesondere die Leasingnehmer, nicht von den steuerlichen Vorteilen profitieren können, die der Gesetzgeber insoweit eingeräumt hat. Die Vorschriften zum Bankkundenschutz gehen ebenso von diesem Begriff aus.

14 **b) Begriff.** Laut 7. ZV Abs. 1 des Gesetzes Nr. 26/1988 werden als Leasinggeschäfte diejenigen Verträge betrachtet, deren ausschließlicher Zweck die Gebrauchsüberlassung von beweglichen Gütern oder von Immobilien ist, die hierfür vom Leasinggeber erworben werden, wobei sich der Leasingnehmer als Gegenleistung zur regelmäßigen Ratenzahlung verpflichtet. Die Verträge müssen eine Kaufoption zum Vertragsschluss zugunsten des Leasingnehmers aufnehmen. Dieser Definition wird auch von der Rechtsprechung gefolgt.[20]

3. Merkmale des Leasingvertrages

15 Aus der 7. ZV Abs. 1 des Gesetzes Nr. 26/1988 und aus Art. 115 Abs. 2 bis 4 der GKV Nr. 4/2004 lassen sich folgende **Merkmale** eines Leasingvertrages bestimmen:

16 **a) Erwerb des Vertragsgegenstandes.** Der Gegenstand des Leasingvertrages wird gemäß den Hinweisen und Anleitungen des künftigen Leasingnehmers vom Leasinggeber, der keine Bedingungen stellen darf, erworben. Der Leasingnehmer bestimmt – im Rahmen eines Auftragsverhältnisses mit dem Leasinggeber – sowohl das zu erwerbende Gut als auch dessen Hersteller oder Lieferant. Allerdings bleibt der Leasinggeber Eigentümer des Leasinggegenstandes, wohingegen der Leasingnehmer lediglich Besitzer desselben ist.

17 **b) Zweck des Vertragsgegenstandes.** Die überlassenen Güter müssen einer Tätigkeit aus dem Bereich der Landwirtschaft, der Fischerei, der Industrie, des Handels, des Handwerks, des Dienstleistungsangebot oder eines Freiberufs dienen.

18 **c) Vertragsdauer.** Die Ratenzahlung muss eine **Mindestdauer** von zwei Jahren bei beweglichen Gütern und zehn Jahren bei Immobilien oder Betrieben haben. Allerdings ermöglicht das Gesetz durch Verordnung andere Mindestfristen unter Berücksichtigung der Natur des Vertragsgegenstandes zu bestimmen, um missbräuchliche Handlungen und Verhaltensweisen zu verhindern. Aus der festgelegten Mindestdauer darf man allerdings nicht den Schluss ziehen, der Leasingvertrag sei während seiner Laufzeit unwiderruflich.[21] Allerdings kann ein Vertrag in diesem Fall nicht von den steuerrechtlichen Vorteilen profitieren.

19 **d) Leasingraten.** Die Raten sind im Vertrag so darzulegen, dass der Anteil, der dem Wiedererlangen des Anschaffungspreises des Gutes entspricht, offenzulegen ist, wobei der Wert der Kaufoption und die Finanzierungslast abzusondern sind, unbeschadet der entsprechenden indirekten Besteuerung. Dabei muss der Anteil des Jahresbetrags, der dem Wiedererlangen des Anschaffungspreises des Gutes entspricht, gleich oder steigend über die Vertragsdauer bleiben.

20 **e) Kaufoption.** Wie bereits erwähnt wurde, muss der Leasingvertrag eine Kaufoption zugunsten des Leasingnehmers enthalten. Die Aufnahme einer Kaufoption ist **zwingend**: es handelt sich insoweit nicht um eine Zusatzklausel, sondern um einen wesentlichen Vertragsinhalt, ohne den man nicht von einem Leasingvertrag sprechen kann.[22] Falls

---

[20] Unter anderen, Urt. TS vom 26. 6. 1989 Entscheidungssammlung (*Repertorio de Jurisprudencia Aranzadi*, im Folgendem, RJ) 1989\4786, 30. 4. 1991 RJ 1991\3315, 24. 5. 1997 RJ 1997\4886, 28. 11. 1997 RJ 1997\8273 und 30. 7. 1998 RJ 1998\6607.

[21] Vgl. *Vicent*, 989.

[22] Beschlüsse der Generaldirektion der öffentlichen Register (bzw. Grundbuch und Handelsregister) und des Notarwesens (*Dirección General de los Registros y del Notariado*) vom 12. 5. 1994 RJ 1994\4086 und 21. 6. 1994 RJ. 1994\4918. Ebenso Urt. TS vom 2. 12. 1998 RJ 1998\9612 und 20. 7. 2000 RJ 2000\6189.

28. Kapitel. Leasingrecht im Ausland § 99

der Leasingnehmer keinen Gebrauch von der Option macht, darf der Leasinggeber das Gut einem neuen Leasingnehmer überlassen. Unter diesen Umständen muss das in Buchstabe a) besprochene Merkmal nicht erfüllt werden, um den Folgevertrag als Leasingvertrag qualifizieren zu können.

4. Formen des Leasingvertrages

Im Rahmen des obigen Rechtsbegriffes und der besprochenen Merkmale lassen sich folgende **Formen** von Leasingverträgen in der spanischen Praxis unterscheiden: 21

a) Immobilien- und Ausstattungsleasing. Das Leasing kann Immobilien oder bewegliche Güter zum **Gegenstand** haben. Demgemäß kann man zwischen Immobilienleasing (*leasing inmobiliario*) – erlaubt seit dem Inkrafttreten der KV Nr. 1669/1980 – und Ausstattungsleasing (*leasing mobiliario*) unterscheiden. 22

b) Investitions- und Verbraucherleasing. Auf der Grundlage der Zuordnung des **Leasingnehmers** ist weiterhin zwischen Investitionsleasing (*leasing de inversión*) und Verbraucherleasing (*leasing de consumo*) zu differenzieren. Wie bereits erwähnt, hat das Verbraucherleasinggeschäft jedoch keine praktische Bedeutung, da es nicht in den Anwendungsbereich der 7. ZV Abs. 1 des Gesetzes Nr. 26/1988 und des Art. 15 der GKV 4/2004 fällt und damit keine steuerlichen Vorteil für Endverbraucher mit sich bringt. 23

c) Voll- und Teilamortisationsleasing. Unter Berücksichtigung der Reichweite der **Amortisation** lässt sich weiter das Abschreibungs- oder Vollamortisationsleasing (*leasing de amortización total*) vom Teilamortisationsleasing (*leasing de amortización parcial*) unterscheiden. Bei der ersten Form decken die Raten praktisch die gesamten Investitionskosten (inklusive die Finanzierungslast) ab. Dementsprechend stellt der Restwert nur eine symbolische oder geringe Summe dar (in der Regel der Betrag einer Rate). Bei der zweiten Form decken die Raten hingegen nicht die gesamten Investitionskosten. Hier muss der Leasinggeber die restliche Investition nach Beendigung des Leasingvertrages ausgleichen, indem er entweder das Leasinggut an den Leasingnehmer selbst oder einen Dritten verkauft oder den Gebrauch der Sache aufgrund eines neuen Leasingvertrages oder eines Mietvertrages einem neuen Vertragspartner überlässt. 24

aa) Vollamortisationsleasing in der Rechtsprechung. Hier ist die Rechtsprechung nicht einstimmig. Einerseits hat der oberste Gerichtshof formelle Leasingverträge als Ratenkaufverträge qualifiziert, wenn der Restwert äußerst gering war oder der Leasingnehmer einen Wechsel für den Restwert zur Zeit des Leasingvertragsabschlusses unterschrieben hatte. In diesen Fällen hat das Gericht entschieden, dass die Parteien versucht hätten, das Gesetz zu umgehen und eigentlich einen **Ratenkaufvertrag** abschließen wollten.[23] In der Tat darf man nicht übersehen, dass die wirtschaftliche Wirkung eines Vollamortisationsleasingvertrages sehr ähnlich zu derjenigen eines Ratenkaufvertrages ist, insbesondere, wenn sich die Nutzungsdauer des überlassenen Gutes mit der Vertragsdauer deckt. Andererseits ist der oberste Gerichtshof jedoch auch der Auffassung gewesen, dass der Betrag des Restwerts bei der Beurteilung der Rechtsnatur eines **Leasingvertrages** keine Rolle spielen soll.[24] 25

bb) Stellungnahme. Zu beachten ist allerdings, dass diese unterschiedliche Beurteilung im **Zusammenhang** mit der Frage nach der Zulässigkeit einer Drittwiderspruchsklage 26

---

[23] Urt. TS vom 28. 3. 1978 RJ 1978\852, 10. 4. 1981 RJ 1981\1532, 28. 5. 1990 RJ 1990\4092, 21. 11. 1998 RJ 1998\8750, 29. 5. 1999 RJ 1999\4383, 29. 5. 2001 RJ 2001\3874, 6. 3. 2001 RJ 2001\2594 und 16. 3. 2004 RJ 2004\3406.
[24] Urt. TS vom 18. 11. 1983 RJ 1983\6487, 28. 11. 1997 RJ 1997\8273, 30. 7. 1998 RJ 1998\6607, 1. 2. 1999 RJ 1999\524, 21. 3. 2002 RJ 2002\2276, 12. 3. 2003 RJ 2003\2574, 21. 4. 2004 RJ 2004\1676, 14. 12. 2004 RJ 2004\8038 und 31. 10. 2005 RJ 2005\7350.

§ 99 Fünfter Teil. Leasing als internationale Finanzdienstleistung

des Leasinggebers gegenüber denjenigen Dritten steht, die das überlassene Gut in Beschlag genommen haben: beim Leasingvertrag findet keine Eigentumsübertragung statt, womit eine Drittwiderspruchsklage zulässig ist. Anders sieht es hingegen beim Ratenkaufvertrag aus, auch wenn ein Eigentumsvorbehalt vereinbart worden ist. Allerdings ist durch das Gesetz Nr. 28/1998 die Behandlung von Leasing und Ratenkauf in dieser Frage gleichgestellt worden (vgl. § 96 Rdn. 53 ff). Entsprechendes gilt für den Fall der Insolvenz des Leasingnehmers und des Ratenkäufers (vgl. § 96 Rdn. 58 ff). Dies sollte in der Zukunft dazu führen, dass sich die letzte Auffassung durchsetzen wird, da sie dogmatisch korrekter ist.

27 **d) Absatzförderungsleasing.** Schließlich ist das Absatzförderungsleasing (*leasing de promoción de ventas*) zu erwähnen. Hiervon wird gesprochen, wenn entweder der Hersteller Muttergesellschaft der Leasinggesellschaft ist, die für die Finanzierung der von der Muttergesellschaft hergestellten Güter tätig ist, oder der Hersteller einen Rahmenvertrag mit einer Leasinggesellschaft abgeschlossen hat, um den Absatz der vom Hersteller angebotenen Güter zu finanzieren (anders ausgedrückt handelt es sich um verbundene Unternehmen, entweder durch konzernrechtliche oder durch nicht konzernrechtliche Verhältnisse). Auch wenn funktionswirtschaftlich ähnlich, ist das sogenannte Herstellerleasing (*leasing del fabricante*), beim dem der Hersteller gleichzeitig Leasinggeber ist, in Spanien nicht möglich, da die Leasinggebertätigkeit ausschließlich vom Kreditinstituten ausgeübt werden darf, die lediglich Finanzdienstleistungen anbieten dürfen. Die funktionswirtschaftliche Ähnlichkeit mit dem Herstellerleasing darf aber die Rechtsnatur des Absatzförderungsleasings als Leasing nicht in Frage stellen.[25]

5. Verwandte Rechtgeschäfte

28 Unter Berücksichtigung obigen Rechtsbegriffes und der genannten Merkmale sind folgende Geschäfte nicht als Leasingverträge zu verstehen, da es insoweit an der besonderen **Verknüpfung** zwischen Kaufvertrag und Leasingvertrag fehlt, wobei der Kaufvertrag als erforderliche und unmittelbare Voraussetzung des Leasingvertrags zu verstehen ist:

29 **a) Rentingverträge.** Ebenso als „operationelles Leasing" (*leasing operativo* vs. echtes Leasing oder *leasing financiero*) bezeichnet. Hier liegt die Entscheidung über den Vertragsgegenstand beim Rentinggeber. Auch besteht keine Kaufoption zugunsten des Rentingnehmers. Auf jeden Fall werden keine typischen Eigentümerrisiken vom Rentingnehmer übernommen.[26] Weiter ist es möglich, dass der Rentingnehmer ein Verbraucher ist. Es handelt sich hier um einen Mietvertrag mit Besonderheiten (z. B. bei Rentingverträgen über Kraftfahrzeuge gehören in der Regel eine integrale Wartung und eine Vollkaskoversicherung als Leistungen des Vertrages dazu).

30 **b) Leasebackverträge.** Auch *retro-leasing* genannt. Diese Verträge haben in Spanien insbesondere Immobilien zum Gegenstand. Ein Unternehmer verkauft an eine Leasinggesellschaft eine Immobilie (etwa ein Bürogebäude oder einen Betrieb) und diese überlässt die fragliche Immobilie an das Unternehmen zur eigenen Nutzung auf der Grundlage eines sogenannten „Leasingvertrages". Nach herrschender Meinung handelt es sich indes um ein Darlehen, dessen Rückzahlung insbesondere durch das überlassene Gut gewährleistet wird.[27] Diese Meinung wird vom obersten Gerichtshof geteilt: ein solcher Vertrag stellt eine befristet gültige Vereinbarung (*pacto comisiorio*) dar, die von Art. 1859, 1884 BGB verboten ist.[28] Möglich ist aber auch, insbesondere wenn bewegliche Güter Gegenstand

---

[25] Vgl. *Díaz Echegaray*, 909.
[26] Urt. TS vom 10. 4. 1981 RJ 1981\1532, 18. 11. 1983 RJ 1983\6487, 24. 5. 1997 RJ 1997\4886 und 25. 6. 1997 RJ 1997\5210.
[27] Vgl. *Broseta/Martínez Sanz*, 267 und *Vicent*, 990 f.
[28] Urt. TS vom 10. 2. 2005 RJ 2005\1405.

des Vertrages sind (etwa IT-Hardware oder Maschinen für öffentliche Bauarbeiten), dass der Hersteller die ihm durch einen Leaseback-Vertrag überlassenen Güter an seine Kunden weitervermietet. In diesem Fall wird von „angelehntem Leasing" (*leasing financiero adosado*) gesprochen.

c) **Ratenkaufverträge,** unabhängig davon, ob ein solcher Vertrag eventuell mit einer Kaufoption versehen ist. Nach Art. 1 und 3 des Gesetzes Nr. 28/1998 sind diejenigen Verträge als Ratenkaufverträge zu begreifen, in denen eine Partei der anderen ein bewegliches, nicht verbrauchbares und identifizierbares Sachgut (d. h. eine Sache, die mit Warenzeichen und Seriennummer unauslöschlich verbunden ist oder mit charakteristischen Merkmalen versehen ist) übergibt und der Vertragspartner sich zur Voll- oder Teilratenzahlung eines bestimmten Preises in einem über drei Monate seit Vertragsabschluss laufenden Zeitraum verpflichtet. Ebenso werden von diesem Gesetz diejenigen Rechtsakte oder -geschäfte geregelt, mit denen – unabhängig von der Rechtsform oder von der benutzen Bezeichnung – die Parteien die gleichen wirtschaftlichen Ziele wie mit dem Ratenverkauf verfolgen. Allerdings sind gemäß Art. 5 Abs. 5 des Gesetzes Nr. 28/1998 Leasingverträge vom Anwendungsbereich des Gesetzes ausdrücklich ausgeschlossen; auch wenn seine 1. ZV auf Ausstattungsleasingverträge anwendbar ist und diese Verträge in der Ratenkaufsabteilung des Registers Beweglicher Güter eintragungsfähig sind (Einzelne ZV der Nr. KV 1828/1999 vom 3. 12. 1999 zur Verabschiedung der AGB-Registerordnung,[29] wo auch das Register Beweglicher Güter geordnet wird) (vgl. § 96 Rdn. 38, 53 ff). Ebenso wird der Ratenkaufvertrag vom Leasingvertrag von der Rechtsprechung unterschieden.[30] 31

6. Rechtsnatur des Leasingvertrages

Nach herrschender Meinung sowohl der Lehre als auch der Rechtsprechung des obersten Gerichtshofs[31] ist der Leasingvertrag als ein Vertrag *sui generis* zu begreifen, der eine Finanzierungstechnik zum Gegenstand hat. 32

Sieht man Verbraucherleasing ab, ist **Vertragszweck** die mittelbare Finanzierung des Leasingnehmers durch die Zuverfügungstellung eines bestimmten vom Leasinggeber erworbenen und überlassenen Aktivpostens für seine Benutzung im Rahmen der Erbringung von Gütern oder Dienstleistungen. Daher bedarf es keiner Übertragung des Eigentums an dem Vertragsgegenstand, sondern lediglich seine Nutzungsüberlassung, wobei die endgültige Eigentumsübertragung vom ausschließlichen Willen des Leasingnehmers abhängt. 33

Der Leasingvertrag ist kein Ratenkaufvertrag (vgl. § 96 Rdn. 31). Weiter handelt es sich weder um einen Mietvertrag (vgl. Art. 1542 ff. BGB) noch um einen Kaufvertrag (vgl. Art. 325 ff. HGB und Art. 1445 ff. BGB), einen Darlehensvertrag (vgl. Art. 311 ff. HGB und Art. 1740, 1753 ff. BGB) oder einen Gebrauchsleihevertrag (vgl. Art. 1740, 1741 ff. BGB). Angesichts des atypischen Charakters des Leasingvertrages sind aber diese Vorschriften zusammen mit denjenigen des Kommissionsvertrages (Art. 244 ff. HGB) bzw. des Auftragsvertrages (Art. 1709 ff. BGB) subsidiär zu den Vertragsbestimmungen und analog nach der **Kommunikationstheorie** anwendbar, je nachdem was für eine Leistungsstörung vorkommt. 34

Schließlich lässt sich nach herrschender Meinung behaupten, dass es sich in der Regel um einen **handelsrechtlichen** Vertrag gemäß Art. 2 Abs. 2 HGB in Verbindung mit 35

---

[29] Staatsanzeiger Nr. 306 vom 23. 12. 1999.
[30] Urt. TS vom 10. 4. 1981 RJ 1981\1352, 26. 6. 1989 RJ 1989\478 und 28. 5. 1990 RJ 1990\4092.
[31] Unter vielen anderen, Urt. TS vom 10. 4. 1981 RJ 1981\1532, 18. 11. 1983 RJ 1983\6487, 10. 4. 1989, RJ 1981\1532, 26. 6. 1989 RJ 1989\4786, 28. 5. 1990 RJ 1990\4092 und 25. 6. 1997 RJ 1997\5210; mit Ausnahme von Urt. TS vom 24. 5. 1997 RJ 1997\4886 und 2. 12. 1998 RJ 1998\9621, wo der Leasingvertrag als Mietvertrag mit Kaufoption verstanden wird.

Art. 311, 325, 326 HGB handelt,[32] mit der Folge, dass gemäß Art. 2 Abs. 1 und Art. 50 HGB die Vorschriften des HGB vor dem BGB anwendbar sind.

36 Beim **Verbraucherleasing** liegt ein Verbrauchervertrag vor, was zur Anwendung des Verbraucherschutzrechts führt (unter anderen Gesetz Nr. 7/1995 vom 23. 3. 1995 über Verbraucherkredit[33] und Gesetz Nr. 26/1984 vom 19. 7. 1984 allgemein zum Verbraucherschutz[34]). Sollte das Verbraucherschutzrecht die Gesetzeslücke nicht füllen, wäre gemäß Art. 7 des Gesetzes Nr. 26/1984 Zivilrecht oder Handelsrecht anwendbar, je nachdem was für den Verbraucher im fraglichen Fall günstiger ist.

III. Der Abschluss des Leasingvertrages

1. Vertragsform

37 Prinzipiell ist ein Leasingvertrag, wie atypische Verträge allgemein, **formfrei** gültig (Art. 51 HGB, Art. 1278 ff. BGB). Allerdings wird dieser Grundsatz von den Forderungen der Eintragung in das Register Beweglicher Güter (vgl. § 96 Rdn. 38, 53 ff) und den Vorschriften zum Bankkundenschutz erheblich **eingegrenzt**. Zunächst wird die schriftliche Form verlangt (Art. 10 der Ratenkaufsregisteranordnung, durch Ministerialerlass vom 19. 7. 1999 verabschiedet,[35] sogar im amtlichen Formular; also 6. Norm des Runderlasses der Spanischen Zentralbank Nr. 8/1990). Oft wird aber auch der Vertrag notariell beurkundet, um so eine Eintragung ins Grundbuch, Schiffs- oder Flugzeugregister zu ermöglichen.

2. Vertragsinhalt

38 Der **Mindestinhalt** des Vertrages wird in Art. 11 der Ratenkaufsregisteranordnung festgelegt, wenn der Vertrag im amtlichen Formular ausgefertigt wird; hierzu zählen unter anderem: Abschlussdatum, Identitätsfeststellung der Parteien und des überlassenen Gutes, Zahlungsbestimmung mit Angabe des Gesamtpreises, Vertragsdauer, Raten mit Fälligkeit, Gesamtbetrag, Anteile des Wiedererlangens des Anschaffungspreises, der Finanzierungslast und der entsprechenden indirekten Besteuerung, sowie Wert der Kaufoption. Ebenso verlangt der Runderlass der Spanischen Zentralbank Nr. 8/1990 bestimmte Angaben zu Kosten und Gebühren (3. Norm), Ratenabrechnungen (7. Norm, Abs. 2 und VI. Anhang Abs. II Nr. 2) und effektiven Kosten (8. Norm Abs. 4 lit. e). Weiter werden üblicherweise die Bedingungen zur Geltendmachung der Kaufoption sowie die Rechte des Leasinggebers im Fall der Insolvenz des Leasingnehmers festgelegt.

IV. Vertragsleistungen und übliche Störungen

1. Pflichten des Leasinggebers

39 Wie oben erwähnt (vgl. § 96 Rdn. 28), besteht eine besondere Verknüpfung zwischen Leasing- und Kaufvertrag, da Letzterer erforderliche und unmittelbare Voraussetzung eines als solchen qualifizierbaren Leasinggeschäfts ist. Der Kaufvertrag ist wirtschaftliche Voraussetzung des Leasingvertrags. Die **Verknüpfung** zwischen beiden Verträgen führt dazu, dass der Leasingnehmer im Kaufvertrag beteiligt wird: Er übernimmt alle Nach- und Vorteile des Eigentums des überlassenen Aktivpostens als Gegenleistung der Zahlungen. Diese Beteiligung gibt Anlass zu komplexen Rechtsverhältnissen. **Trotzdem** wird das Leasingverhältnis dadurch nicht gestrichen. Der Leasingvertrag bleibt **bilateral** und synallagmatisch zwischen Leasinggeber und Leasingnehmer bestehen.

---

[32] Vgl. *Vicent*, 990.
[33] Staatsanzeiger Nr. 72 vom 25. 3. 1995; Fehlerbeseitigung im Staatsanzeiger Nr. 113 vom 12. 5. 1995.
[34] Staatsanzeiger Nr. 176 vom 24. 7. 1984.
[35] Staatsanzeiger Nr. 172 vom 20. 7. 1999.

28. Kapitel. Leasingrecht im Ausland   §99

Im Rahmen der oben dargelegten Rechtsquellen des Leasingvertrages und unter dem 40
Vorbehalt der Vertragsautonomie werden die folgenden üblichen **Parteipflichten** festgelegt:1. Pflichten des Leasinggebers

Die **Hauptpflicht** des Leasinggebers besteht darin, das vom Leasingnehmer auserwählte 41
Gut gemäß seinen Hinweisen und Anleitungen zu erwerben und ihm den Besitz an dem
Vertragsgegenstand einzuräumen. Die Überlassung des Gutes stellt keine Voraussetzung
des Vertragsabschlusses, sondern eine Pflicht des Leasinggebers dar.

Der Leasinggeber bleibt Eigentümer des überlassenen Gutes. Trotzdem trägt er nicht 42
die Risiken, die mit dem Eigentum verknüpft sind. Das **Eigentum** dient grundsätzlich
der Absicherung der Leasingratenzahlung des Leasingnehmers. Ebenso, aber im Hintergrund, dem Zweck der Werterhaltung des Vertragsgegenstandes. Der Leasinggeber
schließt jegliche Haftung für eine vertragsgemäße Lieferung und für **Sachmängel und
-fehler** aus. Der Leasingnehmer tritt in die Rechte des Leasinggebers gegenüber dem
Verkäufer ein und der Verkäufer haftet unmittelbar gegenüber dem Leasingnehmer.
Dies wird durch eine Vereinbarung zwischen Leasinggeber bzw. Käufer und Verkäufer
des zu leasenden Gutes erreicht.

Trotzdem dürfen der Kauf- und Leasingvertrag nicht als **Kopplungsverträge** in dem 43
Sinne verstanden werden, dass der Leasingnehmer die aus dem Kaufvertrag herrührenden
Einwendungen im Rahmen des Leasingvertrages erheben könnte (auch nicht beim Absatzförderungsleasing [vgl. § 96 Rdn. 27]). Allerdings kann der Leasingnehmer den Kaufvertrag wegen Nichtlieferung, Lieferung eines anderen Gegenstandes oder Sachmangels und
-fehlers kündigen und danach den Leasingvertrag kündigen: die Kündigung des Kaufvertrages bestimmt die Nichtigkeit des Leasingvertrages wegen Mangels am Gegenstand.[36]

Der Leasinggeber haftet allerdings dem Leasingnehmer im Fall einer **Besitzentzie- 44
hung** oder der Ausübung von dinglichen Rechten seitens Dritter, vorausgesetzt diese
Störungen werden nicht durch die Bösgläubigkeit oder Fahrlässigkeit des Leasingnehmers verursacht.

2. Pflichten des Leasingnehmers

Die **Hauptpflicht** des Leasingnehmers ist die **Zahlung** der vereinbarten Leasingraten. 45
Eine Nichtzahlung erlaubt dem Leasinggeber die Zahlung entweder der fälligen Leasingraten plus vereinbarten Verzugsschadens oder aller (fälligen und noch nicht fälligen) Leasingraten zu verlangen und – in beiden Fällen – den Vertrag zu kündigen. Der Leasinggeber muss gemäß Art. 1996 Abs. 2 BGB den Anspruch auf Zahlung innerhalb einer Verjährungsfrist von fünf Jahren nach Fälligkeit geltend machen.[37]

Weiter verpflichtet sich der Leasingnehmer den Vertragsgegenstand sorgfältig zu **pfle- 46
gen** (unbeschadet der üblichen Abnutzung). Um die Erfüllung dieser Pflicht zu sichern,
behält sich üblicherweise der Leasinggeber ein Inspektionsrecht vor. Weiter darf der Leasingnehmer diejenigen Änderungen an dem geleasten Gut unternehmen, die vereinbart
worden sind.

Die Vertragsklauseln bestimmen, dass der Leasingnehmer das **Verlust- und Beschädi- 47
gungsrisiko,** auch bei Zufall, übernimmt. Weiter wird der Leasingnehmer dazu verpflichtet, das geleaste Gut zu versichern.

V. Die Beendigung des Leasingvertrages

Zum **Vertragsende** muss der Leasingnehmer das geleaste Gut zurückgeben, es sei denn, 48
dass eine Verlängerung oder ein neuer Leasingvertrag vereinbart wird oder der Leasingnehmer die Kaufoption ausübt. Weiterhin besteht die Möglichkeit einer Vertragsübertragung.

---

[36] Urt. TS vom 26. 2. 1996 RJ 1996\1264, 25. 6. 1997 RJ 1997\5210, 4. 12. 1997 RJ 1997\8728 und 24. 5. 1999 RJ 1999\3927; siehe *Zuzunnegui*, 550, *Cortés*, 141 f. und *Vicent*, 991.
[37] Urt. TS vom 24. 5. 1997 RJ 1997\4486.

1. Kaufoption

49 Die Kaufoption ist **wesentlicher Bestandteil** des Leasingvertrages.[38] Ihre Geltendmachung muss zum vereinbarten Zeitpunkt oder spätestens zum Ablauf der Überlassung des geleasten Gutes dem Leasinggeber mitgeteilt werden. Diese Frist gilt als Erlöschensfrist.[39] Der Leasingnehmer hat den vereinbarten Restwert zu bezahlen.

50 Hierbei handelt es sich um ein **neues** entgeltliches **Rechtsgeschäft.** Obwohl es an den Leasingvertrag anknüpft, ist es aber rechtlich unabhängig von ihm. Dies bedeutet, dass die Übertragung des Eigentums des bis zu diesem Zeitpunkt geleasten Gutes keine Ausführung des Leasingvertrages darstellt, sondern einen neuen Vertrag gestaltet, der eine neue Willenserklärung vom Leasingnehmer verlangt,[40] die als einseitig und empfangsbedürftig zu verstehen ist.

2. Vertragsübertragung

51 Gelegentlich wird eine **Übertragung** des Leasingvertrages vereinbart. Gegen eine Übertragung seitens des Leasinggebers bestehen keine Vorbehalte. Auch eine Teilübertragung des Vertrages bzw. bestimmter Rechte des Leasinggebers ist möglich. Eine Übertragung seitens des Leasingnehmers, die sich als eine Abtretung seiner Rechtsstellung als auch die Überlassung des geleasten Gutes gestalten lässt, bedarf aber der Einwilligung des Leasinggebers.

VI. Zwangsvollstreckung und Insolvenz

52 Der Gesetzgeber hat es für notwendig gehalten, die **Rechtsstellung** des Leasinggebers gegenüber dem Leasingnehmer und denjenigen Dritten, die ggf. das geleaste Gut vom Leasingnehmer erwerben könnten, zu **stärken.** Ebenso hat der Gesetzgeber die Rechtsstellung des Leasinggebers im Fall der Insolvenz des Leasingnehmers besonders berücksichtigt.

1. Zwangsvollstreckung bei der Vertragsverletzung durch den Leasingnehmer

53 a) **Ordentlicher Schutz.** Dem Leasinggeber stehen die in der **ZPO** (*Ley de Enjuiciamiento Civil*, Gesetz Nr. 1/2000 vom 7.1. 2000[41]) vorgesehenen ordentlichen Verfahren (Feststellungs-, Mahn- und Zwangsvollstreckungsverfahren) zur Verfügung, um seine Rechte geltend zu machen. Gemäß der 1. ZV Abs. 2 des Gesetzes Nr. 28/1998 darf der Leasinggeber ohne eine der im Art. 517 Abs. 2 Nr. 4 und 5 ZPO vorgesehenen vollstreckbaren Urkunden (im Wesentlichen notariell beurkundete Leasingverträge) allerdings kein Vollstreckungsverfahren einleiten.

54 b) **Sonderschutz.** Abgesehen davon wird in der **1. ZV des Gesetzes Nr. 28/1998** (siehe auch Art. 16 des Gesetzes Nr. 28/1998, wo eine entsprechende Regelung für den Ratenkaufvertrag bestimmt wird – beide durch die 7. Endvorschrift ZPO geändert) dem Leasinggeber ein zusätzlicher Schutz gewährleistet. Diese Vorschrift ist aber nur anwendbar, wenn der Leasingvertrag der oben gegebenen Definition und den oben genannten Merkmalen entspricht (vgl. § 96 Rdn. 14 ff), und wenn es sich beim geleasten Gut nach Art. 1. Abs. 1 des Gesetzes Nr. 28/1998 um ein bewegliches, nicht verbrauchbares und identifizierbares Sachgut handelt (vgl. § 96 Rdn. 31):

---

[38] Vgl. § 96 Rdn. 21. Ebenso Urt. TS vom 18. 5. 2005 RJ 2005\4234.
[39] *García-Cruces*, 314, mit Angabe von Urt. TS.
[40] Beschlüsse der Generaldirektion der öffentlichen Register und des Notarwesens vom 12. 5. 1994 RJ 1994\4086 und 21. 6. 1994 RJ 1994\4918.
[41] Staatsanzeiger Nr. 7 vom 8. 1. 2000.

28. Kapitel. Leasingrecht im Ausland **§ 99**

aa) Eintragung in das Register Beweglicher Güter. Zunächst dürfen solche Leasing- 55
verträge in das Register Beweglicher Güter eingetragen werden (1. ZV Abs. 1 des Gesetzes
Nr. 28/1998). Eine Vertragseintragung ist aber nur möglich, wenn der Vertrag im amtlichen Formular ausgefertigt worden ist (Art. 10 der Ratenkaufsregisteranordnung).

bb) Sonderverfahren zur Zurückgewinnung des Vertragsgegenstandes. Die Ver- 56
letzung eines notariell beurkundeten oder im oben angegebenen Register eingetragenen
Leasingvertrages durch den Leasingnehmer ermöglicht dem Leasinggeber eine schnelle
Zurückgewinnung des überlassenen Gutes (1. ZV Abs. 3 des Gesetzes Nr. 28/1998): Durch
notarielle Mahnung wird der Leasingnehmer zur Zahlung oder zur Rückgabe des Vertragsgegenstandes aufgefordert (zur Bestimmung der Anschrift des Leasingnehmers, siehe 1. ZV Abs. 4 des Gesetzes Nr. 28/1998). Falls der Leasingnehmer innerhalb von drei Tagen weder zahlt noch das Gut zurückgibt, darf der Leasinggeber vom zuständigen Richter die sofortige Zurückgewinnung des Gutes gemäß des in Art. 250 Abs. 1 Nr. 11 ZPO
vorgesehenen abgekürzten Kleinverfahrens (*juicio verbal*, Art. 437 ff. ZPO) beantragen.
Der Richter wird die Rückgabe des Gutes an den Leasinggeber anordnen, unbeschadet
der Rechte der Parteien auf weitere Ansprüche bezüglich des Leasingvertrages im Rahmen eines Feststellungsverfahrens. Das gegen die Entscheidung eingelegte Rechtsmittel
wird die Rückgabe des geleasten Gutes nicht aufheben.

2. Beschlagnahme des geleasten Gutes im Besitz des Leasingnehmers und Schutz des Leasinggebers

Es könnte aber geschehen, dass das überlassene Gut von einem Gläubiger des Leasingneh- 57
mers vor Vertragsende in Beschlag genommen wird, ohne dass die Kaufoption geltend
gemacht wurde. In diesem Fall darf der Leasinggeber, als Eigentümer des in Beschlag genommenen Gutes, eine **Drittwiderspruchsklage** einlegen, wobei der Leasinggeber beweisen muss, dass er rechtmäßiger Eigentümer ist.[42] Beim Leasing von Immobilien sowie
von Schiffen und Flugzeugen sorgt die Pflichteintragung in den entsprechenden Registern (bzw. Grundbuch, Schiff- und Flugzeugregister) gegenüber Dritten für Klarheit
über die Eigentumsverhältnisse. Beim Leasing von beweglichen Gütern dient die fakultative Eintragung des Vertrages in das Register Beweglicher Güter ebenfalls diesem
Zweck. Zur Not dient die notarielle Beurkundung des Vertrages als Beweis, wenn diese
vor dem Erwerb seitens des Dritten stattfand. Weiter verpflichten sich die Leasingnehmer
in der Regel, den Dritten aufmerksam zu machen, dass das überlassene Gut dem Leasinggeber gehört.

3. Insolvenz des Leasingnehmers und Stellung des Leasinggebers

a) Regelung vor der Insolvenzordnung von 2003. Vor dem 1. 9. 2004 bzw. vor dem 58
Inkrafttreten der spanischen InsO (Gesetz Nr. 22/2004 vom 9. Juli 2003[43]), galt die **1. ZV
Abs. 5 des Gesetzes Nr. 28/1998,** die dem Leasinggeber eine starke Rechtsstellung gewährleistete: Der Leasinggeber hatte das Recht eines privilegierten Gläubigers, am Vergleich im Rahmen einer Zahlungseinstellung (*suspensión de pagos*; Zahlungseinstellungsgesetz vom 26. Juli 1922) nicht teilzunehmen, und seine Ansprüche separat geltend zu
machen. Im Rahmen des Konkurses sowohl eines Kaufmanns (*quiebra*; Art. 870 ff HGB)

---

[42] Unter anderen, Urt. TS vom 10. 4. 19891 RJ 1981\1532, 18. 11. 1983 RJ 1983\6487, 26. 6. 1989
RJ 1989\4786, 30. 6. 1993 RJ 1993\5336, 20. 11. 1999 RJ 1999\8615, 26. 11. 1999 RJ 1999\8969, 2. 12.
1999 RJ 1999\9477, 17. 3. 2001 RJ 2001\5970, 29. 5. 2001 RJ 2001\3874, 8. 2. 2002 RJ 2002\2238,
2. 12. 2002 RJ 2002\10406, 30. 12. 2002 RJ 2003\331, 28. 3. 2003 RJ 2003\3192, 17. 6. 2003 RJ
2003\5645, 23. 7. 2002 RJ 2003\6602, 18. 11. 2003 RJ 2003\8331 und 23. 11. 2004 RJ 2004\208. Vgl.
Urt. TS vom 28. 3. 1978 RJ 1978\852 und 28. 5. 1990 RJ 1990\4092, wo der Klage zwar abgewiesen
wurde, aber weil der Vertrag als Ratenkaufvertrag begriffen wurde (vgl. § 96 Rdn. 24 ff).
[43] Staatsanzeiger Nr. 164 vom 10. 7. 2003.

Bueso Guillén 1145

als auch eines Nichtkaufmanns (*concurso de acreedores*; Art. 1912–1921, 1924 BGB) hatte der Leasinggeber das Recht auf Aussonderung des geleasten Gutes. Weiterhin bestand der Anspruch des Leasinggebers auf Zahlung der bis zum Zeitpunkt der Eröffnung des entsprechenden Insolvenzverfahrens fälligen Leasingraten.

59 **b) Regelung in der Insolvenzordnung von 2003.** Die **InsO** beendete die Vielzahl von Insolvenzlösungen, die zu einem einzigen Verfahren zurückgeführt worden sind. Ebenso wurde der Vielzahl von Insolvenzvorschriften ein Ende gemacht. Abs. 5 der 1 ZV des Gesetzes Nr. 28/1998 wurde von der InsO nicht ausdrücklich aufgehoben. Allerdings darf man behaupten, dass dieser Absatz stillschweigend aufgehoben wurde.

60 **aa) Keine Aussonderung.** Insbesondere weil der Leasinggeber kein Recht mehr auf Aussonderung des geleasten Gutes hat (Art. 80 InsO). Stattdessen wird der Leasinggeber nach Art. 56 und 57 InsO den Sicherungsnehmern einer dinglichen Sicherheit gleichgestellt, so wie der Verkäufer im Ratenkaufvertrag. Im Fall des Leasings eines beweglichen Gutes gilt dies allerdings nur, wenn der Leasingvertrag notariell beurkundet wurde oder in das Register Beweglicher Güter eingetragen wurde. Trotzdem darf **keine Einzelzwangsvollstreckung** des geleasten Gutes eingeleitet werden, wenn es sich um der unternehmerischen oder freiberuflichen Leasingnehmertätigkeit gewidmete Güter handelt (falls das Verfahren schon eingeleitet wurde, wird es grundsätzlich aufgehoben). In diesem Fall muss der Leasinggeber bis zur Bewilligung eines sein Recht nicht betreffenden Zwangsvergleichs oder bis zum Ablauf eines Jahres seit Konkurserklärung ohne Eröffnung der Liquidierung warten. Erst dann darf der Leasinggeber separat vollstrecken bzw. die Vollstreckung wiederaufnehmen. Sollte die Liquidierung eröffnet werden, darf nur eine Einzelzwangsvollstreckung stattfinden, wenn der Leasinggeber sie vor Konkurseröffnung eingeleitet hatte.

61 **bb) Sonderprivilegierter Gläubiger.** Allerdings wird nach Art. 90 Abs. 1. Nr. 4 InsO der Leasinggeber als sonderpriviligierter Konkursgläubiger der fälligen Leasingraten behandelt, wofür das geleaste Gut haftet, wenn der Vertrag mit einer auflösenden Bedingung im Fall der Nichtzahlung seitens des Leasingnehmers versehen ist. Erneut wird das Leasing dem Ratenkauf gleichgestellt, wobei, wie der Präambel der InsO zu entnehmen ist, eher praktische als dogmatische Gründe eine Rolle gespielt haben.

62 **c) Ergebnis nach der Insolvenzordnung von 2003.** Insgesamt kann man von einer Abschwächung der Rechtsstellung des Leasinggebers zugunsten der Vergleichslösung des Insolvenzverfahrens sprechen, die einen Fortführung der Tätigkeit des Leasingnehmers ermöglichen will.

VII. Bilanzrechtliche und steuerrechtliche Aspekte

1. Bilanzrechtliche Aspekte

63 Die 5. Bewertungsnorm des spanischen Kontenplans, verabschiedet durch KV Nr. 1643/1990 vom 20. Dezember 1990,[44] unterscheidet zwischen „direktem" Leasing und Leaseback. Für das Leasing wird in lit. f) Folgendes bestimmt:

64 **a) Buchung mit Geltendmachung der Kaufoption.** Wenn es angesichts der wirtschaftlichen Bedingungen des Leasinggeschäfts keinen berechtigten Zweifel daran gibt, dass der Leasingnehmer die Kaufoption geltend machen wird, dann müssen die aus dem Leasingvertrag herrührenden Rechte als **immaterielle Anlagewerte** zu ihrem Barwert gebucht werden. In der Passivseite muss der gesamte Schuldbetrag inklusive Kaufoption angegeben werden. Der Unterschied zwischen beiden Summen stellt die Finanzierungs-

---

[44] Staatsanzeiger Nr. 310 vom 27. 12. 1990; Fehlerbeseitigung im Staatsanzeiger Nr. 63 vom 14. 3. 1991.

kosten des Leasinggeschäfts dar. Diese Kosten werden als Ausgaben gebucht, die auf verschiedene Rechnungsjahre zu verteilen sind. Die als immaterielle Anlagewerte gebuchten Rechte werden ggf. nach der Nutzungsdauer des Vertragsgegenstandes amortisiert. Zum Zeitpunkt der Geltendmachung der Kaufoption wird die Konto Nr. 217 („Rechte über geleaste Güter") gestrichen, der Wert der gebuchten Rechte und der entsprechenden aufgelaufenen Amortisation dem Wert des erworbenen Aktivpostens hinzugerechnet und der sich ergebende Gesamtwert wird auf das entsprechende Konto des Anlagesachvermögens gebucht. Die Ausgaben werden nach finanziellen Grundsätzen den Gewinn und Verlust belasten.

b) Buchung ohne Geltendmachung der Kaufoption. Bestehen hingegen berechtigte 65 Zweifel daran, dass der Leasingnehmer die Kaufoption gelten machen wird, dann müssen die Leasingraten als Ausgaben gebucht werden; das heißt, das Leasinggeschäft wird wie ein **Mietgeschäft** behandelt.

c) Kriterien zur Geltendmachung. Nach der 8. Norm Abs. 4 des Beschlusses vom 66 21. 1. 1992 des Präsidenten des Instituts für Buchführung und -prüfung (*Instituto de Contabilidad y Auditoría de Cuentas*, abgekürzt, „I. C. A. C.", das – unter anderen Aufgaben – für die amtliche Ausführung des Kontenplans zuständig ist) zu Bewertungsnormen von immateriellen Anlagewerten[45] bestehen keine berechtigten Zweifel daran, dass der Leasingnehmer die Kaufoption geltend machen wird, wenn zum Zeitpunkt des Vertragsabschlusses der Betrag der Kaufoption aa) unter dem zum Zeitpunkt der Geltendmachung der Kaufoption geschätzten Restwert (ungefähr dem Marktwert) liegt oder bb) unerheblich oder symbolisch im Verhältnis zum Gesamtbetrag des Leasingvertrages ist.

Der oberste Gerichtshof beschäftigte sich mit diesem Beschluss[46] und erklärte Norm 8. Abs. 2 für nichtig. Hierin war bestimmt, dass wenn während der Leasingvertragslaufzeit der Leasingnehmer sich zur Geltendmachung der Kaufoption formell verpflichtete oder diese gewährleistete, der Gegenstand des Leasinggeschäfts so zu buchen ist, als sei er Gegenstand eines Ratenkaufgeschäfts.

d) Änderung des Kontenplans. Trotz dieser Entscheidung führt die oben erklärte 67 5. Bewertungsnorm lit. f) des Kontenplans immer noch dazu, dass die Aktivseite des Jahresabschlusses des Leasingnehmers den Leasinggegenstand als Vermögenslage darstellt, die annähernd der eines Eigentümers entspricht, auch wenn dies rechtlich gesehen nicht der Fall ist. Andererseits wird die Passivseite mit der sich aus dem Leasingvertrag ergebenden Schuld belastet. Dies spiegelt ein nicht ganz wahrheitsgetreues Bild der wirtschaftlichen Lage des Leasingnehmers wider. Deshalb und um den spanischen Kontenplan an die europäischen und internationalen Buchführungsstandards anzupassen, ist es vorgesehen, die 5. Bewertungsnorm im Rahmen der Novellierung des Kontenplans (voraussichtlich im Jahr 2007) zu ändern, und im Fall der lit. f) den geleasten Gegenstand unmittelbar als Anlagesachvermögen zu buchen.

2. Steuerrechtliche Aspekte

Das Leasing genießt von Anfang an steuerrechtliche **Vorteile**, insbesondere weil die Lea- 68 singraten abzugsfähige Kosten im Rahmen der Gesellschaftssteuer sind. Mit der Zeit ist aber die Behandlung weniger vorteilhaft geworden, indem (schon seit dem Inkrafttreten des Gesetzes Nr. 26/1988) eine Vorausnahme der amortisierbaren Kosten durch degressive Raten verhindert wurde, da, wie schon erwähnt (vgl. § 96 Rdn. 19), der Anteil des Jahresbetrags, der dem Wiedererlangen des Anschaffungspreises des Gutes entspricht, gleich oder steigend über die Vertragsdauer bleiben muss (Art. 115 Abs. 4 der GKV Nr. 4/2004). Dennoch ist das Leasing aus nachfolgend aufgeführten Gründen steuerlich begünstigt:

---

[45] Staatsanzeiger Nr. 84 vom 7. 4. 1992.
[46] Urt. TS (Verwaltungssenat) vom 27. 10. 1997 RJ 1997\7758.

§ 100 Fünfter Teil. Leasing als internationale Finanzdienstleistung

69 a) Gesellschaftssteuer. Die Leasingraten dürfen im Rahmen der Gesellschaftssteuer abgesetzt werden (Art. 115 Abs. 5 bis 10 der GKV Nr. 4/2004):

aa) Der Anteil der Leasingrate, der der **Finanzierungslast** entspricht, darf vollständig abgesetzt werden.

bb) Mit Ausnahme derjenigen Leasingvertragsgegenstände, die nicht amortisierbar sind (bzw. Immobilien), darf der Anteil der Leasingrate, die dem **Wiedererlangen** des Anschaffungspreises des Gutes entspricht, ebenso abgesetzt werden; allerdings jährlich nur bis zum Doppelten ggf. Dreifachen (für Unternehmen, deren Jahresumsatz 6 Millionen Euro nicht überschreiten) des für das entsprechende Gut amtlich bestimmten maximalen linearen Abschreibungssatzes. Dies ermöglicht immer noch eine schnelle steuerliche Amortisation im Vergleich zum Erwerb.

70 b) Mehrwertsteuer. Die Mehrwertsteuer wird beim Leasing ratenweise bezahlt, wohingegen beim Erwerb die gesamte Mehrwertsteuer zum Zeitpunkt der Zahlung zu zahlen ist.

§ 100 Das Leasingrecht in den USA

Schrifttum: *Alvarez/Wotschofsky/Miethig* Bilanzierung von Leasinggeschäften nach US-Generally Accepted Accounting Principles, IStR 2002, 65; *Amembol/Halladay/Isom/Leininger* Equipment Leasing: A Complete Handbook, New York, 1992; *Born* Internationale Rechnungslegung, Stuttgart, 1999; *Contino* The Complete Equipment-Leasing Handbook, New York, 2002; *Davis* Leasing international – aus der Sicht der USA, in: DB, 25. Jg., 1972, Beilage 9 zu Heft 29, S. 22; *Demberg* Leasing in den USA, in: FLF, 46. Jg., 1999, Heft 6, S. 266–268; *Demberg* Finanzierungsleasing beweglicher Anlagegüter (equipment leasing) in den Vereinigten Staaten der USA und der Bundesrepublik Deutschland Zusatz e. rechtsvergleichende Untersuchung, 1986 Frankfurt am Main [u. a.]; *Eckstein/Feinen* Leasing-Handbuch für die betriebliche Praxis, 2000 Frankfurt; *Girsberger* Grenzüberschreitendes Finanzierungsleasing, Tübingen 1997; *Harling von* Leasing in den USA – Eine Analyse seiner Entwicklung unter besonderer Berücksichtigung des Leasing als organisiertes Bankgeschäft, 1968 München; *Hoevel* Internationale Leasingtransaktionen unter besonderer Berücksichtigung der Vertragsgestaltung, DB 1991, 1029; *Kütting/Hellen/Brakensiek* Die Bilanzierung von Leasinggeschäften nach IAS und US-GAAP, DStR 1999, 39; *Laudenklos/Pegatzky* US-Leasingfinanzierungen – innovative Finanzierungsformen oder zweifelhafte Geschäfte?, NVwZ 2002, 1299; *Müller* Das US-amerikanische Leasingrecht nach Art. 2A Uniform Commercial Code, Diss. Wiesbaden 1999; *Smeets/Schwarz/Sander* Ausgewählte Risiken und Probleme bei US-Leasingfinanzierungen, NVwZ 2003, 1062.

Übersicht

	Rdn.
I. Die Praxis des Leasinggeschäfts in den USA	2
1. Verbreitung	2
2. Erscheinungsformen	4
a. Differenzierung nach dem Vertragszweck	4
aa. Finanzierungsleasing	7
bb. Operating-Leasing	10
b. Differenzierung nach der Person des Leasingnehmers	11
c. Sonstige begriffliche Differenzierungen	14
d. Besondere Leasingarten	16
e. Exkurs: Cross-Border-Leasing	17
3. Historischer Aufriss des Leasings in den USA	18
II. Die rechtliche Einordnung des Leasingvertrages	20
1. Grundsatz der Vertragsfreiheit	20
2. Uniform Commercial Code	21
a. True Lease und Secured Transaction	22
b. Finance Lease	25
c. Consumer Lease	29
III. Der Abschluss des Leasingvertrages	30

28. Kapitel. Leasingrecht im Ausland § 100

	Rdn.
IV. Leistungsstörungen	32
1. Allgemeines	32
2. Leistungsstörungsrecht und Vertragsgestaltung	34
a. Vertragspflichtverletzungen des Leasingnehmers	35
b. Vertragspflichtverletzungen des Leasinggebers	37
c. Die Sachgefahr	39
3. Das gesetzliche Leistungsstörungsrecht für das Waren-Leasing im UCC	42
a. Rechte des Leasingnehmers	43
b. Rechte des Leasinggebers	47
V. Die Beendigung des Leasingvertrages	48
VI. Zwangsvollstreckung und Insolvenz	51
1. Insolvenzrecht in den USA	51
2. Die Insolvenz des Leasingnehmers	55
3. Die Insolvenz des Leasinggebers	57
VII. Bilanzrechtliche und steuerrechtliche Aspekte	60
1. Bilanzrechtliche Aspekte	60
a. Mobilien-Leasing	60
aa. Bilanzrechtliche Klassifikation von Leasingverträgen	60
bb. Bilanzielle Darstellung	65
aaa. Bilanz des Leasingnehmers	65
bbb. Bilanz des Leasinggebers	67
b. Immobilien-Leasing	70
2. Steuerliche Aspekte	72

I. Die Praxis des Leasinggeschäfts in den USA

1. Verbreitung

Eine nähere Betrachtung der leasingrechtlichen Praxis in den Vereinigten Staaten von Amerika lohnt sich aus dreierlei Gründen. Zunächst sind die USA **Ursprungsland** des weltweit praktizierten modernen finanzorientierten Leasings. Hinzu kommt, dass das Land bis heute der weltgrößte Markt für Leasinggeschäfte ist und auch für deutsche Leasingunternehmen eine interessante Expansionsmöglichkeit darstellen kann. Umgekehrt erschließen auch US-Leasingunternehmen zunehmend die asiatischen und europäischen Märkte, weil sie sich über ihre Markterfahrung und Spezialisierung Wettbewerbsvorteile erhoffen. Auch wenn damit in den meisten Fällen eine Anpassung des Leasinggeschäfts an das jeweilige nationale Recht einhergeht, ist vielen Transaktionen eine gewisse US-amerikanische Prägung wesensimmanent. 1

Während sich in Deutschland das Leasing-Massengeschäft noch auf Fahrzeuge, Maschinen und EDV-Ausstattungen beschränkt und größtenteils von speziellen Leasingtochtergesellschaften der Banken betrieben wird, ist der **US-amerikanische Markt** weiter entwickelt. Gerade im Bereich des Leasing beweglicher Anlagegüter – dem sog. *equipment lease* als der im weltweiten Leasinggeschäft vorherrschenden Leasingform – wird in den USA eine breite Produktpalette angeboten, ausgerichtet an den Bedürfnissen des Marktes. Entsprechend beeindruckend sind die Transaktionszahlen des US-amerikanischen Leasingmarktes in diesem Bereich. Etwa 80 % der US-Unternehmen leasen ihre beweglichen Anlagegüter ganz oder teilweise. Zwischen 40 und 45 % der Gesamtinvestitionen von US-Unternehmen in bewegliche Anlagegüter werden durch Leasingprodukte finanziert. Auch die Finanzierung großvolumiger Projekte ist als eigenständige Sparte auf dem US-Leasingmarkt längst etabliert. So sind gegenwärtig rund 60 % aller Flugzeuge der US-Airlines geleast. Die Leasingquote, die den Anteil der Finanzierungsform an den gesamtwirtschaftlichen Investitionen misst, lag in den USA im Jahr 2006 bei rund 30 %.[1] 2

Diese Marktdurchdringung hat auch das **Spektrum der Marktteilnehmer** erweitert. Neben Banken und bankeigenen Leasinggesellschaften, die im Bereich des Finanzie- 3

---

[1] Handelsblatt vom 21.12.2004/Nr. 247 S. 28.

rungsleasing insbesondere großvolumiger Projekte eine marktdominierende Stellung innehaben, finden sich auch eigene Leasingtochtergesellschaften der Hersteller und Lieferanten (*captive lessors*), die sich zunehmend auch nicht länger auf die Produkte der Muttergesellschaft beschränken. Unabhängige Leasinggesellschaften, deren Tätigkeitsfeld sich meist auf regionale Märkte und bestimmte Leasinggüter beschränkt, bilden die zahlenmäßig größte Gruppe der Leasingmarktteilnehmer. Diese kooperieren im Rahmen sog. *vendor programs* häufig mit Herstellern und Lieferanten und bieten in diesem Fall neben der bloßen Leasingfinanzierung auch Serviceleistungen wie Reparatur, Wartung und Schulungen an. Für die Hersteller und Lieferanten ist eine solche Kooperation mit Leasinggesellschaften ein Instrument der Verkaufs- und Vertriebsförderung.

4   Folge dieser Marktdurchdringung bei steigender Anzahl der Marktteilnehmer sind zugleich ein harter Preiswettbewerb, verlangsamtes Wachstum und zunehmende Konkurrenz. Vor diesem Hintergrund ist eine Spezialisierung der Leasinggeber unausweichlich. In Verbindung mit dem **Angebot zunehmend ausdifferenzierter und spezialisierter Leasingprodukte** führt dies zu einer Aufspaltung des Marktes in Teilmärkte. Auch eröffnet die angesprochene Entwicklung des Leasingmarktes eigenständige und rapide wachsende Märkte für Servicedienstleistungen rund um Leasinggeschäfte. Genannt seien nur Beratungs- und Vermittlungstätigkeiten von Leasingmaklern (*lease broker*) und Investmentbanken, aber auch Unternehmen, die sich auf die Wartung von Leasingobjekten spezialisiert haben. Schließlich ist gerade bei der Leasingfinanzierung von Großprojekten die Entwicklung erkennbar, dass Leasinggeber etwaige Steuervorteile einer Leasingfinanzierung über die Leasingraten mit dem Leasingnehmer teilen. Dies wiederum macht Leasingfinanzierungen für US-amerikanische Leasingnehmer interessant und fördert die weitere Entwicklung des Marktes.

2. Erscheinungsformen

5   Die US-amerikanischen Wurzeln des deutschen Leasingrechts begründen eine grundsätzliche **Parallelität der leasingtypischen Begrifflichkeiten** und der rechtlichen Strukturen von Leasingverträgen in Deutschland und den USA. Allerdings ist zu erkennen, dass die Ausgestaltung US-amerikanischer Leasingverträge deutlich variantenreicher und ausdifferenzierter als in europäischen Ländern erfolgt. Diese Vielfalt an Leasingvertragsformen auf dem US-Markt erschwert freilich die rechtliche Einordnung, auch wenn alltägliche Leasinggeschäfte wie klassisches Kfz-Leasing inzwischen vielfach mit standardisierten Vertragswerken abgewickelt werden. Eine gewisse Strukturierung des Leasingrechts lässt sich in erster Linie dadurch erreichen, dass man Leasingverträge nach dem Leasingzweck und nach der Person des Leasingnehmers (*lessee*) differenziert.

6   **a) Differenzierung nach dem Vertragszweck.** Wie auch im deutschen Recht unterscheidet man in den USA zwischen Finanzierungsleasing (*financial lease*) und Operating-Leasing (*operating lease*).[2] Das Begriffsverständnis und das Differenzierungskriterium nach dem Zweck des Leasinggeschäfts sind dabei in Deutschland und den USA grundsätzlich identisch.

7   **aa. Finanzierungsleasing:** Ziel des Finanzierungsleasings ist, dass der Unternehmer ein Wirtschaftsgut langfristig nutzen kann, ohne dass er es käuflich erwerben muss. Der Leasingnehmer zahlt ein Entgelt, welches den Anschaffungs- und Finanzierungskosten sowie dem Gewinn des Leasinggebers entspricht. Der Finanzierungszweck kann freilich nur dann erreicht werden, wenn der Unternehmer während einer bestimmten Grundlaufzeit des Leasingvertrages nicht zur Kündigung berechtigt ist.

---

[2] Hier ist insoweit Vorsicht geboten, als das US-Bilanzrecht nach US-GAAP die Begrifflichkeiten *operating lease* und *finance lease* nicht – wie hier – nach dem Vertragszweck, sondern nach wirtschaftlichen Gesichtspunkten unterscheidet, vgl. dazu VII. 1.

Weitergehend lassen sich verschiedene Erscheinungsformen des Finanzierungsleasings 8
(auch) im amerikanischen Recht nach der Ausgestaltung der üblichen Kaufoption (*hire
purchase*) des Leasingnehmers nach Ablauf des Nutzungszeitraums unterscheiden. Ist die
Kaufoption so ausgestaltet, dass sich der Preis nach dem jeweiligen Marktpreis unter Berücksichtigung des Zustandes des Leasinggutes bzw. nach seinem nominalen Restwert
bestimmt, spricht man vom sog. *conditional sale lease.* Einen Finanzierungsleasingvertrag
mit einer Kaufoption zu einer bei Vertragsschluss vereinbarten fixen Summe bezeichnet
man als sog. *finance lease.*

Schließlich wird im Rahmen des Finanzierungsleasings noch zwischen dem *direct lease* 9
und *leveraged lease* differenziert. Unter **direct lease** ist das klassische Finanzierungsleasing
im Drei-Personen-Verhältnis bestehend aus Leasinggeber (*lessor*), Leasingnehmer (*lessee*)
und Lieferant (*supplier*) zu verstehen. Im Unterschied hierzu ist beim **leveraged lease** zumindest ein weiterer gewerblicher Investor beteiligt, der die Anschaffungskosten des Leasinggebers für das Leasinggut durch die Hingabe eines nicht rückzahlbaren Darlehens
teilweise finanziert. Im Gegenzug erhält der Investor (nur) einen Teil der Leasingraten,
die entsprechende Forderung tritt der Leasinggeber regelmäßig bereits im Voraus ab. Üblich ist zudem eine Sicherungsübereignung des Leasinggutes an den Investor. Ein Investor hat aber stets nur Zugriff auf die mit dem Leasinggeschäft verbundenen geldwerten
Leistungen und den Leasinggegenstand als solchen, nicht hingegen auf das sonstige Vermögen des Leasinggebers. Hintergrund des *leveraged lease* sind steuerliche Vorteile für die
Beteiligten. Der Leasinggeber kann in der Regel das gesamte Investitionsvermögen, d. h.
einschließlich der Investorengelder, steuerlich abschreiben, zudem mindern die Leistungen für die Darlehen als abzugsfähige Betriebsausgaben die steuerliche Bemessungsgrundlage. Dieser Steuervorteil wird teilweise an den Leasingnehmer weitergegeben.

bb. Operating-Leasing: Beim Operating-Leasing wird dem Unternehmer hingegen 10
ein kurzfristiges, meist jederzeit kündbares Nutzungsrecht am Leasinggut eingeräumt.
Der Leasing-Vertrag entspricht folglich weitgehend einem zivilrechtlichen Mietvertrag.
Seinem Zweck nach steht beim Operating-Leasing die kurzfristige Nutzung des Investitionsgutes im Vordergrund: Damit sollen vor allem Engpässe in der Produktion oder im
Vertrieb überbrückt werden. Dies hat zur Folge, dass die Finanzierungskosten des Leasinggebers beim Operating-Leasing in einer Vertragsperiode im Regelfall nicht amortisiert werden. Die vollständige Amortisation lässt sich häufig nur in der Weise erreichen,
dass das Leasinggut mehrfach verleast und schließlich verkauft wird, was eine gewisse
Langlebigkeit des Leasingobjektes voraussetzt.

b) Differenzierung nach der Person des Leasingnehmers. Neben einer Unterschei- 11
dung nach dem Zweck des Leasingvertrages erfolgt auch eine Differenzierung nach der
Person des Leasingnehmers. Ist der Leasingnehmer Verbraucher, spricht man von einem
consumer lease, anderenfalls von *business lease.* Hintergrund dieser Differenzierung ist, dass
bei einem *consumer lease* dem Verbraucher (= Leasingnehmer) unter bestimmten Voraussetzungen auf Grundlage des *Consumer Leasing Act* in Title 15 *United States Code* weitergehende Rechte eingeräumt werden bzw. den Leasinggeber zusätzliche Pflichten zum
Schutze des Leasingnehmers treffen.

Dieser **gesetzliche Verbraucherschutz** greift schon vor Abschluss des Leasingvertrages, 12
indem er dem Leasinggeber Informationspflichten auferlegt und Werbung für Verbraucherleasinggeschäfte nur unter bestimmten Voraussetzungen zulässt. Insbesondere aber beim
Abschluss des Leasingvertrages wird die Position des Verbraucher-Leasingnehmers gestärkt.
Zu nennen ist etwa das Erfordernis einer schriftlichen Fixierung der aus dem Leasinggeschäft resultierenden Gesamtkosten im Leasingvertrag unter Aufschlüsselung der einzelnen
Positionen einschließlich aller Gebühren und Steuern, von vorzeitigen Kündigungsrechten
und Vertragsstrafen (*early termination conditions and penalties*), von Wartungs- und Erhaltungspflichten (*maintenance responsibilities*) und von Versicherungen und Garantien (*Insurance and
warranties*). Hinzu kommt ein Transparenzgebot für Vertragsklauseln.

13 Die Qualifikation eines Leasingvertrages als *consumer lease* knüpft der *Consumer Leasing Act* an drei **Voraussetzungen**[3]: Der Leasingnehmer muss Verbraucher sein, die Leasingzeit muss mehr als vier Monate betragen und die Vertragskosten dürfen sich nicht auf mehr als 25,000 US-Dollar belaufen. Ausdrücklich ausgenommen sind Leasingverträge über Immobilien.

14 **c) Sonstige begriffliche Differenzierungen.** Darüber hinaus werden in den USA Leasinggeschäfte häufig auch nach ihrem Vertriebsweg begrifflich unterschieden. Bei einem *direct lease* ist der Hersteller des Leasinggutes zugleich Leasinggeber, bei einem *indirect lease* erwirbt zunächst eine unabhängige Leasinggesellschaft das Leasinggut und tritt dann als Leasinggeber auf. Nach der Art der Leasingobjekte lassen sich *equipment lease* (Leasingverträge über einzelne, bewegliche Wirtschaftsgüter) und *plant lease* (Leasingverträge über Betriebsanlagen oder Betriebseinrichtungen) unterscheiden. Schließlich wird auch danach differenziert, ob es sich beim Leasinggut um bewegliche (*mobile lease*) oder standortgebundene Wirtschaftsgüter (*immobile lease*) handelt.

15 In der Literatur wird zudem die Begrifflichkeit *true lease* häufig verwendet, um den zivilrechtlichen Unterschied zur *secured transaction* zu betonen.[4] Im US-Steuerrecht beschreibt dieser Terminus hingegen ein steuerwirksam vereinbartes Leasinggeschäft nach Maßgabe des *Internal Revenue Code (IRC)*. Zusammenfassend lassen sich die Leasingarten auf Grundlage dieser Unterscheidungskriterien wie folgt darstellen:

	Leasingarten	
Vertragszweck	financial lease	operating lease
Leasingnehmer	consumer lease	business lease
Vertriebsweg	direct lease	indirect lease/leveraged lease
Art der Objekte	mobile lease	immobile lease
Anzahl der Objekte	equipment lease	plant lease
Kaufoption	conditional sale lease	finance lease
Zur Abgrenzung	true lease	(secured transaction)

16 **d) Besondere Leasingarten.** Darüber hinaus werden bestimmte Leasinggeschäfte im Hinblick auf ihre rechtlichen Besonderheiten bzw. ihre praktische Relevanz auch begrifflich gesondert erfasst. Genannt seien an dieser Stelle nur das sog. *synthetic lease*, wo eine unterschiedliche Klassifizierung von *leases* im US-Bilanz- und Steuerrecht in der Weise bewusst ausgenutzt wird, dass der Leasinggeber das Leasinggeschäft nicht bilanzieren muss, gleichwohl aber eine steuerbegünstigte Behandlung des Leasingobjektes als wirtschaftliches Eigentum des Leasinggebers möglich ist. Im Bereich der Pkw-Leasinggeschäfte ist das sog. *TRAC-lease* verbreitet, d. h. für einen oder mehrere Beendigungszeitpunkte wird schon bei Abschluss des Leasingvertrags eine Restwertberechnung für den Pkw vorgenommen und der Leasingnehmer vertraglich verpflichtet, eine mögliche Unterdeckung auszugleichen. Bei einem *Wrap-lease* veräußert der Leasinggeber das bereits verleaste Objekt an einen Investor und schließt mit diesem zugleich einen *lease-back*-Vertrag ab, d. h. der bisherige Leasingvertrag wird zum Unterleasingvertrag. Hintergrund dieser Gestaltung ist, dass durch den *lease-back*-Vertrag weitere Steuervorteile beim Investor generiert werden, die dieser an den (Sub-)Leasinggeber anteilig weitergibt. Steuerrechtlich werden solche zivilrechtlich zulässigen Vertragsgestaltungen allerdings nicht immer anerkannt. Letztlich handelt es sich beim *Wrap-lease* um eine Ausprägung des *sale-and-lease-back-lease*.

---

[3] *Consumer Leasing Act* – § 1667 USC, vgl. Anlage A I.
[4] Vgl. dazu II. 2. a.

28. Kapitel. Leasingrecht im Ausland § 100

e) Exkurs: Cross-Border-Leasing. Das sog. *Cross-Border-Leasing*[5] ist keine eigenständige Leasingart im Sinne eines Mietkaufs, seine Existenz ist jedoch eng mit dem US-amerikanischen Steuerrecht verknüpft und wurde in der Vergangenheit von deutschen Kommunen und Städten genutzt. Ausgangspunkt des *Cross-Border-Leasing* ist die Überlegung, dass das US-amerikanische Steuerrecht es erlaubt, langfristige Mieten wie wirtschaftliches Eigentum zu behandeln. Werden nun Leasinggüter von einem ausländischen Eigentümer in einem sog. Hauptmietvertrag[6] für 99 oder 100 Jahre an einen US-Trust vermietet und sodann für einen kürzeren Zeitraum von etwa 20 bis 35 Jahren unter Einräumung einer Rückkaufoption[7] zum Ende des Rückmietverhältnisses zurückgemietet, hat dies zur Folge, dass der US-Trust und der ausländische Eigentümer für die Dauer des Rückmietverhältnisses jeweils nach den Steuergesetzen ihres Heimatlandes aus steuerrechtlicher Sicht Eigentümer des Leasinggutes sind und dieses steuerlich absetzen können. Da der US-Trust die Abschreibung regelmäßig ohne reale Anschaffungskosten verbuchen kann, handelt es sich um ein reines Steuersparmodell. Durch die Partizipation des ausländischen Eigentümers an der Steuerersparnis lohnt sich *Cross-Border-Leasing* auch für diesen. 17

In den USA ist der Abschluss von *Cross-Border-Leasing*-Verträgen seit dem 12. März 2004 gesetzlich verboten, vgl. *American Jobs Creation Act 2004*. Im Jahre 2005 hat die amerikanische Finanzverwaltung, der *Internal Revenue Service (IRS)*, beschlossen, dass auch vor diesem Datum abgeschlossene *Cross-Border-Leasing*-Verträge grundsätzlich als missbräuchliche Steuerumgehung zu qualifizieren sind. Aus diesem Grund der angestrebte Steuervorteil auch für Altverträge nicht länger zu realisieren. 18

3. Historischer Aufriss des Leasings in den USA

Die USA gelten als Ursprungsland des modernen Leasinggeschäfts. Erstmals nutzte die US-amerikanische Telefongesellschaft „Bell Telephone Company" ab 1877 leasingtypische Strukturen gezielt zum Absatz von Telefonapparaten. Diese innovative Absatzform wurde in den Folgejahren zunehmend bedeutsamer. Einen weiteren Entwicklungsschritt erlebte das Leasinggeschäft in den 50er Jahren ebenfalls in den USA, als erste Leasinggesellschaften gegründet wurden, deren einziger Unternehmenszweck im Abschluss von Leasingverträgen bestand. Erster herstellerunabhängiger Leasinggeber war 1953 die „United Leasing Corporation" aus San Francisco. 19

II. Die rechtliche Einordnung des Leasingvertrages

1. Grundsatz der Vertragsfreiheit

Im Hinblick auf die US-amerikanische Rechtstradition und vor dem Hintergrund eines sehr weiten Spektrums von Leasingvertragsformen auf dem US-Markt ist es wenig überraschend, dass das amerikanische Recht eine umfassende Kodifikation des Leasingrechts nicht kennt. So ist das Leasingrecht vornehmlich geprägt **durch Fallrecht und den Grundsatz der Vertragsfreiheit.** Selbst Leasingverträge für alltägliche Transaktionen sind daher oftmals sehr umfangreich und enthalten ausdifferenzierte Regelungen. Lediglich das Waren-Leasing ist im *Uniform Commercial Code (UCC)* teilweise kodifiziert.[8] Der 20

---

[5] Einen Überblick über das Cross-Border-Leasing unter Behandlung der kommunalrechtlichen Aspekte geben *Laudenklos/Pegatzky* NVwZ 2002, 1299.

[6] *Laudenklos/Pegatzky* NVwZ 2002, 1299 (1300).

[7] Bei Ausübung der Option kauft die Kommune bzw. der ausländische Eigentümer die zu diesem Zeitpunkt dem US-Trust unter dem Hauptmietvertrag noch zustehende Rechtsposition gegen Zahlung eines bei Vertragsschluss festgelegten Optionspreises, vgl. *Laudenklos/Pegatzky* NVwZ 2002, 1299 (1300).

[8] Ergänzt und teilweise auch überlagert wird die grundlegende Kodifikation des *UCC* durch eine Reihe von Vorschriften zu einzelnen Aspekten des Leasingrechts. Genannt seien an dieser Stelle die leasingrechtlichen Bestimmungen der *Securities and Exchange Commission (SEC)*, der Aufsichtsbehörde

UCC ist keine rechtsverbindliche Kodifikation, sondern eine von der amerikanischen Anwaltskammer verfasste Richtlinie zur Vereinheitlichung des Rechts der Bundesstaaten. Diese Richtlinie ist aber in das jeweilige Landesrecht aller US-Bundesstaaten mit Ausnahme des Staates Louisiana transformiert worden und regelt auf Ebene der Bundesstaaten rechtsverbindlich das Waren-Leasing als die im US-amerikanischen Leasinggeschäft vorherrschende Leasingform. Die Regelungen des *UCC* und das Waren-Leasing stehen aus diesem Grund im Zentrum der Darstellung. Die gesetzlichen Regelungen des *UCC* sind allerdings weitgehend abdingbares Recht, so dass die vertragliche Gestaltungsfreiheit der Parteien trotz Kodifikation erhalten bleibt.[9] In der Praxis sind auch Mobilien-Leasingverträge regelmäßig ausdifferenziert und enthalten Regelungen für alle in Betracht kommenden Rechtsfragen. Der *UCC* stellt dann nur Auslegungsrichtlinien und Auffangtatbestände bereit.[10]

2. Uniform Commercial Code

21 Im *UCC – Article 2A Leases* sind grundlegende Definitionen und Begriffsbestimmungen (*Part 1*), Vorschriften über den Vertragsschluss (*Part 2*) und Regelungen zu den rechtlichen Auswirkungen eines Leasingvertrages (*Part 3*) und Leistungsstörungen (*Part 4 and 5*) betreffend das Leasing von Waren (*goods*[11]) kodifiziert. Obgleich die gesetzliche Regelung ausdrücklich nur **Waren-Leasingverträge** betrifft, erfasst sie in der Praxis die meisten Fälle des sogenannten Mobilien-Leasing (*mobile lease*). An dieser Stelle sollen zunächst die von den Bestimmungen des *UCC* erfassten Leasinggeschäfte dargestellt werden. Die einzelnen Regelungsinhalte der Kodifikation werden im Zusammenhang mit den Ausführungen zum Vertragsschluss und den Leistungsstörungen angesprochen.

22 a) *True Lease* und *Secured Transaction*. Eine **Legaldefinition des Waren-Leasing** findet sich im *Article 2A-103 (j) UCC*:[12] „*Lease" means a transfer of the right to possession and use of goods for a term in return for consideration, but a sale, including a sale on approval or a sale or return, or retention or creation of a security interest is not a lease. (. . .)*. Ein Leasinggeschäft liegt also dann vor, wenn ein Besitz- und Nutzungsrecht an einer Ware für einen bestimmten Zeitraum übertragen wird und hierfür eine Gegenleistung zu erbringen ist. Hingegen ist ein Kauf, einschließlich eines Vorbehaltskaufes, eines Kaufes unter Eigentumsvorbehalt oder gegen Einräumung eines Pfandrechts, kein Leasinggeschäft im Sinne des *UCC*.

23 Die **Abgrenzung** zwischen einem *Lease* im Sinn des *UCC* (*true lease*) und einem (besicherten) Kauf (*secured transaction*) kann sich im Einzelfall als ausgesprochen schwierig erweisen, sie hat jedoch weitreichende Konsequenzen. Denn Sicherungsgeschäfte fallen grundsätzlich unter die Regelungen des *Article 9 UCC*, die unter bestimmten Voraussetzungen einen völligen Verlust der Eigentumsrechte am Vertragsgegenstand und den Eintritt erheblicher Haftungsrisiken vorsehen.[13] Von Bedeutung ist insbesondere, dass in der

---

der Wert- und Anteilspapiermärkte, die Schutzvorschriften für Leasingnehmer auf dem Gebiet des Wettbewerbrechts (*United States Code (USC) Title 15*), und vor allem die Regelungen über das Konsumenten-Leasing (*Consumer Leasing Act – USC Title 15*) und die Insolvenz (*Bankruptcy Code – USC Title 11*). Ferner finden sich noch Vorschriften zur Bilanzierung von Leasinggeschäften nach IAS/IFRS und US-GAAP.

[9] Eckstein/Feinen/*Zwicker* Leasing-Handbuch für die betriebliche Praxis S. 524.

[10] Eckstein/Feinen/*Zwicker* Leasing-Handbuch für die betriebliche Praxis S. 524; *Demberg* FLF 1999, 266 (268).

[11] Der Begriff „goods" ist in Article 2A-103 (h) UCC legaldefiniert, vgl. Anlage A II.

[12] Eine ähnliche Definition findet sich im *Statement of Financial Accounting Standards No. 13 – Accounting for Leases (FAS 13)*, wo in *lease* als Vertrag beschrieben wird, bei dem der Leasinggeber dem Leasingnehmer das Recht zur Nutzung eines *assets* für einen vereinbarten Zeitraum gegen Entgelt einräumt. Entgegen dem deutschen Sprachgebrauch wird somit in den Legaldefinitionen nach *UCC* und *FAS* auf eine begriffliche Unterscheidung von Miete und Leasing verzichtet, vgl. *Kütting/Hellen/Brakensiek* DStR 1999, 39 (39).

[13] Eckstein/Feinen/*Zwicker* Leasing-Handbuch für die betriebliche Praxis S. 525 f.

28. Kapitel. Leasingrecht im Ausland   § 100

Insolvenz ein durch ein vertraglich vereinbartes Sicherungsrecht begründetes Aussonderungsrecht (*preferred or priority interest*) am überlassenen Gegenstand leer läuft bzw. dem Insolvenzverwalter ein vorrangiges Pfandrecht (*secured pledge*) am überlassenen Gegenstand zusteht, wenn ein solches vertragliches Sicherungsrecht nicht zur Registrierung angemeldet wurde.[14] Eine Abgrenzung kann nach den Kriterien in § 1–201 (37) *UCC*[15] erfolgen. Ein (besicherter) Kauf liegt demnach vor, wenn die aus der Nutzungs- oder Gebrauchsüberlassung resultierende Zahlungsverpflichtung des Nutzungs- oder Gebrauchsberechtigten unkündbar ist und zudem
– die Vertragslaufzeit der wirtschaftlichen Nutzungsdauer des überlassenen Gegenstandes entspricht bzw. diese überdauert; oder
– der Nutzungsberechtigte gezwungen werden kann, das Eigentum am überlassenen Gegenstand zu erwerben oder den Vertrag um die verbleibende wirtschaftliche Nutzungsdauer zu verlängern; oder
– der Nutzungsberechtigte die Vertragslaufzeit ohne weitere oder gegen eine nur nominale Gegenleistung per Option um die verbleibende wirtschaftliche Nutzungsdauer des überlassenen Gegenstandes verlängern kann; oder
– der Nutzungsberechtigte das Eigentum am überlassenen Gegenstand ohne weitere oder gegen eine nur nominale Gegenleistung per Option erwerben kann.

Letztlich geht es bei der Abgrenzung zwischen *lease* und *secured transaction* um den **wirtschaftlichen Inhalt des Vertrages.** Geht der Restwert des überlassenen Gegenstandes nach Ablauf des Vertrages auf den Nutzungsberechtigten über, liegt eine *secured transaction* vor. Verbleibt das Restwertrisiko hingegen beim Nutzungsgewährenden und hat dieser während der Vertragslaufzeit nicht den aufgezinsten Preis des überlassenen Gegenstandes erhalten,[16] kann von einem *true lease* ausgegangen werden und *Article 2A UCC* kommt zur Anwendung. 24

b) Finance Lease. Neben dem *true lease* definiert *Article 2A-103 (g) UCC* auch das *finance lease*:[17] Darunter ist ein Leasinggeschäft zu verstehen, bei dem der Leasinggeber den Leasinggegenstand weder auswählt, herstellt oder liefert, jedoch den Gegenstand bzw. das Besitz- oder Nutzungsrecht an ihm im Hinblick auf den Abschluss eines Leasingvertrages erwirbt und alternativ 25
– dem Leasingnehmer vor Abschluss des Leasingvertrages ein Nachweis über den Erwerb oder die Einräumung des Besitz- oder Nutzungsrechts am Leasinggegenstand erbracht wird; oder
– eine Genehmigung des Vertrages, durch den der Leasinggeber das Leasinggut erwirbt, durch den Leasingnehmer Wirksamkeitsvoraussetzung für den Leasingvertrag ist; oder
– der Leasingnehmer vor Abschluss des Leasingvertrages präzise und vollständig über die Gewährleistungsansprüche und Garantien bzw. deren Abbedingung, wie sie zwischen dem Leasinggeber und dem Hersteller oder Lieferanten im oder mit dem Erwerbsvertrag vereinbart wurde, aufgeklärt wird; oder
– der Leasinggeber den Leasingnehmer vor dessen Unterzeichnung des Leasingvertrages schriftlich über die Identität des Herstellers bzw. Lieferanten des Leasinggegenstandes und die Berechtigung zur Geltendmachung aller dem Leasinggeber aus dem Erwerbs-

---

[14] Vgl. *Demberg* FLF 1999, 266 (268); *Eckstein/Feinen/Zwicker* Leasing-Handbuch für die betriebliche Praxis S. 525, der in diesem Zusammenhang für größere Leasinggeschäfte empfiehlt, eine vorsorgliche Registrierung vornehmen zu lassen. Dies sei unschädlich, weil die Registrierung keine Auswirkungen auf die Abgrenzung zwischen *true lease* und *secured transaction* habe.
[15] Vgl. Anlage A VI.
[16] Vgl. *Eckstein/Feinen/Zwicker* Leasing-Handbuch für die betriebliche Praxis S. 525.
[17] Vgl. Anlage A II.

§ 100 Fünfter Teil. Leasing als internationale Finanzdienstleistung

vertrag gegen den Hersteller bzw. den Lieferanten zustehenden Gewährleistungsansprüche und Garantien aufklärt.

26   Liegen diese Voraussetzungen vor, übernimmt der Leasinggeber wirtschaftlich die Rolle eines Finanziers, der in erster Linie die Aufgabe der Kapitalbeschaffung hat.[18] Aus diesem Grund will der *UCC* die Vertragspflichten wie Betrieb, Nutzung und Wartung einerseits und das Leistungsstörungsrecht andererseits allein im Verhältnis zwischen Hersteller bzw. Lieferant und Leasingnehmer geregelt wissen. Ist daher ein Leasinggeschäft als *finance lease* zu qualifizieren, treffen den Leasinggeber nicht die gesetzlichen Gewährleistungspflichten nach *Article 2A UCC*, die im Rahmen eines *true lease* bestehen. Ist zudem der Leasingnehmer kein Verbraucher, werden seine aus dem Leasingvertrag resultierenden Zahlungsverpflichtungen gegenüber dem Leasinggeber unwiderruflich und einredefrei gestellt. D. h. den Leasinggegenstand oder den Leasingvertrag betreffende Einreden kann der Leasingnehmer nur gegenüber dem Hersteller und/oder den Lieferanten des Leasinggegenstandes geltend machen. Die **Haftungsfreistellung** des Leasinggebers gilt auch in der Insolvenz des Herstellers bzw. Lieferanten, der Leasingnehmer trägt mithin ein erhebliches Ausfallrisiko.

27   Die nachteiligen Rechtsfolgen des *finance lease* treten nur dann nicht ein, wenn der Leasinggeber eine derart **enge Beziehung zum Hersteller oder Lieferanten** des Leasinggutes unterhält, dass er in dessen Lager steht. Eine solche enge Beziehung wird man noch nicht dann annehmen können, wenn der Leasinggeber lediglich als Vertriebspartner des Herstellers oder des Lieferanten auftritt. Hingegen wird man beim Herstellerleasing, d. h. der Leasingnehmer ist Tochtergesellschaft des Herstellers oder wird von diesem kontrolliert, den Leasingnehmer dem Lager des Herstellers zurechnen können. Gleiches gilt, wenn ein Leasingnehmer als weisungsgebundener Bevollmächtigter (*merchant* oder *agent*) auftritt.

28   Vor diesem Hintergrund kommt der **Abgrenzung** zwischen *finance lease* und *secured transaction* besondere Bedeutung zu. Denn ist ein vermeintlicher *finance lease* als *secured transaction* einzuordnen, geht der – regelmäßig vom Leasinggeber angestrebte – Gewährleistungsausschluss ins Leere. Für die Abgrenzung gelten die bereits dargestellten Kriterien.[19]

29   **c) Consumer Lease.** Schließlich ist auch der **Verbraucher-Leasingvertrag** in *Article 2A-103 (e) UCC*[20] definiert: „*Consumer lease*" *means a lease that a lessor regularly engaged in the business of leasing or selling makes to a lessee who is an individual and who takes under the lease primarily for a personal, family, or household purpose (. . .).* Die entsprechenden Vorschriften im UCC werden jedoch von den spezielleren Regelungen über das Konsumenten-Leasing im *Consumer Leasing Act* in Title 15 des *United States Code* überlagert.

III. Der Abschluss des Leasingvertrages

30   Den **Abschluss eines Mobilien-Leasingvertrages** regelt *Article 2A-206 UCC*[21]: Erforderlich sind Angebot (offer) und Annahme (acceptance), gerichtet auf den Abschluss eines Leasingvertrages, wobei die entsprechenden Willenserklärungen einer Auslegung zugänglich sind.

31   Leasingverträge, die Zahlungen von mehr als 1.000 US-Dollar vorsehen, bedürfen der **Schriftform**. Dies gilt jedoch nicht für Leasinggüter, die eigens für den Leasingnehmer angefertigt oder modifiziert wurden, die der Leasingnehmer bereits in Empfang genommen hat oder wenn die aus dem Vertrag in Anspruch genommene Partei in ihrem gerichtlichen Vortrag den Abschluss eines Leasingvertrages eingeräumt hat, vgl. *Article 2A-201 UCC*.

---

[18] Eckstein/Feinen/*Zwicker* Leasing-Handbuch für die betriebliche Praxis S. 528.
[19] Vgl. oben II. 2. a.
[20] Vgl. Anlage A II.
[21] Vgl. Anlage A III.

IV. Leistungsstörungen

1. Allgemeines

Leistungsstörungen im Sinne von **Vertragspflichtverletzungen** (*defaults*) werden häufig 32
in den standardisierten Vertragsformularen von den Parteien präzise definiert und für den
Eintrittsfall sind regelmäßig bestimmte Rechte oder Rechtsbehelfe der vertragstreuen
Partei vorgesehen. Beispielhaft genannt seien die beim Kfz-Leasing häufig eingesetzten
sog. *Mileage*-Klauseln, die eine bestimmte Laufleistung des Fahrzeugs pro Leasingjahr
festlegen und deren Überschreitung vom Leasingnehmer gesondert zu vergüten ist.
Grundsätzlich ist das Leistungsstörungsrecht US-amerikanischer Leasingverträge also
stark von der Vertragsgestaltung der Parteien geprägt.

Die Zulässigkeit einer solchen Vertragsgestaltung in **Ergänzung zum gesetzlichen** 33
Leistungsstörungsrecht des Mobilien-Leasing im *UCC* folgt aus *Article 2A-503 UCC*.

2. Leistungsstörungsrecht und Vertragsgestaltung

Grundsätzlich ist die vertragliche Gestaltung des Leistungsstörungsrechts durch die Par- 34
teien abhängig von verschiedenen Faktoren wie der Art des Leasinggeschäfts oder der
Verhandlungsposition der Beteiligten und damit eine **Frage des Einzelfalls.** Gleichwohl hat die Vertragsgestaltung eine gewisse Standardisierung erfahren, so dass gewisse
Vertragsklauseln als leasingtypisch angesehen werden können. Diese leasingtypischen
Vertragsklauseln sollen in der Folge überblickartig dargestellt werden, freilich ohne Anspruch auf Vollständigkeit.

a) **Vertragspflichtverletzungen des Leasingnehmers.** Eine leasingtypische *Event-of-* 35
Default-Vertragsklausel[22] definiert als Vertragspflichtverletzung des Leasingnehmers
- die Nichterbringung der fälligen Leasingraten oder anderer fälliger Leistungen aus dem Leasingvertrag;
- den verschuldeten Untergang des Leasinggutes;
- die Nichteinhaltung von Nebenvertragspflichten, etwa den Abschluss einer Versicherung für das Leasinggut oder seine ordnungsgemäße Wartung;
- die Besicherung des Leasinggutes durch den Leasingnehmer;
- die Einräumung sonstiger Vorteile oder Rechte am Leasinggut zugunsten anderer Gläubiger des Leasingnehmers;
- die Zahlungsunfähigkeit oder ein Insolvenzantrag des Leasingnehmers;
- die Verletzung der Pflichten aus konnexen Verträgen, etwa weiteren Leasingverträgen mit dem Leasinggeber oder der den Leasingvertrag finanzierenden Bank;
- die Gefahr einer Beschlagnahme, Sicherstellung oder Pfändung des Leasinggutes;

und beim gewerblichen Leasingnehmer zudem
- die Beendigung der Geschäftstätigkeit oder Liquidation der Gesellschaft;
- nachteilige Veränderungen im Geschäft des Leasingnehmers, die Auswirkungen auf die vertragsgemäße Abwicklung des Leasingvertrages erwarten lassen.

Häufig ist der Leasingnehmer nach dem Leasingvertrag dazu verpflichtet, dem Leasinggeber eine Vertragspflichtverletzung unverzüglich anzuzeigen.

Leasingtypische, **vertraglich vereinbarte Rechte und Rechtsbehelfe des Leasing-** 36
gebers (*remedies*)[23] im Falle einer Vertragspflichtverletzung durch den Leasingnehmer

---

[22] Vgl. Musterklausel Anlage A VII.
[23] Vgl. Musterklausel Anhang A VIII.

sind die Abmahnung, welche erst bei fortbestehender oder wiederholter Vertragspflichtverletzung weitere Rechte des Leasinggebers begründet, die vorzeitige Beendigung des Vertrages, d. h. Beendigung des Besitz- und Nutzungsrechts durch Rückgabe des Leasinggutes und Fälligstellung aller zukünftigen Leasingraten, die Übertragung des Leasinggutes an einen Dritten, Ansprüche aus Vertragsstrafen und Schadensersatzansprüche, namentlich wegen Verzugsschäden, Rechtsverfolgungskosten und solchen Schäden, die aus der vorzeitigen Beendigung des Leasingvertrages resultieren, beispielsweise die entgangenen Steuervorteile. Gerade die Erstattungsfähigkeit solcher Folgeschäden sollte aus Sicht des Leasinggebers generell möglichst präzise[24] und auch beim Mobilien-Leasing vertraglich geregelt werden, weil die gesetzlichen Schadensersatzansprüche nach dem *UCC* den Leasinggeber nur so stellen, als ob es zu keiner Vertragsstörung gekommen wäre.[25] Umgekehrt können die gesetzlichen Rechte nach dem *UCC* den Beteiligten zu weit gehen und eine anspruchsbeschränkende Vertragsgestaltung angezeigt sein.

37 **b) Vertragspflichtverletzungen des Leasinggebers.** Als **Vertragspflichtverletzungen des Leasinggebers** wird in *Event-of-Default*-Vertragsklauseln vornehmlich die Nichtlieferung oder die Lieferung eines nicht vertragsgemäßen Leasinggutes definiert. Auch das Nichterbringen vertraglich vereinbarter oder gesetzlicher Gewährleistungsverpflichtungen wird regelmäßig als Vertragspflichtverletzung eingeordnet.

38 Die vertraglich eingeräumten **Rechte und Rechtsbehelfe des Leasingnehmers** orientieren sich häufig an der gesetzlichen Regelung für das Waren-Leasing in *Article 2A-508 UCC*.[26] Neben einem Rücktrittsrecht und einem Rückzahlungsanspruch für geleistete Leasingraten werden dem Leasingnehmer vor allem Schadensersatzansprüche eingeräumt, die beim Mobilien-Leasing gegebenenfalls weiter reichen als die gesetzlichen Schadensersatzansprüche nach dem *UCC*.[27] Dies gilt insbesondere für allgemeine Folgeschäden einer Vertragspflichtverletzung des Leasinggebers und für Mangelfolgeschäden (*consequential damages*). Zudem werden häufig Vertragsstrafen vereinbart.

39 **c) Die Sachgefahr.** Die **Sachgefahr** (*risk of loss*) trägt auch nach US-amerikanischem Recht grundsätzlich der Leasingnehmer. Regelmäßig verpflichtet sich der Leasingnehmer im Leasingvertrag zum Abschluss entsprechender Versicherungen. Kommt er dieser Verpflichtung nicht nach, ist der Leasinggeber zum Abschluss eines Versicherungsvertrages unter Abwälzung der Kosten auf den Leasingnehmer berechtigt. Üblich ist folgende Vertragsklausel:

„*LOSS DAMAGE; INSURANCE: The lessee is responsible for and accept the risk of loss or damage to the equiput will not be obligated to) obtain other insurance and charge the lessee the expenses for that insurance or the lessor may charge the lessee a monthly charge equal to 0.25 % of the original equipment cost for increased risk to the lessor and to cover the increased internal overhead costs of requesting such proof of insurance.*"

40 Entsprechend der Sachgefahr obliegt dem Leasingnehmer in der Regel die **Wartung,** die Anpassung des Leasinggutes an zukünftige technische oder verwaltungsrechtliche Anforderungen sowie die **Aufrechterhaltung und Verbesserung der Betriebsfähigkeit.**[28] Namentlich beim Leasing von Betriebsanlagen hat der Leasingnehmer das Recht und die Pflicht, die Anlage zu modernisieren und auf dem technisch und rechtlich aktuellen Stand zu halten. Der Leasingnehmer ist berechtigt, Einbauten, Umbauten, maßgeb-

---

[24] Dies ist im Hinblick darauf, dass das US-Schadensrecht von einer Vielzahl von Einzelentscheidungen geprägt und in sich nicht konsistent ist, dringend zu empfehlen, vgl. Eckstein/Feinen/*Zwicker* Leasing-Handbuch für die betriebliche Praxis S. 533.
[25] Vgl. Eckstein/Feinen/*Zwicker* Leasing-Handbuch für die betriebliche Praxis S. 534.
[26] Vgl. Anlage A IV.
[27] Dazu unten IV. 3. a.
[28] Vgl. *Smeets/Schwarz/Sander* NVwZ 2003, 1061 (1067).

28. Kapitel. Leasingrecht im Ausland § 100

liche Änderungen und Ergänzungen an der Anlage vorzunehmen, solange sie den Wert des Leasingobjektes nicht wesentlich verringern oder einen späteren theoretischen Weiterbetrieb durch den Leasinggeber verhindern.[29]

Kommt es zum **Verlust des Leasinggegenstandes** (*event of loss*), weil das Leasinggut auf Grund eines Unfalls oder anderer unvorhergesehener Ereignisse untergeht, einen wirtschaftlichen Totalschaden erleidet, konfisziert wird oder der Betrieb von staatlichen Stellen untersagt wird, hat der Leasingnehmer regelmäßig ein vertragliches Wahlrecht bezüglich einer Ersatzanschaffung in angemessener Frist bzw. einer vorzeitigen Beendigung des Leasingvertrages.[30] 41

3. Das gesetzliche Leistungsstörungsrecht für das Waren-Leasing im *UCC*

Das **gesetzliche Leistungsstörungsrecht des Waren-Leasing** im *UCC* beinhaltet zunächst allgemeine Regelungen wie eine Beschränkung der Höhe von Schadensersatzforderungen (*Article 2A-504 UCC*) oder die vierjährige Verjährungsfrist für Ansprüche aus Leistungsstörung (*Article 2A-506 UCC*) und unterscheidet anschließend zwischen Leistungsstörungen des Leasinggebers und des Leasingnehmers. 42

a) Rechte des Leasingnehmers. Im Rahmen der gesetzlichen Gewährleistungsrechte des Leasingnehmers stellt sich zunächst immer die Frage, ob ein *finance lease*[31] vorliegt. Ist dies der Fall hat der Leasingnehmer grundsätzlich keine gesetzlichen – möglicherweise aber vertraglich vereinbarte – Rechte oder Rechtsbehelfe gegen den Leasinggeber, sondern muss sich an den Hersteller oder Lieferanten des Leasinggegenstandes halten. In diesem Verhältnis kann der Leasingnehmer die ihm übertragenen Rechte des Leasinggebers aus dem Erwerbsvertrag über den Leasinggegenstand mit dem Hersteller oder Lieferanten geltend machen. 43

Ist ein Leasinggeschäft hingegen nicht als *finance lease* einzuordnen, sind die **gesetzlichen Rechte des Leasingnehmers** bei einer Vertragspflichtverletzung des Leasinggebers, verkürzt gesagt bei ausbleibender oder nicht vertragsgemäßer Leistung des Leasinggutes sowie Verstößen gegen Gewährleistungsverpflichtungen, in *Article 2A-508 UCC*[32] geregelt. Neben einem **Rücktrittsrecht,** einem **Rückzahlungsanspruch** für geleistete Leasingraten und **Schadensersatzansprüchen** hat der Leasingnehmer alle ihm vertraglich eingeräumten Rechte. Wurde der Leasinggegenstand überhaupt nicht geliefert, kann der Leasingnehmer eine entsprechende Lieferung oder sogar Herausgabe des konkreten Leasinggegenstandes verlangen, wenn dieser als Vertragsgegenstand identifizierbar ist, sofern ein Ersatzgeschäft vom Leasingnehmer nicht oder nur unzumutbar realisiert werden kann. 44

Der **Umfang des gesetzlichen Schadensersatzanspruches des Leasingnehmers im Rücktrittsfall** ist von seinem weiteren Vorgehen abhängig. Schließt der Leasingnehmer einen inhaltlich vergleichbaren Leasingvertrag als Ersatzgeschäft ab, so kann er den Barwertdifferenzbetrag zwischen neuem und altem Leasingvertrag, sowie die unmittelbaren Schäden und Mangelfolgeschäden abzüglich der durch die vorzeitige Beendigung des alten Leasingvertrages eingesparten Kosten, ersetzt verlangen. Nimmt der Leasingnehmer hingegen einen Kompensationskauf vor oder schließt er einen inhaltlich nicht vergleichbaren Ersatzleasingvertrag ab, ist eine hypothetische Leasingrate für einen mit dem ursprünglichen Leasingvertrag inhaltlich vergleichbaren Leasingvertrag zu ermitteln und die Barwertdifferenz aus ursprünglicher und hypothetischer Leasingrate neben weiteren kausalen Schäden und Folgeschäden erstattungsfähig. Gegenstand der Schadensersatzansprüche können – so die Rechtsprechung – auch Folgeschäden aus Produkt- 45

---

[29] Vgl. *Smeets/Schwarz/Sander* NVwZ 2003, 1061 (1067).
[30] Vgl. *Smeets/Schwarz/Sander* NVwZ 2003, 1061 (1067).
[31] Vgl. II. 2. b.
[32] Vgl. Anlage A IV.

defekten (*product liability*) sein, wenn der Leasinggeber nicht nur eine reine Finanzierungsfunktion übernommen hat. Betroffen von dieser weiten Haftung sind in erster Linie Hersteller- und Händlerleasinggeber.

46   Tritt der **Leasingnehmer** hingegen nicht zurück, sondern **behält den nicht vertragsgemäßen Leasinggegenstand,** kann er als Schadensersatz neben weiteren kausalen Schäden und Folgeschäden die Barwertdifferenz zwischen dem Wert des überlassenen Gegenstandes und dem Wert eines vertragsgemäßen Gegenstandes mit den marktüblichen oder zugesicherten Eigenschaften ersetzt verlangen.

47   **b) Rechte des Leasinggebers.** *Article 2A-523 UCC*[33] behandelt die Rechte des Leasinggebers bei Leistungsstörungen durch den Leasingnehmer. Eine Vertragspflichtverletzung des Leasingnehmers ist gegeben bei unberechtigter Verweigerung der vollständigen oder teilweisen Annahme des vertragsgemäßen Leasingutes oder nachträglichem Widerruf der Annahme und bei Zahlungsverzug hinsichtlich der Leasingraten. Auch der Leasinggeber hat neben einem Rücktrittsrecht, einem Herausgabeanspruch und Schadensersatzansprüchen, die in der Höhe davon abhängig sind, ob das Leasinggut beim Leasingnehmer verbleiben soll oder herausgefordert wird, alle weiteren ihm vertraglich eingeräumten Rechte.

V. Die Beendigung des Leasingvertrages

48   Grundsätzlich endet der Leasingvertrag mit **Ablauf der vereinbarten Leasingzeit.** Die Abwicklung des Vertrages richtet sich nach der Vereinbarung der Parteien. Häufig wird dem Leasingnehmer das Recht eingeräumt, das Leasinggut einfach an den Leasinggeber zurückzugeben oder aber per Kaufoption zu einem bei Vertragsschluss festgelegten Preis oder dem Marktwert zu erwerben. Teilweise finden sich aber auch Klauseln, die den Vertragsparteien eine Option auf Fortsetzung des Leasingvertrages zu gleichen oder modifizierten Bedingungen einräumen. In diesem Zusammenhang kann auch ein Austausch des Leasinggutes gegen ein aktuelleres Produkt vorgesehen sein. Gerade in Branchen mit rasanter Entwicklung, etwa im Bereich der Soft- und Hardware, bieten sich solche Vertragsfortsetzungs-Klauseln an.

49   Der Leasingvertrag kann auch durch Ausübung der gesetzlichen oder vertraglichen Rechte von Leasinggeber und Leasingnehmer **im Falle von Leistungsstörungen** beendet werden. In diesem Fall stellt sich die Frage nach einer Rückabwicklung der vertraglichen Leistungen unter Ausgleichung etwaiger Schadenspositionen.

50   Schließlich kann ein Leasingvertrag oftmals auch vom Leasingnehmer durch **vorzeitige Rückgabe des Leasinggutes** beendet werden (*early termination*). Voraussetzung hierfür ist eine entsprechende Vertragsklausel, die jedoch regelmäßig eine Vertragsstrafe vorsieht. Eine Alternative zur vorzeitigen Rückgabe ist die **Leasingübernahme** (*transfer lease* oder *swap lease*). In diesem Fall ist es dem Leasingnehmer vertraglich gestattet, einen Dritten ausfindig zu machen, der als neuer Vertragspartner des Leasinggebers in den Leasingvertrag eintritt. Entsprechende *transfer*-Klauseln sind immer häufiger in Leasingverträgen anzutreffen und es hat sich inzwischen – mit Hilfe des Internets[34] – ein eigener Markt für die Suche nach einem Leasingnachfolger herausgebildet. Der Leasingnehmer hat auf diese Weise die Möglichkeit, sich von einem unliebsamen Leasingvertrag kostengünstig zu lösen und auch für den Leasinggeber ist eine Vertragsübernahme regelmäßig wirtschaftlich sinnvoller als eine vorzeitige Leasingrückgabe. Zudem kann sich der Leasinggeber durch Vereinbarung einer Ausfallhaftung des früheren Leasingnehmers zusätzlich absichern.

---

[33] Vgl. Anlage A V.
[34] Beispielhaft genant sei www.swapalease.com.

28. Kapitel. Leasingrecht im Ausland § 100

VI. Zwangsvollstreckung und Insolvenz

1. Insolvenzrecht in den USA

Das US-amerikanische Insolvenzrecht ist aufgrund verfassungsrechtlicher Vorgaben der amerikanischen Bundesverfassung Bundesrecht. Auch die rechtliche Behandlung von Leasinggeber und Leasingnehmer in der Insolvenz bestimmt sich vorrangig nach dem 1979 in Kraft getretenen und mehrfach – zuletzt 2005 – reformierten *Bankruptcy Code* – USC Title 11. Das US-amerikanische Insolvenzrecht differenziert nach Insolvenzsubjekten[35] und kennt mit dem Liquidations- und dem Reorganisationsverfahren zwei unterschiedliche Verfahrensarten. 51

Mit der Eröffnung des Insolvenzverfahrens wird regelmäßig ein Insolvenzverwalter (trustee) bestellt und es entsteht – unabhängig von der konkreten Art des Verfahrens – nach *Section 541 Bankruptcy Code* automatisch die Insolvenzmasse, die als *estate* bezeichnet wird. Entscheidende **Rechtsfolge der Verfahrenseröffnung** ist der so genannte *automatic stay*, der für alle Verfahren gilt und in *Section 362 Bankruptcy Code* geregelt ist. Dabei handelt es sich um ein den Schuldner betreffendes Verbot, Verfügungen und Anordnungen über die Insolvenzmasse zu treffen. Während im Liquidationsverfahren die Verwaltungs- und Verfügungsbefugnis über die Insolvenzmasse zwingend auf den Insolvenzverwalter übergeht, besteht im Reorganisationsverfahren die Möglichkeit, dass der Schuldner selbst die Insolvenzmasse verwaltet. Im Falle einer solchen Eigenverwaltung wird der Schuldner als *debtor in possession* bezeichnet. 52

Mit Eröffnung des Insolvenzverfahrens erhält der Insolvenzverwalter bzw. der *debtor in possession* ein **Wahlrecht im Hinblick auf die Erfüllung bereits abgeschlossener Verträge** (executory contracts ans unexpired leases). So kann er mit Zustimmung des Insolvenzgerichts noch nicht erfüllte Verträge erfüllen (*Assumption*) oder ihre Erfüllung ablehnen (*rejection*), *Section 365 Bankruptcy Code*. Während im Verfahren nach Chapter 7 das Wahlrecht innerhalb einer 60-Tage-Frist ausgeübt werden muss, besteht im Verfahren nach Chapter 11, 12 oder 13 grundsätzlich keine zeitliche Beschränkung, zwingend ist allerdings eine verbindliche Wahl vor Aufstellung des Insolvenzplans. 53

Das Wahlrecht der *Section 365 Bankruptcy Code* gilt nach allgemein anerkannten Rechtsprechungsgrundsätzen auch für Leasingverträge, sofern die Leasingtransaktion als *true lease* und nicht lediglich als Darlehen oder Abzahlungskauf (*secured transaction*) qualifiziert werden kann. Entscheidend für die rechtliche Einordnung einer Transaktion sind nicht die von den Parteien gewählte Bezeichnung oder ihre Form, sondern ihr Wesen. Die US-Rechtsprechung arbeitet mit verschiedenen Indizien, um eine Transaktion als *true lease* zu qualifizieren.[36] Während im Falle eines *secured transaction* der vermeintliche Leasinggeber nur Zahlungsansprüche in Höhe einer *adequate protection for the value of the secured creditor's interest in the secured property* gelten machen kann, sofern eine Registrierung der *secured transaction* unter Begründung eines Aussonderungsrechts nicht vorgenommen wurde,[37] und dem vermeintlichen Leasingnehmer im Reorganisationsverfahren das Leasinggut unter erheblich modifizierten (reduzierten) leasingvertraglichen Verpflichtungen erhalten bleiben kann, sind die insolvenzrechtlichen Folgen bei einem *true lease* in *Section 365 Bankruptcy Code* gesondert geregelt. 54

---

[35] Chapter 7 und 11 betreffen insolvente Unternehmen, Chapter 9 insolvente Gemeinden und Chapter 12 und 13 insolvente natürliche Personen und Verbraucher.
[36] Die Abgrenzungskriterien wurden bereits dargestellt, vgl. II. 2. a.
[37] Vgl. II. 2. a.

2. Die Insolvenz des Leasingnehmers

55 Praktische Bedeutung hat die Regelung in *Section 365 Bankruptcy Code* insbesondere in der Insolvenz des Leasingnehmers. Es stellt sich dann für den Leasinggeber die Frage, welche Zahlungsverpflichtungen und Kompensations-Obliegenheiten den Leasingnehmer treffen und ob er seine Eigentumsrechte am Leasinggut gegenüber der Insolvenzgläubigern und dem Insolvenzverwalter durchsetzen kann. Dies ist abhängig von der Wahl des Insolvenzverwalters bzw. des *debtor in possession*, die der Zustimmung des zuständigen Insolvenzrichters unterliegt. Wird an der **Vertragserfüllung** festgehalten (*assume*), so hat er die aus dem Leasingvertrag resultierenden Pflichten vollumfänglich aus der Insolvenzmasse zu erfüllen. Wird einer **Vertragserfüllung hingegen abgelehnt** (*rejection*) kann sich der Leasinggeber nach Maßgabe des *Bankruptcy Code* grundsätzlich mit seinen Eigentumsrechten gegenüber den Insolvenzgläubigern durchsetzen und die Herausgabe des Leasinggutes verlangen oder seine vertraglich eingeräumten Rechte für den Fall der Insolvenz als Form der Leistungsstörung ausüben, ohne den Beschränkungen des insolvenzrechtlichen Verfügungsverbot (*automatic stay*) zu unterliegen. Das Aussonderungsrecht des Leasinggebers ist bei einem *true lease* – anders als bei einer *secured transaction* – nicht von einer Registrierung beim zuständigen Registeramt abhängig. Im Hinblick auf die Beweislast des Leasinggebers für das Vorliegen eines *true lease* bei der Geltendmachung des Aussonderungsrechts empfiehlt sich jedenfalls bei größeren Leasinggeschäften und wertvollen Leasinggegenständen sicherheitshalber eine Registrierung.

56 Ein Festhalten an der Vertragserfüllung kann in dem Falle, dass den insolventen Leasingnehmer der Vorwurf einer Leasingvertragspflichtverletzung (regelmäßig die Nichtzahlung der Leasingraten) trifft, allerdings nur unter bestimmten **Voraussetzungen** gewählt werden, *Section 365(b)(1) Bankruptcy Code*. Der Insolvenzverwalter bzw. der *debtor in possession* muss zunächst die Pflichtverletzung heilen (*cure default*) und zudem etwaige durch die Pflichtverletzung verursachte Schäden des Leasinggebers ausgleichen (*compensation*). Ausreichend ist auch, wenn der Leasingnehmer Sicherheit für unverzügliche Heilung und unverzüglichen Schadensausgleich anbietet (*provide adequate assurance*). Hinzu kommt allerdings, dass der Insolvenzverwalter bzw. der *debtor in possession* eine angemessene Sicherheit für künftige aus dem Leasingvertrag resultierende, dem Leasingnehmer obliegende Leistungen erbringen muss (*adequate assurance of future performance*).

3. Die Insolvenz des Leasinggebers

57 Im Falle einer **Insolvenz des Leasinggebers** stellt sich für den Leasingnehmer vorrangig die Frage, welche Rechte er am Leasinggut hat. Befindet sich das Leasinggut noch beim Leasinggeber, gewährt *Article 2A-522 UCC* dem Leasingnehmer unter bestimmten Voraussetzungen einen Herausgabeanspruch, soweit das Leasinggut als Vertragsgegenstand identifizierbar ist. Befindet sich das Leasinggut bereits beim Leasingnehmer, steht dem Leasinggeber als selbstverwaltendem *debtor in possession* bzw. dem Insolvenzverwalter bei einem *true lease*[38] ebenfalls das Wahlrecht zu, ob der Leasingvertrag fortgesetzt werden soll.

58 Regelmäßig wird die Wahl zugunsten einer **Fortsetzung des Leasingvertrages** getroffen, weil auf diese Weise der Insolvenzmasse liquide Mittel zugeführt werden. Der Leasingnehmer behält in diesem Fall seine Rechtsposition am Leasinggut und leistet seine Leasingraten an den Insolvenzverwalter oder den Leasinggeber zur Insolvenzmasse, sofern nicht das Eigentum am Leasinggegenstand aufgrund eines Absonderungsrechtes eines Dritten auf diesen übergegangen ist oder die Leasingforderung zu Sicherungs-

---

[38] Bei einer *secured transaction* muss der Insolvenzverwalter bzw. der selbstverwaltende Schuldner hingegen den Vertrag so lange fortsetzen, wie der Nutzungsberechtigte seinen Vertragspflichten nachkommt.

zwecken an einen Dritten abgetreten wurde. Dann hat der Leasingnehmer seine Raten nach entsprechender Anzeige mit befreiender Wirkung an den Dritten zu leisten.

Entscheidet sich der Insolvenzverwalter bzw. der selbstverwaltende Leasinggeber für die **Nichtfortsetzung des Leasingvertrages,** hat der Leasingnehmer das Leasinggut zurückzugeben, stattdessen stehen ihm Rückforderungs- und Schadensersatzansprüche zu, die grundsätzlich den Rang einer Insolvenzforderung einnehmen, d. h. keinen Vorrang vor den sonstigen unbesicherten Gläubigern des Leasinggebers haben und regelmäßig nur in Höhe der Insolvenzquote befriedigt werden können. Zwar wird man diese für den Leasingnehmer missliche Lage durch die Bestellung dinglicher Sicherheiten wie einem Pfandrecht oder Sicherungseigentum am Leasinggut abmildern können, in der Praxis wird der Leasingnehmer die Bestellung solcher Sicherheiten nur selten durchsetzen können, zumal dies auch steuerrelevant sein kann. 59

VII. Bilanzrechtliche und steuerrechtliche Aspekte

1. Bilanzrechtliche Aspekte

a) Mobilien-Leasing. aa. Bilanzrechtliche Klassifikation von Leasingverträgen: 60
Die Bilanzierung von Leasingverträgen erfolgt in den USA auf Grundlage des zwischenzeitlich mehrfach geänderten und ergänzten *Statement of Financial Accounting Standards No. 13* – Accounting for Leases *(FAS 13)*, welches das *Financial Accounting Standard Board (FASB)* im Jahr 1976 veröffentlicht hat.

Nach *FAS 13* ist für eine ordnungsgemäße Bilanzierung eine Klassifikation des jeweiligen 61
Leasingvertrages erforderlich, denn die Zuordnung von Leasingobjekten zum Leasingnehmer oder Leasinggeber erfolgt in Abhängigkeit vom **wirtschaftlichen Eigentum am Leasingobjekt.**[39] Diese wirtschaftliche Betrachtungsweise ist Ausfluss des Grundsatzes der *substance over form.*[40] Gehen im Wesentlichen alle mit dem Eigentum am Leasingobjekt verbundenen Risiken und Chancen auf den Leasingnehmer über, so hat dieser das Leasingobjekt in seiner Bilanz anzusetzen.[41] Sog. *capital leases* oder *finance leases* sind vom Leasingnehmer nach bestimmten, im *FAS 13.7* aufgestellten Kriterien zu bilanzieren, weil dieser als wirtschaftlicher Eigentümer anzusehen ist. Sog. *operative leases* werden hingegen als Mietverträge qualifiziert, so dass der Leasingnehmer zwar seine Mietverpflichtungen zu bilanzieren hat, das Leasinggut jedoch in der Bilanz des Leasingnehmers auszuweisen ist. Hier bleibt der Leasinggeber wirtschaftlicher Eigentümer.

Im Hinblick auf das Erfordernis von wirtschaftlichem Eigentum des Leasingnehmers 62
wird ein *capital lease* im Sinne von *FAS 13.7* angenommen,[42] wenn aus der Sicht des Leasinggebers keine begründeten Zweifel an der Erbringbarkeit der Leasingraten und keine Unsicherheiten über die nicht auf den Leasingnehmer abwälzbaren Kosten des Leasinggebers bestehen und alternativ
– das Eigentum am Leasinggegenstand nach Vertragsende auf den Leasingnehmer übergehen soll *(transfer of ownership test);*
– der Leasingvertrag eine Kaufoption zu einem bereits festgelegten Preis vorsieht, der wesentlich unter dem zu erwartenden Verkehrswert des Leasinggutes zum Zeitpunkt der Optionsausübung liegt *(fair value)*, so dass mit einer Ausübung der Option als hinreichend sicher angesehen werden kann *(bargain purchase option test);*
– die Laufzeit des Leasingvertrages mehr als 75 % der gewöhnlichen Nutzungsdauer des Leasinggutes entspricht *(economic life test)* oder

---

[39] *Kütting/Hellen/Brakensiek* DStR 1999, 39 (40).
[40] *Kütting/Hellen/Brakensiek* DStR 1999, 39 (40).
[41] *Kütting/Hellen/Brakensiek* DStR 1999, 39 (40).
[42] Ausführlich zu den einzelnen Kriterien *Alvarez/Wotschofsky/Miethig* IStR 2002, 65 (65).

§ 100   Fünfter Teil. Leasing als internationale Finanzdienstleistung

– der Barwert der Leasingraten zumindest 90 % des Marktpreises des neuen Leasinggutes bei Vertragsbeginn beträgt (*recovery of investment test*).

Die beiden letztgenannten Alternativen sind allerdings dann nicht anwendbar, wenn der Beginn des Leasingvertrages in die letzten 25 % der geschätzten Gesamtnutzungsdauer des Leasingobjekts fällt

63   Trotz dieses komplexen Kriterienkataloges lassen die Bilanzierungsvorschriften nach *FAS 13* Leasingeber und Leasingnehmer in der Praxis genügend Raum, die bilanzielle Zurechnung des Leasinggegenstandes durch Ermessensentscheidungen und **Gestaltung des Leasingverhältnisses** entsprechend ihren Wünschen zu beeinflussen.[43]

64   Liegen die genannten Voraussetzungen eines *capital lease* nicht vor, so ist die Leasingtransaktion als *operating lease* zu klassifizieren, eine eindeutige bilanzrechtliche Einordnung ist also stets möglich. Zu beachten ist in diesem Zusammenhang allerdings, dass eine Leasingtransaktion in den Bilanzen von Leasinggeber und Leasingnehmer infolge unterschiedlicher Interpretationen und Einschätzungen abweichend klassifiziert werden kann. *FAS 13* erfordert keine einheitliche oder übereinstimmende Beurteilung.

65   **bb) Bilanzielle Darstellung:**
aaa. Bilanz des Leasingnehmers: Die Klassifikation eines Leasinggeschäfts als *capital lease* hat zur Folge, dass es bilanziell wie ein Finanzierungskauf behandelt wird, bei dem ein Vermögensgegenstand durch den Eingang einer Verbindlichkeit erworben wird.[44] Dies bedeutet, dass das Leasinggut (*leased property under capital leases*) unter den Aktiva und die Leasingverbindlichkeiten (*obligations under capital leases*) unter den Passiva auszuweisen sind, vgl. *FAS 13.10*.

66   Beim **operating lease** wird das Leasinggut in der Bilanz des Leasingnehmers hingegen nicht aktiviert und folglich auch keine Leasingverbindlichkeit ausgewiesen. Die Leasingraten werden unmittelbar zu Aufwand, vgl. *FAS 13.15*. In der Praxis weisen jedoch gerade größere Leasingnehmer die aufgrund eines Leasingvertrages erbrachten oder zu erbringenden Leistungen häufig als Fixkosten im Anhang der Bilanz aus.

67   **bbb. Bilanz des Leasinggebers:** Für die Bilanz des Leasinggebers ist von Bedeutung, dass im Rahmen der *capital leases* aus Sicht des Leasinggebers **drei Ausprägungen** zu unterscheiden sind: Ein sog. *sales-type lease* bezeichnet eine Leasingtransaktion, aus deren Kalkulation sich ein Handelsgewinn für den Leasinggeber ergibt, der dadurch entsteht, dass zu Vertragsbeginn der Verkehrswert des Leasinggegenstandes höher ist als die Anschaffungs- bzw. Herstellungskosten. Im Gegensatz hierzu weist die Kalkulation des Leasinggebers beim sog. *direct lease* einen solchen Gewinn nicht aus, die Anschaffungskosten des Leasinggebers entsprechen den kalkulierten Leasingzahlungen. Sog. *leveraged leases* sind grundsätzlich *direct leases* mit der Besonderheit, das der Leasinggeber die Anschaffungskosten für das Leasinggut über ein nicht rückzahlbares Darlehen finanziert und im Gegenzug den Darlehensgeber an den Leasingraten beteiligt, vgl. *FAS 13.42*.

68   In der Bilanz des Leasingebers ist bei einem *capital lease* in der Ausprägung eines *sale-type lease* nicht das Leasingobjekt, sondern die Leasingforderung in Höhe der nominellen Mindestleasingzahlungen und eines nicht vertraglich abgesicherten Restwertes auszuweisen. Der auf der Passivseite der Bilanz als Rechnungsabgrenzungsposten auszuweisende, noch nicht realisierte Gewinn (*unearned income*) des *sale-type lease* errechnet sich aus der Leasingforderung abzüglich dem Barwert der Mindestleasingzahlungen und des nicht vertraglich abgesicherten Restwertes. Dieser Rechnungsabgrenzungsposten ist über die Laufzeit des Leasingvertrages so aufzulösen, dass sich eine konstante periodische Rentabilität auf die Nettoinvestition ergibt, vgl. *FAS 13.17 b*. Während sich die bilanzrechtliche Behandlung eines *direct finance lease* nur unwesentlich von der eines *sale-type lease* unterscheidet, ist bei einem *leverage lease* zu berücksichtigen, dass der Nettoausweis der Lea-

---
[43] *Alvarez/Wotschofsky/Miethig* IStR 2002, 65 (65).
[44] *Alvarez/Wotschofsky/Miethig* IStR 2002, 65 (71).

singforderung durch Abzug des nicht rückzahlbaren Darlehens erfolgt. Im Hinblick auf die verschiedenen *cash-flow*-Phasen eines *leveraged lease* bestimmt sich die Gewinnrealisierung zudem nach der *seperate phases method* des *FAS 13*.

Bei einem **operating lease**, das bilanziell wie ein Mietverhältnis darzustellen ist, hat der Leasinggeber den Leasinggegenstand als Sachanlage mit den Anschaffungs- bzw. Herstellungskosten zu aktivieren und über die wirtschaftliche Nutzungsdauer planmäßig abzuschreiben, vgl. *FAS 13.19*. Die Leasingraten sind im Zeitpunkt ihrer Fälligkeit auszuweisen, in Betracht kommt allerdings eine Abgrenzung und Verrechnung mit den dem Leasinggeschäft unmittelbar zurechenbaren Kosten, d. h. die der Leasingtransaktion in direkter Weise zurechenbaren und in ihrer Höhe nicht unwesentlichen Ausgaben werden als Rechnungsabzug über die Vertragslaufzeit linearisiert. 69

b) **Immobilien-Leasing.** Auch bei der Bilanzierung von Immobilien-Leasingverträgen ist zwischen *capital leases* und *operate leases* zu unterscheiden.[45] Die Klassifikation erfolgt aus der **Sicht des Leasingnehmers** grundsätzlich nach den bereits dargestellten Abgrenzungskriterien,[46] dies allerdings mit einigen Modifikationen. Bei der Einordnung eines **Leasingvertrages über ein unbebautes Grundstück** nach *FAS 13.25* sind nur der *transfer of ownership test* und der *bargain purchase option test* taugliche Abgrenzungskriterien, während der *economic life test* und der *recovery of investment test* nicht zur Anwendung kommen können, da die wesentlichen Chancen und Risiken infolge der grundsätzlich unbegrenzten wirtschaftlichen Nutzungsdauer des Grundstücks nur bei einem voraussichtlichen Eigentumsübergang auf den Leasingnehmer übergehen. Bei **Leasingverträgen über bebaute Grundstücke** sind gemäß *FAS 13.26* Grundstück und Gebäude als Einheit mit der wirtschaftlichen Nutzungsdauer des Gebäudes zu betrachten, wenn der Anteil des Grundstücks am Zeitwert des bebauten Grundstücks weniger als 25 % beträgt, d. h. grundsätzlich können in diesem Fall alle vier Abgrenzungskriterien herangezogen werden. Ist der Anteil des Grundstücks am Zeitwert des bebauten Grundstücks größer als 25 %, erfolgt eine getrennte Behandlung von Grundstück und Gebäude. Während für das Grundstück nur der *transfer of ownership test* und der *bargain purchase option test* taugliche Abgrenzungskriterien sind, sind zur Klassifizierung des Gebäudes wiederum alle vier Zurechnungstests heranzuziehen. Gleiches gilt nach *FAS 13.27* für die Beurteilung von Leasingverträgen, die (neben Grundstücken und Gebäuden auch) **maschinelle Anlagen** erfassen. Für **Leasingverträge über Gebäudeteile** gelten die Vorschriften für bebaute Grundstücke, wenn sich der Zeitwert der Gebäudeteile objektiv bestimmen lässt. Anderenfalls ist allein der *economic life test* taugliches Abgrenzungskriterium. 70

Für den **Leasinggeber** sind die Zurechnungsregelungen bei Immobilien-Leasingverträgen in *FAS 98.22 k, l, m*, *FAS 13.27* und *FAS 13.28* wesentlich komplexer und wenig systematisch geregelt.[47] 71

2. Steuerliche Aspekte

Ein wesentlicher Aspekt für den Abschluss von Leasingverträgen ist der vielzitierte **steuerliche Vorteil für den Leasinggeber,** den dieser ganz oder teilweise über niedrigere Leasingraten an den Leasingnehmer weiterreichen kann. Voraussetzung hierfür ist neben dem Vorliegen eines wirksamen *true lease*, dass der Leasinggeber im steuerrechtlichen Sinne wirtschaftlicher Eigentümer des Leasingguts ist. Denn nur dem wirtschaftlichen Eigentümer gewährt das US-Steuerrecht Privilegien bei Leasingtransaktionen in Form von **Abschreibungsmöglichkeiten und steuerlichen Investitionsvergünstigungen.** Die Steuerlast und damit auch etwaige Steuerprivilegien bestimmen sich nach der kon- 72

---

[45] *Sale-and-lease-back*-Leasingverträge nehmen dagegen eine Sonderstellung ein, ihre Bilanzierung ist in FAS 13.32–34, FAS 28.2–3 und FAS 98.7–18 geregelt.
[46] Vgl. VII. 1. a.
[47] Einen Überblick gibt *Born, Karl*, Internationale Rechnungslegung, 1999 S. 381 ff.

kreten Ausgestaltung des Leasingvertrages und den jeweiligen Steuergesetzen der US-Bundesstaaten, die über eigene Steuerhoheitsrechte verfügen. Da zudem die steuerlichen Rahmenbedingungen einer stetigen Entwicklung und Modifikationen unterliegen, beschränken sich die vorliegenden Ausführungen auf die grundlegende Frage nach dem wirtschaftlichen Eigentümer eines Leasinggeschäfts.

73   Das **wirtschaftliche Eigentum** beurteilt sich im Wesentlichen auch heute noch nach einem Erlass der US-Finanzverwaltung aus dem Jahre 1955, der *Revenue Ruling 55–540*.[48] Die Kriterien für eine wirtschaftliche Eigentümerstellung des Leasingnehmers ähneln denen des bereits angesprochenen *FAS 13* und werden um weitere ergänzt. Genannt sei das Kriterium einer höher als marktüblichen Leasingrate als Indikator für ein die bloße Nutzung übersteigendes Entgelt oder die Ausweisung der Leasingraten als Zinszahlung im Vertrag, einer teilweisen Zuordnung der Leasingraten zur Bedienung eines Sicherungsrechts oder ein ausdrücklicher Ausweis der Leasingraten als Zinszahlungen.

74   Eine präzise Erfassung des wirtschaftlichen Eigentums gestaltet sich dann als schwierig, wenn die Parteien einen ausdifferenzierten Vertrag geschlossen haben. In diesem Fall bietet es sich an, den **Kaufoptionspreis als wesentliches Kriterium** heranzuziehen und eine Zuordnung des Leasinggutes zum Leasingnehmer vorzunehmen, wenn dieser im Verhältnis zum Verkehrswert niedriger ist.

75   Noch schwieriger ist die Erfassung des wirtschaftlichen Eigentums am Leasinggut beim einem *leveraged lease*, gibt doch der Leasinggeber hier einen Teil des Finanzierungsrisikos an einen Drittkapitalgeber weiter. Die *Revenue Ruling 55–540* beinhaltet keine Regelung über das wirtschaftliche Eigentum beim *leveraged lease* und auch die Rechtsprechung hat bislang keine präzisen Kriterien herausgearbeitet. Aus diesem Grund wird in der Praxis im Allgemeinen auf die *Revenue Procedure 75–21* abgestellt, die normiert, wann die US-Finanzbehörden eine verbindliche Auskunft (*letter ruling*) zur steuerlichen Behandlung eines *leveraged lease* gibt. Das Verfahren zur Einholung einer verbindlichen Auskunft ist in Anweisung *75–28* normiert. Zwar wird dieses Vorgehen im Hinblick auf die Vielzahl von Bedingungen von vielen Gerichten nicht anerkannt und auch erteilen die US-Finanzbehörden ein *letter ruling*, wenn die Voraussetzungen der *Revenue Procedure 75–21* nicht vorliegen. Gleichwohl ist zu bedenken, dass bei Vorliegen der Voraussetzungen ein *letter ruling* mit hoher Wahrscheinlichkeit zu erwarten ist und dies der Vertragspartei garantiert, dass sie vom Fiskus als wirtschaftlicher Eigentümer behandelt wird. Die Voraussetzungen der *Revenue Procedure 75–21* für die Annahme von wirtschaftlichem Eigentum des Leasinggebers sind:
– Ein Mindesthaftkapital des Leasinggebers in Höhe von 20 % der Anschaffungskosten des Leasinggutes ab dem Zeitpunkt der Nutzung, das über die gesamte Leasinglaufzeit erhalten bleiben muss.

– Eine Kaufoptionspreis darf den Verkehrswert des Leasinggutes zur Zeit der Optionsausübung nicht unterschreiten und der Leasinggeber darf kein Andienungsrecht haben.

– Der Leasingnehmer darf nicht an der Finanzierung des Leasinggutes beteiligt sein, auch nicht durch Darlehen oder Garantien.

– Der Leasingnehmer muss einen Gewinn vor Steuern erzielen, d. h. die Summe aus Leasingraten und Restwert des Leasinggutes muss die Summe aller Kosten, einschließlich der Finanzierungskosten, übersteigen.

76   Ein Rückgriff auf die Kriterien der *Revenue Procedure 75–21* für eine Zuweisung des wirtschaftlichen Eigentums an den Leasinggeber oder den Leasingnehmer ist selbstverständlich auch außerhalb eines *letter-ruling*-Verfahrens und für andere Leasinggeschäfte als *leveraged-lease*-Transaktionen möglich.

---

[48] Vgl. Anlage A IX.

28. Kapitel. Leasingrecht im Ausland   § 100

Anlage:

A I

U. S. C.

TITLE 15 – CHAPTER 41 – SUBCHAPTER I – Part E

§ 1667 Definitions

For purposes of this part—

(1) The term "consumer lease" means a contract in the form of a lease or bailment for the use of personal property by a natural person for a period of time exceeding four months, and for a total contractual obligation not exceeding $25,000, primarily for personal, family, or household purposes, whether or not the lessee has the option to purchase or otherwise become the owner of the property at the expiration of the lease, except that such term shall not include any credit sale as defined in section 1602 (g) of this title. Such term does not include a lease for agricultural, business, or commercial purposes, or to a government or governmental agency or instrumentality, or to an organization.

(2) The term "lessee" means a natural person who leases or is offered a consumer lease.

(3) The term "lessor" means a person who is regularly engaged in leasing, offering to lease, or arranging to lease under a consumer lease.

(4) The term "personal property" means any property which is not real property under the laws of the State where situated at the time offered or otherwise made available for lease.

(5) The terms "security" and "security interest" mean any interest in property which secures payment or performance of an obligation.

A II

U. C. C. – ARTICLE 2A – LEASES
PART 1. GENERAL PROVISIONS.

§ 2A-103. DEFINITIONS AND INDEX OF DEFINITIONS.

(...)

(e) "Consumer lease" means a lease that a lessor regularly engaged in the business of leasing or selling makes to a lessee who is an individual and who takes under the lease primarily for a personal, family, or household purpose [, if the total payments to be made under the lease contract, excluding payments for options to renew or buy, do not exceed $___].

(...)

(g) "Finance lease" means a lease with respect to which:

(i) the lessor does not select, manufacture, or supply the goods;

ii) the lessor acquires the goods or the right to possession and use of the goods in connection with the lease; and

(iii) one of the following occurs:

(A) the lessee receives a copy of the contract by which the lessor acquired the goods or the right to possession and use of the goods before signing the lease contract;

(B) the lessee's approval of the contract by which the lessor acquired the goods or the right to possession and use of the goods is a condition to effectiveness of the lease contract;

(C) the lessee, before signing the lease contract, receives an accurate and complete statement designating the promises and warranties, and any disclaimers of warranties, limitations or modifications of remedies, or liquidated damages, including those of a third party, such as the manufacturer of the goods, provided to the lessor by the person supplying the goods in connection with or as part of the contract by which the lessor acquired the goods or the right to possession and use of the goods; or

§ 100   Fünfter Teil. Leasing als internationale Finanzdienstleistung

(D) if the lease is not a consumer lease, the lessor, before the lessee signs the lease contract, informs the lessee in writing (a) of the identity of the person supplying the goods to the lessor, unless the lessee has selected that person and directed the lessor to acquire the goods or the right to possession and use of the goods from that person, (b) that the lessee is entitled under this Article to the promises and warranties, including those of any third party, provided to the lessor by the person supplying the goods in connection with or as part of the contract by which the lessor acquired the goods or the right to possession and use of the goods, and (c) that the lessee may communicate with the person supplying the goods to the lessor and receive an accurate and complete statement of those promises and warranties, including any disclaimers and limitations of them or of remedies.

h) "Goods" means all things that are movable at the time of identification to the lease contract, or are fixtures (Section 2A-309), but the term does not include money, documents, instruments, accounts, chattel paper, general intangibles, or minerals or the like, including oil and gas, before extraction. The term also includes the unborn young of animals.

(...)

(j) "Lease" means a transfer of the right to possession and use of goods for a term in return for consideration, but a sale, including a sale on approval or a sale or return, or retention or creation of a security interest is not a lease. Unless the context clearly indicates otherwise, the term includes a sublease.

(...)

A III

U. C. C. – ARTICLE 2A – LEASES
PART 2. FORMATION AND CONSTRUCTION OF LEASE CONTRACT
§ 2A-206. OFFER AND ACCEPTANCE IN FORMATION OF LEASE CONTRACT.

(1) Unless otherwise unambiguously indicated by the language or circumstances, an offer to make a lease contract must be construed as inviting acceptance in any manner and by any medium reasonable in the circumstances.

(2) If the beginning of a requested performance is a reasonable mode of acceptance, an offeror who is not notified of acceptance within a reasonable time may treat the offer as having lapsed before acceptance.

A IV

U. C. C. – ARTICLE 2A – LEASES
PART 5. DEFAULT
§ 2A-508. LESSEE'S REMEDIES.

(1) If a lessor fails to deliver the goods in conformity to the lease contract (Section 2A-509) or repudiates the lease contract (Section 2A-402), or a lessee rightfully rejects the goods (Section 2A-509) or justifiably revokes acceptance of the goods (Section 2A-517), then with respect to any goods involved, and with respect to all of the goods if under an installment lease contract the value of the whole lease contract is substantially impaired (Section 2A-510), the lessor is in default under the lease contract and the lessee may:

(a) cancel the lease contract (Section 2A-505(1));

(b) recover so much of the rent and security as has been paid and is just under the circumstances;

(c) cover and recover damages as to all goods affected whether or not they have been identified to the lease contract (Sections 2A-518 and 2A-520), or recover damages for nondelivery (Sections 2A-519 and 2A-520);

(d) exercise any other rights or pursue any other remedies provided in the lease contract.

(2) If a lessor fails to deliver the goods in conformity to the lease contract or repudiates the lease contract, the lessee may also:

(a) if the goods have been identified, recover them (Section 2A-522); or

(b) in a proper case, obtain specific performance or replevy the goods (Section 2A-521).

(3) If a lessor is otherwise in default under a lease contract, the lessee may exercise the rights and pursue the remedies provided in the lease contract, which may include a right to cancel the lease, and in Section 2A-519(3).

(4) If a lessor has breached a warranty, whether express or implied, the lessee may recover damages (Section 2A-519(4)).

(...)

A V

U. C. C. – ARTICLE 2A – LEASES
..PART 5. DEFAULT

§ 2A-523. LESSOR'S REMEDIES.

(1) If a lessee wrongfully rejects or revokes acceptance of goods or fails to make a payment when due or repudiates with respect to a part or the whole, then, with respect to any goods involved, and with respect to all of the goods if under an installment lease contract the value of the whole lease contract is substantially impaired (Section 2A-510), the lessee is in default under the lease contract and the lessor may:

(a) cancel the lease contract (Section 2A-505(1));

(b) proceed respecting goods not identified to the lease contract (Section 2A-524);

(c) withhold delivery of the goods and take possession of goods previously delivered (Section 2A-525);

(d) stop delivery of the goods by any bailee (Section 2A-526);

(e) dispose of the goods and recover damages (Section 2A-527), or retain the goods and recover damages (Section 2A-528), or in a proper case recover rent (Section 2A-529);

(f) exercise any other rights or pursue any other remedies provided in the lease contract.

(2) If a lessor does not fully exercise a right or obtain a remedy to which the lessor is entitled under subsection (1), the lessor may recover the loss resulting in the ordinary course of events from the lessee's default as determined in any reasonable manner, together with incidental damages, less expenses saved in consequence of the lessee's default.

(3) If a lessee is otherwise in default under a lease contract, the lessor may exercise the rights and pursue the remedies provided in the lease contract, which may include a right to cancel the lease. In addition, unless otherwise provided in the lease contract:

(a) if the default substantially impairs the value of the lease contract to the lessor, the lessor may exercise the rights and pursue the remedies provided in subsections (1) or (2); or

(b) if the default does not substantially impair the value of the lease contract to the lessor, the lessor may recover as provided in subsection (2).

A VI

U. C. C. – ARTICLE 1- GENERAL PROVISIONS
PART 2

§ 1–201. General Definitions

(...)

(37) "Security interest" means an interest in personal property or fixtures which secures payment or performance of an obligation. The retention or reservation of title by a seller

of goods notwithstanding shipment or delivery to the buyer (Section 2–401) is limited in effect to a reservation of a "security interest". The term also includes any interest of a buyer of accounts or chattel paper which is subject to Article 9. The special property interest of a buyer of goods on identification of those goods to a contract for sale under Section 2–401 is not a "security interest", but a buyer may also acquire a "security interest" by complying with Article 9. Unless a consignment is intended as security, reservation of title thereunder is not a "security interest", but a consignment in any event is subject to the provisions on consignment sales (Section 2–326).

Whether a transaction creates a lease or security interest is determined by the facts of each case; however, a transaction creates a security interest if the consideration the lessee is to pay the lessor for the right to possession and use of the goods is an obligation for the term of the lease not subject to termination by the lessee, and

(a) the original term of the lease is equal to or greater than the remaining economic life of the goods,

(b) the lessee is bound to renew the lease for the remaining economic life of the goods or is bound to become the owner of the goods,

(c) the lessee has an option to renew the lease for the remaining economic life of the goods for no additional consideration or nominal additional consideration upon compliance with the lease agreement, or

(d) the lessee has an option to become the owner of the goods for no additional consideration or nominal additional consideration upon compliance with the lease agreement.

A transaction does not create a security interest merely because it provides that

(a) the present value of the consideration the lessee is obligated to pay the lessor for the right to possession and use of the goods is substantially equal to or is greater than the fair market value of the goods at the time the lease is entered into,

(b) the lessee assumes risk of loss of the goods, or agrees to pay taxes, insurance, filing, recording, or registration fees, or service or maintenance costs with respect to the goods,

(c) the lessee has an option to renew the lease or to become the owner of the goods,

(d) the lessee has an option to renew the lease for a fixed rent that is equal to or greater than the reasonably predictable fair market rent for the use of the goods for the term of the renewal at the time the option is to be performed, or

(e) the lessee has an option to become the owner of the goods for a fixed price that is equal to or greater than the reasonably predictable fair market value of the goods at the time the option is to be performed.

For purposes of this subsection (37):

(x) Additional consideration is not nominal if (i) when the option to renew the lease is granted to the lessee the rent is stated to be the fair market rent for the use of the goods for the term of the renewal determined at the time the option is to be performed, or (ii) when the option to become the owner of the goods is granted to the lessee the price is stated to be the fair market value of the goods determined at the time the option is to be performed. Additional consideration is nominal if it is less than the lessee's reasonably predictable cost of performing under the lease agreement if the option is not exercised;

(y) "Reasonably predictable" and "remaining economic life of the goods" are to be determined with reference to the facts and circumstances at the time the transaction is entered into; and

(z) "Present Value" means the amount as of a date certain of one or more sums payable in the future, discounted to the date certain. The discount is determined by the interest rate specified by the parties if the rate is not manifestly unreasonable at the time the transaction is entered into; otherwise, the discount is determined by a commercially reasonable rate that takes into account the facts and circumstances of each case at the time the transaction was entered into.

(...)

28. Kapitel. Leasingrecht im Ausland § 100

A VII

Musterklausel – Event of Default

Each of the following shall constitute an "Event of Default."

a) Lessee fails to make any payment of Rent or of any other amount payable by Lessee pursuant to this Agreement or any Schedule when due and such nonpayment continues for a period of five (5) calendar days after written notice of such nonpayment by Lessor to Lessee;

b) Lessee fails to perform or observe any other term, covenant or condition of this Agreement or of any Schedule or any other agreement with Lessor and such failure shall continue for a period of ten (10) calendar days after written notice of such failure by Lessor to Lessee;

c) Any representation or warranty made by Lessee in this Agreement or in any Schedule or in any other writing shall be false or misleading at any time in any material respect;

d) Lessee ceases doing business as a going concern or transfers all or a substantial part of its assets; or Lessee becomes or is adjudicated insolvent or bankrupt, admits in writing its inability to pay its debts as they become due, or makes an assignment for the benefit of creditors; or Lessee applies for, or consents to, the appointment of any receiver, trustee or similar officer for it or for all or any substantial part of its property; or such receiver, trustee or similar officer is appointed without the consent of Lessee; or Lessee institutes any bankruptcy, insolvency, reorganization, moratorium, arrangement, readjustment of debt, dissolution, liquidation or similar proceeding relating to it under the laws of any jurisdiction, or any such proceeding is instituted against Lessee and is not dismissed within thirty (30) days; or any judgment, writ, warrant or attachment or execution of similar process is issued or levied against a substantial part of Lessee's property and remains unsatisfied for thirty (30) days; or Lessee has its articles of incorporation, charter or right to do business in any state revoked, suspended, terminated or otherwise changed;

e) Lessor deems itself to be insecure.

Lessee shall promptly notify Lessor of the occurrence of any Event of Default.

A VIII

Musterklausel – Remedies

If an Event of Default hereunder shall occur and be
continuing, Lessor may exercise any one or more of the following remedies:

(a) terminate any or all of the Leases and Lessee's rights thereunder;

(b) proceed, by appropriate court action or actions, to enforce performance by Lessee of the applicable covenants of any or all of the Leases or to recover damages for the breach thereof;

(c) recover from Lessee an amount equal to the sum of
  (i) all accrued and unpaid Rent and other amounts due under any or all of the Leases
  (ii) as liquidated damages for loss of a bargain and not as a penalty, the present value of
    (A) the balance of all Rent and other amounts under any or all of the Leases discounted at a rate of five percent (5 %) per annum, and
    (B) Lessor's estimated fair market value of the Equipment at the expiration of the Original Term;

(d) personally, or by its agents, take immediate possession of
any or all of the Equipment from Lessee and, for such purpose, enter upon
Lessee's premises where any of the Equipment is located with or without notice or process of law and free from all claims by Lessee; and

(e) require the Lessee to assemble the Equipment and deliver the Equipment to Lessor at a location which is reasonably convenient to Lessor and Lessee. The exercise of any of the foregoing remedies by Lessor shall not constitute a termination of any Lease or this Agreement unless Lessor so notifies Lessee in writing.

A IX

Rev. Rul. 55–540

1955–2 C. B. 39

SEC. 4. DETERMINATION WHETHER AN AGREEMENT IS A LEASE OR A CONDITIONAL SALES CONTRACT.

.01 Whatever interest is obtained by a lessee is acquired under the terms of the agreement itself. Whether an agreement, which in form is a lease, is in substance a conditional sales contract depends upon the intent of the parties as evidenced by the provisions of the agreement, read in the light of the facts and circumstances existing at the time the agreement was executed. In ascertaining such intent no single test, or any special combination of tests, is absolutely determinative. No general rule, applicable to all cases, can be laid down. Each case must be decided in the light of its particular facts. However, from the decisions cited below, it would appear that in the absence of compelling persuasive factors of contrary implication an intent warranting treatment of a transaction for tax purposes as a purchase and sale rather than as a lease or rental agreement may in general be said to exist if, for example, one or more of the following conditions are present:

(a) Portions of the periodic payments are made specifically applicable to an equity to be acquired by the lessee. See Truman Bowen v. Commissioner, 12 T. C. 446, acquiescence, C. B. 1951–2, 1.

(b) The lessee will acquire title upon the payment of a stated amount of ‹rentals› which under the contract he is required to make. See Hervey v. Rhode Island Locomotive Works, 93 U. S. 664 (1876); Robert A. Taft v. Commissioner, 27 B. T. A. 808; Truman Bowen v. Commissioner, supra.

(c) The total amount which the lessee is required to pay for a relatively short period of use constitutes an inordinately large proportion of the total sum required to be paid to secure the transfer of the title. See Truman Bowen v. Commissioner, supra.

(d) The agreed ‹rental› payments materially exceed the current fair rental value. This may be indicative that the payments include an element other than compensation for the use of property. See William A. McWaters et al. v. Commissioner, Tax Court Memorandum Opinion, entered June 15, 1950; Truman Bowen v. Commissioner, supra.

(e) The property may be acquired under a purchase option at a price which is nominal in relation to the value of the property at the time when the option may be exercised, as determined at the time of entering into the original agreement, or which is a relatively small amount when compared with the total payments which are required to be made. See Burroughs Adding Machine Co. v. Bogdon, 9 Fed.(2 d) 54; Holeproof Hosiery Co. v. Commissioner, 11 B. T. A. 547. Compare H.T. Benton et al. v. Commissioner, 197 Fed.(2 d) 745.

(f) Some portion of the periodic payments is specifically designated as interest or is otherwise readily recognizable as the equivalent of interest. See Judson Mills v. Commissioner, 11 T. C. 25, acquiescence, C. B. 1949–1, 2.

.02 The fact that the agreement makes no provision for the transfer of title or specifically precludes the transfer of title does not, of itself, prevent the contract from being held to be a sale of an equitable interest in the property.

.03 Conditional sales of personal property are, in general, recordable under the various State recording acts if the vendor wishes to protect its lien against claims of creditors. However, the recording or failure to record such a sales contract is usually discretionary with the vendor and is not controlling insofar as the essential nature of the contract is concerned for Federal tax purposes. See Hervey v. Rhode Island Locomotive Works, supra.

.04 Agreements are usually indicative of an intent to rent the equipment if the rental payments are at an hourly, daily, or weekly rate, or are based on production, use, mileage, or a similar measure and are not directly related to the normal purchase price, provided, if there is an option to purchase, that the price at which the equipment may be acquired reasonably approximates the anticipated fair market value on the option date. Thus, agreements of the type described in section 2.02(a) and (b), above, will usually be considered leases, in the absence of other facts or circumstances which denote a passing of title or an equity interest to the lessee.

.05 In the absence of compelling factors indicating a different intent, it will be presumed that a conditional sales contract was intended if the total of the rental payments and any option price payable in addition thereto approximates the price at which the equipment could have been acquired by purchase at the time of entering into the agreement, plus interest and/or carrying charges. Agreements of the type described in section 2.02(c), above, will generally be held to be sales of the equipment.

.06 If the sum of the specified ‹rentals› over a relatively short part of the expected useful life of the equipment approximates the price at which the equipment could have been acquired by purchase at the time of entering into the agreement, plus interest and/or carrying charges on such amount, and the lessee may continue to use the equipment for an additional period or periods approximating its remaining estimated useful life for relatively nominal or token payments, it may be assumed that the parties have entered into a sale contract, even though a passage of title is not expressly provided in the agreement. Agreements of the type described in section 2.02(d), and (e), above, in general, will be held to be sales contracts.

Sechster Teil: Materialien

§ 101 Musterverträge

Die nachfolgenden vier Musterverträge sind dem Münchener Vertragshandbuch, Band 3. Wirtschaftsrecht II, 5. Aufl. 2004 (Bearbeiter Stolterfoht) entnommen. Dort finden sich darüber hinaus ausführliche Erläuterungen zu den jeweiligen Vertragstexten.

Übersicht
1. Vollamortisationsvertrag über Immobilienleasing mit einem Kaufmann
2. Teilamortisationsvertrag mit Andienungsrecht
3. Kfz-Leasingvertrag für Privatwagen (Hersteller-Leasing)
4. Immobilien-Leasing-Vertrag

1. Vollamortisationsvertrag über Mobilien-Leasing mit einem Kaufmann

Die Firma A

– Leasinggeber, in den Leasing-Bedingungen „Vermieter" genannt –

überlässt nach Annahme dieses Vertrages der

Firma B

– Leasingnehmer, in den Leasing-Bedingungen „Mieter" genannt –

im Wege des Leasing zu den Bedingungen dieses Vertrages und der beigefügten Leasing-Bedingungen den folgenden vom Leasingnehmer nach seinen Wünschen und Vorstellungen ohne Mitwirkung des Leasinggebers ausgewählten Mietgegenstand:

....
(Bezeichnung des Mietgegenstandes)

Modalitäten:
 1. Lieferant:
 2. Standort:
 3. Unverbindlicher Liefertermin:
 4. Grundmietzeit: Monate
 5. Betriebsgewöhnliche Nutzungsdauer: Jahre
 6. Vorläufige Gesamtinvestitionskosten:
    Investitionskosten o. Mwst. €
    zuzüglich 16 % Mwst. €
    Summe: €
 7. Mietzins monatlich o. Mwst. €
    zuzüglich z. Z. 16 % Mwst. €
    Mietzins monatlich insgesamt €
    orbehaltlich der Anpassung nach
    § 2 der Leasing-Bedingungen
 8. Schichtbetrieb: Ja/nein Schichten
 9. Kalkulierter Zinssatz: %

§ 101

10. Konto des Leasingnehmers
Bankverbindung:
BLZ:
Kontonummer:

Der Vertrag kommt mit der schriftlichen Annahme dieses Antrages durch den Leasinggeber zustande. Der Leasinggeber erwirbt nach Zustandekommen dieses Vertrages den Mietgegenstand beim obengenannten Lieferanten zu dessen Lieferbedingungen, die vom Leasingnehmer anerkannt werden. Der Leasingnehmer hat keinen Anspruch, dass der Leasinggeber den Mietgegenstand zu anderen als den Lieferbedingungen des Lieferanten erwirbt. Der Leasingnehmer hält sich an diesen Antrag für einen Monat ab Eingang beim Leasinggeber gebunden. Danach kann er durch schriftliche Erklärung, die mit Zugang beim Leasinggeber wirksam wird, seinen Antrag widerrufen.
Zur Kenntnis genommen und einschließlich der beigefügten Leasing-Bedingungen anerkannt:

...... (Ort), den ......   A. ....
(Leasinggeber)

B. ....
(Leasingnehmer)

Leasing-Bedingungen

§ 1 Vertragsgegenstand, Vertragsbeginn, Mietzahlungen

(1) Der Vermieter räumt dem Mieter das Recht ein, den Mietgegenstand am angegebenen Standort bestimmungsgemäß zu benutzen.

(2) Die Mietzeit beginnt mit der Abnahme der Mietsache durch den Mieter und endet mit Ablauf der Grundmietzeit.

(3) Die Mieten sind im Voraus bis zum 3. eines jeden Monats fällig, die erste Miete bis zum 3. des auf den Tag der Übergabe folgenden Monats. Die Mieten und alle anderen Zahlungen sind kostenfrei unter Angabe der Mietvertragsnummer auf das Konto des Vermieters zu zahlen. Sie werden vom Vermieter im Wege des Lastschriftverfahrens eingezogen; der Mieter erteilt hiermit dem Vermieter die erforderliche Einziehungsermächtigung.

(4) Bei einem Umtausch tritt anstelle des ursprünglichen Mietgegenstands der neue Mietgegenstand.

§ 2 Mietzinsanpassung

(1) Bei einer Veränderung der Gesamtinvestitionskosten auf Grund von Preisänderungen des Lieferanten ändert sich die vereinbarte Monatsmiete im gleichen Verhältnis, in welchem die endgültigen Gesamtinvestitionskosten zu den vorläufigen Gesamtinvestitionskosten stehen. Der Vermieter nimmt außerdem eine Anpassung der Miete vor, wenn sich nach Abschluss dieses Vertrages bis zur Abnahme des Mietgegenstandes das Zinsniveau auf dem Geld- und Kapitalmarkt (z. B. durch Änderung des Basiszinssatzes nach § 247 BGB) erhöht oder ermäßigt. Eine entsprechende Anpassung erfolgt ebenfalls, wenn sich der Mehrwertsteuersatz ändert.

(2) Die Mieten sind auf der Basis der zur Zeit des Vertragsabschlusses geltenden Steuern berechnet. Ändern sich diese oder werden während der Laufzeit des Vertrages neue Steuern eingeführt, die den Vermieter in seiner Eigenschaft als Eigentümer und Vermieter betreffen, so ist dieser zu einer entsprechenden Anpassung der Mieten berechtigt.

§ 3 Abnahme, Lieferhindernisse

(1) Der Mieter ist zur Abnahme des Mietgegenstandes verpflichtet und hat dem Vermieter den ordnungsmäßigen Empfang des Mietgegenstandes schriftlich in einer Übernahmebestätigung zu bescheinigen. Der Mieter darf die Abnahme nur verweigern, wenn der Vermieter gegenüber dem Lieferanten ein Abnahmeverweigerungsrecht hat. Das in der Übernahmebestätigung genannte Datum gibt den Beginn der Mietzeit an. Enthält die Übernahmebestätigung keine Einschränkungen, so ist der Vermieter berechtigt und angewiesen, den geschuldeten Preis an den Lieferanten zu zahlen.

(2) Der Mieter hat den Mietgegenstand nach Maßgabe des § 377 HGB unverzüglich zu untersuchen und Mängel unverzüglich gegenüber dem Lieferanten unter gleichzeitiger Benachrichtigung des Vermieters zu rügen.

(3) Die Kosten der Lieferung und Montage des Mietgegenstandes trägt der Mieter nach Maßgabe der zwischen dem Vermieter und dem Lieferanten vereinbarten Lieferbedingungen.

(4) Kommt der Vertrag zwischen dem Vermieter und dem Lieferanten – gleich aus welchem Grunde – nicht zustande, so können beide Parteien von diesem Vertrag durch schriftliche Erklärung gegenüber dem anderen Vertragspartner zurücktreten. Irgendwelche Ansprüche stehen dem Mieter in diesem Fall gegenüber dem Vermieter nicht zu. Gleiches gilt, wenn es aus einem vom Vermieter nicht zu vertretenden Grund dem Lieferanten nicht möglich ist, den Mietgegenstand zu liefern.

(5) Der Vermieter haftet nicht für rechtzeitige und ordnungsgemäße Lieferung durch den Lieferanten. Das Recht des Mieters, sich bei Verzug vom Vertrag zu lösen (§§ 323, 543 BGB), weil der Mietgegenstand nicht geliefert wird, bleibt unberührt. Die Erklärung bedarf der Schriftform.

§ 4 Gefahrtragung durch den Mieter

(1) Die Gefahren des Untergangs, Verlustes oder Diebstahls, ausbesserungsfähiger und nicht ausbesserungsfähiger Beschädigungen sowie des vorzeitigen Verschleißes des Mietgegenstandes trägt der Mieter, auch wenn ihn kein Verschulden trifft. Derartige Ereignisse entbinden den Mieter nicht von der Erfüllung seiner Verpflichtungen aus dem Mietvertrag, insbesondere nicht von der Verpflichtung zur Entrichtung der Mieten. Der Mieter wird den Vermieter von derartigen Ereignissen unverzüglich unterrichten.

(2) Tritt eines der in Abs. 1 genannten Ereignisse ein, so kann der Mieter nach seiner Wahl entweder den Mietgegenstand auf seine Kosten reparieren und ihn in einen guten Zustand zurückversetzen oder den Mietgegenstand durch einen gleichwertigen Mietgegenstand ersetzen. Wenn der Mietgegenstand so stark beschädigt wird, dass seine Gebrauchsfähigkeit wesentlich eingeschränkt ist, so kann der Mieter stattdessen auch den Leasingvertrag kündigen und verlangen, dass ihm das Eigentum am Mietgegenstand Zug um Zug gegen Zahlung der noch geschuldeten restlichen Mieten und des kalkulierten Restbuchwertes des Leasinggegenstandes am Ende der Grundmietzeit übertragen wird, wobei eine Abzinsung der restlichen Mieten mit dem kalkulierten Zinssatz des Vermieters auf den Zeitpunkt der Zahlung erfolgt. Der Vermieter kann dem Mieter zur Entscheidung über die Kündigung eine angemessene Frist von mindestens vier Wochen setzen. Kündigt der Mieter nicht innerhalb der Frist, so geht das Kündigungsrecht auf den Vermieter über. Die Ausübung des Kündigungsrechts hat schriftlich zu erfolgen.

§ 101 Sechster Teil: Materialien

§ 5 Gewährleistung, Haftungsbeschränkungen

(1) Der Vermieter leistet für Sach- und Rechtsmängel des Mietgegenstandes einschließlich der Tauglichkeit zu dem vom Mieter vorgesehenen Zweck lediglich in der Weise Gewähr, dass er die Ansprüche jeder Art, insbes. Nacherfüllungs-, Garantie- und Schadenersatzansprüche einschließlich des Rechts auf Minderung (Herabsetzung des Kaufpreises) und Rücktritt (Rückgängigmachung des Vertrages mit dem Lieferanten), die ihm gegen den Lieferanten, Frachtführer, Spediteure und sonstige Personen zustehen, an den Mieter abtritt. Derartige Ansprüche gegen die genannten Personen berechtigen den Mieter nicht, die Mietzinszahlungen zu mindern, zu verweigern oder zurückzuhalten. Weitergehende Ansprüche des Mieters gegen den Vermieter, insbes. nach den §§ 536 bis 543 BGB oder wegen Pflichtverletzungen, sind ausgeschlossen. § 9 Abs. 2 bleibt unberührt.

(2) Soweit der Vermieter nach diesem Vertrag aus irgendeinem Grunde, insbesondere auch wegen Pflichtverletzungen oder aus unerlaubter Handlung, haftet, ist seine Haftung auf Vorsatz und grobe Fahrlässigkeit beschränkt.

(3) Der Mieter verzichtet gegenüber dem Vermieter auf ein Zurückbehaltungsrecht sowie auf ein Recht zur Aufrechnung, sofern nicht die Ansprüche des Mieters unstreitig oder rechtskräftig festgestellt sind.

§ 6 Pflichten des Mieters

(1) Der Mieter hat auf eigene Kosten Wartungs-, Pflege- und Gebrauchsempfehlungen des Lieferanten sorgfältig zu befolgen und den Mietgegenstand auf seine Kosten in ordnungsmäßigem und funktionsfähigem Zustand zu erhalten, insbesondere notwendige Instandhaltungs- und Instandsetzungsarbeiten durchzuführen oder durchführen zu lassen. Er hat den Vermieter von nicht nur unerheblichen Beschädigungen des Mietgegenstandes unverzüglich zu unterrichten. Der Mieter übernimmt alle öffentlich- oder privatrechtlichen Kosten, Gebühren, Beiträge und Steuern, die auf Grund dieses Vertrages oder des Besitzes oder des Gebrauchs des Mietgegenstandes anfallen.

(2) Der Mieter stellt den Vermieter von Ansprüchen frei, die von Dritten einschließlich staatlicher Institutionen auf Grund der Lieferung, der Benutzung oder des Betriebes oder des Haltens des Mietobjektes geltend gemacht werden. Insbesondere stellt der Mieter den Vermieter von der Haftung für Personen- und Sachschäden frei, die Dritten aus dem Gebrauch oder Nichtgebrauch des Mietgegenstandes entstehen können. Der Vermieter ist berechtigt, bei einer Inanspruchnahme durch Dritte Zahlungen für Rechnung des Mieters zu leisten. Diese Zahlungen sind ab Fälligkeit bis zum Zahlungseingang mit 1% monatlich zu verzinsen.

(3) Eine Untervermietung oder sonstige Überlassung des Mietgegenstandes an Dritte bedarf der schriftlichen Zustimmung des Vermieters. In diesen Fällen ist außer dem Mieter auch der Vermieter mittelbarer Besitzer des Mietgegenstandes; der Mieter tritt schon jetzt seine Vergütungs- und Herausgabeansprüche an den Vermieter ab.

(4) Der Mieter ist zur Vornahme von unwesentlichen technischen Änderungen und Einbauten berechtigt, wenn dadurch die Funktionsfähigkeit und Werthaltigkeit des Mietgegenstandes nicht verschlechtert wird. Einbauten, die zu Bestandteilen des Mietgegenstandes geworden sind, gehen in das Eigentum des Vermieters über. Ein Entschädigungsanspruch des Mieters ist ausgeschlossen. Wesentliche technische Änderungen und Veränderungen des Standortes bedürfen der schriftlichen Zustimmung des Vermieters. Wird der Mietgegenstand mit

einem Grundstück oder Gebäude oder einer beweglichen Sache verbunden, auf einem Grundstück eingebracht oder in eine räumliche Beziehung hierzu gebracht, so geschieht dies nur zu einem vorübergehenden Zweck (§§ 95, 97 BGB) mit der Absicht der Aufhebung dieses Zusammenhanges nach Ablauf des Mietvertrages. Ist der Mieter nicht selbst Eigentümer des Grundstücks, Gebäudes oder der beweglichen Sache, so hat er diesem gegenüber klarzustellen, dass die Verbindung nur zu einem vorübergehenden Zweck erfolgt.

(5) Auf Verlangen des Vermieters hat der Mieter den Mietgegenstand an gut sichtbarer Stelle mit einem Kennzeichen zu versehen, das auf das Eigentum des Vermieters hinweist. Der Mieter ist auf eigene Kosten verpflichtet, den Mietgegenstand von Zugriffen Dritter freizuhalten und vor Beeinträchtigungen durch Dritte zu schützen und hat dem Vermieter drohende oder bewirkte Vollstreckungsmaßnahmen, Pfändungen, Ansprüche aus angeblichen Vermieterpfandrechten usw. sofort schriftlich mitzuteilen und das Pfändungsprotokoll mit Namen und Anschrift des Gläubigers beizufügen. Der Mieter hat ferner den Vermieter unverzüglich von dem Antrag auf Zwangsvollstreckung und Zwangsverwaltung des Grundstücks, auf dem sich der Mietgegenstand befindet, zu unterrichten. Der Mieter trägt entstandene Interventionskosten des Vermieters. Bei wesentlicher Verschlechterung seiner Vermögenslage und/oder seiner Liquidität ist der Mieter verpflichtet, den Vermieter unverzüglich in Kenntnis zu setzen und auf Anforderung geeignete Sicherheit für die noch ausstehenden Mieten bis zum Ende der Grundmietzeit zu leisten.

(6) Der Mieter hat den Vermieter von jedem Wohnsitz- oder Sitzwechsel, von einer geplanten Geschäftsaufgabe sowie von einem Besitzwechsel am Leasinggegenstand unverzüglich zu unterrichten.

(7) Der Mieter versichert den Mietgegenstand auf seine Kosten zum Nennwert gegen die Risiken des Untergangs, Verlustes oder einer Beschädigung durch Feuer, Diebstahl und Leitungswasser sowie gegen alle Risiken, hinsichtlich derer der Vermieter eine Versicherung nach seiner pflichtgemäßen Beurteilung für erforderlich hält. Der Mieter wird eine bestehende Betriebshaftpflichtversicherung auch auf den Mietgegenstand erstrecken. Der Mieter hat den Nachweis über den Abschluss der Versicherungen zu erbringen und dem Vermieter auf Anfordern einen Sicherungsschein der jeweiligen Versicherungsgesellschaft auszuhändigen. Der Mieter tritt bereits jetzt alle Rechte aus diesen Versicherungsverträgen und seine Ansprüche gegen etwaige Schädiger und gegen deren Versicherung unwiderruflich an den Vermieter ab. Entschädigungsleistungen, die der Vermieter aus den vorgenannten Versicherungen und/oder von dritter Seite erhält, werden auf die vom Mieter zu erbringenden Leistungen angerechnet.

§ 7 Abtretung und Geltendmachung von Ansprüchen

(1) Der Vermieter tritt hiermit seine gegenwärtigen und zukünftigen Ansprüche gegen den Lieferanten und gegen die bei der Lieferung eingeschalteten Personen aus dem dem Mietvertrag zugrunde liegenden Lieferverhältnis sowie gegenüber sonstigen Dritten an den Mieter ab, der diese Abtretung annimmt. Die Rechte, insbes. diejenigen aus einem Rücktritt, können nur in der Weise geltend gemacht werden, dass Zahlung an den Vermieter verlangt wird. Soweit die Abtretung einzelner Rechte, insbesondere eines Wandlungs- und Minderungsrechts nicht möglich sein sollte, wird der Mieter insoweit ermächtigt, diese Rechte für den Vermieter im eigenen Namen und auf eigene Kosten geltend zu machen.

(2) Nebenabreden des Mieters mit Lieferanten bei der Verfolgung der Rechte des Mieters sind nur mit schriftlicher Bestätigung des Vermieters zulässig.

§ 101   Sechster Teil: Materialien

(3) Der Mieter ist dem Vermieter gegenüber verpflichtet, die ihm vom Vermieter abgetretenen oder zur Ausübung überlassenen Rechte auf eigene Kosten fristgemäß geltend zu machen. Er wird den Vermieter hiervon jeweils unverzüglich unterrichten.

§ 8 Haftung des Mieters

(1) Kommt der Mieter mit einer fälligen Zahlung in Verzug, ist der Vermieter berechtigt, von diesem Zeitpunkt an ohne Nachweis Verzugszinsen in Höhe von 1% pro Monat zu verlangen. Die Geltendmachung eines weiteren Schadens des Vermieters ist dadurch nicht ausgeschlossen. Für jede nach Verzugseintritt ergehende Mahnung werden 5,– € berechnet.

(2) Kommt der Mieter mit Zahlungen in Höhe von mehr als einer Monatsmiete länger als 1 Monat in Verzug und zahlt er auf eine dann durch eingeschriebenen Brief erfolgende Mahnung nicht die Rückstände innerhalb einer Woche, so ist der Vermieter berechtigt, auch ohne Kündigung des Vertrages den Mietgegenstand als Sicherheit an sich zu nehmen oder dem Mieter die weitere Benutzung zu untersagen. Die Pflicht zur Zahlung des Mietzinses oder sonstiger nach diesem Vertrag geschuldeter Beträge entfällt dadurch nicht. Zahlt der Mieter die Rückstände, so kann er verlangen, dass ihm das Benutzungsrecht wieder eingeräumt wird.

(3) Erfüllt der Mieter Verpflichtungen nicht oder nimmt er Handlungen nicht vor, die ihm nach diesem Vertrag oder auf Grund gesetzlicher Vorschrift gegenüber dem Vermieter obliegen, so kann der Vermieter diese Verpflichtungen anstelle des Mieters erfüllen oder die Handlungen anstelle des Mieters vornehmen und die dadurch entstandenen Kosten dem Mieter in Rechnung stellen. Insbesondere darf der Vermieter Gläubiger des Mieters, die auf den Mietgegenstand Zugriff nehmen, befriedigen, ohne dass dem Mieter ein Widerspruchsrecht zusteht. Hat der Mieter eine Pflichtverletzung zu vertreten, so kann der Vermieter daneben Schadenersatz verlangen.

§ 9 Kündigung des Mietverhältnisses, Abwicklung bei Mängeln des Leasinggegenstands

(1) Dieser Mietvertrag ist unkündbar, sofern nicht kraft Gesetzes ein nicht ausschließbares Kündigungsrecht besteht oder dieser Vertrag ein Kündigungsrecht vorsieht. Insbesondere ist das Kündigungsrecht des Erben aus § 580 BGB, eine Kündigung wegen Mängeln des Mietgegenstandes oder weil der Mietgegenstand die in ihn gesetzten Erwartungen des Mieters nicht erfüllt, ausgeschlossen.

(2) Ist der Mieter berechtigt, gegenüber dem Lieferanten Ansprüche wegen Mangelhaftigkeit des Mietgegenstandes geltend zu machen und können sich der Lieferant und der Mieter nicht über die Wirksamkeit eines vom Mieter erklärten Rücktritts, über die Berechtigung des Schadensersatzes statt der Leistung oder der Minderung einigen, kann der Mieter die Zahlung der Mietraten wegen etwaiger Mängel erst dann – im Falle einer Minderung anteilig – vorläufig (bis zur rechtskräftigen Entscheidung) verweigern, wenn er Klage gegen den Lieferanten auf Rückabwicklung des Liefervertrages, auf Schadensersatz statt Leistung oder auf Minderung des Kaufpreises erhoben hat.

Dieses vertraglich eingeräumte Zurückbehaltungsrecht des Mieters entfällt rückwirkend, wenn die Klage des Mieters endgültig erfolglos ist. Die zurückbehaltenen Mietzinsraten sind dann unverzüglich in einem Betrag nachzuzahlen. Der Mieter hat dem Vermieter den durch die Zurückbehaltung der Leasingraten entstandenen Verzugsschaden zu ersetzen.

Der Vermieter verpflichtet sich, das rechtskräftige Urteil im Gewährleistungsprozess zwischen dem Mieter und dem Lieferant in jenem Umfang anzuerkennen, in dem der Mieter obsiegt; dies bedeutet insbesondere: Der Mieter erkennt für den Fall einer erfolgreichen Rückforderungsklage wegen Rücktritts oder einer erfolgreichen Klage auf Schadensersatz statt der Leistung an, dass der Leasingnehmer auch berechtigt ist, vom Leasingvertrag zurückzutreten (diesen zu kündigen) und er dies mit Erhebung der Klage gegen den Lieferanten stillschweigend getan hat. Für den Fall einer erfolgreichen Minderungsklage erkennt der Vermieter an, dass die Leasingraten rückwirkend anzupassen sind.

Leistet der Mieter während einer gerichtlichen Auseinandersetzung mit dem Lieferanten berechtigterweise Zahlungen nicht, so kann der Vermieter den Mietgegenstand an sich nehmen, wenn der Mieter nicht in anderer Weise Sicherheit leistet.

(3) Der Vermieter ist zur fristlosen Kündigung berechtigt, wenn
a) der Mieter mit seinen Zahlungen, insbes. der Zahlung der Miete, in Höhe von mehr als einer Monatsmiete länger als einen Monat in Verzug kommt und er dann auf eine durch eingeschriebenen Brief erfolgende Mahnung nicht die Rückstände innerhalb von einer Woche begleicht; das Kündigungsrecht wird nicht dadurch ausgeschlossen, dass der Vermieter von seinem Recht nach § 8 Abs. 2 Gebrauch macht;
b) sich aus Umständen für den Vermieter die Besorgnis ergibt, dass gegenüber dem Zeitpunkt des Vertragsabschlusses eine Verschlechterung der Vermögensverhältnisse des Mieters eingetreten ist oder voraussichtlich eintreten wird, die es als wahrscheinlich erscheinen lässt, dass der Mieter seinen vertraglichen Pflichten aus diesem Vertrag, insbesondere der Pflicht zur pünktlichen Mietzahlung, nicht mehr in vollem Umfang nachkommen kann, insbesondere wenn der Mieter seine Zahlungen einstellt, in das Vermögen des Mieters eine Zwangsvollstreckung betrieben wird oder wenn über sein Vermögen das Insolvenz- oder ein anderes der Schuldenregulierung dienendes gerichtliches oder außergerichtliches Verfahren eingeleitet ist;
c) der Mieter anderen vertraglichen Verpflichtungen ungeachtet einer Abmahnung des Vermieters durch eingeschriebenen Brief nicht nachkommt, insbesondere einen vertragswidrigen Gebrauch des Mietgegenstandes fortsetzt oder duldet, sofern hierdurch die Rechte des Vermieters erheblich gefährdet werden.

§ 10 Kündigungsfolgen

(1) Mit Zugang der Kündigung erlischt das Gebrauchsrecht des Mieters an dem Mietgegenstand.

(2) Beruht die Kündigung auf einem Verhalten, welches der Mieter zu vertreten hat, so ist der Mieter zum Schadenersatz verpflichtet. Sofern nicht der Vermieter einen höheren oder der Mieter einen geringeren Schaden nachweist, kann der Vermieter als Schadensersatz diejenigen Mieten verlangen, die ohne eine Kündigung während der Grundmietzeit noch zu zahlen gewesen wären, wobei eine Abzinsung mit dem vom Vermieter kalkulierten Zinssatz erfolgt. Der Mieter ist außerdem, auch wenn er die Kündigung nicht zu vertreten hat, verpflichtet, dem Vermieter dessen im Hinblick auf den Mietvertrag gemachte und durch die bisherigen Mieten noch nicht amortisierte Aufwendungen zu ersetzen.

(3) Den vom Vermieter aus der Verwertung des zurückgegebenen Mietgegenstandes erzielten Erlös abzüglich aller Verwertungskosten hat der Vermieter erst zum Zeitpunkt des Zahlungseinganges auf die an ihn zu zahlenden Beträge zur Verrechnung zu bringen.

§ 11 Rückgabepflicht, Mängelbeseitigung

(1) Nach Beendigung des Vertrages ist der Mieter verpflichtet, den Mietgegenstand auf seine Kosten und transportversichert an eine ihm vom Vermieter zu benennende Adresse innerhalb des Bundesgebietes zu senden.

(2) Hat der Mieter am Mietobjekt wesentliche technische Änderungen oder Einbauten vorgenommen, so ist er auf Verlangen des Vermieters verpflichtet, bei Beendigung des Mietverhältnisses den ursprünglichen technischen Zustand des Mietgegenstands auf eigene Kosten wiederherzustellen.

(3) Stellt der Vermieter Mängel am Mietgegenstand fest, die über den durch vertragsgemäß sorgfältigen Gebrauch entstandenen Verschleiß hinausgehen, kann er, ohne dass es dabei auf ein Verschulden des Mieters ankommt, Beseitigung dieser Mängel auf Kosten des Mieters verlangen oder nach seiner Wahl diese Mängel selbst auf Kosten des Mieters beseitigen. Dieses Recht erlischt, wenn der Vermieter die beanstandeten Mängel nicht binnen einer Frist von 4 Wochen nach Auslieferung des Gegenstandes an die Versandadresse schriftlich geltend macht.

(4) Gibt der Mieter den Mietgegenstand nach Beendigung des Mietverhältnisses nicht zurück, so kann der Vermieter auf die Dauer der Vorenthaltung als Entschädigung den vereinbarten Mietzins verlangen. Die Geltendmachung eines weitergehenden Schadens bleibt ausdrücklich vorbehalten. Eine Weiterbenutzung des Mietgegenstandes durch den Mieter nach Beendigung des Vertrages führt nicht zu einer Fortsetzung des Mietverhältnisses.

§ 12 Rechtsnachfolge

(1) Der Vermieter ist berechtigt, den Anspruch auf Mieten sowie alle sonstigen Rechte und Pflichten aus diesem Vertrag an Dritte, insbesondere zur Sicherung der für die Refinanzierung beschafften Mittel, zu übertragen. Der Mieter bleibt auch dann in vollem Umfang aus diesem Vertrag bis zu dessen Ablauf verpflichtet.

(2) Der Vermieter kann den Mieter aus seiner vertraglichen Haftung entlassen, wenn ein Rechtsnachfolger des Mieters bereit und nach Auffassung des Vermieters auch in der Lage ist, den Mietvertrag bis zu seiner Beendigung ordnungsgemäß zu erfüllen.

§ 13 Eigentumserwerb

Die Vertragsparteien sind sich darüber einig, dass dem Mieter auf Grund dieses Vertrages kein Anspruch zusteht, dass er das Eigentum an dem Mietgegenstand erwirbt.

§ 14 Schlussbestimmungen

(1) Der Mieter wird auf Anforderung des Vermieters ab Stellung des Mietantrages bis zum Ende des Mietverhältnisses Bilanzen sowie Gewinn- und Verlustrechnungen vorlegen und alle für die Kreditprüfung gewünschten Auskünfte erteilen. Der Vermieter bzw. der von ihm Beauftragte ist berechtigt, während der normalen Geschäftszeit das Mietobjekt zu besichtigen und dessen Gebrauch und Zustand zu prüfen. Zu diesem Zweck kann er die im Besitz oder im Eigentum des Mieters stehenden Grundstücke oder Räumlichkeiten betreten.

(2) Nebenabreden sind nicht getroffen. Sofern von Personen, die für den Vermieter nicht zur Vertretung bevollmächtigt sind, von diesem Vertrag abweichende oder ihn ergänzende Vereinbarungen getroffen werden, wozu auch die Aufhebung dieser Schriftformklausel gehört, bedürfen sie zu ihrer Wirksamkeit der

schriftlichen Bestätigung des Vermieters. Auch sonst sind im Zweifel Änderungen oder Ergänzungen erst dann verbindlich, wenn sie schriftlich bestätigt sind.

(3) Sollte eine oder sollten mehrere der Bestimmungen dieses Vertrages unwirksam sein, so berührt dies nicht die Wirksamkeit der restlichen Bestimmungen dieses Vertrages. Die Parteien verpflichten sich, in einem derartigen Fall in eine neue Regelung einzuwilligen, die dem wirtschaftlichen Zweck der ungültigen Bestimmung möglichst nahe kommt und die sie vereinbart hätten, wenn sie die Unwirksamkeit gekannt hätten.

(4) Gerichtsstand und Erfüllungsort für alle Verpflichtungen aus diesem Vertrag oder im Zusammenhang mit diesem Vertrag ist............ (Ort).

2. Teilamortisationsvertrag mit Andienungsrecht

Zusatz zum Leasing-Vertrag zwischen Firma A (Leasinggeber)
und Firma B (Leasingnehmer) vom...... (Datum)

Der Vermieter und der Mieter vereinbaren als Bestandteil des oben genannten Vertrages ergänzend Folgendes:

§ 1 Teilamortisation

Der Vermieter und der Mieter sind sich darüber einig, dass durch die in der Grundmietzeit vom Mieter zu erbringenden Mietzinszahlungen die Aufwendungen des Vermieters für die Beschaffung des Mietgegenstandes nicht vollständig, sondern nur zu 90 % der Gesamtinvestitionskosten gedeckt sind. Der Mieter deckt daher den verbleibenden während der Grundmietzeit nicht gedeckten Betrag durch die Vereinbarung eines Andienungsrechts des LG.

§ 2 Andienungsrecht

(1) Der Vermieter ist bereit, mit dem Mieter über die Verlängerung des Mietvertrages zu verhandeln. Ein schriftlicher Verlängerungsantrag muss dem Vermieter spätestens innerhalb von 3 Monaten vor Beendigung der Grundmietzeit zugehen. Der Vermieter wird innerhalb von 3 Monaten über die Annahme des Antrages entscheiden.

(2) Kommt ein Verlängerungsvertrag nicht zustande, so ist der Mieter auf Verlangen des Vermieters verpflichtet, das Mietobjekt bei Ablauf der Grundmietzeit zum kalkulierten Restbuchwert von n...... zuzüglich Mwst. unter Ausschluss jeglicher Gewährleistungsansprüche gegen den Vermieter zu kaufen. Ein Recht, den Ankauf zu verlangen, hat der Mieter nicht. Der Vermieter wird dem Mieter ein Kaufverlangen rechtzeitig vor Ablauf der Grundmietzeit durch eingeschriebenen Brief mitteilen. Mit Zugang dieser Mitteilung ist der Kaufvertrag zustande gekommen.

(3) Ist nach § 10 Abs. 2 des Mietvertrages vom...... Schadensersatz oder Aufwendungsersatz zu leisten, so ist dabei auch der Andienungspreis rechnerisch zu berücksichtigen.

...... (Ort), den ......   A. ....
                                    (Leasinggeber)

                                B. ....
                                    (Leasingnehmer)

3. Kfz-Leasingvertrag für Privatwagen (Hersteller-Leasing)

Privatauto-Leasing-Bestellung

Name des Leasingnehmers	vermittelnder Betrieb
Adresse	

Ich beantrage bei der X-Leasing GmbH den Abschluss eines Leasing-Vertrages für ein Fahrzeug in serienmäßigem Lieferumfang zu umseitigen Privatauto-Leasing-Bedingungen (plus Auszug aus X-Verkaufsgewährleistungsbedingungen), das die X-Leasing GmbH bei dem vermittelnden Betrieb (Verkäufer) auf meinen Wunsch erwirbt:

Modellnr.	Stückzahl	Modellbezeichnung	Farbe	Farbnummer

Ausstattung:

Vertragsdauer in Monaten:
Jährliche Fahrleistung in km:
Das Fahrzeug wird im üblichen Straßenverkehr normal genutzt. ja/nein
Abweichende Nutzung:
Liefertermin/
Lieferfrist ab Vertragsabschluss......
verbindlich/unverbindlich
(Unzutreffendes streichen)
Fahrgestellnummer
Kalkulierter Zinssatz:

Einmalige Sonderzahlung je Fahrzeug:
Bei Auslieferung des Fahrzeugs vereinnahmt der vermittelnde Betrieb im Namen und für Rechnung der X-Leasing GmbH eine einmalige Sonderzahlung in Höhe von

...... € einschl. MWSt.

Monatliche Leasing-Rate je Fahrzeug:
Die während der Vertragsdauer zu entrichtenden Leasing-Raten berücksichtigen nicht die Überführungs- und Zulassungskosten. Diese werden vom ausliefernden Betrieb separat berechnet.
...... € einschl. MWSt...... Cent pro Mehrkilometer einschl. MWSt.
...... Cent pro Minderkilometer einschl. MWSt.

Besondere Vereinbarungen:

Kfz-Haftpflichtversicherung mit 50 Mio. € Deckungssumme (jedoch nicht mehr als 8 Mio. € je geschädigter Person) und Kfz-Vollversicherung (€ 300 Selbstbeteiligung je Schadensereignis).	Bei Einschluss bitte ankreuzen. u

Zum Abschluss vorgenannter Versicherungen über die C-Versicherungsdienst-GmbH wird der Leasing-Geber hiermit ermächtigt. Die Prämie für die Fahrzeugversicherung wird nach Ausfertigung der Police im darin ausgewiesenen Umfang von dem Leasing-Geber namens und für Rechnung des Versicherers eingezogen. Die Prämie ist nicht in der Leasing-Rate enthalten.

Der Besteller ermächtigt die X-Leasing GmbH widerruflich, alle fälligen Forderungen aus dem Vertragsverhältnis (Ausnahme Sonderzahlung) bei der Bank/ Ort...... Kontonr....... mittels Lastschrift einzuziehen.

...... (Ort), den......　　　　　　　　(Unterschrift des Bestellers)

Belehrung über das Widerrufsrecht
Sie können Ihre Vertragserklärung innerhalb von zwei Wochen ohne Angabe von Gründen in Textform (z. B. Brief, Fax, E-Mail) oder durch Rücksendung der Sache widerrufen. Die Frist beginnt frühestens mit Erhalt dieser Belehrung. Zur Wahrung der Widerrufsfrist genügt die rechtzeitige Absendung des Widerrufs oder der Sache. Der Widerruf ist zu richten an: X-Leasing GmbH (genaue Adresse).

Ich bestätige die Aushändigung je einer Kopie der Widerrufsbelehrung (auf gesonderter Urkunde) und der Leasing-Bestellung einschließlich der Privatauto-Leasing-Bedingungen

Ort/Datum　　　　　　　　　　Unterschrift des Verbrauchers/Bestellers

Privatauto-Leasing-Bedingungen

Nachstehende Bedingungen gelten für alle Leasing-Verträge der X-Leasing GmbH – nachstehend Leasing-Geber – mit ihren Privatauto-Leasing-Kunden – nachstehend Leasing-Nehmer –.

I. Vertragsabschluss

1. Der Leasing-Nehmer ist an seinen Leasing-Antrag vier Wochen gebunden. Der Leasing-Vertrag ist abgeschlossen, wenn der Leasing-Geber innerhalb dieser Frist die Annahme des Antrags schriftlich bestätigt.
2. Die Vertragsannahme des Leasing-Gebers bedarf keiner Unterzeichnung, wenn sie mit Hilfe einer automatischen Einrichtung erstellt wird. Dies gilt auch für die Vertragsaufhebung gem. Abschnitt XIV.
3. Mündliche Nebenabreden bestehen nicht.

II. Leasing-Gegenstand

Konstruktions- oder Formänderungen des Leasing-Gegenstandes – nachstehend Fahrzeug genannt –, Abweichungen im Farbton sowie Änderungen des Lieferumfanges seitens des Herstellers bleiben während der Lieferzeit vorbehalten, sofern das Fahrzeug nicht erheblich geändert wird und die Änderungen für den Leasing-Nehmer zumutbar sind.

§ 101

III. Beginn der Leasing-Zeit

Die Leasing-Zeit, die der im Leasing-Vertrag genannten Vertragsdauer in Monaten entspricht, beginnt an dem zwischen dem Lieferanten und dem Leasing-Nehmer vereinbarten Tag der Übergabe. Falls auf Wunsch des Leasing-Nehmers das Fahrzeug vorher zugelassen wird, beginnt die Leasing-Zeit am Tag der Zulassung. Kommt keine Vereinbarung über den Übergabezeitpunkt zustande, beginnt die Leasing-Zeit 14 Tage nach Anzeige der Bereitstellung des Fahrzeuges.

IV. Leasing-Entgelte und sonstige Kosten

1. Die Leasing-Raten, eine vereinbarte Sonderzahlung und eine Mehrkilometerbelastung nach Ziff. 3 sind Gegenleistung für die Gebrauchsüberlassung des Fahrzeuges.

2. Eine vereinbarte Leasing-Sonderzahlung ist zusätzliches Entgelt neben den Leasing-Raten und dient nicht als Kaution; durch sie werden Leasing-Raten nicht getilgt.

3. Nur für Verträge ohne Gebrauchtwagen-Abrechnung: Ist bei Rückgabe des Fahrzeuges nach Ablauf der bei Vertragsabschluss vereinbarten Leasing-Zeit die festgelegte Gesamtkilometer-Laufleistung über- bzw. unterschritten, werden die gefahrenen Mehr- bzw. Minderkilometer dem Leasing-Nehmer zu dem im Leasing-Vertrag genannten Satz nachberechnet bzw. vergütet. Bei der Berechnung von Mehr- und Minderkilometern bleiben 2.500 km ausgenommen.

4. Vereinbarte Nebenleistungen, wie z. B. Überführung, An- und Abmeldung des Fahrzeuges sowie Aufwendungen für Versicherung und Steuern, soweit sie nicht als Bestandteil der Leasing-Rate ausdrücklich ausgewiesen werden, sind gesondert zu bezahlen.

5. Bei Änderung des Lieferumfanges nach Vertragsabschluss auf Wunsch des Leasing-Nehmers sowie bei Einführung objektbezogener Sondersteuern sind beide Vertragsparteien berechtigt, eine der Veränderung entsprechende Anpassung der Leasing-Rate und ggf. der Sonderzahlung und des Restwertes, der bei der Berechnung der Leasing-Raten als voraussichtlicher Gebrauchtwagenerlös angesetzt wurde, zu verlangen.

Das gleiche Recht haben beide Vertragspartner bei einer Änderung der unverbindlichen Preisempfehlung des Fahrzeugherstellers nach Vertragsabschluss, wenn sich dadurch die Anschaffungskosten des Leasing-Gebers verändern. Ergibt sich dadurch eine Erhöhung der Leasing-Rate und ggf. der Sonderzahlung und des Restwertes um mehr als 5 %, kann der Leasing-Nehmer durch schriftliche Erklärung binnen 3 Wochen ab Eingang der Mitteilung über die Erhöhung vom Vertrag zurücktreten.

Bei einer Änderung der Umsatzsteuer passt der Leasing-Geber alle sich aus dem Leasing-Vertrag ergebenden Forderungen, Zahlungen und Beträge ab dem Zeitpunkt der Änderung dem neuen Umsatzsteuersatz an.

Ändern sich nach Vertragsabschluss bei vereinbarten Dienstleistungen mit gesetzlichen oder behördlich festgesetzten Gebühren die vom Leasing-Geber zu verauslagenden Kosten, können beide Teile eine entsprechende Anpassung der Leasing-Rate verlangen.

Ist abzusehen, dass die Gesamtfahrleistung eines Vertrages ohne Gebrauchtwagenabrechnung erheblich über- oder unterschritten wird, kann jede Vertragspartei verlangen, dass über eine entsprechende Anpassung der Leasing-Raten und eine Neufestsetzung der Gesamtfahrleistung gemäß Ziffer 3 verhandelt wird.

6. Weitere Zahlungsverpflichtungen des Leasing-Nehmers nach diesem Vertrag (z. B. im Fall der Kündigung gemäß Abschnitt XV) bleiben unberührt.

V. Zahlungsfälligkeit und -modalitäten

1. Die erste Leasing-Rate ist zu Beginn der Leasing-Zeit fällig. Die weiteren Leasing-Raten sind jeweils am Monatsersten im Voraus fällig. Die Anzahl der Leasing-Raten entspricht der vereinbarten Vertragsdauer in Monaten. Eine Leasing-Sonderzahlung ist – soweit nichts anderes vereinbart – zu Beginn der Leasing-Zeit fällig.
2. Die Forderungen auf Ersatz von Überführungs-, An- und Abmeldekosten sowie der vom Leasing-Geber verauslagten Beträge, die nach dem Vertrag vom Leasing-Nehmer zu tragen sind, sind nach Anfall/Verauslagung und Rechnungsstellung fällig.
Alle weiteren Forderungen des Leasing-Gebers sind nach Rechnungsstellung fällig.
3. Gegen die Ansprüche des Leasing-Gebers kann der Leasing-Nehmer nur dann aufrechnen, wenn die Gegenforderung des Leasing-Nehmers unbestritten ist oder ein rechtskräftiger Titel vorliegt; ein Zurückbehaltungsrecht kann der Leasing-Nehmer nur geltend machen, soweit es auf Ansprüchen aus dem Leasing-Vertrag beruht.
4. Zahlungsanweisungen, Schecks und Wechsel werden nur nach besonderer Vereinbarung und nur zahlungshalber angenommen unter Berechnung aller Einziehungs- und Diskontspesen.
5. Befindet sich der Leasing-Nehmer mit mindestens 2 Raten im Verzug, ist der Leasing-Geber berechtigt, das Fahrzeug zur Sicherung seines Eigentums bzw. zur Abwendung von Schäden auch ohne Kündigung des Vertrages wieder in Besitz zu nehmen, ohne dass der Anspruch auf die Weiterzahlung der Leasing-Raten entfällt. Der Leasing-Geber ist jedoch bereit, das Fahrzeug nach vollständigem Zahlungsausgleich an den Leasing-Nehmer zurückzugeben.

VI. Lieferung und Lieferverzug

1. Liefertermine oder Lieferfristen, die verbindlich oder unverbindlich vereinbart werden können, sind schriftlich anzugeben. Lieferfristen beginnen mit Vertragsabschluss. Werden nachträgliche Vertragsänderungen vereinbart, ist erforderlichenfalls gleichzeitig ein Liefertermin oder eine Lieferfrist erneut schriftlich zu vereinbaren.
2. Der Leasing-Nehmer kann 6 Wochen nach Überschreiten eines unverbindlichen Liefertermins oder einer unverbindlichen Lieferfrist den Leasing-Geber auffordern zu liefern. Mit dem Zugang der Aufforderung kommt der Leasing-Geber in Verzug. Hat der Leasing-Nehmer Anspruch auf Ersatz eines Verzugsschadens, beschränkt sich dieser bei leichter Fahrlässigkeit des Leasing-Gebers auf höchstens 5 % des Fahrzeugpreises entsprechend der unverbindlichen Preisempfehlung/des Listenpreises (einschließlich Umsatzsteuer) des Fahrzeugherstellers zum Zeitpunkt des Vertragsabschlusses. Will der Leasing-Nehmer darüber hinaus vom Vertrag zurücktreten und/oder Schadensersatz statt Leistung verlangen, muss er dem Leasing-Geber nach Ablauf der Sechs-Wochen-Frist gemäß Satz 1 eine angemessene Frist zur Lieferung setzen. Hat der Leasing-Nehmer Anspruch auf Schadenersatz statt der Leistung, beschränkt sich der Anspruch bei leichter Fahrlässigkeit auf höchstens 25 % des Fahrzeugpreises entsprechend der unverbindlichen Preisempfehlung des Fahrzeugherstellers zum Zeitpunkt des Vertragsabschlusses. Wird dem Leasing-Geber, während er in Verzug ist, die Lieferung durch Zufall unmöglich, so haftet er mit den vorstehend vereinbarten Haftungsbegrenzungen. Der Leasing-Geber haftet nicht, wenn der Schaden auch bei rechtzeitiger Lieferung eingetreten wäre.

3. Wird ein verbindlicher Liefertermin oder eine verbindliche Lieferfrist überschritten, kommt der Leasing-Geber bereits mit Überschreiten des Liefertermins oder der Lieferfrist in Verzug. Die Rechte des Leasing-Nehmers bestimmen sich dann nach Ziffer 2 Sätze 3 bis 5 dieses Abschnittes.

4. Höhere Gewalt oder beim Leasing-Geber oder dessen Lieferanten eintretende Betriebsstörungen, z. B. durch Aufruhr, Streik, Aussperrung, die den Leasing-Geber ohne eigenes Verschulden vorübergehend daran hindern, das Fahrzeug zum vereinbarten Termin oder innerhalb der vereinbarten Frist zu liefern, verändern die in Ziffer 1 bis 3 genannten Termine und Fristen um die Dauer der durch diese Umstände bedingten Leistungsstörungen.

Führen entsprechende Störungen zu einem Leistungsaufschub von mehr als vier Monaten, kann der Leasing-Nehmer vom Vertrag zurücktreten. Andere Rücktrittsrechte bleiben davon unberührt.

VII. Übernahme und Übernahmeverzug

1. Der Leasing-Nehmer hat das Recht, das Fahrzeug innerhalb von 14 Tagen nach Zugang der Bereitstellungsanzeige am vereinbarten Übernahmeort abzunehmen. Im Falle der Nichtabnahme kann der Leasing-Geber von seinen gesetzlichen Rechten Gebrauch machen.

2. Verlangt der Leasing-Geber Schadenersatz, so beträgt dieser 15 % des Fahrzeugpreises entsprechend der unverbindlichen Preisempfehlung (einschließlich Umsatzsteuer) des Fahrzeugherstellers zum Zeitpunkt des Vertragsabschlusses für dieses Fahrzeug. Der Schadenbetrag ist höher oder niedriger anzusetzen, wenn der Leasing-Geber einen höheren oder der Leasing-Nehmer einen geringen Schaden nachweist. Der Leasing-Nehmer hat den Leasing-Geber auch von solchen Schäden freizustellen, die aus der Nichterfüllung des zwischen dem Leasing-Geber und dem vermittelnden Betrieb geschlossenen Kaufvertrages infolge der Nichtabnahme entstehen.

VIII. Eigentumsverhältnisse, Halter des Fahrzeuges und Zulassung

1. Der Leasing-Geber ist Eigentümer des Fahrzeuges. Er ist berechtigt, in Abstimmung mit dem Leasing-Nehmer das Fahrzeug zu besichtigen und auf seinen Zustand zu überprüfen.

Der Leasing-Nehmer darf das Fahrzeug weder verkaufen, verpfänden, verschenken, vermieten oder verleihen, noch zur Sicherung übereignen. Zur längerfristigen Nutzung darf er das Fahrzeug nur den seinem Haushalt angehörenden Personen überlassen. Eine Verwendung zu Fahrschulzwecken, als Taxi oder zu sportlichen Zwecken bedarf der vorherigen schriftlichen Zustimmung des Leasing-Gebers.

2. Der Leasing-Nehmer hat das Fahrzeug von Rechten Dritter freizuhalten. Von Ansprüchen Dritter auf das Fahrzeug, Entwendung, Beschädigung und Verlust ist der Leasing-Geber vom Leasing-Nehmer unverzüglich zu benachrichtigen. Der Leasing-Nehmer trägt die Kosten für Maßnahmen zur Abwehr des Zugriffs Dritter, die nicht vom Leasing-Geber verursacht und nicht von Dritten bezahlt worden sind.

3. Nachträgliche Änderungen, zusätzliche Einbauten sowie Lackierungen und Beschriftungen an dem Fahrzeug sind nur zulässig, wenn der Leasing-Geber vorher schriftlich zugestimmt hat. Der Leasing-Nehmer ist jedoch verpflichtet, auf Verlangen des Leasing-Gebers den ursprünglichen Zustand zum Vertragsende auf eigene Kosten wiederherzustellen, es sei denn, der Leasing-Geber hat hierauf verzichtet oder der ursprüngliche Zustand kann nur mit unverhältnismäßig hohem Aufwand wiederhergestellt werden. Der Leasing-Nehmer ist be-

§ 101 Musterverträge § 101

rechtigt, von ihm vorgenommene Einbauten zum Vertragsende unter der Voraussetzung zu entfernen, dass der ursprüngliche Zustand wiederhergestellt wird. Änderungen und Einbauten begründen nur dann einen Anspruch auf Zahlung einer Ablösung gegen den Leasing-Geber, wenn dieser schriftlich zugestimmt hat und durch die Veränderungen eine Wertsteigerung des Fahrzeuges bei Rückgabe noch vorhanden ist.

4. Der Leasing-Nehmer ist Halter des Fahrzeuges. Es wird auf ihn zugelassen. Der Fahrzeugbrief wird vom Leasing-Geber verwahrt. Benötigt der Leasing-Nehmer zur Erlangung behördlicher Genehmigungen den Fahrzeugbrief, wird dieser der Behörde auf sein Verlangen vom Leasing-Geber vorgelegt. Wird der Fahrzeugbrief dem Leasing-Nehmer von Dritten ausgehändigt, ist der Leasing-Nehmer unverzüglich zur Rückgabe an den Leasing-Geber verpflichtet.

IX. Halterpflichten

1. Der Leasing-Nehmer hat alle sich aus dem Betrieb und der Haltung des Fahrzeuges ergebenden gesetzlichen Verpflichtungen, insbesondere die termingerechte Vorführung zu Untersuchungen, zu erfüllen und den Leasing-Geber, soweit er in Anspruch genommen wird, freizustellen. Endet der Leasing-Vertrag im Monat einer fälligen Haupt- oder Abgasuntersuchung (StVZO), hat der Leasing-Nehmer diese vor Rückgabe des Fahrzeuges durchführen zu lassen und für neue Prüfplaketten zu sorgen.

2. Der Leasing-Nehmer trägt sämtliche Aufwendungen, die mit dem Betrieb und der Haltung des Fahrzeuges verbunden sind, insbesondere Steuern, Versicherungsbeiträge, Wartungs- und Reparaturkosten. Werden Wartungsarbeiten gemäß der Betriebsanleitung des Herstellers mit dem Ende des Leasing-Vertrages fällig, trägt deren Kosten der Leasing-Nehmer. Leistet der Leasing-Geber für den Leasing-Nehmer Zahlungen, die nicht auf Grund besonderer Vereinbarung vom Leasing-Geber zu erbringen sind, kann er beim Leasing-Nehmer Rückgriff nehmen.

3. Der Leasing-Nehmer hat dafür zu sorgen, dass das Fahrzeug nach den Vorschriften der Betriebsanleitung des Herstellers behandelt wird. Das Fahrzeug ist im Rahmen des vertraglichen Verwendungszweckes schonend zu behandeln und stets im betriebs- und verkehrssicheren Zustand zu erhalten.

X. Versicherungsschutz und Schadenabwicklung

1. Der Leasing-Geber schließt im Namen und für Rechnung des Leasing-Nehmers auf dessen Wunsch für das Leasing-Fahrzeug zu den Allgemeinen Bedingungen für die Kraftfahrtversicherung (AKB) eine Kfz-Haftpflichtversicherung (€ 50 Mio. Deckungssumme, jedoch nicht mehr als € 8 Mio. je geschädigte Person) und eine Kfz-Vollversicherung (Selbstbeteiligung € 300 bei Vollkasko) für den Leasing-Nehmer ab. Der Leasing-Nehmer schuldet dem Leasing-Geber die Prämie für die Fahrzeugversicherungen, die dieser auf Grund einer Einzugsermächtigung des Versicherers nach Ausfertigung der Versicherungs-Police neben der monatlichen Leasing-Rate berechnet. Die Höhe der Prämie richtet sich nach dem Inhalt der Versicherungs-Police. Die Fälligkeit der Erstprämie ergibt sich aus § 35 VVG. Die Folgeprämien sind jeweils am 1. eines Kalendermonats fällig.

Versichert der Leasing-Nehmer das Fahrzeug nicht über den Leasing-Geber, hat der Leasing-Nehmer eine Kraftfahrzeug-Haftpflichtversicherung und eine Fahrzeugvollversicherung, jeweils mit dem gleichen Umfang wie vorstehend, abzuschließen und dem Leasing-Geber nachzuweisen, letztere durch einen Sicherungsschein.

§ 101

Der Leasing-Nehmer ermächtigt den Leasing-Geber, für sich einen Sicherungsschein über die Fahrzeugvollversicherung zu beantragen und Auskunft über die vorgenannten Versicherungsverhältnisse einzuholen. Hat der Leasing-Nehmer nicht die erforderliche Fahrzeugvollversicherung abgeschlossen, ist der Leasing-Geber berechtigt, aber nicht verpflichtet, eine entsprechende Versicherung als Vertreter für den Leasing-Nehmer abzuschließen.

2. Im Schadenfall hat der Leasing-Nehmer den Leasing-Geber unverzüglich zu unterrichten; bei voraussichtlichen Reparaturkosten von über €2.500,– hat die Unterrichtung fernmündlich vor Erteilung des Reparaturauftrags zu erfolgen, soweit dies dem Leasing-Nehmer möglich und zumutbar ist.

Der Leasing-Nehmer hat dem Leasing-Geber ferner unverzüglich eine Kopie der an den Versicherer gerichteten Schadenanzeige und der Rechnung über die durchgeführte Reparatur zu übersenden.

Bei Versicherung des Leasing-Fahrzeuges über den Leasing-Geber nimmt dieser die Schadenabwicklung vor und verauslagt bis zur endgültigen Abwicklung die unfallbedingten Reparaturkosten.

3. Hat der Leasing-Nehmer das Fahrzeug nicht über den Leasing-Geber versichert, hat er die notwendigen Reparaturarbeiten unverzüglich im eigenen Namen und auf eigene Rechnung durchführen zu lassen, es sei denn, dass wegen Schwere oder Umfang der Schäden Totalschaden anzunehmen ist oder die voraussichtlichen Reparaturkosten 60 % des Wiederbeschaffungswertes des Fahrzeuges übersteigen.

Bei Versicherung über den Leasing-Geber trifft den Leasing-Nehmer die gleiche Verpflichtung, jedoch mit der Maßgabe, die Reparatur unter Vorlage des Leasing-Ausweises im Namen und für Rechnung des Leasing-Gebers durchführen zu lassen. Der Leasing-Nehmer hat mit der Durchführung der Reparatur einen vom Hersteller anerkannten Betrieb zu beauftragen. In Notfällen können, falls die Hilfe eines vom Hersteller anerkannten Betriebes nicht oder nur unter unzumutbaren Schwierigkeiten erreichbar ist, Reparaturen in einem anderen Kfz-Reparaturbetrieb, der die Gewähr für sorgfältige handwerksmäßige Arbeit bietet, durchgeführt werden.

4. Der Leasing-Nehmer ist, auch über das Vertragsende hinaus, – vorbehaltlich eines Widerrufs durch den Leasing-Geber – ermächtigt und verpflichtet, alle fahrzeugbezogenen Ansprüche aus einem Schadenfall im eigenen Namen und auf eigene Kosten geltend zu machen. Dies gilt nicht, wenn der Leasing-Geber die Ermächtigung widerrufen oder sich vertraglich zur Schadenabwicklung verpflichtet hat. Zum Ausgleich des Fahrzeugschadens erlangte Beträge hat der Leasing-Nehmer im Reparaturfall zur Begleichung der Reparaturrechnung zu verwenden. Ist der Leasing-Nehmer gemäß Ziffer 3 Absatz 1 nicht zur Reparatur des Fahrzeugs verpflichtet, hat er die erlangten Entschädigungsleistungen an den Leasing-Geber abzuführen. Sie werden zur Abdeckung eines Schuldsaldos des Leasing-Nehmers aus einer vorzeitigen Vertragsabrechnung gemäß Abschnitt XV verwendet.

5. Entschädigungsleistungen für Wertminderung sind in jedem Fall an den Leasing-Geber weiterzuleiten.

Bei Verträgen mit Gebrauchtwagenabrechnung rechnet der Leasing-Geber erhaltene Wertminderungsbeträge dem aus dem Verkauf des Fahrzeuges erzielten Verkaufserlös am Vertragsende zu. Bei Verträgen ohne Gebrauchtwagenabrechnung kann der Leasing-Geber vom Leasing-Nehmer am Vertragsende eine dann noch bestehende schadenbedingte Wertminderung des Fahrzeuges ersetzt verlangen, soweit der Leasing-Geber nicht schon im Rahmen der Schadenabwicklung eine Wertminderungsentschädigung erhalten hat.

6. Bei Totalschaden oder Verlust des Fahrzeuges kann jeder Vertragspartner den Leasing-Vertrag zum Ende eines Vertragsmonats kündigen. Bei schadenbe-

dingten Reparaturkosten von mehr als 60% des Wiederbeschaffungswertes des Fahrzeuges kann der Leasing-Nehmer innerhalb von 3 Wochen nach Kenntnis dieser Voraussetzungen zum Ende eines Vertragsmonats kündigen. Macht der Leasing-Nehmer von diesem Kündigungsrecht keinen Gebrauch, hat er das Fahrzeug gemäß Ziffer 3, 1. Halbsatz unverzüglich reparieren zu lassen.

Kündigt der Leasing-Nehmer, ist er berechtigt, bereits vor Vertragsende das Fahrzeug an den ausliefernden Händler zurückzugeben.

Wird im Falle der Entwendung das Fahrzeug vor dem Eintritt der Leistungsverpflichtung des Versicherers wieder aufgefunden, setzt sich der Leasing-Vertrag auf Verlangen eines der Vertragspartner zu den bisherigen Bedingungen fort. In diesem Fall hat der Leasing-Nehmer die zwischenzeitlichen Leasing-Raten in einer Summe innerhalb einer Woche ab Geltendmachung des Fortsetzungsverlangens nachzuzahlen. Totalschaden, Verlust oder Beschädigung des Fahrzeuges entbinden nur dann von der Verpflichtung zur Zahlung weiterer Leasing-Raten, wenn der Leasing-Vertrag wirksam nach Satz 2 gekündigt ist und nicht gemäß Satz 6 fortgesetzt wird.

Die Folgen einer Kündigung nach Absatz 1 sind in Abschnitt XV geregelt.

XI. Haftung

1. Für Untergang, Verlust, Beschädigung und Wertminderung des Fahrzeuges und seiner Ausstattung haftet der Leasing-Nehmer dem Leasing-Geber auch ohne Verschulden, jedoch nicht bei Verschulden des Leasing-Gebers.

2. Für unmittelbare und mittelbare Schäden, die dem Leasing-Nehmer oder anderen Personen durch den Gebrauch des Fahrzeuges, Gebrauchsunterbrechung oder -entzug entstehen, haftet der Leasing-Geber dem Leasing-Nehmer nur bei Verschulden; eine etwaige Ersatzhaftung des Leasing-Gebers für den Hersteller/Importeur nach dem Produkthaftungsgesetz bleibt unberührt.

XII. Wartung und Reparaturen

Fällige Wartungsarbeiten hat der Leasing-Nehmer pünktlich, erforderliche Reparaturen unverzüglich durch einen vom Hersteller anerkannten Betrieb ausführen zu lassen. Das gilt auch für Schäden an der Kilometer-Anzeige. In diesem Fall hat der Leasing-Nehmer dem Leasing-Geber eine Kopie der Reparaturrechnung mit dem Vermerk des alten Kilometerstandes einzureichen.

In Notfällen können, falls die Hilfe eines vom Hersteller anerkannten Betriebs nicht oder nur unter unzumutbaren Schwierigkeiten erreichbar ist, Reparaturen in einem anderen Kfz-Reparaturbetrieb, der die Gewähr für sorgfältige handwerksmäßige Arbeit bietet, durchgeführt werden.

XIII. Ansprüche und Rechte bei Fahrzeugmängeln

1. Dem Leasing-Geber steht nach Maßgabe der gesetzlichen Regelungen aus dem mit dem Lieferanten geschlossenen Kaufvertrag bei Mangelhaftigkeit des Fahrzeugs das Recht zu,
– Nacherfüllung zu verlangen,
– von dem Kaufvertrag zurückzutreten oder den Kaufpreis zu mindern,
– Schadensersatz oder Ersatz vergeblicher Aufwendungen zu verlangen.

Der Nacherfüllungsanspruch ist wahlweise auf Mangelbeseitigung oder Lieferung einer mangelfreien Sache gerichtet. Inhalt und Umfang von Ansprüchen und Rechten des Leasing-Gebers aus dem Kaufvertrag ergeben sich aus den gesetzlichen und kaufvertraglichen Regelungen. Auf den im Anschluss an diese Bedingungen abgedruckten Auszug aus den Verkaufsbedingungen wird verwiesen.

Dies vorausgeschickt tritt hiermit der Leasing-Geber sämtliche Ansprüche und Rechte aus dem Kaufvertrag einschließlich der Garantieansprüche gegen Hersteller/Importeur/Dritte wegen der Mangelhaftigkeit des Fahrzeugs an den Leasing-Nehmer ab. Der Leasing-Nehmer nimmt die Abtretung an. Er ist berechtigt und verpflichtet, die Ansprüche und Rechte im eigenen Namen mit der Maßgabe geltend zu machen, dass im Falle des Rücktritts und der Kaufpreisminderung etwaige Zahlungen des Lieferanten direkt an den Leasing-Geber zu leisten sind. Ein Verzicht auf Ansprüche gegen den Lieferanten bedarf in diesem Fall der vorherigen Zustimmung des Leasing-Gebers. Gegen den Leasing-Geber stehen dem Leasing-Nehmer Ansprüche und Rechte wegen Fahrzeugmängeln nicht zu. Die §§ 536 bis 536d BGB finden insoweit keine Anwendung. Um eine gegebenenfalls erforderliche Mitwirkung des Leasing-Gebers zu erreichen, verpflichtet sich der Leasing-Nehmer, den Leasing-Geber umfassend und unverzüglich über eine Geltendmachung von Ansprüchen und Rechten wegen Fahrzeugmängeln zu informieren. Für den Fall einer Vertragskündigung (vgl. Ziffer XIV. und Ziffer X.6 der Leasing-Bedingungen) erfolgt hiermit eine Rückabtretung der Ansprüche und Rechte wegen Fahrzeugmängeln an den Leasing-Geber, die dieser annimmt.

2. Verlangt der Leasing-Nehmer Nacherfüllung durch Mangelbeseitigung, ist er berechtigt und verpflichtet, diese bei einem vom Hersteller anerkannten Betrieb entsprechend den hierfür geltenden Bedingungen geltend zu machen. Bei Erfolglosigkeit der ersten Mangelbeseitigung wird der Leasing-Geber den Leasing-Nehmer nach schriftlicher Aufforderung bei der Durchsetzung des Mangelbeseitigungsanspruchs unterstützen.

3. Verlangt der Leasing-Nehmer Nacherfüllung durch Lieferung einer mangelfreien Sache und erkennt der Lieferant diesen Nacherfüllungsanspruch an, wird das dem Leasing-Vertrag zugrunde liegende Fahrzeug ersetzt durch ein fabrikneues und baugleiches Fahrzeug mit identischer Ausstattung, nachdem der Leasing-Geber Gelegenheit zur Stellungnahme hatte. Durch den Austausch des Fahrzeugs bleiben der Bestand des Leasing-Vertrages und die Zahlungsverpflichtungen unberührt. Eine Rückerstattung der vor dem Zeitpunkt des Tausches geleisteten Zahlungen unterbleibt. Der Leasing-Nehmer ist berechtigt und verpflichtet, die mangelfreie Sache für den Leasing-Geber in Empfang zu nehmen. Erkennt der Lieferant den Nacherfüllungsanspruch durch Lieferung einer mangelfreien Sache nicht an, verpflichtet sich der Leasing-Nehmer zur Klageerhebung binnen eines Zeitraums von sechs Wochen nach Ablehnung durch den Lieferanten. Ab dem Ablehnungszeitpunkt ist der Leasing-Nehmer zur Zurückbehaltung der Leasing-Raten berechtigt. Bei nicht fristgerechter Klageerhebung greift das Zurückbehaltungsrecht der Raten ab dem Tag der Klageerhebung. Bei Erfolglosigkeit des Klagebegehrens entfällt das Zurückbehaltungsrecht rückwirkend. Die zurückbehaltenen Raten sind unverzüglich in einem Betrag zu zahlen. Den durch die Zurückbehaltung entstandenen Verzugsschaden ersetzt der Leasing-Nehmer.

4. Verlangt der Leasing-Nehmer aufgrund der Mangelhaftigkeit Rückabwicklung, ist er verpflichtet und berechtigt, den Rücktritt vom Kaufvertrag für den Leasing-Geber gegenüber dem Lieferanten zu erklären. Im Falle der Zustimmung des Lieferanten oder seiner rechtskräftigen Verurteilung entfällt die Verpflichtung zur Zahlung von Leasing-Raten.

Erkennt der Lieferant das Rücktrittsrecht des Leasing-Gebers nicht an, ist der Leasing-Nehmer ab Erklärung des Rücktritts zur Zurückbehaltung der Leasing-Raten berechtigt, sofern er spätestens innerhalb von sechs Wochen nach Rücktrittserklärung Klage erhebt. Bei nicht fristgerechter Klageerhebung greift das Zurückbehaltungsrecht der Raten ab dem Tag der Klageerhebung. Bei Erfolglosigkeit des Klagebegehrens entfällt das Zurückbehaltungsrecht rückwirkend. Die zurückbehaltenen Raten sind unverzüglich in einem Betrag zu zahlen. Den durch die Zurückbehaltung entstandenen Verzugsschaden ersetzt der Leasing-Nehmer.

5. Im Falle des berechtigten Rücktritts erhält der Leasing-Nehmer die gezahlten Leasing-Raten und eine etwaige Sonderzahlung (jeweils einschließlich Umsatzsteuer) zurück. Davon abzuziehen sind jedoch Aufwendungen für die im Vertrag eingeschlossenen Dienstleistungen sowie ein Nutzungsausgleich für die Gebrauchsüberlassung. Die Geltendmachung eines Anspruchs wegen Fahrzeugschäden gemäß Ziffer XVI.3 bleibt unberührt, soweit der Schaden nicht auf dem geltend gemachten Fahrzeugmangel beruht.

6. Verlangt der Leasing-Nehmer Minderung, ist er berechtigt und verpflichtet, die Minderung des Kaufpreisanspruchs für den Leasing-Geber gegenüber dem Lieferanten zu erklären und gerichtlich durchzusetzen, sofern der Lieferant der Kaufpreisminderung widerspricht. Einen anerkannten und gezahlten oder gerichtlich festgestellten und gezahlten Minderungsanspruch hinsichtlich des Kaufpreises setzt der Leasing-Geber ein, um die noch ausstehenden Leasing-Raten und den Restwert – unter Berücksichtigung bereits gezahlter Leasing-Entgelte – neu zu berechnen.

7. Das Risiko einer Zahlungsunfähigkeit des Lieferanten trägt der Leasing-Geber.

XIV. Vertragsaufhebung und Kündigung

1. Der Leasing-Vertrag ist fest über die vereinbarte Vertragszeit abgeschlossen, doch kann auf Wunsch des Leasing-Nehmers 6 Monate nach Vertragbeginn, bei Totalschaden, Verlust oder unfallbedingten Reparaturkosten von mehr als 60% des Wiederbeschaffungswertes des Fahrzeuges jederzeit eine vorzeitige Beendigung des Leasing-Vertrages durch schriftlichen Aufhebungsvertrag erfolgen. Zu diesem Zweck kann der Leasing-Nehmer unter Vorführung des Fahrzeuges und Angabe der tatsächlichen Kilometerleistung erfragen, zu welchen finanziellen Bedingungen der Leasing-Geber den Leasing-Vertrag aufzuheben bereit ist.

Unberührt von der Regelung des Absatzes 1 bleiben die Kündigungsrechte nach Ziffern 2 bis 4 sowie nach Abschnitt X Ziffer 6 (Bei Totalschaden, Verlust oder Beschädigung).

2. Der Leasing-Geber kann den Leasing-Vertrag wegen Zahlungsverzugs des Leasing-Nehmers nur kündigen, wenn
- der Leasing-Nehmer mit mindestens zwei aufeinander folgenden Leasing-Raten ganz oder teilweise und mindestens zehn vom Hundert, bei einer Laufzeit des Leasing-Vertrages über 3 Jahre mit fünf vom Hundert der Gesamtsumme der Leasing-Raten in Verzug ist und
- der Leasing-Geber dem Leasing-Nehmer erfolglos eine zweiwöchige Frist zur Zahlung des rückständigen Betrags mit der Erklärung gesetzt hat, dass er bei Nichtzahlung innerhalb der Frist den Leasing-Vertrag kündigen und die Restforderung aus dem Vertrag, unter Beachtung etwaiger Verwertungserlöse, fällig stellen werde.

3. Jeder Vertragspartner kann den Vertrag aus wichtigem Grund kündigen. Ein solches Recht zur fristlosen Kündigung besteht insbesondere dann, wenn der Leasing-Nehmer
- seine Zahlungen einstellt, als Schuldner einen außergerichtlichen Vergleich anbietet, Wechsel und Schecks mangels Deckung zu Protest gehen lässt;
- bei Vertragsabschluss unrichtige Angaben gemacht oder Tatsachen verschwie-

gen hat und deshalb dem Leasing-Geber die Fortsetzung des Vertrages nicht zuzumuten ist;
- trotz schriftlicher Abmahnung schwerwiegende Verletzungen des Vertrages nicht unterlässt oder bereits eingetretene Folgen solcher Vertragsverletzungen nicht unverzüglich beseitigt.

4. Stirbt der Leasing-Nehmer und haben die Erben an der Fortführung des Vertrages kein Interesse, können die Erben oder der Leasing-Geber das Vertragsverhältnis zum Ende eines Vertrags-Monats kündigen.

5. Die Folgen einer Kündigung sind in Abschnitt XV geregelt.

XV. Abrechnung nach Kündigung

1. Kündigt der Leasing-Geber fristlos, kann er vom Leasing-Nehmer den Schaden ersetzt verlangen, der dem Leasing-Geber durch das vorzeitige Vertragsende entsteht. Dabei hat der Leasing-Geber Anspruch auf Vollamortisation unter Berücksichtigung des durch den Verkauf an den gewerblichen Kraftfahrzeughandel zu erzielenden Fahrzeugerlöses. Zur Schadensminderung hat der Leasing-Nehmer die Möglichkeit, dem Leasing-Geber schriftlich innerhalb der Frist von 2 Wochen nach Fahrzeugrückgabe einen Kaufinteressenten zu benennen, der das Fahrzeug sofort zu einem den Vorstellungen des Leasing-Nehmers entsprechenden Preis bar bezahlt und abnimmt.

2. Können sich bei Totalschaden, Verlust oder geschätzten Reparaturkosten von mindestens 60 % des Wiederbeschaffungswertes des Fahrzeuges die Vertragspartner nicht über einen Aufhebungsvertrag einigen und kündigt deshalb gem. Abschnitt X Ziffer 6 einer der Vertragspartner, steht dem Leasing-Geber der Vollamortisationsanspruch ebenfalls zu. Von einem eventuellen Überschuss aus der Vertragsabrechnung erhält der Leasing-Nehmer 75 %.

Bei Vollkaskoversicherung über die C-Versicherungsdienst GmbH beschränkt sich ein Vollamortisationsanspruch gemäß Ziffer 2 auf den Betrag der Selbstbeteiligung, zuzüglich der in die Leasing-Rate einkalkulierten Überführungskosten, wenn das Fahrzeug gestohlen wurde oder die geschätzten schadensbedingten Reparaturkosten mindestens die Höhe des Wiederbeschaffungswertes erreichen. Die Beschränkung entfällt, wenn der Versicherer dem Leasing-Nehmer den Versicherungsschutz versagt hat. Diese Regelung ist auf eine vereinbarte Abstandszahlung eines Aufhebungsvertrages entsprechend anzuwenden. Sofern über Kfz-Versicherungen mit Schadensservice hinaus noch weitere Dienstleistungen in den Leasing-Vertrag eingeschlossen sind, umfasst die vorgenannte Beschränkung nicht eine anteilige Berechnung und Geltendmachung von Kosten dieser anderen Dienstleistungen.

3. Bei einer Kündigung gemäß Abschnitt XIV Ziffer 4 gelten die in Ziffer 1 dieses Abschnitts genannten Regelungen entsprechend.

4. Auf alle Forderungen und Gutschriften der Ziffern 2 und 3 dieses Abschnitts wird die jeweils gültige Umsatzsteuer berechnet.

XVI. Rückgabe des Fahrzeuges

1. Nach Beendigung des Leasing-Vertrags ist das Fahrzeug mit Schlüsseln und allen überlassenen Unterlagen (z. B. Fahrzeugschein, Kundendienstheft, Ausweise) vom Leasing-Nehmer auf seine Kosten und Gefahr unverzüglich dem ausliefernden Händler zurückzugeben. Gibt der Leasing-Nehmer Schlüssel oder Unterlagen nicht zurück, hat er die Kosten der Ersatzbeschaffung sowie einen sich daraus ergebenden weiteren Schaden zu ersetzen.

2. Bei Rückgabe muss das Fahrzeug in einem dem Alter und der vertragsgemäßen Fahrleistung entsprechenden Erhaltungszustand, frei von Schäden sowie

verkehrs- und betriebssicher sein. Normale Verschleißspuren gelten nicht als Schaden. Über den Zustand wird bei Rückgabe ein gemeinsames Protokoll angefertigt und von beiden Vertragspartnern oder ihren Bevollmächtigten unterzeichnet.

3. Bei Rückgabe des Fahrzeuges nach Ablauf der bei Vertragsabschluss vereinbarten Leasing-Zeit gilt folgende Regelung:

Entspricht das Fahrzeug bei Verträgen ohne Gebrauchtwagenabrechnung nicht dem Zustand gemäß Ziffer 2 Absatz 1, ist der Leasing-Nehmer zum Ersatz des entsprechenden Schadens verpflichtet. Eine schadensbedingte Wertminderung (Abschnitt X Ziffer 5) bleibt dabei außer Betracht, soweit der Leasing-Geber hierfür bereits eine Entschädigung erhalten hat.

Können sich die Vertragspartner über einen vom Leasing-Nehmer auszugleichenden Schadensersatz nicht einigen, wird der Schadensersatz auf Veranlassung des Leasing-Gebers mit Zustimmung des Leasing-Nehmers durch einen öffentlich bestellten und vereidigten Sachverständigen oder ein unabhängiges Sachverständigenunternehmen ermittelt. Die Kosten tragen die Vertragspartner je zur Hälfte. Durch das Sachverständigengutachten wird der Rechtsweg nicht ausgeschlossen. Kann bei einem Vertrag mit Gebrauchtwagenabrechnung keine Einigung über den Gebrauchtwagenerlös des Fahrzeugs erzielt werden, wird dem Leasing-Nehmer die Möglichkeit eingeräumt, innerhalb von zwei Wochen ab Zugang eines Aufforderungsschreibens einen Kaufinteressenten zu benennen, der innerhalb dieser Frist das Fahrzeug zu einem über dem vom Leasing-Geber mitgeteilten Angebot liegenden Kaufpreis bar bezahlt und abnimmt. Bis zum Abschluss des Kaufvertrages bleibt es dem Leasing-Geber unbenommen, das Fahrzeug zu einem höheren als dem vom Kaufinteressenten gebotenen Kaufpreis anderweitig zu veräußern.

4. Wird das Fahrzeug nicht termingemäß zurückgegeben, werden dem Leasing-Nehmer für jeden überschrittenen Tag als Grundbetrag $^1/_{30}$ der für die Vertragszeit vereinbarten monatlichen Leasing-Rate und die durch die Rückgabeverzögerung verursachten Kosten berechnet.

Im Übrigen gelten während dieser Zeit die Pflichten des Leasing-Nehmers aus diesem Vertrag sinngemäß fort.

5. Ein Erwerb des Fahrzeuges vom Leasing-Geber durch den Leasing-Nehmer nach Vertragsablauf ist ausgeschlossen.

XVII. Wertersatz bei Widerruf

Der Leasing-Nehmer hat im Falle des Widerrufs des Leasing-Antrags und der Rückabwicklung auch Wertersatz für die durch die bestimmungsgemäße Ingebrauchnahme des Fahrzeugs entstandene Verschlechterung, insbesondere für die durch die Zulassung des Fahrzeugs entstandene Wertminderung, zu leisten. Diese Rechtsfolge kann dadurch vermieden werden, dass die Zulassung des Fahrzeugs erst erfolgt, wenn der Leasing-Nehmer sich entschlossen hat, von seinem Widerrufsrecht keinen Gebrauch zu machen.

XVIII. Allgemeine Bestimmungen

1. Gerichtsstand ist das für den Sitz des Leasing-Gebers zuständige Gericht, soweit der Leasing-Nehmer und/oder ein Mitschuldner nach Vertragsabschluss seinen Wohnsitz oder gewöhnlichen Aufenthaltsort aus dem Inland verlegt oder sein Wohnsitz oder gewöhnlicher Aufenthaltsort zum Zeitpunkt der Klageerhebung nicht bekannt ist.

2. Der Leasing-Nehmer hat einen Wohnsitzwechsel dem Leasing-Geber unverzüglich anzuzeigen.

3. Ansprüche und sonstige Rechte aus dem Leasing-Vertrag können nur mit vorheriger schriftlicher Zustimmung des Leasing-Gebers abgetreten werden.

XIX. Datenschutzklausel/Datenschutzinformation

Der Leasing-Geber speichert und verarbeitet zum Zwecke der Vertragsabwicklung Daten des Leasing-Nehmers. Diese Daten werden auch zum Zwecke der Kundenbetreuung und für Werbeaktionen des X-Konzerns (Fahrzeughersteller) verwandt. Eine darüber hinausgehende Verwendung und Weitergabe der Daten außerhalb der Zwecke dieses Vertrages findet nicht statt.

Verantwortliche Stelle für die Datenverarbeitung ist die X-Leasing GmbH. Die Daten werden im erforderlichen Umfang an interne und externe Dienstleister und Kooperationspartner übermittelt. Die Angabe der personenbezogenen Daten ist Voraussetzung für den Vertragsabschluss. Weitere Fragen zum Datenschutz sind an den Datenschutzbeauftragten der X-Leasing GmbH zu richten.

Auszug aus den X-Verkaufsgewährleistungsbedingungen für X-Automobile

VI. Sachmangel

1. Ansprüche des Käufers wegen Sachmängeln verjähren entsprechend den gesetzlichen Bestimmungen in zwei Jahren ab Ablieferung des Kaufgegenstandes. (Satz 2 entfällt bei Verbrauchsgüterkauf)
Bei arglistigem Verschweigen von Mängeln oder der Übernahme einer Garantie für die Beschaffenheit bleiben weitergehende Ansprüche unberührt.
2. Für die Abwicklung einer Mängelbeseitigung gilt Folgendes:
a) Ansprüche auf Mängelbeseitigung kann der Käufer beim Verkäufer oder bei einem anderen, vom Hersteller/Importeur für die Betreuung des Kaufgegenstandes anerkannten Betrieb geltend machen; im letzteren Fall hat der Käufer den Verkäufer hiervon zu unterrichten. Bei mündlichen Anzeigen von Ansprüchen ist dem Käufer eine schriftliche Bestätigung über den Eingang der Anzeige auszuhändigen.
b) Wird der Kaufgegenstand wegen eines Sachmangels betriebsunfähig, hat sich der Käufer an dem Ort des betriebsunfähigen Kaufgegenstandes nächstgelegenen Hersteller/Importeur für die Betreuung des Kaufgegenstandes anerkannten dienstbereiten Betrieb zu wenden.
c) Ersetzte Teile werden Eigentum des Verkäufers.
d) Für die zur Mängelbeseitigung eingebauten Teile kann der Käufer bis zu Ablauf der Verjährungsfrist des Kaufgegenstandes Sachmängelansprüche aufgrund des Kaufvertrags geltend machen.
3. Durch Eigentumswechsel am Kaufgegenstand werden Mangelbeseitigungsansprüche nicht berührt.

VIII. Haftung

1. Hat der Verkäufer aufgrund der gesetzlichen Bestimmungen nach Maßgabe dieser Bedingungen für einen Schaden aufzukommen, der leicht fahrlässig verursacht wurde, so haftet der Verkäufer beschränkt.

Die Haftung besteht nur bei Verletzung vertragswesentlicher Pflichten und ist auf den bei Vertragsabschluss vorhersehbaren typischen Schaden begrenzt. Diese Begrenzung gilt nicht für Verletzungen von Leben, Körper und Gesundheit. Soweit der Schaden durch eine vom Käufer für den betreffenden Schadenfall abgeschlossene Versicherung (ausgenommen Summenversicherung) gedeckt ist, haftet der Verkäufer nur für etwaige damit verbundene Nachteile des Käufers, z. B. höhere Versicherungsprämien oder Zinsnachteile bis zur Schadensregulierung durch die Versicherung.

Das Gleiche gilt für Schäden, die durch einen Mangel des Kaufgegenstandes verursacht wurden.

2. Unabhängig von einem Verschulden des Verkäufers bleibt eine etwaige Haftung des Verkäufers bei arglistigem Verschweigen des Mangels, aus der Übernahme einer Garantie oder eines Beschaffenheitsrisikos und nach dem Produkthaftungsgesetz unberührt.

3. Die Haftung wegen Lieferverzugs ist in Abschnitt IV abschließend geregelt.

4. Ausgeschlossen ist die persönliche Haftung der gesetzlichen Vertreter, Erfüllungsgehilfen und Betriebsangehörigen.

4. Immobilien-Leasing-Vertrag

Verhandelt am ...... in ......
Vor mir,
Notar in ...... erschienen heute in meinen Amtsräumen ......:
1. Herr...... (Name, Beruf, Ort, Straße)
   mir persönlich bekannt,
   handelnd als alleinvertretungsberechtigter Geschäftsführer der Firma A (Leasing-Geber; LG)
2. Frau...... (Name, Beruf, Ort, Straße)
   ausgewiesen durch Personalausweis,
   handelnd als alleinvertretungsberechtigte Geschäftsführerin der Firma B (Leasing-Nehmer; LN)
   Über den Grundbuchstand habe ich mich unterrichtet. Auf Ersuchen der Erschienenen beurkunde ich folgenden Antrag auf Abschluss eines

Immobilien-Leasing-Vertrages:

Der LN bietet dem LG den Abschluss des nachfolgenden Immobilien-Leasing-Vertrages an. Er hält sich an dieses Angebot sechs Wochen nach Eingang beim LG gebunden. Danach kann er das Angebot jederzeit widerrufen.

§ 1 Leasing-Gegenstand, Grundmietzeit

(1) Der LG überlässt dem LN zur gewerblichen Benutzung auf Grund der Regelungen dieses Vertrages das im Grundbuch von .... Band...... Blatt...... eingetragene Grundstück mit darauf zu errichtendem Warenhaus in .... (Ort)............ (Straße) Flurstück Nr....... mit einer Größe von...... Dem LN ist bekannt, dass das Grundstück vom LG erst noch erworben werden muss und vom LG mit einem Warenhaus nach den Vorstellungen des LN zu bebauen ist. Betriebsvorrichtungen (§ 68 Abs. 2 S. 1 Nr. 2 BewG) sind nicht Gegenstand dieses Vertrages.

(2) Die Mietzeit beträgt insgesamt 25 Jahre (Gesamtmietzeit) und teilt sich in eine 1. Mietperiode von 15 Jahren und eine 2. Mietperiode von 10 Jahren. Die Gesamtmietzeit beginnt mit der Übernahme des Leasing-Gegenstandes durch den LN. Die Übernahme erfolgt bei Fertigstellung des Leasing-Gegenstandes durch den LG. Als Zeitpunkt der Übernahme ist der...... geplant; der LG übernimmt für die Einhaltung des Übernahmezeitpunktes jedoch keine Gewähr. Die Übernahme des Leasing-Gegenstandes erfolgt auch dann, wenn noch Restarbeiten erforderlich sein sollten, die insgesamt 3 % der vorläufigen GIK (§ 2 Abs. 2) nicht übersteigen, und die Nutzung dem LN objektiv möglich ist.

(3) Die Übernahme wird in einem schriftlichen Übernahmeprotokoll festgehalten, das von beiden Parteien zu unterzeichnen ist. Etwaige Mängel oder Rest-

§ 101 Sechster Teil: Materialien

arbeiten sind zu vermerken. Eine Ingebrauchnahme des Leasing-Gegenstandes durch den LN gilt, wenn keine protokollierte Übernahme erfolgt ist, als mangelfreie Übernahme.

§ 2 Gesamtinvestitionskosten (GIK)

(1) Die Berechnungsgrundlage für die Zahlungen des LN gem. § 3 sind die Gesamtinvestitionskosten (GIK). Die GIK umfassen alle Aufwendungen, die dem LG aus dem Erwerb des Grundstücks und der Errichtung des Leasing-Gegenstandes erwachsen. Dazu gehören insbesondere der Grundstückskaufpreis einschließlich der Erwerbsnebenkosten (wie z. B. die Kosten der notariellen Beurkundung), die Baukosten (einschließlich öffentlicher Gebühren und Versicherungen für die Bauzeit) und die Kosten der Wertschätzung und Beleihung. Zu den Aufwendungen gehören auch die Grunderwerbsteuer und die Erschließungskosten ohne Rücksicht darauf, wann sie entstanden sind, sowie die Kosten, die dem LG erst nach der Übernahme des Leasing-Gegenstandes nach § 1 in Rechnung gestellt worden sind. Die endgültigen GIK werden von den Parteien nach Vorliegen aller Rechnungen gemeinsam festgestellt. Die als Vorsteuer für den Leasing-Gegenstand abzugsfähige Umsatzsteuer wird nicht in die GIK einbezogen.

(2) Die vorläufigen geschätzten GIK sind als Anlage I diesem Vertrag beigefügt und werden vom LN anerkannt. Sie bilden die Grundlage für die in diesem Vertragstext genannten Beträge, die auf der Grundlage der GIK errechnet sind. Werden die veranschlagten GIK überschritten, so kann der LG vom LN verlangen, dass dieser die fehlenden Beträge bis zu einem Betrag von 10 % der voraussichtlichen GIK als verlorene Zuschüsse gewährt. Werden die veranschlagten GIK nicht erreicht, wird der LN dem LG die aus der Nichtinanspruchnahme bereitgestellter Finanzierungsmittel etwa entstehenden Kosten erstatten.

(3) Weichen die endgültigen GIK von den veranschlagten ab, so sind die vom LN zu zahlenden auf der Grundlage der GIK berechneten Beträge anzupassen.

(4) Der LN hat das Recht, sich durch Einblick in alle Akten, Unterlagen und Verträge über die ordnungsgemäße Baudurchführung und die entstandenen Investitionskosten zu informieren.

§ 3 Zahlungen des LN

(1) Der LN zahlt an den LG eine mit Vertragsabschluss fällige Abschlusszahlung in Höhe von 5 % der GIK. Die Abschlusszahlung ist auf der Grundlage der veranschlagten GIK zu zahlen und sofort fällig. Sie ist zu berichtigen, sobald die GIK vom LG endgültig festgestellt sind.

(2) Für die vom LG in der Zeit zwischen dem Abschluss dieses Vertrages und der Übernahme des Leasing-Gegenstandes aufgewandten Finanzierungsmittel zahlt der LN eine Vormiete. Sie setzt sich aus 0,75 % p. m. für die in Anspruch genommenen Finanzierungsmittel und aus 0,15 % p. m. für bereitgestellte, aber noch nicht in Anspruch genommene Finanzierungsmittel zusammen. Die Beträge der Vormiete werden jeweils auf Grund des Standes am Monatsende der aufgewandten bzw. noch nicht aufgewandten Finanzierungsmittel ermittelt und monatlich in Rechnung gestellt. Die vom LG gezahlte und als Vorsteuer geltend zu machende Umsatzsteuer wird vom LN bis zur Erstattung durch das Finanzamt mit 5 % p. a. über dem jeweiligen Diskontsatz der Deutschen Bundesbank verzinst. Das gilt auch für die Umsatzsteuer auf Investitionskosten, die der LG erst nach Beginn der Gesamtmietzeit auszahlt.

(3) Vom Zeitpunkt der Übernahme an entrichtet der LN monatlich einen Betrag von ...... € (= ...... % GIK) als Miete und Mieterdarlehen. Das Mieterdarlehen ist unverzinslich, was bei der Vereinbarung der Höhe der Miete berücksichtigt wurde. Die Rückzahlung des Mieterdarlehens erfolgt nach Abschluss

§ 101 Musterverträge § 101

der 1. Mietperiode und der Sicherung der Anschlussfinanzierung für den Leasing-Gegenstand. Der Anteil des Mieterdarlehens an der monatlichen Zahlung ergibt sich aus Anlage II.

(4) Der LN entrichtet monatlich ab Abschluss dieses Vertrages einen Verwaltungskostenbeitrag von ...... € (= ...... % GIK). Der Verwaltungskostenbeitrag erhöht sich jährlich um 4% des Vorjahresbetrages.

(5) Der LN erstattet dem LG außerdem alle anfallenden Mietnebenkosten, insbesondere
a) die Kosten abgeschlossener Versicherungen (§ 10);
b) laufende Leistungen aus einem vom LG abgeschlossenen Grundstückskaufvertrag;
c) sämtliche objektbezogenen Steuern, Abgaben, Beiträge, Gebühren sowie sonstige objektbezogene Lasten und Verpflichtungen aller Art, insbes. Grundsteuer, Müllabfuhr-, Straßenreinigungs-, Kanal- und Kaminfegergebühren, auch dann, wenn sie erst während der Mietzeit neu eingeführt werden;
d) die beim LG bzw. seinen Gesellschaftern oder beim jeweiligen Organträger eventuell anfallende Gewerbesteuer sowie etwaige Vermögensteuer sowie die darauf anfallende Körperschaftsteuer. Zu den Nebenkosten gehören auch steuerliche Nebenleistungen und eventuell neu eingeführte Steuern und Belastungen. Die auf Gesellschafterebene anfallenden Steuern sind nur dann Mietnebenkosten, wenn sie bei der X-Bank oder einer mit ihr gesellschaftsrechtlich verbundenen Gesellschaft durch die Beteiligung am LG zusätzlich anfallen;
e) Kosten, die dem LG in seiner Eigenschaft als Objektgesellschaft entstehen, z. B. Kosten der Gründung einschließlich Anteilsübertragung, Kosten einer notwendigen Satzungsänderung, jährliche Wirtschaftsprüferkosten, IHK-Beiträge etc.

(6) Die nach den vorstehenden Absätzen vom LN zu zahlenden Beträge erhöhen sich um die jeweilige gesetzliche Mehrwertsteuer.

(7) Mieten, Mieterdarlehen und Verwaltungskostenbeitrag überweist der LN zum ersten Werktag eines jeden Monats im Voraus auf das Konto des LG. Die Mietnebenkosten sind innerhalb von 14 Tagen ab Rechnungsdatum gegen Nachweis fällig.

(8) Hält der LN vereinbarte Zahlungstermine nicht ein, so hat er an den LG, auch wenn ein Verzug nicht vorliegt, Zinsen in Höhe von 1% p. m. für die jeweiligen Zahlungsrückstände zu entrichten.

(9) Der LG ist berechtigt und verpflichtet, die Mieten und Mieterdarlehen an die ggf. veränderten Konditionen seiner Finanzierung anzupassen, wenn sich diese zwischen Vertragsabschluss und Übernahme des Leasing-Gegenstandes ändern.

(10) Die Mieten und Mieterdarlehen für die Zeit der 2. Mietperiode setzt der LG spätestens 3 Monate vor Ablauf der 1. Mietperiode bei gleicher Kalkulationsgrundlage unter Berücksichtigung der dann gegebenen Kapitalmarktverhältnisse, der steuerlich zulässigen Abschreibungen und der Verwaltungskosten des LG für den Leasing-Gegenstand fest.

(11) Den Mieten liegen die zurzeit geltenden Abschreibungssätze von 3% p. a. zugrunde. Bei einer als Folge einer Veränderung der Nutzungsdauer etwa notwendig werdenden Veränderung der Abschreibungssätze bleibt die Summe aus Mieten und Mieterdarlehen unverändert. Die Aufteilung dieser Summe ist jedoch den geänderten Abschreibungssätzen anzupassen.

(12) Der LN ermächtigt den LG, fällige Zahlungen zu Lasten seines Kontos .... (BLZ ....) durch Lastschrift einzuziehen.

(13) Reichen Zahlungen des LN zum vollständigen Ausgleich seiner Rückstände nicht aus, kann der LG bestimmen, wofür und in welcher Reihenfolge die Zahlungen verwendet werden.

§ 4 Vorfinanzierung durch den Leasing-Nehmer

Der LG kann erst dann über bereitgestellte Investitionsmittel verfügen, wenn der lastenfreie Eigentumsübergang des für den Leasing-Gegenstand benötigten Grundstücks auf den LG sichergestellt und die ranggerechte Belastung dieses Grundstücks zugunsten des Finanziers des LG nachgewiesen wurde und dem LG die in § 14 Abs. 1 S. 1 genannten Unterlagen vorliegen. Sind Zahlungen zu leisten, bevor der LG über die bereitgestellten Investitionsmittel verfügen kann, tritt der LN in Vorlage.

§ 5 Gewährleistung

(1) Der LN kann weder wegen Mängeln noch wegen mangelnder Nutzbarkeit des Leasing-Gegenstandes Ansprüche gegen den LG geltend machen, es sei denn, der LG hätte sie vorsätzlich oder grob fahrlässig verursacht oder an anderer Stelle in diesem Vertrag wäre etwas Abweichendes anderes geregelt. Das gilt auch dann, wenn Gewährleistungsansprüche gegen Dritte nicht mehr bestehen oder – mit Ausnahme des Falles der Insolvenz des Dritten – nicht durchgesetzt werden können.

(2) Der LG tritt hiermit die ihm gegen Dritte zustehenden Gewährleistungsansprüche sowie Ansprüche aus positiver Vertragsverletzung an den LN ab. Der LN nimmt die Abtretung an und ist verpflichtet, die Ansprüche auf seine Kosten unverzüglich geltend zu machen; notfalls hat der LN rechtzeitig Klage zu erheben. Er wird von allen derartigen Maßnahmen den LG unaufgefordert unverzüglich unterrichten.

(3) Der LN hat Zahlung an den LG zu verlangen und ihn über den Gang des Verfahrens laufend zu unterrichten. Der LG ist verpflichtet, bei ihm eingehende Zahlungen aus Gewährleistungsansprüchen und aus positiver Vertragsverletzung nach seiner Wahl entweder zur Wiederherstellung des Leasing-Gegenstandes zu verwenden oder die Zahlungen des LN neu festzusetzen.

§ 6 Gefahrtragung, Haftungsbeschränkung des Leasing-Gebers

(1) Alle Zahlungen nach diesem Vertrag sind unbeschadet des Zustandes und der Funktionsfähigkeit des Leasing-Gegenstandes zu leisten. Der LN ist in keinem Fall, insbesondere nicht bei Mangelhaftigkeit oder Unbenutzbarkeit des Leasing-Gegenstandes, berechtigt, nach diesem Vertrag geschuldete Zahlungen ganz oder teilweise zu mindern, zurückzubehalten oder gegen diese aufzurechnen, soweit es sich nicht um unbestrittene oder rechtskräftig festgestellte Forderungen handelt.

(2) Jedoch kann der LN abweichend von entgegenstehenden Regelungen dieses Vertrages immer dann eine Minderung seiner Leistungspflicht verlangen, wenn entweder der zufällige ganze oder teilweise Untergang des Leasing-Gegenstandes oder die ganze oder teilweise Zerstörung, die nicht von ihm zu vertreten ist, vorliegen, oder wenn die Nutzung des Leasing-Gegenstandes auf Grund eines nicht von ihm zu vertretenden Umstandes langfristig ausgeschlossen ist.

(3) Der LG haftet nur für Vorsatz und grobe Fahrlässigkeit, soweit in diesem Vertrag nichts anderes bestimmt ist.

§ 7 Genehmigungsvorbehalt

Der LG wird alle Verträge, die im Zusammenhang mit der Beschaffung oder Errichtung (z. B. Grundstückskaufvertrag, Architekten-, Ingenieur- oder Bauverträge) oder der Verwaltung des Leasing-Gegenstandes stehen, dem LN zur Zustimmung vorlegen. Durch die Zustimmung akzeptiert der LN, dass der LG alle sich aus diesen Verträgen und deren Vollzug ergebenden Zahlungsverpflichtungen zu Lasten der GIK (§ 2) oder Mietnebenkosten (§ 3 Abs. 5) erfüllt.

§ 8 Pflichten des Leasing-Nehmers

(1) Die Untervermietung ist mit vorheriger Zustimmung des LG gestattet; der LG kann der Untervermietung nur aus wichtigem Grund widersprechen. Zur Sicherung aller Ansprüche des LG aus diesem Vertrag tritt der LN hiermit seine gegenwärtigen und zukünftigen Ansprüche aus Untermietverhältnissen einschließlich des Vermieterpfandrechts und der Gestaltungsrechte wie das Recht zur Kündigung des Untermietverhältnisses bereits jetzt an der LG ab, der diese Abtretung annimmt und berechtigt ist, sie offenzulegen.

(2) Der LN wird den Leasing-Gegenstand mit der Sorgfalt eines ordentlichen Kaufmanns behandeln und ihn auf seine Kosten in einem guten, jederzeit funktionsfähigen, zum vertragsgemäßen Gebrauch geeigneten Zustand erhalten. Die Betriebs-, Unterhaltungs- und Erhaltungskosten sowie alle Reparaturen einschließlich Schönheitsreparaturen gehen zu Lasten des LN. Der LN ist auch bei ganzer oder teilweiser Zerstörung des Leasinggegenstandes zur Wiederherstellung bzw. zum Wiederaufbau verpflichtet, es sei denn, die ganze oder teilweise Zerstörung ist vom LN nicht zu vertreten. Die Gefahr des zufälligen ganzen oder teilweisen Untergangs des Leasing-Gegenstandes trägt der LG. Der LG ist nach einer mit angemessener Frist erklärten erfolglosen Mahnung berechtigt, erforderliche Reparaturen auf Kosten des LN durchführen zu lassen.

(3) Der LN wird allen gesetzlichen und behördlichen Vorschriften und Auflagen nachkommen. Das gilt auch für solche Verpflichtungen, die den LG in seiner Eigenschaft als Eigentümer treffen, wie beispielsweise die Verkehrssicherungspflichten, insbesondere die Streupflicht.

(4) Der LN wird den LG von Ansprüchen aller Art Dritter einschließlich staatlicher Institutionen freistellen, die während der Besitzdauer des LN oder während der Dauer dieses Vertrages – beginnend mit dem Vertragsabschluss – im Zusammenhang mit der Planung, Herstellung, dem Besitz und der Nutzung des Leasing-Gegenstandes entstehen. Diese Freistellung gilt vor allem auch für Ansprüche im Zusammenhang mit der Vermeidung oder Beseitigung von umweltschädlichen Stoffen. Der LN hat alle Kosten für Anlagen und Einrichtungen zu tragen, die auf Grund gesetzlicher Vorschriften oder behördlicher Auflagen erforderlich werden. Die vom LG wegen solcher Ansprüche gezahlten Beträge hat der LN auf Nachweis hin unverzüglich zu vergüten. Der Freistellungsanspruch des LG gegen den LN besteht nicht, wenn der Anspruch des Dritten vom LN nicht verursacht worden ist. Die Freistellungsansprüche des LG im Falle einer außerordentlichen Kündigung vor Übernahme des Leasing-Gegenstandes sind in § 12 Abs. 1 geregelt.

(5) Der LN ist verpflichtet, während der Dauer des Vertrages in dem Leasing-Gegenstand einen dem Leasing-Gegenstand entsprechenden Geschäftsbetrieb aufrechtzuerhalten.

(6) Der LN kann die ihm aus diesem Vertrag zustehenden Ansprüche und Rechte nur mit vorheriger Zustimmung des LG auf Dritte übertragen.

§ 9 Einbauten und Veränderungen

(1) Einbauten und Veränderungen am Leasing-Gegenstand sind ohne Zustimmung des LG zulässig, wenn sie den Wert und die Funktionsfähigkeit nicht beeinträchtigen und alle erforderlichen öffentlich-rechtlichen Genehmigungen vor der Ausführung vorliegen. In allen sonstigen Fällen ist die vorherige schriftliche

Zustimmung des LG einzuholen. Die Zustimmung kann nur aus wichtigem Grund versagt werden.

(2) Der LN wird dem LG zur Wahrung des Versicherungsschutzes auch solche Einbauten und Veränderungen am Leasing-Gegenstand mitteilen, die ohne Zustimmung des LG zulässig sind.

(3) Der LG hat auch für Einbauten, Erweiterungen und Umbauten keine Entschädigung zu zahlen, auch wenn sie wesentliche Bestandteile des Leasing-Gegenstandes werden. Der LN ist zur Wegnahme von Einbauten berechtigt, wenn er auf seine Kosten den ursprünglichen Zustand wiederherstellt.

§ 10 Versicherungen

(1) Für die Dauer der Errichtung des Leasing-Gegenstandes und bis zu dessen Übernahme durch den LN schließt der LG eine ausreichende Rohbau-Feuerversicherung sowie eine Bauwesen- und eine Bauherrenhaftpflichtversicherung ab. Die Kosten für diese Versicherungen sind Bestandteil der GIK.

(2) Der LG schließt für die Zeit nach der Errichtung folgende Versicherungen ab:

a) eine Feuerversicherung mit erweiterter Deckung einschließlich Versicherung gegen ungenannte Gefahren zum Neuwert mit Wertabschlagklausel bzw. zum gleitenden Neuwert. Aufräumungs- und Abbruchkosten werden mitversichert.

b) Haus- und Grundbesitzerhaftpflichtversicherung sowie Gewässerschadenhaftpflichtversicherung.

Die Kosten stellt der LG dem LN als Mietnebenkosten (§ 3 Abs. 5) in Rechnung. Der LN wird den LG auf fehlenden oder nicht ausreichenden Versicherungsschutz unverzüglich aufmerksam machen. Eine Informationspflicht besteht vor allem auch bei der Vornahme von Einbauten, baulichen Veränderungen und Nutzungsänderungen. Solche Maßnahmen sind vor ihrer Durchführung dem LG mitzuteilen. Der LN verpflichtet sich, die Bestimmungen eventuell zuständiger öffentlich-rechtlicher Gebäudeversicherer und die Sicherheitsvorschriften privater Versicherer einzuhalten.

(3) Einen Schadensfall wird der LN dem LG unverzüglich mitteilen und dafür Sorge tragen, dass der Schadensort bis zur Besichtigung durch den Versicherer unverändert bleibt. Maßnahmen, die zur Minderung des Schadens bzw. zur Vermeidung von Folgeschäden notwendig sind, werden davon nicht betroffen. Der LN beauftragt im eigenen Namen und für eigene Rechnung ein Unternehmen mit den notwendigen Sicherungsmaßnahmen und der anschließenden Beseitigung des Schadens. Er legt die Reparaturrechnung nach Prüfung und Begleichung dem LG zur Weitergabe an die Versicherungsgesellschaft vor.

(4) Der LG ist verpflichtet, den von dem Versicherer erlangten Ersatz in voller Höhe für die Wiederherstellung des Leasing-Gegenstandes aufzuwenden oder ihn nach seiner Wahl dem LN zur Verfügung zu stellen. Die zusätzlich zu den Versicherungsleistungen für eine vollständige Wiederherstellung des Leasing-Gegenstandes eventuell noch erforderlichen Kosten sowie etwaige Sachverständigenkosten trägt der LN, es sei denn, er hat die ganze oder teilweise Zerstörung des Leasing-Gegenstandes nicht zu vertreten. Ein Wegnahmerecht oder Entschädigungsanspruch hinsichtlich dieser zusätzlichen Aufwendungen steht dem LN nicht zu.

§ 11 Kündigung des Vertrages

(1) Dieser Vertrag ist grundsätzlich unkündbar. Insbesondere wird das gesetzliche Kündigungsrecht gemäß § 580 BGB bei Tod des LN ausgeschlossen.

(2) Jede Partei ist jedoch berechtigt, den Vertrag aus wichtigem Grund zu kündigen. Ein wichtiger Grund liegt insbesondere vor, wenn

a) der Erwerb oder die Errichtung des Leasing-Gegenstandes endgültig unterbleibt, und zwar aus Gründen, die der Kündigende nicht zu vertreten hat;
b) die andere Partei ihre Zahlungen einstellt oder über das Vermögen der anderen Partei das Vergleichs- oder Konkursverfahren eröffnet oder die Eröffnung mangels Masse abgelehnt oder ein anderes der Schuldenregulierung dienendes gerichtliches oder außergerichtliches Verfahren eingeleitet wird;
c) sich eine wesentliche Beeinträchtigung der Haftungsbasis der anderen Partei gegenüber dem bei Vertragsabschluss gegebenen Zustand – auch durch Gesellschafterwechsel oder Rechtsformwechsel – eingetreten ist und dadurch gegenseitige Ansprüche aus dem Vertragsverhältnis gefährdet werden;
d) die andere Partei wesentlichen vertraglichen Verpflichtungen trotz schriftlicher Mahnung des Vertragspartners nicht innerhalb von zwei Monaten nachkommt oder erhebliche Folgen von Vertragsverletzungen nicht unverzüglich beseitigt.

(3) Der LG ist darüber hinaus berechtigt, den Vertrag aus wichtigem Grund zu kündigen, wenn

a) der LN mit seinen Zahlungsverpflichtungen aus diesem Vertrag in Höhe von mindestens einer Mietrate trotz schriftlicher Mahnung des LG mehr als einen Monat im Rückstand ist. Zu den Mietraten zählen auch die Zahlungen auf das Mieterdarlehen;
b) die unter Abs. 2 b) bis d) genannten Umstände bei einem für die Verpflichtung des LN als Bürge, Gesamtschuldner oder in sonstiger Verpflichtungsform einstehenden Dritten vorliegen.

(4) Der LG ist verpflichtet, die außerordentliche Kündigung zurückzunehmen und den Vertrag zu denselben Bedingungen fortzusetzen, wenn der LN die rückständige Zahlungsverpflichtung innerhalb einer Frist von sechs Wochen nach Zugang der Kündigung erfüllt oder eine ausreichende Sicherheit leistet. Gleiches gilt, wenn der LN seinen übrigen wesentlichen vertraglichen Verpflichtungen unverzüglich wieder nachkommt und die erheblichen Folgen von Vertragsverletzungen innerhalb einer Frist von sechs Wochen nach Zugang der Kündigung wieder beseitigt. Der LG hat den LN auf diese Regelung bei der außerordentlichen Kündigung hinzuweisen. Der LN kann die Fortsetzung nur verlangen, wenn er sie gegenüber dem LG innerhalb von zwei Wochen nach Zugang des Hinweises schriftlich geltend macht.

§ 12 Kündigungsfolgen

(1) Wird der Vertrag aus wichtigem Grund vor Übernahme des Leasing-Gegenstandes aus Gründen gekündigt, die der LN zu vertreten hat, erstattet der LN dem LG die in Durchführung dieses Vertrages entstandenen bzw. noch entstehenden Investitionskosten. Soweit dem LG außerdem notwendige einmalige oder laufende Aufwendungen, z. B. aus dem Grundbesitz entstehen, erstattet der LN diese ebenfalls. Ferner erstattet der LN dem LG gegen Nachweis auch die Kosten, die aus der Nichtinanspruchnahme der vom LG bereitgestellten Investitionsmittel resultieren. Der LG kann vom LN verlangen, dass dieser in alle vom LG in Erfüllung dieses Vertrages mit Dritten abgeschlossene Verträge anstelle des LG eintritt und ihn von allen mit dem Vertrag zusammenhängenden Verpflichtungen freistellt.

Ist der LG im Zusammenhang mit dem Leasingengagement auf ausdrücklichen Wunsch und in Abstimmung mit dem LN gemäß § 7 Verpflichtungen eingegangen, treffen den LN die oben genannten Pflichten zur Erstattung bzw. Freistellung auch dann, wenn weder der LN noch der LG die Kündigung zu vertreten haben.

(2) Wird der Vertrag nach Übernahme des Leasing-Gegenstandes aus Gründen gekündigt, die der LN zu vertreten hat, ist der LN dem LG bis zum Ablauf der vereinbarten Gesamtmietzeit zum Ersatz des Schadens verpflichtet, der ihm aus der vorzeitigen Beendigung des Vertrages entsteht, insbesondere dadurch, dass der LG den Leasing-Gegenstand nicht oder nur zu ungünstigeren Bedingungen vermieten oder verwerten kann. Vorteile, die dem LG durch eine Vermietung oder Verwertung des Leasing-Gegenstandes zufließen, werden auf den Schadensersatzanspruch des LG angerechnet.

(3) Zahlungen, die der LG von dritter Seite erhält, sind auf die Verpflichtung des LN anzurechnen. Verlorene Zuschüsse (§ 2 Abs. 2) werden weder bei vorzeitiger noch bei ordnungsgemäßer Beendigung dieses Vertrages zurückgewährt.

§ 13 Rückgabepflicht, Ankaufsrecht

(1) Bei Beendigung dieses Vertrages hat der LN den Leasing-Gegenstand unverzüglich zu räumen und an den LG in bezugsfertigem Zustand, frei von umweltschädlichen Stoffen, zurückzugeben.

(2) Der LG räumt dem LN an dem in § 1 Abs. 1 aufgeführten Leasing-Gegenstand ein Ankaufsrecht ein. Dieses Ankaufsrecht gibt dem LN das Recht, vom LG den Abschluss eines Kaufvertrages zu verlangen.

(3) Das Ankaufsrecht kann zum vertragsgemäßen Ende der Grundmietzeit (§ 1 Abs. 2) unter der Voraussetzung ausgeübt werden, dass der LN bis dahin den Vertrag ordnungsgemäß erfüllt hat. Die Ausübung des Ankaufsrechts muss mindestens 6 Monate im Voraus schriftlich angekündigt werden. Der Kaufpreis für das Grundstück entspricht dem Verkehrswert. Als Verkehrswert wird schon heute der Betrag festgelegt, der sich nach Abzug der in den Jahresmieten verrechneten Abschreibungen von den endgültigen GIK für den Leasing-Gegenstand gemäß Anlage I ergibt.

§ 14 Sonstiges

(1) Der LN legt dem LG umgehend folgende Unterlagen vor: . . . . . .

Der LN überreicht dem LG während der Dauer des Leasingvertrages bis zu dessen endgültiger Abwicklung jährlich seinen Jahresabschluss nebst Geschäfts- und Wirtschaftsprüferbericht. Wesentliche Änderungen seiner Vermögens-, Wirtschafts- und Gesellschaftsverhältnisse wird er dem LG unaufgefordert und rechtzeitig bekanntgeben und darüber vom LG etwa gewünschte Auskünfte erteilen.

(2) Dem LG oder seinem Beauftragten ist während der üblichen Geschäftszeiten nach vorheriger Anmeldung der Zutritt zum Leasing-Gegenstand zu gestatten.

(3) Vertragsänderungen und Nebenabreden einschließlich der Aufhebung des Erfordernisses der Schriftform bedürfen der schriftlichen Bestätigung. Mündliche Abreden bedürfen der schriftlichen Bestätigung.

(4) Sollten eine oder mehrere Bestimmungen dieses Vertrages ungültig sein oder werden, bleiben dennoch alle übrigen Bestimmungen wirksam. Die Vertragsparteien sind zur möglichst sinngemäßen Ergänzung des Vertrages verpflichtet.

(5) Alle bei Abschluss, Änderung und Durchführung dieses Vertrages anfallenden Kosten trägt der LN.

(6) Ausschließlicher Gerichtsstand für alle Streitigkeiten aus diesem Vertrag ist . . . . . . (Ort).

§ 102 Die Leasingerlasse der Finanzverwaltung

Übersicht

A. Mobilienleasing/Vollamortisation
C. Mobilienleasing/Teilamortisation
B. Immobilienleasing/Vollamortisation
D. Immobilienleasing/Teilamortisation

A. Mobilienleasing/Vollamortisation

Der Bundesminister der Finanzen   Bonn, den 19. April 1971
IV B/2 – S 2170–31/71

An die Herren
Finanzminister (Finanzsenatoren)
der Länder

Betr.: Ertragssteuerliche Behandlung von Leasing-Verträgen über bewegliche Wirtschaftsgüter

Bezug: Besprechung mit den Einkommensteuerreferenten der Länder vom 16. bis 19. 2. 1971 in Bonn (ESt I/71) – Punkt 5 der Tagesordnung

Unter Bezugnahme auf das Ergebnis der Erörterungen mit den obersten Finanzbehörden der Länder wird zu der Frage der steuerlichen Behandlung von Leasing-Verträgen über bewegliche Wirtschaftsgüter wie folgt Stellung genommen:

I. Allgemeines:

Der Bundesfinanzhof hat mit Urteil vom 26. Januar 1970 (BStBl 1970 II S. 264) zur steuerlichen Behandlung von so genannten Finanzierungs-Leasing-Verträgen über bewegliche Wirtschaftsgüter Stellung genommen.

Um eine einheitliche Rechtsanwendung durch die Finanzverwaltung zu gewährleisten, kann bei vor dem 24. April 1970 abgeschlossenen Leasing-Verträgen aus Vereinfachungsgründen von dem wirtschaftlichen Eigentum des Leasing-Gebers am Leasing-Gut und einer Vermietung oder Verpachtung an den Leasing-Nehmer ausgegangen werden, wenn die Vertragsparteien in der Vergangenheit übereinstimmend eine derartige Zurechnung zugrunde gelegt haben und auch in Zukunft daran festhalten. Das gilt auch, wenn die Vertragslaufzeit über den genannten Stichtag hinausreicht (vgl. Schreiben vom 21. Juli 1970 –

IV B/2 – S 2170–52/70
IV A/1 – S 7471–10/70
– BStBl 1970 I S. 913).

Für die steuerliche Behandlung von nach dem 23. April 1970 abgeschlossenen Leasing-Verträgen über bewegliche Wirtschaftsgüter sind die folgenden Grundsätze zu beachten. Dabei ist als betriebsgewöhnliche Nutzungsdauer der in den amtlichen AfA-Tabellen angegebene Zeitraum zugrunde zu legen.

II. Begriff und Abgrenzung des Finanzierungs-Leasing-Vertrages bei beweglichen Wirtschaftsgütern

1. Finanzierungs-Leasing im Sinne dieses Schreibens ist nur dann anzunehmen, wenn
    a) der Vertrag über eine bestimmte Zeit abgeschlossen wird, während der der Vertrag bei vertragsgemäßer Erfüllung von beiden Vertragsparteien nicht gekündigt werden kann (Grundmietzeit),

und

b) der Leasing-Nehmer mit den in der Grundmietzeit zu entrichtenden Raten mindestens die Anschaffungs- oder Herstellungskosten sowie alle Nebenkosten einschließlich der Finanzierungskosten des Leasing-Gebers deckt.

2. Beim Finanzierungs-Leasing von beweglichen Wirtschaftgütern sind im wesentlichen folgende Vertragstypen festzustellen:

a) Leasing-Verträge ohne Kauf- oder Verlängerungsoption
Bei diesem Vertragstyp sind zwei Fälle zu unterscheiden:
Die Grundmietzeit

aa) deckt sich mit der betriebsgewöhnlichen Nutzungsdauer des Leasing-Gegenstandes,

bb) ist geringer als die betriebsgewöhnliche Nutzungsdauer des Leasing-Gegenstandes.

Der Leasing-Nehmer hat nicht das Recht, nach Ablauf der Grundmietzeit den Leasing-Gegenstand zu erwerben oder den Leasing-Vertrag zu verlängern.

b) Leasing-Verträge mit Kaufoption
Der Leasing-Nehmer hat das Recht, nach Ablauf der Grundmietzeit, die regelmäßig kürzer ist als die betriebsgewöhnliche Nutzungsdauer des Leasing-Gegenstandes, den Leasing-Gegenstand zu erwerben.

c) Leasing-Verträge mit Mietverlängerungsoption
Der Leasing-Nehmer hat das Recht, nach Ablauf der Grundmietzeit, die regelmäßig kürzer ist als die betriebsgewöhnliche Nutzungsdauer des Leasing-Gegenstandes, das Vertragsverhältnis auf bestimmte oder unbestimmte Zeit zu verlängern.

Leasing-Verträge ohne Mietverlängerungsoption, bei denen nach Ablauf der Grundmietzeit eine Vertragsverlängerung für den Fall vorgesehen ist, dass der Mietvertrag nicht von einer der Vertragsparteien gekündigt wird, sind steuerlich grundsätzlich ebenso wie Leasing-Verträge mit Mietverlängerungsoption zu behandeln. Etwas anderes gilt nur dann, wenn nachgewiesen wird, dass der Leasing-Geber bei Verträgen über gleiche Wirtschaftsgüter innerhalb eines Zeitraumes von neun Zehnteln der betriebsgewöhnlichen Nutzungsdauer in einer Vielzahl von Fällen das Vertragsverhältnis aufgrund seines Kündigungsrechts beendet.

d) Verträge über Spezial-Leasing
Es handelt sich hierbei um Verträge über Leasing-Gegenstände, die speziell auf die Verhältnisse des Leasing-Nehmers zugeschnitten und nach Ablauf der Grundmietzeit regelmäßig nur noch beim Leasing-Nehmer wirtschaftlich sinnvoll verwendbar sind. Die Verträge kommen mit oder ohne Optionsklausel vor.

III. Steuerliche Zurechnung des Leasing-Gegenstandes

Die Zurechnung des Leasing-Gegenstandes ist von der von den Parteien gewählten Vertragsgestaltung und deren tatsächlicher Durchführung abhängig. Unter Würdigung der gesamten Umstände ist im Einzelfall zu entscheiden, wem der Leasing-Gegenstand steuerlich zuzurechnen ist. Bei den unter II.2. genannten Grundvertragstypen gilt für die Zurechnung das Folgende:

1. Leasing-Verträge ohne Kauf- oder Verlängerungsoption

Bei Leasing-Verträgen ohne Optionsrecht ist der Leasing-Gegenstand regelmäßig zuzurechnen

a) dem Leasing-Geber,
wenn die Grundmietzeit mindestens 40 v. H. und höchstens 90 v. H. der betriebsgewöhnlichen Nutzungsdauer des Leasing-Gegenstandes beträgt,

§ 102 Die Leasingerlasse der Finanzverwaltung   § 102

b) dem Leasing-Nehmer,
wenn die Grundmietzeit weniger als 40 v. H. oder mehr als 90 v. H. der betriebsgewöhnlichen Nutzungsdauer beträgt.

2. Leasing-Verträge mit Kaufoption

Bei Leasing-Verträgen mit Kaufoption ist der Leasing-Gegenstand regelmäßig zuzurechnen

a) dem Leasing-Geber,
wenn die Grundmietzeit mindestens 40 v. H. und höchstens 90 v. H. der betriebsgewöhnlichen Nutzungsdauer des Leasing-Gegenstandes beträgt
   und der für den Fall der Ausübung des Optionsrechts vorgesehene Kaufpreis nicht niedriger ist als der unter Anwendung der linearen AfA nach der amtlichen AfA-Tabelle ermittelte Buchwert oder der niedrigere gemeine Wert im Zeitpunkt der Veräußerung,

b) dem Leasing-Nehmer,
aa) wenn die Grundmietzeit weniger als 40 v. H. oder mehr als 90 v. H. der betriebsgewöhnlichen Nutzungsdauer beträgt oder
bb) wenn bei einer Grundmietzeit von mindestens 40 v. H. und höchstens 90 v. H. der betriebsgewöhnlichen Nutzungsdauer der für den Fall der Ausübung des Optionsrechts vorgesehene Kaufpreis niedriger ist als der unter Anwendung der linearen AfA nach der amtlichen AfA-Tabelle ermittelte Buchwert oder der niedrigere gemeine Wert im Zeitpunkt der Veräußerung.
   Wird die Höhe des Kaufpreises für den Fall der Ausübung des Optionsrechts während oder nach Ablauf der Grundmietzeit festgelegt oder verändert, so gilt Entsprechendes. Die Veranlagungen sind gegebenenfalls zu berichtigen.

3. Leasing-Verträge mit Mietverlängerungsoption

Bei Leasing-Verträgen mit Mietverlängerungsoption ist der Leasing-Gegenstand regelmäßig zuzurechnen

a) dem Leasing-Geber,
wenn die Grundmietzeit mindestens 40 v. H. und höchstens 90 v. H. der betriebsgewöhnlichen Nutzungsdauer des Leasing-Gegenstandes beträgt
   und die Anschlussmiete so bemessen ist, dass sie den Wertverzehr für den Leasing-Gegenstand deckt, der sich auf der Basis des unter Berücksichtigung der linearen Absetzung für Abnutzung nach der amtlichen AfA-Tabelle ermittelten Buchwerts oder des niedrigeren gemeinen Werts und der Restnutzungsdauer lt. AfA-Tabelle ergibt,

b) dem Leasing-Nehmer,
aa) wenn die Grundmietzeit weniger als 40 v. H. oder mehr als 90 v. H. der betriebsgewöhnlichen Nutzungsdauer des Leasing-Gegenstandes beträgt oder
bb) wenn bei einer Grundmietzeit von mindestens 40 v. H. und höchstens 90 v. H. der betriebsgewöhnlichen Nutzungsdauer die Anschlussmiete so bemessen ist, dass sie den Wertverzehr für den Leasing-Gegenstand nicht deckt, der sich auf der Basis des unter Berücksichtigung der linearen AfA nach der amtlichen AfA-Tabelle ermittelten Buchwerts oder des niedrigeren gemeinen Werts und der Restnutzungsdauer lt. AfA-Tabelle ergibt.
   Wird die Höhe der Leasing-Raten für den Verlängerungszeitraum während oder nach Ablauf der Grundmietzeit festgelegt oder verändert, so gilt Entsprechendes.
   Abschnitt II Nr. 2 Buchstabe c Sätze 2 und 3 sind zu beachten.

4. Verträge über Spezial-Leasing

Bei Spezial-Leasing-Verträgen ist der Leasing-Gegenstand regelmäßig dem Leasing-Nehmer ohne Rücksicht auf das Verhältnis von Grundmietzeit und Nutzungsdauer und auf Optionsklauseln zuzurechnen.

§ 102   Sechster Teil: Materialien

IV. Bilanzmäßige Darstellung von Leasing-Verträgen bei Zurechnung des Leasing-Gegenstandes beim Leasing-Geber

1. Beim Leasing-Geber

Der Leasing-Geber hat den Leasing-Gegenstand mit seinen Anschaffungs- oder Herstellungskosten zu aktivieren. Die Absetzung für Abnutzung ist nach der betriebsgewöhnlichen Nutzungsdauer vorzunehmen. Die Leasing-Raten sind Betriebseinnahmen.

2. Beim Leasing-Nehmer

Die Leasing-Raten sind Betriebsausgaben.

V. Bilanzmäßige Darstellung von Leasing-Verträgen bei Zurechnung des Leasing-Gegenstandes beim Leasing-Nehmer

1. Beim Leasing-Nehmer

Der Leasing-Nehmer hat den Leasing-Gegenstand mit seinen Anschaffungs- oder Herstellungskosten zu aktivieren. Als Anschaffungs- oder Herstellungskosten gelten die Anschaffungs- oder Herstellungskosten des Leasing-Gebers, die der Berechnung der Leasing-Raten zugrunde gelegt worden sind, zuzüglich etwaiger weiterer Anschaffungs- oder Herstellungskosten, die nicht in den Leasing-Raten enthalten sind (vgl. Schreiben vom 5. Mai 1970 – IV B/2 – S 2170–4/70 –).

Dem Leasing-Nehmer steht die AfA nach der betriebsgewöhnlichen Nutzungsdauer des Leasing-Gegenstandes zu.

In Höhe der aktivierten Anschaffungs- oder Herstellungskosten mit Ausnahme der nicht in den Leasing-Raten berücksichtigten Anschaffungs- oder Herstellungskosten des Leasing-Nehmers ist eine Verbindlichkeit gegenüber dem Leasing-Geber zu passivieren.

Die Leasing-Raten sind in einen Zins- und Kostenanteil sowie einen Tilgungsanteil aufzuteilen. Bei der Aufteilung ist zu berücksichtigen, dass sich infolge der laufenden Tilgung der Zinsanteil verringert und der Tilgungsanteil entsprechend erhöht.

Der Zins- und Kostenanteil stellt eine sofort abzugsfähige Betriebsausgabe dar, während der andere Teil der Leasing-Rate als Tilgung der Kaufpreisschuld erfolgsneutral zu behandeln ist.

2. Beim Leasing-Geber

Der Leasing-Geber aktiviert eine Kaufpreisforderung an den Leasing-Nehmer in Höhe der den Leasing-Raten zugrunde gelegten Anschaffungs- oder Herstellungskosten. Dieser Betrag ist grundsätzlich mit der vom Leasing-Nehmer ausgewiesenen Verbindlichkeit identisch.

Die Leasing-Raten sind in einen Zins- und Kostenanteil sowie in einen Anteil Tilgung der Kaufpreisforderung aufzuteilen. Wegen der Aufteilung der Leasing-Raten und deren steuerlicher Behandlung gelten die Ausführungen unter V.1. entsprechend.

VI. Die vorstehenden Grundsätze gelten entsprechend auch für Verträge mit Leasing-Nehmern, die ihren Gewinn nicht durch Bestandsvergleich ermitteln.

Im Auftrag
Dr. Hübl

B. Immobilienleasing/Vollamortisation

Einkommensteuer
64

Der Bundesminister Bonn, den 21. März 1972
für Wirtschaft und Finanzen
F/IV B 2 – S 2170–11/72

An die
Herren Finanzminister (Finanzsenatoren)
der Länder

nachrichtlich

dem Bundesamt für Finanzen

Betr.: Ertragsteuerliche Behandlung von Finanzierungs-Leasing-Verträgen über unbewegliche Wirtschaftsgüter

Bezug: Besprechung mit den Einkommensteuerreferenten der Länder am 19. und 20. 1. 1972 in Bonn (ESt I/72); Punkt 3 der Tagesordnung

Unter Bezugnahme auf das Ergebnis der Erörterungen mit den obersten Finanzbehörden der Länder wird zu der Frage der ertragsteuerlichen Behandlung von Finanzierungs-Leasing-Verträgen über unbewegliche Wirtschaftsgüter wie folgt Stellung genommen:

I. Finanzierungs-Leasing-Verträge
1. Allgemeines
a) In meinem Schreiben vom 19. April 1971 – IV B/2 – S 2170–31/71 – habe ich unter Berücksichtigung des BFH-Urteils vom 26. 1. 1970 (BStBl II S. 264) zur steuerlichen Behandlung von Finanzierungs-Leasing-Verträgen über bewegliche Wirtschaftsgüter Stellung genommen. Die in Abschnitt II dieses Schreibens enthaltenen Ausführungen über den Begriff und die Abgrenzung des Finanzierungs-Leasing-Vertrages bei beweglichen Wirtschaftsgütern gelten entsprechend für Finanzierungs-Leasing-Verträge über unbewegliche Wirtschaftsgüter.

b) Ebenso wie bei den Finanzierungs-Leasing-Verträgen über bewegliche Wirtschaftsgüter kann bei vor dem 24. April 1970 abgeschlossenen Finanzierungs-Leasing-Verträgen über unbewegliche Wirtschaftsgüter zur Gewährleistung einer einheitlichen Rechtsanwendung und aus Vereinfachungsgründen von dem wirtschaftlichen Eigentum des Leasing-Gebers am Leasing-Gegenstand, einer Vermietung oder Verpachtung an den Leasing-Nehmer und von der bisherigen steuerlichen Behandlung ausgegangen werden, wenn die Vertragsparteien in der Vergangenheit übereinstimmend eine derartige Zurechnung zugrunde gelegt haben und auch in Zukunft daran festhalten. Das gilt auch, wenn die Vertragslaufzeit über den genannten Stichtag hinausreicht.

c) Für die steuerliche Zurechnung von unbeweglichen Wirtschaftsgütern bei Finanzierungs-Leasing-Verträgen, die nach dem 23. April 1970 abgeschlossen wurden, gelten unter Berücksichtigung der in Abschnitt III meines Schreibens vom 19. 4. 1971 aufgestellten Grundsätze und des BFH-Urteils vom 18. 11. 1970 (BStBl 1971 II S. 133) über Mietkaufverträge bei unbeweglichen Wirtschaftsgütern die in Nummer 2 aufgeführten Kriterien.

d) Die Grundsätze für die Behandlung von unbeweglichen Wirtschaftsgütern gelten nicht für Betriebsvorrichtungen, auch wenn sie wesentliche Bestandteile eines Grundstücks sind (§ 50 Abs. 1 Satz 2 BewG a. F.). Die Zurechnung von Betriebsvorrichtungen, die Gegenstand eines Finanzierungs-Leasing-Vertrages sind, ist vielmehr nach den Grundsätzen für die ertragsteuerliche Behandlung von beweglichen Wirtschaftsgütern zu beurteilen. Für die Abgrenzung der Betriebsvorrichtungen von den Gebäuden sind die

§ 102   Sechster Teil: Materialien

Anweisungen in dem übereinstimmenden Ländererlass über die Abgrenzung der Betriebsvorrichtungen vom Grundvermögen vom 28. 3. 1960 (BStBl 1960 II S. 93) maßgebend.

2. Steuerliche Zurechnung unbeweglicher Leasing-Gegenstände

a) Die Zurechnung des unbeweglichen Leasing-Gegenstandes ist von der von den Parteien gewählten Vertragsgestaltung und deren tatsächlicher Durchführung abhängig. Unter Würdigung der gesamten Umstände ist im Einzelfall zu entscheiden, wem der Leasing-Gegenstand zuzurechnen ist.

Die Zurechnungs-Kriterien sind dabei für Gebäude und Grund und Boden getrennt zu prüfen.

b) Bei Finanzierungs-Leasing-Verträgen ohne Kauf- oder Verlängerungsoption und Finanzierungs-Leasing-Verträgen mit Mietverlängerungsoption ist der Grund und Boden grundsätzlich dem Leasing-Geber zuzurechnen, bei Finanzierungs-Leasing-Verträgen mit Kaufoption dagegen regelmäßig dem Leasing-Nehmer, wenn nach Buchstabe c auch das Gebäude dem Leasing-Nehmer zugerechnet wird. Für die Zurechnung des Grund und Bodens in Fällen des Spezial-Leasing ist entsprechend zu verfahren.

c) Für die Zurechnung der Gebäude gilt im Einzelnen das Folgende:

aa) Ist die Grundmietzeit kürzer als 40 v. H. oder länger als 90 v. H. der betriebsgewöhnlichen Nutzungsdauer des Gebäudes, so ist das Gebäude regelmäßig dem Leasing-Nehmer zuzurechnen. Wird die Absetzung für Abnutzung des Gebäudes nach § 7 Abs. 4 Satz 1 oder Abs. 5 EStG bemessen, so gilt als betriebsgewöhnliche Nutzungsdauer ein Zeitraum von 50 Jahren. Hat der Leasing-Nehmer dem Leasing-Geber an dem Grundstück, das Gegenstand des Finanzierungs-Leasing-Vertrages ist, ein Erbaurecht eingeräumt und ist der Erbaurechtszeitraum kürzer als die betriebsgewöhnliche Nutzungsdauer des Gebäudes, so tritt bei Anwendung des vorstehenden Satzes an die Stelle der betriebsgewöhnlichen Nutzungsdauer des Gebäudes der kürzere Erbaurechtszeitraum.

bb) Beträgt die Grundmietzeit mindestens 40 v. H. und höchstens 90 v. H. der betriebsgewöhnlichen Nutzungsdauer, so gilt unter Berücksichtigung der Sätze 2 und 3 des vorstehenden Doppelbuchstabens aa Folgendes:

Bei Finanzierungs-Leasing-Verträgen ohne Kauf- oder Mietverlängerungsoption ist das Gebäude regelmäßig dem Leasing-Geber zuzurechnen.

Bei Finanzierungs-Leasing-Verträgen mit Kaufoption kann das Gebäude regelmäßig nur dann dem Leasing-Geber zugerechnet werden, wenn der für den Fall der Ausübung des Optionsrechtes vorgesehene Gesamtkaufpreis nicht niedriger ist als der unter Anwendung der linearen AfA ermittelte Buchwert des Gebäudes zuzüglich des Buchwertes für den Grund und Boden oder der niedrigere gemeine Wert des Grundstücks im Zeitpunkt der Veräußerung. Wird die Höhe des Kaufpreises für den Fall der Ausübung des Optionsrechtes während oder nach Ablauf der Grundmietzeit festgelegt oder verändert, so gilt Entsprechendes. Die Veranlagungen sind ggf. zu berichtigen.

Bei Finanzierungs-Leasing-Verträgen mit Mietverlängerungsoption kann das Gebäude regelmäßig nur dann dem Leasing-Geber zugerechnet werden, wenn die Anschlussmiete mehr als 75 v. H. des Mietentgeltes beträgt, das für ein nach Art, Lage und Ausstattung vergleichbares Grundstück üblicherweise gezahlt wird. Wird die Höhe der Leasing-Raten für den Verlängerungszeitraum während oder nach Ablauf der Grundmietzeit festgelegt oder verändert, so gilt Entsprechendes. Die Veranlagungen sind ggf. zu berichtigen.

Verträge ohne Mietverlängerungsoption, bei denen nach Ablauf der Grundmietzeit eine Vertragsverlängerung für den Fall vorgesehen ist, dass der Mietvertrag nicht von einer der Vertragsparteien gekündigt wird, sind steuerlich grundsätzlich ebenso wie Finanzierungs-Leasing-Verträge mit Mietverlängerungsoption zu behandeln.

d) Bei Spezial-Leasing-Verträgen ist das Gebäude stets dem Leasing-Nehmer zuzurechnen.

§ 102 Die Leasingerlasse der Finanzverwaltung § 102

II. Bilanzmäßige Darstellung
1. Zurechnung des Leasing-Gegenstandes beim Leasing-Geber
   a) Darstellung beim Leasing-Geber
   Der Leasing-Geber hat den Leasing-Gegenstand mit seinen Anschaffungs- oder Herstellungskosten zu aktivieren.
   Die Leasing-Raten sind Betriebseinnahmen.
   b) Darstellung beim Leasing-Nehmer
   Die Leasing-Raten sind grundsätzlich Betriebsausgaben.

2. Zurechnung des Leasing-Gegenstandes beim Leasing-Nehmer
   a) Bilanzierung beim Leasing-Nehmer
   Der Leasing-Nehmer hat den Leasing-Gegenstand mit seinen Anschaffungs- oder Herstellungskosten zu aktivieren. Als Anschaffungs- oder Herstellungskosten gelten die Anschaffungs- oder Herstellungskosten des Leasing-Gebers, die der Berechnung der Leasing-Raten zugrunde gelegt worden sind, zuzüglich etwaiger weiterer Anschaffungs- oder Herstellungskosten, die nicht in den Leasing-Raten enthalten sind (vgl. Schreiben vom 5. Mai 1970 – IV B/2 – S. 2170–4/70 –).
   In Höhe der aktivierten Anschaffungs- oder Herstellungskosten mit Ausnahme der nicht in den Leasing-Raten berücksichtigten Anschaffungs- oder Herstellungskosten des Leasing-Nehmers ist eine Verbindlichkeit gegenüber dem Leasing-Geber zu passivieren.
   Die Leasing-Raten sind in einen Zins- und Kostenanteil sowie einen Tilgungsanteil aufzuteilen. Bei der Aufteilung ist zu berücksichtigen, dass sich infolge der laufenden Tilgung der Zinsanteil verringert und der Tilgungsanteil entsprechend erhöht.
   Der Zins- und Kostenanteil stellt eine sofort abzugsfähige Betriebsausgabe dar, während der andere Teil der Leasing-Rate als Tilgung der Kaufpreisschuld erfolgsneutral zu behandeln ist.
   b) Bilanzierung beim Leasing-Geber
   Der Leasing-Geber aktiviert eine Kaufpreisforderung an den Leasing-Nehmer in Höhe der den Leasing-Raten zugrunde gelegten Anschaffungs- oder Herstellungskosten. Dieser Betrag ist grundsätzlich mit der vom Leasing-Nehmer ausgewiesenen Verbindlichkeit identisch.
   Die Leasing-Raten sind in einen Zins- und Kostenanteil sowie in einen Anteil Tilgung der Kaufpreisforderung aufzuteilen. Wegen der Aufteilung der Leasing-Raten und deren steuerlicher Behandlung gelten die Ausführungen unter a entsprechend.

III. Andere Verträge
   Erfüllen Verträge über unbewegliche Wirtschaftsgüter nicht die Merkmale, die als Voraussetzung für den Begriff des Finanzierungs-Leasings in Abschnitt II meines Schreibens vom 19. 4. 1971 aufgeführt sind, so ist nach allgemeinen Grundsätzen, insbesondere auch nach den von der Rechtsprechung aufgestellten Grundsätzen über Mietkaufverträge zu entscheiden, wem der Leasing- oder Mietgegenstand zuzurechnen ist (vgl. hierzu insbesondere BFH-Urteile vom 5. 11. 1957 – BStBl 1957 III S. 445 –, 25. 10. 1963 – BStBl 1964 III S. 44 –, 2. 8. 1966 – BStBl 1967 III S. 63 – und 18. 11. 1970 – BStBl 1971 II S. 133).

Im Auftrag
Dr. Hübl

C. Mobilienleasing/Teilamortisation

Steuerrechtliche Zurechnung des Leasing-Gegenstandes beim Leasing-Geber

(Bundesminister der Finanzen, Schreiben vom 22. 12. 1975 – IV B 2 – S 2170–161/75)

Unter Bezugnahme auf das Ergebnis der Erörterung mit den obersten Finanzbehörden der Länder hat der Bundesminister der Finanzen zu einem Schreiben des Deutschen Leasing-Verbandes vom 24. 7. 1975 wie folgt Stellung genommen:

1. Gemeinsames Merkmal der in dem Schreiben des Deutschen Leasing-Verbandes dargestellten Vertragsmodelle ist, dass eine unkündbare Grundmietzeit vereinbart wird, die mehr als 40%, jedoch nicht mehr als 90% der betriebsgewöhnlichen Nutzungsdauer des Leasing-Gegenstandes beträgt und dass die Anschaffungs- oder Herstellungskosten des Leasing-Gebers sowie alle Nebenkosten einschließlich der Finanzierungskosten des Leasing-Gebers in der Grundmietzeit durch die Leasing-Raten nur zum Teil gedeckt werden. Da mithin Finanzierungs-Leasing im Sinne des BdF-Schreibens über die ertragsteuerrechtliche Behandlung von Leasing-Verträgen über bewegliche Wirtschaftsgüter vom 19. 4. 1971 (BStBl. I S. 264) nicht vorliegt, ist die Frage, wem der Leasing-Gegenstand zuzurechnen ist, nach den allgemeinen Grundsätzen zu entscheiden.

2. Die Prüfung der Zurechnungsfrage hat Folgendes ergeben:

   a) Vertragsmodell mit Andienungsrecht des Leasing-Gebers, jedoch ohne Optionsrecht des Leasing-Nehmers

   Bei diesem Vertragsmodell hat der Leasing-Geber ein Andienungsrecht. Danach ist der Leasing-Nehmer, sofern ein Verlängerungsvertrag nicht zustande kommt, auf Verlangen des Leasing-Gebers verpflichtet, den Leasing-Gegenstand zu einem Preis zu kaufen, der bereits bei Abschluss des Leasing-Vertrages fest vereinbart wird. Der Leasing-Nehmer hat kein Recht, den Leasing-Gegenstand zu erwerben.

   Der Leasing-Nehmer trägt bei dieser Vertragsgestaltung das Risiko der Wertminderung, weil er auf Verlangen des Leasing-Gebers den Leasing-Gegenstand auch dann zum vereinbarten Preis kaufen muss, wenn der Wiederbeschaffungspreis für ein gleichwertiges Wirtschaftsgut geringer als der vereinbarte Preis ist. Der Leasing-Geber hat jedoch die Chance der Wertsteigerung, weil er sein Andienungsrecht nicht ausüben muss, sondern das Wirtschaftsgut zu einem über dem Andienungspreis liegenden Preis verkaufen kann, wenn ein über dem Andienungspreis liegender Preis am Markt erzielt werden kann. Der Leasing-Nehmer kann unter diesen Umständen nicht als wirtschaftlicher Eigentümer des Leasing-Gegenstandes angesehen werden.

   b) Vertragsmodell mit Aufteilung des Mehrerlöses

   Nach Ablauf der Grundmietzeit wird der Leasing-Gegenstand durch den Leasing-Geber veräußert. Ist der Veräußerungserlös niedriger als die Differenz zwischen den Gesamtkosten des Leasing-Gebers und den in der Grundmietzeit entrichteten Leasing-Raten (Restamortisation), so muss der Leasing-Nehmer eine Abschlusszahlung in Höhe der Differenz zwischen Restamortisation und Veräußerungserlös zahlen. Ist der Veräußerungserlös hingegen höher als die Restamortisation, so erhält der Leasing-Geber 25%, der Leasing-Nehmer 75% des die Restamortisation übersteigenden Teils des Veräußerungserlöses.

   Durch die Vereinbarung, dass der Leasing-Geber 25% des die Restamortisation übersteigenden Teils des Veräußerungserlöses erhält, wird bewirkt, dass der Leasing-Geber noch in einem wirtschaftlich ins Gewicht fallenden Umfang an etwaigen Wertsteigerungen des Leasing-Gegenstandes beteiligt ist. Der Leasing-Gegenstand ist daher dem Leasing-Geber zuzurechnen.

Eine ins Gewicht fallende Beteiligung des Leasing-Gebers an Wertsteigerungen des Leasing-Gegenstandes ist hingegen nicht mehr gegeben, wenn der Leasing-Geber weniger als 25 % des die Restamortisation übersteigenden Teils des Veräußerungserlöses erhält. Der Leasing-Gegenstand ist in solchen Fällen dem Leasing-Nehmer zuzurechnen.

c) Kündbarer Mietvertrag mit Anrechnung des Veräußerungserlöses auf die vom Leasing-Nehmer zu leistende Schlusszahlung

Der Leasing-Nehmer kann den Leasing-Vertrag frühestens nach Ablauf einer Grundmietzeit, die 40 % der betriebsgewöhnlichen Nutzungsdauer beträgt, kündigen. Bei Kündigung ist eine Abschlusszahlung in Höhe der durch die Leasing-Raten nicht gedeckten Gesamtkosten des Leasing-Gebers zu entrichten. Auf die Abschlusszahlung werden 90 % des vom Leasing-Geber erzielten Veräußerungserlöses angerechnet. Ist der anzurechnende Teil des Veräußerungserlöses zuzüglich der vom Leasing-Nehmer bis zur Veräußerung entrichteten Leasing-Raten niedriger als die Gesamtkosten des Leasing-Gebers, so muss der Leasing-Nehmer in Höhe der Differenz eine Abschlusszahlung leisten. Ist jedoch der Veräußerungserlös höher als die Differenz zwischen Gesamtkosten des Leasing-Gebers und den bis zur Veräußerung entrichteten Leasing-Raten, so behält der Leasing-Geber diesen Differenzbetrag in vollem Umfang.

Bei diesem Vertragsmodell kommt eine während der Mietzeit eingetretene Wertsteigerung in vollem Umfang dem Leasing-Geber zugute. Der Leasing-Geber ist daher nicht nur rechtlicher, sondern auch wirtschaftlicher Eigentümer des Leasing-Gegenstandes.

Die vorstehenden Ausführungen gelten nur grundsätzlich, d. h. nur insoweit, wie besondere Regelungen in Einzelverträgen nicht zu einer anderen Beurteilung zwingen.

D. Immobilienleasing/Teilamortisation

Der Bundesminister der Finanzen   Bonn, 23. Dezember 1991

IV B 2 – S 2170–115/91

Oberste Finanzbehörden
der Länder

Betr.: Ertragsteuerliche Behandlung von Teilamortisations-Leasing-Verträgen über unbewegliche Wirtschaftsgüter

Bezug: Sitzung ESt VIII/91 vom 16. bis 18. Dezember 1991 zu TOP 8

In meinem Schreiben vom 21. März 1972 (BStBl I S. 188) habe ich zur ertragsteuerlichen Behandlung von Finanzierungs-Leasing-Verträgen über unbewegliche Wirtschaftsgüter Stellung genommen. Dabei ist unter Finanzierungs-Leasing das Vollamortisations-Leasing verstanden worden. Zu der Frage der ertragsteuerlichen Behandlung von Teilamortisierungs-Leasing-Verträgen über unbewegliche Wirtschaftsgüter wird unter Bezugnahme auf das Ergebnis der Erörterung mit den obersten Finanzbehörden der Länder wie folgt Stellung genommen:

I. Begriff und Abgrenzung des Teilamortisierungs-Leasing-Vertrages bei unbeweglichen Wirtschaftsgütern

1. Teilamortisierungs-Leasing im Sinne dieses Schreibens ist nur dann anzunehmen, wenn

    a) der Vertrag über eine bestimmte Zeit abgeschlossen wird, während der er bei vertragsgemäßer Erfüllung von beiden Vertragsparteien nur aus wichtigem Grund gekündigt werden kann (Grundmietzeit),
    und
    b) der Leasing-Nehmer mit den in der Grundmietzeit zu entrichtenden Raten die Anschaffungs- oder Herstellungskosten sowie alle Nebenkosten einschließlich der Finanzierungskosten des Leasing-Gebers nur zum Teil deckt.

2. Wegen der möglichen Vertragstypen weise ich auf Abschnitt II Ziffer 2 meines Schreibens vom 19. April 1971 (BStBl I S. 264) hin. Die dortigen Ausführungen gelten beim Teilamortisierungs-Leasing von unbeweglichen Wirtschaftsgütern entsprechend.

II. Steuerrechtliche Zurechnung des Leasing-Gegenstandes
1. Die Zurechnung des unbeweglichen Leasing-Gegenstandes hängt von der Vertragsgestaltung und deren tatsächlicher Durchführung ab. Unter Würdigung der gesamten Umstände ist im Einzelfall zu entscheiden, wem der Leasing-Gegenstand zuzurechnen ist. Dabei ist zwischen Gebäude sowie Grund und Boden zu unterscheiden.

2. Für die Zurechnung der G e b ä u d e gilt im Einzelnen Folgendes:
a) Der Leasing-Gegenstand ist – vorbehaltlich der nachfolgende Ausführungen – grundsätzlich dem L e a s i n g - G e b e r zuzurechnen.
b) Der Leasing-Gegenstand ist in den nachfolgenden Fällen ausnahmsweise dem L e a s i n g – N e h m e r zuzurechnen:
aa) Verträge über Spezial-Leasing
Bei Spezial-Leasing-Verträgen ist der Leasing-Gegenstand regelmäßig dem Leasing-Nehmer ohne Rücksicht auf das Verhältnis von Grundmietzeit und Nutzungsdauer und auf etwaige Optionsklauseln zuzurechnen.
bb) Verträge mit Kaufoption
Bei Leasing-Verträgen mit Kaufoption ist der Leasing-Gegenstand regelmäßig dem Leasing-Nehmer zuzurechnen,
wenn die Grundmietzeit mehr als 90 v. H. der betriebsgewöhnlichen Nutzungsdauer beträgt oder der vorgesehene Kaufpreis geringer ist als der Restbuchwert des Leasing-Gegenstandes unter Berücksichtigung der AfA gemäß § 7 Abs. 4 EStG nach Ablauf der Grundmietzeit.
Die betriebsgewöhnliche Nutzungsdauer berechnet sich nach der Zeitspanne, für die AfA nach § 7 Abs. 4 Satz 1 EStG vorzunehmen ist, in den Fällen des § 7 Abs. 4 Satz 2 EStG nach der tatsächlichen Nutzungsdauer.
cc) Verträge mit Mietverlängerungsoption
Bei Leasing-Verträgen mit Mietverlängerungsoption ist der Leasing-Gegenstand regelmäßig dem Leasing-Nehmer zuzurechnen,
wenn die Grundmietzeit mehr als 90 v. H. der betriebsgewöhnlichen Nutzungsdauer des Leasing-Gegenstandes beträgt oder die Anschlussmiete nicht mindestens 75 v. H. des Mietentgelts beträgt, das für ein nach Art, Lage und Ausstattung vergleichbares Grundstück üblicherweise gezahlt wird.
Wegen der Berechnung der betriebsgewöhnlichen Nutzungsdauer vgl. unter Tz. 9.
dd) Verträge mit Kauf- oder Mietverlängerungsoption und besonderen Verpflichtungen
Der Leasing-Gegenstand ist bei Verträgen mit Kauf- oder Mietverlängerungsoption dem Leasing-Nehmer stets zuzurechnen, wenn ihm eine der nachfolgenden Verpflichtungen auferlegt wird:
– Der Leasing-Nehmer trägt die Gefahr des zufälligen ganzen oder teilweisen Untergangs des Leasing-Gegenstandes. Die Leistungspflicht aus dem Mietvertrag mindert sich in diesen Fällen nicht.
– Der Leasing-Nehmer ist bei ganzer oder teilweiser Zerstörung des Leasing-Gegenstandes, die nicht von ihm zu vertreten ist, dennoch auf Verlangen des Leasing-Gebers zur Wiederherstellung bzw. zum Wiederaufbau auf seine Kosten verpflichtet oder die Leistungspflicht aus dem Mietvertrag mindert sich trotz der Zerstörung nicht.
– Für den Leasing-Nehmer mindert sich die Leistungspflicht aus dem Mietvertrag nicht, wenn die Nutzung des Leasing-Gegenstandes aufgrund eines nicht von ihm zu vertretenden Umstands langfristig ausgeschlossen ist.
– Der Leasing-Nehmer hat dem Leasing-Geber die bisher nicht gedeckten Kosten ggf. auch einschließlich einer Pauschalgebühr zur Abgeltung von Verwaltungskosten zu er-

statten, wenn es zu einer vorzeitigen Vertragsbeendigung kommt, die der Leasing-Nehmer nicht zu vertreten hat.
− Der Leasing-Nehmer stellt den Leasing-Geber von sämtlichen Ansprüchen Dritter frei, die diese hinsichtlich des Leasing-Gegenstandes gegenüber dem Leasing-Geber geltend machen, es sei denn, dass der Anspruch des Dritten von dem Leasing-Nehmer verursacht worden ist.
− Der Leasing-Nehmer als Eigentümer des Grund und Bodens, auf dem der Leasing-Geber als Erbbauberechtigter den Leasing-Gegenstand errichtet, ist aufgrund des Erbbaurechtsvertrags unter wirtschaftlichen Gesichtspunkten gezwungen, den Leasing-Gegenstand nach Ablauf der Grundmietzeit zu erwerben.
3. Der G r u n d u n d B o d e n ist grundsätzlich demjenigen zuzurechnen, dem nach den Ausführungen unter Tz. 6 bis 17 das Gebäude zugerechnet wird.

III. Bilanzmäßige Darstellung
Die bilanzmäßige Darstellung erfolgt nach den Grundsätzen unter Abschnitt II meines Schreibens vom 21. März 1972 (BStBl I S. 188).

IV. Übergangsregelung
Soweit die vorstehend aufgeführten Grundsätze zu einer Änderung der bisherigen Verwaltungspraxis für die Zurechnung des Leasing-Gegenstandes bei Teilamortisierungs-Leasing-Verträgen über unbewegliche Wirtschaftsgüter führen, sind sie nur auf Leasing-Verträge anzuwenden, die nach dem 31. Januar 1992 abgeschlossen werden.

Im Auftrag
J u c h u m

§ 103 UNIDROIT Convention on International Financial Leasing (Ottawa, 28 May 1988)[1]

Chapter I – Sphere of Application and general provisions . . . .
Chapter II – Rights and duties of the . . . .
Chapter III – Final provisions . . . .

THE STATES PARTIES TO THIS CONVENTION,
RECOGNISING the importance of removing certain legal impediments to the international financial leasing of equipment, while maintaining a fair balance of interests between the different parties to the transaction,
AWARE of the need to make international financial leasing more available,
CONSCIOUS of the fact that the rules of law governing the traditional contract of hire need to be adapted to the distinctive triangular relationship created by the financial leasing transaction,
RECOGNISING therefore the desirability of formulating certain uniform rules relating primarily to the civil and commercial law aspects of international financial leasing,
HAVE AGREED as follows:

CHAPTER I – SPHERE OF APPLICATION AND GENERAL PROVISIONS

Article 1

1. – This Convention governs a financial leasing transaction as described in paragraph 2 in which one party (the lessor),

    (a) on the specifications of another party (the lessee), enters into an agreement (the supply agreement) with a third party (the supplier) under which the lessor acquires plant, capital goods or other equipment (the equipment) on terms approved by the lessee so far as they concern its interests, and

    (b) enters into an agreement (the leasing agreement) with the lessee, granting to the lessee the right to use the equipment in return for the payment of rentals.

2. – The financial leasing transaction referred to in the previous paragraph is a transaction which includes the following characteristics:

    (a) the lessee specifies the equipment and selects the supplier without relying primarily on the skill and judgment of the lessor;

    (b) the equipment is acquired by the lessor in connection with a leasing agreement which, to the knowledge of the supplier, either has been made or is to be made between the lessor and the lessee; and

    (c) the rentals payable under the leasing agreement are calculated so as to take into account in particular the amortisation of the whole or a substantial part of the cost of the equipment.

3. – This Convention applies whether or not the lessee has or subsequently acquires the option to buy the equipment or to hold it on lease for a further period, and whether or not for a nominal price or rental.

4. – This Convention applies to financial leasing transactions in relation to all equipment save that which is to be used primarily for the lessee's personal, family or household purposes.

---

[1] Eine deutsche Übersetzung wurde von Regierungsvertretern der Bundesrepublik Deutschland, Österreichs und der Schweiz auf einer Konferenz vom 14.–18. Oktober 1991 erarbeitet. Sie ist abgedruckt in *Schulze/Zimmermann* (Hrsg.), Europäisches Privatrecht, Basistexte, 3. Aufl. 2005, II.25.

Article 2

In the case of one or more sub-leasing transactions involving the same equipment, this Convention applies to each transaction which is a financial leasing transaction and is otherwise subject to this Convention as if the person from whom the first lessor (as defined in paragraph 1 of the previous article) acquired the equipment were the supplier and as if the agreement under which the equipment was so acquired were the supply agreement.

Article 3

1. – This Convention applies when the lessor and the lessee have their places of business in different States and:
    (a) those States and the State in which the supplier has its place of business are Contracting States; or
    (b) both the supply agreement and the leasing agreement are governed by the law of a Contracting State.
2. – A reference in this Convention to a party's place of business shall, if it has more than one place of business, mean the place of business which has the closest relationship to the relevant agreement and its performance, having regard to the circumstances known to or contemplated by the parties at any time before or at the conclusion of that agreement.

Article 4

1. – The provisions of this Convention shall not cease to apply merely because the equipment has become a fixture to or incorporated in land.
2. – Any question whether or not the equipment has become a fixture to or incorporated in land, and if so the effect on the rights *inter se* of the lessor and a person having real rights in the land, shall be determined by the law of the State where the land is situated.

Article 5

1. – The application of this Convention may be excluded only if each of the parties to the supply agreement and each of the parties to the leasing agreement agree to exclude it.
2. – Where the application of this Convention has not been excluded in accordance with the previous paragraph, the parties may, in their relations with each other, derogate from or vary the effect of any of its provisions except as stated in Articles 8(3) and 13(3)(b) and (4).

Article 6

1. – In the interpretation of this Convention, regard is to be had to its object and purpose as set forth in the preamble, to its international character and to the need to promote uniformity in its application and the observance of good faith in international trade.
2. – Questions concerning matters governed by this Convention which are not expressly settled in it are to be settled in conformity with the general principles on which it is based or, in the absence of such principles, in conformity with the law applicable by virtue of the rules of private international law.

CHAPTER II – RIGHTS AND DUTIES OF THE PARTIES

Article 7

1. – (a) The lessor's real rights in the equipment shall be valid against the lessee's trustee in bankruptcy and creditors, including creditors who have obtained an attachment or execution.

(b) For the purposes of this paragraph "trustee in bankruptcy" includes a liquidator, administrator or other person appointed to administer the lessee's estate for the benefit of the general body of creditors.

2. – Where by the applicable law the lessor's real rights in the equipment are valid against a person referred to in the previous paragraph only on compliance with rules as to public notice, those rights shall be valid against that person only if there has been compliance with such rules.

3. – For the purposes of the previous paragraph the applicable law is the law of the State which, at the time when a person referred to in paragraph 1 becomes entitled to invoke the rules referred to in the previous paragraph, is:

(a) in the case of a registered ship, the State in which it is registered in the name of the owner (for the purposes of this sub-paragraph a bareboat charterer is deemed not to be the owner);

(b) in the case of an aircraft which is registered pursuant to the Convention on International Civil Aviation done at Chicago on 7 December 1944, the State in which it is so registered;

(c) in the case of other equipment of a kind normally moved from one State to another, including an aircraft engine, the State in which the lessee has its principal place of business;

(d) in the case of all other equipment, the State in which the equipment is situated.

4. – Paragraph 2 shall not affect the provisions of any other treaty under which the lessor's real rights in the equipment are required to be recognised.

5. – This article shall not affect the priority of any creditor having:

(a) a consensual or non-consensual lien or security interest in the equipment arising otherwise than by virtue of an attachment or execution, or

(b) any right of arrest, detention or disposition conferred specifically in relation to ships or aircraft under the law applicable by virtue of the rules of private international law.

Article 8

1. – (a) Except as otherwise provided by this Convention or stated in the leasing agreement, the lessor shall not incur any liability to the lessee in respect of the equipment save to the extent that the lessee has suffered loss as the result of its reliance on the lessor's skill and judgment and of the lessor's intervention in the selection of the supplier or the specifications of the equipment.

(b) The lessor shall not, in its capacity of lessor, be liable to third parties for death, personal injury or damage to property caused by the equipment.

(c) The above provisions of this paragraph shall not govern any liability of the lessor in any other capacity, for example as owner.

2. – The lessor warrants that the lessee's quiet possession will not be disturbed by a person who has a superior title or right, or who claims a superior title or right and acts under the authority of a court, where such title, right or claim is not derived from an act or omission of the lessee.

3. – The parties may not derogate from or vary the effect of the provisions of the previous paragraph in so far as the superior title, right or claim is derived from an intentional or grossly negligent act or omission of the lessor.

4. – The provisions of paragraphs 2 and 3 shall not affect any broader warranty of quiet possession by the lessor which is mandatory under the law applicable by virtue of the rules of private international law.

Article 9

1. – The lessee shall take proper care of the equipment, use it in a reasonable manner and keep it in the condition in which it was delivered, subject to fair wear and tear and to any modification of the equipment agreed by the parties.

2. – When the leasing agreement comes to an end the lessee, unless exercising a right to buy the equipment or to hold the equipment on lease for a further period, shall return the equipment to the lessor in the condition specified in the previous paragraph.

Article 10

1. – The duties of the supplier under the supply agreement shall also be owed to the lessee as if it were a party to that agreement and as if the equipment were to be supplied directly to the lessee. However, the supplier shall not be liable to both the lessor and the lessee in respect of the same damage.
2. – Nothing in this article shall entitle the lessee to terminate or rescind the supply agreement without the consent of the lessor.

Article 11

The lessee's rights derived from the supply agreement under this Convention shall not be affected by a variation of any term of the supply agreement previously approved by the lessee unless it consented to that variation.

Article 12

1. – Where the equipment is not delivered or is delivered late or fails to conform to the supply agreement:
    (a) the lessee has the right as against the lessor to reject the equipment or to terminate the leasing agreement; and
    (b) the lessor has the right to remedy its failure to tender equipment in conformity with the supply agreement,
as if the lessee had agreed to buy the equipment from the lessor under the same terms as those of the supply agreement.
2. – A right conferred by the previous paragraph shall be exercisable in the same manner and shall be lost in the same circumstances as if the lessee had agreed to buy the equipment from the lessor under the same terms as those of the supply agreement.
3. – The lessee shall be entitled to withhold rentals payable under the leasing agreement until the lessor has remedied its failure to tender equipment in conformity with the supply agreement or the lessee has lost the right to reject the equipment.
4. – Where the lessee has exercised a right to terminate the leasing agreement, the lessee shall be entitled to recover any rentals and other sums paid in advance, less a reasonable sum for any benefit the lessee has derived from the equipment.
5. – The lessee shall have no other claim against the lessor for non-delivery, delay in delivery or delivery of non-conforming equipment except to the extent to which this results from the act or omission of the lessor.
6. – Nothing in this article shall affect the lessee's rights against the supplier under Article 10.

Article 13

1. – In the event of default by the lessee, the lessor may recover accrued unpaid rentals, together with interest and damages.
2. – Where the lessee's default is substantial, then subject to paragraph 5 the lessor may also require accelerated payment of the value of the future rentals, where the leasing agreement so provides, or may terminate the leasing agreement and after such termination:
    (a) recover possession of the equipment; and
    (b) recover such damages as will place the lessor in the position in which it would have been had the lessee performed the leasing agreement in accordance with its terms.

3. – (a) The leasing agreement may provide for the manner in which the damages recoverable under paragraph 2 (b) are to be computed.

(b) Such provision shall be enforceable between the parties unless it would result in damages substantially in excess of those provided for under paragraph 2 (b). The parties may not derogate from or vary the effect of the provisions of the present sub-paragraph.

4. – Where the lessor has terminated the leasing agreement, it shall not be entitled to enforce a term of that agreement providing for acceleration of payment of future rentals, but the value of such rentals may be taken into account in computing damages under paragraphs 2(b) and 3. The parties may not derogate from or vary the effect of the provisions of the present paragraph.

5. – The lessor shall not be entitled to exercise its right of acceleration or its right of termination under paragraph 2 unless it has by notice given the lessee a reasonable opportunity of remedying the default so far as the same may be remedied.

6. – The lessor shall not be entitled to recover damages to the extent that it has failed to take all reasonable steps to mitigate its loss.

Article 14

1. – The lessor may transfer or otherwise deal with all or any of its rights in the equipment or under the leasing agreement. Such a transfer shall not relieve the lessor of any of its duties under the leasing agreement or alter either the nature of the leasing agreement or its legal treatment as provided in this Convention.

2. – The lessee may transfer the right to the use of the equipment or any other rights under the leasing agreement only with the consent of the lessor and subject to the rights of third parties.

CHAPTER III – FINAL PROVISIONS

Article 15

1. – This Convention is open for signature at the concluding meeting of the Diplomatic Conference for the Adoption of the Draft Unidroit Conventions on International Factoring and International Financial Leasing and will remain open for signature by all States at Ottawa until 31 December 1990.

2. – This Convention is subject to ratification, acceptance or approval by States which have signed it.

3. – This Convention is open for accession by all States which are not signatory States as from the date it is open for signature.

4. – Ratification, acceptance, approval or accession is effected by the deposit of a formal instrument to that effect with the depositary.

Article 16

1. – This convention enters into force on the first day of the month following the expiration of six months after the date of deposit of the third instrument of ratification, acceptance, approval or accession.

2. – For each State that ratifies, accepts, approves, or accedes to this Convention after the deposit of the third instrument of ratification, acceptance, approval or accession, this Convention enters into force in respect of that State on the first day of the month following the expiration of six months after the date of the deposit of its instrument of ratification, acceptance, approval or accession.

Article 17

This Convention does not prevail over any treaty which has already been or may be entered into; in particular it shall not affect any liability imposed on any person by existing or future treaties.

Article 18

1. – If a Contracting State has two or more territorial units in which different systems of law are applicable in relation to the matters dealt with in this Convention, it may, at the time of signature, ratification, acceptance, approval or accession, declare that this Convention is to extend to all its territorial units or only to one or more of them, and may substitute its declaration by another declaration at any time.
2. – These declarations are to be notified to the depositary and are to state expressly the territorial units to which the Convention extends.
3. – If, by virtue of a declaration under this article, this Convention extends to one or more but not all of the territorial units of a Contracting State, and if the place of business of a party is located in that State, this place of business, for the purposes of this Convention, is considered not to be in a Contracting State, unless it is in a territorial unit to which the Convention extends.
4. – If a Contracting State makes no declaration under paragraph 1, the Convention is to extend to all territorial units of that State.

Article 19

1. – Two or more Contracting States which have the same or closely related legal rules on matters governed by this Convention may at any time declare that the Convention is not to apply where the supplier, the lessor and the lessee have their places of business in those States. Such declarations may be made jointly or by reciprocal unilateral declarations.
2. – A Contracting State which has the same or closely related legal rules on matters governed by this Convention as one or more non-Contracting States may at any time declare that the Convention is not to apply where the supplier, the lessor and the lessee have their places of business in those States.
3. – If a State which is the object of a declaration under the previous paragraph subsequently becomes a Contracting State, the declaration made will, as from the date on which the Convention enters into force in respect of the new Contracting State, have the affect of a declaration made under paragraph 1, provided that the new Contracting State joins in such declaration or makes a reciprocal unilateral declaration.

Article 20

A Contracting State may declare at the time of signature, ratification, acceptance, approval or accession that it will substitute its domestic law for Article 8(3) if its domestic law does not permit the lessor to exclude its liability for its default or negligence.

Article 21

1. – Declarations made under this Convention at the time of signature are subject to confirmation upon ratification, acceptance or approval.
2. – Declarations and confirmations of declarations are to be in writing and to be formally notified to the depositary.
3. – A declaration takes effect simultaneously with the entry into force of this Convention in respect of the State concerned. However, a declaration of which the depositary receives formal notification after such entry into force takes effect on the first day of the month following the expiration of six months after the date of its receipt by the depositary. Re-

ciprocal unilateral declarations under Article 19 take effect on the first day of the month following the expiration of six months after the receipt of the latest declaration by the depositary.

4. – Any State which makes a declaration under this Convention may withdraw it at any time by a formal notification in writing addressed to the depositary. Such withdrawal is to take effect on the first day of the month following the expiration of six months after the date of the receipt of the notification by the depositary.

5. – A withdrawal of a declaration made under Article 19 renders inoperative in relation to the withdrawing State, as from the date on which the withdrawal takes effect, any joint or reciprocal unilateral declaration made by another State under that article.

Article 22

No reservations are permitted except those expressly authorised in this Convention.

Article 23

This Convention applies to a financial leasing transaction when the leasing agreement and the supply agreement are both concluded on or after the date on which the Convention enters into force in respect of the Contracting States referred to in Article 3(1)(a), or of the Contracting State or States referred to in paragraph 1(b) of that article.

Article 24

1. – This Convention may be denounced by any Contracting State at any time after the date on which it enters into force for that State.

2. – Denunciation is effected by the deposit of an instrument to that effect with the depositary.

3. – A denunciation takes effect on the first day of the month following the expiration of six months after the deposit of the instrument of denunciation with the depositary. Where a longer period for the denunciation to take effect is specified in the instrument of denunciation it takes effect upon the expiration of such longer period after its deposit with the depositary.

Article 25

1. – This Convention shall be deposited with the Government of Canada.

2. – The Government of Canada shall:

(a) inform all States which have signed or acceded to this Convention and the President of the International Institute for the Unification of Private Law (Unidroit) of:

(i) each new signature or deposit of an instrument of ratification, acceptance, approval or accession, together with the date thereof;

(ii) each declaration made under Articles 18, 19 and 20;

(iii) the withdrawal of any declaration made under Article 21 (4);

(iv) the date of entry into force of this Convention;

(v) the deposit of an instrument of denunciation of this Convention together with the date of its deposit and the date on which it takes effect;

(b) transmit certified true copies of this Convention to all signatory States, to all States acceding to the Convention and to the President of the International Institute for the Unification of Private Law (Unidroit).

IN WITNESS WHEREOF the undersigned plenipotentiaries, being duly authorised by their respective Governments, have signed this Convention.

DONE at Ottawa, this twenty-eighth day of May, one thousand nine hundred and eighty-eight, in a single original, of which the English and French texts are equally authentic.

§ 104 Die VDA-Empfehlung für Kfz-Leasing

„Allgemeine Geschäftsbedingungen für das Leasing von Neufahrzeugen zur privaten Nutzung" des Verbandes der Automobilindustrie e.V. (VdA) aus dem Jahre 2003

Unverbindliche Empfehlung des VDA

I. Vertragsabschluss

Der Leasing-Nehmer ist an seinen Leasing-Antrag vier Wochen und bei Nutzfahrzeugen sechs Wochen gebunden. Der Leasing-Vertrag ist abgeschlossen, wenn der Leasing-Geber innerhalb dieser Frist die Annahme des Antrags schriftlich bestätigt. Dies gilt nicht, wenn der Leasing-Nehmer von seinem Widerrufsrecht (siehe Vorderseite) Gebrauch macht.

Die Annahmeerklärung des Leasing-Gebers bedarf keiner Unterzeichnung, wenn sie mit Hilfe einer automatischen Einrichtung erstellt wird.

Mündliche Nebenabreden bestehen nicht.

II. Leasing-Gegenstand

Konstruktions- oder Formänderungen des Leasing-Gegenstandes – nachstehend Fahrzeug genannt –, Abweichungen im Farbton sowie Änderungen des Lieferumfanges seitens des Herstellers bleiben während der Lieferzeit vorbehalten, sofern die Änderungen oder Abweichungen unter Berücksichtigung der Interessen des Leasing-Gebers für den Leasing-Nehmer zumutbar sind.

III. Beginn der Leasing-Zeit

Die Leasing-Zeit beginnt an dem zwischen dem Lieferanten und dem Leasing-Nehmer vereinbarten Tag der Übergabe. Falls auf Wunsch des Leasing-Nehmers das Fahrzeug vorher zugelassen wird, beginnt die Leasing-Zeit am Tag der Zulassung. Kommt keine Vereinbarung über den Übergabezeitpunkt zustande, beginnt die Leasing-Zeit 14 Tage nach Anzeige der Bereitstellung des Fahrzeuges.

IV. Leasing-Entgelte und sonstige Kosten

Die Leasing-Raten, eine vereinbarte Sonderzahlung und eine Mehrkilometerbelastung nach Nummer 3 sind Gegenleistung für die Gebrauchsüberlassung des Fahrzeuges.

Eine vereinbarte Sonderzahlung ist zusätzliches Entgelt neben den Leasingraten und dient nicht als Kaution.

Nur für Verträge mit Kilometer-Abrechnung: Ist bei Rückgabe des Fahrzeuges nach Ablauf der bei Vertragsabschluss vereinbarten Leasing-Zeit die festgelegte Gesamtkilometer-Laufleistung über- bzw. unterschritten, werden die gefahrenen Mehr- bzw. Minderkilometer dem Leasing-Nehmer zu dem im Leasing-Vertrag genannten Satz nachberechnet bzw. vergütet. Bei der Berechnung von Mehr- und Minderkilometern bleiben 2500 km ausgenommen.

Vereinbarte Nebenleistungen wie z. B. Überführung, An- und Abmeldung des Fahrzeuges sowie Aufwendungen für Versicherung und Steuern, soweit sie nicht als Bestandteil der Leasing-Rate ausdrücklich ausgewiesen werden, sind gesondert zu bezahlen. (Anpassungsregelung für Leasing-Entgelte).

(Anpassungsregelung für Leasing-Entgelte)

Weitere Zahlungsverpflichtungen des Leasing-Nehmers nach diesem Vertrag (z. B. im Fall der Kündigung gemäß Abschnitt XV) bleiben unberührt.

§ 104

V. Zahlungsfälligkeiten und -modalitäten

Die erste Leasing-Rate ist fällig am...; die weiteren Leasing-Raten sind fällig am... Eine Sonderzahlung ist – soweit nicht anders vereinbart – zu Beginn der Leasing-Zeit fällig.

Die Forderungen auf Ersatz von Überführungs-, An- und Abmeldekosten sowie der vom Leasing-Geber verauslagten Beträge, die nach dem Vertrag vom Leasing-Nehmer zu tragen sind, sind nach Anfall/Verauslagung und Rechnungsstellung fällig.

Alle weiteren Forderungen des Leasing-Gebers sind nach Rechnungsstellung fällig.

Zahlungsanweisungen, Schecks und Wechsel werden nur nach besonderer Vereinbarung und nur zahlungshalber angenommen unter Berechnung entstandener Kosten.

Gegen die Ansprüche des Leasing-Gebers kann der Leasing-Nehmer nur dann aufrechnen, wenn die Gegenforderung des Leasing-Nehmers unbestritten ist oder ein rechtskräftiger Titel vorliegt; ein Zurückbehaltungsrecht kann der Leasing-Nehmer nur geltend machen, soweit es auf Ansprüchen aus dem Leasing-Vertrag beruht.

VI. Lieferung und Lieferverzug

Liefertermine oder Lieferfristen, die verbindlich oder unverbindlich vereinbart werden können, sind schriftlich anzugeben. Lieferfristen beginnen mit Vertragsabschluss.

Der Leasing-Nehmer kann 6 Wochen nach Überschreiten eines unverbindlichen Liefertermins oder einer unverbindlichen Lieferfrist den Leasing-Geber auffordern zu liefern. Mit dem Zugang der Aufforderung kommt der Leasing-Geber in Verzug. Hat der Leasing-Nehmer Anspruch auf Ersatz eines Verzugsschadens, beschränkt sich dieser bei leichter Fahrlässigkeit des Leasing-Gebers auf höchstens 5 % des Fahrzeugpreises entsprechend der unverbindlichen Preisempfehlung (einschließlich Umsatzsteuer) des Fahrzeugherstellers zum Zeitpunkt des Vertragsabschlusses. Will der Leasing-Nehmer darüber hinaus vom Vertrag zurücktreten und/oder Schadenersatz statt Leistung verlangen, muss er dem Leasing-Geber nach Ablauf der Sechs-Wochen-Frist gemäß Satz 1 eine angemessene Frist zur Lieferung setzen. Hat der Leasing-Nehmer Anspruch auf Schadenersatz statt der Leistung, beschränkt sich dieser Anspruch bei leichter Fahrlässigkeit auf höchstens 25 % des Fahrzeugpreises entsprechend der unverbindlichen Preisempfehlung des Fahrzeugherstellers zum Zeitpunkt des Vertragsabschlusses. Wird dem Leasing-Geber, während er in Verzug ist, die Lieferung durch Zufall unmöglich, so haftet er mit den vorstehend vereinbarten Haftungsbegrenzungen. Diese Haftungsbegrenzungen gelten nicht für Schäden aus der Verletzung des Lebens, des Körpers oder der Gesundheit, die auf einer fahrlässigen Pflichtverletzung des Leasing-Gebers oder einer vorsätzlichen oder fahrlässigen Pflichtverletzung eines gesetzlichen Vertreters oder Erfüllungsgehilfen des Leasing-Gebers beruhen. Der Leasing-Geber haftet nicht, wenn der Schaden auch bei rechtzeitiger Lieferung eingetreten wäre.

Wird ein verbindlicher Liefertermin oder eine verbindliche Lieferfrist überschritten, kommt der Leasing-Geber bereits mit Überschreiten des Liefertermins oder der Lieferfrist in Verzug. Die Rechte des Leasing-Nehmers bestimmen sich dann nach Nummer 2 Satz 3 bis 5 dieses Abschnittes.

Höhere Gewalt oder beim Leasing-Geber oder dessen Lieferanten eintretende Betriebsstörungen, die den Leasing-Geber ohne eigenes Verschulden vorübergehend daran hindern, das Fahrzeuge zum vereinbarten Termin oder innerhalb der vereinbarten Frist zu liefern, verändern die in den Nummern 1 bis 3 genannten Termine und Fristen um die Dauer der durch diese Umstände bedingten Leistungsstörungen.

Führen entsprechende Störungen zu einem Leistungsaufschub von mehr als vier Monaten, kann der Leasing-Nehmer vom Vertrag zurücktreten. Andere Rücktrittsrechte bleiben davon unberührt.

VII. Übernahme und Übernahmeverzug

Der Leasing-Nehmer ist verpflichtet, das Fahrzeug innerhalb von 14 Tagen nach Zugang der Bereitstellungsanzeige abzunehmen. Im Falle der Nichtabnahme kann der Leasing-Geber von seinen gesetzlichen Rechten Gebrauch machen.

Verlangt der Leasing-Geber Schadenersatz, so beträgt dieser 15 % des Fahrzeugpreises entsprechend der unverbindlichen Preisempfehlung (einschließlich Umsatzsteuer) des Fahrzeugherstellers zum Zeitpunkt des Vertragsabschlusses für dieses Fahrzeug. Der Schadenersatz ist höher oder niedriger anzusetzen, wenn der Leasing-Geber einen höheren oder der Leasing-Nehmer einen geringeren Schaden nachweist.

VIII. Eigentumsverhältnisse, Halter des Fahrzeuges und Zulassung

Der Leasing-Geber ist Eigentümer des Fahrzeuges. Er ist berechtigt, in Abstimmung mit dem Leasing-Nehmer das Fahrzeug zu besichtigen und auf seinen Zustand zu überprüfen. Der Leasing-Nehmer darf das Fahrzeug weder verkaufen, verpfänden, verschenken, vermieten oder verleihen noch zur Sicherung übereignen. Zur längerfristigen Nutzung darf er das Fahrzeug nur den seinem Haushalt angehörenden Personen überlassen. Eine Verwendung als Taxi zur Fahrschul- oder sportlichen Zwecken bedarf der vorherigen schriftlichen Zustimmung des Leasing-Gebers.

Der Leasing-Nehmer hat das Fahrzeug von Rechten Dritter freizuhalten. Von Ansprüchen Dritter auf das Fahrzeug, Entwendung, Beschädigung und Verlust ist der Leasing-Geber vom Leasing-Nehmer unverzüglich zu benachrichtigen. Der Leasing-Nehmer trägt die Kosten für Maßnahmen zur Abwehr des Zugriffs Dritter, die nicht vom Leasing-Geber verursacht und nicht von Dritten bezahlt worden sind.

Nachträgliche Änderungen, zusätzliche Einbauten sowie Lackierungen und Beschriftungen an dem Fahrzeug sind nur zulässig, wenn der Leasing-Geber vorher schriftlich zugestimmt hat. Der Leasing-Nehmer ist jedoch verpflichtet, auf Verlangen des Leasing-Gebers den ursprünglichen Zustand zum Vertragsende auf eigene Kosten wiederherzustellen, es sei denn, der Leasing-Geber hat hierauf verzichtet oder der ursprüngliche Zustand kann nur mit unverhältnismäßig hohem Aufwand wiederhergestellt werden. Der Leasing-Nehmer ist berechtigt, von ihm vorgenommene Einbauten zum Vertragsende unter der Voraussetzung zu entfernen, dass der ursprüngliche Zustand wiederhergestellt wird. Änderungen und Einbauten begründen nur dann einen Anspruch auf Zahlung einer Ablösung gegen den Leasing-Geber, wenn dieser schriftlich zugestimmt hat und durch die Veränderungen eine Wertsteigerung des Fahrzeuges bei Rückgabe noch vorhanden ist.

Der Leasing-Nehmer ist Halter des Fahrzeuges. Es wird auf ihn zugelassen. Der Fahrzeugbrief wird vom Leasing-Geber verwahrt. Benötigt der Leasing-Nehmer zur Erlangung behördlicher Genehmigungen den Fahrzeugbrief, wird dieser der Behörde auf sein Verlangen vom Leasing-Geber vorgelegt. Wird der Fahrzeugbrief dem Leasing-Nehmer von Dritten ausgehändigt, ist der Leasing-Nehmer unverzüglich zur Rückgabe an den Leasing-Geber verpflichtet.

IX. Halterpflichten

Der Leasing-Nehmer hat alle sich aus dem Betrieb und der Haltung des Fahrzeuges ergebenden gesetzlichen Verpflichtungen, insbesondere die termingerechte Vorführung zu Untersuchungen, zu erfüllen und den Leasing-Geber, soweit er in Anspruch genommen wird, freizustellen.

Der Leasing-Nehmer trägt sämtliche Aufwendungen, die mit dem Betrieb und der Haltung des Fahrzeuges verbunden sind, insbesondere Steuern, Versicherungsbeiträge, Wartungs- und Reparaturkosten. Leistet der Leasing-Geber für den Leasing-Nehmer Zahlungen, die nicht aufgrund besonderer Vereinbarung vom Leasing-Geber zu erbringen sind, kann er beim Leasing-Nehmer Rückgriff nehmen.

§ 104

Der Leasing-Nehmer hat dafür zu sorgen, dass das Fahrzeug nach den Vorschriften der Betriebsanleitung des Herstellers behandelt wird. Das Fahrzeug ist im Rahmen des vertraglichen Verwendungszweckes schonend zu behandeln und stets im betriebs- und verkehrssicheren Zustand zu erhalten.

X. Versicherungsschutz und Schadenabwicklung

Für die Leasing-Zeit hat der Leasing-Nehmer eine Kraftfahrzeug-Haftpflichtversicherung mit einer pauschalen Deckungssumme von €... und eine Fahrzeugvollversicherung mit einer Selbstbeteiligung von €... abzuschließen. Der Leasing-Nehmer ermächtigt den Leasing-Geber, für sich einen Sicherungsschein über die Fahrzeugvollversicherung zu beantragen und Auskunft über die vorgenannten Versicherungsverhältnisse einzuholen. Hat der Leasing-Nehmer nicht die erforderliche Fahrzeugvollversicherung abgeschlossen, ist der Leasing-Geber nach schriftlicher Mahnung berechtigt, aber nicht verpflichtet, eine entsprechende Versicherung als Vertreter für den Leasing-Nehmer abzuschließen.

Im Schadenfall hat der Leasing-Nehmer den Leasing-Geber unverzüglich zu unterrichten; bei voraussichtlichen Reparaturkosten von über € 1500,00 hat die Unterrichtung fernmündlich vor Erteilung des Reparaturauftrags zu erfolgen, soweit dies dem Leasing-Nehmer möglich und zumutbar ist.

Der Leasing-Nehmer hat die notwendigen Reparaturarbeiten unverzüglich im eigenen Namen und auf eigene Rechnung durchführen zu lassen, es sei denn, dass wegen Schwere und Umfang der Schäden Totalschaden anzunehmen ist oder die voraussichtlichen Reparaturkosten 60% des Wiederbeschaffungswerts des Fahrzeuges übersteigen. Der Leasing-Nehmer hat mit der Durchführung der Reparatur einen vom Hersteller anerkannten Betrieb zu beauftragen. In Notfällen können, falls die Hilfe eines vom Hersteller anerkannten Betriebes nicht oder nur unter unzumutbaren Schwierigkeiten erreichbar ist, Reparaturen in einem anderen Kfz-Reparaturbetrieb, der die Gewähr für sorgfältige handwerksmäßige Arbeit bietet, durchgeführt werden.

Der Leasing-Nehmer hat dem Leasing-Geber ferner unverzüglich eine Kopie der an den Versicherer gerichteten Schadenanzeige und der Rechnung über die durchgeführte Reparatur zu übersenden.

Der Leasing-Nehmer ist auch über das Vertragsende hinaus – vorbehaltlich eines Widerrufes durch den Leasing-Geber – ermächtigt und verpflichtet, alle fahrzeugbezogenen Ansprüche aus einem Schadenfall in eigenem Namen und auf eigenen Kosten geltend zu machen (Prozessstandschaft). Zum Ausgleich des Fahrzeugschadens erlangte Beträge hat der Leasing-Nehmer im Reparaturfall zur Begleichung der Reparaturrechnung zu verwenden. Bei Verlust des Fahrzeuges oder in dem Falle, dass der Leasing-Nehmer gemäß Nummer 2 Satz 2 nicht zur Reparatur des Fahrzeuges verpflichtet ist, hat der Leasing-Nehmer die Auszahlung der Entschädigungsleistung an den Leasing-Geber zu verlangen. Erlangte Entschädigungsleistungen sind an den Leasing-Geber abzuführen. Behaltene Entschädigungsleistungen werden im Rahmen der Abrechnung gemäß Abschnitt XV berücksichtigt.

Entschädigungsleistungen für Wertminderung sind in jedem Fall an den Leasing-Geber weiterzuleiten. Bei Verträgen mit Gebrauchtwagenabrechnung rechnet der Leasing-Geber erhaltene Wertminderungsbeträge dem aus dem Verkauf des Fahrzeuges erzielten Verkaufserlös (ohne Umsatzsteuer) am Vertragsende zu. Bei Verträgen mit Kilometerabrechnung kann der Leasing-Geber vom Leasing-Nehmer am Vertragsende eine dann noch bestehende schadenbedingte Wertminderung des Fahrzeuges ersetzt verlangen, soweit der Leasing-Geber nicht schon im Rahmen der Schadenabwicklung eine Wertminderungsentschädigung erhalten hat.

Bei Totalschaden oder Verlust des Fahrzeuges kann jeder Vertragspartner den Leasing-Vertrag zum Ende eines Vertragsmonats/alternativ: zum Zeitpunkt der Fälligkeit einer Leasing-Rate/kündigen.

Bei schadenbedingten Reparaturkosten von mehr als 60% des Wiederbeschaffungswertes des Fahrzeuges kann der Leasing-Nehmer innerhalb von 3 Wochen nach Kenntnis dieser Voraussetzungen zum Ende eines Vertragsmonats/alternativ: zum Zeitpunkt der Fälligkeit einer Leasing-Rate/kündigen. Macht der Leasing-Nehmer von diesem Kündigungsrecht keinen Gebrauch, hat er das Fahrzeug gemäß Nummer 2 Satz 2 1. Halbsatz unverzüglich reparieren zu lassen. Kündigt der Leasing-Nehmer, ist er berechtigt, bereits vor Vertragsende das Fahrzeug an den ausliefernden Händler zurückzugeben.

Wird im Falle der Entwendung das Fahrzeug vor dem Eintritt der Leistungsverpflichtung des Versicherers wieder aufgefunden, setzt sich der Leasing-Vertrag auf Verlangen eines der Vertragspartner zu den bisherigen Bedingungen fort. In diesem Fall hat der Leasing-Nehmer die zwischenzeitlichen Leasing-Raten in einer Summe innerhalb einer Woche ab Geltendmachung des Fortsetzungsverlangens nachzuzahlen.

Totalschaden, Verlust oder Beschädigung des Fahrzeuges entbinden nur dann von der Verpflichtung zur Zahlung weiterer Leasing-Raten, wenn der Leasing-Vertrag wirksam aus vorstehenden Gründen gekündigt ist und nicht fortgesetzt wird; die Folgen einer Kündigung sind in Abschnitt XV geregelt.

XI. Haftung

Für Untergang, Verlust, Beschädigung und Wertminderung des Fahrzeuges und seiner Ausstattung haftet der Leasing-Nehmer dem Leasing-Geber auch ohne Verschulden, jedoch nicht bei Verschulden des Leasing-Gebers.

Für unmittelbare und mittelbare Schäden, die dem Leasing-Nehmer oder anderen Personen durch den Gebrauch des Fahrzeuges, Gebrauchsunterbrechung oder -entzug entstehen, haftet der Leasing-Geber dem Leasing-Nehmer nur bei Verschulden; eine etwaige Ersatzhaftung des Leasing-Gebers für den Hersteller/Importeur nach dem Produkthaftungsgesetz bleibt unberührt.

XII. Wartung und Reparaturen

Fällige Wartungsarbeiten hat der Leasing-Nehmer pünktlich, erforderliche Reparaturen unverzüglich durch einen vom Hersteller anerkannten Betrieb ausführen zu lassen. Das gilt auch für Schäden an der Kilometer-Anzeige. In diesem Fall hat der Leasing-Nehmer dem Leasing-Geber eine Kopie der Reparaturrechnung mit dem Vermerk des alten Kilometerstandes einzureichen.

In Notfällen können, falls die Hilfe eines vom Hersteller anerkannten Betriebes nicht oder nur unter unzumutbaren Schwierigkeiten erreichbar ist, Reparaturen in einem anderen Kfz-Reparaturbetrieb, der die Gewähr für sorgfältige handwerksmäßige Arbeit bietet, durchgeführt werden.

XIII. Sachmangel

Der Leasing-Geber tritt – auflösend bedingt durch die Kündigung des Leasing-Vertrages gemäß Abschnitt X Nr. 6 oder Abschnitt XIV – sämtliche Rechte und Ansprüche aus dem Kaufvertrag mit dem Lieferanten wegen Sachmängeln sowie etwaige zusätzliche Garantieansprüche gegen den Hersteller/Importeur/Dritte an den Leasing-Nehmer ab. Die Abtretung umfasst insbesondere nach Maßgabe des Kaufvertrages und der gesetzlichen Bestimmungen das Recht, Nacherfüllung zu verlangen, vom Kaufvertrag zurückzutreten oder den Kaufpreis zu mindern und Schadenersatz oder Ersatz vergeblicher Aufwendungen zu verlangen. Der Leasing-Nehmer nimmt die Abtretung an.

Er ist berechtigt und verpflichtet, die abgetretenen Rechte und Ansprüche im eigenen Namen mit der Maßgabe geltend zu machen, dass im Falle des Rücktrittes vom Kaufvertrag oder der Herabsetzung des Kaufpreises etwaige Zahlungen des Lieferanten, Garantieverpflichteten, Dritten direkt an den Leasing-Geber zu leisten sind.

Ein Verzicht auf diese Ansprüche bedarf der vorherigen Zustimmung des Leasing-Gebers.

Gegen den Leasing-Geber stehen dem Leasing-Nehmer Rechte und Ansprüche wegen Sachmängeln nicht zu.

Der Leasing-Nehmer verpflichtet sich, den Leasing-Geber umfassend und unverzüglich über die Geltendmachung von Rechten und Ansprüchen wegen Sachmängeln zu informieren, um dem Leasing-Geber eine Mitwirkung zu ermöglichen.

Verlangt der Leasing-Nehmer Nacherfüllung durch Mangelbeseitigung (Nachbesserung), ist er berechtigt und verpflichtet, diese bei einem vom Hersteller anerkannten Betrieb entsprechend den hierfür maßgeblichen Vorschriften geltend zu machen.

Bei Erfolglosigkeit der ersten Mangelbeseitigung wird der Leasing-Geber den Leasing-Nehmer nach schriftlicher Aufforderung bei der Durchsetzung des Mangelbeseitigungsanspruches unterstützen.

Verlangt der Leasing-Nehmer Nacherfüllung durch Lieferung eines mangelfreien Fahrzeuges (Ersatzlieferung) und erkennt der Lieferant diesen Nacherfüllungsanspruch an, wird das dem Leasing-Vertrag zu Grunde liegende Fahrzeug ersetzt durch ein fabrikneues und baugleiches Fahrzeug mit identischer Ausstattung.

Im Hinblick auf die zum Austausch der Fahrzeuge erforderlichen Eigentumsübertragungen wird der Leasing-Nehmer den Leasing-Geber bei Geltendmachung des Anspruches auf Ersatzlieferung hiervon unterrichten.

Die Ersatzlieferung lässt den Bestand des Leasing-Vertrages einschließlich den Zahlungsverpflichtungen unberührt.

Erklärt der Leasing-Nehmer auf Grund des Fahrzeugsachmangels den Rücktritt vom Kaufvertrag und ist der Lieferant zur Rückabwicklung bereit oder wurde er hierzu rechtskräftig verurteilt, wird der Leasing-Vertrag wie folgt abgerechnet:

Die Forderung des Leasing-Nehmers umfasst die gezahlten Leasing-Raten und eine etwaige Leasing-Sonderzahlung, jeweils zuzüglich Zinsen in gesetzlicher Höhe, sowie etwaige vom Sachmangelverpflichteten erstattete Nebenkosten. Von dieser Forderung werden die Aufwendungen des Leasing-Gebers für etwaige im Leasing-Vertrag zusätzlich eingeschlossene Dienstleistungen sowie ein Ausgleich für die Zurverfügungstellung des Fahrzeuges und den ersparten Kapitaleinsatz beim Leasing-Nehmer abgesetzt. Darüber hinaus bleibt die Geltendmachung eines Anspruches gemäß Abschnitt XVI Nr. 3 unberührt, soweit der geringere Wert nicht auf dem Sachmangel beruht.

Verlangt der Leasing-Nehmer Herabsetzung des Kaufpreises (Minderung) und ist der Lieferant hierzu bereit oder wurde er hierzu rechtskräftig verurteilt, berechnet der Leasing-Geber auf der Grundlage des herabgesetzten Kaufpreises die noch ausstehenden Leasing-Raten – unter Berücksichtigung der bereits gezahlten Leasing-Entgelte – und den Restwert neu.

Lehnt der Lieferant einen vom Leasing-Nehmer geltend gemachten Anspruch auf Nacherfüllung, Rückabwicklung des Kaufvertrages oder Minderung des Kaufpreises ab, ist der Leasing-Nehmer zur Zurückbehaltung der erst nach dem Zeitpunkt der Ablehnung fälligen Leasing-Raten berechtigt, wenn er unverzüglich – spätestens jedoch innerhalb von 6 Wochen nach der Ablehnung – Klage erhebt, es sei denn, dass sich der Leasing-Nehmer mit dem Leasing-Geber über eine etwaige Verlängerung der Klagefrist vorher verständigt hat.

Erhebt der Leasing-Nehmer nicht fristgerecht Klage, ist er erst ab dem Tag der Klagerhebung zur Zurückbehaltung der Leasing-Raten berechtigt. Das Zurückbehaltungsrecht entfällt rückwirkend, wenn die Klage des Leasing-Nehmers erfolglos bleibt. Die zurückbehaltenen Leasing-Raten sind unverzüglich in einem Betrag nachzuzahlen. Der Leasing-Nehmer hat dem Leasing-Geber den durch die Zurückbehaltung der Leasing-Raten entstandenen Verzugsschaden zu ersetzen.

Das Risiko der Zahlungsunfähigkeit des Lieferanten trägt der Leasing-Geber.

XIV. Kündigung

Der Leasing-Vertrag ist während der vereinbarten Leasing-Zeit nicht durch ordentliche Kündigung auflösbar. Unberührt bleiben die Kündigungsrechte nach den Nummern 2 und 3 sowie nach Abschnitt X Nr. 6 (Bei Totalschaden, Verlust oder Beschädigung).

Alternativfassung:
Der Leasing-Nehmer kann den Leasing-Vertrag vor Ablauf der vereinbarten Vertragszeit mit einer Frist von 1 Monat zum Ende eines Vertragsmonats kündigen, frühestens jedoch... Monate nach Vertragsbeginn. Unberührt bleiben die Kündigungsrechte nach den Nummern 2 und 3 sowie nach Abschnitt X Nr. 6 (bei Totalschaden, Verlust oder Beschädigung).

Jeder Vertragspartner kann den Vertrag aus wichtigem Grund fristlos kündigen. Der Leasing-Geber kann insbesondere dann fristlos kündigen, wenn der Leasing-Nehmer

seine Zahlungen einstellt, als Schuldner einen außergerichtlichen Vergleich anbietet, Wechsel und Schecks mangels Deckung zu Protest gehen lässt;

bei Vertragsabschluss unrichtige Angaben gemacht oder Tatsachen verschwiegen hat und deshalb dem Leasing-Geber die Fortsetzung des Vertrages nicht zuzumuten ist;

trotz schriftlicher Abmahnung schwerwiegende Verletzungen des Vertrages nicht unterlässt oder bereits eingetretene Folgen solcher Vertragsverletzung nicht unverzüglich beseitigt.

Stirbt der Leasing-Nehmer, können seine Erben oder der Leasing-Geber das Vertragsverhältnis zum Ende eines Vertragsmonats/alternativ: zum Zeitpunkt der Fälligkeit einer Leasing-Rate/kündigen.

Die Folgen einer Kündigung sind im Abschnitt XV geregelt.

XV. Abrechnung nach Kündigung

XVI. Rückgabe des Fahrzeuges

Nach Beendigung des Leasing-Vertrages ist das Fahrzeug mit Schlüsseln und allen überlassenen Unterlagen (z. B. Fahrzeugschein, Kundendienstheft, Ausweise) vom Leasing-Nehmer auf seine Kosten und Gefahr unverzüglich dem ausliefernden Händler zurückzugeben. Gibt der Leasing-Nehmer Schlüssel oder Unterlagen nicht zurück, hat er die Kosten der Ersatzbeschaffung sowie einen sich daraus ergebenden weiteren Schaden zu ersetzen.

Bei Rückgabe muss das Fahrzeug in einem dem Alter und der vertragsgemäßen Fahrleistung entsprechenden Erhaltungszustand, frei von Schäden sowie verkehrs- und betriebssicher sein. Normale Verschleißspuren gelten nicht als Schaden.

Über den Zustand wird bei Rückgabe ein gemeinsames Protokoll angefertigt und von beiden Vertragspartnern oder ihren Bevollmächtigten unterzeichnet.

Bei Rückgabe des Fahrzeuges nach Ablauf der bei Vertragsabschluss vereinbarten Leasing-Zeit gilt folgende Regelung:

Entspricht das Fahrzeug bei Verträgen mit Kilometerabrechnung nicht dem Zustand gemäß Nummer 2 Absatz 1 und ist das Fahrzeug hierdurch im Wert gemindert, ist der Leasing-Nehmer zum Ausgleich dieses Minderwertes zuzüglich Umsatzsteuer verpflichtet. Eine schadenbedingte Wertminderung (Abschnitt X Nr. 5) bleibt dabei außer Betracht, soweit der Leasing-Geber hierfür bereits eine Entschädigung erhalten hat.

Können sich die Vertragspartner über einen vom Leasing-Nehmer auszugleichenden Minderwert oder – bei Verträgen mit Gebrauchtwagenabrechnung – über den Wert des Fahrzeuges (Händlereinkaufspreis) nicht einigen, werden Minderwert bzw. Wert des Fahrzeuges auf Veranlassung des Leasing-Gebers mit Zustimmung des Leasing-Nehmers durch einen öffentlich bestellten und vereidigten Sachverständigen oder ein unabhängiges Sachverständigenunternehmen ermittelt. Die Kosten tragen die Vertragspartner je zur

Hälfte. Durch das Sachverständigengutachten wird der Rechtsweg nicht ausgeschlossen. Kann bei einem Vertrag mit Gebrauchtwagenabrechnung keine Einigung über den Wert des Fahrzeuges erzielt werden, wird dem Leasing-Nehmer die Möglichkeit eingeräumt, innerhalb von zwei Wochen ab Zugang des Sachverständigengutachtens einen Kaufinteressenten zu benennen, der innerhalb dieser Frist das Fahrzeug zu einem über dem Schätzwert zzgl. MWSt. liegenden Kaufpreis bar bezahlt und abnimmt. Bis zum Abschluss des Kaufvertrages bleibt es dem Leasing-Geber unbenommen, das Fahrzeug zu einem höheren als dem vom Kaufinteressenten gebotenen Kaufpreis anderweitig zu veräußern.

Wird das Fahrzeug nicht termingemäß zurückgegeben, werden dem Leasing-Nehmer für jeden überschrittenen Tag als Grundbetrag $1/30$ der für die Vertragszeit vereinbarten monatlichen Leasing-Rate und die durch die Rückgabeverzögerung verursachten Kosten berechnet. Im Übrigen gelten während dieser Zeit die Pflichten des Leasing-Nehmers aus diesem Vertrag sinngemäß fort.

Ein Erwerb des Fahrzeuges vom Leasing-Geber durch den Leasing-Nehmer nach Vertragsablauf ist ausgeschlossen.

XVII. Allgemeine Bestimmungen

Gerichtsstand ist das für... zuständige Gericht, soweit der Leasing-Nehmer und/oder ein Mitschuldner nach Vertragsabschluss seinen Wohnsitz oder gewöhnlichen Aufenthaltsort aus dem Inland verlegt oder sein Wohnsitz oder gewöhnlicher Aufenthaltsort zum Zeitpunkt der Klagerhebung nicht bekannt ist.

Der Leasing-Nehmer hat einen Wohnsitzwechsel dem Leasing-Geber unverzüglich anzuzeigen.

Ansprüche und sonstige Rechte aus dem Leasing-Vertrag können nur mit vorheriger schriftlicher Zustimmung des Leasing-Gebers abgetreten werden.

Diese Bekanntmachung enthält keine Entscheidung über die Vereinbarkeit der Empfehlung mit dem Bürgerlichen Gesetzbuch in der ab dem 1. Januar 2002 geltenden Fassung. Die Befugnis, nach diesem Gesetz sowie auf Grund anderer gesetzlicher Vorschriften die gerichtliche Überprüfung zu verlangen, wird durch diese Bekanntmachung nicht eingeschränkt. Die vorstehende Empfehlung ist unverbindlich. Zu ihrer Durchsetzung darf kein wirtschaftlicher, gesellschaftlicher oder sonstiger Druck angewendet werden.

(Abdruck mit freundlicher Genehmigung des Verbandes der Automobilindustrie e.V.)

§ 105 Register der BGH-Entscheidungen zum Leasingrecht (Konkordanzliste)

Berücksichtigt wurden die wichtigsten Entscheidungen ab 1971.
(Die mit „**Fettdruck**" versehenen Entscheidungen sind in der NJW-RR abgedruckt)

Urt. vom	Aktenzeichen	BGHZ	NJW/RR	ZIP	WM	DB	BB	Sonstige
22.09.71	VIII ZR 135/70				71, 1439			
16.03.73	V ZR 118/71	60, 319	73, 1234		73, 641	73, 1062	73, 680	MDR 73, 659
12.12.73	VIII ZR 183/72	62, 42	74, 484		74, 96	74, 471	74, 155	MDR 74, 484
08.10.75	VIII ZR 81/74		77, 195		75, 1203		76, 157	MDR 76, 21
13.07.76	VI ZR 78/75				76, 1133	76, 1858	76, 1194	MDR 76, 1009; VersR 76, 943
23.11.76	VI ZR 191/74					77, 395		MDR 77, 384; VersR 76, 227
23.02.77	VIII ZR 124/75	68, 118	77, 848		77, 447	77, 813	77, 513	MDR 77, 834
23.02.77	VIII ZR 312/75		77, 847		77, 390	77, 1136		MDR 77, 660
09.03.77	VIII ZR 192/75		77, 1058		77, 473	77, 815		MDR 77, 836
01.03.78	VIII ZR 183/76		78, 1519		78, 406	78, 1338	78, 523	MDR 78, 835
05.04.78	VIII ZR 42/77	71, 189	78, 1383		78, 510	78, 1334	78, 682	MDR 78, 660
05.04.78	VIII ZR 49/77	71, 196	78, 1432		78, 570	78, 1336	78, 729	MDR 78, 836
24.10.79	VIII ZR 235/78		80, 234		79, 1385	80, 395	79, 1789	MDR 80, 307
19.12.79	VIII ZR 95/79		80, 698		80, 79	80, 633	80, 226	MDR 80, 483
11.06.80	VIII ZR 174/79		80, 2518	80, 765	80, 1120	80, 2125	80, 1490	MDR 81, 47
18.11.80	VI ZR 215/78		81, 750					MDR 81, 396
30.01.81	V ZR 7/80				81, 404	81, 1131		
17.05.81	VII ZR 199/81		82, 2244		82, 980	82, 1979	82, 1327	MDR 83, 48
08.07.81	VIII ZR 326/80	81, 146	81, 2564	81, 1095	81, 1060	81, 2324		MDR 81, 1008
16.09.81	VIII ZR 265/80	81, 298	82, 105	81, 1215	81, 1219	82, 40	81, 2093	MDR 82, 223
28.10.81	VIII ZR 302/80	82, 121	82, 870	82, 64	81, 1378	82, 480	82, 695	MDR 82, 485
02.12.81	VIII ZR 273/80		82, 873	82, 186	82, 151	82, 482	82, 208	MDR 82, 483
01.03.82	VIII ZR 63/81		82, 1388	82, 446	82, 444	82, 1001	83, 15	JZ 82, 687; MDR 82, 926
25.03.82	VII ZR 60/81	83, 293	82, 1585	82, 670	82, 707	82, 1454	82, 1262	MDR 82, 661; JZ 82, 470
31.03.82	VIII ZR 125/81		82, 1747	82, 700	82, 666	82, 1318	82, 1078	MDR 82, 923
24.05.82	VIII ZR 105/81		82, 2249	82, 842	82, 873	82, 2028	82, 1139	MDR 82, 1012
16.06.82	VIII ZR 89/81		82, 2316	82, 1092	82, 907	82, 1925	83, 19	MDR 83, 223
06.10.82	VIII ZR 201/81		83, 159	82, 1449	82, 1354	83, 387	82, 2071	MDR 83, 962
10.11.82	VIII ZR 156/81		83, 392	83, 80	83, 17		83, 86	MDR 83, 306
20.01.83	VII ZR 105/81	86, 284	83, 1322	83, 317	83, 360	83, 1296	83, 527	MDR 83, 480
27.01.83	I ZR 76/81		83, 2026		83, 595	83, 1596	83, 1120	MDR 83, 817
09.03.83	VIII ZR 11/82	87, 104	83, 1479	83, 581	83, 561	83, 1090	83, 793	MDR 83, 660; JZ 83, 440
22.03.83	VI ZR 108/81	87, 133	83, 1492	83, 698	83, 821	83, 1300	83, 925	MDR 83, 656
29.06.83	VIII ZR 141/82				83, 1084	83, 931	83, 2569	84, 876	MDR 84, 572
13.07.83	VIII ZR 112/82	88, 130	83, 2697	83, 1076	83, 987	83, 2130		MDR 83, 928; JZ 84, 36
10.11.83	VII ZR 373/82		84, 725		84, 243	84, 450		MDR 84, 480
07.12.83	VIII ZR 257/82		84, 871	84, 185	84, 163	84, 608		MDR 84, 573
19.01.84	VII ZR 220/82	89, 363	84, 1350	84, 457	84, 477	84, 1139	84, 746	MDR 84, 482
23.02.84	VII ZR 274/82		85, 3016	84, 971	84, 1224	84, 2342	84, 939	MDR 84, 1018
14.03.84	VIII ZR 284/82	90, 302	84, 2034		84, 694	84, 1341	84, 1125	MDR 84, 838
04.04.84	VIII ZR 313/82		84, 2687	84, 1107	84, 933	84, 1979	84, 1641	MDR 85, 135
06.06.84	VIII ZR 65/83			84, 1114	84, 1217	84, 2132		MDR 85, 316
06.06.84	VIII ZR 83/83		84, 2938	84, 962	84, 1092	84, 2132	84, 1895	MDR 85, 316; JZ 84, 1045
20.06.84	VIII ZR 131/83		85, 129	84, 1101	84, 1089	84, 2131	84, 2019	MDR 85, 315; JZ 84, 1118
26.11.84	VIII ZR 214/83	93, 29	85, 623	85, 161	85, 127	85, 1067	84, 218	MDR 85, 837; EWiR § 321 BGB 1/85, 57
05.12.84	VIII ZR 277/83		85, 796	85, 226	85, 226	85, 909	84, 354	MDR 85, 572; EWiR § 537 BGB 2/85, 71

1231

§ 105

Urt. vom	Aktenzeichen	BGHZ	NJW/RR	ZIP	WM	DB	BB	Sonstige
05.12.84	VIII ZR 87/83				85, 263			EWiR § 537 BGB 2/85, 73
06.12.84	VII ZR 227/83		85, 855		85, 199	85, 1283	85, 483	MDR 85, 398
21.12.84	V ZR 206/83	85, 412	85, 2697		85, 467	85, 701		MDR 85, 393; JR 85, 412
30.01.85	VIII ZR 238/83	93, 338	85, 1333	85, 416	85, 518	85, 1226	85, 546	MDR 85, 1019; EWiR § 459 BGB 1/85, 139
06.02.85	VIII ZR 61/84	93, 358	85, 3013	85, 478	85, 576	85, 1338	85, 1153	MDR 86, 47; EWiR § 8 AGBG 1/85, 225
12.02.85	X ZR 31/84	93, 391	85, 1537	85, 1004	85, 602	85, 1392	85, 1879	MDR 85, 670; JZ 85, 798; EWiR § 535 BGB 3/85, 271
13.02.85	VIII ZR 36/84	94, 11	85, 1772		85, 612			MDR 86, 46
13.02.85	VIII ZR 154/84		85, 2328		85, 542	85, 1389	85, 956	MDR 86, 49; EWiR § 9 AGBG 1/85, 123
27.02.85	VIII ZR 328/83	94, 44	85, 1535	85, 546	85, 573	85, 1281	85, 826	MDR 85, 664; JZ 85, 893; EWiR § 537 BGB 3/85, 273
24.04.85	VIII ZR 73/84	94, 226	85, 1544	85, 807	85, 634	85, 1123	85, 1019	MDR 85, 756; EWiR § 6 AbzG 3/85, 321
24.04.85	VIII ZR 95/84	94, 195	85, 1539	85, 615	85, 628	85, 1120	85, 1014	MDR 85, 754; EWiR § 6 AbzG 2/85, 221
24.04.85	VIII ZR 31/84		85, 1546	85, A 33	85, 636	85, 1392	85, 1018	MDR 85, 670; EWiR § 6 AbzG 4/85, 421
24.04.85	VIII ZR 65/84	94, 180	85, 1547	85, 682	85, 638	85, 1125	85, 1087	MDR 85, 757; EWiR § 11 Nr. 10 AGBG 1/85, 239
20.05.85	VII ZR 266/84	94, 330	85, 2325		85, 980	86, 35	85, 2133	MDR 85, 924; JZ 85, 852
12.06.85	VIII ZR 148/84	95, 39	85, 2253	85, 868	85, 860	85, 1730		MDR 85, 1018; EWiR § 535 BGB 6/85, 553
03.07.85	VIII ZR 102/84	95, 170	85, 2258	85, 935	85, 906	85, 2092	85, 1624	MDR 85, 929; EWiR § 278 BGB 1/85, 643
19.09.85	III ZR 213/83	85, 362	86, 46	85, 1253	85, 1305	85, 2445	85, 1998	MDR 86, 128; JZ 86, 185; EWiR § 24 BDSG 2/85, 837
09.10.85	VIII ZR 217/84	96, 103	86, 179	85, 1398	85, 1447	85, 2553	86, 19	MDR 86, 228; JZ 86, 119; EWiR § 9 AGBG 14/85, 923
06.11.85	VIII ZR 170/84		**86, 472**		86, 228			
27.11.85	VIII ZR 316/84	96, 302	86, 918	86, 164	86, 163	86, 475	86, 422	MDR 86, 401; EWiR § 123 BGB 1/86, 237
08.01.86	VIII ZR 313/84		86, 1608		86, 388	86, 582		MDR 86, 578; EWiR § 558 BGB 1/86, 349
22.01.86	VIII ZR 318/84	97, 65	86, 1335; **86, 671**	86, 439	86, 458	86, 904	86, 693	MDR 86, 747; CR 86, 365; EWiR § 558 BGB 2/86, 463
29.01.86	VIII ZR 49/85		**86, 594**	86, 512	86, 480	86, 906	86, 690	MDR 86, 748; EWiR § 6 AbzG 1/86, 315
30.01.86	I ZR 242/83		87, 1259		86, 1002		86, 1319	CR 86, 377; MDR 86, 910
19.02.86	VIII ZR 91/85	97, 135	86, 1744	86, 716	86, 591	86, 1168		MDR, 86, 668; CR 86, 458; EWiR § 537 BGB 2/86, 559
19.03.86	VIII ZR 81/85		86, 1746	86, 576	86, 673	86, 1170	86, 1112	CR 86, 461; MDR 86, 927; EWiR § 535 BGB 1/86, 459
26.03.86	VIII ZR 85/85		86, 1809	86, 714	86, 712		86, 1047	MDR 86, 928; JZ 86, 698; EWiR § 9 AGBG 11/86, 421
30.04.86	VIII ZR 90/85	98, 353	**86, 1110**		86, 1024			
15.05.86	IX ZR 96/85		86, 3131	86, 970	86, 961	87, 324		MDR 86, 1020; EWiR § 769 BGB 1/86, 673
15.10.86	VIII ZR 319/85		87, 377	86, 1566	87, 38	87, 371	87, 150	MDR 87, 314; EWiR § 9 AGBG 22/86, 1159
29.10.86	VIII ZR 144/85		87, 432		87, 219	88, 495		MDR 87, 312; JZ 87, 206; EWiR § 537 BGB 1/87, 31
05.11.86	VIII ZR 151/85		87, 947	87, 38	87, 108	87, 731		MDR 87, 836; EWiR § 535 BGB 1/87, 29
26.11.86	VIII ZR 354/85		87, 842	87, 172	87, 288	87, 431		JZ 87, 82; MDR 87, 402; EWiR § 6 AbzG 1/87, 1
17.12.86	VIII ZR 279/85		87, 1072	87, 240	87, 350	87, 631	87, 926	MDR 87, 575
29.01.87	IX ZR 205/85		87, 1702	87, 304	87, 380	87, 1250		MDR 87, 579; EWiR § 17 KO 1/87, 267

§ 105 Konkordanzliste §105

Urt. vom	Aktenzeichen	BGHZ	NJW/RR	ZIP	WM	DB	BB	Sonstige
11.02.87	VIII ZR 27/86		87, 1690	87, 517	87, 562	87, 928	87, 1349	MDR 87, 664, EWiR, § 1 UStG 1/87, 397
05.03.87	III ZR 43/86		87, 2220	87, 903	87, 613	87, 1678	87, 1557	MDR 87, 822; EWiR § 138 BGB 9/87, 753
11.03.87	VIII ZR 215/86		87, 2082	87, 716	87, 627	87, 1137	87, 1137	MDR 87, 837; EWiR § 6 AbzG 2/87, 413
12.03.87	VII ZR 37/86	100, 157	87, 1931	87, 640	87, 653	87, 1414	87, 1131	JZ 87, 767; MDR 87, 661
25.03.87	VIII ZR 43/86		87, 2004	87, 788	87, 818	87, 1290	87, 1277	CR 87, 358; MDR 87, 926; EWiR § 139 BGB 1/87, 653
25.03.87	VIII ZR 71/86		87, 2506	87, 916	87, 904	87, 1421	87, 1281	MDR 87, 926; EWiR § 554 BGB 1/87, 665
15.04.87	VIII ZR 126/86		**87, 903**		87, 932	87, 2403	87, 1281	MDR 87, 928; JZ 87, 734; EWiR § 554 BGB 2/87, 761
29.04.87	VIII ZR 251/86	100, 373	87, 2012	87, 784	87, 845	87, 1578	87, 2012	MDR 87, 839; JZ 87, 830
01.07.87	VIII ZR 117/86	100, 373	88, 204	87, 1187	87, 1131	87, 2143	87, 1972	MDR 88, 137; EWiR § 542 BGB 1/87, 1075
01.04.87	VIII ZR 167/86	100, 299	87, 2821	87, 1132	87, 989	87, 1883	87, 1207	MDR 87, 2821
08.07.87	VIII ZR 274/86		88, 254	87, 1320	87, 1200	87, 2197	87, 1904	MDR 88, 138; EWiR § 208 BGB 1/87, 963
30.09.87	VIII ZR 226/86		88, 198	87, 1390	87, 1338	87, 2451	87, 2260	CR 87, 846; MDR 88, 224; EWiR §9 AGBG 18/87, 1151 MDR 88, 304
30.10.87	V ZR 174/86	102, 152	88, 558	88, 12	88, 12	88, 901		CR 88, 120; MDR 88, 310; EWiR § 278 BGB 1/88, 133
04.11.87	VIII ZR 313/86		**88, 241**	88, 165	88, 84			CR 88, 124; MDR 88, 223; EWiR § 459 BGB 1/87, 1171
04.11.87	VIII ZR 314/86	102, 135	88, 406	87, 1567	87, 1492	88, 406	88, 20	
27.01.88	VIII ZR 155/87		88, 1373	88, 582	88, 623			MDR 88, 607
23.03.88	VIII ZR 175/87	104, 95	88, 1908	88, 851	88, 874	88, 1442	88, 1136	MDR 88, 856
24.03.88	III ZR 21/87		88, 2106	88, 559	88, 607	88, 2194	88, 1279	MDR 88, 649; EWiR § 10 AGBG 1/88, 627
30.03.88	VIII ZR 340/86	104, 129	88, 1774	88, 781	88, 740	88, 1382	88, 1065	MDR 88, 769; JZ 88, 926
20.04.88	VIII ZR 1/87		88, 2608	88, 779	88, 1024	88, 1442	88, 1209	MDR, 88, 854; JZ 88, 673; EWiR § 477 BGB 1/88, 665
27.04.88	VIII ZR 84/87	104, 232	88, 2465	88, 974	88, 979	88, 1540	88, 1480	CR 88, 656; MDR 88, 856; EWiR § 11 Nr. 14 AGBG 2/88, 633
11.05.88	VIII ZR 96/87	104, 285	88, 2665	88, 917	88, 1277	88, 2248		MDR 88, 855; EWiR § 557 BGB 1/88, 975
15.06.88	VIII ZR 316/87	104, 392	88, 2463	88, 971	88, 1122	88, 1848	88, 1622	CR 89, 278; MDR 88, 954; EWiR § 6 AbzG 2/88, 1041
22.06.88	VIII ZR 232/87		88, 2664	88, 1197	88, 1601	88, 2248	88, 1627	MDR 88, 1052; EWiR § 9 AGBG 17/88, 941
06.07.88	IV a ZR 241/87		88, 2803				88, 1991	VersR 88, 949
28.09.88	VIII ZR 160/87		88, 287	88, 1578	88, 1669	88, 2508	88, 2273	CR 89, 375; MDR 89, 57
02.11.88	VIII ZR 121/88		88, 460	89, 44		89, 104	89, 23	VersR 88, 949; MDR 89, 249
25.01.89	VIII ZR 302/87	106, 304	89, 1279	89, 377	89, 442	89, 872	89, 578	MDR 89, 628
22.03.89	VIII ZR 155/88	107, 123	89, 1730	89, 647	89, 742	89, 1229	89, 1012	CR 90, 204; JZ 89, 648; MDR 89, 808
31.05.89	VIII ZR 97/88		**89, 1140**	89, 1337	89, 1142	89, 1720	89, 1501	CR 204, 106; MDR 89, 986; EWiR § 6 AbzG 3/89, 1043
31.05.89	VIII ZR 140/88	107, 331	89, 2532	90, 520	89, 1145	89, 1764	89, 1432	MDR 89, 906
05.07.89	IVa ZR 189/88		89, 3021					
05.07.89	VIII ZR 334/88		89, 3222	89, 1333	89, 1574	89, 2163		CR 90, 189; MDR 90, 146
12.07.89	VIII ZR 297/88		90, 115	89, 1196	89, 1729	89, 2218		VersR 89, 950; CR 90, 31; MDR 90, 44
19.09.89	VI ZR 349/88	108, 305	89, 3273	89, 1483	89, 1772	89, 2215	89, 2252	MDR 90, 142; JZ 90, 189; EWiR § 823 BGB 6/89, 1087
20.09.89	VIII ZR 239/88		90, 247	89, 1461	89, 1694	89, 2371	89, 2136	MDR 90, 145; EWiR § 564

1233

Urt. vom	Aktenzeichen	BGHZ	NJW/RR	ZIP	WM	DB	BB	Sonstige
18.10.89	VIII ZR 325/88	109, 97	90, 320	90, 1138	89, 1890	89, 2596		BGB 1/89, 1185 CR 90, 24; MDR 90, 236; JZ 90, 236
25.10.89	VIII ZR 105/88	109, 139	90, 314	90, 175	90, 25	90, 106	90, 18	CR 90, 334; MDR 90, 330
25.10.89	VIII ZR 229/88	109, 118	90, 1181		90, 441	90, 1184	90, 452	MDR 90, 332
08.11.89	VIII ZR 1/89		**90, 182**	90, 173	90, 23	90, 107	90, 234	MDR 90, 536
29.11.89	VIII ZR 323/88	109, 250	90, 829	90, 656	90, 103	90, 270	90, 232	CR 90, 474; MDR 90, 332
13.12.89	VIII ZR 168/88		90, 1902		90, 268	90, 418	90, 952	JZ 90, 595
14.12.89	IX ZR 283/88	109, 368	90, 1113	90, 180	90, 197	90, 372	90, 307	MDR 90, 432; JZ 90, 327
24.01.90	VIII ZR 22/89	110, 130	90, 1290	90, 650	90, 510	90, 625	90, 510	CR 90, 384; MDR 90, 537
31.01.90	VIII ZR 280/88	110, 183	90, 2546	90, 866	90, 882	90, 1555	90, 1087	CR 90, 514; MDR 90, 1104
01.02.90	VII ZR 150/89	110, 205	90, 1475		90, 1040	90, 878	90, 590	CR 90, 707; MDR 90, 616
07.03.90	VIII ZR 56/89		90, 3011		90, 987	90, 1123		MDR 90, 1103; CR 90, 707
28.03.90	VIII ZR 17/89	111, 84	90, 1785	90, 646	90, 935	90, 1228	90, 1017	MDR 90, 911
30.03.90	V ZR 13/89		90, 1658		90, 1344	90, 1911	90, 1021	MDR 90, 1098; EWiR § 477 BGB 1/90, 873
03.04.90	XI ZR 206/88		90, 1907	90, 659	90, 966	90, 1128	90, 1220	MDR 91, 48
09.05.90	VIII ZR 222/89		**90, 1009**		90, 1241	90, 1402	90, 1296	MDR 91, 41
15.05.90	X ZR 128/89		90, 3008		90, 1628			CR 91, 86
16.05.90	VIII ZR 108/89	111, 237	90, 2377	90, 863	90, 1244	90, 1609	90, 1369	CR 90, 704; MDR 90, 912
30.05.90	VIII ZR 233/89		**90, 1205**	90, 1136	90, 1299	90, 2116	90, 1728	MDR 91, 43; EWiR § 6 AbzG 2/90, 939
27.06.90	VIII ZR 72/89		**90, 1462**		90, 2000	90, 2016	90, 2003	MDR, 91, 236
04.07.90	VIII ZR 288/89	112, 65	90, 3016	90, 1133	90, 1620	90, 2061	90, 1796	CR 91, 407; MDR 90, 1105; EWiR § 549 BGB 1/90, 971
08.10.90	VIII ZR 247/89	112, 279	91, 102	90, 1406	90, 1967	90, 2367	90, 2214	MDR 91, 143; EWiR § 9 AGBG 16/90, 1149
10.10.90	VIII ZR 296/89		91, 221	90, 1582	90, 2043	90, 2463	90, 2359	MDR 91, 430
23.10.90	VI ZR 310/89		**91, 280**		91, 74	91, 161	90, 2441	MDR 91, 423; VersR 91, 318; EWiR § 197 BGB 3/90, 1173
13.03.91	VIII ZR 34/90	114, 57	91, 1746	91, 519	91, 954	91, 1113	91, 1073	MDR 91, 718
26.04.91	V ZR 165/89	114, 263	91, 2556	91, 874	91, 1174	91, 1617	91, 1371	MDR 91, 966; VersR 91, 1146
29.05.91	VIII ZR 125/90		91, 2135		91, 1416	91, 1828		CR 91, 604; MDR 91, 718
17.06.91	II ZR 171/90		**91, 1241**		91, 1730	91, 2182		VersR 91, 1052; MDR 92, 232
26.06.91	VIII ZR 198/90	115, 47	91, 2484	91, 1149	91, 1800	91, 1875	91, 1659	CR 92, 147; MDR 91, 1133; EWiR § 467 BGB 1/91, 1063
10.10.91	VII ZR 289/90		92, 1107		92, 401	92, 780	92, 522	MDR 92, 378
05.11.91	VI ZR 145/91	116, 22	92, 553	92, 44	92, 103	92, 320		MDR 92, 234; EWiR § 249 BGB 1/92, 17
21.11.91	IX 290/90	116, 156	92, 507	92, 48	92, 75	92, 1824	92, 172	MDR 92, 150; EWiR § 55 KO 1/92, 71
11.12.91	VIII ZR 31/91	116, 278	92, 683	82, 179	92, 233	92, 470	92, 807	MDR 92, 227; EWiR § 324 BGB 1/92, 143
29.01.92	VIII ZR 80/91		**92, 605**		92, 699			VersR 92, 631
12.03.92	VII ZR 5/91	117, 318	92, 1754	92, 773	92, 1325	92, 1338	92, 1088	MDR 92, 675; JZ 92, 1019
25.03.92	VIII ZR 64/91		**92, 886**		92, 1189	92, 1769		MDR, 92, 1137
28.04.92	X ZR 27/91		**92, 1078**		92, 1579			
05.05.92	X ZR 115/90		**92, 1141**					MDR93, 318; VersR 93, 450; CR 93, 85
25.06.92	VII ZR 128/91		92, 2759		92, 1995		92, 1813	MDR 92, 1058
03.06.92	VIII ZR 138/91	118, 282	92, 2150	92, 930	93, 606	92, 1570		MDR 92, 847
02.07.92	I ZR 181/90		**92, 2026**		92, 2026	92, 2465	92, 1956	VersR 92, 1395; MDR 93, 225
01.10.92	V ZR 36/91		92, 3224	92, 1640	93, 168	93, 425	92, 2240	JA 93, 185; CR 93, 620; MDR 92, 1123; EWiR § 459 BGB 1/93, 131
07.10.92	VIII ZR 182/91		93, 122	93, 130	92, 2063	92, 2439	92, 2246	MDR 93, 317; CR 93, 139; EWiR § 542 BGB 1/92, 1177
03.11.92	X ZR 83/90		93, 1063		93, 561	93, 531		CR 93, 352; MDR 93, 421
04.11.92	VIII ZR 165/91		93, 1063		93, 111	93, 424		MDR 93, 121; CR 93, 203; CR

§ 105 Konkordanzliste

Urt. vom	Aktenzeichen	BGHZ	NJW/RR	ZIP	WM	DB	BB	Sonstige
11.11.92	VIII ZR 238/91		93, 335	93, 46	93, 24	93,221	92, 2460	93, 422 CR 93, 203; MDR 93, 212
25.11.92	VIII ZR 176/91		**93, 307**	93, 123	93, 213	93, 474		CR 93, 435; MDR 93, 735; EWiR § 414 BGB 1/93, 127
10.12.92	I ZR 186/90	121, 13	93, 721	93, 292	93, 960	93, 674	93, 683	MDR 93, 960
12.01.93	X ZR 63/91		**93, 882**		93, 623			EWiR § 634 BGB 1/93, 763
28.01.93	I ZR 294/90		93, 1786	93, 703	93, 1471	93, 1282	93, 818	EWiR § 9 AGBG 9/93, 421
09.02.93	XI ZR 88/92		93, 1260	93, 421	93, 586	93, 1562	93, 1619	MDR 93, 509; VersR 94,183
10.02.93	XII ZR 74/91		93, 1133		93, 791	93, 2525	93, 1906	MDR 93, 418
17.02.93	VIII ZR 37/92		93, 1381	93, 436	93, 955	93, 1028	93, 1036	CR 93, 491; MDR 93, 512
04.03.93	VII ZR 148/92		93, 1916		93, 1645	93, 2230	93, 1687	MDR 93, 868; VersR 93, 1287
10.03.93	XII ZR 253/91	122, 46	93, 1578	93, 1008	93, 1150		93, 1171	MDR 93, 624; VersR 94, 208
14.07.93	I ZR 47/91	123, 208	93, 3136			93, 2226	93, 2106	CR 93, 752; MDR 94, 364; EWiR § 2 UrhG 1/93, 1113
14.07.93	VIII ZR 147/92		93, 2436		93, 1639	93, 1871	93, 1755	CR 93, 681; MDR 93, 950; EWiR § 631 BGB 1/94, 35
14.07.93	IV ZR 181/92		93, 2870	93, 1315		93, 1968	93, 1831	MDR 94, 42; VersR 93, 1223
15.10.93	V ZR 19/92		94, 586		93, 351			MDR 93, 1242
10.11.93	VIII ZR 119/92		94, 576	93, 1876	93, 208	94, 136	94, 167	CR 94, 605; MDR 94, 273
11.11.93	IX ZR 257/92	124, 76	94, 449	94, 40	94, 171	94, 668		MDR 94, 468; EWiR § 31 KO 1/94, 169
24.11.93	VIII ZR 240/92		94, 516	93, 1874	94, 242	94, 137	94, 239	MDR 94, 272; EWiR § 59 KO 1/94, 77
20.01.94	I ZR 267/91		94, 1216		94, 1170	94, 1180		CR 94, 275; MDR 94, 462
24.02.94	IX ZR 227/93		94, 1341	94, 614	94, 680	94, 879	94, 813	MDR 94, 575
26.04.94	XI ZR 184/93		94, 1726	94, 773	94, 1022		94, 1310	MDR 94, 661
27.04.94	VIII ZR 154/93		94, 1720		94, 1339	94, 1671		CR 94, 460; MDR 94, 769; EWiR § 477 BGB 1/94, 541
01.06.94	XI ZR 133/93	126, 174	94, 2145	94, 1096	94, 1242	94, 1975	94, 1450	MDR 94, 906
08.06.94	VIII ZR 103/93		94, 2228		94, 1720	94, 2073		MDR 94, 888; VersR 94, 1360
10.10.94	VIII ZR 295/93		95, 187		95, 111			
13.10.94	IX ZR 25/94		95, 43	94, 1860	94, 2223	95, 37	95, 11	MDR 95, 347
11.01.95	VIII ZR 61/94		95, 954	95, 286	95, 438	95, 467	95, 428	MDR 95, 243; EWiR § 535 BGB 1/95, 233
11.01.95	VIII ZR 82/94	128, 255	95, 1019	95, 383	95, 490	95, 668	95, 582	CR 96, 144; MDR 95, 998
17.01.95	XI ZR 192/93	128, 295	95, 1085	95, 367	95, 375	95, 671	95, 586	JZ 95, 677; MDR 95, 375
30.01.95	VIII ZR 316/93		95, 1146	95, 380	95, 495	95, 1072	95, 585	CR 96, 147; MDR 96, 36
30.01.95	VIII ZR 328/93							CR 95, 527
31.01.95	XI ZR 56/94		95, 1212	95, 658	95, 743	95, 1228		MDR 95, 563; VersR 95, 788
02.02.95	IX ZR 250/93		**95, 748**		95, 695			
09.02.95	III ZR 174/93	128, 371	95, 1282	95, 469	95, 608	95, 1227		MDR 95, 457
15.02.95	VIII ZR 93/94		95, 1488	95, 1197	95, 851		95, 742	MDR 95, 1109; EWiR § 13 AGBG 1/95, 523
08.03.95	VIII ZR 313/93		95, 1541	95, 845	95, 935	95, 1073	95, 894	MDR 95, 563; EWiR § 249 BGB 4/95, 541
30.03.95	IX ZR 98/94		95, 1886	95, 812	95, 900	95, 1394	95, 1104	MDR 95, 892
17.05.95	VIII ZR 70/94		95, 2159	95, 1082	95, 1145	95, 1556	95, 1975	MDR 95, 787; EWiR § 166 BGB 1/95, 641
30.05.95	XI ZR 78/94	130, 59	95, 2219	95, 1071	95, 1219	95, 1806	95, 1556	VersR 95, 970; MDR 95, 1024
22.06.95	VII ZR 118/94		**96, 237**	95, 1195	95, 1677		95, 1817	MDR 95, 1011; EWiR § 397 BGB 1/95, 859
25.10.95	VIII ZR 42/94		92, 250	96, 137	96, 176	96, 205	96, 18	MDR 96, 247; EWiR § 818 BGB 1/96, 61
25.10.95	VIII ZR 258/94		96, 389	96, 81	96, 174	96, 271	96, 76	MDR 96, 351; EWiR § 9 AGBG 11/96, 358
02.11.95	X ZR 135/93		96, 919		96, 181			
22.11.95	VIII ZR 57/95		96, 455	96, 235	96, 311	96, 423	96, 180	DAR 96, 284
24.11.95	V ZR 88/95	131, 220	96, 921	96, 281	96, 599	96, 1514	96, 658	MDR 96, 1113; EWiR § 944 BGB 1/96, 503

§ 105 — Sechster Teil: Materialien

Urt. vom	Aktenzeichen	BGHZ	NJW/RR	ZIP	WM	DB	BB	Sonstige
29.11.95	VIII ZR 32/95		96, 923					
29.11.95	VIII ZR 293/94		96, 588	96, 129	96, 309		96, 176	MDR 96, 372; EWiR § 87c HGB 1/96, 175
05.12.95	X ZR 14/93		**96, 783**		96, 967	96, 1276	96, 654	MDR 96, 675
13.12.95	VIII ZR 328/94		96, 836	96, 279	96, 452			MDR 96, 675; EWiR § 459 BGB 1/96, 489
10.01.96	VIII ZR 81/95		**96, 497**	96, 640	96, 820	96, 722		MDR 96, 4577
12.01.96	V ZR 289/94		96, 1204	96, 638	96, 792	96, 619	96, 1353	MDR 96, 461
18.01.96	IX ZR 171/95		96, 1274	96, 495	96, 519	96, 1075	96, 660	MDR 96, 484; EWiR § 765 BGB 2/95, 547
23.01.96	X ZR 105/93		96, 1745		96, 963	96, 1232		CR 96, 467; MDR 96, 567
31.01.96	VIII ZR 297/94		96, 1205	96,500	96, 824	96, 932	96, 606	MDR 96, 699; EWiR § 166 BGB 1/96, 635
02.02.96	V ZR 239/94	132, 30	96, 1339	96, 548	96, 594	96, 1669	96, 924	MDR 96, 1003; JZ 96, 731; VersR 96, 628
14.02.96	V III ZR 89/95		96, 1465		96, 831	96, 1327		CR 96, 402; MDR 96, 674
15.02.96	IX ZR 245/94		96, 1341	96, 538	96, 588	96, 1031	96, 708	MDR 96, 1022; EWiR § 767 BGB 2/96, 501
28.02.96	VIII ZR 241/94		96, 1962	96, 711	96, 1007	96, 1328	96, 871	MDR 96, 673; EWiR § 462 BGB 1/96, 541
06.03.96	VIII ZR 98/95		96, 1888	96, 1172	96, 1320	96, 1181	96, 1190	MDR 96, 1014
15.03.96	V ZR 316/94		96, 1814	96, 925	96, 1145	96, 1335	96, 1133	MDR 96, 892; VersR 97, 70; EWiR § 326 BGB 1/96, 539
29.03.96	V ZR 332/94		96, 1884	96, 1174	96, 1728	86, 1916	96, 1238	JZ 97, 467; MDR 96, 672
18.04.96	X ZR 138/94		**96, 1008**		96, 1644			
24.04.96	VIII ZR 114/95	132, 320	96, 2025	96, 1094	96, 1635	96, 1464	96, 1462	MDR 96, 906
24.04.96	VIII ZR 150/95		96, 2033	96, 1164	96, 1146	96, 1465	96, 1460	DAR 96, 318; MDR 97, 38; NZV 96, 361
25.04.96	IX ZR 177/95	132, 328	96, 2088	96, 1126	96, 1124	96, 2073	96, 1634	MDR 96, 925
25.04.96	X ZR 139/94		96, 1964	96, 1138	96, 1149	96, 1561	96, 1295	VersR 96, 1015; MDR 96, 892
13.05.96	II ZR 222/95		96, 2226	96, 1384	96, 1318	96, 1971	96, 1577	MDR 96, 906
14.05.96	X ZR 75/94		96, 2228	96, 1379	96, 1917	96, 1561	96, 2011	MDR 96, 918; EWiR § 377 HGB 2/96, 807
04.06.96	IX ZR 51/95		96, 2648		96, 1824	96, 1866	96, 2218	ZMR 96, 479; VersR 96, 1499; EWiR § 675 BGB 7/96, 691
05.06.96	VIII ZR 151/95	133, 71	96, 2156	96, 1209	96, 1258	96, 2069	96, 1522	VersR 96, 1033; MDR 96, 890
12.06.96	VIII ZR 248/95		96, 2367	96, 1336	96, 1688	96, 1719	96, 1630	MDR 96, 1228; EWiR § 7 VerbrKrG 1/96, 907
19.06.96	VIII ZR 252/95		96, 2647		96, 1915	96, 2276	96, 1688	MDR 96, 996
02.07.96	X ZR 64/94	133, 155	96, 2924	96, 1553	96, 1695	96, 2075		CR 96, 663; MDR 97, 26
10.07.96	VIII ZR 282/95		96, 2860	96, 1512	96, 1690	96, 2071	96, 1794	MDR 96, 1119
10.07.96	VIII ZR 213/95	133, 220	96, 2865	96, 1657	96, 1781	96, 2071	96, 2006	MDR 96, 1106
20.09.96	V ZR 191/95		97, 51	96, 1987	97, 34	97, 160		MDR 97, 129
24.09.96	IX ZR 316/95		96, 3205	97, 449				EWiR § 765 BGB 7/97, 837
26.09.96	X ZR 33/94		97, 50	96, 2078	97, 40	96, 2537	96, 2488	MDR 97, 333; EWiR § 638 BGB 1/96, 1065
09.10.96	VIII ZR 298/95							NZV 97, 72
10.10.96	IX ZR 333/95		97, 52	96, 1977	96, 2194	96, 2432	96, 2485	MDR 97, 154; EWiR § 765 BGB 7/96, 1121
16.10.96	VIII ZR 45/96		97, 452	97, 118	97, 70	97, 38	97, 66	NZV 97, 73; MDR 97, 332
24.10.96	IX ZR 4/96		97, 254		97, 77	97,224 L	97, 16 L	MDR 97, 196; VersR 97, 487
15.11.96	V ZR 292/95		97, 581	97, 147	97, 424			MDR 97, 226
20.11.96	VIII ZR 184/95		97, 727	97, 325	97, 828	97, 370	97, 280	MDR 97, 330
22.11.96	V ZR 196/95		**97, 270**					
11.12.96	IV ZR 284/95		**97, 527**					VersR 97, 477
16.01.97	IX ZR 250/95		97, 1980	97, 466	97, 511	97, 671	97, 597	MDR 97, 468; EWiR § 765 BGB 4/97, 501

Urt. vom	Aktenzeichen	BGHZ	NJW/RR	ZIP	WM	DB	BB	Sonstige
23.01.97	IX ZR 69/96	134, 325	97, 1003	97, 406	97, 467	97, 621	97, 541	MDR 97, 359; JZ 97, 617; EWiR § 138 BGB 5/97, 289
28.01.97	XI ZR 251/95		97, 1442	97, 643	97, 663	97, 824	97, 807	MDR 97, 438; EWiR § 1 VerbrKrG 1/97, 621
25.02.97	XI ZR 49/96		97, 1443	97, 642	97, 710	97, 873	97, 854	MDR 97, 438; EWiR § 6 VerbrKrG 2/97, 427
04.06.97	VIII ZR 312/96		97, 3166	97, 1457	97, 1904	97, 1664	97, 1758	MDR 97, 912
18.06.97	XII ZR 192/95	136, 102	97, 2813	97, 1594	97, 2005	97, 2320		MDR 97, 921; JZ 98, 302
25.06.97	VIII ZR 300/96		97, 3311		97, 2313	97, 2073		MDR 97, 1105; EWiR Art. 39 CISG 3/97, 1079
23.07.97	VIII ZR 238/96		97, 3227	97, 1792	97, 2315	97, 2071	97, 2131	MDR 98, 91
30.07.97	VIII ZR 244/96		97, 3169	97, 1694	97, 2000	97, 2017	97, 2022	MDR 97, 1006
30.07.97	VIII ZR 157/96		**98, 123**	97, 1703	97, 1996	97, 1970	97, 2023	ZMR 97, 630
26.09.97	V ZR 29/96		98, 302	98, 154	97, 2309		97, 2553	VersR 98, 905; MDR 98, 25; JZ 98, 1173
04.11.97	XI ZR 261/96		98, 683	97, 2192	98, 23	98, 188	98, 70	MDR 98, 426; EWiR § 3 AGBG 1/98, 193
05.11.97	VIII ZR 351/96	137, 115	98, 540	98, 62	98, 126	98, 128	98, 182	JZ 98, 464; MDR 98, 267
13.11.97	VII ZR 100/97		**98, 1006**		98, 1141			VersR 98, 1394; MDR 98, 557
26.11.97	VIII ZR 22/97	137, 205	98, 976	98, 212	98, 459	98, 618	98, 289	MDR 98, 337; VersR 98, 472
11.12.97	IX ZR 274/96	137, 292	98, 894	98, 280	98, 235	98, 412	98, 341	MDR 98, 609
17.12.97	VIII ZR 231/96		**98, 680**		98, 936			DStR 98, 428 L
03.02.98	X ZR 27/96		98, 2282	98, 1073	98, 1504	98, 1510	98, 1128	MDR 98, 1289; VersR 98, 1124
10.03.98	X ZR 70/96		98, 2132	98, 1401	98, 1294	98, 1459	98, 1283	MDR 98, 1201; CR 98, 393
11.03.98	VIII ZR 205/97		98, 1637	98, 698	98, 928	98, 921	98, 1125	NZV 98, 459; MDR 98, 648
25.03.98	VIII ZR 244/97		98, 2284	98, 1003	98, 1452	98, 1076	98, 1126	MDR 98, 835
21.04.98	IX ZR 258/97	138, 321	98, 1939	98, 949	98, 1120	98, 1179	98, 1175	JZ 98, 1074; MDR 98, 823
30.04.98	VII ZR 74/97		**98, 1475**		98, 1980			VersR 99, 67; MDR 98, 963
12.05.98	XI ZR 285/97		98, 2438	98, 1185	98, 1439	98, 1713	98, 1440	MDR 98, 1088
24.06.98	XII ZR 126/96		98, 2900		98, 2210	98, 2013	98, 1710	MDR 98, 1087; JZ 99, 93; VersR 99, 198
15.07.98	VIII ZR 348/97		98, 3270	98, 1535	98, 2148	98, 1908	98, 2078	MDR 98, 1284
22.07.98	VIII ZR 220/97		98, 3197	98, 1722	98, 2436	98, 2412		MDR 98, 1274
08.10.98	IX ZR 257/97		99, 58	98, 1999	98, 2327	98, 2515	98, 2493	MDR 99, 106
30.10.98	V ZR 367/97		**99, 346**					ZfIR 99, 191
18.11.98	VIII ZR 344/97		99, 647		99, 651	99, 215		
24.11.98	X ZR 21/96		**99, 347**					MDR 99, 311L; VersR 00, 116
25.11.98	VIII ZR 259/97		99, 1259		99, 868	99, 687		MDR 99, 408
03.12.98	VII ZR 405/97		99, 1330		99, 800		99, 339	MDR 99, 417
14.12.98	II ZR 330/97		99, 954		99, 610			MDR 99, 434; JZ 99, 848; VersR 00, 369
11.02.99	IX ZR 352/97		99, 2032	99, 574	99, 678	99, 1255	99, 1184	MDR 99, 687
17.02.99	X ZR 40/96		**99, 813**					
17.02.99	X ZR 8/96		99, 2046		99, 1185	99, 1159	99, 1025	BauR 99, 760; MDR 99, 1127
17.02.99	X ZR 40/96		**99, 813**					
11.03.99	III ZR 292/97		99, 1540		99, 1170	99, 1111	99, 867	DStR 99, 812; JZ 00, 422; MDR 99, 665
06.05.99	IX ZR 250/98		99, 2118	99, 1068	99, 1689			MDR 99, 954; JZ 99, 954; VersR 00, 1298
18.05.99	VI ZR 192/98		99, 2815		99, 1464	99, 1752		VersR 99, 890; JZ 99, 947
26.05.99	VIII ZR 141/98	142, 23	99, 2664	99, 1169	99, 1412	99, 1749	99, 2157	MDR 99, 982; JZ 00, 577; VersR 00, 1511
09.06.99	VIII ZR 149/98	142, 36	99, 2884	99, 1446	99, 1895	99, 2003		MDR 99, 1126
23.06.99	VIII ZR 84/98		99, 3192	99, 1486	99, 1898	99, 1848		JZ 00, 305; MDR 99, 1184
29.06.99	XI ZR 10/98		99, 2584	99, 1257	99, 1556	99, 1699	99, 1721	MDR 99, 1208
08.07.99	III ZR 5/98		99, 3191	99, 1563	99, 1884			MDR 99, 1184; ZfIR 00, 98
15.09.99	I ZR 98/97		**00, 393**	99, 2158	00, 74	00, 417	00, 585	CR 00, 94; VersR 01, 251
14.10.99	III ZR 203/98			99, 1887	99, 2475	00, 168	99, 2372	MDR 00, 19; CR 00, 168
28.10.99	VII ZR 393/98	143, 89	00, 807		00, 730	00, 471		CR 00, 207; ZfIR 00, 170; MDR 00, 388

§ 105

Urt. vom	Aktenzeichen	BGHZ	NJW/RR	ZIP	WM	DB	BB	Sonstige
03.11.99	VIII ZR 35/99		00, 719	00, 670	00, 81	00, 416		MDR 00, 319
16.12.99	IX ZR 270/98		00, 1270	00, 265	00, 264	00, 869		MDR 00, 477
22.12.99	VIII ZR 299/98	143, 307	00, 1415	00, 456	00, 485	00, 567	00, 638	MDR 00, 442; JZ 00, 1062; CR 00, 207
22.12.99	VII ZR 339/97		00, 1105			00, 1072		MDR 00, 323
28.01.00	V ZR 402/98		00, 1405	00, 844	00, 873	00, 1759		MDR 00, 631; ZflR 00, 786
01.03.00	VIII ZR 177/99		**00, 1303**	00, 797	00, 1009	00, 1068	00, 899	MDR 00, 637
01.03.00	VIII ZR 77/99		00, 1077	00, 752	00, 925	00, 1554	00, 1262	JZ 00, 1166; MDR 00, 690
28.06.00	VIII ZR 240/99	144, 370	00, 3133	00, 1493	00, 1632	00, 1809	00, 1693	MDR 00, 1235
06.12.00	IV ZR 28/00		**01, 314**	01, 75	01, 243			MDR 01, 507; VersR 01, 235
14.02.01	VIII ZR 277/99	147, 7	01, 1349	01, 641	01, 646	01, 807	01, 800	MDR 01, 678
09.05.01	VIII ZR 208/00		01, 2165		01, 2008	01, 1827	01, 1378	MDR 01, 865
12.09.01	VIII ZR 109/00		02, 133	01, 1992	01, 2162	01, 2544	01, 2283	MDR 01, 1342
26.06.02	VIII ZR 147/01	151, 188	02, 2713	02, 1402	02, 1765	02, 1604	02, 1614	MDR 02, 1246; VersR 02, 1155
09.07.02	X ZR 70/00		**03, 51**			02, 2529		MDR 03, 145
04.09.02	VIII ZR 251/01		02, 3464		03, 257	02, 2530	02, 2248	MDR 02, 1423
30.10.02	VIII ZR 119/02		03, 505		03,792	03, 196		MDR 03, 263
26.02.03	VIII ZR 270/01		03, 2382		03, 1089	03, 1218		MDR 03, 800; EWiR § 133 BGB 3/03, 955
19.03.03	VIII ZR 135/02		03, 2607	03, 1095	03, 1092	03, 1430	03, 1303	MDR 03, 799
08.10.03	VIII ZR 55/03		04, 1041		04, 1179	04, 67	04, 69	MDR 04, 323
22.10.03	VIII ZR 361/02		**04, 628**					
07.01.04	VIII ZR 103/03		**04, 558**	04, 858	04, 1187	04, 376		MDR 04, 433; EWiR § 557 BGB aF 1/04
14.07.04	VIII ZR 367/03		04, 2823		05, 996	04, 2041	04, 1876	MDR 04, 1294
22.09.04	VIII ZR 203/03		**05, 357**			04, 2580		MDR 05, 202
20.10.04	VIII ZR 36/03		05, 365	05, 220	05, 756	04, 2528		MDR 05, 201; EWiR § 535 BGB 2/05, 109
03.11.04	VIII ZR 28/04		**05, 381**					JuS 05, 371; VersR 05, 498; MDR 05, 386
10.11.04	VIII ZR 223/03				05, 23			
10.11.04	VIII ZR 186/03	161, 90	05, 359	04, 2384	05, 15	04, 2746	04, 2769	MDR 05, 380
23.11.04	VI ZR 336/03	161, 145	05, 437	05, 276				DAR 05, 80; VersR 05, 708; MDR 05, 285; JZ 05, 208
30.11.04	X ZR 133/03					05, 1001		DAR 05, 154; MDR 05, 617; VersR 05, 804; NZV 05, 141
26.01.05	VIII ZR 275/03		05, 624	05, 445	05, 429	05, 442	05, 404	JuS 2005, 564; MDR 05, 640
26.01.05	VIII ZR 90/04		**05, 1410**	05, 406	05, 459	05, 550	05, 572	MDR 05, 799
26.01.05	VIII ZR 175/04		05, 1039	05, 442	05, 807	05, 825		DAR 05, 206; MDR 05, 568; JuS 05, 561
09.02.05	VIII ZR 82/03		05, 1365		05, 761	05, 828	05, 1076	MDR 05, 749
23.02.05	VIII ZR 100/04	162, 219	05, 1348		05, 945	05, 997	05, 909	JuS 05, 749; JZ 05, 571; MDR 05, 673
13.04.05	VIII ZR 377/03		05, 1081		05, 1332	05, 1328		MDR 05, 1154
01.06.05	VIII ZR 234/04		**05, 1421**		05, 1863			DAR 05, 515
02.11.05	VIII ZR 39/04		06, 364		06, 347		06, 124	DAR 06, 93
21.12.05	VIII ZR 85/05		06, 1066	06, 1001	06, 495	06, 333	06, 348	MDR 06, 736; JuS 06, 654; VersR 07, 117
25.01.06	VIII ZR 398/03				06, 1110			MDR 06, 799; NZBau 06, 590; ZflR 06, 336
08.02.06	VIII ZR 45/05		**06, 824**	06, 712	06, 875		06, 737	VersR 06, 972
27.09.06	VIII ZR 217/05		07, 290	06, 2388	06, 2378	06, 2811	06, 2663	

§ 106 Verzeichnis des Schrifttums zum Leasingrecht

*Dieses Schrifttumsverzeichnis erfasst die deutsche und ausgewählte ausländische Literatur zum Leasingrecht sowie zu juristisch bedeutsamen betriebswirtschaftlichen Aspekten des Leasing. Ergänzend darf vor allem für investitionsfinanztheoretische, absatzwirtschaftliche, bankwirtschaftliche und volkswirtschaftliche Einzelfragen auf die **Leasing-Bibliographie** hingewiesen werde, die in 7. Auflage 2005 (Stand: September 2005) von Thomas Hartmann-Wendels vom Forschungsinstitut für Leasing an der Universität zu Köln herausgegeben und laufend durch Neuauflagen aktualisiert wird.*

A

Ackermann, Thomas, Leasing leicht gemacht?, JA 2006, 426
Adams, John, Commercial Hiring and Leasing, London 1989
Albrecht, Hans-Christian, Schiffsleasing und Schiffsüberlassungsverträge, Deutscher Verein für Internationales Seerecht (Hrsg.), 1979
Allard, Richard John, An economic analysis of the effects of regulating hire purchase, London 1974
Alvarez, Manuel/Wotschofsky, Stefan/Miethig, Michaela, Leasingverhältnisse nach IAS 17: Zurechnung, Bilanzierung und Konsolidierung, Die Wirtschaftsprüfung 2001, 933
Armbrüster, Christian, Fortzahlung der Leasingraten trotz Vollamortisation bei verspäteter Rückgabe, LMK 2005, II, 27
Arnold, Arnd, Gewährleistung beim Finanzierungsleasing nach der Schuldrechtsreform, DStR 2002, 1049
Arnold, Arnd, Miete und Leasing nach der Schuldrechtsreform, in: Dauner-Lieb, Barbara/Konzen, Horst/Schmidt, Karsten (Hrsg.), Das neue Schuldrecht in der Praxis, 2002, S. 589
Asian Development Bank (ed.), Leasing in Developing Asia, Manila 1988
Assies, Paul H., Rechtsprechungsbericht zur Entwicklung im Leasingrecht 1995, WiB 96, 564
Assies, Paul H., Rechtsprechungsübersicht zum Leasingrecht 1996/97, DStR 97, 1976
Assies, Paul H., Schuldrechtsreform – Das Aus für Leasinggeschäfte?, Zeitschrift für Bank- und Kapitalmarktrecht 2002, 317
Auerbach, Neil. Z., A Transactional Approach to Lease Analysis, Hofstra Law Review Vol. 13 (1985), 309
Ausness, Richard C., Strict Liability for Chattel Leasing, University of Pittsburgh Law Review Vol. 48 (1987), 273
Autenrieth, Karlheinz, Vertragsgestaltung und Gesetzesanwendung beim Leasing, JA 80, 407
Aynes, Laurent, Location-vente, in: Juris-Classeur Commercial, Contrats-Distribution, Tome 2, Fascicule 760, Paris 1984 (Spp. 1993).

B

Bartsch, Herbert, Alles über Leasing, 1997
Bauer, Christoph, Zur Kalkulation von Leasingraten, DB-Beilage 7/1990, 1
Baum, Rudolf, Immobilien-Leasingfonds – eine sichere und rentable Anlagestrategie, DB-Beil 8/1996, 15
Baumgarte, Christian, Leasingverträge über bewegliche Sachen im Konkurs, Diss. Göttingen 1980
Basedow, Jürgen, Leistungsstörungen in internationalen Leasingverträgen – Der Unidroit-Entwurf aus der Sicht des deutschen Rechts, RIW 1988, 1
Bassham, Richard, Elements of Finance and Leasing, Financial World Publishing, 2005
Becker, Michael/Kümpel, Thomas, Bilanzielle Zurechnung von Leasingobjekten nach IAS 17, DStR 2006, 1471
Beckmann, Heiner, Aktuelle Fragen bei Finanzierungsleasinggeschäften, DStR 2006, 1329
Beckmann, Heiner, Aktuelle Rechtsfragen aus Finanzierungsleasingverträgen, DStR 2007, 137
Beckmann, Heiner, Auswirkungen des Schuldrechtsmodernisierungsgesetzes auf die Leasing-Branche, FLF 2002, 46
Beckmann, Heiner, Computerleasing, 1993
Beckmann, Heiner, Das Leistungsverweigerungsrecht des Leasing-Nehmers bezüglich der Leasing-Raten, FLF 2005, 261 und FLF 2006, 36
Beckmann, Heiner, Finanzierungsleasing: Rechtsprobleme im typischen Leasingdreieck nach der Schuldrechtsreform, 3. Aufl. 2006
Beckmann, Heiner, Haftung des Leasinggebers und des Lieferanten wegen Falschberatung, CR 1994, 600

Beckmann, Heiner, Haftungsbeschränkung des Leasinggebers im Rahmen der leasingtypischen Abtretungskonstruktion für sämtliche Leistungsstörungen aus dem Liefervertrag, DB 2006, 320

Beckmann, Heiner, Rechtswirkungen eines unberechtigten Rücktritts von einem Leasingvertrag und Auswirkungen auf den Leasingvertrag, WM 2006, 952

Beckmann, Heiner, Subsidiäre und nachrangige Eigenhaftung des Leasinggebers bei Ausfall der Leasing-Raten, MDR 2005, 1207

Beckmann, Heiner, Verbrauchsgüterkauf im Wege des Finanzierungsleasings – Zur Beurteilung individueller Voraussetzungen und „subjektiver Elemente", WuB I J 2 Leasing (2006)

Beckmann, Heiner, Zur Nutzungsentschädigung bei Vorenthaltung der Leasingsache nach Beendigung des Leasingvertrages, WuB I J 2 Leasing (2005)

Beckmann, Heiner, Zur Sittenwidrigkeit von Finanzierungsleasingverträgen bei Computerwaren, CR 1996, 149

Bender, André, Le financement par la location – Analyse quantitative de la location financière, Diss. Genf 1973

Bender, Hans J., Leasing von Informationstechnologie: eine Finanzierungsvariante für Banken, 1994

Berger, Nikolaus, Leasingverträge als verdeckte Abzahlungsgeschäfte, ZIP 1984, 1440

Berger, Nikolaus, Neues zur klauselmäßigen Gefahrverlagerung beim Leasing, DB 1987, 367

Berger, Nikolaus, Typus und Rechtsnatur des Herstellerleasing, 1988

Bernstein, Rainer A., Anmerkung zum Urteil des OLG Frankfurt vom 17.9. 1985–5 U 171/83, DB 1985, 2501

Bernstein, Rainer A., Auswirkungen der neuen höchstrichterlichen Rechtsprechung auf die Vertragsgestaltung des Mobilien-Finanzierungsleasingvertrages – dargestellt am Beispiel der Gewährleistung, DB 1985, 1877

Bernstein, Rainer A., Der Finanzierungs-Leasing-Vertrag unter besonderer Berücksichtigung des privaten PKW-Leasing, DB 1987, 1236

Bernstein, Rainer A., Der Tatbestand des Mobilien-Finanzierungsleasingvertrages und seine rechtliche Einordnung als Vertrag „sui generis", Diss. Frankfurt 1982

Bernstein, Rainer A., Die Begriffsmerkmale des Finanzierungs-Leasing-Vertrages, DB-Beilage 13/1986, 10

Bernstein, Rainer A., Die Verfallsklauseln in Abgrenzung zum Schadensersatz, DB-Beilage 13/1985, 12

Bernstein, Rainer A., Forfaitierungsverträge zwischen Leasinggesellschaften und Banken, DB 1989, 567

Bernstein, Rainer A., Kündigung des Mobilienleasingvertrages bei Tod des Leasingnehmers, DB-Beilage 12/1987, 16

Bernstein, Rainer A., Präjudizierung zivilrechtlicher Fragen durch das Steuerrecht im Leasingbereich, DAR 1984, 355

Bernstein, Rainer A., Spezielle Rechtsfragen des Leasing, FLF 1997, 68

Berthold, Axel, Gefahrtragung beim Finanzierungsleasing beweglicher Sachen nach deutschem und französischem Recht, Diss. Göttingen 1975

Bethäuser, Franz, Die aktuelle Rechtsprechung zum Pkw-Leasing, DAR 1995, 429

Bethäuser, Franz, Die aktuelle Rechtsprechung zum Pkw-Leasing, DAR 1997, 18

Bethäuser, Franz, Die aktuelle Rechtsprechung zum Pkw-Leasing, DAR 1999, 481

Bethäuser, Franz, Die aktuelle Rechtsprechung zum Pkw-Leasing, DAR 2002, 481

Bethäuser, Franz, Die aktuelle Rechtsprechung zum Pkw-Leasing, DAR 2004, 5

Bethäuser, Franz, Die neuere Rechtsprechung zum Leasing, DAR 1987, 2

Bethäuser, Franz, Die Rechtsprechung zum Leasing in den Jahren 1984/1985, DAR 1985, 367

Bethäuser, Franz, Die Rechtsprechung zum PKW-Leasing in den Jahren 1987/1989, DAR 1989, 83

Bethäuser, Franz, Rechtsprechungsübersicht zum Leasing, DAR 1984, 363

Bey, El Mokhtar/Gavalda, Christian, Problématique juridique du leasing international, Gazette du Palais (Dalloz, Paris), Doctrine. 143

Beyer, Sven, Risikomanagement beim Pkw-Leasing, 1996

Bibolini, Gian Carlo, Dieci anni di guirisprudenza della Cassazione sul leasing, Rivista internationale del leasing (e dell'intermediazione finanziaria) 1993, 531

Bieg, Hartmut, Leasing als Sonderform der Außenfinanzierung, Der Steuerberater 1997, 425

Bien, Michael, Die Insolvenzfestigkeit von Leasingverträgen nach § 108 Abs. 1 Satz 2 InsO, ZIP 1998, 1017

Bien, Michael, Die insolvenzrechtliche Stellung des Refinanzierers der Leasinggesellschaft beim Finanzierungsleasing nach der Insolvenzordnung, Diss. Hagen 2000

Binder, Hans-Peter, Rechtsnatur und Inhalt des Leasingvertrages, Diss. Köln 1967
Bink, Anton, Bilanzierung bei der Forfaitierung von Leasingforderungen, DB 1987, 1106
Bink, Anton, Replik zu Link, Bilanzierung und Ertragsvereinnahmung bei der Forfaitierung von Leasingforderungen, DB 1988, 618
Bink, Anton, Teilwert bei Leasinggütern, DB 1989, 1984
Bittermann, Hans-Peter, Kfz-Leasing – Leistungsfähige Fuhrpark-Managementsysteme, DB-Beilage 7/1991, 17
Bittmann, Helmut, Die praktische Abwicklung von Leasing-Verträgen, in: TZW 1976, 12
Bitz, Horst, Die substanzsteuerlichen Auswirkungen des Leasing-Urteils des Bundesfinanzhofes für den Leasingnehmer, BB 1970, 1006
Blödorn, Niels, Integriertes Rechnungswesen von Leasinggesellschaften, 1996
Blödorn, Niels, Leasingfonds, FLF 1997, 24
Blomeyer, Jürgen, Das Finanzierungsleasing unter dem Blickwinkel der Sachmängelhaftung und des Abzahlungsgesetzes, NJW 1978, 973
Böger, Nochmals: Leasing und Abzahlungsgesetz, NJW 1974, 2216
Bögli, Thomas, Leasing – Untersuchung spezieller Aspekte einer neuen Finanzierungsform, Bern – Stuttgart 1984
Bongers, Bernd, Leasing in Frankreich, in: Hagenmüller, K. F./Stoppok, Gerhard (Hrsg.), Leasing-Handbuch für die betriebliche Praxis, 5. Aufl. 1988, 217
Bongers, Bernd/Jamin, Wolfgang, Leasing in Frankreich, in: Hagenmüller, K. F./Eckstein, Wolfram (Hrsg.), Leasing-Handbuch für die betriebliche Praxis, 6. Aufl. 1992, 267
Book, Heinz, Leasing in der Bundesrepublik Deutschland (Praxis, betriebswirtschaftl. und wirtschaftsrechtl. Beurteilung), in: Leasing-Handbuch, Hagenmüller, K. F. (Hrsg.), 3. Aufl. 1973, 65
Bordewin, Arno, Bilanzierung von Computer-Software, NWB 36/1988, S. 2359, Fach 17 a, S. 983
Bordewin, Arno, Keine Rückstellung für Beteiligung des Leasingnehmers am Verwertungserlös – „Rückkehr" zu ehernen Prinzipien des Bilanzrechts?, DB 1988, 413
Bordewin, Arno, Leasing im Steuerrecht – Ein Leitfaden für die Praxis, 3. Aufl. 1989, 4. Aufl. 2003
Bordewin, Arno, Leasingverträge in Handels- und Steuerbilanz, NWB 1989, 743
Bordewin, Arno, Vormieten beim Immobilienleasing, Finanz-Rundschau 1977, 10
Borggräfe, Joachim, Die Zwangsvollstreckung in bewegliches Leasinggut – Finanzierungsleasing als Kreditgeschäft, 1976
Bosche, Karin/Slapio, Ursula, Keine umsatzsteuerliche Lieferung bei sale-and-lease-back-Verträgen?, BB 2006, 1670
Boss, Amelia A., Products Liablity and International Leasing Transactions: the UNIDROIT Draft Convention, Journal of Products Law Vol. 1 (1982), 141
Bossert, Rainer, Immobilienleasing – Mobilienleasing – Gemeinsamkeiten und Unterschiede, DB-Beil. 11/1981, 8
Bossert, Rainer, Risikostruktur und Risikoverteilung bei Finanzierungsleasingverträgen über bewegliche Wirtschaftsgüter, BB 1981, 2038
Braxmeier, Wolfram, Die Rechtsprechung des Bundesgerichtshofs zu Miete und Pacht, einschließlich Leasing, WM 1982, 114, WM 1984, 185, WM-Beilage 3/1986, WM-Sonderbeilage 1/1988, WM-Sonderbeilage 1/1989, WM 1990, 573
Breitfeld, Lothar, Leasing im deutschen Bankenaufsichtsrecht, in: Eckstein, Wolfram/Feinen, Klaus, (Hrsg.), Leasing-Handbuch für die betriebliche Praxis, 7. Aufl. 2000, 121
Bremser, Horst, Das Immobilien-Leasing, DB-Beilage 23/1969, 10
Brumann, Hansjürg, Das Leasinggeschäft heute – Seine Bedeutung in der Schweiz und in den anderen Industriestaaten, 2. Aufl. 1978
Brunotte, Wolfgang, Der Finanzierungsleasingvertrag – ein Beispiel richterlicher Rechtfortbildung im Schuldrecht, Deutsche Richter-Zeitung 1990, 396
Brzuska, Wolfgang, Das neue Produkthaftungsrecht und Leasing, BB-Beilage 19/1990, 12
Brzuska, Wolfgang, EDV-Leasing – Besonderheiten beim Software-Leasing, CR 1989, 223
Brzuska, Wolfgang, Gewährleistung beim Finanzierungsleasing von Mobilien, BB-Beilage 10/1989, 23
Bucher, Eugen, „Leasing" in der Schweiz, in: L'évolution récente du droit privé en Turquie et en Suisse, Publications de l'Institut suisse de droit comparé, Zürich 1987, 121
Buchloh, Hans-Jürgen, Der Leasing-Erlaß im Spiegel des Leasing-Urteils, BB 1971, 776
Budgett, Tom (ed.), Cross-Border-Aircraft Leasing, 2nd ed., London 1995
Bühner, Arnd/Sheldon, Caroline, US-Leasingtransaktionen – Grundstrukturen einer grenzüberschreitenden Sonderfinanzierung: Chancen und Risiken für kommunale Anlageneigentümer, DB 2001, 315

Bünning, Martin, Umsatzsteuerliche Behandlung des „sale-and-lease-back"-Verfahrens, BB 2006, 1670
Busch, Barbara/Trompeter, Frank, Sale and lease back in der Nachfolgeplanung, Der Bauträger 2006, 23
Büschgen, Hans E., Das Leasing als betriebswirtschaftliche Finanzierungsalternative, DB 1967, 473 (Teil 1) und 561 (Teil 2)
Büschgen, Hans E., Kritische Auseinandersetzung mit Finanz-Leasing, Die Bank 1981, 211
Büschgen, Hans E., Leasing als Finanzierungsalternative – kriterienorientierte Analyse und Beurteilung des Leasing, 1989
Büschgen, Hans E., Leasing als Finanzierungs- und investitionstheoretisches Problem, ZfbF 1968, 787
Büschgen, Hans E., Leasing als Gegenstand der Betriebswirtschaftslehre, in: Eckstein, Wolfram/Feinen, Klaus, (Hrsg.), Leasing-Handbuch für die betriebliche Praxis, 7. Aufl. 2000, 251
Büschgen, Hans E., Leasing und finanzielles Gleichgewicht der Unternehmung, ZfbF 1967, 625
Büschgen, Hans E. (Hrsg.), Praxishandbuch Leasing, 1998

C

Camargo Manuco, Rodolfo de, Apontamentos sobre o contrato de leasing, São Paulo 1978
Canaris, Claus-Wilhelm, Bankvertragsrecht, 2. Aufl. 1981, Rn. 1710 ff.
Canaris, Claus-Wilhelm, Finanzierungsleasing und Wandelung, NJW 1982, 305
Canaris, Claus-Wilhelm, Grundprobleme des Finanzierungsleasing im Lichte des Verbraucherkreditgesetzes, ZIP 1993, 401
Canaris, Claus-Wilhelm, Interessenlage, Grundprinzipien und Rechtsnatur des Finanzierungsleasing, AcP Bd. 190 (1990), 410
Carlin, Roy H., Product Liability fort he Equipment Lessor?, Merchant-Lessor Versus Finance-Lessor, in: Fritch/Reisman/Shrank (eds.), Equipment Leasing – Leveraged Leasing, 3rd ed., New York 1988, Vol. 1, 875
Cas, Gérard/Bout, Roger, Le credit-bail mobilier, in: Lamy droit économique, Concurrence, Distribution, Consommation, Paris 1989, no. 232 ff.
Christen, Jörg, Kommunal-Leasing: Effizienzsteigerung durch Wettbewerb, DB-Beil. 8/1996, 8
Christen, Jörg, Leasing im Steuerrecht, in: Eckstein, Wolfram/Feinen, Klaus, (Hrsg.), Leasing-Handbuch für die betriebliche Praxis, 7. Aufl. 2000, 99
Christen, Jörg, Mobilienleasing, Abzahlungsgesetz und Verbraucherkreditreform, Diss. Mainz 1990
Clarizia, Renato, Lease-back e operazioni inestistenti, Conclusioni, Rivista internationale del leasing (e dell'intermediazione finanziaria) 1989, 521
Clarizia, Renato, Leasing in Italien – Financial leasing in the Italian experience, in Eckstein, Wolfram/Feinen, Klaus, (Hrsg.), Leasing-Handbuch für die betriebliche Praxis, 7. Aufl. 2000, 475
Clarizia, Renato/Landi, M./Palma, E./Stanford, M., La locazione finanziaria in Italia e all'estero, Firenze 1984
Clark, Tom M., Leasing, London 1978
Clark, Tom M. (ed.), Leasing Finance, London 1985
Coester-Waltjen, Dagmar, Die Grundstruktur des Leasing-Vertrages, Jura 1980, 123
Coester-Waltjen, Dagmar, Leasing-Vertrag und moderne Rechtsschutzgesetzgebung, Jura 1980, 186
Cooper, Corinne, Identifying a Personal Property Lease under the UCC, Ohio State Law Journal Vol. 49 (1988), 195
Cooper, Corinne, Personal Property Leasing under Article 2A, in: Fritch/Reisman/Shrank (eds.), Equipment Leasing – Leveraged Leasing, 3rd ed., New York 1988, Vol. 2, 1047
Cortis, Loretana, Il leasing di aeromobile odierna tecnica di finanziamento dell'aviazione civile, Rivista internationale del leasing (e dell'intermediazione finanziaria) 1991, 63
Cremer, Udo, Leasing in Handels- und Steuerbilanz, Vorteile des Leasings, Leasingalternativen und bilanzielle Behandlung, NWB Fach 17, 2099 (2006)
Crémieux-Israel, Danièle, Leasing et crédit-bail mobiliers, Paris 1975
Csáky, Claudia, Der Immobilienleasingvertrag in Österreich, Deutschland und der Schweiz, Wien 1992
Cuming, Ronald, Legal Regulation of International Financial Leasing: A Canadian Perspective, Banking and Finance Law Review Vol. 2 (1988), 323
Cuming, Ronald, Legal Regulation of International Financial Leasing: The 1988 Ottawa Convention, Arizona Journal of International and Comparative Law Vol. 7 (1989), 39

D

Dageförde, Carsten, Internationales Finanzierungsleasing – Deutsches Kollisionsrecht und Konvention von Ottawa (1988), Diss. München 1992

Dageförde, Carsten, Inkrafttreten der UNIDROIT-Konvention von Ottawa vom 28. 5. 1988 über Internationales Finanzierungsleasing, RIW/AWD 1995, 265

Dalhuisen, Jan H., Convention on International Financial Leasing, in: Kokkini-Iatridou/Grosheide (Hrsg.), Eenvormig en vergelijkend privaatrecht, Lelysta 1994, 27

Davies, Iwan R., International Leasing, Journal of Business Law 1984, 468

Degener, Thomas, Die Leasingentscheidung bei beweglichen Anlagegütern – Ein Vorteilhaftigkeitsvergleich zwischen Leasing und Kreditkauf aus der Sicht gewerblicher Investoren, Diss. Frankfurt am Main 1986

Denk, Johannes, Leasing und Arbeitnehmerhaftung, JZ 1990, 175

Demberg, Gisela, Finanzierungsleasing beweglicher Anlagegüter (equipment leasing) in den Vereinigten Staaten und in der Bundesrepublik Deutschland, 1986, zugl. Diss. Hamburg 1983

Demberg, Gisela, Leasingfinanzierung und Barzahlerrabatt, DB-Leasing-Spezial 34/2006, VII

Demberg, Gisela, Leasing in den USA, FLF 1999, 266

Demberg, Gisela, Neue Bundesländer als Wachstumsmotor für die Leasingbranche, FLF 1992, 101

De Nova, Giorgio, Analisi critica del progetto UNIDROIT sul leasing, Rivista del diritto civile 30 (1984) II, 532

De Nova, Giorgio, Identità e validità del lease-back, Rivista internazionale del leasing (e dell'intermediazione finanziaria) 1989, 471

De Nova, Giorgio, Il contratto di leasing, 3a ed., Milano 1995

De Marche, Gianluigi/Cannata, G., Leasing e factoring, 4. ed., Milano 1986

Diederichsen, Uwe, Leasing-Verträge, Das Wirtschaftsstudium 1976, 127

Dietz, Albrecht, 25 Jahre Leasing in Deutschland – eine erfolgreiche Zwischenbilanz, FLF, 1987, 179

Dietz, Albrecht, Betriebswirtschaftslehre und die Praxis der Leasing-Anwendung, ZfB 1980, 1017

Dietz, Albrecht, Die betriebswirtschaftlichen Grundlagen des Leasing, AcP Bd. 190 (1990), 235

Dietz, Albrecht, Leasing als Unternehmenskonzeption, Zeitschrift für das gesamte Kreditwesen 1982, 215

Dinnendahl, Elmar, Besondere Formen der Zusammenarbeit zwischen Hersteller/Lieferant und Leasinggesellschaft, in: Hagenmüller, K. F./Stoppok, Gerhard (Hrsg.), Leasing-Handbuch für die betriebliche Praxis, 5. Aufl. 1988, 81

Döllerer, Georg, Leasing – Wirtschaftliches Eigentum oder Nutzungsrecht?, BB 1971, 535

Dörner, Heinrich, Schadensersatzprobleme beim Kraftfahrzeug-Leasing – Die Ansprüche von Leasinggeber und Leasingnehmer bei Zerstörung des Fahrzeugs durch einen Dritten, VersR 1978, 884

Dörsam, Peter, Kommunal-Leasing in Theorie und Praxis: unter Auswertung von 86 Verträgen aus den Jahren 1986–1994, Heidenau 1995

Dreyer, Jan Joachim, Immobilienfonds, Leasingtransaktionen und kartellrechtliche Zusammenschlusskontrolle – neue Praxis des Bundeskartellamts, ZfIR 2005, 751

E

Ebenroth, Carsten Thomas, Der Finanzierungs-Leasing-Vertrag als Rechtsgeschäft zwischen Miete und Kauf, JuS 1978, 588

Ebenroth, Carsten Thomas, Das Recht der Leistungsstörungen beim Leasing, JuS 1985, 425

Ebenroth, Carsten Thomas, Inhaltliche Schranken in Leasing-Formularverträgen auf Grund des AGB-Gesetzes, DB 1978, 2109

Ebenroth, Carsten Thomas, Leasing im grenzüberschreitenden Verkehr – international-privatrechtliche Aspekte des Leasing, Rechtsvergleich, Rechtsvereinheitlichung, in: Kramer (Hrsg.), Neue Vertragsformen der Wirtschaft – Leasing, Factoring, Franchising, Bern 1985, S. 97 ff., 2. Aufl. 1992, S. 117 ff.

Eck, Wolfgang A., 40 Jahre Leasing in Deutschland, FLF 2002, 200

Eckert, Hans-Georg, Anmerkung zum Urteil des BGH vom 14. 12. 1987 – IX ZR 283/88, ZIP 1990, 185

Eckert, Hans-Georg, Die Übernahmebestätigung beim Leasing, ZIP 1987, 1510

Eckert, Hans-Georg, Leasingraten – Masseschulden oder Konkursforderungen, ZIP 1997, 2077

Eckert, Hans-Georg, Zu Ansprüchen des Leasingnehmers bei Mängeln der Leasingsache, EWiR 2005, 717

Eckstein, Wolfram, 25 Jahre Leaseurope, FLF 1996, 186

Eckstein, Wolfram, Aktuelle Fragen zum Leasing, in: Zeitschrift für das gesamte Kreditwesen 19/ 1988, 895
Eckstein, Wolfram, Institutionen der Leasingwirtschaft, in: Eckstein, Wolfram/Feinen, Klaus, (Hrsg.), Leasing-Handbuch für die betriebliche Praxis, 7. Aufl. 2000, 387
Eckstein, Wolfram, Langfristige Entwicklung im Leasing, BB-Beilage 10/1987, 1
Eckstein, Wolfram, Leasing in Europa, FLF 1991, 32
Eckstein, Wolfram, Leasing in Europa 1992, BB-Beilage 4/1989 und RIW/AWD-Beilage 4/1989, 1
Eckstein, Wolfram, Leasing in Europa, Die Leaseurope tagte 1992 in Barcelona, FLF 1993, 25
Eckstein, Wolfram, Leasing in Europa, Die Leaseurope tagte 1994 in Wien, FLF 1995, 17
Eckstein, Wolfram, Leasing von Anlagegütern, 1984
Eckstein, Wolfram, Wirtschaftsorganisationen des Leasing, in: Hagenmüller, K. F./Stoppok, Gerhard (Hrsg.), Leasing-Handbuch für die betriebliche Praxis, 5. Aufl. 1988, 159
Eckstein, Wolfram, Wirtschaftsorganisationen des Leasing, in: Hagenmüller, K. F./Eckstein, Wolfram (Hrsg.), Leasing-Handbuch für die betriebliche Praxis, 6. Aufl. 1992, 213
Eckstein, Wolfram, Zur Anwendbarkeit des AGB-Gesetzes auf kündbare Leasingverträge, BB 1986, 2144
Eckstein, Wolfram, Zur Unidroit-Konvention über das internationale Finanzierungsleasing, FLF 1992, 56
Eckstein, Wolfram/Feinen, Klaus, (Hrsg.), Leasing-Handbuch für die betriebliche Praxis, 7. Aufl. 2000
Egger, Anton/Krejci, Heinz (Hrsg.), Das Leasinggeschäft. Zivil-, Bilanz- und Steuerrecht, Wien 1987
Ehlke, Michael, Finanzierungsleasingvertrag mit einem Nichtkaufmann und verdecktes Abzahlungsgeschäft, BB 1979, 1001
Ehrhardt, Bernd, Das Kraftfahrzeugleasing in der Bundesrepublik Deutschland, in: Hagenmüller, K. F./Eckstein, Wolfram (Hrsg.), Leasing-Handbuch für die betriebliche Praxis, 6. Aufl. 1992, 153
Eisenach, Manfred, Unternehmerische Entscheidungshilfen durch steuerliche Planung – dargestellt am Beispiel von Leasingalternativen, DB 1975, 2337 ff. und 2383 ff.
Emmerich, Volker, Grundprobleme des Leasings, JuS 1990, 1
Engel, Johanna, Außerordentliches Kündigungsrecht des Leasinggebers wegen Zahlungsverzugs des Leasingnehmers nach § 12 VerbrKG, EWS 1997, Beilage 5, 34 ff.
Engel, Johanna, Besonderheiten des Kfz-Leasings in der Praxis, ZAP Fach 4, 1031
Engel, Johanna, Die fristlose Kündigung des Leasingvertrags wegen Zahlungsverzugs, NZM 2000, 953
Engel, Johanna, Die rechtliche Behandlung von Leasing-Geber und Leasing-Nehmer in der Insolvenz, FLF 2005, 272
Engel, Johanna, Die Verjährung im Kraftfahrzeug-Leasinggeschäft. Der Restwertausgleichsanspruch des Leasinggebers bei vorzeitiger und ordentlicher Vertragsbeendigung, DB 1997, 761
Engel, Johanna, Grundzüge des Immobilien-Leasing, NZM 1998, 785
Engel, Johanna, Handbuch Kraftfahrzeug-Leasing, 2. Aufl. 2004
Engel, Johanna, Miete, Kauf, Leasing, 1997
Engel, Johanna, Leasing in der anwaltlichen Praxis, 1999
Engel, Johanna, Problemschwerpunkte bei Beendigung des Kfz-Leasingvertrages und Unfällen mit dem Leasingfahrzeug, Zeitschrift für die Anwaltspraxis 2001, 2 = Fach 4, 653
Engel, Johanna/Paul, Dietrich, Handbuch Kraftfahrzeug-Leasing, 2000
Ergenzinger, Till, Kommunalleasing: eine neo-institutionalistische Analyse, 1996
Eschenbruch, Klaus/Niebuhr, Frank, Immobilienleasing und öffentliche Vergabe, BB 1996, 2417
Eyer, Walter W., The Sale, Leasing and Financing of Aircrafts, Journal of Air Law and Commerce Vol. 45 (1979), 217

F

Falk, Leasing in den USA, DB 1963, 351
Fehl, Norbert, Finanzierungsleasung und Bauherrenmodell. Eine Strukturanalyse der AGB-Problematik im Bereich unbenannter Verträge – zugleich ein Beitrag zur Lehre vom Typus, 1985
Fehl, Norbert, Gewährleistung beim Finanzierungsleasing. Entwicklungstendenzen in der neueren höchstrichterlichen Rechtsprechung, BB-Beilage 6/1988, 22
Fehl, Norbert, Gewährleistungsprobleme beim Finanzierungsleasing. Zu den Wandlungsfolgen für das Leasingverhältnis, CR 1988, 198
Fehl, Norbert, Leasing in der Insolvenz, DZWiR 1999, 89
Fehl, Norbert, Leasing und Konkurs, BB-Beilage 10/1989, 28
Fehl, Norbert, Leasingverträge in der Insolvenz nach geltendem und künftigem Insolvenzrecht, EWS 1998, Beilage 5, 12 ff.

Fehl, Norbert, Leistungsstörungen beim Finanzierungs-Leasing, die ihren Grund im Liefervertrag haben, BB-Beilage 5/1987, 24

Feinen, Klaus, Auch bei der Leasingbilanzierung in Europa auf das Prinzip der gegenseitigen Anerkennung angewiesen, DB-Beil. 3/1994, 18

Feinen, Klaus, Bautechnische Dienstleistungen als Ergänzung des Immobilien-Leasingvertrags, DB-Beil. 8/1996, 12

Feinen, Klaus, Behandlung von Leasingverträgen im Rahmen einer internationalen Harmonisierung, RIW 1995, Beilage 5, 1

Feinen, Klaus, Das Leasinggeschäft, 4. Aufl. 2002

Feinen, Klaus, Grundzüge und Praxis des Immobilien-Leasing, DB-Beilage 21/1978, 14

Feinen, Klaus, Immobilien-Leasing – eine Investitionsalternative mit Service, DB-Beilage 6/1988, 8

Feinen, Klaus, Immobilien-Leasing-Fonds, BB-Beilage 6/1994, 1

Feinen, Klaus, Internationale Leasingrechtsregeln der Unidroit, RIW-Beilage 1/1988, 1

Feinen, Klaus, Kommunales Immobilien-Leasing: Eine innovative Finanzierungsvariante für öffentliche Investitionsvorhaben, FLF 1994, 90

Feinen, Klaus, Kommunales Leasing, 1995

Feinen, Klaus, Kommunal-Leasing, DB-Beil 6/1995, 14

Feinen, Klaus, Kommunal-Leasing, in: Eckstein, Wolfram/Feinen, Klaus, (Hrsg.), Leasing-Handbuch für die betriebliche Praxis, 7. Aufl. 2000, 333

Feinen, Klaus, Leasing kann einen Beitrag zur Exportförderung leisten, BB-Beilage 3/1986, 1

Feinen, Klaus, Leasing im Auslandsgeschäft, in: Kissner, Erich/Feinen, Klaus/Bittmann, Helmut, Forfaitierung, Leasing und Factoring im Auslandsgeschäft, 1982, 39

Feinen, Klaus, Vorteilhafte Betriebsgebäudenutzung über Immobilien-Leasinggesellschaften, DB-Beil. 7/1989, 6

Feinen, Klaus/Knoche, Werner, Checklist Leasing, 1980

Feldhahn, Michael, Die Anwendung des Leasing-Erlasses bei der Überlassung von Software, DStR 1985, 336

Felix, Günter, Bilanzierung von Leasing-Verträgen über Immobilien beim Mieter, BB 1968, 96

Felix, Günter/Streck, Michael, Dauerschulden des Leasinggebers beim Mobilien-Leasing, BB 1977, 583

Ferrarini, Guido, La locazione finanziaria, Milano 1977

Fetzer, Thomas, Beendigung des Kfz-Leasingvertrages, in: 35. Deutscher Verkehrsgerichtstag 1997, S. 188

Figge, Horst, Vertragsformen und kalkulatorische Grundlagen des Leasing, AcP Bd. 190 (1990), 219

Figge, Horst, Grundlagen der betriebswirtschaftlichen und steuerlichen Behandlung des Leasing, FLF 1984, 109

Findeisen, Klaus-D./Hübner, Georg, Leasing in Großbritannien, in: Hagenmüller, K. F./Eckstein, Wolfram (Hrsg.), Leasing-Handbuch für die betriebliche Praxis, 6. Aufl. 1992, 295

Fink, Alfred, Leasing in Frankreich, in: Eckstein, Wolfram/Feinen, Klaus, (Hrsg.), Leasing-Handbuch für die betriebliche Praxis, 7. Aufl. 2000, 451

Fink, Hansludwig, Automobil-Leasing, 2. Aufl. 1989

Fink, Hansludwig, Leasing-Praxishandbuch für Rentabilitätsvergleiche, 1983

Fink, Hansludwig, Wirtschaftliche und steuerliche Behandlung von Leasing-Verträgen, DB 1964, 1069

Fischer-Czermak, Constanze, Das Besitzkonstitut beim Sale-and-lease-back-Verfahren, Österreichisches Bankarchiv 4/1987, auch abgedruckt bei: *Egger, Anton/Krejci, Heinz* (Hrsg.), Das Leasinggeschäft. Zivil-, Bilanz- und Steuerrecht, Wien 1987, 299

Fischer-Czermak, Constanze, Mobilienleasing: Rechtsnatur, Gewährleistung und Gefahrtragung, 1995

Fischer-Czermak, Constanze, Zur Abtretung der Gewährleistungsrechte des Leasinggebers an den Leasingnehmer, (Österreichische) Wirtschaftliche Blätter 1989, 87

Fitz, Harald, Leasing in Österreich, in: Hagenmüller, K. F./Eckstein, Wolfram (Hrsg.), Leasing-Handbuch für die betriebliche Praxis, 6. Aufl. 1992, 315

Fitzgerald, Gerald F., The Lease, Charter and Interchange of Aircraft in International Operations, Annuals of Air and Space Law Vol. VI (1981), 49

Flick, Hans, Leasing im Steuerrecht, DB-Beil. 23/1969, 17

Flick, Lawrence F., Leases of Personal Property, Business Lawyer Vol. 45 (1990), 2331

Flume, Werner, Das Rechtsverhältnis des Leasing in zivilrechtlicher und steuerrechtlicher Sicht, Teil I–IV, DB 1972, 1 ff., 53 ff., 105 ff. und 152 ff.

Flume, Werner, Die Frage der bilanziellen Behandlung von Leasing-Verhältnissen. Eine Auseinandersetzung mit der Leasing-Stellungnahme des Hauptfachausschusses des Instituts der Wirtschaftsprüfer HFA 1/73, DB 1973, 1661
Flume, Werner, Die Rechtsfigur des Finanzierungsleasing, DB 1991, 265
Fohlmeister, Klaus J., Immobilien-Leasing, in: Hagenmüller, K. F./Stoppok, Gerhard (Hrsg.), Leasing-Handbuch für die betriebliche Praxis, 5. Aufl. 1988, 127
Fohlmeister, Klaus J., Immobilien-Leasing, in: Hagenmüller, K. F./Eckstein, Wolfram (Hrsg.), Leasing-Handbuch für die betriebliche Praxis, 6. Aufl. 1992, 177
Fohlmeister, Klaus J., Immobilien- und Großanlagen-Leasing, in: Eckstein, Wolfram/Feinen, Klaus (Hrsg.), Leasing-Handbuch für die betriebliche Praxis, 7. Aufl. 2000, 277
Völkersamb, Rüdiger Freiherr von, Entscheidungsstrukturen und -abläufe in einer Leasinggesellschaft, in: Eckstein, Wolfram/Feinen, Klaus, (Hrsg.), Leasing-Handbuch für die betriebliche Praxis, 7. Aufl. 2000, 185
Forster, Karl-Heinz, Zur Leasing-Stellungnahme des HFA, Die Wirtschaftsprüfung 1973, 81
Frank, Franz, Finanzierte Verträge zwischen Miete und Kauf – Zivil-, steuer- und kreditrechtliche Grundlagen des Leasingverfahrens, 1970
Freiberg, Jens/Lüdenbach, Norbert, Wirtschaftliches Eigentum nach IAS 17 – die unterschätzte Bedeutung des Spezialleasings, BB 2006, 259
Friedländer, Gaston, Leitfaden für das Leasinggeschäft, 1964
Friedrich, Lorenz/Gölzenleuchter, Ralf, Anmerkung zu OLG Düsseldorf, Urt. v. 17.4. 1988–15 U 194/86, BB 1989, 175
Friedrich, Jürgen K./Koch, Robert, Haftung des Leasinggebers für atypische Sonderverbindungen zwischen Lieferant und Leasingnehmer, DB 2000, 2205
Frignani, Aldo, La convenzione di diritto uniforme sul leasing internazionale, Rivista di diritto civile 34 (1988) II, 231
Frignani, Aldo, Spunti critici su recenti sviluppi in tema di leasing, Rivista internationale del leasing (e dell'intermediazione finanziaria) 1987, 39
Fritch, Bruce/Shrank, Ian/Reisman, Albert F. (Hrsg.), Equipment Leasing – Leveraged Leasing, 3 d ed., 2 Volumes plus 1993 supplement, New York 1988
Frotz, Gerhard, Leasing in Österreich und seine Rechtsfragen, in: Festschrift für Hämmerle, 1972, 90
Fuchs, Volker, Die Gewährleistungsregeln bei Leasingverträgen unter besonderer Berücksichtigung des AGB-Gesetzes, Diss. Regensburg 1979

G

Gabele, Eduard/Kroll, Michael, Leasingverträge optimal gestalten, 2. Aufl. 1995
Gabele, Eduard/Kroll, Michael, Grundlagen des Immobilien-Leasing, DB 1991, 241
Gabele, Eduard/Dannenberg, Jan/Kroll, Michael, Immobilien-Leasing – Besonderheiten, Vertragsgestaltung, Fallbeispiele, 1. Aufl. 1991, 4. Aufl. 2001
Gabele, Eberhard/Weber, Ferdinand, Kauf oder Leasing – Entscheidungshilfen, Übungsfälle, Praxislösungen, 1985
Gaebel, Günter, Leasing und Factoring, 1972
Gaschka, Karl-Heinz, Der Erfolg des Kfz-Leasing, DB-Beilage 6/1988, 15
Gavalda, Christian, Crédit-bail mobilier, in: Juris-Classeur Commercial, Annexes, Banque, Fascicule 58 E-1, Paris 1979 (et Supp. 1986)
Gavalda, Christian, Le Crédit-bail international, in: Droit international privé. Travaux du Comité français de droit international privé, Années 1988–1989, 1989–1990, Paris 1991, 59
Gebler, Olaf/Müller, Christoph, Finanzierungsleasing: Die Auswirkungen der Schuldrechtsreform und neuere Entwicklungen in der Vertragspraxis, ZBB 2002, 107
Gebhard, Joachim, Finanzierungsleasing, Steuern und Recht. Eine ökonomische Analyse, 1990
Gerhard, Walter, Factoring plus Leasing und Konkursverfahren, in: Gottwald, Peter/Prütting, Hanns (Hrsg.), Festschrift für Karl Heinz Schwab, 1990, 139
Gerken, Ulrich, Tod des Leasingnehmers bei Finanzierungsleasing, DB 1997, 1703
Gerken, Ulrich, Der gutgläubige Erwerb von Leasinggegenständen, DB 1999, 278
Gerth, Axel/Panner, Bedo, Zur Schadenspauschalierung beim Finanzierungsleasingvertrag, BB 1984, 813
Giger, Hans, Der Leasingvertrag. Systematische Darstellung unter besonderer Berücksichtigung des Finanzierungsleasing, 1977
Giovanoli, Mario, Le contrat de leasing et le droit suisse, Journal des Tribunaux (Lausanne) 129 (1981) I, 34

Giovanoli, Mario, Le credit-bail (Leasing) en Europe, Paris 1980
Girsberger, Daniel, Grenzüberschreitendes Finanzierungsleasing: internationales Vertrags-, Sachen- und Insolvenzrecht. Eine rechtsvergleichende Untersuchung, 1997
Gitter, Wolfgang, Gebrauchsüberlassungsverträge, 1988, § 11
Glasel, Ludwig/Siebel, Erhard, Risikovorsorge bei Leasing-Gesellschaften aus steuerlicher Sicht, BB-Beilage 8/1984
Godefroid, Christoph, Finanzierungsleasing und Schuldrechtsmodernisierungsgesetz. Leasing, Beilage 5/2002, 2
Godefroid, Christoph, Leasing und Verbraucherkreditgesetz – eine Zwischenbilanz, BB-Beilage 6/1994, 14
Godefroid, Christoph, Neuere Rechtsprechung des BGH zum Leasing-Vertragsrecht, BB-Beilage 6/1997, 19
Godefroid, Christoph, Restwertausgleich und bestmögliche Verwertung des Leasingguts, WiB 1997, 1309
Godefroid, Christoph, Zur Kündigung und Beendigung von Leasingverträgen nach dem Verbraucherkreditgesetz, BB-Beilage 8/1993, 15
Goergen, Helmut, Crossborder Leasing, BB-Beilage 10/1987, 17
Göritz, Andreas, Leasingverträge als verdeckter Eigenkapitalersatz, 1994
Götz, Jan/Spannheimer, Jürgen, Nutzungsrechte im Anwendungsbereich von IAS 17 – Inhalt und Auswirkungen von IFRIC 4 zur Identifizierung von Leasingverträgen, BB 1005, 259
Goldmann, Wolfgang, Das Leasinggeschäft über bewegliche Sachen, Diss. Würzburg 1970
Goll, Eberhard, Aktuelle Probleme aus dem Bereich des Leasing – dargestellt an der jüngeren höchstrichterlichen Rechtsprechung, Jura 1986, 175
Gondert, Heinz-Günter/Seifert, Peter, BGH-Rechtsprechung zum Finanzierungsleasing, FLF 1/1986, 26
Goode, Royston M., A Leasing Conundrum, Journal of Business Law 1981, 239
Goode, Royston M., Equipment Leasing in England, in: Marschall Freiherr von Bieberstein, Wolfgang (Hrsg.), Leasingverträge im Handelsverkehr, 1980, 59
Goode, Royston M., Penalties in Finance-Leases, Law Quarterly Review Vol. 104 (1988), 25
Gotthardt, Peter, Diskussionsbericht, in: Marschall Freiherr von Bieberstein, Wolfgang (Hrsg.), Leasingverträge im Handelsverkehr, 1980, 177
Gottwald, Stefan, Grunderwerbsteuer und Immobilienleasing, MittBayNot 2007, 103
Grass, Adolf, Leasing, FR 1967, 448
Greenspon, Robert A., Documentation of Aircraft Operating Leases, International Business Lawyer 1988, 277
Grewe, Wolfgang, Grundfragen der Bilanzierung beim Leasingnehmer – Zur Stellungnahme HFA 1/1989, Die Wirtschaftsprüfung 1990, 161
Grieger, Die handelsrechtliche und steuerliche Behandlung des Leasing, WM 1970, 302
Grizmek, Stefan, Gretchenfrage für Investoren: Fonds oder Leasing?, DB-Beil. 13/1985, 21
Groß, Werner, Das Verbraucherkreditgesetz bei Kfz-Leasing und finanziertem Kfz-Kauf – Widerruf, Kündigung, Rücktritt und die jeweilige Abwicklung, FLF 1993, 132
Groß, Werner, Kraftfahrzeugleasing: Vertragsabwicklung – Schadensersatz – Verbraucherkreditgesetz, DAR 1996, 438
Groove, Dieter. Gewinnrealisierung bei Leasinggesellschaften mit Mobilienleasing, DB 1984, 889
Grundmann, Stefan/Eichert, Marion, Kfz-Leasing und die GruppenfreistellungsVO 123/85, ZIP 1995, 1766
Grunewald, Barbara, Kundenschutzprobleme bei dreiseitigen Finanzierungsgeschäften, JA 1980, 463
Guinchard, Michael, Garanties et responsabilités dans le crédit-bail sur aéronefs, Revue Française de droit aérien 1975, 361
Gutierrez Viguera, Manuel, El leasing como institución financera, Madrid 1977
Gzuk, Roland, Finanzierungsleasing als alternative Investitionsform, AcP Bd. 190 (1990), 208

H
Habersack, Mathias, Leasing, in: MünchKomm/Habersack, Band 3, 3. Aufl. 1995
Habersack, Mathias, Verbraucherleasing nach der Schuldrechtsreform, BB-Beilage 6/2003, 2
Habersack/Lübbe/Masuch/Timann, in: Finanzierungsleasing und Verbrauchergeschäfte, Schüler-Symposion für Peter Ulmer, BB-Beilage zu Heft 23/2003
Habersack, Mathias/Ulmer, Peter, Rechtsfragen des Kraftfahrzeugvertriebs durch Vertragshändler – Verkauf und Leasing, 1998
Hällmayer, Heinz, Aufklärungsobliegenheit bei Alleinunfall mit Leasingfahrzeug, NVerkZ 1999, 105

Häsemeyer, Ludwig, Vorbehaltskauf und Finanzierungsleasing im geltenden und künftigen Insolvenzrecht, in: Huber, Ulrich/Jayme, Erik (Hrsg.), Festschrift für Rolf Serick, 1992, 153

Hagenmüller, K. F., Leasing-Handbuch für die betriebliche Praxis, 1. Aufl. 1965, 2. Aufl. 1968, 3. Aufl. 1973

Hagenmüller, K. F./Eckstein, Wolfram (Hrsg.), Leasing-Handbuch für die betriebliche Praxis, 6. Aufl. 1992

Hagenmüller, K. F./Stoppok, Gerhard (Hrsg.), Leasing-Handbuch für die betriebliche Praxis, 4. Aufl. 1981, 5. Aufl. 1988

Hager, Johannes, Rechtsfragen des Finanzierungsleasing von Hard- und Software, AcP Bd. 190 (1990), 324

Halm, Wolfgang E., Das Kfz-Finanzierungsleasing, in: Praxis Verkehrsrecht 2001, 172

Halm, Wolfgang E./Krahe, Frank, Auswirkungen der Schuldrechtsreform auf das Leasingrecht, Praxis Verkehrsrecht 2002, 158

Hamer, Eberhard, Leasing – Buch mit sieben Siegeln, DB-Beil. 13/1986, 19

Hanisch, Hans, Finanzierungs-Leasing und Konkurs (insbesondere des Leasingnehmers), in: Probleme der Kreditsicherung, Berner Tagung für die juristische Praxis 1981, Bern 1982, 180

Harlass-Neuking, Willi, Die steuerliche Zurechnungsproblematik beim Immobilien-Leasing, DB-Beil. 13/1985, 6

von Harling, Hans Burchard, Leasing in de USA – Eine Analyse seiner Entwicklung unter besonderer Berücksichtigung des Leasing als organisiertes Bankgeschäft, Diss. München 1968

Hartl, Monika, Der Ersatzanspruch des Leasingnehmers aus § 823 Abs. 1 BGB, 1990

Hastedt, Uwe-Peter/Mellwig, Winfried, Leasing. Rechtliche und ökonomische Grundlagen, 2. Aufl. 2005

Hauber, Bruno, Aktivierung eines Teils der degressiven Mietzahlungen in der Bilanz des Leasingnehmers?, BB 1983, 740

Hausheer, Heinz, Finanzierungs-Leasing beweglicher Investitionsgüter, Zeitschrift des bernischen Juristenvereins 106 (1970), 209

Hausheer, Heinz, Leasing und Kreditsicherung, in: Probleme der Kreditsicherung. Berner Tage für die juristische Praxis 1981, Bern 1982, 157

Havermann, Hans, Leasing. Eine betriebswirtschaftliche, handels- und steurrechtliche Untersuchung, 1965

Hawkland, William D., The Impact of the Uniform Commercial Code on Equipment Leasing, University of Illinois Law Forum 1972, 446

Heermann, Peter W., Grundprobleme beim Finanzierungsleasing beweglicher Güter in Deutschland und den Vereinigten Staaten von Amerika, ZVergRWiss 92 (1993), 326

Heermann, Peter W., Drittfinanzierte Erwerbsgeschäfte – Entwicklung der Rechtsfigur des trilateralen Synallagmas auf der Grundlage deutscher und U. S.-amerikanischer Rechtsentwicklungen, 1998

Heitmüller, Hans Michael, Leasingvertrieb über den Bankschalter – Sparkassen, in: Eckstein, Wolfram/Feinen, Klaus, (Hrsg.), Leasing-Handbuch für die betriebliche Praxis, 7. Aufl. 2000, 417

Helfrich, Karl-Heinz, Betriebswirtschaftliche Fragen einer Mobilien-Leasinggesellschaft, in: Eckstein, Wolfram/Feinen, Klaus, (Hrsg.), Leasing-Handbuch für die betriebliche Praxis, 7. Aufl. 2000, 387

Helming, Bernd, Der Erfüllungsgehilfe und der Wissensvertreter im Leasing-Geschäft, FLF 2005, 229 und 232.

Hemmer, Immobilien-Leasing mit Bauherren-Service auf Wunsch mit Festpreis und Festterminen – eine interessante Variante für mittelständische Unternehmen, DB-Beilage 6/1994, 13

Hennig, Anja, Examensrelevante Probleme des Leasingvertrages, JA 2004, 880

Hermann, Hans-Peter, Leasing als Leistungsangebot im Dienstleistungs-Marketing, Diss. Mainz 1984

Hess, Markus, Immobilien-Leasing in der Schweiz, Diss. Zürich 1989

Hey, Felix Christopher, Rechtsmängelhaftung beim Verkauf von Leasing-Forderungen im Betrugsfall – Das FlowTex-Urteil des BGH, NJW 2005, 359, JuS 2005, 402

Hiddemann, Hans-Joachim, Die Rechtsprechung des Bundesgerichtshofs zum Leasingvertrag, WM 1978, 834

Hierl, Marcus D., Verwertungsbefugnis bei Teilamortisations-Leasingvertrag mit Ankaufsrecht?, BB 2006, 1611

Höpfner, Clemens, Finanzierungsleasing mit Verbraucherbeteiligung als Umgehungstatbestand im Sinne des § 475 Abs. 1 Satz 2 BGB, ZBB 2006, 200

Hofbauer, Max A., Sind Immobilienleasing-Gesellschaften Grundstücksgesellschaften im Sinne des Gewerbesteuerrechts, BB 1978, 803

Hofmeister, H., Zivilrechtliche Fragen des Immobilienleasing, in: *Egger, Anton/Krejci, Heinz* (Hrsg.), Das Leasinggeschäft. Zivil-, Bilanz- und Steuerrecht, Wien 1987, 325

Hohloch, Gerhard, Schadensersatzprobleme bei Unfällen mit Leasingfahrzeugen, NZV 1992, 1

Holdefer, Frank, Schadensersatz und Regreß beim Finanzierungsleasing – Die Ansprüche von Leasinggeber und Leasingnehmer bei allein zu vertretender Zerstörung der Leasingsache durch einen Dritten, Diss. Tübingen 1992

Holstein, Günter, Leasingvertrieb über den Bankschalter – Deutsche Bank, in Eckstein, Wolfram/Feinen, Klaus, (Hrsg.), Leasing-Handbuch für die betriebliche Praxis, 7. Aufl. 2000, 435

Holz, Dieter, Die Optimumbestimmung bei Kauf-Leasing-Entscheidungen, 1973

Höpfner, Clemens, Die Auswirkungen der Schuldrechtsreform auf das Finanzierungsleasing, FLF 2004, 72

Hornberger, Andreas, Die Schlüsselfunktion des Drittverkäuferbenennungsrechts bei der Fahrzeugverwertung, FLF 2006, 212

Hövel, Angelika, Internationale Leasingtransaktionen unter besonderer Berücksichtigung der Vertragsgestaltung, DB 1991, 1029

Hoppe, Leasing-Gesellschaften nach der KWG-Novelle, 1987

van Hove, Hermann, Die Rechtsnatur der Leasingverträge und ihre Abwicklung in der Zwangsvollstreckung, Diss. Freiburg 1976

Huber, Bernd, Finanzierungsleasinggeschäfte, 1996

Hübsch, Gerhard, Zivilrechtliche Probleme des Leasing-Vertrages, DRiZ 1977, 339

I

Iro, Gert, Der Leasingvertrag im Konkurs des Leasingnehmers, (Österreichisches) Recht der Wirtschaft 1993, 177

Iten, Andres, Der Leasingvertrag in der Büromaschinenbranche, Diss. Zürich 1984

J

Jaggy, Kaufvertragliche Ersatzlieferung und Leasingvertrag, Leasingberater, BB-Beilage 5/2002, 14

Jaster, Elmar, Umsatzsteuerliche Behandlung von Automatisationsleasing, UStB 2006, 313

Jaster, Elmar/von Loeffelholz, Burkhard, Vollamortisationsleasing und Wertminderungsentschädigung im Fahrzeug-Leasing aus umsatzsteuerlicher Sicht, UStB 2006, 135

Jenkins, Derek, Tolley's Leasing in the UK, Tolley Publishing 2004

Jordans, Roman/Roser, Ellen, Aktuelle Aspekte des US-Cross-Border-Leasing, KommJur 2004, 208

Jürgens, Ursula, Die Entwicklung des Finanzierungs-Leasing, Diss. Köln 1988

K

Kaempf, Karsten, Eine rechtsvergleichende Untersuchung über das Finanzierungsleasing im deutschen und französischen Recht, Diss. Münster 1975

Kaligin, Thomas, Zur Bestimmung des wirtschaftlichen Eigentums beim Immobilien-Leasing – unter Einbeziehung des sog. Kommunalleasing und des Spezialleasing, DStR 1995, 235

Kalt, Dieter, Finanzierungsleasing, Miete, kreditfinanzierter Kauf – Eine vergleichende Betrachtung unter betriebswirtschaftlichen, steuerlichen und rechtlichen Aspekten, BB-Beil. 11/1991, 18

Kalt, Dieter, Die Vorausabtretung von Leasingraten und die Verfügung über den Leasinggegenstand beim Mobilien-Leasing im Lichte der Insolvenzordnung, RIW 1996, 10

Kalt, Dieter, Verbraucherkreditgesetz und Finanzierungsleasing, BB-Beilage 9/1992

Kapp, Wolfgang, Anmerkung zu OLG Stuttgart, Beschluss vom 7.6.1977, BB 1978, 122

Kayser, Uwe, Leasing als Mietvertrag – Die höchstrichterliche Rechtsprechung zum Finanzierungsleasing, in: Teilzahlungswirtschaft 5/1978, 29

Kayser, Uwe, Zur aktuellen Situation des Leasing in Deutschland mit einem Ausblick nach Europa, RIW-Beil. 5/1997, 3.

Kayser, Uwe, Zur aktuellen Situation des Leasing in Deutschland und einem Ausblick nach Europa, EWS 1998, Beilage 5, 1ff.

Keck, Joachim/Lenz, Norbert, Die Beurteilung des Immobilienleasing unter Einbeziehung von Steuern, Die Wirtschaftsprüfung 1979, 193

Keßler, Klaus-Ulrich, Flugzeugfinanzierung durch Leveraged Cross-Border Leasing, Frankfurt am Main 1992

Kindler, Susanne/Köchling, Marcel, Leasingverträge in der Insolvenz, BuW 2004, 157

Kist, Jürgen, Leasing für mobile Anlagegüter und seine steuerlichen Aspekte, DB-Beil. 9/1976, 1
Klaas, Christoph, Die Risikoverteilung bei neueren Finanzierungsmethoden – Globalzession, Abzahlungskauf, Factoring, Leasing, NJW 1968, 1502
Klamroth, Sabine, Inhaltskontrolle von Finanzierungs-Leasing-Verträgen über bewegliche Gegenstände nach dem „Leitbild des Leasing-Vertrages", BB 1982, 1949
Klatil, Leasing – Geschäftsbesorgung oder Miete, Österreichische Juristen-Zeitung 1968, 378
Klein, Manfred, Ausgewählte Rechtsfragen des Leasing unter besonderer Berücksichtigung der jüngsten BGH-Rechtsprechung, FLF 1984, 156
Klein, Manfred, Neueste Rechtsprechung zum Leasing, FLF 1982, 184
Kleine, Klaus, Objektgesellschaften beim Kommunalleasing, JbFSt 96/97, 215
Klenk, Friedrich, Die umsatzsteuerliche Behandlung des Ersatzes von Unfall-Schäden beim Kfz-Leasing, DB 2006, 1180
Klimke, Manfred, Schadensberechnung beim Leasingvertrag, NJW 1988, 1830
Klinck, Fabian, Refinanziertes Mobilienleasing in der Insolvenz des Leasinggebers, KTS 2007, 62
Knapp, Lotte, Problematischer Leasing-Erlaß, DB 1971, 685
Knebel, Andreas, Der Aufwendungsersatzanspruch des Leasinggebers nach der UNIDROIT-Leasingkonvention, 1994
Knebel, Andreas, Inhaltskontrolle von Leasingverträgen auf der Grundlage der UNIDROIT-Konvention, RIW 1993, 537
Knebel, Andreas, Zur typologischen Einordnung des Leasingvertrages, WM 1993, 1026
Kneer (Hrsg.), Formularbuch um gewerblichen Miet-, Pacht- und Leasingrecht, 2003
Knops, Kai-Oliver, Die rechtliche Bindung des Leasinggebers an Zusagen des Lieferanten, BB 1994, 947
Knops, Kai-Oliver, Rügepflicht beim Handelskauf und Leasingvertrag – BGHZ 110, 130, JuS 1994, 106
Knöpfle, Johannes, Finanzierung von Leasinggesellschaften, in: Eckstein, Wolfram/Feinen, Klaus, (Hrsg.), Leasing-Handbuch für die betriebliche Praxis, 7. Aufl. 2000, 153
Koblitz, Axel, Mobilien-Finanzierungsleasing und crédit-bail – ein Vergleich des französischen und des deutschen Zivilrechts unter besonderer Berücksichtigung der Rechtsstellung des Leasingnehmers, 1990, zugl. Diss. Freiburg 1988
Koch, Ernst-Gerald, Störungen beim Finanzierungs-Leasing, 1981
Koch, Peter/Haag, Joachim, Die Rechtsnatur des Leasingvertrages, BB 1968, 93
Koch, Peter/Haag, Joachim, Leasing, Factoring und Forfaitierung, BB 1968, 93
Koch, Rainer, Immobilien-Leasing – Ein Beitrag zur Zivilrechtsdogmatik des Leasing, 1989, zugl. Diss. München 1988
Köhn, Lutz, Finanzierungsleasing oder Kreditkauf – Wirtschaftlichkeitsvergleich aus der Sicht des Leasingnehmers, Diss. Hagen 1989
Königsmann, Matthias, Amortisationsklauseln und Schadenspauschalen bei Finanzierungsleasingverträgen, 1993
Kolbeck, Rosemarie, Leasing als finanzierungs- und investitionstheoretisches Problem, ZfbF 1968, 787
Koos, Stefan, Vollamortisation beim Finanzierungsleasing und Verjährung des Restwertausgleichanspruchs, DZWiR 1998, 119
Kovac, Josef, Die Entscheidung über Leasing oder Kreditkauf maschineller Anlagegüter, Diss. Hamburg 1982
Kraemer, Peter, Funktionieren und Vorteile des Immobilien-Leasing, DB-Beil. 10/1980, 6
Krahe, Frank, Leasingrecht – Aktuelle Entwicklung des Kfz-Leasing, SVR 2004, 164
Krahe, Frank, Leasingrecht, PVR 2002, 39
Kramer, Ernst August (Hrsg.), Neue Vertragsformen der Wirtschaft – Leasing, Factoring, Franchising, Bern 1985, S. 97 ff., 2. Aufl. 1992
Krämer, Alexander L., Leasingverträge in der Insolvenz, 2004
Kranemann, Vereinfachte Abzinsberechnung bei vorzeitiger Beendigung von Leasingverträgen, ZIP 1997, 1404
Krasensky, Hans, Leasing – Beiträge über ein neues Verfahren zur Investitionsfinanzierung, 1964
Kratzer, Jost, Leasing in Theorie und Praxis, 1997
Kratzer, Jost/Kreuzmair, Benno, Leasing in Theorie und Praxis, 2. Aufl. 2002
Krause, Dieter, Die zivilrechtlichen Grundlagen des Leasing-Verfahrens, Diss. Köln 1967
Krebs, Peter, Sittenwidrigkeit beim Finanzierungsleasing von Mobilien wegen Wucherähnlichkeit, NJW 1996, 1177

Krejci, Heinz, Anpassungsklauseln in Leasingverträgen, in: O. Martinek/G. Wachter (Hrsg.), Festschrift für Gerhard Schnorr, Wien 1988, 661
Krejci, Heinz, Zivilrechtsfragen zum Leasing, in: *Egger, Anton/Krejci, Heinz* (Hrsg.), Das Leasinggeschäft. Zivil-, Bilanz- und Steuerrecht, Wien 1987, 1.
Krejci, Heinz, Zur Gefahrtragung beim Leasinggeschäft, Österreichische Juristen-Zeitung 1988, 129
Krejci, Heinz, Zur Gewährleistung des Leasinggebers, (Österreichische) Juristische Blätter 1988, 490
Kreuzmair, Benno, Falsche Freunde – Missverständliche Leasing-Begriffe klarstellen, FLF 2005, 34–36, 38
Kroll, Michael, Finanzierungsalternative Leasing, 3. Aufl. 2004
Kroll, Michael, Kauf oder Leasing. Entscheidungsmodell für die Praxis, 1992
Kroll, Michael, Quo vadis, Kommunalleasing, DB-Beil 8/1997, 10
Kroll, Michael/Ax, Thomas, Leasinghandbuch für die öffentliche Hand, 10. Aufl. 2005
Kronke, Herbert, Finanzierungsleasing in rechtsvergleichender Sicht, AcP Bd. 190 (1990), 383
Kruft, Stephen R., Leveraged Aircraft Leases: The Lenders Perspective, Business Lawyer Vol. 44 (1989, 737)
Krull, Helge, Zur Behandlung von Finanzierungsleasingverträgen im künftigen Insolvenzverfahren, ZMR 1998, 746
Küting, Karlheinz/Hellen, Heinz-Hermann/Brakensiek, Sonja, Leasing in der nationalen und internationalen Bilanzierung, BB 1998, 1465
Kuhlne, Rainer/Kuhnle-Schadn, Alexandra, Leasing, 2. Aufl. Wien 2005
Kuipers, Robert W., Steuerliche Aspekte des Cross Border Leasing, 1994
Kunkel, Volker, Neue Tendenzen im Mobilien-Leasing, DB 1975, 1379
Kurstedt, Hans-Volker, Finanzierungsleasing beweglicher Güter – eine Untersuchung der Rechtswirklichkeit unter besonderer Berücksichtigung der ordentlichen Vertragsbeendigung, Diss. Hamburg 1980
Kurstedt, Hans-Volker, Finanzierungsleasing und Abzahlungsgesetz, FLF 1981, 254
Kurstedt, Hans-Volker, Finanzleasing und AGB-Gesetz, DB 1981, 2525

L

Landsberg, Peter, Privates Autoleasing – das Maß aller Dinge?, FLF 1988, 112
Langer, Die rechtliche Ausgestaltung von Leasingverträgen, BB 1969, 610
Larek, Emil/Steins, Ulrich, Leasing, Factoring und Forfaitierung als Finanzierungssurrogate, 1999
Larenz, Karl/Canaris, Claus-Wilhelm, Lehrbuch des Schuldrechts Bd. II/2, 13. Aufl. 1994, § 66, S. 99 ff.
Larenz, Karl/Canaris, Claus-Wilhelm, Lehrbuch des Schuldrechts Bd II/2, 13. Aufl. 1994, § 66
Laumanns, Werner, Kauf oder Leasing. Belastungsvergleich am Beispiel des Mobilien-Leasing, in: Hagenmüller, K. F./Stoppok, Gerhard (Hrsg.), Leasing-Handbuch, 5. Aufl. 1988, 59
Laumanns, Werner, Kauf oder Leasing. Ein Wirtschaftlichkeitsvergleich am Beispiel des Mobilien-Leasing, in: Hagenmüller, K. F./Eckstein, Wolfram (Hrsg.), Leasing-Handbuch für die betriebliche Praxis, 6. Aufl. 1992, 129
Leary, Fairfax, The Procrustean Bed of Finance Leasing, New York University Law Review Vol. 56 (1981), 1061
Leaseurope/Arthur Andersen (eds.), A Practical Guide to Leasing, London 1994
Leaseurope/Arthur Andersen (eds.), Leasing in Europe, London 1992
Leenen, Detlev, Die Pflichten des Leasing-Gebers, AcP Bd. 190 (1990), 260
Leffson, Ulrich, Die Darstellung von Leasingverträgen im Jahresabschluss, DB 1976, 637 und 685
Leffson, Ulrich, Leasing beweglicher Anlagegüter, ZfbF 1964, 396
Leible, Stefan, Finanzierungsleasing und „arrendamiento financiero": eine rechtsvergleichende Untersuchung zum Finanzierungsleasing beweglicher Anlagegüter in Deutschland und Spanien, 1996
Leifert, Hans, Finanzierungsleasing in Deutschland, 1973
Lenneis, Zum Thema Terminverlustklauseln in Leasingverträgen, Recht der Wirtschaft 1987, 7
Lenk, Thomas, Cross Border Leasing – Eine finanzwirtschaftliche Analyse, 2004
Lenz, Peter, Die Bilanzierung von Mobilien-Leasingverträgen gemäß deutschem Handelsrecht und US GAAP, 1997
Levy, David A., Financial Leasing under the UNIDROIT Convention and the Uniform Commercial Code: A Comparative Analysis, Indiana International and Comparative Law Review Vol. 5 (1995), 256
Leyenz, Leasing – Grenzen der formularmäßigen Risikoabwälzung vom Leasinggeber auf den Hersteller/Lieferanten, MDR 2003, 312

§ 106 Verzeichnis des Schrifttums zum Leasingrecht

Leyssac, Claude de, Le „leasing" mobilier en droit français, in: Marschall Freiherr von Bieberstein, Wolfgang (Hrsg.), Leasingverträge im Handelsverkehr, 1980, 89
Lieb, Manfred, § 9 Verbraucherkreditgesetz und Finanzierungsleasing, WM 1991, 1533 (auch abgedruckt in Hadding, Walther/Hopt, Klaus [Hrsg.], Das neue Verbraucherkreditgesetz, Band 2, 1991, 91)
Lieb, Manfred, Anmerkung zu BGH, Urt. v. 24. 1. 1990 (JZ 1990, 972), JZ 1990, 976
Lieb, Manfred, Anmerkung zum BGH-Urteil vom 16. 9. 1981 – VIII ZR 265/80, JZ 1982, 561
Lieb, Manfred, Das Leitbild des Finanzierungs-Leasing im Spannungsfeld von Vertragsfreiheit und Inhaltskontrolle, DB 1988, 946
Lieb, Manfred, Gewährleistung beim reinen Finanzierungsleasing, DB 1988, 2495
Lieb, Manfred, Zur Inhaltskontrolle von Teilamortisations-Leasingverträgen, DB 1986, 2167
Lieb, Manfred, Zur Risikoverteilung bei Finanzierungsleasingverträgen, insbesondere mit Kaufleuten (Noch ein Versuch!), WM-Sonderbeilage 6/1992
Lienhard, Ernst, Finanzierungs-Leasing als Bankgeschäft, 1976
Lindacher, Walther, Anmerkung zu BGH, Urteil vom 27. 2. 1985, JZ 1985, 896
Linder, Bettina, Vertragsabschluss beim grenzüberschreitenden Verbraucherleasing, 1999
Link, Gerhard, Ankauf von Forderungen aus Leasingverträgen mit Kaufleuten durch Kreditinstitute, ZfgK 1985, 658
Link, Gerhard, Bilanzierung und Ertragsvereinnahmung bei der Forfaitierung von Leasingforderungen – Erwiderung zu dem Beitrag von Bink, DB 1987, 1106, DB 1988, 616
Link, Gerhard, Risiken beim Ankauf von Leasingforderungen à forfait durch Banken, ZfgK 1982, 218
Littmann, E., Leasing in der Steuerbilanz, DStR 1970, 261
Löbbe, Der Finanzierungsleasingvertrag nach der Schuldrechtsreform, BB-Beilage 6/2003, 7
Loewenheim, Ulrich, Anspruch auf Großabnehmerrabatte beim Bezug von Kraftfahrzeugen durch herstellerunabhängige Leasinggesellschaften, BB-Beilage 11/1991, 27
Lüdemann, Jörn, Die öffentliche Hand als Leasingnehmer, 2003
Lüem, Walter, Typologie der Leasingverträge, in: Kramer, Ernst A. (Hrsg.), Neue Vertragsformen der Wirtschaft: Leasing, Factoring, Franchising, 1980, 49
Lützenkirchen, Hans-Peter, Das Kraftfahrzeug-Leasing in Deutschland, in: Eckstein, Wolfram/Feinen, Klaus, (Hrsg.), Leasing-Handbuch für die betriebliche Praxis, 7. Aufl. 2000, 231
Lwowski, Hans-Jürgen, Erwerbsersatz durch Nutzungsverträge – Eine Studie zum Leasing, Diss. Hamburg 1967
Lwowski, Hans-Jürgen, Regreßloser Ankauf von Leasingforderungen durch Banken, ZIP 1983, 900

M

Märkle, Rudi, Immobilien-Leasing, FR 1971, 185
Maier, Dieter, Service Leasing bei Gebäuden – Die Summe aller Vorteile nutzen, DB-Beilag 14/1983
Manfredi, Cesare, Leasing, contratto atipico: riflessi sul fallimento, Rivista internationale del leasing (e dell'intermediazione finanziaria) 1988, 265
Marloth-Sauerwein, Birgit, Leasing und das Verbraucherkreditgesetz, 1992, zugl. Diss. Frankfurt 1992
Marschall Freiherr von Bieberstein, Wolfgang (Hrsg.), Leasingverträge im Handelsverkehr, Verhandlungen der Fachgruppe für vergleichendes Handels- und Wirtschaftsrecht anlässlich der Tagung für Rechtsvergleichung 1979 in Lausanne, 1980
Martinek, Michael, Moderne Vertragstypen Bd. I – Leasing und Factoring, 1991
Martinek, Michael/Oechsler, Jürgen, Das Leasinggeschäft, in: Schimansky/Bunte/Lwowski, Bankrechts-Handbuch, 3. Aufl., 2006, 18. Kapitel, § 101
Martinek, Michael/Oechsler, Jürgen, Die Unanwendbarkeit des Verbraucherkreditgesetzes auf Leasingverträge ohne Vollamortisationspflicht – Zur Abgrenzung der Begriffe „Finanzierungsleasingverträge" und „sonstige Finanzierungshilfe" im Verbraucherkreditgesetz unter besonderer Berücksichtigung der Kilometerabrechnungsverträge der Kfz-Branche, ZIP 1993, 81
Martinek, Michael/Oechsler, Jürgen, Die verbraucherkreditrechtlichen Voraussetzungen der vorzeitigen Beendigung des Leasingvertrages bei Zahlungsverzug des Leasingnehmers – Zur Abgrenzung des verzugsrelevanten Leistungsvolumens nach § 12 Abs. 1 Satz 1 Nr. 1 VerbrKrG beim Finanzierungsleasing, ZBB 993, 97
Matz, Sandro, Regulierung typischer Leasingtransaktionen im „neuen" Schuldrecht, 2002
Maus, Guenter, Leasing im Handels- und Steuerrecht, 1996
May, Walter E., International Equipment Leasing: The UNIDROIT Draft Convention, Columbia Journal of Transnational Law Vol. 22 (1984), 333

Mayer, Dieter, Finanzierungsleasing und Abzahlungsgesetz, Diss. München 1987
Mayer-Rolshoven, Peter, Welche Vorteile bietet Immobilien-Leasing, BB-Beilage 10/1989, 12
Meilicke, Heinz, Leasing, Zivilrecht – Bilanzrecht – Steuerrecht, BB 1964, 691
Meilicke, Heinz, Rechtsprechungslooping zum Fianzleasing, BB 1970, 977
Meilicke, Wieland, Bilanzsteuerrechtliche Beurteilung degressiver Leasing-Raten, DB 1983, 737
Meincke, Jens Peter, Steuerbezogene Argumente in der Zivilrechtsprechung zum Finanzierungsleasing, AcP Bd. 190 (1990), 358
Melcher, Christian, Das Computerleasing und die Händlerbranche, CR 1989, 216
Mellerowicz, Konrad, Leasinggeschäfte und ihre Bilanzierung – eine Lücke im Aktiengesetz, in: Festschrift für Carl Hans Barz, 1974, 409
Mellwig, Wienfried, Besteuerung und Kauf-/Leasing-Entscheidung, ZfbF 1983, 782
Mellwig, Wienfried, Die bilanzielle Darstellung von Leasingverträgen nach den Grundsätzen des IASC, DB 1998, Beilage 12, 1
Mellwig, Wienfried, Leasing im nationalen und internationalen Handelsrecht, in: Eckstein, Wolfram/Feinen, Klaus, (Hrsg.), Leasing-Handbuch für die betriebliche Praxis, 7. Aufl. 2000, 67
Mellwig, Wienfried, Vorteilhafte Leasingverträge – ein Rechenfehler?, DB 1983, 2261
Melsheimer, Horst-Otto, Verbraucherschutz durch § 9 Abs. 3 VerbrKrG im Finanzierungsleasing, 1993
Melsheimer, Horst-Otto, Kilometerabrechnungsvertrag und Verbraucherkreditgesetz, MDR 1997, 522
Meyer auf der Heide, Horst-Rüdiger, Kurze Verjährung im Leasingvertrag nach § 558 BGB?, BB 1987, 498
Meyer-Reim, Utz Martin/Streu, Volker, Wirtschaftliche, rechtliche und steuerliche Aspekte des Exportleasings, RIW 1998, 226
Michalski, Lutz/Schmitt, Michael, Der Kfz-Leasingvertrag – Schwerpunkte und Schranken der Vertragsgestaltung unter besonderer Berücksichtigung von AGB-Gesetz und Verbraucherkreditgesetz, 1995
Michaux, Philippe, Le „leasing", mode de financement dans l'aviation civile, Revue française de droit aérien 1979, 263
Milatz, Jürgen E., Forfaitierung von Andienungsrechten bei Teilamortisations-Leasing-Verträgen, DB 1996, 841
Mömken, Torsten, Der Finanzierungsleasingvertrag über bewegliche Sachen im kaufmännischen Verkehr – eine rechtsvergleichende Untersuchung von Liefer-, Gefahrtragungs- und Sachmängelklauseln in englischen, französischen, italienischen und deutschen AGB, Diss. München 1989
Mörtenkötter, Edgar, Immobilienleasing in der notariellen Praxis, Mitt. d. Rhein. Notarkammer 1995, 329
Moldenhauer, Thomas, Leasing mobiler Anlagegüter – Eine betriebswirtschaftliche Analyse unter besonderer Berücksichtigung steuerlicher Aspekte, 2006
Mooney, Charles W., Personal Property Leasing: A Challenge, Business Lawyer Vol. 36 (1981), 1605
Mosel, Klaus D., Leasing contra Abzahlungsgesetz, NJW 1974, 1454
Moseschus, Alexander, Anwendungsempfehlung zum Geldwäschegesetz bei Leasing-Gesellschaften, FLF 2005, 172 u. 176
Moseschus, Alexander Marcus, Zu den Rechten des Leasingnehmers bei Mängeln der Mietsache, EWiR 2006, 299
Moseschus, Alexander Marcus, Zur Widerrufsbelehrung beim Finanzierungs-Leasing-Vertrag, EWiR 2006, 451
Mudersbach, Martin, Kauf oder Leasing – ein Wirtschaftlichkeitsvergleich, in: Eckstein, Wolfram/Feinen, Klaus, (Hrsg.), Leasing-Handbuch für die betriebliche Praxis, 7. Aufl. 2000, 205
Müller, Heinz-Peter/Stoppok, Gerhard, Leasing im Steuerrecht, in: Hagenmüller/Stoppok (Hrsg.), Leasing-Handbuch für die betriebliche Praxis, 5. Aufl. 1988, 51
Müller, Wolfgang, Das U.S.-amerikanische Leasingrecht nach Art. 2A Uniform Commercial Code, 1995
Müller-Sarnowski, Barbara, Der Nennbetrag i. S. v. § 12 Abs. 1 Nr. 1 VerbrKrG bei PKW-Privatleasingverträgen, BB 1994, 446
Müller-Piepenkötter, Roswitha, Auto kaufen und verkaufen. Neuwagen – Gebrauchtwagen – Importfahrzeuge – Leasing, 2006
Müller-Sarnowski, Barbara, Die Stellung des Lieferanten gegenüber dem Leasingnehmer im Rahmen der leasingtypischen Abtretungskonstruktion, DAR 2007, 72
Müller-Sarnowski, Barbara, Die „vertragsgemäße Rückgabe des Leasingfahrzeuges", in: 35. Deutscher Verkehrsgerichtstag 1997, S. 175 = DAR 1997, 142

Müller-Sarnowski, Barbara, Leasingsonderzahlungen bei Pkw-Privatleasingverträgen, DAR 1998, 228
Müller-Sarnowski, Barbara, Privat-Autoleasing nach der Schuldrechtsreform – eine Bestandsaufnahme, DAR 2002, 485
Müller-Sarnowski, Barbara, Privat-PKW-Leasingverträge und das Verbraucherkreditgesetz, DAR 1992, 81
Müller-Sarnowski, Barbara, Zur Kündigung wegen Zahlungsverzugs bei PKW-Leasingverträgen nach § 12 Verbraucherkreditgesetz, BB 1994, 2018

N

Nagano, Osamu, Developments in the cross-border leasing market, World Leasing Yearbook 1992, 13
Nägele, Stefan, Die vorzeitige Beendigung des Leasing-Kilometervertrages, BB 1996, 1233
Neuhaus, Dirk/Lusti, Marcus, Leasing Advisor – Ein wissensbasiertes System zur Unterstützung von Leasing-/Kreditkauf-Entscheidungen, FLF 1992, 168 und 212
Niehus, Rudolf, Zur Bilanzierung von Leasing beim Leasing-Nehmer, DB 1967, 1641
Niemann, Kai, Leasing- und leasingähnliche Fonds in der Insolvenz, Eine vergleichende Betrachtung der Auswirkungen der Insolvenz auf Finanzierungen über Mobilien- und Immobilienfonds, 2005
Nitsch, Jan-Christoph, Amortisationspflicht für Fahrzeugschäden im Rahmen eines Leasingvertrages mit Kilometerabrechnung, FLF 1999, 32
Nitsch, Jan-Christoph, Der Ausschluss des Erwerbsrechts beim Leasing, NZV 2003, 216
Nitsch, Jan-Christoph, Zum Anspruch des Leasinggebers auf die Leistungen der Vollkaskoversicherung bei Insolvenz des Leasingnehmers, NZV 2002, 44
Nitsch, Jan-Christoph, Sorgfaltspflichten bei der Verwertung von Leasingfahrzeugen, NVerkZ 1999, 405
Nitsche, Zur Rechtsnatur des Leasing, Österreichische Juristen-Zeitung 1974, 29 und 61
Nolte, K.-H., Zur ertragssteuerrechtlichen Behandlung sog. Leasingverträge beim Mieter. DB 1966, 1636
Nova, Giorgio de, Il contratto di leasing, sec. ed., 1985

O

Obermüller, Manfred/Livonius, Barbara, Auswirkungen der Insolvenzrechtsreform auf das Leasinggeschäft, DB 1995, 27
Ockenfels, Walter, Finanzierungsalternative Auto-Leasing, BB-Beilage 9/1992, 18
Ockenfels, Walter, Mobil durch Auto-Leasing, BB-Beilage 11/1991, 25
Ockenfels, Walter, Privat-Auto-Leasing, RIW-Beilage 4/1989, 14
Oelmaier, Alexander, Steuerliche Bilanzierung von Abschlusszahlung und Andienungsrecht bei Mobilienleasing-Fonds, BB 2004, 1896
Otto, Karl-Peter, Kooperationen und Joint Ventures zwischen Herstellern und Leasing-Gesellschaften, BB-Beilage 10/1987, 23

P

Pähler, Ulrich, Risikopolitik von Leasinggesellschaften im herstellerunabhängigen Mobilienleasing, Diss. Köln 1989
Paleologo, Davide, Note sulla redazione dei contratti di leasing internazionale, Rivista internationale del leasing (e dell'intermediazione finanziaria) 1991, 305
Papapostolou, Nikolaos, Die Risikoverteilung beim Finanzierungsleasingvertrag über bewegliche Sachen, 1987, zugl. Diss. München 1986
Paschke, Marian, Zivil- und wettbewerbsrechtliche Probleme des Null-Leasing, BB 1987, 1193
Paschke, Marian, Leasingverträge und Verbraucherkreditgesetz, WM 1992, 1797
Paul, Dietrich, Der Kfz-Leasingvertrag – Seine Entstehung und seine Gestaltung, Schriftenreihe der Arbeitsgemeinschafen des Deutschen Anwaltsvereins – Kfz-Leasing, 1987
Paulus, Herbert, Das Immobilienleasing ist anders, DB-Beilage 20/1970
Paulus, Herbert, Die steuerrechtliche Behandlung des Leasing, BB-Beilage 8/1984, 7
Pegatzky, Claus, Cross-Border-Leasing-Transaktionen und staatliche Zuwendungen, NJW 2004, 324
Peters, Bernd, Leasing und Verbraucherkreditgesetz, WM 1992, 1792
Peters, Bernd, Leasinggeschäfte und Verbraucherdarlehensrecht, WM 2006, 1183
Peters, Frank, Das Leasinggeschäft, Sonderdruck aus Bankrecht und Bankpraxis, 1994
Peters, Frank, Leasing und Verbraucherkreditgesetz, WM 1992, 1792
Peters, Frank, Leasingvertrag und Abzahlungsgesetz, NJW 1985, 1498

Verzeichnis des Schrifttums zum Leasingrecht § 106

Peters, Frank, Regreßloser Ankauf von Leasingforderungen, WM 1993, 1661 ff. und 1701 ff.
Pinkos, Erich, Rechtssicherheit gefragt – Anmerkungen zum neuen Leasingerlaß der Finanzverwaltung, DB Spezial, Beilage 7/1992, 20
Plathe, Peter, Die rechtliche Beurteilung des Leasing-Geschäfts, Diss. München 1969
Plathe, Peter, Zur rechtlichen Beurteilung des Leasing-Geschäfts, BB 1970, 601
Ploetz, Hans-Friedrich von, Der Leasingvertrag und seine Einordnung in das System der Vertragsverhältnisse, 1967
Poczobut, Jerzy, Internationales Finanzierungsleasing – Das UNIDROIT-Projekt vom Entwurf (Rom 1987) zum Übereinkommen (Ottawa 1988), RabelsZ Bd. 51 (1987), 681
Poczobut, Jerzy, Polnischer Gesetzesentwurf eines Leasingvertrages im internationalen Handel, RIW/AWD 1985, 105
Poczobut, Jerzy, Umova Leasingu, Warschau 1994 (Neudruck 1995)
Pölleritzer, M., Immobilienleasing, in: *Egger, Anton/Krejci, Heinz* (Hrsg.), Das Leasinggeschäft. Zivil-, Bilanz- und Steuerrecht, Wien 1987, 657
Porten, Norbert W., Service-Leistungen beim Immoblienleasing, DB-Beilage 7/1990
Prinz, Alexander, Finanzierungsleasing. Leistungsstörungen auf Leasinggeberseite, Diss. Köln 1988

Q

Quittnat, Joachim, Unwirksamkeit von Verfallklauseln in Leasing-Formularverträgen, BB 1979, 1530

R

Reich, Norbert, Anmerkung zu OLG Köln, Urteil vom 29. 3. 1973–1 U 109/72, NJW 1973, 1616
Reich, Norbert, „Leasingverträge", Abzahlungsrecht und Sittenwidrigkeit, JuS 1973, 480
Reiche, Astrid, Leasing – zivilrechtliche Beurteilung und steuerrechtliche Zurechnung, Diss. Marburg 1972
Reiner, Günter/Kaune, Clemens R., Die Gestaltung von Finanzierungsleasingverträgen nach der Schuldrechtsreform, WM 2002, 2314
Reinicke, Dietrich, Zweifelsfragen bei der Anwendung des Verbraucherkreditgesetzes, ZIP 1992, 217
Reinicke, Dietrich/Tiedtke, Klaus, Die Verpflichtung zur Zahlung der Leasingraten vor Beendigung des Wandlungsprozesses, DB 1985, 2085
Reinicke, Dietrich/Tiedtke, Klaus, Finanzierungsleasing und Sachmängelhaftung, BB 1982, 1142
Reinicke, Dietrich/Tiedtke, Klaus, Insolvenzrisiko beim Finanzierungsleasing – Zugleich eine Besprechung des Urteils des OLG Frankfurt am Main vom 17. 9. 1985, DB 1986, 575
Reinicke, Dietrich/Tiedtke, Klaus, Kaufrecht, 7. Aufl. 2004, 11. Kapitel, S. 661 ff.
Reinking, Kurt, Auswirkungen der geänderten Sachmängelhaftung auf den Leasingvertrag, ZGS 2002, 229
Reinking, Kurt, Auto-Leasing, 3. Aufl. 2000
Reinking, Kurt, Das Verbraucherkreditgesetz, ZIP 1991, 79
Reinking, Kurt, Die Auswirkungen der Schuldrechtsreform auf das private Kraftfahrzeugleasing, DAR 2002, 145
Reinking, Kurt, Die Verlagerung der Sach- und Preisgefahr auf den Kfz-Leasingnehmer und ihre haftungsrechtlichen Auswirkungen im Schadensfall, ZIP 1984, 1319
Reinking, Kurt, Kfz-Leasing im Spannungsfeld zwischen Kauf und Miete, DAR 1984, 329
Reinking, Kurt, Problemschwerpunkte bei der Durchführung von Leasingverträgen über bewegliche Güter, ZAP Fach 4, 495 (1997)
Reinking, Kurt, Problemschwerpunkte im Verbraucherkreditgesetz, ZIP 1991, 634
Reinking, Kurt, Schadensabwicklung von Unfällen mit Beteiligung von Leasingfahrzeugen, ZfSch 2000, 281
Reinking, Kurt, Verwertungserlös und Zustand des Leasingfahrzeugs am Vertragsende – die Achillesferse des Kfz-Leasingvertrages, NZV 1997, 1
Reinking, Kurt, Zum Rückkaufsrecht des ausgeschiedenen Vertragshändlers an Leasingrückläufern, EWiR 2006, 1653
Reinking, Kurt, Zur Wirksamkeit einer Abrechnungsklausel im Leasingvertrag, EWiR 2007, 227
Reinking, Kurt/Eggert, Christoph, Der Autokauf – Rechtsfragen beim Kauf neuer und gebrauchter Kraftfahrzeuge sowie beim Leasing, 8. Aufl. 2003, 9. Aufl. 2005
Reinking, Kurt/Nießen, Thomas, Sittenwidrigkeit von Kfz-Leasingverträgen, NZV 1993, 49
Renz, Friedemann, Leistungsstörungen beim Finanzierungsleasing in rechtsvergleichender Sicht, 1997
Reuleaux, Matthias, Die Rechte gesicherter Gläubiger und Leasinggeber in der Insolvenz einer Fluglinie, ZLW 2005, 218

§ 106 Verzeichnis des Schrifttums zum Leasingrecht

Reuss, Horst, Das Kraftfahrzeugleasing in der Bundesrepublik Deutschland, in: Hagenmüller, K. F./ Stoppok, Gerhard (Hrsg.), Leasing-Handbuch für die betriebliche Praxis, 5. Aufl. 1988, 103
Reviol, Thorsten, Refinanzierung von Leasingverträgen, 2002
Rieß, Marc Sv., Rentabilitäts- und Risikosteuerung in PKW-Leasinggesellschaften, 2005
Rinderknecht, Thomas M., Leasing von Immobilien, Diss. Zürich 1984
Risse, Heinz, Die steuerrechtliche Behandlung der Leasing-Verträge, BB 1966, 1217
Röhrenbacher, Hans/Fleischer, W., Leasing versus Kredit, 2. Aufl., Wien 1995
Rödel, Ralf, Handbuch Autorecht – Kauf, Leasing, Unfall, 2001
Rosen, Howard, Finance leases: is there method or madness?, International Financial Law Review 1990, 16
Rosen, Howard, Practical Elements of International Leasing in the European Community, Zug 1992
Rosen, Howard (Hrsg.), Leasing law in the European Community, London 1991
Roth, Herbert, Zur gerichtlichen Inhaltskontrolle von Finanzierungs-Leasingverträgen, AcP Bd. 90 (1990), 292
Roth, Walter, Einige grundsätzliche Überlegungen zum Problem „Kauf oder Miete", DB 1974, 494
Rudden, John T., Leasing in U. S. A., Die steuer- und handelsrechtliche Problematik der Beurteilung von Leasingverträgen in den Vereinigten Staaten von Amerika, in: Hagenmüller, K. F./Stoppok, Gerhard (Hrsg.), Leasing-Handbuch für die betriebliche Praxis, 5. Aufl. 1988, 260
Rudden, John T./Woywode, Uwe, Leasing in den U. S. A., in: Hagenmüller, K. F./Eckstein, Wolfram (Hrsg.), Leasing-Handbuch für die betriebliche Praxis, 6. Auf. 1992, 381
Runge, Berndt, Finanzierungs-Leasing in der Behandlung der Finanzverwaltung, DB 1971, 973
Runge, Berndt, Immobilien-Leasing in steuerlicher Sicht, DStR 1972, 161
Runge, Berndt, Ist Immobilien-Leasing anders?, DB-Beilage 9/1972, 12
Runge, Berndt, Leasing im Steuerrecht, in: Runge/Bremser/Zöller (Hrsg.), Leasing – betriebswirtschaftliche, handels- und steuerrechtliche Grundlagen, 1978
Runge, Berndt, Leasing im Steuerrecht des letzten Jahrzehnts, DB 1990, 959
Runge, Berndt, Leasing im Zivilrecht, DB-Beilage 21/1978, 6
Runge, Berndt, Privates PKW-Leasing, DAR 1987, 113
Runge, Berndt/Bremser, Horst/Zöller, Günther, Leasing – betriebswirtschaftliche, handels- und steuerrechtliche Grundlagen, 1978

S

Sabel, Elmar, Leasingverträge in der kapitalmarktorientierten Rechnungslegung, 2006
Sailer, Ulrich, Ökonomie des Herstellerleasing: mikroökonomische, institutionenökonomische und wettbewerbspolitische Aspekte, 1997
Sannwald, Rüdiger, Finanzierungsleasingvertrag über bewegliche Sachen mit Nicht-Kaufleuten, 1982, zugl. Diss. Tübingen 1981.
Schäfer, Berthold, Die rechtliche Behandlung der Vorausabtretung von Mietzins- und Leasingforderungen im Konkurs des Vermieters und Leasinggebers, BB 1990, 82
Schaefer, Iris, Umsatzsteuerliche Behandlung von Leasing-Transaktionen mit Auslandsbezug, FLF 2006, 71
Scheffler, Wolfram, Leasing im Vergleich zum (Kredit-)Kauf – Ein EDV-gestützter Wirtschaftlichkeitsvergleich, 1984
Scherer, Josef/Mayer, Michael, Insolvenz des Leasingnehmers und Wirksamkeit von Kreditsicherheiten im Lichte des Verbraucherkreditgesetzes, BB 1998, 2169
Schiessl, Martin/Wehlau, Andreas, Die Auswirkungen von Flugzeugleasing und Übernahmeangeboten auf Fluglinien in deregulierten Märkten, RIW/AWD 1993, 709
Schimmelschmidt, Uwe/Happel, Peter, Off-Balance-Sheet-Finanzierungen am Beispiel der Bilanzierung von Leasingverträgen im Einzelabschluss und im Konzernabschluss nach HGB, IFRS und US-GAAP, DB Beilage 2004, Nr. 9, 1–12
Schinnerer, Zur Rechtsgrundlage des Leasing-Verfahrens in Österreich, in: *Krasensky,* Leasing – Beiträge über ein neues Verfahren zur Investitionsfinanzierung, 1964
Schluep, Walter R., Probleme des Leasingvertrages aus schweizerischer Sicht, in: Marschall Freiherr von Bieberstein, Wolfgang (Hrsg.), Leasingverträge im Handelsverkehr, 1980, 103
Schmalenbach/Sester, Fortschreibung der typischen Vertragsstruktur für Leasingtransaktionen nach der Schuldrechtsreform, WM 2002, 2184
Schmid, Hubert, Das Leasing von Luftfahrzeugen nach der neuen InsO, Zeitschrift für Luft- und Weltraumrecht 1999, 291

Schmidt, Uwe/Schumm, Michael, Zur Übertragbarkeit der Rechtsprechung zur Sittenwidrigkeit von Ratenkreditverträgen auf Konsumentenleasingverträge, DB 1989, 2109

Schmidt-Burgk, Klaus, Leasingraten – Masseschulden oder Konkursforderungen? ZIP 1998, 1022

Schmidt-Burgk, Klaus/Ditz, Die Refinanzierung beim Leasing nach der Insolvenzrechtsreform, ZIP 1996, 1123

Schmidt-Burgk, Klaus/Schölermann, Hinrich, Probleme bei der Anwendung des neuen Verbraucherkreditgesetzes auf Leasingverträge, BB 1991, 566

Schmitt, Michael, Der Immobilien-Leasingvertrag – Schwerpunkte und Schranken der Vertragsgestaltung, 2002

Schnepp, Winfried, Sachversicherung beim Mobilienleasing, Diss. Köln 1988

Schölermann, Hinrich/Schmid-Burgk, Klaus, Das Schriftformerfordernis bei Leasingverträgen nach dem Verbraucherkreditgesetz, DB 1991, 1968

Schölermann, Hinrich/Schmid-Burgk, Klaus, Probleme bei der Anwendung des neuen Verbraucherkreditgesetzes auf Leasingverträge, BB 1991, 566

Schopp, Heinrich, Besonderheiten des Finanzierungsleasing, ZMR 1989 249

Scholz, Franz Josef, Finanzierungsleasing und Abzahlungsgesetz, ZIP 1984, 914

Scholz, Franz Josef, Zur Kündigung von Leasingverträgen mit Privatpersonen und „Existenzgründern" nach § 12 VerbrKrG, BB 1994, 805

Scholz, Franz Josef, Das Verbraucherkreditgesetz, DB 1991, 215

Schrader, Eckhard, Ein betriebswirtschaftliches Modell für das Mobilien-Leasing, in: Hagenmüller, K. F./Eckstein, Wolfram (Hrsg.), Leasing-Handbuch für die betriebliche Praxis, 6. Aufl. 1992, 99

Schreiner, Helmut, Stornierungskosten des Herstellers oder des Lieferanten beim Finanzierungs-Leasing, BB 1980, 294

Schröck, Bernd, Leasing in Mittel- und Osteuropa, in: Eckstein, Wolfram/Feinen, Klaus, (Hrsg.), Leasing-Handbuch für die betriebliche Praxis, 7. Aufl. 2000, 491

Schröder, Albert, Rückabwicklung des Leasingvertrages bei entfallener Geschäftsgrundlage und Wegfall der Bereicherung, JZ 1989, 717

Schubiger, August, Der Leasingvertrag nach schweizerischem Privatrecht, Diss. Fribourg 1970

Schulz, Horst-Günther, Wirtschaftliches Eigentum beim Immobilienleasing, BB 1986, 2173

Schulz, Horst-Günther, Zur aktuellen Situation des Leasing in Deutschland, BB-Beilage 5/2002, 10

Schulze, T. E./Bessenroth, M., Aktuelle Rechtsprechung des BGH zu Verfallklauseln sowie zu Restzahlungen im Rahmen eines Finanzierung-Leasing-Vertrages, FLF 1982, 109

Schulze-Osterloh, Joachim, Sale-and-lease-back-Geschäfte – Zivilrechtliche Qualifikation und Ausweis in der Handelsbilanz, ZIP 2005, 1617

Schumacher, Volker, Leasingrelevante Aspekte des Euro, FLF 1997, 56

Schuster, Leo, Zur Einordnung des Leasing-Systems in die Terminologie der Betriebswirtschaftslehre, DB 1964, 1490

Schweitzer, Roger, Vorteilhaftigkeit von „double dip" Leasing bei einfacher Körperschaftsteuer, FLF 1992, 197

Schwemer, Rolf-Oliver, Leasing in der Insolvenz, ZMR 2000, 348

Schwintowsi, Hans-Peter, Aktuelle und strategische wettbewerbsrechtliche Fragen des Kfz-Leasing, DB 1990, 2253

Seeger, Siegbert, Die konkursrechtliche Behandlung von Finanz-Leasing-Verträgen über bewegliche Sachen, KTS 1974, 6

Seeger, Siegbert, Zivilrechtliche und steuerrechtliche Behandlung von Finanz-Leasing-Verträgen über bewegliche Sachen, Diss. Berlin 1972

Seeliger, Gerhard, Zur Zurechnung von Gegenständen eines Leasingvertrages – Zugleich Besprechung des BFH-Urteils IV R 144/66 vom 26.1.1970, FR 1970, 254

Sefrin, Benno, Die Kodifikationsreife des Finanzierungsleasingvertrages – Strategie und Methode der schuldrechtlichen Bewältigung der modernen Vertragstypen, 1993, zugl. Diss. Saarbrücken, 1991

Seibel, Claudia/Graf von Westphalen, Friedrich, Produkthaftung beim Immobilien-Leasing, DB 1998, 169

Seifert, Peter, Das neue Produkthaftungsgesetz und seine Bedeutung für die Leasingbranche, FLF 1988, 148

Seifert, Peter, Die Bedeutung des § 108 InsO für die Refinanzierung von Leasingverträgen, FLF 1998, 164

Seifert, Peter, Die Rechtsposition des Lieferanten im Verhältnis zum Leasinggeber, FLF 1989, 105

Seifert, Peter, Leasing von beweglichen Wirtschaftsgütern aus rechtlicher Sicht, in: Hagenmüller, K. F./Eckstein, Wolfram (Hrsg.), Leasing-Handbuch für die betriebliche Praxis, 6. Aufl. 1992, 51

§ 106 Verzeichnis des Schrifttums zum Leasingrecht

Seifert, Peter, Leasing von beweglichen Wirtschaftsgütern aus rechtlicher Sicht, in: Eckstein, Wolfram/Feinen, Klaus, (Hrsg.), Leasing-Handbuch für die betriebliche Praxis, 7. Aufl. 2000, 33
Seifert, Peter, Rechtsfragen beim Leasing-Vertrag, DB-Beilage 1/1983, 1
Seifert, Peter, Refinanzierung von Leasingverträgen nach § 108 InsO, NZM 1998, 217
Seifert, Peter, Verbraucherkreditgesetz und Finanzierungsleasing, BB-Beilage 11/1991, 12
Seifert, Peter, Wirtschaftliches Eigentum beim Immobilien-Leasing, DB 1971, 2276
Shrank, Ian/Strauss, Elise I., Equipmen Leasing, 2 Volumes, New York 1995
Siebel, Erhard, Einige strategische Überlegungen zur künftigen Vertriebspolitik von Leasing-Konzernen, BB-Beilage 6/1988, 6
Slama, Dietmar, Leasingspezifische Regelungen des Verbraucherkreditgesetzes, WM 1991, 569
Sobotka, Stefan, Der neue Teilamortisationserlass im Immobilien-Leasing, BB 1992, 827
Söffing, G., Non-pay-out-Leasing, Finanz-Rundschau 1976, 449
Sonnenberger, Hans Jürgen, Generalbericht, in: Marschall Freiherr von Bieberstein, Wolfgang (Hrsg.), Leasingverträge im Handelsverkehr, Verhandlungen der Fachgruppe für vergleichendes Handels- und Wirtschaftsrecht anlässlich der Tagung für Rechtsvergleichung 1979 in Lausanne, 1980, 9
Sonnenberger, Hans Jürgen, Rechtsfragen beim Leasing beweglicher Sachen, NJW 1983, 2217
Spittler, Hans-Joachim, Leasing für die Praxis, 1. Aufl. 1977, 6. Aufl. 2002
Spittler, Hans-Joachim, Leasing. Steuerliche Zurechnung des Leasinggegenstandes bei der 2. Vertragsgeneration, 1976
Spittler, Hans-Joachim, Wachstumsbranche Leasing – Ein Überblick, DB-Beilage 21/1978, 3
Spittler, Hans-Joachim, Wirtschaftlichkeitsvergleich Leasing-Kauf, DB Beilage 20/1979, 8
Spreter, Jürgen, Entwicklungen im Bereich des Immobilien-Leasing, FLF 1992, 140
Städtler, Arno, 40 Jahre Leasing in Deutschland, FLF 2002, 197
Städtler, Arno, Bonitätsrisiken dämpfen Leasingwachstum, DB-Beilage 6/1994, 4
Städtler, Arno, Die gesamtwirtschaftliche Bedeutung des Finanzierungsleasing, AcP Bd. 190 (1990), 204
Städtler, Arno, Gegenwart und Zukunft des Leasingmarktes in der Bundesrepublik Deutschland, in: Hagenmüller, K. F./Stoppok, Gerhard (Hrsg.), Leasing-Handbuch für die betriebliche Praxis, 5. Aufl. 1988, 183
Städtler, Arno, Gegenwart und Zukunft des Leasingmarktes in der Bundesrepublik Deutschland, in: Hagenmüller, K. F./Eckstein, Wolfram (Hrsg.), Leasing-Handbuch für die betriebliche Praxis, 6. Aufl. 1992, 11
Städtler, Arno, Gegenwart und Zukunft des Leasingmarktes in der Bundesrepublik Deutschland, in: Eckstein, Wolfram/Feinen, Klaus, (Hrsg.), Leasing-Handbuch für die betriebliche Praxis, 7. Aufl. 2000, 3
Städtler, Arno, Hochkonjunktur in der Leasingbranche, FLF 1990, 10
Städtler, Arno, Investitionsförderung in den neuen Bundesländern durch Leasing, DB Spezial. Beilage 7/1991
Städtler, Arno, Konsolidierungsphase beendet?, DB Beilage 1985, Nr. 13, 3
Städtler, Arno, Leasing: Boom ohne Ende?, FLF 1989, 3
Städtler, Arno, Leasing in Deutschland: Eine Insel der Seligen?, FLF 1993, 3
Städtler, Arno, Leasing in Deutschland: Immobilien weiter expansiv – Massengeschäft rückläufig, FLF 1995, 3
Städtler, Arno, Leasing in Deutschland: Nach Zwischenhoch nun Stagnation?, FLF 1996, 8
Städtler, Arno, Leasing in Deutschland: Weiterhin eine gefragte Dienstleistung, FLF 1997, 9
Städtler, Arno, Leasing: Wachstumsmotor Ostdeutschland, DB-Beilage 7/1992, 4
Städtler, Arno, Leasing wird konjunkturreagibler, FLF 1994, 27
Stanford, Martin J., Unidroit-Konvention über Finanzierungs-Leasing, FLF 1989, 128
Stauder, Bernd, Die Behandlung des Leasingvertrages im schweizerischen Recht – eine Zwischenbilanz, in: Kramer, Ernst A., Neue Vertragsformen der Wirtschaft: Leasing, Factoring, Franchising, 1985, 61
Stavropoulos, Gerasimos, Verbraucherkreditrechtliche Vorgaben für Finanzierungsleasingverträge nach deutschem und europäischem Recht, 2005
Steinmassl, Thomas/Fuchs, Stefan/Schönsiegel, Catrin, Die umsatzsteuerliche Behandlung von Leasing-Entgeltzahlungen, FLF 2007, 183
Sternberg, Hans Karl, Die Entwicklung der Rechtsprechung des BGH zum Finanzierungsleasing, BB 1987, 12
Stoecklin, Markus, Der Leasingvertrag als Mittel der Umgehung zwingenden Rechts, Diss. Basel 1985
Stoitzner, Josef, Leasing in Osteuropa, FLF 1996, 141

Verzeichnis des Schrifttums zum Leasingrecht § 106

Stoffels, Markus, Leasingrecht, in: Staudinger/Stoffels, Leasingrecht, 2004 (nach § 487 BGB im Band §§ 433–487; Leasing)
Stoll, Gerold, Leasing. Steuerrechtliche Beurteilungsgrundsätze, 2. Aufl. 1977
Stoppok, Gerhard, Leasing von beweglichen Wirtschaftsgütern aus rechtlicher Sicht, in Hagenmüller, K. F./Stoppok, Gerhard, Leasing-Handbuch, 5. Aufl. 1988, 11
Strauß, Christian, Vertragsgestaltung und Haftung beim Software-Leasingvertrag, 1992
Streng, William P., The Basic Reasons for International Leasing Arrangements, in: Practicing Law Institute (ed.), International Leasing, 9
Streu, Volker, Grenzüberschreitendes Leasing als Instrument der Konzernfinanzierung, 1997
Strunz, Das Immobilienleasing, BauR 1988, 413
Strunz, Leasing und Konkurs, BB 1988, 218
Studer, Albert, Leasing in der Schweiz, in: Hagenmüller, K. F./Eckstein, Wolfram (Hrsg.), Leasing-Handbuch für die betriebliche Praxis, 6. Aufl. 1992, 355

T

Tacke, Helmut R., Bearbeitung und Abwicklung eines Leasingvertrags, DB-Beilage 6/1988, 3
Tacke, Helmut R., Bilanzielle Risikovorsorge im Leasinggeschäft, DB Beilage 6/1998, 6
Tacke, Helmut R., Die Bedeutung des Vertragsmodells bei der Leasingentscheidung, DB-Beil 12/1987, 12
Tacke, Helmut R., Die Beurteilung der Bonität eines Leasingnehmers – Bilanzveränderung durch Leasing, DB 1981, 329
Tacke, Helmut R., Die Leasingwirtschaft zwischen Herausforderung durch Wandlung der Nachfragestruktur, Anpassung und Zukunftssicherung, DM-Beilage 8/1996, 4
Tacke, Helmut R., Der Immobilien-Leasing-Teilamortisationserlaß vom 23.12.1991 und die „besonderen Verpflichtungen" des Leasingnehmers, DB-Beil. 7/1993, 12
Tacke, Helmut R., Konzeptionelle Gestaltung und Struktur eines Leasing-Fonds, DB-Beil. 6/1995, 4
Tacke, Helmut R., Leasing, 1. Aufl. 1989, 2. Aufl. 1993, 3. Aufl. 1999
Tacke, Helmut R., Leasing an der Wachstumsgrenze, DB-Beilage 7/1992, 9
Tacke, Helmut R., Leasing von Investitionsgütern, Der Bankkaufmann 6/1979, 11
Tacke, Helmut R., Risiken und Risikoverläufe im Leasing, DB-Beilage 28/1983, 1
Tacke, Helmut R., Tendenzen des Software-Leasing, DB Beilage 7/1991, 6
Tacke, Helmut R., Tendenzen im EDV-Leasing, DB Spezial, Beilage 10/1990
Tacke, Helmut R., Wie Leasinggeber die Anträge ihrer Kunden beurteilen, FLF 1986, 54
Tacke, Helmut R., Zur Bonitätsprüfung im Leasing, DB-Beilage 13/1986, 15
Tacke, Helmut R., Zur Forfaitierung von Leasingforderungen, BBK Fach 17, 1692 (21/1996)
Taylor, Lawrence M., International Leasing, in: Fritch/Reisman/Shrank (eds.), Equipment Leasing – Leveraged Leasing, 3rd ed., New York 1988, Vol. 2, 1223
Teichmann, Arndt, Die Finanzierungsverpflichtung des Leasinggebers, in: Festschrift für Wolfgang Zöllner, 1998, S. 1253
Tekinalp, Ünal, Turkey's New Financial Leasing Law and Industry, Fordham Law Review Vol. 60 (1992), 117
Tessner, Magnus, Autofinanzierung und -leasing: Wachsende Bedeutung der herstellereigenen Leasinggesellschaften und Banken, FLF 1995, 132
Thiel, Jochen, Zivilrechtliche und steuerrechtliche Probleme des Leasings, BB 1967, 325
Theuer, Gottfried/Schiebel, Walter, Leasing in Österreich, in: Hagenmüller, K. F./Stoppok, Gerhard (Hrsg.), Leasing-Handbuch für die betriebliche Praxis, 5. Aufl. 1988, 237
Thomas, Frank P., Flugzeugleasingfonds, 1998
Tiedtke, Klaus, Erfordernis und Erschwerung der Kündigung von Teilamortisationsverträgen durch den Leasingnehmer nach Eintritt der Vollamortisation – Zugleich eine Besprechung des BGH-Urteils vom 20.9.1989, WM 1990, 337
Tiedtke, Klaus, Schadensersatzansprüche des Leasinggebers wegen verspäteter Rückgabe der Leasingsache, ZIP 1989, 1437
Tiedtke, Klaus, Vorläufige Verurteilung des Leasingnehmers – Zugleich eine Besprechung des Urteiles des BGH vom 19.2.1986 – VIII ZR 91/85 (ZIP 1986, 716), ZIP 1986, 694
Tiedtke, Klaus, Zur Sachmängelhaftung des Leasinggebers, JZ 1991, 907
Tiedtke, Klaus/Möllmann, Entwicklung der aktuellen Rechtsprechung des BGH zum Leasingrecht, DB 2004, 915
Tiedtke, Klaus/Möllmann, Auswirkungen der Schulrechtsreform im Leasingrecht, DB 2004, 583
Thiel, J., Zivilrechtliche und steuerrechtliche Probleme des Leasings, BB 1967, 325

Tintelnot, Olaf, Anmerkung zu BGH, JZ 1990, 868, daselbst, 872
Toth, Geza-Martin, Die steuerrechtliche Zurechung des Leasingobjekts beim Immobilien-Leasing, BB 1994, 263
Trachsel, Adrian, Leasing: Rechnungslegung und Bilanzanalyse, 1996
Tsche, Kwang-Jun, Finanzierungsleasing im deutschen, koreanischen und japanischen Recht – eine rechtsvergleichende Untersuchung unter Berücksichtigung des US-amerikanischen und des internationalen Privat- und Einheitsrechts, Diss. München 1994

U

Uhlenbruck, Wilhelm/Sinz, Ralf, Die Forfaitierung von Laesingforderungen im Konkurs des Leasinggebers, WM 1989, 1113
Ulmer, Peter/Schmidt, Harry, Zur AGB-Inhaltskontrolle von Kfz-Leasingverträgen – Sondermaßstäbe für die Inhaltskontrolle von Leasingverträgen beim sog. Hersteller-Leasing?, DB 1983, 2558 und 2615
Ullrich, Erhard, Leasing im Handels- und Steuerrecht, in: Hagenmüller, K. F./Eckstein, Wolfram (Hrsg.), Leasing-Handbuch für die betriebliche Praxis, 6. Aufl. 1992, 77

V

Vortmann, Jürgen, Die Leasingrate als Sicherheit für Kredite an den Leasinggeber, WM 1988, 117
Vosseler, Martin, Die Behandlung des Leasings von beweglichen Wirtschaftsgütern im Investitionszulagengesetz 1999, DStR 2002, 191
Vosseler, Martin, Umsatzsteuerliche Behandlung von Sale-and-lease-back-Geschäften, DStR 2007, 188
Voulgaris, Jean, La location-financière (leasing) en Grèce, Rivista internationale del leasing (e dell'intermediazione finanziaria) 1987, 569

W

Wagner, Klaus-R./Sommer, Birgit, Kredit- und Sicherheitsverlustrisiko für Kreditinstitute bei Finanzierungen mit geschlossenen Immobilien- und Leasingfonds als Schein-KG?, WM 1995, 561
Wagner, Peter, Leasing als Geschäftsbesorgung?, BB 1969, 109
Wagner, Wolfgang, Bilanzausweis vermieteter Gegenstände beim Leasing-Geber, DB 1974, 297 und 351
Walz, Rainer W., Die Stellung des Leasingnehmers beim Finanzleasing beweglicher Anlagegüter in sachen-, vollstreckungs- und konkursrechtlicher Hinsicht, WM-Beilage 10/1985, 2
Warzecha, Jürgen, Leasing im Finanzierungsbereich der Unternehmen, Diss. Bonn 1972
Wassermann, Heinrich, Leasing 1987: 923 Gesellschaften – Leasing im Jubiläumsjahr, FLF 1987, 186
Wassermann, Heinrich, Leasing 1989: 1216 Gesellschaften, FLF 1989, 217
Wassermann, Heinrich, Leasing 1990: 1348 Gesellschaften, FLF 1990, 226
Wassermann, Heinrich, Leasing 1991: 1488 Gesellschaften, FLF 1991, 228
Wassermann, Heinrich, Leasing 1992: 1728 Gesellschaften, FLF 1993, 78
Wassermann, Heinrich, Leasing 1994: 1757 Gesellschaften, FLF 1995, 83
Wassermann, Heinrich, Leasing-Gesellschaften in Deutschland 1995, FLF 1996, 92 und 152
Wassermann, Heinrich, Verzeichnis der Leasinggesellschaften in Deutschland 1994, FLF 1995, 48
Weber, Jan, Die Entwicklung des Leasingrechts von Mitte 2003 bis Mitte 2005, NJW 2005, 2195
Weber, Jan, Die Entwicklung des Leasingrechts von 2001 bis Mitte 2003, NJW 2003, 2348
Weber, Rüdiger, Immobilien-Leasing – Immer attraktiver für den Mittelstand, BB-Beilage 6/1994, 5
Welling, Susanna, Miet- und Leasingverträge über bewegliche Sachen im neuen Insolvenzrecht, 1999
Wenzel, Frank, Finanzierungsleasing in der Gesamtvollstreckung, DB 1991, 2425
Wenzler, Thomas, Die Registrierung von Luftfahrzeugen in der Luftfahrzeugrolle nach dem „Leasingerlaß" des Bundesministers für Verkehr vom 12 Februar 1991, ZLW 1991, 276
Graf von Westphalen, Friedrich, Ausgewählte Fragen zum Finanzierungsleasingvertrag über Mobilien, FLF 1982, 178
Graf von Westphalen, Friedrich, Auswirkungen der Schuldrechtsreform auf das Leasingrecht, ZIP 2006, 1653
Graf von Westphalen, Friedrich, Auswirkungen der Schuldrechtsreform auf die „Abtretungskonstruktion" beim Leasing, ZIP 2001, 2258
Graf von Westphalen, Friedrich, Das Insolvenzrisiko des Lieferanten beim Finanzierungsleasing, WM 1980, 942

Verzeichnis des Schrifttums zum Leasingrecht § 106

Graf von Westphalen, Friedrich, Das Schuldrechtsmodernisierungsgesetz und Leasing – Was ändert sich, was bleibt?, DB 2001, 1291

Graf von Westphalen, Friedrich, Der Leasingnehmer als Nichtkaufmann – Einbeziehung der Lieferanten-AGB und Rügepflichten, BB 1990, 1

Graf von Westphalen, Friedrich, Der Leasingvertrag, 2. Aufl. 1984, 3. Aufl. 1987, 4. Aufl. 1992, 5. Aufl. 1998

Graf von Westphalen, Friedrich, Die Auswirkungen der Schuldrechtsreform auf die „Abtretungskonstruktion" beim Leasing, ZIP 2002, 2258

Graf von Westphalen, Friedrich, Die Haftung des Leasinggebers für Fehlverhalten des Lieferanten vor oder bei Abschluss des Leasingvertrages, BB-Beilage 10/1989, 18

Graf von Westphalen, Friedrich, Die neue BGH-Judikatur zum Teilamortisationsvertrag: Ergebnisse – Schlussfolgerungen, ZIP 1983, 1021

Graf von Westphalen, Friedrich, Die neuesten BGH-Entscheidungen zum Finanzierungsleasing – Konsequenzen für die Praxis, ZIP 1985, 1033

Graf von Westphalen, Friedrich, Die rechtliche Qualifikation des Lieferanten des Leasinggutes beim Finanzierungsleasing, BB 1984, 2093

Graf von Westphalen, Friedrich, Die Rügepflichten gemäß §§ 377, 378 HGB bei einem Leasingvertrag gegenüber einem Nicht-Kaufmann, BB-Beilage 19/1990, 16

Graf von Westphalen, Friedrich, Die Übernahme des notleidenden Leasingvertrages, NJW 1997, 2905

Graf von Westphalen, Friedrich, Ersatzlieferung im Rahmen eines Leasingvertrages, ZGS 2007, 219

Graf von Westphalen, Friedrich, Gewährleistung beim Finanzierungsleasing – Geklärte und offene Fragen, BB-Beil. 3/1986, 7

Graf von Westphalen, Friedrich, Kfz-Leasing, Kfz-Händler, die Rückkaufspflicht und Vermittlungsprovision, BB 2006, 741

Graf von Westphalen, Friedrich, Leasing (Stand: 17. Ergänzungslieferung 2006), in: AGB-Klauselwerke

Graf von Westphalen, Friedrich, Leasing-AGB markengebundener Kfz-Unternehmen, DAR 1984, 337

Graf von Westphalen, Friedrich, Leasing als „sonstige Finanzierungshilfe" gem. § 1 Abs. 2 VerbrKrG, ZIP 1991, 639

Graf von Westphalen, Friedrich, Leasing als Umgehungsgeschäft gemäß § 6 Abzahlungsgesetz?, MDR 1980, 441

Graf von Westphalen, Friedrich, Leasing als Umgehungsgeschäft gemäß § 6 Abzahlungsgesetz, DB 1985, 584

Graf von Westphalen, Friedrich, Leasing: Die vernachlässigte Bedeutung des Einkaufsvertrages, DB 1993, 921

Graf von Westphalen, Friedrich, Leasing und Konkurs, BB 1988, 218

Graf von Westphalen, Friedrich, Leasing und Produkthaftung, BB-Beil. 11/1991

Graf von Westphalen, Friedrich, Leasing und Verbraucherkreditgesetz: Mithaftende GmbH-Geschäftsführer/Gesellschafter, BB-Beilage 8/1993, 19

Graf von Westphalen, Friedrich, Leistungsfähigkeit und Leistungswilligkeit des Lieferanten – ein Risiko des Leasinggebers, ZIP 1985, 1436

Graf von Westphalen, Friedrich, Leistungsstörungen beim Autoleasing, DAR 2006, 620

Graf von Westphalen, Friedrich, Leitlinien und Tendenzen der BGH-Judikatur zum Leasingvertrag, DB-Beil. 6/82, 1

Graf von Westphalen, Friedrich, Options- und Andienungsrechte in Leasingverträgen mit Verbrauchern, ZGS 2002, 89

Graf von Westphalen, Friedrich, Rechtliche Qualifizierung des Leasing, BB 1988, 1829

Graf von Westphalen, Friedrich, Rechtsprechungsübersicht zum Leasingrecht 2002–2004, BB 2004, 2025

Graf von Westphalen, Friedrich, PKW-Leasing – Kaskoversicherung: Ein Beitrag zu einem kontroversen Thema, DAR 1988, 37

Graf von Westphalen, Friedrich, Schuldrechtsreform und die Verwendung alter Lieferanten-AGB bei Leasingverträgen, ZGS 2002, 64

Graf von Westphalen, Friedrich, Zivilrechtliche Auswirkungen des BFH-Urteils vom 26. 7. 1991 auf das private PKW-Leasing, DB 1992, 2379

Graf von Westphalen, Friedrich, Zivilrechtliche und steuerrechtliche Fragen beim Software-Leasing, DB-Beilage 3/1989, 1

Graf von Westphalen, Friedrich/Lwowski, Hans-Jürgen, Leasing – insbesondere Fragen der regreßlosen Finanzierung, 1986

Widmer, Martin, Les normes impératives applicables au contrat de leasing, Schweizerische Juristen-Zeitung 1978, 106
Wildenhain, Beendigung des Kfz-Leasingvertrages, in: 35. Verkehrsgerichtstag 1997, S. 202
Wilhelm, Jochen, Die Vorteilhaftigkeit des Leasing aus finanztheoretischer Sicht, ZfbF 1985, 485
Winter, Matthias/Höink, Carsten, Cross-Border-Leasing „Lieferung oder sonstige Leistung?", Umsatzsteuer-Rundschau 2006, 326
Wlachojiannis, Constantin, Das Leasingrecht nach der Schuldrechtsreform, BuW 2004, 465
Woitkewitsch, Christopher, Leasingnehmer mit Verbraucherliegenschaft beim Finanzierungsleasing, VuR 2006, 440
Wolf, Eckard/Eckert, Hans-Georg/Ball, Wolfgang, Handbuch des gewerblichen Miet-, Pacht- und Leasingrechts, 8. Aufl. 2000, 9. Aufl. 2004
Wolf, Eckard/Kämmerling, Jochen, Die höchstrichterliche Rechtsprechung zum Risiko der Lieferanteninsolvenz beim Finanzierungsleasing, in: Festschrift für Franz Merz, 1992, 627
Wolf, Jens, Die Rechtsnatur des Finanzierungsleasings, JuS 2002, 335
Wörn, Thilo, Die Beurteilung von Immobilienleasing durch Kommunen, 1997
Wotschofsky, Stefan/Reisinger, Daniel, Rahmenbedingungen grenzüberschreitender Leasinggestaltungen, NWB Fach 17, 1757 (38/2003)
Wulf, Martin/Petzold, Katharina, Bilanzierung von Leasing-Rücknahmeverpflichtungen in der Automobilbranche, DStR 2004, 2116
Wulkan, Christoph, Der Immobilien-Leasingvertrag nach schweizerischem Privatrecht, Diss. Zürich 1988

Z

Zahn, Herbert, Das Sicherungseigentum der Bank in der Insolvenz der Leasinggesellschaft, ZIP 2007, 365
Zahn, Herbert, Der Leasingvertrag über Mobilien in der Insolvenz des Leasinggebers nach der Novellierung der InsO, DB 1996, 1393
Zahn, Herbert, Die Stellung des Finanzierungsleasing im Verbraucherkreditgesetz – ein Verstoß gegen EG-Recht?, DB 1994, 617
Zahn, Herbert, Der kaufrechtliche Nacherfüllungsanspruch – Ein Trojanisches Pferd im Leasingvertrag?, DB 2002, 985
Zahn, Herbert, Leasingnehmer und refinanzierende Bank in der Insolvenz des Leasinggebers nach der Insolvenzordnung, BB 1995, 1597
Zahn, Herbert, Leasingpraxis nach Inkrafttreten des Verbraucherkreditgesetzes, DB 1991, 2171
Zahn, Herbert, Leasingvertrag und Widerrufsbelehrung nach dem Verbraucherkreditgesetz, DB 1991, 687
Zahn, Herbert, Neues Recht des Leasingvertrages durch das Verbraucherkreditgesetz, DB 1991, 81
Zahn, Herbert, Risiko des Leasinggebers und Vertragsgestaltung nach dem Immobilien-Erlaß vom 23.12.1991 (Teil I und Teil II), DB 1992, 2482 und 2537
Zahn, Herbert, Schuldbeitritt zum Leasingvertrag nach dem Verbraucherkreditgesetz, DB 1992, 1029
Zahn, Herbert/Bahmann, Ludwig, Kfz-Leasingvertrag, 1999
Ziganke, Klaus, Restfälligkeit, Sicherstellung und Kündigung beim Finanzierungsleasingvertrag, BB 1982, 706
Zöller, Günther, Betriebswirtschaftliche Grundlagen des Leasing, in: Runge, Berndt/Bremser, Horst/Zöller, Günther, Leasing – betriebswirtschaftliche, handels- und steuerrechtliche Grundlagen, 1978
Zöller, Günther, Big-Ticket-Leasing, RIW/AWD 1985, Supplement Leasing, 27
Zwicker, Dieter G., Mobilien-Leasing in den USA, in: Eckstein, Wolfram/Feinen, Klaus, (Hrsg.), Leasing-Handbuch für die betriebliche Praxis, 7. Aufl. 2000, 519

Stichwortverzeichnis

(fette Zahlen = Teile / magere Zahlen = Randziff.)

Abhilfefrist **43** 14
Abholungskosten **49** 37
Ablieferung s. *Abnahme*
Abmahnung **43** 14
Abnahme **6** 33; **10** 68; **12** 9 ff.; **63** 123, 125 ff.
– unberechtigte Verweigerung **13** 11
– Untersuchungs- und Rügeobliegenheit **14** 2
– Verjährungsbeginn **12** 13 f.; **27** 100
– Vorbehalt **14** 1
Abnehmerschaden **26** 4, 59, 62
Absatzförderung **1** 7; **2** 32; **3** 14 ff.
Absatzwirtschaft **2** 31 f.; **3** 9
Abschlagszahlung **6** 34; **29** 46 f.
Abschlusszahlung **2** 23 ff.; **4** 10, 54; **8** 47; **32** 7
– Abzinsung **37** 30 ff.
– Anrechnung des Verwertungserlöses **37** 34 ff.
– Anspruchsgrund **37** 1 ff.
– Anspruchshöhe **37** 13 ff.
– ersparte Aufwendungen **37** 16 ff.
– Fälligkeit **37** 45 ff.
– Gesamtbetrag offene Leasingraten **37** 13 f.
– Gewinnanspruch **37** 27 ff.
– Inhaltskontrolle **37** 4 ff.
– Klage des Leasinggebers nach Beendigung des Leasingvertrags **30** 26
– Mehraufwendungen **37** 25 f.
– Mehrwertsteuer **37** 44
– Restwertausgleich **37** 51 ff.
– Restwertgarantie **37** 55 ff.
– Verjährung **37** 50
– vertragsimmanenter Anspruch **37** 11 f.
– vertragliche Regelung **37** 4 ff.
– Verzinsung **37** 60 f.
Abschreibungen
– außerplanmäßige **72** 28 ff., 45 ff., 87, 99; **73** 32, 36
– Leistungsabschreibung **72** 20
– Methode **72** 19, 38, 42
– planmäßige **72** 14 ff., 36 ff.; **73** 31, 36
– Sonderabschreibungen **72** 31
– Volumen **72** 39, 43
– Zeitabhängigkeit **72** 22
Abtretung **4** 54; **7** 39; **33** 4
Abtretungskonstruktion **4** 9; **21** 1 ff.; **23** 2; **24** 30; **49** 45
– „radikale" Abtretungsvariante **21** 5; **22** 59; **23** 2, 33, 49; **26** 20
– Abtretungserweiterung, nachträgliche **27** 162 f.
– Allgemeine Geschäftsbedingungen **52** 78 ff.
– Auslegung der leasingtypischen – **27** 17 ff.
– Ausübung der Wahlrechte aus Liefervertrag durch Leasingnehmer **27** 60 ff.

– Durchsetzungspflicht/-recht der abgetretenen Rechte **27** 35 ff.
– Eigenhaftung des Leasinggebers **27** 1 ff.
– Inhalt einer Abtretungsvereinbarung **27** 17 f.
– Kollisionsrecht **84** 1 f.
– leasingtypische Abtretungsvereinbarung **27** 19 ff.
– Leistungsstörung **27** 46 ff., 59 ff.
– Leistungsverweigerungsrechte **27** 125 ff.
– Lieferant als Anspruchsgegner **27** 42, 59 ff.
– nachrangige Haftung des Leasinggebers **27** 12 ff.
– Nichtgeltendmachung abgetretener Rechte **27** 165 ff.
– Pflichtverletzungen aus Liefervertrag s. *dort*
– Rechtsmängelhaftung s. *Mangelhaftung*
– Regelungsvorschlag **27** 43 ff.
– Rückabwicklung des Liefervertrags **27** 113 ff.
– Sachmängelhaftung s. *dort*
– Stellung des Leasingnehmers **27** 16 ff.
– wechselseitige Pflichten bei Leistungsstörung **27** 46 ff.
Abtretungsverpflichtung **31** 16
Abwicklungskosten **49** 27
Abzahlungskauf **2** 3; **3** 12, 23, 25
Abzinsung **37** 30 ff.; **39** 33 ff.
Adressenausfallrisiken **76** 9 ff.
Advanced Approach **78** 2
Aktivlegitimation **25** 43; **26** 61; **28** 24, 77; **29** 10
Aktivposten **29** 32 ff., 45 ff.
All-Inclusive-Leasingvertrag **55** 10
Allgemeine Geschäftsbedingungen (AGB)
– Aushöhlungsverbot **8** 42 ff.
– Beweislast **8** 21 f.
– dispositives Recht **8** 52 f.; **9** 7
– Einbeziehung **8** 23 ff.; **9** 2 ff.
– ergänzende Vertragsauslegung **8** 54
– geltungserhaltende Reduktion/Teilbarkeit **8** 50 f.
– Gewährleistungsbeschränkungen **9** 16, 23 f.
– Haftungsklauseln **9** 19 f.; **10** 28 ff.
– Individualvereinbarung **8** 19 f., 31 f.; **9** 3
– Inhaltskontrolle **8** 35 ff.; **9** 8 ff.; **52** 84 ff.
– kollidierende Bedingungen **9** 5 f.
– Leitbildabweichung **8** 40
– Leasingvertragsbedingungen **9** 1 ff.
– Liefervertragsbedingungen **9** 1 ff.
– Nichteinziehung/Unwirksamkeit **8** 49 ff.; **9** 7, 13 f.
– Rahmenvereinbarung **8** 26 ff.
– Rückkaufvereinbarungen **9** 21 ff.
– Rügeobliegenheit **9** 17 f.; **52** 86
– Schriftformklauseln **8** 33 f.

1263

Stichwortverzeichnis

- Stellen von Vertragsbedingungen **8** 12 ff.
- Transparenzgebot **8** 46
- Überraschungsverbot **8** 29; **9** 3
- Unerheblichkeit **8** 18
- Unternehmer **8** 3, 24; **9** 3
- Verbandsklageverfahren **8** 55
- Verbraucher **8** 4; **9** 4
- Verbraucherleasinggeschäft **52** 76 ff.
- Verknüpfung Zahlungspflicht/Übernahmebestätigung **9** 15
- Vertragsbedingungen **8** 7
- Vielzahl von Verträgen **8** 10 f.
- Vorformulierung **8** 8 f.

Allgemeine Leasing(vertrags)bedingungen (ALB) **5** 17

Amortisation s. Rest-, Teil- oder Vollamortisation

Amortisationsdifferenz **2** 25

Amortisationsrisiko **66** 27 ff.

Anbau **79** 66

Andienungsrecht **2** 22
- Abtretung des Kaufpreisanspruchs **7** 39
- Andienung durch Leasinggeber **7** 15 ff.
- Erwerbspflichten **49** 44
- Haftung **7** 17 ff.
- Inhalt **7** 9 ff.
- Insolvenz **49** 44; **50** 4, 19
- Kfz-Leasing **55** 7; **57** 12
- Klauseln für Weiternutzung/Verwertung **34** 13 f.
- Muster, Teilamortisationsvertrag mit Andienungsrecht **101** 2.
- Verbrauchgüterkauf **52** 113 ff.
- Zuordnung des Leasingguts **71** 60, 101 ff.

Anerkenntnis **13** 3, 6; **27** 105 f.; **29** 6

Anerkennungsgebühr **34** 11

Anerkennungsprinzip **76** 1, 4

Anfechtung **6** 82 ff.; **27** 36
- Irrtum **6** 83
- Kollusion **6** 92 ff.
- Täuschung/Drohung **6** 84 ff.; **10** 35
- Vertragsübernahme **10** 5
- vorrangige Anfechtung des Liefervertrags **6** 87 ff.

Angabeerfordernisse **52** 52 ff.

Angebot auf Vertragsabschluss **5** 9 f.

Anhangsangaben
- nach HGB **72** 118 ff.; **73** 22, 43 f.
- nach IFRS **72** 121 ff.; **73** 23, 45

Anlagevermögen **69** 25; **72** 3; **79** 21 f.

Anlaufverluste **72** 94, 119

Annahme der Vertragsangebote **5** 11 ff.

Annahmepolitik **11** 2

Annahmeverzug
- Leasinggeber **12** 10; **13** 18
- Leasingnehmer **22** 40 ff.; **23** 23
- Lieferant **26** 107; **27** 76 f.; **28** 65, 70 ff.; **63** 175 f.

Anpassung des Leasingvertrags s. Rückabwicklung

Anpassungsklauseln s. Preisanpassungsklauseln

Anschaffung, Begriff **79** 30

Anschaffungskosten **2** 6; **67** 31 f.; **72** 8 ff., 35 f.; **79** 97

Anwartschaftsrecht **10** 5; **48** 17, 26

Anzahlung **6** 34; **10** 4; **29** 46 f.

Anzahlungsbesteuerung **70** 29

Anzeige- und Berichtspflichten **76** 12

Arbeitnehmerfreizügigkeit **90** 6

Arrestantrag **30** 5

Asset Backed Securities-Transaktionen **72** 66

Aufhebungsvertrag **34** 6; **83** 15

Aufklärungspflicht **63** 131
- Lieferant **10** 41 ff.
- Pflichtverletzung **10** 39
- Rahmenvereinbarungen **11** 8
- vorvertragliche **10** 16 ff., 42

Aufsicht s. Finanzdienstleistungsaufsicht, Kreditaufsicht

Aufsichtsinteresse **76** 2

Auftragsverhältnis **25** 36; **27** 31 ff.; **29** 52

Aufrechnungsverbote **20** 1 ff.

Aufwendungen, erhöhte **17** 9

Aufwendungsersatz **22** 8, 13 ff.; **24** 23; **26** 101 ff.; **27** 12 ff.

Aushandlungsklausel **8** 22

Ausländischer Vollstreckungstitel **47** 2

Auslandberührung s. Grenzüberschreitendes Leasing

Auslegung **6** 39, 66 ff.; **7** 20, 23, 30; **8** 54

Auslieferung s. Lieferung

Aussonderungsrechte **49** 30 ff., 63
- eigenmächtige Wegnahme **49** 30
- Ersatzanspruch/Versicherungsleistung **49** 38 ff.
- Sonderbehandlung des Leasingguts? **49** 31 ff.
- vertragliche Herausgabeansprüche **49** 37
- Vindikation **49** 35 f.

Autobanken **1** 14; **2** 32; **3** 10; s. auch Kfz-Leasing

Automatikklauseln **18** 8

BaFin **76** 2; s. auch Finanzdienstleistungsaufsicht

Bankenbeteiligungsmodell **70** 11 f.

Bankgeschäfte **76** 4; **77** 3

Barwert **71** 78 ff.; **73** 4, 7

Barwertmarge **66** 23

Barwertvergleich **67** 69

Basel I **78** 1

Basel II **76** 14
- befristeter Dispens für Immobilienleasingforderung **78** 11
- Bonitätsgewichtung **78** 2, 3
- Großkreditaufsicht **78** 10
- IRB-Ansatz **78** 9
- Kreditrisikominderung **78** 12 ff.
- Refinanzierung von Leasingunternehmen **78** 17
- Richtlinien-Neufassung **78** 4 ff.
- Standardansatz **78** 8, 15

(fette Zahlen = Teile / magere Zahlen = Randziff.)

Baseler Ausschuss für Bankenaufsicht **76** 14; **78** 1
Baseler Eigenkapitalübereinkunft *s. Basel II*
Basisindikatoransatz **78** 15
Bauantragstellung **79** 87
Baubetreuungsgesellschaft **61** 6
Baugewerbe-Leasing **3** 9
Bauträgerdarlehen **77** 13
Bedienungsanleitung *s. Montage- und Bedienungsanleitung*
Beendigung des Leasingvertrags **4** 10
– außerordentliche Beendigung **38–46**
– ordentliche Beendigung **34–37**
Beherbergungsgewerbe **79** 49
Beherrschungsidentität **69** 16
Beibehaltungswahlrecht **72** 28; **73** 32
Benutzerdokumentation **62** 8; **63** 4, 64 ff.
Benutzerhandbuch **63** 69
Beratung **63** 131
Beratungspflicht **6** 31
Beratungsverschulden **63** 42 f.
Bereicherungsrechtliche Rückabwicklung *s. Saldierung*
Berliner Räumung **47** 12
Beschädigung der Leasingsache *s. Gefahrtragung*
Beschaffenheit **6** 30; **7** 28; **10** 1, 18, 46; **27** 110; **63** 32, 108
Bescheinigungsverfahren (InvZul) **79** 55 ff.
Besitzkonstitut **64** 9
Besitzstörung **45** 8
Besitzverschaffung **23** 1; **26** 15
Besondere Vertragsbedingungen für Beschaffung von DV-Leistungen (BVB) **8** 17; **63** 30
Bestandshaftung **74** 54 ff.
Bestätigungs- und Einbeziehungsklauseln **8** 25
Bestellbedingungen **5** 19; **6** 46
Bestellung, Begriff **79** 83
Besteuerung des Leasinggebers
– Einkünfte aus Gewerbebetrieb **69** 12 ff.
– Einkünfte aus Kapitalvermögen **69** 98 f.
– Einkünfte aus Vermietung/Verpachtung **69** 86 ff.
– Maßgeblichkeitsgrundsatz **69** 20 f.
– Objektgesellschaft/Fonds **69** 81 ff.
– sonstige Einkünfte **69** 100
– wirtschaftliches Eigentum des Leasinggebers **69** 22 ff.
– wirtschaftliches Eigentum des Leasingnehmers **69** 77 ff.
Besteuerung des Leasingnehmers
– Einkünfte aus Gewerbebetrieb **69** 101 f.
– Einkünfte aus nichtselbständiger Arbeit **69** 120
– Einkünfte aus selbständiger Arbeit **69** 118 f.
– Einkünfte aus Vermietung/Verpachtung **69** 121
– sonstige Einkünfte **69** 122
Bestimmtheitsgrundsatz **89** 2
Beteiligungsidentität **69** 16

Betragsdeckungsdarstellung **76** 6
Betriebe produktionsnaher Dienstleistungen **79** 48
Betriebliche Investitionen *s. Investitionen, betriebliche*
Betriebsanlage **58** 9
Betriebsaufspaltung **69** 16 ff.
Betriebsergebnisrechnung **66** 9, 37
Betriebseröffnung **79** 22, 54
Betriebsgefahr **56** 14
Betriebsstätte **79** 31, 74 f.; **80** 33
Betriebsübernahme **79** 77
Betriebsvorrichtungen **58** 9; **60** 3; **70** 23; **79** 40
Betriebszugehörigkeit **79** 31 ff.
Betrug/Subventionsbetrug **79** 149
Beweissicherung **27** 110; **63** 154 ff.
Bewertungsstetigkeit **72** 25
BGB-InfoV **54** 14 ff.
BGH-Entscheidungen zum Leasingrecht **105**
Big-Ticket-Leasing **3** 18
Bilanzausweis **72** 2, 33 f., 48 ff.; **73** 3, 11, 24 ff., 34; **77** 5
Bilanzierung, wirtschaftliches Eigentum des Leasinggebers
– Anhangsangaben **72** 118 ff.
– Bilanzierung beim Leasinggeber **72** 2 ff.
– Bilanzierung beim Leasingnehmer **72** 124 ff.
– Erträge/Aufwenduen **72** 111 ff.
– Leasinggegenstand **72** 2 ff., 33 ff.
– Leasingraten **72** 48 ff., 77 ff.
– Risikovorsorge **72** 83 ff., 95 ff.
– Rückstellungen **72** 103 ff.
– Verbindlichkeiten **72** 106 ff.
– Leasingraten **72** 124 ff.
– Rechnungsabgrenzungsposten **72** 141 ff.
– Rückstellungen **72** 143 ff.
Bilanzierung, wirtschaftliches Eigentum des Leasingnehmers
– Anhangsangaben **73** 22 f., 43 ff.
– Bilanzierung beim Leasinggeber **73** 3 ff.
– Bilanzierung beim Leasingnehmer **73** 24 ff.
– Erträge/Aufwendungen **73** 19 ff., 41 f.
– Leasinggegenstand **73** 24 ff.
– Leasingraten **73** 3 ff.
– Verbindlichkeiten **73** 37 ff.
Bilanzneutralität **67** 42 ff.
Bilanzverkürzung **74** 18 f.
Bindungsfrist *s. Annahme- und Bindungsfrist*
Bindungswirkung **29** 2 ff.
Blanket-Leasing **3** 28
Bonität **5** 11; **11** 5 ff.; **66** 32; **67** 39 ff.; **72** 30; **74** 38 f.
Bonitätsgewichtung **78** 1 ff.
Bonitätsrisiko **69** 45, 56; **72** 84 ff., 95 ff.; **74** 13, 93
Branchenbezug **79** 48 ff.
Bringschuld **30** 29; **31** 14
Brüssel I-VO **47** 2; **88** 2 f.; **90** 16
Brutto-Leasing **3** 29; **49** 5; **55** 10; **58** 12

1265

Buchrestwert-Leasing **3** 1
Bundesanstalt für Finanzdienstleistungsaufsicht s. *BaFin*
Bundesverband Deutscher Leasingunternehmen e.V. **1** 14
Bundesverband Finanzierung und Leasing e. V. (BVFL) **1** 14
Bürgschaft **19** 4, 8 ff.
Buy-and-lease **58** 2; **61** 4

Captives **3** 24
CISG s. *Grenzüberschreitendes Leasing, UN-Kaufrecht*
Computer- und Softwareleasing **3** 22; **28** 63
– Ablieferung **63** 123 f.
– Abnahme **63** 125 ff.
– Aufklärung/Beratung **63** 131 ff.
– Begriff Computerleasing **62** 6
– Begriff Computerrecht/Computerverträge **62** 4 f.; **63** 6
– Begriff Hardware/Software **62** 7 f.; **69** 26 ff.
– Dokumentation **63** 4, 64 ff.
– Dongles **62** 49 ff.
– Einweisung/Schulung **63** 88 ff.
– Gebrauchsüberlassungsverbote **62** 45 ff.
– Hinweispflicht **62** 54
– Individualvereinbarungen **63** 29
– Inhalt von Computerwarenlieferverträge **63** 1 ff.
– Installation/Montage/Einrichten **63** 95 ff.
– kurzfristiges Lösungs-/Kündigungsrecht **63** 147
– Nutzungsrechtsbeschränkungen **62** 48 f.
– Nutzungsrechtseinräumung **62** 27 ff.
– OEM-Klauseln **62** 43
– öffentliche Hand **63** 30 f.
– Pflichtenheft **63** 3, 32 ff.
– Produkt- und Produzentenhaftung **63** 142 ff.
– Programmsperren **62** 49 ff.
– Prozessuales s. *Computerprozess*
– Rechtsmängelhaftung **63** 115 ff.
– Rechtsnatur von Computerverträgen **63** 6 ff.
– Sachmängelhaftung **63** 106 ff.
– Schutzmechanismen **62** 51 ff.
– Schutzpflichtverletzung des Lieferanten **63** 136 ff.
– Software als immaterielles Wirtschaftsgut **62** 20 ff.; **69** 27
– Software als Sache i.S.d. BGB **62** 19
– Softwareentwicklung als Dienstvertrag **63** 27
– Software-Überlassung auf Zeit/Dauer **62** 38 ff., 41
– steuerliche Behandlung **69** 26 ff.
– Systemvereinbarungen **62** 48 f.
– Überlasssung von Montage- und Bedienungsanleitungen **63** 64 ff.
– Überlassung des Quellcodes **62** 4, 25; **63** 44 ff.
– Überlassung eines kompletten Computersystems mit Zusatzleistungen **63** 23 ff.

– Überlassung von Hardware **63** 9 f.
– Überlassung von Individualsoftware **63** 18 ff.
– Überlassung von Standardsoftware **63** 11 ff.
– Übernahmebestätigung **63** 122
– Untersuchung/Rüge **63** 129 f.
– Verwertungsmöglichkeiten von Software **62** 55
– Verwertungsrecht **62** 36 ff.
– Wartungs- und Pflegeverträge **63** 98 ff.
– Weiterveräußerungsrecht **62** 36 ff.
– Weitervermietungsrecht **62** 36
– wirtschaftliche Bedeutung **62** 1 ff.
– Zuständigkeit bei Streitigkeiten **62** 9 ff.
Computerprozess
– Beweiserhebung im Prozess **63** 160 ff.
– Beweismittelsicherung, vorprozessuale **63** 154 ff.
– Feststellung des Lieferantenannahmeverzugs **63** 175
– Kosten **63** 152 f.
– Mitwirkung des Leasinggebers **63** 150 f.
– Prozessvorbereitung **63** 149
– Sachverhaltsdarlegung **63** 157 ff.
– vollstreckungsfähiger Titel **63** 163 ff.
– Zug-um-Zug-Antrag **63** 163 ff.
Computerrecht **62** 4 f.
Computersystem mit Zusatzleistungen **63** 23 ff.
Computerverträge **62** 4 f.; **63** 3 ff., 6 ff.
Computerwaren **62** 1
Controlling **66** 42
CPU-Klauseln **62** 48
Cross-Border-Leasing **1** 13; **3** 9; **68** 9; **70** 43; **81** 9; **100** 17

Darlehensfinanzierung **4** 34 ff.; **66** 15; **67** 17
Darlehenszinsen **67** 17
Datenträger **62** 17
Datenverlust **63** 137
Dauerschuldentgelt **70** 2 ff.
Dauerschuldzinsvorteil **67** 24
De-minimis-Verordnung **79** 136
Deliktshaftung **10** 48; **63** 142; **85** 3; **87** 15
Delkredereübernahme **77** 15
Derogation **89** 1
Deutsche Bundesbank **76** 2
Dienstleistung **54** 6; **82** 2; **90** 2
Dienstleistungsfreiheit **90** 2 ff.
Dienstleistungsfunktion **1** 13; **58** 13, 14
Direktanspruch **84** 3; **87** 13
Direktes Leasing **1** 9; **3** 11 ff.
Diskontierungssatz **71** 85, 88
Dokumentationspflicht **63** 4, 64 ff.
Domestic-Leasing **1** 13; **3** 9
Dongles **62** 50 ff.
Doppeloption **7** 14; **71** 109 ff.
Doppelpfändung **48** 17
Doppelstockmodell **50** 17; **75** 1 ff.
Dotationskapital **76** 8
Dreiecksverhältnis **1** 6; **3** 13; **5** 1 ff.

(fette Zahlen = Teile / magere Zahlen = Randziff.)

Drittkäuferbenennungsrecht **7** 4
Drittschadensliquidation **26** 45
Drittlieferanten **27** 122
Drittrangmittel **76** 6
Drittverweisung **7** 29, 37; **21** 1; **22** 59 ff.; **25** 16 ff.
Drittwiderspruchsklage **48** 5
dual use **52** 26
Duldungs-/Anscheinsvollmacht **6** 5, 18; **10** 9

E-Geld-Institute **76** 2
Effektiver Jahreszins **17** 7 f.
EG-rechtlicher Verbraucherschutz **82** 1 ff.
Eigenhaftung des Leasinggebers **4** 6; **10** 41 ff.; **27** 1 ff.
Eigenkapitalersatz **50** 17
Eigenkapitalersetzendes Leasing *s. Finanzierungsleasing, Operating Leasing*
Eigenkapitalfinanzierung **66** 14
Eigenmittel- und Liquiditätskontrolle **76** 6; **77** 4 ff., 13, 16
Eigentum *s. auch Wirtschaftliches Eigentum*
– IFRS **71** 21 ff.
– rechtliches Eigentum **71** 14 ff., 21
– Steuer- und Handelsrecht **71** 14 ff.
– wirtschaftliches Eigentum **71** 17 ff., 22; **77** 5
– Zuordnung der Leasinggegenstände **71** 23 ff.
Eigentumsübergang **5** 36 f.; **71** 47
Eigentumsverletzung **45** 4 f.
Eigentumsverschaffungsanspruch **48** 30
Einbauten **36** 1 ff.
Einheitlichkeitswille **6** 37, 72; **27** 114; **63** 26
Einkommenssteuereffekt **67** 26
Einkünfte
– aus Gewerbebetrieb **69** 12 ff., 101 f.; **75** 21 ff.
– aus Kapitalvermögen **69** 98 f.; **75** 21 ff.
– aus nichtselbständige Arbeit **69** 120
– aus selbständiger Arbeit **69** 118 f.
– aus Vermietung/Verpachtung **69** 86 ff., 121; **75** 21 ff.
– sonstige **69** 100, 122
Einlagenkreditinstitute **76** 2
Einmalzahlung **16** 12, 14; **72** 57, 127
Einnahmenüberschussrechnung **67** 15 ff.
Einrederisiko **27** 98
Einrichten von Software **63** 95 ff.
Einstweilige Verfügung **41** 6 ff.
Eintrittsmodell **10** 4; **27** 152; **52** 94, 103; **62** 35
– Liefervertrag über noch zu erwerbene Sache **5** 25 ff.
– Liefervertrag mit nachträglicher Finanzierung **5** 29
– Vertragsanbahnung **5** 25 ff., 41 f.
– Vertragsgestaltung **6** 44, 47, 60 ff., 78
Einweisung/Schulung
– Leistungsstörungen **63** 91 ff.
– Pflicht des Lieferanten **63** 88 f.
– Vergütung **63** 90
Einwendungsdurchgriff **52** 101 ff.

Einwendungsverzicht **52** 97 f.
Einzelermächtigungsmodell **49** 21
Einzelobjektgesellschaft **69** 69
Einzelvereinbarungen **10** 1 ff.
Einziehungsermächtigung **16** 5; **27** 22
Empfangsbekenntnis **13** 2
Empfangsquittung **27** 44
Empfangsvollmacht *s. Vollmacht*
England
– Beendigung des Leasingvertrags **91** 27 ff.
– Bilanzrecht **91** 34 ff.
– dingliche Wirkungen **91** 21
– Entwicklung **91** 7 ff.
– Insolvenz **91** 31 ff.
– Leasingmärkte/Marktpartizipanten **91** 10 ff.
– Leistungsstörungen **91** 23 ff.
– Operate Lease **91** 16
– rechtliche Einordnung des Leasingvertrags **91** 14 ff.
– Steuerrecht **91** 37
– Verbraucherschutz **91** 22, 29
– Vertragsabschluss **91** 18 ff.
– Vertragsformen **91** 1 ff.
– Zwangsvollstreckung **91** 31 ff.
Entgangener Gewinn **26** 60; **39** 30 ff.
Entgelt **16–20**
– Absicherung der Verbindlichkeiten **19** 1 ff.
– Anpassungsklauseln **18** 1 ff.
– Anzahl/Höhe der Raten **16** 3
– Aufrechnungsverbote **20** 1 ff.
– betagte Forderungen **16** 2
– Einmalzahlungen (Flens-Modell) **16** 12
– Fälligkeit **16** 4; **23** 5
– Mahngebühren **16** 11
– Ratenkreditmodell **17** 6 ff.
– Ratenzahlungspflicht **4** 54; **16** 1 ff.
– Sanktionen bei Verzug **16** 7 ff.
– Sittenwidrigkeit **17** 1 ff.
– Sonderzahlungen **16** 14
– Verjährung **16** 13
– Vorauszahlungspflicht **16** 4
– Zahlung der Raten **16** 3 ff.
– Zurückbehaltungsrechte **20** 6 ff.
Entscheidungstheorie/-praxis *s. Leasingentscheidung*
Entwicklung **1** 7 ff.
Equipment-Leasing **3** 28
Erbbaurecht **61** 1 f.; **70** 62; **71** 126 ff.
Erfüllungsgehilfe
– Beendigung/Wiederaufleben **10** 21; **12** 3
– Entstehung **10** 10 ff.; **12** 3
– Haftung **10** 22 ff.
– Haftungsausschluss **10** 27 ff.
– Leasingnehmer **12** 9, 15; **14** 5
– Lieferant **6** 36; **10** 9 ff., 60, 63; **22** 25; **23** 1; **24** 32
– Sondervereinbarungen **10** 19 f.
Erfüllungsort **28** 17 ff.; **30** 31 f.; **35** 1 ff.; **88** 9 ff.
Erfüllungswahl **49** 1 ff., 23 ff.

1267

Stichwortverzeichnis

Ergänzungskapital **76** 6; **78** 1
Erhaltungspflicht **24** 10; **56** 32
Erlaubnisvorbehalt, Bankgeschäfte **76** 4
Erlasskonformes Leasing **1** 13; **2** 13, 28 ff.
Erlösbeteiligung **71** 112 ff.
Erlöskomponenten **66** 24
Ermächtigungskonstruktion **4** 9; **25** 9 ff.
Ersatzbeschaffung **25** 8; **31** 32; **83** 13
Ersparte Aufwendungen **37** 16 ff.; **39** 29
Ersatzwirtschaftsgut **79** 46 f.
Erstinvestition **79** 73 ff.
Erträge und Aufwendungen
- Behandlung nach HGB **72** 111 ff.; **73** 19, 41
- Behandlung nach IFRS **72** 114 ff.; **73** 20, 42
Erweiterter Eigentumsvorbehalt **74** 98 ff.
EuGVÜ **88** 4 f.; **89** 2 ff.
EuGVVO **47** 2; **88** 2 f.; **89** 2 ff.; **90** 16
Europa-Pass **76** 8
Europäische Zivilrechtsvereinheitlichung **90** 21
Europäischer Vollstreckungstitel **47** 2
Europäisches Mahnverfahren **47** 2
EuÜ **89** 9
EVB-IT **8** 17; **63** 30
Eventualverbindlichkeiten **72** 76, 81 f.
EVÜ **90** 15
EWR **82** 8
Existenzgründer **52** 27 f.
Expiration Dates **62** 50 ff.

Factoring **69** 55 ff., 67; **74** 20 ff.
Fair Value **71** 78 ff., 89
Fälligkeitszinsen **28** 49
Fernabsatzgeschäft **52** 3
- Anwendungsbereich **54** 5 ff., 8 f.
- grenzüberschreitende Verträge **54** 38
- Fernabsatzprivileg **54** 21 f.
- Fernabsatzsystem **54** 7
- Finanzierungsleasing als Finanzdienstleistung **54** 5
- Grundlagen **54** 1 ff.
- Informationspflichten **54** 14 ff., 23 ff.
- Mitteilungen in Textform **54** 17 ff.
- Operating-Leasing als Dienstleistung **54** 6
- Richtlinie **90** 12
- Überlassung einer Vertragsurkunde **54** 20
- Widerrufsrecht **54** 27 ff.
Feststellungsklage **28** 40, 66; **30** 7
Finanzanlage **72** 44
Finanzdienstleistung **54** 2, 5; **76** 4
Finanzdienstleistungsaufsicht **76–78**
- Adressenausfallrisiken **76** 9 ff.
- Anzeige- und Berichtspflichten **76** 12
- Eigenmittel- und Liquiditätskontrolle **76** 5 ff.; **77** 13, 16
- Einbeziehung von Leasingunternehmen in Konsolidierungskreis **77** 9
- Erlaubnispflicht für Bankgeschäfte **76** 4; **77** 3
- Erweiterung auf Leasinggeschäfte/-unternehmen? **77** 18

- Finanzdienstleistungskonglomerate **76** 13
- Harmonisierung **76** 1
- Internationalisierung **76** 14; **78** 1 ff.
- Kreditaufsicht **76** 9 ff.; **77** 14, 17
- Kreditgeber-/Kreditnehmereinheiten **77** 10
- Leasing kein erlaubnispflichtiges Bankgeschäft **77** 3
- Leasinggegenstände als Bilanzaktiva **77** 4 ff.
- Leasinggegenstände und Liquiditätskontrolle **77** 8
- öffentliches Aufsichtinteresse **76** 2
- Rechtsgrundlagen/Entstehung **76** 1
- Refinanzierung von Leasingunternehmen **77** 12 ff.
Finanzdienstleistungsinstitut **76** 2
Finanzdienstleistungskonglomerate **76** 13
Finanzgeschäft **54** 2
Finanzholding-Gesellschaften **76** 2
Finanzierungsalternative **67** 18
Finanzierungsfunktion **1** 6; **3** 2; **4** 16; **58** 11; **77** 3
Finanzierungsklauseln **10** 6
Finanzierungsleasing **3** 1, 5; **5** 1; **10** 6; **21** 6; **77** 2
Finanzierungspflicht **4** 54
Finanzunternehmen **76** 2; **77** 3, 9
First-hand-Leasing **3** 22
Fixgeschäft **22** 3
Fleet Leasing *s. Flottenleasing*
Flens-Modell **16** 12
Flotten-/Fuhrparkleasing **3** 24; **6** 41; **10** 2; **55** 9
Flugzeuge **58** 8
Folgeleasingvertrag **7** 4; **10** 21; **46** 7 f.
Folgeprozess **28** 40
Fonds-Modell **59** 27
Fördergebietsgesetz **80** 11
Föderalismuskommission **80** 10
Förderprogramme **80** 12
Forfaitierung **66** 15 f.; **71** 120 ff.
- Abgrenzung zum Factoring **74** 20 ff.
- Bilanzierung **69** 55 ff., 67
- Eventualverbindlichkeiten **72** 76
- Finanzdienstleistungsaufsicht **77** 15 ff.
- Finanzierungsforderungen **73** 18
- Forfaitierung/erweiterter Eigentumsvorbehalt **74** 98 ff.
- Gewährleistung des Lesinggebers **74** 43 ff.
- Gründe für Forfaitierung **74** 12 ff.
- Grundlagen **70** 13
- Kaufpreis **74** 40 ff.
- Kreditgeschäft i.S.d. KWG **74** 23 f.; **77** 4
- Leasingraten **72** 65 f., 79
- Mietkaufforderungen **73** 9 f.
- Problematik der Restwertforfaitierung **70** 14 ff.
- Rahmenvertrag **74** 26 ff.
- Restwert **72** 72 ff., 80
- Sicherheiten **72** 75 ff.
Form *s. Schriftform*

(fette Zahlen = Teile / magere Zahlen = Randziff.)

Foundation Approach **78** 2
Frankreich
– Beendigung des Leasingvertrags **92** 21 ff.
– Insolvenz **92** 28 ff.
– Leasinggeschäftspraxis **92** 1 f.
– Leistungsstörungen **92** 14 ff.
– Publizität **92** 11 ff.
– rechtliche Einordnung des Leasingvertrags **92** 3 ff.
– Steuerrecht **92** 33
– Vertragsabschluss **92** 7 ff.
– Vertragsgegenstand **92** 7
– Vertragsparteien **92** 8 f.
– Zwangsvollstreckung **92** 25 ff.
Fremdkapitalkosten **72** 11
full-pay-out-leasing *s. Vollamortisation*
Full-Service-Leasing **3** 29; **55** 10

GA-Zuschüsse **79** 143
Garantie **26** 110; **39** 53 ff.
Gattungsschuld **22** 2
Gebäude **79** 61 ff.
Gebäudebeschaffung **61** 4
Gebäudehersteller **79** 65
Gebrauchsanweisung **63** 66
Gebrauchsüberlassung **4** 54; **10** 30; **12** 3; **21** 7; **47** 16
Gebrauchsüberlassungsverbote **62** 45
Gebrauchtwagen **6** 35; **16** 16; **28** 78 ff.; **29** 48; **56** 7
Gebrauchtwagengarantieversicherung **7** 23, 36
Gebrauchtwaren **7** 17, 19; **63** 66
Gefahrtragung/Gefahrtragungsklauseln **31**–**33**
– Abwälzung der Preisgefahr **31** 6; **56** 3 ff.
– Abwälzung der Sachgefahr **31** 4 f.; **43** 3 ff.; **56** 3 ff.
– Ersatzbeschaffungsklauseln **31** 31 ff.
– Grenzen/Modalitäten durch AGB **31** 7 ff.
– Instandhaltungs-/Instandsetzungsklauseln **31** 31 ff.
– Kfz-Leasing **56** 3 ff.
– Kündigungsrecht des Leasingnehmers **31** 23; **43** 7 ff.
– Operating-Leasing **31** 1 ff.
– Rechtsfolgen bei Unwirksamkeit **31** 24
– Rechtslage nach Verwirklichung **31** 36 ff.
– Rechtsposition des Leasingnehmers **31** 16 ff.
– Unwirksamkeit **31** 24 f.
– Verfallklauseln **31** 35
– Versicherungsklauseln **31** 26 ff.
Geltungserhaltende Reduktion **8** 50 f.
Gemeinkosten, anteilige **37** 18 ff.
Gemeinschaftsprimärrecht
– Arbeitnehmerfreizügigkeit **90** 6
– Dienstleistungsfreiheit **90** 2 ff.
– Überblick **90** 1
Gemeinschaftsrecht **79** 129 ff.; **80** 54; **90** 1 ff.
Gemeinschaftssekundärrecht

– internationales Privat-/Verfahrensrecht **90** 15 f.
– Kartellrecht **90** 17
– Produkthaftung **90** 14
– sonstiges Vertragsrecht **90** 13
– Steuerrecht **90** 18
– Überblick **90** 7
– Verbraucherschutzrecht **90** 8 ff.
Gemeinwohlinteressen **17** 14
Gemischte Unternehmen **76** 2
Genehmigungsfiktion **14** 6, 8
Generalübernehmer **58** 10
Gerichtsstand/Gerichtsstandsvereinbarungen **6** 76
– Aufwendungs- und Schadensersatzansprüche **28** 14 f.
– autonomes deutsches Recht **89** 5
– Belegenheit von unbeweglichen Sachen **88** 17
– Erfüllungsort **88** 9 ff.
– europäisches Recht **89** 2 ff.
– internationale Zuständigkeit **88** 1 ff.
– lieferfervertragliche Vereinbarung und leasingvertragliche Abtretungskonstruktion **89** 6 f.
– Minderung **28** 16
– Nacherfüllung **28** 8
– Rückabwicklung **28** 9 ff.
– Verbrauchergerichtsstand **88** 16
– Vermögen **88** 18
– Wohnsitz **88** 7 f.
Geschäftsbesorgung **4** 38; **29** 44
Geschäftsführung ohne Auftrag (GoA) **27** 34
Geschäftsgrundlage *s. Wegfall/Störung der Geschäftsgrundlage*
Geschäftsgrundlagenlösung des BGH **22** 18 ff.
Gesamtkostenverfahren **72** 26
Gesamtschuldnerhaftung **13** 14
Gesellschaft bürgerlichen Rechts (GbR) **70** 10
Gewährleistung *s. Mangelhaftung*
Gewerbesteuer
– Allgemeines **70** 1
– Dauerschulden **70** 2 ff.
– Entgelte für Dauerschulden **70** 2 ff.
– Forfaitierung **70** 13 ff.
– Kürzung beim Immobilienleasing **70** 22 ff.
– Miet-/Pachtzinsen **70** 18 ff.
– Organschaft **70** 7 ff.
– Personengesellschaftsmodell **70** 11 f.
Gewerbliche Einkünfte
– Betriebsaufspaltung **69** 16 ff.
– eigene gewerbliche Tätigkeit **69** 19
– kraft Rechtsform **69** 12
– Mitunternehmerschaft **69** 13 f.
– Schein-KG **69** 15
Gewerbesteuer **67** 22 ff.; **74** 15 ff.
Gewinn- und Verlustrechnung **67** 15 ff., 56 f., 61
Gewinnanspruch **37** 27 ff.
Gewinnausfall **29** 34
Gewinnerzielungsabsicht **69** 2 ff.

Gewinnfeststellung **69** 85
Gewinnzuschlag **16** 1
Gläubigerschutz **71** 11
Grenzfremdkapitalzinssatz **71** 87
Grenzüberschreitendes Leasing **81–87**
- Anknüpfung Ansprüche des Leasingnehmers gegen Lieferanten **84** 1 ff.
- Anknüpfung dingliche Berechtigung **86** 1 ff.
- Anknüpfung Leasingvertrag **81** 1 ff.
- Anknüpfung Liefervertrag **83** 1 ff.
- Anknüpfung Produkthaftung des Leasinggebers **85** 1 ff.
- UNIDROIT **87** 1 ff.
- Verbraucherverträge **82** 1 ff.
Großkredite **76** 10; **78** 6, 10
Grunderwerbssteuer
- Befreiungen **70** 56 ff.
- einheitliches Vertragswerk **70** 63 ff.
- Erbbaurechtsbestellung **70** 62
- Steuerhöhe **70** 68 f.
- steuerpflichtige Tatbestände **70** 56 ff.
- Zurechnung beim Leasingnehmer **70** 60 f.
Grundsteuer **70** 70
Grundstücksbeschaffung **61** 1 ff.
Grundpfandrechte **50** 22
Gutachten **57** 4

Haftungsbeschränkungen **7** 25 ff.
Haltereigenschaft **56** 2
Handbücher **63** 67
Handelsbilanz
- Zielsetzung **71** 5
- Zurechnung von Leasinggegenständen **71** 37 ff.
- Zurechnungsgrundsätze **71** 46 ff.
Handelsgeschäft **6** 74 f.; **14** 2
Handelsregisterlöschung **27** 7
Händlereinkaufspreis **7** 4; **46** 21 f.; **57** 10
Händlerverkaufspreis **46** 21 f.; **57** 10
Hardware **62** 7 f.
Hardwareüberlassung **62** 20; **63** 9
Haustürgeschäft
- Anwendungsbereich **53** 3
- Grundlagen **53** 1 f.
- Haustürsituation **53** 4 f.
- Rückgaberecht **53** 8 f.
- Widerrufsrecht **53** 6 f.
Herausgabeklage **30** 27 ff.
Herausgabetitel **47** 10 ff.
Herkunftslandprinzip **76** 4
Hersteller- bzw. Händler-Leasing **2** 32; **3** 10 ff., 24; **5** 34 f.; **21** 2
- Mustervertrag **101** 3.
Herstellungsbeginn **79** 86
Herstellungskosten **2** 6; **67** 31 f.; **72** 8 ff. , 35 f.; **79** 98
Herstellungsvorgang **79** 30
High Volatility Commercial Real Estate **78** 3
Hilfspersonen **10** 15

Hinterlegungsvereinbarung **63** 54 ff.
Hinweisklauseln **48** 20 f.
Hinweispflicht **62** 52 f.
Holschuld **31** 15
Hypothekenverband **64** 13

IBR **78** 2
IFRS **67** 32; **71** 21 f.; **71** 22
IFRS-Bilanz
- Zielsetzung **71** 6 ff.
- Zurechnung von Leasinggegenständen **71** 63 ff.
- Zurechnungsbeispiele/Indikatoren **71** 67 ff.
Immaterielle Vermögenswerte **72** 34, 37
Immobilien-Leasing **3** 17 ff.
- „1-DM-Modell" **59** 3, 17
- Allgemeines **58** 1 ff.
- Ausgestaltung **59** 1 f.
- Fonds-Modell **59** 27
- Grundstücks- und Gebäudebeschaffung s. dort
- Insolvenz **49** 56 ff.; **50** 22
- leasingfähige/-typische Immobilien **58** 7 ff.
- Leistungsumfang des Leasinggebers **58** 10 ff.
- Mustervertrag **101** 4.
- Rechtsnatur **58** 14
- Teilamortisation mit Mieterdarlehen **59** 11 ff.
- Teilamortisation ohne Mieterdarlehen **59** 19 f.
- Umsatzsteuer **70** 54 f.
- Vollamortisation **59** 3 f.
- Vollstreckung **47** 12
- Zurechnungskriterien **59** 4 ff., 21 ff., 25
- Zustandekommen/Form **5** 47 ff.
Immobilien-Leasingerlass **2** 26 ff.; **59** 4 ff., 21 ff.
Immobiliarvollstreckung **48** 10, 29
Importeurhaftung **85** 1
Income Producing Real Estate **78** 3
Indirektes Leasing **3** 11 ff.; **5** 35; **52** 7 f.
Individual-Leasing **3** 28
Individualsoftware **6** 27; **62** 24, 49; **63** 18 ff.
Individualvereinbarung **6** 65; **8** 19 f., 31 f.
Informationspflichten
- Fernabsatzgeschäft **54** 14, 25
- Lieferprozess **28** 31
- Unterrichtung des Leasinggebers **27** 47 ff.
- Unterrichtung des Leasingnehmers **27** 50 f.
Inhaltskontrolle **8** 35 ff.
- Aushöhlungsverbot **8** 42 ff.
- Leitbildabweichung **8** 40 f.
- Maßstab **8** 39
- Schranken **8** 35 ff.
- Transparenzgebot **8** 46 ff.
Innenfinanzierung **66** 15
Insolvenz des Leasinggebers
- Gebrauchs-/Erwerbsrechte des Leasingnehmers **50** 6 f.
- Immobilienleasing **50** 22
- Mobiliarleasing **50** 8 ff.

(fette Zahlen = Teile / magere Zahlen = Randziff.)

– Insolvenzfestigkeit aufgrund Refinanzierung **50** 8 ff.
– Schicksal des Leasingvertrags **50** 1 ff.
Insolvenz des Leasingnehmers
– Aussonderungsrechte **49** 30 ff., 63
– Erfüllungswahl **49** 1 ff., 23 ff.
– Erwerbs-/Veräußerungsrechte **49** 41 ff.
– Finanzierungsleasing **49** 51 ff.
– Gewährleistung/Rückabwicklung **49** 45 ff.
– Herausgabeansprüche **49** 30 ff.
– im Eröffnungsverfahren fällig werdende Zahlungen **49** 19 ff.
– im Insolvenzverfahren fällig werdende Zahlungen **49** 22 ff.
– Immobilienleasing **49** 56 ff.
– Insolvenzfestigkeit **49** 1 ff.
– Kündigung durch Leasinggeber **49** 6 ff.
– MoMiG-RefE **49** 55
– Operate Leasing **49** 54
– Prozessuales **49** 66
– vertragliche Lösungsrechte **49** 11 ff., 58 ff.
– vor Antrag fällige Zahlungen **49** 16 ff.
– Zahlungsansprüche des Leasinggebers **49** 16 ff.
Insolvenz des Lieferanten **27** 5, 41; **29** 33; **51** 1 ff.
Insolvenzanfechtung **49** 10, 16 ff.
Insolvenzfestigkeit **49** 1 ff.; **50** 1, 8 ff.; **63** 55; **74** 80 ff.
Insolvenzplan **49** 1
Insolvenzrisiko **4** 9; **25** 18; **26** 24
Insolvenzverfahren **49** 1 ff.
Installation **63** 95 ff.
instalment credit **1** 8
Instandhaltungs-/Instandsetzungsklauseln **31** 31 ff.
Integritätsinteresse **26** 44
Internal Rating Based Approach (IRB) **78** 2, 9, 14
Internationale Finanzdienstleistungen **81** ff.
Internationale Zuständigkeit
– allgemeiner Gerichtsstand **88** 7 f.
– autonome Bestimmung **88** 6
– Belegenheit unbeweglicher Sachen **88** 17
– Erfüllungsort **88** 9 ff.
– europäische Regelungen **88** 2 ff.
– Verbrauchergerichtsstand **88** 16
– Vermögensgerichtsstand **88** 18
Internationales Privatrecht **52** 39 f.
Investition, betriebliche **79** 18 ff.
Investitions- und Absatzrisiko **3** 3; **52** 6
Investitions- und Finanzierungsmethode **1** 1; **2** 1 f.
Investitionsabschluss **79** 88 f.
Investitionsbeginn **79** 83 ff.
Investitionsfunktion **58** 11
Investitionsgüter-Leasing **3** 22; **58** 4
Investitionsrechnung **67** 6, 51 ff.
Investitionsvolumen **1** 16; **3** 16

Investitionsvorhaben **79** 138
Investitionszulage **69** 46; **70** 29; **79**
– abnutzbare Wirtschaftsgüter **79** 23
– Anlagevermögen **79** 21 f.
– Anschaffung/Herstellung **79** 30
– Anspruch **79** 12; **80** 8
– Anspruchsberechtigung **79** 13 f., 114; **80** 8
– Antragsstellung **79** 114 ff.
– Anzeige- und Mitteilungspflichten **79** 148 ff.
– Ausschluss der Förderfähigkeit **79** 91 f.
– begünstigte Investitionen **79** 18 ff.
– Bemessungsgrundlage **79** 96 ff.
– Bescheinigungsverfahren **79** 55 ff.
– betriebliche Investitionen **79** 18 ff.
– Betriebsverbleib **79** 36 ff.
– Betriebszugehörigkeit **79** 31 ff.
– Branchenbezug **79** 48 ff.
– erhöhte Zulagen **79** 101 ff.
– Ersatzwirtschaftgut **79** 46 f.
– Erstinvestition **79** 73 ff.
– Förderfähigkeitsausschluss **79** 91 f.
– Fördergebiet **79** 15 ff.
– Förderzeitraum **79** 79 ff.
– Gebäude **79** 61 ff.
– geringwertige Wirtschaftsgüter **79** 94
– Grundzulage **79** 100
– Investitionszulagenbescheid **79** 124 ff.
– Leasingverhältnisse **79** 16 f.
– neue Wirtschaftsgüter **79** 24 ff.
– nichtbegünstigte Investitionen **79** 93 ff.
– Nutzung im Betrieb **79** 42
– Personenkraftwagen **79** 95
– Privatnutzung **79** 60
– Rechtsentwicklungen **79** 1 ff.
– Rechtsweg **79** 151
– Rückforderung **79** 125, 132
– vorzeitiges Ausscheiden **79** 43 ff.
Investitionszulagenbescheid
– Abgabenordnung **79** 124 ff.
– Gemeinschaftsrecht **79** 129 ff.
– Rechtsverordnung **79** 147
Investitionszuschuss
– Anpruchsberechtigung **80** 21 ff.
– Antragstellung **80** 46 ff.
– Auszahlung **80** 51
– Bewilligungsbescheid **80** 50 ff.
– Förderfähigkeit **80** 27 ff.
– Fördergebiet **80** 22
– Förderkonzept **80** 14 ff.
– Förderungshöhe **80** 32 ff.
– Gemeinschaftsrecht **80** 54
– gesetzliche Grundlage **80** 1
– Leasingverhältnisse **80** 23
– lohnkostenbezogene Zuschüsse **80** 45
– Präferenzsystem **80** 14 f.
– Primäreffekt **80** 25
– Rahmenpläne **80** 2 ff.
– Rückforderung **80** 52
– sachkapitalbezogene Zuschüsse **80** 38 ff.

- Verbesserung der regionalen Wirtschaftsstruktur **80** 1 ff.
- Verhältnis zu anderen Fördermaßnahmen **80** 8 ff.
- Zusammenwirken von Bund und Ländern **80** 18

InvZulG 2005 **79** 4 ff., 79, 140
InvZulG 2007 **79** 8 ff., 19, 55, 78, 81, 134, 139; **80** 9
Inzahlungnahme **6** 35; **16** 16; **28** 78 ff.; **29** 48
IRB **78** 2, 9, 14
IT-Leistungen **62** 4
IT-(Vertrags)Recht **62** 5
Italien
- Bilanzrecht **93** 63
- Finanzierungsleasing **93** 14 ff.
- Gewährleistungsrechte **93** 35
- Insolvenz **93** 46 ff.
- Investitionsvolumen/Wachstumsrate **93** 1 ff.
- Leasingmarktbesonderheiten **93** 4
- Leasingobjekte/Marktpartizipanten **93** 5 f.
- Operating leasing **93** 27
- Preis-/Gegenleistungsgefahr **93** 36 ff.
- rechtliche Qualifizierung des Leasingvertrags **93** 11 ff.
- Sachgefahr **93** 34
- Sale-and-lease-back **93** 28 f.
- Steuerrecht **93** 64
- Übertragung des Lieferrisikos **93** 44
- UNIDROIT Convention **93** 30
- Vertragsabschluss **93** 31 f.
- Vertragsbeendigung **93** 45
- Vertragsformen **93** 7 ff., 11 ff.
- Zwangsvollstreckung **93** 46 ff.

Kalkulation
- Anforderungen/Rechnungsebenen **66** 6 ff.
- Controlling **66** 42
- Erlöskomponenten **66** 24
- Kalkulationsgrundlage **67** 49 f.
- Kalkulationsstrategien **66** 26 ff.
- Kostenelemente **66** 11 ff.
- Praxisbeispiel **66** 25
- Refinanzierungskosten **66** 14 ff.
- Risikoanalyse **66** 27 ff.
- umfassende/risikoorientierte Preiskalkulation **66** 2 ff.
- Wertminderung des Leasingobjekts **66** 12 f.
- Vertriebs- und Verwaltungskosten **66** 17 ff.

Kalkulationszinssatz **73** 4
Kartellrecht **90** 17
„Katastrophenfall" **63** 48, 51, 53
Kaufalternative **67** 16, 56 ff.
Kaufleute **6** 74 ff.; **14** 3
Kaufmännisches Bestätigungsschreiben **5** 17, 23
Kaufoption **2** 15 ff.; **6** 40; **10** 20; **34** 11 f.
- Abtretung des Kaufpreisanspruchs **7** 39
- Einräumung durch Leasinggeber **7** 2 ff.
- Einräumung durch Lieferanten **7** 6 f.
- Insolvenz des Leasingnehmers **49** 41 ff.
- Mängelhaftung **7** 17 ff.
- Verbraucherleasing **52** 113 ff.
- Zuordnung des Leasinggegenstands **71** 48 ff., 68 ff., 104

Kernkapital **76** 6; **78** 1
Kernkompetenz **67** 11
Kfz-Leasing **1** 18; **3** 22, 24 ff.; **90** 5
- Andienungsrecht **55** 7; **57** 12 f.
- Bedeutung **55** 1
- Begutachtung **57** 4
- Eigentümer/Halter **56** 2
- Erscheinungsformen **55** 2 ff.
- Flottenleasing **55** 9
- Gefahrtragung **31** 18 ff.; **56** 3 ff.
- Gewährleistungsausschluss bei Gebrauchtfahrzeugen **56** 7
- Kilometerabrechnungsvertrag **55** 5; **56** 29 ff.; **57** 6 f.
- Muster eines Kfz-Leasingvertrags für Privatwagen **101** 3.
- Null-Leasing **55** 3; **56** 26 f.
- reguläre Vertragsbeendigung **57** 5 ff.
- Restwertabrechnung **55** 4; **56** 28; **57** 8 ff.
- Restwertrisiko **56** 5 ff.
- Rückgabe des Fahrzeugs **57** 2 f.
- Unfallschäden **56** 8 ff.
- VDA-Empfehlung **104**
- Vollkaskoversicherung **56** 18 ff.
- vorzeitige Vertragsbeendigung **57** 14

Kilometerabrechnungsvertrag **3** 26 f.; **52** 11; **55** 5 f.
- Erhaltungspflicht **56** 32
- rechtliche Qualifikation **56** 29
- Restwertrisiko **57** 6 f.
- Umstellungsklausel **56** 31
- Verbraucherdarlehensrecht **56** 30

Klageerweiterung **30** 13
„Klagepflicht" **25** 38
KMU **79** 101 ff.; **80** 17, 33, 53
Kodifikationsreife des Leasingvertrags **4** 54
Koeffizientendarstellung **76** 6
Kollisionsrecht
- Abtretungskonstruktion **84** 1 f.
- dingliche Berechtigung am Leasinggut **86** 1 ff.
- Direktanspruch Leasingnehmer/Lieferant **84** 3
- Leasingverträge **81** 3 ff.
- Lieferverträge **83** 19 ff.
- Produkthaftung des Leasinggebers **85** 1 ff.
- Verbraucherverträge **82** 1 ff.

Kollusion **6** 91 ff.; **10** 22; **13** 14; **29** 13
Kommanditbeteiligungen **70** 24
Kommunal-Leasing **58** 5; **69** 72; **77** 16
Komplexitätsreduktion **67** 50
Kongruenzverbot **10** 16
Konkordanzliste **105**

(fette Zahlen = Teile / magere Zahlen = Randziff.)

Konkurrenzanalyse **66** 37
Konsolidierungskreis **76** 6; **77** 9
Konsumgüter-Leasing **3** 22
Kontokorrentschulden **70** 5
Kontrahendenausfallrisiko **78** 6
Konvention von Ottawa **87** 1 ff.
Konzernabschluss **72** 13
Konzernprivileg **77** 12
Körperschaftssteuereffekt **67** 25
Kostenschlüsselungsverfahren **66** 21
Kreditaufsicht
– Aufsichtsinstrumente **76** 10
– Refinanzierung durch Darlehensgewährung **77** 14
– Refinanzierung durch Forderungsverkauf **77** 17
Kreditfinanzierung
– Finanzdienstleistungsaufsicht **77** 12
– Sicherheiten **74** 7 ff.
– vertragliche Gestaltung **74** 2 ff.
Kreditgebereinheiten **77** 10
Kreditgeschäft **74** 23 f.; **76** 4; **77** 3
Kreditinstitute **76** 2
Kreditnehmereinheiten **77** 10
Kreditpyramiden **76** 6
Kreditrisiko **78** 1, 12 ff.
Kreditwesengesetz (KWG)
– Anzeige- und Berichtpflichten der Institute **76** 12
– Aufsicht über Adressenausfallrisiken **76** 9 ff.
– Eigenmittel- und Liquiditätskontrolle **76** 5 ff.; **77** 13, 16
– Erlaubnisvorbehalt für Bankgeschäfte **76** 4
– Kreditaufsicht **76** 9 ff.; **77** 14, 17
– Kreditbegriffe **76** 11
Kumulationsverbot **79** 68
Kündigung, außerordentliche
– Abmahnung/Abhilfefrist **43** 14
– Alternative der Vertragsfortführung **45** 11
– Anspruch auf rückständige Leasingraten **39** 3 f.
– Anspruch auf Schadensersatz **39** 5 ff.
– Ausschluss bei Kenntnis **43** 15 f.
– beiderseitiges Kündigungsrecht **45** 1 f.
– gegenüber Personenmehrheit **38** 27 f.
– Frist **38** 26
– Inhalt der Kündigungserklärung **38** 25
– Kündigungsberechtigte **38** 22 ff.; **43** 1 ff.; **45** 1 f.
– Leasinggeber **38** 22 ff.
– Leasingnehmer **43** 1 ff.
– Nichtgewährung des Gebrauchs **43** 1 ff.
– prozessuale Durchsetzung **41** 1 ff.
– Rückgabe des Leasinggutes **39** 1 f.; **44**
– schwerwiegende Vertragsverletzung **38** 12 ff.
– Tod der Leasingnehmers **38** 20 f.; **43** 11 ff.
– Untergang des Leasingguts **45** 1 ff.
– Unzumutbarkeit der Vertragsfortsetzung **43** 9 f.

– Verbraucherkredit **42** 1 ff.
– Verjährung **40** 1 ff.
– vertragswidriger Gebrauch **38** 3 ff.
– wesentliche Vermögensverschlechterung **38** 18 f.
– Zahlungsverzug **38** 7 ff.
Kündigung, ordentliche **34** 3 ff.
Kündigungsklauseln **22** 60 ff.
Kündigungsschaden **26** 111; **30** 26
Künftige Leasingraten **30** 5 f.; **47** 3
Künftiger Rückübertragungsanspruch **48** 31

Lagerkosten **13** 18
Lastenheft s. *Pflichtenheft*
Lastentragungspflicht **24** 10; s. auch *Gefahrtragung*
Latenter Mangel **27** 39
Laufzeit **1** 2; **2** 14 ff.; **5** 12; **34** 1 f.; **71** 53 ff., **73** ff.
Leasing, Begriff **1** 1; **3** 6 ff.
Leasing der dritten Generation **1** 13 ff.
Leasing der ersten Generation **1** 7; **2** 1
Leasing der zweiten Generation **1** 8 ff., 12; **2** 20
Leasingentscheidung
– Anschaffungs- und Herstellungskosten **67** 31 f.
– Bilanzneutralität/Ratingvorteile **67** 42 ff.
– Bonität/Seriosität des Vertragspartners **67** 39 ff.
– Einnahmenüberschussrechnung **67** 15 ff.
– Folgekosten **67** 36 f.
– Gewinn-/Verlustrechnung **67** 15 ff.
– klare/gesicherte Kalkulationsgrundlage **67** 49 f.
– Liquidität **67** 27 ff., 46 ff., 66 ff.
– Refinanzierungskosten **67** 33
– Unternehmenssteuern **67** 19 ff.
– Vergleichsrechnung **67** 51 ff.
– Verwertungserlöse **67** 34 f.
Leasingerlasse **1** 13; **2** 13 ff.
– Bedeutung für Leasingpraxis **68** 26
– Immobilien-Leasing/Teilamortisation **68** 38 ff.; **102** D.
– Immobilien-Leasing/Vollamortisation **68** 29; **102** B.
– Mobilienleasing/Teilamortisation **68** 30 ff.; **102** C.
– Mobilienleasing/Vollamortisation **68** 27 f.; **102** A.
Leasingfonds **68** 4
Leasinggeberstellung **1** 6, 13; **6** 56
Leasinggegenstand
– Abgänge **72** 32, 48 f.
– Anschaffungs-/Herstellungskosten **72** 8, 35; **73** 28 ff., 35
– außerplanmäßige Abschreibungen **72** 28 ff., 45; **73** 32 f.
– Ausweis **72** 2, 33 f.; **73** 24 ff., 34
– Behandlung nach HGB **72** 2 ff.; **73** 24 ff.
– Behandlung nach IFRS **72** 33 ff.; **73** 34 ff.

1273

- planmäßige Abschreibung **72** 14 ff., 36 ff.; **73** 31
Leasinggesellschaft **1** 3, 8, 13 f.; **56** 22; **66** 11 ff., 24
Leasingnehmerstellung **6** 9 ff., 57 ff.; **27** 16 ff.
Leasingprozess **30** 1
- bereicherungsrechtliche Leistungsklage **30** 22 f.
- Fortsetzung ohne Lieferprozess **30** 11 ff.
- Klage auf Abschlusszahlung und Kündigungsschaden **30** 26
- Klage auf Rückgabe der Leasingsache **30** 27 ff.
- Leistungsklagen bei Leistungsstörung **30** 1 ff., 19 ff.
- Minderung **30** 24
- subsidiäre/nachrangige Haftung des Leasinggebers **30** 25
Leasingraten *s. auch Entgelt*
- Ausweis **72** 48 ff., 77; **73** 3, 11
- Behandlung nach HGB **72** 48 ff., 124 ff.; **73** 3 ff.
- Behandlung nach IFRS **72** 77 ff., 132 ff.; **73** 11 ff.
- Bewertung **72** 62 f., 78; **73** 7, 15
- Bilanzierung beim Leasinggeber **72** 48 ff.; **73** 3 ff.
- Bilanzierung beim Leasingnehmer **72** 124 ff.
- Eventualverbindlichkeiten **72** 76, 81 f.
- Finanzierungsforderung **73** 18
- Forfaitierung **72** 65 ff., 79; **73** 9 f., 18
- Mietkaufforderungen **73** 9 f.
- Steuerbilanz **69** 48 ff.
- vorzeitige Kündigung **72** 64; **73** 8
Legalzession **31** 16
Leistungsklage **30** 19 ff.
Leistungsabschreibung **72** 20
Leistungsurteile **47** 3 f.
Leistungsverweigerungsrechte
- Ausschluss **27** 155 ff.
- gegenüber Lieferant **27** 126 ff.
- bzgl. Leasingraten **27** 129 ff.; **30** 8 ff.
- Regelung durch ALB **27** 161
- Sicherungsmöglichkeiten **27** 160
lex rei sitae **81** 9; **86** 1 ff.; **87** 14
Lieferantenfunktion **1** 6
Lieferfristklausel **23** 44 ff.
Liefergegenstand **6** 30 ff.
Lieferkosten **15** 1
Lieferprozess/-streit
- Anrechnung von Nutzungsvorteilen **28** 51 ff.
- Begriff **30** 1
- Bindungswirkung **29** 1 ff.
- eigene Ersatzansprüche, Leasingnehmer **28** 73 f.; **29** 4 f., 22 f.
- Erfüllungsort- und Gerichtsstandsvereinbarungen **28** 17 ff.
- Feststellung des Annahmeverzugs **28** 70 ff.
- Gerichtsstände **28** 7 ff.

- Inzahlungnahme eines Gebrauchtfahrzeugs **28** 78 ff.
- Klage gegen „Vierte" **28** 76 f.
- Minderung der Leasingraten **28** 85; **29** 57 ff.
- Mitwirkung **28** 31 ff.
- Obsiegen des Leasingnehmers **30** 17 ff.
- Prozessführungsbefugnis des Leasingnehmers **28** 4 ff.
- Prozesskosten **29** 50 ff.
- Rechtsfolgen für Leasingvertrag **29** 1 ff.
- Rückabwicklung des Leasingvertrags **29** 24 ff.
- Rückgabe der Waren **29** 17 f.
- Rückzahlungsanspruch **28** 42 ff.; **29** 19 ff.
- Unterliegen des Leasingnehmers **30** 12 ff.
- Verständigung über Rückabwicklung **28** 2 f.
- Verzinsung des Rückzahlungsanspruchs **28** 46 ff.
- Vorlage vollständiger Vertragsunterlagen **28** 23 ff.
- Zug-um-Zug-Rückgewähr **28** 58 ff.
- Zustimmung zur Rückabwicklung/Minderung **28** 40 f.
- Zwischenfeststellungsklage **28** 75
Liefertermineklauseln **23** 34
- individueller vereinbarter Liefertermin **23** 35 ff.
- Lieferfristklausel **23** 44 ff.
- unverbindlicher Liefertermin **23** 39 ff.
- Vertragsbeginnklausel **23** 43
Lieferung der Leasingsache **12** 1 ff.
- Drittlieferanten **27** 122
- Liefervorgang **12** 2 f.
- Nichtlieferung/Unvollständigkeit **12** 4 ff.
- Unmöglichkeit der Lieferung *s. dort*
- Verspätung **12** 8
Liefervertrag **5** 2; **12** 2
- Ausübung der Wahlrechte durch Leasingnehmer **27** 60 ff.
- Einwirkungsmöglichkeiten des Leasinggebers **6** 41 ff.
- Geschäftsgrundlage des Leasingvertrags **29** 24
- Haftung, Pflichtverletzung bei Abtretungskonstruktion **26** 1 ff.
- Inzahlungnahme **6** 35
- Leistungsgegenstand **6** 30 ff.
- Leistungsverweigerungsrechte bei Leistungsstörung **27** 125 ff.
- Pflichten des Leasinggebers **10** 66 ff.
- Pflichten des Lieferanten **10** 59; **12** 2
- Rechtsnatur **5** 8; **6** 19 ff.; **10** 55
- Rückabwicklung bei Störung einer Teilleistung **27** 113 ff.
- Stellung des Lieferanten **6** 4 ff.
- Vereinbarungen über Vertragsabwicklung **6** 33
- Voraus-, Abschlags-, Anzahlungen **6** 34
- Wertmaßstab für subjektive Elemente **6** 55 ff.
- Willensmängel/Nichtigkeitsgründe **10** 56

(fette Zahlen = Teile / magere Zahlen = Randziff.)

Liquidität **67** 27 ff., 46 ff., 60, 63, 66 ff.; **76** 7, 8
Lizenzvertrag **63** 11
Logbuch **63** 154
Long-(term-)Leasing **3** 30
Löschungsvereinbarung **63** 171 f.
Lösungsklauseln **48** 22 f.; **49** 11 ff.
LugÜ **88** 4 f.; **89** 2 ff.

Mahngebühren **16** 11
Maintenance-Leasing **3** 29
Mängelanzeige **14** 1
Mangelhaftung, Abtretungskonstruktion
– „kaufrechtliche" Haftung des Leasinggebers **25** 3, 45 f.
– Abtretung ohne Einschränkung **25** 25 ff.
– Abtretungsinhalt **25** 25 ff.
– Ansprüche/Rechte aus Sachmängelhaftung **25** 47
– Bedingung des Bestehens des Leasingvertrags **25** 41
– Erstreckung auf Gestaltungs- und Nebenrechte **25** 20 ff.
– Haftungsbeschränkung mit Drittverweisung **25** 16 ff.
– mietrechtliche Eigenhaftung des Leasinggebers **25** 42
– typische Haftungsklauseln **25** 19
– unzulässige Einschränkungen **25** 42 ff.
– vollständige Abtretung aller Ansprüche/Rechte **25** 34 f.
– vollständiger Ausschluss der Haftung aus Liefervertrag **25** 31 ff.
– Weisungen **25** 36 ff.
– Wirksamkeit im Außenverhältnis **25** 43 f.
– Wirksamkeit trotz Klauselverbot **25** 24
Mangelhaftung, Computerwaren
– Fehlerbegriff **63** 107 ff.
– Nacherfüllung bei Standardsoftware **63** 113
– typische Mängel **63** 110 ff.
– Ersatzteile/Updatepflicht **63** 114
Mangelhaftung, mietrechtliche **10** 62 ff.
– Aufwendungsersatz **24** 23
– Einrede des nichterfüllten Vertrags **24** 2, 13 ff.
– Ermächtigungskonstruktion **25** 9 ff.
– Fehlen der zugesicherten Eigenschaft **24** 5
– Haftungsausschluss/-freizeichnung **24** 26 ff., 30
– Kündigung **24** 25
– Mangelbeseitigungsanspruch **24** 9 f.
– mietrechtliche Haftung **24** 1 ff.; **25** 1 ff.
– Minderung der Leasingraten **24** 11 f.
– Rechtsmangel **24** 6
– Sachmangel **24** 4
– Schadensersatz **24** 19 ff.
Marktphasentheorie **66** 3
Masseunzulänglichkeit **49** 28
Maßgeblichkeitsgrundsatz, Steuerbilanz **68** 16 f.; **69** 20 f.
Mediationsvereinbarung **27** 111 f.

Mehraufwendungen **26** 107; **37** 25 f.
Mehrerlös **2** 23; **48** 19
Mehrerlösbeteiligung **49** 49; **71** 34
Mehrfachnutzung **62** 47
Mehrmütterorganschaft **70** 10
Mehrperiodenkalkulation **66** 10
Mehrwertsteuer **28** 44; **29** 45; **37** 44; **39** 49 f.; **74** 10
Mehrzweckbilanz **71** 6
Mieterdarlehen **59** 11 ff.; **70** 32; **71** 82; **72** 107, 129, 133
Mietkauf **4** 31 ff.; **52** 82; **71** 115; **73** 1
Mietkaufforderungen **73** 9 f.
Mietrechtliche Haftung *s. Mangelhaftung, mietrechtlich*
Mietrechtsreform **26** 3
Mietverlängerungsoption **2** 18; **34** 15; **47** 17; **50** 19; **59** 7, 24; **71** 106 ff.
Mietvertragliche Qualifizierung des Leasingvertrags **4** 5, 12 f.; **26** 15
Mietzinsen **70** 18 ff.
Millionenkreditmeldung **76** 10
Minderung **26** 70 ff., 149; **28** 40 f., 85; **29** 57; **30** 24; **83** 17
Minderwert **26** 60, 72; **56** 6, 8
Mindestleasingzahlungen **71** 81
Mischbetrieb **79** 53
Missbrauchstatbestände nach § 42 AO **69** 8 ff.
Mitteilungspflichten *s. Aufklärungspflichten*
Mithaftung **19** 2 ff.
Mitunternehmerschaft **69** 13 f.
Mitverschulden **13** 12; **33** 6; **56** 13 ff.
Mobiliarvollstreckung **48** 4 ff., 26 ff.
Mobilien-Leasing **1** 16; **3** 17 ff.; **5** 43; **47** 10 f.
– Insolvenz des Leasinggebers **50** 8 ff.
– Muster, Vollamortisationsvertrag mit Kaufmann **101** 1.
Mobilien-Leasinglass **2** 14 ff.; **59** 5 f.; **102** A.
Mobilien-Leasingsammelgesellschaften **69** 6
MoMig-RefE **49** 55
Montage **63** 95 ff.
Montage-/Bedienungsanleitung
– Anforderungen bei Computerwaren **63** 67 f.
– Bedienungsanleitung **63** 66
– Inhalt/Umfang der Unterlagen **63** 75 f.
– Montageanleitung **63** 65
– Nichtlieferung **63** 78 ff.
– Schlechtlieferung **63** 83 ff.
– Sprache **63** 73
– Überlassungspflicht **63** 69 ff.
Montagekosten **15** 1
Musterverträge
– Immobilien-Leasing-Vertrag **101** 4.
– Kfz-Leasing für Privatwagen (Hersteller-Leasing) **101** 3.
– Teilamortisationsvertrag mit Andienungsrecht **101** 2.
– Vollamortisationsvertrag über Mobilien-Leasing mit einem Kaufmann **101** 1.

Stichwortverzeichnis

Nacherfüllung **10** 63; **26** 73 ff., 83 ff.; **27** 79 ff., 144 ff.; **83** 14
Nachmieterbennenung **10** 70
Nebenabreden **6** 1, 42 ff.; **52** 43
Nebenkosten **69** 49
Neben(leistungs)pflichten **50** 20
Net-Leasing **3** 29
Netto-Leasing **55** 10; **56** 18 ff.
Nettodarlehensbetrag **52** 54 f.
Nettogewinn **76** 6
Neubau-Leasing **58** 2
Nichtlieferung **12** 4, s. a. *Unmöglichkeit der Lieferung*
Nichtlieferungsklauseln **22** 53, 59 ff.
Niederlassung **87** 4
Nominalkostenvergleich **2** 5
non-full-pay-out-leases s. *Teilamortisation*
notarielle Form **5** 47
Null-Leasing **3** 25; **52** 17 f.; **55** 3; **56** 26 f.
Nutzungsausfallentschädigung **56** 10
Nutzungsdauer **69** 31 ff.; **71** 25 f.
Nutzungsentschädigung **26** 89 ff.; **35** 25 ff.; **49** 19, 27
Nutzungsersatz **29** 35 ff.
Nutzungsfunktion **1** 6
Nutzungsrecht **4** 1; **48** 12 f.
Nutzungsrechtseinräumung, Software **62** 27 ff.
Nutzungsvorteile, Anrechnung **28** 51 ff.
Nutzungszinsen **28** 50

Objektfinanzierung **78** 3
Objektgesellschaften **58** 9
– Anwendung des Verbraucherkreditgesetzes **75** 31 ff.
– Besteuerung **69** 81 ff.
– Einzelobjektgesellschaft **60** 1; **69** 69
– Gründung **60** 1
– mit Leasingnehmerbeteiligung **60** 4; **69** 73
– ohne Leasingnehmerbeteiligung **60** 2 f.
– Prospekthaftung **75** 29 f.
– Rechtsnatur des Fonds **75** 14 ff.
– Vertragsgestaltung **75** 34 f.
– Wesen **75** 7 ff.
Objektrisiko **72** 55, 91, 99
Obliegenheitsgehilfe **14** 5
OEM-Klauseln **62** 43
Offenlegungspraktiken **78** 1
Öffentliche Hand **1** 16; **8** 17; **17** 14; **63** 30
Öffentliches Aufsichtinteresse **76** 2
offene Leasingraten **29** 32; **39** 25 f.
Online-Hilfen **63** 72
Operate Leasing **2** 31; **3** 2 f.; **21** 3, 6; **49** 31; **77** 2
– Fernabsatzgeschäft **54** 6, 13, 34
– Gefahrtragung **31** 1 ff.
– Mietvertrag **4** 4 ff.
– Verbraucherschutz **52** 127 ff.
Opting-out **83** 9 f.
Organkredit **76** 10

Organschaft **70** 7 ff.
Österreich
– Beschädigung des Leasinggutes **94** 21 ff.
– Bilanzrecht **94** 44 ff.
– Erscheinungsformen **94** 2
– Gewährleistungsrechte **94** 25 ff.
– Insolvenz **94** 38 ff.
– Leistungsstörungen **94** 17 ff.
– rechtliche Qualifizierung des Leasingvertrags **94** 3 ff.
– Sach- und Preisgefahr **94** 17 ff.
– Steuerrecht **94** 44 ff.
– Verbreitung **94** 1
– Vertragsabschluss **94** 10 ff.
– Vertragsbeendigung **94** 31 ff.
– Zwangsvollstreckung **94** 38 ff.

Pachtzinsen **70** 18 ff.
Partnerunternehmen **79** 107
Pay-as-you-earn **1** 4; **2** 4; **67** 47
Pay-as-you-use **67** 48
Pensionsgeschäft **71** 124
Personal Leasing **3** 9
Personengesellschaftsmodell **70** 11 f.
Personenkraftwagen **79** 95
Pfändung s. *Vollstreckung*
Pflegevereinbarungen **63** 63 f.
Pflegeverträge **63** 98 ff.
Pflichtenheft **63** 3
– Auftraggeber beim Finanzierungsleasing **63** 38
– Beratungsverschulden des Lieferanten **63** 42 f.
– Erstellungsauftrag **63** 35 ff.
– Fortschreibung **39** 41
– Inhalt **63** 33 f.
– Vergütungspflicht **63** 39 f.
Pflichtverletzungen aus Liefervertrag **26** 6 ff.
– Aufwendungs- und Verwendungsersatz **26** 101 ff.
– Berechtigung zur Schadensgeltendmachung **26** 61 ff.
– Besonderheiten bei abgetretenen Ansprüchen/Rechten **26** 32 ff.
– Ersatz von Schäden des Leasinggebers **26** 56 ff.
– Garantien **26** 110
– Kündigung **26** 111 ff.
– Minderung **26** 70 ff.
– Nacherfüllung **26** 73 ff.
– Nichterfüllungshaftung **26** 11 ff.
– Rücktritt **26** 32 ff.
– Schadensersatzverlangen **26** 41 ff., 67 f.
– umfassende Freizeichnung des Leasinggebers für Pflichtverletzungen aus Liefervertrag **26** 20 ff.
Plant-Leasing **3** 28; **58** 1, 9
Planungsausschuss für regionale Wirtschaftsstruktur **80** 3

(fette Zahlen = Teile / magere Zahlen = Randziff.)

Polen
- Anwendbarkeit der Leasingvorschriften auf ähnliche Verträge **95** 29
- Anwendung der Miet- und Ratenkaufsvorschriften des ZGB **95** 30 f.
- Definition Leasingvertrag **95** 3 ff.
- Frist des Sachübertragungsanspruchs **95** 28
- Kündigung durch den Leasinggeber **95** 27
- Pflichten des Leasinggebers **95** 10 ff.
- Pflichten des Leasingnehmers **95** 17 ff.
- Rechtsstand **95** 1 f.
- systematische Einordnung des Leasingvertrags **95** 7
- Veräußerung während des Leasingverhältnisses **95** 26
- Vertragsform **95** 9 f.

Portfolio-Analyse **66** 37
Potenzial-Analyse **66** 37
Präferenzsystem **80** 14 f.
Preisanpassungsklauseln
- Automatikklauseln **18** 8
- Kontrollmaßstab **18** 2 ff.
- Preiserhöhung vor Zahlung des Anschaffungspreises **18** 5
- Rechtsfolgen bei Unwirksamkeit **18** 9
- Veränderung der Refinanzierungsbedingungen **18** 7

Preisgefahr *s. Gefahrtragung*
Preiskalkulation *s. Kalkulation*
Preisnebenabreden **18** 3
Preispolitik **66** 1
Primärrecht *s. Gemeinschaftsprimärrecht*
Privat-Leasing **3** 9; **7** 18; **8** 11
Privatnutzung **79** 60
Produkthaftung **10** 48 ff.; **26** 48; **63** 143 ff., 146; **85** 1 ff.; **90** 14
Produkthaftungs-Richtlinie **85** 2; **90** 14
Produktionseinstellung **63** 140
Programmbenutzung, unberechtigte **62** 51
Programmkopie **62** 19
Programmsperren **62** 50 ff.
Programmverkörperung **62** 17
Projektfinanzierung **77** 13; **78** 3
Prorogation **89** 1
Prospekthaftung **75** 29 f.
Prozessführungsbefugnis **28** 4 ff., 24
Prozesskosten **29** 50 ff.
Prozesskostenklauseln **48** 24
Publizität **86** 3; **92** 11 ff.

Qualitative Analyse
- Bonität/Seriosität des Vertragspartners **67** 38 ff.
- Bilanzneutralität/Ratingvorteile **67** 42 ff.
- Kalkulationsgrundlage **67** 49 f.
- Liquiditätsstruktureffekte **67** 46 ff.

Quantitative Analyse
- Auswirkungen auf Gewinn-/Verlust- und Einnahmenüberschussrechnung **67** 15 ff.
- Auswirkungen auf Unternehmenssteuern **67** 19 ff.
- Auswirkungen auf unternehmerische Liquidität **67** 27 ff.
- Folgekosten **67** 36 f.
- Refinanzierungskosten **67** 33
- unterschiedliche Anschaffungs-/Herstellungskosten **67** 31 f.
- Verwertungserlöse **67** 34

Quittung **13** 6
Quellcode **62** 4, 25
- Definition Quellcode **63** 45
- Hinterlegungsvereinbarungen **63** 53 ff.
- Nichterfüllung der Überlassung **63** 52
- „Pflegevereinbarung" **63** 62 f.
- Regelungen bei Finanzierungsleasing **63** 58 ff.
- Überlassungspflicht bei Vereinbarung **63** 46 f.
- Überlassungspflicht ohne Vereinbarung **63** 48 ff.

Quotenkonsolidierung **77** 9

Rahmenpläne **80** 3 ff.
Rahmenvertrag **8** 26 ff.; **11** 1 ff.; **74** 26 ff.
Ratenkreditmodell **17** 6
Ratenzahlungspflicht *s. Leasingraten*
Ratings **76** 14; **78** 1, 2
Ratingvorteile **67** 42 ff.
Raubkopie **63** 116
Räumungsanspruch **47** 12
Rechnungsabgrenzungsposten **69** 61 ff.; **72** 74, 141 f.
Rechnungsebenen **66** 6 ff.
Rechnungswesen **66** 8
Rechtliches Eigentum **71** 14 ff., 21
Rechtsirrtum **30** 14
Rechtsmängel *s. unter Mangelhaftung*
Rechtsnatur von Leasinggeschäften
- darlehensvertraglicher Ansatz **4** 34 ff.
- geschäftsbesorgungsvertraglicher Ansatz **4** 38 ff.
- kaufvertragliche Einordnung **4** 24 ff.
- komplexe Vertragsverbindung **4** 55 ff.
- Leasingtheorien **4** 1 ff.
- Mietkauf **4** 31 ff.
- mietvertragliche Qualifizierung **4** 4 ff., 12 ff.
- Netzverträge **4** 61 f.
- objektiv-normative Auslegung **4** 58 f.
- ringförmiger Leistungsaustausch **4** 60 f.
- Vertrag sui generis **4** 16, 41 ff.

Rechtsscheinhaftung **6** 17
Rechtswahl **81** 3 ff.; **82** 5; **83** 20
Rechtswahlklauseln **81** 7
Referenzzusage **6** 39
Refinanzierung **50** 8 ff.
- Doppelstockmodell **75** 1 ff.
- Forfaitierung **74** 12 ff.
- Kreditfinanzierung **74** 2 ff.; **77** 12

1277

- Objektgesellschaften **75** 7 ff.
- Securitization **75** 36 ff.
Refinanzierungsbedingungen **18** 7
Refinanzierungskosten **66** 14 ff.; **67** 33
Regionalbeihilfen **79** 137
Reines Leasing **3** 15 f.
Rentabilitätsrisiken **74** 3
Rentabilitätsvermutung **22** 13
Rentenbarwertformel **8** 48
Reparaturkosten **56** 19; **57** 15
Restamortisation **2** 23
Restwert **7** 2, 10; **17** 10; **39** 27 f.; **72** 72 ff., 80
Restwertabrechnung **55** 4; **56** 28; **57** 8 ff.
Restwertanspruch **48** 32
Restwertausgleich **37** 51 ff.
Restwertgarantie **8** 47; **37** 55 ff.
Restwertgutschrift **39** 40 ff.
Restwertrisiko **56** 5 ff.
Retail-Forderungen **78** 8, 16
Revolving-Leasing **3** 3, 28
Risikoanalyse **66** 27 ff.
Risikominderungstechniken **78** 6
Risikovorsorge
- Behandlung nach HGB **72** 83 ff.
- Behandlung nach IFRS **72** 95 ff.
- kredittypische Risiken **72** 84 ff., 95 ff.
- leasingtypische Risiken **72** 91 ff., 99 f.
Rom-II-Verordnung **85** 3
Rückabwicklung des Leasingvertrags
- Anpassung des Leasingvertrags **29** 25 ff.
- Bereicherungsrecht **29** 30 f.
- Insolvenz *s. dort*
- Liefervertrag als Geschäftsgrundlage des Leasingvertrags **29** 24
- Saldierung der wechselseitigen Ansprüche **29** 32 ff.
Rückabwicklung des Liefervertrags
- einheitliche Rückabwicklung **27** 120 ff.
- Folgen für Leasingvertrag **27** 123 f.
- getrennte Rückabwicklung **27** 115
- Klage auf Zustimmung zur Rückabwicklung **28** 40
Rückgabe/Rückgabepflicht
- der Leasingsache **29** 39 f.; **30** 27 ff.
- der Waren **29** 17 f.
- des Fahrzeugs **57** 2 f.
- Erfüllungsort **35** 1 ff.
- Gefahrtragung **35** 20 f.
- in ordnungsgemäßen Zustand **35** 15 ff.
- stillschweigende Verlängerung des Leasingvertrags **35** 48 ff.
- Unmöglichkeit **35** 22 f.
- Verjährung **35** 51 ff.
- verspätete/unterlassene Rückgabe **35** 25 ff.
- Zug um Zug **28** 58 ff.
Rückkaufvereinbarung **7** 11; **9** 21 ff.; **10** 71 ff.
Rücknahmeverpflichtung **39** 53 ff.
Rücksichts- und Loyalitätspflichten **13** 10
rückständige Leasingraten **30** 4

Rückstellungen **69** 43 ff.; **72** 63, 103 ff., 143 ff.
Rücktritt **10** 6; **22** 16, 35, 44; **23** 19 ff.; **26** 32 ff.
Rücktrittsfiktion **47** 15; **48** 8
Rücktrittsklauseln **22** 56, 60 ff.
Rückwirkungsverbot **79** 133
Rückzahlungsklage **28** 42 ff.
Rügeobliegenheit *s. Untersuchungs- und Rügeobliegenheit*
Rumänien
- Bilanzrecht **96** 22
- Gesetzgebung **96** 1
- Gültigkeitsvoraussetzungen **96** 11 f.
- Insolvenz **96** 21
- Leasingmarkt **96** 3
- Leistungsstörungen **96** 15 ff.
- Praxis der Leasingvorgänge **96** 2
- Publizität **96** 13 f.
- Rechtsnatur des Leasingvertrags **96** 4 f.
- Steuerrecht **96** 23
- Vertragsgegenstand **96** 8 f.
- Vertragsbeendigung **96** 18 f.
- Vertragsparteien **96** 6 f.
- Vertragspflichten **96** 15 ff.
- Zwangsvollstreckung **96** 20
Russland
- Benennung/Natur des Leasingvertrags **97** 7 f.
- Definition des Leasingvertrags **97** 9 ff.
- Form **97** 13 f.
- Gefahrtragung **97** 21
--Haftung des Verkäufers **97** 22 f.
- inländische Gesetze **97** 1 ff.
- internationale Übereinkommen **97** 4 ff.
- Pflichten des Leasinggebers **97** 17 ff.
- staatliche Eintragung **97** 15
- Verzicht auf ausführliche Pflichtenregelung **97** 16

Sach- und Preisgefahr *s. Gefahrtragung*
Sach- und Rechtsmangelhaftung *s. Mangelhaftung*
Sachanlage **72** 40
Sacherhaltung- und Unterhaltungsrisiko **43** 1
Sacheinheit **27** 114
Sachentzug **45** 10
Sachgefahr *s. Gefahrtragung*
Sachmehrheit **27** 115
Sachnutzungsentzug **26** 55
Sachverständigenkosten **63** 152
Saldierung wechselseitiger Ansprüche **29** 32, 45 ff.
Sale-and-lease-back **3** 20; **5** 33; **49** 4, 33, 62; **52** 9 f.; **60** 5; **61** 4
- Einfluss der Rechte gegen den Vorlieferanten **64** 31 f.
- Erfüllung **64** 9 ff.
- Haftungsfreizeichnung **64** 24 ff.
- Handelsrecht **65** 11 f.
- rechtliche Einordnung **64** 5 f.

(fette Zahlen = Teile / magere Zahlen = Randziff.)

– selbständige Verträge **64** 8
– Steuerrecht **65** 1 ff.
– wechselseitige Gewährleistungshaftung **63** 15 ff.
– Wesen **64** 1
– Zurechnung der Leasinggegenstände **71** 128 ff.
– Zweck **64** 2 ff.
Schadensersatz **22** 8, 13 ff., 36, 45; **23** 24 ff.; **24** 19 ff.; **26** 41 ff., **39** 5 ff., **83** 16
Schadenspauschalierungen **49** 24
Schein-KG **69** 15
Scheingeschäft **6** 97
Schiedsabrede **89** 8
Schiedsgutachtenvereinbarung **27** 111 f.
Schiedsklausel **89** 8
Schiedssprüche **47** 9
Schiedsvereinbarungen **27** 111 f.; **89** 9 ff.
Schiffe **58** 8
Schlichtungsvereinbarung **27** 111 f.
Schriftform **5** 43 ff.; **52** 41 ff., 49 ff.
Schriftformklauseln **5** 54; **8** 33 f.
Schrifttumsverzeichnis **106**
Schuldbeitritt **19** 7, 9
Schuldnerschutz **74** 86 ff.
Schuldnerverzug des Lieferanten **27** 71 ff.
Schuldübernahme **5** 28; **10** 4
Schulung *s. Einweisung/Schulung*
Schutzpflichten **10** 44; **26** 8
Schweiz
– Bilanzierung **98** 42 ff.
– Entwicklung des Leasinggeschäfts **98** 1 ff.
– Erscheinungsformen **98** 4 ff.
– Insolvenz **98** 36 ff.
– Leistungsstörungen **98** 22 ff.
– Qualifikation des Leasingvertrags/Abgrenzung **98** 14 ff.
– Sachmängel **98** 28 ff.
– Steuern **98** 60 ff.
– Vertragsabschluss **98** 17 ff.
– Vertragsbeendigung **98** 35 f.
– Zwangsvollstreckung **98** 36 ff.
Second-hand-Leasing **3** 22
Securitization
– Kauf- und Abtretungsvertrag zwischen Leasinggeber und Fonds **75** 38 ff.
– Verbriefung der Forderungen durch Fonds **75** 41 ff.
– Wesen **75** 36 f.
Sekundärrecht *s. Gemeinschaftssekundärrecht*
Selbstveräußerungsrecht **7** 13
Selbstvornahme **26** 106; **27** 66
Serienproduktion **6** 28
Seriosität des Vertragspartners **67** 39 ff.
Servicebestandteile **67** 30, 36
Shareholder-Value **67** 4
Short-(term-)Leasing **3** 30
Sicherheiten
– Forfaitierung **74** 75 ff.

– Kreditfinanzierung **74** 7 ff.
– Weiterübertragung von Sicherheiten **74** 96 f.
Sicherstellungsrecht **41** 4 f.
Sicherungseigentum **49** 4
Sicherungsübereignung **74** 91 ff.
Sittenwidrigkeit
– auffälliges Missverhältnis Leistung/Gegenleistung **17** 2 ff.
– Beweislast **17** 12 f.
– Verletzung von Gemeinwohlinteressen **17** 14
– verwerfliche Gesinnung **17** 11
– wucherähnliche Geschäfte **17** 2 ff.
Software *s. Computer- und Softwareleasing, Individualsoftware, Standardsoftware*
Softwareentwicklung **63** 27
Solvabilitätsgrundsätze **76** 5; **78** 1
Sonderabschreibungen **72** 31
Sonderkündigungsrecht **48** 29; **50** 5
Sonderposten **72** 104, 112
Sondervermögen **72** 2
Sonderzahlungen **16** 14 ff.; **29** 45; **69** 48
Source-Code *s. Quellcode*
Spanien
– Absatzförderungsleasing **99** 27
– Beschlagnahme des Leasinggutes **99** 57
– Bilanzrecht **99** 63 ff.
– Finanzmarkt **99** 2 ff.
– Geschäftspraxis **99** 1 ff.
– Immobilien-/Ausstattungsleasing **99** 22
– Insolvenz des Leasingnehmers **99** 58 ff.
– Investitions-/Verbraucherleasing **99** 23
– Lease-back **99** 30
– Leasingvertragsmerkmale **99** 15 ff.
– Pflichten des Leasinggebers **99** 41 ff.
– Pflichten des Leasingnehmers **99** 45 ff.
– Ratenkaufverträge **99** 30
– rechtliche Einordnung des Leasingvertrags **99** 7 ff.
– Rechtsbegriff Leasingvertrag **99** 13 f.
– Rechtsnatur **99** 32 ff.
– Rechtsquellen **99** 7 ff.
– Rentingverträge **99** 29
– Steuerrecht **99** 68 ff.
– Vertragsabschluss **99** 37 f.
– Vertragsbeendigung **99** 48 ff.
– Voll-/Teilamortisationsleasing **99** 24 ff.
– Zwangsvollstreckung **99** 53 ff.
Spätschäden **27** 39
Spezial-Leasing **3** 28; **59** 24; **62** 24; **71** 59, 91, 97
Spezialfinanzierung **78** 3
Stakeholder-Value **67** 7
Stand der Technik **109**
Standardansatz **78** 8
Standardsoftware **63** 11 ff., 48
– anzupassende Standardsoftware **63** 14 ff.
– bloße Standardsoftware **63** 13
– Datenträger **63** 12
– Installation/Integration **63** 17
– Nacherfüllung **63** 113

Stärken-Schwächen-Profil **66** 37
Statutenwechsel **86** 1
stellvertretendes commodum **22** 17, 37, 46
Steuerrecht *s. auch Besteuerung*
- steuerrechtliche Aspekte des Leasings **2** 8 ff.
- wirtschaftliches Eigentum *s. dort*
- Zuordnung des Leasinggutes **68** 1 ff.; **71** 28 ff.
Stornierung **10** 32
Störung der Geschäftsgrundlage *s. Wegfall der Geschäftsgrundlage*
Streithilfe **28** 35 f.
Streitschlichtung **27** 55 f., 111 f.
Streitverkündung **28** 32 ff.
Strukturanalyse **66** 37
Stückschuld **22** 2; **26** 84
Study Group on a European Civil Code **90** 21
Substanzschäden **26** 60
Subventionsbetrug **79** 149
sui generis-Theorie **4** 42 ff.
Systemvereinbarungen **62** 46, 49

Teilamortisation **2** 22 ff.; **17** 10; **34** 9, 10; **52** 12 f.
- Immobilien-Leasing **59** 11 ff., 19 f.
- Muster eines Teilamortisationsvertrags mit Andienungsrecht **101** 2.
- Schadensersatz **39** 16 ff.
Teilamortisationserlass **2** 20 ff.
Teilfinanzierung **50** 16
Teilleistung **26** 17; **27** 63; **52** 111
- Computer- und Softwareleasing **63** 52, 79, 104
- Rückabwicklung **27** 113 ff.
- Unmöglichkeit **22** 49 ff.
Teilwertabschreibungen **69** 39
Term-Leasing **3** 3
Tochtergesellschaften **70** 8
Tod der Leasingnehmers **38** 20 f.; **43** 11 ff.
Totalschaden **56** 11
Transaktionen **87** 1 ff.
Transparenzgebot **7** 8; **18** 4; **27** 9 f.; **54** 12; **56** 28
Transportklausel **28** 67
Transportkosten **15** 1
Transportmittel **86** 2
Trennbankensystem **76** 2
Trennungsklauseln **27** 114
Treu und Glauben **27** 158; **29** 14
Treuhand(konto)modell **49** 21
Trilaterales Synallagma **4** 60

Übernahmebestätigung **9** 15; **10** 67; **26** 86; **27** 90; **29** 43; **63** 122
- Begriff **13** 1
- Wirksamkeit **13** 2 ff.
- Leasinggeber/Leasingnehmer **13** 6 ff.
- Leasinggeber/Lieferant **13** 15 ff
- Unrichtigkeit **13** 10
- vorbehaltlose Unterzeichnung trotz unvollständiger Leistung **27** 155

Übernahmeverpflichtung **71** 123 ff.
Überraschende Klauseln **8** 29 f.
Übersicherung **74** 95
Umlaufvermögen **69** 24; **72** 4; **73** 27
Umsatzerlöse **73** 19
Umsatzkostenverfahren **72** 27, 113
Umsatzsteuer
- Allgemeines **70** 27
- grenzüberschreitende Leasingverträge **70** 41 ff.
- Immobilien-Leasing **70** 54 f.
- wirtschaftliches Eigentum des Leasinggebers **70** 28 ff.
- wirtschaftliches Eigentum des Leasingnehmers **70** 38 ff.
Umstellungsklausel **56** 31
Umstrukturierungsbeihilfen **79** 144 ff.
UN-Kaufrecht **14** 19; **90** 20
- Leasingvertrag **81** 1 f.
- Liefervertrag **83** 1 ff.
- Mängelgewährleistung **83** 11 ff.
Unauffindbarkeit **27** 7
Unfallschäden **56** 8 ff.
UNIDROIT Convention on International Financial Leasing (CIFL)
- Abdingbarkeit **87** 6
- Anwendungsbereich **87** 1 ff.; **90** 19
- rechtliche Beziehung Leasinggeber/Dritte **87** 14 f.
- rechtliche Beziehung Leasinggeber/Leasingnehmer **87** 7 ff.
- rechtliche Beziehung Leasinggeber/Lieferant **87** 12
- rechtliche Beziehung Leasingnehmer/Lieferant **87** 13
- Textabdruck **103**
Uniform Commercial Code **100** 21 ff., 42 ff.
Uniformmethode **17** 8, 10
Universalbankprinzip **76** 2
Unmöglichkeit der Lieferung der Leasingsache
- Abgrenzungen/Systematik zum Verzug **22** 1 ff., 5
- anfängliche Unmöglichkeit/Unvermögen **22** 5, 6 ff.
- Annahmeverzug des Leasingnehmers **22** 40
- Anspruchsumfang **22** 13 f.
- Aufwendungsersatz **22** 8
- Einreden **22** 15, 32
- Geschäftsgrundlagenlösung **22** 18 ff.
- Haftungsfreizeichnung **22** 22, 52 ff.
- Kündigung **22** 21, 39, 48
- Kündigungsklauseln **22** 60
- mietrechtliche Sonderregeln **22** 11 f.
- nachträgliche Unmöglichkeit **22** 5, 23 ff.
- Nichtlieferungsklauseln **22** 53, 59 ff.
- Rücktritt **22** 5, 16, 35, 44
- Rücktrittsklauseln **22** 56 ff., 60 ff.,
- Teilleistung/Nichterfüllung **22** 49 f.
- stellvertretendes commodum **22** 17, 37, 46

(fette Zahlen = Teile / magere Zahlen = Randziff.)

- unverschuldete Unmöglichkeit **22** 34 ff.
- Schadensersatz **22** 8, 36, 45
- Schadensersatzanspruchsausschluss **22** 57
- Vertretenmüssen des Leasinggebers **22** 23 ff., 43 ff.
- Vertretenmüssen des Leasingnehmers **22** 40
- Wegfall der Geschäftsgrundlage **22** 1, 7, 38, 47

Unmöglichkeit der Rückgabe der Leasingsache **35** 22 ff.
Untergang/Verschlechterung **27** 130 f.; **28** 68; **29** 41; **31** 7 ff.
- Besitzstörung **45** 8
- Kündigungsrecht beider Parteien **45** 1 ff.
- leasingtypischer Schadensersatz **45** 6 f.
- Schadensersatz wegen Eigentumsverletzung **45** 4 f.
- Schadensersatz wegen Sachentzug **45** 10
- Vertragsfortführung **45** 11

Unterlassungserklärung **63** 173
Unterlassungsklagen, Richtlinie **90** 8
Unternehmer **8** 3, 24
Unternehmensbezogene Geschäfte **6** 16
Unternehmenssteuern **67** 19 ff.
Unternehmenswertsteigerung **67** 4
Unterrichtung *s. Informationspflicht*
Untersuchungs- und Rügeobliegenheit **6** 50; **63** 129 f.
- Abbedingung **14** 14
- Adressat **14** 3 ff.; **27** 53 f., 86 f.
- AGB-Regelungen **14** 15 ff.; **52** 86
- des Leasinggebers **14** 3 ff.; **27** 53 f., 86 f.; **52** 95 f.
- des Leasingnehmers **27** 91 ff.
- Genehmigungsfiktion **14** 6, 8
- Überwälzung/Übertragung **14** 11 ff.; **27** 88 ff.
- UN-Kaufrecht **14** 19; **83** 12
- Verletzungsfolgen **14** 8 ff.
- Verschärfungen zur gesetzlichen Regelung **14** 15 ff.
- Verzicht des Lieferanten auf Einwand nicht rechtzeitiger Rüge **27** 94

Untersuchungspflicht **7** 38
UNÜ **89** 9
Update **63** 113
USA
- Bilanzrecht **100** 60 ff.
- Consumer Lease **100** 29
- Cross-Border-Leasing **100** 17
- Entwicklung **100** 18 f.
- Erscheinungsformen **100** 4 ff.
- Finanzierungsleasing/Finance lease **100** 7 ff., 25 ff.
- Insolvenz **100** 51 ff.
- Leistungsstörungen **100** 32 ff.
- Operating-Leasing **100** 10
- rechtliche Einordnung des Leasingvertrags **100** 20 ff.

- Steuerrecht **100** 72 ff.
- True Lease/Secured Transaction **100** 22 ff.
- Uniform Commercial Code **100** 21 ff., 42 ff.
- Verbreitung **100** 2 f.
- Vertragsabschluss **100** 30 f.
- Vertragsbeendigung **100** 48 ff.
- Vertragsfreiheit **100** 20
- Zwangsvollstreckung **100** 51 ff.

VDA-Empfehlung, Kfz-Leasing **104**
Veräußerung **46** 5 f.
Veräußerungserlös *s. Verwertungserlös*
Verbandsklageverfahren **8** 55
Verbindlichkeiten
- Behandlung nach HGB **72** 106 ff.; **73** 37 ff.
- Behandlung nach IFRS **72** 109 f.; **73** 40

Verbindung/Vermischung **79** 29
Verbraucherkreditrecht
- anwendbare Vorschriften **52** 29
- Aufzehrung der Sachsubstanz während Vertragslaufzeit **52** 16
- Ausnahmen nach § 499 Abs. 3 BGB **52** 19 ff.
- besondere Kündigungsvoraussetzungen **42** 5 ff.
- Existenzgründer **52** 27 f.
- Finanzierungsleasing **42** 5 ff.
- kein Schadensersatz während Widerrufsfrist **42** 3 f.
- Kilometerabrechnungsvertrag **56** 30
- Leasingvertrag mit Erwerbsoption **52** 14 f.
- Null-Leasing **52** 17 f.
- persönlicher Anwendungsbereich **52** 25 ff.
- Rechtsfolgen **52** 29 f.
- Richtlinie **90** 10
- richtlinienkonforme Auslegung **52** 30 ff.
- sachlicher Anwendungsbereich **52** 5 ff.
- Voll-/Teilamortisationsverträge **52** 12 f.

Verbraucherkreditrichtlinie **52** 14, 30 ff.
Verbraucherleasing **10** 7
- AGB **52** 76 ff.
- Angabeerfordernisse **52** 52 ff.
- Anwendungsbereich der verbraucherkreditrechtlichen Vorschriften **52** 5 ff., 25 ff.
- außerordentliche Vertragsbeendigung **52** 119 ff.
- Auslandsberührung **82** 1 ff.
- Einwendungsdurchgriff **52** 101 ff.
- Einwendungsverzicht **52** 97 f.
- Fernabsatz *s. dort*
- Grundlagen **52** 1 ff.
- Haustürgeschäfte *s. dort*
- Internationales Privatrecht **52** 39 f.
- Leistungsstörungen **52** 99 ff.
- Operating-Leasing **52** 127
- ordentliche Beendigung **52** 116
- Schriftform **52** 41 ff.
- Teilleistungen **52** 111
- Verbrauchsgüterkauf **52** 88 ff., 113

- Verjährung 52 112
- Vertragsbeendigung 52 115 ff.
- Verzugszinsen 52 105 ff.
- vorzeitige Beendigung durch Leasingnehmer 52 117
- Wechsel- und Scheckverbot 52 97 f.
- Widerrufsrecht 52 59 ff.

Verbrauchergerichtsstand 88 16
Verbrauchsgüterkauf 6 25 f., 78; 7 18; 52 88 ff., 113; 90 11
Verbraucherinsolvenzverfahren 49 2
Verbundene Unternehmen 79 108
Verbundene Verträge 10 7; 27 151 ff.; 52 29, 101 ff.
Verfallklauseln 31 35
Verfügungsbefugnis, Beschränkung 27 21 ff.
Vergleiche 47 8
Vergleichsrechnung 67 28
- Ausgangsparameter 67 54
- Barwertvergleich 67 69
- Bestimmung nomineller Effekte 67 55 ff.
- Bewertung qualitativer Aspekte 67 70
- Liquiditätsvergleich 67 66 ff.
- Methodik 67 52
- Praxisbeispiel 67 53 ff.
Vergleichszins 17 7 ff.
Verhandlungsgehilfen 5 9; 6 3 ff., 71; 7 6
Verjährung 6 71
- Abtretungskonstruktion 27 95 ff.
- Mängelhaftung 27 100 f.
- Pflichtverletzungen 27 99 ff.
- Rückgabeanspruch 35 52 ff.
Verjährungsvereinbarungen 27 103 f.
Verkaufswert 46 16 f.
Verlängerung des Leasingvertrags 35 49 ff.; s. auch Mietverlängerungsoption
Verlustzuweisungsgesellschaft 69 3
Vermarktungspflicht 10 69
Vermieterpfandrecht 49 64
Vermögenssteuer 70 26
Vermögensverfall 27 7
Vermögensverschlechterung, wesentliche 38 18 f.
Vermögensverzeichnis 48 12
Verrichtungsgehilfe 10 37
Verschulden 32 1 ff.
Versicherungsansprüche 56 18 ff.; 57 15
Versicherungsentschädigung 46 9 f.
Versicherungsklauseln
- Versicherungsleistungen 31 28 ff.
- Versicherungspflicht 31 26 f.
Versicherungskosten 52 58
Versicherungsprämien 37 17
Verspätete Lieferung 12 8
Vertrag sui generis 4 42 ff.
Vertragsabschluss s. Angebot, Annahme
Vertragsabschlussklauseln 5 21
Vertragsanpassung 10 25
Vertragsanbahnung 1 3; 5 6 ff.; 6 56

- Eintrittsmodell 5 24 ff.; 10 4
- Einzelvereinbarungen 10 3 ff.
- Finanzierungsbeschaffung durch Leasingnehmer 5 32
- Grenzüberschreitung 82 3 f.
- Hersteller-/Händlerleasing 5 34 f.
- Sale-and-lease-back 5 33
- Vorverhandlungsmodell 5 7 ff.; 10 3
Vertragsbeendigung s. Beendigung des Leasingvertrags
Vertragsbeginnklausel 23 43
Vertragsfortsetzung/-fortführung 43 9 f.; 45 11
Vertragsinhalte 6 1 ff.
Vertragsparteien 1 2; 5 3; 6 13 ff.
Vertragsrisiken 72 93, 100
Vertragsstatut 81 5
Vertragsübernahme 10 4; 19 16
Vertragsverletzung, schwerwiegende 38 12 ff.
Vertragswidriger Gebrauch 38 3 ff.
Vertrauensschaden 10 24
Vertriebs- und Verwaltungskosten 66 17 ff.
Vertriebsleasing 1 9
Vertriebsvereinbarungen 63 116
Verwaltungskosten 66 19, 23
Verwendungsersatz 26 108
Verweisungsvertrag 81 7
Verwertung 11 4; 48 13
- Abzug von Verwertungskosten 46 23
- Anrechnung des Erlöses 2 23 f.; 37 34 ff.; 39 40 ff.
- Folgeleasingvertrag 46 7 f.
- Gutachten zur Verkaufswertermittlung 46 16 ff.
- Händlereinkauf- oder -verkaufwert 46 21 f.
- Pflicht zur bestmöglichen Verwertung 46 11 ff.
- Recht und Pflicht zur Verwertung 46 2 ff.; 62 37 ff.
- Veräußerung 46 5 f.
- Verzicht auf Leasinggut/Versicherungsentschädigung 46 9 f.
Verwertungsbefugnis 70 61
Verwertungserlös 2 23 f.; 57 15; 67 34 f.
- Anrechnung 37 34 ff.; 39 40 ff.
Verwertungskosten 46 23; 57 11
Verwertungsrisiko 57 6, 8
Verzicht auf Leasinggut 46 9 f.
Verzinsung 28 46 ff.; 37 60 f.
Verzögerung der Leistung
- Mahnung 23 13 ff.
- Nichtleistung trotz Fälligkeit und Durchsetzbarkeit 23 8 ff.
- Rechtsfolgen 23 17 f.; 26 96
- Vertretenmüssen 23 16
Verzug s. auch Annahmeverzug, Schuldnerverzug
- Ersatz des Verzögerungsschadens 23 7 ff.
- Haftungsausschluss/-beschränkung 23 33 ff.
- Kündigung 23 29 ff.
- Leistung des Leasinggebers 23 1 ff.
- Leistung des Leasingnehmers 16 6 ff.

(fette Zahlen = Teile / magere Zahlen = Randziff.)

- Lieferterminklauseln **23** 34 ff.
- Rücktritt **23** 19 ff.
- Schadensersatz **23** 24 ff.; **24** 21
- Verhältnis zu mietrechtlichen Regelungen **23** 28
- Verweigerung der Leasingratenzahlung **23** 4 ff.
- Verzugsfolgenausschluss/-beschränkung **23** 47 ff.
- Wegfall der Geschäftsgrundlage **23** 32

Verzugszinsen **16** 7 ff.; **28** 47 f.; **52** 106 ff.
Virenbefall **63** 138
VOB/B **25** 51; **26** 113
Vollamortisation **1** 2; **2** 16 ff., 25; **3** 1; **7** 2, 8, 18; **34** 8
- Immobilien-Leasing **59** 4 ff.
- Muster eines Vollamortisationsvertrags über Mobilien-Leasing mit einem Kaufmann **101** 1.
- Verbraucherleasing **52** 12 f.

Vollamortisationsanspruch *s. Abschlusszahlung*
Vollamortisationserlass **2** 14 ff.
Vollamortisationspflicht **4** 54
Vollkaskoversicherung **56** 18 ff.
Vollkonsolidierung **77** 9
Vollmacht
- Anscheins-/Duldungsvollmacht **6** 5, 18; **10** 9
- Empfangsvollmacht **6** 6; **10** 36; **39** 27
- Vertragsabschluss **6** 5

Vollständigkeitsklauseln **5** 54
Vollstreckbare Urkunde **47** 7
Vollstreckung
- durch den Leasinggeber **47** 10 ff.
- durch den Leasingnehmer **47** 16 ff.
- durch Gläubiger des Leasinggebers **48** 25 ff.
- durch Gläubiger des Leasingnehmers **48** 1 ff.
- in das Leasinggut **48** 3 ff., 26 ff.
- in sonstige Positionen des Leasinggebers **48** 30
- in sonstige Positionen des Leasingnehmers **48** 11 ff.
- Leasingvertragsklauseln für Vollstreckungsfall **48** 20 ff.
- Vollstreckungstitel *s. dort*

Vollstreckungsbescheid **47** 5 f.
Vollstreckungserinnerung **48** 4
Vollstreckungsklauseln
- Hinweisklauseln **48** 20 f.
- Lösungsklauseln **48** 22 f.
- Prozesskostenklauseln **48** 24

Vollstreckungsschutz **47** 10
Vollstreckungstitel
- ausländische/europäische – **47** 2
- Leistungsurteile **47** 1 ff.
- Herausgabetitel **47** 10 ff.
- Schiedssprüche **47** 9
- Vergleich **47** 8
- vollstreckbare Urkunde **47** 7
- Vollstreckungsbescheid **47** 5 f.
- Zahlungstitel **47** 13 ff.

Vollstreckungsverbot **49** 63
Vorauszahlung **6** 34; **16** 4 f.; **29** 46 f.
Vorfälligkeitsentschädigung **39** 39; **74** 5
Vorformulierung **8** 8 f.
Vorgesellschaft **79** 116
Vorgründungsgesellschaft **79** 115
Vorholeffekt **58** 5
Vorkaufsrecht **11** 4
Vorleistungspflicht **10** 66; **24** 17
Vormieten **69** 50
Vorratsschuld **22** 2
Vorteile **1** 4; **2** 3 ff.
Vorverhandlungsmodell **5** 7 ff., 39 f.; **6** 45 f., 79; **10** 3

Wahlgerichtsstand **88** 16
Wahlrechtsausübung **27** 60 ff.
Währungsrisiko **72** 90, 98
Wartungsvertrag **31** 33 f.; **63** 98 ff.
Wechsel- und Scheckverbot **52** 97 f.
Wegfall/Störung der Geschäftsgrundlage **4** 54; **7** 22; **12** 5
- bei Rückabwicklung des Liefervertrags **29** 25 ff.
- bei Unmöglichkeit **22** 1, 18 ff., 38, 47
- bei Verzug/Verzögerung **23** 32

Weisung/Weisungsbefugnis **25** 36 ff.; **27** 52, 60
Weiterfressende Schäden **63** 142
Weiterveräußerungsrecht/-verbot **62** 37 ff.; **63** 116
Weitervermietungsrecht **62** 33 ff.
Werbung **63** 109
Werklieferungsvertrag **5** 8; **6** 25 ff.; **10** 55
Werklohn **12** 12
Werkvertragsrecht **5** 8; **6** 24, 27; **10** 55, 59, 67; **12** 11; **13** 15; **26** 16
Wertaufholungsgebot **72** 28, 96; **73** 32
Wertberichtigungen **72** 62; **73** 7; **77** 6
Wertminderung **55** 6; **56** 32; **66** 12 f.; **72** 99
Wertpapierhandelsbanken **76** 2
Wertpapierhandelsgesetz (WpHG) **76** 1
Wertpapierhandelsunternehmen **76** 2
Widerruf
- Fernabsatzverträge **54** 27 ff.
- Haustürgeschäft **53** 6 f.
- Verbraucherkreditrecht **52** 59 f.

Widerrufsbelehrung **5** 46; **52** 46, 61 ff.
Wiederbeschaffungswert **33** 4; **56** 3, 11 f., 20
Wiederverkaufsrecht **10** 71, *s. a. Rückkauf*
Willensmängel **6** 70 ff.
Wirtschaftliches Eigentum **34** 12; **71** 17 ff., 22; **74** 89; **77** 5
- § 39 AO **68** 11 ff.
- Besteuerung *s. dort*
- Bilanzierung *s. dort*
- Grundsätze für persönliche Zurechnung **68** 11 ff.
- Hauptkriterien **68** 41 ff.
- Überblick **2** 8 ff.

1283

Stichwortverzeichnis

– Zuordnung s. dort
Wirtschaftlicher Verbrauch **79** 44
Wirtschaftsgüter
– abnutzbare Wirtschaftgüter **79** 23
– bewegliche Wirtschaftgüter **79** 18 ff.
– Ersatzwirtschaftgut **79** 46 f.
– geleaste Wirtschaftgüter **80** 40 ff.
– geringwertige Wirtschaftgüter **79** 94
– neue Wirtschaftgüter **79** 24 ff.
Wissensvertretung **6** 70 ff.; **10** 32 ff.
Wucherähnliche Geschäfte
– Beweislast **17** 12 f.
– objektiv auffälliges Missverhältnis **17** 3 ff.
– verwerfliche Gesinnung **17** 11

Zahlungspflicht **5** 38
Zahlungstitel **47** 13 ff.
Zahlungsunfähigkeit **27** 7; **29** 33, 50
Zahlungsverzug **38** 7 ff.; **52** 120 ff.
Zebragesellschaft **69** 14
Zerstörung/Beschädigung
– Rechtsfolgen **32** 5 ff.; **33** 2 ff.
– Vertretenmüssen des Leasingnehmers **32** 1 ff.
– Vertretenmüssen eines Dritten **33** 1
Zinsänderungsrisiko **74** 17
Zinsmarge **66** 23
Zinsrisiko **72** 89, 98
Zivilrechtliches Eigentum **71** 15
Zivilrechtsvereinheitlichung **90** 21
Zug um Zug-Leistung **28** 58 ff.; **63** 163 ff.

Zugangsverzicht s. u. Annahme
Zukunftsprognose **66** 37
Zurechnung **6** 70 ff.; **13** 13
Zuordnung des Leasinggutes
– allgemeine Zurechnung **71** 23 ff.
– BFH-Entscheidungen **68** 21 ff.
– Grundsätze der persönlichen Zurechnung **68** 11 ff.
– Handelsbilanz **68** 16 f.; **71** 37 ff.
– IFRS **71** 63 ff.
– Leasingerlasse der Finanzverwaltung **68** 26 ff.
– Maßgeblichkeit der Handelsbilanz für Steuerbilanz (§ 5 I EStG) **68** 16 f.
– Steuerbilanz **68** 16 f.; **71** 28 ff.
– Wirtschaftliches Eigentum (§ 39 AO) **68** 11 ff.
– zurechnungsrelevante Grundbegriffe des Leasing **68** 3 ff.
Zurückbehaltungsrechte **20** 6 ff.
Zusatzeinrichtungen **36** 1 ff.
Zuschüsse, lohnkostenbezogene **80** 45
Zuschüsse, sachkapitalbezogene **80** 38 ff.
Zusicherung **63** 112
Zuständigkeit s. *Gerichtsstände, Internationale Zuständigkeit*
Zwangsvollstreckung s. *Vollstreckung*
Zweckübertragungstheorie **63** 49
Zwei-Personen-Beziehung **3** 12, 21
Zwischenfeststellungsklage **28** 75